NOUVELLE COLLECTION

DES

MÉMOIRES

POUR SERVIR

A L'HISTOIRE DE FRANCE.

—

DEUXIÈME SÉRIE.

II.

NOUVELLE COLLECTION

DES

MÉMOIRES

POUR SERVIR

A L'HISTOIRE DE FRANCE,

DEPUIS LE XIIIe SIÈCLE JUSQU'A LA FIN DU XVIIIe;

Précédés

DE NOTICES POUR CARACTÉRISER CHAQUE AUTEUR DES MÉMOIRES ET SON ÉPOQUE;

SUIVIS DE L'ANALYSE DES DOCUMENTS HISTORIQUES QUI S'Y RAPPORTENT;

PAR MM. **MICHAUD** DE L'ACADÉMIE FRANÇAISE ET **POUJOULAT**.

TOME DEUXIÈME.

MAXIMILIAN DE BETHUNE, DUC DE SULLY;

SAGES ET ROYALES ŒCONOMIES D'ESTAT,

SUIVIES D'UNE RÉFUTATION CONTEMPORAINE INÉDITE.

I.

A PARIS,

CHEZ L'ÉDITEUR DU COMMENTAIRE ANALYTIQUE DU CODE CIVIL,

RUE DES PETITS-AUGUSTINS, N° 24.

IMPRIMERIE DE FIRMIN DIDOT FRÈRES, RUE JACOB, N° 56.

1837.

8.5的402(2)

MEMOIRES

DES

SAGES ET ROYALES

OECONOMIES D'ESTAT,

DOMESTIQUES, POLITIQUES ET MILITAIRES DE HENRY LE GRAND,

L'EXEMPLAIRE DES ROYS, LE PRINCE DES VERTUS, DES ARMES ET DES LOIX,
ET LE PERE EN EFFET DE SES PEUPLES FRANÇOIS,

Et des servitudes utiles, obéissances convenables et administrations loyales de Maximilian de Bethune,
l'un des plus confidens, familiers et utiles soldats et serviteurs
du grand Mars des François.

DEDIEZ A LA FRANCE, A TOUS LES BONS SOLDATS ET TOUS PEUPLES FRANÇOIS.

NOTICE

SUR

HENRI IV, ROI DE FRANCE ET DE NAVARRE,

NÉ LE 13 DÉCEMBRE 1553, MORT LE 14 MAI 1610 (1).

Ce fut une grande joie dans la principauté de Béarn, dans le comté de Bigorre, et dans ce morceau de terre montagneuse qui conservait encore en deçà des Pyrénées le nom de Navarre, lorsque, le 13 décembre 1553, Jeanne d'Albret, femme d'Antoine de Bourbon, duc de Vendôme et de Beaumont, mit au monde un fils dans le château de Pau. Son père, Henri d'Albret, roi titulaire de la Navarre au delà des monts, que la couronne d'Espagne avait réunie depuis quarante ans à ses domaines, du reste seigneur réel du Béarn, duc de Nemours, sire d'Albret, comte de Foix, d'Armagnac, de Bigorre, de Pontièvre, de Périgord, vicomte de Limoges, de Castelbon, de Marsan et autres lieux, vivait en bon gentilhomme dans ses terres et seigneuries, sans souci de conquête et sans crainte d'invasion, s'inquiétant assez peu de son royaume héréditaire, et ne voulant plus se risquer à pareille fortune qu'il avait courue autrefois, lorsque, fait prisonnier à Pavie, mais il eut le bonheur de s'échapper. Il s'approcha du lit de sa fille, emporta son petit-fils dans un pan de sa robe, lui frotta les lèvres d'ail, lui fit avaler quelques gouttes de vin, et se chargea de l'élever, non pas avec ces funestes délicatesses qui avaient déjà fait mourir deux enfants nés de ce mariage, mais « à la béarnaise, pieds nus et tête nue. » Ce fut là, sans aucun doute, la plus belle action de sa vie, qui ne compte guère dans l'histoire que par le nom de sa femme, la spirituelle et bonne Marguerite de Valois, sœur de François 1er, laquelle encore il avait traitée fort rudement.

Si cette naissance mettait le pays en liesse au pied des Pyrénées, c'était chose peu considérable en France; et il eût fallu certes une grande témérité d'astrologue pour prédire à ce jeune nourrisson des montagnes béarnaises qu'il porterait un jour la couronne de saint Louis. Il descendait pourtant de ce roi en ligne directe et masculine, par le cinquième de ses fils, Robert, comte de Clermont, qui, ayant épousé l'héritière de Bourbon, prit le titre de cette baronnie, et garda prudemment les fleurs de lis sur son écusson. Mais, encore bien que neuf branches du sang royal issues du saint roi se fussent successivement éteintes, que la lignée même de Robert eût failli trois fois au profit des puînés, encore bien qu'Antoine de Bourbon fût alors et sans conteste premier prince du sang de France, il ne semblait certainement pas que la famille régnante dût sitôt manquer, et faire place à ce vieux rameau dont le représentant actuel se rattachait à elle par dix-neuf degrés de parenté. Henri II régnait, âgé de trente-quatre ans, père de cinq enfants mâles, et marié à Catherine de Médicis, dont la tardive fécondité paraissait vouloir réparer sans relâche les dix années de mariage qu'elle avait perdues. Il y avait là de quoi faire souche d'une longue race et rejeter peut-être la maison de Bourbon dans la même obscurité où se perdait humblement la branche de Courtenay, venue de Louis le Gros; aussi voit-on que Henri de Béarn fut reçu comme né uniquement pour l'héritage maternel, et que son grand-père s'en empara bien vite, afin de lui apprendre à vivre la vie de son pays, pendant qu'Antoine de Bourbon, qui n'avait rien à lui laisser, faisait tranquillement sa charge de gouverneur en Picardie.

Le fils de Jeanne d'Albret n'était pas encore âgé de dix-huit mois, partant avait eu peu d'occasions « de réjouir son vieux grand-père, » qui du reste ne comptait que cinquante-trois ans, quand ce prince mourut (25 mai 1555), en ordonnant, comme il convenait à un roi dépossédé, que son corps fût porté à Pampelune, capitale de son royaume, dès qu'on pourrait la reprendre. Sa mère recueillit toute la succession qui était restée de ses ancêtres; et Antoine de Bourbon s'appela le roi de Navarre.

---

(1) Cette notice, qui retrace dans sa vérité primitive la physionomie de Henri IV comme homme privé, comme homme politique, comme guerrier, est l'ouvrage d'un de nos amis, M. Bazin; nous la donnons ici comme on donne un portrait. Le travail de M. Bazin se distingue par la netteté, la précision, l'élégance du style, par la finesse des observations et la connaissance approfondie des mœurs, des événements et des hommes de cette époque. Il y a des gens qui peut-être reprocheront à l'auteur une certaine disposition à montrer, à énumérer les faiblesses de Henri IV, mais, en dépit de ces faiblesses, Henri IV ne reste pas moins un grand roi dans la notice de M. Bazin. Les curieuses remarques sur les Œconomies Royales, qui suivent la notice sur Henri IV, sont sorties aussi de la plume de notre obligeant ami. N'oublions pas d'annoncer au public une bonne nouvelle littéraire, c'est que M. Bazin va publier une *Histoire de France sous Louis XIII*, en quatre volumes in-8°, qui paraîtront prochainement chez le libraire Paulin.

Ce n'était pas encore là un mauvais partage pour un pauvre cadet de race royale, qui n'avait apporté au monde que sa généalogie, et qu'on avait vu en ses jeunes ans « fort petit et bas de fortune. » Il est probable qu'il aurait passé honnêtement sa vie comme son beau-père, à visiter ses châteaux, à cultiver ses terres, à faire exécuter « los fors et costumas de Bearn reformatz et metatz en lengoadge intelligible per le rey Henric en 1552, » comme aussi à courtiser les dames de son voisinage (car il était «grandement adonné à l'amour»), si le coup imprévu qui frappa Henri II (1559) ne l'eût appelé à jouer un rôle politique dans les troubles de France. Il l'accepta d'abord à regret, avec peine, en reculant le plus qu'il lui fut possible. Mais enfin, après plusieurs expériences maladroites et fâcheuses, il s'y forma de telle façon et y devint si habile, qu'ayant débuté dans un parti, on le vit bientôt figurer à la tête du parti contraire. D'abord partisan de la réforme et protecteur du prêche, il devint en peu de temps le plus violent ennemi de ces nouveautés, rattaché subitement à la foi catholique par l'espoir qu'on lui donna d'y gagner le royaume de Sardaigne. Quand les huguenots prirent les armes sous la conduite du prince de Condé, son frère (1562), il conduisit l'armée du roi contre les casaques blanches, et « s'y montra fort animé, brave, vail« lant, courageux, aussi prompt d'ail eurs que per« sonne à faire pendre les hérétiques. » Mais il fut arrêté tout court dans cette bonne voie par une arquebusade tirée des murs de Rouen, et dont il mourut un mois après en un bateau sur la rivière de Seine (17 novembre 1562).

Par sa mort, Jeanne d'Albret restait reine de Navarre, et son fils devenait premier prince du sang. Henri avait alors neuf ans; et peut-être serait-ce assez mal employer le temps que de chercher comment s'était passée sa première enfance. Quelques historiens le font vivre vers l'âge de cinq ans à la cour de France, « où chacun, disent-ils, fut émerveillé de sa gentillesse; » ce qui est certain, c'est qu'en sortant des mains de son grand-père, il fut élevé au château de Coaraze, en Béarn, par Suzanne de Bourbon-Busset, femme de Jean d'Albret, baron de Miossens ; que là il apprit à gravir les rochers, à mesurer les précipices, à supporter le froid et le chaud, à lutter de force et d'agilité avec les jeunes paysans, et qu'ensuite il accompagna ses père et mère en France, lorsqu'Antoine de Bourbon vint s'y faire reconnaître lieutenant général du royaume pour le roi mineur Charles IX. C'était en 1561 ; et en supposant vrai le voyage de l'an 1558, son éducation montagnarde, interrompue par cet épisode, aurait duré huit années. Dans ce dangereux séjour de la famille béarnaise auprès de Catherine de Médicis, Antoine de Bourbon n'avait pas seulement trahi sa religion et son parti, il avait aussi manqué d'amour et de fidélité pour sa femme qui, fuyant les rudesses d'un mari, et voulant au moins sauver ses États, retourna promptement en Béarn. Henri resta en **France** avec le **baron de Beauvoir**, son gouverneur,

et son précepteur nommé la Gaucherie. Là, comme tous les princes, il apprit le latin et le grec pour oublier l'un et l'autre; comme tous les princes, il traduisit les Commentaires de César; il lut avec transport les Vies de Plutarque, se passionna pour le romain Camille et s'indigna contre Coriolan. En même temps il faisait amitié avec les jeunes gens de son âge, non plus bergers et villageois comme au pays maternel, mais fils de France, princes et seigneurs. Au mois de septembre 1563, on le vit en son rang assister à la déclaration de la majorité du roi Charles IX, qui se fit dans la ville de Rouen.

Peu de temps après, sa mère obtint la permission de le ramener en Béarn, où il trouva la réforme établie; car Jeanne d'Albret qui, avant son dernier voyage de France, voulait se maintenir catholique, et avait envoyé une ambassade d'obédience au pape, s'était subitement éprise d'un zèle ardent pour la religion reniée par son mari. A peine était-elle de retour chez elle avec ses enfants, qu'il fut bruit d'une conspiration découverte, laquelle avait pour but de les livrer tous ensemble à l'Espagnol. Jeanne trouva plus sûr alors de se tenir dans la terre de France qu'au lieu où elle était souveraine. Elle se rendit donc à Nérac, et son fils revint auprès du roi Charles, qui se préparait alors (1564) à visiter son royaume. Le prince de Navarre partit avec lui; il parut avec magnificence à cette célèbre entrevue de Bayonne, où la reine d'Espagne Élisabeth vint embrasser sa mère Catherine, et où l'on croit que les deux cours arrêtèrent, au milieu des fêtes et des jeux, le plan d'une politique cruelle pour la destruction de l'hérésie. On lui attribua même la découverte et la révélation de ces projets. Comme c'était chose naturelle qu'un prince de douze ans pénétrât étourdiment ou demeurât inaperçu dans le cabinet où l'on discutait les affaires les plus sérieuses et les plus secrètes, il entendit un jour le duc d'Albe formuler ainsi son avis : « Une tête de saumon vaut mieux que cent têtes de grenouilles. » Il comprit aussitôt le sens de ce proverbe; et les chefs des huguenots se tinrent dès lors pour avertis. Sa mère rejoignit la cour à Bordeaux, la reçut à Nérac, la suivit à Blois, à Moulins et enfin à Paris, où elle reprit son fils pour l'emmener dans les États (octobre 1566). Là se termina la seconde éducation de Henri, son apprentissage de cour ; ce qu'on en rapporte de plus intéressant, c'est qu'un jour ayant voulu dans une partie de jeu soutenir son droit contre Charles IX, celui-ci tendit son arc contre le jeune prince, qui se mit aussitôt en même posture; il fut impitoyablement fouetté pour cette hardiesse.

Alors commença, sous la conduite de Jeanne d'Albret, son instruction politique. Elle n'avait à lui montrer qu'un petit État, mais aussi troublé d'ambitions et d'opinions ennemies que pouvait l'être un grand royaume. Elle le réconcilia d'abord avec la religion protestante, contre laquelle on l'avait fort prévenu; elle lui apprit comment on déjouait les complots, comment on résistait aux violences, comment on s'accommodait avec les passions, enfin ce qu'au milieu de tous ces soins pour la défense de son droit, on pouvait faire encore pour le bonheur des peuples. Quand elle le crut en état de se produire, elle lui fit passer quelque temps dans son gouvernement de Guyenne et dans ses domaines qui en faisaient partie. Il y réussit beaucoup et s'y endetta fortement. Lorsqu'il manquait d'argent, il en demandait sans façon par écrit, à ce qu'on raconte, aux seigneurs et dames du pays, priant qu'on lui renvoyât en réponse ou la somme ou son billet ; et c'était toujours sa signature qu'on voulait garder : « car deux astrologues gascons avoient prédit qu'il deviendroit un grand prince. » Il y eut ensuite une guerre civile en France (1567), où la reine de Navarre ne prit aucune part. Mais, au troisième soulèvement des huguenots, elle pensa qu'il n'y avait plus d'abri pour elle que dans un camp ; que le sort de ce qu'elle appelait son royaume était désormais remis aux chances de la lutte entre Français, où elle avait en quelque sorte son rang de bataille. Elle se rendit donc à la Rochelle (septembre 1568) avec son fils, que le prince Louis de Condé se chargea de former à la guerre. Après la mort de ce prince tué à Jarnac (mars 1569), toute l'armée déféra le titre de général à Henri de Navarre, en partage avec Henri de Condé son cousin, et la présence des deux jeunes gens devint nécessaire, avec les précautions convenables, à l'amiral de Coligny, qui commandait réellement sous leur nom. Ce fut une rude école de la vie des combats ; car des deux côtés on ne s'y portait pas avec mollesse et courtoisie, pas même avec humanité ; une cruelle suite de défaites fit connaître au général novice tout ce que ce métier avait de fatigues, de périls et de soucis. Battus à Moncontour comme ils l'avaient été à Jarnac, les huguenots furent obligés d'aller chercher bien loin un lieu où rassembler leurs débris et attendre des secours. Leur chemin fut vers le Béarn que le comte de Montgommery venait de reconquérir pour Jeanne d'Albret, puis par le Languedoc, les Cévennes, le voisinage de Lyon d'où, traversant la Bourgogne, et victorieuse « à la demi-bataille » d'Arnay-le-duc, leur armée sembla prête à s'abattre sur Paris. Dans cette longue marche pleine de souffrances et de privations, pleine aussi de vengeances et de cruelles représailles, les deux cousins furent constamment à la suite de l'amiral, préservés de péril, mais privés aussi de gloire, par sa grande autorité. Les catholiques disaient avec mépris qu'ils étaient devenus « ses pages. » Plus tard les historiens de Henri, devenu grand capitaine et roi puissant, lui ont attribué une sagacité précoce, une expérience improvisée qui avait aperçu du premier coup toutes les fautes commises par les généraux et constatées par les revers. Enfin la paix se fit (août 1570). Le prince de Navarre alla visiter les États de sa mère qui l'y rejoignit ensuite, après avoir assuré autant qu'il était en elle, et comme véritable chef du parti, l'exécution des promesses faites aux siens par le traité. Catherine de Médicis la tira bientôt de son Béarn par la proposition d'un mariage entre le prince de Navarre et la sœur de Charles IX, Marguerite.

Jeanne d'Albret partit elle-même pour aller régler les conditions de cette alliance (26 novembre 1571), ne voulant pas livrer son fils à la foi de la cour, ne voulant pas aussi hasarder sa jeunesse, déjà très-friande de plaisirs, dans un lieu « où, « écrivait-elle, ce ne sont pas les hommes qui « prient les femmes, mais les femmes qui prient « les hommes. » Henri, qui était de nature à se laisser tenter plutôt qu'effrayer de pareille chose, eut cependant le mérite d'obéir ponctuellement à sa mère. Il ne se mit en route que lorsque le mariage fut conclu, arrêté, quand tous les préparatifs en étaient faits par les soins de Jeanne d'Albret. A peine était-il en France qu'il apprit la mort de sa mère (juin 1572). Deux mois après il arrivait à Paris avec son cousin le prince de Condé, et il déposait son habit de deuil pour épouser, le 18 août, Marguerite de Valois, âgée de vingt ans, belle, vive, spirituelle, plus vive peut-être qu'il ne convenait au mariage ; du reste, dotée pour tous droits successifs de 67,500 livres de rente sur l'hôtel de ville. La cinquième nuit qui suivit celle de leurs noces eut lieu l'exécuter, au signal du tocsin de Saint-Germain l'Auxerrois, et à la lueur des torches, le massacre de la Saint-Barthélemy, œuvre de fureur populaire, autorisée ou acceptée par un roi. Le Louvre et Marguerite protégèrent le nouveau marié, mais on ne lui fit grâce que de la mort. Appelé dans la chambre de Charles IX, on lui enjoignit de quitter sa religion. Jeanne d'Albret eût refusé sans doute, car les femmes ont du courage pour le martyre. Henri se soumit et demanda le temps de s'éclairer. Il n'en accompagna pas moins le roi au parlement (2 septembre), quand il alla s'y déclarer l'auteur de ce grand meurtre ; il l'entendit publier que Coligny avait été justement puni pour avoir conspiré contre le roi de France et « contre lui-même, roi de Navarre. » Ensuite il abjura la croyance de sa mère (11 septembre), sur le simple discours d'un ministre protestant, que la peur avait converti ; il écrivit au pape (3 octobre) pour implorer sa miséricorde ; il défendit l'exercice de la religion réformée dans ses États souverains (16 octobre) ; il assista avec le roi de France, caché derrière le rideau d'une fenêtre de l'hôtel de ville, au supplice exécuté par arrêt du parlement (27 octobre), sur l'effigie de l'amiral ; enfin, il suivit l'armée du roi au siége de la Rochelle, qu'il eut du moins le bonheur de trouver imprenable (1573).

Les quatre années qui suivirent le massacre furent pour le roi de Navarre une de ces époques fâcheuses que le panégyrique omet à dessein, où l'histoire, qui a bien autre chose à faire, ne se met pas en peine de chercher, et que la biographie elle-même, avec cette exactitude qui est son seul mérite, ne saurait fouiller sans se donner un air de médisance. Il est bien certain qu'une surveillance menaçante le retenait dans la résidence royale ou le traînait à la suite des voyages du roi, et difficilement pourrait-on lui reprocher de n'avoir pas su plutôt s'y soustraire. Mais sa liberté n'était pas tellement gênée qu'il ne se mît fort au large pour le plaisir. Si les princes et seigneurs catholiques traitaient avec mépris « ce petit prisonnier de « roitelet qu'on galopoit à tous propos de paroles « et de brocards, et qui avoit, disoit-on, plus de « nez que de royaume, » il savait très-bien rétablir l'égalité, voire même reprendre son rang dans la débauche, et il ne figurait pas le dernier dans les plus insolentes prouesses de cette jeune cour. Les mémoires du temps le mettent au nombre de ceux qui exécutèrent en riant ce que nos gens du roi appelleraient un vol à main armée dans le logis du prévôt de Paris (septembre 1573). Mari infidèle et trompé, sa position s'empirait encore de ce mauvais relief que donne toujours, avec juste raison, la honte du ménage. Les velléités qui lui venaient de se créer une importance politique, n'avaient pas d'inspiration plus haute et d'autre portée qu'une intrigue de femmes, qu'une liaison d'intérêts avec un jeune étourdi, son beau-frère d'Alençon, et tout cela était à la disposition d'une coquette, qui se jouait des deux princes à la fois, ou tour à tour. La mort de Charles IX le trouva tout à fait prisonnier (mai 1574) tenu sous bonne garde par Catherine, en suite d'une folle conspiration qui coûta la vie à deux serviteurs du duc d'Alençon. En cet état la reine mère le conduisit à Lyon au-devant de Henri III qui s'était échappé de la Pologne, son royaume électif, pour venir prendre possession de sa couronne héréditaire. Après que le roi de Navarre se fut mis aux genoux du nouveau roi et lui eut juré, sur l'hostie qu'il venait de recevoir, une éternelle fidélité, Henri III lui ôta ses gardes, reprit avec lui cette ancienne communauté de joyeuse vie qui les avait unis, et on les vit côte à côte figurer dans Avignon « à la pro-« cession des battus. » Pendant la première année de ce règne, le roi de Navarre ne fut encore à la cour de France qu'un gai compagnon dont on redisait les bons mots, dont on racontait les disgrâces conjugales. Cependant il y avait en France un parti ardent, inquiet, qui respirait la guerre et qui demandait un chef. Le prince de Condé s'enfuit heureusement de Paris et alla porter dans le camp des réformés le nom si aimé de son père. Le duc d'Alençon, frère du roi, qui avait besoin de faire une paix pour augmenter ses apanages, s'échappa aussi. Le roi de Navarre restait seul, se leurrant de l'espoir qu'on allait le proclamer lieutenant général du royaume. C'était absolument la situation où s'était trouvé son père treize ans auparavant, et la même cause, l'amour d'une femme qui n'était pas la sienne, le retenait là où il pouvait perdre de même sa réputation, son influence, son avenir, pendant qu'un prince de sa famille allait encore prendre le poste qui lui appartenait dans la guerre civile. Enfin ses amis, parmi lesquels se place au premier rang d'Aubigné, lui remontrèrent le tort qu'il faisait à sa gloire, et

son départ fut résolu. Sous prétexte d'aller à la chasse vers Senlis, il franchit les limites du cercle où on le renfermait (février 1576), courut à travers pays et se rendit dans la province d'Anjou, « ne « laissant à Paris, disait-il, que deux choses dont « il se soucioit peu, sa femme et la messe. » Cette démarche pourtant ne lui assurait pas sur le champ un grand crédit ni du coté de la cour ni parmi les réformés. Le duc d'Alençon avec ses catholiques unis et le prince de Condé à la tête des huguenots étaient plus à considérer que lui, qui ne savait trop où se ranger, suspect aux uns et aux autres, tellement que sa petite escorte, mêlée de gens des deux religions « fut trois mois « sans ouïr messe ni prêche. » Avant qu'il se fût décidé, la paix se fit (mai 1576), et le duc d'Alençon en eut tout l'honneur, sans compter le profit. L'édit de cette paix était le plus avantageux qu'eussent encore obtenu les réformés; aussi se préparèrent-ils à le voir révoquer. Ce fut alors (juin 1576) que le roi de Navarre retourna publiquement à leur religion, sans laquelle il n'y avait pas de porte ouverte pour lui à la Rochelle. Il y fut reçu, mais moins bien que son cousin de Condé, tant la défiance était grande contre ce fils de rénégat, rénégat lui-même (les réformés ne ménageaient pas les termes), marié en famille ennemie, et le dernier venu de cette cour où s'était tramé l'assassinat de leurs frères. Il fallut tout ce qu'il y avait d'humeur aimable et facile, d'engageante bonté, de loyauté naïve dans son caractère, pour lui réconcilier des esprits farouches, qui, avec toutes ces causes de répugnance, se scandalisaient encore de ses amours. Car il y a dans la vie de ce prince cette singularité que chaque phase en est marquée par le nom d'une maîtresse. Durant la captivité de Paris, c'était madame de Sauve. A son entrée dans le maniement des affaires, ce fut la jeune Tignonville « qui ré-« sista, dit-on, vertueusement à ses poursuites « tant qu'elle demeura fille. » Enfin, le besoin que les réformés avaient de son autorité, et la généreuse conduite de son cousin, qui s'effaçait de son mieux devant lui, le firent reconnaître de tous « pour protecteur général des églises de France. »

Il avait ce titre quand les états généraux, convoqués à Blois, désavouèrent le traité de paix accordé par le roi, sous l'influence de la ligue qui s'était formée dans les provinces, convièrent de nouveau le royaume à la guerre. Henri de Condé s'y jeta le premier en publiant qu'il agissait par le commandement du roi de Navarre; celui-ci se partagea entre quelques tentatives d'exploits militaires et la négociation d'une paix nouvelle qui fut conclue (septembre 1577) après sept mois seulement d'hostilités. Les plus belliqueux de ses amis trouvèrent qu'il s'était bien hâté; mais c'était vraiment un acte de haute sagesse politique que de faire un traité en son nom, à la tête d'un parti, en acquérant ainsi le droit d'en demander l'exécution ou d'en proclamer la rupture. Aussi de ce moment date l'importance du roi de Navarre, non pas par la grandeur de ses États et la richesse de ses revenus, mais parce que son nom était arrivé à représenter une cause, un intérêt, une passion. Il ne paraît pas pourtant qu'il ait compris sur-le-champ tout le sérieux de son rôle. Car, dès les premiers mois de 1578, une folie lui fit perdre la ville la plus considérable qui l'eût reçu dans son gouvernement de Guyenne. Les jeunes seigneurs de la cour qu'il tenait dans Agen, jaloux de lui montrer qu'ils en savaient autant que les courtisans de Paris, s'avisèrent au milieu d'un bal d'éteindre les chandelles pour faire main-basse sur les belles dames gasconnes. Irrités de cette insulte, les habitants d'Agen, pères, maris, amants et frères, appelèrent dans leurs murs les troupes du roi, et la cour de Navarre perdit ainsi « son Paris. » Elle s'établit alors à Nérac où la reine Catherine vint trouver son gendre, lui ramenant Marguerite, dont, à vrai dire, il savait fort bien se passer. Le rapprochement des deux époux se fit pourtant de meilleure amitié qu'on n'aurait pu croire, grâce à la tolérance mutuelle dont ils semblaient être convenus; le mari permettant à sa femme tout exercice de sa beauté, pourvu qu'elle fût à bonne fin en lui gagnant des amis, la femme ne témoignant aucune jalousie de l'amour que montrait son seigneur d'abord à « la « jolie Dayelle Cypriote » (ainsi parlent les mémoires), qui avait accompagné la reine mère, puis à la douce et naïve demoiselle de Fosseuse, jeune fille de quatorze ans que Marguerite lui donna de sa main. Le résultat politique de ce voyage fut une série d'articles ajoutés au dernier traité (février 1579), dans la rédaction desquels on assure que Catherine de Médicis fut trompée à son tour, son conseiller tenant la plume, le vieux seigneur de Pibrac, s'étant laissé charmer par le doux regard de Marguerite. Le roi de Navarre conduisit ensuite sa femme à Pau, et la princesse catholique trouva un assez mauvais accueil « dans cette petite « Genève; » puis ils revinrent tenir à Nérac « une « cour si leste et si galante » qu'il n'y avait pas à envier celle de France. Maximilien de Béthune, seigneur de Rosny, se fait raconter gravement par ses secrétaires « qu'il y prit une maîtresse comme « les autres. »

En cette cour on désirait la guerre bien plus que dans les châteaux et dans les villes qui devaient la faire et la payer. L'amour y parlait prise d'armes, exploits militaires et retour glorieux. La reine Marguerite qui gardait rancune à son frère pour quelques railleries sur sa conduite, le roi de Navarre qu'on traitait en France de mari aveugle et bénin, les jeunes femmes qui détestaient à bon escient Henri III, les jeunes seigneurs qui voulaient plaire aux jeunes femmes, tout cela demandait à combattre. On se mit donc aux champs encore une fois (avril 1580), et ceci s'appela « la guerre « des amoureux. » Le roi de Navarre, dès les premières entreprises, s'y révéla tout à coup un héros, « son honneur et sa vertu guerrière commençant « dès lors à se dénouer. » A la prise de Cahors, on le vit diriger les attaques avec sang-froid, avec courage, et combattre vaillamment de sa main cinq jours durant dans les rues de la ville. En toutes les rencontres qui suivirent, il gagna beaucoup de gloire, mais peu de profit; et il lui arriva bien à point que le duc d'Alençon, ayant besoin de soldats et d'argent pour aller prendre les Pays-Bas sous sa protection, s'entremît de rétablir la paix : ce qu'il vint faire lui-même en Gascogne (décembre 1580), ravi de se retrouver avec sa bonne sœur Marguerite, et recrutant pour son expédition ce qu'il y avait de meilleurs gens d'armes à la suite de son beau-frère.

Quatre ans de repos suivirent cette affaire d'honneur engagée, vidée et arrangée en quelques mois. Pendant que le duc d'Alençon allait manquer un mariage à Londres et une conquête en Flandre, le roi de Navarre reprenait le cours de sa vie paisible dont il ne reste guère de notable souvenir, sinon qu'en 1581 la jeune Fosseuse fut délivrée d'un enfant mort, la reine Marguerite faisant office de matrone; qu'en 1582 cette princesse alla visiter la cour de son frère, emmenant avec elle la nouvelle accouchée; que son mari remplaça femme et maîtresse absentes par la veuve du comte de Gramont, Diane d'Andouins; qu'enfin Marguerite fut en 1583 outrageusement renvoyée de la cour de France pour la mauvaise conduite qu'elle y avait tenue, et dont il existait, disait-on, une preuve vivante au sein de quelque nourrice. Ainsi cette renommée brillante qui s'était si noblement produite à Cahors risquait fort de se ternir, si un événement inattendu n'était venu lui fournir une nouvelle occasion d'éclat. Le duc d'Alençon était mort à trente ans (11 juin 1584), et il ne restait plus que la vie de Henri III, libertin efféminé dont le mariage et les amours étaient également stériles, pour séparer du trône l'aîné des Bourbons. Mais déjà on disputait ce titre au roi de Navarre. La ligue catholique plusieurs fois formée et rompue, se renouant alors, essayait de prouver par arguments et par textes que le cardinal Charles de Bourbon, oncle de Henri, devait exclure son neveu de ce qui n'était encore qu'une espérance. Le droit du roi de Navarre fut soutenu en d'autres écrits, et chacun prépara ses armes à l'appui. Le temps était venu pour l'héritier du trône de France de réformer sa vie et de suivre le conseil des gens graves. Henri prit un terme moyen ; il employa du Plessis-Mornay et garda sa maîtresse.

Il faut rendre cette justice à Henri III, qu'il ne craignit pas de songer à son successeur, et qu'il le voulut comme la justice et l'intérêt de l'État le demandaient. Dès les premières atteintes du mal qui emporta son frère, il envoya un de ses favoris au roi de Navarre pour l'engager à se faire catholique, afin qu'il se trouvât tout prêt à recueillir sa couronne ; c'est plus que n'auraient fait peut-être des caractères mieux famés. Le roi de Navarre crut sans doute qu'il n'en serait jamais réduit à la nécessité de se convertir ; il refusa hautement, et son parti applaudit; le parti contraire se leva : car c'était vraiment un beau procès à juger par bataille. Cependant, quoiqu'il parût s'agir surtout de son intérêt, le roi de Navarre ne fut pas le premier sous le harnais ; le prince de Condé le devança. Mais lorsque Henri III « se couchant, comme dit un historien du temps, pour n'être pas abattu, » eut accepté la ligue et révoqué ses édits (juillet 1585); lorsque deux mois après le pape Sixte-Quint excommunia le roi de Navarre, Henri en appela tout à fait du roi et du pape à son épée. La moitié de ses amis venait d'être mise en déroute à la suite du prince de Condé dont on avait cruellement blâmé la fougue et raillé la défaite; le reste tremblait, et « il y avoit parmi les réformés un tel naufrage des courages et des volontés, » que qui eût pu choisir n'aurait pas porté là sa fortune. Celle du roi de Navarre y était tout entière. Il s'y jetta bravement, « affriandé au travail par la beauté de sa besogne, et recevant du péril une nouvelle hautesse de cœur. » En même temps son excommunication lui rapporta cela de bon qu'elle le délivra de sa femme. Marguerite le quitta pour se jeter dans Agen, d'où elle fut bientôt chassée, et elle alla enfermer les licences de sa vie dans un château d'Auvergne. Le roi de Navarre dit adieu à la comtesse de Gramont, revint lui raconter son premier exploit, et enfin s'achemina heureusement jusqu'à la Rochelle (juin 1588). Là il eut à conduire quelques entreprises hardies dans le voisinage, à se démêler d'une négociation où l'avait entraîné Catherine escortée de ses filles d'honneur, à s'excuser d'un enfant que lui donna dans la ville même la fille d'un homme de robe longue, et qui causa grand scandale parmi les ministres réformés. Cependant il ne s'était encore montré qu'en des attaques de places et rencontres de cavalerie où il avait galamment fait le coup de pistolet, quand une armée royale, toute neuve et toute dorée, vint arrêter auprès de Coutras l'armée huguenote qui allait joindre ses auxiliaires allemands. Le roi de Navarre lui livra bataille sans marchander, et s'y fit reconnaître grand capitaine (octobre 1587). Après la victoire, il prit à peine le temps d'essuyer la poussière qui le couvrait (car ce n'était guère son habitude), et il courut jusqu'à Pau porter aux pieds de la comtesse de Gramont les drapeaux conquis sur l'ennemi.

Il avait repris son poste à la Rochelle, et la mort du prince de Condé, en le soulageant d'une rivalité, venait de lui laisser sur les bras toute la conduite du parti (1588), quand un caprice des Parisiens mit le roi de France presque en même état que son héritier. Chassé de sa capitale, Henri III s'humilia, fit un traité, assembla les états généraux, ensanglanta le château de Blois par un meurtre, puis fut forcé d'appeler à son secours celui qu'il avait exclu de sa succession. L'autre Henri s'était tenu tout le temps l'épée au poing; il avait eu aussi son assemblée à la Rochelle, où on l'avait assez rudement traité sur ses amours, sur ses complaisances pour les catholiques, sur la misère de ses serviteurs, toutes choses qu'il entendit patiemment comme prince qui savait sa condition. Profitant alors du soulèvement de la ligue qui prenait des villes au roi de France, il se fit également sa part, tellement qu'il étendit ses limites jusqu'au lieu où Henri III était acculé. Là, c'est-à-dire à Tours, les deux rois se joignirent, s'embrassèrent (30 avril 1589), et marchèrent ensemble pour assiéger Paris ; Paris, siège d'une république catholique comme la Rochelle l'était d'une république protestante, le Paris de la ligue tout semblable au Paris de nos révolutions, avec ses bourgeois armés et ses orateurs populaires, ses meneurs de faubourgs et ses agitations de la place publique, ses emportements aveugles et ses rumeurs soupçonneuses, ses crédulités forcenées et ses affections mobiles. Par-dessus tout cela, il s'y trouvait du fanatisme. Cette passion en fit sortir un moine jacobin qui vint à Saint-Cloud enfoncer son poignard dans le ventre de Henri III, et mourut aussitôt percé de plusieurs coups. Le 2 août 1589, Henri de Bourbon entrant dans la chambre de son beau-frère au lever du jour, y vit un cadavre au pied duquel priaient deux minimes; ce triste spectacle lui apprit qu'il était maintenant roi de France. « En quatre heures on lui fit un habit de deuil violet, » avec lequel il alla recevoir le serment de l'armée.

Mais ce n'était là qu'un simulacre d'avénement, à tel point que, dès le premier jour, il y eut des courtisans qui lui tournèrent le dos. C'est tout au plus même s'il lui restait une armée; car une partie de sa noblesse reprit incontinent le chemin de ses châteaux. Force lui fut de lever le siége et de conduire son infanterie jusqu'auprès de Dieppe. C'était chose piteuse que de voir l'héritier du grand empire de France se plaçant, dans le premier mois de son règne, à la frontière la plus prochaine de ses États, avec la mer ouverte derrière lui pour la retraite. Le duc de Mayenne alla l'y chercher avec une armée formidable; il en reçut le choc sans s'ébranler au poste d'Arques (21 septembre), et un mois après il était revenu aux portes de Paris dont il occupa les faubourgs toute une journée; puis reprenant sa course, il se rendit maître tour à tour de Vendôme, du Mans, d'Alençon, de Falaise, tout cela en sept semaines, par une marche de cent cinquante lieues; après quoi il vint se présenter à la rencontre du duc de Mayenne qu'il battit complétement dans la plaine d'Ivry (14 mars 1590). C'était le cas de redevenir amoureux, puisque la comtesse de Gramont était trop loin; aussi le devint-il, à la Roche-Guyon, d'une noble veuve, dame du lieu, qui fit bonne défense et ne se rendit pas.

Il avait encore une forte passion pour la ville de Paris, se plaignant, dans son langage cavalier, « de n'avoir pu que baiser cette belle maîtresse sans lui mettre la main au sein. » Aussi vint-il l'assiéger une troisième fois (25 avril), en dessein de la réduire par famine. A Montmartre il trouva quelque chose comme ce qu'il cherchait, une fille de bonne maison, Marie de Beauvilliers, ayant titre d'abbesse et habit de religieuse, ce qui ne le déparait pas, laquelle lui fut moins cruelle que la grande ville fermée de murs et souffrant dure disette.

Cette agréable distraction ne lui servit pas médiocrement pendant quatre mortels mois qu'il se tint en vue de sa capitale, rôdant autour des remparts, menaçant les portes, attaquant les faubourgs, donnant la chasse aux habitants affamés qui en sortaient et dont il eut enfin pitié, jusqu'à ce que l'arrivée du duc de Parme le contraignit à se retirer, emmenant avec lui cette abbesse dont il avait par trop soulevé le voile. Il fallut donc recommencer la guerre à travers pays, en suivant le duc de Parme qui, satisfait d'avoir délivré Paris, retournait vers la Flandre. Au mois de janvier 1591, il reparut sous les murs de Paris pour y tenter un coup de main. Puis, désespérant d'y entrer, il chercha du moins à s'élargir dans les provinces voisines, en Picardie, en Normandie, en Champagne; il prit Chartres, Louviers, Noyon, mais il manqua Rouen que le duc de Parme vint encore une fois lui ôter des mains (1592). Pendant que ces expéditions l'appelaient tantôt d'un côté, tantôt de l'autre, toujours assez loin et avec grande chance d'y recevoir quelque mousquetade, comme il lui arriva au combat d'Aumale, il s'était fait dans la jolie ville de Mantes une sorte de capitale au petit pied, où il tenait, dans l'intervalle des siéges et des entreprises, sa cour, son conseil, tout ce qu'il avait d'appareil royal, sauf sa justice qui était à Tours. Ce fut en ce lieu de Mantes qu'un de ses courtisans, l'ayant entretenu souvent d'une sienne maîtresse dont la beauté défiait toute comparaison, lui fit venir l'envie de la voir. Henri IV fut tellement de son avis qu'il la prit pour lui, d'abord en partage, puis, à ce qu'il crut, en toute propriété. Elle se nommait Gabrielle, fille du seigneur d'Estrées.

Mais pour toute la peine qu'il se donnait, et tout le chemin qu'il lui fallait faire, et tous les combats qu'il avait à livrer, ses affaires n'avançaient pas, et il sentait bien que son casque n'était pas une couronne. Succès et défaites servaient également à l'embarrasser; car dans la mauvaise fortune il trouvait les divisions de son parti plus irritées et plus défiantes; dans la bonne, il se heurtait aussitôt contre cette nécessité prévue dès le premier jour, écartée tant qu'il n'y avait eu qu'à combattre, mais vers laquelle le ramenait chaque progrès de ses armes. Il y avait en effet cette bizarrerie dans sa position, qu'il n'était jamais plus libre de sa conscience que lorsqu'il n'avait rien à espérer, sinon des arquebusades et des coups d'épée. Dès qu'il avait fait un pas vers la possession de son trône, il retombait sous l'obligation de se convertir, d'abjurer, de renier la religion de sa mère, la croyance de sa jeunesse, celle qu'il avait choisie plus tard hautement et sans contrainte, celle enfin qui lui avait donné une armée et sa gloire. Et pourtant c'était une condition qu'il fallait subir; car de conquérir toute la France pièce à pièce, c'était une entreprise à user plus que la vie d'un homme, plus surtout que la patience des gens qui le servaient. S'il est vrai qu'en pareille matière une conviction profonde, sincère, fondée sur l'assurance du salut dans la voie qu'on suit et de la damnation dans l'autre, doive persister jusqu'à la ruine et à la mort, il faudra dire seulement que cette conviction n'existait pas tout à fait chez le roi de Navarre, ou s'était fort affaiblie chez le roi de France. En tout cas, après avoir fait pour son honneur tout ce qu'on pouvait demander au courage humain, il se crut autorisé à faire bon marché de sa foi. Sept années de guerre ne l'avaient conduit qu'à la possibilité d'une transaction, et c'était comme vainqueur qu'on l'y recevait. Il y entra huguenot chancelant pour en sortir tiède catholique. Un excellent trait de son caractère et qu'il est bon de remarquer, c'est que, s'étant réservé deux mois pour s'instruire, il employa tout ce temps à prendre une ville. Réconforté par cette victoire, il se trouva en état de faire, tête levée, « le saut périlleux, » et il entendit la messe à Saint-Denis le 25 juillet 1593.

Cependant Paris n'ouvrait pas ses portes; on convint seulement d'une trêve, pendant laquelle tous les curieux de la ville venaient se donner le spectacle du Béarnais hérétique et relaps s'agenouillant dévotement à l'église, ou suivant à pas lents la procession; puis ils retournaient se quereller chez eux. Ce ne fut qu'au bout de huit mois qu'ayant traité avec le gouverneur de Meaux, s'étant fait sacrer à Chartres, faute de Reims, pour contenter la fantaisie des plus scrupuleux, ayant réduit Orléans, Bourges et Rouen à son obéissance, moyennant bonne condition à ceux qui les tenaient, il trouva les intelligences pratiquées dans Paris assez mûres pour s'y présenter de nouveau, non pas à force ouverte, non pas aussi en façon d'entrée solennelle, mais par surprise et de connivence avec les officiers et le gouverneur de la ville; ce qui s'exécuta le matin avant l'aube (22 mars 1594), sans bruit ni autre résistance que celle de quelques lansquenets qu'on jeta dans la Seine, les Espagnols du reste gardant leurs quartiers, d'où i's sortirent ensuite par composition. Mais ce n'était pas encore là le repos. Il s'était passé moins de deux mois que déjà le roi marchait vers la frontière de Picardie pour repousser les Espagnols, conduisant avec lui sa maîtresse enceinte jusqu'au château de Coucy où elle mit au monde un fils nommé César, dont il se laissa persuader qu'il était le père. Après avoir pris Laon, il revint à Paris, où un jour qu'il était dans la chambre de madame de Liancourt (car Gabrielle avait gagné ce nom par mariage), un jeune écolier appelé Jean Châtel, se glissant dans la foule, leva sur le roi son couteau et l'atteignit à la bouche (25 décembre 1594). Sur quoi le huguenot d'Aubigné dit ce bon mot qui, selon lui, a couru toute la France : «Vous n'avez renié Dieu que des lèvres, et il vous les a percées. Si vous le reniez du cœur, il vous le percera aussi. » Un homme de sens, et qui connaissait les partis, avait dit mieux lors de l'abjuration de Henri IV : « C'est maintenant qu'il y a péril pour la vie du roi; car il est devenu tuable, auparavant il n'étoit qu'ennemi. » Du reste l'attentat de Jean Châtel n'était pas le premier. Dès le mois d'août 1593, un Orléanais, parti de Lyon tout exprès pour tuer le roi, avait été arrêté aux portes de Melun, porteur d'un couteau qui servit de preuve à le faire pendre; celui-là se nommait Pierre Barrière.

Le roi n'avait encore racheté que la moitié de ses villes, lorsqu'il déclara la guerre à l'Espagne (1595) hautement, ouvertement, et de royaume à royaume. La gloire ne lui manqua pas dès l'abord ; car il fit des prodiges de valeur en Bourgogne au combat de Fontaine-Française (30 juin). Mais les Espagnols prirent leur revanche en Picardie. Il accourut de Lyon où lui était parvenue l'absolution du pape, pour venir au secours de cette province, ayant alors à ses côtés le duc de Mayenne, le chef de la ligue, qui s'était réconcilié avec lui et qui resta jusqu'à la fin serviteur fidèle, comme il avait été, tant qu'il l'avait pu, brave et loyal adversaire. Malgré toute son activité, Henri IV ne put sauver Calais (avril 1596), mais il réussit à prendre la Fère dont il donna le gouvernement à son fils César, âgé de deux ans. Aussi Gabrielle, qu'il avait faite marquise de Monceaux, et qui plus est démariée, était-elle auprès de lui, où Rosny l'avait amenée, « faisant, comme il le dit lui-même, le bon valet auprès de la dame. » Alors le roi, qui se voyait fort court d'argent, car en ce temps (c'est lui qui parle) « ses chemises étoient toutes déchirées, ses « pourpoints troués au coude, et sa marmite souvent « renversée, » imagina de convoquer une assemblée des notables à Rouen, sachant bien que les assemblées sont surtout bonnes à fournir des écus. Il adressa aux notables (novembre 1596) un excellent discours où il leur promettait toute liberté d'avis et de paroles, allant jusqu'à dire qu'il se mettait sous leur tutelle, mais en ayant soin d'ajouter « que « cette envie prenoit rarement aux barbes grises et « aux victorieux. » Pendant que l'assemblée votait des impôts, à côté d'elle la marquise de Monceaux accouchait d'une fille, et les notables en virent le baptême. Tout cela rendit la joie au cœur du roi, qui se donna enfin la douceur d'un hiver passé à Paris dans les fêtes. Elles duraient encore quand la nouvelle arriva de la prise d'Amiens par l'Espagnol (mars 1597). Le roi y courut avec tout ce qu'il put ramasser de troupes, et en compagnie de sa maîtresse. Il ne quitta le siège que pour venir à Paris presser de ses ordres, souvent aigres et sévères, le recouvrement des deniers que le parlement lui marchandait. Amiens repris à la vue de l'armée espagnole, et toute la province rassurée (septembre 1597), il y eut à s'occuper de la Bretagne, dernier asile du parti catholique. Le duc de Mercœur, qui s'était réservé l'honneur d'enterrer la ligue, fit sa soumission, et le roi, réglant ses comptes un peu arriérés avec ses anciens amis, data de Nantes un édit en faveur des réformés (avril 1598). Presqu'en même temps la paix avec l'Espagne était conclue à Vervins (mai 1598), et Henri IV se vit enfin arrivé au terme de ses longues traverses, possesseur de tout son héritage, aimé de ses sujets, absous du pape, n'ayant d'autre embarras que de contenter tous ses serviteurs anciens et nouveaux.

En cet état Gabrielle, qui était devenue duchesse de Beaufort, lui donna un second fils dont le nom fut Alexandre. La naissance de cet enfant rendit plus vif un désir qu'il essayait de temps à autre dans l'oreille de ses plus intimes confidens, et qu'il avait grand dépit de voir partout repoussé. Il lui semblait qu'ayant une femme toute trouvée, et des héritiers tout faits, ce n'était qu'affaire de bonne amitié avec le saint-siège, d'annuler son mariage, d'en contracter un nouveau, et de légitimer ses enfants déjà nés. Car il faut noter le profit qui lui était survenu d'être catholique. Huguenot, il n'aurait eu personne par qui faire consacrer la rupture d'un lien librement et publiquement formé ; catholique, il avait cette ressource du démariage par autorité pontificale, que les papes, lui semblait-il, ne pouvaient plus refuser depuis l'exemple de Henri VIII. La reine Marguerite, toujours retirée en Auvergne, ne demandait pas mieux que de prêter les mains au divorce, pourvu qu'on mît en sa place quelque chose de mieux que Gabrielle ; car encore son mari devait-il gagner au change. Celui-ci cependant vivait en bonne espérance d'y réussir, sans se rebuter des mauvais propos, traitant sa maîtresse comme il eût fait sa femme, et voyant croître avec plaisir une quatrième grossesse, toujours à compte sur le mariage futur, lorsque la duchesse de Beaufort fut frappée à Paris de mort subite (10 avril 1599). Le roi s'abandonna au plus profond désespoir, s'habilla de deuil, écrivit à sa sœur « que la racine de son amour était morte », et au bout de quelques semaines prit une autre maîtresse. Celle-ci était fille du seigneur d'Entragues et d'une Marie Touchet dont Charles IX avait eu un fils ; elle ne se rendit que moyennant une somme de cent mille écus avec promesse de mariage pour le cas où elle accoucherait dans l'année d'un enfant mâle. Pendant qu'il jouissait de sa nouvelle conquête, on s'occupait à Rouen de faire dissoudre son mariage avec Marguerite, ce qui lui fut accordé bien volontiers (novembre 1599); mais en même temps on négociait pour lui une nouvelle épreuve du lien conjugal avec la nièce du grand-duc de Toscane, et, la chose étant conclue, il n'y eut plus à s'en dédire.

De cette longue guerre qui avait coûté tant de sang, il restait une petite contestation avec le duc de Savoie, que l'on croyait avoir réglée à Paris lorsqu'il vint y visiter le roi (1599). Comme il tardait à tenir parole, le roi se mit en route pour l'y contraindre (juin 1600), laissant à Paris Henriette d'Entragues, maintenant marquise de Verneuil, sur le point d'accoucher ; ce qu'elle fit avant terme et d'un enfant mort. La Savoie, hardiment conquise en quelques mois, força le duc à s'accommoder ; alors le roi, se trouvant tout porté au-devant de sa nouvelle épouse, congédia la marquise qui était venue le rejoindre à Chambéry, et courut à Lyon surprendre Marie de Medicis le soir dans son logis, où, comme il n'y avait pas de lit préparé pour lui, il la pria de le recevoir sans façon dans le sien (9 décembre 1600). Après la cérémonie qui suivit la consommation, toute la cour revint à Paris, et le roi présenta sa maîtresse à sa femme, voulant qu'elles vécussent toutes deux en bon ménage, ensemble et avec lui. L'année 1601 se passa en soins domestiques, et ne fut remarquable que par un voyage du roi à Calais, voyage qui mit près l'un de l'autre, séparés seulement par un bras de mer, les souverains d'Angleterre et de France, sans les amener à se voir et à s'entendre. Ce qu'il y eut en cela de particulier, c'est que des deux têtes couronnées, celle qui était sur un corps de femme parut la plus désireuse d'embrasser l'autre, et que Henri IV, qui n'avait peur de rien, ce nous semble, recula devant les caresses d'Élisabeth. Il revint en hâte de Calais pour assister à la naissance de son premier enfant légitime qui naquit neuf mois et dix-huit jours après la soirée de Lyon (27 septembre 1601), et fut depuis le roi Louis XIII. La marquise accoucha le mois suivant d'un fils qui devint évêque. Le roi partagea ses attentions avec une égalité fort touchante aux deux mères et aux deux enfants.

Henri IV avait vu presque toute sa vie la guerre civile, puis le poignard s'était approché de son cœur; il lui restait à connaître un autre souci de la paix et de la royauté, les conspirations. Il s'en découvrit une dont le chef était un de ses meilleurs généraux, de ses plus fidèles serviteurs au temps des combats, son compagnon d'Arques, d'Ivry, d'Aumale, de Fontaine-Française, Charles de Gontaut, maréchal de Biron, celui qu'il avait publiquement appelé « le plus tranchant instrument de ses victoires. » Ce qu'on lui reprochait ne pouvait guère se nommer que menées, intelligences, projets, vanteries, rêves d'indépendance et de souveraineté, sans effet ni exécution, tout cela révélé par le méprisable agent qui avait excité son orgueil. Le roi commença par mettre ordre au pays, où quelques mécontentements d'un ordre matériel pouvaient tenter les ambitions. Sa présence à Poitiers suffit pour rétablir l'obéissance; puis il manda le maréchal de Biron à Fontainebleau. Là il le pressa d'avouer sa faute; Biron rappela fièrement ses services. Il fut arrêté aussitôt, conduit à la Bastille, livré au parlement, où les pairs ne voulurent pas siéger, condamné à mort et exécuté par la main du bourreau (31 juillet 1602). Le roi n'intervint au procès que pour faire grâce au coupable de l'échafaud dressé en place de Grève; on lui coupa la tête, par faveur, entre quatre murs et sans témoins. Le comte d'Auvergne, fils naturel de Charles IX, avait été mis en prison comme son complice; mais il n'y eut pas de rigueur pour le frère de la marquise de Verneuil.

C'est le moins sans doute que l'on compte la mort de ce brave capitaine, quoiqu'ait pu exiger la raison d'État, parmi les chagrins de Henri IV, puisque l'histoire, ordinairement si tendre pour les victimes, ne fait pas reproche de celle-ci à sa mémoire. Mais dans le même temps il avait d'autres sujets de tristesse. Moins heureux avec Marie qu'il ne l'avait été avec Marguerite, il la trouvait jalouse et s'avisa aussi d'être jaloux; c'est assez de la moitié pour troubler la vie. Cependant les choses se passèrent aussi régulièrement la seconde année que la précédente. La reine et la marquise mirent chacune au monde une fille à deux mois de distance (novembre 1602 et janvier 1603). Peu de temps après, le roi mena sa femme à Metz où il était survenu quelque désordre, et au retour, sa première visite fut pour la marquise. Le double ménage reprit son cours, et les querelles recommencèrent à ce point qu'il s'y forma le germe d'une conspiration nouvelle. Le duc de Bouillon, soupçonné d'intelligence avec Biron, et qui s'était mis prudemment hors de portée, continuait, disait-on, ses intrigues, où étaient entrés le père, le frère de la marquise et cette dame elle-même. Parmi les instruments dont on voulait se servir contre le repos de l'État, se trouvait cette promesse de mariage à laquelle la jeune Henriette s'était rendue, que Rosny avait brutalement déchirée, et dont le roi avait fait sans mot dire une seconde copie. Il fallut la racheter des mains du père (juillet 1604), qui n'en fut pas moins arrêté quelques mois après, ainsi que le comte d'Auvergne, la marquise restant sous bonne garde en son logis. Par suite, le sieur d'Entragues et le comte d'Auvergne furent condamnés à mort, et la marquise à la réclusion dans un couvent (février 1605). Le roi fit grâce au père, laissa le frère en prison et retourna chez la fille. Mais pendant sa disgrâce il lui avait donné une rivale : Jacqueline de Bueil, qu'il avait faite comtesse de Moret, et mariée pour plus de sûreté, était maintenant en tiers dans ses bonnes grâces, et bientôt la famille devint complète par l'arrivée à Paris de la reine Marguerite, qui eut charge sans doute d'enseigner la complaisance à la reine Marie.

Tous ces tracas d'intérieur n'empêchaient pas Henri IV de veiller avec zèle et prudence, avec une haute connaissance des hommes et des choses, aux intérêts de son royaume. Mais les temps de calme ont cela de désobligeant pour les rois, que leurs actes s'enregistrent froidement dans l'histoire sous le titre des établissements qu'ils ont fondés, des réformes qu'ils ont opérées, des bâtiments qu'ils ont élevés, et que la curiosité, peu excitée à les suivre dans les fonctions du gouvernement, se reporte tout naturellement sur leur personne. Ainsi, quoi qu'on veuille faire, en l'absence des grands événements, et pendant le silence des sages projets qui mûrissent et produisent sans bruit, la dernière partie de la vie de Henri IV est tout entière dans sa maison. On voit bien qu'en 1605 il partit pour rétablir l'ordre dans quelques provinces toujours travaillées par un sourd esprit de sédition; qu'en 1606 il alla, suivi d'une armée, demander au duc de Bouillon compte de sa conduite et assurance de sa fidélité dans sa ville souveraine de Sedan; que la même année il établit une chambre de justice pour la recherche des vols commis en finance; qu'il se porta ensuite médiateur puissant entre le pape et Venise pour la conciliation de leurs différends (1607), entre l'Espagne et les Provinces unies pour la conclusion d'une trêve (1608), ce qui le fit nommer l'arbitre de la chrétienté; mais tout cela tient encore moins de place, même dans les relations sérieuses, que ses querelles sans cesse renaissantes avec la reine sa femme, que les bouderies, les pleurs et les colères du lit conjugal, que le coup de poing surtout destiné par la reine à son mari et intercepté par le bras du duc de Sully. Pendant tout ce temps néanmoins l'heureuse fécondité de la princesse florentine ne se démentit pas. En février 1606, elle mit au monde une seconde fille; en avril 1607 un second fils; en avril 1608 un autre fils, et en novembre 1609 une autre fille. A tous ces dons du ciel la comtesse de Moret joignit celui d'un fils né en 1607, et Charlotte des Essars, comtesse de Romorantin, augmenta de deux filles cette nombreuse postérité.

A travers tout cela, peut-être à cause de tout cela, Henri IV avait vieilli, plus vite que son âge ne le voulait. Son admirable activité était entravée souvent par des infirmités et des maladies. Plusieurs fois il avait été averti de songer à la mort, et, le péril passé, il s'était aussitôt rejeté gaiement dans ces passe-temps joyeux qui remplaçaient pour lui le travail des camps. A l'âge de 56 ans, on le vit tout à coup entreprendre une nouvelle guerre et un nouvel amour. La guerre était contre l'Espagne, sa vieille ennemie. Quant à l'amour, une jeune fille de seize ans lui avait apparu dans un ballet sous le costume de Diane, sa main gentille armée du dard des chasseresses. C'était la fille du connétable de Montmorency. Le roi en fut épris sur le champ, et, pour la garder auprès de lui, il la maria, non pas au beau comte de Bassompierre qui la désirait trop, mais au prince de Condé, pauvre hère, d'une légitimité assez suspecte, sans biens, sans amis, sans crédit, qui n'était plus rien dans le royaume, pas même huguenot, et à qui l'on payait une pension (mai 1609). Au bout de six mois le jeune marié, ennuyé de voir trop souvent son vieux cousin à la poursuite de sa femme, la fit monter à cheval et l'emmena en Flandre. C'était en Flandre aussi que devaient se porter les armes du roi, et il n'en fut que plus prompt à faire les préparatifs de son départ. Tout était disposé, et il allait quitter Paris pour se retrouver encore une fois à la tête de sa noblesse, de ses régiments, de ses bons et fidèles Suisses, de sa belle artillerie tout nouvellement fondue par les soins de Sully. Il avait de grands desseins dans la pensée et une vive passion au cœur, mi-partie de colère et d'amour. La reine, sa femme, venait d'être couronnée à Saint-Denis; il ne lui restait plus qu'un jour à passer dans Paris, un jour de fête et d'entrée solennelle pour lequel les échafauds étaient dressés, les tapisseries tendues, les canons chargés, toute la ville en attente, lorsque, la veille de cette cérémonie, le 14 mai 1610, un de ces hommes sombres et retirés, qui ramassent en leur cerveau toutes les préventions, toutes les crédulités de leur temps, et les convertissent en désir de meurtre, un homme de la même trempe que le moine Jacques Clément et notre contemporain Pierre Louvel, suivit le carrosse du roi, et, trouvant l'occasion belle, lui plongea froidement son couteau dans le cœur. Avant qu'on l'eût ramené au Louvre, Henri IV était mort.

SUR LES OECONOMIES ROYALES.

Ce monument, élevé à la mémoire d'un grand roi par un grand ministre qui ne s'est pas oublié, est certainement l'ouvrage le plus singulier que la préoccupation de soi-même ait jamais légué à la curiosité publique. Tout y est hors des habitudes adoptées par les hommes qui ont voulu laisser quelque souvenir de leur présence dans les événements du siècle où ils ont vécu, et faire en quelque sorte les affaires de leur renommée. Pour en comprendre seulement la forme, il faut se représenter dans une salle du château de Villebon ou de Sully, quatre hommes de plume qui viennent tour à tour, après avoir passé de longues journées à feuilleter notes, relations, lettres, mémoires ou états entassés dans une armoire, lire au seigneur du lieu, lequel écoute, approuve ou reprend, le récit de ce qu'il a fait, vu, dit et entendu; s'adressant non pas au public comme les écrivains de métier, non pas à des lecteurs choisis comme les plus modestes des hommes célèbres, mais à lui-même, en face, au héros, au témoin, au personnage de tous les faits qu'ils racontent. Si les choses se sont ainsi passées, si ce n'est pas là un artifice d'auteur qui recherché l'originalité, il n'y a rien assurément de plus piquant, dans tout ce livre si plein de renseignements précieux, que la façon même dont il a été rédigé; il ne s'y trouve pas de scènes plus curieuses que celle où l'on peut se figurer un homme d'État assis pour entendre le compte à lui rendu de ses propres actions, auditeur patient de sa vie, donnant la réplique à son historien, et se prêtant pour ainsi dire à essayer la gloire.

On ne se douterait guère, en le lisant, que la tâche imposée à ceux qui l'ont écrit était d'abord d'abréger et de réduire, et pourtant ce qui nous a été laissé ne serait, au dire des rédacteurs, qu'un extrait de plus amples mémoires recueillis au fur et à mesure des événements, presque depuis la naissance de Maximilien de Bethune jusqu'à la mort de Henri IV, et à la retraite de son principal ministre. Ces mémoires primitifs étaient l'ouvrage de trois secrétaires dont il ne restait plus qu'un seul au service de l'ancien surintendant, les deux autres s'étant sans doute perdus dans sa disgrâce. Celui qui était demeuré fidèle, et qui parle souvent en son seul nom, s'était associé trois rédacteurs, domestiques de nouvelle date, pour la compilation qu'il avait à faire. L'époque où l'on se mit à l'œuvre est assez vaguement indiquée. Ce fut, dit-on, « plusieurs années après la mort de Henri IV, » lorsqu'il avait déjà été publié nombre d'ouvrages sur la vie de ce prince; et les rédacteurs prenaient la plume sous l'inspiration avouée « du dépit et de « la colère » que leur causait l'ignorance ou la malice des autres historiens. Nous croyons d'autant plus volontiers à cette déclaration, qu'une composition d'aussi longue haleine n'a pu être entreprise et finie que dans un temps de parfait repos. Or, malgré ce que l'on en croit généralement, ce ne fut pas de sitôt après avoir quitté le maniement des affaires que le duc de Sully se résigna aux tristes loisirs de la vie seigneuriale. Pendant assez d'années, on retrouve son nom mêlé, quoique sans éclat, à toutes les agitations comme à toutes les cérémonies du règne de Louis XIII. C'est seulement bien tard, après la ruine du parti réformé, qu'il s'éteint dans la retraite pour ne plus se révéler qu'à sa mort.

Les quatre rédacteurs ne furent pas longtemps à travailler ensemble; deux seulement s'en occupèrent avec assiduité, deux autres en furent détournés « pour avoir trouvé des emplois plus profita-« bles. » La besogne fut ainsi poussée jusqu'à la composition de deux parties ou livres, après laquelle on s'arrêta pour avoir l'agrément du noble personnage à qui l'on rendait ses souvenirs. Le premier livre contenait tout le temps écoulé depuis l'année 1570 jusqu'au commencement de l'an 1601, à partir de la paix qui prépara le massacre de la Saint-Barthélemy, en finissant à la paix de Savoie et au mariage du roi avec Marie de Médicis. Ce sont les quatre-vingt-dix-neuf premiers chapitres de notre édition qui se terminent à la page 354 du premier volume. Le second livre menait la suite du récit à la fin de l'année 1605. Là, les deux rédacteurs faisaient une pause, parce que le temps leur manquait pour arriver au terme de leur tâche, « ce « qu'ils désespéroient d'achever, ni bientôt, ni en-« tièrement », et, pour compléter au moins le principal objet de leur entreprise, ils adressaient au duc un épilogue de leur façon, un panégyrique à bout portant, qui embrassait toute son administration et même sa retraite, de telle sorte que, le recueil historique venant à faillir par manque de temps pour en réunir les matériaux, la part personnelle, celle de l'éloge, et, sans qu'on voulût prononcer ce mot, de l'apologie, aurait du moins atteint sa perfection. Cette seconde partie se termine dans notre édition à la p. 122 du deuxième tome.

Le nom des rédacteurs est resté à peu près inconnu, et ne donnerait lieu en réalité qu'à une recherche d'intérêt domestique. Cependant, sans mettre un grand prix à savoir quels ils furent, il faut rectifier ce qu'on a pu à tort en dire ailleurs. M. Petitot donne la liste de douze secrétaires qui servirent le duc de Sully, soit pendant, soit depuis son administration. Cette liste est tirée du discours dont nous venons de parler, où elle se trouve plus complète et plus claire. Il se demande si les quatre Arnault qui en font partie étaient de la célèbre famille des Arnauld; il le nie dans le texte, il paraît le supposer dans une note. L'affirmative n'est pas douteuse; le discours le dit nettement. « Les « quatre Arnault dont l'un mourut avant le roi, « l'autre a été intendant des finances, le troisième « mestre de camp, le quatrième trésorier de France « et de la voirie, » sont bien quatre des huit fils d'Antoine Arnauld, mort en 1585, savoir : Claude, qui mourut en 1602, Isaac l'intendant, Pierre le mestre de camp, et Louis. Cette observation n'aurait d'autre valeur que la réparation d'une erreur imprimée, puisqu'aucun des trois frères survivants ne suivit le duc de Sully hors des affaires, et ne put prendre part à la rédaction des OEconomies; mais il y est entré un morceau notable tout entier de la main de deux d'entre eux, l'intendant, sans doute, et le mestre de camp : c'est la relation de l'ambassade du marquis de Rosny vers le roi Jacques d'Angleterre (page 423 de notre premier volume). Le seul des douze secrétaires qui, n'ayant pas emploi, paraît être resté auprès du duc, s'appelait Legendre. Deux autres qui ne se nomment pas, et sont auteurs pour leur compte du discours placé à la fin de la seconde partie, furent introduits dans sa maison par ceux-là mêmes dont ils se séparèrent, et reçurent, des frères Arnauld notamment, toutes les communications nécessaires à leur service de secrétaires ou d'historiographes.

Les deux premières parties étant terminées, on s'occupa de les imprimer; car bien que le récit fût adressé au duc de Sully, il était fait pour le public, « les changemens du temps, celui de l'état des affaires, les diverses sortes d'administrateurs et d'administrations que l'on avoit vues, ayant donné lieu de croire que quelque jour les libertés dont on avoit usé à dire la vérité de beaucoup de choses importantes, ne seroient plus hors de saison. » Cette phrase, qui se trouve dans l'avant-propos du deuxième livre, annonce clairement que l'on écrivait sous le ministère du cardinal de Richelieu, qui avait ramené la marche des affaires à la politique de Henri IV. Les formes de « la mise en lumière » furent aussi singulières que l'avaient été celles de la rédaction. Dans le château de Sully fut appelé un imprimeur d'Angers, auquel on livra le précieux manuscrit pour le reproduire sous les yeux du maître et sous la garde des serviteurs. Mais à cette précaution, dont plusieurs seigneurs avaient usé déjà pour l'émission de leurs œuvres par la presse, et notamment ceux de la religion, comme du Plessis-Mornay et d'Aubigné, on ajouta un raffinement de bizarrerie et de mystère. Au lieu de ne mettre sur le frontispice ni lieu d'impression ni nom d'imprimeur, suivant l'usage des publications clandestines ou privilégiées, on affubla de noms grecs deux prétendus imprimeurs d'Amsterdam, lesquels adressaient de cette ville, « aux lecteurs vertueux « et judicieux, » les deux volumes in-folio dont le long titre figure en tête de notre premier volume. Les bibliographes leur donnent la date de 1638, et nous ne croyons pas faire une conjecture hasardée en trouvant la preuve de la réalité de cette date dans un passage du chapitre 104. On y raconte que le feu roi s'étant fait donner l'horoscope de son fils par le sieur de la Brosse, celui-ci lui avait dit, entre autres choses, « que son fils auroit lignée. » Or Louis XIII, marié en 1615, ayant commencé en 1619 la vie conjugale, vit naître son premier enfant, Louis XIV, en 1638. Comme les autres prédictions sont passablement épigrammatiques, il est bien probable qu'on n'y inséra celle-ci que lorsqu'elle s'était réalisée hors de toute espérance. Il ne paraît pas que cette édition de château ait été tirée à un assez grand nombre d'exemplaires pour qu'il en soit tombé dans le cabinet des gens de lettres. Du reste, comme on était alors fort délicat sur l'élégance du style, il est à peu près certain qu'on en aurait fait fort peu de cas. On doit croire que la distribution s'en fit avec réserve et discrétion, à gens d'élite, et que les volumes restèrent longtemps en mains sûres. Ce fut seulement onze ans après, en 1649, qu'un libraire de Rouen mit le livre en circulation. Le médecin Guy-Patin annonce ainsi, le 27 novembre 1649, l'apparition prochaine de l'édition vulgaire : « Nous aurons ici « bientôt, de Rouen, en deux volumes in-folio, « les mémoires de feu M. de Sully, qu'il avoit fait « imprimer de son vivant, en sa maison, et qui « n'ont jamais été vus que très-peu ; » et le 10 janvier 1650, il écrit : « On vend ici fort librement et « publiquement les Mémoires de M. de Sully, en « deux petits volumes in-folio. » C'est donc à partir de cette époque que la lecture des OEconomies royales fut accessible à tout le monde. Ces deux premiers livres, qui composaient jusque-là tout l'ouvrage, furent réimprimés encore à Amsterdam, en quatre volumes petit in-12, l'an 1652.

Cependant, le duc de Sully avait survécu trois années au moins à l'impression des deux premières parties de ses Mémoires, car il mourut le 25 décembre 1641 ; les rédacteurs annonçaient une suite, et, dans le fait, ils la devaient ; ils étaient restés en chemin d'un règne, au milieu d'événements entamés, sans qu'on vît bien pourquoi ils n'étaient pas allés plus avant. Maintenant que le public avait pris connaissance de l'ouvrage, il demandait qu'on le lui donnât achevé. C'est pour répondre à ce vœu que le savant Jean le Laboureur, historien lui-même, et, comme nous, collecteur de monuments historiques, obtint la permission de publier cette continuation, qui était restée manuscrite ; elle commence à la page 122 de notre second volume.

S'il faut en croire l'épître liminaire placée en tête de la troisième partie, elle ne serait pas écrite des mêmes mains que les précédentes ; les rédacteurs seraient deux nouveaux secrétaires reçus au service du duc de Sully après les quatre précédents ; leur récit, tout à fait semblable, pour la prolixité du style et la liberté des digressions, à celui de leurs prédécesseurs, part du point où ceux-ci s'étaient arrêtés, au commencement de l'année 1606, et marche du même pas à peu près jusqu'au mois de février 1611, époque à laquelle le duc de Sully fut mis hors de ses charges (p. 87 de notre troisième volume). Le surplus se compose de « plusieurs « manuscrits de ces temps-là, ramassés par les « mêmes secrétaires parmi les papiers qui étaient en « confusion dans le cabinet de leur maître, et qu'ils « transcrivent sans ordre, remettant à ceux qui « voudront les lire le soin de les ranger. » Ce sont premièrement des discours sur les desseins du roi Henri le Grand, projets de règlements, états de recette et dépense, états des armées, recueil de maximes et conseils politiques ; puis des notes critiques sur les mémoires de Villeroy ; un discours sur le gouvernement des affaires après la mort de Henri IV ; plusieurs lettres de ce roi ; une lettre anonyme adressée au roi Louis XIII contre le maréchal d'Ancre ; des remarques fort aigres sur plusieurs historiens contemporains ; un autre discours sur le règne de Louis XIII jusqu'à la prise de la Rochelle (que M. Petitot a cru être l'ouvrage d'un officier protestant, et qui est tout simplement un extrait des Mémoires du duc de Rohan, auquel on a cousu assez maladroitement un commencement et une fin) ; enfin une lettre du duc de Sully, adressée au roi Henri IV, et omise dans les Mémoires ; toutes pièces que nous avons dû reproduire pour qu'il ne manquât rien à notre édition de ce que Jean le Laboureur avait recueilli des secrétaires du duc de Sully, et de ce qu'il publia l'an 1662 en deux volumes in-folio. Depuis, l'ouvrage complet a été réimprimé plusieurs fois, en 1663 in-12, en 1664 in-folio, et en 1725, à Trévoux, sous l'indication d'Amsterdam, dans le format petit in-12.

Avec cette œuvre de première origine, un écrivain du dix-huitième siècle a composé un ouvrage de seconde main, qu'il n'est pas tout nécessaire de déprécier pour faire valoir celui que nous donnons. L'abbé de Lécluse des Loges, vivant dans un temps où l'on avait peu de goût pour les originaux, ou l'on voulait de commodes et faciles lectures, a imaginé de faire pour tous ce que chacun éprouve l'envie de faire pour soi en lisant un livre comme celui-ci. Il a tiré des OEconomies royales un récit façonné en bon ordre, écrit en bon style, selon ses idées, son esprit, sa foi, sa conscience, son intérêt, toutes choses dont nul homme ne peut se départir. Le profit a été de rendre populaires le nom de Sully et les souvenirs de Henri IV ; l'inconvénient était, non pas de mettre aux mains des lecteurs mondains un document historique altéré, modifié, partant corrompu, car ceux-là ne seraient pas allés chercher le vrai à la source, mais de fournir à ceux qui veulent paraître savants et font profession d'instruire les autres, un travail tout prêt, qui les dispensait de s'instruire eux-mêmes. Le tort n'était pas de l'auteur qui donnait son œuvre, qui avait rempli son but et obtenu son succès ; il était chez ceux qui s'en rapportaient à lui, qui le citaient pour autorité, comme si, en publiant son livre, il eût déchiré celui d'où il l'avait extrait, et fermé à tous la mine où il avait puisé. Les Mémoires de l'abbé de Lécluse peuvent donc très-bien continuer à faire leur chemin dans le monde avec les OEconomies royales, sans que les éditions de l'un et de l'autre ouvrage puissent se nuire et croient devoir se quereller ; car ils ne sont pas destinés aux mêmes lecteurs, l'un étant pour le passe-temps qui fuit la peine, l'autre pour l'étude qui s'y complaît.

La personne du duc de Sully tient tant de place

dans le volumineux recueil de ses secrétaires, qu'il serait fort mal séant de vouloir anticiper ici sur la longue biographie qu'on va lire. Il est vrai qu'elle se termine à l'année 1611, époque où le ministre de Henri IV cessa de diriger les finances et de siéger dans les conseils. Le duc n'avait guère alors que cinquante ans ; car il était de six ans moins âgé que son maître, quoique la tradition et les arts persistent à nous le représenter vieux ministre. Nous avons dit déjà que sa retraite ne fut pas le repos et ne resta pas confinée dans une terre, en dépit de ce qu'assurent ses panégyristes. La vérité est qu'il prit sa part de tous les troubles qui agitèrent les premières années du règne de Louis XIII, qu'on le voit sans cesse reparaître à la cour, aux lits de justice, aux assemblées, mais toujours en seconde ligne ; effacé dans les intrigues par le duc de Bouillon, dans les transactions par le maréchal de Lesdiguières, dans les actes de fidélité par le duc d'Épernon, dans la révolte ouverte par son gendre le duc de Rohan. Ensuite il disparaît tout à fait sous le ministère du cardinal de Richelieu, qui le fait pourtant maréchal de France en 1634, pour lui retirer sa charge de grand maître de l'artillerie. Enfin il meurt presque ignoré en 1641, à l'âge de quatre-vingt-un ans, après en avoir passé trente d'une vieillesse verte et vigoureuse, comme il semble qu'elle était partout alors, sans que l'admiration justement due à la première partie de sa vie puisse trouver une seule action à prendre dans la seconde.

C'est heureusement cette première partie, si belle, si glorieuse, mêlée aux plus grands événements et aux plus nobles figures de notre histoire, qui remplit tout ce livre, où semble respirer Henri IV. Le duc de Sully lui-même y tient le second rang, aimant son maître avec passion, mais d'un amour grondeur et jaloux, semblant ne vouloir laisser personne s'en approcher, mordant également qui le menace et qui le caresse. Il est presque inutile de dire qu'on doit se tenir en garde contre les jugements portés sur les hommes et sur les choses par les rédacteurs des Mémoires. Ce n'est pas sans doute un grand mal de prendre trop haute estime de l'homme d'État qui les a fait écrire, mais c'en serait un de flétrir, sur la foi de sa mauvaise humeur, les réputations moins bien traitées que la sienne. Ici même il n'y a pas la haine ou la complaisance des partis. Le duc de Sully n'épargne personne ; huguenots et jésuites, catholiques et politiques, d'Épernon comme du Plessis-Mornay, Lesdiguières comme le comte d'Auvergne, amis, ennemis, parents, maîtresses, collègues ou devanciers du ministère, tout est coupable ou suspect, tout subit une impitoyable censure. Il faut aussi ne pas accepter aveuglément l'importance de certains faits où le duc de Sully figure, et ne pas renfermer toute l'histoire, surtout des premières années, dans la part que le jeune Rosny a pu y prendre. Enfin, lorsqu'on trouvera de si longs et de si fréquents développements sur ce que les rédacteurs appellent « les hauts et « magnifiques desseins de Henri le Grand, » on aura soin de se rappeler que la rédaction définitive et la mise en ordre des Mémoires est postérieure de vingt ans au moins à la mort de ce roi, que c'est une œuvre de vieillesse et de retraite, de chagrin et de regret. Alors on comprendra que l'envie de blâmer le présent a dû conduire nécessairement à « magnifier » le passé ; que les rêveries du vieux ministre, s'étendant à l'aise hors des choses positives et vivantes qui l'avaient occupé autrefois, ont pu se formuler en projets sans fin, en possibilités capricieusement enchaînées, dont il a prêté le plan et la déduction à l'ancien règne, pour la plus grande gloire de son maître, et la plus profonde humiliation du règne suivant. La république européenne de Henri IV est certainement née au château de Sully ; au Louvre, à l'Arsenal, on avait bien autre chose à faire qu'à bâtir des utopies ; et certes un roi, auquel il avait fallu cinq ans de sa vie pour rentrer dans sa capitale, dix ans pour achever son dernier traité avec le dernier de ses sujets rebelles, aurait été le plus insensé de tous les hommes s'il eût pensé, lui presque sexagénaire, qu'il lui restait encore assez de temps pour refaire à neuf la chrétienté, distribuer les couronnes, répartir les lots, fixer à chacun ses limites et à tous une loi commune. Ces longues vues appartiennent au loisir, à l'inoccupation, au besoin d'employer un esprit actif et remuant, qui n'a plus à s'exercer sur les affaires réelles ; l'homme de génie appelé à les diriger sait trop bien l'incertitude du lendemain pour laisser sa pensée se perdre dans un avenir infini.

AVIS
DES PREMIERS IMPRIMEURS.

LES IMPRIMEURS
AUX LECTEURS VERTUEUX ET JUDICIEUX, Salut.

Nous, Alethinosgraphe de Clearetimelée et Graphexecon de Pistariste, imprimeurs en la ville d'Amstelredam, en faisant l'adresse de ces Memoires aux sages et judicieux lecteurs, nous leur remettons aussi fort volontiers la decision et correction de toutes les erreurs et fautes de nostre impression, les priant seulement d'approuver sans aucune aversion, la creance que nous avons euë de long-temps, à sçavoir, que depuis l'entière dépravation de la nature humaine, laquelle en sa pureté aymoit son createur de tout son cœur et son prochain comme soy-mesme, nul des individus d'icelle ne s'est encore peu trouver aux paroles duquel il ne se rencontrast plus de mensonges que de veritez, et en toute sa vie plus de manquemens que de perfections, et de vices que de vertus; et partant n'y a-t-il point de doute que d'une telle corruption ne soient procedez tant de diverses sortes d'abus et d'erreurs qui ont cours dans le monde et entre les mondains; desquels le nombre en estant infiny, nous n'entreprendrons point de les specifier; mais, laissant cet ouvrage aux plus meditatifs, speculatifs et judicieux, nous nous contenterons d'en faire la remarque d'un seul particulier, dans ceste epistre liminaire, d'autant que ceux de nostre vacation semblent y avoir plus d'interest que tous les autres; puis que ce deffaut est cause qu'il se trouve si peu d'excellentes et bien véritables histoires, et de fidèles, vertueux et bien capables historiens, lesquels aussi, pour en dire la verité, ont besoin de tant de vertus et de bonnes parties pour se rendre tels, que difficilement se rencontreront-elles en un mesme sujet : leur estant necessaire, s'ils veulent suivre l'advis des anciens sages, de s'assubjetir à une grande quantité d'observations, esgards et respects, d'entre lesquels, pour servir d'eschantillon et d'instruction à ceux qui auront besoin, nous en avons choisi treize de leurs principales maximes sur ce sujet telles que s'ensuit.

La premiere, que ceux qui voudront meritoirement estre dits historiens, c'est-à-dire, faire de veritables narrations des mœurs, dits, faicts et gestes des roys, princes, potentats, peuples et nations, qu'ils n'entreprennent point de parler comme d'eux-mesmes des choses qui se sont dittes et faittes dans les temps fort esloignez du leur; mais que s'ils veulent prendre les choses dés leur origine, qu'ils fassent mention des autheurs desquels ils ont pris ce qu'ils en disent, sans faire les correcteurs ny les juges entre eux, ains choisir seulement, en l'advoüant, celuy dont à leur opinion les escrits ont plus de vray semblance et d'apparence de verité.

Plus la seconde, qu'ils fassent des narrations de leur temps selon la pure verité de ce qu'ils en auront veu, sceu et cogneu par eux-mesmes, ou par les recits et memoires de gens non passionnez ny interessez.

Plus la troisiesme, que s'ils entreprennent de representer les mœurs, dits, faicts et gestes qui se sont passez entre des roys, potentats, nations et peuples divers et de diverses factions, professions, creances et religions, qu'ils se gardent bien en leurs escrits de faire paroistre qu'ils ayent espousé les passions des uns ou des autres, ny d'user d'invectives, injures et reproches des uns contre les autres en se les attribuant, ny de vouloir faire les juges entre eux pour donner le droict aux uns et le tort aux autres; mais se contenter de representer les causes et raisons que chascun d'eux met en avant pour leur justification particuliere et la condemnation de leurs contraires.

Plus la quatriesme, qu'il ne paroisse jamais en leurs escrits aucunes loüanges ny blasmes affectez, soit par leurs propres passions, soit par se vouloir porter à celles d'autruy.

Plus la cinquiesme, qu'ils ne tesmoignent point de vouloir faire des recherches trop exactes des deffauts et des erreurs d'autruy, tellement secrets et cachez, qu'ils ne sont cogneus d'aucune personne qui en ait receu dommage ou offence, et desquels nulles voix publiques ne se sont jamais plaintes, ny que l'on ait sceu que les peuples en general ny en particulier en ayent non plus receu dommage visible et notoire.

Plus la sixiesme, que si quelques grands roys, capitaines, magistrats ou chefs d'armées, de républiques et de peuples ont acquis une generale reputation d'avoir esté excellens és faicts d'armes, de justice et police, ont eu quelques vices et passions particulieres, secrettes et cachées, qui n'ayent point porté de préjudice au public et dont la publication d'iceux ne leur peut apporter aucun advantage, il faut qu'ils en laissent la correction à eux-mesmes ou à leurs amis, serviteurs et confidens particuliers, n'estant jamais bien seant à un historien d'essayer à passer sous silence les vertus, belles œuvres et actions manifestes, ny de descouvrir les deffauts et manquemens secrets d'autruy.

Plus la septiesme, que si ces historiens ont quelques cognoissances, amitiez ou obligations envers un ou plusieurs qui ayent quelques vertus et bonnes parties, et dit ou fait des choses dignes de loüange, tout ainsi qu'ils ne doivent pas oublier d'en faire honorable mention dans leurs escrits, aussi faut-il qu'ils se gardent bien d'user de tels excez en cela, que surpassant le merite d'iceux, ils ne donnent sujet à l'envie d'en parler, et luy faciliter le moyen d'extenuer autant ce qu'ils en auront dit, qu'ils se seront licentiez à en dire plus qu'il n'y en avoit.

Plus la huictiesme, qu'ils reçoivent avec grand jugement et discretion, les memoires qui leur seront baillez par les uns et les autres, tant en ce qui concerne leurs loüanges et de ceux qu'ils affectionnent, que les blasmes des personnes qu'ils ont en aversion.

Plus la neufiesme, qu'ils usent de ce mesme jugement et discretion en la certaine recognoissance generale et particuliere, tant de ceux qu'ils affectionnent, que de ceux qu'ils n'ayment pas, afin qu'ils balancent bien ce qu'ils en auront à dire, d'autant que si en ceux qui sont leurs amis ils voyent que les blasmes publics soient beaucoup plus grands et plus universellement creus que leurs loüanges et bonnes reputations, ils feront sagement d'en parler sobrement, de crainte que quelques jaloux, comme il y a en a tousjours assez, des loüanges d'autruy, ne fassent une recherche exacte de tout ce qu'il y pourra avoir eu en iceux, qui merite reprehension en aucun des temps de leur vie, et ne l'exagerent tellement, qu'ils ne flestrissent toutes les plus belles fleurs de leurs plus veritables loüanges ; et que tout au contraire s'ils ont voulu supposer trop de defauts en ceux qu'ils n'ayment pas, et diminuer ce qu'il y aura eu de veritablement bon en eux, ils ne leur donnent sujet de se vouloir necessairement défendre de leurs suppositions et calomnies, et n'exaltent par ce moyen autant leur gloire par dessus leur merite, qu'ils l'auront voulu mettre au dessous d'iceluy.

Plus la dixiesme, qu'ils se gardent bien d'escrire ny dire chose qui le puisse faire tenir pour generalement mensongers, et sur tout en deux choses, dont l'une les pourroit faire declarer imprudens, et l'autre malicieux, comme cela seroit infailliblement, si d'une part recognoissans des personnes ayans des mœurs, des desirs et des actions notoirement meschantes et dommageables, ils vouloient excuser et justifier tels malefices, et persuader qu'en les exploittant, ils ont eu de bonnes pensées et intentions secrettes ; et d'autre part, si recognoissans des personnes qui eussent des vertus, des desirs, des desseins et des actions manifestement bonnes et advantageuses pour le public et les particuliers, ils vouloient flestrir tant de choses excellentes, en supposant à ceux qui les auroient exploictées, qu'en les faisant ils avoient eu de mauvais desirs, desseins et intentions secrettes et cachées.

Plus l'unziesme, de se garder bien lors que le fil de l'histoire qu'ils traittent, leur fournira sujet de parler des personnes eslevées és charges et dignitez suprémes, esquelles ils se seront tant prudemment conduits, qu'ils auront acquis une bonne reputation, et l'amour et la bien-veillance des peuples, d'envelopper dans le malicieux voile de l'oubly et du silence aucunes des vertus, belles et loüables actions cogneuës d'un chacun, et dont mesmes quelques autres escrivains auroient fait mention, ny de les accuser tout ouvertement de quelques vices, défauts et imperfections particulieres qu'ils peussent avoir euës, sinon en les extenuant le plus qu'il leur seroit possible, n'estant de la bienseance d'un historien de vouloir prejudicier et flestrir plusieurs vertus patentes et utiles au public, par l'exageration de quelques petites imbecillitez latentes et cachées, sur tout de celles dont peu de grands personnages se sont trouvez exempts.

Plus la douziesme, qui sera comme une recapitulation des precedentes, que tous les historiens se gardent bien de vouloir faire les scrutateurs des cœurs, et les penetratifs des bonnes ou mauvaises intentions et pensées d'autruy, en attribuant des affections vertueuses, saintes, pieuses et loüables, desquelles Dieu seul peut juger, à des personnes dont les desseins et operations manifestes auroient esté pernicieuses et dommageables au public et aux particuliers ; et par contre-opposition aussi de vouloir imputer de meschantes intentions, desirs et pensées, desquelles semblablement Dieu seul peut estre le juge, à des personnes dont la vie et toutes les operations manifestes ont esté apparemment genereuses, utiles et advantageuses au public et aux particuliers, sur tout, lors qu'il n'y a nulle apparence que tels historiens ayent jamais pû avoir eu assez d'habitudes et familiaritez avec les personnes dont ils veulent parler, ny avec leurs ministres et confidens serviteurs, pour en avoir peu apprendre par eux-mesmes quelques semblables particularitez avec certitude ; et partant semble-t-il qu'ils ne sçauroient mieux faire, se voulans émanciper dans de tels discours, que de nommer ceux desquels ils tiennent cette descouverte des secrets les plus cachez, ou sur les memoires et en la recommandation desquels ils publient de telles contrarietez à la creance publique, repugnances à toute apparence de raison et contradictions aux veritez manifestes.

Et finalement la treiziesme, qu'ils loüent pour principales vertus requises en tous potentats, la pieté envers Dieu, la compassion envers les hommes, et une disposition à haïr toute detraction, et desguisement de vertus en vices, et de vices en vertus.

Or, ayans choisi, comme nous avons dit, ces treize maximes, d'entre plusieurs autres que les anciens sages avoient estimé estre de necessaire observation à tous ceux qui voudroient obtenir le tiltre de bons et vrays historiens, nous ne pensons pas qu'il se puisse trouver des esprits si peu judicieux, ou qui ayent une telle aversion à la verité, que de vouloir nier qu'elles ne meritent d'estre bien examinées et meurement considerées ; et lesquels l'ayans fait, comme nous n'y avons pas manqué de nostre part, ne jugent qu'en examinant par icelles les escrits de ceux qui se sont voulus dire historiens en ces derniers temps, ils ne tiennent leurs histoires plutost pour invectives et adulations, que pour convenables narrations ; ce qu'eux-mesmes ayans peut-estre bien recogneu, a esté cause qu'ils n'ont rien voulu mettre en lumiere, sinon lors qu'ils ont veu quelque apparence de lumieres esteintes et de vertus offusquées à cause de l'eclypse espouvantable, et du tout lamentable, de ce beau soleil de justice, honneur, clemence et sagesse, le roi Henry le Grand, qui a laissé le regime de la terre pour aller regner aux cieux; tellement que par son absence les tenebres s'estans establies, les raisons perverties, les veritez desguisées et les loyautez extenuées, tels historiens ont pris la hardiesse de transformer quelquefois les vices en vertus et les vertus en vices; tout cela estant procedé de l'inobservation de ces treize maximes cy-dessus speciliées, n'y ayant rien si facile à verifier que leurs excessives passions d'amour et de haine envers ceux des deux diverses sortes de religions qui sont libres en France, loüans incessamment les intentions des uns, quelques vices qu'ils puissent avoir et malefices qu'ils perpetrent, et blasmans continuellement les intentions des autres, quelques vertus qui paroissent en eux et bonnes actions qu'ils produisent; mais tout cela estant de trop longue déduction et hors de nostre dessein pour le present, nous nous contenterons de faire trois remarques particulieres touchant les trois plus apparents desguisements de ces nouveaux historiens, faisans voir par la premiere que leurs narrations sont impertinentes; par la seconde qu'elles sont ridicules; et par la troisiesme qu'elles sont malicieuses.

Quant à l'esclaircissement de la premiere des trois remarques cy-dessus, il semble que ces historiens dont il est parlé, ayent beaucoup plus pensé à la complaisance qu'à rechercher la verité, se contentans de faire des éloges continuels à ceux qui les y ont obligez, ou qu'ils ayment en leur attribuant toutes sortes de vertus, magnifiant leurs personnes et celebrant leurs dits, faits, et gestes, comme tous heroïques, voire faisant demonstration de leur vouloir imputer quelquefois à gloire et honneur des actions que plusieurs tiendroient à flétrisseure; dequoy pour donner quelque espece de preuve particuliere, nous produirons celuy duquel les voix publiques ont le plus parlé, à cause qu'une soudaine faveur des plus speciales que l'on eust gueres veuës, l'avoit, dés sa premiere adolescence, élevé aux suprémes dignitez, richesses, et grandeurs mondaines, ayans fait à cette personne-là qu'ils ont tesmoigné d'aymer et reverer plus que nuls autres, plusieurs éloges sur toutes occasions, et donné de suprémes loüanges par elle, à la verité, bien meritées, lesquelles mesme ils pouvoient encore augmenter par raison les vertus de sa personne, et plusieurs autres belles actions de toute sa vie, dont ils ne se sont pas souvenus, leur en fournissant assez de legitime sujet s'ils eussent eu la discretion et prudence requise pour ne les pas si mal choisir qu'ils ont fait, soit par excez de zele ou par inconsideration, ayans par ce défaut donné quelque espece de pretexte aux envieux des loüanges d'autruy, aux esprits pointilleux et aux malintentionnez, de donner diverses interpretations à telles formes de loüanges; leur semblant que les termes dont ils usent leur en fournissoient quelque sujet, attribuant à grande augmentation de gloire et singuliere pieté, generosité, prudence et prud'hommie d'avoir eu, disent-ils, la resolution et le courage de contrecarrer une éminente vertu royale; toute florissante de palmes et de lauriers, à laquelle avec sa franchise et hardiesse naturelle, il s'opposoit souvent et traversoit ses volontez, desseins, et entreprises, prevenant l'execution des plus importantes par son industrie et diligence; disent de plus, qu'avec un exquis tesmoignage de son grand courage et admirable pieté, il refusa de recognoistre (1) son legitime Roy, croyant y aller de sa conscience, et de souscrire une declaration par laquelle la pluspart des sages princes, officiers de la couronne, et principaux seigneurs de France, estans lors en l'armée, recognoissoient sa legitime royauté successive. Davantage, qu'il contraignit le Roy de trouver bon, que luy et ses troupes se retirassent de l'armée; ce que plusieurs autres ayans fait à son imitation, l'armée de sa Majesté se trouva tellement énervée, qu'elle en demeura si vivement piquée, qu'elle en avoit eu du ressentiment toute sa vie; et de plus comme par augmentation de glorification, ils ajoustent encore qu'il ne doutoit nullement qu'il ne fust esloigné des bonnes graces de son Roy, pour plusieurs raisons qu'ils alleguent trop longues à reciter; mais tant y a, que telles manieres de loüanges pouvans estre trouvées mal digerées par les plus circonspects ou mal intentionnez, devoient plutost estre teuës que publiées, voire est à croire que celuy en faveur duquel elles ont esté dites, a trop d'esprit de de jugement pour n'avoir pas la mesme opinion, et ne fasse en sorte qu'elles seront supprimées.

Quant à l'esclaircissement de la seconde remarque, l'impertinence de leurs discours paroist assez; en ce que se meslans de parler d'un party formé de plusieurs princes et peuples en forme d'union, et d'avoir dit qu'il estoit remply de souslevations et felonnies contre leur Roy, et que partant leur cause estoit-elle injuste, mais que leurs desirs, desseins et intentions estoient loüables, pieuses, et sainctes; en quoy ils font paroistre leur grandeur d'esprit, de pouvoir ainsi bien concilier deux choses, non seulement opposées et entierement contradictoires, mais du tout incompatibles.

Et quant à l'esclaircissement de la troisiesme remarque, il ne se peut dire qu'il y ait jamais eu de malices plus noires que celles dont il apparoistra que ces historiens ont usé envers une personne non seulement la plus éminente en tiltres, qualitez et dignitez, mais qui a esté la merveille de son siecle en toutes sortes de vertus exquises et rares, et a accomply tant de glorieuses actions de justice, milice, finance, police et d'Estat, qu'elles devroient servir de modeles et d'exemplaires à tous grands roys judicieux, liberaux, et magnifiques. Toutes lesquelles tant exquises particularitez font assez juger que ces historiens n'ont parlé de cet auguste monarque Henry le Grand, qu'en extenuant toutes

---

(1) Il s'agit du duc d'Épernon.

ces excellences. Et encore, afin de flétrir tout ce peu qu'ils en ont dit de bien, luy ont-ils supposé une infinité d'erreurs, vices, et impertinens desirs, desseins, projets, et entreprises. Dequoy pour cognoistre la verité nous nous sommes resolus, d'autant que les particularitez en seroient trop longues à specifier article par article, d'imprimer et mettre en lumiere ce que quelques uns des serviteurs d'un sien fidele et ancien ministre d'Estat, qui a couru toutes les fortunes de ce grand Roy, ont recueilly d'icelles, d'une partie desquelles ont esté dressez des Memoires tels que nous les presentons maintenant à tous amateurs de la vertu, de l'honneur, et de la verité, afin qu'en estant fait rapport et comparaison avec les choses qui ont esté dites par ces escrivains nouveaux, il se cognoisse facilement ce qu'ils ont supprimé ou extenué pour diminuer sa gloire, et ce qu'ils luy ont adjousté et supplanté, pour faire trouver à redire à sa memoire, supplians le lecteur debonnaire et judicieux de recevoir de bonne part l'impression que nous avons fait faire de ces Memoires, pour le seul desir de ne laisser pas ensevelir dans l'oubly des plumes malicieuses, les gloires bien meritées de ce grand et auguste monarque : mais les rendant admirables à tous, faire venir aux roys le desir d'imiter ses OEconomies royales, politiques, et militaires, et son administration en toutes sortes d'affaires domestiques, d'Estat, justice, milice, finance, et police : et partant à luy soit loüange, honneur et reverence, et à ce grand Dieu éternel, toute gloire, honneur, graces, et tres-humbles remerciemens, qui luy a esté si liberal de ses beneficences et benedictions.

Ayant achevé d'imprimer cette épistre liminaire en forme de preface, addressée aux lecteurs vertueux et judicieux, comme nous disposions en ordre les manuscrits qui nous ont esté mis entre les mains pour les imprimer, nous avons rencontré entre iceux une piece destachée de toutes les autres, laquelle, quoy qu'elle parlast des desseins du roy Henry le Grand, qui sont le principal sujet de ces Memoires, si est-ce que ne luy ayant peu trouver place entre iceux par une apparence de suitte et liaison necessaire, nous avons estimé à propos de l'adjouster en suitte de nostre epistre afin qu'elle soit aussi addressée aux vertueux et judicieux lecteurs, lesquels à nostre advis en feront mieux leur profit que nous, meditant sur icelle et discourant sur les expediens et moyens par lesquels tant de grandes choses pourront estre renduës de facile execution. Pour donner quelque espece de cognoissance d'une partie des hauts et magnifiques desseins qu'avoit le roy Henry le Grand au temps de sa mort, desquels il a esté fait des discours tant differens apres icelle, que l'on ne sçauroit juger lequel peut estre le plus vray; nous en specifierons seulement quatre desquels nous avons ouy parler à un de ses confidens serviteurs et qu'il disoit devoir rendre de fort facile execution.

Le premier, d'essayer à establir de tels ordres entre les trois religions de la chrestienté qui ont une plus generale estenduë en icelle, et desquels apparemment il est impossible à l'une de ruyner les deux autres sans se destruire elle-mesme, et ce par des voyes telles que toutes les trois en tireroient advantage et contentement.

La seconde, de composer la chrestienté d'Europe de quinze dominations, et ce avec de tels temperammens et assaisonnemens que l'on en pûst former une republique nommée Tres-Chrestienne, tousjours pacifique en elle-mesme et capable de rendre telles toutes les dominations dont elle seroit composée, qui seroit establie avec des voyes et moyens si faciles que nul potentat n'y auroit aversion.

La troisiesme, d'establir un tel ordre entre ces quinze dominations qu'ils peussent souldoyer à frais communs et proportionnez à leur puissance une armée assortie de toutes choses necessaires pour demener une guerre continuelle contre les infideles, y ayant des moyens desja excogitez pour rendre un tel ordre agreable à tous.

Et la quatriesme, de pouvoir restablir à la Germanie et aux electeurs princes et Estats d'icelle, leurs anciens droicts de liberté pour l'eslection de l'Empereur, avec un tel assaisonnement qu'il n'en pûst jamais estre esleu deux d'une mesme maison et race tout de suite, ny jamais aucun des roys qui ont une domination hereditaire sans user de voyes ny moyens qui pussent prejudicier ou porter dommage à aucun.

MEMOIRES

DE CE QUE NOUS QUATRE, QUI AVONS ESTÉ EMPLOYEZ EN DIVERSES AFFAIRES DE FRANCE, SOUS MONSEIGNEUR LE DUC DE SULLY, AVONS PEU SÇAVOIR DE SA VIE, MŒURS, DICTS, FAICTS, GESTES ET FORTUNES, ET DE CE QUE LUY MESME NOUS PEUT AVOIR APPRIS DE CEUX DE NOTRE VALEUREUX ALCIDE LE ROY HENRY LE GRAND, DEPUIS LE MOIS DE MAY 1572 QU'IL FUT MIS A SON SERVICE, JUSQUES AU MOIS DE MAY 1610, QU'IL LAISSA LA TERRE POUR ALLER AU CIEL.

Addressez à Monseigneur le duc de Sully.

MONSEIGNEUR,

Vostre grandeur ayant commandé à nous quatre, que vous cognoissez assez, de revoir et considerer bien exactement certains Memoires que deux de vos anciens serviteurs et moy avons autre-fois ramassez, et depuis fort amplifiez, en forme neantmoins de simple journal, parlant de tout le cours de vostre vie, gestes, actions, bonnes et mauvaises fortunes, à commencer seulement de vostre aage douziesme, que vous fustes donné par monsieur vostre pere au feu Roy, et finissant à sa déplorable mort.

Mort, helas! bien desastreuse pour la chrestienté, mais tres-funeste et lamentable pour la France, ses peuples et subjcts, qu'il disoit tousjours aymer comme ses enfans, ainsi qu'à la verité il en a incessamment esté le vray pere, doux, benin et aymable.

Et par vous à nous ordonné de faire sur les susdits Memoires de vostre vie (qu'il est impossible de representer sans y faire grande mention de celle du Roy) des extraits abregez des choses plus importantes pour le public, et retranchant aussi, autant que nous pourrions, ce qui concerneroit vostre seul particulier, ou que nous jugerions estre trop librement dit touchant vos amis ou ceux que vous respectez.

De toutes lesquelles choses nous nous sommes acquittez le mieux qu'il nous a esté possible, et en avons mis au net une partie des deux premiers livres que nous vous presentons maintenant, afin que vous jugiez si nous aurons bien suivy vostre intention, ayans essayé de ne parler de vous en particulier sinon autant qu'il nous a semblé estre necessaire pour la liaison et les suittes de l'histoire; et pour faire cognoistre les causes fondamentales de vostre advancement, et de l'employ de vostre personne en plusieurs grands offices, dignitez, ambassades, negociations, traictez et administrations des grandes affaires du royaume, avec tant de probité, suffisance et diligence, que vos loüanges en sont encore publiquement celebrées et vostre employ ardemment desiré (1); et qui le sera d'autant plus que moins on verra l'Estat bien gouverné.

Vous suppliant de nous excuser si, pour demeurer dans les limites que vous nous avez prescrites, vous y rencontrez quelquefois des narrations trop obscures pour n'avoir pas esté assez estenduës. Mais nous laisserons ce discours pour commencer à vous representer quelque partie des extraits que nous avons faits, par lesquels vous verrez les mauvais rencontres que vous eustes d'abord en entrant dans le monde, d'une infinité de traverses, perils et hazards qui vous furent occurrens, à cause de la plus calamiteuse, cruelle et sanglante tragedie (quasi universelle dans la France) qui se soit jamais veuë sous le ciel, laquelle fut cause de faire terminer tant de diverses sortes d'esjouyssances, mariages, nopces, bals, dances, magnificences, parades, foy et paroles données, par une generale, cruelle et furieuse effusion de sang innocent, voire execrable et horrible bourrellerie; des particularitez

(1) Sully était alors retiré des affaires; les auteurs ont voulu dire qu'on désirait ardemment qu'il fût remis en place.

de laquelle nous laisserons le recit aux historiens, d'autant que le souvenir nous fait desja trembler de crainte, fremir d'horreur et frissonner d'effroy, et nous contenterons d'en dire quelque chose en general et encore le ferons-nous preceder par quelques chapitres preparatifs, qui serviront pour l'intelligence des causes de telles execrations, et de plusieurs autres choses grandement funestes, lesquelles nous reduirons en cinq chapitres, afin de faire le tout facilement comprendre.

Le premier, parlant des causes estranges de la fin des troisiesmes troubles, de la paix de l'an 1570, ce qu'elle produisit, et de ses suittes.

Le second, des causes et moyens par lesquels vous parvinstes au service de nostre grand Roy, luy n'estant encor que prince de Navarre.

Le troisiesme, des ruses, cautelles et belles apparences, desquelles la Cour se servit pour faire que les huguenots se confiassent en elle.

Le quatriesme, des apparentes causes de soupçon qui devoient empescher les huguenots de se confier en ceux qui les avoient tant de fois massacrez.

Et le cinquiesme, des choses qui vous furent occurrentes durant le massacre, et comme vous fustes garanty du peril.

MEMOIRES

DES

SAGES ET ROYALES

OECONOMIES D'ESTAT

DE HENRY LE GRAND.

CHAPITRE PREMIER.

Situation de la France à la paix de 1570.

[1570] Desirans donc de donner à vous et à tous autres qui liront ces Memoires, quelque espece d'esclaircissement des causes de l'acheminement de la reine de Navarre à la Cour et à Paris, et d'y faire venir le prince son fils, celuy de Condé, l'admiral de Colligny, le comte Ludovic de Nassau (1), et une infinité d'autres personnes fort qualifiées et bons capitaines, desquels il sera parlé cy-apres.

Dequoy desirans de representer les causes et fondemens, nous vous ramentevrons une partie de ce qui est assez amplement deduit dans les Memoires que vous nous avez ordonnez d'abbreger, lesquels portent que les principaux plus authorisez et accreditez serviteurs, conseillers et confidens du roy Charles, de la Reine mere, des freres du Roy et de ceux de la maison de Guyse, que l'on recognoissoit bien avoir tousjours esté des plus envenimez contre les huguenots, voyans que la reine de Navarre, son fils et tous autres de la religion, desireux de vivre en une entiere liberté de leur conscience, estoient tellement obstinez en ce dessein qu'ils ne s'en departiroient jamais tant qu'ils pourroient mouvoir les armes, tant peu que ce pûst estre : puis que nonobstant la perte qu'ils avoient faitte de deux grandes batailles rangés (2), où leur chef general estoit mort, l'une en suitte de l'autre, et par icelles esté reduits à se retirer comme fugitifs espars vers les provinces plus esloignées du royaume, par lesquelles ils avoient long-temps erré, tracassé et grandement souffert, pati et enduré, sans se pouvoir relever de leurs déroutes si grandes, qu'à la cour l'on croyoit qu'ils se resoudroient enfin à obeyr au Roy, ou à sortir du royaume.

Et neantmoins tout au contraire, on voyoit maintenant qu'ayans remis sur pied quelque espece d'assez bon corps d'armée, ils commençoient à reprendre courage, voire à tourner la teste vers la Bourgongne, le Bourbonnois et le Berry, en intention de se venir encor renforcer és environs de la Charité, Vezelay et autres villes, lesquelles tenoient pour eux ; voire estoient si audacieux que de parler desja de s'approcher de la riviere de Seine et de Paris, si tost qu'ils auroient joinct une levée de reistres et lansquenets qui se faisoient en faveur de la religion dans l'Allemagne ; et de plus qu'ayans sur tous ces bruits envoyé une grande et forte armée, sous la charge du mareschal de Cossé, assisté de Strossy, la Chatres, Tavanes (3), la Vallette et autres capitaines, croyans que non seulement ils arresteroient leurs progrez et la jonction de leurs estrangers, mais qu'ils ne s'oseroient presenter avec leur malotruë armée, car ainsi l'appeloient les courtisans, ayans commandé de les poursuivre vivement jusques à leur totale défaite, mettans les mains basses par tout et d'en faire amener à la cour tous les chefs principaux vifs ou morts : mais leur ayant esté depuis donné advis, que ceste armée par eux tant mesprisée, s'estoit presentée en plaine campagne en ordre de bataille et demonstration de ne la vouloir pas refuser, voire mesme avoit à l'approchement des deux armées tousjours entamé les combats, et eu l'advantage d'iceux, et estre demeurée comme victorieuse en une demie bataille, qui s'estoit donnée prés d'Arnay-le-Duc.

Toutes lesquelles particularitez bien considerées par la cour, ceux qui en avoient l'adminis-

---

(1) Frère de Guillaume, prince d'Orange.
(2) Les batailles de Jarnac et de Montcontour.
(3) Gaspard de Saulx Tavanes, dont on verra les Mémoires dans cette collection.

tration craignans qu'il arrivast encore pis si l'on hazardoit davantage contre de tant obstinez rebelles, mutins et seditieux, qui ne combattoient plus qu'en gens desesperez, et qui vouloient vaincre ou mourir, ils changerent tout à coup d'opinion et de forme d'attaquement, prenans resolution de se desfaire d'eux par d'autres voyes que celles des armes apparentes. Et pour y parvenir plus facilement d'entrer en un traitté de paix, duquel nous laisserons la maniere d'y proceder, la conclusion et les conditions d'iceluy aux historiens, ensemble les entremises des diverses personnes, les difficultez aux executions, les voyages que le prince de Navarre fit par son gouvernement de Guyenne et en ses terres souveraines, et comment il fut receu par tout, afin de dire que finalement il se rendit aupres de la Reine sa mere à la Rochelle, où aussi estoit l'admiral et les principaux chefs de leur party; faisans alors bien estat de former entr'eux tous, une plus ferme union et bonne correspondance que jamais, et d'establir par leur continuelle residence en ceste ville, un solide fondement à leurs affaires.

Mais telles resolutions tant salutaires pour eux, furent bien-tost et bien legerement changées : car les plus subtils de la cour prejugeans bien qu'ils pourroient avoir ce dessein, ils se resolurent d'employer toutes sortes d'inventions pour le rompre. Et pour cet effect le Roy, la Reine mere, Monsieur et ceux de Guyse despescherent le mareschal de Cossé à la Rochelle, assisté de quelques maistres des requestes, entr'autres de Bellassise et de la Proustiere, particulieres creatures de la Reine mere, ennemis des reformez, et neantmoins grandement artificieux pour le desguiser, avec charge de se servir de toutes les sortes d'inventions qu'ils jugeroient propres pour les tirer de soupçon et leur faire prendre une entiere confidence en la cour, desquelles je specifieray celles qui eurent le plus d'efficace.

La première, que le roy et toute la cour vouloient de bonne foy entretenir le traitté de paix, et qu'il fust remedié à toutes les contraventions desquelles se plaindroient la reine de Navarre et monsieur le prince son fils, afin que tous ceux de la religion leur en eussent une particuliere obligation, et que mesme aussi-tost qu'ils seroient aupres du Roy, il leur defereroit la nomination des commissaires : sa Majesté estant resoluë de les mettre en sa particuliere confidence, et se servir d'eux et de l'admiral en chose de bien plus grande importance.

La seconde, le desir que le Roy et la Reine mere avoient de faire le mariage de monsieur le prince de Navarre avec madame Marguerite, sœur du Roy, laquelle seroit dotée de quatre cens mille escus et autres advantages, ensemble ceux de la troisiesme heritiere de Cleves extrémement riche avec le prince de Condé, et de la comtesse d'Antremont avec l'admiral, ce qu'ils desiroient fort, et que le Roy leur feroit ressentir sa liberalité.

La troisiesme, de proposer à l'admiral la resolution que le Roy avoit prise de secourir puissamment le prince d'Orange et tous ses associez de Flandre : voire de declarer la guerre au roy d'Espagne, jusques à ce qu'il luy eust restitué les feodalitez de Flandre et Artois qu'il luy détenoit : mais qu'il ne vouloit rien entreprendre sans les conseils de l'admiral, ny entamer les choses qu'il ne fust aupres de luy, pour avoir son advis sur les occurrences et mesme l'establir chef en tiltre de vice-roy en ses desseins, afin que tant de bons capitaines que le Roy sçavoit estre parmy ceux de la religion, s'y employassent plus volontiers.

La quatriesme, de renouveler les alliances anciennes de la France avec les princes et villes protestantes d'Allemagne, de faire le semblable et plus estroitement avec la reine d'Angleterre, et l'affermir par le mariage d'un des freres du Roy avec elle, afin de tesmoigner que sa Majesté n'avoit plus aucune aversion contre les reformez.

Lesquelles raisons eurent assez de force pour leur faire changer leurs precedentes resolutions et les disposer d'aller à la cour et à Paris, quoy que pûssent dire les plus sages et consideratifs, lesquels par leurs reiterées remonstrances vouloient tirer des choses passées, dont ils en remarquoient un grand nombre et de fort precises et concluantes, des consequences infaillibles de leurs futures calamitez, desquelles nous ne dirons rien maintenant ny cy-apres que bien peu, les evenements les ayans rendus assez notoires, non plus que des choses qui se passeront pour les preparatifs du voyage durant son cours, ny des magnificences et ceremonies des mariages et des nopces, ny mesme des effroyables et tragiques suittes d'icelles, dont il sera faict mention cy-apres : mais tousjours le plus moderément et avec le moins d'horreur que l'acte nous le pourra permettre.

CHAPITRE II.

Réunion des chefs protestans à la cour de Charles IX. Pressentimens du père de Rosny.

[1571] Suivant ce que vostre grandeur nous ordonna en faisant ces Memoires, de remarquer exactement tout ce qui concerneroit la vie et les faits des plus grands personnages et sur tout les affaires d'Estat, le recit desquelles peut ayder aux historiens à former une histoire entiere de nostre temps, et de n'y employer que le moins que nous pourrions des particularitez de vostre personne, en quoy bien que nous nous fussions resolus de vous obeyr precisément, si avons nous creu toutesfois que vous nous permettriez en parlant d'une infinité de particularitez des affaires d'alors, et mesme des personnes et interests de la reine de Navarre, du prince son fils et de tous ceux de la religion, de dire comment prit naissance l'amour du Roy envers vous, et comme l'accroissement d'icelle rencontrant une grande royauté, vous a aussi faict rencontrer des affaires, dans l'employ desquelles vous vous estes rendu si admirable tant en la milice, aux finances, qu'en la police, les avez administrées avec tant de dexterité et de fidelité que vous estes le vray exemple auquel se devroient conformer tous les ministres d'Estat.

Nous ramentevrons donc à vostre grandeur que monsieur vostre pere avoit quatre fils, lesquels il n'avoit autre ambition que de rendre si galands hommes, que quelqu'un d'iceux pûst relever sa maison dans son ancienne splendeur de laquelle les branches des aisnez tombées trois fois en quenoüille, et les mauvais mesnages de ses devanciers et particulierement de son pere, l'avoient beaucoup diminuée de biens. En considerant que l'aisné (1) avoit des incommoditez qui luy ostoient l'esperance qu'il pûst reüssir dans le monde, il jetta les yeux sur vous en qui il avoit remarqué non seulement une grande vigueur de corps et d'esprit, mais que vous fasiez aussi paroistre avoir une grande inclination à la vertu et une forte aversion contre le vice, ce qui luy ayant fait concevoir une grande esperance de vous, il vous appela un jour dans sa chambre de la haute-tour, et en la seule presence de la Durandiere vostre precepteur, vous dit :

« Maximilian, puis que le coustume ne me
« permet pas de vous faire le principal heritier
« de mes biens, je veux en recompense essayer
« de vous enrichir de vertus, et par le moyen
« d'icelles, comme l'on m'a predit, j'espere que
« vous serez un jour quelque chose. Preparez
« vous donc à supporter avec courage toutes les
« traverses et difficultez que vous rencontrerez
« dans le monde, et en les surmontant genereu-
« sement acquerez vous l'estime des gens d'hon-
« neur et particulierement celle du maistre à
« qui je veux vous donner, au service duquel je

(1) Louis de Béthune, qui se noya à l'âge de vingt et un ans, en traversant un torrent.

« vous commande de vivre et mourir. Et quand
« je seray sur mon partement pour aller à Van-
« dosme trouver la reine de Navarre et M. le
« prince son fils auquel je veux vous donner,
« disposez vous de venir avec moy, et vous pre-
« parez par une harangue à luy offrir vostre ser-
« vice lors que je luy presenteray vostre per-
« sonne. »

Or monsieur vostre pere qui estoit venu à Rosny si tost que la paix de l'an 1570 fut publiée, voyant que les plus qualifiez et les plus advisez de ceux de la religion estoient allez trouver la reine de Navarre vers la Rochelle, avec dessein de passer quelques années en ces quartiers là, ne jugeans pas qu'apres tant d'offences faites et receuës, ce fust grande prudence à eux de commettre si tost leurs vies et biens à la discretion des apparens ennemis de la religion, delibera de donner un tel ordre à ses affaires qu'il pûst, quand il voudroit, se retirer avec les autres et y porter dequoy vivre; mais il fut bien estonné d'entendre dire, dés l'année 1571, que plusieurs des principaux reformez commençoient à changer de langage et à parler avec joye du doux air de la cour, lequel devint si universel que, dés le commencement de l'année 1572, l'on parloit ouvertement de s'y vouloir fier.

Tellement qu'au mois de may monsieur vostre pere receut une lettre de la reine de Navarre par laquelle elle le mandoit de l'aller trouver, et suivant icelle il s'achemina à Vandosme où il trouva tous les esprits extrémement resjouys de la bonne volonté qu'ils s'étoient imaginez que le Roy avoit pris pour eux; sur lesquels bruits il ne disoit jamais ses sentimens en public, quoy que son esprit luy en fournist qui eussent esté fort salutaires pour le party, s'il les eust voulu suivre; mais lors qu'il se trouvoit en particulier avec la reine de Navarre, M. le prince son fils, celuy de Condé, le comte Ludovic, l'Admiral; le comte de la Roche-Foucault, La Noüe, Teligny, Briquemault et autres qui tesmoignoient aymer ces vanitez de cour, il leur representoit librement le peu d'apparence qu'il y avoit de croire que le Roy, la Reine mere, les deux fils de France et tant d'autres grands qui avoient tant de fois juré leur ruïne, eussent si soudain recherché la paix, si ce n'estoit à dessein de se servir de quelque autre moyen que celuy de la guerre pour exercer leurs vengeances; que les fondemens sur lesquels ils posoient leur confiance, qui estoit le mariage du prince de Navarre avec madame Marguerite sœur du Roy, ne luy sembloit nullement à propos, y prevoyant de grands inconveniens, et que sur tout Paris luy estoit suspect; qu'il estoit à craindre que ce prince qui estoit jeune et avoit le cœur haut, ne se laissast aller aux blandices de cour; qu'il eust esté plus à propos de le marier avec la reine d'Angleterre que l'on disoit vouloir donner à un des freres du Roy, et bien qu'elle eust dix ans plus que luy, si estoit elle assez jeune pour luy donner plusieurs enfans, et par le moyen d'iceux faciliter le recouvrement du royaume de Navarre; voire pourroit arriver tel succez d'affaires, que ceste alliance uniroit pour tousjours en la maison de Bourbon, les couronnes de France, Angleterre et Navarre.

Tous lesquels bons arraisonnemens n'eurent aucun effet, tant leurs esprits estoient preoccupez des artificieuses promesses de la Cour. Ce que voyant monsieur vostre pere, il se resolut de n'en plus parler et de courir la mesme fortune de tous les autres, quoy qu'il preveist bien que si ces nopces se faisoient à Paris, les livrées en seroient bien vermeilles. Et s'estant resolu de retourner chez luy, dressa son equipage pour accompagner le prince de Navarre à Paris, il voulut vous presenter à luy, ce qu'il fit en presence de la Reine sa mere, avec des protestations que vous luy seriez à jamais tres-fidelle et tres-obeyssant serviteur. Ce que vous luy jurastes aussi en si beaux termes, avec tant de grace et d'asseurance et un ton de voix si agreable, qu'il conceut dés lors de bonnes esperances de vous. Et vous ayant relevé, car vous estiez à genoux, il vous embrassa deux fois et vous dit qu'il admiroit votre gentillesse, veu vostre aage qui n'estoit que d'unze années, et que luy aviez presenté vostre service avec une si grande facilité et estiez de si bonne race, qu'il ne doutoit point qu'un jour vous n'en fissiez paroistre les effects en vray gentil-homme, et aussi vous promit-il en foy de prince, qu'en vous recevant de fort bon cœur il vous aymeroit tousjours et qu'il ne se presenteroit jamais occasion de vous faire acquerir du bien et de l'honneur, qu'il ne s'y employast de tout son cœur.

Tous lesquels discours qui n'estoient lors faits que par complimens, ont eu depuis des evenemens plus advantageux que vous n'aviez esperé; et partant laisserons nous ce propos pour entrer aux narrations des autres chapitres.

CHAPITRE III.

Motifs de confiance des Protestans.

Premierement, une soudaine trefve à eux envoyée lorsqu'ils l'esperoient le moins, et en suitte d'icelle une paix promptement concluë qui leur estoit fort advantageuse, et qu'ils obtindrent apres les combats et rencontres d'Arnay-le-Duc.

Plus, le grand soin que l'on eust en Cour d'envoyer promptement des commissaires par les provinces, pour faire observer l'edict de paix et pourvoir à toutes contraventions, ayans choisi des personnes que ceux de la religion estimeroient leur estre favorables.

Plus, le bruit que l'on faisoit courir par tout, que le Roy nommoit ceste paix là la sienne, et que comme telle, il vouloit prendre un tel soin de la faire loyaument observer, qu'elle fut renduë perpetuelle.

Plus, la solemnelle députation du mareschal de Cossé à la Rochelle, accompagné de la Proustiere et Bellassise qui estoient des confidens de la Reine mere, avec charge expresse d'asseurer la Reine de Navarre, le prince son fils et autres principaux de la religion, qu'il avoit fait ceste paix de son propre mouvement, ayant bien recogneu qu'en traittant honorablement ceux de leur party, il les auroit tous pour fideles et utiles serviteurs.

Plus, les belles propositions qui furent faites par ces députez, desquelles je n'en specifieray que trois des principales : la premiere, que le Roy leur envoyoit son grand serment, sur lequel ils pouvoient prendre une entiere confiance, qu'il vouloit absolument que l'observation de l'edict de paix fust inviolable; la seconde qu'il estoit resolu de se lier d'amitié particuliere avec la reine de Navarre et le prince son fils; et, afin de l'affermir, de luy faire espouser madame Marguerite, sa sœur, et de luy faire de grands advantages; et la troisiesme, que le Roy ayant plusieurs causes de mescontentement contre le roy d'Espagne, et entre les autres la mort qu'il sçavoit bien qu'il avoit procurée à sa femme Élizabeth de France, par jalousie de ce qu'elle estoit en bonne intelligence avec le prince Charles, son fils aisné, à cause de tous lesquels il estoit resolu de luy faire la guerre, et d'y employer ceux de la religion et notamment monsieur l'admiral, afin de retirer le royaume de Navarre, et les feodalitez de Flandre et Artois.

Plus, la declaration que ces députez firent à l'admiral en particulier, que le Roy vouloit faire la guerre aux Pays-Bas, et luy en bailler la charge et la conduitte, avec le tiltre de vice-roys et de prendre son conseil en toutes ses affaire, importantes.

Plus, les grandes cheres, carresses et presens, qui furent faits aux sieurs de Teligny, Briquemault, Beauvais, La Nocle et Cavagnes : mais sur tout au premier, qui estoit gendre de monsieur l'admiral, lesquels avoient esté députez par la reine de Navarre au nom de tous ceux de la religion, pour aller protester au Roy de leurs loyautez et servitudes.

Plus, un second envoy par le roy Charles du sieur de Biron vers la reine de Navarre et les reformez, pour leur reconfirmer les promesses et offres que le mareschal de Cossé leur avoit faites.

Plus, l'envoy du mareschal de Montmorency et du president de Morsan à Roüen, que l'on sçavoit bien estre des amis de l'admiral, pour faire faire justice de quelques excez commis contre les reformez, au prejudice de la paix du roy Charles, car ainsi vouloit-il que l'on la nommast pour y faire prendre confiance entiere.

Plus, la libre permission qui fut donnée aux reformez de lever telles sommes de deniers que bon leur sembleroit, tant pour contenter leurs Allemans, que pour leurs autres affaires.

Plus, l'aggreation de la cour touchant les mariages du prince de Condé (1) avec la troisiesme heritiere de la maison de Cleves, et de l'admiral (2) avec la comtesse d'Antremont, et le don que le Roy luy fit de cent mille livres pour present de nopces, et de la joüissance de tous les benefices du feu cardinal son frere.

Plus, la negociation du mariage de la reine d'Angleterre avec un des freres du Roy, au choix d'elle, pour l'acheminement duquel le mareschal de Montmorency fut envoyé ambassadeur vers elle, afin, disoit-on, de commencer à familiariser les deux religions.

Plus, l'acheminement du Roy à Blois et à Bourgueil, afin, disoit-on, d'avoir moyen de communiquer en particulier avec les reformez.

Plus, un voyage que le Roy desira que fissent le comte Ludovic, La Noüe et Francourt, en habits desguisez et secrettement vers luy à Blois, afin de leur communiquer le dessein de la guerre contre le roy d'Espagne.

Plus, la resolution avec eux prise du temps de commencer ladite guerre, et sa declaration d'en vouloir remettre toute la charge et conduitte à l'admiral, avec le tiltre de vice-roy aux Pays-Bas.

Plus, le renouvellement public des alliances et confederations du Roy et de la France avec la reine d'Angleterre, tous les princes, Estats et villes protestantes d'Allemagne.

Plus, la declaration publique que le Roy et la Cour firent, de vouloir secourir Monts-en-Hainault, que le prince d'Orange avoit prise sur le roy d'Espagne.

Plus, les commissions delivrées pour lever des gens de guerre pour aller en Hainault, et icelles à la nomination de l'admiral, et les grandes sommes de deniers desbourcez pour le payement.

Plus, les grands honneurs qui estoient rendus, et les favorables receptions qui estoient faites à la reine de Navarre, au prince son fils et à tous les reformez de qualité, lors qu'ils passoient et logeoient dans les villes, et particulierement à l'admiral, dans Paris.

Plus, les bruits qui couroient des défaveurs de ceux de Guyse, et des grandes plaintes qu'ils faisoient par tout de voir gratifier les huguenots à leur prejudice, et sur tout leurs ennemis particuliers.

Plus, la grande affection que le Roy tesmoigna en la reconciliation de l'admiral avec ceux de Guyse, laquelle il mesnagea avec tant de dexterité, que toutes les parties firent demonstration d'en estre bien contentes, et sur tout le Roy declarant qu'il vouloit demeurer pleige et caution de leur accord.

Plus, les grandes familiaritez que le Roy tesmoignoit à l'admiral, le nommant son pere, et disant tout haut, en presence et en absence, qu'il l'estimoit un des grands hommes de guerre et d'Estat de son temps, des plus capables de le servir, et qu'il avoit regret de ne l'avoir pas bien cogneu.

Plus, la grace du sieur de Villandry, accordée par le Roy à l'admiral, sur un crime que l'on tient irremissible (3), et qu'il avoit, comme tel, refusée à la Reine sa mere, et à ses freres.

Plus, les inclinations particulieres que le Roy disoit, et tesmoignoit avoir d'aymer plusieurs reformez, et de trouver les humeurs à son gré, nommant entre les autres, mais les uns pour un subjet et les autres pour un autre, La Roche-Foucault, Teligny, Bethune, Resnel, Baudiné, Pilles, Puviaut, Coulombieres, Grand-mont, Duras, Bouchavannes et Gamaches.

Plus, les extrémes desplaisirs que le Roy et tous ses confidens tesmoignerent de la soudaine mort de la reine de Navarre, les grandes recherches qu'ils firent faire pour descouvrir s'il y avoit point eu de malefices d'autruy, et les grandes loüanges qu'ils luy donnoient publiquement.

Plus, les grandes coleres qu'il tesmoignoit contre le pape Pie V, et les blasmes qu'il luy donnoit sur ce qu'il refusoit la dispense necessaire pour le mariage de madame Marguerite de France, sa sœur, et le roy de Navarre.

Plus, le libre consentement accordé par le

---

(1) Henri Ier, prince de Condé, s'était marié avec Marie de Clèves; il avait épousé en secondes noces Charlotte-Catherine de la Tremouille.

(2) L'amiral Coligny.

(3) Villandry avait manqué de respect au roi Charles IX dans une partie de paume.

Roy à celuy de Navarre de pouvoir estre marié sans entrer dans l'eglise Nostre-Dame, n'y estre tenu à faire aucune ceremonie romaine, et ses coleres contre le cardinal de Bourbon à cause des refus qu'il faisoit de s'accommoder à sa volonté.

Plus, les juremens, reniemens et blasphemes du Roy, et les coleres, despits et desplaisirs qu'il tesmoigna, lors qu'il eut advis de la blessure de l'admiral, et les execrables sermens qu'il fit de faire la vengeance de cet assassinat, sur qui que ce pûst estre sans nul excepter; ce qui fut non moins exageré par la Reine mere.

Plus, la permission avec exprés commandement que le Roy donna d'informer de ce crime, et d'aller rechercher dans les hostels de ceux de Guyse, pour voir s'il ne s'y trouveroit nul indice qui les rendist coupables.

Plus, l'amiable visite faite à l'admiral par le Roy, messieurs ses freres, la Reine mere, le cardinal de Bourbon, les ducs de Montpensier et de Nevers, les mareschaux de Cossé et de Rets; le Bastard d'Angoulesme et autres, s'offrans tous à luy, et luy protestans de venger son outrage.

Plus, le mandement fait au mareschal de Montmorency de venir à Paris pour se loger au logis de l'admiral, afin de l'assister de son authorité et de ses bons offices, lequel neantmoins ne voulut jamais partir de Chantilly.

Plus, les continuelles sollicitations que faisoient la Roche-Foucault, Teligny, Grand-mont, Duras, Bouchavannes, Gamaches, Beau-voir, Boursaut, Pilles, Briquemault, Francour, Cavagnes et autres ausquels l'on avoit fait mille belles promesses, dans les logis des plus deffians huguenots, afin de les rasseurer et les prier de ne faire pas des plaintes que le Roy pûst sçavoir, de crainte qu'elles n'alterassent sa bien-veuillance.

Plus, les belles paroles dont le Roy usa envers le roy de Navarre et le prince de Condé, lorsqu'ils luy vindrent faire plainte de la blessure de l'admiral et parler de se retirer hors de la Cour à ceste occasion, les tesmoignages qu'il rendit d'estre fort mal content de ceux de Guyse, ayant descouvert qu'ils avoient de grandes intelligences avec l'Espagne, voire faisoient desja des menées dans le royaume pour le troubler un jour; et partant étoit-il resolu de se bien reünir avec tous ceux de son sang, et tous les bons François, afin de les prevenir.

Plus, les discours qu'il fit au roy de Navarre et au prince de Condé, sur les causes de mescontentement qu'il avoit du roy d'Espagne, et qu'outre celles qui regardoient les affaires d'Estat, il avoit fait mourir sa femme Élizabeth, sa sœur, en luy imposant de trop grandes familiaritez avec son fils dom Carle.

Plus, la retraitte de l'ambassadeur d'Espagne hors de la Cour, avec declaration de son acheminement en Espagne, puis qu'il voyoit bien qu'à la persuasion des huguenots de France, le Roy se disposoit à entreprendre la guerre contre son maistre.

CHAPITRE IV.
Motifs de défiance des Protestans.

Premierement, les conclusions que les reformez sçavoient bien avoir esté prises au concile de Constance, de n'estre point tenu de garder la foi à ceux de leur profession.

Plus, les maximes tenuës pour generales, que les princes souverains n'oublient jamais tant les offences qu'ils ont receuës en leurs personnes ou en leurs dignitez, et sur tout par leurs subjets, qu'il ne leur en reste tousjours un souvenir pour s'en venger, lorsqu'ils le pourront faire.

Plus, deux causes de haine, que la Reine mere disoit souvent avoir contre les huguenots, et telle qu'elle ne cesseroit jamais, à sçavoir : d'avoir nommé antechrists ceux de sa maison, et qu'un huguenot eust sud son seigneur et mary.

Plus, la haine extréme que le roy Charles disoit ne s'estre jamais pû empescher de porter aux huguenots, depuis qu'ils eurent entrepris de se saisir de sa personne à Meaux, et qu'ils contraignirent de s'enfuir.

Plus, les exemples passez qui leur estoient souvent representez par les plus zelez reformez, de trente-quatre massacres de leur profession, sans jamais en avoir pû obtenir justice.

Plus, la remarque à eux faite d'un article du concile de Trente, par lequel les roys de France et d'Espagne estoient exhortez de joindre leurs armes pour l'entiere extermination des reformez de France et Pays-Bas.

Plus, les advis bien certains donnez aux reformez du dessein formé au voyage de Bayonne dans les cours de France et d'Espagne de leur faire conjoinctement la guerre.

Plus, le souvenir d'avoir griefvement offencé le Roy et la cour en plusieurs occasions, desquelles leurs ennemis en ramentevoient sept nullement remissibles : la premiere, de s'estre voulu saisir de la personne du Roy à Meaux; la seconde, de s'estre emparez par trahison des villes d'Orleans, Roüen, Bourges, Lyon et autres; la troisiesme, d'avoir livré le Havre aux

Anglois, ennemis du royaume; la quatriesme, d'avoir fait entrer les Allemans en France à main armée; la cinquiesme, d'avoir donné une bataille au Roy près de Dreux, où le connestable fut pris prisonnier; la sixiesme, d'avoir donné une seconde bataille au Roy devant Paris, où le connestable fut tué; et la septiesme, les longues guerres du Poictou, durant lesquelles ils avoient rendu plusieurs combats, surpris et assiegé diverses villes, et donné les batailles de Jarnac, Moncontour, et Arnay-le-Duc, qui avoient enfin contrainct le Roy de leur donner la paix.

Plus, la reputation que le roy Charles avoit d'estre grand blasphemateur, colere, despit et sanguinaire.

Plus, la certitude en quoy estoient les reformez, que le chancelier de l'Hospital avoit esté chassé de la Cour, pour leur vouloir rendre justice esgalement, et avoir refusé de sceller une revocation de paix faite avec eux.

Plus, les grands desplaisirs qu'ils sceurent qu'avoit tesmoigné toute la Cour, lors qu'elle eust advis que tous les reformez de qualité avoient pris resolution de s'habituer à la Rochelle, transporter leurs biens aux environs, et sur tout dans les isles et marais, et là se cantonner.

Plus, le refus que ceux de Bourdeaux firent au roy de Navarre de le recevoir en leur ville, et ce par ordre de la Cour, comme il en eut de bons advis.

Plus, le peu de déférence que luy rendit le marquis de Villars, ne l'estant point venu visiter, et levant des gens de guerre en Guyenne, sans luy en rien mander, tenant une espece d'armée en campagne, si bien payée et disciplinée, qu'il paroissoit que de plus grands que luy s'en mesloient assez.

Plus, le peu de bon accueil que le prince de Navarre avoit receu par les villes catholiques de son gouvernement de Guyenne.

Plus, les excez et violences exercées contre les reformez en diverses villes, mais sur tout à Roüen, Diepe et Orange, sans qu'il leur en eust esté renduë aucune justice, quelques commissaires que l'on y eust envoyez.

Plus, les tumultes excitez à Paris, à cause de la croix de Gastines (1), quoy que ce fust un des plus precis articles de l'edict de paix, et les grandes menaces que les peuples firent contre les reformez.

Plus, les advis qui furent donnez aux reformez des conferences secrettes des plus confidens du Roy et de la Reine mere, avec le cardinal Alexandrin, neveu du pape Pie V, et du contentement qu'il tesmoigna d'avoir receu en icelles, dont il rapporteroit de joyeuses nouvelles à son oncle à l'advantage de l'Eglise.

Plus, le feint esloignement de ceux de Guyse hors de Paris, et l'advis certain qu'eurent les reformez, qu'ils avoient esté depuis recognus en habits desguisez dans deux conseils secrets, avec la Reine mere, Monsieur, frere du Roy, le duc de Rets, et le chancelier de Biraque.

Plus, les advis que quelques catholiques, amys des reformez, leur donnerent, d'avoir ouy dire au Roy, parlant à la Reine sa mere: « Et « bien, Madame, ne joüay-je pas bien mon jeu? » Et qu'elle luy avoit respondu: « Fort bien, mon « fils, mais il faut continuer jusques à la fin, et « se garder bien d'en rien dire. »

Plus, les grandes plaintes de ceux de la Rochelle, faites au roy de Navarre, à l'admiral et autres reformez à Paris, du long sejour d'une grande armée navalle en leurs costes, sous ombre d'aller en Hollande; mais que beaucoup de raisons leur faisoient croire qu'elle avoit plustost dessein sur leur ville, les sieurs de Strosse, de La Garde, de Lansac, et Landereau, se rendans si familiers avec leurs bourgeois, voire avec ceux de la garde des portes, qu'ils craignoient qu'ils s'en saisissent à la fin.

Plus, la subite mort de la reine de Navarre, laquelle estoit soupçonnée de malefice, par les reformez, voire en parloient assez haut, la tenant à mauvais presage.

Plus, les advis receus de la défaite de Genlis, La Nouë, et autres qui estoient allez au secours du prince d'Orange, par commandement du Roy, et neantmoins n'estoit advenué que par le moyen des conseils et intelligences de la Cour.

Plus, les libres discours de Langoyran, lors qu'on le blasmoit de se retirer de la Cour, et les raisons qu'il alleguoit pour son excuse, disant: Que les trop bonnes cheres, et belles promesses que l'on leur faisoit, estoient cause qu'il s'en alloit, afin de n'estre pas pris au filet comme les mal advisez.

Plus, la retraite du mareschal de Montmorency à Chantilly, disant les mesmes choses que Langoyran.

Plus, les instances continuelles de tous les reformez, qui n'estoient point repeus des vents de la Cour, pour faire trouver bon au roy de Navarre qu'ils se pûssent retirer chez eux, y ayant plusieurs de leurs amys catholiques qui leur disoient à l'oreille qu'ils seroient mieux en leurs maisons.

Plus, les advis que receurent de divers endroits les reformez, qu'il y en avoit parmy eux qui estoient gaignez par la Cour, afin de leur

---

(1) Philippe Gastines, marchand de la rue Saint-Denis, reconnu protestant, avait été pendu.

oster toutes sortes de défiances, et partant qu'ils prinssent garde à la diversité des conseils qui leur seroient donnez par les leurs mesmes.

Plus, la blessure de l'admiral, le redoublement de ses gardes, de gens tous recognus pour des plus grands ennemis des reformez, les resjouyssances que demenoient les peuples pour un tel accident, et les desirs qu'ils tesmoignoient avoir que c'en fust fait, et de tous les autres aussi ; car c'estoit les langages qui se tenoient par tout.

Plus, les obstinations de Mongommery, Frontenay, le Vidame de Chartres, Lonconay, Rabodanges, le Bruëil, Segur, Sey, le Touchet, des Hayes, Sainct-Gelais, Choupes, Beauvais, Grandry, Sainct-Estienne, d'Arnes, Bois-Sec, et autres gentils-hommes de Normandie et de Poictou, jusques à plus de soixante : à ne vouloir point loger dans la ville, quelque instance qui leur en eust esté faite, respondans toujours que l'air des fauxbourgs leur estoit plus salutaire, voire celuy des champs.

Plus, les lettres interceptées du cardinal de Pelevé, escrivant à celuy de Lorraine, à Rome, et autres siens amis, qu'ils ne se missent point en peine des bruits qui courroient de la grande faveur et credit des huguenots, et qu'ils entendroient bien-tost d'autres nouvelles au grand advantage de l'Eglise.

Plus, les discours tenus par l'évesque de Valence à quelques-uns de ses amys de la religion, que les instructions que l'on luy donnoit pour sa charge d'ambassadeur en Polongne, correspondoient si mal aux bonnes cheres que l'on faisoit aux huguenots, aux hautes esperances qu'ils se donnoient et à tout ce qui se disoit par les plus clair-voyans, qu'il falloit necessairement qu'il arrivast des choses à quoy les reformez ne s'attendoient pas.

Plus, les bruits tous communs dans Paris, que les bourgeois avoient eu commandement de se fournir d'armes et de se tenir prests pour les employer.

Plus, la recognoissance qui avoit esté faite, que le logis d'où l'admiral avoit esté blessé, appartenoit à un nommé Villemur, qui avoit esté precepteur de M. de Guyse, et que des gens revenans des champs, avoient rencontré celuy qui avoit fait le coup, monté sur un cheval qu'ils avoient veu dans l'escurie du Roy.

Plus, pour la fin, les instances tant de fois reiterées par les plus sages et speculatifs, envers ceux qui paroissoient les plus vains, credules, et ambitieux des huguenots, de ne point commettre ainsi en mesme temps tous les plus qualifiez d'entr'eux à la discretion de ceux qui leur avoient tousjours tesmoigné tant de haines, et les mespris de tous ces advis, voire mesme avec apparence de despits, coleres, injures et reproches, les accusans de malice, donnoient des presages à tous les autres de leurs futures calamitez.

En suitte des precedens chapitres, nous en avons rencontré un autre, lequel au commencement a fait douter si nous le devions employer ou non, d'autant qu'il fait mention de plusieurs particularitez, qu'à nostre advis quelques-uns n'eussent pas eues agreables, et entre les autres, les six qui ensuivent.

La premiere, une denomination trop libre de tous les autheurs et conseillers de massacres, sans nul excepter.

La seconde, de tous les massacreurs plus qualifiez, qui ont mis les mains inhumainement dans le sang innocent des vieillards, des femmes et des enfans.

La troisiesme, de tous les plus qualifiez massacrez, tant dans Paris, que dans les autres villes et par les champs.

La quatriesme, de tous les massacrez en general par tout le royaume.

La cinquiesme, de toutes les instances faites par la Cour en Angleterre, Allemagne, Suisse et Geneve, de ne recevoir aucuns refugiés françois, qui fussent de la religion reformée.

Et la sixiesme, de tous les blasmes, reproches, et menaces dont il fut usé par les autheurs des massacres.

Mais en fin estimant, pour l'honneur de nostre nation, qu'il falloit plustost estouffer la memoire de telles énormitez que de les ramentevoir, nous nous sommes resolus de retrancher entierement tout ce chapitre, et nous contenterons d'escrire les deux suivans, lesquels, ce nous semble, n'en disent encore que trop.

CHAPITRE V.

Massacre de la Saint-Barthelemy.

Pour commencer le discours de ce qui vous arriva le vingt-quatriesme jour d'aoust, et dire aussi quelque chose des adventures du Roy vostre maistre, et du prince de Condé, nous vous ramentevrons ce que nous vous en avons ouy conter, à sçavoir : que vous ayant fait dessein d'aller faire vostre cour ce jour-là, vous vous estiez couché la veille de bonne heure, et que sur les trois heures du matin, vous vous resveillastes au bruit de plusieurs cris de peuples, et des allarmes que l'on sonnoit dans tous les clochers. Le sieur de Sainct-Julien, vostre gouverneur, et vostre valet de chambre, qui s'estoient aussi esveillez au bruit, estans sortis de vostre logis, pour apprendre ce que c'estoit, n'y rentrerent point, et n'avez-vous jamais sceu ce qu'ils estoient devenus. De sorte qu'estant reduit vous seul dans vostre chambre, et vostre hoste, qui estoit de la religion, vous pressant d'aller avec luy à la messe, afin de guarentir sa vie et sa maison de saccagement, vous vous resoluste d'essayer à vous sauver dans le college de Bourgongne. Pour ce faire, vous pristes vostre robbe d'escolier, un livre soubs vostre bras, et vous mistes en chemin.

Par les ruës, vous rencontrastes trois corps de garde, l'un à celle de Sainct-Jacques, un autre, à celle de la Harpe, et l'autre, à l'issuë du cloistre Sainct-Benoist. Au premier, ayant esté arresté et rudoyé par ceux de la garde, un d'entr'eux prenant vostre livre, et voyant que (de bon-heur pour vous) c'estoit de grosses heures, vous fit passer : ce qui vous servit de passe-port aux autres. En allant vous vistes enfoncer, et piller des maisons, massacrer hommes, femmes et enfans, avec les cris de *tuë, tuë, ô huguenot, ô huguenot* : ce qui vous faisoit souhaitter avec impatience d'estre arrivé à la porte du college, où en fin Dieu vous accompagna, sans qu'il vous fust arrivé autre mal que la peur. A l'abord le portier vous refusa deux fois l'entrée de la porte; mais en fin, moyennant quatre testons que vous luy donnastes, il alla dire au principal, nommé la Faye, que vous estiez à la porte, et ce que vous demandiez ; lequel aussitost meu de compassion (estant vostre particulier amy) vous vint faire entrer, empesché toutesfois de ce qu'il feroit de vous, à cause de deux ecclesiastiques qui estoient sa chambre, et qui disoient y avoir dessein formé de tuer tous les huguenots, jusques aux enfans à la mammelle, et ce à l'exemple des Vespres Siciliennes. Neantmoins, par pitié, ce bon personnage vous mit dans une chambre fort secrette, dans laquelle personne n'entra que son valet, qui vous y portoit des vivres, et vous y servit trois jours durant, au bout desquels il se fit une publication de par le Roy, portant deffences de plus tuer ny saccager personne.

Auquel temps, deux archers de la garde, sujets de monsieur vostre pere, l'un nommé Ferrieres et l'autre la Vieville, vindrent avec leurs hocquetons et halebardes à ce college, pour s'enquerir de vos nouvelles, et les mander à monsieur vostre pere, qui estoit fort en peine de vous, duquel vous receustes une lettre trois jours apres, par laquelle il vous mandoit de demeurer à Paris, et d'y continuer vos estudes comme auparavant; et pour ce faire, il jugeoit bien qu'il vous faudroit aller à la messe, à quoy il vous falloit resoudre aussi bien qu'avoit fait vostre maistre et beaucoup d'autres, et que surtout il vouloit que vous courrussiez toutes les fortunes de ce prince jusqu'à la mort, afin que l'on ne vous pûst reprocher de l'avoir quitté en son adversité : à quoy vous vous rendistes si soigneux, que vous en acquistes l'estime d'un chacun.

Or, pour vous parler de son adventure, nous vous avons ouy dire que, deux heures devant le jour, ils furent resveillez lui et le prince de Condé, par grand nombre d'archers de la garde, qui entrerent effrontement dans leurs chambres, et leur firent commandement, de par le Roy, de s'habiller et le venir trouver sans espées; ce qu'ils furent contraints de faire, et, en sortans de leurs chambres, virent percer de leurs gentils-hommes de plusieurs coups de halebardes. Ayans esté presentez au roy Charles, il les receut avec un visage farouche et des yeux ardens de courroux; et apres plusieurs blasphemes, injures et reproches de luy avoir fait la guerre, il leur commanda de quitter leur belle religion, qu'ils avoient prise pour servir de pretexte à leur rebellion; et sur quelques refus qu'ils firent de changer leur religion, il entra en une furieuse colere, puis leur dit qu'il ne vouloit plus estre contredit en ses volontez par ses subjets; mais que par leur exemple les autres apprissent à le reverer comme estant l'image de Dieu, et à n'estre plus ennemis des images de sa mere. Et, apres plusieurs menaces et injures, leur commanda d'aller à la messe, ou qu'il leur feroit faire leur procés, comme estans criminels de leze majesté divine et humaine; et leur furent ces paroles reïterées tant de fois, que finalement ils cederent à la force, sans que ceste obeyssance aveugle rendist leur condition beaucoup meilleure, sinon par boutades, et selon les caprices de la Cour; tantost ce prince estant traitté comme libre, et lors ses domestiques avoient liberté de le venir servir (à quoy vous vous rangiez soigneusement), et tantost comme prisonnier et criminel, et lors vous estiez tous chassez; mais, en quelque condition que vous fussiez, vous preniez tousjours le temps de continuer vos estudes, sur tout de l'histoire (de laquelle vous faisiez desja des extraits, tant pour les mœurs que les choses naturelles) et des mathematiques, lesquelles occupations faisoient paroistre vostre inclination à la vertu.

Apres que ceste sorte de vie eut duré quelque temps, advint la mort du roy Charles, peu apres laquelle, toute la Cour s'achemina vers Lyon, pour aller au devant du roy Henry III, qui revenoit de Polongne, auquel voyage vous suivistes le roy de Navarre.

Pour l'esclaircissement desquelles choses et de celles qui se passerent durant les années 1572, 1573, 1574 et 1575, nous nous sommes resolus de faire un chapitre, d'un certain recueil que vous aviez fait d'icelles, que nous trouvasmes escrit de vostre main parmy de vieux papiers, que nous visitions pendant que vous estiez de sejour à la Rochelle, lors que la Reine mere vint en Poictou, il estoit tel que s'ensuit.

CHAPITRE VI.

Remords de Charles IX. Conduite qu'il tient. Nouveau soulèvement des Protestans. Mort de Charles IX. Conduite de Henri III.

Ce recueil, dont est parlé au precedent chapitre et au tiltre cy-dessus, semble estre comme un tableau raccourcy de ce que vos yeux virent, et vos oreilles entendirent pendant le massacre, et tout le temps que le roy de Navarre fut detenu en une espece de prison à la suitte de la Cour, auquel nous avons tousjours estimé que vostre loüable curiosité avoit travaillé, d'autant qu'il estoit entierement escrit de vostre main; il disoit ainsi.

En l'année 1572 se joüa la mal-heureuse tragedie du vingt-quatriesme d'aoust, qui a fait tant respandre de larmes et de sang. Le roy Charles oyant le soir du mesme jour, et tout le lendemain, conter les meurtres et tuëries qui s'y estoient faits des vieillards, femmes et enfans, tesmoigna d'en avoir horreur, et en parla comme si ces cruautez luy eussent fait mal au cœur, voire engendré quelque espece de trouble en l'esprit. Tellement qu'ayant tiré à part maistre Ambroise Paré son premier chirurgien, qu'il aymoit infiniment et avec telle familiarité, quoy qu'il fust de la religion, que comme il luy eut dit le jour de la Saint-Barthelemy, que c'estoit maintenant qu'il falloit être catholique, il luy respondit fort hardiment : « Par la lumiere de « Dieu, je croy qu'il vous souvient bien, Sire, « m'avoir promis, afin que je ne vous desobeysse « jamais, de ne me commander aussi jamais « quatre choses : à sçavoir de rentrer dans le « ventre de ma mere, de me trouver en une ba- « taille au combat, de quitter vostre service, ny « d'aller à la messe. » Ayant donc ceste privauté avec luy, il luy dit : « Ambroise, je ne « sçay ce qui m'est survenu depuis deux ou « trois jours ; mais je me trouve l'esprit et le corps

« grandement esmeus, voire tout ainsi que si « j'avois la fiévre, me semblant à tout moment « aussi bien veillant que dormant, que ces corps « massacrez se presentent à moy les faces hy- « deuses et couvertes de sang : je voudrois que « l'on n'y eust pas compris les imbeciles et inno- « cens. » Et sur ce qui luy fut respondu, il fit dés le lendemain publier des défences sur peine de la vie de plus tuer ny saccager personne, lesquelles neantmoins furent fort mal observées, les animositez et les fureurs du peuple estans trop allumez pour y déferer.

Deux jours apres, le Roy fit encore expedier des lettres patentes, qui furent envoyées aux provinces, par lesquelles il desadvoüoit ces cruautez, les rejettoit sur ceux de Guyse, et les querelles d'entr'eux et l'admiral de Colligny, defendant de plus user de tels actes en tous autres lieux, voire en escrivit en Angleterre, Allemagne, Suisse et autres pays estrangers, et néantmoins se laissant aller aux passions d'autruy et changeant au bout de huict jours d'opinion et de stile, il s'en alla en son parlement, et là seant en son lit que l'on nomme de justice (quelque iniquité qu'il produise) il déclara qu'il ne s'estoit rien fait que par son commandement, dont furent expediées lettres patentes, remplies de toutes sortes d'invectives et de calomnies contre ceux que l'on avoit massacrez, pour essayer de trouver quelques pretextes et donner couleur à tant de cruautez. En diverses provinces aucuns des gouverneurs les ayans prises en horreur, refuserent de faire executer ce qui leur estoit commandé à l'exemple de Paris, et entre iceux nous avons oüy nommer les comtes de Tende et de Charny, les sieurs de Mandelot, de Gordes, de Sainct-Heran, de Carouge et le vicomte d'Hostes, gouverneur de Bayonne, lequel fit sur ce mandement une fort genereuse response au roy Charles, qui luy en avoit escrit; dequoy il fut grandement blasmé par ceux qui avoient le plus de credit en Cour, qui estoient les autheurs de ces violens et sanguinaires conseils.

Le roy de Navarre et le prince de Condé, estans amenez devant le Roy, le matin de cette mal-heureuse journée, comme il en a esté dit quelque chose cy-devant, il leur commanda de quitter leur religion, et sur leur refus usa de plusieurs juremens et injures et mesmes de menaces de mort, s'ils s'opiniastroient davantage. Tellement qu'en fin, apres plusieurs delais, ils furent necessitez, comme tous les autres du royaume qui n'avoient point de retraite en iceluy ou qui ne le voulurent point quitter, de fleschir sous ceste aspre servitude ; voire le roy de Navarre fut contrainct d'envoyer dans ses terres souveraines un edict, par lequel il defendoit tout exercice de la religion autre que celuy de la catholique romaine.

Peu avant ceste journée, le Grand Seigneur ayant entendu les desseins du Roy, que l'on publioit par tout afin de mieux attraper les huguenots, à sçavoir : de faire la guerre au roy d'Espagne, pour recouvrer ce qui luy appartenoit aux Pays-Bas, luy envoya offrir gens, galeres et tout autre secours dont il auroit besoin, pour unir à perpetuité toutes les dix-sept provinces à la couronne de France; mais cét accident changea bien la face des affaires et des desseins; car ceux-là mesmes que le Roy avoit envoyez en Flandres pour commencer la guerre en son nom, soubs la charge de Genlis, la Nouë et autres, furent desfaits par les advis et moyens provenans de la Cour.

[1573-1574] L'on commença aussi en ce mesme temps à negocier pour Henry, duc d'Anjou, à ce qu'il fust esleu roy de Pologne; en quoy il se rencontra de grandes difficultez, à cause que l'on le disoit principal autheur des massacres. Neantmoins, par l'artifice de ceux qui furent employez à cela, l'on desguisa si bien toutes choses, que l'eslection s'en ensuivit.

L'on fit semblablement plusieurs pratiques et menées pour se saisir de la Rochelle sous ombre des bons traittemens qu'on leur promettoit, ausquelles promesses les principaux et les plus riches de la ville estoient resolus de se confier, tant ils desiroient de conserver leurs biens et offices, et posseder ceux que l'on offroit si la ville se mettoit en l'obeyssance du Roy. Mais les peuples et plusieurs refugiez qui estoient eschappez des massacres, s'y opposans formellement, et menaçans les autres de les jetter dans la mer s'ils entroient en aucun traitté, il fallut l'entreprendre par la force des armes, aussi bien que Sanxerre : toutes les autres personnes, villes et places demeurans si esperduës d'avoir veu massacrer plus de soixante et dix mille personnes de leur profession, en moins de huict jours, et d'entendre les cruels et rigoureux edicts que l'on publioit et faisoit executer contr'eux, qu'ils ne pensoient qu'à fleschir sous l'esclavitude ou à s'enfuyr hors du royaume; duquel descouragement et consternation ils commencerent à se relever sur une telle occasion.

Le sieur Regniers, gentil-homme voisin de Mont-auban, eschappé du massacre de Paris et d'entre les mains du sieur de Vesins, son mortel ennemy, par une assistance toute divine et qui se peut nommer vray miracle, il s'en vint à Mont-auban, accompagné du vicomte de Gourdon, et tous deux suivis de quelques trente hommes d'armes et cinquante harquebusiers à cheval, seulement avec dessein de faire prendre les armes au peuple de cette ville là; mais ils trouverent tous les habitans en un tel effroy et si abbattus de courage, que ne les pouvant pas seulement faire resourdre à se garder et fermer leurs portes à des trouppes que le sieur de Montluc faisoit estat d'y envoyer en garnison, ils en sortirent promptement de peur d'estre enveloppez là dedans et reprindrent le chemin de leurs maisons. Mais ayans rencontré sur iceluy deux cens cinquante hommes d'armes et deux cens harquebusiers à cheval que Mont-luc envoyoit pour tenir garnison à Mont-auban, et ce en tel lieu et si serré qu'il falloit perir ou combattre, ils embrasserent ce dernier expedient avec une telle resolution que les autres, lesquels ne s'estoient preparez à rien de semblable, prirent l'espouvente et furent mis en route sans aucune défence, avec un si grand heur et courage qu'il demeura cent des ennemis morts sur la place, soixante gentils-hommes prisonniers et cent chevaux de combat gaignez, avec cinq cornettes qui demeurerent entre leurs mains. Et s'en estans retournez à Mont-auban ils y furent receus avec une telle allegresse et admiration d'un tant heureux succez, que l'attribuans à un vray miracle de Dieu, il n'y eut un seul habitant qui ne prist courage, ne courust aux armes, ne se resolust de deffendre la ville et ne s'assujetist à faire les gardes necessaires aux portes. Et en suitte donnerent si bon ordre à toutes choses que M. de Mont-luc fut contraint de se retirer et de changer de dessein, voire la reputation d'un si haut fait d'armes et la fermeté de ceux de Mont-auban à se défendre, fut de tel efficace és autres provinces, que plus de trente places et grand nombre de gentils-hommes et soldats se declarerent et commencerent à s'esvertuer et faire si bien la guerre, que ceux que l'on avoit estimez perdus et entierement destruicts, reduisirent en plusieurs lieux leurs destructeurs sur la deffensive.

Durant tels mouvemens aux lieux ainsi esloignez des forces royales (car tout estoit accouru où l'on estimoit estre reduit le fort de la guerre, et où se devoit, à leur advis, jetter le dernier soupir des huguenots), les sieges de Sanxerre et de la Rochelle se continuans avec telle obstination de toutes parts, qu'en fin la premiere fit quelque espece de traitté, à cela contrainte, par la plus extreme famine dont on ait jamais oüy parler, et l'autre ayant lassé ceux qui l'attaquoient, capitula tant pour elle que Mont-auban et Nismes seulement.

Toute la subsistance des edicts n'ayant plus

de lieu que pour ces trois places, pendant les sieges desquelles, qui durerent sept ou huict mois, plusieurs mescontentemens et desseins se formerent entre les princes et grands du royaume, qui ne pouvoient plus souffrir, comme ils le disoient entr'eux, de se voir tant mesprisez et rabaissez par ceux qui gouvernoient la Cour, et que des gens de basse condition et des estrangers fussent eslevez aux charges principales et eussent l'entiere conduite, administration et disposition des affaires d'Estat, avec un entier mespris des loix, constitutions et ordonnances du royaume et de toute droicture, équité et justice; usans d'un tel orgueil et fierté, et se rendans de si difficile accez, qu'il estoit beaucoup plus facile d'obtenir audience du Roy que de cette gent basse et vile.

Le duc Henry d'Anjou fut lors esleu roy de Pologne, suivant les sollicitations continuelles qu'en avoient faites les agens et ambassadeurs du roy Charles qui ne pouvoient plus souffrir ce sien frere dans son royaume, voyant qu'il usurpoit toute l'authorité et le credit par l'intelligence de Reine mère, qui l'aymoit uniquement et haïssoit son autre fils François, duc d'Alençon, vers lequel tous les plus mal-contens, tant catholiques que huguenots, jettoient les yeux pour en faire leur chef, et luy s'estoit donné à entendre qu'il ne refuseroit pas cette qualité; les uns et les autres faisans de tels desseins, avec d'autant plus de hardiesse qu'ils voyoient journellement accroistre les desordres et necessitez du royaume, quoy que les buts de tous ces gens là fussent bien differens; celuy du duc d'Alençon tendant à se fortifier d'amis et de partisans pour empescher le retour du roy de Pologne en France, advenant la mort du roy Charles que chacun tenoit pour infaillible et fort prochaine. Aussi ayant voulu entreprendre de conduire son frère le roy de Pologne jusques hors la France où il ne le pouvoit plus souffrir, il fust contraint de s'en retourner dés Vitry où il tomba malade de la langueur qui le porta au tombeau, non sans soupçon de quelque malefice de la part de ses plus proches.

La Reine mere d'autre costé qui haïssoit et se voyoit haïe de son fils d'Alençon, et avoit par ses espions et mouchards descouvert ce qui se projettoit pour la des-authoriser et empescher le retour du roy de Pologne, voulant essayer de l'esloigner du royaume et luy occuper l'esprit en d'autres entreprises, elle fit traitter de le marier avec la reine d'Angleterre, et envoya vers le prince d'Orange, le comte Ludovic et autres principaux revoltez és Pays-Bas contre le roy d'Espagne, afin qu'ils le voulussent eslire chef de leurs armes et de leurs desseins, et finalement leur prince au cas qu'il les deslivrast absolument de la succession d'Espagne, et leur fit faire tant de belles promesses d'une puissante assistance, et donner tant d'asseurances d'un doux et moderé gouvernement avec entiere liberté de conscience et traittement esgal envers ceux tant d'une que d'autre religon, qu'elle leur fit prendre goust à cette proposition.

D'ailleurs les progrez assez heureux de ceux de la religion en diverses provinces de France; le bon ordre que l'on sceut qu'ils avoient estably entr'eux en leurs affaires par une entiere et loyale union et bonne correspondance de toutes les parties en un mesme corps (ceux qui ne le pouvoient joindre avec les personnes, y contribuans les vœux, les cœurs et les moyens abondamment) et la resolution qu'ils firent paroistre de vouloir tous mourir ou vivre en liberté de conscience et seureté pour leurs vies, biens, honneurs et dignitez, commencerent d'affoiblir les esperances que l'on avoit prises de leur totale destruction; fit resoudre le Roy, qui se sentoit défaillir peu à peu et commençoit à se repentir d'avoir suivy les violens conseils de ceux qu'il soupçonnoit estre cause de sa langueur, de traitter avec eux malgré la Reine mere et ceux de sa faction, et de trouver bon que pour cét effect ils envoyassent des députez à la Cour pour luy faire entendre leurs plaintes et leurs demandes; lesquels ayans rencontré en leur chemin des députez catholiques de toutes les mesmes provinces qui estoient envoyez pour demander diminution de tailles, imposts, tributs et autres charges pour dix ans; qu'il fut establi une meilleure forme d'administration aux affaires, et qu'elle fut mise és mains de personnes plus qualifiées, plus intelligentes et mieux famées, et à défaut d'y pourvoir, protester de n'imposer plus rien sur ces provinces.

Lesquels députez s'estans entre-communiquez leurs charges, et recevans journellement des sollicitations des mal-contens pour les encourager à parler haut, cela leur donna hardiesse de proposer des conditions à eux plus advantageuses que jamais, fondées sur les cruautez, perfidies et desloyautez dont on avoit usé en leur endroit; n'y ayant plus moyen qu'ils se pussent confier en une foy et une parole tant laschement et sanguinairement enfrainte et brisée, quoy que les cahiers, où ces demandes estoient inserées, ne fussent signez que de quatre ou cinq gentilshommes peu eminens en biens et qualitez, ce qui mit ceux du conseil du Roy en une merveilleuse colere, avec chagrin et despit de voir des gens qu'ils estimoient avoir tous atterrez, se relever avec telle audace, si bien que ne leur voulans rien conceder qui leur pûst faire prendre pied ferme, et n'ayans pas aussi les moyens de leur faire une puissante guerre à cause de la langueur du Roy et des factions qui se formoient en l'Estat, l'on usa de remise sur remise sans rien conclure, tellement que la France demeura quasi deux ans tousjours en paix et tousjours en guerre, qui causoit de merveilleuses ruïnes sur le peuple; les uns et les autres tenans la campagne librement jusqu'à la prise des armes, que l'on appela du mardy gras pource qu'en ce jour là ceux de la religion se saisirent de plusieurs places.

Le comte de Mont-gommery descendit d'Angleterre en France où il fit de mesme. Guitry et Buhy cestuy-cy de la faction de M. d'Alençon et l'autre du roy de Navarre, s'approchans de St. Germain en Laye avec forces, sous esperance d'enlever de la Cour ces deux princes; mais toutes choses en se trouvans pas disposées selon le project, il ne s'en ensuivit aucun effet, et neantmoins l'alarme fut si chaude dans St.-Germain que chacun s'enfuit à Paris et fit à sauve qui peut, ce qui servit de pretexte fort specieux à la Reine mere (car le Roy declinant à veuë d'œil estoit entré en de telles tristesses et melancolies qu'il ne vouloit oüyr parler de nulles affaires) de mettre des gens aupres de ces deux princes et sur tout du roy de Navarre, lequel, depuis la St.-Barthelemy, avoit tousjours esté detenu comme en une espece de demie prison, pour observer leurs actions et prendre garde à leurs personnes; mais apres les executions de la Mole et de Coconas, et les prisons des mareschaux de Mont-morency et de Cossé, il leur fut baillé des gardes et eux furent resserrez dans leurs chambres au Louvre; dequoy le prince de Condé, qui estoit à Amiens observé secretement comme les autres, ayant esté promptement adverty avant que ceux que l'on envoyoit pour le faire arrester fussent arrivez, il se desguisa aussi-tost et s'enfuit luy troisiesme en Allemagne, où il fut receu des princes protestans avec honneur et promesses d'assistance, et fut peu apres declaré chef de tous ceux de la religion en France, contre lesquels furent dressées trois armées; l'une en Normandie, sous la charge du mareschal de Matignon, qui eut bien-tost destruit Mont-gommery; lequel ne s'estoit saisi que de trois ou quatre meschantes places, et n'ayant pas eu loisir de se fortifier, munitionner ny fournir d'hommes, capitula dans l'une d'icelles et fut mené à Paris où il eut la teste tranchée.

La seconde armée fut sous la charge de M. de Mont-pensier, qui prit Fontenay et apres Lusignan par un long et perilleux siege; M. de Rohan, pere de celuy qui est à cette heure commandant dans la place, où il fit des merveilles de prudence, vigilance et vaillance.

La troisiesme armée fut baillée au prince dauphin, qui prit quelques foibles places en Dauphiné, puis leva honteusement le siege de devant Livron, quelques uns de ces chefs ayans esté rappelez en Cour par la Reine mere, à cause de la mort du roy Charles IX, qui arriva au bois de Vincennes le jour de la Pentecoste 1574, n'ayant durant l'excés de ses douleurs, et lors qu'il se voyoit tout baigné de son sang dans son lict, tesmoigné nul plus grand regret que d'avoir fait respandre celuy des innocens le 24 aoust 1572.

Le roy de Pologne en treize jours fut adverty de cét accident, et aussi-tost se desroba de ses domestiques Polonois, s'enfuit du pays, et s'en vint en France en résolution, suivant les conseils qu'il en avoit receu en passant pays, de l'empereur Maximilian, du duc et senat de Venise, et du vieil duc Charles de Savoye, de donner la paix à tous ses sujets, avec libre exercice à ceux de la religion et traittement esgal aux autres.

A son arrivée il y trouva une trefve faite pour trois mois, laquelle, par l'instance de la Reine mere et de ses conseillers à elle affidez, il changea en une guerre contre ceux de la religion et plusieurs catholiques associez que le mareschal de Dan-ville y avoit joints avec luy à cause de la prison de son frere : il se fit de fort foibles factions de guerre. Livron fut deux fois assiégé, à la derniere desquelles le Roy s'y trouva avec toute la Cour, et fut contraint de se retirer avec mille sortes de reproches et d'injures que les femmes et enfans crierent contre luy et la Reine sa mere, avec laquelle il s'en alla en Avignon. Ce honteux décampement, l'aversion que le Roy tesmoigna des-lors de toutes choses genereuses et de la vraye gloire, qui ne s'acquiert que par les armes, et une inclination et disposition portée toute au repos, aux delices et plaisirs, le firent tomber en mespris qui engendra la haine, et la haine l'audace d'entreprendre contre luy, de laquelle proceda sa perdition avec infamie.

La sur-veille de Noël mourut le cardinal de Lorraine en terre papale, et se fit ce jour là une des plus grandes tempestes dont on ait guerre oüy parler.

[1575] Peu apres, le nouveau Roy s'achemina vers Reims, pour s'y faire sacrer; en passant il devint amoureux d'une des filles du comte de Vaudemont (1), et l'espousa.

Le duc d'Alençon, ci-apres dit Monsieur, et

(1) Louise de Lorraine.

2.

le roy de Navarre, durant quelques mois, avoient tousjours marché par pays en coches, accompagnez de gardes; mais apres le sacre et le mariage, il leur fut donné quelque espece de plus grande liberté, laquelle de fois à autre leur estoit retranchée par le Roy et la Reine mere, selon les divers advis, fussent vrays ou faux, qui se recevoient de leurs menées, projets et desseins.

La guerre se continuant tousjours dans le royaume, en quelques provinces esloignées, les jalousies et deffiances de Cour, à cause de tous ces intrigues, leur tenans tellement l'esprit occupé, qu'ils ne pensoient point à y mettre une fin, mais seulement à semer des dissentions entre Monsieur et le roy de Navarre, tantost par le moyen des mesmes maistresses qui leur estoient suscitées et instruites par la Reine mere, lesquelles par divers rapports et jalousies qu'ils leur donnoient, essayoient de les mettre en querelles; tantost en faisant esperer la lieutenance generale du Royaume, aujourd'huy à l'un, et demain à l'autre; et tous les conseillers d'Estat et ministres d'iceluy, songeans plutost à leur particulier, et à se maintenir en authorité, ou à se débutter les uns les autres, qu'à chercher des remedes à tant de malheurs qui menaçoient le Royaume, par les escapades de ces deux princes, et les menées de leurs partisans, sans y voir prendre aucune resolution, jusques au 15 septembre 1575, qu'elles commencerent d'esclatter par la sortie de Monsieur, lequel apres plusieurs remises et delais, se travestit un soir, s'enfuit de la Cour et se retira à Dreux, où grande quantité de noblesse, mal-contente des mauvais traittemens qu'ils avoient receus des ministres et conseillers du Roy, le vindrent trouver; comme fit incontinent apres la Reine mere, pensant de cajoller et le ramener à la Cour, mais il fuyoit tousjours, et elle couroit apres, sans luy pouvoir rien persuader, les armes se prenans de tous costez en faveur de ce prince, tant en France qu'en Allemagne, où M. le prince de Condé avoit si bien travaillé, que le prince Casimir (1) en personne, avec une grande armée, se trouva prest pour entrer en France.

CHAPITRE VII.

Le roi de Navarre à l'armée des Protestans.
Paix de Monsieur.

[1576] Le roy de Navarre voyant la France et l'Allemagne en armes, pour la deffence de ceux

(1) Le prince Casimir était fils de l'électeur palatin du Rhin.

qu'il affectionnoit en son cœur, et rebutté des remises de cette lieutenance generale que l'on luy avoit tant promise, prit resolution de se mettre en liberté toute entiere; et pour cét effet, estant un jour, environ le mois de février, allé à la chasse vers Senlis, sur l'advis qui luy fut donné par mesdames de Carnavalet et de Sauve, que l'on avoit pris conseil à la Cour, de bailler cette charge à Monsieur frere du Roy, afin de le faire revenir à la Cour, et de se saisir de sa personne si tost qu'il y seroit arrivé; il se jugea tellement pressé de la necessité (qui rend tous desseins et toutes armes justes) qu'il resolut de se sauver. Et s'estant défait de ses gardes et de ses espions, d'une grande traitte il vint passer la riviere de Seine, prés de Poissy, gaigna Chasteau-Neuf en Timeraye, qui estoit à luy, n'ayant que trente ou quarante chevaux : là il prit quelque argent de ses fermiers, et s'en alla à Alençon, duquel le sieur de Hertray s'estoit saisi pour son service, où aussi-tost grande quantité de noblesse et de soldats le vindrent trouver. Et ainsi ces deux princes et celuy de Condé, s'estans joints ensemble, ils firent une armée de plus de cinquante mille hommes, par le moyen de laquelle ils obtindrent, pour donner la paix au royaume, et laisser le Roy en repos, dans la molesse des plaisirs et delices où il s'estoit plongé, tant pour leurs personnes, celles de leurs estrangers, des seigneurs qui les avoient assistez, que pour le party de ceux de la religion en general, toutes les conditions advantageuses qu'ils purent desirer; car rien ne leur fut refusé pour les separer; lesquelles ils eussent conservées, s'ils fussent tousjours demeurez unis et loyaux les uns envers les autres; voire il se presenta depuis de telles occasions, et se rencontrerent de telles conjonctures d'affaires en Flandres et ailleurs, qu'en se gardans la foy les uns aux autres, Monsieur eut pû se rendre le plus puissant prince de la chrestienté sans couronne royalle, ce qui meriteroit bien un discours à part, pour servir d'instruction à ceux qui auront cy-apres semblables affaires à démesler; mais nous laisserons cela aux historiens, et reprendrons la suitte du nostre, pour ce qui vous regarde en particulier; nostre dessein n'estant pas de parler des succez des choses, sinon en tant que vous y aurez eu quelque part.

Or, est-il vray (comme nous croyons que vous vous en souviendrez bien) que nous ne vous pûsmes suivre lors que vous vous sauvastes avec le roy de Navarre, nous en estans allez à Rosny, pour ce que nous estions malades; de sorte qu'estans absens, il nous a esté impossible d'apprendre aucune chose de vos actions et fortunes, que par quelques uns de vos valets, ausquels nous nous enquismes à nostre retour; mais tout cela tant en confus et embarrassé, que n'en ayans pû tirer aucun esclaircissement de vous, nous devons estre excusez si nous obmettons beaucoup de choses qui vous peuvent avoir esté occurentes, et si nous manquons aucunefois au temps et à la dénomination des lieux et des personnes; quoy que ce soit, nous n'avons point appris qu'en toute cette souslevation, il se fut fait aucunes factions de guerre fort remarquables, ny que vous ayez rien fait de particulier, ny esté employé en choses qui meritent d'estre escrites, sinon qu'en certaines escarmouches és environs de Tours, le roy de Navarre vous y voyant des plus eschauffez, et vous exposer aux plus grands perils en une chose quasi de neant; car vous vous estiez jetté parmy l'infanterie, et y viviez comme le plus simple soldat; afin, disiez-vous à ceux qui vous en vouloient divertir, d'apprendre le mestier des armes dés ses premiers commencemens. Il vous appella, et vous ayant fait revenir à luy, apres vous avoir tancé, vous dit : « Rosny, « ce n'est pas icy où je veux que vous hazardiez « vostre vie; je loüe vostre courage, mais je de- « sire vous le faire employer en une meilleure « occasion. » Puis se tournant, lors que vous fustes un peu esloigné, vers ceux qui estoient prés de luy, leur dit : « Voilà un jeune gentil-homme « de fort bonne maison, qui est fils d'un brave « pere que j'ay fort aymé ; il ne laisse guere pas- « ser d'occasion sans s'y trouver, et a un fort « gentil esprit, et croyez que s'il vit, il fera un « jour quelque chose de bon, ou je seray bien « trompé. »

La paix se fit trois ou quatre mois apres, et suivistes le roy de Navarre, lequel fit lors, estant à Touars, nouvelles protestations de vivre en la religion que l'on luy avoit fait quitter par force à la Sainct Barthelemy, d'où il fit partir Farvaques, pour aller à la Cour redemander madame sa sœur (avec lequel vous fustes pource qu'il estoit fort de vos amis) laquelle dés la premiere ou seconde journée, au partir de Paris, se declara de la religion, et vous aussi fustes au presche à Chasteau-Dun avec elle, et plusieurs autres qui avoient changé au massacre. Le Roy son frere l'attendoit à Partenay, et vint trois lieuës au devant d'elle; puis s'en allerent ensemble à la Rochelle, où ceux de la ville firent entrée au roy de Navarre, sans neantmoins luy avoir voulu donner le dais, disant qu'il n'appartenoit qu'au souverain, ny avoir voulu laisser entrer les catholiques qui suivoient le roy de Navarre, entre lesquels estoit Caumont, depuis duc d'Espernon; pource, disoient-ils, qu'il y en avoit qui avoient ensanglanté leurs espées le 24 d'aoust.

CHAPITRE VIII.

Reprise d'armes. Siéges de quelques villes. Trève.

Vous suivistes tousjours le roy de Navarre en tous ses voyages, et quoy que vous vous jettassiez tout à fait dans l'exercice des armes, pour en apprendre le mestier, si ne laissiez vous pas de continuer vos estudes, lors mesmes que vous vous fustes mis dans la compagnie colonnelle de M. de Laverdin (qui vous cherissoit infiniment en vous apparentant) de faire toutes les factions comme le moindre soldat.

Or, quelques belles promesses que l'on eut faites au roy de Navarre, et prince de Condé, de faire executer loyalement tout ce qui leur avoit esté promis par la paix, en ce qui concernoit leur authorité dans leurs gouvernemens de Guyenne et Picardie, si est-ce qu'ils n'eurent pas plutost separé leurs trouppes, et sur tout licencié leurs estrangers, et iceux conduits hors du Royaume, qu'ils ne vissent bien que Monsieur avoit esté gaigné, et devenu leur plus contraire ennemy, tellement que par les inexecutions de l'edict, et mauvais traittement que recevoient eux et tous ceux de la religion, ils se trouverent forcez de revenir aux armes dés la fin de l'année 1576, auquel temps M. de Laverdin vous donna son enseigne colonnelle, et fustes mis en garnison à Perigeux, et puis à Ville-Neufve d'Agenois, lors qu'on le menaça du siege. Avant la levée des armes, il n'y eut quasi homme de qualité auprés du roy de Navarre, au moins de ceux du pays, qui ne se vantast d'avoir gens tous prests pour mettre une bonne trouppe en campagne, les uns de cavalerie, les autres d'infanterie, et qui ne se dist avoir une entreprise infaillible sur quelque place, et neantmoins quand se vint au fait et au prendre, il ne s'en trouva que cinq ou six qui pussent faire trouppes, et encore assez chetives; et de toutes les entreprises, il ne s'en trouva que deux qu'il y eut apparence de devoir tenter.

La premiere, fut la Reole, que Favas conduisit si heureusement qu'il l'emporta par escalade, en laquelle vous montastes quasi des premiers, y ayant mené cinquante soldats de vostre compagnie. Elle fut prise sans grand combat, au moins ne nous souvient-il point avoir oüy dire qu'il vous y fut rien arrivé fort digne de remarque.

La seconde entreprise, fut sur Sainct Macary,

laquelle ne fût pas semblable; Langoiran la conduisit, mais il y eut de la trahison, ceux de la ville estant bien advertis, de sorte que tout ce qui donna fut quasi tué ou pris; et si Favas, qui menoit la seconde trouppe, ne vous eut retenu pres de luy, avec le jeune Bethune (pource que l'aisné vous'avoit fort recommandez à luy), vous estiez tous deux des premiers perdus, car vous le pressastes plusieurs fois de vous mettre à la première trouppe.

Peu apres M. de Laverdin, qui estoit dans Ville-Neufve d'Agenois, s'en alla assieger Ville-Franche de Perigord, où, selon ce que nous en avons oüy dire à la Trape, vostre valet de chambre, qui estoit fort bon soldat, vous courustes de grandes fortunes à ce siege; car, outre celles des approches, portant vostre drapeau à l'assaut, vous fustes renversé à coups de piques et halebardes, du haut de l'escarpe du fossé, dans le fond d'iceluy, tellement embarrassé dans le tafetas de vostre enseigne, et enfoncé dans l'eau et la boüe, que vous faillistes y estre suffoqué, d'où ayant esté retiré par la Trape et autres de vos soldats, vous ne laissastes pas de remonter à l'assaut, et s'estant lors ouvert quelque pourparler pour la reddition de la ville, elle fut par un autre costé surprise en parlementant, et icelle toute saccagée, où vous gaignastes quelques mil escus en or, par le plus grand hazard qu'il est possible; car un vieillard estant poursuivy par cinq ou six soldats, passant devant vous, se jetta entre vos bras, vous priant de luy sauver la vie, et de vouloir prendre sa bource, pour laquelle on le poursuivoit, qu'il aimoit mieux que vous eussiez qu'un autre. Cette ville avoit quelque temps auparavant couru une autre fortune, à laquelle encore que vous n'ayez point eu de part, nous ne laisserons d'en faire le recit, tel qu'il s'ensuit.

Une autre ville, sa voisine de trois ou quatre lieuës, nommée, ce nous semble, Mont-pasier, estant de different party et elles s'entre-faisans continuellement la guerre, il arriva qu'en une mesme nuict, ils executerent une entreprise l'une sur l'autre, lesquelles reüssirent toutes deux, d'autant plus heureusement que l'une et l'autre ayans fait sortir tout ce qu'elles avoient de gens de guerre, il ne s'y trouva personne de defence, tellement qu'elles se trouverent prises et pillées toutes deux quasi en une mesme heure; de quoy bien estonnées, par l'entremise de leurs amys communs, elles convindrent, que chacune retireroit ses gens, sans rien emporter l'une et l'autre, et demeurerent comme auparavant.

Peu apres il survint de grandes divisions entre les serviteurs plus qualifiez du roy de Navarre, comme si dans sa Cour il y eût eu deux partis; l'un de catholiques, composé de MM. de Laverdin, Miossens, Grand-mont, Duras, Roquelaure, Saincte Coulombe, Bégoles, Podins et autres : l'autre de huguenots, composé de MM. de Thurenne, Mont-gommery, Guitry, Lesignan, Favas, Pardaillan et autres, lesquels par plusieurs fois faillirent d'en venir aux mains, portans ces querelles et dissensions plus de prejudice aux affaires générales du party, que les ennemis mesmes; le roy de Navarre se trouvant bien empesché à concilier tant d'esprits et de fantaisies diverses, luy eschappant quelquefois de dire, qu'il sembloit avoir plus d'obligation aux catholiques, que non pas aux huguenots, d'autant que ceux-cy le servoient et assistoient à cause des interests de leurs personnes et de leur religion, au lieu que les autres n'y estoient menez que par la seule affection qu'ils portoient à sa grandeur et à sa fortune, au prejudice de leur propre creance et religion.

Or, pource que plusieurs personnes s'estonnans de la mauvaise intelligence qui a tousjours paru entre M. de Thurenne (1) et vous, nous en ont souvent demandé la cause, il nous a semblé à propos sur l'occasion de ces dissensions qui en furent la premiere origine, d'en dire icy un mot, selon ce que nous en avons appris d'un gentil-homme de Normandie, nommé le sieur d'Yvetot, qui estoit lors à vous; lequel nous conta que vous estant, dés ce temps-là, survenu quelque dispute avec le sieur de Frontenac, vous n'ayant point encore de barbe, pource que sur certains propos qui ne luy plaisoient pas, il vous dit : « Vous faites desja bien l'entendu, « encor que vous soyez si jeune que si l'on vous « tordoit le nez, il en sortiroit du laict. » A quoy vous luy respondistes : « Que vous aviez assez « d'aage pour luy tirer le sang du sien, l'espée « à la main. » Et quoy qu'il fust catholique et vous de la religion, si arriva-il, que M. de Laverdin et la pluspart des catholiques envoyerent s'offrir à vous, d'autant qu'ils avoient sceu que M. de Thurenne et plusieurs des huguenots de ce pays de delà, à cause de luy, s'estoient envoyez offrir à l'autre, et à vostre accord parurent ces deux factions tout ouvertement, ce qui vous obligea de là en avant d'estre contre M. de Thurenne en toutes les disputes qui luy survenoient, tellement que cette broüillerie, et ce que dés auparavant vous aviez tesmoigné d'affectionner Langoyran, contre qui M. de Thurenne s'estoit tousjours bandé, pource qu'il ne l'avoit point voulu recognoistre pour son général és lieux où il commandoit, et avoit dit tout haut

(1) Le vicomte de Turenne, depuis duc de Bouillon.

qu'il ne l'estimoit point de meilleure maison que luy, que c'estoit un jeune homme ambitieux, qui n'estoit point si expérimenté aux armes que luy, qu'il estoit si bigot, qu'il n'y avoit que trois jours qu'il protestoit de vouloir plutost estre chien que huguenot, et ne s'estoit rangé avec ceux de la religion, que pour n'avoir pû durer avec M. d'Alençon, à cause du sieur de Bussy (1), lequel le devançant en faveur, le vouloit aussi preceder en toutes autres choses. Vos amys et parens firent ce qu'ils pûrent pour vous disposer à rechercher le vicomte de Thurenne; mais il n'y eut jamais moyen, aussi que luy mesme vous faisoit tellement le froid, qu'il estoit aisé à juger qu'il y avoit je ne sçay quelle contrarieté naturelle entre vos humeurs et inclinations.

Les affaires et encore plus les esprits estans donc en cette disposition, tant plaines de bigarrures et contrarietez, l'on ne laissa pas neantmoins d'entreprendre, par l'opiniâtreté de quelques uns que vous sçavez bien, et contre les sentiments du roy de Navarre mesme, et du sieur de la Nouë, d'aller assieger Marmande, ville scituée sur Garonne, trop grande, trop forte et trop bien munie de toutes choses, pour une armée si mal assortie de ce qui estoit necessaire, qu'estoit celle du roy de Navarre, devant laquelle M. de Laverdin, colonel d'infanterie, ayant esté commandé de faire faire les approches, il vous bailla, comme estant son enseigne, cent harquebusiers à conduire, afin de vous aller loger dans des maisons et chemins creux, qui estoient à deux cens pas de la ville, vers le bas de la riviere, mais vous et tous les autres capitaines qui eurent mesme commandement vers les autres quartiers, fustes si furieusement receus, par trois fois autant de gens armez et soldats sortis de la ville, qu'apres une grande escarmouche, vous fustes tous contraints de vous retirer avec perte, et de vous loger et défendre dans des maisons fort esloignées, au lieu d'assaillir, jusques à ce que le roy de Navarre, avec le reste de sa malotruë armée, tant cavalerie qu'infanterie, fut arrivé, qui les contraignit par deux ou trois charges qui leur furent faites (en l'une desquelles ce prince fut luy mesme, n'ayant que sa seule cuirasse) de regagner les contrescarpes de leurs fossez, et vous donna moyen de vous loger, barricader et retrancher aux lieux qui vous avoient esté ordonnez assez proche de la ville : laquelle se trouva si mal investie n'y ayant pas assez de gens pour la circuire entierement, et l'artillerie qui ne consistoit qu'en un canon et deux couleuvrines si mal montée, munitionnée et servie, qu'il n'y avoit apparence que de honte

(1) Clermont Bussy d'Amboise.

et dommage pour les assiegeans : pour lesquelles éviter, et couvrir en quelque façon, le roy de Navarre prit pretexte de lever le siege, par une telle quelle capitulation sur l'arrivée du mareschal de Biron, que le Roy envoyoit vers luy pour traitter de la paix, des particularitez de laquelle négociation je ne diray rien, tant pource qu'il ne s'en ensuivit aucun effet, que pource que vostre jeune aage ne vous permettoit pas d'estre encore employé en telles affaires.

Peu de temps apres vous quittastes l'enseigne colonnelle de M. de Laverdin, et la baillastes au jeune de Bethune vostre cousin; pource qu'ayant receu une bonne somme d'argent de vostre revenu, que vous aviez espargné durant trois ou quatre ans, que vous n'y aviez point touché, et aviez vescu d'inventions et de vos soldes et profits faits à la guerre, vous vous rengeastes tout à fait à la suitte du roy de Navarre; avec un fort gentil équipage, auquel ne manquant jamais rien non plus que vous d'argent, tant vous estiez prevoyant et bon mesnager; ce prince commença dés lors, comme il vous l'a souvent dit depuis, à vous estimer et prendre une bonne opinion de vostre esprit et de vostre conduite.

Cette négociation de paix tirant en longueur, il fut fait une trefve pendant laquelle le Roy s'en alla en Bearn, sous pretexte d'aller voir sa sœur; mais en effet on croyoit qu'il y estoit attiré par la jeune Tignon-ville (2), dont il faisoit lors l'amoureux, et là commençastes vous à faire le courtisan, Madame sœur du Roy, prenant la peine elle-mesme, de vous montrer les pas d'un balet, dont elle vouloit que vous fussiez, et de fait vous le dançastes huit jours apres devant le Roy, ainsi que nous l'avons oüy dire au sieur d'Yvetot, car vous nous aviez laissé avec vostre train.

CHAPITRE IX.
Diverses expéditions du roi de Navarre.

Au retour de ce voyage de Bearn, la trefve estant preste à finir, le roy de Navarre fit dessein de se saisir de la ville d'Eause, qui estoit à luy en propre, où il courut de grandes fortunes; car estimant que les habitans qui n'avoient point voulu recevoir garnison, auroient du respect à la personne de luy qui estoit leur Seigneur, il voulut marcher tout le premier pour entrer dedans avec peu de gens, afin de ne donner point d'alarme, et de fait, n'ayant pris que quinze ou seize de vous autres messieurs, qui vous rangiez

(2) Sa mère était gouvernante de la princesse Catherine, sœur de Henri.

le plus prés de luy, desquels vous fustes, avec de simples cuirasses sous vos juppes de chasse, deux espées et deux pistolets, il surprit la porte de la ville et entra dedans avant que ceux de la garde eussent eu moyen de prendre les armes; mais l'un d'iceux ayant crié à celuy qui estoit au portail en sentinelle, il coupa la corde de la herce-coulisse, qui s'abatit aussi-tost quasi sur la croupe de vostre cheval et de celuy de M. de Bethune l'aisné, vostre cousin, ce qui empescha le reste de la suitte qui venoit au galop de pouvoir entrer : tellement que le Roy et vous quinze ou seize, tous seuls, demeurastes enfermez dans cette ville, de laquelle tout le peuple s'estant armé, il vous tomba à diverses trouppes et à diverses fois sur les bras, le tocxin sonnant furieusement, et un cry d'*arme, arme*, et de *tuë, tuë*, retentissant de toutes parts. Ce que voyant le roy de Navarre, dés la premiere trouppe qui se presenta de quelques cinquante, les uns bien, les autres mal armez, luy marchant le premier le pistolet au poing, droit à eux, il vous cria : « Or sus, mes amys, mes compagnons, c'est icy « où il vous faut montrer du courage et de la re-« solution : car d'icelle dépend nostre salut; que « chacun donc me suive et fasse comme moy, « sans tirer le pistolet qu'il ne touche. » Et en mesme temps oyans trois ou quatre qui crioyent : « Tirez à cette juppe d'escarlatte, à ce pennache « blanc, car c'est le roy de Navarre, » il les chargea de telle impetuosité, que sans tirer que cinq ou six coups, ils prirent l'espouvante et se retirerent par diverses trouppes : d'autres semblables vous vindrent encore mugoter par trois ou quatre fois; mais si tost qu'ils se voyoient enfoncez, ils tiroient quelques coups et s'escartoient, jusques à ce que s'estans ralliez prés de deux cens, ils vous contraignirent de gaigner un portail, et deux de vous autres monterent pour donner le signal au reste de la trouppe, que le Roy estoit là, et qu'il falloit enfoncer la porte, le pont-levis n'ayant pas esté levé; à quoy chacun commença de travailler, et lors plusieurs de cette populace qui aymoient le Roy et d'autres qui craignoient de l'offencer estant leur seigneur, se mirent à tumultuer en sa faveur, et enfin apres quelques harquebusades et coups de pistolets tirez de part et d'autre, il se mit une telle dissension entr'eux, voyans que les portes se rompoient, les uns crians il se faut rendre, les autres il se faut défendre, que cette irresolution donna moyen et loisir de faire ouverture des portes, et à toutes les tropupes de se presenter, à la teste desquelles le Roy se mit voyant la pluspart des peuples s'enfuir, et des consuls avec leurs chaperons crier : « Sire, nous sommes vos subjets et vos serviteurs

« particuliers : helas! ne permettez pas le sacca-« gement de cette ville qui est vostre, pour la « folie de quelques meschans garnemens qu'il « faut chastier. » Il se mit, dis-je, à la teste pour empescher le pillage; aussi ne se commit-il aucune violence ny desordre ny autre punition, sinon que quatre, qui avoient tirés au pennache blanc, furent pendus, avec la joye de tous les autres habitans, qui ne pensoient pas en devoir estre quittes à si bon marché.

Le roy de Navarre ayant donné à M. de Bethune, vostre cousin, le gouvernement de cette ville, s'en alla à Nerac où il eut advis qu'un gentil-homme catholique, qui tenoit son party, nommé Sainct Cricq, s'estoit saisi de la ville de Mirande; mais que n'estant pas assez fort, il avoit esté contraint de se retirer dans une tour et portail proche des murailles, où il se resolvoit de se défendre, attendant secours qu'il luy prioit de luy donner promptement : à quoy desirant satisfaire, il partit aussi-tost et manda aux garnisons voisines de le suivre, et de se trouver à un certain rendez-vous qu'il leur donna, auquel s'estant trouvé d'assez bonnes trouppes de cavalerie et infanterie, il marcha aussi droit à Mirande; mais il estoit arrivé que sur l'alarme de la surprise de cette ville, tous les gens de guerre catholiques du voisinage s'estant jettez dedans, ils attaquerent si furieusement et perseveramment ce portail, qu'avant l'arrivée du roy de Navarre, ils forcerent Sainct Cricq et les siens, et les firent tous brusler dedans : neantmoins l'on ne laissa pas, lors que vos trouppes commencerent à paroistre, de fanfarer les mesmes signals que l'on avoit mandez, afin de vous faire approcher et attraper, à quoy le roy de Navarre preparoit dés-ja des trouppes pour donner : lesquelles infailliblement se fussent perduës pour la pluspart, lors qu'un soldat de la religion qui s'estoit marié là dedans à une femme catholique, s'estant jetté par dessus les murailles, vint advertir de la tromperie, lequel advis sauva la vie à beaucoup de gens de bien, qui estoient tous prests et bien resolus de donner à ce portail, du nombre desquels vous estiez : tellement que l'ennemy voyant bien par vos contenances et le changement de vostre ordre, que vous changiez tous de dessein et par consequent aviez esté advertis du mal-heur arrivé à Sainct Cricq et aux siens, ils sortirent dehors en fort grand nombre, cavalerie et infanterie, et attaquerent une grande et furieuse escarmouche, en laquelle vous et le jeune Bethune, vostre cousin, vous allastes mesler des premiers, et vous y trouvastes enfin si embarrassez, qu'il y demeura plusieurs des vostres; et sans M. de Bethune l'aisné, pere de ceux que nous avons veus en Flandres, et M. de Lesignan, qui, par commandement du roy de Navarre, vous vindrent tous faire retirer, et pour vous des-engager furent contraints de faire une furieuse charge à ceux qui vous poursuivoient chaudement à la faveur de leurs courtines, vous couriez tous deux fortune, et beaucoup d'autres d'estre tuez ou pris : car vous fustes trouvez si las et si hors d'haleine, vous et vos chevaux, que vous ne pouviez quasi plus aller ny respirer ; ainsi que de tout cecy nous en avons oüy faire le recit audit sieur d'Yvetot et à la Trape, qui furent tousjours avec vous ; nous n'estant pas de ces fols qui se meslassent en ces hazards : et lors le roy de Navarre voyant ne pouvoir plus rien faire là devant, et que le jour commençoit à decliner, il fit sonner la retraitte, et s'en alla à Jegun, où, deux jours apres, toutes les trouppes des catholiques de la province, qui s'estoient assemblées en grand nombre sous la charge de M. l'admiral de Villars, sur l'alarme de cette surprise de Mirande, où ils croyoient qu'il se pourroit faire quelque grand combat devant, voire dedans cette ville là, si le portail eut tousjours tenu. Ayant appris que la pluspart de celles du roy de Navarre s'estoient retirées en leurs garnisons, se vindrent presenter et mettre en bataille devant Jegun, avec forces fanfares et defits pour combats singuliers : voyant qu'à une grande escarmouche qui se faisoit, ceux du roy de Navarre, comme les plus foibles, ne quittoient point la faveur des courtines, et ne taschoient qu'à les attirer dans la portée d'icelles, ainsi qu'eux mesmes avoient fait le jour de devant, les sieurs de Laverdin et de la Devese, l'un d'un party et l'autre de l'autre, accorderent un combat singulier de six contre six : mais, comme vous vous debatiez tous à qui en seroit, le roy de Navarre d'un costé, et M. l'admiral de Villars de l'autre, vindrent faire retirer les trouppes ; et ainsi chacun s'en alla loger, qu'il estoit presque nuict.

Peu de temps apres le roy de Navarre fit un voyage de Leytoure à Mont-auban, sur le passage duquel s'estant approché de Beau-mont de Laumagne, et ceux de la ville ayans fait filer quelques harquebusiers dans les hayes, vignes et chemins creux, afin de l'incommoder et essayer de tuer ou blesser quelques hommes ou chevaux, le roy de Navarre commanda au comte de Meilles et à vous, de prendre vingt-cinq chevaux, et leur faire une espece de fausse charge, afin de les faire retirer ; ce que voulant executer, ils vous tirerent de fort loin, tous en foule, et aussi-tost prenant l'espouvante, vous les enfonçastes et menastes battans, en sorte qu'il en demeura dix ou douze par les chemins, jusques dans les faux-bourgs et jardinages de la ville, d'où il sortit cent harquebusiers à leur secours : ce que voyant le roy de Navarre, et qu'ils s'estoient advancez jusqu'à un lieu où, à cause de quelques maisons et grands arbres fort espais, les courtines ne se voyoient que fort peu, il fit mettre pied à terre à cinquante de ses gardes, lesquels marchans au combat, de toute autre façon que ces gens de ville, n'eurent pas plutost tiré leurs premieres harquebusades, qu'ils mirent l'espée à la main, et s'allerent mesler avec eux dans les clos, vergers et jardins ; et mesmes les clayes d'iceux ayans esté ouvertes en plusieurs lieux, le roy de Navarre luy mesme avec quelques uns de vous autres, les chargea furiusement, de quoy tous ces gens effrayez, ils se mirent en fuitte, jettans leurs armes pour se sauver ; il y en eut quelque vingt de tuez, et presque autant de prisonniers : le reste se jetta dans les fossez de la ville, laquelle d'effroy, et craignant que l'on entrast pesle-mesle, leverent les ponts-levis ; et le Roy voyant que toutes les courtines se garnissoient d'harquebusiers, se retira sans qu'il y perdît qu'un homme, et un nommé Rangues et le Bois de Thoneins qui furent blessez, et deux ou trois chevaux, et ainsi suivistes vostre chemin vers Mont-auban.

Quinze jours apres le roy de Navarre s'en retournant de Mont-auban à Leytoure, et ne voulant plus passer si prés de Beau-mont, au partir du Mast de Verdun, il prit plus à droicte vers un lieu qui s'appelle Sainct Nicolas (comme il nous semble), et ayant fait environ une lieuë, l'on entendit le son de quatre ou cinq tabourins, vers lesquels le Roy ayant envoyé pour les recognoistre, on luy rapporta que c'estoient environ trois cens harquebusiers, lesquels, sous cinq enseignes, tenoient le chemin de Beau-mont à Florance, marchans en assez mauvais ordre ; lors il y eut de grandes disputes entre les vieux et jeunes gentils-hommes et capitaines, pour resoudre si on les laisseroit passer ou si on les yroit attaquer, car le Roy n'avoit qu'environ cent ou six-vingts gentils-hommes ou fort bons capitaines bien armez, et cent cinquante harquebusiers de ses gardes ; et en fin sa majesté conclut qu'il les falloit envoyer taster par vingt chevaux et cinquante harquebusiers tous à cheval, afin de prendre conseil sur la resolution qu'ils tesmoigneroient avoir, leur mettant en veuë tout ce qu'il y avoit de gens, qui paroissoit fort à cause de la quantité de serviteurs, domestiques et valets que vous autres messieurs aviez, que l'on fit mettre en bataille en quatre gros, avec vos casques en teste à ceux des premiers rangs, ce qui reluisoit fort au soleil, et le surplus qui estiez tous gens de combat et un peu plus apres, en trois autres gros, les gardes estans à cheval les harquebuses et petrinals (1) hors le fourreau. Si tost que ces gens vous descouvrirent en cet ordre et virent vos coureurs venir à eux les pistolets au poing, ils commencerent à se tremousser, les uns courans d'un costé, les autres de l'autre, sans aucun rang, montrans de s'effrayer. L'on voyoit trois ou quatre capitaines a cheval à leur teste, qui faisoient en apparence tout ce qui se pouvoit pour les rasseurer et mettre en ordre dans un grand champ; mais voyans que les uns apres les autres passoient à travers les plus fortes hayes, et se jettoient dans les chemins creux sans vouloir garder ordre ny rangs, eux mesmes se mirent à la teste, et au grand trot, se faisans suivre de mesme par tous leurs soldats, avec dessein d'aller gaigner un bourg nommé les Cassaux, fermé par les costez et les devants, reservé que les portaux en avoient esté démolis, croyans qu'ils auroient assez de loisir pour s'y baricader; mais ils furent suivis de si prés, que les plus mal enjambez deméurerent par les chemins et furent taillez en pieces, et les autres passans dans le bourg, cognoissans bien qu'ils n'auroient pas le loisir de baricader les portaux, ils gagnerent, au nombre de quelques deux cens, une grande eglise qui estoit hors le bourg où les paysans avoient accoustumé de se retirer, tellement qu'ils la trouverent toute retranchée et mesme pourveuë de vin et farine et quelque peu de pain et de bois, là où le roy de Navarre se resolut de les assieger; et pource qu'il n'avoit autre infanterie que ses gardes et qu'il ne doutoit point que les villes catholiques voisines, comme Grenade, Beau-mont, Mirande, Valence et Fleurance, n'essayassent de les secourir, il depescha aussi-tost à Leytoure, au Villa, le Mast de Verdun, Lisle et Mont-auban pour luy envoyer le plus de gens de pied et de cheval qu'ils pourroient, et, en attendant il fut contraint d'employer non seulement ses gardes et toute la noblesse, mais aussi vos valets, pages et laquais, et fustes ainsi prés de quatre jours sans vous des-habiller, ny quasi des-armer, ny avoir autre soulagement, sinon qu'en sortant des gardes à pied, où il falloit travailler à la sappe de ceste eglise, vous entriez en garde à cheval, pour empescher le secours et les advis, et ne dormiez tour à tour que de deux nuicts l'une : mais en fin vous estant arrivé quelque cent chevaux, et mille ou douze cens harquebusiers de toutes ces villes nommées, avec des pics, pelles, pioches et grenades, suivant ce que le Roy l'avoit demandé, vous commencastes à prendre quelque repos et à travailler avec plus

(1) Gros pistolets.

de facilité, quoy que les murailles de ceste eglise fussent si dures et si espaisses, que l'on n'avança pas guere la besongne.

Le Roy vous ayant baillé pour vostre quartier, le rond du chœur de l'église à percer, vous vous y opiniatrastes de telle sorte et tous les vostres, que dans douze heures vous y eustes fait un trou, par lequel vous faisiez jetter des grenades dans l'église, qui leur blessoient force soldats; et puis fistes dresser un petit eschaffaut contre le trou, de dessus lequel vous faisiez tirer à ceux qui paroissoient; tellement que ces gens ayans apperceu le renfort qui estoit arrivé au Roy, n'ayans chirurgiens, linge ny drogues pour panser leurs blessez, ny eau, ny feu pour leur faire du pain qu'ils petrissoient avec du vin, et le trouvoient fort mauvais, engendrant mesme des maladies, ils furent enfin contraints de se rendre à discretion, qui estoit telle en l'esprist du Roy, qu'il se vouloit contenter d'en faire pendre sept ou huict, qui estoient accusez d'avoir exercé de grandes cruautez contre ceux de la religion, et notamment six filles ou femmes, lesquelles apres avoir violées, ils avoient remply la nature de poudre, et puis les avoient fait crever en y mettant le feu; mais il ne fut jamais possible d'en sauver un seul, tant ceux de Mont-auban s'acharnerent dessus, jusques à les venir tuer entre les bras de ceux de vous autres de qualité qui les vouliez sauver, dequoy le roy de Navarre ne fut pas puis apres trop marry, lorsqu'il sçeut par qui les capitaines se disoient estre levez.

CHAPITRE X.

Députation des premiers états de Blois vers le roi de Navarre. Paix de 1577. *Négociations entre le roi de Navarre et Catherine de Médicis. Rupture de la paix.*

[1577—1578] Le roy de Navarre, apres tous ces petits exploits, s'estant retiré à Nerac pour se rafraischir, arriverent vers luy les deputez de la part du Roy et des Estats à Blois, qui estoient, ce nous semble, MM. de Mont-pensier, l'archevesque de Vienne, Richelieu et quelques autres, pour luy venir faire entendre qu'aux Estats qui se tenoient à Blois, il y avoit esté resolu qu'il n'y auroit qu'une seule religion en France, et que chacun seroit tenu de fournir tous les ans le centiesme de son bien, jusques à l'entiere ruine des heretiques; et partant le prioient, comme desireux de son salut eternel et de ses prosperitez temporelles, de vouloir recevoir instruction. Ce qui se passa là dessus seroit de trop longue déduction, dequoy ne vous estant pas meslé, nous n'en dirons autre chose sinon que M. de Bethune, vostre cousin, et vous avec luy, fustes envoyez au devant de ces messieurs jusqu'à Bergerac, pour les recevoir et faire loger et honorer dans les villes du party.

S'en estans retournez sans rien faire, M. l'admiral de Villars assembla son armée pour aller assieger Castel-jaloux; mais ayant sceu que cinquante ou soixante de la jeune noblesse du roy de Navarre, cinquante de ses gardes et cinq cens harquebusiers, vous estiez aller jetter dedans, il changea de dessein, et peu apres ayant pratiqué, comme il publia depuis, quelque intelligence dans la ville de Nerac, il se presenta devant avec toute son armée, pour l'executer plus facilement; mais les partisans n'ayant pas bien pris leurs mesures, cela n'eut autre effet, sinon qu'il s'attaqua une fort grande escarmouche, en laquelle vous vous allastes mesler des plus avant, et ne fut pas jusques au roy de Navarre mesme qui ne s'y voulut trouver armé de toute piece, l'espée à la main, et quelque chose que ses serviteurs luy pussent remontrer que ce n'estoit pas un lieu digne de luy, il se mit à la teste d'une trouppe qu'il voyoit disposée d'aller à la charge, en laquelle il fit tant bravement, qu'il fit lascher le pied à une trouppe de cavalerie qui s'estoit advancée, et la contraignit de regagner le gros de leur infanterie; et d'autant qu'en se retirant il vit douze ou quinze chevaux des siens qui continuoient à escarmoucher et à demander le coup de pistolet, ayant demandé qui ils estoient, et sceu que vous estiez du nombre, nous entendismes qu'il dit à M. de Bethune, vostre cousin : Allez à vostre cousin le baron de Rosny, il est estourdy comme un hanneton, retirez-le de là et les autres aussi, car l'ennemy nous voyant retirer, nous fera sans doute, car c'est le droict de la guerre, une si rude charge, qu'ils seront tous pris ou tuez; et quand vous fustes tous revenus, il vous tança infiniment, voyant vostre cheval blessé d'une harquebusade dans l'espaule à l'endroit du poitrail : en fin chacun estant lassé et l'escarmouche s'appaisant un peu, l'on vint à parler les uns aux autres, apres que le roi de Navarre et l'admiral de Villars se furent retirez, et en vint on si avant qu'il se proposa un combat singulier de quatre cavaliers et quatre harquebusiers de chaque costé, entre lesquels vous fustes nommé par M. de Laverdin qui en estoit aussi ; mais l'admiral de Villars vint luy mesme empescher tout cela, et faire retirer ses troupes voyant la nuict approcher.

En ce mesme temps M. du Mayne (1) estant

(1) Charles de Lorraine, duc de Mayenne, second fils de François de Guise.

venu avec armée en Poictou, avoit assiegé Broüage, et ceux de dedans se voyans pressez (car nous ne parlons point du siege, d'autant que vous n'y estiez pas), ils firent soliciter le roy de Navarre, par messages redoublez, de les vouloir secourir promptement : à quoy s'estant resolu, il manda ses forces de tous costez, et s'achemina à Bergerac, puis à Mont-guyon et Ponts, où estoient M. le prince, M. de la Roche-foucault et autres, ayant laissé M. de Thurenne derriere, pour assembler et amener l'infanterie ; mais à cause des jalousies, défiances et envies qui prirent lors naissance entre le roy de Navarre et M. le prince, où M. de Thurenne estoit si avant meslé, que M. le prince voulut se battre avec lui, et les longueurs dont il usa pour amener les trouppes, tout cela ne pût estre mis ensemble, que Broüage n'eut capitulé, et convenu de la forme de sa redition.

Peu apres la paix de l'an 1577 fut concluë, le Roy ayant tesmoigné un grand desir d'icelle, tant pource que son esprit estoit entierement esloigné des faits militaires, et tout porté dans le repos, la faineantise et les délices, que pource que, par la guerre, il se voyoit contraint de mettre les forces, et par consequent, l'authorité entre les mains de ceux de la maison de Lorraine, qu'il cognoissoit bien faire des pratiques et des menées contre la royauté et succession legitime du royaume. Les années 1578 et 1579 se passerent et consommerent en allées et venuës, pour l'execution de l'edict que l'on n'observoit en aucun de ses articles. Quoy que par ceste paix, tous les grands advantages, obtenus par celle dite de *Monsieur*, eussent esté retranchez, mesmes si tost que le roy de Navarre fut party d'Agen et des environs de Ville-neufve, le mareschal de Biron se saisit de ces deux villes : et quoy que se fut en pleine paix et contre les articles d'icelle : si est-ce que le roy de Navarre n'en pût jamais obtenir la raison.

Environ le mois d'aoust 1578, comme il me semble, la Reyne mere, la reine de Navarre, et le roy de Navarre, se virent aupres de la Reole; et puis s'en allerent ces trois Cours ensemble à Auchx, où n'oyant plus parler d'armes, mais seulement de dames et d'amour, vous devintes tout à fait courtisant, et faisant l'amoureux comme les autres; ne vous amusans tous à autre chose qu'à rire, dancer et courir la bague ; voire mesme le roy de Navarre, cependant que sa belle mere l'amusoit de belles paroles, semoit des divisions et dissensions entre luy, M. le prince, M. de Thurenne et autres des plus signalez du party de la religion, et faisoit des pratiques dans leurs villes, et se passa, durant ce temps, une infinité de particularitez sur tels subjets, qui meriteroient bien d'estre escrites : mais à cause qu'il ne me souvient pas bien des temps, et que je n'ay rien à y dire de vous, je laisse cela aux historiens : et me contenteray d'une seule action, qui est digne d'estre nottée, qui fut telle.

Ces trois Cours estans donc ensemble à Auchx, un soir ainsi que l'on tenoit le bal, un gentilhomme, envoyé par M. de Favas, vint advertir le roy de Navarre, qu'un vieil gentil-homme nommé Ussac, que l'on tenoit pour un des piliers de l'église huguenotte, estant des plus authorisez dans les consistoires, et accreditez dans les assemblées, et à ceste cause avoit esté choisi entre plusieurs autres pour estre gouverneur de la Reole, place des plus importantes pour ceux de la religion, avoit esté persuadé par une des filles de la Reine mere, dont il estoit devenu esperduëment amoureux, à se faire catholique, et remettre la place entre les mains de la Reine mere : ce qu'entendu par le roy de Navarre, sans montrer aucune émotion, n'y faire semblant de rien, s'escoula doucement de la presse avec trois ou quatre de vous autres, ausquels il dit tout bas à l'oreille : « Advertissez, le plus secrettement que « vous pourrez, tous mes serviteurs, dont vous « pourrez sçavoir les logis, que dans une heure « je seray à cheval, hors la porte de la ville, avec « ma cuirasse sous ma jupe de chasse ; et que « ceux qui m'ayment et qui voudront avoir de « l'honneur me suivent. » Ce qui fut aussi-tost fait que dit : et le tout si heureusement exécuté, qu'à portes ouvrantes, il se trouva à Florence, de laquelle, les habitans ne se doutans de rien, à cause que l'on estoit en paix, il se saisit facilement ; ce qui ayant esté le matin rapporté à la Reine mere, qui le pensoit avoir couché à Auchx, elle n'en fit que rire, et en branlant la teste, dit : « Je voy bien que c'est la revanche de la Reole, « et que le roy de Navarre a voulu faire chou pour « chou : mais le mien est mieux pommé. »

Cét accident esloigna pour quelques jours ces deux Cours l'une de l'autre : mais les choses s'estans un peu remises en apparence seulement, elles furent ensemble en Foix, où le roy de Navarre voulut faire voir la chasse des ours aux dames ; mais on leur en fit si grand peur, qu'il n'y eut pas moyen de les mener aux montagnes ; aussi arriva-il en icelle des cas fort estranges, de la force et furie de ces animaux ; car il y en eut deux qui desmembrerent des chevaux de mediocre taille ; quelques autres qui forcerent dix Suisses et dix harquebusiers, et un des plus grands qu'il estoit possible de voir, lequel percé de plusieurs harquebusades, et ayant six ou sept bris et tronçons de piques et hallebardes, embrassa sept ou huict qu'il trouva en l'acul d'un haut rocher, avec lesquels il se précipita en bas, et furent tous déchirez et brisez en pieces.

La Reine mere n'ayant pas tout ce qu'elle avoit desiré, qui consistoit à faire rendre les villes de seureté avant le temps, et mener son gendre à la Cour, toutes choses demeurerent plus pleines de plaintes et de craintes que jamais, et s'en alla par le Languedoc, la Provence, où elle vit le duc de Savoye, le Dauphiné et Lyonnois, trouver le Roy, son fils, à Paris, qui commençoit à se travailler à bon escient, l'esprit, des desseins tous apparens d'une ligue entre les catholiques.

Peu apres le roy de Navarre s'en alla avec la Reine, sa femme, à Mont-auban, où il fut tenu une assemblée pour prendre resolution sur ce qui estoit de faire, puis que la Reine s'en estoit allée, sans pourvoir aux plaintes de ceux de la religion.

Quelque temps auparavant, à cause des divisions semées par la Reine mere et les siens, M. le prince fit appeler M. de Thurenne, qui n'alla sur le pré qu'avec des sumissions à sa qualité : en suitte il fut appelé par MM. de Duras et Rosan, avec lesquels il se battit ; mais luy ayant esté usé de supercherie, il fut blessé de plusieurs coups.

Le roy et la reine de Navarre, et Madame, sœur du Roy, s'estans retirez à Nerac, la Cour y fut un temps fort douce et plaisante ; car on n'y parloit que d'amour, et des plaisirs et passetemps qui en dependent, ausquels vous participiez autant que vous pouviez, ayant une maistresse comme les autres.

La ville de Figeac fut lors surprise par les catholiques, la citadelle assiégée : mais M. de Thurenne que le roy de Navarre envoya au secours d'icelle, avec toute la noblesse de la Cour, du nombre desquels vous fustes, M. de Thurenne vous ayant demandé : « Hé bien, Monsieur, serez-vous des nostres ? » Et vous luy ayant respondu : « Ouy, Monsieur, je seray tousjours des « vostres, quand ce sera pour le service du Roy, « et en tout temps quand vous m'aymerez ; » car lors Laverdin, Duras, Grand-mont et autres catholiques qui avoient accoustumé de vous assister, s'estoient retirez : M. de Thurenne, dis-je, fit si bonne diligence, que la ville de Figeac fut quittée par ceux qui l'avoient prise, voyans approcher un tel secours.

La reine de Navarre estant fort mal à la Cour, et haïssant infiniment le Roy, son frere, à cause qu'ils s'estoient faits plusieurs reproches sur leur façon de vivre, estoit aucunement bien avec le Roy, son mary : tellement que ses persuasions de ce que l'on n'avoit pourveu aux plaintes et contraventions aux edicts, et les belles esperances que donnoient plusieurs particuliers, qui croyoient de profiter davantage dans la guerre que la paix, furent cause que les armes se prindrent derechef; mais de trente ou quarante entreprises qu'avoient les huguenots, il n'y en eut que trois qui reüssirent, à sçavoir : la Fere en Picardie et Mont-aigu en Poitou, desquelles nous ne dirons rien pource que vous n'y estiez pas, mais seulement de la troisiesme qui estoit Cahors.

CHAPITRE XI.
Prise de Cahors.

[1580] Le roy de Navarre estant à Montauban, environ le mois de may ou juin 1580, fit dresser une entreprise sur Cahors, dont l'execution fut l'une des plus signalées prises de ville par petard, sans aucune intelligence, qui se soit jamais faite : car la ville est bonne, grande et toute environnée de rivieres par trois côtez, dans laquelle, outre les habitans bien armez, il y avoit prés de deux mille hommes de pied et cent hommes d'armes estrangers, sous un gouverneur des plus braves et qualifiez gentils-hommes de la province, nommé de Vesins, lequel avoit esté adverty, quatre ou cinq jours auparavant, que le roy de Navarre avoit entreprise sur la place : car ledit advis fut trouvé dans sa boëtte, sur lequel il avoit escrit de sa main, par trois fois, nergue pour les huguenots.

Le roy de Navarre ayant passé par Montauban, Negrepelisse, Sainct Anthonin, Cajarc et Senevieres, pour rassembler tousjours des gens, à cause que M. de Choupes qu'il avoit mandé, n'estoit pas encor joint; finalement ayant fait une bonne traite, il arriva, environ minuict, à un grand quart de lieuë de Cahors : auquel lieu dans un grand vallon fort plein de pierrotages, sous plusieurs touffes de noyers, où il se trouva une source qui vous fut un fort grand secours, car il faisoit grand chaud, le temps esclatant de toutes parts, de plusieurs grondemens de tonnerre, qui ne furent pas neantmoins suivis de grandes pluyes; le roy de Navarre, faisant luy mesme l'ordre de ses trouppes, selon qu'elles devroient marcher, attaquer et combattre, donna dix soldats des plus dispos et fermes de courage de ses deux gardes, aux deux petardiers qui estoient, à ce que nous vous avons oüy dire, au vicomte de Gourdon, car aussi c'estoit luy qui avoit fait l'entreprise; apres cela marchoit une trouppe de vingt hommes armez et trente harquebusiers des gardes, commandez par Sainct Martin, capitaine des gardes : cette trouppe estoit suivie d'une autre, à laquelle commandoit M. de Roquelaure, composée de quarante gentils-hommes de la Cour du roy de Navarre, des plus determinez, au premier rang desquels vous estiez, et soixante soldats des gardes du Roy, lequel suivoit apres avec deux cens hommes armez, separez en quatre, et mille ou douze cens harquebusiers, separez en six trouppes. Il falut emporter trois portes à coups de petards, et encore entr'ouvrir les trous qu'ils avoient faits à coups de haches; d'autant que les hommes armez ne pouvoient entrer qu'à quatre pattes : dés l'entrée de la ville vous eustes à combattre une trouppe d'environ quarante hommes bien armez, ayant des hallebardes et pistolets, et environ deux cens harquebusiers; car l'obscurité empeschoit d'en bien juger; mais, au feu des saluës d'arquebusades, on voyoit que la pluspart d'iceux estoient nuds jambes, n'ayans eu loisir de prendre leurs bas de chausses : les cloches faisoient un merveilleux bruit, sonnans l'allarme de toutes parts : les voix un autre, crians incessamment : Charge, charge, et tuë, tuë; les harquebusades et cliquetis d'armes un autre; les tuilles, pierres, tisons et pieces de bois, que du haut des maisons l'on jettoit sur vous, un autre; et les bris des espées et froissis des piques et hallebardes un autre : car, dés le premier combat, l'on en vint aux mains, jusqu'à se colleter les uns les autres, et dura cette meslée plus d'un grand quart d'heure, durant laquelle vous fustes porté par terre d'une grosse pierre, qui, ruée d'une fenestre, vous tomba sur le casque, et fustes relevé par le sieur de Bertichere et la Trape, qui combattoient pres de vous.

Il se fit encore plus d'une douzaine de semblables combats, en quelques uns desquels le Roy mesme se trouva, de sorte qu'il y rompit deux hallebardes, et furent ses armes trouvées marquées de quelques coups d'harquebuses ou pistolets et de plusieurs coups de main; les vostres n'en furent pas exemptes, et notamment à la troisiesme meslée, lors que l'on attaqua les barricades de la grande place, où estoient les pieces d'artillerie, vos tassettes (1) s'estans défaites, vous fustes blessé d'un coup de hallebarde dans la cuisse gauche, qui ne vous empescha pas neantmoins de vous trouver aux exploits, qui furent en grand nombre, n'y ayant quasi canton, place ou maison de pierre, où ceux de la ville ne se défendissent si obstinément, que vous fustes pres de cinq jours et cinq nuicts avant que d'en estre maistres absolus.

(1) Cuissards.

Les trois dernieres nuicts il y eut incessamment de grandes alarmes sur les bruits de secours meslez d'harquebusades, voix, cris et tel tintamarre et confusion de toutes parts, que nous vous avons souvent oüy dire, que vous n'aviez guere veu de choses plus dignes de remarque, pour estre des plus belles et des plus effroyables tout ensemble; et la ville estant de grand circuit, il n'estoit plus possible, veu le peu de gens de guerre qu'avoit le roy de Navarre, qu'il pûst plus faire faire par tout les gardes necessaires, tant vous estiez tous las, alterez, affamez et travaillez de sommeil, y ayant desja trois jours et trois nuicts que vous estiez armez, sans avoir entré en maison (car si l'on se fust amusé au pillage dés le commencement, tout estoit perdu), beu ny mangé qu'un coup et un morceau par-cy par-là en combattant, ny dormy que tout debout, vos cuirasses appuyées sur quelques étaux de boutiques; et eussiez en fin succombé aux attaquemens des ennemis de dehors, qui venoient de toutes parts au secours de cette ville, qui s'augmentoient journellement et pouvoient entrer facilement dedans, par un des quartiers d'icelle nommé la Barre, que les habitans tenoient encore, et estoient apres à percer la muraille pour cét effet; tellement que tous les plus sages et consideratifs serviteurs du roy de Navarre, prevoyans tous ces inconveniens, luy conseilloient, à tous momens, de rassembler le plus de ses gens qu'il luy seroit possible, monter à cheval, abandonner la ville et se retirer; car tous vous autres, voire luy mesme, estiez si fatiguez, et outre les blessures de plusieurs, aviez les pieds si escorchez et plains de sang, que nul ne se pouvoit quasi plus soustenir; mais à toutes telles propositions de sa retraitte, ce prince respondit tousjours constamment et avec un visage riant, qui resolvoit les cœurs les plus effrayez : « Il est dit là haut ce qui doit estre fait de moy « en toute occasion, et partant souvenez-vous « que ma retraitte hors de cette ville, sans l'avoir « conquise et asseurée au party, sera la retraitte « de ma vie hors de ce corps, y allant trop de « mon honneur d'en user autrement, et partant « que l'on ne me parle plus que de combattre, de « vaincre ou de mourir. »

Les choses estans en cette extremité, il n'y a point de doute qu'elles alloient augmentant, lors que M. de Choupes, qui avoit esté mandé pour se trouver à cette entreprise, et n'avoit pû assembler ses trouppes plustost, arriva aux portes de la ville, du costé où l'on estoit entré, ayant environ cent hommes bien armez et cinq à six cens harquebusiers, avec lesquels, sçachant l'estat déplorable où toutes choses estoient reduittes, il fit de tels efforts et combattit si bravement dedans la ville, dehors icelle, contre le secours, assisté des moins las et blessez du roy de Navarre, qui, par son arrivée, avoient repris courage, qu'en fin le quartier de la Barre et le college qui tenoient encore furent pris, toutes les courtines, tours et portaux de la ville garnis, le secours ennemy contraint de se retirer, et la ville entierement conquise, au pillage de laquelle on ne s'espargna pas; et en vostre particulier, vous gagnastes, par le plus grand bonheur du monde, une petite boüette de fer, que nous croyons que vous avez encore, que vous baillastes lors à l'un de nous quatre à porter, et l'ayant ouverte trouvastes quatre mille escus en or dedans. Qui voudroit reciter toutes les particularitez de cette surprise de ville et n'oublier rien des choses dignes de remarque qui y arriverent, tant au roy de Navarre qu'à chacun de vous autres messieurs les plus qualifiez, il s'en feroit un gros volume; mais nous laisserons cela aux historiens, aussi bien, comme nous l'avons desja dit, que toutes les autres où vous n'avez point eu de part, soit par le moyen de l'employ des mains ou de la bouche, ou des yeux ou des oreilles, nostre but n'ayant esté autre que de vous ramentevoir ce qui a passé par vostre cognoissance.

CHAPITRE XII.

Escarmouche près de Marmande.

Le roy de Navarre ayant pourveu à la conservation de cette ville de Cahors, où il laissa, ce nous semble, M. de Cabreres pour gouverneur, il s'en retourna vers Mont-auban, puis vers Eause, où il défit deux ou trois trouppes qui commençoient à se former pour aller trouver le mareschal de Biron qui assembloit une armée que le Roy luy avoit commandé de mettre sur pied pour resserrer le roy de Navarre dans ses places, et empescher luy et ses trouppes de tenir la campagne. Entre lesquelles factions que fit le roy de Navarre, celle de Marmande merite de n'estre pas oubliée, laquelle passa ainsi qu'il s'ensuit.

Le roy de Navarre passant de Mont-auban à Leytoure, et le mareschal de Biron ne voulant plus souffrir que les calvacades et diligences ordinaires de ce prince luy escrocassent sans cesse quelques pieces de ses trouppes naissantes, prit resolution de ne les assembler, ny loger plus à la campagne, mais dans la ville de Marmande; ce qui fut cause que le roy de Navarre quitta Nerac, et s'en alla loger à Thoneins, d'où il se faisoit journellement quelques factions guerrieres, entre lesquelles nous en remarquerons une seule, pource que vous y eustes part, et non aux autres ainsi que nous l'a conté M. de Bois-bruëil, qui estoit avec vous en ce temps-là.

Le roy de Navarre donc, voyant que cette quantité de noblesse gasconne qui estoit dedans Marmande, au moindre ennemy qui paroissoit, sortoit à diverses trouppes pour aller apres luy, et le charger à l'envy l'un de l'autre, à qui se montreroit le plus eschauffé à la poursuite, se resolut de dresser une partie, pour essayer d'en attrapper quelques uns; et pour y parvenir s'estant de bon matin, avec trois cens chevaux et les deux compagnies de ses gardes, mis en embuscade dans un grand bois situé à demie lieuë de Marmande, au bout duquel il passe un ruisseau non gueable à gens de cheval, pource que les bords en sont trop hauts et trop droicts, sur lequel il y a un pont de pierre; il y logea cent harquebusiers de ses gardes assez prés d'iceluy, sur les rives de ce ruisseau, où ils se tenoient couchez sur le ventre, esperant que quelques trouppes des ennemis le passeroient en poursuivant ceux des siens qu'il faisoit estat d'envoyer donner le coup de pistolet aux portes de la ville : pour lequel effet il commanda au sieur de Lesignan, brave et sage gentil-homme, de prendre vingt ou vingt-cinq des mieux montez et armez, plus deliberez et obeyssans de vous autres messieurs, du nombre desquels vous fustes, avec des défenses expresses de s'engager en aucun combat, mais tousjours en se retirant avec espece d'effroy, essayer de les faire passer le pont, et aux harquebusiers de ne se descouvrir ny tirer, qu'un bon nombre n'eut passé, pource qu'aux premieres saluës d'harquebusades, il marcheroit en gros pour soustenir ses coureurs, qui lors auroient tourné teste.

Tout cela ainsi disposé, le sieur de Lesignan l'observa exactement, donnant jusques aux portes de la ville, qu'il estoit encore assez matin, où la pluspart de vous autres, comme ils disent en Gascongne, firent fumer le pistolet sur quelques soldats et habitans qu'ils rencontrerent dehors; puis aussi-tost, afin d'éviter les harquebusades des murailles et tours, vous vous mistes sur la retraite, laquelle ayans faite jusques hors la portée d'harquebuse, et voyans que vous n'estiez pas suivis de cavalerie, M. de Lesignan fit faire halte et tourner teste, auquel lieu vous ne demeurastes pas long-temps, pource qu'il sortit quelques harquebusiers, qui s'avançoient par les lieux couverts, pour vous saluër : tellement que vous pristes un peu plus de large, craignant que la blessure de quelque homme ou de quelque cheval ne vous engageast, pour le retirer ou l'attendre, à ce qui vous estoit expressément deffendu, et lors vous vistes trois trompettes sonnantes à cheval, sortir de la ville, suivies de bon nombre de cavalerie que vous ne pouviez pas bien conter certainement, pource que tousjours il en arrivoit de nouveau qui se joignoient aux premiers, qui se mirent à marcher droit à vous au trot, paroissans plus de cent chevaux, dont quelques uns crioient : « Ça, ça, cavaliers, un « coup de pistolet pour l'amour de la maistresse, « car vostre Cour est trop remplie de belles da- « mes pour en manquer. »

Mais M. de Lesignan faisant la sourde oreille à ces défis, ne pensoit qu'à se retirer pour les attirer dans l'embuscade, et laissant six des siens, un peu derriere, pour faire la retraitte, avec défence de s'engager à rien (ceux-là, ce nous semble, commandez par un que l'on nommoit le Bois ou Quasy, que l'on estimoit fort brave et advisé soldat; mais à cette fois la vanité et la hayne l'emporterent), et luy se mit au grand trot vers le pont, nonobstant tous les défis des autres qui crioyent incessamment : « Com- « ment, cavaliers, sera-t-il possible que des gens, « qui se disent marcher sous la banniere de Mars « et d'Amour tout ensemble, se retirent ainsi « fuyans, sans avoir donné un seul coup d'espée « que sur des pauvres manans, que vous avez « trouvez hors des portes. » En fin un seul d'eux, avec lequel Quasy avoit querellé, s'estant advancé, se mit à crier vers les six qui estoient plus derriere faisans la retraitte : « Cavalier au « cheval noir et chanfrin blanc, si vous estes « Quasy, comme je vous estime tel, et trop brave « pour refuser à donner un coup de pistolet pour « vuider nos differends, je vous le demande, et « vous promets d'aller seul et faire faire halte à « la trouppe, si vous voulez faire de mesme. »

Ce qui ayant esté executé ils s'advancerent l'un contre l'autre, et s'attaquerent si bravement, que celuy de Marmande fut blessé et porté par terre hors de dessus son cheval qui s'enfuyt à la trouppe, et celuy de Quasy fut tué et tomba à terre, son maistre se sauvant à pied vers ses compagnons; lesquels le voulant attendre, et M. de Lesignan eux, afin de passer tous ensemble le pont, qui n'estoit plus qu'à deux ou trois cens pas de là, vous fustes chargez de telle furie et impetuosité, qu'il fut impossible d'empescher le combat, et que leurs coureurs au nombre de cinquante, ne passassent le pont pesle-mesle avec vous, où il fut donné plusieurs coups de pistolets et d'espées, lesquels porterent presque tous, vos harquebusiers n'ayans osé faire leur saluë, pource qu'ils eussent aussi-tost tué des vostres que des ennemis, lesquels ne laisserent pas de les descouvrir, et partant se douterent bien qu'il y avoit partie faite et qu'il falloit tenir bride en main, comme ils firent apres s'estre desmelez : neantmoins quelque vaillante lance, ou bien quelque valet qui avoit pris l'espouvante, d'une si furieuse attaque, suivie de tant de trouppes s'enfuyant vers les trouppes du roy de Navarre, trouva un gentil-homme de sa Cour fort brave, et aussi estimé fort sage et prevoyant, auquel il fit accroire, adjoustant de grands sermens à son assertion, que les coureurs du roy de Navarre, que l'on avoit envoyez agacer les ennemis, avoient trouvé toute leur armée en bataille, cavalerie et infanterie, par laquelle ils avoient esté taillez en pieces, et tous les harquebusiers logez sur le bord du ruisseau, investis de telle sorte, qu'ils estoient lors tous morts ou pris ; ce qu'entendu par ce gentil-homme qui aymoit infiniment le Roy, il luy porta aussitost ces nouvelles pour tres-certaines, le conjurant de se vouloir sauver et se retirer en diligence, et en fit de telles instances reïterées, donnant la chose pour indubitable, que les plus vieux et sages capitaines se conformerent à ce conseil, et importunerent tellement ce prince de le vouloir suivre, que nonobstant l'opiniastreté qu'il tesmoignoit au contraire, disant qu'il seroit encor assez temps de se retirer lors qu'il auroit l'ennemy en veuë, ils s'en firent croire, laissant trente chevaux pour faire la retraitte ; avec lesquels et les harquebusiers des gardes des rives du ruisseau, qui avoient regaigné le bois et là trouvé leurs chevaux, vous vous joignistes peu à peu avec le Roy mesme, que vous trouvastes faisant halte en trois escadrons separez, la teste tournée vers le lieu du combat, sur l'advis au vray qu'il avoit receu de M. de Lesignan, de ce qui s'estoit passé en ce combat : les ennemis perdirent deux gentils-hommes morts, cinq ou six hommes ou chevaux blessez, dont le vostre estoit du nombre, ayant eu un coup de pistolet dans le col, duquel il mourut trois jours apres. Le Roy fut fort en colere contre ceux qui l'avoient fait retirer si viste, d'autant que le seigneur de Lesignan en parloit fort haut et avec blasme contre ceux qui s'en estoient fuits sans voir l'ennemy, d'autant que cela n'estoit jamais arrivé à ce prince.

CHAPITRE XIII.

Formation d'un nouveau parti par le prince de Condé. Siége de Nerac. Prise de Montségur. Faute commise par Rosny.

Quelque temps auparavant toutes telles exe-cutions, M. le prince avoit faict surprendre la Fere en Picardie, et s'estoit retiré en icelle apres s'estre separé du roy de Navarre en assez mauvais mesnage, à cause de M. de Thurenne, qu'il disoit tous les jours estre favorisé à son prejudice ; et combien qu'il se soit passé plusieurs choses signalées, tant au siege qui fut mis devant la dite ville, qu'au voyage de M. le prince en Allemagne, si ne laisserons nous pas d'en remettre les particularitez aux historiens, d'autant que vous n'y eustes nulle part, et vous ramentevrons seulement que ce prince fit lors des brigues et menées pour former, dans le party general de ceux de la religion, quelque espece de party particulier, qui dépendist tout de luy, ayant, pour parvenir à ce dessein, attiré quelques villes de Dauphiné et de Languedoc, et convenu de bailler Ayguemortes et Pecais au prince Casimir, comme une espece d'ostage, tant pour retraitte, que pour servir de garand des deniers qui luy seroient deubs pour la solde des gens de guerre qu'il ameneroit, lesquels ne seroient tenus de recognoistre le roy de Navarre ; lequel, adverty de ces monopoles, envoya le vicomte de Thurenne dans ces provinces là, pour les renverser, comme il fit, et se passa plusieurs particularitez en ces intrigues, qui meriteroient bien d'estre sceuës.

Mais pource que vous n'eustes aucune part en icelles, ny n'y fustes employé, nous en laisserons le recit aux historiens, et dirons seulement qu'apres la faction de Marmande, cy-dessus recitée, le roy de Navarre voyant que le mareschal de Biron s'estoit rendu maistre de la campagne, et desirant de pouvoir disperser ses trouppes par les villes qui, en apparence, en pourroient avoir le plus de besoin, il se retira dans Nerac, qui estoit le Paris et les délices de la cour huguenotte, à cause de la grande quantité de belles dames que la reine de Navarre et Madame avoient avec elles en cette ville là, devant laquelle le mareschal de Biron, comme par une espece de bravade, à cause de quelques paroles de mespris que le roy et la reine de Navarre avoient tenuës de luy, vint mettre son armée en bataille sur le haut d'un costeau, duquel on descouvroit toute la ville ; là il fut attaqué d'une fort grande escarmouche, et d'autant que le roy de Navarre avoit fait deffendre de sortir à cheval, de crainte d'engager quelque chose mal à propos, voire n'avoit laissé ouvrir que les petits guichets des portes, pource que n'estoit que hayes, vignes et fossez entre la ville et l'armée : vous vous resolustes de reprendre vostre premier mestier, et faire encore le fantassin ; et en ce dessein, vous estant pourveü d'une bonne harquebuse et de l'esquipage necessaire, vous vous allastes mesler avec les simples soldats, aux lieux plus hazardeux, tellement que l'on vint dire au roy de Navarre, que vous estiez pris et blessé; dequoy grandement fasché et en colere, il envoya le sieur des Champs et le capitaine Dominge pour voir ce qui en estoit, avec commandement de vous ramener; lesquels vous ayans retiré de l'escarmouche où vous estiez entre les plus advancez, ils vous ramenerent au roy de Navarre, lequel vous rabroüa infiniment, vous appella estourdy, et presomptueux, et vous deffendit d'aller plus en aucune faction de guerre sans son congé. La reine de Navarre, madame sœur du Roy et toutes les dames de leurs suittes vindrent, pour voir l'armée ennemie et l'escarmouche, sur les murailles, tours et portaux de la ville, contre lesquels le mareschal de Biron fit tirer cinq ou six coups de canons, puis se retira pour aller prendre logis.

Quelque temps apres le roy de Navarre s'en alla vers Bergerac et Saincte Foy, desquels lieux il fit manier par un nommé le capitaine Melon une entreprise sur Monsegur, qui fut executée avec heureux succez, par le moyen d'un trou pour escouler les eaux, qui avait esté laissé à une muraille dont on avoit bouché une des portes de la ville, y ayant en icelle deux portes, dans lequel trou on ficha une saucisse pleine de poudre à canon, si longue et si grosse qu'elle contenoit bien quatre ou cinq cens livres, et laissé un bout dehors, pour mettre le feu, caché entre les herbes, orties et rouces: tout cela ainsi bien preparé, et le jour de l'execution pris, le roy de Navarre vous permit, ensemble à quelques autres de sa jeune noblesse, d'y aller. Le feu ayant esté mis à cette saucisse, elle fit des merveilles, car elle emporta non seulement les deux portes entre lesquelles elle avoit esté logée et les murailles qui estoient contre icelles pour les boucher, et les jetta plus de cinquante pas loing, l'une dehors et l'autre dedans la ville; mais aussi ruyna une partie des voûtes du portail, de telle sorte que l'on pouvoit entrer trois hommes de front, ce qui fut faict aussi-tost, et se trouverent les habitans tellement surpris, qu'ils ne firent pas grande resistance; aussi n'y eut il que cinq des leurs tuez, et huit ou dix blessez, et deux tuez du costé du roy de Navarre et autant de blessez. Nous ne nous souvenons point avoir oüy dire qu'il vous y fut rien arrivé de particulier qui soit digne de remarque, ny du temps que sur le bruict du siege de cette ville, vous vous jettastes dedans pour la defendre avec quarante gentils-hommes de la jeune noblesse du roy de Navarre, qu'il y envoya outre quatre ou cinq cens harquebusiers; mais nous sçavons bien qu'il regna cette année là une certaine maladie nommée la coqueluche, de laquelle encore que vous fussiez des plus violemment assaillis, neantmoins on remarqua que vous ne laissastes pas de travailler de telle sorte au quartier qui vous avoit esté baillé à defendre, qu'encore qu'on l'eut estimé le plus faible, il fut estimé le plus fort, à cause des grands terrassemens et retranchemens que vous y aviez faicts lors que vous vous en retournastes à la Cour; car les ennemis voyans cette ville fournie de tant de braves hommes, qui tous travailloient et remuoient terre en diligence, n'oserent l'assieger.

A vostre retour pres du roy de Navarre, il loüa infiniment vostre personne et vos ouvrages; mais huict jours apres il y eut de grandes coleres entre luy et vous, d'autant que deux gentils-hommes des siens, l'un nommé le sieur de Beauvais, fils de celuy qui avoit esté gouverneur de sa jeunesse, et l'autre le sieur d'Usseau, ayans de longue main disputé ensemble, et se picottans tous les jours l'un l'autre, se rencontrerent un soir tous deux par hazard à souper avec vous, et au sortir de table tous deux l'un apres l'autre, et puis conjointement, vous prierent de leur faciliter le moyen de se battre sans qu'ils fussent obligez de se servir de seconds; vous fistes tout ce qu'il vous fut possible pour les accommoder, mais chacun d'eux avoit en tel mespris son compagnon, que n'en pouvant venir à bout, vous les menastes sur le pré, où, pour le commencement, ils ne s'approchoient pas de trop prés; neantmoins, à la fin, vous les ramenastes tous deux fort blessez; de quoy, le roi de Navarre ayant esté adverty il s'en offensa infiniment, pource qu'il aymoit Beauvais, et en vint jusques à vous dire des injures, et vous menacer de vous faire trancher la teste, pour avoir fait, comme il disoit, une action qui trenchoit du souverain; vous repliquastes, comme chacun le publioit, un peu bien haut; disant que vous n'estiez ny son sujet, ny son vassal, que vous l'estiez venu servir de pure affection que vous luy portiez, à vos despens pour acquerir de la gloire et de l'honneur, et non pour y perdre la vie honteusement, comme il vous en menaçoit; et partant estiez resolu de vous retirer, estant bien asseuré que vous ne manqueriez pas de maistre, lors que vous en desireriez trouver. Sur quoy il vous repartit: que les chemins vous estoient libres, et qu'il ne manqueroit pas aussi de serviteurs; tellement que nous vous vismes tout prest de le quitter; mais en fin la reine et la princesse de Navarre, qui vous ont tousjours affectionné, racommoderent tout cela, de sorte que le roy de Navarre vous fit depuis quasi meilleure chere.

CHAPITRE XIV.

Les Pays-Bas offrent la couronne ducale au du d'Anjou, frère de Henri III. Propositions que ce prince fait à Rosny. Surprise de Saint-Milion.

Nous rassemblerons en ce chapitre diverses affaires, non peut estre selon l'ordre des temps, mais selon qu'il nous en pourra souvenir, et commencerons par vous ramentevoir comme il se fit plusieurs conferences entre la Reine mère et le roy de Navarre, és lieux d'Auchx, Nerac et du Fleix, sur les inexecutions du traitté de paix, pendant lesquelles il se passa infinies particularitez touchant les affaires d'Estat, intrigues de Cour, et amourettes qui seroient bien dignes de remarques. Mais d'autant que vostre jeunesse ne permettoit pas que vous eussiez part aux plus importantes, et que nous n'en pourrons raconter toutes les veritez, dont nous avons oüy parler, sans manquer de respect à ceux ausquels nous devons, nous laisserons la narration aux bons historiens, lesquels par icelle n'obmettront pas à faire bien comprendre que le plus souvent les passions humaines en choses frivoles, les extravagances des esprits, et les niaiseries et jalousies de Cour, sont les premiers mobiles qui donnent le bransle et l'acheminement, bon ou mauvais, aux plus grandes affaires d'Estat, et nous contenterons de vous ramentevoir une faction guerriere qui se fit pendant que les Cours de la Reine mere, de M. d'Alençon, du roy, reine et princesse de Navarre, furent à Coutras pour traitter de la paix que Monsieur poursuivoit instamment, pour les raisons suivantes.

Nous avons cy-devant fait mention que la Reine mere ayans pris opinion que son fils d'Alençon, devenu duc d'Anjou, ne l'aymoit pas beaucoup, à cause qu'elle avoit tousjours plus tesmoigné d'amitié à son fils d'Anjou, devenu roy de Pologne, et pour lors roy de France, que non pas à luy, et qu'à cette occasion il traverseroit incessamment ses desseins et envieroit son authorité, elle avoit recherché les moyens, sous couleur de procurer son agrandissement, de luy faire espouser la reine d'Angleterre, et le faire eslire chef des armes, des desseins et des peuples des Pays-Bas, lesquels, en ces dernieres années, s'estoient quasi tous, grands et petits, huguenots et catholiques, revoltez de l'obeyssance et sujection du roy d'Espagne.

Or, toutes ces pratiques là ayans tiré en longueur, il estoit advenu que ceux de ces provinces croyans de rendre leur revolte moins odieuse, en choisissans pour leur prince, quelqu'un qui fut de la maison d'Austriche, avoient appellé l'archiduc Matthias; lequel à son arrivée, avec son simple train, ayant fait le prince d'Orange (1) son lieutenant general en toutes les provinces qui s'estoient soubsmises à luy, fit naistre de telles jalousies et mescontentemens de tous les autres grands seigneurs qui presumoient ne luy estre en rien inferieurs, qu'ils commencerent à se diviser et se des-unir, et les uns apres les autres à retourner sous l'obeyssance d'Espagne, et dés lors tomba cét Archiduc en telle haine et mespris parmy ces peuples, joignant à cela sa foiblesse, qu'ils le prierent de se retirer en Allemagne, et jetterent à bon escient les yeux et les cœurs sur M. le duc d'Alençon et d'Anjou, et se resolurent de l'eslire leur prince, lequel estant adverti de leur dessein, et qu'il venoit deputez vers luy pour cét effet, au temps qu'il séjournoit à Coutras: il solicita si ardemment la paix, afin de s'en pouvoir aller, qu'elle y fut en peu de temps concluë (2), apres laquelle il s'achemina vers Tours, où il commença ses levées de gens de guerre, pour aller promptement secourir ces peuples qui l'avoient declaré leur prince et souverain seigneur.

Avant que de partir de Coutras, il convia et fit soliciter par les siens, tout ce qu'il y avoit de braves et galants hommes prés du roy de Navarre, de le vouloir assister et venir servir de leurs personnes et de leurs amis, ces prieres accompagnées de tant de belles promesses, qu'il y avait dequoy s'y laisser persuader, entre lesquels vous ne fustes pas oublié; MM. de Fervaques et de la Roche-pot, qui estoient vos parens et amys inthimes, vous portant parole de la part de Monsieur, laquelle il vous confirma peu apres, de vous mettre en possession de tous les grands biens du vicomte de Gand, vostre oncle et vostre parrain, desquels il vous avoit des-herité à cause de la religion, et outre cela vous dit : que vous regardassiez à luy demander quelque chose sur les terres qu'il avoit proche de vous, et qu'il vous le donneroit jusques à douze mille escus, pour vous ayder à dresser vostre compagnie, adjoustant à ces mots (plus genereux qu'il ne montra depuis avoir le courage) : Car je suis resolu de donner tout ce que j'ay à ceux qui m'assisteront en une si bonne occasion, sans vouloir

(1) Guillaume de Nassau.
(2) A Fleix sur la Dordogne, en novembre 1580.

reserver pour moy, que l'esperance des choses plus grandes.

Or, retournant à cette faction guerriere dont nous avons parlé, vous vous souviendrez que pour traitter la paix, l'on avoit fait une espece de trefve, mais qui ne s'estendoit que dans Coutras et une lieuë et demie à l'entour. La Reine mere n'ayant jamais voulu estendre davantage ses limites, pource, disoit-elle, qu'elle estoit resoluë de conclure plutost la paix, ou en oster du tout l'esperance, qu'une trefve generale n'auroit esté publiée aux lieux esloignez, tellement que dans cét espace où residoient ces quatre Cours, l'on n'y voyoit, ny oyoit-on parler que de paix, d'amour, dances, balets, courses de bagues et autres galanteries; mais si tost que sans passe-port l'on estoit hors de ses bornes, ils se prenoient prisonniers, et se donnoient coups d'espées et pistolets entre gens de differends party, lesquels se rencontroient à la campagne.

Sur ce fondement, le roy de Navarre fit dresser une entreprise, à quelques uns des siens, pour essayer de prendre une ville à deux lieuës de Coutras, nommée Sainct Milion, pour laquelle executer, tous ceux de vous autres, qui desirerent estre de la partie, fustes renvoyez à Saincte Foy, afin que l'on ne se pût pas plaindre que fussiez partis d'un lieu qui fut en trefve, et deux jours apres vous partistes un soir à nuict fermée, et vous rendistes deux heures avant le jour à un quart de lieuë de la ville, où ayans mis pied à terre, vous marchastes par un profond valon et arrivastes sans allarmes prés des murailles : celuy qui menoit le dessein marchant devant avec six soldats choisis qui portoient la saucisse, laquelle ils fourrerent dans une assez grosse tour, par deux canonnieres assez basses, qui estoient en icelle, ausquelles saucisses le feu ayant esté mis, la tour s'entrouvrit, de sorte que deux hommes y pouvoient entrer de front, avec un tel tintamarre, qu'il fut entendu jusqu'à Coutras; laquelle occasion fut aussi-tost embrassée par tous vous autres qui estiez couchez sur le ventre, départis en trois bandes, chacune composée de vingt hommes armez et soixante harquebusiers, et apres eux venoit encore M. de Roquelaure, avec soixante hommes armez, pour demeurer dehors et subvenir aux accidens qui se pourroient presenter. Vous entrastes dans la ville, sans aucune opposition, et ne rencontrastes que deux trouppes qui, ayans tiré quelques harquebusades, se retirerent; bref il n'y eut que quatre hommes de tuez de ceux de la ville, et six ou sept de blessez, et de vostre costé, deux soldats tuez et trois ou quatre blessez; puis tous les habitans se renfermerent dans leurs maisons, sans faire plus aucune défence; puis on s'employa au pillage, où les gens de guerre et sur tout les voisins du lieu s'employerent comme braves Gascons.

Cette surprise de ville estant sceuë à Coutras, il y eut de grandes plaintes contre tous vous autres qui l'aviez favorisée, de la part de la Reine mere, de monsieur d'Alençon et d'Anjou, et autres députez pour la paix, comme d'une infraction de foy et de trefve; dequoy ils demanderent justice au roy de Navarre, lequel la promit si la place estoit scituée dans les limites données à la trefve; sur quoy il y eut des commissaires députez de part et d'autre pour faire cette verification, à laquelle il ne resta plus aucune difficulté, lors qu'on fit apparoir qu'un marchand de la religion ayant esté pris à un quart de lieuë de Sainct Milion, par ceux de la ville mesme, avoit esté depuis huict jours declaré de bonne prise au conseil de la Reine mere, ce qui fit terminer toutes ces plaintes, pour venir à une conclusion de paix que Monsieur solicitoit et pressoit instamment, pour les raisons cy-dessus dittes; aussi ne fut elle pas plutost publiée, qu'il partit en diligence pour aller assembler son armée.

CHAPITRE XV.

Conversation entre le roi de Navarre et Rosny. Départ de ce dernier pour les Pays-Bas.

Or pource que nous avons dit cy-devant, que les plus grandes, magnifiques et serieuses affaires d'Estat, tirerent leur origine et leurs plus violens mouvemens, des niaiseries, jalousies, envies et autres bijareries de la Cour, et se reglent plutost sur icelles, que sur les meditations et consultations bien digerée, ny sur les considerations d'honneur, de gloire, ny de foy; nous vous ramentevrons un discours que vous nous tinstes peu apres que vous fustes party d'auprés du roy de Navarre, pour aller chez vous, donnant pour pretexte à ce congé ainsi soudainement requis, la foy et la parole que vous aviez donnée à Monsieur, de le servir, en ses guerres de Flandres, avec un regiment ou une bonne trouppe de vos amys, d'autant qu'il vous avoit promis de vous mettre en possession des biens de M. le vicomte de Gand, vostre oncle et vostre parrain, desquels il avoit des-herité monsieur vostre pere et vous par consequent, à cause de la religion, et qu'il ne vous avoit pas voulu envoyer en Flandres, pour y estre eslevé pres de luy.

« Quoy donc, vous dit lors le roy de Navarre, « c'est à ce coup que nous vous allons perdre du « tout, car cela estant vous deviendrez Flament

« et vous serez papiste. » Sire, luy respondistes-vous, je n'ay point encore pensé à vous quitter pour cela, et beaucoup moins à quitter Dieu et son service; mais la Flandre estant le pays originel de ma maison, tant du costé de Bethune que de Melun et de Hornes, n'y ayant quasi seigneur de bonne maison en toutes ces provinces ausquels je ne sois parent, et plusieurs grands biens m'y appartenans, si mon oncle ne me fait point de tort, vostre majesté voit bien que toutes sortes de raisons m'obligent de faire ce voyage, et de suivre ce prince pour un temps, mais je ne laisseray pour cela d'estre tousjours vostre serviteur, puis que mon pere m'y a destiné dés ma premiere jeunesse, et me l'a fait ainsi jurer en mourant, et cela fondé (outre l'affection naturelle des miens de pere en fils envers ceux de vostre maison en l'alliance de laquelle ils ont eu l'honneur d'estre entrez) sur ce qu'un mien precepteur nommé la Brosse, qui se mesle de predire et de faire des nativitez, ayant fait la vostre et la mienne, et par icelles veu que j'avois l'honneur d'estre né, comme vostre majesté, en décembre le jour de saincte Luce, m'a plusieurs fois asseuré, avec grands sermens, qu'infailliblement vous serez un jour roy de France, regnerez assez longuement, et tant heureusement, que vous esleverez vostre gloire et la magnificence de vostre royaume, au plus haut degré d'honneur et de richesses, que l'on sçauroit desirer; que je seray des mieux auprès de vostre majesté, laquelle m'eslevera en biens et aux plus hautes dignitez de l'Estat, et pour mon regard je commence à y adjoûter quelque foy, pource que tout ce qu'il m'a predit de la mort de mon pere et de mon frere aisné, des perils et hazards que j'ay courus, des blessures que j'ai desja receuës, et en dois bien encor avoir de plus grandes, et de toutes mes autres fortunes, voire jusqu'à me particulariser le voyage que j'entreprends maintenant, s'est trouvé veritable; et partant soyez asseuré, quelques petits dépits que je puisse avoir tesmoigné assez mal à propos, desquels je me repentis aussi-tost, et vous en demanday pardon, que je vous serviray à jamais de cœur, d'affection et tres-loyaument; voire vous promets que si vous avez la guerre sur les bras, je quitteray Monsieur et la Flandre, pour vous venir servir. »

« Or bien, vous respondit le roy de Navarre, vous me resjoüissez infiniment de me dire cela, encore que je n'adjouste pas trop de foy à tous ces pronostiqueurs, pource que Dieu y est offencé grandement, et me faites souvenir de quelque chose de semblable, touchant Monsieur et moy; et puis que vous protestez de ne changer jamais de religion et de nous venir ayder, si on nous fait la guerre, je ne vous tiens plus pour perdu, mais pour estre à moy autant que je me le suis promis, et que je le desire; car, quant à ce prince que vous allez maintenant servir, il me trompera bien, s'il ne trompe tous ceux qui se fieront en luy, et sur tout s'il ayme jamais ceux de la religion, ny leur fait aucuns advantages; car je sçay pour luy avoir oüy dire plusieurs fois, qu'il les hayt comme le diable dans son cœur; et puis il a le cœur double et si malin, a le courage si lasche, le corps si mal basty, et est tant inhabille à toutes sortes de vertueux exercices, que je ne me sçaurois persuader qu'il fasse jamais rien de genereux, ny qu'il possede heureusement les honneurs, grandeurs et bonnes fortunes qui semblent maintenant luy estre preparées; et quelque bonne mine qu'il me fasse en m'appellant son bon frere, je cognois bien son dessein, c'est de peur qu'il a, que je veille empescher le vicomte de Thurenne, vous, Esternay, Salignac et autres de la religion, d'aller en Flandre avec luy, et sçachez qu'il me hayt plus que personne qui soit au monde, comme de ma part je ne l'ayme pas trop.

« Nos premieres haines ayans commencé dés lors que nous estions tous deux prisonniers à la Cour, et que ne sachans à quoy nous divertir, pource que, comme vous le sçavez bien, nous ne sortions pas souvent et n'avois autre exercice qu'à faire voller les cailles dans ma chambre, nous nous amusions à carresser les dames; en sorte qu'estans tous deux devenus amoureux d'une mesme beauté, qui estoit madame de Sauve (¹), que vous voyez encore icy, elle me tesmoignoit de la bonne volonté, et le rabroüoit et mesprisoit devant moy, ce qui le faisoit enrager; à cela s'adjousta un autre sujet de haine, à cause d'une prediction quasi semblable à celle que vous m'avez dite de vostre precepteur; car on m'a donné pour chose tres-certaine, qu'un jour ce prince demandant sa bonne fortune à un des siens qui avoit fait sa nativité, après plusieurs refus sur ce faits, et qu'il l'eut menacé de luy faire desplaisir, s'il luy celoit la verité des choses qui luy devoient advenir; il lui dit : « Je ne vous voulois rien dire de tout ce que vous desirez sçavoir touchant la royauté, car ny vos mains, ny vostre face, ny vostre horoscope, n'y aucun astre, ne vous promettent ny felicité, ny grandeur de longue durée; vous ne serez jamais

(1) Beaune de Semblançay, baronne de Sauve, devenue veuve en 1579, épousa le marquis de Noirmoutiers.

« Roy, car tout cela est reservé pour le roy de
« Navarre, qui sera un jour roy de France, des
« plus estimez qui ayent jamais regné.

« Et depuis cela je sçay, car il ne s'en est pû
« taire, qu'il me porte une envie et une haine
« mortelle, laquelle tout de nouveau s'est aug-
« mentée, à cause des loüanges qu'il entend
« m'estre données par les dames, et entre les ca-
« valiers qui disent tout haut qu'il a si mauvaise
« grace que rien plus, à cajoller les dames, dan-
« cer et courir la bague; qu'il faut en tous exer-
« cices de vertu et gentillesses de Cour, qu'il me
« cede le prix; dequoy on luy a dit que je me
« glorifiois, et mesme me mocquois de luy, lors
« qu'il dançoit ou couroit la bague; et vous sça-
« vez s'il y eut moyen de s'empescher de rire,
« une fois qu'il brida la potence, et une autrefois
« qu'il se laissa choir en faisant manier un che-
« val, et que son escuyer couppa les rennes du
« cheval, pour en rejetter la faute là dessus, et
« vous ay dit tout cecy sur ce que vous m'avez
« representé des pronostications que vous avoit
« autre-fois fait vostre precepteur, lesquelles j'es-
« sayeray d'accomplir pour ce qui vous regarde,
« si le surplus se trouve veritable, et ainsi vous
« le promets-je; cependant je seray bien-ayse
« que vous puissiez avoir bonne fortune en Flan-
« dre, puis que vous m'asseurez de nous venir
« revoir si l'on nous fait la guerre, laquelle, à
« mon opinion, ne tardera pas beaucoup à nous
« tomber sur les bras, plus furieuse que jamais;
« car, selon les advis que j'en reçoy, il se jette
« des fondemens de toutes parts pour exterminer
« entierement la religion. »

Et sur cela il vous embrassa, et vous dit :
« Adieu, mon amy, souvenez-vous de vos pro-
« messes; » lesquelles, en luy embrassant le genoüil et baisant une main, vous luy reïterastes
avec grands sermens, et ainsi vous retirastes à
vostre logis; puis ayant pris congé de la Reine
mere, de celle de Navarre, de Madame, et de
quelques uns de vos amys, vous montastes à
cheval, pour aller prendre la poste, où, à la
premiere, vous laissastes vostre train, et nous
avec pour le conduire.

CHAPITRE XVI.

Entrée du duc d'Anjou dans Cambray. Prise de Cateau-Cambresis. Trahison dont le gouverneur de Cambray est victime.

[1581] Estant donc party d'aupres du roy de Navarre, ainsi qu'il a esté dit au chapitre precedent, vous vous en allastes à Rosny, où la premiere chose que vous fistes, fut d'envoyer le sieur de Maignan, vostre escuyer, à Paris, pour vous achepter de grands chevaux; lequel, huict ou dix jours apres, vous en amena six assez beaux et bons, et, entre iceux, un cheval d'Espagne, noir, qui n'avoit rien qu'une tache blanche à la fesse droicte, l'un des plus gentils et dociles chevaux, que nous ayons jamais veu : car n'ayant que cinq ans, et n'ayant jamais esté dressé, il manioit terre à terre à toutes mains : et un cheval de Sardaigne cavesse de More (1), ayant les oreilles fenduës, le plus hardy et furieux cheval dont nous ayons jamais oüy parler : car il se laissoit tirer des pistolades et des harquebusades aux pieds et aux environs de la teste, sans se mouvoir, cligner les yeux, ny haucher les oreilles : mais si quelqu'un luy eut presenté une espée ou un baston, avec demonstration de le vouloir frapper, aussi-tost il plioit les oreilles, rouloit les yeux, et ouvrant la bouche se jettoit sur luy.

Pendant vostre sejour à Rosny, vous mesnageastes si bien vos amys et vasseaux, qu'en quinze jours vous en eustes bien quatre-vingts d'asseurez, bien montez, armez et prets à marcher avec vous, au moindre desquels vous promistes deux cens livres : quelques uns en eurent davantage, mais quelques autres aussi ne voulurent rien prendre. Et vous souvenant des promesses que M. le duc d'Anjou vous avoit faites, de vous faire un present, si vous trouviez quelque chose à demander dans ses terres; par le moyen de deux marchands qui estoient, ce nous semble, de Meulan et de Mante, nommez le Clerc et Chasteau-Poissy, vous descouvrites qu'il y avoit dans les duchez et comtez d'Evreux, Dreux, Mont-fort, Passy, Mante, Meulan et autres terres et seigneuries, que ce prince avoit és environs de Rosny, plusieurs restes et surmesures de ventes de bois, et de vieux restats de comptes à recouvrer : lesquels luy ayant demandé lors qu'il vint à Mante, ces marchands en composerent avec vous, à quarante mille livres, à payer moitié comptant et moitié dans un an : ce qui vous vint tellement à propos, que dans quinze jours vostre trouppe fut toute sur pied, et allastes trouver Monsieur à Fere en Tartenois, où chacun estrilla bien messieurs les dains du parc.

Deux ou trois jours apres toutes les trouppes s'estans jointes, elles marcherent en forme de corps d'armée vers Sainct Quentin et aux environs, puis elles furent loger vers Walincourt, Vauchelles, Crevecœur et autres lieux circonvoisins : duquel logement à vostre instance, M. de Farvaques, qui estoit grand mareschal de camp de l'armée et de tout temps vostre inthime

(1) Cheval qui a la tête et les extrémités des pieds noires.

amy, fit ordonner vostre compagnie pour estre la premiere, qui yroit à la guerre vers Cambray, afin de prendre langue des ennemis. Et comme vous alliez monter à cheval, ayant rencontré M. de Thurenne avec une bonne trouppe de noblesse, qui vous demanda où vous alliez en si grande diligence avec vos compagnons ; et luy ayant respondu que vous estiez ordonné pour battre l'estrade, il vous dit : que si vous vouliez attendre jusques au lendemain, il faisoit une partie avec des plus braves de ses amys pour ce mesme effet, et qu'il vous promettoit de ne revenir point, sans avoir fait quelque chose digne d'honneur : mais vous luy respondites, qu'ayant receu commandement de marcher, vous n'estiez plus en vostre propre disposition et partant le priez de vous excuser.

Estant donc monté à cheval sur les sept à huict heures du soir, car c'estoit, se nous semble, au mois d'aoust, vous marchastes toute la nuict vers Marquouin sans rien trouver sinon quelques valets et chevaux de bagage, qui s'en retournoient vers les trenchées et blocus, que le prince de Parme (1) avoit fait faire à l'entour de Cambray : par lesquels vous appristes, qu'il avoit esté publié, par les quartiers, que chacun eût à faire filer tous les valets et chevaux de somme vers Bouchain et Sainct Amand ; voire que l'on parloit desja de desloger. Vous donnastes fort proche desdits blocus, jusques à vous y faire demander, qui va là, et tirer quelques harquebusades. Mais voyant leurs logemens entierement retranchez, qu'il s'y faisoit une tres-bonne garde, et qu'il n'en sortoit personne, vous repristes vostre chemin vers l'armée, sans trouver sur vostre retour, sinon encore quelques bêtes de somme, et de la val-taille qui vous en dirent autant que les premiers, desquels vous en amenastes quatre ou cinq, afin de confirmer par iceux le rapport que vous feriez à M. de Farvaques : si bien que le lendemain, comme M. de Thurenne sceut que vous n'aviez rien fait, il vous dit : « Hé bien ! monsieur, vous n'avez pas « voulu estre des nostres, nous ne partirons « qu'apres demain : mais souvenez vous que nous « ne reviendrons pas, sans faire parler de nous « d'autre façon que vous n'avez fait. « Monsieur, « luy dites vous, puisque j'ay suivy et observé « exactement ce qui m'avoit esté commandé, je « n'estime point estre sujet à reprehension ; que « si vous ne rencontrez pas plus d'occasion de « mener les mains, que nous avons fait, je ne « croy pas que vous enfliez gueres les croniques, « de vos faits et gestes de ce jour là : car vous « trouverez des gens merveilleusement bien clos « et couverts dans leurs retranchemens, et fort » resolus à n'en point sortir. »

Le jour d'apres M. de Thurenne monta donc à cheval avec six vingt gentils-hommes des plus braves et mieux montez et armez de tout le camp ; bien resolus, à ce qu'ils publioient tout haut, de passer sur le ventre à tout ce qu'ils trouveroient de gens de guerre ; et qu'à quelque prix que ce pust estre, ils entreroient les premiers dans Cambray : ce que toute l'armée croyoit facilement, considerant la grande reputation du chef, et de tant de vaillante noblesse triée à l'eslite ; et neantmoins, le lendemain de leur depart, les nouvelles vindrent, que tous ces braves gens, par un extrême mal-heur, avoient esté deffaits, sans autre rencontre que de quatre-vingts ou cent hommes d'armes, tels quels de la compagnie du marquis de Roubais (2) vostre cousin ; plusieurs tuez sur la place, dix ou douze prisonniers, entre lesquels estoient messieurs de Thurenne et de Ventadour, et les autres mis en fuitte, sans avoir quasi rendu aucun combat ; duquel succez il fut discouru fort diversement dans l'armée, comme vous sçavez.

Deux jours apres elle marcha droict aux ennemis en ordre de bataille, toute resoluë de combattre ou de faire lever le siege. Celle du prince de Parme se presenta aussi tout en mesme estat, mais rengée et placée en scituation si advantageuse, qu'il fut aysé à cognoistre qu'ils n'avoient nulle envie de combattre, mais seulement d'en faire la mine : aussi la nuict suivante, le prince de Parme abandonna, sans son de trompette ny tambour, toutes ses trenchées et blocus et se retira vers Valencienne, laissant des gens de guerre dans Casteau en Cambresis, et aux passages de l'Escluse, Arleu, Bouchain et Sainct Amand, sans que le lendemain il se trouvast un soldat ny un valet de l'armée que l'on pust prendre.

Monsieur fut receu dans Cambray avec une merveilleuse joye des habitans de la ville et du sieur d'Inchy, leur gouverneur, tesmoignée par une magnifique entrée en armes, sons de cloches, feux de joye, festins et banquets.

Deux jours apres l'armée mit le siege devant Casteau en Cambresis, qui souffrit que l'artillerie joüast : la batterie fut dressée contre une courtine et une grosse tour de brique, avec telle furie et si diligemment servie, et à propos exploitée, que la tour fut effondrée et entr'ouverte, et la courtine abbatué, de sorte que l'assaut y fut donné, auquel vous vous trouvastes avec dix ou douze de vostre trouppe, et plusieurs autres

(1) Alexandre Farnèse, duc de Parme, général de Philippe II.

(2) Robert de Melun, marquis de Roubais ou Robeck.

personnes de qualité de la Cour de Monsieur, et la ville emportée avec fort peu de resistance, à cause de la division qui se mit entre les habitans et la garnison, les uns voulans que l'on capitulast, les autres que l'on resistast : mais tant y a que tout fut exposé au pillage, et les femmes et les filles à la violence des soldats, nonobstant que la peste fut quasi par toutes les maisons : de laquelle vous fustes trois jours entiers en une merveilleuse crainte, pour une telle cause : c'est qu'ayant esté publié des défences, sur peine de la vie, de violer femme ny fille, et crié par les ruës, que toutes celles qui en auraient apprehension, eussent à se retirer dans les eglises. Comme vous alliez par les ruës, suivy de ceux de vos compagnons qui avoient esté avec vous à l'assaut, vous vistes venir droict à vous une assez belle fille, toute deschevelée et gouspillée en ses habits; laquelle courant tant que jambes la pouvoient porter, se vint jetter entre vos bras, vous voyant une mandille de velours orangé en broderie d'argent, et criant : « Helas! monsieur, « sauvez moy l'honneur et la vie : car voila de « vos soldats qui me poursuivent pour me tuer « ou violer. » A quoy vous luy respondistes : « Hé! où sont-ils, ma mie, car je ne vois personne apres vous? » « Ils se sont cachez, « dit-elle, dans une maison que voila, lorsqu'ils « vous ont veus, et en voy encor' un, qui regarde « à la porte ce que je deviendray. » « Et bien, « bien, luy dites vous, n'ayez plus de peur, j'em« pescheray bien qu'il ne vous fassent desplaisir, « voire vous meneray seurement dans la plus pro« chaine eglise. » A quoy elle respondit, vous tenant toujours embrassé : « Helas! monsieur, je m'y « suis bien voulu retirer; mais celles qui sont « dedans, ne m'ont pas voulu recevoir, à cause « qu'ils sçavent que j'ay la maladie. » « Comment, « vray Dieu, luy dittes-vous en la repoussant « des deux bras, vous avez la peste? Pardieu, « vous estes une meschante femelle, et yrez cher« cher refuge ailleurs qu'entre mes bras. Hé! ma « mie, ne vous estoit-ce pas une assez bonne dé« fence, pour empescher que l'on ne vous tou« chast, que de dire que vous estiez pestiferée? » Et lors, sans attendre sa responce, vous la quittastes là avec une telle apprehension, qu'à toutes heures, plus de quatre jours durant, vous vous tastiez le pous, et au moindre mal de teste que vous sentiez, vous croyiez avoir la peste, neantmoins vous n'eustes aucun mal.

En suitte de la prise de cette ville, on fut attaquer les passages d'Arleux et de l'Escluse, où il se fit deux ou trois belles escarmouches dans les marests et sur les chaussées, qui avoient esté retranchées par les ennemis, en l'une desquelles vous vous hazardastes de telle façon, que sans le sieur de Sesseval, qui fit une furieuse charge pour vous des-engager, vous eussiez esté infailliblement pris, et peut-estre couru fortune de la vie; car comme apparemment vous eussiez pris quelques soldats, se disans estre des gardes du marquis de Roubais, et que comme à vostre parent de la maison de Melun, vous les luy eussiez renvoyez sans rançon, avec parolle de compliment; luy, tout au contraire, sçachant bien que vous pretendiez aux biens que le vicomte de Gand luy avoit donnez, tant par heritage que le don de Monsieur, respondit : « Pardieu, ces ci« vilitez sont belles et bonnes, mais s'il estoit « pris, il porte sa rançon quant et luy. »

Apres ces factions de guerre, le prince de Parme ayant separé son armée dans les paysforts, Monsieur s'en retourna dans Cambray, pour donner ordre à la conservation de la place, en laquelle desirant, à la persuasion de quelques ames mal trempées qui estoient pres de luy, mettre un gouverneur à leur poste, il usa de la plus sale tromperie que sçauroit faire prince, contre le pauvre M. d'Inchy, qui la luy avoit conservée loyallement et genereusement. Et pour y parvenir, feignant qu'il luy vouloit tesmoigner toutes sortes de bien-veillances et confidences, il luy dit un jour, qu'il desiroit qu'il luy donnast à disner en son logis, qui estoit dans la citadelle, où il ne vouloit estre traitté ny servi que par ses gens, non par ses officiers, ny gardé que par ses soldats et non par les gardes de son corps; dequoy le pauvre M. d'Inchy, qui y alloit à la bonne foy, et croyoit que Monsieur fit de mesme; extrémement resjouy luy dit que son altesse luy faisoit tant de faveur et d'honneur, qu'il apprehendoit qu'une telle grace luy tournast à honte, consideré le peu de moyen qu'il avoit de le traitter royallement, comme son altesse meritoit, y ayant si peu que la ville estoit delivrée d'un tant long et ennuyeux siege; neantmoins qu'il feroit du mieux qu'il luy seroit possible, pourveu qu'il luy donnast deux ou trois jours de temps pour envoyer aux villes de France voisines; ce qui luy ayant esté accordé, il convia pour ce festin la pluspart des plus qualifiez qui fussent aupres de Monsieur jusques au nombre de soixante, du nombre desquels vous fustes des plus instamment priez, ayant fait amitié particuliere avec ce pauvre seigneur, pource qu'il se disoit estre allié des maisons de Melun et de Hornes, dont vous estes descendu.

Le jour venu, il vint querir Monsieur sur les huict à neuf heures, lequel fit demeurer ses gardes derriere, et défendit qu'elles n'entrassent point : les services du festin furent magnifiques et assaisonnez d'une tres-bonne musique ; vous estiez soixante et quatre à table, car nous les contasmes, au bout d'embas de laquelle M. d'Inchy fut assis, par commandement de Monsieur ; car il ne vouloit point s'asseoir du tout, s'estant preparé pour porter la couppe pour boire. Sur l'apport du second service, quelqu'un luy vint dire quelque chose à l'oreille, que vous n'entendistes pas, à ce que vous nous avez dit ; mais la responce qu'il y fit, en ces propres paroles de Flamant : « Hé bien, hé bien, hé qu'on « les laische entrer ; il n'y a mie deinger m'est « à voir. » Et puis se tournant vers Monsieur, il luy dit : « Monchieur chéchont les gardes de « vostre altesse qui veulent intrer, et chest bien « fait, car vous avez tout pouvoir chiens. » Semblable advis fut donné au pauvre seigneur par trois fois, à mesure que nouvelles trouppes entroient ; et semblable responce fit-il aussi par trois fois, sans que Monsieur s'en esmeut ny fit aucune responce, qu'avec des signes de teste, en sousriant sous le chapeau : au quatriesme advis, M. d'Inchy s'esmut grandement, changea de couleur, les yeux luy estincellans de colere, puis s'accotant des deux mains sur le bout de la table, respondit à celuy qui parloit : « Hé ! com« meint, commeint chela ? esteindre le mesche « de mes geins et des-armer ma soldatesque, hé ! « chela n'est mie la raison ; hé ! Monchieu, hé ! « qu'esche chechy ? hé ! je ne pense mie que « vostre enteinde chela, car je ne l'ay « mie dechervy ; che cheroit me faire trop de « tort et mal recompencher mes chervices. » A quoy Monsieur, en sousriant tousjours, ne respondit jamais autre chose sinon : « Cela n'est « rien, M. d'Inchy, cela n'est rien ; j'y pour« voiray et vous contenteray avant que de partir « d'icy. » Mais lors qu'il fut asseuré qu'il estoit le maistre dans la citadelle, il luy dit, qu'en récompense de Cambray, qu'il ne tenoit qu'en gouvernement, il luy donnoit la ville et duché de Chasteau-Thierry en propriété ; et voyant ce pauvre seigneur, qu'il n'en pouvoit avoir autre raison, il sortit les larmes aux yeux et les regrets au cœur, accompagné de ceux de plusieurs de vous autres messieurs, et de maudissons contre les autheurs d'une telle ingratitude et perfidie envers un si bon serviteur, et prejudice des capitulations à luy accordées et jurées, lequel fut, peu apres, tué en une escarmouche, d'un coup d'harquebuse, par derriere la teste. Monsieur establit en sa place M. de Balagny, gouverneur dans la ville et citadelle de Cambray ; et les ayant munies de toutes choses necessaires pour leur conservation, il voulut revenir en France, quelques instances que luy fissent les Estats d'entrer dans le cœur du pays avec sa florissante armée, pour les delivrer entierement de la subjection d'Espagne, ne restant plus, à ce qu'ils disoient, que cinq ou six places de consequence, qui tinsent ce party-là.

CHAPITRE XVII.

Conduite perfide du duc d'Anjou dans les Pays-Bas. Il est abandonné de presque tous ses partisans.

[1582] Quelques mois apres le retour de Monsieur, en France, il passa en Angleterre où vous le suivistes. Il se passa plusieurs choses de consequence, desquelles nous laisserons les particularitez aux historiens, d'autant que nous n'avons point appris qu'il s'en fit en iceluy où vos interests fussent meslez ; et nous contenterons de vous ramentevoir fort sommairement, que le mariage de Monsieur et de la reine d'Angleterre fut negocié jusqu'à s'entre-donner des promesses, lesquelles n'eurent aucun effet.

D'Angleterre Monsieur passa en Zelande, fut receu avec entrée à Flessingue et Midelbourg, s'en alla des-embarquer à Lillo et de là à Anvers, où il fut receu avec joye et applaudissement merveilleux, tesmoigné par toutes sortes de magnificences aux entrées ; et lors fut-il couronné duc de Brabant, par le prince d'Orange, assisté de M. le prince dauphin.

Quelque temps apres, le prince d'Orange receut un coup de pislolet vers la gorge, estant dedans sa chambre, duquel il fut en danger de mort ; ce qui causa sur l'heure une telle esmotion dans la ville, que le peuple, croyant que cet assassinast vint des françois, s'estant mis tumultuairement en armes, il se mit à crier : qu'il falloit tuer ces massacreurs des nopces de Paris, qui n'estoient venus à Anvers que pour en faire autant, et passa l'esmeute si avant, que Monsieur luy mesme ne croyant pas demeurer en seureté de sa vie dans son logis, fut contraint, par le conseil des siens, de se retirer dans celuy du prince d'Orange ; et encore que peu apres, lors que l'on sceut au vray les autheurs d'un tel attentat, tout cela fut appaisé, et que ceux de la ville vinssent faire des excuses à Monsieur, de ce qui s'estoit dit et fait en icelle sur une telle alarme ; il en demeura neantmoins tellement ulceré, que dés cette heure là, il resolut d'essayer à s'en rendre maistre absolu.

Pendant ces ceremonies et autres qui furent faites és autres villes, aux receptions de leur nouveau Seigneur, il se fit plusieurs sieges, prises et reductions de places et autres factions guerrieres de part et d'autre, desquelles, comme nous avons dit, nous laissons le recit à ceux qui feront l'histoire generale, d'autant que vous n'eustes part en aucune d'icelles, n'ayant en ce voyage suivy Monsieur qu'avec vostre simple train, et vous tenant tousjours prés de sa personne, à poursuivre l'expedition des promesses qu'il vous avoit faictes, jusques à environ trois sepmaines ou un mois devant l'entreprise d'Anvers, que vous commençastes à vous refroidir de luy, et de vous renger plus que de coustume aupres du prince d'Orange, pour deux raisons.

La premiere, d'autant qu'ayant un jour pressé Monsieur de commander que les expeditions necessaires pour vous mettre en possession du vicomté de Gand, vous fussent deslivrées, et solicitant le sieur de Quincy, secretaire d'Estat, de la mesme chose : en fin luy voyant qu'il n'avoit plus de raisons valables, pour excuser tant et tant de remises, il vous dit, comme tout en colere : « Monsieur, voulez vous que je vous en « parle librement ? Pardieu je ne saurois faire « mesmes expeditions à deux diverses personnes, « et ne vous celeray point que le dernier en don « et en service, vous a devancé en faveur pre- « sente : j'entends parler du prince d'Espinoy « vostre cousin ; entendez le reste à demy mot, « et sur cela prenez vostre resolution. »

La seconde cause, qui vous refroidit envers ce prince, fut que vous entendistes dire à Monsieur lors qu'il se défit du vieil monsieur d'Avantigny, qui estoit de son conseil estroit, qu'il avoit l'esprit bien en repos, depuis qu'il n'avoit plus de huguenots en ses secrets.

(1583) Deux ou trois jours devant cette malheureuse et desloyale action d'Anvers, le prince d'Orange estant dans sa chambre, discourant avec monsieur de Saincte Aldegonde et un ministre nommé de Viliers, vous ouystes qu'il leur dit : « Ces gens icy ont des desseins pernicieux « et pour eux et pour nous, où à mon advis ils « ne trouveront pas leur conte ; car l'on se doute « de tout, » et là dessus vous dit : « Monsieur, je « vous prie de ne vous esloigner plus gueres do- « resnavant de moy ny de mon logis. » Ce que vous fistes, et ce nous semble, environ le quinze ou vingtiesme fevrier, sur les deux heures apres midy, comme vous sortiez du logis de M. le prince d'Orange ; et montant à cheval pour suivre Monsieur, qui estoit allé pour faire faire, comme il se publioit, une reveuë à son armée, proche la porte de Quipedorp, vous entendistes une grande rumeur ; vistes plusieurs hommes, femmes, filles et enfans de la ville, s'enfuyans avec effroy, suivis de trouppes de cavalerie et infanterie, les pistolets et les espées à la main, les piques basses, et les harquebuses et mousquets couchez en joüe, tirans en escopeterie, et crians Tuë, tuë ; Ville gaignée, ville gaignée ; Vive la messe, vive la messe ; auquel bruit le prince d'Orange estant accouru, accompagné de ses gardes et d'un nombre de gens armez, tant gentils-hommes capitaines, que bourgeois, il vous cria ensemble à quelques autres gentils-hommes françois qui estoient avec vous : « Messieurs, « messieurs, retirez-vous dans mon logis, et si « vous aymez vostre vie, n'en sortez point que je « ne vous le mande : » ce que vous fistes tous aussi-tost, bien estonnez de voir ce furieux tumulte, les particularitez duquel nous laissons aux histoires generales, pource qu'il ne vous y arriva rien de bien remarquable ; et n'en dirons autre chose, sinon que tout ce qui estoit entré en la ville, ayant esté tué ou pris, ou s'estans jettez par dessus les murailles dans les fossés, ny ayant moyen de sortir par la porte, pource qu'elle estoit remplie de corps morts. Monsieur le prince d'Orange remit en peu de temps toutes choses en ordre, voire en voie de reconciliation, la faisant prosperer à Monsieur, et fit permettre à vous, à tous ceux de la religion et autres luy appartenans, qui s'estoient guarantis de l'occision, de le suivre, lequel, ce nous semble, vous trouvastes vers Rosandal et Liere, qui taschoit à prendre le chemin d'Herentals pour gaigner Ville-vorde ; mais luy et toute son armée, enveloppée dans une submersion generale (ceux de la ville de Malines ayant rompu les digues des rivieres et inondé entierement le pays), il se perdit plus de quatre à cinq mille chevaux et autres bestes de charge et de voiture, et presque autant de personnes, dont la moitié estoient gens de guerre, tant par la faim que par les aspres froidures qu'ils avoient pasties durant trois jours et trois nuicts dans ce petit deluge, car c'estoit au mois de fevrier 1581 ou 82.

Cette action descria tellement Monsieur et tous les siens, qu'elle avoit rendu tous les françois en general, en horreur et en opprobre, voire en execration envers toutes nations, ce qui vous fit resoudre de quitter ce prince tout à fait ; joinct la fourbe qu'il vous avoit faicte, et qu'il estoit facile à juger, que de là en avant, quelque reconciliation qu'il se pûst faire, il n'auroit pas grande creance parmi ces peuples, et par consequent peu de moyen de faire du bien ny de l'honneur à personne, dans ces provinces où il estoit detesté et deschiré d'injures, d'amys et d'ennemis ; esquelles il séjourna encore cinq ou six mois, rodant par-cy par-là, avec sa miserable armée, qui alloit de jour en jour deperissant ;

essayant, mais en vain, de renouër quelque traitté, car dans le mois d'aoust, tant luy que M. de Mont-pensier, M. le mareschal de Biron, et tous autres ses partisans abandonnerent le pays, le laissans en telle discorde et desordre, qu'il ne se passoit quasi sepmaine, que quelques seigneurs de qualité et villes de consequence, ne se remissent au service du roy d'Espagne, ny mois que le prince de Parme ne leur prist quelque place par force.

CHAPITRE XVIII.

Rosny quitte le service du duc d'Anjou. Ses différentes courses en revenant des Pays-Bas. Négociations dont il est chargé par le roi de Navarre. Son mariage avec Anne de Courtenay.

[1583] Toutes ces confusions et desordres arrivez és Pays-Bas, ainsi qu'il en a esté dit quelques choses és chapitres precedens, vous firent resoudre de quitter Monsieur, frere du Roy, et pour cet effet, ayant obtenu un passe-port, par le moyen du comte de Barlemont vostre parent, vous vous en allastes visiter madame de Mastin vostre tante, qui residoit à la Basséé, laquelle aussi bien que le vicomte de Gand, vous avoit des-herité à cause de la religion : s'étant laissée persuader aux moynes, que ceux de vostre profession ne croyoient ny en Dieu, ny en Jesus-Christ, et qu'ils avoient en horreur la Vierge Marie, les Saincts, et les bonnes œuvres.

Et nous permettrez de faire icy un petit discours de ce qui se passa entr'elle et vous, pour faire voir l'innocence, ou plutost simplicité niaise de cette dame, plongée dans la bigotterie, laquelle à vostre arrivée, ne vous fit pas trop bonne chere, ne vous pouvant quasi regarder de bon œil, comme elle vous le dit depuis, croyant certainement que vous n'addressiez nulle de vos prieres à Dieu ; mais le lendemain matin, comme elle vous eust mené dans la grande eglise de l'Abbaye, laquelle elle avoit fondée, pour y voir les sepultures de marbre de vos ancestres, qu'elle y avoit fait construire, et entre les autres celles d'Helene de Melun, femme de Robert d'Artois ; de Hugues de Melun vostre ayeul, et d'Anne de Melun vostre grand mere, et celle d'elle mesme, qu'elle y avoit desja fait eslever, elle vous dit, ayant les larmes aux yeux : « Hélas ! mon nepveu, mon
« amy, que mon pere vostre ayeul, et ma sœur
« vostre grand mere, s'ils estoient en vie, jette-
« roient des larmes, et ressentiroient des desplai-
« sirs, aussi bien que moy, de voir l'un de leurs
« enfans ne point croire en Dieu, ny en sa mère,
« et n'addresser ses prieres qu'à l'ennemy d'en-
« fer, qui vous rend ennemy des bonnes œuvres,
« ainsi que je l'ai entendu dire à nos bons peres
« confesseurs. »

« Vray Dieu, ma tante, que dites-vous ? Jesus
« seroit-il bien possible, luy dites-vous, que
« vous disiez cecy à bon escient et qu'il y ait eu
« de gens si pleins d'impostures et de calom-
« nies, que de vous avoir voulu persuader telles
« execrations, qui nous rendroient indignes de
« vivre sur la terre. Or, ma tante, ostez de vostre
« esprit toutes ces mauvaises opinions que vous
« avez prises de nous, et ne doutez nullement
« que nous ne croyons, en toutes les trois per-
« sonnes de la saincte Trinité ; que nous ne les
« adorions et invoquions comme estant un seul
« Dieu ; que nous ne reverions et honorions la
« Saincte Vierge et les Saincts ; ne prisions et ne
« tenions pour necessaires les bonnes œuvres et
« la sanctification, sans laquelle nul ne verra
« jamais Dieu. »

« Mais comment se peut faire, vous respondit
« cette bonne dame, mon amy, que ce que vous
« dittes soit vray ? car le bon pere Sylvestre (qui
« estoit un cordelier grand predicateur, et son
« confesseur) m'a asseuré il n'y a pas huict jours,
« que les huguenots sont pires que les Juifs, et
« qu'ils ne prient ny Dieu ny sa mere. »

« Madame, je vous prie de croire, luy respon-
« distes vous, que nostre *Credo* et nostre *Pater*
« sont les vostres mesmes, et n'y a autre diffe-
« rence, sinon que nous les disons en françois, et
« vous les dites en latin ; et afin que vous cognois-
« siez la malice des imposteurs qui vous ont per-
« suadé vous et mon oncle le vicomte, à nous
« des-heriter mon pere et moy, je vous les veux
« dire presentement. » Et lors ayant commencé par l'Oraison Dominicale, et continué par le Symbole des apostres, elle vous escouta fort attentivement sans rien respondre, tant que vous ne parlastes que de Dieu, de Jesus-Christ et du Sainct-Esprit ; mais lors que vous eustes dit, *qui est né de la Vierge Marie*, et encore apres, *je croy la communion des Saincts*, elle se mit à
« crier : « Hélas ! mon nepveu, mon amy, est-il
« possible qu'en vos oraisons vous parliez de la
« bonne Dame, et fassiez mention des Saincts
« bienheureux ? Or, venez m'embrasser puisque
« cela est, car je vous ayme comme mon bon
« nepveu, et me semble en vous voyant et vous
« oyant parler, que ma pauvre sœur est encore
« en vie ; ô ! que j'ay de desplaisir, que mon
« nepveu, vostre parrain et moy, vous avons des-
« herité ; vrayement je veux essayer à rompre
« tout cela, et vous le jure par la Saincte Vierge. »

Les effets neantmoins ne suivirent pas les paroles.

De la Bassée vous vous en allastes en la ville de Bethune, que de long temps vous aviez envie de voir : à la porte, on vous demanda vostre qualité, vostre nom, vostre surnom, d'où vous veniez, où vous alliez, et où vous pensiez loger; en quoy vous les satisfistes, de sorte qu'ils tesmoignerent d'en estre demeurez contens, sur tout voyant que vous aviez un passe-port du prince de Parme, que vous veniez de chez la comtesse de Mastin, qu'elle estoit vostre tante, que vous aviez nom de Bethune, et vous alliez loger à l'escu de vos armes; vers laquelle hostellerie, peu apres que vous fustes arrivé, vous vistes une trouppe d'habitans s'acheminer, qui avoient des hallebardiers devant eux, et entre iceux quelques uns qui portoient des livrées d'officiers de ville ; lesquels vous vindrent visiter avec des complimens et paroles d'honneur et de respect, disans ne vous en pouvoir assez rendre, puisque vous estiez descendu de l'antique maison de leurs anciens seigneurs, dont ils sçavoient bien qu'il y avoit quelque branche en France; ils vous firent des presens de vin, paticeries et confitures, et vous menerent voir tout ce qu'il y a d'excellent dans la ville, que vous trouvastes grandement forte, belle, riche et bien peuplée, et sur tout des structures et sepultures de plusieurs messieurs vos predecesseurs; et nous souvient vous avoir oüy dire, qu'au commencement que vous vistes venir tant de gens, avec les armes et livrées de la ville, vous eustes quelque espece d'apprehension, craignant qu'ils eussent descouvert, que vous eussiez porté les armes avec Monsieur, et se voulussent saisir de vostre personne.

De Bethune vous vous en retournastes à Rosny, et peu apres vous fistes un voyage vers le roy de Navarre, auquel contant tout ce que vous aviez faict, oüy et veu, pendant le temps que vous aviez esté avec Monsieur, il vous respondit : « Hé « bien ! ne voyla pas l'accomplicement de tout « ce que je vous dis de ce prince à Coutras, « lors que vous pristes congé de moy pour l'aller « servir ; mais le viconte de Thurenne que je « dissuaday, tant qu'il me fut possible, de le « suivre, y a encore plus mal fait ses affaires « que vous. »

Ce prince estoit lors au plus chaud de ses passions amoureuses vers la comtesse de Guichen (1), laquelle estant allé voir en un lieu nommé Agemau, il receut des nouvelles d'un espagnol nommé dom Bernardin de Mandosse, sur lesquelles il vous envoya en Cour vers le Roy et la Reine sa mere, pour les advertir que le roy d'Espagne, irrité de la guerre que Monsieur, son frere, assisté de M. de Mont-pensier, d'un mareschal de France, et des plus qualifiez de la noblesse françoise, luy avoit faicte en ses Pays-Bas, l'avoit fait soliciter de traitter alliance et confederation afin de faire la guerre en France, luy offrant d'abord des seuretez suffisantes pour toucher deux cens mille escus par advance, deux cens mille escus en prenant armes, et quatre cens mille escus dans l'année, et continuer cette assistance, tant que la guerre durera, pour subvenir à partie des frais d'icelle, à condition qu'il ne poseroit point les armes que de son consentement; pour asseurance de laquelle, il ne demandoit que sa foy et sa parole, qu'il sçavoit bien estre inviolable, à quoy il avoit fait quelque espece de demonstration de vouloir entendre, sans s'engager encore neantmoins à rien, les supplians de bien mesnager cet advis, et s'asseurer qu'il estoit leur fidel serviteur.

A vostre arrivée en Cour, vous voulustes, suivant la charge que vous en aviez, parler à la reine de Navarre, afin de vous donner entrée vers le Roy son frere et la Reine sa mere ; mais vous sceutes par le moyen de vostre cousine de Bethune, qui la gouvernoit lors confidemment, que son entremise vous nuiroit plustost qu'elle ne vous serviroit, d'autant que depuis deux mois, elle estoit très-mal avec le Roy, s'entr'estans faits une infinité de reproches meilleurs à taire qu'à dire, ce qui l'avoit mise mal aussi avec la Reine sa mere. Le premier vous demanda si vous aviez des lettres du roy de Navarre, qui fissent mention de ce que vous disiez ; et sur ce que vous luy dittes qu'elles ne portoient qu'une simple creance, il ne fut jamais en vostre puissance d'avoir audiance du Roy; lequel deux jours apres s'alla renfermer dans le bois de Vincennes, auquel lieu nul n'entroit s'il n'étoit mandé. Vous vous adressastes apres à madame de Sauve qui vous fit parler à la Reine mere, laquelle vous receut tres-bien, vous escouta fort attentivement sur tout ce que vous luy voulustes dire, tesmoigna d'en sçavoir un grand gré au roy de Navarre, vous fit bailler des lettres de creance sur vous, du Roy et d'elle au roy de Navarre, par M. Pinart, et neantmoins pour tout cela, il ne s'en ensuivit aucune chose à l'advantage du roy de Navarre, mais au contraire il en receut des reproches d'Espagne, par lesquelles il fut aysé à juger que l'on les avoit advertis de tout ce que vous aviez dit.

Sur la fin de cette année vous retournastes chez vous, où ayant appris que Monsieur, frere du Roy, l'estant venu voir secretement à Paris, s'en estoit retourné fort mal-content à Chasteau-

---

(1) Diane ou Corisande d'Andouins, comtesse de Guiche, avait épousé Philibert, comte de Grammont.

Thierry, vous le fustes trouver, pour essayer d'apprendre quelque chose de ses desseins, que l'on publioit plus grands et plus magnifiques que jamais, disant tout haut : que ses erreurs et ses malheurs passez estoient les plus certains et fidelles conseillers qu'il eut pû choisir, et que par iceux il avoit esté instruit à proceder tout d'une autre façon qu'il n'avoit fait par le passé; mais vous le trouvastes tout chagrin et fort mélancolique; aussi commençoit-il à languir de la maladie dont il mourut peu apres. Vous ne laissastes pas neantmoins de luy baiser les mains, y estant presenté par M. d'Aurilly, lequel vous fit apres tout plein d'offres au nom de son maistre, si vous le vouliez servir, vous donner à luy tout à fait, et quitter le roy de Navarre.

Ces discours vous firent concevoir une mauvaise opinion des intentions de ce prince et prendre resolution de vous en retourner à Paris, où vous receustes peu apres des lettres du roy de Navarre, par lesquelles vous tesmoignant beaucoup d'affection, il vous ramentevoit les promesses que vous luy aviez faites à Contras, de le servir tousjours en toutes les occasions qui se presenteroient, et vous conjuroit de le venir trouver en diligence, pour vous dire des choses qui importoient à luy et à vous, lesquelles il ne vous pouvoit escrire, ny les confier à d'autres qu'à vous mesme. Vous fistes ce voyage, auquel il vous entretint particulierement, de tous les desseins de ceux de la ligue, fort approchants de tout ce que nous avons veu esclore depuis, et finalement vous dit : « Le bruit est fort grand
« que vos deux jeunes freres (1) sont fort en la
« fantaisie du Roy, et on m'a mandé de Paris,
« que les mignons mesmes en ont grande jalou-
« sie. Je voudrois bien qu'ils fussent en faveur,
« et cela arrivant, je desire et vous en prie, que
« vous vous rengiez à la Cour, sous couleur de
« leur authorité, sans neantmoins vous départir
« de l'affection que vous m'avez promise; car,
« par ce moyen, vous pourrez descouvrir plu-
« sieurs choses; me tenir adverty de celles qui
« me pourront estre d'importance, et à tout le
« party, et me rendre de plus grands et signalez
« services que si vous demeuriez prés de moy. »
A quoy vous estant aussi-tost resolu, et luy ayant donné toutes les sortes d'asseurances de vostre affection et loyauté à son service, et de ne quitter jamais la religion, vous embrassa par trois fois, et vous dit en partant : « Mon amy, souve-
« nez-vous de la principale partie d'un grand
« courage et d'un homme de bien, c'est de se
« rendre inviolable en sa foy et en sa parole, et
« que je ne manqueray jamais à la mienne. » Sur

(1) C'étaient les neveux de Rosny et non point ses frères.

cela vous vous en retournastes à la Cour, où vous trouvastes messieurs vos freres en de grandes esperances de faveur, le Roy les ayant nommés pour prendre l'habit de penitent avec luy, et fait outre cela plusieurs belles promesses; mais toute cette nouvelle mignonnerie dura si peu, vous en avez depuis sceu les causes qui vallent mieux tenuës que dittes, que ny eux, ny vous n'eustes pas grand moyen de vous en prevalloir.

Or, comme l'oisiveté est la mere des delices, et par consequent des vices, vous fustes pendant ce temps de sejour à la Cour, retenu plus long temps apres à Paris, que peut-estre il n'estoit convenable à la forme de vie que vous aviez jusques à lors professée; car vous devintes grandement amoureux de la fille du president de Sainct Mesmin, laquelle en verité le meritoit bien, aussi emportoit elle le prix de beauté, par dessus les plus renommées de ce temps-là, et puis la bonne chere qu'elle et les siens vous faisoient, croyans bien qu'en fin vous seriez homme pour l'espouser, voyans l'assiduité que vous rendiez pres d'elle, estoient de grands liens, et bien puissans pour vous y tenir enlassé. Neantmoins la raison pouvant plus sur vous, qui avez tousjours tenu pour maxime, que celuy qui veut acquerir de la gloire et de l'honneur, doit tascher à dominer ses plaisirs, et ne souffrir jamais qu'ils le dominent, que tant de bonnes cheres que vous receviez de cette belle fille; ayant oüy parler de la beauté, vertu et haute extraction d'une fille de feu M. de Bontin qui avoit beaucoup de moyens, vous vous resolustes de la rechercher pour l'espouser; et apres l'avoir veuë deux fois, et desja en quelque sorte tesmoigné vostre dessein, sans neantmoins vous estre encore declaré, il se presenta une occasion qui vous y engagea autant qu'elle vous desgagea de l'autre; car ne pensant à rien moins qu'à vos maistresses, il arriva que passant pays, et venant loger à Nogent sur Seine, vous les rencontrastes toutes deux logées en vostre hostellerie, dequoy au commencement vous fustes fort marry; car vous eussiez bien voulu ne rompre ny avec l'une ny avec l'autre, et fustes deux ou trois fois prest de desloger de là sans les voir; car desja chacune d'elles, vous avoit fait la guerre l'une de l'autre; mais comme vous pensiez descendre en bas, vous trouvastes la jeune Sainct Mesmin qui vous vint embrasser, et comme c'estoit un petit bec bien affilé, elle vous dit : « Comment, monsieur,
« l'on nous a dit qu'il y a plus de demie heure
« que vous estes arrivé en ce logis, et vous n'es-
« tes point encore venu voir ma sœur, vrayement
« elle parlera bien à vous, car on luy a dit que
« vous aviez une autre maistresse. » A ces paroles

vous vous trouvastes grandement surpris, comme vous nous le dittes apres, et ne sçaviez quasi quelle resolution prendre, jusques à ce que M. de la Font, qui estoit le premier qui vous avoit parlé de faire l'amour à mademoiselle de Courtenay, vous dit à l'oreille : « Monsieur, tour- « nez vostre cœur à droict, car là vous trouverez « des biens, une extraction royalle, et bien au- « tant de beauté lors qu'elle sera en âge de per- « fection. » A quoy vous resolvant aussi-tost sans plus contester en vous mesme, vous respondistes à cette sœur : « Ma belle fille, je l'iray voir tout « à cette heure; mais je me suis engagé en une « petite visite auparavant et vous prie de faire « mes excuses. « Je vous assure, vous respondit- « elle, demie en colere, qu'elles ne seront point « receuës, » et sur cela vous quitta en grommelant. Et vous prenant cette occasion, respondistes : « Il n'y a remede, je ne me desespereray pas pour « cela. » Et de ce pas vous en allastes voir mademoiselle de Courtenay, envers laquelle vous et vos gentils-hommes fistes si bien valoir ce qui c'estoit passé, que cette belle et sage fille vous prit en affection, et peu apres vous l'espousastes : l'amour et gentillesse de laquelle vous retint toute l'année 1584, en vostre nouveau mesnage, où vous commencastes à tesmoigner, comme vous aviez desja bien fait auparavant en toute vostre vie, en la conduite de vostre maison, une œconomie, un ordre et un mesnage merveilleux, prenant la peine de voir et sçavoir tout ce qui concernoit la recepte et despence de vostre bien, escrivant tout par le menu, sans vous en remettre n'y fier en vos gens, chacun s'estonnant comment, sans bien-faicts de vostre maistre, ny sans vous endéter, vous pouviez avoir tant de gentils-hommes à vostre suitte, et si honnestes gens qu'estoient les sieurs de Choisy, Morelly, Bois-brueil, Mallosnay, Tilly, la Fond et Maignan, et faire une si honorable despence; mais ils ne sçavoient pas de quelle industrie vous usiez, ny les grands profits que vous faisiez sur quantité de beaux courtaux que vous achetiez à bon marché, envoyant jusqu'en Allemagne pour cét effet, et puis les revendiez si cher en Gascogne, qu'ils vous payoient grande partie de vostre despence.

CHAPITRE XIX.

Traité de Henri III avec la Ligue. Assemblée des Protestans à Montauban. Ambassade envoyée au roi de Navarre. Tentative sur Angers. Périlleux voyage de Rosny pour aller joindre le roi de Navarre à Bergerac.

[1584-1585] A la fin de l'année 1584, le roy de Navarre vous fit nouvelle instance de le retourner trouver, vous escrivant que les occasions de luy tesmoigner vostre affection, alloient estre plus opportunes que jamais, d'autant qu'il voyoit preparer des desseins pour ruiner l'Estat et la religion tout ensemble; ce qui vous fit penser à mettre tel ordre en vos affaires, que vous ne manquassiez d'argent au besoin, et, pour cét effet, mistes en vente une couppe de bois de haute futaye, qu'un marchand, nommé Boisseau, achepta de vous quarante-huict mille livres.

Au commencement de l'année 1585, ceux de la ligue commencerent leurs mouvemens; le Roy se declara contr'eux, et envoya, contre M. d'Elbœuf, en Normandie, M. de Joyeuse, lequel passa à Rosny ayant messieurs vos freres avec luy, où vous les traittastes tous au chasteau, fort honorablement; et M. de Joyeuse voyant en vostre escurie sept ou huict pieces de grands chevaux des plus beaux de France, il vous convia d'aller avec luy, ce que vous luy accordastes.

Il nous souvient avoir oüy dire à M. de Maignan le tour que Chicot fit lors à M. de Laverdin, qu'il appelloit la folle, et qui s'estoit logé au bout du bourg de Rosny; car il luy manda, comme en grand secret, qu'il s'armast promptement, et vint au secours de M. de Joyeuse, qu'il nommoit le sourdant, duquel ce diable de huguenot, ayant intelligence avec les ligueurs, s'estoit saisi; lequel sieur de Laverdin, sans juger de l'impossibilité et importance de ce dessein, fit armer un chacun et vint au chasteau, et lors se fut à se mocquer de luy. Vous fustes en ce voyage avec M. de Joyeuse, où il se recognut une estrange procedure de la Cour; car comme vous et tout plain d'autres seigneurs et gentils-hommes de la religion, estiez à Vernueil, pour servir le Roy contre la ligue, M. de Joyeuse receut un paquet de la Cour, par lequel on luy mandoit que le Roy avoit fait la paix avec ceux de la ligue, et s'estoit obligé de faire la guerre à ceux de la religion; lors il se tourna vers vous, disant : « Hé! bien, M. le baron de Rosny, c'est « à ce coup que j'auray vos beaux chevaux à bon « marché, car la guerre est declarée contre ceux « de la religion; mais je m'asseure que vous ne « serez pas si fol que d'aller trouver le roy de « Navarre, ny vous embarquer dans un party « qui sera infailliblement ruyné et perdre vostre « belle terre de Rosny. »

Lors vous luy respondistes : « Monsieur, mon- « sieur, par les voyes que vous pensez ruiner le « roy de Navarre, c'est par là mesme que vous « establirez sa grandeur, au moins si un diable

« de precepteur que j'ay eu a dit vray, lequel a
« nom la Brosse; car il m'a dit que le roy de
« Navarre seroit fort pres d'estre ruiné; mais
« qu'enfin il ruineroit tous ses ennemis, et qu'il
« seroit un jour le plus grand et estimé roy du
« monde, et que je ferois une si grande fortune
« en le servant, que je ne l'oserois quasi pas es-
« perer, tellement que je suis resolu d'en tenter
« le hazard, et puis que vous n'avez plus que
« faire de moy, adieu vous dis. » Et lors pristes
congé de luy si brusquement, qu'il s'en estonna,
et dit à ceux qui estoient pres de luy : « Voilà
« un maistre fol, qui n'a peur de rien; mais il
« pourroit bien s'abuser avec son sorcier de mais-
« tre. » Lors M. de Morinville luy respondit :
« Monsieur, ce gentil-homme est brave et a un
» merveilleux esprit; croyez que là où il sera,
« il vaudra toujours un homme. » Sur cela vous
vous retirastes à vostre maison.

Un mois apres vous fistes un voyage vers le
roy de Navarre, pour sçavoir au vray sa resolution, afin de pourvoir à vos affaires, selon cela.
Le voyage fut de quatre ou cinq mois; car il
vous retint pres de luy et vous mena à Montauban, où se faisoit une assemblée de ceux de la
religion, en laquelle Butrix le vint trouver de la
part du comte Palatin; vous fustes avec luy à
Sainct Paul de la Miate, où se fit l'entrevuë avec
M. de Mont-morency, et fut pris resolution de
se défendre et employer à cét effect, tout ce qui
seroit en la puissance d'un chacun. Le roy de
Navarre vous appella lors, au sortir d'un certain
conseil, vous fit cas de vostre opinion, et puis
vous dit : « M. le baron de Rosny, ce n'est pas
« tout que de bien dire, il faut encore mieux
« faire : estes-vous pas resolu que nous mourions
« ensemble? il n'est plus temps d'estre bon mes-
« nager, il faut que tous les gens d'honneur et
« qui ont de la conscience, employent la moitié
« de leurs biens pour en sauver l'autre, et m'as-
« seure que vous serez des premiers à m'assister;
« aussi je vous promets que si j'ay jamais bonne
« fortune, vous y participerez. »

Lors vous luy respondistes : « Non, non, Sire,
« je ne veux point que nous mourions ensemble,
« mais que nous vivions et rompions la teste à
« tous nos ennemis; mon bon mesnage y servira
« plus qu'il n'y nuira: j'ay encore pour cent mille
« livres de bois à vendre, que j'employeray à
« cela; mais vous m'en donnerez un jour davan-
« tage, lors que vous serez bien riche; car comme
« je le vous ay desja dit autrefois, j'ay eu un
« precepteur qui avoit le diable au corps, qui
« me l'a ainsi denoncé. » Il tourna cela en risée
et vous embrassa, vous disant : « Or bien, mon
« amy, retournez vous en chez vous, faites dili-
« gence et me venez retrouver au plustost, avec
« le plus de vos amys que vous pourrez, et n'ou-
« bliez pas vos bois de haute futaye. » Apres en
secret il vous dit : « Vous voyez, il me va tom-
« ber sur les bras et à tous ceux de la religion,
« une grande, fort dangereuse et longue guerre;
« je voudrois bien la pouvoir jetter dans leurs
« entrailles et l'approcher de Paris, ou pour le
« moins de la riviere de Loire, car c'est le seul
« moyen de les mettre à la raison; j'ay, pour
« cét effet, quelques pratiques sur le chasteau
« d'Angers; M. le prince y a aussi quelque des-
« sein, j'ay peur que l'un pour l'amour de l'autre,
« nous ne gastions tout; cependant tenez vous
« prest de partir avec vos amis, pour me venir
« assister, je vous advertiray de ce qui se pas-
« sera. » Sur cela il vous embrassa par deux fois
et ainsi pristes vostre congé.

Partant d'aupres du roy de Navarre, vous
vous acheminastes en France, laissant neantmoins vostre bagage, hardes et si peu d'argent
que vous aviez à Bergerac, en passant, où vous
trouvastes messieurs le cardinal de Lenoncourt,
de Sillery, Poigny et quelques autres députez du
Roy, vers le roy de Navarre, qui estoient prests
d'arriver; vous pristes le soin de les faire loger,
recevoir et entretenir; et nous souvient vous
avoir ouy dire qu'un matin M. de Poigny vous
dit : « Hé! bien, monsieur, nostre voyage ser-
« vira-il de quelque chose ? » Vous luy respondistes : « J'en ay mesme opinion que vous en
« sçauriez avoir; car si vous venez pour donner
« de simples paroles, et non des effets, et pour
« nous disposer sous l'ombre d'icelles, à laisser
« perdre l'Estat et nostre religion ensemble,
« vous perdrez vostre temps. » Lors il souspira
et haussa les espaules, vous disant : « Monsieur,
« je croy qu'une messe est de difficile conqueste
« en cette ville. » A quoy vous respondistes : « Je-
« sus! monsieur, tant que vous en voudrez, et
« plust à Dieu que vous ne nous fussiez point plus
« chiches de presches; que vous fussiez si pru-
« dens que de laisser à chacun gaigner paradis
« comme il l'entend, et que vous ne songeassiez
« pas tant au ciel pour autruy, que vous vinssiez
« à en faire perdre la terre au Roy et à tous les
« bons françois. » Vous menastes ainsi devisant
tous ces messieurs, au lieu où se disoit la messe,
et à l'entrée leur dittes adieu.

En vostre voyage vous rencontrastes plusieurs
petites difficultez dont nous n'avons pas retenu
le particulier. A Paris on ne parloit d'autre chose
que de ruyner le roy de Navarre et tous les huguenots; plusieurs bons françois vous parlerent
avec singulier desplaisir de la nonchalance, lascheté et stupidité du Roy; et entr'autres mes-

sieurs de Ramboüillet, Montbazon l'aisné, d'Aumont, la Roche-guyon, de Sarpentis et autres dont nous vous avons oüy faire cas, et ne nous souvient pas des noms de ceux qui vous dirent, il faut, s'il y a moyen, que le roy de Navarre s'advance vers la riviere de Loire, avec des bonnes forces, et cela estant, il y a plusieurs bons françois qui parleront bien haut, voire aucuns se joindront avec luy, à quelqu'uns desquels vous dittes : « Et bien, souvenez-vous de vostre parole. » Mais les divers accidens changerent bien ces bonnes dispositions.

Cependant vous pourveustes à vostre équipage : acheptastes de M. de la Roche-guyon un des plus beaux chevaux d'Espagne qui se pouvoit voir, six cens escus : trois autres chevaux de prix de messieurs de Laugnac, de Rieux et de la Taillade, acheptastes au marché aux chevaux un roussin roüan fleur de pescher quarante escus, qui ne sembloit propre qu'à porter la malle, lequel se fit si excellent cheval, que depuis vous le vendistes six cens escus à M. le vidasme de Chartres : comme vous fistes aussi vostre cheval d'Espagne à M. de Nemours la Garnache douze cens escus, desquels ne vous pouvant payer, vous en eustes une tapisserie des forces de Hercule, qui est en vostre grande salle de Sully.

L'on avoit peu avant fait l'edit de juillet 1585, par lequel il estoit fait commandement à tous ceux de la religion d'aller à la messe, ou sortir hors du royaume dans six mois : cela avoit mis tous les huguenots en rumeur, le roy de Navarre faisant toutes sortes de pratiques dedans et dehors le royaume, pour se fortifier d'argent, d'amys, d'armes et de soldats.

Monsieur le prince prit tost apres les armes, assiegea Broüage quelque temps, et s'il ne se fût point diverty en un autre dessein, tous les deux eussent reüssi. Il avoit, comme nous avons dit cy-dessus, entreprise sur Angers, laquelle il voulut precipiter, sans attendre le roy de Navarre; M. de Brissac, que l'on sçavoit bien estre de la ligue, estoit gouverneur du chasteau d'Angers; un nommé le capitaine Grec, son lieutenant en iceluy, y avoit vingt soldats en garnison; entr'autres deux de commandement, nommez Roche-morte et le Fresne, qui avoient esté autrefois huguenots. Il y avoit dans la ville un nommé le capitaine Hallot, qui avoit commandé au chasteau du temps de Monsieur, frere du Roy; ces trois traittoient, à sçavoir : Hallot avec charge du Roy, les deux autres avec charge du roy de Navarre et du prince de Condé, chacun pour leur livrer la place, et en tirer profit. Hallot prit intelligence avec ces deux, et ainsi toutes ces trois intelligences se conjoignirent à faire perdre le chasteau à la ligue; mais avec divers desseins dix ou douze soldats furent si bien pratiquez, que sous ombre d'un des-jeusner, le Grec fut mené en un lieu à part, luy tué, et quelques uns des siens si bien enfermez, que les autres eurent moyen de se saisir du chasteau.

La rumeur fut incontinent grande, d'autant que quelqu'un cria par les fenestres, que le chasteau estoit surpris. Incontinent ce bruit s'espand par la ville, et tout le peuple se met en armes : dequoy le sieur de Hallot estant adverty, il croit que cecy c'estoit fait sous sa pratique, pour le service du Roy; et partant il se jette aussi-tost parmy la foule de cette populace, et pour l'appaiser crie : « Tout beau, Messieurs, tout beau, ce « n'est rien que pour le service du Roy : je l'ay « fait faire par son commandement, et qu'ainsi « ne soit, allons au chasteau, et vous le verrez. » Le bruit s'appaisa lors aucunement, et lors s'estans advancez, et trouvans les ponts levez, Hallot crie fort haut : « Messieurs du Fresne et « de Roche-morte; » Mais nul ne respond. Toutesfois en fin, l'un d'eux parle du dedans d'une tour, et demande ce qu'il vouloit. Hallot les prie d'abaisser le pont, de le recevoir, et de declarer qu'ils tenoient pour le Roy. Plusieurs paroles et contestations se passent durant deux heures : en fin quelqu'un crie du dedans : « Retirez vous, nous tenons pour le roy de Navarre. » Sur ce cry, sans autre formalité, Hallot est pris, son procez fait, et dans deux jours il est mis sur la roüe. Cependant le chasteau est investy; l'on presse Roche-morte de parler, il s'y accorde : pour gaigner temps il sort au bout du pont-levis; quelques soldats coulent de la ville par des advenües couvertes pour le surprendre; il veut regagner le pont, ceux de dedans le levent, il se prend aux chaisnes du pont, il ne les peut tenir ferme, il tombe dans les fossez demy froissé, un cerf nourry dans les fossez le tuë à coups d'endoüillées, l'allarme se redouble; harquebusades se tirent, de tous costez l'on fait barricades. Deux jours apres, le Fresne dormant sur un carneau de muraille, du costé de la riviere, est tué d'une mousquetade, venant de delà l'eau où il y a plus de cinq cens pas.

Pendant toutes ces choses M. le prince est adverty, lequel quitte le siege de Broüage et s'y achemine; courriers vollent de toutes parts, les nouvelles en viennent jusqu'à Rosny; vous advertistes vos amys, communiquez avec eux, afin de marcher au premier mandement du roy de Navarre. Mais voyant que vous n'en receviez point; que M. le prince avoit passé la riviere de Loire, et qu'il ne faisoit plus seur pour ceux de la religion en leurs maisons, vous sondiez messieurs de Moüy, Fequeres, Morinville et quelques autres, pour sçavoir si ils seroient de la partie ; chacun fait le froid et se resout de prendre une autre route : tellement que vous partistes avec six gentils-hommes seulement et vos domestiques; allastes coucher à Nonnancourt, de là à Chasteaudun, où estant à l'hostellerie, un nommé la Mothe-Potain vous demanda si vous alliez joindre M. de Joyeuse, et qu'il y auroit beau moyen de faire ses affaires aux despens des huguenots ; vous fistes bonne mine, et deslogeastes devant le jour, arrivastes à Vandosme, où, pour ce que M. de Mailly Benehart vous cognoissoit, vous fistes faire le maistre au sieur de Bois-bruëil, et ayant pris un manteau de valet, montastes sur un bon courtaut, portant neantmoins une malle, où il y avoit six mil escus en or ; un autre de vos gentils-hommes en portoit une semblable : car vous n'aviez quasi autre bagage.

A Vandosme l'on fit forces questions à celuy qui faisoit le maistre du train, en fin vous allastes loger aux faux-bourgs de delà, et estant à table, M. de Benehart vous envoya dire que vous n'estiez pas là en seureté, qu'il avoit fait commandement à tous ceux des faux-bourgs, de se retirer dans la ville, et que vous en fissiez de mesme : d'autant qu'il venoit d'avoir advis, que M. le prince et son armée avoit esté repoussée d'Angers; qu'une partie d'icelle avoit bien repassé la riviere; mais que luy avec le reste estoit vers Sainct Arnoul comme à la desbandade, saccageant tout, et qu'ils pourroient bien donner dans les faux-bourgs. Vous fistes lors meilleure mine que vous n'aviez bon jeu, estant merveilleusement en peine de ce qu'il estoit besoin de faire. En fin vous criastes fort haut : « Que l'on selle tous les chevaux et que l'on « charge les malles, il faut rentrer dans la ville. » Il y avoit un tel tintamarre dans les faux-bourgs, des charrois qui portoient tous les meubles dans icelle, que l'on ne prenoit garde à rien, et ne s'entendoit on pas quasi parler les uns les autres : ce qui vous servit grandement ; car apres le plus long temporisement qu'il vous fut possible, pour laisser passer la nuict, et bien repaistre vos chevaux, vous montastes à cheval ; mais au lieu d'entrer dans la ville, vous sortistes des faux-bourgs par une fausse ruelle que vous aviez fait recognoistre, et pristes vostre chemin vers les trouppes de M. le prince.

Environ la pointe du jour, vous rencontrastes le sieur de Falandre, avec sa compagnie de chevaux legers, qui vous cria qui vive ? Ayant respondu, vive le Roy ! vous dit que vous estiez perdu, si vous passiez outre ; d'autant que les trouppes du prince de Condé s'acheminoient en deçà; mais que vous trouveriez encore derriere, deux ou trois compagnies d'argoulets qui vous en diroient plus de nouvelles, d'autant qu'il ne les avoit apprises que d'eux ; mais il estoit advenu que ces argoulets, ayans descouverts les trouppes de M. le prince, s'en estoient fuits dans les forests prochaines et que la premiere chose que vous rencontrastes, fut quatre compagnies de M. le prince, ausquelles ayant respondu vive le Roy, pensant que ce fussent des siens, vous fustes aussi tost environné de tous, le pistolet et l'espée à la main, crians, rendez vous ! et est un miracle de Dieu, que vous et tous les vostres ne fustes tuez cent fois, et bien vous prit de ne perdre le jugement : car encore que vous eussiez recogneu trois des capitaines ; neantmoins vous fistes demonstration d'estre prisonnier, mesme leur baillastes vos grands chevaux, jusques à ce qu'ayant rencontré messieurs de Clermont et de Saint Gelais, et vous estant fait recognoistre à eux, tout vous fut rendu, et mesme vos deux courtaux à malle, où il y avoit douze mille escus en or ; ce qui vous tenoit le plus au cœur.

Deux heures apres vous rencontrastes M. le prince, plus estonné que l'on ne sçauroit dire ; vous soupastes avec luy, n'estant servis que dans des escuelles de bois ; à minuict il vous demanda que c'est que vous vouliez devenir, et vous voyant resolu d'aller trouver le roy de Navarre, et que vous estiez asseuré de passer, il se resolut de se desguiser et passer dans vostre train; mais vous ne vous en voulustes jamais charger, ny de M. de La Trimoüille aussi : ains seulement de messieurs de Fors, du Plessis, de Verac et d'Oradour.

A trois heures de là, M. le prince partit avec douze chevaux, lequel courut toutes les malheureuses fortunes que l'on sçauroit imaginer, sans mort ny prison. Et sur les dix heures, de toutes ses trouppes, qui estoient encore de douze cens chevaux, compris les argoulets, l'on n'en eût pas trouvé vingt chevaux ensemble; la plus grosse trouppe estoit la vostre, qui estoit de ce nombre, avec laquelle vous allastes coucher à Chasteau-renauld, passant sous le nom de messieurs vos freres, et sous couleur d'aller trouver M. de Joyeuse à Angers. La difficulté estoit de passer la riviere, en quoy M. d'Arpentis vous fit un vray tour d'amy. Vous allastes coucher à Mont-bazon, celant lors vostre nom : en fin M. de Mont-bazon l'aisné, qui mourut depuis, vous envoya tant de fois visiter et donner du vin et des poires de bon chrestien, que vous fustes recogneu; mais au lieu de vous nuire comme vous craigniez, il vous offrit tout ce qui se peut dire, et vous fit sejourner là trois jours, qui vous fut un grand plaisir pour laisser reposer vos chevaux, qui commençoient d'estre fatiguez.

Partant de là vous passastes à Chatellerault et Poictiers, sous le nom de messieurs vos freres, et sous pretexte d'aller trouver M. de Matignon de la part de M. de Joyeuse, publiant, avec apparence de joye, que tous les huguenots estoient défaits, et M. le prince mort ou pris. Il y avoit une telle resjouyssance que l'on ne prenoit point garde à vous; et pource que vous aviez fait raser vostre barbe et vos moustaches fort pres, ceux qui vous avoient veus avec de la barbe disoient : « Il ressemble bien à son frere « le huguenot. » A Villefaignan vous rencontrastes un regiment de Suisses, qui alloient trouver M. de Matignon, avec lequel vous fistes quatre journées; et pource que vous leur donniez à dejeusner tous les matins, ils eussent au besoin combattu pour vous.

Au passage de la riviere, à Sainct Marsaut, vous faillistes d'estre attrappé par un nommé Puiferat; car vous ne faisiez que sortir du basteau, comme il arriva sur l'autre bord avec son regiment, et eustes loisir d'aller gaigner la maison de M. de Neufvy.

A Martron vous estant logé aux faux-bourgs, pource qu'il n'y avoit pas de bonne hostellerie dans la ville, Dieu vous inspira d'aller loger en icelle; car la nuict il fut posé un petard à vostre escurie, pour enlever vos chevaux. Le lendemain, comme vous vouliez partir, un homme de la ville vous vint dire : « Monsieur, je ne me « veux point enquerir qui vous estes; mais si « vous estes huguenot et partez d'icy, vous estes « perdu; car il y a une embuscade à deux mille « pas d'icy, de cinquante chevaux bien armez, « qui, à mon advis, vous attendent. » Vous ne negligeastes point cet advis; mais, sans monstrer d'allarme, luy dittes : « Mon amy, je vous re-« mercie, car encore que je ne sois pas hugue-« not, il ne fait jamais bon tomber dans une « embuscade, et est tousjours dangereux d'estre « pris pour un autre. » Sur cela vous fistes desseller tous vos chevaux et commençastes à crier tout haut, apres vostre escuyer, que le meilleur de vos chevaux estoit encloüé et que vous ne vouliez point partir. Apres vous envoyastes recognoistre l'embuscade, par un de vos gens, desguisé en paysant, qui parloit perigourdin, lequel ayans advisé, ils luy demanderent si vous veniez, mais leur ayant esté respondu que vos chevaux avoient esté dessellez, ils se mirent à renier et dirent qu'il falloit aller repaistre à un bourg qu'ils nommerent à deux lieuës de là; où les ayant fait suivre, aussi-tost vous montastes à cheval, et apres quelques autres petits dangers, arrivastes en seureté chez M. de Longa et le lendemain à Bergerac, où estoit le roy de Navarre, qui vous embrassa plus de six fois, demeurant bien estonné d'entendre tout le succez de l'entreprise de M. le prince et les particularitez de vostre voyage.

CHAPITRE XX.

Conseil tenu par les Protestans. Avis courageux de Rosny. Voyage périlleux du roi de Navarre. Perte de St-Bazile. Départ du roi de Navarre pour la Rochelle.

[1586] Peu apres vostre arrivée aupres du roy de Navarre, l'on commença à parler de l'armée du mareschal de Matignon, qui venoit assieger Castillon ou Monsegur, ausquels lieux vous vous allastes aussi-tost jetter, ayant mis bonne partie de vostre argent à profit; car vous vous trouvastes environ quarante mille livres, et ne croyons pas que toute la Cour du roy de Navarre ensemble en eut autant. Ledit sieur de Matignon alla au siege de Castes, que le roy de Navarre alla faire lever, par une grande cavalcade, où nous vous avons oüy dire que vous pensastes tous mourir de froid, car cela fut environ le mois de fevrier mil cinq cens octante six, et se passa plusieurs particularitez telles que s'ensuivent.

L'armée de Guyenne, que devoit conduire M. du Mayne, estant assemblée, il vint en icelle, avec telle espouvante d'un chacun, qu'il est impossible de le croire; toutes les villes du party du roy de Navarre se munissoient, luy estoit fort empesché, ne sçachant que devenir, car il sembloit n'y en avoir aucune assez forte, pour éviter la premiere furie d'une si grande armée, et mettre sa personne en seureté; les uns luy conseilloient d'aller en Languedoc, ce qu'il ne vouloit faire, à cause que c'estoit hors de son gouvernement; les autres de s'en aller par mer en Angleterre pour y trouver assistance d'argent, et avec cela passer en Allemagne pour amener luy mesme l'armée qui se preparoit pour son secours.

Nous avons apris toutes ces particularitez des Memoires du sieur de la Font, qui les avoit recueillis du sieur de Maignan, et que lors qu'il fut question de prendre vostre advis, vous luy dittes : « Sire, pour mon regard tous lieux et tous « pays me sont bons, car par tout où vous hazar-« derez vostre vie et fortune, je dois tenir à hon-« neur et à gloire, de perdre la mienne en vous

« servant ; car, puis que je me suis donné à vous, « je dois compter la longueur de ma vie, non par « le grand nombre d'années, mais par la quantité « de services que je vous rendray ; j'ay, grace « à Dieu, de l'argent pour vous suivre par tout « le monde ; mais, si vous me permettez de par-« ler librement, je vous diray que vous devez « oublier ce qui semble vous retenir en ce pays ; « pourvoir à toutes les places d'iceluy de bons « gouverneurs et des autres choses necessaires « pour leur défence autant qu'il vous sera pos-« sible ; laisser un lieutenant de qualité sur le « tout, pour oster les jalousies du commande-« ment ; voir le chemin que tiendra M. du Mayne ; « considerer quels seront les premiers desseins, « et puis prendre une bonne trouppe facile à ex-« ploitter chemin, et vous retirer à la Rochelle ; « car c'est une suffisante retraitte pour la seureté « de vostre personne. Ce ne sera point vous en-« fuyr, au contraire vous approcher de Paris, et « estre en lieu commode pour vivre et tirer des « deniers et commoditez de la mer, et pour pas-« ser aux pays estrangers toutes les fois qu'il vous « plaira, qui ne sera neantmoins jamais mon opi-« nion ; car vous devez avoir un jour trop bonne « part à la France pour la quitter de gayeté de « cœur ; par ce moyen vous ferez quatre fortes « testes à vostre party : l'une par vous mesme et « M. le prince à la Rochelle et aux environs ; car « vostre personne estant là, vous estendrez vos « limites : l'autre par M. de Mont-morency en « Languedoc ; l'autre par M. de Lesdiguiere en « Dauphiné ; et l'autre par M. de Thurenne en « Guyenne. Et puis, vostre armée d'estrangers « venant à la traverse, si elle est bien conduitte, « tout cela donnera bien à penser à ceux qui ren-« dent vostre ruyne si facile. »

Sur ce discours le Roy vous dit : « Je suis bien « ayse de vous avoir entendu, il y a du temps « pour se resoudre à tout cela, et M. du Mayne « n'est pas si mauvais garçon, ny si dispost, « qu'il m'empesche de me pourmener par la « Guyenne. » Tellement que, le dés lendemain, il resolut de faire un voyage en Bearn, tant pour donner ordre à quelques affaires, que de temps en temps il avoit remises à sa venuë en ce pays-là, que pour visiter madame Catherine, sa sœur, où il ne sejourna que huict jours.

A son retour à Nerac il eut plusieurs advis que les armées de M. du Mayne et de M. le mareschal de Matignon s'estans jointes, ils avoient fait border toute la riviere de Garonne à leurs gens de guerre, et mis des gardes aux principaux passages d'icelle, pour essayer de l'attraper en repassant, le bruit ayant desja couru qu'il vouloit aller à Bergerac pour s'acheminer de là vers le Poictou et la Rochelle, afin de s'approcher de la mer et de la riviere de Loire, et user de l'un et de l'autre selon que ses affaires et le progrez de son armée estrangere le pourroient requerir, auquel lieu de Nerac ayant sejourné deux jours seulement, il en partit au matin à l'aube du jour, ayant auparavant publié qu'il vouloit aller à Leytoure, n'ayant, pour tous gens de guerre, qu'environ cent hommes armez et autant d'harquebusiers à cheval de ses deux gardes, et prit le chemin de Barbaste comme s'il eust voulu aller à Chastel-Jaloux, puis tournant vers Damasan il y sejourna environ une heure pour donner de l'avoyne aux chevaux, et boire chacun un coup.

Et voulant partir de là, il choisit vingt d'entre vous autres messieurs, des mieux montez et armez et qu'il tenoit des plus resolus aux perils, et autant de soldats de ses gardes sans bagage et fort peu de valets, et baillant la conduitte du surplus, à M. de Lons, son premier escuyer, et au sieur de la Roque, il prit son chemin tout ainsi que s'il eust voulu tirer derechef vers Chastel-Jaloux, marchant à travers des lieges et des brandes, desquels l'exercice de la chasse luy avoit enseigné tous les sentiers, tours et destours, puis, comme il eut fait une bonne demie lieuë, il tourna tout court à main gauche et s'en alla gaigner Caumont, où il repust et dormit environ trois heures ; passa la riviere comme le jour se fermoit et marcha toute la nuict quasi à travers de tous les quartiers de l'armée ennemie, voire alla passer sur le bord des contr'escarpes de Marmande, en tous lesquels lieux vous entendistes forces, qui va là, des sentinelles ; car vous estiez l'un des vingts que le Roy avoit choisis, mais il ne sortit rien apres vous ; puis ; prenant le chemin vers la Sauvetat, d'Aimet et Duras, fit si bonne diligence qu'il arriva à deux heures de jour à Saincte Foy ; auquel lieu semblablement se rendirent, sur le soir mesme, tous ceux qui estoient demeurez derriere avec vos bagages, sans qu'il eust esté fait perte d'un seul valet, ny d'un cheval, dequoy M. du Mayne ayant eu advis certain, il fut en extréme colere ; mais voyant que c'estoit une chose faite, où il n'y avoit plus de remede, il se resolut d'aller assieger Montignac le Comte, où le capitaine Roux et le sergent More firent des merveilles de se bien défendre au commencement ; mais la place estant foible et mal fournie d'hommes et de munitions, ils se rendirent à honorable composition qui leur fut fort bien gardée ; ne disant rien davantage de ce siege, pource que vous n'y eustes nulle part.

De Montignac, M. du Mayne s'en alla attaquer la ville de Saint Basile sur Garonne, dans laquelle, quelques jours auparavant, le roy de Navarre avoit envoyé, pour y commander en cas de siege, le sieur Despueilles, gentil-homme de bonne qualité, estimé fort vaillant et grandement experimenté pour la défence des places assiegées, auquel il bailla trois cens harquebusiers et trente gentils-hommes de sa maison, pour l'assister et apprendre le mestier sous luy. Or pource qu'il estoit allié de la maison de Courtenay, dont estoit madame vostre femme, et qu'à cette occasion il recherchoit fort vostre amitié, vous importunastes tant le Roy, qu'apres plusieurs refus, il vous nomma entre les trente qu'il avoit destinez pour aller avec luy, et ne fut possible de vous en divertir, quelques remontrances que vous sceussent faire vos parens et vos amys, alleguans que cette place n'estoit nullement propre pour gaigner gloire ny honneur; mais au contraire de telle qualité qu'il en faudroit sortir par capitulation honteuse, ou user de défence perilleuse. Aussi lors que vous y fustes arrivez et que vous l'eustes bien visitée, il n'y en eut un seul de vous qui eust tant soit peu de sens qui ne la jugeast encore pire que l'on ne vous l'avoit faite, d'autant qu'elle n'avoit pour murailles que les maisons des habitans, la pluspart desquelles n'estoient que de bois et de bauge et de tapi, et pour les autres choses necessaires à sa défence, si mal garnie d'armes, vivres, munitions de guerre, outils et instrumens à travailler, qu'il n'y avoit pas apparence d'y faire longue resistance. Neantmoins tous vous autres gentils-hommes fistes bonne mine, de crainte d'effrayer les habitans et les soldats, vous encourageans à travailler à l'envy chacun en son quartier, en la pluspart desquels, et sur tout au vostre, où vous nous faisiez tous employer avec tous vos valets, et vous mesme y mettiez les mains, il fut fait de si profonds retranchemens, larges et hautes terrasses, que nonobstant la furieuse batterie qui fut faite et les ruines des bastimens qui volloient par esclats de tous costez, car le canon transperçoit les maisons, voire traversoit la ville d'une extremité à l'autre, vous demeuriez à couvert en toute asseurance, et partant incitiez tousjours à soustenir un assaut avant que de vouloir entendre à parlementer.

Mais M. Despueilles, soit que son grand jugement et sa longue experience luy fissent mieux reeognoistre le peril, l'impossibilité d'une suffisante défence ou d'un prompt secours, soit pour autres raisons à vous incogneuës, si tost qu'il vit la bresche faite, il pratiqua de ses parens et amys dans l'armée ennemie qui demanderent de parler à luy, lesquels entrerent dans la ville sur sa foy, et le sceurent si bien manier, intimider les habitans et la pluspart des soldats, qu'eux s'offrans de demeurer pour luy en ostage, il sortit dehors, alla trouver M. du Mayne et traitta avec luy, sa personne estant en la puissance des ennemis, qui fut une de ses fautes, dont il fut le plus blasmé. Et depuis estant rentré en icelle, il acheva de si bien induire les soldats et les habitans à son advis, que nonobstant l'opposition de tous vous autres qui estiez de la maison du Roy, et tout ce qu'en particulier comme son amy vous luy sceustes dire, vous fustes contraint de suivre la pluralité des voix par un silence plein de despit et de regret de vous estre venu fourrer dans cette place pour en sortir sans combat, de laquelle la capitulation fut d'autant plus blasmée qu'elle se trouva plus advantageuse et plus exactement observée. Les roys et les chefs d'armée, approuvans davantage que l'on sorte des places le baston blanc en la main, apres avoir tenté tous hazards et perils, et s'estre défendus jusqu'à l'extremité, que de s'en revenir avec armes et bagages, tambour battant, enseignes desployées, mesches allumées des deux bouts, balles en bouches et pieces roulantes, et ne s'estre point battus. Aussi trouvastes vous, lorsque vous arrivates à Bergerac, le roy de Navarre en merveilleuse colere contre tous vous autres de sa maison, principalement jusques à n'en vouloir pas voir un seul, croyant que tout se fust passé de leur advis ; mais quand il eut esté informé de la verité, il demeura plus content de vous autres, et tourna tout son couroux contre M. Despueilles, lequel ayant envoyé querir, apres qu'il eust fait la reverence, il luy dit : « Hé! bien, monsieur « Despueilles, qu'avez-vous fait de la place que « je vous avois donnée en garde pour le service « de Dieu, et la conservation des eglises ? car je « sçay bien que ces gentils-hommes, que je vous « avois baillez pour acquerir de l'honneur et ap- « prendre le mestier avec vous, n'ont pas esté de « vostre opinion. » A quoy l'autre, tout en furie et mutiné de ce qu'il avoit ouÿ dire que le Roy l'accusoit de lascheté, luy respondit : « Sire, j'en « ay fait ce que vostre majesté en eut peu faire, « si estant en ma place elle eut rencontré tous « les habitans et la plus grande partie des soldats « entierement bandez contre toute autre resolu- « tion que celle que j'ay prise. » Pardieu, repartit « le Roy, plus irrité qu'auparavant, vous n'aviez « que faire de m'alleguer ainsi mal à propos, « et par ma comparaison penser couvrir vostre « faute, que je n'eusse jamais commis une telle « lascheté, sçachant trop bien que ceux de nostre « profession sont obligez de preferer l'honneur à « la vie, et en tout cas je n'eusse jamais fait cette « bestise que de laisser entrer mes ennemis en ma

« place avec une entiere liberté de parler à un « chacun, et encore moins me fus-je mis entre « leurs mains pour capituler : et afin que par « vostre exemple les autres soient enseignez à « user de plus de generosité et de prudence, sui- « vez cét exempt des gardes qui vous menera où « vous meritez. » Et en cette sorte, sans luy donner loisir de repliquer, il fut mené en prison, de laquelle il sortit huict jours apres, tant à la priere de ses amys et parens, que pour le besoin que le roy de Navarre avoit de se servir de sa trouppe. Aussi se voyant avoir trop peu de forces pour opposer à de si grandes armées que celles qu'il avoit sur les bras, lesquelles avoient desja investy Castets, apres qu'il eut jetté ce qu'il pûst de munitions et de gens de guerre dans cette place, ensemble dans Monsegur, Castillon, Saincte Foy et Mont-flanquin, pour lesquelles munitionner vous luy prestastes six mille francs, à cause que M. de Bethune, vostre cousin, estoit gouverneur de l'une d'icelles; et ayant laissé M. de Thurenne pour son lieutenant general en Guyenne, afin d'éviter la jalousie des commandemens, et de pourvoir au mieux qu'il luy seroit possible aux accidens non prévus, il partit un matin de Bergerac avec cent chevaux seulement et les deux compagnies de ses gardes, et s'achemina vers Ponts, Sainct Jean d'Angely, et la Rochelle, où il se delibera de faire delà en avant son principal sejour, suivant ce que vous aviez toujours desiré et que luy aviez souvent conseillé.

CHAPITRE XXI.

Rosny chargé d'une négociation près de Henri III. Prise de quelques places par le roi de Navarre. Siége et prise de Fontenay.

Peu de jours apres que le roy de Navarre fut arrivé à la Rochelle, il receut des lettres du Roy pour envoyer quelqu'un de ses principaux serviteurs, afin de traitter avec les députez des quatre cantons protestans des Suisses qui estoient à Paris, et aussi pour entendre de sa Majesté plusieurs autres choses d'importance pour son service et le bien de l'Estat. A quoy faire le roy de Navarre vous destina aussi tost; et avec passeport envoyé en blanc, vous vous acheminastes à la Cour qui estoit à Sainct Maur, ayant avec vous M. de la Marcilliere qui de là devoit essayer de passer en Allemagne vers Clervan et Guitry; et vous estant addressé à M. de Ville-Roy, il vous tesmoigna que le Roy avoit un grand contentement du choix que le roy de Navarre avoit fait de vostre personne : vous disnastes chez luy, et le lendemain il vous presenta au Roy. Nous vous avons oüy dire que vous le trouvastes dans son cabinet l'espée au costé, une cappe sur les espaules, son petit toquet en teste, et un pannier pendu en escharpe au col comme ces vendeurs de fromages, dans lequel il y avoit deux ou trois petits chiens pas plus gros que le poing.

Apres que vous eustes fait vostre harangue, le Roy reprit tous les points d'icelle, sans mouvoir ny pieds, ny mains, ny teste, et sembloit comme immobile : et vous dit de plus qu'il falloit que le roy de Navarre s'accomodast à sa volonté, au temps et à la necessité de ses affaires, et que c'estoit le seul moyen de ruïner la ligue qui ne prenoit autre pretexte pour faire la guerre que sa personne et sa religion, qu'il n'avoit que faire de sa conscience, mais que s'il vouloit aller à la messe, il feroit tomber les armes des mains à toute la ligue. Vous luy respondistes que cela ne profiteroit de rien, dautant que le Roy de Navarre venant ainsi seul, ne luy apporteroit que de la charge et point de force, et si n'osteroit pas le pretexte de ceux de la ligue, mais l'augmenteroit, et leur creance aussi faisant croire au peuple que leurs armes auroient porté ce fruict là, et qu'il falloit achever le reste. Apres plusieurs repliques vous fustes faire la reverence à la Reyne, mere du Roy, qui vous fit fort bonne chere, vous parla fort dignement du roy de Navarre, et comme si elle l'eust bien fort aymé vous offrit de vous faire plaisir, bref vous donna sujet de contentement.

Vous vous en allastes apres à Paris pour traitter avec les députez des quatre cantons, ausquels apres leur avoir fait un fort beau festin et representé l'estat des affaires, ce que vous sçaviez des intentions du Roy et de la ligue, quels moyens de subsistance avoit le roy de Navarre, et de quel secours il auroit besoin, et à avoir eu deux responses assez favorables, vous retournastes trouver le Roy, qui vous reïtera ses premiers propos et quasi les mesmes choses que ces messieurs de Lenoncourt, Poigny et Brulart avoient dittes, et en fin fut convenu avec le Roy, nonobstant que ce fust contre vostre advis; mais vous en eustes deux commandemens reïterez du roy de Navarre, que les Suisses secourroient le roy de Navarre de vingt mille hommes, dont quatre mille yroient en Dauphiné, et les seize mille le viendroient joindre; mais que si le Roy leur commandoit pour son service contre la ligue, qu'ils seroient tenus de luy obeyr; dont il advint l'inconvenient que nous dirons cy-apres.

Vous sejournastes en suitte de ces traittez seulement huict jours avec madame vostre femme, laissastes M. de la Marcilliere, qui estoit venu avec vous, à Paris, pour, sous ombre de la continuation des affaires que vous aviez entamées, achever les autres dont il avoit charge touchant l'armée d'Allemagne, et vous en retournastes trouver le roy de Navarre qui vous receut fort bien, et loüa tout haut d'avoir tres-bien negocié.

Peu de jours apres vostre retour, le roy de Navarre, ayant reduit les Rochelois à s'accommoder à ses volontez, et obtenu d'eux tout ce qu'il voudroit d'artillerie pour mener en campagne toutes les fois que bon luy sembleroit, il fit dessein d'eslargir ses limites; et pour y parvenir, ayant fait recognoistre Talmont sur le Jard, par Mignon-ville, et Bois du Lys, il bailla trois canons, deux cens chevaux et douze cens hommes de pied à M. de la Trimoüille, auquel la place appartenoit en proprieté, afin qu'il l'allast assieger, et mit prés de luy, vous, Mignonville et Fouquerolles, pour luy servir de conseil et de mareschaux de camp; le chasteau fut investy, sans que ceux qui estoient dedans s'y attendissent; car vous trouvastes le bourg avec fort peu de gardes, et garny de tous meubles et vivres : en peu de jours vous eustes fait vos approches à l'entour de ce chasteau, l'un des plus mal flanquez qu'il estoit possible, et logé vos pieces qui estoient deux canons et une coulevrine, car ce fut vous qui eustes cette charge particuliere, toutes prestes à faire batterie, et neantmoins voyant l'espaisseur des murailles, il fut trouvé à propos de vous renvoyer par mer à la Rochelle, où il n'y a que pour six heures de chemin, ayant bon vent, afin d'amener encore des poudres; informer le roy de Navarre de l'estat du siege, et le prier de renforcer les assiegeans de quelques gens de pied, dautant que l'on avoit advis certain que les amis de Maronniere, gouverneur de la place, et investi dedans, assembloient gens de tous costez, et solicitoient M. de Malicorne à faire le semblable pour la secourir; à quoy ce prince desirant de pourvoir puissamment, à cause de la consequence que tirent apres eux les bons ou mauvais succez des premieres entreprises, il envoya faire levée de deux mille hommes de pied és environs de la Rochelle, Sainct Jean, Melle, et Sainct Maixant. Puis s'embarqua luy mesme avec tout ce qu'il put rassembler de gens de guerre, tant de pied que de cheval, et fit faire voile vers Talmont, vous ramenant avec luy, durant lequel voyage il fut assailly d'une si furieuse tempeste, que les trois vaisseaux qu'il menoit furent escartez, l'un d'un costé, l'autre de l'autre, et coururent fortune de se perdre plusieurs fois, pendant deux jours que dura cette malace; mais enfin tout estant venu surgir sans aucune perte dans le Havre de Talmont, les assiegez sçachant l'arrivée du Roy, demanderent à parlementer sur la chamade qu'il leur fit faire en son nom, disans : qu'ils ne se vouloient rendre qu'entre ses mains, tant à cause de sa qualité de Roy, que de ce qu'il estoit renommé d'estre doux et clement, et de garder inviolablement sa foy et sa parole, à quoy ils furent receus et bien traittez. Le Roy visita vostre batterie, et loüa vostre grand travail et l'industrie dont vous aviez usé à bien loger vos pieces.

De Talmont, voyant ses troupes fraisches et de bonne volonté pour n'avoir aucunement paty en ce siege; que les autres gens de guerre qu'il avoit envoyé lever estoient pour la pluspart ensemble; que l'artillerie estoit bien équipée et fournie de bœufs, cordages et munitions necessaires, et que M. de Malicorne, faute d'argent, ne s'estoit pû mettre en campagne; il alla attaquer le chasteau de Chisé, où commandoit un capitaine nommé la Fayolle, avec cent bons hommes, lesquels aussi pour le commencement firent merveilles de se bien défendre, tirans en furie et comme en saluë, sur tout ce qui paroissoit; aussi y en eut il plusieurs des vostres mouchez, avant que de vous pouvoir loger et mettre vos pieces en batterie, à quoy tout le monde mettoit la main, jusqu'au Roy mesme.

Les assiegez avoient une coulevrine avec laquelle ils faisoient de fort bons et advantageux coups, mais bien plustost de loin que de pres, à cause que ne pouvant estre logée que sur le haut d'une grosse tour voustée, ils ne la pouvoient faire plonger en bas, ny dans les tranchées et batteries, et fut fait un coup si estrange, qu'il merite de n'estre pas oublié, qui arriva en cette sorte. Madame sœur du roi de Navarre, envoyant un sien maistre d'hostel, du nom duquel vous vous souviendrez mieux que nous, vers luy, pour sçavoir de ses nouvelles, et iceluy s'estant en arrivant arresté assez loing du chasteau, avec quelqu'un de sa cognoissance, et se retournant pour voir arriver des trouppes qui entroient en garde, un coup de cette coulevrine fut tiré, duquel le boulet entrant justement par le milieu du fondement de son cheval, vint sortir au beau milieu du poictrail, luy traversant entierement le corps, demeurant le cheval tout roide mort sur ses quatre pieds, sans se mouvoir, ny tomber de plus de demy quart d'heure apres.

Il arriva encore en ce siege un autre accident, lequel en produisit bien d'autres de plus grande importance; car un certain gentil-homme, dont nul ne sçait le nom, venant d'Allemagne de la part de messieurs de Clervan et de Guitry, pour informer amplement le roy de Navarre, de l'estat auquel estoit son armée estrangere, et sçavoir de luy quel chemin ils luy devroient faire tenir : luy estant venu faire la reverence dans les tranchées, apres lui avoir baillé un petit billet, qui estoit cousu dans la ceinture de ses chausses, qui ne contenoit que deux lignes en creance, de laquelle voulant s'acquitter, ayant approché sa bouche contre l'oreille du Roy, comme il eut proferé ces mots : « Sire, messieurs « de Clervan et de Guitry m'ont dépesché de « Heydelberg vers vostre majesté pour luy faire « entendre... » Une harquebusade luy donna par la teste, de laquelle il tomba tout roide mort, sans prononcer une seule parole, tellement que le roy de Navarre demeura aussi incertain de l'estat de son armée, et de ce que ses serviteurs desiroient sçavoir de luy, comme auparavant.

Et a t'on sceu, depuis la défaite d'icelle, que ce gentil-homme venoit pour recevoir un commandement absolu pour vuider les disputes et contensions, en quoy estoient tombez tous les plus qualifiez et authorisez en cette armée, sur les diverses routes qu'un chacun d'eux luy vouloit faire prendre. Les uns proposans de luy faire tenir le chemin de Lorraine, pour faire un puissant divertissement des forces de la ligue, et entreprenant la conqueste d'icelle. Les autres vouloient que l'on prist la source de Loire, pour entrer dans les provinces de Bourbonnois, Limaigne, Berry et Poictou, et par icelle joindre le roy de Navarre; les autres, à quoy inclinoient messieurs de Mont-morency et de Chastillon, estimoient plus à propos de couler le long du Rosne et descendre en Languedoc, pour essayer de s'en rendre les maistres absolus et des autres provinces voisines, pour là se cantonner, en cas d'une dissipation du royaume que l'audace de ceux de la ligue et la faineantise du Roy faisoient sembler fort prochaine; et les autres, qui fut le pire de tous, de venir dans le gras pays de Beause, où tout fut dissipé; et peut-estre que sans cette mal-heureuse harquebusade qui empescha les advis donnez et à donner, que les choses eussent succedé avec plus de bonne fortune, tant par de foibles moyens et accidens en apparence, les decrets du ciel s'acheminent à leur fin.

Trois jours apres la Fayolle, gouverneur de Chisé, n'oyant point parler de secours, et plusieurs choses venans à luy manquer, qu'il n'eut jamais (ny tout autre qui n'a point passé par telles expériences) creu pouvoir estre du tout necessaires pour soustenir un siege, et sur tout des chirurgiens, instrumens et drogues à eux necessaires, du linge, de la chandelle, des ar-muriers, du charbon, des moulins et des fours, il entra en capitulation, laquelle fut observée en tous ses points.

De Chisé, le roy de Navarre envoya investir un autre chasteau nommé Sasay, qui fut pris deux jours apres en parlementant, dautant que tout le gazon qui revestoit quelques petits esperons que l'on avoit faits à cette place estant tombé, les fassines que l'on avoit mises pour tenir la terre paroissans dehors, les soldats s'en servirent pour monter dessus.

Ces petites prosperitez enflerent le courage d'un chacun, et grossirent de sorte les trouppes (plusieurs soldats, mesme du party contraire, se venans renger en icelles), que le Roy prit resolution d'aller attaquer la ville et chasteau de Sainct Maixant, sur l'advis qu'il receut que les habitans avoyent refusé la garnison que M. de Malicorne leur avoit voulu envoyer, tellement que la place ayant esté investie un matin à la pointe du jour, et dans le lendemain l'artillerie, composée de trois canons, la coulevrine de Chisé et deux bastardes prises à Sasay, ayant esté logée dans ses platte-formes, sçavoir : les trois canons dont vous eustes la charge, sur le haut de la prée pour battre les murailles du costé des tanneries, et la coulevrine et les deux bastardes sur tout le haut de la montagne pour battre du long de la breche en courtine; aux premieres vollées de toutes lesquelles pieces, les habitans (qui ne s'estoient à rien moins attendu qu'à un siege, et avoient les esprits et les intentions portées plutost à trafiquer et commercer avec tous les deux partis, qu'à guerroyer contre aucun) s'estans effrayez, ils entrerent incontinent en capitulation qui fut autant advantageuse et aussi bien observée qu'ils le sceurent desirer. Aussi les logis y ayans esté faicts par les mareschaux des logis du Roy, il entra dans la ville, luy, toute sa Cour et les gens de guerre qu'il destina pour la garde d'icelle, tout ainsi que si elle n'eust point esté conquise par les armes, toutes les boutiques y estans trouvées ouvertes, et tous les hommes, femmes et enfans espandus aux portes et par les ruës, crians vive le Roy, et enseignans leurs logis à ceux qu'ils sçavoient estre leurs hostes, lesquels ne leur firent aucun desordre, ny prindrent rien sans payer, la ville s'estant volontairement cottisée pour le payement de la garnison, durant deux mois.

Sainct Maixant estant ainsi pris, et un si bon ordre estably que chacun estoit content; le Roy, sçachant que M. le prince et M. de la Rochefoucault, qu'il avoit faict coronel de son infanterie; le venoient joindre avec deux cens chevaux et quinze cens hommes de pied, bien armez, et ceux de la Rochelle l'ayant de nouveau asseuré de luy fournir encore toute l'artillerie et les poudres dont il auroit besoin, moyennant que ce fust pour prendre Fontenay ; il se résolut au siege de ceste ville, qui est la seconde du Poictou en richesses, fertilité de pays et commoditez pour le trafic de la Rochelle, encore qu'il y eut bonne et forte garnison, tant de cavalerie que d'infanterie, et un ouverneur fort estimé, nommé, ce nous semble, Roussiere ; lequel ayant entrepris, à cause du grand nombre de gens de guerre qu'il avoit, de garder non seulement la ville, mais aussi les fauxbourgs Desloges qui sont deux fois aussi grands et riches que la ville, et qui de longue main avoient esté fossoyez et retranchez.

Ils furent attaquez une nuict fort noire par les deux costez de la prée et par la teste en mesme temps. Le roy de Navarre avoit ordonné quarante gentils-hommes de sa maison, du nombre desquels vous fustes, pour donner avec le comte de la Roche-foucault, qui, comme coronel, avoit la charge de l'attaquement, avec lequel vous combatistes deux heures, durant les barricades de la teste du faux-bourg, desquelles vous estans approchez cinq ou six qui marchiez ensemble des premiers, chacun deux pistolets à la ceinture et une hallebarde au poing, et vous estiez donnez parole de ne vous abandonner point. Il nous semble que Dangeau, Vaubrot, Avantigny, Challandeau, Fuqueres, Brasseuses et le Chesne en estoient ; voulans franchir et renverser une barricade, à cela aydez de vos hallebardes, ceux qui les défendoient estans venus aux mains, vous fustes repoussez par trois fois, à coups de piques et de hallebardes, et vous, Vaubrot et Avantigny, vous estans attachez à une grande cave à vin et opiniatrez à la renverser, vous fistes tomber sur vous cinq ou six barriques, remplies de fumier, dessous lesquelles vous fustes tous trois embarrassez, et eusmes toutes les peines du monde à vous en retirer. Cependant ceux qui donnoient par les costez ayans forcé deux barricades, et ayant entré par icelles dans les plus prochaines et commodes maisons commencerent à crier dedans ; ce qu'entendu par ceux qui défendoient la teste, ils commencerent à se retirer, craignans que l'on leur coupast le chemin de la ville ; aussi furent ils suivis de si pres, que pour se guarantir que vous n'entrassiez pesle-mesle avec eux dans la ville, ils furent contrains de mettre le feu à deux ou trois maisons des plus prochaines de la porte, et à un grand tas de pieces de bois, de fagots et poinçons que l'on avoit mis au milieu de la ruë, pensant en faire des barricades, si le loisir leur en eust esté donné ; la flamme du feu vous empescha de passer, donnant loisir à ceux qui se retiroient, de rentrer dans la ville, de lever les ponts, fermer les portes, et de garnir le portail et les courtines d'arquebusiers.

Ceste soudaine et non attenduë prise de ces grands faux-bourgs apporta de grandes commoditez, tant pour les logemens que pour l'abondance de vivres et denrées qui s'y trouverent ; car le gouverneur n'avoit pas voulu que les habitans en entrans portassent rien. Le roy de Navarre fut logé dans une grande maison au milieu du faux-bourg, de laquelle aussi bien que de toutes les autres, la sortie et l'entrée estoient fort perilleuses, dautant que le portail de la ville commandoit quasi tout du long de la grande ruë, et la ville par le dehors des maisons, du costé des prez ; aussi ne se passoit il gueres d'heures qu'il n'y en eust quelqu'un de mouché, du nombre desquels vous eussiez esté sans vostre valet de chambre Liberge, lequel se tenant fort prés de vous, receut l'harquebusade, qui vous venoit donner dans la teste, dans vostre casque qu'il portoit haut à la main ; laquelle neantmoins ne fit que blanchir dessus ; mais si elle fut parvenuë jusqu'à vostre personne, elle ne vous eust pas, à nostre advis, trouvé la peau si dure, et l'eust plutost rougie que blanchie.

Cet accident vous fit aussi tost faire tendre une corde d'une maison à l'autre, à travers la ruë, à l'endroit du logis du Roy, sur laquelle vous fistes mettre des linceuls, ce qui fut apres pratiqué par tout. Le roy de Navarre voulut aussi bien que les autres avoir son quartier d'attaquement, qu'il choisit au bastion, appelé des *Dames*, auquel il vous employa, tant aux batteries qu'aux trenchées et mines, où vous fistes des merveilles en grandeur et assiduité de travail ; car vous mettiez vous mesme la main au pic, à la pioche, et au louchet ; beuviez, mangiez et couchiez dans les trenchées, sans en estre, tant que le siege dura, sorty que deux fois, l'une pour aller changer de chemise et d'habit, pource que les vostres estoient tous terre, et l'autre pour entrer en garde à cheval, une fois que l'on eut un advis qui contenoit pour certain qu'il se preparoit du secours pour jetter des gens de guerre, de la poudre et de la mesche dans la ville : car le Roy fit quasi monter toute sa cavalerie à cheval, et les posa en garde luy mesme, les uns sur une advenuë, les autres sur une autre, et nous souvient qu'il vous mit en garde avec vingt hommes, bien montez et armez, à un guay de la riviere, qui passe le long de la prée, que l'on avoit laissé seul pour le passage, tous les autres ayans esté rompus et retranchez ; auquel lieu il vous arriva un accident dont nous vous ferons ressouvenir, pource qu'il y eut dequoy rire, lors que vous en fistes le conte au roy de Navarre.

Ayant donc esté posé en garde à ce guay, un soir, qui fut suivy d'une nuict fort noire; comme se vint sur la minuict, vous entendistes, comme chose encore esloignée, une espece de cliquetis d'armes, et raisonnement de trac de chevaux, qui sembloient s'acheminer droit au guay que vous gardiez; dequoy ne pouvant faire jugement certain par le benefice des yeux, à cause de la trop espaisse obscurité, vous mistes vos vingt chevaux en ordre, en deux bandes, de dix chacune sur le bord du passage, avec le pistolet au poing, à dessein de combattre tout ce qui se presenteroit, et de ne tirer qu'en touchant, ayant donné charge à un des vostres qu'aussi-tost qu'il vous verroit au combat, il s'en allast au galop en advertir le Roy, et en passant les corps de gardes, et pour cet effet luy donnastes le mot. Ce bruit donc de cliquetis et de trac, et marcher de chevaux, continuant tousjours de la mesme façon, et s'augmentant à mesure qu'il s'advançoit, vous fustes tous ébahis, qu'il cessa du tout lors qu'il fut, selon le jugement que vous en pouviez faire, à quelque deux cens pas du guay de la riviere, tout ainsi que si ceux qui le faisoient eussent escouté et recogneu quelque chose; puis tout à coup ce mesme bruit commençant plus impetueusement qu'auparavant, et tout ainsi que s'il y eut eu quantité de chevaux et gens armez dessus qui vinssent droit à vous au grand galop, pour passer le guay de force, et de fait s'estans tous jettez de furie dedans l'eau, nul de vous ne douta plus que ce ne fussent ennemis, et qu'il n'en fallut venir aux mains, jusques à ce qu'estant quasi teste à teste de vos chevaux, vous apperceustes qu'il n'y avoit point d'hommes sur ceux-là, et enfin recogneustes que ce n'estoit autre chose, sinon quelque nombre de chevaux et de cavales entravez de fer que l'on laissoit paistre à l'abandon dans ces grandes prairies, que l'amour, la gaillardise et le libertinage faisoient ainsi volter, panader et courir les apres les autres, et en cette maniere fut vostre allarme convertie en esclats de rire, bien ayse neantmoins que vous ne l'eussiez point donnée aux corps de gardes, ny au Roy.

Il se fit durant ce siege divers attaquemens et autres factions guerrieres, dont nous laissons le recit aux historiens, pource que nous n'avons point appris qu'il vous y soit rien arrivé digne de remarque, vostre principal soin et occupation estant aux logemens et batteries des pieces d'artilleries, en laquelle charge le roy de Navarre jugea dés lors que vous seriez un jour des plus entendus. Et nous contenterons de dire que le Roy, estant tousjours dans les tranchées, et travaillant luy mesme du pic et de la pioche avec tous vous autres Messieurs, pour advancer les logemens dans les douves du fossé, du costé de la ville, vous y usates tous de telle diligence et assiduité, à cause de la presence du maistre, qu'en fin luy estant dans le trou il commença le premier à entendre le murmure des voix de ceux de dedans, ausquels il se mit à parler, voire mesme à se nommer, dequoy les autres estonnez, ils entrerent en parlement, et luy seul fit avec eux la capitulation, de laquelle ils dirent ne vouloir rien mettre par escrit, ny demander des ostages, mais se fier entierement en sa foy et en sa parole qu'ils sçavoient bien estre inviolable : dequoy ce brave courage se trouva tellement touché qu'il accorda tant aux gens de guerre qu'aux habitans quasi tout ce qu'ils voulurent demander, et le leur fit observer loyaument, traittant ceux de la ville tout ainsi que si elle n'eust point esté prise par siege.

Le nom desquels, afin d'entre-mesler tousjours nos memoires de quelques contes pour vous appresler à rire, nous fait souvenir de celuy qui vous fut faict, en notre presence, d'une pauvre femme; laquelle ayant tué le matin, dont la capitulation fut arrestée sur le midy, un pourceau fort gras qu'elle avoit, des plus grands qu'il estoit possible de voir, et craignant que les hostes qu'elle pourroit avoir ne le vendissent ou le mangeassent, elle voulut essayer de le faire transporter hors la ville en une maison de ses amys, qui estoient du party du roy de Navarre, et pour y parvenir sans soupçon, ayant bien lié ce pourceau de cordes, le plus à la ressemblance du corps d'un homme qu'il luy fut possible, elle l'enveloppa de linceuls, tout ainsi que si c'eust esté un corps mort; luy mit une croix dessus, et le posa sur un grand ais qu'elle mit sur deux treteaux. Ses hostes entrans dans la maison, elle leur dit, faisant la pleureuse, que c'estoit son pauvre mary qui avoit esté tué; qu'elle les prioit de trouver bon qu'elle le pût aller faire enterrer au grand cimetiere qui est hors de la ville; ce qui luy ayant esté accordé, elle envoya chercher quatre hommes pour le porter, et deux prestres pour assister à l'enterrement, et ainsi eux chantans et elle pleurant, pour le pauvre pourceau, il fut inhumé en terre saincte, aspergé d'eau beniste, et la fosse bien couverte de buyts; et la nuict estant arrivée, comme cette femme avec quelques hommes et femmes, ausquels elle s'estoit descouverte de son dessein, estoient apres à deterrer ce pauvre corps de pourceau, ils furent descouverts par des soldats, estans en sentinelle, lesquels voyans ces gens foüiller en terre, creurent que ce fut or, argent et autres richesses que l'on eust là cachées; et ayans chassé tous ceux qui foüilloient en ce lieu, ils acheverent ainsi de deterrer monsieur le porc, pour lequel il y eut bien le lendemain des risées, lors que les prestres en conterent toute l'histoire, la femme s'en estant confessée à l'un d'eux, qui fut tousjours depuis appellé le chappellain du goret.

Le roy de Navarre ayant establi les ordres necessaires pour la conservation de la ville et des habitans de Fontenay, et pourveu le sieur de la Boulaye du gouvernement, il s'en alla à l'abbaye de Maillezais, de laquelle recognoissant la scituation advantageuse, il se resolut d'en faire une forte place, et dés l'heure commença d'en faire luy mesme le dessein, vous appelant pour luy en donner vostre advis, sçachant bien que vous aviez estudié aux mathematiques, et vous plaisiez fort à faire des cartes, tirer des plants de places et à designer des fortifications. Un parent de M. de la Boulaye, nommé, ce me semble, d'Availles, y fut mis pour gouverneur.

De Maillezais le roy de Navarre s'en alla vers Mauleon avec son armée, pour l'attaquer, duquel siege et prise nous ne dirons rien, non plus que la surprise que M. de Genevois fit du chasteau de la Garnache sur sa propre mere, ny de ce qu'en luy pensant encore excroquer Beauvais sur mer où elle s'estoit retirée, elle mesme le prit et le retint long-temps prisonnier, d'autant que vous n'eustes aucune part en nulle de ces trois factions.

CHAPITRE XXII.
Séjour de Rosny dans sa famille qu'il préserve de la peste. Négociation de Catherine de Médicis avec le roi de Navarre. Le duc de Joyeuse chargé du commandement de l'armée de Henri III.

Nous vous ramentevrons comme dés le partement de Maillezais, suivant ce qui en est dit au chapitre precedent, vous, ayant demandé congé au roy de Navarre, pour, sous la faveur d'un passe-port que l'on vous avoit envoyé de la Cour, aller faire un voyage chez vous à Rosny (duquel vous et les autres, qui lirez ces Memoires, nous permettrez de vous reciter quelques particularitez, encore que ce ne soit pas affaires d'Estat ny de guerre; mais simplement domestiques, voire des plus basses, car c'est aussi plutost vostre vie qu'une histoire que nous avons entreprise de vous representer), auquel lieu de Rosny madame vostre femme faisant sa residence, en vertu des prolongations que vous aviez obtenües du Roy, lors que vous le fustes trouver de la part du roy de Navarre à Sainct Maur, il y avoit eu une telle peste que la plus-part des habitans du bourg en estoient morts, et dans le chasteau, une des damoiselles, une femme de chambre, un page, un laquais et un cuisinier de madame vostre femme, et vous avoit on mandé qu'elle avoit esté deux jours et deux nuicts dans la foret de Rosny, sans avoir osé prendre ny pû trouver autre retraitte ny couvert que son carrosse, pour boire, manger et dormir, tant chacun faisoit difficulté de luy ouvrir sa porte.

Neantmoins à vostre arrivée vous la trouvastes logée en un chasteau nommé Huets, que madame de Compagnac, vostre tante, à laquelle il appartenoit, luy avoit fait prester, n'ayant, pour tout train, qu'une damoiselle, une chambriere, un cocher et un laquais, duquel lieu elle vous fit refuser les portes par plusieurs fois, vous priant d'une fenestre, les mains jointes et les larmes aux yeux, de ne la vouloir point approcher d'un mois; n'y ayant nulle apparence de souffrir que vous, venant d'un bon air, entrassiez parmy eux tous, qui venoient d'un lieu tant pestiferé; mais, nonobstant toutes ces allegations, vostre amour surmontant ces raisons et toute autre prudence, vous la voulustes voir, et d'abord luy allastes sauter au col la baisant et embrassant plusieurs fois sans entrer en aucune apprehension. Vous n'aviez mené avec vous, de vos gentils-hommes, que le sieur de Bois-brueil et l'un de nous quatre, et pour le reste qu'un page et un valet de chambre, avec lesquels vous demeurastes environ un mois tous seuls, sans estre visitez de creature vivante, tant chacun fuyoit vostre maison comme pestiferée; et neantmoins, à ce que nous vous avons souvent ouy dire depuis, vous n'avez jamais fait une vie si douce ny moins ennuyeuse que cette solitude, où vous passiez le temps à tracer des plans des maisons et cartes du pays, à faire des extraits de livres, à labourer, planter et greffer en un jardin qu'il y avoit leans, à faire la pipée dans le parc, à tirer de l'harquebuse à quantité d'oyseaux, lievres et lapins qu'il y avoit en iceluy, à cueillir vos salades, les herbes de vos potages et des champignons, columnelles et diablettes que vous accomodiez vous mesme, mettant d'ordinaire la main à la cuisine faute de cuisiniers; à joüer aux cartes, aux dames, aux eschets et aux quilles, et à caresser madame vostre femme, qui estoit tres-belle, et avoit un des plus gentils esprits qu'il estoit possible de voir.

De ce lieu vous envoyastes celuy de nous quatre qui estoit avec vous, à Paris, chez les marchands Lustin, Philippes et Dohain qui vous devoient encore vingt-quatre mille livres du reste de vos bois de haute fustaye; desquels il ne pût tirer que dix mille livres, ne les osant contraindre pour le surplus, de peur qu'ils ne fissent saisir vostre argent par le Roy, comme tous vos autres biens.

A son retour voyant que toute apparence de danger de peste estoit hors du chasteau de Rosny, où l'on avoit osté les meubles des lieux ausquels il y avait eu de la peste, et bien évanté et flambé les logemens, vous y remenastes madame vostre femme; puis ayant appris que M. de Joyeuse s'acheminoit en Poictou avec des forces, pour empescher la continuation des progrez du roy de Navarre qui, depuis peu, avoit encore failly deux entreprises, l'une sur Niort et l'autre sur Parthenay, le contraindre de quitter la campagne, de se retirer dans sa coquille de la Rochelle, ou de l'assieger en tout autre lieu qu'il se pourroit mettre; vous vous en retournastes en Poictou, trouvastes le Roy à la Rochelle, où il s'en estoit desja retourné pour adviser et pourvoir à ce qui seroit jugé necessaire pour la conservation des places qu'il avoit prises, la pluspart desquelles il fit raser; ne reservant que Fontenay, Talmont, Maillezais et Sainct Maixant, ayant esté dés auparavant menacé par la Reine mere lors des conferences de Coignac, Sainct Loris, Sainct Maixant, des grandes forces que l'on estoit resolu de luy faire tomber sur les bras, sous la conduite de ce chef, lequel, avec son compagnon, possedoient toute l'affection du Roy et toute authorité dans les affaires du royaume.

Or nous souvient il de vous avoir ouy dire que, pendant le sejour de cette reine aux lieux cy-dessus nommez, ausquels le roy de Navarre vous menoit souvent avec luy, qu'en discourant avec mesdames d'Usez et de Sauvé, vers lesquelles le roy vous envoyoit parfois, pour essayer à descouvrir quelque chose sous ombre de civilitez et courtoisies, sçachant que vous aviez amitié particulière et grande confidence avec l'une et l'autre, dont vous sçavez bien les causes qu'il soit besoin de les dire; vous leur fistes une fois des plaintes des mauvaises procedures dont usoit cette princesse envers le Roy son gendre, par lesquelles il estoit facile à juger que tout le dessein estoit de l'amuser afin qu'il n'entreprist plus rien, et qu'il fit retarder l'acheminement de son armée estrangère; sur quoy elles vous parlèrent assez librement toutes deux ensemble, mais bien plus chacune à part; car lors elles vous dirent, quasi en mesmes termes : « Voyez-vous, « mon fils, car ainsi vous nommoient elles, nous « cognoissons tout ce qui se passe de mal autant « que vous en sçauriez dire; partant asseurez le « roy de Navarre que nous sommes ses tres-hum-« bles servantes; que nous affectionnons sa per-« sonne, desirons la prosperité de ses affaires, « avons grand desplaisir qu'il ne soit mieux traitté, « et partant le conseillons nous qu'il ne s'arreste « plus à ces belles paroles et promesses qui ne « sont qu'autant de vaines esperances que l'on « essaye de luy faire concevoir afin de l'amuser, « et qu'il sache et tienne pour certain qu'il y a « de trop grands desseins formez pour en sortir « jamais que l'espée à la main; car sa religion « n'est que le prétexte et non la vraye cause des « projets faits contre luy. »

Peu de temps donc apres que la Reine mere s'en fut retournée sans avoir rien fait, M. de Joyeuse fit avancer ses trouppes, chacun parlant diversement de ce voyage, voyant que le Roy esloignoit ainsi de luy une personne qu'il tesmoignoit tousjours luy estre infiniment chere, les uns disans que le dessein du Roy estoit de procurer veritablement la ruine des huguenots, envoyant ainsi contr'eux toute sa puissance et ce qu'il aymoit le plus; les autres que ce n'étoit que pour rabaisser la grande reputation et creance que prenoient les chefs de la ligue parmy les peuples, d'autant qu'ils avoient paru jusques alors estre les seuls qui avoient persécuté les huguenots, en les faisant maintenant attaquer puissamment par ceux qui estoient ses plus particuliers confidens : les autres disoient qu'il esloignoit ce mignon, à cause qu'il luy traversoit quelque nouvelle amitié naissante; les autres qu'il avoit descouvert des intelligences de luy avec les chefs de la ligue, et que detestant une telle desloyauté, il eut esté bien ayse de sa perte, et pour cet effect luy mettoit-il en teste un ennemy heureux et genereux tout ensemble. Quoy que ce soit dés les premiers mois de l'an 1587, ledit seigneur duc de Joyeuse, avec une belle et grande armée, abondamment pourveuë de toutes choses, et luy, accompagné de tous les principaux seigneurs et plus galands hommes de la Cour, s'achemina en Poictou.

Le roy de Navarre avoit quatre ou cinq regimens sur pied, dont les deux premiers estoient ceux des sieurs de Charbonnieres et de Desbories, lesquels il destina pour estre mis en garnison dans la ville de Sainct Maixant en cas de siege; et pour éviter qu'ils ne mangeassent les vivres de la place, et les tenir neantmoins tout prets à jetter dedans lors qu'il en seroit besoin, il les fit loger à la Motte Sainct Eloy, appartenant, ce nous semble, à M. de Lansac, luy ordonnant de s'asseurer du chasteau; mais à la priere du sieur de Sainct Gelais, qui estoit parent du seigneur d'iceluy, et qui leur en respondit, ils n'y mirent personne dedans.

Le roy de Navarre fit en ce mesme temps une calvacade audit Sainct Maixant pour le fournir de vivres, poudres, mesches, et autres munitions; et vous avons oüy dire, d'autant que vous nous aviez laissez à la Rochelle, que vous n'aviez jamais fait une telle calvacade : car vous partistes de la Rochelle et y revintes sans repaistre, ny reposer qu'une seule heure; le roy de Navarre se trouvant tant oppressé de sommeil sur la fin de ceste corvée qu'il ne se pouvoit plus tenir à cheval, il fut contraint de se mettre dans une charrette à bœufs qu'il rencontra la nuict allant à la Rochelle, où au bout de trois ou quatre jours il eut nouvelle de la défaitte de ses deux regimens logez dans la Motte Sainct Eloy, où il fut exercé des cruautez inoüyes, ce malheur estant arrivé par faute de s'estre logez dans le chasteau, dans lequel on logea des hommes peu à peu par lesquels ils furent les premiers attaquez.

M. de Joyeuse prit Sainct Maixant, Maillezais et quelques autres places, et défit encore quelques compagnies du roy de Navarre, et entr'autres celles du sieur Despueilles, qui estoit logée quasi à la veuë de la Rochelle : desquelles factions guerrieres, nous laisserons les particularitez aux historiens, d'autant que vous n'eustes part en aucunes d'icelles; mais ainsi que ledit sieur de Joyeuse s'en retournoit de Xainte à Niort, après avoir pris Tonne-Charente, le roy de Navarre vous ordonna pour aller à la guerre avec cinquante chevaux que vous choisistes de ceux que vous estimiez vos plus intimes amys, et les plus disposez à l'obeyssance.

Et apres avoir appris des nouvelles certaines du chemin que deliberoit tenir l'armée des ennemis, vous resolutes de ne revenir sans faire quelque chose de signalé; pour à quoy parvenir vous vous allastes mettre dés une heure devant le jour en embuscade, ce nous semble, dans la forest de Benon, par l'orée de laquelle passe le chemin de Xainte à Niort, vous tenans cachez dans le plus espais du bois; et comme il fut assez grand jour, vous fistes monter un homme du pays sur un fort grand chesne, lequel descouvroit la campagne deux ou trois lieuës de tous costez, où il n'eust pas esté plus de deux heures, qu'il commença de voir marcher des trouppes et en suitte peu à peu tout le camp : de ceux qui estoient avec vous, les uns vous disoient : « Retirons nous, car si nous sommes descouverts,

« comme desja quelques paysans ont fait, infail-
« failliblement toute l'armée nous tombera sur
« les bras, et ayans cinq lieuës de retraite, dif-
« ficillement la pourrons faire sans grande
« perte ou grande honte. » D'autres, comme les sieurs d'Avantigny, Fequeres, le jeune Bessais, Palcheux, Chalandeau, Ville-pion, Le Chesne, Brasseuse, vous disoient : « Chargeons quelques
« unes de ces premieres trouppes qui sont de no-
« tre portée, et tant esloignées des autres, que
« nous aurons fait nostre execution avant qu'ils
« puissent estre secourus, et ayans quelques
« prisonniers, nous nous retirerons au travers le
« fort de la forest, où jamais les trouppes ne s'em-
« barrasseront, de crainte d'embuscade; car, par
« ce moyen, l'on ne nous reprochera pas que
« nous n'ayons rien fait. »

Vous escoutiez patiemment tous ces advis; mais enfin vous leur dittes : « Messieurs, j'ay
« souvent ouy dire au Roy qu'il ne faut jamais
« entreprendre aucune faction guerriere à la teste
« d'une armée qui marche en ordre, par une
« campagne rase, large et spacieuse, telle qu'est
« celle-cy; partant il me semble que, suivant la
« maxime de nostre maistre, nous devons laisser
« passer l'armée; car il est impossible qu'à la re-
« traitte quelques paresseux ne nous presentent
« l'occasion de faire quelque effet, sans trop
« nous hasarder. » A quoy chacun s'estant accordé, vous eustes la patience de voir passer toutes les bandes les unes apres les autres, voire de les compter vous mesme, car vous voulustes monter à l'arbre, et voyant que les dernieres marchoient toutes armées et fort serrées, vous jugeastes qu'il ne viendroit plus rien apres, et que celles-cy estoient ordonnées pour faire la retraitte, et partant vous descendistes de l'arbre, comme tout désespéré de pouvoir rien entreprendre qu'avec peril extrême : ce qui vous avoit esté expressement défendu par le roy de Navarre.

Des-ja vous faisiez preparer vos compagnons pour reprendre le chemin de la Rochelle, lors que celuy qui estoit monté sur l'arbre vous dit qu'à une grande lieuë de là, sur le mesme chemin qu'avoient tenus les trouppes, il en voyoit quelqu'une qui ne paroissoit pas grosse, et encore une lieuë par de là, une espece de poussiere qui en tesmoignoit encore une autre, de laquelle il ne pouvoit pas bien juger. Quand la premiere passa, qui estoit d'environ soixante chevaux, vous la vouliez encore laisser passer, et attendre à charger sur la derniere; mais ceux qui estoient prés de vous, vous importunerent tellement que vous attaquastes ce qui se presentoit; laquelle vous défistes, en tuastes douze ou quinze, et en emmenastes autant de prisonniers, mais tous gens de peu, les uns armez, les autres sans armes : sur quoy l'allarme se donna aussi-tost, qui vous contraignit de vous retirer dans le fond de la forest; et, quatre heures apres, vous sceustes que la derniere trouppe qui devoit passer estoit M. de Joyeuse avec quarante ou cinquante des plus signalez et galands de la Cour; lesquels ayans fait la colation à Surgeres, s'en venoient sur des hacquenées, sans armes, pour regagner les trouppes : lors vous pensastes tout desesperer, car c'estoit une défaite infaillible, laquelle, outre la gloire, vous eust mis pour cinq cens mille escus de butin en prisonniers.

A vostre arrivée à la Rochelle tout le monde vous en fit la guerre, et le roy de Navarre mesme, en riant, vous disoit que vous aviez intelligence avec M. de Joyeuse qui avoit vos freres pres de luy : pendant le sejour duquel à Niort, l'un d'eux vint voir le roy de Navarre à la Rochelle, vous le promenastes par tous les remparts et fortifications de la ville, et douze jours apres vous allastes à Niort pour traitter du lieu et des conditions d'un combat qui s'estoit proposé entre les Albanois de Mercure et pareil nombre des Escossois des Ovimes; mais, sur ces entrefaites, M. de Joyeuse eut nouvelles que le Roy avoit pris des jalousies de luy, et que son competiteur en la faveur luy diminuoit la sienne par mauvais offices; et pour y remedier se resolut de faire un voyage en Cour, qu'il pensoit colorer sous le bruict d'aller seulement jusqu'à Mont-resor; et comme il vous en parla vous luy dittes : « Mon« sieur, je croy que vous irez un peu plus loin, « car l'on vous taille de la besongne à la Cour. » Lors il respondit : « Voyez ces huguenots, ils « sont si curieux et presomptueux qu'ils pensent « tout sçavoir. » Et se retournant vers un de messieurs vos freres, il luy dit tout bas: « Avez « vous dit mon voyage à vostre frere? » Lequel luy fit toutes sortes de sermens que non, aussi ne vous en avoit il point parlé. M. de Joyeuse vous pria de vous en retourner, vous dit que vous estiez trop enquerant, et qu'aussi bien ne permettroit il point ces combats dont il avoit esté parlé.

Il partit aussi-tost que vous vous en fustes allé à la Rochelle, et dittes au Roy en arrivant : « Sire, il se presente une belle occasion, car « M. de Joyeuse est party avec tous les courtisans « et la meilleure partie des chefs de toutes les « trouppes de son armée, laquelle, partant, se « retirera en grand desordre et confusion. » Ce que jugeant bien estre indubitable, il rassembla toutes ses garnisons, et avec cinq ou six cens chevaux, et autant d'harquebusiers à cheval, il poursuivit ces trouppes desbandées, desquelles il défit bonne partie, et entr'autres les compagnies mesmes de M. de Joyeuse, celle de Vic, Belle-maniere, Marquis de Rennel, Ronsoy, Pienne et autres. Nous estions avec vous lors que vous donnastes dans leurs quartiers, nous trouvasmes les uns au lict, les autres à la table, sans aucune garde.

Le roy de Navarre alla jusques prés de la Haye en Tourraine, où il tint ces trouppes ennemies assiegées quatre ou cinq jours; et s'il y eut peu temporiser davantage, il les eut fait rendre par famine. Quelques uns de vous autres messieurs passastes l'eau, et trouvastes tous ces soldats espandus par les villages cherchans du pain. M. de Laverdin commandoit à ce reste d'armée, lequel, suivant sa coustume, ne gardoit pas grand ordre. Il fut tué ou pris plus de six cens hommes, ayans tous une grande espouvante, et entr'autres vous donnastes avec six chevaux seulement, dans des hameaux où il y avoit forces soldats qui n'avoient quasi point d'armes, les ayans laissées dans les logis pour mieux piller. Vingt-cinq ou trente se vindrent rendre à vous, desquels vous fistes esteindre toutes les mesches, prendre leurs harquebuses qui estoient sur des licts et des tables, leur ostastes leurs espées, et les fistes lier en faisseaux avec lesdites mesches, puis ayant le tout fait charger sur les espaules de trois ou quatre d'iceux, vous revinstes trouver le roy de Navarre auquel vous dites en arrivant : « Sire, voicy un trouppeau de moutons « que je vous ameine. » Et marchoient quelques quarante soldats devant vous, sans espées ny bastons, la plupart se mirent dans vos trouppes.

CHAPITRE XXIII.

Dangers que court Rosny dans un voyage qu'il fait à Paris. Bataille de Coutras.

Monsieur le comte de Soissons (1) ayant de long-temps traitté avec le roy de Navarre, pour se joindre à son party, s'achemina vers la riviere de Loire, en mesme temps de la desroute des trouppes de M. de Joyeuse dont il a esté parlé cy-dessus, au devant duquel le roy de Navarre envoya des siennes pour lui faciliter son passage aux Rosiers, lesquelles luy donnerent le moyen de faire une entreprise sur le bagage de M. de Mercure (2), et les gens de guerre qui luy servoient d'escorte, lesquels marchoient, ne se doutans de rien tout du long de la levée, et furent toutes défaites sans presque combattre. Il s'y fit un grand butin où vous gaignâtes environ

(1) Charles de Bourbon, frère du prince de Condé.
(2) Le duc de Mercœur.

deux mille escus, tant en argent, chevaux, que meubles et vaisselle ; l'un de nous y gaigna deux cens escus.

Auparavant cela vous aviez donné moyen à messieurs vos frères de sortir hors de la Haye en Tourraine, et à eux fait donner passe-port pour se retirer. Eux aussi vous en avoient obtenu un avec lequel vous fustes à Paris voir madame vostre femme, laquelle, sous nom desguisé, sejournoit en cette ville, et y estoit accouchée quasi au temps que ces femmes furent bruslées ; et est chose estrange que le presche, en un temps si dangereux, s'y continuoit tousjours. Vous y fistes baptiser vostre fils, dont fut parrain M. de Rueres, prisonnier en la conciergerie, et un nommé M. de Chaufaille et sa femme. Il se passa infinis hazards que vous courustes là, lesquels nous obmettons pource que nous n'y estions pas, et qui seroient trop longs à raconter. L'on se mit lors à faire une recherche dans Paris, qui vous obligea d'en desloger seul, sans valet, ny laquais. Vous allastes passer à Ville-preux, et, par un chemin hors de cognoissance, vous vous rendistes à Rosny.

Quelques jours après vous vous en retournastes près du roy de Navarre ; vous eustes infinies peines à passer, à cause que vostre passe-port estoit finy et en aviez racoutré la datte. Vous trouvastes plusieurs compagnies sur les chemins qui s'advançoient pour composer une nouvelle armée à M. de Joyeuse, lequel irrité de ses trouppes défaites, se resolut de combattre le roy de Navarre, à quelque prix que ce pût estre.

Apres donc qu'il se fut bien fait prescher par les chaires des parroisses de Paris, qui vantoient ses exploits de Poictou à merveilles, les exaltant d'autant plus, que plus ils avoient esté cruels et sanguinaires ; amplifians des deux tiers tous ses autres faicts et gestes, avec des paroles si empoullées d'orgueil, qu'il sembloit, à les ouyr parler, que cét homme eut esté destiné du ciel pour la destruction des huguenots : si bien qu'apres s'estre fait adorer comme tel, par toute la badaudaille de cette grande ville ou plutost petit monde de Paris, il forma son armée de toutes les meilleures trouppes qu'eut le Roy, lequel ne luy refusoit ni hommes, ni argent, et outre cela convia ce qu'il y avoit de plus leste et esclatante noblesse dans la Cour, la priant de le vouloir suivre, non seulement, disoit-il, pour se trouver en une bataille, mais aussi à une victoire certaine et triomphe préparé ; puis, ayant conféré particulierement avec les principaux chefs de la ligue, et pris toutes sortes d'intelligences et bonnes correspondances, avec tout le party en general, pour l'advancement du dessein qu'ils avoient projetté pour parvenir à une entiere dissipation d'Estat, en laquelle chacun d'eux pût profiter, il s'achemina vers Tours, auquel lieu son beau frere, le duc de Mercure, l'attendoit, suivant le rendez vous qu'il luy en avoit donné quelque temps auparavant ; le voyage duquel avoit esté comme un petit exemplaire de ce qui succeda depuis par la défaite de toutes les trouppes qui l'accompagnoient et prise de son bagage, ainsi qu'il en a esté parlé cy-devant.

M. de Joyeuse estant arrivé à Poictiers, où il faisoit estat de sejourner huict ou dix jours, afin d'y attendre le reste des trouppes qui le suivoient et devoient composer son armée, que le commun populaire nommoit la redoutable, et plusieurs seigneurs et gentils-hommes de la Cour, lesquels estoient demeurez derriere, les uns pour achepter des chevaux et des armes, les autres pour dresser leur equipage, les autres pour trouver de l'argent, les autres pour dire adieu aux belles dames, et les autres pour ne les vouloir abandonner ; il receut des advis certains que toutes les bandes des huguenots se rassembloient en diverses provinces, et que le roy de Navarre, avec ce qu'il avoit pû tirer de l'Aunix, Poictou, Anjou, Tourraine et Berry, ayant pris deux canons et une coulevrine à la Rochelle, fort bien équippez et munitionnez, en estoit party pour s'aller joindre avec les autres, et, tous ensemble, s'acheminer au devant de son armée estrangere par les costez de la Guyenne, du Languedoc et du Lyonnois, afin de gagner la source de Loire, joindre tousjours nouvelles trouppes en marchant. Cet advertissement le fit resoudre de partir promptement de Poictiers, et de suivre, en tous lieux, le roi de Navarre avec ce qu'il avoit desja de gens de guerre, montant à huict mille hommes de pied, et deux mille chevaux, sans attendre le surplus de ses forces ; faisant bien estat que le mareschal de Matignon le viendroit bien-tost joindre.

Or, pource que nous ne nous pûsmes trouver auprès de vous à la bataille de Coutras, comme nous avons accoustumé de faire en tous les lieux où vostre service le requeroit, ou ausquels il y avoit de l'honneur à gagner ; et partant vous nous excuserez si nous obmettons beaucoup de circonstances et de particularitez qui se passerent devant, durant et apres cette bataille ; et si mesme nous abregeons celles que quelques uns des vostres nous ont depuis conté vous y estre arrivées ; car, remettans toutes ces narrations à ceux qui feront l'histoire entiere, nous nous contenterons de vous ramentevoir que le roy de

Navarre ayant joint à luy messieurs les princes de Condé et comte de Soissons, vicomte de Thurenne, seigneur de la Trimoüille, comte de la Roche-foucault et autres seigneurs, avec ce que chacun d'eux avoit pû rassembler de gens de guerre, il s'advança, en partant de Ponts, vers Mont-lieu, Mont-guyon et la Roche-chalais, le jour de devant que M. de Joyeuse eut pris son logement aux environs de Chalais et d'Aubeterre, tellement que le jour suivant il arriva que chacun des deux camps fit un mesme dessein; à sçavoir : de se saisir des guez et passage des rivieres de l'Isle et Drone; le premier, afin qu'ayant mis ces rivieres entre son ennemy et luy, il poursuivist plus librement son chemin entrepris, et l'autre pour l'empescher de passer, et, par ce moyen, de gagner la riviere de Dordonne, où il sçavoit qu'il estoit si fort, à cause de la quantité de bonnes villes qu'il tenoit sur icelle, qu'il luy seroit impossible de le contraindre à combattre, comme il s'en estoit vanté et en avoit eu exprès commandement du Roy; et chacun des deux chefs, estimant que le logis de Coutras seroit grandement advantageux pour ce qu'il voudroit entreprendre, fit aussi tout ce qu'il pensa pouvoir servir à s'en asseurer; mais M. de la Trimoüille ayant eu cette commission du roy de Navarre avec une trouppe de deux cens ou deux cens cinquante chevaux et autant d'harquebusiers à cheval, et trouvant M. de Laverdin en campagne avec ce mesme dessein et beaucoup plus foible que luy, il le contraignit, apres s'estre un peu chamaillez, de luy quitter le logis et de se retirer sur ses pas, pour advertir M. de Joyeuse qu'il avoit esté prévenu.

Le roy de Navarre s'estant donc aussi-tost logé avec toute son armée dans Coutras dont il y en avoit plusieurs au piquet, et desirant de la faire passer la riviere sans embarras, dés le lendemain il ordonna M. de Cler-mont, vous, Bois du Lys et Mignonville, pour faire accommoder les passages, et passer toute la nuict l'artillerie, son cariage et les bagages du camp; à quoy vous travaillastes tous quatre en telle diligence et si grande assiduité, et vous particulierement, vous fourrant, à tous momens, dans l'eau et dans la bourbe jusqu'aux genoux, que chacun s'estonnoit comment vos corps pouvoient porter tant de peines; et neantmoins tout vostre soin, industrie et diligence, penserent estre plutost dommageables qu'utiles; d'autant que M. de Joyeuse ayant esté adverty de ce dessein, tant par ses espions que par quelques prisonniers que M. de Laverdin luy avoit amenez, et le voulant empescher, à quelque prix que ce pût estre, fit sonner à cheval et battre aux champs dés les dix heures du soir, et marcher son camp toute la nuict, envoyant devant quelques trouppes, pour apprendre des nouvelles du roy de Navarre; lequel en ayant fait autant de son costé, ces batteurs d'estrade se rencontrerent et se battirent à bon escient avant que de se vouloir retirer, duquel combat nous ne dirons rien, d'autant que vous n'y estiez pas; mais tant y a que le roy de Navarre estant fait certain au retour des siens, par quelques prisonniers qu'ils avoient amenez, que tout le camp marchoit en gros et en diligence, resolu de donner bataille, et qu'il pourroit estre à veuë du sien dés les sept à huict heures du matin, il recognust aussi tost qu'il lui seroit impossible d'avoir fait passer plus de la moitié de ses trouppes, avant que d'avoir l'ennemy sur les bras, et partant qu'il valloit beaucoup mieux se resoudre à la bataille avec toutes ses forces, que de se laisser attaquer par pieces en se retirant; à quoy tous les gens de qualité et les capitaines qui l'assistoient conclurent semblablement; si bien que l'on n'oyoit plus retentir autre voix parmi eux, que *bataille! bataille!* et, en mesme temps, ayant appellé M. de Cler-mont, vous, et Bois du Lys, car quant à Mignon-ville, qui avoit esté des vostres aux passages, il le voulut retenir pour ordonner les gens de pied, et vous commanda de faire repasser l'artillerie promptement avec son équipage, et la loger au lieu où il vouloit prendre son champ de bataille qu'il vous montra luy mesme, et en vous separant de luy pour aller travailler, avec une chere gaye, et asseurance de ne vous espargner pas, il vous dit, en vous accollant : « Mon « amy Rosny, c'est à ce coup qu'il faut faire « paroistre vostre esprit et vostre diligence, qui « nous est mille fois plus necessaire qu'elle n'es- « toit hier, à cause que le temps nous presse, et « que de l'artillerie bien logée, bien munie et bien « exploittée, dépendra en grande partie le gain « de la bataille, lequel j'attends de Dieu, puis « qu'il est ici question de sa gloire, et que nous « combattons pour la conservation du royaume « que ces gens-cy veulent dissiper (car M. de « Joyeuse estoit ligueux), et mon dessein est de « le restablir. »

Cette petite poincte de loüange et d'encouragement fut de telle vertu envers vous qu'il eut esté difficile de rien adjouster aux effets qu'elle fit produire; nonobstant lesquels neantmoins, ny tout ce que messieurs de Cler-mont et Bois du Lys y peurent apporter, si vous fut-il imposible de faire repasser les pieces et munitions pour s'en servir, et de placer tout cela où le roy de Navarre vous avoit commandé, qui estoit une petite eslevation de terre fort advantageuse, que les deux armées ne fussent desja rengées en ordre de combat l'une devant l'autre prestes d'en venir aux mains, et n'eust esté la faute que M. de Joyeuse fit, d'avoir mal logé ses pieces à l'abord (car recognoissant que pour estre trop basses elles luy seroient inutiles, il fut contraint de les desplacer et replacer ailleurs, en quoy il fut consommé beaucoup de temps; et si encore tout cela ne luy servit-il de gueres, faute de jugement et d'expérience, et qu'il usoit plustost de furie et precipitation, tant il desiroit se venger des trouppes que le roy de Navarre luy avoit défaites, et satis-faire aux esperances qu'il avoit conceües en luy et données aux autres), celles que vous aviez en charge fussent arrivées trop tard pour le combat : lequel nous ne nous amuserons point à descrire, tant à cause que nous n'y estions pas, que vous n'y eustes quasi nulle part, estant employé à l'artillerie, que pource qu'il a esté descrit amplement par plusieurs, voire peut-estre prolixement par aucuns par complaisance et pour y vouloir faire faire des merveilles à ceux qui les en ont priez, et sont si divers entr'eux qu'il est difficile de juger de quel costé est la verité; mais tous demeurent bien d'accord, que les deux canons et la coulevrine que que M. de Cler-mont, vous, et Bois du Lys aviez eu charge, firent des merveilles, ne tirans une seule volée qu'elle ne fit des rues dans les escadrons et bataillons du camp ennemy, qui estoient jonchées de douze, quinze, vingt, et quelque-fois jusqu'à vingt-cinq corps d'hommes et chevaux, si bien que les ennemis, lesquels, pour avoir d'abord renversé les deux trouppes où commandoient messieurs de Thurenne et de la Trimoüille, avoient desja crié victoire ; ne pouvans plus souffrir une destruction de pied coy, furent contrains de venir au combat en desordre, et sans attendre le commandement : ils furent mis en route par les trois escadrons du roy de Navarre, du prince de Condé, et du comte de Soissons, chacun desquels par les coups qu'il donna, et ceux dont ses armes estoient martelées, tesmoigna suffisamment la grandeur de son courage, et que ces braves princes en telles occasions ne s'espargnoient non plus que des simples soldats.

Si tost que vous vistes les ennemis en desroute, et que, sans doute, la bataille estant gaignée, vous n'aviez plus que faire au canon, vous montastes sur vostre grand cheval d'Espagne bay, que vous aviez eu de M. de la Roche-guyon, lequel M. de Bois-breuil vous faisoit tenir prest derriere les pieces, pour essayer d'apprendre des nouvelles de messieurs vos freres, que vous cuidiez estre avec M. de Joyeuse, et sçavoir aussi en quel estat le roy de Navarre estoit, lequel vous rencontrastes par de là la Garenne, l'espée toute sanglante au poing poursuivant la victoire : et si tost qu'il vous apperceut vous cria : « Et « bien, mon amy, c'est à ce coup que nous fe- « rons perdre l'opinion que l'on avoit prise, que « les huguenots ne gaignoient jamais de batail- « les ; car en cette cy la victoire y est toute en- « tiere, ne paroissant aucun ennemy qui soit « mort ou pris, ou en fuitte, et faut confesser « qu'à Dieu seul en appartient la gloire, car ils « estoient deux fois aussi forts que nous ; et s'il « en faut attribuer quelque chose aux hommes, « croyez que M. de Cler-mont, vous, et Bois du « Lys, y devez avoir bonne part, car vos pieces « ont fait merveilles : aussi vos promets-je, que « je n'oublieray jamais le service que vous m'y « avez rendu. » Le lendemain de la bataille (1), comme vous estiez dans la salle, vous vistes que sur une table l'on avoit mis les corps, tous nuds et seulement couverts d'un linceul, de messieurs de Joyeuse et de Sainct Sauveur, son frere.

CHAPITRE XXIV.

Suite de la bataille de Coutras. Défaite de l'armée allemande qui venoit secourir le roi de Navarre. Voyage de Rosny.

Les rumeurs du gain de la bataille de Coutras estant aucunement appaisées, le roy de Navarre vous appella, et vous ayant tiré à part dans un jardin, vous dit : « J'ay envie de vous faire faire « un voyage qui importe grandement au bien « de nos affaires; mais, avant que vous dire « quel il est, je seray bien aise d'entendre de « vous quel fruict et quels advantages vous estimez que nous pouvons tirer d'une tant illus- « tre et signalée victoire. »

« Sire, luy respondistes vous, à ce que vous « nous en avez conté depuis, les fruicts et les « advantages en seront plus ou moins grands « à proportion de ce que vous et ces deux princes « de vostre sang qui vous assistent demeurerez « veritablement bien unis de cœur et d'affec- « tion, et poursuivrez un mesme dessein par « mesmes voyes ; lequel, selon que j'en puis « conjecturer par ce qui apparoit maintenant, « doit butter à tenir vos forces unies toutes « ensemble encore deux mois, lesquels vous « employerez à faire de deux choses l'une : la « premiere, de marcher droit vers le haut de « la riviere de Loire; comme vers la Charité, « Nevers et Desize, ausquels lieux vous don-

(1) La bataille de Coutras, livrée le 20 octobre 1587.

« nerez rendez-vous à vostre armée estrangere,
« afin qu'elle, estant d'un costé de la riviere,
« et vous avec la vostre de l'autre, il soit en
« vostre puissance de vous conjoindre par la prise
« de telles de ces villes là, qu'il vous plaira d'at-
« taquer ; la seconde, à prendre toutes les villes
« de Xaintonge, Angoulmois, Poictou et Anjou
« deçà Loire, excepté Poictiers et Angoulesme ;
« car toutes les autres ne vous sçauroient re-
« sister si vos trouppes ne se dissipent point, et
« que vos resolutions ne soient point diverses ;
« et par le moyen de telles conquestes, vostre
« armée estrangere vous venant joindre en pre-
« nant la source de Loire, comme c'est son plus
« asseuré chemin, vous vous cantonnerez si puis-
« samment en toutes ces provinces de deçà la
« riviere de Loire, que si le Roy, par lascheté,
« faineantise ou irresolution, laisse mettre son
« Estat en partage par les ligueurs et le roy
« d'Espagne, comme c'est le but auquel ils vi-
« sent, vous puissiez en retenir la plus grande
« portion, qui servira un jour à conquerir le to-
« tal, si mon precepteur la Brosse, selon ce que
« je vous en ay dit autrefois, a un diable de ve-
« rité dans le corps. »

« Or bien, respondit le Roy, je penseray à
« tout ce que vous avez proposé ; donneray ad-
« vis où besoin sera de la resolution que j'auray
« prise, et, en attendant, je seray bien ayse que
« comme j'ay envoyé Monglat vers mon armée
« estrangere, pour la faire acheminer vers le
« haut de la riviere de Loire, vous fassiez un
« voyage en France, qui vous sera chose plus
« facile qu'à nul autre, à cause des cognoissances
« que vous avez aux gouverneurs des passages,
« vers mon cousin le prince de Conty (1), afin
« que, suivant la resolution qu'il m'a mandé
« d'avoir prise, il assemble le plus de ses amys
« et serviteurs que faire se pourra, et faisant
« semblant d'aller joindre les forces du Roy,
« coule jusques dans mon armée estrangere dont
« je le constitueray general, et vous retiene au-
« pres de sa personne pour l'assister d'advis et
« de conseil, luy faire sçavoir mes intentions,
« et le maintenir és bonnes qu'il a pour mon
« service. » A toutes lesquelles choses vous vous
disposastes aussi-tost, et ayant eu, dés le soir,
toutes vos dépesches qui ne consistoient qu'en
une simple lettre de trois lignes portant creance
entiere, vous partistes le lendemain au matin,
et nous vintes prendre à Ponts où nous estions
demeurez malades, et vous acheminastes vers
le Mayne où vous esperiez trouver M. le prince
de Conty.

Mais dautant que toutes les belles esperances

(1) François de Bourbon, frère du prince de Condé.

que l'on avoit conceuës de cette illustre victoire,
et tous les projets et propositions que l'on avoit
fondées sur icelle s'en allerent à neant, voire
eurent des effets et des succes contraires à tout
ce que l'on s'en estoit persuadé, nous avons
creu estre icy un lieu propre pour vous en ramentevoir les causes principalles telles que vous
nous les appristes à vostre retour, dont la premiere provint des jalousies, envies et défiances
qui alloient de plus en plus augmentant entre le
roy de Navarre et M. le prince de Condé, si tost
que quelques heureux succez et prosperitez leur
ostoit la crainte, et leur eslevoit leurs esperances à quelque grand establissement, lesquelles jalousies estoient fomentées par M. de
Thurenne d'une part, et par M. de la Trimoüille
de l'autre, qui sollicitoit incessamment ce prince
de se rendre chef absolu, sans recognoissance
d'autruy, dans les provinces d'Anjou, Poictou,
Aulnix, Xaintonge et Angomois au moins, laissant tout le surplus des autres provinces de
France au roy de Navarre ; et pour y parvenir,
si tost que par le gain d'une tant signalée bataille, il pût concevoir quelque esperance de
faire des progrez dans ces provinces, ils firent
separation des trouppes qui estoient à leur devotion, s'estans mis en fantasie que la reputation de cette victoire, leur rendoit infaillibles
les prises des foibles places de ces provinces :
voire jusqu'à s'imaginer de pouvoir emporter
Xaintes et Broüage, à cause de la prise de
M. de Sainct Luc.

Monsieur de Thurenne, de son costé, qui ne
manquoit de vanité ny d'ambition, et qui cou-
voit tousjours en son cœur le dessein qu'il fit
depuis tout ouvertement esclatter en l'assemblée
de la Rochelle, qui estoit de pouvoir estre esleu
chef absolu en quelques provinces, et sur une
dissipation d'Estat que chacun croyoit estre fort
prochaine, se cantonner en icelles, sur ces
mesmes esperances de prendre toutes les places
de Lymosin et Perigord, des environs de ses
maisons ; fit toutes sortes de menées et de belles
ouvertures (comme son esprit excelloit en telles
propositions) pour separer des trouppes et en
former un camp avec l'artillerie, comme il en
vint à bout, sans que rien neantmoins de tout
ce qu'il entreprit eut aucun heureux succez,
voire fut mal mené devant Serlat, qui n'est
qu'une fort foible ville, et contraint d'en lever
le siege.

Monsieur le comte de Soissons, d'autre costé,
qui estoit venu trouver le roy de Navarre, plutost pour espouser sa sœur, que ses affections
ny son party, qu'il tenoit ne pouvoir pas avoir
longue subsistance, fondant ses opinions sur ce

qu'il voyoit le pape, l'empereur, le roy d'Espagne et quasi toute la France buttez à l'entière destruction des huguenots ; et qu'ayant espousé madame Catherine, il se retireroit à la Cour, et s'approprieroit tous les grands biens que cette maison de Navarre avoit deçà la rivière de Loire; et sur ce projet faisoit des continuelles instances et solicitations, afin que le roy de Navarre le voulût mener voir sa maistresse en Bearn, lesquelles instances rencontrans pour complices de telles passions dans l'esprit du Roy, l'amour qu'il portoit lors à la comtesse de Guiche, et la vanité de presenter luy mesme à cette dame les enseignes, cornettes et autres despoüilles des ennemis, qu'il avoit fait mettre à part pour luy estre envoyées ; il prit pour pretexte de ce voyage l'affection qu'il portoit à sa sœur et au comte de Soissons : tellement qu'au bout de huict jours, tous les fruicts esperez d'une si grande et signalée victoire s'en allerent en vent et en fumée, et au lieu de conquerir, l'on vit toutes les choses deperir; le roy de Navarre et le comte de Soissons se mettans si mal ensemble, par rapports et supçons, que depuis ils se separerent quasi comme ennemis.

Monsieur le prince ne fit du tout rien ; et l'armée estrangere ne recevant nuls commandemens absolus du roy de Navarre, ny advis des lieux où il la vouloit joindre, ny avec quelles forces ; demeurant comme un grand vaisseau dans le milieu des ondes courroucées, assailly d'autant de divers desseins, qu'il y avoit de diverses testes et de diverses fantaisies, ayans authorité ou credit parmy les bandes dont elle estoit composée, ne continuoit point trois jours en une mesme resolution, et marchoit plutost par boutades et par hazard que par conseil et premeditation ; si bien que s'estant venuë envelopper dans des provinces toutes ennemies, bornées de grosses rivieres tres-difficiles à passer, et circuye de quatre ou cinq armées qui luy eschantillonnoient tousjours quelque lopin de son grand et pesant corps d'armée, et la rendoient disetteuse de vivres et toutes autres commoditez necessaires pour sa subsistance.

Finalement il arriva que vous n'ayant point trouvé M. le prince de Conty chez luy, d'autant qu'il estoit party deux jours avant vostre arrivée en sa maison pour aller joindre cette armée, vous allastes passer à Rosny afin de le pouvoir suivre plus seurement, dautant que sur le chemin qu'il avoit tenu, l'on avoit jetté des trouppes qui battoient l'estrade pour attraper ceux qui tiendroient sa route ; auquel lieu n'ayant sejourné que deux jours pour laisser reposer vos chevaux qui estoient grandement fatiguez, dés la premiere journée que vous fistes, estant allé coucher à Neaufles, l'un de nous quatre nous vint dire que le bruit couroit de la défaite de cette armée, et le lendemain vous sceustes au vray ce qui s'estoit passé à Aulneau, et que douze mille Suisses avoient capitulé avec le Roy pour le servir ou s'en retourner librement en leurs contrées : de tous lesquels accidens ne prevoyant que ruine et finalle destruction du surplus de ces trouppes, sans faire semblant que vous eussiez interest à tout cela, au contraire publiant que vous aviez quitté le roy de Navarre et vous estiez donné au Roy, vous vous en retournastes chez vous ; et apres une promenade que vous fistes en Normandie, par les maisons de vos cognoissances durant le reste du mois de novembre 1587, afin de laisser aucunement assoupir le feu de cette grande desroutte, vous vous en retournastes trouver le roy de Navarre, lequel estoit lors à Bergerac, estant de retour de son voyage de Bearn ; duquel lieu il fit executer une entreprise, dessignée par le vicomte de Thurenne sur Castillon qui fut repris pour deux escus de despences, au lieu que M. du Mayne avoit despencé un million d'or en son siege, duquel nous n'avons point parlé, non plus que nous ne faisons des particularitez de la reprise, dautant que vous n'avez esté ny en l'une ny en l'autre de ces factions, estant, ce nous semble, à Bergerac environ le mois de mars 1588.

CHAPITRE XXV.

Mort du prince de Condé. Journée des barricades. Négociation avec Henri III. Brouillerie du roi de Navarre et du comte de Soissons. Catherine de Médicis fait la paix avec la ligue.

[1588] Le roy de Navarre, apres la prise de Castillon, faisant quelque sejour à Bergerac, eut nouvelle comme M. le prince estoit mort empoisonné (1), qu'un de ses domestique avoit esté tiré à quatre chevaux, et plusieurs autres soupçonnez de ce malefice, dont nous laissons le recit aux historiens, car vous n'y estiez pas.

Le roy de Navarre, reprenant ses brisées vers la Rochelle comme il fut dans l'Angomois, il luy fut amené un courrier qui portoit à M. d'Espernon la nouvelle des barricades de Paris, et comme le Roy en avoit esté chassé honteusement par le peuple. Nous passons sous silence le recit

---

(1) Henri, prince de Condé, mourut à Saint-Jean-d'Angely le 5 mars 1588. Charlotte-Catherine de la Tremouille, sa seconde femme, fut accusée de l'avoir empoisonné ; elle fut reconnue innocente après six ans de captivité.

de cette action, car vous n'y estiez pas; et nous contenterons de vous dire que sur cet advis nous recognumes entre tous vous autres messieurs, de deçà Loire principalement, une merveilleuse resjouyssance, chacun criant qu'il fallait aller secourir le Roy; et mesme vous commençastes le premier à dire au roy de Navarre qu'il se devoit envoyer offrir au Roy. Vous desiriez avoir ce voyage, mais les envies et jalousies de Cour vous le traverserent, et le firent donner à un secretaire.

Cét accident fit augmenter les mescontentemens de M. le comte de Soissons, et prendre une absoluë resolution de quitter tout à fait le roy de Navarre; comme il l'executa quelques jours apres, avec des reproches et autres fort mauvaises parolles des deux costez, et s'en alla trouver le Roy, son esprit remply de grandes esperances de tout gouverner à la Cour. Vous estiez lors assez bien avec luy, et par concert pris avec le roy de Navarre, vous faignistes d'estre mal satisfait de luy, afin que vous rengeant plus facilement aupres du comte de Soissons, qui essayoit de desbaucher ses serviteurs, vous pûssiez aller avec luy à la Cour, et mander des nouvelles de ce qui se passeroit de consequence.

Vous fistes donc le voyage avec M. le comte, lequel tout le long des chemins, croyant que vous fussiez tout à fait dégousté du roy de Navarre, vous faisoit ses plaintes, disant que l'on l'avoit pipé, jugeant bien alors que toutes les esperances à luy données, du mariage de madame Catherine, n'avoient eu autre but que sa retraite hors de la Cour, la ruine de sa fortune, et l'empescher qu'il ne prist creance aupres du Roy pour y gouverner les affaires; ny ayant point de doute, comme il en avoit de bons advis, qu'il n'y gouvernast tout à present s'il ne l'eut point abandonné pour se jetter parmy ses ennemis : vous essayâtes d'appaiser cét esprit ulceré, autant qu'il vous fut possible, sans trop descouvrir vostre intention, de crainte que vous luy devinssiez par trop suspect, luy remontrant seulement que si le Roy, et tous ceux qui resistoient en France au sang royal ne vivoient en bonne amitié et intelligence, qu'en fin leurs ennemis communs, qui ont joinct à eux le pape, l'empereur et le roy d'Espagne, les destruiroient entierement, et qu'ils y devroient bien tous penser.

Nous nous en allasmes à Nogent le Rotrou, et de là à Mante, où estoit le Roy, que nous trouvasmes grandement irrité des affronts honteux qu'il avoit receus à Paris, et des blasmes qu'il entendoit luy estre donnez en plusieurs autres villes, et encore plus mesprisé dans sa Cour, pource que tout de nouveau il avoit conferé les charges d'admiral et de gouverneur de Normandie, vacquans par la mort de M. de Joyeuse, à M. d'Espernon, quoy qu'il sceust bien, comme chacun le publioit, que l'amitié excessive qu'il portoit à sa personne, et les grands biens et honneurs qu'il luy avoit prodigalement départis, sans aucun precedent service, dont Sa Majesté ou l'Estat eussent receu advantage, estoient les principaux et plus specieux pretextes de la haine publique.

Le Roy ne fit pas trop bonne chere au comte de Soissons, pour tesmoigner, comme il l'a dit depuis, qu'il n'approuvoit pas le voyage qu'il avoit fait vers le roy de Navarre, et encore moins qu'il se fût trouvé à la bataille de Coutras avec ses ennemis, en laquelle avoit esté tué M. de Joyeuse. Lors que vous luy fistes la reverence, il vous demanda si vous aviez quitté le roy de Navarre : à quoy luy ayant respondu que ce n'en estoit pas encore le temps, puisque vous esperiez de le voir bien-tost près de Sa Majesté, à quoy vous sçaviez qu'il avoit tousjours esté disposé, mais à present plus que jamais, et de luy rendre toutes sortes de tres-humbles services. Il se tourna de l'autre costé, sans vous respondre aucune chose, tant il avoit crainte que quelqu'un des siens ne glosast sur ces paroles.

En ce mesme temps la Reine mere travailloit de tout son pouvoir à la reconciliation des chefs de la ligue avec le Roy, et y employa tant de peines et de voyages, qu'en fin il se fit une espece de traitté de paix, dont les articles se voyent dans l'histoire, et en suitte une resolution d'assembler les Estats; le tout du commun advis de tant de gens si divers en desseins et fantaisies, d'autant que chacun d'iceux ayant son secret dans l'esprit, il esperoit bien par brigues et menées faire tourner toutes choses à son advantage, et s'approprier tous les fruicts de cette assemblée.

CHAPITRE XXVI.

Assemblée des protestans à la Rochelle. Seconds États de Blois. Rosny chargé d'une négociation importante auprès de Henri III.

Le roy de Navarre, voyant le Roy et la ligue reconciliez avec projet d'une tenuë d'Estats, ne doutant nullement que la Reine sa belle mere ne luy fut contraire en toutes choses dans cette assemblée; il convoqua aussi, afin de se fortifier d'amis, de serviteurs et de partisans, une assemblée generale des eglises dans la Rochelle, en laquelle diverses brigues se descouvrirent contre luy, dont l'on faisoit autheur le vicomte de Thurenne, lequel ayant aiguisé son ancien appetit par la mort de M. le prince, et voulant essayer de tenir la place qu'il avoit dans le party huguenot, y tramoit les mesmes choses que M. de Guyse faisoit dans le party catholique, ainsi que le roy de Navarre en fit des plaintes, et en parla en ces termes à plusieurs deputez et autres d'entre la noblesse, les conjurant d'estre pour luy, contre ces ingrats ambitieux qu'ils cognoissoient bien, sans qu'il fut besoin de les nommer, de tous lesquels discours, pour ce que vous estiez encore à Rosny, et que vous m'aviez renvoyé à la Rochelle pour avoir soin de vostre équipage, l'un de nous vous escrivit une grande lettre, vous informant amplement de tout ce qui se disoit de part et d'autre sur ce sujet, laquelle nous voudrions bien que vous eussiez conservée afin de la pouvoir inserer toute entiere cy-dedans.

Pendant toutes ces menées, le roy de Navarre fit une entreprise par escalade sur la ville de Niort, de laquelle il se rendit maistre apres un grand combat, la veille de la mort de M. de Guyse, et trois ou quatre jours devant celle de la Reine, mere du Roy : de tous lesquels évenemens, aussi bien que de la grande maladie du roy de Navarre et du siege de la Garnache, nous laissons les particularitez à ceux qui feront l'histoire entiere, quoy qu'il y en ait eu plusieurs dignes de remarque, pource que vous n'eustes nulle part à toutes ces choses, lesquelles changerent grandement la face des affaires ; et neantmoins le Roy ne laissa pas de se montrer plus animé que jamais à la destruction des huguenots, pensant par ce moyen empescher les soulevations des peuples ; mais ses declarations n'estant suivies d'aucunes genereuses actions, sa negligence et fetardise (1) ordinaire, et la furie enragée des peuples luy firent perdre Orleans, et en suitte tant d'autres villes, qu'il n'avoit quasi plus que Baugency, Blois, Amboise, Tours et Saumur où il pût resider.

[1589] Tant d'estranges mutations vous firent soudainement partir de Rosny pour vous acheminer vers le roy de Navarre. Vous vintes à Blois avec desscin de vous y rendre et passer incognu ; mais en traversant les ruës, M. de Ramboüillet, avec lequel vous aviez de grandes habitudes, vous entre-vid demy bouché de vostre manteau : il envoya un nommé le Boulay pour vous recognoistre et aussi vostre logis ; parla de vous au Roy, lequel luy commanda de sçavoir les causes de vostre venuë à Blois, et s'il n'y avoit point moyen de traitter quelque chose pour vous avec le roy de Navarre, dau-

(1) Paresse, lenteur.

tant qu'il vous avoit trouvé en 1586, et depuis à Mante, fort raisonnable et grandement affectionné à l'Estat ; tant y a que M. de Ramboüillet, ayant conferé avec vous, trouva moyen de vous faire parler au Roy, qui vous tesmoigna de vouloir reconcilier le roy de Navarre à luy, et de s'en servir confidemment. Apres plusieurs propos qui seroient trop longs à reciter, toute la difficulté tomba en l'asseurance d'un passage sur la riviere de Loire.

Il vous commanda de partir promptement pour aller faire entendre son intention au roy de Navarre, et luy rapporter la sienne, et refusa d'escrire ny mesme de vous bailler un passeport, de peur, vous dit-il, que le cardinal Morosin (2) et le duc de Nevers ne le sceussent, qui descrieroient les affaires, voire mesme s'ils sçavoient que vous fussiez là, il ne pourroit pas empescher qu'ils ne vous fissent arrester prisonnier : et en cét estat d'affaires tant embarrassées et enveloppées de craintes, vous allastes trouver le roy de Navarre au siege de la ville de Chastelleraut qu'il prit le jour mesme de vostre arrivée. Vous luy exposastes deux choses : l'une, la charge que le Roy vous avoit donnée, et y adjoustastes les persuasions de M. de Ramboüillet, et l'autre, que le sieur de Brigueux, gouverneur de Baugency, en partant de Blois, vous avoit dit ces mots : « Monsieur, je voy bien que le « Roy se va perdre par timidité, irresolution et « mauvais conseil, et que la nécessité nous jet- « tera és mains de la ligue : pour moy, je n'en « seray jamais, et veux plutost servir le roy de « Navarre ; partant dittes-luy que je tiens un pas- « sage sur Loire qui est Baugency, et que s'il me « veut envoyer, vous ou M. de Rebours, je met- « tray dedans celuy qu'il m'envoyera et l'iray « trouver. » Sur cette ouverture, le roy de Navarre songea un peu, en se grattant la teste, puis vous dit : « Estimez-vous que le Roy ait bonne inten- « tion en mon endroit et qu'il veille traitter de bonne « foy avec moy ? — Oüy pour le present, dittes- « vous, Sire, et n'en devez nullement douter ; car « la nécessité de ses affaires l'y contraint, n'ayant « autre remede en ses dangers que vostre assis- « tance. — Je ne veux donc pas luy prendre « ses villes, vous dit-il, pendant qu'il traittera « de bonne foy avec moy ; retournez vous en le « trouver, et luy portez mes lettres et mes inten- « tions, car je ne crains ny Morosin, ny Nevers. » Il vous fit apporter à disner dans son cabinet mesme, et aussi-tost vous fit prendre la poste.

Le Roy s'estoit advancé jusqu'à Mont-richard, où vous pensastes coucher par les ruës, tous les

(2) Jean-François Morosini, évêque de Brescia, légat en France.

logis estant pris quand vous arrivastes, et ne vous osans nommer pour en demander un, de peur de vous descouvrir et gaster vostre negotiation. Enfin le sieur de Maignan chercha tant qu'il trouva le logis de M. de Rambouillet, qui vous fit loger dans un logis qui estoit marqué pour un de messieurs vos freres qui estoient allez devant à Tours. Environ la minuict l'on vous mena parler au roy en haut du chasteau, lequel vous depescha la nuict mesme ; approuva tout ce que luy demandoit le roy de Navarre, luy promit une ville sur la riviere de Loire ; et de faire avec luy, non une paix apparemment pour le commencement, mais une bonne trefve, qui dans leurs deux cœurs seroit desja une paix eternelle et reconciliation sincere.

A vostre retour à Chastelleraut ce ne furent que resjouyssances ; tout le monde couroit au devant de vous, et le pauvre Vaulbraut vous appeloit le Dieu Rosny, et disoit aux autres : « Voyez vous mon frere, mon amy, cét homme « là? Pardieu nous l'adorerons tous, et luy seul « restablira la France ; il y a plus de six ans que « je l'ay dit, et Vilandry avoit mesme opinion « que moy. »

Apres avoir parlé au roy de Navarre, il approuva tout ce que vous luy proposastes ; mais ne s'amusant pas tant toutes-fois aux paroles qu'il laissast les effets en arriere. Sur l'advis qu'il eut que ceux de la ligue s'estoient saisis d'Argenton, il delibera de le secourir, et cela fit-il si à propos, que s'il fût arrivé ou plus-tost ou plus-tard il n'eût rien fait : vous en sçavez les raisons, trop longues à reciter, esquelles nous ne nous arresterons point ; pource qu'en cette execution vous n'eustes point plus de part que les autres. Vous fistes ce voyage avec luy, et quand il voulut mettre M. de Beau-pré dans le chasteau, il vous l'envoya visiter, et faire une description des munitions qui y estoient, et de celles qui y seroient nécessaires.

Au retour de vostre voyage, vous tombastes malade d'une fiévre continuë, qui vous tint douze jours. Cét accident avec les menées du sieur du Plessis (1), et les gens du Consistoire qu'il fit parler pour luy au roy de Navarre, vous arracha la gloire publique d'avoir achevé une œuvre desja par vous faite, et d'en cueillir les fruits qui s'en perceurent, qui fut le gouvernement de Saumur, enquoy Dieu fit tout pour le mieux, pour vous et pour la France ; car peut estre que vous amusant à Saumur, vous n'eussiez depuis esté si dignement employé, ny exécuté tant de belles choses pour le bien de l'Estat, qui meritent une gloire immortelle, comme la suitte de ces Memoires la fera voir. Cela ne laissa pas de vous mettre aucunement mal auprès du roy de Navarre, voire il vous prit fantaisie de le quitter : vos freres et vos autres amis vous en pressoient, et M. le comte de Soissons mesme parla au Roy, afin que, sur ce mescontentement, il vous retirast prés de luy.

(1) Philippe du Plessis-Mornay.

CHAPITRE XXVII.

Entrevue des rois de France et de Navarre au Plessis-lez-Tours. Tentative sur Chartres. Combat près de Châteaudun. Mort de la premiere femme de Rosny.

Le traitté entre les deux Roys ayant esté achevé, comme il a esté dit au precedent chapitre, Saumur se delivra. L'entre-vue des deux Rois se fit au Plessis-lez-Tours, avec une telle joye et acclamation qu'il ne se peut dire plus, et y eut tant de presse en icelles qu'ils furent demy quart d'heure à cinquante pas l'un de l'autre sans se pouvoir approcher. Il nous souvient qu'à deux lieuës du Plessis, en s'y acheminant, le roy de Navarre mit pied à terre dans un pré pres d'un moulin, et voulut prendre advis des siens s'il devoit aller à Tours sejourner à la Cour ; quelle forme de vivre y tenir, et confiance y prendre : apres une grande diversité d'opinions, vous branlastes la teste deux ou trois fois sans rien dire ; car vous estiez encore en colere : en fin le Roy se retournant vous dit : « Hé! bien, M. de Rosny, « que vous en semble? Vous ne dittes mot? — « Il me semble, luy dittes-vous, Sire, que quel- « ques precautions que vous sçachiez prendre, « le Roy sera tousjours le plus fort à la Cour ; et « qui craint que l'on ait dessein sur luy, ne doit « pas y aller : mais en cas semblable à celuy qui « se presente, il faut jetter beaucoup de choses « au hazard, qui est tout ce que je vous diray. » Surquoy apres plusieurs contestations, le roy de Navarre finalement respondit : « Allons, allons, « il n'en faut plus parler, la resolution est prise. » Il ne coucha qu'une nuict ou deux à Tours, et s'en retourna en son quartier à Maillé ; vous demeurastes en la ville pour visiter vos parens et amis qui estoient en grand nombre en cette Cour, et fustes loger au faux-bourg de Sainct-Sephorien.

Deux jours apres, le Roy, n'ayant nulle nouvelle de l'armée de M. du Mayne, faillit d'estre pris s'en allant promener avec vingt chevaux sans armes à Marmoustier, et revint plus viste que le pas.

Peu apres l'armée ennemie commença de paroistre. Il y avoit six ou sept regimens du Roy logez esdits faux-bourgs, lesquels mesprisans tous advis et conseils, n'avoient fait aucune barricade qui valût. Vous les allastes voir, et leur en ayant dit encore vostre advis, ils ne s'en firent que mocquer ; alors vous appellastes vostre escuyer, et luy dittes : « Allez tout à cette heure faire « seller mes chevaux, charger mon bagage, et « menez le tout loger à la ville. » Ce que voyans les gens de guerre, ils commencerent à vous crier : « Comment, monsieur, vous avez peur ? « — Pardonnez-moy, leur dittes-vous, je n'en « ay plus ; car tout mon fait s'en va dans la ville. »

Toute la matinée vous demeurastes aux escarmouches, et à défendre quatre ou cinq maisons qui estoient sur le haut de la colline, lesquelles furent souvent gagnées et perduës, et en fin il fallut les quitter au canon que M. du Mayne y fit mener. Vous vous en allastes lors en la ville, pour manger un morceau, et vous en retourner aussi tost ; mais en revenant vous trouvastes le Roy à la porte de la ville qui vous en empescha, et dit : « Ne sortez pas, M. de Rosny, j'ay plus « affaire de serviteurs dans la ville que dehors ; « car aussi bien n'empescheriez vous pas la prise « des faux-bourgs. » Ayant sejourné là demie heure, et voyant que l'on vouloit condamner les portes, vous vous en retournastes avec messieurs vos freres, ce nous semble, aux Jacobins qui respondent sur les murailles de la ville, d'où vous vistes attaquer les faux-bourgs aussi furieusement que ceux qui les gardoient firent pauvre défence ; car, comme vous l'aviez bien dit aux capitaines, ils ne peuvent garder leurs barricades pour estre foibles, sans fossez devant, et par trop commandées et enfilées, qui furent prises par le bas de la riviere, et aussi-tost tout quitta, et se retira en gros vers la ville, avec une telle presse et confusion sur le pont, que si l'ennemy eut poursuivy furieusement, et fait marcher deux pieces pour tirer sur iceluy, il eut tout tué ou fut entré pesle-mesle dans la ville : ce que voyant vous pristes vos armes et retournastes à la porte ; mais on ne songeoit plus qu'à la terrasser, et à rompre les ponts de bois, avec une grande espouvante ; en fin l'escarmouche s'alentissant, tout ce qui estoit sur le pont entra à la file apres qu'ils eurent fortifié l'autre bout du pont.

Une heure apres, M. de Chastillon arriva, auquel tout ce que vous estiez de gens du roy de Navarre vous joignistes et allastes en gros supplier le Roy, de vous bailler ce qu'il estimoit estre le plus en danger, que vous mourriez tous, ou le conserveriez. L'on vous bailla les Isles (1), où toute la nuict il fut fait un tel travail qu'elles estoient imprenables : et le Roy, estant venu le matin vous visiter et faire apporter du vin et des vivres pour des-jeuner, en fut esmerveillé, et vous dit : « Hé, quoy, M. de Rosny ! travaillez-« vous tousjours ainsi ? C'est pour n'estre jamais « surpris. »

Trois heures apres le roy de Navarre arriva, et en mesme temps M. du Mayne se retira, ayant ruiné et fait mille meschanscetez aux faux-bourgs, jusques dans les eglises, et fut sa retraitte imputée à l'arrivée du roy de Navarre, duquel les loüanges et celles des pauvres huguenots volloient lors par les bouches d'un chacun, et ne les trouvoit-on pas indignes de toutes charges, comme on a fait depuis.

Les deux Roys sejournerent ensemble huict ou dix jours, et se fit deux desseins : l'un du Roy pour se faire recevoir à Poictiers, dont nous n'avons rien à dire, car vous n'y fustes pas ; l'autre du roy de Navarre, qui vous dépescha environ trois cens chevaux et cinq cens harquebusiers à cheval, avec des petards, des eschelles et un pont vollant pour prendre Chartres, sur lequel M. de Maintenon avoit dressé de longue main une entreprise. Vous fistes la plus grande traite qui se puisse dire, n'ayans repu que deux fois tout à cheval, depuis Tours jusques aupres de Bonneval, où vous rencontrastes le sieur de Recrainville avec vingt-cinq chevaux seulement, lequel fut suivy et chargé par vos coureurs, et appristes lors par quelques prisonniers, qu'il y avoit trois ou quatre cens chevaux en campagne, vers lesquelles trouppes vous resolustes tous de marcher, laissant vos harquebusiers à cheval à costé suivre le chemin de Chartres.

Les autres, ayans aussi appris par ceux qui s'estoient sauvez avec le sieur de Recrain-ville, qu'il y avoit des trouppes en campagne, et eux estimans seulement que ce fut le sieur de Lorges, lequel, depuis quinze jours, s'estoit saisi de Chasteau-dun, avec cent ou six-vingts chevaux, cherchoient de vous rencontrer, comme ils firent demie heure apres un peu trop tost pour eux, et montans par costes opposites un petit tertre, ne vous recogneustes point qu'à deux cens pas les uns des autres : quelques harquebusiers que vous aviez firent une saluë, ce nous semble, tout à cheval, et aussi-tost les deux gros se choquerent si furieusement, qu'il se fit un monceau sur terre de plus de quarante chevaux et hommes peslemesle les uns sur les autres, entre lesquels nous vous recogneusmes, messieurs de Chastillon, de Mouy, de Mont-bazin, d'Aventigny, de Presaigny et autres ; vostre cheval avoit un grand coup de lance tout au travers du nez qui lui traversoit dessous la machoire, lequel neantmoins se releva aussi-tost, vous dessus, qui allastes en-

(1) L'Isle, quartier de Tours.

core par trois ou quatre fois à la charge, d'autant que les ennemis se rallioient toujours tant qu'ils furent dix ensemble, et retournoient au combat. Vous aviez deux grands pistolets que l'un de nous vous avoit chargez de carreaux d'acier, avec lesquels nous vous vismes percer les armes devant et derriere de deux des ennemis : vos deux espées furent aussi rompuës, l'une seulement à la pointe, l'autre jusques dans la garde. Nous ne disons point ce que les autres firent, mais ce ne fut rien moins; aussi n'estimons nous point que pour trois cens chevaux ou environ de chaque costé, il ne se fit jamais un plus furieux et opiniatré combat où il demeura sur la place pres de deux cens des ennemis. A la fin d'iceluy il tomba la plus violente pluye qu'il est possible de voir, contre laquelle vous n'aviez pour couvertures que des armes à cru, tellement que nous estions tous traversez.

Sur cét instant, comme vous pensiez vous aller loger et rafraischir, voila un advis certain, qui vous vint, comme M. du Mayne ayant sceu vostre passage vous suivoit avec mille ou douze cens chevaux, dequoy chacun fut assez effrayé; car la pluspart n'avoient plus ny pistolets ny espées, et tous les chevaux estoient si las qu'ils ne pouvoient quasi marcher. Le conseil se tint tout à cheval, plusieurs proposerent d'aller passer la riviere de Seine, les uns à Rosny, les autres au pont de Samois pour se retirer à Senlis, où la bataille avoit esté gaignée deux jours devant. En fin il fut conclu de marcher plutost toute la nuict, et sans repaistre gaigner Baugency, comme il fut fait, et y arrivastes tous si las, si affamez, alterez et endormis, que vous ne sçaviez par où commencer; nous sçavons bien que vous demandastes à boire, et en l'attendant vous vous jettastes sur un lict où vostre maistre d'hostel vous trouva si endormy, qu'il fallut remporter la collation, car l'on ne vous pût esveiller. Le sieur de Brosses Saveuse fut emmené prisonnier fort blessé. Le roy de Navarre, dés son arrrivée, le visita, et consola avec de fort courtoises paroles, voire promesses et loüanges de son courage; mais ayant appris par ses trompettes la mort de quasi tous ses parens et amys, il se desespera de sorte qu'il ne se voulut jamais laisser panser, et de despit et colere la fievre l'ayant pris, il mourut au bout de deux heures.

Le roy de Navarre s'en alla de Baugency à Chasteau-dun, où vous sejournastes huict ou dix jours en grande liesse, estant fort bien et plaisamment logé; mais cela fut converty pour vous en grande tristesse, car vous eustes la nouvelle que madame vostre femme estoit à l'extrémité; vous pristes congé du roy de Navarre pour l'aller secourir, qui vous bailla M. Orthoman son premier medecin. Vous eustes beaucoup de peine à passer, car tout tenoit pour la ligue; et pour renfort de douleur, M. vostre frere estant dans le chasteau, et sçachant vostre venuë, s'y rendit le plus fort, et vous fit hausser le pont-levis, disant estre obligé de parole à ceux de la ligue de ne vous y laisser pas entrer. En fin comme il vit que vous estiez resolu de ce faire ou de mourir, et desja preniez des eschelles pour essayer de monter, il laissa ouvrir la porte. Vous trouvastes madame vostre femme en tel estat, qu'elle mourut quatre jours apres. Vos desplairs furent proportionnez à ses merites et à vostre bon naturel, qui est assez dit pour les exprimer, sans en parler davantage. Cet accident vous retint un mois chez vous, pendant lequel il se fit quelques factions de guerre, et notamment és sieges de Gergeau, Pluviers, Estampes, Chartres, Poissy, Pont-oise, l'Isle-Adan, Beau-mont, Creil et autres telles places; car tout estoit revolté de l'obeyssance royale, et n'y rentroit que par la force. Toutes lesquelles choses nous laissons à l'histoire generale, parce que vous ne fustes en aucune de ces occasions, et nous contenterons de dire qu'un maistre de camp nommé Charbonnieres fut tué en l'une d'icelles, le roy de Navarre ayant les deux bras et l'estomach appuyez sur luy.

CHAPITRE XXVIII.

Siége de Paris. Mort de Henri III. Avénement de Henri IV. Journée d'Arques.

Apres avoir rendu au decez de madame vostre femme tous les devoirs à quoi vous obligeoient vostre bon naturel et son merite, vous retournastes trouver le roy de Navarre au siege que le Roy avoit lors mis devant Paris, où tous les jours il se faisoit plusieurs escarmouches, ausquelles vous n'estiez pas des derniers, et nous souvient que le jour de la blesseure du Roy, le roy de Navarre s'estant advancé avec une bonne trouppe vers le pré aux Clercs, et vous voyant des plus advancez le pistolet au poing, il appella l'un de nous quatre et luy dit : « Maignan, al-« lez dire à M. de Rosny qu'il se rétire, et qu'il « se fera prendre ou blesser indiscrettement. » Il luy respondit qu'il n'avoit garde de vous aller tenir ces parolles; mais bien vous diroit-il qu'il vous demandoit. Ce qu'ayant fait, vous le vinstes aussi-tost trouver; et ainsi qu'il vous parloit, vous reprenant de vous hazarder trop, il arriva un gentil-homme au galop, lequel luy dit trois ou quatre mots à l'oreille, sur lesquels vous appellant aussi-tost, il vous dit : « Mon amy, le « Roy vient d'estre blessé d'un coup de cousteau « dans le ventre, allons voir que c'est ; venez « avec moy. » Il mena encore avec luy vingt-cinq gentils-hommes ; vous trouvastes le Roy dans le lict en assez bonne disposition apparemment : car on lui avoit donné un clistere qu'il avoit bien rendu sans sang ni douleur. Les medecins en avoient assez bonne opinion, et luy mesme dit au roy de Navarre qu'il esperoit que ce ne seroit rien, et que Dieu le preserveroit encore pour luy faire paroistre combien il l'aymoit ; sur cela il prit congé et s'en retourna en son quartier à Meudon.

Vous estiez logé, au pied du chasteau, chez un nommé Sauvat, où ainsi que vous souppiez, le secretaire Feret vous vint dire : « Monsieur, « le roy de Navarre, et peut-estre le roy de « France vous demande ; car M. d'Orthoman « luy mande qu'il se diligente de venir à Sainct « Clou, s'il veut trouver le Roy en vie. »

Estant dans la chambre du Roy, il vous dit : « Mon amy, on me mande que le Roy est mort « ou autant vaut; que vous semble de l'estat des « affaires? je croy que nous y verrons de grandes « confusions, à cause de la diversité des religions. — Sire, j'espere, dittes-vous, que vostre majesté sera un jour paisible et bien-heureuse ; mais ce ne sera pas sans beaucoup « travailler, et sans courir de grands hazards. « J'ay eu un diable de precepteur, lequel, comme « je le vous ay desja conté autre-fois, m'a dit « que cela estoit infaillible ; il faut aller voir ce « qui en est, et puis il y aura loisir de discourir. » Aussi-tost l'on amena les chevaux, et allastes quelques trente avec luy à Sainct Clou, armez de vos cuirasses sous la juppe. A l'arrivée l'on dit que le Roy se portoit bien, lors l'on vous commanda de vous desarmer, et, comme vous passiez une petite ruë, vous oüystes un homme criant : « Ha mon Dieu ! nous sommes tous perdus. » Le Roy de Navarre l'appelle, luy demandant qu'il y avoit ? « Ah! dit-il, le Roy est mort ! » Et l'ayant si bien interrogé qu'il recogneust qu'il estoit vray, il vous ordonna de reprendre vos armes ; puis allans au logis du feu Roy, le roy de Navarre devenu Roy (car en France le mort saisit le vif sans aucune formalité ny ceremonie) rencontra premierement ceux de la garde Escossoise qui se jetterent à ses pieds, disans : « Ha « Sire! vous estes à present nostre Roy et nostre « maistre. » Messieurs de Biron, de Belle-garde, d'O, Chasteau-vieux, Dampierre et plusieurs autres vindrent aussi-tost le saluër ; il se passa plusieurs autres particularitez que nous laissons pource qu'elles ne furent recueillies de vous, ny de personne, et que nous estions demeurez à vostre logis.

Le Roy vous envoya au quartier de M. le mareschal d'Aumont pour dire à toutes ses trouppes ce qui estoit arrivé ; le prier, luy en particulier, de parler à toute la noblesse, afin de la convier à faire son devoir, donner ordre aux gardes, et faire en telle sorte que les plus grands et principaux le vinssent trouver l'apres-disnée. Le Roy vous dit : « Mon amy, regardez à ce qu'il faut « faire à vos quartiers pour mon service ; pensez-« y bien, et m'en donnez advis. — Ce qui est de « plus pressé, dittes-vous, c'est de pourvoir à « Meulan, d'autant qu'il y a un homme dedans, « nommé Sainct Marc, qui est de la ligue en « son cœur, et grand ennemy des huguenots ; et « si vous n'asseurez la place, au premier esloi-« gnement vous la perdrez infailliblement ; je le « cognois et l'iray sonder et amuser de belles « parolles ; cependant envoyez M. d'Aumont, ou « quelqu'autre en qui vous vous fiez, avec troup-« pes, faisant semblant de vouloir seulement passer « sur le pont, et quand il sera dans le fort, il s'y « rendra maistre, et vous y attendra. » Tout cela ainsi executé, le Roy vous offrit la place ; mais le dessein qu'il disoit avoir de s'en aller vers Tours, vous empescha de la prendre, craignant de ne pouvoir pas lever promptement assez de gens pour soustenir un siege. M. de Bellangreville (1) y fut mis avec son regiment.

De là vous retournastes tous à Poissy, où M. d'Espernon et beaucoup d'autres quitterent le Roy, lequel s'en alla prendre Clermont et autres places.

Vous aviez lors une entreprise sur Louviers, que le Roy vous ordonna d'aller executer. Il vous bailla sa compagnie de chevaux legers que menoit Arambure, et pour gens de pied, ne se voulant défaire des siens, dont il n'avoit pas trop, plusieurs l'ayans abandonné avec leur coronel qui en desbauchoit le plus qu'il pouvoit, vous asseura que le sieur Couronneau estoit à Nogent, dont le capitaine Bethune, fils du chevalier, estoit gouverneur, avec un regiment de douze cens hommes : il leur escrivit à tous deux de faire ce que vous leur commanderiez ; mais quand ce fut à vous en servir, il se trouva que Couronneau estoit encore vers Tours ; et n'y eut moyen de rassembler que deux ou trois cens hommes de pied, qui n'estoit pas nombre suffisant pour l'execution de cette entreprise, d'autant que messieurs d'Aumale, de la Londe, Fontaine, Martel, Medavit, Contenant, et tous les principaux de la ligue estoient arrivez à Louviers depuis trois jours ; l'entreprise estoit infail-

(1) Berengneville.

lible et des plus utiles, qui eut eu des gens suffisamment, elle se faisoit par un grand canal de la riviere d'Eure, qui a son entrée dans la ville, à travers de grands treillis de bois; or avoit-on lors destourné l'eau, pour racoutrer les moulins qui avoient esté emportez par des avalasses, tellement que l'on alloit quasi à pied sec, jusques contre les grilles qu'il estoit aisé d'emporter avec le petard, posé sur le madrier, comme vous estiez garny de tout cela; et outre cela l'on pouvoit monter le long de la douve du fossé, qui est fort haut, et venir au pied de la muraille, sur laquelle l'on peut monter avec peu d'ayde, pource qu'elle est fort basse, ne servant quasi que de parapet au rempart. Quand le ruisseau passe, il y a grande quantité d'eau qui empesche toutes ces approches, et pour faire voir à ceux que le Roy vous avoit baillez, comme vostre projet estoit bien fait et infaillible, vous y envoyastes les deux soldats qui le menoient avec deux capitaines qu'Arambure, et le fils du chevalier de Bethune vous baillerent, lesquels, sans avoir donné aucune allarme, entrerent dans la ville, en ressortirent et vous vindrent retrouver; lors tout le monde fut à se desesperer et maudire Couronneau, tellement que n'osant attaquer, vous vous en retournastes.

De Rosny vous allastes au pont de l'Arche, et fustes trouver le Roy à Escoüy, où il fut mis en deliberation de s'en aller à Tours; mais les Normands firent resoudre le siege de Roüen, donnans mille belles esperances qui manquerent toutes quand ce fut à l'effet.

Pendant qu'ils firent leurs preparatifs, vous fustes avec le Roy aux prises de Gournay, Neufchastel, Eu, et le Trepot, où il ne se fit pas de grands combats, ny ne se passa rien de particulier qui vous concerne; puis à Dernetal où le Roy, ayant esté quelques jours sans grand fruict, il eut advis que M. du Mayne amassait une grandissime armée, pour le venir assieger en quelque part qu'il pût aller.

Sur ces nouvelles il envoye sonder le commandeur de Chattes, gouverneur de Dieppe, qui se montra vray François et l'un des plus hommes de bien du monde. Il vous envoya aussi à la guerre avec cinquante chevaux, pour aller prendre langue de l'armée de M. du Mayne, quelque part qu'elle fût. Vous la trouvastes logée à Mante et és environs par toutes vos terres. Vostre retraitte fut dans vostre forest; apprîtes nouvelles certaines de tout, et comme l'armée estoit composée de vingt-cinq mille hommes de pied et huict mille chevaux; vostre rapport fait, aussi-tost le Roy se resolut d'aller à Dieppe, pour parler luy mesme au commandeur, qui luy confirma ce qu'il luy avoit auparavant mandé; et que s'il en doutoit, il mettroit dans la citadelle tel qu'il luy plairoit de choisir.

Apres on vint loger à Arques; plusieurs blasmoient bien fort la resolution du Roy d'attendre, avec si peu de trouppes et en lieu si foible, de si grandes forces ennemies, lesquelles estans venuës loger à Martinglise, village distant de demie lieuë du bout de la chaussée d'Arques, au dessus de laquelle sont des bois en costes et quelques terres labourables au dessous, traversées par le milieu d'un grand chemin fort profond, bordé de hayes des deux costez, et au dessous de tout cela un grand marais à la main gauche. Là furent ordonnées quelques foibles tranchées, y ayant une chapelle entre celles d'au dessus du chemin, et celles d'au dessous.

En chacun des costez fut mis un bataillon de douze cens Suisses, aux tranchées d'en-haut six cens lansquenets, et dans la chapelle cinq ou six regimens qui faisoient en tout mil ou douze cens hommes. Le Roy separa la cavalerie en deux, et mit trois cens chevaux aupres de luy au dessus du chemin, et environ autant au dessous : dés le soir il estoit luy mesme entré en garde, craignant que l'ennemy fit un effort durant l'obscurité pour gagner le bout de la chaussée. La nuict se passa sans nulle allarme ; à la pointe du jour le Roy se fit apporter à déjeuner dans une grande fosse, où il vous fit tous ceux de qualité, asseoir en rond, où, comme chacun dé-jeunoit de bon cœur, pensant s'en aller reposer apres, l'on commença de donner l'allarme bien chaude, et luy fut rapporté que les vedettes perduës avoient recogneu toute l'armée ennemie qui se rengeoit en ordre de bataille.

Il envoya le vidame de Chartres avec Palcheux, Brasseuses, Aventigny et sept ou huict autres dans les bois, lesquels luy amenerent prisonnier le sieur de Belin qui, avec cinq ou six chevaux, s'estoit advancé dans les mesmes bois, afin de venir recognoistre l'assiette des trouppes du Roy, lequel, en riant pource que le Roy l'avoit receu et embrassé de mesme, l'asseura que, dans deux heures, il auroit trente mille hommes de pied et dix mille chevaux sur les bras, et qu'il ne voyoit pas là des forces suffisantes pour leur resister. » Vous ne les voyez pas tou-« tes, M. de Belin, dit le Roy ; car vous n'y con-« tez pas Dieu, ny le bon droit qui m'assistent. »

Incontinent apres chacun s'en alla au lieu à luy ordonné : vous fustes mis en bas avec dix ou douze seulement, qui estoient demeurez de vostre trouppe aupres de vous, les autres s'estans allez rafraischir en leurs maisons. Aussitost les tranchées d'en-haut furent attaquées par des lansquenets, lesquels, faisans semblant de se rendre, se saisirent d'icelles, et mirent le Roy en fort grande peine ; il se fit là plusieurs factions de guerre où vous n'estiez pas, et partant nous n'en parlons point. Au dessous du chemin vous fustes attaquez par huict ou neuf cens chevaux en trois escadrons, lesquels vous chargeastes et menastes, battans l'espée dans les reins, jusques au retournant du vallon, et si n'estiez pas cent cinquante chevaux. Vous fustes chargez par quatre autres escadrons qui vous ramenerent plus viste que le pas jusqu'à un petit heurt (1), où, ayant trouvé quelques autres cent cinquante chevaux que commandoit le comte d'Auvergne, retournastes tous ensemble à la charge, et menastes ces gens encore battans, le pistolet dans les reins, jusqu'au mesme tournant de la vallée, de laquelle il vint sur vos bras plus de trois mille chevaux qui vous ramenerent battans jusqu'à la chapelle, d'où les gens de pied leur firent une saluë qui les arresta sur le cul ; là fut tué Sagonne et beaucoup d'autres ; mais les lansquenets ayans gagné la tranchée d'en-haut, leur firent quitter ladite chapelle et le creux chemin avec grande espouvante; ce qui vous fit retirer à la teste du bataillon des Suisses qui arresta tout court ceux qui suivoient : là vostre cheval tomba ayant esté blessé, et le sieur de Maignan vous en fit amener un autre. Les ennemis lors envoyerent cinq cens chevaux par le bas des terres, pour gagner le flanc des Suisses, afin de les enfoncer de deux costez ; mais ils s'embastirent dans un marais tremblant, où ils enfoncerent jusques aux sangles, et la pluspart des hommes furent contraints de se sauver à pied, laissans leurs chevaux et leurs lances dedans le marais.

Les choses estans en cet estat d'incertitude, et la pluspart de vous autres estans sans pistolets ny espées dont vous peussiez ayder, et plus presłs à fuir qu'à combattre, l'on vous pria d'aller trouver le Roy, pour luy dire l'estat où estoient toutes choses; le peu de moyens que vous aviez de vous plus défendre, et le prier de vous renforcer en bas de quelque cavalerie fraische, mais vous le trouvastes estre en bas, et nous souvient qu'il vous dit, car vous nous aviez menez avec vous : « Mon amy, je n'ay « personne à vous envoyer, mais si ne faut-il « perdre courage. » Sur cela neantmoins il appela M. le Grand, et luy dit : « Je vous prie, « mon amy, rassemblez ce que vous pourrez « des plus frais, et vous en allez au-dessous du « chemin où vous dira Rosny. » Vous luy montrastes par où il falloit aller, puis vous en vinstes,

(1) Élévation de terrain.

criant en bas : « Courage, messieurs, courage ; « voicy des trouppes fraisches que le Roy nous « envoye. » Lors chacun s'advança jusqu'au heurt pour faire nouvelle charge, mais l'on descouvrit toute l'armée, cavalerie et infanterie marchant en ordre de bataille pour vous venir enfoncer ; et y en avoit peu de vous autres qui estimast de se pouvoir sauver, ny mesme que le Roy pût regagner le bout de la chaussée qui estoit fortifié. Comme les choses estoient en ce desespoir, le broüillard, qui avoit esté fort grand tout le matin, s'abaissa tout à coup; et le canon du chasteau d'Arques descouvrant l'armée des ennemis, il en fut tiré une volée de quatre pieces qui fit quatre belles ruës dans leurs escadrons et bataillons ; cela les arresta tout court, et en fin trois ou quatre volées suivantes qui faisoient de merveilleux effets, les firent desordonner, et peu à peu se retirer du tout derriere le tournant du vallon, à couvert des coups de canon, et finalement en leurs quartiers.

Le Roy s'estant retiré à Arques, puis à Dieppe, il se fit là, durant un mois, plusieurs factions de guerre, et se passa plusieurs accidens qui meritent bien d'estre particularisez par les historiens : il s'en pourroit quasi faire un grand livre, et entr'autres de celuy du pré, où le Roy sautant luy mesme au saut de l'Allemand (2) avec tous vous autres messieurs, il luy fut fait une saluë de deux cens mousquetaires qui s'estoient coulez sur le ventre entre deux hayes jusques à deux cens pas de luy au plus, lors ce fut à vous autres de vous escarter et retirer en diligence.

A la fin de ces factions diverses, M. du Mayne se retira du tout, voyant qu'il estoit arrivé quatre mille Anglois ou Escossois, et que messieurs de Soissons, de Longue-ville, d'Aumont et de Biron, venoient joindre le Roy avec de grandes forces, desquelles se voyant accompagné, il se resolut de relever sa reputation allant attaquer Paris, où il s'achemina, alla passer à Meulan et Poissy, et vous envoya avec M. de Mont-pensier avec des trouppes passer pres de Vernon pour voir si l'espouvante et les amis que vous aviez dedans ne le disposeroient point à se rendre ; mais n'y ayant voulu entendre, M. de Mont-pensier se retira en Normandie, et vous retournastes trouver le Roy à Villepreux.

CHAPITRE XXIX.
Tentative de Henri IV sur Paris. Défense de Passy par Rosny. Lettres du Roy.

Le Roy ayant formé un dessein pour prendre
(2) Jeu militaire.

Paris, dressa l'ordre de ses trouppes pour se saisir des faux-bourgs du costé où il estoit. Vous donnastes par celuy de St.-Germain, avec messieurs d'Aumont et de Chastillon, où ayans enclos, entre deux trouppes, dans une ruë pres la foire de Sainct Germain plusieurs Parisiens, il en fut tué quatre cens en un monceau en moins de deux cens pas d'espace. Vous nous dittes lors: « Je suis las de frapper, et ne sçaurois plus tuer « des gens qui ne se défendent point. » Lors l'on commença à piller; vous et huict ou dix des vostres ne fistes qu'entrer et sortir dans six ou sept maisons où chacun gagna quelque chose, et y eustes par hazard quelque deux ou trois mille escus qui vous furent baillez pour vostre part. De là vous advançastes vers la porte de Nesle qui estoit demeurée ouverte, si bien que quinze ou vingt de vous autres entrastes dans la ville quasi jusques vis à vis du Pont-Neuf, d'où l'on vous fit bien retirer; si les trouppes eussent esté prestes à donner par là, je croy que la ville se pouvoit prendre, mais peut-estre que l'armée se fut perduë dedans; et si celuy qui estoit envoyé pour rompre le pont de Sainct-Mexen, eut bien fait son devoir, il y a grande apparence qu'elle se fut renduë; M. du Mayne ne pouvant y arriver à temps.

Le Roy se retira deux jours apres, et s'en alla prendre Estampes; d'où il vous renvoya à Rosny pour le servir en ce pays là pendant son voyage de Tours. Il prit toutes les foibles villes de Touraine, Anjou, le Mayne et basse Normandie, dont nous ne disons rien parce que vous n'y estiez pas.

[1590] Pont-oise fut pris par la ligue, et Meulan assiégé, que vous assistastes de tout vostre pouvoir et leur fistes passer des hommes à nage, pour leur faire entrer des poudres par une fort jolie invention, et les advertir du secours prochain. Le Roy vous escrivit afin d'aller joindre M. le marechal de Biron. M. d'Aumale qui estoit venu auparavant à Mante, passa dans la forest de Rosny, et si ceux que vous envoyastes en embuscade eussent suivy vostre ordre, sans doute, ils vous l'eussent amené prisonnier. Nous laissons à part les petites factions que vous fistes à vostre sejour à Rosny, où le siege d'Aufreville fut levé par une gentille invention dont vous usastes. Le mareschal de Biron, par vostre entremise, prit Evreux sans canon, et à vostre instance le Roy vint à Vernueil et à Ivry, pour secourir Meulan. Vous nous montrastes une lettre, où il escrivoit ces mots, pour responce à la vostre: « M. de Rosny, par vostre importunité « je m'achemine au secours de Meulan; mais s'il « m'en arrive inconvenient, je vous le reproche- « ray à jamais. » Estant à Ivry il vous envoya par deux fois à la guerre. La seconde fois, vos chevaux estans las, il vous fit bailler ceux de M. de Beau-lieu Rusé. Vous ramenastes des prisonniers, et rapportastes que toute l'armée de l'ennemy passoit la riviere, et luy venoit sur les bras. Or avoit-il laissé toute son infanterie vers Honfleur; tellement que se voyant contraint de se retirer à Vernueil, à cause qu'il estoit trop foible, il se mit en une merveilleuse colere contre vous, et dit: « Je voy bien que c'est pour sauver « vostre maison que vous ne vous estes point soucié « de hazarder ma vie. » Lors vous respondistes: « Sire, je ne vous avois pas escrit de venir sans « vostre armée; et si vous l'aviez toute amenée, « comme je m'y attendois, le siege fut desja « levé. »

Peu apres, l'ayant jointe, il vous renvoya à la guerre, et luy rapportastes que l'ennemy levoit le siege; avoit ja retiré le canon qui estoit deçà l'eau; et que s'il ne marchoit en diligence, il n'y trouveroit plus personne; comme il arriva le lendemain, il vous fit mener les coureurs, et trouvastes M. de Bellangreville sur la chaussée de la Sangle. Le Roy entra dans le fort, et le lendemain il monta au haut d'un clocher, d'où il fut contraint, aussi bien que tous vous autres, de descendre un baston et une corde entre les jambes, d'autant que les ennemis avoient, de trois ou quatre vollées de canon, couppé toute la petite montée, et y tiroient tousjours. L'apresdinée, le Roy voulut loger quatre pieces pour tirer dans la ville, et se mit en colere contre vous, de ce que l'en vouliez empescher, luy disant: « Pardieu, Sire, s'ils entendent leur mes- « tier, ils mettront bien-tost vostre canon le ventre « au soleil: » comme ils n'y faillirent pas, et fallut attendre la nuict pour le retirer.

Le Roy estant allé loger aux Orgreux, fut contraint de revenir à cause que vous l'advertistes que l'ennemy avoit fait un puissant effort au pont de delà, et pris la moitié d'iceluy. Vous vous en allastes apres à Rosny, où vous eustes advis par hommes expres que le sieur d'Allegre s'estoit saisi du château de Roüen; le Roy fut au secours et vous avec luy, mais à Gaillon l'on sceut la prise dudit chasteau; le Roy s'en alla à Passy, qu'il vous bailla pour garnison, afin d'y rafraischir vostre trouppe, cependant que luy alla assieger Dreux, d'où M. du Mayne, ayant joint l'armée espagnolle, entreprit de luy faire lever le siege; et pour cet effet, il vint à Mante le dixiesme de mars, ayant une grande et forte armée, avec laquelle il passa la riviere, et vint loger dans vos terres et aux environs.

Le lendemain, l'avant-garde que conduisoit

M. de Rosne, vous vint assieger dans Passy ; et comme il sceut que c'estoit vous qui estiez dedans, à cause que vous estiez parens, avant que vous faire sommer, il vous escrivit un mot de lettre, en ces termes : « Monsieur mon cousin, « vous n'estes pas fin de vous estre fourré dans « une bicoque, à la descente d'une armée telle « que la nostre, contre laquelle vous ne sçauriez « tenir un jour ; et neantmoins desirant de vous « gratifier, regardez de quelle sorte vous voulez « sortir de là, car je m'y accommoderay pour « vostre honneur. » Quelques heures auparavant vous aviez receu une lettre du Roy, où il vous mandoit : « Je viens d'avoir advis que l'armée « des ennemis vient passer la riviere à Mante ; « ils ne faudront pas de vous attaquer ; je sçay « bien que vostre place n'est pas en estat de re-« sister, si n'y avez fort travaillé, partant advi-« sez à vous : car estant soldat et capitaine, ou le « devant estre, je remets en vostre disposition « de prendre vostre party à propos et me tenez « adverty de tout. » Cette lettre ambiguë et qui ne vous prescrivoit rien de certain, vous avoit mis en peine ; tellement que vous resolustes, quoy qu'il en pût arriver, de soustenir un effort avant que vous retirer. Et partant vous respondistes à M. de Rosne, que vous le remerciez de ses courtoisies ; que la qualité de vostre place ; les bons hommes que vous aviez dedans ; et l'armée du Roy preste à vous secourir, donnoient à vostre honneur un autre conseil que le sien ; tellement que croyant estre attaqué le lendemain, vous en advertistes le Roy, et fustes toute la nuict sur les escarpes de vos fossez, qui estoient assez bons (car de murailles il n'y en avoit quasi point) pour faire relever ce qui estoit éboulé, et accommoder des logis couverts à vos soldats, afin de soustenir un premier effort ; mais sur la pointe du jour vous entendistes un grand bruit et tumulte, dans leurs logemens, de personnes s'entr'appellans les uns les autres, et un peu apres des bruits de chartiers, qui faisoient haye et claquer leurs foüets, et pensiez qu'ils se vinssent loger avec l'artillerie sur vos contr'escarpes ; car de garder aucuns dehors, vous ne pouviez ; mais fustes estonné que ces bruits s'alloient tousjours esloignans, et peu apres vous vistes toutes leurs huttes en feu, qui vous fit dire à ceux qui estoient pres de vous : « Or, « graces à Dieu, nous voila hors de peine de « nous défendre, car les ennemis s'en vont. » Nous oublions à dire que la nuict vous vistes de grands signes au ciel, de deux armées fort bien distinguées, et les hommes et les chevaux aussi se battans furieusement, et quasi tout ainsi que vous la vistes en effet le lendemain ; aussi sur le soir vous eustes un courrier du Roy, qui vous escrivoit ainsi :

Lettre du Roy à M. de Rosny.

Mon amy, je ne pensay jamais mieux voir donner une bataille que ce jourd'huy, mais tout c'est passé en legeres escarmouches et à essayer de loger chacun à son advantage. Je m'asseure que vous eussiez eu regret toute vostre vie, de ne vous y estre pas trouvé ; partant, je vous advertis que ce sera pour demain : car nous sommes si pres les uns des autres, que nous ne nous en sçaurions desdire. Je vous conjure donc de venir, et d'amener tout ce que vous pourrez, sur tout vostre compagnie et les deux compagnies d'harquebusiers à cheval de Badet et Jammes, que je vous ay laissées ; car je les cognois et m'en veux servir : adieu mon amy.

CHAPITRE XXX.

Bataille d'Ivry. Conversation entre Henri IV et Rosny.

Si tost que vous eustes receu la lettre du Roy, de laquelle est fait mention au precedent chapitre, vous fistes sonner la boute-selle, montastes à cheval si à propos, et marchastes avec telle diligence, que vous arrivastes seulement une heure et demie devant la bataille, et desja quasi toutes les deux armées estoient en ordre pour en venir aux mains (que nous ne nous amuserons à descrire, d'autant que plusieurs autres l'ont fait, n'ayant icy à parler que de ce qui vous y arriva). Si tost que le Roy advisa vos trouppes, il s'advança et vous dit : « Mettez « vostre compagnie en ordre sur mon aisle droite, « dans le corps de mon escadron ; faites mettre « vos harquebusiers pied à terre : car je les « cognois, je veux qu'ils me servent aujourd'huy « d'enfans perdus ; et leurs dittes qu'ils envoyent « leurs chevaux avec les bagages ; et quand à « vous, venez avec moy : car je vous veux mon-« trer toute la disposition des deux armées, afin « de vous instruire à vostre mestier. » Et en cette maniere vous ayant quasi passé devant toutes les trouppes, et encouragé un chacun, et dit un mot sur les causes de l'ordre qu'il avoit estably ; il ne fut pas quasi revenu devant son escadron, que l'on commença à escarmoucher.

Les chevaux legers faillirent à estre renversez sans M. d'Aumont, qui les soustint et fit merveilles : ce jour là, l'artillerie du Roy estoit bien logée, et faisoit de grands effets ; et tout au contraire celle des ennemys ne faisoit quasi rien. Deux escadrons de l'ennemy, à sçavoir : un de mil ou douze cens reistres, et celuy du comte d'Egmont estoient destinez pour charger celuy du Roy; les reistres vindrent assez furieusement; mais, comme ils furent à trente pas, ils tournerent court, sans vouloir combattre; la pluspart tirans leurs pistolets en l'air, d'autant qu'ils estoient quasi tous de la religion. Le comte d'Egmont donna avec une grande hardiesse, et tous les siens combattirent de mesme; car vous fustes les uns teste à teste des autres un quart d'heure durant, frappans à qui mieux mieux avant que nul cedast ny que les escadrons ployassent : en fin les ennemis firent jour; plusieurs de l'escadron du Roy s'enfuirent et quasi toute la main gauche d'iceluy; il y en eut de tuez et de blessez et force chevaux aussi; vous et vostre cheval fustes renversez, vostre cheval blessé d'une mousquetade des enfans perdus, qui luy perçoit le nez et tout le col, et alloit sortir à la selle, et d'un grand coup de lance, qui vous emporta le molet de la jambe, et luy descousit deux pieds du ventre; vous eustes encore un coup d'espée en la main, et un coup de pistolet en la hanche qui sortoit au petit ventre; estant ainsi mal mené, vostre escuyer eut tant d'heur qu'il vous amena un autre cheval, sur lequel vous montastes assez legerement, veu vos blesseures. Mais à la seconde charge vous fustes encore porté par terre, vostre cheval tué, et vous blessé d'un coup de pistolet dans la cuisse et d'un coup d'espée à la teste; avec tout cela vous ne laissastes de vous relever; mais à cette fois vous ne trouvastes nul des vostres, tellement que vous demeurastes dans le champ de bataille, sans sçavoir où aller, n'y que faire, et voyant venir à vous un des ennemis, l'espée au poing pour vous charger, lequel infailliblement vous eut tué, car vous estiez sans casque, vous gagnastes un poirier que vous nous avez monstré depuis deux fois, lequel avoit les branches si basses et si estenduës qu'il ne vous pût approcher; et ainsi, apres vous avoir tournoyé longtemps, il vous quitta.

Lors vous rencontrastes la Roche-foret (qui a depuis esté à vous et que vous ne cognoissiez point en ce temps là) qui menoit un petit courtaut en main qu'il avoit gagné, lequel vous le bailla, et luy baillastes cinquante escus que vous aviez dans vostre pouchette, car vous aviez cette coûtume de porter tousjours de l'or sur vous lors que vous alliez aux combats; avec ce cheval vous en allant parmy le champ de bataille ainsi mal équippé, vous vistes venir à vous sept des ennemis, dont l'un portoit la cornette blanche et generale de M. du Mayne, lesquels se suivoient à la file qui vous crierent *qui vive*, vous leur dittes vostre nom; lors le premier d'iceux vous dit : « Nous vous cognoissons bien tous, vous « voulez nous faire courtoisie et nous sauver la « vie? — Comment! dittes vous, vous parlez « comme des gens qui ont perdu la bataille. — « Est-ce tout ce que vous en sçavez? respondi- « rent-ils. Ouy, nous l'avons perduë, et si sommes « trois qui ne nous sçaurions retirer, car nos che- « vaux sont comme morts. » Aussi y en avoit-il deux qui n'alloient qu'à trois jambes, et l'autre les trippes luy sortoient du ventre.

Vous acceptastes ce party, et ainsi messieurs de Chastaigne-raye, de Sigongne, de Chanteloup et d'Aufre-ville se rendirent à vous, avec la cornette blanche, que Sigongne vous mit en main avec force belles paroles. Les autres, qui estoient messieurs de Nemours, chevalier d'Aumale, et Tremont, voyans les trouppes du Roy s'advancer vers vous, crierent : « Adieu, mon- « sieur, adieu : nous nous sauverons bien encore, « car nos chevaux ont bonnes jambes et bonne « haleine; mais nous vous recommandons ces « quatre gentils-hommes. » Ces trois seigneurs s'estans donc ainsi eschappez de vos mains, pource que vous ne les pouviez pas tenir, ny par persuasion, ny par force, et les quatre autres vous estans demeurez avec la cornette blanche semée de croix noires de Lorraine en memoire des occis à Blois, dautant qu'il leur estoit impossible de se retirer, vous pristes vostre addresse vers le gros des Suisses, tous lesquels (autant ceux du Roy que ceux de la ligue) estoient les piques basses, et les harquebuses en joüe les uns devant les autres, en ordre de combat, sans neantmoins s'entre-donner aucun coup de pique, ny tirer une harquebusade : plusieurs trouppes, tant d'une part que d'autre, couroient et vacquoient esparces dans le champ de bataille, les uns fuyans devant tout ce qu'ils voyoient de plus fort venir droit à eux, et les autres chargeans tout ce qu'ils voyoient avoir apparence d'ennemy, fut fort fut foible.

Tellement qu'une de ces trouppes voyans ceux que vous aviez pris, avec des casaques de velours ras noir parsemées de croix de Lorraine sans nombre, en broderie d'argent, et cette cornette blanche aux croix ligueuses encore debout (car elle estoit entre les mains d'un des grands pages du Roy, que vous aviez rencontré là par hazard, auquel vous l'aviez baillée en garde, ne la pouvant porter à cause d'un grand coup d'espée que vous aviez dans la pointe du coude du bras gauche, et un autre moindre au poignet de la main droite); cette bande donc de gens de guerre s'en vint droit à vous, comme en un butin certain et tout preparé; mais vous estant advancé vers eux, et ayant rencontré les sieurs de Chambray, Larchant, de Rolet, de Creve-cœur, de Palcheux, de Brasseuses et quelques autres de vos amis fort particuliers qui vous recognurent (mais plutost à la parole qu'aux lineamens du visage, dautant que vous l'aviez tout tantoüillé de sang et de boüe), et s'arresterent à parler à vous, à quoy se joignit apres peu à peu le surplus de leur bande, qui estoit commandée par le comte de Thorigny, lequel ayant sceu qui estoient vos prisonniers et vous voyant si fort blessé, qu'à son opinion vous estiez en mauvais estat pour bien défendre ceux qui pourroient avoir des ennemis particuliers, il vous pria de luy vouloir mettre entre les mains le sieur de Chastaigne-raye qui estoit son parent, et qu'il s'obligeoit de parole de le remettre entre les vostres si-tost que vous seriez en lieu de seureté : à quoy vous vous accordastes au grand dommage du prisonnier, dautant que peu apres il fut tué par trois hommes d'armes de la compagnie de M. d'O, qui avoient esté des gardes du feu Roy, lesquels l'ayant recogneu, sans le menasser, luy donnerent chacun un coup de pistolet, en luy criant : « Ah! mordieu, traistre à ton Roy, « tu t'es resjouy du meurtre de ton Roy, et as « porté l'escharpe verte de sa mort, » ainsi que vous le conta depuis le comte de Thorigny mesme, lors que vous luy redemandastes vostre prisonnier, de la rançon duquel plusieurs disoient qu'il vous estoit obligé, voire vous conseilloient de luy demander, mais vous n'en voulustes rien faire, tant pource qu'il estoit vostre amy fort particulier, que pource que vous sçaviez bien qu'il portoit assez de desplaisir de ce qui estoit arrivé à son parent.

Pendant le temps que vous fustes à parler au comte de Thorigny, et à quelques autres de la trouppe qui s'enqueroient à vous par quelle bonne fortune estant si blessé, si mal monté et toutes vos armes tant fracassées, cette cornette blanche et ces bons prisonniers vous estoient tombez entre les mains. M. d'Andelot s'estant accosté de M. de Sigongne, qui luy offrit toute sorte de courtoisie, et voyant sa cornette blanche en la main d'un page, sans s'enquérir s'ils avoient esté pris par quelqu'un, se va mettre en fantaisie qu'il se pourroit prévaloir de ses despoüilles d'honneur et de profit tout ensemble ; et sur cette imagination il dit au sieur de Sigongne qu'il ne l'abandonnast point, et qu'il s'obligeroit bien qu'il ne receut aucun mal ny desplaisir, et au page qu'il le suivist et luy gardast bien cette cornette : puis, sans attendre leurs responses, sur un bruict qui s'esleva quasi par tout que l'ennemy se ralioit, et la survenüe du mareschal

d'Aumont qui dit au comte de Thorigny : « Al« lons, monsieur, allons voir où sont ces ennemis « qui se rallient, et croyez que je les vous sepa« reray bien; » sur cét accident, dis-je, le sieur d'Andelot se rejoignit dans le gros qui s'achemina au grand trot vers le lieu d'où venoit cette allarme, qui se trouva fausse, car ce n'estoit autre chose que messieurs de Humieres, Mouy, la Boissiere et autres Picards, lesquels avec trois cens chevaux arrivoient tout nouvellement à l'armée, pensans arriver à temps pour le combat, auquel vous sentant du tout impuissant à cause de vos playes et du sang perdu, vous laissastes courir tous ces messieurs ; et avec vostre cornette des ennemis et le reste de vos prisonniers, vous vous allastes renger à la teste du regiment de M. de Vignolles, qui avoit merveilleusement bien fait cette journée, lequel estoit de vos plus anciens et intimes amis, pour éviter tous autres accidens : et là fustes-vous contraint de faire chercher un chirurgien pour vous faire bander cette grande playe de la hanche qui venoit sortir dans le petit ventre, par laquelle vous perdiez tout vostre sang, et de vous faire apporter du vin pour empescher l'esvanoüissement où vous alliez entrer : et en cette sorte vous conduittes jusques à Annet, où vous apprenistes que le Roy avoit passé la riviere d'Eure poursuivant la victoire, comme il fit jusqu'à Rosny, où il alla coucher chez vous.

Si tost que vous fustes arrivé dans le chasteau d'Annet, le concierge vous fit appreter une chambre et un bon lict, où peu apres M. le mareschal de Biron, qui passoit par ce lieu pour suivre le Roy avec sa trouppe de reserve, vous vint visiter, vous usa de plusieurs complimens, et voulut, pendant qu'il se faisoit apporter la collation, voir mettre le premier appareil à vos playes (à quoy s'employoit un chirurgien nommé Hubert); et voyant vos prisonniers dans vostre chambre, et la cornette blanche des ennemis au chevet de vostre lict, vous dit en s'en allant : « Adieu, monsieur mon compagnon, vous ne de« vez point plaindre vos playes ny vostre sang « respandu, puis que vous remportez une des « plus signalées marques d'honneur que sçauroit « desirer un cavalier le jour d'une bataille, et « que vous avez là des prisonniers qui vous four« niront dequoy payer vos chevaux tuez, faire « panser vos blessures, et boire de bon vin pour « faire de nouveau sang. »

Peu apres qu'il fut party, M. d'Andelot entra dans vostre chambre avec cinq ou six hommes armez de cuirasses, un visage tout interdit, ayant une mine despite et refrongnée, lequel, apres une froide salutation, vous dit : « Monsieur, « voilà un gentil-homme (montrant M. de Sigon-

« gne) qui est mon prisonnier ; et une cornette
« blanche (montrant une des deux qui estoient
« au chevet de vostre lict, car le sieur de Vasson
« y venoit d'apporter celle de vostre compagnie)
« qui me doit appartenir ; partant, je vous prie
« de me faire mettre l'une ou l'autre entre les
« mains. — Voy ! monsieur, lui respondistes-
« vous, hé ! vray Dieu, que pensez-vous dire,
« je croy que vous vous mocquez ? — Pardieu,
« repartit-il tout en colere, je ne me mocque
« point, et suis resolu de les avoir. — Ho, ho !
« monsieur, luy dites-vous, c'est donc à bon
« escient ; mais puisque vous le prenez-là, faites
« tout ce que vous pourrez, car je ne m'en sou-
« cie gueres : que si j'avois les bras et les jambes
« en aussi bonne disposition qu'hier, la dispute
« en seroit bien-tost vuidée. — Et bien, bien,
« dit-il, voyant entrer quinze ou vingt de vos
« cavaliers dans vostre chambre, la plupart ar-
« mez, nous en parlerons donc une autre-fois. »
Et sur cela, voulant aborder M. de Sigongne, il
en partit tout despité ; pource qu'il luy dit qu'il
ne devoit pas contester une chose où il n'avoit
nul droit, estant veritable qu'à vous seul il avoit
donné sa foy et remis sa cornette entre les mains.

D'Annet vous vous en allastes dés le fin matin
à Passy, par eau ; là estoit vostre garnison et
vostre équipage. A vostre arrivée vous y trouvastes tous vos domestiques et vos gens de guerre
en peine de vostre personne et doute du succez
de la bataille, dautant qu'au commencement ils
avoient eu de mauvaises nouvelles de l'un et de
l'autre par quelques-uns qui s'en estoient fuis
(comme il y avoit apparence) sans avoir voulu
attendre la fin des combats : lesquels ayant appris vostre arrivée et comme toutes choses s'estoient terminées, ils eurent une telle honte de
se presenter, et que l'on pût sçavoir leur nom,
que dés la nuit mesme, voyans qu'on les cher-
choit, ils deslogerent à beau pied, laissant quatre chevaux en une estable, sans aucunes remarques par lesquelles on ne pût deviner qui en
estoient les maistres : desquels ayant fait perquisition tout le lendemain, sans en avoir pû rien
apprendre, les chevaux furent par vostre ordonnance vendus à l'enquan, et l'argent distribué
aux blessez qui avoient le moins de moyen de se
faire panser.

Le lendemain ayant fait faire un brancart
assez à la haste (à cause des nouvelles que vous
eustes que Mante capituloit, et que vous pretendiez au gouvernement) de branches d'arbres
sans peler, accommodé de cercles de poinçons,
vous vous fistes porter à Rosny : mais en arrivant par le costé de Bevrons pour éviter les montées et descentes de la Rouge-voye et de Chastillon, vous vistes, du haut du costau, la plaine
d'alentour toute couverte de gens de cheval et de
chiens qui chassoient tirans vers le bourg, dans
lequel estant aussi entré par l'autre costé vous
fustes rencontré par le Roy (qui revenoit du chasteau y ayant esté prendre la collation) en l'équipage qui s'ensuit.

Premierement marchoient deux de vos grands
chevaux menez en main par deux de vos pale-
freniers, puis vos deux pages montez sur deux
autres de vos grands chevaux, le premier desquels estoit votre grand coursier gris, sur lequel
vous aviez combattu la premiere fois, et qui avoit
trois pieds de long de la peau de l'espaule droite
et des costez fendus, du coup de lance qui vous
avoit emporté la botte et un morceau du molet
de la jambe ; et une harquebusade qui luy avoit
traversé le nez et une partie du col, et luy estoit
venu sortir dans la criniere pres des panneaux
de la selle, lequel apres s'estre relevé sans selle
s'en alloit courant par le champ de bataille, et
en fin par un grand heur avoit esté repris par
trois de vos harquebusiers qui avoient servi d'enfans perdus au combat.

Ce page avoit vestu vostre cuirasse, et portoit
la cornette blanche des ennemis ; et l'autre vos
brassars et vostre casque au bout d'un bris de
lance, d'autant que pour estre tout fracassé et en-
fondré de coups, il estoit impossible de le porter
en teste ; apres ces pages venoit le sieur de Maignan vostre escuyer, ayant la teste bandée et le
bras en escharpe à cause de deux playes, lequel
estoit suivy de vostre valet de chambre Moreines
monté sur vostre haquenée angloise, lequel portoit vostre casaque de velours orangé à clinquant
d'argent sur luy et en la main droite comme un
trousseau de trophées, tout cela lié ensemble ;
divers morceaux de vos espées, pistolets et pan-
naches que l'on avoit ramassez.

Apres cela vous veniez dans vostre brancart,
couvert d'un linceul seulement ; mais, par dessus, pour parade des plus magnifiques, vos gens
avoient fait estendre les quatre casaques de vos
prisonniers qui estoient de velours ras noir, toutes parsemées de croix de Lorraine sans nombre
en broderie d'argent, sur le haut d'icelles les
quatre casques de vos prisonniers avec leurs
grands panaches blancs et noirs tous brisez et
despenaillez de coups ; et contre les costez des
cercles estoient pendus leurs espées et pistolets,
aucuns brisez et fracassez : apres lequel brancart
marchoient vos trois prisonniers, montez sur des
bidets, dont l'un, à sçavoir le sieur d'Aufre-
ville, estoit fort blessé, lesquels discouroient
entr'eux de leurs fortunes, et des succez contraires aux esperances que M. du Mayne et le comte

d'Egmont avoient données à un chacun, ne parlans deux jours devant la bataille que d'assieger la ville où le Roy se retireroit, ne s'attendans nullement que le Roy se deut resoudre au combat, attendu l'inégalité de ses forces. Apres ces prisonniers, marchoit le surplus de vos domestiques; puis le sieur de Vassan qui voulut en arrivant porter vostre cornette; et à sa suite vostre compagnie de gens d'armes, et les deux compagnies d'harquebusiers à cheval des sieurs Jammes et Badet, qui avoient servi d'enfans perdus devant l'escadron du Roy, lors du combat; tout cela fort diminué de nombre (car vous en aviez perdu plus de cinquante tant des uns que des autres), mais grandement augmentez de gloire, aucuns d'eux se faisans porter dans des brancars comme vous, d'autres ayans les testes bandées, ou les bras et les jambes en escharpe.

Le Roy et tous ceux qui estoient avec luy voyans cette espece d'ovation, trouvoient cela bien disposé, encore qu'il eut esté fait par hazard un peu entreslé de la vanité du sieur de Maignan vostre escuyer, auquel le Roy en parla comme cela (car il le cognoissoit, son pere ayant esté un de ceux qui ayda bien à le guarantir du peril d'Eause), et puis s'approchant de vostre brancard, vous dit : « Mon amy, (car ce prince debonnaire comme vous sçavez mieux que nous, depuis que l'estant venu trouver au siege de Chastellerault, vous luy apportastes nouvelles de sa reconciliation que vous aviez négociée en passant à Blois, avec le roy Henri III, ne vous appeloit ni ne vous escrivoit quasi point autrement, sur tout lors qu'il vouloit vous gratifier ou que vous aviez fait quelque action qui luy plaisoit) « je « suis tres-ayse de vous voir avec un beaucoup « meilleur visage que je m'attendois pas, et « auray encore une plus grande joye si vous m'as- « seurez que vous ne courrez point fortune de la « vie, ny de demeurer estropié, (car pour les au- « tres coups ce ne sont qu'autant d'accroissemens « de gloire et par consequent de contentemens, « lesquels font supporter patiemment toutes « les douleurs des playes, comme je l'ay moy- « mesme esprouvé) d'autant que le bruit couroit « que vous aviez eu deux chevaux tués entre les « jambes, esté porté par terre, saboulé et petillé « aux pieds des chevaux de plusieurs escadrons, « et matrassé et charpenté de tant de coups que « ce seroit grande merveille si vous en eschap- « piez, ou pour le moins ne demeuriez mutilé de « quelque membre. »

Ausquelles amiables paroles vous respondistes ainsi (car nous nous estions approchez tout contre le Roy tout expres pour entendre vos discours) : « Sire, Vostre Majesté m'apporte autant « de consolation qu'elle m'honore excessivement, « de tesmoigner un si grand soin de moy; aussi « n'ay-je point de paroles proportionnées à mes « ressentimens, ny condignes aux louanges que « meritent vos vertus. Et partant, laissant les « choses à moy impossibles, je luy diray pour « responce à ce qu'elle desire, sçavoir : Que j'ay « recogneu une tant visible assistance de la main « paternelle de Dieu, parmy tant de diverses for- « tunes et bonnes et mauvaises qui m'ont esté oc- « currentes pendant la bataille que la delivrance « des uns et la gloire des autres en appartient à luy « seul, qui a conduit favorablement les coups que « j'ay receus; m'a tiré d'entre les pieds de plus « de deux mille chevaux qui m'ont passé sur le « ventre; et, ce croy-je, planté un poirier dans « cette campagne avec les branches si basses « qu'elles m'ont guarenty d'un coup, duquel j'ay « veu tuer le pauvre Feuqueres, et puis m'a fait « tomber ès mains non-seulement trois des prin- « cipaux gentils-hommes de l'armée (dont en « voilà deux au cul de mon brancard, qui paye- « ront les chirurgiens et mes chevaux tuez), « mais aussi une marque fort exquise et speciale « d'un honneur non commun, qui est la cor- « nette blanche du general de l'armée ennemie « que j'estime plus que tout le reste. Et quant à « mes playes, elles sont, graces à Dieu, en si « bon estat combien qu'elles soient fort grandes, « et sur tout celle de la hanche qui vient sortir « au petit ventre, que j'espere dans deux mois « au plus tard me trouver assez fort et dispost « pour en aller encore autant chercher pour vos- « tre service, avec telle affection que je voudrois « estre asseuré d'en recevoir autant à mesme prix. »

Surquoy le Roy repartit et vous dit : « Brave « soldat et vaillant chevalier, qui sont, à mon « advis, les tiltres plus glorieux que l'on puisse « donner à un homme d'honneur faisant profes- « sion des armes, j'avois tousjours eu tres-bonne « opinion de vostre courage, et conceu de bonnes « esperances de vostre vertu; mais vos actions « signalées en une tant importante occasion, et « vostre responce grave et modeste qui attribuë « tout à Dieu, a surmonté mon attente, ayant « bien jugé, comme c'est aussi mon advis, qu'il « n'y a rien si mal seant à un homme de qua- « lité, que d'user de vaines jactances, pour les « choses signalées qu'il peut avoir faites, es- « quelles son honneur et sa profession l'obli- « geoient : et partant en presence de ces princes, « capitaines et grands chevaliers qui sont icy « pres de moy (desquels les ames genereuses, la « fermeté de leurs cœurs, la force et la vigueur « de leurs bras, et l'affilé trenchant de leurs

« espées, sont appuits qui maintiennent et illus-
« trent ma personne et ma couronne), vous veux-
« je embrasser des deux bras, et vous declarer
« à leur veuë, vray et franc chevalier non tant
« de l'accolade, tel que je vous fais à present,
« ny de S. Michel, ny du S. Esprit, que de mon
« entiere et sincere affection, laquelle jointe aux
« longues années de vos fidels et utiles services,
« me font vous promettre, comme je faits aussi
« aux illustres vertus de tous ces braves et vail-
« lans hommes qui m'escoutent, que je n'auray
« jamais bonne fortune ny augmentation de
« grandeur que vous n'y participiez ; et, crai-
« gnant que le trop parler prejudiciast à vos
« playes, je m'en retourne à Mante ; et partant,
« adieu mon amy, portez vous bien, et vous as-
« seurez que vous avez un bon maistre. » Et sur
cela, sans vous donner le loisir de le repliquer,
il prit le galop et s'en alla continuer sa chasse
dans vostre garenne d'entre Rosny et Mante.

Le Roy s'en retourna coucher à Mante où il
sejourna environ quinze jours inutilement, duquel sejour furent cause les necessitez d'argent,
où tenoient enveloppé ce prince tous ceux qui
avoient charges aux finances, et sur tout le
sieur d'O (1), concerté pour cela avec les autres
catholiques de sa faction, qui ne pouvoient supporter la domination, quelque douce et familiere
qu'elle fut, ni les prosperitez d'un Roy huguenot, et ressentoient autant d'ennuy et de desplaisir, de l'honneur qu'il avoit acquis et la
victoire signalée qu'il avoit remportée sur
ses ennemis, que ceux-là mesme qui avoient
perdu la bataille : et par la malice de telles gens
furent perdus la pluspart des fruits qui se devoient percevoir par un si haut fait d'armes dans
un party composé de peuples qui ont accoustumé
de s'estonner des mauvais succez, et de changer
leurs affections selon les vents divers de prosperité ou d'adversité.

Pendant ce sejour de Mante, M. d'Andelot renouvella ses pretentions, desquelles il vous avoit
parlé dans le chasteau d'Annet, touchant le sieur
de Sigongne et la cornette blanche de M. du
Mayne, et en fit de telles instances et plaintes
au Roy, qu'il assembla les mareschaux de France
et autres capitaines, et s'en alla à Rosny, où
vous estiez detenu au lict, sans vous pouvoir
quasi tourner qu'avec de grandissimes douleurs,
pour vous entendre tous deux, l'un devant l'autre, en leur presence, sur vos differends ; lesquels apres avoir oüy, et les raisons alleguées de
chaque costé, mais sur tout les depositions de
vos prisonniers et du page du Roy, auquel vous
aviez baillé la cornette à porter, terminerent

(1) François d'O, l'un des favoris de Henri III.

vostre dispute par risées (car nous y estions presens) que l'on fit au nez de M. d'Andelot, le Roy
mesme luy demandant comment il n'avoit point
de honte de contester une chose si mal fondée ;
ce qui le mutina de sorte que ce despit joint à
d'autres, qu'il meditoit peut-estre de plus longue-main en son esprit, fut cause qu'il se rendit
de la ligue quelques sepmaines apres.

CHAPITRE XXXI.

*Prise des faubourgs de Paris. Blocus de cette
ville. Le prince de Parme fait lever le siége.
Retraite du prince de Parme. Tentative de
Rosny sur Joigny.*

[1590] Le Roy ayant sejourné environ quinze
jours à Mante, avoit, dés les premiers d'iceux,
eu nouvelle d'une bataille que ses serviteurs
avoient gaignée en Auvergne, contre le sieur de
Randan, chef des ligueurs en cette province, le
propre jour de celle d'Ivry. Apres, à force de
crier, de se tourmenter et de soliciter messieurs
les financiers, et sur tout M. d'O, il eut recouvert quelque argent, et fait faire montre à ses
Suisses, et autres gens de guerre qui crioient
apres le payement à eux deub à cause du gain
de la bataille, il s'achemina vers Sens, sur les
esperances de quelques intelligences, qu'aucuns
de ses serviteurs disoient avoir dans cette ville-
là ; lesquelles ayans manqué, l'on passa jusqu'à
s'engager en un siege, sur une autre presomption aussi mal fondée ; à sçavoir, que ces peuples
n'ayans ny bons capitaines, ny guere de gens de
guerre estrangers, ny vivres, ny munitions, ne
verroient pas plustost joüer une furieuse batterie,
que l'effroy ne les fit entrer en une capitulation ;
mais rien de tout cela ne succedant heureusement, le Roy n'ayant pas de munitions suffisamment pour la batterie d'une telle place, il prit
resolution de lever le siege, et (pour couvrir la
honte) un pretexte fort specieux, qui fut d'aller
prendre Paris, lequel en effet il assiegea, ayant
pris auparavant Corbeil, Melun, Lagny et Sainct
Denys, pour eviter que ces places n'incommo-
dassent les vivres de son armée, et la travaillas-
sent de continuelles allarmes ; en tous lesquels
sieges, aussi bien qu'en ceux de Dreux, Sens,
et grande partie de celuy de Paris, il se passa
plusieurs particularitez dignes de remarque, lesquelles nous remettrons neantmoins aux historiens, d'autant que vos blesseures vous empescherent de vous trouver aupres du Roy, jusques
à ce qu'ayant oüy dire qu'il se faisoit tout plain
de belles choses devant Paris, il vous prit fantaisie d'en avoir pour le moins la veuë, car vous

alliez encore à potences et aviez un bras en escharpe.

Estant donc arrivé en l'armée, encore que vous eussiez eu de grosses paroles avec le Roy, lors qu'il fut à Rosny, jusques à luy reprocher la longueur de vos services, tant de despences faites, de playes receuës, et de sang espandu, à cause qu'il vous avoit refusé le gouvernement de Mante, de crainte d'offencer les catholiques, si ne laissa-il pas de vous faire bonne chere, de vous donner force loüanges devant tout le monde, de vous commander de loger pres de sa personne, de n'aller en nul lieu qu'avec luy, et qu'il vous feroit tout voir, comme il n'y manqua pas, notamment trois jours apres : car ayant projetté de se saisir en une mesme heure de tous les fauxbourgs de Paris, afin que, n'ayant plus que les portes de la ville à garder, il pust dautant plus facilement empescher les vivres d'y entrer, et ne se servissent de tant de fruicts et d'herbages, qui sont dans les jardins de dehors, et par consequent affamer tant plustost ce grand peuple.

Ayant donc choisi une nuict fort noire, afin de faciliter son execution et de voir tant mieux l'escopeterie d'un si grand et general attaquement, tel, à la verité, que nous n'estimons point s'en estre jamais veu un semblable pour si peu de sang respandu, dautant que Sa Majesté, ayant separé son armée en dix parts, et icelles ordonnées pour attaquer en mesme temps les faux-bourgs Sainct Anthoine, Sainct Martin, Sainct Denys, Mont-martre, Sainct Honoré, Sainct Germain, Sainct Michel, Sainct Jacques, Sainct Marceau, et Sainct Victor, il s'en alla à l'abbaye de Mont-martre, où il ne mena avec luy que les vieillards, les gens de plume et les blessez, qui ne pouvoient combattre, au nombre desquels vous fustes, et mesme Sa Majesté vous fit apporter un siege aupres de luy, à sa mesme fenestre où il entretenoit vous, le bon homme M. du Plessis-rusé, M. de Fresne, et, ce nous semble, M. Alibour.

L'escopeterie commença sur la minuict, et dura deux grandes heures, avec telle continuation qu'il sembloit que la ville et les faux-bourgs fussent tout en feu, tant ces peuples tiroient, la pluspart du temps sans besoin, et cela neantmoins fort esgalement ; reservé vers la porte Sainct Anthoine, où l'attaquement se fit de plus loin et plus lentement, et la défence de mesme, à cause qu'il n'y a autre faux-bourg que Sainct Anthoine des Champs; mais, quoy que ce soit, nous croyons que qui pourroit faire faire un tableau de cette nuict là, où le bruit des voix et des coups d'harquebuses se pust representer aussi bien que tant de bluettes de feu qui paroissoient, il n'y auroit rien au monde de si admirable : et succeda ce dessein tant heureusement, que tous les faux-bourgs furent quasi pris en mesme temps, et toutes les portes de la ville si bien bloquées, qu'il n'y pouvoit plus rien entrer ny en sortir, ce qui causa de grandes necessitez au pauvre peuple, qui meriteroient bien d'estre recitées ; mais laissans cela aux historiens, nous nous contenterons de dire, que si le Roy eut esté bien servy, et que la pluspart des capitaines et gens d'authorité n'eussent point permis l'entrée des vivres, pour en retirer des escharpes, plumes, estoffes, bas de soye, gans, ceintures, chapeaux de castor, et autres telles galantises, il leur eut esté impossible d'attendre le secours du prince de Parme, l'arrivée duquel, sous esperance, comme disoit le Roy, de donner bataille, luy fit lever le siege.

Tellement que le premier ou second du mois de septembre 1590, Sa Majesté, voulant faire les choses avec ordre, et prevenir tous inconveniens, elle fit retirer toutes ses trouppes des faux-bourgs, deux heures devant le jour, et leur donna rendez-vous avec toutes les autres, pour les joindre en corps d'armée et s'en aller, selon que les occasions le pourroient requerir ; et, ayant sceu que le prince de Parme avoit fait le semblable des siennes et s'estoit venu camper à Meaux et aux environs, il envoya sa cavalerie legere à Claye, avec charge d'aller à la guerre, pour essayer d'enlever quelque quartier, à tout le moins apprendre leurs desseins, ordre, et formes de marcher, loger et camper. En cette recognoissance, ceux qui la firent virent souvent les ennemis, les armes à la main, et s'y passa mesme quelques combats, non indignes de memoire ; mais nous en laissons les particularitez aux historiens, dautant qu'à cause de vos playes vous n'eustes aucune part à iceux ; et dirons seulement que les nostres quitterent leur premier logis à l'ennemy, et deux jours apres celuy de Claye mesme, quoy que ce fût contre l'opinion du Roy et de plusieurs de ses vieux serviteurs ; mais le mareschal de Biron s'en fit croire, et conseilla de prendre le logement de Chelles comme beaucoup plus advantageux ; et neantmoins le prince de Parme ne laissa pas de venir planter son camp à deux canonnades de là, sur une autre montagne en pente, qui avoit un marais au pied, lequel estant entre les deux camps et fort fascheux à passer, estoit suffisant pour empescher les deux armées de venir en gros au combat, sans un trop grand desadvantage de celle qui voudroit attaquer.

Tellement que ce sejour de trois ou quatre jours se passa en legeres escarmouches, deffits particuliers, et carabinages de peu de fruict, ny d'un costé ny d'autre; reservé que le prince de Parme se servant de l'occasion, assiegea et prit d'assaut la ville de Lagny, quasi devant les yeux du Roy; lequel jugeant bien que, par ce moyen, le chemin estoit ouvert aux ennemis, pour secourir facilement la ville de Paris, apres avoir tenté, mais inutilement, un dessein par intelligence qu'il avoit sur icelle, il se retira ensemble toute son armée vers la riviere d'Oyse, logeant sa personne au chasteau de Creil, auquel lieu il nous souvient vous avoir oüy dire, qu'il se trouva reduit en de grandes fascheries et perplexitez; à cause de ce grand esclat des heureux succez des ennemis, du secours de Paris, les vents de prosperité et adversité, changeans diversement de moment en moment les affections, les courages et les actions de ceux qui ne pouvoient supporter qu'avec chagrin et despit la domination huguenotte, les principaux desquels, lors des moindres mauvais succez, alloient exagerant les plus petites infirmitez de ce prince, et par la disette d'argent artificieusement pratiquée, donnoient sujet de plaintes à ceux qui servoient le mieux.

Nonobstant toutes lesquelles difficultez et travaux d'esprit, ce prince sçachant par experience n'y avoir rien pire, que de laisser des gens de guerre oysifs, il s'en alla assieger Clermont, qu'il prit en peu de jours, en mesme temps que le prince de Parme assiegea Corbeil, à la defence duquel un nommé Rigaut fit des merveilles; mais en fin le foible estant contraint de ceder au fort, la place fut prise d'assaut avec une grande tuërie de soldats et desolation d'habitans; et voyant que les autres villes royales estoient trop fortes, trop bien pourveuës d'hommes et de vivres, et munitions pour estre assiegées avec apparence de bons succez, il reprit soudain, tout ainsi que si des affaires importantes à son maistre l'eussent grandement pressé, le chemin des Pays-Bas: dequoy le Roy adverty, il se mit à ses trousses, et le suivit de si pres qu'il ne se passoit quasi jour sans quelque beau combat, dont le plus remarquable fut au passage de la riviere d'Aisne, auquel le baron de Biron se trouva tellement engagé, que si le Roy luy mesme, avec tout ce que vous estiez de gens de qualité prez de sa personne, n'eust fait une furieuse charge aux ennemis, il ne s'en fut jamais retiré. Vostre compagnie estoit demeurée à Mante, le Roy l'y ayant renvoyée dés le logement de Creil, afin de faire la guerre à Paris, Houdan et Chartres; mais vous suppliates tant Sa Majesté, que quelque incommodité que vous eussiez encore de vos blesseures, il vous permit de demeurer aupres de luy, afin de voir ce qui se passeroit à l'affrontement de ces deux armées, dont l'une se retiroit et l'autre poursuivoit: car de vous pouvoir trouver à toutes les factions de guerre, c'estoit chose impossible, ne vous tenant encore que de travers à cheval, et ne tenant la bride que de la main droite, ayant l'autre en escharpe, à cause de vostre blesseure au coûde.

Vous vous trouvastes donc, des yeux seulement, à tous ces combats, et pour cette raison en laissons-nous les particularitez à l'histoire generale, et nous contenterons de dire que cette retraitte du prince de Parme, que la pluspart de vous autres, pour faire valoir le mestier et rehausser la reputation du maistre, appelliez une fuite honteuse, augmenta de sorte la gloire du Roy et la reputation du party royal, que le duc de Nevers, lequel, jusques alors, ne voulant, comme il l'avoit dit auparavant, servir un roy mal sentant de la foy, s'estoit tenu neutre en ses terres, le vint trouver avec toutes sortes de submissions, craignant peut-estre que le faix ne luy tombast sur les bras, ou que ceux de la ligue ne luy donnassent parmy eux le rang que sa vanité luy faisoit imaginer de devoir tenir: à l'exemple duquel plusieurs personnes de qualité recognereunt leur devoir, d'autres reprindrent le courage qu'ils avoient perdu, et quelques villes mesmes se reduirent au service du Roy; lequel, apres ce voyage, afin de rafraischir ses trouppes qui estoient fort harassées, s'en alla faire quelque sejour à Mante, pendant lequel vous dressastes quelques pratiques sur Gisors, par le moyen d'un nommé de Fourges, duquel le fils estoit de vostre compagnie, en suite desquelles la ville fut prise; et à cette occasion vous pretendiez bien que le gouvernement vous devoit appartenir; mais les grandes oppositions que firent sur cela MM. de Nevers, d'O et autres catholiques, ayans esté cause que le Roy vous le refusa tout à plat, vous eustes sur cela de grosses paroles avec Sa Majesté, jusqu'à luy reprocher, comme vous aviez auparavant fait apres la bataille d'Ivry, vos services continuels de dix-huit années à vos propres cousts et despens, tant de peines et de fatigues souffertes, tant de perils courus, tant de playes receuës et de sang respandu.

A tous lesquels reproches il ne vous respondit jamais autre chose sinon: « Je vois bien que « vous estes en colere à cette heure; nous en « parlerons une autre-fois; » et s'en alla d'un autre costé; puis vous voyant avoir fait de mesme, il dit à ceux qui le suivoient: « Il le faut « laisser dire, car il est d'humeur prompte et « soudaine, et a mesme quelque espece de rai-

« son ; neantmoins il ne fera jamais rien de « meschant ny de honteux, car il est homme de « bien et ayme l'honneur. » Le depit neantmoins vous porta à faire un voyage en la vallée d'Aillan et en Combraille pour voir vos terres, laissant vostre compagnie à vostre lieutenant, pour en avoir soin en vostre absence, et ne menastes que six gentils-hommes avec vous, outre vos domestiques.

Vous courustes plusieurs perils en allant, et mesme estant à Bontin, M. de Tonnerre vous y vint voir, et vous communiqua une entreprise qu'il avoit sur Joigny, à l'execution de laquelle il vous pria de le vouloir assister de soldats et assembler le plus de vos amis que vous pourriez, et les mener avec vous, ce que vous fistes, et aviez ramassé quelques deux cens harquebusiers, avec lesquels ayant rompu une poterne, qui ne s'ouvroit plus il y avoit long-temps, à coups de petard, il entra dans la ville plus de trois cens pas ; mais ayant lors [receu une harquebusade dans la cuisse dont il fut porté par terre, ses soldats oyans crier par les ruës, *arme, arme*, et *tuë, tuë*, s'effrayerent si fort, que luy ayans aydé quelque deux cens pas à le faire marcher, et voyans courir des gens armez par les ruës, ils le laisserent à trente pas de la poterne, et s'enfuirent tous, sans qu'il fut jamais en vostre puissance, quoyque vous eussiez mis pied à terre, de les faire retourner, et fallut, qu'avec vingt hommes armez vous rentrassiez dans la ville pour en retirer ledit sieur de Tonnerre ; que si vous eussiez tardé un quart d'heure davantage, il estoit mort sans remede ; car les habitans s'estans recognus, et par la frayeur des vostres, ayans perdu celle qui les avoit saisis au commencement, ils s'en vindrent tous en gros à la défense de cette poterne, aupres de laquelle ils l'eussent trouvé.

L'ayant donc ainsi retiré, rassemblé ce que vous pustes de ses soldats et remonté à cheval, vous vous retirastes à Bontin, et luy se fit porter apres à Sainct Forgeau et de là à Gien, dont il estoit gouverneur.

CHAPITRE XXXII.

Siége de Chartres. Danger que court Sully en s'y rendant. Prise de Noyon. Embuscade dressée à Mantes. Susprise de Louviers.

[1591] Tant de genereux exploits, dont les chapitres precedens sont remplis, vous augmentoient tellement de jour en jour le courage, que les occasions vous manquans pour le faire paroistre, vous voulustes aller trouver le Roy à Chartres où s'en presenta une telle que s'ensuit : M. de Chastillon, qui estoit arrivé depuis peu, ayant demandé un quartier d'attaquement, et fait faire un pont fort bien inventé, avec lequel il fit faire un effort à la ville, auquel vous estant trouvé, et le Roy vous y ayant veu fort bien faire, il vous en donna publiquement des loüanges, et prit ce sujet là, pour vous user d'une infinité de belles paroles et promesses ; ce qui vous ayant remis en bonne humeur, il vous commanda de faire venir vostre compagnie pour demeurer au siege ; ce que vous fistes, et l'estant allée quérir vous mesme, afin d'amener vostre équipage et apporter de l'argent tant pour vous que pour faire faire une montre à vos compagnons, comme vous fustes à trois lieuës de Mante, vers le bourg de Touery, vous vistes venir, sur le chemin qui va de Dreux à Paris, une trouppe de quelques vingts chevaux, lesquels ayant envoyé recognoistre, le sieur de Tilly vous rapporta qu'ils portoient tous des escharpes blanches, ce qui vous fit continuer vostre chemin sans allarme, et eux ayans pris à gauche entrerent dans un bois, où il fallut qu'ils fissent grande diligence de marche, et qu'ils sceussent bien tous les chemins du pays ; car ils vous vindrent joindre à la croisée de vostre chemin et de celuy qui sortoit de ce bois, demandans *qui vive ;* à quoy sans vous douter que ce fussent ennemis, leur voyant des escharpes blanches, vous respondistes en riant, *amy, amy, vive le Roy !* et eux s'advançans tousjours, deux d'iceux vous osterent le chapeau, et les autres mettans le pistolet au poing, vous chargerent, dont il y en eut trois qui tirerent sur vous chacun leur coup, l'un desquels vous donna dans la lèvre de dessus, entra dans la bouche, et vint sortir derriere au chinon du col ; d'autres coups porterent sur des vostres, la Potterie et Tilly eurent chacun un coup de pistolet qui ne perça que le chapeau de l'un et la juppe de l'autre, et la Ruë fut porté par terre d'un coup de pistolet.

Sur cét accident, tant inopiné, tous vos gentils-hommes, au nombre de six et quatre de vos domestiques, crians *vive Rosny !* se rallierent avec vous et retournastes tous ensemble vers ceux qui vous avoient chargez, et couroient espars sans se joindre par le champ, et soit que la cognoissance qu'ils eurent de vostre nom, ou que le ralliement qu'ils vous virent faire les estonnast, ils commencerent à se retirer vers une maison entourée de grandes hayes, vous les poursuivant et criant, autant que vostre blessure le pouvoit permettre, *tourne, traistre, tourne,* mais ils n'en firent jamais aucun semblant, et comme vous approchastes de ces maisons, de dedans une haye il vous fut tiré trois harquebusades qui n'estoient chargées que de petites dragées, dont il vous en donna dix ou douze dans le visage et la teste, qui entrerent un peu dans la peau, et toutes celles qui donnerent dans les habits de vous et de vos gens, à toute peine les percerent-ils et ne donnerent pas jusques à la chair. Ce second accident aussi que ces gens se retiroient à toute bride et la quantité de sang que vous perdiez, vous fit tourner bride, et vous en aller à Touery chez M. d'Autueil où vous vous fistes panser, et puis porter à Mante pour achever de vous guerir, où vous sejournastes un mois ou six sepmaines, pendant lesquelles Chartres fut pris, par le moyen de M. de Chastillon principalement, dont nous laissons le recit aux historiens, d'autant que vous n'y estiez pas.

Le Roy, au partir de Chartres, s'en alla en Picardie, à cause de l'affection qu'il portoit à une fille de M. d'Estrée, nommée Gabrielle, et pendant le sejour qu'il fit à St.-Quentin, il fut dressé une entreprise sur Corbie, laquelle succeda heureusement, par le moyen de M. de Parabere, et nous semble qu'un de messieurs vos freres fut à l'execution, dont nous laissons les particularitez aux historiens, aussi bien que des choses qui se passerent au siege de Noyon, pource que vos blesseures vous empescherent de vous trouver à l'une ny à l'autre de ces factions.

Mais, d'autant qu'il ne s'est quasi point fait de siege, où il se soit rendu tant de divers combats, et plus bravement executez qu'à celuy de cette ville là, nous vous ramentevrons en gros, laissant le détail à ceux qui s'y sont trouvez, que le sieur de Rieux, soldat fort brave et industrieux, qui estoit gouverneur de Pierrefonds, se jetta bravement dans Noyon avec cinquante chevaux et autant d'harquebusiers, et fut luy seul cause de la grande resistance que fit la place. Un nommé la Chanterie, mestre de camp, fit aussi dessein de s'y jetter avec son regiment; mais il fut taillé en pieces, et luy se sauva dans la ville avec vingt-cinq des siens seulement. Le sieur de Tremblecourt voulut faire le semblable avec son regiment; mais il fut entierement défait, et n'y pût mettre un seul homme. Le vicomte de Tavennes, qui estoit mareschal de camp des trouppes que M. du Mayne avoit laissées en ces quartiers de Picardie, sous le commandement de M. d'Aumale, voyant ces deux mauvais succez, voulut essayer de faire quelque chose de mieux; et, pour cét effet, il rassembla environ quartre cens harquebusiers, avec lesquels ayant marché toute la nuict, s'approcha jusqu'à deux ou trois portées de mousquet de l'armée, sans avoir donné aucune allarme; mais à l'oüye du premier *qui va là*, provenant seulement des vedettes de cinquante ou soixante chevaux qui estoient là en garde, tous les siens entrerent en un tel effroy que plusieurs prindrent la fuitte, et quelque exortation qu'il leur pût faire, il n'en mena pas le tiers au combat, et encore attaquerent-ils si laschement, qu'entendans de tous costez sonner à cheval, et ceux qu'ils avoient en teste crierent *charge* et *tue*, que tout prit l'espouvante et fut défait, le vicomte de Tavennes pris et blessé, ensemble plusieurs autres chefs.

M. d'Aumale, qui faisoit son sejour à Han, ressentant un tel desplaisir de tant de mauvais succez en suitte des uns des autres, et de si grandes pertes, se resolut de chercher les moyens de les reparer par quelque faction signalée; et pour cet effet, ayant rassemblé cinq cens chevaux et autant d'harquebusiers à cheval, il fit dessein, non de se jetter dans la ville, ny d'essayer d'y faire entrer du secours, mais d'enlever deux quartiers des chevaux legers qu'il avoit fait recognoistre par le sieur de Bellanglise, lequel luy avoit rendu la chose bien facile, et à cette occasion luy en bailla-il la conduitte, et de fait, ayant renversé les vedettes et le corps-de-garde, il donna fort furieusement dans le logement : mais il les trouva quasi tous à cheval, d'autant que le Roy les avoit mandez pour le venir trouver, les voulant envoyer à la guerre : tellement que le sieur de Bellanglise et les siens y furent bien receus d'une autre façon qu'ils ne s'attendoient, et en peu d'heure, sur cette allarme, le baron de Biron, et les sieurs de la Hargerie, de la Boissiere et de Lannoy, qui montoient aussi à cheval pour aller trouver le Roy, arrivans au secours des leurs, firent une si furieuse charge que tout fut mis en déroute, et ses principaux chefs tuez ou pris, et en arriva bien peu à Han qui ne fussent charpentez de coups d'espée ou pistolet, et quasi tous en sang ; auquel lieu arrivant en mesme temps M. du Mayne, il eut le desplaisir de voir une telle déconfiture, laquelle jointe aux precedentes, et à la perte de la place si elle n'estoit bien-tost secouruë, qu'il se resolut d'assembler toutes ses forces et de faire lever le siege ou donner bataille ; et, pour cet effet, il manda à M. de Rosne, qui commandoit une armée qu'il avoit vers la frontiere de la Champagne de quelque douze cens chevaux, desquels estoit le chef le prince d'Ascoly, et de sept ou huict mille hommes de pied, de le venir joindre, et ayant rassemblé toutes les garnisons, il forma un corps d'armée d'environ deux mille chevaux, et huict à neuf mille hommes de pied ; mais quoy qu'il eut publié qu'il fust plus fort que le Roy d'un quart en nombre d'hommes, que l'on l'allast tousjours agacer jusques dedans son camp, et que ceux de Noyon eussent esté receus à capitulation, laquelle portoit qu'ils remettroient la place és mains du Roy, si M. du Mayne dans six jours ne faisoit lever le siege, ou ne jettoit par force deux mille hommes de combat dedans, et que ces conditions luy eussent esté signifiées par un gentil-homme que le Roy permit à ceux de la ville de luy envoyer; nonobstant, dis-je, toutes ces considerations, M. du Mayne, M. d'Aumale, ny le prince d'Ascoly, ne voulurent jamais se resoudre à une bataille, et laisserent perdre Noyon.

Pendant ce siege, il arriva deux choses que nous avons obmises : l'une, la sortie de M. de Guyse, hors du chasteau de Tours, où il estoit prisonnier, dequoy nous laissons les particularitez à un autre, à cause que vous n'eustes aucune part à tout cela : et la seconde, une entreprise que M. du Mayne fit sur Mante, où vous estiez lors empesché à vous faire guerir de vos playes, de laquelle neantmoins ny vous, ny messieurs d'O, de Buhy et vos freres ne peustes sçavoir autre chose, si non que M. du Mayne, avec toutes les garnisons de Dreux, Paris et Pont-oyse, sous esperance de quelque intelligence, vindrent jusqu'à la portée du mousquet des murailles de la ville, sans avoir donné aucune allarme, et n'en eustes tous advis que le jour ne fut desja grand, et n'eussent esté descouverts par les sentinelles, lesquelles leur tirerent quelques harquebusades, au bruit desquelles vous fustes sur les remparts, avec vostre teste encore bandée et leur fistes tirer quelques mousquetades et coups de pieces; et ainsi ils se retirerent en bon ordre, laissans deux cens chevaux derriere : de là ils s'en allerent à Houdan, où il y avoit quelques Suisses, et la compagnie d'un de messieurs vos freres logez, qu'ils firent sommer de se rendre, ou de prendre passe-port pour se retirer; mais s'estans mocquez de cela, et n'ayans respondu qu'à mousquetades, ils reprindrent chacun le chemin de leurs garnisons.

Or, voyant qu'on advertissoit à tous propos M. vostre frere, gouverneur de Mante, qu'il y avoit sans doute une entreprise sur la place, laquelle infailliblement s'executeroit, s'il n'y donnoit bon ordre, dautant qu'il y avoit des intelligences avec des habitans et mesme des soldats, vous luy dittes une fois qu'il vous en parloit afin d'y apporter remede : « Tous ces advis « si mal circonstanciez me semblent bien fort « vagues : et neantmoins, afin de ne rien negli- « ger, si vous me voulez laisser faire, nous « en descouvrirons quelque chose, voire peut- « estre leur dresserons nous une si bonne amorce, « que nous leur ferons maudire l'entreprise. » De quoy s'estant totalement remis à vostre prudence et conduite, vous envoyastes querir six soldats qui avoient esté avec vous, et servy d'enfans perdus le jour de la bataille d'Ivry, lesquels vous aviez mis de la compagnie de M. vostre frere, et leur donniez à chacun huict livres par mois outre leur solde; et leur ayant fait entendre ce que vous desiriez faire, ils s'y resolurent aussi-tost, qui fut de se retirer de la garnison sous couleur d'un grand mescontentement, et par le moyen d'amis se faire recevoir dans la garnison de Pont-oyse, et au bout de quelques jours proposer à M. d'Alincourt une entreprise sur Mante, la rendre si facile par le moyen des intelligences qu'ils disoient y avoir, que les autres, s'il y en avoit, peussent estre descouvertes, et, en tout cas, tous autres desseins quittez pour embrasser celuy-cy.

Il se passa infinies choses avant que de les amener au point desiré, dont le recit des particularitez seroit trop long et peut-estre ennuyeux; et partant il suffira de sçavoir qu'ils firent mettre, par les facilitez que vous y apportiez, entre les soldats de la garnison de Mante, quatre soldats de M. d'Alincourt, lesquels vous cognoissiez bien, mais n'en faisiez pas semblant, et eux n'estimans nullement estre descouverts, donnoient advis de tout ce qui se passoit, et confirmoient ceux que bailloient les six soldats congediez; et fut tout cela si bien conduit que l'on sceut tous les habitans qui avoient quelque affection à la ligue, et que la resolution fut prise d'executer ce dessein à un certain jour, M. du Mayne, pour la seconde fois y estant en personne, à cause de la consequence de l'entreprise, M. le cardinal de Bourbon (1), le conseil du Roy, et le grand conseil faisans là leur residence ordinaire : cependant vous aviez preparé des matelats de poudre à canon pour les enfoüir dans le rempart où se donnoit l'escalade, afin d'y mettre le feu lors que ceux qui seroient entrez se mettroient dessus, et aviez clos toutes les advenuës, et fait percer les maisons en plusieurs lieux, bref accommodé si bien toutes vos inventions qu'il sembloit impossible qu'il se pust sauver un seul de ceux qui donneroient.

Tout cela ainsi preparé, vous fistes peu à peu, afin de ne donner point d'allarme, filer des gens de guerre dans Mante, des garnisons de Nogent, Vernon et Meulan ; et le jour pour l'execution estant arresté, vous envoyastes le sieur de Tilly vers le Roy à Compiegne pour luy donner advis de

(1) Charles de Bourbon, frère du prince de Condé mort à Saint-Jean-d'Angely.

toute cette menée, laquelle il trouva si bien conduite et pleine d'apparence d'un bon succez, que ne voulant, selon sa coustume, laisser passer aucune occasion où il y eut dequoy mener les mains, sans y avoir part, il se delibera de se trouver en celle-cy, renvoyant neantmoins le sieur de Tilly sans luy dire autre chose sinon qu'il approuvoit vôtre dessein, et que vous regardassiez à l'executer aussi bien qu'il estoit commencé; mais comme le soir de la nuict que vous luy aviez cottée fut venu, il arriva dans Mante du costé du pont avec cinquante hommes armez choisis, qui n'avoient que chacun un valet, avec dessein de faire luy mesme la charge qui avoit esté projettée par le dehors lors que l'on verroit l'espouvante parmy les trouppes ennemies, cause de la perte de tant de gens sur les remparts, dans les fossez, et sur les contr'escarpes, dautant que toutes les tours, portaux et courtines, devoient estre bien garnis d'harquebusiers, mousquetaires et petites pieces.

Vous estiez sur les remparts bien embesongné à faire accommoder un matelats de poudre, vos barricades des advenuës et disposer l'ordre des gens de guerre, lorsque l'on vous vint dire la venuë du Roy, laquelle vous apporta un merveilleux desplaisir, vous doutant deja qu'il seroit impossible de le tenir si secrette que les ennemis n'en fussent advertis (quoy que vous eussiez fait arrester et enfermer les quatre soldats de Pontoyse et deux habitants qui avoient intelligence avec eux sans vostre intention) et n'en prissent un tel ombrage que cela les empescha de donner; tellement que plain de dépit, de colere et d'apprehension que vos six soldats ne courussent fortune, vous vous en allastes trouver le Roy, et ne vous pûstes empescher de luy dire en le saluant : « Pardieu, Sire, vous avez fait
« une belle leyée de boucliers, qui infailliblement
« empeschera un signalé service que nous vous
« voulions rendre. Hé quoy ! n'avez-vous pas
« acquis assez de gloire et d'honneur en tant de
« combats et batailles où vous vous estes trouvé
« plus que mille autres de ce royaume, sans
« vouloir tousjours faire ainsi le cheval leger ?
« Pour moy, je tiens que cette vanité (pardonnez moy si je l'appelle ainsi) fera tourner en
« vent et en fumée toutes nos belles esperances ;
« et partant je n'ay plus besoin de rien preparer
« pour leur faire voir mes feux de joye, ou plutost
« de mort, et ferez peut-estre (ce luy dittes-vous
« tout bas à l'oreille) faire pendre six pauvres
« soldats que j'ay employez à un tel hazard pour
« l'affection qu'ils ont à vostre service, de quoy
« ce sera grand dommage. »

Le Roy vous voyant ainsi en colere, et jugeant bien que ce n'estoit pas sans raison, ne s'amusa pas aussi à respondre à vos paroles ; au contraire, il se mit à vous flatter afin de vous appaiser et vous faire retourner sur les remparts pour continuer vostre ordre, voire peu apres il voulut aller voir luy mesme tout ce que vous faisiez et tout vostre travail, lequel il approuva, et s'en alla souper chez monsieur vostre frère, car il n'avoit point amené de cuisine. Apres souper toutes choses estant preparées selon le projet, luy qui estoit las de sa cavalcade et avoit grande envie de dormir, se jetta sur un lict tout vestu et botté avec ses armes aupres de luy ; et vous et un de messieurs vos freres, l'autre demeurant en sa chambre, vous en allastes chacun au quartier à luy destiné, mettre les gens de guerre et toutes autres choses necessaires en l'ordre requis pour bien exploitter, où vous demeurastes toute la nuict à escouter, sans allarme quelconque, et voyant la pointe du jour blanchir l'orient, et par consequent qu'il ne se falloit plus attendre à aucun effet, vous vous desarmastes et vous jettastes sur un matelats, y dormistes environ une heure et demie, et puis vous en allastes trouver le Roy au chasteau, ainsi que M. de Bellangre-ville y arrivoit, ne faisant que venir de Meulan, lequel luy dit en le saluant : « Pardieu, Sire, messieurs de Mante peuvent bien
« remercier vostre venuë, car il ne faut point douter que sans icelle la ville estoit prise, d'autant
« que deux mille hommes de pied et trois cens
« chevaux, entre lesquels estoit M. du Mayne,
« estant venus jusqu'à Bourgenville, si tost qu'ils
« eurent appris par quelques paysans qui avoient
« esté le jour de devant à Mante, qu'il y estoit
« venu force gens, et que mesme ils y avoient
« veu Vostre Majesté, ils s'estoient arrestez tout
« court, et apres estre entrez cinq ou six dans
« une chambre et estre ressortis l'on avoit crié :
« Il faut s'en retourner, car nous sommes decouverts, le Roy estant arrivé à Mante avec
« force gens de guerre : ce qui avoit mis une telle
« espouvante parmy eux, qu'ils sembloient avoir
« fait à sauve qui peut, ayant laissé des charettes chargées d'eschelles, de cordages et de
« piques, que j'ay commandé estre amenées icy
« par les paysans mesmes ausquels ils ont parlé, pour vous les faire voir et entendre, afin
« que vous ne doutiez nullement de ce que je
« vous dis. »

Le Roy, qui n'estoit pas moins fasché que vous d'avoir fait failler un si beau dessein, et voulant faire tout ce qui seroit possible pour le renouër, disputa tousjours avec M. de Bellangre-ville, qu'il n'y avoit nulle entreprise sur Mante ; mais, nonobstant tout, il n'y eut jamais moyen de disposer M. du Mayne à plus rien entreprendre, vos soldats s'estans sauvez d'entre leurs mains, et les leurs d'entre les vostres, qui descouvrirent tout.

Le Roy sejourna quelque temps à Mante, y ayant fait venir le reste de sa Cour et suitte, pendant lequel il executa luy mesme une entreprise que de longue-main le sieur du Rollet avait pratiquée sur Louviers par le moyen d'un certain prestre qui estoit aux gages ordinaires de la ville pour se tenir au clocher, afin de descouvrir tout ce qui en approcheroit, en quoy il s'estoit montré si soigneux et si exact qu'il sonnoit jusqu'à un homme de pied, et portoit une banderole du costé où il arrivoit quelqu'un. Or ce prestre ayant esté gagné par le moyen de deux cens escus au soleil que par diverses fois l'on luy avoit distribuez, et promesse d'un benefice de mille escus de rente, Rollet gagna encore un corporal et trois soldats de la garnison par le mesme moyen, lesquels depuis un mois ou deux, le jour qu'ils estoient de garde à la porte, avoient peu à peu accoustumé dix ou douze bourgeois de la ville, qui entroient en garde avec eux, de s'en aller disner et se fier de la garde de la porte tant à eux que sous la confiance qu'ils avoient au prestre du clocher.

Toutes ces choses ayans donc ainsi esté bien disposées, le Roy partit de Mante une nuict avec trois cens chevaux et cinq cens harquebusiers à cheval, marcha tout le reste d'icelle et tout le lendemain, et prit si bien ses mesures qu'il n'arriva à la veuë de la ville que sur les onze heures; tellement que marchant droit à icelle sans aucun son de cloche, la premiere trouppe que menoit Rollet fut admise dans la ville par son corporal et ses trois soldats gagnez, sans aucune allarme, et en suitte vous y entrastes touts comme vous eussiez pû faire dans une ville amye; si bien que les bourgeois se trouvans ainsi surpris lors qu'ils estoient à table, et voyans tant de trouppes dans leurs ruës avec des escharpes blanches, ils regarderent plutost à se renfermer dans leurs maisons, à cacher tout ce qu'ils avoient de meilleur, et sauver leurs filles et leurs femmes, qu'à prendre les armes ny resister. Il y eut seulement un (il ne nous souvient pas bien si ce fut le sieur de Fontaine-martel ou autre) qui avoit sa compagnie de gens-d'armes là dedans en garnison, lequel prist les armes et tascha de rallier ses compagnons; mais ce fut avec telle precipitation et si mauvais ordre, que tout cela fut aussi-tost dispercé et contraint de se rendre avec la ville, qui fut toute pillée, le principal butin estant en toilles et en cuirs, dont les sieurs de Bois-brueil, Tilly, Maignan, Camorde, Beaugrard, qui estoit de Louviers et en sçavoit tous les aistres, du Peyard, la Trape que vous aviez seulement menez avec vous, en ramasserent quantité que vous partageastes, et en eutes quelque mille escus pour vostre part.

CHAPITRE XXXIII.

Capture précieuse faite par Rosny. Siége de Rouen. Conversation entre Henri IV et Rosny.

Les prosperitez du Roy croissans journellement, tant par les heureuses victoires et prises des villes susdites, que par la conqueste d'une infinité de petites places que faisoit M. de Montpensier, luy enflerent tellement le courage et de tous vous autres messieurs de son conseil, que sur les persuasions et offres des Normands, et les esperances d'assistances de la reine d'Angleterre, des Hollandois et des Allemands, comme ils en avoient donné parole lors qu'il voudroit entreprendre quelque chose de grand, il se resolut d'attaquer Roüen.

Pendant que l'on preparoit toutes choses pour cet effet, le Roy s'en alla vers Compiegne pour des causes secretes, mais sous couleur de despescher le vicomte de Thurenne pour aller faire une levée de reistres; et vous, estant demeuré à Mante, vous y vistes madame de Chasteau-pers, dont vous devinstes tellement amoureux, et elle peut-estre de vous, qu'en peu de jours vous convinstes de vous marier ensemble. Il vous arriva lors aussi une petite fortune que vous nous permettrez de vous ramentevoir, pource qu'il y eut dequoy rire et dequoy profiter tout ensemble, dont l'occasion fut telle.

Le Roy avoit fait faire des défences expresses de ne laisser aller aucuns vivres ny commoditez à Paris ny à Roüen, nonobstant lesquelles les gouverneurs des villes, et sur tout de celles qui estoient sur les rivieres, s'accordans ensemble pour profiter, donnoient journellement des passeports pour faire passer vivres, denrées et marchandises de Paris à Roüen, quoy que vostre compagnie traversast souvent leurs desseins, dautant que vous qui n'aviez jamais désiré de profiter, sinon avec l'honneur et l'advantage de vostre maistre, la faisiez courir sur les passages, et preniez souvent, nonobstant les passeports des gouverneurs, des bœufs, moutons, pourceaux, poullailers, coquetiers et autres choses allans à Paris. Or un jour, comme vous fustes revenu de faire une course, vous fustes adverty par un gentil-homme nommé de Fourges, qui estoit à vous, qu'il estoit passé en vostre absence un grand batteau tout chargé de moruë, haranc, saumon et maquereau salé, pour lequel tous les gouverneurs ayans traitté, montoit de Rouën à Paris, où tout cela se devoit vendre, et en rapporter le prix encor dans un petit batteau, dans lequel devoit estre au retour le pere du sieur de Fourges, avec les passeports des gouverneurs pour la conduitte de cette somme, que l'on disoit ne pouvoir estre moindre de cinquante mille escus; à cét advis vous ne fistes semblant de rien, mais vous ne laissastes pas d'envoyer apres ce batteau pour essayer d'apprendre quelque chose du retour de l'autre, et fustes si bien et si heureusement servi en cette occasion, que faisant tenir un batteau en garde sur la riviere entre Meulan et Mante, dans six jours vous eustes advis que le batteau descendant estoit pris ; aussi-tost vous montastes à cheval, allastes le long des rivages de Seine ; et les ayant rencontré vous vous mistes dedans et l'amenastes à Mante, au grand desplaisir de monsieur vostre frere, car il avoit passeport de luy, dequoy neantmoins il ne vous osa jamais parler, tant par respect que pource qu'il sçavoit bien que le Roy vous soustiendroit en cela, et se mettroit en colere contre luy.

Dans ce batteau, il n'y avoit que deux petits balots liez comme de la marchandise, esquels vous estimiez qu'auroient esté cachez les cinquante mille escus dont on vous avoit parlé ; mais les ayant desballez, et n'y trouvant que des eschevaux de soye d'Espagne et des bobines d'or et d'argent, vous demeurastes bien estonné et en colere; vous demandastes au sieur de Fourges où estoit le prix des salines qui avoient esté venduës, lequel vous respondit qu'il n'y en avoit en essence que ce que vous voyiez dans les balots et que le surplus estoit en lettres de change, desquelles il vous en montra pour trente six mille escus, ce qui augmenta encor vostre colere; mais en vous promenant avec le sieur de Fourges, et le menaçant de le mettre en prison s'il ne disoit verité, il arriva que ses chausses, pour avoir esté trop chargées ou mal cousuës, s'entre-ouvrirent par le derriere, d'où il sortit une traisnée d'escus au soleil qui s'espandoient sur le planché de la chambre, et lors qu'il se voulut arrester vous luy dittes : Allons, allons « M. de Fourges, car je voy bien qu'il y aura « plus de plaisir et de profit à vous faire promener « qu'à vous faire asseoir. » En fin après plusieurs autres tels propos, l'ayant fait despouiller et foüiller, vous trouvastes que l'on avoit cousu environ sept mille escus en or dans ses habillemens, qui vous vindrent bien à propos pour attendre la vente de vos bleds de Bontin, et de vos foins et bois de Rosny.

Nous ne nous amuserons point à reciter les coleres de M. vostre frere et de M. de Bellangreville, ny les risées du Roy lors que tout cela fut sceu. Mais revenans aux preparatifs pour le siege de Roüen, ceux de Caën et autres villes de Normandie tenans le party du Roy, fournirent argent, vivres et munitions.

La Reine envoya d'Angleterre quatre mille Anglois, dont estoit general un nommé Roger Willemes, et de plus y envoya, au temps du siege, le comte d'Essex, lors son mieux aymé, avec quelque infanterie et bonne trouppe de noblesse angloise : les estats des Provinces Unies, outre les deux regimens qu'ils entretenoient d'ordinaire au Roy, luy envoyerent le comte Philippe de Nassau avec une flotte de cinquante voiles bien esquippez, fournis d'environ deux mille cinq cents soldats : et M. de Turenne qui avoit esté envoyé, comme nous avons dit, vers les princes d'Allemagne confederez de la France, ramena le prince d'Anhalt avec cinq ou six mille reistres et quelques lansquenets : et le Roy, ayant ramassé d'ailleurs tout ce qu'il avoit pû, formoit un corps d'armée de pres de quarante mille hommes, compris six mille Suisses, avec lesquelles forces il s'en alla prendre son logement à Dernetal, où vous pristes aussi un logement particulier pour vostre personne; et vous doutant bien que ce siege ne seroit pas un ouvrage de trois jours, vous accommodastes si bien vostre maison et vous pourveustes si abondamment de toutes choses, que vous ny vos chevaux ne manquastes jamais de rien.

Vostre compagnie de gens d'armes, comme toutes les autres, avoit esté logée en la campagne par les villages, afin de les faire vivre, et nous semble que vostre quartier s'appelloit Fresnay Lesplan, où vous n'alliez pas souvent; mais n'abandonniez jamais le Roy, ou le mareschal de Biron, afin de voir tout ce qui se feroit aux trenchées, logemens d'artillerie, et attaquemens de la place, ausquels vous faisiez estat de vous trouver le plus souvent qu'il vous seroit possible ; mais tous ces desirs, où beaucoup d'autres se portoient aussi bien que vous, furent aussi-tost reiglez pour éviter la confusion; et le Roy luy mesme entrant en garde avec deux ou trois cens gentils-hommes des siens de quatre en quatre jours, vous mit de ce nombre : tellement qu'il vous fallut contenter de cela. Il se fit durant ce siege et despendances d'iceluy (qui durerent, ce nous semble, depuis le commencement d'octobre, que le fils de M. du Mayne et le sieur de Villars se vindrent jetter dans la ville, jusqu'au vingtiesme de mars, que M. le prince de Parme quitta la Normandie) plusieurs factions de guerre des plus signalées, et qui meritent bien que toutes les particularitez en soient fidellement recitées par ceux qui feront l'histoire : car cela seroit trop long pour de simples Memoires, comme les nostres où nous nous sommes resolus de ne toucher que comme en passant toutes les choses où vous n'avez point eu de part.

Le siege estant formé, les premieres sorties des assiegez furent sur le quartier des lansquenets, vers le bas de la riviere, lesquels s'en sentirent tellement incommodez, qu'ils furent fort ayse de ceder leurs logemens à ceux de Hollande qui les demandoient; lesquels, plus usitez aux sieges que les autres, se retrancherent, de sorte qu'ils empescherent bien les ennemis de sortir plus librement. Le baron de Biron, mareschal de camp, fut logé sur le haut, pres du fort Saincte-Catherine, où l'on se resolut, suivant l'advis ou plutost la volonté de son pere, car il ne pouvoit souffrir d'estre contredit, de faire les plus grands attaquemens, lequel dessein nous vous oüismes grandement blasmer, ayant tousjours en la fantaisie qu'il falloit attaquer la ville de Roüen, que vous disiez estre fort foible en de certains endroits, et par consequent fort facile à prendre; au lieu de s'amuser à attaquer une teste si estroitte que le sieur de Villars, qui avec un merveilleux courage et diligence se trouvoit quasi tousjours par tout, pouvoit défendre avec deux fois autant de gens que l'on le pouvoit attaquer. Et voyant qu'au lieu de s'advancer vers le fort, de nouvelles fortifications s'advançoient vers les assiegeans, plusieurs vindrent à croire, et le bruict n'en estoit pas trop sourd, que le vieil mareschal de Biron, mal content de ce qu'ayant demandé le gouvernement de Roüen au Roy, il luy avoit respondu qu'il en estoit engagé de parole à M. de Montpensier, pour M. de Hallot, il faisoit toutes choses par despit, et ne vouloit nullement que la ville se prist.

Le Roy vous voulut bailler une bande d'artillerie à loger et executer; mais le mareschal (à cause qu'une fois disnant avec luy, vous lui dittes : *Ville prise, chasteau rendu*), les sieurs de la Guiche, de Bort, la Fayolle, et autres officiers ne le voulurent souffrir, quoy que vous offrissiez de travailler sous eux tant que vous avez toujours eu d'inclination à apprendre ce mestier, ce qui fut un grand bon-heur pour vous, dautant que le Roy avoit deliberé de vous bailler une partie des pieces qui furent depuis prises.

Or, le Roy essayant par diligence, assiduité, industrie, et l'exposition de sa propre personne à tous perils, de reparer les deffauts et mauvaises volontez de plusieurs qui ne lui estoient que trop manifestes, voulut avoir sa nuict de garde dans les tranchées, ausquelles il entroit de quatre nuicts l'une, avec deux ou trois cens de vous autres messieurs qu'il avoit esprouvez : et comme il eut esté adverty que ceux du fort advançoient une longue trenchée du long la pente et declin de la coline, où il entroit en garde toutes les nuicts six ou sept cens hommes, afin de venir attaquer les siennes par le derriere, il delibera d'y faire un effort pour s'en saisir la nuict qu'il seroit de garde, et, pour cet effet, ayant choisi trois cens gentils-hommes armez de toutes pieces, la plus-part d'armes à l'espreuve, il vous ordonna d'avoir tous des hallebardes et des pistolets à la ceinture, et sçay bien que vous en aviez deux, chargés de carreaux d'acier, car vous fistes tant avec le Roy que, connoissant et aymant le pere d'un de nous quatre, qui l'avoit si bien servy à la prise d'Eause, il vous permit de mener avec vous le fils dont bien vous servit; outre cela prit quatre cens mousquetaires ou piquiers à l'eslite; et avec ces forces estant dans sa garde environ la minuit, et ce nous semble au mois de decembre, car nous sçavons bien qu'il faisoit grand froid, il fit donner un furieux assaut en divers lieux de ces trenchées, lesquelles durant demie heure, furent assez bien défenduës, à force de mousquetades et de coups de main, tant de piques que de hallebardes, de quelques-uns desquels vous fustes renversé par deux fois en voulant monter sur les bords relevez des trenchées pour vous jetter dedans, et trouvastes que vostre resolution d'avoir mené avec vous, celuy de nous quatre dont nous avons parlé, ne fut pas inutile, car il vous ayda à vous relever et reagencer vos armes, voire mesme vous luy baillastes vostre hallebarde, dont l'allumelle estoit rompuë, et pristes la sienne : enfin tous vous autres encouragez par la presence du Roy, qui ne s'espargnoit non plus que le moindre de tous, ces attaquemens furent tellement opiniatrez et par tant d'endroits que cette trenchée fut emportée, dans laquelle l'on trouva quelque cinquante morts, ou tellement blessez qu'ils ne valloient guere mieux, lesquels furent jettez dehors sur le penchant de la montagne.

Le Roy, qui esperoit tousjours venir à bout de son dessein, avoit fait porter de grandes pieces de bois, et des barriques et petits gabions pour mettre dessus, afin de faire des traverses pour empescher les veuës et enfillures des lieux eminens du fort, dans les trenchées, qu'il commit en la garde des Anglois; dequoy M. de Villars adverty par quelques prisonniers, et que c'estoit le Roy en personne avec les principaux seigneurs et gentils-hommes de sa suitte qui en avoient fait l'attaquement, il ne se pût empescher de dire tout haut : « Pardieu, ce prince là, pour sa valeur, « merite mille couronnes : et suis marry que par « une meilleure croyance, il ne nous donne autant d'envie de luy en acquerir de nouvelles, « que par celle qu'il tient, il nous donne de sujet « de luy debattre la sienne ; mais si ne sera-il pas « dit que j'aye manqué à tenter de ma personne « ce qu'un grand Roy a executé de la sienne. » Et sur cela se resolvant de recouvrer ce que les siens avoient perdu, il choisit d'entre tout le meilleur de ses gens de guerre quatre cens hommes armez, comme il avoit appris qu'avoient esté ceux du Roy, et huict cens mousquetaires ou piquiers à l'eslite avec lesquels il assaillit les Anglois d'une telle furie et obstination, qu'apres un combat de deux heures durant, où l'on dit que les Anglois firent des merveilles, ils en furent enfin chassez, laissans plus de cinquante de leurs morts ou pris et la trenchée perduë pour le Roy, lequel ne pouvant souffrir la gloire et la vanité que M. de Villars en prenoit, il delibera d'en tenter le recouvrement, et y aller encore plus fort que l'autre fois le premier jour qu'il seroit de garde ; ce qu'entendu par le general des Anglois, afin de faire cesser le blasme que les ennemis de la religion donnoient à ceux de leur nation d'avoir mal defendu ce qui leur avoit esté baillé en garde, il le supplia de vouloir prendre au nombre de sa noblesse cent gentils-hommes anglois, et, au lieu de gens de pied françois, de ceux d'Angleterre tels qu'il les choisiroit, l'asseurant de faire un tel effort qu'ils y mourroient tous ou qu'ils regagneroient leurs logemens ; ce que le Roy ayant eu agreable, le jour de sa garde venu, il se trouva selon sa coustume dans les trenchées, avec tout ce qui devoit donner avec luy ; et, à l'heure ordonnée estans tous armez comme l'autre fois, vous secondâtes si furieusement la noblesse angloise, qui avoit insisté d'avoir la pointe, et fustes si vaillamment assistez par les mousquetaires, piquiers et hallebardiers anglois, que les ennemis estonnez d'un si impetueux assaut fait en tant de divers endroits, qu'ils quitterent et filerent vers le fort sans opiniastrer que fort peu le combat, et furent les trenchées regagnées en demie heure, dans lesquelles les Anglois se logerent si fortement, et se tindrent tousjours depuis si bien sur leurs gardes, qu'il fut non seulement impossible aux ennemis de les desloger, mais aussi empescher qu'ils ne s'advançassent de trop pres vers les contr'escarpes de leurs ravelins.

Le lendemain le Roy ayant appris que vous le blasmiez de ce qu'il se hazardoit par trop en des choses indignes de sa qualité royale; que vous aviez grande amitié avec M. de Villars, et mesme avoit un maistre d'hostel que vous luy aviez donné, lequel avoit esté autrefois le vostre, et qui vous affectionnoit grandement, il vous tira à part dans l'embrazure d'une des fenestres de sa chambre, et commençant son propos de loin, vous dit : « Hé bien ! que vous semble-il « de ces deux derniers attaquemens que nous « avons faits avec un si heureux succez ? ne me-« ritent-ils pas que la memoire en soit conser-« vée ? — A la verité, Sire, luy dites-vous, qui en « pourroit descrire au vray toutes les particula-« ritez, et entre les autres celle où Vostre Ma-« jesté a pris part, et s'est hazardée comme le « plus déterminé de nous tous, j'estime qu'il ne « se verroit rien de si celebre en tout ce que l'on « dit avoir esté fait par les plus grands chefs de « guerre de nostre siecle et de tous ceux du passé ; « que s'il y avoit quelque chose à blasmer, c'est « nostre grande obeyssance à vous tolerer d'aller « en des lieux si hazardeux ; car, si vostre personne « venoit à se perdre, il ne faut plus croire qu'il en « reste d'assez capables pour restablir la France.
« — Il n'y a remede, mon amy, ce vous dit-il, « car puis que c'est pour ma gloire et pour ma « couronne que je combats, ma vie et toute autre chose ne me doit estre rien au prix ; à quoy « je suis bien resolu, comme vous le verrez en « toutes les occasions qui me seront presentées « par un si important siege, que je crains bien « qu'à la fin nous serons contraints de lever « aussi bien que celuy de Paris ; car j'ay advis « que le prince de Parme se prepare pour mar-« cher avec un commandement absolu de secou-« rir cette place, et neantmoins qu'il ne se has-« tera pas qu'il ne la sçache à l'extremité ; et « nous avons affaire à un homme, qui est le Villars, merveilleusement resolu et determiné, et « lequel n'estant pas aisé à estonner, ne parlera « jamais de capituler, qu'il ne se voye hors d'es-« perance de secours. Or vous ay-je dit tout cecy « pource que j'ay appris que vous avez grande « amitié et confidence ensemble, et qu'il a un « maistre d'hostel, nommé la Fond, qui a esté « autrefois le vostre, lequel vous luy avez donné, « et le gouverne entierement ; que si par son « moyen vous pouviez traitter quelque chose « avec luy et le rendre mon serviteur, il n'y a « rien que je ne leur accordasse ; car, par ce « moyen, je me rendrois la Normandie paisible « entierement.

« Sire, luy respondistes-vous, j'avois desja « bien pensé à tout cela ; voire avois essayé, par « le moyen de la Fond, de pouvoir parler à luy ; « mais il n'y a jamais voulu entendre, disant « qu'il se mettroit en trop grand soupçon parmy « les siens, et feroit perdre le courage à ceux qui

« se preparent pour le venir secourir; qu'il n'est « pas encore en estat d'avoir besoin d'entre-met- « teur, et que si jamais cela arrive qu'il n'en « prendra point d'autre que moy, qui est toute la « responce que j'en ay pû tirer; tellement que « c'est à vous à regarder lequel des deux seroit « le meilleur, ou d'aller au devant du prince de « Parme si tost qu'il approchera de Neuf-chastel « et luy donner bataille, ou le faire repasser la « Somme avec honte et dommage, ou, sans vous « amuser plus à ce fort de Saincte Catherine, at- « taquer puissamment la ville et la battre furieu- « sement; car vous avez une armée capable de « l'un et de l'autre, et n'estime pas que vous en « puissiez de long-temps rassembler une telle; « et y a plusieurs raisons qui font croire que « ceux qui tant obstinement vous attachent à ce « fort, n'ont pas envie que la place soit prise, « ny que vous veniez au dessus de vos affaires « tant que vous serez de la religion; voire il y « en a qui n'en font point la petite bouche, « et qui ont esté si audacieux que de me le dire.

« Je croy bien tout ce que vous me dittes, « vous respondit le Roy, et voy bien davantage, « qui est le pis, c'est que la pluspart des zelez « catholiques se lassent de cette guerre, et se- « roient à la fin gens pour se separer de moy et « faire un party à part, ou se joindre avec ceux « de la ligue, avec lesquels ils ne cellent point « qu'ils compatiroient bien mieux qu'avec les « huguenots, qui seroit la ruyne de l'Estat et de « la maison de Bourbon; car estant rejetté, ja- « mais ils n'en admettront un autre, quelque « chose que se puissent imaginer mes parens; et « pour toutes ces raisons endurez-je d'eux tous « mille choses qui me faschent bien fort, et ha- « zardez-je ainsi tous les jours ma vie pour main- « tenir ma reputation, remettant en Dieu, et moy « et mes affaires, (comme il est dit en mon « pseaume) puis qu'il m'est beaucoup meilleur « de mourir les armes à la main que de voir dis- « perser mon royaume et aller mandier secours « hors d'iceluy; et partant suis-je bien resolu « d'aller au-devant de l'armée ennemie si tost « que je sçauray que les estrangers auront joint « les François rebelles, mais non avec toute la « mienne, car ce seroit lever le siege de trop « bonne heure, et nous avons affaire à un vieil et « rusé capitaine, lequel ne faudroit pas, ayant « obtenu de si loing l'effet qu'il desire, d'en faire « vanité, et de s'en retourner sans rien hazarder « n'y s'engager dans le royaume, en lieu où je « luy puisse faire voir qu'il y a encore au monde « d'aussi bons capitaines que luy. Comme cette « situation de Roüen y est fort propre, et par- « tant estimé-je qu'il suffira de prendre six mille

« chevaux et mille harquebusiers à cheval, les- « quels aussi-bien sont inutiles à ce siege sinon « contre un secours, et m'en aller vers la fron- « tiere, pour voir si je pourray entamer ses « troupes, comme j'en viendray bien à bout s'il « s'il se jouë, ou M. du Mayne, de m'opposer « leur cavalerie, ou les empescher de passer la « riviere de Somme; bref, descouvrir leurs reso- « lutions et recognoistre leurs forces; et partant, « afin de ne vous entretenir pas long-temps (car « les catholiques prennent jalousie quand je « parle à part à un huguenot), allez vous en au- « jourd'huy coucher au quartier où est logée « vostre compagnie de gens-d'armes, et sur tout « choisissez-en quinze ou vingt des mieux mon- « tez et armez pour les mener avec vous, car je « veux que vous soyez du voyage; et afin que « ceux qui vous regardent ne soupçonnent rien « de tout ce dont nous avons parlé, je m'en vay « dire à messieurs de Nevers, de Longue-ville, « de la Guiche, d'O et Chasteau-vieux, qui chu- « chotent là vers la cheminée aux oreilles les uns « des autres, que ce que je vous ay entretenu si « long-temps, a esté pour sçavoir ce que le sieur « de Villars vous a fait dire par son maistre « d'hostel qui a esté autre-fois à vous, et ce que « vous avez à dire et faire sur tout ce qu'ils vous « proposeront. »

Et s'estant advancé vers eux, vous vous en allastes monter à cheval pour aller coucher à vostre quartier où vous sejournastes deux jours, et nous fistes parler en secret à quinze ou vingt de vostre compagnie, que vous estimiez le plus, afin de se tenir prests de marcher au premier advis; et vous en estant retourné à Dernetal, vous appristes, à vostre arrivée, que M. de Villars ayant fait une sortie à cheval avec cent hommes bien armez et montez, avoit d'abord renversé et mis en fuitte la trouppe qui estoit en garde, voire l'avoit quasi couruë jusques dans Dernetal, et eût bien fait d'autres ravages s'il n'eust rencontré par hazard le Roy à cheval avec sa cuirasse; lequel rallia ceux qui fuyoient avec ce qu'il avoit, qui leur fit teste. Il se passa, en cette sortie et démeslement de combat, une infinité de particularitez des plus remarquables de tout le siege, du recit desquelles neantmoins nous nous abstenons, pource que vous n'y eustes nulle part; et nous contenterons de dire en gros que le baron de Biron, un capitaine anglois, duquel nous n'avons pas retenu le nom, et M. de Grillon y firent bien; le dernier desquels y eut un bras froissé d'une harquebusade; mais que sur tous le Roy y fit des choses admirables de jugement, de valeur, de diligence et de disposition, quasi semblables à ce que l'on raconte du premier monarque des Grecs, lors qu'il se jetta du haut des murs dans la ville des Oxidraces.

CHAPITRE XXXIV.

Tentative du prince de Parme pour faire lever le siége de Rouen. Le Roi marche contre lui avec sa cavalerie. Imprévoyance du duc de Nevers. Rencontre d'Aumale.

[1592] Le Roy qui avoit tousjours de coustume de chercher de nouvelles occasions à ses genereux desseins, quitte le siege de Roüen; et y ayant mis le meilleur ordre qu'il luy fut possible pendant son absence, et laissé toute la charge d'iceluy au mareschal de Biron, il choisit trois à quatre mille chevaux sur toute la cavalerie françoise, environ autant de ses reistres, et mil harquebusiers à cheval, et partit avec cela pour aller au devant du prince de Parme, lequel commençoit à marcher, mais assez lentement, à cause qu'il attendoit encore la jonction des forces papales, et plusieurs de celles de M. du Mayne, lequel luy mesme, avec une bonne partie de ce qu'il avoit de meilleur et de plus confident, avoit esté contraint de s'en retourner à Paris en diligence, pour donner ordre à une grande esmotion et combustion qui y estoit survenuë touchant la penderie du president Brisson et de quelques conseillers du parlement, où il fut necessité de séjourner plus long-temps qu'il ne pensoit, pource qu'il luy fallut faire pendre quatre des Seize.

Mais toutes ces affaires estant hors de nostre dessein (qui n'avons entrepris de vous ramentevoir que les choses que vous avez veuës, oüyes, faites, ou esquelles vostre interest particulier a esté meslé), nous reviendrons au voyage du Roy, lequel partit de Dernetal avec les forces que nous avons dittes, et prit le chemin de la riviere de Somme, sur les rivages de laquelle le prince de Parme avoit logé ce qu'il avoit de forces, tant d'un costé que d'autre; resolu neantmoins de ne s'advancer pas davantage, s'il n'y estoit contraint, et ce pour trois raisons, comme le Roy l'apprit depuis de quelques prisonniers. La premiere qu'il attendoit, ainsi qu'il a esté dit, le duc de Sfondrato, nepveu du pape Gregoire, avec ses trouppes; la seconde, l'absence de M. du Mayne pendant laquelle il ne vouloit rien hazarder; et la troisiesme, que M. de Villars lui avoit mandé que sa place n'avoit encore nulle necessité, ny ne se sentoit pressé des ennemis, et partant qu'il pouvoit, sans rien precipiter, donner ordre aux autres affaires plus urgentes, et prendre le loisir d'assembler toutes ses forces, pour venir apres, la teste baissée, droit au Roy, lors que la grandeur et gaillardise de ses forces seroient davantage consommées et allenties par le temps et les fatigues, luy promettant de ne les laisser cependant guere en repos.

La premiere journée le Roy s'en alla, ce nous semble, loger vers Boissiere et le Neuf-chastel, le lendemain vers Blangny, Londiniere, Longueville, Senarpont et Gamaches, et le troisiesme jour il s'achemina vers les quartiers de l'ennemy; lequel, de son costé, ayant aussi fait advancer quelques trouppes, conduites, comme il fut depuis dit au Roy, par les sieurs de Rosne, Ballagny, Vitry, le baron de la Chastre, Sainct Paul, la Mothe et autres des plus esveillez François de son armée, il se fit, à la rencontre de tant de braves gens, un fort grand combat, qui fut, ce nous semble, pres de Folle-ville où le Roy mesme se mesla. Il vous avoit ordonnez une trentaine de ceux qu'il cognoissoit de longue-main, et avoit esprouvez en maintes occasions, pour avoir l'œil sur sa personne, et ne l'abandonner en aucune façon sans son expres commandement. Il vit donc, et vous aussi, car vous estiez du nombre des trente, faire deux ou trois fort belles charges et recharges par les sieurs baron de Biron, de Laverdin, Givry, Sainct Geran, Marjuaut, Chanlivaut, la Curée, Arambure et autres, esquels ils se trouverent plus rudement enfoncez qu'ils n'avoient estimé et tellement embarrassez, Laverdin et quelques autres ayans esté portez par terre, que le Roy fut contraint d'aller à la charge, avec vous autres et deux cens chevaux separez en deux escadrons pour les des-engager, voire de mander à tout le gros de ses six mille chevaux, où commandoit M. de Nevers, de s'advancer en diligence.

Il demeura en ces combats quelques morts, prisonniers et blessez des deux costez; et le Roy croyoit desja avoir rencontré l'oportunité par luy tant desirée, de pouvoir affronter sa cavalerie à celle de l'ennemy sans son infanterie; mais eux voyans marcher tant d'escadrons, se retirerent au corps de leur armée, suivant le mandement expres que leur envoya faire le prince de Parme. Et le Roy ne voyant nulle raison de les aller attaquer à la mercy de tant de bataillons, qui sembloient une forest de picques, et que la nuict approchoit, il fit aussi retirer ses trouppes, et s'en alla loger, ce nous semble, à un bourg nommé Bretueil, et quelques autres proches de là, où l'on fut fort pressé; car il ne falloit pas s'escarter ayant l'ennemy voisin, voire il y en eut plusieurs logez au piquet quelque grand froid qu'il fist, car il me souvient que tout estoit couvert de neiges.

Il se fit encore, durant deux ou trois jours, plusieurs combats de diverses trouppes, desquels nous ne dirons rien de particulier, dautant que vous n'y fustes pas, vous tenant tousjours pres de la personne du Roy, et nous contenterons de vous ramentevoir deux occasions où vous vous trouvastes durant ce voyage, vous priant de nous excuser si nous en transposons peut-estre l'ordre et le temps, pource qu'à la verité il ne nous en souvient pas bien; car encore qu'en l'une d'icelle, vous, ny les trouppes où vous estiez, ne missiez point les armes à la main, si ne laisse-elle pas de meriter d'estre entenduë; car à tout le moins vous servira-elle d'un conte pour rire, enveloppé de divers et fascheux accidens, lesquels arriverent ainsi.

Le Roy ayant sceu que M. de Guyse avec son escadron de cavalerie, qu'il commandoit comme ayant charge de l'avant-garde du prince de Parme, estoit logé sans aucune infanterie dans un gros bourg, nommé Bures, il se resolut d'essayer à l'enlever; et, afin de luy couper en mesme temps le chemin de sa retraitte dans le corps de son armée, il fit faire deux gros, l'un de douze cens chevaux, et de mil harquebusiers à cheval où il commandoit en personne pour faire l'attaquement de Bures, et l'autre de pareil nombre de cavalerie sans infanterie, dont il bailla la conduitte à M. de Nevers, luy ordonnant d'aller passer la riviere sur laquelle estoit situé ce bourg de Bures, à celuy de Bully, ou en tel autre lieu qu'il feroit recognoistre et jugeroit plus à propos, pour s'aller mettre sur le chemin qui va de Bures au corps de l'armée ennemie, afin de tailler en pieces tout ce qui, s'enfuyant, y voudroit faire sa retraitte, y ayant apparence que ce seroit piece à piece et en grand desordre, à cause de l'espouvente et de l'embarras des bagages. Tout cela donc ainsi bien ordonné, eut eu son effet semblable, s'il eust esté aussi bien suivy par tout comme il le fut par les trouppes où commandoit le Roy; car luy mesme se trouvant partout, fit si à propos et si furieusement attaquer ce logement de M. de Guyse, qu'il fut forcé, plusieurs des siens tuez sur la place, et tout le bagage tant de luy que des siens entierement perdu, jusques à sa cornette verte qui fut emportée et presentée au Roy; de laquelle faction nous laissons les autres particularitez aux historiens pource que vous n'y fustes pas.

Le Roy ayant ordonné, à vostre grand regret et desplaisir, que soixante chevaux qu'il vous avoit baillez à mener pour cette execution seroient de la trouppe de M. de Nevers, lequel par sa lenteur et improvidence ne fit rien du tout, voire fallit à se perdre luy-mesme; car ayant, si tost que le Roy luy eut donné son ordre, envoyé recognoistre un passage sur la mesme riviere où est assis le bourg de Bures, l'on trouva que le plus commode estoit celuy de Bully; mais n'y ayant laissé personne pour s'en asseurer ny advertir de ce qui surviendroit, il arriva, comme il a esté sceu depuis, que, sur les advis receus par le prince de Parme, que le Roy s'advançoit vers les logemens de son avant-garde, qui n'estoit que de cavalerie, il avoit envoyé un regiment de quinze ou seize cens hommes pour les départir par leurs quartiers, afin d'y faire garde, et luy pouvoir donner loisir de les secourir s'ils estoient attaquez; mais ces trouppes n'ayans voulu se resserrer, à cause qu'elles estoient desja fort pressées de logis, pour faire place aux gens de pied, ils avoient esté contraints d'aller chercher giste ailleurs; lequel n'estant guere bon au piquet à cause de l'extreme froid qu'il faisoit lors, la terre estant couverte de glaces et de neiges, ils s'en allerent loger à ce bourg de Bully où M. de Nevers avoit fait dessein de passer, et n'y arriverent qu'il ne fut nuict fermée; tellement que ne vous en ayant pû estre donné advis, ny eux non plus le recevoir de vostre acheminement, vous marchastes quasi toute la nuict, afin de vous rendre à la pointe du jour à Bully, M. de Nevers ayant mis devant cinquante chevaux avec de bons guides pour luy servir de coureurs et marcher deux ou trois mille pas devant son gros, et entre les deux encor cent autres chevaux pour seconds coureurs, afin de le tenir adverty à temps et à propos de tout ce qu'ils apprendroient.

Or, pource qu'il arriva lors un accident des plus estranges, sans aucune meslée, combat ny perte d'aucun costé, et que tant d'embarras qui s'ensuivirent, ne se terminerent en fin qu'en une histoire de plaisir, vous nous permettrez de vous faire ressouvenir d'une partie des particularitez qui s'y passerent, que nous consideräsmes autant que nuls autres; car vous nous aviez mené avec vous.

M. de Nevers donc, ayant marché toute la nuict suivant l'ordre cy-devant dit, estant dans son carrosse, un mancheron à la main, dont il se bouchoit le nez et la bouche, vous arrivastes à soleil levé sur le haut de la montagne, au pied de laquelle est situé Bully; ses premiers coureurs marchans tousjours devant, comme nous avons dit, se trouverent à l'entrée du bourg, sans avoir pris ny donné allarme, jusques à ce qu'ils furent entrez dedans, et virent prés de la porte un corps de garde fort bien garny de piques, corcelets, harquebuses et mousquets, et plusieurs soldats ayans mine d'estrangers qui estoient rengez à l'entour d'un feu, dequoy les uns ne furent pas moins estonnez que les autres, tellement que ces soldats voyans ces escharpes blanches coururent aux armes et aux portes qu'ils fermerent; sur quoy vos gens ne pouvans ressortir par la porte qu'ils estoient entrez, traverserent le bourg en diligence et sortirent par la porte opposite, les pistolets à la main, avant que les chefs de cette infanterie eussent pû donner aucun ordre pour les en empescher. Pendant cét embarras M. de Nevers et tous vous autres messieurs estiez arrivez sur le haut de la montagne, croyans certainement que vos coureurs seroient passez sans difficulté ny rencontre, puis que vous n'en aviez autres nouvelles, et que vous feriez le semblable.

Aussi desja M. de Nevers, en son carrosse, s'estoit enfourné dans le chemin de la descente qui estoit fort creux, fort estroit et fort en tourniollant pour estre rendu moins roide, lors qu'il entendit tirer quelques mousquetades, lesquelles alloient tousjours en augmentant, et qu'il vit revenir à luy ses seconds coureurs, espars par la montagne, lesquels cryoient qu'il eust à se retirer promptement, d'autant qu'il y avoit grand nombre d'ennemis logez dedans ce bourg qui en sortoient à puissance et tiroient en furie; sur lequel avis il y eût bien à crier des fois *diantre*, appellant de ses gens pour le venir tirer du carrosse, desteller ses chevaux et les attacher au derriere pour le retirer à mont; ce qui fut fait avec beaucoup de peines, et neantmoins sans aucune perte de part ny d'autre, vous estans tous retirez sur vostre piste, et allez loger à un bourg que vous aviez passé la nuict à une lieuë de là, où vous eustes nouvelles du bel exploit que le Roy avoit fait dans le quartier de M. de Guyse, où il fut rendu peu de combat, la cavalerie n'ayant quasi songé qu'à fuyr, sauver le moûle du pourpoint, et laisser la cornette verte, et le bagage pour les gages.

L'autre occasion fut bien d'une autre nature, car au lieu d'appester à rire, elle pensa preparer des larmes eternelles à la France, dautant que le Roy faillit à estre tué, n'estant que trop prodigue de son sang pour espargner celuy des siens, ce qui arriva en cette maniere.

Le Roy voyant le prince de Parme, pour éviter que l'on ne l'engageast à aucun combat, que conjoinctement avec son infanterie, avoit rejoint son avant-garde au corps de son armée, afin de marcher et loger seurement, fit dessein de s'en aller à Aumale avec six mille chevaux ; mais M. de Givry, qui estoit à la teste, et avoit esté envoyé pour prendre langue, luy ayant donné advis que tout le camp marchoit, et croyoit-on que c'estoit à dessein de le venir forcer dans ses logemens, ou le contraindre d'en partir avec honte et peut-estre dommage. Apres avoir sur ce tenu conseil avec tous les principaux d'aupres de luy (où vous fustes aussi appellé; car le Roy en envoya l'un de nous quatre vous appeller), il resolut, afin d'éviter l'embarras, de renvoyer tout son gros à Ophy, Blangy et Neufchastel, et de retenir seulement quatre cens chevaux à l'eslite, et cinq cens harquebusiers à cheval, sans aucun bagage, et avec cela aller luy mesme recognoistre l'armée de l'ennemy, leur contenance, ordre de bataille, et forme de marcher, voire essayer d'entamer quelqu'un de ses escadrons, si quelqu'un de sa portée s'emancipoit de quitter la faveur des bataillons.

Ayant donc, selon sa coustume, choisi trente de vous autres ses anciens serviteurs, pour vous tenir pres de sa personne, il monta le costeau d'Aumale, et marcha bien deux lieuës sans allarme, ny voir auctunes gens de guerre : jusques à ce qu'estant parvenu à une grande plaine, et le temps s'estant rendu fort clair, M. de Givry qui menoit ses coureurs fort loin devant luy, manda qu'il oyoit des trompettes et tambours du camp ennemy, et peu apres qu'il l'avoit descouvert et recogneu, marchant en ordre de bataille infiniment serré, sa cavalerie enclose entre ses bataillons, et le tout enfermé de plusieurs chariots, marchans en file sur les costez, reservé quelques trouppes de chevaux legers et de carrabins, par turmes ou brigades voltigeans sur les aisles par la campagne, ce qu'entendu par le Roy, et voyant par cét ordre et forme de marcher, le peu de moyen qu'il y avoit de rien entreprendre sur un corps si bien disposé, apres qu'il en eut luy mesme fait la recognoissance, et jugé que l'armée pouvoit estre de seize à dix-huit mille hommes de pied, et de six à sept mille chevaux, et qu'il se fust tiré plusieurs coups de carabines et de pistolets entre les plus advancez des deux costez; il separa encore sa trouppe en deux, et ne retenant que cent chevaux ou environ pres de luy, il envoya le surplus, de crainte de confusion, repasser la chaussée et le bourg d'Aumale, leur enjoignant de faire ferme sur la croupe de la montaigne, afin de le pouvoir soustenir, s'il se trouvoit trop pressé à sa retraitte; puis ayant commandé à M. de Laverdin de s'aller loger à l'advenuë du bourg avec cinq cens harquebusiers, et en garnir les fossez, hayes et rideaux de la descente, pour arrester les plus eschauffez des ennemis. Les voyans marcher vers luy, il s'advança vers eux (1) avec un si grand desplaisir de vous tous

(1) « Si le roi, dit Mezeray, fut blamé de s'y étre engagé

qui l'aymiez veritablement, de le voir ainsi se hazarder sans besoin, que vous ne vous pouviez empescher d'en grommeler tout haut, et enfin de concerter ensemble pour luy faire remontrer, et fustes prié de luy en vouloir parler, ce que vous fistes en ces mesmes termes.

« Sire, ces messieurs qui vous ayment plus « que leur vie, m'ont prié de vous dire, qu'ils « ont appris des meilleurs capitaines, et de vous « plus souvent que de nul autre, qu'il n'y a point « d'entreprise plus imprudente et moins utile à « un homme de guerre, que d'attaquer estant « foible à la teste d'une armée. » A quoy il vous respondit : « Voyla un discours de gens qui ont « peur; je ne l'eusse pas attendu de vous autres. « — Il est vray, Sire, luy repartistes vous, mais « seulement pour vostre personne qui nous est « si chere; que s'il vous plaist vous retirer avec « le gros qui a passé le vallon, et nous comman-« der d'aller pour vostre service ou vostre con-« tentement, mourir dans cette forest de piques, « vous recognoistrez que nous n'avons point de « peur pour nos vies, mais seulement pour la « vostre. » Ce propos, comme il vous l'a confessé depuis, luy attendrit le cœur, tellement qu'il vous dit : « Je le croy, et encore choses plus ge-« nereuses, mais aussi croyez de moy que je ne suis pas si estourdy que vous « estimez; que je crains autant ma peau qu'un « autre; et que je me retireray si à propos qu'il « n'arrivera aucun inconvenient. »

L'armée du prince de Parme marchoit tousjours en avant, luy estant au milieu sans aucunes armes, ny mesme des bottes, dans un chariot tout descouvert; lequel (ne voulant rien hazarder, pource qu'il ne sçavoit pas, à la verité, si cette trouppe estoit soustenuë d'une plus grosse, et toutes les deux de toute la cavalerie du Roy, que l'on luy avoit dit estre de six à sept mille chevaux, ausquels la sienne n'estoit nullement comparable) ne faisoit faire que de fausses charges, defendant aux siens de s'engager. Mais apres que par plusieurs voltigemens de ses chevaux legers et carrabins, qui donnoient par les costez de la trouppe du Roy, il eut descouvert que le gros de ses escadrons avoit passé le vallon, et qu'il n'y avoit de son costé que cent ou six vingts chevaux qu'il voyoit, il commanda, lors que l'on fut proche d'Aumale (ainsi que quelques prisonniers conterent tout cecy au Roy quelques jours apres), que l'on chargeast de queuë et de teste, ce que l'on fist si bravement et par tant d'endroits, que le Roy et sa trouppe furent poussez et renversez jusques sur la teste du vallon,

« en volontaire, il fut loué de s'en estre démêlé en capi-« taine. »

où il pensoit trouver ses harquebusiers logez pour le soustenir et arrester l'impetuosité de ceux qui le poursuivoient : tellement qu'il tourna teste et fit ferme, criant *charge*, sans neantmoins avoir dessein de charger, comme il vous en avoit tous advertis. Mais estant arrivé que la pluspart de ses harquebusiers estoient descendus plus bas, soit de peur, soit à dessein de tirer advantage des rivages du ruisseau, les ennemis, qui, à ce cry de charge, et aux premieres harquebusades tirées, avoient tenu bride en main, croyans que toutes les hayes, fossez et maisons seroient garnis de mousquetaires, voyans qu'ils n'avoient tiré que cinquante ou soixante coups, et que la salve ne continuoit plus, *ils* commencerent la charge plus furieuse qu'auparavant, et le Roy ne put empescher qu'ils ne se meslassent parmy les siens, et que la pluspart d'entre vous n'en vinssiez avec eux aux coups de pistolets et d'espées, entre lesquels se trouvant luy mesme des plus avant et plus embarrassez (ainsi qu'il demeuroit derriere pour vous faire tous retirer en ordre et filer vers le pont, afin de le passer sans confusion), il receut une harquebusade dans les reins, nonobstant laquelle il ne laissa pas de faire bravement sa retraite, sans s'estonner, ny autre desordre ou perte que de cinquante ou soixante des siens, entre lesquels le bon-heur voulut qu'il s'en trouva fort peu de qualité. Puis ayant passé le pont il fit derechef ferme, et en suitte il se retira au pas vers le costau, où les quatre cens chevaux qu'il y avoit envoyez faisoient ferme avec une mine si asseurée, que le prince de Parme ne pouvant juger de ce qui estoit derriere eux, et craignant d'engager sa cavalerie contre toute celle du Roy, il envoya defendre aux siens de monter sur la plaine, et se contenta de faire ses logemens dans Aumale, comme le Roy de son costé s'en alla gagner Ophy, et de là à Neuf-chastel où il arriva une chose estrange, qui fut que le Roy s'estant mis au lict pour se faire panser de son harquebusade, apres qu'elle eut eu son premier appareil, il se mit à deviser avec vingt-cinq ou trente de vous autres messieurs qui estiez à l'entour de son lict, sur les particularitez de ce combat, et combien que vous y fussiez tous trouvez, si ne pustes vous jamais vous accorder à un mesme recit.

Le lendemain le Roy sceut que le prince de Parme ne voulant rien entreprendre sans M. du Mayne, et craignant les brusques resolutions de ce prince, s'en estoit retourné sur ses pas regagner la riviere de Somme; et à ces causes il se mit à ses trousses nonobstant sa blesseure, esperant tousjours de faire quelque chose qui reparast son erreur d'Aumale; mais ce vieil et rusé capitaine luy faisoit toujours des testes d'infanterie. Il n'executa rien d'importance; et l'ayant suivy jusques au Pont-dormy, il s'en retourna à Neuf-chastel, et de là loger à Claire, envoyant ses trouppes à leur premier logement pour se rafraischir. M. de Claire, comme vostre amy et allié, vous fit donner une petite chambre dans le chasteau où vous demeurastes (avec un valet de chambre, un page et un laquais seulement), auprès du Roy, qui se faisoit encore panser de sa blesseure; et nous renvoyastes tous, partie à Dernetal, et l'autre à vostre quartier de Fresnay-lesplan.

CHAPITRE XXXV.

Prise de Neuchâtel par le prince de Parme. Levée du siége de Rouen. Situation critique du prince de Parme. Sa retraite. Second mariage de Rosny. Projets du Roi. Négociations avec l'Espagne et les ligueurs.

Si vous avez veu la fortune grandement contraire au Roy dans le discours du precedent chapitre, vous la verrez encore davantage à l'entrée de cettuy-cy, par la nouvelle qu'il receut estant au presche, où il arriva un gentil-homme qui luy rapporta que M. de Villars, la nuict passée, avoit fait une furieuse sortie du costé du fort de Saincte Catherine avec deux mille mousquetaires ou piquiers, et trois à quatre cens hommes armez, et s'estant advancé vers Dernetal estoit venu investir le parc de l'artillerie, avoit mis en route les lansquenets qui le gardoient, emmené six canons et toutes les poudres qui estoient en ce lieu-là; puis, suivant leur pointe et leur bonne fortune, avoient attaqué les trenchées par le derriere, de la pluspart desquelles s'estant rendu maistre, il avoit tué trois ou quatre cens hommes, mis le surplus de ce qui estoit en la garde d'icelle en route, et remply une partie des logemens, ce qui apporta un merveilleux desplaisir au Roy, duquel neantmoins il n'osoit faire demonstration, à cause que cela estoit advenu par la negligence du mareschal de Biron qu'il ne vouloit accuser de peur de le despiter, et qu'il ne fit là dessus quelques brigues avec les plus malicieux catholiques (lesquels, au moindre desastre, attribuoient tout à la religion du Roy) pour le quitter et faire separation au temps d'une tant importante conjoncture d'affaires; tellement que pour ne fascher les meschans et ne descourager les bons, il fallut faire le bon compagnon, disant, tout haut, que ce n'estoit rien et que dans peu de jours il repareroit bien toutes ces petites traverses, à quoy le mestier des armes est sujet,

par le gain d'une seconde bataille ou plutost troisiesme bataille. Mais tous ces beaux discours ne pouvoient remettre les affections des plus malins catholiques en bonnes postures, ny les empescher que, par leurs visages tristes, leurs contenances melancoliques, leurs haussemens d'espaules, leurs levemens d'yeux vers le ciel, leurs croisemens de bras sur la poictrine, leurs chuchotemens à l'oreille et leurs predictions de tous mauvais succez tant que le Roy seroit huguenot, ils ne tesmoignassent avec combien d'ennuy et de despit ils supportoient la domination d'un Roy de cette religion et la hayne qu'ils avoient contre ceux d'une telle croyance : laquelle leur fit lors produire une action des plus cruelles et honteuses tout ensemble contre quelques-uns d'iceux, lesquels ayant esté tuez avec les autres en cette furieuse sortie, avoient aussi esté mis en mesmes fosses dix à dix et douze à douze dans les plus prochains cimetieres, les voulans faire arracher de là pour les faire recognoistre entre les autres et les faire jetter aux loups et aux corbeaux; mais le choix s'en trouva si difficile à faire, qu'ils ne peurent venir à bout de leur dessein, aussi que la pluspart de l'armée, en laquelle il y avoit les deux tiers de huguenots, menacerent les autheurs de ces violences de leur faire desplaisir; toutes lesquelles broüilleries affligeoient plus le Roy que sa blesseure ny que ses autres infortunes, lesquelles sa ferme resolution, sa constance et son grand courage changerent bien-tost en prosperitez.

Car, quelques jours apres, il vint advis certain que M. du Mayne ayant mis ordre aux broüilleries de Paris, avoit joint M. le prince de Parme, avec tout ce qu'il avoit pû rassembler, ensemble le duc de Sfondrato, et qu'ils marchoient en corps d'armée, resolus de donner bataille; sur lesquelles nouvelles le Roy, ne songeant plus à toutes ces fascheries passées, tesmoigna une telle allegresse et resjoüyssance, ne criant que *bataille, bataille*, et embrassant tantost l'un, et loüant tantost l'autre, qu'il remit ceux qui avoient tant soit peu de bonne volonté pour luy et pour la France, en courage et en joye, tesmoignant par ses paroles et par ses actions, qu'il ne doutoit nullement de la victoire s'il pouvoit une fois affronter les ennemis, et qu'il redoutoit plus leurs ruses et leurs esquivemens de combats, que non pas leurs armes, ny leurs courages; et aussi-tost il despescha M. de Givry pour s'aller jetter avec de bonnes trouppes dans Neuf-chastel, se doutant bien, à cause de l'importance de sa situation, qu'ils attaqueroient cette place, et ne s'avanceroient point vers Roüen tant qu'elle subsisteroit, ainsi qu'il arriva : mais elle fut bien plutost prise que l'on ne pensoit.

Nous ne dirons rien des particularitez de ce siege, d'autant que vous n'y estiez pas; mais le bruit couroit que ceux que l'on y avoit envoyez, ayans des parens et des amys intimes dans l'armée ennemie, n'y avoient pas tous faits leur devoir, dont il y eut des paroles de blasme et de reproches entre les sieurs de Givry et de Palcheux, lequel avoit tousjours tres-bien fait en une infinité d'autres combats, où il avoit reçeu, faisant toujours fort bien, plus de playes qu'il n'en avoit fait : mais les plus foibles portans ordinairement le faix, Palcheux fut retenu quelque temps prisonnier à Dieppe.

Le Roy, voyant donc le Neuf-chastel pris environ le douze ou quinziesme de mars de l'année 1592, il rassembla ses forces de toutes parts; et ayant mesme retiré des trenchées ceux qui tenoient Roüen assiegé, il forma son corps d'armée selon l'ordre qu'il faisoit estat de combattre, et s'en alla au-devant des ennemis sur le plus droit chemin qu'ils pouvoient tenir pour aller à Roüen; puis s'estant mis en bataille dans une belle et raze campagne, leur envoya presenter le combat; mais le prince de Parme, qui ne vouloit pas legerement mettre en compromis la grande reputation qu'il s'estoit acquise aux armes, estant tenu pour le plus advisé capitaine de la chrestienté, et tout au contraire tascher de faire toutes ses expeditions sans rien hazarder, faisant amuser l'armée du Roy par diverses escarmouches et demonstrations, tant par effets que par paroles de vouloir donner bataille; tout d'un coup, ayant retiré sa cavalerie, et fait toute la teste de ses bataillons sur lesquels il se confioit le plus, il fit filer le reste par des vallons et lieux couverts, et se rendit finalement dans Roüen avec toutes ses forces, sans aucun combat, laissant le Roy se morfondre dans son camp de bataille, où vous demeurastes tous pres de vingt-quatre heures; au bout desquelles Sa Majesté, ne voyant plus paroistre aucun ennemy en campagne, et mesme ayant appris que les deux ducs faisoient passer la plupart de leurs troupes de l'autre costé de la riviere pour aller vivre vers le Ponteau de mer (que depuis peu de temps le sieur de Hacque-ville, gouverneur de cette place pour le Roy, avoit, par une des plus sales trahisons que l'on sçauroit imaginer, rendu de la ligue), de crainte d'affamer Roüen, il separa aussi son armée, envoyant ses trouppes les unes aux environs d'Arques et Dieppe, les autres à Gournay, Andely, Gisors et Magny; les autres vers Mante et Meulan; luy se logea dans Louviers, et le reste du gros de son armée entre le Pont de l'Arche, Louviers, Evreux, Passy, Vernon, Conches et Bretueil, commandant à chacun de se renforcer le plus qu'il pourroit, et tenir sa trouppe preste pour marcher et le venir joindre au premier mandement vers le Pont de l'Arche; ne doutant point que les ennemis, à la retraitte qu'ils seroient contraints de faire dans un mois ou six sepmaines au plus tard, ne pourroient éviter qu'il ne prit sur eux sa revanche avec usure.

Or, le prince de Parme, voyant l'armée du Roy ainsi licentiée, et ne luy pouvant entrer en l'imagination qu'il la pûst rassembler en peu de temps, s'en alla attaquer Caudebec, où commandoit un nommé la Garde, dautant que cette ville, empeschant les denrées qui montoient du Havre avec la marée, Roüen et ses trouppes en estoient incommodées; et cette place, ne valant rien du tout, elle fut bien-tost prise, et remplie en peu de jours de tant de vivres, que la pluspart de l'armée (se logeant aux environs et le long de la riviere jusques à Roüen) en estoit nourrie et rafraischie : son dessein estant, si tost que ses troupes seroient reposées et remises en esquipage, de reprendre son chemin par le Neufchastel, Aumale, Valery et Pont-dormy, pour s'en retourner aux Pays-Bas, où les affaires le rappelloient.

Dequoy le Roy estant adverty, il rassembla presde huict mille chevaux et vingt mille hommes de pied en moins de huict jours, et s'alla loger à Varicar-ville, Fontaine le bourg, et autres villages voisins; puis faisant couler ses trouppes vers le bas, il se saisit de tous les passages qui estoient jusques à la riviere entre Caudebec et Roüen, où M. du Mayne estoit fort malade.

Le lendemain, le Roy se vint mettre en bataille avec trois mille chevaux et dix mil hommes de pied, devant le quartier de M. de Guyse qui commandoit l'avant-garde, et le fit attaquer en sa presence avec tant de furie et en tant d'endroits, qu'apres un fort grand combat où il fut tué force gens, il se trouva contraint de desloger, et de se retirer au corps de l'armée, laissant la pluspart de son bagage à l'abandon duquel le butin fut fort grand. Le prince de Parme voyant, contre ce qu'il s'estoit attendu, et ce que M. du Mayne mesme luy avoit tousjours asseuré, le Roy s'en revenir vers luy la teste baissée avec de si grandes et de si gaillardes forces, et l'attaquer si brusquement, voulant essayer d'asseurer les autres quartiers, il logea M. de Guyse à Yvetot, resserra toutes ses autres trouppes (qui n'avoient pu estre comprises dans son camp retranché pour en estre l'enceinte trop petite et n'avoir pas compris toutes les eminences qui pouvoient commander dedans) le plus pres de luy qu'il luy fust possible : et au devant de cela, sur la principale advenuë pour aller à luy, il envoya loger trois mille hommes de pied, partie mousquetaires, partie piquiers, de ceux ausquels il se confioit le plus, dans un bois fort espais, qu'il leur ordonna de retrancher et d'accommoder un chemin fortifié qui allast de ce bois dans son camp, afin qu'il y eut communication, n'estimant pas qu'ils pûssent jamais estre forcez là dedans, ny que le Roy eut tant de temerité que de les y oser attaquer ; mais il se trouva deceu en cette presomption aussi bien qu'en beaucoup d'autres; car ce genereux prince, dés le lendemain, fit attaquer ce bois par le baron de Biron avec huict mille hommes de pied, tant François, Anglois, Hollandois que lansquenets, afin que la jalousie d'entre les nations leur servit de persuasion à qui feroit mieux, et six cens hommes armez, qui les attaquerent de tant de costez et si furieusement, qu'apres un combat de trois heures, et grande occision de ceux qui deffendoient, ils furent contraints de ceder ou à la valeur, ou à l'obstination, ou à la bonne fortune, et de se retirer au corps de l'armée, laissans plus de huict cens morts ou de blessez, qui ne valoient pas mieux, et la pluspart des logemens des trouppes entierement descouverts et sur tous celuy d'Yvetot, où s'estoit retiré M. de Guyse et toute la cavalerie de l'avant-garde, lequel le Roy, estant allé recognoistre luy mesme, il y entendit une merveilleuse rumeur, de divers cris confus, que l'on ne pouvoit pas bien discerner, et plusieurs trompettes sonnantes, les unes boute-selle, les autres à cheval, et les autres à l'estendart; ce qui luy fit aussitost juger qu'il y avoit quelque desordre parmy ces gens-là, duquel il falloit profiter et prendre l'opportunité comme il fit sur le champ, faisant advancer quatre mille mousquetaires, harquebusiers ou piquiers et mille hommes armez avec hallebardes et pistolets, par lesquels, apres avoir rengé son armée en bataille, il fit en sa presence attaquer si furieusement ce quartier, et par tant d'endroits, que le prince de Parme fut contraint d'y venir en personne pour essayer de trouver les moyens de les défendre, et en tout cas de les faire retirer sans desordre ny confusion. A quoy s'employant en capitaine et en soldat, il receut une grande harquebusade dans le bras, nonobstant laquelle, quoy que par cet accident la valeur et le courage des siens en fussent grandement diminuez, il se mit à la teste des trouppes et les fit filer dans le camp retranché avec peu de perte de gens de grande qualité, mais de sept à huict cens hommes de guerre et de tout le bagage; logeant depuis le reste de ses trouppes si serrées, qu'elles estoient toutes dans les trenchées, ou si proches d'icelles, qu'elles en pouvoient estre défenduës.

Tous ces bons succez encouragerent tellement le Roy et les siens, qu'il se resolut d'attaquer les ennemis dedans leurs retranchemens, et pour cét effet fit preparer toute la nuict six pieces d'artillerie, et mander à toutes les trouppes, suivant l'ordre qu'il leur avoit fait sçavoir, de se trouver avant soleil levé au champ de bataille du jour precedent ; en quoy chacun tesmoigna une grande diligence et affection, le bon-heur faisant taire les malings, et parler bien haut les gens de bien. Mais comme le Roy s'advançoit et faisoit marcher l'artillerie environ soleil levant pour commencer son attaquement, il demeura bien estonné et encore plus desplaisant, lors que les plus advancez luy envoyerent dire que les ennemis avoient quitté leur camp retranché et Caudebec aussi, sans avoir laissé un seul des leurs deçà l'eau, et qu'il fut sceu par ceux de Caudebec qui se rendit aussi-tost, que le prince de Parme, avec une merveilleuse assiduité, travail, industrie et diligence, avoit fait faire un pont (des batteaux qu'il ramassoit il y avoit huict jours, se doutant toujours de ce qui luy advint) sur ce large fleuve, et avoit fait passer son armée toute la nuict de l'autre costé de l'eau.

A ces nouvelles affaires non preveuës, il falut prendre nouveaux conseils, dont le premier fut de renvoyer les trouppes des garnisons du Pont de l'Arche, Louviers, Evreux Vernon, Mante et Meulan ; dequoy vous fustes des plus resjouys, d'autant que vous aviez donné rendez-vous à Mante à madame de Chasteau-pers, vostre maistresse, pour l'espouser, ce que vous fistes le jour que le prince de Parme logea dans Houdan, gagnant Paris à grand'haste, infiniment affligé tant des mauvais succez de cette entreprise, qui fut la derniere des siennes où il parut, que de la douleur et incommodité de son harquebusade, laquelle luy dura jusqu'au tombeau, comme il sera recité cy-apres.

Or le Roy, qui, en magnanimité, hardiesse, industrie et hautes conceptions, voire en vertu politique et civile, s'est toujours montré desireux de pouvoir imiter Cesar et Scipion par preference à tous les hommes illustres, comme vous, Monseigneur, le devez mieux tesmoigner que nul autre, vous l'ayant souvent dit, lors que vous discouriez des faits et gestes de ces grands hommes de l'antiquité, ne pouvant supporter sans extrême regret, ennuy et desplaisir, que contre son attente les ducs de Parme et du

Mayne, plutost par ruses et par finesse que par vaillance et les armes à la main, apres tant de defaites particulieres, se guarantissent ainsi d'une desconfiture generale ; la premiere chose qu'il proposa dans un conseil, où il avoit fait appeller ses meilleurs capitaines, plus grands hommes d'Estat et confidens serviteurs, entre lesquels vous estiez tousjours des premiers appellez ; apres avoir resolu de renvoyer, comme il a esté dit, toute la cavalerie des villes de la riviere de Seine, chacune en sa garnison, se doutant bien que les ennemis, s'ils vouloient éviter une ruine totale, ne pouvoient avoir autre dessein que de gagner diligemment Paris, ce fut de faire marcher promptement toute son armée en corps, aller passer la riviere de Seine au Pont de l'Arche ou à Vernon, et leur couper chemin entre Dreux, Mont-fort et Houdan, faisant advancer devant tout son camp quatre ou cinq mille chevaux, afin de les harceler et infester, de sorte, par continuelles escarmouches et attaques, qu'estans contraints de marcher posément, le reste de l'armée royale pûst arriver à temps pour les combattre, et ce prince insista tellement sur cette opinion, ensemble la pluspart de vous autres, ses vieux serviteurs, que par deux ou trois fois cette resolution, ainsy que nous vous l'avons ouy asseurer, fut preste d'estre suivie, quoy que ceux qui la contestoient alleguassent que les ducs de Parme et du Mayne, et toutes leurs trouppes, ayans desja passé la riviere de Seine, avoient leur chemin tout droit, sans estre contraints de faire aucun destour ny sejour, et par consequent pouvoient en quatre ou cinq posades de camp, gagner facilement Paris ; au lieu que le Roy et les siens se trouvans engagez et embarrassez dans ces lieux bas de Caudebec, et la riviere de Seine, depuis là jusques aux passages du Pont de l'Arche ou de Vernon, faisant quantité de plis et replis et sinüositez toutes environnées de vallons, cavajus, montagnes et collines, couvertes de forests grandement espaisses et de chemins serrez, creux et difficiles à passer, tels que l'on les avoit esprouvez en allant ; que ce seroit tout ce que pourroit faire l'armée royalle, esparse, lasse et fatiguée comme elle estoit, que de se reünir en un corps et passer de l'autre costé du Pont de l'Arche en cinq ou six jours.

Surquoy le Roy tout en colère, et plein de despit de voir ces obstacles pleins d'artifice et de malice, repliqua que la plupart de ces objections estoient vaines, pour ce que par des gens pleins de bonne volonté et bien résolus de marcher à une victoire infaillible, et la plus mémorable qui se fut encor obtenuë, le Pont de l'Arche pouvoit estre gagné en deux jours et Vernon en quatre ; n'y ayant point de doute que les ducs de Parme et du Mayne ne trouvassent de grandes difficultez et ne missent beaucoup de temps à passer la rivière d'Ure, à cause des places de Louviers, Passy, Maintenon, Nogent le Roy et Chartres, que le Roy tenoit aux rivages d'icelle, sur laquelle il ne restoit de ponts que ceux d'Aquigny, Cocherel, Serizy et deux ou trois autres lieux qu'il falloit en toute diligence envoyer rompre ou brusler : mais nonobstant l'extrême desir que tesmoignoit ce prince de donner bataille, Dieu voulant, comme il a paru depuis, amener à leur fin les choses qu'il avoit ordonnées par autre voye que celle des armes, et d'une entiere et absoluë victoire, le pire conseil fut suivy pour quatre causes et raisons, dont la premiere et la principale provint des plus zelez et qualifiez seigneurs catholiques, desquels vous sçavez bien les noms sans que nous les disions, car il y en avoit de vos plus proches et de vos intimes amis ; la seconde fut que le mareschal de Biron se ressouvenant toujours qu'il avoit esté refusé du gouvernement de Roüen et le sieur de Hallot préféré à luy, et faisant à cette occasion toutes choses comme par despit, proposa de mener l'armée sur le chemin que pourroit tenir le prince de Parme se retirant de Paris aux Pays-Bas, disant cela estre necessaire, de crainte que par surprise, espouvante, impétueux attaquement ou autre artifice de guerre, il n'enlevast quelque place en passant, usant de cet artifice pource qu'il sçavoit bien que le Roy aymoit ces quartiers là (1) ; la troisiesme que les Anglois et Hollandois se voulurent retirer en leurs contrées sans passer la riviere de Seine ; et la quatriesme que ceux des finances, pour reduire les choses où ils desiroient, firent manquer l'argent que l'on avoit promis aux Suisses et reistres, lesquels protesterent de ne vouloir marcher qu'ils n'eussent fait monstre.

Le Roy donc en cette sorte et par telles voyes se trouva contraint de ceder aux volontez de ceux qui luy devoient toute obeyssance, et de faire bonne mine au milieu de tant de difficultez, lesquelles alloient journellement augmentant ; et luy recognoissant bien, selon la disposition des esprits et des affaires, que pour mettre la France en repos, eslever sa gloire et soulager ses peuples, comme c'estoit son dessein et but principal, et n'en avoit eu d'autres depuis qu'il avoit pleu à Dieu l'appeller à la couronne, il avoit à s'accommoder avec quatre diverses sortes de personnes, desquelles les prétentions, les desirs et les desseins estoient non seulement contraires,

(1) C'est là que demeurait Gabrielle d'Estrée.

mais tellement opposez les uns aux autres, qu'ils se rendoient du tout incompatibles.

De toutes lesquelles choses il se tenoit desjà plusieurs discours, les uns en secret et à l'oreille, et les autres en public et par les ruës, lors que gens de mesme humeur se rencontroient ensemble; les Espagnols luy faisans sentir sous main (par l'entremise de gens affidez à ceux là mesmes qui voulurent traitter avec luy au lieu d'Agemau, du temps qu'il n'estoit encore que Roy de Navarre, comme il en a esté dit quelque chose au commencement de ces Memoires) que le plus facile et prompt moyen de se rendre Roy paisible et de tenir en obeyssance tous ses sujets, tant de l'une que de l'autre religion, estoit d'avoir l'amitié et le secours de leur Roy, pour asseurer ce qui se pouvoit obtenir et non autrement, en luy cedant tous les droits des duchez de Bretagne et de Bourgogne, lesquelles aussi bien luy appartenoient par droit héréditaire, luy mettant en avant, pour le disposer à cela, les exemples des roys François I et Henry II; lesquels, pour obtenir la paix et le repos de leurs peuples, de ceux qui estoient ses devanciers, et qui n'avoient pas lors un si grand pied dans la France qu'il pouvoit avoir à cette heure, n'avoient point fait de difficulté de luy quitter, l'un les souvrainetez de Flandres et Artois, et l'autre de luy restituer plus de pays et de villes qu'il n'en est contenu dans les dix-sept provinces des Pays-Bas.

Les principaux chefs de la ligue de leur costé, peut-estre las de l'arrogance espagnole, luy faisoient faire des propositions par les sieurs de Ville-roy, Jeannin, Zamet et autres de le recognoistre pour Roy, mais à telles conditions, que, par icelles, leur party subsisteroit tout entier et formeroit un corps dans l'Estat, demeurant nantis de tant de places et avec tant de forces entretenües en icelles, qu'ils fussent demeurez beaucoup plus puissans que luy, et son peuple reduit à de plus grandes surcharges, foules et oppressions que jamais, à cause des sommes immenses qu'ils demandoient pour payer leurs garnisons, leurs debtes, et leurs entretenemens. La pluspart des princes, seigneurs, gouverneurs des villes et provinces, chefs de gens de guerre et autres notables personnages catholiques qui tenoient son party, ne chuchotans plus aux oreilles les uns des autres comme ils avoient accoustumé, commençoient à discourir tout ouvertement de leurs diverses fantaisies; disans qu'ils avoient trop temporisé et trop longtemps supporté un Roy huguenot au prejudice de leur conscience; et qu'il le falloit supplier, voire mesme sommer, de se faire catholique dans un certain temps prefix qu'ils luy prescriroient;

et à faute de ce faire, protester de l'abandonner; de se joindre à ceux de la ligue, et tous ensemble proceder à l'eslection d'un Roy de leur religion, soit des princes de son sang ou autres au refus de ceux là.

Les huguenots factieux, qui, par leur authorité, belles paroles et raisons de la gloire de Dieu et salut de ses eglises, emportoient le plus grand nombre (et sur tous les ministres et gens de consistoire) à leur opinion, insistoient à ce qu'il se gardast bien de changer de religion et de quitter Dieu, car c'estoient leurs termes, et, en cas qu'il se fît catholique, le menaçoient de ne poser point les armes qu'il ne leur eust accordé des edits et des conditions si advantageuses pour eux et si des-advantageuses pour luy, et des precautions si grandes contre l'inobservation de ses promesses, qu'il ne fut quasi demeuré Roy entr'eux, sinon autant que bon leur eut semblé et qu'il eut pleu à cinq ou six personnes et autant de villes que vous nous avez dit qu'il vous nomma, lors qu'estant à Mante il vous discouroit de tous ses projets et des peines et anxietez où il estoit reduit à cause d'iceux, et que vous ne nous avez jamais voulu particulariser.

CHAPITRE XXXVI.

Prise d'Épernay par les troupes royales. Mort du maréchal de Biron. Ce qui s'est passé dans les provinces à l'époque du siége de Rouen. Amours de madame Catherine et du comte de Soissons. Séjour de Rosny dans ses terres. Il se procure le traité de la ligue avec le roi d'Espagne. Son retour auprès du Roi.

Laissant tous discours et embarras d'esprits et d'affaires pour revenir aux effects, le Roy, comme c'estoit son humeur (croyant n'y avoir rien pire, ny qui donnast de plus mauvaises pensées que l'oysiveté), ayant contenté ses trouppes le mieux qu'il luy fut possible, en licentiant celles de ses estrangers qui avoient le plus de desir de se retirer, donnant quelque argent aux uns et caressant et faisant mille belles promesses aux autres, il prit sa brisée vers Compiegne, et envoya le mareschal de Biron assieger Espernay, où, voyant que les choses ne s'advançoient pas à sa fantaisie et que l'on bruyoit de quelque secours, il s'y achemina et defit certaines trouppes qui se vouloient jetter dans la ville, laquelle, à cette occasion, se rendit à luy, le mareschal de Biron y ayant, quelques jours auparavant, esté tué d'un coup de canon; de toutes lesquelles choses, d'autant que vous n'y eustes nulle part, nous laisserons les particularitez à ceux qui feront l'histoire générale, et aussi de plusieurs faits d'armes et autres accidens notables qui se passerent en diverses provinces, auparavant, pendant, ou peu apres ce grand siege de Roüen : comme la sortie de M. de Guyse hors de sa prison du chasteau de Tours, l'entreprise du chevalier d'Aumale sur Sainct Denis où il fut tué, la défaite du vicomte de la Guerche par le sieur de la Roche-posay, les bloccus de Poictiers, les divers succez de M. d'Espernon en Provence, les exploits de M. de Lesdiguieres et du coronel d'Ornano en Dauphiné, Provence et Lionnois contre messieurs de Savoye et de Nemours; la défaite de quelques trouppes du Roy par M. de Joyeuse pour avoir esté négligemment logées par le sieur de Themines, la brave resistance qu'il fit s'estant jetté dans Ville-mur apres cét accident, le siege de cette place et la défaite dudit sieur de Joyeuse (où il fut noyé pensant se sauver) par les sieurs de Messillac, Legues et Chambault; la perte de la bataille de Craon par mauvais ordre; le voyage du Roy à Sedan, pour marier M. de Thurenne avec mademoiselle de Sedan; le siege, la défense et la prise de Stenay; la défaite du sieur d'Amblise et la prise de Dun en Lorraine (ces trois derniers effets par l'entremise du sieur de Thurenne); et les escapades de M. le comte de Soissons qui ne demeuroit quasi jamais trois mois sans avoir quelque broüillerie avec le Roy, ou s'en retirer mal content, à cause de la diversité d'humeurs de ces deux princes, qui sembloient former entr'eux une antipathie naturelle, l'un estant d'un naturel libre, franc, ouvert et familier, de complexion gaye et prompte, qui ne cachoit jamais rien sur le cœur, et ne hayssoit rien tant que la dissimulation, les ceremonies, le fast et les formalitez non absolument necessaires; et l'autre estant froid, retenu, circonspect, faisant le serieux en toutes choses, et quelques petites qu'elles peussent estre, y vouloit tousjours apporter l'apparat et toutes les formalitez.

Mais de toutes ces broüilleries d'alors nous n'en particulariserons qu'une seule, à cause qu'elle fut la source de plusieurs autres, esquelles vous fustes souvent employé et quelquefois bien embarrassé; pour laquelle mieux desvelopper, vous vous souviendrez que le Roy, dés l'année 1585, se voyant tomber sur les bras cette grande guerre de la ligue, et ne se voyant en estat de pouvoir avoir des enfans, à cause de ce qui se passoit entre luy et sa femme, ny aussi de se pouvoir des-marier à cause qu'il luy eut fallu passer par les mains du Pape, il se mit à regarder sa sœur comme sa certaine et unique heritiere, et se resolut de la marier comme telle, à quelque prince dont l'humeur luy revint, et en pûst faire estat comme d'un fils; et ne voyant nul prince en France ny dehors d'icelle, qui apparemment pût avoir les conditions plus sortables à ses desirs que M. le comte de Soissons, il luy fit proposer ce dessein, lequel, comme luy estant honorable et utile tout ensemble, il tesmoigna aussitost de le vouloir embrasser; tellement qu'apres plusieurs entremises il se vint ranger prés de luy; comme il a esté dit cy-devant, et apres la bataille de Coutras s'en allerent en Bearn voir madame Catherine, où il s'engendra des amours reciproques; mais quelques langages ou procedures dont usa M. le comte de Soissons, ou quelques advis soient vrays ou faux que le Roy receut de la Cour, que M. le comte en estoit party par concert fait avec ses ennemis de venir espouser sa sœur, et puis le quitter là, et se prevaloir de ce mariage pour jouyr de tous les biens qu'il avoit où il estoit sans puissance, sans se soucier que devint sa fortune, sa personne et sa vie; car ce sont les mesmes propos que vous nous avez dit vous avoir esté tenus par le Roy, lors que, sur le sujet de la mort de M. de Guyse et les longueurs qui s'interposoient à l'accomplissement de son mariage, il quitta tout à fait le roy de Navarre, avec de mauvaises paroles de toutes parts, et peu d'esperance de reconcilier jamais bien ces deux esprits.

Or, nonobstant cette separation, l'amour ne laissa pas de se continuer entre Madame et M. le comte de Soissons, et telles intelligences basties entr'eux qu'ils resolurent de se marier à la premiere commodité, sans attendre ny requerir le consentement du Roy, lequel estoit embarqué en ce grand et long siege de Roüen. Les deux amoureux jugerent que c'estoit le temps le plus propre pour executer ce qu'ils avoient projetté ensemble par lettres et messages, et l'intelligence de plusieurs des hommes et femmes qui estoient pres de Madame; et, pour cet effet, ayans preparé des chevaux par relais, faisant semblant de s'en aller seulement jusques à Nogent, il passa jusqu'en Bearn; mais ils ne peurent estre si fins, ny leurs affaires maniées si secrettement que le Roy n'en eut quelque vent, ny luy faire si bonne diligence qu'à son arrivée il ne trouvast le sieur de Pangeas et plusieurs autres avec pouvoir du Roy pour s'opposer à tous leurs desseins, de telle sorte que M. le comte fut chassé du pays et contraint de s'en revenir sans rien faire.

Or, pendant tout ce que nous avons dit qui se passa au voyage du Roy en Champagne et au siege d'Espernay, vous sejournastes tousjours à Rosny, vous y estant retiré tant pour vous faire panser du coup de pistolet que vous aviez eu dans la bouche, durant le siege de Chartres, lequel s'estoit apostumé, que pour quelque dépit que vous aviez pris de ce que le Roy, sur l'opposition de M. de Nevers, de M. d'O et autres animez catholiques, avoit esté contraint de vous refuser les expeditions d'une lieutenance de roy, avec le gouvernement d'une place estant en icelle, dont il vous avoit donné esperance.

Apres lequel siege et prise d'Espernay, le Roy licentia bonne partie de ses trouppes. Mais luy estant depuis venu advis certain de plusieurs costez que le prince de Parme rassembloit une nouvelle armée pour entrer la troisiesme fois en France, afin de fortifier, par sa presence et la crainte de ses conseils et de ses armes, les deliberations qui seroient prises à l'advantage de son Roy, dans les assemblées que l'on projettoit de faire à Paris et autres grandes villes de France, il se resolut de refaire promptement un corps d'armée, qui pût estre capable d'empescher ces estrangers d'entrer dans le royaume. Et pour cét effet, ayant, comme à tous les autres gouverneurs et lieutenans de roy dans les provinces plus proches de luy, mandé à M. de Buhy (1), lieutenant de roy au Vexin, de le venir trouver avec le plus de cavalerie qu'il pourroit rassembler, ledit sieur de Buhy vous vint voir à Rosny, (où vous passiez le temps et adoucissiez vos playes et vos despits, à jardiner, arboriser, mesnager, faire des extraits des meilleurs livres, et vous faire lire ce que nous avions fait de ces presens Memoires); lequel, apres quelques complimens et civilitez, vous dit qu'il avoit receu des lettres du Roy qu'il vous vouloit montrer, par lesquelles il luy mandoit de marcher en diligence pour le venir trouver, et amener avec luy toute la noblesse de son département, vous priant de vouloir estre de la partie.

A quoy demy en colere, vous luy respondistes qu'il y avoit long-temps que vous sçaviez aller tout seul, et partant n'aviez plus besoin d'estre mené; que le Roy avoit accoustumé de vous escrire quand il avoit besoin de vostre service; que si vous receviez de ses lettres, vous y adviseriez et feriez tousjours vostre devoir : et sur cela vous vous separastes assez mal satisfaits l'un de l'autre, ce qui fut cause que le sieur de Buhy interposa un homme de robe-longue, qui fut, ce nous semble, M. Miron; lequel à son arrivée, lors que le Roy luy demanda de vos nouvelles, luy respondit que vous estiez chez vous du tout porté à vostre mesnage, à jardiner, arboriser et visiter vos livres, sans vous esmouvoir de tout ce que l'on vous pouvoit dire. A quoy le Roy

(1) Pierre de Mornay, frère de Duplessis Mornay.

repartit : « Il a donc bien changé d'humeur; car « il n'a jamais manqué de se trouver aux occa- « sions semblables à celle qui se prepare; neant- « moins quoy qu'il s'excuse sur ses playes, je « cognois bien où il luy tient; il est en colere « contre moy, voire peut estre avec raison, et « voudra d'oresnavant faire le philosophe; mais « lors que je le verray, je sçauray bien accom- « moder tout cela, car je le cognois. »

Tous lesquels discours vous ayant esté rapportez un jour que vous estiez à table, donnant à disner au president Seguier, lequel vous estoit venu voir à Rosny, vous distes en branslant la teste : « Il est vray, je suis en colere de ce que « le Roy, de crainte de desplaire à des gens qui « ne l'ayment point et qui luy en joüeront d'une, « s'il n'y prend garde, desnie les recompenses « méritées à ceux qui l'ayment plus qu'eux mes- « mes, et qui ont tant de fois respandu leur sang « et hazardé leurs vies pour garentir la sienne, « et qui feront tousjours mieux que ceux que « l'on essaye de contenter à leur prejudice, « comme, si ce que l'on dit est vray, il en fera « bien-tost l'experience. » Sur quoy le president Seguier ne repartit jamais autre chose, sinon : « Monsieur, il semble que vous soyez un peu en « colere; nous sommes en un temps auquel il est « bien difficile de vivre en tranquillité d'esprit, « mais les plus sages useront de silence et de pa- « tience, sous l'esperance d'un meilleur siècle; « et le Roy est si bon et si sage que Dieu luy ay- « dera et le rendra nostre restaurateur. »

Vous sejournastes donc quelques mois à vous faire panser; mais si tost que vostre playe fut aucunement consolidée, ne hayssant rien tant que l'oysiveté, vous montastes à cheval, avec cinquante de vos compagnons, et vous en allastes courir sur les chemins de Paris à Dreux et à Vernueil; et au second voyage, comme vous rebroussiez chemin de Dreux à Paris, entre les villages de Marolles et de Goussain-ville, vous vistes venir droit à vous dix ou douze hommes de pied, lesquels si tost qu'ils vous apperceurent, s'escarterent les uns dans des bois proches du chemin, les autres dans des hayes; ce qui vous fit desbander dix ou douze chevaux de vostre trouppe, pour essayer d'en attraper quelqu'un, et surtout de ceux qui portoient livrées; mais il fut impossible de prendre que deux pauvres hommes, qui avoient sur leur dos des cages dans lesquelles on porte des poulailles, mais qui estoient vuides; lesquels, apres plusieurs menaces vous confesserent qu'ils venoient de porter des vivres à Paris, n'allans que la nuict lors qu'ils estoient chargez, et que trois laquais, qui estoient avec eux, estoient cause qu'ils s'estoient advanturez de passer de jour, dont l'un estoit à M. de Vieux-pont, l'autre à M. de Medavit, et l'autre à M. de Mercure : ce qui vous fit encore desbander des gens pour courir apres, mais on ne les pût attraper; et prit-on seulement deux hommes de Vernueil, desquels par menaces vous ne peustes jamais rien apprendre. Mais par le moyen de quatre escus d'or que vous leur donnastes avec vostre foy qu'ils n'auroient aucun desplaisir, ils vous menerent vers un chesne, environné d'un gros buisson, où ils disoient que ces laquais s'estoient arrestez, et croyoient qu'ils avoient jetté quelques papiers dans le creux d'iceluy, en intention de les venir reprendre lors que vous seriez passez. Et de fait vous y trouvastes deux boëttes de fer blanc et un petit sac de couty, dans lesquels il y avoit des commissions de M. du Mayne, pour lever des gens de guerre, force lettres en chiffres et plusieurs autres memoires addressez à M. de Mercure, entre lesquels il s'en trouva un dont vous ne cognoissiez pas lors l'escriture, et depuis avez verifié (car nous l'avons veu plusieurs fois, et nous asseurons bien que vous ne l'aurez pas perdu) qu'il estoit de la main du president Jeannin, contenant les conditions avec lesquelles il avoit traitté en Espagne, lors qu'il y fut envoyé par M. du Mayne, duquel la coppie s'ensuit que j'ai prise sur l'original :

Traité de la ligue avec l'Espagne.

« Que la ligue soit en la protection du roy d'Espagne, sous l'authorité du Pape, jusques à ce qu'il y ayt un roy recogneu du consentement de Sa Saincteté et du roy d'Espagne.

« Qu'il plaise à Sa Majesté catholique d'accroistre le secours qu'elle accorde, selon le besoin, et à ce obliger les successeurs de son Estat :

« Moyennant quoy que les places de . . . . . seront mises entre les mains de sadite Majesté catholique, ou sera aydée à les prendre.

« Et si en quelque façon elles venoient entre les mains de quelques catholiques, ils les mettront entre les mains de Sa Majesté catholique, pour depost des frais qu'elle a faits; et y demeureront jusques à l'eslection d'un roy, recogneu de la façon susdite, en satis-faisant aux frais faits.

« Que M. du Mayne demeurera lieutenant general jusqu'à ladite eslection.

« Que les places qui se prendront seront mises entre les mains des François catholiques, et presteront le serment à la France, sous l'authorité de M. du Mayne et la protection du roy d'Espagne, et entre icelles ne s'entendent celles qui sont baillées en depost.

« Que M. du Mayne commandera l'armée que Sa Majesté promet entretenir de seize mille hommes de pied et trois mille chevaux, et qu'en ce nombre il y aura deux mille hommes de pied François ou autres, et cinq cens chevaux françois, desquels il pourra particulierement disposer pour la garnison et pour la campagne.

« Que Sa Majesté luy entretiendra, outre ce, quatre mille fantassins et cinq cens chevaux, jusques à ce qu'il l'aye reduitte si ce party endure bourrasque.

« Cela achevé, il commandera comme gouverneur sous le Roy, qui sera esleu, et mettra Soissons entre les mains des Espagnols, qui sera au nombre des villes de depost.

« Que devant ce il ne peut quitter ledit Soissons, n'ayant point d'autre lieu de seureté.

« Si l'on ne peut venir à l'eslection d'un roy, et qu'il ne puisse jouyr de la Bourgongne, le roy d'Espagne et ses successeurs s'obligeront luy donner et à ses descendans, la valeur de cent mille escus de rente en duchez, comtez, et marquisats, lesquels luy demeureront et aux siens, encore qu'il se fît un accord avec ledit roy d'Espagne et le Roy.... et en ce cas neantmoins les biens de M. du Mayne en France demeureront à la discretion du roy d'Espagne.

« Que sa pension de dix mille escus par mois luy sera augmentée jusques à vingt mille.

« Qu'il ne se fera point de Roy, qui ne promette de payer toutes les debtes de M. du Mayne, de sa femme et de ses enfans en quelque façon qu'elles soient.

« Et si les affaires n'alloient pas bien, le roy d'Espagne s'obligera de luy payer toutes ses debtes.

« Qu'il luy donnera presentement cent mille escus, et cent mille autres escus apres la ratification du traitté.

« Que par beaucoup de raisons il desire que la conference se tienne pour destourner les traittez particuliers, justifier les armes, les continuer, rejoindre ce qui reste du party; et quand bien il n'y envoyeroit point les autres députez qui s'y doivent trouver, feroient leur cas à part et se separeroient de luy.

« Qu'en outre il contentera les seigneurs et villes dudit party.

« Que si l'archiduc ne luy peut accorder incontinent cecy, qu'il fasse differer la conclusion de ce traitté pour un mois, auquel temps il envoyera ses députez, et qu'on le secoure cependant pour la Bourgongne qui s'en va perduë.

« Et si on ne luy veut rien accorder du tout, qu'on luy permette de se retirer. »

Response de l'archiduc Ernest.

« Que l'intention de Sa Majesté a esté de continuer la guerre contre le roy de Navarre.

« Le secours de la Picardie sera de plus de seize mille hommes de pied et trois mille chevaux, outre ceux des autres provinces.

« Que le roy d'Espagne sera chef du party.

« Que M. du Mayne mettra Soissons entre les mains du roy d'Espagne, qu'il restituera apres l'eslection d'un roy.

« Qu'il se deffera de ceux qui sont aupres de luy.

« Qu'il aura dix mille escus par mois.

« Que venant à l'armée avec cinq cens chevaux françois et deux mille fantassins, ils luy seront entretenus pendant qu'il y sera.

« Que pour la Bourgongne il luy donnera presentement pour lever mille lansquenets et trois cens chevaux.

« Si M. du Mayne est pressé en Bourgongne, Son Altesse le secourra d'une partie de son armée.

« Tout ce que M. du Mayne conquestera en Bourgongne luy demeurera, comme ce qui sera conquis par l'armée en la main des Espagnols. »

Toutes les autres lettres en chiffres furent portées à Mante, desquelles vous tirastes, estant déchiffrées, de grandes lumieres pour sçavoir les menées et pratiques qui se faisoient touchant le tiers party, estant fait mention des plus grands qui fussent aupres du Roy, et de plusieurs gouverneurs de places, desquels il ne se fut jamais meffié ny vous aussi : cette descouverte, ainsi heureusement faite, fut cause que tous vos despits contre le Roy se changerent en pitié et en amour. Vous pristes resolution de l'aller trouver, et le jour que vous partistes, mettant les papiers qui estoient de consequence dans vostre pochette, vous appelastes messieurs de Gadencour, de Vassan, d'Espinay, de Tilly, et l'un de nous quatre, et leur dittes : « Il y a icy d'estranges « menées, encore que pour estre la pluspart de « ces papiers en chiffre, je ne les aye pû tous « descouvrir : mais j'en sçay assez pour juger « que le Roy aura plus affaire de ses anciens et « loyaux serviteurs que peut-estre il ne s'i-« magine. »

Or, à vostre arrivée à Compiegne, où il sejournoit, à ce que publioient ceux qui cherchoient à le blasmer, à cause de quelques amourettes, mais en effet pour estre en ce lieu plus propre à y attendre la jonction de toutes ses forces, pour aller sur la frontiere au devant de celles du prince de Parme, apres vous avoir embrassé et fait fort bon visage, il vous demanda pourquoy vous estiez venu si tost, puisque vos blessures vous avoient empesché de venir avec les autres : à quoy vous luy respondistes, vous souvenant encore de ce que l'on vous avoit mandé qu'il avoit dit au sieur de Buhy : « Sire, je vous viens apporter trois plats de ma « philosophie. » Puis luy montrant les papiers que vous aviez, vous luy dittes qu'il les falloit lire en particulier, et que cependant vous luy diriez une partie de ce que vous en aviez pû deschiffrer. Sur quoy, vous ayant tiré à part, il parla plus d'une demie heure avec vous en grand secret ; et sur le soir, lors qu'il fut retiré en son cabinet, n'y ayant que luy, vous, Choirin et Beringuen, il fit lire et deschiffrer vos papiers à Choirin ; par le moyen desquels il recogneut une partie des menées que l'on tramoit pour former ce tiers party dont il a esté tant parlé, et les noms des principaux que l'on estimoit en devoir estre, quoy que ce qui estoit mandé à M. de Mercure, et les articles du president Jeannin y semblassent entierement contraires ; tant toutes sortes de personnes qui projettoient de nuire au Roy et à la France, estoient differens et divisez en conseils et en desseins entr'eux mesmes, comme par la suitte de ces Memoires il sera davantage esclaircy ; et sommes marris que vous n'ayez gardé toutes ces lettres ou coppies d'icelles pour les inserer icy aussi bien que les articles du president Jeannin.

Quoy que ce soit, apres que vous eustes sejourné trois jours à Compiegne, le Roy voyant que vostre playe de la bouche vous empeschoit encore de parler facilement, il vous renvoya chez vous, estans demeurez fort contens l'un de l'autre ; et en partant il vous dit : « Adieu, mon « amy, ayez tousjours l'œil au guet, servez moy « bien, et vous asseurez de mon amitié. »

―――

CHAPITRE XXXVII.

Conférence importante entre Henri IV et Rosny. Celui-ci conseille au Roi de se faire catholique.

[1593] Or, faut-il advoüer que peu souvent avons nous bien cherché parmy vos vieux papiers, ny mesme bien exactement espluché les plus raturez et embroüillez d'iceux, que nous n'y ayons quasi tousjours trouvé quelque chose de nouveau, et qui meritoit bien de n'estre pas oublié dans les Memoires que nous dressions de vostre vie, lesquels font aussi mention de la pluspart de ce que vous avez veu, cogneu et remarqué des admirables vertus, faits et gestes de nostre grand Roy, ainsi qu'un discours par nous trouvé dans vostre cabinet vert, entre plusieurs papiers jettez sous des armoires, le verificra, estant tel que s'ensuit.

Memoire des choses d'importance qui m'ont esté ce jourd'huy occurrentes le quinziesme fevrier 1593.

Le Roy m'ayant envoyé querir par le secretaire Feret un soir fort tard, car aussi trouvay-je Sa Majesté au lict, qui avoit desja donné le bon soir à un chacun; lequel, si-tost qu'il me vit entrer, me fit apporter un carreau et mettre sur iceluy à genoux contre son lict, et puis me dit :

« Mon amy, je vous ay envoyé querir ainsi
« tard, pour vous parler des choses qui se pas-
« sent, et entendre vos opinions sur icelles, car
« j'advoüe que je les ay souvent trouvées meilleu-
« res que celles de beaucoup d'autres qui font bien
« les entendus, ne vous en voulant pas parler sou-
« vent ny longuement devant le monde, pource
« que cela vous concite de l'envie, et à moy de la
« hayne et des reproches de diverses sortes de
« personnes, des uns pource que vous estes de
« la religion, et des autres pource qu'ils appre-
« hendent tousjours que je vous employe en mes
« principales affaires, croyans que j'ay opinion
« qu'ils ont plus en recommandation leurs inte-
« rests que les miens, et pense bien qu'il en est
« quelque chose, ce que je n'ay point encore aper-
« ceu en vous; que si vous continuez en me lais-
« sant le soin de ce qui vous touche, et prenez
« celuy continuel de ce qui regarde mes affaires,
« c'est sans doute que nous nous en trouverons
« bien mieux tous deux; car je ne vous veux plus
« celer qu'il y a long-temps que j'ay jetté les
« yeux sur vous, afin d'employer vostre personne
« en mes plus importantes affaires, et sur tout en
« celles de mes finances, car je vous tiens pour
« loyal et laborieux.

« Or, ce que j'ay pour le present à vous dire
« est touchant ce grand nombre de personnes de
« tous partis, de toutes qualitez et de bien diver-
« ses humeurs qui se font de feste et fort les en-
« demenez pour s'employer aux entremises de la
« pacification du royaume, car j'en reçois lettres
« et instances de tous costés, lesquels tous me pro-
« posent de grandes felicitez, voire un infaillible
« retablissement d'affaires d'Estat, principale-
« ment si je me resous à quelque accommode-
« ment pour ce qui regarde la religion. Mais lors
« que je viens à bien approfondir toutes leurs
« propositions, j'y voy bien de belles et fastueu-
« ses paroles; mais jusques icy peu de solides
« raisons pour m'en faire croire la facilité, et en-
« core moins d'apparences de bien certains expé-
« diens pour concilier tant de divers esprits qui
« se veulent interesser en cette pacification, en
« sorte qu'il se puisse conclure quelque chose à
« l'advantage des peuples de mon royaume, et
« du vray et absolu rétablissement de l'authorité
« royale, sans lesquelles deux conditions, je suis
« bien resolu de n'entendre à negociation ny
« traitté quelconque, en laquelle opinion je me
« suis davantage confirmé par les discours con-
« formes à cela que j'ay sceu que vous en tenez
« souvent à part avec les uns et les autres qui
« vous mettent sur ce propos, et par les froidures
« dont vous usez lors que je vous en parle devant
« le monde ou en presence de ceux de mon con-
« seil; à quoy neantmoins je suis bien resolu no-
« nobstant toutes les belles esperances que plu-
« sieurs me veulent faire prendre de leurs entre-
« mises, qui sont toutes personnes diverses en
« humeurs, desseins, interests, factions et reli-
« gions. Sur toutes lesquelles choses (et celles
« que vous en avez pû apprendre d'ailleurs) je
« vous ordonne de bien mediter, car aussi bien
« est-ce vostre coustume sur tout ce que je vous
« propose, de me demander du temps pour y pen-
« ser avant que de m'en vouloir dire vostre advis,
« et puis dans trois ou quatre jours je vous en-
« voyeray encore querir pour m'en dire ce qu'il
« vous en aura semblé. »

Sur lequel propos, le Roy m'ayant licentié par un bon soir, il ne faillit pas de m'envoyer encore le mesme Feret afin que je le vinsse trouver encore au lict, aupres duquel m'ayant fait mettre à genoux comme l'autre fois, il me dit :
« Or sus, contez moy à present et bien à loisir
« toutes vos folles fantaisies (car c'est ainsi que
« vous avez tousjours nommé tous les meilleurs
« conseils que vous m'avez jamais donnez) sur les
« questions et propositions que je vous fis l'autre
« soir, d'autant que je vous veux escouter tout du
« long sans vous interrompre. » De laquelle faveur ayant remercié Sa Majesté, mon propos fut tel.

« Sire, suivant vostre commandement, j'ay
« medité non seulement sur ce qu'il plust à Vos-
« tre Majesté de me dire il y a trois soirs, mais
« aussi souvent et à diverses fois sur ce que j'ay
« pû apprendre d'ailleurs des affaires de mesme
« nature, desquelles diversité de personnes de
« toutes qualitez et religions, jusqu'à des femmes,
« m'ont parlé pour me faire parler, et voir si je
« ne sçavois nulles particularitez de vos secrettes
« intentions; et par tout ce que dessus ay-je re-
« cogneu que trop de personnes se mesloient de
« telles affaires, et puis selon qu'ils apprennent,
« voire quelquefois qu'ils inventent, ils vont con-
« ter merveilles à Vostre Majesté, laquelle se tra-
« vaille l'esprit inutilement entre tant de diverses

« sortes d'ouvertures et propositions, lesquelles
« sont toutes non seulement absurdes et imperti-
« nentes, mais aussi d'impossible succez ni bonne
« execution, voire que quand elles réüssiroient
« conformément à ce que la pluspart d'eux ont
« en fantaisie, elles ne vous pourroient apporter
« que perte, ruyne et destruction pour vos peu-
« ples, et honte et ignominie tant en vostre per-
« sonne qu'en vostre authorité royale, et finale-
« ment une entiere dissipation du royaume en
« diverses parts, sans esperance de le pouvoir ja-
« mais reünir en un seul corps d'Estat, ayant trop
« interessé de gens puissans en sa dissipation, et
« ne faut rien esperer de tout ce que l'on vous
« propose, quand il n'y auroit que ce grand et
« ridicule nombre de tant de personnes ; car j'es-
« time qu'ils ne sont pas moins de cent qui s'en
« font de feste, qui se veulent mesler de faire
« les entremetteurs et negociateurs de paix et de
« restablissemens d'Estat et de royaume, entre
« lesquels je ne pense pas qu'il s'en rencontre
« deux qui soient en tout et par tout d'un mesme
« advis, ny mesme un seul qui ait pour but vos-
« tre seule authorité, veu le grand nombre de po-
« tentats et autres puissances qui paroissent s'in-
« teresser en tous ces traittez, n'y en ayant pas un
« qui n'ait quelques affidez entre ces negociateurs,
« lesquels ne manqueront de recommander leurs
« interests, tous lesquels, sans un seul excepter,
« aspirent à obtenir quelque chose aux despens et
« detriment de la pauvre France, qui ne sçauroit
« estre si peu de chose, quelque peu que chacun
« en obtienne en son particulier, qu'il ne soit
« ruïneux pour elle en general.

« Les principaux d'iceux estans le Pape, l'Em-
« pereur, le roy d'Espagne, le cardinal de Bour-
« bon, le comte de Soissons, les duc de Savoye,
« de Lorraine, de Mercure, de Guyse, de Mayenne,
« d'Aumale, d'Elbeuf, de Nemours, de Nevers,
« et tant de gouverneurs, officiers de la couronne
« et autres chefs d'armées et grands ecclésiasti-
« ques, tous de ce party de destruction ; que le
« nombre en estant infiny, infinies en seront aussi
« les bresches qu'ils feront à la France et à la
« royauté, s'il se fait une pacification d'agreation
« avec eux tous ensemble, suivant ce que ces pa-
« cificateurs le demandent : voire peut-estre ceux
« qui font semblant d'estre les meilleurs François
« seront-ils les plus déraisonnables en leurs ins-
« tances : et en general il se trouvera qu'une in-
« finité tant d'une que d'autre religion, ont pour
« but de rabaisser en quelque sorte la royauté,
« me semblant, sire (car entre tant d'affaires es-
« pineuses et dignes de larmes, je vous en veux
« parler d'une pour rire), que tout ce que l'on
« entend resonner si hautement de tant d'allées,

« de venuës, d'escrits, de lettres, de voyages,
« d'entremises, de traittez, discours, pourparlers
« et conferences, de tant de diverses sortes de pa-
« cificateurs et restablisseurs d'Estats, royaumes,
« royautez, peuples et couronnes, la pluspart à
« trois et quatre visages, et parlans, se disent-
« ils, de mysterieux, mais plutost captieux lan-
« gages, ne se peuvent mieux comparer qu'à cette
« fourmiliere de procureurs du Palais qui font
« mille virvoustes par la grande salle, sous ombre
« de vuider procez, et cependant ce sont eux
« qui leur donnent naissance, et seroient bien
« marris qu'il en mourût un seul ; ou aux plai-
« doyers des advocats de diverses parties, qui
« tesmoignent de grandes passions de benevo-
« lence pour ceux qui les employent, et de mer-
« veilleuses aversions les uns contre les autres,
« sans qu'au partir de là un seul d'entr'eux se
« soucie du droict ou du tort, ny qui gagnera
« ou perdra sa cause, moyennant que les escus
« s'embourcent, et qu'à force de bien criailler,
« ils soient reputez eloquens, sçavans et bien
« pourveus d'inventions et de subtilitez, pour
« soûtenir quelque sorte de cause que ce puisse
« estre qui leur soit baillée à défendre ; et ainsi se
« trouvera-il à la fin que tous ces negociateurs,
« qui font tant les entendus et les zelez à quatre
« visages, ne conclurront que des chimeres et ne
« produiront que des monstres d'articles ridicu-
« les, et des conditions honteuses et impossibles
« à entendre et pratiquer.

« Et partant, sire, sans plus vous attendre à
« ces traiteurs et negociateurs qui ne font que
« vous piper, importuner, embarrasser l'esprit et
« remplir ceux de vos sujets de doutes et de scru-
« pules, je conclurray definitivement en peu de
« paroles qu'il vous faut encore user quelque
« temps de grande dexterité, patience et pru-
« dence, afin de vaincre par icelles et par les
« longueurs ennuyeuses des incommoditez et ne-
« cessitez que reçoivent les peuples les plus obs-
« tinez d'iceux, sans neantmoins, durant toutes
« ces longueurs, laisser passer ny temps, ny oc-
« casions d'employer à propos vos armes, afin
« de faire tousjours quelques progrez par icelles,
« et sans laisser non plus en arriere les prati-
« ques, industries ny faciendes propres à vous
« acquerir les plus dociles, et diviser les plus
« obstinez de vos ennemis, vous gardant tous-
« jours bien neantmoins de traiter jamais avec
« eux en les unissant ensemble en forme d'asso-
« ciez, ni de leur donner de communs interests
« à poursuivre conjointement en vos pacifica-
« tions particulieres, qui leur puisse former des
« societez d'instances communes, et encore moins
« donner à icelles un corps, une teste, des bras

« ny des jambes pour les faire agir et aller d'un
« mesme bransle ; car se trouvans ainsi tous des-
« membrez, et vous faisant gratifier en particu-
« lier chaqu'une ville de celles qui se sont encore
« conservées la liberté de pouvoir disposer d'el-
« les mesmes comme il leur plaira, ainsi qu'en
« quelque sorte peuvent faire celles de Paris,
« Toulouze, Aix, Arles, Lyon, Rion, Poictiers,
« Orleans, Troye, Reims, Amiens, Abbeville et
« autres semblables, il arrivera infailliblement
« qu'en continuant les procedures cy-dessus dit-
« tes, sans vous en ennuyer ny vous relascher de
« courage, que tant de diverses testes, capri-
« cieuses humeurs, aviditez et fantaisies qui
« composent tout ce grand confus anarchique
« et chimerique corps, qu'ils nomment entre eux
« la saincte union catholique, il s'engendrera
« tant d'envies, jalousies, haines et contestations,
« voire des desirs et desseins si contraires, comme
« desja Vostre Majesté a sceu que grand nombre
« d'iceux avoient mesmes pretentions à se faire
« eslire roy ; lesquelles s'entrechoquent tellement
« les unes les autres, qu'estant impossible de les
« pouvoir concilier, elles produiront en fin plu-
« sieurs divisions qui n'arriveront jamais que
« vous n'en profitiez puissamment ; tant qu'enfin
« estans tous mal contens les uns des autres, et
« desesperez de leurs impertinens desseins, il
« faudra que tout ce qu'il y a de François parmy
« eux se viennent jetter entre vos bras par pie-
« ces et loppins, comme vous devez desirer, ne
« recognoissant que vostre seule royauté, ne
« cherchent protection, appuy ny support qu'en
« elle, ni n'esperent d'obtenir bien-faits, dignitez,
« charges, offices ny benefices que de vostre
« seule grâce et liberalité.

« A toutes lesquelles choses, afin que Vostre
« Majesté ny d'autres aussi ne m'accusent pas
« que je suis un esprit de contradiction, puisque
« je n'ay rien trouvé de bon en toutes les pro-
« positions qui vous ont esté faites par ces grands
« negociateurs, j'adjousteray à mes advis et con-
« seils, qu'à la verité une catholicité vous deve-
« nant bien fort agreable, et icelle estant bien
« prise et bien receuë à propos par les formes
« honorables et agreables, seroit de grande uti-
« lité, voire pourroit servir de ciment et liaison
« indissoluble entre vous et tous vos sujets ca-
« tholiques, et mesme faciliteroit tous vos autres
« grands et magnifiques desseins, dont vous m'a-
« vez quelquefois parlé : surquoy je vous en di-
« rois davantage, si j'estois de profession qui me
« permit de le faire en bonne conscience, me
« contentant de laisser operer la vostre en vous
« mesme sur un sujet si chatouïlleux et si delicat.

« Or, sire, encore que mille espreuves par moy
« faites depuis vingt-un ans qu'il y a que je vous
« sers et vous suits continuellement, m'ayent
« fait cognoistre que non seulement la vivacité
« de vostre esprit a des comprehensions admi-
« rables, mais aussi que Vostre Majesté, par ses
« universelles et longues experiences, s'est acquis
« une si grande solidité de jugement qu'elle peut
« recevoir et donner l'intelligence des choses,
« des affaires et des paroles les plus impliquées,
« obscures et enveloppées, voire l'ayant veu
« quelquefois penetrer à bon escient jusques de-
« dans les pensées, cogitations et intentions d'au-
« truy, je croyrois en fin qu'elle se pourroit ren-
« dre capable de tirer la lumiere des tenebres.
« Mais nonobstant tout cela, si ne laisseray-je
« pas neantmoins de la supplier tres-humblement
« de vouloir considerer que tout ce que je viens
« de luy representer n'est qu'un simple sommaire,
« et encore le plus succint abregé et racourcy
« qu'il m'a esté possible, d'un bien grand dis-
« cours que j'avois projetté de vous faire, voire
« de le mettre par escrit, tant pour remedier à
« mon deffaut de memoire, que pour en rafrais-
« chir la vostre quand bon luy sembleroit, sur
« tout ce qui me sembloit estre necessaire pour
« faire clairement entendre à Vostre Majesté mes
« expediens advis, conseils et opinions sur les
« ouvertures et propositions qu'il luy plust de me
« faire il y a trois soirs, lesquelles me semblerent
« tant importantes, et neantmoins si embarras-
« sées, que pour les desvelopper de tels labyrin-
« thes, elles meriteroient bien d'estre distinguées
« par la diversité des traittans, des traitteurs et
« des traittez, poinct par poinct, particularité
« par particularité, et circonstance par circons-
« tance.

« Tellement que ce manquement me faisant
« apprehender qu'elle ait trouvé ce que je luy
« ay dit trop racourcy, et par consequent trop
« obscur et mal expliqué, je la supplieray encore
« une fois tres-humblement de n'en faire nul
« jugement determiné que je ne luy aye baillé le
« tout par escrit, bien mis au net par les formes
« que je luy viens de specifier ; car lors ne crain-
« dray-je point de le luy presenter tel qu'il sera,
« ny qu'elle le fasse voir à tous ceux que bon
« luy semblera, car je me suis fourny de puis-
« santes raisons pour bien deffendre mes folles
« fantaisies. »

A toutes lesquelles choses le Roy me repartit soudain, qu'il n'avoit que faire d'escrits plus amples que ce que je luy en venois de dire, dautant que n'estant quasi que les mesmes choses lesquelles luy estoient souvent venues en l'esprit, il avoit tellement en luy mesme discouru, songé, resvé et medité sur icelles, que le moindre mot que quelqu'un luy disoit sur ce sujet, luy en faisoit comprendre tout le surplus.

« Et afin, me dit-il, que vous jugiez que j'ay « bien pris vos opinions, je vous diray qu'elles se « resolvent quasi en un seul poinct, lequel con- « siste à me garder bien de rien traitter avec « qui que ce puisse estre, en sorte qu'il s'esta- « blisse quelque apparence de liaison, faction, « societé, ny corps entre plusieurs qui ayent la « moindre apparence du monde de pouvoir sub- « sister et se maintenir par eux mesmes ou leurs « associez dans une partie des despendances de « mon royaume, tel qu'il m'est venu de succes- « sion ; dautant que (comme vous avez tres-bien « remarqué) ce seroit former une royauté dans « la mienne, et me bailler un roy ou plusieurs « roys pour compagnons, capables d'y en attirer « encore d'autres : voire mesme suis-je bien resolu « de ne souffrir jamais qu'il se desmembre aucun « des droicts royaux de l'Estat, tant pour le spi- « rituel que pour le temporel; et afin de vous « faire encore mieux juger que je comprens fort « bien toutes vos imaginations et representations, « c'est qu'il nous faudra un jour essayer de faire « le semblable pour ce qui regarde tous ceux « de la religion, voire pensé-je avoir desja en « l'esprit un expedient par lequel j'y parvien- « dray fort facilement, et sans mal contenter « personne. »

Sur toutes lesquelles paroles du Roy je luy respondis que je me resjouyssois de luy voir ainsi bien prendre l'intelligence de ses affaires, qu'il se rendoit si soigneux de mediter sur icel- les, et d'en prendre conseil avant que de les conclure ; et partant n'avois-je plus autre chose à luy dire, sinon de conseiller Sa Majesté de faire tousjours ainsi à l'advenir, aussi bien au temps de prosperité qu'il fait en celuy d'adver- sité ; et pour le present de vouloir prendre son repos de corps et d'esprit, et me permettre sem- blablement d'aller prendre le mien, d'autant que je mourois de sommeil, y ayant deux nuicts que je n'avois point dormy, tant j'avois esté at- tentif tout le long d'icelles à mediter et mettre par escrit ce que je luy voulois representer, tellement que sans plus rien dire, le Roy me donna le bon soir, et moy je m'en revins à mon logis.

CHAPITRE XXXVIII.

Mort du prince de Parme. Suite de la con- férence.

Si ce dire commun, que toutes choses violen- tes sont de peu de durée, se trouve veritable en plusieurs, on l'a experimenté tel en la puissante armée du prince de Parme, la mort duquel la rendit entierement dissipée, les trouppes d'icelle prenans diverses routes et divers partis ; et, par cét accident, le Roy se voyant hors d'apprehen- sion qu'une armée estrangere pût entrer de long- temps en France, il se resolut de se rapprocher de Paris, à cause de plusieurs pratiques qui se faisoient de toutes parts, comme si les exploits militaires eussent quitté la place aux faciendes et debats de paroles, et s'en vint sejourner à Mante où madame sa sœur et le conseil estoient arrivez depuis peu de temps, auquel lieu il re- ceut divers advis ; lesquels non seulement confir- moient ce qu'il avoit descouvert par les lettres que vous luy aviez portées, mais aussi qu'il y avoit des desseins contre sa personne et sa vie ; tellement qu'il commença d'en avoir soin plus que de coustume et de travailler à bon escient pour y chercher des remedes, jusques à se trou- ver quelquefois contraint de faire venir loger des trouppes angloises dans Limay qui est comme un des faux-bourgs de Mante.

Telles menées ou pour le moins les bruits et advis d'icelles s'augmentans journellement, le Roy en estant fort travaillé en son esprit, et se defiant de la pluspart de ceux qui avoient de grandes charges et les grandes authoritez pres de luy, il vous envoya querir un jour fort matin par un nommé Jacquinot, qu'il estoit encore au lit, et vous ayant fait seoir au chevet d'iceluy, vous dit : « Hé bien ! mon amy, que dittes-vous « de tant de menées qui se projettent contre ma « conscience, ma vie et mon Estat ; car pour « moy, selon que je voy les esprits de ceux que « j'ay essayé d'obliger en toutes manieres, dis- « posez, et la malice de quelques uns, que je vous « nommeray un jour, s'augmentant journellement, « j'estime avoir sujet de croire qu'il n'y a vertu « ny bien-fait qui puisse obliger un meschant « courage, et que telles gens ne me laisseront « jamais en repos, et peut-estre enfin attenteront « à ma liberté et à ma vie ; et partant je vous « prie m'en dire librement vostre opinion, et de « quels remedes, exempts de cruauté et de vio- « lence, je pourrois maintenant user pour éviter « tant d'embusches et de monopoles que l'on « fait contre les droits qui me sont acquis par « la volonté de Dieu, la nature et les loix du « royaume. »

A quoy vous luy respondistes : « Sire, en af- « faires tant arduës et difficiles et qui tirent apres « elles tant de bonnes ou mauvaises consequen- « ces, vous auriez besoin d'une plus grande suf- « fisance que la mienne ; et neantmoins, puis « qu'il vous plaist que je parle, je vous diray

« qu'en celles qui se presentent, selon ce que j'en « ay pû cognoistre et qu'il vous a pleu me les « deduire presentement, je n'estime pas que les « remises et temporisemens, non plus que les « longs discours soient de saison; et pour cette « cause laisseray-je les paroles et les raisons à « part, pour vous dire qu'il n'y a, ce me semble, « que deux voyes à tenir pour vous delivrer de « peril, mais non de soucy; duquel les roys et « les princes, plus ils sont grands, moins s'en « peuvent ils garantir s'ils veulent regner heu-« reusement; l'une de vous acccommoder aux « desirs et aux volontez de ceux dont vous avez « deffiance, et l'autre de vous asseurer des plus « puissans, plus qualifiez, qui vous sont les plus « suspects, et les mettre en tel lieu qu'ils ne vous « puissent nuire; vous les cognoissez quasi tous; « et à leurs despens, car il y en a de fort riches, « vous pourrez long-temps faire la guerre; car « de vous conseiller d'aller à la messe, c'est chose « que vous ne devez pas, ce me semble, attendre « de moy estant de la religion, mais bien vous « diray-je, que c'est le plus prompt et le plus « facile moyen pour renverser tous ces monopo-« les, et faire aller en fumée tous les plus malins « projets. »

Sur quoy il vous repartit : « Mais, je vous « prie, dittes moy librement ce que vous feriez « si vous estiez en ma place. — Sire, luy res-« pondistes vous, Vostre Majesté sçait bien que « je fais tousjours ce que je puis pour ne luy don-« ner jamais conseil en chose d'importance que « je n'aye fort medité sur icelle. Or, usant de « mesme forme en ce qui me regarde, je vous « puis bien asseurer que je n'ay encor jamais pensé « à ce que je devrois faire pour estre roy, « m'ayant tousjours semblé que je n'avois pas « teste capable ny destinée à porter couronne ; « mais quant à Vostre Majesté, c'est un autre « discours, à laquelle ce desir est non seulement « loüable, mais aussi necessaire, n'y ayant nulle « apparence que le royaume puisse estre restably « en sa hautesse, opulence et splendeur, que par « le seul moyen de vostre eminente vertu et cou-« rage vrayement royal, tout le surplus de ceux « de vostre maison n'en pouvant donner l'espe-« rance à qui que ce soit; mais quelque droict « que vous ayez au royaume, et besoin qu'il aye « de vostre courage et vertu pour son restablis-« sement, si, m'a-il tousjours semblé, que vous « ne parviendrez jamais à l'entiere possession et « paisible jouyssance d'iceluy, que par deux « seuls expediens et moyens : par le premier « desquels, qui est la force et les armes, il « vous faudra user de fortes resolutions, seve-« ritez, rigueurs et violences, qui sont toutes

« procedures entierement contrairies à vostre hu-« meur et inclination, et vous faudra passer par « une milliasse de difficultez, fatigues, peines, « ennuis, perils et travaux, avoir continuelle-« ment le cul sur la selle, le halecret (1) sur le « dos, le casque en la teste, le pistollet au poing « et l'espée en la main; mais, qui plus est, dire « adieu repos, plaisirs, passe-temps, amours, « maistresses, jeux, chiens, oyseaux, et basti-« mens; car vous ne sortirez de telles affaires « que par multiplicité de prises de villes, quan-« tité de combats, signalées victoires, et grande « effusion de sang.

« Au lieu que par l'autre voye qui est de vous « accommoder, touchant la religion, à la vo-« lonté du plus grand nombre de vos sujets, « vous ne rencontrerez pas tant d'ennuis, peines « et difficultez en ce monde ; mais, pour l'autre, « luy dittes vous en riant, je ne vous en res-« ponds pas; aussi est-ce à Vostre Majesté à y « prendre une absoluë resolution d'elle mesme « sans la tirer d'autruy et moins de moy que de « nul autre, sçachant bien que je suis de la reli-« gion et que vous me tenez prez de vous, non « pour theologien et conseiller d'eglise, mais « pour homme de main et conseiller d'Estat, « puis que vous m'avez donné ce tiltre et de « longue-main employé pour tel. » Sur quoy s'estant pris à rire et mis en son seant sur son lict apres s'estre plusieurs fois gratté la teste, il vous respondit :

« Je cognois bien que tout ce que vous me « dittes est vray : mais je voy tant d'espines de « tous costez, qu'il sera fort difficile que quel-« ques unes d'icelles ne me piquent bien serré ; « car d'une part vous sçavez assez que mes cou-« sins les princes du sang et messieurs de Ne-« vers, de Longue-ville, Biron, d'O, Rieux, « Manou, Chasteau-vieux, Vitry, Autragues, « Sourdis et beaucoup d'autres, mais sur tous « Espernon, qui fut si hardy que de me declarer « tout haut qu'il ne recognoistroit jamais roy, « ny luy, ny tous ses amis, qui fust d'autre re-« ligion que la sienne, me pressent incessamment « de me faire catholique ou qu'ils formeront un « tiers party, et se joindront à la ligue : d'ail-« leurs je sçay de certain que messieurs de Thu-« renne, de la Trimoüille et leur sequelle, solli-« citent journellement de toutes parts, afin que, « si je me fais catholique, il soit demandé une « assemblée pour ceux de la religion, pour faire « resoudre un protecteur et un establissement de « conseils, subsistans par les provinces, toutes « lesquelles choses je ne sçaurois supporter ; et « s'il me falloit leur declarer la guerre pour l'em-

(1) Corselet de fer qui couvrait la poitrine et les épaules.

« pescher, ce me seroit le plus grand ennuy et
« desplaisir que je sçaurois jamais recevoir, mon
« cœur ne pouvant souffrir de faire mal à ceux
« qui ont si long-temps couru ma fortune, et
« employé leurs biens et leurs vies pour défendre
« la mienne, voire y en ayant grand nombre et
« de la noblesse, et des villes, qu'il n'est pas
« en ma puissance de me garder d'aymer tous-
« jours. »

Sur lesquels discours vous vous jettastes à genoux, luy baisastes les mains, les yeux decoulans de larmes de joye et luy dittes : « Sire,
« je me resjouys infiniment de vous voir si bien
« intentionné envers ceux de la religion, mon
« apprehension ayant tousjours esté que si une
« fois vous veniez à changer de religion, comme
« c'est chose que je voy bien qu'il vous faudra
« faire, l'on vous persuadast à hayr et mal trait-
« ter ceux de nous autres, tant des villes que de
« la noblesse, qui vous aymerons tousjours cor-
« dialement et vous servirons loyalement, des-
« quels le nombre se trouvera incessamment si
« grand, que s'il se leve parmy eux quelque ava-
« ricieux, ambitieux et factieux qui voulussent
« faire le contraire, ils seront contrains par les
« autres de se remettre en leur devoir ; ny ayant
« rien, à mon advis, qui fust tant necessaire de
« faire changer aux catholiques zelez, que cette
« creance qu'ils tesmoignent avoir prise et la
« voudroient bien faire prendre à tous les autres,
« que ceux de la religion sont tous damnez ; et y
« a bien aussi quelques ministres et autres im-
« pertinents esprits des huguenots, qui voudroient
« aussi essayer de nous en persuader autant des
« catholiques ; ce que pour moy je ne croy nul-
« lement, mais au contraire tiens pour infaillible
« qu'en quelque sorte de religion dont les hommes
« fassent profession exterieure, s'ils meurent en
« l'observation du decalogue, creance au sym-
« bole, ayment Dieu de tout leur cœur, ont cha-
« rité envers leurs prochains, esperent en la mi-
« sericorde de Dieu, et d'obtenir salut par la
« mort, le merite et la justice de Jesus-Christ,
« qu'ils ne peuvent faillir d'estre sauvez, pource
« que dés lors ne sont ils plus d'aucune religion
« erronée, mais de celle qui est la plus agreable
« à Dieu ; dequoy j'ay autresfois discouru avec
« quatre ou cinq de vos ministres ; à sçavoir
« M. de la Rochechandiou, de Vaux, d'Espe-
« rien, Gardesi et de Nord, lesquels se trou-
« voient bien empeschez à blasmer cette opinion.

« Que s'il vous plaisoit de la prendre, vous
« resoudre de la mettre en pratique tout le temps
« de vostre vie, et que Dieu vous en fit la grace,
« non seulement je ne douterois point de vostre
« salut, quelque profession exterieure que vous
« fassiez de la religion catholique, mais demeu-
« rerois bien asseuré que ne nous regardans point
« comme des gens execrables et damnez, vous
« n'entreprendriez jamais aussi la destruction,
« ny persecution de ceux de nostre religion, qui
« vous aymeront vrayement, et obeyront et ser-
« viront loyalement, ainsi que Dieu commande
« à tous subjets de le faire envers leurs roys et
« princes legitimes, voire mesme à l'endroit de
« ceux qui se gouvernent desordonnement : con-
« cluant par tous ces discours, qu'il vous sera
« impossible de regner jamais pacifiquement,
« tant que vous serez de profession exterieure
« d'une religion qui est en si grande aversion à
« la pluspart des grands et des petits de vostre
« royaume, sans laquelle tranquillité universelle
« il ne vous faut point entreprendre, ny esperer
« de le mettre en l'opulence, splendeur, richesse
« et felicitez de peuples que je vous en ay veu
« souvent faire le projet, et encor moins vous
« persuader de pouvoir jamais parvenir à l'exe-
« cution de vos hauts et magnifiques desseins,
« pour l'establissement d'une republique univer-
« selle, tres-chrestienne, composée de tous les
« roys et potentats d'Europe, qui professent le
« nom de Christ ; d'autant que pour procurer un
« si grand bien, il vous faut necessairement
« posseder tranquillement un grand, riche, opu-
« lent et populeux royaume, et estre en condi-
« tion de pouvoir faire de grandes et loyales
« associations estrangeres. »

Sur lequel discours le Roy vous ayant fait paroistre de l'avoir eu bien agreable, il vous dit qu'il y vouloit mediter, mais qu'en attendant il vous falloit donner telles esperances à ceux de vos intimes amis, que vous cognoissiez de le desirer le plus, et que, de son costé, il assembleroit cinq ou six de ses principaux et plus anciens serviteurs pour entendre leur advis là dessus ; à toutes lesquelles choses vous satisfistes l'un et l'autre, comme il sera dit au chapitre suivant.

CHAPITRE XXXIX.

Conférence de Henri IV avec les seigneurs protestans. Discours de ce prince. Négociations.

Conformement à ce qui est dit au chapitre precedent, trois jours apres que le Roy vous eut tenu les discours mentionnez en iceluy, il assembla, ainsi que nous vous l'avons ouy dire, messieurs de Thurenne, vous, Sancy, du Plessis, de Salignac, un nommé Morlas, Constans et Sallette.

De reciter icy tous les propos particuliers qui furent tenus entre vous, cela seroit trop long ; car vous fustes pres de deux heures en contestation, et n'en avons pû apprendre autre chose de vous, sinon que le Roy vous dit à l'entrée : « Messieurs, je vous ay icy assemblez comme « mes plus anciens et affidez serviteurs, pour « prendre conseil de vous de ce que je dois faire « sur les advis certains qui m'ont esté donnez, « que l'abbé de Bellozane a veu en cachette les « sieurs de Ville-roy et Jeannin, et que depuis « cela, luy et les deux Durets font tout ce qu'ils « peuvent, pour persuader mon cousin le cardi-« nal de Bourbon, de se vouloir rendre chef de ce « tiers party dont l'on bruit tant, afin d'espouser « l'infante d'Espagne, et se faire declarer roy « de France par tous les catholiques; estans bien « asseurez que tous ceux qui sont aupres de « moy ou me servent ailleurs, m'abandonneront « aussi-tost, et ne sont plus retenus que d'une « seule difficulté, qui est de sçavoir ce qu'ils fe-« ront de ma personne, les uns disans qu'il s'en « faut saisir et s'en asseurer, et les autres plus « malins et audacieux, qu'il me faut depescher ; « adjoustans, que tels oyseaux que moy ne va-« lent rien en muë ny à garder en cage. L'on « m'a donné advis certain que jusques icy le « cardinal a tousjours des-approuvé telles proce-« dures violentes principalement pour ce qui « touche ma vie. Mais il est à craindre que par « importunité, ou ambition, ou autres motifs, il « ne se laisse emporter à leurs persuasions et « mauvais desseins ; et partant je vous prie de « me dire librement vos sentimens. »

Lesquels, comme je l'ay appris de vous et d'un mien amy, qui est fort familier d'un nommé Salette, furent quasi tous divers; aucuns, dont vous direz les noms quand il vous plaira, se jettoient dans l'absolue violence, disans que, puis que la malice de ceux sur lesquels on l'exerceroit, l'auroit renduë nécessaire, le temps et les occasions luy feroient porter le tiltre de justice. Les autres vouloient que l'on s'asseurast seulement de huict ou dix des plus puissans et plus suspects, sans toucher à leurs vies, mais vous et un autre, qui aviez plus particuliere cognoissance des inclinations du Roy et des resolutions ausquelles il se pourroit porter, reprouvastes ces deux voies et concilustes à chercher des accommodemens, et cependant à se fortifier d'amis, à se tenir sur ses gardes, et surtout d'essayer à regagner avec certitude les affections et bonnes volontez de messieurs le cardinal de Bourbon et comte de Soissons, et à pratiquer pour cét effet quelques uns de leurs plus confidens serviteurs ; lequel conseil pource qu'il se trouva plus conforme à l'humeur du Roy, fut aussi par luy le plutost approuvé, et mesme vous donna charge, apres que l'on fut separé, d'y travailler diligemment, sçachant que vous estiez fort bien tant avec monsieur le cardinal, qui disoit tout haut qu'il n'y avoit homme en France pour estre huguenot qu'il aymast tant que vous, qu'avec M. le comte de Soissons, en grande amitié avec l'abbé de Bellozane et une dame nommée de Rozieres qu'il aymoit, et encore plus avec les Durets.

Neantmoins vous vous adressastes premierement au sieur de Bellozane, comme le plus facile à persuader et gagner par loüanges et par offres; et en le flattant, amadoüant et feignant de croire qu'il avoit tousjours resisté aux Durets, car il y avoit une envie mortelle entre luy et eux, lors qu'ils vouloient porter leur maistre à des conseils violens et qui passoient par delà les bornes de l'humanité, l'asseurant que le Roy vous avoit donné charge de l'en remercier; le prier de luy continuer les bons et utiles services qu'il luy avoit rendus, et de luy promettre le premier bon evesché qui viendroit à vaquer, voire de le faire cardinal si tost qu'il seroit catholique ; à quoy il estoit tout resolu, et partant ne pouvoit plus manquer d'estre roy absolu ; lesquelles paroles opererent si bien en cét esprit vain et ambitieux, que tant pour ces belles esperances, que pour se vanger de ceux qui luy disputoient la faveur du cardinal, qu'il vous dit ce qu'il sçavoit et ce qu'il ne sçavoit point; sur tout il accusa les Durets, pour essayer de les ruyner entierement, de plusieurs pernicieuses pratiques et mauvais conseils qu'il avoit tousjours destournez, jusqu'à vouloir persuader son affection avoir tousjours esté telle envers le Roy et la France, que sans sa résistance aux mauvaises deliberations, son maistre s'y fut souventefois laissé emporter; dequoy vous le remerciastes, le priastes de continuer et de trouver bon que le Roy fut amplement informé de toutes ces particularitez, afin de luy augmenter tant plus le desir qu'il avoit de luy faire du bien, ce qu'il approuva grandement, et mesme vous en requit; de toutes lesquelles choses le Roy, sur ce qu'il apprit que ledit de Bellozane depuis avoir parlé à vous avoit encore veu en secret Ville-roy et Jeannin, ayant conferé avec monsieur le cardinal, sans luy rien celer, en demeura tellement offencé contre ledit de Bellozane, jugeant par les discours qu'il vous avoit tenus, et qu'il vouloit faire imputer à ses conseils et à son credit et authorité pres de luy, tout ce qu'il y avoit de loüable en sa pieté, prudence et bon naturel, qu'à cette occasion il l'esloigna peu à peu de ses bonnes graces et de la principale entremise de ses affaires, et se resolut par l'advis de ses contretenans les deux Durets, qui par despit de luy se porterent d'une extremité à l'autre, de s'accommoder entierement et de bonne foy avec le Roy, à quoy ayda bien la copie des articles accordez par le president Jeannin avec le roy d'Espagne, lors qu'il fut envoyé vers luy par M. du Mayne, dont il a esté parlé cy-devant, laquelle vous luy fistes voir et recognoistre pour estre escrite de la main dudit president; car vous fustes choisi par tous les deux pour estre entremetteur entr'eux, porter les paroles, et faire les allées et venuës de l'un à l'autre, lors qu'ils n'auroient pas la commodité de se voir, ou de pouvoir parler ensemble; en toutes lesquelles choses vous rendistes un si bon devoir et vous en acquitastes si dignement et si heureusement que la reconciliation s'y trouva toute entiere; de laquelle nous voudrions bien sçavoir toutes les particularitez, pour les inserer dans ces Mémoires; mais toutes les fois que nous vous en avons parlé, vous nous avez tousjours dit que les discours en seroient trop longs.

Or, combien qu'en nostre dessein nous nous soyons proposez, comme nous l'avons souvent dit, de ne vous representer que les choses où vous avez eu part, de crainte de destourner, par quelque digression ou narration d'autre nature, l'attention de ceux qui liront ces Memoires du fil de vostre propre histoire; neantmoins ayans parlé cy-devant des peines et anxietez où estoit reduit le Roy à cause de tant d'ennemis qui lui estoient opposez, et de tant d'embusches qui luy estoient dressées, nous avons estimé, tant pour faire voir que le plus souvent la vengeance divine jette dans des lacs et des filets de difficultez extrémes ceux qui procurent le mal d'autruy, que pour rendre plus intelligible tout ce qui se dira cy-apres de vous, lors que vous serez trouvé meslé dans la pluspart des grandes affaires de l'Estat, rendu participant des conseils plus secrets et importans de nostre Roy, nous avons estimé, disons-nous, estre obligez de vous ramentevoir un discours que vous tinstes à M. vostre frere, gouverneur de Mante, et à M. du Perron ensemble, avant que vous luy eussiez procuré l'evesché d'Evreux, ne doutant point que comme des plus affidez de M. le cardinal de Bourbon, ils n'en discourussent apres avec luy; lequel propos tendoit à leur faire voir le peu de solidité qu'il y avoit aux esperances fondées sur des personnes si diverses en intentions qu'estoient tous ceux qui contrarioient les justes desseins du Roy.

Et, commençant par le Pape de nouvelle promotion, qui estoit Clement VIII, vous leur distes qu'il estoit desja recogneu de plusieurs pour n'estre en aucune façon d'humeur violente et obstinée comme avoit esté Sixte V, ny d'esprit si envenimé contre la France, et de conduitte si estourdie qu'estoit son devancier Gregoire XIV; mais tout au contraire que comme prince sage et advisé, qui desiroit maintenir la chrestienté en repos, et l'authorité pontificale en sa splendeur, il n'avoit nulle envie de fomenter les troubles de France, et encore moins que le roy d'Espagne en pûst devenir roy paisible, jugeant bien que ce seroit luy ouvrir le chemin à la monarchie chrestienne, et par consequent reduire les pontifes romains à devenir, si bon luy sembloit, ses simples chappelains, et sur telles apprehensions estoit homme pour embrasser tous les expediens qui lui seroient proposez, afin de faire tomber la France sous toute autre domination que celle d'Austriche, voire pour recevoir le Roy comme chose plus juste et plus facile, plutost que nul autre, moyennant qu'il se voulust faire catholique, comme vous leur distes que vous ne doutiez point qu'il ne s'y resolust, sans se soucier de ces mots bruyans de relaps, dont les Espagnols et plusieurs ligueurs faisoient tant de parade.

Puis venant au roy d'Espagne, comme estant le premier et principal mobile qui donnoit ce malheureux bransle à tous nos mouvemens, vous leur dittes sçavoir de bonne part que les temps et les evenemens l'ayant esclaircy de beaucoup de choses, et fait mieux recognoistre la naturelle impatience et legereté des François, il jugeoit bien qu'il luy seroit du tout impossible de les tenir en obeyssance qu'avec de tres-grandes forces et despences si excessives, qu'elles ne pouvoient compatir avec celles à quoy l'obligeoit la defense des Pays-Bas; que d'ailleurs le duc du Mayne, mais beaucoup moins ceux de Savoye, de Lorraine, de Nemours, de Mercure et de Guise, ny les principaux seigneurs de France ne le desiroient nullement pour leur roy et maistre absolu : et partant ne songeoit-il plus aussi à parvenir à cette dignité, ny à la pouvoir faire obtenir à aucun de la maison d'Austriche, mais seulement à essayer d'emporter quelques pieces de l'Estat qui luy fussent aisées à garder en s'accommodant avec le Roy, et en tous cas de maintenir les divisions commencées, par les diverses esperances qu'il donneroit à chacun des chefs, afin que ne pouvant avoir la France pour luy, il essayast d'en faire autant de parts qu'il y avoit de pretendans, suivant l'ancien desir de l'empereur Charles V.

Que quant aux chefs de la ligue, ils commençoient à recognoistre combien les langages et les procedures du nouveau Pape estoient differentes de celles de ses predecesseurs contre le Roy ; que celuy d'Espagne seroit homme pour s'accommoder avec luy, et se bander peut estre apres contr'eux mesmes, ayant senty quelque vent des propositions secrettes de dom Bernardin de Mandosse, de Taxis, et du commandeur Moreau ; combien les Espagnols, qui estoient en France (qu'il estoit à presumer de suivre en cela les intentions de leur Roy), se montroient rogues et hautains en leur endroit és lieux où ils estoient les maistres ou pensoient avoir de grandes brigues; combien ils tesmoignoient avoir de defiances de leurs affections et intentions, et se montroient peu desireux de voir à tous ensemble ny à un seul d'eux en particulier, aucun establissement certain ni authorité absoluë, traversans, par leurs ministres et partisans, toutes celles qu'ils essayoient d'acquerir, tellement qu'ils n'esperoient jamais plus rien d'asseuré par le moyen du Roy d'Espagne ; cognoissans qu'il les vouloit tenir en un perpetuel travail dans les armes comme de simples stipendiaires, ainsi qu'il en avoit usé envers le prince de Parme et tous les autres grands chefs de guerre qui l'avoient servy és Pays-Bas et ailleurs, et qu'entr'eux mesmes ils voyoient les difficultez de s'accorder en un mesme dessein et mesmes procedures, s'augmenter journellement ; et partant desiroient de pouvoir traitter quelque chose de certain avec le Roy, pendant qu'il estoit huguenot, afin de meliorer leur condition, en sorte (ainsi qu'ils l'avoient fait proposer par les sieurs de Ville-roy et president Jeannin) qu'en luy laissant le tiltre et nom vain de Roy, eux le demeurassent en effet dans chacune des provinces où ils desiroient s'establir, protestant aux princes et seigneurs catholiques de party contraire au leur, qu'il n'y avoit que la seule religion que le Roy professoit qui les empeschast de le recognoistre, et par consequent que le royaume ne fust mis en paix et en repos, comme ils tesmoignoient le desirer, alleguans pour preuve de leurs bonnes intentions, et qu'ils ne vouloient point dissiper l'Estat ny le transporter en main estrangere, qu'ils estoient tous prests de s'unir ensemble avec lesdits princes et seigneurs catholiques qui se voudroient separer du Roy, et consentir qu'il fust choisi un d'entr'eux de la maison de France pour espouser l'infante d'Espagne et estre esleu roy : estant à croire qu'ils ne faisoient toutes ces ouvertures que pour amuser les peuples et les grands, affoiblir le party du Roy, accroistre les difficultez d'un restablissement d'Estat, et par icelles reduire le Roy à ne leur refuser nulle des conditions qui luy avoient esté proposées par ceux que nous avons dit cy-dessus, desquelles vous leur montrastes une copie, laquelle nous y avons depuis trouvée parmy vos papiers et l'avons icy inserée telle que s'ensuit.

CHAPITRE XL.

Propositions faites par la ligue à Henri IV. Négociations. Prise de Dreux par le Roi.

« Premierement, que le Roy promist de se faire catholique dans trois mois au plus tard.

« Plus, que l'exercice de la religion catholique fust restably publiquement et librement sans aucune restrinction en toutes les villes de France sans aucune excepter.

« Plus, que si l'on vouloit permettre à ceux de la religion de demeurer en France, que ce fust par un edict de tolerance limité à certain temps, sauf à le proroger lors qu'il seroit jugé à propos.

« Plus, que nul de ceux de la religion ne pûst estre pourveu d'aucunes charges, estats, dignitez, capitaineries, gouvernemens, offices, beneficus, ambassades ny legations.

« Plus, que le Roy ne pûst faire aucune nomination pour beneficus, que conformement aux decrets et canons.

« Plus, que les estats se tinssent de six en six ans, suivant l'advis desquels toutes affaires, et sur tout celles d'Estat, des armes, de la justice, de la police et des finances seroient administrées.

« Plus, que le Roy ne pourra mettre garnison aux villes que tiennent les chefs de la ligue qui seront nommez au traitté, ny en toutes autres si elles ne sont frontieres.

« Plus, entretenir les compagnies de gens d'armes desdits seigneurs, et pour cét effet y affecter le taillon des provinces dont ils seront gouverneurs.

« Plus, entretenir en leurs places des garnisons necessaires, le payement desquelles sera pris sur les tailles desdites provinces.

« Plus, adjoûter au gouvernement de Bourgongne celui du Lionnois, Forest et Beau-jolois, et les bailler à M. du Mayne, avec la nomination des gouverneurs et capitaines des places, et la provision aux offices et beneficus, et luy bailler la charge de lieutenant general ou de connestable, n'y en ayant nulle autre qui soit digne de luy.

« Plus, qu'à mesmes conditions l'on baillast le gouvernement de Provence à M. de Nemours, de Languedoc à M. de Joyeuse, de Bourbonnois et la Marche à M. d'Elbœuf, de Bretagne à M. de Mercure, les deux Vexins au sieur d'Alincourt en tiltre de gouvernement, partie de Normandie à M. de Villars, de l'Isle de France à M. de Rosne, d'Orleans et Berry à M. de la Chastre, de Picardie à M. d'Aumalle, et la Champagne à M. de Guyse avec la charge de grand maistre et tous les benefices qui avoient esté en la maison de Lorraine.

« Plus, quatre mareschaussées de France, à tels qu'ils seroient nommez.

« Plus, que le Roy payast toutes les debtes des princes et seigneurs de la ligue jusqu'au nombre de vingt qui seroient nommez, et semblablement des pensions selon la qualité d'un chacun d'eux.

« Plus, de comprendre audit traitté quelques princes estrangers qui seroient nommez, et notamment le Pape, tous lesquels se rendroient garands de l'observation des conditions d'iceluy. »

Sur lesquelles conditions ayant esté remontré audit sieur de Ville-roy, par les sieurs mareschal d'Aumont et de Thurenne, d'O, du Plessis et autres serviteurs du Roy, qu'il y en avoit plusieurs d'impossible execution, d'autres fort honteux, d'autres excessifs et d'autres impertinens, et qu'en general ils meritoient tous moderation et interpretation; et luy en ayant escrit en ces mesmes termes au président Jeannin, il luy respondit, par lettres du huictiesme may, mil cinq cens quatre vingts douze, du camp de Caudebec : qu'il s'estonnoit des difficultez qu'on faisoit d'accorder lesdits articles, n'y voyant pas grands advantages pour M. du Mayne, ny seureté pour le party; que l'on ne pouvoit approuver que le mareschal de Thurenne et le sieur du Plessis, estans huguenots, fussent les negociateurs de ce traitté, dautant qu'ils ne desiroient nullement la paix, la guerre leur estant plus utile; que M. du Mayne, ny les autres princes n'entendoient point traitter comme vaincus, ou inferieurs en puissance, et se plaindroient qu'il n'avoit point parlé des villes de seureté qui estoient demandées, ny des engagemens des domaines de provinces dont ils auroient les gouvernemens, ny de les rendre hereditaires à leurs enfans, dont il avoit souvent discouru avec luy; qu'ils ne vouloient point que l'on parlast d'abolition; pource qu'elle presupposoit crime, et que leurs armes estoient trop pleines de justice, d'honneur et de raison pour en user ainsi, ny estre traittez à la huguenotte qui quittoit tout pour un presche; que cette paix ne se devoit pas estimer un simple edict qu'un Roy accorde à ses sujets, mais un traitté comme entre esgaux qui recognoissoient un Roy ayans eu sujet de ne le faire pas tandis que le cardinal de Bourbon a vescu, ny depuis n'estant pas catholique; et que mesme y auroit-il difficulté d'y faire condescendre M. de Nemours, pour avoir basty une souveraineté aux Lyonnois et lieux voisins, et confirmé en icelle par le roy d'Espagne; et partant ne falloit-il pas s'arrester à toutes ces difficultez pour avoir un royaume, alleguant plusieurs autres raisons qui seroient trop longues à desduire, aussi qu'il ne nous souvient quasi plus de ce que vous nous avez dit, que vous en conta lors M. du Plessis, et qu'en avez entendu depuis dire aux sieurs de Villé-roy et Jeannin discourans des affaires de ce temps-là.

Puis en continuant vostre discours vous leur dites que quant aux princes et seigneurs catholiques, les plus gens de bien et les plus judicieux, quoy qu'au commencement ils eussent applaudy à telles chimeriques ouvertures, ils alloient peu à peu recognoissans la vanité, peu de solidité et sinceritté d'icelles, descouvrans des intentions contraires à icelles dans les esprits et secrets desseins du Pape, du roy d'Espagne et des princes, des Maisons d'Austriche, Savoye et Lorraine, y ayant apparence de plus d'utilité pour eux tous de traitter avec un roy huguenot qu'avec un catholique, et que finallement pour ce qui regardoit les peuples, villes, communautez et noblesse de la campagne, qui en effet estoient plus puissans que tout le reste, et pouvoient par leur multitude donner le bransle et l'arrest à toutes deliberations, ils estoient la pluspart revenus de leurs extravagantes fantaisies, et commençoient à discourir que le Pape avoit changé d'opinion à l'endroit du Roy; que le roy d'Espagne vouloit la France toute pour luy, et la perdre pour tout autre et pour elle mesme; que tous les chefs de la ligue, par leurs diverses intentions et pretentions, accroistroient plustost les guerres, troubles, ruynes et saccagemens du royaume, qu'ils ne le pacifieroient et restabliroient en splendeur; que ce nouveau party que l'on parloit de former paroissoit encore si foible et si desnué de solidité, union et raison, que les irresolutions de ceux qui le composeroient, augmenteroient plustost les miseres qu'elles ne les termineroient, voire que quand le Pape, le roy d'Espagne, les chefs de la ligue et tous ceux dont on parle pour le tiers party, seroient en une parfaite union, et se rencontreroient en un mesme dessein, si n'y avoit-il esperance de pouvoir establir une tranquilité à l'Estat, ny de le pouvoir jamais remettre en son lustre, ayans affaire à un prince dont le droit estoit indubitable, et qui avoit tant de courage, de bonne fortune et de vertu, que quand il ne tiendroit plus que dix villes en France, condition en laquelle il n'estoit pas prest d'estre reduit, à cause des huguenots de France et des secours des estrangers de cette profession, s'y défendroit-il tousjours ses justes pretentions avec les armes, et ne laisseroit jamais respirer les peuples qu'il ne fust recognu pour tel que Dieu l'avoit fait naistre, et partant que tous les gens de bien ne pouvoient prendre un meilleur conseil que de prier pour sa conversion, et se resoudre à le tenir pour Roy aussi-tost qu'il seroit catholique.

Tous lesquels discours furent escoutez fort attentivement par ceux à qui vous les teniez et recognurent bien que vous n'en sçaviez pas tant que le Roy n'en sceut encore davantage; ce qui ayant esté rapporté à monsieur le cardinal de Bourbon, servit grandement à le disposer aux choses que vous aviez traittées comme nous avons dit, et desquelles tous les plus contraires au Roy (lesquels nous ne nommerons point, encor que nous les cognoissions bien pour vous les avoir oüy nommer) ayans esté informez, ils s'adoucirent, de sorte que, par vostre entremise, dont les particularitez sont fort notables, mais que nous passerons sous silence de crainte d'estre trop longs et de desplaire à quelqu'un, ils se reconcilierent tous avec le Roy, et prirent une telle creance pres de luy, que deferant plus à leurs conseils qu'aux vostres ny à luy mesme, il se laissa emporter par effet quelques mois apres au changement de religion, dont au commencement ny luy, ny vous ne leur pensiez donner que des esperances.

Pendant toutes ces entremises, et tant d'allées et venuës, qu'il vous fallut faire pour ramener les esprits en bonne assiette, et qui durerent toute l'année quinze cens quatre-vingt douze et partie de quatre-vingt treize, diverses sortes de personnes s'entremirent de negocier, les uns d'un costé, les autres d'un autre; les uns avec sincerité, les autres avec artifice, d'autres par vanité, d'autres pour se faire de feste et tascher d'y faire leurs affaires; d'autres pour se bien entretenir avec les deux partis, et d'autres avec affection pour rechercher les moyens de parvenir à quelque bonne paix: mais tant de pourparlers et d'entrevuës, quoy que messieurs le cardinal de Gondy, mareschaux d'Aumont et de Thurenne, admiral de Biron, d'O, de Bellievre, de Ville-roy, de Vitry, de Lus, du Plessis, president Jeannin, de Bellozane, de la Verriere, de Zamet, de Fleury, l'abbé de Chesy, et infinis autres s'en entremissent, n'eurent neantmoins autre succez, à cause des diverses fantaisies de tant de differentes sortes de personnes, de leurs divers desseins et de leurs envies et jalousies, les uns desapprouvans ce que les autres approuvoient et destruisans ce que les autres edifioient, sinon que la resolution fut prise d'une conference qui se tint depuis à Suresne, en avril 1593, des particularitez de laquelle nous ne dirons autre chose, à cause qu'ayant esté resolu qu'il ne s'y trouveroit aucun huguenot, vous n'y fustes pas, sinon qu'elle fut aussi inutile que les autres entrevuës, les deputez s'estant separez sans pouvoir rien conclurre, à cause des impertinentes demandes des chefs de la ligue, desquelles il a esté fait mention cy-devant, parlant des sieurs de Ville-roy et Jeannin.

Tellement que les choses paroissans prestes de retomber aux premieres difficultez, à cause des irresolutions de messieurs du Mayne, de Nemours et de Mercure sur tous autres, et des confusions de cette bizarre assemblée d'estats imaginaires qui se tenoient à Paris, le Roy, s'en estant retourné à Mante, commença d'approcher de sa personne des docteurs, pour luy parler des differens de la religion, et fit faire en suitte une conference entre iceux et quelques ministres, pendant laquelle le Roy, à vostre instante poursuitte, afin de ne laisser ses trouppes oysives, s'en alla assieger Dreux, vous employant à rassembler toutes les pieces et munitions necessaires pour cet effet, et à trouver quelque argent par le moyen d'un emprunt sur les principaux habitans de Mante; tant que finalement il partit de ceste ville en avril 1593, s'en alla loger à Serisi, où il y a un pont sur la riviere d'Ure, fit investir la place par M. l'admiral de Biron; lequel se fut bien-tost saisi des faux-bourgs et reduict la ville à telle extremité, qu'elle fut prise sans grand combat, ne restant plus que le chasteau et une grosse tour nommée la Grise, contre laquelle le Roy desesperant de rien faire avec le canon, il se resolut de la miner, sur l'asseurance que vous et quatre mineurs anglois et escossois luy donnastes d'y travailler en sorte qu'il en auroit contentement : et de fait vous estans logez au pied d'icelle, à la faveur de quelques mantelets et de grandes pieces de bois, dont l'on faisoit des appentis tout à l'entour, afin d'y estre à couvert des quartiers de pierres qui estoient jettez d'en haut; ayant trente six forts carroyeurs avec des pics à teste, marteaux de carroyeurs et massons propres à tailler, des rapes, limes, scies à pierre, pinces, pieds de chevres, tenailles et autres instrumens à ce necessaires, vous en faisiez tousjours travailler quatre, avec telle aspreté qu'ils estoient incontinent mis hors d'haleine et tous en sueur (où comme M. de Montpensier vous voulut aller voir travailler, il receut une harquebusade dans le visage et le col), puis quatre autres se mettoient en leurs places, les changeans ainsi de temps en temps; tellement que dés le premier jour ils eurent fait une entaille dans la tour, de cinq pieds de haut, trois pieds de large et quatre de profond. Les autres jours on n'alla pas si viste, à cause que les ou-

8.

vriers se trouvoient plus à l'estroit; mais tant y a dans six jours vous eustes fait faire un approfondissement de huict à neuf pieds de creux en ligne droite dans cette tour; puis vous fistes tourner vos ouvriers moitié à gauche, moitié à droit, afin de faire des chambres dans le milieu de l'espaisseur de la muraille de six à sept pieds de creux, qui furent un peu eslargies par le profond; puis ayant mis trois à quatre cens livres de poudre de la plus fine que vous pustes trouver en chacune d'icelles, et posé deux longues saucisses de cuir bien sec, grosses de trois pouces, remplies de poudre bien battuë, qui prenoient leurs racines dans le milieu de la poudre de chaque chambre, et se rejoignoient au sortir d'icelles pour n'en composer plus qu'une, dont le bout venoit sortir hors de la tour, puis fistes remuer tout cela avec pierres et du meilleur plastre qu'il se pût trouver, dautant qu'il fait soudainement corps.

Toutes ces choses ainsi preparées, l'on fit faire une longue traisnée de poudre qui alloit joindre le bout de la saucisse, à laquelle, apres que l'on eut fait retirer un chacun, le feu ayant esté mis, il courut à la saucisse qui prit feu et le porta dans les chambres de poudre qui bruslerent aussi : car cela fit une grande fumée et un bruit sourd sans autre effect de pres d'un demy quart d'heure; tellement que l'on commençoit desja à parler contre vous, principalement ceux qui vous portoient envie, crians : « La mine de M. de « Rosny! la mine de M. de Rosny! » Et mesme le Roy ne se pût empescher de dire : « Il a bonne « volonté, mais il est si estourdy qu'il veut que « tout cede à ses imaginations. »

Si vous estiez marry, honteux et en colere tout ensemble, vous en dittes assez depuis pour le croire; et desja chacun commençoit à se separer, lors que l'on vit sortir de la tour une beaucoup plus grosse fumée que la premiere, et icelle se fendre par la moitié depuis le haut jusqu'en bas, dont l'une d'icelles se renversa par terre en une infinité de pieces, emportant avec elle une quantité d'hommes, et quelques femmes et enfans, qui furent tous écrasez et brizés à sa cheute; et l'autre moitié demeurant debout, l'on vit sur quelques restes de voûtes et de planchers, et dans des embraseures et renfoncemens de portes et de fenestres, d'autres hommes, femmes et enfans, tous à descouvert sans se pouvoir cacher, tendans les mains, et crians misericorde. Il se faisoit lors une si grande huée de toute l'armée que l'on ne pouvoit rien entendre; et quelques soldats commençans à les tirer comme à l'affust, il en fut tué cinq ou six, et eussent les autres couru mesme fortune, sans le Roy qui en prit pitié, fit cesser ceux qui les tiroient, et envoya un exempt de ses gardes avec douze soldats pour les aller querir et les luy amener; ce qui ayant esté faict, il leur fit donner à chacun un escu, et leur permit d'aller où leur sembleroit. Il y eut quelque dispute pour ce gouvernement, que vous estimiez ne vous pouvoir estre refusé, tant à cause que vous aviez esté un des principaux promoteurs du siege et de la prise de la tour Grise, que pource que la ville estoit proche de vos terres; mais les zelez catholiques s'y opposerent, selon leur bonne coustume, et M. d'O l'emporta par dessus tous, au grand regret du Roy, qui vous en fit des excuses en ces propres termes :

« Mon amy, c'est à mon grand regret et des« plaisir que je ne vous ay peu bailler ce gouver« nement, car vous le meritez mieux que nul « autre, à cause du bon devoir que vous avez « fait en ce siege; mais vous voyez comme tous « ces gens icy me gesnent en toutes mes actions, « jusqu'à me forcer en celles dont ils ne vou« droient pas que je leur fisse la moindre instance « du monde, ne craignans point de dire tout « haut, voire de me menacer de m'abandonner, « et se joindre aux ennemis de l'Estat et de moy, « si je ne change de religion. Vous avez ouy « parler des belles conditions que le sieur de « Ville-roy a mises en avant, de la part de M. du « Mayne, moyennant lesquelles il offre de me « recognoistre pour Roy; mais j'aymerois mieux « estre mort que de les avoir acceptées, à cause « du desadvantage qu'en recevroit l'Estat et tous « mes anciens et plus loyaux serviteurs. Que s'il « me faut faire quelque passe-droit pour mettre « ce royaume en paix, et sortir de la tirannie de « ces gens qui me travaillent ainsi, croyez qu'il « n'y aura que moy seul qui en patisse; mais « aussi vous pouvez vous asseurer que si je puis « un jour estre Roy et maistre absolu, que je fe« ray du bien et de l'honneur à ceux qui comme « vous m'auront bien et utilement servy. Partant « prenez patience aussi bien que moy, et con« tinuez à bien faire. »

CHAPITRE XLI.

Démarches pour la conversion du Roi. Conseil tenu sur une demande des grandes villes de France. Discours de Rosny. Conversion du Roy.

Le dessein du Roy de changer de religion, prenant tousjours de nouvelles forces, fut cause qu'il s'en retourna dans Mante, qui estoit lors son Paris, où toutes sortes de gens de qualité et d'affaires s'estans rassemblez, il s'y trouva quantité de soliciteurs pour luy faire changer de religion, dont les principaux, sans entrer dans le secret de sa conscience, duquel luy seul peut estre le vray juge, furent l'extrême pitié qu'il avoit de voir ainsi tous les peuples de France, qu'il nommoit ses enfans, exposez, s'il n'y appliquoit ce remede, à de perpetuelles ruynes, miseres et calamitez; sa liberté et sa vie estre continuellement aguettées et mises à la discretion de ceux ausquels (s'il ne vouloit faire un changement general des principaux officiers) il estoit contraint de commettre l'une et l'autre : les puissantes et subtiles raisons theologiques du temps dont il estoit rebattu par M. du Perron; son agreable entretien et douce conversation; les connivences pleines d'artifices de quelques ministres et huguenots du cabinet, qui vouloient profiter du temps à quelque prix et par quelque voye que ce pût estre; l'infidelle ambition de plusieurs des plus puissans et authorisez parmy ceux de la religion, à la mercy desquels il apprehendoit de retomber si les catholiques se resolvoient de se separer et l'abandonner; le dépit où il estoit entré contre aucuns faisans les zelez catholiques, pour luy avoir parlé insolemment et fait des harangues impudentes et impertinentes, pour le presser, mesmes avec menaces de changer de religion, dont l'un des plus hardis avoit esté le sieur d'O, usant de termes salles de goinfre et de cabaret à sa mode accoustumée; le desir que ce prince avoit de se pouvoir passer de telles gens, et leur faire sentir un jour leur temerité; la crainte où il estoit entré, qu'en fin les estats qui se trouvoient lors assemblez à Paris, quelques malotrus qu'ils peussent estre, n'esleussent M. le cardinal de Bourbon pour Roy, et ne luy procurassent l'infante d'Espagne (1) pour femme; la lassitude et l'ennuy d'avoir tousjours eu le halecret sur le dos, depuis l'âge de douze ans, pour disputer sa vie et sa fortune; la vie dure, aspre et languide, qu'il avoit escoulée pendant ce temps; l'esperance et le desir d'une plus douce et agreable pour l'advenir; et finalement quelques-uns de ses confidens et plus tendres serviteurs, entre lesquels se peut mettre sa maistresse, y firent apporter l'absoluë conclusion, les uns par supplications et larmes, les autres par remonstrances, et les autres par prudence humaine, laissant les cas de conscience à part operer en luy seul.

Pendant toutes ces solicitations, qui ne rencontrerent pas de petites difficultez, une bonne partie des grandes villes, qui estoient de la ligue,

(1) Clara Eugenia, seconde fille du roi d'Espagne Philippe II.

et sur toutes Paris, ne pouvans plus supporter tant d'incommoditez et de necessitez où elles se voyoient reduittes, sans apparence d'en pouvoir estre delivrées (par le moyen de tant de roys imaginaires, desquels les divisions et l'arrogance commençoit à les ennuyer bien fort), estans privées de tout traffic et commerce entre ellesmesmes et avec les estrangers, à cause des formels empeschemens qu'y mettoient les places qui tenoient pour le Roy, ils esmeurent plusieurs tumultes, et en fin contraignirent tous leurs chefs de consentir qu'il fut envoyé vers le Roy, pour requerir et obtenir de luy la liberté du commerce : à quoy ayant esté deputé M. de Belin, il vint trouver le Roy à Mante ou à Vernon (au moins ce nous semble); mais nonobstant tout ce qu'il pust alleguer, quasi tout le conseil du Roy se montra contraire à sa proposition, les catholiques ayans des raisons particulieres, et les huguenots les leurs, chacun d'eux pour diverses considerations qui regardoient la perseverance ou le changement de la religion du Roy, qui seroient trop longues et difficiles à desduire; dautant qu'en ces occasions chacun retenoit à dire encore qu'en celle-cy il n'y en eut pas un qui ne se fût mis sur les belles paroles, sans neantmoins avoir formé aucune opinion certaine, quoy que le Roy les en solicitast instamment : tellement que vous voyant tout pensif, appuyé contre un des jambages de la cheminée de sa chambre, assez esloigné des autres qui estoient assis, le Roy se tourna vers vous, et vous dit : « Et vous, « monsieur de Rosny, qui faites là le resveur, « ne nous direz-vous rien d'absolu, non plus que « les autres ? » A quoy, en vous levant tout debout, vous luy respondistes en ces mots :

« Sire, je voudrois avoir si bien resvé que je « peusse concilier tant d'opinions que je vois « dans vostre conseil, et trouver des expediens « propres pour medeciner plusieurs maladies « desquelles vostre Estat est travaillé, et purger « les mauvaises humeurs des esprits qui sont « cause de ces agitations, rendus de telle nature « que les moindres propositions sont par eux re- « duittes aux impossibilitez, lesquelles je vou- « drois bien estre capable de surmonter, en les « espluchant si particulierement que l'execution « d'icelles se trouvast vuide et garentie de tous « inconveniens. Mais plusieurs experiences et « les propres enseignemens de Vostre Majesté « m'ayans appris que qui voudroit attendre cette « perfection aux deliberations, qu'il ne s'en fe- « roit jamais une seule principalement lors qu'il « est question de faits militaires et de grandes « affaires d'Estat, je ne craindray point de dire « qu'en celles qui se presentent, il faut jetter

« quelque chose au hazard et à la fortune, la-
« quelle decide les affaires plus enveloppées par
« des voyes non pourpensées ; et sur ce fonde-
« ment seroy-je d'advis d'essayer si les medeci-
« nes douces, lenitives et accommodantes, de-
« viendront plus profitables que les violentes,
« ameres et corrosives, lesquelles jusques icy
« semblent avoir plutost endurcy les cœurs et
« obstiné les esprits, qu'elles ne les ont flechis
« et ramenez à la raison ; et afin de n'user de
« plus longs propos, de crainte d'ennuyer Vostre
« Majesté, je serois d'advis de voir ce que pourra
« produire, non seulement cette liberté de com-
« merce si instamment demandée par les peu-
« ples, malgré la volonté de leurs chefs, mais
« aussi une trève generale s'ils la desirent, comme
« il me semble que M. de Belin en a dit quelque
« chose en passant ; car, pour moy, je ne me
« sçaurois persuader que ces peuples ayent desja
« pris la hardiesse de faire resoudre quelque chose
« par tumulte, de demander tout haut, voire
« avec menaces, la paix ou du pain, osé souvent
« nommer et tout publiquement ce nom de Roy
« sans queuë, parlans de Vostre Majesté, et en
« quelque sorte approuver l'arrest que les gens
« du parlement restans à Paris se sont enhardis
« de donner pour la conservation de la royauté
« en la maison royale ; duquel M. du Mayne
« s'est tant irrité, que ces peuples, dis-je, s'ils
« viennent une fois à gouster la douceur du re-
« pos, à respirer dans une communication mu-
« tuelle, à ressentir les ayses et les commoditez
« du vivre par vostre beneficence, veoir vostre
« personne royale, esprouver le libre accez que
« chacun trouve vers elle, la gentillesse, dou-
« ceur et familiarité de sa conversation, qu'ils
« se rejettent jamais qu'avec grande contrainte,
« dans les desordres, miseres et calamitez dont
« ils tesmoignent estre si las et ennuyez, puis-
« sent plus supporter l'orgueil et l'arrogance es-
« pagnole, la servitude et sujection d'un nombre
« infiny de roys imaginaires, et cette multipli-
« cité de seigneurs souverains, tous divisez en-
« tr'eux mesmes, sous nul desquels ils recognois-
« sent bien maintenant qu'ils ne sçauroient jamais
« trouver de repos ny de tranquilité certaine, et
« beaucoup moins cette forme heureuse de re-
« publique, en laquelle chacune grande ville
« avoit estimé de se pouvoir establir. Que si l'on
« se trouve en peine des manieres de parler dont
« il faudra user, afin de ne debattre des droits et
« tiltres pretendus par ceux qui ont la principale
« authorité dans les deux partis, sous les noms
« desquels il faudra former et publier les condi-
« tions de cette liberté de commerce et trève
« generale, j'espere, lors qu'il n'y aura plus que

« cette difficulté à vuider, qu'entre tant de bons
« esprits qu'il y a pres de Vostre Majesté, il s'en
« trouvera qui feront des ouvertures non mespri-
« sables. »

Vos discours furent escoutez (l'envie commençant des-ja contre vous, à cause des familiaritez
que le Roy vous tesmoignoit) des uns avec despit, des autres avec mespris, et entre tous se
formerent apres tant de contestations, que M. de
Belin s'en retourna sans rien faire : de sorte que
le Roy voyant n'avoir plus moyen de surmonter
tant de diversitez qui alloient augmentant ses
peines et ses ennuys, il prit une resolution absoluë de se faire catholique. Nous ne nous arresterons point à reciter les divers propos qu'il eut
sur ce sujet avec les catholiques, d'une part, et
avec les huguenots de l'autre, craignant que cela
ne fût trop long et peut-estre ennuyeux ; mais
dirons seulement que la conclusion en estant
prise devant tous les plus qualifiez des deux
costez, ce fut avec l'extrême joye des uns, et le
silence et haussement d'espaules des autres, et
que la ville de Sainct Denis fut choisie pour le
lieu le plus propre à cette solemnité, tant à cause
du patron de France qui l'a reverée, que de la
proximité de Paris.

Ces affaires donc de si grande importance
ayans esté ainsi resoluës, tous les ecclesiastiques
se rengerent à l'envy aupres du Roy, chacun
s'y faisant feste pour remporter partie de la
gloire d'avoir servy à son instruction et conversion, pour laquelle parfaire avec quelque espece
de cognoissance de cause, l'on assembla des
docteurs et des ministres en conference amiable, pour y disputer des poincts de la religion,
en laquelle ayant esté convié par vostre singulier amy M. du Perron, lors evesque d'Evreux
par vostre moyen, qui tenoit le haut bout en
icelle par sa suffisance, s'y faisant tout blanc de
son espée, de distinctions et concordances des
peres, vous luy respondistes : « Monsieur, je n'ay
« que faire d'estre present à vos disputes, pour
« sçavoir de quel costé seront les plus fortes et
« les plus valables raisons ; car l'estat des af-
« faires, vostre nombre et vos richesses requie-
« rent que vos distinctions prevaillent, » comme
elles firent avec grand bruict et grand esclat, qui
ne vous esmeut pas beaucoup neantmoins pour
vous faire changer de religion, ny vous servir des
exemples des grands pour reigler vostre creance.

Environ le vingtiésme de juillet le Roy s'en
alla à Sainct Denis, où la Cour se trouva plus
grosse que de long-temps on ne l'avoit veuë,
chacun desirant voir une action si celebre, laquelle, en esperance, comme elle le fut en effet,
devoit apporter de si notables changemens. Nous

ne vous lasserons point l'esprit par la representation des ceremonies et magnificences qui se firent à la profession que le Roy fit de la religion catholique (1), laissant les particularitez de toutes les pompes et autres semblables babioles et fanfares aux historiens, lesquels se plaisent à enfler leurs volumes de telles niaiseries, beatilles et baguenauderies, laissans le plus souvent en arriere les choses substantielles et instructives, ausquelles nous arrestans, nous dirons que durant le sejour du Roy à Sainct Denis, il arriva trois choses où vous avez eu quelque part, lesquelles, selon nostre advis, ne doivent pas estre oubliées.

La premiere concerne la confession de foy que l'on dressa pour le Roy, laquelle quelques malicieux ou extrémement bigots avoient remplie de toutes les traditions et inventions humaines les plus bigottes, tellement que ne la voulant approuver, on la fit voir à d'autres prelats, lesquels y ayans retranché tout ce qui n'estoit point des points essentiels de la religion, et non absolument necessaires à salut, ceux qui l'avoient fabriquée s'en scandaliserent grandement, et sur ces contestations et les refus que le Roy faisoit de signer et professer des choses dont entr'eux mesmes ils n'estoient point d'accord, cette affaire sembloit s'en aller remise à un autre jour : dequoy M. d'Evreux extrémement desplaisant, et sçachant bien que vous ne le seriez pas moins de voir que les choses en fussent venuës si avant et ne s'achevassent pas de bonne grace, il vous vint querir par la priere des parties contestantes, mais sur tous de M. le cardinal de Bourbon; lequel depuis que vous fustes devenu l'entremetteur de sa reconciliation avec le Roy, ne pensoit pas qu'il y eut rien de bien fait si vous ne vous en mesliez, pour aller d'eux vers le Roy, et du Roy vers eux ; en quoy vous travaillastes si industrieusement et heureusement, à cela grandement assisté par ledit cardinal et ledit sieur d'Evreux, que la confession du Roy fut reformée avec le gré d'un chacun, de laquelle vous retintes une copie, laquelle ayant trouvée parmy vos papiers, nous nous sommes licentiez de l'inserer en ces Memoires : et est telle que s'ensuit :

« Moy. . . . . . . je crois de ferme foy, et confesse tous et un chacun les articles contenus au symbole de la foy, duquel use la saincte Église romaine, sçavoir est :

« Je croy en Dieu le Pere tout-puissant, createur du ciel et de la terre, et de toutes choses visibles et invisibles ; et en un souverain Seigneur Jesus-Christ, fils unique de Dieu, engen-

(1) L'abjuration d'Henri IV eut lieu le 25 juillet 1593.

dré du Pere, avant tous les siecles : Dieu de Dieu, lumiere de lumiere ; vray Dieu de vray Dieu, engendré non pas creé ; consubstantiel au Pere par lequel toutes choses ont esté creées ; lequel pour nous hommes, et pour nostre salut est descendu du ciel, et a esté incarné du Sainct Esprit, né de la Vierge Marie, fait homme, et crucifié pour nous soubs Ponce Pilate, et enduré mort et passion, et apres ensepulturé, et ressuscité le troisiesme jour, selon les escritures, et monté au ciel à la dextre de Dieu son Pere, d'où derechef il reviendra en sa gloire, pour juger les vivans et les morts.

« Je croy au Sainct Esprit, souverain Seigneur, vivifiant tout ce qui procede du Pere et du Fils, et qui avec le Pere et le Fils est adoré et glorifié et qui a parlé par ses prophetes.

« Je croy une saincte Eglise catholique et apostolique.

« Je confesse un baptesme pour la remission des pechez, et attends la future resurrection des morts, avec la vie du siecle à venir.

« Je reçoy et embrasse fermement les traditions des apostres et de la saincte Eglise, avec toutes les autres constitutions et observations d'icelles.

« J'admets et reçoy la saincte Escriture, selon et au sens que cette mere saincte Eglise tient et a tenu, à laquelle appartient de juger de la vraye intelligence et interpretation de ladite Escriture ; et jamais je ne la prendray ny exposeray que selon le commun accord et consentement des Peres.

« Je confesse qu'il y a sept sacremens de la nouvelle loy, vrayement et proprement ainsi appelez, instituez par nostre Seigneur Jesus-Christ, et necessaires (mais non pas tous à chacun) pour le salut du genre humain, lesquels sont : le Baptesme, la Confirmation, la saincte Eucharistie, la Penitence, l'Extréme-Onction, l'Ordre et le Mariage ; et que par iceux la grace de Dieu nous est conferée, et que d'iceux, le Baptesme, la Confirmation et l'Ordre, ne se peuvent reïterer sans sacrilege.

« Je crois aussi et admets les ceremonies, approuvées par l'Eglise, et usitées en l'administration solemnelle desdits sacremens.

« Je reçoy aussi et embrasse tout ce qui a esté deffiny et declaré par les saincts Conciles touchant le peché originel et la justification.

« Je recognois qu'en la saincte messe on offre à Dieu un vray, propre et propiciatoire sacrifice pour les vivans et pour les morts ; et qu'au tressainct Sacrement de l'Eucharistie est vrayement, reellement, et substantiellement, le corps et sang de nostre Seigneur Jesus-Christ avec l'ame et la Divinité; et qu'en iceluy est faite une conversion de toute la substance du vin au sang; laquelle conversion l'Eglise catholique appelle transubstantiation.

« Je confesse aussi que sous l'une des especes, on prend et reçoit Jesus-Christ tout entier et son vray sacrement.

« Je confesse qu'il y a un purgatoire où les ames detenuës peuvent estre soulagées des suffrages et bienfaits des fidelles.

« J'advouë qu'on doit invoquer les saincts et sainctes bien-heureux et regnans avec Jesus-Christ, lesquels prient et offrent à Dieu leurs oraisons pour nous, et desquels on doit venerer les sainctes reliques.

« Comme aussi que l'on doit avoir et retenir les images de nostre redempteur Jesus-Christ, de sa bienheureuse Mere perpetuellement vierge, et des autres saincts et sainctes, en leur faisant l'honneur et veneration qui leur appartient.

« J'advouë davantage que nostredit Redempteur a laissé en son Eglise la puissance des indulgences; et que l'usage en est tres-salutaire au peuple chrestien.

« Je recognois la saincte Eglise catholique, apostolique et romaine, mere et superieure de toutes les eglises; promets et jure vraye obeyssance spirituelle au sainct Pere de Rome, successeur de sainct Pierre, chef des apostres et vicaire de Jesus-Christ.

« J'approuve sans aucun doute, et fais profession de tout ce qui a esté decis, determiné et declaré par les saincts canons et conciles generaux, et rejette, reprouve et anathematise tout ce qui leur est contraire et toutes heresies condamnées, rejettées et anathematisées par l'Eglise.

« En cette foy catholique, hors laquelle nul ne peut estre sauvé, et donc je fais presentement profession, je promets, moyennant la grace de Dieu, persister entierement et inviolablement jusqu'au dernier souspir de ma vie. »

CHAPITRE XLII.

Négociation inutile avec l'Espagne. Trève générale. Les Parisiens vont voir Henri IV à Saint-Denis. Attentat de Barriere. Lettre du Roi à Rosny.

Nous avons dit cy-devant qu'il arriva trois choses à Sainct Denis, desquelles vous fustes participant : la premiere, la profession du Roy, dont je viens de toucher la substance.

La seconde est telle, que M. d'Antragues, qui aymoit à se mesler de toutes faciendes, qui se trouvoient en fin plutost malicieuses que sinceres, vous vint voir un matin à vostre logis, où, apres quelques complimens et asseurances de sa fidelité au service du Roy, il vous dit que depuis deux jours il estoit arrivé un certain espagnol à Sainct Denis, nommé Ordognes, lequel il disoit avoir nourry estant fort jeune garçon, et depuis l'avoit donné au seigneur dom Bernardin de Mandosse, lors qu'il estoit ambassadeur en France, avec lequel ayant tousjours demeuré depuis, il s'estoit servy de ce qu'il avoit la langue et la façon françoise pour l'envoyer vers luy, afin qu'il trouvast le moyen de le faire parler à vous, comme un des plus anciens serviteurs du Roy, sçachant bien que vous estiez avec luy dés le temps qu'estant en Bearn, il faisoit traitter une confederation entre le Roy, son maistre, et luy, par l'entremise du commandeur Moreau et du vicomte de Chaux, et auquel il avoit plus de confiance, disant avoir des choses à vous proposer que vous jugeriez grandement advantageuses au Roy et à la France, sans que ledit personnage luy eût voulu rien specifier davantage.

Cette proposition vous my-partit l'esprit aucunement, ne vous fiant que de bonne sorte à M. d'Antragues, à cause de son esprit embarrassé, broüillon et desireux de nouvelletez; et neantmoins ne le voulant pas refuser absolument, sans estre informé des volontez du Roy, vous le remistes au soir à luy rendre responce lors qu'il seroit nuict, disant cette heure estre plus propre pour tenir l'affaire secrette; et vous en allastes aussi-tost que ledit sieur d'Antragues fut party de vostre logis, trouver le Roy, auquel, ayant conté tout ce que vous avoit dit M. d'Antragues, et cét homme à luy, il en prit mesme opinion que vous aviez fait, et dit : « J'estime que tout cecy n'est qu'une fourberie « de l'homme, que vous cognoissez pour se faire « de feste, ou, s'il y a quelque chose de vray, « c'est une ruse des Espagnols, pour donner « des jalousies à mes alliez, ou tenir en suspens « ceux qu'il estime estre prests de l'abandonner « en France. Neantmoins il n'y a point de mal « que vous escoutiez tout ce qu'il vous dira, et « puis sur cela nous jugerons de ce qu'il faudra « faire. »

Vous estant donc trouvé sur le soir à vostre logis, M. d'Antragues ne manqua pas de s'y rendre avec l'homme dont il vous avoit parlé, lequel, apres quelques civilitez, vous dit qu'il avoit eu charge expresse de son maistre, dom Bernardin de Mandosse, de s'addresser à vous, afin que par vostre moyen le Roy sceut le desir qu'il avoit de voir son maistre et luy en bonne amitié, dequoy il avoit les moyens en main, et sur cela luy en avoit dit quelque chose; mais qu'il jugeoit bien (les choses estans grandement changées en France par la conversion du Roy) que ce qu'il avoit à proposer ne seroit pas maintenant convenable, mais qu'il se mettroit en avant d'autres choses non moins avantageuses, maintenant qu'il est catholique, le Roy d'Espagne, ayant une fille qu'il ayme infiniment, et qu'il sçait bien ne pouvoir jamais mieux apparier qu'avec un roy de France; mais que pour ce sujet et les autres conditions qui s'en peuvent ensuivre, il vous prioit de ne trouver point mauvais s'il reservoit de les dire au Roy mesme, et de faire en sorte qu'il pust parler à sa royalle Majesté; dequoy vous luy fistes de grandes difficultez, sans neantmoins l'en desesperer du tout que vous n'eussiez sceu sa volonté; à laquelle en ayant parlé, il vous commanda de le luy amener, mais vous prioit de le visiter par tout auparavant, et s'il ne vouloit souffrir cette visite le rejetter tout à fait.

Cét homme vous estant venu retrouver à l'heure que luy aviez donnée, amené tousjours par M. d'Antragues, vous leur dittes que le Roy avoit trouvé bon qu'il vint parler à luy, sans en faire aucune difficulté ny mesme prescrire l'heure ni la forme, les remettant à vostre discretion; mais que pour vostre devoir et le contentement de vostre esprit, vous ne l'entreprendriez pas que vous ne l'eussiez bien visité par tous ses habits, ne se devant point offencer de cette formalité, veu le lieu suspect dont il venoit, s'il n'avoit quelque mauvaise intention, dautant que c'estoit un ordre estably depuis peu, à cause de plusieurs mauvais desseins que l'on descouvroit se projetter contre la personne du Roy; ny, qui plus est, trouver mauvais, si vous le faisiez mettre à genoux, et luy teniez tousjours les deux mains pendant qu'il parleroit à Sa Majesté. A toutes lesquelles choses cét Ordognes ou Nugnes (car nous l'avons trouvé nommé de ces deux noms dans les petits Memoires que nous faisions des choses que nous vous oyons dire) s'estant accommodé par le conseil dudit sieur d'Antragues, vous le visitastes et fistes encore visiter ses habits par vos deux valets de chambre, l'Espine et du But, dont l'un estant tailleur ne laissa ply, reply, ny cousture où il ne foüillast, et en mesme temps le menastes au Roy; et l'ayant fait mettre à genoux en le saluänt, et vous luy tenant les deux mains, il luy tinst au commencement les mesmes propos qu'il vous avoit tenus, puis luy fit plusieurs autres belles ouvertures sur le fait du susdit mariage, et finalement conclust que s'il vouloit envoyer secrettement quelque sien confident serviteur vers son maistre, dom Bernardin de Mandosse, qu'il en rapporteroit toute sorte de satisfaction.

Pour abreger ces longs discours, dautant que vous n'eustes nulle part depuis en cette affaire, le sieur de la Varenne fut choisi par le Roy, contre vostre opinion, seulement sous couleur d'aller comme de luy mesme et sans charge ny lettres du Roy, travailler à quelque reglement des postes des frontieres, pour lesquelles il y avoit lors quelque dispute avec le courrier major d'Espagne; mais ledit sieur de la Varenne, soit par vanité ou autrement, ne s'estant pû empescher de publier les causes de son voyage, et faire le grand ambassadeur, et dom Bernardin l'ayant receu comme tel avec grand apparat et peu de paroles substantielles, cela pensa causer de grandes altercations, du costé d'Angleterre, des Provinces Unies et des princes d'Allemagne, alliez de la France, et y eut grande peine à les dissuader, qu'en ce voyage le Roy n'eût eu dessein de traitter, sans eux ny leur sceu, quelque chose avec le roy d'Espagne, sur le point de sa catholicité, afin de se separer d'eux apres, et de les abandonner.

La troisiesme affaire fut que les peuples de Paris, ayans gousté quelque petite liberté d'aller voir ce qu'ils appellent leur lieu à l'entour de Paris, pendant la conference de Suresne, pour laquelle tenir plus librement l'on avoit fait une tréve de quelque deux lieuës à la ronde, l'avoient trouvée si douce, que voyans le Roy fait catholique, ils ne laisserent jamais M. du Mayne en repos, qu'il n'eut requis du Roy, sans y adjouster de Navarre, une tréve generale, au moins pour six mois, laquelle ayant esté par luy demandée, et le Roy, ayant assemblé son conseil sur cela, il y eut quasi autant de contestations qu'il en fut fait lors de la demande pour la liberté du commerce, à cause que M. du Mayne ne voulut jamais consentir qu'il fut nommé comme Roy, en l'instrument d'icelle, disant que les peuples s'y opposoient formellement; neantmoins plusieurs, et le Roy mesme, se laissant aller aux raisons que vous alleguiez tousjours, qu'au nom de Dieu il se fît voir aux peuples de Paris et à tant de deputez qu'il y avoit là assemblez sous la couleur de leurs estats pretendus, et leur usast de ses gentils discours, civilitez et formalitez accoustumées, lesquelles infailliblement produiroient bien tost quelque mutation en leurs cœurs.

Finalement elle fut accordée pour trois mois, et publiée au commencement d'aoust, 1593, et dés le lendemain ou deux jours apres, il arriva une si grande affluence de peuple, noblesse et autres gens de qualité de la ligue, à Sainct

Denis, que l'on ne se pouvoit quasi tourner par les ruës, lesquels ne pouvans quasi encore adjouster foy à ce que l'on publioit de la conversion du Roy, cherchoient des lieux de tous costez dans l'eglise Sainct Denis et sur les chemins du logis du Roy en icelle (car le Roy la voulut allonger expres pour les contenter) afin de le voir à la messe ou pour le moins en passant pour y aller, tous lesquels ne l'eussent pas plutost veu avec sa bonne mine, que depuis les plus grands jusques aux plus petits, fort peu exceptez, ils ne criassent, vive le Roy avec acclamations, levant les mains au ciel, et une infinité, sur tout les femmes, jetter des larmes de joye, et crier sans cesse : *Hé! Dieu le benie, et le vueille bien tost amener en faire autant dans nostre eglise Nostre Dame,* luy donnans mille loüanges, et prians Dieu pour sa prosperité, bonne et longue vie ; sur quoy vous pristes occasion de vous arrester, dautant que vous marchiez devant le Roy, pour luy dire : « Hé bien ! Sire, que vous « en semble de ce peuple que l'on disoit ne vou- « loir pas vous accorder la qualité de Roy dans « l'instrument de la tréve ; ne recognoissez vous « pas bien maintenant qu'il n'y a jamais pensé ; « puis que si librement il vous l'a donné par ac- « clamations publiques, benedictions et larmes « de joye ; » ce qui luy en causoit une si grande en luy mesme, que quasi les larmes luy en venoient aux yeux, et continuerent les visites de ces Parisiens, tant que le Roy fut à Sainct Denis.

Il s'en alla quelques jours apres à Champs sur Marne, pour visiter le fort de Gournay, de là à Brie-Comte-Robert et à Melun, où, pendant son sejour, il eut des advis que les jesuites, capucins et autres zelez religieux pratiquoient des personnes pour entreprendre sur sa vie ; et de fait trois jours apres il arriva un gentil-homme de Lyon, qui advertit Sa Majesté, que, pour certain, un homme estoit party de Lyon, resolu de le tuer, ainsi que luy avoit dit un ecclesiastique, auquel ce meschant garnement s'en estoit confessé, et le designa si bien par la taille, les habits et les traits de visage, que deux jours apres il fut pris, et en suitte convaincu du crime et défait par justice, dont le Roy s'esmeut aucunement, si bien que vous luy venant peu apres demander congé, de faire un voyage à Bontin pendant la tréve, prenant pour sujet d'iceluy, que vous y aviez pour cinq ou six mille escus de bled à vendre, apres qu'il vous l'eust permis et prié de revenir bien tost, il vous dit :

« Mon amy, est-ce pas une chose estrange de « la malignité des cœurs des hommes, que d'en « voir qui font profession d'estre religieux, aus- « quels je ne fis jamais de mal ny n'en ay la vo- « lonté, qui attentent journellement contre ma « vie. L'on m'avoit tant de fois dit que me fai- « sant catholique toutes ces mauvaises volontez « cesseroient, et que M. du Mayne et ses parens « n'attendoient que cela pour me recognoistre ; « mais je commence à voir qu'il y a dans leurs « cœurs plus d'ambition et d'avarice que de reli- « gion et de justice : mais à vostre retour nous y « verrons plus clair et vous en diray davantage. »

Et sur cela vous estant separé de luy, vous fistes venir madame vostre femme et vous en allastes à Bontin, où vous trouvastes quantité de bleds à vendre ; desquels le debit estoit fort bon, à cause de la liberté que donnoit cette tréve de commercer dans les grandes villes, lesquelles, instruites par les necessitez et disettes passées, tascherent à se munir de sorte qu'elles n'y retombassent plus ; mais vous n'eustes pas loisir d'estre long-temps marchand de bleds, car à peine en eustes vous vendu pour deux ou trois mille escus, que l'on vous payoit tout en pistoles, que le Roy vous envoya une lettre, escrite de sa main, dont la teneur estoit telle :

Lettre du Roy à M. de Rosny.

Mon amy, je ne vous avois donné congé que pour dix jours, et neantmoins il y en a desja quinze que vous estes party : ce n'est pas vostre coustume de manquer à ce que vous promettez ny d'estre paresseux, partant revenez vous en me trouver : c'est chose necessaire pour mon service, tant pour voir des lettres que madame de Simiers et un nommé la Font, (qui à mon advis est celuy de qui vous sçaviez des nouvelles, durant nostre grand siege) qui vous escrivent de Roüen, lesquelles sont en chiffres, et par si peu que nous en avons peu deschiffrer, car je les ay fait ouvrir, nous jugeons qu'elles importent à mon service. Il y en a encore d'un nommé Desportes, qui demeure à Vernueil, lequel vous prié de luy mander s'il sera le bien venu pour vous parler d'une chose dont vous conferastes une fois ensemble à Evreux, dans vostre abbaye de Sainct Taurin, que le feu Roy vous donna. J'ay aussi plusieurs choses à vous dire, et s'en presente tous les jours une infinité, sur lesquelles je seray bien ayse de prendre vos advis, comme j'ay fait sur beaucoup d'autres dont je me suis bien trouvé. Partant partez en diligence et me venez trouver à Fontaine-bleau, adieu. Ce troisiesme septembre, 1593.

Ayant leu cette lettre, aussi-tost vous resolustes de laisser madame vostre femme pour achever la vente de vos bleds, et de mettre ordre à vos affaires, et vous acheminastes à Fontaine-bleau, où à vostre arrivée le Roy vous dit :

« Depuis que je ne vous ay veu, j'ay bien appris
« des nouvelles, et cogneu qu'il y en a beaucoup
« qui me font bonne mine, et veulent que l'on
« les tienne pour bons François, qui ont toute
« autre chose dans le cœur; mais il n'en faut pas
« faire le semblant, et s'en servir comme l'on
« pourra. » Et sur cela vous baillant les lettres
que l'on vous escrivoit, vous dit : « Voylà venir
« force gens qui ne sont pas trop contens quand
« ils voyent que je vous entretiens long-temps,
« craignant que vous ne me parliez de la religion
« et des desordres de l'Estat, à cause d'une
« grande lettre que vous m'en escrivistes un jour
« dont ils ont eu quelque vent, encore que je la
« misse au feu deux jours apres l'avoir receuë;
« partant allez vous essayer à deschiffrer tout ce
« que l'on vous escrit, et je diray aux principaux
« de ceux qui viennent, que je vous parlois de
« ces lettres; et une autre fois je vous entretien-
« dray plus à loisir. »

CHAPITRE XLIII.

Détails sur les états de la ligue, et sur les négociations entamées par divers partis. Digression sur la conduite de Villeroy.

Plusieurs particularitez assez remarquables s'estoient passées dans les affaires, dont nous n'avons fait aucune mention; toutesfois nostre memoire nous en fournissant pour le present de quelques unes que vous racontiez lors aux sieurs de Choisy, Bois-brueil et à l'un de nous quatre, nous les reprendrons de plus loin, et vous ramentevrons ce que nous en avons retenu, et nous semble qu'elles commençoient ainsi :

Lors que durant la vie du prince de Parme, et qu'avec une grande armée il se preparoit à entrer pour la troisiesme fois en France, afin d'y faire proceder à l'eslection d'un roy tel qu'il plairoit au roy d'Espagne son maistre, de nommer, l'on avoit, selon son desir, fait assigner une assemblée d'estats à Rheims, afin qu'au mesme temps de la nomination de ce roy imaginaire, il y pût estre sacré; mais apres que ce prince fut mort, et son armée toute dissipée, M. du Mayne fit changer cette assemblée et ordonner qu'elle se tiendroit à Paris, qui la demandoit instamment, et les ministres du Pape et du roy d'Espagne aussi : où en mesme temps neantmoins que les deputez des provinces furent arrivez, diverses humeurs et fantaisies commencerent à travailler les esprits de ceux qui composoient ce grand corps anarchique, chacun des principaux d'iceluy formant des desseins et forgeant des desirs à part et differens des autres, à sçavoir le Pape, ses nonces et legats d'une façon; le roy d'Espagne et ses ministres d'une autre; et les ducs de Savoye, de Lorraine, du Mayne, de Nemours, de Mercure, de Guyse et autres, chacun à sa mode; et la ville de Paris, y compris le parlement, à la sienne aussi : nul desquels ne pouvoit faire executer son projet sans la destruction de tous ceux des autres; lesquelles contrarietez commencerent à paroistre manifestement lors de la proposition qui fut faite pour tenir une assemblée ou conference à Suresne, entre des personnages notables et tous catholiques, de la part du Roy et de ceux de la ligue, en laquelle, quoy qu'il ne s'y resolût rien d'important, neantmoins une petite tréve dont il fut auparavant convenu pour la facilité d'icelle, fut trouvée de si bon goust par le peuple de Paris, que le desir d'une plus longue et de plus grande estenduë luy demeura toujours fiché en l'esprit, voire s'augmenta jusqu'à celuy d'une paix generale : tellement que dés cette heure-là les divisions s'accreurent, de sorte, entre tant de diverses testes remplies d'ambition, qu'ils ne pûrent jamais plus depuis convenir à un mesme dessein, et ne firent quasi plus rien que par boutades et à bastons rompus; le comte de Mansfeld mesme, qui fut envoyé, au defaut du prince de Parme, avec une grande armée en France, n'ayant jamais osé passer plus avant que Noyon.

Et, quoy que le duc de Feria, dom Inigo de Mandosse et Jean Baptiste de Taxis passantes jusques à Paris pour fortifier l'entremise de dom Diego d'Ibarre, si ne peurent ils beaucoup advancer en leurs desseins, n'estans pas secondez par de puissantes armes ny abondance de deniers, et eussent encore beaucoup moins fait sans un voyage que le Roy fit à Tours, et le siege qui fut mis devant Selle avec mauvais succez; lesquels causans l'absence du Roy, donnerent moyen au comte de Mansfeld d'assieger et prendre Noyon, ce qu'il n'eust osé entreprendre si le Roy eut esté seulement à Compiegne, et les nouvelles qui leur arriverent d'Italie, que le Pape ayant sceu que le cardinal de Gondy et le marquis de Pisany estoient envoyez vers luy de la part du Roy non encore catholique, leur avoit fait faire défence d'entrer dans l'estat de Rome : aussi ces petites desfaveurs aux affaires du Roy leur donnerent telle hardiesse de proposer le mariage de l'Infante avec le royaume de France et M. le cardinal de Bourbon conjoinctement, duquel il fut dressé des articles iceux signez et envoyez à l'abbé de Bellozane pour les faire voir et approuver audit sieur cardinal, non qu'ils eussent intention de les executer, mais seulement pour servir d'occasion audit sieur cardinal de se separer du party du Roy, et ensemble avec luy M. le comte de Soissons, messieurs les ducs de Nevers et de Longue-ville, et plusieurs autres catholiques, lesquels l'on disoit estre liez d'intelligence ensemble; mais ces escrits et deliberations n'estans pas dans les cœurs des principaux chefs de la ligue esgalement, elles ne pûrent aussi estre tenuës assez secrettes ny mesnagées comme il estoit requis, ny avoir leurs suittes necessaires; tellement qu'elles produirent en la pluspart des effets tous contraires à leurs attentes, ausquels commença de donner mouvement l'arrest du parlement dont a esté parlé cydevant, lequel estant bien tost apres suivy de la conversion du Roy, les desseins de tous les grands chefs de la ligue se trouverent encore plus contrarians que jamais, chacun songeant à traitter separement afin de rendre ses conditions plus advantageuses, comme il a depuis esté sceu de la pluspart d'eux; car, quoy qu'ils eussent pour la pluspart protesté qu'il n'y avoit que la seule creance erronnée du Roy qui les empeschast de donner la paix à la France, par une entiere et absoluë recognoissance de sa royauté, neantmoins quand ils sceurent que l'on parloit à bon escient de sa conversion, ils en receurent un desplaisir extrême, et firent, tant les ministres du roy d'Espagne qu'eux, tout ce qui leur fut possible pour en empescher l'effet, jusques à luy faire donner, par personnes tierces interposées et qu'en tout cas l'on pourroit des-advouër, des esperances de traitter avec luy à certaines conditions où il ne seroit point parlé de religion.

Et quoy que les sieurs de Ville-roy, de Bellievre, Jeannin, Belin, Zamet et autres qui vouloient estre tenus pour pacifiques dans le party du Roy (1), se montrer amateurs de l'Estat, et favoriser la legitime royauté, luy asseurassent tousjours que sa conversion seroit suivie d'une generale recognoissance, neantmoins l'on sceut depuis, par le moyen d'une despesche, que le cardinal de Plaisance avoit faite au Pape, laquelle fut prise vers Lyon et apportée à Sa Majesté, qu'en mesme temps que lesdits de Ville-roy et Jeannin faisoient faire tant de belles protestations, voire seulement deux jours avant sa profession catholique, il s'estoit tenu un conseil secret tres-solemnel de tous les ministres du Pape et du roy d'Espagne, et de tous les principaux chefs de la ligue ou des deputez, des ducs de Nemours, Mercure et autres qui estoient absens; auquel il fut fait un serment general entre les mains du legat du Pape, sur l'hostie, la croix et l'evangile, avec plusieurs execrations, de maintenir à tousjours la ligue catholique; et de ne s'en séparer jamais, pour quelque cause et occasion que ce pût estre, qu'il n'y eut eu un Roy esleu et recogneu de tous qui fust agreable à celui d'Espagne, et de n'entrer jamais en aucun accord, traitté, convention ny communication avec le Roy ny les siens, quelque profession qu'il pust faire de la religion catholique, et preuve d'une vraye conversion qu'il donnast, et autres semblables conditions dont il estoit bien difficile que les sieurs de Ville-roy et Jeannin fussent entierement ignorans, comme ils le voulurent feindre lors qu'estant l'un d'eux venu trouver le Roy à Fontaine-bleau, luy estant des-ja catholique, pour continuer à donner de belles paroles, il leur fit voir ceste despesche du legat, plaine de choses contraires aux assurances qu'ils luy vouloient faire prendre, et notamment l'original ou copie signée du legat de cet execrable serment cydessus dit.

Aussi la suitte des affaires a-elle tesmoigné que tous ces gens-là n'eurent jamais inclination à servir le Roy, et que ce qu'ils en ont fait depuis n'a esté que par la vive force, et pour se voir abandonnez des peuples; dequoy il se pourroit alleguer une infinité d'exemples que nous avons veus depuis: mais, pour eviter prolixité, nous nous contenterons de ceux qu'en donnerent le sieur de Ville-roy, son fils, et ceux qui dependoient de leurs volontez que nous avons choisis expres, pource qu'il estoit un de ceux qui de mines ou de paroles montroient plus de sincerité ou d'affection au Roy et à l'Estat. Et neantmoins quoy que le Roy eut fait profession de la religion catholique, eut envoyé à Rome messieurs de Nevers, cardinal de Gondy et marquis de Pizany, pour recognoistre le Pape et luy prester l'obeyssance; qu'il eut esté fait une tréve pour trois mois; que le sieur de Ville-roy en eut obtenu la prolongation particuliere pour luy et son fils, pour deux autres mois, voire en eut poursuivy la continuation encore pour trois mois, laquelle neantmoins il ne pust obtenir; que les armes à la fin d'icelles tréves se fussent reprises de tous costez; que le Roy eut esté solemnellement sacré à Chartres; que les sieurs de Vitry et de la Chastre, et les villes de Meaux, Orleans et Bourges, et ce qui en dépendoit, eussent recogneu le Roy; que ceux de la ville de Lyon se fussent saisis de M. de Nemours et traitté avec Sa Majesté; qu'elle eust fait une declaration pour recevoir dans un mois tous ceux qui voudroient rentrer dans sa legitime obeyssance, avec protestation d'estre privez de toute grace s'ils laissoient passer ce temps-là, si est-ce que ledit sieur de Ville-roy ne voulut jamais permettre que son fils ny ceux qui dependoient de luy se rengeassent à leur devoir, quoy que les places qu'ils tenoient

---

(1) Ce qui est dit ici ne s'accorde point du tout avec les témoignages de l'histoire.

ne vallussent que fort peu de chose : mais au contraire il fit tant par menées et l'intervention de ses amys de Cour qui connivoient de long-temps avec luy, et en avoient receu plusieurs courtoisies durant les guerres, qu'il obtint une tréve particuliere de trois mois pour luy, son fils et ceux qui dependoient de luy, laquelle encore il voulut faire approuver à M. du Mayne, afin de nager tant qu'il pourroit entre deux eaües, qu'ils pûssent tous deux vivre comme neutres entre les deux partis, et ne se trouver obligez de s'exposer aux dangers, ny en venir à l'expérience des armes ; jusques à ce que voyant Beauvais, Amiens, Abbe-ville, Paris et Roüen rendus, ils mesnagerent si bien leurs temporisemens par le moyen du sieur du Plessis, qui estoit fort son amy, et du sieur de Sancy, qui avoit lors tout credit auprés du Roy, à la fille duquel aussi il maria son fils, qu'ils ne recogneurent tous deux le Roy qu'en se faisant achepter bien cherement, dautant qu'il eut l'argent de la recompense de sa charge, et encore apres la charge de secretaire d'Estat : ce que nous avons mis icy par prevention de temps, pour faire voir que non les bonnes volontez et inclinations d'autruy, mais le seul courage, la vertu et la fortune du Roy, assisté des benedictions du ciel, ont esté les uniques causes de ses prosperitez et de la splendeur où il a mis cét Estat.

CHAPITRE XLIV.

Surprise de Fécamp par Bois-rozé. Négociations de Rosny avec Villars, gouverneur de Rouen. Henri IV est sacré à Chartres.

Pendant vostre voyage à Bontin, et le sejour que le Roy fit à Melun et à Fontaine-bleau, il s'estoit tenu encor deux conferences à Andresy et à Milly, desquelles nous ne disons rien, dautant que vous n'y eustes nulle part, à la fin desquelles le Roy s'en alla à Mante et de là à Dieppe pour assister le sieur de Bois-rozé, auquel M. de Villars, durant une si douce tréve, menoit une fort dure guerre, dont nous avons estimé vous devoir ramentevoir les motifs, tant pour ce que depuis vous vous meslastes des affaires de ce fort de Fescamp dont il estoit lors question, et vous pensa estre cause d'un grand accident quand vous fistes quelque temps apres le traitté de Roüen, que Bois-rozé fut depuis des gentils-hommes de vostre suitte et vostre lieutenant en l'artillerie, que pource qu'en cette narration il s'y rencontrera plusieurs accidens notables et dignes de n'estre pas oubliez.

Vous vous souviendrez donc, monseigneur, afin de prendre les choses dés leur origine, comme M. de Biron assiegea et prit le fort de Fescamp sur ceux de la ligue, dans lequel s'estant trouvé le susnommé sieur de Bois-rozé, avant que d'en sortir, il remarqua si bien sa situation maritime et toutes les advenuës d'icelle, qu'il se forma des-lors en l'esprit un dessein de le pouvoir reprendre un jour : et de fait, ayant pratiqué depuis deux soldats qu'il trouva moyen de faire jetter parmy ceux de la garnison, et les ayant bien instruits de ses intentions, il fit une entreprise sur ce fort par un moyen que chacun eust estimé impossible, si l'execution n'eust verifié le contraire, d'autant que le lieu par où il la designa est un rocher haut de cent toises, couppé en precipice, le pied duquel estoit ordinairement baigné de vagues et flots de la mer, de plus de deux toises de haut, reservé quatre ou cinq fois l'année, au temps des plus basses marées, que durant quatre ou cinq heures seulement, quelquesfois la nuict et quelquesfois le jour, la mer laisse quinze ou vingt toises de diamettre à sec au pied d'iceluy : l'une desquelles opportunitez ledit sieur de Bois-rozé ayant choisie et fait accommoder auparavant un gros cable qu'il vous a fait voir plusieurs fois depuis à Rouen, de hauteur convenable pour le roc qu'il vouloit gravir, et à iceluy, d'espace en espace, fait faire des nœuds pour se tenir des mains, et des estriers de cordes avec des petits bastons pour y apposer les pieds, il rassembla cinquante soldats des plus determinez de sa cognoissance, la pluspart matelots qui grimpent aux hunes, lesquels il avoit esprouvez en plusieurs perils ; et avec iceux s'embarqua dans deux chalouppes, et vint une nuict, qui par bonne fortune se rencontra fort noire, aborder au plus pres de ce roc que la basse marée luy peut permettre, sur le haut duquel l'un des deux soldats de la garnison qu'il avoit gaignés logeoit ordinairement, comme en un lieu dont l'on ne se fust jamais deffié, et depuis six mois avoit accoustumé de s'y rendre la nuict à toutes les basses marées pour y entendre le signal, auquel il jetta aussi-tost un menu cordeau de longueur suffisante, au bout duquel fut soudain attaché celuy du gros cable que le soldat tira incontinent amont ; et ayant attaché une agraffe de fer qui y estoit à l'entre-deux d'une canonniere, avec un gros levier, aussi-tost le sieur de Bois-rozé fit monter l'un des deux sergens de ces cinquante auquel il se fioit le plus, et l'ayant fait suivre par tous les autres, il monta luy mesme le dernier, afin que nul ne s'en peust desdire, et qu'il leur servist de chasse-avant.

Or, pendant le temps qui s'estoit employé à

tous ces mysteres, à s'agencer tous cinquante sur cette corde et à monter les uns apres les autres avec leurs armes qu'ils s'estoient liées au corps, la marée avoit commencé de revenir, voire estoit desja remontée pres de six pieds contre ce rocher, que ledit sieur de Bois-rozé et ses cinquante soldats n'estoient encor qu'à la moitié d'iceluy. Estans donc ainsi pendus et comme enfilez à ce cable, il ne leur restoit plus nulle esperance de salut que par la prise de la place, de laquelle Bois-rozé, pour son regard, ayant un courage intrepide, et resolu à mourir ou s'en rendre maistre, ne doutoit nullement, lors que son sergent qui montoit le premier, soit à cause de l'extrême hauteur où il estoit parvenu, soit pour le grondement et tintamarre furieux que demenoient les flots et vagues impetueuses de la mer contre cette roche bise, commença de s'effrayer et à dire qu'il n'estoit plus en sa puissance de monter plus haut, et que la teste luy tournoit; ce qui estant rapporté de bouche à autre jusques audit sieur de Bois-rozé, et luy voyant que, quoy qu'il luy eut peu mander, il n'avançoit point, il prit resolution d'y aller luy mesme ; et ainsi passant par dessus les corps et les testes de tous ses compagnons suspendus en l'air, il parvint jusques à luy, et le rasseura aucunement, et puis le poignard à la main le contraignit de continuer à monter, tant qu'en fin le jour estant fort prochain, ils entrerent tous cinquante sur ce haut rempart sans aucun inconvenient, bruict ny allarme, où estans receus par ces deux soldats, et cognoissans tous les estres et advenuës du fort, ils surprirent facilement le corps de garde et les sentinelles qui estoient de l'autre part devers le bourg, ne se faisant d'ordinaire nulle garde du costé de la mer, à cause de l'extrême hauteur du rocher qui le faisoit estimer du tout inaccessible ; et les ayant taillez en pieces, ensemble tout ce qui vint piece à piece au secours, il se rendit finalement maistre de ce fort : dequoy il advertit aussi-tost M. de Villars, tant afin qu'il luy envoyast gens pour se saisir du bourg et le pouvoir garder, que pour s'asseurer du gouvernement de la place, qui estoit dans l'estenduë de sa charge.

Mais estant quelque temps apres entré en mauvais mesnage avec luy, et encor plus avec le commandeur de Grillon, craignant que l'un ou l'autre le privast de ce qu'il s'estoit acquis avec tant d'industrie, de labeur et de peril, il se donna du tout au Roy, environ le temps de sa conversion, et ne recogneut plus les mandemens dudit sieur de Villars ; de quoy estant entré en extrême colere il l'envoya investir, logeant des trouppes aux environs de sa place, qui l'incommoderent, de sorte qu'il fut contraint de recourir au Roy et luy demander secours, lequel à ceste occasion s'achemina promptement à Dieppe, et puis s'en alla loger à Sainct Vallery en Caux, auquel lieu arriva M. de Belin, de la part de M. du Mayne, pour luy remonstrer que l'assistance par luy donnée au sieur de Bois-rozé estoit une pure infraction de tréve qui seroit cause de la faire rompre par tout, ce qui ne luy sembloit pas à propos pour pacifier le royaume, mais, au contraire, la devoit prolonger encor de trois mois, outre les cinq accordez en deux fois, dautant qu'il luy falloit encor ce temps pour le voyage de M. le cardinal de Joyeuse à Rome, et celuy du sieur de Mont-pesat en Espagne, avant le retour desquels il ne pouvoit pas absolument disposer de luy : mais le Roy, qui se souvenoit de la depesche du legat de Plaisance au Pape, et du beau serment fait entre ses mains, dont il a esté fait mention cy-devant, apres vous avoir parlé de tout cela à part, et en plain conseil à quelques autres esquels il se confioit le plus, il rejetta l'une et l'autre proposition du sieur de Belin, et s'estant advancé vers Canny, Vallemont, Gonde-ville, Baulebec et Etretal, il contraignit les trouppes du sieur de Villars de se retirer, et pourveut aux choses necessaires pour la conservation du fort de Fescamp.

Pendant ces demeslemens d'affaires vous escrivistes à madame de Simiers et au sieur de la Font en responses de leurs lettres cy-devant dittes ; mais ils vous manderent que cét accident de Fescamp avoit tellement altéré l'esprit de l'homme, dont ils vous avoient escrit, qu'il falloit remettre l'entre-veuë proposée de vous et de luy en une autre saison, laquelle estant venuë ils ne manqueroient de vous en donner advis.

Quelques jours apres, le Roy s'en retourna vers Mante, auquel lieu ayant esté adverty que M. de Vitry estoit resolu de le recognoistre pour Roy dans Meaux, il s'achemina vers Lagny afin de le fortifier en sa deliberation et l'assister s'il en avoit besoin ; et furent les choses si bien conduites que ledit sieur et sa place, sans aucun inconvenient, se remirent, le premier jour de l'an 1594, en l'obeyssance de leur vray Roy, lequel à cette occasion entreprist le siege de la Ferté Milon, où vous sejournastes quelques jours, duquel lieu, pource que le Roy ne vous voulut pas donner congé pour aller jusques à Bontin, vous mandastes à madame vostre femme qu'elle s'en vint à Montreau et que vous l'iriez voir en ce lieu là, pour ce que le Roy vous avoit destiné pour aller voir faire la monstre à quelques Suisses, et que de là vous la feriez passer à Mante par le moyen d'un passe-port ou autrement. Mais le jour mesme qu'elle arriva dans Montreau, et deux auparavant celuy de la monstre des Suisses, il arriva deux choses qui vous empescherent de suivre vostre dessein : l'une que M. le comte de Chaligny, qui estoit venu en l'armée du Roy avec passe-port pour de là passer jusques à Paris, luy ayant demandé quelque gentil-homme de qualité des siens pour le conduire jusques là, et ayant en mesme temps montré au Roy des lettres que vous aviez nouvellement receuës de madame de Simiers et de M. de la Fond, par lesquelles advis vous estoit donné que l'homme dont ils vous avoient auparavant escrit estoit remis en bonne posture, et que si vous vouliez venir en ces quartiers-là, et leur donner advis du lieu où vous seriez, vous en verriez des preuves.

Sa Majesté resolut aussi-tost de vous faire partir et se servir de l'occasion du comte de Chaligny, pour faciliter vostre passage sans détour; de sorte que vous le conduisistes à Paris, où vous vistes M. du Mayne, et de là vous en allastes à Mante et à Louviers, puis à la maison d'un nommé le sieur Sainct Bonnet, à deux lieuës de Roüen, d'où ayant escrit à ceux que besoin estoit, l'on vous vint le lendemain querir toute la nuict, et fustes mené avant le jour au fort Saincte Catherine, où le capitaine Boniface vous fit tres-bonne reception et magnifique traittement jusques au soir, que M. de Villars luy seul, sans avoir amené qu'un laquais, vous vint voir, et apres vous avoir entretenu deux heures, s'en retourna coucher à Roüen, estans demeurez fort satisfaits l'un de l'autre; et se passa tout cela comme en cachette, et sans que vos gens mesmes, reservé un valet de chambre que vous menastes seul avec vous, sceussent ce que vous estiez devenu, tant pource que M. de Villars ne vouloit pas que l'on sceust encore qu'il traittast avec le Roy, que pource que plusieurs gouverneurs des villes de Sa Majesté, qui profitoient du trouble et parmy les rebellions des grandes villes, eussent traversé vostre negociation, comme ils n'y manquerent pas lors qu'elle fût cognuë, ainsi qu'il se dira cy-apres.

[1594] Vous sejournastes cinq jours dans le fort Saincte Catherine, pendant lesquels il ne s'en passa un seul que M. de Villars ne vous vinst entretenir, son principal soin et sa plus grande peine consistant à pouvoir descouvrir par vos discours s'il y avoit entiere seureté à traitter avec le Roy, et sujet de se fier en sa foy et en sa parole, de laquelle vous luy parlastes de sorte que vous les luy fistes estimer pour inviolables; et cette creance universelle suivie de continuels effets ont esté les principales causes de l'establissement du Roy.

Et sur telles presuppositions vous estans concertez et entierement esclaircis, vous de ce qu'il pouvoit desirer, et luy de ce qu'il pourroit obtenir, vous vous en retournastes trouver le Roy à Chartres, où il ne faisoit que d'arriver pour s'y faire sacrer, à dessein de vous en retourner incontinent à Roüen, avec pouvoir en forme, pour conclure le traitté.

CHAPITRE XLV.
Réconciliation du comte de Soissons et du duc de Montpensier. Négociation relative aux amours de Madame, sœur du Roi, et du comte de Soissons. Pouvoirs donnés à Rosny pour traiter avec Villars.

Durant vostre sejour à Chartres, il survint deux affaires tres-importantes, et lesquelles, le Roy n'estimant pas les pouvoir terminer à son contentement sans vostre entremise, vous retindrent prés de luy dix ou douze jours plus que vous ne pensiez; lequel sejour fut cause de grands accidens pour vous, comme il se verra cy-apres.

La premiere fut, le racommodement de messieurs le comte de Soissons et du duc de Montpensier, entre lesquels il paroissoit des haynes et animositez, provenuës des envies et jalousies que l'on voit ordinairement entre les grands seigneurs de mesme condition, et particulierement à cause des pretentions qu'ils avoient à mesmes gouvernemens et à mesme maistresse; chacun d'eux pretendant de parvenir au mariage de Madame sœur du Roy, le premier comme se tenant plus favorisé d'elle, et l'autre pour estre plus agreable au Roy, et sur tels sujets avoient ils esté plusieurs fois prests d'en venir aux mains; mais la partie se fust trouvé mal faite alors, d'autant que l'un, à cause de ses grands biens, de son gouvernement et qu'il estoit plus aymé du Roy, se trouvoit, au temps de ce sacre, accompagné de quatre ou cinq cens gentils-hommes; et l'autre (ayant peu de moyens et peu de faveur aupres du Roy, à cause de sa derniere escapade durant le siege de Roüen, qu'il ne se passoit point une saison entiere qu'il n'en renouvellast quelque autre, et qu'il n'avoit nulles places ny gouvernemens) n'estoit suivy que de dix ou douze gentils-hommes, et neantmoins sa naissance et son haut courage luy faisoient tenir des langages tous tels que s'il eust eu forces esgales : ce qui travailloit grandement l'esprit du Roy, lequel sçachant que M. le comte de Soissons avoit lors grande creance en vous (laquelle les choses qui se passerent vous firent perdre tout à fait, voire firent qu'il vous picota tousjours depuis) et en M. du Perron, evesque d'Evreux, il vous ordonna tous deux pour travailler à ceste reconciliation, laquelle, apres mille peines et contestations qui seroient trop longues et ennuyeuses à deduire, estans enveloppées de plusieurs contrarietez, opiniatretez et raisons fondées sur le vent, vous fistes enfin, sinon en effet et dans le cœur, car il en eut fallu oster les causes, ce qui n'estoit pas en vos puissances, à tout le moins en apparences exterieures, en paroles et embrassades d'accord devant le Roy, lequel se contenta de cela, tant pource qu'il jugeoit bien qu'il estoit impossible d'obtenir davantage, que pource qu'il vouloit vous employer en une autre affaire qui luy tenoit encor plus au cœur, qui fut la seconde, qui vous retint à Chartres.

Mais, afin de la mieux esclaircir, nous reprendrons succintement ce qui a esté cy-devant dit du voyage de M. le comte de Soissons en Bearn, pour espouser Madame sœur du Roy malgré luy; et quoy que Sa Majesté y eut pourveu comme il a esté dit, neantmoins si ne peut il empescher que par le moyen de la comtesse de Guiche, laquelle estoit irritée contre luy et se plaisoit à le fascher, pource que l'ayant aymée non seulement il ne l'aymoit plus et en aymoit d'autres, mais mesmes encor avoit honte, à cause de la laideur où elle estoit venuë, que l'on dit qu'il l'eust aymée, ils ne se vissent et ne s'entredonnassent des promesses de mariage, lesquelles le Roy desiroit non seulement retirer, mais aussi leur faire bailler une declaration qu'ils se quittoient l'un l'autre et revoquoient toutes les promesses qu'ils s'estoient faites, tant de bouche que par escrit; et avoit le Roy une telle passion à ceste affaire, pour ce que quelques malins luy avoient mis en teste, que ce mariage mettroit sa vie en danger s'il en venoit des enfans, que vous ne l'aviez jamais veu parler d'affaire avec telle violence, ny en soliciter l'entremise et conclusion avec telle instance et obstination; laquelle considerant vous essayastes plusieurs fois à vous descharger d'icelle, voyant bien les difficultez qui s'y rencontreroient, et qu'elle seroit suivie de divers et peut estre fascheux accidens, pour lesquels eviter vous representastes au Roy que ceste affaire estoit de longue haleine et de difficile discution, et qu'en ayant une autre en main de beaucoup plus grande importance qui estoit le traitté pour la reduction de Roüen, le Havre, et autres villes de Normandie en son obeyssance, lequel luy rendroit la plus grande et la plus riche province de son Royaume paisible, des conditions duquel vous estiez quasi entierement d'accord avec M. de Villars, et que vous ne doutiez nullement de la conclusion d'iceluy si vous y retourniez promptement avec les pouvoirs necessaires pour cét effect en bonne forme; mais que si cela estoit tiré en longueur, il y pourroit arriver des accidens qui destruiroient ce que vous aviez desja si bien mesnagé, ou pour le moins en allongeroient grandement l'execution, ayant bien ressenty aux paroles du sieur Boniface, que le roy d'Espagne et M. du Mayne devoient envoyer en bref des deputez de qualité vers M. de Villars avec des promesses tres-amples; et partant le priez vous de remettre le démeslement de l'affaire de madame sa sœur et de M. le comte de Soissons à un autre ou à une autre fois, et vous permettre d'aller achever ce que vous aviez si bien commencé, et que mesme croyez vous qu'il vous faudroit passer à Vernueil, pource que le sieur de Medavit n'attendoit autre chose pour traitter que vostre parole d'estre bien receu, bien traitté, et asseurance que ce qui luy seroit promis luy seroit observé par Sa Majesté.

Mais, nonobstant toutes vos remonstrances et allegations, Sa Majesté vous dit que l'affaire de madame sa sœur et de M. le comte de Soissons luy importoit plus pour le repos de son esprit, que Roüen, ny toute la Normandie, les affaires generales prenans un tel train que la pluspart suivroient les exemples de Meaux, Bourges et Lyon, si tost qu'il seroit sacré, ne vous voulant point celer, sçachant bien que vous y garderiez le secret requis, qu'il estoit d'accord avec M. de Belin, gouverneur de Paris et les principaux officiers de la ville, de la remettre en son obeyssance si tost qu'il s'en rapprocheroit, apres que cette ceremonie, necessaire pour contenter la fantaisie des plus scrupuleux, auroit esté parfaicte, et que cela arrivant, il ne doutoit point que Roüen n'en fit de mesme; et partant vous prioit-il, toutes autres affaires laissées en arriere, d'employer tout vostre travail, vostre esprit et vostre industrie pour retirer les promesses de mariage que s'estoient entredonnées madame sa sœur et M. le comte de Soissons. A quoy il vous fallut obeyr, quoy que vous pûssiez dire au contraire; et afin que vostre entremise fut renduë plus facile et plus efficacieuse, vous le suppliastes de trouver bonnes toutes les formes que vous tiendriez pour cét effet, et sur tout qu'il se gardast bien, comme vous feriez de vostre part, de dire qu'il vous eust donné aucune charge, ce qu'il vous promit, et de plus de ne s'offencer en aucune façon de tout ce que vous auriez dit et fait en cette affaire jusques à ce qu'il en eust veu la fin : ce qu'il vous accorda.

Tellement que ne voulant point perdre de temps, de crainte que l'affaire de Roüen, par la longueur d'iceluy, déperist, vous en allastes sur l'heure mesme voir M. d'Evreux, comme l'un de vos plus intimes amys, et encor que son frere ne vous fut pas si familier pour lors, si estimastes vous plus à propos de vous servir de luy que de l'autre, en l'artifice dont vous pretendiez user, qui estoit de faire sçavoir à Madame et à M. le comte, par personnes tierces qui ne leur pûssent estre suspectes, que vous seul sçaviez les moyens de faire reüssir leur mariage; ce que vous dittes au dit sieur du Perron le jeune, comme par forme de discours seulement, apres avoir neantmoins tiré parole de luy qu'il n'en parleroit jamais à personne, pour ce que sçachant cela de la propre bouche du Roy avec deffence de le dire à qui que ce peust estre, s'il venoit à estre descouvert, il croiroit asseurément que vous luy auriez manqué de loyauté, et partant perdriez toute la confidence en quoy vous estiez pres de luy, et peut estre vous y ruyneriez du tout; en quoy son frere et luy perdroient plus que vous mesmes; les ayans choisis pour vos plus intimes et chers amys, et pour personnes propres à eslever aux plus hautes dignitez de l'Eglise.

Ce discours opera si bien qu'il reüssit comme vous vous l'estiez imaginé, car il en parla en confidence, ce nous semble-il, à M. de Courtenay, à un nommé Beaulieu-bonin, et encor à un autre, du nom duquel vous vous souviendrez mieux que nous, qui estoient tous trois des plus confidens de M. le comte de Soissons; et cela trotta si bien par les bouches et par les oreilles des plus interessez, que deux jours apres allant voir Madame, sous couleur de luy dire adieu, comme si le Roy vous eut commandé de vous en retourner soudain à Roüen, elle vous fist si bonne chere que vous cogneustes bien qu'elle avoit esperance en vous, et cela se mesnagea de sorte qu'enfin la comtesse de Guiche, qui estoit lors tout le secret et tout le conseil des deux amans, vous dit en leur presence en vous embrassant : « Voicy un homme qui vous pourroit bien ayder « en vos desseins s'il vouloit, et le faut obliger à « vous faire office en cela. » A quoy Madame respondit : « Monsieur de Rosny sçait bien que « M. le comte et moy, l'avons tousjours particu- « lierement aymé, que s'il nous vouloit mainte- « nant ayder à regagner les bonnes graces du « Roy mon frere, comme je sçay bien qu'il le « peut, nous en aurions tous deux de perpetuels « ressentimens. » A quoy vous luy respondistes : « Madame, si je sçavois que vous n'eussiez point « tres-tous de langue et que vostre resolution « absoluë fut de suivre en tout et par tout mes « conseils, je vous dirois des secrets que vous ne « sçauriez sçavoir de nul autre que de moy; « mais le peril qu'il y a si ce que je vous dirois « venoit à estre descouvert, me fait tenir en si- « lence et poser le doigt sur les levres. »

Surquoy vous ayans fait toutes sortes de sermens, que jamais ils n'en parleroient à personne que par vostre permission, vous leur dittes que vous vouliez esprouver, en peu de choses, s'ils seroient fidelles sur beaucoup, et partant ne leur diriez rien pour le present, sinon qu'à la verité vous sçaviez les moyens propres pour faire reüssir ce qu'ils desiroient; mais que vous ne leur diriez point encor quels ils estoient que vous n'eussiez esprouvé durant trois jours comment ils auroient mesnagé les ressorts de leurs langues, les prians de se contenter de cela pour le present; et vous estant ainsi separé d'eux avec promesse de retarder sous quelque specieux pretexte vostre retour à Roüen, vous revinstes voir Madame au bout de trois jours, et, apres quelques discours faits, complimens rendus, et asseurances données de ne relever jamais nulles des paroles qui auroient esté tenuës, vous luy dittes ne douter nullement qu'elle n'approuvast les expediens que vous aviez à luy proposer, dautant que vous les teniez de la propre bouche du Roy, qui vous avoit en cela declaré le plus secret de ses intentions sur un tel sujet; c'est que luy ayant depuis peu de temps tenu quelque propos touchant le mariage d'eux deux, comme si vous vous fussiez estonné de luy voir une si grande aversion en l'accomplissement d'iceluy, puis qu'il sembloit n'y avoir rien de plus sortable en France ny quasi dehors, que d'eux deux : à quoy il vous avoit respondu que ce n'estoit pas aussi pour l'inegalité qui se trouvast entre eux qu'il en reprouvoit l'alliance, mais pour ce qu'il n'y pouvoit trouver son contentement, ny le repos de son esprit; que dés les années mil cinq cens quatre-vingts-six et quatre-vingts-sept, il avoit bien eu ce desir de les marier ensemble, dautant que se voyant marié sans esperance d'avoir des enfans ny de se des-marier, à cause de la diversité des religions, et par consequent que sa sœur devoit estre son unique heritiere, il desira de luy voir des enfans de quelqu'un de sa propre maison, de si douce humeur et agreable conversation que l'un et l'autre l'aymassent comme leur pere, et luy se peust confier en eux comme en ses enfans; mais que M. le comte n'eust pas plutost veu Madame, qu'il luy donna sujet de croire qu'il la desiroit obtenir par ses propres merites et non par sa beneficence, et qu'il estoit bien disposé d'espouser sa sœur, mais non pas son party, ses interests et ses volontez, comme ses desirs avoient tousjours esté tels, et en vindrent les choses à si manifeste rupture qu'ils s'étoient separez comme vous le sçaviez mieux que nul autre, avec de mauvaises paroles et encore pires intentions l'un envers l'autre; lesquelles M. le comte n'avoit jamais essayé de meliorer, mais au contraire avoit tousjours fait paroistre de vouloir parvenir à cet advantage, le plus grand qu'il pouvoit esperer, contre ses bonnes graces et sans son consentement, voire n'avoit quasi laissé passer saison sans faire quelque action qui le faschast, et luy fit cognoistre qu'il y avoit une antipatie naturelle entre leurs humeurs et complexions, laquelle mauvaise intelligence avoit esté portée aux extremitez par cette derniere action durant le siege de Roüen; que neantmoins, comme il avoit l'esprit facile à se reconcilier avec un chacun, et entierement porté à oublier les plus cruelles offences, lors qu'il cognoissoit que les mauvaises intentions estoient absolument changées, qu'il n'y avoit point de doute, et de cela vous en donnoit il parole; que si sa sœur et M. le comte vouloient de leur propre mouvement, sans artifice ny induction de personne, luy parler franchement, reduire en son entiere disposition toutes leurs volontez, remettre librement entre ses mains toutes les promesses par escrit qu'il sçavoit bien qu'ils s'estoient faites l'un à l'autre, et declarer qu'ils se departoient de toutes autres obligations et liaisons verbales, que devant que trois mois se fussent escoulez, apres telles submissions, qu'il les viendroit prendre tous deux un jour lors qu'ils y penseroient le moins, et les choisissant pour ses enfans, les prieroit de se vouloir aymer l'un l'autre, le tenir pour leur pere, et, en se mariant ensemble, espouser les interests de sa personne et de son Estat, et de s'accommoder à ses humeurs : « Et croyez pour « chose tres-certaine, Madame, luy dittes-vous, « que si vous et M. le comte voulez suivre ce « chemin, que les effets seront semblables à tout « le bien que l'on en sçauroit desirer. »

Sur lesquelles propositions, il se passa plusieurs autres discours et contestations entre Madame, monsieur le comte, madame la comtesse de Guiche et vous, lesquelles se terminerent en une resolution de vous remettre en main les promesses qui s'estoient faites, si-tost que ladite comtesse de Guiche, qui les avoit euës en depost, les auroit fait venir de Bearn, où elle les avoit laissées, et que cependant ils feroient conjointement la declaration que vous aviez proposée; moyennant neantmoins que vous leur jurassiez que rien de tout cela ne partiroit de vos mains, et que vous diriez au Roy que vous vous y estiez engagé de parole sans aucune requisition de leur part, prenant, comme ils le vous dirent, telle fiance en vos paroles, que sans la seureté d'icelles, jamais ne se fussent reduits à telles submissions; tellement que tout cela ainsi resolu, vous le communiquastes au Roy, qui fit de sa part de grandes difficultez à consentir que ces promesses ne fussent pas confiées à luy mesme. Neantmoins le desir qu'il avoit de voir madame sa sœur en liberté d'estre mariée à un autre, luy fit passer par dessus toutes autres considerations; et vous ayant la declaration esté mise entre les mains, et depuis les promesses aussi, et les ayans encor parmy vos papiers, nous avons estimé à propos de les inserer dans ces Memoires, estans telles que s'ensuit :

« Nous Catherine, sœur unique du Roy, et
« nous Charles de Bourbon, comte de Soissons,
« de nostre pure, libre et franche volonté, sans
« aucune induction, force ou contrainte, avons
« declaré et declarons par ces presentes, toutes
« et chacunes les promesses de mariage qui pour-
« roient estre ou avoir esté faites entre nous,
« nulles, de nul effet et valeur, en quelque forme
« et en quelque lieu qu'elles soient; avons con-
« senty et accordé, consentons et accordons, que
« toutes lesdites promesses nous soient respec-
« tivement renduës, demeurans les choses comme
« non faites et non advenuës, renonçans à tout
« ce que nous pourrions pretendre en vertu d'i-
« celles, et que sans y avoir esgard, chacun de
« nous soit libre et deslié, et qu'il puisse, quant
« et avec qui il luy plaira, faire et contracter
« mariage; en tesmoing dequoy, et pour preuve
« de nostre volonté et intention, nous avons si-
« gné de nostre main et scellé de nos armes la
« presente declaration, et pour la rendre plus
« authentique l'avons voulu jurer, et faire en
« presence et és mains de..... Lesquels sont sous
« signez avec nous, fait, etc. »

Or, voyons nous bien que nous avons esté trop longs en ce discours; mais il nous a semblé, estant ces intrigues de grande consequence, ne les pouvoir pas esclaircir avec moins de paroles, ny faire comprendre autrement, dautant qu'elles furent les causes secrettes de toutes les broüilleries que vous eustes depuis avec Madame et monsieur le comte, ainsi qu'il se verra par la suitte de ces Memoires.

La troisiesme affaire qui vous fit sejourner à Chartres, fut l'arrivée du sieur Desportes de Vernueil, qui vint prier M. d'Evreux de prester sa maison de Condé à M. de Medavit, et vous dit vouloir passer pour conferer ensemble et traitter de toutes les conditions de sa reduction en l'obeyssance du Roy ; ce qui ayant esté ainsi resolu, toutes les choses cy-dessus dittes effectuées et en suitte d'icelles, des apparentes reconciliations entre le Roy, Madame, monsieur le comte et la comtesse de Guiche; apres avoir encor pris les intentions particulieres de Sa Majesté sur toutes les choses que les sieurs de Villars, de Medavit et autres demandoient et fait expedier vostre pouvoir en forme pour leur accorder ce que vous jugeriez estre à propos, ledit pouvoir estant tel que s'ensuit :

Pouvoir expedié à M. de Rosny pour le voyage de Roüen.

Henry, par la grace de Dieu, roy de France et de Navarre, à tous ceux qui ces presentes lettres verront, salut : Sçavoir faisons que, pour la parfaite et entiere confiance que nous avons de la personne de nostre amé et feal conseiller en nostre conseil d'Estat, le sieur de Rosny, de Bethune, et de ses sens, suffisance, loyauté, prud'hommie, experience et bonne diligence; iceluy, pour ces causes et autres bonnes et grandes considerations à ce nous mouvans, avons commis, ordonné et deputé, commettons, ordonnons et deputons, par ces presentes, pour se transporter en nostre ville de Roüen, traitter en nostre nom avec le sieur de Villars et tous autres que besoin sera, des conditions et moyens raisonnables pour eux remettre et entrer en nostre obeyssance, comme estant leur Roy legitime, leur promettre et accorder ce qu'il verra bon estre et selon qu'il sçait estre nostre intention, de les bien et favorablement traitter, tant pour leur seureté et conservation ensemble de leurs dignitez, charges, estats et biens, qu'en gratifications particulieres, selon qu'ils voudront bien meriter de nous et du public en cette occasion, et sur ce passer et signer tels articles et promesses en telle forme qu'il sera requis et necessaire; et generalement faire, traitter, convenir et accorder pour l'effet susdit, tout ce qu'il appartiendra ainsi que nous mesmes ferions ou faire pourrions si presens en personne y estions, jaçoit que le cas requist mandement plus special qu'il n'est contenu en cesdites presentes : par lesquelles promettons en bonne foy et parole de Roy avoir agreable et tenir ferme et stable tout ce que par ledit sieur de Rosny sera fait, traitté, accordé et promis en nostre nom, touchant les choses susdites, circonstances et dépendances d'icelles; le ratifier et approuver, observer et accomplir de poinct en poinct selon sa forme et teneur, et en relever et indemniser ledit sieur de Rosny et les siens. En témoin dequoy nous avons fait mettre le seel à cesdites presentes : car tel est nostre plaisir.

Donné à Mante le premier jour de fevrier, l'an de grace 1594, et de notre regne le cinquiesme.

HENRY.

Et sur le repli : par le Roy, REVOL. Et seelé.

CHAPITRE XLVI.

Rosny part pour Rouen. Il s'arrête au château d'Anet, chez la duchesse d'Aumale. Réception qu'on lui fait à Rouen. Négociations avec Villars. Lettres de Henri IV.

La route que vous pristes pour faire vostre voyage de Roüen fut telle : vous partistes de Chartres et vous en allastes coucher à Annet, dautant que madame d'Aumale vous avoit envoyé prier de luy donner lieu pour parler à vous, et que s'y confiant entierement elle avoit chose de consequence à vous dire, y estant venue depuis quinze jours, sous les passe-ports du Roy, que vous mesmes luy aviez fait obtenir. Estant arrivé dans le bourg avec douze ou quinze gentilshommes, vous vous logeastes dans la meilleure hostellerie, et commandastes, à vostre maistre d'hostel, de faire dépescher vostre souper, cependant que vous yriez visiter madame d'Aumale, et que vous le trouvassiez prest à vostre retour. Cette princesse, qui prevoyoit bien le declin du party de la ligue et qui avoit de grandes necessitez en sa maison, ne manqua pas de vous rendre tous les honneurs et faire toutes les carresses accoustumées envers ceux dont l'on pense avoir affaire et qui sont en reputation d'avoir credit et authorité, et proches d'entrer en grande faveur comme chacun jugeoit que vous estiez ; mais toutes ses bonnes cheres, de mines et de paroles, vous tournerent apres à quelque incommodité; car, apres que pour vous entretenir plus à loisir des affaires de son mary et d'elle, et vous faire diverses propositions pour le reconcilier avec le Roy, elle vous eust promené par les beaux jardins, salles, chambres, galleries et cabinets, voulant luy donner le bon soir pour vous en aller souper, elle vous pria et finalement importuna tant de vouloir souper avec elle, que craignant d'estre accusé d'incivilité ou discourtoisie, vous vous y laissastes persuader et envoyastes tous vos gentilshommes souper, ne retenant qu'un page pour vous servir à table.

Mais vostre souper fut si long-temps à s'apprester, que vous croyiez qu'il ne viendroit jamais, en encor apres fut-il si maigre, si mal appresté, les viandes si dures, le pain et le vin si mauvais, et le linge si sale et si moëte que vous

9.

ne mangeastes quasi point, et quoy qu'une telle espreuve deust estre suffisante pour ne vous laisser plus attraper une autre fois; car ne vous ayant jamais voulu permettre d'aller coucher au bourg où l'on avoit tendu vostre lict de camp, elle vous mist à la verité dans une chambre plus grande, plus belle et mieux marbrée que la vostre, mais en laquelle il faisoit si froid que l'on n'y pouvoit quasi durer, car c'estoit sur la fin du mois de fevrier, et pour vous reschauffer, quasi toutes les verrieres estoient rompuës, le lict n'avoit qu'une couverture et des rideaux de taffetas fort mince, et ne peustes jamais avoir autre bois que des fagots de houx et de genievre tous frais coupez, pour lesquels allumer vous pensastes brusler toute la paille de vostre lict et si n'en peustes tirer autre plaisir qu'un nombre infiny d'escopeteries; et pour comble d'incommodité, vous trouvastes vos draps si humides que vous fustes contraint de vous rhabiller et de dormir dans vostre robbe de nuict.

Vous partistes fort matin, allastes disner à Condé où vous fustes tres-bien receu par les gens de M. d'Evreux et vous mistes aussi-tost au lict, pour vous recompenser de la mauvaise nuictée que vous aviez euë à Annet, en attendant la venuë de M. de Medavit qui arriva sur le midy. Vous le trouvastes au commencement fort irresolu, ne sçachant quasi ce qu'il vouloit faire, et grandement douteux et defiant, tesmoignant de croire que l'on ne luy tiendroit jamais rien de tout ce que l'on luy promettoit. Mais finalement, apres que vous luy eustes conseillé en amy de se desembarrasser de ses mauvaises affaires, lesquelles, comme vous le sçaviez tres-bien, yroient tousjours en empirant, voire ne vaudroient plus du tout rien s'il attendoit que Roüen, le Havre, Paris, Amiens, Abbe-ville et une infinité d'autres places meilleures que la sienne, qui traittoient, fussent rendus, il vous bailla des articles et conditions, sur lesquelles ayant long-temps contesté, vous tombastes enfin d'accord; mais il vous pria de ne l'astreindre point à se declarer que M. de Villars n'eust traitté, ou que le mois de mars ne fust expiré, pour ce qu'il s'estoit engagé de paroles à luy jusques à ce jour là seulement, et qu'il envoyeroit son Desportes avec vous à Roüen, pour voir comment les affaires passeroient afin de luy en donner advis.

Ces choses ainsi resoluës, vous vous en allastes coucher le lendemain à Louviers, d'où ayant mandé vostre acheminement à M. de Villars, il donna ordre pour vous faire recevoir tout ouvertement dans la ville, où vous arrivastes le premier jour de mars avec un grand applaudissement du simple peuple qui commençoit à se lasser infiniment des incommoditez de la guerre. Vous trouvastes, à la porte de la ville, le sieur d'Isencour, capitaine des gardes de M. de Villars, avec bonne trouppe de ses compagnons, afin de faciliter vostre entrée et empescher que l'on ne demandast ny dist rien à vous ny à aucun des vostres; mais comme vous le cogneustes depuis, il n'en estoit nul besoin tant le peuple estoit joyeux de vostre venuë, tous courans par les ruës apres vous lors que vous y passiez, en vous donnant des loüanges et benedictions.

Le sieur de la Font vous vint aussi recevoir à la porte, et vous mena loger à la Croce, où, comme vos gens se voulurent entremettre de faire preparer vostre souper, l'hostesse dit à vostre maistre d'hostel qu'il ne se mit point en peine de cela, et que vostre souper estoit tout achepté et elle payée pour vostre despence de ce jour là et du jour suivant, sans qu'elle eust pû sçavoir de qui cela procedoit; mais vous sceustes depuis que le sieur de la Font, maistre d'hostel de M. de Villars, et qui, dés l'an 1584, avoit esté le vostre, s'estoit mis à faire le magnifique pour vostre arrivée : car mesmes le soir vous eustes la musique de voix et d'instrumens, et des sauteurs, danceurs et joüeurs de passe-passe, lesquels, quelque argent que l'on leur offrist, ne voulurent jamais rien prendre.

Vous envoyastes visiter de vostre part M. de Villars, madame de Simiers et M. de Tiron par le sieur du Perat, et les prier de vous mander comment vous aviez à vous conduire, afin de ne faire rien mal convenable au temps, au lieu, aux personnes ny aux affaires que vous aviez à demesler; que vostre desir eust bien esté de les pouvoir aller voir dés le jour mesme; mais que vous ne l'aviez pas voulu entreprendre sans sçavoir leur intention : ils vous envoyerent aussi peu apres visiter par un nommé le sieur de Perdriel, et vous prier de vous reposer pour ce jour là, et que le lendemain matin ils vous feroient sçavoir de leurs nouvelles.

Monsieur de Tiron ne laissa pas neantmoins de vous venir voir lors qu'il fut nuict, et apres les complimens ordinaires vous dit qu'il estoit bien marry de ce que vous aviez tant diferé vostre retour, pource qu'il estoit depuis survenu plusieurs accidens qui avoient aucunement traversé les preparatifs que vous aviez faits à vostre premier voyage, et quelque peu esbranlé les fondemens que vous aviez jettez pour parvenir bien-tost à quelque bonne conclusion; dautant qu'en premier lieu le seigneur dom Simon Anthoine et le sieur de la Chapelle-marteau estoient arrivez quatre jours devant vous, l'un de la part du roy d'Espagne, et l'autre de la part de M. du Mayne, avec des offres tres-grandes; voire quasi la carte blanche, au nom du premier, si M. de Villars vouloit parler ouvertement et prendre tout à fait l'escharpe rouge; que d'autre costé vostre trop long retardement avoit engendré des soupçons et des défiances en l'esprit de quelques-uns, joint à cela plusieurs lettres qu'eux tous avoient receuës des principaux catholiques de la Cour du Roy, lesquels escrivoient qu'ils s'estonnoient bien fort, comment M. de Villars s'estoit voulu confier et jetter entre les mains d'un heretique pour faire son traité, qu'il y en avoit de plus authorisez que luy pres du Roy, desquels, si l'on se fust voulu servir, ils eussent fait leurs conditions beaucoup plus advantageuses, et se fussent trouvez plus puissans dans les affaires, et le credit pour en garentir l'observation. Mais en vous monstrant ces lettres vous remarquastes que des uns les signatures avoient esté deschirées; et qu'és autres il n'y avoit qu'un chiffre, aussi ne vous en voulut-il jamais dire les noms; il vous monstra puis apres trois autres lettres qui parloient bien un autre langage.

La premiere estoit de M. le cardinal de Bourbon à M. de Villars; par laquelle en substance il luy mandoit qu'il ne doutoit point que plusieurs ne le desgoutassent de traitter avec le Roy, et principallement par l'entremise d'un huguenot; mais qu'il se gardast bien de deferer ny à l'un ny à l'autre de ces conseils, pource que pour le premier poinct c'estoit son devoir, puis que le Roy estoit bon catholique, comme il l'en pouvoit bien asseurer pour le sçavoir de science; que devant qu'il fût peu de temps toutes les grandes villes du Royaume le recognoistroient, et qu'il ne devoit pas entendre à faire ses conditions en compagnie ny des derniers, doutant qu'elles yroient tousjours en diminuant, le priant de recevoir cét advis de luy comme estant, selon l'obligation de sa naissance, tres-bon François, et son bon amy en particulier. Et pour le second point : qu'il ne pouvoit avoir un entremetteur qui fût davantage son amy, comme il sçavoit bien qu'il l'avoit esprouvé autresfois, qui fût plus esgal entre les catholiques et les huguenots, n'en faisant distinction qu'à proportion du plus ou du moins d'affection qu'ils portoient au Roy et à l'Estat, qui fust plus religieux observateur de sa foy et de sa parole, qui eust l'esprit plus ferme, ny pour avoir un jour plus de faveur aupres du Roy, qu'il en avoit desjà beaucoup, et selon que l'on pouvoit conjecturer yroit tousjours en augmentant.

La seconde lettre estoit de M. du Perron, evesque d'Evreux, à M. de Tiron, par laquelle aussi en substance il luy mandoit qu'il cognoissoit mieux le monde et la Cour que luy mesme, puis qu'il n'en avoit jamais tant appris que par son moyen, et partant que comme son obligé, il luy pouvoit bien donner asseurance que M. de Villars n'eust jamais pû choisir un plus favorable, ny puissant entremetteur que vous, quelque huguenot que vous fussiez, qu'il ne devoit douter de l'observation de vostre foy, ny que vous ne fussiez un jour l'un des plus grands ministres de l'Estat, par les mains duquel les autres auroient à passer, tant vous gardiez d'égalité en toutes choses, et partant qu'ils se gardassent bien de changer de negociateur, de s'en défier, ny de le tenir en longueur.

La troisiesme lettre estoit de M. de Vitry à madame de Simiers sa sœur, qui n'avoit que cinq ou six lignes, en ces propres mots :

« Ma chere sœur, vous sçavez comme j'ay
« donné le bon an au Roy, nostre oncle de la
« Chastre luy a fait les bignets; et partant faites
« en sorte que ceux où vous estes luy fassent la
« my-caresme à cheval; sur tout gardez vous
« bien de tirer les choses à la longue, ny de
« changer d'entremetteur; car il est tout entier
« dans la confidence de son maistre et a bonne
« volonté pour vous. »

Ces lettres leuës, M. de Tiron vous dit qu'il vous estoit venu voir en particulier pour vous donner cét advis; vous faire voir ces lettres; vous dire qu'il estoit entré mille sortes de fantaisies en l'esprit de leur homme, à cause de diverses sortes de propositions grandement specieuses, qui luy estoient journellement faites, quoy qu'à la verité il y en eût de bien vagues; qu'il ne falloit pas neantmoins que vous abandonnassiez vostre negociation, en laquelle il vous assisteroit; mais que vous laissassiez seulement passer à M. de Villars toutes ses fougues, sans rejetter aucune de ses demandes, de crainte qu'il ne s'imaginast que vous fussiez venu icy avec ce concert de la Cour; mais le remettre à y adviser, vous ayans esté baillées par escrit; afin que si vous y contestiez apres quelque chose, il puisse croire que ce sont des considerations, qui de vostre propre raison vous sont venuës en l'esprit, et peu à peu nous le rengerons, vous dit-il, à ce qui sera juste et possible; dequoy encor que vous jugeassiez bien qu'il y pouvoit avoir de l'artifice en tout ce langage, vous ne laissastes pas d'en demeurer d'accord; et apres plusieurs autres propos il se retira vous donnant le bon soir.

Pendant que vous employiez les jours à disposer les esprits de ceux qui avoient la suprême authorité, pouvoir et faveur, vous travailliez les nuicts à preparer les peuples, par le moyen des officiers de justice et de ville, et mesme quelques capitaines et gens de guerre qui vous venoient visiter en secret, et à donner des advis au Roy de tout ce qui se passoit, afin d'estre dautant plus authorisé par ses responces en tout ce que vous aviez à gerer, negocier et conclure. Estant marry qu'il n'a esté gardé copie de vos lettres, car il s'y verroit de belles choses enveloppées de traverses et difficultez, mais en ce defaut nous insererons icy tout de suitte cinq lettres que le Roy vous escrivit en responce des vostres, sur les traittez de Normandie et dépendances d'iceux, lesquelles ont esté trouvées apres avoir remply ces Memoires de l'année 1594.

Lettre du Roy à M. de Rosny.

Mon amy, j'ay veu, par vostre lettre du dernier fevrier, ce que vous avez traitté avec le sieur de Medavid, ce qui m'est encores plus particulierement representé par les articles que m'avez envoyez, lesquels je suis content d'accorder en la forme qu'ils sont, dont vous pourrez donner asseurance audit sieur de Medavid, et que je trouve bon qu'il voye le sieur de Villars, et qu'ils se remettent ensemble à mon service; mais je veux que, dés à present ledit sieur de Medavid fasse suspension d'armes comme je feray faire de ma part, et qu'il vous donne asseurance de se faire et declarer mon serviteur dans certain temps; encores que ledit sieur de Villars ne fit le semblable. Quant au capitaine Braquetier, je desire me servir de luy et veux qu'il me vienne trouver en mon armée avec sa compagnie, où il me peut servir davantage à present qu'en nul autre lieu, l'asseurant que je n'oublieray de le mettre par apres en garnison, ou luy donner autre moyen de me servir. J'ay commandé au sieur d'Incarville de partir; donnez moy incontinent advis de ce que vous aurez fait. Et sur ce je prie Dieu qu'il vous ayt en sa garde.

De Chartres, le 2 mars 1594. HENRY. Et plus bas POTIER.

Lettre du Roy à M. de Rosny.

Mon amy, j'ay entendu ce que vous m'avez mandé par le sieur de Luat, et ce que m'a aussi rapporté le sieur de Morlans. Pour toute responce, je vous prie d'achever de conclure avec le sieur de Villars, suivant ce que je vous ay fait sçavoir de mon intention, tant par escrit que verbalement, et le pouvoir que vous avez de moy qui promets derechef par la presente confirmer et approuver tout ce que vous aurez conclud et arresté en vertu d'iceluy, dont je desire que vous vous depeschiez le plutost qu'il sera possible; priant Dieu vous avoir en sa saincte garde.

Escrit à Sainct Denis, ce 17 mars 1594. HENRY. Et plus bas, REVOL.

Autre lettre du Roy à M. de Rosny.

Mon amy, j'adjousteray à l'autre lettre que vous porte de ma part le sieur de Luat, que je n'ay fait difficulté d'accorder de mettre le sieur de Contenant avec sa compagnie dans Gournay, à faute de volonté de le gratifier et donner tout le contentement que je puis au sieur de Villars, mais seulement pour la consideration de mon cousin le duc de Longue-ville, qui s'attendoit que ladite ville deust demeurer en neutralité : toutefois je ne veux que pour cela vous laissiez de passer outre, quand vous serez d'accord de toutes autres choses, estant content de satisfaire encore de ce particulier au desir dudit sieur de Villars s'il en fait nouvelle instance ; et depeschez le plutost que vous pourrez, car la longueur ne peut servir qu'à donner moyen, aux ennemis du repos de ce royaume, de faire nouvelles pratiques, pour l'empescher et pour troubler mesmes le sieur de Villars en ses affaires. Je prie Dieu vous avoir en sa saincte garde.

Escrit à Sainct Denis, le 17 mars 1594. HENRY, et plus bas, REVOL.

Lettre du Roy à M. de Rosny.

Mon amy, dautant que vous estes le principal interprete de toutes les resolutions qui sont comprises au traitté que vous avez, par mon commandement, négocié avec mon cousin l'admiral, vous me ferez service tres-agreable, lors qu'il se presente des difficultez, oppositions ou empeschements (comme je ne doute point qu'il n'y en ayt desja plus que je voudrois sur l'execution et accomplissement du traitté) que vous informiez ceux de mon conseil de tout ce qui s'y est passé, et leur faire cognoistre comme il a fallu fermer les yeux à beaucoup de choses importantes à mon authorité et à mon service, pour parvenir à un bien si desiré et de telle consequence : comme aussi postposer l'interest de beaucoup de particuliers, comme le mien propre, au bien, repos et soulagement de toute ma province de Normandie, tenant au surplus la main en tout ce qui vous sera possible à l'effet de mes promesses portées par lesdits articles; du manquement desquelles vous recevrez autant de regret que moy mesme qui prie Dieu vous tenir en sa saincte garde.

Escrit au camp de Laon, le 2ᵉ jour d'aoust 1594.
HENRY, et plus bas, POTIER.

Lettre du Roy à M. de Rosny.

Mon amy, le sieur de Medavid m'a remonstré plusieurs difficultez que l'on fait à l'execution de mon intention, en ce que je luy ay accordé par les articles du traitté de la reduction de ma ville de Vernueil en mon obeyssance ; et parce que je ne desire nullement qu'il soit frustré de l'esperance qu'il a euë en se rendant mon serviteur, je fais sçavoir ma volonté à mon conseil et à quelques autres particuliers ; mais puis que vous avez, suivant mon commandement, fait cette negociation avec ledit sieur de Medavid, je vous mande, par cette lettre, que vous apportiez de vostre part tout ce qui vous sera possible, afin que ce que vous avez faict avec luy et que je luy ay promis, luy soit maintenu et gardé, en effectuant ma volonté de point en point au contentement dudit sieur de Medavid, sans qu'il soit sujet en autres sollicitations et longueurs de procez, voulant sur toutes choses que l'on recognoisse le desir que j'ay que ma parole soit inviolablement maintenuë ; et m'asseurant que vous satisferez à ce que je vous recommande, je prieray Dieu qu'il vous ayt en sa saincte garde.

Escrit au camp de Laon, le 4 aoust 1594.
HENRY, et plus bas, RUZÉ.

CHAPITRE XLVII.

Continuation des négociations. Lettre remarquable de Henri IV. Affaire de Dupré. Conclusion du traité avec Villars. Lettre de Rosny au Roi. Réponse du Roi.

Vous ne fustes pas long-temps dans Roüen sans commencer vostre negociation ; car, incontinent apres vostre arrivée, M. de Villars vous manda, par le sieur de la Font, que si vous aviez agreable de vous trouver au logis de madame de Simiers, sur les neuf heures, qu'il s'y rendroit aussi-tost pour avoir ce bien de vous y embrasser, à quoy vous ne manquastes pas ; et dés cette premiere fois ébauchastes si bien les affaires, que vous jugeastes à peu pres où se pourroient rencontrer les difficultez, dont les plus grandes furent : la demande que M. de Villars faisoit de ne recognoistre point M. de Mont-pensier, gouverneur de la province, de trois ans dans toutes les villes et les bailliages de Roüen et de Caux ; l'office d'admiral dont il avoit esté pourveu par la ligue, et que le Roy avoit baillé à M. de Biron ; le fort de Fescamp que le sieur de Bois-rozé avoit pris si bravement, avec laquelle place il s'estoit mis au service et sous la protection du Roy ; les abbayes de Jumieges, Tiron, Bon-port, Vallasse et Sainct-Taurin, que le Roy avoit données à de ses serviteurs ; et celle de Montivilliers pour la sœur de madame de Simiers ; que l'exercice de la religion ne seroit point plus pres de Roüen que six lieuës ; la conservation de tous les officiers pourveus par la ligue ; quinze cens hommes de pied et de trois cens chevaux entretenus dans les places qu'il remettroit en obeyssance ; douze cens mille livres pour payer ses debtes ; soixante mille livres de pension et quelques autres points, de tous lesquels dans quatre jours vous convinstes ensemble et en demeurastes entierement d'accord, voire de Sainct-Taurin, quoy que l'abbaye fust à vous. Reservé des trois qui concernoient M. de Mont-pensier, M. de Biron et le sieur de Bois-rozé, car encore que vostre pouvoir fut fort ample, neantmoins vous desirastes avoir un commandement particulier de la propre main du Roy là dessus, à cause de la haute qualité des deux premiers et de l'injustice qu'il sembloit y avoir en l'autre ; et, pour cet effet, dittes à M. de Villars que ces trois points excedoient vostre pouvoir, comme ils devoient par prudence estre hors de son desir. Mais il vous respondit, comme tout en fougue, ainsi qu'il venoit d'entretenir Simon Anthoine et la Chapelle-marteau, qu'il ne falloit donc point parler du reste, et qu'il y en avoit qui luy en offroient la carte blanche et des monceaux d'or comptant ; et partant qu'il vous prioit de convenir de tout ou de rompre tout à fait. Sur quoy, apres plusieurs contestations, vous luy asseurastes que vous alliez dépescher un courrier au Roy, pour ce sujet, et que vous en écririez de sorte que vous ne doutiez point qu'il n'eust contentement ; et, pour faire voir que tel estoit vostre creance, que vous le priez de trouver bon que vostre traitté fust mis en forme, signé de vous deux, et la foy donnée l'un à l'autre pour l'observation entiere d'iceluy ; et que, sur ces trois articles, il fut mis seulement, pour vostre descharge, remis au Roy ; et que neantmoins vous luy feriez promesse par escrit qu'au cas qu'ils ne luy fussent accordez, que tout le traitté demeureroit nul, et la foy qui se seroit donnée desengagée, ce qu'il contesta fort long-temps ; mais en fin avec l'ayde et l'intervention de madame de Simiers, de M. de Tiron et du sieur de la Font, qu'il aymoit fort, les choses passerent de cette façon, dont bien vous prist ; car les accidens qui survindrent pendant le voyage de vostre courrier, eussent infailliblement destruit tout ce que vous aviez fait.

Pour lesquelles mieux esclaircir vous vous souviendrez, Monseigneur, que l'on vous avoit bien adverty, en passant à Louviers et au pont de l'Arche, que le sieur du Rollet recevoit un extrême desplaisir de vostre voyage, n'apprehendant rien tant que de voir le sieur de Villars, Roüen et les autres places qu'il tenoit, en l'obeyssance du Roy, dautant que la rebellion d'icelles luy apportoit un grandissime pouvoir et profit qu'il voyoit prest de cesser, ces reductions estans faites. Or y avoit-il environ un an qu'il avoit dit au Roy, soit qu'il fut vray, soit qu'il fut faux, qu'il avoit un moyen infaillible pour se saisir de Roüen et de la personne de M. de Villars, lequel il mettroit en peu de temps à execution si Sa Majesté luy vouloit accorder le gouvernement de Roüen et de tout le pays enclos entre les places qu'il tiendroit, dequoy luy furent données toutes les asseurances qu'il pust desirer. Or, vous voyant retourner à Roüen pour la seconde fois, sans que le Roy se fust souvenu de cela pour vous en advertir, ny mander que l'on ne travaillast plus à ce dessein tant que vous y seriez, il eust apprehension que vous ne tombassiez d'accord ; et, pour y mettre tout l'empeschement qu'il luy seroit possible, il se resolut de renouveller ses vieilles pratiques, quelques foibles qu'elles peussent lors estre, esperant qu'en tout cas, si elles ne pouvoient reussir, à tout le moins traverseroient elles vostre negociation, ainsi qu'il arriva.

Sur ce dessein donc, vous voyant passer au pont de l'Arche, il mist à la suitte de vostre train un certain capitaine, nommé, ce nous semble, le Pré, qui avoit mené par le passé, toutes ces intelligences dans Roüen, et peut-estre les luy avoit faites plus grandes et plus certaines qu'en effet elles n'estoient, afin que par vostre moyen l'entrée de la ville luy fust renduë plus facile, faisant subtilement croire qu'il estoit de vostre suitte. Quoy que ce soit, il entra dans Roüen, sans estre apperceu de vous, ny estimé de qui que ce fust autre que de vos gens ; si bien qu'il alloit librement par tout solliciter ces antiques faciendes, qui estoient à ce que l'on sceut depuis de se saisir du vieil palais, et en mesme temps de M. de Villars, et le mettre dedans, voire de le tuer s'il ne s'y pouvoit amener, et ne tenoit point autre langage à ceux qu'il vouloit attirer à son entreprise, la leur rendant pour infaillible ; mais il ne pust trouver tous ceux ausquels il s'en descouvrit, tellement loyaux et secrets que tout son dessein ne fust en fin rapporté à M. de Villars, lequel, comme il estoit d'un esprit prompt et mutin, n'eust pas plutost entendu ces paroles *de le prendre ou tuer*, et qu'elles avoient esté tenuës par un homme qui estoit venu dans Roüen

avec vous, qu'il ne se persuadast que cela estoit manié par vous mesmes ; et sur cette fougue, quoy que M. de Tiron pust faire pour l'adoucir (car il l'estoit allé voir à son logis, afin de luy tout conter), il vous envoya aussi-tost chercher par le sieur d'Isencourt, et prier de venir chez M. de Tiron, lequel vous trouva disnant chez M. de la Pile, procureur general de la chambre des comptes, car il ne se passoit quasi jour que quelque officier de cour souveraine ne vous traitast, ne pensant à rien moins qu'à ce qui vous arriva, dautant que venant de recevoir un courrier du Roy, avec des lettres de sa propre main pour responce à ce que vous luy aviez escrit touchant messieurs de Mont-pensier, de Biron et de Bois-rozé, conceuës en ces mots :

Lettre du Roy à M. de Rosny.

Mon amy, vous estes une beste d'user de tant de remises et apporter tant de difficultez et de mesnage en une affaire de laquelle la conclusion m'est de si grande importance pour l'establissement de mon authorité et le soulagement de mes peuples. Ne vous souvient il plus des conseils que vous m'avez tant de fois donnez, m'alleguant pour exemple celuy d'un certain duc de Milan (1) au roy Louys XI, au temps de la guerre nommée du *bien public*, qui estoit de separer par interests particuliers tous ceux qui estoient liguez contre luy, sous des pretextes generaux, qui est ce que je veux essayer de faire maintenant, aymant beaucoup mieux qu'il m'en couste deux fois autant, en traittant separement avec chaque particulier, que de parvenir à mesmes effects par le moyen d'un traitté general fait avec un seul chef (comme vous sçaviez bien des gens qui me le vouloient ainsi persuader) qui pust, par ce moyen, entretenir tousjours un party formé dans mon Estat : partant ne vous amusez plus à faire tant le respectueux pour ceux dont il est question, lesquels nous contenterons d'ailleurs, ny le bon mesnager ne vous arrestant à de l'argent ; car nous payerons tout des mesmes choses que l'on nous livrera, lesquelles s'il falloit prendre par la force nous cousteroient dix fois autant. Comme donc je me fie du tout en vous et vous ayme comme un bon serviteur, ne doutez plus aussi à user absolument et hardiment de vostre pouvoir que j'authorise encor par cette lettre entant qu'il en pourroit avoir besoin, et concluez au plutost avec M. de Villars ; mais asseurez si bien les choses qu'il n'y puisse arriver d'alteration, et m'en mandez promptement des nouvelles ; car je seray tousjours en doute et en impatience jusques à ce que j'en aye receu ; puis lors

(1) François Sforce.

que je seray Roy paisible, nous userons des bons mesnages dont vous m'avez tant parlé, et pouvez vous asseurer que je n'espargneray travail ny ne craindray peril pour eslever ma gloire et mon Estat en leur plus grande splendeur. Adieu, mon amy.

De Senlis, ce huictiesme de mars 1594, HENRY.

Ayant donc, suivant cette lettre, mis des apostils en marge des trois articles, où il avoit esté escrit, remis au Roy, conceuës en ces propres termes, escrits de vostre main (ces trois articles ont esté depuis accordez en vertu des lettres à moy escrites de la propre main du Roy), vous portiez le traitté en la main pour le montrer audit sieur de Villars, et qui plus est aviez mis une escharpe blanche dans vostre pochette, tout cela avec dessein, en entrant dans sa chambre avec joye et allegresse, de l'aller embrasser et le saluër comme admiral general de France, et gouverneur en chef des bailliages de Roüen et Caux, et en mesme temps luy mettre cette escharpe blanche au col; mais luy qui avoit bien d'autres fantaisies en l'esprit, ne vous vit pas plutost entrer que, sans vous donner loisir d'ouvrir la bouche pour parler, il s'en vint droit à vous avec une mine renfrongnée, un visage bouffy, et des yeux estincellans de courroux; et vous ayant arraché le traitté que vous portiez haut à la main (vous nous excuserez, Monseigneur, si nous usons des propres termes que vous nous avez dit qu'il vous tinst, quoy qu'il y ayt des juremens meslez, pour ce qu'en autre maniere ne pouvons nous pas naïvement representer l'humeur du personnage, l'estat des affaires, ny la peine où vous fustes reduit, avant que de pouvoir ramener cét esprit à la raison), sa langue estant donc begayante de colere, il vous dit avec des mots interrompus et qui n'avoient ny sens ny suitte :

« Ah! morbieu, Monsieur, où allez vous ainsi « resveillé et tout plein de resjouyssance? Par le « sangbieu vous n'en estes pas encor où vous « pensez, et devant que le jeu se departe, il n'y « aura peut-estre pas à rire pour vous, au moins « si je vous traitte comme vous meritez; mais « quoy que c'en soit vous estes bien loing de « vostre compte, et vostre roy de Navarre aussi; « car par le corpsbieu il a chié au panier pour « moy, et s'il n'a point d'autre vallet que de Vil-« lars, croyez qu'il sera mal servy. » Et lors prenant le traitté qu'il vous avoit arraché de la main, il le deschira en cent pieces et le jetta dans le feu, en disant : « Allez, je reniebieu, « allez, voyla vos beaux articles au feu, et ne « m'en parlez jamais d'un seul, si vous ne vou-« lez que je vous fasse un aussi mauvais tour « qu'a desservy la trahison que vous avez essayé « de me joüer; m'avoir voulu assassiner terre-« bieu! m'avoir voulu oster l'honneur et la place ! « parbieu c'est trop; et encore vous morbieu, « que j'aymois de tout mon cœur, et en qui je « me fiois plus qu'en homme de France, tant à « cause de nostre ancienne amitié, qu'à cause de « la prud'hommie que l'on publioit estre en « vous; aussi tout mon plus grand regret est de « l'avoir tant exaltée et de m'estre ainsi trompé « au choix de mes amitiez : mais parbieu, je le « vous rendray bien et à vostre prince de Béarn « aussi, qui, sous ombre de traitter avec moy, « fait faire des pratiques contre ma vie et mon « honneur; car dans demie heure je concluray « avec Simon Anthoine et la Chapelle-marteau, « et me mettray en estat que toutes les forces de « vostre maistre ne me feront ny mal ny peur. » Et lors sans dire plus une seule parole il se mit, en clopinant, à se promener au grand pas parmy la chambre; et lors sans vous estonner ny vous monstrer en colère pour tout ce qui s'estoit passé, vous luy dittes :

« Hé bien! Monsieur, en avez vous assez conté « à tort et à travers? Vous devez estre bien sa-« tisfait en vous mesmes d'avoir ainsi fait l'en-« ragé sans que personne vous aye contredit en « vos extravagances; mais si ne vous en yrez « vous pas sans replique : car quant à moy, pour « vous en dire la vérité, je ne me sçaurois ima-« giner autre cause ny fondement en vos paroles « furieuses pleines de menaces et d'offences en-« vers le Roy et moy, sinon que vous cherchez « quelque apparence de pretexte, pour rompre « vostre foy et vostre parole, comme vous avez « deschiré et bruslé vostre nom et vostre signa-« ture; mais je rendray vostre dessein inutile, « et feray voir par ma loyauté et prud'hommie « que c'est à tort que vous avez eu reputation « d'estre excellent en ces deux qualitez. »

Lors il s'arresta tout court, et vous dit : « Ah « morbieu! Monsieur, ne dittes pas cela, car « c'est chose qui ne m'arriva jamais ny arrivera, « je suis trop homme de bien et d'honneur; et « ces manquemens de foy ne sont bons que pour « ceux qui trahissent leurs amis et les veulent « faire assassiner. — Or bien, Monsieur, luy re-« partistes vous, j'advoüe tout ce que vous sçau-« riez dire là dessus; et puisque vous commencez « à escouter raison, voyons qui en aura le plus, « ou de vous ou de moy, et debattons à qui sera « le plus homme de bien, et qui gardera le mieux « sa foy et sa parole; car si j'ay fait quelque « chose contre l'une de ces trois qualitez, non « seulement j'advoüe que vous avez eu raison de « parler comme vous avez faict, et de n'observer « en aucune façon nostre accord, mais aussi de

« me traitter cruellement, car je l'ay merité si « cela est, et ne vous en demande en ce cas ny « faveur ny grace; car je vous puis jurer en « veseité que je ne sçais pas meme de quoy il est « question, ny ce que vous voulez dire. — Comment, vous repartit-il, voudriez vous maintenir que vous n'avez pas amené du pont de « l'Arche un certain capitaine le Pré, pratiqué « par le Rolet, pour se saisir du vieil palais, « me mettre dedans, voire m'assassiner ? — « Monsieur, luy dittes vous, je ne cognois « ny le Pré, ny sa mère, ny n'ay amené avec « moy homme que je ne cognoisse et ne repré-« sente quand vous voudrez; mais je voy bien « que c'est les pistoles d'Espagne, que vous ne « verrez néantmoins jamais dans vostre bource, « qui vous ont ébloüy les yeux et relasché les « ressorts de ce généreux courage dont vous « estiez renommé. Or tout ce qui me fasche de « cecy est que je me vois au chemin de perdre « celuy de mes amis que je tenois le plus cher, « et luy cette gloire et cette reputation qu'il « s'estoit acquise par tant de braves actions, et « que je seray tenu pour un sot et pour une « beste d'avoir tant magnifié sa foy et sa loyauté, « et qu'il ayt commencé par moy à tesmoigner « le contraire; car pourveu que vous recognois-« siez que je n'ay rien escrit au Roy que vous « ne m'eussiez promis, juré devant Dieu et sur « vostre honneur, et que c'est vous qui manquez « de foy, et non moy de faire mon devoir, je « passeray mes douleurs et mes amertumes plus « doucement. »

« Moy, morbieu, repartit-il soudain tout en « furie, que je confesse que j'aye manqué de foy « et faussé mon serment! j'aimerois mieux mou-« rir que d'avoir fait cette lascheté ny de la con-« fesser, et ne vous y attendez pas ! — Pardieu, « Monsieur, car vous m'apprenez à jurer, si fau-« dra-il bien, nonobstant vos lacérations et brus-« lemens d'articles, que vous les observiez ou « que vous les rompiez, et que selon cela vous « remportiez le nom de loyal ou de parjure. « — Parbieu voicy qui n'est pas mauvais, re-« pliqua-il, ceux qui nous doivent nous deman-« dent; l'on m'a voulu trahir, l'on m'a voulu « assassiner, l'on m'a voulu prendre ma place, « et encor j'auray tort de ne le vouloir pas « souffrir. »

« Je ne suis nullement d'advis, luy dites-« vous, que vous l'enduriez, mais que vous pu-« nissiez les coulpables, et tous les complices le « plus rigoureusement que vous pourrez, voire « que vous commenciez par moi si j'en suis par-« ticipant, ny d'effet, ny de pensée; mais aussi « estant innocent, estes-vous obligé de me garder

« la foy et la parole que vous m'avez donnée, et « au Roy semblablement, car je lui ay mandé « que vous aviez signé le traicté et juré devant « Dieu de l'observer. » Alors M. de Tiron luy dit : « Monsieur, c'est sans doute que M. de « Rosny n'est nullement coulpable des desseins « que l'on a projettez contre vous; il est trop « homme de bien pour l'avoir fait, et en tout « cas trop habille homme pour se venir mettre « entre vos mains, ayant la moindre cognois-« sance du monde d'un tant execrable traffic; et « partant n'est-il pas raisonnable qu'il en porte « la peine. Le prisonnier en a desja trop dit à sa « descharge pour avoir autre creance; faites de « luy tout ce que bon vous semblera, et tenez « vostre parole, cela vous sera plus honorable, « plus utile et plus seur que toute autre procé-« dure dont vous sçachiez user. — Or sus cou-« rage, Monsieur, luy dites-vous, suivez le con-« seil de vos meilleurs amis et celuy de vos « propres sentimens, car je cognois bien que la « colere seule a esté cause de tant et tant de pa-« roles inutiles et indignes de vous, et que desja « dans vostre propre conscience milles poignans « regrets vous agitent, et autant de raisons vous « crient : Brave et genereux chevalier, tenez « vostre foy et vostre parole. »

Sur cela on l'advertit que madame de Simiers le venoit voir, surquoy il dit : « Parbieu, voici « encor de nouvelles batteries qui se viennent « dresser contre ma colere et mon despit; » et puis se tournant vers vous, il dit : « Hé bien ! « Monsieur, oüy, je vous ay donné ma foy et ma « parole, et la veux tenir; mais regardez aussi « à ne manquer pas sur les trois poincts dont « nous estions demeurez en différend. — Si les « flammes de vostre colere, Monsieur, repartistes « vous, n'eussent point bruslé ce pauvre papier « que je vous apportois, vous y eussiez trouvé « apostillé de ma propre main tout ce que vous « eussiez peu desirer; mais il n'y a rien de gasté, « car j'en ay encor une coppie au net qui sera « bien-tost reformée et signée. » Comme vous di-siez cela, madame de Simiers entra dans sa chambre; et allant au-devant d'elle, il lui dist : « Ne criez point, Madame, car toutes nos coleres « sont appaisées : mais pardieu le traistre qui en « a esté cause en mourra devant que je mange « ny boive, et verrons ce qu'il dira. » Et de faict il l'envoya querir; et l'ayant encor fait inter-roger sur ce qui pouvoit estre de vous, et bien recogneu par ses responces qu'il ne vous cognois-soit pas seulement de veuë, il l'envoya pendre tout à l'heure à une fenestre.

Il se passa encore une infinité de discours sur toutes les choses passées, et mesme vouloit voir la lettre que le Roy vous avoit escrite; mais vous distes ne la luy pouvoir monstrer qu'il ne se fust declaré son serviteur, dequoy il se contenta; et passerent depuis les choses si doucement, que le traitté fut refait et signé, chacun de vous deux en gardant un original pour soy, et resolustes neantmoins que l'on n'en publieroit rien, mais diroit on qu'il n'y avoit encor rien de conclud jusques à ce que vous en eussiez adverty le Roy en response sur vos lettres, et que M. de Villars eust faict encor entrer quelques gens de guerre dans la ville afin de s'y rendre le plus fort; de quoy neantmoins il n'estoit point besoin comme il se verra cy-apres lors de sa declaration. Vous escrivistes donc dés le lendemain au Roy une lettre en ces mots :

Lettre de M. de Rosny au Roy.

Sire, la bonté de Dieu, vostre vertu et vostre fortune ont tellement fortifié mon courage et bien heuré mon entremise, que je vous puis maintenant nommer duc paisible de toute la Normandie, au moins si la foy et le seing d'un homme de bien et d'honneur en peut estre caution suffisante; car M. de Villars a tres allegrement signé les articles dont j'ay cy-devant envoyé coppie à vostre Majesté, et m'a fait tous les sermens requis; mais nous en avons différé la declaration publique, jusqu'à ce qu'il se soit renforcé de gens de guerre, et que je sçache si vostre Majesté mesme veut estre presente à un si bon œuvre, comme les bonnes qualitez du cavalier dont il est question, et l'importance de cette ville et de plusieurs autres qui suivent son exemple, semblent le meriter : surquoy, attendant l'honneur de vos commandemens, je prieray le Createur, etc.

Anssi-tost que la lettre fut escrite et l'eustes fait voir à M. de Villars, à madame de Simiers et à M. de Tiron qui la trouverent bien, vous fistes partir vostre courrier, lequel fit si bonne diligence qu'il ne mist que quatre jours à aller et à revenir, et vous rapporta des lettres encor de la main du Roy, dont la teneur ensuit :

Responce du Roy à M. de Rosny.

Mon amy, j'ay veu, tant par vostre derniere lettre que par vos precedentes, les signalez services que vous m'avez rendus pour la reduction entiere de la Normandie en mon obeyssance, lesquels j'appellerois volontiers des miracles, si je ne sçavois bien que l'on ne donne point ce tiltre aux choses tant journallieres et ordinaires que me sont les preuves par effect de vostre loyalle affection, laquelle aussi je n'oublieray jamais. Je seray tres-aise de pouvoir faire promptement le voyage auquel vous me conviez, car la personne et l'ouvrage le meritent; mais une autre de non moindre importance me retient icy attaché, à laquelle mesme je seray bien aise que vous participiez : partant je vous prie, apres neantmoins que vous aurez si bien affermy vostre traicté que votre absence n'y puisse apporter d'alteration, venez me trouver vers le vingtiesme à Senlis, ou le vingt-uniesme de ce mois, à Sainct Denis, afin que vous veniez ayder à crier *vive le Roy* dans Paris, et puis nous en yrons faire autant à Roüen : monstrez cette lettre au nouveau serviteur que vous m'avez acquis, afin qu'il voye que je me recommande à luy, sçache que je l'ayme bien, et que je sçay priser et cherir les braves hommes comme luy. Adieu, mon amy.

De Senlis, ce quatorziesme mars 1594.
HENRY.

Aussi-tost que vous eustes receu cette lettre, vous la portastes à M. de Villars, qui en receut un si grand contentement qu'il vous dist : « Pardieu, ce prince est trop gentil et courtois, de « se souvenir de moy et d'en parler en si bons « termes; aussi m'en ressentez-je tellement « obligé, que j'en rendray des tesmoignages « arrivant pres de luy : et quant aux seuretez « pource que vous avez traicté avec moy, n'en « cherchez point d'autres que celle de ma foy « que je vous ay donnée, et n'ayez crainte qu'il « y soit rien changé pour vostre absence. » Et ainsi apres plusieurs autres discours et complimens, et avoir dit adieu à madame de Simiers, qui vous pria d'amener son frere avec des trouppes à vostre retour pour fortifier d'autant M. de Villars, et à M. de Tiron, vous partistes de Roüen.

CHAPITRE XLVIII.

Entrée de Henri IV à Paris. Sa bonté et sa clémence.

Vous arrivastes si à propos à Sainct Denis, que vous trouvastes le Roy sur le poinct de s'acheminer vers Paris, avec esperance d'executer heureusement à cette fois l'entreprise que de si long-temps il avoit continuée sur cette ville, tant de fois diversifiée et tentée par l'entremise de tant de diverses sortes de personnes et moyens, que les desseins des uns avoient tousjours ruiné ceux des autres. En tous lesquels; quoy que vous n'ayez eu aucune part, sinon parce que le Roy vous en a conté, neantmoins pour faire voir que tous les bons succez qu'a eu ce prince ont toujours esté tellement envelopez de difficultez et traversez par les siens mesmes, qu'ils se doivent plutost attribuer à l'assistance du ciel, à son industrie, vertu, dexterité et bonne fortune, qu'aux aydes d'autruy, nous vous ramentevrons quelques petites particularitez dont il nous souvient que nous avons apprises de vous mesmes, vous ayans ouy dire que desja, dés la prise du sieur de Belin, peu avant que ce commençast le grand attaquement du combat ou bataille d'Arques (car le canon ayant joüé de toutes parts, et les trouppes de cavallerie et d'infanterie, marché, choqué et combattu les uns contre les autres, l'on luy peut bien donner ce tiltre), ce gentil-homme receut tant de courtoisies du Roy, et en fut tant humainement traitté, que ses douces paroles et sa generosité luy engendrerent quelques regrets de s'estre joinct à la faction de ceux qui uy disputoient son legitime heritage; et que depuis ayant esté plusieurs fois envoyé vers luy pour diverses faciendes, cette premiere semence fructifia de sorte que peu à peu il s'estoit laissé disposer à luy devenir serviteur, et enfin se resolust sur quelque dégoust qu'il prist sur M. du Mayne, et encor plus des Espagnols, de se declarer tel en luy rendant quelque signalé service qui le rendit recommandable et luy asurast une honorable fortune : et pour cet effect, estant gouverneur de Paris, il voulut essayer d'y faire des amis, afin de faciliter la remise qu'il en desiroit faire entre les mains du Roy, et desja en avoit-il pratiqué un si bon nombre et preparé si bien toutes choses, qu'il sembloit ne rester plus qu'à faire approcher le Roy avec forces suffisantes, et prendre l'occasion et le jour à propos pour l'execution.

Mais toutes ces pratiques n'ayant peu estre si bien conduittes et mesnagées et les ressorts des langues estre si bien cloz, que M. du Mayne n'en eust quelque vent, n'en prist du soupçon, voire ne se laissast persuader qu'il y avoit de la verité, il le priva du gouvernement nonobstant toutes les instances des principaux et plus gens de bien de la ville; et pour se mieux asseurer, voyant que M. de Brissac s'estoit tousjours monstré et se monstroit plus que jamais des plus eschauffez, et envenimez contre la personne et les droicts du Roy et du royaume, et ne reclamoit qu'Espagne et Lorraine, il le pourveut de ladite charge et luy fit faire des sermens les plus solemnels qu'il luy fut possible, de luy estre loyal, voire mesmes avec des execrations; et croyant avoir par ce moyen suffisamment raffermy son authorité, et rasseuré ses affaires dans Paris, il se resolust de faire un voyage vers Soissons, Laon, Noyon et la Fere, où diverses pratiques et broüilleries le convioyent d'aller mettre ordre ; mais il ne fut pas plutost party que M. de Brissac voulant poser des fondemens solides à ce nouvel establisement, duquel il se proposoit à l'entrée de former une republique à l'instar de celle de Rome, dont il lisoit souvent l'histoire, n'eust pas plutost sondé ceux desquels il desiroit faire le plus d'estat, et fait ouverture des moyens dont il vouloit user pour parvenir à son but, qu'il recogneut l'impossibilité de son dessein : tous les esprits en estans allienez et plustost disposez à se rejetter soubs l'authorité royale que de continuer à vivre dans les incommoditez qu'ils avoient souffertes, et que s'ils ne trouvoient quelqu'un qui les y portast doucement avec methode, seureté et utilité, ils s'y precipiteroient confusément et impetueusement, et peut-estre avec la honte et le dommage de ceux qui s'y voudroient opposer, ou seulement ne leur y donner pas ayde et assistance.

Toutes lesquelles considerations, comme nous avons oüy dire qu'il en parloit ainsi à ses intimes amis, le firent resoudre à quitter ce chemin plein d'espines, et prendre le dessein qu'avoit eu le sieur de Belin, où il se voyoit des roses et des utilitez toutes apprestées; de quoy il donna soudain advis à son beau-frere le sieur de Sainct Luc, afin qu'il mesnageast en sorte cette bonne disposition aupres du Roy que l'un et l'autre y peust trouver son advantage.

Et est une chose aussi estrange que digne d'estre remarquée, de dire que M. d'O, quoy qu'il eust esté un des plus violens à presser le Roy d'estre catholique, alleguant sans cesse la paix du royaume et le restablissement des affaires, qu'il fut super-intendant absolu des finances, et eut les provisions de gouverneur de Paris et Isle de France, estoit neantmoins celuy de tous les serviteurs du Roy qui apprehendoit le plus cette reduction de Paris, disant entre ses amis qu'elle n'apporteroit nulles commoditez ny revenus au Roy, mais, tout au contraire, surchargeroit d'excessives despenses, luy, sa noblesse et ses gens de guerre, tant par les luxes et delices, qui se fourreroient parmy eux, que par les importunitez dont useroient envers le Roy les habitans de cette ville, tant ceux qui y estoient tousjours demeurez que les refugiez ailleurs, tous gens de négoce, de robe et de plume, pour estre payez de leurs rentes, tant des arrerages que du courant, que par les poursuites que feroient en justice toutes ces sortes de gens-là, contre la noblesse et les gens de guerre pour estre payez de leurs debtes vieilles et nouvelles ; et se monstroit ce seigneur tellement passionné sur ce discours, voire en parloit si publiquement, que le Roy, qui formoit en son esprit des desseins bien plus relevez, et ne songeoit pas à ce que M. d'O devoit en son particulier (car c'estoit cela qui le faisoit parler ainsi), estoit contrainct de luy cacher tout ce qui se traittoit touchant cette reduction : des conditions de laquelle M. de Sainct Luc estant convenu avec M. de Brissac, au nom du Roy, l'on en advertit M. de Belin et ceux de son intelligence, afin que, s'estant toutes les deux joinctes ensemble en un mesme dessein, l'execution en fust renduë plus facile, comme cela succeda si heureusement que le Roy et toutes les trouppes qu'il avoit destinées pour le servir, entrerent dans Paris sans meurtre, tuërie, ny opposition qui merite le parler; les principaux officiers et habitans de la ville ayans pourveu de leur costé à luy tenir les portes prestes à ouvrir si tost que Sa Majesté se presenteroit, laquelle de sa part avoit si bien choisi et ordonné ses trouppes, instruict et discipliné ses capitaines et soldats, à ne piller, saccager, se débander, ny entrer en aucune maison sans commandement exprez, que sept ou huict mil hommes de guerre entrerent dans la ville, et passerent par les ruës où il leur estoit ordonné, tout ainsi qu'ils avoient accoustumé de marcher en celle de Mante, Melun et Compiegne, lors qu'ils y passoient les rivieres ou qu'ils entroient en garde devant le logis du Roy.

Vous estiez auprez du Roy, lorsque sur les cinq heures du matin il entra par la Porte-neufve, où il trouva, ce nous semble, le prevost des marchands l'Huillier, l'eschevin l'Anglois, et quelques autres pour le recevoir ; puis s'estant saisi du Louvre et envoyé des gens de guerre pour se saisir des deux Chastelets et du Palais, et sceu que toutes choses estoient tranquilles là et aux environs, il s'en alla tout armé à Nostre Dame y faire rendre graces à Dieu d'un tant favorable succez ; et quoy que la Bastille et le Temple tinssent encor pour la ligue, et que les ducs de Feria, dom Diego, d'Evora et autres chefs des Espagnols, Napolitains et Wallons qui estoient encor en nombre de trois ou quatre mil, tinssent tous ces quartiers de Sainct Antoine, du Temple et Sainct Martin, et fussent en armes, n'attendant que l'heure d'estre attaquez, resolus de constituer leur salut en leurs mains plutost qu'en leurs pieds, si l'on leur refusoit honorable party, et la pluspart des trouppes du Roy en bataille dans les principalles places et carrefours, si est-ce que peu apres midy toutes les boutiques des marchands se trouverent ouvertes, prenant confiance sur les proclamations de pardon, paix et seureté au nom du Roy, et le commerce aussi libre qu'il fut dix jours apres.

Et pour faire voir la familiarité et humanité de ce prince, c'est chose à noter, qu'il envoya au cardinal de Plaisance, legat du Pape, et au cardinal de Pelvé, ses plus envenimez ennemis, et à tous les estrangers cy-dessus nommez, toutes les seuretez qu'ils desirerent pour se retirer à Soissons ; et que dés le soir madame de Montpensier, qui avoit tant declamé contre luy, l'estant venu saluër, il luy fit aussi bonne chere et l'entretint aussi doucement et familierement que si elle ne se fust jamais meslée que de dire son chapelet.

CHAPITRE XLIX.

Départ de Rosny pour Rouen. Cette ville se déclare pour le Roi.

Apres que cette journée de triomphe fust passée en acclamations et resjouyssances du peuple de Paris, le Roy estant au Louvre, et la presse estant un peu escoulée, il vous appella dans l'embraseure d'une des fenestres de la grand chambre royale, et vous dit :

« Mon amy, j'ai esté bien ayse que vous ayez
« esté present à tout ce qui s'est passé en la re-
« duction de cette ville, de laquelle les diverses
« occurrences m'ont tellement occupé l'esprit,
« que je ne me suis peu donner le loisir de vous
« entretenir et d'apprendre de vous les particu-
« laritez de vostre negociation de Normandie, et
« en quel estat vous avez laissé toutes choses;
« partant je vous prie de m'en esclaircir. » Surquoy, apres luy avoir conté ce qu'il y avoit eu de plus important, suivant ce qu'il en a esté dit cy-devant, il vous respondit : « Vrayement vous
« avez eu affaire à un esprit bien impetueux et
« farouche, et ne vous a pas fallu user de peu
« de patience, d'industrie et de force d'esprit
« pour surmonter tant de traverses, d'aspres dif-
« ficultez et perils eminens, et vous jure qu'il
« ne me souvinst jamais quand vous partistes de
« Chartres de vous advertir des menées que le Ro-
« let m'avoit autrefois dit avoir faites sur Roüen
« pour se saisir du vieil Palais, ny de luy mander
« que pendant vostre entremise il n'y continuast
« rien ; car il m'en avoit tant de fois parlé sans
« y avoir veu aucune apparence, et y avoit si
« long-temps qu'il ne m'en disoit plus rien, que
« je n'estimois pas qu'il y pensast plus ; or, outre
« que j'ay esté bien ayse que vous vissiez la prise
« de Paris, afin d'en informer ceux de Roüen,
« j'ay desiré de parler à vous devant que les ar-
« ticles que vous avez accordez touchant M. de

« Montpensier et M. de Biron soient divulguez,
« afin que vous m'aydiez tant mieux à les con-
« tenter, ce que j'estime qui sera plus facile par
« la voye que je me suis imaginée, qui est que je
« feray semblant, lors qu'ils seront icy, de vous
« appeller pour sçavoir des nouvelles de ce que
« vous avez fait à Roüen, comme si vous ne m'en
« aviez point encor rendu de compte; et sur cela
« les appellans pour vous ouyr dire ce qui s'est
« passé, vous direz que vous fussiez facilement
« venu à bout de toutes choses; mais que la con-
« sideration des deux articles qui les concerne
« vous avoit empesché de rien conclure, sçachant
« bien que j'aymerois mieux perdre de Villars et
« Roüen que non pas eux, mais que vous les es-
« timiez aussi m'estre tant acquis et si pleins de
« prudence qu'ils ne consentiroient jamais que
« pour quelque petit interest particulier qui les
« regarde, duquel je les sçauray bien recompen-
« ser d'ailleurs, ils me fissent perdre l'opportu-
« nité d'avoir une telle province que la Norman-
« die du tout en mon obeyssance. »

Invention qui succeda tant heureusement en ayant usé bien à propos, que tous deux n'eurent que repliquer à tout cela; mais au contraire la honte qu'ils eurent de voir que le Roy vous disoit tousjours qu'il aymoit mieux perdre la Normandie que de les fascher, fit qu'ils vous prierent de passer outre à vostre traitté, mais d'adviser aussi en mesme temps quelle recompense le Roy leur pouvoit donner : celle de M. de Biron fut d'un estat de mareschal de France et de sept vingts mille escus en argent, Il fut proposé d'adjoindre le Perche et le Mayne à la Normandie, pour M. de Mont-pensier : mais M. de Villars usa peu apres d'une telle honnesteté et prudence, comme il sera dit cy-apres, que l'on n'en fut plus en peine.

Dés le lendemain le Roy vous renvoya à Roüen, pour faire declarer M. de Villars, et ordonna au sieur de Vitry de s'y acheminer avec trois cens chevaux, suivant la requisition que vous en aviez faite, afin d'y porter les assistances que vous jugeriez necessaires; car, quant au Roy, il luy survint tant d'affaires à Paris, à cause d'une infinité de gens de qualité et de places qui faisoient tous les jours parler de se remettre en son obeyssance, et qu'il luy fallut restablir et reordonner toutes les cours souveraines, l'université, la Sorbonne et le corps de ville; qu'il luy fut impossible de partir pour aller à Roüen, comme il en avoit eu le desir.

Remettant donc à vostre prudence et loyauté tant esprouvée, le parachevement de cét œuvre si bien commencé, vous arrivastes à Roüen, le 25 de mars, où vous trouvastes encor Simon An-
thoine et la Chapelle-marteau, travaillans tousjours à empescher que M. de Villars ne vous receust plus si librement dans la ville, dequoy ils ne peurent jamais tirer response absoluë; ains, tout au contraire, dés qu'il sceut vostre venuë, il envoya le sieur de la Font à la porte de la ville pour vous recevoir, vous faire entrer sans que ceux de la garde s'enquissent de rien, ny demandassent aucune chose à nul de vos gens, et vous menast loger à un fort beau logis bourgeois, appartenant au sieur de Martinbault, que l'on avoit fait meubler et accommoder de toutes choses necessaires, tant pour vous et vos gens que pour vos chevaux; et neantmoins le sieur de la Font vous ayant donné advis que le seigneur dom Simon Anthoine et le sieur de la Chapelle-marteau s'estoient d'eux mesmes conviez à souper avec M. de Villars, qu'avec eux s'y devoient trouver les sieurs de Tiron, president de Boquemare, de Medavid, de Haqueville, de Loynes et Bretinieres, conseillers au parlement, le docteur Dadræus et un eschevin nommé Rosiere, et qu'il vous conseilloit d'estre de la partie, sans attendre que l'on vous en priast, sans avoir crainte que cela fâchast M. de Villars, ny que cela traversast vos affaires, dequoy il vous respondoit, ny mesme vous retirer de la compagnie, quelque demonstration que ledit sieur de Villars ny autres pûssent faire de ne l'agréer pas, pourveu neantmoins que vous y procedassiez comme si c'eust esté une chose inopinée et faite sans dessein; à quoy vous estant resolu, comme vous vistes la nuict approcher, vous vous en allastes à Sainct Oüen, où vous trouvastes M. de Villars dans la grande gallerie qui se promenoit avec les susdits sieurs Simon Anthoine et la Chapelle-marteau, tous les autres cy-dessus nommez estans assis ensemble au bout d'embas de la gallerie, et entrant dans icelle vous vous en allastes à demy courant embrasser M. de Villars, et luy dittes :

« Monsieur, je vous viens donner le bon soir,
« resolu que vous me donnerez à souper, dau-
« tant que j'ai plusieurs singularitez à vous con-
« ter. » Surquoy il vous respondit que vous estiez le bien venu, mais qu'il craignoit pour le regard du souper que l'eussiez surpris en temps mal convenable, tant pource qu'il souperoit fort tard, que pource qu'il estoit desja engagé pour le mesme effet avec des personnes entre lesquelles il se trouveroit peut-estre des esprits mal assortis avec le vostre.

« Monsieur, luy dites-vous, n'ayez point peur
« de toutes ces diversitez de fantaisies, car, pour
« mon regard, je m'accommoderay à tout, et
« m'asseure que ces messieurs, laissant à part les

« passions des partis, n'auront point desagreable
« d'entendre les gentillesses et actes genereux
« dont le Roy, mon maistre, a usé à la prise ou
« reduction de Paris; car le recit de tant d'ac-
« tions vertueuses ne sçauroit desplaire à des
« gens de vertu tels que sont ces messieurs icy.
— « Vous voyez (repartit lors M. de Villars se
« tournant vers Simon Anthoine), seigneur, où
« j'en suis reduit si je me veux exempter d'inci-
« vilité de toutes parts, et partant estimeray-je
« ne pouvoir mieux faire que d'en remettre la
« resolution à vostre prudence. — Monsieur, res-
« pondit Simon Anthoine, la compagnie d'un si
« brave cavalier que le seigneur de Rosny, le-
« quel j'ay ouy dire avoir fait des merveilles en
« diverses batailles et affaires d'Estat, ne sçau-
« roit estre ennuyeuse à qui que ce soit; et quant
« aux nouvelles qu'il nous pourra conter je com-
« mence à me douter qu'il faudra d'oresnavant
« preparer nos oreilles à en entendre souvent de
« pareilles, puis qu'il apparoist manifestement
« qu'au lieu que le soleil s'advance vers son as-
« cension, les affaires des bons catholiques en
« France tendent à la declinaison; et de plus j'es-
« time qu'il n'y en aura un seul de nous qui ne
« soit bien ayse d'apprendre que sont devenus
« messieurs les illustrissimes cardinal legat, et
« celuy de Pelvé, les seigneurs ducs de Feria,
« Diego, d'Evora et autres serviteurs du Roy
« mon maistre, et de quelles courtoisies ce prince
« victorieux aura usé en leur endroit : car sa ge-
« nerosité et sa debonnaireté sont tant celebres
« qu'il est à croire qu'il n'aura rien fait de me-
« diocre. — A ce que je vois, Messieurs, repar-
« tist M. de Villars, me voila donc obligé à vous
« traitter tous, et partant en apprehension que
« vous ne le soyez pas selon vos merites. » Et
sur ces discours tous les autres qui estoient au
bout de la gallerie s'estans approchez de vous
quatre, monsieur le premier president de Boquemare vous dit :
« J'estime, Monsieur, que nous n'aurons qu'à
« preparer nos oreilles, pour oüyr le recit au
« vray de tant de diversitez notables que l'on
« dit s'estre passées à Paris; car nul ne nous en
« sçauroit dire de plus certaines ny de plus frais-
« ches nouvelles que vous, qui, à mon advis,
« avez tout veu et tout sceu, et en estes party,
« comme je le sçay, il n'y a que deux jours. —
« Monsieur, luy dittes-vous, je remettray le recit
« de tout cela lors que nous serons à table. » Et
ainsi tous les autres vous venant embrasser, vous
vous mistes à discourir ensemble de propos communs seulement jusques à ce que les viandes
estans servies, et que vous tous ayans lavé,
M. de Villars s'alla asseoir au beau milieu de
la table, et dit tout haut : « Quant à moy, Mes-
« sieurs, je suis tres-mauvais maistre des cere-
« monies : et partant que chacun prenne place
« selon ses dignitez et honneurs. » Surquoy tous
les assistans se mirent à s'entre-regarder, et
vous voyant que Simon Anthoine que vous sçaviez estre un vieil chevalier honoré de plusieurs
grades et d'un esprit fort altier et entreprenant,
seroit homme, si vous luy defferiez tant soit
peu, pour prendre le haut bout à l'advantage de
celuy qu'il representoit, sans dire mot, ny faire
semblant de rien, vous vous allastes asseoir à
la maistresse place, puis luy dittes : « Seigneur,
« s'il n'estoit question que de nos personnes, je
« cederois volontiers toutes choses à vos merites;
« mais quant aux royales majestez que nous re-
« presentons, il y a un long-temps que je sçay
« que tous les rois de la chrestienté, voire du
« monde, cedent à celuy de France; et que mesme
« les roys d'Angleterre debattent le second rang
« aux roys d'Espagne. »
Surquoy le sieur de la Chapelle-marteau, s'a-
dressant à Simon Anthoine, il luy dit : « Vous
« voyez, seigneur, comment M. de Rosny, pour
« avoir veu le Roy son maistre, prendre posses-
« sion de la ville capitale du royaume, veut faire
« le semblable de la preéminence pretenduë par
« les roys de France sur tous les autres de la
« chrestienté. — Je vois bien cela, dit Simon
« Anthoine, et mesme crains que cét advantage
« ainsi pris, ne nous soit comme un augure de
« tres-mauvais succez en tous nos desseins; mais
« il n'y a remede, il ne faut pas laisser de rire,
« de nous monstrer de sociable compagnie, de
« boire à la santé de nos maistres qui ne sont
« point ennemis, n'y ayant point de guerre de-
« clarée entr'eux, et d'escouter patiemment les
« courtoisies dont ce genereux prince a usé, tant
« envers les bourgeois de Paris, que les estran-
« gers qui estoient dedans. » Et ainsi, apres plusieurs autres discours semblables, où chacun des
assistans voulut prendre part, reservé M. de Tiron et le docteur Dadræus qui ne dirent jamais
un seul mot, vous entrastes au recit de tout ce
qui a esté cy-devant dit sur la reduction de Paris, que vous amplifiastes encor et enrichistes de
sorte, sur tout en ce qui touchoit les generositez
et gentillesses du Roy, qu'il n'y en eut un seul
d'eux tous qui ne conclud tout haut que le Roy
se pouvoit nommer pour l'un des excellens et
illustres princes, non seulement de son siecle,
mais aussi de tous les siecles passez.

Sur les unze heures vos gens vous estans venus
requerir, M. de Villars en sortant vous dit : « Mon
« sieur, ne me venez point voir pour tout demain-
« je vous en prie, et je ne vous iray point visiter

« aussi; car je seray empesché à esclaircir ces
« gens icy de mes resolutions, et à leur faire
« prendre les leurs pour se retirer à Soissons; de
« quoy faire vous leur baillerez, s'il vous plaist,
« les escortes et seuretez requises; mais allez
« voir les dames l'apres-dinée; car là vous serez
« informé de tout ce qui se passera; et dé ma
« part je prepareray toutes les choses necessaires
« pour faire le lendemain tout ce que vous juge-
« rez estre à propos, le remettant entierement
« en vostre prudence. » Et vous ayant embrassé
vous vous retirastes à vostre logis.

Puis le lendemain, suivant ce qui avoit esté
convenu entre vous deux, l'apres-dinée vous
vous en allastes voir madame de Simiers, de
laquelle vous appristes que ledit sieur de Villars,
et les sieurs Simon Anthoine et la Chappelle-
marteau avoient esté enfermez plus de trois
heures, et eu de grosses paroles et contestations
ensemble, jusques à en estre venus aux reproches
de part et d'autre, lesquelles en temps et lieu
produirent de mauvais effets, comme il se verra
cy-apres, mais qui pour lors se terminerent à
faire donner escortes et seuretez suffisantes à
ses deux députez, pour se retirer vers M. du
Mayne ou à Soissons; et en suitte M. de Villars,
ayant fait entrer plusieurs gens de guerre à sa
devotion dans la ville, s'estant bien asseuré du
fort de Saincte Catherine, du vieux palais, du
chasteau et autres lieux forts d'icelle, et fait parler
à tous les plus puissans et accreditez habitans,
il vous envoya dire, par le sieur de la Font, que
le lendemain il se declareroit serviteur du Roy
à la premiere instance que vous luy en feriez.

Tellement qu'ayant passé une nuict fort joyeu-
sement, vous vous levastes assez matin, pensant
aller donner le bon jour à M. de Villars dans
l'abbaye de Sainct Oüen; mais vous trouvastes
qu'il y avoit pres d'une heure qu'il se promenoit
dans la grande place d'icelle, où il estoit accouru
une telle affluence de peuples de toutes conditions, et aussi de gens de guerre, que, non seulement ladite place, mais aussi les ruës par où
l'on y venoit en estoient si remplies, et y avoit
une telle presse, que l'on n'y pouvoit quasi passer : mais en fin, ayant, à l'ayde des sieurs de
Perdriel, d'Insencourt, de la Font et de quelques soldats des gardes de M. de Villars, qui
marchoient devant vous, traversé toute cette
multitude qui tesmoignoit une merveilleuse joye
de vous voir venir, vous le vinstes saluër, ainsi
qu'il se promenoit avec M. le premier president
de Boquemare et le sieur de Medavit; puis ayant
tenu à luy et aux principaux d'alentour de luy,
plusieurs propos de compliment et civilité, vous
luy dittes :

« Or sus, Monsieur, c'est maintenant qu'il
« vous faut tesmoigner l'antiquité de vostre no-
« blesse, la generosité de vostre courage et que
« vous estes vrayement bon François, car vous
« ne le sçauriez faire en temps ny en lieu où
« vous donniez plus de liesse, ny où une tant
« loüable resolution soit mieux receuë; car puis
« que le Roy, comme vous l'avez tousjours desiré,
« est bon catholique, et que la ville capitale du
« royaume vous a tracé le chemin à une si juste
« recognoissance, je n'estime pas qu'il y en ayt
« un seul qui n'approuve la resolution que vous
« prendrez là dessus. » A quoy il vous respondit :
« Monsieur, là où les effets doivent rendre preuve
« de la volonté, les paroles n'y sont plus neces-
« saires; et partant, sans user de plus long dis-
« cours, si vous me voulez honorer d'une escharpe
« blanche au nom du Roy, comme estant l'an-
« cienne marque des vrays François, je la met-
« tray à mon col, et la graveray de telle sorte
« dans mon cœur, qu'elle n'en partira jamais
« tant que je vive. » Et lors ayant tiré de vostre
pochette une fort belle escharpe blanche, et luy
ayant mise au col (vous nous permettrez, Monseigneur, et les dames semblablement si quelqu'un lit jamais ces Memoires, d'user de ses propres termes) il dit : « Allons morbieu, la ligue
« est f..... que chacun crie, vive le Roy. » Et lors
il se fit une telle acclamation que tout l'air en
retentissoit, laquelle entenduë et un signal preparé tout exprés, donné du clocher au fort
Saincte Catherine, aux vaisseaux du port et
autres lieux où il y avoit du canon et des gens
de guerre, il se fit une salüe de pieces et harquebuses, qui dura fort long-temps, qui faisoit
trembler la pluspart des maisons de la ville;
puis les cloches retentissantes de toutes parts,
vous pristes M. de Villars par la main, et luy
dittes : « Monsieur, ce son de cloches et sur
« tout Georges d'Amboise nous appelle à Nostre
« Dame, pour y aller rendre graces à Dieu et
« chanter le *Te Deum* : » à quoy il se disposa
aussi-tost. Vous y assistastes et à toutes les autres ceremonies, jusques à ce que la messe estant
preste de se dire, vous vous en allastes à vostre
logis, auquel, apres le service, M. de Villars
vous vint prendre en son carrosse, et vous mena
disner où vous fustes traitté en festin et fort magnifiquement, y ayant convié tous les principaux
officiers des Cours souveraines, du corps de ville
et des gens de guerre.

Cette journée achevée, vous ayant, dés que
vous sortistes de l'eglise, depesché un courrier
au Roy, pour luy donner advis de ce qui s'estoit
passé, comme l'on alloit envoyer à Verneüil,
le Ponteau de mer, le Havre où estoit le cheva-

lier Doise, à Harfleur, Montivilliers, Tomblaine et autres lieux où M. de Villars estoit recogneu pour faire le semblable, suppliant Sa Majesté de députer quelques uns de son conseil avec pouvoir pour establir le parlement et autres compagnies.

Le lendemain, ceux de la ville vindrent en corps vous remercier du bien qu'ils avoient receu par vostre moyen ; et, pour tesmoigner le gré qu'ils vous en sçavoient, ils vous firent present d'un buffet de vaisselle d'argent doré vallant trois mil escus ; et trois jours apres vous receustes des lettres du Roy pour responce aux vostres, par lesquelles il vous commandoit de vous en retourner le plustost que vous pourriez : il y en avoit aussi pour M. de Villars, par lesquelles le Roy l'appelloit son cousin, et le tiltroit admiral de France et gouverneur en chef de Roüen, le Havre et des bailliages de Roüen et Caux, le prioit de le venir trouver au plustost et l'asseuroit d'estre fort bien receu ; et vous, voyant qu'il luy falloit encor quelques jours pour preparer le magnifique equipage avec lequel il designoit de se presenter devant le Roy, vous pristes congé de luy, et vous acheminastes devant.

CHAPITRE L.

Rencontre singulière de Rosny et de Bois-rozé dans une hôtellerie de Louviers. Soumission de Lyon. Évasion du duc de Nemours.

La ville de Roüen estant ainsi reduite en l'obeyssance du Roy par vostre moyen, et toute la Normandie rendüe paisible, vous partistes de Roüen et vinstes coucher à Louviers, où le soir vous eustes une plaisante rencontre estant à l'hostellerie, de laquelle vous avez bien ry plusieurs fois depuis, et qui arriva sur une telle occasion, qui fut que le sieur de Bois-rosé, ayant entendu que Roüen, le Havre et les autres villes de la ligue, en toute la Normandie s'estoient declarées pour le service du Roy, et descouvert, par le moyen de quelques amis qu'il avoit encor pres M. l'admiral de Villars, que par le traitté d'icelle, vous luy aviez accordé que le fort de Fescamp luy seroit remis entre les mains, ne pouvant supporter qu'une place qu'il s'estoit acquise avec tant d'industrie, de travail et de peril, et dans laquelle le Roy luy avoit tousjours asseuré de le vouloir maintenir, luy fut ainsi ravie sans aucune recompense, dont il peust faire asseuré estat, il se resolut de s'en aller à la Cour pour en faire ses plaintes, supplier le Roy de ne permettre point qu'un tel outrage luy fut fait, apres avoir rendu un tant signalé service à Sa Majesté, et y employer tous ses amis entre lesquels le sieur du Rolet estant des premiers, et de ceux qui estoient les moins contens de M. de Villars, et qu'il se fust rendu serviteur du Roy ; il s'en vinst passer à Louviers, pour le prier d'en escrire au Roy en sa faveur et aux amis qu'il avoit en Cour ; et, arrivant assez tard, il s'en vinst pour loger en l'hostellerie où vous estiez arrivé deux heures auparavant ; mais on luy dit qu'il y avoit un grand train logé d'un seigneur qui s'en alloit à la Cour, lequel estoit fort en faveur pres du Roy, sans que l'on luy dit, ny qu'il s'enquist de vostre nom, et, croyant que vous fussiez encor à Roüen, il monta en vostre chambre, ne vous cognoissant point de veuë, et s'imaginant que ce fust quelqu'autre, il vous vinst faire la reverence, et vous dit :

« Monsieur, encor que je ne sois pas peut es« tre cogneu de vous, j'ay neantmoins pris la « hardiesse, sçachant que vous estes bon servi« teur du Roy, que vous avez du credit aupres « de luy, et que vous favorisez ceux qui l'ont « bien servy, de vous prier de vouloir m'estre « aydant en une affaire la plus juste qui fut ja« mais, que l'on me veut faire perdre indigne« ment. » A quoy vous, sans le cognoistre ny luy demander mesme son nom, vous luy dittes : « Monsieur, j'ay tousjours aymé et maintenu « les gens de bien, et partant je vous promets, « vostre affaire estant telle que vous le dites, « que j'employeray pour vous si peu de credit « que je puis avoir aupres du Roy. » A quoy il vous respondit : « Monsieur, les principalles de « mes plaintes sont contre un seigneur qu'on « nomme M. de Rosny, qu'au diable soit-il « donné, tant il me fait de mal sans l'avoir en « rien offencé, auquel le Roy, ayant donné pou« voir de traitter pour la reduction en son obeys« sance, de toutes les villes qui sont de la ligue « en Normandie, sous ombre qu'il est des anciens « amis de M. de Villars, il semble qu'il n'aye « songé qu'à le contenter au prejudice de qui « que ce puisse estre, sans se soucier de plusieurs « bons serviteurs du Roy, au nombre desquels « je suis, et m'appelle Bois-rosé, gouverneur de « Fescamp, voire n'a point craint de s'addresser « à messieurs de Mont-pensier et de Biron, tant « il abuse de son pouvoir et de la faveur qu'il « croit avoir aupres de son maistre ; mais, par« bieu, il en pourroit tant faire, mettant tant « de gens au desespoir, qu'il se repentiroit, et « quelqu'un aussi estourdy qu'il sçauroit estre « luy en joüeroit d'une, si l'on ne craignoit d'of« fencer le Roy. » A quoy, en riant, vous luy respondistes :

« Monsieur, je n'estime pas que ce M. de « Rosny, dont vous parlez, ait rien fait que par « le commandement de son maistre, car il a « tousjours affectionné les bons François, et ne « doute point mesme que le Roy, à sa sollicita- « tion, n'ayt pensé à vous donner si bonne re- « compense que vous aurez sujet de contente- « ment; car vous jugez bien qu'il n'eust pas esté « raisonnable de manquer à conclurre un traitté « de si grande importance que celuy qu'a manié « M. de Rosny, pour l'interest de quelques par- « ticuliers; aussy ay-je appris qu'il a voulu com- « mencer par luy-mesme, et donner exemple aux « autres en quittant l'abbaye de Sainct Taurin « d'Evreux que le feu Roy luy avoit donnée, et « m'asseure qu'il ne vous aura point porté de « prejudice sans penser à vous en recompenser : « de quoy je vous oseray quasi respondre, dau- « tant que je le cognois, voire est tellement de « mes amis, que je luy feray faire en vostre fa- « veur tout ce qui sera raisonnable; et lors que « nous serons à la Cour, venez m'en parler, et « je vous feray paroistre que je suis vostre amy et « que je prise vostre courage. » Surquoy, apres quelques remercimens, il se retira fort content de vous, sans sçavoir qui vous estiez; mais, es- tant descendu en bas et ayant demandé vostre nom à un de vos pages, afin de s'adresser à vous en ses affaires, il prist une telle allarme, croyant que vous vous seriez offensé des propos qu'il avoit tenus et des menaces dont il avoit usé en vostre endroit, qu'il remonta soudain à cheval, s'en alla loger à une autre hostellerie, et partit, dés la pointe du jour, pour aller en Cour faire luy mesme ses plaintes au Roy, sçachant bien que c'estoit un prince qui escoutoit familiere- ment les doleances d'un chacun et sans les ren- voyer à ses ministres, en comprenoit les causes et y faisoit pourvoir.

Vous partistes aussi le mesme jour et vous en allastes coucher à Mante, où estoit encor ma- dame vostre femme, laquelle vous menastes à Paris où, si-tost que vous fustes arrivé, vous allastes trouver le Roy, luy contastes tout ce qui s'estoit passé en la declaration de messieurs de Villars, chevalier d'Oyse, Medavit, la Londe, Haque-ville, Roüen, le Havre et autres person- nes de qualité et villes en Normandie, sans en oublier quasi une seule particularité; car il les voulut toutes sçavoir, dont il y eut bien à rire lors que vous luy contastes ce qui s'estoit passé entre vous et le sieur de Bois-rosé; surquoy Sa Majesté vous dit qu'il luy estoit venu faire de grandes plaintes de vous, et le prier de le vou- loir pourvoir sans le renvoyer à vous, dautant qu'il sçavoit bien que vous estiez son ennemy à cause de quelques propos qu'il vous avoit tenus sans vous cognoistre; et partant qu'il vous prioit de l'envoyer querir, l'asseurer que vous l'aymiez comme vous faisiez tous les braves courages qui en avoient rendu de si signalées preuves que luy, et que vous auriez un soin particulier de ses affaires et de sa personne : ce que vous execu- tastes dés le lendemain et de si bonne façon, que vous luy promistes et asseurastes deux mil escus de recompense plus qu'il ne s'estoit attendu, d'avoir une pension de douze cens livres, une place de capitaine appointé, voire le retinstes depuis à vostre suitte, et luy donnastes vostre lieutenance en l'artillerie au département de Normandie, lorsque vous fustes grand maistre.

Vous demeurastes, tout les mois d'avril et de may, à Paris, sans qu'il se passast rien de fort remarquable où vous fussiez employé, quoy que journellement des villes et des seigneurs de qua- lité dans toutes les parties du royaume se re- duissent en l'obeyssance du Roy, mais ayant desja tous eu d'autres entremetteurs, vous ne vous en meslastes que comme les autres du con- seil; de toutes lesquelles affaires, traittez et negociations nous laisserons pour cette raison les particularitez aux historiens, reservé pour ce qui regarde la ville de Lyon, à cause de plu- sieurs accidens notables qui meritent que nous vous ramentevions que M. de Nemours (qui avoit tousjours eu en fantaisie s'il ne pouvoit estre esleu aux estats de Paris, pour espouser l'infante d'Espagne et estre roy de France à cause des fortes oppositions qu'il sçavoit bien que son frere, M. du Mayne, y faisoit journellement, de se former au moins une petite royauté des pro- vinces de Lionnois, Forests, Beau-jolois, Mascon- nois et Dombes, sous la protection du roy d'Es- pagne), ayant voulu quelque temps auparavant, par une trop ouverte demonstration, s'asseurer de ladite ville de Lyon, les habitans qui trou- voient son joug insupportable, l'ayant voulu se- coüer, s'estoient mesme saisis de sa personne et l'avoient mis prisonnier, sans neantmoins chan- ger encor de party, mais au contraire avoient asseuré M. du Mayne de la continuation de leur affection au party de l'union, laquelle ils luy avoient jurée. Mais M. de Sainct Sorlin, frere de M. de Nemours, ayant eu recours à M. de Savoye et au duc de Terre-noüe, gouverneur de Milan, afin de l'assister de gens pour la deli- vrance de son frere, et contraindre ceux de Lyon à se remettre en leur devoir; et eux, se voyans pressez de ce costé et sans assistance de M. du Mayne, ils prirent resolution d'appeler le coronel d'Ornano et ses forces à leur secours, et de se déclarer pour le Roy; ce qui fut exécuté avec grande joye de tout le peuple et une telle demonstration d'animosité, qu'ils deschirerent et traisnerent par les boües les armes, livrées et devises d'Espagne, de Savoye et de Nemours; et firent faire l'effigie d'une grande femme hideuse et affreuse qui avoit escrit sur son front *la ligue*, laquelle comme sorciere ils firent brusler publiquement; et quelque temps apres la trop grande joye rendant ceux qui gardoient M. de Nemours plus negligens, il trouva moyen, en se déguisant comme son valet qui vuidoit le bassin de sa chaise percée, de se sauver de prison par le moyen d'un tel office, portant ce bassin, tournant la teste de l'autre costé et courant en diligence pour l'aller jetter afin d'éviter la puanteur.

Il se parla lors des affaires de Provence et des grandes diversitez qui se passerent en icelle, à cause de tant de diverses sortes de personnes qui firent des desseins pour profiter de sa desolation; mais le discours en estant trop long et meritant d'estre traitté tout d'une suitte depuis le commencement de ces embarras jusques à la fin d'iceux, nous les remettrons au temps que le gouvernement en fut baillé à M. de Guyse, pour l'oster à tous les autres pretendans; et en continuant les suittes de vos Memoires, nous dirons que le Roy ayant eu advis que le comte Charles de Mansfeld, à la solicitation de M. du Mayne, s'approchoit de la frontiere avec une fort puissante armée et grande quantité d'artillerie, il fit soudain mander toutes ses trouppes qui estoient esparses, afin d'en former un corps d'armée pour s'aller opposer à tout ce que le susdit comte de Mansfeld voudroit entreprendre : mais un chacun se jettoit tellement dans la negligence, à l'occasion de tant de reductions de villes et autres prosperitez, que les bandes ne se peurent si tost rejoindre, ny le Roy faire si grande diligence que ledit comte de Mansfeld n'eust investy, assiegé et pris la Capelle.

CHAPITRE LI.

Conduite de Rosny relativement à un présent que lui avoit fait la ville de Rouen. Ses principes en administration. Villars vient présenter ses hommages au Roi. Siége de Laon. Rosny obligé de quitter ce siége pour aller conférer avec le cardinal de Bourbon.

En continuant ces Memoires il nous est souvenu d'avoir oublié, en suitte de ce qui a esté dit de vous et du sieur de Bois-rozé, deux particularitez qui peuvent donner quelques remarques du bon naturel, et de l'industrie et bonne conduite, tant du Roy et de M. de Mont-pensier, que de M. de Villars et de vous; nous avons estimé à propos de vous les ramentevoir icy avec double annotation qui puisse servir pour les faire mettre cy-apres en ordre, si tant est que nous repassions un jour ces Memoires pour les faire transcrire au net, ou que vous daigniez jetter les yeux sur iceux, pour y apporter les corrections et additions qui leur seroient bien necessaires de vostre part, ou que des plumes plus elegantes que les nostres se voulussent employer à donner de l'ornement à nostre stile, que nous cognoissons bien estre nud, simple et entierement desnué des plus belles fleurs de l'éloquence, à quoy se plaisent ceux de nostre siecle; voire confessons de l'avoir fait exprez, fondez sur l'opinion par nous prise, que les longues digressions, exemples, rapports, instructions et autres narrations hors du principal sujet que l'on s'est proposé, font perdre le fil, la tissure, et par consequent, la claire intelligence de la vie de celuy dont l'on veut faire mention, ou de l'histoire que l'on entend representer : et, afin de ne tomber point nous mesmes dans les fautes et erreurs que nous blasmons en autruy, nous retournerons à nostre dessein, suivant lequel nous vous ramentevrons que la premiere particularité par nous obmise regarde le present de vaisselle d'argent doré que vous firent ceux de la ville de Roüen; lequel, quoy que vous l'eussiez accepté avec plusieurs difficultez, vous y voulustes (soit par bien seance, soit par artifice, soit que vous vous fussiez dés lors proposé de ne tirer jamais profit des charges que vous auriez, sinon par la seule liberalité de vostre maistre, comme vous l'avez tousjours pratiqué depuis), outre ces refus, garder une telle circonspection, c'est qu'un matin, le Roy estant encor au lict, vous fistes apporter dans sa chambre deux grandes manes où estoient le susdit buffet de vaisselle d'argent doré; les pieces duquel le Roy ayant veües, et demandé ce que c'estoit, vous luy respondites que ceux de Roüen vous ayant faict ce present de vaisselle d'argent, et vous faict dessein de ne prendre jamais rien pour affaires que vous manieriez, sinon par les liberalitez de vostre maistre, vous le luy aviez faict apporter pour en disposer selon son bon plaisir; à quoy il vous respondit qu'il seroit bien riche, si tous ceux qui s'estoient entremis de ses affaires avoient faict le semblable, mais qu'il vous donnoit ledit buffet de bon cœur, vous en feroit despescher un brevet pour apprendre à tous autres, comme ils en devroient user, lequel brevet estoit tel que s'ensuit :

« Aujourd'huy vingt-huitiesme jour de juillet « 1594, le Roy estant au camp devant Laon,

« ayant eu advis que pour recognoistre le sieur « de Rosny, et le gratifier en consideration de « ce qu'il s'est tres-dignement employé en la ne-« gotiation de la reduction du sieur admiral de Vil-« lars, et des villes de Roüen et autres, occupées « en Normandie, au contentement, repos et sou-« lagement de tous ceux de la province, les ha-« bitans de la ville de Roüen luy ont fait offrir « quelques presens, lesquels il a refusé et ne les « veut accepter; Sa Majesté neantmoins le jugeant « digne d'iceux, pour s'estre tres-dignement et « avec beaucoup de peine et de travail acquitté « de la charge qui luy avoit esté sur ce par elle « commise, a agreable, et permet audit sieur de « Rosny d'accepter et recevoir lesdits presens, « sans qu'il luy en puisse estre par quelque per-« sonne que ce soit imputé aucun blasme ou re-« proche, m'ayant commandé luy en expedier le « present brevet pour luy servir de descharge « suffisante, par tout où il appartiendra, l'ayant, « pour cét effet, signé de sa main et fait contre-« signer par moy, son conseiller et secretaire « d'Estat. »

HENRY. Et plus bas, POTIER.

Mais qui plus est, dés le lendemain matin, pour tesmoigner le gré qu'il vous sçavoit d'une telle procedure, il vous envoya trois mille escus en or par M. de Beringan, avec des paroles de loüanges qui valloient encore mieux que les escus.

L'autre particularité regarde ce qui avoit esté accordé au prejudice de M. de Mont-pensier, à M. de Villars, lequel, estant arrivé à Paris avec un train et un équipage des plus beaux, ayant cent gentilshommes à sa suitte ordinaire, entre lesquels il y en avoit plusieurs de qualité fort relevée, et faisant une despence plus splendide qu'aucun prince ny seigneur de la Cour, apres qu'il eut fait la reverence au Roy qu'il accompagna d'une telle humilité qu'il se mist à genoux, d'où, ayant esté promptement relevé par Sa Majesté avec ces paroles : « Monsieur l'ad-« miral, c'est devant Dieu qu'il faut user de « cette submission et non devant un roy de « France, qui ne desire nulle qualité plus haute « que de pere envers ses subjets, et de vray amy « entre ses vrays serviteurs; » tel qu'il l'estimoit, sçachant bien qu'il avoit trop de courage pour manquer jamais à ce qu'il avoit juré et promis entre vos mains, car c'estoit vous qui le presentiez ; à quoy M. de Villars respondit, qu'encor qu'il sceut bien qu'il n'y avoit sorte de soubmission dont l'on ne fust redevable envers son souverain, neantmoins qu'il ne s'estoit pas mis à genoux devant luy en qualité de monarque des François, mais de vray Roy de toutes vertus, entre lesquelles la valeur et la clemence marchoient à la teste.

Il se passa en suitte plusieurs autres discours, trop longs à reciter, lesquels finis, M. de Villars s'en alla baiser les mains à M. de Mont-pensier, qui luy fit d'abord assez froide reception; dequoy luy comprenant bien la cause, il luy dit :

« Monsieur, j'advouë que j'ay outre-passé les « bornes de la defference deuë à ce que merite « le sang royal de France, en insistant sur cer-« tains articles du traitté qu'il a pleu au Roy « m'accorder; mais mon intention ayant esté toute « autre, je viens icy pour vous remettre le tout « entre les mains, pour en disposer absolument; « voire, sans attendre l'esclaircissement de vostre « volonté, dés à present je me departs de cét ar-« ticle, et proteste de vous recognoistre, non « seulement pour mon gouverneur en chef, mais « aussi pour estre apres le Roy mon vray sei-« gneur et maistre, auquel nulle obeyssance ne « sera desniée en tous les lieux où j'auray pou-« voir. » M. de Mont-pensier qui ne s'attendoit pas à cette submission demeura tout surpris d'une telle harangue. Neantmoins apres l'avoir derechef embrassé, il luy dit :

« Monsieur l'admiral, j'avois tousjours gran-« dement estimé vostre valeur et brave resolu-« tion, les tenant pour vertus incomparables en « vostre personne; mais à present j'avouë que la « discretion et la courtoisie ne leur cedent en « rien : aussi en honorant ces quatre qualitez, je « vous embrasseray pour la troisieme fois, avec « protestation de vous aymer cordialement et « tenir au nombre de mes plus chers amis. »

Nous laissons leurs autres complimens pour revenir à ce que nous avons dit du siege, que le comte Charles avoit mis devant la Capelle, laquelle, comme nous avons desja dit quelque chose, ne pût estre secouruë, dautant que le Roy s'estant advancé jusques à la veuë de l'armée ennemie, avec ce qu'il avoit peu promptement ramasser de forces, et marchant selon sa coustume à la teste d'icelles pour tout recognoistre, et y apporter son jugement, lequel ses longues experiences jointes à la vivacité de son esprit et à la fermeté de son courage, faisoient tousjours trouver plus certain et plus penetrant que nul de tous ceux de ses capitaines; il trouva ses gens si bien retranchez dans leurs postes et logemens, d'attaquement et de deffence, qu'il n'y avoit aucune apparence de pouvoir jetter dans la place, ny hommes, ny vivres, ny munitions proportionnées au besoin qu'ils en avoient, par la negligence et trop grande épargne dont avoit voulu user le gouverneur que vous cognoissez assez sans que nous le nommions, et encor moins d'entreprendre de les pouvoir forcer et contraindre à lever le siege avec le peu de trouppes que le Roy avoit, sinon avec honte et dommage ; pour lesquels éviter et tout ensemble recompenser la perte de cette petite place (qui se rendit peu apres devant que l'armée du Roy fut en corps) par la conqueste d'une plus grande, plus forte et plus importante, il s'en alla investir la ville de Laon, où M. du Mayne avoit estably pour gouverneur le sieur du Bourg, l'un des plus capables et determinez chefs de guerre qu'il eust, et mesmes y avoit fait jetter son second fils, nommé, ce nous semble, le comte de Sommerive, accompagné d'une bonne trouppe de gentils-hommes des plus braves et resolus qui fussent aupres de luy, comme estimant cette place l'un des plus principaux boullevars de toutes celles qui luy estoient restées, et la plus propre pour y acquerir de la gloire et se garantir de honte, sa situation estant desavantageuse et tellement eminente de tous costez, qu'elle semble avoir esté là posée par la nature pour dominer tout son voisinage.

Nous laissons le surplus de la description d'icelle, et de la pluspart des particularitez de ce grand siege, à ceux qui feront l'histoire generale, et nous contenterons, selon nostre dessein, de vous ramentevoir les occasions où vous vous estes trouvé, et les affaires diverses où vous avez esté employé pendant le temps d'iceluy, et le sejour que fit l'armée és environs de cette place ; lequel dura, ce nous semble, depuis la fin de may jusqu'au commencement d'aoust, pendant lequel vous envoyastes trois fois en voyage l'un de nous quatre à Rosny, pour vous querir de l'argent, et les deux autres à Moret où estoit lors madame vostre femme. Tellement que de ce que vous fistes et vistes à la défaite du grand convoy, à l'arrivée ennemie pour le secours des assiegez, à la grande escarmouche qui se fist le lendemain, et à la défaite des gens de guerre qui avoient esté envoyez pour entrer dans Laon, apres la capitulation, nous pourrons bien manquer en quelque chose, dautant que nous n'en avons sceu que ce que nous vous en avons entendu dire à bastons rompus, et que vos gens nous en ont conté.

Le premier employ que vous eustes, fut avec le bon homme M. de Born, lieutenant general de M. de la Guiche, grand maistre de l'artillerie, qui avoit une batterie de six canons à commander, avec lequel le Roy vous ordonna de demeurer pour y travailler, et en faire executer la moitié ; et, afin de luy faire agreer vostre entreprise, il l'asseura qu'estant de son conseil, vous donneriez si bon ordre à toutes choses, qu'il ne manqueroit jamais de rien ; neantmoins vous n'y fistes pas grande chose, pource qu'il se presenta diverses affaires et occasions qui vous en détournerent.

La premiere fut une lettre que l'on apporta de la part de M. le cardinal de Bourbon, qui estoit demeuré malade à Paris, dont la teneur estoit telle, car vous me la baillastes à garder et en retins coppie pource qu'elle me sembloit fort honorable.

Lettre de M. le cardinal de Bourbon à M. de Rosny.

Mon cousin, vostre entremise s'estant trouvée la plus sincere et pour cette raison la plus heureuse de toutes celles qui se sont meslées de m'acquerir et conserver les bonnes graces et la bien-veillance du Roy, monseigneur, vous aurez agreable, je m'en asseure, que je vous employe librement à la continuation d'un si bon œuvre, et que pour cét effect je vous prie d'obtenir permission de luy de faire icy un voyage vers moy, dautant que j'ay des choses d'importance à luy dire que je ne peux escrire, ny faire sçavoir par personne qui ne luy soit entierement confidente, et à moy aussi, qui vous conjure d'user de diligence, et de m'aymer cordialement puis que je vous ayme de tout mon cœur ; et de croire que je suis, vostre bon cousin et plus affectioné amy, Charles, cardinal de Bourbon.

De Paris, ce 12 juin.

Laquelle lettre ayant esté montrée au Roy, il vous demanda si vous ne vous doutiez point de quelles affaires il pouvoit avoir dessein de vous parler. A quoy luy ayant respondu que non, il vous dit : « Je suis bien marry de vous divertir
« de vostre batterie, pource qu'il me semble re-
« cognoistre que si je n'ay tousjours quelqu'un
« de mes anciens serviteurs affidez aux factions
« de guerre importantes, que les choses y sont
« maniées negligemment, et quoy que je sois ca-
« tholique, voire aye esté assez esclaircy pour
« croire que je puisse faire mon salut en cette
« religion là, si ne vous celeray-je point qu'en ce
« qui concerne ma personne, ou les affaires
« contre la ligue et les Espagnols, je m'asseure
« davantage en ceux de la religion et aux catho-
« liques qui en ont quelques ressentimens, et ne
« font pas tant les zelez, qu'aux autres ; et pour
« cette cause ay-je desja jetté les yeux plusieurs
« fois sur Vignolles, ou Parabere, ou Trigny
« pour mettre en vostre place, avec le sieur de
« Born : car je voy bien qu'il faut que vous alliez
« à Paris, non seulement à cause de la lettre que
« vous escrit mon cousin le cardinal de Bourbon,
« mais aussi pour essayer de descouvrir des me-
« nées qui s'y font contre mon service, où l'on

« dit que le comte d'Auvergne, son beau-pere et
« sa mere, M. et madame d'Antragues sont bien
« avant meslez, afin que si vous en pouvez veri-
« fier quelque chose, vous les fassiez arrester.
« Je vous bailleray des lettres de ma main pour
« cet effet addressantes à mon procureur gene-
« ral du parlement, au lieutenant criminel et au
« prevost de l'Isle. Vous apprendrez aussi ce que
« c'est que des poursuittes que ceux de l'Univer-
« sité, cette belle fille aisnée des Rois, et les
« curez de Paris veulent faire contre les jesuites,
« et qui c'est qui favorise ceux-cy, afin d'y don-
« ner ordre. »

Ayant vostre dépesche, le Roy commist aux pieces d'artillerie qu'il vous avoit baillées à exploitter (au moins comme il me semble), le sieur de Parabere, et le jour mesme arriva le sieur de Balagny (qui avoit auparavant traitté avec le Roy pour mettre luy et ses places en son obeyssance, à condition neantmoins qu'il demeureroit prince souverain de Cambray sous la protection de France, et plusieurs autres advantages qui seroient aussi ennuyeux à reciter, qu'ils furent vains et de peu de durée), avec un vray equipage et maison de grand prince souverain, ayant aussi deux mille harquebusiers et trois cens chevaux des plus lestes qu'il se pouvoit voir.

Le lendemain vous vous en allastes coucher à Crespy, et le jour suivant à Paris, où vous trouvastes M. le cardinal de Bourbon fort malade et chagrin, s'estant aigry l'esprit sur quatre choses : l'une, que l'Université de Paris et les curez eussent entrepris le procés contre les jesuites sans luy en parler ; la seconde, que M. d'O vouloit faire chasser de Paris l'archevesque de Glaco (1), Escossois, qui portoit le nom de vostre maison, lequel il affectionnoit infiniment ; la troisiesme, qu'il n'avoit pas eu bonne responce du Roy d'une permission qu'il luy avoit demandée, de pouvoir disposer de ses benefices ; et la quatriesme, qui estoit celle qui le faschoit le plus, qu'il n'estimoit pas de pouvoir réchaper de ceste maladie, s'estant fourré en l'opinion que madame de Rozieres l'avoit ensorcelé, à cause qu'il avoit desapointé l'abbé de Bellozane qui l'entretenoit, ainsi que l'on disoit ; aussi fut-ce elle de laquelle il vous parla en arrivant : car, comme vous le saluastes dans le lict, en vous jettant les bras au col, il vous dit : « Mon cousin, je suis
« aussi aise de vous voir, que je m'asseure que
« vous serez marry de me trouver ainsi en lan-
« gueur par la meschanceté de cette maudite
« madame de Rozieres, dont chacun croit que
« j'ay esté ensorcelé, de telle sorte qu'il faut
« qu'elle ou moy mourions bien-tost ; il n'y a que

(1) Jacques de Béthune, archevêque de Glascow.

« trois jours que ma cousine vostre femme m'est
« venu voir, qui me réjoüit fort, car elle m'as-
« seura que cette femme estoit à l'extrémité, et
« je prens quelque esperance que son sort mour-
« roit avec elle.

« Mais, laissant ces discours desquels la con-
« tinuation ne feroit que renouveller mes en-
« nuyeuses douleurs, puisqu'aussi bien toute la
« science et l'experience des plus suffisans me-
« decins n'en ayant peu cognoistre les causes ny
« fournir les remedes il me les faut esperer de la
« seule providence et bonté divine sans aucune
« ayde humaine, je commenceray à vous entre-
« tenir des choses qui m'ont fait desirer avec
« passion votre arrivée pres de moy ; lesquelles,
« quoy que du tout dependantes du seul conseil
« de Dieu aussi bien que toutes autres, si ne
« laisse-il pas de vouloir que les hommes agissent
« en icelles, soient comme cooperateurs avec
« luy, et se servent de l'esprit et du jugement
« qu'il leur a donné, tant pour la conduite de
« leur vie et de leur fortune, que pour le demes-
« lement des affaires publiques en ce monde. »
Et lors nous ayant tous fait sortir de sa chambre, et ordonné qu'il vous fut apporté une chaise basse, afin que vous asseyant plus pres de son lit, il ne luy fut pas necessaire d'eslever si haut sa voix, il vous dit en substance ce qui sera dit au chapitre suivant.

CHAPITRE LII.

Conférence de Rosny avec le cardinal de Bourbon.

Continuans la suite des discours du precedent chapitre, M. le cardinal de Bourbon vous dit que comme il vous avoit tousjours esprouvé en plusieurs occasions tres-importantes, plein de foy, de loyauté, de verité et de sincerité entiere en toutes choses, et tres-affectionné à celles qui l'avoient touché en son particulier, aussi avoit il desiré de vous communiquer plutost qu'à nul autre de ses parens et amis, quatre affaires principales qui luy travailloient l'esprit, prendre sur icelles vos bons advis et conseils, et mesmes de vous en remettre tout le mesnagement aupres du Roy, avec lequel il vous sçavoit en telle creance pour l'industrie, et en telle confidence pour la loyauté, qu'il ne trouveroit rien mauvais de vous, luy ayant souvent oüy dire qu'il se gardoit bien de vous faire encor paroistre toute l'estime qu'il faisoit de vostre esprit, ny l'amitié qu'il portoit à vostre personne, de crainte que cela vous suscitant trop d'envie, il donnast sujet à ceux qui ne sçavent rien faire, ny ne vouloient laisser faire les autres, d'en discourir, et à cause de vostre religion, prejudicier à son dessein et à ses affaires, et que peut estre à vous mesme il ne donnast trop de gloire et de bonne opinion de vos sens, s'il vous eslevoit aussi soudainement, voire ne vous enhardist à faire comme d'autres qui estoient montez en telle presomption d'eux mesmes pour en avoir fait trop de cas, qu'il ne les pouvoit plus empescher, quoy qu'il leur eust fait remonstrer par leurs amis, d'exalter leur valeur, leur industrie et leur suffisance par dessus la sienne propre, qui estoit l'offence de toute la plus sensible à un maistre qui n'estoit pas du tout stupide ny hebeté; mais qu'en effet, il vous tenoit comme en reserve pour s'en servir un jour (si vous ne changiez point d'humeur et ne vous mescognoissiez point en son endroit) en ses plus importantes affaires, et sur tout en celles des finances, vous ayant tousjours veu si bon mesnager qu'au milieu de ses plus grandes necessitez vous ne manquiez jamais d'argent, et si despensiez fort honorablement : ce qu'il vous prioit neantmoins ne faire pas semblant d'avoir appris de luy, de ne laisser pas de vous conduire tousjours auprès de Sa Majesté avec telle modestie et discretion que vous luy donnassiez non seulement la gloire et la loüange que meritoient veritablement ses rares vertus et genereuses actions, mais y fissiez aussi rapporter toutes les vostres, et de prendre le temps à propos pour ménager aupres de luy ces quatre affaires qu'il vous avoit dit vous vouloir communiquer; dont la premiere, et qui luy apporteroit le plus de soulagement en ses langueurs, concernoit la bien-veillance et confidence esquelles il desiroit estre dans l'esprit de Sa Majesté, non seulement comme ayant l'honneur d'estre de son sang et son cousin germain, mais aussi comme admirateur de ses vertus, l'aymant cordialement, et n'ayant serviteur ny sujet plus loyal ny plus desireux de sa gloire, de son honneur, de sa prosperité et de la grandeur de son Royaume, qu'il estoit; esquelles qualitez aussi prenoit-il la hardiesse de le supplier par vostre bouche de vouloir procurer, le plus instamment qu'il luy seroit possible, sa reconciliation entiere avec le sainct siege, obtenir au plutost la benediction apostolique, et se mettre en bonne intelligence avec le pape d'alors, qui estoit fort sage, fort pacifique, grand politique, et qu'il sçavoit bien ne desirer nullement que la domination ny l'authorité d'Espagne s'accreussent d'avantage, dautant que ce luy seroit un moyen certain pour faciliter la dissolution de son mariage avec la royne Marguerite, duchesse de Vallois, chose que tous les bons François desiroient ardemment, et à laquelle luy et tous ceux de sa maison portoient une telle passion, qu'ils n'auroient jamais le cœur en repos qu'ils ne vissent ce dessein reüssir, et par iceluy naistre des heritiers legitimes à la France, ne voulant point celer qu'ils ne pouvoient tous gouster ny souffrir les pretentions de celuy sur lequel plusieurs desireux de nouveautez faisoient demonstration de jetter desja les yeux; lequel ses freres et luy croyoient en leur conscience n'estre point de la race royale, et qui neantmoins (si par sa prudence il n'y mettoit ordre en donnant des enfans au Royaume, ou le faisant dés à present rejetter de la succession) seroit peut-estre cause un jour d'y former des partialitez et exciter des mouvemens, troubles et grandes dissentions. Il s'estendit fort largement sur ce discours, et vous mit en avant plusieurs exemples et raisons, de la deduction desquels nous nous abstiendrons, afin de ne deplaire ny prejudicier à personne.

La seconde affaire dont il vous parla, fut touchant les bruits qu'il disoit estre tous communs, de plusieurs brigues, menées et pratiques qui se faisoient sous main par les plus advisez, et quasi tout ouvertement par les indiscrets et passionnez pour faire bannir hors du Royaume la totale societé des jesuistes, laquelle vous sçaviez bien avoir une si grande creance dedans et dehors le royaume, sur tout entre les plus zelez catholiques qui s'estoient remis depuis peu au service du Roy, leur amitié pouvant grandement pour la tranquillité de l'Estat, et leur mal-veillance encor plus pour le trouble d'iceluy; leurs ennemis et haineux se servans des vieilles haines et animositez, tesmoignées autrefois par la Sorbonne, l'Université et les curez de Paris (fondez sur la diminution de quelques profits qu'ils avoient accoustumé de tirer pour l'instruction de la jeunesse), les ayans persuadez d'entrer en cause avec eux, et de se declarer tout ouvertement leurs parties; que si tout cela venoit des secrettes volontez ou intentions du Roy, ou que Sa Majesté estimast y aller de son service, qu'il n'auroit nulle opposition à y apporter, mais se contenteroit d'user de simples remonstrances et ce encor par vostre seule entremise, par lesquelles, à son advis, Sa Majesté et vous mesmes, quelque huguenot que vous fussiez, jugeriez suffisamment que le temps ny la disposition des affaires n'estoient pas encor bien propres pour agiter ces questions et renouveller des instances de telle nature, à tout le moins jusques à ce que sa catholicité fut un peu de plus vieille datte (qui estoient les propres termes dont plusieurs usoient desja), qu'il apparust de sa reconciliation avec le sainct siege, qu'il eust receu la benediction apostolique, ou pour le moins il fust paisible possesseur de tout son royaume, de crainte que les voyes et les procedures qui seroient tenuës par les parties ou leurs advocats en plaidant (lesquels s'exempteroient difficilement de toutes offences, blasmes et reproches) ne fissent faire des discours mal proportionnez au temps present, et que les mal contens et les malins, dont le nombre estoit tousjours le plus grand dans un Estat, n'en tirassent des consequences dommageables et pernicieuses à l'Estat; tout ainsi que si Sa Majesté n'estoit pas encor bien affermie dans l'entiere creance de l'Eglise, et que sa conversion n'eust esté faite que par faintise et dissimulation, ne vous voulant point celer (à vous qui estiez son amy et qu'il vous prioit neantmoins de ne dire point avoir appris de luy) que messieurs de Longueville, de Nevers, le mareschal de Biron mesmes (depuis qu'il avoit appris que le Roy s'estoit engagé de parole pour le gouvernement de Laon qu'il desiroit avoir, à un autre qu'à luy) et plusieurs autres grandement qualifiez et accreditez luy en avoient fait parler en ces termes par messieurs de Humieres, d'Antragues, de Sourdis et autres; ce qu'il vous prioit de bien et meurement examiner, s'asseurant, consideré la prudence et moderation qu'il avoit tousjours recognuë en vous, en toutes vos procedures, lors qu'il avoit esté question des differens des religions et des moyens de les faire compatir ensemble, que vous conclurriez avec luy qu'il seroit à propos, avant que de jetter des choses de telle importance aux dernieres extremitez, de voir comment ceux de cette société, apres qu'ils auront veu le Roy estre reconcilié à l'Eglise et au sainct siege, se conduiront en France, tant pour ce qui concerne la grandeur du royaume que la gloire et l'honneur de la personne royale en sa Majesté regnante, ou, quoy que ce soit, attendre qu'aucuns d'entr'eux, comme ils n'y manqueroient pas s'il y avoit de mal intentionnez, eussent donné quelque specieux pretexte pour les travailler ouvertement, auquel cas il protestoit d'estre le premier à soliciter contr'eux, s'asseurant bien qu'à son exemple, ceux qui se monstroient à present les plus scrupuleux, feroient lors comme luy.

La troisiesme affaire dont il vous parla, fut touchant l'archevesque de Glasco qu'il vous dit estre si bon homme, et avec lequel il avoit, de longue main, une fort particuliere amitié, l'ayant mesme tousjours apparenté, à cause qu'il portoit, comme vous, le nom de Bethune; lequel, sans avoir esgard à son vieil aage, à sa resolution de ne se mesler jamais d'affaire publique et d'a- chever ses jours en France comme un bon François, puisque la Reyne, sa maistresse, n'estoit plus, M. d'O persecutoit à outrance, le voulant contraindre à sortir de Paris et de l'Isle de France, quelque priere qu'il luy eust fait faire en sa faveur; voire il sembloit que son intercession luy eust porté prejudice, comme il en avoit autant recogneu en beaucoup d'autres affaires qui avoient despendu de ses charges; car il l'avoit voulu employer depuis qu'il s'estoit sincerement reconcilié avec le Roy et s'estoit entierement donné à luy comme au chef de sa maison, qui estoit vrayement son Roy et son maistre, croyant peut-estre que, parmy les familiaritez desquelles Sa Majesté l'avoit honoré, il luy auroit nommé tous ceux qui l'avoient le plus asprement sollicité pour le faire jetter à la desesperade dans les embarrassemens d'un tiers party; et partant vous prioit-il de vouloir parler de sa part au Roy en faveur de ce bon prelat et d'y joindre mesme vos prieres et vos interests, afin d'empescher une tant induë vexation que l'on essayoit d'exercer contre vostre parent, qui vous aymoit tant cordialement qu'il ne parloit jamais de vous que les larmes aux yeux lors qu'il se representoit que vous n'estiez pas dans l'Eglise.

Et la quatriesme affaire dont il vous fit instance, fut touchant la permission qu'il desiroit obtenir du Roy pour disposer librement de tous les benefices qu'il possedoit s'il venoit à deceder de la maladie dont il estoit detenu, vous alleguant plusieurs raisons pour fondement de ce desir, dont les principales estoient qu'il souhaitoit de pouvoir descharger la conscience de feu monsieur le cardinal son oncle et la sienne, en gratifiant d'iceux benefices quelques uns de ceux des maisons desquels ils les tenoient, suivant le vœu qu'ils en avoient tous deux fait; en quoy si vous luy donniez parole de vous employer de bonne sorte aupres du Roy, et pour les autres trois premieres affaires prenant le temps à propos, comme si une partie de tout cela venoit de vostre propre mouvement, et usant de vostre industrie et dexterité accoustumée, il ne doutoit nullement qu'il n'en receust toute sorte de satisfaction et qu'elle ne luy apportast une grande allegeance à sa maladie.

Sur quoy vous luy usastes de mille sortes de remercimens de la confiance qu'il tesmoignoit avoir en vous, loüastes infiniment sa prudence et son bon naturel, et luy fistes une infinité de protestations de vous employer sincerement et de bonne foy és choses qu'il luy plaisoit de vous commander, jugeant qu'il n'y en avoit une seule qui ne fut juste, raisonnable et possible, et par consequent d'indubitable obtention, moyennant que de vostre part il n'y eust nulle precipitation, et que de la sienne, il ne vous deniast point le temps necessaire pour bien mesnager l'esprit du Roy et le faire tomber sur tous ces propos sans qu'il parust que ce fust à dessein, afin que vos advis et conseils fussent moins suspects d'aucun concert et premeditation.

Comme vous estiez encor sur ces propos, que nous avons abregez autant que nous avons peu, M. Duret, le medecin, entra dans la chambre, lequel vous ayant salué et embrassé par deux fois, car il faisoit grand estat de vostre amitié, dit à monsieur le cardinal qu'il ne doutoit point qu'il ne fut bien ayse de vous entretenir, mais qu'il falloit prendre cette delectation moderément, dautant que le beaucoup parler luy estoit infiniment prejudiciable; et, pour cette raison, l'estoit-il venu trouver, sçachant que vous estiez avec luy, afin que, s'il restoit encore quelques particularitez à vous faire entendre de celles dont il sçavoit bien qu'il avoit desiré de vous parler, vous en discourussiez ensemble en sa presence, comme il fut faict si amplement, estant, comme vous sçavez, un homme qui a un tres-grand sçavoir et qui parle des mieux, que le discours en seroit trop long, à la fin duquel il fut resolu que vous vous en retourneriez au plutost trouver le Roy, pour donner ordre à ces affaires avant que les inconveniens dont l'on estoit en apprehension arrivassent.

Vous demeurastes neantmoins trois jours à Paris, afin de vous informer bien particulierement de toutes choses, pendant lesquels vous appristes que plusieurs dans le Parlement favorisoient, mesmes avec brigues, la cause des jesuistes; voire que des deux factions qui estoient lors tout ouvertement formées en iceluy, la plus puissante penchoit de leur costé, faisant tout ce qui luy estoit possible pour empescher que les advocats des parties, qui estoient les sieurs Arnault et Dollé d'une part, et Duret et Versoris de l'autre, ne s'estendissent en accusations contumelieuses, blasmes, reproches et injures, et en tout cas ne plaidassent en audience publique; vous appristes encor que M. et madame d'Antragues, aussi bien que le comte d'Auvergne, avoient une tres-mauvaise volonté pour le Roy, et que leur logis estoit le lieu où s'assembloient le plus souvent ceux qui favorisoient les affaires d'Espagne et de la ligue; et qu'il ne se passoit quasi nuict, que tous les plus suspects, pour estre de ces factions là, n'y eussent de longues conferences ensemble; de toutes lesquelles choses cy-dessus dittes, vous parlastes à monsieur le chancelier de Chiverny, de Bellievre, de Pontcarré et de Maisses, afin qu'ils y apportassent les circonspections et temperamens requis, et fissent en sorte que rien n'éclatast par trop, jusques à ce que, sur vostre rapport fait au Roy de tout ce qui se passoit, Sa Majesté leur eust fait sçavoir sa volonté, mais de tout cela et d'essayer d'en descouvrir encor davantage, en donnastes vous charge plus particuliere à M. de Maisses, comme celuy avec lequel vous aviez plus de confidence et sçaviez bien n'estre nullement bigot, luy declarant à part les causes qui vous convioient d'en user ainsi; mais, quoy que ce soit, tous ces messieurs receurent ces advis en faveur des jesuistes beaucoup mieux de vous que de nul autre, sçachant qu'à cause de vostre profession vous ne pouviez estre tenu pour suspect.

Vous parlastes aussi à M. d'O, touchant l'archevesque de Glasco; mais vous et luy, n'ayans jamais esté long-temps fort bien ensemble, soit à cause de vostre religion, ou de ce que l'on disoit de monsieur vostre second frere, vous n'en rapportastes pas grande satisfaction, et cognustes bien que si l'authorité du Roy n'intervenoit en la conservation de ce bon prelat, il luy procureroit du desplaisir.

CHAPITRE LIII.

Compte rendu par Rosny de sa conférence avec le cardinal de Bourbon. Déterminations du Roi. Divers événemens du siége de Laon.

Apres que vous eustes ainsi disposé les quatre affaires dont monsieur le cardinal vous avoit si longuement entretenu, vous allastes prendre congé de luy, lequel vous trouvastes grandement diminué, et pristes vostre chemin pour aller en l'armée, où en arrivant à Bruyeres, auquel lieu vous aviez laissé vostre train, vous sceutes que pendant vostre absence M. du Mayne (en attendant l'acheminement de toute l'armée qui luy avoit esté promise en Flandres, pour essayer de faire lever le siege de Laon, en laquelle devoit commander le comte Charles de Mansfeld, en tiltre de general) s'estant advancé avec quelques trouppes jusques à la Fere, avoit essayé par deux fois à jetter dans la ville de Laon cent chevaux et deux cens harquebusiers à cheval avec quantité de poudres et mesches qu'ils portoient, et qu'à la premiere fois, ayant esté rencontrés par le sieur de Givry, qui battoit l'estrade avec deux cens bons chevaux, qu'ils n'estoient pas encor esloignez de plus d'une lieuë de la Fere, ils avoient esté contrains d'y faire une retraitte en forme de fuitte sans avoir rendu aucun combat; mais qu'à la seconde fois s'estans advancez jusqu'à la veuë de la place assiegée, ils avoient trouvé M. le comte de Soissons en garde (car le Roy pour monstrer l'exemple aux princes y entroit aussi à son tour) avec trois cens chevaux, lequel les avoit chargez et mis en route, quelques uns ayans esté tuez au combat, et les autres partie pris prisonniers, et partie mis en fuitte s'estans retirez dans la forest, favorisez de la nuict qui survint.

Or, le jour mesme que vous arrivastes prez du Roy, qui fut sur les trois heures apres midy, vous trouvastes Sa Majesté au lict, à cause qu'il s'estoit fait estuver et oindre les pieds qu'il avoit tous escorchez et pleins d'ampoulles par dessous, pour avoir tout le jour de devant et le long de la derniere nuict passée, couru et tracassé par les penchans et declins de cette montagne, sur laquelle est assise la ville de Laon, pour visiter les trenchées, la plupart desquelles, comme vous le sceutes depuis, il avoit ordonné de faire plus larges et plus profondes, de changer aucuns detours, retours et arrieres-coings que l'on y avoit faits, et d'y augmenter et hausser quelques forts et redoutes pour couvrir les enfillures, par le moyen desquels le chemin pour gaigner les contr'escarpes s'abregeoit de sorte qu'il gaignoit plus de deux jours de travail; il avoit aussi fait changer quelques places de batteries, plates-formes, embraseures et autres logemens de pieces, et avoit marqué les lieux où l'on devoit entamer les ouvertures et approfondissemens des deux mines que l'on avoit advisé d'y faire : aussi en vous embrassant il vous dit :

« Vous soyez le bien venu, et m'asseure que « vous n'avez pas esté peu estonné de me trouver « ainsi dans le lict, vous, qui me cognoissez de « longue-main, et sçavez assez que ce n'est pas « ma coustume de trop dormir en semblables oc- « casions, et encor moins de faire l'accouchée dans « un lict lors qu'il faut travailler et user de dili- « gence; mais j'ay tant tracassé cette nuict pas- « sée par les lieux aspres et precipiteux de cette « montagne pour visiter le travail d'un chacun, « que je ne me puis quasi soustenir, et afin que « vous ne pensiez pas que je fasse le douillet je « vous veux monstrer mes pieds. » Lesquels ayant aussi-tost tirez hors du lict, vous les vistes enveloppez de serviettes et quasi tous couverts d'emplastres qu'il fit lever, vous faisant voir plusieurs fentes et crevasses toutes tantoüillées de sang et de grosses cloches en divers lieux. « Et pour vous « faire cognoistre, vous dit-il, que je n'ay pas en- « trepris cette penible besongne sans besoin et en « rapporter utilité, il faut, lors que vous serez un « peu reposé, que vous alliez voir tout ce qui a « esté fait en nos attaquemens depuis vostre par- « tement, ce que j'ay changé à ce qui avoit esté « commencé ou ordonné de plus ou de moins, et « que vous m'en disiez vostre advis, comme j'y « ay desja envoyé pour le mesme effet, plusieurs « de ceux que j'ay estimé qui s'y cognoissoient, « ou qui sont curieux comme vous de s'instruire « en toutes sortes d'expeditions et de faciendes, « lesquels reviendront bien tost; car je leur ay « ordonné de se trouver icy environ les cinq heu- « res, afin de tenir conseil sur des advis d'impor- « tance que j'ay receus, lesquels vous sçaurez lors, « car je veux que vous y soyez, quand j'en feray « la proposition ; et en les attendant je seray bien « aise d'entendre tout ce que vous avez veu, fait « et appris en vostre voyage de Paris. » Et pource qu'il estoit couché sur une paillasse et deux matelats bas sans aucun bois de lict, il vous fit apporter un carreau, sur lequel vous vous mistes à genoux; et lors luy ayant representé fort particulierement tout ce qui s'estoit passé à Paris, pendant vostre sejour en ce lieu là, suivant ce qui en a esté cy-devant dit en general, il approuva l'ordre que vous y aviez mis et les esperances que vous aviez données à M. le cardinal de Bourbon, en conformité desquelles et des supplications que vous luy fistes sur ce sujet, il commanda deux lettres au sieur de Beaulieu-ruzé : l'une à M. d'O, par laquelle il luy mandoit en substance que son humeur ayant toujours esté (comme il ne l'ignoroit pas) plus enclinée à la douceur et à la clemence qu'à la rigueur et à la violence, il ne pouvoit approuver que l'on inquietast la vieillesse du pauvre archevesque de Glasco Escossois, en le voulant contraindre à sortir de Paris; que si bien autresfois du temps de la reine d'Escosse sa maistresse, il s'estoit montré passionné pour l'Espagne et ceux de Guyse, il sembloit plutost estre à loüer qu'à blasmer en cette affection, n'estimant point qu'il y eust autres personnes ny autres moyens pour garantir la vie et la liberté de cette princesse, sur la forme de la mort de laquelle qui en voudroit discourir, il y auroit beaucoup de choses à dire; mais, quoy que ce soit, qu'il n'y avoit pas apparence, maintenant qu'elle estoit hors de ce monde, que ce vieil bon homme qui n'ose retourner en Escosse, et n'a que deux abbayes (1) en France pour tous biens, estats et pensions, se veuille plus engager au service de nul prince estranger, ny se mesler d'aucunes menées et pratiques contre cét Estat, où il fait dessein de terminer ses jours, joint qu'il luy en avoit esté donné de telles asseurances par aucuns de ses plus speciaux et affidez serviteurs qu'il ne doutoit nullement de sa droite intention, et partant desiroit Sa Majesté qu'il fut traitté honorablement, selon sa qualité; à quoy il luy enjoignoit

(1) Notre-Dame de l'Absis en Poitou, et Saint-Pierre de Pontoise.

de tenir la main, et y apporter tout ce qui despendroit de l'authorité de sa charge.

La seconde lettre s'adressoit à M. le chancelier de Chiverny, par laquelle Sa Majesté luy mandoit aussi en substance, qu'ayant appris par vous ce qui se passoit à Paris, touchant les differends d'entre la Sorbonne, les suppôts de l'Université et les curez de Paris, d'une part, et les religieux qui se tiltrent de la compagnie de Jésus, d'autre; les bons advis que vous luy aviez donnés là dessus, et les ouvertures que vous aviez faites en son conseil sur telles occasions, il luy vouloit bien dire que son intention ayant tousjours esté de laisser le cours de la justice libre entre tous ses sujets, sans aucune acception de personne, ny distinctions prejudiciables aux loix, ordonnances et constitutions du royaume, aussi ne vouloit-il pas maintenant empescher que ces parties contestantes dont il estoit question, ne peussent faire telles plaintes, demandes, requisitions, et plaidoyers les uns contre les autres, qu'ils adviseroient bon estre; mais bien eust il desiré que tout cela se peut passer sans aigreurs, injures, diffames, ny invectives les uns contre les autres, gardant la gravité, modestie, et circonspection ausquelles leurs professions sembloient les obliger; et en tout cas approuvoit-il, suivant ce que vous luy en aviez dit, que leurs plaidoyers, s'ils en venoient jusques là, se fissent sans esclat qui peut alterer les esprits, ny engendrer des altercations entre les peuples, et mesme qu'il ne fust rien prononcé par les juges qu'il n'eust auparavant esté informé de leurs sentimens ou qu'il ne fust de retour à Paris.

La troisiesme lettre fut escrite comme de la main par le sieur de Loménie, secretaire du cabinet, dautant qu'elle s'addressoit à M. le cardinal de Bourbon, par laquelle Sa Majesté (sur ce que vous luy aviez donné conseil de lui escrire le plus en conformité de ses requisitions qu'il seroit possible, afin d'essayer de soulager cét esprit plein d'inquietudes, lequel apparemment ne la feroit pas longue en ce monde, et partant ne pourroit tout ce qu'il luy promettoit tirer à aucune consequence future) luy mandoit semblablement en substance (car nous n'avons jamais peu avoir copie de ces trois lettres, et n'en avons eu cognoissance que lors que vous les leustes en la presence de M. de la Font et de l'un de nous quatre, avant que de les envoyer) qu'ayant tousjours esprouvé par effect la sincerité de son affection, depuis l'asseurance que par vostre entremise ils s'en estoient entredonnée l'un à l'autre, qu'aussi l'avoit-il tousjours aymé comme s'il eust esté son propre fils et son heritier; dequoy luy voulant donner des tesmoignages, il luy envoyoit la lettre qu'il avoit desirée en faveur de l'archevesque de Glasco, ensemble celle qu'il escrivoit en conformité de ses advis et conseils à monsieur le chancelier et autres de son conseil, touchant les differens intervenus entre les personnes desquelles vous luy aviez parlé de sa part, et trouvoit bonne toute telle disposition qu'il deliberoit de faire de ses benefices, de laquelle il le prioit de luy envoyer l'estat, afin de le faire suivre, s'asseurant tant de sa probité et bonne conscience envers Dieu et de sa prudence et sincere affection envers sa personne et son Estat, qu'il ne feroit rien au prejudice des saincts canons ny des loix du royaume, grandeur et seureté d'iceluy.

Peu après que vos discours eurent esté achevez et ces lettres commandées, au stile desquelles, à nostre advis, vous eustes bonne part, arriverent messieurs de Biron, de Sainct Luc, de Givry, de Marivault, de Parabere, de Vignolles, de Fouqueroles et autres dont il ne nous souvient pas, qui venoient, comme le Roy vous l'avoit dit, de visiter les tranchées, logemens d'artillerie, et le commencement du travail des deux mines, dequoy chacun d'eux dit sa rastelée sans s'accorder trop bien en mesme advis, et en eussent esté les contestations plus longues, mais le mareschal de Biron emportoit tousjours tout, quelque fois aussi souvent par haut parler que par raison, aussi que le Roy leur imposa silence, pour tenir le conseil qu'il vous avoit dit sur des advis qu'il venoit de recevoir par le moyen de trois divers espions qui ne se cognoissoient, ny ne sçavoient rien l'un de l'autre, et neantmoins se trouvoient tous conformes en cecy : à sçavoir que le comte de Mansfeld ayant joint M. du Mayne, ils s'estoient resolus, par commun advis, avant que de vouloir tenter un combat general pour faire lever le siege, et en attendant que les trouppes, harassées du chemin, se fussent rafraischies, d'essayer encor une fois s'il y auroit moyen, en jettant un grand renfort de cavalerie et d'infanterie dans la ville de Laon avec quantité de munitions de guerre et de bouche, de contraindre le Roy à lever le siege avant que de hazarder tout le camp, et de marcher avec telles forces en cette expédition qu'elles peussent combattre tous les batteurs d'estrade qu'ils rencontreroient; voire mesme passer outre nonobstant tous les plus forts corps de garde qui pourroient estre posez : auquel conseil, où le Roy vous retinst, apres divers advis et contestations, il fut resolu d'aller dresser une embuscade à ce convoy dans la forest qui est entre Laon et la Fere, à travers de laquelle passe le grand chemin qui va d'une ville à l'autre, et la composer de trouppes si gaillardes et fortes, qu'elles fussent suffisantes pour combattre et mettre en route tout ce qui leur seroit opposé. Sur lesquelles forces le Roy ayant ordonné M. de Biron pour faire l'exploit, et à luy remis de prendre telles trouppes en tel nombre qu'il adviseroit bon estre, il choisit huict cens Suisses et douze cens hommes de pied à l'eslite, trois cens chevaux legers, deux cens hommes d'armes et cent gentils-hommes pour estre pres de luy, la pluspart de la maison du Roy, du nombre desquels vous fustes, à force d'en importuner Sa Majesté, dautant qu'il vous refusa par trois fois d'estre de la partie, disant qu'il avoit encor plusieurs choses à sçavoir de vous, touchant vostre voyage de Paris.

M. de Biron ayant donc assemblé les trouppes qu'il faisoit estat de mener avec luy et disposé son ordre pour bien combattre, il partit sur les six heures du soir, se rendit dans la forest à une heure de nuict, et marcha à travers icelle jusques à l'Orée, qui est du costé de la Fere, où il s'arresta, et y demeura caché en son embuscade pres de vingt heures entieres, donnant ordre qu'il ne pust estre descouvert, ny qu'il ne passast personne qui en pust aller donner advis au camp ennemy, faisant tenir seulement quelques vedettes sur les aisles de la forest, un peu advancées pour descouvrir tout ce qui sortiroit de la Fere et s'avanceroit sur le chemin de Laon. En quoy toutes choses reüssirent tant heureusement à M. de Biron et à tous vous autres messieurs, que comme vous commenciez à vous ennuyer d'une trop longue attente à vostre gré, estant desja les quatre heures du soir ou environ, ceux que M. de Biron avoit envoyé descouvrir le vindrent advertir qu'ils avoient descouvert sur le grand chemin de la Fere à Laon une si longue file de gens de guerre, qu'à leur advis ce ne pouvoit estre autre chose que tout le camp des ennemis, lesquels ayant eu advis de leur embuscade, le faisoient marcher en gros, pour les venir attaquer sans péril. Il y en eut plusieurs des principaux de vos trouppes qui entrerent en cette mesme opinion, et sur ce fondement conseilloient, en chuchotant aux oreilles les uns des autres, de penser plutost à une honneste voire prematurée retraitte, qu'à une attente perilleuse; à quoy ils vouloient insister, et les nommeriez bien si vous vouliez, s'ils n'eussent veu M. de Biron, et plusieurs capitaines et gentils-hommes d'entre vous autres messieurs, oppiniastrer au contraire et estre resolus, quoy que l'on vous pust dire, de faire encor mieux recognoistre ces gens de guerre de crainte de rien déterminer de honteux. Ce qu'ayant fait faire par le sieur de Fouqueroles, au moins ce nous semble, et deux ou trois autres des plus judicieux, du nom desquels il ne nous souvient point, pource que nous n'estions pas lors pres de vous, et ne parlons de tout cecy que sur ce que nous en avons oüy conter à vous et à d'autres à leur retour, et surtout à monsieur le mareschal de Biron, lequel fut entierement esclaircy que l'armée ne marchoit point en corps, et que ce qui faisoit une si longue file et si grande monstre estoit environ trois cens harnois de vivres, poudre et autres munitions, à la teste desquels marchoient, comme l'on sceut depuis au vray, huict à neuf cens mousquetaires ou piquiers parties Wallons, lansquenets et Liegeois à la queuë, pareil nombre de gens de pied, tous Espagnols naturels, des meilleures terces du camp, et devant tout cela quatre cens chevaux en autant d'escadrons : tous lesquels voyant marcher en si bon ordre, il y eut encor grande dispute entre messieurs de Biron, de Givry, Montigny, Marivault, vous et autres capitaines principaux qui estoient pres de luy, touchant la forme d'attaquement dont il seroit à propos d'user, les uns voulans que l'on les chargeast en teste, à laquelle marchoit toute la cavallerie, avant qu'ils entrassent dans la forest, les autres que l'on les laissast passer et entrer dans la forest assez avant, afin de leur fermer le passage de la retraitte, et puis que l'on les chargeast en queuë, y ayant apparence qu'ils seroient davantage surpris et par consequent en demeureroient plus effrayez.

Neantmoins la premiere proposition fut tellement debattuë par messieurs de Givry, de Montigny et de Marivault, qui commandoient la cavallerie, et croyoient trouver plus de facilité et moins de peril en cét attaquement que s'adresser d'abord à de l'infanterie favorisée de charrois, qu'elle fut suivie, comme de fait, dès la premiere charge. Quoy qu'au commencement la cavallerie ennemie tesmoignant une grande resolution et mesme vint fort bravement au combat, neantmoins ils ne l'oppiniastrerent pas longuement, mais se desbanderent quasi aussi-tost, et, par une espece de demie fuitte, se retirerent aux deux costez de leurs charriots et parerent de leur premiere trouppe d'infanterie, laquelle s'estant mise en bon ordre, tiroit en telle furie qu'elle faisoit bien tenir le large à toute la cavallerie que M. de Biron avoit ordonnée pour faire la premiere charge : de quoy luy en extrême colere, il leur manda qu'ils eussent à enfoncer cette infanterie par le flanc gauche, et que, pour leur monstrer l'exemple et le chemin du devoir et de l'honneur, il en alloit faire autant par le flanc droict, en quoy il monstra bien qu'il sçavoit prendre son party au moins de peril ; ce qui fut executé de toutes parts avec telle resolution que ces neuf cens hommes de pied, de la teste des charrois, et ce qui restoit de cavallerie furent aussi-tost mis en route et contrains de se retirer entre les chariots, d'où ils recommencerent leurs salves; enquoy estans secondez par les autres neuf cens hommes de pied, tous Espagnols, qui s'estoient mis en bataillon de piquiers fortifiez en teste, aux aisles et à la queuë de leurs mousquetaires et de leurs charrois, ils se défendoient si obstinément que M. de Biron fut contraint, toute sa cavallerie n'en voulant plus manger et cela non sans raison, de faire advancer son infanterie, tant Suisses que François, qui à l'envy attaquerent fort bravement les ennemis, desquels n'ayans pas esté moins courageusement receus, il se fit entr'eux un des plus obstinez combats que l'on ait gueres veu : tellement que M. de Biron voyant qu'ils ne pouvoient estre forcez par les seuls gens de pied et que la longueur de cét attaquement pourroit donner loisir d'en porter l'advis au camp ennemy et de luy faire tomber sur les bras des forces du tout disproportionnées aux siennes, il prist resolution avec vous autres messieurs de la Cour, qui estiez avec luy, de faire mettre pied à terre à toute la cavallerie, pour aller la hallebarde (dont l'on avoit fait apporter quantité) au poing, assistée du pistolet et de l'espée, enfoncer les Espagnols qui faisoient une tant obstinée resistance, tesmoignans de ne s'estonner nullement de tout l'effort des gens de pied. Ce qu'ayant aussi-tost commandé et luy mesme monstré, comme il l'avoit dit, le chemin et l'exemple aux autres, il fut soudain obey de tous avec promptitude et courage merveilleux ; tellement que faisant marcher devant luy, à ce que l'on nous a dit, messieurs de Guitry, Montigny, Marivault, Trigny, d'Arembure, la Curée, d'Heures, Lopes et autres dont il ne nous souvient pas bien, avec trois cens hommes armez ou environ, et les suivant de pres avec quasi pareil nombre, duquel vous estiez avec tous les autres de la maison du Roy qui l'avoient suivy en cette expedition, les ennemis furent attaquez d'une telle hardiesse et impetuosité de tant de costez et de si pres, que les mousquetades, voire mesme les coups de piques pour la pluspart estans devenus inutiles à cause de la proximité des combattans, et des coups de main qu'ils se donnoient, s'entretenans comme collet à collet, qu'ils furent contrains de ceder à une telle furie, de se débander, se sauver dans les bois et sous leurs charettes et chariots ; et fut la tuërie si grande qu'il en demeura pres de mille ou douze cens morts sur la place, tous les chariots demeurans en la possession de M. de Biron, qui ne pust neantmoins jamais empescher que la pluspart des vivres et munitions ne fussent enlevées, degastées et gouspillées par ses gens de guerre ; aussi que ayant esté tué ou estropié plus de quatre cens des chevaux desdits chariots ou de la cavallerie, il n'en peut amener que la moindre partie en l'armée.

Il y eust aussi quelques prisonniers, mais en petit nombre et de peu de qualité, tous ceux qui estoient restez à cheval s'estans sauvez à la course vers la Fere, ce qui restoit de gens de pied sains ayans jetté leurs armes et s'estans espars dans la forest, en sorte qu'il n'y eut moyen de les attrapper : outre que M. de Biron (apprehendant tousjours que l'armée ennemie ou grande partie d'icelle luy tombast sur les bras ainsi las et harrassez qu'estoient ses gens de guerre) leur fit faire des deffenses expresses, sur peine de la vie, de se débander pour courir apres, et, en suitte ayant remis ses trouppes en ordre propre pour faire encor une brave retraite, s'il en estoit besoin, apres que chacun eut pris sa refection du pain, vin et viandes cuites, dont il se trouva quantité en ce convoy, il se retira toute la nuict amenant ces charrois et ses prisonniers avec luy, et arriva en cét esquipage dans le corps de l'armée, sans avoir eu aucune allarme, avec autant de gloire, d'honneurs et de loüanges de la part du Roy envers vous tous, d'accollades et d'embrassades des plus qualifiez (car c'estoit une monnoye de laquelle de longue main Sa Majesté s'estoit aydée pour faire faire montre aux gens de vraye vertu), que d'envie, jalousie et regret de tous ceux qui n'y participoient pas. Le Roy estoit encor au lict lors que vous arrivastes, et M. de Biron luy contant tout ce qui a esté dit cy-dessus, ce ne fust sans y entremesler quelques vanitez et vanteries à sa mode, qui meritent quelques excuses, puis que le plus grand Roy et plus grand capitaine du monde se laissoit bien emporter à ces deux passions.

Or, comme l'on entretenoit le Roy de ces discours, il arriva deux espions qui advertirent Sa Majesté, que tant s'en faut que le camp des ennemis, estonné de cette défaite et de la perte d'un si grand convoy, fît dessein de se retirer, comme ils avoient trouvé que l'on le publioit par l'armée, depuis l'arrivée de ceux qui avoient eu part à un si grand exploit, que, tout au contraire, ils avoient appris que le comte Charles de Mansfeld et M. du Mayne, dépitez de cela, se preparoient pour marcher en gros et venir faire lever le siege à vive force; parlans de cela les uns aux autres tout publiquement dans leur armée, et disans, n'attendre plus que l'arrivée de quelques trouppes qui les devoient encor venir joindre : ce qui fit resoudre le Roy (nonobstant que le mareschal de Biron se mocquast de cét advertissement) d'envoyer M. de Givry, maistre de camp de la cavallerie legere, à la guerre, avec trois cens chevaux, qu'il choisit des plus lestes et reposez de l'armée, luy donnant charge expresse de ne revenir point qu'il ne luy apportast nouvelles certaines du lieu où estoit le camp des ennemis, de quelles forces il estoit composé, et quels pouvoient estre leurs desseins : à quoy M. de Givry obeyssant, il partit trois heures apres le commandement receu ; et ayant demeuré pres de trois jours dehors, il revint asseurer le Roy qu'il n'y avoit aucune bande des ennemis qui eust encor passé la riviere d'Oyse, et que selon ce que l'on pouvoit conjecturer de leurs desseins, il y avoit plus d'apparence que le camp fût plutost prest de reprendre la route de Flandre que de vouloir plus rien entreprendre pour faire lever le siege de Laon : tellement que le Roy se fondant et s'asseurant sur ce rapport comme tres certain, il fit dés le mesme soir une partie pour aller le lendemain disner à Sainct Lambert, membre dépendant du comté de Marle, domaine de Navarre, situé dans la forest auquel il y avoit une mestairie où, estant jeune, il estoit allé souvent manger des fruicts, de la cresme et du fromage, se delectant grandement de revoir ces lieux là où il avoit esté en son bas âge.

Or, pource qu'il ne se passoit gueres nuict qu'il ne veillast et allast revisiter le travail que l'on faisoit aux batteries, mines et tranchées, si tost qu'il eust disné avec dix ou douze des principaux d'entre vous autres messieurs qu'il avoit menez avec luy jusques au nombre de trente chevaux seulement, il se jetta sur un lict pour se reposer (car nous dirons en passant que les peines et les fatigues de sa jeunesse l'avoient tellement habitué à tout ce qui estoit necessaire pour un Roy, soldat et capitaine tout ensemble, qu'il sommeilloit et s'éveilloit quand il vouloit), où le voyant endormy, vous vous en allastes promener huict ou dix ensemble vers le plus couvert et le plus frais du bois (car c'estoit le temps des plus aspres chaleurs de la fin de juin, ou commencement de juillet), tirant vers le chemin de la Fere à Laon, et n'eustes pas fait douze ou quinze cens pas, que vous entendistes un grand bruit de plusieurs voix confuses, divers cris et houpemens de personnes, qui sembloient s'entr'appeller les unes les autres, hannissemens de chevaux, et en suitte des bourdonnemens de tambours et retentissemens de trompettes, mais ceux-là encor comme grandement esloignez. Vers lesquelles rumeurs vous estant acheminez pour en apprendre les veritables causes, vous advisastes à travers les branchages quelques huict cens pas

de vous sur ce grand chemin, une quantité de goujars et valletaille qui suivoient des trouppes d'infanterie, lesquelles marchoient devant en fort bon ordre, sans bruict ny battement de tambour, que vous jugeastes, quoy que de loin, estre tous estrangers, et puis apres vistes des charrois et pieces d'artillerie qui suivoient tout cela, les chartiers crians *hay*, tant qu'ils pouvoient, et faisant claquer leurs foüets qui retentissoient fort dedans ces bois ; tout cela marchant en apparence d'un grand corps d'armée : ce qui vous estonna bien fort, et fit aussi-tost retourner sur vos pas, en grande diligence, tant pour eviter le peril que pour en advertir le Roy, lequel vous trouvastes resveillé, se promenant dans un jardin et venant de hocher un prunier de damas blanc, qui portoit les plus belles et meilleurs prunes, à ce que vous me distes me contant tout cecy, que vous avez jamais mangées, auquel en l'abordant vous criastes : « Pardieu, Sire, nous venons de
« voir passer des gens qui semblent avoir dessein
« de vous preparer une collation de bien autres
« prunes que celles-cy et un peu plus dures à di-
« gerer, si vous ne montez promptement à che-
« val, pour aller donner ordre à vostre armée. »
— « Que voulez vous dire par là ? repartit le Roy.
— « Nous voulons dire, Sire, respondites vous
« quasi tous en foule, que nous venons de voir
« passer, au moins selon nostre advis, tout le
« camp des ennemis, avec l'artillerie au milieu,
« ceux qui sont devant marchant en silence sans
« aucun son de tambour que nous ayons oüy, tout
« cela filant en fort bon ordre dans le chemin qui
« va de la Fere à Laon à travers de cette forest,
« et est à craindre qu'il n'en arrive des trouppes
« à la teste de quelques quartiers des vostres,
« avant qu'elles en ayent ny allarme, ny advis,
« tant les batteurs d'estrade ont esté peu soi-
« gneux de prendre bien langue. »

Surquoy le Roy, apres que vous luy eustes juré que tout cela estoit tres-vray, s'émouvant grandement et criant *des chevaux ! des chevaux !* il vous dit : « Il y a bien un quart d'heure qu'il me
« sembloit entendre quelques resonnemens de
« tambours et trompettes ; mais tout cela me sem-
« bloit si esloigné, aussi que je me reposois sur
« le rapport de Givry, que j'estimois que ce fus-
« sent ceux de mon armée. » Et sur cela montant à cheval, il se mit au grand gallop, prenant le chemin de son quartier, criant *à cheval*, par tous ceux où il passoit et à tous les particuliers qu'il rencontroit, leur commandant de se rendre tous en armes à son quartier ; et outre cela il dépescha douze de ceux qui estoient avec luy, pour aller passer en trois ou quatre quartiers qu'il leur départit aussi tost à chacun (car il por-

toit tousjours dans sa pochette un controlle de tous ceux des logemens de son armée), pour commander de sa part à toutes les trouppes de cavallerie de monter à cheval armez de toutes pieces, et de se venir ranger par escadrons aux environs de son logement ; à celles d'infanterie, de se venir mettre en bataillons, formez pour le combat entre son quartier et les logemens des trenchées, et attendre là ses mandemens : lesquelles prevoyances et diligences (comme ce prince les avoit admirables, et, le cul sur la selle et l'espée au poing, se monstroit tousjours le plus judicieux et ferme de courage de tous ses capitaines) servirent grandement pour éviter beaucoup d'accidens fascheux, dautant que quelque soin et celerité qu'il eust tesmoignée de sa personne, si n'étoit-il peu arriver en son quartier qu'il n'y eust desja quantité de trouppes de cavallerie ennemie à la veuë d'iceluy, lesquelles se formoient en escadrons à mesure qu'ils arrivoient, suivant le commandement de leur general, lequel (comme c'est l'ordinaire des grandes entreprises principalement és faits militaires, que de se trouver sujettes à des accidens et difficultez non preveuës) n'ayant peu faire marcher ses trouppes avec la diligence qu'il s'estoit imaginée, tant pource que les bandes du camp, comme il fut sceu depuis, n'estoient peu toutes arriver au rendez-vous pris à l'heure ordonnée, pour les embarras qu'elles avoient apres trouvez dans le grand chemin qui traverse la forest, de plusieurs hommes et chevaux morts, chariots et charrettes rompuës, demeurées en iceluy de la déroute de ce grand convoy, pour ce que l'essieu d'une coulevrine s'estant rompu il avoit fallu faire halte, afin d'y en remettre un autre, que ceux qu'il avoit envoyez recognoistre une scituation advantageuse pour le campement de son armée (en laquelle sur tout il y eut bois, eau, et facilité de recouvrer des fourrages, toutes les moissons estans encor debout) avoient esté plus long-temps à revenir qu'il ne s'attendoit, que pource qu'il n'avoit pas jugé à propos de faire paroistre ses trouppes qu'elles ne fussent toutes hors de la forest, en ordre de bataille, sçachant bien qu'il avoit affaire à un des plus vigilans, laborieux, industrieux et déterminez princes de son siecle; auquel par tous ces dilayemens et retardemens (comme quelquefois il advient que la trop grande circonspection et retenuë prejudicie autant que pourroient faire les conseils prematurez et la precipitation) il avoit donné loisir d'advertir par tous les quartiers, et de disposer ses escadrons et bataillons pour un combat general sans desavantage, ny estre contraint d'affoiblir les gardes des trenchées ; tellement que tout le reste de cette journée, tant le Roy que les chefs ennemis se portans plus à loger et camper si seurement leurs trouppes, qu'elles ne donnassent nulles prises sur elles qu'à nul autre dessein, il ne se fit aucune faction de guerre, ayant de toutes parts eu deffences expresses de ne s'advancer ny engager à aucune chose, sans commandement particulier, ne faisant à cette occasion que s'entre-regarder, faire fanfarer leurs trompettes et bruire leurs tambours, chacun à la mode de sa nation; et fut le Roy si heureux, ou pour mieux dire, si judicieux et prevoyant, que vous ayant envoyé recognoistre tout à l'entour sur le haut une certaine petite colline qui paroissoit entre les trouppes des ennemis et les siennes, et luy ayant rapporté qu'elle estoit toute seule, en forme quasi ronde, et de telle eminence qu'elle pouvoit apporter un tres-grand desadvantage à son siege, si d'abord les ennemis s'en fussent saisis, il y envoya un regiment pour s'y loger et retrancher, et peu apres deux bastardes, à l'execution desquelles Sa Majesté vous commanda de demeurer, et y vinst peu apres luy mesme pour recognoistre et ordonner de tout ; et ainsi cette journée s'estant toute passée à faire des logemens, ordre et dispositions des trouppes, il ne se fit aucune faction de guerre qui merite de le reciter.

Mais le lendemain ne se passa pas ainsi, car chacun s'estant preparé durant la nuict, il s'attaqua peu apres de toutes parts (chacun essayant de se saisir d'un petit boqueteau tout isolé qui estoit demeuré entre les deux camps, sans avoir esté occupé ny des uns ny des autres) une des plus grandes escarmouches qui ne se soit gueres veuë, sans grand effet neantmoins, ayant entendu dire du depuis à M. de Parabere, qui vint le soir souper avec vous sur le haut de vostre colline où vous estiez fort commodément huté pres de vos deux pieces, qu'il estimoit ne s'estre pas tué vingt hommes ny blessé deux fois autant de tous costez, quoy qu'il se fust tiré plus de cinquante mil coups d'harquebusades ou mousquetades, l'intention de M. le comte Charles de Mansfeld ny de M. du Mayne n'ayant jamais esté, ainsi qu'il fut depuis sceu de quelques prisonniers, de donner bataille ny donner ouverture à un combat general, redoutant par trop la suffisance du Roy au mestier de la guerre, son courage intrepide et l'excellence de sa cavalerie, quasi toute composée de noblesse françoise, à laquelle il sçavoit bien, par jugement et par diverses experiences, que la leur n'estoit nullement comparable, mais d'essayer, sous l'apparence de la presentation d'icelle bataille ou de la proximité de la ville, de faire lever le siege, ou trouver moyen de jetter dans la place trois mil hommes de pied et trois cens chevaux, lesquels par diverses et furieuses sorties eussent apres empesché toutes sortes d'approches pres des fossez, voire eussent entrepris de faire des logemens dehors à moitié costé, et finallement contraint le Roy de se retirer. Toutes lesquelles choses ne leur ayant pas reüssi, ils leverent eux mesmes leur camp une nuict et se retirerent à la Fere par le mesme chemin et avec le mesme ordre qu'ils s'estoient advancez, sans aucune autre faction de guerre, le Roy n'ayant pas voulu les faire suivre ; mais se contentant de la honte qu'il leur avoit fait recevoir, il retourna toutes ses pensées au parachevement de son siege.

CHAPITRE LIV.

Capitulation de Laon. Opinion du Roi sur Biron et sur Bouillon. Rosny chargé d'une mission vers ce dernier.

Encor qu'il se fût passé tant de factions, actions et choses notables et dignes de remarque, durant ce grand et long siege de Laon, (dautant que toutes les forces d'Espagne, des Païs-Bas, et celles des ligueurs de France conjointement porterent toutes leurs affections, industries et puissances pour secourir cette place et en faire lever le siege) que qui en voudroit representer toutes les circonstances et les particularitez, il s'en pourroit faire un gros volume, si ne laissons nous pas, nous qui avons fait des recueils abregez des Memoires de vostre vie, d'avoir trois raisons, ce nous semble-il, suffisantes pour excuser toutes nos obmissions : la premiere, que nostre intention est de parler seulement en général de toutes les choses où vous n'aurez pas esté; la seconde, que la pluspart de ce que nous pourrions adjouter à ce que nous en avons dit, sont choses publiques que les historiens ne manqueront pas de ramentevoir; et la troisiesme, voire la principale, que vous ne demeurastes pas tousjours aupres du Roy durant ce siege, Sa Majesté vous ayant fait faire plusieurs voyages en divers lieux et vers diverses personnes, pour vous faire essayer de descouvrir plusieurs affaires d'importance qui se demenoient et tramoient toujours, lors que l'on sçavoit le Roy estre attaché en de grands sieges ou affaires, pour lesquelles vous allastes à Paris, Roüen et autres lieux, par deux ou trois fois, et en suitte à Sedan : pour lesquelles causes, continuant d'abreger ce qui se passa en ce siege de Laon, depuis que l'admirable experience du Roy au demeslement des affaires de la guerre, et sa vraye vaillance, et tousjours active diligence et prévoyance en icelles eut contraint les duc du Mayne et comte de Mansfeld, avec leurs grandes et puissantes armées rassemblées de toutes parts, de s'esloigner de la présence de Sa Majesté, à la sourdine et avec grande frayeur, nous vous ramentevrons seulement qu'à vostre retour de Sedan, du voyage duquel nous dirons cy apres quelque chose de ses causes et de ce que vous y fistes, vous trouvastes que la ville et garnison de Laon, où il y avoit un des fils de M. du Mayne renfermé dedans, avoient capitulé et traitté de se rendre dans certains jours, au cas que pendant iceux ils n'eussent point de secours notables; et partant laisserons nous tout ce qui se passa en suitte de cette capitulation, pour revenir à la deduction des causes de vostre voyage à Sedan, pour lesquelles rendre plus intelligibles, il faut sçavoir que deux jours apres la défaite du grand convoy, à cause de laquelle M. de Biron tenoit des propos grandement extravagans, le Roy vous envoya querir si matin qu'il estoit encore au lict (et n'y avoit en sa chambre que l'Oseray et Armaignac), lequel apres quelques discours de ce qui s'estoit passé en ces grands combats où vous vous estiez trouvé, et voyant que vous loüyez M. de Biron, il vous dit : « Tout ce que vous dites est bien vray ;
« mais outre qu'il en parle tant et y adjouste tant
« de choses qu'il semble que vous n'avez tous rien
« fait, et que tout ce qu'il en dit n'est qu'à des-
« sein de me demander le gouvernement de cette
« place, de la fortification de laquelle il parle
« desja tout ouvertement, jusques à menacer de
« faire quelque escapade si je luy refuse; mais
« outre que j'en suis desja engagé de parole en-
« vers d'autres que j'ayme et ausquels je me fie,
« je craindrois qu'en luy baillant et la fortifiant
« comme il dit, de le rendre insupportable lors
« de ses despits et vanteries, capable, luy es-
« tant si proche des Pays-Bas, de tout mespriser
« et tout imaginer ; et partant vous prié-je de
« penser à toutes ces choses et le mettre un peu
« sur ces discours pour voir ce qu'il dira, car
« l'on m'a dit qu'il vous carresse en esperance
« que vous consentirez, ou pour le moins ne
« vous monstrerez point contraire au mariage
« qu'il desire faire de son second frere avec
« vostre niepce de Sainct Genies, qu'il sçait estre
« fort riche ; car d'un tel esprit et tant presomp-
« tueux, qu'il voudroit persuader au monde qu'il
« m'a mis la couronne sur la teste, me semble-il
« qu'il en faut craindre toutes choses ; et partant
« essayez de le faire parler, et puis m'en dittes
« vostre advis ; car j'experimente tous les jours
« qu'il y a des esprits qui ne se peuvent rassasier

« de biens et d'honneurs, et des naturels de si
« perverse inclination que l'on ne sçauroit obli-
« ger.

« Mais, me voulant promettre que vous ne se-
« rez jamais de ceux-là, je vous prie de me dire
« ce que vous pensez touchant les procedures de
« M. de Boüillon qui fait tant le sapient, et que
« vous cognoissez de longue main aussy bien que
« moy, et combien tant plus je l'ai obligé, tant
« plus il m'a fait d'argarades et tasché tousjours
« de faire defier les huguenots de moy, et tesmoi-
« gné peu de soin de me bien servir et de desir
« de mon establissement en une absoluë autho-
« rité royale. Vous sçavez comme je luy ay fait
« avoir l'heritiere de Sedan en mariage, no-
« nobstant que plusieurs personnes me le des-
« conseillassent, et peut-estre avec raison ; vous
« sçavez aussi comme je luy entretiens grande
« quantité de gens de guerre, sous-ombre de
« garder comme frontieres les places de ce qu'il
« appelle son Estat, que je voy bien qu'il ayme
« mieux que moy, mon service ny son devoir,
« puisque nonobstant qu'il ne soit pas loin d'icy,
« qu'il m'ayt veu engagé en un si grand et long
« siege, qu'il n'aye point ignoré qu'il s'assembloit
« de toutes parts, et en France, et en Flandre,
« de grandes forces pour secourir Laon, si ne
« m'a-il fait sçavoir depuis deux mois aucunes
« nouvelles de luy, ny fait offrir de me venir
« servir de sa personne et des trouppes que je luy
« entretiens, comme vous jugez bien que c'estoit
« le devoir d'un loyal et obligé serviteur, et
« n'est pas possible qu'il fasse tout cela par in-
« nocence, si elle n'est fourrée de malice bien
« noire, laquelle trois autres ne l'ont pas moin-
« dre, mais ne sont pas si soigneux de la cacher
« que luy : à sçavoir le comte d'Auvergne, le
« duc d'Espernon et le mareschal de Biron, qui
« semblent avec luy tous concertez à desirer que
« je ne sois jamais Roy absolument obey dans
« toutes les parties de mon royaume, tant ils
« craignent que je me ressouvienne tousjours des
« belles fredaines qu'ils m'ont faites autresfois :
« or me faut-il prendre patience et sortir le plus
« doucement que je pourray de ce difficile siege
« où je suis engagé ; et cependant veillez tous-
« jours à descouvrir tout ce que vous pourrez de
« tous costez, et sur tout du comte d'Auver-
« gne, car l'on m'a dit qu'il a envie de faire une
« escapade, quoy que si c'est de sa seule intelli-
« gence je n'en apprehende point d'accident où
« il ne me soit facile de remedier. »

Sur lesquels derniers propos le Roy vous
ayant licencié, il arriva le lendemain que vous
estiez allé à son coucher et qu'il estoit prest de
prendre sa chemise de nuict que le sieur Beringuen vous vint dire tout bas à l'oreille, qu'il y
avoit à la porte de la chambre un gentil-homme
de la part de M. de Boüillon, qui avoit des
lettres à presenter au Roy ; lequel Sa Majesté
ayant fait entrer, luy dit avoir esté envoyé de
la part de M. de Boüillon pour luy faire des
excuses de ce qu'il ne l'estoit pas venu trouver
pour le servir de sa personne et de ses trouppes
qu'il commandoit, mais que l'empeschement en
estoit aussi legitime que la cause funeste et douloureuse pour luy, comme Sa Majesté le cognois-
troit mieux par la lettre qu'il en escrivoit ; laquelle luy ayant esté baillée, il la leut aussitost,
puis dit au gentil-homme qu'il estoit infiniment
desplaisant de son desastre et deplorable accident, mais qu'estant chose sans remede, il falloit que, comme sage et craignant Dieu, il eut
recours à luy, et que quant à ce qui despendoit
des hommes il lui feroit paroistre, tant en cette
occasion qu'en toutes autres, qu'il le tenoit
pour son serviteur particulier, et qu'aussi luy
tesmoigneroit-il qu'il luy seroit tousjours bon
Roy et bon maistre, dequoy il lui donneroit des
asseurances par un de ses plus affidez serviteurs
qu'il cognoissoit de long-temps, et que le lendemain il auroit ses depesches pour le devancer.
Sur lesquelles paroles le gentil-homme s'estant
retiré, le Roy vous bailla les lettres de M. de
Boüillon à lire, desquelles n'ayant peu retenir
les propres paroles vous nous en distes quelque
chose de la substance qui estoit telle, à sçavoir :
qu'il n'eust pas manqué, en s'aquittant du devoir
d'un tres-humble, tres-obligé et tres-loyal serviteur, de venir servir Sa Majesté de sa personne
et des trouppes qu'il luy avoit baillées à commander, comme les occasions luy avoient semblé le
requerir, s'il n'en eust esté absolument empesché
par une occasion autant legitime que deplorable,
funeste et douloureuse pour luy, qui estoit la
mort de sa femme, laquelle luy estoit d'autant
plus sensible, que plus elle luy avoit tesmoigné
de cordialle et sincere amour en mourant, luy
ayant fait un don universel de tous et un chacun
ses biens, lesquels, à ceste occasion, il envoyoit remettre sous sa protection, le suppliant
tres-humblement de vouloir appuyer sa juste possession de son authorité royalle et bien-veillance
accoustumée, ne doutant point qu'il ne se trouvast plusieurs pretendans de grande qualité qui
luy voudroient disputer son droit, duquel, lors
qu'il plairoit à Sa Majesté, il luy en donneroit
entiere cognoissance, et l'ayant veu l'en feroit le
seul juge.

Lesquelles nouvelles et depesches le Roy vous
ayant encor fait voir une autre fois, il vous dit:
« Hé bien ! M. de Thurenne est-il pas bien hon-

« neste et bien humble? cela veut dire qu'il a
« fort affaire de moy; car, s'il vous en souvient,
« il ne parloit pas si doux à Mont-auban et à
« Sainct Paul de la Miatte, lors d'une assem-
« blée qui s'y tint, où vous me vinstes trouver,
« en laquelle estoit un des docteurs de l'electeur
« Palatin, nommé Butrix, avec lequel les mi-
« nistres et gens de sinode et de consistoire, luy
« et ses partisans, comme Constans, Aubigny,
« Sainct Germain, Beaupré, Sainct Germain de
« Clan, Bresolles et autres tels broüillons, fai-
« soient toutes sortes de menées et pratiques,
« pour faire que toutes les eglises de France re-
« solussent de se mettre en espece d'Estat popu-
« laire et republique comme les Pays-Bas, esli-
« sant pour protecteur, afin d'en tirer secours
« puissant en temps opportun, le susdit comte
« Palatin, qui establiroit, disoient-ils, quatre
« ou cinq lieutenans dans les provinces avec
« puissance esgale, sans se fonder plus sur les
« princes du sang, desquels les esperances de
« pouvoir parvenir à la couronne diminuoient
« grandement le zele de la religion et les rendoit
« plus circonspects à n'offencer pas legerement
« les grands et villes du royaume; enquoy il ne
« tesmoignoit pas moins d'ignorance que de ma-
« lice et de mauvais dessein contre moy, ne
« considerant pas que la grande diversité des si-
« tuations des eglises de France, esparses par
« tout le royaume, de celles des provinces unies
« et reduittes en un petit canton de difficiles
« accez, ne permet pas d'user de mesmes for-
« mes de proceder; et vous vous souviendrez,
« si jamais vous voyez les eglises de France,
« comme ils les appellent, desnuées des princes
« du sang dont l'authorité et la consideration
« les soustienne et unisse en mesme resolution,
« et qu'un roy de France les attaque puissam-
« ment et soudainement, que tous les grands et
« plus qualifiez et les grandes villes faisans pro-
« fession de la religion, ne se voulant point de-
« ferer les uns aux autres, feront des desseins
« chacun à part, et entreront en de telles divisions
« qu'un grand affoiblissement, voire peut-estre
« une destruction totale, se rendra inévitable
« parmy eux; et encor que M. de Thurenne soit
« en reputation d'avoir un grand esprit, de sça-
« voir beaucoup de choses, et qu'en effet, il parle
« des mieux dans les assemblées et les conseils
« où il se trouve, si ay-je tousjours recogneu
« qu'aux choses fort importantes son jugement
« est grandement fautif, et qu'il a tousjours
« pris les mesures de ses desseins, ou trop
« estendües, ou trop resserrées, et plutost selon
« que sa passion et ses interests l'ont porté,
« que selon la raison et l'équité, desquelles pro-
« cedures et intentions il ne s'est jamais dé-
« party, mais les a tousjours renouvellées de
« temps en temps, comme il les tesmoigna dés
« le lendemain de la bataille de Coutras où son
« escadron ne fit pas des mieux. Et neantmoins,
« croyant que la reputation du gain d'icelle au-
« roit tellement effrayé les provinces de Perigort
« et de Limosin que tout se reduiroit sous sa
« puissance, il me débaucha (comme vous sça-
« vez, car je vous en fis des plaintes lors que je
« vous envoyay trouver mon cousin le prince de
« Conty) le tiers de mon armée pour mener en
« ces provinces là, sous des esperances qu'il
« donnoit et promesses qu'il faisoit de les faire
« tous riches de butin, et de chasser la religion
« catholique de ces provinces là, où neantmoins
« il ne fit rien qui vaille, ne prit pas une bico-
« que et furent les siens bien battus à Sarlat
« (dont, Dieu me veille pardonner, je ne fus pas
« trop marry); et encor depuis en l'assemblée
« de la Rochelle, un peu devant et apres la mort
« de M. de Guyse, vous sçavez s'il n'essayoit pas
« de faire les mesmes choses contre moy, que
« l'autre estoit prest d'executer contre le Roy,
« et bien plus rescentement durant nostre grand
« siege de Roüen, que se voulant prevaloir de
« cinq ou six mil reistres qu'avoit amenez le
« prince d'Enhalt, auquel il persuadoit ce qu'il
« vouloit, combien de peines m'a il données,
« estant tousjours en contestation avec le ma-
« reschal de Biron, et de bravades m'a il faites,
« me menaçant, si tost que je luy refusois quel-
« que chose, de ramener les reistres; et de fait,
« j'ay eu advis certain qu'il a esté cause qu'ils
« se sont deux fois mutinez et nous ont contraint
« de boursiller par tout pour leur fournir ar-
« gent, dautant que ce corps là, separé de mon
« armée, le prince de Parme n'eust esté que trop
« puissant pour me faire lever le siege et me
« mettre sur la défensive.

« Mais comme vous sçavez que c'est mon hu-
« meur d'oublier facilement les offences que l'on
« m'a faites, et que je n'entends pas plutost la
« repentance dans la bouche du coulpable que
« je n'aye le pardon dans le cœur et la volonté
« de luy tesmoigner que je n'ay plus souve-
« nance de ses fautes, aussi ne vous dis-je point
« tout cecy pour ressentimens que j'aye des fau-
« tes passées de M. de Boüillon, mais seulement
« pour vous en instruire, afin que s'il vous vient
« à alleguer ses merites et services dont il est
« accoustumé de faire grande parade, ou s'il
« vous met sur des discours approchans de cela,
« vous ayez dequoy luy respondre, non point
« en mon nom, mais comme de vous mesme;
« car, pour mon regard, je vous declare que

nonobstant tout ce qui s'est passé, je suis resolu de luy donner des preuves de ma bien-
« veillance et de mon assistance, pour lesquelles
« rendre plus notables et certaines, je desire,
« outre les lettres que je luy escriray, que vous
« l'alliez visiter et consoler de ma part, luy don-
« niez sur ses requisitions toute sorte de bonnes
« paroles, et mesmes voyez les donations de sa
« femme, dont il parle en ses lettres, afin que,
« sur le rapport que vous m'en ferez, je puisse
« soustenir ses pretentions avec plus de raison
« et de justice, lors que les apparens heritiers
« de ces biens m'en feront quelque instance :
« j'ay desja fait faire les responces à ces lettres,
« mais je n'ay pas voulu les faire fermer que
« vous n'en ayez oüy la lecture. » Et les ayant lors fait apporter, vous trouvastes qu'elles disoient ainsi :

Responce du Roy à M. de Boüillon de Thurenne.

Mon cousin, j'approuve vos excuses et vos submissions : je plains vostre perte qui est tres-grande, ayant trouvé et puis perdu une femme fort vertueuse, de douce humeur, riche et de bonne maison, qui sont toutes qualitez excellentes, lesquelles ne se rencontrent pas souvent ensemble ; mais je sçay aussi que vous estes si sage, et avez tant d'experiences de l'instabilité des choses mondaines, que vous recevrez cette affliction comme de la main de Dieu, duquel seul vous pouvez attendre l'entiere allegeance à vos douloureux ressentimens ; et ne laisseray pas neantmoins de contribuer, pour un si bon sujet, tout ce qui pourra dependre de ma bienveillance, assistance et protection, sur tout si vous estes fondé en droict, raison et bons titres, comme vous me l'escrivez ; mais, en quelque sorte que les choses soient passées, je vous feray paroistre que je vous ayme, vous tiens pour mon serviteur et que je vous seray bon maistre : de toutes lesquelles choses j'ay donné charge à monsieur le baron de Rosny, que vous cognoissez de longue main, et auquel j'ay toute confiance, de vous donner des asseurances plus particulieres, à prendre de vous celles que vous ne voudrez pas confier au papier, et voir tous les tiltres sur lesquels vous fondez vos pretentions, afin que, sur son rapport, j'en puisse parler plus ouvertement et certainement. Sur ce je prieray Dieu, mon cousin, qu'il vous ayt en sa garde. Du camp devant Laon, ce 8 juillet 1594.

Ayant entendu la lecture de ses lettres, le Roy vous dist que ne vous pouvant davantage instruire de ses intentions que par ce qu'il vous avoit dit et que vous aviez ouy, il vous prioit de partir au plutost, de faire bonne diligence, vous informer de toutes choses le plus particulierement que vous pourriez, et prendre bien garde à vous par les chemins, à cause des places que tenoit M. de Guyse, quoy que sa mere luy eust desja porté parole qu'il estoit son serviteur dans l'intention, et que bien-tost il le feroit paroistre par effet. Ayant pris congé du Roy, il vous embrassa par deux fois, et vous dit : « Adieu, mon amy, revenez bien-tost et
« prenez garde à vous ; car j'en ay encor bien
« affaire, trouvant vostre entremise des plus
« sinceres et des plus heureuses, quoy que
« j'apprehende bien que vous ne serez pas long-
« temps sans estre mal avec ma sœur et le
« comte de Soissons, car j'ay appris qu'ils se
« plaignent que vous leur avez donné des asseu-
« rances de beaucoup de choses à Chartres, au
« temps de mon sacre, dont ils disent que l'ap-
« parence des effets va journellement en dimi-
« nuant ; dequoy nous parlerons à vostre re-
« tour.

CHAPITRE LV.

Lettre de Rosny au cardinal de Bourbon. Voyage de Rosny à Sedan. Conférences avec le duc de Bouillon.

Le bruict des armes et des combats et l'embarras de nostre memoire, entre tant d'autres affaires diverses que vous nous racontastes en ce mesme temps, les entremeslans les unes parmy les autres, selon que l'occasion s'en presentoit, nous en ayant fait oublier une partie, nous vous ramentevrons comme, à vostre retour de la desroute du grand convoy des ennemis, vous depeschastes dés la nuict mesme un de vos gentils-hommes, nommé le sieur du Peyrat, parent de l'un de nous quatre, vers M. le cardinal de Bourbon, pour luy porter les trois lettres du Roy, de la substance desquelles il a cy-devant esté fait mention. Nous avons creu, nous en estans maintenant ressouvenus, que vous n'auriez point desagreable, quoy que ce soit hors de son ordre, que nous inserassions icy la lettre que vous luy escrivistes pour les accompagner, de laquelle la teneur s'ensuit :

Lettre de M. de Rosny à M. le cardinal de Bourbon.

Monseigneur, encor que la nature ny la fortune, ou pour mieux dire et parler en chrestien, cette haute divinité qui donne estre, vie, mouvement et intelligence à toutes creatures, selon la diverse condition de leurs natures (et au regard de laquelle et de son immensité, les cieux, les terres, les mers, et tout ce qui est contenu en iceux sont moins estimez qu'un point) ne m'aye pas eslargy ses graces ny départy ses faveurs à proportion du besoin que j'en avois pour me rendre digne de vostre bien-veillance, et de la confiance que vous avez tesmoigné d'avoir en moy, je n'ay point neantmoins perdu courage; je ne me suis point laissé accabler sous le pesant faix de commandemens si difficiles à executer qu'estoient les vostres, quelques inégales que leur fussent mes forces; mais me consolant en la grandeur de mon zele et de ma devotion à vostre service, m'esvertuant en vostre vertu, me relevant d'esperance en l'excellence de vos merites, me fondant sur les merveilles de la generosité et bon naturel du Roy et en la cordiale affection que je sçavois bien qu'il vous portoit, je me suis employé de toute ma puissance à l'execution de vos volontez, en quoy j'ay pris le temps si à propos, ay si bien suivy les methodes que vous m'aviez prescrites, rencontré de si favorables conjonctures et trouvé l'esprit de Sa Majesté si bien disposé en vostre endroit, que j'estime en avoir obtenu tout ce que vous eussiez peu desirer, et par consequent dequoy vous consoler et ramener à convalescence, comme vous le jugerez trop mieux par trois lettres que je vous envoye de sadite Majesté : la premiere de sa propre main à vous addressante; la seconde à monsieur le chancelier; et la troisiesme à M. d'O. J'ay aussi donné charge au sieur du Peyrat, present porteur, afin de vous resjoüyr l'esprit, de vous representer, lors que vous l'aurez agreable, quelques particularitez sur l'estat present des affaires, la bonne disposition de plusieurs esprits et ce qui s'est passé en ce tant brave et opiniastré combat de la défaite du grand convoy des ennemis, craignant que les longs discours ne rendissent mes lettres ennuyeuses, lesquelles pour cette cause je finiray icy, mais non le zele et la devotion que j'ay au service de vostre hautesse; lesquels yront tousjours en augmentant tant qu'il restera de jours et de vie à celuy qui prie le Createur pour vostre convalescence, hautesse et prosperité, et vous baise tres-humblement les mains, comme estant, Monseigneur, vostre tres-humble, tres obeyssant et tres-obligé serviteur. MAXIMILIAN DE BETHUNE.

Du camp devant Laon, ce 6 juillet.

Or, reprenant le discours que j'avois laissé pour faire place à cette lettre, nous vous ramentevrons comme vous partistes au bout de trois heures que vous eustes pris congé du Roy, estant allé prendre vostre train qui estoit à Bruieres, ensemble douze gens-d'armes de vostre compagnie que vous y aviez fait venir exprés pour vous accompagner en vostre voyage de Sedan; estimant que ce nombre avec ce que vous aviez des gentils-hommes de vostre suitte et de domestiques bien armez de cuirasses, casques et pistolets seulement, faisans en tout vingt-cinq bons chevaux sans aucun bagage que deux males sur la croupe de deux forts courtaux, seroit plus propre à exploitter chemin et ne se laisser pas surprendre, ny battre qu'une plus grande trouppe avec bagage; comme de fait vous arrivastes à la veuë de Sedan, sans avoir fait aucune rencontre que celle de M. de Boüillon mesme, lequel ayant eu advis trois jours auparavant que vous aviez eu charge du Roy de le venir visiter et consoler de sa part en son affliction, monta soudain à cheval pour venir au devant de vous, et vous rencontra, ce nous semble, à un village nommé Torey, assez proche de Sedan, qu'il vous dist en vous saluant estre la separation de ses terres souveraines d'avec celles de France, vous tesmoigna de parole (car pour le visage il l'avoit fort triste) une grande joye du choix que le Roy avoit fait de vostre personne, estant de telle qualité que vous estiez, et fort bien auprés de Sa Majesté, pour luy tesmoigner sa bien-veillance, et la compassion qu'elle avoit de son indicible perte. Il se passa (apres qu'en vous promenant pour ce que vous aviez mis tous deux pied à terre, il eut fait la lecture des lettres du Roy, lors et depuis estans remontez à cheval) plusieurs civilitez et complimens entre vous deux qui seroient trop longs à reciter, aussi que vous ne nous les avez jamais tous dits et qu'ils ne sont pas trop necessaires à vous ramentevoir, n'estans pour la pluspart que propos communs et ordinaires en telles occasions de condoleances, affaires et asseurances de bien-veillances generales à donner.

Estans arrivez au chasteau il vous logea et traitta fort splendidement et avec les mesmes honneurs et ceremonies, que si vous eussiez esté envoyé comme ambassadeur vers luy, et non comme pour une simple visite d'un maistre à son serviteur, telle qu'avoit esté l'intention du Roy, que fust vostre voyage en son endroit : dequoy vous luy en distes bien quelque chose; mais tout cela neantmoins ne le fit pas changer de forme de proceder, dequoy tous nous autres qui vous avions suivis n'estions pas trop marris, dautant que nous en fusmes bien mieux traittez. Vous eustes durant trois jours entiers que vous sejournastes là, plusieurs longues conferences ensemble, tant dans vos logemens qu'en vous promenant à l'entour des fortifications qu'il faisoit commencer avec grand soin et grande despence à son chasteau, lesquelles il exaltoit à merveilles; dequoy neantmoins estant parmy nous en particulier retiré dans vostre chambre, vous vous mocquiez, disant que cette place estoit en une tant desadvantageuse assiette, qu'il n'y avoit despence, travail, ny industrie qui la pûst jamais rendre fort bonne.

Nous voudrions bien nous pouvoir entierement souvenir de tous les discours qu'à diverses fois vous nous avez dit qu'en ces temps-là vous eustes ensemble; car il ne vous entretinst pas seulement sur les choses pour lesquelles vous aviez esté envoyé vers luy, mais vous fit une infinité de questions et propositions sur toutes sortes d'affaires les plus importantes du dehors et du dedans du royaume, dont nous vous en ramentevrons icy quelque chose en general, afin que cela vous convie d'y adjouster le surplus, et plusieurs particularitez que nous pourrions avoir oubliées, ou que mesmes vous ne nous avez pas dittes. Apres donc tous ces propos communs et complimens accoustumez en semblables occasions tant au nom du Roy qu'au vostre, il se mist sur les remerciemens d'iceux, la loüange des vertus excellentes du Roy, les obligations dont il luy estoit redevable, et les protestations de sa fidelité à son tres-humble service : puis vous ayant demandé des nouvelles du siege de Laon, et vous luy ayant conté ce que vous en sçaviez et sur tout les particularitez de la défaite du grand convoy, l'acheminement de l'armée ennemie, sa presentation en posture et ordre de bataille, la grande escarmouche du lendemain, avec dessein de jetter du renfort dans la place assiegée; les diligences et prevoyances du Roy contre tous ces desseins, la retraitte nocturne du camp ennemy, sans son de tambour ny de trompette, l'estonnement de ceux de dedans la ville, voyant que tout cela leur avoit esté inutile, et les esperances que l'on concevoit de sa prochaine reduction, il vous demanda ce qu'à vostre advis pourroit faire le Roy apres tant de bons succez et un si notable exploit de guerre, et s'il ne se resoudroit pas enfin (voyant qu'à toutes occasions les armées espagnolles estans és Pays-Bas, entroient dans le royaume et luy faisoient une guerre ouverte) à la declarer à ces provinces et peuples voisins qui demeuroient en repos, pendant que ceux de son royaume estoient troublez et travaillez, puis que c'estoient elles qui nourrissoient les ennemis dans leur sein, et que sans la fertilité et commodité d'icelles, leurs trouppes n'auroient pas eu moyen de se maintenir et subsister si longuement; et partant luy sembloit-il qu'il y auroit beaucoup plus d'honneur et d'utilité à les traitter comme ennemis publics et tous descouverts (puis qu'aussi bien ils l'estoient desja dans le cœur, voire tesmoignoient leurs mauvaises volontez à toutes occasions par les effets) que de les laisser plus long-temps paix et ayse et en repos dans leurs foyers, et sous ombre de je ne sçay quelle voisinance de peuple à peuple, leur donner l'opportunité, non seulement de trafiquer librement et utilement pour eux dans le royaume, mais aussi d'y faire des menées et pratiques au dommage du Roy et de l'Estat; que si Sa Majesté vouloit trouver bon (comme il estoit bien resolu de l'en supplier) que l'on se declarast ouvertement contre ces provinces, et que l'on leur fist la guerre guerroyable, il s'asseuroit bien de les incommoder, de sorte qu'il les reduiroit, au lieu de l'offensive simplement volontaire où ils se maintenoient, sur une deffensive absolument necessaire; voire croyoit-il que de son costé il pourroit faire de si grands progrez dans les provinces de Luxembourg, le Liege et Namur, sur les principales et plus fortes places desquelles il avoit de longue-main tramé des entreprises, dont il y en avoit quelques-unes d'infaillibles, qu'il donneroit moyen au Roy par l'execution d'icelles de faire conjoindre, quand bon luy sembleroit, ses armées avec celles des provinces unies des Pays-Bas.

Et sur ces propos il fit des gestes et montra des apparences toutes telles, que s'il eust voulu là terminer son propos. Et neantmoins quasi tout aussi-tost apres, sans vous donner loisir de repliquer, il reprist la parole et vous dit que s'il n'eust apprehendé de vous estre trop long et ennuyeux en ses discours, et encor plus que vous en racontant quelque chose à vostre retour à la Cour, à des gens qu'il sçavoit bien et vous aussi, qui luy avoient tousjours rendu de mauvais offices, lesquels (faisans comme les areignées qui convertissent en ord et sale venin la substance des plus belles, odorantes et savoureuses fleurs dont elles tirent leur nourriture) ne manqueroient pas d'en discourir à tors et à travers, de prendre ses paroles à contre sens, ou d'y donner des interpretations entierement contraires à ses intentions, il vous eust fait voir à l'œil, toucher à la main et juger par l'intelligence, une infinité d'autres utilitez et advantages, qu'il estimoit se pouvoir tirer et percevoir par l'approbation de tels conseils et la suitte et continuation de semblables procedures et operations, tant par le Roy et l'Estat, que par tous ceux de la religion : conjointement lesquels se trouveroient à jamais liez et attachez à mesmes interests à cause des deux grandes factions formées en la chrestienté, sous le tiltre de Françoise et d'Espagnole, en la premiere desquelles les roys ses devanciers (quoy que superlatifs en catholicité, et qu'ils n'ignorassent point que, reservé leur royaume et l'Estat Venitien, le surplus des roys, princes et peuples qui la composoient estoient tous de profession contraire à la Romaine) s'estoient neantmoins trouvez reduits par raison d'Estat et de prudence royale, de laisser les zelez inconsiderez à part, et non seulement de se ranger en cette faction, mais aussi de s'en dire chefs, voire en quelques temps de se nommer protecteurs et deffenseurs de la liberté germanique, de crainte que l'Angleterre prenant cet advantage et par consequent eux demeurans destituez de tant de partisans, ils vissent perir l'independance de leur couronne, et fussent contrains, en se reduisant dans l'autre faction, à deferer comme simples adherans en icelle, non seulement au Pape, mais aussi à l'empire et à la maison d'Autriche, de laquelle il n'y avoit guere plus de deux cens ans que les plus eminens d'icelle se fussent estimez, honorez d'estre stipendiaires de celle de France; au lieu que maintenant ces trois puissances reünies et jointes ensemble par le plus indissoluble de tous les liens d'amitié, qui est celuy de la communité d'interests, ne font plus de difficulté de publier tout haut leurs hardies pretentions à la monarchie tant spirituelle que temporelle de la chrestienté; ce que le Roy à present regnant, s'il estoit bien conseillé et ne se vouloit laisser abuser aux deceptives raisons et frivoles allegations des zelez et devots de ce siecle, devoit plus diligemment considerer que nul autre des roys precedens, et avoir incessamment devant les yeux et en l'esprit, les mesmes causes et les mesmes raisons pour fondement de la conduitte de sa vie et du regime de ses peuples et de son Estat; et partant n'y avoit-il nul doute que ce ne fust un desir des plus vains et une proposition des plus absurdes, que de vouloir exalter sa personne royale en eminence d'honneur, de gloire et de grandeur supreme, et en mesme temps tesmoigner de la haine et de l'animosité sur les differences de creance en la religion, et de procurer l'avilissement, l'affoiblissement et la dissipation de tous ceux qui estoient les plus certains appuis et solides fondemens de sa puissance royale, gloire et reputation mondaine, estimant quant à luy qu'aussi bien luy seroit-il du tout impossible (attendu la longue profession qu'il avoit faite de la religion reformée, et la confiance qu'il ne se sçauroit, à son advis, jamais empescher de tesmoigner beaucoup plus grande en ceux de ses domestiques estans de cette profession, qu'és autres, mais sur tout en ceux qui sont employez aux services particuliers de sa bouche et de sa personne) de faire paroistre tant de refroidissement d'amitié, ny de diminution d'intelligence avec les Estats, princes et peuples protestans ses anciens et loyaux alliez, ny de s'assujettir de sorte à toutes les superstitieuses ceremonies romaines, qu'il peut estre trouvé suffisamment devotieux au gré des zelez catholiques espagnolisez, ny faire si bonne mine en toutes les cimagrées dont il faut user, et babioles où il se faut amuser, que la caffarderie des mendians et les equivoques ambitieuses des Jesuittes en receussent entiere satisfaction.

Toutes lesquelles choses il estimoit que vous (suivant le devoir d'un bon François, bon huguenot, fidele, loyal, et judicieux serviteur de Sa Majesté tout ensemble) luy deviez instamment representer; mais neantmoins comme de vous mesme, et sans faire aucune demonstration que ces ouvertures, advis, et conseils procedassent de luy, afin de les rendre moins suspects d'aucun concert ny sien dessein premedité, et par consequent plus efficacieux en l'esprit de ce prince tant plein de vivacité, de jugement et d'experiences, qu'il sçavoit en perfection toutes les circonspections qu'un bien sage et genereux prince doit observer avec leurs deües proportions, pour maintenir ses alliez et confederez estrangers en bonne union et correspondance les uns avec les autres, et tous ensemble en ferme et loyale amitié avec sa personne et sa couronne, et de quelle douceur, familiarité, equanimité, amour et droiture, un souverain doit user à l'endroit de ses subjets et serviteurs, pour en tirer une gaye et volontaire obeyssance, et par icelle s'establir en la jouyssance d'une tres-heureuse domination, ayant assez esté enseigné en une tant utile science et pratique, par toutes les sortes de traverses, perils, travaux et difficultez, par lesquels les roys, princes, et grands chefs d'armées, qui ont esté battus de la Fortune, se sont trouvez ordinairement sujets : tout cela conformément au discours que luy en avoit un jour fait en vostre presence et en la sienne, le vieil bon-homme, M. de Segur Pardaillan, lequel neantmoins nous ne transcrirons point icy, pour y estre usé de propos un peu trop libres en ce qui regarde les puissances terriennes, et lesquels par consequent pourroient estre mal receus; mais reprendrons vostre responce sur le total, d'autant qu'elle nous semble plus circonspecte, en laquelle essayant d'imiter, en quelque sorte, son style, vous luy dittes qu'il avoit d'ordinaire des conceptions si relevées, un langage si épuré, disoit tousjours de si belles choses, et les exprimoit en termes si clairs, intelligibles et significatifs, qu'il ne devoit douter que vous n'y donnassiez, voire mesme avec singulier plaisir, delectation et contentement, toute l'attention qui leur seroit necessaire pour en retirer les profits et advantages que vous ne doutiez point s'y devoir rencontrer : et partant le priez vous de vouloir continuer son propos, sans crainte qu'il en pust estre fait de mauvais comptes sur vostre rapport, s'ils ne procedoient du Roy mesme (auquel à la vérité vous ne luy vouliez pas dénier que vous ne luy celeriez rien de tout ce dont il vous pourroit souvenir), d'autant qu'envers tous autres vous mesnageriez de sorte ces advis et conseils, qu'ils n'en pourroient mal user, ny en discourir à la mode des gens du temps, qui est de blasmer tout ce qui n'est pas de leur invention, ou qui surpasse la capacité de leur esprit.

Il reprit donc lors son propos, mais avec des paroles que nous trouvasmes tant enveloppées lors que vous m'en fistes le recit, tant ambiguës et pleines d'équivoques, qu'il sembloit n'avoir eu autre dessein que de dire de belles et fastueuses paroles, qui ne peussent estre entendues, ou pour le moins fussent si bien assaisonnées d'une double intelligence, qu'il restast en sa puissance dequoy y donner telles explications que bon luy sembleroit, et que le temps à venir, l'estat des affaires, et les occasions luy fourniroient de sujet de le desirer; tellement que tout ce que nous peusmes faire lors, comme nous avons dit que vous nous en parlastes, fut d'en tirer quelque substance aucunement bien intelligible telle que s'ensuit, à sçavoir :

Qu'il ne falloit point douter que l'ouverture publique d'une guerre generale contre tout ce qui paroistroit estre de faction espagnole dans la chrestienté, ne fut un moyen pour, avec le temps, unir inseparablement en un mesme dessein la France et tous les roys, princes, potentats, republiques et villes qui redoutent la grandeur de la maison d'Autriche, et ne fut tres efficacieux pour effacer dés à present une infinité de soupçons qui se formoient journellement dans l'esprit des plus loyaux et asseurez serviteurs de Sa Majesté en ce royaume, et ceux des plus certains alliez et confederez de cette couronne, dont il avoit parlé hors d'iceluy, la pluspart desquels desja aucunement mal satisfaits du changement advenu dans la religion du Roy, sans s'estre soucié de pourvoir à l'honneur et seureté de ceux d'autre profession, lesquels, apres Dieu, se pouvans dire avoir esté les deffenseurs de sa vie et de son bon droit en cet Estat, commençoient à craindre que, se laissant peu à peu porter à la bigotterie de leurs haineux, il se rendit enfin persecuteur d'eux tous, au lieu de protecteur qu'il leur avoit esté par tant d'années; courant desja entr'eux des bruits qui sembloient n'estre pas du tout hors d'apparence ny de vraysemblance, à sçavoir, que le Pape et les cardinaux, obsedez et possedez absolument par la puissance de la maison d'Autriche qui les environne et circuit de toutes parts, avoient promis, voire s'estoient obligez par serment solemnel de ne recevoir jamais le Roy à reconciliation avec le Sainct Siege, ny luy conferer la benediction apostolique (car c'estoient les propres termes dont il sçavoit bien que l'on usoit entre les Espagnols) qu'il n'eust approuvé, juré et signé une certaine quantité d'articles qui tendoient à luy faire entreprendre, conjointement avec les autres puissances catholiques unies à la maison d'Autriche en la chrestienté, l'extermination et ruyne absoluë, comme du temps des Albigeois, de tous ceux qui ne voudroient recognoistre les pontifes romains pour chefs de l'Eglise chrestienne, et se trouvoient ces opinions desja tellement enracinées dans les cerveaux de la pluspart des ministres et gens de synodes et consistoires, voire d'aucuns princes et grands personnages fort puissans et accreditez parmy ceux de la religion aussi bien dehors que dedans le royaume de France, qu'ils ne faisoient point de difficulté de conclurre lors qu'ils discouroient entr'eux de semblables affaires, comme d'une chose qu'ils estimoient indubitable, que ceux de la religion s'en alloient reduits en beaucoup pire condition qu'ils n'estoient du temps des plus furieuses guerres de la ligue, d'autant qu'alors, comme ils le sçavoient tres-bien remarquer, ils vivoient sous les seuretez des edits publics, lesquels leur servoient de traittez conventionnels avec leurs roys, par lesquels, selon le droit des gens, ils obligeoient leur foy, leur honneur et leur parole à l'entiere observation des promesses qui leur y estoient faites, et par icelles à les preserver et garantir de toute injure, violence et oppression, avoient lors, sinon par permission expresse, au moins par tolerance tournée en coustume par les laps du temps, un protecteur puissant et authorisé, tant par son eminente qualité de premier prince du sang et presomptif heritier de la couronne, que par ses grands biens et seigneuries, qui s'osoit nommer tel et hardiment entreprendre de les tenir en union, et user des prevoyances et precautions necessaires contre toutes invasions et subits attaquemens, avoit à la Cour ses agens à descouvert, pour y representer comme de par luy les plaintes de tous en general et d'un chacun en particulier ; et en cas de refus et absolus desnis de justice, le courage et le pouvoir de deffendre leurs droits par armes, qu'il faisoit apres approuver pour justes et legitimes, voire avoir esté prises et gerées pour le service du Roy et le bien de l'Estat ; au lieu que maintenant il sembloit que ceux de cette profession ne deussent plus esperer de vie, libertez, honneurs, biens et dignitez, qu'à temps et par tolerance (comme cela, ainsi que vous sçaviez bien, avoit esté demandé au Roy par les articles qui luy furent apportez à Fontaine-bleau par le sieur de Villeroy, de la part de messieurs de Lorraine, du Mayne et de Mercœur), ne subsistant plus en l'Estat, à present que Sa Majesté s'estoit faicte catholique sans avoir tesmoigné de s'estre souvenu en aucune façon de ce qui leur estoit necessaire, que sous le benefice d'une je ne sçay qu'elle trefve bastie à la haste, ny n'avoient plus d'autre protecteur que celuy seul qui, par les dignitez où il estoit monté, le changement de religion qu'il avoit subitement fait, sembloit estre obligé à devenir leur partie, au moins s'il se vouloit faire croire vrayement converty et acquerir creance à Rome, et parmy les grandes et puissantes villes du royaume qui l'exciteroient incessamment à les affoiblir et diminuer ; à quoy il estoit à craindre qu'il ne se portast trop facilement, tant pour son propre interest, qu'il se laisseroit persuader y estre attaché, que pour complaire aux puissans de ce siecle et aux grands corps et communautez, comme c'estoit l'ordinaire des hommes de courir aux plus prochaines et apparentes utilitez, et de se conjoindre et unir aux plus puissans et authorisez, outre tous lesquels maux estoient encor à redouter le grand credit que ses longues habitudes luy avoient acquis parmy eux, les douces cajoleries dont il leur useroit, esquelles il estoit des plus experts, et la distribution qu'il avoit en main de toutes les charges, honneurs, biens et dignitez du royaume, au charme de laquelle les plus cupides et desireux de tels advantages, qui faisoient tousjours le plus grand nombre, se laisseroient de sorte persuader, qu'il s'en trouveroit peu qui ne fleschissent sous ses volontez, et encor moins qui osassent contester contre luy les ordres, disciplines et reglemens qu'il avoit luy mesme autrefois tant et tant debatus et maintenus comme estans les seuls et uniques fondemens de la subsistance des eglises reformées.

Tous lesquels inconveniens bien et meurement examinez par les prudens, mieux sensez et pleins de zele et devotion, il ne falloit point douter que si Sa Majesté ne se resolvoit de les mettre bien-tost en condition qui les asseurast contre tous les orages et tempestes de leurs haineux et mal-veillans, ils n'essayassent de trouver en eux mesmes les remedes qui leur defailloient en autruy, et que pour y parvenir ils ne jettassent les yeux sur quelque protecteur de dedans ou dehors le royaume, pour y avoir recours en temps d'adversité, de quoy il avoit sceu qu'il s'estoit desja advancé quelques propos en un synode tenu à Sainct Maixant; lequel avoit adjousté qu'en attendant le choix, la probation et recognoissance d'un personnage de l'eminence, probité, puissance et capacité requise pour une charge importante, il seroit tenu une assemblée generale à Saincte Foy, pour en determiner, ou à tout le moins establir un conseil general de quelque nombre de deputez nommez par toutes les provinces, qui subsistast tousjours en un certain lieu, avec lequel eussent correspondance dix conseils provinciaux, en quoy ils estimoient à propos de separer tout le royaume, par les advis desquels ce conseil general prenant ses resolutions, il eust, en quelque petit nombre qu'il se trouvast, lors des occasions, non seulement autant de pouvoir qu'un protecteur approuvé, mais aussi qu'une assemblée generale composée des trois ordres accoustumez en France, tant pour envoyer les desputez en Cour y faire des requisitions pour tout le corps et chaque particulier, selon que l'occasion le pourroit requerir, que pour resoudre les difficultez qui surviendroient, et advoüer et authoriser ceux qui, pour se garantir d'oppression, seroient reduits à lever les armes sans commission du Roy, fortifier places et prendre villes, chasteaux et deniers royaux ; desquelles propositions il ne doutoit point que les plus animez et scrupuleux catholiques ne fissent grand bruit, et ne prissent sujet sur icelle de déclamer hautement contre tous ceux de cette profession, sans mettre en consideration les violences que l'on exerce contre eux, et la petite et fort tardive justice que l'on rend à leurs plaintes et doleances, à l'exemple de plusieurs qui se trouvans en felicité, et par consequent contens de leur condition, s'offencent contre ceux qui se plaignent du temps et de leur miserable fortune; dequoy tous ceux de la religion s'estimoient estre fort prochains, si une fois, comme la chose n'estoit pas trop esloignée d'apparence, Rome, l'Empire, la France, l'Espagne, l'Italie et leurs dependances s'unissoient ensemble en forme de croisade, comme il vous en avoit desja dit quelque chose, pour du tout exterminer dans la chrestienté tous ceux qui leur seroient de contraire creance, si eux aussi de leur costé, pour esviter tant de dangers qui les menaçoient, ne se confederoient sincerement et courageusement ensemble pour les devancer. Quoy qu'à tous ceux qui luy avoient tenu ou fait tenir ces langages, il leur eust mis en avant les difficultez infaillibles qui se rencontreroient en ces unions presupposées, et usé de toutes les remonstrances et raisons dont il s'estoit peu adviser pour leur oster ces fantaisies de l'esprit, si n'y avoit-il pû parvenir, y en ayant eu de si hardis et chauds en leur zele de luy dire que puis que le Roy avoit bien quitté le soin du salut de son ame pour parvenir plus facilement au royaume, qu'il se rendroit encor bien plus facile à laisser en arriere le soin de conserver ses anciens et loyaux serviteurs, pour regner seurement et delicieusement.

Il vous tinst encor plusieurs autres discours sur ces mesmes sujets qui seroient trop longs à reciter, par tous lesquels il estoit facile à juger qu'il eust esté bien ayse, en donnant des apprehensions de tous ces accidens, de se rendre entremetteur necessaire de telles faciendes, et donnant occasion de croire, par ses discours affectez, qu'il pouvoit bien avoir esté l'autheur et le promoteur de ce qu'il attribuoit aux advis, fantaisies, craintes, défiances et pratiques d'autruy, comme l'experience future et la suitte des affaires et de ces Memoires le pourront verifier.

Sur tous lesquels discours que vous escoutastes tout du long fort attentivement avec grande patience, et sans rien repliquer ny l'interrompre, vous respondistes apres, les distinguant seulement en trois chefs principaux, qu'encor que le Roy se fust faict catholique, si ne le cognoissiez-vous en aucune façon diminué d'affection envers ses anciens serviteurs, pour faire de l'honneur et du bien à tous ceux qui persevereroient en leur premiere loyauté, ny aussi envers tout le general des eglises reformées, ausquelles il estoit resolu, comme il vous l'avoit encor juré depuis un mois, de ne refuser aucunes des conditions qui seroient jugées necessaires pour la liberté de leurs consciences et conservation de leurs honneurs, vies, fortunes, biens et familles, tant pour le present que pour l'advenir, mais que ce seroit prematurément proceder et choisir une saison mal propre que de le vouloir presentement presser sur telles concessions, et encor plus imprudemment fait que d'en vouloir precipiter les expeditions, ny demander des asseurances par escrit pleines de perilleuses consequences, en un temps qu'il avoit tant d'affaires à démesler à Rome et dans le royaume, et tant de diverses sortes d'esprits à contenter.

Que quant aux alliances et confederations estrangeres dont il vous avoit parlé, c'estoit autant de chimeres que toutes ces unions du Roy avec ceux de la maison d'Autriche, d'autant que vous sçaviez de science qu'il y avoit une telle adversion qu'il n'en pouvoit ouyr parler sans horreur et despit; et que tout au contraire il n'avoit rien si bien gravé ny plus vivement empraint dans le cœur, que de pouvoir (apres avoir pacifié son Estat, et iceluy remis en lustre, richesse et force) faire une ferme et solide liaison avec tous les roys, Estats, princes et potentats de la faction françoise (la pluspart desquels il sçavoit bien estre de la religion, ou pour le moins ennemis de Rome et d'Espagne), pour la destruction de cette maison, qu'il voyoit bien avoir le dessein commencé dés Charles V, d'empieter, soit par force ou par fraude, la monarchie de la chrestienté, recognoissant en eux tous une telle ambition, qu'il n'y auroit jamais ny pieté, ny charité, ny religion, ny respect de Pape, de sainct siege, ny de parentage et d'alliance, qui les pust divertir de ce dessein, ny les empescher d'estendre leur domination par tout où leurs armes et la bonne fortune les pourront porter, ne faisant point de doute que luy, qui estoit des plus judicieux et intelligens en telles affaires d'importance, n'en eust les mesmes sentimens.

Que quant à la declaration de la guerre contre l'Espagne avant la pacification de dedans le royaume, c'estoit, selon vostre jugement, une proposition des plus problematiques qui se pouvoit faire; mais que neantmoins les premieres raisons qui vous estoient venuës en l'esprit vous portoient à dire qu'il ne falloit encor rien innover, que c'estoit le chemin le plus seur et le moins sujet à diversité d'inconveniens, diverses experiences vous donnant sujet de croire que le Roy d'Espagne s'esvertuëroit bien d'une autre façon, lors qu'il se verroit directement attaqué, et qu'il yroit de son honneur, et d'une guerre purement sienne, qu'il ne faisoit à present qu'il ne se considere que comme simple auxiliaire ; à quoy, comme affaire des plus importantes, il falloit bien penser avant la resoudre.

Et que pour le regard de son affection au service du Roy, vous croyez n'y avoir rien à desirer ny discourir là dessus, estant de trop longue main attaché par l'ame et par les sermens, à la gloire, grandeur et prosperité de Sa Majesté, et d'abondant si obligé à sa personne par abondance d'honneurs et biens receus d'elle, que ce seroit un des plus effroyables prodiges qui se sçauroit voir, lors qu'il viendroit à manquer de devoir en son endroit, ou qu'il auroit besoin d'estre conforté en iceluy, et que pour ceste cause ne luy usiez-vous d'aucunes persuasions sur ce sujet.

Nous serions trop longs et peut-estre ennuyeux, si nous voulions maintenant vous ramentevoir tout ce que nostre memoire nous fournit là dessus, à mesure que nous recherchons les plis, replis et cachots d'icelle; et partant nous nous contenterons de dire, en reprenant le fil de ce que vous luy distes sur la mort de sa femme et le desir que le Roy avoit qu'il vous fît voir le testament qu'il disoit qu'elle avoit fait en sa faveur, que toutes vos instances furent inutiles, prenant pour excuse que cette donnation estoit dans une cassette, où, après luy avoir fait lire, elle l'avoit mise elle mesme, l'avoit cachetée et à luy fait promettre de ne l'ouvrir point que pour s'en servir en justice contre ceux qui luy voudroient troubler ou disputer son bien-fait. Aussi bien ne le pûstes vous persuader à s'en aller trouver le Roy, ni lui envoyer aucune partie des trouppes qu'il luy avoit mandé estre prestes pour son service, d'autant qu'il ne pouvoit, comme il vous dist, quitter sa nouvelle seigneurie et encor moins sa forteresse sans inconvenient à redouter, ny aussi peu se deffaire de ses trouppes, les ayant distribuées dans les lieux importans de son Estat.

CHAPITRE LVI.

Détails sur la réduction de Laon. Soumission de Poitiers. Mission confiée à Rosny. Mort du cardinal de Bourbon. Lettre de Henri IV sur cette mort.

La charge que le Roy vous avoit donnée, touchant M. de Boüillon, exécutée, vous en partistes, et repristes vostre chemin pour aller trouver le Roy pres duquel vous arrivastes le quatriesme jour, et d'abord fustes estonné de le rencontrer à cheval, à la portée d'harquebuse de Laon, qui s'en alloit à la chasse, sans qu'il luy fut tiré ny à plusieurs autres qui estoient plus pres des murailles une seule harquebusade; mais vous appristes aussi-tost que la capitulation estoit faite à condition de remettre la place és mains du Roy, si, dans dix jours, elle n'estoit secouruë par une armée qui fist lever le siege, ou qu'il entrast huict ou neuf cens hommes de secours dans ladite place, comme ils avoient essayé de ce faire il n'y avoit que deux ou trois jours : ayant M. du Mayne envoyé environ ce nombre là dans la forest et à eux ordonné d'essayer d'y entrer la nuict, mais n'ayant peu faire si bonne diligence qu'ils ne fussent surpris dés la pointe du jour, estans encor pres d'une lieuë loin, ils resolurent d'en remettre l'execution à la nuict suivante, et, pour y parvenir plus facilement, ils se jetterent tous dans un boqueteau fort espois, avec dessein d'y passer la journée sans se descouvrir, ayant porté du pain et du vin avec eux, ce qui leur eust aisement succedé, car ce bois estoit esloigné de tous les quartiers; mais il estoit arrivé que le Roy, en attendant l'expiration de la trefve et du terme donné pour la reddition, allant souvent à la chasse, tira par fortune vers ces quartiers là, et s'estant approché de ce bois, avec deux ou trois cens chevaux, ses gardes et quelques carabins, les chiens en questant, estant entrez dans ce boqueteau, descouvrirent tous ces soldats (lesquels ayant oüy le bruict de la chasse alloient connillant et se trainant quasi le ventre contre terre pour se cacher au plus espois et profond du bois), et s'estans mis à japper et aboyer apres, le Roy envoya des lacquais voir à quoy ils en vouloient; lesquels les ayans veus, crierent que c'estoient des soldats des ennemis qui se cachoient; et appellans tous leurs compagnons, ils se mirent à courir apres et trouverent ces pauvres gens si effrayez de se voir ainsi environnez sans aucune esperance de se pouvoir sauver, qu'ils jetterent tous leurs armes bas sans entrer en aucune sorte de deffence, et ainsi furent-ils deffaits, pris et devalisez, plutost par les lacquais que par la noblesse de la Cour, les gardes du Roy ny carabins. Si tost donc que vous approchastes du Roy vous mistes pied à terre, luy allastes faire la reverence, et luy vous ayant embrassé et dit que vous fussiez le bien revenu, il vous fît monter à cheval et vous entretint quasi tout le temps de la chasse, s'enquerant de ce que vous aviez veu, oüy, fait et appris en vostre voyage; dequoy vous luy rendistes compte fort particulier selon qu'il a esté dit cy-dessus.

A quoy il vous respondit en substance : « Voila « les fantaisies ordinaires de M. de Boüillon, « qui voudroit tousjours estre l'entremeteur des « intrigues et broüilleries, voire bien souvent de « celles dont il est l'autheur, et faire durer la « besogne afin de se rendre necessaire; quant à « sa donation, qu'il voyoit bien ce qu'il en de- « voit croire, puis qu'il ne vous avoit rien voulu « faire voir; mais que neantmoins estant mais- « tre de la place, luy de la religion des habi- « tans, et les apparens heritiers de creance con- « traire, l'estat de mes affaires, vous dit-il, « requiert que je tesmoigne d'estre content de « ses procedures, et de le vouloir maintenir en « sa possession sans me trop avant enquerir du « titre d'icelle. » Et que pour ce qui touchoit la declaration de la guerre contre l'Espagnol, que c'estoit une affaire où il trouvoit autant de testes, autant d'opinions, et sur laquelle il se deliberoit, ayant mis ordre aux affaires de la Picardie, de s'en retourner à Paris, y assembler un conseil de ses principaux, plus intelligens et affidez serviteurs, pour y prendre resolution finale.

Quatre jours apres le Roy eut nouvelles de la reddition de Poitiers en son obeyssance et de quelques autres villes, les particularitez desquelles nous laissons aux historiens : le lendemain, le comte de Sommerive, les sieurs du Bourg et Jeannin, voyant que tous les secours promis leur avoient manqué, et que les peuples, ne pouvant plus supporter leur unique domination, estoient pres de tumultuer, ils remirent la ville de Laon en l'obeyssance du Roy; lequel ayant mis ordre à ce qui estoit necessaire pour reparer ses ruynes et à sa conservation à l'advenir, vous envoya trouver M. le cardinal de Bourbon qui estoit toujours à Paris et alloit de jour en jour diminuant, tant pour luy porter des nouvelles de ses bons succez que pour essayer de descouvrir des menées dont l'on luy avoit donné des advis ; et Sa Majesté s'en alla vers les frontieres faire une promenade, tant pour recevoir les villes de Picardie qui se mettoient en son obeyssance que pour essayer de mettre à execution quelques entreprises, qu'aucuns de ses serviteurs disoient avoir sur des villes d'Artois et Hainault, toutes lesquelles particularitez nous laissons à l'histoire generale, tant pour ce que tous ces desseins manquerent, que pour ce que vous estiez ailleurs.

Et dirons seulement en passant que, vous estant à Paris, monsieur le cardinal vous monstra une lettre, par laquelle ou luy mandoit que M. du Mayne voyant Laon pris, que toutes les villes de Picardie, qui estoient en la puissance des peuples, l'abandonnoient, et que M. de Guyse employoit ses amis pour se reconcilier et faire sa condition avec le Roy, avoit, par l'advis du president Jeannin, qui de longtemps l'en solicitoit, resolu d'essayer de reünir ses forces trop esparses, et se reduire en une seule province qu'il designoit tousjours devoir estre la Bourgongne, tant pour ce qu'il possedoit quasi toute, que pource qu'elle estoit avoisinée de la Savoye, Franche-Comté, Suysse, Allemagne et Lorraine, que pource qu'elle appartenoit de droit et par legitime succession au roy d'Espagne, duquel il y auroit moyen d'en obtenir la cession, et par l'ayde du Pape et de l'Empereur la faire eriger en royaume, comme elle en avoit porté le tiltre autrefois, et plusieurs autres raisons de vanité, que cette lettre disoit luy avoir esté alleguées par le president Jeannin; ausquelles ayant defferé apres avoir mis de grandes et fortes garnisons, la pluspart d'estrangers dans Dourlans, la Fere et Soissons, il s'estoit acheminé vers la Bourgongne. Nous laissons encor à l'histoire generale toutes les particularitez et factions de guerre qui se passerent en Bretagne entre M. d'Aumont et de Mercure, l'un assisté des Anglois, avec lesquels il prit Morlais et Quimper, et l'autre des Espagnols, par le moyen desquels il construit le fort du Croisil, pour incommoder le Havre de Brest; je laisse aussi à l'histoire plusieurs beaux exploits de guerre qui se firent en Provence, Dauphiné, Savoye et Piedmont, entre M. de Savoye et messieurs de Lesdiguieres et de Crequy, esquels la fortune favorisa tantost les uns, tantost les autres, dont le plus grand inconvenient fut la défaite et prise de M. de Crequy. Il se fit aussi en Bourgongne des choses admirables, qui commencerent à la fin de quatre vingts quatorze, et ne finirent qu'en avril quatre vingts quinze, sur tout en la ville de Beaulne, dont les habitans firent des merveilles, tant en affection envers le Roy et leur patrie, qu'en courage, resolution et perseverance, ayant, par eux seuls, défait, ou contraint de s'enfuyr dans le chasteau une grande et forte garnison que M. du Mayne avoit mise dans leur ville : s'estans retranchez et barricadez contre ledit chasteau, ils appellerent M. de Biron à leur secours, auquel ils permirent d'entrer avec une armée dans l'enclos de leurs murailles, et de là loger chez eux six sepmaines durant que dura ce siege du chasteau, lequel estoit fort bon, ayant esté continuellement attaqué pied à pied, ensemble par une furieuse batterie de douze canons. Pendant que vous fustes à Paris, et le Roy en Picardie, Sa Majesté ayant esté advertie par un courrier que vous luy envoyastes tout expres, pour luy faire sçavoir au vray la mort de monsieur le cardinal, il vous escrivit une lettre là dessus, et touchant la disposition des beneficies de monsieur le cardinal, dont la teneur ensuit :

Lettre du Roy à M. de Rosny.

Mon amy, j'ay sceu la mort de mon cousin le cardinal de Bourbon, dequoy je suis bien marry, pour y avoir perdu un bon parent et serviteur qui m'aymoit en vérité : force gens m'ont demandé de ses despoüilles ; à tous j'ay dit que j'en avois desja disposé. Maintenant que vous estes par de là, voyez si vous ne pourriez point faire envers l'abbé de Tiron, qu'en luy baillant l'archevesché de Roüen qui vaut trente mil livres de revenu pour le moins, vous pourriez disposer les choses de façon que les abbayes de monsieur le chancelier et du Rollet leur demeurassent, qui m'en demandent de recompense sur ladite despoüille deux fois plus qu'elles ne vallent. Je croy qu'il pourroit contenter le chevalier d'Oyse, en luy faisant quatre mil escus de pension sur l'archevesché, et ce faisant, il luy demeureroit, outre la recompense de celle que pretend ledit abbé de Tiron, près de deux mil escus à son profit, pour luy ayder à soustenir la dignité. Quant à l'abbaye de Sainct Oüen, j'en recompenseray quelqu'un de mes serviteurs, mais à quiconque je la bailleray ce sera à la charge de vous bailler dix mil livres de pension ; mesnagez cette affaire avec dexterité, et m'en rendez responce en toute diligence par homme expres. Souvenez-vous de dire à monsieur l'archevesque, s'il l'est, que je veux achepter Gaillon de luy, mais que je luy en donneray recompense, et que cela se fera à loisir. Sur ce Dieu vous ait, mon amy, en sa garde.

HENRY.

A Paris, ce 26 mai.

CHAPITRE LVII.

Conduite de d'O, surintendant des finances. Mort de ce ministre. Lettre de Rosny au Roi, sur les moyens de rétablir la paix, et de faire fleurir le royaume. Suite de la négociation avec le duc de Guise. Accommodement.

Outre toutes les affaires cy-devant dittes, vous fustes employé en plusieurs autres, dont la première concernoit une certaine lettre que vous receustes de M. de Lieramont, gouverneur du Castelet, deux jours apres celle du Roy, par laquelle il vous prioit de parler à M. d'O, pour donner ordre à luy faire payer sa garnison, fournir quelque argent pour les fortifications de sa place, et pour y mettre des armes, outils et munitions de guerre et de bouche, ce que vous fistes avec grande instance, voire mesme jusqu'à luy protester que si la place venoit à estre prise on luy en imputeroit la faute ; mais pour tout cela il n'en fit rien davantage, et n'en pûstes jamais avoir autre responce, sinon qu'il y avoit des affaires bien plus pressées et de plus grande importance que le Castelet, ausquelles il falloit pourvoir avant que de penser à celle là ; et voyant que vous l'aviez quitté comme tout en colere d'une telle responce, il se tourna vers les sieurs d'Edouville et de Mouchy, qui estoient prés de luy et avoient entendu vos instances et contestations, et leur dist, comme vous le sceutes depuis du dernier qui avoit espousé une de vos parentes : « Par le corpsbieu il nous la baille belle « avec son Castelet et son Lieramont ; car j'ayme « mieux voir la place entre les mains des Espa-« gnols que des huguenots, parce que des pre-« miers, il y aura esperance de l'en pouvoir re-« tirer et des autres jamais, le Roy les favorisant « de sorte en son cœur qu'il leur donneroit plus-« tost de nouvelles places que de leur en oster. »

Peu avant vostre arrivée à Paris, comme environ le quinziesme ou seiziesme de juillet 1594, s'estoient faits les plaidoyers contre et pour les jesuistes, sur lesquels il se faisoit des discours divers, selon la varieté des humeurs et fantaisies, dequoy nous laisserons les particularitez à l'histoire generale.

Quelque temps apres, le Roy ayant receu en son obeïssance les villes de Montreüil, Abbeville, Amiens, Peronne et autres villes, et fait son entrée en aucunes d'icelles, toutes lesquelles particularitez nous laissons à l'histoire ; voyant l'hyver approcher et voulant prendre resolution sur une trefve que luy demandoit M. de Lorraine, et les instances que luy faisoit madame de Guyse, de vouloir recevoir son fils à son service, estant chose qu'elle avoit tousjours solicitée envers luy, sans l'y avoir pû faire resoudre jusques alors, il s'achemina vers Paris, où peu apres M. d'O tomba malade d'une retention d'urine, de laquelle il mourust au bout de quelques jours, et se vit lors une chose merveilleusement estrange, pour un homme qui avoit l'administration, voire quasi absoluë disposition de toutes les finances de France, par les mains duquel estoit passé plus de quatre millions de livres de deniers à luy appartenans, et qui faisoit une despence des plus splendides en toutes sortes de choses qui fust à la Cour, que n'estant pas encor mort, ny mesme du tout hors d'esperance de guerison, quelques-uns de ses parens qui faisoient profession d'amitié avec luy, de ses domestiques et autres qui se pretendoient ses creanciers, firent saisir tous les meubles de son logis, et aussi-tost les enlever, voire jusques à faire destendre la propre tapisserie de la chambre où il respiroit encores.

Quelques jours apres le Roy s'estant laissé persuader aux instances de madame et mademoiselle de Guyse (lesquelles se ressentant de l'honneur qu'elles avoient de luy estre, l'une au premier degré de cousine, et l'autre au second, l'affectionnoient de sorte, qu'elles l'en importunoient incessamment), il fit donner des passeports pour les sieurs de la Rochette, de Pericart et Bigot, lesquels M. de Guyse desiroit d'envoyer vers Sa Majesté, afin de requerir quelques conditions, et convenir du temps et du lieu propre pour luy venir faire ses submissions, et commist messieurs le chancelier de Chiverny, le duc de Retz et le secretaire d'Estat Beaulieu-Ruzé, pour traitter avec eux ; entre lesquels s'estant fait plusieurs conferences, et passé plus de dix jours sans venir à aucune conclusion, madame de Guyse, ennuyée de telles longueurs, vint trouver le Roy, comme il se promenoit avec vous, vous parlant de la mort de M. le cardinal de Bourbon, et en suitte d'une lettre que vous luy aviez escrite touchant l'estat de ses affaires, en 1593, peu avant son changement de religion, se pleignant de l'avoir perduë, et disant qu'il eust bien desiré d'en avoir autant si vous en aviez gardé coppie, de laquelle vous luy en fistes faire une par Balthazar, vostre secretaire, qui nous en bailla autant, que nous avons bien voulu inserer icy, encor que ce soit hors de temps et de son lieu, pource qu'elle nous a semblé assez bien faite, et representant en quelque sorte l'estat confus de cette année là, estant telle que s'ensuit :

Entrelassement d'une grande lettre escrite par M. de Rosny au Roy, dés l'année 1593.

SIRE,

Comme en un grand embrazement, à l'extinction duquel les interests publics et privez obligent aussi bien les petits que les grands, et les foibles que les forts, de s'employer à bon escient, nul à mon advis ne se rencontrera si desraisonnable que de vouloir blasmer celuy lequel, par foiblesse, indigence ou autre incommodité, manquant de jetter sur ce feu un seau ou autre grand vaisseau plein d'eau, y accourroit neantmoins avec le pot et l'esguiere pour essayer de suppléer, par ce tesmoignage de zele et devotion, tous les defauts de son impuissance : aussi ay-je estimé que moy considerant les desordres, confusions et combustions qui agitent cette pauvre France, ma chere patrie, et reduisent quasi toutes les provinces de vostre royaume en feux et en flammes allumées par la haine des malins et envieux de vostre gloire et vertu, par la rage et la furie des fausses devotions et zeles inconsiderez des factions populaires, et par l'audace, ambition, avarice et vanité des plus puissans et authorisez de vos sujets, je ne serois sujet à aucune reprehension, ny mesme taxé d'inpertinence et temerité, sur tout par ceux qui auront bonne intention et quelque judicieuse equanimité, si à l'exposition de ma vie et à l'employ ordinaire de ma personne, de mon travail et de mes moyens pour essayer d'ayder à esteindre ou à tout le moins moderer tels grands et iniques embrazemens des cœurs et des courages mal intentionnez, j'adjoustois, par forme de suplément à mes plus grands defauts, quelques advis et conseils que mes ordinaires meditations et consultations sur choses tant importantes m'ayent peu suggerer, et les expediens qu'en feüilletant les histoires je me suis imaginé de pouvoir estre propres pour medeciner telles langueurs et maladies d'Estat ; lesquels, quelque foibles et debiles qu'ils puissent estre, voire peut-estre impertinens qu'ils soient estimez par aucuns, ne demeureront pas neantmoins du tout inutiles et infructueux, au moins selon mon opinion, s'ils sont considerez selon mon zele et devotion, examinez par les regles de patience, de prudence, et pratiquez par ordre et par degrez selon les saisons et les occasions, et non prematurement, precipitamment, ny à contre-temps.

Lesquelles ouvertures j'essayeray d'assaisonner de telle briefveté, qu'elle les puisse exempter du tout ennuyeux examen et longue consideration et consultation ; et suivant ce que diverses experiences ont apris aux mieux censez aussi bien qu'à moy, que les plus efficacieux conseils et resolutions entre plusieurs bons fondemens, en ont trois principaux et quasi infaillibles, à sçavoir pour le premier les causes et les raisons des substances des choses et des reelles pretentions ; pour le second, les rapports, paraleles et comparaisons des affaires des personnes et des vertus, mœurs et affections, et pour le troisiesme, les exemples, imitations et pratiques des conseils, des desseins et des operations : dans lesquelles trois bornes et limites me reduisant absolument en cette lettre et me dispensant de toutes autres ouvertures qui les pourroient obscurcir, envelopper ou rendre moins intelligibles par leur prolixité, et par consequent moins efficacieux, je prendray la hardiesse de dire à vostre Majesté, pour ce qui concerne le premier fondement, que toutes sortes de droits et de raisons militent en sa faveur, soit que l'on regarde le sang et la naissance, lesquels vous ayant rendu et prince et legitime Roy, puis qu'estes descendu de race royale des deux costez par de tant antiques et de si longues successions de grands roys, sont cause que toute haute pretension qui en un autre se pourroit qualifier du tiltre de vanité, audace, presomption et ambition, prendra en vous celuy de juste, equitable et loüable resolution ; soit que l'on regarde en vostre personne royale, la merveille des roys de nostre siecle, tant et tant d'excellentes vertus, morales, politiques et militaires, et sur toutes cette douce et familiere conversation tant agreable, cette clemence incomparable, de laquelle il y a tant d'exemples que chacun en est ravy ; cette generosité, vaillance, experience, celerité aux executions et admirable suffisance et capacité au fait des armes, n'y ayant quasi jamais eu roy, prince, ny chef d'armée, qui se soit trouvé en tant de sieges, combats, escarmouches et batailles, ny qui ait si souvent mis la main à l'espée que vous avez fait, qui sont autant de charmes pour acquerir et conserver les cœurs ; soit que l'on regarde le restablissement et la manutention de ce royaume en son ancienne gloire, amplitude, opulence et splendeur, la paix, le repos, l'honneur, le contentement et le soulagement de tous vos sujets, de toutes sortes de qualitez ; soit mesme que l'on considere les substances de tous les royaumes, Estats et republiques estrangeres, qui desirent les uns se delivrer de l'esclavitude espagnole et de ses attaquemens, et les autres se garantir d'icelle : tous lesquels ne peuvent entrer en de si douces esperances et moins encor en ressentir les effets, que par le moyen des benignes influences du brillant soleil de vos vertus, par les fructueuses operations de vostre bel esprit et genereux courage, et le bonheur entier de vos sacrez auspices ; au lieu qu'en vos iniques ennemis tous ces grands advantages manquent absolument, n'y ayant, pour le premier chef, gueres plus de trois cens ans que ceux de cette nouvelle maison Austrienne (car de l'ancienne de laquelle j'ai l'honneur d'estre descendu de par la maison de Coussi, ne sont-ils nullement) n'estoient que des petits comtes de Haspbourg et de Quibourg, lesquels ne tenoient rang que de gentilshommes qui entroient à la solde des villes, comme Strasbourg, Basle, Zurihc et autres; lesquels se fussent tenus bien honorez de servir les roys, vos devanciers, de leur temps, en qualité de maistre d'hostel et de camp, comme Raoul, le chef de leur maison, au fils duquel commença la souche de la nouvelle maison d'Austriche en quittant leur premier surnom, le fut d'Othocarus, roy de Boheme ; secondement nulle des personnes de ceux de cette maison qui subsistent à present n'estans eminens en vertus morales, ny en science, ny experience à la guerre, ny en gloire, honneur et haute renommée entre les hommes ; et en troisiesme lieu leur orgueil, fierté, insolence et ambition, estant non seulement formidable, mais aussi en execration et horreur à tous princes, roys et republiques qui veulent vivre en honneur et liberté, et leur aspre domination insupportable à qui en a esprouvé la rigueur et la cruauté.

Quant au second fondement des trois cy-dessus posez, qui est celuy des rapports et comparaisons des personnes, vertus et fortunes, de crainte d'estre trop ennuyeux à vostre Majesté, je n'en iray point rechercher dans l'antiquité, ny parmy les nations estrangeres, voire mesme n'en choisiray-je que quatre d'entre tous vos illustres predecesseurs, qui seront Clovis I, Charles le Grand, Philippes Auguste et Charles le Sage, lesquels, sans m'arrester par cette lettre aux particularitez de l'histoire, mais me contentant de prendre le sommaire de leur vie pour en faire un raport avec la vostre, j'ay choisis expres, pour ce qu'entr'eux et vous il m'a semblé y avoir plus de conformitez de personnes, vertus, mœurs et fortunes qu'entre nuls des autres ; dautant qu'ils eurent tous quatre, comme vous, une grande vigueur, force et disposition de corps (reservé le dernier qui la perdit par un malefice), une vivacité d'esprit et intelligence merveilleuse, une solidité de jugement admirable et une ame toute genereuse et magnanime, le miracle du monde en vaillances, victoires et misericordes ; qu'ils eurent encor comme vous, leurs Estats divisez en partialitez et factions populaires, voire telles fois tellement envahis par les estrangers ou embarrassez de rebellions par leurs sujets, qu'ils n'en possedoient paisiblement que la moindre partie; qu'eux encor, comme vous, par une constante resolution et hardiesse incroyable, poursuivirent leurs legitimes droits sans s'exempter des labeurs, peines et perils, qu'attirent apres elles les grandes et longues guerres; et qu'eux enfin, tous couverts de lauriers et glorieux de triomphes, comme j'espere en Dieu que vous serez un jour, ayant reduit leurs sujets en devoir et obeyssance, et chassé les estrangers de leurs Estats, ils s'appliquerent diligemment et perseveramment à reformer les abus, malversations et corruptions qui s'estoient glissées dans les personnes et les affaires de toutes qualitez durant la licence des armes civiles ; et par ce moyen s'estans tirez des necessitez semblables aux vostres, ils soulagerent leurs sujets, rendirent leurs royaumes riches et opulens, et firent trembler tous leurs mauvais voisins, comme non seulement j'espere, mais crois absolument que vous ferez, s'il plaist à vostre Majesté de prendre une ferme resolution sur ce que je vous representeray, puis qu'en l'exemplaire imitation et operation des advis, conseils, expediens, moyens et procedures, qui ont esté suivis par ces quatre grands, sages et valeureux monarques, gist le troisiesme et dernier, mais le plus solide fondement de la substance des affaires, duquel, pource qu'il consiste en grande diversité de parties, j'en discoureray de bouche avec vostre Majesté, à diverses reprises, selon que je verray qu'elle y prendra goust et qu'il luy plaira de m'en donner le temps et le loisir ; et cependant, comme par forme d'eschantillon et theses generales, laissant le surplus, ensemble les hypotheses et les specialitez, à la vive voix, je feray par cette lettre huict sortes d'ouvertures et propositions à vostre Majesté, desquelles la meditation m'a semblé luy estre absolument necessaire, afin de les pratiquer, apres y avoir bien pensé, peu à peu par progrez de temps, et selon que vostre prudence et admirable sagesse le jugeront à propos.

Desquelles la premiere consiste à reduire toutes les revoltes et rebellions de vostre empire à une deüe et volontaire obeyssance, par le moyen des expediens que je vous proposeray et trouverez, je m'en asseure, de facile execution.

La seconde, à esteindre et amortir toutes les haines, envies et animositez d'entre les partis et religions diverses qui sont dans vostre Estat, en quoy vostre seul exemple et volonté absoluë pourra tout.

La troisiesme, à faire une perquisition bien exacte de toutes les facultez et revenus du royaume, de quelque nature et qualité qu'ils puissent estre, avec un esclaircissement bien particulier des causes, origines, establissemens et perceptions d'iceux, ensemble des droits et redevances qui ont esté abolis par le temps, la negligence des officiers, et autres causes que l'on pourra descouvrir, et des amenagemens et ameliorations qui se pourront faire sur les uns et les autres.

La quatriesme, un estat bien particulier de toutes les debtes ausquelles la France peut estre obligée, soit à cause des engagemens et alienations de domaines, ou autres revenus, soit par creations et constitutions de rentes, sur toutes les diverses natures de revenus, soit par affectations de gages, taxations, droits et attributions d'officiers de toutes sortes, soit par recognoissances particulieres en vertu d'arrests du conseil et des cours souveraines, ou par vertu d'acquits, lettres et mandemens patents, et receptions expediées, en approfondir la cognoissance jusques à la cause, source et origine d'une chacune d'icelles, et regarder aux moyens de les régler, diminuer et acquitter peu à peu, de temps en temps, selon que l'estat des affaires et les qualitez des personnes le pourront permettre.

La cinquiesme, de faire un registre bien certain de tous les officiers royaux qui sont au royaume, tant commençaux et militaires, que de judicature, police, escritoire et finance, avec une specification de ceux qui sont absolument necessaires, et de ceux dont l'on se pourroit bien passer, afin de les diminuer peu à peu, ensemble leurs gages, droicts et attributions, autant que l'estat des affaires le pourra permettre, dequoy faire il sera mis en avant des expediens faciles pour y parvenir.

La sixiesme, de faire un estat de toutes les villes, chasteaux et forteresses royalles et seigneuriales qui sont de consequence, auquel soit specifié celles qui sont absolument necessaires pour la deffense et seureté du royaume, celles qu'il faudra essayer de démolir peu à peu lors que les gouvernemens vacqueront, ou que les qualitez des personnes qu'il n'est pas à propos d'offenser le permettront.

La septiesme, de faire une visitation generale de toutes les frontieres, limites et confins du royaume, avec les observations necessaires, principalement és costes maritimes, afin d'en dresser des cartes bien exactes, ausquelles soient remarquées toutes les embouchures des rivieres, les hauteurs des marées, les rums des vents, les rades, abris, cales, ports, havres, et leurs profondeurs, et sur tout les lieux où il y a ou se pourroit faire de bons ports et havres, pour l'entrée, residence et conservation des plus grands vaisseaux de guerre, afin d'essayer de rendre la France aussi puissante et forte par la mer qu'elle l'est par la terre.

La huictiesme, de faire en premier lieu une deüe recognoissance par visitations, gratifications et payemens de debtes envers tous les roys, potentats et republiques estrangeres, desquels la France a esté et est encor tous les jours assistée en ses urgentes necessitez, puis essayer de faire et former une bonne union, alliance et confederation entre tous les potentats qui hayent ou apprehendent la domination d'Espagne et d'Austriche, entr'eux premierement, et puis conjonctement avec vous, afin d'en former des desseins conformes aux sagesses, prudences, puissances et generositez de vous, et de tant de grands roys cy-dessus nommez, suivant ce qui s'en pourra proposer de vive voix, avec plusieurs autres particularitez pour la facilité des executions qui ne se trouveront à mespriser en l'essay d'icelles.

Or ne doutay-je nullement, sire, que si vostre Majesté communique prématurement toutes ces miennes propositions à des personnes que je sçay bien, ils ne les blasment, voire peut-estre ne les accusent d'impertinence, precipitation et temerité, comme advancées les unes devant leur temps et leur saison, et les autres pleines d'extravagances et impossibilitez, voire que vostre Majesté mesme, si elle en fait jugement avant que de m'avoir entendu, sur les temps, les formes et les manieres diverses que j'estime estre propres pour cet effet, n'en prenne quelque impression; mais nonobstant tout cela si ne perdray-je point courage, et ne laisseray de me faire fort que si vostre Majesté se veut resoudre à constituer toutes ses plus ordinaires delectations, plaisirs et passe-temps, en l'exaltation de son honneur, gloire et renommée, et d'employer toute la vigueur de son corps, la vivacité de son esprit et la solidité de son jugement, en l'execution de ces choses, que vous n'en perceviez des fruicts encor plus doux que je ne les ose dire, voire que vous ne voyez un tel calme dans vostre royaume, une tant volontaire obeyssance en tous vos sujets, une telle amour de vos peuples, une telle affluence de biens et richesses dans vostre Estat, un si grand amas de tresors, armes, artilleries, munitions et vivres, et vostre personne et vostre reputation estre en telle admiration et veneration entre les potentats, peuples et nations estrangeres, que vous entreprendrez encor choses plus hautes que je ne me les sçaurois imaginer. Sur laquelle esperance, voire certitude, je supplieray le createur, etc.

Or retournans à madame de Guyse, qui s'ennuyoit des remises dont l'on usoit au traitté de son fils, laquelle trouvant le Roy qui vous tenoit par la main et parloit à vous, comme il a esté dit cy-dessus, elle luy dit demy en colere :

« Sire, vous nous avez baillé trois hommes « pour faire le traitté de mon fils, avec lesquels « je crains que nous ne conclurrons jamais rien « si vostre Majesté n'y donne ordre, car l'un ne « fait que hausser les espaules sans dire autre « chose sinon : Il y faut voir, il y faut bien advi- « ser et faisons mieux ; l'autre parle incessam- « ment sans rien determiner, ny qu'aucun de la « compagnie, ny peut estre luy mesme, puisse « clairement entendre ce qu'il veut dire ; et le « dernier est toujours en furie et en colere, ne fait « que nous menacer, user de reproches, dire qu'il « ne nous faut rien accorder, et que nous sommes « encor heureux que vous nous receviez à mercy « et nous donniez la vie ; mais ce ne seroit pas « nous recevoir en vos bonnes graces ny nous « donner la vie que de nous desnier vos bien- « faits, faveurs et liberalitez : car sans icelles « nous ne sçaurions vivre, ny mesme, pour le « regard de ma fille et de moy, posseder aucune « joye ny contentement. »

Sur quoy le Roy, tout esmeu de la voir parler d'une telle affection, qu'en luy prenant et baisant les mains comme par force, les larmes luy en venoient aux yeux de trop grande ayse, il luy dit : « Hé bien ! ma cousine, que desirez-vous de moy ? « car de toutes choses possibles et qui ne me se- « ront point deshonorables ou trop dommagea- « bles à mon Estat, je n'en refuseray une seule à « l'affection que vous me tesmoignez. Voulez-vous « donc que je vous baille d'autres de mes servi- « teurs pour voir s'ils feront mieux et plus dili- « gemment que ces trois dont vous vous plai- « gnez ? S'il n'y a que cela à faire pour vous con- « tenter, je le vous accorde de bon cœur ; partant « choisissez en vous-mesmes quelqu'un en qui « vous sçachiez bien que je me fie, et il ne vous « sera point refusé. » Et lors elle luy respondit toute joyeuse : « S'il vous plaisoit, sire, nous « bailler celuy-là seul que vous tenez par la main « (qui estoit vous), lequel s'est desja entremis de « tant d'autres traittez, negociations et affaires, « et vous y a servy, ainsi que je le vous ay oüy « dire, tant loyallement et heureusement, vray- « ment vous nous obligeriez à toute extremité.— « Quoy, repartit lors le Roy (parlant de vous), « ce meschant huguenot ! vrayment je le vous « accorde fort franchement, encor que je sçache « bien qu'il est vostre parent et qu'il vous ayme « infiniment ; » et, sur l'heure mesme, voyant M. de Gesvres assez proche de là, il le fit appeler et luy commanda de vous depescher une commission qui fut seellée du grand seau, quoy qu'avec quelque espece de regret de monsieur le chancelier, qui avoit eu cette mesme charge ; lequel neantmoins, comme il estoit souple et un des plus civils et advisez courtisans de son siecle, ne vous en fit aucun semblant, mais au contraire, vous dit : « Je suis bien ayse que vous ayez ce « pouvoir, car le Roy ne le pouvoit mettre en « meilleure ny plus heureuse main que la vostre ; « et partant me sera ce contentement de voir « que vous fassiez mieux que nous n'avons fait ; » de laquelle commission la teneur ensuit.

« HENRY, par la grace de Dieu roy de France « et de Navarre, à tous ceux qui ces presentes « lettres verront et orront, salut. Sçavoir faisons « que pour l'entiere et parfaite cognoissance et « confiance que nous avons de la personne de « nostre cher et bien aimé conseiller en nos con- « seils d'Estat et privé, nostre chambellan ordi- « naire et capitaine de cinquante hommes d'ar- « mes de nos ordonnances, le sieur baron de « Rosny, Maximilian de Bethune, et de ses sens, « suffisance, loyauté, prud'hommie, experience « et bonne diligence, et bien memoratifs des « grands et signalez services qu'il nous a rendus « depuis longues années en plusieurs affaires de « paix et de guerre ; iceluy pour ces causes et « autres bonnes et grandes considerations avons « commis, ordonné et deputé, commettons, or- « donnons et deputons par ces presentes signées « de nostre main, pour se transporter par tout « où il jugera que besoin sera, et traitter en nos- « tre nom avec le sieur duc de Guyse, ou ceux « qu'il deputera, et tous autres qui voudront re- « cognoistre leur devoir et se soûmettre en nostre

« obeyssance, dans la province de Champagne, et
« notamment pour reprendre, continuer et ame-
« ner à sa perfection, le pourparler qui a esté
« commencé pour cet effet avec nostre tres-chere
« et bien aymée cousine la duchesse de Guyse,
« les sieurs de la Rochette et de Pericart, pour
« la reduction de ses enfans, et tous autres à la
« recognoissance de nous comme estant leur
« Roy legitime et prince souverain; et pour y
« parvenir, convenir avec elle et autres qui au-
« ront pouvoir de sesdits enfans des conditions
« et moyens raisonnables pour eux remettre en
« leur devoir, leur accorder et promettre tout ce
« qu'il verra bon estre, et selon qu'il est ample-
« ment informé de nostre intention, pour les
« bien et favorablement traitter, tant pour la
« seureté et conservation de leurs personnes que
« celles de leurs dignitez, honneurs, estats, char-
« ges et biens, qu'en gratifications particulieres,
« selon qu'ils voudront bien meriter de nous et
« du public et en cette occasion, et sur tout ce
« que dessus passer, arrester et signer tels articles
« et promesses, et en telle forme qu'il sera requis
« et necessaire; et generalement faire, traitter,
« convenir et accorder, pour l'effet susdit, tout
« ce qu'il appartiendra, et ainsi que nous mes-
« mes ferions ou faire pourrions si present en per-
« sonne y estions, jaçoit que le cas requist man-
« dement plus special qu'il n'est contenu en
« cesdites presentes, par lesquelles promettons,
« en bonne foy et parole de Roy, avoir agreable,
« et tenir ferme et stable tout ce que par ledit
« sieur baron de Rosny sera fait, geré, traitté et
« promis en nostre nom touchant les choses sus-
« dites, circonstances et dependances d'icelles, le
« ratifier, approuver, observer et accomplir de
« poinct en poinct, selon sa forme et teneur, et
« en relever et indemniser ledit sieur de Rosny
« et les siens. En tesmoin de quoy nous avons
« fait mettre nostre grand seel en ces presentes;
« car tel est nostre plaisir.
« Donné à Paris le 15 de juillet, l'an de grace
« 1594, et de nostre regne le cinquiesme. HENRY.
« Et plus bas sur le reply, par le Roy, POTHIER. »

Or estoit-il arrivé pendant tous ces delais et remises qui avoient esté interposées en la conclusion de ce traitté (en partie à cause des excessives demandes que faisoient les deputez de M. de Guyse, suivant la coustume des peuples qui se sentent les plus forts, qui est d'estre muables, volages et legers, aymer à changer de condition, et se porter ordinairement d'une extremité à l'autre) que ceux de Reims, ayant eu advis qu'entre les villes, qu'ils se faisoient forts de remettre en l'obeyssance du Roy, ils se prevalloient principalement de la leur, et eux ayans commencé, dés il y avoit desja plusieurs mois, à s'ennuyer de cette domination turbulante des Lorrains, ils eussent bien voulu essayer, en se donnant eux mesmes au Roy, de s'en advantager de quelques immunitez et privileges; et pour cét effet travailloient-ils à s'asseurer des plus remuans et hardis de leur ville, et mesmes mettoient desja des corps de garde du peuple la nuict aux places, et le jour aux tours et portaux de la ville. Dequoy M. de Guyse ayant senty le vent, et, craignant s'il temporisoit davantage que non seulement ceux de cette ville luy eschapassent, mais aussi qu'il ne leur eschapast pas, il manda par courrier expres à sa mere et aux sieurs de la Rochette et Pericart, pour les conjurer que, se departant des poincts où il se rencontroit le plus de difficultez, ils eussent à conclurre promptement avec vous qui estiez son parent et son amy, et qu'il sçavoit bien que le Roy avoit de nouveau commis pour traitter avec eux : tellement que dés la seconde fois que vous vous assemblastes avec eux, vostre negociation fut renduë si heureuse par les accidens cy-dessus, que vous les fistes departir de l'estat de grand maistre de la maison du Roy, dont avoit esté pourveu M. le comte de Soissons, lors du meurtre de M. de Guyse, du gouvernement de Champagne, possedé par M. de Nevers, depuis le mesme temps et pour les mesmes causes, et de tous les benefices qui avoient appartenu au cardinal de Guyse, et sur tout de l'archevesché de Reims, dont estoit pourveu M. du Bec, parent de madame de Liancourt, qui estoient les trois poincts, sur lesquels tomboient les plus grandes difficultez, ayant mis en avant de bailler à M. de Guyse, au lieu de tout cela, le gouvernement de Provence, sçachant bien que le Roy, pour plusieurs raisons ne le trouveroit pas mauvais, voire mesmes peut estre en seroit tres-ayse, afin de pouvoir opposer quelque puissant competiteur à M. d'Espernon, qui se vouloit maintenir en iceluy contre sa volonté, au prejudice du bien de son service et contentement de la province.

Tellement que vous estant allé trouver le Roy, et luy ayant raconté tout ce que vous aviez fait, et s'estonnant qu'en si peu de temps vous eussiez gagné ces trois poincts, que les trois autres disoient avoir tant disputez sans l'avoir peu obtenir, et ne sçachant pas d'où en provenoit la cause, tout cela tourna à vostre si grand advantage qu'il ne se peut tenir de dire : « Il faut bien que
« vous ayez eu une industrie ou bonne fortune
« merveilleuse d'avoir ainsi promptement obtenu
« ce que les autres disoient leur avoir esté impos-
« sible, en l'espace de quinze jours ou trois sep-
« maines qu'ils ont travaillé en cette affaire, ou

« qu'il y ayt eu en eux bien de la malice, ou de « l'ignorance, ou du mal-heur. Et puis que vous « avez si bien commencé, je vous prie d'achever « le plutost que vous pourrez, trouvant bon ce « que vous avez mis en avant pour la Provence, « où M. d'Espernon tasche de s'establir contre « ma volonté et le bien de mon service ; et ne « pouvions mieux faire que de luy mettre M. de « Guyse en teste, d'autant que luy reünissant de « son costé ceux qui se ressentent encor de la ligue « et mes serviteurs affidez (comme messieurs d'Or-« nano, Lesdiguieres et autres, ausquels je l'en-« joindray ainsi), tout le credit que peut avoir ac-« quis M. d'Espernon sera bien-tost reduit à neant, « et luy contraint, apres y avoir bien despendu , « de s'en revenir me trouver et faire le bon valet. »

Ayant ainsi receu les commandemens absolus du Roi, vous travaillastes tant diligemment et heureusement que le lendemain au soir ayant convenu de tous les articles du traitté, dont la pluspart avoient desja esté accordez par ceux qui l'avoient manié auparavant vous, que vous les signastes au nom du Roy, en vertu de vostre pouvoir, et fistes signer à madame de Guyse et aux sieurs de la Rochette, Pericard et Bigot.

Et dés le lendemain il arriva une chose qui merite d'estre escrite pour faire voir la gentillesse de l'esprit, bonne foy, et loyauté du Roy, qui fut que les habitans de Reims, s'étant enfin resolus de se donner au Roy, voire de contraindre M. de Guyse à faire le semblable ou se saisir de sa personne, s'estans aigris deux ou trois fois depuis huict jours contre luy, et luy contr'eux jusques à user de reproches et menaces, pour ce qu'ils avoient refusé de laisser entrer des trouppes qu'il avoit voulu faire venir, et que nonobstant ses deffences, ils n'avoient pas laissé de continuer leurs gardes dans les tours, portaux et autres lieux forts de leur ville : pour ces raisons donc, ayant deputé six des principaux de leurs citoyens vers le Roy, et iceux s'estans addressez à vous pour ce qu'ils avoient appris à leur arrivée à Paris, que le Roy s'estoit remis en vostre fidelité et suffisance pour mettre une fin au traitté de M. de Guyse, ils vous dirent qu'estans tres-asseurez de vostre ancienne loyauté au service du Roy et de l'entiere confiance qu'il y avoit, ils s'estoient librement addressez à vous, sçachant que vous useriez bien de leur bonne volonté et tiendriez secret ce qui le meriteroit, pour vous dire qu'il n'estoit nul besoin que le Roi se constituast en grands frais et despences, ny accordast de difficiles conditions à M. de Guyse, sous couleur qu'il les rameneroit à son service, d'autant qu'ils se remettroient bien d'eux mesmes à ce devoir sans son intervention ; voire, si vous leur donniez parole que le Roy l'auroit agreable, ils ne paroistroient point davantage en Cour, mais s'en retourneroient à Reims, et trouveroient bien moyen sans aucun doute, difficulté ny peril, de se saisir de la personne de M. de Guyse, et de le livrer luy mesme (au lieu qu'il les vouloit livrer) entre les mains du Roy, et que par ce moyen ils recouvreroient sur les siens une partie des pertes dont ils leur avoient esté cause ; et que pour vous monstrer combien ils estoient resolus et affectionnez en cette affaire, si vous leur vouliez faire avoir par escrit un adveu du Roy pour cela, voire seulement leur en donner un signé de vostre main, ils vous feroient donner dix mil escus par la ville, et feroient executer toutes leurs propositions ; lesquels vous escoutastes fort attentivement, et les ayant loüez de l'affection qu'ils tesmoignoient à leur Roy et à leur patrie, et remerciez du present qu'ils vous vouloient faire, vous les priastes de trouver bon que vous fissiez entendre le tout au Roy avant que de leur faire aucune responce. Et ainsi s'estans retirez à leur logis, vous vous en allastes trouver le Roy, auquel, ayant conté l'arrivée de ces deputez de Reims à Paris, les causes de leur venuë, les offres qu'ils vous avoient faites et la remise dont vous aviez usé à leur faire responce, il se mit à faire trois ou quatre tours dans son petit cabinet d'où il avoit fait sortir tout le monde, reservé le sieur de Beringuen, pour ce que vous luy aviez dit d'avoir quelque chose qui meritoit d'estre tenuë secrette à luy faire entendre ; puis, apres s'estre gratté la teste deux ou trois fois, et s'estant mis à sousrire, il dit : « L'on dit bien « vray qu'il n'y a rien si volage qu'une multi- « tude de peuple ny qui se porte plutost d'une « extremité en l'autre ; » et s'estant encor promené une fois, il vous appella contre la fenestre, et vous demanda où vous en estiez du traitté de M. de Guyse. A quoy luy ayant respondu que tout estoit d'accord et que les articles en avoient esté signez dés le soir de devant.

« Quoy donc, vous dit-il, vous avez signé les « articles en mon nom en vertu de vostre pou-« voir ? — Oüy, Sire, je les ai signez, luy dites-« vous, suivant le commandement expres et ab-« solu que vous m'en aviez fait par trois fois, et « n'ay pensé en cela vous deservir ni vous dé-« plaire. — Aussi n'avez vous fait, respondit-il ; « car je suis asseuré de vostre bonne intention ; « mais aussi puis que les choses en sont venuës « si avant et que vous y avez engagé ma foy et « ma parole, je le veux observer inviolablement : « et partant faites venir ceux de Reims parler à « moy, car je les veux remercier, les gratifier « de ce qu'ils me demanderont, en ce qui se

« pourra faire honnestement, et tesmoigner com-
« bien j'estime leur zele à mon service. » Toutes
lesquelles choses dont les particularitez seroient
trop longues à reciter, furent ainsi executées et
le traitté de M. de Guyse reduit en forme au nom
du Roy, et signé de M. de Gesvres.

Nous nous sommes resolus de n'inserer point
ces articles dans les recueils que nous faisons à
present, tant afin de les abreger tousjours le plus
qu'il nous sera possible, que pource qu'ayans
esté imprimez ils se trouveront par tout ; et nous
contenterons de dire qu'en consequence d'iceux,
en vertu de la foy du Roy, tenuë pour inviolable, et des asseurances particulieres de vous aux
deputez de M. de Guyse (car quand à madame
de Guyse et madamoiselle sa fille, elles n'en voulurent jamais d'autres que le bon naturel du Roy,
et leur extreme affection en son endroit), qu'il
recevroit tres-bon traittement et que vous l'as-
sisteriez et serviriez de tout vostre cœur : il s'en
vint trouver Sa Majesté, avec le plus de ses amis
qu'il peut rassembler, de laquelle il fut receu
fort favorablement et avec les mesmes carresses,
façon riante, familiarité, privauté et liberté en
paroles, que s'il eust esté nourry prés de luy dés
ses premiers ans, et ne luy eut jamais rendu que
fidelle service et entiere obeyssance. Tous ceux
qui voyoient ces actions, demeurans infiniment
esmerveillez de trouver une si grande facilité en
ce prince, à user de telles courtoisies et civilitez,
et admirant un si gentil naturel et une vertu tant
illustre, sur tout lors que M. de Guyse ayant
respondu à icelle avec des tesmoignages de grande
servitude et submission, et protesté de recognoistre à jamais sa Majesté pour son seul Roy
et unique maistre, et en cette qualité de luy demeurer tous les jours de sa vie tres-humble sujet, loyal et obeyssant serviteur ; il le vint, avec
apparence de grande joye, embrasser pour la
troisiesme fois en l'appellant son nepveu, luy dit,
apres quelques remercimens de son affection et
assurance de la recognoistre, que son pere et
luy, avoient passé une partie de leur jeunesse
ensemble, et quoy qu'ils se trouvassent souvent
rivaux en amour et en plusieurs autres desseins
et pretentions qui ont accoustumé d'alliener les
affections, si n'avoient-ils laissé d'estre fort familiers amis et de faire grand cas de la personne
et vertu l'un de l'autre, et que tout au contraire,
nul d'eux ne s'estoit jamais peu accommoder à
l'humeur de M. d'Alençon, s'asseurer en son
amitié ny se confier en ses paroles, tant ils l'estimoient prince de malin esprit, volage, cauteleux et desloyal, se recognoissant l'un à l'autre
avoir mesme une certaine naturelle antipatie avec
luy : à quoy M. de Guyse repartit que le Roy
faisoit trop d'honneur à la memoire de son pere,
et luy demeuroit tres-obligé d'en parler en si dignes termes.

Il se passa lors et depuis plusieurs autres semblables discours et complimens entre le Roy et
M. de Guyse, lequel n'oublioit nulle sorte de
complaisances pour se rendre agreable, qui seroient trop longues à reciter, et ne serviroient
qu'à faire cognoistre les bonnes inclinations du
Roy, sa douceur, familiarité et agreable conversation, et qu'en la frequentation et societé
ordinaire et és jeux, plaisirs, festins et autres
passe-temps, il se rendoit comme compagnon et
amy d'un chacun : aussi bien qu'és batailles et
combats, foy, loyauté, prudence, magnanimité, clemence, dits, faits et gestes heroïques,
il faisoit paroistre qu'il estoit à bon droit le Roy,
le maistre, le chef, le capitaine et le plus excellent de tous, dequoy les choses cy-dessus dites
rendans des tesmoignages assez suffisans, et les
suivantes le confirmant encor plus amplement.

Sur lequel discours nous ramentevrons, comme madame de Guyse, estant une apres disnée
venuë voir le Roy en sa chambre, et trouvé en
entrant que M. de Guyse luy presentoit la serviette de collation pour laver, elle se mit à faire
des exclamations d'esjouyssance à sa mode, et
puis dit au Roy en substance, au moins ce nous
semble, car il nous a esté impossible, encor que
deux de nous y fussions presens, de bien retenir
toutes ces belles paroles, qu'elle recevoit une
extréme joye et contentement de voir son fils se
renger ainsi bien en son devoir, et que la bonté
de Sa Majesté daignast agréer son service, d'autant que c'avoit tousjours esté le but de ses plus
ardentes prieres envers Dieu, et incessamment
desiré, comme sa tres-humble servante, de le
voir roy de France, paisible et bon maistre à elle
et à tous les siens, ne voulant point celer qu'elle
n'eust eu des souhaits contraires pour son devancier, voire ne luy eust esté tres-odieux, pour
des raisons que l'on pouvoit assez conjecturer
sans qu'il fut besoin d'en dire davantage, et que
maintenant s'estant toute donnée à Sa Majesté
elle luy consacroit aussi tous ses enfans, et sur
tout son fils aisné, afin qu'ayant esté cy-devant
un fol, il devint sage en si bonne escolle : à
quoy s'il venoit à manquer de loyauté envers luy
et l'Estat, elle le des-avoüeroit pour fils et ne le
voudroit jamais voir ; ce que le Roy trouva si bon
qu'il courut la baiser et embrasser, luy disant
qu'il avoit tousjours fait mesme estat de son affection qu'elle la tesmoignoit maintenant, et
pour cette cause estoit-il resolu de servir de bon
pere aussi bien que de bon Roy et de bon maistre
à elle et aux siens.

, Or n'y a-il point de doute que le Roy dit tout cecy du meilleur cœur qu'il eust à cette princesse, diverses experiences du passé et de l'advenir, ayant tesmoigné qu'il n'y en avoit une seule à la Cour qu'il aimast tant, ny de qui la compagnie luy fut si agreable, ayant souvent dit tout haut (à ce que nous avons appris de vous et d'autres) qu'il l'affectionnoit de cette sorte, pour ce qu'elle l'avoit tousjours aymé, n'avoit point l'esprit malin et n'estoit nullement envieuse, médisante ny broüillonne, la trouvoit tousjours de bonne humeur et de bonne compagnie, pour son regard, ayant les meilleures rencontres qu'il estoit possible, et de certaines naïfvetez et simplicitez en ce qu'elle disoit et faisoit, lesquelles, provenans plutost de gentillesse, de dexterité, d'industrie et de dessein de complaire, que d'aucune lourderie, niaiserie, sottise, ny volonté de nuire ou offencer quelqu'un, rendoient sa conversation des plus douces et agreables; ce qui est cause que nous donnons ces loüanges bien meritées à ceux de cette maison, qui vous ont aimé en toute saison, et sur tout à la mere et à la fille, qui ont tousjours plus estimé et fait valoir l'honneur que vous aviez de leur appartenir, que nulle autre des princesses, encor que vous ne leur fussiez pas moins proche.

CHAPITRE LVIII.

Affaires de Languedoc. Détails sur l'accommodement du duc de Guise.

Or combien que nous recognoissions assez de nous estre desja tant estendus aux chapitres precedens, en parlant de madame de Guyse, de ses enfans, de leurs reductions au service du Roy, et de ce qui s'en est ensuivy en consequence d'icelles, que ceux qui les auront en adversion, et vous aussi, pourront bien prendre là dessus occasion de nous accuser d'affectation aux loüanges d'eux et de vous, si n'avons nous pas estimé que, pour crainte de leur desplaire, nous deussions supprimer quelques discours, faits par deux d'entre nous, lesquels ils avoient extraits de divers broüillards de papiers trouvez dans les armoires de vostre petit cabinet et à vous addressez, lesquels parlent encore des mesmes choses, avec quelques explications, non, à nostre advis, inutiles, et de plusieurs autres qui meritent bien de n'estre pas oubliés; mais principalement pour deux raisons : La premiere, dautant qu'il s'y verra une espece d'apologie, que vous fustes contraint de faire pour esclaircir le Roy des raisons que vous aviez eües pour faire des choses que l'on essayoit de vous tourner à blasme, touchant la Provence, et messieurs de Guyse, d'Espernon, disant que vous aviez obligé l'un sans cause en desobligeant l'autre contre raison ; et la seconde, pour d'autres discours, par lesquels s'apprendront plusieurs particularitez non inutiles à sçavoir; et mesme commencerons par le recit de celuy qui parle le moins de la Provence, ny de messieurs de Guyse et d'Espernon, pource qu'il a precedé l'autre en temps, et que d'iceluy se peut tirer des enseignemens et remarques en quelque sorte capables de faire aucunement discerner les bonnes d'avec les mauvaises intentions, les biens d'avec les mal-faites entreprises, les vrays d'avec les desguisez serviteurs, les excellens d'avec ignorans capitaines, et les vrayement genereux courages, d'avec les artificieux. Le premier de ces discours estant une lettre à vous addressée, qui vous en indique une autre, le tout tel qu'il s'ensuit :

« Monseigneur, encor que nos desseins en recueillant ces Memoires du cours de vostre vie, durant quelques années, ayent tousjours esté de n'y parler que des particulieres actions du Roy et des choses ausquelles vous aurez eu quelque part, soit en faits militaires, soit en conseils, desseins, entremises, discours, entretiens, ambassades, traittez, voyages et negociations ou esquelles vos interests sont meslez et les causes de vostre fortune specifiées, ou ce que vous avez veu et sçeu particulierement des faits et gestes memorables de nostre grand Roy et de ses hauts et genereux projets, ainsi que nous l'avons dit en tant d'autres lieux de ces recueils abregez, tirez des grands Memoires de vostre vie, que ceux qui les liront ne le sçauroient oublier, neantmoins ayant trouvé entre plusieurs de vos vieils papiers une lettre qui vous estoit escrite par un nommé le sieur d'Ariat de Mont-auban, faisant mention de diverses factions de guerre qui s'estoient passées en Languedoc à cause du siege de Ville-mur, en la pluspart desquelles il disoit s'estre trouvé, j'ay estimé que tant de diversitez qui s'y verront, desquelles se peuvent tirer de bonnes instructions et prendre de grandes cognoissances de la varieté des accidens du monde, et disposition des esprits des hommes, meritoient bien d'inserer cette lettre en ces presens Memoires, laquelle estait telle que s'ensuit :

« Monseigneur, encor que je sçache bien que l'on ayt envoyé au Roy le discours des faits d'armes et autres actions qui se sont passées en Languedoc, à cause du siege de Ville-mur, et que je ne doute point que vous ne les ayez veus, neantmoins, me semblant y avoir eu plusieurs particularitez omises qui sont de ma science, j'ay pris la hardiesse de vous escrire la presente lettre, par laquelle vous sçaurez que le 15 de juin M. de Joyeuse ayant rassemblé aux environs de Tholouze une armée de cinq ou six mille hommes de pied et de huict ou neuf cens chevaux, il s'advança vers les quartiers de nostre ville de Mont-auban le vingtiesme dudit mois de juin, ce qui nous mit en de grandes allarmes, lesquelles augmenterent grandement lors que plusieurs des peuples de la campagne se venant refugier à Mont-auban, nous donnerent cognoissance des ravages, saccagemens, bruslemens, violemens et meurtres execrables que commettoient impugnement tous ceux de cette armée, et plus encor qu'il eut pris par force tous les chasteaux, villotes et lieux fortifiez, dont je vous en nommeray quelques uns, pour ce que je sçay bien que vous les cognoissez, à sçavoir : Mont-bequin, Mont-bartier, Mont-beton, la Barte, Maussac, Sainct Leophaire, Sainct Maurice et autres ; tous lesquels heureux succez le firent resoudre d'aller assieger Ville-mur, que je vous avois oüy dire plusieurs fois ne valoir rien si l'on l'attaquoit par les lieux que les ignorans en fortifications estimoient le plus fort, qui estoit le costé du château ; mais, de bonne fortune pour nous, il s'opiniastra du costé de la ville à cause de la riviere et de la grande quantité de bleds, vins et autres vivres qu'il sçavoit y avoir dedans, desquels il faisoit estat de se servir utilement pour de plus grands desseins ; car l'esprit et le courage de ce seigneur estoit capable d'entreprendre choses grandes, bonnes et mauvaises, ce qui fit aussi resoudre nos magistrats et consuls (à quoy les continuelles solicitations de plusieurs de mes parens et de moy ne furent pas inutiles) d'envoyer vers M. de Themines pour le prier de nous assister, lequel ne manqua pas de se rendre aussi-tost à Mont-auban et de tesmoigner qu'il aymoit nostre communalité, mais plus encor le bien du service du Roy, donnant aussi-tost advis à M. d'Espernon de ce qui se passoit, le priant de le vouloir assister de plusieurs trouppes siennes qui battoient la campagne, lesquelles, pour estre sans employ utile, ne faisoient que destruire les peuples, et lesquelles l'on disoit qu'il avoit levées pour faire passer en Provence, avec intention de s'en conserver le gouvernement, (nonobstant, ce disoit-on, que le Roy eust autre volonté) chose qu'il ne luy peut refuser, au moins en apparence, à cause que c'estoit sur le chemin qu'elles devoient tenir, et en les attendant M. de Themines jetta quelques gens de cheval et de pied dans Ville-mur lequel ils trouverent tellement investy, qu'ils furent contrains de renvoyer leurs chevaux et d'y entrer à pied : à l'arrivée des trouppes de M. d'Espernon, elles firent bien la mine de nous vouloir

secourir puissamment, ne crians que *bataille, ba:aille* pour les premiers jours ; mais ils changerent bien-tost de langage lors que l'on leur proposa d'en venir affectivement aux mains, car ils faisoient naistre incessamment difficultez sur difficultez ; et enfin quelques uns qui ne les approuvoient pas nous descouvrirent qu'ils avoient charge expresse de passer outre sans rien hasarder, mais que si en faisant bonne mine ils pouvoient donner quelque empeschement au siege, ils croyoient bien que l'on n'y manqueroit pas ; ce qui fut accepté, ne pouvant rien obtenir davantage, chose qui neantmoins nuisit plus à Ville-mur qu'elle ne luy servit, dautant en premier lieu, lors que les forces furent jointes ensemble, elles apprirent aux nostres à vivre en picorant et à se garder nonchalammant : tellement que nonobstant qu'à cette occasion M. de Joyeuse eut un peu esloigné ses trouppes et les eut logées serré, si est-ce que luy se doutant bien, soit qu'il en eut eu advis ou non, que ces trouppes de M. d'Espernon passeroient bien-tost outre, il ne s'esloigna jamais tant qu'il ne peust facilement apprendre tout ce qui se passeroit parmy nous.

« De sorte qu'ayant esté adverty par ses espions, dont il avoit quantité parmy nous, que les trouppes de M. d'Espernon estant fort mal disciplinées, vivoient desordonnément et faisoient mauvaise garde, voire avoient esté imitées par les nostres, il se resolut de leur donner une estrette à toutes les deux, comme elles se trouverent attaquées une nuict si puissamment qu'elles furent mises en fuitte, et y eust eu une desroute entiere, si M. de Themines, avec ce qu'il s'estoit reservé de forces, ne fut accouru à leur secours, et encor n'y peut-il donner si bon ordre qu'il n'y demeurast sept ou huict cens hommes du bagage et de l'artillerie ; laquelle disgrace nous mit en altercations les uns contre les autres, et fut cause que les trouppes de M. d'Espernon se retirerent d'avec nous, et prenans des chemins escartez et plus esloignez des hazards et des ennemis, reprindrent le chemin de Provence suivant le commandement qu'ils en receurent, et qui fut cause que M. de Joyeuse reprit son siege de Ville-mur plus obstinément et plus puissamment qu'auparavant, tellement que M. de Themines ne se voyant nul moyen en main pour le faire lever par ses seules forces, il se resolut d'en envoyer chercher d'autres, et cependant d'employer sa personne et sa vie pour défendre la place tant qu'il pourroit ; et de fait il entra dans Ville-mur peu de jours apres, avec cent ou six vingts bons chevaux et deux cens cinquante harquebusiers, et en fit sortir M. de Regniers, qui en estant seigneur par engagement, estoit si incommodé de ses membres qu'il n'y pouvoit pas beaucoup servir, et l'envoya soliciter de tous costez pour avoir secours; et moy m'estant rangé pres la personne de M. de Themines avec de mes parens et amis, nous y fismes tous, et sur tout les gens de qualité, des merveilles, tant à bien attaquer qu'à bien défendre, entre lesquels je vous nommeray, pource que vous les cognoissez, messieurs de Mausac, estably gouverneur de la ville pour l'absence de M. de Regniers, de Desme, de Chambret, de la Magdeleine, de Bonne-coste, d'Entreigues, de la Chaise, de Ducros, de Bassignac, de Murs, de Mostolak, de Bure, de Calvet, de Bourjade, d'Aleigre, de Cap-bossu, de Constans et de Subsol. M. de Joyeuse, adverty de ce renfort dans la place, voulut aussi renforcer son armée; enquoy ceux de Tholouze l'assisterent puissamment, et plusieurs de la noblesse du pays aussi : mais le principal secours qu'il receut, s'il en eut sceu bien user, fut les bons conseils que luy vindrent donner messieurs d'Onous et de Mont-berault, car ils estoient sages et bons hommes de guerre, nonobstant toutes lesquelles assistances nous ne laissions gueres nos assiegeans en repos, ayant fait une sortie bien à propos par le moyen de laquelle nous luy taillasmes en pieces grande partie d'un regiment de douze cens hommes que ceux de Tholouze soudoyoient et luy avoient envoyé quasi tout composé des enfans de la ville (dans lequel attaquement je ne m'espargnay pas) et m'en revins neantmoins sans autre mal que de deux petites blessures.

« Pendant ces attaques et défences, M. de Regniers solicita encor M. d'Espernon et tout de nouveau M. de Matignon de nous vouloir secourir; mais ny de l'un ny de l'autre il ne receut que des excuses et des remises qui nous laissoient bien peu d'esperances d'en recevoir du secours, ce qui fit prendre la hardiesse à M. de Themines d'en escrire au Roy mesme par courrier expres, lequel le cognoissant et l'aymant comme vous sçavez qu'il fait et notre ville aussi, ne manqua pas d'y donner ordre, luy renvoyant aussi-tost son courrier avec lettres à M. de Mont-morency et à M. d'Espernon, leur commandant expressément d'y pourvoir jusques à y employer leurs propres personnes si besoin estoit, enquoy le dernier ne monstra pas grande affection, et tesmoigna bien qu'il avoit d'autres desseins; mais le premier n'y manqua pas, car il nous envoya aussi-tost de fort bonnes trouppes toutes huguenottes, commandées par messieurs de Leques et de Chambault, leur ordonnant expressement de ne revenir point que le siege ne fust levé, dequoy ils essayerent plusieurs fois de prendre l'occasion; mais ils trouverent tousjours M. de Joyeuse si bien logé et retranché, luy si fort et eux si foibles, qu'ils estiment ne le devoir plus tenter qu'ils n'eussent encor de nouvelles trouppes, pour lesquelles essayer de recouvrer ils escrivirent tous à M. de Messillac, lieutenant du Roy en Auvergne, et à M. le vicomte de Gourdon, homme à la verité de mauvaise taille, mais de grande affection, de bon cœur et de grande creance, lesquels sans user d'excuses ny remises, comme messieurs d'Espernon et de Matignon, tesmoignerent qu'ils estoient vrays serviteurs du Roy, tellement qu'ayant rassemblé promptement ce qu'ils purent de leurs amys, ils se rendirent à Mont-auban avec deux cens quatre-vingts bons chevaux et huict cens harquebusiers à cheval, lesquels joints avec les trouppes de messieurs de Leques et de Chambaut, ils s'assemblerent aussitost pour deliberer sur ce qu'ils avoient à faire, et fut resolu de se loger plus pres de l'armée assiegeante qu'ils n'estoient auparavant.

« Mais estant arrivé dés le lendemain de cette conclusion, que M. de Joyeuse (lequel en tout ce siege a tesmoigné une grande hardiesse, vigilance, soin et diligence) avec son armée vint à l'improviste se presenter devant eux en ordre de bataille, grandement bien disposée pour combattre, la pluspart des nostres tesmoignerent quelque espece d'estonnement disposé à la retraitte, ou pour le moins à s'esloigner; et par cette action venant à recognoistre qu'ils avoient affaire à un ennemi plus fort qu'eux (car il avoit bien cinq à six mille hommes de pied et huict ou neuf cens chevaux, et eux ne pouvoient avoir plus de sept cens chevaux, et trois mil sept cens harquebusiers), et qui estoit grandement entreprenant, voire plutost temeraire que hardy, ils jugerent bien qu'ils n'en auroient pas si bon marché qu'ils avoient estimé, laquelle deffiance leur devint fort profitable, car elle les rendit plus soigneux de se loger advantageusement, de faire venir de l'artillerie de Mont-auban, des munitions et quantité de vivres dans leurs logemens, de s'y mieux resserrer, avoir plus de soin de leurs gardes, afin que l'on ne peust user de surprise sur leurs trouppes, comme il avoit esté fait sur celles de M. d'Espernon et les nostres lors de leur jonction, et de ne hazarder point de bataille ny d'attaquement general que sur une opportunité fort advantageuse, laquelle se presenta plutost qu'ils n'eussent osé esperer par une telle occasion.

« M. de Joyeuse, croyant avoir recogneu par sa presentation en bataille que les ennemis ausquels il avoit affaire le craignoient, et ne seroient pas gens pour beaucoup hazarder, il commença, en les mesprisant, à mespriser les conseils que luy avoient tousjours donnés messieurs d'Onous et de Mont-berault, de loger toute sa cavalerie dans son camp retranché comme au piquet, depuis la jonction de nos trouppes, comme elles s'y accommoderent quelques quinze jours; mais enfin ce qu'il y avoit de noblesse la moins accoustumée aux fatigues et incommoditez des gardes et logemens si serrez, persuaderent si bien les autres que tous ensemble, d'un commun accord, ils vindrent prier M. de Joyeuse de leur permettre de s'aller rafraischir pour cinq ou six jours seulement, dans quatre ou cinq villottes et bons villages qui estoient du long du haut de la riviere du Tar, afin que s'il avoit besoin d'eux plutost, il les pust plus promptement mander et mieux advertir, en tirant seulement trois coups de canon, lesquels il leur seroit facile d'entendre, et se trouveroient aussi-tost prests à partir.

« Cette permission fut long-temps disputée, comme m'a conté un de mes amys de leur party, auquel estant mon parent je sauvay la vie, duquel j'ai aussi appris la pluspart des particularitez que je vous escris touchant leurs déconvenuës : mais enfin contre les advis desdits sieurs d'Onous et de Mont-berault, il fut permis à cette cavalerie, qui estoit des meilleures, de s'aller loger où ils avoient demandé, ce qu'ils firent bien soudainement, et s'en repentirent tout à loisir : d'autant que M. de Messillac, qui est un cavalier fort actif, brave et vigilant, et qui avoit tousjours quelque espion dans leur armée, ayant eu aussi-tost advis par un d'iceux du délogement de cette cavalerie, assembla en mesme temps tous les autres principaux chefs de leurs trouppes, et leur dit : « Messieurs, j'ay oüy parler
« d'un vieil proverbe qui dit *qu'il faut battre le*
« *fer pendant qu'il est chaud;* or ne sçay-je si
« celuy que portent nos ennemis est chaud ou
« froid, mais je sçay bien qu'il est temps d'es-
« sayer à le bien battre, car nous n'en aurons
« peut-estre jamais si belle opportunité; » et là dessus leur particularisa ce que ses espions luy avoient appris de cette cavalerie délogée du camp et logée au loing; sur quoy tous les autres chefs, qui avoient aussi tres-bonne volonté, conclurent à ne laisser pas perdre une occasion de se delivrer des fatigues, leurs amys assiegez de peines, acquerir de l'honneur et servir le Roy; tellement que sans grande dispute M. de Chambault ayant dit tout haut : « Or sus, sus, messieurs,
« il est du tout necessaire de ne laisser pas perdre
« cette opportunité de bien servir le Roy, nos
« amis, et d'acquerir de l'honneur; et partant ne
« faut-il plus parler que de vaincre ou de mou-
« rir : » et sur telles conclusions, s'estans resolus à leur ordre d'attaquement, ils l'entreprindrent par quatre endroits desja auparavant recognus par messieurs de Pedoüe, Mont-oison et Clouzels, que bien cognoissez; lesquels, d'un commun accord avec les autres chefs, estimerent à propos de reserver un regiment de huict cens hommes de pied, et de trois cens chevaux, pour se tenir tousjours en bataille à la veuë des retranchemens des ennemis, et d'employer le surplus à les attaquer puissamment, mettant avec les gens de pied, separez en quatre trouppes, cinquante hommes d'armes, pied à terre avec chacun une hallebarde au poing, l'espée au costé et deux pistolets à la ceinture, pour se mettre à la teste de leurs gens de pied et y faire le plus grand effort, si tost que quatre cens hommes de pied, que l'on avoit ordonnez d'attaquer les premiers retranchemens, leur auroient fait descharger toutes leurs harquebuses par leurs premieres salves de l'abord.

« Or ne peurent tous ces ordres, rumeurs et mouvemens d'iceux estre tenus si secrets que M. de Joyeuse n'en descouvrist quelque chose ; car il avoit force espions parmy nous, et ne fut au repentir d'avoir mesprisé l'advis des vieux capitaines, et sur tous ceux de messieurs d'Onous et de Mont-berault ; et afin d'y apporter quelque espece de remede, il envoya quatre cens hommes pour renforcer les deux cens establis à garder son premier retranchement, à cause qu'il n'estoit pas encor du tout achevé, et fit tirer les trois coups de canon donnez pour signal à sa cavallerie de monter à cheval. Mais tout cela fut executé si tumultuairement et si peu diligemment par les doüillets et paresseux, et ceux qui aymoient mieux le lict que le combat, et la bouteille et le jambon que l'espée et le pistolet, qu'il ne fut pas suffisant de le garantir de peril et de ruine; d'autant que les sieurs de Pedouc, de Clouzels et Mont-oison, et de la Barte, qui menoient les quatre cens premiers harquebusiers et piquiers, parurent si matin (le soleil n'estant pas encor du tout levé) et firent leur attaquement avec telle promptitude et impetuosité, qu'ils firent voler toutes les premieres charges des harquebuses et pieces preparées pour la deffence de ce premier retranchement; et furent suivis de si pres et avec telle resolution, qu'avant qu'ils eussent eu loisir de recharger, nos trouppes, en demie heure, furent montées sur les escarpes des fossez, desquels ayant fait leurs escopeteries et descendu de furie dans le bas du retranchement, ils estonnerent tellement ceux de la deffence d'iceluy, qu'apres en avoir esté tué quatre-vingts ou cent des premiers deffenseurs, le reste tourna le dos et s'enfuit vers le second retranchement; mais ce fut avec tel desordre et confusion, qu'ils y apporterent plus d'embarras que de secours, aussi qu'estant suivis plus diligemment et furieusement par nos gens victorieux qu'ils ne s'estoient imaginé, ils ne sceurent quasi à quoy se resoudre : de sorte que ce second retranchement, qui, à la verité, estoit assez bon pour le deffendre, fut aussi-tost gagné que l'autre, et lors eux tous ayant tous pris l'espouvante, ce fut à sauve qui peut, et dire : *Maudit soit le dernier!* Sur lequel desarroy survenant leur cavallerie, tant s'en faut qu'elle leur fit prendre courage, arrestât leur fuite et les fit resoudre au combat, qu'eux mesmes, voyant marcher ce bataillon de huict cens hommes de pied, et leur escadron de trois cens chevaux qui avoient esté reservez, ils se jetterent, comme tous estonnez, parmy leurs gens de pied, mais sans aucune absoluë resolution pource qu'ils devroient faire, encor que ce fussent de belles et fortes trouppes, d'autant que la fuitte des autres leur donnoit desja tant d'espouvante que M. de Themines, sortant de la ville avec tout ce que nous estions de gens de guerre avec luy, cavallerie et infanterie, et les chargeant furieusement, les mit en tel effroy que, survenant de tous costez tout le reste de l'armée à la charge, tout courage et advis se trouverent esvanoüis, et nul des ennemis ne songea plus à se deffendre, mais, en se mettant en route absoluë, à chercher le moyen de se pouvoir garantir du feu et du fer par le moyen de l'eau ; et lors se jetterent ils si grand nombre de gens sur un pont de cordes et de planches que M. de Joyeuse avoit fait accommoder sur le Tar, qu'il se rompit et enfondra dans la riviere, avec tout ce qui estoit dessus, entre lesquels estoit mondit sieur de Joyeuse : ceux qui suivoient à la file en s'enfuyant survenoient si esperdus, que, sans penser à la rupture du pont, ils se jettoient eux et leurs chevaux à corps perdu dans le fleuve, comme si c'eust esté un pont, ce que nous, estans las de tuer et frapper, regardions par admiration, disans que ce qui paroissoit ressembloit à la submersion de Pharao. Nous n'avons peu sçavoir au vray le nombre des morts, à cause des diverses sortes d'icelles, mais les bruits courent que les ennemis disent y avoir perdu plus de trois mil de l'infanterie, et bien quatre cens de la cavalerie. Nous y avons aussi gagné cinq pieces d'artillerie et vingt-deux enseignes ou cornettes, et ne s'y est pas perdu trente hommes de nostre part. Toutes lesquelles choses et particularitez d'icelles j'ay veu en partie, ayant appris les autres par le discours que j'en ay oüy tenir à nos principaux chefs, lorsque M. de Themines leur donna à souper au retour de la poursuitte et desconfiture des ennemis et de l'un d'iceux que j'avois pris et puis laissé aller sans rançon ; vous suppliant d'excuser la prolixité de cette lettre, et me tenir, monseigneur, etc. »

Le second de ces discours, desquels nous avons parlé, commence encor par une lettre à vous adressée, qui commence ainsi :

« MONSEIGNEUR, nous vous dirons que Madame de Guyse (comme d'une partie de tout cecy il en a esté parlé cy-devant) ayant demandé au Roy quelques uns de ses confidens serviteurs, par le moyen desquels elle pûst sçavoir sous quelles conditions seures et honorables, Sa Majesté auroit agreable que tous ses enfans luy vinssent protester de leur tres-humble service, avec serment de ne s'en departir jamais, et remettre en son obeyssance dix ou douze villes ou places qu'ils tenoient encores, le Roy luy en nomma quatre, tous gens bien qualifiez ; mais lesquels, comme ils estoient differens en conditions, affections, interets et fantaisies, demeurerent tousjours aussi de tant divers advis et opinions qu'ils consumoient plus de temps en contestations entr'eux qu'en resolutions d'affaires : dequoy madame de Guyse estant venuë faire plainte au Roy (luy vous tenant lors par la main et discourant de ce que vous aviez traitté en Normandie) et le prier de ne luy donner plus tant de commissaires, mais qui fussent mieux d'accord ensemble et ne procedassent pas si douteusement les uns des autres, ny de la science de ses intentions, tous lesquels propos furent tant demenez que le Roy vous choisit, vous seul, pour donner promptement perfection à ce que quatre n'avoient quasi pas commencé d'entamer ; dequoy il ne faut point douter que ces messieurs ne demeurassent fort offensez, mais ne l'osant pas faire paroistre au Roy, ils tournerent tous leurs depits et leurs coleres contre madame de Guyse et vous, s'estans persuadez que tout cela s'estoit mesnagé par concert fait entre vous deux, qui aviez grande amitié et parentage ensemble. Mais leurs desplaisirs augmenterent grandement, lorsqu'ils sceurent que vous eustes si diligemment et facilement convenu de toutes choses, elle s'estant promptement despartie de toutes celles les plus importantes qu'elle leur avoit tousjours les plus contestées, et vous, par espece de quelque compensation, luy en ayant aussi-tost accordé d'autres, ausquelles ils n'eussent jamais consenty, dautant qu'elles prejudicioient à de leurs amis intimes qui estoient absens, et mesmes croyoyent estre prejudiciables au royaume, tellement qu'il ne se faut point estonner s'ils essayerent à blasmer toute vostre entremise et la faire trouver mauvaise : auquel dessein ayans encor adjoincts plusieurs des autres adorateurs de la vieille Cour, qui regrettoient incessamment les delices d'icelle, eux tous ensemble, et quelquesfois separément, dirent tant de choses au Roy là dessus, les exagererent de sorte et reïtererent si souvent leurs instances, que vous paroissant Sa Majesté avoir pris opinion que vous pussiez avoir par trop gratifié madame de Guyse à cause de vostre parenté, vous fustes reduit à en faire dresser une espece d'apologie et la luy bailler par escrit, laquelle ayant leuë, encor qu'il tesmoignast de la trouver bien faite, de l'approuver et d'en demeurer fort content en luy mesme, si ne laissa-il pas de vous dire que pour certaines considerations du temps, il ne luy sembloit pas à propos que ces discours fussent veus d'autres que de luy ; ce que vous fistes observer. Mais nous n'estimant pas qu'aucune des considerations de ces temps là soient de necessaire observation en celuy-cy, nous n'avons point fait de difficulté d'amplifier ceux que nous avons tenus cy-dessus, touchant le traitté de M. de Guyse, d'un autre discours mentionné cy-devant, estant iceluy tel que s'ensuit :

Les heureux succez des villes d'Aix, Arles, Marseille et autres villes et peuples de Provence, ne furent pas des moins dignes de remarque; mais le discours de toutes les particularitez d'iceux qui meriteroient bien de n'estre pas oubliées dans les histoires, estans trop longs pour de simples Memoires qui n'ont au commencement esté faicts que pour vous ramentevoir ce que nous avions peu sçavoir de vos plus celebres actions et fort diverses fortunes, et que nous n'avons depuis amplifiées, suivant vostre commandement, que des seules particularitez que vous nous avez dit avoir veuës, sceuës et connuës, desdits faits, gestes et fortunes admirables du feu Roy, nous nous contenterons d'inserer icy un Memoire que nous en avons dressé, et iceluy rendu le plus succint et abregé que nous avons peu, sur divers broüillards que nous avons trouvez parmy vos vieux papiers qui estoient mis dans les armoires vertes de vostre petit cabinet de derriere, lequel est tel que s'ensuit :

La Provence devant estre estimée pour l'une des plus importantes provinces, desquelles est composé le royaume de France tel qu'il est maintenant, et ce pour des causes et raisons grandement considerables, mais de trop longue deduction, joint que nous en avons dit quelque chose ailleurs, et partant dirons nous seulement qu'aussi a-elle esté l'une de celles qui a esté traversée de plus de diverses sortes d'accidens et d'agitations, tant par elle mesme, que pour avoir esté desirée et tasché d'estre empietée par les roys et potentats estrangers, ses voisins ; et pour telles raisons avons nous estimé que le present discours, quelque succint et abregé que nous ayons essayé de le rendre, ne sera point des-agreable aux esprits curieux, par lequel, en peu de mots, leur seront representez les estranges et bizarres mouvemens, accidens et fortunes, ou plutost desastres et infortunes, par lesquels passerent, et les perils eminens esquels furent jettez cette province et toutes les villes et peuples d'icelle de toutes conditions, par la trop extravagante vivacité et subtilité de leurs esprits, et les envies, inquietudes et partialitez d'aucuns des plus grands authorisez et accreditez d'entr'eux mesmes. Lequel neantmoins, pour plus facile intelligence, nous ferons preceder par un discours des causes qui apparemment vous furent données des raisons que vous eustes ou des pretextes que vous pristes ou voulustes prendre, pour entremesler telles affaires de la Provence, qui sembloient ne vous concerner en rien, parmy les discours qui n'avoient esté faits que pour parler seulement de plusieurs actions personnelles du Roy, et par occasion de quelques unes des vostres; lesquelles occasions de toutes ces choses furent que Sa Majesté vous ayant fait expedier un pouvoir pour aller traitter avec l'admiral de Villars, la ville de Roüen et autres gouverneurs et villes de la ligue en Normandie, pour les reduire en son obeyssance, et l'estant venu retrouver à Paris (trois jours apres qu'il y eut esté receu avec joye, acclamations et applaudissemens universels de tous les peuples de cette ville) pour l'asseurer que vous aviez laissé toute la noblesse, les villes et peuples de la ligue en Normandie en disposition de se remettre sous son obeyssance, il arriva les jours suivans que madame de Guyse l'estant venu trouver, vous les rencontrastes se promenans ensemble dans la grande chambre du Louvre, laquelle lui faisoit de grandes instances et supplications de vouloir agréer le tres-humble service d'elle et de tous ses enfans, l'asseurant qu'ils ne respiroient maintenant autre chose que l'honneur de pouvoir elle et eux se mettre en ses bonnes graces, et de luy rendre toute obeyssance, desquels il sembloit que ceux qu'il avoit nommez pour en traitter avec elle, qui estoient le chancelier de Chiverny, le duc de Rets et les secretaires d'Estat, Beaulieu-rusé et de Gesvres, fissent tout ce qu'ils pouvoient pour en retarder l'effet ; et les discours qu'ils eurent là dessus, trop longs à reciter, furent tant continuez qu'ils se conclurent par un pouvoir qui vous fut expedié, afin de parachever vous seul ce qui avoit esté commencé par quatre ensemble, qui ne s'estoient pû de rien accorder, chacun retenant à dire ce que vous terminastes bien-tost et fort heureusement par une excessive faveur de la fortune, trop longue à reciter, ayant en fin accordé à M. de Guyse le gouvernement de Provence pour le faire départir de celuy de Champagne, de l'office de grand maistre de France et de tous les benefices qui avoient appartenu au cardinal de Guyse, qu'il disoit luy devoir estre restituez, dautant que son oncle et son pere en avoient esté violemment despoüillez.

Or pource que les esprits d'humeurs contredisantes et les jaloux et envieux de vostre personne, de vos employs et des grandes faveurs de vostre fortune lors naissante, et ceux qui affectionnoient les serviteurs du feu Roy, userent de toutes sortes d'artifices pour descrier tout ce que vous aviez fait, et sur tout essayoient-ils de faire trouver mauvais au Roy, que vous eussiez entrepris (sans qu'il fust specifié dans vostre pouvoir ny vous avoir esté expressément commandé par le Roy) d'accorder à madame de Guyse pour son fils, qui avoit tousjours esté ennemy du Roy et de la France, voire jusques à s'estre fait proposer pour en estre Roy, pource, disoient-ils, qu'elle vous apparentoit, le gouvernement d'une province de telle importance, en laquelle ceux de la maison de Lorraine pretendoient droit de proprieté, et d'en despoüiller un homme de qualité, merite et service, qui avoit tousjours esté des plus aupres des roys et des plus affectionnez à l'Estat; et reïtererent si souvent leurs instances que le Roy faisant paroistre de ne les trouver pas mauvaises, il vous fallut, pour vostre justification, excogiter des causes et des raisons pour luy faire approuver ce que vous aviez fait à bonne intention, comme vous n'y manquastes pas, suivant la fertilité de vostre esprit en belles inventions, dont entre plusieurs nous en specifierons icy cinq principales seulement que vous luy baillastes par escrit, afin qu'il n'en perdist pas la memoire.

La premiere, que par ce moyen, comme il a esté dit, vous deschargiez Sa Majesté des grandes recompenses qu'il luy eust fallu donner ou d'un costé ou d'autre, touchant les trois demandes cy-dessus specifiées.

La seconde, pour achever de deslier tout à fait M. de Guyse d'avec ceux de sa maison, en l'esloignant de la Champagne, Lorraine, Pays-Bas, Picardie et Bourgongne où ils avoient eu leurs plus grandes intelligences et pretentions.

La troisiesme, pource que vous sçaviez de science que madame de Guyse, M. de Guyse et ses freres, estans tous mal contens de tous les autres de leur maison, pour avoir recogneu de n'en avoir point eu de plus contraires aux grandeurs que le Roy d'Espagne faisoit demonstration de leur vouloir procurer; que ceux de Lorraine, de Savoye, de Nemours, du Mayne et de Mercure, qui tous les vouloient preceder par tout et en toutes choses.

La quatriesme, qui estoit comme une preuve de la precedente, la franchise de la responce de la mere et des enfans, lors que l'on leur vouloit parler de les maintenir toûjours tous ensemble en une particuliere et bonne intelligence avec tous les sus-nommez, ayant declaré que les choses passées leur ayant enseigné celles où ils devoient aspirer pour l'advenir, ils ne vouloient plus avoir d'intelligences particulieres qu'avec la couronne de France et le Roy seul, ayant restraint toutes leurs amitiez, parentez et desseins dans celles du bon plaisir et service de Sa Majesté.

Et la cinquiesme, que vous souvenant d'avoir souvent entendu Sa Majesté faire des plaintes de l'adversion que M. d'Espernon avoit tousjours témoignée d'avoir à sa personne, à sa royauté, à son contentement et à ses desseins, vous aviez creu de ne luy pouvoir rendre un meilleur ny plus agreable service, que de reduire une personne si mal intentionnée en son endroit, à sa discretion, chose qui ne se pouvoit, ce vous sembloit-il, mieux ny plus facilement faire, qu'en luy opposant pour competiteur au gouvernement (dont il s'estoit emparé contre son desir et qu'il projettoit de retenir malgré luy), celuy de tous les pretendans à celuy qui le pouvoit le mieux et le plus promptement reduire à raison, et là dessus faisiez ressouvenir Sa Majesté de huict plaintes principales, entre les autres, qu'elle vous en avoit le plus souvent faites.

La premiere, de l'ostentation et vanité dont il avoit usé en ses paroles et forme de vie lors qu'il le vint visiter en Guyenne, comme de la part du Roy, ayant tousjours vescu et parlé avec luy quasi comme de pair à compagnon, jusques à l'avoir fait sonder par tierces personnes interposées du mariage de sa sœur.

La seconde, qu'il avoit tousjours essayé d'empescher que le Roy ne l'adjoignit à luy en corps de Cour ny d'armée; mais ayant esté d'advis qu'il se devoit contenter, puisque l'estat de ses affaires le requeroit ainsi, de l'admettre à son service, tenans tousjours leurs personnes, leurs camps et leurs trouppes distinctes et séparées les unes des autres, afin d'esviter les jalousies et menées.

La troisiesme, que n'ayant peu empescher cette entiere et absoluë jonction avec le Roy, il avoit tousjours rendu bien peu de respect à sa personne et à sa qualité, jusques à luy avoir plusieurs fois contesté audacieusement toutes ses propositions, tasché de traverser tous ses desseins et entreprises, et de s'estre vanté qu'il luy tenoit souvent teste et le contrecarroit en toutes choses.

La quatriesme, qu'il avoit bien eu l'imprudence que de le refuser, quelque instance qu'il luy en eust faite et fait faire, de vouloir signer la déclaration qu'avoient signée tous les autres grands du royaume, par laquelle ils le recognoissoient pour Roy legitime.

La cinquiesme, que l'ayant fait instamment prier par Belle-garde et Roquelaure, et autres ses amys plus particuliers, voire prié luy-mesme, mais tout cela en vain, de ne commencer point la dispersion et dissipation de son armée, par la retraite de luy et de ses trouppes, mais de vouloir luy ayder avec icelles à venger la mort du feu Roy son bon maistre auquel il avoit tant et tant d'obligations.

La sixiesme, pour avoir sceu de bonne part qu'en particulier il avoit blasmé ceux de ses amis qui avoient recogneu la royauté de Sa Majesté, sans l'avoir auparavant abstrainte à changer de religion.

La septiesme, de s'estre vanté que, soit que Sa Majesté luy accordast les provisions de gouverneur de Provence, ou non, il estoit bien resolu de s'en rendre maistre s'il pouvoit, puis que son frere luy en avoit remis la charge.

Et la huictiesme, qu'ayant sceu qu'il assembloit des trouppes pour passer en Provence, et que le chemin d'icelles se rencontroit prés de Ville-mur, que M. de Joyeuse avoit assiégé, Sa Majesté l'ayant fait prier, voir prié par lettres expresses de les vouloir joindre aux trouppes qu'elle faisoit preparer pour faire lever ce siege, il s'estoit contenté d'en avoir fait le commandement pour la mine seulement, mais avec secrette deffence aux siens de hazarder pour cét effet aucun combat : tellement que partie de ses trouppes ayant esté deffaites par M. de Joyeuse pour avoir esté mal disciplinées, mal logées et fait mauvaise garde, cela l'avoit tellement fasché et despité, qu'il fit aussi-tost continuer à ses trouppes le chemin de Provence, sans se soucier d'aucuns des mandements de Sa Majesté, ny du bien de son service. Toutes lesquelles considerations vous avoient semblé suffisantes pour vous faire gratifier M. de Guyse du gouvernement de Provence, puis que c'estoit le plus prompt, facile, et puissant moyen pour reduire à suivre ses intentions, un homme qui disoit l'avoir tousjours eu en si grande adversion, et que Sa Majesté mesme confessoit de n'avoir jamais eu sujet de beaucoup aymer.

Or laissant les discours qui regardent les particuliers pour parler de ceux qui touchent le general de la Provence et des Provençaux, en les reprenant dés le temps de la mort du grand prieur de France, frere legitime des trois derniers Roys, par laquelle le gouvernement de cette province fut donné au duc d'Espernon, ce que plusieurs des Provençaux avec leurs testes chaudes, altieres et mesdisantes, n'eurent pas fort agreable, tant, disoient les plus audacieux, à cause de son extraction qu'ils mesprisoient, comme beaucoup plus basse que celles de leurs precedens gouverneurs, qu'ils sçavoient bien n'estre parvenu aux dignitez qu'il possedoit alors, que par voyes, services et complaisances, desquels le bruit commun ne parloit pas bien, que pource qu'il avoit la reputation d'avoir l'esprit altier, aigre, de peu familiare conversation, et qui ayant accoustumé de se faire adorer aux courtisans, voudroit que les Provençaux fissent le semblable. Tellement que luy, ayant entendu quelque chose de tous ces bruits, et jugeant bien que cette charge et celle des mignonneries et delices de la Cour, seroient comme incompatibles ensemble à cause que chacune d'icelles requeroit une residence personnelle sur les lieux, il fit bailler ce gouvernement à son frere de la Vallette, qui avoit desja celuy de Dauphiné, lequel estant d'humeur plus douce et posée, moins imperieuse et beaucoup plus familiare, sociable et caressante, il s'accommoda pour quelque temps assez bien à l'humeur des Provençaux et des Dauphinois conjointement; tellement qu'il conduisit aucunement heureusement les peuples et les affaires de ces deux provinces pour le service du Roy, durant les années 1586, 1587 et partie de 1588, que le Roy estant venu à entrer en défiance du duc d'Espernon, jusques à croire qu'il le desservoit et nuisoit à sa personne et à ses affaires, il se voulut faire saisir de sa personne à Angoulesme, pour le reduire à son devoir et luy faire suivre ses volontez, et prist là dessus sujet de priver aussi la Valette de ses bonnes graces et de ses gouvernemens, ausquels neantmoins il fut restably depuis, apres la mort de M. de Guyse, la necessité des affaires du temps le requerant ainsi ; mais ce fut avec un grand changement en sa premiere creance et authorité que la diminution de la fortune de son frere et sa spoliation de ses gouvernemens avoient desja fort extenuées ; mais le furent bien encore davantage par la formation de plusieurs partis dans cette province, d'autant qu'en premier lieu, les grandes villes s'en voulant faire accroire, taschoient à se mettre dans un libertinage absolu. D'ailleurs le Roy d'Espagne essayoit de former un party du tout à sa devotion, le duc de Savoye un autre à la sienne, la comtesse de Sault un à la sienne, le comte de Carces et le sieur de Vins un à la leur, Louys d'Aix et Casaux un autre à la leur, et les sieurs de Ligny, Martinengue, Empus et Besaudun chacun le sien à part; mais tous pour le commencement furent tellement engloutis, par l'avidité, puissance et authorité du Roy d'Espagne, que le duc de Savoye son gendre fist tenir une assemblée d'Estats, par laquelle il fut declaré comte, proprietaire de Provence; mais neantmoins avec cette condition (afin d'obliger le Roy d'Espagne à continuer ses assistances) qu'il tiendroit ladite comté en feodalité, de la couronne d'Espagne, au lieu de celle de France, qu'ils repudioient du tout: tellement qu'entre tant de menées, pratiques et confusions, la Valette ne faisoit plus que languir dans les charges ausquelles il avoit esté restably et ne s'y maintenoit qu'à proportion qu'il recevoit quelques secours et assistances de messieurs de Mont-morency, Lesdiguieres et d'Ornano; lesquels neantmoins ne peurent empescher qu'il n'allast tousjours diminuant de puissance et de credit, et qu'en fin il ne fust tué devant une meschante bicoque qu'il vouloit prendre. Lesquelles nouvelles de sa mort entenduës par le duc d'Espernon, il prit resolution d'empieter ce gouvernement, s'il y avoit moyen, et afin d'y rencontrer moins d'obstacle, et se couvrir d'un plus specieux pretexte, il envoya, mais pour la forme seulement, demander les provisions à Sa Majesté; lesquelles plutost par la prudence necessaire au temps, que par inclination, ne luy furent pas refusées, mais ne furent pas neantmoins suffisantes pour faire que tant de partis formez se peussent reformer, ny que Sa Majesté tint plus asseurées à luy les places que tenoit le duc d'Espernon, que celles que tenoient tous les autres partis cy-dessus nommez. »

Toutes lesquelles raisons cy-dessus baillées par escrit au Roy, par luy leuës et quelque peu considerées sans dire mot, finalement il vous demanda où vous en aviez tant appris, veu que plusieurs de ces choses pouvoient bien estre vrayes; mais qu'il ne s'en souvenoit pas de la moitié, et ne trouvoit pas mauvais ce que vous en aviez fait mettre par escrit, jugeant par là que vous aviez eu quelque raison de faire ce dont quelques-uns vous blasmoient; dequoy encor qu'il demeurast maintenant bien content, voyant que vous n'aviez eu que bonne intention, si ne jugeoit-il pas à propos de faire voir ce discours à d'autres qu'à luy, le temps, l'estat des affaires, ny la disposition des esprits, ne permettant pas encor que toutes veritez fussent bonnes à dire; ce que vous luy recogneustes aussi-tost, et que sa providence en cette occasion se monstrant des plus exquises, vous ne manqueriez pas de suivre en tout et par tout ses intentions.

Ausquels discours d'entre le Roy et vous, dautant que nous n'en pûsmes pas de long-temps recouvrir la copie, nous avons depuis adjousté ce qui s'ensuit: à sçavoir, que tant de bizarres fantaisies de divers particuliers, et de confuses dispositions et d'affaires qui se dominoient en Provence, commencerent à prendre quelque apparence de se pouvoir accommoder, lors que l'on sceut que M. d'Espernon n'avoit plus le gouvernement, et que M. de Guyse en avoit obtenu les provisions du Roy, mais tout cela bien plus efficacieusement à son arrivée, lors que l'on entendit qu'il disoit tout haut, qu'il n'auroit jamais d'autre party que celuy du Roy et de la couronne, ny dessein que de faire vivre en paix et en repos les peuples de son gouvernement, et de bonifier la province, et qu'il effectuoit ce qu'il disoit, preferant les interests du Roy, de l'Estat et des peuples, à tous autres, voire aux siens propres: tellement qu'il eut bien tost reduit le duc d'Espernon à venir rechercher des indulgences plenieres, afin de luy faire regagner les bonnes graces du Roy, lesquelles Sa Majesté n'ayant jamais refusées à qui que ce fust, ne les luy desnia non plus.

Mais pour terminer ce discours et donner la gloire des bons succez de la Provence à qui l'a merité, il faut confesser que M. de Guyse usa d'une grande prudence, industrie et dexterité, pour restablir l'authorité du Roy, et par consequent la sienne, entre tant d'embarras de divers partis et d'intentions contrariantes, dont les particularitez sont deuës à l'histoire ou aux Memoires des gens de M. de Guyse, nous contentans de dire que la reduction de Marseille (où son courage et sa prudence et une favorable fortune parurent fort illustres) est une des plus belles actions militaires et politiques qui se soient passées de nostre temps. Or, pource qu'entre les divers particuliers de grande qualité dont il a esté fait mention en ce discours, M. d'Espernon est un de ceux duquel il semble avoir esté dit le plus de choses qui se pourroient mal interpreter par luy ou les siens, pour ce qui regarde ses procedures et comportemens envers le Roy, et nous mesme qui avons transcript ce discours, les jugeans telles, projettions d'en retrancher celles qui nous sembleroient sujettes à estre les plus mal prises, si nous n'eussions trouvé que les historiens, voire ceux qui luy adressoient leurs escrits, et semblent avoir eu pour but principal de luy chanter de perpetuels eloges, de faire tenir sa vie et toutes ses actions pour irreprochables, voire ses vertus comme exemplaires à imiter; si telles gens, disons nous, ne luy eussent imputé à gloire, honneur et loüange, à grandeur de courage et zele catholique, ce que nous en voulions retrancher et oster comme l'estimant aucunement disproportionné à une singuliere prudence et modestie telle que la sienne, et au devoir d'un bon sujet et serviteur envers son legitime Roy et maistre, tel que nous l'estimons.

CHAPITRE LIX.

Crédit de Sancy. Gabrielle empêche qu'il ne soit nommé surintendant. Établissement d'un conseil de finances. Déclaration de guerre à l'Espagne. Attentat de Jean Châtel. Les Jésuites chassés du royaume.

Nous vous avons en quelques uns des chapitres precedens oüy parler de la mort de M. d'O, laquelle n'est pas si tost arrivée que M. de Sancy tant pour ce qu'il avoit, à la verité, rendu de bons services aux roys Henry troisiesme et quatriesme, en ses voyages et negociations de Suisse et d'Allemagne, qu'il estoit d'un esprit vif et entreprenant, et avoit souvent donné des advis au Roy de la mauvaise administration des finances, dont usoient les intendans, tresoriers et financiers, par l'intelligence, tolerance et nonchalance dudit sieur d'O, que pource qu'il se rencontroit lors au goust de Sa Majesté, luy donnant milles belles esperances et se familiarisant avec luy (soit par complaisance ou autrement aux jeux, festins et autres petites débauches), s'imagina incontinent qu'il prendroit la place dudit sieur d'O, et s'acquerroit la mesme puissance et authorité qu'il avoit tant dans les affaires que les finances : mais madame de Liancourt, que le Roy aymoit passionnément, et s'estoit laissé persuader d'en avoir eu un fils, luy estant devenuë absolument contraire, rompit son dessein, pource qu'il avoit tenu des propos un peu libres et hardis de la forme de sa vie passée et presente, et de la naissance de ce fils, qui avoit esté nommé Cesar, de laquelle plusieurs autres aussi bien que luy faisoient en ce temps là des discours et des contes à leurs fantaisies, dont celuy de M. Alibour, s'il est faux, comme nous le croyons, fut des mieux inventez.

Car on disoit qu'un jour le Roy ayant envoyé ce bon homme, qui estoit son premier medecin, visiter cette belle dame que l'on luy avoit dit s'estre trouvée mal toute la nuict, à son retour, il luy dit qu'elle avoit un peu d'esmotion, mais que la fin d'un tel mal ne seroit, à son advis, que fort bonne : « Mais, luy repartit aussi-tost le « Roy, ne la voulez-vous pas faire purger et sei-« gner?—Par le jour qui nous esclaire, Sire, dit « ce bon homme (car c'estoit-là son juron), je « n'ay encor garde, il faut attendre qu'elle soit à « my-terme.—Que voulez-vous dire, bon homme? « respondit le Roy aucunement en colere. Je croy « que vous resvez et n'estes pas en vostre bon « sens. Aussi comment seroit-elle grosse; car je « sçay bien que je ne luy ay encor rien fait, et « estes pour cette fois un tres-mauvais medecin, « et faut que vostre esprit ayt esté poussé à cette « malice par un plus meschant que vous.—Je ne « sçay pas ce que vous avez fait ou point fait, « Sire, respondit le sieur Alibour, tout en co-« lere ; mais je sçay bien que vostre consequence « se trouvera plus fausse que moy impertinent « medecin, et devant qu'il soit sept mois l'effet « le verifiera. » Et sur cela le Roy s'estant separé de luy s'en alla, ce dit le conte, tout despit et mutiné, trouver sa belle malade, à laquelle il conta tout et luy fit une belle vie, à ce qu'on dit, quoy que rien de tout cela ne parut pour lors : aussi ne laisserent-ils pas de demeurer en mesme intelligence qu'auparavant, et n'en arriva autre accident visible, sinon qu'elle accoucha de ce fils, nommé Cesar, et que le pauvre M. Alibour, faute de bon appareil, ou autrement, mourut quelques mois apres, duquel le Roy eut grand regret, ne luy voulant nul mal pour avoir dit librement ce qu'il pensoit.

Cette dame donc rompit, comme nous avons dit, le dessein du sieur de Sancy, en usant de telles menées et pratiques, et mesnageant si dextrement l'esprit du Roy, qu'au lieu de laisser establir un seul super-intendant avec absoluë authorité, elle fit former un conseil des finances, dont M. de Nevers fut establi chef, assisté de messieurs le chancelier de Chiverny, duc de Reths, de Bellievre, Sancy, Schomberg, Maisses, Fresnes et la Grange-le-roy, duquel le Roy eut quelque envie de vous mettre deslors; mais eux tous redoutant vostre esprit actif, intelligent et courageux, ils s'y opposerent formellement ; et sur tous M. de Nevers (qui ne vous aymoit nullement, se souvenant tousjours qu'en un procez que vous aviez eu contre luy, dautant qu'il vouloit que vous procedassiez comme s'il eust esté un grand prince, et vous un simple gentil-homme, vous luy aviez reparty que pour l'ancienneté de vostre maison, elle n'en devoit rien à la sienne, y ayant eu des princes de la maison de Bethune, comtes de Nevers, avant que ceux de Gonzagues eussent acquis ce titre là) en fit de telles instances, alleguant que vous estiez huguenot de pere en fils, ayant autrefois veu vostre grand pere à Nevers, en assez pauvre estat, que le Roy se trouva reduit à remettre ce dessein de vous advancer à une autre fois; dequoy il vous dit quelque chose en forme d'excuse sur l'estat de ses affaires.

Tous ces conseillers de finances donc ainsi establis, messieurs de Fresne et de la Grange-le-roy qui faisoient les subtils, intelligens, et transcendans en matiere de finances plus que tous les autres, furent chargez du Roy et de la compagnie, de dresser des reglemens pour l'administration et ménagement des revenus et deniers royaux; enquoy ils s'employerent quelques mois, et de sorte que l'on en eut bien fait un gros volume, lesquels n'estans faits que pour la mine, afin de repaistre l'esprit du Roy d'une belle apparence, servirent comme il sera dit cy-apres; mais tant y a que le Roy fut retenu tout le reste de l'année dans Paris, tant pour examiner les articles de ses reglemens et reformations, traitter une trefve avec M. de Lorraine dont M. de Sancy estoit le negociateur, que pour les divers conseils qu'il falut tenir sur les propositions que ne faillit pas de faire M. de Boüillon, comme il le vous avoit dit à Sedan, si tost qu'il fut arrivé à Paris, de declarer la guerre au roy d'Espagne et à tous ses sujets et partisans, tous ceux avec lesquels l'on en consultoit les trouvans des plus problematiques que l'on eust peu pour lors mettre en avant; aussi y eut-il tant de divers advis, d'altercations et contentions sur ce sujet, dans les conseils qui furent tenus pour cét effet, que le Roy demeura plusieurs mois sans sçavoir à quoy s'en resoudre. Neantmoins enfin, nonobstant toutes vos allegations pour ne rien innover, car vous fustes l'un de ceux qui insista le plus sur cét advis, comme il en a esté dit quelque chose cy-devant en vostre voyage de Sedan, le Roy, contre ses propres sentimens, se laissa emporter à faire cette declaration de guerre, sur la certitude du traitté quasi conclud avec M. de Lorraine, sur l'asseurance que, par sa connivence, donnoient tous les principaux chefs et gens de guerre qui l'avoient servy, de faire la guerre pour la France, sur les persuasions des ambassadeurs d'Angleterre et de Hollande (qui promettoient de faire de si grandes diversions que les forces d'Espagne y estans toutes occupées, elles n'auroient nul moyen de s'opposer aux armes du Roy, enquoy, comme l'experience le verifia depuis, ils penserent plus à leurs affaires qu'à celles de France), mais principalement sur les esperances que donnerent M. de Boüillon d'une part, de faire des merveilles dans le Luxembourg, ayant, comme il disoit, des entreprises infaillibles sur les principales villes de cette province et les voisines, et M. de Sancy de l'autre, de faire le semblable dans la Franche-Comté; voire de porter tous les treize Cantons à la conqueste d'icelle, toutes lesquelles raisons vous appristes du Roy lors qu'il vous voyoit trop oppiniastré contre cette declaration, laquelle fut publiée environ le mois de janvier, dont nous laissons les particularitez à l'histoire generale, aussi bien que celles de la repartie qu'y fit le roy d'Espagne, en laquelle il n'appeloit le Roy que prince de Bearn, dautant que vous ne vous meslastes quasi point de tout cela.

Et vous ramentevrons comme quelques jours auparavant, et le vingt-sixiesme jour de decembre, le Roy estant dans sa chambre au Louvre, fut blessé d'un coup de cousteau dans la bouche, ainsi qu'il se baissoit pour embrasser messieurs de Ragny et de Montigny, lesquels venans d'arriver, luy faisoient la reverence, et ce par un jeune escholier enseigné par les jesuistes, nommé Jean Chastel; en consequence de l'execution à mort duquel, toutes les animositez, desja auparavant excitées par les plaidoyers des sieurs Arnault et Dollé, se resveillerent de sorte, et des vents contraires soufflerent si violemment au visage de ceux de cette profession, que par arrest du parlement toute leur société fut bannie du royaume de France; Jean Guignard pendu pour avoir dressé des theses contre la vie et l'authorité des roys, et Jean Gueret, Pierres Varades, Alexandre Majus, François, Jacob et Jean le Bel, condamnez à faire amende honorable et à bannissement perpetuel. Lors de la blessure du Roy, il y eut une grande esmotion dans sa chambre, pource que du commencement l'on ne sçavoit qui avoit fait le coup, le meurtrier ayant aussi tost laissé tomber le cousteau et s'estant escoulé parmy la presse, nous vous vismes si transi de frayeur, voyant le Roy tout en sang et apprehendant que le coup eust passé jusques à la gorge, qu'il ne vous resta quasi nulle couleur au visage; mais tout cela fut aussitost appaisé, le meschant parricide ayant esté pris, le cousteau trouvé sur le plancher et recogneu que le Roy n'avoit que la levre offensée, et un peu d'une dent rompuë; et luy mesme monstrant un courage asseuré, dit le premier que cela n'estoit rien, et mesme lors qu'il sceut que ce maudit garnement avoit esté nourry et enseigné par les jesuistes, il ne dit neantmoins rien contr'eux, sinon : « Ce n'estoit donc pas as-« sez que par la bouche de tant de gens de bien, « ceux de cette société fussent reputez ne m'ay-« mer pas, s'ils n'en estoient encor convaincus « par ma propre bouche et mon sang espandu. »

Nous laissons à l'histoire generale les particularitez du traitté fait avec M. de Lorraine, des courses et ravages qu'à cette occasion les sieurs de Tremblecourt, de Sainct Georges et autres chefs de ces troupes licentiées, et leurs gens de guerre firent comme volontaires dans le comté de Bourgongne, de la défaite quasi entiere de toute la garnison de Soissons, que conduisoient les sieurs de Conan et de Belle-font, par les sieurs de Mouchy, Dedouville, de Gadancourt, lieutenant de vostre compagnie, et de Bays, la reduction de Vienne et prise de Monlüet par M. le connestable de Mont-morency, les reductions des villes de Nuis, Authun et Dijon par l'entremise de M. de Biron, et la deffaite de huict ou dix troupes de cavalerie du comte de Mans-feld, dans le Luxembourg, par messieurs de Boüillon et comte Philippe de Nassau, d'autant que vous n'eustes nulle part à toutes ces affaires et combats.

CHAPITRE LX.

Motifs qui décident le Roi à porter la guerre en Franche-Comté. Conseil des finances. Rosny se retire à Moret. Lettre du Roi sur la retraite du comte de Soissons. Rosny réprime l'insolence d'un capitaine attaché à ce prince. Actions militaires en Picardie. Combat de Fontaine-Française.

[1595] Les entreprises cy devant recitées, ayant ainsi heureusement succedé au Roy, luy donnerent de grandes esperances, et le porterent à de plus hautes : sur tout voyant les gaillardes troupes que messieurs le connestable et mareschal de Biron avoient sur pied, l'un en Lionnois et Bresse, et l'autre au duché de Bourgongne, ensemble celles licenciées de Lorraine qui estoient dans le comté, sans y trouver opposition, il se vint à imaginer que les ralliant toutes en un corps, avec ce qu'il meneroit de gens de guerre quand et luy, il auroit moyen de faire quelques progrez vers ces provinces là. Il luy prenoit quelque-fois des fantaisies de s'y acheminer, lesquelles luy passoient aussi-tost qu'il se remettoit devant les yeux le peril que couroient ses provinces de Picardie et Champagne s'il s'en esloignoit de cette façon : et ainsi combatu diversement par ses diverses propositions, il fut à la fin, voire contre ses propres sentimens, emporté à la pire resolution, dont furent causes principales, premierement, les solicitations continuelles qu'en faisoit le connestable de Mont-morency, lequel (comme vous le sceustes depuis par le Roy mesme, lors qu'à son retour de la Franche-Comté il se pleignoit de ceux qui l'avoient induit à ce voyage) voulant essayer de faire valoir et donner quelque lustre à cette espée fleurdelisée, qui luy avoit esté nouvellement mise en main, estant passé en Dauphiné, Lionnois, et Bresse, avec quatre mil hommes de pied, et quatre cens chevaux grandement lestes ; et à la faveur d'iceux, chassé ce qui restoit de trouppes de messieurs de Savoye et de Nemours en ces quartiers là ; traitté par argent et promesses avec le sieur de Disimieux, pour faire que luy et la ville de Vienne, dont il estoit gouverneur pour M. de Nemours, se remissent, comme il en a desja esté dit quelque chose, en l'obeyssance du Roy, et fait dessein de passer en Bresse, commençant par le siege de Monlüet.

Mais sur cela nouvelles luy estant venuës que le connestable de Castille estoit passé d'Espagne en Lombardie, où il faisoit de grandes levées et bruire avec éclat ses armes et ses desseins, pour entrer en France, suivant le commandement exprés qu'il en avoit receu de son Roy ; lequel irrité et despité en son cœur de ce que le Roy, qu'il n'appelloit que prince de Bearn, ayant encor une grande partie de la France revoltée contre luy, eust eu neantmoins la hardiesse et la resolution (qu'il nommoit imprudence et temerité) de luy declarer la guerre, avoit mandé au comte de Fuentes, general de ses armes au Pays-Bas, aussi bien qu'enjoint à son connestable, que quand ce seroit mesme à la perte et au prejudice de ses Estats de Flandres et de Milan, ils eussent à entrer en France, et y faire de tels attaquemens, qu'ils convertissent l'audace et la presomption du prince de Bearn, et des François qui le recognoissoient pour Roy, en repentance et desplaisir.

Tellement que ces nouvelles, comme il a esté dit, entenduës par le connestable de Mont-morency, il commença d'entrer en apprehension que ce faix trop pesant ne luy tombast sur les bras. Et pour éviter cet inconvenient usoit-il de telles solicitations pour faire advancer le Roy, envers lequel celles de M. de Biron n'estoient gueres moindres pour mesmes raisons, à cause des sieges qu'il avoit mis devant le chasteau de Dijon, qui estoit fort, et un autre que l'on nommoit Talan (1), qui vaut encor mieux, et que s'il les luy falloit lever il flétriroit toute la gloire et les lauriers qu'il avoit acquis par ses dernieres expeditions tant heureuses, ausquelles instances s'adjoustoient encor celles du sieur de Sancy, qui estoit celuy des serviteurs de Sa Majesté qui paroissoit avoir lors plus de creance prés d'elle et de M. le chancelier de Chiverny, lequel plein d'industrie avoit, par le moyen d'une dame, afin

(1) Ce château était situé sur une montagne à trois quarts de lieue de Dijon.

d'avoir un adjoint puissant à faire valoir son opinion, persuadé a madame de Liancourt, qu'en ce voyage le Roy conquesteroit facilement la Franche-Comté, laquelle avoit peu de places fortes, et qu'il faudroit apres faire en sorte qu'il en donnast la proprieté utile à son fils Cesar, qui estoit né, ce nous semble, à Coussy, pendant le siege de Laon, et la souveraineté honorifique aux cantons des Suisses, afin qu'ils en entreprissent la deffence et protection.

Ce voyage donc ainsi resolu et posé sur tels fondemens que vous nous distes estre, lors que vous en sceustes quelque chose, du tout ridicules et absurdes, le Roy neantmoins s'y affectionna au commencement; et comme il estoit plein de prudence et de prévoyance, desirant d'éviter qu'en son absence il n'arrivast des accidens fascheux et dommageables sur les frontieres du royaume, si les diversions promises par les Anglois et Hollandois ne se trouvoient pas suffisantes, il ordonna que messieurs de Nevers, de Sainct Paul, de Boüillon et admiral de Villars prissent bonne intelligence les uns avec les autres, afin de reünir apres en un mesme corps toutes les forces qu'un chacun d'eux pourroit mettre sur pieds, s'entre-communicassent les desseins et entreprises particulieres qu'ils pourroient avoir, vescussent en bonne union et concorde, et courussent conjointement où les plus grandes utilitez ou bien le besoin et la necessité des affaires le pourroient requerir, deferant neantmoins le commandement du total, lors qu'ils se trouveroient tous ensemble, à M. de Nevers.

Et afin aussi de tenir le gros des affaires en reputation et en ordre dans le royaume, et sur tout celles des finances, qui sont le grand ressort de toutes bonnes operations, et qu'il y eut quelque corps sedentaire et resident en lieu certain, auquel se pussent adresser toutes les plaintes et demandes des provinces, y donner provision sur celles qui presseroient par trop ou ne tireroient point à trop grande consequence, advertir le Roy des choses qui se passeroient, recevoir sur toutes ses volontez, et tenir la main à l'execution d'icelles, il establit un conseil resident à Paris, duquel M. le comte de Soissons, à cause de sa qualité et capacité, desira de pouvoir estre nommé chef, et mesme en fit sentir quelque chose au Roy; mais il y avoit trop d'antipathie entre ces deux esprits et naturels, qu'ils ne demeuroient quasi jamais deux mois sans broüilleries. Tellement que le Roy apprehendant cela, ne s'y pût disposer, quelque chose mesme que vous luy en dissiez en sa faveur; et afin qu'il ne l'en pressast pas davantage, un jour à son disner, auquel messieurs les princes de Conty et de Soissons estoient tous deux, il appella le premier, et luy dit tout haut, car autrement ne l'eust-il pas entendu, que s'estant resolu de faire un voyage à Lyon et en Bourgogne, il l'avoit choisi pour representer sa personne à Paris, et en toutes les autres provinces dont il seroit trop esloigné, ensemble pour estre chef d'un conseil qu'il laisseroit pour la direction des affaires et finances; et en mesme temps dit à M. le comte qu'il le vouloit mener avec luy en son voyage, s'asseurant qu'il aymeroit bien mieux cela pource qu'il y auroit des coups à donner et de l'honneur à acquerir, et partant qu'il fit preparer sa compagnie des gens-d'armes, sçachant bien qu'elle estoit des meilleures, et par consequent de celles dont il se serviroit le mieux.

A quoy il fut respondu avec fort peu de paroles, se contentans tous deux de faire des reverences, l'un pource qu'il ne pouvoit parler, et l'autre pource que ce n'estoit pas ce qu'il desiroit. Quoy que ce soit, les choses passerent de la sorte, et le Roy ayant fait dresser des instructions pour la forme de conduitte qu'auroit à tenir ce conseil, il nomma, ce me semble, M. de Retz, quelque reclus qu'il fust à cause du mal dont il mourut, qui commençoit à le travailler, Messieurs de Schomberg et de Fresne qui estoit en faveur à cause de Madame de Liancourt, encor que son esprit aigre et contredisant ne fust pas fort agreable au Roy, M. de Maisses, M. de la Grange-le-roy, les intendans Hudicourt, Marcel et Guibert, et Maillant pour secretaire, auquel il vous fit adjouster trois jours apres, prenant pour pretexte (afin de couvrir encor aucunement le dessein qu'il avoit de se servir de vous en ses finances comme il vous en dit quelque chose apres) que M. le prince de Conty ayant toute creance en vous, se disposeroit, par vostre moyen, à tout ce qu'ils adviseroient entr'eux qu'il devroit dire et faire.

Au bout de quelques jours le Roy partist de Paris, avec charge à toutes les trouppes qu'il avoit destinées pour estre du voyage de le suivre en diligence; il vous mena jusques à Moret qui estoit à vous, où sejournoit Madame vostre femme, et de là vous renvoya bien instruit de ses intentions à ce conseil de Paris : tous ces ordres furent beaux et magnifiques en apparence, et les esperances de bons succez encor plus grandes; mais les evenemens ne furent pas semblables; car, en premier lieu, ce conseil de Paris ne vous pouvant gouster, et disant que vous estiez un espion parmy eux qui leur rendriez incessamment de mauvais offices afin de vous acquerir creance à leurs despens, en interpretant sinistrement toutes leurs intentions, ils vous faisoient mille frasques, toutes leurs opinions estans tousjours concertées contre les vostres, et toutes les affaires que vous entrepreniez, et les personnes que vous favorisiez rebutées, et en passerent si avant qu'il ne se tenoit plus de conseils en vostre presence (principalement où il estoit question de finances, tant ils apprehendoient tous que vous y missiez le nez), que de choses quasi de neant, et tenoient des conseils secrets à part, où ils disposoient de toutes choses par correspondances avec Messieurs le chancelier de Chiverny, de Sancy et autres qui manioient les affaires pres du Roy : dequoy vous estant apperceu vous resolustes (apres leur en avoir parlé assez haut et protesté que puis qu'ils tenoient des conseils à part, que vous ne vouliez plus estre nommé ny trouvé signé dans les resultats du conseil) de vous retirer à Moret, d'où ils ne vous pûrent jamais faire revenir, quelques semonces qu'ils vous en fissent faire, mesme par M. le prince de Conty, auquel vous escrivistes que puisque vous n'aviez pas la puissance d'empescher le mal, vous ne luy vouliez pas servir d'ombre.

Environ ce temps le Roy marchant avec ses forces vers le Lyonnois, M. le comte eut une telle broüillerie avec luy, qu'il le quitta et s'en revint à Nogent, voire fit ce qu'il peut pour ramener sa compagnie de gens-d'armes, et en dégouster plusieurs autres de ce voyage, dont les causes, sinon vrayes, à tout le moins apparentes, vous furent cognuës par une lettre particuliere que le Roy vous en escrivit, outre la generale addressante à tout son conseil laissé à Paris, quoy qu'il creust que vous y fussiez encor comme il l'avoit ordonné; mais le courrier passant à Moret vous bailla la vostre, qui estoit telle :

Lettre du Roy à M. de Rosny.

Mon amy, vous sçavez mieux que nul autre, car vous y avez esté souvent employé, si je n'ay pas toujours fait tout ce qui m'a esté possible pour vivre en bonne intelligence avec mon cousin le comte de Soissons, et s'il m'a jamais esté possible de tenir deux mois durant cet esprit là en bonne humeur : je ne doute pas qu'il n'aye du courage, car il en est de race, ny mesmes qu'il n'aye de bonnes intentions; mais il les mesnage si mal et prend son temps si mal à propos, qu'il se fait plus de tort qu'à nul autre, dequoy, en l'occasion qui se presente, le jugement n'en sera pas fort difficile à faire à tous ceux qui sçauront que le lendemain de la reception des lettres de mes cousins le connestable et mareschal de Biron, par lesquelles ils me donnoient advis que le connestable de Castille assembloit de grandes forces en Lombardie avec dessein de descendre aux Lionnois et en la Bourgongne, et me prioient de me vouloir advancer, pour ce qu'il y aura des coups à donner et par consequent de l'honneur à gaigner : dequoy, comme j'eus commencé de parler tout haut et à convier ma noblesse à se preparer et montrer courageuse selon sa coustume, mondit cousin le comte de Soissons fit mettre en avant une question suffisante pour diviser, voire dissiper mon armée, consistant à sçavoir si ce n'estoit pas mon intention que, comme grand maistre de France, il commandast apres moy à toutes mes armées, et sur tout en celle que j'estois prest de former, par preference à mesdits cousins connestable et mareschal, lesquels ont les meilleures trouppes dont je me puisse servir ; et vous qui les cognoissez pouvez juger si ce sont gens pour souffrir ce passedroit. Surquoy j'ay fait dire et remontrer tout ce qu'il m'a esté possible à mondit cousin le comte de Soissons, voire luy ay usé de mesmes prieres que s'il eust esté mon fils ou mon frere; mais tout cela n'a peu empescher qu'il ne m'ayt quitté et emmené tout ce qu'il a peu de sa compagnie, quasi (ainsi se peut-il dire) à la veille d'une bataille ou apparence de quelque signalé combat; car vous, qui me cognoissez de longue-main, et vous estes trouvé pres de moy en tant de combats et de fortunes de guerre, ne douterez nullement, je m'en asseure, que si les ennemis s'approchent je ne reculeray pas, surtout si ce sont Espagnols, ny ayant rien de plus doux aux vertueux que d'eslever les humbles et abaisser les orgueilleux. De toutes lesquelles choses j'ay bien voulu donner advis à mon conseil qui est à Paris, et encor à vous en particulier, afin que vous fassiez bien comprendre ce qui se passe à mon cousin le prince de Conty, l'asseuriez de ma bienveillance, et sollicitiez les autres de prendre garde aux comportemens de ceux qui tesmoigneront quelque mescontentement. Priant Dieu, mon amy, qu'il vous ait en sa garde.

Du camp pres Auxerre, ce 12 juin 1595.

Quelques trois ou quatre jours apres, l'on vous vint dire qu'il arrivoit des gens-d'armes à Sainct Mamer, village estant à vous, à un quart de lieuë de Moret, sur le confluant des rivieres de Seine et Loing, lesquels se disposoient d'y loger; vers lesquels ayant envoyé un gentilhomme des vostres nommé Camor, pour sçavoir quels ils estoient, et les prier par courtoisie de vouloir prendre autre logis, il revint aussitost, et vous dit qu'il avoit trouvé des gens les plus discourtois qu'il estoit possible, lesquels sans avoir esgard à vos prieres, ny mesmes dire les noms des chefs qui leur commandoient, mais seulement qu'ils estoient à M. le comte de Soissons, et qu'ils avoient accoustumé de loger par tout, pource qu'ils vivoient fort bien, et qu'ayant ce jour-là fait une grande traitte, ils ne pouvoient aller chercher giste ailleurs, leurs chevaux estans las : sur cette response vous leur fistes une telle lettre :

« Messieurs, qui commandez aux gens de « guerre arrivez au village de Sainct Mamer qui « m'appartient, je ne sçaurois croire que vous « apparteniez à M. le comte de Soissons, dautant « que n'ignorant point que je suis son serviteur, « et qu'il me fait cet honneur de m'aymer, vous « sçauriez quand et quand qu'il n'auroit nulle-« ment agreable que vous me refusassiez la cour-« toisie que je vous ay demandée; que si vous « vivez si bien que vous m'avez mandé, et que « je sçay bien que monsieur le comte veut que fas-« sent ceux de sa compagnie, attendu qu'ils sont « payez, je vous prie de vous en venir tous loger à « Moret, où s'il n'y a assez d'hostelleries pour vous « loger tous dans la ville, je vous feray marquer « des escuries et logis bourgeois. A quoy m'as-« seurant que vous vous disposerez plutost que « de m'offencer de gayeté de cœur, je vous baise « les mains, et suis vostre serviteur, ROSNY. »

Ayant baillé cette lettre au sieur de Camor, il vous dit qu'il n'esperoit pas qu'ils defaissent davantage à vos lettres qu'aux prieres qu'il leur avoit faites en vostre nom, ayant tenu de telles paroles qu'ils sembloient estre venus là tout expres pour vous fascher, et partant que vous fissiez comme si vous deviez estre refusé tout à plat : ce qu'entendu par madame vostre femme, elle se mit fort en colère contre luy, et luy dit qu'il sembloit qu'il voulut former une querelle, qu'il n'avoit que faire de redire tout cela, et qu'elle aymeroit mieux que Sainct Mamer fust mangé, que vous eussiez à leur occasion une broüillerie avec M. le comte de Soissons, ou une querelle avec les chefs de sa compagnie; desquelles paroles vous vous faschastes con-tr'elle, luy distes qu'elle se meslast de filer sa quenoüille, et vous laissast disposer des choses qui concernoient les armes où vous n'estiez pas apprentif ny n'aviez pas accoustumé de mettre vostre honneur en compromis de crainte des perils; que vous estiez bien sorty à vostre advantage d'affaires plus fascheuses que celle-là.

Et en mesme temps estant sorty du chasteau, vous envoyastes prier quelques gentils-hommes, vos voisins et vassaux, de se rendre à Moret, avec leurs chevaux et leurs armes; mandastes à tous les paysans, portans armes, des villages circonvoisins, de vous venir aussi tost trouver; fistes battre le tambour par la ville, et faire garde aux portes, avec défences de laisser sortir cinq ou six gens-d'armes de cette trouppe là, qui estoient venus en icelle pour ferrer leurs chevaux, racoustrer leurs brides, selles, pistolets, bottes et souliers, et achepter leurs petites necessitez; mais de laisser entrer tous ceux qui arriveroient encor; et fistes soudain preparer un grand batteau accommodé de planches à canonnieres; bref donnâtes si bon ordre à vos affaires, que dans deux heures vous eustes rassemblé trente chevaux et cent cinquante harquebusiers dont il y en avoit cent d'assez bons, et fait retenir douze de ces gens-d'armes dans la ville : si bien qu'au retour du sieur de Camor, qui ne vous apporta que des refus avec des menaces de ce que vous reteniez de leurs compagnons par force, vous sortistes dehors avec environ cinquante harquebusiers, trente piquiers, trente assez bons chevaux, et fistes embarquer le surplus dans vostre batteau couvert de planches, lequel vous fistes aussi-tost descendre la riviere et s'aller ancrer vis à vis des maisons du village, qui sont toutes sur le bord d'icelle.

De quoy les gens-d'armes logez advertis, ils commencerent à s'estonner et envoyerent vers vous pour sçavoir que vouloit dire tout cela. « Rien autre chose, leur respondistes-vous as-« sez brusquement, sinon que vous vouliez aller « loger à Sainct Mamer, qui estoit à vous et le « quartier de ces gens de pied. » Et vous estant en mesme temps advancé en bon ordre du long des lieux couverts, il fut fait tant d'allées et venües, qu'en fin ils vous manderent qu'ils ne doutoient point que monsieur le comte ne s'offençast, lors qu'il sçauroit qu'ils auroient logé sur vos terres, et partant qu'ils deslogeroient et payeroient ce qu'ils avoient despendu, ainsi qu'ils firent; et comme ils furent sur le haut du costeau tirant vers Dormelles, et vos harquebusiers du batteau logez dans Sainct Mamer, vous leur renvoyastes leurs douze gens-d'armes, et eux des remerciemens, recommandations et offres de service; en sorte que toutes choses reconciliées vous leur fistes present de deux pastez de venaison et de douze bouteilles de vin.

Ces choses ainsi passées vous demeurastes (reservé un voyage que vous fistes vers M. le prince de Conty, pour l'informer de ce dont le Roy vous avoit donné charge par ses lettres) pres de trois mois à Moret, qui fut le plus grand sejour que nous croyons que vous eussiez encor jamais fait en aucune de vos maisons, et le plus long que nous ayons veu se passer, depuis que je vins à vostre service jusques alors, sans faire voyage ou estre employé en quelque affaire de paix ou de guerre, où neantmoins je ne vous vis jamais ennuyer, quoy qu'ils vous faschast aucunement d'entendre que les ennemis s'advançoient du costé de la Picardie et de la Bourgongne; mais tout à fait receustes vous un desplaisir signalé des desordres et pertes arrivées vers la Picardie, et lors que vous sceustes les perilleux combats que le Roy avoit rendus à Fontaine-françoise, sans vous y estre trouvé, des particularitez desquelles factions nous ne dirons rien, suivant nostre costume, pour ce que vous n'y fustes pas. Mais à cause des choses memorables en bonne et mauvaise fortune qui s'y passerent, et qu'elles meritent d'estre sceües par la posterité, nous nous licentierons d'inserer icy les lettres qui vous en furent escrittes, tant des braves exploits et bons succez d'un costé, que des manquemens et desastres de l'autre; la teneur desquelles lettres s'ensuit, et premierement celles du sieur de la Fond touchant les choses advenues en Picardie.

Lettre de M. de la Fond à M. de Rosny.

MONSEIGNEUR, voyant les divers artifices dont l'on a usé parmy nous-mesmes pour desguiser ce qui s'est passé en ces mal-heureuses occasions de Picardie, je me suis resolu de vous en escrire la pure verité, suivant ce que mes yeux et mes oreilles en ont peu comprendre, m'y sentant obligé par ce que je dois à la memoire de feu M. l'admiral de Villars, vostre singulier amy, et à vostre service particulier. Je ne m'arresteray point aux ordres establis par le Roy, avant son partement pour faire vivre messieurs de Nevers, de Longue-ville, de Sainct Paul, de Boüillon et de Villars en bonne intelligence, afin de faire en sorte qu'ils s'entr'assistassent les uns les autres aux occasions, car vous le sçavez mieux que moy : mais vous diray, que, nonobstant les asseurances qu'ils donnerent tous cinq de suivre les intentions de Sa Majesté, dés la premiere jonction qu'ils firent, il fut du tout impossible d'empescher la naissance de plusieurs envies et debats entre messieurs de Nevers et de Boüillon ; tellement que les affaires estant en cet estat, M. le comte de Fuentes et M. de Rosne, se prevalans de l'absence du Roy, et peut estre de la cognoissance qui leur fut donnée de ce mal entendu de nos capitaines, vindrent assieger le Castelet et la Capelle, qu'ils emporterent avant que le secours pust estre assemblé : le premier, faute de vivres et munitions ; la seconde par deffaut de resolution en celuy qui estoit gouverneur.

Peu apres ces deux placés perdües, le gouverneur de Han, ayant receu du mescontentement de la garnison estrangere qui estoit dans la ville, prist resolution de se rendre serviteur du Roy, et de remettre le chasteau, et, par le moyen d'iceluy, la ville en son obeyssance : de quoy ayant donné advis à M. de Longue-ville et de venir bien fort à son secours, à cause de la grandeur de la garnison, il advertit aussitost tous ses amis, afin de les assembler et sur tous M. de Boüillon ; mais ayant manqué de diligence et l'affaire pressant, à cause que le chasteau estoit assiegé par la garnison de la ville, messieurs de Longue-ville et de Humieres, avec leurs seuls amis de la province, furent contraints de courir au secours et de se jeter partie dans le chasteau et partie se loger aux environs de la ville, qu'il fallut attaquer comme une place assiegée avec diverses escalades et applications de petard, par le moyen desquels, apres plusieurs combats bien soustenus des ennemis, ils entrerent dedans par les retranchemens qui avoient esté faits du costé du chasteau où il se passa des choses fort memorables que je serois trop long à vous particulariser ; la conclusion desquelles fut, que nonobstant que ces estrangers se ralliassent plusieurs fois dans les places et carrefours, voire deffendissent des maisons particulieres, ils furent tous taillez en pieces, au nombre de mil ou douze cens, mais avec bien autant de perte de nostre costé (quoy que le nombre de personnes fut beaucoup moindre), à cause de vingt-cinq ou trente braves gentilshommes et gens de commandement qui y ont esté tuez, et entre iceux M. de Humiers, qui est la plus grande perte qu'eust peu faire la Picardie, et les maistres de camp des Cluseaux et la Croix.

Cette execution ainsi faite, messieurs le comte de Sainct Paul, mareschal de Boüillon et admiral de Villars, s'estant joints avec de belles trouppes chacun de son costé, ils resolurent ensemble de secourir Dourlans, que messieurs le comte de Fuentes et mareschal de camp Rosne avoient assiegé, où ils s'acheminerent en cet ordre : M. de Boüillon menoit une trouppe de quatre cens chevaux ; M. de Villars marchoit apres avec environ pareil nombre, et M. le comte de Sainct Paul le dernier, avec cinq cens chevaux et deux mil hommes de pied, qu'ils faisoient estat de jeter pour renfort dans la place, au cas qu'ils n'en peussent faire absolument lever le siege.

Or, comme M. de Boüillon fut à demie lieuë de la place, il fit advancer cinquante chevaux, cinq cens pas devant luy, en forme de coureurs, afin d'aller gagner le sommet d'une montagne, duquel on pouvoit descouvrir la place et le siege; quatre chevaux qui marchoient devant les quarante-six restans, n'approcherent pas plustot du haut de la montagne qu'ils ne descouvrissent la ville, et peu apres grande partie de l'armée de l'ennemy en forme de bataille, rangée entre la ville et le costeau, sur l'advis qu'elle avoit eu de nostre acheminement. M. de Boüillon informé de cela, voulut luy mesme en faire la recognoissance avec tout son escadron, croyant qu'il se presenteroit peut-estre occasion de se faire signaler par quelque bel exploit; mais il ne parut pas plustot sur le sommet de la montagne qu'il ne vist un petit escadron, qui paraissoit d'environ quelque cent chevaux, qui faisoit ferme comme ressentant son corps de garde; mille pas plus derriere estoient deux escadrons, de chacun six cens chevaux, soustenus de trois autres escadrons de cavalerie chacun d'environ pareil nombre, et de plusieurs bataillons d'infanterie qu'il jugea estre de sept à huict mille hommes de pied; de tous lesquels estant ainsi découvert, il vid soudain s'avancer au petit trot les premiers cent chevaux, et en suitte marcher au grand pas droit à luy les deux autres premiers escadrons, la salade en teste et la lance sur la cuisse, ce qui luy fit soudain juger, ainsi qu'il nous l'a dit depuis, que les ennemis avoient eu advis de nostre dessein, et qu'il seroit difficile que la journée se passat sans en venir aux mains, s'il ne leur empeschoit, par industrie, la recognoissance de ce qui le suivoit; et afin de faire plus grande monstre, et par consequent donner occasion aux ennemis de marcher plus retenus et la bride en main, il envoya un gentil-homme vers monsieur l'admiral, luy mandant qu'il s'advançast en bon ordre et prest à combattre, d'autant qu'il jugeoit fort difficile de s'exempter de quelque meslée.

Sur lequel advis, M. de Villars haussant le bras en l'air, commença de crier : « Or sus, « compagnons, voicy l'occasion par nous tant « desirée, qui se presente maintenant pour faire « cognoistre nostre affection et loyauté envers « le Roy et la France, et nostre valeur aux en- « nemis, et partant que chacun de vous me suive « et se resolve à faire comme moy. » Et sur cela nous ayant tous fait prendre nos salades, ainsi que luy avoit pris la sienne, nous eusmes bientost gagné l'aisle gauche de la trouppe que menoit M. de Boüillon ; lequel voyant M. l'admiral si bien deliberé, luy dit : « Monsieur, il nous faut « empescher les ennemis de recognoistre nostre « derriere, car tout seroit perdu, et pour cet « effet, nous faut-il resoudre, chacun de son

« costé, à leur faire (nous l'entendismes tous) une « furieuse charge. » A quoy ce brave cavallier et tous nous autres ne manquasmes pas, voyant des-jà, ce nous sembloit-il, l'escadron de M. de Boüillon, duquel croyant d'estre secondez, voire mesme craignant d'estre devancez, une pointe de jalousie à qui mieux feroit, nous fit prendre la charge au grand trot et nous aller mesler avec l'escadron de la main gauche, le pistolet au poing dans leur forest de lances, avec telle impetuosité, que si nous n'eussions eu affaire qu'à six cens chevaux, j'estime que nous les eussions rompus ; mais M. de Boüillon n'ayant fait qu'une fausse charge (comme il dit depuis n'avoir dit autre chose à M. de Villars, et non une furieuse charge comme nous l'asseurions) et un caracol pour reprendre le chemin de la retraitte, la trouppe qu'il avoit fait mine de charger, voyant M. de Villars mal mener celle qu'il avoit attaquée, le vint charger en flanc et en queuë, avec telle impetuosité, que ne la pouvant soustenir, plusieurs des siens aymerent mieux penser à sauver leur vie qu'à conserver leur honneur; si bien que M. de Villars ayant esté (ensemble les plus braves des siens) portez par terre, il fut tué de sang froid et plusieurs autres avec luy : en suite d'une telle desconfiture, M. de Boüillon fut mis en route, le comte de Sainct Paul pareillement, plusieurs de leurs trouppes tuez et pris prisonniers, et quasi tous leurs gens de pied, se trouvans ainsi abandonnez de la cavalerie, taillez en pieces ; lequel exploit mit tel effroy au cœur des assiegez, que ne faisans quasi plus tous qu'à sauve qui peut, ils furent forcez et taillez en pieces en offrant de se rendre. En toutes lesquelles factions cy-dessus, pour ne vous rien celer de la verité, je puis dire s'estre perdu plus de trois mil hommes, et entre iceux plus de noblesse qu'il n'en mourut, à ce que l'on dit, à Coustras, Arques, ny Ivry; ce que vous n'entendrez point sans extréme regret, je le sçay bien, principalement y ayant perdu ce galland cavallier, monsieur l'admiral de Villars, vostre intime amy, soit pour avoir mal entendu, ou n'avoir pas esté bien secondé. Le temps et les personnes interessées en cet accident ne me permettant pas de vous en dire davantage, je finiray par une protestation de vouloir demeurer à jamais, monseigneur, vostre plus humble et obligé serviteur, LA FOND.

Lettre du sieur Balthazard à M. de Rosny, touchant ce qui se passa à Fontaine-françoise.

Monseigneur, suivant le commandement qu'il vous pleut me faire lors que vous m'envoyastes suivre la Cour, à la poursuitte de quelques affaires où le sceau estoit necessaire, d'estre curieux d'apprendre tout ce qui se passeroit d'importance en ce voyage de Lion, Bourgongne et la Franche-Comté, que vous aviez tant contesté au dernier conseil qui se tinst à Paris sur ce sujet, en quoy vous fustes emporté par les voix d'authorité de messieurs le chancelier de Chiverny, de Sancy, d'Elbœuf et autres, qui avoient quelques interests vers ces quartiers là; à cela fortifiez par les lettres reiterées de messieurs le connestable de Mont-morency et mareschal de Biron, qui se voyoient une armée estrangere preste à leur tomber sur les bras, laquelle eust reduit leur offensive à la deffensive, et peut-estre en pertes, ainsi que je vous ay oüy discourir de tout cela, lors que, contre vostre gré, le Roy vous laissa en son conseil d'affaires residant à Paris. Suivant donc, comme j'ay dit, vos commandemens, j'ay mis par Memoires tout ce que j'ay veu faire et entendu dire pendant ce voyage, desquels faisant un abregé le plus succint qu'il me sera possible, je vous diray que, nonobstant tout ce que je vous ay ouy raconter des faits esmerveillables et valeurs incomparables du Roy, si ay-je appris de ceux qui s'y sont, à ce qu'ils se vantent, trouvez aussi-bien que vous, que ce qu'il a fait en ces occasions de la Franche-Comté, de son jugement, de son courage et de son espée esgale, voire surpasse tous ses precedens faits heroïques; desquels reprenant l'origine et les premieres causes, vous sçaurez, monseigneur, comme environ sur le temps que le Roy partit de Sens pour aller à Troyes, il receut advis, ainsi que je l'ay sceu de M. Jassault, de monseigneur le mareschal de Biron, comme l'exploit admirable de Beaune luy ayant facilité les reductions de Nuys et Authun, et tout cela disposé les habitans de Dijon à tumultuer contre leur garnison, enquoy se voyant les plus foibles, à cause des grandes forces rassemblées par le vicomte de Tavanes, ils l'avoient appellé à leur secours, où il estoit aussi-tost accouru et arrivé si heureusement que les habitans estans reduits à quelques cantons de ruë et une seule porte, il avoit aussi-tost mis pied à terre, attaqué si brusquement les ennemis qu'il avoit fait quitter toute la ville au vicomte de Tavanes et aux siens, et iceux contraints de se retirer aux chasteaux de Dijon et de Tallan, où il les avoit investis, attendant l'arrivée de Sa Majesté dont il avoit grand besoin; et partant la supplioit-il de vouloir user de ses diligences accoustumées, dautant qu'il sçavoit de certain que M. du Mayne, qui avoit reduit le sommaire de sa fortune à la conservation de la Bourgongne, pressoit, sollicitoit et obstestoit le connestable de Castille de marcher au secours d'icelle, l'asseurant qu'à la seule veuë et presence de son armée, Beaune, Nuys, Authun et la ville de Dijon, nouvellement conquise, se remettroient entre ses mains.

Le Roy receut ces advis comme il arrivoit à Troyes, d'où il se résolut de partir aussi-tost et de marcher avec tout le corps de son armée, sa grande experience à la guerre luy faisant conjecturer, comme je luy ay oüy dire deux ou trois fois tout haut, que tout ce jeu ne se passeroit point sans que le connestable de Castille, M. du Mayne et toute leur armée, quelque commandement expres qu'eust le premier de ne s'amuser à rien, et de marcher en diligence vers les Pays-Bas, ne fussent de la partie comme ils n'eussent pas failly de devancer de plusieurs jours le Roy, s'ils ne se fussent amusez à la reprise de Vesou et autres petites places prises par les Lorrains en la Franche-Comté, et que le débordement de la riviere de Saone ne leur eust empesché le passage à Gray, où ils furent contraints de sejourner quelques jours, pendant qu'au dessous de la ville l'on faisoit construire un pont pour leur passage, avec telle lenteur qu'il sembloit que ce connestable redoutast de s'engager deçà les rivieres, sur le bruit qui couroit de l'approchement du Roy avec son armée, lequel ne fut arrivé qu'apres le perte de Dijon, si l'ennemy l'eut imité en ses diligences.

Sa Majesté partant de Troyes, dépescha le comte de Thorigny devant avec quatre cens chevaux et quatre à cinq cens harquebusiers à cheval, pour aller renforcer M. de Biron, comme ces secours luy arriverent fort à propos, qui furent suivis du Roy quatre jours apres, lequel, avant que de descendre de cheval, s'en alla recognoistre toutes les advenues de Dijon, du costé que les ennemis pouvoient venir, sur lesquelles il fit faire de grands retranchemens, comme aussi entre les chasteaux de Dijon et Tallan, dont jusques alors le mareschal de Biron n'avoit peu empescher la communication toute libre : mais tous ces ordres ainsi establis ne contentant pas encor l'esprit de nostre brave Roy, il resolut, afin de retarder l'acheminement des ennemis, et donner par ce moyen du temps suffisamment pour achever en perfection les ouvrages commencez, d'aller au devant de l'armée ennemie, et essayer de la rencontrer encor sur son passage de la riviere; et pour cet effet, ayant donné rendez-vous à Lux et Fontaine-françoise, et cependant avec cent cinquante chevaux ou environ, et autant d'harquebusiers à cheval, il s'advança devant jusques sur la riviere de Vigennes, proche du bourg de Sainct Seine, d'où ayant dépesché le marquis de Mire-beau, avec cinquante ou soixante chevaux pour aller prendre langue des ennemis, il passa luy mesme cette riviere avec quelque cent ou six vingts chevaux, et se mit sur ses pas, marchant en simple capitaine de chevaux legers, avec dessein de mieux recognoistre l'assiette du pays, pour y prendre ses advantages si les armées avoient à s'affronter. Mais il n'eust pas fait guere plus d'une lieuë de chemin, en telles recognoissances, qu'il vit revenir le marquis de Mire-beau plus viste que le pas, et un peu en desordre, lequel luy dit n'avoir pas esté en sa puissance de bien recognoistre l'armée des ennemis, d'autant qu'il avoit esté chargé brusquement par un gros de trois ou quatre cens chevaux qui ne luy avoient pas donné loisir destendre sa veuë comme il eut bien desiré; mais que neantmoins il croyoit que toute l'armée du connestable de Castille marchoit en corps pour venir prendre le logement de Sainct Seine. En mesme temps arriva M. le mareschal de Biron, qui s'offrit aussi-tost d'aller voir les ennemis et d'en rapporter nouvelles certaines; mais il n'eust pas fait mille pas qu'il descouvrit sur le haut d'une combe quelques soixante chevaux là arrestez comme s'ils eussent esté en garde, lesquels il chargea aussi-tost et les contraignit de se retirer, et luy laisser leur place, en laquelle estant parvenu, il descouvrit toute l'armée, marchant en ordre de bataille, dont il y avoit quatre cens chevaux plus advancez qui en poursuivoient environ cent cinquante de ceux du Roy qui fuyoient en desordre, que l'on a sceu depuis estre le baron d'Aussonville. Ces quatre cens chevaux voyans ces fuyards s'esloigner trop, et découvrant le mareschal de Biron qui faisoit ferme sur le haut, s'advancerent droit à luy separez en deux bandes, dont l'une prit sa main gauche et l'autre sa droitte, plutost pour recognoistre ce qui estoit derriere luy que pour prendre encor la charge; et environ six cens chevaux separez encor en deux bandes, qui suivoient les quatre cens premiers, pour ausquels empescher la recognoissance qu'il jugeoit bien qu'ils vouloient faire, avant que de l'enfoncer, il separa sa troupe, d'environ trois cens chevaux, en trois, dont il bailla une tierce partie au marquis de Mire-beau, pour s'estendre à sa main droitte, une autre au baron de Lux, pour se jetter sur la gauche, et luy, avec le surplus, fit ferme sur le milieu : les ennemis, voyant cela, desbanderent cent cinquante chevaux de chaque costé, avec charge d'engager le combat à quelque prix que ce fut, comme ils firent. Surquoy M. de Biron s'advança, et trouvant le baron de Lux mal-mené, fit une charge pour le des-engager, dautant que luy et plusieurs des siens avoient esté portez par terre : mais, voyant plusieurs escadrons s'advancer, il fut contraint de penser à la retraitte, qui se changea bien-tost en une espece de fuitte, (tant il fut chargé impetueusement), avec quelques coups d'espées sur les oreilles, et passa la carriere assez viste jusques à la veuë du Roy, qui débanda cent chevaux pour aller soûtenir M. de Biron et arrester les fuyards : mais ce secours courut mesme fortune, et aussi-tost renversé et mené battant jusques au Roy, lequel, pour se voir sept ou huict cens chevaux sur les bras en six escadrons, ne perdit ny jugement ny courage, mais, prenant l'un et l'autre accroissement dans la grandeur du peril, appelle par nom les plus qualifiez, les convie à le suivre et faire comme luy, commandant à M. de la Trimoüille de prendre cent cinquante chevaux et de les charger, et qu'il en alloit faire autant de son costé avec pareil nombre, à quoy il ne manqua pas (et sans cette brave resolution tout s'en alloit en des-routte); et furent ces deux attaques tant furieuses et si bien opiniastrées (le Roy, quoy qu'il n'eust point de salade, se meslant dans le plus aspre combat, servant d'exemple de valeur aux plus hardis, et animant les moins courageux), que tous ces six escadrons estonnez, se renversans les uns sur les autres, se mirent en desordre; à quoy se rejoignant encor M. de Biron, qui avoit rallié quelques six vingts chevaux des premiers mis en fuitte, ils se retirerent comme en demie des-route jusques dans le gros de M. du Mayne, dans lequel le Roy faisoit estat de donner, s'il ne luy eut fallu effleurer deux bois tous farcis de mousquetaires, et n'eust descouvert deux autres gros de cavallerie, qui, sortans d'un bois, s'advançoient pour fortifier cette avant garde : ce qui luy fit faire ferme pour rallier toutes ses troupes dispersées, avec lesquelles ayant fait faire une nouvelle charge, il se fit faire largue, et sans difficulté il retourna gagner le lieu du combat : où peu apres estans arrivez les sieurs comte de Chiverny, chevalier d'Oyse, Vitry, Clermont, Rissé, la Curée, Arambure, d'Heure, Sainct Geran, la Boullaye et leurs troupes, au nombre de huict cens chevaux, les ennemis croyans que toute l'armée du Roy estoit arrivée, et craignant d'attaquer des gens si determinez qu'ils les avoient esprouvez, estans en six fois plus grand nombre, firent passer leur cavallerie devant leurs bataillons, ausquels ils firent faire la retraitte, le Roy les poursuivant tousjours jusques à ce qu'il leur eust fait repasser la riviere de Saone au pont de dessous Gray, laissant la Bourgongne à la discretion et volonté du Roy, qui s'en rendist maistre en peu de jours reservé de Seurre; et mesme prist toutes les villes foibles de la Franche-Comté, qu'il laissa en repos à la requisition des Suisses. Et partons maintenant pour aller à Lyon, qui est tout ce que j'ay peu apprendre des choses qui se sont passées, suppliant l'Eternel, monseigneur, etc.

CHAPITRE LXI.

Le Roi, au retour de Bourgogne, s'arréte à Moret. Entretien avec Rosny. Offre des Parisiens. Départ du Roi pour Calais. Perte de cette ville. Leçon donnée par le Roi au duc de Montpensier.

Apres toutes ces diverses factions militaires, et succez contraires aux esperances prises et données, le Roy se disposa de quitter les deux Bourgongnes et le Lyonnois, et de s'en venir en diligence à Paris, pour essayer d'empescher le cours impetueux et prosperes progrez des ennemis; à son retour il passa par Moret où il vous entretint de ce qui s'estoit passé en son voyage, duquel il vous dit ne remporter rien dont il se peut prevaloir en ses affaires que sa reconciliation avec le Pape, en quoy il loüoit les bons services que luy avoient rendus messieurs du Perron et d'Ossat; et puis s'estant enquis des causes qui vous avoient fait quitter le conseil de Paris, où il vous avoit estably avec esperance que vous empescheriez qu'il ne s'y passast rien au prejudice de son service, et vous luy ayant conté tout ce qui en a esté dit cy-dessus, avec amplification de plusieurs autres particularitez qui n'estoient pas à vostre des-advantage, il vous dit demy en colere : « Je vois bien que c'est. Ces gens-là ne
« veulent personne que j'ayme particulierement,
« ny qui m'affectionne passionnement, de crainte
« qu'ils ont qu'il apporte trop de lumiere dans
« leurs desseins et n'esclaire leurs actions; mais
« ils ont beau faire, car plus il vous montreront
« de haine et d'envie de vous reculer, plus ils
« accroissent mon amitié envers vous, et le desir
« que j'ay de vous advancer, recognoissant de
« plus en plus les merites de vostre grande intel-
« ligence et loyauté. Neantmoins, pour l'heure
« presente, il nous faut tous deux prendre pa-
« tience, tolerer les mauvais aussi-bien que les
« bons : car je voy bien que nous n'aurons pas
« trop de tout, et encor ne sçay-je si me servant
« des uns et des autres j'en auray assez pour
« reparer les grands desordres et confusions ad-
« venus en Picardie par les animositez, je n'ose
« dire malices et mauvaises intelligences de ces
« quatre personnes de qualité que j'y avois lais-
« sées, ausquels j'avois tant recommandé l'union
« entr'eux et la loyauté envers moy, surquoy ils
« m'avoient fait des promesses tant solemnelles
« que j'eusse pensé leur faire tort que de douter
« de la verité d'icelles; mais je croy qu'enfin il
« se trouvera que le pauvre mort qui ne faisoit
« que d'entrer en mon service aura esté celuy
« (contre toutes les impressions que les autres es-
« sayoient de m'en donner lors que je leur nom-
« may pour estre avec eux) qui s'y sera le plus
« vaillamment et loyallement comporté. »

Le Roy ne fit que coucher à Moret, où il vous tinst plusieurs propos sur les mauvais conseils qui luy avoient esté donnez touchant ce voyage de la Franche-Comté, et du peu d'esperance qu'il avoit de secourir Calais ny Cambray, les pertes de Castellet, Ardres et Dourlans ne luy touchant nullement au prix de ces deux-là, devant lesquelles il sçavoit y avoir de si fortes armées, qu'il luy seroit impossible d'en pouvoir, si tost qu'il seroit besoin, ramasser une assez puissante pour contraindre les ennemis à lever le siege. Ces discours là dessus durerent quasi tout le soir, dont le recit estant trop long et non necessaire, nous nous contenterons de vous dire comme il partit le lendemain au matin et vous emmena avec luy à Paris, où, si-tost qu'il fut arrivé, tous les chefs des corps, et compagnies l'estant venu trouver pour se condouloir avec luy de tant de pertes, offrir leurs biens et leurs personnes pour son assistance, il leur respondit en substance avec peu de paroles, que ce ne luy estoient pas choses nouvelles que les des-faveurs de fortune, sur tout aux faits militaires, y ayant passé tant de fois qu'il y estoit comme habitué, sans que tels accidens luy diminuassent en aucune façon le courage, comme il le feroit bien paroistre avant qu'il fut peu de temps, s'ils estoient aussi soigneux d'observer les promesses qu'ils luy faisoient de l'assister aussi liberallement de leurs moyens, qu'il estoit disposé de courir toutes sortes de perils pour leur défense et la conservation de l'Estat; dequoy il ne leur tiendroit point plus longs discours, aymant mieux des effets que des paroles, et une demie assistance volontaire, que dix entieres par contrainte; qu'il laisseroit donc en leur liberté d'en user comme bon leur sembleroit, et que quand bien ils ne feroient pas leur devoir, il ne laisseroit pas de faire le sien, et de se monstrer non seulement vray Roy, mais aussi vray pere de tous ses sujets.

Il se passa plusieurs autres propos d'apparence de bonne volonté de la part des Parisiens, mais l'execution ne fut pas semblable ; aussi le Roy, sans s'y arrester, partit-il le lendemain, s'en alla en trois jours à Peronne, où M. de Balagny le vint trouver, aussi esveillé à caqueter qu'il s'estoit monstré peu resolu à defendre sa royauté, discourant de tout cela comme s'il eust parlé des guerres de Simandius, ou de Sesostris, avec estonnement d'un chacun, comment ayant perdu honneur, femme, souveraineté et biens par sa faute, il avoit encor une langue pour en pouvoir parler et desirer de survivre à une si grande calamité.

Le Roy fit apres tout ce qu'il luy fut possible, et luy mesme, par deux fois, n'ayant pas d'armée suffisante pour attaquer les ennemis à vive force, estant à Boulongne, fit embarquer avec luy quantité de noblesse et de soldats, pour essayer de les jetter dans Calais, avec poudre, mesches, vivres, armes et autres munitions dont l'on estimoit qu'ils auroient le plus de besoin ; mais les vagues et les vents, lesquels ordinairement ne sont pas si dociles que l'on en dispose comme l'on veut, le renvoyerent autant de fois deux heures apres son partement. Neantmoins ce prince s'opiniastrant tousjours aux choses utiles, fit pour la troisiesme fois embarquer, sous la charge d'un gentil-homme nommé Matelet, gouverneur de Foix, qui se vint offrir de faire des merveilles, et d'entrer dans Calais ou de mourir en la peine, quatre ou cinq cens que gentils-hommes, que soldats munis de toutes choses ; lesquels, suivant leurs promesses, s'obstinerent de telle sorte à surmonter toutes les plus furieuses bourasques et tempestes de ce despiteux element, qu'apres avoir couru toutes sortes de perils, ils entrerent dans Calais malgré les vaisseaux ennemis. Mais ce fut une chose estrange que ces gens choisis, et qui avoient tesmoigné un courage presque invincible en allant, ne furent pas si tost entrez, qu'au lieu de communiquer la hardiesse qu'ils y avoient apportée à ceux de la vieille garnison, se laissant emporter à leurs persuasions, ils se saisirent de la frayeur qui les possedoit, et les uns et les autres ne songerent plus qu'aux moyens de capituler et de pouvoir sortir de là, comme ils firent quelques jours apres, mais sans capituler. Laissant toutes les particularitez des choses qui s'y passerent à ceux qui feront l'histoire entiere, dautant que vous n'eustes nulle part en aucune d'icelles, il ne faut point douter (comme c'est l'ordinaire des naturels allegres et sanguins d'estre plus chauds et boüillans que les autres, d'avoir les premiers mouvemens plus actifs et plus prompts, et les ressentimens, soit à la joye, soit à l'ennuy plus vifs et plus aigus) que le Roy, voyant toutes les vigilances, diligences et industries dont il avoit usé, toutes les fatigues, travaux et peines qu'il avoit prises, tous les beaux langages qu'il avoit tenus à Paris, en passant, toutes les hautes et fastueuses promesses que ceux de cette ville luy avoient faites, de luy envoyer un prompt et grand secours d'hommes et d'argent, tous les perils, dangers et hazards qu'il avoit courus et sur terre et sur mer, jettant par deux fois sa personne royale à la mercy des vents grondans et enfuriez, et des ondes tempestueuses et courroucées, et tous les secours que, malgré les mesmes vents, la mer et les vaisseaux ennemis, il avoit fait entrer dans Calais, luy estre demeurez non seulement vains et inutiles, mais qui pis est avoir en qeelque sorte accreu ses pertes, et augmenté ses ennuis et fascheries, il ne faut point douter, disons-nous, que tant de mauvais succez n'eussent esté infiniment sensibles et grandement douloureux à ce brave et genereux prince. Neantmoins ayant esté de longue main accoustumé à telles traverses, défaveurs et bourasques de fortune, et possedant un cœur si haut et magnanime, qu'il se relevoit contre les adversitez, afin de les surmonter, il n'eust pas plutost receu nouvelles certaines de la déplorable perte de Calais, qu'au lieu de s'en monstrer estonné, comme faisoient les autres, ou de s'amuser, ainsi que les courages lasches et pusillanimes, à s'en douloir et plaindre et faire le triste et le melancolique, il s'escria tout haut avec un visage aussi serain que si cét accident ne l'eust point affligé :

« Or sus, mes amys, il n'y a remede, Calais
« a esté pris, voire mesme avec quelque espece de
« malheur ; mais si ne se faut-il pas pourtant es-
« tonner ny se rabaisser de courage, puis que
« c'est dans les afflictions que les vaillans hom-
« mes s'évertuent et se renforcent d'esperances ;
« ce sont choses ordinaires à la guerre que de
« perdre en un temps et de gaigner à l'autre ;
« les ennemis ont eu leur tour, et avec l'assis-
« tance de Dieu, qui ne m'a jamais delaissé quand
« je l'ay prié de bon cœur, nous aurons le nos-
« tre ; et en tout cas une chose me console gran-
« dement, c'est qu'il n'y a eu aucun defaut de
« ma part, et ne pense avoir rien obmis de ce
« qui estoit en ma puissance pour secourir mes
« amys et mes serviteurs ; voire mesme je veux
« croire, que tous ceux qui se sont employez à
« cela s'en sont dignement et loyalement acquit-
« tez ; et partant qu'il ne nous faut plus penser
« à faire des plaintes et doleances ny à user de
« blasme ou de reproches contre aucun ; au con-
« traire celebrons avec honneur la memoire des

« morts, ne desnions point les loüanges deuës à « la genereuse deffense des vivans, et regardons « à rechercher les moyens pour, avec usure, « prendre notre revanche sur les ennemis, et de « faire en sorte, comme je l'espere, avec la fa- « veur du ciel, que cette place ne demeure pas « seulement autant de jours entre les mains des « Espagnols, que nos devanciers l'ont laissée « d'années en la possession des Anglois. »

Apres qu'il eut recueilly amiablement, consolé et assisté de plusieurs choses à eux necessaires, ceux qui estoient sortis de Calais, et pourveu à Boulongne, Monstreüil, Mont-hulin, Abbe-ville et autres places frontieres au mieux qu'il luy fut possible, il s'achemina vers Sainct Quentin, à cause de quelques trouppes des ennemis qui s'en estoient approchez, ausquels lieux celles des siennes qu'il avoit mandées de toutes parts, esperant les avoir à temps pour secourir Calais à vive force, arriverent à la file, où se trouverent aussi peu apres la pluspart des grands et plus qualifiez seigneurs de France, aucuns desquels, au lieu de bien servir leur Roy et de le consoler et soulager en ses ennuis et tribulations, essayerent de se prevaloir d'icelles pour s'en advantager à son dommage, luy faisant faire des ouvertures et propositions estranges, desquelles, à force d'importunitez et de subtiles raisons, recherchées dans la plus noire malice des autheurs de telles impertinences, ils rendirent M. de Montpensier le porteur, lequel, ainsi que le Roy vous en fist le recit trois jours apres, l'estant venu trouver en sa chambre en suitte de plusieurs protestations de son affection, luy dit :

« Que plusieurs de ses meilleurs et plus qua- « lifiez serviteurs, voyans les grandes forces en- « nemies qui luy tomboient à tous momens sur « les bras, desquelles il ne pouvoit empescher les « progrez à faute d'avoir tousjours sur pied une « grande armée bien payée et disciplinée, avoient « selon leur advis excogité un moyen, par lequel « il luy en seroit entretenu une grande et forte « bien soudoyée, qui ne se desbanderoit jamais, « estant toujours complette de ce qui luy seroit « necessaire ; voire mesme de vivres et d'une « bande d'artillerie de quinze ou vingt pieces de « canon avec son attelage et des munitions pour « tirer tousjours deux ou trois mille coups, les- « quels il pourroit mener par tout où luy « sembleroit. » Surquoy le Roy voyant que M. de Mont-pensier avoit comme fait une pose à son propos, il luy repartit soudain : « Que son dis- « cours estoit beau et bon et de belle apparence ; « mais qu'il falloit que des cervelles bien tim- « brées et des personnes bien fondées, bien expe- « rimentées et bien puissantes, s'en meslassent « pour en produire les effets ; qu'il ne luy res- « pondoit encor rien qu'il n'eust recogneu aupa- « ravant si les moyens en estoient aussi faciles et « aussi certains, comme ses paroles belles et bien « specieuses en apparence, et partant desiroit-il « qu'il continuast et les luy fist entendre. » A quoy M. de Mont-pensier, en le suppliant de prendre en bonne part ce qu'il proposeroit, luy dit : « Que ce n'estoit pas chose qui n'eust esté « autrefois pratiquée et dont les roys ne se fus- « sent bien prevalus, laquelle consistoit seulement « à trouver bon que ceux qui avoient des gou- « vernemens par commission les peussent posse- « der en proprieté, en les recognoissant de la « couronne par un simple hommage lige, et dau- « tant qu'il se pourroit trouver quelques seigneurs « bien qualifiez de grand merite et longue expe- « rience qui n'avoient point de gouvernemens, « ils auroient advisé de separer quelques con- « trées de ceux qui estoient les plus amples et de « plus grande estenduë dont ils seroient pour- « veus avec le gré et commun consentement « d'eux tous ; lesquels apres, en general et un « chacun en son particulier, s'obligeroient à luy « fournir et soudoyer par avance telles trouppes « et autres équipages que besoin seroit, pour en « former une grande et forte armée bien équippée « pour la conduire par tout où les occasions le « requerroient, et son grand courage, plein d'ex- « perience, le pourroit desirer. » A quoy le Roy, quelque despit et mutiné que devint son esprit à la premiere parole de telles impertinences, ne tesmoigna neantmoins aucun courroux ny alteration ; au contraire, ayant escouté patiemment toutes les raisons qu'il voulut alleguer pour authoriser son dire, il respondit tout froidement :

« Mon cousin, mon amy, je crois que quelque « malin esprit a charmé le vostre, ou que vous « n'estes pas en vostre bon sens ; car le langage « que vous me venez de tenir est entierement dis- « convenable à un homme de bien et un bon na- « turel comme le vostre, et tellement dispropor- « tionné à la qualité d'un prince de mon sang, « qui se voit à present plus proche de la couronne « que je n'en ay autrefois esté, que je pense son- « ger en vous escoutant ; aussy ne sçaurois-je « croire que des desseins si pleins de diffame pour « moy et du tout pernicieux à cet Estat, puissent « estre procedez d'un esprit si doux et d'une na- « ture si debonnaire, que j'ay tousjours recogneu « estre la vostre, non plus que vous, à mon ad- « vis s'imaginer que des gens si meschans que « ceux qui ont ainsi abusé de vostre facilité et « simplicité, m'ayans despouillé des principaux « et plus magnifiques droits de la royauté, eus- « sent par apres jamais grand esgard aux vostres

« de prince du sang ; et ne vous puis celer que
« si je vous estimois avoir dans le cœur et dans
« le desir choses si indignes pour vous et pour
« moy que celles que j'ay oüyes sortir de vostre
« bouche, je vous eusse fait paroistre qu'un cœur
« vrayement royal et genereux ne s'offence pas
« si cruellement sans chastiment, et donner une
« bien longue penitence : partant, mon cousin,
« mon amy, revenez en vous mesme et sortez
« absolument du precipice de fantaisies tant es-
« garées ; gardez vous bien de faire paroistre à
« ceux qui vous ont employé en un si mauvais
« ouvrage que vous m'en ayez parlé en aucune
« façon : mais en feignant que toutes les raisons
« cy-dessus vous sont venuës en la pensée, dites
« leur qu'elles vous ont non seulement empesché
« de m'en dire aucune chose, mais aussi fait
« avoir la proposition en telle horreur, que vous
« estes resolu de tenir pour ennemy mortel qui-
« conque la voudra mettre en avant ; et pour ce
« qui nous regarde, oublions tous deux pour ja-
« mais, mon cousin, mon amy, je vous en prie,
« tout ce qui s'est maintenant passé entre nous,
« comme je vous promets bien, en foy et parole
« de Roy, qui doit estre sacrée et inviolable, de
« le faire de ma part, afin que je vous demeure
« incessamment bon Roy, bon maistre et bon pa-
« rent, et vous à moy loyal subjet, fidelle servi-
« teur et vray cousin. »

Ils eurent encor quelques autres discours de complimens, à la fin desquels ils se separerent, au moins apparemment, fort contents et satisfaits l'un de l'autre ; et l'on a sceu depuis pour certain que M. de Mont-pensier n'oublia pas de tenir à ces gens-là, qui l'avoient ainsi pipé, lesquels vous nommeriez bien si vous vouliez, le mesme langage que le Roy luy avoit ordonné, ce qui les estonna grandement.

CHAPITRE LXII.

Projet du Roy d'envoyer Rosny en Angleterre avec le duc de Bouillon. Refus de Rosny.

Comme c'estoit la coustume du Roy d'entretenir un chacun à mesure que l'occasion s'en presentoit, apres avoir quitté M. de Mont-pensier, il confera longuement avec M. de Boüillon et comme en secret, lequel l'estoit venu trouver depuis peu avec de fort belles troupes de gens de guerre, ce qui mist beaucoup de gens, voire vous mesme aucunement en peine, craignant qu'il fust encor arrivé ou prest d'arriver quelque eschet ou fascheux accident, tant on y estoit accoustumé depuis certain temps : mais dés le lendemain de ces longs pour-parlers, le Roy vous envoya querir, fort matin qu'il estoit encor couché, par le sieur Jacquinot, valet de garde-robe ; et vous ayant fait mettre à genoux sur un carreau pres de son lict, ayant quasi la bouche sur vostre oreille, il vous conta tous les propos que M. de Mont-pensier luy avoit tenus, et les responces qu'il luy avoit faites conformément à ce qui en a esté dit cy-dessus, et puis vous demanda ce qu'on disoit, pour luy avoir veu entretenir M. de Boüillon si longuement et si particulierement, et ce que vous mesme en pensiez : à quoy luy ayant respondu que chacun en tenoit des discours, mais que c'estoit si diversement qu'il estoit fort difficile d'en former une opinion commune ny bien certaine, et que pour vostre regard vous estimiez qu'il luy avoit peu parler de ce qui s'estoit passé à Han et à Dourlans, et ayant esgard à ce qu'il vous venoit de conter les propositions de M. de Mont-pensier, qu'il pourroit bien aussi luy en avoir dit quelque mot, croyant peut-estre, comme l'apparence y estoit grande, que telles resolutions ne se seroient pas faites sans sa participation.

A quoy Sa Majesté soudain repartit, que vous vous estiez trompé en vos opinions aussi bien que les autres, dautant qu'elle n'avoit eu garde (consideré l'estat où estoient à present reduites ses affaires, et le besoin qu'il avoit de tous ses serviteurs, autant mauvais que bons) de faire paroistre à aucun d'iceux qu'il eust la moindre cognoissance et ressentiment de leurs malices et pernicieux desseins, et sur tout à celuy dont il estoit question, estant un homme fin, ruzé, dissimulé et qui entendoit à demy-mot, mais qu'il l'avoit ainsi secrettement et si longuement entretenu, tant pour essayer de descouvrir de loing et sans qu'il s'en défiast, si M. de Mont-pensier luy auroit point dit quelque chose des discours qu'ils avoient eus ensemble, et par là juger tant mieux de leur intelligence, que pour estre esclaircy par sa propre bouche par quels defauts il avoit manqué à l'execution de tant hauts desseins et importantes entreprises qu'il luy avoit asseuré d'avoir sur des principales et plus fortes places des provinces de Luxembourg, Liege, Hainault et Namur, sur l'infaillibilité d'aucunes desquelles il n'avoit pas nié d'avoir fondé les conseils qu'il luy avoit donnez pour faire guerre ouverte au roy d'Espagne et aux siens : surquoy il luy avoit tenu de fort longs discours qu'il avoit trouvez aucunement embarrassez, desquels en fin il n'avoit peu tirer autre substance, sinon que M. de Nevers, par l'extresme envie qu'il luy portoit, et la jalousie qu'il avoit des progrez qu'il eust pû faire, luy avoit sousmain empesché toutes ses levées en Champagne, et mesme desbauché aucuns de ses meilleurs capitaines et soldats, mais que surtout l'Angleterre et les Hollandois avoient esté les principales causes de tous ses manquemens, les chefs qui leur commandoient n'ayant peu, ou plustost voulu faire les puissantes diversions dont ils s'estoient vantez, fourny les trouppes par eux promises, ny jetté leurs camps et tourné les progrez de leurs armes vers ces quatre provinces dont il avoit parlé, comme ils luy avoient asseuré que c'estoit là leur dessein : mais que sans se soucier de leurs paroles ny des infestations et intérêts d'autry, ils n'avoient pensé qu'à eslargir leurs coudées par terres à eux tenantes et voisinantes leurs mers et leurs rivieres du costé de Louverissel et de la Frise, et tout ce mal provenu, à son advis, de ce que Sa Majesté n'avoit pas eu un serviteur à luy affidé et capable de s'accrediter parmy ces peuples, pour y agir puissamment en son nom, et leur faire, selon les occasions, embrasser ses interests comme communs avec les leurs, qui estoit le seul moyen pour rendre les alliances, societez et confederations indissolubles et toujours advantageuses au plus puissant, et partant jugeoit-il du tout necessaire (au moins si Sa Majesté vouloit esviter à l'advenir semblables inconveniens à ceux dont elle se plaignoit) d'inserer de nouveaux articles en ses alliances, tant d'Angleterre que des Provinces Unies, et former des confederations tant specialement circonstanciées, que tous accidens, occurrences et conjonctures d'affaires y fussent ponctuellement specifiées, et que s'il luy plaisoit l'honorer de cette charge, il esperoit de s'en acquitter si dignement que Sa Majesté en demeureroit satisfaite et contente; ou à tout le moins si parfaitement esclaircie de leur pouvoir et de leur vouloir, qu'elle ne se fonderoit plus sur de fausses et vaines esperances, mais sçauroit au vray jusques à quel point elle pourroit faire estat de l'amitié de ces gens là, et par ainsi jetteroit-elle plus certainement ses plombs et ses mesures : et en continuant ce discours luy avoit tenu tant d'autres beaux langages, si bien sceu colorer son dire, alleguer tant de sortes de raisons et donné tant de vray semblables bonnes esperances, qu'il avoit estimé prudence de luy tesmoigner d'y avoir adjousté une entiere foy et creance, et de luy promettre cette charge, voire de commander sa commission portant un fort ample pouvoir pour aller traitter avec les uns et les autres, quoy qu'il se défiast tousjours qu'il n'entre-meslast quelque chose de ses interests particuliers, et qu'il ne les preferast aux siens et à ceux de la France, comme c'estoit sa bonne coustume; et pour cette raison eust-il bien desiré, afin d'avoir un serviteur affidé pres de luy, dont la presence le rendit plus circonspect et retenu, ou pour le moins luy peust faire au retour un rapport certain de ce qui se seroit passé, que vous eussiez agreable de faire ce voyage et vous accommoder en cela avec luy : dequoy vous vous excusastes si formellement et avec tant d'instance, voire d'opiniastreté, et allegastes de si justes et fortes raisons, importantes mesme au service de Sa Majesté, qu'elle vous dispensa d'une si fascheuse commission; car il n'eust jamais failly, selon que l'on peut conjecturer de l'humeur du personnage, comme aussi c'avoit esté une des principales raisons que vous aviez representées au Roy, de rejetter sur vous et vos comportemens tous les defauts et manquemens que l'on eust remarquez en sa negociation, comme il en sera dit quelque chose plus amplement cy-apres.

Or, quoy que Sa Majesté eust descouvert en quelque sorte que cette commission vous avoit esté pratiquée par des principaux de son conseil des finances, lesquels, plus ils voyoient qu'elle se loüoit des bons succez de vos entremises, qu'elle tesmoignoit de confiance en vostre suffisance et prud'hommie, et de desir de vous advancer, plus en prenoient ils de jalousies, et leur croissoit l'envie de vous reculer de la Cour; si ne se pouvoit elle empescher de déferer quelque chose à leurs conseils, pour vous employer au loing, tant ils les sçavoient rendre plausibles et specieux, les colorer du bien de son service, voire mesme de vostre propre advantage : ce desir, fondé sur l'amitié qu'ils disoient vous porter, et l'estime qu'ils faisoient de vostre suffisance et capacité és traitez et negociations, ainsi que vous l'aviez tesmoigné en toutes celles qui avoient passé par vos mains, aussi qu'en discourant avec Sa Majesté du fait des finances, ils rendoient les charges d'icelles si difficiles, que, pour en tirer utilité, il estoit du tout necessaire de choisir des personnes d'une profonde science en icelles, grande intelligence et longue experience ; et par là concluoient-ils, de n'y devoir jamais estre employé que des gens bien stilez en ce mestier, et par un long usage, si l'on ne vouloit voir toutes les affaires en ruyne et confusion : ce que Sa Majesté apprehendant, elle differeroit, de temps à autre, le dessein qu'elle avoit tousjours eu en son esprit de vous establir en ses finances, croyant qu'à la longue la grandeur de vos services et la multiplicité de vos employs aux affaires d'importance, luy en faciliteroient l'execution, en disposant les anciens conseillers à vous recevoir volontairement avec eux, ainsi que la suitte de ces Memoires le justifiera.

CHAPITRE LXIII.

Le Roi propose à Rosny d'aller seul en Angleterre. Nouveau refus. Siége et prise de la Fère. Entreprise sur Arras. Mort des ducs de Nevers et de Nemours. Accommodement du duc de Mayenne.

[1596] Lors que toutes les trouppes que le Roy avoit mandées furent jointes à luy, qu'il sceut que celles des ennemis estoient separées et retirées aux garnisons, pour s'y rafraischir et soulager de tant de fatigues qu'elles avoient souffertes en tous ces sieges dont il a esté parlé, qu'il eut recouvert quelque somme d'argent pour distribuer à ses gens de guerre, il prit resolution d'assieger la Fere; et, jugeant que ce seroit une entreprise difficile et de longue halaine, apres qu'il eut placé ses logemens et aucunement advancé ses retranchemens de camp, il vous appella une fois qu'il alloit à la chasse, et vous dit qu'il voyoit bien ce siege estre de telle nature, qu'à son advis il ne s'y passeroit pas des grands combats de long-temps, qui fussent propres pour gens de vostre condition; mais que, quand bien cela seroit, si ne vouloit-il plus vous mettre à tous les jours, ny vous laisser exposer à tous perils, comme il avoit cy-devant fait, de crainte de quelque mal-heureux coup qui rompist le dessein qu'il ne vous vouloit plus celer d'avoir tousjours eu de vous employer en ses finances si tost que vous y auriez acquis quelque intelligence; en attendant laquelle, afin de vous esloigner du peril, et de ne vous laisser pas inutile, il avoit advisé, avec de vos amis, et aucuns mesmes des principaux de son conseil qui l'avoient jugé fort à propos, et à luy promis de vous bien traitter en cet employ, de vous envoyer ambassadeur ordinaire en Angleterre si tost que M. de Boüillon en seroit de retour, puis que vous n'y aviez pas voulu aller avec luy; dequoy il vous avoit bien voulu advertir de bonne heure, afin que s'il en estoit besoin, vous fissiez auparavant un tour en vos maisons, pour donner ordre à vos affaires et à preparer vostre femme à faire le voyage avec vous, si tant estoit que ce fust là vostre dessein à tous deux, ce qu'il ne vous conseilloit pas neantmoins, dautant qu'il faisoit estat de ne vous laisser pas plus de sept ou huict mois en cette charge ainsi esloignée.

Nous serions trop longs, monseigneur, s'il nous faloit icy reciter par le menu toutes vos raisons et allegations pour improuver ce dessein, et les contestations que vous nous avez dit qui se passerent sur ce sujet entre le Roy et vous, n'ignorant point que si ceux qui desiroient vostre esloignement de la Cour avoient eu assez d'industrie et de puissance sur l'esprit de Sa Majesté pour vous faire partir contre vostre volonté, voire du propre goust d'elle mesme, ne trouvassent en suitte des causes et raisons assez specieuses pour empescher vostre retour de fort long-temps; mais tant y a que le Roy se laissant plustost persuader à vos remonstrances que vous à ses opinions, il se resolut de donner cette charge à un autre, et de vous envoyer trouver ceux de son conseil à Paris, pour leur representer le dessein de son siege de la Fere, les choses qui luy estoient necessaires pour en faciliter et advancer la prise, servir pres d'eux de solliciteur et chasse-avant pour le recouvrement et envoy d'icelles, et sur tout afin de chercher des marchands fournissans et faire marché avec eux au meilleur prix qu'il se pourroit, pour fournir pain, vin, avoyne, foin et autres choses propres pour son armée.

En quoy vous travaillastes de telle sorte qu'elle ne manqua jamais de rien, encor que le siege fut un des plus longs que le Roy eust jamais faits, ayant duré, ce nous semble, pres de six mois, tant à cause qu'il y avoit en cette place une grande et forte garnison de tres-braves et resolus soldats, accoustumez dés long-temps à la fatigue et à patir, et deux excellens capitaines, l'un François, qui estoit seneschal de Mont-limar, et l'autre Espagnol, nommé Osorio, que pource qu'un certain homme des Pays-Bas, qui avoit demeuré long-temps en Hollande, estant venu visiter le sieur de Beringan, qui estoit son parent ou son amy intime, luy ayant mis en teste qu'il seroit facile, moyennant une certaine chaussée, de submerger la place de plus de six pieds de haut aux plus relevez endroits d'icelle, en moins de quinze jours, ils s'opiniastra tellement en ce dessein et en importuna et tourmenta si fort et si souvent le Roy et les principaux chefs du camp qu'ils s'y laisserent enfin emporter, contre vostre advis et toutes les grandes instances que vous fistes de ne s'amuser pas à telles nivelleries, lesquelles, en tous les essays qui s'en estoient jamais faits, s'estoient tousjours trouvées tres-fautives, dont vous alleguiez plusieurs exemples et entr'autres celle de Pavie, qui avoit esté en partie cause de la perte de la bataille et prison du Roy François, s'estant tellement amusé à vouloir divertir le Tesin, que les ennemis avoient eu loisir d'assembler des trouppes suffisantes pour le defaire; aussi toute cette inondation presupposée de la Fere se trouva elle enfin inutile, la chaussée s'estant rompuë deux ou trois fois et l'eau n'ayant jamais monté à six pieds pres de ce que l'on s'estoit mis en fantaisie; si bien que l'abondance du pain et des vivres que vous fistes tousjours fournir à l'armée du Roy, et la disette en laquelle s'en trouverent reduits les ennemis, furent seuls causes de leur reddition.

Vous vinstes deux ou trois fois en l'armée durant le siege, dont l'une des causes vous affligea infiniment. Le Roy estant tombé malade à Traversi, où il estoit logé, jusques à douter de sa vie, tant necessaire à la France et à tous les bons François, que l'experience nous l'a fait ressentir par le passé, et encor peut estre ne sommes nous pas au bout de si douloureuses espreuves.

Cette place estant donc renduë, le Roy vous renvoya encor à Paris, pour arrester les comptes avec les marchands fournisseurs, ayant esté adverty que d'Escures et la Corbinerie joint avec aucuns de son conseil, s'estoient interessez en ces marchez, croyans que les estats de la despence en seroient par eux verifiez, apres que le Roy eut pourveu à la garde et reparation de la Fere, dont, à l'instante priere de madame de Liancourt, il donna le gouvernement à son bastard Cesar, et fit le sieur de Manicamp son lieutenant, à cause qu'il estoit son parent.

Il s'en alla vers les frontieres d'Artois, prit par force le chasteau d'Imbercour, fit executer une entreprise sur Arras, en laquelle trois petards joüerent fort heureusement ; mais au quatriesme, qui eust rendu l'entrée de la ville toute libre, par de certaines pierres jettées ou tombées d'enhaut, le petard et le petardier furent renversez au fonds des fossez ; si bien, qu'à faute d'avoir fait encor apporter une couple de petards, comme le Roy l'avoit voulu et long-temps disputé contre M. le mareschal de Biron, cette importante execution fut empeschée, ce qui causa depuis beaucoup de desastres ; car outre la perte d'Amiens qui apparemment en proceda l'année suivante, à la retraitte de ceux qui s'estoient le plus advancez, il y eut plusieurs gens de bien tuez et blessez : dequoy le mareschal de Biron grandement irrité, il s'en alla passer sa colere vers Bapaulme, où il fit de grands ravages et saccagemens ; les particularitez desquels et des deux autres exploits susdits en gros, nous remettons à ceux qui feront l'histoire generale de France, aussi-bien que celles de la mort de M. de Nevers, qui arriva environ ce temps, de M. de Nemours qui mourut (demy desesperé du mauvais succez de ses grands desseins, tendans à une royauté) comme son traitté avec le Roy estoit quasi conclud, lequel fut repris et achevé par le marquis de Sainct Sorlin, son frere ; du traitté de M. de Lorraine qui convertit sa trefve en une paix, confederation et bonne voisinance avec le Roy et la France : de celuy de M. du Mayne, lequel se voyant foiblement assisté par les Espagnols, et qu'ils tesmoignoient, de plus en plus, de ne se soucier pas d'avancer leurs affaires à la ruine des siennes, voulut essayer de trouver la paix et au repos les advantages qu'il n'avoit peu obtenir par les armes et beaucoup de travaux ; du traitté de M. de Joyeuse, qui avoit quitté le froc de capucin pour endosser le harnois, et se recompenser avec usure en toutes sortes de delices de celles dont il avoit esté privé estant dans le cloistre ; de la reduction de Thoulouse et autres grandes villes de ces quartiers en l'obeyssance du Roy ; des divers desseins, entreprises et combats d'entre M. de Guyse (qui s'estoit, par commandement du Roy, joint d'intelligence avec la comtesse de Sault et M. de Lesdiguieres) et M. d'Espernon, à qui se maintiendroit gouverneur de Provence, et en chasseroit son compediteur, en quoy le dernier se trouva enfin le plus foible : nous laissons, disons nous, à l'histoire les particularitez de toutes ces choses, d'autant que vous n'eustes nulle part en toutes ces negotiations, desseins et faits de guerre, et qu'il en a esté assez dit cy-devant sur l'occasion du traitté que vous fistes avec madame de Guyse.

CHAPITRE LXIV.

Rosny, se trouvant à Moret, est chargé de conduire madame de Liancourt près du Roi. Lettre remarquable de ce prince sur l'état de ses finances et sur le dénument où il se trouve. Singulière prédiction d'un astrologue. Danger que court madame de Liancourt dans ce voyage.

Les advis de tant de bons succez dont il a esté parlé venans au Roy, les uns en suitte des autres, comme ils luy firent recognoistre une speciale assistance de Dieu, aussi luy apporterent-ils non seulement une grande consolation sur ses pertes passées, mais releverent encor tellement ses esperances, et luy firent naistre de si hauts desseins, qu'il prist resolution en luy mesme, ainsi qu'il vous fut facile de le conjecturer par une lettre qu'il vous escrivit, de laquelle il sera parlé cy-apres, d'entrer avec armée dans l'Artois, d'assieger l'une des principales villes de cette province ; et sur ce dessein il escrivit une lettre à ceux du conseil de ses finances, telle en substance que l'on en pourra juger par la vostre, ensemble de la responce qu'ils y firent ; si bien, que s'estant resolu de faire venir pres de luy madame de Liancourt, afin d'avoir, comme il vous en dit quelque chose à vostre arrivée à Clermont, une personne confidente pour luy pouvoir communiquer ses secrets et ses ennuys, et sur iceux recevoir une familiere et douce consolation, telle qu'il estimoit cette dame obligée de luy estre, par les grands interests qu'elle avoit à la conservation de sa personne; et sur ce dessein il luy escrivit qu'elle s'acheminast au plustost à Clermont où il la viendroit rencontrer, mais qu'elle sceut avant que partir où vous estiez, afin de vous amener avec elle, suivant une lettre qu'il vous en escrivoit, par laquelle il vous commandoit de l'aller trouver et de faire ce qu'elle vous diroit : à toutes lesquelles choses cette dame ne manqua pas; car un jour ainsi que vous vous promeniez dans les grandes prairies de Moret, en faisant niveller les hauteurs de la riviere à deux mille pas plus haut que le chasteau, afin de voir si vous en pourriez tirer deux ruisseaux pour passer des deux costez d'une grande allée que vous projettiez de faire là, qui est aujourd'huy, une des belles de France, vous entendistes un huchet de postillon, et peu apres vistes arriver un des gens de madame de Liancourt, lequel vous fit ses recommandations, vous bailla une de ses lettres où il n'y avoit que ce peu de mots :

« Monsieur, vous sçaurez, par une lettre que
« le Roy m'a escrite, laquelle je vous envoye,
« comme il veut que nous l'allions trouver en-
« semble; à quoy me disposant et croyant bien
« que vous ferez le semblable, je vous attendray
« jusques à mardy tout le jour à Paris, avec des-
« sein de partir le mercredy, et m'en aller cou-
« cher à Maubuisson. Sur ce je vous baise les
« mains et suis, etc. »

Et en apostille il y avoit escrit : « Je vous en-
« voye aussi un paquet du Roy tout cacheté comme
« je l'ay receu; » lequel vous ayant esté aussi-tost baillé par ce courrier, vous l'ouvristes et y trouvastes une fort longue lettre escrite de la main du Roy; car apres l'avoir leuë vous nous monstrâtes de loin une grande feuille de papier; dont l'un des feuillets estoit escrit des deux costez, et nous dit : « Voyez si le Roy doit estre
« estimé paresseux et peu soigneux de ses affai-
« res, puisqu'il m'escrit de si grandes lettres de
« sa main, lesquelles, quoy que tres excellentes,
« je suis neantmoins obligé de brusler, « comme vous fistes, deux jours apres, en nostre presence; de laquelle (ayant neantmoins depuis recouvert une copie par le moyen qui sera dit cy-apres) la teneur ensuit :

Copie d'une lettre envoyée du Roy à M. de Rosny.

Mon amy, vous savez aussi-bien que nul autre de mes serviteurs, puis que vous m'avez tousjours suivy et servy en mes plus grands dangers et aspres difficultez, par quelles peines, travaux et fatigues il m'a falu passer, quels perils et hazards j'ay courus, et quels obstacles et oppositions j'ay surmontées, pour garantir ma vie et ma dignité, contre tant de sortes d'ennemis, qui se sont en divers temps eslevez contre moy pour me despoüiller de l'un et de l'autre; et neantmoins je vous jure, et ce avec verité, que toutes ces traverses ne m'ont point tant affligé ny despité l'esprit, que je me trouve maintenant chagrin et ennuyé de me voir en de continuelles contradictions avec mes plus authorisez serviteurs, officiers, et conseillers d'Estat, lorsque je veux entreprendre quelque chose digne d'un genereux courage et de ma naissance et qualité, à dessein d'eslever mon honneur, ma gloire et ma fortune, et celle de toute la France au supréme degré que je me suis tousjours proposé, qui est de restablir ce royaume en sa plus grande amplitude et magnifique splendeur, soulager mes pauvres peuples que j'ayme comme mes chers enfans (Dieu ne m'en ayant point jusques à present donné d'autres) de tant de tailles, subsides, foules et oppressions, dont ils me font journellement des plaintes, et de pratiquer, lorsque je me verray dominateur pacifique de ce qui m'appartient, une certaine loy, dont vous m'avez tousjours fait tant de cas, introduitte par les Grecs, à la fin de leurs grandes guerres et combustions civiles, par laquelle toutes offences, et publiques et privées, estoient de toutes parts oubliées.

Or, me trouvé-je maintenant dans l'ennuy d'une des plus cuisantes contradictions de ceux qui manient mes affaires que j'aye jamais ressentie sur une telle occasion; c'est qu'ayant voulu faire executer par petard une entreprise que j'avois de longue main sur Arras, toutes choses avoient reüssi tres-heureusement, comme vous en avez peu oüy parler, jusques au quatriesme petard, lequel nous donnoit l'entrée absoluë dans la ville, que par je ne sçay quel mal-heur qui ne se pouvoit imaginer, de certaines grosses pierres ruées ou tombées du portail, tant le petard que le petardier furent renversez au fonds des fossez, lors que l'on estoit prest à mettre le feu, et par faute d'avoir porté jusques à six petards, comme je l'avois expressement commandé (mais quelque opiniastre s'en voulut faire croire), nostre entreprise a esté non seulement tournée à neant, mais à la retraite avons perdu plusieurs braves gens, ausquels j'ay un extréme regret; et neantmoins, parmy tous ces desastres encor nous estoit-il resté quelque espece de consolation, en ce que telles approches si prés de cette grande ville nous avoient donné le moyen d'y recognoistre des faiblesses et défectuositez qui nous en faisoient tenir la prise infailliblement par la vive force, en moins d'un mois ou six sepmaines, si nous pouvions mettre ensemble une bande de quinze canons, des munitions pour tirer deux mille coups, et assembler une armée capable de n'estre point forcée à lever le siege, comme tout cela m'estoit facile avec de l'argent.

Mais ayant escrit à ceux de mon conseil des finances, comme j'avois un dessein, d'extréme importance en main (duquel je ne leur mandois point les particularitez pour ce que toute la vertu de l'execution consistoit au secret) où j'avois besoin qu'il me fut fait un fond de huit cens mil escus, et partant les prioys et conjurois par leurs loyautez et sinceres affections envers moy et la France, de travailler en diligence au recouvrement certain de cette somme ; mais toutes leurs responces, apres plusieurs remises, excuses et raisons pleines de discours embarrassez, dont les uns destruisoient les autres, n'ont eu finalement autres conclusions que des representations de difficultez et impossibilitez, voire n'ont point craint de me mander que tant s'en falloit qu'ils me peussent fournir une si notable somme, qu'ils se trouvoient bien empeschez à recouvrer du fonds pour faire rouler ma maison, ce qui m'afflige infiniment, voire me porte quasi au desespoir et m'aigrit de sorte l'esprit contr'eux, que cela m'a fait absolument jetter les yeux sur vous, sur les asseurances que vous m'avez souvent données, d'avoir le vouloir et le pouvoir de me bien servir en cette charge, et m'a remis en memoire ce que vous me distes à Sainct Quentin, lors que je vous parlay des desseins de plusieurs grands, des grands divertissemens qui avoient esté faicts depuis la mort de M. d'O, de notables sommes de deniers, provenuës de plusieurs alienations que l'on avoit faites de mes aydes, gabelles et autres revenus ; ce qui m'ayant donné envie de m'en esclaircir davantage, j'en ai bien encore appris d'autres plus que de vous, car l'on m'a donné pour certain, et s'est-on fait fort de le verifier, que ces huict personnes que j'ay mises en mes finances (pensant bien faire pour ce que l'on m'avoit fait croire que la ruine de mes revenus n'estoit provenuë que de ce qu'un seul en disposoit avec authorité absoluë) ont bien encor pis fait que leur devancier, et qu'en l'année derniere et la presente que j'ay eu tant d'affaires sur les bras, faute d'argent, ces messieurs là et cette effrenée quantité d'intendans qui se sont fourrez avec eux par compere et par commere, ont bien augmenté les grivelées, et mengeant le cochon ensemble, consommé plus de quinze cens mille escus, qui estoit somme suffisante pour chasser l'Espagnol de France, en payement de vieilles debtes par eux pretenduës ; voire m'a-on asseuré qu'aucuns d'entr'eux ont achepté à fort vil prix de celles des Suisses, reistres et Allemands, entre lesquels on m'a nommé un certain Otoplote, et me les ont fait payer entierement, principal et interest, ce que je serois bien ayse de pouvoir verifier. Mais en quelque sorte que les choses ayent passé, je me suis resolu de recognoistre au vray si les necessitez qui m'accablent proviennent de la malice, mauvais mesnage ou ignorance de ceux que j'employe, ou bien de la diminution de mes revenus et pauvreté de mon peuple, et pour cet effect, convoquer les trois ordres de mon royaume, pour en avoir advis et secours, et en attendant establir quelque mien confident et loyal serviteur parmy eux, que j'authoriseray peu à peu, afin qu'il me puisse advertir de ce qui se passera dans mon conseil et m'éclaircir de ce que je desire sçavoir.

Or ay-je, comme je vous ay desja dit, jetté les yeux sur vous pour m'en servir en cette charge, ne doutant nullement que si vous me voulez donner vostre foy et vostre parole, car je sçay que vous en faites cas, de me servir loyallement, d'estre aussi bon mesnager de mon bien à mon profit, que je vous l'ay toujours veu estre du vostre, et de ne desirer de faire vos affaires que de mon sceu, et par ma pure liberalité, qui sera assez ample pour un homme de bien, et un esprit reglé comme le vostre ; je ne doute point, dis-je, qu'observant toutes ces choses, je ne reçoive utilité et contentement de vostre administration.

C'est donc maintenant à vous à prendre resolution de suivre absolument mes intentions, et m'en parler librement ; et afin de vous y porter avec plus de raison et par consequent de sincere affection, je vous veux bien dire l'estat où je me trouve reduit, qui est tel, que je suis fort proche des ennemis, et n'ay quasi pas un cheval sur lequel je puisse combattre, ny un harnois complect que je puisse endosser ; mes chemises sont toutes deschirées ; mes pourpoints troüez au coude ; ma marmite est souvent renversée, et depuis deux jours je disne et souppe chez les uns et les autres, mes pourvoyeurs disans n'avoir plus moyen de rien fournir pour ma table, dautant qu'il y a plus de six mois qu'ils n'ont receu dargent. Partant jugez si je merite d'estre ainsi traitté, et si je dois plus long-temps souffrir que les financiers et tresoriers me fassent mourir de faim, et qu'eux tiennent des tables friandes et bien servies, que ma maison soit pleine de necessitez et les leurs de richesses et d'opulence, et si vous n'estes pas obligé de me venir assister loyalement, comme je vous en prie. Ne faillez donc pas, mon amy, de venir avec ma maistresse à laquelle j'escris, et luy ordonne de vous advertir du temps de son partement, afin de vous amener avec elle, et de vous envoyer secrettement et seurement cette lettre, que vous bruslerez apres avoir leuë; car vous jugez bien qu'elle me seroit d'importance estant veuë par d'autres. J'ai encore en l'esprit deux ou trois autres affaires de consequence, où je vous veux employer aussi-tost que vous serez arrivé; mais ne parlez de tout cecy à qui que ce soit, non pas mesme à vostre femme. Adieu mon amy que j'ayme bien.

D'Amiens, ce 15 avril 1596.   HENRY.

Or si tost que vous eustes leu cette lettre, vous rendistes response à madame de Liancourt, et renvoyastes son courrier. Nous n'avons pas sceu ce que vous luy escrivites, mais nous en entendismes bien que vous commandastes en mesmes temps à vostre escuyer et maistre d'hostel, de preparer vostre equipage pour aller trouver le Roy et que vous vouliez aller coucher le lendemain à Corbeil; et vous ayant veu, comme nous l'avons desja dit, le jour mesme de vostre partement, brusler cette lettre que le Roy vous avoit escrite, il faut bien que vous en eussiez fait faire une coppie; car vous en baillastes une à l'un de nous quatre, toute telle que nous l'avons mise cy-dessus, lors que vous fustes fait grand maistre de l'artillerie, croyant bien, à mon advis, que le Roy en ce temps-là ne se soucieroit pas que l'on sceust ce qu'il vous avoit escrit, puis les effets en estoient tous publics.

Vous allastes donc coucher le samedy à Corbeil, et le dimanche vous pensiez aller loger en chambre garnie aux Balances pres du Marché-neuf, pour estre plus pres du Palais, où vous desiriez achepter le lundy quelques broüilleries, croyant que madame de Liancourt, suivant ce qu'elle vous avoit mandé, ne partiroit point jusques au mercredy; mais comme vous fustes au bas de la ruë de la Coustellerie avec vostre train, vous rencontrastes un homme que madame de Liancourt envoyoit au devant de vous, pour vous advertir qu'elle ne vous avoit peu attendre à Paris, comme elle vous avoit promis, à cause que sa sœur l'abbesse de Maubuisson s'estoit trouvée extrémement mal et l'estoit allée voir, vous priant de vous rendre à Pont-oyse le plutost qu'il vous seroit possible, d'autant qu'elle avoit receu encor des lettres du Roy, qui la pressoient de se haster. Et lors vous arriva-il une chose grandement estrange; car, comme ce message redoublé vous eut fait resoudre à ne point sejourner à Paris, craignant que ce mandement si pressé ne fut quelque artifice de Bour, pour vous nuire si d'avanture vous n'arriviez pres du Roy avec elle, et qu'à cette occasion vous eustes commandé à vostre escuyer et maistre d'hostel, de se fourrer en la premiere hostellerie trouvée, où vous ne feriez que repaistre, afin d'aller coucher le jour mesme à Maubuisson, ils allerent descendre aux trois Pigeons, au bout du haut de la ruë de la Coustellerie.

Auquel lieu, ayant mis pied à terre vous montastes à une grand'chambre, dans laquelle vous trouvastes un certain homme de haute taille, assez maigre en visage, la barbe longue, mais fort claire et fourchuë, un grand chapeau qui luy cachoit quasi tout le visage, un long manteau noir boutonné au collet, une espée assez mal agencée au costé, des bottes fort larges, et en la main gauche une grande gibeciere à deux revers, pour mettre à l'arçon d'une selle, lequel se promenoit avec telle attention qu'il ne s'esmeut en aucune façon pour vostre arrivée; car non seulement il ne vous salüa pas, mais ne tourna pas mesme les yeux sur vous, jusques à ce que vous lui demandastes que c'est qu'il faisoit en cette chambre ainsi attentif à ses promenades, et s'il estoit logé là dedans. A quoy vous ayant respondu qu'il avoit loüé cette chambre, et qu'il pensoit à ses affaires comme vous pouviez faire aux vostres, vous luy repartistes, aucunement en colere d'une telle responce aigre et de ce qu'il ne vous avoit pas salué, que vous le priez de vous prester cette chambre pour deux heures seulement, d'autant que vous n'y feriez que disner et en partiriez aussitost. A quoy en grommelant il sembloit vouloir faire difficulté de vous quitter la chambre, croyant, à mon advis, que vous fussiez seul; mais lors qu'il vit entrer trois de vos gentils-hommes, vos pages et autres de vos domestiques, jugeant bien par là que vous deviez estre homme de qualité, et peut-estre d'humeur pour prendre sa chambre malgré luy, il changea de mine et de langage, vous osta son chapeau, et vous dit que tout ce qu'il avoit estoit à vostre service; puis s'estant mis à vous regarder fixement, il vous demanda où vous alliez; luy ayant respondu que vous vous en alliez en Cour trouver le Roy : « Quoy! monsieur, ce vous « dit-il aussi-tost, le Roy vous a-il mandé? Je « vous prie de me le dire, et aussi à quel jour et « à quelle heure vous avez receu ces lettres, et « estes party pour commencer vostre voyage; « car je ne vous en parle pas ainsi sans cause. » A quoy l'ayant satisfait, en riant et comme vous mocquant, il vous demanda encor à voir vos deux mains, lesquelles ayant bien visitées et sceu que vous estiez né du douziesme de décembre 1560, il vous dit : « Vrayment, mon-« sieur, je vous cede bien volontiers ma chambre, « car je vois bien que vous le meritez, et qu'il « y en aura beaucoup d'autres avant qu'il soit « peu de temps qui vous quitteront leurs places « avec plus de regret que je ne fais la mienne ; « et si vostre phisionomie et les lignes de vos « mains ne me trompent, vous ferez une tres-« grande fortune, et serez des plus confidens « du prince que vous allez trouver ; que s'il vous « plaist me dire l'heure de vostre naissance, « aussi-bien que vous avez fait l'an, le mois et « le jour, à vostre retour si vous prenez la peine « de venir icy, ou de me mander où vous serez, « je vous diray tout ce qui vous est arrivé et ce « qui vous arrivera cy-apres ; et m'excuserez, « si je ne vous entretiens pas davantage, car j'ay « icy des papiers dans ma gibeciere qu'il faut « que j'aille porter au Palais à mon advocat et « à mon procureur. » Et sur cela il vous dit adieu.

Nous entendismes tous ces discours avec demonstration de joie ; dequoy vous vous mistes à rire et vous mocquer de nous, disant que nous estions des fols de fonder des esperances tant fallacieuses que celle-là : et neantmoins vous ne laissastes pas d'escrire à madame vostre femme, tout ce qui vous avoit esté dit par cet homme-là que nous ne croyons pas que vous ayez jamais veu depuis.

Le jour mesme vous allastes coucher à Maubuisson, qui est comme une espece de faux-bourg à Pont-oyse, vistes dés le soir madame de Liancourt dans l'abbaye, et pristes le lendemain ensemble vostre chemin vers Clermont, sur lequel il faillit à luy arriver un fort grand inconvenient ; car estant dans sa litiere et le carrosse où estoient ses filles et femmes la suivant, comme elle fut environ à une lieuë de Clermont, où le chemin s'estressit entre une colline et l'orée d'un vallon fort precipiteux, le carrossier estant descendu pour faire de l'eau, et s'estant esloigné du carrosse sans mettre personne à tenir ses chevaux qui estoient jeunes, ombrageux et fougueux, un des mulets de coffre qui marchoient derriere, vint passer avec ses brimbales et clochettes, et se mist à braire plus effroyablement que ne fit jamais l'asne de Silene au val de Bathos ; dequoy ses chevaux espouventez se mirent à courir prenant le frein aux dents avec telle furie, que le carrosse rencontrant les coffres des deux mulets qui marchoient devant, ils les renverserent avec leurs charges, et vint bien à propos pour eux que le chemin avoit encor assez de largeur pour ne rouler pas dans le precipice ; les filles et les femmes qui estoient dans le carrosse estans ainsi emportées avec telle impetuosité, crioient et pleuroient à bon escient, n'attendant autre chose que la mort, voyant un si profond precipice où elles ne doutoient point qu'ils ne les jettassent ou renversassent.

Le cocher et tous les gens de pied avoient beau se tourmenter et crier *Arreste ! arreste !* madame de Liancourt et ses muletiers de litiere, oyans un tel bruit et tintamarre derriere eux, ne sçavoient à quoy se resoudre, n'y ayant point assez d'espace de chemin pour la litiere et le carrosse ensemble. Vous et vostre train, qui estiez quelque sept ou huict cens pas devant, ayans tourné la teste à ces cris et rumeurs, voyant ce desordre, ne sçaviez que dire ny que penser, estans trop esloignez pour vous pouvoir jetter devant ces chevaux de carrosse courans en telle furie, et les arrester avant qu'ils pûssent choquer la litiere, que vous ne doutiez nullement, en ce cas, qu'ils n'eussent bouleversée dans ce precipice, où tout ce qu'il y avoit se fust brisé en pieces. Comme le carrosse n'estoit plus qu'à environ cinquante pas de la litiere, et que desja vous disiez au sieur de la Fond, qui s'estoit remis avec vous peu apres la mort de M. l'admiral de Villars : « Ah ! mon amy, que ferons-« nous là, car voilà nostre femme depeschée et « mise en pieces ? que deviendrons-nous, et que « dira le Roy ? » tout d'un coup le ciel reservant cette femme à fortune aussi estrange, les usses de l'essieu de devant estans sortis des trous, les deux roues s'escarterent l'une d'un costé et l'autre de l'autre, les deux bouts du corps du carrosse donnant dans la terre, il s'arresta tout court, et l'un des deux chevaux de derriere tomba sur le costé ; les deux autres de devant, ayans rompu leurs attelages et continuans à courir, passerent si pres de la litiere, qu'il n'y a nul doute qu'ils n'eussent tout renversé si le carrosse les eust suivis. Vous les arrestâtes vous mesmes, et les faisans prendre par vos laquais, les ramenastes vers la litiere, et vinstes faire le bon vallet à cette dame, faisant mille exclamations de la peur que vous aviez euë de son danger, et autant d'acclamations de joye de ce que Dieu l'avoit ainsi miraculeusement preservée ; puis l'ayant consolée, remise de son estonnement, et usé du mesme devoir envers les autres filles et femmes du carrosse, vous continuastes vostre chemin, chacune d'elles loüant Dieu d'estre ainsi réchapées d'un tel peril, et ne s'entretenant d'autres choses que de belles affres qu'elles avoient euës : tout cela ne se passa pas sans quelques bastonnades, qu'à la priere expresse de cette dame, vous donnastes à son carrossier. Et ainsi toutes choses estans raccommodées, n'abandonnans plus les costez de la litiere, vous continuastes vostre chemin à Clermont, où le Roy arriva un quart d'heure apres, bien estonné d'entendre les perils que sa maistresse et toutes ses femmes avoient couru.

Or laissant à part les salutations, complimens et carresses faites et receuës, pource que vous doutant bien que le Roy ne seroit pas trop marry de remettre les discours des affaires à une autre fois, vous les laissastes ensemble, et vous en allastes en vostre logis.

CHAPITRE LXV.

Mission de Rosny près du duc de Montpensier, pour sonder ses sentimens et lui proposer la main de Madame, *sœur du Roi. Rosny chargé de faire consentir Madame à ce mariage. Conférence avec cette princesse qui aimoit le comte de Soissons.*

Le Roy ne se contentant pas de vous avoir fait entendre par escrit son dessein, il vous le confirma de vive voix, vous disant que c'estoit une chose estrange que de voir la legereté et mauvaise inclination de la pluspart des esprits des hommes de maintenant, telle qu'il sembloit n'y avoir nul moyen, ny par carresses, ny par bienfaits, ny par raison, ny par apprehension de peines, de vivre avec ordre et droicture parmy eux; que vous vous pouviez souvenir des discours qu'il vous avoit dit avoir eus avec M. de Mont-pensier, lors de ses impertinentes propositions à Sainct Quentin, et des sermens et protestations qu'il luy avoit faites de ne prester jamais l'oreille et encor moins le cœur à choses qui luy peussent estre dommageables ou desagreables; et que neantmoins il avoit receu divers advis que, dans la pluspart des villes de Normandie et sur tout à Roüen, il s'y renouvelloit quelques pratiques et faciendes, sous le nom de ce prince, pour luy asseurer des particuliers serviteurs, avec cette clause, qui voulussent le servir sans s'enquerir à quoy; qu'il ne l'estimoit nullement malicieux, mais homme si facile et si aysé à persuader, sous les moindres pretextes desguisez et raisons finement inventées qui luy estoient representées, qu'on le portoit aussi-tost au mal qu'au bien par faute de pouvoir discerner entre l'un et l'autre; qu'il voyoit bien n'y avoir que deux princes en France ausquels il pûst bailler sa sœur en mariage (car de relever ceux de Lorraine en France par une telle proximité avec luy et pretention à son heritage, c'estoit chose qu'il ne feroit jamais), à sçavoir monsieur le comte de Soissons et M. de Mont-pensier; que le premier et luy avoient une telle antipatie et contrarieté d'humeurs qu'ils estoient tousjours en garde l'un contre l'autre; qu'il estoit tellement opiniastre en ses bizarreries et fastueux en toutes ses actions et paroles qu'il luy estoit impossible de se resoudre à le faire jamais son beau-frere et encor moins son heritier, de crainte des fausses propheties; et partant estimoit-il plus à propos pour le repos de son esprit de s'acquerir entierement M. de Mont-pensier par une faveur tant signalée; qu'il vouloit donc que vous fissiez deux choses: la premiere, de vous en aller dés le lendemain à Roüen, où il sçavoit bien que vous estiez fort aymé, à cause que vous les aviez si doucement remis à son service et aviez acquis beaucoup d'amis particuliers, par le moyen desquels vous pourriez facilement descouvrir en quoy consistoient ces menées dont on luy avoit donné advis, et selon ce que vous en apprendriez, parler comme de vous mesme à M. de Montpensier, tant pour luy remonstrer son devoir, s'il y avoit presté l'oreille, fait ou dit chose qui le meritast, que pour luy proposer ce mariage, comme de vous mesme, vous offrir d'en parler et de le servir de sorte en cela, que vous esperiez de m'y faire condescendre, moyennant que, de son costé, il gagnast les bonnes graces de celle que vous luy vouliez procurer pour maistresse.

Nous serions trop longs si nous voulions desduire par le menu toutes vos allées et venuës, et les discours qui furent tenus entre le Roy et vous, et en suitte lors que vous fustes à Roüen, entre M. de Mont-pensier et une douzaine des principaux de la ville et vous, sur ces deux affaires. Tellement que pour abreger nous vous ramentevrons seulement vostre voyage, et comme apres vous estre familiarisé avec messieurs de la Cour, premier president de Boquemarre, de Lanctot, de Grimoüille, de Bouterode, de Bernieres, tous du parlement, abbez de Tiron et de Martinbault, de Mote-ville, des Hameaux, de la Pille, chez qui vous logiez tousjours, du Mesnil, capitaine du vieux Palais, de la Haulle, de Menencour, du Menil-basil et autres de vos vieilles cognoissances dont il ne nous souvient pas bien, vous appristes que c'estoient des gens qui s'estoient voulu faire de feste, esperant tirer quelque present, estat ou pension en advertissant le Roy de ces ducs imaginaires, dont l'on avoit parlé un an auparavant, et qu'encor ce n'avoit jamais esté qu'entre personnes peu accreditées qui craignoient l'ordre et les loix, estoient tous pauvres et necessiteux, et comme vous dirent messieurs de la Cour et de Thiron vous en parlans ensemble, tous gens lesquels n'ayans ny pain en leurs huches, ny vin en leurs caves, ny lard en leur celier, eussent bien voulu revoir le temps auquel on foüilloit librement en ceux d'autruy; et vous asseurerent quasi tous ces messieurs qu'un seul homme de qualité, ny de la noblesse, ny des officiers, ny des ecclesiastiques, ny mesmes des corps des villes, voire de tous les peuples, n'avoit entendu parler de ces sottises; et que ce qui s'en estoit dit entre les autres, ce n'avoit esté qu'en chuchottant aux oreilles et avec mocquerie, mépris et courroux; et qu'à present M. de Mont-pensier tesmoignoit d'avoir ces propositions tellement en horreur, qu'il se mettoit en extréme colere, comme de chose qui l'offençoit bien fort, contre tous ceux qui en disoient le moindre mot du monde; blasmant (lors qu'il en parloit à ses plus affidez) infiniment ceux qui l'avoient voulu coiffer de cette marotte, estant là ses propres termes, et protestant tout ouvertement, et en public et en privé, qu'il n'auroit jamais autres volontez que celles du Roy, ny dessein à aucune grandeur ou advantage que ceux qui luy seroient suggerez par Sa Majesté mesme, qu'il vouloit tousjours tenir pour son maistre.

Les mesmes paroles vous ayant esté tenuës par ce prince, un jour que vous aviez disné avec luy, vous pristes, sur ce fondement, occasion de luy donner mille loüanges et de le prier de vous vouloir tenir pour son serviteur particulier; et lors vous protesta-il de son amitié immuable, ce que vous avez continué l'un et l'autre jusques à sa mort; et en suitte de telles asseurances, lors entre vous données, vous luy fistes ouverture du mariage de Madame, vous offrant, s'il y vouloit entendre, de vous en rendre l'entremetteur vers le Roy, et de le prendre si à propos que vous luy feriez avoir agreable vostre proposition; laquelle ce prince escouta fort attentivement, la receut comme pouvoit meriter un tel advantage et faveur tant speciale, vous en fit mille remercimens, vous embrassa par trois fois (car tous nous autres qui estions à l'autre bout de la salle vismes ses gestes) et vous promit merveilles au cas que ce mariage reüssist par vostre entremise, ne craignant d'estre traversé en ce bien et honneur par luy tant desiré, outre le defaut de son merite, ce qu'il disoit par une humilité à luy bien seante, que par les inclinations de Madame qui sembloient l'avoir engagée ailleurs, et tel lieu qu'ils avoient desja en plusieurs broüilleries ensemble à cause des gouvernemens de Bretagne et de Normandie, et du rang de sa pairrie, ce que vous sçaviez mieux que nuls autres, vous et M. d'Evreux ayans esté employez par le Roy au temps de son sacre à Chartres, et merveilleusement embesongnez à trouver quelque espece d'accommodement entr'eux; et neantmoins il estimoit que, si son affection pouvoit estre approuvée et favorisée du Roy, et toute autre rejettée, que rien ne le sçauroit divertir de la recherche des bonnes graces d'une dame de tant de merite, de laquelle aussi bien estoit-il tousjours obligé, attendu son éminente qualité, de se dire et estre en effet son tres-humble serviteur.

Vos responses et ses repliques seroient de trop longue et peut-estre ennuyeuse deduction, et partant il suffira, pour la suitte et l'esclaircissement de ces Memoires, de ramentevoir qu'apres avoir esté six jours à Roüen, sans s'en estre passé un seul que M. de Mont-pensier ou quelqu'un de ces gros messieurs de la ville ne vous traitast et nous aussi, vous vous en retournastes trouver le Roy à Amiens; lequel demeura tellement content de vostre voyage, lors que vous luy eustes conté bien au long tout ce qui s'estoit passé en iceluy, qu'il ne se peut empescher d'en parler deux ou trois fois à madame de Liancourt, se loüant de vos services et affirmant qu'il n'en trouvoit point d'autre qui rencontrast tant de bon-heur, ny apportast tant de dexterité que vous faisiez aux entremises et negociations où il vous employoit, et partant estoit-il bien resolu de ne vous laisser pas oisif, dequoy elle vous donna soudain advis. En conformité duquel vous ayant un soir fait venir à son coucher, apres qu'il se fust mis au lict et tous les autres retirez, il vous fist mettre à genoux sur un carreau et vous dit, qu'ayant eu si bonne main pour l'acheminement des choses dont il vous avoit donné charge, qu'il ne les vouloit pas laisser imparfaites, mais essayer de leur donner perfection par vostre mesme entremise, et pour cette cause eust-il bien desiré que vous voulussiez faire un voyage vers sa sœur, sous le seul pretexte de l'aller visiter de sa part, l'asseurer de sa bienveillance, luy tesmoigner le desir qu'il avoit de la voir vivre heureuse et contente, sçavoir ce qu'il pouvoit apporter en cela, ensemble ses intentions et des nouvelles de sa santé; mais principalement et en effet, lors que vous la verriez en bonne humeur, pour luy remonstrer, comme de vous mesmes, le peu d'esperance que Sa Majesté avoit qu'elle peust jamais rencontrer toutes les felicitez qu'il luy desiroit en mariage en la personne de celuy qui la pretendoit, tant à cause de son peu de biens, qui seroit cause de les reduire en de continuelles necessitez, avec lesquelles toutes choses importunent, de ses bizar-

14.

res humeurs, extravagantes fantaisies et son esprit défiant et soupçonneux, que pour l'antipatie que chacun et eux mesmes avoient tousjours recognuës entre leurs naturels; dequoy vous luy allegueriez plusieurs exemples, comme vous n'en ignoriez un seul, ayant cognoissance de tous les mauvais mesnages et broüilleries qui s'estoient passées entr'eux, et partant devoit elle user de prudence, et, mettant à part toute passion dommageable, se resoudre à suivre les inclinations et volontez de luy qui estoit son Roy, son frere, et luy vouloit servir et faire office de bon pere, lequel, par ce moyen, luy feroit toutes les faveurs, graces et advantages qu'elle sçauroit desirer, et la vouliez bien advertir, comme son tres-humble serviteur, que si elle en usoit autrement et pretendoit de se marier contre son gré à personne qui ne se peust accommoder avec luy, et auquel il ne peust prendre confiance telle que doit avoir un pere envers son fils et son héritier, vous sçaviez de certain, pour luy avoir ouy dire, voire affirmer par serment, qu'il se resoudroit aussi-tost à faire partage avec elle, et ne luy donner que ce qui luy pouvoit appartenir selon la coustume des lieux où leurs biens estoient situez et assis, qui seroit si peu de chose qu'il luy seroit impossible de vivre que fort petitement; puis en suitte, selon que vous verriez les occasions, luy proposer M. de Mont-pensier en luy exaltant ses grands biens, sa douce humeur et ses autres bonnes qualitez et conditions, en quoy vous useriez de grande prudence et circonspection, afin de mieux mesnager l'esprit de sa sœur, qu'il sçavoit estre soudain, despit et colere.

Tous lesquels commandemens ayant attentivement escoutez et meurement considerez, vous vous trouvastes en merveilleuse peine; et apres vous estre mis à resver et gratter vostre teste (et que le Roy vous eut dit qu'il voyoit bien que vous vous grattiez où il ne vous demangeoit pas, mais qu'il n'y avoit remede, et falloit passer par là, n'ayant personne qui peust s'acquitter si heureusement de cette corvée qu'il sçavoit bien que vous feriez), vous le suppliastes de ne vous surcharger point de telles affaires tant epineuses, remplies de difficultez, et qui pouvoient estre suivies de tres-fascheux accidens; et sur tout de considerer qu'il n'y avoit personne moins propre que vous pouviez estre pour luy rendre ce service, pour plusieurs tres-fortes raisons, dont celle-cy estoit sans replique; à sçavoir, que vous ayant commandé, au temps de son sacre à Chartres, d'essayer de retirer de madame sa sœur et de monsieur le comte de Soissons, les promesses de mariage qu'ils s'entr'estoient faites,

vous trouvant bien empesché en l'execution de chose si difficile que vous luy voyez affectionner si passionnément, vous craignistes d'encourir son courroux et sa malveillance si vous y manquiez; qu'apres avoir discouru en vous mesmes sur toutes sortes d'expediens propres pour parvenir à ce qu'il desiroit, vous aviez enfin usé de cette dexterité ou plutost artifice, que de les asseurer qu'il vous avoit donné sa parole de consentir à leur mariage, moyennant qu'ils luy tesmoignassent leur affection et obeyssance par la reddition volontaire de ces promesses, sans qu'ils sceussent rien de son dessein, lequel il vous avoit deffendu de leur declarer, et partant les aviez priez de tenir la chose secrette, et n'en dire jamais rien à personne, et que vous leur respondiez que dans l'année de la reddition de ces promesses vous retireriez de Sa Majesté tels consentemens qu'ils desireroient, et qu'ayant sur telles asseurances retiré d'eux lesdites promesses, il n'y avoit nulle apparence d'aller maintenant tenir des langages si contraires à madame sa sœur, ny qu'en disant ce dont il vous vouloit donner charge, vous peussiez éviter une grande broüillerie et peut-estre la haine irreconciliable de l'une et de l'autre; ce que vous le suppliez tres-humblement de vouloir considerer avec son équité, prudence et bonté accoustumée, de ne charger vos foibles espaules d'un fardeau si pesant, et partant vous dispenser d'un voyage qui seroit si infructueux pour luy et à vous tant dommageable. Surquoy vous eustes diverses contestations ensemble prés de trois jours durant, desquelles toutes les particularitez nous sont quasi toutes eschapées de la memoire; mais tant y a que, nonobstant toutes vos raisons, allegations et justes apprehensions, il voulut monstrer qu'il estoit Roy et maistre absolu, et vous sujet et serviteur obeyssant, et par consequent que sa volonté fust faite en vous donnant aussi sa foy et sa parole de ne vous abandonner point, mais de vous maintenir envers tous et contre tous, pourveu que vous luy fussiez tousjours aussi loyal serviteur que vous aviez esté par le passé, et qu'il vouloit faire valoir entre vous deux le vieil proverbe qui disoit, *à bon maistre hardy valet.*

Or, combien qu'il eust emporté le dessus à vous faire agréer ce voyage, si fut-il hors de sa puissance de vous faire partir, qu'outre la lettre commune de complimens et civilitez, servant de pretexte à iceluy, il ne vous en baillast encor une autre de sa propre main, en laquelle estoit specifié tout ce qu'il vous enjoignoit de faire et dire, voire les formes dont vous useriez pour cet effet, quelque colere enquoy elle se peust mettre, disant que vous vous deffiez de sa foy, ce que n'avoient jamais fait ses plus grands ennemis; tellement qu'en fin il vous bailla la lettre, vous la fit lire avant que de la fermer, pour voir si vous la trouveriez bien, et advoüa, son esprit estant rappaisé, que vous aviez eu raison de la demander, tirant neantmoins promesse de vous, de ne la faire voir qu'en toute extremité, voire de la luy rendre si vous n'en aviez point besoin.

Ayant donc esté bien instruit des intentions du Roy et receu toutes vos dépesches de la substance qu'il a esté dit cy-dessus, vous pensiez partir le lendemain; mais le Roy vous retint encor deux jours sur l'arrivée d'un grand nombre de deputez de Tholouze, Marseille et autres villes des provinces de Languedoc et Provence, qui luy venoient faire leurs submissions et fidelité au nom de tous leurs concitoyens; desquels il voulut que vous entendissiez les harangues et vissiez les humilitez et offres de subjection pour en faire rapport à madame sa sœur. Lesquels parlerent tous fort éloquemment et avec de grandes loüanges du Roy; mais sur tous se fit admirer celuy qui porta la parole pour Marseille, exaltant l'antiquité de sa ville à merveilles et les hauts faits de ses concitoyens avec mille belles allegations de raisons et d'exemples.

Apres lesquelles ceremonies vous partistes, allastes passer à Paris où vous sejournastes un jour seulement et arrivastes le lendemain à Fontaine-bleau, où Madame (ayant desja esté advertie de vostre deputation vers elle, mais simplement sur le sujet de la premiere lettre et non de la seconde, le Roy l'ayant escrite et fermée luy mesme sans la bailler à Lomenie) vous receut tres-bien, vous fist bonne chere et force caresses, avec dessein de vous parler des promesses que vous luy aviez faites à Chartres et sçavoir quel ordre vous donniez pour les observer et en advancer l'execution. Cette bonne chere ne dura que deux jours seulement, car au troisiéme vous ayant mis sur les propos où son cœur aspiroit, et vous luy ayant respondu que vous voyez toutes vos esperances sur ce sujet aller journellement en diminuant par la mauvaise conduite de monsieur le comte, qui sembloit prendre plaisir à fascher le Roy, usant de contestations sur tout ce qu'il disoit, et tesmoignant en toutes choses, jusques aux moindres, des contrarietez d'affections; tellement que pour vostre regard, voyant ces desseins aller en recullant et n'en parlant mesme jamais au Roy qu'il ne se mist en colere contre vous, en vous alleguant toutes les escapades qu'il luy avoit faites et faisant mesmes des plaintes contr'elle comme si elle eust esté de l'intelligence d'icelles, vous ne luy osiez plus donner aucune parole de vous y vouloir employer; mais tout au contraire, si vous estimiez qu'elle fust en volonté d'entendre vos propositions, luy donneriez vous des conseils qui seroient plus faciles à executer, et plus utiles et heureux en leurs progrez.

Ayant donc cette princesse entendu de vous un tout autre langage qu'elle ne s'estoit promis, apres avoir changé de plusieurs couleurs pendant que vous luy parliez, et qu'elle se fut remise dans sa chaire, car elle s'estoit levée pour vous recevoir, elle vous dit en substance, avec des gestes, un ton de voix et des termes qui ressentoient quelque espece de colere et de despit, qu'elle n'eust jamais estimé que vous qui vous disiez son serviteur et la teniez pour de vos amies, qui faisiez profession d'honneur et de garder vostre foy et vostre parole, eussiez voulu commencer par elle à user de tromperie et de ruse, l'ayant, ainsi que vos paroles ne luy en avoient que trop rendu de preuves, laschement deceuë par vos belles asseurances que vous disiez si certaines, afin de retirer de ses mains les promesses escrites que vous en desiriez avoir, afin de faire le bon valet pres du Roy son frere, l'habile negociateur, et puis vous mocquer encor d'elle sous ombre des bons conseils que vous luy proposiez de luy vouloir maintenant donner, lesquels, si elle vouloit encor escouter, seroient, comme elle n'en doutoit point, aussi pleins de fraude et d'abus que ceux dont elle se plaignoit, et partant estoit elle d'advis que vous vous addressassiez à d'autres, lesquelles ne cognoissans pas si bien vos malices qu'elle faisoit, seroient aussi plus faciles à se laisser piper; et que, sans user de plus longs discours, vous vous en retournassiez trouver le Roy son frere, auquel elle escriroit par un autre les bons tours que vous luy aviez faits, que si vous n'estiez venu vers elle de sa part et ne luy aviez apporté de ses lettres elle vous en diroit davantage et peut-estre seroit chose qui vous fascheroit, mais qu'elle respectoit celuy au nom duquel vous estiez venu et non vostre personne, dont elle avoit esté offencée sans qu'elle vous en eut jamais donné aucun sujet; et lors, voyant qu'elle s'estoit teuë, vous respondistes que vous estiez extrêmement fasché de voir qu'elle eust pris sujet de mescontentement aux paroles que vous luy aviez tenuës, dautant que vos intentions estoient toutes differentes aux opinions que vous voyez bien qu'elle en avoit prises, estant vostre dessein tout autre que celuy qu'elle s'estoit voulu imaginer, et partant la supliez vous de vouloir ouyr avec patience les propositions entieres que vous aviez à luy faire, et que peut-estre y trouveroit elle des expediens propres pour reparer ce qu'elle se persuadoit estre du tout ruyné, et des remedes pour prevenir les maux qu'elle apprehendoit, lesquels il vous estoit impossible d'y appliquer sans son ayde; et celle de M. le comte de Soissons aussi, et peut-estre semblablement à eux sans la vostre, et par consequent y estoit necessaire un mutuel travail de vous trois. Sur lesquels propos s'estant aucunement remise de son courroux, elle vous demanda que c'est que vous entendiez par ces mots d'applications et aydes mutuelles ausquels elle ne comprenoit rien, voire croyoit, plustost qu'autrement, que ce fust encor quelque finesse dont vous voulussiez user pour luy persuader ce que bon vous sembleroit; à quoy vous repartistes qu'elle n'avoit garde d'avoir peu entendre ce que vous desiriez de luy proposer, puis qu'elle ne l'avoit pas voulu escouter, et sembloit par là qu'elle prist plaisir à rejetter les services que l'on taschoit de luy rendre : « Vraye-« ment, vous dit-elle lors, vous m'en avez rendu « de bons et de beaux par le passé, et sur tout « lorsque j'estois à Chartres, n'est-il pas vray? »

« Or, voyons maintenant quels seront ceux de « l'advenir, puis que vous en faites tant de cas « et usez de telles instances pour estre escouté « encor une fois, et partant dites tout ce que vous « voudrez, car je suis resolue d'oüir avec pa-« tience toutes vos fantaisies, encor que j'en ap-« prehende plus tost du mal que je n'en espere « de bien. » Alors prenant la parole vous luy dittes (ce me semble, en substance, car il m'a esté impossible d'en retenir les propres termes), que c'estoit une maxime tenuë pour generale entre les plus sages, voire une commune opinion entre tous ceux qui avoient tant soit peu de sens, que nuls expediens n'estoient meilleurs pour mediciner les maladies tant du corps que de l'esprit, ny pour oster ou diminuer les obstacles et difficultez qui survenoient aux affaires d'importance, que de parfaictement cognoistre les vrayes causes d'icelles, et que sur ce fondement, en reprenant les choses dés leur origine, luy vouliez vous faire ouyr la substance d'un discours que le Roy son frere vous fit un jour à vostre retour de la Cour où il vous avoit envoyé en l'année 1586, pour traitter avec le roy Henry III et les deputez des quatre cantons protestans de Zurich, Berne, Basle et Schafousen; lequel vous dit que se voyant attaqué violemment par la ligue, il sembloit que quasi tous les plus puissans potentats de l'Europe eussent conjuré ensemble pour la ruine et desolation de sa personne, sa maison et son party, sans qu'il se peust dire estre assisté sincerement de personne, non pas mesme de ceux des plus grands de son party, lesquels, quoy qu'auparavant enveloppez en semblables dangers, et pour mesmes causes, tesmoignoient neantmoins presque tous de ne se soucier que fort peu de sa perdition particuliere, ny sans considerer que le party de la religion dans lequel ils se trouvoient attachez par quelques diverses causes et raisons que ce peut estre, estoit de telle nature et condition, qu'estans tous bien unis en mesmes volontez, desseins et communs interests, et absolument resolus de prodiguer une partie de leurs biens et facultez pour sauver le reste, ils estoient comme invincibles; et qu'au contraire il n'y avoit rien de si foible ny si facile à reduire à finale destruction que ceux de ce party, lors que les grandes villes et principaux seigneurs qui le composoient venoient à se fantasier de se pouvoir maintenir et conserver en faisant bande à part, et cherchant pour chacun d'eux des subsistances et seuretez particulieres, comme tesmoignoient de vouloir faire son cousin le prince de Condé d'une part, lequel ne se souciant pas que devienne ny sa personne ny le total des affaires moyennant qu'il se puisse former une superiorité particuliere sans aucune recognoissance de qui que ce soit dans les provinces de Poictou, Xaintonge, la Rochelle et l'Aunix : M. de Thurenne de l'autre costé, lequel a tousjours cet impertinent dessein de pouvoir faire eslire l'electeur Palatin pour protecteur des églises reformées de France, sous esperance d'avoir sa lieutenance generale en Guyenne, où il sçavoit bien qu'il ne viendroit jamais : M. le mareschal de Mont-morency de l'autre, lequel croyoit que la France s'en alloit tomber en une dissipation d'Estat, ne songeoit qu'à se conserver dans le Languedoc et empescher que luy n'y mist le pied, esperant par ces deux moyens de s'en rendre un jour souverain; et M. de Lesdiguieres de l'autre, lequel encor, qu'à cause de la bassesse de son extraction, il n'eust pas les pensées si extravagantes que de ne le vouloir pas recognoistre pour chef ny en desirer un autre, si eust-il esté bien content qu'il n'allast jamais en Dauphiné, n'en tirast aucuns deniers, et luy laissast mettre toutes les contributions et rations de la province dans ses coffres, qui ne seroient jamais assez remplis à son gré tant il estoit insatiable d'argent. Toutes lesquelles considerations luy avoient fait resoudre d'essayer d'approcher son cousin le comte de Soissons de sa personne, pour en faire un second luy mesme, s'il le rencontroit d'humeur accommodante à la sienne, et en ferme volonté de courir toutes ses fortunes, et n'esperer grandeur que dans celle qu'il possederoit, afin de le soulager en beaucoup d'occurrences, ausquelles ne pouvant estre present, il y comparoistroit comme son bras droit. Ainsi, que pour le rendre tel et aussi ployable qu'il le desiroit, il luy fist dés lors proposer, comme elle en avoit peu sçavoir quelque chose, non seulement le mariage d'elle et de luy, mais aussi qu'il les vouloit reputer eux et les leurs pour ses enfans et uniques heritiers, voyant bien que n'estant marié ny en estat de le pouvoir estre, il ne luy en falloit point esperer d'autres : sur lesquelles offres et conditions à luy apposées il se resolut de le venir trouver, comme il fit, aux Rosiers, avec apparence de grands contentemens des deux costez, s'entr'estans fait des promesses et sermens l'un à l'autre, où il n'y avoit rien à redire. Que vous laissiez, pour abreger vostre propos, tout ce qui se passa depuis entr'eux jusques à leur arrivée en Bearn pour l'aller voir, où M. le comte se declara son serviteur. Et peu apres le Roy son frere, comme il revenoit de la chasse, receut un paquet par homme exprès que l'on luy envoyoit de Paris, par lequel il estoit adverty de prendre garde à M. le comte, d'autant qu'avant que partir de la Cour, il avoit juré és mains de quelques ecclesiastiques fort qualifiez, de ne se joindre jamais au party huguenot, et promis au roy Henry troisiesme qu'il l'abandonneroit s'il ne le pouvoit porter à se faire catholique aussi-tost qu'il auroit eu espousé sa sœur, laquelle il rameneroit avec luy. Que ces advertissemens, soit qu'ils fussent vrays ou faux, car vous ne vouliez asseurer ny l'un ny l'autre, commencerent à engendrer de la froideur entr'eux, et en suitte de telles defiances, qu'enfin M. le comte ayant sceu que le roy Henry troisiesme avoit esté chassé de Paris, et croyant que s'il estoit auprès de luy (à cause qu'il estoit quasi abandonné de toutes personnes de qualité fort relevée), il gouverneroit luy et l'Estat, quitta tout à fait le Roy, son frere, et se separerent avec de mauvaises paroles et reproches, voire jusques à user de menaces, et que les choses n'estoient pas allées depuis en amendant ; le Roy, son frere, ayant creu que nul ne s'estoit plus formellement opposé que luy à son retour à la Cour, lors que vous traitastes la reconciliation des deux roys à Blois, Montrichart et Tours, apres la mort de M. de Guyse. Qu'elle mesme sçavoit bien de quelles boutades et menées, le bruit avoit couru qu'il avoit usé apres que le roy Henry troisiesme eust esté tué à Sainct Cloud, pour empescher qu'il ne fust recognu pour roy s'il ne se faisoit catholique, se joignant en ce dessein avec messieurs de Nevers, à la fille duquel l'on parla de le marier, de Longue-ville, d'Espernon, de Biron, d'O, de Humieres et autres. Qu'elle ignoroit encor moins ses escapades pendant le grand siege de Roüen pour aller en Bearn, puis que l'on tenoit qu'elles s'estoient faictes avec son intelligence ; avoit bien oüy parler des disputes qu'il forma entre luy, messieurs de Longue-ville, d'Aumont et baron de Biron, à qui seroit defferé le commandement des trouppes qui marchoient pour secourir le Roy qui estoit comme assiegé à Arques et Dieppe, ce qui les retarda quelque temps de se joindre et de s'acheminer vers luy ; des menées et pratiques qu'il avoit tant de temps continuées pour former le tiers party, croyant que son frere aisné estant d'eglise, il seroit declaré chef des armes ; son prompt retour du voyage de Bourgongne avec tout ce qu'il peut desbaucher de gens de guerre, auquel le Roy avoit fait, entre mille perils, tant de merveilles de son jugement, de son courage et de son espée ; l'affront par luy fait au sieur de Pangeas, auquel il avoit presque fait rompre le col à Pont-oyse, l'ayant jetté de haut en bas d'un degré à la veuë du Roy, et plusieurs autres pareilles actions dont l'on a parlé. La verité desquelles neantmoins vous ne vouliez maintenir estre certaine, n'estant pas de vostre entiere et absoluë science ; mais bien qu'elles ont produit en l'esprit du Roy les mesmes effets que s'ils avoient esté tous entierement veritables, sçachant tres-bien, pour luy avoir souvent oüy dire, qu'il avoit adjousté foy à tous les rapports qui luy en avoient esté faits, sur lesquelles choses elle devoit porter son attention et les mediter prudemment avant que rien determiner.

En suitte duquel recit de tant de ponctilles et fascheuses resouvenances, vous adjoutastes (voyant qu'elle estoit devenuë toute resveuse sans rien repliquer) qu'à vostre opinion, voire à celle des mieux sensez, plus judicieux et consideratifs, il avoit esté non seulement difficile, mais presque impossible que tant d'intrigues, d'embarras, dissentions, broüilleries et autres mauvais mesnages intervenus entre deux princes de tant eminente extraction, grandeur de cœur et autres conceptions, ne produisissent des aigreurs, despits, chagrins, haynes et animositez extresmes, contre lesquelles par consequent il faudroit un long temps, une grande prudence et de merveilleuses industries, dexteritez et bonnes conjonctures d'affaires, pour effacer de leurs cœurs et arracher de leurs esprits, des opinions que le laps du temps avoit tournées comme en habitude et nature ; et que l'un d'eux, voire tous les deux usassent de bien delicates souplesses, ployemens et soumissions d'esprits et inclinations, pour former une parfaite reconciliation, entiere oubliance de toutes offences receuës, et des affections cordiales telles qu'elles estoient requises, des peres aux enfans et des enfans aux peres; et de grandes observations, esgards et circonspections pour leur donner une continuité convenable. Que neantmoins et nonobstant tous ces obstacles à l'accomplissement des choses tant desirables, voire mesme, comme il sembloit, desirées de toutes parts, si elle et luy vouloient absolument suivre vos conseils et les mettre en practique six mois durant, vous oseriez bien les asseurer, voire en respondre, de vostre vie, si elle l'estimoit digne gage d'un si grand prix, qu'ils obtiendroient du Roy tous les consentemens, contentemens, cordiales affections, bienfaits et advantages qu'ils sçauroient desirer; mais qu'en cela falloit-il user de diligence, ne rien obmettre ny negliger pendant que les choses estoient encor en leur entier; que le procez de la princesse de Condé n'estoit pas encor supprimé, elle entierement justifiée, son fils encor huguenot, relegué dans la Rochelle, et non encor universellement recogneu pour legitime premier prince du sang, et presomptif heritier de la couronne : toutes lesquelles choses ceux qui leur attouchoient, poursuivoient instamment, et ausquelles le Roy ne sçauroit apporter si peu d'oppositions, voire de simples défaveurs, que toutes telles pretentions (comme il n'y avoit si bon d roict qui ne se perdist faute de deffence, ou de puissance, ou de justice) ne deperissent absolument, et ne fist convertir tous ces advantages en celuy d'elle et monsieur le comte, tant qu'en fin ils seroient recognus eux et les leurs, non seulement pour ses heritiers paternels et maternels, mais aussi pour ses successeurs à la couronne, chose à quoy il avoit toujours eu dessein, et n'avoit manqué d'effet que par leurs propres imprudences et mauvaise conduitte, si l'on n'en vouloit attribuer le deffaut au ciel et à la fortune, pour en avoir autrement ordonné.

A quoy, paroissant entierement remise de sa colere, elle vous respondit assez doucement en ces propres mots, que vous n'aviez point oublié vostre stile accoustumé, qui ne manquoit jamais de beaux discours, ny de specieuses raisons, mais lesquelles ne produisoient jamais rien de certain, et encor en celuy que vous luy aviez tenu, y voyoit-elle tant de déguisemens, de suppositions et de fausses accusations, qu'elle auroit sujet de s'en offencer, et vous en dire son advis; mais qu'elle vouloit auparavant vous faire parler clairement, et specifier quels estoient ces conseils si excellens que vous vous vantiez tant d'avoir à leur donner, et cependant les reduisiez tousjours à des promesses, à des esperances, et les remettiez à une autrefois; et ne sçauroit mesme croire que tout ce que vous aviez mis en avant, ne fust de vostre seule imagination et invention, sans que le Roy, son frere, vous en eust donné aucune charge, dautant qu'il ne luy en disoit pas un seul mot ny prés ny loing par les lettres que vous luy en aviez apportées, desquelles elle sçavoit tout ce qu'il y avoit dedans devant vostre arrivée; encor que pour vous dire ce qu'elle pensoit des intentions de son frere, touchant son mariage, « C'est qu'il me proposera,
« vous dit-elle, toûjours à chacun, et ne me li-
« vrera jamais à personne, à force d'amour qu'il
« me porte. Pense-t'il que j'aye oublié tant de
« partis dont à diverses fois il m'a fait parler,
« desquels je n'en ay peu avoir un seul ? Pre-
« mierement, et je croy que vous ne l'ignorez
« pas, l'on me proposa, estant encor fort jeune,
« François duc d'Alençon, lors troisiesme fils de
« France, ce que le Roy, mon frere, n'eut pas
« agreable, à cause de la haine qu'il luy portoit.
« Depuis le roy Henry III, lors qu'il revinst de
« Pologne, me fut aussi proposé ; à quoy la reine
« mere Catherine s'opposa, tant elle hayoit nostre
« maison, à cause que l'on luy avoit dit que le
« Roy, mon frere, succederoit à ses enfans. Apres
« l'on me parla du duc de Lorraine dont je ne
« voulus point, pource qu'il estoit trop vieil et
« que ses heritiers estoient nez : en suitte il fut
« quelque bruit de me faire espouser le roy
« Philippes d'Espagne ; mais la difference de re-
« ligion et qu'il vouloit que le Roy, mon frere,
« se joignist avec luy pour faire la guerre à la
« France, en empescherent l'effet, et croy que
« vous en avez bien sceu quelque chose, car vous
« estiez lors en Bearn. Le duc de Savoye en-
« voya aussi pour me demander, mais tous ceux
« de la religion s'y opposerent. M. le prince de
« Condé m'a long-temps desirée, mais sa pau-
« vreté et qu'il ne m'agreoit pas, en empesche-
« rent l'effect. Depuis l'on me voulut marier au
« Roy d'Escosse ; pour celuy-là j'advoüe que je
« fus si sotte à cause de quelques fantaisies que
« j'avois lors en la teste que je n'y voulus point
« entendre. Et finalement, en divers temps, trois
« qui ne sont point de ma qualité, ont eu assez
« d'audace pource que je leur faisois bonne chere,
« que de pretendre à mon alliance, dont le der-
« nier fut le prince d'Enhalt qui vint devant
« Roüen avec grand nombre de gens de guerre,
« auquel j'estime, si j'eusse voulu y entendre,
« que l'on ne m'eut pas refusée, afin de payer ses
« reistres à mes despens. Des deux autres, dont
« l'un est de la religion et l'autre papiste et sim-
« plement gentils-hommes, je ne les nomme
« point, pource que j'en ay honte et qu'aussi
« bien vous les cognoissez assez, vous ayant

« quelquesfois parlé de leurs folies : et enfin le
« pauvre comte de Soissons estant arrivé des
« derniers, pource qu'il m'a desirée plus cordia-
« lement que tous, et s'est affermy à me com-
« plaire, il pourra bien advenir que, comme je
« suis mal-heureuse, il sera aussi rendu mal-heu-
« reux à mon occasion ; et qu'enfin si nous adjous-
« tons foy à vostre dire, et d'autres qu'il y a de for-
« mez au moule du Roy, mon frere, nous en
« demeurerons tous deux là pour la prisée. Mais
« laissant le discours de tant de mariages ima-
« ginaires, revenons un peu aux particularitez
« de ces tant excellens advis et conseils que vous
« dites avoir à me donner, et qui me doivent ap-
« porter, en les suivant, tant de contentemens,
« de bonnes fortunes et de felicitez : discourez
« en librement et ne les tenez plus cachez comme
« si c'estoient des mysteres profonds, car je suis
« à cette heure resoluë de vous escouter patiem-
« ment, quoy que vous puissiez dire, pour voir
« si en la conclusion d'iceux j'y trouveray mon
« conte, et mesme de differer à vous y respondre
« et de dire ce que je pense de vos belles inven-
« tions et accusations, jusques à ce que vous
« m'ayez representé tout ce que vous pouvez avoir
« en l'imagination sur le sujet de vostre voyage
« et la charge que l'on vous a donnée vers
« moy. »

Ce qui vous ayant fait prendre aussi-tost la parole, vous discourustes ainsi (car des derniers propos de cette princesse et de vos responses en suite d'iceux, ay-je essayé, dautant que j'y fus tousjours present, d'en rapporter les propres termes) : « Madame, je vous supplie en toute hu-
« milité de m'excuser et n'avoir point desagreable
« si, amplifiant mon discours de quelques repre-
« sentations generales, afin d'esclaircir et faciliter
« l'intelligence de mes propositions particulieres,
« je prends la hardiesse de vous dire que ceux
« qui veulent flatter et se rendre complaisans
« aux grandeurs mondaines et authoritez su-
« prémes, afin d'en tirer profit et advantage en
« leur particulier, publient et maintiennent hau-
« tement qu'il n'y a sorte d'honneur, gloire,
« venerations, services, subjections et obeys-
« sances qui ne leur soient deuës, et doivent
« estre renduës par tous ceux qui sont sous leur
« domination sans nul excepter, et pour les con-
« firmer en cette opinion, disent que les roys,
« monarques et potentats souverains sont dits et
« reputez estre, voire sont en effet, la vraye et
« vive image de Dieu en terre, ce que je veux dire
« estre aussi faux, estant mal adapté et appro-
« prié, qu'il est tres-veritable estant bien entendu
« et reduit à son vray usage.

« Car il ne se faut pas imaginer, madame,
« que ces dominateurs des nations soient dits re-
« presenter cette divinité suprême, qui n'a figure,
« traits ny lineamens, à cause de leurs person-
« nes, ny à l'esgard de cette hautesse et pleni-
« tude de puissance sans bornes, limites ny obli-
« gations à aucuns droits, loix ou devoirs qu'ils
« se veulent arroger, mais seulement en ce qu'ils
« sont sages, prudens et tres-exacts et loyaux
« observateurs des volontez, statuts et mande-
« mens de celuy sans la faveur duquel ils seroient
« reduits au rang des plus infirmes et chetifs de
« la terre ; et partant faut-il conclurre que les
« roys sont dits estre la vraye, vive et resplan-
« dissante image de Dieu, non en ce qu'ils li-
« vrent à la mort, à l'occision et au dégast de
« l'interdit, tous ceux de leurs sujets que bon
« leur semble, mais bien en ce qu'ils leur sont
« en salut, consolation, tuition et deffence, et
« que, comme ce grand Createur de toutes cho-
« ses, ils peuvent donner la vie à ceux qui ont
« merité la mort, les ayant offencez en leur par-
« ticulier : non en ce que ces potentats se rendent
« en frayeur, espouventement, crainte et terreur
« à leurs peuples, mais en ce qu'ils leur sont en
« appuy, protection, asseurance et soulagement :
« non en ce qu'ils s'approprient les biens, pos-
« sessions et facultez de leurs subjects par exac-
« tions, tributs, imposts, tailles et subsides, mais
« en ce qu'ils les maintiennent et font vivre en
« paix, repos et tranquillité, et les garantissent
« de toutes violences, foules, surcharges et op-
« pressions : non en ce qu'ils punissent et chas-
« tient toutes offences rigoureusement, mais en
« ce qu'ils sont indulgens et pitoyables aux fautes
« commises sans malice et se plaisent à faire mi-
« sericorde : non dautant que, pour remedier aux
« craintes et défiances où la cognoissance de leur
« dure administration les reduit, ils sont inces-
« samment environnez d'armes et d'armées in-
« nombrables ; mais pource qu'en regissant avec
« mansuetude et prudence, ils vivent asseurez en
« la seureté publique, et n'ont besoin d'autres
« gardes que leur équanimité, l'amour et la bien-
« veillance de leurs peuples : non en ce qu'ils y
« sont oysifs, nonchalans, paresseux et volup-
« tueux, mais en ce qu'ils s'addonnent à la vertu,
« travaillent incessamment pour le bien public,
« et taschent donner leurs vies pour exemplaire
« de bien vivre : non en ce qu'ils sont superbes,
« orgueilleux, fiers et hautains, mais en ce qu'ils
« se monstrent affables, amiables, doux et be-
« nins : non en ce qu'ils paroissent chagrins, des-
« pits et remplis de haynes et rancœurs, mais en
« ce qu'ils sont sociables et abondent en compas-
« sions : non en ce qu'ils se sentent importunez
« des plaintes, clameurs, doleances et requisi-

« tions de ceux qui se sentent oppressez et les re-
« jettent imperieusement, mais en ce qu'ils se
« rendent accessibles à tous affligez, reçoivent
« doucement leurs requestes et les appoinctent
« soudainement et favorablement : bref, non en
« ce qu'ils dominent sur beaucoup de nations,
« portent le tiltre d'empereurs, roys et monar-
« ques, et sont appelez altesses, majestez, sires,
« seigneurs et maistres, mais en ce qu'à l'imita-
« tion du Roy des roys, ils font gloire de nom-
« mer leurs sujets et leurs serviteurs, leurs enfans
« et leurs amis, et se delectent d'estre appellez
« peres, et de produire des offices conformes à
« ces noms si doux et pleins de consolation.
 « Or, ay-je mis tout cecy en avant, madame,
« pource que s'il y eut jamais de roys qui ayent
« merité, suivant toutes ces consequences par
« moy alleguées, d'estre estimez la vraye et vive
« image de l'Éternel en terre, le Roy vostre frere,
« comme j'estime, est un de ceux auxquels ce tant
« beau tiltre appartient le plus justement, ayant
« tousjours recogneu, depuis vingt-quatre ans que
« feu mon pere me mist à son service, toutes ses
« inclinations entierement portées à ces vertus
« et qualitez loüables, et sé incessamment dé-
« tester les choses qui leur estoient contraires,
« prenant un extrême plaisir à ce beau tiltre de
« pere de ses peuples, à les nommer ses enfans
« et leur user de gratuité, et tousjours (encor à
« l'imitation de ce bon Dieu, qui se rend indul-
« geant à tous forfaits par la seule contrition de
« cœur et confession de bouche) prest à pardon-
« ner toutes offences à luy faictes, si tost que l'on
« les luy advoüoit franchement avec tesmoignage
« de regret de les avoir commises et ferme desir
« de n'y retourner jamais : toutes lesquelles par-
« ticularitez, peut-estre un peu trop longues,
« ay-je ainsi, de propos deliberé, mises en avant
« en vostre presence, madame, pour, sur ce fon-
« dement, tirer des conclusions indubitables, que
« si le Roy est d'un tel naturel, tant doux et be-
« nin, si affable et accessible à tous ses sujets,
« qui ne luy appartiennent en aucun degré de
« consanguinité, que de les nommer ses enfans
« et les vouloir traitter comme tels, de quelles
« graces, faveurs, bien-faits, cordiales affections
« et tendresse de cœur, n'usera-il point envers
« vous premierement, qui avez tousjours esté et
« estes encor sa tres-chere et bien-aymée sœur
« et sa seule et unique heritiere, et en suitte à
« l'endroit de M. le comte de Soissons, qui a
« l'honneur d'estre de son sang royal et son cou-
« sin au premier degré, lors que vous l'aymerez
« cherement et l'honnorerez et revererez tous deux
« veritablement ? et que si semblablement ce
« grand Roy, vostre bon frere, est tant debon-
« naire, genereux et magnanime, qu'il a par-
« donné et pardonne encor tous les jours sur une
« simple recognoissance et advoüement des cri-
« mes commis, à tant d'attentats et de desseins
« formels contre son bien, son honneur, sa vie
« et son Estat, alors qu'il y remarque une non
« feinte repentance ; de quelles componctions et
« tendres ressentimens ne sera-il point serieu-
« sement esmeu et vivement touché, lors que vous
« deux luy ouvrant vos cœurs et ne luy cachant
« ny desguisant nulles des particularitez de tou-
« tes les ponctilles entre vous passées, desquelles
« aussi bien n'est-il pas ignorant, vous descou-
« vrirez devant luy vos douloureux regrets, à
« cause de toutes ses défiances et mauvaises in-
« telligences, vous espandrez vos filiales larmes
« dans son sein paternel, avec lesquelles entre-
« meslant infailliblement les siennes, tout remply
« de sinceres et cordiales affections et de parfaicte
« consolation, joye et liesse pour de tant verita-
« bles et heureuses reconciliations, il vous jet-
« tera les bras au col, vous baisera mille et mille
« fois, et vous embrassera, aymera et cherira
« tous deux comme ses chers et bien aymez en-
« fans, seuls et uniques heritiers?
 « Que s'il vous plaist à present, madame,
« comme j'en supplie tres-humblement vostre
« prudence et bonté, de considerer attenti-
« vement toutes mes paroles, et notamment
« celles qui forment et produisent les advis et
« conseils que j'avois à vous donner, les peser à
« la balance de vostre équitable jugement, purgé
« de toutes preoccupations et passions d'autruy
« et de vous mesmes, examiner mes raisons et
« leur donner le prix merité, selon leurs desti-
« nations, faire vostre profit des exemples pro-
« posez, recevoir les diverses instructions qui se
« peuvent tirer des divers evenemens, prendre
« une entiere confiance en la foy que je vous en-
« gage de vous servir loyalement, utilement et
« agreablement en toutes ces affaires dont il s'a-
« gist, me charger de faire toutes les ouvertures
« qui seront necessaires pour cét effet, seulement
« comme de moy-mesme (si vous le voulez ainsi,
« afin de ne vous engager à aucune chose que
« vous n'y voyez les bonnes dispositions requises
« de toutes parts), trouver bon que je prenne le
« temps et les occasions à propos sans rien aigrir,
« negliger ny precipiter, et que je ménage pru-
« demment l'esprit, l'humeur et les fantaisies
« du Roy vostre frere, je vous oserois responde
« de ma vie, de mon honneur, voire de mon sa-
« lut, que tous les succez en seront aussi favora-
« bles que vous le sçauriez desirer, et que vous
« obtiendrez tout ce qui est requis pour vostre
« honneur, bien, grandeur, contentement d'es-

« prit et de corps, et continuelle felicité qui est « tout ce que je vous sçaurois representer, tou- « chant la charge qui m'a esté donnée et le sujet « de mon voyage vers Vostre Hautesse. »

« Est ce là donc tout ce que vous aviez à me « dire, respondit aussi-tost cette princesse, et les « tant excellens conseils que vous me vouliez « donner? Vrayement, M. de Rosny, je voy bien « que vous avez de longue main bien estudié « vostre leçon, et vous estes rendu plus soigneux « de faire l'eloquent, et le bien disant, pour des- « guiser vos artifices, que de me rendre de bons « offices et de me servir utilement, comme vous « m'aviez promis; et encor qu'il me soit facile à « juger que je ne puis pas beaucoup esperer de « toutes vos cajoleries et discours recherchez, et « comme je dois prendre vos belles allegations « qui m'offencent, neantmoins, afin que vous « n'essayez de profiter de mes responces à mon « prejudice, et voyant aussi bien que vous m'a- « vez tant amusée à vos beaux discours pleins « de ruse, qu'il s'en va tantost nuict, je veux re- « mettre la response à demain au sortir de mon « disner, afin que j'aye loisir d'y bien penser et « de prendre conseil avec les miens et le chevet « de mon lict; partant vous pouvez vous retirer « en vostre logis, comme je vais faire en mon « cabinet. » Et sur cela vous ayant quitté, vous aussi, apres avoir fait de grandes reverences, et dit quelques paroles de compliment aux dames qui estoient dans la chambre et icelles priées de vouloir donner bon conseil à Madame, si elle leur en demandoit, et vous rendre de bons offices prés d'elle, vous vous en allastes à vostre logis.

CHAPITRE LXVI.

Suite de la conférence avec Madame. Refroidissement momentané de Henri IV pour Rosny.

Toutes les particularitez d'une si notable négociation n'ayant pu estre deduites et comprises dans les bornes d'un seul chapitre, nous les continuerons par le present, vous dirons que le lendemain vous retournastes voir Madame, esperant la trouver au sortir de table, et neantmoins vous ne vous peustes tant diligenter qu'elle ne fut desja entrée dans son cabinet, où elle avoit fait appeller mes dames de Rohan, comtesse de Guychen, de la Barre et de Neufvy; tellement qu'à vostre arrivée vous ne trouvastes dans sa chambre que mes dames de Gratains et de Pangeas, mademoiselle Gracienne et la Naine, desquelles vous estant approché, vous leur demandastes où estoit Madame et qui estoit avec elle.

A quoy vous ayant satisfait suivant ce qui est dit cy-dessus, vous leur dites estre bien marry qu'elles ne fussent à la place des autres, pource qu'elles estoient sages, discrettes et sans malice, aymoient veritablement le Roy et Madame, et avoient tousjours desiré de les voir en bonne intelligence l'un avec l'autre, et que les autres n'avoient ny mesmes humeurs ny mesmes affections, voire que tesmoignant assez de n'estre pas trop contentes du Roy, elles tascheroient d'aigrir l'esprit de Madame, de luy faire prendre de mauvaises resolutions, et de la faire mettre en colere contre vous. Surquoy elles vous dirent bien qu'il ne vous falloit pas croire cela, mais ce fut si froidement et avec de telles mines et souris, que vous eustes sujet de juger qu'elles n'en pensoient pas moins que vous en aviez dit.

Quoy que ce soit, vous demeurastes bien là une heure à attendre, au bout de laquelle Madame estant sortie, aussi-tost qu'elle vous apperceut elle vous appella et vous dit : « Venez, « venez, M. de Rosny, que je vous dépesche pre- « sentement comme vous sçavez dépescher un « chacun et vous fasse reponse en peu de paroles, « mais un peu plus veritables que les vostres, vos « telles que meritent vos belles harangues, vos « grands apparats de langage et curieuses recher- « ches de choses entierement esloignées de celles « dont vous aviez charge, encor que je n'aye pas « tant medité dessus qu'il est aysé à cognoistre « que vous avez fait, ayant usé de tant d'artifi- « ces et de ruses que je m'y suis quasi laissé sur- « prendre et presque emporter à suivre vos con- « seils, quoy que je m'en fusse si mal trouvée « autrefois et notamment à Chartres, comme je « le vous ay desja reproché, vous en souvient-il « bien? Mais en fin ayant, suivant vostre priere « mesme, consideré de plus pres tous vos affectez « langages, et mieux examiné vos raisons et al- « legations, j'ay fort bien recogneu que vous n'a- « viez autre but, afin de faire l'entendu et l'ha- « bile negociateur, que de nous faire condamner, « mon cousin le comte de Soissons et moy, par « nos propres bouches, et nous faire advoüer « mille erreurs et offences ausquelles nous n'a- « vons jamais pensé, lesquelles pour la pluspart « viennent non advis de vos subtiles inven- « tions, quoy que vous ayez peu dire, que le Roy « mon frere n'en croit pas le quart de ce que vous « nous en avez reproché, et que mesme, quant « au voyage de Bearn, duquel il peut avoir dit « quelque chose, il ne m'en a jamais osé ou voulu « parler, sçachant bien de qui en vient la faute, « et que s'il y en a quelques-uns qui ayent su- « jet de s'en plaindre et de s'en tenir offencez, « c'est nous, à cause de tant de procedures vie-

« lentes dont il fut usé sans besoin, et des mau-
« vais traitemens et indignitez par nous receuës
« de certains estourdis comme vous pourriez es-
« tre, que je n'y pense jamais que je n'en aye
« les despits au cœur, les soupirs en la bouche
« et les larmes aux yeux, voire m'estonne que
« ce gros bufle de Pangeas n'a encore pis eu que
« vous n'avez dit.

« Mais retournant à mon premier propos, afin
« de vous dépescher, je vous diray qu'il n'y en
« a un seul de ceux et encor moins de celles qui
« ont entendu ou sceu les propos impertinens que
« vous m'avez tenus, qui ne se soit émerveillé
« de vostre imprudence, d'avoir ainsi legerement
« entrepris des affaires tant espineuses et diffici-
« les qui sont à démesler entre des personnes de
« si eminente qualité qu'elles devroient estre trait-
« tées par gens d'autre condition que de petits
« gentils-hommes comme vous, de qui le plus
« grand honneur est d'avoir esté nourry de jeu-
« nesse en nostre maison, et que tous les vostres
« en ayent tousjours esté serviteurs, et de vous
« estimer capable de régler ceux qui sont si pro-
« ches parens, lesquels s'accorderont tousjours à
« la fin et le plus souvent aux despens de ceux
« lesquels, comme vous, veulent mettre les doigts
« entre le bois et l'escorce, et s'entre-mettre de
« choses plus hautes que leur portée. Nous avons
« aussi consideré avec estonnement vostre effron-
« terie d'avoir osé tenir en ma presence deux
« discours, l'un au blasme general de tous les
« roys et princes souverains, et l'autre en l'of-
« fence de mon cousin le comte de Soissons et de
« moy, nous imposant mille choses fausses et faisant
« tenir des langages au Roy mon frere, ausquels
« je sçay bien qu'il n'a jamais pensé, non plus
« qu'à vous avoir donné charge des impertinen-
« ces que vous avez mises en avant de sa part;
« dequoy je lui sçaurai bien donner advis par au-
« tre que par vous, à qui je conseille de se reti-
« rer sans attendre que je vous baille de mes let-
« tres, de ne vous entremesler plus d'affaires où
« j'auray interest, ny prendre charge de revenir
« jamais vers moy de la part du Roy mon frere,
« voire vous prie de vous abstenir de venir en ma
« maison ny de vous trouver en lieu où je sois. »
A laquelle harangue vous estant aucunement attendu et preparé (à cause qu'elle avoit pris conseil des dames que j'ay tantost nommées, lesquelles hayssant le Roy, pour diverses raisons trop
longues à desduire, faisoient tousjours du pis
qu'elles pouvoient à tous ceux qu'il aymoit, pour
entretenir les aigreurs entre le frere et la sœur),
vous respondistes doucement et sans vous esmouvoir, en ces propres termes :

« Madame, avant que de me retirer, suivant
« vostre commandement et mon desir, je vous di-
« ray encor pour fin de tous mes propos, que je
« suis infiniment marry qu'un peu de colere, mais
« beaucoup plus les artifices et persuasions d'es-
« prits non si bontifs ny si sages qu'est le vostre,
« vous ayent fait prendre toutes mes paroles à
« contre-sens mon intention et leur vraye intelli-
« gence, et user de tant de mespris et de menaces
« envers moy, qui ne l'ay pas merité : car en ef-
« fet je n'ay rien dit touchant le general des roys
« et des princes que les bons et sages puissent
« trouver mauvais, ayant seulement remarqué
« les vertus de ceux qui meritent d'estre estimez
« la vraye et vive image de Dieu en terre, les-
« quels aussi je confesse ne se pouvoir assez re-
« verer, loüer ny magnifier. Quant à vous et à
« monsieur le comte, je n'ay parlé que des bruicts
« qui avoient couru, de la verité desquels non
« seulement j'ay dit ne vouloir pas estre garand,
« mais aussi que quoy qu'ils pussent estre faux
« pour la pluspart, si n'avoient-ils pas laissé de
« produire les mesmes effets que s'ils eussent esté
« veritables. » Que pour le mespris qu'elle avoit
fait de vostre personne, vous appellant un petit
gentil-homme, vous le preniez en patience, donnant cela à sa qualité, à son impatience et à la
passion d'autrui : qu'à la verité vous n'estiez pas
si relevé en dignitez ny en biens que beaucoup
d'autres qui avoient peut estre moins de merite
que vous en toutes sortes, mais que tousjours
vous estoit-il facile de verifier quant à l'extraction, qu'il n'y avoit gueres de seigneurs en France
dont la maison fust plus ancienne, et en laquelle
il y eust eu plus d'alliances de roys et de princes.
Que quant aux biens, vous confessiez franchement
de n'en avoir pas tant que vos predecesseurs, par
le mauvais mesnage desquels ils avoient diminué,
mais tousjours aussi estoit-il vray que vous n'a-
viez pas laissé de vivre fort honorablement, de
suivre incessamment le Roy son frere à vos despens, sans luy avoir jamais esté en charge, ny
qu'il vous eut oncques rien donné ny elle aussi,
à laquelle vous ne craindriez point de dire, quelque petit gentil-homme qu'elle vous estimast,
(car, comme vous m'avez confessé, ce terme vous
tenoit un peu au cœur) qu'il ne laissoit pas d'estre sorty de vostre maison en divers temps plus
de cent mil escus de rente qui estoient entrez par
alliances avec des filles d'icelle dans les maisons
de Bourbon et d'Autriche ; et que quant à vostre
charge, tant s'en falloit que vous l'eussiez en aucune façon surpassée, que vous en aviez beaucoup moins dit qu'il ne vous avoit esté commandé,
comme il vous estoit facile de le faire paroistre,
s'il luy plaisoit de voir l'escriture et entendre la
lecture d'une lettre de la propre main de Sa Ma-

jesté à elle adressante (laquelle vous luy montrastes en mesme temps l'ayant en la main), pour à laquelle satisfaire entierement (puis que vous cognoissiez bien d'estre reduit à telle extremité qu'il vous estoit impossible d'éviter le courroux et reproche ou du frere ou de la sœur), vous luy vouliez bien dire, par forme d'advertissement et comme son serviteur particulier que vous estiez en verité (quelque creance contraire que des esprits malicieux luy eussent fait prendre), que la disposition de l'esprit de Sa Majesté (laquelle vouloit absolument la voir mariée), l'estat du temps et celuy des affaires estoit maintenant tel, qu'il falloit que sans aucune remise ny desguisement, elle et monsieur le comte s'accommodassent à tout ce que vous luy aviez declaré estre de ses volontez et intentions, voire luy en fissent concevoir des certitudes infaillibles par bons et frequens effets; desirs lesquels, à vostre advis, n'estoient nullement mal fondez, puis qu'il leur tenoit lieu non seulement de pere, de frere et de cousin, mais aussi de roy, de souverain et de maistre, aussi bien qu'au moindre de son royaume. Que si elle ne pouvoit disposer monsieur le comte à ce juste devoir, elle se resolust de son costé à faire de deux choses l'une, à sçavoir, de prendre tel autre mary de la main du Roy que bon sembleroit à Sa Majesté, laquelle ne luy en choisiroit point qui ne fust sortable à son eminente condition, qui n'eust de grands biens, et ne fust de mœurs et d'humeurs telles, qu'ils seroient pour vivre heureux, contens et splendidement l'un avec l'autre; ou en cas qu'elle resistast obstinément à ce sien propre advantage, qu'elle se resolut au retranchement de toutes les liberalitez royales, et à se voir reduitte à son simple partage de Navarre, lequel ne se trouveroit si ample, les loix de la maison et les coustumes des pays estant suivies (comme vous aviez charge du Roy, son frere, de luy dire que c'estoit sa volonté), qu'elle eust sujet de tant mespriser ceux qui avoient moins de biens que leurs devanciers, ny moyen de continuer à tenir une maison et un équipage d'une bien grande reine, tel qu'elle l'avoit eu jusques à present.

Surquoy s'estant irritée et mise en colere plus qu'elle n'avoit point encor fait, elle respondit qu'elle ne pensoit point que vous ne fussiez hors du sens, de vous delecter à l'offencer ainsi de gayeté de cœur, luy parlant si hardiment de la contraindre à mariage, que vous sçaviez bien estre une action en laquelle chacun devoit estre libre; de la privation des liberalitez du Roy, lesquelles ne despendoient pas de vostre discretion; du partage de sa maison, lequel surpassoit vostre intelligence; et de l'équipage qu'elle avoit, où vous n'aviez rien à ordonner; voire falloit que vous eussiez le diable au corps de vous estre voulu charger de luy venir annoncer de si mauvaises nouvelles et user de telles offences qu'elle ne vous sçauroit jamais pardonner, au lieu de rejetter tous ces fascheux offices sur les lettres du Roy, son frere, si tant estoit, ce qu'elle ne croyoit nullement, que vous en eussiez d'un si estrange stile, d'autant qu'elles luy eussent rendu ses ennuys et ses desplaisirs plus honorables et moins insuportables. Mais quoy qu'il y eust, qu'elle n'avoit affaire ny de vous, ny de vos lettres, ne vouloit voir ny l'un ny l'autre, et feriez fort bien de vous retirer, de ne prendre plus nulle charge pour rien traitter avec elle, de ne rentrer plus dans sa maison, ny de vous trouver en lieu où elle fust.

Et sur ce mot se retira en son cabinet toute en furie, et vous vers vostre logis. Mais comme vous fustes au bas du degré, vous entendistes une voix qui crioit, M. de Rosny, M. de Rosny; et aussi-tost vistes madame de Neufvy venir droit à vous toute échauffée, laquelle vous dit que Madame l'avoit renvoyée expres apres vous, afin de retirer la seconde lettre que vous aviez dit avoir du Roy, son frere, pour elle, desirant voir ce qu'il y avoit dedans et la garder. Mais vous luy respondistes (comme vous doutant bien que c'estoit un nouveau conseil pris avec ses dames) que Madame vous ayant dit elle-mesme qu'elle n'avoit que faire de la lettre ny de vous et ne vouloit voir ny l'un ny l'autre, vous ne croyez pas qu'elle eust si tost changé de volonté, et qu'aussi ne la voulant mettre en autres mains que les siennes, et encor apres la retirer, comme il vous l'avoit esté enjoint, vous la garderiez soigneusement, pour tesmoigner, lors qu'il en seroit besoin, que vous n'aviez fait ny dit chose qu'il ne vous en eust esté encor ordonné davantage; et aussi-tost luy disant adieu, sans attendre sa replique, vous vous en allastes monter à cheval et coucher à Moret, pource que madame vostre femme y estoit, où, ayant sejourné seulement un jour, vous pristes le chemin de Paris avec dessein d'y demeurer jusques à ce que vous eussiez eu responce du Roy aux lettres que vous luy aviez escrites par vostre courrier party de Fontaine-bleau.

Mais le lendemain le jeune Boesse, qui estoit maistre d'hostel de Madame et avoit esté envoyé par elle vers le Roy pour luy faire ses plaintes des offences qu'elle disoit avoir receuës de vous, en l'exécution de la charge qu'il vous avoit donnée, vous vinst trouver à vostre logis et vous bailla des lettres du Roy, lesquelles, comme vous le sceustes depuis, avoient desjà esté portées toutes ouvertes à Fontaine-bleau, puis refermées et rapportées à Paris, dont la lecture vous mist en peine et en colere pour un temps, comme à la verité il y en avoit quelque sujet, la teneur en estant telle :

Lettre du Roy à M. de Rosny.

Monsieur de Rosny, je suis en peine et grandement estonné de n'avoir receu aucunes lettres de vous depuis vostre partement, qui me peussent informer de ce que vous avez advancé touchant les affaires dont je vous avois donné charge vers ma sœur, et principalement pour ce que j'ay receu de ses lettres par lesquelles elle se plaint merveilleusement de vous; disant en avoir esté tellement offencée et en tant de sortes qu'elle ne vous le sçauroit jamais pardonner, et partant me prie de luy en vouloir faire raison et justice, bien est-il vray que par sa lettre elle ne specifie aucunes particularitez, ce qui me fait estimer qu'il n'y a pas peut-estre tant de mal qu'elle en fait de bruict; mais en general elle dit que vous luy avez tenu tant d'insolens langages que je ne luy en voudrois pas avoir usé de semblables. Vous sçavez bien qu'une telle procedure seroit contre vostre devoir, mon desir et la forme que je vous ay ordonnée à vostre partement de vous comporter envers elle, luy parlant avec le mesme honneur, respect et defference que vous feriez à moy-mesme, luy donnant des asseurances de ma bien-veillance, luy remonstrant en de certaines choses doucement son devoir, les obligations qu'elle m'a, les advantages que je luy veux faire si elle me sçait complaire, et ce qui est de mes intentions sur toutes ces particularitez : partant pensez à ce que vous avez dit et fait, et s'il y a la moindre chose qui l'ayt peu justement fascher, allez la retrouver, luy en faites d'honnestes excuses, voire la priez de vous pardonner si la chose le merite, ce qu'elle fera aussitost et n'y serez pas mal receu, car j'y ai pourveu comme il faut. Mais quoy qu'il y ayt donnez luy satisfaction, car je ne voudrois pas souffrir, estant ce qu'elle m'est, qu'un seul de mes sujets l'offencast sans le chastier, s'il refusoit à user des submissions qui luy sont deuës. Et sur cela je prieray Dieu, monsieur de Rosny, qu'il vous ayt en sa garde. D'Amiens, ce 15 de may 1596.

Henry.

Comme vous eustes leu ces lettres et apres que le sieur de Boesse fut party, vous appellastes l'un de nous quatre et luy distes, le visage tout chagrin et despit : « Par Dieu, ce n'est pas sans « cause si l'on dit qu'il se cueille plus d'espines « que de rozes au jardin des courtisans, et que, « pour un verre cassé aupres des roys et des « princes, bien souvent vingt années de services « demeurent bien égarées. Il y en a, comme vous « sçavez, plus de vingt-quatre que je sers ce prince « à mes despens, et qu'il s'est trouvé en fort peu « de perils et de mauvaises fortunes que je ne les « aye couruës, et neantmoins il me traitte assez « mal par une sienne lettre que je viens de re- « cevoir, et le tout pour luy avoir esté trop « loyal et fait trop absolument ses volontez, « voire apres les luy avoir long-temps contes- « tées, m'estre defendu de ce mal-heureux « voyage vers Madame, autant qu'il m'a esté « possible, et lui avoir remonstré qu'en faisant « et disant ce qu'il m'ordonnoit, je n'en revien- « drois point (cognoissant les affections de cette « princesse trop enracinées, et son humeur al- « tiere, collere, soudaine et despite) sans avoir « brouillerie avec elle, voire peut estre qu'elle « ne me prit en hayne bien grande, comme tout « cela m'est arrivé, pour estre trop obeyssant à « mon maistre; lequel ne pensant plus à moy ny « à ce qu'il m'a ordonné, mais seulement aux « despits de sa sœur, tesmoigne d'estre aussi mal « satisfait de mes obeyssances qu'elle fait elle « mesme de mes libres remonstrances. Et main- « tenant est-il aisé à voir que bien m'a servy « d'avoir voulu emporter une lettre escrite de la « propre main de S. M. et de ne l'avoir pas bail- « lée, mais icelle gardée fort soigneusement, « dans laquelle, tout ce que j'ay dit et fait en « particulier, m'est generalement commandé, « voire encor plus expressement et durement « enjoint, et qui plus est, beaucoup d'autres « choses, desquelles je me suis abstenu par res- « pect et modestie. Tellement que me voila ins- « truit par cet exemple, à vivre plus retenu et « circonspect, à ne me jetter pas si legerement « que j'ay fait, à l'abandon des haines et ani- « mositez d'autruy, pour vouloir loyalement et « trop absolument executer les volontez du « maistre que je sers, puis qu'il oublie si facile- « ment ses promesses de protection, et n'a plus « en memoire ce vieil proverbe qui dit : *A bon « maistre hardy valet;* lequel il se vantoit tant « lors qu'il me depescha de vouloir remettre en « pratique et en lustre; et tascheray d'oresna- « vant à me détacher le plus doucement, et « neantmoins entierement, qu'il me sera pos- « sible, de toutes ces entremises et faciendes « d'affaires contre les uns et les autres, et sur « tous, les princes et les grands qui sont en puis- « sance et authorité, esquelles je recognois bien « qu'il fait dessein de m'employer, et de s'y ser- « vir de ma trop grande franchise et bonne vo- « lonté à son service. Voyez un peu ce qu'il m'es- « crit. » Et lors nous leustes-vous la lettre que

vous en aviez receuë, telle qu'elle a esté inserée cy-devant. « Et jugez s'il n'a pas eu tort de me
« tenir un si aspre langage; s'il ne me donne
« pas sujet de m'en pleindre, de luy en dire li-
« brement mon advis, et de le servir cy-apres
« avec un peu moins de passion et plus de cir-
« conspection que je n'ay fait par le passé; car
« de le quitter tout à fait et me retirer chez moy
« ayant tant d'enfans que j'en ay et une femme
« qui en fait tous les ans, outre que je sçay bien
« qu'il ne me le permettroit jamais, et qu'il
« ne manquera pas à me faire mille excuses,
« alleguer force raisons, et enfin me donner oc-
« casion de contentement, comme il est admi-
« rable en telles cajolleries lors qu'il veut rega-
« gner un serviteur dont il croit pouvoir avoir
« besoin, mon cœur et la longue amitié que je
« luy ay portée, ne le pourroient souffrir, ayant
« mis en ma fantaisie, pour m'avoir esté prédict
« de plusieurs, que je serois eslevé en fort grande
« fortune et authorité prés de luy, et que je de-
« viendrois un de sès principaux ministres pour
« l'exaltation de sa gloire, et le restablissement
« de son royaume; joint qu'il me seroit imputé
« à grande imprudence de quitter ainsi les af-
« faires pour un petit ponctule, me voyant à la
« veille d'entrer en grand credit, et par le moyen
« d'iceluy relever ma maison, que le mauvais
« mesnage de mon grand pere, et la maligne
« exheredation de mon oncle le vicomte de Gand,
« ont presque ruynée, m'ayant privé de plus
« de cinquante mille livres de rente dont je de-
« vois heriter d'eux. Je suis donc resolu, et je
« crois que c'est le mieux que je puisse faire,
« de ne jetter pas, comme l'on dit, le manche
« apres la cognée, mais user de prudence et de
« patience, sans me haster de satisfaire à cette
« lettre, apparamment procedée plutost de co-
« lere et de promptitude que de raison; car,
« quelque chose qu'elle chante, Madame, son
« courroux et son despit estans tout recens, et
« au milieu des plus ardens brasiers d'un esprit
« ulceré, ne se pourroit empescher de me faire
« des affronts et des indignitez, et plutost, afin
« d'avoir excuse, feindray-je d'estre malade pour
« avoir loisir d'attendre une seconde depesche,
« et voir ce qu'aura produit la lettre que j'es-
« crivis de Fontaine-bleau par un courrier ex-
« pres vers Sa Majesté. »
Celuy de nous auquel vous tinstes ce discours vous ayant escouté attentivement vous loüa et prisa grandement en luy-mesme, vous consola et conseilla de le suivre, le fortifiant de toutes les raisons dont il se peust adviser; aussi à la verité eust il bien fasché à tous nous autres qui vous suivions, vous tenans si proche d'avancer vostre fortune et par icelle la nostre, de voir flestrir le verd de nos esperances par un despit precipité. Tout ce soir et le lendemain matin vous demeurastes assez melancolique et mesmes envoyastes querir un medecin auquel ayant feint plusieurs douleurs, il vous ordonna, ce nous semble, deux ou trois purgations et quelques seignées; mais sur les quatre heures du soir arriva le courrier Picault qui vous apporta des lettres du Roy dont la teneur ensuit :

Lettre du Roy à M. de Rosny.

Mon amy, je ne doute point que cette lettre ne vous trouve en colere du stile de ma precedente que Boesse vous aura renduë, laquelle je n'ay faite que par son importunité, pour me deslivrer de celles de ma sœur et appaiser un peu les premiers bouillons de son courroux. Vous la cognoissez aussi bien que moy : nous sommes tous deux prompts et mutins, mais nous revenons aussi-tost. Ne prenez donc pas garde à cette premiere lettre que je vous ay escrite, mais seulement à cette-cy par laquelle je vous reconfirme les assurances que je vous donnay à vostre partement. Je sçay bien que vous n'aurez rien fait que suivant mes intentions et m'asseure que vous n'aurez non plus esgaré cette lettre qui vous sert de garand et que je me doutay bien que vous demandiez à cette fin lors de vostre depesche. N'ayez donc crainte que je vous desavoüe ny souffre vous estre fait desplaisir; servez moy tousjours à ma mode, aymez moy comme je veux vous aymer; venez me trouver au plutost pour m'informer encor plus particulierement de tout ce qui s'est passé en vostre voyage (que je ne l'ay esté par vostre courrier, lequel s'estant desmis un pied en courant la poste, comme il me l'a dit, n'a peu m'apporter plutost vos lettres), et vous asseurez d'estre aussi bien receu de moy que vous ayez jamais esté, quand je devrois prendre la vieille devise de Bourbon *qui qu'en grogne*. Adieu, mon amy.

D'Amiens ce dix-septiesme de may, 1596.

Cette lettre vous remist en bonne humeur, et vous purgea beaucoup mieux de la mauvaise en quoy vous estiez, que n'eussent fait toutes les medecines qu'on vous avoit ordonnées, lesquelles vous ne pristes pas; mais partistes le lendemain dés la pointe du jour, allastes coucher à Clermont et le jour suivant à Amiens où le Roy vous receut fort bien, voire usa de caresses extraordinaires, lors que vous luy eustes fait le recit de tout ce qui a esté dit cy-devant.

CHAPITRE LXVII.

Résolution de faire entrer Rosny dans le conseil des finances. Intrigues pour en empêcher l'exécution. Entrevue du Roi et du duc de Mayenne. Installation de Rosny au conseil des finances.

Le Roy se ressouvenant des promesses qu'il vous avoit faites lors qu'il vous dépescha pour faire le voyage vers Madame, et moyenner son mariage, et desirant les executer, vous fit venir un matin dans son cabinet, et vous dit :

« Or sus, mon amy, c'est à ce coup que je me « suis resolu de me servir de vostre personne « aux plus importans conseils de mes affaires, « et sur tout en celuy de mes finances. Ne me « promettez vous pas d'estre bon mesnager, et « que vous et moy couperons bras et jambes à « madame Grivelée, comme vous m'avez dit tant « de fois que cela se pouvoit faire, et par ce « moyen me tirer de necessité, et assembler des « armes et des thresors à suffisance, pour rendre « aux Espagnols ce qu'ils nous ont presté ? Mais « afin, comme je vous l'ay toujours dit, que je « vous puisse establir doucement, et sans que « cela, par le despit qu'en pourroient prendre « ceux du conseil de mes finances, mette aucun « desordre ny confusion en mes affaires, je vous « veux envoyer vers eux sous pretexte de deux « affaires, dont je veux estre esclaircy : puis, en « faisant succeder d'autres à la suitte de celles « là, afin de vous faire continuer à demeurer avec « eux, vous vous y familiariserez, de sorte qu'en « y vivant doucement, les caressant et asseurant « de vostre amitié, ils ne vous desnieront point « la leur, et arrivera mesmes qu'en vous don- « nant quelques loüanges sur la forme de vostre « conduitte, lors que je les mettray sur ce pro- « pos, je prendray de là occasion de vous mettre « avec eux qu'ils s'y puissent directement « opposer ny dire que vous ne sçavez rien aux « finances. »

Ayant oüy patiemment tout ce discours, vous luy dites qu'il repugnoit directement à ce qu'il avoit tesmoigné vouloir faire de vous, estant impossible comme chose contre la raison et vostre propre naturel de faire amitié avec quelqu'un, et se sentir obligé à luy, et puis luy rendre de mauvais offices, ou seulement blasmer ses comportemens et s'obstiner contre ses opinions ; et partant le suppliez vous de vous excuser, et vous dispenser de cet employ, aimant mieux demeurer comme vous estiez que d'entrer au conseil de ses finances par obligation envers ceux qui en estoient, pour avoir apres à vous opposer à ce qu'ils feroient et diroient : « Et que voudriez « vous donc que je fisse ? vous respondit lors le « Roy : quoy ! que je donnasse des batailles « contre tous mes serviteurs, et renversasse tou- « tes mes affaires pour vous establir seul en leur « place, afin que toutes choses despendissent de « vous, et de vos fantaisies ? C'est chose à quoy « il ne vous faut pas attendre ; vous en avez « aussi peu la capacité que moy la volonté ; par- « tant, puisque vous estes si bizarre et poncti- « leux, il ne faut plus parler de ce dessein, je me « serviray de vous en quelqu'autre chose, où « vous ne me serez pas inutile ny ne demeurerez « pas oisif ; car je sçay bien que vostre esprit « dans le repos, est travaillé d'impatience, et « qu'il est necessaire de vous occuper. » Et sur cela vous quitta comme à demy en colere, et s'en alla chez madame de Liancourt, que l'on commençoit d'appeler marquise de Monceaux, à laquelle apparamment il conta tous ces propos, et eurent sur iceux quelques contestations, dautant que dés le lendemain matin, comme vous fustes au lever du Roy, sans plus songer à finances ny financiers, mais bien à le supplier de vous donner moyen de vous entretenir aupres de luy, n'estant pas raisonnable que vous continuassiez à le servir à vos despens, vous faisant faire tant de voyages, dont vous ne pouviez apres rien tirer des tresoriers ny quasi mesmes de vos estats et pensions, quelques ordonnances qu'il vous en fît delivrer, si tost qu'il fut habillé, il vous prit par la main, vous mena vers un coin de la chambre où il n'y avoit personne, et vous dit : « Vous ne sçavez pas : j'ay conté à ma « maistresse tous les discours et contestations « que nous eusmes hier vous et moy, sur lesquel- « les nous avons eu de grandes et longues dispu- « tes, et enfin m'a mis tant de raisons en avant, « qu'elle m'a quasi persuadé que vous aviez rai- « son et moy tous les torts du monde, de vous « vouloir establir en des affaires de telle impor- « tance et tant chatoüilleuses que sont les finan- « ces, par l'intervention, agreation et obligation « d'aucun autre que de moy seul, comme à la « vérité cela n'est pas sans apparence ; partant « je suis resolu, après en avoir dit un mot au « connestable, seulement pour la forme, et afin « qu'il ne se puisse joindre aux autres qui s'en « plaindront, de commander dés aujourd'hui vos « expeditions à Ville-roy, lequel, quant à luy, « n'a pas le cœur aux finances, et aussi n'y a-il « jamais rien entendu. » Si bien qu'estant peu apres entrez tous deux ensemble dans sa chambre, il tira le connestable à part et l'entretint quelque temps, et apparamment luy parla de vos anciens et signalez services, et de ce qu'à cette occasion il vouloit faire pour vous ; car aussi-tost apres il vous appella, et puis M. de Ville-roy auquel il dit :

« M. de Ville-roy, Rosny m'a si bien servi de-« puis vingt-cinq ans, et prends telle confiance « qu'il fera encor mieux à l'advenir, que je me « suis resolu de le mettre dans le conseil des af-« faires, et luy donner charge en mes finances, « pour servir de chasse-avant aux autres : partant « faites luy toutes les expeditions necessaires « pour cet effet. » Ce que monsieur le connestable fit quelque demonstration d'approuver, mais seulement par signes de la teste sans proferer une seule parole; et M. de Ville-roy ne dist autre chose au Roy, sinon qu'il executeroit ses commandemens aussi-tost qu'il auroit recouvert un formulaire des provisions des autres conseillers des finances, afin de dresser les vostres toutes semblables.

L'apres-disnée le Roy s'en alla à la chasse, et vous fustes remercier madame de Monceaux, des bons offices que le Roy vous avoit dit qu'elle vous avoit faits; et le jour suivant vous fustes visiter M. de Ville-roy pour voir s'il vous bailleroit vos provisions de luy mesme sans les demander, ou à tout le moins un brevet pour seureté d'icelles; mais tousjours il vous remettoit sur ce formulaire de provisions, vous priant de luy en bailler un, si vous en pouviez recouvrer, et qu'aussi-tost il vous expedieroit. Cela traisna ainsi trois ou quatre jours, pendant lesquels arriva un certain gentil-homme nommé d'Estiennes de la part de M. du Mayne, pour supplier Sa Majesté de luy ordonner un lieu où elle auroit agreable qu'il luy vint baiser les mains, afin de luy faire ses submissions et protestations de tres-humble subjection, et servitude, aussi bien de bouche qu'il les avoit engravées dans le cœur, jurées, mises par escrit et signées de sa main; à quoy le Roy respondit à ce gentil-homme qu'il n'eust peu arriver plus à propos, pource qu'aussi bien avoit-il envie de faire un voyage à Monceaux pour voir son parc, bastimens et jardins, et qu'il le pourroit venir trouver là, n'estant pas loin de Soissons : puis dit à M. de Beaulieu-rusé qu'il fit des lettres à M. du Mayne pour luy faire entendre sa volonté.

Le lendemain le Roy partit d'Amiens avec fort petit train, n'ayant voulu mener que vingt gentilshommes, du nombre desquels il vous commanda d'estre, s'en alla passer à Liancourt, assez belle maison appartenant à M. le premier escuyer de Liancourt, lequel l'y traitta fort bien, et aussi M. le chancelier et tous ceux du conseil des finances, ausquels le Roy avoit mandé de le venir rencontrer en ce lieu là pour leur parler de quelques affaires, comme il fit assez longue-ment; et apres qu'ils eurent usé de toutes les belles paroles qu'il leur fut possible pour donner au Roy des asseurances de leur prud'hommie et sincerité à son service, et tenu quelques autres propos sur l'estat et conduitte des affaires presentes, ordre des finances, et excuses des lettres qu'ils luy avoient escrites les mois passez, dont mention a esté cy-devant faite, ils luy firent une espece de plainte des mauvaises impressions que certaines personnes, à dessein de s'en prevalloir, essayoient de luy donner de leur administration, de laquelle ils pouvoient jurer de s'estre tousjours acquittez avec droicture et en bonne conscience; mais que tant de fascheux accidens avoient traversé leurs justes desseins qu'il avoit esté impossible d'en percevoir tous les fruicts qu'il y avoit eu apparence d'en esperer, et qu'il seroit encor plus difficile que des gens nouveaux et inexperimentez en telles affaires, ausquels le bruit couroit qu'il vouloit prendre toute confiance, peussent user de meilleures procedeures, ny donner de plus advantageux succez aux affaires en un temps si espineux et remply de difficultez et necessitez, contre lesquels neantmoins ils estoient bien resolus, s'il plaisoit à Sa Majesté les asseurer de sa continuelle bien-veillance et absoluë confidence, de s'esvertuer en sorte (en ayant desja preparé plusieurs moyens) qu'ils les surmonteroient, mettroient les affaires en si bon estat, et useroient de telle loyauté, soin et diligence à mesnager son bien et à meliorer ses revenus, qu'ils luy donneroient entier contentement, et satisferoient cy-apres aux despences de sa maison et de ses gens de guerre, selon que les occasions le pourroient requerir. Ces discours et promesses tant advantageuses traverserent derechef la volonté que le Roy avait euë de vous authoriser dans ses finances, et eut ce prince quelque espece de regret de s'estre si avant engagé avec vous, que d'avoir commandé vos provisions, comme ce qui se dira cy-apres donne sujet de le conjecturer.

Tant y a qu'ayant sejourné un jour entier à Liancourt, et s'estant separé, luy et ceux de son conseil, avec apparence de grande satisfaction de toutes parts, eux s'en retournerent à Paris, croyans estre fort bien remis dans son esprit, et luy estimant qu'ils luy tiendroient promesse, et qu'à l'advenir il ne seroit plus travaillé de tant de necessitez, il s'en alla coucher à Monceaux, où M. du Mayne le vint trouver deux jours apres, ainsi qu'il se promenoit en l'estoille du parc, et, s'estant advancé vers luy, l'embrassa par trois fois, l'asseurant qu'il estoit le bien venu, et embrassé d'aussi bon cœur que si jamais rien ne se fut passé entr'eux. M. du Mayne mit un genoüil en terre, luy embrassa la cuisse, l'asseura de sa tres-humble servitude et subjection, disant qu'il se recognoissoit grandement son obligé, tant pour l'avoir remis avec tant de douceur, de bonté et de gratifications particulieres dans son devoir, que pour l'avoir delivré de l'arrogance espagnolle et des cautelles et ruses italiennes; puis le Roy l'ayant fait lever et embrassé encor une fois, luy dit qu'il ne doutoit nullement de sa foy ny de sa parole, pource qu'un homme de bien et d'un brave courage n'avoit rien tant cher que l'observation d'icelle, le prit par la main, se mit à le promener à fort grands pas, luy monstrant ses allées et contant tous ses desseins, et les beautez et accommodemens de cette maison. M. du Mayne, qui estoit incommodé d'une sciatique, le suivoit au mieux qu'il pouvoit, mais d'assez loin, traisnant une cuisse apres, fort pesamment; ce que voyant le Roy, et qu'il estoit grandement rouge, eschauffé, et souffloit à la grosse haleine, il se tourna vers vous, qu'il tenoit par l'autre main, et vous dit à l'oreille : « Si je promene « encor long-temps ce gros corps icy, me voilà « vangé sans grande peine de tous les maux qu'il « nous a faits, car c'est un homme mort. » Et là dessus s'estant arresté, il luy dit : « Dites le « vray, mon cousin, je vay un peu viste pour « vous, et vous ay par trop travaillé. — Par ma « foy, Sire, respondit M. du Mayne, en frap- « pant de sa main sur son ventre, il est vray, et « vous jure que je suis si las et si hors d'haleine, « que je n'en puis plus; que si vous eussiez con- « tinué à me promener ainsi viste, car l'honneur « et la civilité ne me permettoient pas de vous « dire c'est trop, et encor moins de vous quitter, « je croy que vous m'eussiez tué sans y penser. » Lors le Roy l'embrassa, luy frappa de la main sur l'espaule, et luy dit avec une face riante, un visage ouvert et luy tendant la main : « Al- « lez, touchez là, mon cousin, car pardieu voilà « tout le mal et le desplaisir que vous recevrez « jamais de moy, et de cela vous en donné-je ma « foy et parole de bon cœur, lesquelles je ne « violay ny violeray jamais. — Pardieu, Sire, » respondit M. du Mayne en luy baisant la main, et faisant ce qu'il pouvoit pour mettre un genoüil en terre, « je le croy ainsi, et toutes les « autres choses genereuses qui se peuvent esperer « du meilleur et plus brave prince de notre sie- « cle; aussi m'avez-vous dit cela d'un si franc « courage et avec une si bonne grace, que mes « ressentimens et mes obligations en sont redou- « blées de moitié; et partant vous juré-je dere- « chef, Sire, par le Dieu vivant, sur ma foy, « mon honneur et mon salut, que je vous seray « toute ma vie loyal sujet et fidelle serviteur, ne « vous manqueray ni abandonneray jamais, ny « n'auray de vie, ny desirs ny desseins d'impor- « tance qu'ils ne me soient suggerez par vostre « Majesté mesme, ny n'en recognoistray jamais « en d'autres, fussent-ils mes propres enfans, que « je ne m'y oppose formellement et ne vous en « donne advis aussi-tost. — Or sus, mon cousin, « repartit le Roy, je le croy; et afin que vous me « puissiez aimer et servir longuement, allez vous « en reposer, rafraischir et boire un coup au « chasteau, car vous en avez bon besoin; j'ay « du vin d'Arbois en mes offices, dont je vous en « envoyeray deux bouteilles, car je sçay bien « que vous ne le hayés pas; et voylà Rosny que « je vous baille pour vous accompagner, faire « l'honneur de la maison et vous mener en vostre « chambre : c'est un de mes plus anciens servi- « teurs, et l'un de ceux qui a receu le plus de « joye de voir que vous me vouliez aimer et ser- « vir de bon cœur. » Et sur cela s'en retourna vers le profond du parc, et vous menastes M. du Mayne dans un cabinet fort couvert, car il faisoit grand chaud, où il y avoit des sieges pour reprendre un peu d'haleine; puis s'estant fait amener un cheval, il s'en alla peu apres avec vous au chasteau; il vous tint plusieurs discours à la loüange du Roy, disant que sa bonté, sa douceur et son genereux courage pouvoient aller du pair avec les plus renommez princes des siecles passez : les propos qui se passerent sur ce sujet entre vous deux seroient de trop longue deduction, aussi bien que ceux de vos civilitez reciproques, partant je ne m'y arresteray pas.

Mais, en reprenant la suitte de ces Memoires, nous vous ramentevrons comme estant arrivé au Roy des dépesches de M. le connestable et de Ville-roy, et ayant trouvé dans le paquet d'icelles une lettre pour vous avec vos provisions pour les finances, il retint l'un et l'autre, les donna peu apres à garder au sieur de Beringuen, avec deffence de vous les bailler ny de vous en parler en aucune façon qu'il n'eut autre commandement de luy. Mais comme ceux qui sont aupres des roys tiennent ordinairement à prudence de pouvoir trouver les occasions d'obliger ceux qu'ils voyent en faveur, il ne peut si bien cacheter sa langue et luy fermer les levres, que vous ne fussiez adverty de tout, sous les sermens et protestations neantmoins que vous fistes de n'en donner rien à cognoistre au Roy, lequel ayant laissé les choses en cet estat là, sans vous faire semblant de rien, ny vous parler en aucune façon du fait des finances, un jour que de certaines personnes qui avoient accoustumé de luy donner des memoires, soit vrays, soit faux, des choses en quoy il estoit mal servy et grandement desrobé, luy estant venu dire que l'on avoit vendu pour trente mil escus de rentes d'aydes en Normandie, à fort vil prix, et que les deniers en provenans n'avoient esté employez qu'en payement de vielles debtes, et que les cinq grosses fermes, gabelles du sel et les parties casuelles n'estoient baillées à ferme que pour le quart de ce qu'elles valoient, d'autant que la pluspart de tous ceux de son conseil des finances estoient interessez aux baulx d'icelles avec Zamet, Gondy, Cenamy, le Grand, de l'Argenterie et autres, et que s'il n'y donnoit ordre tout cela yroit encor en diminuant de jour à autre, puis que de nouveau l'on avoit accordé des rabais fort excessifs sous ombre des pertes de Calais, Ardres, Cambray et autres places; dequoy s'estant esmeu et piqué de voir continuer les mauvais mesnages dont il s'estoit plaint, il vous envoya querir, et vous dit qu'il estoit necessaire que vous vous en allassiez à Paris afin d'avoir soin de ses affaires, prendre garde qu'il ne se passast rien à son prejudice dans son conseil sans l'en advertir, et aussi pour essayer de descouvrir s'il y en avoit quelques-uns d'iceluy qui fussent interessez avec les fermiers et partisans des aydes et grosses fermes; dequoy vous vous pristes à sousrire, et luy dites que vous ne vous estimiez pas capable ny assez entendu pour le servir en choses si grandes et de telle importance, principalement n'ayant ny entrée ne seance dans son conseil des finances, et par consequent ny les moyens ny l'authorité requise pour recouvrer les pieces et papiers necessaires à faire exactement une telle verification ; et partant le priez-vous de vous en vouloir excuser, et de donner cette charge à un autre plus puissant et mieux entendu aux finances que vous n'estiez pas. « Comment, » ce vous dit-il lors, feignant de ne sçavoir aucune chose de ce qu'il avoit luy mesme défendu, « Beringuen « ne vous a-il pas encor baillé vos provisions « pour les finances qu'il y a plus de quinze jours « que je luy ai mises entre les mains, ensemble « une lettre de M. de Ville-roy, avec charge de « vous les delivrer? Vous trouverez que ce gros « Allemant les aura oubliées; faites parler à luy, « et vous en allez preparer pour aller coucher à « Claye, car il vous faut diligenter. » Et aussitost il envoya querir le sieur de Beringuen, n'estimant pas qu'il vous eut adverty de ce qui s'estoit passé, luy fit bien le bec, afin de faire l'estonné lors qu'il vous apporteroit ces provisions, vous prier de vouloir excuser son oubliance, et de ne faire point semblant au Roy qu'il eut esté si long-temps sans vous bailler ces dépesches; dequoy il s'acquitta fort bien, mais non sans rire des finesses dont il usoit pour vous cacher ses irresolutions.

Tant y a, qu'ayant receu vos provisions en cette sorte, vous le fustes trouver, joüastes fort bien vostre roolet, pour sauver le pauvre Beringuen. Et entre plusieurs propos que vous eustes ensemble à vostre partement sur l'ordre et conduitte des affaires (en quoy vous vous estendistes de sorte pour ce qui concernoit les finances, qu'il recogneut bien que vous y aviez fort estudié depuis quelque temps), vous luy distes que s'estant resolu de tenir une forme d'assemblée d'Estats, fait faire des expeditions necessaires pour cet effet en toutes les provinces, et indiqué le temps et le lieu, que vous eussiez bien desiré de pouvoir faire un voyage avant la tenuë de cette assemblée, en cinq ou six des plus grandes et prochaines generalitez, sur lesquelles ceux de ses finances jettoient le plus ordinairement leurs desseins, afin de vous instruire bien particulierement des valeurs de toutes les sortes de ses revenus, des ameliorations qu'y s'y pouvoient faire, et de l'ordre qui s'y estoit tenu jusques à present; et voir s'il n'y auroit point moyen dans ces seules generalitez là de luy rassembler ces sommes de trois ou quatre cens mil escus, dont il avoit fait tant d'instances à ceux de son conseil, et qu'ils luy avoient tousjours dit estre chose impossible, ainsi qu'il vous l'avoit escrit lors qu'il vous avoit mandé avec madame la marquise de Monceaux; mais qu'il faudroit, par la commission qui vous en seroit donnée, vous donner pouvoir de suspendre les fonctions des officiers des finances de dessus les lieux, et d'y en commettre au lieu d'iceux de tels que bon vous sembleroit, pour ce qu'autrement vous seriez merveilleusement traversé par eux tous, et n'auriez nul moyen d'en gratifier quelques-uns en particulier, comme c'estoit chose du tout necessaire, qui vous descouvrissent tous les secrets, monopoles et divertissemens qui se faisoient au maniement de ses deniers, afin qu'à vostre retour vous le pussiez informer de tout, y faire un bon reglement, et le faire approuver et authoriser en l'assemblée qu'il vouloit faire. Ce que le Roy, apres y avoir un peu resvé et contesté quelques particularitez avec vous, afin, comme il vous le dit, d'en estre mieux esclaircy, approuva grandement, mais qu'il ne falloit pas que vous parlassiez de ces ouvertures à personne, de peur que l'on ne creust qu'elles vinssent de vous, ny qu'il fist semblant de vous y vouloir employer, mais que discourant avec les sieurs de Sancy, Schomberg, Fresne, la Grange-le-Roy, Incarville et des Barreaux, qui faisoient plus les entendus, il leur feroit cette ouverture comme venant de luy mesme, et ayant dessein de le prattiquer par toutes les provinces, et employer en ces commissions les intendans de ses finances et deux ou trois autres des plus intelligens de ses conseillers d'Estat ou maistres des requestes, afin qu'ils se doutassent tant moins qu'il pensast aucunement en vous. Toutes lesquelles choses et formes proposées vous loüastes grandement au Roy, et les approuvastes comme estant, luy distes vous, tres judicieusement advisées; et en cette resolution vous en allastes à Paris prendre vostre place au conseil des affaires et finances, où vous fustes receu avec applaudissement par M. le chancelier de Chiverny, lequel, comme un madré courtisan, et un esprit souple et delié, et qui ne monstroit jamais de trouver rien mauvais des volontez absoluës du prince, vous dit qu'il y avoit long-temps que cognoissant vostre bon esprit, gentil naturel, brave courage et illustre extraction, il vous avoit desiré avec eux, et que c'estoit de tels personnages que vous que le Roy devoit remplir ses conseils, qui avoient les bons advis en la bouche, la loyauté au cœur et l'execution au bras; tous les autres vous firent aussi assez bonne reception, mais avec des mines et des sousris qui ne tesmoignoient pas trop d'allegresse.

CHAPITRE LXVIII.

Voyage de Rosny dans les provinces. Examen des comptes des trésoriers et receveurs généraux. Il vient trouver le Roi à Rouen. Nouvelles intrigues contre lui. Sancy succombe dans une dispute qu'ils ont ensemble devant le Roi.

Quelques jours apres ce qui est recité au precedent chapitre, le Roy manda tout son conseil qui estoit à Paris, ensemble M. le connestable et M. de Ville-roy, qu'il avoit laissez à Amiens, et les fist venir loger à Meaux, ausquels il fit, de si bonne sorte, et avec telle industrie et dexterité, les propositions cy-devant dites, qu'elles furent approuvées de tous, et les commissions de ceux qui seroient employez en l'execution d'icelles dressées si amples et avec tel pouvoir par les intendans, les sieurs de Fresne et de la Grange-le-Roy, qui croyoient bien, à cause de leur pretenduë sufflsance, d'estre des premiers nommez, qu'ils n'y avoient rien oublié; et lors que toutes choses furent disposées en sorte qu'il n'y avoit plus moyen d'y faire intervenir des oppositions et difficultez, il se fit apporter dix commissions en blanc, desquelles il en fit remplir deux du nom du sieur de la Grange-le-Roy, seul de tous ceux qui pensoient y estre employez; et des autres, il en fit remplir quatre de vostre nom pour quatre generalitez, deux pour M. de Caumartin en deux autres, deux pour M. de Bisouse en deux autres, et deux autres pour deux maistres des requestes, du nom desquels il ne nous souvient pas.

Il y en eut quelques-uns aucunement estonnez de telles nominations; mais nonobstant toutes les longueurs qu'ils essayerent de faire intervenir en ces executions, afin d'avoir loisir d'advertir par les generalitez, sur tout en celles qui estoient de vostre département, vous ne laissastes pas de partir quatre jours apres, car vous vous y estiez preparé dés lors que le Roy vous en parla.

Si nous voulions icy representer entierement et par le menu toutes les traverses qui vous furent faites, les obstacles et empeschemens qui vous furent donnez, les menaces dont l'on essaya de vous intimider, les induës vexations et violences dont l'on vous calomnia, les faux bruicts que l'on fit courir de vous, et autres semblables accidens qui vous furent occurrens pendant vostre voyage en l'execution de vostre commission, encor qu'il y en eut de fort notables, le recit en pourroit peut-estre sembler trop long et ennuyeux à quelques-uns, aussibien que celuy des dexteritez, industries, resolutions, artifices, soupplesses et promesses dont il vous fallut user pour surmonter tant de difficultez, et recouvrer si grande somme d'argent que vous fistes voicturer à Roüen.

Partant nous nous contenterons de vous ramentevoir que la pluspart de ceux du conseil, et sur tous les intendans, ne laisserent en arriere aucunes ruses ny advis à vous donner pour vous faire mal recevoir dans les grandes villes, y susciter des emotions populaires, et faire trouver tous les officiers bandez contre vous et formellement opposez à tout ce que vous voudriez entreprendre, leur mandant qu'ils ne se missent point en peine de vos boutades, dautant que ce ne seroient que des orages et grondemens de tonnerre qui ne feroient que rouler et passer aussi-tost sans esclat ny fracas qui fust de durée, car vous vistes des lettres de messieurs de Fresne, Incarville et des Barraux qui usoient des mesmes termes. Aussi trouvastes-vous les thresoriers de France, esleus, controlleurs et greffiers des eslections et bureaux, et partie des receveurs tellement obstinez à ne vous rien dire ny monstrer aucuns estats, et à s'absenter des villes à vostre arrivée en icelles, que vous n'en peustes jamais chevir ny disposer d'un seul que vous ne les eussiez tous interdits et suspendus de leurs offices, et choisi entr'eux deux thresoriers en chaque bureau, et deux esleuz en chaque eslection pour exercer les charges de tous, faisant publier que ceux-là seuls demeureroient en leurs offices, que l'on feroit rente de la finance des autres, et que cela seroit authorizé par l'assemblée de Roüen, qui n'estoit convoquée, ce leur faisiez vous croire, que pour supprimer cette effrenée quantité d'officiers qui destruisoient tous les revenus du Roy, sur tout les thresoriers de France, qui ne songeoient qu'à dissiper et desrober, sans s'employer en aucune façon à ce qui estoit principalement des fonctions de leurs charges. Tellement qu'enfin estans tous ces gens portez dans l'estonnement, vous estant fait representer non seulement tous les estats de l'année courante et precedente, et les mandemens, acquits, patentes, rescriptions et autres assignations levées sur toutes natures de deniers, mais aussi les comptes et estats des trois années precedentes, vous grapillastes si bien pour le Roy, et principalement sur les assignations levées pour vieilles debtes, remboursement de prests, anciens arrerages de gages, rentes et pensions à gens sans merite, rescriptions en blanc ou payables au porteur ou à personnes sous noms supposez, que vous rassemblastes bien cinq cens mil escus, sans que nul des autres commissaires, reservé le sieur de Caumartin qui fist venir deux cens mil livres, rapportast un seul denier au Roy, mais seulement quelques memoires de parties que l'on pourroit reculer ou retrancher si le conseil l'ordonnoit ainsi. De toutes lesquelles sommes ainsi par vous recouvertes vous fistes dresser quatre petits bordereaux pour vos quatre generalitez (que vous n'eustes pas loisir d'achever, dautant que le Roy vous pressoit de revenir), où estoient specifiées par receptes et natures de deniers toutes les sommes par vous voicturées et iceux signez par les huict receveurs generaux des deux années dernieres, comme leur ayant esté mis és mains par les receveurs particuliers; lesquels bordereaux vous portastes toujours sur vous, et vous vindrent bien à propos, comme il sera dit cy-apres. Vous aviez un equipage de soixante et dix charrettes chargées, pource que vous aviez esté contraint de prendre quantité de monnoye, à la suitte desquels estoient les huict receveurs generaux, accompagnez d'un prevost et de trente archers pour l'escorte.

Or si vous aviez eu l'esprit travaillé durant cette odieuse commission, le Roy en eut bien sa bonne part, dautant que ceux qui envioient ce vostre premier grand éclat de bonne fortune, en matiere de finance, où tous vouloient toujours luy persuader que vous n'entendiez, ny n'entendriez jamais rien, ce mestier estant de trop difficile discution et intelligence pour un esprit impetueux comme le vostre, qui ne vous estiez jamais meslé que de porter une harquebuse, endosser un harnois et faire l'estradiot, susciterent tous les princes et grands, et notamment monsieur le connestable et tous ceux desquels le Roy affectionnoit plus les personnes et leur assiduel service pres de la sienne, pour luy aller faire des plaintes que vous aviez pris toutes leurs assignations, et que quand l'argent que vous apportiez, dont il se faisoit tant de bruict, seroit arrivé, il n'en profiteroit pas d'un liard, pource qu'il le faudroit rendre aux uns et aux autres ausquels vous l'auriez osté; puis firent courir le bruict que vous traisniez apres vous plus de cinquante receveurs et officiers, tous prisonniers, et que, sans cette violence, vous n'eussiez pas plus apporté d'argent que les autres. Tellement que le Roy, lequel ne se fust jamais pu imaginer qu'il n'y eust quelque chose de vray en toutes ces accusations que l'on luy donnoit pour toutes certaines, ne sçavoit quasi que repliquer, jusqu'à ce que vous estant arrivé et l'estant allé trouver (apres que vous eustes mis toutes vos charettes dans une grande cour de vostre logis chez le sieur de Martinbault et une autre proche de là, que vous aviez envoyé retenir expres pour cet effet, à la garde desquelles vous laissastes leurs commis et les archers), il vous eut dit, lors que vous luy fistes la reverence, en vous embrassant assez gratieusement, mais un peu plus froidement et avec moins de caresses que vous n'aviez esperé, luy faisant voicturer tant d'argent qu'il ne s'en estoit jamais veu une telle somme qui ne fust affectée qu'à ce qu'il luy plairoit. « Hé bien ! « Rosny, si vous avez eu bien de la peine, « comme je n'en doute point, en l'execution de « vostre commission, croyez que je n'en ay pas « moins eu à soustenir tant de plaintes que l'on « m'a faites de tous costez, de l'argent que vous « avez pris aux uns et aux autres, qu'il leur fau- « dra tousjours rendre : car mon esprit ne sçau- « roit supporter toutes ces crieries, et aussi, à « la verité, ne seroit-il pas juste d'oster à tant « de gens de qualité ou autres, dont je ne me « puis passer pres de ma personne, ce que je « leur puis avoir ordonné pour y vivre et s'y en- « tretenir. »

« Je voy bien, Sire, luy dites vous, que l'on « vous a fait de beaux contes, et que vous y « avez un peu trop promptement adjousté foy. « L'argent que je vous ay fait voicturer est à « vous et le pouvez rendre à qui il vous plaira ;

« mais je n'estime pas que vous cognoissiez trois « hommes de tous ceux qui vous en pourroient « importuner. — Comment, dit le Roy (car « nous estions presens à tous ces discours bien « estonnez et marris tout ensemble que vous « n'aviez esté plus carressé à vostre arrivée), « vous n'avez pas pris les assignations de mes « cousins les princes de Conty, comte de Sois-« sons, duc de Mont-pensier, de mon compere « le connestable et de tant d'autres personnes « que vous sçavez que j'ayme particulierement, « ou desquelles je ne me puis passer, qu'il ne « me souvient pas de la dixiesme partie de ceux « qui sont venus crier apres moy à cette occa-« sion ? — Non, Sire, respondistes vous, je vous « puis jurer devant Dieu que je n'ay pas apporté « un seul denier de toutes les assignations qui « estoient sous les noms de ces messieurs ny d'au-« tres que j'aye pensé que vous cogneussiez tant « soit peu, mais leur en ay à tous laissé le fonds, « ne leur ayant fait autre prejudice que d'a-« voir à mon arrivée arresté le payement de tou-« tes assignations; mais à mon partement j'ay « baillé main levée et ordonné aux receveurs de « payer, suivant leurs estats, mandemens et « rescriptions, toutes telles parties desquelles « vous pourriez estre importuné, et m'asseure « que messieurs les princes du sang, monsieur « le connestable, madame la marquise et les « menus officiers servans prés de vous, sont à « present payez de leur quartier d'avril, et le « seront aussi de ceux de juillet et d'octobre « lors qu'ils escherront. — Mais m'asseurez vous « de cela? dit le Roy. — Ouy, Sire, dites vous, « je vous en asseure, et vous le jure en bonne « foy. Hé! hé! vray Dieu, m'estimeriez vous bien « si beste et si effronté que de vous dire une men-« terie qui se pourroit aussi-tost verifier.

« Pardieu ! dit le Roy, voilà de meschantes « gens, et d'impudentes calomnies et impostures. « Mais quant à tous ces receveurs et officiers « que vous amenez prisonniers à vostre suitte, « qu'en ferez vous? Mais que voulez vous que « je fasse, moy, de receveurs et officiers prison-« niers ? — Sire, repartistes vous, helas! que « voudroient les autres que j'en fisse moy « mesme? Il faudroit bien que j'eusse eu le sens « perverty, d'en avoir usé de la façon : aussi ne « sçay-je que c'est que l'on veut dire de tout « cela, ny surquoy on le peut fonder, et il y a « encor moins de pretexte qu'en l'autre accusa-« tion. — Quoy, dit le Roy, vous n'avez pas ar-« resté prisonniers plus de cinquante receveurs « ou officiers? — Pardieu non! pas seulement « un, Sire, luy dites vous, et s'il se trouve la « moindre chose fausse de tout ce que je vous

« asseure, je veux perdre vos bonnes graces, et « que vous me priviez à jamais de l'honneur de « vostre amitié, qui sont les choses que je tiens « les plus cheres en ce monde. — Puisque vous « le dites de cette façon, je le croy, dit le Roy; « mais n'en parlons plus, j'en rendray de bien « estonnez lors que je leur diray que toutes les « choses que l'on m'avoit dit de vous sont autant « de mensonges. Mais quant à l'argent que vous « m'avez apporté, quelle somme y a-il bien? « dites le moy à peu pres, si vous ne le sçavez « du tout au vray. — Sire, dites vous, je croy « qu'il s'y trouvera bien quinze cens mil livres « et plus; car aussi n'a-il pas esté diverty un « seul denier de tout ce que j'ay ramassé à au-« cune despence, n'ayant pas mesme rien voulu « prendre pour moy, soit de mes estats et pen-« sions, soit des frais de mon voyage. — Or bien, « dit le Roy, je feray en cela tout ce que vous « voudrez, et m'avez si bien servy, que des à « present je vous donne six mille escus, outre ce « qui vous sera deu, et augmente vostre pension « de mil francs par mois, à six cens escus, afin « de vous donner moyen de dépendre. Servez « moy tousjours bien et loyallement seulement « comme vous avez fait jusques icy; ne vous « souciez pas du reste, ne parlez à personne de « ce que nous avons dit, et faites des demain « mettre à part dix-huit cens escus pour chacune « de nos six compagnies de Suisses, afin de leur « faire faire apres demain la monstre; car je « suis pressé de cette partie. »

Il se passa plusieurs autres particularitez durant vostre sejour à Roüen, desquelles il se pourroit faire un gros volume; mais craignant qu'elles ne fussent ennuyeuses, comme choses estimées trop basses, nous nous reduirons à peu, lesquelles, quoy qu'icelles mesmes ne soient remplies que de nivelleries et petites picoteries de serviteurs plains d'envies et de jalousies les uns contre les autres, serviront à faire voir comme en un miroir les fortunes des courtisans, leurs peines et anxietez, et comme leurs exploits, advancemens et faveurs vont montant et declinant, tantost selon la qualité de leurs merites, services et capacitez, et tantost selon les imaginations, humeurs et fantaisies des roys et des princes, quelques fois assez bien et quelques fois assez mal fondées, desquelles particularitez nous ne vous en ramentevrons que trois seulement dont la premiere fut telle.

Si-tost que vous eustes quitté le Roy, vous vous en allastes à votre logis pour donner ordre à vostre équipage d'argent, et employastes le reste de ce soir et tout le lendemain à faire descharger vos charettes, faire mettre les caques par ordre, selon les receptes, especes et natures de deniers, dans un lieu fort spacieux; duquel vous fistes changer les serrures et mettre de gros cadenats à trois clefs diverses, dont chacun des quatre receveurs en année en avoit une et vous l'autre, ayant auparavant fait mettre à part les dix mil huict cens'escus des Suisses en grosse monnoye, ainsi que le Roy vous l'avoit commandé, et les envoyastes dés le fin matin vers leur quartier avec trois commis et dix archers d'escorte.

Or, faut-il noter qu'environ une heure apres que cette voiture fut partie, M. le Charron vous vint trouver, et vous apporta un petit billet où il n'y avoit que ce peu de paroles : « Monsieur, « je vous prie de faire promptement delivrer « trente mil escus à M. le Charron : car je m'en « vay partir pour aller faire faire monstre à nos « Suisses, et il est necessaire que l'argent y soit « aussi-tost que moy; c'est vostre serviteur, « SANCY. »

Ayant veu ce billet, vous en demeurastes aucunement piqué; tellement que vous demandastes à M. le Charron, que vouloit dire ce billet, et de la part de qui il venoit. A quoy il vous respondit que M. de Sancy l'avoit escrit de sa propre main, et luy avoit ordonné de vous l'apporter, prendre l'argent, et le faire voicturer au quartier des Suisses. A quoy vous repartistes avec une espece d'accent d'indignation : « Hé ! « qui est-il ce M. de Sancy? je ne cognois ny luy ny son escriture. — Comment, monsieur, » ce vous dit M. le Charron en sousriant et faisant l'estonné, » vous ne cognoissez pas M. de « Sancy? Hé ! hé ! je pense que si faites. » Vos contestations là dessus furent assez longues, mais si fallut-il qu'il s'en retournast sans avoir seu tirer autre parole de vous, sinon que vous ne sçaviez qui estoit ce M. de Sancy, et que vous ne cognoissiez point ses ordonnances. Vers lequel luy s'en estant retourné, comme il le vid venir de loin, il luy cria : « Hé bien, M. le « Charron, avons nous nos trente mil escus ? — « Je ne croy pas que ce soit encore argent prest, « monsieur, respondit-il, si autre chose ne survient. — Comment, si autre chose ne survient ! « qu'est-ce à dire cela? et que vous a dit M. de « Rosny? — Ce qu'il m'a dit, monsieur, repliqua M. le Charron, fort peu de chose, mon-« sieur, mais encore ne vous l'oserois-je dire. — « Qu'entendez-vous par là; vous ne me l'oseriez « dire? et pourquoy non? dites, dites hardi-« ment. » Ce que M. le Charron se voyant pressé de faire, enfin il luy dit : « Pardieu, monsieur, « je n'en ay peu tirer autre chose, sinon qu'il « ne sçavoit qui vous estiez et qu'il ne cognois-« soit ny vous, ny vostre escriture, ni vos ordon-« nances. » Or, luy dit-il cela devant tant de gens, qu'il s'en sentit d'autant plus picqué; tellement que tout rouge en visage, et bouffi de despit et de colere de se cognoistre mesprisé par un nouveau venu, car il ne vous appelloit quasi point autrement, luy qui s'estoit tousjours maintenu en si grande faveur et creance auprés du Roy, qu'il n'y en avoit un seul lequel ne luy cedast, et ne procedast avec luy, comme s'il eust esté chef du conseil et super-intendant des finances, son esprit vif, prompt et hardy luy faisant entreprendre toutes choses, il repartit à M. le Charron : « Hé, pardieu! nous verrons s'il « ne sçait pas qui je suis, et s'il ne me devra « pas cognoistre. » Et de ce pas s'en alla dans Sainct Oüen pour en parler au Roy, lequel se promenant dans la gallerie, si tost qu'il le vit de loin, il luy cria : « Hé bien, Sancy, n'allez-« vous pas faire faire monstre à nos Suisses ? — « Non, je n'y vay pas, Sire, respondit-il en voix « toute mutinée, car il ne plaist pas à vostre « M. de Rosny, qui fait l'empereur dans son logis, « et dit qu'il ne cognoist personne; mais tant y a « que je ne vous vois pas en estat de pouvoir « facilement disposer de l'argent qu'il a fait « venir, estant là assis sur ces caques d'argent, « comme un singe sur son bloc, et ne sçay si « vous y aurez plus de credit que les autres. »

« Que veut dire tout cela? dit le Roy. Je voy « bien que c'est; l'on ne sera jamais las d'accuser « et de faire de mauvais offices à cet homme là, « pource que je me fie en luy, et qu'il me sert « bien : aussi ne sçaurois-je croire qu'il ait refusé « l'argent pour la monstre des Suisses, d'autant « qu'avant hier au soir je luy en parlay, et il ne « m'y fit aucune sorte de difficulté. — Or si vous « ne me croyez, Sire, dit M. de Sancy, puisque « vous tesmoignez d'avoir si bonne opinion de « cét homme là, demandez à M. le Charron, que « voilà, ce qui en est, et il vous asseurera que je « ne suis pas menteur, ny que je n'accuse per-« sonne à tort. — Et bien-bien, dit le Roy, il le « faut ouyr ! » Et se tournant vers un de ses valets de chambre, il luy dit : « Biart, allez querir « M. de Rosny, et lui dites qu'il vienne tout à « cette heure parler à moy. » Ce que vous ayant fait, d'aussi loin que le Roy vous apperceut, il vous cria : « Rosny, pourquoy n'avez-vous pas « envoyé l'argent que je vous avois commandé « pour faire faire une monstre aux Suisses ? — « Sire, luy distes vous, cela est fait, et y a long-« tems que l'argent est à leur quartier entre les « mains de trois commis. — Et qu'est-ce donc « que veut dire Sancy? repartit le Roy. — Je « vous vais dire ce qui le fait ainsi parler, Sire,

« luy dites-vous ; c'est que vous m'ordonnastes
« avant hier au soir de preparer dix mil huict
« cens escus, pour faire faire une monstre à vos
« dix huict cens Suisses, et luy ce matin m'a
« envoyé un billet en forme d'ordonnance, comme
« si j'eusse esté un de ses clercs, ou quelque
« commis de thresorier, pour faire delivrer, in-
« continent la presente receüe, trente mille escus
« à M. le Charron. Or ay-je respondu, que je ne
« le cognoissois point ; comme je ne feray ny luy,
« ny tout autre, dont les volontez seront diffé-
« rentes des vostres, voire n'estime pas qu'il se
« doive ingerer de me rien ordonner. »

« Pardieu, ce dit M. de Sancy en s'advançant
« vers le Roy et vous, je me soucie fort peu de
« vous rien ordonner, car il y a grand acquest,
« non pas.—Vous ferez fort bien, luy respondis-
« tes vous, de ne l'entreprendre pas, car vous
« seriez mal obey.—Or sus, tout beau, tout beau,
« dit le Roy, c'est trop disputé ; il suffit, puis que
« l'argent que j'avois ordonné a esté delivré et
« voicturé, et ne faut plus que vous contestiez si-
« non à qui mieux me servira.—Je n'ay point
« d'autre but que cela, Sire, luy respondistes vous ;
« mais aussi en faisant bien ne veux-je pas que
« M. de Sancy entreprenne de superiorité sur
« moy ; il se doit contenter que nous soyons com-
« pagnons, puis qu'en cela il y reçoit pour le
« moins autant d'honneur que je sçaurois faire. »
Tous ceux qui estoient dans la gallerie en grand
nombre, dont la pluspart n'estoient pas trop satisfaits des boutades et rebufes de M. de Sancy,
ne laissoient pas neantmoins de porter envie à
vostre fortune naissante, faisoient des éclats de
rire, estans bien ayses de vos contestations, et
disoient les plus qualifiez les uns aux autres :
« Pardieu ! voilà un estourdy qui en a trouvé un
« autre, lequel ne luy quittera pas aysément la
« partie. » Les autres disoient : « M. de Sancy a
« trouvé chaussure à son pied, et sera bien diffi-
« cile que ces deux esprits durent long-temps en
« mesme charge sans que l'un bouleverse l'autre ;
« mais selon l'humeur dont est le Roy, le meil-
« leur mesnager sera son homme. »

Vous estant ainsi separez, le Roy, en attendant l'arrivée de tous les deputez, s'en alla promener à Arques et à Dieppe, tout exprés pour
revoir les lieux où s'estoient passez tant de combats. Il vous avoit mené avec luy et puis revint
passer à Caudebec, Yvetot, et autres lieux designez dans ces Memoires pour mesme effet ; et
ne se passa pas ce voyage sans discourir avec tous
ceux et vous autres qui s'estoient trouvez lors
prés de luy, des grandes merveilles qui s'y estoient faites.

CHAPITRE LXIX.

Ouverture de l'assemblée des notables dans la ville de Rouen. Discours du Roi. Nouvelle intrigue contre Rosny.

Le Roy ayant reduit en son obeyssance tous ceux qui estoient les plus obstinez et bandez contre son service, afin de pacifier en tout et par tout son royaume, et de pourvoir aux desordres et confusions de l'Estat, assembla pour cét effet les notables en la ville de Roüen, où il fit luy mesme l'ouverture de l'assemblée à laquelle en substance il dit (car nous estions presens et croyons mesmes que vous en aviez sceu quelque chose auparavant, dautant que nous vous en avions entendu parler de la sorte) que, comme il n'avoit nullement voulu imiter les roys ses devanciers, en l'affectation et designation de certains deputez particuliers à sa fantaisie, pour en disposer selon icelle, soit bonne, soit mauvaise, mais en avoit deferé la nomination à ceux de l'Église, de la noblesse et du peuple, aussi ne leur vouloit-il maintenant, qu'ils estoient assemblez en corps, prescrire aucunes regles, formes, bornes ny limites; mais en leur laissant la liberté entiere de leurs opinions, voix, suffrages et deliberations, les prioit-il seulement d'avoir pour principal but en icelles, le restablissement du royaume et la dignité royale en son entier et ancienne gloire, amplitude et splendeur ; la paix, le repos et la tranquillité publique, la descharge et soulagement du peuple, et sur tout des plus pauvres, lesquels en general il aymoit comme ses chers enfans ; trouvoit bon qu'ils reglassent et retranchassent toutes superfluitez, prodigalitez et despenses non necessaires, moyennant qu'auparavant ils entrassent en la parfaite cognoissance de celles qui estoient inevitables, et sans lesquelles l'Estat et la dignité royale ne se pouvoient conserver ny maintenir ; et là dessus regardassent à faire un fonds certain pour subvenir continuellement en temps et à propos à icelles, soit par le mesnagement de ses revenus, soit par l'amelioration et augmentation d'iceux ou d'autres voyes qu'ils jugeroient les plus convenables ; de quoy il leur bailloit la disposition absoluë. Et combien que sa barbe grise, ses longues experiences, ses grands travaux, et tant de perils qu'il avoit courus pour sauver l'Estat, meritassent bien d'être exceptés des regles generalles, que neantmoins ne vouloit-il pas laisser de s'y sousmettre comme les autres, tenant pour une des plus infaillibles marques de la decadence des royaumes et principautez, lors que les roys vont mesprisant les loix, croyent de s'en pouvoir dispenser, et veulent distribuer leurs faveurs, beneficences, honneurs, charges, dignitez, offices et benefices, avec autres esgards, respects et considerations, que l'integrité, intelligence, vaillance, noblesse et loyauté d'un chacun, selon la diversité des applications, operations et fonctions necessaires, à quoy aussi estoit-il bien resolu de ne manquer pas, afin de leur servir de modelle et d'exemplaire, pour les rendre tant plus soigneux et diligens à s'acquitter de leur devoir, lequel il leur recommandoit au nom de Dieu. Et sur cela ce prince s'estant retiré avec tous ceux de son conseil qui estoient entrez avec luy, il vous commanda expressement à tous de fournir à ceux de l'assemblée tous les papiers, memoires, estats et instructions qu'ils pourroient desirer, afin qu'ils ne pussent pas former des excuses de bien faire, sur tels manquemens. Nous laisserons aux historiens tout ce qui se passa en cette assemblée, qui ne vous concerne point, et vous ramentevrons la seconde broüillerie d'importance que vous eustes, laquelle arriva ainsi.

Comme le bruict des choses, soit en bien, soit en mal, est ordinairement plus grand que la vérité, celuy qui courut des grandes sommes de deniers que vous aviez apportées, fit imaginer à plusieurs qu'elles ne se pouvoient espuiser; et sur telles fantaisies il y eut tant de demandeurs, dont une partie estoient suscitez par vos envieux, que vous ne cessiez d'estre importuné, le plus souvent avec des paroles fort indiscrettes. Tellement qu'apres avoir fait faire une monstre generale à tous les gens de guerre que le Roy avoit en campagne qui estoient ceux dont vous aviez le plus de soin et vigilance, afin de mieux soulager le pauvre peuple, fourny les deniers necessaires suivant la volonté du Roy, pour mettre sur pied et en estat de service une bande de vingt pieces d'artillerie, leurs equipages doubles, des boulets et poudres pour tirer trois mille coups, des pics, pioches, palles, sacs à porter terre et autres ustancilles requises pour un grand siege, fait voicturer tout cela dans Amiens, et mis cinquante mil escus à part pour les menus plaisirs du Roy, qui ne s'estendoient gueres lors qu'en gratifications particulieres à de vieux capitaines, soldats et serviteurs siens, dont il ne vouloit pas que l'on sceust rien à cause que la plus grande partie estoient de la religion: desirant vous descharger donc de toutes ces importunitez, vous resolustes de ne garder plus ces deniers dans vostre logis, ny ne vous mesler pas davantage en particulier de la distribution d'iceux, mais de les mettre és mains des tresoriers de l'espargne, qui en delivreroient leurs quittances aux receveurs generaux qui les leur fourniroient (lesquels d'ailleurs pressoient infiniment d'avoir congé pour aller faire leurs charges); dequoy vous fistes telles instances au Roy, qui vous disoit tousjours: « Si cet argent est une fois « és mains de ces tresoriers, il sera bien tost dis-« sipé, » qu'en fin il vous le permist, sous l'asseurance que vous luy donnastes de prendre si bien garde à la distribution de ce qui resteroit, qu'il n'y auroit rien d'esgaré; et suivant cela vous fistes mettre environ quatre cens cinquante mil escus és mains des deux tresoriers, Morfontaine et Gobelin, gardant tousjours fort soigneusement les quatre bordereaux dont nous avons parlé cydevant, pour justification de ce que vous aviez assemblé; desquels vous ayant esté demandé copie par les receveurs generaux, vous leur distes (et ce croyons nous avec artifice et dessein) que vous les aviez deschirez si tost que vous fustes arrivé à Roüen, croyant qu'ils ne serviroient plus de rien, puis qu'eux mesmes y estoient en personne; ce qui estant par eux rapporté, comme vous le sceustes depuis, fut cause de la seconde broüillerie dont nous avons parlé, que vous eustes, non avec le sieur de Sancy, mais avec le sieur d'Incarville. Car comme il se fut passé environ un mois sans que vous fissiez semblant de vous mesler plus en particulier de la distribution de l'argent, de laquelle neantmoins vous faisiez tousjours des memoires de la despense, suivant les ordonnances qui s'en expedioient au conseil, il arriva que le Roy en voulant faire une entreprise d'importance sur les frontieres de Picardie, et sur celle qu'un certain particulier disoit avoir sur Hedin, comme il en parla aux sieurs de Sancy, de Schomberg et de la Grange-le-roy, pour envoyer deux cens mille escus à Amiens, ils luy respondirent, que s'il alloit tousjours ainsi viste à cet argent, il n'y en auroit tantost plus, n'estimant pas qu'il en restast plus, apres ce qu'il en demandoit, entre les mains des tresoriers; mais qu'ils s'en informeroient d'eux, et du controlleur general des finances d'Incarville, qui tenoit le registre de tout ce qui se recevoit et despendoit: lequel ayant fait venir parler au Roy, il luy dit qu'il n'estimoit pas que les deux cens mille escus que l'on luy avoit dit y fussent de reste; dequoy le Roy estonné, car vous luy aviez dit, il n'y avoit que trois jours, qu'il y avoit bien encor prés de quatre cens mil escus, il vous envoya querir et vous conta tout cela; dequoy vous vous mistes à rire et luy dites qu'il ne fit pas difficulté d'employer quatre ou cinq cens mille livres pour une si bonne affaire que celle qu'il vous avoit dite, et que vous donneriez bien ordre qu'il n'y auroit rien d'esgaré de ces deniers.

tion, dautant que vos interests particuliers s'y trouverent meslez, encor que de son entrée elle fut cause que le Roy augmentast de confiance en vostre endroit, et qu'en son issuë, pour ce que les succez en furent tels que vous les aviez denoncez, elle le fit entrer en une meilleure opinion que jamais de vostre jugement et de vostre esprit, voire luy fit croire, comme il le disoit souvent, qu'il y avoit je ne sçay quel bon-heur qui accompagnoit les affaires où vous estiez employé, si ne fut-ce neantmoins par aucune broüillerie qui intervint entre les autres du conseil et vous, comme il estoit arrivé de ces deux precedentes, mais pour une simple difference d'opinions qui se forma entr'eux et vous, sur des propositions faites à Sa Majesté par les deputez de l'assemblée, en laquelle, quoy que chacun de vous insistast sur son advis et demeurast ferme en iceluy, le tout se passa neantmoins sans aigreurs ny altercations quelconques, les uns et les autres trouvant plus à propos de remettre les preuves de la solidité de vos divers conseils, aux effets et à l'evenement, que d'en disputer d'avantage.

CHAPITRE LXX.

Réflexions sur les États généraux. Opérations des notables. Conseil de Raison. Système suivi par le Roi, d'après les avis secrets de Rosny.

Le discours que nous allons vous faire au present chapitre de ce qui se traitta en l'assemblée des notables tenuë à Roüen, servira principalement pour monstrer quels fruicts ont esté perceus de celles du passé, quels on les tira de celle-cy et quels on les doit esperer de celles de l'advenir; et pour vous ramentevoir aucunes des plus importantes particularitez de cette derniere affaire dont nous avons dit vouloir faire mention à cause des interests de l'Estat et des vôtres, à l'examiner dés sa source et origine, selon ses advancemens, progrez, consultations, resolutions, executions, evenemens et succez : de tous lesquels, si l'on apporte les considerations requises et qu'ils soient appropriez à leur droict usage, il se pourra tirer plusieurs bons exemples et salutaires enseignemens pour le regime et la conduite d'un Estat.

Nous vous prions donc de nous excuser si pour choses tant notables, nous nous dispensons d'user de digressions et de narrations qui nous esloignent de nostre principal sujet, qui est le recit des actions particulieres du Roy, et tirent hors du fil et de l'ordre que nous nous estions proposé en faisant ces recueils tirez des memoires de vostre vie, et en ce faisant vous disons que mille sortes d'exemples et d'experiences nous apprennent qu'il est non seulement bien difficile, mais quasi impossible en toute numereuse assemblée de personnes qualifiées et authorisées pour proposer et former loix, ordre, reglemens et constitutions d'Estat, de pouvoir faire en sorte que ceux dont elle seroit composée fussent tous de mesmes humeurs, naturels et complexions, eussent mesmes buts, desseins et desirs, prissent mesmes formes, voyes et chemins pour y parvenir, et fussent également spirituels, intelligens, sages, sçavans, experimentez et judicieux, afin d'eviter toutes sortes d'animositez, envies, arrogances, mespris, contrarietez, altercations et diversité de conclusions; lesquelles ont esté et seront incessamment cause que telles assemblées ne produiront jamais rien de bien proportionné, tant pour le Souverain que pour ses subjets, dautant que si telles assemblées se tiennent sous un Roy puissant, absolu, et qui s'en veüille faire croire, sans autres esgards ny considerations que de ses seules fantaisies, passions et cupiditez, lesquelles en la pluspart des puissans dominateurs des nations ne sont pas le plus souvent trop bien réglées, il ne se resoudra et encor moins executera-il jamais rien qui n'aboutisse à l'esclavitude des plus grands, signalez et qualifiez personnages de l'Estat, et à la foule, surcharge et oppression des peuples; que d'austre costé, si telle vocation se fait sous un Roy niais, idiot, foible, hay et mesprisé, duquel l'Estat soit remply de partialitez toutes formées, troubles et dissentions subsistantes, ou que les grands ou les peuples soient puissans, authorisez et tumultueux, comme nous avons veu la France sous Henry III, toutes propositions, deliberations, conclusions et operations ne se termineront enfin qu'à la flestrissure du Souverain, avilissement de l'hauthorité royale, diminution des revenus de l'Estat, accroissement de pouvoir és plus audacieux et tumultueux, et reculement de toutes esperances de paix, repos et tranquillité bien asseurée, ainsi que les regnes d'un Childeric l'Enfronqué, Louys le Faineant, Charles le Simple, Jean l'Estourdy et Charles le Fou, en servent de preuves à nostre nation, sans aller chercher des exemples hors icelle; et par iceux peut-on juger facilement que pour esperer de bons et advantageux succez de telles assemblées, il seroit besoin de ces tres-bonnes et tres-heureuses, mais tres-rares conjonctures, esquelles les souverains et les subjets s'aiment mutuellement et sont esgalement bons, sages, et gardent les proportions

« verrez toutes escrites de d'Arnault et de l'Hoste
« que vous aimez, et lors que je vous auray
« rendu le cœur content, vous tirerez celuy du
« Roy de la défiance où vous le jettez sans grand
« sujet. »

Vous estant donc ainsi separez des autres et acheminez ensemble à son logis, il vous fit voir et feuilleter entierement ses registres, sur lesquels ayant calculé toutes les sommes employées en recepte sous le nom des voictures que vous aviez fait faire, vous trouvastes qu'il s'en failoit, comme il avoit dit, environ quatre-vingt mil escus de vostre compte. Surquoy vous ayant demandé si vous aviez maintenant quelque chose à douter : « Non, » luy respondites vous, aucunement mutiné, dequoy outre la perte du Roy l'on essayoit à diminuer vos services, « je n'ay
« rien à douter, car je suis tres-asseuré que vos
« registres sont defectueux et faux, me ressou-
« venant fort bien des recouvremens et voictures
« de deniers que j'ay fait faire, desquels il n'a
« esté distribué, outre les despences ordonnées
« au conseil, dont j'ay un bref estat, que les
« six mil escus que j'ay pris, tant pour les frais
« de mon voyage que pour le don de quatre mil
« escus qu'il a pleu au Roy de me faire, duquel
« vous avez contrerollé l'acquit. — Monsieur, ce
« vous dit-il, vous devez plutost croire à mes re-
« gistres qu'à vostre memoire, n'y en ayant point
« de si bonne qui ne se trompe quelquefois, et
« si vous n'estes encor assez esclaircy, envoyons,
« comme il a esté dit devant le Roy, vers les
« receveurs generaux qui nous manderont la
« verité de tout, sans plus travailler l'esprit du
« Roy là dessus. — Or bien, monsieur, luy dites
« vous, vous ferez telles dépesches qu'il vous
« plaira ; mais, pour moy, je m'en vay trouver
« le Roy, auquel je diray ce que j'en pense, et
« luy feray voir dequoy le justifier. » Comme vous fistes, et afin d'abreger, car ces discours de contestations ont desja esté trop longs, nous vous ramentevrons seulement que vous montrastes au Roy l'estat signé par les receveurs generaux, qu'il fist aussi-tost voir par le sieur d'Incarville ; lequel se voyant ainsi surpris fit rapporter par un de ses commis, fait au badinage, une feüille de papier separée des registres, où cette somme estoit escrite ; lequel, rejettant sur luy mesme la faute, dit que n'ayant peu trouver la clef du coffre des registres, et les receveurs estans pressez de partir, jusques à n'avoir pas voulu attendre que l'on eust recouvert les clefs du coffre aux registres, que le sieur l'Hoste avoit emportées s'en allant à la ville, il avoit escrite cette somme si notable sur une simple feüille de papier à part sans en donner aucun advis au sieur d'Incarville, avec dessein neant moins de luy en parler, et de l'inscrire aux registres si tost qu'il auroit recouvert les livres du contrerolle des finances ; mais que depuis, pour ce que l'on l'avoit envoyé chez le sieur d'Hudicourt, il avoit oublié de faire l'un et l'autre, dont il estoit fort marry ; suppliant tres-humblement Sa Majesté et son maistre aussi de l'excuser et luy vouloir pardonner cette faute, commise plustost par inadvertance et peu de memoire, que par malice ny aucune mauvaise intention.

A quoy le Roy, qui cognut tres-bien, à ce qu'il vous dit apres, que toutes ces belles paroles d'innocence et d'oubliance n'estoient que purs desguisemens et artifices, et que ce commis avoit esté dressé au badinage pour garantir son maistre de reproche, et couvrir le manquement trop grossier dont il avoit usé, ne respondit jamais autre chose sinon : « Hé bien, hé bien, c'est as-
« sez, il n'en faut plus parler ; nous avons tous
« raison, puis que mes quatre-vingts dix mille
« escus sont recouverts ; mais une autre fois que
« contrerolleurs et commis soient plus soigneux
« et diligens ; car je ne veux plus que l'on m'en
« joüe de telles. » Et sur cela, sans attendre leur replique, il s'en alla au devant de monsieur le connestable qu'il voyoit entrer par la porte du bout d'embas de la gallerie, auquel il cria de fort loin (car nous qui estions au fond d'icelle l'entendismes tous) : « Vous ne sçavez pas, mon
« compere, il y a bien des nouvelles (car il luy
« avoit plusieurs fois parlé de cette affaire, et de
« toutes vos altercations sur icelle) ; en fin nos-
« tre homme a eu raison, mais aussi n'ay-je pas
« eu tort, puis que nos quatre-vingts dix mil
« escus qui ont esté contestez trois jours durant,
« se sont finalement retrouvez, et cela m'apprend
« de qui je me dois fier ou défier. »

Nous avons esté un peu longs sur ces picoteries et disputes d'argent, pleines de redites et paroles frivoles, nous le confessons, Monseigneur, mais il nous eut esté fort difficile, à nostre advis, d'user de moins de langage pour bien démesler l'embarrassement de telles ruses et finesses, et faire suffisamment voir et comprendre par quelles causes et sur quels fondemens les grandes creances et authoritez des autres du conseil commencerent à decliner, les vostres petites à s'augmenter, et le grand establissement où nous vous avons veu depuis, à s'enraciner et prendre pied ferme.

Quant à la troisiesme affaire publique de celles qui se passerent en l'assemblée de Roüen, et qui fut des plus importantes à l'Estat, de laquelle nous avons dit que nous ferions quelque mention, dautant que vos interests particuliers s'y trouverent meslez, encor que de son entrée elle fut cause que le Roy augmentast de confiance en vostre endroit, et qu'en son issué, pour ce que les succez en furent tels que vous les aviez denoncez, elle le fit entrer en une meilleure opinion que jamais de vostre jugement et de vostre esprit, voire luy fit croire, comme il le disoit souvent, qu'il y avoit je ne sçay quel bon-heur qui accompagnoit les affaires où vous estiez employé, si ne fut-ce neantmoins par aucune broüillerie qui intervint entre les autres du conseil et vous, comme il estoit arrivé de ces deux precedentes, mais pour une simple difference d'opinions qui se forma entr'eux et vous, sur des propositions faites à Sa Majesté par les deputez de l'assemblée, en laquelle, quoy que chacun de vous insistast sur son advis et demeurast ferme en iceluy, le tout se passa neantmoins sans aigreurs ny altercations quelconques, les uns et les autres trouvant plus à propos de remettre les preuves de la solidité de vos divers conseils, aux effets et à l'evenement, que d'en disputer d'avantage.

CHAPITRE LXX.

Réflexions sur les États généraux. Opérations des notables. Conseil de Raison. Système suivi par le Roi, d'après les avis secrets de Rosny.

Le discours que nous allons vous faire au present chapitre de ce qui se traitta en l'assemblée des notables tenuë à Roüen, servira principalement pour monstrer quels fruicts ont esté perceus de celles du passé, quels on les tira de celle-cy et quels on les doit esperer de celles de l'advenir; et pour vous ramentevoir aucunes des plus importantes particularitez de cette derniere affaire dont nous avons dit vouloir faire mention à cause des interests de l'Estat et des vôtres, à l'examiner dés sa source et origine, selon ses advancemens, progrez, consultations, resolutions, executions, evenemens et succez : de tous lesquels, si l'on apporte les considerations requises et qu'ils soient approprïez à leur droict usage, il se pourra tirer plusieurs bons exemples et salutaires enseignemens pour le regime et la conduite d'un Estat.

Nous vous prions donc de nous excuser si pour choses tant notables, nous nous dispensons d'user de digressions et de narrations qui nous esloignent de nostre principal sujet, qui est le recit des actions particulieres du Roy, et tirent hors du fil et de l'ordre que nous nous estions proposé en faisant ces recueils tirez des memoires de vostre vie, et en ce faisant vous disons que mille sortes d'exemples et d'experiences nous apprennent qu'il est non seulement bien difficile, mais quasi impossible en toute numereuse assemblée de personnes qualifiées et authorisées pour proposer et former loix, ordre, reglemens et constitutions d'Estat, de pouvoir faire en sorte que ceux dont elle seroit composée fussent tous de mesmes humeurs, naturels et complexions, eussent mesmes buts, desseins et desirs, prissent mesmes formes, voyes et chemins pour y parvenir, et fussent également spirituels, intelligens, sages, sçavans, experimentez et judicieux, afin d'eviter toutes sortes d'animositez, envies, arrogances, mespris, contrarietez, altercations et diversité de conclusions; lesquelles ont esté et seront incessamment cause que telles assemblées ne produiront jamais rien de bien proportionné, tant pour le Souverain que pour ses subjets, dautant que si telles assemblées se tiennent sous un Roy puissant, absolu, et qui s'en veüille faire croire, sans autres esgards ny considerations que de ses seules fantaisies, passions et cupiditez, lesquelles en la pluspart des puissans dominateurs des nations ne sont pas le plus souvent trop bien reglées, il ne se resoudra et encor moins executera-il jamais rien qui n'aboutisse à l'esclavitude des plus grands, signalez et qualifiez personnages de l'Estat, et à la foule, surcharge et oppression des peuples; que d'austre costé, si telle vocation se fait sous un Roy niais, idiot, foible, hay et meprisé, duquel l'Estat soit remply de partialitez toutes formées, troubles et dissentions subsistantes, ou que les grands ou les peuples soient puissans, authorisez et tumultueux, comme nous avons veu la France sous Henry III, toutes propositions, deliberations, conclusions et operations ne se termineront enfin qu'à la flestrissure du Souverain, avilissement de l'hauthorité royale, diminution des revenus de l'Estat, accroissement de pouvoir és plus audacieux et tumultueux, et reculement de toutes esperances de paix, repos et tranquillité bien asseurée, ainsi que les regnes d'un Childeric l'Enfroqué, Louys le Faineant, Charles le Simple, Jean l'Estourdy et Charles le Fou, en servent de preuves à nostre nation, sans aller chercher des exemples hors icelle ; et par iceux peut-on juger facilement que pour esperer de bons et advantageux succez de telles assemblées, il seroit besoin de ces tres-bonnes et tres-heureuses, mais tres-rares conjonctures, esquelles les souverains et les subjets s'aiment mutuellement et sont esgalement bons, sages, et gardent les proportions requises entre le superieur et l'inferieur, pour vivre heureux et contens l'un de l'autre, auquel cas aussi les assemblées, pour faire nouvelles loix et nouveaux reglemens, ne se trouveront gueres frequentes; d'autant qu'alors les roys doivent et peuvent pourvoir d'eux mesmes à toutes choses, bien asseurez qu'ils sont de n'y estre jamais traversez, les peuples ayans toute confiance en eux pour avoir toujours veu marcher la prudence, la douceur et l'equanimité devant toutes leurs œuvres.

Mais laissans ces discours generaux des droicts et prosperes comportemens des souverains et des sujets les uns envers les autres, pour revenir au particulier de cette assemblée de Roüen, touchant les deputez d'icelle, il faut sçavoir qu'ils ne voulurent nullement estre distinguez par les trois ordres accoustumez, de crainte que les nobles ne pretendissent de faire un corps separé, auquel ils ne voulussent pas admettre les officiers, mais les reduire au rang du peuple, et par ainsi les preceder, soit en general, soit en particulier : ils prindrent un titre nouveau et se firent appeler messieurs les notables, lesquels estoient quasi tous ou d'eglise, ou de judicature, ou de finance, ou d'escritoire; car quant aux gentils-hommes, ils estoient en si petit nombre, et tellement mesprisez et leurs rangs rabaissez par le fast et l'ostentation des officiers, que rien ne leur estoit defferé, estans leurs propositions, voix et suffrages rendus comme vains et inutiles; ce que vous devez aussi bien sçavoir que nous, croyans que vous n'aurez pas oublié un certain discours qui fut tenu à vostre table sur ce sujet par M. de Sigongnes, lequel nous sembla ne vous desplaire pas, car nous y estions presens, et l'un de nous quatre vous donnoit à boire, lequel neantmoins nous n'insererons pas icy, afin de ne fascher personne, mais seulement la conclusion d'iceluy qui fut que, par tous ces discours il estoit facile à juger que l'on ne sçauroit establir de meilleurs ordres et reglemens en un Estat, que d'enjoindre à chacun de se mesler seulement de sa vacation, profession et mestier, et de s'estudier continuellement à se rendre bien expert en iceux. Le contre-pied desquelles maximes ayant esté pris par ces messieurs les notables de Roüen, ils s'amuserent à compiler tant de sortes de loix et d'ordonnances, si fort disproportionnées aux temps presens, à l'estat des affaires, aux dispositions des esprits des nobles et des peuples, et à l'humeur et inclination mesme du prince (laquelle dans un Estat purement monarchique est tousjours le grand ressort et le premier mobile de tous establissemens et observations), que tout leur labeur ne servit qu'à grossir les tomes des ordonnances, tant par les defauts cy-dessus remarquez, par les difficultez qui se rencontrerent aux simples et premiers essays des executions de leurs fantaisies, par les accidens de la surprise d'Amiens, que par les changemens survenus aux affaires à cause du bon ordre et du bon mesnage dont vous usastes, de l'heureuse reprise d'Amiens, de la conqueste de toute la Bretagne, et de la paix concluë avec l'Espagne; et pour cette cause, laissant tous ces inutiles reglemens, pour servir de matiere à ceux qui se plaisent de grossir leurs escrits de vaines ceremonies, nous nous contenterons de vous ramentevoir seulement trois de leurs propositions, dautant que l'on leur donna des noms specieux, que l'on essaya de les mettre en pratique, et qu'elles receurent mesme quelque espece d'establissement, à sçavoir :

« La premiere, la composition d'un certain conseil, dont la nomination des conseillers appartiendroit à l'assemblée, et en suite aux cours souveraines, et seroit nommé le Conseil de Raison, dautant qu'il le rendroit à un chacun. La seconde, la separation de tous les revenus du royaume en deux esgales portions, l'une desquelles montant, selon la presupposition de ces venerables notables, à cinq millions d'escus, seroit affectée au payement des gages d'officiers, fiefs et aumosnes, rentes, arrerages d'icelles, œuvres publiques et debtes du general et des particuliers, dont ce Conseil de Raison auroit la disposition et ordination absoluë, sans que le Roy, son conseil, ny les cours souveraines y eussent aucun pouvoir, ny qu'ils en pussent rien divertir, changer ny innover, laissant l'autre portion qui reviendroit à la mesme somme de cinq millions au Roy, et à ceux de son conseil des finances, pour les despences de sa personne royale, sa maison, gens de guerre, artillerie, fortifications, garnisons, ambassades, pensions, dons, presens, recompenses, bien-faits, bastimens et menus plaisirs de Sa Majesté. Et la troisiesme, l'imposition du sol pour livre, qui se leveroit sur toutes sortes de vivres, denrées et marchandises, tant menuës pussent elles estre, qui seroient vendües en détail, du revenu de laquelle, les autheurs d'icelle, comme s'ils eussent trouvé la pierre philosophale, ou les mines du Perou, faisoient une grande parade, publiant que tel revenu monteroit à plus de cinq millions de livres, faisant un certain calcul imaginaire sur la despence des particuliers, lequel aussi à l'execution se trouva ridicule et impertinent.

Lesquelles trois propositions ayant esté representées en particulier au Roy, par messieurs les notables, et par iceluy renvoyées à ceux de son conseil pour y estre examinées, il s'esleva une si grande rumeur entr'eux sur cette formation de Conseil de Raison et separation des revenus du royaume en deux esgales portions, que tous ensemble l'estant venu trouver ils se mirent à parler de ses affaires, en foule, chacun croyant se monstrer le meilleur serviteur du Roy et de l'Estat, qui plus rejetteroit telles requisitions et leur donneroit des blasmes, disant, que si elles estoient approuvées, ce seroit dresser autel contre autel, former un Estat dans l'Estat, établir deux roys, et partager l'authorité royale ; lesquelles allegations le Roy, du commencement, trouvoit tres-bien fondées, se resolvoit d'y déférer grandement et de rejetter absolument telles ouvertures tant pernicieuses que l'on luy avoit representées, jusques à ce qu'ayant pour la forme voulu faire opiner d'ordre, et chacun s'estant fort estendu en son opinion, avec amplification de plusieurs raisons fort specieuses, quand ce vint à vous à parler, vous dites seulement, mais avec des sousris et une merveilleuse froideur, que tous les autres, et en particulier et en foule, avoient si bien dit et allegué de tant belles raisons, que n'ayant rien à y adjouster, vous ne pouviez estre d'autre advis, que de l'advis commun : de laquelle procedure toute contraire à vostre coûtume qui n'estoit pas d'observer un timide silence, lors qu'il estoit question des interests du Roy et de l'Estat, le Roy demeura tout estonné au commencement ; mais peu apres ayant bien consideré les mines et sousris que vous aviez faits, il se vint à douter que vous aviez respondu de cette sorte plustost par maniere d'acquit que pour declarer quels estoient vos sentimens, et conclud finalement en son esprit, comme il le vous dit depuis, que vous reserviez quelque chose d'importance dans le vostre, avec dessein de luy representer en particulier, et en estre informé avant que rien conclurre : il dit seulement, qu'en affaires de si grand poids, il estoit bien à propos d'en opiner deux fois, et partant remettoit-il la resolution finalle d'icelle au lendemain, vous ordonnant à tous de vous trouver pour cet effet au mesme lieu et à la mesme heure ; et ayant ainsi separé le conseil sans rien resoudre absolument, il s'en alla disner.

Mais les tables ne furent pas plustost levées, qu'il ne vous envoyast querir, et vous ayant tiré à part et demandé pour quelle cause vous n'estiez pas de l'opinion des autres qu'il avoit trouvée tres-bien fondée, ayant bien cogneu à vos mines et froideurs, quelque conformité que vous eussiez tesmoignée vouloir apporter à l'opinion commune, que la vostre particuliere neantmoins n'estoit pas telle en verité, que ce n'estoit pas en semblables occasions tant importantes où il falloit faire le bizarre et le retenu ; et partant vous commandoit-il de luy en parler librement, et de ne luy desguiser nuls de vos sentimens.

A quoy vous luy respondistes, apres quelques petites ceremonies, et des excuses pleines de bienseance, afin de luy faire tant plustost agréer et approuver vostre dire, que l'impertinence des propositions et absurditez des demandes de ces messieurs les notables d'une part, et de l'autre les ridicules apprehensions que messieurs de son conseil avoient tesmoignées de l'establissement d'icelles, vous avoient saisi d'un égal estonnement, ne vous pouvant assez émerveiller comment des gens si sages, tant experimentez, et qui faisoient si fort les entendus en finance, n'avoient mieux examiné et digeré des affaires de si grande importance, avant que de luy en parler, et mieux jugé de l'impossible execution et pratique d'icelles, par leur tant grande disproportion avec la forme d'un Estat purement monarchique, le courage, la prudence et l'experience d'un grand Roy, la qualité des affaires occurrentes, la condition des temps, et la disposition des esprits du siecle, par lesquelles observations ils eussent suffisamment recogneu que toutes ces ouvertures n'estant que pures chimeres et frivoles imaginations de cerveaux passans outre leurs portées, elles se destruiroient d'elles-mesmes, par les difficultez ausquelles leur propre nature les assujettissoit dés les premiers essays de les mettre en execution, usage et pratique.

« Voire, dit le Roy, mais quelles seuretez y
« a-il à prendre en l'opinion de vous seul, contre
« la mienne propre, et celle de tous les mieux
« sensez de mon conseil et autres mes serviteurs ?
« et sur quelles raisons et fondemens appuyez-
« vous vostre dire pour m'y faire adjoûter foy,
« et croire qu'en le suivant, je n'encourray ny
« blasme ny perte ? » A quoy vous repartistes, qu'ayant meurement consideré toutes ces propositions et icelles rapportées à ce que vous aviez remarqué des humeurs d'un chacun, et recogneu dans les provinces, lors qu'il vous y avoit envoyé, les mauvais mesnages qui s'y faisoient quasi en toutes ces sortes de revenus, vous en aviez tiré des conclusions infaillibles et formé des raisons telles et si bien fondées, qu'il luy seroit facile de juger de leur solidité, et pour cette cause n'en aviez vous voulu faire aucun semblant en opinant dans son conseil, afin aussi, comme tous vos desseins tendoient tousjours à

sa seule glorification, de les reserver à luy seul en particulier, et que par ce moyen les produisant et mettant en avant comme venantes de son seul jugement et propre volonté (sans apparence d'aucune instigation, ny persuasion d'autruy, voire mesme contre les advis de tous ceux de son conseil, lesquels estoient desja suffisamment divulguez pour ne les ignorer pas), le gré, la grace, la loüange et l'honneur infaillible, qui se remporteroit d'une tant amiable et liberale concession et judicieuse procedure, demeurassent toutes siennes : dequoy vous estiez bien asseuré qu'il ne feroit plus aucun doute, si tost qu'il lui plairoit, suivant la vivacité de son esprit et solidité de son jugement, d'entrer en la consideration des achopemens et difficultez de ces nominations de conseillers en ce chimerique conseil, desquelles ils ne s'accorderoient jamais pour en venir à des conclusions de bouche, que ce ne fut avec mille discords et envies dans le cœur de ceux qui auroient eu le moins de voix, des contrarietez d'opinions où ils tomberoient lors qu'il seroit question de former des estats pour la distribution des deniers, desquels la disposition leur seroit laissée; mais sur tout de l'impossibilité à faire des justes evaluations de tous les revenus du Royaume en l'estat où estoient de present les affaires, y en ayant plusieurs qui augmenteront tousjours et d'autres qui diminuëront incessamment, voire peut-estre s'aneantiront du tout; et partant leur sera-il impossible de s'empescher d'y commettre mille sortes d'erreurs qui tourneront à leur reproche, honte et dommage, et par consequent seront suivis d'autant de penitences, regrets et despits qu'ils s'en sont imaginez de profits, de gloire et d'authorité, estant manifeste qu'il estoit du tout hors de leur puissance d'empescher qu'ayant fait leurs evaluations, comme il n'en falloit rien dire qu'elles n'eussent par eux esté arrestées et signées, Sa Majesté ne choisist telle partie qu'il luy plairoit pour composer son estat de cinq millions d'escus, desquels ils avoient desiré qu'elle se contentast; en laquelle se comportant selon les designations qui en seront par vous faites et à luy baillées, vous luy donniez vostre foy et vostre parole, comme de chose dont vous estiez tres-asseuré, que sa portion augmenteroit d'un tiers avant peu de temps et seroit toute en deniers de facile recouvrement, exempts de non valeurs et de toutes oppressions, et doleances des peuples, au lieu que ce qui leur seroit laissé yroit tousjours en diminuant et se trouveroit si difficile à lever, qu'ils attireroient sur eux toutes les haynes et crieries des peuples, et les plaintes, reproches et importunitez des demandeurs; dequoy l'exemple de l'imposition du sol pour livre, duquel ils faisoient telle parade que de l'estimer à plus de cinq millions de livres, en servoit desja et serviroit encor mieux à l'advenir de preuve indubitable, leur en laissant faire à eux mesmes l'establissement, et destinant les deniers qui en proviendroient à partie de leur portion; lesquels, quoy qu'ils peussent dire et faire, ne leur reviendroient jamais à deux cens mil escus, tous frais deduits. Et prenant, au lieu d'icelle, jusques à la concurrence de leur estimation, les revenus des provinces engagez, les parties casuelles, gabelles, forests, domaines mal alienez, cinq grosses fermes, impositions des rivieres, droicts d'emboucheure, patentes des provinces d'Estats, et les aydes anciennes, sur le pied de leurs valeurs presentes, il n'y avoit point de doute que tels revenus ne doublassent, voire triplassent avant qu'il fut deux ans : dequoy vous ne faisiez nulle difficulté de luy respondre, pource que vous aviez desja des gens solvables en main qui vous en avoient signé des offres, ausquels vous aviez deffendu d'en parler à qui que ce pust estre, et partant le suppliez vous, au nom de Dieu, de ne demeurer plus en suspens là dessus, mais de se vouloir accommoder à toutes leurs demandes avec demonstration, neantmoins, que le faisant ainsi contre l'advis de son conseil, c'estoit pour d'autant mieux faire paroistre de quelle affection il aimoit ses peuples et combien il estoit religieux observateur de la parole qu'il leur avoit donnée, dés la premiere seance de l'assemblée, de vouloir approuver toutes leurs propositions et defferer entierement à leurs conseils. Vous luy alleguastes encor qu'il estoit contre le sens commun de s'imaginer, qu'un conseil composé de tant de diverses testes ramassées de diverses provinces, tous estans de diverses humeurs, et ayant divers interets, tant pour leur regard que celuy de leurs provinces, sans pouvoir estre reglez par l'absoluë authorité de quelqu'un, pust subsister trois mois seulement, et tant d'autres raisons trop longues à déduire, qu'elles se trouverent de suffisante efficace en l'esprit du Roy pour le disposer à prendre une finale resolution contraire aux advis de tout son conseil, qui fut assemblé le lendemain suivant ce qu'il avoit ordonné, voire en apparence le vostre mesme (car vous fustes de l'advis commun, afin de mieux couvrir vostre dessein), et le faire aller le jour suivant en l'assemblée où il leur declara qu'il approuvoit les trois ouvertures qui luy avoient esté faites de leur part, tant il desiroit de gratifier ses sujets, deférer aux conseils des plus sages et tesmoigner qu'il aimoit ses peuples comme ses chers enfans : et partant les prioit-il de nommer, dans vingt-quatre heures, ceux qu'ils estimoient devoir estre de ce Conseil de Raison, qu'ils avoient demandé tant instamment, et dresser, pareil temps apres, un estat d'estimation de tous les revenus de France auquel fust comprise cette nouvelle imposition du sol pour livre par eux tant industrieusement inventée; sur lequel, apres, il formeroit le partage qu'ils avoient desiré estre fait entr'eux et luy, n'y ayant point de doute que, puis qu'ils faisoient les lots d'estimation, que ce ne fust à luy à choisir ce qu'il jugeroit estre le plus commode pour ses gens de guerre, esquels consistoit la deffence de l'Estat et la seureté d'eux tous, estant tres-ayse qu'il en fust ainsi usé, afin de faire voir qui seroient les plus equitables et meilleurs ménagers de luy et de son conseil, ou d'eux.

Nous nous sommes desja tant estendus en diverses narrations sur le sujet de cette assemblée, que nous en estans quasi rendus ennuyeux à nous mesmes, nous nous abstiendrons du recit des embarras où les députez d'icelle se trouverent, en l'observation des formes à eux prescrites par le Roy, ne pouvant dire qu'elles ne fussent tres-justes, et des altercations qui intervindrent entr'eux sur l'execution de leurs propres propositions, dautant qu'ils commencerent à y recognoistre plusieurs difficultez non imaginées et divers inconveniens non preveus, desquels il sera parlé cy-apres.

CHAPITRE LXXI.
Réconciliation de Rosny avec Madame sœur du Roi.

L'assemblée des Estats tenue à Roüen estant donc ainsi finie et terminée, l'on parla de s'en aller à Paris, avant lequel voyage vous nous contastes vostre reconciliation avec Madame, sœur du Roy, dont, s'il nous en souvient bien, les causes et la maniere furent telles.

Dix ou douze jours apres que vous vous fustes separé de cette princesse en si mauvais mesnage qu'il a esté dit cy-devant, elle receut divers advis, comme vous l'avez sceu depuis par madame de Pangeas, de ses serviteurs en cour, mais principalement du sieur de la Varenne, lequel elle sçavoit l'affectionner infiniment, ne s'estant jamais presenté occasion qu'il ne luy eust tesmoigné, pour ce, comme il le publioit luy-mesme, que l'ayant servie en l'un des sept offices de sa maison, elle l'avoit donné et continuellement recommandé au Roy, et par consequent esté en partie cause de cette grande fortune qu'il avoit faite pour un homme de sa sorte ; par lesquels advis l'on luy écrivoit, que tant s'en falloit que le Roy vous eust fait quelque espece de mauvais visage à vostre retour, pour les plaintes qu'elle luy avoit faites de vous, que tout au contraire vous n'en aviez jamais esté mieux receu, davantage carressé, ny plus particulierement entretenu, et qu'il ne falloit point qu'elle estimast de vous pouvoir rendre un mauvais office en se plaignant des paroles que vous luy aviez tenuës, dautant que le Roy y prenoit davantage de confiance, sçachant bien que vous aviez resisté plus de trois jours à ce voyage vers elle, et ne vous y estiez resolu que par force, et apres qu'il se fut mis plusieurs fois en colere de vos refus, voire n'estiez jamais voulu partir qu'il ne vous eut baillé escrit, et signé de sa main, tout ce qu'il vous donnoit charge de luy dire, en quoy il estoit certain que vous n'aviez rien outrepassé, mais diminué et adoucy les choses autant qu'il vous avoit esté possible ; et partant n'avoit-elle pas sujet de se monstrer tant animée contre vous et de se vouloir rendre irreconciliable envers un homme qui alloit avoir tout credit aux finances, et par les mains duquel toutes ses assignations auroient à passer : tellement qu'il est à presupposer que dés cette heure-là, cette princesse commença de minutter les moyens de se remettre en bonne intelligence avec vous, qu'en effet elle avoit affectionné de longuemain, et commença d'en donner quelques indices par le moyen de madame vostre femme, laquelle vous aviez laissée en couche à Moret.

Car, comme estant allée au presche à Fontaine-bleau, un jour que Madame gardoit le lict, elle s'en voulut retourner sans la voir, madame de Pangeas luy fit grande instance de vouloir disner avec les dames, ou à tout le moins ne partir point sans voir Madame, et qu'elle se fust excusée de l'un et de l'autre, disant n'y avoir point d'apparence qu'elle pust estre bien venuë en la maison d'une princesse qui vouloit tant de mal à son mary, que de luy en avoir deffendu l'entrée, et ainsi s'en retournast disner à Moret. Cela ayant esté rapporté à Madame, la seconde fois que madame vostre femme vint au presche, elle luy envoya dire qu'elle ne fist plus de difficulté de la venir voir, et qu'elle seroit la tres-bien venuë. Ce qu'ayant fait, elle luy dit qu'elle n'estoit pas si mauvaise ny si vindicative qu'elle l'avoit estimée, et que ses courroux ne passoient pas outre la personne qui l'avoit offencée, pour l'estendre sur tous ceux qui lui appartenoient, et qui ne pouvoient mais de ses malices ; qu'elle la tenoit pour bonne femme, et partant ne laisseroit pas de l'aymer, quelque mal que vous luy eussiez fait, sans vous en avoir donné sujet, qu'elle eust plutost attendu de tout autre que de vous, veu le long-temps qu'il y avoit que vous-vous cognoissiez, ayans esté comme nourris ensemble dés l'enfance, avec des témoignages reciproques, vous de luy estre affectionné serviteur, et elle de vos meilleures amies, que vous-vous deviez estre souvenu, avant que d'entreprendre une commission que vous ne doutiez point qui ne l'offençast grandement, veu les asseurances toutes contraires que vous luy aviez données à Chartres, de l'honneur et des faveurs qu'elle vous avoit autrefois faites à Pau, de vous avoir mis de son balet, et pris la peine de vous en monstrer elle-mesme les pas et les figures, et encor à Corase, chez monsieur de Miossens, lors qu'il y fut couru une bague, qu'elle s'estoit offerte de donner, laquelle voyant que c'estoit vous qui l'aviez gaignée, et se doutant bien que vous la luy viendriez, sans aucune doute, demander, elle ne voulut pas bailler celle qu'elle avoit preparée pour ce mesme effect, qui estoit de mediocre valeur; mais elle s'en estoit fait apporter une autre, qui valoit bien deux mil escus, qu'elle vous donna, se souvenant de la bienveillance que la Reine sa mere portoit à vostre pere, qui l'avoit portée plusieurs fois entre ses bras.

Toutes lesquelles particularitez et autres semblables luy avoient fait prendre une entiere confiance de vous, en quoy elle avoit esté grandement deceuë, et falloit bien que vous eussiez plusieurs desseins qu'elle ne pouvoit en aucune façon comprendre, de vous estre si mal gouverné en son endroit, qu'il luy estoit impossible qu'elle vous pust jamais vouloir de bien; mais qu'elle ne vouloit pas laisser neantmoins de la bien aymer et de la cherir tousjours lors qu'elle la viendroit voir, ce qu'elle la prioit de faire le plus souvent qu'il luy seroit possible, tant pource qu'elle la trouvoit tres-bonne femme, de tres-bonne compagnie et que son humeur luy plaisoit extrémement, que pour l'amour de M. de Sainct Martin son oncle, qui avoit esté premier gentilhomme de la chambre du Roy son frere, dont la femme estoit de sa parenté estant sœur de M. de Miossens.

En suitte de ces bonnes et agreables paroles, madame vostre femme continua tousjours de la voir, luy parlant de fois à autre de vous, à quoy elle y respondoit avec des apparences d'un esprit qui avoit passé ses coleres et despits, et qui eust esté bien ayse de n'en estre pas entré si avant, tant qu'un jour durant l'assemblée de Roüen, sur ce que vous luy aviez facilité le payement de plusieurs siennes assignations, madame vostre femme l'estant venuë voir au lit, elle l'en remercia, luy disant qu'elle ne doutoit point que ce ne fust elle qui fust cause de ce bon office, et qu'elle sçavoit bien qu'il ne venoit pas de vous. Surquoy madame vostre femme ayant dit que si, et qu'elle n'en avoit pas seulement jamais ouy parler, voire la pouvant asseurer que vous rechercheriez toutes occasions de luy faire service et luy dire franchement, que si elle sçavoit bien avec quelle contrainte vous vous estiez chargé de cette tant fascheuse commission dont elle se plaignoit, et de quels artifices l'on usoit pour vous entretenir mal avec elle, qu'elle changeroit d'opinion. Surquoy elle luy repartist qu'elle sçavoit de toutes ces choses plus qu'elle ne s'imaginoit, et que pour cette cause, avant qu'il fut peu de temps, elle en tromperoit tel qui la vouloit rendre du tout irreconciliable. Surquoy M. de la Force, qui estoit à la ruelle du lict, proche de madame vostre femme, luy dit, qu'une bonne et genereuse action comme celle-là ne se devoit point differer davantage, et qu'elle n'eust sceu prendre un temps plus à propos, ny faire chose qui estonnast davantage ceux qui ne la desiroient pas, que de vous trouver causant avec elle à la ruelle de son lict lors qu'ils y arriveroient; à quoy ayant esté confortée par mesdames de Rohan, de la Barre et de Pangeas, et disposée par les supplications que luy en fit madame vostre femme, elle s'y resolut aussitost, luy commanda de vous envoyer querir et donna toute asseurance d'oublier tout le passé, de vous bien recevoir, vous aimer et tenir au nombre de ses bons serviteurs et meilleurs amys. Ce qui succeda si heureusement que depuis nul ne luy fust plus confident : dequoy tous les tesmoignages particuliers seroient trop longs à reciter, et partant nous nous contenterons de vous en ramentevoir deux, dont l'un fut la proposition qu'elle vous fit faire du mariage de M. de Rohan et de madamoiselle vostre fille aisnée, avec offre d'y contribuer tout ce que vous desireriez de son bien, puis qu'aussi bien luy estoit-il si proche qu'il estoit presomptif heritier du Roy son frere et d'elle du costé de Navarre, s'ils mouroient sans enfans; ce que le Roy, pour de certaines causes trop longues à reciter, empescha pour lors, et depuis le fist luy mesme; et l'autre que, quand elle sortit hors de France, pour aller en Lorraine, elle dit ne s'en aller contente de la Cour ny s'y sentir obligée qu'à trois personnes, dont vous en estiez l'une.

Apres le démeslement de toutes ces sortes d'affaires cy-devant recitées et de plusieurs autres que nous obmettons pour briefveté, le Roy et toute la Cour s'en retournerent à Paris le...... du mois de........

CHAPITRE LXXII.

Divers événemens arrivés dans les provinces en 1595 et 1596. Principaux souhaits de Henri IV.

Nous laisserons, ainsi que de coustume, à ceux qui feront l'histoire generale, toutes les particularitez arrivées en diverses provinces du royaume durant les années 1595 et 1596, esquelles vous n'avez eu aucune part, quelques importantes et signalées qu'elles puissent avoir esté, comme furent les desseins, entreprises et faits d'armes de messieurs le mareschal d'Aumont, de Sainct Luc et autres serviteurs du Roy en Bretagne, contre M. de Mercure et les siens.

La desroute des Croquans en Limousin, au nombre de quinze mil, par M. d'Abeins.

Les sieges et combats faits en la mesme province, entre messieurs de Vantadour, de la Roche-foucault, Chasteau-neuf, Sainct Angel, Loustanges et Chambaret serviteurs du Roy, d'une part, et messieurs de Pompadour, Rustignac, Sainct Chamant, Mont-pesac et la Chappelle-Biron, d'autre part, tous ligueurs, esquels ces derniers eurent plusieurs advantages; et y fut le comte de la Roche-foucault tué.

Le siege de Blaye. La prise d'Agen.

Les desseins, entreprises et factions guerrieres qui se passerent en Piedmont et Dauphiné, sous les commandemens de messieurs Lesdiguieres et de Crequy contre les partisans de Savoye et d'Espagne.

Et les divers combats et executions de Provence, desquels nous avons desja fait ample mention cy-devant, entre messieurs de Savoye et les siens, d'une part, et messieurs de Guyse et d'Espernon, de l'autre; lesquels avoient tous trois divers desseins, divers partisans, et diverses armées.

Le premier continuant à essayer d'empieter sur la Provence, et les deux autres à l'en empescher, et encor entr'eux mesme mal d'accord, à se diminuer l'un l'autre, et voir à qui demeureroit le gouvernement de cette province, dont ils estoient tous deux pourveus; enquoy M. de Guyse eut enfin meilleure fortune, dautant que se trouvant assisté de la comtesse de Sault, qui avoit en icelle des partisans, et de messieurs d'Ornano et de Lesdiguieres, mais qui bien plus estoit, du nom, de l'authorité, de l'argent et des armes du Roy; M. d'Espernon, en ayant esté comme chassé, il fut contraint de recourir au Roy, par lettres de grandes submissions et profondes humilitez, qui eut les advis de toutes ces choses estant à Gaillon, desquels il receut une grande joye. Et cette occasion de M. d'Espernon ainsi humilié, nous remet en memoire certaines particularitez touchant la personne du Roy, dont il ne nous estoit pas souvenu en leur temps, quoy qu'elles soient dignes de remarque et meritassent bien de vous estre ramentuës, et de parvenir à la cognoissance de ceux qui revereront la generosité de ce brave prince, aymeront sa bonté, et liront en ces Memoires ses actions plus particulieres avec attention.

Comme donc apres que Sa Majesté ayant receu telles dépesches, se fut promenée assez longuement dans les hauts jardins en terrasses environnées de galeries de cette magnifique maison de Gaillon, avec messieurs le chancelier, le grand escuyer, d'O, de Fresnes et Forget, et, selon qu'il se peut conjecturer, fait lire toutes ces lettres venuës de Provence, discouru avec eux sur icelles, et qu'ils se furent retirez, elle entra seule dans la galerie du bout de ce jardin où elle vous fist venir, et en se promenant vous dit : « Voylà des nouvelles que je viens de rece-
« voir de Provence, desquelles je m'asseure que
« vous ne serez gueres moins joyeux et resjouy
« que moy. Mais, avant que de vous les mons-
« trer, je vous veux faire un discours d'assez
« longue haleine, lequel je vous commande, sur
« l'affection que vous me portez, de tenir secret,
« des diverses fantaisies qui de long-temps me
« sont venuës à diverses fois en l'esprit, desquelles
« les succez de Provence m'ont fait ressouvenir,
« voyant quelque espece d'acheminement à leur
« accomplissement. »

« Vous devez donc sçavoir, qu'entre plusieurs
« desirs que j'ay eus et souhaits que j'ay faits,
« il y en a eu dix principaux, pour le succez des-
« quels j'ay le plus souvent et le plus instamment
« fait humbles prieres à Dieu. »

« Le premier, afin qu'il luy pleust de m'assister toujours en cette vie, et m'user de misericorde à la fin d'icelle.

« Le second, que je ne fusse jamais estropié, mais tousjours maintenu en vigueur et santé de corps et d'esprit.

« Le troisiesme, de faire heureusement subsister la religion et le party pour la défence duquel je combattois lors et employois les biens et la vie.

« Le quatriesme, qu'il me delivrast de ma femme et que j'en pusse recouvrer une autre de qualité convenable à ma naissance, qui fut de douce et complaisante humeur, qui m'aimast, que je pusse aimer, et me donnast des enfans de si bonne heure qu'il me restast encor assez d'années pour les instruire à ma mode, afin d'en faire de braves, galands et habiles princes.

« Le cinquiesme, de parvenir à la couronne

de France, puis que celuy qui m'y precedoit ne pouvoit avoir d'enfans, et rendre mon regne assez long et prospere pour restablir ce royaume en sa splendeur, afin de pouvoir soulager et rendre heureux les peuples d'iceluy, et faire du bien et de l'honneur à ceux qui m'auroient loyalement et utilement servy.

« Le sixiesme, de recouvrer mon royaume de Navarre, ou à tout le moins conquerir la Flandres et l'Artois, afin que par traitté de compensation je les puisse rejoindre en proprieté au corps de l'Estat.

« Le septiesme, de gagner en personne une bataille contre le roy d'Espagne, pour revanche de tant de maux qu'il m'a faits, et une contre le Turc, où je fusse general des armées chrestiennes, ayant tousjours eu cette emulation contre dom Juan, bastard d'Austriche, afin de rendre ma gloire et ma renommée celebre dans le monde.

« Le huictiesme, de pouvoir aneantir non la religion reformée, car j'ay esté trop bien servy et assisté en mes angoisses et tribulations de plusieurs qui en font profession, mais la faction huguenotte, que messieurs de Boüillon et de la Trimoüille essayent de rallumer et rendre plus mutine et tumultueuse que jamais; sans rien entreprendre neantmoins par la rigueur et violence des armes ny des persecutions, quoy que peutestre cela ne me seroit pas impossible, mais bien d'y parvenir sans ruyner plusieurs provinces, perdre la bien-veillance de plusieurs miens serviteurs, affoiblir grandement le royaume en le diminuant tellement de moyens et de soldats, que je n'oserois jamais plus rien entreprendre de glorieux ny d'honorable hors de France.

« Le neufiesme, de pouvoir executer, avant que mourir, deux certains magnifiques desseins que j'ay en l'esprit, sans les avoir jamais communiquez à personne, desquels, quoy que je ne doute point qu'ils ne vous resjouyssent grandement, je ne vous diray maintenant aucune chose, ny peut-estre jamais à personne, que je ne voye, par une paix universelle bien establie dans tout mon royaume, des dispositions à l'infaillible execution d'iceux.

« Et le dixiesme, lequel, quoy que ce ne soit que nivelleries au prix des autres, ne laisse pas de me toucher grandement l'esprit, de pouvoir reduire à ma mercy, avec un sujet legitime et apparent d'en faire punition fort exemplaire, ceux des miens qui malicieusement ont, sans cesser, envié et traversé ma fortune et mon contentement, dont les trois principaux, et qui m'ont fait le plus d'ennuy, sont messieurs de Boüillon, d'Espernon et de la Trimoüille, non en intention de m'en venger severement, mais seulement de leur ramentevoir toutes les escapades et malices noires qu'ils m'ont faites, et leur faire experimenter ma singuliere clemence, douceur et bonté, en leur pardonnant de bonne grace, pour esprouver si une tant grande benignité et singuliere beneficence pourroit (ce que je n'attends pas neantmoins de leurs mauvais naturels envers moy) changer leurs cœurs et faire en sorte qu'ils m'aimassent veritablement et servissent loyalement, comme j'ay une certaine inclination à faire cas d'eux, et de certaines bonnes parties qui sont en leurs personnes qui ne me peut quitter. » Et le Roy finissant là son propos, vous mit en main les depesches de Provence pour les lire (desquelles nous ne ferons nulle mention, pource qu'il en a esté assez parlé cy-devant par prevention et suitte de temps), et s'en alla monter à cheval pour aller à la chasse.

CHAPITRE LXXIII.

Préparatifs pour le siége d'Arras. Travaux de Rosny pour acquérir la science des finances. Fin du Conseil de Raison.

Nous avons au chapitre precedent, fait mention du voyage que l'on projettoit de faire à Paris; et maintenant, pour entrer aux particularitez des choses qui se passerent en suitte d'iceluy, nous vous dirons, Monseigneur, que le Roy, son conseil, la cour, les notables et leur Conseil de Raison estans tous arrivez en cette grande ville, chacun d'iceux commença de mettre l'esprit et les mains en œuvre pour l'advancement de ce qu'il avoit le plus en affection : à sçavoir, le Roy à composer son armée et faire toutes autres provisions necessaires pour le siege d'Arras, lequel il avoit resolu, par l'advis de ses plus confidens et intelligens serviteurs faisant profession des armes (car és conseils pour semblables expeditions n'appelloit-il jamais les gens de robe longue ny d'escritoire, mais le seul secretaire qui avoit le departement de la guerre); et, suivant ce dessein, commanda-il à ceux de son conseil d'assembler quantité d'argent, artilleries, armes, munitions de guerre, outils et autres instrumens propres pour un grand siege; vous ordonna pour solliciter le recouvrement de toutes ces choses et d'en estre comme le chasse-avant dans son conseil, et de plus vous chargea en particulier de luy trouver des marchands solvables et bien entendus, pour fournir cinquante mille pains par jour, en telle des villes de Sainct Quentin, Peronne, Corbie, Amiens,

Abbe-ville, Montreuil et Boulongne, et dix lieuës à l'environ d'icelles, que bon luy sembleroit, nommant ainsi tant de lieux divers, afin de mettre en doute son dessein. En quoy vous travaillastes, de sorte que dans douze jours vous passastes contract pour cet effet avec les sieurs de Santeny, Robin de Tours, Maulaville et Lambert, chevalier du guet à Orleans, à prix si raisonnable, que le Roy en loüoit tout haut vous et les munitionnaires aussi, lesquels neantmoins, à cause de l'accident de la surprise d'Amiens, ne laisserent pas de bien gaigner en ce marché, pource qu'ils se trouverent deschargez des frais des charrois et du port des mulets.

Pendant tous ces emplois, vous ne laissastes pas, selon vostre coustume, de vacquer tousjours à diverses sortes de recherches, dans les registres du conseil d'estat, des parlemens, chambre des comptes, cour des aydes, anciens secretaires d'estat (car quant à ceux qui estoient en charge, vous ne pustes jamais rien tirer d'eux), bureaux des thresoriers de France, thresoriers de l'espargne et chambre du tresor, et dans les tomes des ordonnances, desquels vous faisiez des extraits et dressiez des instructions et memoires touchant les affaires d'estat et sur tout des finances, afin de pouvoir establir en l'administration d'icelles de tels ordres et reglemens, comme la suitte de ces Memoires fera voir que vous n'y aviez pas manqué, que les revenus de France pussent estre mis à leur juste valeur, les deniers royaux si bien mesnagez, et iceux si bien dispensez, qu'il ne s'en fist aucun divertissement, et par ce moyen tous les assignez fussent entierement payez. En quoy vous travaillastes avec tant de soin, diligence et assiduité, aussi bien la nuict que le jour, sans vous donner quasi loisir de prendre ny repos ny repas, que nous, qui estions à vostre suitte et service, et tous autres qui entendoient parler d'un tel labeur, demeuroient esmerveillez des peines et fatigues de corps et d'esprit que vous preniez si continuellement, et que les plus authorisez dans le conseil du Roy, voyans bien que telles procedures, proportionnées à son humeur active et laborieuse, desquelles il n'estoit pas ignorant, vous confirmeroient en une si haute creance et confidence dans son esprit, qu'enfin vous deviendriez absolu dans cette charge, se reprochoient les uns aux autres (ainsi que M. de Maisses, qui estoit vostre intime amy, vous asseura leur en avoir entendu parler de la sorte) la trop foible resistance et opposition dont ils avoient usé à l'entremise aux affaires d'un esprit ambitieux, actif, entreprenant et industrieux, tel qu'ils recognoissoient bien avoir tousjours esté le vostre, lequel, pour ne démentir leur opinion, voulut aussi travailler avec le controolleur general, les intendans des finances, les thresoriers de l'espargne, les thresoriers de France et les receveurs generaux, à la confection tant de l'estat general des finances que des particuliers, és generalitez pour l'année 1597 lors courante. Mais quoy que vous maniassiez vous mesme quasi tousjours la plume et le jetton, si ne pustes vous si bien faire (comme nous vous avons oüy dire que vous le reconneustes depuis, et y donnastes bon ordre en Bretagne au second estat en l'année 1598) qu'ils ne vous en fissent passer quinze pour douze, s'estans tous accordez à se reserver une bonne somme dont ils pussent disposer sans vous, ny empescher qu'il ne se trouvast encor prés de deux millions de livres de faute de fonds dans l'Estat, ce qui vous estonna un peu du commencement, car c'estoit le premier estat des finances où vous eussiez mis la main à bon escient. Voyant plusieurs parties des despences fort considerables qui demeuroient sans assignation, vous vous opiniastrates à ne vouloir plus souffrir (comme c'estoit leur bonne coustume, afin de laisser la liberté aux tresoriers de l'espargne et receveurs generaux de preferer celles que bon leur sembleroit) que l'on chargeast une recepte de plus grandes despences que le fond d'icelle, tellement que pour remedier à tout cela, vous retirastes des mains du duc de Florence, sous le nom de Gondy et de Zamet, Senamy, le Grand, Parent et autres anciens partisans, les parties casuelles, gabelles, cinq grosses fermes et peages des rivieres qu'ils tenoient à vil prix, par l'intelligence d'aucuns du conseil, lesquels y avoient part, et en augmentastes le prix de plus de vos deux millions de faute de fonds; ce que ceux du conseil essayerent bien d'empescher, mais vous y fistes intervenir le Roy, lequel, par vous adverty d'un tant evident profit, y apporta son authorité toute entiere et s'en voulut faire croire.

Le Conseil de Raison, formé par les notables de Roüen, essayant aussi de sa part à mettre en reputation leur charge et donner un bon acheminement, fit l'establissement de ses seances dans l'evesché de Paris, et M. le cardinal de Gondy, chef d'iceluy, estimant qu'il seroit aussi bon ménager des deniers publics, qu'il l'avoit esté des siens particuliers. Mais tout aussi-tost qu'ils vindrent à l'essay de faire valoir les parties de recepte, entrer en exacte cognoissance des debtes et autres despences dont ils s'estoient chargez, mettre papiers sur table et entrer aux supputations pour l'année 1597, ils se jugerent bien loin des imaginations qui leur estoient montées en l'esprit.

En premier lieu, à cause des grandes difficultez qu'ils rencontroient en l'establissement de ce beau sol pour livre, dont ils avoient fait tant de cas au Roy, et luy avoient voulu bailler pour cinq millions de livres, somme, disoient-ils, suffisante pour entretenir tousjours vingt mil hommes de pied, et à trouver gens qui en voulussent faire le recouvrement.

Secondement, pource que tant plus ils alloient en avant, plus arrivoit-il de diminution aux natures de revenus qui leur avoient esté delaissez et d'augmentations en leurs despences, se descouvrant journellement de nouveaux demandeurs qui venoient à eux avec de grandes importunitez, croyant selon leurs premieres jactances, lors de leurs propositions, d'y trouver une resource de finances perpetuelle. De sorte qu'au lieu d'establir quelque bon ordre, et de former un estat general sur le pied de leurs cinq millions d'or imaginez, et travailler à surmonter peu à peu les difficultez qui survenoient és choses dépendantes de leur administration, ils consumerent plusieurs sepmaines à disputer les uns contre les autres, s'entrereprochant la peu judicieuse estimation qu'ils avoient faite des revenus du royaume, par le moyen de laquelle le Roy, beaucoup mieux informé et conseillé par gens fins et rusez, et plus intelligens aux finances qu'ils n'estoient tous, avoit sceu si bien choisir, qu'ils se trouvoient circonvenus de plus de cinq millions de livres par an, les parties qu'il avoit retenües augmentans journellement, et celles qu'il leur avoit laissées diminuant incessamment; et passerent ces contestations si avant, que ne se pouvant de rien accorder, chacun pensant plus sçavoir ou plus valoir que son compagnon, enfin ils envoyerent supplier vous et M. d'Incarville de vouloir venir dans leur conseil, et prendre la peine d'y assister une fois la sepmaine, afin de leur aider de vos bons advis et conseils, leur donner moyen de meliorer les revenus qui leur avoient esté laissez, comme ils avoient apris que vous aviez fait ceux du Roy, et mettre fin aux altercations et difficultez qui survenoient à tous propos entr'eux et en leurs affaires. De quoy vous les refusastes tousjours absolument, avec des excuses fort specieuses, disant n'avoir desja que trop d'affaires sur les bras, à cause de leurs belles propositions, qui avoient reduit le Roy à partager son royaume avec eux par égale portion, sans vous charger davantage ny vous mesler de conseiller de si grands personnages, qui avoient plus que vous de science, d'intelligence et de capacité; jusques à ce que s'en estans addressez au Roy mesme, il vous commanda de les contenter en cela, dequoy neantmoins ils ne tirerent pas grande assistance, dautant que, comme nous vous l'avons oüy dire depuis, vous ne leur disiez rien dont ils pussent tirer quelque esclaircissement, estant mesme bien aise de les voir tomber dans les difficultez que vous aviez predites au Roy de devoir arriver, lesquelles pour cette raison vous taschiez plutost à augmenter qu'à diminuer.

Sur la narration de toutes lesquelles altercations, intrigues et embarras nous ne nous arresterons point davantage, craignant de vous ennuyer, et ceux qui prendront la peine de lire ces Memoires, et nous contenterons de vous ramentevoir qu'au bout de deux ou trois mois, tous ces messieurs du Conseil d'imaginaire raison, furent mis à raison; dautant qu'ils vindrent trouver le Roy en corps, auquel ils tindrent de si grands discours, que chacun en estoit ennuyé, la substance et sommaire desquels fut qu'ils reconnoissoient maintenant que leur Conseil de Raison auroit eu enfin grand tort de vouloir partager avec luy, qui en sçavoit plus qu'eux tous, et qui sçauroit mieux mesnager tout le royaume que tous les siens, ensemble une simple partie d'iceluy; et partant le supplioient-ils tres-humblement de les vouloir décharger de leur commission, rejoindre tous ses revenus ensemble, et disposer du total selon son équité, intelligence et prudence accoustumée. A quoy ils furent receus, après quelques difficultez que le Roy en fit, afin de faire mieux valoir la marchandise, bien aise de voir que vos predictions et ses intentions eussent eu tant heureux succez.

CHAPITRE LXXIV.

Mademoiselle de Rosny demandée pour M. de Laval. Fêtes à la Cour. Prise d'Amiens par les Espagnols. Rosny chargé par le Roi de trouver des ressources pour recouvrer cette place. Son plan.

[1597] Le Roy, voyant que les notables et conseil de raison avoient esté contrains de se departir de leurs projets dont ils n'avoient peu venir à bout par raison, pour estre trop fantastiques et sans fondement, et que vos propositions, comme plus solides et judicieuses, avoient esté suivies, il conceut une telle bonne opinion de vostre sain et fort jugement, ainsi qu'il avoit fait et faisoit à mesure que vous en rendiez de nouvelles preuves, et le faisiez paroistre aux occasions, qu'il ne se passoit quasi aucune affaire de consequence que vostre bon advis et conseil n'y intervint; ce qui accreut et augmenta de jour en jour vostre credit, reputation et authorité, en telle sorte que celuy là s'estimoit grandement heureux qui avoit part en vos bonnes graces et pouvoit entrer en vostre alliance : laquelle M. et madame de Fervaques desirans prendre pour l'appuy qu'ils en esperoient, et comme estant l'une des plus honorables de la Cour, vous vindrent voir plusieurs fois pour vous prier d'avoir agreable la recherche qu'ils faisoient de mademoiselle vostre fille pour M. de Laval. Surquoy vous leur dites qu'ils vous faisoient trop d'honneur, veu le peu de mariage que vous faisiez estat de donner à vostre fille, quoy que vous en eussiez desja receu une semblable de la part de Madame, sœur du Roy, qui vous en avoit fait parler pour M. de Rohan, qui avoit l'honneur de luy estre si proche que d'estre son heritier, si le Roy son frere et elle n'avoient point d'enfans, mais qu'à l'un ny à l'autre né pouviez vous entendre, quelque advantageux que vous pussent estre les partys, que cela ne vint du Roy mesme, qui vous avoit dit vouloir marier vos enfans, et defendu d'entendre à aucun party que luy mesme ne le vous proposast ; et partant les suppliez-vous de ne trouver point mauvais si vous les renvoyez à la volonté de Sa Majesté, à laquelle ils ne faillirent pas d'en parler le lendemain, et le supplier de leur estre favorable en l'alliance qu'ils desiroient prendre en vostre maison : ce qu'il leur promit d'autant plus librement, qu'estant lors mal satisfait de madame de Rohan, il ne vouloit nullement que vostre fille espousast son fils, comme il vous en parla en ces termes deux jours après, et vous commanda de traitter avec madame de Fervaques pour le mariage du sien, ce que vous fistes.

Pendant que tous ces entrelas et envelopemens d'affaires publiques, cy-devant specifiées, se demenoient et démesloient entre ces grands conseillers de raison sans raison, les princes, les seigneurs et la noblesse, tant gentils-hommes que de ville, s'occupoient à divers sortes d'ébats, plaisirs et passe-temps ordinaires et bien seans à la jeunesse, faisans diverses parties, les uns pour rompre en lice, les autres courre la bague, combattre à la barriere, joüer au balon, au palemail et à la paume, demener l'amour aux dames, dancer et faire momeries et mascarades, tant que sur la fin de toutes ces recreations, M. le mareschal de Biron, qui estoit esperduëment amoureux d'une des plus belles dames de la Cour, qui avoit un vieil mary de grande qualité que vous cognoistrez bien par là sans que nous le nommions, se resolut de dancer un balet pour l'amour d'elle, à cause du baptesme de son fils ; auquel ayant convié douze des plus galands de la Cour, ils vindrent tous treize vous faire tant d'instance de vouloir estre de la partie et faire le quatorziesme, qu'il vous fut impossible de vous en excuser, joint qu'ils vous le firent commander par le Roy ; et sembla que comme ce balet fut de tres-belle invention et des mieux dancez, aussi devoit-il estre la fin de vos resjouyssances, d'autant qu'il arriva de tels accidens qu'ils donnerent bien d'autres pensées, soucis, peines et fatigues au Roy, à ses serviteurs et à tout le royaume ; lequel desastre (estimé irremediable par aucuns qui l'eussent bien desiré tel, lesquels, n'aymans pas plus que de raison la personne du Roy ny sa gloire, n'apprehendoient rien tant que de voir une tranquilité bien asseurée dans l'Estat, et un restablissement absolu des affaires d'iceluy) fit descouvrir plusieurs mauvaises volontez et pernicieux desseins dans lesquels se trouverent envelopez catholiques et huguenots, comme il en sera cy-apres dit quelque chose, lors du recit du siege d'Amiens, de la prise duquel les nouvelles vous furent apportées en cette sorte la nuict mesme de vostre balet.

Comme donc apres que vous l'eustes dancé, jusques à deux heures apres minuict, vous vous fussiez separez et retirez chacun à son logis, vous n'eustes pas esté une heure et demie au lict, que l'on vous vint éveiller et advertir que le sieur de Beringuen vous venoit parler de la part du Roy, lequel estant quasi aussi-tost entré en vostre chambre, vous dit tout effrayé, en disant de fois à autre que tout estoit perdu, que le Roy vous demandoit, vous priant de vous lever promptement et de le venir trouver en diligence, pour ce qu'il luy estoit arrivé un mal-heur qui luy faisoit avoir besoin plus que jamais de tous ses bons serviteurs, et que la premiere chose qu'il avoit faite, si tost qu'il en avoit eu les nouvelles, c'estoit de luy commander de vous venir querir et de ne revenir point qu'avec vous.

« Mais quoy, mon amy, repartistes vous, le « Roy est-il malade ? car ce seroit là un mal- « heur irremediable pour la France si nous ve- « nions à le perdre ; mais pourveu que Dieu le « conserve et qu'il se porte bien, il ne scauroit « arriver si grand desastre que par le moyen de « son courage et de ses autres vertus, il n'y soit « apporté quelque remede. Partant dites moy li- « brement, mon amy, quel est cét accident qui « vous afflige si fort et rend si esperdu. » A quoy il respondit, que le Roy luy avoit défendu de vous le dire, afin de voir la diversité des opinions de ses principaux serviteurs, sur la premiere nouvelle d'un si grand mal-heur tant inopinément survenu, vous suppliant de ne l'en enquerir point davantage, mais seulement de vous haster de venir au Louvre, pour ce qu'il sçavoit bien que le Roy estoit en impatience de vostre arrivée, n'ayant garde, quant à luy, de vous dire plus rien au prejudice des défences de Sa Majesté; qu'il luy avoit fait une bonne reprimande, sur tout ce qu'il vous dit un jour de vos lettres de provision en finance estant à Monceaux, ne pouvant s'imaginer comment elle eut peu deviner cela, si vous mesme ne luy aviez dit ou conté à quelqu'un qui luy en eut fait le rapport.

Quoy que ce soit, estant peu apres monté en vostre carrosse, vous vous en allastes au Louvre, où vous trouvastes le Roy dans sa petite chambre au delà de son cabinet aux oyseaux, ayant sa robe, son bonnet et ses botines de nuit, se promenant à grands pas, tout pensif, la teste baissée, les deux mains derriere le dos; plusieurs de ses serviteurs desja arrivez devant vous, appuyez tout droit contre les murailles sans se rien dire les uns aux autres, ny que le Roy parlast à eux ny eux à luy, lequel ne vous eut pas plutost aperceu entrer qu'il s'advança vers la porte, et vous posant, selon sa coustume, l'une de ses mains sur l'une des vostres, en vous la serrant, s'escria en voix plaintive tout haut : « Ha! mon « amy, quel malheur! Amiens est pris. — Comment, Sire, Amiens pris! luy repartistes vous. « Hé, vray Dieu! qui peut avoir pris une si « grande et si puissante ville, et par quel moyen ? « — Les Espagnols, vous dit-il, s'en sont saisis « par la porte, en plain jour, pendant que ces « mal-heureux habitans, qui ne se sont peu « garder et n'ont pas voulu que je les gardasse, « s'amusoient à se chauffer, à boire et ramasser « des noix que des soldats, desguisez en paysans, « espandoient expres prés du corps de garde. —
« Or bien, Sire, luy dites vous, je voy bien que « c'est une affaire faite, à laquelle les blasmes « d'autruy ny les plaintes de nous ne sont pas « capables d'apporter remede; il faut que nous « l'esperions de vostre brave courage, vertu et « bonne fortune; car, à quelque prix que ce soit, « il nous le faut reprendre : aussi n'est-ce pas la « premiere fois que vos affaires estans bien en « pire estat, je vous ay veu parachever des choses « plus difficiles. Vivez seulement, portez vous « bien, ne vous melancoliez point, mettez les « mains à l'œuvre, et ne parlons tous ny ne pensons plus qu'à prendre Amiens ; et moyennant « cela j'oserois répondre d'un heureux succez.

« A la vérité, dit le Roy, ce que vous dites « n'est pas du tout sans apparence, aussi ay-je « esté grandement consolé par un tel langage, « car nul ne m'avoit dit parole qui ne ressentit « sa plainte, sa douleur, voire quasi son desespoir. Et neantmoins, afin de ne bastir pas des « chasteaux en Espagne, mais de pouvoir promptement dénicher les Espagnols qui en ont pris « en France, dites moy un peu surquoy vous « fondez de tant indubitables esperances que vous « nous les voulez faire prendre, et où pensez « vous recouvrer en bref les forces et moyens « pour reprendre une si grande et si forte ville « et si bien munie ? car, comme vous le sçavez « aussi bien que moy, toutes nos pieces d'artilleries, munitions, vivres et outils que nous avions « assemblez, voire mesme si peu d'argent que « nous avions reservé de celuy que vous m'aviez « fait venir par vostre voyage aux generalitez, « estoient dans cette place; et ne faut point douter (car c'est ce que je ferois si j'estois en leur « place) que les ennemis ne jettent hors d'icelle « toutes les personnes qui ne leur pourront de « rien servir, et au lieu de ces bouches et habitans « inutiles, ne la remplissent d'une grande quantité « de bons capitaines et de leurs meilleurs et plus « aguerris soldats, auquel cas ils ne manqueront « pas de nous faire d'aussi furieuses sorties que « fit jamais le feu admiral de Villars, vostre bon « amy, au second siege de Roüen.

« Sire, luy respondistes-vous, je voy bien que « tout ce que vous alleguez a beaucoup de vray « semblance, et que vos paroles ressentent l'excellence et parfait jugement d'un grand roy et « d'un grand capitaine; et neantmoins si ne faut« il pas perdre courage, mais s'affermir, voire « s'opiniastrer dautant plus que les difficultez « paroissent grandes; car c'est par tels moyens « que vostre vertu s'est rendue tant illustre, et « que vostre Majesté s'est acquis une tant glorieuse renommée parmy les nations, et n'y a « point de doute, je l'ose dire encor une fois, que « si tout ce qu'il y a de bons François se veut « évertuer et y contribuer, les uns leurs courages et leurs moyens, et les autres l'un ou l'autre selon leur puissance, ainsi que je vous promets bien de n'y manquer pas de mon costé, « que nous recouvrirons en bref, soldats, argent, « canons, vivres, munitions, instrumens et autres provisions convenables pour reprendre « Amiens, et peut-estre faire encor quelque « chose de mieux.

« N'allons pas si viste, dit le Roy, car cet ouvrage seul equipole bien, ce me semble, nostre « portée; et partant voyons un peu où vous pretendez prendre tout cela : aussi par vostre foy « croyez-vous que cela soit si facile que vous le « faites, ou si vous le dites pour relever les courages d'un chacun ? car, pour vous dire ce que « j'en pense, je le tiens un peu plus difficile. —

« Ouy, Sire, respondistes-vous, je croy certaine-
« ment tout ce que j'ay proposé, et ne l'ay dit ny
« par jactance ny vanité; et pour vous le tes-
« moigner, sans plus consumer le temps en dis-
« cours, plaintes, ny paroles vaines, permettez
« que j'aille en mon logis chercher argent parmy
« mes papiers; car je m'asseure de vous apporter
« des moyens pour en recouvrer, car il en faut
« avoir n'en fust-il point, estant raisonnable de
« n'espargner personne, puis que tous les gens de
« bien et vrais François ont interest de ne laisser
« pas ainsi une telle taniere d'ennemis irrecon-
« ciliables, pires que bestes farouches, si pro-
« ches de la capitale du royaume, et vaut mieux,
« comme l'on dit en commun proverbe, pays
« ruyné que pays perdu.

« Je loue vostre resolution, dit le Roy, et vous
« sçay bien gré des bonnes esperances d'un heu-
« reux succez que vous prenez et voulez essayer
« de faire prendre aux autres; mais tout cela ne
« sont que langages et papiers, et le mal qui
« nous presse n'est pas, comme je vous en ay dit
« un mot, de la qualité de ceux qui se guerissent
« par paroles, escritaux et billets, ny par seaux,
« ny par signatures, desquels l'on dispose comme
« l'on veut; car il n'y a rien si aisé, comme
« vous le sçavez quelquesfois si bien dire au
« chancelier et aux secretaires d'Estat, lors qu'ils
« veulent égaler leurs labeurs et leurs services à
« ceux qui se meslent des armes et d'amasser ar-
« gent, que de faire signer et seeller; mais cela
« ne produit pas tousjours, et à poinct nommé,
« une certaine matiere d'or qui ne se laisse pas
« attraper pour la desirer, ny des armes, artil-
« leries, vivres, munitions et soldats courageux,
« disciplinez, appropriez aux fatigues d'un grand
« siege, comme tout cela nous est necessaire. Et
« partant voyons ce que produira cette bonne
« volonté que vous tesmoignez: car quant à vos-
« tre esprit, j'advoue qu'il est actif et inventif,
« et que vous ne manquez pas de diligence ny
« d'industrie—Or bien, Sire, dittes-vous, ce n'est
« que trop discouru pour un homme auquel il
« vous plaist de donner telle louange, plustost
« neantmoins selon mon advis pour m'encourager
« que pour en estre digne; et partant, sans plus
« repliquer, je vous dis adieu, et m'en vay tra-
« vailler de façon que vostre Majesté cognoistra
« ma diligence, affection et loyauté. »

Et sur cela estant sorty du cabinet du Roy,
vous-vous en allastes à vostre logis, où, apres
avoir bien feuilleté tous vos memoires et papiers,
et vous estre à bon escient alambiqué l'esprit
apres toutes sortes d'inventions, vous ne pustes
trouver moyens plus prompts pour tirer de l'argent (ne voulant nullement surcharger le peuple
de la campagne, pour estre trop pauvre comme
c'estoit là l'opinion des riches, afin de s'exempter) que de faire contribuer les plus opulens; et,
pour cet effet, vinstes vous proposer au Roy
en particulier, premierement, de demander une
decime ou deux à messieurs du clergé, de créer
quatre conseillers en chaque cour souveraine,
quatre maistres des comptes en chaque chambre,
deux tresoriers de France en chaque bureau,
deux conseillers en chaque siege royal, deux esleus en chaque eslection. Et d'autant que l'execution d'une partie de telles choses pourroit tirer
en longeur, et que le peril consistoit au retardement, faire promptement un emprunt sur tous
les plus aysez, tant de la Cour que des grandes
villes, assignant leur remboursement et l'interest de leur prest sur une amelioration de douze
cens mil livres que vous aviez faites en la ferme
des gabelles, et des cinq grosses fermes, et le reculement d'une demie année des debtes que l'on
payoit aux partisans du temps du roy Henri III,
requerir aux provinces de l'Isle de France et
Berry, jointes ensemble à celles d'Orleans et
Touraine, aussi jointes, et à celle de Normandie,
seulement trois regimens de quinze cens hommes chacun, qui porteroit le nom d'icelles sous
tel mestre de camp qu'elles voudroient nommer,
entretenus pour trois mois du jour de leur arrivée au siege, jusques à leur partement; faire
faire une augmentation de quinze sols pour minot de sel, qui seroit continuée apres l'occasion
passée pour la suppression des officiers que l'on
jugeroit les plus en charge; faire expedier une
commission pour la recherche de toutes malversations commises en finances, ne doutant point
que, pour en eviter l'execution, les officiers puissans ne la fissent bien tost commuer en une con-
tribution par forme de prest à jamais rendre; et
adjouster un triennal (1) à tous officiers de
finance, ancien et alternatif.

Tous lesquels advis ayant fait voir au Roy en
particulier, il les leust patiemment, voire avec
plaisir, et vous en demanda le memoire, afin de
le copier de sa main, et puis le faire voir, comme
venant de luy seul, en une grande assemblée
de tous les principaux de la Cour, de la ville
de Paris, et des notables de Rouen, dont il y en
restoit encor la pluspart à Paris; en laquelle il
dit en peu de paroles que les tenant tous pour
bons François, ses loyaux serviteurs et gens de

(1) *Un triennal* : les offices de finances étaient possé-
dés par deux personnes en charge. Le premier s'appelait
l'ancien; le second, qui avait été établi depuis, s'appela
alternatif, et on nomma ce troisième *triennal*, parce
qu'il roulait de trois ans en trois ans avec les deux autres,
auxquels seulement il fut permis de rembourser le triennal. (*Note de l'abbé de l'Ecluse.*)

courage et d'entendement, il s'asseuroit qu'il n'y en auroit un seul qui ne conclud qu'il falloit reprendre Amiens à quelque prix que ce pust estre; tellement que ne mettant pas cela en question, les prioit-il seulement de regarder aux moyens de trouver un fonds d'argent suffisant et prompt pour subvenir aux despences, tant des soldes et entretenemens durant plusieurs mois, de son armée et officiers d'icelle, des vivres et de l'artillerie, qu'il vouloit composer d'un bon nombre de gens de guerre, de cheval et de pied, si bien policez et disciplinez qu'il n'y survinst nul desbandement ny relaschement de courage, et la pourvoir abondamment de canons, vivres, munitions, matieres, drogues, outils, instrumens et ustancilles requis à un grand et long siege, que pour les grands frais qu'il faudra faire d'entrée aux achapts de tant de choses diverses, fontes, remontages et radoubts de pieces de batteries, fabrication de boulets, confection de poudres et ouvrages d'artisans; les longues experiences par lesquelles il avoit passé, et la prudence humaine le conviant, voire la nécessité l'obligeant de proportionner ses armes et provisions à l'importance de l'entreprise, grandeur et force de la place qu'il convenoit assieger, nombre et valeur des gens de guerre preposez à la défence d'icelle, abondances de pieces, vivres, armes et munitions qu'ils avoient là dedans, et aux grandes forces qu'il ne falloit point douter luy devoir tomber sur les bras, pour luy faire lever le siege, de crainte qu'en pensant reparer un desastre, l'on ne retombast en un plus grand, par la perte d'une bataille, comme il arriva devant Pavie, ce qui n'arriveroit point que sa mort ne s'y trouvast envelopée, estant bien resolu de ne survivre point à une telle desolation et calamité, pour se voir derechef plongé dans les anxietez et perplexitez d'esprit, peines et fatigues de corps, par lesquelles il avoit passé, lors que les siens propres luy donnoient plus d'ennemis et de traverses que non pas les ennemis, et qu'il les luy falloit courtiser au lieu d'en estre servy et de leur commander, les priant derechef tous de ne se separer point sans quelque conclusion.

Sur lesquels propos fondez en de tant solides raisons, chacun de ceux qui estoient là presens furent long-temps à s'entre-regarder sans dire mot, les plus grands se remettans sur les plus entendus en finance, et ceux cy sur les autres; et enfin, à force d'estre pressez de parler par le Roy, apres que chacun en eut discouru à sa mode, l'on proposa de faire de nouvelles levées sur le peuple, des creations d'officiers et de nouvelles attributions aux autres; mais le Roy voyant qu'il y avoit de grandes diversitez d'opinions dont ils n'estoient pas pour s'accorder promptement, il tira son memoire de sa pochette et leur dist, que pour leur monstrer que de sa part, quelque peu entendu qu'il fust en finance, il n'avoit pas laissé d'essayer, de luy mesme, à trouver des moyens, lesquels il avoit escrits de sa propre main, adjoustant, apres les avoir fait lire, qu'ils eussent à en trouver de meilleurs, plus faciles et plus prompts, ou autrement qu'il feroit absolument executer tous ceux là. A quoy chacun ne repliquant rien, le Roy dit qu'il voyoit bien que ses advis seroient en fin les meilleurs, mais que jugeant bien luy mesme que n'estans pas tous d'esgale facilité en l'execution, aussi ne pretendoit-il pas de s'en servir que subsidiairement les uns apres les autres, selon que la nécessité le pourroit requerir, et vouloit que l'on commençast par les prests les plus aysez, tant pource que ce seroit l'argent le plus prompt pour employer aux provisions et preparatifs du siege, que pour recognoistre pour les meilleurs François et qui luy porteroient le plus d'amitié ceux qui plus librement se taxeroient eux mesmes, et payeroient volontairement une bonne somme, aimant neantmoins peu, de cette façon, que beaucoup par force : à quoy nul ne devoit manquer puis qu'il avoit ordonné un fonds certain (comme ceux de son conseil pouvoient certifier), par le moyen duquel ils seroient tous remboursez dans deux ans avec l'interest de leurs deniers, dont afin qu'ils doutassent moins, il leur en donnoit d'abondant sa foy et sa parole, à laquelle il aymeroit mieux mourir que de manquer, comme il n'avoit encor jamais fait; vouloit que l'on continuast apres par les quinze sols pour minot de sel, l'establissement de tous comptables triennaux, et la commission pour la recherche des malversations aux finances, ce qui fut finalement conclud et si bien executé, tant les paroles et la presence du Roy eurent de vertu, que l'on tira trois cens mil escus de prests volontaires, environ douze cens mil escus des triennaux, et autant des financiers, qui aymerent mieux venir à composition et contribuer cette somme par forme de prest à jamais rendre (en laquelle tous les tresoriers de France furent compris) que de souffrir cette recherche.

CHAPITRE LXXV.

Rosny choisi pour diriger seul les finances. Présent offert à madame de Rosny. Divers voyages de Rosny au siège d'Amiens. Il est chargé par le Roi d'écrire aux chefs protestans qui veulent remuer. Lettre très-

remarquable adressée à la Trémouille. Mort de Saint-Luc, grand maître de l'artillerie. Pourquoi le Roi ne donne pas sur-le-champ cette place à Rosny. Lettres de Henri IV et de Rosny. Reprise d'Amiens.

Combien que nous eussions sujet de laisser aux historiens une infinité de particularitez des signalées factions de guerre qui se passerent durant et devant le siege d'Amiens, desquelles il se pourroit faire un gros volume et dire de tres-belles choses, d'autant que vous ne fustes meslé en la pluspart d'icelles, neantmoins nous vous en reciterons quelques-unes esquelles vous eustes part. La premiere fut un conseil que le Roy alla tenir chez M. de Schomberg, pource qu'il estoit au lict ayant son point, auquel le Roy ayant proposé son partement dans trois jours, leur dit vouloir establir un tel ordre, que ne manquant d'argent ny d'autre chose, il n'eust à songer sinon à bien travailler et bien combattre, enquoy il promettoit bien de ne s'espargner pas. Et d'autant qu'il avoit souvent experimenté que ce dont plusieurs avoient également la charge, estoit tousjours negligé, il vouloit choisir un particulier de son conseil qui eust à luy respondre de tout, servist comme de solliciteur et de chasse-avant aux autres, et auquel il eust aussi à s'adresser en particulier, et luy demander les choses qui seroient necessaires; et afin de les tirer hors de peine pour en faire l'eslection, qu'il vous choisissoit comme celuy qu'il cognoissoit de plus longue main, le plus jeune et vigoureux pour aller et venir, et auquel il diroit le plus librement ses veritez s'il venoit à manquer. Surquoy il ne se fit aucune replique, plusieurs jugeans bien par là que c'estoit commencer en vostre personne un establissement absolu aux finances, duquel ils s'estoient tousjours doutez : de sorte que messieurs de Sancy et de Schomberg, qui s'estoient le plus arrogé d'authorité, se resolurent de suivre le Roy, et quitter le conseil sedentaire de Paris, auquel ils ressentoient bien que leur grande puissance alloit de jour en jour diminuant, à mesure que la vostre recevoit accroissement, comme ils voyoient bien que cette derniere action du Roy l'establissoit du tout; le premier prenant pour pretexte de sa retraite, l'occasion de ce grand siege, où il se vouloit trouver comme homme de guerre, à cause de sa charge de coronel des Suisses.

Ce siege donc ainsi resolu, le Roy donna ordre aux expeditions necessaires pour vous faciliter le recouvrement des deniers; puis, vous ayant recommandé la vigilance et la diligence, il partit de Paris, et s'en alla rassembler ses troupes, afin de commencer au plutost ses logemens necessaires à l'entour de cette ville; et vous, de vostre costé, pourveustes à faire trouver de l'argent, amasser artillerie, munitions et vivres; fustes dresser un hospital pour les malades et blessez de l'armée, traitastes avec des marchands, pour y faire voiturer toutes sortes de vivres pour hommes et chevaux, marchandises et autres denrées; enquoy il vous reussit si bien, que toutes choses abonderent tousjours en l'armée, voire mesmes les delicieuses et voluptueuses, jusques-là que plusieurs personnes de qualité et de moyens, estans malades, se faisoient porter en cet hospital, pour y estre mieux accommodez et traittez que dans Paris. Tous les mois vous ne manquiez pas de vous acheminer en l'armée, et de faire voicturer avec vous cent cinquante mil escus, dequoy vous receviez force loüanges et bonne chere des capitaines.

Or, un jour au retour d'un de ces voyages, apres que l'edict pour l'establissement des triennaux eut esté verifié, comme vous usiez de toutes sortes d'industries pour en tirer le plus d'argent comptant qu'il vous seroit possible, jusqu'à faire l'office de greffier du conseil et de tresorier des parties casuelles, en vendant vous mesme les offices, et baillant un billet à l'achepteur adressant au tresorier, afin qu'il receut son argent, et luy delivrast sa quittance, tellement que nul du conseil n'y pouvoit gratifier son parent ny son amy, il arriva qu'une apresdinée un certain Robin de Tours, que nous sçavons bien qui estoit boiteux, car il s'adressa à l'un de nous quatre pour le presenter à Madame, à laquelle il vint offrir un diamant de six mil escus pour vous, et un de deux mil pour sa part, si elle pouvoit faire en sorte que vous ne voulussiez point empescher que messieurs du conseil luy adjugeassent tous les offices triennaux des generalitez de Tours et d'Orleans, pour soixante et douze mil escus; dequoy elle et luy vous estans venus parler ensemble, vous ne vous fistes que mocquer, et dire : « A d'autres, à d'autres, « M. Robin; car l'on ne prend rien ceans qui ne « vienne des liberalitez du Roy, lequel perdroit « trop à ce marché, ayant desja gens en main « qui ne demandent que la moitié de ces offices « et m'en offrent soixante mil escus; et ne vous « joüez plus de venir faire des offres ceans pour « tromper le Roy. » Et ainsi se retira ce boiteux, et dés ce soir et le lendemain matin vous delivrastes des billets de ces offices pour près de quatre-vingt mil escus.

Tellement que cette occupation vous ayant retardé d'aller au conseil, monsieur le chancelier vous envoya par deux fois un huissier vous prier de venir, dautant que la compagnie vous attendoit pour resoudre une affaire dont le Roy toucheroit soixante et quinze mil escus comptant, ce qui vous fit haster, croyant que ce fut de quelques nouveaux moyens qu'il entendist parler; mais, comme vous entrastes dans la chambre du conseil, monsieur le chancelier frappant des deux doigts sur la table, vous dit : « Monsieur, monsieur, il y a long-temps que nous vous attendons; le Roy croit que vous soyez des plus diligens, et neantmoins vous venez quasi tousjours le dernier.—Monsieur, repartistes-vous un peu mutiné de ce langage, quoy que je sois des derniers au logis, si n'y suis-je pas inutile ; car ce matin j'ay fait des affaires pour plus de cinquante mil escus dont vous orrez parler. »

« Nous en avons aussi fait au conseil qui valent bien les vostres, vous repartirent messieurs de Fresnes et de la Grange-le-Roy, car nous avons vendu des offices pour soixante et quinze mil escus tout argent comptant, afin que vous puissiez faire dans huict jours une voicture au Roy, duquel nous avons receu deux lettres qui ne chantent qu'argent.—Et quels offices sont-ce, respondistes-vous, car il pourroit estre que nous nous serions rencontrez ?—Ce sont les offices des generalitez d'Orleans et Tours, dit monsieur le chancelier, que le conseil a trouvé bon d'accorder au sieur Robin de Tours, pour cette somme, jugeant cela plus à propos que de les vendre moitié comptant, et l'autre moitié payable dans deux mois, comme le portent quasi tous vos billets, et est là une forme du tout inusitée.—Ho ! ho ! Monsieur, repartistes-vous, je voy bien qu'il y a partie dressée ; mais si j'eusse voulu les gants, d'autres ne les eussent pas eus ; et pour moy sur l'occasion d'un siege tant important où le Roy hazarde sa personne, comme le moindre capitaine (car par deux fois que j'ay esté voicturier de l'argent, je l'ay tousjours trouvé dans les tranchées, et la derniere ayant le casque en teste et la pique en la main, prest d'aller droit aux ennemis qui avoient fait une sortie), je pense qu'il n'y aura pas trop de tout et ne faut rien bailler à vil prix. »

« Or bien, bien, monsieur, repartist monsieur le chancelier, nous ne doutons point de la valeur et vigilance du Roy. Mais que voulez vous dire par ces gants et par ces formes dont vous usez au prejudice de l'ordre des finances et reglemens du conseil ?—Je ne veux dire autre chose, monsieur, sinon que j'avois desja refusé ce Robin, de ce qu'il vous a offert, dites-vous, et que par tout où je pourray faire le profit du Roy, et luy amasser de l'argent, puis qu'il m'a chargé de cela particulierement, je ne m'arresteray pas à toutes ces formes.—Ce n'est que trop disputé, ce dit M. de Fresnes, il faut voir si ce que le conseil a fait demeurera, ou si nous le laisserons changer par un particulier. »

Somme que pour abreger l'affaire mise en deliberation, il fut dit que l'adjudication faite au conseil auroit lieu, avec deffences au tresorier des parties casuelles d'avoir plus d'esgard à aucuns billets particuliers, et vous mesme en vostre opinion ne dites autre chose, sinon que vous estiez de l'advis commun. Et sur cela estant sorty du conseil pour vous en retourner à vostre logis, vous y fustes à peine arrivé que le secretaire Fayet vous vint trouver avec cét arrest en minutte, signé de tous les autres, afin de vous le faire signer; mais vous l'en refusastes tout à plat, et apres plusieurs contestations (car il avoit charge de vous presser) vous luy dites que vous n'en feriez rien, que vous n'eussiez eu responce du Roy, d'une lettre que vous luy escriviez touchant cette affaire, où vous n'espargniez ny la verité, ny les personnes ; laquelle lettre (vous ayant tant importuné que vous luy en fistes la lecture, où il estoit dit que Robin avoit fait les offres que vous aviez refusées à madame de Sourdis, qui gouvernoit monsieur le chancelier, laquelle avoit associé avec elle une certaine madame de Deuilly sa parente, de laquelle M. de Fresnes estoit amoureux) il vous pria de n'envoyer point qu'il n'eust esté trouver messieurs du conseil, et ne fut revenu vers vous ; ce qu'ayant fait, afin de ne nous amuser pas davantage à ces poinctilles, la minutte de l'arrest fut rompuë et vos billets continuez comme auparavant.

Quelque temps apres vous allastes faire une voicture d'argent en l'armée, où estant arrivé, M. de Sainct Luc, entre les mains duquel M. de la Guiche s'estoit defait de sa charge de grand maistre de l'artillerie, vous invita à disner, et apres iceluy vous mena voir toutes les trenchées et logemens d'artilleries; dequoy le Roy adverty, il luy en sceut mauvais gré et s'en courrouça fort contre vous, disant qu'il vous defendoit absolument de faire le mestier de la guerre, ny d'aller en lieu perilleux tant que ce siege dureroit (dautant que s'il vous arrivoit mort ou grande blessure, tout vostre ordre venant à manquer, aussi feroit le payement de son armée, et par consequent la subsistance d'icelle), ny mesme d'aller plus aux trenchées qu'avec luy, y en ayant de tels qui, pour se deffaire de vous, seroient bien aises de vous faire donner quelque nifflade, voire ne craindroient point de se hazarder eux-mesmes pour cela.

Le lendemain comme vous veniez pour prendre congé du Roy, afin de vous en retourner à Paris, preparer de l'argent pour une autre monstre, vous le trouvastes tout resveur et chagrin, et vous ayant tiré à part vous demanda si vous ne l'aviez pas trouvé plus triste que de coustume; et luy ayant respondu que ouy, il vous dit qu'il avoit receu des nouvelles comme l'on sollicitoit fort et ferme ceux de la religion, de s'assembler pour luy envoyer des députez demander un certain edict, que les plus mutins et seditieux d'entr'eux avoient compilé à la solicitation de gens affidez à messieurs de Boüillon, la Trimoüille, du Plessis et autres, lequel il seroit hors de sa puissance de pouvoir jamais faire verifier aux cours souveraines, ny souffrir l'establissement d'iceluy aux catholiques, et à son refus de prendre les armes pendant qu'il estoit ainsi occupé en ce grand, fascheux et si difficile siege; que la pluspart des eglises, et sur tout des grandes villes et des principaux de la noblesse avoient bien declaré de ne le vouloir pas presser d'aucunes nouvelles concessions, tant que le siege d'Amiens dureroit, dont il se sentoit leur estre obligé; mais qu'il craignoit qu'à la longue ces messieurs de Boüillon, de la Trimoüille, du Plessis, accompagnez par quinze ou vingt de leur caballe, dont les deux Sainct Germain, Aubigny, la Valliere, la Case, la Saulsaye et Constant estoient des plus eschauffez, qui les solicitoient à cela, ne les y disposassent avant qu'il eut pris Amiens, qui seroit la ruine entiere de ses affaires; et partant vous prioit-il, ainsi qu'il avoit fait ses autres affidez serviteurs, d'en escrire à vos amis particuliers comme vous fistes, et entre iceux à M. de la Trimoüille, d'autant qu'entre luy et vous il y avoit tousjours eu quelque espece de plus grande amitié qu'avec nul des autres. Et sans nous amuser par le menu au recit de telles menées, nous nous contenterons d'inserer icy la lettre que vous escrivistes à M. de la Trimoüille, laquelle en dira quelque chose, la teneur en estant telle:

Lettre de M. de Rosny à M. de la Trimoüille.

Monsieur, l'extrême affection que j'ay tousjours euë au service du Roy, au bien de l'Estat, à l'advancement de nostre religion et à vostre particulier, m'a persuadé que je ne me devois point taire parmy tant d'occasions qui se presentent et me convient à parler, où quelquefois une parole dite et receuë à propos peut apporter beaucoup d'utilitez. J'ay eu cognoissance de vos advis particuliers et des resolutions generales de l'assemblée de nos eglises, lesquelles à la verité m'ont fort affligé, pour ce qu'elles me semblent manquer aux raisons des temps presens, à la disposition des affaires et aux formes de proceder. Recevez, je vous supplie, de bonne part les conseils que je vous donne, puis que j'en suis par vous requis et par une bonne conscience, loyale à sa patrie; car ils sont fondez sur le devoir et la raison qui me commande de bien faire en tout temps et d'inciter les autres à faire le semblable. Et pour venir aux particularitez des affaires, je vous diray avec franchise, que je vous supplie avoir agreable comme procedante d'un cœur qui est tout vostre, que je ne voy point en vos lettres une telle moderation et prudence, que l'excellence de vostre esprit et le zele que je vous ay tousjours creu avoir au service du Roy et de vostre patrie, m'avoit fait esperer de vous.

Je considere leur defectuosité en ce qu'elles particularisent bien les maux, mais ne specifient point les remedes; en ce que vous exprimez bien les mauvaises deliberations, mais ne protestez pas de n'y estre point consentant et ne promettez de demeurer ferme au service de Sa Majesté, et vous opposer formellement aux remuemens que l'on voudroit faire contre son authorité, ainsi que tout droict divin et humain vous y oblige. Les resolutions generales sont mal prises, en ce que l'on veut par là faire porter au Roy l'ennuy et la peine du peché, dont il n'est pas l'autheur; car de croire que l'intention de Sa Majesté soit telle que les choses dont l'on se plaint ayent lieu, il n'y a nulle apparence; ses effets, en ce qui despend de son pouvoir, y contredisant; et m'asseure qu'en vostre ame vous et plusieurs de l'assemblée n'ignorez point sa bonne volonté, et toutes-fois, au lieu que vous devriez tous fortifier sa foiblesse, secourir sa necessité et soulager ses travaux, il semble qu'au comble d'iceux l'on aye pris le temps d'adjouster affliction sur affliction, afin de l'accabler et tout à l'apetit des interests particuliers, que l'on cognoist assez estre les causes de tout ce mal.

Souvenez-vous que Dieu est juste et certain juge de nos pensées et de nos actions, et que le Roy estant innocent, comme je sçay qu'il est des choses pour lesquelles on l'afflige, il ne souffrira point qu'il succombe, mais relevera son authorité à la ruine et confusion de ceux qui couvriront leurs mauvais desseins et leurs interests particuliers du zele de la religion; et à la verité la nayfve bonté de Sa Majesté redouble le peché de ceux qui le veulent offencer. Outre ces raisons concernans son service et le repos public, celuy mesme de la religion contredit à ce qui s'est fait, car estant la seule parfaite fondée sur le droit et la verité, elle doit rendre exempts ceux qui la tiennent non seulement de tout mauvais pretexte, mais mesmes de toutes apparences de mal.

Jusques icy Dieu par sa grace nous a exemptez de tous ces soupçons, ayant tesmoigné qu'il n'y avoit jamais rien eu que son seul service qui eut poussé ceux de nostre religion aux choses violentes et extraordinaires, ce qui a tousjours justifié nos armes et nos desseins. Maintenant si l'on y procede autrement, comme il semble que vos lettres donnent sujet d'en croire quelque chose, cette bonne opinion se perdra; et outre cela celle que l'on avoit tousjours euë, que le party de la religion estoit le plus asseuré party de France, à cause de l'union des volontez et interests de ceux qui en faisoient profession, diminuera grandement, dont les foibles et inutiles effets que je sçay que l'on peut faire par delà seront la seule cause; car ne vous imaginez pas qu'à ces nouveaux et precipitez remuemens nos eglises de deçà soient concurrentes, ny mesme que plusieurs de delà les approuvent; tellement que cette division causera beaucoup de mauvais effets, et parmy ce qui demeurera uny en ce mauvais dessein en son progrez, il y naistra tant de confusions, tant de desobeyssances et tant de necessitez, chasque particulier ayant pour principal but et objet le bien de ses affaires, et non celuy de la religion et du party en general, que ceux qui plus y prendront d'autorité seront ceux qui plustost experimenteront la verité de mes opinions, et regretteront de n'avoir plus prudemment et raisonnablement borné leurs desirs et conduit leurs entreprises.

Si mes parolles ne sont si bien agencées qu'elles vous persuadent à mieux faire que vous dites que l'on n'a commencé, au moins seront-elles des presages des maux infaillibles, et si vous les gardez en ce papier elles vous serviront quelquesfois de consolation et de guide à un meilleur chemin, ayant recognu que selon icelles les maux et les peines seront retombées sur leurs autheurs. Je desirerois estre prés de vous pour vingt-quatre heures, car l'affaire qui se presente est un champ si spacieux qu'il ne me laisseroit manquer de raisons pour vous ramener tous à la raison, et vous montrer clairement qu'en l'assemblée, si la conclusion en est telle que vous me mandez, il ne s'y est resolu aucune chose qui puisse revenir à la gloire de Dieu, à l'utilité de la religion, au bien et repos du Roy ny du royaume, ny de vous particulierement.

J'ay tousjours estimé que vous ne pecherez jamais par ignorance; ramenez-vous donc devant les yeux les raisons que la clarté de vostre jugement et la vivacité de vostre esprit vous presente, et je m'asseure que vous ferez changer de dessein à cette assemblée, ou que pour le moins vous vous opposerez à la violence de ceux qui le voudront suivre, tesmoignant à chacun que vous estes vrayement huguenot, c'est à dire, entierement desireux de conserver la religion et l'Estat, balançant tellement vos conseils et actions que l'excez de la passion au bien de l'un ne puisse devenir la ruine de l'autre. Excusez la liberté dont j'use en vostre endroit, la passion que j'ay à vostre service, et l'amitié que m'avez promise m'y contraint. Cette lettre est pour vous seul, remettant toutes-fois en vostre prudence de la communiquer en temps et lieu. Voilà ce que j'ay estimé ne vous devoir point celer, vous priant de le recevoir d'aussi bonne part que je prie Dieu de bon cœur vous donner, etc.

Estant retourné à Paris vous preparastes une quatriesme voicture, les nouvelles de laquelle resjouyrent toute l'armée et vous y fit recevoir avec plus grand applandissement que jamais; tous les capitaines et soldats, crians tout haut qu'il paroissoit bien maintenant que le Roy avoit mis en ses finances un gentil-homme d'illustre maison, qui estoit bon François, bon soldat et en avoit tousjours fait le mestier, puis qu'il servoit si bien le Roy et la France, donnoit si bon ordre au payement des soldats et faisoit en sorte que rien ne manquoit à l'armée.

Le lendemain de vostre arrivée, comme vous entreteniez le Roy et l'asseuriez de luy faire fournir encor trois monstres pour le moins à poinct nommé, voire peut-estre la quatriesme, s'il tenoit bon contre ceux que vous voyez bien avoir envie de se reserver quelque fonds, M. de Ville-roy et peu apres M. de Montigny entrerent comme tous esmeus dans la chambre du Roy, et luy parlerent chacun à part assez long-temps avec apparence de grande affection, et de ne s'en estre pas separez trop contens. Surquoy le Roy vous ayant appellé, vous dit :

« Le pauvre Sainct Luc n'a pas long-temps
« gardé son estat de grand maistre de l'artillerie;
« ces deux hommes qui viennent de partir, m'es-
« toient venus advertir qu'il vient d'estre tué le
« plus malheureusement du monde dans une de
« ses batteries, regardant par entre les gabions
« et deux madriers si prés l'un de l'autre qu'il
« n'y avoit quasi que le passage de la balle entre
« deux. C'est dommage, car il estoit homme de
« service ayant l'esprit et le courage bon, estant
« fort actif, inventif et diligent, et neantmoins
« ne faisoit pas beaucoup, à cause de la grande
« abondance de conceptions qui luy entroient
« dans la teste, dont la derniere venuë luy sem-
« bloit tousjours la meilleure et detruisoit toutes
« les autres. Or, venoient ces deux hommes pour

« me demander sa charge ; à sçavoir : Ville-roy
« pour son fils Alincourt ou son neveu Chasteau-
« neuf-l'Aubespine, deux gentils-hommes de
« haute extraction, dont le premier, comme vous
« sçavez et moy aussi, a un peu les ongles bien
« pasles pour une charge où il ne faut rien crain-
« dre et estre tousjours au peril ; et quant à l'au-
« tre je ne luy ay jamais veu faire que des gri-
« maces et simagrées ; et par là pouvez vous
« juger si je leur bailleray cette charge. Montigny
« m'en a aussi parlé pour luy mesme, et a de
« bonnes parties pour la meriter ; car il m'ayme,
« est fidelle et loyal, est vaillant, actif et dili-
« gent ; mais il a peu de jugement, peu d'inven-
« tion et encor moins d'ordre et de ménage, qui
« sont conditions tres-necessaires en un grand
« maistre. J'ay en mesme temps pensé en vous,
« car je sçay que j'en recevrois contentement ;
« mais faisant estat de vous rendre seul absolu
« dans mes finances, je n'estime pas qu'il vous
« fut possible de vous bien acquitter de ces deux
« charges ensemble, chacune d'icelles meritant
« bien un homme tout entier. Neantmoins j'y
« penseray, mais ne dites à personne que je vous
« en aye parlé ; car tousjours de tout ce siege ne
« vous en voudrois-je pas pourvoir, de crainte de
« vous divertir de vostre ordre accoustumé pour
« le payement de mon armée, et d'en faire per-
« dre l'esperance à plusieurs ; lesquels, sous cette
« attente, essayeront de servir à qui mieux
« mieux.

« Sire, luy dites-vous, je n'ay rien à requerir
« de vostre Majesté, puis qu'elle a soin de moy
« avant que j'y aye pensé, et ne veux en cela
« que ce qu'il vous plaira ; mais s'il m'étoit per-
« mis et bien seant de repliquer, je dirois que
« tant s'en faut que ces deux charges soient in-
« compatibles ; que, selon mon advis, elles de-
« vroient estre tousjours ensemble, et que jamais
« l'artillerie ne sera mise en son lustre, et n'en
« tirerez l'utilité qu'elle doit produire, qu'elle ne
« soit exercée par un super-intendant des finan-
« ces, qui entende le métier de l'un et de l'au-
« tre et ne manque pas de courage ; mais vostre
« prudence estant par dessus tout ce que je sçau-
« rois dire, je la laisseray operer, resolu de
« n'avoir jamais autre volonté que celle de vos-
« tre Majesté. »

Et sur cela vous estans separez, vous laissastes passer tout le reste du jour et de la nuict suivante sans sortir de vostre logis, ny aller en celuy du Roy, jusques au lendemain après disner, en l'esprit duquel vous trouvastes bien d'autres fantaisies ; car, vous ayant appellé si tost qu'il vous apperceut, il vous dit : « J'ay pensé avoir
« une grande querelle pour vous ; mais enfin, à
« force de larmes et de prieres, je me suis laissé
« vaincre, ma maistresse m'ayant tant importuné
« que je luy ay accordé la charge de grand mais-
« tre de l'artillerie pour son pere, me remons-
« trant, comme elle avoit esté si long-temps en
« sa maison, que ce luy seroit une honte et un
« deshonneur, voire un tesmoignage certain que
« je ne l'aymerois plus si je la refusois, et se re-
« solvoit, en ce cas, de me quitter, de s'aller
« cacher, et enfin de se rendre en quelque reli-
« gion. A tous lesquels assauts je confesse n'avoir
« pas eu assez de force pour y resister ; je luy
« ay dit que je destinois, sans rien nommer neant-
« moins, cette charge pour un homme dont
« j'estois asseuré d'estre bien servy, ce que je
« ne pouvois pas esperer de son pere, et tant d'au-
« tres choses, qu'enfin elle est demeurée d'accord
« de faire quitter l'office à son pere, à la pre-
« miere charge de qualité qui viendroit à vac-
« quer, voire d'en prendre recompense s'il me
« vient quelque grande guerre sur les bras, pour
« la bailler à celuy que j'avois en fantaisie, le
« nom duquel elle ne me vouloit point demander.
« De sorte que, dés à present, je vous promets
« qu'elle ne passera jamais des mains de M. d'Es-
« trée, sinon és vostres. » Dequoy vous le remerciastes sans rien contester, jugeant bien que vous y perdriez vostre temps.

Le lendemain vous en retournastes à Paris pour continuer vostre accoustumé recouvrement de deniers, où vous receustes advis, quelque huict jours apres, de la mort de monsieur vostre second frere que vous aviez laissé au siege d'Amiens, se portant fort bien, et le jour suivant une lettre du Roy dont la teneur s'ensuit :

Lettre du Roy à M. de Rosny.

Mon amy, puis que vous pensez continuellement à faire subsister mon armée sur pied et à plusieurs autres miennes affaires en mon absence, il est bien raisonnable que j'aye quelquesfois soin des vostres, lors que vous estes absent de moy. Cette lettre donc est pour vous dire que sur la mort de vostre second frere (que je ne doute point que vous n'ayez sceu par une autre voye), plusieurs me sont venus demander le gouvernement de Mante, et vostre jeune frere plus instamment que nul des autres ; mais à tous j'ay respondu que vous m'en aviez desja escrit, et ne pouvois, me servant si utilement que vous faisiez, le donner à un autre, vous le desirant. Advisez donc à leur respondre de mesme, afin que nous ne soyons trouvez en diversité de paroles, car je vous veux gratifier en tout ce que je pourray. Adieu mon amy.

Du camp devant Amiens. (Il n'y avoit point de datte.)

Vous rendistes responce au Roy, en le remerciant et acceptant sa bonne volonté, envoyastes vostre secretaire Balthazard à Amiens en retirer les expeditions, puis allastes faire un tour à Mante prendre possession du gouvernement. Pendant vostre sejour, qui ne fut que de quatre jours, ceux du conseil, qui l'estimoient devoir estre plus long, prirent ce temps pour faire une lettre au Roy, signée d'eux tous, par laquelle ils luy mandoient en substance, comme vous le sceustes depuis, qu'ils avoient si bien travaillé depuis cinq mois, que son armée n'avoit manqué d'argent ny d'autres choses; qu'ils feroient encor tout leur possible pour faire fournir un mois de plus, mais qu'apres cela il n'en falloit plus esperer des moyens qu'il avoit ordonnez, dautant que ce qui restoit à recevoir n'estoit plus que restes et fondrilles incertaines, dont il ne se sçauroit que bien peu tirer, et encore avec grande longueur de temps. Et partant le supplioient-ils de mander sa volonté sur les nouveaux moyens dont l'on auroit à se servir pour continuer à fournir comme l'on avoit fait jusques à present, de quoy encor ne luy osoient-ils donner nulle asseurance, mais bien qu'ils y feroient tout leur possible.

Le Roy ayant receu cette lettre, ne s'arresta pas du commencement à regarder la souscription, en laquelle il avoit huict ou dix seings, et croyant que le vostre y fust, il se mit à vous déchiqueter un peu tous l'un apres l'autre, et vous plus que pas un (se souvenant des promesses que vous lui aviez faites à vostre dernier voyage, de luy fournir encore trois à quatre mois, dans lequel temps il ne doutoit point qu'il ne prist Amiens, principalement depuis la mort d'Arnaut Teille; mais rejettant les yeux pour la seconde fois sur les seings de sa lettre et n'y voyant point le vostre, il demanda au courrier où vous estiez quand il partit, lequel luy ayant dit que vous estiez allé jusques à Mante, il reprit quelque espece d'esperance, et vous escrivit soudain ces trois mots de sa main en tels termes:

Lettre du Roy à M. de Rosny.

Mon amy, un homme de bien comme vous n'a que sa parole, c'est pourquoi m'estant fié sur celle que vous m'avez donnée de faire encor fournir pres de quatre monstres à mon armée, je vous envoye la lettre que m'escrivent ceux de mon conseil, par laquelle ils me desesperent d'en pouvoir fournir plus d'une, afin que vous vous acquittiez de ce que m'avez promis, et fassiez voir que vous en sçavez plus qu'eux. S'il y a des difficultez qui requierent vostre presence pres de moy, afin que soyez assisté de mon authorité, venez en diligence, et je vous assisteray en tout. Attendant vostre responce, je vous dis adieu et vous aime bien,

Du camp devant Amiens, le vingt-huictiesme juillet.

A laquelle lettre vous fistes une telle responce.

Lettre de M. de Rosny au Roy.

Sire, je ne me puis imaginer surquoy messieurs de vostre conseil ont fondé la lettre qu'ils vous ont escrite pendant mon absence de quatre jours seulement: je remets à vous dire de bouche tout ce que je pense sur icelle; et, afin de vous consoler en attendant, je vous dis moy, que vous ne vous souciez que de conserver vostre personne, de faire advancer vos ouvrages, de frapper fort si ce prestre vient en personne pour vous faire lever le siege, et trouver bon que je ne perde point une si bonne occasion à employer ma vie pour vostre service; et pour le surplus, je vous promets, de sens rassis et non à l'estourdy, comme l'on m'a dit que trois ou quatre de vostre conseil disent que je parle et fais les choses, que vous ne manquerez d'argent ny de toutes autres choses de quatre mois. Priant le Createur, etc.

Vostre responce remit le Roy en bonne humeur, il la fit voir aux principaux chefs de l'armée. Bref, pour abreger, vous executastes si bien ce que vous aviez promis, que l'armée du Roy subsista, chassa par deux fois les ennemis, notamment ce cardinal, et finalement prit la ville; du recit de toutes lesquelles particularitez nous nous abstiendrons pource que vous n'y eustes nul part, et que les historiens ne les oublieront pas. Or ayans trouvé en remuant vos papiers pour les mettre en ordre et en liasses selon la nature, les temps et la qualité des affaires, grande quantité de lettres du Roy et autres de cette année 1597, nous en avons choisi trente, d'autant qu'elles parloient de ce grand et important siege d'Amiens, et ne les pouvant interposer en leurs lieux propres, à cause que la pluspart sont sans dattes, et que ces Memoires estoient desja trop advancez d'escrire, nous nous sommes resolus d'en faire trois chapitres de suitte en ce lieu, ausquels ceux qui les liront avec attention et desir de cognoistre la verité des choses, pourront recourir et les approprier selon leurs qualitez et stiles.

CHAPITRE LXXVI.

Lettres de Henri IV et de Rosny, pendant le siége d'Amiens.

Lettre de la main du Roy à M. de Rosny.

Mon amy, une autre fois je vous donneray plus de loisir pour estre plus long-temps chez vous; mes affaires m'appellent en diligence à mon armée; et je vous fais ce mot le pied à l'estrié, pour vous prier, incontinent la presente receuë, de vous en venir icy pour aider à faire mes affaires, car j'y ai besoin de telles gens que vous, et c'est à ce coup qu'il faut que vous me fassiez paroitre vostre affection. Adieu mon amy.

A Paris, ce 4 juin 1597.   HENRY.

Lettre du Roy à M. de Rosny, contre-signée.

Monsieur de Rosny, je suis tres-mal content de la chambre des comptes, et de ceux qui les ont favorisez en la reduction des officiers creés en icelle, qu'ils ont obtenuë de moy, puis qu'ils me manquent de parole, ainsi que je leur escrits, et au president Nicolay, par les lettres que je vous envoye, ausquelles s'ils ne satisfont, advertissez m'en incontinent, avec vostre advis de ce que je dois faire pour me faire obeyr; car je n'ay pas deliberé de souffrir que l'on me meine de cette sorte, et que l'on se mocque ainsi de moy et du public, comme ils ont fait depuis qu'ils ont obtenu de moy ce qu'ils desiroient. J'escris aux sieurs de Beillievre et de Sancy qu'ils ne partent point de Paris que les deniers que ladite chambre a promis me faire toucher des offices retenus ne soient receus; car c'est aujourd'huy le plus important et pressé affaire que j'aye, et m'avez fait service agreable de m'avoir adverty de l'estat d'iceluy par ce porteur. C'est le moins que je puis employer aux fortifications des villes frontieres de Picardie et Champagne, que vingt-quatre mil escus, comme j'escrivis hier au sieur d'Incarville, mais il est besoin que j'en reçoive comptant presentement la moitié, afin de pourvoir à Montreuil, à Boulongne et à Abbeville, que l'ennemy menace d'assieger cependant que je suis engagé icy. Partant mettez cette somme à part des premiers deniers qui proviendront des triennaux, et me l'envoyez le plutost que vous pourrez, car je ne veux pas qu'elle passe par les mains des officiers, afin qu'elle soit mieux employée. Je feray le departement des autres douze mil escus quant je sçauray qu'ils seront prests. Je vous ay escrit mon intention sur la vente des offices triennaux, mais tenez la main que tous les huict jours on m'envoye un estat des deniers qui auront esté receus, et de l'employ ou destination d'iceux, afin que je sois informé de tout, car je ne veux pas qu'il soit rien fait sans moy. Priant Dieu, monsieur de Rosny, qu'il vous ait en sa sainte garde.

Escrit au camp d'Amiens, le 2 juillet 1597. HENRY. Et plus bas, DE NEUF-VILLE.

J'ay depuis avisé de ne retarder point le sieur de Sancy pour les fruicts que j'espere recueillir de son voyage de Normandie.

Lettre du Roy à M. de Rosny, contre-signée.

Monsieur de Rosny, il se fist dernierement une fonte, en mon arsenac, de quatre canons, dont la Chevallerie me dit qu'il s'en estoit trouvé un gasté, de sorte que je ne devois faire estat de ladite fonte que de trois pour me servir, comme de fait on n'en a pas envoyé icy davantage : toutes-fois on m'a adverty que le quatriesme estoit reüssi aussi bon que les autres, mais qu'il avoit esté destourné et envoyé à Melun à la poursuitte du sieur de la Grange, ce que je ne puis bonnement croire; mais si cette faute avoit esté faite, je la trouverois tres-mauvaise, et ne voudrois la passer sous silence. C'est pourquoy je m'en adresse à vous, et vous prie mettre peine de descouvrir ce qui en est, et m'en advertir fidellement. Il vous sera facile de le sçavoir ; car le larcin ne se peut pas cacher sous la cappe. Les officiers de l'arsenac doivent sçavoir ce qui en est, et vous asseure que me ferez plaisir de m'en esclaircir. Au reste, j'ay fait escrire à un nommé la Planche, qui est à Paris, qu'il vous communique une invention d'un pont dont il a escrit par deçà, afin de voir que c'est, et s'il y a apparence qu'elle puisse reüssir pour y entendre apres, suivant ce que vous m'en manderez. Voyez donc que c'est et m'en mandez vostre advis. Priant Dieu, etc.

Escrite au camp devant Amiens, ce sixieme jour de juillet 1597. HENRY. Et plus bas, DE NEUF-VILLE.

Lettre de la main du Roy à M. de Rosny.

Mon amy, je vous faits ce mot par Guichard, l'un de mes valets de chambre, pour vous dire qu'incontinent et au plutost qu'il vous sera possible, vous donniez ordre, suivant ce qui avoit esté resolu avant mon partement de Paris, que les quatre mil escus, destinez pour mon artillerie, soient envoyez icy ; car, à faute de cela, je prevois beaucoup de mal, s'en estant allé d'aujourd'huy desja cinq canonniers et les autres officiers ne voulans servir sans argent. Donnez aussi ordre à ce qu'il faut pour mes escuries, c'est pitié de voir comme je suis de ce costé là, comme aussi à ce qui est necessaire pour mes habillemens, d'autant que je suis tout nud; et il me semble qu'il n'est pas raisonnable que m'employant, comme je fais, pour le salut de la France, je sois ainsi traité. Je vous recommande ces trois choses là et vous prie de les affectionner si vous m'aimez et desirez me faire service agreable. Adieu, etc.

Au camp devant Amiens, ce 8 juillet 1597.
HENRY.

Lettre du Roy à M. de Rosny, contre-signée.

Monsieur de Rosny, je me fais à croire qu'ayant receu la lettre que je vous escrivis hier au soir apres avoir veu la vostre du huictiesme de ce mois, par laquelle vous me mandiez que vous deviez partir de Paris aujourd'huy, pour aller en Bourgongne, que vous y serez demeuré suivant mon commandement pour y continuer le soin que vous avez eu jusques à present de ce qui concerne mon service. De sorte que j'espere que la presente vous trouvera encores là, par laquelle toutesfois je ne vous escriray aucunes particularitez; mais je remettray le tout à la lettre que j'escris presentement à ceux de mon conseil, par laquelle je leur mande mon intention sur tous les points de la vostre. Partant il ne me reste qu'à vous prier de tenir la main qu'ils soient suivis et executez comme vous avez accoustumé de faire en tout ce qui concerne et importe à mon service, dont j'ay tel contentement qu'il faut aussi que vous croyez que je me repose sur vous de toutes mes affaires, autant et plus que sur les autres qui y sont employez; mais il me semble qu'il n'est pas raisonnable que les corps des compagnies soient deschargées du prest, les chefs et plusieurs autres desdits corps y ayant satisfaict; car sont-ils pas membres de l'Estat comme eux et doivent-ils pas la vie et les biens à la défence du public? Ne vous lassez d'en parler, et s'il est possible, obtenez leur consentement pour vous ayder d'un demy quartier de leurs gages, suivant l'ouverture qui en a esté faite, afin qu'au moins j'en tire quelque chose. Je prie Dieu, etc.

Escrit au camp devant Amiens, le neufiesme jour de juillet 1597. HENRY. Et plus bas, DE NEUF-VILLE.

Lettre du Roy à M. de Rosny, contre-signée.

Monsieur de Rosny, vous m'avez fait tres-grand plaisir d'avoir remis à un autre temps vostre voyage de Bourgongne, suivant la priere que je vous avois faite; car il me semble que j'en suis bien plus fort en mon conseil quand je sçay que vous y estes; et sans vostre presence je desesperois du payement du cinquiesme mois de mon armée, à quoy il faut necessairement bien tost pourvoir, d'autant que si nos soldats n'ont de l'argent, ils ne s'assujettiront jamais aux tranchées, et en seray tres-mal servy. Il faut aussi que vous me fassiez envoyer quatre ou cinq mil escus pour continuer nosdites tranchées, ausquelles il faudra employer jusques à dix mil escus, outre les dix mil escus qui furent baillés à Erard, quand il alla à Paris. Mais aussi j'espere avec cela, que nous yrons jusques dans les fossez d'Amiens, desquels nous approchons tous les jours; mais si nous n'eussions fait besogner nos soldats à trente sols la toise, nous n'en serions pas si prés. Vous me ferez plaisir de verifier davantage le fait du canon, s'il est vray que celuy à qui il a esté baillé, en ait fourny la matiere, et comment il luy a esté delivré; car je n'en suis pas content, et faudra que la Chevallerie m'en responde. Je remets le demeurant sur la lettre que j'escris à ceux de mon conseil, approuvant ce que vous avez fait pour le comte Bothuel. Priant Dieu, etc.

Escrit au camp devant Amiens, le treiziesme juillet 1597. HENRY. Et plus bas, DE NEUF-VILLE.

Lettre de M. de Rosny au Roy.

SIRE,

Pour respondre à la longue lettre qu'il a pleu à vostre Majesté de m'escrire de sa main, le neufiesme de ce mois, j'ay estimé estre à propos de luy rendre raison particulierement sur tous les points contenus en icelle. Et premierement, j'asseureray vostredite Majesté que l'on n'obmet aucune chose qui puisse servir à la vente des offices triennaux, ny à la reception de ceux qui sont pourveus desdits offices, ayant le sieur Puget presenté ses lettres en la chambre des comptes, et estant desja prest d'estre receu en l'office de tresorier de l'espargne, ce qui servira de planche pour la reception de tous les autres. J'espere que le sieur de Ligny, qui a esté pourveu de l'office de tresorier des parties casuelles moyennant dix-sept mil escus, selon l'intention de vostre Majesté, le sera incontinent apres. J'ay desja trouvé une partie des marchands desdits offices, et travaille maintenant de tout mon pouvoir pour en recouvrer d'autres, afin d'advancer le plus que l'on pourra la partie des Suisses que je sçay estre si necessaire, que de peur d'y toucher j'ay differé d'envoyer de l'argent à vostre Majesté pour faire besogner aux ouvrages et tranchées, jusques à ce qu'elle estant remplie comme elle est maintenant, je puisse envoyer des premiers deniers qui seront receus, comme aussi la partie des quinze cens escus pour un mois des officiers des vivres.

Pour les quatre mil escus pour l'artillerie, je les ay envoyez il y a huict jours suivant le commandement de vostre Majesté, à laquelle j'ay fait responce par mes dernieres qu'il n'y avoit pas grande esperance aux six vingts milliers de poudre dont vostre Majesté faisoit estat, à laquelle j'envoye aussi un memoire par lequel elle pourra cognoistre les difficultez qui sont survenuës au fait des pionniers, qui furent ordonnez lever au commencement de l'année. Pour la partie des quinze mil escus des munitionnaires de l'armée, l'on leur a baillé un des deux offices de tresorier de l'ordinaire de la guerre, lequel on leur a promis de leur faire valoir, au cas qu'ils ne trouvassent marchands. Les articles du majeur de Montreüil, touchant les bleds qu'il faut mettre à Boulongne, Montreüil et Rué, ont esté veus et respondus selon ce que l'on a estimé pour le mieux ; et en attendant que lesdits bleds puissent estre fournis par ledit majeur, j'ay donné ordre et fourny argent pour en achepter cent cinquante muids, lesquels seront fournis promptement, à sçavoir trente muids à Sainct Fremin pour Rué, et le reste esgalement par moitié dans Boulongne et Montreüil.

Quant à l'office de receveur de Chaalons qui a esté destiné aux fortifications, l'on en a envoyé deux mil escus, et en seront envoyez les deniers à mesure que l'on les recevra. Pour les trois mois des garnisons de Picardie, j'ay desja fait sçavoir à vostre Majesté qu'il y en avoit un prest ; pour les deux autres, il n'y a point eu de traitté à faire avec les sieurs Zamet et Cenamy, car ils ont voulu avoir dix mil escus pour l'advance, lesquels nous avons esté contrains en vostre conseil de leur accorder. Pour celle de Champagne, l'on a receu lettres du sieur de Verzenay, tresorier de France, auquel vostre Majesté avoit commandé faire le voyage, par lesquelles il represente à vostre conseil la misere de la province, et l'impuissance du pauvre peuple ; ayant esté par les eslections pour le recouvrement des deniers, il fait par icelles quelques ouvertures pour l'acceleration d'iceux, ausquelles on a pourveu au mieux qu'il a esté possible. Quant aux compagnies du regiment de Piedmont qui sont à Mets, leur payement est compris dans les cent cinquante mil escus dont on fait estat pour le payement de l'armée, et n'a on fait autre fonds pour le payement d'icelles. Neantmoins, pour subvenir ausdites compagnies, il sera emprunté, sous mes promesses et du sieur d'Incarville, ce qui leur faut pour un mois, dont nous serons remboursez sur les premiers deniers de la composition des financiers.

Nous avons escrit au sieur de Sobolle, en corps de conseil, que nous regarderions les moyens de luy pourvoir et de le satisfaire au mieux que nous pourrons. Pour le fait des escuries de vostre Majesté, nous nous sommes obligez pour une partie de sept mil escus au receveur general de Rouen, ledit sieur d'Incarville et moy, et sommes apres pour faire fonds de quelque huict cens escus pour les selles d'armes et autres choses necessaires pour vostredite Majesté. Nous pourvoyrons aussi luy et moy au sieur de Fouquerolles d'un moyen que nous avons en main pour le payement de son voyage, comme nous avons fait à celuy du fils du prevost des marchands. Pour l'establissement du chemin des postes de Paris à Rome, j'ay baillé le memoire de Valerio au sieur de la Varenne, et doivent communiquer ensemblement sur ce sujet pour voir quel sera le meilleur chemin et plus asseuré. Quant à la partie de douze mil escus du colonel Galaty, il luy a esté mandé qu'elle seroit payée avec la premiere monstre ; comme aussi celle de trois mil escus pour deux mois de ce qu'il faut de reste aux Suisses. Vostre Majesté me mandera par lettres expresses que l'on luy envoye la partie, deslors qu'elle sera preste, par terre ou par eau jusques à Crevant, et sous quelle escorte, estant à craindre que ceux de Seurre, ou du Gaucher, ou des ennemis estrangers, ayans eu nouvelles de ladite voicture, ne fassent quelque entreprise sur icelle, afin que suivant la responce et le commandement de vostredite Majesté, il soit donné ordre à l'acheminement d'icelle, comme je ne manqueray pas de faire à celuy des deniers de la prochaine monstre, et de me trouver à Compiegne vers le premier d'aoust, suppliant vostre Majesté de vouloir escrire en general à tous nous autres messieurs de son conseil les mesmes choses qu'il luy plaist de me mander en particulier ; car cela facilitera les expeditions et me deschargera en quelque sorte d'envie, encor que cela ne m'empeschera pas de faire tousjours mon devoir, sans autre esgard que de vostre service et du bien de l'Estat. Sur ce je prie le Createur, etc.

Du 19 juillet 1597. ROSNY.

Lettre du Roy à messieurs de son conseil d'Estat et de finances.

Messieurs, j'ay veu par vostre lettre du 24, ce que vous me proposez et qui a esté advisé en mon conseil, touchant la descharge que vous jugiez se devoir faire à mon peuple, du dixiesme de ce qui a esté imposé pour la presente année. Je desirerois que l'estat de mes affaires et les grandes despences que je suis contraint de faire pour la conservation de cet Estat, mesmes à l'occasion de ce siege, me pussent permettre de leur donner plus de soulagement, et leur accorder plus grande descharge que celle que vous me proposez par vostredite lettre, laquelle j'ay fort agreable, et que l'execution s'en fasse suivant l'ordre duquel vous me donnez advis par vostredite lettre, sinon pour le regard des parroisses les plus pauvres et affligées ausquelles je veux faire ressentir davantage le fruict de la grace que je fais à mondit peuple, et qu'au lieu des quatre-vingts mil escus que vous estes d'advis d'affecter à la descharge et soulagement desdites parroisses, qu'il en soit pris encor cent mil des six cens mil que j'accorde en general, dont le departement se fera au profit desdites parroisses qui sont les plus pauvres et affligées. C'est la grace que je veux à present faire à mon peuple, mesmes aux parroisses les plus ruinées ; ce que vous ferez observer et executer par les tresoriers de France et autres officiers de chacun bureau, leur donnant l'ordre et instruction de ce qu'ils auront à faire, pour faire jouyr mes sujets du benefice de ladite descharge suivant mon intention. J'ay veu le rolle de la taxe des offices triennaux, lequel j'ay agreable en la forme qu'avez advisé, mesme que la distraction soit faite d'aucuns desdits offices. J'ay agreable les dispences de quarante jours pour les deux offices pour la resignation desquels vous avez composé, puis que lesdits offices eussent esté supprimez, et que les deniers qui en proviennent sont employez si utilement. Je desire que ceux de mon conseil qui sont obligez pour mon service envers la veufve du feu lieutenant civil, soient deschargez de la poursuitte qui se fait contr'eux ; si vous n'y pouvez disposer ceux qui font ladite poursuitte, vous en trouverez l'expedient et m'en donnerez advis.

J'auray agreable que Vienne soit contenté de ce qui luy a esté promis pour la capitulation de ma ville de Troyes ; mais je ne puis trouver bon qu'il soit assigné sur le fonds qui est destiné et qui peut servir à l'entretenement de mon armée.

La monstre derniere fut faite le vingtiesme du mois passé ; les soldats patissent beaucoup et n'ont moyen de vivre que de l'argent de leurs monstres et que du pain qui leur est distribué journellement. Si ladite monstre leur manque, je perdray par la faim et necessité ceux qui demeureroient en mon armée, et ne sera en ma puissance de retenir les autres, qui me fait vous prier, d'autant que vous aymez le bien de mon service, d'assembler promptement ce qu'il faut pour ladite monstre, et me l'envoyer en attendant que vous ayez toute la somme. Envoyez moy cent mil escus aussi-tost que ladite somme sera ensemble. Je feray partir l'escorte pour la mener ; et m'asseurant que vous userez en cela de toute la diligence possible, je prieray Dieu, etc.

Escrit au camp devant Amiens, le 27 juillet 1597.

HENRY. Et plus bas POTIER.

Et plus bas en apostille est escrit :

J'ay resolu la monstre de mon armée au pénultiesme ou dernier de ce mois ; je ne la puis retarder sans la perte de mon armée, et si les deniers de ladite monstre ne sont rendus en mon armée le premier ou second jour du mois prochain, il sera impossible de retenir les soldats, lesquels ont beaucoup de necessité, qui me fait vous prier de donner ordre que l'argent que vous pourrez assembler pour ladite monstre soit porté à Compiegne, et qu'il y arrive le dernier de ce mois, au plus tard. Si vous n'avez ce qu'il faut pour la monstre entiere, vous envoyerez par ladite premiere voicture cent mil escus, ou, pour le moins soixante mil, pour distribuer à l'infanterie. Cette occasion est si importante à mon service, que je m'asseure que n'y ferez faute ; aussi, faudroit-il lever le siege si l'argent de ladite monstre n'estoit envoyé dans ledit temps. J'escris aux habitans de ma ville de Paris pour l'argent des Suisses, à quoy je vous prie tenir la main, et donner ordre que ce que vous envoyerez pour la monstre de mon armée, soit le dernier de ce mois audit Compiegne.

Lettre de la main du Roy à M. de Rosny.

Mon amy, suivant vostre lettre, j'ay fait entendre à ceux de mon conseil, ma volonté sur tout ce qui m'a esté proposé par leurs precedentes dépesches, comme j'ay aussi fait à vous pour le regard des advis que vous m'avez donnez. J'ay veu par vostre derniere l'estat de la recepte et la despence qui a esté faite depuis mon partement, aussi ce que l'on a assemblé d'argent pour la monstre de mon armée, ce qui m'est fort agreable ; mais croyez qu'il n'est moins necessaire, car mon armée ne peut subsister si elle n'est payée. J'escris à ceux de mon conseil, et les prie instamment d'envoyer promptement ce qu'il faut pour ladite monstre, et si toute la somme n'est ensemble, envoyer cent mil escus qui seront departis aux plus necessiteux, attendant le surplus. A quoy je vous prie tenir la main, et me donner incontinent advis du temps dans lequel les deniers de ladite monstre pourront estre apportez en mon armée. Enquoy m'asseurant que n'oublierez rien de vostre diligence et affection accoustumée au bien et advancement de mes affaires, je pricray Dieu, etc.

Au camp devant Amiens, le 27 juillet 1597.
HENRY.

La nécessité des soldats est telle que j'ay resolu leur monstre au penultiesme ou dernier de ce mois ; il faut que l'argent de ladite monstre soit à Compiegne au mesme jour. Donnez ordre qu'il y soit envoyé. Si toute la somme n'est assemblée, que l'on envoye ce que l'on pourra par la premiere voicture et dans ledit jour, et le reste à mesure qu'il se recevra ; mais il n'y faut manquer, car de là despend la ruyne ou la conservation de mon armée.

Lettre du Roy à M. de Rosny, contre-signée.

Monsieur de Rosny, un advis qui me fut hier donné, qu'il estoit passé du costé de Clermont cinq ou six cens chevaux des ennemis, fut cause que je n'envoyay, dés hier à Compiegne, l'escorte necessaire pour amener icy la marchandise que vous y avez conduite, et que ladite escorte ne pourra partir encor aujourd'huy, parce que nous fusmes tout le jour à cheval avec toute nostre cavallerie, laquelle y est demeurée encore toute la nuict, de sorte qu'il faut qu'elle se repose aujourd'huy ; mais je donneray ordre que ladite escorte partira demain de bon matin, afin de gaigner, le jour mesme, ladite ville de Compiegne, si faire se peut, et vous delivrer de ladite conduite, faisant estat de faire venir l'artillerie et les poudres qui sont là avec le reste. Partant vous ferez tenir prest toutes choses. Priant Dieu, etc.

Escrit au camp devant Amiens, ce quatriesme aoust 1597. HENRY. Et plus bas, DE NEUF-VILLE.

CHAPITRE LXXVII.
Suite des lettres.

Lettre du Roy à M. de Rosny, contre-signée.

Monsieur de Rosny, j'avais opinion que viendriez jusques en ce lieu vous ayant mandé, mais vous estiez party pour retourner à Paris : vous eussiez veu l'estat de ce siege et cogneu combien il est necessaire de maintenir les forces qui sont en iceluy, et en faire venir de nouvelles, ce qui ne se peut qu'en leur donnant moyen de vivre et de me servir. C'est pourquoy j'escris à ceux de mon conseil, qu'ils travaillent pour assembler les deniers qui sont necessaires pour achever le payement de la monstre derniere, et celle qui se doit faire dans la fin de ce mois. Ceux de mondit conseil m'ont donné advis de l'offre de deux cens quarante mil escus faite pour les offices de receveurs triennaux ; mais je trouve que la condition que l'on demande pour l'advance desdits deniers est trop desavantageuse pour mon service. J'escris à ceux de mondit conseil, qu'ils considerent cet offre en mon conseil, et qu'ils oyent ceux qui voudront faire ma condition meilleure, et qu'ils m'en donnent advis. Je desire que vous y soyez present quand ladite proposition se fera, et que vous m'en escriviez particulierement vostre advis ; et quand les deniers de ladite monstre seront ensemble, vous viendrez me trouver : vous trouverez lors nostre ouvrage bien advancé. Et cependant je prie Dieu, M. de Rosny, vous avoir en sa garde.

Au camp devant Amiens, ce dixiesme jour d'aoust 1597.
HENRY. Et plus bas, POTHIER.

Lettre du Roy à M. de Rosny, contre-signée.

Monsieur de Rosny, je m'attendois de vous voir avec l'argent que vous avez conduit à Compiegne, si l'escorte qui l'est allé querir vous y eust encore trouvé ; car j'avois commandé à celuy qui la conduisoit de vous amener ; mais puis que le soin que vous avez de mon service, vous a fait retourner à Paris si promptement, je suis asseuré que vous avez jugé qu'il estoit necessaire de ce faire. Toutesfois je vous diray que je seray bien aise de vous voir, et que vous fassiez un tour jusques icy quand vous cognoistrez que mon service vous permettra d'eschapper. J'ay veu l'estat que vous nous avez envoyé, tant de la recepte et despense de l'argent, procedant des moyens que nous avons destinez au payement de nostre armée, que de la partie que j'ay remise au peuple, dont ceux de mon conseil m'avoient ja adverty. Avec vingt mil escus encores, nous sortirons nettement du payement du cinquiesme mois de l'armée, l'artillerie payée ; mais il sera difficile que nous le fassions à moins, pour infinies despences extraordinaires qui se presentent : partant faites que j'en sois secouru promptement, et continuez à m'advertir de toutes occurrences. Priant Dieu, etc.

Escrit au camp devant Amiens, le 12 aoust 1597.
HENRY. Et plus bas, DE NEUF-VILLE.

Lettre du Roy à M. de Rosny, contre-signée.

Monsieur de Rosny, n'attendez à me venir voir que vous ayez recouvert et mis ensemble l'argent qu'il faut pour le payement du sixiesme mois de mon armée, car je veux parler à vous ; et si je veux que vous voyez nostre besongne devant qu'elle soit plus advancée, davantage il ne faut pas faire apporter icy lesdits deniers qu'il ne soit temps de les employer, car il y a tant d'affamez icy comme ailleurs, que s'ils sçavoient que nostre bourse fust plaine, ils ne cesseroient de m'importuner pour y mettre les doigts et me seroit difficile de m'en défendre. Il faut assembler par delà nos deniers, les mettre et garder dedans nos coffres, en faire la meilleure provision que nous pourrons et la tenir secrette pour la faire apporter icy quand il sera temps et besoin de l'employer. Voila mon intention et la raison d'icelle, laquelle vous tiendrez la main qui soit suivie ; mais vous avez bien fait de vous estre opposé à la demande et poursuite de Mortier, car je n'entends point mesler des parties de mascarades avec les deniers destinez pour mon armée. Ne permettez donc que cela ait lieu, et quant à l'assignation que l'on demande pour mon nepveu le duc de Guise, j'y veux penser devant que d'en ordonner ; ce sera demain que je vous en escriray ma volonté. Je prie Dieu, etc.

Escrit au camp devant Amiens, le 18 aoust 1597.

HENRY. Et plus bas, DE NEUF-VILLE.

Lettre du Roy à messieurs de son Conseil.

Messieurs, je suis tres content de la resolution que vous avez prise avec le prevost des marchands, eschevins et habitans de ma bonne ville de Paris, et encores de l'affection et franchise avec laquelle ils l'ont embrassée, ainsi que j'ay appris par vos lettres du 23 de ce mois, que je receus hier au soir ; car j'ay grand besoin de gens de pied tant pour advancer la prise de cette ville, en laquelle il se pert tous les jours quelqu'un, que pour secourir mes autres places que je crains que mes ennemis attaquent pour me divertir d'icy, ou se revanger de la perte que j'espere, avec l'ayde de Dieu, qu'ils feront bientost de celle-cy. Partant le plustost que je pourray avoir les douze cens hommes de pied que vous avez proposez et qu'ils ont accordé de soudoyer, ce sera le meilleur. J'estime que vous avez consideré qu'il faudra donner aux mestres de camp et aux capitaines, à chacun cent escus pour le moins, pour en faire la levée, et adviser où l'assemblée s'en fera, et quel chemin vous leur ferez tenir pour les envoyer icy, afin d'y faire dresser d'heure les estapes, à ce que le peuple n'en soit foulé, non plus qu'a esté celuy de Normandie et de celles que j'y ai faites. Si vous ne l'avez encor fait, je vous prie y donner ordre si tost que vous aurez receu la presente, car c'est le principal pour faire que j'aye bien-tost lesdits gens de guerre et pour donner contentement à mes sujets de ladite levée dedans aujourd'huy. Je choisiray les mestres de camp et capitaines, desquels je veux estre servy à cette occasion, et vous en advertiray par ce dernier courrier que vous m'avez dépesché, que j'ay retenu pour cela. Au reste, j'approuve que madite bonne ville soit déchargée du demy doublement des aydes, suivant la proposition que vous en avez faite ; mais advisez si pour cét effet il est necessaire de revoquer l'edit fait et verifié pour l'establissement d'iceluy, ou s'il suffira d'en surçoir ou revoquer l'execution seulement pour le regard de ladite ville, pour ne l'esnerver et rendre moins recevable et utile aux autres villes et provinces où il doit estre exécuté, et recognois que vous entendez et est aussi necessaire qu'il ayt lieu. Toutes-fois je remets le tout à vostre meilleur advis ; car enfin, j'entends que ladite ville en soit deschargée aux conditions que vous m'avez escrites : partant faites en faire les expeditions telles que vous jugerez estre pour le mieux, vous repetant que je suis fort aise de cette resolution, et qu'elle est passée sans faire assemblée generale par vostre diligence et prudence, et le bon devoir que le prevost des marchands y a fait avec mes bons serviteurs de ladite ville, comme j'escriray ce jourd'huy audit prevost en particulier et ausdits habitans en commun, et desire cependant que vous leur fassiez entendre.

Au demeurant, il est certain que le cardinal Albert est d'hier arrivé en son armée, que le vieil comte de Mansfeld y commande en qualité de mareschal de camp, et qu'il s'approche de nous ; ce sera pour essayer de jetter quelques gens dedans cette ville, ou pour en assieger une autre, car je ne puis croire que ledit cardinal me veille faire tant de bien que d'entreprendre de me combattre pour nous faire lever le siege : toutes-fois, en pensant faire l'un, peut-estre qu'il s'engagera à l'autre ; pour le moins je vous asseure que je n'en perdray l'occasion si elle s'offre. Car je defends et combats une si juste cause, que je me promets que Dieu m'en donnera la victoire si nous en venons là ; mais, pour ce faire avec plus de seureté, il est necessaire de faire advancer toutes les forces de cheval et de pied que j'ay mandées, dont je vous envoye un estat, afin que vous y teniez la main de vostre costé, avec vostre accoustumée diligence.

Il est necessaire aussi que nous recevions les vingt mil escus de ma bonne ville de Paris, à temps, pour pouvoir faire monstre à nos Suisses, lesquels ont perdu des soldats depuis ce siege, comme ont fait les autres, que l'on sera contraint de leur payer jusques à ce qu'ils ayent fait ladite monstre. Partant si lesdits deniers n'estoient prests, comme il me semble avoir appris par lettres du sieur d'Incarville, qu'ils sont, prenez ladite somme de ceux que vous avez assemblez pour le sixiesme mois de mon armée, et me l'envoyez en diligence, avec dix ou douze mil escus, pour fournir à infinies despences pressées et inévitables, qui se presentent journellement; et pour ausquelles pourvoir j'ay esté contrainet d'emprunter de madame de Beaufort, quatre mil escus qu'elle avoit fait apporter icy, lesquels je vous prie faire rendre par delà au sieur Pujet, à la reception de la presente, car je l'ay ainsi promis et desire qu'il n'y ait point de faute, vous priant de croire que lesdits deniers ont esté bien employez, comme seront tous ceux que vous nous envoyerez, car il ne s'en débourse rien que par mes commandemens; et en feray voir la despence au sieur de Rosny quand il sera icy; vous en aurez aussi l'estat au premier jour.

Pourvoyez semblablement au payement de l'extraordinaire de mon cousin le connestable, car il ne peut s'entretenir icy sans cela, et vous sçavez combien sa presence m'y est necessaire. Je desire aussi que vous fassiez bailler quelque chose à mon nepveu le duc de Nevers, sur sa pension, afin qu'il puisse partir et aller recueillir en Champagne les forces que j'ay commandé y estre assemblées pour amener icy; car ce renfort n'est à mespriser, et le puis avoir à propos si mondit nepveu fait diligence, comme il m'a mandé qu'il fera s'il est secouru de ladite pension, laquelle luy sera bien employée. Il est necessaire pareillement que vous changiez l'assignation que vous avez donnée au sieur d'Ecluseaux pour payer sa garnison, dautant qu'il m'a remonstré qu'il ne peut garder sa place si elle n'est payée, ce qu'il dit ne pouvoir faire des offices du parlement de Paris nouvellement creés, sur la vente desquels vous l'avez assigné, parce qu'il ne trouve point d'achepteurs; partant il desire que vous repreniez lesdits offices et que vous luy donniez une assignation de laquelle il puisse recevoir argent plus promptement, ce que je vous prie de faire. Vous pourrez vendre apres, tout à loisir, lesdits offices, pour vous en servir à faire les derniers mois de l'armée. Je vous ay escrit pour les quatre compagnies de Chevaux legers, de Champagne, afin de leur donner assignation d'un mois, outre ce qu'elles ont receu pour les raisons que je vous ay mandées; à quoy j'auray bien agreable que vous donniez ordre, comme au payement des gages des sieurs de la Riviere, Dulaurens, de Lomenie et Clerville; car leur service m'est necessaire, et leur est impossible de se maintenir s'ils ne sont payez. Mais je vous diray, sur toutes les susdites despences, que je n'entends pas, pour y satisfaire, que vous touchiez à la provision des cent cinquante mil escus qu'il faut que vous faissiez pour le sixiesme mois de mon armée; car je veux qu'elle soit preferée à toute autre chose, et que vous mettiez à part ce dont vous la devez composer, sans qu'il y soit touché par qui que ce soit; car il ne faut pas qu'elle me manque sur la venuë de l'armée ennemie et le fort de la besogne. Messieurs, je vous prie donc d'en avoir soin par preferance à toute autre chose; et si vous jugez n'estre à propos que les deniers dudit mois soient mis et gardez dans les coffres du Louvre comme j'avois escrit, advisez à les bailler en garde à quelqu'un qui s'en acquitte fidellement, afin qu'il n'y soit touché et ne soient consommez à mesure qu'ils seront receus; et comme je m'asseure que vous y sçaurez donner ordre, estans esclaircis de mon intention, je ne vous en feray autre recommandation par la presente; à laquelle j'adjousteray seulement que nos assiegez firent hier deux sorties pour donner dedans nos trenchées, mais ils furent relevez de la peine de la moitié du chemin; car nos gens alloient au devant d'eux et les chargerent si rudement, qu'ils les firent tourner quasi sans resistance, et en fut tué neuf ou dix et pris deux. Nous gagnasmes aussi deux de leurs casemattes que nous leur avons renduës inutiles, et avons avancé chemin dedans leurs fossez; de sorte que j'espere que nous arriverons dedans deux ou trois jours à leurs remparts. Je prie Dieu, messieurs, qu'il vous ait en sa saincte garde.

Escrit au camp devant Amiens, le vingt-cinquiesme jour d'aoust 1597. POTHIER.

Lettre du Roy à M. de Rosny, contre-signée.

Monsieur de Rosny, voyez la lettre que j'escris à ceux de mon conseil, et tenez la main qu'elle soit suivie. Venez me trouver aussi, suivant ce que je vous ay mandé, et amenez un bon cheval avec vos armes, afin de m'ayder à recevoir la benediction du cardinal, s'il nous vient voir comme il nous en menace, et apres retourner par delà, car je sçay que vostre personne m'y est necessaire. J'ay commandé au sieur de Ville-roy de respondre plus particulierement à la lettre que vous luy avez cy-devant escrite. Je prie Dieu, etc.

Escrite au camp devant Amiens, le vingt-cinquiesme aoust 1597.

HENRY. Et plus bas, DE NEUF-VILLE.

Lettre de M. de Ville-roy à M. de Rosny.

Monsieur, je vous envoye les lettres du Roy, pour recommander la verification de l'edit de grand voyer, qui ne font aucune mention de vous; je desire qu'elles profitent. Je ne vous eusse demandé les vingt-cinq mil escus que vous nous envoyez, si j'eusse peu fournir à infinies despences qui se presentent ainsi que je vous ay escrit; car j'ay la mesme crainte que vous, c'est que cela empesche que nous ne touchions si tost les sommes qu'il faut pour faire faire monstre à l'armée et la payer; mais je vous asseure qu'il ne sera touché à ce que vous nous envoyez que par force c'est à dire, pour chose necessaire. Il est vray, qu'il faudroit que nous sceussions au vray dedans quel temps nous recevrons le reste de nostre mois, afin d'en donner asseurance à nos gens et leur donner plus de courage d'attendre leur payement, apres lequel ils commencent fort à crier, et principalement nostre cavalerie legere et celle qui n'est payée du taillon, car elle sera plus incommodée qu'elle ne souloit, l'ennemy approchant et nous ostant la riviere. Je croy qu'il a esté à propos de faire la declaration que vous avez proposée, pour réchaufer nos triennaux, mais sçachez qu'une moindre somme receuë à propos profite plus qu'une plus grande trop attenduë. La dépesche du conseiller des aydes est tres-bonne, et espere qu'elle ne sera inutile. Le Roy fut hier recognoistre l'armée de l'ennemy, il la trouva passée deçà la riviere d'Authie, il la vid par devant et par derriere, il l'estime composée de douze à treize mil hommes de pied, et de deux mil cinq cens à trois mil chevaux, mais sans chef et conduite. Il croit qu'elle yra au pont Dormy, mais il espere loger aujourd'huy nos gens dedans leur ravelin, où nous faisons joüer nos mines cette apres-dinée, et apres aller gratter leurs remparts plus seurement. Nous esperons d'en estre maistres dedans quatre jours avec l'ayde de Dieu, ou de nous battre avec le cardinal. Je prie Dieu qu'il nous donne la victoire, etc.

Du camp devant Amiens, le quatorziesme septembre 1597. DE NEUF-VILLE.

Lettre du Roy à M. de Rosny, contre-signée.

Monsieur de Rosny, nous n'avons pas combattu le cardinal, mais nous l'avons empesché de jetter du secours dedans cette ville; c'estoit nostre but qui nous a bien succedé, graces à Dieu; mais si j'en eusse esté creu, il n'en eust esté quitte à si bon marché, car nous l'eussions combattu et comme je croy battu. J'ay suivy le conseil des plus sages, et comme j'espere que cecy me donnera bien tost cette ville, je veux dire avec eux que je n'auray pas peu fait; nous y allons travailler à bon escient. Mais si vous ne m'envoyez bien-tost dequoy faire faire monstre et payement à mon armée, elle se débandera; toutes les compagnies de cheval et de pied y sont à present complettes, voire plus fortes que le nombre ne porte. C'est pourquoy il faut que vous m'envoyez du moins cent mille escus pour y satisfaire; tenez la main, je vous prie, que je les reçoive au plustost. Souvenez-vous de la fausse retraitte que fit le duc de Parme, quand il vint secourir Roüen; il faut craindre que cettuy-cy en fasse de mesme. Cognoissant quelle est l'ardeur des François, comme ils se refroidissent et retirent, l'occasion d'une bataille estant passée, j'apprehende cela merveilleusement. C'est pourquoy il faut contenter ceux qui tirent solde, afin qu'ils tiennent pied-aboulle; partant, je vous prie derechef d'en avoir soin. Vous avez bien fait d'avoir fait faire la declaration en faveur des triennaux, dont vous m'avez donné advis, et sçay bon gré au tresorier de l'espargne Gobelin, de la bonne volonté qu'il a de continuer, tant qu'il luy sera possible, les advances qu'il a faites jusques à present, pour faire aller ma maison et contenter mes gardes. J'approuve aussi le marché que vous avez fait pour les vivres de l'armée, et si vous avez besoin de quelques lettres, tant à ceux du parlement qu'à autres pour advancer mes affaires, me le mandant, je vous les envoyeray. Mais je vous prie derechef de donner ordre que j'aye tost dequoy payer l'armée, et aussi que je sois secouru de poudre à canon; car la provision que j'en ay fait commence fort à diminuer. Ayez soin pareillement du fait des ligues, afin que l'argent que nous y avons mis ne soit inutile. Priant Dieu, etc.

Escrit du camp devant Amiens, le dix-huictiesme jour de septembre 1597. HENRY.

Et plus bas, DE NEUF-VILLE.

Lettre du Roy à M. de Rosny, contre-signée.

Monsieur de Rosny, je vous prie faire que l'on m'envoye promptement encores trente ou quarante mil escus, pour parfaire le mois à mon armée, car si je ne la paye entierement il s'en desbandera une grande partie, et faudra que je quitte la campagne, ce qui amortiroit le fruit des advantages qu'il a pleu à Dieu me donner. Je feray faire la monstre jeudy, qui est le jour que nos assiegez doivent sortir; ce sera pour amuser et consoler nos gens qui verront sortir les autres à regret. J'ay receu vostre lettre du 18, laquelle m'a fort contenté, car elle me donne esperance d'obtenir le secours que je vous demande; mais il est necessaire que je l'aye à temps, pour pouvoir payer ensemble ladite armée, sans en faire à deux fois. Apres ce mois je ne vous en demanderay plus qu'un pour le reste de cette année, afin de pouvoir bien employer le reste d'icelle, ainsi que j'escrits à ceux de mon conseil. Surquoy je me remets, priant Dieu, etc.

Du camp devant Amiens, le vingt-uniesme de septembre 1597. HENRY.

Et plus bas, DE NEUF-VILLE.

Lettre de la main du Roy à M. de Rosny.

Mon amy, suivant ce que je vous ay cy-devant escrit de pourvoir à ce qu'il fut baillé fonds au maistre de ma chambre, aux deniers pour les passez de ma maison durans les mois derniers et nostre siege, je vous fais encor ce mot à mesme fin, ayant donné charge au sieur de Mont-glat, mon premier maistre d'hostel, de vous en soliciter; car il m'a asseuré qu'autrement, à faute de cela, ma marmite est preste de donner du nez à terre, et cela me viendroit fort mal à propos. Cette-cy n'estant à autre fin, etc.

D'Amiens ce vingt-sixiesme septembre 1597.
HENRY.

Lettre de la main du Roy à M. de Rosny.

Mon amy, j'envoye deux Memoires à monsieur le chancelier, ausquels je desire que vous et ceux de mon conseil pourvoyez au plutost, comme tres-importans au bien de mon service, ainsi que vous le pourrez cognoistre. Je vous laisse et à luy le jugement auquel il sera besoin de travailler le premier. J'oubliay hier à vous commander de faire pourvoir à ce qu'il faut pour l'accomplissement du traitté que j'ay cy-devant fait avec mon frere le duc de Lorraine; à quoy je vous prie de tenir la main; et cette-cy n'estant à autre fin, etc.

Ce vingt-septiesme septembre, à Monceaux
HENRY.

Lettre de la main du Roy à M. de Rosny.

Mon amy, vous entendrez par Vexin l'occasion pour laquelle je le vous envoye, que je luy ay commandé de vous communiquer. Je desire que vous teniez la main de tout vostre pouvoir à ce que j'en puisse retirer la commodité que je m'en suis promis; et pour cét effet, empeschez que, par faveur, ceux qui y ont interest ne puissent rien obtenir, en mon conseil, au prejudice de ce que ledit Vexin vous proposera et que je luy ay commandé de vous dire; dont je vous prie de le croire comme moy mesme, qui ne vous en diray davantage, pour prier Dieu, etc.

Ce vingt-septiesme de septembre, à Long-pré.
HENRY.

CHAPITRE LXXVIII.
Suite de lettres.

Lettre de la main du Roy à M. le comte de Chiverny, chancelier.

Monsieur le chancelier, sur ce que j'ay esté adverty que l'on fait quelque difficulté, en mon conseil, à l'erection du siege presidial, que j'ay ordonné estre fait en mon comté d'Armaignac, en ma ville de Lectoure, je vous ay bien voulu faire ce mot pour vous dire que c'est chose que je veux, et que j'ay accordé la finance qui proviendra des offices de cette erection au sieur de Fontrailhas, au payement de certaines debtes, esquelles je luy ay cy-devant, comme comte d'Armaignac, esté condamné par arrest de ma Cour de parlement de Paris. Tenez donc la main à l'execution de ma volonté, et que personne que vous, le sieur de Rosny et le secretaire qui faudra qui en fasse les depesches, ne le sçachent pour plusieurs considerations, mesmement pource que ma sœur veut que je luy donne la finance qui proviendra desdits estats; et bruslez cette-cy apres l'avoir veuë, laquelle n'estant à autre fin, etc.

Ce cinquiesme octobre, à Monceaux.
HENRY.

Lettre de la main du Roy à M. de Rosny.

Mon amy, j'ay sceu que l'on fait quelque difficulté, en mon conseil, pour l'erection du siege presidial, que j'ay ordonné estre fait en mon comté d'Armaignac et en ma ville de Lectoure, et que ma sœur en a esté advertie, chose que je ne desirois nullement pour plusieurs considerations, mesmement pource qu'elle veut que je luy donne la finance qui proviendra de l'erection des estats qu'il y faudra faire, et que je l'ay destinée au sieur de Fontrailhas, au payement de certaine somme de deniers, en laquelle, comme comte d'Armaignac, j'ay cy-devant esté condamné envers luy, par arrest de ma Cour de parlement de Paris. Et pour ce que c'est chose que je desire, et que j'ay accordée audit sieur de Fontrailhas, je vous fais ce mot pour vous dire (comme aussi je l'escrits à monsieur le chancelier) que vous fassiez despescher cét affaire, et qu'il n'y ait que vous, luy et le secretaire par les mains duquel il faudra que la depesche passe, qui le sçachent, afin que ma sœur n'en ayt point d'advis, et qu'elle croye l'affaire refusée. Je vous prie que cela soit conduit secrettement. Car aussi j'escrits audit sieur de Fontrailhas que quand il aura les expeditions, il n'en poursuive la verification ny l'execution que ma sœur ne soit en Lorraine. C'est là le sujet de la mienne, que je finiray pour prier Dieu, mon amy, vous avoir en sa garde.

Ce cinquiesme octobre, à Monceaux.

HENRY.

Lettre de M. le marquis de Rosny au Roy, pour advis sur le dessein du siege de Dourlans.

SIRE,

Je supplie tres-humblement vostre Majesté de croire que, comme je n'ignore nullement à quels et combien grands devoirs les mandemens divins et les loix humaines obligent les bons sujets et loyaux serviteurs envers leurs princes legitimes et maistres debonnaires, et recognois que je tiens, dois et veux incessamment tenir de vos faveurs, graces et beneficences, tout ce que j'ay et auray en ce monde d'advancement et d'accroissement de bonne fortune, aussi n'espargneray-je jamais, vie, bien, peine, travail ny industrie pour rendre à tous vos commandemens l'obeyssance dont je leur suis redevable. Mais comme cette vehemente affection m'a fait aussi-tost mettre la main à l'œuvre et user de toute sorte de diligence possible, afin de donner ordre que rien de tout ce qui peut despendre de moy ne puisse manquer pour vostre entreprise du siege de Dourlans, dont il a pleu à vostre Majesté de m'escrire, aussi cette mesme devotion à son service me fait-elle prendre la hardiesse de luy escrire mon advis sur chose tant importante, sans en estre requis : m'imaginant que les grandes peines, fatigues et incommoditez souffertes par les soldats de vostre armée, pendant un si long siege que celuy d'Amiens, et les autres occasions qui se sont presentées par la survenüe du cardinal d'Austriche en corps d'armée, faisant demonstration de vouloir venir à la bataille, les nouvelles asseurées qui sont venuës à vostre Majesté, ainsi qu'il luy a pleu de me l'escrire, de la subsistance de cette armée sur les frontieres, que l'on peut conjecturer n'estre ainsi retenuë en corps, sinon à dessein d'essayer de prendre leur revanche des affronts signalez que vostre grande prudence et valeur ont fait recevoir à ce venerable prelat et tous ces bravaches Espagnols, si vous luy en laissez naistre l'occasion, et d'abondant l'hiver pluvieux où nous sommes entrez, ne conviennent gueres bien avec le dessein de former un nouveau siege, auquel vous aurez à camper à l'air, dans des terres grasses et humides, à forcer ceux de dedans qui s'opiniastreront sur l'esperance d'un secours, à vous remparer et défendre contre ceux de dehors s'ils s'advancent avec leur armée, comme toutes les raisons de la guerre le veulent ainsi, et à garantir vos soldats des pluyes, du froid et des fanges, qui seules peuvent devenir suffisantes à vous faire lever le siege, sinon avec honte, à tout le moins, non sans desplaisir et peut estre dommage et beaucoup de despences et de peines inutiles. Suppliant vostre Majesté de m'excuser, si j'entreprends de donner conseil en affaires de guerre à un si grand Roy, lequel, en l'intelligence et pratique de ce mestier, excelle par dessus tous les autres, et des siecles presens et des siecles passez. Et finiray la presente par une devotieuse priere envers Dieu, à ce qu'il luy plaise, Sire, vous donner bon conseil, santé et continuelle longueur de jours, accroissement de domination et succez heureux à tous vos desseins.

De Paris ce 7 octobre 1597. ROSNY.

Lettre du Roy à M. de Rosny, contre-signée.

Monsieur de Rosny, j'ay veu bien particulierement, par vostre lettre du cinquiesme de ce mois, l'advancement que ceux de mon conseil ont donné aux affaires qui se presentent pour mon service, et principalement pour ce qui touche l'entretenement de mon armée et les despences qui sont requises pour l'artillerie, poudres et vivres, dont il est necessaire que ceux de mon conseil ayent autant de soin pendant ce siege comme ils ont eu lors de celuy d'Amiens, estant la conqueste de Dourlans necessaire pour la seureté de mes villes d'Amiens et d'Abbeville, et assize en tel lieu qu'elle incommode le meilleur pays de mes ennemis plus que nulle autre de cette frontiere. Je l'ay fait investir ce jourd'huy, et feray user de telle diligence à l'advancement de ce siege, qu'encores que la saison soit fascheuse, j'espere en avoir une prompte et heureuse yssuë, moyennant le bon devoir et courage que chacun y apportera. Il faut faire advancer les poudres, pourvoir aux vivres et envoyer promptement l'argent pour travailler aux tranchées, et pourvoir de bonne heure pour les fonds de la monstre prochaine. Quant aux sommes imposées pour les petits soldats, il seroit à propos que le tout ou partie fust levé pour servir au travail qui se fera durant ce siege. J'ay mandé au sieur de la Grange qu'il aille en diligence à Roüen, pour faire verifier purement et simplement, l'edit des triennaux. Je luy ay envoyé les depesches necessaires, et à ceux de la chambre des comptes, pour cét effet. Maintenant qu'Amiens est reduit, la Picardie estant plus libre, les offices de ladite province seront en meilleure vente. Quant aux villes qui pensent estre deschargées du secours qu'on leur demande, il faut leur faire cognoistre combien importe au general de mes affaires, et au bien et repos de mon royaume, que les autres villes, qui sont icy occupées par mes ennemis, soient aussi remises en mon obeyssance. Je desire que l'on fasse advancer, le plus qu'il se pourra, les forces qui me viennent trouver, dautant que les ennemis pourront faire quelque effort pour secourir les assiegez, et si cela est, ce sera dans le quinze ou vingtiesme de ce mois au plus tard. Je vous ai accordé volontiers le rachapt que vous devez pour la succession de deffunt vostre frere. En toutes autres occasions je vous feray cognoistre combien j'ay agreable le service que vous me faites, et sur ce, je prie Dieu, etc.

Escrit au camp de Dourlans, le 9 octobre 1597.
HENRY, et plus bas, DE NEUF-VILLE.

Lettre de la main du Roy à M. de Rosny.

Mon amy, je me souviens qu'ayant cy-devant esté parlé du fait de Palot, j'ay remis cette affaire à vous, estant bien ayse neantmoins qu'il demeurast en cette charge, puis mesme qu'il en avoit la commission. Depuis j'ay appris que ceux de la religion consentent qu'il l'exerce, pourveu qu'il commence seulement ledit exercice l'année prochaine, ce qui me fait soupçonner qu'ils veulent tenir cette affaire en obscurité, et distribuer, pour cette année, les deniers à leur poste, obligeant ceux que bon leur semblera, par advantages et gratifications. Cela m'a fait resoudre de vous escrire ce mot pour vous dire que mon intention est que Palot l'exerce dés cette année, afin que la distribution se fasse selon mon vouloir et intention, et que je sçache à qui m'en prendre, s'il y a du deffaut. Aussi m'asseuray-je que vous, qui avez le soin general de mes plus importans affaires, y verrez plus clair par cét instrument que par nul autre; et cette-cy n'estant à autre fin, je prieray Dieu, etc.

De Monceaux, ce 9 octobre 1597. HENRY.

Lettre de la main du Roy à M. de Rosny.

Mon amy, sur ce que j'ay esté adverty que ma marmite est preste de tomber et donner du nez en terre, ce qui me viendroit fort mal à propos en ce lieu et en cette occasion, s'il n'y est promptement pourveu, attendu mesmement que, durant le siege d'Amiens, la despence de ma maison a monté plus que l'on ne pensoit, et qu'il n'y a moyen qu'en prenant l'argent du marc d'or qu'ont payé ceux qui ont esté pourveus des estats que j'ai fait créer, je vous ai bien voulu faire ce mot de ma main, pour vous dire qu'en creant lesdits offices je n'ay pensé à faire les affaires d'autruy, ains les miennes. C'est pourquoy je veux que l'argent proveneu dudit marc d'or, soit employé au payement des despences faites en ma maison et advancées par ceux qui m'ont servy en cette occasion; à quoy vous tiendrez la main comme chose que je veux et que j'affectionne. Je vous recommande aussi l'affaire du controolleur general Parfaict, duquel je vous ay cy-devant escrit. Sur ce, Dieu vous ayt, etc.

Ce 11 octobre, au camp de Beauval devant Dourlans. HENRY.

Lettre de M. de Ville-roy à M. de Rosny, pour responce sur le siege de Dourlans.

Monsieur, Dieu a pourveu, à mon grand regret et plus encores de celuy du Roy, à l'apprehension que vous avez euë du siege de Dourlans; car les pluyes nous contraignent de changer de dessein, estant si grandes que nous n'avons soldat qui puisse demeurer en pied : de sorte que Sa Majesté a pris resolution aujourd'huy de lever le camp d'icy et mettre son armée à couvert; cela estant, vous nous verrez bien tost si Dieu plaist, pour faire responce à toutes vos lettres. Cependant je vous diray que j'ay leu au Roy celle du dixiesme de ce mois que vous m'avez addressée; ce n'a esté sans se loüer du soin que vous avez de son service : monsieur le mareschal de Biron estoit present seul. Sa Majesté est contente d'accorder à M. Gobelin les six ou huict mil escus dont messieurs du conseil ont jugé estre raisonnable le gratifier, outre les seize mil escus qu'ils luy ont accordez pour ses advances, à la charge aussi qu'il continuera à secourir sa maison le reste de cette année, et en ce quartier comme il a fait aux autres, ainsi qu'il luy escrit par la lettre que je vous envoye pour luy bailler, à quoy sadite Majesté vous prie de le disposer. J'ay esté contraint de prester cent escus aux cent Suisses de la garde, des deniers extraordinaires, pour leur ayder à vivre en attendant leur payement, dont il vous plaira advertir monsieur le tresorier, afin qu'il les retienne pour les nous rendre. Tocquevert est mort de peste cette nuict, qui estoit enseigne d'iceux, dont le Roy a pourveu Reler. C'est bien l'intention du Roy de retrancher toutes les garnisons, augmentées ou establies depuis la perte d'Amiens, puis que l'occasion pour laquelle Sa Majesté les avoit ordonnées est passée. Partant j'en escrits des lettres à plusieurs d'iceux, que je vous prie leur faire tenir, comme il vous sera plus facile de faire de Paris que nous d'icy; et si j'en ay obmis quelques uns, ne laissez pas à en faire revoquer les payemens et leur faire escrire, par messieurs du conseil, qu'ils cassent leurs gens de guerre, et faites contre-mander ceux qui estoient en chemin pour nous venir trouver, et en descharger le pays s'il est possible; et quand nous serons par delà, nous traitterons du voyage de Bretagne, qui est tres-desiré d'un chacun. Le Roy m'a dit avoir ja donné l'ordre duquel vous luy avez donné advis par vostre lettre, depuis laquelle j'ai receu la lettre du 11. Je prie Dieu, etc.

Du camp de Belbat, le 13 octobre 1597.

DE NEUF-VILLE.

Lettre du Roy à M. de Rosny contre-signée.

Monsieur de Rosny, il se commet plusieurs abus et desordres en l'administration de mes finances, qui procedent de diverses causes; mais celle qui leur donne plus de couleur, et qui en effet produit plus de mal, est celle qui est fondée sur les non-valeurs que les comptables disent estre et se trouver par chacun an en la recepte de leurs charges, car ordinairement ils s'en servent pour s'excuser d'acquitter les despences qui leur sont commandées; et comme autres qu'eux ne verifient si lesdites non-valeurs sont veritables, au moins si exactement qu'il seroit necessaire, il advient que lesdits deniers demeurent en reste en leurs mains, dont ils disposent et se joüent apres quasi comme il leur plaist. Je sçais bien que mon peuple est tres-pauvre, de sorte qu'il est difficile qu'il paye sa taille entierement comme il faisoit devant la guerre, et que cette pauvreté engendre des non-valeurs qui sont inévitables. Toutesfois plusieurs m'ont remonstré et fait entendre qu'à la fin l'on le fait bon payeur en une sorte ou autre, et que comme le temps fait perdre la memoire et cognoissance desdits deniers passez en non-valeurs, ils servent apres à acquitter des parties esgarées à moitié gain. Je ne veux pas croire que tout ce qui s'en dit soit véritable, et n'entends par la presente faire tort aux gens de bien; mais je desire verifier par vostre moyen, en l'estenduë des receptes generales où je vous ay envoyé, si le peuple doit tant d'arrerages de tailles et du taillon des années passées, et principalement des deux dernieres de quatre-vingts quatorze et quatre-vingts quinze. Au moyen dequoy je vous prie d'y travailler, tant par la verification des estats de recepte et despense des receveurs particuliers et generaux, que par une sommaire enqueste que vous en ferez par les eslections que lesdits comptables vous diront estre demeurées en reste; et si vous descouvrez quelques parroisses de cette qualité-là, informez-vous d'où en procede la cause, car souvent elle procede autant de desobeissance ou de la negligence des officiers, que de pauvreté; dequoy je desire fort d'estre esclaircy à la verité. Vous me ferez doncques ce service, avec les autres que j'attends de vous, en l'execution de vostre commission, et me donnerez advis de la reception de la presente. Priant Dieu, monsieur de Rosny, qu'il vous tienne en sa sainte garde.

Escrit à Roüen le dix-septiesme jour d'octobre 1597.

HENRY, et plus bas, DE NEUF-VILLE.

Lettre du Roy à M. de Rosny, contre-signée.

Monsieur de Rosny, suivant l'advis que vous me donnez, et ce que j'ay entendu du sieur de la Corbiniere, pour ce qui concerne l'assignation qui luy a esté baillée sur Normandie, j'escris à mon cousin le duc de Mont-pensier que je veux qu'elle ait lieu, et qu'il apporte en cela ce qui depend de son authorité pour faire observer ma volonté, ainsi que je me veux promettre qu'il fera. J'escris aussi à ceux de mon conseil qu'ayant resolu de faire demeurer ma cavalerie legere dans les garnisons de ma frontiere de Picardie, et voulant que les fournitures qui leur ont esté ordonnées leur soient entretenuës, ma volonté est qu'ils donnent assignation et asseurance audit sieur de la Corbiniere pour avoir moyen de continuer lesdites fournitures, qui sont autant necessaires, comme l'on doit avoir soin de la conservation de mes villes frontieres, qui despend de l'entretenement des gens de guerre que j'ay ordonnez en icelle; à quoy je vous prie de vostre part tenir la main autant comme vous aymez le bien de mon service. J'ay veu par vostreditte lettre comme vous travaillastes hier aux articles de ceux de la religion; cette affaire ne se peut terminer si tost comme je le desire, la longueur dont on use estant prejudiciable à mon service. J'ay escrit ce jourd'huy au sieur de Chiverny, mon chancelier, et au sieur de Ville-roy, pour faire prendre une prompte resolution en cét affaire, à quoy je desire que vous teniez la main de vostre part, et que l'on ne cesse qu'elle ne soit terminée. L'abbé duquel m'escrivez n'est mort et n'a esté malade; s'il en fut advenu autrement, je vous avois destiné l'une des abbayes. Je reserveray la volonté que j'ay de vous gratifier en une autre occasion; et cependant je prieray Dieu, monsieur de Rosny, vous avoir en sa garde.

A Monceaux, ce 14 novembre 1597. HENRY.

Et plus bas, POTHIER.

CHAPITRE LXXIX.

Conseil tenu après la prise d'Amiens. Tentative sur Dourlans. Retour du Roy à Paris. Le pape Clément VIII se porte pour médiateur entre la France et l'Espagne. Voyage en Bretagne. Rosny tient à Rennes les états de cette province. Traité avec le duc de Mercœur. Édit de Nantes.

[1598] Ayant achevé la transcription des lettres dont nous avions fait mention, nous adjousterons à la suite d'icelles que nostre intention a esté de faire juger aux plus sages que le Roy entendoit fort bien toutes ses affaires jusques aux moindres particularitez, qu'il en avoit un grand soin, les vouloit toutes sçavoir, et qu'il ne fut absolument disposé d'aucune sans sa cognoissance et ordonnance. Sur laquelle verité, en reprenant la suitte de ces Memoires, nous dirons que le Roy ayant avec grand honneur et advantage reduit la ville d'Amiens en son obeyssance, battu et mis en fuite, en détail et par pieces, les ennemis, et depuis iceux receu bravement et chassé honteusement en gros leur cardinal archiduc, present en corps d'armée et ordre de bataille; et ne voulant point laisser de si grandes et belles troupes oysives (car sur le bruict de la venuë de l'armée espagnole et d'une bataille preste à donner, toutes les troupes subsidiaires et auxiliaires des provinces s'estoient jointes, et tous les braves gens y estoient accourus), il vous depescha un courrier afin de le venir trouver et luy apporter le plus d'argent que vous pourriez; à quoy vous obeystes dans six jours, et augmenta vostre arrivée (lors que l'on sceut que vous faisiez voicturer une monstre entiere) tellement les precedentes resjouyssances et courages sur-haussez à cause de tant d'heureux succez, que tous d'une voix, avec celle du Roy, qui ne manquoit jamais de braves desirs, crioyent qu'il ne falloit pas laisser tant de braves soldats et une si grande quantité de vaillante noblesse inutiles.

Tellement que Sa Majesté ayant fait assembler un conseil de ses plus capables et confidens serviteurs, il s'y fit sur ce sujet une infinité de propositions, chacun estimant de faire d'autant plus priser son esprit et son courage, qu'il mettroit en avant des entreprises hautes et difficiles. Neantmoins en fin il ne fut pris resolution que sur trois d'icelles: la premiere, de suivre courageusement l'armée de l'ennemy jusques dans son pays et luy presenter la bataille; la seconde, de tenter une entreprise dressée de longue main sur une ville des plus importantes du pays d'Artois; et la troisiesme, d'assieger Dourlans: surquoy le Roy voulut que chacun opinast; ce qui fut fait. Et sans nous arrester aux advis des autres, nous vous ramentevrons seulement ce que vous nous dites depuis du vostre, qui fut que pour le premier poinct vous croyez que cette action seroit plutost d'esclat que d'effet, et de bruit que de fruit, n'y ayant nulle apparence que le cardinal voulut hazarder de gayeté de cœur une bataille qu'il avoit refusée, lors qu'il sembloit y estre engagé par l'honneur et le besoin de secourir Amiens; que, pour la seconde, il arrivoit fort peu souvent que telles entreprises sur de grandes places, par surprise, reüssissent heureusement, surtout lorsque le pays estoit en alarme et couvert de troupes ennemies; mais que, neantmoins, vous ne trouviez pas grand inconvenient à redouter en l'un ny en l'autre, d'autant que dans quinze jours au plus tard ces deux desseins seroient executez ou faillis, et par consequent n'engageroient en aucune façon l'armée mal à propos; mais que ce n'estoit pas de mesme pour le siege de Dourlans, auquel il estoit impossible de travailler si diligemment que l'on ne se trouvast envelopé dans l'hyver bien avant, lequel devenant pluvieux et humide, il seroit impossible de camper, faire logemens de gens de guerre, ny tranchées sur tout d'un costé où les terres estoient grandement grasses et marescageuses.

Neantmoins ces trois propositions ne laisserent pas d'estre suivies; des deux premieres il en fut remporté de la gloire, quoy qu'il ne s'executast rien de consequence, mais cette presentation de bataille et le refus d'icelle sonna fort haut aux pays estrangers, et mesmes, dit-on, fut cause de faire resoudre le roy d'Espagne à la paix, ainsi qu'il sera dit en la suitte de ces Memoires, mais le dessein de Dourlans fist recevoir de la perte et de la honte, à cause qu'apres plusieurs fatigues qui penserent dissiper l'armée, les pluyes, boües et disette de vivre contraignirent au levement du siege (comme les lettres cy-devant transcriptes tout d'une suitte en ont dit quelque chose); apres lequel le Roy mist ses troupes en garnison, leur fist faire monstre, non pour les rafraischir, comme c'est la façon de parler, mais pour les rechauffer et seicher, d'autant qu'ils transissoient de froid et estoient tous couverts de fange et de boué; et puis s'en retourna triomphant à Paris, où, sans perdre temps, il fist ses preparatifs pour aller vers le printemps attaquer vivement M. de Mercure, afin de nettoyer la Bretagne d'ennemis, lequel n'avoit fait que l'amuser, sous divers pretextes et divers traittez qu'il avoit proposez, dont neantmoins il advint que plusieurs des siens, lassez de telles longueurs et craignant qu'il s'accommodast sans eux, le firent sans luy.

Le Roy passa tout ce reste d'hyver en telles et semblables faciendes, et vous à establir l'ordre que vous aviez projetté de longue main en l'administration des finances, à meliorer les revenus du royaume, ramasser tous les restes des deniers dont avoit esté fait fonds pour le siege d'Amiens, rechercher toutes parties esgarées et nouveaux moyens, afin de pouvoir soudoyer l'armée de douze mil hommes de pied, deux mil chevaux et douze canons, que le Roy faisoit estat de mener avec luy en Bretagne, et celle de six mil hommes de pied et douze cens chevaux qu'il laissoit en Picardie sous la charge de monsieur le connestable, pres duquel il laissoit aussi messieurs de Bellievre, de Ville-roy et de Sillery.

Nous licenciant, pour nostre regard, de faire icy une petite disgression, quoy que ce soient affaires où vous n'eustes nulle part, et neantmoins necessaires à sçavoir pour l'intelligence de ce qui sera dit cy-apres, par laquelle nous vous ramentevrons que le Pape, Clement huictiesme, desirant de pacifier les troubles de la chrestienté, avoit, dés-avant le siege d'Amiens, fait partir de Rome le cardinal de Florence, pour venir, en qualité de legat en France, essayer de disposer le Roy à la paix; lequel, lors qu'il luy en avoit parlé, n'en avoit peu tirer autre responce, sinon que le bruit qui se faisoit pour reprendre Amiens, luy avoit bouché les oreilles, et n'entendroit à aucune voye d'accord qu'il n'eust repris cette place, afin que l'on n'estimast pas qu'il y eust entendu par force. Et en mesme temps, avoit aussi le pape envoyé Calatragironne, patriarche de Constantinople, sonder les intentions du roy d'Espagne sur mesme sujet; lequel, du commencement, il trouva grandement difficile, sur tout lors qu'il eut premierement les nouvelles de la surprise d'Amiens; car ceux qui avoient fait cette execution en parloient si advantageusement, qu'il sembloit que, dans peu de temps, ils deussent avoir tout le pays jusques à la riviere d'Oyse et de Seine. Mais ayant depuis appris que le Roy s'opiniastroit à reprendre cette ville, et l'avoit assiegée avec un si grand ordre et prevoyance, et de si grandes forces, qu'il ne pouvoit rien mettre ensemble qui fust assez suffisant pour luy faire lever le siege; et d'ailleurs se trouvant assailly d'une cruelle, furieuse et sordide maladie, dont il cognoissoit bien qu'il luy estoit impossible de réchapper, et considerant qu'il estoit bien dangereux de laisser en mourant à son fils, jeune, et de peu de sens et d'experience, un si grand et valeureux ennemy que le Roy sur les bras, il se resolut enfin d'entendre à la paix. Tellement que ce patriarche ayant repassé à Rome, et estant venu trouver le legat de Florence, en France, apres la prise d'Amiens, lors que, conjointement, ils supplierent derechef le Roy, puis que le roy d'Espagne se disposoit à un bon accord, de ne le refuser point, il leur dit le trouver maintenant bon, puis qu'Amiens estoit repris; mais qu'ils sceussent aussi qu'il ne conclurroit jamais de paix tant que l'Espagnol tiendroit un poulce de terre dans son royaume. Dequoy luy ayant esté donné esperance, il laissoit en Picardie les trois cy-devant nommez comme ses deputez, avec pouvoir de traitter cette paix; de laquelle leur ayant laissé toute la charge, il partit au commencement de mars pour s'acheminer en Bretagne faisant marcher son armée apres luy, et vous ayant laissé derriere avec aucuns de son conseil, de ceux qu'il estimoit qui vous defereroient le plus, pour donner ordre aux estats des finances, recouvrer de l'argent et faire fonds pour les despences des troupes de Picardie et des deputez pour la paix : desquels, ny de toute leur negociation, nous ne dirons rien davantage, tant pource que vous n'y eustes nulle part, que pource que tous les historiens n'en oublient nulles particularitez; mais bien que vous ayant pourveu aux choses cy-dessus dittes, vous vous acheminastes en Bretagne, pensant y trouver le Roy arrivé; mais vous fustes bien estonné de voir qu'il n'eust point encores passé Angers, où il avoit esté arresté, avec divers artifices, par la ruse de ceux qui ne desiroient pas voir la ruyne totale de M. de Mercure; dont madame la marquise de Monceaux, maistresse du Roy, avoit fait jouer les plus puissans ressorts, ayant disposé madame de Mercure à venir rencontrer Sa Majesté audit Angers, luy ayant envoyé passe-port pour cet effet, si tost qu'elle sçauroit sa venuë en ce lieu-là, pour luy faire toutes sortes de submissions au nom de son mary, jusqu'à luy offrir leur fille unique pour en disposer en faveur de tel prince qu'il luy plairoit d'ordonner; ayant bien cette opinion neantmoins, que ne la voulant pas donner à un de sa maison, il la reserveroit pour son fils Cesar, comme cela est depuis arrivé; et sceurent si bien cajoler toutes ces femelles, que le Roy condescendit à traitter avec M. de Mercure, sans s'advancer davantage qu'Angers; où vous estant arrivé et allé faire la reverence à Sa Majesté, il vous dit, en vous embrassant des deux bras et serrant, selon sa coustume, vostre teste contre son cœur :

« Mon amy, vous soyez le bien venu, je suis
« tres aise de vous voir icy, car j'y avois bien
« affaire de vous. — Et moy, Sire, tout au con-
« traire, luy respondites-vous, suis tres-marry
« vous trouver encor en cette ville; car vous
« avez et auriez bien à faire ailleurs. — Il y a si
« long-temps que nous nous cognoissons, repar-
« tit le Roy, que nous nous entendons l'un l'au-
« tre à demy mot : c'est pourquoy je me doute
« desja bien de ce que vous voulez dire; mais si
« vous sçaviez ce qui se passe, et comme j'ay
« desja bien advancé toutes choses, vous chan-
« geriez d'opinion, et me tiendriez autre langage
« que celuy que je voy bien que vous avez en

« l'esprit. — Je ne suis pas si ignorant que vous
« estimez, Sire, luy dites vous, car je sçay que
« l'on vous amuse sous des propositions de nop-
« ces qui ne vous pourroient faillir quand vous
« voudriez; car ayant reduit pere et mere à vos-
« tre discretion, comme cela vous estoit facile,
« vous y auriez bien aussi la fille, et n'auriez nul
« besoin d'entrer en des traittez qui vous couste-
« ront beaucoup. Il falloit aller droit à Nantes et
« là traitter à coups de canon, dont il n'en eust
« pas fallu quantité pour faire dire à ce prince,
« qui a tousjours fait le fin, vous ayant amusé
« deux ans sur des traittez, maudit soit le der-
« nier.

« Ce que vous dites eut esté fort bon, dit le
« Roy, si j'eusse eu toutes mes forces et mes ar-
« tilleries prestes; mais il n'y a pas trois jours
« qu'elles estoient encore toutes separées et vous
« encore bien loin, sans mesme sçavoir comme
« vous estiez d'argent; car d'aller attaquer une
« telle ville sans moyens dequoy la prendre, ce
« n'estoit ny mon intention ny la raison. — Je
« vous assure, Sire, respondites vous, car je
« le sçay par gens qui en sont sortis, qu'à la
« premiere chamade faite, vous present, tous les
« habitans se fussent sous-levez et eussent con-
« traint M. de Mercure de se retirer dans son
« chasteau, voire peut-estre se fussent-ils saisis
« de l'un et de l'autre, et vous les eussent livrez.
« Mais je voy bien à vos discours que d'autres
« causes vous ont retenu, contre lesquelles je
« perdrois tousjours la mienne; car je ne reco-
« gnois rien icy des accoustumées generositez et
« diligences de mon brave Roy, que je n'ay ja-
« mais veu s'esloigner si fort des ennemis pour
« parler à eux comme il fait à present: mais il
« n'y a remede, je n'en dispute plus.

« A la verité vous me ferez plaisir, dit le Roy,
« car je cognois aussi bien tout cela que vous
« sçauriez faire; mais vous sçavez que je suis pi-
« toyable à ceux qui s'humilient, et que j'ay le
« cœur trop tendre pour refuser une courtoisie
« aux larmes et supplications de ce que j'aime,
« partant n'en parlons plus, mais bien de faire
« vos depeschés pour aller à Rennes au lieu de
« moy, tenir les estats et traitter avec eux pour
« une subvention qu'ils m'ont promise, si je de-
« livrois la province et la mettois en repos, comme
« je feray avant que de partir d'icy; car je suis
« asseuré de M. de Mercure et de tout son party,
« voire mesme de Blavet et de d'Overnanes, où
« il y avoit des Espagnols ou gens qui faisoient
« mine d'estre à leur devotion; venant aussi de
« recevoir advis de messieurs de Bellievre et de
« Sillery, comme le traitté de paix avec le roy
« d'Espagne est fort advancé; ayant enfin passé
« l'article de la reddition de toutes les places que
« les Espagnols tiennent dependantes de la cou-
« ronne de France, où la Bretagne est speciale-
« ment nommée, et ne restera selon cela que
« Cambray, pour lequel vous mesme m'avez tous-
« jours conseillé de ne l'insister pas fort. J'ay
« aussi nouvelles que la reyne d'Angleterre et
« les Pays-Bas unis m'envoyent des ambassa-
« deurs. Je ne sçay si c'est pour intervenir en
« cette paix ou m'en divertir, mais je croy plu-
« tost le dernier que le premier. Il faut que vous
« partiez dans deux jours, tant pour donner or-
« dre aux logemens des trouppes de mon armée,
« qui sont és environs de Vitré et Rennes, où il
« y a plusieurs lieux barricadez, afin qu'il n'en
« arrive point d'inconvenient, leur faisant faire
« une monstre suivant ce que vous m'avez escrit
« l'avoir toute preste, que pour faire advancer
« les estats, et par consequent la levée des de-
« niers qu'ils m'accorderont. » Toutes lesquelles
choses vous executastes heureusement les unes
en suitte des autres, comme il sera dit cy-apres.

Le jour de vostre partement, le Roy vous demanda si vous n'aviez point veu madame de
Mercure, et luy ayant respondu que non, il vous
dit que vous la deviez avoir visitée, tant par civilité deuë aux dames, que pour ce qu'elle disoit que vous estiez parens, et qu'elle vous avoit
tousjours fort affectionné. « A la verité, Sire,
« repartistes-vous, tout cela est vray, car il y a
« eu des filles de Bethune mariées à la maison de
« Luxembourg, et de celles de Luxembourg en
« celles de Bethune; et c'est d'un de ces costez-
« là, si les grands roys pouvoient avoir de leurs
« sujets et serviteurs pour parens, que j'aurois
« l'honneur de vous appartenir. — Je le sçay
« bien, dit le Roy; mais allez les voir, car cette
« visite les consolera, dautant que je sçay bien
« qu'ils croyent que vous leur estes du tout con-
« traire. »

Suivant donc la volonté du Roy, vous fustes
voir mesdames de Martigues et de Mercure, qui
vous receurent avec beaucoup d'honneur, de
caresses et de complimens, entre lesquels madame
de Mercure vous dit que, voyant l'estat des affaires de monsieur son mary, requerir d'avoir
des amis prés du Roy, elle avoit aussi-tost jetté
les yeux sur vous, estans proches parens comme
vous estiez, esperant de recourir à vostre faveur;
mais qu'elle avoit apris depuis deux jours que
vous ne luy rendiez pas office de parent, ains
tout au contraire, que vous conseilliez au Roy
de les ruyner; qu'elle ne pensoit point que monsieur son mary, ny elle, et encor moins une petite parente, leur unique heritiere, que vous
aviez, vous eut jamais donné sujet de leur vou-

loir mal ; que s'ils vous avoient apporté quelque desplaisir, ç'avoit bien esté innocemment et contre leur intention ; et partant vous prioit-elle de les vouloir aimer comme vos parens et amis, et les assister de vostre credit prés du Roy. Vous luy usastes de plusieurs complimens, et alleguastes beaucoup de raisons trop longues à reciter, dont la substance fut que vous les reveriez de tout vostre cœur, comme ressentant l'honneur que vous aviez de leur appartenir ; mais que le Roy et son service vous estoient plus chers que toutes choses, et que lors qu'ils se seroient soumis à leur devoir, ils n'auroient point un meilleur serviteur prés de Sa Majesté, ny qui leur rendit de meilleurs offices que vous feriez en toute occasion.

Peu apres vous montastes à cheval et allastes coucher à Chasteau-gontier ; le lendemain, ce nous semble-il, à Vitré, où vous donnastes ordre à faire payer les gens de guerre, et les loger de sorte et avec telle police, avec l'assistance que vous y firent messieurs de Salignac et de Moüy, mareschaux de camp, que tous les peuples, qui s'estoient retirez dans des bois retranchez, et estoient tous les jours prests d'en venir aux mains les uns contre les autres, vous en envoyerent faire des remerciemens, et donnoient tout publiquement mille loüanges. Cela vous fit aussi merveilleusement bien recevoir à Rennes, où l'on vous logea en un fort beau logis chez mademoiselle de la Riviere, femme à tout faire, des plus habiles, galantes et de la meilleure compagnie qu'il se peut imaginer, et qui eut tant de soin de vous faire bien passer le temps, que nous vous avons oüy dire maintes-fois, depuis, n'avoir jamais mené une si douce vie, les affaires publiques pour lesquelles vous estiez envoyé s'estans renduës si faciles qu'il ne vous y fut besoin d'aucun soin ny sollicitation, les estats ayans volontairement accordé huict cens mil escus au Roy, et fourny leur tresorier pour en faire l'advance, à sçavoir : cent mil escus chacun des premiers deux mois, et deux cens mil escus de six mois en six mois apres, à s'en rembourser, et des interests d'icelles sommes, sur une imposition de quatre et deux escus pour pipe de vin. Ayant donné advis au Roy de tout cela, il vous en sceut merveilleusement bon gré, et encor plus de ce que ceux de la province vous ayant voulu donner six mil escus, vous les aviez refusez. Tellement que, pour le tesmoigner, il vous envoya un don de dix mil escus, à prendre sur les clairs deniers de son espargne, dont il ne faut point demander si vous fustes bien payé ; car ceux de la province l'ayant sceu, voulurent que cette somme fut prise outre les huit cens mil escus du Roy ; et fut le premier present de somme notable que le Roy vous eut encor fait depuis vingt-six ans qu'il y avoit que vous le serviez, tous les precedens biens-faits n'ayant jamais passé deux mil escus, reservé les quatre mil qu'il vous donna lors que vous luy apportastes tant d'argent à Roüen.

Pendant vostre sejour d'un mois ou six sepmaines à Rennes, le Roy acheva son traité avec M. de Mercure, et s'en alla sejourner à Nantes, où tous les deputez de ceux de la religion et quelques-uns des principaux seigneurs faisant profession d'icelle, se rendirent pour demander au Roy un edit perpetuel, sous lequel ils vescussent d'oresnavant, et non plus sous le simple benefice provisionnel d'une trefve : ce qui leur fut accordé.

Les ambassadeurs, d'Angleterre, qui fut le millord secretaire Cecille, et de Hollande, qui fut l'admiral Justin de Nassau, arriverent aussi en ce lieu pour divertir le Roy de conclurre la paix avec les Espagnols, le premier luy offrant, en ce cas qu'il voulust faire la guerre, de fournir et soudoyer incessamment six mil hommes de pied et cinq cens chevaux anglois ; et le second quatre mil hommes de pied : et outre cela, tous les deux ensemble, de l'assister d'artillerie, vivres, munitions et navires de guerre pour la reprise de Calais et Ardres seulement. Mais une infinité de raisons, trop longues à desduire, empescherent le Roy d'accepter ces offres et le firent resoudre d'agreer la paix, qui fut peu apres concluë à Vervins, laquelle ne l'empescha pas, neantmoins, de continuer ses alliances avec l'Angleterre et les Provinces unies, et de leur promettre toute assistance d'argent, comme en payement de debtes, afin que le Roy d'Espagne ne peust avoir juste sujet de se plaindre d'aucune infraction de paix. Nous avons traitté toutes ces affaires, tant grandes, importantes et de si longue discution qu'il se pourroit faire un gros volume des particularitez d'icelles, ainsi succinctement, tant pource que vous n'eustes quasi nul part en icelles que pource que plusieurs historiens les ont fort au long inserées en leurs livres.

CHAPITRE LXXX.

Séjour du Roy à Rennes. Conférence de Henri IV avec Rosny sur les manœuvres des Protestans, sur la dissolution de son mariage avec Marguerite de Valois, et sur le choix d'une nouvelle épouse. Lettre de Rosny à la reine Marguerite. Réponse de cette Reine.

Toutes ces affaires ainsi heureusement et

avec dexterité accomplies, le Roy s'en vint à Rennes, où vous aviez tousjours sejourné pendant toutes ces faciendes. Auquel lieu estant arrivé, il se trouva obligé d'y demeurer quelque temps, afin d'accelerer, par sa presence, les expeditions de plusieurs choses d'importance qui avoient esté resoluës; et s'estimant comme oisif, pour ce qu'il n'avoit rien à faire qu'à s'enquerir de ce que les autres faisoient et comment ils advançoient les affaires dont il leur avoit donné charge, il essayoit de se divertir en s'occupant tantost à l'entretien de plusieurs dames de qualité de la province qui estoient venuës expres pour avoir l'honneur de le voir; tantost à visiter madame de Monceaux qui se trouvoit fort grosse (comme de fait, elle accoucha peu apres d'un fils qui fut nommé Alexandre); tantost à se trouver aux resjouyssances que demenoient les dames de la ville, pour tant d'heureux succez dont il estoit la cause; tantost à faire des parties à courir la bague, joüer au balon, à la longue et à la courte paulme; et tantost à la chasse, à laquelle par deux diverses fois il vous commanda de le suivre, disant avoir à vous parler de quelques affaires d'importance, chose qu'il avoit déjà faite par deux fois auparavant, l'une à Sainct Germain et l'autre à Angers, sans qu'en pas une des quatre il vous eut, neantmoins, jamais dit chose d'apparente consequence : de sorte qu'estant en peine de telles procedures, et vous alambiquant l'esprit à descouvrir les causes d'icelles, vous vinstes à vous imaginer, car vous nous avez conté cette histoire tout du long, de laquelle et du discours qui se passa entre le Roy et M. de Boüillon, si nous avons oublié quelques particularitez importantes, ou les avons renduës trop concises, nous vous supplions, monseigneur, de les vouloir suppléer, et aussi d'en retrancher ce que vous y recognoistrez de prolixe, ou de superflu, nostre esperance estant que vous prendrez la peine d'en faire autant de tout le surplus de ces Memoires; vous vinstes donc à vous imaginer que ce prince pouvoit avoir en l'esprit quelques fantaisies que luy mesme n'approuvoit pas, et qu'il croyoit bien que vous feriez peut-estre encor moins; et partant eut esté bien aise que vous les eussiez sceuës sans estre obligé de vous les dire, apprehendant les libertez que ses commandemens absolus vous avoient fait prendre de luy dire toujours verité, et de ne luy celer nul de vos sentimens sur les affaires qu'il vous proposeroit, ou seulement tesmoigneroit de vouloir entreprendre.

Or, un certain jour qu'il estoit allé, au sortir de son disner chez l'Alloüé de Rennes, visiter M. de Boüillon qui estoit logé chez luy et detenu au lit à cause des goutes; apres qu'il l'eût entretenu assez long-temps seul à seul, ayant fait sortir tout le monde hors de la chambre, il arriva qu'ainsi que le Roy estoit desja redescendu le degré pour s'en retourner en son logis, il vous vid entrer dans la cour de celuy où il estoit; et lors ayant commandé de faire ouvrir un jardin assez beau qu'il y avoit là dedans, il vous appella et vous ayant pris par la main à nud, et passé ses doigts entre les vostres comme c'estoit sa coustume, il vous dit : « Allons nous promener « nous deux, seuls; car j'ay à vous entretenir « longuement de choses dont j'ay esté quatre fois « tout prest de vous parler, vous ayant par autant de fois fait venir avec moi à la chasse, « vous en souvient-il bien? mais tousjours me « sont survenuës, en ces occasions, diverses fantaisies en l'esprit qui m'en ont empesché; mais « à present je m'y suis resolu. » Et sur cela estans entrez dans le jardin, tous seuls, et ayant commandé aux gardes de n'y laisser aller personne, apres avoir fermé la porte il vous parla ainsi :

« Avant que de vous entretenir sur le sujet qui m'a fait vous amener en ce lieu, je vous diray comme nous venons d'avoir de grands discours, M. de Boüillon et moy, car, comme vous sçavez, il n'est pas homme à un mot, ny qui manque d'invention ny de belles paroles, lors qu'il veut parer de bien lourdes fautes de la belle robe d'innocence. Il m'a tenu une infinité de beaux langages, et fait plusieurs belles protestations; mais, nonobstant tous ces déguisemens et allegations, je n'ay pas laissé de luy ramentevoir quelques-unes de ses plus noires et plus grandes malices (car si j'eusse voulu les luy reprocher toutes, il m'eut fallu plus de temps que je n'en ay esté avec luy), et entre les autres, n'ay-je pas oublié les bons tours qu'il m'avoit faits durant le siege d'Amiens, m'ayant esté rapporté de divers endroits et tres-bien justifié (comme vous ne l'ignorez pas, car j'ay bien sceu que vous en avez escrit en ces termes à M. de la Trimoüille, lequel, quelque profession d'amitié que vous ayez faite ensemble, et bons offices que vous essayez de luy rendre tous les jours, a fait des risées de vos lettres), que ma bonne tante de Rohan, avec toutes ces resveries, luy, messieurs de la Trimoüille, du Plessis, de S. Germain, Clan, de Beaupré, de Berticheres, de Lesignan, de la Casse, de Preaux, de la Valiere, de Bassignac, Constants, Aubigny, Reignac, Bessais, la Sausaye et autres, avoient couru et tracassé par les eglises et synodes, et usé d'une infinité de mauvais discours, artifices et calomnies, non seulement pour mettre tous ceux de la religion en ombrage de moy, mais aussi pour les disposer à prendre ouvertement les armes, alleguant entr'autres raisons, que moy ayant ainsi legerement changé de religion, non par ignorance ou faute de cognoistre la verité, mais par pure ambition et avoir plus de liberté à me plonger és plaisir et delices mondains (car ce sont les propres termes dont a usé cette satirique langue d'Aubigny), sans m'estre soucié de mettre leurs consciences en liberté, et leurs biens, vies et fortunes en seureté, en leur donnant un edict perpetuel, et non les laissant dans une tolerance provisionnale du feu Roy; qu'il ne falloit plus que ceux de la religion s'attendissent à aucuns miens bien-faits, ny gratifications volontaires, ny que je leur donnasse les conditions advantageuses qui leur estoient necessaires pour se maintenir et mettre en pouvoir de défence contre leurs ennemis, sinon par force, par la nécessité de mes affaires et le besoin que je pourray avoir de leurs assistances et services; et qu'estant par ces raisons du tout necessaire de prendre un temps à propos pour obtenir ces choses de moy, ils n'en eussent peu choisir un plus opportun que celuy qui lors se presentoit, l'Espagnol ayant un grand pied dans la France, M. de Mercure faisant tousjours la guerre, plusieurs malcontens grondans encores dans l'Estat, moy estant en nécessité d'argent et engagé en un grand siege, qu'il ne falloit point douter que le cardinal archiduc, comme c'estoit chose à quoy il se preparoit, ne fist bien-tost lever, principalement si eux prenoient les armes, ceux de la religion ne devant rien tant apprehender qu'une paix generale, tant dedans que dehors le royaume, qui puisse produire des amitiez, alliances et unions entre les couronnes de France et d'Espagne, et par icelles entre le Pape, l'Empereur et autres princes catholiques qui entreprennent à communes armes (comme il n'y a point de doute qu'ils n'en ayent tousjours le dessein dans le cœur) la ruine et entiere destruction de la religion reformée et protestante, aussi bien en France que hors icelle.

« Et partant falloit-il prevenir de si grands inconveniens par la continuité des guerres et nécessitez du royaume, voire y en avoit-il eu d'entr'eux (et par là pouvoit-on juger jusques à quelles extremitez tels broüillons estoient capables de porter les affaires, car je ne dis, ny ne diray rien qui ne soit dans les lettres d'advis qui m'en ont esté données), lesquels, pour se faire voir exceller en zele de religion, ou estimer sçavans en l'histoire, avoient fait grand cas d'un certain conseil d'un pape donné à un roy de Naples, de la maison de France, qui avoit prisonnier en ses mains son compediteur au royaume, par lequel il luy mandoit (je ne sçay s'il me pourra bien souvenir des termes et des noms propres qui sont dans la lettre que l'on m'en escrit) que la mort de Conradin estoit la vie de Charles, et que la vie de Conradin estoit la mort de Charles; lequel advertissement disoient-ils devoir servir d'instruction à ceux de la religion en France, pour faire cognoistre, à cause de la haine que l'on leur porte et du dessein sans discontinuation que l'on avoit de les exterminer, que la prosperité, force, puissance, opulence et tranquilité bien asseurée du royaume, devoit estre estimée la ruine, calamité, destruction et desolation de ceux de leur profession; et l'abaissement, foiblesse, necessité et continuelle infestation de l'Estat, l'accroissement, force, repos et seureté des eglises reformées.

« Surquoy je luy ay protesté, pour luy faire perdre cette opinion, de tout ce que vous m'avez souvent oüy dire de mes bonnes intentions à la conservation de tous ceux de la religion dans mon royaume, et du dessein formel que j'ay dans l'esprit de faire un jour puissamment la guerre à l'Espagnol, estant cette passion la plus violente de toutes celles que je sçaurois avoir. Puis ay adjousté que luy (ayant trouvé tout le corps en general de ceux de la religion entierement alienné de telles fantaisies, ny de rien faire qui me pust desplaire, sur tout pendant que je serois occupé en un si grand siege) n'avoit pas quitté le dessein de me nuire; mais, ne se pouvant servir des huguenots en general, avoit essayé de me broüiller par le moyen de quelques catholiques en particulier, dont je luy ay allegué tout ce que vous avez veu que l'on m'en a escrit, et sur tout la prise de Mande par Fosseuze, et l'escapade du comte d'Auvergne, lesquels n'avoient rien fait que suivant ses conseils et advis. Je ne luy ay celé non plus les divers, mais tres-certains advis qui m'avoient esté donnez, et dont je luy ay dit n'estimer point qu'il n'ait eu toute cognoissance et participation, des mauvais langages qu'aucuns de ceux de la religion avoient tenus aux sieurs Cecile et Justin de Nassau en particulier, et des instantes solicitations dont ils avoient usé vers eux en general, pour les persuader à s'opposer formellement, au nom de ceux qui les avoient envoyez, à la paix, que l'on voyoit bien que je me disposois de conclurre avec les Espagnols par l'entremise du Pape. Usant pour cet effet de toutes les raisons et remonstrances que leur grande prudence leur pourroit suggerer, jusques à en venir finalement, au cas que je voulusse passer outre, à une protestation de rupture d'alliance, et qu'eux aussi non seulement s'accommoderoient et traitteroient paix avec le roy d'Espagne, mais aussi conclurroient une alliance estroite en forme de ligue offensive et défensive pour le recouvrement, à communes armes, et poursuittes de toutes les pretentions que l'Espagne et l'Angleterre pouvoient avoir sur diverses provinces de France; quoy, comme je luy ay dit, que telles menées, pratiques et sollicitations eussent esté, mais par la seule prudence et discretion des deux ambassadeurs, aussi peu advantageuses à leurs mauvais desseins, et pernicieuses aux miens équitables, qu'avoient esté tous leurs autres monopolles dans mon royaume, ainsi que je le recognus deux ou trois jours apres : d'autant que ces deux ambassadeurs (mais de cecy n'en ay-je rien dit à M. de Boüillon) m'ayant envoyé prier de leur donner une audiance où je fusse seul et eux aussi, ou, si je voulois avoir quelques-uns de mes serviteurs, que ce fut seulement vous et Lomenie, pour ce qu'ils sçavoient bien que vous estiez tout à moy, et n'aviez nuls mauvais desseins contre vostre patrie, ma personne, ny leurs pays et affaires aussi; mais vous estant lors à Rennes, je leur manday que je serois seul.

« Tellement que m'estans venus trouver seuls, et m'ayant proposé une alliance et association perpetuelle pour faire, sans intermission, conjointement la guerre au roy d'Espagne, et sans que l'un des trois peut traitter paix ny trefve que par le consentement des deux autres; auquel cas, si je m'y voulois resoudre, ils avoient charge (pource qu'ils ne doutoient point que ce ne fut à moy à faire et soustenir les plus grands efforts) de m'offrir (et à cela obliger ceux qui les avoient envoyez) un secours continuel de dix mille hommes de pied, mille chevaux bien entretenus et payez dans mes armées, autant de vaisseaux bien armez que la necessité des affaires qui me surviendroient le pourroit requerir, et des artilleries, vivres et munitions proportionnées au besoin que j'en pourrois avoir : sur lesquelles propositions, que je ne voulus contester, apres les avoir courtoisement remerciez de leurs belles et tres advantageuses offres, et tesmoigné de leur en sçavoir le gré et avoir les ressentimens qu'elles meritoient, je les priay seulement de considerer que les differences et diversitez, voire contrarietez qui se trouvoient entre leurs pays, terres et seigneuries et les miennes, et situations, qualitez de terres, heritages et revenus tant publics que privez, dominations des superieurs, et subjections des inferieurs, loix, polices, disciplines, constitutions, humeurs, dispositions et conditions des peuples, estat present des affaires et formes de gouvernement, estoient cause que ce qui se trouvoit advantageux ou supportable és uns, estoit tres-dommageable, voire insupportable aux autres, leurs pays estans tellement circuits et environnez de mers, grands fleuves, rivieres, canaux, paluds et marescages, qu'ils s'estoient rendus inaccessibles et hors de tout danger d'attaquement et invasion d'ennemis, reservé par la mer, sur laquelle leurs forces estoient tellement superieures à toutes autres qu'ils n'avoient rien à craindre, au lieu que la France estant ouverte de tous costez et par terre et par mer, et ses advenuës faciles en l'un et en l'autre, pource qu'elle estoit foible en vaisseaux, elle avoit besoin, venant à estre reduitte sur la defensive, d'autant d'armées que de provinces pour prevenir toute hostilité ; leurs terres, heritages et revenus estans bien labourez, entretenus et mis en leur juste valeur, au lieu que la France estoit lors quasi reduitte en desert, et tous les revenus publics et privez la plupart en non-valleur; leurs dominations bien establies sans disputes, et leurs sujets accoustumez à l'obeyssance, voire ne respiroient que bonne volonté et affection, au lieu qu'il n'y avoit, par maniere de dire, que trois jours que j'estois recogneu pour Roy, et cela non pas encor generalement, et que mes sujets, pour la pluspart, ne se pouvoient accoustumer à l'obeyssance absoluë ny à la bien-veillance inalterable; leurs loix, polices, disciplines et constitutions estans bien establies et observées sans opposition ny contravention, au lieu que celles de France estoient quasi toutes perverties, renversées et sans aucune execution; les humeurs, dispositions et conditions de leurs peuples estans bien recogneuës, asseurées et prosperes, au lieu que l'on ne recognoist du tout rien en celles des François, et qu'il n'y a parmy eux que ruine, desolation et desordre; l'estat present de leurs affaires estant tres-solidement fondé sans qu'il eust besoin de nouveaux ordres, establissemens et reglemens, au lieu que celuy des affaires de France estoit plein de confusion, dispersion, et avoit besoin d'estre reformé en son tout et en ses parties; et les formes de leurs gouvernemens estans continuées au contentement et gré de tous sans aucuns desirs tendans à innovation, au lieu que celles du gouvernement de France estoient ordinairement aussi diverses qu'il y venoit de nouveaux roys et de nouveaux conseillers et administrateurs d'affaires, lesquels encor le plus souvent ne pouvoient rien faire au gré de tous, voire arrivoit-il le plus ordinairement que ce qui plaisoit à un desplaisoit à cent. Non que pour toutes ces difficultez, leur dis-je, mon courage soit abaissé, mes cordiales affections envers la reine d'Angleterre, ma bonne sœur, et messieurs les Estats, mes loyaux amis, soient en aucune façon diminuées, ny mes esperances de battre un jour l'Espagnol affoiblies, mais pour vous faire comprendre que n'y ayant quasi eu ville ny chasteau dans mon royaume qui ne se soit senti des ruines et desolations de la guerre, ny revenus publics et privez qui ne soient en degast et non-valeur, la France et moy avons besoin de reprendre haleine, et, sous le benefice de quelque espece de cessation d'armes, pouvoir reparer tous ces défauts, comme je suis bien asseuré de faire; de telle sorte que j'aurois d'autant plus de moyen de les secourir d'argent, sous pretexte de payemens de debtes, comme je leur promettois de n'y manquer pas, les priant de faire trouver bonne, aux lieux où ils s'en retourneroient, la paix où toutes ces raisons me convioient d'entendre. Desquelles remonstrances, apres quelques petits discours, ils monstrerent de se contenter, voire de recognoistre que j'avois raison et d'approuver celles que je leur avois alleguées; disant en ma loüange qu'ils s'estonnoient de me voir avoir une tant generale et parfaite cognoissance, non seulement de toutes les parties et affaires de mon royaume, mais aussi de la plupart de leurs Estats; toutes lesquelles choses ils me promettoient de faire valoir, en sorte que j'en aurois contentement, et que je ne trouverois nulle alteration en la bien-veillance et affection de ceux au nom desquels ils parloient, et sur cela se retirerent.

« De tous lesquels derniers discours j'ay bien dit une partie à M. de Boüillon, et pour conclusion, apres quelques repliques qu'il m'a faites, lesquelles seroient trop longues, que sans l'accuser ny excuser aussi du tout, d'avoir tousjours esté l'un des principaux autheurs de toutes telles menées, je luy voulois bien dire que, comme j'avois pardonné à tous mes ennemis, je ne me voulois pas monstrer moins indulgent envers mes serviteurs, au nombre desquels ayant tousjours fait profession d'estre, aussi l'assurois-je, voire luy donnois ma foy et ma parole que je rendrois à jamais inviolables, d'avoir oublié toutes ses fautes passées et les traverses qu'il m'avoit données; mais aussi le voulois-je bien advertir qu'estant maintenant pacifique dans mon royaume et dehors, je ne voulois plus souffrir que l'on manquast au respect et obeïssance qui m'estoient deubs, et partant non seulement je luy commandois comme son roy et son maistre, mais aussi le priois comme son amy particulier, de vivre d'une autre façon qu'il n'avoit fait, de m'aymer veritablement et de me servir loyalement, s'il ne vouloit à l'advenir autant esprouver ma juste se-

verité qu'il avoit fait ma trop indulgente clemence; et sur cela, en l'embrassant, me suis separé de luy sans vouloir escouter sa responce; et remettant au temps à faire voir comment ces douces et amiables remonstrances auront profité en un tel esprit, je reviendray au discours pour lequel je vous avois emmené en ce jardin.

« Lequel je ne commenceray point, afin de l'abreger, pour vous representer les perils et les hazards que j'ay courus, et les peines, fatigues, soucis et ennuis par lesquels j'ay passé avant que je sois parvenu à estre roy paisible dedans et dehors le royaume, comme je m'en vois à la veille par le traité de Vervins qui s'en va conclud, n'estimant quasi plus rien ce qui reste à reduire ny mesme le marquisat de Saluces, car je recouvreray tout cela en me joüant, lors que je n'auray plus à faire qu'à un duc de Savoye et quelques petits particuliers non sousteneus ouvertement d'Espagne; mais je viendray aux travaux qu'il me faudra supporter parmy les negoces et affaires politiques, et en l'establissement des ordres, loix, reglemens et disciplines, tant civiles que militaires, esquelles j'apprehende qu'il me conviendra vacquer assiduellement, n'ayant jamais eu l'humeur bien propre aux choses sedentaires, et me plaisant beaucoup plus à vestir un harnois, picquer un cheval et donner un coup d'espée, qu'à faire des loix, tenir la main à l'observation d'icelles, estre tousjours assis dans un conseil à signer des arrests, ou voir, examiner des estats de finance : et n'estoit que je m'attends d'estre en cela secouru de Belièvre, de vous, de Ville-roy, de Sillery et de deux ou trois autres de mes serviteurs que j'ay en fantaisie, je m'estimerois plus malheureux en temps de paix qu'en temps de guerre, quoy que je connoisse bien neantmoins que, sans ces ordres, formes et mesnagemens, il me seroit impossible de parvenir à cette gloire que je me suis proposée, par le restablissement de ce royaume en son ancienne grandeur et splendeur, et la descharge et soulagement des peuples que Dieu m'a commis, du regime desquels je seray un jour obligé de luy rendre compte; ne voyant en tous ces beaux et magnifiques desseins qu'un seul deffaut et manquement (lequel toutesfois ne laisse pas de m'affliger de telle sorte qu'il me fait quasi perdre courage et n'avoir plus autre dessein que de vivre au jour la journée, comme l'on dit, et pousser le temps à l'espaule ainsi que les faineans) qui est de sçavoir au profit de qui viendra tout mon travail apres moy, et si mes labeurs auront leurs justes retributions, que j'estime consister en une bonne renommée dans le monde, en la loüange que me donneront, au gré que me sçauront, et en l'affection que tesmoigneront à ma personne et à ma memoire, ceux qui auront à me succeder : dautant qu'en l'estat où sont de present les affaires de ma succession au royaume, il y a plus d'apparence d'une prochaine dissipation d'Estat et renversement de mes ordres, formes et mesnages establis, que de voir une imitation de mes conseils, desseins et conduite, attendu les diverses pretentions et contentions toutes preparées entre mon nepveu le prince de Condé et les autres princes de mon sang; ausquelles il semble impossible d'apporter des remedes certains, si je ne me dispose à donner des enfans venans de moy à la France, comme c'est chose que j'ay tousjours infiniment desirée, et de laquelle j'ay pris bonne esperance, depuis que l'archevesque d'Urbin, les sieurs du Perron, d'Ossat, de Marquemont et autres ecclesiastiques à Rome, m'ont donné advis que le Pape facilitera en tout et par tout mon desmariage, tant il desire et souhaite que je laisse la succession du royaume de France libre et sans dispute.

« De sorte qu'il semble ne rester plus, pour l'accomplissement de ce dessein, si non de voir s'il y aura moyen de trouver une autre femme si bien conditionnée que je ne me jette pas dans le plus grand des mal-heurs de cette vie, qui est, selon mon opinion, d'avoir une femme laide, mauvaise et despite, au lieu de l'aise, repos et contentement que je me serois proposé de trouver en cette condition. Que si l'on obtenoit des femmes par souhait, afin de ne me repentir point d'un si hazardeux marché, j'en aurois une, laquelle auroit, entr'autres bonnes parties, sept conditions principales ; à sçavoir, beauté en la personne, pudicité en la vie, complaisance en l'humeur, habilité en l'esprit, fecondité en generation, eminence en extraction, et grands Estats en possession. Mais je croy, mon amy, que cette femme est morte, voire peut-estre n'est pas encor née ny preste à naistre, et partant voyons un peu ensemble quelles filles ou femmes dont nous ayons ouy parler seroient à desirer pour moy, soit dehors, soit dedans le royaume. Et pource que j'y ay dé-jà, selon mon advis, plus pensé que vous :

« Je vous diray, pour le dehors, que l'infante d'Espagne, quelque vieille et laide qu'elle puisse estre, je m'y accommoderois, pourveu qu'avec elle j'espousasse aussi les Pays-bas, quand ce devroit estre à la charge de vous redonner le comté de Bethune ; je ne refuserois pas non plus la princesse Reibelle d'Angleterre, si, comme l'on publie que l'Estat luy appartient, elle en avoit esté seulement declarée presomptive heritiere : mais il ne me faut pas attendre à l'une ny à l'autre, car le roy d'Espagne et la roine d'Angleterre sont bien esloignez de ce dessein-là. L'on m'a aussi quelquefois parlé de certaines princesses d'Allemagne, desquelles je n'ay pas retenu le nom ; mais les femmes de cette region ne me reviennent nullement, et penserois, si j'en avois espousé une, de devoir avoir tousjours un lot de vin couché aupres de moy, outre que j'ay oüy dire qu'il y eut un jour une reine en France de cette nation qui la pensa ruiner ; tellement que tout cela m'en degouste. L'on m'a parlé aussi de quelqu'une des sœurs du prince Maurice ; mais outre qu'elles sont toutes huguenottes, et que cette alliance me pourroit mettre en soupçon à Rome et parmy les zelez catholiques, qu'elles sont filles d'une nonnain, et quelque autre chose que je vous diray une autre fois, m'en aliene la volonté. Le duc de Florence a aussi une niepce que l'on dit estre assez belle ; mais estans d'une des moindres maisons de la chrestienté qui porte titre de prince, n'y ayant pas plus de soixante ou quatre-vingts ans que ses devanciers n'estoient qu'au rang des plus illustres bourgeois de leur ville, et de la mesme race de la reine mere Catherine, qui a tant fait de maux à la France, et encor plus à moy en particulier, j'apprehende cette alliance, de crainte d'y rencontrer aussi mal pour moy, les miens et l'Estat.

« Voila toutes les estrangeres dont j'estime avoir esté parlé. Quant à celles de dedans le royaume, vous avez ma niepce de Guyse, qui seroit une de celles qui me plairoit le plus, nonobstant ce petit bruit que quelques malins esprits font courir, qu'elle ayme bien autant les poulets en papier qu'en fricassée : car pour mon humeur, outre que je croy cela tres-faux, j'aymerois mieux une femme qui fist un peu l'amour, qu'une qui eust mauvaise teste, dequoy elle n'est pas soupçonnée ; mais au contraire d'humeur fort douce et d'agreable et complaisante conversation, et pour le surplus de bonne maison ; belle, de grande taille et d'apparence d'avoir bien tost de beaux enfans ; n'y apprehendant rien que la trop grande passion qu'elle tesmoigne pour sa maison et sur tout ses freres, qui luy pourroient faire naistre des desirs de les eslever à mon prejudice, et plus encor de mes enfans si jamais la regence de l'Estat luy tomboit entre les mains. Il y a aussi deux filles en la maison du Mayne, dont l'ais-née, quelque noire qu'elle soit, ne me desplairoit pas, estans sages et bien nourries ; mais elles sont trop jeunettes. Deux en celle d'Aumalle, et trois en celle de Longueville, qui ne sont pas à mespriser pour leurs personnes, mais d'autres raisons m'empeschent d'y penser.

« Voila pource qu'il y a de princesses. Vous avez apres une fille en la maison de Luxembourg, une en la maison de Guimené, ma cousine Catherine de Rohan, mais cette-là est huguenotte, et les autres ne me plaisent pas ; et puis la fille de ma cousine la princessse de Conty, de la maison de Lucé, qui est une tres-belle fille et bien nourrie, aussi seroit-ce celle qui me plairoit le plus si elle estoit plus aagée ; mais quand elles m'agréeroient toutes, pour si peu que j'y recognois, qui est-ce qui m'asseurera que j'y rencontreray conjoinctement les trois principales conditions que j'y desire, et sans lesquelles je ne voudrois point de femme ? A sçavoir qu'elles me feront des fils, qu'elles seront d'humeur douce et complaisante, et d'esprit habile pour me soulager aux affaires sedentaires, et pour bien regir mon Estat et mes enfans, s'il venoit faute de moy, avant qu'ils eussent âge, sens et jugement pour essayer de m'imiter, comme apparemment cela est pour m'arriver, me mariant si avant en l'âge. »

« Mais quoy donc, Sire, luy respondistes-vous, que vous plaist-il entendre par tant d'affirmatives et de negatives, desquelles je ne sçaurois conclurre autre chose, sinon que vous desirez bien estre marié, mais que vous ne trouvez point de femmes en terre qui vous soient propres ? Tellement qu'à ce conte il faudroit implorer l'ayde du ciel, afin qu'il fist rajeunir la reine d'Angleterre, et ressusciter Marguerite de Flandres, madamoiselle de Bourgongne, Jeanne la Loca, Anne de Bretagne et Marie Stuart, toutes riches heritieres, afin de vous en mettre au choix ; car, selon l'humeur que vous avez témoignée parlant de Clara Eugenie, vous seriez homme pour agréer quelques-unes de celles-là qui possedoient tant de grands Estats. Mais laissant toutes ces impossibilitez et imaginations vaines à part, voyons un peu ce qu'il faut faire, car de toute necessité, tant pour les raisons que vous mesmes avez alleguées, que de crainte que n'ayant point d'enfans, ce defaut vous fit perdre le courage necessaire d'eslever vostre royaume en la splendeur où j'espere de le voir par vostre vertu, il faut que vous soyez promptement desmarié, puis aussi-tost remarié à quelqu'une de celles que vous avez nommées, si mieux vous n'aymez faire une chose dont je serois d'advis, si j'estois capable de vous donner conseil en chose sujette à tant de divers accidens, sans vous en declarer neantmoins, que toutes les formalitez pour l'asseurée dissolution d'avec la Reine vostre femme n'eussent esté observées, qui seroit (et cecy sera un conseil pour vous faire rire) de faire publier par tout vostre royaume, que tous les peres, meres, ou tuteurs qui auroient de belles filles de haute taille, au dessus de dix-sept à vingt-cinq ans, eussent à les amener à Paris, afin que sur icelles vous éleussiez pour femme celle qui plus vous agréeroit, où les ayant toutes veuës, considerées et entretenuës de paroles, s'il s'en trouvoit plusieurs qui vous agréassent esgallement, les faire mettre en un logis à part, sous la charge de quelques vieilles et sages dames à vous du tout confidentes, afin de les observer en toutes leurs paroles et actions, cognoistre leurs humeurs et complexions de leurs santez et beautez cachées, et autres particularitez necessaires, pour éviter que vous n'y trouvassiez rien à contre-cœur, qui pust faire apprehender qu'elles n'eussent point de lignée ; puis sur les rapports qui vous en seroient faits former vostre election : car pour mon opinion, ny biens ny royale extraction ne vous sont point absolument necessaires. Ayez seulement une femme que vous puissiez aymer et qui vous fasse des fils ; car, moyennant cela, vous ne devez douter que tout ce qu'il y a de bons François ne s'en resjouyssent, ne recognoissent pour roys les enfans qui viendront de ce mariage, et ne les ayment de tout leur cœur sous esperance qu'ils imiteront les vertus du pere ; quoy qu'il soit souvent arrivé que de grands personnages et tres-excellens princes ayent produit de fort chetifs enfans, dequoy Ninus, Anaxindaris, Nabuchodonosor, Cirus, Alexandre, Cesar Auguste, Trajan, Constantin, Charlemagne et autres en bon nombre servent de suffisantes preuves. »

« Or bien, dit le Roy, laissant vostre advis à part d'une assemblée de tant de filles qui appresteroit à rire au monde, et toutes vos histoires de galands hommes qui ont eu de tristes enfans, car j'espere vous en faire qui vaudront encor mieux que moy, puis que vous concluez principalement à ces trois conditions, que la femme que je prendray doit avoir, à sçavoir qu'elle soit belle, qu'elle soit d'humeur complaisante (car aussi sans ces deux là me seroit-il impossible de l'aymer) et me fasse des fils, songez un peu en vous mesmes si vous n'en pourriez point cognoistre quelqu'une, en laquelle tout cela se pust rencontrer. »

« Telles nominations, Sire, respondites vous, ne se doivent point faire par songes ny fantaisies, mais par vraye science et parfaite cognoissance. Or, ne sçay-je point de filles ny de femmes de tel merite, avec lesquelles j'aye jamais eu assez de familiere conversation pour en avoir toutes les certitudes requises, tant pour sçavoir s'il n'y a rien de caché, ny en son humeur, ny en aucune des parties de sa personne et de son esprit, qui vous pust desagréer ou manquer à vous donner des enfans.—Et que direz vous, dit le Roy, si je vous en nomme une?—Je diray, Sire, dites vous, que vous aurez eu de plus grandes familiaritez avec elle que moy, et qu'il faut que ce soit une veufve; car autrement vous ne sçauriez estre bien asseuré qu'elle soit capable d'avoir des enfans, y en ayant eu des mieux formées et des plus saines qui n'en ont jamais peu avoir. — Ce sera tout ce que vous voudrez, respondit le Roy, mais si vous ne vous en pouvez adviser d'une, je la nommeray.—Nommez la donc, Sire, dites vous, car j'advoüé que je n'ay pas assez d'esprit pour cela. »

« O la fine beste que vous estes, dit le Roy. Ah! que si avez bien si vous vouliez, voire celle-là mesme que je pense, car il n'est pas que n'en ayez entendu bruire quelque chose; mais je vois bien où vous en voulez venir, en me faisant ainsi le niais et l'ignorant, c'est en intention de me la faire nommer, et je le feray; car vous me confesserez que toutes ces trois conditions peuvent estre trouvées en ma maistresse; non que pour cela je veuille dire que j'aye pensé à l'espouser, mais seulement pour sçavoir ce que vous en diriez, si faute d'autre cela me venoit quelque jour en fantaisie. — Je vous diray, Sire, dites vous en souriant, que comme les filles de Loth, n'estimant plus qu'il y eust homme en la terre, sinon leur propre pere, par lequel il leur fust possible de reparer le genre humain qu'elles croyoient pery entierement, passerent par dessus toute pudeur et bien seance; ainsi vostre Majesté, pour cognoistre femme propre à luy donner des enfans autre que madame la marquise, de crainte de priver l'Estat et nous tous d'un si grand bien, n'auroit pas apporté toutes les considerations requises à l'égard de vostre personne et de vostre dignité. »

« Il y a trop de subtilité en vostre replique, dit le Roy, pour me bien satisfaire l'esprit. Mais remettant la decision de cette question (sur laquelle vous avez respondu avec artifice) à une autre fois, voyons un peu, vous et moy, de quels inconveniens pourroit estre suivie la conclusion et l'execution d'icelle, vous ordonnant de m'en parler librement, sans apprehender que je m'en fasche, puis que je vous ay choisi pour me dire mes veritez en particulier; mais vous me ferez plaisir de ne l'entreprendre jamais devant le monde, car je vous advoüé que je m'en offencerois bien fort. »

« Ny devant le monde, Sire, distes-vous, ny en particulier ne seray-je jamais si sot ny si impudent que de dire chose que j'estime vous devoir desplaire, si ce n'estoit que, pour le taire, vostre vie ou vostre Estat peussent courir fortune; car en ces deux cas perdrois-je tout respect et discretion, quand mesme j'estimerois en devoir mourir ou qu'il vous pleust de m'en donner le commandement absolu, comme vous venez de faire maintenant. Auquel rendant obeyssance, je vous diray, Sire, qu'outre le blasme general que vous en pourriez encourir, et la honte qu'un repentir vous apportera, lors que les boüillons d'amour seront attiedis, que je ne puis imaginer nuls expediens propres pour desveloper les intrigues et embarras et concilier les pretentions diverses qui surviendront à cause de vos enfans, nez en si diverses manieres et avec des formes tant irregulieres; dautant qu'outre les beaux contes que l'on en a faits (dont vous en avez sceu le moins, et toutes-fois ne les avez pas entierement ignorez, sur tout celuy de M. Alibour, qui a tant couru; car je sçay que Regnardiere vous en a dit un jour quelque chose en paroles couvertes, que vous entendistes bien neantmoins; car, n'en voulant pas faire semblant, vous vous servistes du despit de monsieur l'admiral pour le faire battre, afin qu'il se retirast de la Cour), le premier de vos enfans, puis que vous les nommez tels, ne sçauroit nier qu'il ne soit né dans un double adultere; le second, que vous aurez à present, se croira plus advantagé, à cause que ce ne sera plus que sous un simple adultere, et ceux qui viendront apres, lors que vous serez marié, ne faudront de pretendre qu'eux seuls doivent estre estimez legitimes; à toutes lesquelles difficultez je vous laisseray penser à loisir avant que de vous en dire davantage. »

« Ce ne sera pas trop mal faict, repartit le Roy, car vous en avez assez dit pour la premiere fois; dequoy je vous promets bien de n'en dire jamais rien à ma maistresse, de peur de vous mettre mal avec elle. Car il est vray qu'elle vous ayme et encor plus vous estime, quoy qu'il luy reste tousjours quelque scrupule en l'esprit, que vous ne luy serez pas des plus favorables aux advantages que je voudrois faire à elle et à ses enfans, disant que vous mettez tousjours tant cét Estat et ma gloire en advant, qu'il semble que vous les aimiez mieux que mon contentement ny ma personne. »

« Sire, dites vous, elle a en cela quelque raison; mais moy aussi n'ay-je pas tort d'avoir également soin de vous et de vostre Estat, puisque vous, sans luy, ne sçauriez vivre glorieux et content; ny luy, sans vous, subsister en splendeur longuement, vostre seule vertu estant l'esprit qui anime tout ce grand corps? — Je trouve tout cela bien dit, repartit le Roy; mais voyons de plus prés, si cette action, au cas que je m'y resolusasse, pourroit de mon vivant exciter quelque emotion ou trouble dans l'Estat, et qui apparemment seroient ceux qui l'approuveroient absolument, ceux qui la tollereroient par respect, obeyssance et complaisance, et ceux lesquels formellement essayeroient de s'y opposer. » Et suivant ce dessein, vous parcourustes toutes les provinces de France, et discourustes sur les humeurs diverses des grandes villes, peuples et personnages plus qualifiez et puissans; du recit desquels discours nous nous abstiendrons, dautant que cela seroit merveilleusement long, et pourroit offencer les uns et donner vanité aux autres, et peut estre ennuyer vous et ceux qui pourront lire ces Memoires; lesquels, en certaines occasions, afin d'en oster l'obscurité et faire mieux cognoistre les humeurs des personnes, et les vrayes causes des effets plus extraordinaires, nous confessons que nous rendons trop prolixes : tellement que pour abreger nous nous contenterons de vous ramentevoir seulement que le Roy, soit avec verité, soit par artifice, vous donna sujet de croire, par ses dernieres paroles, que vos raisons et remonstrances luy avoient alieré l'esprit de ce mariage. De telle sorte que de tous vos longs propos vous ne conclûtes autre chose, sinon qu'il se falloit bien garder de faire aucune demonstration qu'il eust aucun dessein formé en faveur de nulle fille ny femme, jusques à ce que toutes les formalitez necessaires pour le des-mariage eussent esté accomplies, de crainte qu'à cette occasion le Pape, la reine Marguerite et d'autres encor qui eussent creu s'y devoir sentir interessez, ny apportassent des traverses et empeschemens.

Et sur cela le Roy sortit du jardin où vous aviez demeuré prés de trois heures d'horloge, chacun s'estonnant, voire s'ennuyant bien fort de vos tant longs propos, les uns discourans d'une façon, les autres d'une autre sur les causes d'iceux, et s'en alla souper, et vous à vostre logis. Auquel ayant medité sur tous ces discours passez, vous pristes resolution d'escrire comme de vous mesme à la reine de Navarre, pour voir si vos raisons la pourroient persuader à faire les choses necessaires pour faciliter le des-mariage du Roy et d'elle; vostre premiere lettre estant telle que s'ensuit :

Lettre de M. de Rosny à la Reine Marguerite.

MADAME,

Voyant que les bizarres caprices de la fortune par lesquels le Roy, mon unique maistre, avoit passé, non seulement depuis son enfance jusques à maintenant, mais qui avoient encor davantage traversé ses devanciers, commençoient à se moderer et aucunement à s'adoucir, j'ay estimé que tout cela venoit des faveurs et benedictions de Dieu, lequel, comme tout bon et tout puissant, ne laisseroit point imparfait un si grand œuvre et tant necessaire à la chrestienté. Cette douce esperance m'a remis en memoire non seulement les temps de ces plus grandes afflictions, qui furent lors qu'il entra en vostre alliance, et moy à son service, mais aussi m'a fait ressouvenir qu'entre les jeunes gens qu'il nourrissoit prés de luy, que moy estant un de ceux qui se monstroient le plus soigneux à rendre subjection, service et obeyssance à vostre Majesté, il me sembloit aussi que j'estois un de ceux auquel sa bonté témoignoit le plus d'affection, et se plaisoit davantage à l'employer, voire quelquefois à parler à luy, ce qui m'a tousjours rendu tres-desireux de la voir en une plus auguste fortune que celle que je luy ay veu posseder par tant d'années. Mais celle de mon maistre me semblant quasi pire que la vostre, dautant que la pluspart des potentats de la chrestienté sembloient conspirer contre sa dignité, sa vie, et mesme son ame, je creus que, quelque grande devotion que je peusse avoir à vostre commun service et contentement, il me seroit impossible, tant que vous auriez tous deux la fortune contraire, et seriez encor contraires en desseins, de rapprocher jamais intentions, volontez, et desseins de telle adversion; tellement qu'il ne m'en restoit lors que le seul desir, sans aucune esperance de le voir jamais sortir à effet. Or vous dis-je tout cecy, madame, ma chere Reine, afin que, vous en ressouvenant, vous ne mesprisiez point le projet que je fais d'essayer à vous reconcilier sincerement et de bonne foy l'un avec l'autre; et quoy que je voye bien que les choses dont la France a tant de besoin, ne se puissent pas trouver entierement en la reünion de vos personnes, qui est une succession legitime à cette couronne, j'ay estimé que vostre esprit que j'ay tousjours recogneu tant excellent, vostre prudence et grand jugement seroient capables de bien recevoir les ouvertures que je luy proposerois, pour vous faire vivre et converser ensemble, avec de tels temperamens et assaisonnemens que vous y trouveriez tous deux dequoy raisonnablement vous contenter, puis qu'il n'y a rien qui vous doive maintenant estre devenu tant agreable que de vous pouvoir voir continuellement et vivre ensemble en toute confiance et sincerité, comme un bon frere et une bonne sœur doivent faire ensemble, chose que je vous puis assurer d'estre fort facile, si vous me tesmoignez d'y avoir bien agreable mon entremise. Surquoy attendant l'honneur de vos commandemens, je prieray le Createur, etc.

De Rennes ce 13 avril 1598. Quelque temps apres vous eustes responce à la susdite lettre, telle que s'ensuit :

Responce de la Reine Marguerite à la lettre de M. de Rosny.

Mon cousin, j'ay reçu une lettre de vous qui contient plusieurs choses qui meritent consideration, d'aucunes desquelles il m'estoit quelquesfois bien souvent souvenu des autres, vostre lettre m'en a rafraischy la memoire, et toutes donné sujet de cherir vostre affection à mon bien et repos, dont les felicitez me sont encor incogneuës. Le pelerinage de mes jours ayant incessamment esté triste et langoureux, partant ne doutez point que je n'aye receu vos propositions d'une esperance de mieux comme elles meritent, et ne tiendra point à ce qui dépend de moy, que le succez n'en soit tel que vous tesmoignez de le desirer, mettant à un si haut prix les vertus heroïques du Roy, et les moyens qui me seront presentés pour me faire trouver quelque part en ses bonnes graces, que toutes sortes de conditions où il sera besoin de me soumettre, me seront tousjours tres-agreables, puis que c'est vous qui m'en parlez avec tant d'affection ; vous reputant si vertueux que je ne recevray jamais conseil de vous qui ne me soit honorable et utile, ny loy d'un Roy si prudent et si genereux que le nostre, qui ne soit equitable et juste ; et partant pouvez vous donner commencement à un si bon œuvre, toutes les fois que vous le jugerez à propos. J'en laisse donc la conduite à vostre prudence et à vostre affection, desquels j'attendray les effets avec impatience, et aussi les occasions de vous tesmoigner que je suis, mon cousin, vostre tres-affectionnée et fidelle cousine, MARGUERITE.

De Usson, vingtiesme septembre 1598.

CHAPITRE LXXXI.

Lettres diverses sur la politique, la guerre, les finances et les affaires de Bretagne.

Lettre du Roy à M. de Rosny, contre-signée.

Monsieur de Rosny, j'ai sceu le refus que font les officiers de mes cours de parlement, chambre des comptes et autres communautez de ma ville de Rennes, de fournir davantage que la moitié des taxes portées par le roolle qui m'a esté envoyé par les estats de mon pays de Bretagne, jusques à ce que tous ceux de la province, tenus à mesme attribution, en ayent autant ; mais considerant la peine que l'on a euë, jusques à cette heure, à tirer d'eux ce qu'ils me doivent fournir le premier jour de mon entrée avec mon armée en la province, estant tres-requis pour mon service d'éviter la mesme longueur, voire plus grande qu'il est à croire qui se trouvera au fournissement du surplus, ma volonté est et vous mande fort expressément que toutes ces excuses cessans, vous ayez à faire contraindre toutes lesdites cours, chambre et communautez au payement entier de leur taxe, et user en cela de toutes les voyes les plus exactes et severes que faire se pourra, sans acception de personne quelconque, n'estant mon intention de demeurer plus avant frustré de leurs belles promesses et du mespris que je ressens en cela de mon authorité. M'asseurant que ferez serieusement executer sur ce ma volonté, je prieray Dieu, etc.

Escrit à Nantes, le 18 avril 1598. HENRY.

Et plus bas, POTHIER.

Lettre du Roy à M. de Rosny, contre-signée.

Monsieur de Rosny, je me persuade que vous aurez maintenant recouvert et mis ensemble dequoy payer une monstre à mon armée ; c'est pourquoy je vous envoye l'estat d'icelle entier de la cavalerie et infanterie, auquel je desire grandement que vous ayez moyen de satisfaire, autant pour leur oster le pretexte qu'ils prennent de mal faire que pour leur donner quelque contentement et moyen de vivre. Mais si vous n'avez assez d'argent pour y fournir, en ce cas je veux que vous preferiez le payement des gens de pied aux autres, car je veux les renvoyer en Picardie si tost qu'ils auront fait moutre ; j'entends les cinq regimens françois qui sont en l'armée, qui sont Navarre, Piedmont, l'Isle de France, Boniface et Breauté, lesquels ne peuvent s'y acheminer trop tost pour le bien de mon service, pour les raisons que je vous diray quand je vous reverray. J'ay escrit en Normandie pour leur dresser des estappes, à quoy je me promets qu'ils donneront ordre ; et je feray apres aller la cavallerie, ou bien elle viendra avec moy : car il faut par necessité que je sois en Picardie dans un mois au plus tard. Le regiment de mes gardes pourra partir en mesme temps avec les compagnies de Suisses que nous retenons, lesquelles il faut aussi payer, et pareillement celle de lansquenets, dont je vous envoye aussi l'estat ; car je m'en veux servir. Pourvoyez doncques que mon intention soit suivie au payement desdits gens de guerre par l'ordre que je vous mande, et tenez main que nos deniers soient mesnagez le mieux que faire se pourra, me donnant advis de ce qui s'en suivra. Au reste, je suis en doute si je dois aller à Rennes ou non. Mandez m'en vostre advis ; mais, à vous dire la verité, je serois tres-aise de m'exempter de ce voyage, si mon service et le bien de mes affaires pouvoient s'en passer, car je partirois et retournerois plus tost en Picardie, où ma presence est tres-necessaire. Toutesfois je m'en resoudray sur ce que vous m'en manderez. Priant Dieu, etc.

Escrit à Nantes, le 21 aoust 1598. HENRY.

Et plus bas, de NEUF-VILLE.

Lettre de M. de Rosny au Roy.

SIRE,

J'escrivis hier bien amplement à vostre Majesté, en responce sur tous ses precedens commandemens, avec information bien particuliere de plusieurs siennes affaires. Depuis il m'a honoré d'une autre lettre que je viens de recevoir, suivant laquelle je commenceray dés ce jourd'huy à faire conter et encaquer l'argent necessaire pour faire faire monstre aux cinq regimens françois et à toutes les compagnies de Suisses et de lansquenets. S'il y eut eu assez d'argent au coffre, j'en eusse fait faire autant aux compagnies de gens d'armes et de chevaux legers, aux officiers et chevaux d'artillerie, et donné contentement à ceux des vivres. Toutes-fois cela ne sera differé que jusques à mardy prochain, que je feray recevoir les sommes necessaires, ayant appris à ceux qui m'avoient donné parole de fournir l'argent plutost qu'à mon endroit (ainsi que j'ay fait en vostre escole), promettre et tenir est une mesme chose. Au commencement, ceux de cette province, et sur tout de la ville, me trouvoient un peu trop exact ; mais ayant recogneu par mes procedures que je ne le suis pas moins à faire observer la parole que je leur donne qu'à leur faire tenir leurs promesses, ils commencent à trouver bon mes ordres et formes de proceder, voire à me donner des loüanges au lieu de blasmes, dont j'ai bien sceu que l'on vous avoit fait des contes. Quoy ce soit, je n'obmettray ny diligence ny prud'hommie pour bien mesnager vos revenus, assembler vos deniers, les dispencer loyalement et par bon ordre, et soulager conjointement vos peuples, autant que les necessitez presentes me le pourront permettre, et ne crains point le reproche de ce qui aura passé par ma cognoissance et mes ordonnances, ny qu'il en vienne apres moi un autre qui fasse mieux.

Quant à vostre acheminement à Rennes, je continuë à croire qu'il seroit fort necessaire, d'autant qu'il y a une infinité d'affaires de consequence ausquelles la presence du maistre apporteroit un grand advancement et amelioration à beaucoup d'autres que j'acheve tant que je puis, apprehendant que si vostre Majesté part de cette province sans se faire voir en cette ville-cy, qui s'estime la capitale, qu'il ne demeure plusieurs choses en arriere, desquelles il y auroit moyen de vous bien prevaloir. Neantmoins, quand d'autre costé je viens à considerer, suivant ce qu'il a pleu à vostre Majesté de m'en mander par Guichard, les autres affaires plus serieuses et importantes qui se manient vers la Picardie, et que ceux qui s'y employent vous mandent qu'un trop grand esloignement de vostre personne est suffisant pour faire perdre beaucoup de bonnes occasions que l'on regretteroit apres, qu'il n'y auroit plus moyen de les recouvrer, je passeray par dessus toutes les causes et raisons qui pourroient prolonger vostre sejour en cette province, et voire mes propres desirs (qui tendoient, je ne le nieray point à vostre Majesté, à faire en sorte que vous peussiez voir et sçavoir par vous mesme quels ont esté mes comportemens en cette province, notamment en cette ville, et en quelle estime j'y suis), et conclueray à courir au plus pressé ; car si bien il demeure icy quelques affaires que vostre presence eust grandement facilitées, si ne seront elles pas perduës pourtant, et les laisseray en estat d'en pouvoir profiter avec le temps. Mais, soit que vostre Majesté vienne ou ne vienne pas, je m'en vay faire joüer tous mes ressorts et employer tout mon esprit, mon credit et mon industrie pour vous assembler de l'argent, afin que vostre Majesté puisse emporter avec elle environ cent quatre-vingts mille escus, que j'espere avoir tous prets dans dix jours au plus tard (au moins si l'on ne me manque point de promesse, ainsi que l'on me vient encor de donner assurance de n'estre point trompé), afin que vostre Majesté, avec les soixante et dix mille escus dont le terme de payement eschet au 15 de may prochain, vous ayez dequoy faire faire une montre entiere, tant aux troupes que vous ramenez avec vous, qu'à celles qui font corps d'armée en Picardie, qu'aux garnisons de Picardie et Champagne ; car autrement je plaindrois infiniment vostre Majesté, d'avoir tant de crieries et d'importunitez à supporter, qu'infailliblement sans cela vous en recevriez en arrivant. Et ne seroit pas raisonnable que vous, faisant si bien vostre office de grand Roy, de grand capitaine et de bon maistre, vous manquassiez au besoin de bons sujets, de vrais serviteurs et loyaux officiers, qui eussent soin de vostre soulagement, pour lequel augmenter je m'en vay travailler nuict et jour ; esperant que, moyennant ce bon devoir, vous serez en repos pour deux mois, pendant lesquels je m'employeray de sorte que les choses yront tousjours en se bonifiant, nonobstant lesquelles je ne laisseray de dire à vostre Majesté que si vous pouvez parvenir à la paix generale (comme la vieillesse decrepite du roy d'Espagne, ses longues et douloureuses langueurs, la jeunesse, incapacité qu'il recognoist en son fils, et l'apprehension que pour cette cause il doit avoir de le laisser en guerre avec un si grand Roy et vieil routier de guerre qu'il vous a esprouvé, et que je sçay qu'il vous estime et croit), il vous faudra resoudre à retrancher une bonne partie de vos regimens françois, suisses, lansquenets et cavalerie, dautant qu'il n'y auroit pas moyen sans cela de ménager comme je desire, ny de mettre vos affaires en l'estat dont je me suis vanté, ny celles de vos peuples aussi. Il y a aussi plusieurs garnisons qui sont plustost entretenuës pour donner contentement aux particuliers que pour besoin qu'en ayent les places; lesquelles vous pourrez retrancher en donnant quelque entretenement à ceux qui le meriteront, et le plustost vaudra le mieux, incontinent que la paix sera toute asseurée; dautant que l'esclat d'icelle esbloüira les yeux et assoupira les sens des plus estourdis et turbulens, et nous donnera moyen de bien mesnager, et de faire de si puissantes provisions d'argent, armes, artilleries et munitions, que non seulement vostre Majesté et son royaume ne puissent plus retomber dans les miseres et necessitez qui vous ont pensé accabler, et desquelles vostre eminente vertu nous a retirez, mais aussi de faire trembler ceux qui ont essayé de vous faire craindre.

Si vostre Majesté ne vient point en cette ville, ceux de la cour de parlement essayeront de s'exempter de verifier les edits où ils peuvent avoir quelque interest. Mais en ce cas s'il plaist à vostre Majesté m'escrire une lettre de sa main, par laquelle il me soit enjoint bien expressément de les en soliciter à toute reste, avec resolution d'y venir en personne s'ils m'en refusent, j'espere que par le moyen de telles paroles je leur feray passer carriere, les plus difficiles s'estans adoucis par le moyen de quelque douceur dont je leur ay donné esperance de vostre part. J'ay escrit au sieur d'Incarville ce qui m'est necessaire d'avoir pour l'office de garde-seau, et un autre d'Allöué; s'il m'envoye les provisions et les quittances en blanc, j'en tireray encor plus que je ne vous avois fait esperer, et vous en envoyeray l'argent aussi-tost, puis que c'est pour vos menus plaisirs; estant bien raisonnable que j'en aye soin et redouble mes solicitudes pour vous contenter, puis que sans le requerir il vous a pleu me donner une si notable somme que dix mille escus; laquelle neantmoins ne vous coustera rien, dautant que par industrie d'amis, j'ay fait en sorte que les estats ont resolu que je la toucherois, non sur les huict cens mille escus que je vous ay fait accorder, mais outre iceux. Neantmoins je ne laisse d'en rendre graces tres-humbles à vostre Majesté, dautant que, sans sa liberalité, je n'en eusse pas voulu, comme je luy proteste derechef de ne profiter jamais, en quoy que ce soit, sans son sceu et volonté, laquelle me sera tousjours pour loy inviolable. Sur cette vérité, je prieray le Createur, Sire, qu'il augmente vostre Majesté en toute royale grandeur, felicité et santé.

De Rennes, ce 26 avril 1598. C'est vostre tres-humble, tres-obeyssant et tres-fidelle sujet et serviteur, ROSNY.

J'ay escrit cette lettre à grand haste, et partant vostre Majesté m'excusera s'il y a quelques paroles mal agencées.

Lettre du Roy à M. de Rosny, contre-signée.

Monsieur de Rosny, j'ai appris par vostre lettre du vingt-sixiesme et l'estat que vous avez envoyé au sieur d'Incarville, que les cinq regimens françois, les deux compagnies suisses, celle de lansquenets et la cavalerie de mon armée ont esté payez suivant l'estat que je vous avois envoyé, et qu'il ne reste plus à payer que les officiers de l'artillerie, à quoy vous esperiez pourvoir dans huict jours, et recouvrer les dix mil escus que je vous ay demandez pour deffrayer les regimens que je veux renvoyer en Picardie, dont j'ay receu tres-grand contentement, asseuré que si vous n'y eussiez mis la main vivement, comme vous avez fait, ladite armée ne seroit pas encore payée. Depuis que mon cousin le mareschal de Brissac a esté arrivé, j'ay voulu adviser avec luy de l'ordre que je puis laisser pour Blavet : sur cela nous avons arresté que je lui laisseray les regimens de Boniface et de l'Isle de France; de sorte que je ne renvoyeray, pour le present, en Picardie, que les dix-huit compagnies du regiment de Navarre, unze de celuy de Pied-mont et les dix de Breauté. Pour cette cause il suffira, pour les faire marcher, que nous ayons six mil escus au lieu des dix mil que nous avons demandez; mais je voudrois qu'ils fussent prests à toucher, afin de faire acheminer lesdites forces qui sont necessaires en Picardie, et en descharger ce pays où elles ne servent plus de rien qu'à le piller. Partant je vous prie faire tant pour mon service que de trouver incontinent lesdits six mille escus sans attendre la huictaine; car, si tost que le tresorier de l'extraordinaire les aura receus, je feray marcher sans faute ladite armée, ou j'envoyeray, dés demain, le sieur de Moüy accompagné de Escures pour se charger de la conduitte d'icelle, au lieu du sieur de Salignac qui a demandé congé de retourner en Limosin. Et si les habitans de ma ville de Rennes ont quelque interest que le pays soit bien tost deschargé de ladite armée, ils vous ayderont à trouver cette partie, comme je vous prie de leur dire de ma part, et que, dés le lendemain que ladite somme sera touchée, je feray advancer hors du pays ladite armée. Mais j'ay advisé de demeurer icy jusques à lundy, à cause de la feste de demain que je dois toucher les malades, et pour aussi donner tel ordre en cette ville qu'il ne soit plus de besoin que j'y retourne, ains puisse prendre de Rennes le droit chemin de Tours, comme estant le plus court pour retourner à Paris, où je recognois tous les jours ma presence estre merveilleusement necessaire. Je prie Dieu, monsieur de Rosny, qu'il vous ayt en sa saincte garde.

Escrit à Nantes, le 29 avril 1598.   HENRY.
Et plus bas, DE NEUF-VILLE.

Lettre du Roy à M. de Rosny, contre-signée.

Monsieur de Rosny, je vous envoye ce courrier expres avec mes lettres de jussion pour ma chambre des comptes, afin de lever les modifications qu'elle a mises au registrement des articles secrets que j'ay accordez à mon cousin le duc de Mercure. Elle s'est tant oubliée que d'avoir pensé que je les envoyois pour en avoir advis et les mettre en deliberation. En telles affaires je ne communique mon pouvoir à personne, et à moy seul appartient, en mon royaume, d'accorder, traitter, faire guerre ou paix ainsi qu'il me plaira. Ça esté une grande temerité aux officiers de madite chambre de penser diminuer un yota de ce que j'ay accordé : nulle compagnie de mon royaume n'a esté si presomptueuse; aussi ne les fay-je pas juges ny arbitres de telles choses; cela ne s'achepte point aux parties casuelles. Faites donc entendre ma volonté à madite chambre, et qu'elle obeysse incontinent à mes commandemens, car je veux tenir inviolablement ce que j'ay promis; et m'envoyez incontinent l'arrest dudit registrement pur et simple par ce porteur. Priant Dieu vous avoir en sa saincte garde.

Escrite à Nantes, le dernier avril 1598.
HENRY. Et plus bas, DE NEUF-VILLE.

Lettre de la main du Roy à M. de Rosny.

Mon amy, ceux qui commandoient dans Roche-fort ayant fait tout ce que j'ay voulu, mesmes sortis du chasteau, lesquel ils ont fait raser comme je leur ay commandé, je vous fais ce mot, à ce que vous teniez la main que ce qui leur a esté promis par leur capitulation soit effectué comme chose que je desire, et que leur peage ne soit point revoqué. Cette-cy n'estant à autre fin, je prieray Dieu qu'il vous ayt, mon amy, en sa garde.

Ce 8 may, à Ville-roy.   HENRY.

Lettre de la main du Roy à M. de Rosny.

Mon amy, je vous fais ce mot et vous envoye ce courrier expres pour vous dire qu'au partir de Rennes pour vous rendre à Paris, vous preniez vostre chemin droit à Tours, où vous me trouverez, dautant que j'ay necessairement à parler à vous, pour chose qui importe à mon service; dudit Tours je vous meneray avec moy en poste à Paris. Adieu, mon amy.

Ce mardy au soir, 19 may à la Fleche. HENRY.

CHAPITRE LXXXII.

Traité de Vervins. Biron envoyé à Bruxelles. Commencement de ses mauvais desseins. Récapitulation des principaux événemens de 1598. Rosny est plus en crédit que jamais.

Quelques jours apres les succez des affaires dont il a esté parlé aux chapitres precedens, le Roy ayant mis le meilleur ordre qu'il avoit pû aux affaires de la province, et à faire continuer l'execution des choses resoluës, il reprit son chemin vers Paris, sur la fin du mois de may, passant expres par la Fleche, pource qu'il y avoit esté nourry fort jeune, et prenant la route de la riviere de Loire. Vous demeurastes cinq ou six jours apres luy, afin de pourvoir à plusieurs choses demeurées inexecutées touchant les finances et le payement des gens de guerre en campagne, et les garnisons, establissant des personnages de probité, d'authorité et de police pour suivre l'armée à son retour, afin d'empescher qu'elle n'apportast aucune vexation au peuple de la campagne, duquel vous aviez tousjours un soin merveilleux, disant souvent au Roy, que le labourage et pasturage estoient les deux mamelles dont la France estoit alimentée, et les vrayes mines et tresors du Perou.

Vous pristes vostre chemin, afin d'éviter les grandes villes, les ceremonies et les grandes harangues, par le Mayne, le Perche et Rosny où estoit madame vostre femme, que nous y trouvasmes bien embesongnée à commencer vostre bastiment, ayant failly d'estre accablée elle et tous vos enfans sous les ruynes de quelques vieux bastimens qu'elle faisoit desmolir.

Arrivant à Paris, vous trouvastes que le Roy en estoit desja party, estant allé en poste à Amiens, afin d'estre plus proche des deputez qui avoient traitté la paix de Vervins, et informé par la bouche des siens de toutes les moindres particularitez et formalitez qui s'y estoient observées, et faciliter par sa presence la reddition des places qui luy devoient estre restituées, et pourvoir à la repopulation, garde et conservation d'icelles, lors qu'elles auroient esté remises en son obeissance. Auquel voyage il ne fut que huit jours, courant incessamment tantost d'un costé, tantost de l'autre, selon que la necessité des affaires le pouvoit requerir; et fut receu à son retour à Paris avec un merveilleux applaudissement des peuples et personnes plus qualifiées, chacun faisant des admirations de ses soins et diligences, et de cette humeur infatigable au travail qu'il avoit tousjours euë, et encor plus grandes de sa vertu et de sa fortune qui luy avoient enfin fait surmonter tant de perils et de difficultez, et reduit une si puissante ligue que celle qui s'estoit eslevée en France contre luy (assistée du Pape, de l'Empereur, du roy d'Espagne, du duc de Savoye et de tout ce grand corps des ecclesiastiques de la chrestienté) à faire paix avec luy, le remettre en l'entiere possession de son royaume, et à luy le tiltre d'un des plus vaillans roys et plus excellens chefs de guerre : l'accomparans chacun diversement, selon qu'il se souvenoit des grands monarques et capitaines plus estimez, à Ninus, Sesostris, Cirus, Alexandre, Pirrhus, Scipion, Hannibal, Sertorius, Pompée, Silla, Marius, Cesar, Trajan, Constantin, Charlemagne, Clovis et autres. Suivant nostre ordre accoustumé, nous remettrons à ceux qui feront l'histoire generale, les particularitez de plusieurs choses (quoy qu'aucunes d'icelles fort remarquables) qui se passerent environ les temps de l'année 1598, du recit desquelles nous nous sommes dispensez, tant pour abreger que pource qu'il ne nous a point semblé qu'il y eut rien en icelles qui concernast grandement le cours de vostre vie ny vos actions; comme furent les particularitez des formalitez et ceremonies desquelles userent les deputez des roys de France et d'Espagne, tant au commencement qu'en la continuation et conclusion de la conference de Vervins, les particularitez des articles de la paix qui fut resoluë en ce mesme lieu, celles des sermens prestez pour l'observation d'icelle, à sçavoir, par le Roy dans Paris, en presence de messieurs le duc d'Ascot et admiral d'Arragon et autres ostages et deputez envoyez expres pour cét effet; par le cardinal archiduc, dans Bruxelles, tant en son nom, que du Roy d'Espagne, en presence de M. le mareschal de Biron, assisté de messieurs de Bellievre et de Sillery, deputez semblablement pour cét effet, lequel sieur de Biron avoit esté, peu avant ce voyage, fait duc et pair de France, afin de le rendre plus qualifié en une action tant celebre, et auquel les vains honneurs à luy rendus en ce pays-là, et les loüanges qui luy furent données par dessus tout excez, (à dessein, comme l'ont depuis publié les Espagnols, s'ils ne le pouvoient gagner utilement pour eux de le perdre dommageablement pour luy et pour la France), luy boufirent tellement le courage et le remplirent de tant de vanité, qu'il se laissa porter à des desseins pervers qui le precipiterent en ruyne; et par M. de Savoye, dans Chambery, en presence du sieur Gadaignes Botheon, gouverneur de Lyon, semblablement deputé pour cet effet; les particularitez du renvoy du sieur de Buzenval en Hollande, et de ses instructions declaratives des intentions du Roy, pour l'alliance qu'il vouloit conserver avec messieurs des Estats, celles des dépesches et instructions du sieur de Sillery-Bruslard, envoyé pour estre ambassadeur à Rome, à l'instante solicitation de madame la duchesse de Beaufort, à laquelle il s'estoit engagé, de paroles, de faciliter en bref la dissolution du mariage du Roy, son mariage avec elle, et la legitimation des enfans qui luy estoient desja nez, pour estre estimez enfans de France, et elle à luy en ce cas de luy faire avoir les seaux à son retour, nonobstant les interests de sa bonne tante de Sourdis, et l'office de chancelier lors qu'il viendroit à vacquer; les particularitez des défences du port d'armes en France, avec ses exceptions ordinaires; celles des retranchemens des gens de guerre, et des ordres et disciplines establies lors parmy eux, à l'observation desquelles vous serviez de si bon soliciteur, que les peuples en recevoient grand soulagement; celles de l'apparition d'un grand phantosme dans la forest de Fontaine-bleau, devancé d'une meutte de chiens et environné d'un grand bruict de chasse, toutes lesquelles choses s'évanouissoient lors que l'on pensoit s'en approcher ou le questionner; celles des poursuittes des jesuites pour estre restablis en consequence d'un article du traitté de Vervins, sous la generalité duquel ils disoient estre compris, encor qu'ils n'y fussent pas specifiez; celles de la conference de Boulongne entre les Espagnols et les Anglois, que le Roy, contre vostre advis, s'estoit laissé persuader de vouloir procurer, voire d'y faire intervenir, en son nom, les sieurs de Caumartin et Jeanin, pour faciliter entr'eux quelque accord, en laquelle rien ne se traitta, estant d'abord entrez en dispute sur les preseances ; celles d'une grande assemblée du clergé de France, qui voulut remuer plusieurs questions et proposer divers reglemens hors de saison, laquelle continua jusques bien avant dans l'année 1599 ; celles de la promotion de diverses personnes au cardinalat, entre lesquels, un des enfans de madame de Sourdis fut nommé, par l'extreme faveur qu'elle avoit prés de madame de Beau-fort, laquelle en fist de tant instantes solicitations au Roy, qu'il luy fut impossible de s'en défendre, quoy que ce fut un jeune homme qui ne luy agreast gueres ; celles des fiançailles de Madame, sœur du Roy, avec le prince de Lorraine, où il se trouva de grandes difficultez à cause des diversitez de religion ; et celles de plusieurs lettres escrites au Roy, à diverses fois, de divers pays, desquelles il vous fist part : dont entr'autres nouvelles, l'on luy faisoit le discours d'une baleine de quatre-vingts pieds de long, prise en Hollande ; celuy d'un grand tumulte arrivé en Portugal, sur la creance donnée au peuple, qu'un certain homme qui couroit le monde, duquel les Espagnols s'estoient saisis, estoit vrayement Dom Sebastien leur roy, comme il se disoit aussi tel ; celuy des guerres de Suede et sur tout de la bataille gagnée par le duc Charles, contre son nepveu legitime roy de Suede, et choisy roy de Pologne ; celuy du grand débordement du Tybre qui avoit ruyné une infinie quantité de maisons dans Rome ; et celuy d'une certaine conspiration de tous les juifs, pour persuader au grand Turc de ruyner le sepulcre de Nostre Seigneur en Hierusalem, moyennant cinq cens mille ducats par eux assemblez, qu'ils offroient de luy donner.

Laissant donc, comme nous avons dit, les particularitez de toutes ces choses aux historiens, lesquels ne les auront pas oubliées, nous vous ramentevrons que le Roy ressentant tous les jours, et de plus en plus, les grandes utilitez, soulagemens et commoditez que sa personne et son Estat recevoient de vostre entremise aux affaires, et recognoissant par veritables effets qu'il n'y avoit point eu de vanité aux promesses que vous luy aviez faites, et par consequent n'y auroit point de manquement aux esperances que vous luy aviez fait concevoir de vostre employ, ne se pouvoit empescher de loüer le choix qu'il avoit fait de vostre personne, quoy qu'il cogneust bien que de certains esprits n'en estoient pas trop contens, et que l'envie s'en augmentoit contre vous, laquelle il eut esté bien ayse de pouvoir diminuer. Mais plus il essaya d'y parvenir, tant plus esprouva-il la verité d'un ancien proverbe, qui dit : *Que l'envie suit la faveur et la vertu, tout ainsi que l'ombre fait le corps.* Aussi ne laissoit-il pas pour cela de continuer à vous employer en toutes sortes d'affaires de paix et de guerre qui survenoient, de vous authoriser de plus en plus en la charge des finances, et de maintenir de telle sorte vos opinions, lors qu'elles estoient contestées par vos emulateurs, que non seulement ceux qui, dans le conseil, à cause de la douce trempe de leurs esprits ou du respect qu'ils portoient à vostre illustre extraction et à vos grands et longs services rendus au Roy, vous avoient tousjours deferé quelque chose, mais aussi ceux qui avoient tousjours estimé n'estre rien moins que vous, voire avoient pretendu de vous devoir preceder en authorité dans le conseil, commencerent à se lasser de contester vos opinions et de n'y rien gagner.

Tellement que d'iceux les derniers quitterent peu à peu l'administration des finances, et mesmes ne venoient plus au conseil s'ils n'y avoient affaire pour le particulier d'eux ou de leurs amis, et les autres n'entreprenoient plus rien sans en avoir auparavant concerté avec vous. De sorte que toute la creance au maniement des finances se trouvant quasi reduitte en vostre seule personne, et vous jugeant par là que tout le bien ou le mal qui en reüssiroit vous en seroit aussi imputé, le desir du premier et l'apprehension du dernier vous animerent tellement au travail, à bien prendre l'intelligence de toutes les formes, ordres et reglemens touchant cette charge, et à faire une recherche tres-exacte de toutes les sortes de revenus, impositions, levées de deniers et des frais, despenses et distributions d'iceux jusques aux moindres et moins cogneus, que non seulement ceux qui vous affectionnoient et frequentoient plus familierement, mais aussi vos emulateurs et envieux estoient contrains de confesser que vous aviez un esprit et un corps du tout infatigable aux affaires, et de recognoistre entr'eux, lorsqu'ils estoient à part, que jamais les finances n'avoient esté administrées avec tant d'ordre, d'authorité, d'intelligence et d'integrité au profit du Roy et de l'Estat, qu'elles l'estoient depuis que vous en aviez pris cognoissance : dequoy les peuples, qui en entendoient parler, tenoient des discours entr'eux à vostre grande gloire et loüange ; lesquelles, par les années, allerent tousjours en augmentant, à mesure que l'on percevoit les doux fruicts de vos labeurs.

Et ferons voir, par la suitte de ces Memoires, que vous n'avez point sans raison acquis cette grande renommée, tant celebrée en un panegirique sous vostre nom, que l'on tient avoir esté fait en françois par un intendant et president des comptes, lequel l'a fait mettre en latin par Borbonius, et que nous nous resolvons d'inserer à la fin de ces Mémoires, ensemble une espece de prediction, ditte ancienne, à la gloire de vostre nom, et de plus, pour tesmoigner vostre stile et vos gentilles inventions, l'abregé de la vie de Henry le Grand, les paralelles de Cesar et de luy, et vostre adieu à la Cour, lors que ce grand Roy eut esté ainsi mal-heureusement assassiné. Tout cela fait par vous en françois, et les deux derniers mis en latin par le mesme Borbonius, et aussi quelques autres œuvres faites pour vous ou par vous, et notamment vostre discours des desseins du Roy lors de sa mort, vostre Traitté de la guerre, vostre Mareschal de camp et vos Instructions de police et milice, au moins s'il vous plaist de nous les faire voir en leur perfection, comme vous avez fait en leurs commencemens, desja lors advancez à plus de la moitié.

CHAPITRE LXXXIII.

Diverses lettres relatives aux finances.

Monseigneur, ayant receu commandement de vous, à vostre retour de Bretagne, de faire l'inventaire des papiers de vos cabinets, comme c'est vostre coustume, y ayant trouvé entre iceux quelques lettres du Roy à vous écrites, toutes de diverses dattes et sur diverses affaires, nous avons estimé que vous n'auriez point desagreable que nous les comprissions toutes en un seul chapitre, estant telles que s'ensuit :

Lettre de la main du Roy à M. de Rosny.

Mon amy, j'ay receu vostre lettre par Beringuen. Vous m'avez fait service tres-agreable d'avoir parlé à mon cousin le comte de Soissons, suivant le commandement que je vous en avois fait, et suis tres-aysé de ce que vous l'avez trouvé tres-resolu aux propositions que vous luy avez faites. J'estime que ce sera pour le meilleur que je ne luy en parle qu'apres le baptesme de mon fils. Ledit Beringuen m'a apporté les mille livres que vous m'avez envoyées : je trouve fort bon ce que vous m'avez mandé, par luy, touchant messieurs de Bellievre et Sillery. J'avois pensé, pour leur tesmoigner comme le service qu'ils m'ont fait m'a esté tres-agreable, de leur donner le premier evesché ou abbaye de mon royaume qui viendroit à vacquer, et qui seroit de bon revenu; mandez moy si cela ne sera pas bien à propos, et vostre advis là dessus, ou ce que vous pensez que je leur doive donner. Pour les manufactures, ne craignez point que je gaste rien ; faites seulement ce que je vous ay commandé : mais sur tout souvenez-vous de traiter avec M. de Gondy, car cela m'importe, comme vous le pouvez bien juger. Adieu.

Ce 26 aoust, à Crosne, où je sejourne encore aujourd'huy. HENRY.

Lettre de la main du Roy à M. de Rosny.

Mon amy, j'ay esté adverty que ceux qui vous veulent mal, font courre un bruit que vous faites composer, par le Luat, un livre par lequel l'on me conseille que pour mettre tel ordre en mon royaume et en mes affaires et finances, qu'il seroit besoin, qu'il faut que je chasse M. le connestable, M. le chancelier et ceux qui les ont cy-devant maniées, y en appellant d'autres en leur lieu, à l'imitation d'un de mes predecesseurs qui s'en trouva bien, et que l'on descrit en ce livre celuy qui le luy conseilla et le poussa à ce faire, de vostre humeur et façon de faire. Ce que je vous ay bien voulu mander, et vous prier de m'escrire ce qui en est, vous en enquerant bien particulierement dudit le Luat; car ces artifices là, desquels se pensent servir vos ennemis pour vous faire de mauvais offices, seroient trop grossiers, et ne le pourroient sur moy qui vous ayme. Continuez seulement à me bien servir et fidellement, et laisser parler ces gens-là, qui, lassez de mesdire, ne vous porteront envie que pource que vous ferez bien. Je vous depesche ce lacquais exprez pour ce sujet-là. Adieu.

Ce 12 septembre, à Fontaine-bleau. HENRY.

Lettre de la main du Roy à M. de Rosny.

Mon amy, hier je receus la vostre du cinquiesme, comme j'estois à la chasse. Je m'estonne de ce que vous me mandez n'avoir receu la responce à la vostre du premier de cettuy-cy, veu que je la vous ay envoyée par un de mes lacquais, si que depuis la vôtre je croy que vous l'aurez receuë : ainsi je me contenteray de faire responce à vostre derniere. Puis que M. Zamet ne veut rien advancer pour mes bastimens sur les quarante mil escus qui me sont reservez en Bretagne, je vous prie d'emprunter jusqu'à trois mil escus, que vous ferez mettre entre les mains de M. de la Grange-le-roy, pour en faire comme je luy ay ordonné; vous promettant par cette-cy, que je feray qu'ils seront rendus des premiers deniers qui proviendront desdites impositions ou autres; à quoy vous mesmes je veux que vous teniez la main. Je vous ay fait responce sur vostre advis des impositions, et outre cela commandé à M. de Ville-roy, qui s'en alla hier d'icy, de vous en parler, et resoudre du moyen de le faire executer. Beringuen m'a parlé de la défence des traittes de bleds ; dequoy j'ay donné charge au sieur de Ville-roy de communiquer avec vous. C'est tout ce que vous aurez de moy pour responce à la vostre, pour prier Dieu vous avoir en sa garde.

Ce 5 octobre, à Monceaux au matin. HENRY.

Lettre de la main du Roy à M. de Rosny.

Mon amy, cette-cy sera la responce à la vostre du huictiesme que je receus hier, et point par point, afin que sur tous je vous fasse entendre ce qui est de ma volonté touchant les frais des nopces de ma sœur. Si je ne vous en ay escrit, ce n'a esté que je l'aye oublié, mais je vous en veux parler pour resoudre cela avec vous, et ce sera la premiere fois que vous me viendrez trouver. Je suis tres-ayse de ce que l'edict de la creation d'un siege presidial à Lectoure soit depesché, comme que vous donnerez ordre à ce qu'il ne manquera aucune chose pour le voyage de M. de Sillery à Rome et son sejour. Pour le sieur de Pilles, j'attends qu'il me vienne trouver icy pour le faire consentir à ce que vous me mandez, ce que j'espere; dequoy je vous donneray advis aussi-tost. Vous avez bien fait d'avoir escrit à M. de Bragelongne ce que vous me mandez. Pour les quatre personnages de qualité que vous voulez envoyer avec les commissions, pour prendre la source des rivieres, pour establir les ordres et reglemens necessaires pour les impositions, je vous en laisse à vous seul le choix ; advisez y donc bien : et si vous voyez que ceux de mon conseil en voulussent nommer quelques-uns qui ne vous fussent agreables, vous m'en advertirez, afin d'y interposer mon authorité; car je n'en ay aucuns d'affectez pour ce regard. Souvenez-vous que, parmy ces rivieres là, vous avez oublié la Charante, et qu'il faut bien prendre garde où l'on establira le bureau de la recepte des impositions; car les grandes villes s'y opposeront, et aux fortes les gouverneurs s'en voudront faire croire, si que nous n'en tirerons le profit que nous esperons. Vous m'avez fait plaisir de faire delivrer les trois mil escus pour mes bastimens, comme d'avoir donné ordre de satisfaire à la garnison de Romans, pour le sieur de Sainct Feriol. Pour l'estat de mon procureur à Fontenay, je vous en ay ce matin escrit ma volonté, que je veux estre suivie; et comme je vous priois de me venir trouver en poste mardy ou mercredy de la sepmaine prochaine, mais si les affaires, touchans mes gabelles ou autres, vous en empeschent, vous remettrez ce voyage au jour que vous adviserez. Je serois bien ayse que M. d'Incarville vint aussi et amenast avec luy Chastillon, qui m'apporteroit les plans de toutes mes villes de frontiere, pour voir où je serois d'advis que l'on fist travailler, si vous et ledit sieur d'Incarville avez pourveu aux moyens de ce faire. Toutesfois si vous trouvez bon que l'un de vous deux demeure tousjours par de là, tandis que vous viendrez, ledit sieur d'Incarville ne bougera et viendra apres. Pour le sergent major du Havre, je trouve fort bon et fort agreable ce que vous m'en mandez : quant au fait du sieur du Volé, j'attendray à quand je vous verray de vous parler de cette affaire là. Pour le commis de M. de Fresnes, je ne l'affectionne au prejudice de mon service; aussi bien ledit sieur de Fresnes me dit que, quoy que je luy accordasse et vous en escrivisse, il ne croyoit que cela luy servit de rien, et que M. de Gondy ne le feroit; mais il a desiré cela de moy, afin que l'on cogneust que pource qu'il me servoit sous luy, je luy voulois faire du bien. Touchant Demeurat, mon procureur à Rion, si je ne vous eusse escrit de luy faire payer les arrerages de sa pension, j'estime qu'il ne m'eut permis de commencer ma diette tant il estoit pressant et m'importunoit, et ne trouvay autre moyen de le chasser d'icy; mais pour l'advenir je seray tres-ayse qu'il en soit payé, car c'est un bon serviteur et qui m'a bien servy. Vous me ferez service fort agreable de travailler à faire trouver les vingt mil escus restans pour les estats d'Hollande. Pour la lettre tres-expresse que vous demandez aux prevost des marchands et eschevins de ma ville de Paris pour leurs registres, je vous envoye un blanc que vous ferez remplir par Clairville qui est à Paris, comme vous le luy ordonnerez et comme je le luy escry. Je suis ayse que vous ayez pourveu à ce que le sieur de Casaubon ait dequoy amener sa famille à Paris; quant pour sa pension j'y adviseray lors que vous serez prés de moy. J'ay receu le memoire que vous m'avez envoyé de ce à quoy se peut monter le sol pour escu destiné pour mes bastimens. Je suis de vostre advis touchant les deputez de Languedoc, et qu'ils ne sont venus icy que pour empescher l'establissement des gabelles; mais il le faut, car il y va trop de mon service. Pour le party des gabelles de France, je croy ce que vous me mandez, et que les marchands adjudicataires ont fait un grand brouhaha, mais qu'ils ne feront mieux que Zamet ny si bien; toutesfois il y faut adviser de prés, car ce fait importe. Vous me ferez plaisir de faire donner contentement à mes menus officiers et nommément à ceux de ma bouche. Pour M. de la Rochepot, pour cette année, il faut qu'il se contente d'estre payé de ce à quoy il est employé sur l'Estat; mais pour l'advenir il ne seroit juste, ayant mesme charge que les autres, d'estre autrement traitté qu'eux. Voila ce que vous aurez pour ce coup pour responce à la vostre, finissant pour prier Dieu vous avoir, mon amy, en sa garde.

Ce 9 octobre, à Monceaux au matin. HENRY.

Lettre de la main du Roy à M. de Rosny.

Mon amy, le sieur de Pilles, qui est venu icy, se loüe non seulement de la bonne assistance qu'il a euë de vous, mais aussi de vostre procedure, et m'a dit que ce qui luy a fait poursuivre avec tant d'instance, ce qu'il demandoit, estoit pour en retirer le plus qu'il luy en seroit possible; mais que vous luy ayant remonstré la necessité de mes affaires, il s'en retournoit vous trouver pour emporter ce que vous luy aviez promis, et de là où mon service et le deub de sa charge l'appelle; mais je voudrois, s'il est possible, que vous luy fissiez donner jusques à trois mil escus. Il m'a si bien servy, et avec tant de candeur et d'affection, que je ne luy veux desnier ce tesmoignage de son obeyssance et de l'envie que j'ay de faire pour luy, et luy en tesmoigner les effets aux occasions. Je vous prie de faire qu'il soit promptement depesché; vous sçavez assez juger l'importance de son retardement, et qu'en l'estat que l'on dressera pour l'année prochaine qu'il ne soit point oublié pour la pension que je luy ay accordée, car je le luy ay promis et veux qu'il y soit compris et en soit payé. Je voudrois en avoir plusieurs semblables à luy, aussi ne vous veux-je celer que je l'ayme, et qu'il en vaut la peine. Adieu, mon amy. Ce dixiesme octobre.

HENRY.

Je vous recommande ce qui touche mon nepveu le duc de Guyse et sa pension.

Lettre de la main du Roy à M. de Rosny.

Mon amy, j'ay cy-devant fait responce à la vostre du huictiesme; pour celle du neufiesme je vous diray que je remettray à vous parler du fait des gabelles et de Zamet à quand je vous verray, qui sera l'un des jours de cette sepmaine. Comme je le vous ay mandé, et pour ceux de la maison de ville, je suis de vostre advis; aussi ne veux-je que l'affaire en demeure là, et vous ay envoyé un blanc, afin de le faire remplir par Clerville, comme vous aviseriez. Vous m'avez fait service agreable d'avoir donné quelque contentement à mes officiers de la bouche. J'attends ce que M. d'Incarville m'escrira touchant les offres que l'on fait pour les traittes des bleds et vins en Languedoc, pour m'y resoudre, ou vous en mander ma volonté. Et sur ce, Dieu vous ayt, mon amy, en sa garde, ce unziesme octobre.

HENRY.

Lettre de la main du Roy à M. de Rosny.

Mon amy, je ne doute nullement que le bruit qui a couru de ma maladie ne vous ayt affligé, et que l'on ne l'ayt fait plus grande et cause d'autre cause qu'elle ne s'est trouvée; mais Dieu soit loüé que j'en suis tantost guery, et que la fiévre m'ayant pris sur les six à sept heures du soir dimanche, ne m'a laissé que ce matin par une grande sueur qui me l'a emportée du tout. Ce qui me mettoit en peine estoit que depuis vingt ans fiévre ne m'avoit tant duré, sinon qu'à la Motte-frelon, quand j'eus cette grande pluresie, et que je me voyois tellement abatu contre mon naturel ordinaire que vous cognoissez et avec cela si chagrin que tout me desplaisoit. Aujourd'huy je me suis levé pour disner et puis remis au lict pour me reposer, et espere me lever pour souper. Si cette nuict je me trouve mieux que je n'ay fait la derniere (car elle m'a esté extrémement fascheuse), je m'habilleray demain et sortiray un peu dehors, pour prendre l'air et me promener, mais non pour aller loin. Si je n'eusse hier pris de la casse qui m'a extrémement purgé, j'estois pour estre plus long-temps malade, et c'est merveille, veu ce que j'ay vuidé, que je ne l'ay esté davantage. Je seray tres-aise de vous voir dimanche; amenez avec vous M. d'Incarville et Chastillon, mais nuls autres. Que si quelques-uns veulent venir avec vous ne vous en chargez; au contraire, dites leur que je vous ay défendu d'en amener aucuns, et que vous venez seulement pour me voir sans me parler d'affaires pour qui que ce soit. L'on me vient parler de force auditeurs des comptes morts; j'ai fait responce que je n'y vouloy nullement entendre, quelques offres que l'on m'ayt faites. Je vous prie, courons en la suppression. Vous verrez avant partir monsieur le chancelier, et sçaurez de luy s'il a rien à me mander, et luy direz que je trouve un peu estrange de ce que, contre ce que je luy avois escrit, touchant l'erection du siege presidial de Lectoure, de n'en parler à personne, il en a communiqué à quelques autres de mon conseil qu'à vous, et qu'il y fait de la difficulté apres mon commandement. Faites que je n'oye plus parler de cette affaire et que je ne luy en escrive plus ny à vous. Adieu, mon amy, etc. Asseurez tout le monde de ma guerison.

Ce jeudy, à sept heures du soir, quinziesme octobre, à Monceaux.

HENRY.

Lettre de la main du Roy à M. de Rosny.

Mon amy, je vous prie, incontinent la presente receuë, de faire delivrer aux sieurs Marescot, Martin et Rosset, medecins, à chacun cent escus pour m'estre venus voir icy par mon commandement, et à Regnault, mon chirurgien, cinquante, demain par M. de Schomberg qui s'en yra; je vous escriray pour vous assembler avec monsieur le chancelier, messieurs de Bellievre, Sillery et autres de mon conseil, pour adviser, maintenant que la Sainct Martin approche, le moyen qu'il faut tenir pour la verification de mon edict avec ceux de la religion, dequoy vous advertirez les deputez : aussi vous adviserez, avec M. de Ville-roy, à ce qui sera necessaire à M. de Sillery, pour son voyage de Rome, maintenant que M. de Luxembourg retourne, car il est des plus necessaires pour mon Estat et pour mon contentement, et la despence que l'on y fera y sera, ce me semble, necessaire. Je vous prie aussi vous souvenir de la pauvre receveuse de Gisors, pour le commencement de l'année prochaine, vous sçavez comme elle a bien servy. Adieu.

Ce troisiesme novembre, à Monceaux. HENRY.

Lettre de la main du Roy à M. de Rosny.

Mon amy, cette-cy sera la responce à la vostre du vingt-neufiesme du passé, que plutost vous eussiez euë sans ma rencheute. Je commenceray avant de vous dire que je me porte un peu mieux, Dieu mercy, mais non si bien, et cette derniere maladie m'a rendu tout chagrin, je faits tout ce que mes medecins veulent, tant j'ay d'envie de guerir. Je suis tres aise de ce que vous avez fait payer les Suisses et le regiment de mes gardes, comme compter l'argent pour la solde des trois compagnies de chevaux legers, dés quatre autres regimens, et sept compagnies de gens de pied, des garnisons ordinaires de Picardie et Mets, et des appointemens accordez aux capitaines retranchez, et que le party des gabelles ayt esté resolu, comme vostre advis sur les quatre quartiers des rentes sur le sel; mais je veux que l'on cognoisse cela proceder de ma liberalité, afin que l'on m'en sçache gré, et par ce moyen faciliter ce que nous voulons faire verifier en la chambre des comptes et cour des aydes. Pour le licenciement des Suisses, j'ay songé, depuis, à ce que messieurs de Bellievre et Sillery m'en escrivent, dont ils vous ont parlé, et ay resolu, tant pour le bien de mon service, que pour les raisons qu'ils me mandent, que j'entretiendray encor pour quelques temps aux colonnels Galaty, Heid et Baltazard, à chacun une compagnie de cent hommes : de façon que je vous prie de pourvoir à leur entretenement, car pour les retranchemens que vous me mandez sur les François, j'y en ay tant fait que je n'en puis faire davantage. Je trouve fort bon que vous ayez asseuré les cinquante mil escus pour les nopces de ma sœur, et encor meilleur l'expedient que vous me proposez pour donner contentement à messieurs des Estats, comme le remplacement de cette somme, et des dix mil escus deubs au sieur Zamet, sur la nature de deniers que vous me mandez. Je vous laisse le soin et la disposition des fermiers des rivieres, et à trouver fermiers et personnes propres pour le reglement des impositions. Pour celle de Sainct Quentin, je veux qu'elle soit toute entiere, et faites en faire les expeditions, car apres s'ils se viennent plaindre, comme ils feront sans doute, ils tiendront ce que je leur en rabattray de ma liberalité, et si cela les apprendra d'obeyr une autre fois. Donnez moi le loisir d'estre mieux, et que j'aye M. de Ville-roy aupres de moy, pour resoudre l'estat des garnisons et gens de guerre entretenus pour l'année prochaine. Vous m'avez bien envoyé la responce que vous avez faite à mon cousin le comte de Soissons, mais non celle qu'il vous a escrite, que je serois bien-aise de voir pour vous en escrire ma volonté. C'est bien fait de travailler à l'estat de l'année prochaine, comme au magasin d'armes. J'ay veu M. d'Estrée, qui m'a parlé de sa charge et de ce que vous avez advisé ensemblement pour mon artillerie. Pour la broüillerie que vous avez euë avec M. d'Espernon, vous aurez veu M. de Schomberg, et entendu ce que sur cela je luy ay commandé de vous dire : je suis d'advis que vous vous racommodiez avec luy, et que vous vous monstriez doux à chacun, fors és choses où il yra de mon service, asseuré que je ne vous abandonneray, et vous feray voir comme vostre service m'est agreable. Continuez donc à me bien servir seulement, et croyez en ce fait-là vos amis. Adieu.

Ce sixiesme novembre, à Monceaux au soir.
HENRY.

Lettre de M. de Rosny au Roy, du septiesme novembre 1598.

SIRE,

La naissance et la nature qui m'ont rendu vostre sujet, la nourriture que j'ay receuë de vostre Majesté dés ma premiere jeunesse, et ma propre inclination qui m'a causé ce bon-heur de vous avoir eu pour mon seul et unique maistre, estoient des liens et des chaines assez fortes pour vous assujettir toutes mes volontez et disposer mes actions aux choses qui seroient agreables à vostre Majesté. Mais tant de bien-faits receus, et tant de faveurs nouvelles dont avez daigné m'honorer, et principalement le ressentiment qu'il vous a pleu monstrer de ce qui s'estoit passé ces derniers jours en vostre conseil, la demonstration qu'avez faite de ne me vouloir abandonner, ains de m'assister de vostre authorité, et les asseurances particulieres que vostre bonté singuliere m'en a données et fait donner, ont tellement acreu toutes mes precedentes obligations, que non seulement je ne puis produire aucunes œuvres, ny rendre aucuns services à vostre Majesté, qui approchent tant soit peu de ce que je luy dois, mais mesmes je ne me puis imaginer aucunes paroles propres pour remercier suffisamment vostre bonté de l'honneur qu'elle m'a fait; et quand j'aurois employé mille vies et consumé tous mes jours en l'obeyssance de vos commandemens, si ne penseray-je avoir satisfait au moindre des services dont je suis redevable à vostre Majesté, laquelle je supplie tres-humblement de ne se vouloir altérer l'esprit pour les choses advenuës, car elles sont passées de telle façon qu'il n'y peut avoir occasion de plainte, ny d'un costé ny d'autre, et espere que le reste se conduira avec telle prudence et respect de vostre Majesté, qu'il ne sera nul besoin qu'elle en oye plus parler; ne voulant aussi luy travailler l'esprit de nouvelles affaires, je mettray peine d'accomplir tout ce qu'elle m'a commandé par M. de Schomberg, et attendray en patience son intention sur tous les poincts de ma derniere lettre. En attendant l'honneur de ses commandemens, je supplieray le Createur, etc.

Lettre de la main du Roy à M. de Rosny.

Mon amy, incontinent la presente receuë montez à cheval pour me venir trouver, et soyez icy à ce soir à quelque heure que ce soit, car je veux parler à vous pour chose qui importe à mon service : apportez avec vous les offres de ceux qui veulent faire le party du sel, les memoires là dessus, et le dernier contract d'adjudication fait aux derniers marchands. Adieu.

Ce lundy, à une heure apres midy, huictiesme novembre, à Sainct Germain en Laye. Henry.

Lettre de la main du Roy à M. de Rosny.

Mon amy, cette-cy sera la responce aux deux vostres des septiesme et huictiesme de cettuy-cy : ne doutez nullement que je n'aye soin de vous et que je ne vous le fasse paroistre; ne craignez point que je me laisse emporter aux importunitez qui me pourroient estre faites par qui que soit, touchant les deniers qui ont esté saisis à Dieppe. J'ay veu celle que vous a escritte mon cousin le comte de Soissons, et la responce que vous luy avez faite; mais je croy que depuis vous l'aurez veu, et tesmoigné l'envie que j'ay de faire pour luy lors que l'occasion s'en presentera, et que mes affaires me le permettront, lesquelles vous luy pouvez mieux faire entendre que nul autre, pour en avoir plus parfaite cognoissance. Sur-ce, Dieu vous ayt en sa garde.

Ce dixiesme novembre, à Monceaux. Henry.

Lettre de la main du Roy à M. de Rosny.

Mon amy, M. le chancelier et ceux de mon conseil m'ont fait entendre qu'il estoit besoin qu'ils sejournassent à Paris jusques à lundy, afin de pourvoir aux affaires des particuliers; ce que je trouve bon, afin que je ne sois point importuné lors que vous serez icy. Demeurez-y donc et prenez garde qu'il ne s'y passe rien au prejudice de mon service, et soyez icy lundy à disner. Adieu.

Ce vingt-huictiesme novembre, à Sainct Germain en Laye. Henry.

CHAPITRE LXXXIV.

Evaluation des impôts levés sur les peuples.

Nous vous avons cy-devant, selon les temps, lieux et saisons, représenté les grands labeurs et travaux qu'avez pris pour le service de Sa Majesté en toutes ses affaires. Maintenant nous parlerons de ceux par vous faits aux finances, de l'utilité et profit qu'ils ont apporté, et de la gloire qu'ils vous ont acquise, et ferons voir, comme nous l'avons desja dit, que ce n'a pas esté indignement, sans crainte qu'il puisse justement nous en estre autant reproché ainsi qu'à de certains faiseurs de livres à gages, lesquels donnent des loüanges excessives à des sortes de personnes de basse extraction, et en la vie desquels il s'est peu remarquer quelque espece de blancheur : elle se trouvera marquetée comme la peau du leopard de tant de taches noires de leurs mauvais desseins et procedures contre le Roy et l'Estat, ou de telles faineantises et inutilitez en leurs actions, qu'il est aisé à cognoistre que ces escriveurs à journée n'ont chanté leurs merites qu'à proportion de l'argent qu'ils en avoient receu pour cét effet, ou qu'ils ont voulu par leurs escrits former une vraye comedie où rien ne doit paroistre sur le theatre qui ne soit deguisé, nommant pilliers d'Estat des pilleurs de royaume qui se sont enrichis par-là, et que l'on devroit voir pendiller pour cela, si justice avoit lieu.

Aussi n'aurions-nous esté si impudens que d'avoir entrepris vostre vie, ny de vouloir parler de vous si hautement que nous faisons, si nous n'avions trouvé que vous eussiez jamais trempé en aucune faction, pratique ny menée contre le Roy et l'Estat, que vous eussiez eu des malices noires et une vie sans utilité pour le public, ou sallie de faineantises, débauches et voluptez. Et pour cette cause, afin de confirmer nostre dire, avons nous pris resolution de toucher quelque chose (car le tout nous seroit-il impossible) de vos penibles recherches, curieux examens d'affaires plus secrettes et cachées, et des utilitez que vous en avez peu à peu fait percevoir au Roy et au royaume, et cela feronsnous dés maintenant et non par l'ordre que vous y avez travaillé pres de six ans continuels par anticipation de temps et tout d'une suite, afin de ne donner la peine à ceux qui cy-apres voudront essayer de vous imiter, d'en aller chercher les instructions et moyens par-cy par-là en diverses années et par les divers lieux de ces Memoires.

Et dautant qu'il y a plusieurs choses à dire là dessus, que, pour n'entendre pas trop bien nousmesmes, nous pourrions déduire obscurement, nous nous deliberons de n'y mettre du tout rien du nostre, mais nous contenter d'inserer icy mot à mot un certain Memoire que vous en avez fait tout escrit de vostre main propre, lequel nous trouvasmes parmy les papiers de vostre petit cabinet de derriere, lors que vous nous en fistes tirer les meilleurs, quoy qu'il ne soit qu'en forme de project, et qu'à nostre advis vous n'y ayez pas mis la derniere main, dautant qu'il y a plusieurs ratures, divers renvois par nottes, et quelques discours et periodes qui semblent non complectes. Voire nous croyons que la deplorable mort de nostre grand Roy, le peu de cas que l'on a fait de sa memoire, tant glorieuse par tous les pays estrangers, parmy les siens, et dans sa Cour, les resjouyssances que nous vismes demener de sa mort par aucuns fort advancez en credit apres icelle, et le peu de soin que l'on a eu (à la grande honte, nous l'osons dire, de ceux qui estoient obligez à ce devoir) de luy faire faire une sepulture honorable, ayant tant heroïquement vescu, et laissé assez grande quantité de thresors pour n'y plaindre point toute sorte de superfluë despence, en laquelle, en gravant ses hauts faits d'armes, ses merveilleuses vertus et ses dits plus notables, se fussent trouvez tous les preceptes necessaires pour exciter les braves courages à la gloire et à l'honneur; nous croyons, disons nous, que tous ces mespris de choses tant à priser, vous ont si fort aigry l'esprit et boufi le courage, que vous avez laissé ces discours imparfaits, lesquels neantmoins, tels qu'ils sont, nous estimons tant utiles à l'Estat, et que la posterité en recevroit un si grand dommage s'ils estoient supprimez, que nous nous sommes enhardis de les inserer icy, tout ainsi que nous les avons trouvez escrits de vostre main, reservé quelques lieux que nous avons raccommodez au mieux que nous avons peu, selon quelques advis que nous en avons tirez de vous à bastons rompus, ne nous en ayant jamais voulu instruire suffisamment; desquels Memoires la teneur ensuit :

« Project touchant les finances, pour presenter au Roy lorsqu'il sera mis en sa perfection, et que j'auray en main tous les estats, pieces, papiers et memoires propres pour justifier la verité et solidité de toutes les propositions, dispositions, expediens et assertions contenuës en iceluy, et faire voir clairement qu'en toutes sortes de revenus, levées et despences esquelles l'on assujettist ses sujets, par faute, la pluspart du temps, d'intelligence, d'ordre et de soin (en ce non compris les choses necessaires pour leur vivre ordinaire, l'usage et commodité de leurs personnes, familles et maisons, et tout autre entretien de la societé humaine), il sort de la bourse de ses peuples, qui sont compris sous les trois ordres de son royaume, de toutes sortes de deniers, plus de cent cinquante millions de livres par chacun an. »

Project et Memoires de M. de Rosny touchant les finances.

Estat de tous les deniers qui sortent de la bourse des sujets du Roy, de toutes conditions et pour toutes sortes de despenses, soient volontaires, soient necessaires, reservé la vie, le vestement, le logement et l'entretien des choses necessaires pour iceux ; le tout par estimation, estant impossible d'en rien supputer avec certitude : ce qui se pouvant faire, les sommes en seroient effroyables, et partant s'est-on contenté de prendre une espece de pied sur lequel il s'en peut former quelques unes, sinon vrayes à tout le moins vray semblables.

Premierement, à gens d'eglises, pour baptesmes, confessions, confirmations, distributions de sacremens, predications, visitations de malades, services extraordinaires, consecrations et frais pour huisles, eaux et pains benits, cires, flambeaux, cierges, bougies, huisles de luminaires et autres frais de marguilleries, à raison de deux cens escus par parroisse l'une portant l'autre, et de quarante mille parroisses qu'il y peut avoir partout le royaume, compris les eglises qui ne font point parroisse, le tout par estimation huict millions d'escus, qui valent......
.... 24,000,000

Plus pour aumosnes generales et particulieres, à devotion, constructions d'eglises, monasteres et autres lieux saincts, lais testamen-

Montant de l'autre part....	24,000,000

taires, pour œuvres pies, obits, fondations de services, consecrations d'eglises et gens d'eglise, magnifiques sepultures, processions, ornemens d'eglises, images et croix, festes, confrairies à patrons et bâtons, voyages et pelerinages és lieux saincts, par estimation à raison de trois cens escus par parroisse, et sur le mesme nombre de quarante mille eglises ou parroisses, douze millions d'escus, qui valent.............. 36,000,000

Plus pour les dismes payées aux prestres et curez, et dedans des eglises fondées à raison de cent escus par parroisse et eglise, et sur le pied de quarante mille, quatre millions escus, valans.......... 12,000,000

Plus pour les decimes payées au Roy par les gens d'eglise et autres despences du clergé ou decimes extraordinaires, avec les frais pour toutes ces choses, par estimation, quinze cens mille escus, vallans... 4,500,000

Plus pour argent porté à Rome, pour toutes sortes d'expeditions et annates, pour indulgences, dispences, consecrations de prelats, dedicaces d'eglises et autres semblables despences, par estimation.... 4,000,000

Plus pour achapts d'offices, quarts, deniers pour resignation et marcs d'or, expeditions de lettres et receptions d'officiers, obstentions d'honneurs, dignitez, noblesses, exemptions, droits, prerogatives et privileges que le Roy confere, par estimation......... 12,000,000

Plus pour toutes sortes de frais qui se font par toutes sortes de conditions de personnes, pour affaires de procez et plaidoyeries, pour avoir justice, tant pour les juges et presens qu'il leur faut faire, que pour les voyages et chaumages des parties, salaires de soliciteurs, advocats, procureurs, huissiers et sergens, les sommes en sont inestimables, et neantmoins cy, par estimation........ 40,000,000

Plus pour toutes sortes de tailles qui se levent pour le Roy, en vertu

Reporté ci-contre........	132,500,000

Montant ci-contre........	132,500,000

de ses commissions, et dont ses officiers font les estats, selon ce qui se monte en cette année........ 20,000,000

Plus pour toutes sortes de deniers qui se levent par forme de taille et lettre d'assiette, tant du grand seau que des petits seaux, pour les affaires particulieres des parroisses, tant pour l'expedition qu'enregistrement desdites lettres, qu'attaches sur icelles, et frais de l'imposition, par estimation..... 4,000,000

Plus pour toutes sortes de deniers qui se dépendent ou déperissent au dommage des particuliers, pour chaumages de festes, pertes de journées de marchands, artisans, laboureurs et manœuvres, et les despences qu'à l'occasion d'icelles ils font és tavernes, jeux et brelans, ensemble pour les maistrises et confrairies des artisans et mestiers, par estimation à raison de cent escus par parroisse, sur le pied cy-devant pris............ 12,000,000

Plus pour tous deniers levez sur le sel par le Roy, tant pour ses droits que ceux des officiers, prix de marchand, archers, droits de passe-port, d'emboucheure, peage de rivieres et autres, par toutes les provinces de France, par estimation.................... 14,000,000

Plus pour tous deniers qui se levent pour le Roy, par forme d'aydes nommez quatriesme, huictiesme et vingtiesme, à prendre sur le vin, pommé, poiré et cervoise, compris tous les frais des officiers, par estimation.............. 5,000,000

Plus pour tous deniers qui se levent pour le Roy par forme d'entrée dans les villes, peages sur les rivieres, ponts et passages, traites, foraines, domainiales, resve, hauts passages, doüanes, entrées de drogueries et espiceries, imposts, billots, ports, havres, brieux, traites de bestes vives, droit d'ancrage et d'admirauté, par estimation..... 8,000,000

Plus pour toutes sortes de deniers qui se levent par les villes et bourgs, tant par forme de deniers

Reporté de l'autre part....	195,500,000

Montant de l'autre part.... 195,500,000
communs et patrimoniaux, que d'octroy pour les employer en leurs menuës necessitez............ 4,000,000
Plus pour toutes sortes de deniers qui se déboursent par toutes sortes de conditions de personnes, mais sur tout par les grands et riches de la Cour et des bonnes villes, outre ce qui est necessaire de l'honneur et bien seance en ceremonies de jours solemnels, estrenes, gasteaux des roys, chandeleur, festins, banquets, yvrogneries et crapules, amourettes, chasses, habits, meubles, equipages, bastimens, jardinages, dorures, diaprures, bagues, joyaux, commedies, mascarades, balets, danses, jeux, berlans et autres bombances, sumptuositez, luxes et dissolutions superfluës, au moins............ 40,000,000

SOMME TOTALE.....(1).. 254,000,000

CHAPITRE LXXXV.

Remise des arrérages dus par les peuples. Réformes dans les finances. Réclamations de plusieurs personnes puissantes. Explication donnée au Roi par Rosny.

Or, continuans à desduire ce qui a esté cy-devant recité de vostre employ ordinaire, pour le reste de cette année 1598, nous reprendrons seulement la suitte des affaires qui se passerent par vostre entremise, ou dans lesquelles vos interests se trouverent meslez ; et vous ramentevrons, conformement à ce qu'il vous pleut de nous en dire deslors (car nous le mismes aussi tost dans les Memoires que nous faisions jour par jour, afin de pouvoir apres former ceux cy de toute vostre vie, de crainte d'en oublier les propres termes), que voyant la paix affermie par les sermens de l'observation d'icelle donnez et receus de toutes parts, le port des armes inhibé, les gens de guerre grandement retranchez, bien payez et bien disciplinez, les peuples fort satisfaits du gouvernement present, tous leurs esprits inclinans à l'obeyssance et entierement alienez de toute soulevation, en cela puissamment instruicts par tous les frais ressentimens des mal-heurs d'icelle, le Roy prisé pour sa vertu, reveré pour sa justice, redouté pour sa vaillance et celerité, aymé pour sa clemence et familiarité, et authorisé pour ses heureux succez, vous vous resolustes de mettre à bon escient les mains aux ouvrages que vous aviez de long-temps projettez, mais ausquels vous n'aviez pas seulement osé penser de toucher tant soit peu, de crainte que plusieurs personnes s'estimant interessées en tels ordres, reglemens et mesnagemens, vous n'affoiblissiez les bonnes volontez, n'alterassiez du tout les tres-delicates, et qu'au lieu d'en tirer du fruict vous n'esmeussiez des rumeurs et du bruict ; et commençastes, afin de donner bonne odeur de vos desseins, par les remises absoluës des arrerages de toutes tailles de toutes les années passées, au precedent l'année 1596, et surceance du payement d'icelles en payant ceux de 1597; pour le payement de tous lesquels arrerages montans à plus de vingt millions par tout le royaume, les peuples estoient asprement poursuivis et merveilleusement vexez, sur tout en Provence, Dauphiné, Languedoc et Guyenne, à cause que la pluspart de tels deniers estoient pretendus par les gouverneurs et capitaines des pays et places, et par les officiers de justice et de finance.

En suitte de ce bon œuvre, ayant tousjours l'esprit mal satisfait de la confection de l'estat general des finances, que vous aviez vous mesme fait en l'année 1596, pour l'année 1597, et semblablement de celuy que vous aviez aussi dressé en 1597, pour l'année 1598, dautant que vous n'y aviez quasi travaillé que par les advis des intendans des finances et tresoriers de l'espargne, et sur les estats particuliers que tant eux que les tresoriers de France avoient fournis, vous rassemblastes toutes les commissions des tailles envoyées par les generalitez, tant au commencement desdites deux années, que durant le cours d'icelles; tous les edicts et lettres patentes en vertu desquelles s'estoient levez tous les subsides et impositions sur les denrées et marchandises, les tableaux et pancartes en vertu desquelles elles se levoient, et les sous-affermes qui s'en étoient faites par les fermiers generaux, ausquels la perception de tous ces droits avoit esté adjugée à ferme-clause par ceux du conseil du Roy ou les tresoriers de France.

Et apres avoir bien feuilleté tous ces papiers, calculé toutes les sommes, et recherché toutes choses dés leur source, voyant quelques abus qui se commettoient sur le fait des commissions ordinaires des tailles, de beaucoup plus grands sur les commissions extraordinaires à vau l'an-

---

(1) Le total est de 239,500,000 ; il y a donc une erreur d'addition, ou des omissions pour une somme de 14,500,000.

née, mais du tout excessifs sur le fait des fermes; et ayant verifié que les sous-fermages montoient quasi fois autant que les adjudications generales faites au conseil du Roy ou pardevant les tresoriers de France, vous en donnastes advis à Sa Majesté, laquelle vous commanda aussitost de pourvoir à tout cela comme vous l'entendriez, et que vous ne doutassiez point qu'il n'authorisast tout ce que vous auriez ordonné, fait et dit là dessus. Tellement que, sur ce fondement, vous fistes faire arrest sur tous les deniers des tailles levez par commissions extraordinaires, et mandastes aux receveurs d'en faire recepte comme les autres deniers de leurs charges venans à l'espargne, afin de les y faire voiturer. Vous fermastes aussi la main aux fermiers generaux, fistes defences aux sous-fermiers de leur plus rien payer, avec commandement de rapporter leurs sous-baulx, et faire voiturer à l'espargne tout ce qu'ils pouvoient devoir et devroient par apres; tellement que, par cét ordre, vous descouvristes que la pluspart de ceux du conseil ou qui avoient crédit pres d'eux, et quelques tresoriers de France, avoient part avec les fermiers generaux, et eustes, par ce moyen, dequoy satisfaire à plusieurs fautes de fonds et nouvelles despences qui survenoient journellement, ce qui resjouyt infiniment le Roy, et le rendit, plus que jamais, affectionné en vostre endroit.

Ces choses ainsi executées, vous en entreprites de bien plus grandes et importantes encor, qui fut de remettre entre les mains du Roy des alienations et engagemens de certains revenus en tailles, aydes, gabelles, traites, foraines et domainialles, cinq grosses fermes, parties casuelles, peages des rivieres, comptablerie de Bourdeaux et patentes de Languedoc et Provence, faits à gens tous grandement qualifiez et qui en jouyssoient tous par leurs mains, dont entre les autres estoient la reine d'Angleterre, le comte Palatin, le duc de Wirtemberg, ceux de Strasbourg, les Suisses, Venise, le duc de Florence, plusieurs partisans italiens, Madame, sœur du Roy, tous les princes et seigneurs qui avoient esté de la ligue, messieurs le connestable, messieurs de Boüillon, du Plessis, de Pichery, heritiers du feu sieur de Villars, du Gast et une infinité d'autres; lesquels ne manquerent pas d'en venir aussi tost faire leurs plaintes au Roy, avec des crieries accompagnées de tres-grandes importunitez; lesquelles luy ne pouvant que trop impatiemment supporter (car c'estoit quasi le seul defaut de ce prince, que d'estre tendre aux contentions d'esprit) il vous envoya aussi-tost querir à demy en colere contre vous, tellement qu'en arrivant il vous dit : « Ha! mon amy, qu'avez vous fait?
« — Je me doute desja bien que c'est que vous
« voulez dire, Sire, luy respondites vous, mais
« je n'ay rien fait que bien, et m'asseure que
« vous le trouverez ainsi, m'ayant entendu, voire
« mesme que ceux qui en crient le plus haut ne
« diront pas le contraire, apres que j'auray parlé
« à eux; et s'il vous plaist d'envoyer querir quel-
« ques uns, vous verrez qu'ils demeureront con-
« tens, et qu'en fin il en yra de ces crieries comme
« de celles des fermiers generaux que j'avois tous
« depossedez, lesquels en fin se sont accommodez
« avec moy et ont quasi tous doublé toutes vos
« fermes, pource que je n'entends rien en pots
« de vin, à entrer en part ny à estre associé;
« je crois, Sire, que vous entendez bien tous
« ces termes. — Ouy, je les entends bien, vous
« dit-il, et vous aussi; et si vous pouvez faire
« taire le petit Edmond, agent de la reine d'Angle-
« terre, un grand gentil-homme allemant du duc
« de Wirtemberg, Gondy pour le duc de Flo-
« rence, ma sœur et mon compere, je croiray
« le semblable du reste; et pour en avoir une
« preuve il faut faire venir monsieur le connesta-
« ble qui ne fait que de partir pour aller chez ma
« sœur; car c'est un de ceux qui m'en parle
« plus souvent. »

Ce qu'ayant esté fait, le Roy luy dit en entrant : « Et bien, mon compere, dequoy vous
« plaignez vous de Rosny? — Sire, je me plains,
« respondit-il, de ce qu'il m'a mis au rang du com-
« mun, m'ayant osté une pauvre petite assigna-
« tion que j'avois en Languedoc, sur une impo-
« sition de laquelle vous ne touchastes jamais
« rien. — Or bien, monsieur, luy dites vous, je
« confesse avoir eu tort, si mon intention a esté
« de vous rien faire perdre; mais elle a esté toute
« contraire; partant dites moy, s'il vous plaist,
« ce que vous tiriez de cette imposition, et je
« vous feray payer pareille somme. — Je trouve
« cela bon, vous dit-il; mais qui m'asseurera
« d'en estre payé à point nommé comme je suis?
« — Ce sera moy, luy respondites-vous, et vous
« bailleray le Roy pour caution, qui ne fera point
« banqueroutte, je vous le promets, au moins s'il
« me laisse mesnager ses revenus comme je l'en-
« tends, et je luy serviray encor de contre-cau-
« tion, qui m'attens bien en le faisant riche,
« qu'il me fera tant de bien, que je ne seray
« jamais reduit au saffran. » Tout cela le fit rire,
et rendit tant satisfait, qu'il vous dit : « Or sus,
« monsieur, je m'en fie du tout en vous, à qui
« je recognois franchement que je n'affermois
« cette imposition que neuf mille escus par an,
« et encor en donnois-je deux mille tous les ans
« au tresorier des Estats, afin de faire faciliter

« la levée. — Je sçavois bien tout cela, monsieur, « luy dittes-vous, aussi est-ce ma resolution de « vous faire payer franchement vos neuf mille « escus, et si le Roy me veut laisser tirer le pro- « fit de la ferme, je luy feray donner encor dix- « huict mille escus, et si j'en auray encor quatre « mille pour moy. »

Ce discours appresta fort à rire au Roy, voyant l'estonnement qu'en faisoit monsieur le connestable ; et tout cela estant ainsi accordé, vous fistes parler le lendemain au Roy, un homme qui, sous le nom des Estats, prit la ferme à cinquante mil escus, et luy dites que vous ne vouliez point qu'il vous fist du bien en prenant rien sur ces fermes, dautant que c'estoit une ouverture tres-dangereuse pour le bien de ses affaires, que de souffrir qu'aucuns de ceux de son conseil ny de ses finances fussent jamais interessez en nul de ces revenus, et que c'estoit par cette voye là que s'estoient faittes toutes les profusions des finances sous le regne de son devancier, lequel propos contenta encor le Roy plus que tout le reste ; et pource que vous luy fistes advancer douze mil escus sur cette ferme, il vous en envoya quatre mil par le sieur de Beringuen, deux jours apres qu'il eut touché son argent. Et enfin, par ces voyes et formes toutes semblables, furent toutes autres plaintes et crieries, dont le Roy avoit tesmoigné tant d'apprehension, entierement appaisées, et les revenus du Roy sur ce qui leur avoit esté baillé à joüyr, augmentez de prés de six cens mille escus.

Vous envoyastes peu apres M. de Maupeou, maistre des comptes, en Bretagne, pour l'observation des reglemens en finance que vous y aviez faits, pour faire valoir les fermes du pays, et faire venir à l'espargne les deniers dont vous aviez fait le fonds ; M. de Champigny, és generalitez de Tours et Orleans, pour regler les peages des rivieres ; le sieur Coesnard, auditeur des comptes, en Poictou, et le sieur de Bisouze en Guyenne.

CHAPITRE LXXXVI.

Baptême du fils de la duchesse de Beaufort. Cette dame aspire à devenir reine. Opposition de Rosny. Conduite de Henri IV avec son ministre et sa maitresse. Dispute de Rosny et du duc d'Epernon. Maladie du Roi. Arrivée d'Alexandre de Médicis, légat du Pape.

Peu de temps apres l'execution des choses dites au chapitre precedent, se fit le baptesme d'Alexandre, dont madame de Beaufort avoit accouché au voyage de Bretagne ; les ceremonies s'en firent à Sainct Germain, où il se passa plusieurs choses qui vous despleurent tellement, que vous ne vous pustes empêcher d'en parler, et d'en blasmer ceux qui estoient cause de ces excez, dautant qu'ils estoient tous semblables à ce qui s'observoit aux enfans des roys, et cela fistes-vous dautant plus hardiment que le Roy, vous en parlant, tesmoigna de le trouver mauvais, et dit que l'on avoit fait beaucoup plus qu'il n'avoit commandé. Ce mauvais commencement eut encor une plus fascheuse suitte, dautant que vous en eustes trois jours apres une grande broüillerie avec madame de Beaufort, sur une telle occasion.

Le Roy, sur les longs discours que vous aviez eus ensemble à Rennes, touchant son desmariage et remariage, suivant ce qui en a esté dit cy-devant, ayant jugé et finallement conclud et arresté, qu'il estoit necessaire de tenir secrette et cachée quelque sorte de resolution qu'il pût avoir en faveur d'aucune fille ou femme pour l'espouser, et de n'en declarer ny tesmoigner la moindre pensée, que toutes les ceremonies et formalitez pour la dissolution de son mariage n'eussent esté entierement observées, accomplies et parfaites, vous estimiez luy rendre non seulement un grand et signalé service, et conforme à sa volonté, mais qui luy devoit et aussi à celle qu'il pretendoit espouser estre tres-agreable que d'en user ainsi, et sur toutes autres à madame la duchesse, et que vous essayassiez de faire cesser les bruits que certains escrits, ingenieux au mal, faisoient courir que le Roy avoit du dessein pour elle, comme un sujet sur lequel il estoit pour intervenir le plus de difficultez et d'obstacles, la Reine Marguerite, duchesse de Valois, qui de tout temps vous avoit fort affectionné et lors prins toute confidence en vous, ne vous l'ayant point celé par une lettre qu'elle vous avoit escrite, laquelle vous aviez fait voir au Roy, dont la substance estoit : Qu'estant née fille de France, ayant esté fille, sœur et femme de roys, et seule restée de toute la royalle race des Valois, qui respirast l'air de cette vie, elle aymoit si cherement sa patrie, affectionnoit tellement la personne et les contentemens du Roy, et desiroit si ardamment de luy voir des enfans legitimes, qui peussent succeder sans dispute à cette couronne, que n'estant pas en estat de luy pouvoir faire trouver ce bon-heur en sa personne, elle le desiroit et souhaittoit voir en une autre qui fut digne de luy, et que pour ce mesme effet estoit elle resoluë de contribuer tout ce qui seroit en sa puissance pour faciliter et accelerer la dissolution de son mariage ; mais que si c'estoit pour mettre en sa place une femme de si basse extraction et qui avoit demené une vie si salle et si vilaine, comme estoit celle dont on faisoit courir le bruit, elle feroit tout le contraire et ne quitteroit rien du sien pour le voir si mal coloquer ; ce qu'elle vous prioit de bien peser et de faire tout ce qui seroit en vostre pouvoir pour empescher un si grand diffame pour le Roy, pour elle et pour toute la France, et lequel seroit pour faire naistre grande quantité de contentions et debats pour la succession du Royaume.

Toutes lesquelles raisons avoient my-party l'esprit du Roy ; et quoy que vous en eussiez fait sçavoir quelque chose à M. de Fresne et à M. le chancelier de Chiverny, que madame de Sourdis gouvernoit, afin que cela pust parvenir jusques aux oreilles de madame la duchesse, neantmoins, cette femme, soit de son propre instinct et que l'ambition estouffast en elle toute prudence ou qu'elle y fut persuadée par ce M. de Fresne et madame de Sourdis, ausquels le Roy attribuoit tout ce que cette duchesse faisoit de mal, elle ne laissoit pas de faire tousjours courir le bruit d'estre en esperance d'espouser le Roy ; et pour y accoûtumer le monde, ou voir ce que l'on en diroit, en tesmoigner de fois à autre quelque chose par quelques escrits. Tellement que M. de Fresne ayant fait une ordonnance de payer ce qu'il falloit aux heraux, trompettes et haut-bois, pour avoir servy au baptesme d'Alexandre Monsieur, comme enfant de France, et vous estant apportée afin d'ordonner qu'elle fust acquittée, vous la retinstes, et fistes une autre ordonnance au tresorier de l'espargne pour leur payer une certaine somme sans faire mention d'Alexandre, et dautant qu'ils la trouverent moindre qu'ils n'esperoient, ils vous dirent : « Monsieur, la « somme que nous devons avoir assistant aux « baptesmes des enfans de France, est de long-« temps reglée. » Lors voyant qu'ils contestoient trop opiniastrement, vous alleguant deux ou trois fois M. de Fresne, enfin, en colere, vous leur dites : « Allez ! allez ! je n'en feray rien ; il n'y a « point d'enfans de France. »

Et s'en estans allez, sur ce que vous apprites qu'ils s'estoient vantez de s'en aller plaindre à madame de Beau-fort, vous vous doutastes bien qu'elle s'en offenceroit et essayeroit de vous faire quelque mauvais office ; et pour le prevenir vous vous en allastes aussi-tost au Louvre, où vous trouvastes le Roy, qui se promenoit avec M. d'Espernon, lequel aussi-tost qu'il vous vid, vous demanda s'il y avoit quelque chose ; lors vous luy dites : « Sire, je crois que vous vous « souvenez bien de la resolution prise, de tenir « secrette la faveur que vous voudrez faire à « quelque femme que ce soit pour l'espouser, et « sur tout pour ce qui regarde madame la du-« chesse ; et neantmoins l'on m'a apporté une « ordonnance qui la publie, voire declare pour « faite avant qu'elle soit commencée ; car si vos « enfans sont desjà tenus pour enfans de France, « il faut qu'il y ait eu mariage legitime au prece-« dent. » Lors il vous demanda où est cette ordonnance; laquelle ayant leuë, il vous dit : « Il y « a là de la malice de M. de Fresne ; mais je l'em-« pescheray bien : deschirez cette ordonnance. » Puis il se tourna vers trois ou quatre les plus proches de luy, et leur dit : « Voyez la malice du « monde, et les traverses que l'on donne à ceux « qui me servent bien et selon mon gré. L'on a « envoyé à M. de Rosny une ordonnance à des-« sein de m'offencer s'il la passoit, ou d'offencer « ma maistresse s'il la refusoit ; mais j'y pour-« voirray bien. Allez vous en, dit-il, la voir, « contez luy tout ce qui s'est passé là dessus, et « la contentez en ce que vous pourrez ; et si cela « ne suffit, je parleray en maistre et non en ser-« viteur. »

Vous allastes donc aussi-tost au cloistre Sainct Germain, où ladite dame estoit logée, laquelle vous voyant entrer, vous dit : « Jesus, monsieur, « hé ! où allez vous ? Je ne pense pas que ce soit « moy que vous veniez voir, veu les desplaisirs « que j'en reçois tous les jours. » Lors vous luy dites : « Madame, je vous viens voir par com-« mandement du Roy, pour vous representer tout « ce qui s'est passé touchant une affaire, dont je « vois bien que l'on vous a donné de mauvaises « impressions ; mais je n'ay rien fait que le Roy « ne trouve bon et qu'il n'ayt jugé utile à son « service et au vostre. » Lors elle vous dit : « Je « suis bien advertie de tout, et n'ay que faire « d'en sçavoir davantage, car je ne suis pas faite « comme le Roy, à qui vous persuadez que le « noir est blanc.—Ho ! ho ! madame, luy dites « vous, puisque vous le prenez de cette façon, « je vous baise les mains et ne laisseray pas de « faire mon devoir pour vos coleres. »

Et sur cela vous vous en retournastes trouver le Roy au Louvre, auquel ayant conté ce qui s'estoit passé, il tesmoigna de le trouver tres-mauvais, et vous dit : « Allons, venez avec moy, « et je vous feray voir que les femmes ne me « possedent pas comme de certains malins esprits « en font courir le bruit, que je sçay maintenir « mes serviteurs en droit et en raison, comme « j'advouë qu'ils sont entierement pour vous en « cette occasion, et que je parleray à elle en « maistre et non en serviteur ; car si je l'accous-« tumois à de telles fredaines, je voy bien qu'elle « m'en feroit bien d'autres, et partant ay-je plus « d'interest que vous à tout cela. » Et lors estant monté dans vostre carrosse mesme, pource que le sien tardoit trop à venir, il s'en alla au logis de madame la duchesse, laquelle ayant sceu sa venuë s'estoit advancée jusques à la premiere porte de la salle où il la rencontra; et lors l'ayant prise par la main, sans la baiser ny carresser, ny dire aucune parole de compliment, comme il avoit accoustumé, il luy dit seulement : « Allons, « allons, madame, allons en vostre chambre et « qu'il n'y entre que vous, Rosny et moy; car je « vous veux parler à tous deux et vous appren- « dre à bien vivre ensemble. » Puis ayant bien fait fermer la porte et regardé s'il n'y avoit personne dans la chambre, garde-robe et cabinet qui le peust entendre, en la tenant par une main, et vous par l'autre, il luy dit : « Voy, ma- « dame, hé ! vray Dieu, qu'est-ce que cecy ? « Quoy ! vous voulez donc me fascher de gayeté « de cœur pour esprouver ma patience ! sont-ce « là les beaux conseils que l'on vous donne ? « Mais, pardieu, j'en jure, si vous pensez con- « tinuer ces façons de faire, vous vous trouve- « rez bien esloignée de vos esperances, car je ne « veux pas pour des sottes fantaisies que des « gens que je sçay bien vous mettent en la teste, « perdre le meilleur et plus loyal serviteur que « j'aye jamais eu, qui n'a rien fait que de mon « sceu et pour mon bien, mon honneur et vostre « propre advantage ; et n'estant pas si beste que « de me vouloir faire croire le noir pour le blanc, « comme aussi ne suis-je pas si sot que de me « laisser ainsi mener par le nez; et partant veux- « je que vous l'escoutiez patiemment sur ce qu'il « avoit à vous dire, et que vous preniez mesme « ses conseils en vos affaires d'importance, « comme je fais aux miennes et m'en trouve « fort bien; et faut que vous sçachiez que vous « ayant principalement aimée pource que je vous « trouvois douce, gracieuse et d'humeur com- « plaisante, sans estre testuë ny accariastre, si « vous veniez ainsi à changer soudainement, « vous me feriez croire que tout cela n'auroit « esté que feintise, et que vous reviendriez au « naturel des autres femmes si tost que je vous « aurois eslevée où vous desirez; et ne crains « point de dire tout cecy devant Rosny, dautant « que je le tiens si advisé que ces loüanges l'en- « courageront plutost à mieux faire que jamais, « qu'elles ne l'enorgueilliront pour le faire man- « quer à son devoir. »

A quoy cette femme ayant les larmes aux yeux, les sanglots à la bouche, et les gemisse- mens au cœur, et taschant de luy baiser les mains, se mit à esclater et dire : « Ha ! Dieu, « que je suis mal-heureuse, d'avoir ainsi violem- « ment mis mon amitié en un prince qui oublie « si facilement ce qu'il a tant de fois protesté « d'aymer comme luy mesme. Si j'avois un poi- « gnard je m'en donnerois dans le cœur, afin « que vous estant apres presenté, vous y vissiez « vostre effigie si bien engravée, qu'il m'est im- « possible de l'en effacer qu'en me privant de vie, « ce que vous n'ignorez pas, je le sçay bien ; et « partant dois-je croire que vous voulez que je « meure, puis que vous me voulez priver de vos « bonnes graces, dequoy je ne dois plus douter, « puisque vous preferez l'amitié d'un autre à moy. « Si c'estoit pour quelque belle dame, encore « que cela m'apportast la mort, si me seroit-elle « plus supportable, car je ne serois pas la pre- « miere qui seroit morte d'amour, pour l'ingra- « titude et legereté d'un homme; mais de me « gourmander et me menacer de me quitter pour « maintenir un de vos valets qui m'a offencée plu- « sieurs fois à toute extremité, sans que je m'en « sois aucunement plainte ny ressentie; tesmoins « les beaux discours qu'il a tenus au baptesme « de vostre fils et le mien, jusques à essayer de « vous faire trouver mauvais l'honneur que l'on « luy faisoit, et maintenant que l'on luy a porté « une ordonnance pour ceux qui avoient assisté « à cette ceremonie, suivant la coustume ordi- « naire, helas ! Sire, que n'a-il point dit au mes- « pris de vos enfans et de moy ? Et puis vous « l'endurez ! O Dieu ! dit-elle, en se jettant sur « un lict, il ne faut plus vivre apres tant de dis- « graces, et voir que vous aymez mieux un ser- « viteur de qui tant de gens se plaignent, qu'une « maistresse de qui tout le monde se loue. »

Le Roy se trouva l'esprit merveilleusement traversé par tant de discours plains d'artifice, ausquels il ne s'estoit pas attendu et encor moins preparé à y respondre : neantmoins ce courage et cette vertu naturelle qui luy avoient fait sur- monter tant de difficultez, se resveillant en luy, il repartit et dit : « Madame, je ne m'attendois « pas à tant de discours plains d'artifice sur un si « foible sujet; aussi voy-je bien que tous ces lan- « gages viennent d'un autre esprit que le vostre, « lequel ne sauroit estre un quart d'heure avec « moy qu'il ne me conteste quelque chose et ne « me dispute. Or, afin que vous ne pensiez rien « emporter sur moi de haute lutte, et aussi peu « par larmes ny par ruses, je vous ordonne de vous « mettre bien avec Rosny, qui ne m'a jamais « donné conseil pour ce qui vous regarde, que « conformément à son devoir et à mes sentiments. « Je vous prie de ne m'en parler plus, aymez « moy seulement comme de coustume, et vivez « avec moy et mes bons serviteurs avec la « mesme douceur d'esprit que vous avez fait « par le passé, et je vous aymerai aussi de ma « part comme je dois. »

Et sur cela le Roy voyant que son esprit ne se remettoit point, s'esclamant de fois à autre qu'il falloit mourir plutost que de vivre avec cette vergongne, de voir soustenir un valet et un serviteur contr'elle qui portoit titre de maistresse, et encore en sa propre presence, afin de l'en-orgueillir contr'elle, il luy dit : « Par-
« dieu, madame, c'est trop, et voy bien que l'on
« vous a dressée à tout ce badinage pour essayer
« de me faire chasser un serviteur duquel je ne
« me puis passer, je ne crains point de le dire
« devant luy, et qui m'a toujours loyallement
« servy depuis vingt-cinq ans. Mais, pardieu, je
« n'en feray rien, et afin que vous en teniez
« vostre cœur en repos et ne fassiez plus l'ac-
« cariastre contre ma propre volonté et le bien
« de mes affaires, je vous declare que si j'estois
« reduit à cette necessité que de choisir à per-
« dre l'un ou l'autre, que je me passerois mieux
« de dix maistresses comme vous, que d'un ser-
« viteur comme luy, que vous avez appelé valet
« en ma presence et la sienne pour l'offencer,
« chose que je ne trouve nullement bonne ; aussi
« est-il de toute autre naissance, ceux de ma
« maison n'ayant point desdaigné l'alliance de
« la sienne. » Et comme sur cela le Roy fit demonstration de vouloir sortir pour s'en retourner, elle vint se jetter à genoux à ses pieds, avec plusieurs prieres et larmes ; et finalement le voyant avec plus de fermeté d'esprit, que ceux qui l'avoient conseillée de faire cette escapade n'estimoient, elle commença de s'adoucir, et finalement apres plusieurs autres discours trop longs à desduire, suivant ce que vous nous avez dit, toutes choses se reconcilierent de toutes parts.

Environ ce mesme temps vous eustes une grande querelle contre M. d'Espernon, à cause de certain deniers qui se levoient de son authorité dans ses gouvernemens sans aucunes lettres patentes du Roy, et se montoient ces sommes pres de soixante mille escus, sur lesquelles, quasi malgré le conseil, vous fistes faire arrest, défence de continuer la levée, et ordonner aux tresoriers de France d'en informer. Dequoy M. d'Espernon ayant esté aussi-tost adverty par les premiers du conseil, il y vint le lendemain et se mit à parler fort haut, alleguant ses qualitez et croyant par là de vous intimider. Mais vous relevastes tous ces discours avec grand courage et tesmoignage de vouloir et pouvoir vous esgaller à luy, mettant en avant vostre extraction : tant y a qu'il y eut de grosses paroles de toutes parts, jusques à estre prests de mettre les mains aux espées dans le conseil ; mais vous fustes separez, et vous en allastes chacun en vos logis attendre des nouvelles l'un de l'autre. Le Roy, qui estoit à Fontaine-bleau, ayant dans peu d'heures appris cette dispute, vous escrivit une lettre où il vous mandoit qu'il avoit sceu que vous aviez eu querelle pour ses affaires ; que cela ne vous estonnast point, qu'il avoit ordonné à tous ceux qui l'affectionnoient de s'aller offrir à vous, et qu'il vous serviroit de second s'il en estoit besoin ; quelques jours apres il vous accommoda et vous fist tous deux embrasser.

Le Roy fut en ce temps tellement malade à Monceaux, qu'il fut plusieurs jours que l'on desesperoit de sa santé. Il vous commanda de ne partir point de là, et de fois à autre vous envoyant querir, il ne vous tenoit jamais autre discours, sinon : « Mon amy, je n'apprehende
« nullement la mort comme vous le sçavez
« mieux que personne, m'ayant veu en tant de
« perils dont je me fusse bien peu exempté ;
« mais je ne nieray point que je n'aye regret de
« partir de cette vie sans eslever ce royaume en
« la splendeur que je m'estois proposée, et avoir
« tesmoigné à mes peuples, en les soulageant et
« deschargeant de tant de subsides, et les gou-
« vernant amiablement, que je les aimois comme
« s'ils estoient mes enfans. »

Quelque temps apres qu'il fut guary, le cardinal de Florence, legat du Pape, et qui depuis fut luy-mesme pape, nommé Leon XI, revenant des frontieres de Picardie pour s'en retourner à Rome, et venant passer à Paris pour prendre congé du Roy, Sa Majesté qui estoit à Monceaux, où vous l'estiez venuë trouver en poste, vous renvoya en diligence pour le faire recevoir, loger et traiter honorablement. Il voulut aller voir Sainct Germain, et vous l'y voulant traiter, dites au garde-meubles Momier qu'il allast tapisser les salles et chambres des plus riches tapisseries ; entr'autres il en choisit une que la feuë reine Jeanne de Navarre avoit fait faire toute de devises, dont il y en avoit plusieurs contre le Pape et les ecclesiastiques, laquelle, sans y penser, il avoit esté tendre comme l'une des plus riches à la chambre du legat, lequel à toute force vous vouloit mener quant et luy dans son carosse. Mais vous le priastes de vous excuser et voulustes aller devant au gallop pour voir si tout estoit bien accommodé, ce qui vint fort à propos pour vous, car autrement il eut trouvé cette tapisserie à sa chambre, et eut creu et publié que vous l'eussiez fait expres pour vous moquer de luy et du Pape ; la trouvant tenduë, vous vous mistes en extrême colere contre Momier, et la fistes oster en diligence et en tendre une autre : depuis vous avez fait changer toutes ces devises.

CHAPITRE LXXXVII.
Mort et testament de Philippe II.

Monseigneur, encor que la personne et la condition de Philippes second, roy des Espagnes, soient d'une eminence tant supréme par dessus tout ce que l'on sçauroit imaginer de vous, que nuls de vos interests particuliers ne puissent jamais avoir eu rien de commun avec le moindre des siens, et que nous nous soyons toujours proposez, en dressant ces Memoires de vostre vie, de n'y entremesler aucunes particularitez de quelques affaires que ce pust estre si elles n'avoient passé par vostre entremise, ou qu'elles n'eussent en quelque sorte touché vos interests, neantmoins estimant que ce ne vous seroit point chose desagreable, ny peut-estre inutile, ny à tous ceux qui liront ces Memoires, si nous finissions nos narrations de tant de grandes choses qui se sont faites et passées en cette année 1598, par la catastrophe de la vie du plus puissant des roys de nostre siecle et la representation des piteuses yssues de ses folles entreprises, dequoy nous avons pris le sujet sur une lettre à vous escrite par un certain agent du Roy vers messieurs les princes protestans d'Allemagne, nommé, ce nous semble, Bongars, laquelle nous trouvasmes parmy vos papiers, une fois que nous faisions l'inventaire suivant vostre commandement, comme ce vous estoit une coustume ordinaire par chacun an, laquelle lettre faisoit mention de la forme de la mort du Roy d'Espagne, et d'une certaine coppie qu'il disoit estre la disposition testamentaire, ou plutost instruction d'affaires d'Estat de ce Roy à son fils; nous avons creu, disons nous, que ce ne vous seroit point chose desagreable ny inutile, ny à ceux qui jetteront les yeux sur ces Memoires, si nous y transcrivions l'un et l'autre, pour finir par une piece tant memorable nos representations de l'année 1598; ne doutant point qu'un grand esprit comme le vostre n'y trouve à profiter grandement, soit que le tout soit entierement vray ou entierement faux, ou qu'il soit entremeslé de l'un et de l'autre pour en faire dautant plus priser celuy que l'on en fait l'autheur; car nous ne voulons estre garands d'autre chose, sinon que la lettre de M. de Bongars est tres-vraye, car nous cognoissons son escriture et qu'il vous a envoyé cette coppie conformément à ce qu'il vous en escrit par la susdite lettre, de laquelle et de la coppie d'instruction qu'il vous a envoyée, la teneur ensuit :

Lettre du sieur de Bongars touchant le testament du roy d'Espagne.

Monseigneur, estant, comme vous sçavez, agent pour le Roy vers messieurs les princes protestans d'Allemagne, et faisant ma residence plus ordinaire en la cour de M. le land-grave de Hessen, ce prince tres-bon, tres-sage, et grandement curieux de toutes choses excellentes et rares, m'a communiqué deux certains discours, lesquels (quoy qu'ils luy ayent esté envoyez de deux endroits assez esloignez et differens, à sçavoir, l'un de la cour imperiale, dans les conseils de laquelle il a des amis intimes et familiers, et l'autre de la ville de Gennes, où il a aussi de feables et fort particulieres correspondances) sont neantmoins si pareils, que s'ils estoient en mesme langue ils sembleroient avoir esté coppiez l'un sur l'autre, et asseurent ceux qui luy en ont fait part que c'est la vraye coppie des instructions secrettes laissées au roy Philippes troisiesme d'Espagne par Philippes second son pere, sans que l'on sçache encor neantmoins au vray s'il les a trouvées dans le cabinet à la clef royale (dont le principal confident des roys a la garde, ainsi que dom Christophe de Mora l'ayant euë du pere, le marquis de Denia l'a maintenant du fils) ou si elles luy ont esté baillées par son pere mesme durant le cours de ses longues et fascheuses maladies. Car, comme vous en avez peu oüy parler, ce grand monarque qui avoit tant vexé et travaillé les autres, a luy-mesme esté crucié et miserablement affligé, plus de huict ou neuf mois durant, de tres-espouventables et langoureux accidens, son corps estant extenué et deschargé comme un schellette, couvert de sordides et boüeux ulceres, puans comme une sentine, et rongé de poux et de vermine comme un Herodes. De toutes lesquelles langueurs, tant effroyables et cruelles, ce prince neantmoins, ainsi que le publient les siens, qui veulent exalter la sublimité de son esprit, la solidité de son jugement et la hautesse de son courage, a toujours tiré de tres-douces et agreables consolations, disant luy mesme en la plus grande anxieté de ses angoisses, que tant de douloureux ressentimens estoient des visitations et corrections favorables de la pitoyable main de Dieu, qui vouloit par leur excez luy faire souffrir en ce monde toutes les peines et chastimens que pouvoient avoir meritez ses fautes et offences, afin qu'estant purgé d'icelles il fut exempt de tourmens en l'autre vie : comme au contraire ceux qui abhorroient sa memoire disoient que toutes ses souffrances, quelques horribles et rigoureuses qu'elles peussent estre, n'estant nullement proportionnées à ses crimes, n'estoient aussi que les arres et comme l'eschantillon de celles que la vengeance divine luy reservoit en son ire et en sa fureur, pour punition, et merité supplice de tant d'execrables cruautez qu'il a fait exercer contre les enfans de Dieu et vrays membres de Jesus-Christ, de sang innocent qui a esté respandu aux Indes et ailleurs, et de meurtres, occisions, saccagemens et depopulations de pays, villes et citez commises par les siens sous son authorité, afin d'assouvir son avarice et son excessive ambition.

Mais laissant decider à de plus speculatifs et judicieux que moy, laquelle de ces deux opinions a plus de vray semblance, je vous diray qu'ayant remarqué en ces instructions secrettes plusieurs choses dignes de l'esprit, attention et meditation, non seulement des grands princes, mais aussi de tout administrateur d'affaires d'Estat, j'en envoye une coppie à vostre grandeur, comme je faits au Roy, m'asseurant que vous en ferez cas, et vous suppliant de la recevoir autant agreablement, que passionnement je suis vostre fidelle serviteur. J'honore vostre pieté envers Dieu, et vostre vertu entre les hommes, et vous demande la continuation de vos faveurs pour le payement entier et par quartier de mes appointemens, estans si modiques qu'ils ne sçauroient estre si peu retranchez ou retardez, que les moyens de servir le Roy, avec le soin, la despence et l'assiduité que requierent les affaires dont il m'a baillé charge, ne me fussent ostez. Attendant donc, avec certitude, les effets accoustumez de vostre bien-veillance, j'invoqueray incessamment l'Eternel, à ce qu'il vous benie et comble de toutes sortes de felicitez spirituelles et corporelles, et me donne le moyen de tesmoigner, par effet, que je suis veritablement, monseigneur, vostre plus humble et plus obligé serviteur.

De Cassel, ce 27 octobre 1598.   BONGARS.

Testament du Roy d'Espagne.

Prince, me voyant parvenu à la fin des temps ordonnez au ciel pour ma domination en terre, comme vous au premier des ans de la vostre, j'ay estimé que je pourrois estre blasmé, voire accusé de peu de prudence et de jugement, ou de manquement de soin et d'affection en vostre endroit, si je vous laissois, ainsi jeune et peu experimenté que vous estes, tant de grands Royaumes, Estats, terres et seigneuries en heritage, sans vous donner en mesme temps, les preceptes, advis et conseils, qu'une infinité d'experiences, peines, labeurs, desseins et pretentions, la pluspart devenus inutiles, m'ont fait cognoistre (mais trop tard, pour le bien et repos de moy, de mes peuples et de mes voisins) estre du tout necessaires pour rendre une tant importante administration que va estre la vostre (et qui s'estendra sur tant de peuples, langues et nations diverses, si esloignées les unes des autres et separées par de tant grandes et vastes estenduës de terre et de mers) sage, equitable et prudente, par consequent toute douce, heureuse et prospere, et beaucoup moins remplie de chagrins, soucis et inquietudes que n'a esté la mienne; de laquelle vous serez un jour obligé, ainsi que je m'en vay estre bien proche maintenant, de rendre compte à celuy qui est le Roy des roys, devant lequel toutes excuses, subterfuges et desguisemens sont de nulle valeur, dautant qu'il cognoist les inclinations, les desseins et les secrets des cœurs des hommes avant qu'ils en ayent conceu les pensées, et qui sçait exercer ses jugemens sur les plus grands et puissans monarques de la terre, ainsi que, sans aller rechercher les historiens antiques, j'en sers maintenant de preuve par les extrémes langueurs où je suis reduit depuis tant de mois, avec des douleurs et accidens tant estranges, que je me suis en supplice à moy-mesme; lesquels je supplie à ce bon Dieu de vouloir bien-tost finir, en m'appellant de la terre dans le Ciel, usant plus favorablement de ses compassions et misericordes que moy et les miens n'avons fait envers une infinité de peuples qui nous en requeroient, et qu'il luy plaise se contenter de mes cruelles peines et cuisantes douleurs presentes, pour expiation et satisfaction de mes fautes passées.

Or, pource que les exemples et les experiences d'autruy, et principalement de ceux que nous honorons, respectons et nous sont ascendans en proximité de lignage, nous touchent plus vivement les sens, et se rendent plus efficacieux à l'esprit pour les disposer aux choses excellentes (sur tout au temps des chauds boüillons d'une premiere jeunesse qui ne se pouvoient reduire aux meditations et temperamens requis) que toutes les remonstrances, raisons et belles paroles dont l'on sçauroit user, je ne consumeray point le temps en de longues deductions et remonstrances pour vous persuader; mais me contenteray de vous representer fort sommairement, pour ce que des-ja j'escris ce discours et parle avec beaucoup de peine, ce que j'estime y avoir eu de plus remarquable et instructif en la vie de l'Empereur, mon pere, et de moy, ce qui vous sera comme un tableau de racourcissement pour vous faire voir les traits parfaits, les naturels lineamens et les traces infaillibles qu'il vous faut suivre, et sur lesquelles vous aurez à former vos desseins et comportemens, et conduire vostre vie, afin qu'ils puissent estre rendus honnestes, honorables et utiles, pour vous, vostre Estat, vos peuples et vos successeurs. Dedans cet excellent miroir vous apprendrez qu'il n'y a rien si difficile à regir que les chaudes affections d'une jeunesse ambitieuse et cupide d'honneurs, ny à dompter que l'orgueil d'une haute domination que la fortune carresse et favorise de ses heureux succez; et comme l'Empereur mon pere, se voyant encor en plus bas aage que le vostre, succeder comme vous à tant de couronnes, terres et seigneuries, et en suitte avoir esté peu apres, malgré toutes les pratiques et menées des plus grands roys et potentats de la chrestienté, esleu et choisi pour Empereur entre les chrestiens, il devint fort plausible à cet admirable et genereux esprit d'entrer en une specieuse esperance de se pouvoir rendre non seulement monarque d'Europe, mais aussi par la reünion des Estats d'icelle, passer plus outre, comme c'estoit là sa devise, et entreprendre la destruction des infidelles.

Vous apprendrez encor que ce grand prince rencontra, enfin, de telles contrarietez à ses hauts et magnifiques desseins, qu'ils se trouverent mélangez d'autant de hontes, dommages, qu'ils avoient eu de gloire et d'avantage en leur principe; dequoy il conceut de tels chagrins et depits qu'il se resolut de chercher hors des dominations terriennes, entremises, et démeslemens d'affaires du monde, le repos du corps et tranquilité d'esprit qu'il n'avoit peu trouver en icelles. Il se desmit, estant encor fort sain et vigoureux, de tous ses Estats en ma personne, et me donna de tres-bons et salutaires enseignemens, si je les eusse bien sceu mediter, gouster et mettre en usage et pratique en temps et lieu; mais l'audace ambitieuse d'une jeune royauté, que tout le monde flatoit et enfloit du vent de milles belles esperances, à laquelle nul n'eust osé dire une verité desagreable; les glorieux succez d'une favorable fortune, et deux batailles gaignées les premieres années de mon regne, m'alienerent l'esprit, non seulement des enseignemens de l'Empereur mon pere (lesquels me prescrivoient, sur tout, de n'aspirer jamais à la monarchie de la chrestienté, comme chose que l'experience luy avoit appris estre impossible à aucun des roys d'icelle de pouvoir parvenir, à cause des diversitez de religions, qui rend les peuples trop ostinez contre un prince de contraire creance à la leur, les legeretez et inconstances d'iceux, lesquels leur font desirer les choses nouvelles, et ennuyer des presentes, le nombre infiny des grandes et fortes villes, et l'aguerrissement universel auquel s'entretiennent toutes les nations de l'Europe), mais aussi de toutes pensées et cogitations pacifiques et tranquilles; tellement que je me jettay soudain dans les hautes mers de toutes sortes d'extravagans et ambitieux projects et desseins, parmy les flots impetueux desquels il m'a depuis esté impossible de pouvoir trouver aucun port, havre, calle ny abry certain, les hautes entreprises, peines et soucis d'icelles s'entresuivant et tirant generation les unes des autres dans mon esprit, ainsi que font les ondes bruyantes de l'Occean, agitées de vents contraires.

Estant maintenant contraint de confesser par la verité des choses, par les succez d'icelles, bien esloignez de mes attentes, qu'apres avoir envié l'Empire à mon oncle Ferdinand, fait vainement toutes sortes de pratiques et menées pour obtenir de luy, qu'à l'exemple de l'Empereur mon pere, il me voulut faire nommer roy des Romains au lieu de son fils Maximilian, aspiré à me faire declarer Empereur du nouveau monde, à m'approprier l'Italie, à dompter mes sujets rebelles des Pays-Bas, à me faire dire roy d'Irlande, à conquerir l'Angleterre, par le moyen de la plus grande et formidable armée navalle qui ayt quasi jamais esté veuë, en la composition de laquelle j'ay employé plus de six ans continuels, et consumé plus de vingt millions de ducats, et à faire le semblable du royaume de France, par le moyen de mes intelligences, achetées bien cherement, avec les plus grands et ambitieux esprits d'iceluy fondez sur la faineantise du Roy lors reignant, et des differends allumez pour la religion que j'avois suscitez par le moyen des ecclesiastiques mes pensionnaires, et avoir en tous ces desseins employé trente-deux années de mon âge, consumé plus de six cens millions de ducats en despences extraordinaires qui ont passé par ma connoissance particuliere, et dont vous trouverez les estats escrits de ma main, dans mon cabinet secret, esté la cause du meurtre ou de l'occision de plus de vingt millions d'hommes et de la destruction et dépopulation de plus de provinces et d'estenduë de pays, que je n'en possede en l'Europe, je me trouve n'avoir rien emporté de tant de magnifiques desseins, despences, fatigues et ruines, que le seul petit royaume de Portugal, celuy d'Irlande m'estant eschappé par le peu de foy qu'il y a en ces sauvages, l'innaccessibilité de cette isle et l'ennuyeuse demeure d'icelle, celuy d'Angleterre par un furieux coup de vent, et celuy de France par la legereté naturelle des François, l'incompatibilité de cette nation avec toutes les autres, et l'admirable vertu et fortune du nouveau Roy, avec lequel j'ay à cette occasion voulu vous laisser en paix, l'Allemagne par les jalousies de mes propres parens, et le tout en general par la volonté absoluë de Dieu qui en avoit ordonné autrement : sur tous lesquels exemples vous enjoignant de mediter soigneusement, je viendray aux enseignemens que j'ay jugé vous estre plus necessaires, et commenceray à vous faire entendre mes intentions par les choses domestiques qui me touchent maintenant le plus l'esprit.

Premierement, quant à vostre mariage, j'en ay laissé le memoire escrit de ma main et bien cacheté, entre les mains de Loo, lequel vous me ferez plaisir de suivre. Aimez cherement vostre sœur comme moy, gardez loyallement vostre foy donnée sur les saincts Evangiles, en faveur des advantages que je luy ay faits et à son mary. Faites du bien aux docteurs Ollias et Vergais, qui m'assistent soigneusement en mes maux; aimez Christophe de Mora, lequel m'a esté en tout temps tres-agreable, tres-loyal et tres-utile serviteur, ayant incessamment preferé le bien de mes affaires aux siennes, ce qui est rare en des serviteurs. Si vous vous servez de luy, comme je le desire et vous en prie (quoy que je ne m'y attende pas, dautant que c'est un des plus grands et plus ordinaires defauts des roys, que d'affectionner peu les confidens de leurs devanciers), vous ferez sagement et vous en trouverez bien. Conservez l'archevesché de Tolede à Garcie Loyolla, et n'y prenez rien dessus si les affaires de la guerre ne vous y contraignent. Ayez soin de tous mes autres serviteurs ausquels j'ay tesmoigné de l'amitié ou de la confiance, et vous gardez de rien diminuer és biens, charges, honneurs et offices dont je les ay gratifiez, car leur dommage tourneroit à ma honte. Essayez de racommoder Anthonio Perez avec vous, mais ne permettez qu'il demeure en Espagne, en France, ny és Pays-Bas : il sera mieux en Italie qu'en tout autre pays.

Ayez l'œil sur ceux que vous eslirez pour vos confidens, conseillers et secretaires; instruisez vous aux chifres; voyez toutes les depesches les plus importantes et les responces à icelles, et ne vous en remettez jamais à un seul par negligence de jetter les yeux dessus. N'offencez jamais en l'honneur les gens nobles et courageux, vostre aisné s'en estant mal trouvé; cherissez et salariez la vertu et les services receus en quelque sujet qu'ils se trouvent; ne meslangez ny ne confondez point la nouvelle et imaginaire noblesse, avec la vraye et ancienne; servez vous de cette-cy, mettez en prix parmy elle la foy, l'honneur et la modestie, et departez à ceux qui auront ces vertus, les biens, charges, offices et dignitez qu'aurez à distribuer; car encor que les biens et les honneurs, joints à l'illustre extraction, eslevent les courages et fassent quelquefois naistre des desirs ambitieux, si est-ce que les laschetez, les desloyautez et les trahisons sont plus rares entre telles gens, qu'entre ceux qui sont sortis d'une gent vile et plebée.

Aidez vous des trop amples revenus des ecclesiastiques en vos urgentes necessitez, car l'abondance des richesses les precipite dans les delices et voluptez, et souvent dans l'impieté. Diminuez tant qu'il vous sera possible le nombre des gens d'eglise, officiers domestiques, de judicatures et pecuniaires, car telles gens consument la graisse de vos Estats et ne les amplifient jamais de rien; et multipliez le plus que vous pourrez les marchands, laboureurs, artisans, pasteurs et la soldatesque, au nombre de laquelle je comprends la noblesse; car les premiers font peu de despence et enrichissent les provinces, et les derniers, par leur valeur et police militaire, vous feront redouter à vos voisins, defendront vos dominations, maintiendront la paix dans iceux, par le moyen de laquelle florira la marchandise, la manufacture, et abonderont les tresors et les vivres.

Voilà en sommaire pour le dedans de vos Estats; et quant au dehors, entretenez vous bien avec le Pape et les cardinaux; ayez nombre de voix dans le conclave; faites bien payer et par mains secrettes et fidelles vos pensionnaires; mesnagez avec soin et diligence les evesques et prelats d'Allemagne, et sur tout ceux qui sont electeurs; faites leur payer vos gratifications par vos propres ministres, et que les deniers n'en passent plus par les mains de l'Empereur ny des siens; maintenez vous tousjours neantmoins en amitié avec luy et tous ceux de nostre maison, et en prenez la protection aux occasions. Conservez vous fort soigneusement l'entiere et absoluë navigation des deux Indes, en laquelle vous n'avez à craindre d'estre traversé par la France ny autre royaume chrestien, dautant qu'ils sont ou negligens de la mer, ou foibles, mais seulement par l'Angleterre et les rebelles des Pays-Bas, qui abondent en toutes choses propres à vous nuire. Changez souvent de principaux ministres et officiers en ces lieux là, de crainte que les richesses, l'authorité et l'esloignement ne leur engendre des pensées ambitieuses à s'y establir pour eux-mesmes. Ne refusez nulles conditions aux rebelles des Pays-Bas, pourveu qu'ils vous veillent recognoistre à prince : mais en tout cas ne laissez pas d'avoir paix avec eux, s'il y a moyen, afin de les retirer des estroites et à eux necessaires alliances de France et d'Angleterre, dont la vertu et la generosité des souverains qui dominent maintenant en ces royaumes là est à craindre, estans joints avec eux.

N'ayez nulles apprehensions d'attaquemens du costé d'Allemagne ny d'Italie, ces pays sont possedez par un trop grand nombre de princes divers, qui ne veulent rien déferer les uns aux autres, estans quasi tous differens en humeurs, affections et interets; ny du costé de la Pologne, quelque ample domination que puisse avoir le Roy d'icelle, car il est trop esloigné de vos Estats, a de trop grands voisins qui l'inquietent, et est plutost officier que seigneur de ses peuples; ny semblablement de la part des roys de Dannemarc et Suede, car ils sont trop reculez et enfoncez dans les mers enfroidurées, marais, paluds, boccages et deserts, sont trop peu pecunieux, et leur gent mal aguerrie et encore pirement disciplinée : mais ayez tousjours les yeux et les pensées tournées vers les isles et mers Britanniques, principalement si une fois, comme l'apparence en est grande, ces trois royaumes s'unissent sous une mesme couronne, sont dominez par un prince remuant et belliqueux, se confederent sincerement avec la France et vos rebelles, et se resolvent en un mesme dessein contre vous; car de ceux-cy avez-vous toutes sortes de dangers à redouter, s'ils entreprennent conjoinctement de vous attaquer par mer et par terre, car ces trois puissances jointes ensemble abondent en nombre de bons soldats, vaisseaux, argent, munitions et vivres. Et partant n'espargnez argent, offres, pratiques ny industrie pour les separer d'intelligence et diviser d'amitié, vous servant des interests d'Estat que vous fonderez sur les pretentions des Anglois en la France, et les diversitez de religion. Ne laissez pas neantmoins d'esloigner les anciens espions anglois, lesquels, pour estre à present trop soupçonnez, ne vous sçauroient plus de gueres servir, et en pratiquez de nouveaux au lieu de ceux-là.

Deschargez-vous des pensions françoises que les changemens de l'humeur des peuples, la bien-veillance d'iceux que leur Roy s'est acquise, et la paix en laquelle je vous ay voulu laisser avec luy, vous rend du tout inutiles. Que si neantmoins le mespris de ces miens enseignemens (lesquels tendent plutost à conserver et bien asseurer ce que vous possedez qu'à l'augmenter) et les inquietudes de vostre esprit vous jettent dans la vanité des conquestes des Estats d'autruy, et disposent à vouloir essayer si vous y serez plus heureux que l'Empereur mon pere ny moy, prenez garde surtout aux mutations, changemens, mauvais gouvernemens et grande necessité d'iceux, de crainte que si vous ne prenez à propos le temps de leurs divisions ou foiblesses de princes, vous entrepreniez sans fruict et non sans danger.

Lisez souvent ces Memoires et instructions, aussi celles qui me furent laissées par l'Empereur mon pere, que j'ay ployées et cachetées ensemble, afin que nul ne les voye que vous, et ceux ausquels vous les voudrez communiquer, qui doivent estre peu en nombre. Conferez-les les unes avec les autres, et en examinez les differences et conformitez, afin de vous en servir selon la prudence requise aux occasions, qui est ce que mes douloureux ressentimens des mains, et les inquietudes de mon esprit, à cause des afflictions du corps, m'ont pû permettre de vous laisser par escrit. Vous priant, mon fils, d'aymer et servir Dieu, d'estre sage, et ne mespriser pas mes preceptes, etc.

CHAPITRE LXXXVIII.
Continuation des réformes dans les finances.

Or, reprenant la suitte de nos discours touchant les hautes et admirables merveilles des royales œconomies, politiques, militaires et domestiques de nostre grand Roy, et les loyales et utiles servitudes, obeyssances et administrations de vous (que veritablement nous pouvons dire avoir esté celuy d'entre tous ses serviteurs auquel il a tesmoigné une plus universelle bien-veillance et confié le plus de ses secrets), lesquels récits nous avions discontinuez pour faire voir les memoires qui vous avoient esté envoyez des dispositions testamentaires de Philippe II, roy d'Espagne, nous dirons, par forme d'avant-propos et preface à ce chapitre, et qui en servira aussi aux precedens et subsequens, à tous ceux qui trouverront que nous avons excez exalté, glorifié et magnifié les excellentes vertus et inclinations du feu Roy, et trop surhaussé ses dits, faits et gestes heroïques, et que nous avons semblablement trop advantageusement parlé de vos utiles et loyales servitudes, obeyssances et administrations, que nous les prions, avant que de nous blasmer, de bien prendre nos intentions qui n'ont esté autres, pour le regard de ce grand Roy, que de faire consister sa plus exquise glorification és seules faveurs et benedictions speciales de Dieu, lequel l'avoit choisi pour son bien-aymé et un second Roy selon son cœur, et luy avoit departy toutes les graces et beneficences, tant du corps que de l'esprit, pour le rendre instrument capable de la restauration de ce royaume, et le restablissement des affaires d'iceluy, d'où sont procedées tant de belles et loüables voire admirables inclinations et dispositions de sa personne, de son jugement et de son courage, en l'operation desquelles il le conduisoit comme par la main, et regissoit son esprit par le sien, pour le bien et salut des peuples et nations qu'il avoit mis sous sa domination. Tellement qu'en l'exaltant par tant de loüanges nostre dessein a esté d'en attribuer toute la gloire à Dieu et luy rendre graces de luy avoir esté tant liberal de ses plus exquises beneficences, lesquelles se trouverront telles, si l'on vient à faire comparaison de ses vertus, dits, faits et gestes admirables, avec celles des plus grands monarques de l'univers ausquels Dieu avoit le plus departy de ses faveurs et benedictions temporelles en ce monde, tels que Ninus, Sesostris, David, Salomon, Cyrus, Alexandre, Cesar Auguste, Trajan, Flavius, Constantin, Theodose, Charlemagne, Othon le grand, et en nostre France, Philippe Auguste, n'y en ayant eu un seul de tous ceux-là qui, par sa vertu, ayt surmonté de plus grandes difficultez que celles qu'il a rencontrées en son establissement, se soit trouvé en plus de combats et perils, ayt tesmoigné plus de jugement, de courage et clemence, et autres vertus personnelles, ny auquel il se soit trouvé moins d'imperfections, defauts et manquemens ; et que pareillement aussi nos intentions n'ont elles point esté autres en vous donnant tant de loüanges et attribuant tant de belles actions et utiles administrations, industries et dexteritez, que d'en deferer l'honneur et la gloire principale à celuy auquel veritablement elle appartient, qui est nostre grand Roy, sans reserver pour vous que celle d'avoir esté grandement aymé de luy, bien instruit, enseigné et conduit en tout ce que vous avez entrepris, et d'avoir esté choisi comme un esprit et un courage par luy dressé à l'obeyssance et à la loyauté, pour luy servir de principal ministre et instrument en la restauration de son royaume et restablissement des affaires d'iceluy, vous conduisant comme par la main et fournissant d'advis, instructions, enseignemens, voire mesme memoires necessaires pour vous rendre de facile execution tout ce qu'il vous ordonnoit, commandoit et en quoy il vous employoit ; n'estimant point d'apporter diminution aux loüanges que nous vous avons données, mais au contraire, leur donner leurs justes proportions en vous ramentevant, et à tous autres aussi, ce que nous vous avons souvent oüy recognoistre et confesser ingenuëment : à sçavoir, que ce que l'on remarquoit de plus exquis en la vivacité de vostre esprit, assiduité au travail, vigilance, diligence, industrie et dexterité en toutes vos operations, procedoit de la bonne nourriture que dés vostre premiere jeunesse vous aviez prise avec luy, et qu'en la pluspart de vos grandes recherches, instructions et inventions, il y avoit plus du sien que du vostre, y en ayant peu sur lesquelles vous n'eussiez receu des ordres, reglemens, ordonnances et commandemens, voire quelquefois des memoires bien amples et bien instructifs. Et partant, comme nous avons rendu graces à Dieu pour ses grandes liberalitez envers le Roy, aussi devons nous tous rendre graces au Roy de vous avoir choisi, et, par son soin, affection, bons preceptes et enseignemens, vous avoir rendu capable de bien et loyalement effectuer ses bonnes intentions et sages commandemens. Et afin que cette grande et cordiale amitié qu'il vous portoit, ne soit trouvée estrange et ne semble incroyable, combien que, par une infinité de lettres à vous escrites de sa propre main, nous en pussions donner de suffisans tesmoignages, nous nous contenterons seulement, tant pour faire voir la sincerité d'icelle que le style dont il vous escrivoit, d'en incerer trois principales que vous trouverez à la fin du chapitre suivant, qui est le quatre-vingt-neufviesme, dautant que l'imprimeur avoit esgaré la copie desdites trois lettres du Roy à vous.

Or, ayant paraschevé de faire les recueils que nous avions estimé à propos de tirer des grands Memoires de vostre vie, en forme de journal, touchant l'année 1598, par tant de choses memorables que nous y avons trouvées, et principalement pource que vous avez sceu, veu et cognu des plus particulieres vertus et bonnes intentions du feu Roy, et de ses dits, escrits, faits et gestes admirables, une grande partie desquelles les escrivains de ces derniers temps enveloppent sous le tenebreux voile du silence, par malice ou ignorance, aussi bien que les grands et utiles services qu'il a tirez de vous par vostre administration, sous l'obeyssance de ses sages et prudens commandemens, nous continuerons nos discours, et commencerons ceux pour l'année 1599, par les choses que nous avons veuës et cogneuës, qui regardoient les commandemens et instructions du Roy sur l'administration de vostre charge des finances, en laquelle vostre authorité alloit croissant à mesme proportion que vous y preniez davantage d'intelligence, par le moyen des sages instructions que vous receviez du Roy, et que vous vous rendiez loyal et soigneux à bien executer ce qu'il vous ordonnoit, et dont le plus souvent il vous envoyoit des memoires de sa main propre ; et cela ferons nous avec des admirations du soin incroyable, merveilleuse industrie, travaux extrèmes et nompareille diligence, dont, suivant les particuliers commandemens du Roy, vous usastes en la confection de l'estat general des finances pour l'année lors courante, sans craindre qu'il nous puisse estre reproché que nous ayons parlé par excez de zele à vostre service, ou par flatterie et adulation, en magnifiant si hautement tant de sortes d'exactes recherches lesquelles vous usastes, afin d'éviter qu'il ne se fit plus doresnavant, en semblables estats, aucune obmission d'aucunes natures de deniers royaux et publics, tant petits, esloignez et cachez pussent-ils estre, de tous les mesnagemens que vous fistes pratiquer, afin de les mettre en leur juste valeur, et de tous les ordres et reglemens que vous establistes pour rendre les distributions de deniers conformes aux destinations, tant pour ceux qui s'acquittent prés du Roy et de son sceu, que pour ceux que l'on employe en suppositions de non valeurs, reprises d'estats, reparations domainialles, remises et dons de droits casuels, droits, taxations et attributions d'officiers, payemens de rentes et debtes imaginaires, frais de ports et voictures de deniers, espices, façon et reddition de comptes, en toutes lesquelles choses et plusieurs autres semblables il se commet de grands larcins et brigandages, si l'on n'y prend garde fort soigneusement; vous affermissant sur toutes choses à faire suivre absolument, tant les estats generaux et particuliers que vous aviez diligemment dressez pour les receptes particulieres et generales, et pour l'espargne, que deux certains estats de distribution de recepte sur la despence, et de despence sur la recepte, dont les comptables n'avoient encor jamais esté dejeunez, non plus que de faire faire recepte entiere et reprise aux thresoriers de l'espargne, et leur ostant tous recouvremens et payemens de deniers si tost que vous aviez verifié leurs estats de l'année de leur exercice, en baillant les recouvremens d'iceux à faire à leurs compagnons entrans en charge, et assignant, sur ces reprises, tous les officiers, lesquels, par paresse, malice ou insuffisance, pouvoient avoir esté cause ou avoient pû empescher telles non valeurs; faisant observer tous ces ordres tant exactement, que nuls comptables, ny mesme la chambre des comptes avec leurs beaux chapitres de remplages de deniers, payables par ordonnance de la chambre, de surhaussement d'espices et de multiplications de comptes, selon la diversité des comptables ou natures de deniers, ne se pouvoient plus reserver aucuns fonds, reculer les payemens des uns pour preferer ceux des autres, ny favoriser en aucune façon les parens et amis du cœur comme ils nommoient ceux qui estoient les plus amiables compositeurs ; bref vous donnastes par tels ordres, expediens et moyens, et autres trop longs à reciter, un tel establissement en l'administration des finances, que les gens de bien et de solide jugement en conceurent une esperance presque certaine de voir la France bien-tost remise en sa splendeur desirée ; tellement, qu'à nostre advis, il nous a esté loisible de parler avec admiration de vos labeurs, sans apprehension, comme nous l'avons desja dit, d'estre accusez de trop grande et ennuyeuse cajolerie, puis que la force de la verité nous y contraint, et que, quand nous nous en tairions par une ingratte oubliance, les effets et les heureux succez des choses nous le reprocheroient aussi, et que c'est la voix du Roy et celle universelle des peuples qui nous met ces paroles en la bouche, faisant encor en cela tout le contraire de l'echo, laquelle, pour un mot que l'on dit, en prononce plusieurs, où nous d'une grande quantité de loüanges que le Roy et les gens de bien et bons François vous donnoient, nous ne vous en attribuons que la moindre partie.

CHAPITRE LXXXIX.

Suite du même sujet. Marguerite d'Autriche passe en Provence pour aller épouser Philippe III. Mariage de Madame avec le duc de Bar. Lettres de Henri IV.

[1599] Ayant donc ainsi de vostre propre main, en particulier, dans vostre cabinet (sans aucune ayde que de l'un des clercs de vos secretaires, qui escrivoit, chiffroit et calculoit des mieux), dressé et mis au net tous ces estats et reglemens avant que de les monstrer au Roy, vous les voulustes porter au conseil, auquel, lecture en ayant esté faite avec une attention et fort particulier examen de toutes les parties d'iceux par les plus entendus, et sur la suffisance et authorité desquels tous les autres avoient accoustumé de se rapporter entierement, ils se retindrent d'en dire autre chose (quelque despit qu'ils eussent en eux mesmes de voir que vous entrepreniez ainsi de travailler seul sans communication d'aucuns d'eux, et neantmoins si bien qu'ils y trouverent plutost dequoy admirer que sujet d'y rien corriger), sinon que c'estoit grandement bien travaillé à vous, d'avoir ainsi tant escrit de vostre main, et que vos secretaires vous en demeuroient infiniment obligez ; et combien qu'ils eussent dit tout cela en souriant et par forme de gausserie, si ne se peurent-ils empescher de dire les uns aux autres, lors que vous en fustes allé du conseil, comme messieurs de Maisses et le secretaire Fayet, qui vous estoient amis fort affidez, vous le firent sçavoir, que si en toutes les affaires qui auroient à passer par vos mains, vous les examiniez tousjours tant soigneusement, et les alliez ainsi rechercher dés leurs principes et leurs origines, il ne seroit plus besoin d'y repasser apres vous, ny mesme vous en pouvoir cacher ny deguiser aucunes particularitez, tant petites peussent elles estre. Tellement qu'en suitte de tout cela, ayant deux jours apres fait voir et lire ces estats au Roy en leur presence, et Sa Majesté leur ayant demandé s'ils estoient bien dressez, s'ils n'y trouvoient rien à redire, et si vous n'estiez pas l'un des plus assidus et laborieux aux affaires qu'ils eussent cogneus, et les ayant pressez par plusieurs fois de respondre, ils ne se peurent garantir de dire qu'à la verité ces estats et reglemens estoient fort bien dressez, et que pour un homme qui n'avoit jamais quasi fait autre profession que celle des armes, ils n'en avoient point veu qui écrivissent tant de leur main, ny qui se peussent ainsi soudainement reduire à une vie si fort sedentaire.

Mais, laissant ces discours de vos actions et loüanges particulieres que les seuls ennemis de la vertu pourront trouver trop longs et ennuyeux, nous vous ramenterons que le lendemain matin le Roy vous envoya le jeune Lomenie, depuis nommé Ravane, pour vous faire voir les lettres que M. de Guyse luy escrivoit, par lesquelles il luy donnoit advis comme Marguerite d'Autriche, fille de l'archiduc de Grets, fiancée au roy d'Espagne, Philippe III, passant pour aller en Espagne, devoit, ensemble l'archiduc cardinal Albert, prendre terre à Marseille ou proche de là, sur les terres de Provence; et partant le supplioit il de luy mander en ce cas quelle reception il luy devoit faire faire, sorte d'honneurs luy rendre et argent y despendre, afin qu'il suivit exactement ses intentions en toutes choses. Surquoy il luy avoit fait responce qu'il receut l'un et l'autre royalement, lequel mot comprenoit tout; mais sans y despendre neantmoins plus de cinquante mille escus au plus, pour lesquels il vous ordonnoit de faire faire le fonds, et d'envoyer un homme expres sur les lieux, soit la Font, ou le petit homme de vostre femme, que vous luy aviez dit estre si bon mesnager et si exact en matiere d'argent, afin de tenir la main à l'employ du sien; à toutes lesquelles choses vous satisfistes sans y envoyer personne, pource que vous y aviez un homme de cognoissance sur les lieux. Mais il ne fut point besoin d'aucune despence, pource que cette princesse, quoy qu'elle se sentit fort fatiguée de la mer, lors qu'elle avoisina les costes de Provence, si ne voulut-elle entrer en aucune ville de France, mais fit tendre des tentes sur le rivage de la mer, pour se deslasser et y faire dire la messe : auquel lieu M. de Guyse et ceux de Marseille luy furent faire la reverence avec force belles paroles et offres au nom du Roy. L'archiduc descendit peu accompagné dans Marseille, mais il ne fit autre chose qu'entrer en quelques eglises pour y baiser des reliques, et puis s'en retourna trouver la reine d'Espagne, sans avoir voulu entrer en maison, ny boire ny manger dans la ville; et ainsi peu aprés se rembarquerent-ils pour continuer leur voyage.

Quasi en ce mesme temps furent solemnisées à Paris les nopces de Madame, sœur du Roy, avec M. le prince de Lorraine, ausquelles (dautant que vous aviez esté commis, avec d'autres du conseil du Roy, pour convenir des articles avec les deputez de M. de Lorraine et dresser le contract) il vous fut fait de fort beaux presens par Madame, M. de Lorraine et M. le duc de Bar lesquels vous fistes aussi-tost presenter au Roy, qui vous commanda de les garder, et y avoit entr'autres choses un cheval d'Espagne richement enharnaché, des plus beaux, du meilleur travail, et des mieux manians qu'il estoit possible.

Ces nopces de Madame et de M. le duc de Bar nous remettent en memoire un conte pour rire que le Roy vous fit, où un de nous se trouva present, touchant un sien frere batard que l'on avoit autres-fois nommé M. de Lectoure, et qui avoit eu depuis peu l'archevesché de Roüen, et M. de Roquelaure, que ceux qui auront comme vous cognu de longue main l'un et l'autre, leurs humeurs et la sorte qu'ils avoient vescu ensemble en toute liberté, ne douteront point de le tenir pour veritable et d'en rire comme faisoit à bon escient le Roy en le vous contant. Que si pour ne vous concerner en aucune façon ny les affaires du royaume, vous le jugez hors de propos ou que vous l'estimiez indigne de ces Memoires, il vous sera facile de l'en oster lors que vous y apporterez vos corrections, comme nous vous supplions de faire en cét endroit et plusieurs autres que nous recognoissons bien en avoir grand besoin. Duquel conte l'occasion se presenta sur le sujet des difficultez qui intervindrent au mariage de Madame, laquelle faisant demonstration de ne vouloir en aucune façon changer de religion, il ne se trouvoit point d'evesques qui voulussent la marier, dequoy le Roy, infiniment en peine, il envoya querir ce sien frere bastard, fait depuis peu archevesque de Roüen, plutost par faveur que pour son grand sçavoir, croyant (veu ce qu'il luy estoit et qu'il avoit autres-fois esté assez bon compagnon, ayant souvent fait la débauche au jeu, à faire bonne chere et autres choses encor, sur tout avec M. de Roquelaure) qu'il luy feroit faire tout ce que bon luy sembleroit ; mais luy en ayant parlé à bon escient et voyant qu'il ne faisoit pas moins de difficultez que les autres, voire qu'il usoit des mesmes paroles et des mesmes scrupules, en alleguant à tous propos les saincts canons, il luy dit : « Voy, mon frere, et de puis « quand, je vous prie, estes vous devenu si « conscientieux sur toute chose où ma volonté « vous est manifeste et en laquelle il y va du « bien de mon service et de celuy de ma sœur, « à laquelle vous devez quelque chose aussi-bien « qu'à moy ? Je ne sçay d'où vous est provenu « cette grande suffisance, et qui vous en a tant ap- « pris. Mais, puis que vous faites ainsi l'enten- « du, afin de ne me fascher pas davantage contre « vous, j'envoyeray vers vous un grand docteur « pour vostre pere confesseur, et qui entend « merveilleusement bien les cas de conscience. » Et sur cela s'estans separez, le Roy envoya aussi-tost querir M. de Roquelaure, auquel en arrivant il dit : « Vous ne sçavez pas, Roquelaure, « vostre archevesque (car ce fut vous qui me « parlastes le premier de luy bailler Roüen) veut « faire le prelat et le docteur, me venant alleguer « les saincts canons, où je crois qu'il entend « aussi peu que vous et moy, et cependant par « ses refus ma sœur demeure à marier. Je vous « prie, parlez à luy comme vous avez ac- « coustumé, et le faites souvenir du temps « passé. — Ha pardieu, Sire, cela ne va pas bien, « dit M. de Roquelaure, car il est temps, au « moins selon mon opinion, que nostre sœur « Catelon commence à taster des douceurs de « cette vie, et ne crois pas que d'orénavant elle « en puisse mourir par trop grande jeunesse. « Mais, Sire, dittes moy un peu, je vous prie, « que dit ce bel evesque pour ses raisons, car il « en est quelquefois aussi mal garny que je sçau- « rois estre ; et m'en vay le trouver, si l'avez « agreable, pour luy apprendre son devoir. » Et s'en estant allé de ce pas en son logis, il luy dit en entrant dans la chambre : « Hé quoy ! que « veut dire cecy, mon archevesque ? L'on m'a « dit que vous faites le fat ; mais, pardieu, je ne « vous le souffriray pas, car il yroit trop de mon « honneur, puis que chacun dit que je vous gou- « verne. Ne sçavez vous pas bien qu'à vostre « priere je me rendis vostre caution vers le Roy, « lors que je luy parlay pour vous faire avoir « l'archevesché de Roüen ? Or ne me faites pas « trouver menteur, en vous opiniastrant ainsi à « faire la beste ; cela seroit bon entre vous et moy,

« qui nous sommes veus quelquefois ensemble « aux bréches raisonnables et les dez en la main, « mais il s'en faut bien garder lors qu'il y va du « service du maistre et de ses absolus comman- « demens. — Hé, vray Dieu ! que voulez-vous « que je fasse ? dit M. de Roüen. Quoy ! que je « me fasse moquer de moy et reprocher par tous « les autres prelats une action où chacun dit qu'il « y va grandement de la conscience, n'y ayant « eu evesque auquel le Roy n'en ayt parlé, et « qui ne l'en aye aussi-tost refusé ? — Ho ! mor- « bieu, ne le prenez pas-là, dit M. de Roque- « laure, car vous et eux sont choses bien diverses, « car ces gens s'alambiquent tellement le cerveau « apres le grec et le latin, qu'ils en deviennent « tous fous ; et puis vous estes frere du Roy, « obligé de faire tout ce qu'il commandera sans « opposition, ne vous ayant pas choisi ny fait « archevesque pour le sermonner, ny luy ap- « prendre ou alleguer les canons, mais pour luy « obeyr en toutes choses où il yra de son service. « Que si vous faites plus le fat et l'accariastre, « je le manderay à Jeanneton de Condom, à « Bernarde l'Esveillée et à maistre Jullien, m'en- « tendez-vous bien ? et partant ne vous le faites « pas dire deux fois, puis que rien ne vous doit « estre si cher que les bonnes graces du Roy, « lesquelles et mes sollicitations vous ont mieux « valu que tout le latin ny le grec des autres. « Pardieu ! c'est bien à vous à faire à parler des « saincts canons, où vous n'entendez que le haut « allemand. — Vous ne serez jamais las de gaus- « ser en parlant à moy, dit M. de Roüen : cela « estoit bon en mes jeunes ans, et en des choses « de neant ; mais en chose si serieuse comme « celle-cy, où il y va de mon salut, il faut parler « de sens rassis et sans se moquer, car quoy que « j'estime l'honneur des bonnes graces du Roy « autant que ma vie, si m'est paradis encor plus « cher que l'un ny l'autre. — Comment morbieu, « paradis, dit M. de Roquelaure, et estes-vous « si aze que de parler d'un lieu où vous ne fustes « jamais, ne sçavez quel il y fait, ny si vous y « serez receu quand vous y voudrez aller ? — « Oui, si j'y seray receu, dit M. de Roüen, n'en « doutez nullement. — C'est bien discouru à vous, « dit M. de Roquelaure, car, pardieu, je tiens « que paradis a esté aussi peu fait pour vous que « le Louvre pour moy. Mais laissons un peu là « vostre paradis, vos canons et vostre cons- « cience à une autre fois, et vous resolvez à ma- « rier Madame, car si vous y manquez, je vous « osteray trois ou quatre mechans mots de latin « que vous avez à toute heure à la bouche, et « plus n'en sçait ledit déposant, et puis adieu la « croce et la mitre, mais qui pis est cette belle

« maison de Gaillon et dix mille escus de rente. » Ils eurent encor d'autres discours trop longs à reciter, lesquels se terminerent en telle sorte, que M. de Roüen se resolut de marier Madame comme il a esté dit.

Lettre du Roy à vous.

Mon amy, je suis bien marry de vostre affliction, laquelle je viens d'apprendre par celle de M. du Laurens, auquel j'ay commandé de vous aller trouver en diligence, et apporter tout ce qu'il sçait et est de son art pour la conservation et santé de vostre fils, ne vous aymant pas si peu que si je pensois que ma presence y fut necessaire, que je ne vous allasse rendre ce tesmoignage de mon affection. Hier je vous avois dépesché un courrier, par lequel je vous mandois de vous rendre icy avec monsieur le chancelier, demain ou mercredy au plus tard, pource que je voulois avoir vostre advis sur quelques dépesches apportées par sainte Catherine, du president Jeannin; mais la maladie de vostre fils fait que je trouve bon que vous differiez vostre partement encore pour deux jours, voire davantage s'il en est de besoin, ce que vous ferez entendre à monsieur le chancelier, comme aussi je luy escrits. Adieu, mon ami.   HENRY.

Autre lettre du Roy à vous.

Mon amy, je ne pensois vous dépescher mon cousin de Rohan qu'à ce soir; mais ayant appris de ma femme, au retour du promenoir, que madame de Sully estoit accouchée d'un fils, j'ay hasté son partement pour vous asseurer que, comme je crois que nul de mes serviteurs n'a eu plus de joie de la naissance de mon fils d'Anjou que vous, aussi veux-je que vous croyez que je surpasse en ayse tous vos amis de la naissance de vostre fils. Vous aurez bien la teste rompüe de cajolleries, mais l'asseurance de mon amitié vous sera plus solide que toutes leurs paroles. Je fais icy mes recommandations à l'accouchée. Renvoyez-moy M. de Rohan demain au matin.
     HENRY.

Autre lettre du Roy à vous.

Mon amy, puis que ma presence est necessaire avec mon conseil, comme je vois par vostre lettre, je partiray demain, iray coucher à Essone, et jeudy je seray à Paris. Quant à ce que vous me mandez que lors que vous servez le mieux, c'est à cette heure-là que l'on juge sinistrement de vos actions, c'est chose qui arrive, je ne diray pas souvent, mais tousjours que ceux qui manient les grandes affaires sont sujets à cela, et plus par envie que par pitié; vous sçavez moy-mesme si j'en suis exempt et d'une religion et d'autre. Ce que vous avez à faire, c'est comme je prens conseil de vous en toutes mes affaires, vous preniez conseil de moy aux vostres quand elles importeront tant soit peu, comme du plus fidelle amy que vous ayez au monde, et du meilleur maistre qui fut jamais.
     HENRY.

CHAPITRE XC.

Oppositions du clergé et des parlemens à la publication de l'édit de Nantes. Rosny obtient que les Protestans consentent à des modifications.

Le royaume de France sembloit lors entierement pacifié, n'eust esté les reglemens qui estoient à faire touchant ceux de la religion, ausquels on commença de travailler par l'edit de Nantes, lequel fut presenté aux Cours souveraines pour y estre verifié. Sur lequel lesdites Cours, tant de leur propre mouvement qu'à l'instigation des deputez de l'assemblée du clergé de France, qui se trouvoit encor lors sur pied à Paris, du recteur de l'Université, de la Sorbonne et autres zelez catholiques, firent de grandes difficultez sur plusieurs articles; des particularitez desquelles solicitations, poursuites, remises, refus, contestations et debats, nous en laisserons la deduction aux historiens, reservé celles qui se passeront touchant l'article des assemblées synodales, de l'entremise duquel il vous fut impossible de vous exempter absolument, comme vous aviez fait de tous les autres; car, comme tous les susnommez opposans virent que, par cét article, il estoit permis à ceux de la religion de tenir telles assemblées en tel lieu, en tel temps et toutes les fois que bon leur sembleroit, sans en demander permission au Roy ny à ses magistrats, et que les ministres et docteurs des princes et pays estrangers y pourroient estre admis, comme, au semblable, ceux de France aller en tous synodes estrangers, le parlement en vint faire de grandes plaintes au Roy, luy remonstrant qu'en cela son authorité royale estoit grandement lezée, ses magistrats mesprisez, le royaume privé de ses anciens droits, et la liberté donnée à ses subjets, d'aller faire telles menées et pratiques hors de France, qu'il leur plairoit, et aux estrangers de faire le semblable en France; que la tolerance des jurisdictions ecclesiastiques n'avoit desja que par trop enervé la royale; que si l'on n'eust trouvé le remede des appels comme d'abus des entreprises des juges, clercs, il ressortiroit plus d'appellations aux sieges metropolitains et à Rome qu'en tous les parlemens de France ; mais qu'encor s'estoient tousjours les roys reservé ce droit, que de pourvoir aux eveschez, abbayes et autres principales dignitez de l'Eglise, et de ne leur souffrir faire aucunes assemblées sans permission, esquelles nuls prelats estrangers, residans hors le royaume, n'estoient jamais admis.

A toutes lesquelles plaintes et remonstrances s'adjoignirent les deputez de l'assemblée du clergé de France, le recteur et la Sorbonne et autres ecclesiastiques, y adjoustant que ce seroit donner de plus amples et favorables privileges à ces nouveaux predicans, qu'à toute l'ancienne Eglise catholique, apostolique et romaine, et plusieurs autres raisons trop longues à deduire, pour lesquelles ils supplioient Sa Majesté de revoquer absolument cet article, et ne luy sembler point estrange, s'il se trouvoit accompagné par eux de continuels refus et oppositions. Lesquelles plaintes considerées par le Roy, il leur dit ne sçavoir pas bien comment cet article tant important avoit esté ainsi passé sans difficulté dans l'edict, ne se souvenant point que l'on luy en eust parlé en aucune façon, comme il avoit ordonné estre fait de tous articles nouveaux ou importans ; qu'il s'enquerroit de tout cela, et leur en rendroit responce, ou y pourvoiroit avec une telle dexterité et prudence qu'ils auroient sujet de contentement ; et sur cela s'estans retirez, le Roy vous envoya querir et vous conta tout cela. Et voyant que vous trouviez cet article tres-mauvais, y remarquiez les mesmes inconveniens cy-dessus, et de plus qu'il estoit grandement pernicieux à tous les gens de bien de la religion, dautant que c'estoit former un pretexte tres-specieux pour les accuser de faire des brigues hors le royaume avec les estrangers, par le moyen de ceux qui se trouveroient aux synodes hors d'iceluy, et dans le royaume, par les estrangers qui viendroient aux synodes de France ; toutes lesquelles raisons par vous alleguées estans bien prises par le Roy, il vous commanda de n'en parler en aucune façon, ny faire le moindre semblant qu'il vous en eut rien dit, dautant qu'il vouloit que vous vous trouvassiez en une assemblée, qu'il ordonneroit ce faire, de tous les plus qualifiez et authorisez de la religion, afin d'y representer les inconveniens de cét article, et leur faire consentir la reformation d'iceluy ; auquel lieu vous prenant l'affirmative pour ce qui estoit du bien de son service, il ne doutoit nullement que vos raisons et vostre authorité n'y servissent grandement. A toutes lesquelles choses vous obeystes.

Le Roy envoya aussi querir (au moins comme il nous semble) messieurs de Schomberg, president de Thou, Calignon et Jeannin, qui avoient esté par luy commis pour traitter avec ceux de la religion, se plaignant avec quelque espèce de reproche qu'ils eussent passé un article tant important et duquel tout le clergé se tenoit tant offencé, si facilement et sans luy en avoir parlé en aucune façon : dequoy messieurs de Schomberg et de Thou, qui estoient les deux plus authorisez, ne rendirent autre raison, sinon que messieurs de Boüillon, de la Trimoüille, du Plessis, leurs ministres et deputez de ceux de la religion, l'avoient tellement oppiniastré, voire usé de telles protestations de se retirer et de n'accepter nullement l'edict s'il ne passoit ainsi, qu'ils avoient jugé (en l'estat auquel estoient pour lors les affaires de France, la paix d'Espagne n'estant pas encor asseurée) plus à propos de l'accorder que de rompre, pour rejetter le royaume dans ses anciens desastres, voyant et des catholiques et des huguenots, quoy que diversement intentionnez, qui ne laissoient pas de tendre à cette mesme fin : ce qu'estant representé par le Roy au scindic du clergé, nommé, ce nous semble, M. Berthier, et que les sieurs de Schomberg, de Thou et Jeannin, estoient de tout temps bons catholiques, il les avoit laissé faire, croyant qu'ils ne manqueroient pas d'avoir soin des choses qui concerneroient la religion et l'Eglise.

A quoy le sieur Berthier respondit, comme tout en colere, que quand l'on avoit allegué les mesmes choses dans l'assemblée du clergé, plusieurs d'icelle des plus zelez avoient dit qu'il ne se falloit pas estonner du peu de soin que tels deputez avoient eu des choses que Sa Majesté avoit dites, veu que tout le monde sçavoit bien qu'ils estoient catholiques au gros grain, y ayant fort long-temps que nul d'eux ne prioit nullement les Saincts et mesme ne s'agenoüilloit plus devant l'image de la Vierge, ny la croix, et ne croyoient point les indulgences, le merite des bonnes œuvres, les prieres pour les morts, le purgatoire, les pelerinages, ny les jeusnes par distinction de viandes ; et partant supplioit Sa Majesté, au nom de tout le clergé de son royaume, comme bonne catholique qu'elle estoit, et croyant toutes ces choses qui estoient de la foy de l'Eglise, de vouloir prevenir le scandale d'un tant pernicieux article, sans plus déferer aux fantaisies de ceux qui s'estoient rendus tant faciles, lesquels il avoit deputez pour faire cét edict, puis qu'ils estoient reputez de plusieurs pour croire aussi peu à la messe qu'au presche. A quoy le Roy luy asseura de rechef, de travailler en sorte qu'il donneroit sujet de contentement de toutes parts, si tous se rendoient capables de la raison.

Le lendemain vous vous trouvastes en l'assemblée generale qui fut faite de tous les plus qualifiez de ceux de la religion qui fussent lors à Paris, en laquelle vous aviez esté prié le jour devant, croyant peut-estre que vous les en refuseriez comme les autres fois, tellement que M. de Boüillon vous dit en entrant: « A ce que je voy, « monsieur, nous aurons enfin le bien que vous « nous aviez tant desnié, qui est de vous voir « parmy nous au démeslement de nos affaires, et « devons croire, puis que vous avez pris cette « peine, que ce n'est pas sans sujet. » A quoy vous luy respondites que les autres fois vous estiez tellement empesché à la confection des estats des finances que vous n'aviez eu moyen de vacquer à nulles autres affaires; mais qu'estant maintenant parachevez, vous aviez usé de ce loisir pour leur tesmoigner vostre affection à la religion et au service d'eux tous, sans autre dessein quelconque, ne sçachant pas mesme pourquoy vous aviez esté prié en cette compagnie. « Nous le croyons comme vous le dites, repartit M. de la Trimoüille; mais quelque sujet « que ce soit qui vous ait amené icy, la compa« gnie le tient à faveur. » Puis changeant de discours, messieurs de Moüy, de Clermont et de Saincte Marie du Mont, entre lesquels vous estiez assis, vous dirent : « Monsieur, n'aurez« vous point desagreable que nous desirions sça« voir si vous n'estes pas informé des causes de « cette assemblée? » A quoy leur ayant respondu que non, ils repartirent que si estoient bien eux, et que c'estoit pour un article que l'on avoit fait glisser dans l'edict, lequel estoit desaprouvé de la pluspart d'eux tous, et n'estoit maintenu que par messieurs de Boüillon, de la Trimoüille, du Plessis et quelques autres par eux pratiquez, lequel, à ce qu'ils avoient appris, estoit de l'invention du premier, afin que son eglise de Sedan pût estre du corps des eglises de France, sans prejudicier à ses pretentions d'estre prince estranger, comme il estoit apres, à ce qu'ils avoient appris, à mettre Sedan en fief d'Empire, afin de se titrer et prendre le rang de prince de l'Empire sans dispute d'aucun, voyant que non seulement les ducs et pairs, mais aussi les mareschaux de France, lors qu'ils estoient ses anciens, le vouloient preceder; mais que tout cela estant maintenant trop divulgué entre eux, il n'auroit pas beaucoup de voix pour maintenir son article. Sur lequel ayant esté opiné, vos raisons furent prises de bonne part et concluc qu'il le falloit reformer, comme il fut fait, et plusieurs autres encor avant que cét edict pust estre verifié; y ayant des esprits malicieux aussi-bien d'entre les huguenots que les catholiques, lesquels sous-main faisoient tout ce qu'ils pouvoient pour le faire absolument refuser, afin qu'il servit de sujet pour rejetter la France dans les malheurs des guerres civiles dont elle ne faisoit que sortir. Mais le Roy apporta contre toutes ces mauvaises pratiques tant de belles paroles, tant de bons effets de prudence et de fermeté d'esprit, qu'il surmonta toutes telles difficultez, dont nous laissons les particularitez aux historiens, à cause que le recit en seroit trop long.

CHAPITRE XCI.

Conférence sur la religion tenue en présence de Madame, sœur du Roi. Mort de plusieurs personnes de distinction, entre autres, de la connétable de Montmorency, et de la duchesse de Beaufort. Rosny console Henri IV.

La difficulté que faisoient plusieurs prelats de marier Madame tant qu'elle seroit de sa religion, fut cause qu'en ce mesme temps il se fit une dispute de religion en sa presence, entre un docteur nommé du Val et un ministre appelé Tilenus; mais tout cela (comme c'est l'ordinaire de telles contentions) demeura inutile, chacun des disputeurs interpretant tousjours à son advantage tout ce qui se passoit, et le publiant ainsi par tout. Vous arrivastes sur la fin de la dispute, et comme les uns et les autres vous voulussent conter ce qui s'estoit passé, vous les suppliastes de ne prendre point cette peine, ny de s'entremettre jamais de disputer de la religion, que la Saincte Escriture où cét amas de livres escrits par tant de docteurs, tous les canons des papes et tous les registres des conciles, qui s'accordoient comme chats et rats, n'eussent esté suprimez ou bien conciliez. Il se passa plusieurs discours là dessus entre tous ceux qui estoient là presens, trop longs à reciter et de peu d'utilité; et partant nous les passerons sous silence, pour vous ramentevoir que, durant le cours de cette année, il mourut plusieurs personnes de qualité en France, comme l'archevesque de Lyon, nommé d'Epinac, homme de grand esprit, et qui avoit esprouvé en sa vie toutes les sortes de fortunes, bonnes et mauvaises, messieurs de Chiverny, chancelier de France, de Schomberg, des premiers au conseil des finances, et d'Incarville, controuleur general d'icelles, par la mort desquels et des vertigots ordinaires du sieur de Sancy, vous demeurastes seul en l'administration des finances; mademoiselle de Bourbon, madame la duchesse de Beaufort et madame la connestable, de la mort desquelles deux dernieres il a esté fait de grands et forts divers discours, les plus malicieux disans, que s'estans addonnées toutes deux à la magie pour parvenir aux hautes dignitez où l'une estoit montée et l'autre esperoit de bien tost parvenir, le maistre de cette science les estoit venu visiter à leur fin; cette opinion en partie fondée sur les estranges accidens ausquels elles tomberent quasi esgallement pendant leurs maladies de peu de jours et en leur mort, lesquels leur avoient tourné la face et tous les traits du visage s'en-devant derriere et s'en-dessus dessous, et herissé les cheveux de telle sorte, qu'ils avoient rendu ces beautez, estimées les plus excellentes de leur temps, non seulement laides, mais tellement difformes qu'elles faisoient horreur à regarder.

Et se fait par les medisans un conte de la derniere (que l'un de nous a neantmoins ouy affermer pour veritable à trois dames de qualité, du nombre de plusieurs autres que cette connestable avoit priées à une assemblée qui se faisoit chez elle), à sçavoir, que comme elle estoit causant et devisant, en apparence fort joyeuse, avec les susdites dames et autres, une de ses femmes luy vint dire qu'il estoit effrontément entré dans sa chambre un grand gentil-homme d'assez bonne mine, mais de teint et poil fort noir, qui demandoit de parler à elle, disant avoir des choses pressées et de grande consequence à luy dire, et prié que l'on la vint querir. Duquel message demeurant comme toute esperduë et interditte, elle ne laissa pas neantmoins d'ordonner à sa femme de chambre d'aller dire à cet homme qu'il s'en allast et revint une autrefois, dautant qu'elle ne pouvoit pas quitter la compagnie; mais que l'autre n'ayant pas pris ces excuses en payement, et luy ayant mandé qu'elle ne faillit pas de venir, sinon qu'il l'iroit querir, elle se resolut d'y satisfaire, et pour cet effet s'en vint avec un visage quasy demy mort separer la compagnie, prenant pour excuse qu'elle se trouvoit infiniement mal; et en quittant ces trois dames, ses intimes amies, elle leur dit adieu avec les larmes aux yeux et des paroles comme si elle eut desesperé de sa vie et de les voir jamais plus, ainsi qu'il advint, car elle mourut fort peu apres en la sorte qu'il a esté dit, n'ayant esté que trois ou quatre jours malade.

Mais laissant ces vaudevilles, soient vrays, soient faux, courir à leur mode, nous nous reduirons, pour le regard de madame la duchesse de Beaufort (car de l'autre ne vous en avons-nous pas oüy dire de grandes particularitez), à ce que vous nous en avez conté, tout le surplus n'estans que deviner, nous vous ramentevrons que cette dame ayant peu à peu, par la sugestion d'aucuns siens parens et alliez pleins de vanité et d'ambition (car d'elle mesme elle n'avoit pas l'esprit assez vif ny relevé pour tant presumer de sa personne), pris des esperances de pouvoir parvenir à des couronnes et diadesmes pour elle et ses enfans, la curiosité de sçavoir ce qui estoit caché dans l'advenir, luy faisoit rechercher (comme la foiblesse de l'esprit des femmes est ordinairement susceptible de telles vanitez et choses frivolles) toutes sortes d'expediens et de personnes que l'on luy disoit estre propres à un tel dessein: enquoy elle faisoit souvent de fascheuses rencontres et recevoit des responces fort esloignées de ses eminentes pretentions, les uns luy disant qu'elle ne devoit jamais estre mariée qu'une seule fois, les autres qu'elle mourroit assez jeune, les autres qu'un enfant luy feroit perdre le fruict de ses esperances, les autres qu'une certaine personne qui luy estoit fort familiere luy joüeroit un mauvais tour, et tous en general qu'ils ne voyoient ny marques, ny signes, ny en sa nativité, ny és lignes et lineamens de sa personne qui la destinassent à porter ny sceptres, ny couronne royalle, ny mesmes aucuns enfans venans d'elle : ce qui l'affligeoit de telle sorte qu'une certaine Gratienne qui la servoit, vous a dit qu'elle ne faisoit que pleurer et souspirer toutes les nuicts sans qu'elle en pust deviner la cause.

Or, quoy que cette dame fust ainsi agitée de tels soucis et fantaisies, et outre cela fort grosse et fort incommodée de sa grossesse, si ne laissa elle pas neantmoins de vouloir aller avec le Roy à Fontainebleau vers la fin du caresme. Mais comme luy vit les festes approcher, et que s'il la retenoit pres de luy et en ses jours de devotion, cela pourroit apprester à parler, voire apporter du scandale aux plus scrupuleux, il luy commanda de s'en aller faire ses Pasques à Paris, pendant qu'il feroit les siennes aux champs, et la voulut conduire quasi à moitié chemin, où en se separant il se fit de part et d'autre autant de complimens, de mysteres et ceremonies que s'ils eussent bien sceu qu'ils ne se devoient jamais plus revoir, voire elle en partant, et ayant les larmes aux yeux, luy recommanda son Cesar, son Alexandre et sa Henriette, ses bastimens de Monceaux et ses pauvres serviteurs; ce qui attendrit tellement le cœur du Roy, qu'il ne se pouvoit quasi tirer d'entre ses bras, voire fallut que M. le mareschal d'Ornano et messieurs de Roquelaure et de Frontenac les vinssent separer et le ramener à Fontaine-bleau.

Il nous seroit facile d'amplifier grandement ces discours et de choses encor beaucoup plus émerveillables que ce que nous en avons dit cy-dessus, si nous voulions vous ramentevoir, non pas tout ce qu'une certaine femme nommée la Rousse et son mary(lesquels avoient long-temps servy cette dame, et que vous avez gardez six ans prisonniers à la Bastille, pour avoir parlé trop librement des actions et vie d'icelle)vous en avoient dit, car vous le teniez secret, mais seulement ce qu'elle en contoit à nous autres lorsque nous luy voulions donner audience(car c'estoit toute sa delectation que de pouvoir trouver qui la voulust escouter là dessus).Mais le respect de cette dame, de ses enfans et parens, la memoire de l'amitié que le Roy luy a portée, et l'animosité que cette Rousse et son mary tesmoignoient contr'elle, qui nous rend suspect de faussetè la pluspart de ce qu'ils en disoient, nous impose silence, et nous fait contenter de vous ramentevoir comme elle estant revenuë à Paris, et vous ayant fait partie avec madame la princesse d'Orange et autres personnes qualifiées d'aller faire la cene à Rosny, pour leur monstrer les desseins de vos bastimens qui s'avançoient fort, par le moyen des dix mil escus que le Roy vous avoit donnez au voyage de Bretagne, vous estant allé dire adieu à cette duchesse avant vostre partement, laquelle estoit logée chez le sieur Zamet, elle vous fit bonne chere, vous pria instamment d'oublier toutes les brouilleries qui s'estoient passées entre vous, comme elle vous protestoit d'avoir fait de son costé, de la vouloir aymer et d'affectionner ses interests comme de celle que vous trouveriez tousjours pour estre la meilleure et plus asseurée de toutes vos amies; qu'elle avoit tousjours grandement estimé vostre vertu, mais qu'outre cela vos grands et utiles services rendus au Roy et à l'Estat l'obligeoient plus que jamais à vous procurer tout bien et honneur pour des raisons qu'elle vous diroit à vostre retour, sa resolution estant de ne faire plus rien sans vos bons conseils et advis. Vous luy usastes de plusieurs civilitez, submissions et remerciemens, sans neantmoins faire aucun semblant de vous douter de ce qu'elle vouloit dire, quoy que vous ne l'ignorassiez nullement, ne vous estant jamais peu entrer en l'esprit, comme vous nous l'avez souvent dit(veu les agitations où vous aviez souvent veu entrer celuy du Roy, qui tousjours combattoit entre l'honneur et l'amour, et la difference qu'il y avoit de sa gloire acquise à la honte qu'il recevroit d'un tel mariage, vous en parlant tousjours en ces termes lorsqu'il vous entretenoit en particulier là dessus), que les hautes esperances de cette dame peussent jamais reüssir; joint à ces difficultez la résolution que la reine duchesse de Valois tesmoignoit d'avoir prise, suivant trois lettres qu'elle vous en avoit escrites, d'empescher formellement ce dessein. Vous ne laissastes pas, nonobstant ces opinions, d'envoyer madame vostre femme, lorsque vous fustes prest à partir, prendre aussi bien que vous congé de cette duchesse, laquelle luy fit pareillement fort bonne chere, l'asseurant que vous estiez tous deux en tres-bonne intelligence ensemble, et qu'elle la vouloit aymer et affectionner comme sa meilleure amie, la priant aussy de la vouloir aymer, de vivre librement avec elle, et de venir à son lever et à son coucher quand bon luy sembleroit. Et s'estans separées de cette sorte apres plusieurs autres pareils complimens, madame vostre femme vous conta tout cela, et vous demanda que vouloit dire la harangue de cette femme, et si elle estimoit qu'elle fust si beste que de tenir à honneur la liberté qu'elle luy avoit donnée d'aller à son lever et à son coucher, qui estoit tout ce qu'elle pourroit faire, veu vostre qualité, envers une reine de France pleine d'honneur et de vertu. A quoy vous respondistes que vous sçaviez bien ce qu'elle vouloit signifier par ces langages, et que vous luy en diriez une autre fois davantage, mais qu'elle se gardast bien, en attendant, d'en parler à personne ny de dire ses sentimens là dessus, sur tout à la princesse d'Orange, qui s'imaginoit y avoir de grands interests, et qu'elle verroit un beau jeu et bien joüé si la corde ne rompoit; mais que pour vostre opinion celle des autres ne succederoit pas comme ils s'estoient imaginez.

Le lendemain vous vous en allastes à Rosny, où deux jours apres, un matin, quelque peu avant le jour, qui estoit le samedy de Pasques, comme vous devisiez avec madame vostre femme, luy parlant de ce mariage, et commenciez à luy dire ce que vous en estimiez, les grands obstacles que vous prevoyez à son accomplissement, et les inconveniens et desastres dont il seroit infailliblement suivy s'il se faisoit, vous entendistes fort sonner la cloche de la porte, laquelle avoit une corde qui passoit de là les fossez, et une voix peu apres qui crioit incessamment *de la part du Roy, de la part du Roy*, ce qui vous fit mettre la teste à la fenestre pour appeller de vos gens, afin d'aller abbaisser le pont et ouvrir la porte. Ce qui ayant esté fait, et vous estant descendu en bas avec vostre robbe de nuict, il entra un courrier qui vous dit comme tout esmeu :
« Monsieur, le Roy ne vous escrit point, mais
« m'a commandé de vous venir trouver toute la
« nuict pour vous dire de sa part que vous ne
« failliez pas, si vous luy voulez jamais faire
« plaisir, d'estre aujourd'huy à Fontaine-bleau.
« — Jésus, mon amy, luy dites vous, le Roy est-

« il malade? — Non, monsieur, respondit le « courrier, mais il est le plus fasché et ennuyé « que je l'aye jamais veu pour quelque accident « qui luy soit arrivé, car madame la duchesse « est morte. — La duchesse est morte! luy dites-« vous, et comment cela? De quelle maladie si « prompte a elle esté atteinte? Eh! comment le « sçais tu? Je te prie, monte à ma chambre, « dautant que je me morfonds icy, et en des-jeu-« nant (car je crois que tu as bon appetit), tu « me conteras toute cette histoire. » Et lors estant venu retrouver madame vostre femme au lict, en la baisant vous luy dites : « Ma fille, il y a bien « des nouvelles ; vous n'irez point au coucher ny « au lever de la duchesse, car la corde a rompu : « mais puisqu'elle est veritablement morte, Dieu « luy doint bonne vie et longue. Voila le Roy « delivré de beaucoup de travaux d'esprit parmy « tant d'irresolutions dont il estoit agité. Mais es-« coutons les particularitez que nous en peut dire « ce courrier. — Je les sçais toutes, monsieur, « repartit-il, car j'ay passé par le logis de ma-« dame la duchesse, où j'ay trouvé M. de la Va-« renne merveilleusement affligé, lequel m'a tout « conté, se doutant bien que vous vous en infor-« meriez, pource qu'elle luy avoit dit, il n'y a avoit « pas six heures, lorsqu'elle estoit tombée malade, « beaucoup de bien de vous, et asseuré que vous « estiez maintenant en bonne intelligence ; et « neantmoins craignant que je n'en oubliasse « quelque chose, il m'a baillé une lettre où il « m'a dit qu'il vous en fait tout le discours. » Laquelle vous ayant mise en main vous y leustes ce qui s'ensuit :

Lettre de M. de la Varenne à M. de Rosny, sur ce qui s'est faict et passé en cette mort.

Monseigneur, ne doutant point que vous ne soyez en peine de sçavoir toutes les particularitez qui se sont passées touchant madame la duchesse (et ce avec raison, car elle vous aymoit et estimoit plus que seigneur de France), je vous diray que s'estant separée du Roy, environ à moitié du chemin de Fontaine-bleau à Paris, avec plus de demonstration de passion amoureuse et de regrets l'un pour l'autre que jamais, voire avec des paroles telles que s'ils eussent deslors jugé qu'ils ne se devoient jamais plus voir, comme je l'estime bien maintenant, le Roy me commanda de l'accompagner, et de la mener loger chez M. Zamet, comme je fis. Et le lendemain, qui estoit le jeudy absolu, apres qu'elle eut bien disné, et de fort bon appetit, car son hoste l'avoit traittée de viandes les plus friandes et delicates et qu'il sçavoit estre le plus selon son goust, ce que vous remarquerez avec vostre prudence, car la mienne n'est pas assez excellente pour presumer des choses dont il ne m'est pas apparu, elle s'en alla oüyr tenebres au petit Saint Anthoine, où il se fait tous les ans, à mesme jour, un des plus excellens concerts de musique qui se puysse oüyr, durant lequel il luy avoit pris quelques éblouÿssemens qui l'avoient fait revenir plutost qu'elle n'avoit deliberé au logis dudit sieur Zamet. Auquel lieu, pendant qu'elle se promenoit dans le jardin, elle avoit esté surprise d'une grande apoplexie, qui, dés l'heure mesme, l'avoit pensé suffoquer : de laquelle estant un peu remise, elle n'avoit eu autre parole, sinon que l'on l'ostast promptement de ce logis, et que l'on la portast en celuy de madame de Sourdis, au cloistre Sainct Germain (ce que l'on avoit esté contraint de faire, à cause de la passion extrême qu'elle tesmoignoit avoir de desloger du logis du sieur Zamet, et aller en l'autre), où elle ne fut pas si tost arrivée que s'estant mise au lit, elle n'eust des redoublemens de son premier accez tellement frequens, que je me resolus d'en advertir le Roy, et de lui mander que tous les medecins doutoient fort de sa vie, sur tout à cause qu'estant fort grosse l'on ne pouvoit pas user de remedes proportionnez à la violence du mal ; mais que depuis, la voyant tellement empirée et changée, qu'il n'estoit nullement à propos que le Roy la vist ainsi defigurée, de crainte que cela ne l'en dégoutast pour jamais, si tant estoit qu'elle pust revenir à convalescence, je me suis hazardé, tant pour cette raison que pour éviter les trop grands regrets et desplaisirs du Roy, s'il eust veu tant souffrir une creature qu'il avoit si fort aymée, de luy escrire que je le suppliois de ne venir point, dautant qu'elle estoit morte, et que sa veuë ne luy feroit que rengreger ses douleurs et luy causer quelque fascheux accident, et en tout cas appreter à parler à beaucoup d'esprits malicieux. A quoy Sa Majesté se resolut, par l'instance formelle de tous ses plus qualifiez et affidez serviteurs qui fussent aupres d'elle lors qu'il a receu ma lettre, s'en estant sur ses pas retourné à Fontaine-bleau. Et moy je suis icy tenant cette pauvre femme comme morte entre mes bras, ne croyant pas qu'elle vive encor une heure, veu les effroyables accidens dont elle est travaillée. Ce courrier, que vous cognoissez, vous dira le surplus, et fera entendre ce que le Roy desire de vous ; à quoy je ne doute point que vous n'obeyssiez aussi-tost, et vous en supplie, luy ayant tousjours ouy dire qu'il n'a jamais trouvé serviteur qui l'ayt si puissamment consolé que vous en toutes ses afflictions, et vous jugez assez qu'il a besoin de l'estre en celle-cy, ayant fait une telle perte. Sur ce, je prie Dieu, etc.

Ayant leu cette lettre tout haut, le courrier vous dit que c'estoit ce que M. de la Varenne luy avoit donné charge de vous dire, n'ayant rien à y adjouster, sinon qu'à la premiere lettre qu'il faisoit là mention d'avoir escrite au Roy, Sa Majesté estoit aussi-tost montée à cheval et s'estoit acheminée vers Paris; mais qu'ayant receu la seconde à my chemin, il s'estoit arresté tout court, disputant en luy mesme s'il yroit voir cette femme, que l'on luy mandoit estre morte, ou s'il s'en retourneroit à Fontaine-bleau. Surquoy, apres que messieurs d'Ornano, de Roquelaure, de Frontenac et autres particuliers serviteurs luy eurent persuadé de s'en retourner, il l'avoit appelé au milieu de la campagne et commandé de vous venir trouver et dire ce que vous aviez entendu de luy, vous priant de faire diligence, à quoy vous ne manquastes pas; car, estant aussi-tost monté à cheval, vous vous en allastes des-jeuner à Poissy et disner à Paris. Là vous empruntastes le carrosse de monsieur l'archevesque de Glasco, qui portoit le nom de Bethune, avec lequel vous allâtes prendre la poste à Essone.

Vous arrivastes sur les six heures du soir à Fontaine-bleau. Le Roy estant lors seul dans la galerie de sa chambre, en laquelle vous voyant entrer il vous alla embrasser et vous dit : « Mon « amy, vous soyez le tres-bien venu, car je suis « infiniment ayse de vous voir, cognoissant, par « la diligence dont vous avez usé, l'affection que « vous me portez et les ressentimens que vous « avez de mon affliction, encor qu'elle m'ait re-« duit en tel estat que je n'ay point maintenant « de plus doux contentement que de pouvoir de-« meurer seul à entretenir mes tristes pensées, « ny de plus forte apprehension que de voir nou-« vellement quelqu'un de mes affidez et familiers « serviteurs comme vous, dautant qu'alors se « redoublent en moy les douloureux ressentimens « de mon extréme perte, sur laquelle j'ay estimé « pouvoir tirer plus de consolation de vous que « de nul autre, qui est la seule raison pourquoy « je vous ay mandé en telle diligence ; et partant « faites en sorte que je ne sois point frustré de « mon attente. »

« Sire, luy respondistes-vous, en une occasion « tant importante je me garderay bien d'entre-« prendre sur les œuvres esmerveillables de « Dieu, celles du temps, ny de vostre tant excel-« lente et singuliere prudence, desquelles seules « doivent proceder les plus efficacieuses conso-« lations que vous sçauriez recevoir, ny de vou-« loir alleger vos ennuis en extenuant vostre perte

« ou en ravallant le prix du sujet que vous re-« grettez, et encor moins useray-je de correc-« tions et remonstrances sur l'excez qui se pour-« roit trouver en vostre affliction, pource qu'elle « tirera plus facilement le temperamment dont « elle aura besoin, de vostre grand jugement et « sagesse, que de toutes les paroles et raisons « dont je me pourrois servir pour cet effet : aussi « que l'entreprenant par l'une de ces deux voyes « ce seroit plutost vous ennuyer que vous conso-« ler et accroistre vos desplaisirs que de les « adoucir; et me semble bien plus à propos de « vous ramentevoir quelques couplets de ceux « que vous nommiez vos pseaumes estans de la « religion, que le changement d'icelle ne vous « aura pas, à mon advis, effacez de la memoire, « afin que vous vous en serviez maintenant utile-« ment comme je vous ay veu faire autrefois en « vos plus grandes desconvenuës et anxietez.

« Le premier desquels commence ainsi :

Remets en Dieu et toy et ton affaire,
En lui te fie, et il accomplira
Ce que tu veux accomplir et parfaire...

« Le second est tel :

Laisse Dieu faire, attends-le et ne te donne
Soucy aucun, regret ny desplaisir...

« Et le troisieme aussi est tel que je vous ay sou-« vent ouy dire, lors que Dieu avoit converty « en bien des accidens tres-fascheux en l'appa-« rence humaine :

O Dieu! quelle hautesse,
Des œuvres que tu fais;
Et quelle est, en tes faits,
Ta profonde sagesse.

« J'en pourrois encor alleguer d'autres semblables, « que j'ay plutost retenus pour vous les avoir ouy « dire que pour les avoir leus, si je ne craignois « de vous ennuyer, et ne cognoissois qu'en ce peu « de paroles prononcées par l'esprit de Dieu, « vous y pouvez trouver toutes les consolations qui « vous peuvent estre maintenant necessaires. Et « partant, Sire, ayez agreable de remettre en Dieu « et vous et vos affaires; confiez-vous, Sire, du « tout en luy, et il accomplira ce que je vous ay « tousjours veu le plus ardemment souhaitter, qui « est d'avoir une femme que vous puissiez aymer, « laquelle vous fasse des enfans qui puissent, « sans dispute, vous succeder au royaume. Lais-« sez aussi faire Dieu, Sire, ne vous mettez en nul « soucy, et n'ayez regret ny desplaisir des choses « où sa providence opere, comme elle fait mani-« festement au sujet qui se presente, et admirez « la hautesse de ses œuvres et sa tres-profonde « sagesse en tous ces accidens, desquels vous « vous plaignez et desquels il se veut servir, n'en

« doutez point, pour operer les choses admirables « dont il veut que vous soyez l'instrument ; pour « vous descharger de beaucoup de soucis, et « mettre vostre esprit en repos en le delivrant de « tant de contentions dont il estoit inquieté ; pour « avoir des desirs que vostre honneur et vostre « propre prudence, je le sçay bien, desapprou- « voient entierement, et des desseins à accomplir, « que par la multiplicité des obstacles ausquels « la nature d'iceux les assujettissoit, vostre gene- « rosité et solide jugement vous faisoit estimer « inexecutables, sinon par des formes et des « moyens entierement disproportionnez à tant « de gloires par vous acquises et à cette haute re- « nommée de vos vertus insignes que l'univers « publie. »

Le Roy vous escouta fort attentivement, et voyant que vous vous estiez teu pour attendre sa responce, il se mit à vous regarder fixement ; puis, ayant fait dix ou douze pas parmy la gallerie, il vous dit : « A la verité, mon amy, j'avois bien « esperé de vostre venuë quelque espece de con- « solation ; mais, consideré la vivacité de vostre « esprit, vostre humeur prompte et soudaine, et « les commandemens absolus que je vous ay sou- « vent faits de me parler librement, lors que vous « seriez seul avec moy, et de ne me celer et des- « guiser nuls de vos sentimens aux choses que « vous me verriez entreprendre au prejudice de « ma personne et de mon Estat, j'attendois de « vous plutost des remonstrances pareilles à « celles que vous m'avez faites autresfois sur ce « mesme sujet, que non pas loüanges telles que « vous m'avez données, enquoy neantmoins vous « m'avez fait plaisir ; car aussi, pour en dire la « verité, n'est-ce pas au temps qu'un esprit est « grandement affligé qu'il luy faut reprocher ses « fautes. Que si vous avez touché aux miennes, « vous l'avez fait si doucement que je ne m'en « sçaurois plaindre, vous estant contenté de me « faire faire ma leçon par un roi, inspiré du Roy « des roys, de laquelle je profiteray, je vous le « promets, prenant de fort bonne part tout ce que « vous m'avez dit, voire je recognois bien que, « craignant de me fascher, vous n'avez pas voulu « achever la suitte du dernier couplect, et par là « fait cognoistre que les esprits vifs et prompts « ne laissent pas d'estre fort circonspects, lors « que les occasions le requierent. » Vous eustes encor plusieurs propos, le Roy et vous sur ce sujet, qui seroient trop longs à reciter, apres lesquels il sortit de la gallerie, et fut trouvé beaucoup moins triste par ceux qui estoient dans sa chambre, qu'ils ne l'avoient veu auparavant. Et quelques jours apres, sa vertu surmontant peu à peu ses passions, et n'y ayant plus per- sonne qui l'entretint en icelles, il revint en son premier naturel et vacqua comme auparavant aux affaires de son Estat.

CHAPITRE XCII.

Conversions éclatantes. Marthe Brossier. Affaires du marquisat de Saluces. Ambassadeurs du duc de Savoie. Prohibition des marchandises étrangères. Négociations avec Marguerite de Valois. Le Pape déclare nul le mariage de Henri IV et de cette princesse.

Incontinent apres la mort de madame la duchesse de Beau-fort, la marquise de Belle-isle se rendit feuillantine par devotion, et M. de Joyeuse estant pressé du Pape de rentrer en religion, du vœu de laquelle il n'avoit esté dispencé que pour faire la guerre au Roy, et pendant icelle seulement, apres avoir marié une seule fille qu'il avoit heritiere unique de toute la maison de Joyeuse à M. de Mont-pensier, et quelques jours auparavant pris sa derniere main des delices, plaisirs et voluptez du monde, se remist capucin. Quasi au mesme temps fut suscitée, par quelques malins et pernicieux esprits, une certaine fille, nommée Marthe Brossier, à contrefaire la demoniaque, afin de s'en servir à de tresmauvais desseins contre le Roy et l'Estat, ausquels Sa Majesté, quelque prudence, diligence et generosité dont elle usast, ne remedia pas sans beaucoup de peine et grande longueur de temps, car cette fille fut promenée jusques à Rome ; et dura cette manigance pres d'un an et demy, de laquelle je laisse les particularitez aux historiens qui les recitent amplement. Pour mesme raison, je ne diray que peu de chose au prix des longs traittez qui en ont esté faits, des diverses procedures et productions de titres qui se firent à Rome et ailleurs, touchant les contrariantes pretentions du Roy et de M. de Savoye, sur le marquisat de Saluces, lesquelles consumerent beaucoup plus de temps qu'il n'estoit convenu par le compromis pour l'arbitrage remis au Pape ; lequel, par certaines offres que luy fit un ambassadeur de M. de Savoye (qui sembloient conclurre qu'il s'entendit avec le Roy, sous l'esperance à luy donnée, que sentenciant en sa faveur, il donneroit ledit marquisat à un de ses nepveux pour le tenir en hommage lige de la couronne de France), prit sujet de se desporter pour tousjours du susdit arbitrage. Pendant tous lesquels temps de ses debats et contestations par tiltres et papiers, M. le duc de Savoye ne laissa pas d'avoir envoyé en France, à diverses fois, les sieurs de Jacob, de la Rochette, de Lullins, de

Bretons et de Roncas, pour essayer s'il n'y auroit point moyen de traitter quelque chose plus advantageux pour luy avec la propre personne du Roy, qu'il ne voyoit apparence de l'esperer par le jugement du Pape ny les assistances d'Espagne.

Tous lesquels deputez faisant fondement sur la grande faveur que l'on disoit que vous possediez lors (laquelle estoit plutost neantmoins en l'opinion des hommes qu'en effet, d'autant que le Roy, comme prince sage, n'ayant jamais aimé à se coiffer de favoris inutiles et par simple humeur et fantaisie, tous les plus accreditez des siens ne se trouvoient jamais avoir de pouvoir ny d'authorité en la resolution des affaires qu'à proportion de leurs bons conseils, utilité de leurs services et vertus), vous en parlerent souvent, vous donnant de grandes asseurances de l'amitié de leur maistre, de l'estime qu'il faisoit des bonnes parties qui estoient en vous, et de l'intention qu'il avoit de ne laisser point long-temps, sans digne recognoissance, les obligations que vous acquerriez sur luy, en facilitant son accommodement avec le Roy, sans la perte de ce qui estoit justement sien. Mais nonobstant tous leurs beaux discours si ne peurent-ils tirer autre responce de vous, sinon que vous ne desiriez emporter autre remuneration de toutes vos actions que la seule gloire et loüange d'avoir tousjours esté utile et loyal serviteur de vostre Roy, en ne luy conseillant jamais rien de dommageable ny de honteux, comme seroit ce delaissement par apparence de force. Que si M. de Savoye avoit quelque gratification à desirer de Sa Majesté, il la falloit attendre de sa pure liberalité, qui ne seroit jamais dite telle, tant que la chose à luy demandée ne seroit pas en son absoluë disposition, mais possedée par un autre; ne doutant nullement aussi que les choses estans remises en l'estat convenable à la dignité d'un si grand Roy, qu'il n'en usast apres, ainsi qu'il appartenoit à son eminente vertu et haute renommée.

Lequel mesme langage ces deputez ayant aussi entendu de la propre bouche du Roy, sans leur donner nul plus grand esclaircissement de ses intentions, ils commencerent à se douter que leurs voyages ne seroient pas de grande utilité par la voye qui leur avoit esté ordonné de suivre; et partant, afin de se faire estimer habiles negociateurs en ne retournant pas les mains vuides, ils voulurent essayer d'en tirer quelque fruit par une autre maniere; dequoy ils conceurent esperance, ayant entendu, par hazard, et comme les uns et les autres discouroient par-cy par-là, des plaintes et bruits de divers mescontentemens; lesquels, ayans voulu davantage approfondir, et les trouvans plus communs qu'ils ne se fussent peu imaginer (comme c'est l'ordinaire des gens oysifs, et sur tout des courtisans françois, de se plaindre quasi tousjours du gouvernement present du Roy et de ses principaux ministres, et d'envier ceux qu'ils voyent plus employez qu'eux, et tout cela le plus souvent sans sçavoir pourquoy), ils firent sur telles nivelleries et paroles vaines jettées en l'air un fort grand fondement; se vindrent à persuader, que si une fois leur maistre pouvoit venir luy mesme en personne en cette Cour, il luy seroit facile, par l'authorité de sa presence, la gravité de ses discours, ses deceptives cajoleries et ses insignes liberalitez, de fomenter de sorte tels mescontentemens, que venant à produire des fruits conformes à telles semences, le Roy trouveroit assez de besongne taillée dans son propre Estat, sans en aller chercher chez ses voisins; ne considerant pas que la legereté des hommes est ordinairement telle, mais sur tout celle des courtisans françois, que comme ils s'alterent facilement pour un rien, aussi s'appaisent-ils tout de mesme pour fort peu de chose, voire arrive fort souvent qu'une bonne œillade, un doux sousris, une loüange, une gracieuse parole et une accollade de leur Roy, change les cœurs les plus ulcerez, et leur fait protester tout haut d'employer biens et vies pour son service.

Tellement que sur semblables presuppositions, M. de Savoye tesmoigna de grandes froideurs aux Espagnols, refusa son fils aisné et sa fille aisnée au roy d'Espagne, qui les luy demandoit pour estre nourris pres de luy avec offres de les entretenir de toutes choses, et leur donner un équipage digne de la grandeur de la maison d'Espagne de laquelle ils estoient sortis, et se resolut de s'en venir en France, ses imaginations le portant à s'estimer si adextre, si eloquent, fin et rusé, qu'il s'accommoderoit en tout et par tout avec le Roy, et conserveroit tout ensemble son marquisat. Et en cette maniere, sur telles causes, et pour telles raisons, fut entierement rompu tout l'arbitrage du Pape, et le Roy, qui avoit avec difficulté permis au duc de Savoye de venir en France, disposé à recouvrer le sien par la voye des armes, si l'arrivée du duc ne luy apportoit le contentement qu'il avoit tesmoigné aux siens d'en attendre, et mesme luy en avoit fait sentir quelque chose par une sienne lettre.

Cependant sur les advis receus par Sa Majesté, que le duc de Biron, en un voyage par luy fait en Guyenne, avoit usé de carresses excessives à l'endroit de toute la noblesse, gratifié de plusieurs dons et liberalitez les plus remuans et accreditez d'icelle, tenu table ouverte fort splandide à tous venans, et des propos fort insolens et audacieux au milieu du vin et des viandes, esloignez du respect deu à son Roy; et qu'en d'autres provinces quelques autres grands du royaume, dont les humeurs estoient plus cachées, y faisoient des menées sourdes et pratiques sousmain, qui valloient encor moins que ces escapades publiques et propos enflez de vent du duc de Biron. Sur telles nouvelles dont Sa Majesté vous parla, elle se resolut d'aller passer son esté à Bloys, sous pretexte d'y manger des melons; mais, en effet, afin qu'estant plus proche des lieux où s'espandoient ces mauvaises semences, et toutes ces rumeurs dont l'on bruyoit, il les descouvrit plus facilement, ou amortist entierement (comme tout cela luy succeda fort heureusement pour lors), son approchement, son humeur douce, ses propos familiers, ses agreables cajoleries, son habilité à pratiquer les esprits et descouvrir les ruses et menées d'autruy, et sur tout cette valeur incomparable et diligence admirable à courir aux occasions produisans tous ces effets.

En ce lieu de Bloys vous vint trouver la princesse d'Espinoy, avec ses trois fils et sa fille aisnée (la jeune estant nourrie avec la marquise de Roubais, vostre tante et la sienne, veufve du vicomte de Gand, vostre oncle et vostre parrain), pour vous requerir d'assistance contre les violences des prince et princesse de Ligne leurs parens et les vostres, lesquels leur usurpoient tout leur bien, et de vouloir accepter la tutelle de ses fils, qui vous avoit esté defferée comme estant le plus proche de leurs parens, du costé paternel en France : ce que vous fistes fort franchement apres en avoir parlé au Roy, qui promit d'appuyer vos demandes de son authorité; et pour dire en trois lignes toute cette histoire qui dura six ou sept ans, vous retirastes pres de vous ces trois jeunes seigneurs et les entretinstes comme vos propres enfans, jusques à ce que vous leur eussiez fait rendre quelque six vingt mille livres de rente en fonds de terre qui leur avoient esté usurpez.

Ceux de Tours vindrent aussi à Bloys pour vous parler de faire défendre l'entrée de toutes sortes de manufactures estrangeres, se faisant forts de fournir toute la France de semblables estoffes. Vous leur remonstrastes combien à l'execution ils trouveroient leur proposition difficile, et qu'il falloit auparavant faire un grand establissement pour les soyes et le tirage de l'or et l'argent, et considerer de quelle perte seroient cause telles défences si soudainement faites pour toutes les autres villes qui trafiquoient hors le royaume. Mais ne se laissant pas persuader à vos raisons, ils s'addresserent à la propre personne du Roy, laquelle ils soliciterent ou plustost importunerent tellement, par le moyen d'amis et de presens, qu'enfin, pource que vous ne voulustes pas insister à soutenir vostre opinion, ils obtindrent ce qu'ils demandoient. Mais tout cela ayant esté ainsi basty sans les fondemens necessaires pour un si grand dessein, s'en alla, dans six mois, en ruine, les incommoditez que quasi toute la France recevoit de ces défences ayant contraint le Roy de les revocquer, estant à Lyon.

La mort de la duchesse de Beaufort ayant fait cesser les difficultez que plusieurs avoient faites de parler au Roy de se vouloir marier, peu de gens de bien voulans parler en faveur d'elle, et tous craignans d'attirer sa mal-veillance sur eux en parlant pour une autre, chacun commença lors d'en presser le Roy ouvertement. Le parlement en corps, par la bouche de son procureur general, et plusieurs autres corps et compagnies, luy en firent des remonstrances, appuyées de si fortes raisons et pleines de tesmoignages d'une tant sincere et universelle affection de ses peuples, que ces choses, jointes au desir qu'il avoit toûjours eu de pouvoir laisser des enfans legitimes qui luy succedassent au royaume, et pussent joüyr des doux fruicts que tant d'amertumes qu'il avoit goustées et de penibles travaux qu'il avoit pris, luy avoient enfin fait savourer, le firent resoudre aux solicitations necessaires pour parvenir à un tel bien.

Et dautant que la Reine, duchesse de Valois, estoit celle qui pouvoit le plus advancer ou retarder un si bon œuvre, duquel elle s'estoit toûjours monstrée fort allienée, disant tout haut (car c'estoient ses propres termes et ceux des lettres qu'elle vous avoit escrites sur ce sujet) qu'elle ne donneroit jamais son consentement pour parvenir à la dissolution ou nullité de son mariage, tant qu'elle estimeroit que l'on voulut donner l'honneur dont elle se verroit privée, à cette bagasse de Gabrielle (car le despit ne luy permettoit point de nommer lors autrement madame la duchesse de Beaufort), le Roy desirant de l'adoucir et rendre plus traittable, luy escrivit une lettre de complimens et civilitez, et pour fin, disoit luy avoir bien voulu donner advis des grandes instances qui luy estoient faites par tous ses peuples universellement, autant grands que petits, de vouloir donner à la France des enfans legitimes qui luy peussent succeder au royaume; mais qu'il n'y avoit pas seulement voulu penser, sans sçavoir auparavant quelle pouvoit estre là dessus son intention, afin de s'y conformer. Il voulut aussi que vous luy en escrivissiez, mais plus expressément et plus clairement qu'il n'avoit fait, sçachant la grande confiance qu'elle vous avoit tesmoignée depuis quelques années ; vostre lettre estant telle que s'ensuit :

Lettre de M. de Rosny à la reine Marguerite, et sa responce.

MADAME,

Ayant recognu par la responce dont il plut à vostre Majesté d'honorer la lettre que je luy escrivis de la ville de Rennes, que mes inclinations à vous rendre tres-humble service, mes emplois à procurer vostre contentement, joye et felicité, et mes desirs à la production des effets, vous avoient esté non seulement bien agreables, mais que vostre grand jugement et singuliere prudence avoient tesmoigné de vouloir prendre une telle confiance en ma prud'hommie, foy et loyauté, que vous leur remettriez volontiers tout le soin et la conduite d'une affaire de telle eminence, lesquelles graces et faveurs qui devancent de bien loin mes merites, m'ont si fort augmenté le courage, qu'en mesnageant (comme j'ay desja fait et continueray cy-apres) les esprits qui en ont eu et auront besoin, et prenant les temps, les saisons et les occasions bien à propos, toutes mes solicitations jointes à celles de M. l'Anglois, qui vous sert icy fort industrieusement et loyalement, ont desja rencontré de tant favorables conjonctures, et sur tout de tant amiables dispositions en l'esprit et bon naturel de nostre vertueux Roy, qu'il n'y a rien de nul costé qui ne prenne le chemin de vostre entier contentement, et vous puis respondre que vostre Majesté rencontrera toute sorte de facilité aux expeditions qui luy seront necessaires sur ce sujet, le Roy m'ayant desja commandé celles qui dépendent de mes charges et recommandé la solicitation des autres : à quoy je ne manqueray pas, vous en donnant ma foy et ma parole ; vous suppliant tousjours de vouloir croire absolument le conseil de ceux qui sont tout à vous en cette Cour, desquels M. l'Anglois sçait les noms, qui sçavent mieux que nuls autres, les voyes et les sentiers qu'il vous faut tenir pour posseder un heur certain et entiere felicité. A quoy esperant que vous ne manquerez non plus que moy à les procurer incessamment, je prieray le Createur, madame, qu'il vous augmente ses sainctes graces et benedictions.

De Paris, ce 6 de mars 1599.

Responce de la reine Marguerite à M. de Rosny.

Mon cousin, je commence à prendre bonne esperance de mes affaires, puis que j'ay tant d'heur que vous les voulez prendre en vostre protection, comme vos lettres m'en asseurent : j'en desire l'advancement avec bon succez, pour advancer le contentement du Roy et celuy de tous les bons François, que vous m'escrivez desirer si ardemment de voir des enfans legitimes au Roy, qui luy peussent sans dispute succeder à cette couronne qu'il a retirée de ruyne et dissipation avec tant de labeurs et perils, que si j'ay cy-devant usé de longueurs et interposé des doutes et difficultez, vous en sçavez aussi bien les causes que nul autre, ne voulant voir en ma place une telle descriée bagasse, que j'estimois sujet indigne de la posseder, ny capable de faire joüyr la France des fruicts par elle desirez. Mais maintenant que les choses sont changées, par un benefice du ciel, et que je ne doute nullement de la prudence du Roy et du sage conseil de ses bons serviteurs pour faire une bonne élection, lors que je la verray faite, une seureté à mes affaires, à mes titres et à ma condition et forme de vivre (car je veux achever le reste de mes jours en repos de corps et tranquillité d'esprit), en quoy le Roy et vous pouvez tout, je m'accommoderay à tout ce qui sera convenable et que vous mesme me conseillerez. Sur tout asseurez moy ma pension et l'argent pour payer mes creanciers, afin qu'ils ne me tourmentent plus, ainsi que j'ay donné charge à M. l'Anglois de vous le requerir en mon nom, et vous m'obligerez à le recognoistre en tout ce qui dependra de moy ; prenez-en donc asseurance et me tenez pour vostre plus affectionnée et fidelle cousine,

MARGUERITE.

A Usson, ce 29 juillet 1599.

Or, dautant que les lettres ne peuvent repliquer aux objections des raisons qu'elles contiennent, et que la presence d'une personne de sens, jugement et qualité, capable d'user de toutes ces choses en temps et à propos, est beaucoup plus efficacieuse à persuader, qu'un simple papier, le Roy rendit porteur de ses lettres, le susdit sieur l'Anglois, tres-habile homme, que la Reine, duchesse de Vallois, aimoit, et qui avoit esté fait maistre des requestes, gratis, pour avoir esté un des plus adextres instrumens de la reduction de Paris ; lequel s'acquitta si dignement de sa charge, qu'il obtint de cette princesse tout ce qui s'en pouvoit desirer. De sorte qu'ayant elle mesme escrit de sa propre main au Pape, en tels termes et substance qu'il avoit esté jugé necessaire, le cardinal d'Ossat eut charge de soliciter sa Saincteté et le sieur de Sillery, ambassadeur, de faire le semblable, soit conjonctement, soit separément, selon qu'ils le jugeroient plus à propos ; lequel se cognoissant par la mort de madame la duchesse de Beaufort (à laquelle il avoit obligation, ayant esté envoyé à Rome à son instance et pour servir à ses intentions, tel qu'il a esté dit cy-devant, avec asseurance des seaux luy succedant bien), delivré de la crainte de voir sa solicitation pour le desmariage du Roy, suivie d'un autre qui seroit reprouvé d'un chacun et luy tourneroit à opprobre, il y proceda bien plus hardiment et franchement qu'il n'avoit osé faire, et se rendirent ces deux personnages si adextres et heureux négociateurs, que le Pape commit les sieurs cardinal de Joyeuse, l'archevesque d'Arles et l'evesque de Modene, son nonce en France, pour proceder en cette affaire en cognoissance de cause, laquelle fut decidée par la voye de nullité et non de dissolution. Dequoy nous laissons les particularitez aux historiens, aussi bien que de plusieurs autres affaires qui se passerent pendant le sejour du Roy à Bloys, comme de l'estat de chancelier donné au sieur de Bellievre et celuy de controlleur des finances au sieur de Vienne, favorisé de vous; l'advis donné au Roy par un capucin de Milan, d'un assassin qui avoit dessein sur sa vie, lequel fut pris; les plaintes du roy d'Espagne, sur le grand nombre de François qui alloient librement en Hollande, sur lesquelles furent faites quelques deffences; la permission demandée au Roy par M. de Mercœur pour aller en Hongrie; la nouvelle que le Roy eut de la deposition du roy de Suede par les estats du royaume, et de l'installation du duc Charles, nommé auparavant duc de Supermanie, son oncle, à la couronne, au lieu de luy, et vostre establissement en la charge de grand-voyer de France, dont s'ensuit la teneur de vos provisions que nous ne transcrirons point estant enregistrées par tout.

CHAPITRE XCIII.

Passion du Roi pour mademoiselle d'Entragues. Il lui fait une promesse de mariage. Rosny déchire cet écrit. Suite de l'affaire du marquisat de Saluces. Rosny devient grand-maître de l'artillerie.

Sur la fin de l'esté, le Roy s'en retourna vers Paris et Fontaine-bleau, où ceux qui ne s'entretenoient en quelque credit auprès de luy qu'en le servant és plaisirs et voluptez, et n'avoient autres parties pour se faire estimer, sinon quelques entregents de Cour, faire quelques contes pour rire, jetter des exclamations sur tout ce qu'il disoit, et l'accompagner aux banquets et autres lieux de desbauches, luy loüerent tellement les beautez, gentil esprit, cajoleries et bons mots de mademoiselle d'Antragues, qu'ils luy firent venir l'envie de la voir, puis de la revoir, et enfin de l'aymer. Vous vistes naistre ses nouvelles amours avec grand regret, et en eustes encor plus de desplaisir, apprenant que ce bec affilé, par ses bonnes rencontres, luy rendroit sa compagnie des plus agreables, et voyant passer cette affection si advant qu'il vous fallut (nonobstant que vous eussiez à faire fonds extraordinaire cette année, de trois à quatre millions, pour le renouvellement de l'alliance des Suisses) trouver cent mille escus pour donner à cette baquenaut; laquelle ne finist neantmoins pas là ses habilitez et artifices, ny n'executa pas ce dont elle avoit donné toute asseurance; mais adjoustant ruse à subtilité, elle fit intervenir son pere et sa mere à la traverse, pour l'observer de si pres, qu'il parut estre hors de sa puissance de trouver un lieu commode pour l'accomplissement des promesses qu'elle avoit faites pour ces cent mille escus, sur lesquelles se trouvant pressée par le Roy, elle luy disoit ne manquer nullement de bonne volonté, en son endroit, mais qu'il falloit aussi essayer d'avoir celle de ses pere et mere favorable, afin qu'ils ne l'observassent plus de si pres, à quoy elle mesme travailleroit de son costé à en trouver les moyens. Lesquels, apres plusieurs longueurs et remises, elle dit n'avoir peu estre ployés à consentir tout ce que le Roy auroit agreable, sinon que, pour garantir leur conscience envers Dieu et leur honneur parmy le monde, Sa Majesté luy voulut faire une promesse de mariage; qu'elle avoit fort essayé à les faire contenter que ce fut de paroles en leur presence, mais qu'ils n'avoient pas voulu, et s'estoient du tout opiniastrez à en avoir une par escrit, quoy qu'elle s'en fut moquée et leur eust remonstré que l'une n'estoit pas plus asseurée que l'autre, sçachant bien qu'il n'y avoit point d'official suffisant pour citer un homme qui avoit tant de courage et si bonne espée, et qui pouvoit tousjours produire en toute occasion trente mil hommes bien armez, et trente canons pour maintenir son dire; mais que neantmoins, puis qu'ils s'arrestoient tant à cette vaine formalité, s'il l'aimoit autant qu'elle faisoit luy, il ne devoit pas faire difficulté de les satisfaire en cela, se contentant pour son regard qu'elle fust avec toutes les conditions qu'elle sçavoit bien estre par luy desirées; et sceut cette pinbeche et rusée femelle cajoler si bien le Roy, le tourner de tant de costez et gagner de telle sorte tous les porte-poulets, cajoleurs et persuadeurs de desbauches qui estoient tous les jours à ses oreilles, pour luy proposer qui un plaisir et qui un autre, qu'il se laissa enfin persuader à faire cette promesse, puis qu'autrement ne pouvoit-il avoir l'effet de celle qui luy avoit desja tant cousté, et luy avoit tant de fois esté faite promesse.

Et comme il faisoit lors fort peu de choses, quelques grandes ou petites qu'elles pûssent estre, sans vous en communiquer quelques choses, un matin, estant à Fontaine-bleau, comme il estoit prest de partir pour aller à la chasse, il vous envoya querir, et vous ayant pris par la main, vous mena seul en sa premiere gallerie; puis vous dit qu'ayant accoustumé de vous faire part de tous ses secrets, il vouloit bien maintenant vous faire voir une chose qu'il faisoit pour la conqueste d'un pucellage que peut-estre il n'y trouveroit pas; et lors, vous mettant un papier entre les mains et se tournant de l'autre costé, avec une certaine façon, comme s'il en eust eu honte de vous le voir lire, vous dit : « Lisez cela, « et puis m'en dites vostre advis. » Lequel ayant leu, vous trouvastes que c'estoit une espece de promesse de mariage qu'il faisoit à cette madamoiselle d'Antragues, et sommes marris que vous n'ayez retenu copie d'icelle, afin de l'incerer icy en ses propres termes (encore qu'elle ait depuis bien veu du pays); mais en substance, nous sçavons qu'elle portoit une condition qui de sa propre nature la rendoit nulle de toute nullité, n'estant qu'une asseurance de l'espouser au cas que dans un an il eut d'elle un enfant masle. Laquelle ayant leuë vous vous en revinstes vers le Roy, ce papier tout ployé à la main; lequel vous ayant demandé ce qu'il vous en sembloit, vous luy respondistes n'avoir pas assez medité sur une tant importante affaire en son affection, pour en dire ce qu'il vous en sembloit : « La, la, vous dit le Roy, parlez-en librement « et ne faites point tant le discret; vostre silence « m'offence plus que ne sçauroient faire toutes « vos plus contrariantes paroles : car sur un tel su-« jet, que je me doute bien que vous n'approuverez « pas quand ce ne seroit que pour les cent mille « escus que je vous ay fait bailler avec tant de « regret, je vous promets de ne me fascher de « rien que vous me puissiez dire : partant parlez « librement et me dites ce qu'il vous en semble ; « je le veux et vous le commande absolument. « — Vous le voulez donc, Sire, et me promettez « de n'en estre point en colere contre moy, quoy « que je puisse dire et faire? — Ouy, ouy, dit le « Roy, je vous promets tout ce que vous voudrez, « car aussi bien pour vostre dire n'en sera-il ny « plus ny moins. » Et là dessus en prenant cette promesse comme si vous luy eussiez voulu rendre ; mais au lieu de la luy mettre en main, vous la deschirastes en deux pieces. « Voilà, Sire, « puis qu'il vous plaist le sçavoir, ce qu'il me « semble d'une telle promesse. — Comment, mor-« bieu! ce dit le Roy, que pensez vous faire, je « croy que vous estes fou? — Il est vray, Sire, « dites vous, je suis un fou et un sot, et voudrois « l'estre si fort que je le fusse tout seul en « France. »

« Or bien, bien, dit le Roy, je vous entends « bien et ne vous en diray pas davantage, afin de « vous tenir parole; mais rendez moy ce papier. « — Sire, sans vostre expres commandement, je « me fusse bien gardé d'entreprendre ce que j'ay « fait, encor que s'il vous souvient bien de ce « que vous m'avez autrefois dit de cette fille, et « de son frere, du temps de madame la du-« chesse (1), des langages que vous en teniez « tout haut, et des commandemens que vous me « fistes faire à tout ce bagage (car ainsi appel-« liez vous lors la maison et famille de M. et « madame d'Antragues), de sortir de Paris, vous « seriez un peu plus en doute que je ne vous voy, « de trouver la pie au nid, et en tout cas jugeriez « vous que ce n'est pas une piece qui merite d'es-« tre acheptée cent mil escus (et Dieu voulut « qu'il ne nous en coustast pas plus à l'advenir), « et encor moins d'un tel papier, vaille que vaille, « lequel appresteras aux malins matiere pour par-« ler mal à propos de vostre Majesté : voire ne « doutay-je point que les vivacitez de vostre es-« prit et les lumieres de vostre grand jugement « n'agiront jamais puissamment en vous, que « vostre Majesté ne recognoisse que vous destrui-« sez tous les preparatifs de vostre desmariage, « et par consequent vous vous ostez les moyens « d'entrer en un légitime mariage, dautant que « cette promesse estant divulguée (car l'on ne « vous la demande point à autre fin), jamais la « Reine vostre femme ne fera les choses neces-« saires pour valider vostre desmariage, ny mesme « le Pape n'y apportera-il son authorité apostoli-« que, et cela sçais-je de science. »

Le Roy vous escouta tout du long, et puis, sans vous rien respondre, sortit de la gallerie, entra dans son cabinet, demanda de l'ancre et du papier au sieur de Lomenie, et y ayant demeuré environ demy quart d'heure à faire, comme vous le conjecturiez, un autre pareil escrit de sa main, il en ressortit, et quoy qu'il vous rencontrast en bas, si monta-il à cheval devant vous sans vous dire un seul mot, et s'en alla chasser vers le bois Males-herbes, où il sejourna deux jours entiers ou environ.

Quelque temps apres le Roy vous ayant mandé sur les lettres qu'il venoit de recevoir de M. de Lesdiguieres, par lesquelles il luy mandoit (car il vous les monstra) qu'encor que M. de Savoye

(1) Il s'agit ici de la duchesse de Beaufort.

preparast son équippage pour venir en France visiter Sa Majesté, fist courir le bruit qu'il venoit à dessein de la contenter, que neantmoins il faisoit fort travailler aux fortifications de ses places, tant de Savoye que de Bresse, et y assembloit une merveilleuse quantité de vivres, armes et munitions, et parloit-on sourdement qu'il avoit renvoyé en Espagne pour se remettre bien avec ce Roy, et à Rome vers le Pape, pour le persuader à vouloir renoüer le compromis, et luy ayder à faire en sorte que les François ne se vinssent point nicher de l'autre costé des monts, et que c'estoient de tres-dangereux voisins pour luy et pour tous les autres princes d'Italie, sur tout ayant un tel Roy pour leur commander; le Roy, dis-je, sur telles lettres vous ayant envoyé querir, vous dit :

« Mon amy, la prudence m'oblige de juger par « toute la vie qu'a demenée M. de Savoye, par « ses procedures dernieres en ce qui a regardé « les differends du marquisat de Saluces, par celle « de tous ses agens qu'il m'a envoyez, par l'opi« nion courante de luy dans l'esprit des hommes « qui ont passé par ses mains, par des lettres « tant expresses que j'ay receuës de M. de Lesdi« guieres, par celles que M. de Ville-roy receut, « il y a trois jours, des sieurs du Passage et du « comte de Carces, lesquelles je luy commanday « de vous faire voir, et par une infinité d'autres « semblables advis que j'ay receus de Rome, de « Florence et autres lieux d'Italie, que cet homme « pense estre si eloquent, si subtil, fin et rusé, « qu'il est capable de circonvenir et abuser « tout le monde. Or, y a-il déja trop long-temps « qu'il m'amuse de belles paroles, et croy, quant « à moy, qu'il ne vient icy que pour essayer de « mener les choses de longue, gaigner mes prin« cipaux serviteurs, et faire des pratiques et me« nées dans mon royaume; à quoy il nous faut « donner ordre soigneusement, en le pressant de « me resoudre promptement, et luy faisant voir « que je ne suis pas de ces oyseaux niais, propres « à se laisser duper et prendre en tels lacs. Tel« lement que, pour vous en dire mon opinion, « je croy que ce differend du marquisat ne se « vuidera point que les armes en la main et à « bons coups de canon, y ayant plusieurs fortes « places en Bresse, Savoye et Piedmont qu'il « nous faudra necessairement attaquer, et par« tant j'auray plus de besoin d'artillerie et d'un « bon grand maistre sur telles occasions, que de « tous autres capitaines et gens de guerre, ne te« nant pas M. de Savoye suffisant, veu qu'il s'est « mis mal avec Espagne, et qu'il est mal voulu « de tous les autres princes d'Italie, à cause de « son esprit inquieté et de ses ambitions desme-

« surées, enrageant de despit de ce que son bon « beau-pere ne luy a laissé pour suppléement de « partage de sa femme, qu'un crucifix et l'image « de la Vierge, au lieu qu'il a donné à son autre « fille toutes les dix-sept provinces des Pays-Bas « et la Franche-Comté, ce qui vaut beaucoup « mieux que les deux Castille ny le Portugal : « or, vous ay-je dit tout cecy afin que nous ad« visions, vous et moy, quel ordre je pourray « donner à mon artillerie, ayant un grand mais« tre qui n'y entend rien du tout, voire qui n'est « ny capitaine ny soldat. Je recognois bien, « maintenant que j'ay besoin de gens de cou« rage et de capacité, la faute que j'ay faite de ne « vous avoir pas baillé cette charge, lors que « Sainct Luc fut tué, comme je vous en fis dés « lors quelque ouverture, et ne suis pas à me re« pentir de m'estre laissé emporter aux prieres « et larmes, voire, puisse-je dire, aux importuni« tez de madame la duchesse en faveur de son « pere. Mais la chose estant faite, et ne luy vou« lant pas oster sa charge par force ny avec af« front, dautant qu'il est grand pere de mes en« fans, je me suis advisé d'un expedient par le « moyen duquel je pourray estre bien servy si « vous m'y voulez ayder, comme je vous en prie « et veux croire que vous ne m'en refuserez pas, « qui seroit de retirer du vieil Born sa charge « de lieutenant general de l'artillerie, de laquelle « aussi bien il cherche à se defaire et m'en a fait « demander permission, la faire eriger en tiltre « d'office, luy donner autant de pouvoir sur tous « les lieutenans provinciaux dans les provinces « comme il y en a dans les armées, lors qu'il n'y « a point de grand maistre, l'excepter des provi« sions d'iceluy et augmenter les gages et appoin« temens; et lors, estant rendu ainsi honorable, « ma resolution seroit de la bailler à un certain « homme que je cognois et vous aussi, qui a le « courage bon, l'esprit vif, est actif, diligent, a « tousjours affectionné cette fonction, et tesmoi« gné, en plusieurs occasions, qu'il n'en est pas « ignorant; lequel en estant ainsi par moy « pourveu, pourra faire la charge entiere de « l'artillerie, reservé les provisions aux offices, « tout ainsi que s'il estoit grand maistre, car je « feray en sorte que M. d'Estrée ne se trouvera « point dans les armées ny dans les provinces, « estant resolu, dés-à-present, sous pretexte « d'honneur, de l'attacher au gouvernement de « la ville de Paris. Or, devinez maintenant qui « est cet homme-là, et m'aydez à luy persuader « de vouloir prendre cette charge, car il est fort « de vos amis. »

Tous ces discours, pleins de tels preparatifs à la persuasion (à ce que vous nous en avez dit), vous mipartirent tellement l'esprit et l'attacherent si bien à penser sur tous autres, que vous ne songeastes jamais à vous-mesme : tellement que vous luy repartistes naifvement que vous ne pensiez point cognoistre personne assez entendu et qualifié pour commander absolument à tout ce qui dépendoit de l'artillerie, qui voulut s'assujettir sous les bizarres commandemens d'un tant impertinent et peu qualifié grand maistre; mais qu'aussi n'appartenoit-il qu'à Sa Majesté, qui estoit parfaite au mestier de la guerre, de cognoistre fort bien les capacitez d'un chacun en iceluy; et partant le priez-vous de le vouloir nommer sans s'en attendre à vous, qui ne laisseriez pas d'en dire vostre advis, puis qu'il vous le commandoit, encor qu'il ne vous appartint pas de faire un jugement contraire à ses sentimens.

« Or bien donc, dit le Roy en se souriant et « vous mettant sa main sur la vostre, voyons ce « qu'il vous semble de cet homme-là que je veux « dire, lequel se nomme le marquis de Rosny : le « cognoissez vous bien ? — Ouy, Sire, dites vous « aussi tost, je le cognois fort bien et ne le tiens « nullement capable d'exercer cette charge, sur « tout ayant pour superieur un homme duquel « il ne sçauroit rien apprendre, ny mesme en « recevoir les commandemens sans honte : » car, pour ne vous rien celer, nous sçavons que vous estiez irrité de ce que le Roy vous ayant autresfois parlé de la charge principalle il vous reduisoit maintenant à un diminutif. « Comment, dit « le Roy, est-il possible que vous me vouliez re- « fuser d'une chose dont je vous prie avec tant « d'affection, où il y va de mon service et du « bien de mon Estat, et qui plus est me facilite « le moyen de vous establir où je recognois bien « que vous aspirez ?

« Sire, luy dites-vous, je n'aspire à rien qu'à « ce qu'il vous plaira, je vous supplie le croire ; « aussi ay-je desja tant d'autres affaires sur les « bras que je me tiens insuffisant d'en entrepren- « dre davantage. — Ce n'est pas où il vous tient, « dit le Roy, car je sçay que vous ne manquez pas « de bonne opinion de vous mesme, pour aspirer « encor plus haut. Mais puis que vous avez si « peu d'esgard à mon contentement et que vous « preferez vos fantaisies à mes prieres, je ne vous « en parleray plus, vous laisseray vivre à vostre « mode, comme je feray aussi moy à la mienne. » Et sur cela vous quitta comme tout en colere; et neantmoins, comme vous le sceustes depuis, il ne laissa pas de faire parler à M. d'Estrée, pour le disposer à vouloir prendre récompense de sa charge, comme vous fistes bien aussi de vostre costé, par le moyen de madame de Nery, qui le gouvernoit absolument, sur laquelle trois mil escus, que vous luy fistes promettre par M. et madame du Peschë, eurent telle puissance, que huict jours apres celuy de la colere du Roy il vous envoya querir, sous ombre de plusieurs autres affaires dont il vous parla; puis, comme vous estiez desja à douze ou quinze pas de luy, il vous appella et vous dit : « J'avois oublié à « vous dire que j'ay tant fait avec M. d'Estrée « qu'en fin il s'est resolu à prendre récompense « de la charge de grand maistre; car je ne fais pas « comme vous, qui preferez vos fantaisies à vostre « propre bien, duquel je suis plus soigneux que « vous mesme, celuy de mes affaires y estant « aussi joint, car je viens de recevoir encor des « lettres qui me font tenir pour certain que nous « ne recouvrirons jamais nostre marquisat, sinon « à coups de canon, enquoy je recognois que « vous estes capable de me servir; et partant, « en oubliant toutes mes coleres, advisez de « traitter avec M. d'Estrée pour sa charge : mais « puis que je vous gratifie ainsi franchement, « advisez aussi à bien faire et à user de vos di- « ligences accoustumées pour preparer toutes les « choses necessaires en l'artillerie pour de grands « attaquemens. » Vous eustes encor quelques autres propos qui finirent par de grands remercimens et soubmissions de vostre part, et de grands tesmoignages de confiance de celle du Roy ; en suitte desquels vous traitastes avec M. d'Estrée, moyennant quatre-vingts mil escus sans les menus suffrages, lesquels vous empruntastes à rente, et trois jours apres vous fûtes pourveu de l'estat de grand maistre de l'artillerie.

CHAPITRE XCIV.

Rosny s'établit à l'Arsenal. Voyage du duc de Savoie à Paris. Ses intrigues. Le Roi consent à épouser Marie de Médicis.

Vos provisions de grand maistre de l'artillerie ainsi expediées, comme il a esté dit au chapitre precedent, et vostre serment fait, vous-vous en allastes loger à l'Arsenac, que vous trouvastes tres-mal basty, et encor plus dénué de pieces de canons, munitions et armes ; à quoy desirant pourvoir, vous mandastes tous les officiers, desquels vous cassastes quatre ou cinq cens, qui estoient tous les valets des gens de justice, officiers de finances et d'escritoire, fistes des marchez avec les commissaires des salpestres pour une grande fourniture de poudres, avec des maistres de forges pour une merveilleuse quantité de boulets des six calibres, et de diverses sortes de fer pour ferrures d'affuts, avec les charrons et charpentiers, pour bon nombre de flasques, moyeux, raix, gentes, timons et entretoises, et avec des marchands estrangers pour fournir quantité de cuivres de messelle, rosette, potin, culot, hallebardes, estain, mitraille et autres metaux ; tous lesquels marchez vous fistes voir au Roy, qui les voulut signer luy-mesme.

Or ayant esté en cette année 1599 reduits en vostre seule personne les charges de super-intendant des finances et de l'artillerie, comme il a esté dit, des bastimens par la resignation de M. de Sancy, et des fortifications par la mort de M. d'Incarville, vous essayiez de les administrer toutes quatre, en sorte que le Roy en pust recevoir contentement, le royaume accroissement et amelioration, et le peuple descharge et soulagement. Quinze jours apres que vous fustes logez dans l'Arsenac, le Roy vous y vint voir, et apres quelques discours sur le fait de vos charges, vous dit avoir receu advis que M. de Savoye se preparoit pour venir en France, et qu'il falloit donner ordre à Lyon afin de l'y faire recevoir honorablement, dautant que les courtoisies et civilitez volontaires estoient tousjours bien-seantes en tout temps, voire mesme entre ennemis, et partant que vous donnassiez ordre aux finances et à l'artillerie pour fournir ce que vous jugeriez necessaire pour sa reception : mais tout l'ordre que vous y donnastes, quoy que fort honorable, ne luy apporta pas tous les contentemens par luy desirez à son arrivée dans le royaume, dautant qu'à l'église Sainct Jean de Lyon luy furent refusez quelques honneurs qui avoient accoustumé d'estre rendus aux ducs de Savoye comme comtes de Villars. Nous laisserons aux historiens tout ce qui se dit et fit sur ce sujet, sur son voyage et reception à Fontaine-bleau, son arrivée à Paris, ses procedures envers le Roy et ses serviteurs, leurs communs discours et les liberalitez dont ce prince usa aux estreines, dautant que vous n'eustes quasi nulle part en toutes ces choses, ayant mesme refusé une boëte de diamants vallant quinze mil escus; et vous ramentevrons comme le Roy, trois jours apres son arrivée à Paris, vous ordonna de le traitter à l'Arsenac, d'y convier le duc de Savoye et les principales dames et principaux seigneurs de la Cour.

Or comme M. de Savoye, soit à dessein ou par hazard, fut arrivé long-temps avant les autres, il vous demanda aussi-tost où estoient toutes vos armes, munitions et artilleries; surquoy vous-vous trouvastes bien empesché, ayant honte de luy faire voir une maison si pauvre et desnuée de toutes ces choses qu'estoit l'Arsenac : tellement qu'au lieu d'aller aux magazins vous le menastes aux atteliers, ausquels vous faisiez ouvrer à puissance; et lors voyant quelque quarante affuts et roüages esquels on travailloit, vingt canons nouvellement fondus, et des provisions et preparatifs pour en fondre encor autant, il vous demanda que c'est que vous vouliez faire de tant d'artillerie nouvellement fonduë. Vous luy respondistes en riant : « Monsieur, c'est pour « prendre Mont-melian. » Lors il vous demanda : « Y avez vous esté ? — Non, monsieur, dites- « vous. — Vrayement je le vois bien, respondit- « il, car vous ne diriez pas cela ; Mont-melian « ne se peut prendre. — Bien, bien, monsieur, « dites-vous, je vous en crois, neantmoins, ne « mettez pas le Roy en cette peine ; s'il me l'a- « voit commandé j'en viendrois bien à bout. Mais « je veux croire qu'il n'en sera point besoin, et « que le Roy et vous, vous separerez bien con- « tens l'un de l'autre. — C'est là mon intention, « ce vous dit-il, et si ce n'est vous qui l'empes- « chiez tout ira bien, car l'on m'a dit que vous « ne luy donniez pas conseil de me gratifier. » Sur cela le Roy arrivant à l'Arsenac et les dames aussi, il fallut changer de discours, puis peu apres aller souper.

Le soir mesme Sa Majesté nomma de sa part pour commissaires messieurs le connestable, chancelier de Bellievre, mareschal de Biron, vous, messieurs de Maisses et de Ville-roy; et M. de Savoye nomma, ce nous semble, M. de Belly son chancelier, messieurs le marquis de Lulins, de Jacob, le comte de Morette, le chevalier Breton et des Allimes, tous desireux que vous n'en fussiez pas, leur ayant esté rapporté que vous insistiez formellement au recouvrement du marquisat de Saluces, ou pour l'eschange d'iceluy, d'emporter toute la Bresse et tout le Rosne depuis Geneve jusques à Lyon.

Tellement que M. de Savoye mettant en œuvre toutes sortes de pratiques et d'artifices pour essayer de vous disposer et rendre favorable à ses intentions, vous envoya un matin, cinq jours apres celuy des estreines, M. des Allimes; lequel, ensuitte de quelques complimens accoustumez en semblables visites receus et rendus de part et d'autre, vous dit que M. le duc son maistre l'avoit chargé de plusieurs propositions à vous faire; qu'il s'asseuroit que les ayant bien comprises et meurement considerées vous trouveriez grandement honorables et utiles pour le Roy et pour la France, et que comme telles et pleines de generosité, vostre esprit genereux les embrasseroit infailliblement; qu'il avoit aussi charge de vous presenter le portrait de ce prince, vous priant de le vouloir garder comme estant venu d'une fille de France, et luy resolu

21.

d'aymer et servir le Roy tout ainsi qu'un bon François, de se jetter dans tous les interests de la France, comme les choses qu'il avoit à vous dire en rendroient des preuves indubitables; et lors vous mit entre les mains le portraict dont il vous avoit parlé, estant dans une boëte d'or tant enrichie de tres-beaux diamants que vous l'estimastes valloir quinze ou vingt mille escus, laquelle, à nostre advis, vous tenta un peu; car, comme vous nous l'avez conté, vous la pristes sans accepter ny refuser, ny dire autre chose, sinon : « Monsieur, voyons un peu ce que vous « avez à me proposer, dautant que de la qualité « de ces choses depend la maniere de responce « que je vous puis faire. »

Surquoy il vous dit qu'il ne falloit point que vous estimassiez que M. le duc son maistre eut entrepris un voyage de telle consequence pour chose de prix si contemptible que le marquisat de Saluces; mais qu'ayant fait resolution, comme il vous l'avoit des-ja dit, d'estre François de faction comme il l'estoit de naissance, il vouloit ouvrir des moyens au Roy, lesquels luy faciliteroient l'obtention de l'Empire et la conqueste du royaume de Naples et du duché de Milan. Moyennant lesquels advantages il ne voyoit rien qui pust divertir ny retarder un brave et judicieux esprit comme le vostre à conseiller au Roy de prodiguer un chetif marquisat de Saluces tout composé de loppins et pieces rapportées pour parvenir à la possession de si amples estats et magnifiques récompenses; qu'il vous prioit donc de representer ces choses au Roy, et luy donner vos bons conseils pour les luy faire genereusement embrasser, et lier à son service un prince de telle puissance, merite et vertu que M. le duc de Savoye son maistre, qui se vouloit unir inseparablement avec la couronne de France, comme il l'avoit desja suffisamment tesmoigné, s'estant mis en si mauvais mesnage avec les Espagnols à cause de ce voyage qu'il avoit fait en France contre leur gré.

Surquoy vous luy usastes de plusieurs remercimens, complimens et civilitez dont la substance fut, pour le regard des affaires d'estat, que le Roy ny vous n'aviez jamais affecté la restitution du marquisat de Saluces, ny pour la valeur ny pour la consistance d'iceluy, mais seulement pour l'honneur du Roy et du royaume, lesquels recevroient une grande honte et flestrisseure s'ils enduroient qu'il leur fut ainsi retenu par la vive force; et partant ne pouvoit nullement M. le duc de Savoye rien faire de mieux ny de plus convenable à l'estat des affaires presentes (au moins selon vostre avis) que de remettre purement et simplement le marquisat de Saluces entre les mains de Sa Majesté, pour une plus ample preuve de l'affection qu'il disoit avoir envers elle et la France, puisqu'il se monstroit ainsi soigneux de conserver l'honneur et la gloire de l'un et de l'autre, laquelle restitution vous ne doutiez nullement que le Roy ne recogneust apres comme il appartenoit à la dignité, prudence et generosité d'un si grand Roy, que la seule vertu, et non aucune ambition ny avarice, faisoit insister au recouvrement de ce marquisat, duquel la France avoit esté spoliée au temps qu'elle devoit esperer assistance et secours de M. de Savoye, tres-obligé au Roy Henry defunct, pour les graces et bien-faits qu'il en avoit receus à son retour de Polongne et encor depuis; et pour monstrer que telle estoit la disposition de l'esprit de Sa Majesté, et qu'elle n'avoit nulles fins ny passions ambitieuses, elle desiroit que la possession de l'Empire et des Estats de Naples et de Milan tombast plustost és mains de M. le duc de Savoye qu'és siennes propres; en quoy il luy ayderoit de son nom, armes et authorité, voire de sa propre personne, s'il voyoit les choses de telle facilité qu'il les faisoit, afin de luy donner moyen de partager royallement sa numereuse et florissante lignée.

Puis ayant ouvert et bien consideré la boëte d'or enrichie de diamants qu'il vous avoit baillée, vous en tirastes le portrait, et luy dites que vous le reteniez avec beaucoup d'honneur et de joye, pour la memoire continuelle qu'il vous donneroit de la bien-veillance d'un si grand et vertueux prince que monsieur le duc son maistre, et luy tesmoigner que vous aviez de tous autres sentimens et inclinations pour luy qu'il ne se montroit disposé de croire; mais que pour la boëte, à cause de son prix excessif et que vous estiez de serment de ne recevoir jamais de presens de valeur que du Roy, vous le priez de la vouloir remporter.

Surquoy vous ayant respondu qu'il ne pouvoit separer les gratifications de son maistre sans blasme et reproche, et fort insisté là dessus, vous luy rendistes l'un et l'autre; et finallement, apres plusieurs semblables discours, il se retira vers son maistre, auquel, par le recit de ce qui s'estoit passé, il donna fort peu d'esperance de pouvoir rien obtenir de vous qui peust estre desadvantageux au Roy ou à la France. Tellement que voyant ce premier moyen luy avoir esté peu fructueux, il tourna tout son esprit à faire en sorte que le Roy nommast un autre deputé en vostre place, qui ne fust pas si revesche et accariastre, car c'estoient les qualitez qui vous estoient données par luy et les siens, voire mesmes par aucuns de ceux du Roy. Lesquels voyant l'esprit de Sa Majesté fort difficile à ployer à leurs intentions, ils userent d'un autre stratagéme, qui fut que M. de Savoye prieroit Sa Majesté de trouver bon, puis que le Pape avoit esté nommé juge arbitre entre les parties, que le patriarche de Constantinople, estant nonce de Sa Saincteté, se trouvast à la conference, fut du nombre des députez en icelle, comme amy commun, ce que le Roy approuva, ne pensant point à leur finesse qui fut le lendemain. Le Roy ayant ordonné, à cause qu'il vouloit aller joüer au jeu de paulme de la Sphere, de tenir le conseil chez monsieur le connestable, il s'y rendit; en partant il commanda à tous de travailler, et à vous à l'oreille, il dit : « Prenez bien garde à tout, « et que l'on ne me trompe pas. » Et ainsi vous renvoya sans attendre vostre responce.

Or, comme Sa Majesté fut partie, au lieu que vous estimiez les voir tous s'asseoir et travailler avec diligence, vous les vistes tous se separer deux à deux et trois à trois, et vous laisser seul, comme contagieux. Et puis ayant esté les uns apres les autres parler au susdit patriarche, finalement M. de Bellievre vint vers vous, et vous dit : « Monsieur, vous avez tousjours esté « bon François, et avez tant dignement servy « le Roy, et incessamment preferé le public à « vos interests particuliers; je m'asseure que vous « ne voulez pas en user autrement, maintenant « qu'il est question d'un si grand affaire. — Non, « je vous asseure, monsieur, respondistes-vous. » Lors il vous dit : « Monsieur, je parle pour ce « bon-homme de patriarche, qui est icy nonce « de nostre Sainct Pere; il est en si grande reputation à Rome, car il papege et dit que s'il s'é-« toit trouvé en conseil avec un huguenot qu'il « seroit perdu; partant, monsieur, nous vous « prions tous de vouloir déferer quelque chose à « la fantaisie de ce bon-homme, qui aime tant « le Roy. — Jesus, monsieur, luy dites-vous, je « le veux bien; partant je m'envois. » Et sans autre propos, fistes une grande reverence à toute la compagnie, qui pensoit estre bien despeschée de vous.

Mais comme vous pensiez sortir du logis de monsieur le connestable, vous rencontrastes le Roy sous le porche où il s'estoit arrêté à parler à M. de Bellangre-ville, qui vous dit : « Où allez-« vous? est-ce desja achevé? — Non, Sire, dites-« vous, l'on n'a pas seulement commencé. » Lors vous luy contastes tout ce qui est dit cy-dessus; dequoy il entra en une extrême colere, et vous dit : « Or retournez-vous y-en, et s'il y a quel-« qu'un qui s'offence de vostre presence, c'est à « luy à se retirer et non à vous. » Ainsi vous remontâtes au conseil, où ils furent estonnez de vous revoir, et vous demanderent pour quel sujet vous reveniez si tost. « Pource, dites-vous, « que j'ay trouvé le Roy sous le porche, et luy « ayant conté les raisons pourquoy je m'en allois, « il m'a dit que je m'en revinsse; » et leur dites le reste neantmoins. Pour ce matin là l'on ne fit rien, mais fut resolu que chacun s'en yroit disner et reviendroit incontinent apres. Enfin, apres plusieurs autres telles traverses, difficultez et artifices, vous demeurastes des deputez pour traitter; et comme vous recognustes que les voix se portoient à faire deux partis à M. de Savoye, et luy donner six mois de temps pour choisir, vous dites au Roy que cette resolution le rejetteroit dans la guerre infailliblement, dautant que M. de Savoye estant maistre de luy mesme, et sçachant aussi bien à present ce qu'il feroit d'icy à six mois, lequel des deux partis luy estoit le plus utile, que s'il demandoit ce terme, ce n'estoit point pour en estre mieux informé, mais pour renoüer ses intelligences et se preparer à une plus ferme et obstinée défence; et le Roy vous demandant : « Qu'est-ce donc « que vous voudriez faire? » vous luy dites : « Sire, M. de Savoye est venu en France sous « la seureté de vostre foy et de vostre parole, « il faut qu'elle luy soit gardée inviolablement; « et afin qu'il ne luy arrive inconvenient en s'en « retournant en ses pays, je desirerois que vous « le fissiez accompagner avec quinze mil hommes « de pied, deux mil chevaux et vingt canons que « j'auray bien tost prests, et si tost qu'il sera « dans Mont-melian ou autre telle place de ses « Estats, la plus proche des vostres, luy faire « donner resolution sur le choix qu'il pretend « faire, et à son refus, mettre en œuvre vostre « escorte pour le mieux persuader. — Ho, ho, « dit le Roy, vous allez un peu bien viste; je ne « puis plus faire cela, puis que j'ay desja promis « le contraire. — Sire, dites-vous, c'est le seul « moyen d'éviter la guerre : mais puis que vous « n'approuvez pas mon opinion, vostre volonté « soit faite. » Il se passa plusieurs autres particularitez qui vous concernent, lesquelles meriteroient bien d'estre escrittes; mais outre que nous ne les sçavons pas assez bien, cela seroit trop long.

La dissolution du mariage du Roy ayant esté faite, comme il a esté dit, Sa Majesté commit messieurs le connestable, le chancelier, vous et M. de Ville-roy, pour traitter son mariage et de la princesse Marie de Florence, avec un nommé le sieur Joüaniny, qui avoit cette charge au nom du duc de Florence, et apres que vous fustes convenus de tous les articles, et qu'iceux eurent esté signez de vous autres, un jour que vous alliez trouver le Roy pour autres affaires, il vous demanda d'où vous veniez. « Nous venons « de vous marier, Sire, luy dittes-vous. » Surquoy il fut demy quart d'heure resvant et se grattant la teste et curant les ongles sans vous rien respondre; puis tout soudain il vous dit, en frappant d'une main sur l'autre, « Hé bien! « de pardieu soit; il n'y a remede, puis que, « pour le bien de mon royaume et de mes peu-« ples, vous dites qu'il faut estre marié, il le « faut donc estre. Mais c'est une condition que « j'apprehende bien fort, me souvenant tous-« jours de combien de mauvaises rencontres me « fut cause le premier où j'entray, et outre cela « je crains tousjours de rencontrer une mauvaise « teste qui me reduise à d'ordinaires conten-« tions et contestations domestiques, lesquelles, « selon que vous cognoissez de longue main mon « humeur, vous ne doutez point que je n'ap-« prehende plus que les polytiques ny militaires, « de quelque plus grande consequence qu'elles « puissent estre. »

En suitte de ce discours, et pour achever les nostres de l'année 1599, nous insererons icy un chapitre tout de lettres de ladite année, que nous avons trouvées apres ces Memoires escrits, icelles estant toutes de diverses dattes et affaires dont il a desja esté parlé.

CHAPITRE XCV.
Lettres diverses.

Lettre de la main du Roy à M. de Rosny.

Mon amy, je me suis resolu de n'aller point par Conflans et de passer à Paris, ou j'espere me rendre vendredy prochain, Dieu aydant, et n'y sejourner qu'un jour, afin que vous ne perdiez le temps durant que j'y seray, pour pourvoir aux affaires où ma presence sera requise : mais je vous prie de faire que ceux de mon conseil se disposent de venir à Fontaine-bleau avec moy, ou incontinent apres. Je vous renvoye la lettre que j'escrits à ceux de mon parlement, que vous leur ferez presenter. Sur le premier advis que j'eus de la mort de feuë d'Unes, ma maistresse estant presente, me fit ressouvenir de vous; et pource que je ne le tenois encor pour certain, je ne le vous voulus escrire; mais depuis en ayant eu la confirmation, je le vous escrivis aussi-tost, et sans l'en advertir : dequoy elle me veut mal et est resoluë que ce sera de sa main que vous en recevrez les dépesches, non de la mienne, à ce qu'elle dit. Je suis bien aise de la voir en cét humeur pour ceux qui me servent bien comme vous; je m'asseure qu'elle vous en escrit afin que vous luy en sçachiez gré; et moi je luy dis que c'est à moi seul que vous le devez. Adieu.

Ce mardy 9 mars, à Monceaux, au soir. HENRY.

Lettre de la main du Roy à M. de Rosny.

Mon amy, Ville-roy n'estant prés de moy, je n'ay peu commander les dépesches dont vous m'escrivez à messieurs des Estats, pour vostre cousin le sieur de Bethune, auquel je serois tres-aise qu'ils baillassent le vieil regiment des François, si le sieur de la Nouë ne le veut reprendre, car pour Vignolles il n'y songe plus, et a un autre dessein; et au cas que ledit sieur de la Nouë le reprint, j'escriray à Busenval de faire tant envers lesdits sieurs des Estats, que l'estat de maistre de camp des sept compagnies nouvelles luy soit baillé; car j'ay receu trop de services de feu son pere pour ne l'aimer et faire pour luy, dequoy vous vous pouvez asseurer. Adieu.

Ce dernier mars, à Fontaine-bleau. HENRY.

Lettre de la main du Roy à M. de Rosny.

Mon amy, je vous prie de partir le lendemain de la feste pour me venir trouver en ce lieu, suivant le commandement que je vous fis quand je vous permis d'aller en vostre maison, car mes affaires ne se peuvent pas passer plus long-temps de vostre presence aupres de moy; et comme je ne vous fais la presente à autre fin, je prieray Dieu, etc.

Escrit à Fontaine-bleau, le huictiesme avril 1599. HENRY.

Lettre de la main du Roy à M. de Rosny.

Mon amy, j'ay receu la vostre par ce porteur. Pour responce je vous diray que je parlay dernierement au sieur de Vigny, qui m'a asseuré de me faire un signalé service : j'estime qu'il ne manque d'affection, mais il le faut eschauffer à ce qu'il commence à travailler à cette affaire pour tant plutost y voir une fin. J'ay sceu par Lomenie ce que vous luy aviez commandé de me dire touchant le prevost des marchands de Merly, auquel j'escry la lettre que je vous envoye et que vous luy ferez rendre. Je trouve fort bon ce que vous avez fait pour asseurer le payement du regiment de mes gardes pour dix mois, et des autres regimens pour huict; mais de cela nous parlerons plus amplement à Fontaine-bleau, où je vous prie de vous rendre un des jours de la sepmaine prochaine et en poste, afin que là je resolve avec vous de la pluspart de mes affaires, avant que de commencer mon voyage, puis de là vous pourrez aller faire un tour chez vous pour me revenir trouver où je vous diray. J'escry par ce porteur au sieur de Lussan et à ceux de la maison de ville, de ma ville de Nantes, que ma volonté est que le sieur de la Bouchetiere soit maire en ladite ville cette année, suivant ce que cy-devant je leur en avois escrit : je vous envoye celle que vous desirez pour ma chambre des comptes, que j'advoüe estre d'estranges gens. Je m'en vais coucher à Fontaine-bleau. Bon jour.

Ce huictiesme may, à Ville-roy.   HENRY.

Lettre de M. de Ville-roy à M. de Rosny.

Monsieur, M. de Bellievre vous fera voir la derniere dépesche que nous avons receuë de Rome, afin que vous contribuez vostre bon advis et secours sur icelle, comme vous avez accoustumé de faire en tout ce qui importe au Roy et à son Estat, chose plus necessaire en l'occasion qui se presente qu'en toutes autres que nous ayons sur le bureau. Partant je vous prie de nous y assister ; je remets le demeurant à mondit sieur de Bellievre, pour prier Dieu, etc.

De Fontaine-bleau, le premier jour de juin au soir.   DE NEUF-VILLE.

Lettre du Roy à M. de Rosny, contre-signée de Neuf-ville.

Mon amy, je m'attends donc de sçavoir, par vos premieres, la resolution que vous avez prise sur les offres de Zamet, ainsi que vous m'avez escrit par vostre lettre du sixiesme, et trouve bon que vous retardiez vostre partement de Paris, jusques à vendredy, et qu'apres chacun prenne quelques jours pour donner ordre à ses affaires ; car je me contenteray que l'on se rende à Orleans dix ou douze jours apres que vous vous serez separez, ne faisant pas estat d'y passer plutost, et seray bien aise de vous y rencontrer en ce temps-là, afin que nous allions de là ensemble à Bloys, où je feray cependant avancer le regiment de mes gardes, puis que vous avez donné ordre à sa monstre, car je m'en passeray bien par les chemins. Je n'entends pas que vous changiez l'advis que vous m'avez escrit avoir esté pris en mon conseil sur le bail des cinq grosses fermes, et auray à plaisir que le sieur de Gondy s'accommode en cela à ce qui est du bien de mon service. Quant à la demande de mon cousin le duc du Mayne, je la juge de consequence comme vous, et me semble, si vous n'en pouvez composer à bon compte avec luy, qu'il faut en remettre la resolution à quand nous serons rassemblez, afin de la prendre avec plus de consideration. Vous m'avez fait plaisir d'avoir dépesché Rappin, et envoyé la coppie des inventaires de feu madame la duchesse. J'ay aussi receu la lettre du prevost des marchands, et me semble que l'on doit faire une bonne reprimande à ce gros accusé, d'avoir pris du sang sur les barbiers, car cette curiosité ne peut estre de bonne odeur. Parlez-en à monsieur le chancelier, et le faites venir en mon conseil pour luy faire sentir sa faute, si vous estimez en iceluy qu'il soit à propos d'en user ainsi. Au reste, souvenez-vous bien des commandemens que je vous fis estant à Sainct Clou, pour faire payer presentement à mon nepveu le comte d'Auvergne un quartier de la pension que je luy donne, afin qu'il puisse vivre. Il m'a mandé que s'estant levé du lict pour vous porter une lettre que je vous ay escrite pour luy, vous luy aviez respondu que vous ne pouviez rien faire pour luy que je ne sçache comment cela s'est passé, et le faites secourir dudit quartier, en attendant que l'on puisse faire davantage. Je prie Dieu, etc.

Escrit au bois de Males-herbes, le septiesme juin 1599.   HENRY. Et plus bas, DE NEUF-VILLE.

Lettre de M. de Ville-roy à M. de Rosny.

Monsieur, je ne vous ay pas envoyé d'autres lettres de M. de Caumartin que celle de laquelle vous m'avez escrit par vostre derniere la reception ; partant je ne vous parleray plus de cela, ce sera aussi à M. de Gesvre à respondre aux lettres de messieurs du conseil, car c'est sa charge et la mienne de vous entretenir : donc je vous prie de trouver bon que je vous envoye un paquet pour M. Edmont, dans lequel sont les lettres que le Roy escrit par luy et pour luy à la Reine, afin que vous commandiez, s'il vous plaist, à quelqu'un qu'il luy porte ledit paquet, quant vous luy ferez aussi porter le present du Roy, afin qu'il reçoive les deux ensemble. Quand vous m'envoyerez les commissions pour l'artillerie je les dépescheray ; au reste nous continuons à dire que nous partirons samedy, mais je n'en responds pas. J'ay baillé à M. de Boüillon son paquet, lequel nous a fait part des nouvelles de Bonnes, mais nous en avons receu de Suisse, qui nous donnent bien autant de peine que les autres. On dit que M. de Savoye recherche fort lesdits Suisses assisté du roy d'Espagne. Je me recommande tres-affectueusement à vostre bonne grace, et prie Dieu, etc.

Du bois Males-herbes, le neufiesme juin, 1599.
    DE NEUF-VILLE.

Lettre de la main du Roy à M. de Rosny.

Mon amy, vous entendrez par Petit, que je

vous dépesche exprès, ce qui se passa hier au soir icy, et la plus signalée meschanceté dont vous ayez jamais oüy parler : ce que je vous ay bien voulu faire entendre au vray, de peur que desja vous ne l'ayez oüy conter autrement, et que la verité ne vous ait esté deguisée et nullement bien racontée, et que cela ne vous fit entreprendre de favoriser ceux qui ont tort ; et remettant le surplus à la suffisance du porteur, je vous prieray de le croire, et Dieu vous avoir en sa garde.

Ce 11 aoust, à Paris.   HENRY.

Lettre de la main du Roy à M. de Rosny.

Mon amy, je sejourneray icy jusques à lundy prochain, que j'en partiray pour aller coucher à Orleans, et me rendre mardy de bonne heure à Bloys, pour donner ordre à ce qu'il faut pour ce qui se passa icy mardy au soir ; car encor que ce soit esté sans dessein ny sans suitte et que le mal ne soit grand, si est-ce que je veux que la justice aye son cours, me reservant le pouvoir d'en ordonner. Je ne doute nullement que si je ne vous eusse adverty par homme exprés comme le fait s'estoit passé, et que vous l'eussiez sceu d'ailleurs, que cela ne vous eut bien donné de la peine. Je vous prie de donner ordre à faire compter la partie qu'il faut envoyer à messieurs des Estats, car cela importe à mon service, lequel je vous recommande, comme aussi que vous teniez la main que le cahier de ceux de la religion soit veu et dépesché au plustost. Bon soir.

Ce vendredy au soir, 13 aoust, à Paris.
  HENRY.

Lettre de la main du Roy à M. de Rosny.

Mon amy, j'ay remis jusques à demain mon partement de cette ville, pour ce que j'espere en ramener avec moy M. le Grand, non en poste comme je suis resolu d'aller, mais il partira avec moy et me suivra en carrosse. J'ay arresté le cours de la justice contre M. de Jainville, pour les raisons que je vous diray, lesquelles je m'asseure que vous approuverez ; et je puis dire avec verité qu'en ce fait là, ma Cour de parlement a monstré avoir plus de vigueur pour la conservation de mon authorité, qu'elle n'avoit eu cy-devant pour le fait de Sainct Maigrin, Vautabran et autres. Je partiray demain, Dieu aydant, pour me rendre à Bloys vendredy, et là je vous diray le reste de ce qui s'est passé en ce fait icy, finissant par prier Dieu, etc.

Ce mercredy matin, 18 aoust, à Paris.
  HENRY.

Lettre de la main du Roy à M. de Rosny.

Mon amy, cette-cy sera la responce à la vostre du vingt-septiesme que je receus hier au soir. Je vous ay fait entendre ma volonté sur l'estat de mon procureur à Fontenay, laquelle je desire que vous suiviez. Je n'ay point parlé à ma sœur de ce que je luy baillerois pour les frais de ses nopces ; mais en ayant parlé à Fontaine-bleau au sieur d'Atichy, il m'a dit le luy avoir fait entendre, et qu'elle se contenteroit de ce que je voudrois, si que ce sera assez des quarante mil escus que je vous ay dit, et vous en pourrez parler audit sieur d'Atichy de ma part : je seray tres-ayse que l'on verifie l'accusation faicte contre ce controlleur general de mes gabelles ; laquelle, si elle se trouve veritable, je veux que la punition s'en fasse telle que le merite l'offence. Pour mon frere le duc de Lorraine, employez vous à ce qu'il reçoive tout le contentement qui se pourra, et comme vous cognoistrez que le bien de mes affaires et service le pourront permettre. Quant au sieur de Pilles, si de ces deniers recellez en Provence, dont l'on vous a parlé, on en pouvoit tirer quelque chose de comptant, je serois tres-ayse que l'on luy en fit bailler quelque chose ; et ne se pouvant, je trouve bon que l'on luy baille quelque argent comptant et que plutost on l'emprunte : car de le prendre sur le retranchement des cinq regimens, il n'est nullement à propos et ne se peut faire, les ayant desja assez retranchez. Faites donner au sieur de Casaubon des moyens pour s'entretenir à Paris et y faire amener sa famille, car je luy ay fait venir pour remettre l'université de Paris et la faire refleurir, non pour estre prés de moy. J'ay cy-devant ordonné aux sieurs du Coudray et Cases à chacun cent escus par mois, en attendant que l'edit soit verifié ; faites leur donc fournir cette somme en attendant cela. Je trouve bon que vous avez envoyé au sieur Maupeou le memoire que vous a baillé le sieur de Cussé : je luy escrits le contentement que j'ay de son service, par la lettre cy-incluse que je vous envoye pour luy faire tenir. Concluez avec le sieur Zamet l'advance des quarante mil escus reservez en Bretagne pour mes bastimens, comme chose que j'ay à cœur. J'attends icy aujourd'huy le sieur de Gesvres, pour sçavoir si mon cousin le mareschal de Brissac luy a point envoyé l'estat des frais faits à l'embarquement des estrangers en Bretagne et demolition du fort de Blavet, pour incontinent apres vous l'envoyer, et adviser, avec les sieurs de Bellievre et Sillery, un expedient pour en retirer ce que je vous ay commandé ; et s'il ne l'a, j'en escriray à mon cousin le mareschal de Brissac et au sieur Turquan, pour les prier de me l'envoyer. Donnez moy souvent advis et advertissez moy de ce qui se passera par delà pour mon service et qui viendra à vostre cognoissance, faisant que l'on travaille aux deux memoires que j'ay envoyez à monsieur le chancelier; et croyez, suivant ce que je vous ay promis, que s'il vient à vacquer quelque benefice, que je ne vous oublieray point. Hier il en vacqua un icy aupres, de dix-huit cens livres, lequel je ne jugeay digne de vous, et pour cette cause je le donnay à un autre. Adieu.

Ce 29 septembre, à Monceaux. HENRY.

Lettre de la main du Roy à M. de Rosny.

Mon amy, par une autre lettre que je faits à ceux de mon conseil, vous verrez le desir que j'ay de créer un presidial en ma ville de Lectoure, au lieu de celuy de Contal qui y est. Mais pour ce que je desire que cela soit tenu secret pour les raisons que vous fera entendre ce porteur, je vous faits ce mot à ce que vous y teniez la main, et que peu se trouvent quand la resolution s'en prendra; autrement, l'affaire estant divulguée, je serois empesché en cét affaire. Sur ce Dieu, etc.

Ce premier octobre, à Monceaux. HENRY.

Lettre de la main du Roy à M. de Rosny.

Mon amy, suivant ce que je vous escrivis hier par un de mes laquais touchant l'erection d'un siege presidial en ma ville de Lectoure, je vous prie tenir la main de tout vostre pouvoir à ce que monsieur le chancelier seele cela et que je n'en oye plus parler, estant chose que j'affectionne. Vous luy ferez entendre que je trouve mauvais ce qu'on m'a rapporté, qui est qu'il a divulgué cette affaire au prejudice de ce que je luy en avois escrit, car j'ay appris que ma sœur l'a sceu. Adieu.

Ce 16 octobre, à Monceaux. HENRY.

Lettre de la main du Roy à M. de Rosny.

Mon amy, je vous ay cy-devant parlé des dix mil escus de pot de vin que l'on me vouloit donner pour la ferme des rivieres d'Anjou, dont je vous dis que je vouloirs prendre cinq mil escus pour mettre dans mes coffres. Il me semble que l'on devroit entendre à cela maintenant, à cause des despences qu'il faudra faire pour la venuë de M. de Savoye : je me contenteray d'en faire mettre dans mes coffres deux mil, et les trois autres pourront servir ou pour les postes qu'il faudra faire faire à cause de ladite venuë ou autres choses necessaires; advisez y donc et promptement. J'ay veu Berthier et la depesche qu'il m'a apportée d'où il estoit allé, que j'ay trouvée tres-bien. Advancez cet affaire le plus qu'il vous sera possible; faites donner de l'argent à Darbanne, mon tapissier, pour s'en aller à Fontaine-bleau y faire porter des meubles necessaires pour la venuë de M. de Savoye et faire accoustrer ce qu'il faut pour l'y recevoir. Je m'en vais coucher à Monceaux. Adieu.

Ce 25 novembre. HENRY.

Lettre de la main du Roy à M. de Rosny.

Mon amy, hier je receus la vostre par le sieur de Caumartin : je suis bien ayse de ce que le party du sel a esté conclud, et que vous advisiez à prendre les seuretez de Parant, comme des conditions que vous me mandez pour lesquelles il luy a esté adjugé, encor que mon nepveu de Lorraine vienne et soit par les chemins. Je n'ay rien changé en ce que je vous ay cy-devant mandé pour les vingt-huict mil escus deubs à messieurs des Estats que je vous prie de leur faire fournir au plutost; et pour le fait de ma sœur, si vous pouviez faire fournir jusqu'à quatorze mil escus, qui n'est que deux mille plus que vous ne me mandez, je m'asseure de luy faire faire une partie de ce que je voudray. Soyez icy vendredy de bonne heure sans faute : j'escry à monsieur le chancelier qu'il soit icy lundy avec tous ceux de mon conseil; mais je seray bien ayse d'avoir parlé à vous deux jours avant leur venuë, et pour cause. Adieu.

Ce jeudy matin troisiesme decembre, à Sainct Germain en Laye. HENRY.

CHAPITRE XCVI.

Conférence sur la religion entre du Perron, évêque d'Évreux, et du Plessis Mornay. Tentative pour empoisonner le Roi. Retour du duc de Savoye dans ses États. Conversation du chancelier de Bellièvre et de Rosny sur la guerre. Préparatifs contre la Savoie. Entrée des troupes françaises dans la Bresse et dans la Savoie. Conduite équivoque de Biron. Siége et prise de Charbonnières.

Pour l'année 1600, nous vous dirons qu'elle commença, pour vostre regard particulier, par les preparatifs que le Roy vous commanda de faire pour la guerre, Sa Majesté ayant enfin defferé aux raisons que vous luy aviez representées, et confirmations qui luy avoient esté données de vos advis touchant les grandes brigues, pratiques et menées, desquelles M. de Savoye usoit pour gaigner tous ses serviteurs plus accreditez, et toutes sortes d'autres personnes qu'il aymoit et avoient quelque pouvoir sur son esprit : en ayant eu desja plusieurs qui luy avoient fait grand cas de l'esprit et du courage de ce prince, jusques à luy dire que s'il le pouvoit gaigner tout à luy, cette acquisition luy seroit plus advantageuse que le recouvrement du marquisat, qui estoit en telle situation, de telle nature et de si peu de valeur qu'il luy cousteroit tousjours six fois plus à garder qu'il ne luy vaudroit de revenu.

En continuant la suite des affaires nous vous dirons qu'environ ce temps se fist la dispute d'entre messieurs d'Evreux et du Plessis (1), que vous essayastes d'empescher de tout vostre pouvoir, et y aviez disposé le Roy et mesmes aucunement M. d'Evreux; mais vous trouvastes le sieur du Plessis si opiniastre, qu'il n'y eut moyen de l'en divertir, et neantmoins il se défendit si foiblement, qu'il faisoit rire les uns, mettoit les autres en colere, et faisoit pitié aux autres; ce que voyant le Roy il vous vint demander : « Et « bien, que vous en semble de vostre Pape? — « Il me semble, Sire, dites vous, qu'il est plus « Pape que vous ne pensez; car ne voyez vous « pas qu'il donne un chapeau rouge à M. d'E-« vreux? Mais au fonds je ne vis jamais homme « si estonné, ny qui se defendit si mal. Si nostre « religion n'avoit un meilleur fondement que ses « jambes et ses bras en croix (car il les tenoit « ainsi), je la quitterois plutost aujourd'huy que « demain. »

Monsieur de Soissons commença dés lors à se refroidir de l'amitié qu'il vous avoit tesmoignée, et à vous prendre en haine, à cause de ce qui s'estoit passé touchant Madame. Il descouvrit lors au Roy qu'une femme, nommée Nicole Mignon, l'estoit venuë sonder et luy ouvrir des moyens de la faire empoisonner; ce qui ayant esté bien vérifié elle fut bruslée.

Nous vous avons parlé aux chapitres precedens du voyage de M. de Savoye en France, et du sujet qui l'y avoit amené; mais ce voyage ne lui reüssit pas selon ses intentions : car il s'en retourna apres avoir seulement convenu de deux sortes de conditions, à en choisir l'une d'icelles dans trois mois : à sçavoir, qu'il rendroit le marquisat de Saluces purement et simplement au Roy dans le premier jour de juin, ou en eschange d'iceluy le pays de Bresse jusques à la riviere de Dain, le vicariat de Barcelonnette jusques à l'Argenterie, le val de Sture, celuy de la Perouse et Pignerol; et que, pour le surplus, les parties restitueroient toutes les places qu'ils occupoient dans les pays, l'une de l'autre. Mais ce premier jour de juin estant venu, sans qu'il fust

(1) Dispute théologique qui eut lieu entre du Perron, évêque d'Évreux, et du Plessis-Mornay, auteur d'un livre intitulé : *Instruction de la Sainte Eucharistie*.

apparu d'aucunes diligences de M. de Savoye, pour l'execution de ce qu'il avoit promis, le Roy commença ses preparatifs pour le voyage de Savoye : le discours duquel sera un peu long, car les circonstances le méritent, et encor en obmettrons-nous plus de la moitié, dont la cognoissance ne seroit pas inutile.

Toutes choses alloient assez lentement, car la pluspart y estoient contraires. L'on fit faire un grand sejour à Moulins, et madame de Verneuil, qui estoit demeurée grosse à Paris, faisoit ce qu'elle pouvoit pour y rappeler le Roy. Mais le ciel en ayant autrement disposé, il envoya un coup de tonnerre, lequel entrant dedans sa chambre et passant sous son lict, il la fit accoucher de frayeur d'un enfant tout mort, lequel accident vous ayda grandement à renverser toutes les menées et pratiques contraires à l'acheminement du Roy à Lyon; duquel vous le pressiez et solicitiez avec telle instance, voire obstination, et d'entrer aussi-tost en armes dans la Savoye, qu'il ne fut pas jusques à M. le chancelier de Bellievre qui ne vous vint voir pour vous disposer au temporisement; lequel usa en substances de telle parole (car nous estions lors pres de vous) : « Hé quoy ! monsieur, hé ! « vrai Dieu, où est la prudence que doit avoir un « grand conseiller du Roy et d'Estat, comme vous « estes, et auquel, je ne le vous celeray point, « l'on dit que vous donnez de precipitez conseils « pour la guerre ? Helas ! que pensez vous faire « de conseiller ainsi le Roy contre l'advis de tout « le monde, de vouloir declarer la guerre au roy « d'Espagne et au duc de Savoye, et à tous « ceux de leur intelligence ensemble ? car vous « n'en attaquerez point l'un que tous les autres « ne s'en meslent. Nous avons tant heureusement « travaillé à la paix de Vervins, et vous allez « renverser tout ce que nous avons fait. Et en-« cor, pour commencer une telle guerre, j'ap-« prends que le Roy n'a que six canons, peu de « munitions prestes, gueres d'argent, six ou sept « mille hommes de pied et douze ou quinze cens « chevaux ! Seroit-il possible que vous le vou-« lussiez porter hors de son royaume avec de si « petites forces ! Cela est indigne d'un grand et « puissant Roy comme celuy de France. »

Lors vous lui distes : « Ho ! ho ! monsieur, « vous prenez l'allarme bien chaude. Cela est « pardonnable à ceux de vostre robbe; mais « quand j'auray à discourir avec le Roy ou de « bons capitaines, je leur feray voir que M. de « Savoye n'a fondé sa principale défence que sur « la timidité de ceux qui vous ressemblent et sur « les belles promesses d'autres, qui, pensant « tromper le Roy, ruineront le duc de Savoye.

« Et n'y a point d'apparence que le roy d'Es-
« pagne entre en guerre, luy qui est un jeune
« prince, qui n'a ny grand esprit ny grand cou-
« rage, qui a de grandes necessitez dans ses
« Estats, et qui est possedé par un favory qui le
« meine par le nez, comme il luy plaist, lequel
« de son costé n'est nullement homme de guerre,
« veut tirer à soy ou aux siens tout ce qu'il
« pourra, et saccager luy seul tous les biens de
« son maistre; ce qu'il ne pourroit pas faire,
« ayant une si grande guerre sur les bras; car il
« faudroit que tout l'argent qu'il peut mainte-
« nant gripper fut employé à cela. Tellement que
« ny du costé d'Espagne ny du costé de Savoye,
« il n'y a nulles forces prestes, lesquelles soient
« propres, ny pour attaquer ny pour défendre.
« Que si nous usons de diligence nous les sur-
« prendrons, et aimerois mieux les attaquer
« maintenant avec quatre mil hommes, qu'en
« l'année qui vient avec trente mil. Et quant à
« l'artillerie et à l'argent, c'est à moy à y pour-
« voir. Je respondray de ma vie, que l'un ny
« l'autre ne manquera point au Roy; partant,
« monsieur, mettez vostre esprit en repos; faictes
« vostre charge et laissez faire aux gens de guerre
« la leur. » Surquoy demy en colere, il vous dit :
« Je n'ay que faire de vos gens de guerre et suis
« obligé à bien conseiller le Roy, ce que je feray
« tousjours, quoy que vous veuilliez dire. » Et se
retira sur cela tout mutiné.

Ces mesmes propos furent rebatus devant le
Roy, et enfin son courage et vos persuasions le
porterent à Lyon, où derechef l'on usa de mille
artifices pour jetter Sa Majesté dans l'hyver.
Tantost M. de Savoye envoyoit des députez pour
proposer d'autres expédiens ; tantost disoit
qu'il vouloit executer de bonne foy ce qui avoit
esté arresté à Paris sur cela, tant pour faire nouveau fonds d'argent que pour faire advancer l'artillerie et les munitions. Le Roy vous depescha
en poste à Paris. Mais avant que partir vous envoyastes à toutes les receptes generales faire
deffences d'acquitter plus aucunes assignations,
sinon pour les garnisons des frontières et les
gens de guerre en campagne, dautant que vous
disiez vouloir faire payer toutes les autres despenses argent comptant à l'espargne ; et partant
que l'on y fist voiturer tous les deniers en diligence. Vous fistes aussi deffences aux payeurs
des rentes d'en acquitter plus aucunes sans arrest du conseil, dautant que le Roy avoit fait
verifier que l'on en payoit plusieurs qui avoient
esté rachetées ou qui avoient esté constituées sans
argent. Vous envoyastes aussi trois commissaires
de l'artillerie en Languedoc, Provence et Bourgongne, pour ramasser toutes les bonnes pieces
de batteries et munitions qu'ils pourroient descouvrir, donnastes pareille charge à vos lieutenans à Lyon et en Dauphiné, et de faire par
tout fondre boullets, battre poudre, amasser af-
fusts, cordages, mesches, sacs, pics, pioches,
pelles, besches et autres outils, et faire le tout
voiturer à Lyon et Grenoble. Et apres cet ordre
estably, vous-vous acheminastes en telle diligence qu'en trois jours vous fustes de Lyon à
Paris, où estant arrivé, vous envoyastes aux
provinces voisines faire les mesmes choses qu'a-
viez faites ailleurs, baillastes des commissions
pour lever nombre de gens de guerre, sans
forme de compagnie ny de regimens, afin de
servir seulement pour remplir les trouppes
qui estoient pres du Roy, qui se trouveroient
trop foibles. Vous atiltrastes six marchands,
lesquels assemblerent tous les roulliers et voituriers, par eau et par terre, qui estoient à trente
lieuës de Paris, lesquels firent marché avec eux
de voiturer trois millions trois cens milliers pe-
zants de marchandise, à tant le cent, à la charge
de le rendre dans quinze jours à Lyon, du jour
de la livraison. Quand ils furent bien obligez par
devant notaires, vous leur fistes delivrer vingt
canons, six mil boullets, six vingts milliers de
poudre, et toutes autres sortes d'outils et ustancilles d'artillerie, jusqu'à concurrence du poids.
Tous lesquels voituriers se vouloient desdire,
contestans que ce n'étoit point de la marchandise ; mais enfin, ayant desja la pluspart assemblé leurs chevaux et batteaux, leurs charrettes,
cordages et lievres, et les ayant menacez qu'aussi-bien vous saisiriez-vous de tout cela, ils entre-
tindrent leur marché, et vous rendirent dans
seize jours le tout à Lyon. Que s'il l'eust fallu
mener avec chevaux d'achapt ou de solde roul-
liere, comme l'on avoit accoustumé et vouloit-on
que vous le fissiez, vous n'en fussiez pas venu à
bout, sans une excessive despense et un temps de
deux ou trois mois.

Pendant toutes ces faciendes M. de Savoye ne
cherchant qu'à gaigner l'hyver, et vous voyant
party, fit apparente demonstration de vouloir
accepter l'un des deux partis que l'on luy avoit
baillez à choisir à Paris, et la chose en vint si
avant, que les ostages de part et d'autre furent nommez et envoyez pour seureté de l'execution : tellement que le Roy vous envoya trois
courriers, l'un sur l'autre, pour vous advertir
que tout estoit d'accord, et partant n'aviez plus
que faire de rien advancer ny le constituer en
plus grande despense. A toutes ces lettres vous
ne luy respondites jamais que trois lignes en
cette substance.

Lettre de M. de Rosny au Roy, sur les deceptions de M. de Savoye.

SIRE,

Je vous supplie très-humblement de m'excuser si je contrarie vos opinions et contreviens à vos commandemens ; car je sçay de science, que M. de Savoye ne veut que tromper, à quoy beaucoup de ceux qui sont prés de vous ne lui nuysent pas, et ne demande qu'à gaigner l'hyver : c'est pourquoy j'advanceray toutes choses, et me rendray pres de vous dans quinze jours, bien fourni de tout ce qu'il faut pour vous empescher de recevoir ny honte ny dommage.

Quatre jours apres vostre derniere response faite au Roy, vous receustes une autre du Roy que nous vismes en vos mains, où il y avoit ces mots.

Autre lettre du Roy à M. de Rosny.

Mon amy, vous avez bien deviné, car M. de Savoye se mocque de nous ; partant venez en diligence, et n'oubliez rien de ce qui est necessaire pour luy faire sentir sa perfidie. Adieu.
De Chambery, ce lundy.

Cette lettre vous trouva des-ja advancé à Montargis, où partie de vos équipages s'étoient rendus par eau, pour aller, de là, gagner la riviere de Loire. Apres avoir pourveu aux choses necessaires pour faire marcher tout l'équipage avec ordre et diligence, vous allâtes en poste trouver le Roy, lequel, encor qu'il s'amusast à ouyr des comediens et fist travailler à ce qu'il falloit pour son mariage, si n'obmettoit-il rien du devoir d'un grand capitaine et provident chef de guerre ; car ayant fait recognoistre les villes de Mont-melian et de Bourg, la premiere par des capitaines de M. de Lesdiguieres, et la seconde par les sieurs de Vienne et de Castenet qui estoient de vostre suitte, si tost que vous fustes arrivé il enfit executer les entreprises fort heureusement : des particularitez desquelles nous ne dirons rien, dautant que vous n'y fustes pas, n'estoit que par les divers succez de la derniere, il se justifie qu'aucunes-fois ce qui est reputé à desastre et malheur au commencement, devient enfin la cause d'un bon effet, et que les traverses des malins facilitent les operations vertueuses des gens de bien.

Comme donc toutes les choses necessaires pour ces deux executions eurent esté préparées, afin de les faire reüssir en une mesme nuict, M. le mareschal de Biron commist M. de Crequy pour celle de Mont-melian, et voulut estre en personne à celle de Bourg, laquelle il disposa de sorte que l'execution s'en devoit faire sur la minuict : dequoy le sieur de Bouvens, gouverneur de cette place, fut aussi-tost adverty (et fut sceu longtemps depuis que ç'avoit esté par le moyen du mareschal de Biron mesme, lequel commença lors premierement à produire des effets de ses deffections, lesquels luy reüssirent aussi mal que toute la suitte d'icelles) ; tellement que luy, comme brave soldat, diligent et avisé chef de guerre qu'il estoit, fist soudain assembler en armes tout ce qu'il avoit de gens de guerre dans sa place, tant en soldats de la garnison qu'en habitans de ville, et leur dist en substance, qu'ayant eu advis, de lieu si certain qu'il n'en falloit nullement douter, qu'il y avoit entreprise sur sa place, laquelle devoit estre executée sur la demie heure de devant ou d'apres minuict, il les exhortoit et prioit tous, voire leur commandoit absolument, en tant que besoin en pouvoit estre, de se resoudre à veiller toute cette nuict et de demeurer tousjours sur leurs armes aux lieux qu'il leur ordonneroit, tant dedans les portaux que sur les ramparts et bastions, qu'és trois lieux de dehors où il vouloit diligemment establir trois bonnes et fortes troupes, comme estant cette voye la plus asseurée forme de garde qui se pouvoit pratiquer contre toutes sortes de surprises nocturnes, soit par intelligence, soit par petard, escalade ou saulcisse, comme il estoit adverty que le dessein avoit esté projetté sur les trois premiers ; et pource que l'on luy avoit mandé qu'il avoit esté choisi pour cét effect, des plus resolus et determinez capitaines et soldats qu'il avoit esté possible de trouver, il ne leur vouloit point celer qu'il ne fut bien aise d'eviter que sa soldadesque se trouvast obligée d'en venir main à main avec telles gens, de crainte que quelques-uns des siens non encor usitez à tels impetueux et opiniastrez insults de front à front, venans à s'effrayer, ne donnassent subjet aux autres de combattre en confusion, et peut estre de se retirer en desordre, et qu'en ce cas il ne se trouvast reduit à les laisser tous tailler en pieces à sa veuë, plustost que de les recevoir, ou qu'en les voulant aller secourir ou leur ouvrant les portes, les ennemis n'entrassent pesle-mesle dans la ville et peut estre en suitte dans la citadelle : tellement que par forme de prevention à tels et semblables inconveniens, il leur ordonnoit de faire de si grands feux aux lieux de leurs gardes, et jetter de doubles et triples sentinelles perduës, si loing, que par ces grandes clartez et tant de *qui va là ?* si fort esloignez, ils fissent perdre aux ennemis l'envie de s'advancer davantage, et, en tout cas, moyen de se retirer de bonne heure, à loisir et sans desordre, ou bien faire ferme si l'ennemy marchoit en tas·

tonnant et comme ayant crainte. Tous lesquels ordres et raisons alleguées ayant esté grandement approuvées par ceux qui les avoient entenduës, chacun d'iceux, si tost qu'il eut soupé, se rendit au lieu de sa garde, suivant l'ordre à luy prescript (que le sieur de Bouvens avoit fait mettre par escrit, et mesme baillé une coppie d'iceluy à chacun des chefs), et se trouverent tous dés les huict à neuf heures, où ayant tousjours l'oreille au guet et les armes sur le dos et en la main, ils contoient toutes les heures de l'horloge; et comme ce vint sur les unze heures jusques à une heure, ils renforcerent les flammes de leurs feux, se mirent en posture sur leurs armes et advancerent encor davantage leurs sentinelles, afin de les tenir advertis de meilleure heure.

Mais lors qu'ils entendirent frapper deux heures, puis trois heures, et quatre heures, et que des-ja de tous costez les coqs chantoient pour annoncer la prochaine venuë du nouveau jour, ils vindrent à croire que leurs ennemis ne viendroient plus du tout, et qu'infailliblement ils avoient descouvert leurs feux et recogneu leurs corps de garde de dehors, et s'estoient retirez. De sorte que s'étans fortifiés les uns les autres en cette opinion, tant par l'apparence qu'il y en avoit, que par ce que l'on se persuade facilement ce que l'on desire, ceux de dehors ayans quitté les lieux de leurs gardes, ceux des tours, portaux et ramparts ayant fait le semblable à leur exemple, ils s'en allerent tous rians et sautans en leurs maisons, les uns se mettans au lict, et les autres à des-jeuner avant que de dormir, sans qu'il demeurast que quelques chetives sentinelles, par forme d'acquit.

Or, estoit-il arrivé pendant toutes ces dispositions et faciendes de ceux de Bourg, que les troupes du Roy marchantes de nuict s'estoient grandement esgarées, soit par la faute des guides, ou que cela eust esté fait à la main par ceux qui avoient si mal commencé; tellement que comme ils approcherent de la ville, ils virent que le jour commençoit à poindre, ce qu'estant recogneu par M. le mareschal de Biron et quelques autres chefs, dependans absolument de luy, ils voulurent que l'on se retirast. Mais M. de Boësse, auquel le Roy avoit donné parole du gouvernement de Sainct Angel, Chambaret, Loustanges, Vienne, et sur tous Castenet (qui estoit à vous et s'estoit fait fort de poser et faire joüer le petard, quand ce seroit en plain jour, voire quand toutes les courtines seroient bordées) oppiniastrerent tellement à marcher et donner avec protestation, quant à eux, de ne revenir point qu'ils n'eussent fait tout leur pouvoir pour prendre la ville, que M. de Biron fut contrainct de ceder à leurs fantaisies, ce qui estant resolu fut aussi-tost executé. Tellement que Castenet avec trois autres que vous luy aviez baillez pour luy aider à porter quatre petards, s'estant advancé, suivy de douze hommes de main, armez de toutes pieces, jusques sur les contrescarpes, une sentinelle luy demanda : « Qui va là? » A quoy il respondit suivant vostre ordre : « Amis, amis! Nous venons advertir « M. de Bouvens, que grand nombre de gens de « guerre ont marché toute nuict par la campa- « gne, sont venus jusques à deux mille pas de « cette place, et puis s'en sont retournez sur leurs « pas, et de quelques autres affaires qui con- « cernent le service de monseigneur le duc et la « seureté de sa place : ce que nous vous prions « tres-instamment de luy aller dire tout ce que « nous vous disons, afin qu'il nous envoye ou- « vrir la porte. » A quoy la sentinelle ayant respondu qu'il ne manqueroit pas, et ayant en mesme temps quitté sa garde pour cet effet, Castenet continua son chemin vers la porte, posa son petard et emporta le pont-levis, sans allarme, par l'ouverture duquel les douze qui le suivoient avec de courtes eschelles, car le fossé n'estoit guere creux, entrerent dans la ville, où, estant suivis par le reste des troupes, elle fut prise sans combat, le sieur de Bouvens ayant à peine eu loisir de se retirer avec ses soldats dans la citadelle.

Mont-melian ayant esté semblablement pris, le Roy fit investir Chambery, dont il prit la ville et les fauxbourgs par l'effroy des habitans, les soldats s'estans retirez au chasteau où ils protestoient de se vouloir défendre, et de n'en sortir sans mandement de leur duc. Mais la presentation que vous leur fistes de huit canons mis en batterie dés le lendemain matin mesme, leur fit bien-tost changer de langage, et leur brave resolution en une seure capitulation qui leur fut fort bien gardée. Et se passa lors une chose grandement à remarquer, que, dés le lendemain de cette reddition, madame vostre femme persuada vostre hostesse de faire une assemblée des principales dames de la ville, où le bal fut tenu avec la mesme liberté et gayeté que s'il y eust eu un an que le Roy en eut esté le maistre, tant toutes choses estoient conduittes avec douceur, bon ordre et police.

De Chambery, le Roy vous renvoya à Lyon, pour aller donner ordre aux finances, à l'artillerie, aux vivres et munitions, et recognoistre la citadelle de Bourg, Saincte Catherine, Seissel, Pierre Chastel, l'Escluse et autres places de Bresse; et luy s'en alla assieger Conflans, Miolens, Monstiers, Sainct Jacomo, Sainct Jean de Morienne et Sainct Michel; des particularitez desquels sieges nous ne dirons autre chose, pour ce que vous n'y fustes pas et qu'il ne s'y passa rien de fort memorable, toutes ces places s'estans renduës d'espouvente quasi à la veuë du canon, sinon qu'à la prise de Miolens, il se trouva un homme dans les prisons, qui vous fut presenté apres par le sieur de Fugeres, lequel vous dit, en nostre presence, qu'il avoit esté quinze ans prisonnier, mais qu'encor n'en pensoit-il pas estre quitte à si bon marché, dautant qu'un homme qui se mesloit de predire, l'avoit menacé d'une fort longue prison, de laquelle il ne seroit delivré que par les armes d'un Roy de France, chose qu'il desesperoit de voir jamais arriver et neantmoins luy estoit advenuë.

Au partir de Lyon vous vous en allastes disner à Villars et coucher à Bourg, où vous trouvastes M. de Biron, qui vous receut et traitta fort courtoisement, lequel, comme il vous vit resolu de recognoistre la citadelle, il vous en dissuada autant qu'il pust, vous disant qu'il y avoit trop de peril, et qu'il ne le permettroit jamais. Neantmoins vous ne laissastes pas de vous en esclaircir le cœur, de voir et de recognoistre tout, ce qui ne se fit pas sans extrémes perils, aussi bien la nuict que le jour, et sembloit qu'ils fussent advertis, car tout estoit affusté sur vous. Depuis vous en voulant retourner à Lyon, l'on vous advertit qu'il estoit arrivé deux cens chevaux des ennemis, à un Chasteau proche de vostre couchée; mais quand vous en parlástes à M. de Biron, il s'en mocqua. Neantmoins, à cause que vous n'estiez venu qu'avec vingt chevaux, par l'importunité que vous luy en fistes, il vous bailla ses gardes pour vous faire escorte; mais avec charge expresse et secrette de vous laisser à Villars et de le revenir trouver. Auquel lieu estant arrivé et vos mulets desja deschargez, comme vous vistes que ses gardes s'en vouloient retourner, quelque priere ou commandement que vous leur fissiez, vous entrastes en soubçon et dites à vos gentils-hommes : « Cette « procedure ne me plaist point, et ne fait point « seur coucher icy; allons ailleurs. » Et fistes aussi-tost recharger vos mulets et allastes encor à Vimy, qui est à trois ou quatre lieuës de là, et trois heures apres que vous fustes deslogé, cent chevaux et autant d'arquebusiers donnerent droit à vostre logis et firent mille exclamations, ne vous y trouvant point; ce que sçachant, vous commencastes à soubçonner M. de Biron de quelque mauvais dessein. A vostre arrivée à Lyon vous trouvastes un courrier du Roy avec une lettre de sa main, disant :

Lettre du Roy à M. de Rosny.

« Mon amy, nous avons pris plusieurs petites places, et sommes à present devant Conflans, qui fait mine de se vouloir faire battre. Partant venez me trouver le plutost que vous pourrez, car vostre presence est icy du tout necessaire, et envoyez devant vous, puis que vous viendrez en poste, quatre ou cinq bons commissaires, autant de vos meilleurs pointeurs, douze bons canonniers, quatre cens pionniers et force outils pour remuer terre et faire logis de batterie. »

Ce que vous fistes aussi-tost; et deux jours apres vous acheminastes vers Sa Majesté, que vous trouvastes à Sainct Pierre d'Albigny, Conflans s'estant rendu à l'arrivée de l'équipage que vous y aviez envoyé, ayant en passant recognu Mont-melian et Charbonnieres. A vostre arrivée le Roy vous embrassa par trois fois et vous dit : « Mon amy, vous soyez le plus que tres-bien « venu; car vous m'avez dignement servy, et « avec un merveilleux travail, industrie et dili- « gence. Enfin ceux de Conflans se sont rendus, « quand ils ont veu vostre équipage. Mais j'ay « peur que nous n'aurons pas si bon marché de « Charbonnieres; et quant à Mont-melian c'est « une merveilleusement forte place : les avez- « vous point veuës ?—Oüy, Sire, dites-vous, je « les ay recogneuës ensemble, Bourg, Saincte « Catherine et toutes les autres places de Bresse. « —Or bien, dit le Roy, laissons-là Bresse pour « maintenant, et me dites ce qu'il vous semble « de Mont-melian, car je la trouve la meilleure « place que je vis jamais; il est vray que je ne « l'ay pas bien veuë de prés. » Lors vous respondistes : « Sire, la place est bonne, à la verité, « mais non pas si forte que je ne la prenne bien, « si vous me le commandez.—Oüy, dit le Roy, « mais dans quatre ou cinq mois, et l'hyver ne « nous donnera pas ce temps là.—C'est pourquoy « dites-vous, Sire, il nous faut haster; car je ne « vous demande que cinq sepmaines au plus, du « jour que j'auray donné le premier coup de pic « aux tranchées.—Cinq sepmaines ! reprist le « Roy; je vous en donne bien dix et n'y faillez « pas. Mais nous en parlerons une autre fois; « allez-vous en souper, car vous devez avoir bon « appetit : voila Parfait qui a charge de vous « faire bonne chere. » Puis il appella à part monsieur vostre frere et M. de la Varenne, ausquels il dit : « Bethune, vostre frere a bonne volonté, « mais dites luy qu'il ne se vante pas tant, pour « ce qu'il y en a qui en font leur profit. Aussi « est-il certain qu'il ne prendra pas cette place « dans le temps qu'il promet. » Ce que monsieur vostre frere vous estant venu rapporter, vous luy dites : « Je feray encor plus que je ne dis, pour-« veu que le Roy me laisse faire ; car j'ay bien « recognu toutes les incommoditez de cette place, « ce qu'il n'a pas fait, ny aucuns de ceux qui « sont pres de luy. »

Le lendemain le Roy prit son chemin à Grenoble, laissant ses troupes és environs de Montmelian, et vous pour y commander. Lors vous fistes dresser un plan de toute la forteresse et des environs où estoient representées toutes les batteries que vous y entendiez faire, et avec cela vous en allastes trouver le Roy à Grenoble, afin d'y faire resoudre le siege ; car il vous avoit defendu expressément de le former, jusques à ce qu'il y eut advisé en son conseil, lequel à vostre arrivée il fit assembler. Mais ce ne furent que contestations et diversitez d'advis, dont les plus opposez à toutes vos ouvertures, estoient messieurs les comte de Soissons et duc d'Espernon et de la Guiche, et ne se trouva que messieurs de Lesdiguieres et de Crequy, de vostre opinion : ce que voyant, vous dites au Roy : « Sire, je « voy bien que par ces disputes l'on nous veut « traisner jusques dans l'hyver ; mais pardieu il « n'en yra pas ainsi, car j'auray plutost pris la « place que je n'aurois accordé tant d'opinions « diverses. » Et là dessus jettant vostre plan sur la table, vous dites : « Sire, voilà le plan et ce « que j'y veux faire, faites disputer dessus tant « qu'il vous plaira, et ce pendant que je prepa-« reray toutes choses pour Mont-melian, je m'en « vay attaquer Charbonnieres. » Et aussi-tost vous montastes à cheval, et mandastes de tous costez de faire advancer l'artillerie et les munitions. Mais les chemins estoient si estroits, traversez de rochers et bordez d'un costé, de la riviere d'Arc, dont les bords sont tous precipices, que vous ne pouviez faire une lieuë par jour, et par plusieurs fois il vous fallut mener vostre canon, n'y ayant qu'une rouë qui portast à terre, estant l'autre en l'air sur ces grands precipices ; il fit lors aussi tant de pluyes et mauvais temps, qu'il sembloit que toutes choses fussent contraires à vos desseins, car vous aviez promis au Roy, apres avoir recognu Charbonnieres, de le prendre dans huict jours, et neantmoins il vous avoit fallu quasi ce temps-là à cause des pluyes, pour charroyer tout ce qui vous estoit necessaire : tellement que M. le Comte de Soissons, qui vous picotoit tousjours, dit au Roy : « Sire, il vous « avoit promis que dans huict jours il prendroit « cette place. — Il est vray, monsieur, dites vous, « mais l'on m'avoit promis qu'il ne pleuvroit « point, et que les rivieres ne deborderoient point. « Toutes-fois il n'y a remede : j'ay affaire à un « bon maistre qui excusera mes defauts ; il a prou « experimenté qu'à la guerre l'on ne fait pas tout « ce que l'on veut. » Or, aviez-vous tant travaillé, sué et esté moüillé, qu'il vous avoit pris une ébolution de sang, et aviez le corps tout rouge, dont vous ne vous estiez point apperceu ; et le Roy fut le premier, qui vous regardant le col et puis l'estomac, vous dit : « Jesus ! mon amy, « vous estes perdu. » Et appellant M. du Laurens, il luy dit : « Qu'est-ce que cela, M. du Laurens ? « — C'est, dit-il, Sire, une ébolution de sang « pour s'estre trop eschauffé ; il le faut faire sai-« gner promptement et ce ne sera rien. » Ce que vous fistes faire aussi-tost que vous fustes arrivé à vostre quartier qui estoit à Semoy.

Le Roy estant logé à la Rochette, lequel, dés le lendemain matin, vous envoya visiter par M. de Termes, croyant qu'il vous trouveroit encor au lict ; mais il vous trouva montant à cheval pour aller disposer vos batteries, ce qui fit esmerveiller le Roy quand il luy dit. Vous vous en allastes à Aiguebelle qui est la ville au pied du fort, en laquelle il y avoit quelques regimens logez ; ceux du fort tiroient en furie par tout où vous passiez, et sembloit qu'ils vous recognussent. Quand vous eustes bien consideré cette place, vous la trouvastes meilleure que vous ne pensiez ; car c'estoit un roc inaccessible de tous costez, fors en un seul endroit qui avoit esté remparé, de sorte qu'il sembloit que ce fut roc naturel, comme le reste. Mais une nuict bien noire vous en approchastes si pres, qu'avec une pique que vous fichastes dans ce bastion, vous appristes que ce n'estoit que terre et fascine, si bien recouvertes d'herbe que l'on ne pouvoit juger si c'estoit roc ou non : davantage encor que cette place fut fort commandée, neantmoins les montagnes des environs estoient tellement inaccessibles, que c'estoit tout ce que pouvoit faire un homme à pied que d'y monter. Toutesfois, ayant gravy sur les plus difficiles rochers, vous recognustes un chemin par le derriere, par lequel, à force de bras, l'on pouvoit monter du canon, mais il le falloit passer auparavant par un chemin si proche du fort qu'ils y pouvoient jetter des pierres. Tellement que, pour eviter tous perils, vous choisistes une nuict la plus noire, et pristes deux cens Suisses et deux cens François, ausquels vous promistes à chacun un escu pour tirer l'artillerie, à force de bras, du long le chemin, et falloit faire basse voix, car autrement le chasteau les eut couverts de coups de pierres, mousquetades et d'artilleries. Aussi, en tirant, ils se disoient les uns aux autres à l'oreille et de main en main, *chet, chet !* Et pour encor destourner l'oreille et les yeux des ennemis ailleurs ; vous fistes mener des chevaux et chartiers vers d'autres chemins, comme si l'on eut voulu passer par là des pieces, lesquels estoient couverts d'arbres, gabions, madriers et murailles, et faisans claquer leurs foüets en quantité, crioyent, *hay, hay!* et jettoient plusieurs autres voix semblables, de telle sorte que les ennemis tiroient là sans relasche.

Or, comme vous eustes ordonné tout cela, vous commistes le commissaire la Vallée, vostre lieutenant en Bretagne, pour faire tout marcher, et vous en allastes visiter les autres batteries; pendant lequel temps il vint une si forte pluye que la Vallée abandonna l'artillerie et s'en alla souper et coucher chez M. de Grillon, et tous les Suisses et soldats aussi quitterent et prirent le chemin de leur quartier. Sur lequel vous revenant pour voir comment la Vallée avoit avancé son carriage, vous les rencontrastes, et les ayant recognus, vous leur demandastes pourquoy ils avoient abandonné le canon; et ils vous dirent que la pluye en avoit chassé tous les officiers de l'artillerie et eux apres. Lors encor que vous n'eussiez point de manteau et eussiez essuyé toute l'ondée de la pluye en pourpoint, neantmoins, apres plusieurs contestations, et les menaçant qu'ils n'auroient argent de trois mois, vous les fistes retourner et derechef atteller au canon, dont ils passerent six pieces cette nuict là avec grands hazards, car il y en eut six tuez et huict de blessez; et quand la derniere piece fut hors du danger du chasteau, vous vous en allastes, avec autant de diligence que l'obscurité de la nuict le pouvoit permettre, en vostre quartier, changer d'habits, car vous estiez tout traversé et tout plain de boüe et de terre.

Apres avoir dormy une heure et des-jeuné, retournant pour faire monter les pieces sur le haut des rochers, en chemin vous rencontrastes la Vallée, qui est un grand hableur, lequel ayant trouvé le matin les six pieces passées, et ne sçachant point que vous y eussiez assisté, s'en voulust prevaloir et s'en vint à vous, riant et disant: « Mon maistre, mon maistre, nos six « pieces sont bravement passées. » Lors luy ayant demandé qui les avoit passées, il respondit qui ç'avoit esté luy; ce qui vous mettant en colere, fut cause que vous luy dites: « Allez « sot et menteur que vous estes; n'avez vous « point de honte de vous vanter de ce que moy-« mesme ay fait? » Lors, sans s'estonner, il vous dit : « Quoy! vous y avez esté? vrayement j'ad-« voüe que je suis un sot. — Oüy, vous l'estes, « et pis encor; mais n'y retournez plus, et re-« compensez vostre faute par diligence et tra-« vail à faire monter nos pieces et munitions à « bras, car il n'y a cheval qui puisse monter. »

Sur les neuf heures, vos pieces furent au plus haut des rochers où l'on avoit desja fait des gabions et scié des madriers, trépans et aisses pour les plattes-formes; mais quand ce fut à remplir les gabions il ne se trouva point de terre à un demy quart de lieuë de là, mais seulement des pierrotages qui eussent estropié tout le monde: tellement que vos officiers s'en vindrent à vous tous estonnez, disans : « Monsieur, « nous ne sçaurions icy faire platte-formes, ny « logemens, ny embrazures, ny remplir gabions, « car il n'y a point de terre. » Lors vous dites : « Vous estes bien effarez; là, là, faites la pallis-« sade que je vous ay commandée tout du long « de la coste, et promptement, pour oster vos « logemens de la veuë des ennemis; faites-la « bien haute et bien espaisse, et je m'en vais « donner ordre au surplus. » En mesme temps vous fistes venir tous vos charpentiers et scieurs de long, tous ceux qui estoient parmy les pionniers, et fistes, en moins de rien, abattre deux cens gros fousteaux que vous fistes mettre par tronces, les unes rondes, les autres aucunement escarries, afin de les faire tenir les unes sur les autres; et avec les rondes vous remplistes les gabions, et avec les autres et des gabions de roulage vous fistes vos logemens et trenchées; en sorte qu'à deux heures apres midy vos six pieces furent en batterie.

Or, afin de cacher à l'ennemy le lieu d'icelles, de peur qu'il n'y fit contre-batterie, vous aviez, en des lieux aux deux costez, formé des especes d'embrazures de gabionnades, où les ennemis tiroient en furie et croyoient vous avoir empesché vos logemens, car ceux qui estoient les vrays logemens avoient esté si bien cachez par vos pallisades de feüillards qu'il estoit impossible de les descouvrir. Sur les trois heures le Roy vous vint voir, lequel trouvant toutes choses si advancées et ayant sceu les difficultez que vous y aviez rencontrées, il en fit des exclamations et vous embrassa trois ou quatre fois, et puis vous dit: « Or ça, voila vos batteries prestes « de tous costez; qui empeschera de les saluer? « — Jesus, Sire, dittes-vous, il s'en faut bien « garder, car nous rendrions inutile l'artifice « dont j'ay usé pour leur cacher mes pieces, les-« quelles si ils descouvrent devant la nuict, ils « me prepareront durant icelle une contre-bat-« terie qu'il faudra que je combatte et desloge « demain au matin devant que je puisse battre « en batterie. » Ce que le Roy approuva; mais depuis ayant parlé à messieurs le comte de Soissons, d'Espernon, la Guiche, Ville-roy et autres, il changea d'advis et dit: « Je veux voir quel

« effet feront vos pieces, car il me semble que « ce ravelin que vous voulez battre est un roc « où vous ne ferez rien. » Vous contestastes quelque temps, et le Roy s'estant mis là-dessus en colere, vous dit : « Vous voulez faire le maistre « par tout et c'est moy qui le suis. — Oüy vraye- « ment, Sire, vous estes le maistre, dites vous, « aussi serez-vous obey quand je devrois tout « gaster. » Lors vous criastes : « Hola, ho ! tout « le monde aux batteries, au fourrage, à la pou- « dre, aux boulets, aux leviers, aux coins et « haut les bras. » Et aussi-tost la palissade renversée l'on commença à mettre feu; mais c'estoit à tirer, tantost en un endroit, tantost en un autre, sans s'arrester à rien de certain, car tout le monde commandoit et ne vous mesliez de rien.

Vous estant esloigné tout en colere de voir ce desordre, le petit la Guesle vous vint dire : « Monsieur, le Roy vous demande. — Dites luy, « dites vous, que je n'ay que faire là pour tirer « aux moineaux, et que le soleil va se coucher; « partant, entre-cy et là, que chacun fasse « comme il l'entend. » Peu apres le Roy fit tout cesser, ayant seulement fait tirer quelque cent coups qui ne servirent de rien. Vous couchastes en vos batteries et ne voulustes point aller en vostre quartier. Toute la nuict il pleut fort, et neantmoins vous ne laissastes de faire travailler; les ennemis en faisoient autant, et apperceviez des feux et de la chandelle en trois ou quatre lieux, ausquels vous fistes tirer quelques vollées pour les empescher. A la pointe du jour il se leva un si grand broüillard que l'on ne voyoit point la forteresse à six heures, ce qui vous mit en peine, car vous vous estiez vanté aux courtisans de prendre la place le lendemain, et commençastes à dire en riant : « Je veux esprouver si le bruit « et le vent du canon ne dissipera point les nuées « et les broüillards, comme firent les heaumes « en la tour de l'univers. » Lors vous mandastes à toutes les batteries qui estoient des autres costez, au nombre de quatre, qu'aussi-tost qu'ils oyroient le tintamarre de vos pieces, ils fissent haut les bras partout; et à la seconde vollée tous les broüillards s'escarterent, et vit-on le fort tout à clair; duquel quatre pieces logées dans les embrazures du roc qu'ils avoient taillées la nuict, commencerent à tirer dans les vostres, vous blesserent deux commissaires, tuerent six canonniers, huict pionniers, et blesserent douze ou quinze personnes de toutes qualitez : tellement que deux pieces furent abandonnées jusques à ce que vous eussiez deslogé les leurs; et vous mesmes allastes pointer une piece qui donna droit dans l'embrazure du roc, rompit deux pieces qui y estoient, tua un de leurs canonniers et blessa les deux autres. Sur ce bruit le Roy vint au galop, arriva sur les neuf heures et fit apporter là son disner. Vous luy aviez fait preparer un lieu garni de gros arbres tous entiers, l'un sur l'autre, pour le mettre à couvert et luy faire voir sans danger tout ce qui se feroit, et luy monstrastes les morts et blessés cydessus, luy en disant les causes. Ceux qui, le jour de devant, l'avoient irrité contre vous, essayerent encor à faire le semblable : ce que voyant vous luy dites : « Sire, je m'en vay dis- « ner, car je n'ay de ce jourd'huy mangé, et si « suis au travail dés le soir; pendant ce temps « là que chacun fasse le grand maistre qui vou- « dra, car quand j'auray disné, ou l'on me lais- « sera faire à ma fantaisie, ou je quitteray tout « là. » Lors le Roy vous envoya querir un pasté de truite que l'on luy avoit envoyé de Geneve, le plus grand qu'il estoit possible de voir : on l'envoya à vostre table qui estoit de quarante serviettes, dressée sous un grand roc en forme de demie voute tout tapissé de lierre. Vostre disner fut court, et revinstes aussi-tost dire au Roy : « Sire, au nom de Dieu, laissez-moy battre « en juste batterie et au lieu que j'ay recogneu, « car je sçay bien que par là je prendray la place « aujourd'huy. — De belles, ce vous dit le Roy; « je voudrois bien estre asseuré de la prendre « dans trois jours; mais faites ce que vous vou- « drez : » Lors la Guesle, qui estoit pres de luy, dit : « Si j'estois là dedans, l'on ne me prendroit « d'un mois. — Allez vous y-en, dites-vous, et « si je ne vous fais tous pendre aujourd'huy, je « veux estre tenu pour un fat. »

Lors Sa Majesté s'en alla dans une tente où son couvert avoit esté mis; mais il y fut plus d'une heure avant que son disner vint, et autant quasi à disner, puis voulut aller voir vostre parc, tellement que vous eustes trois heures à battre à vostre mode; et comme Sa Majesté venoit, disant à M. le comte de Soissons : « Cette « place ne sera pas prise aujourd'huy. — Aussi, « Sire, vous en devriez-vous faire croire, respon- « dit-il, car qu'il bat est un roc. — Nous le « verrons bien maintenant, dit le Roy, laissons « le faire tout aujourd'huy. » Et en ce mesme temps ils oüyrent la chamade et crier qu'ils vouloient parler; dequoy le Roy fut aussi aise que vos envieux en furent marris. Mais l'affaire ne fut pas encor terminée pourtant; car, comme le lieutenant fut venu trouver le Roy, il demanda des conditions tellement excessives, que vous ne vous peustes empescher de dire : « Jesus! Sire, n'ont-ils point de honte? Je vous « prie me les laisser un peu manier, et je leur

« feray bien chanter un autre langage. — Oüy, « monsieur, dit le lieutenant, nous sommes deux « cens hommes là dedans qui vous donnerons « de l'exercice pendant plus de huict jours. Par- « tant ne soyez point marry que Sa Majesté des- « ploye sa liberalité en nostre endroit, à nous « qui sommes soldats, et il en est le pere. — Il « ne seroit pas raisonnable, dittes-vous, que les « enfans fissent recevoir une honte à leur pere. « — Et bien, dit le Roy, je vous en laisseray « faire entre vous. Je laisse Lesdiguieres et Ville- « roy avec Rosny, pour adviser des conditions, « et ce pendant je m'en vay souper à mon quar- « tier. »

Comme le Roy fut parti, M. de Lesdiguieres vous dit : « Monsieur, descendons bas, et nous « en allons au fort, car je cognois ces gens, ils « sont à nous. — Ouy bien peut estre, monsieur, « sous conditions honteuses, dittes-vous; mais je « n'en accorderay jamais de telles. — Monsieur, « dit M. de Ville-roy, il faut avoir la place, « comment que ce soit. — Nous verrons ce qu'ils « diront, dites-vous, mais je sçay bien que je les « auray aujourd'huy d'une façon ou d'autre. » Et ainsi vous descendistes en bas en discourant tousjours sur ce sujet. M. de Lesdiguieres vous mena jusques à deux ou trois cens pas du chasteau, à la mercy de toute leur courtine. Lors vous luy dites : « Quoy! monsieur, voulez-vous « que nous nous mettions à la discretion de tous « ces gens-là, lesquels, s'ils ne se veulent point « rendre, si tost que leur lieutenant sera rentré, « nous feront retirer plus viste que le pas, et peut « estre en demeurer quelqu'un en la place? Or je « ne veux ny l'un ny l'autre, ny estre blessé en « novice. Et partant je m'en vay derriere un roc « que je vois à cent pas de nous, d'où il y a « moyen de se retirer à couvert; et ce pendant « je donneray ordre à toutes mes batteries, pour « faire tenir toutes choses prestes à battre plus fu- « rieusement que jamais. »

Au commencement, ces messieurs se rioyent dequoy vous vous en alliez ainsi tout seul derriere ce roc; mais enfin ils vous y suivirent bien tost en courant, dautant que peu apres revint le lieutenant avec ses premieres conditions; ce qui vous mit en colere et dire : « Pardieu, je ne « sçaurois plus souffrir une telle effronterie, car « je les auray plutost pris que vous n'auriez escrit « ce qu'ils demandent. Adieu, vous dis-je, je « m'en vay faire beau bruit. — Monsieur, dit le « lieutenant, nous ne nous estonnons pas pour le « bruit. » Monsieur de Ville-roy vous dit : « Mon- « sieur, advisez ce que vous ferez, car si nous « n'avons la place aujourd'huy, nous serons obli- « gez de dire au Roy qu'il n'a tenu qu'à vous. — « Or, monsieur, dittes-vous, dites ce que vous « voudrez, je m'en vay faire ce que je dois. » Et ayant mis par escrit quelques articles d'une capitulation, vous leur baillastes, disant : « Voila « ce qu'il leur peut estre accordé; vous me man- « derez si ils s'en contentent ou non. » Et sur cela vous vous en allastes à vostre batterie, d'où vous donnastes le signal aux autres; et lors fust battu avec telle furie et si heureusement, que de la seconde volée vous mistes le feu à leurs poudres, qui leur fricasserent vingt ou vingt-cinq soldats, et six ou sept femmes. A la troisieme volée, le petit ravelin tomba, et y eut bresche raisonnable, qui ne se pouvoit deffendre, à cause qu'il falloit passer par un chemin estroit, pour y venir, et tout à descouvert; vous leur tuyez leurs meilleurs hommes, ce qui les mist en telle peur qu'ils envoyerent faire une chamade.

Et pource que vous ne laissiez pas de faire tousjours tirer, mesme que le tambour qui faisoit la chamade fut eslevé plus de deux toises en l'air, sans avoir mal, d'un coup de canon qui luy donna dans des terrasses sous ses pieds, ils firent mettre un linge au bout d'une pique, et commencerent à crier : « Monsieur de Rosny, monsieur « de Rosny, nous nous rendons et acceptons ce « que vous nous avez offert. — Et moy, dites- « vous, je vous rends à tous les diables, tirez « tousjours. » Or comme ils virent que vos batteries ne cessoient point de tirer et que tout s'en alloit d'effroy parmy eux, ils firent signes et tendirent les mains aux soldats qui estoient au dessous de la bresche, leur disant : *Montez, montez, soldats*, lesquels aussi-tost entrerent dedans à la foule, et fustes lors contraint de cesser de tirer, car vous eussiez tué les vostres. Vous montastes à cheval aussi-tost, et vous en allastes au gallop dans le fort, où tous se vindrent jetter à genoux devant vous, disans : « Monseigneur, nous sommes à vostre discretion, « ayez pitié de nous. » Surquoy vous leur dittes : « Ne sçavez vous pas bien que je vous ay promis « de vous faire tous pendre? il faut que je vous « tienne promesse. » Lors ils vous presenterent leurs blessez, puis leurs bruslez. Nous n'estimons point qu'il se puisse voir chose si horrible et si pitoyable ensemble : d'abondant les femmes vous vindrent prier les genoux en terre, les mains jointes et les larmes aux yeux; il y en avoit de belles, et une entr'autres, la plus belle que l'on eut sceu voir. Tout cela vous attendrit le cœur, et enfin leur baillastes la mesme capitulation que leur aviez premierement offerte, laquelle vous fistes observer de point en point, et furent conduits en lieu de seureté.

CHAPITRE XCVII.

Siége et prise de Montmélian. Lettres du maréchal de Biron.

Vos entreprises ayant tousjours heureusement succédé, suivant les asseurances que vous en aviez données au Roy, vous fistes lever toutes vos batteries de devant Charbonnieres, acheminer vos pieces et munitions vers Mont-melian, et allastes trouver le Roy au gallop, afin de faire conclurre de l'assieger. Les premieres constestations estans renouvellées, contre lesquelles vous opiniâtrant tousjours, enfin le Roy vous dist : « Regardez bien ce que vous faites, car si nous « sommes contraints par le temps à lever le siege, « tout le monde criera apres vous, et moy peut « estre tout le premier. — Pourveu que vous me « promettiez une chose, Sire, dittes-vous, je vous « engage mon honneur et ma vie de vous mettre « dedans d'aujourd'huy en cinq semaines. — Et « que voulez-vous que je vous promette? dit le « Roy, car dés-à-present je le vous promets. — « C'est, dittes-vous, Sire, que vous n'y viendrez « point, car c'est la plus meurtriere place que je « vis jamais, et s'il vous arrivoit quelque acci- « dent, je serois au desespoir. » Et là dessus vous en allastes, leur ayant derechef jetté un autre plan sur la table.

De descrire icy toutes les particularitez du siege, et toutes vos veilles, dexteritez, diligences et travaux admirables pour mettre des batteries en lieux où des gens de pied mesmes ne pouvoient aller, cela seroit trop long, et mesme il ne nous en souvient pas de la pluspart. Et partant nous contenterons-nous de vous ramentevoir six seulement, dont la premiere concerne le logement de vos pieces, et le nombre de vos batteries, que vous trouviez dautant plus difficile, que mieux vous veniez à recognoistre les advantages particuliers de la place, tant ceux de sa naturelle scituation que ceux de l'artifice humain y avoit adjoustez, estant un rocher des plus durs, si haut eslevé qu'il domine tout son prochain voisinage, precipiteux de toutes parts, et du tout inaccessible, reservé du costé de la ville, duquel la pente est plus douce, mais aussi en laquelle a esté pratiqué, avec un grand temps et labeur merveilleux, un fossé taillé dans le roc à la pointe des ciseaux acerez, et trois bastions non sujets à la mine, à la sappe, et autres attaquemens de main, dautant que, plus d'une toise et demie de haut, leur fondement est de roc dur comme marbre; que si cette place a quelques montagnes circonvoisines, elles sembloient, les unes, du tout inaccessibles, non seulement aux pieces d'artilleries, chevaux et charrois, mais encor aux hommes mesmes; et leurs sommets, si droits et pointus, et d'un roc si dur et desnué de toute terre, qu'il sembloit du tout impossible d'y pouvoir dresser aucune platte forme, ny logis de pieces, quelque mediocres qu'elles pussent estre, et les autres si esloignées, qu'elles paroissoient hors de la portée du canon.

Sur telles anxietez où ces recognoissances de difficultez vous jettoient, à force de travailler, de vous hazarder et de vous alambiquer l'esprit, vous découvristes deux choses, de la premiere desquelles vous estant entré quelque opinion en la fantaisie, vous en trouvastes la certitude par un tel moyen. Vos logemens et trenchées du costé des vignes et du bastion nommé Mauvoisin, ne pouvant approcher assez pres du fort pour vous contenter l'esprit de ce que vous desiriez sçavoir, à cause de la dureté des rocs continus qui se trouvoient à fleur de terre, vous vous resolustes à un moyen tellement perilleux que chacun vous en blasmoit, qui fut de faire dresser durant une nuict fort noire, et qu'il ventoit et pleuvoit fort, une hutte de clayes et de chaume fort prés de ce bastion de Mauvoisin, que chacun et vous mesmes aviez tousjours creu n'estre rien qu'un roc continu taillé au ciseau. Or si tost que le jour fut venu, et que les ennemis virent cette hutte si proche d'eux, et sur tout d'un lieu duquel ils apprehendoient la recognoissance, madame la hutte ne manqua pas d'estre abondamment saluée, mais de mousquetades seulement, dautant que l'artillerie n'y pouvoit pas plonger : ce que vous leur laissastes continuer deux jours durant, au bout desquels eux voyans qu'il n'entroit ny sortoit personne de cette hutte, ils vindrent à croire (comme le chevalier de Brigueras vous le dit depuis, lorsqu'il sortit pour aller trouver le duc de Savoye) que l'on ne l'avoit là mise que pour les faire tirer dessus et se mocquer d'eux, et n'en firent plus de cas. Alors vous pristes vostre temps pour vous aller mettre une nuict dedans avec une fort grande rondache à preuve de mousquet, où vous demeurastes jusques à plus de trois heures de jour, et eustes par ce moyen loisir de recognoistre tout ce que vous desiriez sçavoir. Si bien qu'ayant veu durant la nuict de la lumiere dans le plus bas du bastion de Mauvoisin, vous jugeastes qu'il estoit creux et non de roc massif, et le jour recognu qu'il n'y avoit point d'espaule au flanc, et par consequent qu'il seroit fort facile à emboucher; vous en demeurastes fort satisfait, toute la difficulté de vostre dessein demeurant terminée en vostre retraitte qu'il falloit faire en plain jour à la veuë de toute la courtine à cent pas d'icelle, et ayant deux cens pas ou environ à passer tout à descouvert avant que de pouvoir trouver aucun lieu asseuré; lequel vous resolvant de gagner avec la plus grande vitesse qu'il vous seroit possible, vous laissastes vostre grande rondache dans la hutte, dautant qu'il vous estoit impossible de la porter sur le dos et aller plus viste que le pas; et lors que vous vistes que l'on estoit pres de changer les gardes, qui est le temps que les soldats commencent à s'ennuyer et sont les plus negligens, vous sortistes tout à coup de la hutte et vous mistes à courir tant que jambes vous pouvoient porter. Quatre sentinelles qui estoient proches de là commencerent à crier, puis à tirer, et finalement à hausser leurs voix et appeller tous les soldats des corps de garde; mais avant que tout cela eut loisir de s'affuster, vous eustes gaigné vos plus proches logemens, en fustes quitte pour trois ou quatre mousquetades qui vous sifflerent aux oreilles, et autant qui firent voller la poudre et sauter le caillotage à l'entour de vos pieds.

Vous recogneustes encor un autre certain endroit à la pointe du chasteau vers l'Izere, auquel il y avoit place pour loger une batterie de six canons, et des relais d'espace en espace, depuis le pied jusques en haut pour faciliter la montée de l'artillerie, et mettre à couvert bon nombre de gens de guerre, afin de donner aussi-tost que les canons que l'on auroit montez auroient arazé les murailles de la closture de cette pointe; chose grandement facile, pource que croyant cet endroit là du tout inaccessible, l'on les avoit faites fort foibles. Mais ayant depuis esté de l'autre costé de l'eau, et trouvé un lieu fort propre pour loger six pieces, et leur faire voir l'advenuë du puits, celles des magasins, l'entrée du donjon et le lieu des corps de garde, vous estimastes que toutes ces commoditez vous pouvoient tirer de grands perils qu'il vous eut fallu courir, exempter des despenses qu'il vous eut fallu faire et des travaux qu'il vous eut fallu prendre pour dresser une batterie à la pointe du fort du costé de l'Izere.

La seconde particularité concerne vostre logement d'artillerie au rocher du haut precipice qu'il vous fallut aller recognoistre par un destour d'une lieuë, et puis pour trouver un espace suffisant pour un logement de six pieces de canon, coupper des rocs si durs que tous ceux que vous faisiez travailler à tels ouvrages s'en mocquoient, desesperant de les pouvoir amener à perfection, ce qui vous y rendoit plus assidu. Et arriva que ceux du fort ayant veu tant de roches coupées et un commencement pour faire quelque logement en une telle domination, en ayant pris l'allarme, voulurent essayer d'empescher vos ouvrages; et pour cét effet ayans là pointé six canons (car ils en avoient trente dans la place et des munitions pour tirer huict mille coups) un jour que vous faisiez là travailler, ayant vostre baston en la main, votre mandille verte couverte de passement d'or à jour, et vostre grand pennache blanc et vert au chapeau, jugeant bien que vous estiez quelque homme de commandement, ils pointerent là toutes leurs six pieces, ausquelles ayant mis feu, la premiere volée porta fort haut, la seconde donna bas, et voyant mettre le feu à la troisiesme, vous dites aux sieurs de Lezines, de Maignan et de Feugeres, qui estoient prés de vous : « Pardieu, c'est « à moy que ces gens en veulent à cette fois; « car ayant mis haut et puis bas ils pourroient « bien maintenant donner au milieu. » Et vous estant en mesme temps mis derriere un banc de roc qui estoit tout contre, que vous aviez fait reserver exprés pour cét effet, et advancé une pique au lieu où vous estiez auparavant, ils ne faillirent pas de donner là si justement, qu'un boulet vous brisa en la main vostre pique que vous aviez mise en vostre place, et les autres allerent tuer trois pionniers, deux canonniers, et casser les cruches, bouteilles et verres que l'on avoit apportez pour vostre collation que l'on avoit mis dans un trou de roc. Sur l'occasion de ces deux perils, que quelqu'un de vos amis avoit rapportez au Roy, encor peut estre beaucoup plus grands qu'ils n'avoient esté, Sa Majesté vous escrivit une lettre demy en colere en ces mots :

Lettre du Roy à M. de Rosny.

Mon amy, autant que je loue vostre zele à mon service, autant je blasme vostre inconsideration à vous jetter aux perils sans besoin. Cela seroit supportable à un jeune homme qui n'auroit jamais rendu preuve de son courage, et qui desireroit commencer sa fortune; mais la vostre estant desja si advancée que vous possedez les deux plus importantes et utiles charges du royaume, vos actions passées vous ayant acquis envers moy toute confiance de valeur, et ayant plusieurs braves hommes dans l'armée où vous commandez maintenant, vous leur deviez commettre ces choses remplies de tant de dangers : partant advisez à vous mieux mesnager à l'advenir; car si vous m'estes utile en la charge de l'artillerie, j'ay encor plus besoin de vous en celle des finances. Que si par vanité vous vous les rendiez incompatibles, vous me donneriez sujet de ne vous laisser que la derniere. Adieu, mon amy que j'ayme bien; continuez à me bien servir, mais non pas à faire le fol et le simple soldat, etc.

La troisiesme particularité fut lors que le Roy vous manda que vous luy donnassiez à disner, qu'il vouloit voir l'estat du siege et comme vous advanciez besongne. Apres qu'il eut disné, il vous dit : « Il n'y a remede ; quoy que je vous « aye promis, je veux aller voir vos batteries ; et « afin que vous n'y contredisiez pas obstinément, « à cause du danger que je pourrois courir, j'iray « par tout où vous voudrez, je reviendray de « mesmes, et n'y meneray que mon cousin le « comte de Soissons, M. d'Espernon, M. le Grand « et vous. — Or bien, Sire, dites-vous, puis que « ma contestation ne serviroit de rien, et que « c'est un faire le faut, je vous prie que tout le « monde demeure, et prenez chacun un meschant « manteau, afin de cacher vos clinquans et vos « bonnes mines. Sur tout il y a un certain espace « d'un champ plein de cailloux par où il faut pas- « ser, ou prendre demie lieue de destour, qui est « fort dangereux ; car il y a tousjours dix ou « douze pieces pointées, et le plus souvent trente « ou quarante mousquetaires à l'affust, pource « qu'ils sçavent bien qu'il faut passer par là pour « aller à mes deux grandes batteries des preci- « pices. » Vous estans donc ainsi acheminez tous cinq, et allans en file, il fut tiré quelques mousquetades qui ne plaisoient pas trop à la compagnie. Mais comme vous fustes dans le susdit champ tout à descouvert, vous fustes saluez de dix ou douze coups de pieces et de tant de mousquetades, que ce fust une merveille qu'il n'y en eut de frappez; aussi fustes vous quasi tous couverts de terre et de cailloux qui en esgratignerent quelqu'un, et commença le Roy à faire le signe de la croix : surquoy vous luy dites : « Vraye- « ment, Sire, c'est à ce coup que je vous reco- « gnois bon catholique, car c'est de bon cœur que « vous faites ces croix.—Allons, allons, ce dit-il, « car le sejour ne vaut rien icy. » Lors vous passastes outre, et fut d'advis à la compagnie de revenir par le plus long chemin derriere les montagnes, comme vous fistes y ayant fait mener les chevaux.

La quatriesme particularité fut que le Roy s'en voulant aller à la Tarantaize, il vous laissa le commandement du siege ; et comme il voulut revenir, dautant que vous luy aviez mandé que toutes vos batteries estoient prestes à executer, il desira de passer prés de Mont-melian, et voir tout sans hazard. A cette cause il vous manda que vous essayassiez de faire une trefve comme vous fistes pour quelques heures, et apres qu'il eut tout veu ce qu'il vouloit voir, restant encor quelques heures de la trefve à expirer, et vous desirant faire tirer le canon en batterie afin d'avoir vostre droit de grand maistre qui montoit beaucoup, vous ordonnastes à quelques commissaires de se prevaloir du temps de la trefve pour faire monter à sa batterie quelques munitions dont il avoit encor besoin, ce que descouvrant ceux du chasteau, et crians que l'on rompoit la trefve, et qu'ils tireroient; finalement voyans que l'on ne tenoit compte de leurs menaces, ils tirerent douze ou quinze coups de pieces. Or aviez vous mandé par toutes les batteries que chacun chargeast, amorçast et pointast ses pieces droit au donjon du chasteau, tous prests à faire haut les bras, et que si tost qu'ils verroient ceux du chasteau tirer, qu'ils missent le feu par tout, comme ils n'y manquerent pas, et à recharger incontinent, dont ceux du chasteau surpris et estonnez du grand fracas qui s'estoit fait par cinquante pieces en un mesme temps, ils commencerent à faire signal, puis à crier, *Monsieur de Rosny, monsieur de Rosny, la trefve, la trefve*, ce que vous leur accordastes avec demonstration de difficulté.

Des-lors ils commencerent à s'estonner, de sorte qu'ils ne cherchoient que l'occasion de pouvoir entamer un traitté, qu'ils firent naistre en cette façon. Madame la comtesse de Brandis estant femme de bon esprit, qui se plaisoit aux mécaniques et sur tout à faire des ouvrages de verre, envoya des pendans d'oreilles et une couple de chaisnes de cette matiere fort industrieusement élabourées à madame vostre femme, avec ses recommandations, laquelle en eschange luy envoya une douzaine de perdreaux, six lapreaux, six lévraux, douze cailles grasses, une douzaine de pains blancs molets et douze bouteilles de vin, et la pria de faire en sorte qu'ils peussent parler ensemble, ce qu'elle tesmoigna desirer. De sorte que, trois jours durant, elles se voyoient toutes les apres-disnées fort familierement, sans parler neantmoins que de discours communs au commencement ; lesquels se terminerent en propos de capitulation, que vous fistes continuer. De sorte que ces deux femmes, selon les instructions qu'elles recevoient de leurs maris, convindrent de plusieurs points, par forme de desirs seulement, sans tesmoigner d'en avoir communiqué à personne, ce qui ne se peut cacher longuement : car M. le comte de Brandis ayant prié madame vostre femme de luy faire avoir un passe-port pour sa femme qu'il disoit estre malade, afin de s'aller rafraischir aux champs, et luy ayant esté par elle respondu que vous l'en refuseriez s'il ne se resolvoit de faire le semblable, il fut tant disputé qu'il ne s'esloigna pas de capituler : dequoy vous advertistes le Roy, qui y envoya messieurs d'Espernon et de Biron, pour vous trois ensemble faire la capitulation, par laquelle il leur fut donné, contre vostre advis, un mois de terme, si dans ce temps ils ne faisoient lever le siege ou recevoient secours.

La cinquiesme particularité fut lors que le legat arriva, car le Roy vous ordonna pour l'aller recevoir et conduire, ce que vous fistes avec cinq cens chevaux et trois mille hommes de pied des plus lestes que vous aviez disposez en fort bonne ordonnance. Outre cela vous aviez parlé à ceux du chasteau, lesquels commençoient à vous defferer beaucoup, et leur aviez dit que vous alliez au devant du legat du Pape, que vous feriez saluer de vostre harquebuserie, puis de vostre artillerie : qu'ils se preparassent donc de faire le semblable, mais qu'ils attendissent que vous eussiez fait vos saluës; ce qu'ils recognoistroient à une enseigne blanche que vous feriez eslever à la batterie du grand precipice. Tout cela fut observé comme vous l'aviez ordonné, executé et fait si à propos que vos gens de pied redoublerent deux fois leur salve sans nulle discontinuation, comme si ce n'eust esté que de la premiere charge. Le semblable fut observé pour l'artillerie dont les coups furent si bien proportionnez qu'il y eut egalité de distance entre iceux, comme si aussi ce n'eut esté qu'une salve sans recharge. Tellement qu'il fut tiré sept vingts coups de canon, qui faisoient un retentissement si merveilleux, à cause des valons et concavitez des rochers, que le legat et tous ses gens faisoient le signe de la croix et disoient : *O Dieu! qui pourroit resister à telle furie?* Lors fut levée l'enseigne blanche, et firent ceux du chasteau leur salve qui fut aussi fort belle, car ils avoient trente pieces d'artillerie. Vous menastes le legat disner à Nostre Dame de Miens, et par les chemins eustes plusieurs discours : entr'autres vous luy distes : « Monsieur, vous trouverez icy force « gens qui se feront de feste et qui vous feront à « croire qu'ils ont force credit, mais ne vous y « amusez pas; car vous verrez des effects con- « traires, et vous souvenez de ce que je vous en « dis, principalement sur les razemens des places « qui seront prises. » Et ainsi vous en retournastes à vostre siege, l'ayant deposé és mains de ceux que le Roy avoit envoyé pour le recevoir apres vous.

La sixiesme particularité fut sur l'advis que le Roy eut, qu'il y avoit vingt-cinq mil hommes qui passoient les monts pour le venir combattre, dautant qu'il luy faschoit d'aller au devant d'eux et laisser la reddition de cette place incertaine, et là dessus il vous demanda s'il n'y auroit pas moyen d'en advancer le terme. Surquoy vous luy respondistes que si l'on ne vous eut associé personne à la capitulation qu'il ne seroit pas en cette peine. « Il est vray, dit-il ; mais l'un estant « mareschal de France et de camp general, et « l'autre coronel de l'infanterie, duc et pair, « comment m'en pouvois-je exempter? et puis « quelle haine eussay-je concitée contre vous ? « Partant il n'en faut plus parler, mais essayer « à s'asseurer de la place; allez y travailler. »

Or, pource que le comte de Brandis avoit besoin de diverses sortes de vivres et autres choses tant pour luy, sa femme, que pour les soldats, et sur tout pour des malades et blessez, incessamment il entroit et sortoit gens au chasteau, et quelques fois il y avoit telle presse à la porte qu'il s'y ruoit des coups. Dequoy ledit comte s'estant plaint à vous, vous mistes un corps de garde de cinquante soldats devant la porte, tous gens esleus et choisis, et dont les chefs sçavoient vostre intention, lesquels entroient quand ils vouloient dans le chasteau trois ou quatre à la fois, puis en ressortoient pour les accoûtumer peu à peu. Enfin le desordre crut tellement (auquel vous ne nuysiez pas) que quelques soldats forcerent ceux de dedans et entrerent malgré eux et par force dans le chasteau, pource qu'ils n'osoient tirer ny frapper. Dequoy derechef le dit comte de Brandis vous fit plainte, et vous luy dittes : « Hé quoy! monsieur, que ne gar- « dez vous bien vostre entrée, et ne tuez tous « ceux qui usent d'indiscretion. — Monsieur, ce « vous dit-il, mes soldats sont intimidez et n'o- « sent frapper les vostres ; c'est pourquoy je de- « sirerois qu'ils eussent cette charge là. » Lors vous luy dites : « Si mon corps de garde estoit « aussi bien dedans que dehors, et que ce fust « à mes soldats à ouvrir et fermer la porte, j'em- « pescherois bien d'entrer que ceux qu'il fau- « droit. » Ce qu'il trouva bon qui fut fait.

Or, estoit-il déja entré, parmy la confusion, quelque trente soldats dedans, lesquels avec les vostres cinquante qui entrerent lors et quelques-uns de plus, et puis vous et vos gentils-hommes apres, tout cela vous rendit comme le maistre du bas fort, et petit à petit par les mesmes moyens, du donjon. Tellement que le tout estant remply de vos soldats et de vos gentils-hommes, le comte de Brandis vous fit luy mesme prier de venir loger dedans le donjon, et qu'il remettoit le tout sous vostre foy et parole. Ainsi, dés le lendemain que le Roy vous l'eut commandé, vous soupastes et couchastes le maistre dans le donjon, puis le vintes trouver et luy dites qu'il s'en pouvoit aller au devant des ennemis quand il voudroit, et que vous estiez maistre de la place, mais que neantmoins vous garderiez la capitulation, puis que vous l'aviez signée en son nom et par son expres commandement, et ne les mettriez dehors que le terme ne fust venu. Ainsi le Roy s'en alla au devant de l'armée ennemie, qui ne parut neantmoins point, et vous laissa au siege, emmena tout ce qui vous eust peu contester le commandement. En partant vous luy conseillastes de faire destruire cette forteresse et toutes les autres, puis qu'aussi bien, en paix faisant, il les faudroit rendre; mais il n'y voulut nullement entendre. Le terme de la reddition venu, vous mistes M. de Crequy dedans, comme le Roy vous l'avoit commandé, et fistes observer en tout et par tout la capitulation.

Or, combien que les lettres de M. de Biron ne soient venuës à vostre cognoissance qu'en l'année 1602, neantmoins, pource qu'elles n'avoient point de dattes, et que la substance d'icelles tesmoigne qu'elles furent escrites dés l'an 1600, je me suis resolu d'en inserer icy cinq tout de suitte à la fin du chapitre de la prise de Mont-melian : desquelles la teneur ensuit :

Lettres de M. de Biron en chiffre.

Au nom de Dieu, de la main de ce mien amy et parent, a de la fidelité et de l'affection. Vous pouvez adjouster foy à ses paroles et parler franchement; car outre ce qu'il a de la prud'hommie, il desire vostre grandeur, et moy je suis plus à vous qu'à moy ; § par ces caracteres vous cognoistrez que c'est 2 qui parle à 30, puis §§§ les hazards empeschent plus longs discours. Vous bruslerez cette en sa presence, ou elle me sera rapportée.

O

Au nom de Dieu, monseigneur, oyez et croyez celuy qui est 49, car le principal qui avoit mesme charge a dit à 2 ne pouvoir vous voir, pour les affaires qu'il a 18. Ils ont toute esperance de marchandise de 71. Ne doutez de sa prud'hommie, car en 80 on espere de vous et desire toutes choses bonnes. Je n'ay eu nulles nouvelles de ce que 2 vous dit ; je croy que l'autre de qui on attendoit est passé par 58. C'est tout, vous brûlerez la presente.

Lettre de M. de Biron à M. de la Fin.

Monsieur, j'ay donné charge à ce lacquais, si estes à Moulins, vous rendre celle-cy ou la mettre és mains d'aucun des vostres asseurez, ou aller jusques chez vous pour m'apporter de vos nouvelles et vous faire entendre des miennes, qui est que je suis malade en cette ville de Beaune depuis deux jours : toutes-fois je me porte un peu mieux, et m'en retourne à Dijon, envoyant ce lacquais pour sçavoir quand le Roy sera à Lyon, pour m'y rendre si je puis. Je croy qu'aurez veu le Roy à Moulins, comme le devez et croy qu'il est besoin. Je ne vous escrits des nouvelles de deçà, à cause que mon chiffre est à Dijon en mon cabinet. Nous loüons tous Dieu de la fortune que le Roy a failli à courre de cette malheureuse et damnable femme qui le vouloit empoisonner. M. le comte de Soissons a tesmoigné qu'il aymoit le Roy, il luy est obligé par les bien-faits qu'il en a receus ; voila tout ce qui se passe icy. Or, monsieur, pour changer de discours, l'affaire que je vous avois prié faire pour moy et mes amis à Paris, et vous avois baillé deux lettres pour faciliter les conditions, je vous prie les brusler, car elles ne servent ; car il faut attendre que je vous aye veu ; car telle chose est bonne en un temps et non en l'autre ; car il y a des gens amis de leurs œuvres : il faut voir la fin de leur proceder. Si vous apprenez des nouvelles de paix ou de guerre du duc de Savoye, mandez m'en. Je croy, s'il fait le mauvais, on luy rivera bien son clou ; vous n'en serez marry, car on se rouïlle en une si longue paix. Vous ne sçauriez croire la bien-veillance que le Roy acquiert par ce qui s'est passé entre l'evesque d'Evreux et le Plessis Mornay ; les jugemens sont differens, et par la verité, et par la protestation du Roy à la religion catholique. Dieu benisse et conserve le Roy ; j'imite vostre priere. S'il y a quelque nouveauté à la Cour, faites m'en part par chiffre ou autrement, et me croyez le plus humble et le plus vray de tous vos parens, amis, et le plus asseuré et devotieux à vous faire service : c'est jusques au tombeau que cela vous est voué. Je suis vostre bien-humble cousin et tres-affectionné amy pour vous faire service.

BIRON.

A Beaune, ce 28 juin 1600.

Lettres de M. de Biron.

Monsieur, je vous adresse ce porteur, et vous prie, favorisez son allée au fort Saincte Catherine, comme il vous dira ; c'est chose qui vous tournera à honneur, et luy rendez cette lettre. Je suis à vostre service. BIRON.

O

Au nom de Dieu, croyez ce porteur, § §
§

Monsieur, je me suis infiniment ennuyé depuis avoir perdu vostre agreable compagnie, de laquelle je me sentois honoré et satisfait. Arrivant prés du Roy, je trouvay Mont-melian qui traittoit. Jugez quel advantage a Sa Majesté de prendre une telle place, et munie comme elle est de si grande munition de guerre : je ne vois pas que le duc d'un mois la puisse secourir, ny avec plus de temps que cela. De bons hommes, encor qu'ils fussent peu, la devoient défendre trois mois, et, y ayant nombre suffisant, la rendre imprenable :

c'est une poltronnerie signalée. Jugez que peut faire le duc de Savoye, ayant perdu Mont-melian, pourveu de tant de munitions d'Espagnols, et entreprendre d'attaquer l'archiduc par la Flandre à la prime. Renvoyez en diligence le valet du duc de Savoye, et ne faut pas qu'il espere rien de ses amis, s'il ne secourt Mont-melian ; et qu'il ne faut point que le valet de la Fin soit renvoyé pour encor avec les vingt mil escus que l'on a mandé ; ains qu'il vienne avec quelqu'un bien informé de leur dessein et pouvoir, et qu'il aye de la discretion et prudence, et que c'est trop souvent tromper ses amis. Ce coup de Montmelian a tant estonné, qu'il est cause que le comte de Soissons a pris et accepté la charge de l'armée du Roy, et fait le bon valet ; et tous avoient resolution de faire la guerre au Roy. Le vieux amy mordoit à la pomme. Je crains que le connestable perde baricade tout à fait. Or donc il faut advertir en diligence le duc de Savoye de ce qui se passe, sans faire semblant de conter ny blasmer leur tromperie, ains faire bonne mine ; il ne faut qu'ils attendent ce que demande le duc de Biron touchant cinquante mil escus.

CHAPITRE XCVIII.

Députation de la ville de Genève au Roi. Discours de Théodore de Bèze. Arrivée de Marie de Médicis. Prise et démolition du fort de Sainte-Catherine. Traité de paix avec le duc de Savoie.

Vous quittastes Mont-melian et fistes mener partie de vos équipages en Bresse, pour attaquer la citadelle de Bourg et le fort Saincte Catherine ; et le Roy vous ayant demandé qui vous estimiez le plus fort de Mont-melian ou de Bourg, vous luy dites : « Sire, il faut distinguer ; car « pour attaquer l'un et l'autre avec dix ou douze « canons seulement, Mont-melian vaut dix « Bourgs, dautant qu'il ne faut que cela pour « prendre Bourg, estant une place reguliere, « qu'il faut attaquer par methode et pied à pied ; « et l'autre une sorte de forteresse qu'il faut « emporter de furie, par battre en ruyne et in- « commoder tout le lieu par abondance de ca- « non : tellement que qui n'auroit que dix canons « ne le prendroit de long-temps ; mais qui aura « soixante pieces, Mont-melian ne vaut pas mieux « que Bourg. »

Le Roy voulut attaquer le fort Saincte Catherine premier que Bourg, à cause que ceux de Geneve l'en prioient, et les vouloit gratifier, et eux fournissoient quelques commoditez pour cet effet. Estant arrivé devant iceluy, le mareschal de Biron estoit logé desja aux environs, lequel vous demanda si vous vouliez venir recognoistre la place tout à cheval. Vous luy respondistes : « Monsieur, il me semble qu'il fait « bien clair pour cela, que nous sommes trop de « gens, trop enclinquantez et trop empanachez « (car il avoit un grand pannache et un grand « cheval blanc) pour en approcher bien pres. » Lors il vous dit : « Rien, rien ; ne vous mettez « point en peine, morbieu, ils ne nous oseroient « tirer. — Allons donc comme vous voudrez, di- « tes-vous, car s'il pleut sur moy il degouttera « sur vous. » Et de fait il vous mena avec vingt chevaux tout à l'entour du fort, et en approchiez à deux ou trois cens pas, sans que l'on vous tirast jamais que douze ou quinze meschantes harquebusades. Surquoy vous luy dites : « Mon- « sieur, il n'y a personne là dedans, ou bien ils « dorment, ou ils ont peur de vous. » Cette recognoissance faite, vous allastes ensemble trouver le Roy, auquel vous contastes cela, lequel s'en émerveilla, « car, dit-il, nous y fusmes hier « avec six chevaux, et je ne vis jamais tant ti- « rer. Avez vous bien tout recogneu ? — Non, « Sire, dites-vous, j'y retourneray demain au « matin pour m'en esclaircir l'esprit, mais j'iray « seul et à pied. » Comme vous fistes, qu'il n'estoit que la pointe du jour, et n'aviez avec vous que Erard et Feugeres.

Mais vous ne fustes pas si tost apperceus sur la campagne (qui est si raze, en pante si douce de tous costez également, la place en faisant le centre et le sommet, que l'on y verroit courir un rat), qu'ils vous tirerent comme en batterie, et de pieces et de mousquetades perpetuelles ; en telle sorte que le Roy pensant qu'ils eussent fait une sortie et que ses troupes fussent à l'escarmouche, envoya le sieur de Montespan voir ce que c'estoit, lequel ne voyant personne dehors, s'en vint à vous et vous demanda : « Monsieur, à « qui en veulent ces gens ? — C'est à moi, dites- « vous, mais j'ay veu ce que je voulois voir. Si « tost que nos tranchées seront arrivées sur le « bord du fossé, ils sont à nous ; car les fossez « ne valent rien, et les flancs des pieces sont « tous éboulez et tous descouverts. » Ce que vous fustes rapporter au Roy, lequel vous priastes de trouver bon, après avoir tracé les tranchées, pendant que l'on les feroit, que vous allassiez promener à Geneve ; ce qu'il fit. Vous y en allastes le lendemain avec bien cent chevaux, et y arrivastes si à propos, que vous ostastes messieurs de la ville de l'allarme où ils estoient, de voir tant de catholiques dans leur ville, et principalement messieurs de Guyse, d'Elbœuf, d'Espernon, de Biron, de la Guiche, et autres dont les noms les faisoient souvenir des persecutions passées ; car vous estans venus trouver et fait quelque plainte de cela, vous leur dites : « Mes- « sieurs, tenez vos cœurs en repos, le Roy a « trop de bonne volonté pour vous, et est trop « authorisé parmy tous les siens, pour croire que « personne osast rien entreprendre à vostre pre- « judice. Toutes-fois, pour vous oster toute doute, « je ne partiray point d'icy que tous ces gens ne « soient dehors. » Et de fait, dés le soir mesme vous leur en parlastes au nom du Roy, et ils s'en allèrent tous dés le matin. Ceux de la ville avoient deputé, pour faire la reverence au Roy, dix ou douze des principaux de leur ville, entre lesquels estoit M. de Beze, pour porter la parole, lequel, eux ayans esté par vous presentés au Roy, parla ainsi :

« Sire, nulle éloquence de paroles humaines « n'estant capable d'exalter vos loüanges jusques « au sommet du merite de vos œuvres admirables, « et mon style estant trop bas et ma voix trop foible « pour l'eminence et magnificence des vertus de « vostre Majesté, que l'univers publiera sans « cesser, tout ainsi qu'elle ne cesse jamais de « produire des actions dignes de gloire et de « loüanges, je laisseray aux saincts anges la ce- « lebration des éloges qui luy sont deubs, pour « avoir tiré les eglises du Seigneur d'oppression, « et acquis aux enfans de Dieu une ample liberté « pour le servir selon ses divins preceptes, et « pour l'invoquer uniquement en trinité de per- « sonnes ; et partant me contenteray, és choses « humaines, de dire comme Simeon és divines :

Or laisse, Créateur,
En paix ton serviteur,
Puis que mes yeux ont eu
Le crédit d'avoir veu,
Advant que mourir,
Le Sauveur
Et le libérateur

« de nous vos tres-humbles serviteurs, des fi- « delles en general, voire de toute la France. » A quoy le Roy luy respondit : « Mon pere, ce « peu de paroles grandement signifiantes estans « dignes de la reputation que M. de Beze s'est « acquise au bien dire, je les reçoy avec le gré, « la grace et les tendres ressentimens qu'elles « meritent ; et vous diray qu'ayans les roys, « mes devanciers, tousjours tenu vostre ville en « leur protection, je suis non seulement resolu « de les imiter en cela, et toutes autres choses « dignes de la gloire d'un Roy de France ; mais « aussi d'adjouster en sa faveur tous autres effets « dignes des cordialles affections, que je sçay « que vous avez toûjours tous euës pour moy. « En quoy je veux que celuy que je tiens par la « main, qui vous a presentez et qui vous aime « tous, serve de solliciteur, et que vous parliez à « luy, des choses que vous desirerez de moy ; « lesquelles seront bien difficiles, si vous ne les « obtenez pas. Je sçay des-ja bien, luy dit-il « tout bas à l'oreille, ce que vous desirez le plus « de moy (car vous luy en aviez des-ja parlé), « c'est la desmolition du fort Saincte Catherine « qui vous tient en eschet. Force gens me veulent « persuader de n'en rien faire, et voy bien que « c'est par malice ; aussi n'y auray-je nul esgard. « Je vous ayme et veux faire pour vous, s'il y a « quelque chose qui vous accommode en ce que « je conquesteray pres de votre ville ; et dés à « present je vous en donne ma foy et ma parole, « que, qui en parle, le fort Saincte Catherine « sera desmoly ; et voicy un homme (vous tenant « par la main) en qui vous vous fiez bien, et avez « raison, à qui je le commande dés à present, et « le feray plus expressément quand il sera temps. » Il ne se fit pas grandes expeditions en ce siege ; car les ennemis voyans les grands preparatifs que vous faisiez pour les attaquer, et leur manquant plusieurs choses de principales pour se defendre, ils capitulerent, à condition de sortir de la place, s'ils n'estoient secourus dans dix jours, qui n'estoit que pour la forme.

Et le Roy ayant eu lors nouvelles de la prompte arrivée de la Reine à Lyon, s'y en alla en poste par le plus mauvais temps qu'il estoit possible ; il vous mena avec luy et arrivastes à unze heures du soir au bout du pont de Lyon, où vous demeurastes plus d'une heure et demie avant que l'on vous vint ouvrir ; car le Roy n'avoit pas voulu donner advis de sa venuë ; luy et tous vous autres endurastes un grand froid au bout du pont. Et enfin, estant entrez, vous fustes avec le Roy jusques à son logis, où apres avoir veu la Reine il vous envoya tous souper et vous coucher ; et luy en fit peu apres de mesme.

Deslors de l'arrivée du cardinal Aldobrandin, l'on avoit commencé à jetter des propos de paix, et le Roy avoit commis, pour la traitter avec luy, messieurs le cardinal du Peron, le connestable, Bellievre, Ville-roy et Jeannin, qui en avoient tousjours discouru ; mais il n'y avoit rien d'advancé, la négociation s'eschauffa un peu d'avantage à l'arrivée du Roy : Bellievre et Villeroy avoient tousjours asseuré ledit cardinal, que nulles des places prises sur M. de Savoye ne se desmoliroient et sur tout le fort Saincte Catherine, dont il avoit fait plus d'instance que de toutes les autres, afin qu'elle fut tousjours une maille en l'œil de ceux de Geneve ; aussi n'avoient-ils pas sceu que le Roy eut engagé sa parole de la faire ruyner : tellement qu'un soir lesdits sieurs de Bellievre et de Ville-roy, luy estans venus dire qu'ils avoient promis cela au cardinal, en son nom, et qu'il en avoit déja escrit au Pape, lequel l'en remercieroit bien-tost, Sa Majesté leur dist : « Vous vous estes bien hastez sans sça- « voir mon intention : si elle est autre, vous aurez « vainement donné vos paroles; il y a du dessein « là dessous que je n'approuve pas. » Ils se voulurent fonder en raisons; mais il leur dit : « Et « bien, j'y penseray, et dans peu de jours vous « en sçaurez ma volonté. »

Le lendemain matin il vous envoya querir, vous conta tout cela, puis vous dit : « Je veux « neantmoins tenir ma parole à ceux de Geneve, « encor que je ne sois plus huguenot; ils m'ont « trop bien assisté pour leur manquer. Partant « devant que le legat m'en parle, donnez ordre « de faire voler tous ces cinq bastions le plus « couvertement que vous pourrez, et faites ad- « vertir ceux de Geneve de toute cette histoire, « afin qu'aussi-tost ils fassent de leur costé en « sorte qu'il n'y ayt plus d'apparence de fort. » Tout cela fut executé : vous fistes faire des mines sous les bastions, et les ayans fait r'emplir entierement de poudres, une nuict l'on les fist tous sauter; dequoy advertis ceux de Geneve, il y vint une telle affluence de peuple, qu'en un jour ou deux il n'y eut plus d'apparence de forteresse, et emporterent tout ce qu'il y avoit de materiaux.

La nouvelle vint aussi-tost à Lyon que le feu du ciel avoit boulleversé tous les bastions de ce fort, laquelle fut cruë par quelques heures; mais, bien tost après, l'on descouvrit la verité, dequoy le legat fit de grandes plaintes, et dit tout haut : « Il n'y a que M. de Rosny qui ne m'a « point trompé, car il m'a tousjours recognu « qu'il feroit ce qu'il pourroit pour faire ruyner « toutes les forteresses et sur tout celle-là; qu'il « sçavoit bien qu'elle le seroit, et que je ne fisse « point d'instance au contraire. Je le dis à mes- « sieurs de Bellievre et de Ville-roy, qui s'en « mocquoient et m'asseuroient tout autrement, « et sur leur parole, j'en ay escrit avec certitude « au Pape, qui est ce qui m'offence le plus par « cet accident. » Le traitté de la paix fut discontinué par trois ou quatre jours, puis repris; mais avec telles aigreurs de toutes parts, qu'en fin il fut rompu du tout, estant demeurez en diferends sur sept poincts, sçavoir : de quitter oute la riviere du Rosne, ce qui seroit sur le ord des deux costez, que M. de Savoye ne pourroit fortifier à une lieuë prés les terres, pour le passage des Espagnols, les cent cinquante mil escus pour les frais de la guerre, les villages d'alentour de Geneve, la desmolition de Besche-dauphin et la restitution de Chasteau-dauphin. Tellement que le Roy vous envoya querir aussitost, et vous dit : « Mon amy, il y a bien des « nouvelles, la paix est absolument rompuë; « partant pensez à prendre la citadelle de Bourg « et à trouver de l'argent suffisamment, car je « veux passer les Monts. » A quoy vous luy respondites : « Quant à Bourg, Sire, si l'on m'eut « laissé faire il fut maintenant pris; tellement « qu'en reprenant mon premier dessein, si l'on « ne m'y traverse plus, ce sera bien tost fait, et « quant à de l'argent, si vous me donnez loisir « d'aller un tour à Paris, j'espere que vous n'en « manquerez point. — Voire, mais ce vous dit-il « en vous tirant à part, que ferons-nous de ceux « dont nous sçavons qu'ils nous trahissent ? — Il « ne les faudra pas croire, ce dites-vous, et « les employer le plus loing de la teste de vos « armées, qu'il vous sera possible; faut faire « M. de Lesdiguieres mareschal de France, lui « donner le gouvernement de Piedmont; car il « yra comme il doit, puisqu'il vous a fait adver- « tir des menées de M. de Boüillon, et du voyage « qu'a fait un nommé Odevous pour telles prati- « ques, encor qu'il y ayt un peu de negligence au « sieur de Calignon qui en avoit eu la charge, « car si nous eussions peu attraper ce meschant « garnement là, nous eussions esté esclaircis de « tout. — Je trouve tout cela bon, dit le Roy ; « mais partez dés demain pour aller trouver de « l'argent. — Je ne sçaurois partir de quatre « jours, dites-vous, Sire, car il me faut donner « ordre à tout l'esquipage de l'artillerie, à ce qu'il « faut de preparer le siege de la citadelle de la « ville de Bourg, à faire monstre à tous vos gens « de guerre, et pourvoir à toutes les despences, « tant de vostre maison, qu'extraordinaires ; afin « que de six sepmaines vous ne puissiez estre im- « portuné d'aucune chose pressée, et devant ce « temps là je seray de retour. — J'approuve en- « cor tout cela, dit le Roy, et allez travailler. »

Dés le lendemain vous fistes partir madame vostre femme avec tout vostre train, et luy ordonnastes d'attendre de vos nouvelles à Roüanne, où vous faisiez estat de prendre la riviere de Loire jusques à Orleans; mais elle sejourna là, trois ou quatre jours plus que vous ne pensiez, pource qu'apres avoir pourveu à tout ce qui est dit cy-dessus, vous fustes un matin prendre congé du roy qui vous embrassa, disant tout haut : « Bon courage, diligence, de l'argent et « des munitions, mon amy, et adieu. » Lors vous luy dites : « Sire, trouverriez-vous mauvais que « j'allasse dire adieu au legat ? — Non, vous res- « pondit-il, vous feriez bien, car il vous aime et « vous estime fort. — S'il me parle, dites-vous,

« de la paix, que vous plaist-il que je responde ?
« — Vous sçavez mes affaires et ma volonté aussi
« bien que moy, dit le Roy, faites ce que vous
« jugerez plus à propos. » Sur cela vous passastes la riviere pour aller au logis du legat, et envoyastes devant iceluy vos chevaux de poste, afin de la monter à cheval tout devant luy. Or, sçachant que vous le veniez visiter, il vous rendit toutes les sortes d'honneurs et de defferences qu'il se peut dire; et vous voyant botté, vous demanda où vous alliez : « Monsieur, luy dites-
« vous, je m'en vais à Paris faire venir de l'ar-
« gent et des munitions, pour passer les Monts
« et aller en Italie, et c'est à ce coup qu'en bonne
« compagnie j'iray baiser les pieds du Pape; mais
« je n'ay voulu partir sans venir prendre congé
« de vous, et vous asseurer de mon tres-humble
« service, et prier de dire au Pape, que je suis
« son tres-humble serviteur. — Comment, res-
« pondit monsieur le legat, en Italie ! Ho ! mon-
« sieur, il ne faut pas cela ; je vous prie, aydez-
« moy à renoüer cette paix; car il la faut faire
« à quelque prix que ce soit. — Je le veux, dites-
« vous, monsieur, mais vous sçavez bien que je
« ne suis point trompeur ny dissimulé; partant
« il me faut dire librement sur quels articles la
« paix a esté accrochée et ce que vous pouvez
« faire; car de ma part je vous diray franchement
« mon opinion, touchant ce que le Roy pourra
« contester ou conceder. »
Lors vous ayant representé les sept poincts cy-dessus, vous luy dites : « Monsieur, adjous-
« terez vous foi à ce que je vous diray ? — Oüy,
« respondit-il. — Or bien, je vous declare que
« pour les poincts de la riviere du Rosne, les vil-
« lages pres de Geneve, Chasteau-dauphin et
« Besche-dauphin, vous ne les obtiendrez jamais.
« — Et pourquoi ? respondit-il. — Monsieur,
« dites-vous, il y a tant de bonnes raisons qu'elles
« seroient trop longues à desduire ; c'est pour-
« quoy, sans insister davantage là dessus, croyez
« qu'il ne s'en fera que ce que je vous en ay dit. »
Lors il se promena deux ou trois tours de chambre avec vous, sans dire mot, puis soudain il repartit : « Mais aussi, monsieur, si je quittois
« ces quatre poincts là, m'accorderiez vous les
« autres ? — Monsieur, dites-vous, je n'ay point
« de charge expresse et ne pensois à rien moins
« que d'avoir à traitter de la paix avec vous, et
« neantmoins je vous oserois quasi asseurer que le
« Roy defferera cela à vos prieres. — Monsieur,
« dit-il lors, je vous prie, mettons une fin à ce bon
« œuvre, vous et moy, et allez trouver le Roy, pour
« le disposer à trouver bon ce que nous avons pro-
« jetté. — Je m'y en vay, monsieur, dites-vous,
« et vous asseure de rapporter une confirmation

« du total. » En mesme instant vous retournastes trouver le Roy, qui vous dit : « Hé ! quoy, vous
« voila encor, ne partez-vous point ? — Je crois
« que non, Sire, dites-vous, car il y a d'autres
« nouvelles; la paix est renoüée si vous le vou-
« lez. » Lors luy contastes-vous tout ce qui s'estoit passé : surquoy il vous ordonna de retourner trouver le legat, et luy donner parole en son nom. Tellement qu'apres plusieurs allées et venuës que vous fistes de la part du legat vers le Roy, et du Roy vers luy, vous deux seuls concluates et arrestates les articles de la paix, lesquels furent pour lors en simple sommaire tels que s'ensuit :

Précis du Traitté.

Premierement, le duc de Savoye cede au Roy toute la Bresse, tout le Rosne compris d'un et d'autre costé depuis Geneve jusques à Lyon, sans aucune chose en reserver que le pont de Gresin, et quelques autres villages pour le passage de Savoye en la Franche-Comté; esquels lieux neantmoins, ny proche des rives du Rosne, ledit duc ne pourra lever aucun tribut, ny bastir forteresse ny chasteau, et ne pourra passer aucuns gens de guerre par ledit pont de Gresin, sans permission du Roy, et suivant cela sera la citadelle de Bourg remise és mains de Sa Majesté.

Plus, cede ledit duc au Roy les villages d'Aire, Chaucy, Avully, Pont-arli, Sessel, Chana et Pierre Chastel.

Plus, ledit duc cede au Roy le bailliage de Gets.

Plus, restituera ledit duc au Roy la ville, chastellenic et tour du pont de Chasteau-dauphin, et tout autre lieu des dependances du Dauphiné decà les monts.

Plus, desmolira ledit duc les fortifications de Besche-dauphin.

Plus, payera ledit duc au Roy cent mil escus pour la permission du passage du pont de Gresin.

Plus, moyennant ce que dessus, le Roy cede audit duc tout le marquisat de Saluces, et les places de Cental, de Monts et de Roque-esparviere.

Plus, restituera le Roy audit duc tout ce qui a esté occupé sur ses pays pendant les guerres, mais pourra retenir l'artillerie et les munitions estans esdites places.

Plus, seront tenus tant le Roy que le duc à l'observation des choses par eux legitimement deuës et promises à ceux des Estats et pays qu'ils se cedent l'un à l'autre

Plus, en vertu des choses cy-dessus reciproquement accordées, y aura paix, amitié et bonne voisinance entre le Roy et le duc.

Plus, tous sujets et serviteurs du Roy et du duc qui auroient esté despouillez de leurs biens et charges, à cause des divers partis, y seront restablis.

Plus, tous prisonniers detenus és galleres du Roy ou du duc, à cause des guerres, seront mis en liberté, comme aussi tous prisonniers de guerre sans rançon, en payant les despens.

Plus, tous jugemens donnez durant les guerres, où les parties ont contesté volontairement, seront valables, et les autres non.

Plus, les habitants et sujets des choses eschangées ne pourront estre molestez de part ny d'autre.

Plus, tous beneficiers des terres eschangées pourveus canoniquement, ne pourront estre troublez.

Plus, M. de Nemours sera favorablement traitté és terres qu'il a sous la domination, tant du Roy que du duc.

Plus, tous gens de guerre, levez à l'occasion des presens troubles, seront licentiez dans un mois.

Plus, le present traitté sera verifié és cours souveraines où besoin sera.

Plus, les presens articles seront signés par les deputez du Roy et du duc, lesquels les pourront estendre pour plus facile intelligence, s'ils le jugent à propos, sans neantmoins rien changer quant à la substance, de laquelle M. le legat Aldobrandin au nom du Pape, et M. le marquis de Rosny au nom du Roy, sont verbalement convenus, suivant qu'il est contenu cy-dessus, pour estre ratifiez, et ensuite solennellement jurez, tant par le Roy que par le duc.

Faict, etc.

Or, quoy que ces articles eussent esté depuis signez de tous costez, par ceux qui en avoient charge et pouvoir, tant du Pape et du Roy, que de M. de Savoye, si ne laissa il pas d'intervenir de grandes longueurs et difficultez en l'execution et accomplissement des choses promises, à cause d'une infinité de plaintes que fist M. de Savoye des conditions accordées, qu'il disoit luy estre d'un merveilleux prejudice, et des refus qu'à cette occasion il fist de les vouloir ratifier, à cela fortifié par les persuasions du comte de Fuentes, qui ne desiroit rien tant que la guerre : la deduction desquelles particularitez remettant aux historiens, tant pour ce qu'elles seroient trop longues et ennuyeuses, à cause de plusieurs redittes, que pour ce que vous n'y eustes nulle part, nous nous contenterons de vous ramentevoir que le Roy, tenant pour indifferente la paix ou la guerre, tant son esprit estoit prepare à toutes sortes d'accidens, apres avoir donné ordre à ce qui estoit necessaire pour renforcer l'armée et la faire marcher s'il en falloit revenir aux mains, que pour la payer et licentier si les choses promises s'executoient, et laissé monsieur le connestable, M. de Lesdiguieres, M. de Ville-roy et deux ou trois autres de son conseil à Lyon, où estoient aussi les deputez de M. de Savoye, pour terminer les choses et pourvoir à ce qui seroit necessaire, en l'un et en l'autre cas, il prist la poste et s'en alla en diligence à Paris, afin que s'il falloit reprendre les armes, il y disposast plus efficacieusement les affaires du dedans du royaume, et pourveut à ce qu'il laisseroit derriere luy, s'il falloit retourner en Savoye.

Nous laisserons aux historiens, suivant nostre coustume, les particularitez de plusieurs affaires estrangeres dignes de remarque, advenuës pendant l'année 1600, dautant que vous n'y eustes point de part, comme le jubilé de Rome; la mutinerie des Espagnols en Flandres; les diverses factions militaires de l'archiduc et du prince Maurice; le duel du sieur de Breauté, qui, ayant tué son ennemy, fut assassiné de sang froid; le voyage du sieur d'Alincourt à Rome, pour les affaires du mariage du Roy; les solicitations de M. de Belle-garde, afin d'aller espouser la princesse Marie de Medicis au nom du Roy, dequoy ayant esté refusé absolument, il obtint d'estre porteur de la procuration addressée au duc de Florence, pour faire cette action; les magnificences qui se firent sur le lieu pour cet effet; les espousailles celebrées à Lyon; l'eslection de M. de Mercure, en tiltre de lieutenant general de l'Empereur contre le Turc; et les diverses factions qui se passerent là dessus.

Le Roy s'en estant allé devant à Paris, comme il a esté dit, et voyant que la Reine semblablement estoit preste de s'y acheminer, vous partistes huict jours devant elle, afin de disposer et preparer avec plus de loisir les choses necessaires pour son entrée à Paris, comme vous fistes fort magnifiquement et avec beau bruict d'artillerie, dont nous ne ferons point plus ample recit, laissans ces discours à ceux qui se plaisent à remplir leurs escrits de fanfares et ceremonies. Le lendemain le Roy, la Reine et toute la Cour vindrent disner chez vous à l'Arsenac, où vous leur fistes tres-bonne chere, et sur tout aux filles italiennes de la Reine, lesquelles s'en allerent si gaillardes que le Roy cogneut bien que vous leur aviez fait quelques malices, comme vous n'y aviez pas manqué, voyant qu'elles prenoient si grand plaisir à chinquer du vin d'Arbois; car ayant recouvert d'excellent vin blanc aussi clair qu'eau de roche, l'on en remplissoit les esguieres pour tremper leur vin,

CHAPITRE XCIX.

Lettres du Roi, et autres. Conclusion des quatre-vingt dix-neuviémes premiers chapitres. Deux souhaits de Henri IV.

Cinq lettres de la main du Roy à M. de Rosny.

Mon amy, y ayant desja force gens qui m'importunent de leurs pensions et assignations de debtes, et de vous en escrire, je vous faits ce mot pour vous dire que vous les remettiez tous à mon conseil ou quand vous serez pres de moy, mais que personne ne sçache point que je vous l'aye mandé. Bon jour, mon amy.

Ce vendredy matin, 13 fevrier, à Fontainebleau. HENRY.

Mon amy, j'ay veu la lettre que M. le chancelier et vous m'avez escrite ; je trouve qu'une sepmaine de temps ne sera mal employée à pourvoir à tout ce que vous me mandez, et quatre ou cinq jours de retardement à mon parlement ne prejudicieront tant à mes affaires, que ne donner ordre à cela. Je seray, Dieu aydant, demain à Paris, et j'yray disner chez Zamet, où je vous convie ; mais advertissez-le dés ce soir, et là je parleray à vous, et adviserons ensemble de toutes choses. Mon advis est que demain du matin il soit tenu un conseil particulier pour le fait du retard des rentes où je ne vous puis donner aucun advis, seulement approuver les resolutions que vous prendrez pour mon service, me confiant entierement en vostre bon mesnage ; et si dans la sepmaine où nous allons entrer l'on a bien pourveu à tout ce que vous me mandez, ce ne sera pas peu fait. Adieu, mon amy.

Ce samedy à midy, 27 may, à Verneuil. HENRY.

Mon amy, je vous fais ce mot pour vous dire que ma volonté est que vous escriviez à ceux de ma cour des aydes à Roüen, qu'ils ayent à surseoir la verification de l'edict pour les esleus jusques à ce que j'en aye autrement ordonné, afin que celuy fait en faveur de mon cousin le duc de Mayenne, et verifié depuis peu, puisse avoir lieu comme chose que je desire. Sur ce, Dieu, ait.

Ce 3 juin. HENRY.

Mon amy, il y a deux jours que j'ay receu la vostre à laquelle je n'ay fait aucune responce, pour ce que je pensois partir demain et en estre moy-mesme le porteur. J'ay esté bien ayse d'avoir recogneu par icelle le soin que mes serviteurs ont de moy, et l'apprehension qu'ils ont eue de mon mal, et vous particulierement ; mais je vous diray que je vis asseuré d'une chose, c'est que qui a la garde d'Israël pour soy ne doit rien craindre ; que c'est luy qui jusques à icy a eu soin de moy, et qu'il me continuera encore cette mesme faveur, puis que je ne desire vivre que pour faire droict à tous et tort à personne, et soulager mes peuples. J'estois resolu de partir demain matin et m'en aller coucher à Cosne pour arriver le lendemain à Moulins, comme hier je l'escrivis à Ville-roy ; mais des causes que je vous diray m'ont retenu icy. Je partiray mardy matin sans faute pour me rendre à Moulins mercredy, dequoy vous vous pouvez asseurer et en asseurer les autres, leur faisant part de celle-cy. Cependant je vous prie de faire en sorte qu'à mon arrivée à Moulins je trouve tellement mes affaires ébauchées, que je n'y sejourne que cinq ou six jours au plus pour me rendre incontinent à Lyon, où vous ferez advancer le regiment de mes gardes, mes compagnies de chevaux legers et le plus de vostre equipage que vous pourrez, afin que je les y trouve à mon arrivée. Adieu, mon amy.

Ce dimanche 26 juin, à quatre heures du soir, à Fontaine-bleau. HENRY.

Mon amy, je seray bien ayse que vous accompagniez d'une de vos lettres la troisiesme jussion que j'envoye à ma cour de parlement de Tholouse pour la verification de mon edict des deux conseillers presidiaux en Languedoc créez durant le siege de ma ville d'Amiens, et verifié en tous mes autres parlemens, m'estant aydé des deniers qui en sont provenus en une occasion si importante : ce que vous leur ferez bien entendre, afin qu'ils cognoissent par ce que vous leur escrirez, que c'est chose que j'affectionne, et qui n'est affectée à personne du monde que pour mon service, dautant que j'ay esté adverty que la creance qu'ils ont euë que lesdits deniers estoient destinez à d'autres effets a esté en partie cause du refus qu'ils en ont fait. Adieu, mon amy.

Ce 11 juillet, à Moulins. HENRY.

Lettre de M. de Ville-roy à M. de Rosny.

Monsieur, je n'ay peu jusques à present vous escrire aucune certitude de nostre negociation avec les deputez de M. de Savoye ; lesquels, apres avoir fait au Roy la declaration de laquelle je vous envoye un double, nous avoir aussi fait voir le pouvoir duquel pareillement je vous envoye une coppie, n'ont toute-fois jamais voulu signer et accorder les articles que vous trouverez avec la presente, que sous le bon plaisir de leur maistre ; davantage ils ont traitté avec telle crainte, principalement Roncas, qui est le dernier qui a veu le duc, qu'ils nous ont donné plus d'occasion de croire qu'il ne veut qu'allentir les armes du Roy et gaigner le temps, et non proceder nettement en ce fait : ce qu'ayant rapporté à Sa Majesté, elle a pris resolution d'advancer toutes ses forces et provisions de guerre le plus qu'elle pourra, afin de pouvoir choisir tel party qu'il luy plaira, dont elle m'a commandé vous advertir, ainsi que vous verrez par la lettre qu'elle vous escrit, desirant que vous donniez pareil advis à tous ceux qui sont par delà que vous sçavez qu'elle a mandez et mesmes à M. de Mayenne, luy faisant tenir la lettre que je vous envoye s'ils satisfont à ce que nous leur avons demandé. Pour le regard de l'artillerie, ils nous fourniront vingt bons canons, unze demy canons (ils les baptisent ainsi par leurs inventaires), trente quatre quarts de canons et environ quarante quatre entre-sacres, faulcons, faulconneaux, esmerillons et mousquets, ces derniers tant bons que mauvais, ainsi que vous verrez par leur inventaire qu'ils nous ont representé, que je n'ay eu le loisir de faire doubler, mais que je vous reserveray. Je vous envoye aussi la lettre que l'archiduc a escrite à la Boderie, quand il luy a demandé les vingt mil escus de M. Zamet; s'il tient ce qu'il promet par icelle, vous en pourrez faire estat; j'escriray tousjours à la Boderie qu'il l'en poursuive. Monsieur, ces gens cy n'ont encore voulu signer les articles que je vous envoye sous le bon plaisir de leur maistre; ils marchent sur espines, dont je suis tres-mal edifié; mais le Roy espere que vostre venuë et vostre équipage qui arrive journellement, les fera parler franchement. Je prie Dieu, etc.

De Lyon, le 31 juillet 1600. DE NEUF-VILLE.

Lettre du Roy à M. de Rosny, contre-signée.

Mon cousin, je viens presentement de recevoir vostre lettre escrite de mardy dernier, par laquelle j'ay veu les discours que vous a tenus le marquis de Lulin et la responce que vous luy avez faite que j'ay trouvée tres-bonne : je croy que ce gentil-homme a bonne intention; mais son maistre s'en mocque. M. de Nemours est venu icy, auquel luy et l'archevesque de la Tarantaize ont tenu mesme langage. Je ne puis dire que je ne veux point ouyr parler de paix, car je parlerois contre mon cœur, et me semble que je ferois tort à ma reputation et à mon service; mais je ne veux plus estre abusé, et n'y a rien qui me puisse faire differer n'y allentir l'employ de mes armes que des effets tous contraires à ceux que j'ay veus. Je l'ay dit ouvertement au patriarche de Constantinople comme vous aurez sceu par ce qui en a esté escrit à M. le chancelier, qui a eu charge de le vous communiquer; je l'ay dit aussi audit duc de Nemours, et m'avez fait plaisir d'en parler audit marquis de Lulin, comme vous avez fait. Je suis bien d'advis d'advertir tous ceux qui nous doivent venir servir qu'ils se hastent et qu'ils ne s'arrestent pas au bruit de la paix que l'on publie expres pour cet effet, et me semble que sçachans et voyans que je suis icy en personne, ils n'ont besoin d'autre esperon. Je suis bien ayse que vous ayez assisté d'argent le duc de Biron, vous estant en cela rencontré avec ce que je vous en ay mandé, et desire que vous acheviez de pourvoir à ce qui luy fait besoin, en sorte qu'il ayt sujet d'estre content et pour cause. Il semble veritablement que Dieu ne favorise pas seulement mes justes armes, mais qu'il espouvente celles de mon ennemy, et n'attends plus que vostre personne et vos flustes pour le faire aller en cadence. Le sieur de Lesdiguieres estime Mont-melian grandement fort, et que neantmoins nous le pourrons prendre ayant vingt canons et dequoy tirer huit mille coups; mais je remets le tout à vostre recognoissance et à vostre soin et diligence. Je fais venir les huict qui sont à Grenoble et les cinq que vous avez fait venir de Valence; mais il faut aussi que vous fassiez advancer ceux de Lyon le plutost que vous pourrez, vous servant pour ce faire des rivieres de Rosne et l'Izere. Il faut semblablement faire advancer tout le reste des munitions que vous avez fait voicturer de Paris, car il est du tout necessaire de haster nostre besongne cependant qu'il fait beau, que nostre ennemy est foible et fort estonné. Ceux de la ville de Chambery ayans esté sommez ont respondu de façon que je cognois bien qu'ils n'attendent que l'on leur fasse voir le canon, ce que nous ferons si tost que vous serez icy avec vostre esquipage. Dittes à M. de la Guiche qu'il s'advance avec sa troupe, et venez en diligence apres que vous aurez pourveu à ce que vous estimerez estre necessaire pour mon service. Priant Dieu, etc.

De Barrault, ce seiziesme jour d'aoust 1600.
HENRY.
Et plus bas, DE NEUF-VILLE.

Lettre du Roy à M. de Rosny, contre-signée.

Monsieur de Rosny, je suis venu loger icy pour avoir plutost raison de cette ville, laquelle, encor qu'elle ne vaille rien du tout, je ne puis forcer sans canon. Et partant hastez-vous de venir, car j'aurois à plaisir de vous voir commencer en ma presence à prendre possession de vostre charge par effet, et prenez la poste pour vous rendre icy au plutost, m'asseurant tant sur vostre active diligence et vraye affection, que vous aurez achevé de pourvoir à mes autres affaires, pour lesquelles vostre presence étoit necessaire par delà, et ne faillez d'amener vos plus entendus commissaires et meilleurs pointeurs en poste, dautant que nous en avons besoin, prenant vostre chemin par Laiguebelette, car la Varenne vous dira que l'on y peut passer seurement et commodement. Faites venir aussi les tresoriers de l'extraordinaire des guerres, avec l'argent necessaire pour faire faire les monstres aux compagnies et pourvoir aux autres despenses qui se presentent; non que je vueille advancer lesdites monstres plutost qu'elles doivent estre faictes, mais afin que nous ayons dequoy y satisfaire quand il sera temps, se presentant icy tous les jours plusieurs despences ausquelles nous n'avons aucuns moyens de pourvoir sans vous; et mesme je ne veux pas que l'on touche à l'argent que par vostre ordre. Il est necessaire de penser aussi à ce qu'il faut faire pour mes nopces, autrement nous nous y trouverrions surpris. Nous avons commis le sieur de Maisses pour en avoir le soin, comme vous l'avez desiré : resolvez donc avec luy ce qu'il faut faire, et luy donnez moyen de l'executer. Je sçay bien que le moins que nous y pourrons despendre sera le meilleur; je suis apres à me servir d'un moyen pour ce faire, que je vous diray quand je vous verray. Toutesfois il ne faut laisser de donner ordre que les choses se fassent le plus honorablement que faire se pourra; et me semble qu'il seroit bon que ledit sieur de Maisses allast devant à Marseille, pour, estant sur les lieux, preparer toutes choses. Parlez-en avec monsieur le chancelier et avec ledit sieur de Maisses, et resolvez avec eux ce qu'ils auront à faire pour cela, car je m'en fie en vous, et n'ay le loisir pour le present d'en escrire à l'un ny à l'autre. Je me remets du surplus sur ce que vous en dira de ma part ledit sieur de la Varenne, ayant receu la lettre que vous m'avez escrite du quinziéme de ce mois, à laquelle il n'eschet de faire autre responce, puis que je vous dois voir bientost. J'ay aussi chargé ledit la Varenne des lettres pour madame de Nemours et madame de Guyse, afin de les faire advancer. Je desire que vostre femme aille avec elles. Pour les cardinaux de Joyeuse et de Gondy, vous leur ferez tenir mes lettres, et leur escrirez vous mesme à tous. Priant Dieu, etc.

Escrit au camp des faux-bourgs de Chambery, le 18 aoust 1600. HENRY.

Et plus bas, DE NEUF-VILLE.

Lettre de la main du Roy à M. de Rosny.

Mon amy, je vous fais ce mot pour vous dire, suivant ce que je vous manday dernierement par Fresnes, que je veux que vous fassiez delivrer la quittance de l'office de conseiller en ma cour de parlement de Paris que fait le jeune Chauvelin, avec la dispense des quarante jours, moyennant la somme de quatre mille escus contant, que l'on fera bailler au tresorier de mes parties casuelles, laquelle servira bien maintenant pour mon armée. J'escrits le mesme à monsieur le chancelier, afin que de sa part il ne fasse aucune difficulté de seeler les lettres necessaires. Et cette-cy n'estant à autre fin, Dieu vous ait en sa garde.

Ce 18 aoust, aux Marches. HENRY.

Toutefois je ne veux en cecy rien faire qui prejudicie à ceux de la religion, ny à ce qui leur a esté promis; mais si on ne leur fait point de tort, ces quatre mille escus vous serviront bien, car croyez que je n'en veux rien pour moy ny pour d'autres, quoy que l'on vous ait dit.

Lettre du Roy à M. de Rosny, contre-signée.

Mon cousin, ne vous ébayssez pas si les commandemens que je vous faits sont differens pour ce qui concerne vostre charge, car ils dépendent des advis que me donnent ceux que nous estimons les plus sages et mieux entendus des affaires du pays, ainsi que vous verrez quand vous serez icy. Il faut que nous ayons tout l'équipage que vous avez preparé, suivant le memoire en forme d'inventaire que vous avez envoyé à M. de Ville-roy pour me le faire voir. Partant donnez ordre à cela, et faites tout acheminer et conduire au port de la Gasche, ainsi que je vous escrivis hyer, et me venez trouver aujourd'huy ou cette nuict en ce lieu, car je n'en puis partir que je n'aye parlé à vous, pour les raisons que je vous diray quand je vous verray : desirant outre cela conferer avec vous de plusieurs affaires d'importance qui concernent mon service, autres que celles qui regardent vos charges. Mais faites incontinent dépescher ce courrier que j'envoye à Bourg, en Bresse, par le chemin de Lyon, sans qu'autre que vous le sçache, pour les raisons que je vous diray. Priant Dieu, etc.

Escrit au camp Sainct Pierre d'Albigny, ce 30 aoust 1600. HENRY.

Et plus bas, DE NEUF-VILLE.

Lettre du Roy à M. de Rosny, contre-signée.

Mon cousin, je ne vous verray pas si-tost de deux jours comme je pensois quand je suis party, pour les raisons que je vous diray quand je vous verray. Toutefois je partiray d'icy demain et iray à Beau-fort par Faverges, faisant estat que le patriarche de Constantinople arrivera icy aujourd'huy avec le secretaire du Pape nouvellement venu ; mais je me contenteray de les ouyr, et remettre à faire responce, qui sera quand j'auray parlé à vous à Chambery, où je le renvoyeray devant. Je m'asseure que vous ne perdrez pas cependant le temps ; mais je vous prie faire faire une bonne quantité de petits gabions de trois pieds de haut seulement, et de neuf pieds en diamettre, pour servir à ce que vous sçavez, sçachant bien que vous avez bonne provision de sacs, de balles de laine, de pics, de pelles et de pioches, afin de pouvoir mieux, et plus seurement et diligemment advancer nostre besongne à mon retour, sans perdre plus de temps, pendant qu'il est encor beau et que le duc de Savoye nous laisse en repos. Je vous envoye ce courrier expres, afin qu'il m'apporte de vos nouvelles, dont je suis en impatience ; priant Dieu, mon cousin, qu'il vous conserve.

D'Anessi, le 8 octobre 1600. HENRY.

Et plus bas, DE NEUF-VILLE.

Response de M. de Rosny au Roy.

SIRE,

J'ay receu une lettre de vostre Majesté, du huictiesme de ce mois, contre-signée M. de Villeroy, à tous les poincts de laquelle je ne manqueray de travailler tant assiduellement, que vostre Majesté en aura contentement, reservé pour le regard d'un seul poinct, sur lequel je me trouve bien empesché, dautant que nonobstant que j'aye leu trois fois la lettre pour essayer de le comprendre, si faut-il que je confesse mon peu d'esprit et ignorance, et recognoisse le si haut stile et profonde science de celuy qui a fait la lettre, que je n'y entends du tout rien, voire n'estime pas que vostre Majesté l'ait ainsi commandée, si ce n'est qu'ayant achepté des moutons à la Tarantaize, elle ait dessein de les faire parquer, dautant que des gabions de trois pieds de haut et neuf pieds de large ne sçauroient estre bons à autre chose. Surquoy, attendant d'autres commandemens de vostre Majesté ou l'explication de l'escrivain, je prie Dieu, etc.

Du Touvet, ce 11 octobre.

Lettre du Roy à M. de Rosny, contre-signée.

Mon cousin, je ne haste pas tant les gens que vous : s'ils veulent se contenter de trois sepmaines, je suis d'advis que nous les leur accordions ; mais non passer outre, comme voudroient ceux qui s'en meslent avec vous. Partant faites les resoudre et m'advertissez de leur responce ; car si ma presence ou mes lettres vous sont necessaires pour fortifier vostre opinion, vous n'en manquerez pas. Je ne vous verray pas ce matin comme j'avois promis, pour m'estre un peu trouvé mal cette nuit. J'ay dit ma volonté à ce porteur pour la vaisselle d'argent qui est à Lyon, qu'il faut faire apporter icy pour servir le cardinal Aldobrandin. Je prie Dieu, mon cousin, qu'il vous conserve, etc.

De Chambery, le 14 d'octobre 1600. HENRY.

Et plus bas, DE NEUF-VILLE.

Lettre du Roy à M. de Rosny, contre-signée.

Mon cousin, j'ay esté bien ayse de sçavoir, par la lettre que vous m'avez escrite par le sieur de Sainct Julien, la sortie du chasteau de Montmelian du comte de Brandis, l'ordre que vous avez donné à toutes choses necessaires pour cét effet, et que vous ayez mis Crequy dedans avec sa compagnie. Mais je suis d'advis que vous pourvoyez à munir ledit chasteau de vivres et autres choses necessaires pour la nourriture de la garnison que vous y avez establie ; car, en ce faisant, la place ne pourra estre surprise, et en tout cas nous retirerons tousjours bien l'argent que nous aurons employé en l'achapt desdits vivres. Usez aussi de toute diligence pour retirer vos canons, les faire embarquer et porter où nous avons advisé. Au reste, j'ay quelque esperance que nous pourrons faire un bon effet sur l'ennemy, dequoy je me resoudray dans ce soir et vous en donneray incontinent advis, et aussi de ce que vous aurez à faire, soit pour estre de la partie, ou pour vous en aller en Bresse. Nous avons appris par un Espagnol qui a esté pris, que les ennemis ne sont pas plus de six ou sept mil hommes en tout, et encor la pluspart bizognes, mal commandez, incommodez de vivres et logez si escartez les uns des autres, qu'il est facile de leur en prester d'une. Je vous prie de donner ordre que le regiment du chevalier de Mont-morency soit payé promptement, suivant la monstre qui a esté faite ; car les soldats s'en yront s'ils ne sont payez promptement. Je prie Dieu, etc.

Escrit à Villars, ce 19 novembre 1600. HENRY.

Et plus bas, DE NEUF-VILLE.

Ayant rassemblé maintenant les recueils par nous cy-devant faits de ce que vous avez veu, sceu et cognu des vertus et fortunes de nostre grand Roy, et de ce que nous avons aussi pû sçavoir de vos loyautez et utiles services à luy rendus, à l'advantage et contentement de Sa Majesté, de son royaume, repos et soulagement de ses peuples, et iceux jugez assez amples pour en former un livre, nous avons mis fin à cestuy-cy par une apparence de grand changement, lequel nous jugions devoir estre tel par la derniere paix faite en Savoye, et en suitte solemnellement jurée à Paris et à Thurin, qui sembloit devoir estre la fin des longues guerres, troubles, disputes et dissentions qui avoient esté entre ces deux grandes maisons de France et d'Austriche et celles de leurs dependances.

Les deux desirs du Roy, qu'il dit ne vouloir pas encor dire en la page 243 de ce volume.

Le premier, de disposer tous les potentats de la chrestienté à choisir trois des diverses sortes de religions, d'entre plusieurs qui ont quelque cours en icelle, lesquelles paroissent tellement establies, qu'il est hors d'apparence que l'une d'icelles puisse entreprendre la destruction des deux autres sans se mettre au mesme hazard pour elle mesme, afin d'excogiter apres des expediens convenables et agreables à la pluralité des voix d'iceux, qui pussent estre propres pour les concilier tant équitablement, qu'elles puissent estre capables de subsister en l'estat auquel elles se retrouvent au siecle present, sans haine, envie ny guerre les unes contre les autres, comme c'estoit chose qu'il estimoit assez facile, si chacun vouloit bien prendre ses raisons.

Le second, de faire encore convenir tous les potentats de la chrestienté au choix de tels ordres et reglemens, que par iceux toutes les dominations royales qui se voudront maintenir hereditaires, et d'une puissance absoluë sur leurs peuples conjointement, ayent agreable de se reduire à une si fort approchante égalité de puissance, tant en force qu'en estenduë de terres et pays, que nul d'iceux par l'excez d'iceux n'entre eu l'avidité d'en opprimer quelqu'un, ny l'un d'iceux en l'apprehension de le pouvoir estre de luy.

Dix des Maximes royales d'Estat, des meditations de Henry le Grand, touchant les devoirs des roys envers leurs peuples et de leurs peuples envers eux, et instruction à tous roys qui pourroient desirer d'accroistre leurs Estats.

« Les lumieres divines, en elles invisibles, se font voir aux mortels par les astres au ciel, et par les roys en terre.

« Dieu seul establissant les dominations, luy seul aussi en est le vray proprietaire, tous les roys n'en estans que les usufruictiers; et partant doivent ils en rendre loyal compte.

« Comme les bons sujets à la voix de leurs roys rendent incessamment alaigre obeyssance, ainsi doivent les roys obeyr au grand Dieu, regnans ainsi que luy en droicture et clemence.

« Les roys sont establis du grand Dieu, il est vray, pour estre ses images, et le faire paroistre par estre doux et sages.

« Justice et jugement sont les throsnes des roys, sur lesquels s'asseans continuellement, leurs empires seront à Dieu bien agreables.

« Si les roys, comme Dieu, desirent de regner sur leurs peuples sousmis, qu'ils paroissent non roys, mais, comme luy, vrais peres.

« Ceux qui siegent les throsnes tiennent en main les sceptres, et portent sur le chef le royal diadesme : qu'ils sçachent que la foy, la clemence et la loy en sont les piedestals et les vrays stilobates.

« La premiere loy des dominations legitimes est l'obeyssance volontaire des sujets à leurs roys, et celle de l'absoluë déference des roys aux statuts et ordonnances des Estats qu'ils ont jurées prenans possession d'iceux.

« Ainsi qu'un beau soleil, par sa lumiere et sa chaleur illumine les cieux, eschauffe la terre, reverdit les plantes, diapre les fleurs et meurit les fruits; tout ainsi les vrays roys, par leurs prudences et beneficences, illustrent les esprits, eschauffent les courages, reverdissent les douces esperances, affermissent leurs peuples et fertilisent leurs chevances.

« Quelques esclatans et apparemment specieux desseins que puissent former quelques potentats que ce puisse estre, avec intention d'en despouïller quelques-uns de leurs biens, chevances et possessions, et quelques efficacieux et advantageux qu'en soient ou deviennent les poursuittes et les succez ; si se trouveront-ils tousjours neantmoins à la fin plutost suivis de blasmes que de loüanges, d'ennuis que de contentemens, de haines que de bienvueillances et de repentirs que d'éjouyssances, si telles conquestes sont pour demeurer tousjours litigieuses et que pour parvenir à icelles, ils ayent esté contraints de vendre et alliener leurs propres revenus et domaines, de surcharger leurs naturels sujets de tributs, imposts, tailles et subsides, d'aneantir le trafic, le commerce et le labourage, et de laisser piller, saccager, ruiner et destruire les naturels sujets, n'y ayant point de doute que ce ne soit une imprudence des plus dommageables, que d'exposer ses propres et legitimes revenus à perdition, pour le seul desir d'usurper ceux d'autruy, dautant que demeurans tousjours en dispute, ils leur cousteront incessamment trois fois plus à garder et conserver qu'ils ne leur vaudront de revenu annuel. »

Ayant, en nostre premier livre des OEconomies

royales et servitudes loyales, fait particuliere mention de dix des principaux desirs de nostre grand Roy, pendant les temps de ses mauvaises fortunes, nous avons fait encore inserer cy-dessus, pour servir d'entrée à nostre second livre, dix des Meditations royales de ce vertueux prince, reservans pour le troisiesme et quatriesme (si tant les Memoires sur lesquels nous le faisions en peuvent bien former) dix des principales et plus excellentes Œconomies, qu'il se resolvoit d'adjouster aux siennes precedentes, pour mettre en tant exquise valeur ses revenus ordinaires, qu'ils eussent pû subvenir à toutes les plus splendides dépences qu'il projettoit de faire, et dix reglemens, pour toutes sortes de conditions de personnes, moyennant l'observation desquels chacune d'icelles eust trouvé une grande amelioration à sa condition et à ses facultez, et des expediens convenables pour s'exempter de tous luxes, superfluitez et dépences non necessaires, avec l'establissement d'un si bon ordre en l'exercice de la justice, que les longueurs et les frais pour l'obtention d'icelle, eussent esté diminuez des trois parts sur les cinq.

CHAPITRE C.

Avant-propos. Projets de Henri IV. Éloge de ce prince. Travaux de Rosny. Devises des jetons distribués à la fin de 1600.

[1600] Monseigneur, suivant ce que nous avons pû apprendre des Memoires en forme de journal, de ceux qui disent d'avoir fait un fidelle recueil de tout ce que vous avez veu, sceu et cognu des dits, faits, gestes, mœurs et fortunes de nostre grand Roy, et qu'ils ont peu sçavoir des vostres, en suivant sa personne et courant toutes ses adventures, nous n'en avons non plus qu'eux, comme il a esté dit ailleurs, commencé les discours que vers le temps du plus effroyable, calamiteux et desplorable accident de toutes les traverses, tribulations et persecutions, par lesquelles ayt passé nostre vertueux Roy, qui fut celuy de la sanguinaire bourrellerie du vingt-quatriesme jour d'aoust 1572, de laquelle les suittes ont esté si longues, que la premiere crise de quelque apparence d'esperance de mieux pour guarir telles langoureuses afflictions, n'en apparut que vers le deuxiesme de may 1598 (qui sont vingt-six ans de plus dure penitence que toutes celles des anachorettes), les benedictions de Dieu ayant favorisé ses vertus et ses armes, et par icelles reduit ses plus grands, plus puissans et plus inveterez ennemis à convenir avec luy, à Vervins, d'une paix quasi aussi advantageuse qu'il l'eust pû desirer, laquelle fut en suitte et quelque temps apres reconfirmée par celle que vous renoüastes avec le cardinal legat Aldobrandin, nepveu du Pape, lors que l'on l'estimoit entierement rompuë, comme il est dit au Chapitre XCVIII de ce volume; à la conclusion de laquelle et de la ceremonie des sermens solemnels, prestez à Paris et à Thurin pour l'observation d'icelle, nous avons estimé à propos de finir nostre premier livre et de commencer nos recueils du second, afin qu'il semble, que sortant d'un vieil et tenebreux monde tout remply de ruynes, dégats, meurtres, occisions, troubles, guerres, haines et combustions, nous venions à entrer dans un nouveau monde tout esclatant de belles lumieres, lequel apparamment devoit estre nommé celuy de paix, concordes, reconciliations, douceurs, œconomies et mesnagemens.

Mais avant que de commencer nos discours touchant les affaires qui se passerent en l'année 1601 et les suivantes, nous vous dirons avec vostre licence et requisition de pardon, lors que nous en aurons besoin, qu'encor que nous quatre cy-devant designez et recognus par nous et par d'autres pour vos tres obligez serviteurs, vous ayons tousjours presenté au nom commun de nous quatre les recueils de nostre premier livre, comme l'on a voulu que nous fissions encore maintenant ceux du second, si ne laisserons-nous pas de dire librement que si vous en recevez service et contentement, c'est à deux d'entre-nous seulement que le gré en est deu : dautant que les deux autres ayans trouvé des emplois plus profitables, ils se sont non seulement fort souvent dispensez de cettuy-cy, mais ont esté en partie causes que nous differasmes trop longtemps à entreprendre ce dessein, ne l'ayans fait à bon escient, que plusieurs années depuis la mort de nostre bon Roy et non encore avec la premeditation qu'il meritoit, mais seulement par une espece de promptitude d'esprit, du despit et de la colere où nous entrasmes de voir une si grande nonchalance en la celebration des honneurs et gloires bien meritées de ce grand Roy, et le malicieux silence des historiens de ces derniers temps, qui se sont delectez à cacher et supprimer ses plus admirables vertus particulieres, à extenuer et desguiser celles tant publiques, que leurs bailleurs de Memoires ne les ont osé du tout faire taire; et finalement à luy supposer des desseins, projets et entreprises du tout impertinentes et absurdes, et le calomnier d'avoir eu des defauts et des vices ausquels il ne pensa jamais, et qui estoient aussi entierement disproportionnez à la grandeur de son courage et de son jugement.

Tellement, qu'à cause de nostre tardiveté, il nous a esté bien difficile de pouvoir corriger les manquemens et remarques des temps de diverses affaires, et celles des dattes, des lettres de la main du Roy, dautant qu'il n'y en mettoit quasi jamais, à cause de la proximité des lieux d'où il vous les escrivoit : de sorte que ces inconveniens nous avoient fait une fois resoudre de reserver ces discours pour ceux de vostre maison et de nos familles particulieres, sans penser à rien moins qu'à les faire mettre en lumiere. Mais les changemens des temps, celuy de l'estat des affaires, les diverses sortes d'administrateurs et d'administrations que nous avons veuës, et les solicitations de nos amis particuliers, nous firent croire que quelque jour les libertez dont nous avions usé à dire la verité de beaucoup de choses importantes, ne seroient pas tousjours hors de saison. Et en attendant, nous nous resolusmes, pour éviter tout blasme, de vous en faire une addresse particuliere, avec une tres-humble supplication de vouloir lire nos recueils, et d'y corriger et adjouster ce que vous jugeriez à propos.

Mais avant que d'entrer en la suitte d'iceux et pour leur servir de quelque espece de preparatif, nous dirons à vous et à tous autres qui les liront, que comme tous les individus de la nature humaine ausquels, apres leur depravation, il est encore resté quelque espece de cognoissance et de ratiocination, ont tousjours tenu qu'il y avoit cinq parties principales en iceux qui meritoient le plus de consideration, et pour cette cause les ont-ils nommez les cinq sens de nature, de leur premier estre et conformation que leur depravation n'avoit point du tout destruites, puis qu'elles se remarquoient semblablement aux animaux ; aussi ont tenu les autres plus sages, judicieux et speculatifs, tant ceux de la venerable antiquité que ceux de la continuité des siecles, lesquels sont entrez en une vraye recognoissance du ravage de leur dépravation, et en suitte de leur restablissement par grace en un bien estre et vraye reformation, qu'il y avoit cinq autres parties en iceux qui les constituoient, à sçavoir pieté en l'ame, solidité au jugement, vivacité en l'esprit, generosité au cœur et charité en la conversation : concluans en mesme temps que ceux ausquels ces cinq parties avoient esté le plus universellement eslargies, estoient aussi ceux qui meritoient le plus de gloire et de loüanges. Tellement que ce fondement ainsi presupposé, nous avons estimé que nul ne nous sçauroit blasmer, ny accuser de flatterie ny de mensonge, lors qu'en nos recueils abregez nous avons tant hautement exalté et magnifié le feu Roy, et luy avons fait de continuels éloges ou le ferons cy-apres, ny s'il s'en rencontre aussi quelques-uns qui vous concernent, moyennant que ce soit avec les esgards necessaires et les proportions requises bien observées : à sçavoir, en parlant de Sa Majesté, comme d'un grand, puissant et vertueux Roy, et de vous comme d'un tres-humble, loyal et utile sujet; du Roy, comme d'un sage, bon et officieux maistre et bien-faicteur, et de vous comme d'un tres-obeyssant serviteur, confident et tres-obligé conseiller d'Estat; de Sa Majesté, comme d'un grand, magnanime et magnifique monarque, qui tient son principe, son bien estre et toutes ses grandeurs immediatement de Dieu, et de vous comme d'un ministre qui tient de vray son bien estre de Dieu, mais son bon-heur, felicité terrienne et ses grandeurs dans le monde, des faveurs et gratifications de son maistre, duquel l'exemple et les enseignemens luy ont esté pour guides continuelles en toutes ses voyes : desquelles veritez il se pourroit tirer mille preuves certaines, par tout ce que nous avons dit et dirons de Sa Majesté royale, et de vostre servitude loyale, dont l'une des plus exquises pour le regard de nostre grand Roy est le recit des merveilles de ses hautes meditations et de ses magnifiques projets et desseins les plus admirables, desquels sont ceux dont la plus grande part du monde a le moins de vraye cognoissance, quoy que l'on en ayt beaucoup parlé au temps de sa mort et encore plus depuis icelle ; sans neantmoins que nul en ayt encore rien dit de certain ny veritable, voire est arrivé que ceux qui se sont voulus mesler de faire les historiens, en ont dit les choses les plus ineptes, absurdes et mensongeres, comme l'on cognoistra facilement si l'on vient à les comparer avec celles qui se trouveront mentionnées en ces recueils, selon la pure verité.

Pour ausquelles donner quelque commencement, nous vous dirons que ces cinq excellentes parties de l'homme renouvellé, desquelles nostre grand Roy avoit esté specialement et en toute abondance favorisé de Dieu, luy avoient fait naistre des desirs et former des desseins proportionnez à ses excellentes qualitez, desquels nous en specifierons seulement sept pour un eschantillon des autres.

Le premier, de rechercher les moyens propres pour l'establissement d'une seule profession de religion dans l'Europe chrestienne, et, en cas d'impossibilité, se contenter de faire en sorte que les princes et peuples se voulussent resoudre à en choisir seulement trois de celles qui sont desja le plus universellement establies et ont

23.

apparemment une tant esgale estenduë de pays et puissance, que l'une d'icelles ne sçauroit entreprendre de ruiner les deux autres sans se destruire elle mesme.

Plus le second, d'associer autant de puissances souveraines qu'il luy seroit possible au dessein qu'il faisoit de reduire toutes celles des monarchies hereditaires à une presque esgale puissance, tant en estenduë de pays qu'en richesses, afin que les trop excessives des uns ne leur fissent venir le desir d'opprimer les foibles, et à ceux-cy la crainte de le pouvoir estre.

Plus le troisiesme, d'essayer à faire poser entre les quinze dominations, desquelles devoit estre composée la chrestienté d'Europe, des bornes si bien ajustées entre celles qui sont limitrophes les unes des autres, et de regler tant equitablement la diversité de leurs droits et pretentions, qu'ils n'en pussent jamais plus entrer en dispute.

Plus le quatriesme, de faire bien comprendre à toutes ces quinze sortes de dominations la resolution que Sa Majesté avoit prise de se contenter de l'estenduë qu'avoit à present la sienne, afin qu'à son exemple les autres roys hereditaires voulussent faire le semblable, en sorte que si l'un d'eux avoit quelque chose de plus, ce plus fut desparty entre les dominations eslectives estans sujetes aux loix.

Plus le cinquiesme, d'essayer encore par son exemple de disposer toutes ces quinze sortes de dominations de commander tant amiablement à leurs sujets, et desirer deux choses si equitables qu'ils les disposassent à leur obeyr volontairement et gayement.

Plus le sixiesme, d'essayer de faire convenir ces quinze dominations à la composition d'un conseil d'entr'eux tous si bien ajusté, qu'avec le commun consentement aussi de tous, il demeurast l'arbitre amiable de tous leurs differends.

Plus le septiesme, apres neantmoins que l'on seroit convenu de tous les precedens, d'essayer à former une tant proportionnelle cottisation entr'eux touchant ce que chacune de ces quinze dominations auroit à fournir à son regard pour l'entretien des armées, qu'elles fussent suffisantes et capables de demener une guerre continuelle contre les infideles.

Toutes lesquelles meditations, quelques loüables et magnifiques qu'elles pussent estre, et moyens excellens que le Roy eut excogitez pour les faire facilement reduire en acte, si ne laissa-il pas de les tenir longues années rencloses et renfermées dans luy-mesme sans en vouloir encore rien declarer ouvertement, ny mesme en confier aucune partie à ses plus speciaux ministres ny serviteurs, qu'il n'eust auparavant davantage advancé tous les preparatifs qu'il avoit jugez necessaires pour faciliter les commencemens, poursuites, progrez et perfection de ses hauts, splendides et magnifiques desseins; essayant incessamment d'accroistre et augmenter extremment, amiablement, sans bruit, rumeur, ny donner l'alarme à personne, ses amitiez, alliances et associations avec le plus de puissantes dominations estrangeres qu'il luy seroit possible, en les interessant toûjours plus advantageusement que luy mesme en tous les desseins, projets et entreprises qu'il leur proposeroit; faisant pour son regard telle et tant grande provision de deniers, armes, artilleries, munitions, instrumens, outils et vivres, que non seulement ses armées n'en pussent jamais manquer, mais qu'il en pût mesme ayder à ceux de ses loyaux associez qui en auroient besoin; continuant à remarquer et entretenir en bonne devotion la plus grande quantité de bons capitaines et soldats françois qu'il pourroit, et sur tout se conciliant de plus en plus cette grande amour et bienveillance si bien commencée de tous ses peuples de toutes qualitez et conditions, et des trois sortes de religions qui devoient avoir le plus de cours dans l'Europe chrestienne; disant sur cela, lorsque quelques-uns luy en parloient serieusement comme ne l'approuvant pas, qu'il ne vouloit pas entreprendre de s'estimer plus sage que Dieu, lequel, quoy que comme tout puissant il pust en un instant, sans crainte de guerres civiles, rebellions, revoltes ny seditions de peuples, destruire toutes religions à luy desagreables, ne laissoit pas neantmoins d'en tolerer de tant de diverses sortes dans l'estenduë de son empire universel : et partant n'estoit-il pas resolu de se tourmenter pour en destruire aucune des trois qu'apparamment Dieu vouloit qui eussent cours dans sa domination et celles de ses alliez.

Or, par tout ce que nous venons de dire, avons dit en nostre premier livre, dirons en ce second et encore és autres suivans, se peut-il soustenir qu'il n'y a rien dans les volontez, decisions et determinations des hommes, qui n'ayt esté precedemment dans la prescience, le decret et l'ordonnance de Dieu; et tout cela se peut-il encore plus specialement et absolument conclure pour ce qui regarde les monarques, empereurs, roys et autres dominateurs des peuples et nations. Dequoy entre mille preuves qui s'en pourroient donner, nous nous reduirons à celle seule de nostre grand Roy, n'y ayant nulle doute que le Dieu tout puissant ne l'eut fait, formé et façonné, tant pour le regard de l'esprit que du corps, pour s'en servir à operer choses grandes et magnifiques, ses faveurs estans suivies de telles remarques et circonstances, qu'elles nous ont fait juger, et le feront aussi à tous autres qui voudront les considerer attentivement, que cette bonté divine l'avoit choisi pour son second Roy, son mieux aymé, et pour un second serviteur selon son cœur, se pouvant faire entre David et luy un nombre infiny de rapports, comparaisons et similitudes des mieux ajustées. Mais les particularitez d'icelles estans de trop longs discours, et nous eloignans pas trop de ceux que nous avons entrepris, nous nous contenterons d'en specifier quelques-unes en general, estant vray de dire qu'ils eurent tous deux d'excellentes vertus morales, furent tous deux recommandables en pieté, charité, prudence, vaillance, clemence et benignité, sont tous deux parvenus à une royauté lors qu'ils ne s'y attendoient nullement, ont esté egalement traversez en l'obtention pacifique d'icelle, ont eu par longues années de grandes guerres pour la posseder contre de puissans ennemis, ont esté tous deux grands guerriers, et se sont trouvez en plusieurs batailles et combats, ont tous deux couru de grands perils et hazards dans les demeslemens des armes; a esté fait plusieurs entreprises et attentats contre leurs vies et leurs fortunes, ont tous deux esté sujets aux haines, calomnies, detractions et medisances des meschans, ont eu l'un et l'autre des desirs et affections à l'endroit des femmes, où il s'est remarqué quelques imbecilitez; mais tousjours se peut-il dire que celles de David ont esté les moins excusables et ont produit de plus mauvais accidens; ont tous deux passé par plusieurs incommoditez et afflictions domestiques, ont fait de grandes conquestes, esté grands œconomes et assemblé de grands thresors, ont fait de grands preparatifs et amples provisions, et finalement ont tous deux eu de hauts, pieux et magnifiques desseins; l'un desirant d'edifier un admirable temple à Dieu pour estre la figure de ses fidelles et de son Eglise, et l'autre d'establir une republique tres chrestienne tousjours pacifique en elle mesme pour glorifier incessamment le bon Dieu.

Mais, quelques saincts, sacrez et loüables que pussent avoir esté leurs deux desirs et desseins, si n'a pas voulu cette sapience eternelle (et ce pour des causes en elle cachées) qu'ils leur donnassent l'accomplissement et perfection par eux desirée, dautant que devant icelle il les a retirez tous deux des peines, perils, fatigues et travaux de la terre, pour les colloquer également dans les plus exquises beatitudes du ciel: où les laissans tous deux en leur repos, nous reprendrons les discours qui peuvent regarder nostre Roy, pour dire quelque chose des particuliers desseins qu'il tesmoignoit d'avoir eus lors qu'il quitta le royaume de la terre pour aller prendre possession de celuy des cieux, lesquels, quoy que, comme nous avons souvent oüy dire à ses plus anciens serviteurs, sa naissance favorisée du ciel eut mis en son cœur une vraye hardiesse naturelle, et qu'en son ame une certaine generosité toute portée à la gloire luy eut tracé en l'esprit quelques idées de tels projets et desseins dés sa plus grande jeunesse, ce fut neantmoins si foiblement et tant confusément, qu'il fut facile aux autres fantaisies du premier âge, suivies de tant de bizarres sortes d'accidens de la fortune, d'effacer en quelque sorte ses premieres traces et lineamens d'une vraye vertu.

Mais comme Dieu ne les luy avoit pas eslargis de naissance pour les y faire demeurer oysifs, aussi se trouvoit-il une grande facilité en luy à leur faire reprendre une nouvelle vigueur, tellement que dés l'année 1572, qu'il n'avoit qu'environ dix-neuf ans, trois choses luy renouvellerent ses precedentes belles pensées et cogitations. La premiere, que tous ceux qui faisoient des nativitez et se mesloient de predire les choses advenir, luy denonçoient souvent qu'il parviendroit à la couronne de France, et qu'elle devoit estre continuée en ses enfans. La seconde, le bruit qui courut lors de cette victoire obtenuë le 7 octobre 1571 par les chrestiens sur les Turcs, en la bataille de Lepante, et de la grande gloire et renommée qu'y avoient acquis Marc Anthoine Colomne, general de l'armée du Pape, Sebastien Venier, general de l'armée des Venitiens, mais sur tous dom Joan, bastard d'Austriche, general de l'armée d'Espagne, et generalissime des trois armées, une pointe d'honneur et une loüable jalousie le solicitant d'aspirer à ce à quoy estoient parvenus des personnes de moindre condition et naissance que luy. Et la troisiesme, les asseurances qui luy furent données de la sincere et particuliere affection du Roy Charles IX en son endroit, lequel portant jalousie à son frere le duc d'Anjou, à cause que sa mere le poussoit à la gloire et à l'acquisition d'une haute renommée par preference à luy, et hayssant d'inclination la personne et l'humeur de son frere d'Alençon, il se vouloit joindre d'amitié avec luy, et le mettre dans son entiere confidence, afin d'en faire son bras droit, et luy faire bailler toutes les expeditions et employs honorables où il ne se pourroit pas trouver en personne, et pour servir de pretexte à telles faveurs, disoit luy vouloir faire espouser sa sœur Margot qu'il aymoit tant, et leur faire à tous deux de grands dons et advantages.

Tellement que telles cogitations luy roulans incessamment dans l'esprit, il est à croire qu'elles n'y estoient pas de petite efficace. Mais tous ces renouvellemens de hautes pensées furent bientost tournés non seulement en fumées, mais aussi en cruels ennuis, desplaisirs et absolus desespoirs de toute bonne fortune par le mal-heureux succez des nopces que l'on luy avoit preparées, non pour luy bien faire, mais pour luy tourner en piege et devenir des manottes à sa liberté, laquelle demeura entierement opprimée durant quatre années, et mesmes ne s'en pust-il retirer qu'en rentrant dans une nouvelle servitude suivie de tant de fascheux accidens durant unze années, qu'il luy fallut bien avoir d'autres pensées que celles du temps d'auparavant ses desastreuses nopces.

Or ces unze années de miseres ainsi escoulées, et les esperances d'une grande et puissante armée estrangere qui marchoit sous ses auspices, et une grande bataille par luy gagnée d'un austre costé en ce mesme temps, luy firent revenir quelque chose en l'esprit de ses premiers desseins et vertus tournées en luy en habitude par la bonté divine, pour agir si tost que la moindre apparence de faire quelque action pleine de splendeur et de gloire luy seroit presentée, dont cette-cy ne dura gueres plus que la premiere, dautant que par la malice et l'envie des siens propres, ny sa grande armée ny sa victoire ne furent pas suivies de succez conformes aux esperances et apparences.

De sorte qu'il fut bien tost conseillé par sa prudence accoustumée à tenir encore secret son dessein; et se continuerent tous ses divers et fascheux accidens durant pres de trois ans, au bout desquels ayant esté appellé au service de son Roy, ce avec tant de tesmoignages de bien-veillance, de hautes promesses à luy faites, de jonctions de tant de puissantes armées, et d'un attaquement tellement glorieux et splendide en apparence, que tout cela eut derechef bien-tost renouvellé en luy ses magnanimes desirs, lesquels, pour la troisiesme fois, furent aussi-tost esteins qu'allumez par la survenuë de la desastreuse mort de ce puissant Roy qui l'avoit appellé à son secours, lequel ne le regardoit point autrement que comme un pere fait son enfant, et ne parloit point à luy qu'avec des paroles qui luy donnoient sujet de croire qu'il le tenoit pour tel.

Et quoy que par cette mort il deust sembler que ses premieres esperances devoient estre aucunement reverdies, si est-ce que cette succession luy apportant plus d'ennuis, de peines, de fatigues et de travaux d'esprit et de corps qu'il n'en avoit quasi encore jamais eu, toutes ses pensées demeurerent attachées à la seule defense de sa vie, de sa liberté, de sa fortune et de sa royauté, durant neuf années continuelles, pendant lesquelles, combien qu'il eut eu plusieurs bons succez, si ne laissoient-ils pas d'estre suivis de tant d'autres traverses et contradictions, qu'il n'avoit pas le loisir de se rafraischir le souvenir de ses anciens desirs. Et bien encore que, par les travaux de ces neuf années, ses armes, favorisées de Dieu, eussent, comme nous avons dit, reduit ses plus grands ennemis à convenir d'une paix à luy fort avantageuse; que, par d'autres siennes prudences, tous les differends tumultuaires que l'on avoit malicieusement entretenus avec ceux de la religion, eussent esté terminez, et que, sur la conclusion de tant de grandes affaires à l'avantage de Sa Majesté, deux grandes et puissantes dominations desja ses alliées, et confederées, l'eussent par ambassadeurs expres envoyé rechercher avec de grandes offres, par augmentation de conditions à son advantage, voire mesme par des ouvertures d'entreprises qui sembloient regarder une partie de ses projets et desseins, et d'en faciliter le moyen et le commencement, si ne leur voulut pas encore ce grand et sage prince faire semblant d'avoir pensé à telles choses. Mais apres plusieurs remercimens et representations de raisons qu'ils tesmoignerent de trouver tres-justes, il leur respondit pour conclusion que l'on luy avoit par tant et de si longues années entamé, et continué de si fascheuses et perilleuses guerres, tant contre sa personne que le general de ceux de la religion, desquels il avoit entrepris la defense; et que Dieu l'ayant à present tellement favorisé, que pour une paix, où il avoit reduit ses plus puissans ennemis, il avoit mis eux et luy en repos, il n'estimoit pas que nul pust raisonnablement s'offenser s'il vouloit essayer, pendant ce temps de tranquillité, de reparer tant de dommages receus par l'un et par l'autre, afin de se mettre en estat et eux aussi de pouvoir embrasser efficacieusement le soustien et la defense de ses anciens amis et bons alliez, par le moyen de la melioration de ses revenus, et des aisances et comoditez de ses peuples, les asseurant que son courage n'estoit point changé ny son affection diminuée en leur endroit, comme il leur feroit bien paroistre s'ils venoient à en avoir besoin pour leur defence, voire leur entameroit-il en temps et lieu de telles propositions qu'elles leur feroient croire tout ce dont il les avoit asseurez. Dequoy eux estans apparemment demeurez fort contens et satisfaits, ils se retirerent vers ceux qui les avoient envoyez, et luy reprit peu de temps apres le chemin de Paris, pour commencer à travailler à bon escient à toutes ces choses, comme il n'y manqua pas, ainsi que les particularitez s'en verront dans la suitte de ces recueils.

Ayans donc terminé le premier livre de nos recueils abregez des affaires de France, ausquelles vous avez esté employé, par la conclusion d'une paix si generale et tant solemnellement ratifiée et jurée, qu'elle sembloit devoir mettre fin à toutes factions et pensées martiales dans le royaume, voire à tous soupçons d'icelles entre ces deux grandes maisons de France et d'Austriche, et celles de leurs dependances, en commençant nostre second livre, nous luy donnerons entrée par vos employs tous pacifiques, qui furent, qu'ayant dés la fin de l'année 1600 dressé cinq projets des estats generaux dependans de vos charges, à sçavoir:

Le premier estant un projet d'estat general des finances de toutes les provinces particulieres du royaume, par lequel se cognoissoit tout ce qui se leve en France de toutes sortes de natures de deniers, ce qui se despend sur les lieux en charges ordinaires, et ce qui en revient de bon au Roy.

Le second, un projet d'estat general au thresorier de l'espargne, par lequel se void tout ce qu'il devoit recevoir durant l'année de son exercice, et en quoy l'employer.

Le troisiesme, un projet d'estat general de la recepte et despence de l'artillerie avec un inventaire de toutes les artilleries, armes et munitions desquelles le Roy se pourroit servir avec specification des lieux où elles estoient.

Le quatriesme, un projet d'estat general de la grande voyrie, ponts, pavés, chemins, chaussées et reparations de France, tant royales que provinciales.

Et le cinquiesme, un projet d'estat general de toutes les reparations et fortifications des villes, chasteaux et places des frontieres de France, avec specification des qualitez des assiettes d'icelles.

Tous lesquels projets d'estats ayant fait voir au Roy dés le mois de decembre de l'année 1600, vous les luy vinstes apporter, mis au net dans des livres bien reliez, lors que le premier jour de l'année 1601, suivant la coustume, vous luy apportastes pour les estrenes et à la Reine aussi, à chacun, deux bourses de jettons, dont les uns estoient d'or et les autres d'argent, avec les devises de Sa Majesté, telles qu'il vous avoit donné le sujet de les devoir faire, de laquelle devise le corps estoit un nid d'Alcions, qui avoient tranquilisé la mer pour y eslever leurs petits, et avoit pour ame ces paroles: *Nostri dant otia terris:* laquelle devise nous ayant fait ressouvenir que nous avions oublié d'inserer en nostre premier livre toutes les autres que le Roy avoit prises chacune année, depuis son advenement à la couronne, nous avons estimé que vous ne trouveriez point mal à propos ny ceux qui liront ces recueils, que nous vous les representions icy telles que nous les avons pû recouvrer, et qu'elles s'ensuivent.

CHAPITRE CI.

Devises des jetons distribués au commencement de chaque année, depuis 1589 jusqu'en 1601.

1590. Premierement, sur la fin de l'année 1589, à cause que le Roy avoit esté recogneu pour tel sur une montagne attribuée à un Sainct, en faisant allusion à ce qui est dit au second pseaume, touchant David, figure de Jesus-Christ, vous baillastes à Sa Majesté, en corps de devise, pour l'année 1590, un haut mont sur lequel il tomboit du ciel une couronne, et pour ame ces paroles: *Constitutus rex super Sion.*

1591. Plus à la fin de l'année 1590, à cause des grandes oppositions que le Roy avoit trouvées à son commencement, et des combats qu'il luy avoit fallu faire, et des batailles qu'il avoit gagnées, vous luy baillastes, en corps de devise, pour l'année 1591, une espée royale environnée de branches de lys et de palmes, et pour ame ces paroles prises du même second pseaume, *In virga ferrea confringuntur.*

1592. Plus à la fin de l'année 1591, à cause que le Roy publioit à haute voix qu'en tous ses heureux succez il estoit conduit de Dieu, vous luy baillastes, en corps de devise, pour l'année 1592, une estoile brillante, faisant allusion à celle qui apparut aux trois roys d'Orient qui vindrent adorer Jesus-Christ, et pour ame ces paroles, *Ductus regum.*

1593. Plus à la fin de l'année 1592, à cause de tant de contradictions que le Roy avoit trouvées en icelle, chacun s'émancipant, aux moindres mauvais succez, à faire le Roy, et faisant allusion à ce qui apparut sur les tentes de Octavius Cesar, Antonius et Lepidus, lorsqu'ils s'assemblerent pour diviser le monde entr'eux, vous baillastes à Sa Majesté, pour corps de devise, en l'année 1593, trois soleils, dont les deux estoient fort pasles et blafarts, et celuy du milieu infiniment rouge et brillant, et pour ame ces paroles, *Affulget Cæsari nostro.*

1594. Plus à la fin de l'année 1593, à cause que le Roy se relevoit de courage plus les difficultez à pacifier son royaume sembloient se multiplier, vous luy baillastes, en corps de devise, pour l'année 1594, un feu allumé sur une haute montagne soufflé des quatre vents du ciel, et pour ame ces paroles, *Agitatus cresco.*

1595. Plus à la fin de l'année 1594, à cause de tant de villes qui se remirent en l'obeyssance du Roy, nonobstant les menées du roy d'Espagne et de la ligue, vous luy baillastes, en corps de devise, pour l'année 1595, une mer tempestueuse, battuë des vents, lesquels faisoient eslever ses ondes jusques aux nuës, et pour ame ces paroles, *Turbant sed extollunt.*

1596. Plus à la fin de l'année 1595, à cause de tant de pertes de villes et d'actions glorieuses entremeslées dans cette année 1595, vous baillastes au Roy, en corps de devise, pour l'année 1596, une flame de feu au milieu de la mer, laquelle jettoit des estincelles fort luisantes, nonobstant l'agitation des ondes, et pour ame ces paroles, *Rerum immersabilis undis.*

1597. Plus à la fin de l'année 1596, à cause que nonobstant toutes les pertes des années passées, le Roy avoit remis ses affaires, establi un bon conseil, assemblé quelque argent et faisoit des preparatifs pour faire florir ses armes dans l'Artois et assieger Arras, vous luy baillastes, en corps de devise, pour l'année 1597, une lance entortillée d'un lys, faisant allusion à celle que Cadmus et ceux de sa race portoient empreinte à la cuisse, et pour ame ces paroles, *Generis insignia nostri.*

1598. Plus à la fin de l'année 1597, à cause de la reprise glorieuse d'Amiens, et que le Roy contraignit l'archiduc de se retirer honteusement, et que ces heureux succez furent cause que l'on commença de toutes parts à rechercher Sa Majesté de paix, vous luy baillastes, pour corps de devise, en l'année 1598, une plante de laurier couronnée de branches d'olivier tombant du ciel, et pour ame ces paroles, *Pax in armis.*

1599. Plus à la fin de l'année 1598, à cause que le Roy ayant conquis toute la Bretagne et reduit le roy d'Espagne à faire paix avec luy, il projetta de se marier, de restablir son royaume, de delivrer le peuple de toutes oppressions et le soulager des excessives impositions tolerées à cause des guerres, vous luy baillastes, en corps de devise, pour l'année 1599, un chesne signifiant les sujets et citoyens, tout parsemé de couronnes de branches de laurier et d'olivier entremeslées, faisant allusion à ce que le peuple romain fit envers Auguste, lors qu'il eut pacifié l'empire, et pour ame ces paroles, *Salus populi mihi laurus.*

1600. Plus à la fin de l'année 1599, à cause que par le bon ordre estably par le Roy (enquoy vostre soin et travail à le faire observer et en tirer les utilitez desirées estoient admirables) toutes sortes d'allegresses et seuretez de conditions se multiplioient de jour à autre, vous baillastes à Sa Majesté, pour corps de devise, en l'année 1600, un arc en ciel, faisant allusion sur celuy donné de Dieu à Noé pour seureté contre toutes innondations, et pour ame ces paroles, *Solvunt formidine terras.*

1601. Plus à la fin de l'année 1600, à cause que M. de Savoye, lors que voulant profiter des troubles de la France eut pris le marquisat de Saluces, choisit pour devise un centaure foulant aux pieds une couronne royale avec ces paroles, *Opportune*, et que le Roy eut conquis la Bresse et la Savoye, vous luy baillastes, pour corps de devise de l'année 1601, un Hercule renversant un centaure et relevant une couronne, et pour ame ces paroles, *Opportunius.*

CHAPITRE CII.

Premières inquiétudes du maréchal de Biron. Conférence avec le Roi sur les affaires des Pays-Bas. Acquisition de la terre de Sully. Réformes dans l'administration.

[1601] Huict jours apres que vous eustes presenté au Roy les jettons de l'année presente 1601, vous receustes une lettre de M. de Biron, qui tesmoignoit que son esprit n'estoit pas sans inquietude, lors qu'il venoit à penser à la grandeur et impertinence de ses desseins, et aux difficultez et perils dont l'execution d'iceux seroit precedée, accompagnée et suivie, et aux blasmes et reproches que meritoit une tant enorme ingratitude envers son Roy, son maistre et son bienfaicteur, de laquelle lettre la teneur ensuit :

Lettre de M. de Biron à M. de Rosny.

Monsieur, l'asseurance que vous m'avez donnée de vos bonnes graces et amitié fait que librement je m'adresse à vous, afin que par vostre moyen je puisse sortir de la peine où je suis. Si je reçois ce bon office de vous je vous seray obligé, pour le moins n'esperé-je en recevoir de mauvais, car je tiens vos paroles pour trop vrayes, et aussi vous ay-je voüé tout humble et devotieux service. Or, monsieur, tous ceux qui m'escrivent de la Cour ou qui parlent à de mes amis, me mandent que le Roy tesmoigne à un chacun une tres-mauvaise volonté pour moy; je ne sçay d'où procede cela, car je ne croy point, ny en mes faits ny dits, depuis l'avoir veu au fort Saincte Catherine, en avoir donné sujet, ains crois avoir mesnagé et regy mes actions pour donner tout contentement à Sa Majesté : si cela n'est je suis bien trompé. Je vous supplie donner un demy quart-d'heure d'audiance à M. Prevost sur ces sujets-là. On me mande que le voyage que je desire faire à Dijon, que le Roy croit que c'est pour faire le mal-content : je vous jure que cela n'est point et ny ay pensé, et si n'estoit la nécessité de mes affaires, je n'y irois ; je seray de retour dans douze jours. En fin on me dit tant de diverses choses, que je ne sçay quels remedes y apporter ; car recherchant de pres mes intentions et volontez, je les trouve telles que les doit avoir un bon sujet et fidelle serviteur ; si je faux c'est par imprudence. Monsieur, une teste à preuve de canon comme la vostre se troubleroit, jugez que peut la mienne qui n'est ny posée, ny solide. Or donc, je vous supplie que le Roy me prescrive, ordonne et commande ses volontez, et comme il veut que mes paroles et mes actions aillent ; et si je faux, que je sois blasmé. Mais depuis le plus grand jusques au plus petit, un chacun discourt et parle des propos que le Roy tient de moy, qui ne sont à mon advantage : je ne les en croy la pluspart toutesfois, car je croy n'avoir fait le pourquoy. A jointes mains je vous supplie que je reçoive cet office de vous, vous offrant ma vie et tout ce qui est à moy pour vous faire service ; et suis, etc.

A Mascon, ce 3 janvier 1601.   BIRON.

Or, reprenant le fil de ces Memoires, nous vous ramentevrons comme, environ le mois de may, le Roy et la Reine furent gagner les pardons au jubilé à Orleans ; vous allastes avec eux jusques à Fontaine-bleau, et encore jusques à la moitié de la premiere journée, qu'eux allans coucher à Puizeaux, vous pristes vostre chemin vers Chasteau Landon, pour vous en aller, pendant ce petit loisir qui vous fut donné pour dix jours, visiter la terre de Baugy, que vous faisiez decretter, à cause des sommes notables qui vous estoient deuës dessus, ainsi que depuis elle vous fut adjugée. Mais comme vous fustes à deux lieuës de vostre couchée, vous vistes venir un courrier faisant bruire son huchet de tant loin qu'il apperceut vostre équipage, lequel vous apporta une lettre du Roy telle que s'ensuit :

Lettre du Roy à M. de Rosny.

Mon amy, je vous avois donné dix jours pour vostre voyage de Baugy ; mais ayant receu des lettres d'importance de Buzenval que je desire vous faire voir, et sçavoir ce qu'il vous semble du dessein que l'on me mande en icelles, vous me ferez plaisir de venir ce soir coucher en ce lieu de Puizeaux, où vous n'avez que faire de rien apporter, ayant fait donner ordre pour vostre logis, auquel j'ay envoyé mon lict de chasse, et commandé à Coquet de vous tenir un souper prest et vostre des-jeuner du matin, car je ne vous retiendray pas davantage. Adieu, mon amy, que j'ayme bien.

Suivant ce mandement, vous pristes aussitost deux gentils-hommes, un page, un valet de chambre et un palfrenier, et donnant le bon soir à madame vostre femme, vous vous en allastes à Puizeaux, où vous trouvastes le Roy dans la cour du prieuré, qui faisoit luter et sauter au plain saut la jeunesse qui le suivoit ; lequel, aussi-tost qu'il vous vit, appella le sieur Pasquier, qui luy avoit apporté de la part de M. de Villeroy les lettres dont il vous avoit escrit, par lesquelles M. de Buzenval luy mandoit que M. le prince Maurice voyant l'hyver passé, avoit fait une reveuë de tous ses gens de guerre mis en garnison durant iceluy, en avoit tiré les meilleures et plus gaillardes troupes, et d'icelles composé une merveilleusement belle armée et bien assortie de toutes les choses necessaires pour faire un grand et long trajet de chemin par terre, le nombre des chariots pour porter vivres, munitions et autres commoditez approchant de deux mille, faisant estat, à ce qu'il avoit sceu du mesme prince et de ses plus affidez, de traverser le Brabant, Liege, Henault et Artois, du long les frontieres de France, afin d'en pouvoir tirer des assistances et de prendre le dessus des rivieres, pour s'en aller en Flandres faire la guerre vers Gravelines, Bergues, Sainct Vinoc, Dunkerque et Nieuport ; et que l'archiduc ne se voyant pas forces suffisantes pour s'opposer à celles-là, demeuroit spectateur de cét acheminement sans s'y oser opposer à vive force, se contentant, avec ce qu'il avoit pû rassembler, en attendant les forces que l'on disoit luy devoir estre bien-tost envoyées d'Italie et d'Allemagne, de costoyer de loin son ennemy, afin de le faire marcher serré, et se tenir prest pour le secours des pays et places qui seroient attaquées : de tous lesquels desseins et projets il avoit creu devoir advertir Sa Majesté, afin que, par sa grande prudence et ses longues experiences, il pust juger de la qualité d'iceux et de ce qui s'en devoit esperer ou craindre, attendant que le temps et les evenemens en donnassent l'entiere certitude.

Il y avoit aussi une autre lettre de Constantinople, par laquelle on advertissoit le Roy que le grand Turc ayant sceu que le Sophy avoit envoyé une grande ambassade vers le Pape, l'Empereur et le roy d'Espagne, pour leur offrir amitié et confederation, sans avoir eu charge de passer en France, il se resolvoit de prendre cette occasion, afin d'envoyer vers Sa Majesté pour le mesme effet, disant tout haut qu'il estimoit plus l'amitié et les armes des François seules, que celles de tous les autres princes chrestiens. Sur lesquelles lettres le Roy vous ayant demandé vos advis, vous luy distes que pour le dernier advis il n'y avoit autre chose à dire ny à faire que d'en attendre l'effet, mais sur le second vous le reprouvastes absolument, pour beaucoup de raisons qui seroient trop longues à particulariser, dont les plus considerables estoient la representation de la longueur du chemin par tant de terres ennemies et pays difficiles, et sur tout celuy du Liege, remply de tant de bois, hayes, voyes creuses, estroittes et quasi inaccessibles à tant de charrois, que vous teniez ce dessein du tout impossible à executer, et croyez que ce seroit la ruyne du prince Maurice, s'il s'oppiniastroit en iceluy. Tellement que le Roy, apres avoir discouru là dessus, approuvant vos raisons et se confirmant en son opinion par la vostre toute semblable, fit aussitost des depesches au prince Maurice, pour luy representer tout ce que Sa Majesté pensoit de son entreprise, et luy conseiller d'en faire quelque autre qui eust plus d'apparence de facilité.

Puis vous permit de reprendre vostre chemin de Baugy, sur lequel vous visitastes Sully pour l'acheter, comme vous fistes l'année suivante, et de son costé il continua son voyage d'Orleans, pour y faire ses devotions, durant lesquelles il posa la premiere pierre pour la reedification de l'eglise Saincte Croix; lesquelles achevées, il s'en revint à Paris, où vous estiez aussi arrivé trois jours auparavant, vostre principal travail consistant lors, les armes ne bruyant plus et le calme paroissant de toutes parts, à bien faire suivre les cinq estats que vous aviez baillez au Roy, à vous bien instruire aux finances, à essayer de penetrer dans les plus profonds secrets d'icelles, à corriger tous les abus qui s'y estoient glissez pendant les licences des guerres, et les negligences des siecles passez, principalement pour ce qui regardoit la chambre des comptes, les thresoriers de France, engagemens et usurpations des domaines royaux, les constitutions de rente sur les aydes, gabelles, tailles, equivalens, cinq grosses fermes, decimes et autres revenus de l'Estat; à tascher d'establir par de bons reglemens une sorte d'ordre qui ne se peut pervertir, amasser de l'argent, des armes, artilleries, munitions et outils, fortifier les villes frontieres; essayant de subtiliser, par quelques nouvelles inventions, les arts d'attaquer et defendre places, et gens de guerre; à reparer les maisons royales,

en commencer de nouvelles, les bien meubler et parer; à travailler aux argines, turcies et levées, ponts, pavez, chemins et chaussées, et faire en sorte que les deniers octroyez aux villes et communautez pour tels ouvrages, y fussent bien employez. En toutes lesquelles choses, comme il se verra par la suitte des années, vous avez fait par dessus l'esperance des hommes, et faisiez exalter les vertus du Roy, luy attribuant toutes ces choses.

CHAPITRE CIII.

Outrage fait à la Rochepot, ambassadeur du Roi à Madrid. Ambassades des Véniliens et du Grand-Seigneur. Voyage du Roi à Calais. Voyage d'Elizabeth, reine d'Angleterre, à Douvres. Lettre d'Elizabeth à Henri IV. Mission de Rosny en Angleterre. Ses conférences avec la Reine. Secrètes menées du maréchal de Biron. Entretien de Rosny avec ce seigneur. Mission de Biron à Londres. Conseils que lui donne la Reine. Le comte de Béthune, frère de Rosny, ambassadeur à Rome. Dispute entre les ministres à l'occasion de cette nomination. Sagesse et modération de Henri IV.

Peu apres le retour du Roy à Paris, il fut adverty qu'il se faisoit quelques menées par les partisans espagnols sur les villes de Metz, Marseille et Bayonne, contre lesquelles il apporta les remedes convenables à la prudence d'un tant excellent prince, sans pour ce faire aucun esclat ny demonstration d'estre mal satisfait d'eux. Mais ayant peu apres receu des lettres de M. de la Rochepot, son ambassadeur en Espagne, narratives de plusieurs injures et indignitez publiques par luy et les siens receuës en ce royaume là; ces offenses, trop cogneuës qu'un chacun pour les pouvoir dissimuler (sans flestrissure de tant de gloires par luy acquises), luy en aigrirent si fort l'esprit, qu'il ramena aussi-tost en sa memoire toutes les noires malices que les Espagnols luy avoient faites depuis la paix de Vervins tant solemnellement jurée. Tellement que vous ayant envoyé querir sur ce despit, il vous dit: « Je « vois bien que vostre opinion se trouvera en « fin mieux fondée que celle de Ville-roy et de « Sillery, qui ont tant contesté contre vous, « qu'il y avoit moyen d'establir une ferme ami- « tié et loyale correspondance entre la France « et l'Espagne. » Et lors exagerant ce qui luy avoit esté mandé touchant le neveu de M. de la Rochepot, que l'on avoit traitté ignominieusement, il ramena en sa memoire plusieurs autres

malices noires des Espagnols, où ne fut pas oublié ce que M. de Biron luy avoit déclaré des efforts qu'ils avoient faits pour l'aliéner de son devoir, les practiques faictes par les partisans d'Espagne dans Rome pour empescher que le Pape ne prononçast comme arbitre pour la restitution du marquisat de Saluces, et en Suisse pour rompre les anciennes alliances de ceux de cette nation avec la France, les troupes envoyées par le comte de Fuentes au duc de Savoye pendant que l'on lui faisoit la guerre, et les nouveaux desseins qu'ils avoient pour renoüer leurs intelligences avec les ducs de Biron, de Boüillon, comte d'Auvergne, prince de Joinville et autres. Et sur telles ressouvenances s'estant grandement esmeu, il vous dit : « Je vois bien
« que ces gens icy ne me laisseront jamais en
« repos tant qu'ils auront moyen de me troubler,
« et que les diverses jalousies de gloire et d'hon-
« neur et les interests d'Estat sont trop difficiles
« à faire compatir entre ces deux couronnes, et
« qu'il faut prendre d'autres fondemens qu'une
« simple confiance en la foy et parole donnée
« pour subsister avec seureté, tant qu'enfin ils
« me contraindront à des choses où je n'avois
« point eu dessein. Mais, pardieu, j'en jure, si
« je puis avoir une fois mis mes affaires en bon
« ordre, assemblé de l'argent et le surplus de ce
« qui est necessaire, je leur feray une si furieuse
« guerre, qu'ils se repentiront de m'avoir mis
« les armes à la main. »

Les Venitiens, environ ce temps là, envoyerent une celebre ambassade au Roy pour luy protester de leur inviolable devotion, et le prier d'avoir une affection sincere pour eux, bien asseurez qu'ils devoient demeurer l'un et l'autre de ne voir jamais intervenir d'alteration en leurs promesses et amitiez, puis que les interests d'Estat les obligeoient à mesmes desirs et desseins, et faisoient avoir communs amis et communs ennemis. Le Grand Seigneur y envoya semblablement son medecin (1), qui estoit chrétien, en qualité d'ambassadeur, afin de lui faire confirmer les anciennes alliances d'entre la maison Othomane et celle de France, et luy declarer qu'encor que son ennemy le Sophy eut envoyé vers le Pape, l'Empereur et le roy d'Espagne, pour lier amitié avec eux et les requerir d'assistance, et qu'il eut obtenu d'eux telles promesses qu'il avoit desiré, il ne les craignoit neantmoins en aucune façon, moyennant que la France demeurast ferme en son alliance, et qu'il fut asseuré de l'amitié d'un si grand prince, qu'il le tenoit pour sa valeur, hautesse et prudence, le plus estimé Roy de la creance de Jé-

(1) Barthélemy Cœur, Marseillais renégat.

sus. Cet ambassadeur apporta plusieurs beaux presens au Roy, et à vous deux cimeterres fort rares que je vous ay veus, et croy que vous les avez encores.

Le Roy ayant eu advis que les Espagnols formoient un siege devant Ostandes, s'en alla vers Calais ; dequoy les archiducs prindrent grand ombrage, craignant que ce ne fut en intention de traverser leurs desseins ou pour se venger des affronts receus par M. de la Rochepot, tellement que, pour essayer d'en descouvrir la verité, ils envoyerent le comte de Sore en ambassade vers Sa Majesté, sous-ombre de complimens, et charge de prendre le temps à propos pour en jetter quelques paroles en forme de plaintes, sur lesquelles il leur en fut donné d'autres de pareille nature, accompagnées de tant d'asseurances de vouloir observer la paix, moyennant que, de leur part, ils s'abstinssent de toutes menées et pratiques contraires à icelle, que la bien-seance les contraignit à faire demonstration de s'en contenter.

Pendant le sejour du Roy à Calais, son port de mer luy fit recevoir des nouvelles de beaucoup de costez, tant de dedans que du dehors du royaume, et s'y passa aussi plusieurs affaires d'importance. Mais laissant, suivant nostre coustume, le recit de celles qui estoient sceuës d'un chacun, aux historiens, en n'en disant qu'un mot par-cy par-là, nous nous contenterons de vous en ramentevoir deux seulement, qui regardent particulierement la personne du Roy et vostre employ en icelles, que l'on fit ce que l'on pût pour les tenir fort secretes; pour desquelles vous ramentevoir ce que nous en avons pû apprendre, vous vous souviendrez comme le Roy arrivant à Calais, et vous apparemment ayant sceu quelque chose du desir, que luy d'une part et la reine d'Angleterre de l'autre, avoient long-temps eu de se voir et de communiquer ensemble des affaires generales de la chrestienté, et sur tout de celles dont il en fut dit quelque chose par ambassadeurs au temps du traitté de la paix de Vervins, vous commandastes aux deux Arnaults (d'entre les six secretaires que vous aviez pour les expeditions de vos quatre principales charges de super-intendant des finances, grand maistre de l'artillerie, de grand voyer de France, et la plus espineuse de toutes, celle de l'entremise des intrigues et broüilleries domestiques et de Cour) de faire des memoires des choses secretes et d'importance qui se passeroient pendant que le Roy sejourneroit à Calais (dequoy, pour dire la vérité, nous deux M. de La Font et moy ne fusmes pas trop contens); tellement qu'eux seuls ayant fait des memoires de ces deux affaires dont nous avons parlé, nous nous contenterons (sans y rien adjouster du nostre) de les transcrire icy, estans tels qu'il s'ensuit :

Monseigneur, suivant le commandement particulier que vous nous fistes à nous deux de retirer de vous et de tous autres que nous pourrions, des advis et instructions des choses les plus secrettes et de plus grande importance qui se passerent durant le voyage du Roy à Calais et celuy de la reine d'Angleterre à Douvres, nous vous dirons comme cette genereuse et brave reine Elizabeth n'eut pas plutost appris l'arrivée du Roy à Calais, qu'elle l'envoya visiter en son nom par le milord Edmont, son ambassadeur, qui luy apporta des lettres escrites de sa main, remplies de tant de complimens, offres, courtoisies et civilitez, que le Roy voulant encherir sur icelles, il luy en escrivit d'autres de sa main avec tant de loüanges et déférences, voire de submissions, qu'elles la firent resoudre de s'en venir à Douvres, d'où elle dépescha soudain le sieur de Stafort, dit milord Sidnay, avec de secondes lettres au Roy. Et ainsi s'entretindrent-ils de lettres et de messages multipliez, nous estans bien marris du peu de soin que vous et tous autres ont eu de retirer coppie de tant de belles lettres qu'ils s'entr'escrivirent, et de faire des Memoires des choses qui se traitterent lors entre ce Roy et cette Reine, n'ayans jamais peu recouvrir de vous ny d'autres que le double de la penultiéme lettre qu'elle luy escrivit, et la coppie d'un Memoire en forme d'articles conventionnels, dautant que le Roy vous ayant baillé ladite lettre, non seulement vous la montrastes à un de nous, mais vous en fistes faire une coppie, ce qui fut cause de vous donner cognoissance du surplus de ce qui se traitta, de laquelle lettre la teneur ensuit :

Lettre de la reine d'Angleterre au Roy.

Monsieur mon tres-cher et bien-aymé frere, j'avois tousjours estimé les conditions des souverains estre des plus heureuses et des moins sujettes à rencontrer des contradictions à leurs justes et legitimes desirs; mais nostre sejour en deux lieux si proches l'un de l'autre, commence à me faire croire que ceux des hautes aussi bien que des mediocres qualitez rencontrent souvent des espines et des difficultez, puis que par certains esgards et respects, plutost pour satisfaire à autruy qu'à nous mesmes, nous sommes tous deux empeschez de passer la mer; car je m'estois promise ce bon-heur et contentement que de vous baiser et embrasser des deux bras, comme estant vostre tres-loyale sœur et fidelle alliée, et vous ce mien tres-cher frere que j'ayme et honore plus que chose du monde, duquel (afin de vous dire le fonds de ma pensée) j'admire les vertus incomparables et sur tout sa valeur entre les armes, ses civilitez et courtoisies entre les dames, aussi que j'ay quelque chose de consequence à vous communiquer que je ne puis escrire ny confier à aucun des vostres ny des miens pour maintenant. Tellement qu'attendant le temps propre à cela je me resoudray, dans peu de jours, de m'en retourner à Londres, et prieray Dieu, mon tres-cher et bien-aymé frere, qu'il vous continue ses sainctes graces et benedictions. C'est vostre plus affectionnée sœur et loyale alliée,

ELIZABETH.

Or, le Roy ayant receu cette lettre, la leut deux ou trois fois avec grand contentement, et particuliere attention sur les dernieres paroles d'icelle, et ne sçachant comment les prendre, il vous envoya querir par le sieur Ferret, secretaire, et à vostre arrivée vous dit : « Je « viens de recevoir des lettres de ma bonne « sœur la reine d'Angleterre que vous aymez « tant, plus pleines de cajoleries que jamais. Or, « voyez si par la cognoissance que vous avez « d'elle, vous devinerez mieux que moy ce « qu'elle veut dire sur la fin de sa lettre. » Laquelle ayant leuë plusieurs fois et confessé que vous n'y pouviez rien comprendre, le Roy vous dit : « Mon amy, je ne vous celeray point que « je suis en peine de sçavoir ce que cette prin- « cesse veut entendre par telles paroles ; car, à « mon advis, ne les dit-elle point sans grande « cause. Mais j'ay pensé un expedient qui sera « peut-estre propre pour en descouvrir quelque « chose, sans faire action qui puisse estre desa- « greable de nul costé, qui seroit de vous en aller « demain du matin à Douvres, comme si c'es- « toit de vous mesme, faisant demonstration de « n'y vouloir pas arrester, mais de passer outre « vers Londres pour voir le pays, afin que si « vous rencontriez quelqu'un de vostre cognois- « sance, la Reine pust estre advertie que vous « seriez à Douvres pour voir ce qu'elle feroit ; « dautant que si elle vous envoyoit querir, peut- « estre qu'en discourant ensemble en pourriez- « vous descouvrir quelque chose. »

Vous eustes encore plusieurs autres discours sur ce sujet, qui seroient trop longs à reciter. Mais quoy que ce soit, vous vous embarquastes sans dire mot à personne le lendemain fort matin, dans une petite barque avec peu de train, et arrivastes, sur les dix heures, au havre de Douvres, sur les rivages duquel vous vistes quantité de gens dont les uns se desbarquoient, les autres s'embarquoient et les autres se promenoient sur la greve, d'entre lesquels il s'en advança cinq ou six vers vous, dont l'un d'iceux, qui estoit le milord Sidnay, vous ayant soudain recognu, n'y ayant que cinq ou six jours qu'il vous avoit veu à Calais, vous vint incontinent embrasser, et avec luy les sieurs Coban Ralech et Greffin, et peu apres les comtes d'Evencher et de Painbroc ; tous lesquels, apres quelques civilitez et complimens reciproques, vous demanderent où vous alliez, et si vous veniez trouver la Reine de la part du Roy, vostre maistre. A quoy vous leur respondistes que non, et que le Roy n'avoit pas seulement sçeu vostre partement de Calais, et partant les priez-vous tous que la Reine ne sceut pas vostre arrivée, de crainte qu'elle ne s'offençast contre vous, voyant que vous ne luy apportiez ny lettre, ny recommandations du Roy, ny n'aviez à luy parler d'aucune affaire. Surquoy ils se mirent tous à rire, et vous dirent que la Reine ne vous laisseroit pas passer sans vous entretenir, ny ayant pas plus de trois jours qu'elle parloit de vous en fort bons termes, et qu'il ne falloit point que vous doubtassiez que le vaisseau, de garde au port, ne luy eust desja mandé de vos nouvelles, et par consequent que vous ne vissiez bien-tost quelqu'un de sa part. Dequoy vous fistes semblant d'estre fort fasché, bien que ce fust chose que vous desirassiez suivant le dessein du Roy ; pour lequel tant mieux cacher, vous les priastes instamment de ne dire point vostre arrivée à personne ny où vous seriez logé. Et sur cela vous pristes congé d'eux afin de vous aller loger, faisant demonstration de vouloir partir si tost que vous auriez disné.

Mais vous ne fustes quasi pas retiré dans vostre chambre au logis que vous aviez pris, qu'un capitaine des gardes de la Reine ne vous vinst embrasser par derriere comme vous parliez à l'un de nous de tout cela et ne vous dit qu'il vous faisoit prisonnier de par la Reine. A quoy, en l'embrassant aussi et en vous sousriant, vous luy respondistes que vous preniez cette prison à beaucoup d'honneur. Et en cette sorte apres qu'il vous eut fait entendre que la Reine vous demandoit, vous l'allastes trouver ; laquelle, d'aussi loin qu'elle vous apperceut, vous cria : « Hé « quoy, M. de Rosny, est-ce ainsi que vous « rompez nos hayes, et encore avec dessein de « ne me venir point voir ? dequoy je suis bien « estonnée, car j'ay veu que vous ne parliez que « de m'affectionner plus que nul de mes servi-« teurs, et ne pense pas vous avoir donné sujet « de changer cette bonne volonté. » A quoy vous luy respondistes qu'elle vous avoit tousjours tant fait d'honneur et tesmoigné tant de bien-veillance, que vous l'aymiez et honnoriez à cause de ses excellentes vertus, et la serviriez à jamais en toute humilité, non seulement par vostre propre inclination, mais aussi pour ce qu'en cela vous faisiez chose tres-agreable à vostre Roy.

Vous eustes encore plusieurs autres propos en conformité de ceux-là, trop longs à reciter, desquels elle fut si contente, qu'elle adjousta aux siens : « Or sus, M. de Rosny, pour vous « tesmoigner que je croy tout ce que vous m'as-« seurez de la bien-veillance du Roy, mon frere, « et de la vostre, je vous veux parler de la der-« niere lettre que je luy ay escrite. Je ne sçay « si vous l'aurez point veuë, car Stafort et Ed-« mont m'ont dit qu'il ne vous cache gueres de « ses secrets. » Et lors luy ayant tesmoigné que vous n'en estiez pas ignorant, elle repartit aussi-tost qu'elle en estoit bien aise, et aussi dequoy vous aviez passé la mer, dautant qu'elle ne feroit point de difficulté de vous dire librement, à vous, ce qu'elle avoit voulu dire par la fin de cette lettre. Et là dessus vous ayant tiré à part, elle vous entretint longuement de la pluspart des choses qui s'estoient passées depuis le traitté de Vervins, qui meriteroient un grand discours, et finit le sien par cette enqueste, à sçavoir, si les affaires du Roy, son bon frere, estoient en meilleur estat qu'en l'année 1598, et s'il seroit à present en commodité d'entamer à bon escient ce grand dessein qu'elle avoit proposé dés ces temps-là ? Surquoy vous luy dites : « Madame, « encore que depuis ce temps-là le Roy ayt eu « de grandes affaires à demesler, tant à cause « de la guerre de Savoye, que de plusieurs me-« nées et mauvaises pratiques dans son Royaume, « desquelles il n'estoit pas encore exempt, tous « lesquels demeslemens d'affaires l'avoient cons-« titué en de fort grandes despences, que, « neantmoins, vous n'aviez laissé de si bien mes-« nager ses revenus et toutes autres choses, que « vous aviez amassé bonne quantité d'artillerie, « munitions de guerre et de bouche, voire mesme « d'argent ; mais que tout cela ne seroit pas suf-« fisant, neantmoins, pour luy conseiller de por-« ter seul le faix d'une guerre ouverte contre « toute la maison d'Austriche qui estoit si puis-« sante, qu'il ne se falloit point mesler de l'atta-« quer à demy ; voire vous sembloit-il que la « seule association de luy, d'elle et des Estats, « n'estoit pas encore suffisante pour commencer « un si grand ouvrage, mais estoit necessaire « d'essayer à faire une bonne union et confedera-« tion avec tous les autres roys, princes, poten-« tats, republiques et peuples qui apprehendoient

« leur tyrannie, ou qui voudroient profiter de
« leur diminution. »

Surquoy la Reine vous dit, qu'elle estoit bien aise d'avoir entendu vostre opinion là dessus, dautant qu'elle croyoit bien que vous n'en aviez pas tant dit sans sçavoir quelque chose des intentions du Roy, son frere, ausquelles, en ce cas, les siennes se conformeroient facilement, en y adjoustant seulement certaines conditions qu'elle estimoit du tout necessaires pour empescher toutes alterations et deffiances entre tous les associez, dont elle avoit voulu commencer à faire quelques ouvertures par la fin de sa derniere lettre, qui consistoient, à son advis, à proportionner si bien les desirs d'un chacun, que nul n'en pust former qui pussent estre dommageables et desagreables aux autres, comme cela seroit infailliblement si les plus grands et les plus puissans vouloient prendre le plus de part aux conquestes et aux distributions qui se feroient d'icelles ; et sur tout ne falloit-il point que le Roy, son frere, ny celuy d'Escosse, qui ne pouvoit faillir d'estre son heritier, ny ceux de Dannemarc et de Suede, qui peuvent estre grandement puissans par mer et par terre, ny elle aussi par consequent, pretendissent nulle part, ny portion en aucune des dix-sept provinces des Pays-Bas, ny és autres de leur voisinage : « Car, pour ne vous en rien
« celer, vous dit-elle, si le Roy, mon frere, s'en
« vouloit rendre proprietaire ou mesme seigneur
« feodal, ce seroit chose qui me pourroit incom-
« moder et apporter jalousie, comme de ma part
« ne trouverois-je point estrange qu'il eut cette
« mesme pensée pour mon regard ; et ainsi des
« autres estats et dignitez, dont seroient dimi-
« nuez ceux de cette tant ambitieuse maison
« d'Austriche. »

Et là dessus ayant finy son propos, et voyant que vous la regardiez attentivement, comme tout pensif et sans rien repliquer, elle reprit la parole et vous dit : « Hé quoy ! M. de Rosny,
« n'avez-vous pas bien compris mes opinions, ou
« si vous ne les approuvez pas, comme vostre
« silence me donne sujet d'en croire quelque
« chose ? — Madame, luy dites-vous, tant s'en
« faut que ce soient ces causes-là qui m'ayent
« retenu de parler si tost, que tout au contraire,
« c'est l'admiration en laquelle je suis entré de
« l'excellence de vostre esprit, de la grandeur
« de vostre courage, de vostre prevoyance et de
« vostre jugement, ne vous niant point que je
« n'aye souvent entamé de semblables propos au
« Roy, mon maistre, et que je ne l'aye veu en
« disposition de prendre des conclusions confor-
« mes à celles que vous me declarez maintenant. »

Surquoy vous eustes encore plusieurs grands discours, lesquels se terminerent par une conclusion de s'affermir sur cinq principaux poincts, et d'employer toutes leurs forces, leurs industries, alliances et societez pour essayer de les faire reüssir, sans, neantmoins, en faire rien paroistre ny les entamer que les uns apres les autres. Le premier, comme le plus plausible et apparemment le plus facile, d'entreprendre le restablissement de l'Empire et les princes, estats, villes et peuples d'iceluy en leurs anciens droits et libertez, et sur tout en celuy de la libre eslection de l'Empereur et du roy des Romains. Le second, d'essayer de delivrer toutes les dix-sept provinces des Pays-Bas, de toute subjection et recognoissance de la maison d'Austriche et de tous autres princes, et de les unir à un seul corps de republique, avec l'adjonction de toutes les autres provinces, leurs voisines, qui le voudront et pourront faire. Le troisiesme, de faire le semblable de tous les cantons de Suisse, leurs alliez et provinces voisines, et principalement le Tirol, l'Alsace et Franche-Comté. Le quatriesme, de trouver des expediens pour faire subsister ensemble par toutes ces provinces, les trois diverses sortes de religions qui paroissent avoir plus de cours en icelles. Et la cinquiesme, d'essayer à rendre tous les roys de la chrestienté les plus approchans qu'il se pourra d'une mesme grandeur en l'Europe, tant en estenduë de pays, que richesses et puissance. Sur toutes lesquelles propositions il fut en suitte des conclusions d'icelles projeté six articles qui furent agreez par eux, sans, neantmoins, estre signez en forme ny quasi aucune designation apparente sur laquelle l'on pût rien trouver de mauvais ny prejudiciable à aucun, iceux estans tels :

« Premierement, qu'il y aura entre tels et tels, une loyale et perpetuelle association, voire fraternité en communité d'armes et de desseins.

« Plus, qu'ils essayeront de convenir de tels reglemens et temperamens sur ce qui est des religions, que nulle d'icelles n'aura sujet de se nuire l'une à l'autre.

« Plus, qu'ils essayeront d'adjoindre à leur association et fraternité d'armes et de desseins, les trois autres puissances royales du Nord.

« Plus, qu'eux cinq roys estans en une telle union, essayeront d'assister d'une commune main, deux peuples puissans, au dessein qu'ils ont de les mettre en une absoluë liberté.

« Plus, qu'eux cinq et ces deux peuples puissans essayeront d'une commune solicitation de faire agreer les resolutions cy-dessus aux electeurs, prelats, princes, Estats et villes imperiales de la Germanie.

« Plus, qu'eux tous ensemble estans joints en

un mesme dessein, essayeront de restablir l'ancienne libre eslection des empereurs d'Allemagne, et des roys de Boheme, et Hongrie. »

Or, combien que telles choses ainsi tant briefvement discouruës et passées en termes generaux, et peu de specifications et designations speciales pussent sembler grandement vagues, voire d'execution quasi du tout impossible, si furent-elles deslors et ont esté encore plus depuis fortifiées de tant de raisons et assaisonnées de si justes proportions et temperammens pour les satisfactions d'un chacun des associez, que les seuls accidens de la mort de la reine d'Angleterre pouvoient estre capables d'en retarder l'execution, et celle de nostre grand Roy de l'empescher du tout, ainsi qu'il se cognoistra par la suitte de ces Memoires et autres sur ce dressez, ausquels s'en verra tout le destail et les solides fondemens jettez, nous contentans pour la fin de ce discours de vous dire que vous pristes congé de la Reine d'Angleterre, elle demeurant fort contente de ce qui s'estoit passé, et vous admirant la vivacité de son esprit, son grand jugement et sa generosité, desquels le Roy eut mesme opinion à vostre retour, lors que vous luy eustes representé tout ce qui s'estoit passé en vostre voyage; jugeant bien que pour acquerir par luy une grande gloire sans l'appauvrissement de son royaume et de ses peuples, il falloit necessairement que les grands faix de la despence (comme c'estoit chose que vous luy aviez tousjours soustenuë) fussent portez avec justes proportions sur tous ceux de son association, et tenir pour certain, que toutes conquestes esloignées, fort enviées et tousjours litigieuses, destruiroient plutost son Estat, qu'elles ne l'amplifieroient et affermiroient. Quelques jours apres vostre retour de Douvres à Calais, leurs Majestez de France et d'Angleterre estans convenuës ensemble avec satisfaction de toutes parts, des procedures, ordres et methodes desquelles chacune d'icelles devroit user en conformité des projets cy-dessus mentionnez, cette princesse s'en retourna vers Londres, et le Roy prit son chemin vers Paris, passant par toute la coste de Picardie, afin de bien visiter les places d'icelle et prendre resolution de ce qu'il y faudroit faire.

Or, pour continuer le recit des autres affaires dont nous pusmes avoir cognoissance pendant ce sejour du Roy à Calais, nous vous en ramentevrons encore deux; l'une fut les nouvelles qu'il eut de la mort de M. de Chastillon Colligny, qui avoit esté tué d'un coup de canon par la teste, dans Ostande, dont Sa Majesté eut un extreme regret, lequel il tesmoigna par une infinité de paroles à sa loüange, disant que ce jeune seigneur avoit tant de bonnes et belles parties, qu'il n'en voyoit point de son aage et de sa qualité, dont les vertus fissent concevoir de si hautes esperances. Et neantmoins depuis quelqu'un luy fit tant de mauvais rapports de luy, disant qu'il n'avoit nul plus grand dessein que de se rendre chef des huguenots, soit dedans ou dehors le royaume, et qu'à cela estoit-il poussé par M. de Boüillon, que telles fantaisies luy firent bien changer de langage. De sorte qu'un jour, vous, luy parlant de faire quelque chose pour sa mere et ses freres, il vous dit: « Laissons-là les merites des morts, sur lesquels « il y auroit beaucoup de choses à dire; car, « pour ne vous en rien celer, je ne regrette pas « tant à present vostre cousin de Chastillon que « je fis lors des nouvelles de sa mort, dautant « que l'on m'a donné advis qu'il n'avoit nul plus « grand desir que de se fourrer dans les factions « de ceux de la religion, et prendre creance avec « ceux qui estoient en France, ne parlant, en « ses propos plus ordinaires, que des merveilles « qui y avoient esté faites par ses pere et grand « pere, estans comme leurs chefs; et que, pour « son regard, il n'auroit nul regret à mourir s'il « pouvoit parvenir à cet advantage, que d'y « donner une bataille en leur faveur; tellement « qu'il eut esté à craindre, consideré les grandes « parties d'homme de guerre qui paroissoient « desja en luy, et les habiletez, gentillesses et « cajolleries par lesquelles il gagnoit de sorte l'a-« mitié des capitaines et soldats, que le prince « Maurice mesme en prenoit quelque espece d'om-« brage, qu'il ne fit un jour plus de mal à la « France que n'avoit jamais fait son grand pere. » Vous escoutastes tout ce discours sans rien repliquer, pour ce que tout ce que vous eussiez pû dire n'eut de rien servy au mort, eut pû fascher le Roy et lui faire prendre quelque dégoust de vous.

Et l'autre des affaires que le Roy eut durant son sejour à Calais, fut, de certains advis de beaucoup de siens affidez serviteurs, que M. de Biron continuoit à tesmoigner ses grands mescontentemens, voire usoit de langages et de procedures qui devoient faire croire qu'il faisoit de mauvaises practiques et menées, et projettoit de pernicieux desseins contre lesquels il luy estoit besoin de preparer des remedes; et commençant par ceux les plus conformes à son humeur, il voulut essayer, au retour de son voyage, de le regagner par bien-faits et distributions de nouveaux honneurs, avant que de rien faire esclater. Et pour cet effet, il vous commanda en premier lieu de luy faire valoir un certain don d'environ trente mil escus qu'il luy avoit demandé, sur les expeditions duquel il intervenoit tous les jours de nouvelles difficultez, lesquelles vous surmontastes par le moyen de vostre credit et authorité dans les affaires, et luy en fistes toucher l'argent, moitié comptant et l'autre moitié dans un an. Dequoy vous estant un jour venu remercier, et vous sçachant desja quelque chose des causes de défiances qu'il donnoit de fois à autre au Roy, par les propos de mespris et de flestrisseure de ses actions qu'il en tenoit, et les vaines, voire insolentes jactances dont il usoit lors qu'il se mettoit sur ses services et ses vaillantises, et considerant de plus que, tout à l'opposite de la forme de vie qu'il avoit tousjours suivie au precedent, il se jettoit dans les devotions et bigotteries, et à rechercher, avec soin et curiosité, les peuples, les villes, la noblesse et les soldats, fomentant les plaintes qu'ils faisoient, vous pristes sujet de luy parler ouvertement de toutes ces particularitez, en qualité de son intime amy, tel qu'il vous protestoit, en ce mesme temps, de vous vouloir demeurer à jamais, en recognoissance de la gratification dont il vous venoit remercier, laquelle, disoit-il, sçavoit bien ne tenir que de vous seul et nullement du Roy, qui ne s'estoit jamais guere soucié de luy, sinon lors qu'il avoit eu affaire de son courage et de son espée, sans lesquels il ne fut pas neantmoins jamais parvenu si facilement à la couronne.

A quoy vous luy respondistes que vous voyez bien que l'on luy mettoit en la fantaisie beaucoup de choses mal à propos, et desquelles il ne tireroit jamais honneur ny utilité; que pour son regard vous estimiez qu'il ne pouvoit mieux faire que de parler avec tout honneur et respect du Roy, comme en verité son courage, sa prudence et sa douceur le meritoient; qu'il n'y avoit rien que les roys pleins de vertu comme luy, ne supportassent plus impatiemment et dont ils eussent des ressentimens plus dangereux que quand l'on parloit avec mespris de leurs personnes; que l'on vouloit flestrir la gloire qu'ils s'estoient acquise par leurs armes, et que l'on payoit d'ingratitude leurs bien-faits, comme il sembloit que ce fust son intention en vous imputant ce don de trente mil escus et non à Sa Majesté; que vous luy pouviez bien jurer en avoir esté le solliciteur des expeditions aussi bien que le volontaire et liberal donnateur de la somme, et que, pour le convier à luy continuer ses bien-faits, il le devoit aller remercier des precedens; qu'il falloit que vous et luy fissiez ensemble une amitié indissoluble, pour servir conjoinctement Sa Majesté en un mesme dessein, qui eust sa gloire pour but, et vos loyautez pour fondement, sans espargner industrie, travail, biens ny vie pour eslever sa gloire au supréme degré de hautesse, et dilater sa domination au long et au large; et que luy estant en estime du plus brave et grand homme de guerre qui fut en France, et ayant acquis toute creance et authorité parmy ceux de cette profession, et vous maniant, avec grand pouvoir et entiere confiance du Roy, tout le surplus des principales affaires de France, il n'y avoit point de doute qu'estans tous deux ainsi tousjours bien unis à bien faire et loyallement servir, vous ne trouvassiez, dans l'exaltation et grandeur du Roy et de son Estat, toutes les sortes d'honneurs, grandeurs, biens et dignitez ausquelles personnes de vostre condition pourroient aspirer, toutes autres voyes et procedures ne pouvant estre que vaines et inutiles, voire honteuses et perilleuses à tous ceux qui en voudroient user, et obtenir quelque chose par bravade, et se faire craindre à son maistre.

Il vous tint là dessus plusieurs discours trop longs à reciter, remplis de plaintes de la mescognoissance de ses services et de l'exaltation d'iceux, qui ressentoient bien quelque chose de perverty et mal-agencé en son esprit et desseins dont il fut depuis accusé, lesquels neantmoins se terminerent par de bonnes paroles, pour essayer de ne vous laisser aucun soupçon de ce qu'il projettoit, comme vous le jugeastes au mesme instant; et par là vous vous sentistes obligé de representer au Roy toutes ces particularitez sur lesquelles (comme l'humeur de ce prince estoit des plus douces et sa bonté incomparable) il vous dit qu'il croyoit bien tous ces langages du mareschal, mais qu'il ne falloit pas tousjours prendre au pied de la lettre toutes ses rodomontades, menaces, jactances et vanitez, mais en supporter comme d'un homme qui ne se sçavoit non plus empescher de mal dire d'autruy et de se vanter excessivement luy mesme, que de bien faire lors qu'il se trouvoit aux occasions le cul sur la selle et l'espée en la main, luy ayant veu faire une infinité de bonnes actions au milieu de ses plus grands despits, plaintes et menaces; qu'il falloit neantmoins prendre garde à ses actions, dautant que s'il se joüoit à vouloir passer ses mespris et menaces jusques à la production des effets, il estoit bien resolu d'y apporter des remedes convenables, et luy faire paroistre qu'encor qu'il ne fust pas si remply d'ostentation que luy, il ne laissoit pas d'avoir autant de courage et de resolution, comme il luy avoit bien fait paroistre à Fontaine-françoise et autres lieux, où le voyant chargé bien rudement et luy se retirer assez diligemment, il estoit couru à son secours, et n'avoit point fait de difficulté de se mettre au devant des coups et d'exposer sa personne aux perils pour garantir la sienne, de laquelle il seroit bien ayse qu'il ne luy ostast point les moyens de s'en servir tousjours ; et partant, afin d'essayer de le divertir de tous ses chagrins, despits, ambarras d'esprit et mauvaises pensées, il vouloit continuer à luy faire des honneurs et des biens, et pour cet effet l'envoyer, comme il fit, ambassadeur extraordinaire vers la reine d'Angleterre, sa bonne sœur, de laquelle il sçavoit bien qu'il recevroit plutost des instructions à bien faire que des persuasions pour le faire manquer à son devoir, ainsi qu'elle fist avec prudence et bonne intentoin : dautant que, pendant son sejour pres d'elle, luy l'ayant comme expressément mise sur le propos du comte d'Essex, en le plaignant de ce que, apres avoir si bien servy, il avoit fait une tant deplorable fin, elle luy respondit doucement, et tint de tels discours que si elle eust sceu quelque chose de ce qu'il projettoit, luy magnifiant la puissance et le droit des roys et princes souverains establis de Dieu, et le devoir des sujets envers eux, lesquels estoient obligez, selon Dieu, la conscience, l'honneur et la vertu, de les aymer, reverer, servir et leur estre loyaux et respectueux, tant pour ces raisons-là, que celles d'une bien assaisonnée prudence qui obligeoit les grands hommes à ne se jetter pas volontairement aux perils remplis de difficultez insurmontables, ordinairement suivies de blasme et infamie, ainsi qu'elle desiroit qu'il sceust qu'avoit fait le comte d'Essex, sans considerer le peu de moyens qu'il avoit d'executer ce qu'il pourpensoit, ny, lors qu'il le recognut bien, user de prudence pour faire oublier les choses passées ; mais adjoustant audace et fureur à presomption et temerité, il avoit rejetté tous les expediens à luy offerts pour se tirer de peine, plusieurs de ses amis luy disant de sçavoir bien de science que la seule recognoissance et repentance de ses fautes luy feroient trouver toutes les sortes de graces qu'il sçauroit desirer, icelles suivies d'une oubliance de tout le passé.

Au retour duquel voyage du marechal de Biron, le Roy, par une debonnaireté sans pareille, continuant à s'obstiner à le vouloir sauver, en luy faisant passer ses folles fantaisies de presumption par une continuation de faveurs, honneurs et bien-faits, il l'envoya encor ambassadeur extraordinaire en Suisse, pour jurer le renouvellement d'alliance avec cette nation, esperant que les exemples et enseignemens de ces grands politiques luy donneroient envie de le devenir, et de regler son esprit et ses desirs. Son voyage fut suivy d'une solemnelle ambassade de tous ces peuples, qui vint à Paris pour faire le semblable, et fustes commis, vous et messieurs de Sillery, de Vic et de Caumartin, pour conclurre les traittez, en quoy il ne se passa rien que à l'ordinaire, qui se termina entre vous à boire d'autant, à leur faire toucher trois millions sur leurs debtes, et en presens de forces chaines d'or avec les medalles du Roy, afin de les renvoyer bien satisfaits, comme ils furent.

Quelque temps apres, vous procurastes aupres du Roy la charge d'ambassadeur à Rome pour monsieur vostre frere, comme vous luy aviez fait obtenir, quelques années auparavant, celle d'Escosse, jugeant, par ce que vous cognoissez de son naturel grandement retenu et circonspect, que ce seroit celuy de tous les emplois où vous le pourriez advancer, auquel il reüssiroit le mieux : en quoy vous fustes fort traversé par messieurs de Ville-roy et de Sillery, lesquels s'estans joints d'amitié ensemble, afin de resister plus puissamment à vostre faveur qu'ils voyoient aller journellement en augmentant, et contester plus efficacieusement vos opinions, qu'ils nommoient fantaisies, vouloient essayer de faire en sorte que la nomination de tous les ambassadeurs dependist absolument d'eux deux, et par ce moyen vous exclurre de toute correspondance avec iceux, et oster la cognoissance et l'intelligence des affaires estrangeres. Et sur ce qu'ils debattoient et vouloient faire rejeter la nomination que vous aviez faite de monsieur vostre frere, vous entrastes en de grandes contestations, d'autant qu'ils mirent en avant qu'il avoit peu d'intelligence des affaires de Rome, et n'avoit point encores tant rendu de services au Roy ny à l'Estat, qu'il deust estre preferé à d'autres qu'ils avoient à proposer, sans neantmoins nommer encore personne. Sur quoy vous leur respondistes que s'estant bien acquitté de l'ambassade d'Escosse, il ne manqueroit non plus de donner satisfaction à Sa Majesté pour celle de Rome ; et que, quant à ses services, estans joints avec les vostres et l'ancienneté de vostre maison, il ne s'y trouveroit rien à rejetter ny à mespriser. Et là dessus vous estant mis à vous entrepicotter, chacun essayant de mettre en avant ce qu'il estimoit le plus valoir en soy et le moins en autruy, et vous estant persuadé par les discours qu'ils tenoient, qu'ils vouloient faire aller leurs services du pair avec les vostres, vous leur respondistes, demy en colere, que toutes comparaisons estans tousjours tenuës pour odieuses entre toutes personnes, elles seroient incessamment reputées telles entre les vostres, eu esgard à la diversité des naissances, professions, qualité et quantité de services ; et comme ils vouloient repliquer, et sur tout le petit M. de Ville-roy, fier comme un aspic, ayant les jouës bouffies et les yeux rouges de despit, le Roy leur imposa silence, et vous dit à tous trois, avec demonstration de colere, qu'il ne trouvoit nullement bonnes ces picotteries, contestations et reproches mal fondées; qu'il vous defendoit d'en user jamais, sur tout en sa presence, et qu'il vous tenoit tous trois pour bons et utiles serviteurs, dequoy diverses actions luy avoient rendu des preuves notables.

Surquoy le despit vous faisant passer mesure vous repartistes, et vous adressant au Roy mesmes, luy dites que puis qu'il approuvoit ainsi esgalement les services des uns et des autres, que vous n'aviez plus rien à repliquer, d'autant que son opinion et sa creance, en telles matieres, devoient estre les juges souverains et decisifs de ce differend; mais que si vous aviez à debattre cette cause avec un autre que vostre Roy et vostre maistre, les volontez duquel vous seroient tousjours pour loix inviolables, vous penseriez luy faire bien recognoistre par vives et solides raisons (sans mesme mettre en avant que vous aviez incessamment couru sa fortune, quelque deslabrée qu'elle eust esté longues années, que vous n'aviez jamais eu d'autre maistre ny assisté ses ennemis, et que vous aviez plus receu de playes qu'ils n'avoient taillé de plumes, et plus respandu de sang pour son service qu'ils n'avoient mis d'ancre dans leurs escritoires) qu'il y avoit grande difference entre les services des gentils-hommes et gens de guerre, et ceux des gens de robbe longue et d'escritoire, les vacations et emplois de ceux-cy estans de telle nature qu'ils ne pouvoient jamais desplaire, desobeyr, contredire, ny manquer à faire ce qu'il leur estoit commandé s'ils ne vouloient, leurs charges ne consistans qu'à prosner, caqueter, faire la mine, escrire et seeler, qui sont toutes choses qui resident en la volonté; au lieu que ceux-là qui faisoient le mestier de la guerre et s'employoient aux finances, estoient obligez à produire des realitez, des substances et des effects, qui ne dépendoient pas de leur vouloir, l'argent ne se trouvant pas, les places ne se fortifians, attaquans ny defendans pas, les combats ne se faisans pas, les pieces d'artillerie ne s'exploictans pas, les batailles ne se donnans pas, les victoires ne s'obtenans pas avec des mains de papier, des peaux de parchemin, des coups de ganivet (1), des traits de plumes, des paroles vaines, des seaux et de la cire; bref, avec des imaginations, fantaisies, mines et simagrées: ce que vous ne doutiez point que Sa Majesté ne recognut encore mieux que vous ne l'aviez représenté, la sup-

(1) Canif.

pliant neantmoins de vous excuser si le mespris que l'on faisoit de vostre frere et de vous, avoit esté cause de l'excez dont l'on pourroit accuser vos paroles, et de leur accorder un pardon convenable à l'offence.

A quoy le Roy respondit brusquement, et comme si la continuation de tels langages luy eut depleu: « Bien! bien! je vous le pardonne « et aux uns et aux autres, et considere vos pa- « roles comme il faut; mais à la charge toutesfois « que vous ne rentrerez plus en telles picotteries, « et que quand l'un d'entre vous desirera favo- « riser quelqu'un de ses amis pres de moy, les « autres ne s'y opposeront plus avec aigreurs et « animositez, mais s'en remettront doucement à « mon choix, lequel je fais pour le present, en « faveur du sieur de Bethune, duquel j'estime la « maison, l'esprit, la preud'hommie, mesme la « capacité, l'ayant employé en diverses affaires « de paix et de guerre, desquelles il s'est digne- « ment acquité; et afin que vous n'estimiez pas, « dit-il, addressant sa parole à M. de Ville-roy, « que je prefere Bethune à ceux que vous projet- « tiez de me nommer pour la charge d'ambas- « sadeur à Rome, dés à present, je vous promets « de la leur reserver au retour de Bethune, avec « lequel, cependant, je vous ordonne de vivre en « bonne amitié et parfaite correspondance, afin « que mon service n'en reçoive dommage. » Et sur cela vous ayant derechef commandé à tous trois de vous comporter avec affection et respect, les uns avec les autres, il quitta le promenoir où il avoit esté plus de deux heures avec vous, à cause de vos disputes, et s'en alla disner.

CHAPITRE CIV.

Digression sur les affaires des Pays-Pas. Défense de transporter de l'argent hors du royaume. Riche capture faite près de la frontière. Chambre de justice contre les financiers. Crédit de Conchini et de Léonor Galigaï. Digression sur la manière dont des Mémoires ont été composés. Naissance du Dauphin. Henri IV fait tirer son horoscope.

Nous vous avons cy-devant parlé de la route que prenoit la grande armée du prince Maurice, de laquelle le Roy, sur son partement de Calais, et vous aussi receustes les lettres d'advis de M. de Buzenval, par lesquelles il vous mandoit que M. le prince Maurice, ayant pris Rhimbergue, il se disposoit d'aller attaquer Bosleduc, en intention, ce disoit-il, de faire lever le siege d'Ostande, ou bien de prendre cette place qu'il estimoit la plus importante du Brabant; duquel dessein le Roy vous ayant demandé vostre advis, vous luy dites que vous aviez bien esté autresfois à Bosleduc, mais en si jeune aage, que vous n'aviez pas lors la capacité d'en faire un jugement certain ; toutesfois qu'il vous souvenoit assez de sa situation, grandeur et abondance des habitans, pour conclurre qu'il seroit fort difficile de l'assieger et circuir du tout, à moins de vingt-cinq mil hommes, ny d'en faire les approches et logemens, pour les incommoder et empescher qu'il n'en sortist ny entrast hommes, armes, munitions et vivres, qu'avec une grande longueur de temps. Plusieurs autres qui estoient prés du Roy, en dirent leurs advis, mais tant diversement que l'on en remit la certitude au succez, lequel Sa Majesté ne voulant pas attendre, non plus que celuy du siege d'Ostande, il s'en retourna à Fontaine-bleau, où il avoit laissé la Reyne à cause de sa grossesse.

Auquel lieu estant de sejour, sur les plaintes qui luy furent faites des grands abus qui se commettoient és expositions des monnoyes estrangeres, et transports qui se faisoient d'or et d'argent, lesquels en desnuoient entierement son royaume, il fit faire un descry de toutes sortes de monnoyes estrangeres, reservé de celles d'Espagne, et en suitte une prohibition de transporter or ny argent monnoyé ou autrement hors du royaume, à peine non seulement de la confiscation des choses transportées, mais aussi de tous et uns chacuns les biens de ceux ausquels elles appartiendroient, ou qui auroient favorisé lesdits transports ; et en fit le Roy tout haut, estant à table, tant de sermens de n'exempter de cette rigueur qui que ce pust estre, que chacun apprehendoit d'estre surpris en cette faute.

Et neantmoins, comme l'avarice et l'avidité du profit sont celles de toutes les passions de l'homme qui gardent le moins de moderation, encor s'en trouva-il qui ne laisserent pas de vouloir continuer ce trafic, duquel ils avoient accoustumé d'user ; desquels vous en cognoissant quelques-uns, et qui en facilitoient les voitures, et avoient cognoissance des intelligences qui s'entretenoient pour cét effet hors le royaume, vous pratiquastes en sorte ces derniers, sous promesses que vous leur fistes de leur donner le quart de tout ce qu'ils vous feroient descouvrir, qu'environ un mois apres ils vous donnerent advis comme il se projettoit un transport de deux cens mil escus en especes d'or, dont l'on avoit fait amas pour cét effet, ne craignant sinon qu'il ne se fist pas tout d'une voiture, et que la premiere se surprenant, ils arrestassent tout court les autres ; et partant que c'estoit à vous à adviser si vous desireriez vous attaquer à celle-là,

d'autant qu'à leur advis elle seroit de la moindre somme. Surquoy vous jugeastes à propos d'en dire quelque chose au Roy, et prendre encor sa parole pour vous en donner la confiscation, luy faisant neantmoins la chose douteuse. Surquoy il vous dit que si la prise ne montoit point plus de dix mil escus, il vous la donnoit, mais qu'il vouloit avoir le surplus s'il s'y en trouvoit, pour remplacer des pertes qu'il avoit faites au jeu, dont il ne vous avoit osé parler, ny penser à les prendre sur ses deniers ordinaires.

Vous receustes ces paroles comme de celuy qui vous pouvoit donner la loy en toutes choses, et consentistes à toutes ses volontez ; suivant lesquelles, afin d'abreger cette petite histoire (laquelle vous fournit dequoy ayder à vos bâtimens de Baugy, que vous aviez acquis l'année precedente), vous fustes adverty si à propos du partement de cette premiere voiture, et la fistes suivre avec tant d'industrie, qu'elle fut arrestée demie lieuë hors des terres de France (car de le faire avant la sortie du royaume, ils n'eussent pas failli de dire qu'ils fussent allez en quelques-unes des villes frontieres d'iceluy) ; et se trouva dans diverses balles de marchandises de peu de prix, quarante-huit mil escus en escus, sols, pistolets, pistoles et quadruples, lesquels furent desavoüez des conducteurs, disans ne sçavoir point qu'ils fussent là dedans ; et quelque bruit que l'on fist d'une telle prise, et grande qu'en fust la perte, si ne fut-elle jamais reclamée de personne. Tellement que, sans aucune plainte ny peine, le Roy en donna vingt-cinq mille livres à vos advertisseurs, sans les cognoistre (n'y ayant jamais eu qu'un homme de paille qui eust parlé à vous) ; et du surplus, montant cent dix-neuf mille livres, le Roy en retint vingt-quatre mille escus, pource, comme il le vous dit, que ces debtes du jeu montoient autant, et ne vous laissa que quarante sept mille livres, avec serment neantmoins qu'il ne prendroit du tout rien sur la premiere voiture que vous feriez attraper, ains vous en laisseroit l'entiere disposition entre vous et vos advertisseurs. Mais ny les uns ny les autres ne fussent plus en peine de rien partager, tant chacun (par cét enseignement du dommage d'autruy) se rendist soigneux de ne plus contrevenir aux défences royales.

Le Roy ayant, ainsi qu'il a esté dit, par sa valeur et sa prudence, calmé toutes les tempestes desquelles l'Estat avoit esté agité par tant d'années, vivoit paisiblement dans son royaume, avec la mesme douceur et familiarité qu'un bon pere de famille fait avec ses enfans et domestiques, s'employant soigneusement à trouver les moyens propres pour assoupir toutes haines, animositez et querelles particulieres, à faire rendre justice esgale à un chacun, sans acception de personnes, à meliorer ses revenus et soulager son peuple; et sur tout, sçachant par experience qu'il n'y a rien qui tesmoigne davantage la decadence prochaine d'un Estat que l'effrenée multiplicité d'officiers, et la licence que se donnent ceux de justice et de finance, de s'enrichir excessivement aux despens des revenus publics et des biens des particuliers, il fit premierement un grand retranchement d'officiers; et, pour rompre la coustume qu'avoient prise ceux de finance de faire des profits indeubs, il fit establir une chambre royale (1) pour la recherche des abus et malversations commises par les thresoriers, receveurs et autres financiers: laquelle, contre vostre advis, comme toutes les autres du passé, se termina par les brigues, menées et abondance de presents des plus riches aux courtisans et favoris, tant hommes que femmes, que vous sçavez bien sans que je les nomme, en une composition qui fut cause que les pauvres grimelins de larronneaux payerent pour les grands voleurs et brigands, ausquels seuls vous vouliez que l'on s'addressast, et leur fist-on rendre gorge tout à fait, voire que l'on les punist par corps, tant, ce disiez-vous au Roy, pour donner telle apprehension à ceux de l'advenir qu'ils fussent contraints de vivre en gens de bien, que pour oster et bannir entierement le luxe, la superfluité et toutes sortes d'excez en habits, pierreries, festins, bastimens, dorures, carrosses, chevaux, trains, équipages et mariages de fils et filles, que le seul exemple de telles gens introduisoit à la ruine de la vraye et ancienne noblesse acquise par les armes (lesquelles seules peuvent donner le titre de gentilhomme); la pluspart desquels induits à telle vanitez, et afin de satisfaire à icelles, ne prenoient plus alliance les uns avec les autres, à cause des petits mariages qu'ils avoient moyen de donner à leurs enfans, mais aux fils et filles de ces gens de robe longue, financiers et secretaires, desquels les peres ne faisoient que de sortir de la chicane, de la marchandise, du change, de l'ouvroir et de la boutique, ce qui enfin abastardiroit de sorte toute la vraye noblesse, qu'il ne se trouveroit plus de gentils-hommes qui ne fussent mestifs et plus propres à faire les marjolets, berlandiers et batteurs de pavé, qu'à s'employer à la vraye vertu et aux armes pour bien servir leur Roy et defendre leur patrie: toutes lesquelles raisons le Roy goustoit fort bien et s'y laissoit quelques fois entierement persuader.

Mais il se trouva en fin tellement importuné par la Reine et autres dames qu'il aymoit, par monsieur le connestable, messieurs de Boüillon, de Belle-garde, de Conchine, de Roquelaure, Souvray, Frontenac, la Varenne, Zamet, Gondy, Bonneuil et autres personnes qui l'approchoient et pouvoient quelque chose sur son esprit par coustume ou services de complaisance, ausquels tous les presents n'estoient point espargnez, qu'il se laissa emporter à la pire resolution. L'on fit aussi quelques defences contre l'entrée des manufactures estrangeres, et le port et usage de toutes estoffes et passement d'or et d'argent; et le vieil Mars de Grece se trouvant absolument banny de la France par la prudeuce et valeur du jeune Mars françois, et sa vertu ne pouvant demeurer oysifve pour son regard, il n'y avoit sorte de gentils exercices où il ne s'employast, et par son exemple il n'y fist resoudre les autres. Tellement qu'à la cour, à Paris, à Fontaine-bleau et à l'Arsenac, l'on ne voyoit que toutes sortes de galanteries et parties se faire pour aller à toutes sortes de chasses, courir la bague, rompre au faquin et en lice, faire de toutes sortes d'armes, ballets, mascarades et assemblées de dames, tout cela sans excez de despences, que le Roy ne trouvoit nullement bonnes: lequel, neantmoins, quelques belles et honnestes occupations qu'il donnast aux esprits des hommes pour les divertir de toutes mauvaises pensées et pernicieux desseins, si ne peut-il empescher que les malignes inclinations ne se fissent cognoistre.

Et pource que le plus souvent dans les intrigues du monde, et sur tout de la cour, des choses fort contemptibles et de bien foibles causes produisent de tres-fascheux accidens, nous vous ramentevrons, afin qu'une histoire des plus tragiques soit prise dés son origine, que la Reine arrivant en France amena, entre-autres personnes, Virgille Ursin, son cousin, lequel ayant esté nourry jeune avec elle, avoit conceu des esperances par dessus sa condition, un nommé Johan de Medicis, son oncle bastard, un jeune homme nommé Conchine et une fille qui s'appeltoit Leonor, et avoit-on projetté de les marier ensemble, comme ils ont esté depuis. Or, dautant que ceux qui devant nous ou conjointement avec nous, ou nous separement sans eux, avons travaillé à ces recueils de vostre vie, quasi tout le temps de vostre enfance (mais par nous seulement commencez à vostre entrée au service du Roy) jusques à la fin de l'année 1611, où s'a-

(1) Elle fut composée d'un président du parlement de Paris et de deux conseillers, de deux maîtres des requêtes, d'un président et de quatre conseillers de la chambre des comptes, d'un président et de trois conseillers de la cour des aides, d'un des avocats généraux du parlement, etc. On envoya dans les provinces des commissaires pour informer contre ceux qui avaient malversé.
(Note de l'abbé de l'Écluse.)

chevent ces Memoires, ayans esté si retenus et circonspects que de n'y avoir voulu employer sinon ce que nous avons oüy et veu, ou que nous avons appris par les lettres, extraicts et memoires par nous trouvez entre les papiers de vostre petit cabinet verd (lors que vous nous en faisiez faire les inventaires, comme ce vous estoit chose ordinaire tous les six mois, afin de vous rafreschir la memoire des plus importantes), ou par vos discours communs, ou par les communications particulieres, desquelles vous nous avez tousjours honorez depuis que nous vous eusmes fait approuver nostre projet; voyant qu'il ne tendoit qu'à l'honneur et gloire de nostre grand Roy, et à faire en sorte qu'en exaltant Sa Majesté, nous trouvassions parmy ses œuvres admirables dequoy ne laisser pas vostre personne, vos actions et vos tant utiles services rendus à vostre maistre et à l'Estat, sans quelque espece de renommée.

Or, ne travaillant donc pour le commencement, ceux qui ont fait des memoires de vostre vie, en forme de journal seulement, que sur les choses et affaires de vostre cognoissance et la leur, et vos mediocres fortunes, et emplois d'une grande jeunesse, et l'esloignement de la Cour royale de France où estoit retenuë celle de Navarre, ne vous permettant pas d'avoir beaucoup de part dans les démeslemens et principaux secrets des affaires publiques, ny entrée dans les conseils d'estat, ny d'estre entierement dans la confidence de l'esprit du prince que vous serviez, quelque inclination qu'il tesmoignast d'avoir à vous aimer (vous ramentevant souvent la promesse qu'il en avoit faite à la Reine, sa mere, et à monsieur vostre pere), toutes ces choses s'advançant seulement peu à peu et par degrez, à mesure qu'il entroit en cognoissance de la vivacité et activeté naturelle de vostre corps et de vostre esprit, qui vous faisoient haïr l'oysiveté, et de la solidité de vostre jugement avec un soin des plus exquis à suivre toutes ses volontez, à prendre ses enseignemens et ses exemples pour seuls preceptes de bien vivre et de bien faire, preferant la vertu et l'observation de foy et parole, à toutes choses, estimant entre vos actions l'heur qui les accompagnoit au desmeslement des affaires de consequence où il vous employoit, tant pour ce qui regardoit les choses civiles que militaires, qui n'est pas une des parties la moins requise pour l'avancement d'un serviteur aupres d'un prince, qui, estant sage et advisé, n'esleve jamais les siens qu'à proportion de leur suffisance et loyauté.

Lequel propos nous dispensera (comme nous prions vous et tous ceux qui liront ces Memoires de l'avoir agreable) de dire en passant, comme par forme de disgression, que vous n'estes pas parvenu aux honneurs, charges et dignitez que vous possedez maintenant, comme ont fait quasi en un moment et sans l'utilité de precedens services, plusieurs gens de nostre siecle, de basse extraction, les uns par des affections bien-seantes au silence, les autres par des adulations et complaisances qui se doivent taire, les autres par des inclinations et rencontres d'humeurs, conformes en nonchalances et faineantises, et les autres par applaudissemens aux desseins pernicieux formez contre leurs amis et associez, lesquels ont esté suivis de telles ruynes, degats et desolations, qu'il est à craindre que les autheurs de ceux qui les ont commencées avec joye, n'en voyent les suittes avec larmes; mais estes parvenu par merites et services precedens, et apres avoir passé par tous les degrez honorables, jusques aux moindres, ayant mesmes commencé par celuy de simple soldat portant l'arquebuse, et suivy par tous les autres, tant és charges de police et milice que de finance, sans reproche d'aucune precipitation en vostre maistre (puis qu'il s'est escoulé plus de vingt-cinq années pendant vostre progrez) ny remarque d'aucun mauvais succez en vos desseins generaux, ny en vos operations particulieres. Or comme donc, ainsi que nous l'avons desja dit, ce long cours d'années qui s'est passé en la formation de vostre fortune, et nostre peu d'accez avec les gens d'affaires, sembleroient nous avoir privez, et vous aussi, de la cognoissance de plusieurs importantes particularitez, desquelles, par consequent, ces memoires se devroient trouver autant desnuez, pauvres et défectueux, que riches, amples et abondans; ceux des années suivantes, sur tout depuis le retour de Savoye, que l'utilité de vos conseils embrassez, et vos signalez services rendus en diverses occasions pendant les années 1598, 1599 et 1600, vous eurent donné un employ quasi general en toutes sortes d'affaires et si grande creance et absoluë confidence dans l'esprit du Roy, qu'il sembloit n'estimer rien bien dit ny rien bien fait, qu'il ne vous en eust communiqué auparavant, voire que vous n'eussiez approuvé et qui n'eust passé par vostre entremise; ne vous celant ny desguisant nulles de ses actions, desirs, desseins, secrets, cogitations ny pensées, jusques à ses maladies, douleurs, desplaisirs, ennuys et fascheries plus interieures et cachées, notamment és choses domestiques et qui pouvoient toucher la Reine sa femme, ses enfans, sa sœur, ses amourettes, ses maistresses, les princes de son sang et autres siens parens, voire mesme les vostres et ceux de la religion dont vous faites profession, tant il vous reputoit tout à luy et à son Estat, loyal, fidelle et sans passion pour nul autre qui luy pûst prejudicier.

Les evenemens et succez d'affaires ayans fait cognoistre qu'il ne s'abusoit pas, comme la continuation de ces recueils en justifiera quelque chose, et le feroit bien plus amplement si vous nous aviez voulu dire tout ce que vous avez veu, sceu, et fait voir toutes les lettres que Sa Majesté vous a escrites de sa propre main, en si grand nombre, que je l'estime exceder (selon que je l'ay pû conjecturer, les rooles et liasses d'icelles que nous en avons inventairiées) plus de trois mille, entre lesquelles je sçay bien qu'il y en a plusieurs qui ne desguisent ny celent nulles des veritez ny defauts de tous les dessus nommez, mais vous parlent en toute liberté de leurs humeurs, complexions et desseins, et des contentemens et desplaisirs que le Roy en recevoit, lesquelles le respect deuh aux uns et la crainte d'en courir la haine et recevoir desplaisir des autres (comme vous le disiez fort librement en nous en desniant la communication) vous a empesché de nous les monstrer, voire esté la cause que vous nous avez celé beaucoup d'autres particularitez tant importantes, qu'elles ont peut estre esté la source et l'origine des plus grandes desconvenuës de la France, lesquelles ne sont pas prestes de finir, selon l'opinion des mieux sensez et plus judicieux, si d'autres esprits et d'autres desseins que ceux qui ont paru depuis l'execrable assassinat de nostre grand Roy, ne sont introduits en l'Estat.

Tant s'en faut donc que ces grandes cognoissances que vous avez euës de tous secrets et de toutes affaires nous ayent donné moyen d'enrichir ces Memoires de plusieurs choses rares, que, tout au contraire, les grandes circonspections que vous avez voulu apporter à nous en dire quelque chose, de crainte d'offencer ceux, comme je l'ay desja dit, que vous aimiez ou respectiez, les rend deffectueux de plusieurs particularitez, voire quasi du tout steriles ou grandement obscurs et enveloppez; dautant qu'il nous en a fallu deviner une grande partie, aprendre l'autre d'ailleurs que de vous, et remettre l'autre au supplément que nous vous prions vouloir faire sur toutes nos narrations, duquel vous ne devez, ce nous semble, priver le public ny la posterité; car, encor que l'on ne voye plus, en ce qui se dira cy-apres, tant de hauts desseins et de genereuses actions guerrieres, si n'est-il pas moins necessaire pour l'esclaircissement du cours des affaires, de sçavoir et cognoistre les causes des sourdes menées, ambitions, extravagantes amours, indiscretes envies, haines, jalousies, mauvaises pratiques, artifices, fraudes, cautelles, malices noires, intrigues et embaras, despits, offices d'amis desloyaux et autres trifoüilleries de Cour.

Toutes telles manigances neantmoins ne tirans pour la pluspart leur origine que de babioles et choses de neant, le succez d'icelles verifie l'opinion de ceux qui ont tousjours maintenu que les hommes estoient ordinairement les vrays architectes de leurs bonnes ou mauvaises fortunes, voire qu'ils n'avoient le plus souvent autres maux que ceux qu'ils ourdissoient et attiroient sur eux mesmes par leurs impertinents desirs, imprudence et mauvaise conduite, estant la coutume des esprits mal agencez (et ce dautant plus que plus ils sont haut montez) de rendre les grandes affaires de telle nature, que la bonne ou mauvaise administration, et les heureux ou malheureux succez d'icelle, despendent plutost d'un flateur et d'une flaterie, d'un badin et d'une badinerie, d'un cajoleur et d'une cajolerie, d'un faineant et d'une faineantise et d'un fat et d'une fatesse, que de causes hautes, excellentes et magnanimes, ny de loy, raison, justice ou bon exemple.

Mais, retournant à la suite de nos narrations de laquelle nos desplaisirs de voir toutes choses aller, ce nous semble il, en desperissant, nous avoient tirez, nous vous ramentevrons, pour achever ces memoires de l'année 1601, comme le Roy et la Reine receurent une extréme joye le vingt-septiesme de septembre, par la naissance d'un dauphin que Dieu leur envoya, à laquelle allegresse participa toute la France, et vous notamment, tant les prosperitez du Roy et de l'Estat vous estoient sensibles, chacun esperant que d'un prince tant genereux, debonnaire et prudent, il viendroit des enfans à luy semblables : ce que le Roy confirmoit par les projets qu'il faisoit de le nourrir comme il avoit esté, et de n'obmettre nul soin pour essayer à luy faire prendre son exemple pour regle de sa conduite. Et comme il s'est fort peu veu de grandes joyes, et liesses qui ayent esté entierement espurées de tous soucis et solicitudes, voire n'ayent esté entremeslées ou suivies de desplaisirs et traverses, aussi arriva-il lors qu'une curiosité non necessaire diminua en quelque sorte l'extréme contentement du Roy, dont la cause fut telle : Sa Majesté ayant un premier medecin nommé la Riviere, lequel n'avoit pas grande religion, mais neantmoins inclinoit plus à la reformée qu'à la romaine, et qui se mesloit de faire des nativitez, en quoy il avoit souvent fort bien rencontré, elle luy commanda, lors qu'elle vit la Reine, sa femme, en travail, de mettre une montre bien adjustée sur la table, pour cognoistre certainement l'heure et la minutte que l'enfant viendroit au monde, afin, si c'estoit un fils, d'en tirer une figure natale : ce qu'il promit de faire, et neantmoins fut quinze jours sans en parler. Dequoy Sa Majesté se ressouvenant, lors que vous luy parlastes de la Brosse, autrefois vostre precepteur, qui se méloit aussi de predire, il appela ledit sieur de la Riviere, et l'ayant tiré à part luy dit devant vous : « Mais à propos, M. de la Riviere, vous ne me dites rien « sur la naissance de mon fils le Dauphin. Qu'en « avez-vous trouvé ? — Sire, respondit-il, j'en « avois commencé quelque chose; mais j'ay tout « laissé là, ne me voulant plus amuser à cette « science que j'ay en partie oubliée, l'ayant « tousjours recognuë grandement fautive. — Ho! « dit le Roy, je vois bien que ce n'est pas là où « il vous tient, car vous n'estes pas de ces tant « scrupuleux; mais c'est en effet que vous ne « m'en voulez rien dire, crainte de mentir ou « de me fascher. Mais quoy qu'il y ait, je le « veux sçavoir; voire vous commande, sur peine « de m'offenser, de m'en parler librement. » Surquoy le sieur de la Riviere se voyant pressé, apres trois ou quatre autres refus, finalement comme tout en colere, luy dit : « Sire, vostre « fils vivra aage d'homme, regnera plus que « vous; mais vous et luy serez tous differens en « inclinations et humeurs. Il aymera ses opinions « et fantaisies, et quelquefois celles d'autruy ; « plus penser que dire sera de saison; desola- « tions menacent vos anciennes assistances; vos « mesnagemens seront desmenagez. Il executera « choses grandes; sera fort heureux en ses des- « seins, et fera fort parler de luy dans la chres- « tienté; tousjours paix et guerre; de lignée il « en aura; et apres luy les choses empireront, « qui est tout ce que vous en sçaurez de moy, « et plus que je ne m'estois resolu de vous en « dire. » Surquoy le Roy s'estant mis à resver assez melancolique, il luy dit : « Vous entendez « les huguenots, je le vois bien ; mais vous dites « cela pource que vous en tenez. » — Sire, dit « M. de la Riviere, j'entends tout ce qu'il vous « plaira ; mais vous n'en sçaurez pas davantage « de moy. » Et comme tout mutiné se retira. Puis le Roy vous ayant pris par la main, vous mena dans le creux d'une fenestre où il vous entretint assez long-temps sur ce sujet, comme nous l'avons entendu de vous mesmes, sans neantmoins en avoir rien sceu aprendre davantage, ce que vous suplerez quand il vous plaira.

Environ ce temps de la naissance de monsieur le Dauphin, nasquit une fille au roy d'Espagne(1); et peu apres le Roy fit faire le descry de toutes monnoyes estrangeres reservé celles d'Espagne, et reduire les rentes au denier seize sur la grande instance que vous luy en fistes, alleguant entre autres raisons, que c'estoit un moyen pour faire davantage estimer les fonds de terre de la noblesse et ameliorer le trafic, à cause que le grand profit qui se tiroit de l'argent au denier dix et douze sans peiner, travailler ny risquer, avilissoit l'un et faisoit negliger l'autre.

CHAPITRE CV.
Lettres diverses sur les événemens de 1601.

Or, dautant que plus vous vous rendiez soigneux et assidu à vaquer à toutes vos charges sans vous en divertir par faineantise, plaisirs, passe-temps, ny desbauches, plus que le Roy recognoissoit que toutes les affaires de vos charges et offices et plusieurs autres qu'il vouloit faire passer par vostre cognoissance et entremise, alloient elles se facilitant et ameliorant, ce qui luy faisoit prendre un peu plus de licence à ses divertissemens en visites, voyages, chasses, bastimens, jeux, festins, banquets et autres plaisirs et passe-temps. Tellement que n'estant plus si soigneux de discourir avec vous pour apprendre ce que vous faisiez en ses affaires et vous faire entendre ses intentions, mais se contentant de vous en escrire ou faire escrire des lettres, et d'estre informé de tout ce que vous faisiez par les vostres, nous donnerons doresnavant l'intelligence du cours des affaires plutost par lettres qui vous estoient escrites, que par nos particulieres narrations, tout nostre regret estant de n'avoir pû recouvrer la copie des vostres en responce à icelles, comme nous avons facilement recouvert celles qui vous estoient escrites par Sa Majesté, M. de Ville-roy et autres : tellement que nous ferons icy un chapitre de plusieurs lettres à vous addressantes, telles que s'ensuit.

Lettre de M. de Ville-roy à M. de Rosny.

Monsieur, je n'ay receu qu'aujourd'huy vostre lettre, laquelle vous m'avez escrite le dernier jour du mois passé. Et dautant que je m'asseure que le Roy vous en aura fait voir toutes celles que je luy ay escrites depuis, et d'autres encor, je ne vous en feray redite ; mais vous prieray seulement de faire en sorte que nous sçachions la volonté de Sa Majesté sur icelles, car telle qu'elle sera, nous la suivrons et executerons le mieux que nous pourrons. Nous sommes obligez de representer à Sa Majesté ce que nous cognoissons et jugeons estre necessaire de faire pour

(1) Cette fille du roi d'Espagne fut la célèbre Anne d'Autriche.

le bien de son service : si elle n'a moyen ou qu'elle ne trouve bon de suivre nostre advis, nous nous en despartirons et luy obeyrons. Vous aurez aussi veu le comte Octavio Tassone, que monsieur le legat a envoyé au Roy, devant que vous receviez la presente. Je ne doute point que ledit sieur legat ne fasse signer à M. de Savoye la ratification de la paix, puis que les Espagnols la trouvent bonne, comme j'ay tousjours estimé qu'ils feroient. Toutesfois comme c'est chose qui est à faire, et partant incertaine, nous ne doutons point que vous ne conseillez au Roy de ne se desarmer pas plus qu'il l'est, estant ledit duc encor armé. C'est pourquoy nous avons esté contrainct de prendre le conseil que nous luy avons escrit, pour l'execution duquel s'il faut augmenter la despence, de laquelle l'on avoit fait estat, il faut s'en prendre audit duc et à l'estat que nous avions fait sur la parole dudit sieur legat, qu'il accompliroit le traitté.

Nous avons fait payer la compagnie de Bareul, et les carabins de M. de Biron, comme les autres; car ils ont tousjours servy et servent encores à Bourg, et avons jugé, comme vous, estre raisonnable de leur faire pareil traittement. Quant à M. de Lus, il se plaint de la despence qu'il est contraint de faire audit Bourg et voudroit fort qu'il luy fust permis de se retirer : c'est au Roy à l'ordonner, et à nous à le prier, comme nous avons fait, de ne le faire pas sans la permission de Sa Majesté. Un mois de ses appointemens ne le nourrira deux ny trois. Toutesfois nous luy donnerons tout le courage de continuer que nous pourrons, et espere qu'il en aura de reste; et avons advisé de faire fournir à la compagnie de M. Boësse, je veux dire à sa creuë, pour entrer en la citadelle, du pain pour luy donner moyen de vivre en attendant qu'elle soit payée. Il y a long-temps que j'ay delivré au thresorier de Murat, les estats des garnisons de sa charge; c'est donc à luy à les vous representer. Quant à ceux du charon, comme le Roy a declaré, vous estant par deça, n'y vouloir rien changer, j'en ay adverty tous les gouverneurs et les ay delivrez à son commis, reservé celuy des regimens que j'ay remis à depescher. Lors que nous aurons executé le traitté de la paix de toutes parts, dautant qu'il faut les regler selon le succez d'iceluy, s'il est possible, nous vous deschargerons du payement du mois de fevrier, des garnisons de Savoye; car il est raisonnable, comme vous le dites fort bien, que M. de Savoye le porte, estant cause du retardement de l'execution de ladite paix. Nous en avons ja parlé à ses deputez qui ne s'en excusent; mais ils n'osent l'obliger sans charge expresse de luy. Quant nous aurons retiré la citadelle de Bourg, il touchera à eux d'en faire la diligence. J'advertiray M. de Lesdiguieres de la responce que vous m'avez faite, de laquelle je veux croire qu'il se contentera. J'ay escrit au Roy, comme monsieur le legat avoit bien receu vos lettres, et pris telle creance sur icelles, qu'il est aussi-tost party d'Avignon. J'estime que M. de Gastines vous aura donné advis de tout ce que j'ay escrit au Roy, comme je l'en ay prié, afin de ne vous donner la peine de lire ma mauvaise escriture, vous suppliant de nous tenir tousjours advertis des intentions du Roy, et de me continuer vostre amitié et bonne grace, etc.

De Lyon, le 9 fevrier 1601. DE NEUF-VILLE.

Lettre de M. de Ville-roy à M. de Rosny.

Monsieur, vostre lettre du 24 fevrier, que je n'ay receuë que le trois du present mois, nous a plus esclaircis des intentions et des affaires du Roy, que les autres qui nous ont esté escrites. Vous dites que trois choses ont meu Sa Majesté, d'accorder le delay d'un mois demandé et obtenu par le comte Octavio Tassone, suivant le desir de monsieur le legat. La premiere, que Sa Majesté n'avoit aucune execution preste contre le duc; la deuxieme, qu'elle a voulu gratifier monsieur le legat; et pour la derniere, justifier son intention à tout le monde. Pardonnez-moy si je vous dis sur les deux dernieres, que Sa Majesté s'en estoit si avant acquitté en faisant le traitté, que ce qu'elle y a adjousté de plus en cette occasion, a esté interpreté et receu plutost pour foiblesse qu'autrement, et vous sçavez combien nuisent à la réputation d'un prince, les actions que l'on estime proceder de là. Davantage, n'estimez pas que ceux de la Cour de Rome, moins que les autres, se puissent obliger par graces, qu'ils croyent leur estre faites par necessité : vous sçavez mieux que personne quelles ont esté les faveurs que monsieur le legat a receuës de Sa Majesté, en son voyage, puis qu'elles ont passé par vostre entremise. L'on escrit d'Italie que les siens se plaignent qu'il n'a esté traitté comme il merite. Je ne croy pas en verité que cela procede de luy; car il seroit trop ingrat, et j'ay meilleure opinion de son naturel : toutesfois a-il fait tort à Sa Majesté de l'avoir engagée si avant en ce traitté, sans estre mieux asseuré de l'intention du roy d'Espagne, estant honteux, que ledit Roy nous fasse traisner, comme il fait, apres cette belle ratification, et que la paix et la guerre demeurent en sa main et discretion, veu mesmes que nous sçavons qu'il a aussi grand besoin de repos que nous.

Mais voicy l'advantage que le Roy avoit et

pouvoit conserver sur ledit duc, si Sa Majesté n'eust accordé ledit delay; c'est qu'il couroit fortune de perdre la citadelle de Bourg par famine, sans estre mise en compte sur ledit traitté. Je vous dis que les siens et l'ambassadeur d'Espagne en avoient telle apprehension, devant l'octroy de ladite prolongation, qu'ils nous faisoient la cour, seulement pour obtenir un delay de six ou huict jours; dequoy Sa Majesté les a si bien delivrez, qu'ils ont depuis fait peu de compte de nous. Vous me direz que ceux de ladite citadelle s'estans conservez jusques à present, que Sa Majesté n'y eust rien gagné; je responds que l'incertitude qu'en avoient les autres les eust hastez de se resoudre d'envoyer ladite ratification. Or, il ne faut plus parler du passé: le Roy peut encor à present tirer le mesme advantage de l'estat auquel est reduitte ladite citadelle, ainsi que vous apprendrez par les lettres de M. de Biron, que j'envoye presentement à Sa Majesté, et celles qu'il vous escrit et nous aussi. Partant je vous supplie, suivant ce que vous avez tousjours fait, de remonstrer à Sa Majesté ce que vous cognoistrez appartenir à sa dignité et à son service, sur ce que nous luy mandons, en l'assurant que ses commandemens, quels qu'ils soyent, seront toutefois suivis au pied de la lettre. Ce que nous avons retranché, toutes courtoisies et honnestetez, à ceux de ladite citadelle, les a reduits aux termes où ils sont; il faut en profiter cette fois sans en perdre l'occasion. J'entends que M. de Biron est bien resolu de faire ce service au Roy. M. de Lus nous a donné pareille asseurance de luy, nous estant venu voir icy; et vous diray qu'il me semble qu'il seroit à propos que le Roy leur fist don à chacun de quelque argent, car ils se plaignent de leur despence; je l'escris à Sa Majesté et vous prie luy ramentevoir et luy conseiller. Nous mesnagerons l'argent que vous nous avez envoyé par lettres d'eschange, de façon que vous aurez occasion de vous en loüer, et si tost que nous aurons receu l'estat du payement fait des regimens qui sont en Provence, je vous en envoyeray un general des gens de guerre qu'il faut payer par deçà, auquel sera compris ce qu'il faut pour le munitionnaire. Nous faisons porter à la Savoye l'entretenement des garnisons qui y sont, pour les mois de fevrier et pour le courant, de façon que j'espere que vous en serez deschargé. Monsieur le connestable a esté bien aise d'entendre ce que vous m'avez escrit touchant le canon et les munitions qu'il avoit ordonné estre envoyées en Provence; mais je n'ay receu l'ordonnance pour faire recevoir et employer aux fortifications de Sainct Tropés et Dantibe les six mil escus de Paris, que vous m'avez escrit, par vostredite lettre, d'avoir ordonnez; il faut qu'elle ayt esté oubliée. Je me recommande bien-humblement à vostre grace, et prie Dieu, etc.

De Lyon, ce 7 mars 1601.

DE NEUF-VILLE.

Lettre de la main du Roy à M. de Rosny.

Mon amy, j'ay veu vos lettres et celles qui vous ont esté escrites par messieurs le connestable, de Ville-roy, de Sillery et de Gastines, sur lesquelles je vous diray que je trouve bon que l'on reduise les compagnies des regimens de Navarre, Piedmont et Champagne, qui estoient à Bourg, à raison de cinquante hommes pour enseigne, compris les chefs, comme je vous l'avois cy-devant dit: comme aussi que l'on licentie celles du sieur de Sainct Angel, et les compagnies du sieur de Lux, du Brüeil et la crüe des carabins de M. de Biron; aussi que l'on fasse le semblable du regiment du sieur de Crequy, à mesure que l'on le sortira des places que nous rendrons. Je trouve qu'il seroit fort à propos de laisser encor pour quelques jours en Provence les compagnies du regiment de mes gardes et celles des Corses, les reduisant au nombre que je vous ay ordonné, comme aussi que l'on licentie celles du sieur du Bourg et du chevalier de Mont-morency, et que l'on fasse fournir le pain aux compagnies du regiment de mes gardes et celuy des Corses, ce que vous ferez entendre à monsieur le connestable, afin qu'il le trouve bon. Toutesfois il me semble que s'ils font leurs monstres comme nous l'avons ordonné, qu'il ne leur faudroit fournir de pain, ou que l'on accommode M. de Lesdiguieres avec les deputez de M. de Savoye, ce que je veux croire qui se pourra, si mes serviteurs s'y employent comme ils doivent. Pour le voyage du sieur de Gastines en Suisse, puis que rien ne presse, je trouve bon de mettre la resolution de cette affaire-là jusques à l'arrivée du sieur de Ville-roy, qui sera icy à la fin de ce mois. Pour ceux de Geneve, ils m'ont escrit cela mesme que M. de Sillery escrit qu'ils ont fait à monsieur le connestable par leur deputé qui est icy, lequel je vous renvoyeray, afin que vous leur fassiez entendre ce qui a esté traitté avec M. de Savoye, et qu'ils se resolvent à ce qu'ils doivent, afin que vous puissiez mettre l'ordre qui est necessaire pour le bien de mon service en ce pays-là. Quant à Bourg, voyez sur l'estat des fortifications que je vous ay renvoyé, où l'on peut prendre encor deux mil escus pour travailler aux fortifications dudit lieu, car je ne suis pas d'advis que l'on touche à ce que j'ay ordonné pour Barrault ny pour Exilles : pour les munitions qui y sont nécessaires, je m'en repose sur vous pour y pourvoir, comme vous verrez à propos pour mon service. M. le mareschal de Biron ne m'a rien mandé, que les chefs qui sont sortis de Bourg se soient efforcez d'accroistre leurs troupes et lever de nouveaux soldats pour mener en Italie, ce que je ne veux que l'on souffre. Mon advis n'est point de mettre la Bresse en la generalité de Lyon, ains la laisser en celle de Bourgongne, mais bien qu'elle ressortisse à la Cour des aydes à Paris, comme nous l'avions resolu ensemble. Je suis bien ayse que vous ayez pris reglement avec ceux de mes comptes, comme aussi que vous vous assembliez aujourd'huy avec le cavalier Vinta, et que demain vous fassiez de mesmes avec ceux de mes aydes. Je me trouve tout desbauché d'un flux de ventre qui me print hier au soir et me meine un peu viste et me rend foible. C'est ce que j'ay à vous dire pour cette heure. Adieu, mon amy, etc.

Ce 20 mars à midy, à Sainct-Germain en Laye.
HENRY.

Lettre du Roy à M. de Rosny.

Mon amy, il a quelque temps que je recommanday à M. le Grand de me faire amener à Paris en ma grande escurie des poulins de mon harras de Meun; et pour ce que pour les amener et nourrir par les chemins et ceux qui les ont amenez, il y a fait faire quelques frais, je vous prie incontinent de faire pourvoir au payement et remboursement d'iceux, comme chose que je veux et qui a esté faite par mon commandement. Au demeurant, je vous ay ce matin escrit par Gondy et en sa faveur : souvenez-vous que ce sont lettres que je ne luy ay pû refuser ; mais de n'y rien faire au prejudice de mon service que je vous recommande sur tout. J'escris le mesme à M. de Sillery auquel aussi j'avois escrit en sa faveur. Adieu, mon amy, etc.

Ce samedy, à deux heures après midy, 14 avril, à Fontaine-bleau. HENRY.

Lettre de M. de Ville-roy à M. de Rosny.

Monsieur, vous estes party d'ici si matin que je n'ay pû vous voir et prendre congé de vous, et vous bailler la lettre de M. de la Boderie que vous recevrez avec la presente, et si vous desirez que je fasse des offices sur le sujet d'icelle, j'y satisferay me le mandant. Nous avons receu une depesche de M. de Sillery, à laquelle nous ne pouvons respondre sans vous ; j'espere la lire au Roy demain (car il a esté à la chasse aujourd'huy), puis je vous advertiray de sa volonté. Sa Majesté a permis que les deux prisonniers de l'entreprise de Mets soient conduits à Calais, par un des lieutenans de Rapin, comme vous proposastes dernierement ; partant il vous plaira d'y pourvoir, afin qu'ils partent au plutost ainsi que j'escris à M. le chancelier. Il a passé par icy un courrier venant d'Espagne, qui partit de Valledolit le quinziesme de ce mois, qui m'a dit que M. de la Rochepot y estoit encores. Je prie Dieu, etc.

De Fontaine-bleau, le 22 may 1601.
DE NEUF-VILLE.

Lettre du Roy à M. de Rosny, contre-signée.

Mon cousin, puisque vous avez cinquante mil escus prests pour les Hollandois, pour satisfaire au premier terme des deniers que je leur ay accordez, faites les mettre entre les mains du thresorier du temps, et le chargez de les faire porter promptement et seurement en ma ville de Dieppe, où les Hollandois les envoyeront prendre, car la voiture en doit estre faite à leur frais, comme il a esté pratiqué cy-devant, et me mandez en quel temps seront payables les autres termes, afin que j'en advertisse mon agent; mais le plus secretement que lesdits deniers pourront estre comptez et transportez sera le meilleur pour mon service, pour les raisons qui vous sont assez cogneuës : partant je vous prie d'en avoir soin. Quand vous serez icy, je me resoudray du lieu et du temps que je donneray audience aux ambassadeurs de Venise, lesquels vous ferez cependant recevoir et traitter honorablement comme je vous ay escrit par mes precedentes. Et quant à la valeur de leurs presens, il me semble qu'il faut qu'elle soit semblable à celle des autres qui furent faits aux sieurs Gradenigo et Delphin, quand la seigneurie les envoya vers moy : toutesfois je m'en remets à ce que vous en adviserez. Priant Dieu, mon cousin, qu'il vous ayt en sa saincte et digne garde, etc.

Escrit à Fontaine-bleau, le 29 may 1601.
HENRY.
Et plus bas, DE NEUF-VILLE.

Lettre de la main du Roy à M. de Rosny.

Mon amy, mon intention estant que le sieur de Marabat, qui vous rendra cette-cy et qui m'a bien et utilement servy, soit payé de la somme de deux mil escus, restans d'un don que je luy ay cy-devant fait en consideration de ses services, je vous prie de l'en faire assigner sur les deniers revenans bons de ce qui avoit esté cy-devant ordonné pour l'entretenement de l'assemblée de Saumur, laquelle, comme vous sçavez, est rompuë, dautant que c'est chose que je veux et desire, et croyez qu'en ce faisant vous me ferez service tres-agreable. Sur ce, Dieu, etc.

Ce 16 juin, à Monceaux. HENRY.

Lettre de la main du Roy à M. de Rosny.

Mon amy, j'ay veu la lettre que vous m'avez escrite touchant M. d'Ornano; envoyez querir Biçose, il vous dira ce qui se passa entre nous deux. A la verité, je n'ay jamais vu tant d'ignorance et d'opiniastreté ensemble; mais je dis tres-dangereuse : il fit le corse à toute outrance. S'il fait ce qu'il vous a dit, il m'offencera si aigrement, que je m'en ressentiray. Comme son amy, faites le luy sentir, et qu'il ne me donne point sujet de le faire recognoistre pour ce qu'il est, c'est à dire indigne des honneurs que je luy ay departis. Sa seule fidelité m'y obligeoit, ses desobeyssances me dispenseront de parler ainsi; il faut dire vray, que je suis fort rebuté de luy. Voilà tout ce que je vous en puis dire. Bon soir.

Ce 19 juin. HENRY.

Lettre de la main du Roy à M. de Rosny.

Mon amy, ce pourquoy je vous mande de me venir trouver en ce lieu et d'amener avec vous M. de Ville-roy n'est pas que je desire que vous y fassiez sejour de plus d'un jour, ny que vous y apportiez vos papiers, car je vous veux voir ensemble pour prendre vostre advis sur les bruits et advertissemens que j'ay cy-devant eus à Calais de M. de Chasteau-neuf; car ils m'ont esté reconfirmez d'autres endroits, mesme que l'on en a veu à cheval qui ont esté congediez et renvoyez jusques à un autre temps, si que ce mal seroit pour croistre s'il n'y estoit promptement pourveu. C'est pourquoy je vous prie de vous en venir incontinent, et prendre en passant M. de Ville-roy; aussi que j'ay nouvelles d'Espagne sur lesquelles je seray tres-aise que nous prenions quelque bonne resolution, ne voulant parler d'autres affaires pour la premiere sepmaine des couches de ma femme, où nous serons assez empeschez à garder qu'elle ne se morfonde. N'amenez donc point avec vous personne d'affaires, car vous pouvez croire que je ne vous retiendray ici qu'un jour. Bon soir, mon amy.

Ce 19 septembre, à Fontaine-bleau. HENRY.

Coppie d'une lettre de l'archiduc au Roy, touchant le prince d'Espinoy.

MONSEIGNEUR,

J'ay receu par le sieur de la Boderie la lettre qu'il a pleu à vostre Majesté m'escrire, et entendu, tant par icelle que ce qu'il m'a declaré de vostre part, le desir qu'avez de conserver toute bonne amitié, paix et voisinance entre vostre royaume et ces pays, vous pouvant asseurer que de ma part je ne manqueray à la conserver et maintenir aussi de tout mon pouvoir, pour tant y aller et du bien de toute la chrestienté et de nos communs sujets. Et quant au differend des comte et comtesse de Ligne avec les enfans du feu prince d'Espinoy leurs nepveux, je les ay amenez si avant, qu'ils sont contens d'entrer en amiable communication pour voir s'ils pourront s'accorder, ne restant sinon de choisir les personnes à y entremettre, et le lieu où ils se devront joindre, ce qui se pourra faire dans fort peu de jours; vous asseurant au surplus que j'y apporteray toute facilité, afin que ledit differend se vuide amiablement, pour donner à vostre Majesté contentement et satisfaction, comme je desire faire en toutes autres occasions, selon que ledit de la Boderie vous pourra faire entendre. Priant Dieu qu'il donne à vostre Majesté, monseigneur, santé tres-longue et heureuse vie; de vostre Majesté tres affectionné serviteur. ALBERT.

Du camp devant Ostande, le 22 septembre 1601.

Lettre de M. de Ville-roy à M. de Rosny.

Monsieur, le Roy m'a commandé de faire la depesche à M. de la Boderie, de laquelle vous m'avez escrit, à quoy je satisferay, luy faisant tenir la lettre que vous m'avez addressée, comme celuy qui desire vous servir de tout son pouvoir, dequoy je vous prie faire entier estat. Je vous prie aussi nous renvoyer le courrier venu d'Espagne, car il y a trois jours que sa depesche l'attend. Souvenez-vous aussi, s'il vous plaist, de celle de Suisse que j'ay addressée, par le commandement du Roy, à M. le president Jeannin. Je sçay qu'il est plus difficile de pourvoir à ce que M. de Sillery demande par icelle qu'à le vous recommander; mais il faut se resoudre en une sorte ou en autre : surquoy Sa Majesté attend vostre advis. M. de la Force, qui vient de Guyenne, dit qu'il ne faut point mespriser les menées dont vous avez oüy parler : toutesfois je persiste en mon opinion, qu'il y a plus de malice et de sottise que de pouvoir de mal faire. Neantmoins le Roy dit qu'il ne veut rien negliger, et parle de s'approcher de la riviere de Loire et de passer outre s'il en est besoin, devant que d'aller ailleurs, apres que la Reine sera accouchée. Ce sera tout ce que je vous escriray pour cette fois, en saluant vos bonnes graces de mes humbles recommandations, et prie Dieu, etc.

De Fontaine-bleau, ce 26 septembre 1601.

DE NEUF-VILLE.

Lettre du Roy à M. de Rosny, contre-signée.

Mon cousin, entre tant de miraculeux tesmoignages de l'assistance de Dieu que l'on a peu remarquer en ma faveur depuis mon advenement à cette couronne, il n'y en a un seul qui m'ait fait ressentir plus vivement les effets de sa divine bonté, que l'heureux accouchement de la Reine mon espouse, qui vient presentement de mettre au monde un fils dont je reçoy une joye que je ne puis assez exprimer. Mais comme j'ay tousjours plus consideré les calamitez publiques durant les miseres passées que mon particulier interest, aussi ne reçois-je pas tant de plaisir et de contentement pour ce qui me touche en cette naissance que pour le bien general de tous mes sujets, qui auront bonne part en cette occasion de resjouyssance : dequoy je vous ay bien voulu advertir par la presente, afin que vous participiez à la joye et au plaisir que j'en ay, et que vous fassiez tirer, en signe de resjouyssance, les canons de mon arsenac, selon que vous entendrez plus particulierement par le sieur de la Varenne, que j'envoye pour cet effet. Priant sur ce, etc.

Escrite à Fontaine-bleau, le 27 septembre.
HENRY.
Et plus bas, RUZÉ.

Lettre de la main du Roy à M. de Rosny.

Mon amy, j'attendray à Sainct-Germain, où j'espere estre en bref, que vous et ceux de mon conseil me representent l'importance de l'affaire de Sainct-Quentin, pour sur cela vous faire à tous entendre ce qui est de ma volonté. Je trouve bon ce que vous avez fait pour le sieur Zamet sous un nom emprunté, comme les conditions que vous m'avez mandées, aussi que vous n'ayez les oreilles bouchées si d'autres offrent davantage. Suivant vostre advis, j'escris à ceux de mon conseil et au prevost des marchands et eschevins de ma ville de Paris les lettres que vous me mandez. Pour Vernay de Chinon, il lui faudra bailler une bonne assignation de ce que montent les deniers destinez pour la garnison de Chinon durant cette année, qui luy ont esté promis par le sieur de Souvré en sortant de la place, et au capitaine Dauphin les certains, à ce qu'il ayt moyen d'y entretenir les soldats que je luy ay ordonnez. Je suis bien ayse que ce qu'il faut pour le voyage et ameublement du sieur de Sillery, pour son ambassade à Rome, soit prest, dautant que je veux qu'il parte au plutost. Puis que la commodité de mes affaires ne me permet davantage pour le present, il faut qu'il s'en contente ; et quelque autre occasion s'offrant, je seray bien ayse de luy tesmoigner comme je l'ayme. Je suis d'advis que l'on tienne les estats de Languedoc au bas, dautant que c'est la premiere fois qu'ils sont reünis, et qu'il ne seroit à propos que mes serviteurs, pour la premiere fois, allassent où estoient ceux de la ligue : pour l'année qui vient, on les tiendra au haut. Je trouve bonne la nomination que vous avez faite de la personne de M. de Maisse pour aller en Languedoc et Provence, et pour cet effet, je luy escris de s'appester pour ledit voyage, comme celle du sieur de Jambville, pour envoyer sur les rivieres regler et establir les impositions, auquel j'escris aussi, estant assez capable, pourveu qu'il veuille bien faire. Je vous envoye le dernier traitté qui a esté fait avec le sieur Zamet, lequel j'ay veu, l'ayant signé de ma propre main. Pour l'abbaye du Bays, dont m'escrivez que vous pensiez vaquante par la mort de M. de Langres, mon cousin le duc de Biron me l'avoit envoyé demander par Prevost, qui fait ses affaires ; mais n'en ayant eu aucunes nouvelles depuis, je croy qu'il n'est pas mort. Ne doutez nullement que s'il vaque quelque chose, que je vous oublie, ny la promesse que je vous ay faite. Adieu, mon amy.

A Monceaux, ce 16 novembre. HENRY.

J'oubliois à vous mander qu'il importe à mon service que le sieur de La Fontaine s'en retourne en Angleterre, où sa presence est necessaire. C'est pourquoy, je vous prie, que l'on luy fasse bailler des moyens, à ce qu'à faute de cela il ne sejourne pas plus long-temps par deçà. Tenez la main que l'on ne distraye point les deniers destinez pour le pont de ma ville de Paris, dautant que je veux que l'on y travaille au commencement de l'année qui vient, ainsi que je l'escris à monsieur le premier president, qui est un des commissaires.

CHAPITRE CVI.

Prétentions du comte de Soissons. Affaires étrangères. Découverte de la conjuration du maréchal de Biron.

Environ le temps de la naissance de monsieur le Dauphin, mourut la princesse de Conty, et lors M. le comte de Soissons fit parler au Roy d'achepter les droits qu'il disoit avoir en Piedmont, à cause de la maison de Mont-affier (1), de laquelle sa femme estoit heritiere, et faisoit grande parade d'iceux ; pour la liquidation et prisée desquels vous ayant esté commis, ce prince demeura grandement offencé (sans en faire neantmoins rien paroistre pour lors) de ce que

(1) Le prince de Conti avait épousé en premières noces Jeanne de Coesme, dame de Bonne-Table, veuve de Louis, comte de Montaffier en Piémont ; et le comte de Soissons avait épousé Anne de Montaffier, fille de Louis et de Jeanne de Coesme. (Note de l'abbé de l'Écluse.)

vous dites que tout cela n'estoit pas de grande valeur, et encor situé en pays si desadvantageux pour en jouyr et tellement litigieux, qu'il cousteroit à en percevoir les revenus autant qu'ils valoient. Sa Majesté envoya sur la fin de l'année monsieur le Dauphin à Sainct Germain, pour y estre nourry à cause de la bonté de l'air, et voulust, tout jeune qu'il estoit, qu'il passast par les ruës de Paris, et fut monstré tout à descouvert au peuple, qui le vid et receut avec acclamations publiques.

Or, le Roy ayant receu, pendant cette année 1601, en divers temps diverses lettres des choses de consequence qui se passoient aux pays estrangers, et vous les ayant envoyées lors qu'il les recevoit, vous nous en dites quelque chose, que nous vous ramentevrons icy en gros, laissant les particularitez d'icelles aux historiens, pour ce qu'il n'y avoit rien qui touchast vostre particulier : comme la defaitte des Espagnols, joints aux Irlandois revoltez contre cette brave reine Elizabeth, laquelle ayant fait assieger la principalle et plus forte ville qu'ils occupassent, nommée Quinzal, et le comte de Tiron, chef des rebelles, et dom Alonce del Campo, des Espagnols, estans accourus au secours avec tout ce qu'ils avoient peu r'assembler, ils furent taillez en pieces par le milord Persy, general des Anglois, Alonce fait prisonnier et la ville conquise; la conference ou diette tenuë à Ratisbonne, entre les docteurs de plusieurs princes d'Allemagne, catholiques et protestans, pour trouver quelque accommodement sur les differens pour la religion, de laquelle ils se retirerent sans aucun fruict, dautant qu'il n'y fut traitté que de l'authorité de la saincte Escriture, les catholiques soustenant qu'elle dependoit du jugement et sens de l'Eglise, et notamment du Pape, qu'ils disoient estre cet homme spirituel, dont il est parlé en la premiere epistre aux Corinthiens, chapitre 2, vers. 15. *Qui a pouvoir de discerner de toutes choses et de n'estre jugé de personne*, dequoy les protestans s'estans mocquez et maintenu le contraire, ils s'estoient separez plus animez les uns contre les autres qu'auparavant; les mouvemens et rebellions des Transilvains et des waivodes Battory et Michæl contre l'Empereur, sur lesquels il se passa diverses actions et accidens grandement memorables, ayans esté enfin vaincus par Georges Baste et la ville de Clausembourg prise; les heureux progrez du duc de Merccœur en Hongrie d'une part, lequel ayant pris Albe-regale, que l'on reputoit imprenable, la delivra encor depuis d'un grand siege que les Turcs y avoient mis; et de l'autre, les mauvais succez de l'archiduc Ferdinand devant Canise;

les impetueux tumultes arrivez à la porte du roy des Turcs, les jannissaires ayant pris les armes contre celuy qui dominoit lors, nommé Mahomet, le menaçant de le déposer et d'en mettre un autre en sa place, s'il ne devenoit plus diligent, vaillant, laborieux et loyal en ses promesses, et moins cruel, avaricieux et voluptueux, et en vindrent à telle audace, qu'ils luy estranglerent sept de ses mignons dans son serrail en sa presence; l'apparition d'un certain homme, soy disant estre dom Sebastien, roy de Portugal, que l'on avoit tenu pour mort, luy ressemblant tellement, faisant voir des remarques non communes en sa personne et recitant des paroles et faits tant secrets et particuliers pour les affaires qui avoient passé, que peu s'en trouva de non passionnez ou interessez contre luy, qu'ils ne l'estimassent tel qu'il se disoit, surquoy le roy d'Espagne, voyant cette creance quasi universelle en sa faveur, eut l'esprit tellement saisi d'apprehensions, que pour se développer d'icelles, il en fit desempestrer le monde; la prise et destruction de la ville de Passava en la Morée, par les chevaliers de Malte; la formation d'une grande armée navalle pour le roy d'Espagne, dont le prince d'Oria fut fait general, des desseins de laquelle l'on a discouru tant diversement que jusqu'icy l'on n'en a sceu autre chose, sinon qu'apres avoir rodé une partie de la mer Mediterranée, elle eut les vents si contraires et fut assaillie de telles bourrasques, que, sans avoir fait aucun exploit d'importance, elle relascha au port de Barcellonne, estant fort deslabrée, voire quasi ruynée.

Peu apres, le Roy receut des advis de plusieurs lieux bien certifiez (ainsi qu'il vous en dit quelque chose estant appuyé avec vous sur le balcon de la grande allée de l'Arsenac, où il s'estoit venu promener pour voir vos magazins que vous commenciez à bien munir d'armes, artilleries et autres ustancilles) que, nonobstant tout ce que M. le mareschal de Biron luy avoit confessé à Lyon, se promenant avec luy dans les Cordeliers, des menées qu'il avoit faites avec M. de Savoye, sous esperance d'espouser sa fille, le pardon qu'il en avoit requis et obtenu, et les sermens et protestations qu'il luy avoit faites de ne retomber de sa vie en semblables crimes, ny de ne sçavoir jamais rien qui peut prejudicier à son service, sans l'en advertir; nonobstant encor toutes les faveurs, honneurs, beneficences et gratifications dont il avoit usé en son endroit, pour le retirer de ses folles fantaisies et pernicieux desseins, il s'estoit tout de nouveau restraint d'amitié avec messieurs le comte d'Auvergne et mareschal de Boüillon, jusques à s'estre donné la foy et fait une association generale entr'eux, avec promesse par escrit pour s'entre-maintenir, et deffendre l'un l'autre envers et contre tous, avec ces mots, *sans nul excepter*, comme je l'ay sceu par personnes de probité qui l'ont veuë ; et que, suivant leur premier projet, ils traittoient avec le roy d'Espagne et le duc de Savoye ; qu'en France, ils essayoient de gaigner des plus grands, voire jusques à de ses princes et plus authorisez officiers, et usoient de toutes sortes de malicieux artifices envers la noblesse, les villes et les peuples, pour fomenter ce qu'ils y voyoient de malcontentemens, et en exciter de nouveaux, en exaggerant sur toutes choses cette imposition du sol pour livre, contre laquelle vous aviez esté tant contraire en l'assemblée de Roüen, et qui se continuoit encor, nonobstant tout ce que vous aviez pû dire pour la faire esteindre, et la gabelle du sel qu'ils faisoient courir le bruit se devoir bien tost establir en Poictou et Guyenne, enquoy ils ne faisoient pas un petit progrez, ayans des gens appostez fort propres pour jetter telles pernicieuses semences dans les esprits les plus legers, et ne se trouvant personne qui eut charge de contre-dire ce faux bruit et faire cognoistre la verité.

Or, sur tel sujet prendrons-nous licence de vous faire un petit discours par forme de disgression, pour vous dire et à tous autres, si jamais ces recueils sont mis en lumiere, qu'il ne s'est quasi jamais veu d'Estat, principauté, royaume ny republique si bien composée, establie et affermie, de prince, de roy ny de souverain si doux, si sage et si heureux, ny de forme de gouvernement et d'administration tant équitable, moderée et reglée avec ses justes et deuës proportions, qu'ils se trouvassent également agreables à tous ceux qui leur seroient sous-mis et assujetis. Mais que tout au contraire mille sortes d'experiences nous enseignent que, par la depravation, corruption et perversité de la nature humaine, tous les esprits capables de raison se trouvent tellement des-raisonnables, tant inquietez, impatiens de repos et desireux de nouveautez et changemens, que la condition la plus heureuse où ils sçauroient estre, les chagrine, leur ennuye et degouste, et sont tant universellement et puissamment possedez d'un esprit de despit et mal contentement, qu'ils ne se sçauroient empescher de se plaindre, douloir et mal-contenter, non seulement de leurs souverains princes, leurs ministres, magistrats et superieurs, de leurs egaux, emulateurs et compagnons, de leurs inferieurs et serviteurs, de leurs femmes, enfans, parens et amis, quelques bons et amiables qu'ils puissent estre ; mais aussi de parler quelquesfois contre Dieu et eux-mesmes, quelques-uns se trouvans de si maligne inclination, tant estourdis et inconsiderez, que de se despiter et courroucer contre les animaux tant doux et innocens, desquels ils tirent de si grandes utilitez et commoditez qu'ils ne s'en sçauroient passer ; voire contre le ciel, la terre, la mer, les eaux, les astres, les meteores, les saisons, le chaud, le froid, les herbes, les plantes et les choses dont ils se substantent, comme si elles estoient causes de leurs maladies, douleurs et incommoditez, et non leurs imprudences et mauvais usage.

Et partant, comme il paroist que le mal-contentement est un des plus universels defauts qui soient és hommes, aussi fut-il du tout impossible à nostre grand Roy d'éviter que ses vertus et prosperitez ne fussent enviez des malins, et que nonobstant sa prudence, valeur, debonnaireté, familiarité, foy entiere et aggreable conversation, il ne se formast quelques mal-contentemens contre luy, les peuples estans à cela solicitez par ces trois puissans esprits que j'ay nommez et autres de leur faction, et qu'ils n'engendrassent des mauvais bruits, tumultes et rumeurs, ausquelles Sa Majesté desirant pourvoir et remedier elle se resolut à deux choses : la premiere, à essayer de descouvrir jusques où pouvoient passer les mauvaises practiques de messieurs de Biron, comte d'Auvergne et mareschal de Boüillon ; et, pour cét effet, resolut de practiquer le sieur de La Fin (lequel estant accousiné par le premier et le dernier, s'estoit le plus entremis de ces faciendes, et fait quasi tous les voyages vers le duc de Savoye et comte de Fuentes) qu'il avoit appris s'estre depuis peu retiré en sa maison aucunement mal satisfait du duc de Biron, et y employa si dextrement et heureusement le visdame de Chartre, son nepveu, qu'il le fit disposer à venir à Fontaine-bleau et à ne luy rien celer de tout ce qu'il sçavoit de ces menées et practiques ; et l'autre de porter sa personne vers le Poictou, Limousin et Guyenne, esquelles provinces s'espandoient le plus toutes ces mauvaises semences, et vous envoya à Paris pour donner ordre à ce qui estoit necessaire pour un tel voyage. Puis si tost que La Fin fut arrivé à Fontaine-bleau, et qu'il en eut tiré l'esclaircissement qu'il desiroit, l'ayant fait loger à la Mivoye, afin qu'il ne fut veu que de ceux qu'il ordonneroit où il l'alloit entretenir, il vous escrivit une lettre où il n'y avoit que ce peu de paroles.

« Mon amy, venez me trouver en diligence
« pour chose qui importe à mon service, vostre
« honneur et le commun contentement de nous
« deux. Adieu. Je vous ayme bien. »

Sur cette lettre vous pristes incontinent la poste, arrivastes à Fontaine-bleau comme il s'en alloit à la chasse, et le trouvastes tout à cheval dans le milieu de l'advenuë du chasteau. Lors ayant mis pied à terre, vous luy vintes embrasser la botte et il vous serra la teste contre son cœur, selon sa coustume, puis vous dit : « Mon amy, il « y a bien des nouvelles, toutes les conspirations « contre moy et mon Estat, dont nous ne faisions « que nous douter, sont maintenant descouvertes, « voire le principal des negotiateurs d'icelles m'est « venu demander pardon et me tout confesser. « Il y embarrasse beaucoup de gens et des plus « grands et des plus obligez à m'aymer. Mais « c'est un grand menteur et suis resolu de ne « rien croire de luy que sur bonnes preuves ; « entre-autres il y en met que vous ne penseriez « jamais : or, devinez qui. — Jesus ! Sire, dites-« vous, deviner un homme qui soit traistre, c'est « ce que je ne feray jamais. » Et apres qu'il vous eut dit deux ou trois fois, « mais encores, de-« vinez ? » et que vous luy eustes tousjours res-pondu que vous ne devineriez jamais cela, il vous dit : « M. de Rosny en est ; le cognoissez vous « bien ? » Lors vous vous mistes à rire, et luy dites : « Hé quoy ! Sire, les autres n'en sont-ils « point plus que moy ? Si ainsi est, vous ne vous « devez pas mettre en beaucaup de peine ; car « l'effet vous justifiera la sinceritè de mon « cœur. — Or bien, dit le Roy, aussi n'en ay-je « rien creu, et pour vous le monstrer j'ay com-« mandé à Bellievre et à Ville-roy de vous aller « trouver et vous porter toutes les accusations , « tant contre vous que contre tous les autres , et « faire voir les preuves ; et mesmes j'ay dit à La « Fin, qui est celuy qui m'a descouvert la menée, « que je voulois qu'il vous vist, et vous parlast « librement de tous ces desseins. Il a esté aux « pressoirs, est caché à la Mivoye, et vous ira « trouver dans la forest entre-cy et Moret. Man-« dez-luy l'heure et le rendez-vous, et qu'il n'y « ait personne que vous deux. » A quoy vous ne manquastes pas ; et ayant longuement entretenu ledit sieur de La Fin au lieu que vous luy aviez designé dans la forest, et amplement veu et vi-sité avec messieurs de Bellievre et de Ville-roy tous les papiers, lettres, memoires et preuves qu'il avoit fournies contre messieurs les duc de Biron, comte d'Auvergne, mareschal de Boüillon et autres, que nous ne nommerons pas et pour cause, il fut tenu un conseil par le Roy avec vous trois, auquel il fut resolu de ne faire encor rien esclater contre aucun d'eux, mais de tenir le tout secret jusques à ce que l'on eut moyen de faire venir M. de Biron en Cour, et cepen-dant (afin de donner moins d'ombrage et dis-siper plus efficacieusement toutes ces rumeurs , menées et practiques dans les provinces où elles estoient les plus fomentées) advancer le voyage de long-temps projetté vers les Blaizois, la Tour-raine, le Poictou et la Xaintonge.

CHAPITRE CVII.

Lettres diverses de l'année 1601. Restitution faite par le grand-duc de Florence du châ-teau d'If et de l'île de Pomegue.

Comme nous nous disposions de mettre fin à nos recueils des choses que le journal de vostre vie nous peut avoir appris estre venuës à vostre cognoissance des merveilles du Roy durant l'an-née 1601, nous avons recouvert par hazard un gros roolle de lettres de sa main à vous addres-santes, sur lesquelles nous nous sommes trouvez bien empeschez à discerner de quelles années elles pouvoient estre escrites, à cause qu'elles n'avoient autres dattes que celles des jours et peu souvent des mois. Mais en ayans rencontré quelques-unes entre icelles qui estoient contre-signées et dattées de l'année 1601, d'entre ce grand nombre de celles de la main du Roy que nous avons estimé devoir estre de ladite année, nous avons, afin d'abreger le plus qu'il nous sera possible, choisi quelques-unes des plus courtes , voire mesmes aucunes de la moindre consequence, pour faire voir, jusques aux plus petites cho-ses, Sa Majesté prenoit bien la peine de vous en escrire de sa main, et mesme vouloit que les plus authorisez dans ses affaires, passassent par vos ordres et advis, comme messieurs de Bellievre , de Sancy et de Sillery en serviront de preuves dans quelques-unes desdites lettres, par le cha-pitre desquelles nous terminerons donc nos re-cueils de 1601 ; vous supplians neantmoins tant d'obliger ceux qui les liront que de vouloir faire ranger en leur ordre et en leur temps toutes ces lettres et autres qui en auront besoin, s'il est possible que vous ayez encore assez bonne me-moire pour vous souvenir de tout cela apres un si grand nombre d'années escoulées depuis qu'elles ont esté escrites.

Dix-neuf lettres de la main du Roy et cinq contre-signées, à M. de Rosny (1).

Mon amy, je n'ay voulu differer plus long-temps à vous faire part de mon contentement,

(1) Dans les quatre éditions différentes des *Œconomies royales* que nous consultons habituellement, on lit *vingt-trois lettres de la main du Roy et sept contre-signées*, bien que dans le chapitre CV il ne s'en trouve que vingt d'une part et cinq de l'autre. Au lieu de vingt, nous n'in-sérons ici que dix-neuf lettres de la main du Roi, parce que nous en supprimons une du 19 septembre, déjà imprimée

qui est que la Reine ma femme vient tout presentement d'accoucher d'un fils, à ce que vous vous en resjouyssiez avec moy, qui vous despeche la Varenne expres pour vous porter cette bonne nouvelle. Adieu, mon amy.

Ce jeudy 27 septembre, à Fontaine-bleau, à dix heures du soir. HENRY.

Mon amy, j'ay fait dépescher une ordonnance au sieur Garnier, mon predicateur ordinaire, de la somme de deux cens escus, pour avoir presché devant moy l'Advent et le Caresme; et outre ce, je le meine encor en ce voyage. C'est pourquoy et pour le contentement que j'ay de luy, attendant que j'aye moyen de faire mieux pour luy, je vous prie de faire qu'il soit payé comptant de ladite somme de deux cens escus, et que me servant bien comme il fait, il ait autant d'occasion de contentement et d'affectionner mon service qu'ont eu les autres employez en sa charge par les roys mes predecesseurs. Et sur ce, Dieu vous ayt, mon amy, en sa saincte et digne garde.

Ce 6 avril, à Fontaine-bleau. HENRY.

Mon amy, je vous envoye avec cette-cy trois memoires qui m'ont esté baillez, desquels l'on m'a asseuré que je pourray recouvrer force argent; c'est pourquoy je vous prie de les bien voir, et les faire voir à ceux de mon conseil que vous jugerez à propos, pour sur iceux prendre quelque bonne resolution, ayant resolu que les deniers qui en proviendront ne seront distribuez que par vostre ordonnance. J'escry à Santenay de vous en parler et vous soliciter de cela. Cette-cy n'estant à autre fin, je prieray Dieu qu'il vous ayt, mon amy, en sa saincte garde.

Ce 12 avril, à Fontaine-bleau. HENRY.

Mon amy, je seray demain au soir, Dieu aydant, de bonne heure à Paris, et jeudy ma femme et moy nous trouverrons apres disner à l'Arsenac, pour voir fondre les quatre coulevrines, et de bonne heure. Bon soir, mon amy.

Ce mardy au soir 17 septembre, à Sainct Germain en Laye. HENRY.

Mon amy, faites payer au sieur Zamet la somme de quarante-neuf mille neuf cens dix livres que je luy doibs, laquelle il m'a prestée à plusieurs et diverses fois, durant l'année derniere, et dont il m'a rendu compte, et faites employer ladite partie au premier roolle de comptant, que vous ferez expedier comme chose que je desire. Sur ce, Dieu vous ait, mon amy, en sa saincte et digne garde.

Ce 11 fevrier. HENRY.

dans le chapitre précédent. Ce double emploi a été reproduit dans les quatre éditions dont nous venons de parler.
(Note de M. Petitot.)

Mon amy, sur ce que j'ay entendu que le sieur Martin poursuit la suppression des deux estats de collecteurs des tailles en mon duché d'Albret, lesquels ont esté pourveus desdits offices par moy, et desquels j'ay receu la finance, et que de tout temps mes predecesseurs ducs d'Albret ont joüy de ce privilege, comme vous verrez par les lettres de provision qui vous en seront monstrées, aussi que outre ledit privilege, ma sœur a interest à la conservation desdits offices, pource que cela est dans son partage provisionnel, et que si les pourveus estoient supprimez, pour leur remboursement ils saisiroient son revenu le plus clair; cela est cause que je vous ay bien voulu faire ce mot de ma main, pour vous dire que vous fassiez surseoir le jugement de cette affaire, jusques à ce que je vous aye sur cela fait entendre plus amplement ce qui est de mon intention, comme aussi j'escry le semblable à monsieur le chancelier. Et sur ce, Dieu vous ait, mon amy, en sa saincte et digne garde.

Ce 16 aoust, à Sainct Germain en Laye, au soir. HENRY.

Mon amy, depuis vous avoir fait entendre ma volonté touchant le droict de patente de Languedoc, on m'a représenté de la part du pays, que ce n'est pas une ferme, mais bien un octroy non sujet aux encheres, fondé sur le devoir, auquel ledit pays s'est mis de m'assister outre mes deniers ordinaires, dont il a esté desja fourny en mon espargne cinquante mille escus, apres qu'il a esté trouvé necessaire, pour le bien de mon service, et raisonnable de gratifier en cela le pays par l'intercession de l'evesque de Lodesve, qui se doit rendre auprès de moy dans peu de jours. C'est pourquoy ne voulant donner occasion à mes sujets dudit pays de se plaindre, je vous prie d'adviser sur ce fait-là avec ceux de mon conseil, pour en ordonner ce que vous jugerez estre à propos pour le bien de mon service, remettant cette affaire là à vous. Sur ce, Dieu vous ayt, mon amy, en sa saincte garde.

Ce 18 may, à Fontaine-bleau. HENRY.

Mon amy, je vous envoye un placet que m'a presenté mon neveu le prince de Joinville, afin que sur iceluy vous me mandiez vostre advis; car je serois tres-ayse, l'aymant comme je fais, de le pouvoir gratifier de cela, si c'est chose qui ne porte pas grand prejudice à mes affaires et à mon service. Cette-cy n'estant à autre fin, Dieu vous ayt, mon amy, en sa sainte garde.

Ce 14 may, à Fontaine-bleau. HENRY.

Mon amy, il y a quelques jours que je vous escriv de me donner advis d'un placet que mon neveu le prince de Joinville me presenta, pour, si l'on ne faisoit aucun estat des deniers contenus en iceluy, luy en donner quelque somme. Mais lors je ne me souvenois que le dernier voyage que je fis à Paris, la marquise de Verneüil m'ayant demandé la mesme chose, je la luy avois accordée, si que mon neveu ne s'est aucunement prevalu dudit advis, qui a fait que sur d'autres qu'il m'a presentez, je luy ay accordé dix mille escus, comme vous verrez par le brevet que je luy en ay fait expedier, où ils sont specifiez. C'est pourquoy je vous prie de les voir, afin que si vous jugez qu'ils soient justes et faisables, vous teniez la main à ce que mondit neveu puisse jouyr de la liberalité que je luy ay accordée, et vous me ferez service tres-agreable, dautant que je l'ayme et desire faire quelque chose pour luy. Sur ce, Dieu vous ait, mon amy, en sa sainte garde.

Ce 26 may, à Fontaine-bleau.   HENRY.

Mon amy, j'ay sceu que vous estiez arrivé à Rosny; je vous ay depesché ce courrier, pour vous mander que vous me veniez trouver, pour ce que j'ay receu des nouvelles de M. de La Rochepot, sur lesquelles je veux prendre vostre advis, qui est le sujet de la mienne.

Ce 17 septembre, à Fontaine-bleau. HENRY.

Mon amy, il est impossible de croire comme ma femme se porte bien, veu le mal qu'elle a eu. Elle se coiffe d'elle mesme et parle desja de se lever, mesme elle va jusques à sa garderobe; elle a un naturel terriblement robuste et fort. Mon fils se porte bien aussi, Dieu mercy, qui sont les meilleures nouvelles que je puis mander à un serviteur fidele et affectionné, et que j'ayme. Vous sçavez comme ma femme a gagné Monceaux, puis qu'elle m'a fait un fils. C'est pourquoy je vous prie d'envoyer querir le president Forget, et conferer avec luy de cette affaire là, et adviser des moyens et de la seureté qu'il y faut tenir pour mes enfans, donnant ordre que la somme pour laquelle je le prends leur soit bien asseurée. Comme j'achevois cette-cy, j'ay receu la vostre. Je croy comme vous ce que vous me mandez de la faveur que Dieu m'a faite de me donner un fils, et que vous et tous les gens de bien de mon royaume, et qui m'ayment, s'en resjoüyssent avec moy. Hier, revenant de courre un cerf que je faillis, j'ouys tirer le canon de Paris. Adieu, mon amy.

Ce 29 septembre, à Fontaine-bleau. HENRY.

Mon amy, estant resolu, durant que je feray ma diette, de prendre plaisir à quelque chose et passer mon temps, ma femme a fait le mariage de Magdeleine sa More, avec un des siens, et moy en faveur d'iceluy, je luy ay promis la somme de six cens escus, luy en ayant, à cette fin, fait expedier un acquit patent; et pour ce qu'elle ne veut espouser qu'elle n'ait ladite somme, je vous fais ce mot pour vous dire que vous commandiez que ladite somme de six cens escus luy soit promptement payée, afin que la consommation dudit mariage ne soit reculée, auquel ma femme est resolüe de faire quelque festin digne d'une si belle beauté. Adieu mon amy.

Ce 14 may, à Fontaine-bleau.   HENRY.

Mon amy, souvenez-vous de parler au prevost des marchands de ma bonne ville de Paris, pour luy faire entendre comme ils devroient bailler à ma femme la tapisserie qu'ils luy ont promise à cause de son heureux accouchement de mon fils le dauphin. Bon jour mon amy.

Ce 15 novembre, à Sainct Germain en Laye. HENRY.

Mon amy, pour ce coup vous serez exempt de nous donner à souper à nostre arrivée à Paris, où je seray demain au soir, Dieu aydant, et j'y veux parler à vous; c'est pourquoy à mon arrivée je vous manderay où je seray, pour me venir trouver. Ma femme y arrivera le lendemain, qui ira descendre chez Gondy, où nous coucherons ce soir-là; et le lendemain, apres y avoir disné et veu la foire, nous irons coucher au Louvre. Bon jour mon amy.

Ce mercredy matin, 7 fevrier, à Fontaine-bleau.   HENRY.

Mon amy, à mon autre que vous recevrez par cette mesme voye, j'adjousteray encore ce mot, pour vous dire que je suis bien trompé si, quelque mine que fassent ces gens icy, ils ne nous veulent tromper et gaigner temps. Au demeurant, je vous prie de vous enquerir, sans qu'on s'en apperçoive, d'un voyage qui a esté fait depuis peu à Bar, en poste, et si celuy que vous sçavez n'y a pas esté avec M. de Mont-pensier, en habit desguisé, comme l'on me l'a mandé, et vous en enquerez si particulierement, qu'à vostre retour j'en puisse avoir des nouvelles: vous sçavez si cela me touche. Adieu mon amy.

Ce dimanche, 30 juillet, à Lyon, à midy.
HENRY.

Mon amy, quelque temps avant mon partement de Paris pour aller à Lyon, le sieur de Sancy me proposa un advis, duquel il me dit que je pourrois tirer une notable somme de deniers; et par ce que si cét advis se trouvoit bon, je serois tres-ayse d'en prendre quelque chose pour employer à mes bastimens, dautant que le fonds que nous y avons destiné pour cette année n'est suffisant, j'ay commandé audit sieur de

Sancy, par les mains duquel vous recevrez cette-cy, de conferer avec vous dudit advis, lequel il trouve si certain, qu'il offre de me vendre son grand diamant, à prendre son assignation sur cette nature de deniers. Mandez-moy donc vostre advis sur iceluy ; car s'il est tel que l'on m'asseure, je seray tres-ayse, en retenant la meilleure partie pour moy, d'assigner ledit sieur de Sancy de quelque chose sur ce qui luy est deu ; et si d'aventure l'on vous en parloit, vous direz comme je l'ay, il y a long-temps, retenu pour moy ; mais je vous prie de m'en escrire vostre advis. Au demeurant, j'ay commandé à Zamet de vous parler d'un leopardier qui est venu avec ma femme, de Florence, et qui s'y en retourne. Je vous prie de luy faire donner de l'argent pour s'y en retourner, comme j'ay commandé audit Zamet de vous dire de ma part. Sur ce, Dieu vous ayt, mon amy, en sa saincte garde.

Ce 16 avril, à Fontaine-bleau. HENRY.

Mon amy, ce pourquoy je vous envoyay chercher hier matin pour parler à vous, estoit pour avoir oublié de vous dire comme le chevalier Vinta m'avoit supplié de vous commander de vous assembler, vous, monsieur le chancelier et le sieur de Maisses, ou autres de mon conseil, que vous advieriez pour achever de traitter avec luy ce que l'on avoit commencé à Lyon ; ce que je vous prie de faire incontinent. Aussi comme Antonio Perez m'estoit venu trouver et remercier des trois mille escus que je luy donnay, et tesmoigner comme il en estoit tres-content et l'obligation qu'il m'en avoit, me suppliant que sur l'estat, l'on le couchast pour quatre mille, afin que si d'aventure les Espagnols en avoient cognoissance, ils ne sceussent qu'il fust pirement traitté en cette année, qu'il l'avoit esté les precedentes. C'est pourquoy, pour contenter la vanité de cét homme, je vous prie de l'employer sur ledit estat pour ladite somme de quatre mille escus. Adieu mon amy.

Ce 17 mars au matin, à Sainct Germain en Laye. HENRY.

Mon amy, le sieur de Gondy s'en va par de là pour achever de faire ce qui reste és affaires que j'ay avec mon oncle, le grand duc de Toscane, et qui me concernent, passer les quittances et arrester les comptes, et par mesme moyen il demande d'arrester les siens propres, et separer ce qui luy est deu, des sommes deuës à mondit oncle. C'est pourquoy je vous prie de voir le tout et le traitter favorablement en ce qui touche son particulier, me faisant entendre ce qui en est, pour le depescher comme j'adviseray et sera raisonnable ; cette-cy n'estant à autre fin, je prieray Dieu qu'il vous ayt, mon amy, en sa saincte garde.

Ce 14 avril, à Fontaine-bleau. HENRY.

Mon amy, j'ay receu la vostre par Beringuen ; vous m'avez fait service tres-agreable d'avoir parlé à mon cousin le comte de Soissons, suivant le commandement que je vous en avois fait, et suis tres-ayse de ce que vous l'avez trouvé tres-resolu aux propositions que vous luy avez faites ; j'estime que ce sera pour le meilleur, que je ne luy en parle qu'apres le baptesme de mon fils. Ledit Beringuen m'a apporté les mille livres que vous m'avez envoyez. Je trouve fort bon ce que vous m'avez mandé par luy touchant messieurs de Bellievre et Sillery. J'avois pensé, pour leur tesmoigner comme le service qu'ils m'ont fait m'a esté tres-agreable, de leur donner la premiere evesché ou abbaye de mon royaume, qui viendroit à vacquer et qui seroit de bon revenu. Mandez-moy si cela ne sera pas bien à propos, et vostre advis là dessus, ou ce que vous pensez que je leur doive donner. Pour les manufactures, ne craignez point que je gaste rien, faites seulement ce que je vous ay commandé ; mais sur tout souvenez-vous de traitter avec M. de Gondy, car cela importe, comme vous le pouvez bien juger. Adieu mon amy.

Ce 26 aoust à Crosne, où je sejourne encore tout aujourd'huy. HENRY.

Lettre du Roy à M. de Rosny, contre-signée.

Mon cousin, vous sçaurez par la lettre que j'escris à ceux de mon conseil, la resolution que j'ay prise sur les trois points desquels vous aviez donné charge au sieur de Ville-roy de me faire rapport ; partant je ne vous en feray reditte par la presente, seulement je vous prieray donner ordre que les choses passent comme je l'ay ordonné. Pourvoyez pareillement au payement du voyage de Venise et de l'ameublement du sieur de Fresnes, Canaye, ainsi que nous l'arrestasmes dernierement ensemble, afin qu'il s'y puisse acheminer au plutost, et vous souvenez de la provision qu'il faut envoyer en Hollande, en m'advertissant du temps que la premiere voicture sera preste à partir. Preparez aussi le present que j'ay deliberé d'envoyer au roy d'Escosse, avec l'argent necessaire pour celuy par lequel je le veux envoyer, que j'entends faire resider quelque temps aupres dudit Roy, suivant ce que je vous dit dernierement ; car j'ay choisi un homme que j'estime, qui sera propre pour me servir en cette occasion. Je prie Dieu, mon cousin, qu'il vous ait en sa saincte et digne garde.

Escrite à Fontaine-bleau, le premier de may 1601.

HENRY.

Et plus bas, DE NEUF-VILLE.

Lettre du Roy à M. de Rosny, contre-signée.

Mon cousin, vous sçaurez combien il importe à mon service, que la fortification de ma ville d'Antibe soit achevée, estant en tel estat maintenant qu'il est tres-facile non seulement de la forcer, mais aussi de la surprendre, comme m'a remonstré ce porteur que les habitants ont envoyé vers moy. Les deux mil escus faisans portion des cinq mil que ceux de Provence avoient levez sur eux, pour payer les cinq cens hommes qu'ils m'avoient offert d'entretenir aupres de moy durant la guerre de Savoye, lesquels nous avons depuis affectez aux fortifications de ladite ville et de Sainct Tropez, n'ont esté payez, ayans esté divertis à autres effets contre ma volonté. Tellement que l'on ne travaille point à ladite ville, ny à l'autre, dequoy j'ay escrit mon advis à mon neveu le duc de Guyse et à ceux dudit pays. Mais je pense qu'il sera difficile de retirer d'eux lesdits derniers, encor que je leur aye commandé expressement de les remplacer et que je sois bien resolu de ne les leur quitter : c'est pourquoy je vous prie d'ouyr les ouvertures que vous fera cedit porteur au nom desdits habitans, offrans de faire un bastion à leurs despens et de s'esvertuer pour achever ladite fortification si je les y veux assister, chose que je desire grandement, cognoissant combien il importe à mon service d'asseurer ladite place et les autres dudit pays. Oyez le donc et le faites promptement depescher le plus favorablement que faire se pourra. Priant Dieu qu'il vous ayt, mon cousin, en sa saincte garde, etc.

Escrite à Fontaine-bleau, le vingt-quatriesme jour de may 1601. HENRY.

Et plus bas, DE NEUF-VILLE.

Lettre du Roy à M. de Rosny contre-signée.

Mon cousin, j'escrivis à ceux de mon conseil des finances, le 20 de ce mois, l'advis que j'avois eu de l'arrivée en ma ville de Lyon des deux ambassadeurs que la seigneurie de Venise envoye vers moy, afin qu'ils advisassent à donner ordre à leur reception, logement et traittement, leur mandaut que je voulois qu'il en fust usé comme il fut fait envers les sieurs Gradenigo et Delphin, qui me furent envoyez par la mesme republique apres mon entrée en ma bonne ville de Paris, eux y (entre lesquels est encore ledit sieur Delphin) venans pour me visiter, tant sur le fait de la paix que sur celuy de mon mariage, à quoy j'estime que lesdits sieurs de mon conseil et vous aurez pourveu. Toutesfois comme c'est chose qui importe à ma dignité et à mon service, et que j'ay esté adverty qu'ils doivent arriver aujourd'huy ou demain en ma ville d'Orléans, j'ay voulu vous rafraischir ce commandement, afin que vous donniez ordre que mon intention soit en cecy suivie et effectuée, comme il convient. Vous preparerez aussi les deux presens qu'il faut faire ausdits ambassadeurs, quand nous les licencierons, ce que je fais estat de faire le plutost que je pourray, ayant mandé à leur ambassadeur ordinaire qu'il advertisse les autres, qu'ils prennent le droit chemin d'Orleans en madite ville de Paris. Tellement que j'estime qu'ils y arriveront bien-tost, ce que je vous mande, afin que vous donniez ordre que vous n'y soyez surpris ; je m'en repose donc principalement sur vous, et prie Dieu, mon cousin, qu'il vous ayt en sa saincte et digne garde.

Escrite à Fontaine-bleau, le vingt-cinquiesme jour de may, 1601. HENRYE.

Et plus bas, DE NEUF-VILLE.

Lettre du Roy à M. de Rosny, contre-signée.

Mon cousin, estant encore incertain du temps que je partiray d'icy, je desire que monsieur le chancelier et vous m'y veniez trouver avec ceux de mon conseil des finances, que vous y soyez vendredy de bonne heure ; mais faites entendre à un chacun que je ne veux y parler d'autres affaires que des miennes, encore des plus pressées, comme je l'escris audit sieur chancelier, par la lettre que j'addresse en general à ceux de mondit conseil. Donnez ordre devant que de partir qu'il demeure quelqu'un aupres des ambassadeurs de Venise, qui ait soin de leurs personnes et traittement durant vostre absence ; et quand je vous auray veu je me resoudray du temps et lieu de leur audience. Faites aussi despescher Miramont, ainsi que j'escrivis à ceux de mondit conseil, et dites au mareschal d'Ornano, qu'au retour d'icy vous luy porterez mon intention derniere sur sa depesche : cependant il pourra demeurer à Paris, où vous retournerez deux ou trois jours apres vostre arrivée icy. Je prie Dieu qu'il vous ait, mon cousin, en sa saincte garde.

Escrite à Fontaine-bleau, le vingt-huictiesme may 1601. HENRY.

Et plus bas, DE NEUF-VILLE.

Lettre du Roy à M. de Rosny, contre-signée.

Mon cousin, je me suis resolu de faire venir en ce lieu les ambassadeurs de Venise, suivant ce que j'escris à monsieur le chancelier, plutost que de les faire attendre à Paris mon retour de Monceaux et celuy de la Reine, ma femme, apres la premiere audience que je leur eusse donnée audit Paris, puis que leur legation est commune à madite femme comme à moy. Je me deschargeray aussi en ce faisant de la despence qu'ils eussent faite attendant mondit retour, et croy qu'ils estimeront plus la reception privée que je leur feray en ce lieu, que si elle se faisoit à Paris avec plus de solemnité. Dites leur que je desire qu'ils partent vendredy pour venir coucher à Melun, le lendemain, qui sera samedy, ils se pourront rendre de bonne heure en ce lieu, et le dimanche ensuivant je leur donneray audience : le lundy ils se reposeront, et mardy prochain ils pourront prendre congé et s'en retourner mercredy à Paris, pour se rafraichir si bon leur semble, et y attendre ma depesche et les presens que je leur feray. Je vous prie donner ordre à tout ce qui leur faudra : faites partir le maistre d'hostel La Clielle avec eux et les autres qui peuvent servir à leur traittement et conduitte, afin de les défrayer par les chemins, comme j'entends qu'ils soyent icy. Envoyez querir d'Herbanes, et luy commandez de ma part qu'il se trouve icy dés demain, s'il est possible, ou vendredy de bon matin, avec cinq tentures de tapisserie et trois ou quatre lits, et s'il en faut davantage ils se trouverront icy : faites apporter aussi de la vaisselle d'argent de cuisine avec cinq ou six bassins et autant d'esguieres, et dix ou douze flambeaux d'argent. Et n'oubliez à envoyer un mareschal de mes logis devant à Melun, pour faire marquer le logis desdits ambassadeurs ; et si vous n'en avez par delà, j'envoyeray d'icy un des miens quand je sçauray quelle suitte ils ont avec eux ; mais pour tout cela ne laissez de vous rendre icy au temps que je vous ay mandé. Et sur ce je prie Dieu, mon cousin, qu'il vous ayt en sa saincte et digne garde.

Escrit à Fontaine-bleau, le 30 may 1601.
HENRY.
Et plus bas, DE NEUF-VILLE.

Or, pour ce qu'entre les susdites lettres à vous escrites par le Roy, il est parlé d'une affaire qu'il vous ordonnoit de traitter avec le chevalier Vinta, et nous semblant à propos de specifier quelle elle estoit, nous vous dirons succinctement et à ceux qui le voudront sçavoir, comme du temps du roy Henry III, lors que chacun prenoit sa piece sur le royaume, le duc de Florence se saisit des isles de Pomegue, Rotonneau et chasteau d'If, et que le roy Henry IV les voulant r'avoir, M. de Ville-roy escrivit à M. d'Ossat, evesque de Rennes, qu'il essayast d'en convenir avec luy, comme il fit, à condition de luy payer pres de trois cens mille escus qu'il disoit y avoir despendus, et que, pour seureté de sa debte, douze personnages d'auprés du Roy s'obligeroient particulierement au payement d'icelle. Ce qui ayant donc ainsi esté accordé par M. d'Ossat, et luy-mesme en ayant fait une promesse particuliere, le sieur de Gondy et le chevalier Vinta vous en firent parler pour vouloir estre l'un des douze ; mais vous ne fistes jamais que rire au nez de ceux qui vous en estoient venus parler. Ce qu'entendu par M. de Ville-roy, il vous en vint faire instance, disant qu'il falloit descharger M. d'Ossat. Surquoy vous luy dites : « A ce que « je voy, M. le duc de Florence me prend pour « un banquier ou un marcadant ; or veux-je bien « qu'il sçache qu'il n'y en eut jamais en ma race, « et partant que je n'en feray rien. » A quoy vous ayant replicqué que les autres du conseil, que Gondy et Vinta avoient nommez, n'en faisoient point de difficulté comme vous, tout en colere vous luy repartistes : « Je croy ce que vous dites, « monsieur, car aussi n'y en a-il pas un de tous « ceux-là qui ne soit venu de la banque de la mercantie ou de la sotane ; » ce que n'estiez pas vous, et que partant encore une fois n'en feriez vous autre chose. Il fut contesté là dessus avec grand bruit, tant que l'on en vint parler au Roy, lequel ne leur respondit qu'en riant, et disant : « Vraye« ment vous avez bien travaillé d'en estre allés « parler à Rosny, sans me le dire, car moy ne « luy en ayant rien dit, je m'estonne qu'il ne vous « a respondu encore plus rudement. Ne cognois« sez-vous pas bien l'homme qui est glorieux et « fait grand estat de sa noblesse illustre, comme, « à la verité, elle est telle ? C'est pourquoy ache« vez cette affaire-là, sans qu'il s'y oblige ny nul « autre aussi, car je n'avois donné nulle charge « à l'evesque de Rennes de s'obliger à tout cela. »

Mais pour faire voir que c'estoit avec quelque juste raison que vous estiez resolu de ne vous point obliger au payement de la susdite somme de trois cens mille escus ou environ, et que vostre instance fut cause que le Roy ne le voulut plus aussi pour aucun des autres, nous avons bien voulu inserer icy la declaration dudit grand duc, par laquelle il quittoit Sa Majesté de l'obligation à luy accordée par le sieur d'Ossat, des douze fidejusseurs ou respondans d'icelle, la contre-promesse dudit duc estant telle que s'ensuit.

« Dom Ferdinand de Medicis, grand duc de Toscane, comme ainsi soit que le premier jour de may de la presente année 1598, ayent esté arrestez et accordez certains articles entre nous et monsieur l'evesque de Rennes, conseiller d'Estat du Roy tres-chrestien, au nom de Sa

Majesté tres-chrestienne, sur la restitution du chasteau et isle d'If et de l'isle de Pomegue, aupres de Marseille, et sur le remboursement des despences par nous faites pour la conservation dudit chasteau et isles, et qu'entre lesdits articles il y en ayt un, par lequel est promis que Sa Majesté tres-chrestienne fera que douze personnages françois, que nous luy ferons nommer, s'obligeront, eux et leurs heritiers, et leurs successeurs, envers nous pour les sommes et en la façon qu'il est contenu au susdit article, et en une promesse dudit sieur evesque; et ayant Sa Majesté tres-chrestienne ratifié purement et simplement les susdits articles, par ses lettres patentes du 25 juin dernier passé, et puis fait nous requerir de vouloir, pour plusieurs dignes respects, le delivrer et quitter de la prestation des susdits douze fidejusseurs : nous, voulans complaire à Sa Majesté tres-chrestienne, declarons par la presente que nous n'entendons point et ne voulons nous ayder ny servir du susdit article et promesse concernant lesdits douze fidejusseurs, ains y renonçons et quittons Sa Majesté tres-chrestienne et tout autre. En foy dequoy nous avons souscrit la presente, et y fait apposer nostre scel accoustumé.

« A Florence, en nostre palais de Pitti, le 4 aoust 1598. »

CHAPITRE CVIII.

Devise des jetons distribués au commencement de 1602. Le Roy donne à Rosny le commandement de la Bastille. Lettres diverses.

[1602] Nous commencerons ces Memoires de l'année 1602 par le bon jour et le bon an que vous allastes donner au Roy le matin du premier jour de janvier, pour porter à luy et à la Reine leurs bourses de jettons d'or dont vous aviez formé la devise, sur ce que le Roy voyant les broüilleries qui se minutoient par aucuns des plus grands du royaume, et discourant d'icelles avec vous, lors qu'il fut question de resoudre l'estat des gens de guerre à la campagne, vous dit : « Ne me parlez point de rien retrancher à « mes regimens entretenus ny à mes garnisons, « ny aux compagnies de cavallerie, car tant s'en « faut que j'estime mes affaires en estat de le « pouvoir faire, que je suis resolu de demander « une levée de six mille Suisses, que nous ne fe- « rons neantmoins marcher si le besoin ne s'en « offre, si bien que cela nous coustera peu, les « succez des affaires et diverses experiences « m'ayant appris que comme par les armes les « empires se forment, que sans icelles aussi nulles

« dominations ne se sçauroient bien maintenir : « surquoy je veux que vous me dressiez une de- « vise pour l'année 1602. » A quoy vous aviez satisfait au moins mal que vous aviez pû, le corps d'icelle estant un dard fiché en terre, lequel y ayant pris racine, reverdissoit et jettoit des branches, faisant allusion à celuy de Romulus, lequel ayant jetté un dard de cormier de dessus le mont Palatin tant qu'il avoit pû, pour designer la grandeur en circonference de la ville qu'il vouloit bastir, dont le lieu où il estoit devoit estre le centre, ce dard s'estant fiché en terre, y prit racine, verdoya et devint arbre, qui a duré jusques sous Caligula, et le tenoit-on comme pour l'une des fatalitez à la grandeur de l'empire, et pour ame à ce corps ces paroles : *Ni vigeant arma labitur imperium.*

Le Roy trouva cette devise assez bien, et, selon son intention, la monstra à ceux de qualité ou de sçavoir qui vindrent à son lever, et leur en fit cas. Or, avant que partir du Louvre, il vous dit : « Vous vous souvenez bien comme La « Fin vous avoit voulu enveloper dans les des- « seins des broüillons; dequoy je me suis mille « fois estonné, ne me pouvant imaginer qu'il « n'eust esté practiqué par quelqu'un pour me « mettre en défiance de vous, et me convier par « ce moyen à en mettre un autre dans mes finan- « ces qui ne les entendit pas si bien que vous, « ne m'y fust pas si loyal, si exact en l'adminis- « tration d'icelles, ny si ferme et resolu à resister « aux importuns et à rejetter les mauvaises af- « faires; en quoy je vous prie de continuer vos « loüables procedures. Et pour vous tesmoigner « que je me fie en vous plus que jamais, et le « faire croire aussi aux autres, je veux que les « lettres de provision de capitaine de la Bastille, « que pour certaines considerations j'avois voulu « estre mises sous le nom du sieur de la Cheval- « lerie, soient maintenant mises sous le vostre, « afin que si j'ay des oyseaux à mettre en cage « et tenir seurement, je m'en repose sur vostre « prevoyance, diligence et loyauté. Car, pour « vous en dire la verité, voyant tant de gens en- « veloppez dans ces practiques et menées, je ne « voy que vous qui ayt toutes les parties requises « pour me bien servir en une tant importante « occasion; et dés ce soir je commanderay au « sieur de Ville-roy de vous en faire les expedi- « tions. » Lesquelles vous eustes quelques jours apres, que nous ne transcrirons point icy, pour eviter prolixité, n'y ayant rien d'extraordinaire en icelles.

Pour achever ce chapitre, nous insererons six lettres, quoy qu'elles soient de diverses dattes et diverses affaires, telles que s'ensuit.

Lettre de la main du Roy à M. de Rosny.

Mon amy, je vous fais ce mot et vous depesche ce courrier expres, pour vous prier de partir demain au soir tout tard, pour vous rendre icy à la nulct; vous en repartirez le lendemain de bon matin, car je ne me puis resoudre du jour de mon partement pour aller à Blois que je ne vous aye veu, aussi que j'ay d'autres choses à vous communiquer; mais je vous prie que personne ne le sçache. Bon soir, mon amy.

Ce 18 mars, à Sainct Germain en Laye.
HENRY.

Lettre de la main du Roy à M. de Rosny.

Mon amy, j'ay veu M. d'Espernon, qui m'a confirmé l'asseurance de son tres-humble service, et n'avoir autre passion en l'ame que le desir de me le tesmoigner; il m'a parlé fort librement de plusieurs choses, et de vous entre-autres, loüant l'eslection que j'ay faite de vous et vostre façon de proceder pour mon service; m'ayant tesmoigné vous aymer, il m'a fait cognoistre par ces paroles qu'il vous ira voir. C'est pourquoy je vous fais ce mot, afin que vous le preveniez et l'alliez voir le premier; plus il vous fera de submissions, je vous prie de luy en rendre davantage, car il importe pour mon service. Bon soir, etc.

Ce 2 avril, à Fontaine-bleau, au soir. HENRY.

Lettre de la main du Roy à M. de Rosny.

Mon amy, j'ay tant sejourné aujourd'huy à Sainct Germain, à y voir mes enfans et mes bastimens, qu'il estoit neuf heures quand j'en suis retourné, et que, à l'heure que je vous escry et que je m'en vais soupper, qui est unze heures, je n'ay pû voir qu'une partie des dames qui sont icy, ayant remis à voir le reste pour demain, puis que partant de cette ville, je n'y dois retourner de cinq ou six mois; cela sera cause que j'y sejourneray encor demain, mais mercredy sans faute, Dieu aydant, j'en partiray. Je vous prie de faire en sorte que l'on travaille fort en mon conseil par delà, afin qu'à mon arrivée je trouve force besongne faite. Si j'eusse esté par vous instruit de ce j'avois à dire à ceux de ma chambre des comptes, je l'eusse fait puis que je demeure icy. C'est pourquoy vous leur ferez faire une depesche à ce qu'ils me viennent trouver à Fontaine-bleau jeudy ou vendredy, afin que je parle à eux. Bon soir, mon amy.

Ce lundy 17 may, entre unze heures et minuict, à Paris. HENRY.

Lettre de M. de Ville-roy à M. de Rosny.

Monsieur, le Roy a veu la lettre que vous m'avez escrite par ce porteur. Il dit qu'il veut affectionner la justice de la cause des princes d'Espinoy, comme chose qui importe à sa reputation et à son service, et où il va plus du sien que du vostre. Il sera lundy au soir à Paris, où il resoudra avec vous s'il rendra M. le president Jeannin ou M. de Caumartin porteur de la depesche qu'il veut faire aux archiducs; cependant il desire que vous fassiez dresser les memoires et instructions qui seront necessaires afin de les luy representer à son arrivée, et que rien ne retarde le partement de l'un ou de l'autre. Sa Majesté a veu aussi ce que vous m'avez escrit touchant la ferme des impositions de Calais; dequoy elle a esté tres-aise, comme je le seray tousjours de vous servir. Priant Dieu, etc.

De Sainct Germain en Laye, le 2 fevrier 1602.
DE NEUF-VILLE.

Lettre de M. de Ville-roy à M. de Rosny.

Monsieur, le Roy m'a commandé vous enyoyer la lettre de M. de Vic que vous trouverez avec la presente, et desire que vous envoyez le sieur Errard à Calais pour visiter et resoudre la proposition qu'il fait, laquelle Sa Majesté dit que le capitaine Gagemont vous a ja representée. Le colonnel Schomberg, mareschal de la cour de l'Empereur, qu'il envoye vers le Roy, arrivera à Paris vers la my-caresme, ainsi que Ancel nous a escrit. Son train est de quarante ou cinquante chevaux; dequoy Sa Majesté m'a commandé de vous advertir, afin que vous fassiez sçavoir de M. le mareschal de Bois-dauphin, qui est à Paris, comment il le faudra recevoir et traitter, car Sa Majesté entend qu'il en soit usé comme il a esté fait envers ledit mareschal. Mais il semble que Sa Majesté soit encores incertaine du lieu où elle le recevra; si elle ne part bien tost pour aller à Blois, ledit colonnel la trouvera encores en ces quartiers. Avec cela je salueray vos bonnes graces, etc.

De Fontaine-bleau, le troisiesme jour de mars 1602.   DE NEUF-VILLE.

Lettre de M. de Sillery à M. de Rosny.

Monsieur, j'ay receu la lettre qu'il vous a pleu m'escrire du vingt-deuxiesme de ce mois, sur laquelle je vous diray que si j'eusse eu l'honneur d'estre pres de vous, j'estime que vous seriez demeuré mieux satisfait de mon intention, qui n'a point esté de rien rejetter sur vous, et j'en appelle Dieu à tesmoin; mais simplement d'accompagner les lettres de M. de Vic et confirmer en partie ce qu'il avoit escrit. Nous avons traitté avec les Suisses, et leur avons promis, suivant le commandement du Roy, de faire payer un million d'escus pour une fois, et quatre cens mil escus apres par chacun an; et moyennant ce, ils ont accordé de renouveller l'alliance aux conditions qu'il a pleu au Roy d'agréer et d'accepter. Je veux esperer par raison, qu'ils satisferont de bonne foy à ce qu'ils sont obligez. Mais quand ils y auroient manqué, ce ne seroit pas à nous de garantir leurs fautes ny les evenemens, et suffit de justifier la verité de leurs promesses et de nos conventions, comme elles ont esté veuës et approuvées par Sa Majesté. Je recognois, monsieur, que c'est un grand effort de faire fournir un million d'escus en cette saison, apres tant d'autres despences. J'en ay parlé comme je dois en France et en Suisse, pour le faire estimer; mais la grandeur des debtes, le grand nombre et la necessité de ceux à qui il est deub, est cause de susciter les plaintes et les difficultez qui ont esté representées par M. de Vic, nonobstant lesquelles j'espere que le million estant fourny et distribué, comme il sera bien-tost Dieu aydant, le Roy sera servy selon son intention. Je n'ay point douté que la partie de Lumague, et les frais faits pour le renouvellement de l'alliance, ne doivent estre pris sur le million qui a esté promis, et l'ay ainsi declaré à M. de Vic, et en estions demeurez d'accord; mais ayant esté contraint de bailler aux magistrats et au general des cantons et alliez plus qu'il n'avoit pensé par le premier projet qu'il avoit envoyé au Roy, pressé des instances et de la necessité des colonnels et capitaines, la part desquels se trouve dautant diminuée, il a estimé, que ne pouvant avec le million satisfaire entierement aux uns et aux autres, qu'il falloit augmenter ou rejetter la partie de Lumague, encor qu'il recognoisse que ce soit un tres-bon mesnage, et s'est estonné souvent qu'on ayt pû traitter avec tant d'advantages. C'est pourquoy il avoit pensé (je dis il avoit pensé, car cette invention vient de luy à bonne fin) que ce seroit le service du Roy de faire avancer cent mil escus sur ce qui doit estre payé en cette année, pour ne perdre un si grand advantage, qui reviendroit de l'employ de la partie de Lumague.

C'est à vous, monsieur, de considerer selon l'estat des affaires, ce qui est pour le mieux, et d'en ordonner comme il vous plaira. J'ay pressé les tresoriers des Ligues, suivant vostre intention, pour leur faire fournir et remplacer les autres deniers qui ont esté retenus ou employez, comme il appert par l'estat qu'ils vous ont envoyé. Je leur ay representé vos raisons, et ce que vous en avez escrit de vostre main; vous pourrez voir, s'il vous plaist, la responce par un memoire cy-joint. Ils pretendent qu'il n'a esté rien receu des quatre-vingts mil escus que vous leur aviez pensé laisser pour payer leurs gages et autres frais; et partant cela vient à diminuer dautant l'argent qui devoit estre fourny. Il y a un autre memoire par lequel il appert d'une partie de vingt-deux mil tant d'escus payée et distribuée du vivant de feu M. de Morte-fontaine, qui fait part (comme m'ont dit lesdits tresoriers) des trois cens cinquante huict mil escus, qui est le premier article dont est fait le fonds du million promis. S'il faut monstrer et justifier aux Suisses la distribution entiere du million promis, il est certain qu'ils n'admettront pas cette partie payée si long-temps auparavant qu'on eust traitté avec eux, non plus que ce qui a esté payé par les ordonnances de M. de Vic au commencement de la guerre de Savoye, encor que ce soit pour debtes de Suisses, comme vous l'avez bien observé. Mais le payement ayant esté fait quatorze ou quinze mois avant nostre traitté, les Suisses ne le recevront pas sur le million promis, ainsi que M. de Vic l'a escrit; car autrement cela n'est de mon fait ny de ma cognoissance, non plus que l'autre partie payée du temps de M. de Morte-fontaine, qui a esté indiquée par les thresoriers en traittant avec eux, pour verifier le fonds qu'ils doivent avoir suivant ce que vous m'avez escrit. Je sçay fort bien, monsieur, les grandes affaires que vous avez sur les bras, et que vous pouvez encores apprehender; ce n'est pas aussi pour vous presser, mais simplement pour respondre à vos lettres, et vous representer la verité; et puis qu'il n'y a moyen de faire davantage, il faut essayer d'en sortir, et faire le moins mal qu'on pourra. J'ay envoyé vostre lettre à M. Puget, qui estoit absent, et ne l'ay veu qu'avant hier sur le tard; il a promis de fournir soixante et dix mille escus dans trois jours; lesquels, avec le reste qui est entre les mains du thresorier Le Roux, seront envoyez à Lyon, et partira la voiture dans cette sepmaine, comme ledit Le Roux m'a asseuré; ladite voiture n'estant retardée que pour le convertissement qu'il faut faire de trente mil escus ou environ qui sont en douzains qui seront convertis partie en escus, qu'il faut fournir en especes, ou en composer à plus haut prix que ne coustera le change dont M. de Vic fait instance et en a escrit plusieurs fois. On pourra fournir vingt mil escus en or, à raison de trois sols pour escu, en baillant les douzains en payement, qui est la meilleure condition qu'on a pû trouver, comme vous entendrez par les lettres dudit sieur Puget. Le surplus sera converty en grosse monnoye dont le prix n'est pas encores arresté; j'ay pensé, pour le mieux, de prendre les soixante et dix mille escus qui seront fournis par M. Puget, afin d'envoyer promptement les deniers à Lyon, et qu'ils puissent estre arrivez et distribuez en Suisse avant la journée de Sainct Jean. Il reste à recevoir au thresorier Le Roux, comme il dit, vingt-deux mil escus en Auvergne, comme il escrit à M. de Beaumarchais et vous en doit rendre compte. J'ay receu vostre lettre du vingt-quatre, qui m'a depuis esté rendüe par M. de la Chevallerie, qui m'a declaré particulierement ce qui est de vostre intention, que nous suivrons absolument et en useray toujours ainsi, comme du respect que je doibs à vos vertus et merites; et en toutes occasions je me rendray soigneux de faire cognoistre, par effet, que je suis et seray à jamais, etc.

De Paris, ce 28 may 1602. BRULARD.

CHAPITRE CIX.

Voyage à Blois. Premiers nuages qui s'élèvent entre le Roi et la Reine. Fermentation dans le royaume. Le Roi sonde le duc d'Épernon et le duc de Bouillon. Conseil secret tenu par le Roi sur les mesures à prendre contre les conjurés. Voyage en Poitou. Biron attiré à Fontainebleau. Son obstination. Il est arrêté, ainsi que le comte d'Auvergne. Son jugement et son exécution. Le comte d'Auvergne est mis en liberté.

Suivant les resolutions cy-devant prises, toutes choses estans preparées, tant pour le maintien et la subsistance des affaires à Paris et aux provinces desquelles le Roy s'esloignoit, que pour bien reordonner celles où Sa Majesté s'acheminoit, elle, partant de Paris, prit son chemin par Orleans et Blois, auquel dernier lieu, ayant fait du sejour, il survint, se traitta et passa plusieurs affaires de grande importance, et entre icelles il y en eut quatre qui meriteroient bien que vous nous en eussiez voulu bailler d'amples memoires, en attendant lesquels nous ne laisserons de vous en ramentevoir quelque chose, afin que le peu d'intelligence que vous verrez bien que nous en avons, vous fasse desirer de la suppléer par la vostre toute entiere.

Ce donc que nous avons peu sçavoir touchant la premiere d'icelles, fut un bruict qui courut par la Cour, qu'il y avoit quelques broüilleries entre le Roy et la Reine, dont nous eusmes quelque opinion, lors qu'un jour, de grand matin, le Roy vous ayant envoyé querir par Armaignac, vous vous en allastes au chasteau, que le Roy et la Reine estoient encore au lict, mais en diverses chambres, et fistes quantité de voyages de l'une à l'autre, sur lesquels chacun demandoit bien ce qu'il y avoit de mal entendu, mais nul n'en dit ny pût rien apprendre. Nous nous souvenons encore que plusieurs fois les apresdinées, le sieur Conchine de la part de la Reine venoit querir madame vostre femme, laquelle (tout devant vous il appelloit sa maistresse) demeuroit souvent long-temps enfermée, tantost avec la Leonor toute seule, et tantost avec la Reine et elle ensemble. En suitte de toutes lesquelles allées et venuës, et un jour apres icelles, le Roy vous manda un matin, par le sieur de la Varenne, que vous le vinssiez trouver dans une grande gallerie qu'il avoit commencée de bastir au dessus de celles des jardins bas de Blois, dans l'une desquelles est representée cette bische qui a des cornes. Et falloit bien qu'il y eust de grandes intrigues et affaires à demesler, dautant qu'apres qu'il eust fait mettre deux Suisses, qui ne parloient point françois, au bout d'embas de la gallerie, pour ce qu'il estoit tout ouvert, vous vous y promenastes tous deux seuls plus de deux grandes heures, sans cesser de parler de fort grande affection, comme le tesmoignoient vos gestes de l'un et de l'autre, que nous considerions avec autant d'attention que de desir de sçavoir les causes que vous en aviez (ce qui nous fut impossible, ny de comprendre les suittes de vos paroles, quoy que vous nommassiez quelquefois de certaines personnes assez haut pour estre entenduës de nous), sinon qu'ayans tous repris le chemin du chasteau, le Roy vous dit, en se separant de vous, si haut et si distinctement que nous le pusmes bien entendre : « Or « sus, c'est assez discouru ; il n'en faut plus par- « ler, puis que vous estes si arresté en vos opi- « nions en cette affaire-là ; je m'y conduiray en « tout et par tout, suivant vos conseils, afin qu'il « ne me soit plus reproché que je resouds toutes « choses de ma teste, et ne prens conseil de per- « sonne. Mais souvenez vous que peut estre vous « et moy, nous en repentirons un jour (car il ne « sçauroit pleuvoir sur moy qu'il ne degoutte « sur vous), et que cette affaire, cognoissant les « esprits de ceux qui s'en meslent, sera cause de « beaucoup de mal; ne niant point que la dou- « ceur et l'indulgence ne soient fort loüables, « mais vous ne me nierez pas aussi que l'excez « n'en puisse devenir dommageable. » A quoy vous luy respondistes, qu'à la verité c'estoit une grande prudence de prevoir les accidens et de prevenir les maux, mais que de les advancer ou procurer soy mesme par des recherches trop curieuses, vous estimiez que c'estoit tout le contraire.

Et sur cela Sa Majesté s'en retourna au chasteau et vous à vostre logis. Que si la fantaisie vous prenoit un jour de nous donner toute ou partie de l'intelligence de cette affaire-là, nous en ferions part à ceux qui viendront apres nous, comme estans choses que nous estimons le meriter bien (car le bruit courut assez publiquement, que par trois ou quatre fois il vous avoit fallu mettre à genoux devant le Roy et la Reine, pour en obtenir ce que vous desiriez); de toutes lesquelles aussi fut-il tenu d'assez longs discours quasi tous divers, sans que nous en ayons pû rien conclurre de bien certain, ny aucunement intelligible, oyans seulement parler quelquefois en divers temps sur diverses occasions et par diverses personnes, voire par vous mesmes du Roy, de la Reine, des ducs et duchesses de Florence et Mantouë, de Virgile, Ursin, dom Juan des couleurs du tanné, de Belle-garde, de Trainel, Vinti, Jouanini, Conchine, Leonor, Gondy, Catherine, Selvage, Verneuil et quelques autres personnes; mais tout cela tant confusément et quelquefois si hors de propos (au moins ce nous sembloit-il), que nous n'y sceusmes jamais rien comprendre pour vous en ramentevoir davantage; et pour cette raison avons nous laissé à la suite de ce discours quatre fueillets en blanc dans nos manuscrits, pour y adjouster ce que vous trouverez à propos de nous en dire.

La seconde des affaires dont nous avons parlé fut que le Roy receut quantité de lettres et d'advis par messagers expres de la part de ses serviteurs particuliers et bien affidez, qu'il entretenoit tousjours dans toutes les provinces esloignées de son sejour ordinaire, et entre icelles en Anjou, Mirebalais, Chatelleraudois, haut Poictou, Xaintonge, Angoulmois, Perigort, Limosin, la Marche, Auvergne, haute Guyenne et haut Languedoc, pour le tenir tousjours adverty de tout ce qui se passeroit en icelles, par lesquels on luy faisoit sçavoir qu'il couroit et trottoit par les provinces cy-dessus grande quantité de gens, tant d'une que d'autre religion qui estoient practiquez, ce disoit-on, par quatre ou cinq seigneurs des plus qualifiez de son royaume, que l'on ne luy vouloit point encore nommer que l'on n'en eust les preuves en main, lesquels faisoient tout ce qu'ils pouvoient pour descrier et rendre odieuse son administration, voire tascher de le mettre en la haine universelle de ses peuples, luy supposans plusieurs mauvais desseins, et entre autres qu'il ne faisoit point faire par un de ses plus confidens, qui aussi le luy persuadoit, un si grand amas d'artilleries, armes, munitions et thresors, que pour se rendre si puissant qu'il pust, sans peril ravaler ou destruire tous les grands du royaume, afin de regner apres sur le reste du tout à sa fantaisie, et celle de ceux qui luy donnoient les conseils; mais que ne se contentans pas de presager des inconveniens sur des presuppositions de l'advenir, ils en specifioient de toutes presentes ou fort prochaines, pour l'execution desquelles il entreprenoit tout expres ce voyage, dont la premiere seroit un chastiment exemplaire de ceux qui s'estoient mutinez contre les sieurs de Jambeville, d'Amours et autres commissaires envoyez pour faire l'establissement de la pancarte ou sol pour livre, qu'il se deliberoit d'establir luy-mesme par sa presence, avec une telle reapreciation, que le droit luy en vaudroit deux fois autant; qu'il vouloit aussi faire establir les droits de gabelle dans toutes les provinces de franc-salé, faisant en mesme temps achepter tous les marais salans des proprietaires, et les payer en rentes sur l'Hostel de Ville de Paris.

Se parloit aussi qu'il estoit apres à obtenir des bulles du pape Clement, pour l'establissement d'une double decime ordinaire; qu'il vouloit faire payer aux peuples les arrerages des tailles par eux deus des années 1594, 1595 et 1596, desquels vous aviez sursis les poursuittes, et à eux donné asseurance de la remise entiere, lors que le Roy vous envoya par les generalitez; qu'il vouloit diminuer d'un tiers presentement et des deux tiers l'année prochaine, les assignations baillées pour le payement des garnisons des villes de ceux de la religion et des pensions de leurs ministres et autres particuliers, avec resolution de ne prolonger plus les années de leurs places de garde et seureté, ny ne conferer plus de provisions de charges ny offices sans la clause d'estre catholique.

Tous lesquels advis considerez par le Roy, encor qu'il recogneust bien qu'il luy seroit facile de destruire tous ces artifices et les faire bien-tost convaincre de fausseté, il jugea neantmoins bien qu'il ne falloit pas neantmoins que les roys, quelques grands qu'ils fussent, s'imaginassent de pouvoir heureusement regner sans soucis, ennuis, fascheries, prevoyance, prudence, diligence et bons ordres, puis que nonobstant qu'il eust reduit tous ceux de la ligue en une souple obeyssance, et les estrangers à faire une paix advantageuse pour luy, si ne laissoit-il pas toutesfois de se voir maintenant travaillé par ceux mesmes desquels il s'estoit le plus confidemment servy pour reduire les autres à raison. Mais comme il avoit l'esprit vif et prompt, le jugement solide et le courage excellent, il se resolut aussi-tost de continuer en diligence son voyage (l'apprehension seule duquel leur avoit fait publier toutes ces niaiseries), afin de faire cognoistre par effets que tout ce que ces malicieux esprits essayoient de faire persuader par leurs supposts n'estoient que suppositions, calomnies et impostures, mais en usant de telles procedures que l'on imputast à sa prudence, debonnaireté, franchise et liberalité, toutes les gratifications et remises dont il useroit envers ses sujets, et non à timidité, foiblesse, contrainte et necessité.

La troisiesme fut la resolution qu'il prit de communiquer quelques-unes de ces particularitez à messieurs d'Espernon et de Boüillon, qui estoient lors tous deux à Blois, pour voir ce qu'ils diroient là dessus, comme il vous conta depuis qu'il avoit fait, ayant commencé par le premier; lequel sur telles propositions luy fit des responces, soit par artifice ou sincerité, et tint des discours qui luy donnerent subjet de contentement, les propos duquel seroient trop longs à reciter; mais leur conclusion fut que, comme il ne vouloit pas nier qu'il n'eust quelque-fois ouy parler de telles extravagances ou plutost niaiseries et badinages, aussi pouvoit-il jurer que ce n'avoit jamais esté à aucun de ceux qui en fussent les autheurs ou fauteurs, et jamais à nul qui ne s'en fust mocqué comme d'une chose du tout ridicule, et encore tout cela si confusément et desordonnément, qu'il n'avoit jamois attendu que la ruyne et desolation de ceux qui appuyeroient leurs desseins là dessus, et que pour faire paroistre qu'il ne craignoit point d'estre accusé par qui que ce pust estre, d'avoir eu part à toutes ces niaiseries, il estoit resolu de ne partir point d'aupres de Sa Majesté, qu'elle ne fust delivrée de tous ces soupçons et deffiances, afin qu'il luy fust facile de le faire punir, comme il le meriteroit s'il ne luy avoit dit presentement la pure verité. De toutes lesquelles choses le Roy le remercia, de sorte qu'ils demeurerent tous deux fort contens l'un de l'autre.

Le lendemain le Roy usa de mesmes termes et procedures envers M. de Boüillon, et eurent aussi ensemble de fort longs discours tous pleins de belles asseurances et protestations; mais si ne pust-il se rendre si souple qu'il ne fist paroistre que la franchise n'y estoit pas toute entiere, d'autant que finalement, apres plusieurs desguisemens et paroles à double entente, il luy dit pour conclusion qu'il estimoit que Sa Majesté se souviendroit encore de l'escriture qui dit : *Qu'il est necessaire que scandales adviennent; mais aussi*, adjouste-elle, *mal-heur sur les autheurs d'iceux*; ce qui pourroit convenir à ceux qui essayent de mettre en scandale aupres d'elle ses plus loyaux et anciens serviteurs. Et partant ne doit-on pas trouver estrange s'ils leur supposent tels crimes et defections, puis que tous ceux qui font le mestier d'espions et delateurs ne sont entretenus ny payez, que pour faire des accusations, soient vrayes, soient fausses, estans bien asseurez que les plus pleines d'invectives et de calomnies seront tousjours les mieux receues; son advis estant que tant de mauvais discours que l'on luy mandoit d'avoir esté tenus par les uns et les autres, comme tesmoignages de leurs mescontentemens des grandes surcharges et impositions dont ils sont accablez, ne provenoient d'ailleurs que de ce qu'ils sçavoient de science qu'aux resolutions de telles choses, n'estoient appellez que des gens de peu, et jamais les grands et qualifiez personnages du royaume, lesquels partant n'estoient pas capables de faire comprendre aux peuples les justes causes et raisons de telles surcharges, d'autant qu'ils n'en avoient pas esté informez.

Bien estoit-il vray que plusieurs, tant catholiques que reformez, se plaignoient que plus ses revenus croissoient, son royaume et ses affaires s'amelioroient, moins se ressentoient-ils de ses beneficences et liberalitez; que quant à ceux de la religion, outre leurs plaintes communes avec les autres, il recognoissoit s'estre trouvé en lieu où l'on luy avoit voulu persuader que non seulement toutes les choses cy-dessus dittes estoient veritables, mais qu'ils estoient fort prochains de se voir tenir eux ou leurs enfans, comme pestes, gangrenes, tumeurs et apostumes dans l'Estat, si Dieu les affligeoit tant que de perdre leur bon Roy, puis que nonobstant leur ferme resolution d'employer leurs biens et leurs vies pour son service, le bien et la défence de l'Estat, si ne manqueroient-ils pas d'estre flestris de toutes sortes d'opprobres et d'ignominies, estans declarez indignes et incapables de toutes charges, offices, honneurs et dignitez dans l'Estat; ausquelles plaintes, à la verité, il n'avoit peu repliquer chose valable, ny faire autre responce à ce que l'on luy vouloit persuader que Sa Majesté revocqueroit un jour les privileges et franchises de son vicomté de Thurenne, et achepteroit les droits de ceux de la Marcq sur Sedan, sinon qu'il sçavoit bien que Sa Majesté ne le feroit jamais, et qu'elle avoit esté trop bien assistée d'eux tous au temps de ses plus grandes adversitez, pour les vouloir flestrir et des-honorer. Dequoy ne doutant nullement, il la supplioit tres-humblement de croire qu'en tout ce qui avoit esté dit, il n'y avoit rien qui pust diminuer son exquise loyauté, tant esprouvée à son service, ce qu'il luy juroit en son ame par le Dieu vivant.

Surquoy le Roy luy respondit qu'il se resjouyssoit de luy voir de si bonnes intentions, et partant se devoit-il asseurer que s'il vouloit demeurer assiduellement aupres de luy, ainsi que

M. d'Espernon de son propre mouvement luy avoit juré de faire durant six mois, il les appelleroit tousjours tous deux en tous ses conseils d'importance, n'y resoudroit rien sans leurs bons advis, avec lesquels, auparavant qu'il fust six mois, il donneroit satisfaction et contentement aux huguenots et catholiques, sur toutes leurs plaintes et apprehensions, et feroit voir que tout ce que ces coureurs de provinces avoient voulu persuader estoit entierement faux et supposé; qu'il n'y avoit jamais pensé, n'avoit nul plus grand desir que de se faire aimer à tous ses peuples esgalement, les affectionner de mesme, faire vivre tant les catholiques que ceux de la religion en paix, concorde et amitié les uns avec les autres, s'en servir, selon les proportions requises, et tascher de si bien mesnager et bonifier ses domaines, revenus ordinaires et impositions reelles, qu'il eust moyen de descharger ses peuples de toutes tailles et cottisations personnelles : desquelles loüables resolutions le sieur de Boüillon faisant des admirations et tesmoignant une grande joye, il assura Sa Majesté de partir au plutost pour aller en ses maisons donner un tel ordre à ses revenus, qu'il eust moyen de demeurer non seulement six mois auprès de luy, mais assiduellement, si c'estoit chose que Sa Majesté eust tres-agreable.

La quatriesme affaire qui se demena au sejour de Blois fust touchant M. le mareschal de Biron, dautant qu'en ce mesme temps-là, le sieur d'Escures estant revenu de Bourgongne, où le Roy l'avoit envoyé, pour essayer de disposer ledit duc de Biron à le venir trouver, il se resolut de tenir un conseil estroit, pour, avec l'advis d'iceluy, prendre resolution sur ce qu'avoit r'apporté ledit d'Escures; auquel le Roy n'ayant appelé que M. le comte de Soissons, monsieur le chancelier, vous, M. de Ville-roy et M. de Maisses, il vous proposa toutes les accusations de La Fin, dont il a esté cy-devant parlé contre le mareschal de Biron et autres, afin de prendre là dessus une resolution, et nomma tous les principaux jusques au nombre de huict, entre lesquels ceux que l'on craignoit le plus, estoient messieurs le comte d'Auvergne, les ducs d'Espernon, de Boüillon et de Biron; des trois premiers il estoit facile de s'en asseurer, car le premier estoit à Paris et les deux autres à la Cour; et de faict l'un des plus grands d'entre vous quatre, opiniastroit sur tout qu'il se falloit saisir de ces trois comme les plus habiles, et que le dernier n'estant qu'un ambitieux estourdy, il seroit facile de le ramener à la raison, ou qui, en tout cas, ne feroit pas grande chose tout seul. Lors que ce fut à vous à opiner, vous distes au Roy :

« Sire, je me trouve en cecy bien empesché, « car je ne vois encor aucunes preuves bien cer-« taines contre messieurs d'Espernon et de Boüil-« lon, et partant je ne sçaurois estre d'advis de « les arrester sur de simples conjectures et opi-« nions, s'y rencontrans plusieurs inconveniens « et difficultez, dautant que si vous les prenez « comme accusez de trahison, en premier lieu « vous effaroucherez les vrays coulpables, et ne « pouvant rien verifier contre ceux-cy qui seront « pris, vous justifierez les autres, et faudra qu'il « s'en ensuive sur les captifs plusieurs rigueurs « mal convenables à vostre humeur si pleine de « clemence; car telles personnes ainsi offencées « sont de dangereuse reconciliation. Et pour « moy, je ne voy point qu'il y ait plus de preu-« ves contre ces deux-cy, que contre-moy, que « La Fin, sous pretexte de deux lettres de civi-« lité au mareschal de Biron, par lesquelles je le « faisois ressouvenir des conseils que je luy avois « donnez et de lier ensemble une amitié inalte-« rable au cas qu'il les voulut suivre absolument, « vouloit faire croire que j'estois de son intelli-« gence et deffection ; estant bien asseuré que je « feray croire le contraire par la suitte de l'issuë « de cette affaire et cognoistre qu'un innocent « n'est pas tousjours garanty de la calomnie, et « des langues envieuses et mesdisantes. »

Tellement que le Roy s'estant resolu à suivre cette opinion, le conseil se separa. Et comme vous fustes descendu dans la cour pour vous en aller à vostre logis, force gens coururent vous rencontrer, comme on fait les favoris qui ont de grandes charges, qui pour une affaire, qui pour un autre; M. d'Espernon aussi vous accosta. Il ne nous souvient pas bien des propos qu'il vous tint ; mais il nous semble avoir entendu qu'il vous dit que tant de conseils si longs et particuliers mettoient beaucoup de gens en allarme; mais que pour luy qu'il n'y entroit nullement, dautant que sa conscience l'asseuroit. « C'est le « meilleur refuge de tous, luy respondistes vous, « monsieur, principalement au regne où nous « sommes; car le Roy n'a nulle inclination à la « violence ny à la severité; mais tout au con-« traire il est si benin que, quand quelqu'un au-« roit attenté contre luy et contre son Estat, s'il « sçavoit qu'il s'en repentist et desirast à bon es-« cient, il luy pardonneroit aussi-tost et l'ayme-« roit comme auparavant. Je vois force gens qui « s'esloignent de la Cour, mais ceux qui ont la « conscience nette ne le doivent pas faire, car ils « n'ont rien à craindre. — Or, je suis de ce nom-« bre-là, dit M. d'Espernon, et ne partiray point « de la Cour tant que ces ombrages dureront.— « Vous ne sçauriez mieux faire, monsieur, dites

« vous, et feray valoir cette resolution où il faut. »
Et là dessus vous en allastes disner, et pource
que le Roy ayant dessein de parler avec vous en
particulier, vous avoit dit tout bas à l'oreille :
« Allez vous en disner en soldat (c'est à dire ne
« mangeant que trois morceaux), et me venez
« trouver, devant que nul autre soit revenu de
« disner. » Ce que voulant executer, nous vous
ramentevrons icy un petit conte pour rire au
milieu de tant de choses serieuses. Vous distes,
en entrant à vostre logis, à vostre maistre d'hostel : « Ne vous amusez point à me servir de se-
« cond et me baillez tout promptement ce qu'il
« y a de prest; car je ne veux manger que trois
« morceaux, boire deux coups, et m'en retourner
« trouver le Roy, qui me l'a ainsi commandé. »
Enquoy estant obey, il arriva comme vous ne
faisiez que vous mettre à table que M. Nicolas,
qui estoit de ces railleurs et faiseurs de bonne
chere, et qui boivent dautant, entra dans vostre
salle et vous dit : « Monsieur, je m'en viens dis-
« ner avec vous, afin de boire à la santé du Roy,
« de la Reine et de nostre petit Dauphin, et celle
« de leurs bons serviteurs. » A quoy vous luy
respondistes : « Vous soyez le bien venu, M. Ni-
« colas, lavez promptement et vous mettez à ta-
« ble; car je ne la puis pas tenir longue ayant
« affaire ailleurs. » Ce qu'ayant fait, si tost que
vous eustes beu deux coups, vous demandastes
le fruict et vostre bidet de housse; dequoy
M. Nicolas estonné, il se mist à vous regarder,
puis vous dit : « Pardieu, monsieur, je ne m'es-
« tonne pas si l'on vous publie pour l'un des plus
« habiles seigneurs de France ; car je ne sçache
« point d'hommes si habiles qui peussent boire
« trois coups avec vous en un disner, tant vous
« y faites de diligence. » A quoy, en riant, vous
luy dites : « La, la, M. Nicolas, ne laissez pas
« d'achever de disner, pour moy j'ay affaire ail-
« leurs. » Et ainsi vous levastes de table.
Peu apres vous vinstes rapporter au Roy tous
les discours que M. d'Espernon vous avoit tenus;
lequel en fut fort ayse, et vous dit : « Il m'en a
« dit autant, et en effet je croy bien que M. d'Es-
« pernon n'est point de toutes ces menées par
« actes visibles; il est trop habile homme et
« craint trop de perdre son bien et ses charges
« pour s'embarrasser parmy tous ces esprits
« brouillons, avec lesquels aussi bien il n'y a
« rien à gaigner pour luy, et mesmes n'y sçau-
« roit jamais vivre ny compatir ; et puis il ne
« voit pas grand fondement à tout cela, veu l'es-
« tat où sont maintenant mes affaires. Je ne dis
« pas qu'en son petit cœur, il ne fut peut estre bien
« ayse que quelqu'un me traversast, afin que
« j'eusse dautant plus affaire de luy ; mais diffi-
« cilement se mettra il jamais d'autre party que
« celuy du Roy, ayant esprouvé de combien de
« difficultez, tels desseins sont ordinairement
« accompagnez, tesmoing ce qui s'estoit passé
« en Provence; neantmoins il le vous faut main-
« tenir en cette bonne disposition ; voyez aussi
« messieurs de Boüillon et de la Trimoüille, et
« leur parlez de demeurer à la Cour, pour voir
« ce qu'ils vous diront; neantmoins attendez que
« nous soyons à Poictiers, car entre-cy et là, nous
« serons esclaircis de beaucoup de choses. » Ce
que vous fistes; mais nonobstant tous vos discours et remonstrances, esquels estoient presens,
ce nous semble, messieurs de La Nouë, de Constants, d'Aubigny et de Preaux, ils resolurent de
se retirer.

Le Roy ayant pourveu au Poictou, en Limousin et Guyenne en y establissant absolument le sol
pour livre, sa presence, prudence et reputation
admirable ayant contenu les plus estourdis et malins, et ramené à la raison les plus dociles et debonnaires, il usa d'un traict de grande prudence
et generosité; car ayant veu une obeyssance si
entiere et sans contraste à l'establissement de cette
imposition que l'on avoit pris pour pretexte de
toutes les rumeurs fomentées par ces trois conspirateurs, il en fist la revocation, fondée sur la
seule prompte obeyssance que les peuples avoient
tesmoignée de vouloir rendre à tous ses commandemens; et fut cette menuë imposition tant onereuse convertie en une douce subvention, quelque temps apres du tout esteinte; et puis s'en
retourna à Fontaine-bleau, où le mareschal de
Biron le vint trouver apres plusieurs voyages
que d'Escures et le sieur Jeannin firent vers
luy. Des voyages desquels nous ne dirons nulles
particularitez, dautant que vous n'y eustes point
de part, et vous dirons seulement que vous aviez
fait loger toute la cavalerie legere du long de la
riviere du Loing, où il y avoit des guays et des
passages, ledit mareschal de Biron ayant pris
resolution de venir pour les causes qui ensuivent. Premierement, dautant que ses traittez
n'estoient pas encores bien conclus avec Espagne
et Savoye; que l'argent à luy promis pour faire
la guerre n'estoit pas encor arrivé; que le baron
de Lux luy persuadoit d'endormir tousjours le
Roy, jusques à ce temps-là; que Jeannin et d'Escures luy promettoient monts et merveilles; que
La Fin l'asseuroit qu'ayant parlé au Roy, il avoit
recogneu qu'il n'avoit aucuns advis bien certains de ses desseins; mais qui plus est, vous
vous souviendrez comme dés plusieurs mois auparavant les deffiances du Roy croissans tousjours contre ledit duc de Biron, il vous ordonna
de laisser le moins d'artillerie et de munitions

qu'il se pourroit dans les places de Bourgongne, à la devotion dudit duc de Biron ; et suivant cela, sous couleur de faire refondre ses pieces et rebattre ses poudres que vous luy aviez fait representer estre du tout de nul service, et de le vouloir fournir de toutes choses de l'arsenac de Lyon, qui seroient bien conditionnées et prestes à employer, et en ayant mesme fait charger des bateaux, en presence de gens, à sa devotion, et fait iceux monter quelques journées à mont la Saone, il consentit que l'on tirast de ses places toutes les pieces et munitions qu'il y avoit. Mais il arriva, par vostre industrie, que l'on fît en diligence descendre celles qu'avoit livrées ledit mareschal, et arrester les vostres par le chemin, en sorte qu'elles ne monterent point. Tellement que quand le Roy le pressa de venir, il y fut contraint, le baron de Lus luy ayant representé qu'il n'estoit aussi bien rien resté dans ses places dequoy se defendre, et que si le Roy venoit à luy la teste baissée, avec ses diligences accoustumées, il seroit contraint de quitter le royaume et n'apporter aux ennemis qu'un esprit ulceré et une fortune ruynée : dequoy il estoit en une telle furie contre vous, qu'il ne s'en pouvoit taire, jusques à user de menaces de vous poignarder, disant que vous l'aviez affiné ; dequoy le Roy ayant eu advis, il vous en advertit et mesmes fit commandement de vous bien accompagner. M. d'Espernon fit lors, sans y penser, comme il a dit depuis, une faute signalée ; car il envoya au devant du mareschal de Biron s'offrir luy, et mesme luy donna à disner.

Si tost qu'il fut arrivé le Roy vous escrivit un mot de sa main à Moret, auquel lieu vous vous estiez allé promener, où il y avoit ces mots.

« Mon amy, nostre homme est venu, qui fait « fort le retenu et le prudent. Venez en diligence, « afin que nous advisions à ce que nous avons à « faire. Adieu, je vous ayme bien. »

Aussi-tost vous pristes des courtaux, vous en vinstes au gallop et trouvastes le Roy qui se promenoit avec M. de Praslin, devant la porte de vostre pavillon, en vous attendant. Si tost qu'il vous vit il quitta M. de Praslin, vous prist par la main, et se promenant, il vous dit : « Mon amy, voila un mal-heureux homme que « le mareschal, c'est grand cas ; j'ay envie de « luy pardonner, d'oublier tout ce qui s'est passé, « et luy faire autant de bien que jamais ; il me « fait pitié et mon cœur ne se peut porter à faire « du mal à un homme qui a du courage, duquel « je me suis si long-temps servy et qui m'a esté « si familier. Mais toute mon apprehension est « que, quand je luy auray pardonné, qu'il ne « pardonne ny à moy ny à mes enfans ny à mon « Estat ; car il ne m'a jamais rien voulu confes- « ser, et vit avec moy, comme un homme qui a « quelque chose de malin dans le cœur. Je vous « prie, voyez-le ; il est vostre parent, et fait « mine d'estre vostre amy, encor qu'en son ame « il vous haysse merveilleusement, dautant qu'il « dit que vous l'avez affiné par vos belles paroles. « Ne laissez pas neantmoins de parler à luy « comme à cœur ouvert ; mais avec discretion et « en sorte qu'il ne puisse pas juger que nous sça- « vons tout et que nous avons des preuves con- « tre luy, suffisantes pour le convaincre ; car il « croit que nous ne sçavons rien, dautant que « La Fin luy a dit à l'oreille en arrivant : *Mon* « *maistre, courage et bon bec ; ils ne sçavent* « *rien*. Neantmoins s'il s'ouvre à vous sur les « discours que vous luy tiendrez et certitude de « ma bien-veillance que vous luy donnerez, as- « seurez-le qu'il peut en toute fiance me venir « trouver, faire confession de tout ce qu'il a « pensé, dit et fait, moyennant qu'il ne me cele « rien et que je luy pardonne de bon cœur, « comme je vous en donne ma foy et ma parole. »

Sur cela vous vous en allastes au chasteau, et trouvastes le mareschal en la chambre du Roy, assis au chevet de son lict, parlant à M. de la Curée ; et comme à vostre arrivée il oüyt le bruit de ceux qui vous saluoient et faisoient place pour ce que vous estiez fort accompagné, il s'advança et vous vint saluer, mais fort froidement. Vous l'embrassastes avec gayeté et tesmoignage d'affection, et luy dites : « Hé ! qu'est-ce que « cecy, monsieur ? vous me saluez en senateur « et non pas à l'accoustumée. Ho, ho, il ne faut « pas faire ainsi le froid, embrassez, embrassez- « moy encore une fois, et allons causer ; car si « vous me voulez croire tout ira bien. » Là dessus vous estans tous deux assis au chevet du lict du Roy, vous luy dites : « Hé bien ! monsieur, « quel homme estes-vous ? avez-vous salué le « Roy ? quelle chere vous a-il faite ? que luy « avez vous dit ? Vous le cognoissez bien ; il est « libre et franc, et veut que l'on vive de mesme « avec luy. L'on m'a dit que vous aviez fait le « froid et le retenu avec luy ; cela n'est pas de « saison, ny selon son humeur et la vostre. Je « suis vostre parent, vostre serviteur et vostre « amy : croyez mon conseil et vous vous en trou- « verez bien ; dites moy librement ce que vous « avez sur le cœur, et pour certain j'y apporte- « ray remede, et ne craignez point que je vous « trompe. » Lors il vous dit : « J'ay fait la reve- « rence au Roy, avec le respect et l'honneur que « doit un serviteur et sujet envers son maistre et « son Roy. Je luy ai respondu sur tout ce qu'il « m'a enquis ; mais ce n'ont esté que propos com-

« muns et paroles generales ; aussi n'avois-je rien « davantage à luy dire. »

« Or, monsieur, dites-vous, ce n'est pas « comme il faut proceder envers cet esprit vraye- « ment royal : ouvrez luy vostre cœur et luy « dittes tout, ou à moy si vous voulez, et de- « vant qu'il soit nuict, je vous responds que « vous demeurerez contens l'un de l'autre.—Je « n'ay rien à dire au Roy, ny à vous, plus que « j'ay fait; mais si Sa Majesté a quelque defiance « ou mescontentement de moy, que luy ou vous « me le disiez librement, surquoy et que c'est, et « lors j'y respondray de mesme.—Ce qui fasche « le plus l'esprit du Roy, dites-vous, ce sont vos « froideurs; car d'autres particularitez, il n'en « sçait point de precises. Mais que vostre cons- « cience vous juge vous mesme, et vous condui- « sez tout ainsi que si vous croyez que nous sceus- « sions tout ce que vous avez fait, dit et pensé « de plus secret; car je vous jure en ma foy que « c'est le vray moyen d'obtenir du Roy tout ce « que vous sçauriez desirer. Pour moy, quand « j'ay fait quelque peccadille, je luy recognois « estre pour un grand peché, et c'est lors qu'il « fait tout ce que je veux; je ne vous donne point « d'autre conseil que celuy que je prends ordi- « nairement pour moy-mesme. Hé! pardieu (vous « me faites jurer) si vous le voulez suivre, vous « et moy gouvernerons la Cour et les affaires. « —Je veux bien vous croire, vous respondit-il, « mais je ne sçay rien et n'ay à confesser peché « ny peccadille; car j'en sens ma conscience fort « nette depuis ce que j'ay confessé au Roy à « Lyon. » Apres quelques autres propos de com- plimens, il s'en alla en son logis.

Quasi aussi-tost le Roy arriva; auquel ayant conté tout ce que dessus, il vous dit : « Vous « avez esté un peu bien avant, voire assez pour « le mettré en soupçon et le faire en aller, et « vous voyez que vous n'en avez rien sceu tirer : « c'est ce que je vous ay tousjours dit, qu'il est « resolu de ne me point pardonner, quelque par- « don, bien et honneur que je luy fisse, s'estant « trop laissé emporter à ses esperances pleines « de vanité, et à vouloir devenir souverain. En- « trez dans cette gallerie et m'y attendez; car « je veux parler à ma femme et à vous ensem- « ble, et qu'il n'y ait personne que nous trois. » Peu apres il arriva avec la Reine, et ayant fermé la porte de la gallerie au verrou, il vous dit : « Hé bien! ne recognoissez-vous pas bien main- « tenant quelle est la resolution du mareschal ? « Elle est de troubler mon Estat, que j'ay eu « tant de peine à pacifier, et de m'oster le moyen « de soulager mes sujets de tant de tailles et sub- « sides, dont ils sont oppressez et de leur faire « voir que je ne suis pas seulement leur Roy, « mais aussi leur pere. Or, advisons donc le « moyen d'estouffer tant de pernicieux desseins « à leur naissance, dont je n'en vois point de « plus propres que de se saisir du comte d'Au- « vergne et du mareschal; et le tout consiste « maintenant à sçavoir comme il le faut faire. « J'en ay pensé un moyen, qui est de faire in- « vestir cette nuict les logis où ils seront cou- « chez, et les faire prendre au lict. Que vous en « semble ? » A quoy vous respondites : « Sire, « je n'ay pas tant songé à cette execution, que « l'importance d'icelle le merite; mais selon ce « qui m'est le premier venu en l'esprit, vostre « Majesté m'excusera, si je reprouve entierement « la forme par elle proposée, et vous dis qu'il n'y « en a point de meilleure, que de les amuser ce « soir dans vostre chambre et cabinet, et là se « saisir d'eux, lors que la pluspart du monde « s'ennuyant de ces longueurs, se sera retiré ; « car, par ce moyen, cela se fera facilement, « sans rumeur et à petit bruit. » Lors le Roy vous dit : « Je ne voy point d'apparence à ce que « vous dites, si je ne veux remplir de sang ma « chambre et mon cabinet, car ils mettront l'es- « pée au poing et se defendront; et si cela se « doit faire ainsi, je ne veux point que ce soit en « ma presence ny dans mon logis, mais dans le « leur. » Vous contestastes tousjours là-dessus ; et neantmoins le Roy s'opiniastra au contraire ; et vous dit : « Je suis resolu en cela et ne m'en « parlez plus; allez-vous-en à vostre logis soup- « per, puis, vers les neuf heures, bottez-vous et « tous vos gens, faites seller tous vos chevaux, « attendez de mes nouvelles, et vous tenez prest « de partir si je vous le mande. »

Ainsi vous en vinstes-vous à vostre pavillon qui estoit tout vis à vis celuy du mareschal; et apres soupper vous vous bottastes, fistes botter tous vos gens, seller vos chevaux et ap- prester vostre bagage, puis vous retirastes dans vostre petite chambre qui avoit veuë sur le pa- villon du mareschal, vous attendant d'heure à autre de le voir attaquer, vous promenant et quelquefois lisant; vous ouïstes sonner neuf, dix, unze et douze heures, lors vous sortistes à la grande chambre, où vous nous trouvastes tous, les uns joüants, les autres causants et les autres dormants, et nous dites : « Il y en pourra « bien avoir eu qui n'auront pas bien pris leurs « mesures, et qui pour ne croire pas conseil, au- « ront laissé eschapper des oyseaux qui ne se re- « clameront pas aisément et qui leur estoient ai- « sez à retenir. Que l'on aille brider mes chevaux « et charger mon bagage pendant que je m'en « iray dans ma chambre pour escrire un mot ; »

où vous n'eustes pas esté demie heure, que vous oüystes rabaster à la porte de vostre pavillon, du costé des grands jardins, et en mesme temps crier : *Monsieur, le Roy vous demande.* Et ayant mis la teste à la fenestre, vous oüystes parler La Varenne qui vous dit : « Monsieur, venez tost, « le Roy veut parler à vous, et vous envoyer à « Paris donner ordre à tout ; car messieurs de « Biron et comte d'Auvergne sont arrestez pri- « sonniers.—Et où ont-ils esté pris, dites-vous ? « —Dans le cabinet du Roy, ce dit-il.—Or Dieu « soit loüé, que le Roy ayt suivy bon con- « seil. »

En mesme temps vous l'allastes trouver, qui vous dit : « Nos gens sont pris, montez à cheval, « allez leur preparer leur logis à la Bastille ; je « les envoyeray par batteau à la porte de l'Arse- « nac du costé de l'eau. Faites les y descendre, « qu'il ne s'y trouve personne, et les menez sans « bruit par vos cours et jardins, où il faut, puis « apres que vous aurez tout ordonné et mesmes « devant qu'ils arrivent (car ce ne sera pas long- « temps apres vous), allez au Parlement et à « l'Hostel de Ville, et leur faites entendre ce qui « s'est passé, dont ils sçauront les causes et les « raisons, à mon arrivée, lesquelles je m'asseure « qu'ils trouveront justes. » Tout cela fut exe- cuté par vous aussi heureusement, et en mesme temps que les prisonniers entroient dans l'Arse- nac, madame vostre femme accouchoit de ma- damoiselle de Sully.

Quelque temps apres, monsieur le premier president, celuy de Blanc-mesnil et messieurs de Fleury et de Thurin, conseillers, furent de- putez de la Cour, pour interroger les prisonniers, lesquels vous fistes venir dans le petit pavillon du milieu de la grande allée de l'Arsenac. Quel- ques jours apres vous les fistes mener au Palais, pour estre interrogez par toute la Cour, dans un basteau couvert, et ramener de mesme, sans que personne s'en apperceut. Ils firent demander plusieurs fois de parler à vous ; mais voyant que vous ne pouviez sauver la vie au mareschal, et aussi craignant que l'on ne soupçonnast quelque chose de vous mesme, à cause de l'accusation de La Fin, vous n'y voulustes point aller ny le voir, et ordonnastes leurs gardes si exactes, que ny vos soldats seuls, ny les soldats des gardes du Roy seuls, ne les pouvoient pas sauver, si tous generalement n'y estoient consentans, car ils se tenoient comme prisonniers les uns les au- tres, et aviez mis un corps de garde sur le bas- tion, vis à vis des fenestres des chambres des prisonniers, et un autre sur les terrasses du don- jon. Le Roy vous escrivit, une fois, qu'il avoit advis qu'il y avoit dessein fait pour les mettre en liberté, que vous y prinssiez bien garde et que c'estoit à vous à en respondre.

Vous luy escrivistes qu'il falloit donc de deux choses l'une, que tous les soldats des gardes qu'il y avoit mis et les vostres aussi s'accordassent tous ensemble pour le trahir et vous aussi, ou que les anges s'en meslassent ; que de tout le surplus vous estiez content d'en respondre. Le Roy vous donna encor un autre advis, qui estoit qu'il y avoit entreprise sur vostre personne, la- quelle se tramoit de cette façon : l'on tenoit des chevaux de relais, en lieux secrets, de dix en dix lieuës, l'on avoit un basteau sur la riviere, garny de soldats qui devoient venir aborder à l'escalier de vostre porte de derriere, du costé de la riviere, mettre un petard à icelle et encore à la seconde porte, puis monter en vostre cham- bre, vous prendre au lict, vous enlever et mener en la Franche-comté, puis mander au Roy que vostre vie iroit pour la leur. Partant Sa Majesté vous ordonnoit d'asseurer bien vostre personne, pource que si vous estiez en peril, il vous ra- chepteroit des prisonniers et de choses encor de plus grandes consequences, s'il en estoit besoin. Vous luy escrivites que vous trouviez cela bien difficile à executer ; et neantmoins que, pour le contenter, vous feriez mettre la nuict, un petit corps de garde à vostre porte de derriere. Enfin, leur procez fait et parfait, ils furent con- damnez à estre executez en Gréve ; mais à la priere des parens vous obtinstes du Roy que ce seroit dans la Bastille.

Il se passa plusieurs particularitez que nous laisserons aux historiens, et nous contenterons de mettre par escrit ce que le mareschal dit de vous, au temps de l'execution, ainsi que le sieur Deffunctis, prevost de l'Isle de France, le re- cueillit et le vous bailla par escrit, qui est tel que s'ensuit. Apres avoir esté M. de Biron fort long-temps admonesté par les sieurs Garnier et Maignan, docteurs en theologie, s'estre mis à genoux et receu l'absolution d'eux, et voulant sortir de ladité chappelle, il demanda s'il n'y avoit personne à M. de Rosny ; ausquel fut res- pondu que ouy et que le sieur Cadet Arnault y estoit. Lors ledit sieur de Biron l'appella et luy dit : « M. Arnault, je vous prie de baiser les « mains, de ma part, à M. de Rosny, et luy dire « qu'il perd aujourd'huy un des meilleurs et plus « affectionnez amis, parens et serviteurs qu'il « eut ; j'ay tousjours fait beaucoup d'estat de « ses merites et de son amitié. » Puis eslevant sa voix en larmoyant et mettant son mouchoir sur ses yeux, dit : « Ha ! que si je l'eusse creu je ne « fusse pas icy ! Je vous supplie luy dire que je « luy recommande mes freres, specialement mon

« frere de Sainct Blancard, qui est son nepveu, « et qu'à mon jeune frere il luy fasse donner « une charge chez monsieur le Dauphin. Qu'on « leur die que si j'ay esté meschant, qu'ils soient « gens de bien, et qu'ils servent tousjours fidele- « ment le Roy; mais qu'ils ne viennent pas si « tost à la Cour, afin qu'on ne leur fasse quelque « reproche à mon occasion. » Puis eslevant une autrefois sa voix, dit : « Ha! que c'est un bon et « fidele serviteur du Roy et de l'Estat, et un « sage conseiller d'Estat que M. de Rosny! que « le Roy fait sagement et prudemment de se « servir de luy; car tant que Sa Majesté s'en « servira, les affaires de la France n'yront que « bien, et si je l'eusse creu, les miennes iroient « bien! »

Apres avoir achevé ce que dessus, il demanda sieur de Ruvigny, et dit : « Adieu, M. de Ruvigny, je suis marry que je ne puis faire « quelque chose pour vous, et que je n'ay moyen « de faire quelque present à madamoiselle de « Ruvigny; dites luy que je luy baise les mains. » Et derechef les susdits docteurs l'admonesterent de son salut, et l'ayant fait une autrefois mettre à genoux pour prier Dieu, il sortit apres fort resolument de ladite chapelle, pour s'acheminer au supplice, sans estre lié, s'estant à la sortie d'icelle aigrement courroucé à l'executeur qui se presenta devant luy; puis estant descendu en la cour, il marcha droit vers l'eschaffaut, et, approchant d'iceluy, vit et recognut M. le lieutenant civil Miron, auquel il dit fort haut : « Ha! « monsieur le lieutenant civil, ne vous accostez « plus de ce meschant homme de La Fin, quelque « mine qu'il fasse d'estre vostre amy; si vous « vous en accostez, il vous fera perir. » Le comte d'Auvergne fut reservé par des moyens secrets, et aussi pour ce qu'il promit au Roy de luy descouvrir tous les desseins des Espagnols, si l'on le vouloit mettre en liberté, dautant qu'il feroit semblant de continuer ses premieres intelligences avec eux, advertiroit le Roy de tout, et feroit prendre tous ceux qui s'en mesleroient; mais le Roy creut et verifia depuis qu'il faisoit tout autrement, continuant en sa desloyauté, et sur cette opinion le fit reprendre, comme il sera dit cy-apres. Il se passa infinies autres particularitez touchant les desseins, captures, interrogatoire, jugement execution du mareschal de Biron, que nous laissons aux historiens, comme toutes les autres choses communes et ordinaires que chacun sçait.

CHAPITRE CX.

Indulgence du Roi envers les complices de Bi-ron. Conversation dans laquelle il développe ses projets. Il pardonne au baron de Lux. Affaire des avocats au parlement de Paris. Dissensions en Dauphiné. Ordonnance sur les monnoies. Mines d'or et d'argent. Edit sur les duels. Divers événemens. Pardon accordé au Prince de Joinville. Affaires étrangères.

Le Roy, apres la mort du mareschal de Biron, prit resolution avec vostre conseil d'estouffer le reste des intelligences, en pardonnant à tous ceux qui pouvoient y avoir participé, en quelque sorte que ce fut. Trois ou quatre que vous sçavez bien des plus qualifiez du royaume, et qui depuis vous ont tant aymé à cette occasion, furent aisez à ramener, demanderent pardon au Roy en vostre presence seule et tindrent leur parole. Le Roy en voulant user de mesme envers M. de Boüillon, luy escrivit pour le venir trouver, l'asseurant de faveur et gratification, vous commanda de le persuader à cela et vous donna sa parole par escrit (qu'il voulut depuis retirer quand il vous eut refusé), que s'il venoit sur la vostre, que, dés à present, il luy pardonnoit tout et le remettoit en ses bonnes graces comme auparavant. Mais il ne se voulut fier ny à l'un ny à l'autre, et se comporta comme chacun sçait, et qu'il en sera fait mention cyapres.

Il nous souvient vous avoir oüy dire que le Roy, un jour, peu apres l'execution faite du duc de Biron, vous vint voir en vostre cabinet à l'Arsenac, et vous dit : « Hé bien! vous voyez « comme ceux ausquels j'ay fait le plus de fa- « veurs, de biens et d'honneurs ont esté ceux qui « m'ont donné le plus de traverses, et ont le plus « envié ma grandeur et la prosperité de mes af- « faires. Car que n'ay-je point fait pour le comte « d'Auvergne, les ducs de Biron et de Boüillon, « et trois autres que vous sçavez et que je ne « veux plus nommer, puis qu'ils se sont repentis? « voire que n'ay-je point souffert d'eux et de « leurs extravagantes fantaisies, ambitions des- « reglées et avarices insatiables? car outre les « honneurs et les dignitez dont je les ay pour- « veus, vous sçavez mieux que nuls autres quelles « grandes sommes de deniers ils ont touchées « de moy, telles que quatre roys de France au- « paravant le defunt Roy (qui saccagea tout « pour des mignons, lesquels luy ont esté ou « dommageables ou du tout inutiles, ne se mes- « lant que de prendre et vivre en plaisirs et de- « lices) n'en donnerent jamais tant durant leur « regne; et afin de le faire voir à quelques-uns « qui sont pres de moy, qui parlent toujours

« pour ces gens-là, et voudroient, ce semble,
« justifier leurs actions et leurs plaintes, et con-
« damner les miennes, je vous prie de faire
« faire des extraits de ce que ces six personnes
« ont touché de moy, depuis qu'ils me servent
« comme Roy, sans y compter la seigneurie de
« Sedan et tous les biens de cette maison, que
« j'ay fait avoir par alliance à M. de Boüillon,
« et depuis les luy ay conservez par authorité,
« bien soudainement et sans beaucoup de justice
« (car vous sçavez tout cela mieux que tous
« autres) dont je ne suis pas à me repentir, et
« prevoy qu'il me contraindra à luy faire pis
« que je n'avois eu envie; car la verité est que
« mon inclination a tousjours esté de l'estimer
« et de me servir de luy, voire d'en endurer
« plus que de nul autre de mes serviteurs. Or,
« vous dis-je tout cecy non pour soupçonner que
« vous ayez besoin de cette leçon, ny que vous
« soyez de si mauvais naturel que de me rendre
« le mal pour le bien; mais je seray bien-ayse
« de vous faire entendre clairement mes inten-
« tions et que vous me disiez aussi franchement
« les vostres, afin que nous convenions ensemble
« de la forme de vivre que nous aurons à pren-
« dre et tenir pour durer longuement unis en-
« semble, persistants moy à estre incessamment
« bon Roy et bon maistre, et vous tousjours bon
« sujet, loyal et utile serviteur, comme nous
« nous sommes entre-esprouvez tels l'un l'autre
« jusques à present.

« Ma resolution est donc de continuer à vous
« aymer plus que nul autre, d'eslever et en-
« richir vostre maison que je sçay bien estre
« ancienne, de vous faire des honneurs et des
« biens. Mais je veux tellement assaisonner tout
« cela, que non seulement il ne donne occasion
« à personne de hayne ou d'envie contre vous,
« par sa promptitude et son excez, qui ne vous
« puisse donner à vous mesme ny le moyen ny
« le desir de vous mescognoistre, de vouloir faire
« vostre fortune sans moy, ny par autre voye
« que celle de mes bonnes graces et vos utiles
« services, mais aussi exempte mon esprit (le-
« quel rebatu de tant d'infidelitez devient vieil
« et par consequent plus défiant que de cous-
« tume) de toutes causes et occasions d'ombra-
« ges, et de soupçon contre vous, à qui pour ces
« raisons je veux bien bailler, lors que les occa-
« sions naistront et que l'estat de mes affaires
« le pourra requerir, des charges et des dignitez
« comme pairrie, offices de la coronne et gou-
« vernement de province, vous donner le pre-
« mier lieu de faveur et de credit au manie-
« ment des affaires. Mais ne vous attendez point
« que je vous baille de grandes villes et fortes

« places, par le moyen desquelles et de vostre
« grand credit et capacité, vous joignant ou aux
« huguenots ou à d'autres factions, vous puissiez
« vous passer de moy, voire troubler le repos
« de mon esprit et la paix de mon royaume
« quand bon vous sembleroit. Je veux donc en
« vous faisant des biens et des honneurs, qui ne
« seront pas petits, je le vous promets ainsi, et
« vous en donne ma foy et ma parole, ils soient
« neantmoins tels qu'ils dependent tousjours de
« ma bien-veillance, et qu'icelle vous venant à
« manquer, ils ne puissent par quelque despit
« vous porter à me nuire, et moy donner mau-
« vais exemple aux miens, faisant pour un ser-
« viteur plus que ne doit un bon Roy, qui a
« soin de son honneur, de sa reputation, de son
« estat et du soulagement, bien et repos de ses
« peuples.

« Donc outre vos estats et appointements,
« qui sont assez grands pour vous nourrir et tout
« vostre train, je vous veux encor donner tous
« les ans d'extraordinaire cinquante ou soixante
« mil livres, dautant que cela joint avec vostre
« revenu, que vous espargnerez entierement
« (car je sçay, et c'est une des choses qui m'a
« autant confirmé à me servir de vous aux fi-
« nances, que vous ne l'employerez ny en fes-
« tins, ny en chiens, ny en oyseaux, ny en che-
« vaux, ny en habits, ny en maistresses), sera
« suffisant pour meubler et bastir vos maisons,
« et acquerir quelques terres tous les ans, afin
« de partager vos enfans, ausquels, quand vous
« les marierez, je feray encor voir ma liberalité
« et combien je vous ayme; voire j'ay desja quel-
« que chose en l'esprit (que je ne vous diray
« pas à present, mais en temps et lieu) dont
« vous aurez sujet d'estre content, et de dire
« que vous serez plus que vous n'aviez esperé.
« C'est maintenant à vous à me faire sçavoir et
« me declarer librement vostre opinion sur toutes
« ces choses, et vous en prie, comme estant vostre
« bon maistre et amy particulier. » Lors ayant
« pris la parole, vous luy dites :

« Sire, vostre prevoyance, vostre prudence,
« vostre courage et vostre bon naturel se ren-
« dent plus qu'admirables, et ne sçaurois assez
« les loüer ny estimer, tant pour ce qui regarde
« vostre personne royale, vos enfans et vostre
« Estat, que moy-mesme, qui trouve desja en ce
« qu'il vous a pleu me proposer, non seulement
« dequoy me contenter et y trouver l'entier ac-
« complissement de mes desirs, mais aussi de-
« quoy confesser que c'est beaucoup plus que
« mes services, mes merites ne pouvoient atten-
« dre, voire mesmes mes esperances ne pou-
« voient concevoir. J'accepte donc avec hon-

« neur, humilité et joye indicible, les sacrées
« paroles de vostre Majesté, protestant de n'a-
« voir de ma vie ny ambition, ny convoitises
« de richesses, ny passions, ny affections que
« celles qui me seront subgerées par vostre
« Majesté mesme ; et encor, si j'en recognoissois
« quelqu'une qui, par excez de vostre bien-veil-
« lance, me fut apprestée, et qui pust estre pre-
« judiciable à vous et à vostre Estat, de la re-
« fuser absolument, ne vous suppliant de plus
« que d'une seule chose, qui est de n'adjouster
« point foy aux calomnies et faux rapports que
« l'on vous pourroit faire de moy, et juger de
« mes intentions par mes effets et par mes ser-
« vices, et non du tout par mes paroles, craignant
« que la promptitude de mon esprit ne m'en
« pust faire eschapper quelquefois quelqu'une
« mal à propos. Quant aux accusations, je ne
« les redoute point, ny ne desire nullement que
« vous les rejettiez; car un prince sage et judi-
« cieux doit tout escouter, et ne se confier ja-
« mais du tout en un seul serviteur, mais bien
« qu'il vous plaise n'y adjouster aucune foy,
« sans m'avoir oüy sur icelles, et veu quelles se-
« ront mes œuvres. » Le Roy fut fort satisfait
de vostre responce, et apres quelques autres propos de reciproques asseurances vous vous separastes.

Peu apres il envoya des troupes en Bourgongne
qui mirent, sans coup frapper, toutes les places
du duc de Biron en ses mains, donna le gouvernement de la province à M. le Dauphin, et
la lieutenance generale d'iceluy à M. Le Grand,
fit commander au baron de Lux de le venir trouver avec asseurance de la vie, pourveu qu'il luy
voulut confesser toute la menée. Il fallut qu'il
vint, car d'autre refuge que l'obeyssance il n'y
en avoit point lors contre un prince si courageux, si prudent, si diligent, qui avoit aneanti
les complots des plus grands, par la mort des
uns, prisons des autres, fuitte des autres et submission des autres à sa misericorde, et lequel
l'amas que vous commenciez à faire d'armes,
d'artilleries, de munitions et d'argent, rendoit
redoutable dedans et dehors le royaume. Le baron de Lux, en arrivant, rencontra le Roy allant à la chasse, aux pieds duquel il se jetta à genoux et se voulant fonder en discours, il luy dit :
« Allez vous en voir M. de Rosny et puis je par-
« leray à vous. » Ce qu'il fist : et vous promenastes long-temps ensemble à l'Arsenac, discourant des choses passées, il avoit tousjours l'œil
au guet comme un esprit douteux.

Cependant le Roy avoit renvoyé ses gardes à
l'Arsenac, où il faisoit estat de venir repasser ;
mais il eut tant de plaisirs à la chasse que la nuict
l'y surprist, et s'en alla droit au Louvre. Le baron de Lux, qui regardoit de plus pres que vous
à toutes choses, descouvrit aussi-tost les gardes
du Roy dans la cour, et comme il vit qu'ils ar-
rivoyent à la file, il commença à blesmir et vous
dire : « Hé ! monsieur, je suis venu sur la parole
« du Roy et la vostre, ne me la voulez-vous pas
« tenir ? — Pourquoy dites-vous cela, monsieur,
« en estes vous en defiance ? — Ho ! monsieur,
« vous dit-il, les gardes que je vois ainsi arriver
« à la file me font juger que ce n'est pas le Roy
« qui vient et qu'ils ne peuvent estre envoyez
« que pour moy à qui le Roy a pardonné, à la
« charge de luy dire tout, comme je suis resolu
« de faire, sans espargner personne ; partant je
« vous supplie, monsieur, de ne reserrer point
« ma personne que je n'aye parlé à Sa Majesté. »
Lors vous luy distes : « Je voyois bien, il y a
« long-temps, que vous aviez l'esprit agité ; mais
« n'ayez point peur, car je n'ay nulle charge de
« vous arrester : parlez librement au Roy, jurez
« luy fidelité et la gardez, et ne craignez rien.
« Si le duc de Biron en eust voulu faire autant
« il fut plein de vie ; car je ne vis jamais une
« plus forte passion au Roy que de la luy con-
« server, s'il eut voulu confesser ses fantaisies,
« tesmoigner d'y avoir regret et desir de l'aymer
« et servir en toute loyauté. » Sur cela l'on vous
vinst requerir, les gardes les advertissant que
le Roy estoit allé droit au Louvre, ce qui rasseura du tout ledit baron de Lux, lequel entretinst le lendemain le Roy plus de quatre heures.
Il embarrassa beaucoup de gens, descouvrit plusieurs desseins, dont il y en avoit (à ce que
nous en avons oüy dire) de bien vagues, accusa
plusieurs personnes qui n'en ont jamais rien
sceu et ausquels le Roy n'en fist jamais pire
chere, qui est tout ce que nous en avons peu apprendre de vous, ne nous ayant jamais voulu
dire le surplus.

Pendant le cours de cette année 1602, il se
passa plusieurs autres affaires en France, non
point tant de consequence que les passées, et
pour cette raison en laisserons nous les particularitez à ceux qui feront l'histoire entiere, et
nous contenterons de vous ramentevoir le sommaire de quelques-unes : comme le balet de la
Reine qui se fit à caresme-prenant, lequel ne
pust estre parfaitement dancé, ny commodément,
veu que chez vous à l'Arsenac ; ce que le Roy
prevoyant bien, il le fist differer huict jours,
attendant que vous fussiez guery d'un mal qui
vous estoit survenu à cause de ce coup de pistollet
que vous eustes dans la bouche durant le siege
de Chartres, afin de vous y pouvoir trouver lors
qu'il se danceroit, et donner les ordres neces-

saires, ainsi que vous aviez accoustumé; dequoy vous vous acquitastes si bien alors, que le Roy et la Reine en eurent tout contentement.

La fanfaronnerie de trois ou quatre cens advocats du palais à Paris, lesquels, pour ce que le parlement (suivant l'injonction à luy faite par le Roy sur la plainte renduë à Sa Majesté par M. de Luxembourg contre quelques-unes de ces harpies qui n'avoient point eu honte de luy demander quinze cens escus pour plaider une sienne cause) avoit, pour regler leurs salaires, ordonné qu'ils bailleroient quittance de tout l'argent que l'on leur bailleroit, et recevroient les pieces des parties, par inventaires, sous leurs recepissez, s'en allerent au greffe de la cour y remettre leurs chapperons et protester de cesser leur caquet; dequoy les baguenaudiers et pedants firent de grands cancants, tout ainsi que si le Royaume eust deu perir, pour estre repurgé de ces chicanneurs, lesquels refusoient impudement d'obeyr aux bonnes intentions du Roy, arrests de la cour de parlement, des pairs de France et ordonnances du royaume resoluës en pleines assemblées d'estats. Que si Sa Majesté eust voulu croire absolument M. de Sigongnes (que nous ne sçaurions croire que vous n'eussiez excité et embouché, veu les choses que nous luy entendismes dire) elle n'eust pas cedé si facilement aux sollicitations d'un tas de cajoleurs de Cour (qui semblent n'y estre que pour faire des exclamations et des admirations de tout ce qu'ils voyent et oyent, reïterer des *Jesus, sire*, crier, en voix dolente, *il en faut mourir*, et favoriser toutes sortes de molestes et faineantises) et, à leur persuasion, changé ainsi soudainement une chose tant saincte et si bien ordonnée : car lors que Sa Majesté parla tout haut, dans son cabinet, des grandes instances qui luy estoient faites sur le sujet des audiances cessées et des raisons par eux alleguées, vous present et le sieur de Sigongnes aussi, il prist la parole et dit, comme s'il eust esté en colere et picqué contre cette race de gens : « Pardieu, « Sire, je ne m'en estonne pas, car voila des gens « qui monstrent bien ne sçavoir à quoy s'occuper « de bon, puis qu'ils se tourmentent tant et s'a-« lembiquent ainsi l'esprit pour des choses fri-« volles et de neant; car vous diriez, à les ouyr « criailler, que l'Estat s'en va perdu s'il manque « de clabauderies affinées et de ruses pedan-« tesques, comme si le royaume, du temps de « ces grands roys (que vostre Majesté imite en « toutes sortes de vertus) Merovée, Clovis, Clo-« taire le grand, Charles Martel, Pepin, Charle-« maigne, Philippes Auguste, Sainct Loüis, Phi-« lippes le Bel et Charles le Sage, pendant le « regne desquels les parties ne se servoient ny de « procureurs ny d'advocats, n'estoit pas aussi « florissant qu'il peut estre aujourd'huy, que « nous sommes mangez de cette vermine; et pour « monstrer que mon dire est veritable, il se trou-« vera que la premiere lettre royalle du protecolle « de la chancellerie est intitulée, *Lettre de grace* « *à plaidoyer par procureur*. Que si neantmoins « nostre siecle est si mal-heureux, que de ne se « vouloir passer de telle racaille, qui ne sert, la « pluspart du temps, qu'à destruire la noblesse « et à ruyner le traffic, n'y ayant artisan, pas-« teur, laboureur, ny mesme manœuvre qui ne « soit plus utile dans un pays, que cette formil-« liere de gens qui s'enrichissent de nos folies, « et des ruses et cautelles qu'ils inventent pour « pervertir la verité, le droit et la raison; que si, « dis-je, l'on ne se veut point passer d'eux, que « l'on leur ordonne de continuer leur vacation « ordinaire dans huit jours, sous les conditions « et reigles apposées par la cour, et à faute de « ce faire, qu'ils ayent à se remettre tous au tra-« fic et à l'agriculture d'où ils sont sortis, ou de « s'en aller, avec un mousquet sur le col, servir « en Hollande contre les ennemis de l'Estat; car « lors l'on les verra courir pour reprendre ces « magnifiques chapperons, comme vermine vers « un tas de froment. » Duquel discours le Roy vous voyant rire et tesmoigner de ne le reprouver pas du tout, il en fit aussi des esclats de rire, et vous dit : « Il n'y a point de doute que Sigongnes, « quoy qu'il ayt dit tout cecy en colere et avec « aigreur, n'ayt quelque raison, et que le meil-« leur ne fut d'en user ainsi; mais qu'il recog-« noissoit bien qu'il seroit tellement importuné « de plusieurs qui estoient pres de luy, et avoit « pour lors tant d'autres fantaisies de plus grande « importance en la teste (car aussi estoit-il au « plus fort de ses agitations, touchant le reste « des conspirations du mareschal de Biron et « autres ses associez), que pour ne s'embarrasser « davantage l'esprit il vouloit remettre en une « saison plus opportune le reglement des procu-« reurs, advocats et juges, d'autant qu'ils en « avoient tous besoin. »

Le grand procez intenté par le tiers estat de Dauphiné, contre l'ordre du clergé et de la noblesse, touchant la forme de l'assiette des tailles, pour lequel vuider vous fustes nommé avec treize autres commissaires de haute qualité; mais les altercations et animositez des parties se trouverent telles qu'il fallut renvoyer informer sur les lieux, et qu'il se passa six ans avant que de pouvoir terminer ce different.

L'édict par vous procuré pour le surhaussement de prix des especes d'or et d'argent qui avoient cours en France, ayant justifié que la trop grande disproportion d'entre celle-là et celles des pays estrangers, seroit la cause continuelle du furieux transport qui s'en faisoit.

L'ordonnance de compter par livres au lieu d'escus, afin d'essayer de moderer les ventes et achapts; car encor qu'il soit vray de dire que l'on pust aussi bien faire son compte en une façon comme en l'autre, neantmoins diverses experiences ont enseigné que la coustume à nommer un escu au lieu d'une livre, est cause de faire faire des demandes et des offres semblables.

L'execution par justice d'un receveur general, nommé Jousseaulme, qui avoit emporté les deniers du Roy et fait banqueroutte à ses crediteurs; lequel s'en estant fuy à Milan, vous l'y envoyastes prendre et le fistes pendre, et en suitte (et de pareil crime d'un nommé Pingray) faire un édict contre les banqueroutiers; que si l'on ne tient la main à le faire exactement observer, il s'en suivra plusieurs faillites et ruines de famille.

Les advis donnez au Roy de plusieurs minieres d'or et d'argent descouvertes en diverses provinces de son royaume, desquelles l'on luy faisoit un grand cas, et sur tous en fit le sieur de Beringuen tant d'instances et d'estre employé à les faire mettre à profit, que Sa Majesté luy en bailla le controolle general, et à monsieur le grand escuyer, la superintendance. Surquoy Renardiere, qui se mesloit de bouffonner et mordre en riant, luy dit qu'il ne pouvoit mieux faire que de bailler à un homme tout de mines toutes les mines de France à mesnager.

L'édict fait contre les duels, en la formation duquel vous vous opposastes tousjours pour empescher que les peines n'allassent jusques à la mort, afin de n'estre contraint de l'enfreindre par les importunitez des gens de faveur, ou considerations des personnes de haute qualité.

Le voyage de M. de Nevers en Hongrie, sous esperance de succeder en la charge, creance et reputation de M. de Mercœur. L'arrivée de plusieurs ambassadeurs des roys et princes chrestiens envoyez vers le Roy pour se resjouyr avec luy d'avoir tant heureusement esteint une tant importante conspiration que celle du mareschal de Biron et ses associez, estant le Roy tellement aymé des uns et redouté des autres, que le roy d'Espagne et le duc de Savoye, lesquels en effet en estoient les autheurs, rendirent le mesme offie, rejettant toute la faute de telles menées sur le comte de Fuentes. La grande ambassade des treize cantons de Suisse et leurs alliez, jusques au nombre de quarante deux, prenants qualité pour venir, au nom de leurs seigneurs et superieurs, jurer le renouvellement d'alliance, fait en l'année precedente par M. de Biron, lesquels, comme il a desja esté dit par prevention, vous traitastes et les autres commissaires nommez par le Roy pour cét effet, et, qui plus est, leur fistes au nom du Roy, un present de grande quantité de chaisnes et medales d'or. La naissance de Madame, fille aisnée du Roy, au mois de novembre. Et l'advis certain et bien justifié donné au Roy, que M. le prince de Joinville travailloit, par le moyen et entremise du comte de Channite, à former des intelligences avec les Espagnols, sur lequel ayant fait arrester sa personne et icelle presser de dire la verité, il declara qu'il ne diroit rien de ce qu'il sçavoit qu'au Roy seul et vous present. Or, dautant que vous estiez party le jour de devant pour aller voir vostre nouvelle acquisition de Sully, afin de donner ordre aux bastiments que vous aviez designez, n'y ayant rien de logeable au chasteau, Sa Majesté vous y depescha un courrier et vous escrivit la lettre suivante, qui ne contient que ce peu de lignes.

« Mon amy, venez me trouver en diligence
« sans vous arrester pourquoy que ce puisse es-
« tre, car j'ay necessairement affaire de vous, et
« seray en impatience jusques à vostre arrivée.
« Adieu mon amy. »

De Fontaine-bleau, ce mardy à midy. HENRY.

Vous n'estiez arrivé à Sully qu'à nuict fermante, et comme vous soupiez, vous entendistes un huchet de postillon, et lors vous nous distes : « Je me doute bien que mon sejour ne sera guere « long en ce lieu. » Comme il fut vray, car ayant leu les lettres que le courrier vous apporta, l'impatience vous prist de sçavoir quelle affaire si pressée pouvoit estre survenuë de nouveau, tellement que vous partistes si matin, que vous ne vistes Sully qu'aux flambeaux. Estant arrivé pres du Roy, et M. de Joinville amené devant vous deux, il en confessa suffisamment pour se mettre bien en peine, s'il eust eu affaire à un prince moins sage et moins indulgent; encore que, pour en dire la verité, il ne parut en toute cette manigance ny sens ny raison, voire sembloit une vraye niaiserie d'enfant, que le Roy, par sa singuliere bonté, qualifiant ainsi, il envoya querir madame et M. de Guyse, et leur dit, en entrant dans son cabinet :

« Voicy le vray enfant prodigue, qui s'est
« imaginé de belles folies : mais comme pleines
« d'enfance et de nivelleries, je luy pardonne pour
« l'amour de vous et de M. de Rosny, qui m'en a
« prié à jointes mains; mais c'est à condition que
« vous le chapitrerez bien tous trois, et que vous,
« mon nepveu (addressant sa parole à M. de Guyse),
« en respondrez à l'advenir, car je vous le baille
« en garde, afin de le faire sage s'il y a moyen. »

Et quant à ce que vous appristes des affaires et pays estrangers, tant par les lettres que le Roy vous envoya que par celles qui vous en furent escrites durant cette année 1602, outre ce que nous en avons dit dés le commencement d'icelle, laissans comme de coustume les particularitez des choses aux historiens, nous vous ramentevrons seulement en sommaire celles qui vous estoient escrites par les ambassadeurs et autres, à sçavoir :

L'usurpation du marquisat et forteresse de Final, faite par les Espagnols ; la continuation du siege d'Ostende, qui produisoit journellement des exploits dignes de remarques; les grandes mutineries d'aucunes troupes d'Espagne en Flandre retirées à Ostrate, lesquelles par la rigueur estant portées au dernier desespoir, traitterent en fin avec le prince Maurice, mais avec des conditions grandement estranges; la construction de douze galeres ou pataches des plus grandes, mieux équipées et des mieux fournies de gens de guerre qu'il estoit possible, que le roy d'Espagne fit construire et fournir en Sicile, sur lesquelles s'estant embarqué Federic Spinola comme general, avec une merveilleusement grande esperance de dominer la mer de Flandre par le moyen d'icelles, il y en eust qui perirent par la tourmente dés les costes d'Espagne, et des autres dix une partie fut prise et coulée à fonds par des navires hollandoises qu'elles rencontrerent, reservé la derniere, où estoit le general, qui fut tant battuë à coups de canon, que toute deslabrée elle vint eschoüer à la veuë de Calais, de laquelle tous les forçats s'estans retirez et enfuits, les uns qui deçà, les autres qui delà; mesme leur general Spinola fut aussi contraint de se sauver à Calais, d'où tout triste et melancolique, il s'en alla trouver l'archiduc à Bruxelles, ne remportant rien d'un si superbe et magnifique appareil, que des plaintes et regrets contre la mer, les vents et l'inconstante fortune, lesquels ne s'en soucioient gueres. Les mouvemens et broüilleries advenuës à Emdem, entre le comte favorisé des Espagnols, quelque protestant qu'il fist demonstration d'estre, et ceux de la ville, et en passerent les animositez si avant, que la ville se maintint en une pleine et absolue liberté, et se reduisit en la protection des Estats. L'entreprise du duc de Savoye sur Geneve, si dextrement projettée et heureusement advancée, que sans advis ny allarme, il estoit entré deux cens hommes armez dans la ville sur les remparts d'icelle, lesquels ayant surpris la sentinelle, l'avoient tuée, fait le semblable d'une ronde, apres avoir pris d'elle le mot du guet, et par le moyen d'iceluy, taillé en pieces le plus prochain corps de garde, montant tousjours cependant des gens de guerre à l'escalade pour suivre les premiers entrez. Et neantmoins, nonobstant tous ces advantages, de pauvres simples bourgeois et manants prirent une si brave et obstinée resolution, et donnerent telle espouvante à tant de gens armez, qu'ils firent sauter les murailles ou tuerent et prindrent prisonniers (qu'ils firent apres pendre) tout ce qui estoit entré dans leur ville. Les revoltez de Transilvanie et la prise de la ville de Bistrith par les partisans du waivode Battori, rebelle à l'Empereur, laquelle ayant esté assiegée par George Baste et icelle capitulé sous certaines conditions, elles furent enfraintes par quelques gens de guerre en l'absence de Baste ; ce que par luy entendu, il fit pendre tout ce qui pût venir en sa connoissance avoir esté cause d'une telle infraction de foy, et payer tout le dommage receu par les habitans; lequel acte de loyale observation de parole fut de telle efficace envers tous les rebelles, qu'ils se sousmirent entierement à l'Empereur sur la foy de Baste. La reprise d'Albe-regalle par les Turcs ; celle de Pest par les chrestiens, en laquelle se trouva M. de Nevers, aussi bien qu'au siege de Bude, où il fut blessé et contraint de se retirer, dautant que les Turcs le vindrent, avec beaucoup de force, faire lever.

CHAPITRE CXI.

Lettres diverses sur les événemens de l'année 1602.

Lettre de M. de Ville-roy à M. de Rosny.

Monsieur, j'ay parlé au Roy du fait du Carlat, suivant vostre advis; il dit qu'il s'en resoudra quand vous serez icy, et semble qu'il incline plus à le conserver qu'à le desmolir, il vous dira ses raisons, que je ne pretends soustenir. Je luy dis hier au soir la cause de vostre retardement, suivant la lettre que vous m'aviez escrite, et il a sceu ce matin, par celle que vous luy avez addressée, que vous ne pouvez venir que demain; mais il desire que vous n'y failliez pas, toutes choses estans remises à vostre venuë, tant pour le fait des prisonniers que pour l'armée de Bourgongne, et ce que doit faire M. de Laverdin. J'ay escrit à M. de Sillery ce qu'a apporté M. de Senecey, et la poursuitte que veut faire M. de la Force, ce qui a mis le Roy en peine. Quand vous serez icy vous sçaurez le demeurant, et le Roy prendra resolution. En attendant, je prie Dieu, etc.

De Fontaine-bleau, le 3 juillet 1602.

DE NEUF-VILLE.

Lettre de la main du Roy à M. de Rosny.

Mon amy, je ne vous escrivis point hier les nouvelles que j'avois euës de M. le mareschal de Laverdin, par Senecey, comme suivant l'opinion que vous en aviez tousjours eu, toutes les places de Bourgongne estoient en mon obeyssance, et comme il avoit mis des hommes dedans, pource que j'esperois vous voir aujourd'huy et vous les dire moy-mesme: je vous prie d'estre icy demain, car j'ay beaucoup de choses à vous dire, et sur lesquelles je ne puis prendre aucune resolution que je n'aye parlé à vous. Adieu.

Ce mercredy à deux heures apres midy, ce 3 de juillet 1602, à Fontaine-bleau. HENRY.

Lettre de M. de Ville-roy à M. de Rosny.

Monsieur, je n'ay peu faire entendre au Roy le contenu aux lettres de vos lieutenans en Provence et à Lyon, et de l'ingenieur Bonne-fond, plutost que ce matin, que je luy en ay fait le rapport; tout le commandement qu'il m'a fait a esté de vous faire sçavoir qu'il vous verra bientost, et que lors il prendra resolution sur le tout. Cependant il dit que vous pouvez ordonner des despences advancées à Lyon ce que vous jugerez estre raisonnable, comme sur le demeurant qu'il remet tout à vous; mais il semble n'approuver pas la desmolition de l'eglise des cordeliers de Bourg, de laquelle parle ledit Bonne-font. Je vous renvoye l'ordonnance du Roy qui concerne l'argent qu'il faut deposer en la Bastille, provenu de vostre bon mesnage. Mais Sa Majesté a fait difficulté de vous accorder vostre congé, quelque remonstrance et instance que j'en aye faite. Quand vous l'aurez veuë, peut estre changera-elle d'advis : nous attendons le vostre sur la dépesche de Suisse r'apportée par Picault, que jenvoyay hier audit sieur de Sillery pour vous la faire voir. J'estime que Sa Majesté vous mandera venir icy si tost qu'elle aura veu vostre dit advis; elle approuve l'ordre que vous avez baillé pour payer les recreuës des compagnies qui servent en Provence. Je vous supplie aussi vous souvenir de pourvoir au present qu'il faudra donner au camerier du Pape, car il solicite sa depesche pour s'en retourner. Nous n'avons rien de Flandre digne de vous estre escrit; l'armée du prince Maurice estoit encores à Berg le 17 de ce mois, incertaine de ce qu'elle devoit devenir. Je me recommande humblement à vos bonnes graces, etc.

De Sainct Germain en Laye, le 24 juillet 1602. DE NEUF-VILLE.

Lettre de M. de Ville-roy à M de Rosny.

Monsieur, nostre levée de Suisses a esté retardée jusques au premier jour de septembre, et si entre-cy et là nous cognoissons que nous n'en ayons besoin, nous en serons deschargez; il est vray qu'il nous en coustera quelque chose outre ce qui a esté advancé : je vous envoyeray demain la depesche. Le Roy m'a commandé vous envoyer celle de la Boderie, que vous trouverez en ce paquet, qui ne sera veuë que de vous, s'il vous plaist : voyez ce qu'il escrit. S'il faut que ces armées combattent, elles ne doivent tarder à le faire; pour cette cause, Sa Majesté voudroit attendre encore quinze jours à executer la reduction des compagnies du regiment de sa garde, afin de ne se deffaire de douze ou quinze cens bons hommes qui ont esté augmentez en icelles, que l'on n'ayt veu ce que feront lesdites armées. Cependant les dix compagnies qui sont en Bresse pourront revenir par deçà pour les retrancher toutes ensemble; mais Sa Majesté dit qu'il faut envoyer au devant d'icelles l'argent de la monstre jusques à Troyes, afin que les soldats ayent moyen de vivre sans faire desordre, vous recommandant tousjours le soulagement de ses peuples. L'on en sera quitte, pour gagner ce temps-là, de payer un demy mois à ceux qui seront licentiez. La compagnie de cinquante chevaux legers de M. de Verneuil est assemblée aupres de Lyon; le Roy desire que vous y fassiez envoyer l'argent d'une monstre, afin qu'elle soit payée et qu'elle paye aussi cette chose que Sa Majesté a grandement à cœur. Elle desire aussi sçavoir ce que vous avez fait avec l'ambassadeur d'Espagne. Comme je fermois la presente, le Roy m'a fait sçavoir la responce de l'ambassadeur d'Espagne, de laquelle elle est demeurée contente, comme de l'ordre que vous avez donné au payement des dix compagnies des gardes qui sont absentes. Je prie Dieu, etc.

De Sainct Germain en Laye, le 6 d'aoust 1602. DE NEUF-VILLE.

Lettre de M. de Ville-roy à M. le marquis de Rosny.

Monsieur, le Roy m'a commandé vous escrire qu'il a receu la lettre que vous luy avez escrite de Paris le vingtiesme de ce mois, à laquelle il fera responce quand il aura veu le sieur Zamet, que vous luy avez mandé devoir luy faire entendre les ouvertures qui ont esté faites pour esteindre entierement le reste de l'imposition du sol pour livre; il attend icy aujourd'huy ledit Zamet. Sa Majesté eut la fiévre toute la nuict d'entre mercredy et jeudi, pour s'estre morfondu le matin en voyant travailler ses maçons, et s'estre promené en ses allées la nuict; mais elle ne laissa d'aller hier à la chasse apres avoir disné, et s'en portoit mieux hier au soir, qu'elle me commanda vous escrire la presente, et de vous mander tout cela. M. de Sillery arriva comme il estoit à la chasse, qui luy a rendu compte des discours de M. le comte d'Auvergne. La Plume, que l'on avoit envoyé vers le baron de Lux, est revenu; il est prest à venir trouver le Roy et monstre le desirer, promet de dire tout ce qu'il sçait; mais il demande aussi d'estre asseuré, en cas qu'il ne die tout ce que l'on estime qu'il sçait, et que l'on ne demeure content de luy, qu'il luy sera permis de s'en retourner seurement : il demande aussi d'estre maintenu en sa charge, et de n'estre confronté à personne. Sa Majesté a sur cela mandé M. le president Jeannin, qui a le dernier parlé à luy, pour deliberer de la responce qu'elle luy fera; mais il desireroit sur toutes choses d'avoir une lettre de vous. Nous avons lettres de Bruxelles du seiziesme : le prince Maurice ayant achevé le retranchement de son camp, poursuivant son siege, ceux de dedans Grave se défendoient mollement; et l'admiral d'Arragon ayant dressé un pont sur la riviere, devoit faire un effort sur l'un des quartiers de l'armée dudit prince, pour secourir la place, l'archiduc estant demeuré malade à Bruxelles. L'armée de mer assemblée en Espagne estoit encores à Cadix et au port de Saincte Marie : par lettres de Valledolit, le unziesme du present, l'on parloit tousjours diversement de l'employ d'icelle; mais la Terce n'est plus revoltée. Nous ne sçavons encores combien nous demeurerons icy, et j'ay parlé à M. le connestable du quartier pour vostre compagnie; il n'en fait nulle difficulté et en doit aujourd'huy parler à Sa Majesté. Je prie Dieu, etc.

De Monceaux, le 23 aoust 1602.

DE NEUF-VILLE.

Lettre de M. de Villeroy à M. de Rosny.

Monsieur, le Roy vous mande sa volonté pour le traittement de l'administrateur de Strasbourg; il trouve bon que M. le comte d'Auvergne soit traitté, par vostre lieutenant, en la Bastille, en la forme que vous adviserez avec madame sa femme, et qu'il soit deschargé de la despence que font les officiers de Sa Majesté aupres de luy. Sa Majesté est contente aussi que les soldats des gardes qui ont esté commis pour le garder soient reduits à quatre et le lieutenant ou exempt, puis que vous jugez, par l'ordre que vous y avez donné, qu'il n'en peut advenir faute. Mais, quant à permettre audit comte d'aller aux terrasses, Sa Majesté dit qu'elle s'en resoudra apres avoir parlé à vous, et veut, tant pour cette cause que pour plusieurs autres, que vous veniez icy mardy, ainsi qu'elle vous escrit, et m'a commandé de retenir la lettre que vous m'avez envoyée pour M. de Gastines, jusques à ce qu'elle vous ayt veu. M. le connestable a parlé au Roy du payement de vostre compagnie des gens d'armes, et a receu le commandement d'y pourvoir; tellement que vous pouvez faire estat d'un quartier qui sera tres-bien assigné, je vous en responds, quant à la commission, parce que mon commis est demeuré par delà. Mandez luy qu'il la fasse en la forme que vous jugerez la meilleure, et me l'envoyez, afin que je la dépesche. Je me recommande à vostre bonne grace, et prie Dieu, etc.

De Monceaux, le dernier jour d'aoust 1602.

DE NEUF-VILLE.

Lettre du Roy à M. de Rosny, contre-signée.

Mon cousin, j'ay veu l'extraict des assignations que nous avons affectées au payement des garnisons et fortifications de Barrault, Provence et Bourg en Bresse, que vous m'ayez envoyé avec vostre premiere lettre escrite hier; elles ne peuvent estre meilleures ny plus certaines, comme j'ay commandé estre escrit à ceux qui s'en sont plaints : mais puis que le retardement de l'acquittement d'icelles procede, ainsi que vous avez recogneu et m'avez mandé, de la malice et negligence des thresoriers de France, et receveurs generaux, je trouve bon l'expedient que vous avez proposé, d'envoyer un commissaire sur les lieux, qui interdise tous lesdits thresoriers et receveurs, fasse luy mesme la charge desdits thresoriers, et commette quelqu'un à faire la recepte. Partant, je vous prie de faire eslection d'un homme de bien, et l'y envoyez vous mesme tel que vous adviserez. Mais je veux que ses frais soient pris sur les gages desdits thresoriers et receveurs, qui sont cause du mal, afin qu'ils reçoivent cette punition avec celle de leur interdiction, et que je ne paye la peine de la faute qu'ils font à mon service et à leur devoir. Quant au traittement du fils du marquis de Brandebourg, duquel vous m'avez escrit par vostre derniere, encore que ce ne soit la coustume de traitter ceux de sa qualité hors d'aupres de moy, toutesfois cette maison tient un tel rang en Allemagne, et a tousjours esté si affectionnée à la France, comme elle se monstre encores maintenant en mon endroit, ainsi que vous le sçavez bien, que je veux que l'on caresse cettuy-cy, de façon qu'il ayt occasion de s'en loüer, soit en le logeant et faisant deffrayer, ou en luy faisant tous les jours present de quelques viandes et vins exquis, ainsi que vous le jugerez plus à propos; la dépence n'en sera grande, car sa suitte est petite, et si j'estime qu'il n'y sejournera gueres; mais, afin d'advancer sa dépesche, faites que le sieur de Maisse le voye de ma part, pour sçavoir de luy s'il desire quelque chose de moy pour ses affaires, en attendant que je sois par delà, et apres je le feray venir icy si vous jugez qu'il soit à propos, afin de le renvoyer plus promptement. J'ay mandé les ambassadeurs d'Angleterre, Escosse et Savoye, afin de les oüir mardy; car je suis encor incertain du temps que je retourneray à Paris, dautant qu'il fait si beau icy, et y trouve tant de plaisir pour la chasse que je n'en puis partir. Et afin que vous cognoissiez que ce n'est sans sujet, soyez-y mardy; par mesme moyen je vous diray moy-mesme mon intention sur les autres poincts de vos lettres, et plusieurs autres choses qui se presentent pour mon service. Priant Dieu, mon cousin, qu'il vous ayt en sa saincte garde, etc.

Escrit à Monceaux, le dernier jour d'aoust 1602. HENRY.
Et plus bas, DE NEUF-VILLE.

Lettre du Roy à M. de Rosny, contre-signée.

Mon cousin, je receus hier au matin à Boulongne, ainsi que j'en voulois partir, vostre lettre du vingt-neufiesme d'aoust, par laquelle vous m'avez escrit l'office que vous avez fait envers la Reine ma femme, sur mon acheminement en cette province, que je suis tres-aise qu'elle ayt si bien receu que vous m'avez mandé; je n'en esperois pas moins de son affection au bien de mes affaires et de vostre entremise vers elle. Venez donc me trouver, le plutost que vous pourrez, car je veux que vous soyez pres de moy estant à Calais et pour cause. J'escris au president Jeannin qu'il vienne avec vous, car je suis de vostre advis qu'il pourra se presenter occasion de l'employer, et estime qu'il suffira que vous fassiez apporter vingt ou vingt-cinq mil escus outre les cent mil qui doivent estre envoyez à Dieppe, lesquels arriveront bien à propos pour estre employez à ce à quoy nous les avons destinez; et parce que j'espere vous voir bien tost, je ne vous feray la presente plus longue, pour prier Dieu, mon cousin, qu'il vous ayt en sa garde.

Escrit à Calais, le 2 septembre 1602. HENRY.
Et plus bas, DE NEUF-VILLE.

Lettre de la main du Roy à M. de Rosny.

Mon amy, je desire que vous voyez et interrogiez Hebert avec le comte d'Auvergne, et que vous l'asseuriez que l'abolition que je luy promets par le Memoire escrit de ma main, que j'ay mis en celle dudit comte, luy sera expediée et delivrée, pourveu qu'il vous die ce que je sçay qu'il sçait des menées du duc de Biron, et mesmes celles qu'il a faites pour luy au voyage dernier, qu'il a fait à Milan et Italie, et quel argent, Roncas et Alfonse, Casal apporterent et firent delivrer separement ou ensemble audit de Biron, la derniere fois qu'ils sont venus vers luy, et tout le reste de ce qu'il sçait, sans rien en reserver. Voyez-le donc au plutost, et donnez ordre cependant que personne ne l'advertisse et luy donne conseil où il est, contraire à son devoir et à ma volonté. Adieu.

Ce dixiesme octobre, à Sainct Germain en Laye.
HENRY.

Lettre de M. de Ville-roy à M. de Rosny.

Monsieur, j'ay receu vostre lettre du unziesme avec les deux estats que vous m'avez envoyez, mais je n'ay pû encor les faire voir au Roy; il employa hier toute l'apresdinée à entretenir Constans et Sainct Aubin, sur le fait de M. de Boüillon, duquel nous n'avons eu nouvelles depuis la lettre qui vous a esté envoyée. Sa Majesté va ce matin à la chasse, de sorte que je doute luy pouvoir faire voir lesdits estats devant qu'elle parte; je desire qu'elle les considere et ce que vous m'avez escrit sur iceux, comme j'estime estre non seulement vostre intention, mais aussi son service. Nous avons advis de divers endroits que le roy d'Espagne arme grandement de toutes parts pour l'année prochaine; tellement qu'il est besoin que nous pensions à un bon escient; Sa Majesté en est bien advertie. C'est pourquoy elle desire grandement que l'on fasse passer les édicts qu'elle a choisis; je l'escris par son commandement à monsieur le chancelier, et croy qu'il ne tiendra à luy ny à vous, que Sa Majesté n'en soit servie comme elle desire. Je prie Dieu, etc.

De Fontaine-bleau, le 13 decembre 1602.
DE NEUF-VILLE.

Avant que de mettre fin à nos recueils de l'année 1602, par les lettres cy-dessus, en continuant ce que nous avons observé pour l'année 1601, nous ayant fait recherche de la pluspart de vos vieux papiers jettez en confusion dans vos trois cabinets, et sur tout vos ormoires vertes, nous avons rencontré dans la plus basse d'icelles une liasse de sept roolles de lettres de la main du Roy, sur lesquelles nous fusmes bien empeschez à pouvoir discerner de quelles années elles devoient estre reputées; mais finalement ayant rencontré un des susdits sept roolles, avec lequel il y avoit une lettre de M. de Gesvres dattée de l'année 1602, nous avons creu ne point faillir si nous transcrivions icy quelques-unes de celles que nous avons jugé le plus apparemment devoir estre estimées de ladite année, afin de continuer à faire voir que le Roy prenoit la peine de vous escrire de sa main jusques aux moindres choses, et qu'il vouloit avoir cognoissance de toutes les affaires de son royaume; les lettres que nous avons choisies pour estre de ladite année estant telles que s'ensuit :

Six lettres de la main du Roy à M. de Rosny.

Mon amy, j'ay receu vostre lettre et ce que vous escrit mon nepveu le prince de Joinville, auquel vous manderez que pour ce que je vais demain au matin à la chasse, il se rende icy sur le soir à mon coucher, et qu'il me die qu'encor que je luy aye cy-devant pardonné et permis à ma niepce de Guyse sa sœur, et à M. d'Eguillon, de luy mander de me venir trouver, que toutesfois il me demande encor pardon et me promet de se gouverner cy-apres, de façon qu'il ne me donnera jamais sujet de me fascher contre luy, et ne fera rien qui me puisse desplaire ny estre desagreable. Pour vous, vous me ferez plaisir de n'estre par cy-apres protecteur de pas un de cette maison-là. Bon soir, mon amy.

Ce 30 juillet, à Sainct Germain en Laye.

HENRY.

Mon amy, partez pour me venir trouver incontinent que vous aurez receu la presente par ce courrier que je vous envoye expres; car j'ay besoin de vous sur plusieurs occasions qui se presentent que je vous diray quand vous serez icy, où il faut que je sejourne huict ou dix jours, pour faire une diette que mes medecins m'ont ordonnée, pour me delivrer d'une fluxion qui m'est tombée sur la jambe, laquelle avec le temps pourroit meriter le nom de goutte. Sur ce, je prie Dieu qu'il vous ayt en sa saincte garde.

Ce 26 avril, à Blois.   HENRY.

Mon amy, je monte à cheval pour m'en aller courre un cerf à Marcoussis : je vous prie de mettre fin à ce qu'il faut pour le mariage de la Bourdaisiere; c'est chose que j'affectionne et dequoy je m'oubliay de vous parler dernierement. Souvenez-vous de l'assignation de deux mille escus pour M. Le Grand, auquel j'ay dit que ç'avoit esté vous qui m'en aviez fait souvenir, afin qu'il vous en sceut gré; car je veux faire en sorte que tout le monde vous ayme, comme je fay. Je seray demain de retour, Dieu aydant, et vous verray icy ou chez vous mercredy matin, pour resoudre le jour que nous tiendrons conseil pour l'affaire que vous sçavez. J'ay commandé à Bastian, qui vous rendra ce mot, de vous parler de ces deux affaires et d'autres dont je l'ay chargé;

dequoy je vous prie de le croire comme moymesme. Adieu, mon amy.

Ce 21 janvier, à Paris.   HENRY.

Mon amy, j'ay tant sejourné aujourd'huy à Sainct Germain à y voir mes enfans et mes bastimens, qu'il estoit neuf-heures quand j'en suis retourné, et qu'à l'heure que je vous escry et que je m'en vais souper, qui est unze heures, je n'ay pû voir qu'une partie des dames qui sont icy, ayant remis à voir le reste pour demain, puis que, partant de cette ville, je n'y dois retourner de cinq ou six mois : cela sera cause que j'y sejourneray encore demain; mais mercredy sans faute, Dieu aydant, j'en partiray. Je vous prie de faire en sorte que l'on travaille fort en mon conseil, par delà, afin qu'à mon arrivée je trouve force besongne faite. Si j'eusse esté instruit de ce que je devois dire à ceux de ma chambre des comptes, je l'eusse fait, puis que je demeure icy. C'est pourquoy vous leur ferez faire une depesche à ce qu'ils me viennent trouver à Fontaine-bleau, jeudy ou vendredy, afin que je parle à eux. Bon soir, mon amy.

Ce lundy 17 may, entre unze heures et minuict, à Paris.   HENRY.

Mon amy, je vous envoye la lettre que j'escry à ma femme, afin qu'incontinent icelle receuë, vous la luy portiez vous mesme : munissez-vous de bonnes raisons, afin qu'elle ne se fasche de ce voyage et ne s'ennuye de mon absence. Vous verrez la lettre par la coppie que je vous envoye. Pourvoyez à cela et aussi à tout ce qui est necessaire pour ses couches, je vous en prie. Errard m'a demandé quelque chose sur un estat vaquant; je suis d'advis de faire quelque chose pour luy, mais mandez-moy quoy et vostre advis. J'eus hier au soir des nouvelles de Calais, où l'on me mande que les assiegez d'Ostende se defendent mieux qu'ils n'avoient point encore fait, et les assiegeans les assaillent plus mollement. Bon jour, mon amy.

Ce 27 aoust, à Vernueil.   HENRY.

Mon amy, j'ay veu par vostre lettre les propos que vous a tenus mon nepveu le duc de Guyse, touchant le sejour que je veux que le prince de Joinville fasse à Dampierre, et l'excuse qu'il prend qu'il n'y a point de meubles. Surquoy je vous diray que c'est une menterie, car par deux fois que la chasse m'a mené vers ledit Dampierre et Chevreuse, le receveur desdites terres m'y vint offrir des licts et autres meubles qui y sont; et mesme à Chevreuse, ledit receveur m'a accommodé et les seigneurs qui estoient avec moy, de neuf ou dix licts; joint que ma cousine, sa mere, m'a tousjours asseuré que sadite maison de Dampierre estoit bien meublée. Vous direz donc à mondit nepveu que je veux que son frere y aille aussi-tost qu'il aura esté oüy en sa deposition, sans s'arrester davantage à Paris. Vous aurez veu la lettre que j'envoyay hier à monsieur le chancelier, sur laquelle j'attends vostre advis. Adieu, mon amy.

Ce 4 decembre, à Fontaine-bleau. HENRY.

Lettre de M. de Gesvres à M. de Rosny.

Monsieur, le Roy, pour ce qu'il montoit à cheval pour aller à la chasse, m'a commandé de vous escrire pour vous donner advis que M. le prince de Joinville change de discours, ayant fait dire par M. de Guyse, qu'il est resolu de s'ouvrir entierement à Sa Majesté et luy dire tout ce qui s'est passé et dont il a eu cognoissance, dequoy Sa Majesté peut avoir mescontentement, laquelle il supplie luy vouloir pardonner, et par mesme moyen luy a fait dire qu'il craint qu'elle se courrouce contre luy, et la supplie de trouver bon, que ce soit par vous qu'il luy fasse entendre tout ce qu'il luy veut faire sçavoir. C'est l'occasion pourquoy Sa Majesté desire que vous soyez en cette ville demain au soir, et que vous veniez droit au Louvre la trouver avant qu'aller chez vous, m'ayant commandé vous envoyer ce courrier expres. Et apres m'estre humblement recommandé à vos bonnes graces, je prieray Dieu, etc.

De Paris, le 28 novembre 1602. POTIER.

CHAPITRE CXII.

Devise des jetons distribués au commencement de l'année 1603. *Lettres diverses sur quelques événemens de cette année.*

[1603] Suivant l'ordre que nous avons tenu les dernieres années passées, nous commencerons le premier chapitre de celle-cy, par la devise que vous fistes apposer aux jettons d'or que vous portastes au Roy, le premier jour de janvier, fondée sur ce que voulant donner une education vrayement royale à ses enfans, il en vouloit prendre le loisir par le moyen d'une bonne paix qu'il cultivoit soigneusement, tant pour le dehors que pour le dedans de son royaume; estant bien resolu d'achever d'estouffer toutes semences de troubles et mouvemens qui pouvoient encor rester par le moyen de ceux qui avoient trempé dans la faction du duc de Biron, ne restant plus que messieurs de la Trimoüille et de Boüillon, qui fussent en quelque sorte considerables. Le corps de cette devise donc fut un nid d'alcions au milieu de la mer, lesquels ont cette vertu de la tenir tranquille pendant qu'ils couvent et nourrissent leurs petits, ou bien la cognoissance que, de sa nature, elle doit estre telle en cette saison-là; et pour ame, y mistes ces paroles : *Nostri dant otia terris.*

Et continuerons ledit premier chapitre, par une grande quantité de lettres que nous avons trouvées ensemble en un roollet, lesquelles contiennent une partie de ce qui se passa durant cette année 1603, et sont telles que s'ensuit.

Lettre de la main du Roy à M. de Rosny.

Mon amy, j'ay donné charge au sieur Zamet de poursuivre le fait du marc d'or, et commandé à monsieur le chancelier de luy bailler toutes les expeditions necessaires, afin que, sans avoir esgard à plusieurs brevets qui ont esté cy-devant depeschez, chacun paye, si ce n'est quelques personnes de qualité et merite; à quoy je vous prie de tenir la main, afin qu'à mon retour de Mets je puisse recevoir le contentement que j'espere de mes bastimens de Fontaine-bleau, et empeschez que l'on ne donne cy-apres aucunes expeditions qui puissent en quelque façon retarder l'execution de ma volonté pour ce regard; car, comme vous sçavez, c'est chose que j'ay à cœur et que j'affectionne. Je vous prie aussi de faire bailler audit Zamet toutes les expeditions necessaires pour les deux sols et six deniers pour minots de sel, qui se levent pour l'augmentation des gages des presidents, ainsi que je vous ay dit à mon partement, faisant bailler, par le tresorier de mon espargne, les expeditions necessaires à ce que l'argent soit delivré audit sieur Zamet à mesure qu'il se recevra. Je luy avois aussi commandé de vous parler de la resignation de l'office de conseiller en mon parlement, qu'entend faire le sieur de Boyn-ville, et ce sans payer aucune finance, comme de prendre celuy de maistre des requestes que l'on luy resigne de mesme, comme chose que je desire que cela ce fasse et que je luy ay promise et accordée; à quoy je vous prie aussi de tenir la main. Sur ce, Dieu vous ayt, mon amy, en sa saincte et digne garde.

Ce 25 fevrier, à Monceaux. HENRY.

Lettre du Roy à M. de Rosny, contre-signée.

Mon cousin, sur la supplication que m'a faite mon grand escuyer, à la requeste des habitans de ma ville de Beaune, de laisser en ladite ville l'artillerie qui estoit au chasteau, devant qu'il fut desmantelé, laquelle vous sçavez avoir ordonné estre portée en ma ville de Dijon, j'ay advisé la laisser en ladite ville jusques à mon retour de Mets, que je resoudray lors avec vous ce que je voudray en estre fait; mais je veux que celle de Saule-Duc soit dés à present portée en ladite ville de Dijon suivant mon premier commandement, ainsi que j'escris presentement audit grand escuyer : au moyen dequoy donnez ordre que ma volonté, en l'un et en l'autre point, soit executée. Vous sçavez le commandement que j'ay fait audit grand escuyer de faire parachever les hocquetons de mes gardes, pour lesquels vous avez verifié que le receveur de l'escurie a touché, il y a long-temps, jusques à quatre mille escus, de l'assignation que vous luy aviez donnée à cet effet par mon commandement. Je luy escris maintenant qu'il en ayt souvenance, et s'il est necessaire de fournir pour cela quelque argent, plus qu'il n'a esté receu, qu'il vous en advertisse, l'asseurant que vous y pourvoyrez comme je vous prie faire; car je desire fort que mesdits gardes soyent remarquez par lesdits hocquetons, et suis marry qu'ils ne les peuvent avoir, en ce voyage, par la faute de ceux ausquels la charge de les faire faire a esté donnée. Au reste, le sieur de Sainct Germain m'est venu trouver, qui m'a parlé de l'argent qui souloit estre départy au duc de Boüillon pour garder ses places, avec tant d'affection à l'endroit dudit duc, que j'en suis tres-mal edifié, et prevoy, si nous n'y prenons garde, qu'il fera ce qu'il pourra à ce que ledit duc n'en soit frustré contre ma volonté. Partant je vous prie d'en parler audit sieur de Sainct Germain, de façon qu'il recognoisse, s'il a ce but, qu'il m'est des-agreable, et de vostre costé y donner si bon ordre que ma volonté soit suivie, et me faire sçavoir de vos nouvelles, le plus souvent que vous pourrez, sur toutes nos affaires, et maintenant par ce porteur, que j'envoye expres vers mondit grand escuyer, pour luy faire sçavoir qu'il m'envoye en diligence mes pages de la chambre qui sont sous sa charge avec leur gouverneur pour me servir en ce voyage, puis que ceux qui estoient sous celle dudit duc de Boüillon, estants congediez, n'y peuvent estre. Je prie Dieu, mon cousin, qu'il vous ayt en sa sainte garde.

Escrit à la Ferté sous Jouarre, le 28 fevrier 1603. HENRY.
Et plus bas, DE NEUF-VILLE.

Lettre du Roy à M. de Rosny, contre-signée.

Mon cousin, je vous envoye un memoire qui m'a esté presenté par le sieur du Bourg par lequel vous verrez que je suis supplié de quatre choses. La premiere, de vouloir nommer celuy qui succedera à la commission de Palot, en l'année prochaine, et en commander les lettres necessaires. La seconde, de faire delivrer audit sieur du Bourg les assignations de l'année courante pour tous ceux de la haute Guyenne et haut Languedoc, sans que ledit Palot prenne aucun droit sur eux, ensemble celles qui luy sont deuës d'arrerages du passé. La troisiesme, que pour les taxations pretenduës par ledit Palot, les apostilles que vous avez mis au marge des plaintes dudit sieur du Bourg sortent à effet. Et la quatriesme, de commander aux sieurs de Maupeou et Beaumarchais, commissaires deputez pour voir les comptes dudit Palot, d'y vacquer en diligence et y en adjouster un troisiesme non suspect. Sur le premier article duquel memoire je vous diray que j'ay bien voulu remettre ladite nomination jusques à ce que j'en aye conferé avec vous, et pour ce n'ay-je trouvé bon que ladite commission fust presentement expediée. Et pour le regard des assignations qu'il demande de l'année courante et de la pension particuliere que je luy ay accordée, je veux qu'elles luy soient delivrées sans que ledit Palot puisse rien prendre pour ses taxations; et, pour celles des années passées qui restent à recevoir, j'entends que departement en soit fait audit sieur du Bourg, pour ce qui touche ceux de la haute Guyenne et haut Languedoc. Pour le troisiesme article, vous adviserez à pourvoir sur les taxations dudit Palot, ainsi que vous jugerez expedient et raisonnable; et, sur ce qui est porté par le quatriesme, je trouve bon que vous fassiez rendre compte audit Palot, pardevant lesdits sieurs de Maupeou et Beaumarchais, ou autres que vous adviserez, et mesmes y adjoustiez un troisiesme si vous estimez qu'il soit à propos, luy faisant vuider les mains des restes desdites assignations pour ce qui concerne lesdits pays de haute Guyenne et haut Languedoc. Dequoy je vous ay bien voulu advertir par cette lettre, afin qu'estant informé de mon intention sur ce fait, vous teniez la main qu'elle soit suivie et effectuée, et que ledit du Bourg et autres qui y ont interest en tirent le contentement qu'ils se sont promis. Je prie Dieu, mon cousin, qu'il vous ayt en sa saincte et digne garde.

Escrit à Dorman sur Marne le premier jour de mars 1603. HENRY.
Et plus bas, DE NEUF-VILLE.

Lettre de M. de Ville-roy à M. de Rosny.

Monsieur, j'ay dit au Roy les propos que vous m'avez escrit vous avoir esté tenus par le nonce; Sa Majesté dit que ce sont les Espagnols et Savoyarts qui sont cause que Sa Saincteté monstre avoir apprehension de son voyage à Lyon, et des preparatifs d'armes et d'argent et munitions de guerre dont il vous a parlé : quoy estant, elle estime que cela doit plutost la fortifier en sa deliberation que de l'en desmouvoir, et neantmoins mettre peine d'oster à Sa Saincteté, tant que faire se pourra, la crainte que ledit nonce dit qu'il a de la guerre, sans toutesfois s'obliger de ne la point faire, afin de conserver nostre liberté et tenir tousjours les autres en eschec. Sa Majesté desire doncques que vous en parliez audit nonce en cette sorte s'il retourne vers vous : au reste, nous cheminons tant que nous pouvons, et n'avons rien de nouveau digne de vous estre escrit. Je finiray la presente en vous presentant mes humbles recommandations, et priant Dieu, etc.

D'Espernay, le 2 mars 1603. DE NEUF-VILLE.

Lettre de M. de Ville-roy à M. de Rosny

Monsieur, cette affaire touchant le nonce du Pape, en laquelle vostre entremise a esté si heureuse, me fit souvenir de vous supplier de vouloir favoriser un autre cardinal des plus affectionnez serviteurs du Roy, en Italie, qui est M. le cardinal d'Ossat, les merites duquel sont tels, que tous ceux qui le gratifieront en recevront gloire et loüanges : et partant vous prié-je, tant pour cette consideration qu'à ma recommandation, de luy vouloir faire plaisir sans qu'il me soit besoin d'en parler au Roy, vous saluant de mes bien humbles recommandations, comme estant, etc.

De Sainct Germain.   DE NEUF-VILLE.

Lettre de M. de Rosny à M. de Ville-roy.

Monsieur, pour responce à la lettre que vous m'avez escrite en faveur de M. le cardinal d'Ossat, je vous diray, comme il y a environ un an, qu'un banquier me vint parler de quelques pensions que le Roy donne à Rome et entre-autres de celle de M. d'Ossat; mais ce fut avec de telles paroles que je ne l'en eusse pû refuser, tellement qu'il est vray que je le remis à y adviser lors qu'il m'en escriroit, comme il fit quatre mois apres, et ses lettres accompagnées d'une de mon frere : et combien que les siennes fussent encor avec moins de civilité que n'avoient esté les paroles du banquier, si ne laissois-je pas d'avoir envie de le gratifier. Mais lors que j'estois apres à dresser mes estats desdites pensions à Rome, j'en receus un advis que l'on me bailloit pour bien certain, comme ledit sieur d'Ossat tenoit des propos du Roy et de moy qui n'estoient gueres à l'advantage de Sa Majesté, taschant de faire accroire au monde que les attentats que l'on faisoit contre le Roy ne procedoient que de sa faute et de celle de ceux qui manient ses finances : tellement que je ne vous celeray point que cela m'ayant fort piqué, je changeay son assignation qui estoit fort bonne, en une autre dont je me doutois bien qu'il ne tireroit pas grande chose. Et depuis ayant receu un memoire que l'on me mandoit avoir esté extraict d'une lettre qu'il vous escrivoit, laquelle tesmoignoit une grande ingratitude envers le Roy, qui retournoit en blasme contre moy, et sur des choses entierement mensongeres, je me resolus de ne l'assigner plus du tout sans un commandement exprez du Roy, apres que je luy aurois fait voir ledit escrit duquel je vous envoye coppie, afin que si vous m'asseurez que c'est chose fausse et que ledit sieur d'Ossat n'a jamais tenu ces langages ny ne vous a rien escrit de semblable, je donne ordre à le faire payer, et ne le tienne plus pour un ingrat et un impudent, comme il meriteroit ces deux qualitez; si la chose estoit vraye ; et ne manquerois pas de faire voir ledit extraict au Roy avant que de le faire assigner. Qui est tout ce que je vous puis dire sur vos grandes recommandations pour ledit sieur d'Ossat et les grandes loüanges que luy donnez, vous baisant les mains en qualité de vostre serviteur.   ROSNY.

Extraict d'une lettre de M. le cardinal d'Ossat à M. de Ville-roy.

« Vous priant de prendre en bonne part un mot dont je suis gros il y a long-temps, c'est que sans quelque legereté, inquietude naturelle, ambition et avarice qui regne aujourd'huy parmy les François, les conspirateurs n'eussent jamais eu l'audace d'entreprendre sur le Roy, s'ils n'eussent veu la noblesse mal-contente, l'Eglise malmenée et desconfortée, le pauvre peuple et tiers estat trop foulé et oppressé. Et ne puis m'exempter de la crainte de semblables recidives ny esperer un repos jusques à ce que le Roy aye reformé l'Estat, commençant par soy-mesme en prenant moins sur ses sujets et contentant les meilleures parties de l'Estat qui prevalent en nombre. Je sçay bien que ce propos est hardy; mais je l'estime encore plus vray et necessaire, et voudrois l'avoir desja escrit au Roy, et desire que vous luy lisiez cette lettre. »

Nous n'avons point pû assez bien apprendre, pour vous le ramentevoir suffisamment, ce que devindrent toutes ces poursuittes de M. de Villeroy pour le payement des pensions de ce cardinal d'Ossat, qui estoit sa creature, dautant que nous n'en avons rien trouvé dans les memoires de vos entremises journalieres, que vous faisiez r'assembler tous les soirs par quelques-uns d'entre nous, vos secretaires; mais bien avons-nous dequoy verifier que, dans le livre imprimé des lettres dudit cardinal d'Ossat, il y a une lettre de luy addressante à M. de Ville-roy, où il use des mesmes termes portez dans l'extraict qui vous en avoit esté envoyé. Et partant que ce n'estoit point sans cause que par vostre responce à M. de Ville-roy, vous le disiez meriter le tiltre d'ingrat et d'impudent, voire y adjousterons nous celuy de malicieux, et que M. de Ville-roy les merite luy mesme tous trois, s'il n'a fait une bonne et valable reprimande à son cardinal, d'avoir tenu de tels propos, et ne luy en ayt fait faire les satisfactions où il appartenoit, comme estant choses inventées et absolument fausses et mensongeres : estant vray de dire qu'en cette année 1603, date des susdites lettres, que le Roy ayant remedié à toutes les entreprises des malins, tant par la punition de M. de Biron que pour avoir fait cognoistre que tous les mauvais bruits que luy et ceux de sa sequelle avoient fait courir (qui estoit les mesmes choses qu'escrivoit le cardinal d'Ossat) estoient toutes calomnies, dautant que sa noblesse estoit plus contente et satisfaite de luy que jamais, que tous les ecclesiastiques avoient sujet de l'estre, et notamment de vous qui les gratifiez particulierement en tout ce qu'il vous estoit possible; et que quand aux peuples de la campagne, ils avoient toutes les sortes de soulagemens qu'ils pouvoient esperer, vous faisant, d'année en année, descharger les tailles de deux millions par chacune d'icelles, et ayant, dés l'année 1602, fait revoquer le sol pour livre, dont il s'estoit tant plaint, et fait voir que le Roy n'avoit jamais pensé à toutes les impositions que les malicieux avoient publié qu'il vouloit faire. Mais bien estoit-il vray que les catholiques zelez, tels que ce M. de Ville-roy et son cardinal, que d'autres nommoient envenimez, n'estoient pas contents en leurs petits cœurs de ce que le Roy ne se portoit pas aux choses qu'ils desiroient, voulant persuader Sa Majesté de se joindre aux desseins de la Cour de Rome pour mettre un roy catholique en Angleterre, et la faire départir des alliances qu'elle avoit avec la reine d'Angleterre, les roys d'Escosse, le nouveau roy de Suede, celuy de Dannemarc, et des princes et villes protestantes d'Allemagne et de Suisse, et se resoudre, si tost qu'ils eussent voulu, au rétablissement des Jesuites, comme de toutes ces circonstances il en apparoit quelque chose par les lettres du cardinal d'Ossat. Dequoy ne s'osant plaindre ouvertement ils luy imputoient faussement tout ce qui estoit porté par les lettres de ce cardinal à M. de Ville-roy, y en ayant mesmes quelques-unes qui tesmoignent qu'il n'estoit pas content de vous touchant ses pensions. De toutes lesquelles choses remettant la verification à faire sur les lettres imprimées de ce cardinal, par lesquelles il se mesle de toutes choses, notamment de celles qui ne sont de sa profession, et encor moins de sa science et cognoissance, nous reprendrons les suittes de nos Memoires par une suitte de lettres telles que s'ensuit.

Lettre du Roy à M. de Rosny, contre-signée.

Mon cousin, j'escris à monsieur le chancelier qu'il fasse expedier l'edict de la suppression de la chambre des requestes à Thoulouze, encores qu'il n'ait esté passé en mon conseil, car c'est chose que je veux estre faite et qui servira de planche pour en faire autant aux autres parlemens; dequoy j'entends que mes sujets recevront soulagement. Partant, donnez ordre que mon intention soit suivie et qu'il n'y soit plus fait de difficulté. Cherelles m'a fait dire que vous ne luy avez fait offrir que douze cens escus pour son voyage, au lieu de trois mil qu'il a verifiez avoir touchez pour celuy qu'il fit du temps du feu Roy, et qu'il luy est impossible de se deffrayer pour ladite somme de douze cens escus : au moyen dequoy je veux que vous luy en donniez jusques à deux mil et que vous les luy fassiez delivrer incontinent, afin qu'il ne retarde davantage son partement, car c'est chose que j'ay fort à cœur. Je suis bien aise que vous ayez pourveu aux huict mil escus de Geneve, et à la monstre de tous nos gens de guerre, ainsi que vous m'avez escrit par vostre lettre du 28 du mois passé, vous priant de vous souvenir de me mander des nouvelles des bastimens de Sainct Germain, au retour du voyage que vous me mandez y devoir bien-tost faire, et continuer à faire advancer, tant qu'il vous sera possible, le transport des terres de la gallerie du Louvre, afin que les maçons puissent besongner, estimant qu'ils donneront ordre cependant à leurs materiaux, de façon qu'ils advanceront bien la besongne, quand la place sera nette desdites terres. J'ay encor receu et veu la lettre que vous m'avez escritte, le mesme jour, pour responce à la mienne portée par le courrier Fenot. J'escris à mon grand escuyer qu'il vous envoye le receveur de l'escurie avec Blondeau, pour vous rendre compte de l'assignation donnée pour faire les hocquetons des archers de ma garde, afin que s'il y manque quelque chose vous y pourvoyez comme je vous en ay desja escrit. Le thresorier des menus n'est point icy, quoy que vous luy ayez desja commandé par deux fois, comme je l'ay bien sceu, ny personne pour luy qui paye les desbris des logis où je loge, de façon que nous passons sans payer, qui est une grande honte. Envoyez-le querir et donnez ordre qu'il s'acquitte mieux de son devoir. Priant Dieu, etc.

Escrit à Espernay, le deuxiesme jour de mars 1603.

HENRY, et plus bas DE NEUF-VILLE.

Lettre du Roy à M. de Rosny, contre-signée.

Mon cousin, je vous escris la presente à part, à cause du sujet d'icelle que je desire n'estre sceu que de vous. Les Estats des provinces unies des Pays-Bas m'ont prié, par lettres que m'a envoyées Arsens, leur permettre de faire en mon royaume la recreuë des compagnies françoises qui sont à leur service : sans quoy il semble, par ce qu'eux et ledit Arsens escrivent, qu'ils ne puissent se mettre en campagne et executer leurs desseins : en quoy je veux bien les contenter, car vous sçavez combien il m'importe de le faire. Toutesfois je desire que cela soit fait le plus couvertement et promptement qu'il sera possible, pour les raisons que vous sçavez aussi bien que moy, qui m'y doivent mouvoir d'en user ainsi. A cette fin envoyez querir ledit Arsens, incontinent que vous aurez receu la presente, sçachez de luy comment et par quelles formes ses maistres et luy entendent faire lesdites recreuës, et luy dites que je ne trouve pas bon qu'elles soient faites par les capitaines ny par leurs officiers, car nous avons trop recognu et esprouvé leur indiscretion en celles qu'ils ont faites cy-devant, dont j'ay eu infinies plaintes et reproches; mais il me semble que ledit Arsens peut facilement retenir et asseurer, sous-main et secrettement, les soldats qu'il leur faut, dont encore je veux, devant, sçavoir le nombre et les faire couler à la file aux lieux où il faudra qu'ils s'embarquent, en leur distribuant quelque argent pour se deffrayer par les chemins et passer la mer. La difficulté sera de trouver des soldats affidez qui ne le trompent point et n'emportent son argent; à quoy vous le pourrez bien ayder, et auray agreable que vous le fassiez. Davantage j'estime qu'il sera plus à propos qu'ils s'embarquent à Dieppe qu'à Calais, dautant qu'ils seront moins remarquez et esclairez au premier lieu qu'en l'autre, à cause du voisinage dudit Calais. Toutesfois comme peut-estre le passage de Dieppe ne sera si commode, frequent et facile que l'autre, faites avec ledit Arsens, si l'on s'ayde de celuy de Calais, au moins que les soldats ne s'y acheminent et rencontrent en plus grand nombre ensemble que de six ou de dix au plus, et avec leurs espées seulement. En ce cas il faudra devant que vous en advertissiez le sieur de Vic auparavant, afin qu'il ayde à couvrir ledit embarquement; il faudra aussi que vous donniez pareil advis au commandeur de Chastes pour Dieppe ; et afin qu'ils adjoustent plus de foy à ce que vous leur manderez, soit par escrit ou de bouche, par hommes exprez, j'escris à chacun d'eux une lettre en creance sur vous, que vous recevrez avec la presente, fermées à cachet volant, afin que vous voyez ce qu'elles contiennent. Doncques ménagez ce fait avec ledit Arsens et lesdits gouverneurs selon mon intention, et si dextrement que je sois servi utilement et à mon contentement. A quoy j'adjousteray que j'ay pensé que si nous faisions faire encores une monstre aux compagnies du regiment de mes gardes, du nombre qu'a esté la derniere, qu'en tirant d'icelles les soldats que je veux mettre dedans la citadelle de Mets, suivant ma deliberation, je pourrois conserver ceux qui en sortiront, les faisant entrer ausdites compagnies en la place des autres, sans leur parler d'aucun retranchement, sinon quand nous serons de retour à Paris où je les licencierois, et pourrois lors les faire bailler à vostre cousin de Bethune ou à quelqu'un de sa part qui les luy conduiront en Hollande; par ce moyen il rempliroit sa recreuë facilement et de vieux soldats, lesquels n'estant ainsi retenus, quand ils seront mis hors ladite citadelle, indubitablement iront servir les archiducs, desquels ils seront bien receus. Or, il me semble qu'il sera plus à propos, pour mon service, qu'ils prennent l'autre chemin : c'est pourquoy je me suis advisé vous faire cette proposition, sur laquelle vous me manderez vostre advis ; mais si vous l'approuvez donnez ordre à ladite monstre de si bonne-heure, que ladite proposition puisse estre effectuée à mon arrivée à Mets ou devant que j'en parte; car j'y veux arrester le moins que je pourray, et suis marry ne pouvoir faire plus grandes journées pour m'y rendre plutost, mais les mauvais chemins m'en empeschent. Je prie Dieu, etc.

Escrit à Chaalons sur Marne, le quatriesme jour de mars 1603. HENRY.

Et plus bas, DE NEUF-VILLE.

Lettre de M. de Ville-roy à M. de Rosny.

Monsieur, il faut que vous ayez tous les jours, voire à toutes heures de nos lettres, puis que vous vous estes chargé de tout. Vous verrez le sujet de celle que la presente accompagne, et escrits presentement au sieur d'Arsens qu'il vous aille trouver pour entendre de vous les intentions de Sa Majesté; mais je m'estonne que M. de Bethune n'est arrivé, M. de Buzenval nous ayant escrit qu'il estoit sur son partement. Au reste, nous receusmes hier au soir, à nostre arrivée en cette ville, des lettres de M. d'Espernon; il se plaint des plaintes de M. de Sobolles, et dit qu'il a tiré tant de vivres de la ville, qu'il a voulu pour luy et pour sa garnison, et qu'il n'a donné à entendre le contraire que pour avoir pretexte d'entamer le magazin de la citadelle. Ils sont en dispute aussi pour un certain Provençal, prisonnier à Vitry; nostre arrivée donnera ordre à tout cela : mais mandez-nous, s'il vous plaist, quel est celuy que vous avez donné au payement de la garnison de ladite citadelle de Mets; car je m'attends bien qu'elle fera instance d'estre payée devant que de sortir. Je prie Dieu, etc.

De Chaalons, le quatriesme jour de mars, de l'année 1603.   DE NEUF-VILLE.

Lettre du Roy à M. de Rosny, contre-signée.

Mon cousin, le sieur de Vic est encor à Paris, et seroit besoin pour mes affaires qu'il fut en sa charge de Suisse, à cause principalement de ce qui se passe à Geneve, où il est à craindre que l'on prenne des resolutions qui ne me contentent pas, faute d'entendre mes intentions, et d'avoir quelqu'un sur les lieux qui y prenne garde. J'entends que trois choses ont retardé son partement : la premiere, l'irresolution du fait du sel pour Suisse; la deuxiesme, l'incertitude de la reception des deniers des assignations que nous avons données pour fournir les quatre cens mil escus que nous avons promis ausdits Suisses; et la derniere, l'attente de la verification, au parlement de Roüen, des édits de commissaires examinateurs et lieutenans particuliers, assesseurs criminels, afin de renvoyer devant les colonels et capitaines, qui sont demeurez à nos despens en la ville de Paris, attendant la distribution des deniers qui doivent provenir desdits édits. Sur le premier point, La Varenne m'a dit de vostre part, à son arrivée icy, les dernieres offres faites sur ledit sel, et que vous deviez les faire juger et resoudre jeudy dernier; tellement que je fais compte qu'il sera vuidé à la reception de la presente. Toutesfois s'il ne l'avoit encores esté, je vous prie d'y mettre la derniere main en une sorte ou autre; je me remets à vous d'en disposer et ordonner, comme vous jugerez estre pour le mieux, et trouveray bon tout ce qui en sera fait, pourveu qu'il n'y soit plus usé de remise sous quelque pretexte que ce soit. Quand ausdites assignations, j'ay esté adverty que l'on n'en recevra dedans Pasques que six cens mil livres; mais que vous esperez de pourvoir au surplus dans un ou deux mois, et que vous en usez ainsi pour soulager mon peuple, dequoy je vous sçay bon gré, afin que chacun cognoisse que je l'ayme et ne sçay que trop sa pauvreté et disette d'argent. Je sçay bien que cette nation ne reçoit gueres d'excuses en matieres d'argent; et neantmoins ne pouvant faire l'impossible, voicy ce que je veux que vous fassiez sur cela, c'est que vous fassiez partir sans faute, devant ladite feste de Pasques, une voicture de trois cens mil livres, et qu'elle soit suivie, trois sepmaines apres, d'une autre de pareille somme, afin qu'elles arrivent en Suisse au mesme temps ou bien-tost apres ledit sieur de Vic, qui leur donnera esperance du reste. Je veux aussi estre fait des lettres tres-expresses, par toutes les receptes ausquelles lesdites assignations ont esté levées pour en advancer l'effet, ainsi que j'escris presentement au sieur de Chasteau-neuf, à qui nous avons donné cette charge; mais mettez-y la main vous mesme, car autrement rien ne s'advancera. Et je considere si, apres avoir failly de payer ladite somme au premier terme, nous manquons encores à y satisfaire au mois de may, que les communes desdites ligues s'assemblent, ou du moins devant la journée generale que lesdits cantons tiennent à la Sainct Jean, nous perderons tout credit avec eux, de sorte que je seray mal servy et assisté d'eux si j'en ay affaire, s'ils ne prennent encores de pires resolutions. Il faut faire un effort pour l'éviter : au moyen dequoy je vous prie d'y adviser d'heure, comme vous avez de coustume de faire aux choses qui importent grandement à mon service et contentement, et me faites sçavoir le remede que vous pourrez y apporter, car je l'attends de vous. Pour le regard de la verification desdits édits au parlement de Roüen, escrivez-en au premier president par ce porteur que j'envoye expres vers eux pour en faire la poursuitte, afin que je sois obey, et que nous nous deschargions desdits colonels et capitaines, qui sont encores à Paris : tous lesquels vouloient me venir trouver en ce voyage sur le refus fait par ceux dudit parlement, afin de s'en plaindre et m'en demander raison; mais ils en ont esté destournez sur l'asseurance que je sçay leur avoir esté par vous donnée qu'il y seroit remedié à leur contentement : mandez-le donc si expressement audit premier president et aux autres cours, qu'ils y satisfassent. Je suis bien ayse de ce que nous renvoyons lesdits colonels et capitaines en leur pays, contens; car ce sera le bien de mes affaires. Je prie Dieu, etc.

Escrite à Clermont, le 8 mars 1603.   HENRY.
Et plus bas,   DE NEUF-VILLE.

Lettre de la main du Roy à M. de Rosny.

Mon amy, il y a quelques jours que je vous escrivis pour avoir vostre advis, lequel vous croyez le plus propre à me servir en la charge de mon procureur au Chastellet, de Mazurier ou le Jay, conseillers en ma cour de parlement; et pour ce que je n'ay eu aucune responce de vous sur ce fait-là, je vous fais cette recharge pour vous prier incontinent de me donner vostre advis sur cela ; car j'en suis pressé et le desire avoir avant que resoudre aucune chose pour l'un ou pour l'autre. Bon jour, mon amy.

Ce 8 mars, à Fontaine-bleau. HENRY.

Lettre de M. de Ville-roy à M. de Rosny.

Monsieur, je vous remercie de la faveur que vous m'avez escrit, par vostre lettre du quatriesme de ce mois, que vous voulez faire à Merle, car je participeray à l'obligation qu'il vous en aura. Le Roy vous a escrit sa volonté sur la recreuë que veut faire le sieur Arsens, partant je ne vous en feray redite; mais le commandement de Sa Majesté ne peut estre executé, ce me semble, trop secrettement. Quant au fait de l'argent, Sa Majesté dit qu'elle retournera assez à temps par delà, pour en respondre audit Arsens : au moyen dequoy vous pourrez le remettre, pour ce regard, au retour de Sa Majesté, laquelle croit, comme vous faites, que ce que ledit Arsens avoit proposé pour obtenir l'advance de nostre premier payement, ne sera accomply, dont Sa Majesté n'est contente. Le sieur de Cherelles se contentera de quinze cens escus, puis qu'il plaist à Sa Majesté, et croy que Sa Majesté eut pû estre servie en sa place de personne de plus d'estoffe que luy et à meilleur prix, mais non plus fidellement, et avec plus d'affection qu'elle sera par luy. Nous avons icy M. de Lorraine, que j'ay trouvé vieilly; il s'en retourne demain à Nancy, et dit-on qu'il nous viendra voir à Mets, où il amenera Madame, encores qu'elle ne soit bien remise de sa maladie. M. de Bongars nous escrit que plusieurs princes allemans se preparent à venir visiter le Roy, s'il fait un peu de sejour à Mets. Ils n'ont rien fait qui vaille en leur assemblée de Heidelberg, où l'on dit que M. de Boüillon a essayé de tout broüiller, et est encore apres. Ledit Bongars dit qu'il ne l'a point veu, dont il est en colere, mais qu'il a esté fort caressé desdits princes, qui ont aussi tout escrit à Sa Majesté en sa faveur. J'estime que nous ne demeurerons guere audit Mets, et ne sçay si nous repasserons par Nancy. Je ne vous diray rien de la lettre que le Roy vous escrit, sinon que nous avons sceu que vous avez donné ordre pour le fait du sel de Suisse et autres affaires plus pressées, et partant que vous ferez grand plaisir à Sa Majesté, de faire partir au plutost M. de Vic pour retourner en Suisse. J'ay leu ce matin à Sa Majesté vostre lettre dudit quatriesme adressante à elle, à laquelle elle m'a dit qu'elle veut respondre de sa main, y ayant des choses dont luy seul a la cognoissance, et qu'en attendant je vous advise qu'il est fort content d'une petite lettre que vous luy escrivistes jeudy. Et partant n'ayant plus rien à vous faire sçavoir, je vous asseureray que vous avez toute puissance de me commander et que je suis, etc.

De Verdun, ce 10 mars 1603. DE NEUF-VILLE.

Lettre de M. de Ville-roy à M. de Rosny.

Monsieur, je vous escrivis hier au soir; depuis nous avons receu vostre lettre du septiesme, à laquelle le Roy fait responce de sa main, et par mesme moyen à la precedente que je vous promettois par la mienne. Nous poursuivons nostre voyage et faisons estat d'arriver à Mets vendredy, où le Roy a bien deliberé de pourvoir aux affaires en maistre entierement et non à demy, et n'a serviteur aupres de luy qui luy conseille d'en user autrement; tellement que j'espere que nous aurons bien-tost achevé nostre besogne. Je suis incertain encores si à nostre retour nous passerons par Nancy, comme M. de Lorraine le desire : toutesfois, pour mon advis, je croy que nous luy ferions plaisir et à nous aussi de l'en descharger ; il doit amener madame de Bar à Mets, laquelle fera ce qu'elle pourra pour nous conduire audit Nancy, pour dancer un ballet qu'elle a preparé : nous vous en escrirons tous les jours des nouvelles, et prie Dieu, etc.

De Fresnes en Verdunois, l'unziesme jour de mars 1603. DE NEUF-VILLE.

Lettre du Roy à M. de Rosny, contre-signée.

Mon cousin, je respondray par la presente à vos lettres du 4 et 7 de ce mois. J'ay esté bien aise de sçavoir que vous ayez fait resoudre la suppression des requestes de Thoulouse pour le regard du marc d'or. Je trouve bon que vous ayez esgard aux brevets que j'ay accordez aux officiers qui sont dignes de consideration, ou pour leurs qualitez ou pour leurs services, mais non aux autres; dequoy je me remettray tousjours volontiers à vostre jugement. Le thresorier des menus a donné ordre au fait de sa charge, suivant le commandement que vous luy en avez fait, et croy que M. Le Grand aura maintenant envoyé vers vous les officiers de l'escurie, pour vous rendre compte du retardement des hocquetons, qui procede, ainsi qu'il m'a mandé, du manquement des assignations données pour cét effet : tellement qu'il n'a peu m'en envoyer que vingt et trois. Quand vous aurez oüy lesdits officiers, vous y verrez plus clair pour y donner ordre. J'ay fait escrire à

Cherelles qu'il se contente des quinze cens escus que vous luy avez fait offrir pour son voyage, comme je m'asseure qu'il fera, et ne doute pas que vous ne vous trouviez bien empesché à faire fournir tant d'argent comptant, comme il vous est ordonné, pour les raisons que vous m'avez escrites; aussi j'en prise davantage le bon devoir que vous y faites. Mais je veux que la grace que j'ay faite au sieur de Boinville ait lieu, sans qu'il en soit rien retranché, puis que je luy en ay donné ma parole, et me promets que ma maison et celle de la Reine, ma femme, et de mes enfans, ne demeureront pour cela, par le bon ordre que vous y donnerez. J'ay considéré ce que vous m'avez remonstré par vostre derniere, sur l'execution du commandement que je vous avois fait touchant les recreües poursuivies par Arsens : puis que vous estimez ne pouvoir ny devoir vous en mesler, pour les raisons desduittes par vostredite lettre, donnez ordre doncques que les capitaines s'en acquittent le plus secrettement et diligemment que faire se pourra, et m'advertissez de l'advancement qu'ils y donneront. Mais en verité il est necessaire d'esloigner de cette frontiere le regiment de ma garde, devant que de reduire les compagnies : partant vous m'avez fait tres-grand plaisir d'avoir pourveu au fonds necessaire pour une monstre entiere, apres laquelle j'ay resolu les retrancher. Quant à l'instance que fait ledit Arsens, qu'il luy soit déclaré quelle somme d'argent j'entends fournir cette année à ses maistres, et à quels termes, vous luy direz que j'y adviseray à mon retour par delà. Et pour le regard de mes bastimens, j'attendray la despesche particuliere que vous m'en devez faire, devant que vous faire autre commandement sur iceux. Je prie Dieu, mon cousin, qu'il vous ait en sa saincte garde.

Escrit à Fresnes, en Verdunois, le 11 mars 1603. Henry. Et plus bas, de Neuf-ville.

Lettre de la main du Roy à M. de Rosny.

Mon cousin, ma presence estoit icy tres-necessaire; vous ne sçauriez croire comme le sieur de Sobolles est generalement hay en cette ville, tant des habitants que des estrangers. Il a creu le conseil de ses amis et des sages qui luy ont parlé, de sorte qu'il est resolu de me remettre demain la citadelle entre les mains, sans capituler avec moy. J'estime que dans six jours j'auray fait les affaires qui m'ont amené icy, pour m'en retourner incontinent; j'y ay esté bien veu et receu de ce peuple qui desiroit fort de m'y voir. Cette ville est des plus belles et des mieux assises, et trois fois plus grande que celle d'Orleans : la citadelle ne vaut rien, je voudrois que vous eussiez fait icy un tour, et que vous eussiez veu cette frontiere pour juger l'importance qu'elle m'est, et qu'il m'en eust cousté quelque chose de bon. Ma sœur arrive demain et iray au devant d'elle. Je me suis trouvé fort mal aujourd'huy et ay pris medecine, qui m'aura bien profité, car elle m'a fort purgé, et me trouve fort soulagé. Adieu, mon cousin.

Ce 15 mars, à Mets. Henry.

Lettre de la main du Roy à M. de Rosny.

Mon amy, je vous ay escrit ce matin, comme j'esperois en bref avoir mis fin aux affaires pour lesquelles j'estois venu icy; maintenant je vous diray qu'elles sont en tel estat, que la place est asseurée pour mon service, et qu'il n'en peut plus arriver de faute; aussi que, tout presentement, je viens d'avoir nouvelles des Heidelberg, comme un nommé Le Plessis Bellay, frere du gouverneur de M. de Chastillon, avoit esté depesché à M. de Boüillon par M. de la Trimoüille, de Long-jumeau en hors, avec force memoires qu'il luy avoit donné charge de passer à Sedan, et defendu de voir le Maurier ny se faire cognoistre à personne. Il est maintenant sur son retour; mais je croy, avant qu'il repasse par Paris, pour delà s'en aller retrouver ledit sieur de la Trimoüille, que cette-cy sera parvenüe en vos mains, car il doit repasser audit Sedan. C'est pourquoy je vous prie d'aviser avec Rapin le moyen qu'il y auroit de le prendre, et s'en saisir entre Paris et Touars; car je ne voudrois que ce fut audit Paris, dautant que c'est lui qui reporte, comme je croy, la responce à Comblat; et le prenant hors de Paris, je m'asseure que l'on le trouvera chargé de force lettres et dépesches. Faites que personne ne sçache rien de tout cecy que vous et ledit Rapin, s'il se peut; et si d'adventure il est prins, donnez m'en advis aussitost, et ordre qu'il soit mis en lieu où personne ne puisse parler à luy, ensemble de la reception de cette-cy. Bon soir, mon amy.

Ce 16 mars au soir, à Mets. Henry.

Lettre de M. de Ville-roy à M. de Rosny.

Monsieur, monsieur le chancelier vous monstrera une lettre que l'electeur Palatin a escrite au Roy en faveur de M. de Boüillon, avec la responce que Sa Majesté y a faite, par laquelle vous verrez la grace qu'elle a voulu faire audit sieur de Boüillon, dont nous n'avons pas opinion qu'il use, et vous nous en manderez s'il vous plaist la vostre : en fin Sa Majesté a jugé que cette lettre ne luy pouvoit nuire. Nous sommes contraints de faire Pasques en cette ville, pour donner ordre aux affaires d'icelle avec plus de loisir : tellement que je ne pense pas que nous vous revoyons plutost que le vingtiesme d'avril ; car Sa Majesté a maintenant promis à M. de Lorraine de passer à Nancy. Le duc des Deux Ponts est arrivé icy ce soir avec sa femme et ses enfans pour visiter leurs Majestez ; nous en serons quittes pour deux ou trois jours qu'il faudra le defrayer. L'argent des deux monstres de la garnison de la citadelle de cette ville, ny celuy pour la garde et pour les chevaux legers n'est encore arrivé ; tellement qu'il a fallu que nous en ayons emprunté pour payer la premiere, afin de la faire sortir de la place, et pour prester le mesme à chacune des compagnies desdites gardes, pour luy donner moyen de vivre sans fouler le pays ; mais tout sera remplacé des deniers destinez audit payement. M. de Barrault nous a escrit avoir fait saisir à Sainct Jean de Lus quatre mille cinq cens picques de Biscaye, qu'un marchand de Dumkerque avoit acheptées et embarquées sans permission du Roy, pour passer en Flandres ; et, comme c'est marchandise defenduë, Sa Majesté entend que lesdites picques soient confisquées, comme elle a escrit à M. de Grant-mont, et veut qu'elles servent à meubler son arsenac de Paris. Dequoy sadite Majesté m'a commandé vous advertir, et à quoy j'adjousteray mes humbles recommandations à vostre bonne grace, et, mon ordinaire, à prier Dieu, etc.

De Mets, le 19 mars 1603. DE NEUF-VILLE.

Neuf lettres de la main du Roy à M. de Rosny.

Mon cousin, vous apprendrez de mes nouvelles par le sieur de Montigny, qui vous rendra cette-cy, et comme tout va pour mon service, comme ma presence y estoit necessaire pour la conservation de ceste ville en mon obeyssance, de quelle importance elle est, et que je ne voudrois pour chose du monde n'y avoir esté ; mesmes je voudrois qu'il m'eust cousté quelque chose de bon et que vous y eussiez faict un tour. J'en partiray le mardy d'apres Pasques, Dieu aydant, pour m'en retourner vers Paris : je prendray mon chemin d'icy à Nancy, où je pourray sejourner deux ou trois jours ; de là j'yray à Thoul, et par Vitry, Reims et Villiers és Coterets, et de là à Sainct Germain en Laye voir mon fils, dequoy j'ay une extréme envie. Mandez-moy, je vous prie, ce que l'on fait à mes bastiments de là, et à Paris, et aussi à l'Arsenac, et à vostre astelier, depuis mon partement, et à quoy l'on travaille à present. Et remettant le surplus à la suffisance du porteur, je ne vous en diray davantage, pour prier Dieu vous avoir, mon cousin, en sa saincte garde.

Ce 22 mars, à Mets. HENRY.

Mon cousin, depuis mon autre lettre escrite, laquelle vous recevrez avec cette-cy par le sieur de Montigny, j'ay receu trois des vostres ; l'une touchant mes bastiments, et les deux autres pour affaires desquelles je vous ay cy-devant escrit. Surquoy je vous diray, en attendant que plus amplement je vous y fasse responce, que je suis de vostre advis que la presence du sieur de Vic n'est aucunement necessaire pour la verification des édits ny pour les assignations données aux Suisses, et que son voyage ne doit estre retardé pour tout cela. Mais pour le fait du sel qui a esté accordé à ceux de Berne, il faut qu'il leur remporte la resolution, dautant que comme vous sçavez qu'il a principalement à traitter avec eux pour ce qui est des affaires de Geneve ; et puis qu'il y reste si peu à faire comme vous dites, je vous prie de faire en sorte que cette affaire soit achevée, en sorte que son voyage ne puisse estre retardé, ny ce qui est de mon service et de mes intentions envers ceux de Berne. Au reste, j'ay accordé audit sieur de Montigny qu'il jouyra pour cette année de l'appointement que je luy donne pour gouverneur de Paris, encor qu'il commande icy ; dequoy je vous ay bien voulu advertir, afin que l'on ne revoque l'assignation qui luy en a esté baillée : ce que je feray entendre à celuy que je pourvoiray du gouvernement de Paris, à ce qu'il ne s'y attende. Adieu, mon cousin.

Ce samedy à midy, 22 mars, à Mets. HENRY.

Mon amy, il y a fort long-temps qu'il fut ordonné en mon conseil qu'il seroit levé, sur les vaisseaux estrangers qui entreroient és ports et havres de mon royaume, un certain droit d'ancrage, à l'imitation des roys et princes mes voisins qui le prennent sur mes sujets, et que dés lors il en fut expedié des lettres addressantes à mes cours de parlement de Roüen et Rennes, sur lequel mon cousin, le mareschal d'Ornano, a esté assigné des sommes qui luy sont deuës, qui a, jusques icy, fait et fait faire beaucoup de despences pour la verification desdites lettres esdits parlemens, sans que pour cela il y ait pû rien advancer, quelques lettres et jussions que je leur aye fait expedier. Pour à quoy remedier et faire cesser telles longueurs pour un si maigre sujet, je vous prie que vous leur fassiez expedier telles jussions que vous adviserez, et icelles accompagner de vos lettres ausdits parlemens, premiers presidens et procureurs generaux d'iceux, leur mandant que cela est mon intention et chose que je veux. Cette-cy n'estant à autre fin je ne vous en diray davantage, pour prier Dieu vous avoir, mon amy, en sa saincte et digne garde.

Ce 24 mars, à Mets. HENRY.

Mon amy, je vous ay bien voulu advertir comme hier j'eus un accez de fiévre que je veux croire qu'il n'estoit que de rheume, pource que maintenant je m'en trouve mieux, Dieu mercy, et que j'espere que ce ne sera rien; et que vous m'avez fait plaisir de me mander des nouvelles de mes bastimens par celles que vous m'avez escrites. Mais j'eusse bien desiré que vous m'eussiez mandé si vous faites travailler à la gallerie de l'Arsenac pour mettre les armes et celles que l'on y a faites depuis mon partement; car je ne suis pas moins soigneux de cela que de mes bastimens. A Dieu mon amy, lequel je prie vous avoir en sa saincte et digne garde.

Ce 26 mars, à Mets. HENRY.

Mon amy, j'ay receu la vostre par le neveu de Lomenie, où j'ay esté tres-aise d'apprendre le bon mesnage que vous avez fait en mes bastimens de Sainct Germain en Laye. Je partiray d'icy mardy prochain, Dieu aydant, pour m'en retourner vers Paris, prenant mon chemin par Nancy où je sejourneray fort peu ny par les chemins. Si, d'aventure, la nouvelle que M. de Beaumont, mon ambassadeur en Angleterre, m'a envoyée par un courrier expres, de l'extrême maladie de la reine d'Angleterre, continué, afin que s'il advenoit faute d'elle, je sois tout porté par delà pour pourvoir à mes affaires, selon les conseils que vous et mes serviteurs me donneriez sur cela, qui vous prie cependant tenir toutes choses en estat et les édits prests, afin qu'à mon arrivée je voye ce qu'il faudra faire pour mon service, à quoy je ne m'espargneray nullement. Mandez-moy, comme je le vous ay escrit, ce que vous faites faire à l'Arsenac, car je ne suis moins desireux d'en scavoir des nouvelles que de mes bastimens. A Dieu, mon amy, lequel je prie vous avoir en sa saincte et digne garde.

Ce 27 mars, à Mets. HENRY.

Mon amy, je vous prie de faire delivrer incontinent à madame la marquise de Verneüil la somme de six mille livres, de laquelle je luy ay fait don comme je vous l'ay dit moy-mesme et depuis mandé par Lomenie. Bon jour mon amy.

Ce 30 mars, à Paris. HENRY.

Mon cousin, j'ay esté bien ayse d'apprendre par la vostre du 12 de ce mois, qui me fut renduë à Nancy le 6 au soir, vostre retour de Rosny à Paris, et que l'on continuë en la plus grande diligence qu'il se peut mes bastimens du Louvre et de Sainct Germain, comme ce que vous faites faire pour cette année à l'Arsenac. Je trouve fort bon vostre advis touchant Francine, pour raison de la grotte de Sainct Germain; qu'il fasse le dessein et que l'on fasse prix avec les ouvriers qu'il mettra en besongne, ordonnant au contrerolleur Donon d'y avoir l'œil. Je vous prie de faire un tour jusques à Sainct Denis pour voir ce qu'il reste à faire à la sepulture du feu roy Henry, afin d'y faire travailler comme nous avons autrefois advisé, et seray tres-ayse que vous y ayez esté avant que j'arrive à Fontainebleau, où j'espere me rendre dans le 18 de cettuy-cy, Dieu aydant. Pour les autres poincts contenus dans la vostre, j'ay commandé la responce. A Dieu mon cousin, lequel je prie vous avoir en sa saincte garde.

Ce 8 avril, à Thoul. HENRY.

Mon amy, cette-cy sera pour vous dire que je me porte tousjours de mieux en mieux, Dieu mercy, et ma femme n'est point grosse, dequoy je suis bien marry, que j'espere estre jeudy à Paris; que vous vous souveniez de ce receveur qui est allé droit à la chambre des comptes, et que vous ne m'en avez envoyé les papiers comme vous m'avez dit. Madame de Verneüil est partie d'avec ma femme le mieux du monde; elle s'en va coucher à Marcoussi pour y faire demain sa feste; elle l'a priée d'estre icy de retour lundy, ce qu'elle luy a promis de faire. Bon jour mon amy.

Ce 17 may, à Fontaine-bleau, au matin.
HENRY.

Mon amy, je vous ay ce matin escrit par vostre lacquais des nouvelles de ma santé qui s'en va augmentant; car maintenant je me trouve beaucoup mieux, ayant bien reposé et me sentant sans fiévre. Je vous depesche ce courrier expres pour vous prier de m'envoyer par luy deux cens escus, pour faire distribuer aux pauvres malades, lesquels je ne puis encore toucher de quelques jours, et j'ayme mieux leur faire donner quelque chose pour attendre que je me porte mieux que de les renvoyer sans les toucher. A Dieu mon amy, lequel je prie vous avoir en sa saincte et digne garde.

Ce samedy, à dix heures du matin, 24 may, à Fontaine-bleau. HENRY.

CHAPITRE CXIII.

Voyage à Metz. L'électeur Palatin s'intéresse au duc de Bouillon. Lettres de ce prince, qui

jettent beaucoup de lumière sur ses projets.
Lettres de Henri IV.

Il se passa en ce voyage de Lorraine plusieurs grandes affaires, dont, pour vous en ramentevoir une partie, nous vous dirons que le Roy, usant de ses prudences et dexteritez accoustumées, asseura pour longues années les affaires de Mets et des pays de protection, les reduisant sous son absoluë authorité par l'establissement de M. de Montigny en la charge de lieutenant du Roy, et de son frere le sieur d'Arquien dans la ville et citadelle de Mets, en qualité de lieutenant de M. d'Espernon, lequel, comme le bruit en courut, ne demeura pas trop content de cét ordre, ny ne fut pas sans se repentir d'avoir voulu oster les Sobolles ; mais n'ayant nul apparent sujet de se plaindre, veu que toutes choses s'estoient quasi passées de son apparent consentement, il se fallut resoudre à en faire le bon compagnon et dire le premier que le Roy n'eust pû choisir gens qui fussent d'avantage ses amis. Sa Majesté accommoda semblablement les affaires touchant l'evesché de la ville de Strasbourg, par le moyen d'un esgal partage des revenus d'iceluy entre les contendans, quelques divers qu'en pussent estre les tiltres et pretentions ; fit conclurre le mariage de mademoiselle Catherine de Rohan, sa cousine, avec monsieur le duc des deux Ponts ; et ayant receu des lettres du comte Palatin en faveur de M. de Boüillon, il vous en envoya aussi-tost coppie, vous mandant de luy en escrire vostre advis, laquelle vous me baillastes à garder. Et pource qu'elle me semble d'un stile fort estrange pour un petit comte escrivant à un si grand Roy, j'ay estimé à propos de l'inserer en ce lieu pour faire voir son impertinente gloire en le requerant d'une grace fort speciale, la teneur en estant telle que s'ensuit.

Lettre de l'électeur Palatin au Roy.

Monsieur et tres-honoré cousin,

Cette lettre vous representera l'extréme desplaisir que j'ay de voir que le mal-heur en a tant voulu à M. le duc de Boüillon, mon cousin, que d'estre en vostre mauvaise grace, dont je n'ay eu aucune information de luy jusques à son arrivée par deçà ainsi qu'auparavant j'avois fait entendre au sieur de Bongars ; d'ailleurs que je suis bien aise d'estre par ses propos tant plus asseuré de son innocence au fait dont il est chargé d'accusations, m'ayant expliqué les raisons pour lesquelles il n'est allé en personne trouver vostre Majesté royale. Il m'a remonstré la qualité de ses accusateurs, ainsi que tres-humblement il vous a fait entendre, et qu'ayant, dés son bas age, fait tous efforts possibles à procurer le service de vostredite Majesté royale, l'énormité d'un tel crime ne luy auroit permis de se presenter devant sa face avant qu'en estre deschargé. Je vous supplie, monsieur et tres-honoré cousin, vouloir croire qu'ayant considéré la voye dont il use en son affliction, je n'ay pû y trouver defaut ou défiance quelconque, ains une estroite observation et tres-humble respect duquel il a tousjours chery vostre service. J'ay sceu que, sous vostre bon plaisir, M. le duc de la Trimoüille, mon cousin, luy a depesché un sien gentil-homme, pour l'adviser qu'auriez pour plus agreable son sejour à Sedan qu'ailleurs, et que ledit gentil-homme l'a seulement attaint à Geneve, où il a prevenu l'intention de vostre Majesté royale suivant son commandement : de là il a pris son chemin par ce lieu, pour éviter les dangers des terres d'Espagne et de Lorraine, à ce convié singulierement pour l'alliance qu'il a avec ma femme, laquelle il n'avoit encore veuë. Et esperant que vostredite Majesté royale sera suffisamment esclaircie de son innocence et saine intention par la depesche que ledit gentilhomme luy porte, et sur laquelle il attend ses bons commandemens, j'adjousteray seulement que l'amour qu'il a si constamment portée à la vertu et à la justice, et le zele dont il embrasse sa patrie, et sur tout vostre couronne, m'asseure d'abondant que s'il n'avoit sa conscience nette, il rougiroit de honte et se condamneroit luy mesme comme indigne du nom chrestien et des dignitez qu'il porte soubs vostre liberalité, outre le tort qu'il feroit à l'alliance qu'il a prise avec moy et autres princes vos bons amis, et pour ne prejudicier à la prudence et consideration que vostredite Majesté royale a accoustumé d'apporter en tels evenemens. J'arresteray ce propos pour la supplier croire qu'elle me trouvera tousjours desireux de pouvoir tesmoigner que je suis, monsieur et tres-honoré cousin, vostre tres-humble et tres affectionné cousin.

FRIDERICK, electeur Palatin.

De Heidelberg, le 8 fevrier 1603.

En suitte de cette lettre du comte Palatin, faisant mention de M. de Boüillon, nous avons estimé à propos de faire un chapitre de quelques discours et lettres concernantes ledit sieur de Boüillon, dautant qu'elles serviront à donner quelque esclaircissement des choses qui seront dites de luy, sur ses defections envers le Roy dont il fut accusé, ledit discours commençant ainsi :

Or, pour esclaircir ce qui fut rapporté au Roy sur ce sujet, nous vous dirons comme un nommé Calvairac fit advertir Sa Majesté par tierce personne, sans vouloir au commencement estre nommé, qu'il se faisoit plusieurs brigues et menées en Auvergne, Limosin, Perigort et Guyenne, avec des intelligences en Espagne, et qu'il y avoit des personnes de qualité fort relevée qui s'en mesloient, tant catholiques que de la religion ; à quoy il seroit bon que le Roy prit garde et taschast d'en descouvrir davantage, sçachant bien que ceux de cette menée avoient receu par gens venans d'Espagne plusieurs milliers de pistolles, dont ils avoient distribué une partie aux uns et aux autres, attendant de plus grandes sommes, voire mesme des secours d'hommes lors qu'ils se seroient declarez ; à quoy faire les Espagnols ne vouloient point qu'ils commençassent, sinon par la surprise de quelques bonnes places maritimes ou forts frontieres d'Espagne ; et avoit oüy dire y avoir des entreprises sur Blaye, Bayonne, Narbonne, Marseille et Toulon ; et qu'en mesme temps qu'on les auroit executées, le comte d'Auvergne faisoit estat de se saisir de Sainct-Flour. Lesquels advis, quoy qu'ils ne fussent pas assez circonstantiez pour y adjouster entiere foy, si ne laisserent-ils pas de mettre l'esprit du Roy et de vous plus alerte qu'auparavant, voyant que, nonobstant la profonde paix dont la France jouyssoit, les malins esprits ne laissoient pas d'essayer à broüiller. Tellement que sur quelques advis qu'eust M. de Boüillon, ou fit semblant d'avoir sur la prise du mareschal de Biron et comte d'Auvergne, et desirant de pouvoir descouvrir ce que le Roy et ses affidez serviteurs croyoient de luy et de ses intentions, il escrivit une lettre au Roy, dont nous n'avons pas pû recouvrer la coppie ; mais, par une qu'il vous escrivit en mesme temps, l'on peut conjecturer quel en pouvoit estre le stile, la vostre estant telle.

Lettre de M. de Boüillon à M. de Rosny.

Monsieur, j'ay receu tout presentement une lettre du Roy, en datte du quatorziesme, qui m'a tres-fort estonné d'ouyr Sa Majesté et son Estat en peril. Je dépesche ce gentil-homme vers elle pour recevoir ses commandemens et l'asseurer de la fidele et prompte obeyssance que j'y rendray, souhaittant que ces choses n'alterent rien en la douceur de son naturel et que son Estat n'en soit troublé : nul qui soit en ce royaume, sans regarder derriere soy, ne se portera ny plus diligemment ny plus fidelement où son devoir l'appelle, que je feray. Que Sa Majesté me commande, et vous donnez-moy vos bons advis, et soyez asseuré de la tres-ferme volonté que j'ay de vous servir. Ce gentil-homme me rapportera fidelement ce que vous luy direz. Je vous baise un million de fois les mains, etc.

A Thurenne, ce 18 juin, à unze heures du soir.
HENRY DE LA TOUR.

Responce de M. de Rosny à M. de Boüillon.

Monsieur, vous m'avez fait beaucoup de faveur de me tesmoigner une telle confiance que de vouloir prendre mes conseils et advis sur affaires de si grande importance qu'elles vous mettent l'esprit en peine et en doute. Cette franchise m'obligera de vous donner un conseil en loyal serviteur, comme si nous estions freres, et que je prendrois pour moy-mesme en chose semblable, qui seroit de m'aller jetter promptement entre les bras du Roy, luy faisant voir en moy une loyale servitude toute entiere ; voire en ferois de mesme quand bien je sçaurois que quelques-unes de mes actions ou intentions luy auroient despleu, tres-asseuré que je serois de n'avoir pas plutost le regret en la bouche, que Sa Majesté n'eust l'indulgence et l'obmission au cœur ; et vous oserois respondre, sur ma vie et mon salut, qu'il a de pareilles tendresses de cœur pour vous ; et sur la foy que je vous en donne, en homme de bien et d'honneur, ayant toute la science et asseurance qui est requise sur ce sujet, je vous baiseray tres-humblement les mains.

De Paris, ce 6 juillet 1602.

Lettre de M. de Boüillon à M. de Rosny.

Monsieur, vostre lettre me fait envoyer le sieur de Rignac vers le Roy, duquel les commandemens sont differens de ceux, dont j'ay esté prest de suivre ; mais le Roy me l'ayant reïteré par toutes celles que j'ay receuës depuis mon partement, je crains de faillir si je faisois autrement. Le sieur de Vassignac va pour se justifier des informations qu'a envoyées le sieur de Jambleville. Excusez-moy si je vous dis que vos consequences sont quelquefois bien promptes, que vos gens ne puissent dire que ce qu'ils oyent ou sont commandez de vous, de qui la sagesse ne peut pas estre infuse avec la nourriture qu'on leur donne. Vous verrez bien-tost madame de Badefou, qui vous aura bien de l'obligation. Je satisferay à tout ce que Sa Majesté me commandera, et vous rendray tous les services dont je me pourray adviser. Vous baisant humblement les mains, etc.

A Thurenne, ce 29 juillet 1602.
HENRY DE LA TOUR.

Or est-il besoin de notter, pour intelligence de cette lettre (dautant que nous n'avons pas celles du Roy dont elle fait mention), que le Roy

ayant escrit audit sieur de Boüillon que le mareschal de Biron avoit esté convaincu d'avoir entrepris contre son Estat, dequoy il luy diroit toutes les particularitez à son premier voyage en Cour, qu'il remettoit à sa discretion, il se trouva en telle peine, qu'il vous escrivit cette premiere lettre, laquelle ayant esté monstrée au Roy pour sçavoir quelle responce vous auriez à y faire, il vous dit : « Vous m'avez fait plaisir; car, pour
« mon regard, je ne veux pas mander expressé-
« ment à M. de Boüillon qu'il me vienne trouver,
« d'autant que s'il refusoit d'obeyr, il m'oblige-
« roit d'aller droit à luy avec les armes, et je
« veux auparavant voir s'il cognoist son inno-
« cence estre assez grande, comme il s'en vante,
« pour me venir trouver de luy-mesme. Mais,
« puis qu'il vous demande advis là dessus, escri-
« vez-luy, qu'encor que quelques-uns qui vous
« approchent vous ayent asseuré qu'il ayt eu
« quelque participation aux desseins de M. de
« Biron, vous ne laissez pas de luy conseiller de
« me venir trouver au plutost, avec resolution
« de faire paroistre clairement son innocence,
« ou, s'il y a eu quelque faute de sa part, de me
« la confesser librement et entierement en parti-
« culier; et que vous l'osez asseurer, voire luy
« donner vostre foy et vostre parole que s'il en
« use ainsi, il ne doit rien craindre, mais s'as-
« seurer de recevoir tout contentement et aussi
« bon traittement de moy que jamais. Et afin,
« dit le Roy, que vous ne fassiez pas difficulté
« d'engager vostre parole, de l'observation de la-
« quelle vous estes fort jaloux, et je vous en
« aime mieux, je vous donneray ma foy que s'il
« vient sur vostre lettre, je feray ce que vous luy
« manderez, ou le laisseray retourner en toute
« liberté où il voudra; et afin que vous en doutiez
« moins, je le vous bailleray escrit et signé de
« ma main ; » comme il fit en ces termes :

« Je promets à M. de Rosny que si M. de Boüillon me vient trouver sur ses lettres escrites de sa main, les asseurances qu'il luy donnera et les promesses qu'il luy fera, que je les observeray toutes sans y manquer, ou luy permettray de se retirer librement où bon luy semblera, sans qu'en venant ny retournant il luy soit fait aucun ennuy, desplaisir ny empeschement. Dequoy je donne ma foy et ma parole royale audit sieur de Rosny.

« Fait à Paris, ce 24 juin 1602. HENRY. »

Cinq lettres de la main du Roy à M. de Rosny, touchant M. de Boüillon.

Mon amy, sur ce que Rignac, auquel j'ay fait expedier une ordonnance pour son voyage de m'estre venu trouver, il y a quelque temps, de la part de M. de Boüillon, m'a dit que vous aviez commandé qu'elle luy fut acquittée pour estre venu à ses journées, qui n'est pas ce que je desire, c'est pourquoy je vous fais ce mot, pour vous dire que ma volonté estant qu'il soit autrement traitté, que vous le commandiez, attendu que je l'ay retenu icy pres de moy plus de six sepmaines. Bon jour, mon amy.

Ce vendredy matin, 27 septembre. HENRY.

Mon amy, vous verrez le party qu'a pris le duc de Boüillon par la lettre qu'il a escrite au Maurier, qu'il m'a apportée ce soir et que j'envoye à monsieur le chancelier, afin qu'il la vous monstre, que vous en conferiez ensemble et m'en mandiez vostre advis, en attendant que je vous fasse sçavoir le mien. Je me doutois tousjours bien qu'il ne viendroit me trouver, mais je n'eusse pas deviné qu'il eust pris le pretexte porté par sa lettre. Je prie Dieu qu'il luy donne un meilleur conseil et qu'il vous ayt, mon amy, en sa saincte garde.

De Fontaine-bleau, le 3 decembre à neuf heures du soir. HENRY.

Mon amy, je vous fais ce mot et vous dépesche ce courrier expres pour vous dire que soyez icy demain, et pour ce faire pourrez venir en poste. Amenez avec vous un commis de l'espargne avec trois mil escus pour les voyages qu'il faut faire faire. Vous direz au sieur de Sainct Germain, député de ceux de la religion, qu'il me vienne trouver, comme aussi à Bretauville, gouverneur de Ponts. Je viens tout presentement avoir des nouvelles de Chamberet, qui commande à Figeac, comme M. de Boüillon y avoit passé le 29 du passé et qu'il s'en alloit à Castres. Bon soir, mon amy.

Ce jeudy, à deux heures apres midy, 5 decembre, à Fontaine-bleau. HENRY.

Mon amy, j'ay receu ce soir la lettre de M. de Boüillon (dont je vous envoye la coppie) toute ouverte, laquelle il envoyoit à du Maurier pour me l'apporter. J'estime que demain je pourray r'envoyer par delà M. de Sillery, pour en communiquer avec vous et monsieur le chancelier, et sur cela prendre vos advis et me les envoyer. Cependant vous pourrez communiquer à M. d'Espernon la coppie de ladite lettre, mais non à autre. Bon soir, mon amy.

Ce 9 decembre, à Fontaine-bleau. HENRY.

Mon amy, j'ay eu nouvelles de M. de Boüillon; il fera le fol, il se dit vostre ennemy : venez donc incontinent, car je veux pourvoir à mes affaires au plutost. Bon jour, mon amy.

Ce samedy matin, 28 decembre à Paris.
HENRY.

Or, pource que voyant le voyage du Roy à Mets tout resolu, et qu'il se parloit souvent des grandes broüilleries qui estoient en cette ville entre M. d'Espernon, les Sobolles et plusieurs des principaux habitants de Mets des deux religions, et de plusieurs autres affaires entre les princes d'Allemagne; et cela nous ayant fait estimer, à M. de La Font et à moy, qu'il se pourroit passer en ce voyage plusieurs choses de consequence qui meriteroient bien de n'estre pas oubliées dans nos recueils, nous priasmes deux de nos amis, fort vos serviteurs, et qui avoient de grandes familiaritez en Cour, de s'enquerir particulierement des plus importantes affaires, et d'en faire des remarques et Memoires; à quoy n'ayant pas manqué, comme nous en voulions inserer quelque chose dans les recueils que nous faisions estat de vous addresser, nous sceusmes que messieurs les deux Arnaults, lors vos secretaires principaux, ayant entrepris de faire une relation particuliere de tout ce qui se passeroit pendant vostre voyage et ambassade en Angleterre, et que, pour bailler plus de lustre et une plus belle suite à leurs discours, ils lui avoient donné commencement par le recit sommaire de diverses sortes d'affaires qui s'estoient passées en l'année precedente, et iceluy continué par ce qui s'estoit passé au voyage du Roy à Mets et le vostre en Angleterre, nous recogneusmes bien que nous n'avions rien recueilly qui ne pût estre dans ladite relation, laquelle, pour cette cause, nous resolusmes, sans plus parler de nos recueils, de l'inserer icy toute entiere, estant à vous addressante et telle que s'ensuit.

CHAPITRE CXIV.

Récapitulation des événemens de 1602. *Indication des principaux événemens de cette année. Conversation de Henri IV et de Sully. Détails sur le voyage de Metz. Mort d'Élisabeth, reine d'Angleterre. Rosny envoyé près de son successeur Jacques I. Jésuites de Verdun. Instruction donnée par Henri IV à Rosny sur son voyage en Angleterre. Maladie du Roi. Sa guérison. Préparatifs du voyage de Rosny. Le comte de Soissons se réconcilie avec lui.*

Memoires des sieurs Arnaults, secretaires, et de La Fonds, ayans charge de la maison de M. le marquis de Rosny; le tout en forme de relation des choses et affaires qui se sont faites et passées pendant le voyage et ambassade extraordinaire dudit seigneur en Angleterre; lesquels, pour plus facile intelligence et donner une meilleure liaison aux choses, ils ont fait preceder d'un recit sommaire des affaires precedemment passées; ayans le tout mis en suitte de ce grand nombre de lettres de l'année 1603, *cy-dessus transcrites, d'autant que plusieurs d'icelles peuvent servir de verification aux affaires qui sont traittées en ladite relation, icelle adressée à M. de Rosny, ainsi qu'il s'ensuit.*

Monseigneur, avant que d'entrer en la narration particuliere des choses et affaires qui se passerent durant vostre voyage et négociation en Angleterre, suivant le soin particulier qu'il vous pleut de nous commander d'en avoir, dautant que nous estions employez à vos dépesches, et desirans de donner un plus grand esclaircissement et meilleure liaison à nos discours avec ceux qui les ont precedez et suivis, nous avons estimé à propos de vous ramentevoir succinctement, et en gros seulement, quelque chose des affaires plus importantes qui se passerent durant l'année 1602, de laquelle les menées, practiques et conspirations du comte d'Auvergne et des ducs de Biron et de Boüillon, et les remedes qu'il y fallut appliquer, consumerent une grande partie d'icelle année, dans les démeslemens desquelles quelques-uns voulurent essayer d'y embarrasser le duc d'Espernon, mais il ne se verifia rien contre luy.

En suitte de tels desseins, Fontenelles eut la teste tranchée, et le baron de Lux, encor plus coulpable que luy, obtint pardon. Le prince de Joinville fut aussi accusé de quelques mauvaises pratiques; mais y ayant en icelles plus de niaiseries que de bien fondées intelligences, il en fut quitte pour estre appelé fol et enfant prodigue, et estre mis en la garde de sa mere et de son frere aisné. La devise des jettons du Roy; vos provisions de capitaine de la Bastille; le voyage du coronnel de Schombourg, mareschal de l'empire, envoyé vers le Roy de la part de l'Empereur; le voyage du Roy à Blois où il se passa de grandes affaires specifiées dans vos grands Memoires; l'execution du receveur general Jousseaulme, que vous envoyastes prendre vers Milan; la continuation du siege d'Ostande; les grandes mutineries des trouppes espagnoles qui prindrent Ostrate; la ruyne d'une grande flotte d'Espagne, commandée par Frederic Spinola; les revoltes de Transylvanie contre l'Empereur; le voyage d'un camerier du peuple Clement vers le Roy; l'extinction generale du sol pour livre. Le duc de Savoye fit faire, par le sieur d'Aligny, une entreprise sur la ville de Geneve qui reüssit à la confusion de l'entrepreneur; le comte de Fuentes se saisit, pour le roy d'Espagne, de l'estat de Final en la coste de Genes; l'on parla quelques jours des revoltes des advocats contre les audiences, lesquels donnerent plutost matiere de rire que sujet de craindre. Le duc de Savoye entra en quelque traitté avec la republique de Genes; l'alliance des cantons de Suisse fut renouvellée avec la France en grand apparat; la seigneurie de Venise et les ligues des Grisons firent une confederation du consentement du Roy, lequel fit des défenses touchant les duels et les habits d'or et d'argent et autres luxes. Il fut fait une recherche des mines d'or et d'argent en France; un édict pour le reglement des monnoyes, les manufactures estrangeres et les plans des meuriers; le fils de madame de Vernueil fut legitimé.

Pour l'année 1603, outre les devises des jettons d'or de l'année avec ces paroles : *Nostri dant otia terris*, les principales affaires qui se demenerent en icelle, furent : les esmotions de Mets à cause des violences des Sobolles, que le duc d'Espernon essaya d'appaiser; mais n'y ayant pû parvenir, le Roy fit le voyage qui donna ordre à tout, s'asseurant de la place en laissant au duc d'Espernon le simple tiltre, et la puissance au sieur de Montigny; la suppression des requestes de Thoulouze; les sollicitations du comte Palatin en faveur du duc de Boüillon. Quelques princes d'Allemagne vindrent baiser les mains au Roy, lequel composa le different qui estoit entre le cardinal de Lorraine et le prince de Brandebourg, à cause de l'evesché de Strasbourg; les Jesuites firent instance au Roy pour leur restablissement en France, mais ils ne peurent encor rien obtenir. Sa Majesté visita madame de Bar, sa sœur, à Nancy, et s'en retournant à Paris, il eut advis de la mort de cette grande et genereuse Elisabeth, reine d'Angleterre, lequel accident nous fera diminuer le recit de plusieurs autres affaires, cestuy-là nous fournissant assez de matiere tout seul pour faire un grand discours. Auparavant lequel neantmoins nous vous ramentevrons encor le reste de ce qui se passa de plus important durant le reste de cette année 1603, comme vostre broüillerie avec monsieur le comte de Soissons pour avoir empesché l'establissement d'un grand impost sur les balots de toile sortant de Normandie et Bretagne; le passage de Taxis par la France, et en suitte celuy du connestable Velasque, pour essayer de descouvrir les intentions du Roy, et aller traitter une alliance en Angleterre; la retraitte du duc de Boüillon en Allemagne pour fuyr la presence du Roy; le synode tenu à Gap, dont il se fit grand bruict à cause d'un article qui offençoit le pape Clement; le restablissement des Jesuites pour le contenter; la demolition de la pyramide et la formation des Augustins reformez, les Recollects, des Carmes deschaussez, des Freres ignorans, des Fueillentines, Carmelites et Capucines, que nous laisserons travailler à leurs reformes, pour entrer en la representation des recueils que nous avons faits de vos dits, gestes, actions, discours et lettres à vous ou de vous et autres choses qui vous furent occurrentes en vostre voyage d'Angleterre, et que nous avons estimé pouvoir estre des dépendances, accessoires, precedences ou suittes de vos negociations estrangeres.

Vous nous permettrez, s'il vous plaist, de vous ramentevoir (pour ce que c'est chose qui nous a semblé avoir quelque liaison avec les Memoires que nous avons faicts de vostre voyage et negociation en Angleterre) ce que nous avons appris de vous, et que par ces discours nous apprendrons peut estre à d'autres, comme le Roy, apres que vous luy eustes porté ses jettons d'or et d'argent, du commencement de l'année 1603, vous manda un soir qu'il vouloit aller le lendemain visiter l'Arsenac, pour voir comme vous y advanciez toutes choses, tant pour les artilleries et armes que les munitions, et aussi pour vous parler de plusieurs affaires qu'il avoit en la fantaisie, lesquelles occupations consommeroient bien toute la journée; et partant vous falloit-il resoudre de luy donner à souper, mais avec six seulement, et tous gens qu'il sçavoit bien qui n'importuneroient ny luy ny vous, et par consequent ne vous empescheroient pas de considerer et dire tout ce que vous voudriez, et par ce moyen, auriez-vous assez de loisir pour luy faire voir tous ces estats dont vous le pressiez tous les jours, touchant vos charges des finances, de l'artillerie, fortifications, bastimens et ouvrages publics.

Toutes lesquelles choses ayans esté executées, selon son intention, et avec une representation plus grande de toutes choses qu'il ne s'estoit imaginé, et donné asseurance de l'augmenter encore tous les ans, à mesure que vous bonifieriez ses revenus et les aisances de ses peuples, il s'en alla promener sous les grandes halles aux canons et armes proches de la Bastille, d'où ayant fait esloigner tout le monde, il vous dit, ainsi que nous deux l'avons depuis sceu de vous : « Je voy bien « que ce que vous m'avez souvent reïteré du dire « d'un certain empereur que vous me nommiez, « ce me semble, Vespasian, se trouverra verita- « ble; que plus les roys possedent de grandes es- « tendües de pays et seigneuries, moins doivent-

« ils esperer d'estre en repos de corps et d'esprit, « d'autant qu'il survient tousjours de nouvelles « affaires qui requierent de la prevoyance et de « l'employ, ainsi que je l'experimente mainte- « nant : car aussi est-il vray que je ne suis jamais « sorty de grandes affaires que je n'aye eu be- « soin de m'employer en d'autres quasi non moin- « dres, et ne me suis pas plutost veu hors de cel- « les que j'ay euës avec le roy d'Espagne, M. de « Savoye, et des conspirations de M. de Biron et « sa sequelle qui n'estoit pas petite, que voicy « de nouvelles espines, lesquelles, quoy qu'en « effect elles ne soient pas si dangereuses, si ne « laissent-elles pas de me picquer l'esprit bien « serré, et trois entre les autres :

« La premiere, les restes des menées de M. de « Biron, les malices de messieurs de Boüillon, « de la Trimoüille, du Plessis et une quantité de « petites gens qu'ils employent par les provinces « pour me descrier dans icelles parmy ceux de « la religion, comme si j'avois des desseins ten- « dans à leur destruction, tout cela ne me fas- « chant pas tant pour les difficultez d'y apporter « remede, que pour ce qu'il me faudroit exercer « des rigueurs contre de mes anciens et familiers « serviteurs domestiques. La seconde, touchant « les dispenses necessaires à obtenir pour le ma- « riage de ma sœur avec M. de Bar, où je pense « recognoistre que je ne suis pas si bien servy « que je desirerois par ceux que j'y employe en « cour de Rome, eux, comme j'en ay eu des ad- « vis, n'estans pas marris des difficultez que l'on « y fait, sous esperance que, pour les surmonter, « elles se reduiront en fin à contraindre ma « sœur de changer de religion : ce que je ne « sçaurois faire sans exercer contre elle de gran- « des rigueurs et violences, qui seroit faire ce « que les autres trois cy-dessus desireroient, afin « de confirmer les bruicts qu'ils font courir que « je deviendray un jour persecuteur de ceux de « la religion, chose que mon cœur ne sçauroit « porter, eux m'ayant assisté lors que tout le « monde m'assailloit. Et la troisiesme sont les af- « faires de Mets, lesquelles il faut traicter bien « delicatement, à cause qu'estant ville d'Empire, « si je venois à la perdre, je n'aurois jamais droit « de la redemander, les broüilleries d'entre « M. d'Espernon, les Sobolles et les principaux « habitans de Mets, et pays Messin des deux re- « ligions, estans telles qu'il m'y faut remedier « promptement. Desquelles trois affaires vous « ayant desja plusieurs fois parlé, vous en sça- « vez autant que moy, et partant desirerois d'y « apporter les remedes necessaires pendant que « nous en avons le loisir, à cause des grandes « affaires où les Espagnols se sont tellement em-
« barrassez, qu'elles ne leur permettent pas de « penser ailleurs, comme sont celles de leurs mu- « tinez, celles du siege d'Ostande par eux, et de « celles de Grave et de Rimberg par le prince « Maurice et autres, qui sont là les causes pour « lesquelles je suis venu icy vous entretenir, afin « que vous m'en disiez librement vostre advis, « et puis je vous diray aussi le mien. »

Surquoy vous luy respondistes que, quant à M. de Boüillon et à sa sequelle de broüillons, vous vous en mocquiez ; dautant que laissant l'exercice libre à ceux de la religion, et ne les declarant point ny par parole, ny par effets, indignes de ses gratifications et des charges et dignitez de son royaume, il n'y aura jamais que des canailles qui se meslent de leurs fantaisies ; toutes les grandes villes sans gouverneurs, et nul des gouverneurs puissans des autres places n'estans pas si sots que de s'embarrasser dans de telles inepties, ne croyant pas mesme qu'il y ait une seule place qui aye les choses necessaires, pour soustenir un subit attaquement de quinze jours seulement. Et que quant aux deux autres affaires, vous estimiez qu'un prompt voyage vers la Lorraine, avec la Reine et toute la Cour, afin qu'il semblast que ce ne fust que par forme de visite, remedieroit à tout, ne faisant pour vous aucune doute qu'il ne reduise messieurs de Lorraine et de Bar à user de toutes telles sortes de bons traittemens envers madame sa sœur, qu'il sçauroit desirer ; et que cela bien recogneu à Rome par le Pape et par ses soliciteurs de dispences, devant qu'il fust six mois, il en auroit telle issuë qu'il voudroit ; ny ayant non plus de doute que quant aux affaires de Mets, que le grand embarras de toutes les parties les rendroit tous chiens couchans, sans faire autre chose que de tascher à rejetter les fautes de leurs intrigues les uns sur les autres. Surquoy le Roy vous dit qu'il estoit bien-aise de vous avoir entendu, pource qu'ayant eu les mesmes pensées, il en jugeoit les conseils dautant meilleurs qu'ils se rencontroient aussi bien conformes, et partant demeuroit-il resolu d'executer tout cela, sans aucun retardement, nonobstant les mauvais chemins qui luy rendroient, à son advis, une Coür bien crottée ; mais que pour donner ordre que les affaires ordinaires ne laissassent pas d'avoir leur cours, et mesme qu'il y eust quelqu'un auquel il se pust confier pour ses depesches et pacquets, il vouloit que vous demeurassiez à Paris. Qui est ce que nous avons appris de vous, à quoy nous adjousterons ce que l'un de nous (que vous aviez ordonné de suivre la Cour, pour vous advertir de tout ce qui s'y passeroit) a pû recueillir des affaires qui se sont passées durant ce voyage et sejour de Lorraine, dont le discours est tel.

Que les altercations, haines et animositez (toutes prestes à degenerer en combustions, seditions, mutineries et rebellions), qui estoient intervenuës entre le duc d'Espernon, les Sobolles, les habitans de Mets, des deux diverses religions et quelques-uns des dépendances du pays Messin, procedoient plutost de leurs interests particuliers et de l'authorité absoluë que chacun d'eux se vouloit arroger et s'y maintenir, que d'aucun desir et intention de bien et loyalement servir le Roy et leur patrie, s'estans tous là dessus tellement enaigris les uns contre les autres, qu'il n'y avoit que la seule presence et prudence du Roy, et l'ordre qu'il establit en cette affaire, qui pust remedier à tant d'intrigues et embarras, meslangez d'impostures, calomnies et suppositions; mais, outre ces deux pretextes tous apparens et publics, cinq causes et raisons secretes de beaucoup plus grande importance l'avoient fait acheminer en ces quartiers.

La premiere, de plus prompte execution et la plus pressante, estoit pour retirer la citadelle, la ville et le pays Messin, sinon de l'apparente, au moins de l'efficacieuse puissance, disposition et absoluë authorité de celuy qui durant sa faveur de delices de la Cour, y avoit dominé en souverain, lequel Sa Majesté sçavoit bien (et en parloit quelquefois assez, et peut estre trop librement) ne l'avoir jamais gueres aymé, ny servy de cœur et d'affection, mais avoir esté tant imprudent, quelque grande inégalité de condition qui fust entre l'un et l'autre, de l'avoir souvent contre-quarré et contesté obstinément plusieurs choses contre luy, comme de pair à compagnon, du temps de son grand credit aupres du roy Henry III; qu'il sceut bien que lors de la mort d'iceluy il avoit essayé d'empescher qu'il ne fust recognu pour Roy, traversé l'establissement de son authorité royale, autant qu'il luy avoit esté possible, tasché de s'establir et de se maintenir en des gouvernemens et charges contre sa volonté, et qu'il ne doutast point qu'il ne fust d'humeur, affection et faction pour avoir incessamment en aversion ses hauts et magnifiques desseins. La seconde, pour essayer de trouver les moyens propres pour mesnager les occasions de rejoindre la Lorraine avec le royaume de France, sans prejudicier aux droicts de l'Empire ni libertez des peuples. La troisiesme, pour essayer, par son approchement d'Allemagne, de renoüer quelques intelligences qui paroissoient prestes de s'alterer entre quelques-uns des princes protestans d'icelle, qui estoient de sa confidence et particuliere association en desseins. La quatriesme, pour rafraischir et raffermir toutes ses autres amitiez, liaisons et confederations, tant d'une religion que d'autre, avec tous ceux qui estoient enclins à embrasser ses hauts et magnifiques projets et desseins. Et la cinquiesme, pour essayer, comme amy commun, de terminer à l'amiable plusieurs differends que, par les plaintes à luy faites, il avoit entendu y avoir entre quelques princes, estats, et villes catholiques et protestantes de la Germanie: surquoy, entre les autres, Sa Majesté obligea tellement, et avec tant d'équanimité, les maisons de Brandebourg et de Lorraine, et la ville de Strasbourg, et quelques autres princes et villes, que la pluspart des autres grands princes d'Allemagne se disposoient de luy aller faire la reverence, requerir son amitié et luy offrir leur service en personnes, s'ils eussent peu avoir le loisir de ce faire. Mais le prompt retour de Sa Majesté en France, à cause de la mort de la reine d'Angleterre, fut le subject que grande partie d'iceux, ne pouvant comparoistre avec la pompe et magnificence qu'ils preparoient, furent contraincts de s'acquitter de ce devoir par ambassadeurs, et qu'il n'y eut que le cardinal de Lorraine, les ducs de Lorraine et de Bar, le duc des Deux Ponts, le prince de Brandebourg et de Pomeranie, le landgrave de Hessen et trois ou quatre princes des plus proches voisins du Rhin, qui vinssent en personne à Mets.

Le roy donc ayant appris au vray, comme il a esté dit cy-dessus, les nouvelles de la mort de cette magnanime et sage Elizabeth, reine d'Angleterre et d'Irlande, il en receut tous les ennuis et desplaisirs que pouvoit meriter une si grande perte, et aussi-tost jetta les yeux sur vous, comme vous estimant le plus propre de tous ses serviteurs, qu'il pouvoit employer pour essayer d'establir une pareille confidence qu'il avoit avec elle, entre luy et son successeur; dequoy il vous advertit incontinent par une sienne lettre dont la teneur ensuit.

Lettre de la main du Roy à M. de Rosny.

Mon amy, j'ai eu advis de la mort de ma bonne sœur la reine d'Angleterre, qui m'aymoit si cordialement, et à laquelle j'avois tant d'obligation. Or, comme ses vertus estoient grandes et admirables, aussi est inestimable la perte que moy et tous les bons François y avons faite; car elle estoit ennemie irreconciliable de nos irreconciliables ennemis, et tant genereuse et judicieuse, qu'elle m'estoit un second moy-mesme, en ce qui regardoit la diminution de leur excessive puissance, contre laquelle nous faisions elle et moy de grands desseins, ce que vous sçavez aussi bien que moy, vous y ayant employé. J'ai donc fait cette perte irreparable (au moins, selon mon advis) au temps que je me pensois davantage prevaloir de sa magnanimité et constante resolution, et que mes affaires s'en alloient les mieux disposées pour me conjoindre efficacieusement avec elle; ce qui me comble d'un ennuy et desplaisir extréme, n'osant me promettre de trouver autant de generosité, de cordiale affection envers moy, et de ferme resolution à diminuer nos ennemis communs, en son successeur; vers lequel me resolvant d'envoyer pour sentir ses inclinations, et essayer de le disposer à imiter sa devanciere, j'ay aussi-tost jetté les yeux sur vous, comme celuy de tous mes bons serviteurs, par lequel je puis le plus confidemment traitter avec luy de choses si importantes, tant à cause de l'amitié que chacun sçait que je vous porte, de la religion que vous professez, que pour vous estre acquis envers luy la reputation d'avoir eu la franchise et d'estre homme de foy et de parole. Preparez-vous donc à faire ce voyage, et disposez en sorte mes affaires, qu'elles puissent avoir leur cours ordinaire pendant vostre absence, sans aucun mien prejudice. Soyez moy tousjours loyal, car je vous ayme bien et suis fort content de vos services. Adieu, mon amy.

De Nancy, ce 10 avril 1603.   HENRY.

En ce voyage de Mets, les Jesuistes de Verdun se sentant appuyez du sieur de La Varenne, qui avoit choisi la faveur de ces gens-là pour eslever luy et les siens, firent de grandes instances pour infirmer les arrests de la cour de parlement donnez contr'eux; mais pour cette fois ils ne pûrent rien obtenir. Le Roy estant sur le poinct de son retour, vous escrivit une lettre par laquelle il vous mandoit de le venir rencontrer par les chemins à quinze ou vingt lieues de Paris, afin qu'il eut plus de loisir de vous entretenir tant sur l'estat où estoient les affaires, et ce qui s'estoit passé en icelles pendant son absence, que sur ce qu'il devroit resoudre pour vostre voyage d'Angleterre, qu'il jugeoit de plus en plus estre du tout nécessaire, ayant appris que les Espagnols et les archiducs se resolvoient de faire toutes sortes d'efforts pour se restraindre d'alliance avec ce nouveau Roy, et l'alliener de la sienne, dequoy il discourroit plus amplement avec vous à vostre arrivée. Suivant laquelle lettre vous le fustes rencontrer à Monglat, dequoy il fut fort aise, à cause, comme il vous dit, que n'estant qu'une maison particuliere, il auroit peu de gens avec luy, et par consequent plus de loisir à vous entretenir.

A vostre arrivée il vous embrassa par trois fois, vous conta tout haut ce qu'il avoit veu et fait de plus remarquable au veu et sceu d'un chacun pendant son voyage; et apres vous avoir enquis de ses bastimens, de ceux que vous faisiez faire à l'Arsenac, et de la quantité de canons, armes et munitions que vous aviez lors (lequel, suivant ce que vous sçaviez estre de son intention, vous ne diminuastes pas, afin d'entretenir vostre reputation), il vous prist par la main, vous mena dans un jardin tout seul, fit fermer la porte et y tenir des archers de la garde, afin que nul n'entrast; et en se promenant il vous reïtera, avec grande amplification, tout ce qu'il vous avoit escrit touchant la feuë reine d'Angleterre, et les projets qu'ils faisoient de se conjoindre ensemble, et associer à leur union les Venitiens, les Pays-Bas et villes d'Allemagne protestantes, pour travailler puissamment à la diminution de cette tant ample domination de la maison d'Austriche par la liberation des estats et peuples qui desireroient de s'en distraire.

Puis, entrant sur le fait de vostre voyage, il vous dit : « Vous sçavez mieux que nul autre si
« j'ay esté contraint de patienter beaucoup de
« choses qui me déplaisoient, de m'accommoder
« aux diverses factions et passions de mes sujets,
« et si ces procedures ne m'ont pas enfin succedé
« tant heureusement, qu'en continuant d'user de
« prudence et de discretion, je me sers utilement
« de tous, quelques défauts qu'il y puisse avoir
« en aucuns. Mon royaume, ainsi que nous le dit
« tousjours La Riviere, ressemblant à ces boutiques de droguistes qui ne sont pas seulement
« remplies de choses douces et odorantes, mais
« aussi de poisons et mauvaises senteurs; et moy
« à ces excellents medecins qui sçavent si bien
« corriger et approprier les choses, que ce qui de
« sa nature seroit poison, est rendu propre à
« conserver la santé; tellement qu'en usant des
« bons et des mauvais en cette maniere, et les
« discernant comme il appartient, je ne laisse
« rien d'inutile. Mais pour tout cela les affections
« des partis, formez de longue main, n'estans pas
« entierement arrachées des cœurs, il y a quelquesfois de mes plus proches et plus employez
« serviteurs, lesquels, par des discours tirez de
« loin, que je ne laisse pas de descouvrir, voudroient bien essayer de me divertir d'une alliance et confidence tant restrainte avec les
« princes, estats et communautez de religion
« contraire à celle dont je fais maintenant profession, et à me lier du tout avec les autres.
« Mais ne voyant nulle seureté en ce dernier, et
« ne se pouvant mesme tenter sans une trop
« grande diminution de la faction françoise dans
« la chrestienté et un excessif accroissement en
« celle qui luy est contraire, je me resouds de

« me tenir plus uny que jamais avec les anciens « alliez de cette couronne, et mes amis intimes « bien esprouvez, ne laissant pas neantmoins de « faire bonne mine à chacun.

« Or, vous ay je dit tout cecy pour ce que de-« sirant, comme je vous l'ay escrit, vous en-« voyer en Angleterre, il y a bien des choses « generales à traitter, desquelles je pourray dis-« courir avec vous en presence de mes autres « serviteurs, vous en donnant la charge et mesmes « leur faire dresser vos instructions sur ce sujet. « Mais aussi y en a-il d'autres particulieres que « j'ay en l'esprit, lesquelles doivent estre tenuës « secretes entre vous et moy, dautant que je « desirerois d'essayer s'il y auroit moyen de dis-« poser ce nouveau Roy à suivre en tout et par « tout les projets et desseins que nous avions faits, « comme vous le sçavez, avec la feuë Reine sa « devanciere, ma bonne sœur; et de plus luy « proposer encore une alliance plus estroite par « les mariages de nos enfans : toute ma difficulté « consistant en la forme de luy en faire les ou-« vertures, de crainte que si ce prince est d'un « esprit mol et du tout porté à la vie pacifique « avec tous, il n'essayast de tirer advantage de « telles propositions, soit en se prevalant d'icelles « envers mes ennemis, soit en refusant mon al-« liance à cause de la religion : ce qui me tour-« neroit à honte et desplaisir tout ensemble, et « partant pourroit estre cause d'alterer l'amitié « qui doit estre entre nous pour nostre commune « conservation et accroissement.

« Or, ayant passé et repassé infinies fois tou-« tes ces difficultez et inconveniens par mon es-« prit, j'ay en fin trouvé (au moins ce me sem-« bloit-il) un expedient propre pour les eviter « entierement, qui seroit de ne vous faire traitter « en mon nom et comme mon ambassadeur, sinon « des condoleances et conjouyssances necessaires « en une telle occasion, et des affaires publiques « et generales qui ont accoustumé d'estre traittées « en semblables conjonctures. Et quant aux au-« tres n'en parler que comme de vous mesmes et « comme y estant porté par l'affection particu-« culiere que vous direz luy porter, et à vostre « commune religion, afin que s'il les approuve « et agrée, vous puissiez faire semblant de me « les vouloir proposer et essayer de m'y porter « semblablement. » A quoy vous respondistes à Sa Majesté que, dautant plus que son esprit es-toit vif et fertile en rares inventions, dautant plus meritoient-elles d'estre exactement exami-nées et soigneusement considerées avant que d'en pouvoir dire vostre advis; et pour ces raisons le supliez-vous de vous donner quatre jours pour y penser, lesquels, apres plusieurs autres discours sur ce sujet, il vous accorda.

Or, vous estans ainsi separez, le Roy prit le chemin de Jully et vous celuy de Paris pour ce que vous estiez en poste : auquel lieu Sa Majesté estant arrivée et le temps qu'elle vous avoit donné, passé, elle vint à l'Arsenaç comme pour voir seulement les galleries que vous y faisiez cons-truire, et la quantité d'artilleries, armes, mu-nitions, outils et ustensilles que vous y aviez desja mis ensemble; puis s'estant quelque peu promené sans vous dans vostre grande allée avec les uns et les autres, en leur loüant vostre vigi-lance et diligence, tous les accommodemens que vous aviez faits en ce lieu-là, et ceux que vous projettiez d'y faire, il vous appella, et vous ayant mené selon sa coustume sur le bout de ladite allée fait en forme de balcon, duquel on voit tout Paris, et ayant fait retirer un chacun, il vous demanda si vous aviez suffisamment pensé aux propos qu'il vous avoit tenus à Monglat pour y faire une responce absoluë. Surquoy vous re-partistes aussitost :

Que luy ayant pleu de vous le commander ainsi, vous n'aviez eu garde d'y manquer, et qu'apres en avoir espluché toutes les circons-tances, vous trouviez l'expedient par luy inventé, ainsi que toutes ses autres œuvres, non seule-ment bon, mais admirable et tres-asseuré pour eviter tous les inconveniens qui pouvoient re-garder sa personne, ses enfans, son Estat et ses affaires, mais non pas les perils qui vous me-naçoient en l'execution et apres icelle, dautant que pour parvenir à la confidence requise avec ce Roy pour le disposer à bien recevoir de vous des propositions de si grande importance, à vous en dire librement et franchement tous ses senti-mens, et vous prier de les luy proposer, estant de retour en France, et essayer de faire approu-ver, comme vous voyez que telle estoit l'intention de Sa Majesté, il vous seroit necessaire d'user de telles paroles pour tesmoigner vostre zele envers la religion et vostre entiere devotion à son ser-vice, que si un jour tels discours, comme ils estoient sujets d'estre portez des uns aux autres et de s'augmenter tousjours en chemin faisant, venoient à estre rapportés à Sa Majesté, lors que les occasions des affaires et raisons d'icelles seroient passées, par personnes mal intentionnées en vostre endroit, ils pourroient estre tellement amplifiez et exaggerez, ou elle se trouveroit en si mauvaise humeur qu'elle ne manqueroit ja-mais d'en prendre des jalousies et defiances à vous tres-dommageables, sur tout si l'oubliance auroit une fois passé par dessus les difficultez qu'il auroit fallu surmonter pour l'execution d'un si haut dessein ; non que vous pretendissiez par un tel discours vous exempter de suivre absolument ses volontez, mais afin seulement qu'il n'eust point desagreable les precautions que vous recherchiez pour éviter ces inconveniens, lesquels se pouvoient, selon vostre advis, garantir par le moyen d'une petite instruction escrite de sa propre main, en laquelle ses intentions fussent clairement expliquées, afin que si jamais quelqu'un essayoit de luy faire trouver mauvais ce que vous auriez fait, Sa Majesté se pust tant mieux ressouvenir que le tout se seroit passé suivant son commandement expres.

Lequel propos, apres que le Roy y eut un peu songé, il vous dit trouver tres-raisonnable. Et de fait, avant que de partir pour vostre voyage, il vous bailla cette instruction toute escrite et signée de sa main, mais qu'il cachetta apres vous l'avoir leuë, par laquelle il vous ordonnoit de n'espargner nulle sorte de paroles ny d'actions que vous estimassiez propres pour vous mettre en une confidence toute entiere avec le roy d'Angleterre et ceux qui auroient credit aux affaires, et leur faire croire que vous estiez tellement zelé en vostre religion, que vous en prefereriez la subsistance et accroissement à vostre propre Roy, maistre et patrie, et portiez telle affection à sa personne royale d'Angleterre et à sa grandeur, que s'il eust esté le vostre naturel. En suitte dequoy vous luy feriez, comme de vous mesmes et comme si c'estoit chose que vous craignissiez mesme qui parvinst à la cognoissance de vostre Roy par autre voye que la vostre, toutes les ouvertures dont vous auriez discouru ensemble, la substance desquelles nous ne sçaurions pas dire avoir sceu de vous par paroles expresses, dautant que vous en ayans quelquesfois parlé pour en apprendre quelque chose, vous ne nous avez jamais fait autre responce, sinon que c'estoient lettres closes et non patentes ; mais bien depuis en avons nous pensé conjecturer quelque chose par aucunes de vos paroles entrejettées, magnifiant les grands desseins du Roy ; mais plus clairement en avons nous estimé recognoistre quelque partie en general seulement, par les divers r'assemblages que nous avons faits à diverses fois dans vostre petit cabinet de derrière, aux ormoires vertes, sous la table duquel vous aviez jetté plusieurs papiers comme inutiles, entre lesquels il y avoit plusieurs minutes de lettres par vous escrites au Roy et des responces des siennes à vous, quelques discours encommencez, d'autres deschirez à demy, d'autres corrigez et raturez comme minutes, de diverses sortes de projects sur des affaires d'importance, et parlant de grands desseins du Roy ; mais tout cela tellement mutilé, embroüillé et si fort destitué de ses suittes necessaires pour en prendre et donner l'intelligence, que nous avons mieux aimé nous en taire, et nous contenter d'inserer icy la coppie d'un certain Memoire de quelques poincts et articles pour presenter au Roy, quoy qu'il soit seulement en forme de questions non respondues, et les choses dont il est parlé si generales, que l'on n'en puisse aussi apprendre la consequence que fort generalement ; le Memoire estant corrigé, raturé et entre-ligné, lequel remis par nous au net, s'est trouvé tel que s'ensuit.

Memoires pour sçavoir de Sa Majesté sur lesquels des poincts il trouvera bon que M. de Rosny fasse des propositions seulement.

« Premierement, si ce ne seroit pas chose à desirer que chacun voulust suivre tout ce qui avoit esté convenu entre le roy de France et la reine d'Angleterre en l'année 1601.

« Plus, s'il ne seroit pas à desirer que de tous les Estats et peuples de la chrestienté d'Europe, l'on pust former une seule republique.

« Plus, s'il ne seroit pas à desirer que toutes les puissances terriennes d'icelle peussent estre reduites à quinze sortes de dominations souveraines, dans lesquelles et sous lesquelles peussent estre compris tous les peuples tres-chrestiens de l'Europe.

« Plus, s'il ne seroit pas à desirer de pouvoir trouver le moyen de faire subsister cette republique tres-chrestienne tousjours pacifique en elle mesme et entre toutes les dominations dont elle seroit composée.

« Plus, s'il ne seroit pas à desirer de pouvoir rendre à peu pres toutes ces quinze dominations esgales en estenduë de pays, Estats, force, puissance et authorité, afin qu'ils n'eussent rien à craindre les uns des autres, ny cause de se porter envie, jalousie ou haine.

« Plus, s'il ne seroit pas à desirer qu'il n'y eust jamais plus de disputes, noises, haines, troubles ny guerre entre les diverses religions.

« Plus, s'il ne seroit pas à desirer de restablir l'empire de Germanie et les electeurs, prelats, princes et villes d'iceluy en leur ancien droit de libre election de leur Empereur.

« Plus, s'il ne seroit pas à desirer de donner des bornes et limites si certaines et bien ajustées aux dominations limitrophes les unes des autres, qu'il ne pust jamais intervenir disputes, noises ny diversité de pretentions pour ce sujet.

« Plus, s'il ne seroit pas à desirer de vuider toutes les diverses pretentions des potentats tres-chrestiens, en sorte qu'ils ne peussent jamais en disputer.

« Plus, s'il ne seroit pas à desirer de voir les plus grands potentats et le plus grand nombre d'iceux s'associer et confederer, voire se rendre freres d'armes pour maintenir et faire observer les choses proposées pour le bien universel de la republique tres-chretienne.

« Plus, s'il ne seroit pas à desirer de pouvoir en sorte deschargcr ces quinze dominations des despences extraordinaires ausquelles ils estoient obligez à cause des dissentions où ils entroient les uns contre les autres, qu'une telle espargne fust suffisante pour former et souldoyer des armées capables de mener une guerre continuelle contre les infideles.

« Plus, s'il ne seroit pas à desirer que tous les potentats fussent obligez à nommer des arbitres pour composer tous les differends qui pourroient intervenir pour leurs successions et partages d'icelles.

« Plus, s'il se trouve dans la chrestienté d'Europe quelques peuples, Estats ou provinces desquels la domination fut pretenduë par pluralité de grands princes, et par eux-mesmes sur eux-mesmes, et desquels la situation fut telle, que la possession absoluë d'iceux pust faire naistre de tels ombrages et jalousies aux potentats voisins, qu'ils peussent engendrer des guerres continuelles, dommageables à tous, s'il ne seroit pas à desirer de les pouvoir establir en une telle forme de gouvernement, qu'elle peust estre commode au general de la chrestienté.

Or, quoy que nous ne sçachions pas bien à la verité ce que contenoit vostre instruction secrete et particuliere que le Roy vous avoit luy-mesme baillée, si elle estoit escrite de sa propre main ou de celle de M. de Lomenie, si ces Memoires en forme de questions y estoient inserez ou non, ny quels particuliers commandemens vous aviez receus sur toutes ces choses, si sçavons-nous bien que le Roy, lors que vous pristes congé de luy, vous embrassa, bailla sa main à baiser, puis vous dit : « Adieu, mon amy, allez, et faites aussi « bon voyage que je le desire et l'espere de vostre « loyauté, prudence et capacité, me confiant tel-« lement en vous, que je remets les executions « de ce que je vous ay ordonné en particulier, à « vostre jugement, pour en user selon que les « temps, l'estat des affaires et la disposition des «-esprits avec lesquels vous aurez à traitter et ne-« gocier vous en donneront le moyen. »

Les choses et affaires dont est fait mention dans ce chapitre ayans esté ainsi examinées et projettées, le Roy se resolut d'aller à Fontainebleau, pour y faire vos dépesches d'Angleterre, où toute la Cour le suivit, excepté le conseil, qu'il avoit remis à partir trois jours apres, afin qu'il eust ce petit loisir tout libre pour voir ses bastimens, jardinages et petites nourritures de divers animaux des plus rares. Mais le lendemain le conseil fut contremandé, à cause que le Roy estoit tombé malade d'une retention d'urine si grande, que les medecins desesperans quasi de sa vie, et luy n'en ayant pas meilleure opinion, il tourna toutes ses pensées à Dieu, et au soin d'establir un tel ordre au gouvernement et conduite des affaires du royaume, qu'il n'y pust arriver d'alteration. Et sur ce dessein, il vous escrivit une lettre telle que s'ensuit :

« Mon amy, je me sens si mal qu'il y a grande « apparence que le bon Dieu veut disposer de « moy. Or estant obligé, apres le soin de mon « salut, de penser aux ordres necessaires pour « asseurer ma succession à mes enfans, les faire « regner heureusement à l'advantage de ma « femme, de mon Estat, de mes bons serviteurs « et de mes pauvres peuples, que j'ayme comme « mes chers enfans, je desire conferer avec vous « de toutes ces choses avant que d'en rien resou-« dre. Partant venez me trouver en diligence « sans en rien dire à personne ny donner aucune « allarme; faites seulement semblant de vouloir « venir au presche à Ablon, et y ayant fait se-« crettement trouver des chevaux de poste, ren-« dez-vous ce jour mesme en ce lieu. »

Comme vous fistes, et trouvastes le Roy au lict, la Reine assise à son chevet, qui luy tenoit l'une de ses mains entre les deux siennes; lequel, si tost qu'il vous vid, il vous tendit l'autre main, et vous dit : « Venez m'embrasser, mon amy, « je suis merveilleusement aise de vostre venuë, « car c'est une chose estrange, que deux heures « apres vous avoir mandé, j'ay commencé d'estre « un peu soulagé de mes grandes douleurs, les-« quelles s'en vont peu à peu, ayant desja pissé trois « fois, et la derniere quasi à plein canal et sans « forte douleur. » Puis se tournant vers la Reine, il luy dit : « Mamie, voila celuy de mes servi-« teurs qui a le plus de soin et d'intelligence des « affaires du dedans de mon royaume, et qui « vous eust le mieux servy et mes enfans aussi, « s'il fust arrivé faute de moy. Je sçay bien que « son humeur est un peu brusque et quelques-« fois trop libre à un esprit fait comme le vostre, et « que force gens sur cela luy eussent rendu de « mauvais offices aupres de mes enfans et de vous, « afin de l'en esloigner. Mais si jamais telles oc-« casions se presentent, et que vous vous serviez « de tels et tels (qu'il luy nomma tout bas à l'oreille, et que je ne sçay si vous avez sceu quels ils estoient, car nous n'en avons jamais pû rien apprendre de vous), en croyant absolument leurs « conseils, et ne suivez ceux de cette homme là, « vous ruynerez les affaires de l'Estat, et peut « estre le royaume, més enfans et vous mesme. « Or, l'avois-je mandé tout exprés, afin d'adviser « avec vous et luy, aux moyens pour empescher « tels accidens ; mais graces à ce bon Dieu, je « voy qu'il ne sera point encore besoin de telles « precautions, me sentant quasi du tout soulagé, « tellement que j'auray du temps pour y penser « et vous bien instruire de mes affaires et de mes « intentions. » Et dés le lendemain l'on despecha courriers de toutes parts pour asseurer de la santé du Roy, car il en avoit couru de mauvais bruits. Il voulut, avant que de vous en retourner, que vous le vissiez pisser par deux fois ; ce qu'il fit avec telle facilité que tout danger en estoit dehors.

Trois jours apres que vous fustes de retour à Paris, M. de Ville-roy vous escrivit la lettre que s'ensuit.

Lettre de M. de Ville-roy à M. de Rosny.

Monsieur, je r'envoye ce porteur à M. de Beaumont qu'il nous avoit cy-devant despesché ; le Roy a trouvé bon l'advertir, par luy, de sa convalescence, car il ne doute point que l'on n'ayt escrit diversement de sa maladie. Il est à propos aussi qu'il sçache les causes de vostre retardement, fondées sur celuy du baron du Tour et sur la faute qu'il a faite, de n'avoir annoncé à Sa Majesté la mort de la Reine, et l'assomption et recognoissance du roy d'Angleterre, et pareillement sur l'indisposition survenuë à Sa Majesté ; advisez, s'il vous plaist, à escrire quelque chose par luy. Ledit Roy arriva à Londres le 17 de ce mois, M. du Tour devoit prendre congé de luy le lendemain, tellement que je croy que nous le verrons bien-tost. En verité Sa Majesté se porte à présent tres-bien, graces à Dieu, comme vous dira M. Zamet, qui part cette nuict pour aller par delà. Je prie Dieu, etc.

De Fontaine-bleau, le 24 may 1603.

DE NEUF-VILLE.

Lettre de la main du Roy à M. de Rosny.

Mon cousin, je vous remercie des deux portraicts que vous m'avez envoyez, du roy et de la reine d'Angleterre, comme aussi de vos conseils pour ma santé, lesquels je suivray desormais. Je vous diray que hier matin, M. de La Riviere me fit seigner du bras gauche, et si à propos, que maintenant je me porte mieux, Dieu mercy, ayant assez bien reposé toute la nuict et sans fièvre ; de façon que je pense qu'il ne faut plus faire autre chose que de me renforcer ; car, pour le reste, tout va de mieux en mieux, Dieu mercy. Bon jour mon cousin.

Ce samedy matin, 24 may 1603. HENRY.

Lettre de la main du Roy à M. de Rosny.

Mon cousin, je vous despesche ce courrier exprés, et vous faits ce mot pour vous dire que j'ay fort entretenu le baron du Tour, d'où il vient pour mon service où il faut que vous vous acheminiez. C'est pourquoy je vous prie d'estre icy demain au soir, afin que nous puissions resoudre vostre despesche, et le jour de vostre partement. Pour les nouvelles de ma santé, je vous diray qu'elle va en augmentant et que je me porte tres-bien, Dieu mercy, lequel je prie vous avoir en sa saincte et digne garde.

Ce mardy à dix heures du soir, 27 may, à Fontaine-bleau. HENRY.

En suite de la lettre cy-dessus, Sa Majesté vous en escrivit une autre pour donner à la seigneurie de Venise une paire de ses armes, avec lesquelles il avoit combattu, d'autant qu'elle luy en avoit fait requerir, afin, comme ils luy mandoient, de les eslever en lieu éminent et honorable, pour commemoration de ses vertus admirables à la posterité : à quoy vous ne manquastes pas.

Sa Majesté se sentant absolument guerie et trouvant le chaud trop grand parmy ces sablons de Fontaine-bleau, s'en revint à Paris. Et, deux jours apres, il assembla messieurs de Bellievre chancelier, vous, de Ville-roy, de Maisses et de Sillery, avec lesquels il resolut le jour de vostre partement pour le voyage d'Angleterre ; et comme il voulut faire travailler à vos despesches et dresser vos instructions visibles, vous luy dites : « Sire, j'ay veu, en venant en vostre ca- « binet, M. le comte de Soissons dans vostre « chambre, et combien qu'il ne m'ayme pas plus « que de raison, si ne laisse-je pas de desirer « qu'il soit present lors que vostre Majesté me « declarera ses intentions sur ma charge d'am- « bassadeur, et mesme cela sera, ce me semble, « bien seant, vous estant si proche. » A quoy le Roy vous respondit : « A la verité, vous m'avez « fait plaisir, car je ne sçavois pas qu'il fust là ; « mais laissez moy mesnager cette ouverture ; « car cognoissant son esprit, je m'en serviray « pour former une reconciliation entre vous « deux ; » comme il fit.

Deux jours apres, M. le comte de Soissons vous rencontrant, comme vous entriez au logis du Roy, il vous dit qu'il avoit sceu de bon lieu, que vous luy aviez rendu un office honorable qu'il n'attendoit nullement de vous, duquel il ne vouloit point estre mescognoissant, mais vous en remercier, oublier tout ce qui s'estoit passé de mal entendu entre vous, et devenir de vos bons amis. En laquelle disposition il ne demeura pas, neantmoins, bien long-temps, ne luy estant pas possible d'estre mal content du Roy, qu'il ne vous tesmoignast quelque mauvaise volonté.

L'instruction generale qui vous fut donnée pour l'Angleterre, estoit signée du Roy, et contre-signée de M. de Ville-roy, telle que s'ensuit.

CHAPITRE CXV.

Instructions officielles données à Rosny pour son ambassade en Angleterre. Instructions secrètes. Lettres du roi et de la reine de France au roi et à la reine d'Angleterre.

« Ledit marquis commencera sa premiere audience, en laquelle il se presentera vestu en deuil, par se condouloir avec ledit Roy, au nom de Sa Majesté, de la mort de la feuë reine d'Angleterre, et usera pour ce faire des termes qu'il cognoistra, estant sur les lieux, estre plus propres et convenables, tant pour accomplir cet office dignement, comme le merite l'heureuse memoire de ladite Dame, et les plaisirs que Sa Majesté a receus de son amitié, que pour le rendre plus agreable audit Roy, et tesmoigner à un chacun la gratitude de Sa Majesté envers la defuncte.

« Apres il se conjoüira, avec ledit Roy, de son heureuse inauguration et assomption audit royaume, qui a esté favorisée de Dieu, vray protecteur de l'equité, et des communs vœux et universels des trois ordres et Estats dudit royaume, lesquels il asseurera ledit Roy avoir esté aussi accompagnez de celuy de Sa Majesté, avec l'affection protestée et promise audit Roy, et tesmoignée en tous lieux et par toutes ses actions, devant l'ouverture de la succession dudit royaume, ainsi que le pourra representer plus particulierement ledit marquis, pour avoir tresbien sceu l'interieure intention de Sa Majesté pour ce regard, et les divers offices qu'elle a faits en plusieurs occasions et endroits, en faveur du roy d'Angleterre, ayant tousjours aymé sa personne, mesme par inclination naturelle, loüé ses mœurs, et fait entier estat de son amitié.

« Ledit sieur marquis fera les mesmes offices envers le Roy, au nom de la Reine.

« Iceux accomplis, il dira audit Roy que Sa Majesté a esté tres-aise d'entendre, tant par ledit sieur Parey qu'il a confirmé son ambassadeur, que par sa lettre escrite le 16 dudit mois d'avril, qui ne luy a esté presentée que le 28 dudit mois de may ensuivant, qu'il ayt volonté de continuer et entretenir l'amitié et les traittez que la feuë reine d'Angleterre avoit avec Sa Majesté, comme ceux qui ont esté contractez entre leurs Majestez à cause du royaume d'Escosse; luy declarera que sadite Majesté a la mesme volonté et de procurer en sorte l'observation desdits traittez, que leurs Majestez et leurs communs sujets en tirent toutes sortes de commoditez, libertez et advantages, en remediant et pourvoyant diligemment et soigneusement à tout ce qui pourroit interrompre ou empescher, par mer ou par terre, directement ou indirectement, l'effet desdits traittez; se promettant que ledit roy d'Angleterre fera le semblable de son costé, dequoy il sera prié par ledit marquis au nom de Sa Majesté.

« Ensuitte du propos de l'entretenement et observation des traittez, ledit sieur marquis, non à sa premiere audience, mais quand il rencontrera l'opportunité, parlera audit Roy des pirateries des Anglois sur les sujets de Sa Majesté, lesquelles il luy dira avoir esté si frequentes depuis le regne du Roy, et principallement depuis la paix de Vervins, tant en la mer Oceane qu'en celle du Levant, sous pretexte de la guerre que lesdits Anglois avoient avec lesdits Espagnols, qu'il a esté verifié que les prises faites par eux sur lesdits sujets de Sa Majesté, dont il n'a esté fait aucune reparation et justice, excedent la valeur d'un million d'or, ce qui a destruit entierement le commerce au dommage inestimable des sujets de sadite Majesté et au prejudice desdits traittez, de l'observation desquels Sa Majesté a esté neantmoins si religieuse et jalouse pour le respect qu'elle portoit à l'amitié de ladite Reine, qu'elle a mieux aimé dissimuler et endurer lesdites pertes que d'y appliquer d'autres remedes; s'estant contentée d'en reïterer souvent les plaintes à ladite Dame, laquelle a tousjours declaré et commandé y estre pourveu. Mais comme l'effet ne s'en est ensuivy de son vivant, ledit sieur marquis dira audit roy d'Angleterre que Sa Majesté se promet qu'il y fera donner tel ordre, que tels desordres seront reparez pour le passé, et refrenez pour l'advenir, comme il convient à leur bonne amitié et au commun bien de leurs subjects : estant certain que lesdites pirateries incommodent et ruynent plus le public, et apportent plus de blasme à ceux qui les permettent et authorisent, qu'elles n'accommodent les particuliers qui y contribuent, et ne servent aux affaires des princes qui les tolerent.

« Pareillement il faut se resouvenir du desavantage et prejudice qu'ont les sujets de Sa Majesté en leur commerce avec les Anglois par lesdits traittez, et nommément par celuy qui fut fait par le feu roy Charles IX, l'an 1572, par lequel il fut accordé ausdits Anglois des libertez en France, qui sont interdites en Angleterre aux François; ce qui a souvent excité de telles plaintes et murmures entre les marchands de part et d'autre, qu'il a esté tout besoin que Sa Majesté ayt interposé son authorité pour conserver et entretenir la bonne correspondance qui y doit estre.

« Et faut considerer que tel traitté fait par le feu roy Charles n'eut lieu, tant qu'il vescut, à cause des troubles de la Sainct Barthelemy, dont la suitte dura autant que le reste de son regne, et qu'il n'a esté mieux observé durant celuy du feu roy Henry dernier, à cause de la mauvaise intelligence qui estoit entre luy et ladite reine d'Angleterre, laquelle divertissoit et empeschoit ordinairement l'entre-cours du commerce d'entre leurs sujets.

« Tellement que nous pouvons dire que ledit commerce n'a esté libre entr'eux que depuis l'advenement de Sa Majesté à la couronne; mais il est certain que telle inégalité et difference de traittement retient et empesche les sujets de Sa Majesté de trafiquer en Angleterre, comme ils feroient si l'on y avoit pourveu; et que cela engendre, entre les marchands, de grandes plaintes et clameurs qu'il convient à la bonne amitié qui est entre leurs Majestez, faire cesser au plutost pour le commun bien de leurs sujets et royaumes, et affermir davantage leurdite amitié et bonne voisinance.

« Toutesfois ledit marquis s'abstiendra de parler de ce fait audit roy d'Angleterre, ny à ses conseillers et ministres, si estant sur les lieux il recognoist n'estre à propos de le faire, afin de ne donner sujet aux envieux de leur union et bonne amitié, de donner des doutes audit roy d'Angleterre de la volonté et sinceritè de Sa Majesté à l'observation desdits traittez au commencement de son regne, et sur l'incertitude et irresolution presente des affaires publiques.

« Car il importe tant à l'un et à l'autre roy de se maintenir ensemble en union, bonne amitié et intelligence, pour les raisons que ledit sieur de Rosny sçaura tres-bien representer, qu'il faut estre à present aussi soigneux d'en mesnager et conserver la reputation que l'effet, jusques à ce que nous voyons quel train et cours prendront les affaires; et principalement quelle resolution prendra ledit Roy sur les propositions qui luy seront faites, tant de la part du roy d'Espagne et des archiducs de Flandres, que de celle des Estats des provinces unies des Pays-Bas.

« Et comme les députez de ceux-cy sont arrivez vers luy les premiers, et qu'ils auront ja esté oüis de luy, ledit sieur de Rosny arrivant par delà, il s'informera diligemment et au vray de l'estat de leur negociation, soit qu'il les trouve encor là ou qu'ils en soient partis, afin d'adviser et reigler, selon cela, ce qu'il aura à dire au roy d'Angleterre concernant leurs affaires.

« Car si ledit Roy les avoit oüis et expediez favorablement, comme Sa Majesté a deu en concevoir quelque esperance par les langages que le baron du Tour a escrit à Sa Majesté luy avoir esté tenus par ledit Roy, lors qu'il luy a remonstré combien il luy estoit important de proteger lesdits Estats et conserver la ville d'Ostende, soit qu'il voulust continuer la guerre avec le roy d'Espagne et les archiducs, ou faire la paix avec eux, en ce cas ledit sieur marquis pourroit d'abordée traitter avec ledit roy d'Angleterre plus librement et ouvertement desdites affaires, qu'il ne doit faire s'il trouve les choses encor indecises, de peur d'ombrager ledit Roy et le jetter en la jalousie en laquelle vivoit ladite Reine quand elle est decedée, que Sa Majesté estoit bien-aise de nourrir la guerre entre le roy d'Espagne et elle pour en profiter; impression qu'il faut dautant plus s'estudier de destourner de l'esprit dudit Roy, que nous sçavons que les conseillers d'Angleterre sont disposez de la luy donner telle qu'à ladite Reine.

« Mais advenant que ledit sieur de Rosny trouve encor par delà les deputez des Estats sans resolution, comme il y a apparence qu'il fera, Sa Majesté se remet à luy de prendre conseil sur le lieu, selon la disposition en laquelle il apprendra que sera ledit Roy, et les termes où il en sera avec lesdits deputez, de la façon de laquelle il aura à se conduire, pour enfourner la negociation desdites affaires avec ledit Roy.

« Car s'il a volonté de leur bien faire, il faut qu'il l'y conforte et eschauffe doucement, en luy representant les grandes utilitez et seuretez qu'il tirera pour ses royaumes, en conservant et protegeant lesdits Estats, les choses estant conduites et gouvernées par leurs deux Majestez avec bonne intelligence; en quoy il asseurera ledit Roy qu'il trouvera tousjours Sa Majesté bien disposée d'observer fidelement ce qui sera jugé raisonnable et convenu entre leurs Majestez pour ce regard.

« Si au contraire il recognoist que ledit Roy n'ait intention d'assister lesdits Estats, il procedera plus retenu en son endroit, et ne luy descouvrira aussi celle de Sa Majesté sans grande consideration.

« Mais il fera tout ce qu'il pourra pour le faire

ouvrir le premier, en discourant avec luy de l'estat general auquel se trouve à present la chrestienté, laquelle estant aujourd'huy regie et commandée par trois roys, tous princes grands et puissans, desquels il faut que les autres prennent la loy et suivent les volontez, il est tresnecessaire qu'ils se conduisent, les uns avec les autres, avec grande prevoyance et prudence pour faire que chacun se contienne dans les bornes et limites de sa domination, sans s'accroistre au prejudice d'autruy.

« Chose que ledit marquis de Rosny fera entendre audit roy d'Angleterre, Sa Majesté estre deliberée d'observer de son costé, tant qu'il luy sera possible, comme celuy qui a grande occasion de remercier Dieu et se contenter des graces qu'il luy a faites, ayant reconquis et remis son royaume en l'estat florissant auquel il se trouve.

« Protestant que si Sa Majesté avoit autant d'occasions de s'asseurer de la foy, amitié et bonne voisinance des autres, comme aucuns d'iceux ont continué depuis la paix de Vervins à les luy donner de s'en défier et d'apprehender plus que devant leurs convoitises, inquietude et puissance, elle n'auroit à present autre pensement que de vivre en paix avec tout le monde, et joüir du doux fruict d'une asseurée tranquillité, qu'elle gousteroit apres tant de sortes de travaux et perils qu'elle a supportez et courus plus que nul autre.

« Mais quand elle se represente quelle est la grandeur et puissance de la maison d'Austriche, tant par terre que par mer, laquelle luy sera declarée par toutes ses parties, les efforts qu'elle a faits depuis l'empereur Charles V jusques à present pour estendre et amplifier son empire et domination; combien elle s'est accreuë et advantagée par iceux; que Sa Majesté se remet en memoire à combien peu il a tenu depuis trente ans qu'elle n'est parvenuë au periode de la monarchie de la chrestienté, auquel elle a montré aspirer; qu'elle examine les moyens qui luy restent encore et ceux qu'elle employe journellement pour regagner les advantages qu'elle a perdus depuis quelques années par la toute-puissance de Dieu, qui s'est servi du courage de Sa Majesté et de la prudence de la feuë reine d'Angleterre, comme de la fermeté et constance des Estats desdites provinces unies des Pays-Bas pour s'y opposer, Sa Majesté ne peut qu'elle n'apprehende encore pour elle et pour ses voisins la poursuite d'un tel dessein, voyant que les Espagnols conservent encor et usent tousjours du mesme precepte de la religion, avec lequel ils ont penetré jusques aux foyers de leurs voisins, les Estasts desquels ils ont par ce moyen remplis de rebellion contre leurs princes naturels, de discorde et confusion, fortifiez de l'or et de l'argent que les Indes leur fournissent.

« Ledit sieur de Rosny pourra desduire sur ce propos audit Roy, ce que lesdits Espagnols ont attenté en ce royaume contre le Roy et son royaume depuis les deux derniers traittez faits à Vervins et à Lyon; en quel danger Sa Majesté a cuidé tomber, se confiant en la foy et amitié d'iceux; luy disant encore que Sa Majesté ait renversé une grande partie de leurs pratiques par la punition qu'elle a fait faire du mareschal de Biron, et la clemence de laquelle elle a usé envers ceux de ses complices qui s'en sont rendus dignes par leur submission et la recognoissance de leurs fautes, neantmoins estre bien advertie qu'ils continuent encor à user de toutes sortes d'artifices et inventions pour en desbaucher et practiquer d'autres et remuer mesnage en son Estat.

« Dequoy l'Angleterre a esté jusques à present aussi peu exempte que la France, comme ledit roy d'Angleterre ne tardera gueres à le recognoistre et esprouver, s'il n'y remedie par sa vigilance et prudence.

« Sur ce, ledit sieur marquis pourra dire audit roy d'Angleterre que Sa Majesté ne s'est cy-devant entremise du different des prestres anglois seculiers contre les Jesuites et leurs adherans, partisans d'Espagne, que pour affoiblir la faction et le pouvoir d'iceux envers les catholiques dudit pays, de la vie et simplicité desquels ils n'ont fait conscience d'abuser souvent pour s'authoriser audit royaume d'Angleterre, esperans s'en prevaloir, au moins quand ladite Reine decederoit, n'ayant peu abreger ses jours et renverser son Estat durant le temps qu'elle a regné; ce que sadite Majesté fit dire à ladite dame par son ambassadeur, et fit aussi entendre audit roy d'Angleterre, par celuy qui residoit aupres de luy, estant encore en Escosse.

« Si le conseil d'Espagne dresse telles parties contre la France et l'Angleterre, il n'en fait pas moins par tout ailleurs où il peut s'advantager et estendre sa puissance, ledit Roy s'estant emparé, depuis deux ans, aux yeux de toute la chrestienté, au mespris de l'Empire, et à la honte de toute l'Italie, du marquisat de Final et des biens des sieurs de Piombine, fiefs de l'Empire, ausquels il n'a autre droict que celuy de la bienseance, qu'il possede à present aussi audacieusement qu'injustement, ayant rejetté honteusement les commissaires que l'Empereur avoit sur les lieux pour conserver, sinon en effet au moins en apparence, les droicts de l'Empire.

« A quoy il faut adjouster l'entreprise faite par

le duc de Savoye, assisté des forces desdits Espagnols, contre la foy publique et lesdicts traictez sur la ville de Geneve, et pareillement la coadjutorerie de l'evesché de Strasbourg, qu'ils ont contrainct M. le cardinal de Lorraine de consentir estre donnée par le Pape au beau frere dudit roy d'Espagne, expres pour se rendre maistre de ladite ville de Strasbourg, ville libre et protestante assise sur le Rhin, tres-importante à la Germanie et à la France.

« Telles procedures secretes et ouvertes doivent donner grande jalousie et pensement aux autres princes chrestiens, et particulierement à ces deux roys, voir encor plus audit roy d'Angleterre qu'à Sa Majesté, à cause de la diversité de la religion dont il fait profession, laquelle sera cause que le Pape l'animera tant qu'il pourra contre luy, et qu'il l'assistera de l'authorité qu'il pretend que le siege de Rome a audit pays, et pour les droits que le feu roy d'Espagne, et apres luy ses enfans, pretendent avoir à la couronne d'Angleterre, ainsi qu'ils ont publié par plusieurs escrits qu'ils ont fait imprimer, joinct que ledit roy d'Espagne est puissant par mer et par terre, pour envoyer et faire passer des armées audit royaume quand bon luy semblera.

« A quoy il semble qu'il se prepare encore tous les jours, faisant à present construire de nouveau plusieurs grands navires et gallions sur la mer Oceane, et assemblant cette année en Portugal une armée qui doit estre composée de plus de quarante grands navires, sur lesquels il fait estat d'embarquer dix ou douze mille hommes, se disant parmy les siens, en Espagne et en Italie, qu'il fera ce qu'il pourra pour gaigner l'amitié dudit roy d'Angleterre, afin de le separer desdits Estats, et s'il est possible de celle de Sa Majesté, pour pouvoir mieux subjuguer lesdits Estats par rigueur, ou les reconcilier par douceur, à quoy il ne doit rien espargner cette année.

« Mais, s'il voit ne pouvoir ranger ledit roy d'Angleterre à ce qu'il desire, son dessein est de s'ayder et servir de ses pratiques et intelligences esdits royaumes d'Angleterre, Escosse et Irlande, pour les troubler et faire ouverture à ses armes.

« Chose que ledit marquis de Rosny dira audit roy d'Angleterre avoir charge de Sa Majesté de luy representer, pour s'acquitter envers luy de l'amitié qu'il luy a vouée, et considerer et peser ensemble l'interest commun qu'ils ont d'empescher l'accroissement de ladite maison d'Espagne, et sur cela adviser et resoudre ce qu'ils doivent faire, tant pour leur commune utilité, que pour l'animer et porter à la guerre contre ladite maison, ny le persuader ou engager en chose qui soit prejudiciable à ses affaires et pays.

« Il sera difficile que ledit roy d'Angleterre s'abstienne d'entrer en matiere avec ledit sieur de Rosny, luy discourant des choses susdites, et que sur cela il ne luy fasse quelque ouverture, ou ne le presse d'en entrer plus avant avec luy. Mais il est vray semblable, s'il se contient apres cela dans les termes generaux desquels usent les princes quand ils ne veulent faire ce qu'on leur propose, qu'il n'aura envie de s'engager et unir plus avant avec Sa Majesté. Quoy cognoissant ledit sieur de Rosny, il se contentera aussi de luy faire entendre qu'il sera peut-estre plus facile et utile à Sa Majesté que nul autre de conserver et asseurer la paix avec ledit roy d'Espagne par les moyens qu'il luy deduira, et en ce faisant, attendre, avec moins de hazard et peril, les effects de ses armes et de toutes ses pratiques ausdits Pays-Bas et ailleurs.

« Mais si ledit Roy s'esmeut desdits advis et declare estre content de se joindre à bon escient à Sa Majesté, pour obvier ensemblement aux inconveniens qui resultent d'iceux, il luy sera remonstré par ledit sieur de Rosny qu'il y a deux moyens de ce faire.

« L'un, par la paix, en disposant ensemble lesdits Estats des provinces unies des Pays-Bas à la recognoissance et obeyssance dudit roy d'Espagne, à conditions les plus advantageuses pour eux que faire se pourra, et qu'ils se rendent protecteurs et cautions de l'observation d'icelle.

« Et l'autre, par la guerre descouverte ou ouverte, scavoir est de faire dés à present une ligue défensive et offensive en laquelle lesdites Provinces Unies soient comprises contre le roy d'Espagne et lesdits archiducs, avec promesse et obligation de ne s'en departir jusques à ce que leurs Majestez ayent delivré entierement les dix-sept provinces desdits Pays-Bas, de la domination et puissance de la maison d'Austriche, pour estre apres maintenuës, possedées et regies par l'ordre et forme que leursdites Majestez resoudroient et conviendroient ensemble.

« La couverte se peut faire, lesdits Roys s'accordans le plus secrettement que faire se pourra d'ayder lesdites Provinces Unies d'hommes et d'argent suffisamment pour leur donner moyen de se defendre et conserver contre lesdits Espagnols, sans prendre les armes ouvertement pour eux contre ledit Roy d'Espagne, jusques au temps qu'il sera convenu entre leursdites Majestez; neantmoins avec promesse et obligation qui seroit faite, dés à present, entre leursdites Majestez, en cas que ledit roy d'Espagne entreprist de faire la guerre à l'un des deux roys ou aux deux ensemble, de s'entre-ayder et secourir de certain nombre d'hommes de cheval et de pied, navires et argent qui seroit arresté et convenu entre leurs Majestez.

« Si ledit Roy d'Angleterre propose ou choisit le party de ladite paix, ledit sieur de Rosny luy dira que Sa Majesté s'y conformera volontiers comme à celuy qui semble estre le plus juste, et par le moyen duquel leurs Majestez pourroient mieux se descharger de dépense et de soucy.

« Mais il luy remonstrera qu'il faut considerer s'il sera facile, premierement : de disposer et renger lesdites Provinces Unies à se remettre sous la puissance desdits Espagnols à cause des offenses passées, et si, apres leur reduction, il sera facile d'asseurer que les conditions qui leur seront accordées, seront observées à l'advenir.

« Car, encor que leurs Majestez jointes ensemble, soient puissantes et suffisantes pour cautionner et asseurer l'observation desdites conventions; neantmoins il sera difficile de faire croire ausdits Estats qu'elles demeurent tousjours unies en ce propos et dessein, et que leurs affaires leur permettent de prendre les armes et employer leur pouvoir toutes les fois qu'ils pourroient en avoir besoin, et que l'on violeroit lesdites conventions.

« Il faut considerer aussi, si ceux desdites Provinces Unies s'apperçoivent que lesdits Roys vueillent les porter à la paix, ils desireront l'entremise d'iceux, et s'ils n'aymeront pas mieux traitter eux memes avec lesdits Espagnols sans eux, soit par despit de se voir abandonnez d'eux et forcez de composer, desesperez de leur protection, ou pour, en complaisant à ceux au pouvoir desquels ils se remettront, les obliger à leur en sçavoir gré, et les mieux et plus favorablement traitter à l'advenir.

« Estant vray semblable qu'ils obtiendront tousjours de leurs princes, des conditions plus advantageuses quand ils traitteront d'eux-mesmes et sans l'intervention et caution desdits Roys; car il sera encore plus honorable et utile ausdits princes, de ce faire, que s'ils traittoient par le moyen desdits Roys à moindres conditions.

« S'ils prennent ce dernier party, lesdits Roys doivent considerer que lesdites provinces se porteront du tout aux volontez et commandemens desdits princes, sous la sujection desquels ils se seront remis et peut-estre avec plus d'animosité et de desir de se ressentir d'avoir esté delaissez par lesdits Roys, que autrement : auquel cas il faut recognoistre et advoüer que la nation espagnole, qui seule profitera de la reduction desdites provinces, accroistra tellement sa puissance, qu'elle sera formidable à toute l'Europe. Car, outre qu'elle sera deschargée des frais de la guerre des Pays-Bas en laquelle elle a cy-devant consommé et employe encor journellement des thresors inestimables et des hommes en grand nombre, elle disposera des moyens, navires et commoditez que possedent à present lesdites provinces, et, qui plus est, jouyra sans empeschement et plus paisiblement que jamais, des richesses des Indes.

« Au moyen de quoy, si ledit roy d'Angleterre propose ce premier moyen, ledit sieur marquis luy representera les susdites raisons et considerations qu'il sçaura mieux estendre et faire valoir, qu'elles ne sont exprimées par ce memoire; mais s'il s'apperçoit qu'il ne vueille s'en departir, il ne s'opiniastrera davantage à le persuader de ce faire, car ce seroit imprudence de passer plus avant sans espoir d'y profiter.

« Seulement il essayera de luy faire trouver bon (attendant que l'on puisse disposer et faire resoudre lesdites Provinces Unies à ladite paix suivant ladite proposition) de leur donner quelque secours et assistance, afin qu'elles conservent cependant la ville d'Ostande et la reputation de leurs affaires, et que lesdits Espagnols estiment davantage leur reconciliation, soit pour en sçavoir plus de gré ausdits Roys qui la procureront, que pour faire qu'ils accordent ausdites provinces des conditions plus advantageuses; remonstrant audit Roy les inconveniens qui arriveront, si dés à present l'on les abandonne entierement.

« Si de l'ouverture de ladite paix, vaincu desdites difficultez et raisons, il entre en celle de la guerre, et sortant d'une extremité il tombe en l'autre, qui seroit de declarer dés à present la guerre audit Roy d'Espagne, suivant l'article susdit qui en fait mention, ledit marquis de Rosny luy dira que Sa Majesté desire tant joindre et unir sa fortune avec la sienne, que s'il juge, apres y avoir bien pensé, ne pouvoir ny vouloir autrement secourir lesdits Estats et les maintenir, qu'elle s'y disposera volontiers, plustost que de les laisser entierement perdre et desesperer de leur assistance et protection.

« Mais ledit marquis se contentera, pour le present, de luy en donner l'esperance, sans engager Sa Majesté plus avant à la conclusion d'un tel traitté, qu'il n'ait autre commandement : seulement il mettra peine de tirer de luy doucement son intention et advis sur les conditions d'un tel traitté, pour sçavoir quelles forces de terre et de mer il entendroit y employer de sa part, ce qu'il desireroit aussi que Sa Majesté y contribuast, par qui il entendoit qu'elles fussent commandées, par où l'on commenceroit à les mettre en besongne, quel fruict et recompense chacun d'eux recueilleroit d'un tel dessein, ce qu'il luy semble qu'il faudroit que lesdites Provinces Unies y apportassent de leur part, et autres choses semblables, servans à faciliter la susdite resolution et l'execution d'icelle.

« Et comme un tel traitté ne peut estre conclu en si peu de temps que doit demeurer par delà le marquis de Rosny, il differera et executera sur cela ladite resolution, se contentant de faire tout ce qu'il luy sera possible pour empescher que ledit Roy n'entre en ombrage de telle remise et dilation, de peur qu'il ne prenne pretexte sur cela de se refroidir de l'alliance de Sa Majesté, et recourir à celle d'Espagne.

« Adjoustant, pour luy donner bonne opinion de la volonté et disposition de Sa Majesté, qu'elle contribuera volontiers, dés à present, au secours qu'il est besoin de donner ausdits Estats pour se maintenir en l'estat qu'ils sont ; ce qu'il sera advisé entre les deux Roys, en attendant que ledit traitté puisse estre conclu : mettant peine à toutes occasions de luy faire gouster et comprendre combien il importe de pourvoir, dés à present, audit secours, sans dilation et intermission, soit qu'il vueille porter lesdits Estats à la paix ou à la guerre, afin que leurs affaires n'empirent durant la negociation desdits traittez.

« Mais si ledit roy d'Angleterre, apres avoir consideré les difficultez et perils qui se rencontrent en la premiere ouverture, et n'est conseillé par les siens de s'engager, si tost apres son entrée au royaume d'Angleterre, en une guerre offensive contre le roy d'Espagne et les archiducs de Flandres, et sur cela proposé de faire la guerre couverte, en secourant d'une commune main lesdits Estats, ainsi qu'il est porté par l'article du present memoire qui en fait mention, ledit marquis de Rosny confortera tant qu'il pourra le Roy en cette deliberation.

« Luy disant que Sa Majesté juge estre la meilleure qu'ils puissent prendre ensemble en l'estat que les affaires de leurs royaumes se trouvent à present : car, comme il est necessaire que ledit roy d'Angleterre ait loisir d'establir et asseurer la succession qu'il a recueillie ; aussi faut-il que Sa Majesté ait quelque temps pour disposer et preparer ses affaires, pour pouvoir apres mieux effectuer et accomplir ce qui sera arresté entre leurs Majestez, soit pour secourir lesdits Estats secrettement, tant et si long-temps qu'il sera advisé entre leurs Majestez, qu'elles devront ou qu'il leur sera permis de ce faire, ou pour entrer ouvertement en une guerre offensive contre ledit roy d'Espagne quand il le faudra faire, afin de n'y mettre la main à demy et foiblement.

« C'est pourquoy Sa Majesté estime si lesdits Roys conviennent d'assister secrettement lesdits Estats, comme il sera impossible qu'ils puissent longuement en ce faisant conserver la paix avec ledit roy d'Espagne, ils doivent aussi, dés à present, s'accorder de faire ladite guerre offensive aussi bien que deffensive, et traitter et convenir secrettement et au plutost, des conditions et moyens de ce faire, afin de pouvoir l'entreprendre et commencer quand ils cognoistront le devoir faire, sans attendre qu'ils soient assaillis separement ou ensemble par ledit Roy d'Espagne, pour l'advantage qu'a en toutes choses celuy qui attaque le premier son ennemy.

« Dequoy, si ledit roy d'Angleterre se rend capable, ledit marquis de Rosny tirera de luy son intention sur la guerre offensive, pour sçavoir quand il pourra et voudra la commencer, quelles forces et moyens, par mer et par terre, il y employera, et autres choses dont il est fait mention en l'article de la guerre offensive.

« En laquelle, si leursdites Majestez s'accordent d'entrer, comme l'opinion et la volonté de Sa Majesté n'est de le faire à demy, aussi son desir est de s'unir avec ledit roy d'Angleterre, si estroittement et avec des liens si forts et puissans, que leur amitié et conjonction dure pour leurs personnes et celles de leurs enfans à perpetuité.

« A cette fin, Sa Majesté est contente d'entendre, dés à present, aux mariages de monseigneur le Dauphin et de madame sa fille avec le fils et la fille aisnée dudit roy d'Angleterre, si, de son costé, il s'y veut resoudre ; à la charge toutesfois de ne les publier et manifester qu'au temps que leurs Majestez commenceront la guerre contre ledit roy d'Espagne.

« Dequoy Sa Majesté a donné charge audit marquis de Rosny de se laisser entendre audit roy d'Angleterre, s'il cognoist, estant sur les lieux, qu'il prise et embrasse ladite ouverture quand elle luy sera faite, et qu'icelle puisse servir ou soit necessaire pour le faire resoudre de preferer l'alliance et amitié de Sa Majesté à celle d'Espagne, et entrer en la susdite union.

« Et neantmoins ledit marquis de Rosny mesnagera le commandement que Sa Majesté luy fait pour ce regard, avec sa prudence ordinaire, afin de conserver la dignité de Sa Majesté, et que la franchise et bonne intention soient receuës comme elles meritent, sans que l'on en puisse abuser.

« Si ledit Roy embrasse la proposition de ladite alliance, et de secourir secrettement lesdits Estats, en attendant que l'on passe à une guerre offensive, ledit marquis sçaura de luy ce qu'il voudra y contribuer. Et si sur cela ledit Roy declare n'avoir moyen de le faire, s'il n'est payé des deniers que la feuë reine d'Angleterre a prestez à Sa Majesté, elle trouve bon que ledit sieur de Rosny luy die (toutefois quand il cognoistra estre à propos et non plutost) qu'il pourra disposer Sa Majesté de faire payer par an, en l'acquit desdites debtes ausdits Estats, la somme de quatre cens cinquante mille livres, pourveu que ledit Roy vueille adjouster à cela de ses deniers trois cens mille livres, et obtenir que Sa Majesté fournira encor ausdits Estats pareille somme de sept cens cinquante mille livres par an de ses deniers, qui feront en tout quinze cens mille livres, avec lesquels et ce que lesdits Estats y employeront du leur, il semble qu'ils pourront facilement subsister; lesdits Roys leur permettans de tirer de leurs royaumes des gens, et mesmes estans fortifiez et assistez de navires du Roy d'Angleterre.

« Mais il luy remonstrera qu'il seroit expedient, outre cela, qu'il s'abstinst de demander ausdits Estats, et de comprendre en ce secours les trois cens mille livres qu'ils avoient promis à la feuë Reine, luy payer tous les ans en deduction de ce qu'ils luy doivent, afin de les rendre plus forts.

« Car, jusques à ce que la guerre soit declarée par lesdits deux roys contre celuy d'Espagne, toute la puissance dudit Roy tombera sur leurs bras, à laquelle, comme ils auront peine de resister, il est à craindre aussi que leurs peuples se lassans et ennuyant de porter le fardeau de la guerre, rompent leur union, et traittent precipitamment et separément avec lesdits Espagnols.

« Toutesfois ledit marquis de Rosny ne se formalisera en cela, qu'autant qu'il apprendra des députez desdits Estats, qu'il sera à propos qu'il le fasse; sadite Majesté estimant que l'on ne doit differer de conclurre le dernier party du secours convenu pour ladite derniere somme de trois cens mille livres, de laquelle l'on desire qu'il deschange lesdits Estats, s'il refuse de l'accorder.

« Mais il faut luy proposer de faire que les sujets d'Angleterre contribuent au secours desdits Estats pareille somme, comme Sa Majesté a entendu qu'ils ont fait souvent du temps de ladite reine defuncte, ainsi que ledit marquis pourra apprendre du sieur Caron, qui a tousjours servy lesdits Estats en Angleterre, et d'autres qui ont eu cognoissance des choses passées.

« En tout cas, ledit sieur marquis mettra peine de conclurre le susdit party de secourir secretement lesdits Estats d'une commune main aux conditions les plus advantageuses pour eux, de la part dudit roy d'Angleterre, que faire se pourra, et pareillement d'apprendre et rapporter sa volonté sur la conclusion de ladite ligue offensive et défensive, fortifiée desdites alliances; car Sa Majesté estime que c'est celuy qui peut estre le plus utile à leursdites Majestez.

« Car il ne faut point esperer de disposer ledit roy d'Angleterre de continuer ausdits Estats la mesme faveur et assistance que ladite Reine a faite jusques à son deceds, et de faire voir ses navires aux costes d'Espagne et de Portugal, et sur la volte des Indes, pour incommoder ledit roy d'Espagne, divertir sa puissance, et suivre les erres qui ont esté tenuës par ladite Dame contre ledit Roy d'Espagne, tant qu'elle a vescu; parce que Sa Majesté n'a pas opinion que ce soit chose que ledit roy vueille faire.

« Toutesfois s'il recognoist, estant sur les lieux, qu'il y ait quelque apparence d'esperer de pouvoir persuader ledit Roy à suivre ce party, Sa Majesté entend qu'il commence sa legation par le presser et poursuivre de s'y resoudre, et de ne rien ommettre pour l'y faire condescendre; car ce seroit l'advantage de Sa Majesté, pour les raisons qui sont mieux cognuës dudit sieur marquis que de nul autre.

« Mais aussi s'il cognoit que telle ouverture doive estre mal receuë et desplaise audit roy d'Angleterre, il ne s'en declarera, et aura recours aux autres expediens deduits au present Memoire.

« Il reste encore un poinct à traitter, qui est : Si ledit roy d'Angleterre declare audit marquis de Rosny estre content de vivre en paix et bonne amitié avec Sa Majesté, et à cette fin entretenir les traittez faits entre les couronnes de France et celles d'Angleterre et d'Escosse, et mesme les estraindre, augmenter et regler, s'il est jugé à propos, pour le commun bien de leurs sujets et pays; mais aussi vouloir traitter de mesme avec ledit roy d'Espagne et les archiducs, afin de demeurer et regner en paix et bonne amitié avec tous ses voisins, soit pour se constituer arbitre entr'eux, ou pour ne vouloir offenser ses voisins, avec lesquels, comme roy d'Escosse, il a vescu en bonne paix et amitié. Et partant ne vouloir s'entremettre des affaires desdits Estats, non plus que des autres differends qui troublent la chrestienté, se contentant de joüyr des couronnes que Dieu luy a données et de les conserver, et laisser entieres à ses enfans avec l'amitié de tous ses voisins, et anciens amis et alliez. Et que sur cela il fasse instance d'estre payé par Sa Majesté des deniers prestez par ladite feuë Reine, et pour cét effet, demande des termes certains pour les payemens, ou qu'il soit mis en possession de certains revenus en France, ainsi qu'il avoit esté promis à ladite Reine : en ce cas ledit marquis de Rosny n'entreprendra de le divertir ouvertement de ladite paix de la part de Sa Majesté; au contraire, il luy dira qu'elle luy sera aussi agreable, utile et assurée qu'à nul autre, pour les raisons qu'il luy sçaura tres-bien representer. Mais il pourra, discourant avec luy, luy remonstrer, comme de luy mesme, et par protestation de l'affection qu'il porte au bien de ses affaires, et comme ayant quelque interest qu'il prospere, à cause de la religion, les divers inconveniens qui luy peuvent succeder dedans et dehors ses royaumes, suivant ce conseil, tant à cause des divisions qui sont en sesdits royaumes fondées sur le poinct de la religion, que pour la naturelle convoitise et ambition des Espagnols; lesquels, ayans redressé leurs affaires aux Pays-Bas, voudront et pourront poursuivre l'entreprise de la monarchie que leurs peres leur ont tracée, et que la nation s'est figurée. A quoy ledit roy d'Espagne sera tousjours excité et fomenté par les papes et les autres ennemis de la religion de laquelle il fait profession, y adjoustant encore les autres considerations et raisons qu'il jugera estre propres, pour luy faire cognoistre et apprehender la suitte d'une telle neutralité, laquelle ne peut estre de durée.

« Ledit sieur de Rosny se souviendra aussi de luy lever l'opinion qu'il pourroit avoir de separer et desunir lesdits Pays-Bas, de la puissance et domination de la couronne d'Espagne, comme aucuns se sont persuadez, et que l'on verroit ressusciter la maison de Bourgongne par l'establissement audit pays des archiducs, luy remonstrant que c'est un vray abus pour les raisons qu'il luy deduira, afin qu'il ne bastisse sa resolution sur tels fondemens imaginaires.

« Mais si ledit roy d'Angleterre, nonobstant ses raisons et remonstrances, persiste à declarer vouloir suivre le chemin de ladite paix, soit qu'il vueille entretenir ladite neutralité, ou que ledit marquis descouvre qu'il vueille balancer du costé d'Espagne, il ne rompra toutesfois ouvertement avec luy, mais se licentiera de luy, et s'en retournera, le laissant en bonne esperance et opinion de la continuation de l'amitié de Sa Majesté; se contentant de s'informer diligemment de ceux qui le verront, de l'estat des affaires desdits royaumes d'Angleterre, d'Escosse et d'Irlande, et de la disposition generale des sujets d'iceux et de toutes autres choses qui pourront ayder à l'advenir à servir Sa Majesté.

« Il verra aussi les députez des Estats des provinces unies des Pays-Bas, et pareillement le sieur de Bernaveld, lesquels il asseurera de la bonne volonté de Sa Majesté, leur faisant part des bons offices qu'il a charge de faire pour eux et leurs affaires, avec ledit roy d'Angleterre, comme de ce qui s'en ensuivra.

« S'informera aussi de leur deliberation sur les partis que prendra ledit roy d'Angleterre; et s'ils luy font quelques ouvertures à l'advantage de Sa Majesté, il les escoutera pour en rendre compte à Sa Majesté, à son retour : leur faisant entendre que sadite Majesté affectionne tellement leur conservation et prosperité, qu'elle recevra tousjours en bonne part et aura bien agreable tout ce qui luy sera proposé de la leur; les asseurant qu'elle les favorisera tousjours autant que ses affaires luy permettront et le bien des leurs.

« Il sçaura d'eux quel contentement leur aura donné ledit roy d'Angleterre, s'il veut se separer d'eux, ce qu'il entend que deviennent les villes de Zelande gardées par les Anglois, et leur deliberation pour ce regard, soit qu'ils continuent la guerre, ou soient contraincts d'entendre à la paix, leur faisant offre, en l'une et en l'autre occasion, de la continuation et assistance de Sa Majesté.

« Pareillement il mettra peine de descouvrir si ledit roy d'Angleterre leur aura proposé d'entrer avec luy en plus estroite confederation et à conditions plus advantageuses pour luy, que n'estoient celles qu'ils avoient avec ladite reine d'Angleterre, et quelle aura esté la responce qu'ils luy auront faite, et sera, cy-apres, leur deliberation sur cela ; leur faisant sentir, s'il juge qu'il en soit besoin, la juste et bien fondée occasion que Sa Majesté auroit d'approuver qu'ils donnassent, en leur pays, plus de pouvoir audit roy d'Angleterre, qu'ils n'ont fait à ladite Reine.

« Il faut, sur tout, descouvrir si ledit Roy aura extorqué d'eux, pour les assister, quelque promesse et obligation de luy déposer et mettre entre les mains quelque place maritime, conquise ou à conquerir en la coste de Flandre, du costé de France, faisant entendre audit Bernaveld, que telle chose offenseroit grandement Sa Majesté pour les raisons que ledit sieur de Rosny luy confiera, comme à personne qui s'est tousjours montrée affectionnée au contentement de Sa Majesté.

« Laquelle a commandé aussi audit sieur marquis de faire entendre aux catholiques du pays d'Angleterre, qui s'addresseront à luy, que Sa Majesté luy a donné charge de les recommander audit roy d'Angleterre, et les assister et favoriser envers luy tant qu'il luy sera possible; dequoy il les asseurera avoir tres-bonne volonté de s'acquitter. Et partant qu'il n'en perdra la commodité quand il la rencontrera, mesme qu'il aydera à la faire naistre, comme, de fait, Sa

Majesté entend qu'il fasse, toutefois avec telle discretion et moderation qu'il jugera estre à propos, pour n'alterer l'esprit dudit Roy, et ne luy donner ombrage et méfiance de la volonté de Sa Majesté.

« Il évitera de parler audit roy d'Angleterre et à tous autres du fait du duc de Boüillon, afin de ne luy donner occasion de se souvenir de recommander sa cause à Sa Majesté; car elle sera tres-aise que ledit Roy s'en abstienne, comme il luy fera cognoistre. Si apres avoir ouy les deputez de l'electeur Palatin, il s'y laissoit aller, Sa Majesté ayant sceu qu'ils doivent requerir ledit Roy de recommander à Sa Majesté ledit duc; luy representant, s'il le met sur ce propos, avec quelle moderation et equanimité Sa Majesté s'est comportée en ce fait, quelles sont les fautes qu'a commises ledit duc depuis son accusation, et de quelle consequence sont les crimes desquels il est chargé; faisant tout ce qu'il pourra envers ledit Roy, à ce qu'il ne s'engage en ce fait, comme il luy dira que Sa Majesté voudroit faire en faveur d'un de ses sujets, de quelque qualité et condition qu'il soit, qui l'auroit offencé, comme l'est Sa Majesté, dudit duc de Boüillon.

« Ledit sieur marquis a esté chargé de deux lettres du Roy, l'une escrite et l'autre signée de sa main, en creance sur luy, pour presenter audit Roy.

« Sa Majesté entend aussi qu'il visite la reine d'Angleterre, et si elle est encore en Escosse, qu'il dépesche un gentil-homme expres vers elle pour accomplir ledit office, s'excusant de n'estre passé jusques-là, sur la haste et necessité de son retour en France, et l'importance des affaires qui luy ont esté commandées de traitter avec ledit roy d'Angleterre ; mais il n'obmettra à faire faire, par celuy qu'il envoyera, aucune sorte de compliment envers ladite dame, au nom du Roy et de la Reine, qui seront propres pour luy tesmoigner et faire croire combien leurs Majestez affectionnent sa personne et son contentement et veulent faire profession d'amitié avec elle.

« Il donnera charge aussi à celuy qu'il envoyera en Escosse, de voir le prince et les autres enfans dudit Roy, qui sont avec ladite reine d'Angleterre, et les asseurer de l'amitié de leurs Majestez, de laquelle ils rendront heritier monseigneur le Dauphin et leurs autres enfans.

« Si ledit sieur de Rosny recognoist qu'il puisse practiquer et obliger au service de Sa Majesté, quelques-uns des serviteurs dudit roy d'Angleterre, qui soient capables de la servir, avec sujet de s'y fier et d'en bien esperer, il n'en perdra l'occasion.

« Non plus que de rendre aux ambassadeurs et députez du roy d'Espagne, et des archiducs de Flandres, ou autres qui en seront dignes, selon la qualité de leurs maistres, la visite dont les ministres des princes ont accoustumé d'user les uns envers les autres, pour conserver et demonstrer la bonne amitié et intelligence qui est entr'eux.

« Sa Majesté escrit au sieur de Beau-mont, son ambassadeur par delà, qu'il la serve aupres ledit sieur de Rosny, aux occasions qui se presenteront ainsi qu'il luy dira. Et dautant que Sa Majesté a fait dire audit roy d'Angleterre qu'il luy feroit sçavoir, par luy, son intention sur les plaintes qu'il avoit faites des deportemens dudit sieur de Beau-mont, il sçaura par luy, quelle satisfaction il a depuis donnée audit Roy, pour, selon cela, faire tel office en faveur dudit sieur de Beau-mont envers ledit Roy, qu'il jugera estre necessaire, afin qu'il ait sa residence et son entremise agreable, l'asseurant de sa fidelité et preud'hommie, et effaçant toutes les impressions que l'on luy a données à son prejudice : luy declarant que comme Sa Majesté auroit chastié ledit sieur de Beau-mont, s'il s'estoit tant oublié de son devoir que de faire ou dire chose qui pust déplaire audit roy d'Angleterre, Sa Majesté desire aussi qu'il le reçoive benignement, estant innocent et purgé de telles calomnies, et qu'il le traitte favorablement comme son ministre et serviteur, tout ainsi que Sa Majesté fera son ambassadeur, resident pres d'elle ; des déportemens duquel ledit marquis luy dira qu'elle est tres-satisfaite, ainsi qu'il luy promettra qu'il sera dudit sieur de Beau-mont.

« Sa Majesté a commandé estre baillé un alphabet en chifre, audit sieur marquis de Rosny, pour s'en servir aux occasions d'importance qui se presenteront, afin de l'advertir plus ouvertement de toutes occurrences.

« Fait à Fontaine-bleau, le deuxiesme jour de juin 1603, presents messieurs le comte de Soissons, de Rosny, de Sillery et Jeannin, conseillers au conseil d'Estat. HENRY.

« Et plus bas contre-signée, DE NEUF-VILLE. »

Outre ce que dessus, le Roy, ainsi que nous en avons desja dit quelque chose, vous bailla une autre instruction escrite et signée de sa main, pour essayer de traitter, comme de vous mesmes, une alliance encore plus estroitte en forme de ligue offensive et defensive où seroient compris les Estats, et la restraindre par le mariage des enfans des deux Rois ; mais tout ce qui suit, disons nous, sans en avoir eu nulle certitude, ains seulement pour en avoir trouvé, depuis vostre retour d'Angleterre, plusieurs memoires et discours parmy vos papiers tels que s'ensuit ; à sçavoir, de proposer le ravalement de la puissance espagnole et maison d'Austriche, et, sur ce, faire quatre sortes d'ouvertures pour y parvenir.

La premiere, que la France, l'Angleterre, le Dannemarc, la Suede et les Pays-Bas à frais communs, et neantmoins proportionnez aux puissances d'un chacun, essayassent de se saisir des Indes ou à tout le moins des isles qui sont sur le chemin des flottes d'Espagne, afin d'en empescher le traject, et ce, par le moyen de trois armées navales de huict mille hommes chacune, lesquelles se rafraischiroient de huict en huict mois, afin de remplacer ce qui seroit devenu defectueux en icelles.

La seconde, d'arracher de la maison d'Austriche l'heredité de l'empire d'Allemagne et des Estats et royaumes de Hongrie, Boheme, Moravie, Silezie, Lusatie, Austriche, Carinthie, Stirie et Tirol, conviant, à ce dessein, tous les princes d'Allemagne, avec asseurance que toutes les distributions s'en feroient à leur advantage et non d'autres, et faire le semblable touchant les Estats de Cleves, Juliers, Bergues, la Mark, Ravensberg et Ravestin lors qu'ils viendront à vacquer.

La troisiesme, d'attaquer les Pays-Bas en se saisissant des rivieres de Meuse et Moselle, et des bords du Rhin d'un costé, des costes de la mer de l'autre, et des frontieres de France de l'autre, afin d'empescher que nuls vivres ny marchandises n'y pussent plus entrer, et, par ce moyen, de reduire les peuples d'iceux en necessité de toutes choses.

Et la quatriesme, plus grande et plus generale, par la reduction de toute la maison d'Austriche dans le seul continent des Espagnes, essayant d'interesser en la dissipation, dispersion et distribution de leurs autres Estats, non seulement la France, l'Angleterre, les Roys de Dannemarc et de Suede, les provinces unies des Pays-Bas, mais aussi les princes et villes imperiales d'Allemagne, Venise, Savoye et autres potentats, voire mesme le Pape, en leur distribuant toutes lesdites provinces dont ils seroient spoliez selon la commodité d'un chacun sans aucune portion pour les roys de France, d'Angleterre, de Dannemarc ny Suede ; mais tousjours avec charge de ne faire ces propositions comme de vous mesme, faisant semblant de ne les avoir pas voulu faire au Roy, vostre maistre, sans avoir veu comment elles seroient receuës pour ces trois grands roys du Nord, et les provinces unies des Pays-Bas.

Lettre de la main du Roy au roy d'Angleterre.

Monsieur mon frere, je me resjouys de vous voir jouyssant à present du bon-heur et legitime accroissement que je vous ay souhaitté il y a long-temps ; j'en loue et remercie Dieu avec vous de pareille affection que vous mesmes. Dequoy voulant vous rendre certain comme de la continuation de mon amitié, je vous envoye celuy entre tous mes serviteurs qui a plus de cognoissance de l'interieur de mon cœur ; c'est mon cousin le marquis de Rosny, qui a tousjours affectionné vostre contentement et prosperité, et, comme mon serviteur tres-fidele, desiré ardemment l'entretenement de nostre union et bonne amitié. Recevez-le donc en cette qualité aussi benignement que le merite la bonne volonté de laquelle il vous est envoyé et qu'il s'y presentera, et luy adjoustez pareille foy que vous feriez à la propre personne de vostre tres-affectionné bon frere.

Lettre du Roy au roy d'Angleterre, contre-signée.

Tres-haut, tres-excellent et tres-puissant prince, nostre tres-cher et tres-amé bon frere cousin et ancien allié ; si tost que nous avons esté advertis de vostre part, tant par vostre lettre escrite le 15 du mois d'avril, que par le sieur Parry, vostre ambassadeur, du trespas de la feuë Reine, nostre tres-chere sœur et cousine, et de vostre assomption à la couronne d'Angleterre, nous avons fait partir nostre cousin, le marquis de Rosny, grand maistre de l'artillerie et grand voyer de France, capitaine de cent hommes d'armes de nos ordonnances, conseiller en nostre conseil d'Estat et superintendant general des finances de nostre royaume, par nous à cet effet destiné et nommé il y a long-temps pour vous aller saluër en nostre nom, vous renouveller les offres et asseurances de nostre fraternelle et parfaite amitié, nous conjouyr avec vous de la felicité qui accompagne vostre entrée audit royaume. Et comme vous nous avez mandé par vostre dite lettre et nous a esté confirmé par vostredit ambassadeur, vostre intention estre d'entretenir et continuer les traittez que nous avons avec vous comme roy d'Escosse, et pareillement ceux que nous avions avec ladite defuncte Reine, à cause du royaume d'Angleterre, nous avons aussi donné charge audit marquis de Rosny de vous declarer que nous voulons faire le semblable de nostre costé, et que nous avons desir d'embrasser toutes sortes d'occasions qui se presenteront de les rendre aussi utiles à nos communs subjets que nostre ancienne et parfaite amitié nous convie de les estreindre; pareillement nous avons eu bien agreable que vous ayez continué ledit Parry pour vostre ambassadeur aupres de nous; car, comme il s'est monstré jusques à present tres-affectionné à l'entretenement et augmentation de nostre bonne amitié et intelligence, nous esperons aussi qu'il perseverera en ce devoir aussi fidellement et sincerement que nous avons ordonné à nos ministres d'en user envers vous. Vous priant d'adjouster pareille foy à tout ce que nostre cousin, le marquis de Rosny, traittera en nostre nom avec vous, comme à nostre propre personne, ayans voulu l'employer en cette legation par preferance à tous autres pour la tres-grande confiance que nous avons en luy, et la cognoissance que nous avons de son affection à l'entretenement et augmentation de nostre bonne amitié. Priant Dieu, tres-haut, etc.

Le 2 juin 1603.

Lettre de la main du Roy à la reine d'Angleterre.

Madame ma sœur, cette lettre que je vous escris de ma propre main, vous sera presentée par mon cousin le marquis de Rosny, mon fidelle serviteur, que j'envoye au roy d'Angleterre, mon bon frere, et à vous pour vous asseurer comme luy de la continuation de mon amitié, et la volonté que j'ay de la vous tesmoigner par toutes sortes d'effets dignes d'icelle. Il vous dira aussi le contentement que j'ay de vostre felicité et combien je desire que vous en jouyssiez longuement. Je vous prie donc de le croire, tant sur ce sujet que tous autres qu'il traittera avec vous, tout ainsi que vous feriez ma personne mesme, me faisant sçavoir par luy l'estat de vostre santé, pour laquelle je prie Dieu, madame ma sœur, qu'il vous continué sa divine grace et assistance, comme à vostre tres-affectionné bon frere.

Lettre du Roy à la reine d'Angleterre, contre-signée.

Tres-haute, tres-excellente et tres-puissante princesse, nostre tres-chere et tres-amée bonne sœur, cousine et ancienne alliée; l'une des choses que nous avons autant desirée depuis vostre assomption à la couronne d'Angleterre, a esté de vous faire visiter par personne de qui les bonnes qualitez rendissent plus celebres et remarquables les tesmoignages de nostre bonne volonté et inclination en vostre endroit; et ayant choisi pour cet effet nostre cher et amé cousin le marquis de Rosny, grand maistre de l'artillerie et grand voyer de France, capitaine de cent hommes d'armes de nos ordonnances et superintendant de nos finances, nous vous prions avoir agreable cet office qu'il vous rendra de nostre part, et vous asseurer que, comme par le moyen de la couronne d'Angleterre, l'ancien lien d'amitié d'entre celles de France et d'Escosse se trouve davantage estrainct, nous aurons à plaisir de vous tesmoigner, en toutes occasions, des fruicts dignes de nostre affection et bien vueillance, ainsi que ledit marquis de Rosny vous fera plus amplement entendre. Et à tant, nous prions Dieu, tres-haute, tres-excellente et tres-puissante princesse, nostre tres-chere et bien-amée bonne sœur, cousine et ancienne alliée, qu'il vous ait en sa saincte et digne garde.

Escrit à Fontaine-bleau, le deuxiesme jour de juin 1603.

Lettre de la reine au roy d'Angleterre, contre-signée.

Tres-haut, tres-excellent et tres-puissant prince, nostre tres-cher et bien-amé bon frere, cousin et ancien allié; le Roy nostre honoré seigneur envoyant par devers vous nostre tres-cher et bien amé cousin le marquis de Rosny, grand maistre de l'artillerie, grand voyer et surintendant general des finances de France, nous luy avons donné charge de vous visiter et saluër de nostre part, et se conjoüir avec vous, en nostre nom, de vostre heureuse assomption au royaume d'Angleterre, laquelle nous vous avions dautant plus ardemment desirée, que nous avons tousjours recogneu, entre le Roy nostre dit tres-honoré seigneur et vous, une entiere et parfaite amitié, et bonne correspondance, dont mesme vous avez par cy-devant rendu des particuliers tesmoignages en nostre endroit. C'est pourquoy nous avons receu les nouvelles de ces bons succez et prosperitez avec un extrême plaisir, et les souhaittons augmenter de plus en plus à vostre contentement, ainsi que nostredit cousin le vous pourra representer plus particulierement de nostre part; auquel nous vous prions vouloir sur ce donner entiere creance, et nous en remettans sur luy, nous prions Dieu, tres-haut, tres-excellent et tres-puissant prince, qu'il vous ayt en sa saincte et digne garde.

Escrit à Fontaine-bleau, ce premier jour de juin 1603.

Lettre de la main de la Reine à la reine d'Angleterre.

Madame ma sœur, mon cousin le marquis de Rosny, grand maistre de l'artillerie et surintendant general des finances de France, s'en allant de la part du Roy monseigneur vers vous, je luy ay donné charge de vous visiter de ma part, et se conjoüir avec vous en mon nom de vostre assomption au royaume d'Angleterre, et des heureux succez et prosperitez qui vous en sont reüssies; lesquelles ne seront jamais si grandes, que je les vous souhaitte, non seulement pour la parfaite amitié et intelligence qui a tousjours esté entre nos royaumes et couronnes, mais aussi pour la proximité et alliance qui est entre nous, et pour l'estroite amitié et observance que je desire estre conservée d'une part et d'autre, laquelle, pour mon regard, je garderay tousjours inviolablement, comme vous dira plus particulierement mondit cousin; sur lequel me remettant, je prie Dieu, madame ma sœur, qu'il vous ayt en sa saincte et digne garde.

Escrit à Fontaine-bleau, le premier jour de juin 1603.

CHAPITRE CXVI.

Rosny s'embarque pour l'Angleterre. Différend entre la marine françoise et la marine angloise. Détails sur le voyage de Rosny. Soulèvement du peuple de Londres contre l'ambassade françoise. Commencement de la négociation.

En suitte de toutes ces expeditions pour vostre voyage d'Angleterre, nous vous ramentevrons ce dont il nous souvient, et pour plus grand esclaircissement à ceux qui liront ces Memoires, nous insererons en chaque temps et occasion les lettres que vous escriviez au Roy, pour luy rendre compte de ce qui se passoit.

Vous partistes donc de Paris au commencement de juin, et arrivastes à Calais, accompagné de plus de deux cens gentils-hommes, ou qui se disoient tels, entre lesquels il y en avoit plusieurs de bonne maison et fort qualifiez.

En ce lieu le sieur de Vic, qui avoit quelque dent de laict contre les Anglois, à cause des pirateries, comme vice-admiral de France, puis ceux d'Angleterre et des Provinces Unies se vindrent offrir à vous au nom de leurs maistres, et chacun d'eux vous prier qu'il eust l'honneur de vous recevoir en ses vaisseaux, et de vous en servir en vostre passage; diverses raisons vous firent choisir ceux d'Angleterre. Lesquels vous ayans en pleine mer dans leurs grandes roberges, et voyans venir vers vous le sieur de Vic avec le pavillon au grand mast de son vaisseau, ils s'en offencerent comme d'un affront qui estoit non seulement fait au Roy leur maistre, mais aussi au Roy de France, lequel vous representiez, et s'animerent de telle sorte les uns les autres à en tirer raison, que, sans la prudence et dexterité dont vous usastes, leur disant que ce qu'en faisoit M. de Vic estoit par vostre ordre, afin de vous rendre plus d'honneur en le mettant bas sans delay au moindre commandement ou signal, ainsi qu'il fut faict, et sans cela il n'y a point de doute qu'il y eust eu de la batterie, où apparemment la France eust esté la plus foible, ce que vous couvristes sagement.

Estant arrivé à Douvres, le sieur de Beaumont vous y vint trouver, et aussi un nommé le sieur Louenar, estant au roy d'Angleterre, non comme il vous le dit, pour vous porter aucune parole de sa part, mais seulement pour donner ordre à vous faire loger, et fournir chevaux, charriots, batteaux, vivres et guides.

De Calais vous aviez escrit une lettre au Roy, dont la teneur ensuit :

Premiere lettre de M. de Rosny au Roy.

Sire,

Depuis mon partement de Paris jusques à mon arrivée en cette ville, je n'ay appris aucune chose qui meritast vous estre escrite, sinon force bruicts incertains d'une tres-mauvaise disposition, tant au Roy qu'aux peuples d'Angleterre, desquels vous avez esté adverty par M. de Vic, et notamment de ce qui s'est passé à l'embarquement du comte d'Arambergue, et le pourparler d'entre le vice-admiral d'Angleterre et celuy de Hollande. Vostre Majesté aura aussi appris, par la lettre du dit sieur de Vic, comme le susdit admiral a laissé deux roberges pour me servir en mon passage; mais dautant qu'il sembloit que ce fust plutost par maniere d'acquit, que d'affection et bonne volonté, et que tel estoit l'advis dudit sieur de Vic, je me resolvois de ne m'en aider point, et les remercier avec toutes sortes de courtoisies. Et toutesfois ayant depuis receu la lettre du sieur de Beau-mont, dont j'envoye coppie à vostre Majesté, et consideré que bien souvent les moindres circonstances et formalitez non observées apportent aux esprits, d'ailleurs mal disposez, des causes, si non vrayes, à tout le moins vray semblables, de se plaindre, je me suis resolu d'accepter lesdites roberges et passer dedans en Angleterre; afin d'oster à ces commencemens tout pretexte d'alteration, tant à l'endroit de vostre Majesté, que d'aucuns de vos ministres, et d'impression en l'esprit des hommes, qu'il y eust mauvaise intelligence entre vos Majestez, et en useray tousjours ainsi, quelque recognoissance qui me puisse venir du contraire, fermant les yeux et les oreilles à beaucoup de choses, qui seront dites et faites, et les interpretant apparemment à bonne intention; gardant en mon esprit ce que j'en devray croire et representer à vostre Majesté. J'ay aussi appris de M. de Vic que nul n'a apporté le dueil en Angleterre de la défuncte Reine, ny qu'aucun ambassadeur ne s'est presenté en cet équipage devant le Roy qui y regne à present. Neantmoins, considerant l'ordre et le commandement que j'ay de vostre Majesté, et qu'il y va bien autant de vostre dignité et reputation, de tesmoigner encor un ressouvenir de l'amitié qu'avez portée à la défuncte reine Elisabeth, et des bons offices qu'en avez receus, que d'en desirer la continuation envers ses successeurs, je me resolus de comparoistre à la premiere audience ainsi qu'il est porté par mon instruction.

Je sejourneray encore aujourd'huy en ce lieu pour attendre le sieur de Sainct Luc, et quelques autres des plus paresseux qui me font ce bien de m'accompagner; mais, sans faillir, je partiray demain, soit qu'ils viennent ou non, afin de ne retarder ce qui est de vostre service et du bien general pour l'interest d'un particulier. Or, combien que tout ce qui est dans cette lettre ne soit pas de grande consequence, si n'ay-je voulu faillir de le representer à vostre Majesté, afin qu'il ne se passe aucune petite particularité dont je ne la tienne fort amplement instruicte et informée, ainsi que je continueray de faire durant mon voyage. Sur ce je prieray Dieu, etc.

De Calais, ce samedi quatorziesme jour de juin 1603, à dix heures du matin.

De Douvres vous allastes coucher à Cantorbery, où, pour une petite ville, vous trouvastes une merveilleuse affluence de peuple, avec acclamation non jamais renduë à aucun ambassadeur. En ce lieu vous vint trouver le sieur de Stafford, dit milord Sidenay, de la part du roi d'Angleterre, et à Gravezines, le comte de Sutenton, lesquels vous userent de plusieurs complimens, trop longs à reciter aussi bien que ceux qu'ils receurent de vous; et puis avec les barges du Roy, qui sont des vaisseaux fort agreables et bien mirelifiquez, vous menerent par la Tamise à Londres, où en arrivant il vous fut fait une saluë de canonnades ou pieces des vaisseaux de la Tour des plus belles dont j'aye jamais ouy parler; car il fut, selon mon advis, tiré plus de trois mille coups de pieces, sans les mousquetades sur le mole et place de devant la Tour. Vous trouvastes grand nombre de carrosses pour vous mener à vostre logis, que vous pristes pour les premiers jours chez M. de Beaumont.

Dés le soir le sieur Cecile, chef du conseil des affaires, vous vint visiter, faire des excuses de l'absence du Roy, et vous asseurer de son prompt retour. Le lendemain vous fustes logé en un assez beau logis respondant sur une grande place, et la pluspart de ceux de vostre suitte aux environs; et le soir il arriva un accident, qui eust bien causé du désordre, sans vostre grand jugement, prudence et bonne fortune dont la cause fut telle.

Plusieurs de ceux qui vous avoient accompagné (ausquels vous n'aviez pas manqué de bien faire la leçon, et donner des instructions de la forme de vivre qu'ils avoient à tenir, et sur tout aux jeunes gens et marjolets de Paris), voulans faire la desbauche, s'en allerent chercher des femmes de joye, chez l'une desquelles le hazard voulut qu'ayans rencontré des Anglois, il y en eut un tué par un des vostres; ce qui suscita une telle rumeur dans la ville, que le peuple assemblé par les ruës, au nombre de plus de trois mille, ne parloit de rien moins que d'aller assommer tous vos gentils-hommes dedans leurs logis. Dequoy estans entrez en apprehension, ils les quitterent quasi tous et se vindrent sauver dans le vostre.

Vous ne sçaviez rien de tout cela et joüiez à la prime avec messieurs le marquis d'Oraison, de Sainct Luc et de Blerancourt. Mais comme vous les vistes entrer trois à trois, quatre à quatre, et encore en plus grand nombre dans votre salle, comme tous estonnez, vous doutastes aussi-tost de quelque accident, et en ayant fait perquisition, les sieurs du Terrail et Gadancourt enfin vous confesserent que quelques uns de ceux qui vous accompagnoient, se souvenans mal de vos remonstrances, avoient tué un Anglois, sur la mort duquel, pour estre assez bien apparenté, le peuple s'estoit mis en armes, avec resolution de les aller tous sacmenter (1) en leur logis. Cette nouvelle vous affligea infiniment, la prenant comme une augure d'un mauvais succez en vostre charge. Et neantmoins courant plustost aux remedes, qu'aux blasmes, reproches ny complaintes, vous ordonnastes à bien cent qui estoient dans vostre salle, qu'ils eussent à se ranger tout à l'entour de la salle, afin que vous les vissiez tous au visage pour en juger. Ce qu'ayant fait vous pristes un flambeau (car la nuict commençoit à se fermer), et les ayant tous regardez au nez et parlé à eux, vous en vinstes prendre un par le poing, qui estoit le fils unique du sieur de Combault, grand audiancier de la chancellerie, et luy dites : « Pardieu « je cognois bien à vostre mine et à vos paroles « que c'est vous qui avez tué cet homme, n'est- « il pas vray ? » Il le voulut nier; mais vous le tournastes de tant de costez, qu'enfin il le confessa.

(1) Massacrer.

En faveur duquel M. de Beaumont vous vint parler, et vous prier de luy mettre entre les mains, afin qu'il essayast de le sauver, dautant qu'il estoit son parent. Dequoy estant entré en colere vous dites au sieur de Beaumont. « Par-« dieu, monsieur, je ne m'estonne plus s'il y a « du mal entendu entre vous et les Anglois, puis « que vostre humeur est de préférer le particu-« lier au public, et l'interest de vos parens au « service du Roy. Mais je veux bien que vous « sçachiez que je n'en useray pas ainsi, et le sau-« veray bien mieux que vous ; car je vous jure, « qu'après luy avoir fait faire une belle confession « de ses pechez, il aura la teste trenchée ; car je « ne veux pas que le service de mon maistre, ny « tant de gentilshommes de bonne maison patis-« sent pour un petit godelureau de ville, tout « écervelé. — Comment, monsieur, repliqua « M. de Beaumont, faire trencher la teste à un « de mes parens, qui a vaillant deux cens mille « escus, et est fils unique à son pere! Ce seroit « une mauvaise recompense de la peine et de la « despense enquoy il s'est mis pour vous accom-« pagner. — Je n'ay que faire de telle compagnie « que celle-là, dites-vous, et puis que vous le « prenez si haut, je vous prie vous retirer en ma « chambre ; car je suis resolu d'assembler les plus « vieils et sages de cette compagnie, et avec leur « bon advis de le condamner, car il merite la « mort. » Ce qui ayant esté fait vous m'envoyas-tes vers le maire de la ville, luy dire que vous veniez de sçavoir qu'il avoit esté tué ce soir un bourgeois de Londres ; dequoy si bonne perquisition avoit esté faite, que l'on avoit trouvé le meurtrier, qui estoit un de vos gentils-hommes, lequel vous aviez aussi-tost condamné à avoir la teste trenchée. Et partant le priez-vous de commander à de ses archers de se tenir le lendemain prest pour le mener à la place, et faire en sorte que vous peussiez recouvrer un bourreau, dautant que vous vouliez en faire faire justice exemplaire afin de donner satisfaction à ceux qu'il avoit offensez, et faire cognoistre que vous ne vouliez souffrir nul desordre parmy les vostres.

Le maire vous manda qu'il avoit bien sceu cét accident, et que mesme le peuple s'en estoit souslevé, ayant eu bien de la peine à empescher qu'il ne se fit quelque désordre, faisant estat de vous en venir faire plainte dés le lendemain et vous prier de leur en faire raison ; mais qu'il ne pensoit pas que vous deussiez y aller si viste, ny avec tant de rigueur, laquelle il estimoit que vous deviez moderer. Surquoy vous lui mandastes (car nous voulons abreger tout ce qui se dit et fit en cette occasion) que nulles prieres des vostres n'ayans eu pouvoir de changer votre resolution, vous ne voyez qu'un seul moyen pour gratifier luy et eux, qui seroit que luy-mesme se voulut charger du prisonnier pour le punir de tel supplice que la justice d'Angleterre adviseroit, dautant que moyennant cela vous en seriez deschargé envers le Roy, vostre maistre, et n'auroit le peuple de Londres aucun sujet d'estre mal-content de vous. Lequel ordre fut enfin suivy, et par les sollicitations de M. de Beaumont le sieur de Combault fut delivré ; vous estant ainsi honnestement desveloppé d'un si fascheux embarras.

Vous pristes loisir, en attendant l'arrivée du roy d'Angleterre, d'escrire au Roy une lettre dont la teneur ensuit :

Seconde lettre de M. de Rosny au Roy.

SIRE,

Estant tres-veritable que les plus petites, et en apparence moins considerables actions des hommes, et surtout des grands princes et de leurs ministres, apportent autant de lumiere pour sçavoir ce qui est de leurs intentions, et de certitude en l'Estat et solide fondement que l'on doit faire de leurs amitiez et alliances, que les plus visibles et signalez effets qu'ils produisent en public et de propos deliberé ; pource que celles-là procedent d'un certain mouvement interieur et naturelle inclination qui regit et dispose aussi souvent leurs esprits et leurs resolutions, que toutes les raisons et la sagesse de ceux qui les veulent persuader, et celles-cy du seul artifice d'un conseil premedité, pour tenir la verité de leurs conceptions et intentions plus secretes et plus cachées. Je n'obmettray en la presente lettre aucune des moindres circonstances qui se sont passées tant sur terre que sur mer depuis mon esloignement des pays de vostre obeyssance, et diray en passant sur chacun poinct et action particuliere un mot de mon advis et opinion, sans presumer neantmoins qu'elle doive estre suivie ny servir de loy à personne, mais pour ce qu'ordinairement les raisons et les considerations de ceux qui sont presens sur les lieux aident beaucoup à esclaircir l'esprit et former le jugement des absens et des esloignez.

Toutefois, avant que d'entrer en ce discours, j'ay estimé fort à propos et tres-agreable à vostre Majesté que je luy represente en peu de paroles ce que j'ay recogneu de l'humeur et du naturel de cette nation, laquelle comme c'est un peuple enclos et posé par la nature au milieu des flots impetueux et des ondes variables et inconstantes de ce grand Ocean, aussi est-il merveilleusement inesgal et disproportionné en ses deliberations et en luy-mesme ; produisant quasi en mesme temps des actions tant differentes de ses paroles, que si l'on n'estoit persuadé par l'experience, il seroit impossible de croire qu'elles procedassent toutes d'une mesme personne et d'un mesme esprit. Car, estans poussez et meus d'une fierté et outrecuidance naturelle, ils reçoivent facilement toutes leurs imaginations et fantaisies pour veritez, et la fin de leurs desirs et affections pour certitudes et evenemens infaillibles, sans les avoir mesurées et balancées avec la seureté requise en icelles, l'estat des choses presentes et la condition des hommes avec lesquels ils ont à traitter, et sans avoir jugé par quelles voyes et par quels chemins ils peuvent parvenir à la possession de ce qu'ils souhaittent si ardemment. En sorte que la moindre objection ou difficulté les fait incontinent, et le plus souvent sans raison pertinente, departir de ce qu'ils avoient, ce leur sembloit-il, si sagement et si utilement conclu et arresté, et qui estant apres bien espluché et examiné par les maximes d'Estat, se recognoist plutost proceder d'une pure arrogance et simple nonchalance, que d'un conseil bien digeré, et sans aucun esgard des moyens d'y parvenir, ny des suittes et consequences necessaires et inevitables en telles choses; lesquelles leur estans representées avec vives demonstrations, les font aussi-tost incliner en la partie toute contraire, et comme stupides, estonnez et sans aucune replique valable, retomber en cette premiere irresolution de laquelle ils estimoient s'estre si courageusement desveloppez.

Toutes ces considerations, Sire, font que je ne desespere pas entierement de pouvoir traitter et conclurre choses aucunement conformes à vos desirs, utiles à vostre service, et au salut et repos general de la France, mais bien me donnent crainte de vous pouvoir conseiller de faire un solide fondement sur telles amitiez et y bastir vostre grandeur et la seureté de vostre Estat, prevoyant et conjecturant que comme mes raisons auront eu la force de les porter d'une extremité en l'autre, que s'ils n'en sont continuellement persuadez et qu'elles ne leur soient souvent rafraichies ou resveillées par d'autres aussi valables, selon que le temps et les occasions le requerront, ils ne nous eschappent de rechef facilement, se laissans tousjours aller aux dernieres persuasions, et deferer aux objections et remontrances qui leur seront faites par ceux qui desirent les disposer à nostre dommage, si une fois ils peuvent tant gagner sur eux que de se faire escouter souvent et paisiblement. En sorte que pour marcher plus seurement en affaires si importantes, je confirmeray le conseil que j'ay plusieurs fois donné à vostre Majesté, qui est de ne laisser passer aucune occasion ny moyen par lequel l'on puisse estraindre amitié avec les roys et princes vos voisins, mais de n'establir pas toutefois vostre principale esperance là dessus, ains sur vous mesme, sur ce que vous estes le plus prudent et le plus experimenté grand Roy et grand capitaine qui soit aujourd'huy sur la terre, sur vos propres forces, et sur l'abondance du peuple guerrier et courageux que Dieu a commis sous vostre domination : ayant tousjours cru que jamais les roys de France ne se resoudront de constituer leurs principaux plaisirs en la seule augmentation de leur grandeur, reputation et manutention de la seule monarchie françoise non litigieuse, qu'ils ne deviennent sans difficulté les seuls arbitres de la chrestienté, et ne donnent absolument la loy à tous leurs voisins par leur prudence et ainsi douce association.

Or, revenant au discours des particularitez qui se sont passées en mon voyage, je diray à vostre Majesté comme je m'embarquay à Calais le dimanche quinziesme de juin, à six heures du matin, dans une des roberges du roy d'Angleterre, où je fus receu avec si grandes courtoisies que rien plus, voire mesme avec des offres et submissions viles et abjectes, tant un chacun s'humilioit à moy. Et tout soudain changeans leur procedure, et voyans venir à moy M. de Vic avec son pavillon au grand mast, sans m'en dire aucune chose et sans aucun respect ny souvenir de ce qu'ils me venoient de dire, qu'ils estoient tous à moy pour en disposer, et que je ne les estimasse point Anglois pour mon regard, mais vrais François, ils firent pointer toutes les pieces, au nombre de cinquante, droit au vaisseau dudit sieur de Vic. Dequoy estant adverty et voyant une grande rumeur dans le vaisseau, et la precipitation dont ils usoient, je ne peus trouver autre remede en un si soudain inconvenient, que de leur dire que c'estoit par mon commandement que M. de Vic avoit levé son pavillon, et que j'avois convenu avec luy que pour me rendre plus d'honneur, aussi-tost que l'on luy feroit signe, et qu'il seroit pres de moy, il le mettroit bas, que je les priois de tirer à toute volée à l'escart du vaisseau, et qu'ils en verroient l'effet, ce qu'ils firent. Et neantmoins, à ce que l'on m'a dit, M. de Vic s'en est fort offencé, et projette de leur rendre la pareille s'il les trouve en pleine mer à son advantage.

J'arrivay sur les trois heures apres midy à Douvres, où je trouvay M. de Beaumont, vostre ambassadeur ordinaire, accompagné du sieur Loucnard, qui a la charge de recevoir les ambassadeurs, comme M. de Gondy en France, lesquels me receurent avec toutes sortes de civilitez et courtoisies, l'un m'accommodant de son carrosse et m'offrant tout ce qui estoit à luy, et l'autre, au nom de son maistre, toute assistance, aide et faveur en Angleterre, me declarant qu'il avoit charge de me fournir chevaux, chariots et toute autre chose dont j'aurois besoin. Estant au logis, le maire de la ville me vint visiter et offrir au nom d'icelle tout service et assistance. Peu apres le nepveu du gouverneur du chasteau de Douvres (lequel pour avoir les gouttes ne bouge du lict) me vint trouver de la part de son oncle, pour me faire les mesmes offres que les precedentes, me priant d'aller voir le chasteau : le peuple aussi me rendit beaucoup de tesmoignage de bonne volonté, se resjoüyssant de ma venuë, me donnant mille benedictions, et souhaittant tout bon heur et felicité. Et neantmoins, apres tout cela, le sieur Loucnard ayant demandé le roolle de toute la noblesse et autres qui estoient avec moy, afin, disoit-il, de leur distribuer des chevaux et chariots par ordre et à suffisance, si tost qu'il l'eust entre ses mains, il se contenta de l'envoyer à Londres, et laissa la distribution des chevaux et chariots dont il avoit parlé, sans s'en soucier, et fallut que chacun en cherchast comme il pût, et les loüast à un prix excessif, avec telle insolence du peuple, qu'il sembloit qu'il nous voulust tous mettre à rançon. Dequoy neantmoins un seul des miens ne fit semblant d'estre mal satisfait, les ayant priez et persuadez auparavant d'en user ainsi, et ne se formaliser de tout ce qu'ils verroient et orroient.

Le lendemain matin, avant que partir, j'allay au chasteau de Douvres, comme j'en avois esté derechef convié par le gouverneur d'iceluy, où nous ne fismes rien que poser nos espées à la porte (reservé la mienne, qu'ils me laisserent par honneur), et bailler nostre argent, car le gouverneur, nommé Thomas Vimes, que nous trouvasmes dans sa chambre en une chaise à cause des gouttes, fit une telle mine à tous ceux qui faisoient demonstration de regarder et considerer les tours et les murailles du chasteau, qu'il nous donna subject de nous retirer incontinent, sans faire paroistre neantmoins aucun malcontentement ny desir d'en voir plus que nous n'avions fait, mais seulement que nous le laissions craignans de l'incommoder.

Tout du long des chemins entre Douvres et Cantorbery, où j'allay coucher, plusieurs de la noblesse me vindrent trouver et faire infinies offres et courtoisies, disans en avoir receu commandement de leur Roy. A l'arrivée à Cantorbery, le peuple monstroit une allegresse merveilleuse de ma venuë, me donnant autant de benedictions et de loüanges qu'ils avoient veu de mauvais œil le comte d'Arambergue un jour auparavant, et me carresserent en telle sorte, qu'allant parmy les ruës, aucuns me venoient embrasser la botte et baiser les mains, les autres me presenter des fleurs et des bouquets, ce qui, à mon advis, se doit attribuer au grand nombre de Flamans et Wallons qui sont refugiez pour la religion en cette ville de fort longtemps, et en sont quasi les deux tiers d'icelle. Je fus aussi à l'eglise, qui est tres-belle, et assistay à leur service et musique fort excellente, où chacun et les chanoines sur tous me carresserent infiniment quand ils sceurent que j'estois de la religion; et y en eut un entre-autres qui, ayant cy-devant cogneu deffunct Arnault, dit à son jeune frere qu'un secretaire du comte d'Arembergue luy avoit dit que son maistre alloit trouver le roy d'Angleterre pour faire contre vostre Majesté une ligue entre le roy d'Espagne, l'archiduc et luy, pour le disposer et persuader à la conqueste des provinces qu'il pretendoit luy appartenir en France, et empescher que vostre Majesté n'executast les grands desseins qu'elle pouvoit avoir contre l'Angleterre et la Flandre, pour à quoy parvenir, vous faisiez de telles provisions d'argent, d'artillerie, de munitions et d'armes, que s'il n'y estoit pourveu dans deux ans, tous moyens de vous en empescher seroient ostez. Ce chanoine, en reïterant ses paroles, faisoit demonstration de n'avoir pas eu ce disours agreable, mais au contraire d'estre bon François et fort vostre serviteur.

En ce lieu, le milord Sidenay me vint trouver et usa en mon endroit de toutes sortes de complimens au nom du roy son maistre, et m'asseura de trouver en luy une disposition telle que vostre Majesté le sçauroit desirer pour estreindre avec vous une amitié et confederation indissoluble, voire par preference à tous autres princes; et qu'il avoit charge de donner ordre qu'il ne me manquast aucune chose en tout mon voyage, et me faire rendre tout l'honneur et la faveur que meritoit le ministre d'un si grand prince et ma personne particuliere. Il me tesmoigna aussi qu'il estoit fort vostre serviteur, et qu'il n'obmettoit jamais aucune action qui vous en pust donner asseurance.

De Cantorbery, nous allasmes à Rochester, sur le chemin duquel la noblesse vint au devant de nous comme de coustume; mais il y eut mille difficultez pour les logemens, dautant que les habitans effaçoient les marques que les propres fourriers du roy d'Angleterre avoient faites aux portes de leurs maisons. Or, pource qu'en ce lieu j'appris que l'on avoit envoyé au devant du comte d'Arembergue le milord Henry Haouard, qui est de beaucoup plus grande qualité que le milord Sidenay, dautant qu'il est fils du frere du duc de Nordfolc, oncle du grand chambellan, et du conseil privé, j'eus apprehension, au commencement, que ce ne fust par mespris et pour tesmoigner de la desfaveur. Mais depuis, considerant que celuy qu'ils avoient destiné pour aller au devant de l'ambassadeur d'Espagne estoit encore de moindre condition que le milord Sidenay, et par consequent grandement inferieur à celuy qu'ils avoient envoyé au devant de celuy des archiducs, je jugeay qu'ils en avoient usé ainsi plutost inconsiderément et nonchalamment, que de propos deliberé, pour m'offencer. Et neantmoins, en ayant communiqué au sieur de Beaumont, nous advisasmes ensemble qu'il estoit à propos de faire en sorte que cette vaine apparence n'apprestast à discourir aux esprits trop curieux, et donnast sujet au commun et à ceux qui ne penetrent pas trop avant, de croire qu'il y eust desja de l'alteration et mauvaises intelligences entre vos Majestez; et cela fut mené si dextrement par ledit sieur Beaumont, que le milord Sidenay mesme escrivit à la Cour qu'il estoit à propos, pour la bien-seance, d'envoyer au devant de moy quelque comte et homme de conseil, comme il fut aussi-tost fait. Tellement que le comte de Sutenton, qui est en faveur maintenant, me vint rencontrer à Gravezines avec grand nombre de noblesse, et me renouvella les offres qui m'avoient desja esté faites au nom du roy d'Angleterre.

En ce lieu, je trouvay quantité de batteaux couverts et fort bien accommodez, lesquels me porterent par la Tamise jusques à Londres, où, arrivant au port pres la Tour, je trouvay bon nombre de carrosses pour me mener et toute la noblesse qui estoit avec moy à mon logis, où je fus conduict, du moins en celuy du sieur de Beaumont, par les sieurs comte de Sutenton et milord Sidenay, avec une telle affluence de peuple, que nous ne pouvions quasi passer parmy les ruës. Si tost que je fus arrivé au logis dudit sieur de Beaumont, le comte de Sutenton me dit qu'il avoit charge d'aller trouver le Roy son maistre dés le soir, encore qu'il fust fort tard, et que Sa Majesté fust allée à Oinsore, qui est à vingt milles de Londres, pour luy rendre compte de tout ce qui s'estoit passé en mon voyage, me priant de croire qu'il estoit vostre serviteur, et qu'il n'obmettroit aucune action qui en pust rendre tesmoignage, et le vouloir charger de quelques particularitez pour porter au Roy son maistre, dont je le remerciay et luy monstray **toutes sortes de confiances**, sans user neantmoins que de paroles generales. Apres, le milord Sidenay me fit prier de ne m'ouvrir pas entierement audit comte de Sutenton, mais que si j'avois quelques bonnes paroles à faire entendre au Roy son maistre, qu'il en fust le porteur, comme m'estant venu trouver le premier, et le plus desireux de vous faire service, et voir vos Majestez en bonne amitié et parfaite intelligence; et jugeay par sa contenance, qu'il avoit quelque jalousie dequoy le comte de Sutenton portoit la premiere parole de ma part au Roy d'Angleterre : ce qui m'occasionna de m'ouvrir un peu davantage à luy, mais plutost toutesfois en apparence qu'en effet, et feignant luy descouvrir infinies choses que je desirois estre tenuës secrettes, lesquelles neantmoins j'estois bien aise que chacun sceust.

Je soupay, couchay, et disnay le lendemain chez M. de Beaumont, à cause que je n'avois pû encor avoir de logis asseuré, et y eut telle difficulté à loger la noblesse qui m'accompagnoit, que la pluspart faillit à coucher dans les ruës, tous les habitans refusans à ouvrir les portes de leurs maisons aux François, s'excusans sur les desordres, insolences et indiscretions qui furent commises par ceux qui estoient avec M. de Biron, telles que, si ce qu'ils en disent est veritable, je ne m'estonne point dequoy nostre nation estoit en si mauvaise odeur en ce pays-là. Depuis nous ayans un peu recogneus et la modestie avec laquelle chacun se comportoit, nous les avons trouvez beaucoup plus doux et gracieux, et espere qu'à mon partement je leur laisseray une meilleure impression des François, qu'ils n'avoient auparavant. Le matin les ambassadeurs de l'electeur Palatin me vindrent trouver et prendre congé de moy pour s'en retourner vers leur maistre, et n'y eut entre nous que des paroles de complimens.

Peu apres, M. le secretaire Cecile envoya son premier commis vers M. de Beaumont, pour sçavoir à quelle heure il me trouveroit ce jour-là à propos, et qu'il avoit charge de me venir visiter de la part du Roy, son maistre, comme il fit incontinent que nous eusmes disné; et apres les paroles ordinaires de courtoisie et civilitez qui me tesmoignerent combien le roy d'Angleterre avoit agreable ma venuë en son royaume, tant pour le regard de vostre Majesté qu'il aimoit et honoroit par dessus tous les autres princes du monde, que pour les qualitez et conditions qui estoient en moy, avec lequel il desiroit s'ouvrir entierement le cœur, et monstrer toutes sortes de confiances et d'affection à demeurer vrayment et sincerement uny avec vostre Majesté, comme avec son bon frere, l'amitié duquel il vouloit cherir et preferer à toutes autres choses. Nous nous retirasmes, les sieurs Cecile, de Beaumont et moy, dans ma chambre où nous eusmes plusieurs discours, dont les premiers et plus longs, furent plutost generaux que particuliers; narrans seulement les raisons et occasions que vos Majestez avoient de s'unir, lier et restreindre à bon escient, ensemble, les interests communs qui les y convioient, et les bons offices qu'en divers temps eux et leurs predecesseurs avoient receus les uns des autres, dont leurs esprits devoient estre infiniment contens, et nullement en doute que tels devoirs d'amitié ne demeurassent eternels. Et pour particulier tesmoignage du respect que le roy d'Angleterre vous vouloit rendre, il me dit qu'il estoit party expres de Grenvich pour attendre ma venuë, afin de n'estre pressé d'ouyr l'ambassadeur des archiducs qui estoit arrivé devant moy, et qu'il avoit charge de m'offrir mon audience sans attendre que je la demandasse, contre ce qui estoit accoustumé. Il me fit aussi sentir que je devois prendre son envoy vers moy, pour une tres-grande faveur, estant chose non jamais pratiquée. Surquoy je n'oubliay pas à luy tesmoigner combien j'estimois chere cette courtoisie, et comme elle avoit redoublé mes esperances.

Tant y a que M. de Beaumont, M. de La Fontaine et les deputez des provinces unies des Pays-Bas prennent cela pour un tres-bon augure; et mesme, depuis que l'on a sceu mon acheminement en ce pays, le roy d'Angleterre a fait beaucoup meilleur visage ausdits deputez qu'il n'avoit fait auparavant, n'ayant pas mesme encor voulu ouyr parler ny dire un seul mot au prince de Henry Nassau. Or, discourant M. de Beaumont et moy, sur les procedures dudit sieur Cecile qui avoit, contre sa coustume, desiré, voire procuré une telle commission, nous avons jugé, quelque bonne mine qu'il fasse et creance qu'il veuille donner, qu'il gouverne entierement son maistre et toutes les affaires; que neantmoins il n'estoit point asseuré de l'esprit de ce prince, et craint qu'il ne soit possedé par d'autres à son desadvantage, et que pour avoir toujours les plus grands manimens, il a esté bien-aise de prevenir tout autre qui eust voulu faire son profit de tout ce qu'il y aura à negocier avec moy. Quoy que ce soit, je recognois audit Cecile un esprit desireux de la paix, et me semble qu'il n'a pas bien considéré, à ce que j'ay pû juger par ses discours, les conditions qui en sont inseparables : comme d'abandonner les Estats à la mercy d'Espagne, ou les forcer de se jetter entre vos bras, se departir de tout trafic aux Indes, et rendre inutiles tous leurs vaisseaux de guerre, et autres suittes de consequences, que j'obmets pour briefveté. Il me fit aussi un grand discours sur le fait d'Ostande, dont le but tendoit à le faire abandonner, estimant aussi bien du tout impossible de le pouvoir plus conserver. Laquelle opinion je refutay par plusieurs bonnes raisons, et telles, qu'il me sembla en prendre aucunes en payement, et remettant le succez de ces affaires à ce qui seroit par moy traitté en ce royaume. Surquoy nous nous separasmes avec resolution, que dimanche prochain j'aurois mon audience.

Incontinent apres, les deputez des Estats me vindrent visiter avec toute sorte d'honneur et tesmoignages d'affection et de servitude, à l'endroit de vostre Majesté, et demonstration de faire leur principal fondement sur sa bonne volonté en leur endroit. Ils s'essayerent fort à me persuader que la guerre se fit communément et ouvertement par vos Majestez et eux, et que j'en devois faire instance à ma première audiance. Surquoy je leur respondis ce que j'estimay estre plus selon la dignité de vostre Majesté, le bien de ses affaires et sa particulière intention; remettant le surplus à nostre première veuë, pource qu'il estoit fort tard, et les tables servies. Je ne faudray pas de tenir vostre Majesté advertie de toutes les choses qui se passeront cy-apres, comme j'ay fait de celles qui ont precedé, la suppliant de m'excuser si je suis trop long et si je remplis ce papier d'infinies choses qui pourroient estre obmises sans dommage et que j'ay seulement escrites pour faire mieux cognoistre l'humeur et le naturel de ceux avec lesquels il me convient negocier. Sur ce je prie Dieu, etc.

De Londres, ce 20 juin 1603.

CHAPITRE CXVII.

Lettres de Henri IV et de Ville-roy sur la mission confiée à Rosny. Présentation de Rosny au roi d'Angleterre. Lettres de ce ministre à Henri IV, dans lesquelles il lui rend compte des négociations dont il est chargé.

Vos depesches (dont il a esté parlé au chapitre precedent) ainsi faites et envoyées, vous receustes le mesme jour, vers le soir, deux lettres du Roy, à scavoir : une en chiffre sous-signée de Neuf-ville, dont la teneur ensuit.

Lettre du Roy à M. de Rosny, contre-signée.

Mon cousin, depuis vostre partement je n'ay rien appris digne de vous estre escrit, qu'un advis que Arsens m'a dit luy avoir esté donné par le sieur de Bernaveld, qui est de present en Angleterre pour le service des Estats de Flandres; lequel, encor qu'il m'ayt dit vous l'avoir communiqué à vostredit partement, j'ay toutesfois estimé vous le devoir faire sçavoir, non que je le trouve veritable, mais afin que vous sçachiez que j'auray à plaisir que vous preniez garde estant sur les lieux, à ce qu'il m'a dit, que ledit sieur de Bernaveld luy a mandé avoir sceu de bon lieu que le roy d'Espagne et les archiducs ont fait dire au roy d'Angleterre et offrir que s'il veut se lier avec eux et renouveller les anciennes alliances et confederations de la maison de Bourgongne, et conquerir en mon royaume les provinces qui luy appartiennent, et dont les roys d'Angleterre, ses predecesseurs, ont esté spoliez par les miens, jusques à luy faire offre de fournir les gens de guerre et les deniers necessaires pour un tel effet, à la charge qu'il ne fera jamais avec moy, paix ny accord sans eux, et qu'il se separera entierement et ouvertement de l'amitié desdits Estats de Flandres, ausquels, s'il ne veut faire la guerre à descouvert, il ne prestera aucune sorte d'assistance par mer ny par terre, sous quelque pretexte que ce soit.

Ledit sieur de Bernaveld a adjousté à tout cela une remonstrance de l'interest que j'ay, non seulement, d'empescher ladite reünion, mais aussi de preparer et dresser au plutost une partie qui soit assez forte pour resister ausdits Roys unis contre moy. J'ay remercié ledit sieur de Bernaveld, en la personne dudit Arsens, dudit advertissement, de l'effet duquel je luy ay dit avoir peu d'apprehension pour l'estimer difficile à resoudre, et encore plus à executer, pour plusieurs raisons que je luy ay dites, que vous sçaurez bien comprendre; et neantmoins, je luy ay dit qu'il escrive audit sieur de Bernaveld et confere librement et confidemment avec vous, et qu'il vous nomme les autheurs dudit advis, afin de pouvoir mieux juger ensemble s'il merite que l'on s'y arreste ou non. Je recognois bien que les Estats de Flandres, craignans d'estre abandonnez dudit roy d'Angleterre, ne seroient pas marris d'advancer une rupture entre moy et ledit roy d'Espagne; car cela serviroit à divertir les forces qu'ils prevoyent leur devoir tomber sur les bras, et à consoler leur peuple en le deschargeant d'une partie de la despence qu'il supporte. C'est pourquoy j'ay soupçon ce propos avoir esté advancé par ledit Bernaveld, autant par art que par science, pour commencer à me donner martel de l'union desdits Roys, et neantmoins, il me semble qu'il ne faut s'esmouvoir legerement au bruit dudit advis: aussi ne devons nous le rejetter et mespriser entierement; car il faut tout attendre de l'inimitié que me portent les Espagnols, et tout craindre de l'inexperience du roy d'Angleterre: c'est pourquoy je vous prie d'observer les pratiques de tous, sans toutesfois faire paroistre audit Bernaveld que j'aye opinion que ses advis soient accompagnez d'artifice. J'ay veu une fois l'ambassadeur d'Angleterre depuis vostre partement, il m'a de nouveau asseuré de l'amitié de son maistre, et parlé de quelques affaires touchant certains particuliers qui ne meritent estre escripts. Pareillement le courrier major d'Espagne est arrivé icy pour aller en Flandres, il doit passer en Angleterre, de la part dudit roy d'Espagne, qui sera tout ce que je vous escriray presentement, avec l'occasion du partement du sieur de Sainct Luc, qui va vous trouver pour vous accompagner en ce voyage, lequel vous asseurera de la continuation de ma bonne santé. Je prie Dieu qu'il vous ait, mon cousin, en sa saincte garde.

De Sainct Germain en Laye, le 12 juin 1603. HENRY. Et plus bas, DE NEUF-VILLE.

Et l'autre lettre de la main du Roy où il y avoit quelques mots du chiffre particulier que Sa Majesté avoit avec vous, de laquelle la teneur ensuit.

Lettre de la main du Roy à M. de Rosny.

Mon amy, outre la lettre que je vous escrits par la voye de M. de Ville-roy, je vous fais ces deux mots de ma main pour vous dire que vous preniez garde à deux choses, et usiez de toute industrie pour descouvrir ce qui en est; à sçavoir, si le roy d'Angleterre et ses ministres avoient quelque dessein de s'unir avec le roy d'Espagne contre moy, ainsi que je vous l'escrits plus amplement, et s'il y a quelques-uns en Angleterre qui, au nom de messieurs de Boüillon, la Trimoüille, du Plessis et autres, fassent des menées pour disposer le roy d'Angleterre à se dire protecteur des huguenots de France, et nommer le comte Palatin pour son lieutenant, comme l'on m'en a donné advis, et que ces trois hommes font pis que jamais. Prenez donc garde à tout cela et en empeschez les effets; dequoy je ne doute point si vous y employez le soin, diligence et dexterité avec lesquelles vous avez accoustumé de manier mes autres affaires. Adieu, mon amy, que j'ayme bien.

De Sainct Germain, le 12 juin 1603. HENRY.

Vous receustes aussi deux lettres de M. de Ville-roy, desquelles la teneur ensuit.

Lettre de M. de Ville-roy à M. de Rosny.

Monsieur, je n'estois auprès du Roy quand l'ambassadeur d'Angleterre y est arrivé; vous verrez par la lettre que M. de Lomenie m'en a escrite, et par le double de la lettre du roy d'Angleterre qu'il a presentée à Sa Majesté, que je vous envoye, le sujet de son audiance, et s'il survient quelque autre chose, je vous en tiendray adverty. Quant aux prestres seculiers anglois, le Roy en a entrepris la défense envers le Pape, par ce qu'ils s'estoient declarez ennemis des Jesuistes et d'un certain archi-prestre que ceux-cy avoient fait creer, afin d'affoiblir la faction desdits Jesuistes, qui estoient du tout à la devotion du roy d'Espagne, et qui, favorisez de luy, avoient souvent entrepris contre l'Estat et la personne de la feuë reine d'Angleterre. Les trois prestres qui passerent à Rome pour cette cause nous firent voir un passe-port de M. Cecile, ce qui fut cause que Sa Majesté embrassa plus volontiers leur protection, et aussi qu'ils protestoient qu'ils ne s'opposoient ausdits Jesuistes, que par ce qu'ils recognoissoient que ceux-cy vouloient destruire leur pays et troubler leur souveraineté sous pretexte de religion, pour faire service audit roy d'Espagne, auquel ils vouloient faire croire que la couronne d'Angleterre appartenoit. Cette défence entreprise par Sa Majesté fut bien receuë et loüée à Rome, où l'ambition desdits Jesuistes, partisans du roy d'Espagne, fut descouverte et blasmée. Mais, depuis, certains mesdisans ont voulu dire que Sa Majesté avoit dressé cette partie de prestres seculiers pour s'en prevaloir contre le roy d'Angleterre apres la mort de la Reine; mais c'est chose qui n'est jamais entrée en l'esprit de Sa Majesté, ainsi que vous tesmoignera M. de Beaumont, lequel a esté informé de nos dépesches de temps en autre de tout ce que Sa Majesté a fait et dit en cecy; tellement qu'il vous en rendra bon compte, comme je feray de tout ce que vous desirerez de moy pour vostre contentement et service durant vostre absence. Je prie Dieu, etc.

De Ville-roy, ce 5 juin 1603. DE NFUF-VILLE.

Lettre de M. de Ville-roy à M. de Rosny.

Monsieur, ce que nous escrivons en chiffre doit estre tenu plus secret pour le respect de ceux qui en ont donné l'advis que pour autre consideration, comme vous sçaurez tres-bien juger, esperant que vostre retour, voire vos premieres dépesches, nous donneront telle lumiere des choses de delà, que nous n'en jugerons pas apres à tastons, comme nous avons fait jusques à present. Cependant vous sçaurez que M. de Savoye n'est venu en Savoye, comme il a esté dit, et que ceux de Geneve avec leurs alliez ont plus grand besoin de faire la paix avec M. de Savoye, qu'ils n'ont de pouvoir de soustenir la guerre; tellement que je croy qu'ils rechercheront et embrasseront volontiers ladite paix, et que leurs amis feront bien de la leur conseiller et procurer. C'est aussi ce que Sa Majesté a commandé à M. de Vic; dequoy, s'il est pris quelque resolution devant que vous reveniez, je vous en feray part comme de toute autre occurrence, et maintenant vous serez asseuré de la confirmation et de la bonne santé du Roy, comme du desir que j'ay que vous me departiez vos commandemens pour y obeyr, saluant vos bonnes graces de mes humbles recommandations; priant Dieu, etc.

De Sainct Germain en Laye, le 12 juin 1603.
DE NEUF-VILLE.

Vous fustes logé au palais d'Arondel qui est l'un des plus beaux et commodes logemens, et qui a le plus de stances basses d'un mesme pied et tout d'une suitte que nous ayons jamais veu. Et le lendemain le roy d'Angleterre vous donna audiance en son palais de Grenvich, où vous fustes conduit dans les barges royales par le comte de Northumbelland. Il y eut une telle presse à vostre arrivée, que vous fustes un quart d'heure dans la salle sans pouvoir approcher du Roy, lequel descendit deux degrez du haut dais, pour venir au devant de vous et mesme les vouloit tous descendre pour plus promptement vous embrasser, tant il en avoit d'envie (comme vous le conta le sieur Oreladoux); mais quelqu'un de ses ministres luy dit que c'estoit trop ravaller l'esclat de sa dignité, auquel il respondit : « Quand bien « j'honorerois cét ambassadeur icy, outre la cous- « tume ordinaire, je ne pretendrois pas qu'il deust « estre tiré à consequence par les autres, car « j'estime et ayme particulierement cettuy-cy « pour ce que je sçay qu'il m'affectionne, pour « sa fermeté en nostre religion, pour sa loyauté « envers son maistre, pour les services signalez « qu'il luy a rendus et à sa patrie, et plusieurs « autres vertus fort recommandables. » Vous estant advancé prés de luy avec la reverence convenable à sa dignité et à l'office que vous rendiez, vous luy fistes une harangue de soldat que les pedans trouverent trop courte, mais que les gens d'Estat et de Cour estimerent des mieux proportionnées à vostre condition et qualité, dautant qu'en peu de paroles elle contenoit beaucoup de substance : de laquelle ayant retenu une coppie, nous l'avons icy inserée, estant telle que s'ensuit.

Harangue de M. de Rosny au roy d'Angleterre.

SIRE,

« J'aurois maintenant besoin d'une éloquence plus qu'humaine et d'une assistance toute divine pour bien representer les hautes conceptions d'un Roy tant admirable que celuy qui m'envoye vers

29.

vostre royale Majesté, et sur tout pour exprimer suffisamment la franchise et la sincerité avec laquelle il desire de continuer, voire augmenter, s'il est possible, l'amitié, alliance et confederation, non jamais alterée d'entre vos deux Majestez, et celles tres-estroites qu'il a eues avec cette genereuse et tant celebre Reine, vostre devanciere. J'aurois encore autant de besoin d'une voix vrayement celeste et d'une abondance de paroles des plus exquises, pour rendre et donner aux insignes vertus de vostre royale Majesté (suivant la charge que j'en ay receuë du Roy, mon maistre) l'honneur, la gloire et la loüange qu'elles meritent. Mais tout cela me defaillant, et par consequent la suffisance et capacité pour m'acquitter dignement de tous ces raisonnables devoirs, je supplieray tres-humblement vostre Majesté d'avoir agreable qu'en nommant vos deux personnes royales la merveille des roys de tous les siecles, je comprenne, sous ce titre sublime, la sublimité de tous les plus excellens monarques desquels la venerable antiquité a celebré la gloire, l'honneur et les loüanges, qu'en continuant la charge qui m'a esté donnée de mon Roy, je die à vostre hautesse royale, qu'autant que la perte d'une tant magnanime Reine, vostre commune sœur, luy a esté sensible et cuisante, et que sa mort luy a causé des regrets, ennuis et desplaisirs extrémes, autant la reparation d'une telle disgrace, par le moyen d'un si grand et tant digne successeur, l'a-elle consolé, et l'advenement heureux et paisible de vostre Majesté à tant de couronnes, luy a-il donné de joyes, de liesse et parfait contentement. Et que, pour le surplus des affaires generales, j'ay commandement exprès de convenir amiablement et loyalement de toutes choses, pour l'honneur et la gloire commune de vos personnes royales, et l'asseurance et felicité de vos posteritez, royaumes, sujets et bons alliez; et ce, en telle forme, maniere et façon, et d'en traitter en tel temps et lieu et avec telles personnes que vostre prudence royale me fera paroistre de l'avoir agreable. Protestant, pour ce qui regarde mon particulier, n'affectionner pas moins la prolongation de jours, felicité de regne, augmentation de sceptres et accroissement de gloire en vostre Majesté, qu'en celle du Roy mon maistre; que si vous m'estiez tel, et que je fusse vostre naturel sujet et serviteur, comme je ne manqueray d'en rendre des preuves par effets, sçachant bien que je ne dois et que je ne sçaurois rien faire de plus agreable au Roy mon maistre, comme je m'asseure qu'il vous sera confirmé par ces lettres qu'il m'a donné charge de presenter à vostre Majesté, dont il y en a une de sa propre main, lesquelles je vous supplie de recevoir avec la mesme affection et sincerité qu'elles sont envoyées et presentées à vostre Majesté. » Es mains de laquelle vous la mistes aussi-tost; puis les ayans leuës et remises és mains de M. Cecile qui estoit pres de luy, il vous usa de plusieurs complimens en forme de remercimens de la bien-veillance et honnesteté que le Roy son frere luy tesmoignoit par ses lettres et par vos paroles pleines de vertu et d'efficace (car ce furent les termes dont il usa), d'offres de semblable affection et sincerité en son endroit, et asseurances d'en tesmoigner des effets, lesquels feroient paroistre qu'il n'avoit pas laissé en Escosse la passion avec laquelle il avoit tousjours chery celle du Roy vostre maistre, et desiré la prosperité de sa couronne et de ses affaires.

En suitte desquelles paroles de courtoisie et civilité, vous eustes plusieurs autres discours ensemble, et vous fit une infinité de questions sur les choses du monde, trop longues à reciter, entre lesquelles il vous demanda s'il estoit vray que le Pape vous eut escrit; si vous luy aviez rendu responce, et de quels termes vous aviez usé en son endroit. Surquoy vous luy dites la verité de tout, et qu'un homme eslevé en si haute dignité entre les chrestiens, vous ayant honoré de ses lettres pleines de civilité et courtoisie, vous n'aviez eu garde de luy donner un autre titre que celuy qu'il prenoit. « Voire, vous dit-il, ce nom
« là ne luy convient nullement; et vous, qui es-
« tes de la vraye religion, n'en sçauriez user en-
« vers un homme mortel sans offencer Dieu,
« lequel est seul nostre tres-sainct Pere, comme
« il nous a commandé de l'appeler et defendu de
« donner sa gloire à un autre.

« Je ne pouvois pas, Sire, dites-vous, addres-
« ser mes lettres que sous ce titre; autrement,
« il ne les eut pas receuës, et n'y a Roy ny
« prince chrestien qui n'en use de la mesme fa-
« çon, escrivant au Grand Turc, et ne l'appelle
« grand empereur des Musulmans, qui est à dire
« roy des fideles: comme l'on voit parmy nous
« des roys et des princes qui prennent le titre de
« royaumes ausquels ils n'ont ny droit ny pro-
« prieté, et si on ne laisse pas, en leur escrivant,
« de leur donner la qualité qu'ils s'attribuënt. »
Il vous parla aussi de M. du Plessis et de ce qui s'estoit passé en sa dispute, dont il tesmoigna de sçavoir toutes les particularitez; et adjousta que le Roy le devoit avoir un peu espargné, s'en estant autrefois confidemment servy, quoy qu'à la verité il eust commis deux erreurs, l'une d'avoir escrit sous son nom, avec tous les titres plus relevez qu'il croyoit avoir au royaume, contre la religion de son prince, et puis se jetter en une dispute où il falloit necessairement qu'il succom-

bast, ne pouvant avoir des juges qui ne le condamnassent ou ne fissent tort à leur Roy. « Aussi « m'a-on dit, ce vous dit-il, que, quand il se vit « ainsi mal-mené, il demeura tout interdit, et « défendit depuis si mal une si bonne cause, que « ce fut pitié. »

Il se passa plusieurs autres tels propos entre vous deux, trop longs à reciter pour estre de peu de consequence, ausquels furent tous presens le prince Henry de Nassau et autres ambassadeurs des Estats, mais comme cachez et travestis, dautant qu'ils n'avoient point encor pû avoir d'audience, et mesme avoient sceu que le roy d'Angleterre, soit par artifice ou autrement, afin de se faire plus solemnellement rechercher par le roy d'Espagne, ne parloit jamais d'eux qu'avec quelque espece de blasme et de mespris, ne les nommant quasi point autrement que rebelles à leur prince.

Or, avons nous oublié à vous ramentevoir que le jour de devant vostre audience ces messieurs les Estats vous estoient venus visiter avec demonstration de grande allegresse de vostre venuë, accompagnée d'une infinité de belles paroles tesmoignans d'avoir conceu de grandes esperances et confiances en vostre entremise, negociation et dexterité. Les ambassadeurs de Venise et ceux du comte Palatin vous rendirent ensuitte les mesmes honneurs et complimens, les derniers vous faisans de grandes instances au nom de l'electeur leur maistre en faveur de M. de Boüillon. Les particularitez desquels discours passez entre tous ces messieurs et vous, nous passerons legerement, nous contentans d'inserer icy les lettres que vous escrivistes le lendemain au Roy, où tout ce qui s'estoit passé entre le roy d'Angleterre, ces ambassadeurs et vous, est amplement narré, desquelles lettres la teneur ensuit :

Lettre de M. de Rosny au Roy.

Sire,

Continuant mon premier ordre d'escrire, je diray à vostre Majesté, ensuitte de ma lettre du 20 de juin, comme le lendemain le sieur de Bernaveld me vint voir en particulier, et me discourut fort au long des affaires de messieurs les Estats, me representant comme, sans une assistance qu'il sçait n'estre point en eux mesmes, il est impossible qu'ils puissent conserver Ostande encore trois mois, voire mesme qu'il craint, s'ils ne sont secourus plus puissamment que par le passé, en fin leurs peuples se desesperent et precipitent en quelque resolution dommageable à eux et à tous leurs amis et voisins, voyans les preparatifs que le roy d'Espagne fait pour les attaquer, et le peu de moyen qu'ils ont de s'y opposer, à cause des grands frais qu'il leur a convenu faire depuis la paix de Vervins, tels que les despences de vingt ans auparavant ne revenoient point à une somme si excessive : ce qui les a si fort espuisez et endebtez, qu'il leur est du tout impossible de continuer si vostre Majesté et le roy d'Angleterre ne prenez resolution de les secourir de meilleure sorte, et tout ouvertement. Surquoy je luy remonstray qu'il ne devoit pas seulement considerer l'estat de leurs affaires et leur particuliere utilité, mais celle de leurs amis; et que pour perpetuer leur secours, il le falloit demander conforme à leurs moyens, et proportionné à la condition des temps presens; qu'il ne devoit douter de l'affection et bonne volonté de vostre Majesté, tant de fois esprouvée, mais qu'il ne falloit par mettre sur luy seul tout le faix des affaires, puis que l'utilité en estoit receuë communement, que la principale resolution dépendoit de celle que le roy d'Angleterre voudroit prendre, dont j'attendois d'estre esclaircy par luy, que j'estimois avoir eu assez de temps pour descouvrir son inclination, selon laquelle j'avois ordre de me gouverner : le priant me faire part de tous les discours qu'il avoit eus avec luy, des responces qui luy en avoient esté faites, et quelles esperances il en avoit conceuës.

Surquoy il me dit que les paroles dont le Roy luy avoit usé en particulier, et celles qu'auparavant et depuis il avoit tenuës en public touchant leurs affaires, estoient si differentes et opposées les unes aux autres, qu'il se trouvoit bien empesché d'y faire aucun solide fondement; qu'à la verité, au commencement, il monstroit ne se soucier pas beaucoup de leur salut, ayant esté emporté par ce beau nom de paix qui retentissoit dans la bouche de ses conseillers d'Angleterre; mais qu'ayant depuis oüy ses raisons, et regardé de plus prés aux moyens dont il falloit user pour parvenir à cette paix tant desirée, les conditions qu'il faudroit accorder pour la rendre durable, et l'estat auquel demeureroit le roy d'Angleterre si le roy de France ou d'Espagne se rendoient paisibles possesseurs de dix-sept provinces des Pays-Bas, il sembla sortir comme d'un profond sommeil, et revenant en luy-mesme, dit, qu'il vouloit mieux considerer telles affaires si importantes, et voir, avant que rien resoudre, ce qui luy seroit apporté et offert par l'ambassadeur que le roy de France avoit député vers luy, auquel il avoit volonté de parler en toute confiance, et convenir avec luy de telles conditions que les affaires communes en tirassent un establissement asseuré ; qu'il estoit mesme resolu de suivre vos bons conseils, tant il vous estimoit; et assister lesdits sieurs des Estats en la mesme forme et maniere qu'ils seroient assistez par vostre Majesté, avec laquelle il desiroit conclurre une ferme amitié et alliance indissoluble, l'estreindre par toutes sortes de bons offices mutuels, et notamment par les mariages de vos communs enfans ; qu'il faisoit tel estat de la prudence, experience et bonté de vostre Majesté, qu'elle ne luy voudroit donner aucun conseil pour le regard des affaires d'Espagne, sans estre resoluë de le mettre le premier en pratique, puis qu'il avoit double raison d'estre indigné contr'eux, et se ressentir des pratiques, menées et mauvaises procedures, dont ils avoient usé contre sa personne et son Estat, et que luy n'avoit pour sujet de défiance que leurs seules maximes universelles, par lesquelles ils tiennent pour justes et legitimes toutes les procedures qui leur peuvent ouvrir le chemin à quelque accroissement de reputation ou de seigneurie, et pour y parvenir ne laissent aucune chose en arriere, ains attentent incessamment, par voyes directes ou indirectes, sur la vie et l'Estat de tous les roys et princes leurs voisins : le priant, pour cette raison, de differer encor quelques jours, et jusques à mon arrivée à tirer resolution de luy.

Ayant repris tout ce discours avec ledit sieur de Bernaveld, je luy dis que je le voyois bien fondé en grandes raisons, mais je le tenois trop sage, trop advisé et trop experimenté aux affaires du monde et mutations ordinaires d'iceluy, pour avoir entierement establi leur salut sur la seule prudence, fidelité et affection d'autruy. Que je croyois qu'il avoit discouru en luy-mesme sur toutes sortes d'accidens et d'evenemens, et pris quelque resolution en cas, comme la chose n'estoit point sans apparence, que le roy d'Angleterre ne se voulust plus mesler de leurs affaires, et entrer en paix avec tous ses voisins ; qu'il avoit de trop chers et importans gages en leur Estat pour n'avoir preveu à les asseurer ; qu'il falloit tenter tous moyens avant que de se perdre absolument ; que je n'estimois pas l'estat de leurs affaires si miserable, que son salut ne consistast plus qu'en un seul expedient ; qu'il convenoit à la prudence humaine de souhaitter et demander le plus, avec intention de se contenter du moins quand la necessité le requerroit : le priant de parler à moy en toute confiance, et ne me rien celer de ce qu'ils avoient sur le cœur, et de ce qu'en toute extremité ils avoient projetté de faire. Lors il me dit qu'ils estoient trop obligez à vostre Majesté, avoient trop d'asseurance en sa bonne volonté, et d'occasion de m'estimer leur bon amy, pour rien desguiser et dissimuler avec moy : et qu'à la verité ils avoient preparé leurs affaires pour ne se laisser dessaisir ainsi mal à propos et hors de saison des places d'hostages qu'ils avoient baillées à la feuë reine d'Angleterre ; qu'il y avoit bien eu un traitté fait avec elle, quelques articles pour la restitution d'icelles au cas qu'elle fit la paix avec l'Espagne, mais qu'ils n'estoient assez precis, speciaux, explicatifs pour les pretendre en vertu d'iceux. Que tout ce qu'il estimoit estre plus à propos de faire presentement, au cas que le roy d'Angleterre les voulut abandonner, et entretenir sincerement la paix avec l'Espagne, c'estoit de remettre sus le traitté commencé par le duc de Brunsvic de la part de l'Empereur, et continué par le comte de Wandrelep, afin de leur donner moyen de respirer, mettre Ostande en sequestre ou neutralité pendant le cours de cette negociation, qui arrestoit semblablement les puissantes armées que le roy d'Espagne se dispose de leur jetter cette année sur les bras et par terre et par mer, dont ils ont infinis advis de toutes parts, n'estimans pas y avoir moyen de delivrer Ostande des dangers et perils eminens qui la vont infailliblement accabler, que par le moyen ou d'une forte et puissante armée de terre qui traversast tous les pays de l'archiduc, ou fît son entrée du costé de France pour faire lever le siege à vive-force, estant du tout impossible de faire descente par mer sans constituer tout leur Estat en manifeste peril dont l'experience les a rendus sages, et cognu, par les choses passées, qu'il est au pouvoir de leurs ennemis de les combattre par pieces et parties de leur armée à mesure qu'elle voudroit prendre terre.

Et combien que je ne doute point que vostre Majesté n'ait esté informée du susdit traitté du duc de Brunsvic et comte Wandrelep, neantmoins j'ay estimé à propos de luy ramentevoir, en general seulement, comme ils proposoient de mettre les Provinces Unies sous l'Empire, et les descharger absolument de la subjection d'Espagne ; en quoy lesdits Estats ne peurent convenir, pour ce qu'ils vouloient que cela eust lieu non seulement pour les villes et pays qu'ils possedent, mais aussi pour toutes les dix-sept provinces des Pays-Bas, disans, pour leurs raisons, qu'ils ne s'estimoient pas autrement en seureté tant qu'ils auroient pour voisin un prince qui prestend estre leur legitime seigneur, et qui, pour cette raison, et moyennant la facilité que luy en donneroit la communication libre qu'une paix apporte, ne manqueroit jamais d'intelligences, et de faire menées et practiques dans leurs provinces pour se les approprier. Voila ce qui s'est passé entre le sieur Bernaveld et moy.

L'apresdisnée, le secretaire, resident icy pour la seigneurie de Venise, me vint visiter, et me tint plusieurs discours sur l'Estat present des affaires, et notamment sur l'incertitude où chacun estoit de la resolution de ce prince, à cause des differents langages dont il usoit; semblant qu'il eut pour seul but et dessein principal de ne se laisser encor entendre ny cognoistre absolument, et qu'ayant passé toute sa vie en simulations tres-profondes, lesquels luy avoient bien et heureusement reüssi, il estimoit peut-estre necessaire de continuer cette forme de proceder jusques à ce qu'il pust mieux cognoistre l'humeur de ses nouveaux sujets, la disposition des affaires generales et l'inclination des autres grands princes ses voisins, avec lesquels il procederoit apres, selon qu'il jugeroit sa seureté et son utilité le requerir. Tout le reste ne furent que paroles generales tesmoignans l'affection de la seigneurie à l'endroit de vostre Majesté, et les jalousies et defflances qu'elle avoit du roy d'Espagne, sauf qu'il me dit avoir appris de bon lieu que les ambassadeurs de l'electeur Palatin avoient usé de grandes supplications, afin d'obtenir du roy d'Angleterre qu'il voulut s'employer à bon escient pour le duc de Boüillon, mais qu'ils n'en avoient pû tirer aucune satisfaction, ains au contraire leur avoit respondu qu'il ne s'en vouloit mesler aucunement, et n'estimoit utile ny honorable à un grand prince de s'entremettre envers un autre des affaires d'un sien sujet rebelle et desobeyssant.

Peu apres que ledit secretaire de Venise eut pris congé de moy, un gentil-homme du Roy d'Angleterre me vint trouver de sa part et me dit qu'il envoyoit sçavoir de mes nouvelles, et comme j'estois logé et accommodé; qu'il me prioit de ne m'ennuyer point, et que sans faillir j'aurois le dimanche ensuivant, 22 de ce mois, audiance; que, cependant, il m'envoyoit la moitié du cerf qu'il avoit couru le mesme jour; que c'estoit le premier qu'il avoit jamais pris, n'y en ayant presque point en Ecosse, et estant le seul qu'il avoit chassé en Angleterre; qu'il attribuoit à mon heureuse arrivée en ce royaume cette bonne fortune; qu'il jugeoit bien que vostre Majesté estoit le roy des veneurs, puis que la seule personne de celuy qui le representoit en son royaume luy avoit causé cette heureuse prise. Surquoy j'usay de tous les plus honnestes remercimens et civilitez dont je me pûs adviser, et entre autres luy manday que je me confirmois de plus en plus en l'esperance et au desir que j'avois tousjours eu de voir vos Majestez bien unies d'amitié, et demeurer en perpetuelle intelligence, pour ce que la conformité des mœurs apportoit ordinairement de si heureuses correspondances; paroles dont j'usay expres, dautant que j'ay sceu qu'il n'y a rien où il prenne si grand plaisir, ny où il se glorifie davantage, que quand on le compare en quelque chose à vostre Majesté.

Je luy manday aussi que je ne craignois qu'une chose, à sçavoir, qu'il se meust de grands debats et contentions entre vos Majestez, à qui ayme-roit mieux la chasse, et avoit plus de science en un tel exercice; toutesfois, qu'au pis aller, il faudroit choisir des arbitres pour vous accorder, à quoy j'estimois estre fort propre, puis que ceux de cette qualité doivent estre sans passion ny affection, comme j'estois au fait de la chasse, et que je n'avois trouvé vostre Majesté contraire à luy qu'en une seule chose, qui est d'attribuer à mon arrivée en ses pays la bonne fortune qu'il avoit euë en la prise du premier cerf qu'il avoit couru en son nouveau royaume, et que, tout au contraire, vous estimiez ma presence de mauvaise augure à la chasse, et me renvoyiez ordinairement au logis manier d'autres affaires où mon entremise fust plus heureuse.

J'oubliois à dire à vostre Majesté qu'apres que le secretaire de Venise m'eut laissé, le comte d'Arambergue m'envoya visiter de sa part, me priant de l'excuser s'il n'estoit venu luy-mesme, et qu'il s'en acquitteroit si tost qu'il auroit eu sa premiere audiance, estant chose accoustumée de n'user d'aucune visite, sinon apres ce temps-là; qu'il se resjoyssoit de ma venuë en ce pays, s'asseurant de ma bonne intention à la conservation de la paix et tranquillité publique, et me prioit de croire que je trouverois tousjours les archiducs ses maistres disposez à me faire plaisir et courtoisie, et luy à me rendre tous les services dont il se pourroit adviser, tant pour la consideration de mon merite particulier, que pour representer la personne d'un si grand Roy, avec lequel il estimoit ses maistres en tres-bonne amitié et correspondance. J'usay, pour responce, de toutes les courtoisies et belles paroles dont je me pus adviser, pour luy persuader que je croyois ce qu'il m'avoit mandé pour en avoir veu des tesmoignages manifestes en toutes ses paroles et actions. Et peu apres, je l'envoyay visiter par un gentil-homme, qui luy porta mesmes offres et mesmes remercimens de ma part, et quand et quand, la moitié de la venaison que le Roy d'Angleterre m'avoit envoyée, dont je luy mandois luy avoir bien voulu faire present, tant pour le gratifier et luy tesmoigner mon affection à son service, que pour luy faire part des faveurs et courtoisies que je recevois du susdit Roy, desquelles je m'asseurois qu'il se resjouyroit aussi bien que moy, y ayant si bonne amitié entre nos maistres et entre nous-mesmes.

J'ay cy-devant escrit à vostre Majesté comme j'avois fait entendre à M. de Beaumont que j'avois charge expresse de comparoistre en habit de deüil en ma premiere audiance, et comme il m'avoit fait responce qu'il n'estimoit pas que ce fut chose agreable ny bien receuë en cette Cour, me priant de luy permettre d'en escrire à ses amis, afin de ne commencer pas mon ouvrage par une offence; ce que je trouvay fort bon, et de fait il en escrivit au chevalier Asquins et autres, dont il n'eut responce le jeudy, vendredy, ny samedy tout le long du jour. Si bien que me separant le soir d'avec la noblesse qui m'accompagne, je les priay de s'habiller tous de deüil, et qu'il m'estoit ordonné par vostre Majesté de comparoistre en cét estat, à quoy chacun se resolvoit; mais sur les unze heures du soir, ainsi que je me mettois au lict, M. de Beaumont m'envoya une lettre du chevalier Asquins, par laquelle il me prioit, au nom de Dieu, de me divertir de ce dessein, et d'empescher que, pour chose de nulle substance, j'alterasse la bonne disposition du Roy son maistre. J'avois desja apprins de plusieurs, mesmes du vicomte Savart, du sieur de La Fontaine, des deputez des Estats, et du sieur Stafford, qui m'avoit envoyé visiter, et qui se monstre fort vostre serviteur, qu'ils tenoient cette procedure comme une espece d'affront, et un reproche public du peu de devoir qu'ils avoient rendu en cét endroit, et pour causer alteration parmy le peuple, luy faisant recognoistre l'obmission d'une telle civilité, respect et ceremonie accoustumée entre les princes.

Sur lesquelles raisons ayant consulté avec ledit sieur de Beaumont et autres vos serviteurs, par leur advis je me resolus de mander à la noblesse (dont la plus part estoient desja vestus en deüil) qu'ils eussent à changer de vestemens, ce qu'ils firent; et chacun se parant le pust, convertissant nostre pleur en allegresse. Quoy que ce soit, tout le monde a sceu le commandement que j'avois, et que j'en ay changé la forme à l'appetit d'autruy; tellement que cela ne laissera de produire le mesme effect dans l'esprit des hommes, et peut-estre avec plus de vertu, encor que peu de personnes osent faire ou fassent mention de la defuncte Reine, estant sa memoire et tous ses gestes tant recommandables, ensevelis avec sa personne. Je supplie vostre Majesté me pardonner si en cela j'ay manqué à ses commandemens, lesquels je n'ay pas estimé devoir estre si absolus en pareille charge qu'en celle dont il luy a pleu m'honorer, que les occasions et les accidens inopinez n'y puissent changer quelque chose, principalement quand elle n'est point substantielle, et plutost pour la bienseance que pour la necessité ou utilité qui en revienne, Si j'ay failly, je me sousmets au chastiment, sinon, que par le reste de mes procedures et par ce qui reüssira de ma negociation, il apparoisse que j'ay prudemment fait.

Le dimanche, 22 de ce mois, le sieur Loucnar me vint voir et tesmoigner le contentement qu'il recevoit du changement que j'avois resolu en la forme de nous habiller, et me dire, de la part du Roy, qu'il me donneroit audiance sur les trois heures, et qu'il avoit charge de me faire preparer des carrosses et des barges pour aller prendre la Tamise pour me porter à Grenvich; que le comte d'Erby viendroit jusques à mon logis pour m'accompagner, et celuy de Northumbelland me recevoir sur le bord de la riviere à Grenvich pour me conduire vers Sa Majesté, ainsi qu'il fut fait; trouvant, à l'accoustumée, une infinité de peuple parmy les ruës, dont la pluspart me benissoit et donnoit mille loüanges. Je trouvay le semblable sur la Tamise, et à mon arrivée à Grenvich, une telle presse que nous ne pouvions quasi passer. J'avois avec moy plus de six vingts gentils-hommes ou qui en portoient la mine, avec lesquels je fus mené en une chambre pour me reposer, ou la collation me fut offerte; car, jusques à ce jour, l'on ne m'avoit presenté un verre d'eau; et ont resolu de ne traitter aucun ambassadeur.

Peu apres le roy d'Angleterre m'envoya appeller et fus conduit dans une salle, où, tant à cause de ceux qui y avoient desja prins place, que de la noblesse françoise qui marchoit devant moy, je trouvay tant de presse que je ne pensay jamais parvenir pres du Roy, auquel, apres les reverences deuës, je luy fis une petite harangue fort succinte, telle que vostre Majesté le verra par la copie que je luy en envoye. Et puis, en discourant, luy dis que vostre Majesté s'estoit infiniment resjouye de la promptitude avec laquelle tous ses sujets l'avoient recogneu, et attribuoit tant de benedictions à la bonté de Dieu, à sa prudence et à la cognoissance qu'on avoit de ses vertus, lesquelles aussi vous avoient fait desirer son amitie et souhaitter tellement sa prosperité, grandeur et bonne fortune, que s'il eust eu besoin de vostre Majesté pour la faciliter, vous y eussiez porté vostre personne et tous vos moyens, ce qui vous faisoit esperer et croire asseurément qu'il se feroit entre vous une telle confirmation d'amitiez et d'alliances, que tous vos peuples auroient sujet d'en loüer Dieu eternellement.

J'adjoustay encor plusieurs autres complimens que je n'ay voulu icy rapporter de crainte de vous ennuyer, mais que je feray voir à vostre

Majesté quand il luy plaira ; et croy qu'elle trouvera mes paroles conformes à ce qui luy sera representé estre plus selon l'inclination du prince auquel je voulois complaire, comme j'en avois le commandement expres de vostre Majesté. Mais luy, sans reprendre aucuns des points de ma harangue ny de mes discours, ny me faire aucune mention de la reine d'Angleterre, me dit en substance, qu'il desiroit vivre en toute amitié et bonne intelligence avec vostre Majesté ; que quand il auroit trouvé l'Angleterre et la feuë Reine en guerre avec la France, que neantmoins il estoit obligé, par l'amitié et fraternité que comme roy d'Ecosse il avoit inviolablement gardée avec vous, premierement comme roy de Navarre et depuis comme roy de France, de vivre maintenant en bonne paix et union, estant plus raisonnable que les choses si saintes et si desirables unissent à elles et changeassent la nature de leurs contraires, que non pas le mal aneantist et convertist le bien en sa propre substance (car ce furent ses mots propres) : mais qu'il n'estoit pas en ces termes avec vostre Majesté, ayant trouvé l'Angleterre en bonne amitié avec elle aussi bien que l'Escosse ; ce qui luy donnoit double sujet de ne manquer en aucune occasion par laquelle il vous pust tesmoigner combien il tenoit chere vostre amitié et alliance, et en desiroit la conservation.

Apres, estant monté sur les degrez du haut dais avec luy, nous nous mismes à discourir de choses generales, et commençay par luy dire que je me resjouyssois infiniment de ce que Dieu me donnoit le moyen de luy tesmoigner, par presence, le tres-humble service que je luy avois tousjours et de longue main particulierement voüé ; que je recevrois autant de contentement de sa bonne fortune que j'avois fait lorsque je vis la France entierement reduite sous vostre obeyssance, et que j'esperois luy rendre preuve, par toutes sortes d'effets, qu'il n'avoit sujet qui souhaittast plus sa grandeur que moy, tant pour mon inclination naturelle, que pour ce que je sçavois telles procedures estre fort agreables à vostre Majesté. Il me respondit qu'il sçavoit vous estre fort obligé, et à moy particulierement ; qu'il en conserveroit la memoire eternelle pour s'en revencher par toutes sortes de bons effets et offices dignes de telles faveurs et courtoisies ; qu'il n'avoit pas tenu à l'artifice de plusieurs que cette creance ne luy ait esté ostée de l'esprit ; qu'infinies fois on luy avoit mandé, et de France mesme, que vostre Majesté ne l'aymoit point, que je parlois de luy mal à propos et comme par mespris, et que mesme mon frere, à son retour, en avoit fait plusieurs plaintes et tenu plusieurs discours fort à son desadvantage : tellement qu'il fut un long-temps qu'il n'en sçavoit qu'en croire, n'ayant, comme il estimoit, donné aucun sujet à vostre Majesté ny à aucun de nous de le traiter ainsi ; mais que s'estant depuis mieux informé, il avoit descouvert que cela procedoit de l'astuce et finesse de vos ennemis communs, et du reste des mauvais François qui estoient encore en France, lesquels ne taschoient qu'à vous alterer l'un contre l'autre et vous desunir, pour profiter et tirer advantage de vostre ruyne commune. Mais qu'il esperoit que leurs intentions, estans bien descouvertes, elles produiroient des effets tous contraires, donnans sujet à vos deux Majestez de s'unir et se lier de tant plus grande amitié, afin de resister communement aux pernicieux et ambitieux desseins de ceux qui, pour aspirer à la monarchie de la chrestienté, l'avoient continuellement troublée par guerres et seditions, employans toute leur industrie à pratiquer des revoltes et assassinats dans les pays de leurs voisins ; que le roy d'Espagne, à present regnant, n'avoit pas grande vigueur de corps ny d'esprit pour faire des progrez semblables à ses predecesseurs, et qu'il y avoit bien moyen de l'en empescher.

Je luy respondis que je me resjouyssois de luy voir la cognoissance si entiere du naturel des Espagnols, et qu'il estoit bien-heureux d'en avoir fait son apprentissage par les travaux et les miseres d'autruy : qu'ils faisoient semblant de se plaindre de vostre Majesté, mais que c'estoit pour couvrir le sujet qu'elle avoit de se douloir d'eux : que vous esperiez, apres la paix de Vervins, de vivre en repos, delivré de tout autre soin et sollicitude, sinon que de soulager vos sujets et restablir les ruynes que tant de longues guerres avoient causé en vostre royaume ; mais que tout soudain vous recogneustes qu'il vous convenoit vivre avec plus de prudence et de circonspection qu'auparavant, pource que de toutes parts les menées des Espagnols vous furent descouvertes, tantost sur vos villes, tantost en divertissant vos principaux sujets de leur devoir, ayant mesme suscité le duc de Savoye à vous refuser ce qui si justement vous appartenoit, et dont il avoit convenu par traitté fait expres, le secourant puis apres tout ouvertement d'hommes et d'argent, et, qui plus est, contre tout honneur et bien-seance requise entre si grands princes, il avoit pratiqué le duc de Biron et quelques autres seigneurs de vostre royaume, pour renverser vostre Estat s'en dessus dessous. Mais que vostre Majesté ne trouvoit plus estranges toutes leurs procedures, puis qu'ils tenoient pour maximes ordinaires de ne promettre ny traitter aucune chose avec leurs voisins, qu'ils ne minutassent quand et quand de n'en rien observer, et de profiter en toute occasion de la confiance qu'on prendroit en leurs paroles, ce qu'il me dit cognoistre fort bien, et me tint tel langage contre le roy d'Espagne et les archiducs, que nul, se fondant sur iceux, ne le pourroit tenir que pour leur grand ennemy, et faut qu'il soit merveilleusement corrompu et dissimulé ou lasche de courage, s'il n'en produit les effets en temps et en saison.

De ce discours, nous passasmes à celuy de la chasse, où il me tesmoigna porter une tres-grande passion; et reprenant ce que je luy avois mandé lors qu'il m'envoya sa venaison, il me dit qu'on luy avoit bien dit que je n'estois pas grand chasseur, mais que j'estois bon à tant d'autres choses, qu'un prince devoit tousjours faire cas d'un tel serviteur. Que ce qu'il m'avoit mandé touchant la prise du cerf, qu'il attribuoit à mon arrivée en son royaume, il ne l'avoit pas attribué à moy comme à M. de Rosny mauvais chasseur, mais comme à l'ambassadeur du plus grand Roy et du plus grand veneur du monde; qu'il vous pardonnoit si vous ne me desiriez pas souvent à la chasse, pource que je vous estois plus utile ailleurs; et que si j'estois grand chasseur, vostre Majesté ne le pourroit pas estre si souvent, pource que vos affaires vous occuperoient davantage, desquelles vous estes soulagé par mon assiduité et fidelité. Surquoy je luy respondis que vous aymiez bien toutes sortes de passe-temps et d'exercices honnestes; mais que cette affection ne vous divertissoit point de la plus necessaire en un prince, qui est du soin et de la cognoissance generale et particuliere de toutes ses affaires d'importance : que c'est en quoy vostre Majesté estoit admirable, ayant un esprit merveilleusement penetrant, et une dexterité incroyable à choisir entre plusieurs advis et conseils celuy qui est le plus utile : que les princes sages et advisez en usoient tousjours ainsi, ne se confians et ne se remettans jamais tellement sur la capacité de leurs serviteurs, qu'ils n'en voulussent cognoistre toutes les procedures, et que, pour mon regard, je n'avois nul plus grand contentement, sinon lors que vostre Majesté vouloit entendre les particularitez des affaires dependantes de ma charge, et que tout homme de bien et bon serviteur devoit avoir ce mesme desir; et non faire comme le roy d'Espagne et le duc de Lerme, ainsi qu'il avoit remarqué luy-mesme en parlant d'eux.

Lors il me dit que j'avois eu bien de la peine à regler les desordres que j'avois trouvez au fait des finances, et qu'il m'avoit fallu avoir l'esprit bien ferme et resolu, pour resister à tant d'importunitez des plus grands de France; et là dessus me raconta mille particularitez dont mesmes il ne me souvenoit plus. Apres (comme sa coustume est de changer souvent de discours et interrompre ce qu'on luy veut dire sans en attendre la conclusion) il me demanda comment se portoit vostre Majesté; et en paroles couvertes, je vis bien qu'il vouloit apprendre de moy s'il y avoit seureté en vostre vie, pource qu'aucuns malicieux, ainsi que j'avois bien sceu, luy avoient fait entendre, par diverses personnes, qu'elle n'estoit nullement asseurée, et que l'on en avoit mauvaise opinion depuis vostre derniere maladie : ce qu'on m'a dit qui luy avoit fort travaillé l'esprit et rendu si irresolu en ce qu'il devoit traitter avec vostre Majesté, craignant qu'apres avoir rejetté l'amitié des autres princes et posé son seul fondement sur la vostre, il fust à recommencer s'il venoit faute de vostre personne, n'estimant pas les choses assez establies en France, pour faire que la presence d'un enfant les pust conserver en leur entier, ny se porter aux mesmes desseins de vostre Majesté.

Dequoy me ressouvenant, je luy donnay toutes sortes d'asseurances, le priant de ne prendre garde à ces bruicts incertains; que les personnes de nos roys nous estoient si cheres et si sacrées, que le moindre mal qu'ils avoient nous faisoit tout apprehender; mais qu'il s'asseurast sur ma parole, dautant que j'avois une parfaicte cognoissance de son entiere santé. Lors il me dit qu'il estoit bien marry d'une chose que l'on luy avoit ditte, qui est, que vos physiciens (car il usa de ce mot, voulans dire vos medecins) vous avoient defendu d'aller à la chasse. Surquoy je luy repliquay que c'estoit plutost par prudence et par prevoyance, que par necessité ou besoin, et que c'est chose qu'on luy devoit conseiller à luy mesme, aussi bien qu'à vous, puis qu'il luy en estoit pensé advenir un si fascheux accident. Lors il me conta comme il s'estoit presque rompu un bras, puis en suitte il me dit : « Hé bien! « vous avez envoyé de ma chasse au comte d'A-« rambergue, comment pensez-vous qu'il ayt « pris cette courtoisie? Elle ne luy a nullement « esté agreable, et dit que vous l'avez fait pour « monstrer qu'on faisoit plus d'estime de vous « que de luy. Enquoy il a raison; car je sçay « bien faire difference entre le Roy, mon frere, « et ses maistres, qui m'ont envoyé un ambas-« sadeur qui ne peut aller ny parler; il m'a de-« mandé audiance dans un jardin, parce qu'il ne « peut monter au logis. » Puis s'enquestant de moy si l'ambassadeur d'Espagne avoit passé en France, je luy dis que ouy, et fis recit de ce que

j'en avois appris; lors il repliqua : « On m'en-
« voye un ambassadeur courrier, afin qu'il aille
« plus viste, et qu'il fasse nos affaires en poste. »
Bref il ne tomboit fois sur le roy d'Espagne et
ses affaires, qu'il n'en parlast comme par mespris et desdain; ce que j'estime qui n'estoit pas
trop desagreable au comte de Nassau, qui estoit
fort proche de nous, et pouvoit entendre quasi
tous nos propos; lesquels continuant, il me demanda si j'avois esté au presche à Londres. A
quoy luy respondant qu'ouy, il me dit : « Vous
« n'estes donc pas resolu de quitter la religion
« comme l'on m'avoit dit, et faire ainsi que
« Sancy avoit fait, pensant que c'estoit un moyen
« pour asseurer sa fortune; mais que Dieu luy
« avoit envoyé le contraire. » A quoy je luy dis
que je n'avois point encor songé à tels changemens; mais que le bruict en couroit, pour ce
qu'on me voyoit fort familier et amy de plusieurs
ecclesiastiques en France, et mesmes fort souvent visité du nonce du Pape.

Surquoy il me demanda si, parlant à luy,
j'appellois le Pape sa Saincteté; à quoy je luy
respondis que, discourant avec ceux de cette
qualité, je me conformois ordinairement à leur
façon de parler : lors il me dit que c'estoit offencer Dieu d'en user ainsi, et qu'il n'y avoit
saincteté qu'en luy seul : sur ce je repliquay que
j'en usois comme l'on fait avec certains princes
qui pretendent aucunes couronnes et royaumes
leur appartenir, dont la possession est entre les
mains d'autruy, et que, neantmoins, pour ne les
offencer de gayeté de cœur, on ne laisse pas de
leur donner le tiltre qu'ils s'approprient eux
mesmes.

Apres il me demanda où estoit M. du Plessis,
et me tesmoigna avoir quelque soin de sa fortune et de sa condition, disant qu'il vous avoit
fait autresfois de bons services, qui meritoient
qu'il ne fust pas oublié du tout; que, neantmoins,
sa faute estoit tres-grande, ayant fait imprimer
un tel livre sous son nom, obligeant par là vostre Majesté, à cause des qualitez qu'il prenoit en
l'intitulation, de faire contre luy ce qu'elle a fait
depuis. En tous nos discours, il ne parla en aucune façon des Estats ny de M. de Boüillon,
mais, apres avoir un peu blasmé M. de Savoye,
taxé son esprit inquiet, son infidelité et son ambition, desquels, comme il me dit, vostre Majesté l'avoit fort bien sceu chastier, nous eusmes
encore quelques propos communs de nulle consequence, puis il me dit qu'il s'en alloit temps de
souper et de m'aller reposer; que en peu de
jours il me verroit et discourrions ensemble plus
à loisir et en particulier, puis se retira dans son
cabinet. Lors je fus salué de quelques seigneurs
particuliers, entre autres, de l'admiral Haouard,
du milord Montjoye, de M. Stafford, du grand
chambellan et du chevalier Asquins, lequel, me
conduisant jusques hors du logis du Roy, m'asseura d'estre fort vostre serviteur, et qu'il n'obmettroit rien de ce qui estoit en sa puissance,
pour faire en sorte que vostre Majesté et son
maistre fussent bien liez par une estroite et parfaite amitié et eussent communs amis et communs ennemis. Le comte de Northumbelland me
conduisit jusques au batteau, et, en chemin, me
pria d'asseurer vostre Majesté qu'il estoit son
serviteur en tout et par tout, et qu'il ne se presenteroit jamais occasion de le tesmoigner, qu'il
n'y employast librement sa vie; qu'il desiroit
faire amitié particuliere avec moy, et m'entretenir seul à seul, sur l'estat des affaires. Il est
homme d'esprit, de credit, et tenu pour un des
plus habiles, puissans et courageux seigneurs
d'Angleterre, assez mal content du Roy et du
present gouvernement. Par des mots et des discours à moitié interrompus, il me monstra n'aymer ny n'estimer pas trop le Roy son maistre,
et blasma une grande partie de ses actions et
deportemens. A quoy je respondis fort sobrement
avec la consideration necessaire en telles actions.

Voilà, Sire, ce qui s'est passé devant mes
yeux et à mes oreilles, ouvertement, publiquement, et en verité depuis la derniere lettre que
j'ay escrite à vostre Majesté. Et voicy maintenant marcher en campagne les incertitudes ordinaires du monde, les mescontentemens publics
et privez, les jalousies et envies des courtisans,
et les broüilleries domestiques et du cabinet,
non entierement esclaircies, ny si bien discou-
rües et particulierement representées, qu'il seroit
necessaire pour en pouvoir faire un jugement
certain; mais selon que je les ay pû apprendre
diversement par-cy par-là, tantost des amis secrets, tantost de ceux qui veulent feindre de
l'estre, et le plus souvent de ceux qui sont mal
contens des personnes et du gouvernement present, et ausquels toute mutation seroit agreable.
Premierement donc, je voy quasi chacun reveillé
de ce sommeil où la vanité du conseil d'une neutralité et d'estre en amitié avec tous, les avoit
envelopez; plusieurs commencent à dire que
cela n'est pas possible, et à regretter le courage
et la resolution de la Reine, et nommément les
femmes qui, estans instrumens foibles en affaires
solides, sont neantmoins tres-forts et puissans
aux broüilleries du monde, et principalement la
Reine s'en meslant, comme chacun le croit et non
sans fondement. Car il paroist une certaine antipathie entr'elle et son mary, qui ne produira
pas de petits effets avec le temps, si par une

grande prudence il n'y est remedié; car cette femme est d'un naturel hardy et fort entreprenant, et le Roy fort doux et timide, et qui, absent d'elle, la cognoist bien et prend de belles resolutions sur la forme de vivre qu'il luy doit prescrire; mais l'ayant pres de luy, s'y laisse entierement posseder et ne luy peut rien celer ny refuser. Desja, contre son expres commandement, elle s'est accompagnée, pour le venir trouver, des comtes d'Ortenay et de Liscoit, Escossois, et a pris un grand chambellan pour sa maison, outre le gré du Roy son mary. Dequoy il s'est fort irrité contre le duc de Lenos, qu'il avoit envoyé vers elle pour luy faire entendre ses intentions, et l'a fait repartir dés le lendemain de son arrivée, pour retourner la trouver, afin de la faire obeyr absolument; ce que chacun juge fort difficile et qui embarrassera merveilleusement l'esprit de ce prince et de tous les courtisans; mais principalement celuy du sieur Cecile qui, par une prudence (laquelle ne se trouvera pas, ce dit-on, bien compassée en toutes ses parties), s'est séparé d'intelligence quasi de tous ses anciens amis, et s'est uny avec les deux factions Escossoises qui se sont formées depuis l'advenement de ce Roy à la couronne d'Angleterre, de l'une desquelles est comme chef le duc de Lenos, et de l'autre le comte de Mare, lesquelles, quoy que non directement opposées en ce qui est des affaires generales, ne laissent pas d'avoir des defflances, envies et jalousies entr'eux, à qui aura le plus l'oreille de leur maistre; lesquelles ledit Cecile essaye d'esteindre tant qu'il peut, afin de les reünir entierement; voire se persuader avoir tant de subtilité et d'artifice, qu'il pourra manier, ensemble, le Roy et la Reine; laquelle enfin s'est saisie de son fils en ce voyage, faisant semblant de le posseder entierement. Elle fait apporter avec elle, tout mort, l'enfant dont elle est accouchée, afin de faire voir au Roy que ce n'est pas une fausseté, comme on luy avoit voulu persuader, et dit-on qu'elle veut eslever son fils à la faction d'Espagne, quoy que l'on le tienne de toute contraire inclination et d'un esprit inquiet, mais grandement genereux, et qui est pour faire de grandes choses en vostre faveur, s'il vit longuement, disant qu'il ne veut avoir pour modele de sa conduite, que vostre seule Majesté, ce qui fait enrager sa mere, que l'on dit, à cette occasion, avoir dessein de le faire transporter en Espagne pour y estre nourry, s'appuyant pour cét effet au party des catholiques et mal-contens d'Angleterre et d'Escosse, qui ne sont pas en petit nombre.

Dequoy le Roy a prins alarme, qui s'est encore augmentée sur la descouverte d'un Jesuiste anglois, qui, ayant esté prins travesty dans un vaisseau passager, et iceluy examiné, a confessé qu'il estoit ainsi travesty pour essayer de delivrer l'Eglise de l'oppression du nouveau roy d'Angleterre, s'il recognoissoit qu'il n'eust point volonté de remettre la religion catholique et ceux qui en font profession en liberté, ny de se departir du secours des heretiques des Pays-Bas.

A tout cela s'est joint la procedure du comte d'Arambergue, qui estant en effect malade, ou, comme aucuns disent, feignant l'estre, a différé de jour à autre de se presenter à son audience; ce que plusieurs, et le Roy mesme a interpreté à artifice, et pour voir cependant l'effet des promesses dudit Jesuiste, qui a encore confessé qu'il y en a huict autres qui sont en ce pays avec pareille volonté que la sienne.

Quoi que ce soit, depuis tous ces bruicts et mon audiance, le cours des affaires faisant de plus en plus cognoistre la vanité des premieres conceptions, et estant venu advis qu'il ne viendra point d'ambassadeur d'Espagne, la face de la Cour est quasi toute changée; chacun commençant à dire qu'il n'y a pas grande seureté en l'amitié d'Espagne; que tout ce qu'ils proposent est plein d'artifice; qu'il vaut mieux continuer amitié avec la France et s'y lier à bon escient, comme il semble que l'occasion se presente de le faire avec toute seureté, n'y ayant apparence que le roy de France eust voulu deputer une personne de telle qualité, si agreable à Sa Majesté, et duquel la presence luy est necessaire en toutes ses affaires, ny que luy-mesme eust voulu prendre une telle charge, et s'esloigner de la Cour contre l'ordinaire coustume des favoris, pour estre instrument de tromperie, ou pour ne rien faire en un voyage si important, flestrir aucunement la reputation qu'il s'est acquise par ses services, ne restant qu'une chose à faire, qui est que chacun des deux Roys coure pareille fortune en toutes choses, et ayent mesmes amis et mesmes ennemis. Si le sieur Cecile peut venir à bout de gouverner longuement tant de diverses humeurs, j'estime qu'il y aura beaucoup de sagesse, et encore plus de bonne fortune en son fait, car je tiens cela pour impossible.

Aussi desja on commence à cognoistre, comme à travers un nuage, que chacun essaye de joüer au plus fin, et qu'il s'est joint avec les Escossois, seulement pour avoir entrée et se faire cognoistre au Roy; mais qu'il a dessein, apres s'estre mis en creance, d'attirer toutes les affaires à luy, en priver les autres et mesmes en descharger le Roy, comme il espere en venir à bout par l'inclination qu'il pense avoir descouverte en luy de n'aymer gueres à en estre importuné. Et que les autres au contraire, ont bien voulu attirer à eux ledit Cecile, afin de s'instruire aux affaires d'Angleterre, desquelles ayans eu l'intelligence ils seront bien aises de se défaire d'une ame si ambitieuse que chacun l'estime, et qui veut tousjours entreprendre et manier. A cela vient à la traverse la partie angloise, qui commence à entrer en credit pres du Roy, et se compose la pluspart des partisans du feu comte d'Essex, dont le comte de Sutenton et le milord Montjoye sont des premiers et des plus agreables à Sa Majesté. A toutes lesquelles difficultez se joignent les mal-contens, qui ne diminuent pas, mais augmentent de tout leur pouvoir les defiances et jalousies des uns et des autres. Et chacun blasme maintenant quasi publiquement la faute qui a esté faite de n'avoir porté le deüil de la mort d'une si excellente princesse que la feuë reine Elisabeth, et dautant plus qu'ils ont sceu que je voulois rendre ce devoir si on ne m'en eust empesché. J'espere avoir demain une autre audiance qui me donnera sujet de faire une nouvelle dépesche : cependant je prieray Dieu, Sire, etc.

Du 24 juin 1603, à Londres.

En attendant une autre audiance dont il a esté parlé cy-dessus, vous depeschastes encore un autre courrier vers Sa Majesté avec une autre lettre que vous escrivistes seul, sans appeller aucun de nous, comme vous aviez accoustumé, ny la nous faire mettre en chiffre; de laquelle ayans neantmoins recouvert une coppie, nous avons estimé à propos de l'inserer icy, à cause de sa consequence, et qu'elle fait voir que vous n'eustes pas de petites affaires à demesler, ny manque de suffisance, et de bonne fortune pour les terminer toutes au contentement et advantage du Roy et de la France; de laquelle lettre escrite et chiffrée de vostre main, la teneur ensuit :

Lettre M. de Rosny au Roy.

Sire,

Je vous envoye ce courrier expres, pour ce que depuis ma lettre du vingt-quatriesme juin escrite ce matin à vostre Majesté pour luy rendre compte de ce qui s'estoit passé depuis sa depesche du vingtiesme, le secretaire du comte de Northumbelland (avec lequel j'ay pris de grandes habitudes, sur tout depuis qu'il a receu les presens que vostre Majesté m'avoit donné charge de luy faire, et l'ay asseuré qu'ils luy seroient continuez tous les ans en mesme sorte sorte) m'est venu trouver de la part de son maistre comme j'estois prest de me coucher, pour m'advertir (ainsi qu'il m'a dit, et useray de ses propres termes, afin que vostre Majesté juge tant mieux que ce qui en peut estre) que ceux qui sont au roy d'Espagne ou aux archiducs residens en la cour d'Angleterre, et les catholiques anglois avec lesquels ils ont intelligence, avoient, peu apres l'arrivée de leur Roy en son nouveau royaume, fait faire, sous-main, de grandes instances et sollicitations vers les plus confidens et familiers serviteurs, qu'ils ayent maintenant pres de luy, qu'ils sçavent estre de faction contraire à la France, ou ennemis dans leurs cœurs de la religion protestante, afin d'essayer à disposer le roi d'Angleterre à former une parfaite reconciliation, union et inalterable confederation, et correspondance entre les deux couronnes d'Espagne et d'Angleterre, pour redemander conjointement à vostre Majesté la restitution des provinces de Bretagne et Bourgongne pour la premiere; et celles de Normandie, Poictou et Guyenne pour l'autre, comme à elles appartenantes legitimement ; et en cas de refus, donner une paix ou trefve supportable aux Estats des Pays-Bas, selon que les deux Roys en conviendroient facilement, puis poursuivre leurs droits par armes communes; faisans à cette fin entr'eux une ligue offensive et defensive, qui seroit à peu pres ce dont vostre Majesté m'a escrit par sa lettre en chiffre du douziesme de juin que l'on luy avoit donné advis. Mais que depuis ces gens malicieux (voyans que le roy d'Angleterre, pour avoir, comme ils s'en plaignent, l'humeur trop peu guerriere, et ne vouloir, comme il ne le celoit pas, entrer en guerre ouverte avec personne, à son nouvel advenement à cette couronne, rejettoit toutes telles propositions, les disans prematurément mises en avant, et de telle nature qu'il y falloit penser an et jour, avant que d'y rien resoudre, voire les differer jusques à ce qu'il se vist asseuré entierement de ses peuples et eux de luy) avoient changé de batterie, et fait d'autres ouvertures toutes pleines d'artifices, captions, ruses et cautelles, par lesquelles ils asseuroient que, sans armes ny guerres, l'on obtiendroit les mesmes advantages, qui seroit de faire faire conjointement aux deux Roys (apres, neantmoins, qu'ils auroient sondé la noblesse et les peuples, et iceux trouvez disposez en grande partie à desirer la liberté) une manifestation par laquelle ils declareroient qu'encor que ces provinces susmentionnées leur appartinssent, et par droit d'heritage, voire qu'il fust en la puissance de deux si grands Roys de se les assujettir par la voye des armes, qu'ils en avoient neantmoins une si grande compassion, sçachant qu'ils estoient leurs vrais sujets, et leur portoient une telle amour à cette occasion, que, pour éviter les ruynes, degats et saccagemens que pourroit apporter une telle conqueste à la vive force et par les armes, ils aymoient mieux se priver de leurs propres domaines, et se departir de toutes leurs justes pretentions, moyennant que vostre Majesté se mist à faire le semblable et consentist, comme eux estoient prests de le faire, que toutes ces provinces fussent renduës libres et mises en mesme forme de gouvernement que sont les Suisses, les estats des Pays-Bas et autres communautez franches, se conduisans par eux-mesmes et leurs officiers et magistrats, qu'ils trouveroient bon d'eslire et choisir pour cet effet, eux demeurans, par ce moyen, exempts de gouverneurs, lieutenans et capitaines royaux, de toutes citadelles, chasteaux, garnisons et gens de guerre, et francs de toutes aydes, tailles, peages, gabelles, daces, subsides et autres imposts, adjurants les trois ordres du clergé, noblesse et tiers estat desdites provinces, d'entendre amiablement à une tant raisonnable proposition, et en ce faisant secoüer le joug d'une si aspre servitude que celle en laquelle ils estoient detenus, et se soustraire pour jamais de toute autre obeyssance et domination que la leur propre, avec promesse authentique et solemnelle de ces deux grands Roys fraternisans en ce dessein, de leur donner toutes les seuretez requises pour l'execution d'une tant douce resolution, et tous les secours et assistances necessaires pour les y establir et maintenir, sans que, pour y parvenir, leur intention fust de jetter un seul homme de guerre dans leurs provinces, mais user de diversions et autres voyes, qui les garantiroient de toutes oppressions, pour reduire le Roy treschrestien en ce plus que raisonnable devoir : lequel advis me fut encore reïteré par les milords Coban et Rolech, disans m'estre venu voir expres pour ce sujet.

Or combien que ces trois hommes estans, comme j'en ay desja escrit quelque chose à vostre Majesté, des plus broüillons, artificieux et inventifs d'Angleterre, ayent peut-estre puisé tout cecy dans leur cerveau, et m'ayent tenu ce langage pour faire valoir l'affection qu'ils me disent porter à vostre Majesté, sans qu'il en ait esté jamais fait mention ailleurs; voire que quand mesme il en seroit quelque chose, tout ce projet est si plein d'extravagances et sujet à tant de difficultez, que ce seroit vainement que l'on en apprehenderoit la conclusion, et encores plus l'execution. Neantmoins, il semble d'ailleurs que les simples paroles et discours de telles chymeriques ouvertures pourroient aussi rencontrer de telles bizarres conjonctures d'affaires, qu'elles ne produiroient rien de bon, principalement vers le Poictou, l'Aunix, la Xaintonge, le Limosin, l'Auvergne et la Guyenne, où il y a tousjours des testes chaudes, des humeurs volages et des esprits inquietez : sur tout puis qu'ainsi est (comme vostre Majesté me l'escrit par sa lettre du 9 juin dernier) que messieurs de Boüillon, la Trimoüille, du Plessis et autres de leur faction et intelligence continuent encore leurs mauvaises practiques avec tant d'obstination, que de vouloir faire prendre au corps de la religion le roy d'Angleterre pour protecteur. Or combien que tels advis à moy donnez semblent entierement, comme j'ay dit, destituez de sens et de raison, voire mesme de toute apparence de possibilité, j'ay creu estre obligé d'en advertir vostre Majesté, afin qu'elle interpose son grand jugement là dessus, et y pourvoye selon sa prudence accoustumée, comme de ma part je ne manqueray de travailler pour en descouvrir davantage, et user de toute sorte de dexterité, industrie et diligence pour renverser telles menées. Dequoy j'espere que Dieu me fera la grace de vous donner contentement de mon voyage; mais je ne m'en ose vanter, de peur de fausses propheties. Sur ce, je prie le Createur, Sire, etc.

De Londres, ce 5 juin 1603.

Le lendemain le roy d'Angleterre, suivant ce qu'il vous avoit promis, nomma le comte de Northumbelland, l'admiral Haouard, le comte de Mare et les milords Montjoye et Cecile pour conferer avec vous et les ambassadeurs des Provinces Unies, car nous les vismes tous venir en vostre logis, et peu apres vous retirer dans une grande chambre au bout de la grande gallerie, qui avoit veuë sur la Tamise, où vous aviez fait vostre cabinet, dans lequel vous demeurastes ensemble enfermez plus de trois heures, et y esbauchastes la pluspart des affaires dont je remets les particularitez à la lettre que vous en escrivistes au Roy, de laquelle la teneur ensuit.

Lettre de M. de Rosny au Roy.

Sire,

Continuant la suitte des affaires dont il a pleu à vostre Majesté me donner la charge, je commenceray cette quatriesme lettre par la fin de ma derniere du 23 juin, et diray à vostre Majesté comme le lendemain fut faite la ceremonie de la nomination des chevaliers. Le jour mesme le Roy me fit dire que, suivant ma requisition, il me donneroit une seconde audiance mercredy 25 de ce mois, à deux heures apres midy, me priant d'y venir fort peu accompagné de noblesse, afin d'éviter la presse, et pour avoir plus de moyen de m'entretenir en particulier, et seul à seul, comme il avoit deliberé de faire en ce jour-là; auquel le milord de Humes, grand escuyer d'Escosse, que vostre Majesté a veu en France, me vint prendre en mon logis à Londres, et me mena à Grenvich, en une chambre pour me rafraischir, où peu apres le petit Edmont me vint salüer; sans que de tous ses discours je peusse rien recueillir, sinon qu'il me sembla n'estre pas des plus contens, et vouloir inferer, par les termes dont il usoit, que ses services n'estoient pas recognus, ny luy traitté comme meritoit sa grande intelligence aux affaires de France.

Ses propos furent interrompus par l'arrivée du comte de Northumbelland, qui me vint prendre, et me conduisit à la chambre du Roy, lequel commandant à chacun de demeurer, me mena seul par de petits cabinets et destours en une gallerie petite et assez mal bastie, où, apres les civilitez accoustumées, je luy dis, comme en ma premiere audiance j'avois publiquement et en termes generaux seulement asseuré Sa Majesté de vostre bonne disposition à toutes les choses qui seroient jugées utiles pour vous deux et pour vos royaumes, que je loüois Dieu de ce qu'il me donnoit moyen d'accomplir cét office, mesme en particulier, et de m'ouvrir entierement le cœur, en luy representant au vray les plus secrettes intentions de vostre Majesté, lesquelles je m'asseurois qu'il trouverroit entierement conformes à tous les conseils et deliberations où il se voudra jetter; que je n'estois venu preparé ny disposé de le porter plus à une chose qu'à l'autre, mais que tous expediens par luy choisis vous seroient tres-agreables, comme asseuré en sa prudence et bonté, qui sçaura bien proportionner ses resolutions à l'estat des affaires, à la qualité du temps et à la condition des personnes. Que pour cét effet je le supplios treshumblement de ne rien dissimuler de ses conceptions, me parler en toute liberté, et non seulement comme à l'ambassadeur de son beau frere, ancien et perpetuel allié, mais comme à une personne entierement sienne, qui l'avoit tousjours fort affectionné, et esté le plus desireux de luy voir succeder toutes sortes de grandeurs et de felicitez, pour l'accroissement desquelles j'employerois en tout temps de tres-bon cœur ma vie; à quoy je m'offrois d'autant plus librement que je sçavois, en le servant, faire chose agreable à mon prince et utile à ma patrie, puis que leurs interests particuliers, maintenant devenus si communs entr'eux, donnoient sujet de les reputer, non seulement comme deux freres, mais comme une seule et unique personne.

Surquoy il me respondit qu'à la verité il avoit sujet d'estre merveilleusement satisfait de vostre Majesté et fort content de toutes mes procedures et intentions; que pour cét effet il vouloit parler à moy franchement, s'y confier entierement, et mesmes recevoir mes advis et conseils sur toutes difficultez; qu'il consideroit l'estat des affaires tel entre vous trois grands princes, qu'il estoit necessaire d'y tenir la balance égale; qu'en apparence ny vous ny luy n'estiez en guerre avec le roy d'Espagne, mais qu'en effet aucun de vous deux n'aviez aucune occasion de l'aymer ny de vous y confier, dautant que ses fins ambitieuses vous estoient tres-manifestes, et ses maximes ordinaires trop pernicieuses; qu'il y avoit grande difference d'estre en querelle et dispute avec quelqu'un, ou bien ne l'aymer et ne s'en asseurer pas; que vostre Majesté l'avoit, par sa sage conduitte, enseigné comme il se devoit gouverner maintenant, qui est d'essayer à vivre en paix à son nouvel advenement à la couronne d'Angleterre, comme vous avez tousjours tasché de faire depuis la paix de Vervins, preferant l'utilité presente à la haine et au desdain que vous avoient pû conciter tant de mauvaises pratiques que le roy d'Espagne a tramées contre vostre personne et vostre Estat, dont faisoit foy la guerre de Savoye et la conspiration du duc de Biron, les diverses intelligences de ses ministres sur vos villes, et la nouvelle entreprise sur celle de Geneve, qu'il n'ignore pas estre en vostre protection. Que, pour son regard, il a desja recogneu, par la prise d'un jesuiste envoyé d'Espagne, qu'il ne sera non plus exempt de telles machinations que vostre Majesté, avec laquelle il veut pour cet effet (et n'y ayant rien qui vous puisse jamais alterer l'un contre l'autre) s'unir par toutes sortes de liens d'amitié, et regarder avec quelle forme de justice vous pourrez tous deux proceder, au cas qu'il soit jugé necessaire de faire la guerre ouverte contre l'Espagne; qu'il ne croit point que vous ny luy en ayez encore nul pretexte apparent, et que dés qu'il naistra, il est resolu de le prendre, pourveu que cela se fasse communément; que, cependant, il estimoit ne pouvoir faire autre chose que de continuer à vivre en paix, sans neantmoins s'asseurer trop sur icelle, et ce seulement jusques à ce que les choses soient mieux establies en vos royaumes et dans les siens.

Surquoy je luy respondis que je me rejoüyssois infiniment de le voir si bien disposé à l'endroit de vostre Majesté, et si veritablement informé des astuces espagnoles, des profondes simulations avec lesquelles ils font gloire de circonvenir tout le monde, et du peu de fermeté et seureté qu'il y a en leur amitié, laquelle ils postposeront tousjours, quelque bien liée qu'elle semble estre, à toute petite utilité et accroissement de seigneurie; que je loüois son intention à la paix et de ne vouloir rien faire sans justice et équité, que pour cette raison Dieu luy avoit renduë en son temps; qu'en ayant usé jusques à maintenant, il ne s'en falloit pas départir legerement; que la paix estoit le meilleur et le plus precieux thresor du monde, pourveu qu'elle n'engendrast et tirast apres elle des guerres tres-pernicieuses, et dommages irreparables; qu'il y avoit infinies differences entre les justices des particuliers et celles des roys et des princes, lesquels, pour n'avoir autre superieur qui puisse regler leurs actions que la force et la meilleure et plus trenchante espée, reputent pour juste et pour équitable tout ce qui accroist leur reputation ou leur grandeur, et apporte seureté à eux et à leurs peuples, le regime desquels Dieu leur a commis, non pour les perdre et ruyner par trop de bonté, ny pour se laisser abuser à un usurpateur, sous-ombre de bonne foy, mais pour sagement, prudemment et avec un courage magnanime, repousser la violence des iniques, et opposer la force à la force, et la ruse à la ruse, de laquelle l'Espagne vous veut tous deux maintenant emmieller, afin de parvenir plus facilement à l'entiere conqueste des Pays-Bas; lesquels ayans une fois joincts à sa grande, voire infinie puissance, elle espere donner loy à la chrestienté, et se rendre formidable à tous les autres princes, voire mesme en usurper la monarchie absoluë. C'est là le fonds de leurs intentions, c'est l'ordinaire ambition et convoitise espagnole, et le premier dessein de Charles V, continué par ses successeurs, esquels les deux maisons d'Espagne et d'Austriche estans unies, il est parvenu à un tel accroissement de grandeur en moins de cent ans, que l'imagination en est espouvantable à qui doit craindre leur oppression; ayans joints à leurs petits Estats, tant par mariage que par usurpations, les dix-sept provinces des Pays-Bas, le comté de Bourgongne, les royaumes de Grenade et Navarre, de Naples, de Portugal, l'empire d'Allemagne, le duché de Milan et toutes les Indes; et qui plus est, nous l'avons veu, en nos jours, fort proche de s'approprier la France et l'Angleterre, lesquelles, s'il eust attaquées l'une apres l'autre, ou qu'il n'eust point eu les Estats des Pays-Bas pour ennemis, je ne sçay ce qui en fust arrivé; la pretention desquels il a esté contraint de cacher sous le voile d'une paix, ne pouvant ensemble resister à la fermeté desdites Provinces Unies, et à la magnanimité et courageuse resolution de vos Majestez et de la feuë reine d'Angleterre, qui seuls lui pouvez arrester le cours impetueux de ses conquestes. Non que pour toutes ces raisons j'aye charge de vous precipiter à la guerre ouverte, mais au contraire de convenir, s'il se peut, en une paix qui vous donne à tous deux loisir de respirer, d'asseurer les affaires du dedans de vos royaumes, et de poser de tels fondemens, que si l'occasion juste s'en presente un jour, vous puissiez chasser loin de vos limites un voisin si dangereux, et establir aux Pays-Bas un prince ou une forme de gouvernement qui vous soit communément agreable, et vous delivre de toute apprehension. Pour à quoy parvenir et laisser les choses en estat necessaire, il faut regarder aux moyens de preserver ces peuples de la ruyne où il semble qu'ils soient prests de tomber, si vos deux Majestez ne leur prestent la bonne main en une sorte ou en l'autre.

Lors, le Roy prenant la parole, me dit: « Quelle sorte d'assistance jugez-vous la plus à « propos, pour le roy de France et pour moy? « N'est-ce pas de les porter avec nous à la paix, « et demeurer comme garands et cautions des « conditions d'icelle? ausquelles le roy d'Espagne « venant apres à manquer, j'estime que nous au-« rons trouvé le sujet de luy faire une juste « guerre, et de le chasser entierement des Pays-« Bas. Enquoy je desire que le Roy, mon frere, « convienne, et arrestions ensemble avec quelles « forces et par quels moyens nous paracheverons « une œuvre si necessaire, si honorable et si « utile pour nous et pour tous nos peuples. »

A quoy respondant, je dis: « Qu'il ne falloit « point douter que le roy d'Espagne ne fist de-« monstration de prester l'oreille à une telle pro-« position, non peut-estre pour desir qu'il eust de « la practiquer, n'y pour l'estimer possible, mais « pour alentir vos secours, vous amuser en des « longueurs, et cependant jetter tous ses efforts « contre Ostande, que j'ay appris ne pouvoir plus « gueres subsister, et estre neantmoins de telle « importance, qu'avec sa perte se perdra le cœur « et la resolution de toutes ces provinces, desu-« nissant la Hollande et la Zelande, et les faisant « porter par pieces, ou precipiter toutes ensemble « à l'obeyssance d'Espagne; auquel cas vous « tombez dans peu de jours au milieu de tous « les dangers et perils que vous devez les plus « eviter. Surquoy je supplie vostre Majesté de « faire consideration digne de sa prudence et de « son courage, et de regarder en ce cas quelle « resolution elle veut prendre, afin de la rap-« porter bien particulierement au Roy mon « maistre, qui, sans aucune difficulté, n'obmettra « aucune chose à faire en une telle occasion,

« dont je luy peux donner la foy et la parole. »

Surquoy ayant songé quelque peu, il me dit : Qu'à la verité il n'avoit pas encore bien resolu sur telles difficultez et inconveniens, qu'il jugeoit semblablement devoir estre tirées en consequence, et qu'il avoit tousjours attendu ma venuë pour y adviser. Lors je luy dis : Que j'estimois tant sa prevoyance et l'experience de son conseil, que je m'asseurois qu'ils auroient discouru ensemble sur toutes ces affaires, et pris tel party sur chacune de celles où il verroit l'inclination d'autruy estre portée, qu'il ne viendroit à commettre une faute si signalée, qu'elle ne se pust plus corriger : que si moy, qui n'estois que serviteur, me faisois bien fort, au nom de mon Roy, de luy donner resolution sur tous les accidens et inconveniens qu'il me pourroit proposer et objecter, que par plus forte raison luy, qui estoit maistre, pouvoit-il mettre une fois la derniere main à tels doutes et irresolutions, lesquelles continuans ne luy apporteroient, en fin, qu'une honte envers autruy et une penitence envers luy-mesme, de n'avoir plutost suivy la generosité de son courage et l'exemple de ses majeurs, que les vaines persuasions de ceux dont toute la prudence consiste plus en temporisemens et remises, qu'en executions et bon conseil. Qu'il n'estoit point du tout necessaire pour remedier à telles apprehensions de se porter ouvertement à la guerre, s'il ne vouloit : au contraire, qu'il estoit facile de maintenir les affaires en l'estat present, et pourvoir ensemble qu'Ostande ne se perdist, que les Provinces Unies ne se desesperassent, et que le roy d'Espagne ne prit tel advantage et fit de tels progres, qu'il n'eut plus rien à craindre de la France et de l'Angleterre, quand bien elles s'uniroient ensemble contre luy; estant asseuré de leur pouvoir resister, avec les moyens et les forces qu'il employe maintenant en Flandres, quand il seroit delivré de cette necessité. Que j'attendois tels expediens de sa sagesse, laquelle je m'asseurois estre si grande, qu'il se seroit bien gardé de poser les principaux et uniques fondemens de son salut, sur des apparences trompeuses et des presuppositions si incertaines, que la prud'hommie et la sincerité d'autruy, puis que le monde estoit tant plein de tromperie et d'infidelité.

Je luy tins plusieurs autres tels discours pour ce que je recognoissois qu'il y prenoit plaisir, et que cela luy my-partissoit l'esprit et traversoit la premiere resolution qu'il avoit prise, la balançant avec mes raisons, ausquelles ne voulant ou ne pouvant respondre sur l'heure, il me dit simplement : qu'il estoit tres-aise de m'avoir oüy, et qu'il croyoit que nous avions représenté de part et d'autre, tout ce qui se pouvoit dire sur telle matiere; qu'il ne s'en traitteroit de long-temps de plus importante, ny qui eust plus besoin d'estre bien consultée ; que pour cette raison, il me prioit de luy donner loisir d'en conferer avec deux ou trois de son conseil, afin d'y prendre une derniere resolution, laquelle il me vouloit desja bien assurer ne pouvoir estre de laisser perdre Ostande, et à faire desesperer les Provinces Unies. Qu'il vouloit, en tout et par tout, s'unir avec vostre Majesté, contre laquelle il n'avoit nulle cause d'inimitié ou de querelle, ny n'en vouloit jamais avoir. Que toutes ces vieilles pretentions qui avoient alteré vos deux royaumes estoient ensevelies par le temps, par la raison, par sa propre volonté et par le jugement de celuy qui transporte les sceptres d'une nation en l'autre, et en avoit donné cy-devant sentence, dont la prescription estoit plus que centenaire. Propos qu'il me repeta deux ou trois fois durant nos discours, lesquels je ne rapporte pas tous icy et de mot à mot, mais en substance seulement, afin d'éviter une trop grande longueur.

Apres, il me dit que remettant à dimanche prochain les affaires generales, il me vouloit parler d'aucunes particulieres, et commencer par le duc de Boüillon, pource qu'ayant esté requis par les ambassadeurs de l'electeur Palatin, de le favoriser vers vostre Majesté, il desiroit auparavant estre informé par moy de la verité, et comme vous prendriez les prieres qui vous en seroient faites, d'autant qu'il n'en vouloit user d'aucune qui pust, tant soit peu, alterer vos amitiez, n'ayant jamais estimé juste qu'un prince favorisast la desobeyssance ou la rebellion d'aucun des subjects de ses voisins, principalement quand il n'est question que d'un particulier, et que pour cette raison il ne s'estoit engagé de promesse, ny ne feroit sans mon bon conseil et advis; me priant de luy donner et declarer de cette affaire ce que j'estimois necessaire luy estre representé. Enquoy je le satisfis tellement, qu'il n'estima pas vous devoir prier d'adjouster chose aucune aux offres que vostre Majesté avoit faites audit duc de Boüillon, de luy aider à se justifier lorsqu'il se mettroit en estat requis, ou de luy pardonner tout ce qu'il voudroit confesser avoir fait contre vostre Majesté, et me dit que s'il en estoit plus importuné, il respondroit avec la mesme prudence dont il s'asseure que vostre Majesté a usé et usera à l'advenir, lors qu'elle sera pressée d'interceder en faveur des catholiques de ses royaumes. Auquel propos, voyant qu'il m'avoit jetté sans y penser, je luy dis, qu'à la verité vostre Majesté avoit esté suppliée de les vouloir favoriser, et qu'elle m'avoit chargé de les luy recommander; mais neantmoins avec toute moderation et avec le respect que meritent vos amitiez, prenant le temps à propos, et m'informant auparavant si telle chose luy seroit ennuyeuse ou non.

Surquoy il me dit qu'il en avoit bien esté adverty, et que mon entremise luy seroit tousjours plus agreable que celle de nul autre, tant pour l'amitié qu'il me portoit que pour l'asseurance qu'il avoit que je ferois cet office plutost par une bonne volonté en son endroit, et par consideration d'Estat et du bien de ses affaires, que par passion ou dessein de bastir avec eux aucune intelligence ou correspondance qui luy pust estre prejudiciable, pour porter dommage à l'advenir. De laquelle opinion je le remerciay, et luy confirmay le plus qu'il me fust possible, l'asseurant qu'il pouvoit prendre pareille creance de vostre Majesté, laquelle n'avoit jamais favorisé aucun catholique ny autre de ses sujets ou de la feuë Reine, que de crainte qu'estant rejettés par luy, ils ne se precipitassent entierement dans la faction espagnole, qu'il estimoit esgalement dangereuse et prejudiciable à vos personnes, royaumes et sujets.

Surquoy il me respondit qu'il estoit maintenant par mes paroles si bien informé de vos intentions, qu'il ne luy restoit aucun doute en l'esprit qui luy pust faire mal interpreter les actions de vostre Majesté, à laquelle, pour plus grand tesmoignage de confiance, il vouloit declarer le fonds de son intention sur le traittement qu'il estoit resolu de faire aux catholiques de son royaume, et y apporter le changement que vous mesmes jugeriez estre necessaire, apres avoir oüy ses raisons, lesquelles il me discourut fort amplement. Mais pour ce qu'il me pria de n'en faire part qu'à vostre Majesté seule, et qu'aussi bien je ne sçaurois avoir responce avant mon partement de ce pays, sur ce que j'en pourrois escrire, je remettray le tout pour vous estre representé de bouche comme infinies autres particularitez, les unes plus et les autres moins substantielles que j'ay apprises dudit Roy, et sur tout quelques discours que nous avons eus ensemble, sans y avoir rien dit en vostre nom; de sorte qu'en me separant de luy, Sa Majesté m'asseura derechef que, sans faillir, il me feroit entendre dimanche prochain sa resolution sur tous les poincts et difficultez qui avoient esté meuës et agitées entre nous deux.

Mais ayant appris, en sortant de son logis, qu'il faisoit estat de partir lundy pour aller au devant de la Reine, où il pourroit estre retenu plusieurs jours, et qu'il seroit difficile de vuider entierement telles affaires en une seule audiance, je luy envoyay remonstrer et supplier quand et quand, de me vouloir donner encore une audiance, avant celle de dimanche : ce qu'il me manda ne pouvoir faire, à cause qu'il avoit distribué tous les jours qui restoient entre deux, à des occupations dont il ne se pouvoit divertir; mais que, pour me satisfaire en partie, il deputeroit aucuns de son conseil pour venir le vendredy conferer derechef avec moy, afin d'esbaucher et esplucher si bien toutes les matieres dont il falloit agir que les choses en fussent mieux esclaircies et plus faciles à conclure; dequoy je me contentay pour l'heure et me retiray à mon logis à Londres, où, suivant ce que ledit Roy m'avoit mandé, me vindrent trouver vendredy 27 de ce mois, à trois heures apres midy, messieurs le milord Haouard, admiral d'Angleterre, le comte de Northumbelland, le comte de Mare, le secretaire Cecile et le milord Montjoye, lieutenant general en Irlande. Lesquels, apres les civilitez accoutumées, me dirent par la bouche du sieur Cecile, comme ils avoient esté deputez par le Roy, leur maistre, pour me faire entendre l'extrême contentement qu'il recevoit journellement de toutes mes procedures, et des vrays tesmoignages que je luy avois rendus de vostre ferme amitié, qu'il recognoissoit estre toute sincere, sans desguisement et simulation, et que jugeant maintenant les paroles et le cœur estre une mesme chose, cela l'obligeoit à y marcher de mesme pied, et vous deferer tellement que tout l'honneur de vos communes entreprises pust estre attribué aux prudents conseils de vostre Majesté, sans lesquels, et sans sçavoir auparavant ce que vous jugiez le plus à propos de faire, il ne vouloit conclurre ny executer chose aucune. Qu'il me prioit donc, en continuant la mesme franchise dont j'avois usé, vouloir declarer ce que la grande experience de vostre Majesté aux affaires de la guerre et du monde luy faisoit juger de l'estat des Provinces Unies, et du moyen par lequel Ostande pouvoit estre conservé et eux tous retenus de se jetter sans vos consentemens entre les bras du Roy d'Espagne; qu'il ne reprouveroit aucun expedient venant de vostre part, mais seroit par luy suivy et reputé le meilleur de tous ceux qui se peuvent prendre.

Surquoy je leur dis que j'estois venu par deçà plutost pour consentir et accorder, que pour requerir, persuader ou conseiller aucune chose, à cause qu'à mon partement, le Roy, mon maistre, estant fort incertain de l'estat auquel je trouverois les affaires des Pays-Bas et les volontez de l'Angleterre, pour les bruits qui avoient couru sur de certaines paroles que le

Roy, leur maistre, et ceux de son conseil avoient publiquement tenuës, il ne m'avoit rien ordonné absolument; que c'estoit donc chose vaine de me presser sur ce qu'ils m'avoient proposé, pour ce que je n'avois autre commandement, sinon de me conformer à toutes les resolutions d'Angleterre, d'en promettre l'execution et donner les asseurances requises et necessaires; que je les priois donc de n'user plus de tels artifices en mon endroit, qui me feroient enfin croire que tout leur dessein estoit de profiter par la franchise, confiance et bonne volonté du Roy, mon maistre, que, selon mon naturel libre, je n'avois pas peut-estre assez mesnagée, mais trop promptement declarée.

Lors ils me respondirent par la mesme bouche que je ne devois avoir cette opinion d'eux; que le Roy, leur maistre, vous aymoit et honoroit trop, qu'ils avoient si bonne opinion, et aymoient tant le ministre dont il se servoit en cette negociation, que pour rien du monde ils ne le voudroient abuser; mais qu'ils trouvoient tant d'oppositions en ces affaires, et les conclusions si difficiles à y prendre, que ce n'estoit sans fondement s'ils desiroient d'y proceder meurement, et avec le conseil de tous leurs amis, entre lesquels me mettans au premier rang, ils me prioient de leur vouloir dire librement ce que j'estimois qu'ils deussent faire, et quel party ils devoient choisir des quatre qui avoient esté ouverts; que, quant à la continuation de la guerre, sans nous, c'estoit chose dont il ne falloit nullement parler, et à quoy il me seroit impossible de les porter; qu'il y avoit maintenant trop bonne amitié entre nos maistres, et qu'ils estoient trop communs en mesmes interests pour les faire user de diverses procedures; qu'ils nous aymoient et estimoient tellement, qu'ils vouloient nous imiter en toutes choses et courir semblables fortunes; qu'ils avoient esté trop long-temp en solitude, et qu'ils estoient resolus maintenant d'avoir des compagnons, tant en bonne qu'en mauvaise fortune, tant à la paix qu'à la guerre, laquelle ils ne feroient jamais seuls, quand bien tous les Pays-Bas se devroient perdre. Que la paix seroit fort à propos pour le bien de leurs affaires, mais que nous y avions tous remarqué tant de difficultez, qu'il n'y falloit rien esperer, mesmement les députez des Pays-Bas declarans haut et clair qu'ils n'y peuvent entendre, sans leur ruyne prochaine et inévitable; qu'il n'y avoit donc plus que le remede de la guerre qui se pouvoit faire de deux sortes : la premiere, à vive force et descouverte, laquelle l'estat de leurs affaires ne permettoit qu'ils pussent entreprendre si tost, à cause de leur pauvreté, des grandes despences qu'il leur a convenu faire pour l'enterrement de la feuë Reine, et la reception du Roy, voyage de la Reine, reception et envoy d'ambassadeurs, et qu'il faudra encore continuer au couronnement et autres formalitez qui se doivent observer en toute nouvelle succession de royaume; que la prudence conseille d'asseurer par an et jour avant que de proceder à telles et si importantes innovations; que, neantmoins, pour s'accommoder à nous, ils essayeroient de preparer leurs affaires, en sorte que, dans les premiers jours de l'année prochaine, ils seroient en estat de nous seconder puissamment par la volonté et par les effets, et qu'en attendant il leur sembloit à propos que nous fissions un effort tous seuls pour la delivrance d'Ostande, lequel ils jugeoient nous estre facile, nos affaires estans en si bon estat, et nous pleins de repos, d'abondance et de richesses.

Surquoy je repris la parole en riant, et leur dis que aucun d'eux, à mon advis, n'avoit estimé cette proposition recevable ny civile; qu'ils l'avoient plutost mise en avant pour me faire parler, que pour opinion qu'ils eussent que je la trouvasse bonne, puis que leur seul exemple me la devoit faire rejetter, les estimans trop sages et trop prudens pour croire que vostre Majesté voulut user de procedures si contraires à celle qu'ils monstroient vouloir suivre, lesquelles aussi bien pourroient apporter grand ombrage et deffiance : car n'estimez pas, leur dis-je, que le Roy, mon maistre, portant seul le faix de la despence, il ne vueille aussi tout seul participer à l'utilité, et s'approprier quelque partie des pays qu'il auroit conquis ou conservez par ses armes et travaux; ce qui, sans doute, vous donneroit de l'ennuy, voire de la jalousie suffisante pour rompre toute amitié avec nous, laquelle voulant eviter, je voy bien qu'il se faut donc reduire à la défence secrette, et neantmoins convenir des conditions et des moyens, avec lesquels chacun fera la guerre et secourra son compagnon, au cas que, pour cette cause, le roy d'Espagne voulust attaquer aucun des deux ou tous les deux ensemble.

Lors, en me remerciant de la franchise dont j'avois usé en tous mes discours et actions, ils me dirent qu'ils ne me pouvoient resoudre presentement les difficultez qui s'estoient agitées, qu'ils avoient fort bien compris les intentions de vostre Majesté, lesquelles ils jugeoient fort considerables, prudentes et equitables; mais que c'est à leur Roy d'y donner la conclusion, comme ils esperoient qu'il feroit au contentement de vostre Majesté, apres avoir oüy leur rapport; sur lesquelles ils estimoient neantmoins qu'il trouverroit

30.

fort à propos, avant que d'y mettre la derniere main, de conferer tous ensemble avec les deputez des Estats, afin de convenir unanimement d'un secours qui pust produire des effets conformes à vos desirs communs, esperances et desseins; et sur ce nous prismes congé l'un de l'autre.

J'oubliois à dire à vostre Majesté comme le comte d'Arambergue avoit remis son audiance de jour en jour jusques à hier qu'il s'envoya excuser tout à fait d'aller vers le Roy, et le supplier de vouloir deputer vers luy aucuns de son conseil pour le venir trouver en son logis, afin d'ouyr de luy ce qu'il avoit charge de representer au nom des archiducs ses maistres, puis que son infirmité et maladie luy empeschoit de faire cet office en la forme ordinaire, et comme il luy estoit commandé. Dequoy encore que le Roy fut fort estonné et mal content tout ensemble, si ne laissa-il pas de commander au sieur Cecile qu'il allast trouver le comte d'Arambergue en son logis pour entendre sa charge : dequoy il se voulut aucunement excuser; mais ne le pouvant faire entierement, au moins fit-il telle instance de n'y aller seul, que le sieur Kainlos, Escossois, luy fut baillé pour adjoint, et luy fit demonstration de le prendre comme pour tesmoin de ses paroles et actions. Laquelle forme de proceder tant circonspecte et retenuë fait juger à un chacun que ledit Cecile n'est point si bien asseuré en sa faveur qu'il le veut faire croire à tout le monde, qu'il redoute les mauvais offices de ses ennemis qui ne sont pas en petit nombre, et de ses amis tous nouveaux, et dont il ne cognoist encore gueres l'humeur, et craint le naturel et l'esprit de son maistre, auquel il ne rapporta des discours du comte d'Arambergue, que des paroles generales de complimens et civilitez. Et comme l'ayant pressé de s'ouvrir d'avantage sur des particularitez, il n'eut autre responce, sinon que son mestier estant plus de rompre une lance et porter une pique que non pas manier affaires, qu'il avoit commandement de prendre simplement l'intention du Roy, afin que si elle estoit de traiter et convenir des particularitez necessaires pour estraindre entre luy et ses maistres une plus solide et estroite amitié et confederation, comme c'estoit leur desir et esperance, il en advertist ses maistres, et qu'aussi-tost ils envoyeroient par deçà un homme de lettres et d'affaires, pour y mettre une fin. Desquelles paroles si froides et nullement substantielles, chacun a esté fort peu satisfait, et leur a, à mon advis, donné sujet de traitter plus librement avec moy, ce que je redoute tousjours neantmoins estre plutost en apparence qu'en effet, et artificieusement qu'en verité, pour la deffiance en quoy ne

met la cognoissance de leur humeur, et sur tout du sieur Cecile, qui ne fut ny ne sera jamais de faire rien entierement, mais garder pour la bonne bouche, ce qui destruit tout ce que l'on pensoit avoir bien basty, fondé et conclu, et desirerois infiniment estre trompé de cette mauvaise opinion que j'ay conceuë d'eux. De toutes lesquelles choses j'espere donner entiere lumiere et certitude à vostre Majesté, par ma premiere dépesche et par mon retour pres d'elle, que je commence à minuter, sans que je luy puisse, pour le present, donner aucune asseurance du fruict qu'elle peut attendre de mon voyage, pour l'inegalité de leurs esprits et la vanité et pauvre resolution de leurs conseils. Sur ce, je prie, etc.

De Londres, ce 30 juin 1603.

Vous escrivistes aussi une lettre à M. de Villeroy qui fut telle.

Lettre de M. de Rosny à M. de Ville-roy.

Monsieur, vous verrez par les lettres que j'escris au Roy comme vont les affaires en ce pays, où l'on veut contenter tout le monde, et user de tel artifice que leurs intentions ne puissent estre descouvertes; bref chacun aura de belles paroles et peut-estre aucun n'en loüera les effets : les choses y sont si differentes d'un jour à l'autre, que je ne sçay quel fondement y faire. Au nom de Dieu, voyez la premiere lettre que j'ay escrite de ce pays au Roy, et vous verrez eux et leurs affaires si bien et naïvement representées, qu'il ne s'y peut rien adjouster; ils mettent bien en consideration les raisons qu'on allegue, les inconveniens que l'on prevoit; mais pour cela nuls effets dignes d'une telle meditation, ains entierement contraires. Puis, pour toute excuse, ils alleguent leur impuissance, et pour tout remede leurs vaisseaux, la situation de leur isle qu'ils font inaccessible, et leur nation innombrable et indomptable. Avec toutes ces choses tant diverses, je me trouve l'esprit si confus, que je ne sçay quelles esperances ny quelles deffiances vous donner ; car toute sorte de bien et toute sorte de mal se peut croire de tels esprits si volages et si inégaux en eux mesmes. Par ma premiere lettre vous aurez, si je puis, la conclusion de tout ce que j'auray traitté, qui ne sera peut-estre pas si mal que je l'apprehende, et par mon arrivée, une parffaite cognoissance de l'estat present d'Angleterre en toutes ses parties, et principalement en ce qui touche la Cour et ses humeurs, qui est surquoy vous devez principalement fonder vos resolutions. Continuez-moy vos bonnes graces, et vous asseurez de mon fidele service. Adieu, monsieur, je vous baise les mains en toute humilité.

De Londres, ce 30 juin 1603. C'est vostre plus fidele serviteur.   ROSNY.

CHAPITRE CXVIII.

Suite des négociations de Rosny. Lettres de Henri IV et de Villeroy sur les intrigues qui se tramoient en Espagne et en Angleterre.

Apres vostre seconde audiance dont il a esté parlé au chapitre precedent, le roy d'Angleterre vous traitta en festin et toute vostre noblesse; mais vous et M. de Beaumont seuls mangeastes avec luy à sa table et trouvastes bien estrange de le voir servir à genoux : il y avoit au milieu de la salle une piramide toute couverte de vaisselles riches et de pierreries. Estant de retour à vostre logis, le sieur Bernaveld seul vous vint voir et fut plus de deux heures enfermé avec vous dans vostre cabinet.

Le lendemain, tous les conseillers cy-devant nommez pour traitter avec vous au nom du Roy leur maistre et les ambassadeurs des Provinces Unies se rendirent pour la seconde fois à vostre logis et fustes encore plus de trois heures enfermez tous ensemble dans vostre cabinet. A vostre separation vous priastes le milord Cecile de vous demander une troisiesme audiance; laquelle vous ayant esté accordée à condition que vous iriez fort peu accompagné, pour avoir (comme le Roy vous le manda par le sieur chevalier Asquins) plus de moyen de vous entretenir en privé, vous ne pristes que quatre gentils-hommes et nous deux, vos secretaires ; ayant dés le soir fait une cinquiesme dépesche au Roy, telle que s'ensuit.

Lettre de M. de Rosny au Roy, sur le chiffre de M. de Ville-roy.

SIRE,

Voicy la cinquiesme lettre que j'escris à vostre Majesté depuis mon esloignement de la Cour, et aurez par icelle la suite de ce qui s'est passé depuis ma dépesche du vingt-huictiesme de juin, entre le roy d'Angleterre, ses ministres, les deputez des Estats et moy, et cognoistrez par là, que le premier jugement que j'ay fait de l'humeur d'Angleterre et de ceux qui la manient, a esté fort solidement fondé, et que si leurs belles paroles m'ont donné de l'esperance, leur mauvais naturel l'a enveloppée de mille doutes et fait croire qu'il ne se faut pas trop asseurer sur leurs promesses et belles apparences. Pour lesquelles continuer, le roy d'Angleterre m'envoya advertir samedy 29 du mois dernier, qu'il deliberoit de me traitter en ceremonie, et que, pour cét effet, il me prioit d'aller le lendemain disner avec luy et y mener toute la noblesse qui m'avoit accompagné, ce que je fis, et arrivay sur les dix heures du matin a Grenvich, où je fus avec le Roy au service ordinaire et au presche.

Il ne se passa, durant tout ce temps, que des propos communs entre le Roy et moy et sans qu'il usast d'aucune courtoisie ny compliment en mon endroit, ny qu'il dist un seul mot à aucun gentil-homme de ceux qui m'accompagnoient ; mais se mit sans autre preface sur le discours de la chasse. Apres nous en allasmes disner, et me fit, Sa Majesté, asseoir à sa table et le sieur de Beaumont aussi : le commencement de nos discours fut encore de la chasse et de la chaleur qu'il faisoit lors, non ordinaire en Angleterre. Apres les discours communs, il se mit à parler de la feuë reine d'Angleterre, avec un peu de mespris, et faire grand cas de la dexterité dont il usoit pour la manier, par le moyens de ses conseillers, qu'il se vantoit avoir tous gagnez dés son vivant, en sorte qu'ils ne faisoient que ce qu'il vouloit. Tellement que ce n'estoit pas de cette heure qu'il gouvernoit l'Angleterre, mais plusieurs années avant la mort de la feuë Reine, dont la memoire ne luy est point trop agreable. Apres demandant du vin, où il ne met jamais d'eau, il commença à me dire qu'il vouloit boire à vostre santé, ce qui fut fait reciproquement par luy, le sieur de Beaumont et moy, sans oublier les reines vos femmes et vos communs enfans, desquels me parlant, il me dit tous bas à l'oreille qu'il alloit boire au double parentage qui s'en devoit faire, dont je fus estonné pour estre la seule fois qu'il m'avoit monstré y penser, me semblant avoir prins le temps un peu mal à propos pour l'ouverture de chose si digne, et qu'il m'en devoit avoir parlé auparavant.

Je recueillis neantmoins cette parole avec quelque signe d'allegresse, et luy dis que vostre Majesté estant recherchée d'Espagne pour monseigneur le Dauphin, sçauroit bien choisir et faire difference entre l'alliance d'un bon frere et asseuré amy, avec lequel il n'auroit jamais rien à quereller, et celuy dont jusques à cette heure il n'avoit recu que des offences. Lors il me dit qu'il en faisoit ainsi, ayant esté requis par les Espagnols du mesme mariage pour son fils, qu'il offroient cette Infante à tout le monde, seulement pour abuser les princes.

Apres disner il me dit qu'il avoit entendu ce qui avoit esté dit et fait en la conference que j'avois euë avec ceux de son conseil, de laquelle il avoit toute satisfaction, approuvoit la proposition qui avoit esté faite de s'assembler encor le lendemain avec les députez des Estats, et qu'il desiroit les assister couvertement, ainsi qu'avoit fait vostre Majesté, remettant la forme et la maniere d'y proceder à ce qui en seroit le lendemain traitté et conclu entre nous. Et sur cela Sa Majesté me licentia et s'alla mettre au lict suivant sa coustume, où il demeure quelque-fois toute l'apres-disnée; car osté le plaisir de la chasse, où il est un peu violent, sa vie est plustost contemplative que non pas active; il parle assez bien, est d'un naturel pacifique et fort doux, ayant la conscience merveilleusement scrupuleuse, et croy que par malice il n'offensera jamais personne. Lors que je luy parlay des pirateries, il se fascha contre l'admiral et ceux de son conseil qui vouloient soustenir ce qui s'y faict; mais tout son defaut est de ne prendre pas assez d'intelligence et d'authorité aux affaires qu'il laisse quasi toutes à la disposition et discretion de deux ou trois des siens; et ces deux ou trois sont bien aises de le confirmer en une telle forme de vivre et nonchalance, afin d'usurper tant plus le pouvoir et l'entiere direction des affaires de l'Estat.

Le lendemain matin le sieur Bernaveld me vint voir et representer leurs affaires estre telles, que si je ne concluois une ligue offensive et défensive entre les roys de France et d'Angleterre où ils fussent comprins, qu'infailliblement ils alloient tomber en manifeste ruyne dans peu de jours. Qu'au defaut de ladite ligue luy et les principaux de leur Estat, qui sçavoient ne pouvoir prendre seureté aux promesses espagnoles, estoient resolus, à son retour, de vendre tous leurs biens et se retirer ailleurs; ce qui ne vouloit dire autre chose, sinon l'establissement absolu des affaires d'Espagne en tous les Pays-Bas, avec une telle precipitation que chacun se jetteroit à l'envy sous leur domination, et une telle haine et animosité contre ceux qui, pour les avoir abusez et puis abandonnez, les y auroient contraints, ausquels ils seroient plus ennemis qu'ils n'avoient jamais esté aux Espagnols.

Sur ce je luy dis que ce n'estoit point à moy qu'il falloit donner ces apprehensions, ny exaggerer ainsi les choses en les faisant beaucoup pires qu'elles n'estoient, pour ce que cela ne pouvoit augmenter la bonne volonté de vostre Majesté, qui, par sa prudence, cognoissant tout ce qui peut advenir en semblables occasions, n'obmettra jamais aucune chose qui soit en son pouvoir, pour empescher tels et si prejudiciables accidens, dont il juge bien les suittes et les consequences necessaires; qu'il devoit employer son industrie et son éloquence à persuader, non pas moy, mais les Anglois, que je sçavois bien qu'il trouverroit mal disposez et quasi tout changez depuis hier seulement, pour avoir esté asseurez de l'acheminement de l'ambassadeur d'Espagne, de la venuë duquel ils avoient esté ces jours passez en doute; que j'avois appris de bon lieu qu'ils vouloient arrester toutes nos resolutions et affaires sur le fait des debtes, tant de France que des Estats, jusques à ce qu'ils eussent entendu les grandes offres qu'ils s'imaginoient leur devoir estre faites par le roy d'Espagne.

A quoy ledit Bernaveld me dit que si les choses alloient ainsi, leurs affaires estoient entierement perduës, et qu'il falloit que vostre Majesté discernast maintenant, avec sa prudence accoustumée, lequel des deux luy estoit plus expedient, ou de commencer presentement la guerre au roy d'Espagne en leur compagnie, qui n'estoit point encore si foible qu'elle ne fust digne de consideration, ou bien d'attendre qu'elle luy fust commencée apres qu'il auroit assujetty leur Estat et uny leurs forces avec les siennes. Qu'il me l'avoit bien voulu representer, afin d'en advertir vostre Majesté et luy faire prendre resolution prompte sur telles affaires, où tout petit retardement apporteroit un grandissime desadvantage. Je luy respondis que je jugeois bien une partie de ses discours estre veritables, mais qu'estant venu icy pour traitter de lès assister communement avec l'Angleterre, je ne pouvois prendre aucune resolution sinon conforme à celle que les Anglois voudroient choisir eux-mesmes; tellement que s'ils mettoient la chose à la longue, je n'avois point charge de rien conclurre presentement, mais d'apprendre de luy en particulier leur finale intention touchant leur derniere défense, et ce qu'ils voudroient faire des places d'hostage que tenoient les Anglois, n'estant, ce me sembloit-il, à propos de les laisser entre les mains de personnes si peu feables que ceux qui les tiennent maintenant, et avec lesquels, lors qu'ils se seroient une fois unis en la paix d'Espagne, il sera impossible qu'il n'arrive des contentions qui causeront mille desordres, et peut-estre enfin une guerre ouverte entr'eux.

Il me dit que cela estoit bien vray et que cette apprehension le mettoit plus en peine que toute autre chose, pour ce que, depuis peu de jours, le sieur Caron estant tombé sur ce discours avec Cecile, il avoit fait cognoistre que l'intention des Anglois estoit de faire la paix avec l'Espagne et de retenir, neantmoins, comme en neutralité lesdites villes d'hostage, à tout le moins jusques à l'entier payement de tout ce qu'ils estimoient leur estre deu : chose de telle importance, que delà peut venir la subversion de leur Estat et affaires. Ce que jugeant tresbien il me fit cognoistre, mais en paroles couvertes seulement, qu'en toute extremité ils estoient resolus, s'ils ne pouvoient retirer lesdites villes par traitté et conventions, d'y employer la vive force, laquelle ils sçavoient estre tellement de leur costé, par le bon ordre qu'ils y avoient estably, que l'advantage leur demeureroit tousjours. Mais qu'ils prevoyoient bien aussi que telles actions violentes les meneroient en guerre ouverte contre l'Espagne et l'Angleterre ensemble, laquelle ils ne pouvoient, en façon quelconque, supporter sans estre aussi assistez de la France ouvertement et absolument, à quoy ils n'estoient asseurez de la trouver disposée, me priant de luy en dire mon advis et quelle esperance il en pourroit concevoir.

Ma responce fut en paroles generales, tesmoignant le ressentiment que vostre Majesté auroit de leurs travaux, et de desir d'y apporter les remedes necessaires, de la particularité desquels je ne les pouvois informer à present; mais qu'ayant representé ces choses à vostre Majesté, je m'asseurois qu'elle en useroit avec sa franchise et bonté accoustumée, et ne les voudroit tromper ny circonvenir en aucune façon, faisant reduire leurs affaires en la derniere extremité, sous pretexte de son assistance, laquelle l'estat de ses affaires ne permettant de leur donner suffisamment, il leur declareroit librement, afin qu'ils pourveussent à leur seureté par autre voye.

Peu apres disner tous les députez des Estats me vindrent trouver en mon logis, suivant ce qui leur avoit esté mandé par le roy d'Angleterre, les conseillers duquel nommez en ma precedente dépesche, et qui s'estoient trouvez en la premiere conference, s'y rendirent aussi-tost, où, estans tous assemblez, le sieur Cecile, à l'accoustumée, parlant au nom de son Roy et pour tous ses compagnons, me dit que le Roy, son maistre, leur avoit commandé de me faire entendre la satisfaction qu'il avoit de tous mes comportemens et de representer, en cette compagnie, la resolution qu'il avoit prise de secourir les Estats conjointement avec vostre Majesté; qu'il estimoit cette intention conforme à ma proposition, me priant de declarer si j'en avois autre sentiment.

A quoy je luy respondis fort briefvement, en tournant ma parole vers les députez des Estats, ausquels je dis qu'ils voyoient comme deux si grands princes concurroient en mesme volonté pour leur conservation; que cette franchise les devoit aussi inciter à n'user pas d'artifice, mais à se contenter d'un secours suffisant et proportionné aux moyens et à la disposition de ceux qui le leur offroient; qu'à cette cause je les priois de vouloir representer l'estat de leurs affaires,

leurs esperances, le fonds de leurs moyens, quelles forces ils pourroient mettre en campagne, et de quelles ils auroient besoin d'estre assistez par nos deux maistres.

Surquoy ledit sieur Bernaveld, au nom de tous, fit un discours fort ample, lequel je ne repeteray point icy pour en avoir fait mention en partie cy-devant, en partie par mes autres lettres, la conclusion duquel fut qu'il ne falloit plus s'amuser à les secourir foiblement, mais prendre resolution de chasser entierement le roy d'Espagne de toutes les provinces des Pays-Bas, ce qu'il estimoit faisable dans un an, si chacun y vouloit contribuer selon ses moyens. Que pour leur regard, outre leurs garnisons ordinaires, ils mettroient en campagne douze à quinze mille hommes de pied et trois mille chevaux avec l'artillerie et munitions requises, et tiendroient armez, où il seroit communement advisé, cinquante grands vaisseaux, et que les deux autres en faisant chacun autant, sa proposition deviendroit indubitable.

Surquoy reprenant la parole, je luy dis encore une fois que j'estimois cela veritable, mais qu'il failloit proportionner leurs demandes au pouvoir et à l'intention de leurs amis, et, avant toutes choses, sçavoir si la volonté du roy d'Angleterre estoit d'entrer en paix ou en guerre, pour ce que j'avois charge expresse de me conformer entierement à ce que je recognoistrois luy estre le plus agreable; que, pour cét effet, je priois messieurs de son conseil presens de vouloir faire choix de la voye qu'ils pretendoient tenir, soit pour la paix sans les Estats ou avec eux, ou pour la guerre et assistance ouverte ou secrette, protestant de me conformer, en tout et par tout, à leur resolution.

Surquoy le sieur Cecile prenant la parole, dit qu'il falloit former un mutuel consentement, où chacun s'accommodast aux affaires de son allié, ainsi que j'avois representé; que par les discours de messieurs les Estats ils ne vouloient point de paix; que les raisons d'estat de l'Angleterre les contraignoient de n'entrer, à cette heure, en guerre ouverte, et luy sembloit que la France en pensoit bien autant; qu'il falloit donc prendre la voye du milieu en donnant une assistance secrette, à quoy l'un et l'autre Roy, comme ils voyoient, estoit fort bien disposé; et que c'estoit à eux, députez des Estats, de demander maintenant les choses necessaires pour leur conservation, jusques à ce que les deux Roys et leurs royaumes eussent moyen de les assister de forces suffisantes pour une delivrance entiere. Pour à quoy adviser, s'estans les deputez des Estats retirez à part, nous nous mismes à discourir, le sieur Cecile et moy; et tombans sur l'assistance desdits Estats, il me dit que le Roy, son maistre, estoit resolu de ne les laisser pas perdre, mais non pas de se ruyner entierement pour les sauver; qu'il estimoit que nos maistres auroient bien fait leur devoir, si le sien fournissoit, en cas de guerre offensive, quatre mille hommes de pied et mille chevaux, envoyant deux flottes sur la mer, l'une aux costes d'Espagne et l'autre aux Indes, et vostre Majesté huict mille hommes de pied et deux mille chevaux; ce que le Roy, son maistre, offroit pour sa part, moyennant que j'en voulusse promettre autant pour le mien, et de payer, en deux années, tout ce qu'il devoit à l'Angleterre, pour ce que, sans cela, ils n'avoient aucun moyen de soudoyer leurs gens de guerre, ny d'entretenir leurs flottes.

Surquoy je luy dis qu'il falloit distinguer ces choses, traittant, premierement, de l'assistance secrete qu'on feroit ausdits des Estats, et pour quelle part chacun y entreroit; davantage, quel secours chacun des deux Roys donneroit à son compagnon au cas que l'autre fut attaqué seul; puis, de quelles procedures ils useroient si on faisoit la guerre à tous deux à la fois; quelles forces ils mettroient ensemble pour la guerre offensive, au cas que l'estat de leurs royaumes requist de la faire; et finalement, quelle sorte de gouvernement seroit donné aux pays et provinces conquises par les armes communes des deux Roys. Que de projetter une guerre et une assistance en telle façon, que toute la despence en tombast entierement sur mon maistre, je n'y trouvois gueres d'apparence, pour plusieurs raisons, dont l'une des plus solides consistoit au peu de moyen qu'il a de le faire en cette sorte; mais bien qu'ayant une fois mis leurs royaumes en seureté, et les ayans tirez de la crainte en quoy ils sont, que le roy d'Espagne joignant la puissance des Pays-Bas à la sienne, desja assez formidable d'elle mesme, ne les voulust opprimer, chacun d'eux pourra apres, se retranchant de despence et mesnageant ses revenus, faire fonds suffisant pour payer, non seulement ce qu'ils doivent, mais pour en assister leurs amis et voisins : protestant au nom du Roy, mon maistre, qu'il n'a nul plus grand desir au monde, que de s'acquitter en vers la couronne d'Angleterre, tant de l'argent qu'il luy doit, que des autres bienfaits qu'il en a receus; mais que de la presser maintenant sur l'entier payement de ses debtes, il estoit du tout hors de saison, estant necessaire d'employer auparavant tous nos moyens pour l'execution de ce qui sera resolu. Que si le Roy, leur maistre, y veut contribuer tant soit peu du sien, que vostre Majesté s'efforcera en sorte qu'il aura sujet d'estre content; y ayant apparence de croire qu'en fin ces assistances secretes nous pourroient porter en des guerres ouvertes; auquel cas j'estimois qu'il n'y falloit pas entrer à demy, mais y proceder avec de telles forces et de telle vigueur, que l'honneur et la dignité de deux si grands Roys fust conservée, et leurs amis du tout delivrez de guerres et de craintes; que, pour y parvenir, le Roy, mon maistre, outre une armée de vingt mille hommes qu'il jetteroit vers les Pays-Bas, seroit conseillé de munir toutes ses frontieres de Guyenne, Languedoc, Provence, Dauphiné et Bresse. En toutes lesquelles costes il ne pouvoit moins tenir qu'autres vingt mille hommes, avec un bon nombre de galeres armées; lesquelles forces serviroient, non seulement, à la défence de ces provinces-là, mais à donner de telles jalousies au roy d'Espagne, qu'il seroit contraint de divertir grande partie de ses gens de guerre pour s'asseurer de ces costes-là. Que tous ces preparatifs sont de tels frais et dépenses qu'il est bien difficile de les supporter et payer des debtes ensemble; que, neantmoins, comme c'estoit la volonté de vostre Majesté de s'en acquitter au plutost, elle ne manqueroit de faire quelques payemens par années, et que pour la presente il faisoit estat, suivant la demande de la feuë Reine, de fournir deux cens mille livres; mais que n'estimant pas qu'en un voyage pareil au mien, telles instances se deussent faire, je n'avois aussi receu aucun commandement pour rien promettre davantage en icelle. Que le vray moyen d'estre plus facilement payé, c'estoit de commencer par le lien d'une vraye parfaite et fraternelle amitié qui, non seulement, nous rendroit plus desireux de les satisfaire et donner contentement de l'argent que nous devons, mais aussi de leur fournir du nostre à chasque occasion.

Sur tous ces discours, les choses commencerent à s'alterer, eux de leur part disans ne vouloir employer autre chose, sinon les sommes que ils tireroient de vostre Majesté, et que s'ils n'en touchoient rien, ils estoient resolus d'abandonner les Estats, et tousjours le sieur Cecile (comme c'est sa coustume de faire le subtil, et essayer de tirer advantage de tous propos) taschoit de faire confesser aux deputez des Estats et à moy, d'avoir dit des choses à quoy nous n'avions point pensé; et monstroit une allegresse fort grande quand, par les propos confus et embarrassez dont il usoit, il avoit reduit les choses à tel point que personne n'y pouvoit rien comprendre. Pour fin, il commença à vanter la force de leur royaume, les grandes offres qui leur estoient faites par les Espagnols sans rien particulariser neantmoins; et ainsi nous nous separasmes laissant les députez des Estats aussi incertains de ce qu'ils devoient esperer d'eux, comme le premier jour qu'ils arriverent en ce pays. Et pour mon regard je ne remportay autre chose, sinon que nos maistres devoient faire estat de l'amitié l'un de l'autre, et essayer de vivre en paix avec tous, puis que vostre Majesté ne vouloit faire la guerre sans eux, et qu'eux ne la pouvoient faire sans estre payez par vous et par les Estats, et que vous ny les Estats ne les pouviez presentement satisfaire; qu'ils ne faudroient de rapporter au Roy, leur maistre, ce qui s'estoit passé, et obtenir pour moy, suivant mon desir, une audiance pour le prochain jour, où il seroit resolu de toutes choses et du temps que je pourrois estre licencié.

Ce que voyant je me deliberay de ne m'ouvrir pas davantage sur le premier expedient, et de le remettre au Roy mesme, pour voir si les ayant laissez dormir sur telle disposition d'affaires, cela ne les reduiroit point à plus de facilité en la premiere audiance, où je resolus de me gouverner en telle sorte, que quoy qui arrivast, je leur persuaderois d'estre party bien content et satisfait d'eux, et d'estre demeuré plein d'esperance, que vostre alliance et sincere confederation seroit tres-asseurée et le parentage de vos communs enfans sans aucune difficulté; remettant tout le reste à vous estre representé par une derniere depesche, ou lors que je seray pres de vostre Majesté, ne luy pouvant encor absolument donner aucune esperance de bien, ny crainte de mal. Sur ce, je prie le Createur, Sire, etc.

De Londres, ce 6 juillet 1603.

Le lendemain vous receustes une lettre du Roy et une de M. de Ville-roy, desquelles la teneur ensuit.

Lettre du Roy à M. de Rosny, contre-signée.

Mon cousin, le sieur de Sainct Luc a esté porteur de mes dernieres, et j'ay receu le 17 dudit mois les vostres escrites le 14. Vous avez bien fait de vous servir des roberges du roy d'Angleterre pour les raisons que vous m'avez escrites, comme de n'avoir changé la resolution que nous avions prise de comparoistre vestu en deüil, à vostre premiere audiance, de laquelle je suis maintenant attendant des nouvelles à toute heure, pour sçavoir comment ce prince vous aura receu, et ce que vous aurez appris et fait par delà pour le bien de mon service depuis que vous y estes arrivé; car, encore que j'aye eu occasion par les advis que m'a donnez le sieur de Beaumont par sa derniere depesche, de bien esperer de vostre voyage, neantmoins je n'en seray certain ny content que vous ne m'ayez mandé ce qui s'en sera ensuivy, et je me promets que cette sepmaine ne passera que je n'en aye advis de vous; quoy attendant vous en recevrez deux par la presente (outre celuy de ma bonne disposition qui se va fortifiant et augmentant journellement, par la grace de Dieu), l'un est de la grande armée de mer que me prepare le roy d'Espagne à Lisbone, et l'autre d'une negociation que j'entends se faire par delà, de la part du sieur d'Antragues, à laquelle je desire que vous preniez garde.

Quant audit armement d'Espagne, l'on m'a escrit d'Italie, de Bretagne, et mesme de la Cour dudit roy d'Espagne, qu'il doit estre composé de vingt-mille hommes, que l'on prepare avec toute la diligence possible, sans mesmes y esparguer les jours de festes, ny que l'on sache ny die encore où il doit estre employé. Quelques-uns de mes amis d'Italie m'ont adverty, par courrier exprés, qu'il faut prendre garde au chasteau d'If et aux isles de Marseille, tenans pour asseuré que ladite armée y doit fondre. Toutesfois le Pape continué à m'asseurer aussi expressement qu'il a point fait cy-devant, que le roy d'Espagne veut vivre en paix avec moy, et qu'il n'a aucun vouloir ny dessein de me commencer la guerre; mais les speculatifs discourent et ont opinion que ledit Roy se gouvernera en cela selon ce qu'il traittera avec ledit roy d'Angleterre, duquel on dit vouloir acquerir l'amitié, à quelque prix que ce soit, ayant deliberé de consentir et accorder que les villes de Zelande demeureront en sa garde, et luy bailler outre cela une bonne somme d'argent comptant ou années, pour le recompenser des frais faits par l'Angleterre depuis le commencement de la guerre; pourveu qu'en effet il abandonne les provinces unies des Pays-Bas, s'abstienne d'envoyer aux Indes, et de courre sus aux vaisseaux d'Espagne allans et venans ausdites Indes. Pour moy, je ne puis croire que ledit Roy d'Espagne m'attaque cette année; car il me semble que ses affaires ne sont à present en estat de ce faire; le duc de Savoye fait bien ce qu'il peut pour l'y embarquer. Mais comme le conseil d'Espagne recognoist qu'il est meu en cela, plus de son interest particulier que de vive raison, et de la seule consideration du bien des affaires dudit roy d'Espagne, il semble qu'il n'ayt pas assez de pouvoir pour leur faire prendre une telle resolution. Luy et ses enfans ont plus sejourné à Nice (d'où je n'ay point sceu encore qu'ils soient partis) qu'ils n'avoient projetté, ce que l'on attribuë au tour que luy a fait dom Carles Doria, general des galeres, que le roy d'Espagne entretient à Genes; lequel estant arrivé à Ville-franche, accompagné desdites galeres, avec charge de prendre et enlever lesdits princes de Savoye, a passé outre inopinement sans les attendre ou charger, les uns disant par despit, pour le peu de compte que lesdits princes avoient fait de luy, et les autres par l'intelligence mesme dudit duc, afin d'avoir couleur de sejourner davantage audit Nice, pour attendre le temps d'executer certaine entreprise que l'on veut que je croye qu'il a dressée et preparée en Provence. Mais d'autres me mandent que ç'a esté par commandement expres dudit roy d'Espagne, qu'il s'est ainsi hasté de s'acheminer audit pays sans attendre l'embarquement des princes de Savoye pour s'en servir en ladite armée de mer qu'il prepare, et la renforcer desdites galeres.

Or, nous verrons bien-tost où les affaires tomberont, du costé dudit roy d'Espagne, lequel tient en eschec tous ses voisins, par le moyen desdits armemens, dont nous n'aurons occasion de nous plaindre si les succez de cette année sont semblables à ceux des precedentes. Quant à la negociation susdite, que fait par delà le sieur d'Antragues, j'estime qu'elle est plus accompagnée de vanité que d'autre fondement: et toutesfois j'ay entendu que ledit sieur d'Antragues se sert en cela d'un nommé du Pany, qui hante quelquesfois au logis du sieur de Beaumont, et que sa principale entente et correspondance est avec le duc de Lenos et son frere, ce qui vous sera facile, à mon advis, d'approfondir. Mais si ledit roy d'Angleterre s'amuse au discours dudit sieur d'Antragues, il trouvera grandement à dire, entre ses faits et ses promesses. Je sejourneray encore icy huict ou dix jours, pour continuer à prendre des eaux de Pougues, dont j'ai commencé à user seulement aujourd'huy; puis, selon les advis que j'auray de vous, je resoudray ce que je deviendray et feray.

J'ay commandé vous estre envoyé le double d'une lettre que Hebert, qui servoit de secretaire au feu duc de Biron, a escrite à son frere, qui est thresorier de France en Languedoc, depuis avoir veu le comte de Fuentes à Milan et conferé avec luy, par laquelle vous cognoistrez la continuation de sa meschanceté, et la dureté et obstination d'un tres-malin esprit, du tout indigne de la grace qui luy a esté faite. Sa lettre est dattée de Florence, où je sçay bien qu'il n'a pas esté, et qu'il estoit lors à Milan; tellement qu'il est à presumer qu'il l'a faite et composée par l'adveu et sceu du comte de Fuentes, lequel l'a envoyé depuis en Espagne, où je sçay qu'il est bien venu et carressé des ministres de ce Roy, qui est un signe de sa bonne volonté en mon endroit qui ne doit estre mis à nonchaloir. Vous sçaurez aussi amplement le reste, quand vous serez par deçà. Cependant ne laissez voir à personne la susdite lettre; car encor qu'elle soit pleine de mensonges et d'impostures, toutesfois il est meilleur de la supprimer que de la divulguer. Au reste, je persiste à vouloir que vous me serviez, par delà, suivant la resolution que j'ay prise avec vous en particulier, quand vous estes party: vous laissant neantmoins la liberté de vous y conduire, ainsi que vous jugerez estre pour le mieux, priant Dieu, mon cousin, qu'il vous ayt en sa saincte et digne garde.

Escrit à Monceaux, le 27 de juin 1603.

HENRY.

Et plus bas, DE NEUF-VILLE.

Lettre de M. de Ville-roy à M. de Rosny.

Monsieur, je ne puis vous escrire de ma main, à cause d'un mal qui m'est survenu au poulce, lequel m'oste l'usage de la plume. Je n'ay pas grande chose aussi à vous mander, Sa Majesté vous faisant sçavoir tout ce qui se passe et est survenu icy depuis vostre partement. Mais depuis avoir escrit sa lettre, elle m'a commandé mettre avec icelle la coppie d'une que M. de Boüillon luy a n'aguéres escrite, qui luy a esté presentée par le sieur d'Arthenes, qui fait icy les affaires de M. l'electeur Palatin, de laquelle je vous asseure qu'elle n'a pas esté plus contente que des precedentes, voyant qu'il continuë à vouloir fuir sa presence et la justice, et à ne se vouloir rendre digne de sa clemence et bonté, sans toutesfois proposer autres moyens ny se mettre en aucun devoir de la contenter. Partant je puis dire que cette affaire-là n'est changée depuis vostre partement.

Vous sçaurez aussi que la guerre de Geneve continuë tousjours, mais plus froidement, de part et d'autre, qu'elle n'a encore fait, plus par faute de pouvoir que de vouloir mieux faire. Certains cantons, non suspects aux parties, ont entrepris de composer et pacifier ladite guerre, ayans, à cette fin là, envoyé leurs deputez, tant à M. de Savoye qu'aux habitans de ladite ville, mais à cause du sejour du premier, à Nice, qui a esté plus long que l'on ne pensoit, cette negociation a esté retardée; s'il en reüssit quelque chose devant que vous partiez pour revenir par deçà, je vous en advertiray. M. de Bethune, vostre frere, nous a escrit, par ses dernieres, que le Pape continuë à se conduire avec grande prudence et moderation aux affaires d'Angleterre, jusques à n'avoir pas voulu recevoir ny permettre estre demeuré à Rome un nommé Colvin, qui a autresfois escrit contre le roy d'Angleterre, estant roy d'Escosse, et semble à Sa Majesté que ledit Roy doit donner occasion à Sa Saincteté de continuer en cette volonté en son endroit, plutost que de l'alterer par sa conduite. Toutesfois c'est une corde qu'il faut toucher doucement, pour les raisons que vous pouvez mieux juger estant sur les lieux, que nous ne pouvons faire d'icy. Je prie Dieu, monsieur, qu'il vous conserve longuement en sa saincte protection.

Vostre tres-humble serviteur,
DE NEUF-VILLE.

De Monceaux, le 27 juin 1603.

Et à costé est escrit :

Monsieur, le Roy m'a commandé encore de vous escrire qu'il a esté adverty que M. de Boüillon a depesché vers le roy d'Angleterre un anglois, nommé Wilem, autrement Le Blanc, qui a esté valet de chambre de Sa Majesté, et joüeur de cornet, et que c'est pour luy offrir son service, et le supplier d'entreprendre sa protection ; chose que Sa Majesté vous prie de descouvrir et empescher autant qu'il vous sera possible.

CHAPITRE CXIX.

Suite des négociations de Rosny. Développement de son système politique. Tableau de la Cour de Jacques Ier. Position des principaux États de l'Europe. Lettres de Henri IV et de Villeroy. Soustraction d'une dépêche.

Suivant ce que le roy d'Angleterre vous avoit mandé, comme il est dit cy-devant, vous vous rendistes à Grenvich sur une heure apres midy du lendemain, où vous fustes receu, comme il nous semble, par le comte d'Erby, et conduit vers le roy d'Angleterre, lequel vous prit aussitost par la main, et faisant demeurer tout le monde, mesmes ses propres conseillers, vous mena dans ses galleries, desquelles ayant fermé les portes il vous embrassa par deux fois, puis ayant loüé les vertus du Roy et vostre franchise, il vous dit (car de cecy nous a-il esté facile de le vous ramentevoir mot pour mot, dautant que pour vous en mieux souvenir, si tost que vous fustes de retour à Londres, vous l'escrivistes avec intention, comme vous nous l'avez dit depuis en France en nous le monstrant, de le faire voir au Roy, estant revenu vers luy, afin de luy faire juger que vous aviez pris le temps assez à propos, pour entamer au roy d'Angleterre les plus importans discours dont vous eussiez eu charge, et pour luy faire croire que cela ne pro-

venoit que de vous mesme), ce prince donc vous dit encore derechef, qu'il se recognoissoit de plus en plus grandement obligé au Roy son bon frere, luy ayant ainsi envoyé le plus ancien et confident de ses serviteurs (comme le portoient mesmes les lettres de sa main), duquel il ne se pouvoit quasi passer ny en souffrir l'absence sans impatience de son retour, ainsi que le sieur de Beaumont l'en avoit plusieurs fois asseuré, et celuy sur lequel luy mesme pouvoit prendre le plus de confiance, et conferer avec luy de toutes choses importantes avec le plus de franchise et de liberté. Surquoy voyant, comme il vous sembla, l'occasion tres-opportune pour entamer quelque chose, des secrettes instructions et hautes propositions que le Roy vous avoit ordonné de luy faire, mais seulement comme de vous mesme, vous luy respondistes en ces termes (au moins si nous avons bien retenu ce que vous nous en avez monstré par escrit) :

« SIRE,

« S'il estoit possible que vous eussiez obliga-
« tion de mon acheminement en ce royaume à
« quelqu'un, ce que je ne me sçaurois neantmoins
« persuader, ce seroit plutost à moy qu'à nul au-
« tre, non pas mesme au Roy, mon maistre, en-
« core que ce soit luy qui m'y ait envoyé, car
« c'estoit chose qu'il ne desiroit en aucune façon,
« disant que j'avois trop d'autres affaires impor-
« tantes qui ne me pouvoient pas donner ce loi-
« sir ; mais je fis de telles sollicitations, supplica-
« tions et practiques, voire usay de tels artifices,
« y employant ceux mesmes qui me portoient le
« plus d'envie et de jalousie et que je sçavois bien
« ne desirer autre chose que mon esloignement,
« qu'en fin le Roy mon maistre se laissa emporter
« à leurs persuasions et aux miennes. Mais n'es-
« timez pas, Sire, que j'aye ainsi de gayeté de
« cœur et contre les maximes des gens de faveur,
« voulu m'esloigner de mon maistre, et quitter
« l'employ de tant de grandes charges et affaires
« importantes où je suis employé, pour desir que
« j'aye eu de venir icy faire de simples compli-
« mens de condoleances pour la mort de la reine
« Elizabeth, et des conjoüissances de vostre heu-
« reux advenement à ces couronnes, et pour
« traicter des faciendes et negoces ordinaires, et
« accoustumées en semblables conjonctures d'af-
« faires ; tout cela ne m'eust pas fait resoudre à
« quitter mon maistre ny mes journaliers em-
« plois. Mais deux choses bien plus importantes
« m'ont fait naistre ce desir, lesquelles je vous
« diray lors que j'auray tiré de vostre Majesté
« les sermens et asseurances qui me sont du tout
« necessaires ; à sçavoir, que vous n'en direz ja-

« mais rien à qui que ce puisse estre que de mon
« consentement, afin que si ce sont choses esloi-
« gnées de vostre goust, elles demeurent comme
« ensevelies, et lesquelles, selon vostre grande
« prudence, vous jugiez ne pouvoir servir au pu-
« blic, qu'elles ne puissent au moins me nuire en
« mon particulier. »

Lequel langage ainsi general et concis tout ensemble le roy d'Angleterre ayant considéré, fit sur iceluy plusieurs questions pour essayer d'en descouvrir davantage, et voyant que vous demeuriez r'enclos dans les premieres bornes et limites de vostre discours, il vous jura en son ame sur le sacrement, et fit tous autres sermens que vous pustes desirer, qu'il ne reveleroit jamais rien de tout ce que vous luy diriez, sans vostre licence, et lors vous luy distes :

« Sire, il faut que vous sçachiez que quelque
« enveloppé que je puisse estre dans les vanitez
« mondaines, que je prefere neantmoins la gloire
« de Dieu, mon salut et la subsistance de la vraye
« religion que je professe, au Roy mon maistre,
« ma fortune, ma femme, mes enfans, ma patrie
« et toutes autres considerations humaines. Tel-
« lement qu'ayant recognu, par le moyen de l'en-
« tremise et participation que j'ay en toutes les
« grandes affaires, tant du dedans que du de-
« hors du royaume de France, que le Pape, l'Em-
« pereur, le roy d'Espagne, les archiducs, les
« princes ecclesiastiques d'Allemagne, et tous
« autres grands et communautez catholiques,
« n'ont point de plus forte passion en l'esprit que
« de former une puissante association, et faire un
« furieux attaquement pour la ruyne et destruc-
« tion de toute creance contraire à la Romaine,
« et qu'ils ne soient retardez d'y travailler tout
« ouvertement, sinon dautant qu'ils n'ont point
« encore peu faire joindre le Roy mon maistre à
« ce mesme dessein, tant il apprehende qu'en
« exaltant par trop la faction d'Austriche, il ne
« ravalle tellement la sienne, qu'il soit contraint
« de ployer sous cette dépendance, enquoy je le
« confirme autant qu'il m'est possible. Mais es-
« tant seul, il est à craindre que par la diminu-
« tion de ma faveur (comme celle des princes est
« subjette à varier) ou par de trop continuelles
« solicitations, accompagnées de raisons bien co-
« lorées des princes ecclesiastiques et principaux
« officiers et villes de France, qui applaudissent
« tous à Rome, il ne se laisse en fin persuader,
« s'il n'est retenu par d'autres voyes et moyens
« plausibles à son genereux esprit (car c'est cette
« vertu de magnanimité qui tient le premier
« lieu en son ame), qui sont ceux desquels je
« veux faire ouverture à vostre Majesté, et dans
« quels aussi elle trouverra dequoy accroistre sa
« puissance et son authorité, amplifier sa domi-
« nation, feliciter son regne, exalter son honneur
« et sa gloire, et perpetuer sa renommée, qui est
« le second but de mes desirs. Dautant que de
« vous seul dépend l'execution des choses que je
« veux proposer, lesquelles consistent premiere-
« ment à vouloir faire, s'il y a moyen que j'y
« puisse disposer le Roy mon maistre, une ligue
« offensive et défensive entre luy, vous et les pro-
« vinces unies des Pays-Bas; associer à icelle
« tous les autres roys, princes, et sur tout ceux
« de Dannemarc et de Suede, Estats, republiques,
« villes et communautez protestantes, qui sont
« comme obligez d'estre tousjours contraires à la
« faction espagnole et d'Austriche, et confirmer
« tout cela par l'alliance de vos communs enfans,
« qui se trouverront d'aage sortable les uns aux
« autres, voire je ne desespere pas si je vous voy
« gouster à bon escient mes ouvertures, et en
« embrasser l'execution, comme le requiert un
« tant genereux dessein, que je n'y porte le Roy
« mon maistre, avec des conditions tant advan-
« tageuses pour tous ses associez en iceluy, que
« nous y adjoindrons le duc de Savoye, eu esgard
« à son naturel volage, et à son vehement et am-
« bitieux desir de porter couronne royale, les
« plus puissans princes catholiques d'Allemagne,
« pour l'esperance d'arracher la couronne impe-
« riale de la maison d'Austriche et tous les estats
« de Boheme, Austriche, Hongrie, Moravie, Si-
« lesie et Lusatie, pour les restablir dans leurs
« anciennes libertez, voire mesme le Pape en pro-
« posant de luy faire posseder en proprieté ce
« dont il n'est recogneu que par une vaine appa-
« rence de feodalité. »

Sur toutes lesquelles ouvertures, quoy que d'abord en general et en gros, le roy d'Angleterre fist demonstration d'y prendre goust, voire de les loüer et approuver, si ne laissa-il pas d'en vouloir entendre tout le destail, et de former lors une infinité de difficultez sur la jonction en une loyale association de tant de diverses testes et tant diversement intentionnées et interessées sur la poursuitte d'un si haut dessein ; et princi-palement sur ce que vous projettiez de faire en sorte, que vostre Roy se contenteroit de la seule gloire de l'entreprise, et consentiroit que l'utilité de toutes les conquestes se distribuast entre tous les associez, sans en retenir aucune chose pour luy, quoy qu'apparamment les plus grandes des-pences luy deussent tomber sur les bras, et que de sa personne et de ses armes dépendissent tou-tes les plus efficacieuses factions guerrieres.

Les discours que vous eustes lors, tant sur ce sujet que sur plusieurs autres tres-importans, vous retindrent plus de quatre heures seuls enfermez ensemble, comme les deux lettres que vous escrivistes le lendemain au Roy sur ce sujet en tesmoignent quelque chose, l'une fort grande en forme de recapitulation de tout ce que vous aviez geré, conclu et negocié en Angleterre, que vous estimiez pouvoir passer par la cognoissance des secretaires et de leurs commis; et la seconde un peu plus courte, entierement escrite de vostre main; de la premiere desquelles lettres la teneur ensuit :

Lettre de M. de Rosny au Roy, du chiffre de M. de Ville-roy.

Sire,

Ayant esté retenu en ce lieu le jour mesme que j'en pensois partir par un mal qui m'est survenu, à cause de mon coup de pistolet dans la bouche, lequel, quoy que ce ne soit rien, ne laisse pas neantmoins d'empescher la diligence, dont je faisois estat d'user en poste, pour me rendre prés de vostre Majesté, afin de luy representer de bouche au vray, d'une suitte continuë et non interrompuë, toutes les choses qui se sont passées depuis mon partement jusques à mon retour; reprenant toutes les affaires dés leurs premiers commencemens, et les poursuivant par leurs degrez et progrez jusques à leur entiere et finale conclusion : ce qui, à mon advis, eust apporté quelque espece de satisfaction à vostre Majesté, ou à tout le moins des esclaircissemens et des lumieres suffisantes, pour approuver ou rejetter ce que bon luy auroit semblé en tout ce que je puis avoir traitté, geré et negocié en Angleterre, m'y estant conduit le plus en conformité de mes instructions, et de ce que j'ay recogneu estre de vos intentions, qu'il m'a esté possible; et neantmoins en sorte que, sans crainte de reproche de la part de ce prince, la puissance et la liberté toute entiere de conclurre ou non en est demeurée à vostre Majesté, à laquelle craignant qu'un retenu silence, conjoinct à un trop long retardement, n'apportast quelque travail d'esprit, et la laissast en peine sur l'incertitude de mes precedentes depesches, comme ses dernieres lettres m'en ont deu, ce me semble, faire conjecturer quelque chose, je me suis resolu de suppléer aucunement à ma présence par cette lettre, comme je l'ay desja dit, faisant en icelle une espece de recapitulation assez ample tant d'une partie de ce que j'ay desja escrit, ou que je pourrois avoir obmis pour briefveté, que de ce qui est survenu ou qui s'est passé depuis mes dernieres lettres en ma penultiéme et derniere audiance; suppliant vostre Majesté de m'excuser si voulant naïfvement et au vray representer toutes choses ainsi qu'elles se sont dites et passées, et faire voir comme en un tableau les humeurs de ceux avec lesquels j'ay à traitter peintes de toutes leurs couleurs, il s'y rencontre des longueurs que j'ay le premier ressenties, des frequentes redites, des contestations vaines, des propositions espineuses, des propos entrecouppez, des discours faits à diverses reprises; voire mesme des obscuritez et implications non si bien deduites, développées et esclaircies, qu'il seroit à desirer, et que je le pourrois faire de presence, par le moyen des sages, curieuses et judicieuses repliques, questions et inquisitions qui me seroient faites sur chaque point par vostre Majesté, à laquelle je diray en continuation de ma dépesche du quatriesme juillet, comme, suivant la resolution qui avoit esté prise en la derniere conference que nous eusmes ensemble les conseillers de ce prince, les deputez des Estats et moy, et d'autres encor avec les agens de ceux qui sont nommez dans mon instruction de la main, dont j'ay desja escrit quelques particularitez à vostre Majesté par mes lettres susmentionnées, le susdit Roy m'envoya le sieur Oreladoux, milord en Escosse, et fort grand amy du comte de Mare, qui ayme la France et hayt l'Espagne, pour m'advertir que le lendemain j'aurois audiance particuliere dudit Roy, à laquelle je fus convié par le milord de Husmes et le vicomte Savard, qui me vindrent querir sur le midy, et me conduisirent à Grenvich, où je trouvay sur le port, pour me recevoir plus honorablement, le comte d'Erby, de la maison royale d'Angleterre, qui me conduisit vers le susdit Roy, en sa chambre. Lequel aussi-tost, avec ses ordinaires propos de respect et de courtoisie que j'obmets pour briefveté, me prit par la main, et commandant à chacun de demeurer derriere, me mena dans ses cabinets et galleries accoustumées, où, apres encore quelques autres complimens de part et d'autre, et qu'il m'eust prié de parler en toute liberté, comme si j'eusse esté en presence de vostre Majesté mesme, je luy dis que je recevois un extréme contentement en l'honneur continuel qu'il me faisoit de me donner de si frequentes, longues et particulieres audiances, et qu'en cela je recognoissois une assistance et faveur de Dieu à l'endroit de vos deux Majestez, dautant plus speciale, que c'estoit le moyen de conclurre plusieurs choses utiles et honorables pour vos personnes royales, royaumes et sujets; que j'advoüois franchement de n'avoir jamais veu prince dont la sincerité, la prudence et l'equanimité meritast plus de gloire et de loüanges; que l'ayant tousjours trouvé d'un courage vrayement royal et tout genereux, et d'un esprit plus intelligent, plus vif, plus penetrant et plus judicieux que nul de ceux de son conseil, j'avois aussi tousjours passionnement desiré de terminer et conclurre avec luy les affaires et non avec eux; lesquels j'avois esté bien adverty luy avoir representé avec quelque desguisement la pluspart de ce qui s'estoit passé entre nous en la derniere conference avec messieurs les Estats, comme j'esperois luy faire cognoistre, si son bon plaisir estoit de m'entendre en leur propre presence, et que je l'informerois tellement de la verité, que ne pouvant estre contredite par nul artifice, je m'asseurois, consideré son équité et ma franchise, qu'il demeureroit plus satisfait de mon maistre et de moy que de ses propres conseillers et ministres.

Lors il me dit qu'il ne m'avoit tiré à part à autre intention que pour m'oüir en toute liberté, pour adjouster foi à mes paroles, se disposer à toutes choses bonnes et convenables, et à ne me rien desnier qui fust en sa puissance dont la requisition seroit appuyée d'aussi solides raisons qu'avoient esté toutes mes precedentes propositions. Surquoy prenant la parole, je luy dis qu'à la verité messieurs de son conseil, les deputez des Estats et moy avions bien ensemble de fort longues conferences, mais plutost ennuyeuses qu'utiles, par faute de se vouloir bien entendre, et pour avoir pris un mauvais ordre, postposans les affaires qui devoient preceder, comme je m'asseurois bien que son grand jugement et son integrité le sçauroit bien recognoistre, et qu'ils en avoient ainsi usé contre son intention, qui s'estoit incessamment monstrée tres-favorable envers messieurs les Estats, et tres-desireuse du bien commun de vos deux Majestez esgalement, lesquelles avoient pareil interest à la conservation desdits sieurs les Estats, et d'apprendre d'eux mesmes, par consequent, quel estoit à la verité l'estat de leurs affaires, de quels secours et assistances plus pressées ils pouvaient avoir besoin, et par quelles voyes vos deux Majestez les pourroient aysément garentir de mal et leurs peuples de desespoir qui les precipitast dans des resolutions dommageables à eux mesmes, ennuyeuses et des-honorables à vos Majestez, sans que pour cela elles fussent contrainctes d'entrer en guerre ouverte avec l'Espagne. Mais que tout au contraire, ses conseillers, sans parler aucunement de toutes ces choses tant importantes, comme il leur avoit expressément enjoint en ma presence, ils avoient consommé le temps en disputes et altercations inutiles, essayans seulement d'alterer lesdits sieurs des Estats, les animer contre le Roy mon maistre et moy, en taschant de leur persuader que l'Angleterre estoit toute disposée à la guerre ouverte pour leur défence, mais que je n'y avois jamais voulu conclure pour la France. Puis changeans tout soudain de propos sans raison, et s'estans jettez sur le fait des debtes, m'avoient dit qu'il falloit commencer ma negociation par ce point, comme le principal et plus important, et sçavoir si vostre Majesté n'estoit pas resoluë de les acquitter entierement dans une ou deux années, et dés la presente leur bailler une bonne et notable somme comme de quarante ou cinquante mille livres sterlins, desquels ils faisoient estat de secourir puisamment messieurs les Estats, et sans cela de ne leur ayder d'aucune chose ny s'obliger à rien; auquel cas, s'il leur arrivoit inconvenient, toute la faute et le reproche en devoit estre rejetté sur vostre Majesté, mais principalement sur moy, qui estant le grand thresorier de France, venois vers eux pour leur apporter non des effets, mais des apparences, non de l'argent, mais des paroles abusives à l'accoustumée. Qu'ils avoient plus de besoin d'un bon payement que de tous mes beaux langages pleins d'artifice pour les jetter à la guerre sans vous, et par leur travail conserver nostre repos à leur grande honte et dommage, et qu'il ne falloit plus esperer d'autres alliances ny amitiez que les communes, tant que la France leur refuseroit satisfaction. Lesquelles paroles et reproches, comme elles estoient pleines de calomnies et d'impostures pour le regard de vostre Majesté et de moy, aussi n'ignorois-je point qu'elles ne fussent directement contraires aux bonnes intentions de Sa Majesté, laquelle ne m'en avoit jamais dit une seule parole, mais avoit tousjours esté disposée à considerer combien tels termes estoient esloignez de la dignité et gravité requise entre deux si grands monarques qui traittent ensemble de matieres si hautes, si importantes et si serieuses que la vraye, parfaite et perpetuelle union et alliances de leurs personnes, enfans, royaumes et subjets, et l'accroissement de la gloire indicible qu'ils s'estoient tous deux acquise par leurs vertus. Ce qui ne devoit estre differé ou alteré par de si petites considerations et un prix si comtemptible que cent ou cent cinquante mille livres sterlins, au payement desquels je pouvois donner parole à Sa Majesté qu'il seroit satisfait à son contentement, sçachant assez combien vos desirs estoient tousjours conformes à la raison et proportionnez à la qualité des temps et des personnes. Que s'il m'en eust esté fait avant mes depesches la moindre instance du monde, je n'eusse manqué d'en donner advis à vostre Majesté, et disposer tant elle que ses affaires à toutes choses justes et convenables. Mais que la prudence, franchise et generosité dont il avoit tousjours usé en mon endroit en traittant avec luy, m'ayans donné sujet de les exalter jusques au ciel, en escrivant à vostre Majesté et luy conseillant de faire sur telles vertus un tres-solide fondement, s'il venoit maintenant à changer si soudainement d'humeur et semblablement de langage, cela ne pourroit estre sans une grande diminution de sa gloire que j'avois tant publiée, un grand blasme de moy, un soupçon d'avoir usé de flatterie et d'adulation pour son regard, et d'estre accusé de me passionner trop en tous ses interets. Ce qui rendroit, en suite de tels reproches à moy faits, toutes sortes d'ouvertures si difficiles, et toutes conventions si incertaines dans les esprits les uns des autres, qu'il seroit enfin impossible de reparer ce qui auroit esté alteré par la tant legere et subite mutation d'un premier si magnifique et si loüable conseil; laquelle je cognoissois assez ne provenir nullement de son propre sentiment, mais luy avoir contre iceluy esté jetté dans la pensée divers scrupules de neant, tant par ceux des siens qui se veulent attribuer tout l'honneur de sa prudente conduite, et le gré et la grace des bonnes resolutions qui seroient prises, que par ses emulateurs à la grandeur et à la gloire, envieux de ses prosperitez, et de l'avoir veu succeder à tant de couronnes, par le moyen desquelles et de la ferme alliance de vostre Majesté, il rabaisseroit tellement leur fierté, et diminueroit de sorte leur reputation, qu'il reprendroit l'ancienne preseance et rang d'Angleterre sur l'Espagne. Que donc il se disposast à suivre ses propres conseils et sentimens, et de rejetter tout ce qui leur seroit inferieur ou contraire, de quelques artifices qu'ils pussent estre desguisez, lesquels il avoit desja tellement recognus, que sa propre franchise l'avoit contraint de leur reprocher en ma presence qu'ils ne luy avoient pas tousjours veritablement rapporté toutes les particularitez des conferences qu'eux et moy avions euës ensemble, qu'il vouloit tout oüir et tout sçavoir par ma propre bouche; dequoy je me resjoüissois et l'en supplios tres-humblement.

Et comme je recognus, par quelque mutation en son visage, gestes extraordinaires et paroles entrejettées sur les miennes, que mes raisons, les loüanges que je luy avois données et les vertus que je luy avois attribuées, l'avoient fort ébranlé à suivre absolument les premieres resolutions entre nous prises, sans aucun esgard des contestations et oppositions de ses ministres, encor qu'en effet ce prince ne soit pas d'humeur guerriere, qu'il ne se plaise pas à entrer en propos des executions et factions militaires, ny homme pour se porter legerement à une guerre ouverte, et encore moins sa personne aux perils et hazards : neantmoins, comme il est d'un tres-grand esprit et n'ignore gueres des sciences, aussi ayme-il merveilleusement à discourir d'affaires d'Estat, entendre parler des hautes et genereuses entreprises, les examiner par toutes leurs circonstances, et en remarquer toutes les utilitez et inconveniens, je me resolus d'essayer à le disposer du tout à ce que je desirois par la continuation de tels expediens, luy ouvrant quelque chose des discours que j'ay autresfois tenus à vostre Majesté sur le fait de ces deux grandes factions de la chrestienté; et pour y parvenir, je luy dis que je voyois bien qu'il avoit, par raisons particulieres, suffisamment jugé combien il luy estoit utile et honorable de se lier et restraindre cordialement avec vostre Majesté, mais qu'outre cela, la disposition generale des affaires du monde et l'inclination universelle des esprits des princes chrestiens luy imposoient cette necessité, comme je m'asseurois qu'il le recognoistroit luy-mesme lors qu'il luy auroit pleu me donner le loisir d'en discourir en sa presence, chose que je n'osois maintenant entreprendre, de peur de le trop ennuyer, veu le long temps qu'il y avoit que je l'avois desja retenu, et le divertir peut-estre d'autres occupations à luy plus agreables.

Surquoy il me respondit que je ne l'avois nullement fastidié (usant de ce mot), et qu'il falloit sçavoir quelle heure il estoit. Et lors, sortant de son cabinet, il le demanda à ceux de ses ministres qui estoient au bout de la gallerie, lesquels luy ayans respondu qu'il n'estoit pas encore trois heures, il me dit : « Or sus, monsieur l'ambas-« sadeur, je veux rompre mon dessein de la chasse « pour vous entendre tout du long, m'asseurant « que cette occupation me sera plus fructueuse « que l'autre. » Surquoy je le remerciay et suppliay de m'excuser si mon propos estoit un peu long, et les matieres non si bien expliquées que leur importance le meritoit, ce qui se pourroit faire à diverses reprises si c'estoit chose où il prist goust; que je ne voulois point parler en qualité d'ambassadeur ny au nom du Roy, mon maistre, mais comme son serviteur particulier et bon huguenot, et partant interessé en l'exaltation de sa grandeur et prosperité, et de tous ceux de mesme religion, lesquels seroient incessamment la butte du party contraire qui ne laissera jamais en arriere aucunes occasions de leur ruyne. Et partant, pour sçavoir et bien certainement juger quelle pourroit estre à l'advenir la fortune et la condition de ceux de nostre profession, devoit-il considerer quelles alliances, amitiez et liaisons il avoit à choisir et entretenir, et jusques à quel degrez faire estat d'une chacune d'icelles et s'en asseurer. Et pour y parvenir luy estoit-il du tout necessaire de bien examiner et recognoistre, tant generalement que specialement, quels estoient les interests, inclinations et dispositions des Roys, princes, Estats, republiques, villes et communautez souveraines de la chrestienté; en laquelle, depuis certains siecles, les temps, les occasions et les diversitez d'interests, de fantaisies et de religions, avoient donné sujet à plusieurs de remarquer en icelles deux grandes et principales factions, dont l'une s'attribuant le tiltre de catholique, et donnant à l'autre celuy de huguenotte (quoy qu'en l'une et en l'autre il y eust du meslange des deux religions), estoit à present composée du Pape, de l'Empereur, du roy d'Espagne, des archiducs de Flandres, des princes ecclesiastiques d'Allemagne, des princes temporels, villes et communautez catholiques d'Allemagne et Suisse, des ducs de Savoye, Florence, Ferrare, Mantoüe, Modene, Parme, Estats de Genes, Luques et autres potentats d'Italie, de ceux de Boheme, Hongrie, Moravie, Silezie et branche electorale de Saxe, quoy que la pluspart de ces derniers nommez soient d'autre profession que de catholique. A quoy se joignant la ligue catholique de la chrestienté, entierement menée par le turbulent ordre des Jesuistes, qui a pour but de voir la monarchie chrestienne en la couronne d'Espagne, et de destruire tout ce qui luy peut estre contraire, qui n'en augmente pas peu la puissance pour leurs grandes intelligences et menées.

La seconde faction demeurant par consequent composée des roys de France, d'Angleterre, d'Escosse, d'Irlande, de Dannemarc et Suede, de la seigneurie de Venise, provinces unies des Pays-Bas, et princes, villes et communautez protestantes d'Allemagne et Suisse. Car quant aux royaumes, Estats et principautez de Pologne, Prusse, Livonie, Moscovie et Transilvanie, quoy qu'ils soient pour la pluspart tous chrestiens, neantmoins ils sont tant esloignez, ont tant d'affaires à démesler entr'eux-mesmes et encor plus avec les Turcs et les Tartares, leurs voisins, qu'ils n'ont pas quasi loisir de s'interesser en aucune des deux susdites grandes factions.

La premiere desquelles, quoy qu'apparemment la plus puissante à cause des rangs, preseances, titres, estenduës de pays, nombre de soldats et quantité de peuples, a neantmoins en elle mesme tant de diversitez d'interests, de fantaisies et de pretentions, que si la derniere se vouloit tenir unie et en bonne correspondance, comme cela ne dépend que de la France et de l'Angleterre, elle la pourroit grandement affoiblir.

Car, en premier lieu, encor que le roy d'Espagne ne tienne que le troisiesme lieu en ordre et dénomination, si est-il, en effet, le premier en toutes sortes, voire le chef et comme le souverain des autres, la pluspart desquels supportent avec impatience sa domination, laquelle, en estenduë de pays, si l'on y comprend ce qu'il occupe aux Indes orientales et occidentales, ne contient pas moins de pays que le Turc et le Perse en possedent ensemble, mais qui luy apportent quasi autant d'incommodité que d'advantage. Car si d'une part les Indes le fournissent d'or et d'argent, aussi de l'autre le desnuent elles de soldats, de vaisseaux et d'armes.

Quant au Pape, il demeure apparemment lié à cette faction espagnole, tant pource que l'Espagne et ses partisans les Jesuistes, font demonstration de maintenir absolument l'authorité pontificale, que pour ce qu'il se void, de toutes parts, circuy des Estats et forces espagnoles qui ont moyen de luy gratifier et de luy nuire, sans esperance de pouvoir estre assisté d'aucun des autres princes catholiques. Et ne faut point douter qu'il ne fust tres-aise de se voir delivré d'une telle subjection, et qu'il ne le tesmoigne ouvertement toutes les fois que les occasions luy seront presentées de le pouvoir faire utilement et seurement.

Quant à l'Empereur, encor que son titre soit specieux, si est-il de peu d'efficace. Car, quoy que le nom de la maison d'Austriche l'interesse et le tienne comme absolument attaché à l'Espagne, si ne laisse-il pas d'intervenir des jalousies, des haines et des envies entre ces deux diverses branches de mesme nom. Et d'ailleurs, quoy qu'il semble devoir et pouvoir disposer des Estats et peuples de Hongrie, Boheme, Austriche, Moravie et Silesie, si est-ce que le voisinage du Turc, d'un costé, qui luy en eschantillonne tousjours quelque piece, et ce que la pluspart de ces peuples sont de contraire religion à la sienne et pretendent leurs seigneuries estre eslectives, ne luy en laissent pas grande disposition. Et si ceux d'Austriche ne relevent leur reputation en Allemagne par le moyen de quelque prince plus brave et plus vertueux qu'il n'en paroist maintenant parmy eux, et qu'ils ne se conduisent fort circonspectement avec tous ces peuples, il y a grande apparence qu'ils en secoüeront le joug avant qu'il soit peu d'années, et tascheront de se remettre en une entiere liberté, tant pour le regard de la religion que de l'eslection.

Quant au duc electeur de Saxe, il se tient plus lié à l'Empereur pour ce qu'il estime en tenir sa dignité electorale, et est tousjours en apprehension que, par un changement, la branche de Jean Frederic n'essaye de recouvrer ce qui luy a esté ravy, que par grande affection, laquelle, d'ailleurs, est souvent traversée par les scrupules de la religion.

Quant aux archiducs de Flandres, ceux-là sont plutost valets que souverains, n'ayans autre disposition ny d'eux-mesmes ny de leurs pays que celle qu'il plaist à l'Espagne, dont la domination leur est quelquesfois aussi ennuyeuse qu'aux autres; et c'est à croire qu'ils n'ont faute de desirs à la liberté et souveraineté absoluë.

Quant aux princes ecclesiastiques d'Allemagne et Suisse, l'interest de la religion et du Pape les y tient plutost attachez que toute autre chose; et qui leur feroit voir de la seureté au changement, et qu'ils fussent hors de dangers d'estre soubs-mis à un empereur huguenot, il n'y a point de doute qu'ils ne fussent bien aises de ne dépendre que d'eux-mesmes.

Quant aux princes temporels, villes et communautez d'Allemagne et Suisse, l'on en peut dire autant, voire qu'il n'y a un seul d'eux qui n'embrassast les occasions de pouvoir s'aggrandir en la diminution de la maison d'Austriche.

Quant au duc de Savoye, la seule necessité et la crainte qu'il a de la France, le retient en cette faction. Mais il a tant de courage et d'ambition, tant d'affection à la dignité royale, une telle haine contre les Espagnols et un tel despit que sa femme a esté si mal partagée aux prix de l'Infante archiduchesse, qu'il ne verra jamais ouverture à l'alliance de France, et par icelle à la descharge de la domination d'Espagne qu'il tient pour un joug tyrannique, qu'il n'y entende à bon escient.

Quant aux princes et Estats d'Italie, comme la seule peur les retient à l'Espagne, aussi par la mesme peur en seront-ils arrachez; et jamais l'Italie ne sera bien attaquée par les puissantes armes de France, d'Angleterre et de leurs partisans ausdites provinces conjointement, que l'on ne contourne toutes ces petites seigneuries aux premieres faveurs de la fortune.

Quant à la seconde faction, encor que tous les peuples des Estats de Venise et plus de neuf parts, dont les dix font le tout de ceux de France, soient de profession Romaine, et qu'il y en ayt encore plusieurs espars dans l'Angleterre et autres Estats de cette confederation, celle qui s'attribuë le titre de catholique, ne laisse pas de luy imputer celuy de protestante, laquelle, quoy qu'apparemment plus foible, demeure neantmoins en effet plus ferme et plus forte.

Premierement, pour ce que dans icelle nul ne s'attribuant la qualité de chef absolu, ny n'en entreprenant la domination tyrannique, l'association n'en est ny ennuyeuse, ny insupportable à aucun.

Secondement, pour ce que l'autre buttant à la ruyne de la huguenotte et travaillant incessamment, tantost par force ouverte, tantost par fraudes et embusches secrettes, à la desolation du general d'icelle et d'un chacun des particuliers, le peril d'un d'iceux est rendu commun à tous. Et par ainsi, venant à avoir de communs interests, l'association en devient comme indissoluble, et tellement solide, que si la France, l'Angleterre, le Dannemarc, la Suede et les Estats se deliberent d'employer une fois toute leur puissance et vaillance, et celle de leurs associez, ainsi qu'il convient à la sagesse et generosité de leurs grands roys, il est sans doute qu'ils disperseront ou affoibliront grandement cette formidable domination espagnole. Jugeant bien, neantmoins, que s'il ne se faisoit entre vos quatre Majestez d'autres liaisons et confederations que les communes, telles conceptions se reduiroient à neant; dautant que les envies, jalousies et défiances ordinaires qui ont accoustumé de travailler les esprits des grands princes, n'estant point du tout esteintes entre vous, multiplieroient tellement les difficultez, desja assez grandes par la nature propre de si hautes entreprises, que ce seroit plutost folie que sagesse d'y occuper son esprit. Mais aussi oserois-je bien soustenir, et ne penserois manquer de bonnes et solides raisons pour le prouver, que si vos quatre Majestez veulent faire ensemble une amitié cordiale et union indissoluble, comme les fondemens en avoient desja esté jettez par la feuë reine d'Angleterre, que conjointement elles se veulent départir de toutes despenses non necessaires, et porter toutes leurs cogitations et puissances à la seule exaltation de leur gloire et accroissement de leurs dominations, constituans en cela leurs plaisirs et delices, qu'il n'y a rien en tout ce que j'ay proposé qui ne se rencontre de facile execution.

Que je le supplois donc, puis que la fermeté de l'alliance et confederation de vos Majestez estoit la premiere baze et principal fondement de toutes hautes et genereuses entreprises, de vouloir une fois pour toutes, sans plus user de remises, donner conclusion à ce qui avoit esté, non seulement projetté, mais promis absolument, et dont, sur sa parole, j'avois desja escrit à vostre Majesté. Et partant que les choses n'estoient plus, ce me sembloit-il, en leur entier, sa foy, son jugement et son courage y estans maintenant engagez entierement, lesquels il ne devoit laisser obscurcir par le moyen de ces petites contestations et altercations frivoles, pour le démeslement desquelles ses ministres avoient, sans aucun fruict, consommé la pluspart de toutes nos conferences.

Que, puis que toutes les raisons d'Estat, la justice et l'honneur vous obligeoient tous deux communement à la defence de messieurs les Estats et sur tout à empescher la perte d'Ostande, et qu'une entreprise qu'ils ont sur une des principales villes de Flandres ne tournast à neant (dont le sieur Bernaveld m'avoit parlé et prié de n'escrire point le nom, mais le reserver de bouche), il y auroit des despences à faire de toutes parts, qui excederoient plusieurs fois toutes les debtes par eux pretenduës, lesquelles par ce moyen, suivant ce qui avoit esté arresté, demeureroient plus que acquittées. Mais qu'en tout cas je luy osois bien bailler ma foy et ma parole, qu'en une sorte ou en l'autre, il seroit donné toute satisfaction à Sa Majesté sur le fait desdites debtes; pour ce qu'ayant à present pris une entiere cognoissance de tout l'estat de France, de ses facultez et des bons mesnagemens qui s'y pouvoient faire, et vostre Majesté estant resoluë d'en user avec la prudence requise, il n'y avoit point de doute qu'avant peu d'années, elle auroit dequoy acquitter, non seulement toutes ses debtes et assister tous ses amis, et confederez au besoin, mais aussi de faire un fonds suffisant, d'argent, d'armes, d'artillerie, de munitions et de vivres, pour, avec son courage, ses amis, sa creance, son experience et sa reputation, effectuer tout ce à quoy les plus hautes cogitations de quatre si grands roys pourroient atteindre; les conjurant au nom de Dieu, et par leur propre gloire, honneur et grandeur que, comme ils fraternisoient en toutes graces et vertus tres-excellentes, de vouloir symboliser en mesmes desseins et posseder mesmes fortunes sans envies ny jalousies : vos Majestez ayans en toutes choses suffisante occasion de se contenter chacun en soy-mesme, des graces que le ciel luy avoit departies, sans desirer rien d'ailleurs.

Ausquelles paroles qu'il tenoit pour des loüanges excedans toute mesure, puis qu'elles le comparoient à vostre Majesté, il tesmoigna une indicible joye, et une espece de courroux contre ceux qui l'avoient voulu dissuader de conclurre les ouvertures qui avoient esté faites, comme un resultat des conseils entre nous tenus, sommairement escrits de ma main, puis corrigez de la sienne. Tellement que tout soudain, en m'embrassant, il me dit en substance : « Non, non, « monsieur l'ambassadeur, ne craignez point que « je vienne à manquer à ce que nous avons ac- « cordé ensemble. Je vous veux en premier lieu, « tout maintenant, tesmoigner que je prise, comme « il faut, les ouvertures et propositions que vous « m'avez faites, ausquelles je veux encore penser « et vous en dire mon advis tout à loisir; et se- « condement, que je suis tout tel que vous m'a- « vez estimé et publié par vos lettres et dans mon « *dominium* (ainsi appelle-il ses pays). Et par- « tant, sans plus grande ceremonie et consulta- « tion, ny sans prendre autre conseil que le mien « et le vostre, je vous promets que, si vous vou- « lez mettre en forme authentique ce qui n'a esté « que minuté de vostre main, et corrigé de la « mienne, et le signer au nom du Roy, mon « frere, avec un ample pouvoir, si vous l'avez « tel qu'il est requis pour cét effet, que je le si- « gneray aussi; ou bien si vous le voulez em- « porter en France, ainsi qu'il est, je vous donne, « dés à present, ma foy et ma parole que, si « dans un mois ou six sepmaines du jour de vos- « tre partement vous me le rapportez, ou en- « voyez en forme deuë, approuvé et signé du « Roy, mon bon frere, je le signeray sans diffi- « culté, ainsi qu'il me sera presenté. Car je ne « donneray jamais sujet ny à luy ny à vous, de « perdre la bonne opinion que vous avez tous « deux conceuë de moy; et ne voudrois pas, pour « beaucoup, que je n'eusse entendu de vous, ce « qui concerne ces deux factions generales de la « chrestienté; à quoy il faut que le Roy, mon « frere, et moy et nos confederez, pensions à bon « escient, et y prenions conjointement une ferme, « tres-certaine, mais tres-secrette resolution, « comme je vous diray plus amplement avant « vostre partement. »

Et au mesme instant il appella les sieurs admiral Haouard, comte de Northumbelland, comte Sutenton, comte de Mare, milord Montjoye et secretaire milord Cecile, ausquels il dit : « Apres avoir conferé avec monsieur l'ambassa- « deur de France, sur infinies affaires de tres- « grande importance, bien discuté le tout, et « recogneu comme sur ma parole il a donné de « bonnes assurances au Roy, mon frere, je ne « l'en veux pas desadvoüer, ny faire trouver « fausses ou pleines d'adulation, les louanges « qu'il a publiées de moy par ses escrits. Et par- « tant je demeure resolu d'approuver et ratifier « ce qui a esté par luy escrit en nos presences, « et par moy corrigé de vos advis, par forme de « projet de la bonne intelligence et fraternité « qui doit estre entre nos personnes, pays et peu- « ples, si le tout m'est renvoyé dans un mois ou « six sepmaines, passé et signé en instrumens « authentiques, comme il appartient. Et ainsi je « vous ordonne, à vous M. Cecile, que sans autre « replique ny contestation, vous fassiez dresser « toutes expeditions necessaires en cette con- « formité, suivant lesquelles j'en donneray de- « main la dextre (1) et toutes sortes d'assurances

(1) J'en ferai demain le serment.

« aux ambassadeurs de messieurs les Estats (qui « estoit la seule fois qu'il les avoit ainsi appel-« lez). » Puis se tournant vers moy et me prenant par la main, me dit : « Et bien, monsieur « l'ambassadeur, n'estes-vous pas maintenant « bien content de moy ? »

A quoy je luy fis responce que ses vertus et sa prudence donnoient sujet, non seulement de les loüer, mais de les admirer; le suppliant de ne me reputer point moins passionné à son service, qu'à celuy de mon Roy, unique maistre et bien-faicteur, tant pour ce que c'estoit chose qu'il m'avoit commandée, que pour ce que mon inclination m'y portoit, et que les honneurs et faveurs que j'avois receus de sa benignité, m'y obligeoient tres-estroitement, le suppliant me permettre de luy baiser actuellement les mains en cette qualité. A toutes lesquelles paroles il monstra une joye tant excessive, qu'elle en desplaisoit à aucun de ses conseillers presens; et ainsi en m'embrassant et me priant de l'aymer cordialement, il me licentia, commandant au comte de Northumbelland de m'accompagner jusques sur la Tamise, et ordonner, de sa part, au milord Sidnay, de me conduire jusques dans mon logis à Londres.

Voilà, Sire, en abregé le plus qu'il m'a esté possible, mais aussi en totale substance, tout ce qui s'est dit et fait en ma penultiéme audience, reservant à mon arrivée pres de vostre Majesté les discours de la derniere, lors que j'ay depuis pris congé et me suis separé de ce prince et de ses ministres : ensemble tout ce qu'il m'a dit touchant mes propositions sur les deux grandes factions de la chrestienté et quelques autres particularitez d'importance, touchant les affaires à moy tant recommandées par vostre Majesté, qu'il m'a prié et fait jurer de n'escrire point et ne les dire qu'à vostre Majesté seule. De laquelle si à mon partement j'eusse apporté les pouvoirs à moy necessaires pour conclurre et signer toutes choses, j'eusse peut-estre (et je n'en doute point) obtenu des conditions encore plus advantageuses que celles que je vous porte; et en tous cas j'eusse si bien lié et asseuré ce qui est escrit en forme de projet seulement, qu'il n'y eut point eu de changement à craindre aux volontez d'Angleterre, comme je recognois que vostre Majesté en est en quelque doute; encor que pour mon regard je n'y apprehende rien, veu les paroles que ce prince m'a données avec tant de franchise en prenant congé de luy, et que pour mon regard il me soit bien plus seur de n'avoir rien signé ny arresté absolument, mais laissé le tout en son entier, et par consequent en la liberté de vostre Majesté, de le communiquer à qui bon luy semblera, et de le rejetter ou approuver avec maturité de conseil. Car par ce moyen et pour le present et pour l'advenir, lors que l'on ne se representera plus les raisons des choses passées, je demeureray exempt de calomnies et de tout reproche, soit de vous, de ceux qui vous succederont, ou des envieux des actions d'autruy. Suppliant vostre Majesté me pardonner tous les defauts de mes paroles et de mes procedures, les imputer non à ma loyauté, mais à mon insuffisance, et croire qu'en tout ce que j'ay dit, fait, geré, negocié et conclu, j'ay usé de mesme zele, assiduité, diligence et circonspection, que s'il eust esté question de mon salut, de mon honneur et de ma vie, comme j'ay fait et feray incessamment en toutes les choses qui concerneront la gloire, honneur, grandeur, felicité et contentement de vostre Majesté.

Que si elle ou aucuns de ceux ausquels il luy aura pleu donner part de mes dépesches, les trouvent trop longues, ennuyeuses et à diverses reprises, comme moi-mesme y vois de l'apparence, rencontrent plusieurs choses à corriger et contredire en mes paroles, projets, procedures, libertez et hardiesses à exposer mes conceptions, et m'accusent de loüer excessivement ce prince, je supplieray vostre Majesté, et eux aussi, de se souvenir des commandemens et instructions qui m'ont esté baillées par escrit, où il m'est enjoint de prendre le temps, les occasions et l'estat des affaires à propos, pour m'y conduire diversement selon icelles : à sçavoir, tantost comme ambassadeur, tantost comme affectionné particulierement à ce prince, et tantost comme huguenot, et par consequent interessé en la conservation de ceux de cette profession, afin de pouvoir dire et representer des choses en l'une d'icelles, lesquelles n'auroient pas esté de la bien-seance des autres, comme j'ai fort heureusement fait. Et en cela se doit juger et remarquer la grande prevoyance et industrieuse prudence de vostre Majesté; car par ces moyens j'ay discouru plus largement et obtenu diverses choses, ausquelles autrement je ne fusse jamais parvenu. Et partant, je prie ceux qui voudroient determiner à mon desadvantage sur tant de choses diverses, et donner sentence de condamnation contre moy, de prendre la patience d'attendre mon arrivée, et d'escouter benignement mes raisons ou, à tout le moins, la lecture entiere de cette derniere lettre, laquelle je juge desja de moy-mesme, si longue et si ennuyeuse, que je crains qu'elle dégouste vostre Majesté, d'en oüir entierement la lecture. Et pour cette cause ay-je remis à mon arrivée, non seulement les secrettes particularitez que l'on m'a fait jurer de n'escrire point, mais aussi la pluspart des derniers propos et complimens qui se sont passez à nostre separation sur les questions que j'ay faites à ce prince, comme de moy-mesme, suivant vostre commandement. Surquoy j'ay encore receu tant de reïterées asseurances et des sermens si solemnels, pour l'accomplissement du traitté projetté et autres desseins secrets tres-importans, que je ne me sçaurois imaginer que ce prince y vienne jamais à manquer. Sur cette creance, et que les empeschemens qui me retardent viendront bientost à cesser, je prieray le Createur, Sire, etc.

De Londres, ce 10 juillet 1603.

Nous desirans tousjours de ne rien obmettre de tout ce que nous avons pû sçavoir ou recouvrer, qui peut concerner vostre voyage, ambassade et negociation en Angleterre, nous adjousterons encore, à tant de lettres et discours cy-devant transcrits, trois lettres escrites de vostre main au Roy; deux chiffrées sur l'alphabet particulier que vous aviez avec Sa Majesté, gardé par M. de Lomenie, dont nous avons trouvé les minutes parmy quelques papiers mis dans une des petites armoires de vostre petit cabinet secret, quelque temps apres vostre retour d'Angleterre à la Cour. Lesquelles n'ayans pû mettre en leur ordre requis, à cause qu'elles estoient sans datte, nous avons estimé à propos de les interposer en ce lieu, à la suitte de toutes les autres grandes lettres et discours cy-dessus par nous escrits et chiffrez sur l'alphabet de M. de Ville-roy, avant que de parler de ce qui se passa sur le temps de vostre partement, et depuis vostre retour d'Angleterre en France; ces trois lettres estant telles que s'ensuit :

Lettre de la main de M. de Rosny au Roy.

SIRE,

Continuant de rendre compte à vostre Majesté (suivant le commandement expres qu'il luy a pleu de m'en faire, sans apprehender qu'elle trouvast mes lettres trop longues) de toutes les moindres particularitez, de tant soit peu d'importance, qui seroient venuës à ma cognoissance, je me suis proposé de luy representer icy comme en un tableau peint de toutes ses couleurs, et comme partie des causes et fondemens d'aucunes de mes procedures qui pourroient sembler extravagantes à quelques esprits delicats, tout ce que j'ay appris et recognu des humeurs, fantaisies et dispositions de ceux avec lesquels il m'a fallu traitter, ou qui se pouvoient interesser avec eux, que pour plus grande intelligence du total, je distingueray en quatre chefs principaux, dont le premier concerne le roy d'Angleterre et autres potentats du Nord, leurs humeurs et inclinations naturelles, judicielles et considerations, tant envers vous, le roy d'Espagne, que les Provinces Unies. Le second, la diversité de ses conseillers et ministres, et leurs differentes inclinations envers les mesmes choses. Le troisiesme, les practiques, desirs et dispositions d'Espagne et des Archiducs. Et le quatriesme, l'estat des affaires des Provinces Unies, leurs affections, leurs esperances, leurs forces et leurs foiblesses; ce qui, à mon advis, donnera plusieurs lumieres à vostre Majesté, et dequoy arrester, où au moins diminuer les blasmes des esprits trop curieux et contentieux, et qui ne trouvent jamais à leur goust aucunes des paroles ny des œuvres d'autruy.

Premierement, quant aux humeurs des susdits roys et potentats du Nord, encor qu'elles sont differentes en beaucoup de choses, si n'ayje pas laissé de les trouver en mesme sentiment pour le regard des surseances et temporisement d'attendre, pour entamer les choses, la maturité des occasions, et de n'entreprendre point trop de grandes choses à la fois; et pour particularitez de ce que j'ay pû recognoistre, en communiquant tant de fois avec le roy d'Angleterre, il m'a semblé que son inclination envers vous et la France, n'estoit pas trop bonne lors que j'arrivay en Angleterre, dautant que les jaloux de vostre gloire avoient essayé de luy persuader que vous le mesprisiez et hayssiez tout ensemble; que vous en parliez indignement, l'appellant *capitaine és arts et clerc aux armes* (car ce sont les mots dont l'on m'a fait reproche); que mon frere et moy avions tenu plusieurs discours à son desadvantage, voire mesmes il s'estoit fourré quelque chose en l'esprit des antiques pretentions angloises sur la France.

Quant à l'Espagne, ces roys du Nord la distinguoient en trois maisons, à sçavoir d'Espagne, d'Austriche et de Bourgongne.

Pour la premiere, le roy d'Angleterre en craignoit et hayoit la nation, la fierté, les astuces, la puissance et les desseins.

Pour la seconde, il la mesestimoit, comme foible et dénuée de personnes recommandables; mais de laquelle il eust bien desiré l'amitié, en la separant sinon de l'affection, au moins de la faction Romaine, espagnole et jesuistique, qu'il hayt infiniment.

Pour la troisiesme, le nom, la situation et le restablissement de cette maison de Bourgongne, luy sonne fort doux aux oreilles; et, à mon advis, n'espargneroit rien pour cét effet, moyennant qu'il la pust absolument separer de l'Espagne et mesme de l'Austriche, sinon de la maison à tout le moins de la pretention.

Quant aux ministres et conseillers de ce prince, comme ils sont divers en pays, en naissances, esprits, qualitez et professions, aussi sont-ils differens en amitiez et conseils, en desseins et en factions. Les uns, comme le comte de Mare, le milord Mont-joye, chevalier Asquins, Kainlos et quelques gentilshommes du lict et jouvenceaux, qu'ils appellent de la couche, ils sont tout à faict portez à la personne de leur maistre, à ses passions, à ce qui luy pourroit acquerir honneur, gloire et grandeur, et plustost penchans vers la France que nulle autre part, peu experimentez aux affaires, quelques-uns d'eux assez bons hommes de guerre, qui voudroient bien posseder seuls la faveur et en exclurre les autres : d'autres, comme l'admiral Haouard, le grand chambellan, bref tous les Haouards, le grand escuyer et tous les Husmes et quelques autres avec eux, sont entierement portez à la faction espagnole. Les autres, comme le chancelier, le grand thresorier, le milord Cecile et autres semblables, sont tous d'humeurs anciennes angloises, c'est à dire, ennemis de la France, peu amis de l'Espagne, et absolument portez pour faire ressusciter la maison de Bourgongne, et reduire les Estats à cette nécessité. Les autres, comme le comte de Northumbelland, de Sutenton, de Comberland, les milords Cobhan, Ralek, Griffin et autres, seront tousjours de toutes les factions qui voudront remuer mesnage, ou dedans ou dehors leur royaume ; voire aucuns d'eux contre leur propre Roy et leur patrie, et tous ces gens-là ensemble, demeurent buttez les uns contre les autres à qui possedera la faveur et fera suivre ses conseils. Mais l'on estime que les gens de robe et de plume l'emporteront par dessus les autres, comme plus sortables à l'humeur du Roy, plus intelligens d'affaires, plus fins, plus rusez, plus patiens à supporter les impetuositez des autres, moins sujets à donner des ombrages et des défiances à leur maistre, et à luy faire craindre leurs courages et leurs desseins. Si ce n'est que des mignons et favoris de chambre, comme l'on commence à l'appercevoir, ne traversent tant les uns que les autres et s'emparent de tout le credit.

Quant à l'Espagne, l'on croit, à ce que l'on a pû descouvrir et conjecturer jusques à present, soit par la cognoissance de leur naturelle fierté, de leurs anciennes convoitises et desseins à l'empietement de l'empire chrestien, soit par les practiques et menées qu'ils ont desja faites et les intelligences qu'ils continuent avec tous ceux qui hayent la France, que tout leur but tend à en empescher l'alliance et confederation avec l'Angleterre, et que plutost que de n'y parvenir, ils accorderont tout ce que voudra l'Angleterre, jusques à delivrer les Provinces Unies de toutes guerres, voire de subjection, pourveu que cela se traitte sans la participation de la France, sur laquelle, ainsi qu'ils publient, tant eux que l'Angleterre ont et de si grandes pretentions et si bien fondées, que ce seroit honte à l'un et à l'autre de ne les pas renouveller et ne s'unir ensemble que pour s'y reintegrer : chose aussi facile, disent-ils, à executer qu'à desirer, estans une fois sur ce sujet, ces deux couronnes et les dix-sept provinces des Pays-Bas, en paix, union, concorde et bonne intelligence ensemble. Mais de quelques belles paroles et specieuses apparences que puissent estre ombragez et fardez tous ces projets, si les estime-je, et peut estre eux mesmes aussi, de succez impossibles, tant à cause de la contrarieté des religions, que des fondemens divers et maximes differentes que les uns et les autres ont à present au regime de leurs royaumes.

Quant à messieurs des Estats des Pays-Bas, comme les plus exposez à l'oppression et les plus proches des dangers, aussi ont-ils des penetrations plus vives et des apprehensions plus certaines, recognoissans bien en premier lieu que toutes les blandices d'Espagne ne sont qu'autant de pieges à leur liberté, les esperances d'Angleterre plutost des mines et des paroles que des certitudes ny des effets, et qu'il n'y a que la seule generosité, franchise et puissance de vostre Majesté qui soulage leurs ennuis, subvienne à leurs necessitez et renforce leurs courages. Et neantmoins ils cachent tant qu'ils peuvent telles opinions, et font demonstration qu'ils croyent estre facile de traitter à conditions raisonnables, et recevoir des assistances convenables de l'Angleterre ; afin que tenant vostre Majesté en jalousie, qu'ils ne se precipitent en l'un ou en l'autre party, ils augmentent, par cette apprehension, dautant plus vostre resolution à les secourir puissamment et en suitte conjoindre à ce secours la reputation des alliances et confederations angloises ; afin qu'elles ne se restraignent dans les factions à vous et à eux contraires, qui est tout le fruit, à mon advis, qu'ils esperent de leur voyage en Angleterre et de mon entremise pour eux audit pays ; et que de ma part, tant pour ce qui les touche que pour toutes les autres affaires que j'ay traittées pendant mon voyage, soit avec ce prince, ses ministres ou autres particuliers, j'ay estimé estre necessaire de vous representer. Priant le Createur, etc.

Lettre de la main de M. de Rosny au Roy.

Sire,

Encor que par l'ordre qu'il a pleu à vostre Majesté me commander d'observer, en luy faisant tenir des lettres touchant ses particulieres intelligences, tant anciennes que nouvelles, avec les Estats, royaumes, princes, peuples et villes protestantes et reformées, et autres faciendes que j'estimerois ne devoir pas estre publiées que par vostre commandement ou licence, vostre Majesté m'eust ordonné de les escrire toutes de ma main sur l'alphabet du chiffre particulier qu'elle m'avoit fait dresser, si me fusse-je neantmoins fort bien gardé de les faire telles et si longues que j'ay fait et fais encore maintenant, si M. de Lomenie, en me venant dire adieu, ne m'eust asseuré que vostre Majesté luy avoit mis son chiffre entre les mains, et commandé de s'instruire si bien en iceluy, qu'il vous pust descharger de la peine de déchiffrer mes lettres. Tellement que sur cette confiance, Sire, joinct le desplaisir que vous m'avez mandé d'avoir eu de l'esgarement fait par les commis de M. de Ville-roy, d'une lettre non chiffrée que j'escrivois et addressois à vostre propre personne, je prends la licence d'amplifier cette lettre sur vostre chiffre particulier d'une infinité de particularitez qui eussent pû permettre d'estre escrites du chiffre que j'ay avec M. de Ville-roy, et d'y adjoindre encore quatre ou cinq petites lettres que j'avois desja minutées et preparées pour vous estre envoyées à diverses fois, afin qu'elles vous fussent renduës moins ennuyeuses à faire déchiffrer et lire.

Par cette-cy donc, Sire, laquelle à mon advis sera la derniere que vostre Majesté aura de moy en son chiffre, je lui diray, en premier lieu, comme ceux qui avoient eu charge de la part des roys de Dannemarc et Suede pour y rendre les complimens accoustumez aux nouvelles royautez, arriverent en ce royaume un jour apres moy. Surquoy nous estans entre-donnez les advis necessaires pour ce que nous avions à communiquer ensemble, les visites s'en sont ensuivies telles qu'il estoit convenable ; en quelques unes desquelles se sont par trois fois rencontrés le comte de Mare, le milord Mont-joye et le chevalier Asquins ; mais tousjours faisant semblant que ç'avoit esté par hazard et comme d'eux mesmes, et grands amis des autres. Quoy que ce soit, nous avons eu à diverses fois plusieurs longs et divers propos ensemble, lesquels n'estans pas de la bienseance d'une lettre en chiffre, je remets à les faire entendre à vostre Majesté lors que je seray pres d'elle. Mais pour l'informer de quelques-uns d'iceux les plus necessaires à sçavoir promptement, je luy diray que nonobstant que je n'aye pas trouvé en ces gens-cy ensemble, ny en tous les autres avec lesquels j'ay eu à traitter choses de consequence, cette vivacité d'esprit, fermeté de jugement, ny genereuse resolution aux hautes entreprises, esquelles excelloit vostre royale et loyale sœur la brave Elizabeth d'Angleterre, si n'ay-je pas laissé de faire projetter et resoudre plusieurs bons essais à faire et observations à practiquer. Je luy diray, d'ailleurs, qu'encor qu'ils n'ayent peu trouver rien à redire aux questions que vostre Majesté m'avoit commandé de leur proposer comme de moy-mesme, et sans aucune charge d'ailleurs, si n'ont ils pas laissé de leur associer tant d'esgards, circonspections, temporisemens, remises d'executions et d'observations à faire pour empescher de rien precipiter, mais d'attendre la maturité des occasions et la bonne assiette des esprits, qu'ils croyent avoir pris des precautions contre tout ce qui les pouvoit obliger à s'embarquer en des desseins et entreprises de douteuses issues ; et neantmoins si ne laisse-je pas de croire d'avoir obtenu tout ce que vostre Majesté pouvoit maintenant raisonnablement desirer d'eux, puisque par article expres il a esté convenu qu'ils suivront l'exemple de vostre Majesté en la distribution des Estats et seigneuries qu'il faudra départir. Et quoy que je ne doutasse pas de pouvoir bien trouver d'assez valables raisons pour y faire adoucir quelques uns de ces points en temperamens et assaisonnemens, si est-ce que ne voyant rien prest d'executer en toutes ces choses, ny qui pust presser vostre Majesté d'entrer en nul essay d'importance, je ne voulus pas m'en servir, de crainte que rencontrant des esprits capricieux ou opiniastres, nos resolutions doucement convenuës ne fussent changées en altercations, voire mesme en aversions apparentes, lesquelles eussent pû diminuer en quelque sorte l'opinion en laquelle, suivant le commandement de vostre Majesté, je m'estois resolu de laisser un chacun en partant de ce pays, qu'il y avoit une parfaictement bonne intelligence entre vous quatre grands roys, et une asseurée fraternité d'armes et de desseins conformément à celle qui avoit esté concluë entre vostre Majesté et celle de la feuë reine Elizabeth : me semblant estre bien plus convenable à un ministre d'Estat, duquel les actions sont subjectes à recevoir de malicieuses interpretations, en laissant les choses apparemment en leur entier, de remettre le choix de l'innovation à vostre Majesté, encore que, pour dire ce qui m'en a semblé apres avoir plus attentivement medité sur toutes circonstances presentes et celles encor qui sont en la puissance de l'advenir, je ne croye pas que quand j'auray representé tout ce qui m'a esté occurrent en ce pays, qu'elle accuse de lascheté ou d'imprudence mes procedures. A quoy desirant de preparer desja aucunement l'esprit de vostre Majesté, j'ay creu qu'elle ne me blasmeroit point si je luy faisois icy un sommaire fort abregé de la principale raison qu'un chascun d'eux allegua en une assemblée qu'ils firent sans m'en advertir, mais que j'ay sceu depuis, par le moyen du milord Mont-joye, qui est vostre serviteur particulier et mon intime amy, pour les faire également convenir en un mesme sentiment sur les temporisemens, remises et attentes de la maturité des occasions cy-devant dites.

Le roy d'Angleterre, comme prince d'exquise sagesse et grandement speculatif, et qui mesme affecte de se faire tenir pour tel, disant qu'il estoit de la necessaire temperance et circonspection de toute nouvelle royauté de se donner an et jour de terme avant que de faire aucunes innovations, afin de n'en exciter point qui luy puissent nuire, et semble que celles qu'il apprehende le plus luy doibvent venir du costé de sa femme et de son fils aisné, quoy qu'ils ayent inclinations diverses.

De la part du roy de Dannemarc (lequel, à la verité, a domination sur de grandes et fort diversifiées estenduës de terres et pays, mais la pluspart infertiles, de bizarre situation et grandement incommode habitation), il fut allegué par ses députez que ses peuples, bien qu'assez dociles, estoient neantmoins si divers en mœurs, humeurs et fantaisies, que, pour les contenir en obeyssance envers luy et patience entr'eux mesmes, il estoit contraint d'y changer souvent d'ordres, de formes et de reglemens, estant maintenant apres pour voir s'il en pourroit point establir de perpetuels; avant le succez duquel dessein l'estat de ses affaires l'obligeoit à ne s'engager absolument en nulle entreprise presente qui pust estre douteuse.

De la part du roy Charles de Suede (que vostre Majesté cognoist, et lequel, par son commandement, je fis assister d'hommes et d'argent pour faciliter sa nouvelle royauté), ses députez representerent qu'estant venu advis à leur Roy au temps qu'ils partirent, que le Roy de Pologne, son nepveu, faisoit quelque demonstration de vouloir encore renouveller ses pretentions sur la Suede, surquoy il s'estoit resolu de convoquer une assemblée de tous les Estats de son royaume, avant la conclusion de laquelle il ne leur sembloit pas à propos de s'embarquer en des mouvemens d'importance et de longue decision au dehors.

Et de la part de messieurs les Estats des Provinces Unies il fut dit, par le sieur Bernaveld, qu'il leur sembloit ne debvoir penser pour maintenant à rien de nouveau, qu'ils n'eussent veu que deviendroit ce grand dessein de l'attaquement et de la defence d'Ostande, ce que produiroient les mutinations de plusieurs troupes espagnoles, et ce qu'il reüssiroit d'un dessein qu'ils avoient, dont l'heureux succez repareroit les dommages de la perte d'Ostande quand bien elle arriveroit. Et quoy que sur toutes ces allegations je voye bien qu'il y auroit beaucoup de choses à contredire, si ne perdez-je point l'opinion qu'il pourra survenir de tels accidens, diversitez d'advis et de conjonctures d'affaires, que vostre Majesté aura elle-mesme besoin d'user des temperamens qui luy sembleront peut-estre n'estre pas maintenant de saison. Suppliant vostre Majesté de m'excuser si mes lettres, mais principalement celles en chiffres, dont la nature prescrit briefveté, sont trop longues et frequentes, peu éloquentes et souvent pleines de redites, estant bien difficile d'user de chiffrement sans plusieurs erreurs; me semblant que les miennes doivent estre couvertes par l'expres commandement que j'ay receu de vostre Majesté de n'espargner point ma peine en telles occasions : lequel me fera prendre encor la hardiesse d'amplifier cette lettre, quelque excessivement longue et peut-estre ennuyeuse qu'elle puisse estre, d'un recit de divers bruits qui courent en ce royaume en forme de vaude-ville, des diverses fantaisies des principaux de ceux qui auront à joüer leur personnage sur le theatre des affaires qui se demenent aujourd'huy, et desquelles il vous a pleu que je m'entremisse de quelque partie. Mais estant venu à considerer qu'il me seroit du tout impossible de vous en representer un detail bien intelligible, sans faire une excessivement longue et ennuyeuse lettre pour vostre Majesté et trop penible pour moy-mesme, je me suis resolu d'en differer le discours entier comme je fais celuy des articles secrets dont nous sommes convenus, au temps qu'une furieuse pluye et un grand vent la retenant dans la chambre, elle commande souvent à ses serviteurs, et frequemment à moy, de luy faire des contes. Mais afin que vostre Majesté ait plus de desir et plus de souvenir pour me l'ordonner ainsi, j'ay estimé qu'elle n'auroit point desagreable si, par anticipation, je luy en faisois icy un petit sommaire des plus abregez qu'il m'a esté possible, que pour plus facile comprehension je distingueray en cinq chefs principaux.

Le premier, pour ce qui concerne le roy d'Angleterre, ses humeurs, inclinations, opinions, desirs et dispositions, et les diversitez d'advis, conseils et intentions de ses divers ministres sur l'estat des affaires presentes et leurs égards à l'endroit des roys de France, d'Espagne, de Dannemarc, Suede, les archiducs de Flandres, les provinces unies de Hollande, et finalement l'Empereur, l'Empire, les Estats et princes d'Allemagne, et les Suisses; car il se discourt de toutes ces choses.

Plus le second, pour ce qui peut concerner les mesmes Estats, affaires et personnes cy-dessus, au regard des roys de Dannemarc et Suede, et leurs conseillers qui sont icy deputez.

Plus le troisiesme, pour ce qui peut concerner les mesmes Estats, affaires et personnes cy-dessus, à l'esgard du roy d'Espagne et de ses conseillers et confidens qu'il a en ce royaume.

Plus le quatriesme, pour ce qui peut concerner les mesmes Estats, affaires et personnes cy-dessus, à l'esgard des archiducs de Flandres, les partisans qu'ils ont en ce royaume, leurs grandes villes et peuples.

Et le cinquiesme, pour ce qui peut concerner les mesmes Estats, affaires et personnes cy-dessus, au regard des provinces unies des Pays-Bas, de la diversité des intentions de leurs conducteurs, et des inclinations de leurs villes et riches marchands, touchant la facilité du commerce aux deux Indes.

Sur tous lesquels discours, apres la requisition tres-humble d'un general pardon de toutes mes erreurs, estant bien difficile de n'en avoir point fait en de si longues lettres de ma main, toutes sur le chiffre particulier que vostre Majesté a voulu que j'eusse avec elle, je prieray le Createur, Sire, etc.

Lettre de la main de M. de Rosny au Roy.

SIRE,

Suivant le commandement que j'avois receu de vostre Majesté, en prenant congé d'elle pour mon voyage d'Angleterre, d'adresser à sa propre personne toutes mes lettres qui parleroient de ce qu'elle m'avoit donné charge de proposer comme de moy-mesme au roy d'Angleterre et autres à moy specifiez, pour essayer de diminuer la faction d'Espagne et maison d'Austriche qui s'amplifioit par trop de tous costez, et autres affaires que j'estimerois dignes de venir à sa seule cognoissance; je ne manquay pas de suivre vos intentions dés ma seconde dépesche, dautant qu'elle parloit un peu librement des Anglois et de leurs humeurs et complexions hautaines et volages. Or, ayant appris par les lettres de vostre Majesté, que cette mienne dépesche avoit esté soustraite et mise en autres mains que les vostres, j'ay creu que cela n'avoit point esté fait sans quelque mauvais dessein de longue main premedité, et que je me devois rendre dautant plus circonspect à escrire de telles matieres et soigneux d'observer exactement vostre ordre plein d'admirable prudence et prevoyance, comme les succez des choses en rendent des preuves manifestes. Et combien qu'en une lettre que je vous ay escrite ce jourd'huy, par la voye et maniere ordinaire, le pacquet estant addressé à M. de Ville-roy, je la die estre une espece de recapitulation de tout ce qui s'est passe en mon voyage, et que j'ay traitté, geré et negocié pendant mon sejour en Angleterre, si ay-je neantmoins obmis expressement et conformément à vos commandemens, la plus part des choses lesquelles selon mon advis, requeroient le plus de secret, à dessein de les vous representer apres, comme je fais par cette lettre de ma main (sans user neantmoins de chiffre, sa longueur ne me l'ayant pû permettre), et ce le plus briefvement que l'importance d'icelle m'en a laissé la liberté, jusques à reserver plusieurs particularitez fort substantielles à vous faire entendre de bouche, de crainte d'ennuyer vostre Majesté par de si longues et frequentes lettres, comme seroit le recit entier des occasions qui me furent presentées par les roys avec lesquels j'ay eu à negocier, sans qu'à mon advis ils ayent pensé qu'il y eust de l'artifice, tout cela ayant esté fait si à propos, que j'eus moyen de leur faire toutes les propositions que vostre Majesté m'avoit commandées; et crois de m'y estre comporté en sorte qu'il leur a esté impossible de se douter que vostre Majesté en eust eu aucune cognoissance. Leur faisant croire absolument que tout cela procedoit purement et simplement de mes imaginations et fantaisies, et encore icelles engendrées par l'extreme passion que j'avois à la conservation et accroissement de ma religion, au contentement de sa personne royale d'Angleterre, et à l'exaltation de sa gloire et amplification de sa domination, comme celuy seul que j'estimois capable de pouvoir empescher les desseins que je voyois bien qui se minutoient entre tous les roys et potentats catholiques Romains, pour la ruyne de ceux qu'ils nommoient heretiques. Luy ayant ensuitte, avant que de rien particulariser, fait faire tous les sermens solemnels que j'ay voulu, qu'il ne diroit jamais rien à qui que ce pust estre de ce que je venois de luy declarer de l'interieur de mon cœur, tant envers la religion en general, que sa personne en particulier, ny des autres ouvertures que j'avois encore à luy faire, sinon de mon sceu et consentement; de crainte que parvenant à la cognoissance de vostre Majesté par autre voye que la mienne, et sans y apporter les dispositions et precautions necessaires, elle ne s'offençast griefvement contre moy, de voir que j'aurois entrepris de parler à un prince estranger avec telle confidence de choses tant importantes, non seulement sans en avoir eu charge de vous, mais aussi sans vostre sceu, et ne fust en fin peut estre cause que de mon affection en son endroit procederoit ma ruyne certaine.

Or, ay-je abregé tout ce que je luy dis et qu'il me respondit sur ce sujet, le remettant à vous en faire le recit estant pres de vostre Majesté pour respondre au commandement qu'elle me fait de m'informer de la perte de ma susdite seconde depesche. Surquoy je luy diray que ceux qui ont charge de recevoir ses pacquets, la coloreront de telles excuses que bon leur semblera; mais je vous puis certifier, Sire, qu'elle a esté portée par mon courrier, que je confesse bien estre homme simple, mais fort fidele, et me servant à la chambre, dans le logis de M. de Ville-roy, dautant que vous estiez lors à la chasse, et mise entre les mains d'un de ses commis, du nom duquel, à la verité, il fut si beste que de ne s'en enquerir pas; mais, à ce qu'il dit, Louvet parloit à luy, et mit en sa presence plusieurs pacquets entre ses mains pour les bailler audit sieur de Ville-roy; et faut, quoy que l'on vueille dire, qu'il y ait quelqu'un dans cette maison-là duquel vostre Majesté soit desloyalement servie, et qui fasse profit de vos depesches, encor que pour celle-là il n'en tirera pas, à mon advis, grande utilité, dautant que la lettre estans entierement escrite de ma propre main, et ce qu'il y avoit de plus important, du chiffre particulier de vostre Majesté qu'elle me commanda de luy faire, il ne luy aura pas esté possible de la déchiffrer, et croy plutost qu'autrement que la trop grande circonspection dont j'ay usé, mettant sur la suscription de ma depesche, *paquet pour estre mis és mains propres du Roy sans estre ouvert*, aura esté cause de la substraction d'icelle, et que n'en pouvant profiter l'on l'aura bruslée.

Mais pour reprendre mon premier propos, qui a eu pour but de donner à vostre Majesté quelque espece de lumiere, en attendant mon arrivée, des discours plus importans que nous avons eus ensemble, le roy d'Angleterre et moy, outre ce qui est dit dans cette grande lettre en forme de recapitulation, je vous diray, Sire, et supplieray quant et quant vostre Majesté d'excuser la longueur de l'une et l'autre de ces deux lettres, que, dans la premiere d'icelles, entre ces mots de *formidable domination espagnole*, et ceux-cy, *que s'il ne se faisoit entre vos Majestez*, j'ay obmis ce que j'adjoustay au roy d'Angleterre, qui fut tel que s'ensuit :

« Ou qu'à tout le moins ils renfermeront cette « faction austrichienne, qui essaye de dominer « sur tous les potentats de la chrestienté, dans « ce seul continent des Espagnes, borné de trois « parts des mers Oceane et Mediterranée, et du « quatriesme des monts Pyrennées. Ce qui se « pouvoit entreprendre, selon mon advis, ce luy « dis-je, par quatre diverses voyes et manieres « de proceder, desquelles, si je ne craignois de « luy estre trop long et ennuyeux, ou le destour-« ner d'autres occupations plus recreatives, je luy « dirois, dés maintenant, quelque chose, atten-« dant un autre sien plus grand loisir, que je « luy representerois d'une suitte continuë autant « que le sujet le meriteroit, toutes les imagina-« tions et fantaisies qui m'estoient entrées en « l'esprit sur un dessein de telle importance, et « qui neantmoins se conforme en tout et par « tout à ceux que vous avez eus de longue main, « esperant que tout ce qu'il y pourroit avoir de « vague ou defectueux ayant esté bien examiné, « tant par luy que par vostre Majesté, si tant estoit « qu'il jugeast à propos, l'ayant entendu, de vous « en parler, et en suitte corrigé selon la pru-« dence de deux si grands Roys, il pourroit, se-« lon mon opinion et mon desir, estre rendu fort « facile à executer. »

Surquoy il me dit en m'embrassant : « Je vous « jure, M. de Rosny, que je n'ay jamais rien « trouvé de trop long ny de fastidieux (car il « use souvent du mesme mot) en vostre entre-« tien; qu'il ne m'ennuya jamais moins qu'il a « fait cette apres disnée, et mesme crois que je « ne sçaurois employer mieux le temps qu'à la « representation de choses si hautes. Et partant « vous priez-je de vouloir continuer, car je vous « veux donner tout autant de loisir qu'il vous « sera necessaire pour cét effet. » Surquoy je luy dis que des quatre moyens par moy imaginez, les deux se pouvoient facilement pratiquer, sans pour cela entrer en declaration de guerre ouverte contre l'Espagne, dont le premier estoit d'entreprendre de conquerir aux Indes, où, par tous les traittez, il estoit laissé en la liberté d'un chacun des roys d'y pouvoir negocier, sauf aux autres à s'en defendre au delà de la ligne, sans que toutes les aggressions et oppositions qui s'y feroient de part ny dautre, pussent estre estimées à rupture de paix entre eux. Et que pour rendre cette entreprise fructueuse, il estoit necessaire de preparer trois bonnes flottes, composées de huit mille hommes de pied chacune, et de tous vivres, armes, artilleries et munitions necessaires pour un rafraischissement successif de six en six mois, afin de remplacer ce que le temps, les armes et les maladies, et autres incommoditez des terres et mers tant esloignées, pourroient avoir consommé et ruiné. Desquelles flottes les vaisseaux pourroient estre fournis par les Anglois, les artilleries, vivres, denrées et munitions necessaires par les Pays-Bas, et les gens de guerre et leur solde, comme le plus onereux, par la France : demeurans tous les profits, advantages et conquestes partagez neantmoins également. L'autre moyen seroit de se tenir preparez pour embrasser les occasions de la succession de Cleves, et le deceds de l'Empereur, lesquelles ny l'une ny l'autre ne sçauroient apparemment plus gueres tarder; sans permettre cependant qu'Ostande se perdist, ny qu'il fust esleu aucun roy des Romains. N'y ayant nul doute, que sur tels changemens, il ne survinst des causes de discord entre tous ceux de la maison d'Austriche, et la pluspart des princes, Estats, villes et communautez d'Allemagne, lesquels ouvriroient à la France, Angleterre, Dannemarc, Suede, Pays-Bas et leurs associez, les infaillibles moyens pour non seulement faire tomber la succession de Cleves en telles mains que bon leur semblera, mais aussi pour arracher de la maison d'Austriche l'heredité de l'Empire et des royaumes et Estats de Boheme, Hongrie, Moravie, Stirie, Carinthie et Tirol, pour remettre le tout en la liberté élective des princes et des peuples, comme il estoit anciennement, sans que pour cela l'Espagne eust suject apparent de se plaindre d'aucune aggression ny d'infraction de paix; laquelle ne se pourroit ainsi éviter par les deux derniers expediens de ma proposition, dont le premier seroit de soustraire entierement par guerre ouverte toutes les dix-sept provinces des Pays-Bas de la domination d'Espagne, et les distribuer en tel nombre de principautez ou republiques libres et souveraines, qu'il seroit communément advisé par tous les associez, dont la conqueste se rendra assez facile si l'on sçait bien user de la commodité qu'en donne la situation, laquelle estant de forme à peu pres triangulaire, compris avec les dix-sept provinces celles de Liege, Juliers et Cleves, l'un des costez du triangle se trouve tout borné de la mer, depuis Calais jusques à Emdem, sur laquelle l'Angleterre, le Dannemarc, la Suede, les Provinces Unies et leurs associez sont tant puissantes, qu'il ne sçauroit rien entrer ny sortir desdites provinces que ce qu'il leur plaira. L'autre costé du triangle est borné de la France, depuis Calais venant gagner la Somme, et de là jusques à Mezieres, Verdun et Mets : tout lequel trajet se peut aussi tellement asseurer et clorre, par les pays et forces ordinaires de France, qu'il n'y sçauroit semblablement rien sortir ny entrer que ce qu'elle voudra. Le troisiesme et dernier costé du triangle, qui s'estend depuis Mets tout du long des rivieres de Mozelle et du Rhin, et jusques à Dusseldorp, estant borné des Estats de Mets, de Treves, Cologne et Mayence. Sur lesquelles rivieres logeant les armées qu'il és puissances des potentats cy-dessus de mettre sur pied, et ne se trouvant de resistance qu'à Thionville, qui ne peut pas long-temps durer contre telles forces, les autres Estats et villes qui seront du long ce trajet, se resoudront à telles loix et conditions que l'on leur voudra imposer; lesquelles ne tendront qu'à empescher qu'il ne sorte ny entre aussi aucuns vivres, denrées, marchandises ny hommes dans les susdites provinces; esquelles, si aucunes villes s'opiniastrent à la défence, envoyant és environs d'icelles quatre ou cinq mille chevaux faire le degast et fouragement des vivres, des villages et des campagnes lors qu'elles viendront en grain, il n'y a doute que la faim et la necessité de toutes choses ne reduisent dans six mois au plus tard toutes les plus fortes et obstinées forteresses à tel party que l'on voudra; mais tousjours essayer de former de toutes ces provinces une seule republique toute libre, comme un membre de l'Empire. Le quatriesme et dernier expedient estant beaucoup plus general, de plus grande consequence et remply de difficultez; aussi sera-il necessaire d'y user de plus grandes prevoyances, forces, preparatifs et negociations. Interessant au profit de la dissipation espagnole tous ceux qui pourroient donner quelque sorte d'empeschement à r'enclorre sa domination dans les seules bornes d'Espagne; leur faisant voir des seuretez suffisantes pour ce qui leur seroit promis, et que ce qui s'entreprendroit ne seroit pour aucunes fins ambitieuses ny pour en agrandir, en sorte quelconque, ny la France ny l'Angleterre, ny autre potentat, si puissant qu'il fust, pour devenir aussi ennuyeux et formidable aux autres que s'est maintenant rendüe l'Espagne, laquelle, pour ce sujet seul, l'on veut essayer d'affoiblir; distribuant ce que l'on lüy osteroit par l'advis commun de tous ceux qui entreront en l'association, ce qui semble, sauf à y changer ce que l'on verra à propos, ne pouvoir estre plus équitablement fait qu'en disposant de l'Empire, de la Hongrie, Boheme, Moravie et Silezie, Austriche, succession de Cleves et des dix-sept provinces basses, comme il a desja esté dit cy-devant. Et pour le surplus bailler aux Suisses le Tirol, l'Alsatie et la Franche-Comté; au duc de Savoye la Lombardie, la luy erigeant en royaume avec le Piedmont et la Savoye, formant des Estats des ducs de Florence, Mantouë, Parme, Modene, seigneuries de Genes, Luques et autres petits princes d'Italie, qui voudront contribuer à ce dessein, une espece de republique d'eux tous, afin de se pouvoir mieux maintenir. Que si quelques-uns desdits princes ne veulent entrer en l'association, ils seront traittez comme ennemis; et quant au Pape, je croy qu'il souvient bien à vostre Majesté, comme le royaume de Naples luy a tousjours esté entierement destiné, comme a esté aux Venitiens toute la Sicile, et tout ce qui sera jugé leur estre plus commode vers le Friul et l'Istrie, en ce qui est possedé par l'Espagne.

Toutes lesquelles propositions, pour estre trop succinctement et superficiellement traittées, sembleroient d'abord à plusieurs (je n'en doutois point, et peut-estre à luy mesme et à vostre Majesté, lors qu'il auroit esté d'advis de vous en parler) plutost pures imaginations que ratiocinations solidement faites ny fondées, lesquelles, neantmoins, se pourroient tres-bien justifier et monstrer fort faisables; principalement tous les défauts d'icelles en ayans esté, comme j'ay desja dit, corrigez par quatre six grands roys et tant experimentez capitaines, lesquels je supplierois lors de me vouloir excuser, et imputer à l'extrême passion que j'ay à leur service, et à l'exaltation de leur grandeur, telles hautes cogitations que j'advoüois et recognoissois assez exceder ma portée, mais non celle de leurs Majestez que le ciel avoit pourveus de particulieres lumieres, dons et graces tres-excellentes, par preference à tous autres roys et princes.

Surquoy s'estant un peu mis à songer, il reprit avec une soudaineté merveilleuse la pluspart des principaux poincts que j'avois touchez, y remarqua divers inconveniens, et forma plusieurs difficultez, bref, me fit quasi toutes les mesmes repliques de vostre Majesté, lors que je luy ay fait de pareilles ouvertures par trois fois, dont la premiere fut à son retour de Mets estant à Monglat, où elle prit resolution de m'envoyer vers ce prince, en partie pour luy ouvrir quelque chose de ces propositions, non toutesfois en vostre nom, mais comme de moy-mesme ainsi que j'ay fait, afin, comme il a desja esté dit, de voir ce qu'il en diroit. Pour à quoy parvenir et penetrer dans ses intentions, je luy respondis que toutes ces objections estoient dignes d'un tant sage et judicieux prince qu'il s'estoit montré en toute la conduite de sa vie; que je recognoissois assez l'importance d'icelles, et combien en telles matieres si espineuses le secret estoit principalement requis; ne doutant nullement que si jamais je venois à en parler à vostre Majesté, qu'elle n'y fist les mesmes difficultez et observations, pour trouver une grande conformité de vivacité d'esprit et solidité de jugement entre vos deux Majestez, qui est la plus excessive sorte de loüange dont je sçaurois user en son endroit que de le comparer à vous, comme je pense vous l'avoir desja escrit. Que si son courage, nonobstant tout mon dire, ne se trouve assez relevé pour se jetter tout ouvertement dans de telles resolutions, au moins estime-je l'avoir entierement aliené de toutes propositions qui luy pourroient estre faites; ny pour le recouvrement des provinces qui ont autresfois appartenu aux Anglois, ny pour se restraindre d'alliance et d'amitié avec le roy d'Espagne et les archiducs à vostre prejudice, ny par aucune preference, ny pour se rendre protecteur de ceux de la religion en France, ny pour interceder contre vostre gré pour aucuns de vos sujets rebelles. Qui est tout ce que j'ay estimé debvoir escrire à part à vostre Majesté, tout le surplus de ce qu'elle pouvoit sçavoir de moy avant mon arrivée estant dans la grande lettre de mesme datte que la presente; suppliant vostre Majesté de vouloir excuser ce qu'elle y trouvera de mal poly, ou non assez bien expliqué, ou de defauts au chiffre, chose que je crains dautant plus que je l'ay escrite à la haste, et n'ay pas eu le loisir de la lire apres, tant j'estois accablé de sommeil, ayant esté toute la nuict à l'escrire et à la chiffrer, ce qui peut-estre en rendra le deschiffrement plus difficile à M. de Lomenie, aussi qu'à mon arrivée je repareray tous ces defauts, vous portant des resolutions escrites, desquelles vous aurez, à mon advis, sujet de contentement. Sur lequel je prie le Createur, Sire, de vous vouloir journellement accroistre et vous, etc.

De Londres, ce 10 juillet 1603.

Nous avions oublié à vous ramentevoir qu'un peu devant que vous voulussiez travailler aux deux susdites dépesches, vous aviez receu deux lettres du Roy, l'une estoit du 3 juillet et l'autre du 5, et deux de M. de Ville-roy de mesme datte, lesquelles la teneur ensuit :

Lettre du Roy à M. de Rosny, contre-signée.

Mon cousin, la Fontaine arriva icy dimanche au soir, avec vostre dépesche du 24 du mois passé; elle fait mention d'une du 20, que je n'ay encore receuë; partant vous adviserez à qui vous l'avez baillée, afin de sçavoir ce qu'elle est devenuë. J'ay fait responce à celle du 14, le 28 dudit mois passé, par la voye ordinaire de Calais. J'ay bien consideré les propos qui se sont passez entre vous et le sieur de Bernaveld representez au commencement de vostredite lettre, et me semble que vous n'avez peu fait d'avoir tiré de luy sa conception pour la conservation de leur Estat, en cas que le roy d'Angleterre les abandonne et recognoissent ne pouvoir, avec l'assistance de leurs amis, se défendre et conserver par la force.

J'avois bien oüy parler du traitté proposé par le duc de Brunsvic ; mais aussi j'avois entendu que les difficultez qui en avoient empesché la suitte, estoient procedées autant des archiducs et du roy d'Espagne, que des Estats des Provinces Unies : ceux-là ne voulans quitter à l'Empire la souveraineté des provinces et villes possedées par les autres ; quoy estant, ce remede proposé serviroit plus à abuser les Estats de Flandres, qu'à les delivrer de peine et leur donner moyen de respirer ; au moyen de quoy il seroit besoin qu'ils eussent recours à un autre remede, duquel la necessité où ils se trouveroient lors, pourroit leur faire ouverture. Qui sera tout ce que je vous diray sur le discours dudit sieur de Bernaveld.

Je n'ay rien à vous faire sçavoir sur ceux du secretaire de la seigneurie de Venise, sinon que j'ay eu à plaisir de les entendre, et principalement la responce qu'il vous a dit avoir entenduë, que ledit roy d'Angleterre a faite aux ambassadeurs de l'electeur Palatin, quand ils l'ont requis et pressé de s'employer pour le duc de Boüillon ; car elle est telle que je la pouvois desirer et attendre de son amitié. Mais par ce que vous ne me l'avez confirmée par la suite de vostredite lettre, je demeure en doute de la verité d'icelle, et dautant plus que j'ay sceu que lesdits ambassadeurs, qui sont arrivez à Paris dés samedy dernier, ont jà declaré à quelques-uns avoir rapporté toute satisfaction dudit roy d'Angleterre, dequoy je pourray peut-estre apprendre quelque chose d'eux, les voyans, comme je dois faire, devant qu'ils retournent trouver leur maistre.

Mais ledit duc de Boüillon me donne tous les jours quelque nouvelle occasion d'estre plus mal content de luy ; car il fait tout ce qu'il peut dedans et dehors mon royaume, pour mettre mes sujets et mes voisins (faisans profession de la religion pretenduë reformée) en jalousie de moy. Il a conseillé audit electeur Palatin de bastir une nouvelle forteresse en son pays, pour la conservation (ainsi qu'il dit) de la pure religion ; ayans sur cela osé escrire à Erard, mon ingenieur principal, sans ma permission, de l'aller trouver pour servir ledit electeur en cette occasion, ainsi que vous verrez par la coppie de la lettre qu'il luy a escrite, laquelle j'ai commandé

vous estre envoyée avec un double de certains articles de confederation contre ceux de ladite religion, que l'on a publiés et respandus en mon royaume, pour alterer mesdits sujets et les mettre en défiance de ma protection et volonté. J'ay sceu lesdits articles avoir esté forgez et publiez par ceux qui favorisoient ledit duc de Boüillon, au temps qu'ils ont creu que mon indisposition estoit plus grande qu'elle n'a esté, et ne doute pas qu'il n'en aye envoyé des doubles en Angleterre et ailleurs pour esmouvoir aussi nos voisins et les engager en leurs mauvais desseins. Mais comme ce sont inventions pleines d'impostures et d'impertinences, je me promets aussi qu'elles se destruiront d'elles mesmes à la confusion des autheurs d'icelles ; toutesfois il ne sera que bon que vous vous en esclarcissiez avec ledit roy d'Angleterre, luy descouvrant la malice desdites inventions, et ce à quoy elles tendent.

Il m'a esté mandé s'estre tenu plusieurs assemblées et conseils en Poictou et à Saumur, sur le sujet de ma derniere maladie, et que le sieur du Plessis se monstre de jour en autre, par ses propos et actions, plus affectionné à la défence de la cause dudit duc de Boüillon, s'efforçant d'interesser et rallier en cela avec luy, tous ceux envers lesquels il a quelque creance, blasmant ma conduite en ce fait, comme si le tort estoit de mon costé, et traittois trop severement ledit duc de Boüillon, duquel il exalte les services et merites plus que de coustume. Et tout cela ne me donnera pas grande peine si ledit roy d'Angleterre veut vivre avec moy, comme il vous a fait entendre ; car, joints ensemble, il nous sera facile de donner la loy et ranger à leur devoir nos mauvais voisins et sujets.

Or, je suis tres-satisfait et content des bons propos qu'il vous a tenus en vostre premiere audiance. Aussi ne pouviez-vous vous comporter en son endroit et en toutes autres choses, plus prudemment et à mon contentement que vous avez fait, tant en la reception et reddition des visites et courtoisies qu'il vous a départies, qu'en tous les discours qui se sont passez entre vous. Tellement que si les effets correspondent à ses bonnes paroles, nous vivrons et regnerons ensemble tres-heureux, à quoy participeront nos enfans, qui est le but auquel vous sçavez que j'aspire.

Je suis à present, attendant ce que vous aurez traitté de plus particulier avec ledit Roy, suivant la resolution que j'ay prise avec vous, devant vostre partement, en laquelle je persiste ; car il n'est rien survenu depuis, qui m'ayt deu faire changer d'opinion. Il est certain, ainsi que je vous ay escrit par mes dernieres, que ledit roy d'Espagne dresse et assemble cette année des forces et par terre et par mer, plus puissantes que les precedentes. Celles qui doivent passer d'Italie en Flandres ont ja commencé à passer les monts, et les premieres troupes arriveront dedans quatre jours au pont de Gresin ; mais il n'y a point d'apparence qu'elles s'arrestent à Geneve, ny qu'elles soient employées ailleurs qu'aux Pays-Bas.

Quant à ladite armée de mer, l'on m'a escrit d'Espagne, qu'elle doit estre preste à Lisbonne, à faire voile au 20 ou 25 du mois present, et veut-on que je croye qu'elle va en Barbarie et non ailleurs : toutesfois je ne puis m'y fier, sçachant qu'ils se sont cy-devant aydez de ce pretexte pour couvrir et mieux desguiser leurs desseins contre ma personne et mon Estat. C'est pourquoy j'ay adverty mes serviteurs aux provinces de Languedoc, Provence et Dauphiné, de se tenir sur leurs gardes et estre prests de s'entre-secourir au besoin qui se presentera. J'ay aussi envoyé M. Le Grand en sa charge pour mesme effet, et luy ay commandé, comme j'ay fait au sieur d'Esdiguieres, de se jetter dans la ville de Geneve, si on l'assiege. Je ne veux pas vous presser d'advancer vostre negociation, cognoissant le naturel de ceux auxquels vous avez affaire. Neantmoins, comme j'ay besoin de vostre presence, et qu'il est necessaire aussi de consoler et assister le plutost que faire se pourra les Estats de Flandres, je vous prie ne laisser perdre aucune occasion de serrer et faire resoudre les affaires que je vous ay commandées, et continuer à me donner advis de ce que vous y advancerez.

Vous avez bien fait de vous estre accommodé au desir dudit Roy, pour le regard du deüil avec lequel je vous avois commandé de comparoistre en vostre premiere audiance pour les raisons que vous m'avez escrites. J'ay aussi telle creance et fiance en vostre prudence et affection, que j'approuveray tousjours tout ce que vous ferez en executant mes commandemens ; ayant pris un singulier plaisir aux contestations et disputes qui se sont passées entre ledit Roy et vous sur le fait de la chasse, de laquelle vous luy direz que les medecins ne m'ont defendu l'usage, mais ils me conseillent d'en user un peu plus moderement que je n'ay fait cy-devant ; ce que je commence à observer depuis vostre partement ; de façon que je me suis trouvé à la mort de cinq ou six cerfs, sans aucune incommodité. Je me trouve aussi tres-bien de l'usage des eaux de Pougues, que j'ay commencé à prendre depuis cinq ou six jours, et continueray encore autant, puis je m'approcheray de Normandie pour avoir plus souvent et promptement de vos nouvelles, et vous rencontrer aussi plutost si vous revenez, vous asseurant que je ne me ressens à present en façon quelconque de la maladie que j'ay euë à Fontaine-bleau, ainsi que vous pourrez dire au roy d'Angleterre, afin de le tirer du doute qu'on pourroit luy avoir donné de la seureté de ma vie.

Il faut que je vous die que l'on m'a dépeint ce Roy, pour prince si irresolu, timide, et dissimulé, que je crains fort que les effets ne suivent les bonnes paroles et esperances qu'il nous a données, et que sur cela nous demeurions incertains de sa volonté et de ce que nous en aurons, pour maintenir et défendre la cause publique ; à quoy les broüilleries domestiques et mescontentemens publics et privez que vous m'avez representez, par vostredite lettre, nous seront fort contraires : pour cette cause, je seray tres-aise que la reine d'Angleterre d'apresent arrive par delà pendant que vous y serez, pour recognoistre de plus pres son humeur, et quels effets elle produira. Je desire aussi que vous mettiez peine de descouvrir la verité de la déposition du jesuiste qui a esté pris travesty ; car il nous importe de sçavoir si l'advis qui vous en a esté donné est veritable, les deux qui sont icy aupres de moy voulans que je croye que cela n'est point. Je ne vous commanderay rien sur les propos qui vous ont esté tenus par le comte de Northumbelland, le chevalier Asquins et Stafford, asseuré que vous sçaurez assez bien mesnager et accroistre leur bonne volonté, et faire le semblable envers les autres, qui s'en ouvriront à vous. Il est necessaire aussi que nous ayons des serviteurs aupres de ce prince, dautant plus soigneusement, que nous recognoissons son naturel estre disposé à se laisser gouverner et manier par ceux qui l'approchent, que les Espagnols ne manqueront d'user de pareils moyens, et que ce prince nous peut faire plus de bien ou de mal que nul autre de nos voisins.

Je loüe aussi la courtoisie de laquelle vous avez usé envers le comte d'Arambergue, luy faisant part, si à propos que vous avez fait, de la venaison que vous avoit envoyée le roy d'Angleterre, vers lequel la Boderie m'a escrit, que dom Joan de Taxis devoit bien-tost passer ; toutesfois j'ay opinion qu'il attendra des nouvelles dudit comte d'Arambergue, afin de ne hazarder legerement la dignité et grandeur de son maistre. Quant à la ville d'Ostande, je n'ay pas opinion, quoy que vous ayt dit le sieur de Bernaveld, que les archiducs la forcent cette année, si les Estats continuent à la secourir comme ils ont fait jusques à present ; car les assiegez se fortifient tous les jours à la veuë des autres, lesquels aussi font paroistre, par leur conduite, avoir plus d'esperance au temps, que en leur bras et industrie. J'estime aussi que les forces qui leur viennent d'Italie, diminueront tellement par les chemins, devant qu'elles arrivent au pays, que la despence en excedera grandement le profit qu'ils en tireront; ja les mille chevaux levez sous la charge du duc d'Aumale se sont à demy débandez, et ceux qui restent font tant de mal, qu'ils sont insupportables, et seront contraints de les licentier pour en décharger le pays. Mon cousin, je prie Dieu qu'il vous ayt en sa saincte et digne garde.

Escrit à Monceaux, le 3 de juillet 1603.

HENRY.

Et plus bas, DE NEUF-VILLE.

Lettre du Roy à M. de Rosny, contre-signée.

Mon cousin, si vostre depesche du 24 du mois passé, à laquelle j'ay fait responce par le courrier la Fontaine, le 3 du present, m'a contenté pour m'avoir rendu bon et particulier compte par icelle de vostre premiere audiance, et de tout ce que vous avez appris et remarqué par delà, important à mon service et digne d'estre sceu, je ne l'ay pas esté moins du contenu de celle du 28 dudit mois passé, que j'ay receuë par ce porteur, le 4 du present, par laquelle j'ay entendu ce que vous avez traitté avec le roy d'Angleterre en vostre seconde audiance, et depuis avec ses conseillers; en quoy vous ne pouviez veritablement me servir plus dignement et à mon contentement que vous avez fait. Et comme je n'ay rien à vous commander sur les poincts deduicts par vostredite lettre, et aussi que je me promets de vous revoir bien-tost, la presente ne servira que pour vous advertir que je vous attends en bonne devotion, pour vous declarer en personne la satisfaction que j'ay de toute vostre procedure, comme des lettres que vous m'avez escrites, vous asseurer que vous serez le tres-bien venu; et quelque fruict que vous me rapportiez de vostre legation, je vous en sçauray pareil gré que si la moisson en estoit entiere et parfaite selon mon desir et le vostre, pour le bon devoir que vous avez fait de m'y servir. Et afin que vous sçachiez où me trouver, je vous diray que j'acheveray demain de prendre les eaux de Pougues, desquelles je vous asseure, derechef, que je me trouve merveilleusement bien, que je partiray d'icy mardy ou mercredy, pour aller coucher à Tresmes, et le lendemain à Villiers-Coterests, où je demeureray quatre ou cinq jours, puis retourneray de là, par Merlou et Chantilly, à Sainct Germain en Laye; et si vous vous estes licentié et separé de ce prince, au temps que j'ay remarqué par vostredite lettre que vous estimiez le pouvoir faire, je m'attends vous voir audit Villiers-Coterests, où sans passer par Paris, vous pouvez vous rendre commodément sur vos chevaux ou en poste, comme vous jugerez estre pour le mieux; mais sçachez que le plustost que je vous pourray voir en bonne santé, me sera le plus agreable. A tant je prie Dieu, mon cousin, qu'il vous ait en sa digne garde.

Escrit à Monceaux, le 5 juillet 1603.

HENRY.

Et plus bas, DE NEUF-VILLE.

Et à costé est escrit:

Le sieur de Boisse m'a adverty, que le terse de dom Inigo de Borgia, composé de vingt-deux enseignes d'Espagnols, passa le pont de Gresin, le premier de ce mois, suivi de deux compagnies Neapolitaines, qui estoient en Savoye, où est demeuré le terse de dom Sancho de Luna, pour, à mon advis, favoriser le traitté du duc de Savoye avec ceux de Geneve, lequel est si advancé que l'on a opinion qu'il sera conclu dans le quinziesme de ce mois. Les quatre mille Milanois du comte de Sainct Georges ont commencé aussi à passer les monts pour suivre les autres; tellement que les archiducs seront bien-tost grandement renforcez. Cette armée d'Espagne continuë pareillement à se preparer en toute diligence, et le Pape veut que je croye que c'est chose qui ne me regarde pas. Vous sçaurez le surplus quand je vous verray.

Lettre de M. de Ville-roy à M. de Rosny.

Monsieur, le Roy a esté tres-content de vostre dépesche, ainsi que vous recognoistrez par sa responce; mais il est en peine et marry de la perte de celle du 20, de laquelle il faut descouvrir la cause. Je vous asseure que Sa Majesté n'a trouvé aucune superfluité en vostredite lettre, approuvant et loüant tout ce que vous avez dit, fait et escrit. Les enfans de M. de Savoye passerent le 20 du passé, à la veuë de Marseille, allans en Espagne, accompagnez de neuf galeres, quatre de Malte, trois du Pape, et deux dudit duc; ils ne saluërent point le chasteau d'If. Nous avons eu confirmation aussi de l'advancement des forces d'Espagne et d'Italie, qui vont en Flandres, par lettres de Lyon du 25 du mois passé; tellement que j'estime qu'elles commenceront à passer, dedans deux jours, le pont de Gresin. Le Roy se porte merveilleusement bien des eaux de Pougues. Il prit encor hier un cerf, où la Reine estoit; mais commodément il voudroit sçavoir à toutes heures de vos nouvelles, et pense, que selon ce que vous luy manderez par vos premieres, il s'advancera de partir d'icy, pour aller du costé de Gaillon. Je vous baise bien humblement les mains, et prie Dieu, monsieur, qu'il vous conserve en bonne santé. Vostre tres-humble serviteur, DE NEUF-VILLE.

De Monceaux, le 3 juillet 1603.

Et à costé est escrit :

Le porteur eust esté renvoyé plutost, s'il n'eust esté contraint d'aller plus loing, ainsi qu'il vous dira.

Lettre de M. de Ville-roy à M. de Rosny.

Monsieur, j'escris aussi incommodément que l'accoustumée, mon mal de poulce n'estant encore guery. Le Roy se loüe à bon droit de vostre conduite, comme font tous ceux qui en ont eu cognoissance. Mais nous sommes en grande peine de vostre premiere lettre, à laquelle vous desirez, par celle que vous m'avez escrite par le porteur, que nous ayons esgard, car elle n'est point comparuë ; que si vous nous eussiez mandé par quelle voye vous la nous avez addressée, j'eusse fait diligence d'en avoir des nouvelles. Selon celles que vous nous mandez par vostre premiere dépesche, nous pourrons vous advertir plus certainement du lieu où vous nous trouverez. Sa Majesté desire que ce soit plutost en ses maisons aux champs qu'en la ville, afin de vous entretenir plus à loisir ; que si vostre santé vous permet de prendre la poste, elle en sera tres-aise ; toutefois elle entend que vous prefereriez vostredite santé à toute autre chose. Mais je vous asseure apres elle, que vous la trouverez en tres-bon estat de la sienne, qui est, à mon advis, la meilleure nouvelle que je vous puisse escrire : à laquelle j'adjousteray la confirmation du service que je vous ay voüé, et de la disposition en laquelle vous me trouverez de vous obeyr. Et sur ce, monsieur, je prie Dieu qu'il vous conserve en sa saincte grace, et me recommande humblement à la vostre.

De Monceaux, le 5 juillet 1603.

Vostre humble serviteur,
DE NEUF-VILLE.

CHAPITRE CXX.

Retour de Rosny en France. Compte que Rosny rend au Roi de sa mission. Lettres du roi et de la reine d'Angleterre. Lettres de Beaumont, resté à Londres comme ambassadeur ordinaire.

Combien que le Roy vous eust tesmoigné, par quelques lettres, qu'il eust bien desiré que vous eussiez peu voir et entretenir la reine d'Angleterre, afin d'essayer de descouvrir quelque chose de ses inclinations, que l'on disoit estre toutes portées pour Espagne et pour Rome ; neantmoins, voyant qu'elle estoit encore vers l'Escosse, que le Roy vous pressoit d'expedier les affaires pour lesquelles vous aviez esté envoyé en Angleterre et de vous mettre aussi-tost sur vostre retour, dautant qu'une infinité d'autres de grande importance deperissoient ou se retardoient par vostre absence, que l'on vous mandoit que vos charges avoient besoin de vostre presence, vos amis de vostre faveur, et vous mesme de ne vous tenir pas plus long-temps esloigné de vostre maistre, vous resolustes d'envoyer M. de Vaucelas, vostre beau frere, faire les visites et complimens dont vous estiez chargé vers cette Reine et ses enfans. Tellement que luy ayant mis en main les lettres dont vous estiez chargé à elles addressantes, desquelles les copies ont esté cy-devant inserées, vous luy baillastes aussi toutes sortes d'instructions à luy necessaires pour se comporter en cette action, ainsi que vous sçaviez estre des intentions du Roy, et que l'humeur de cette princesse le pouvoit requerir. Puis le lendemain, la fievre et la douleur de vostre bouche, qui l'avoit causée, estant cessée, vous partistes de Londres avec la bonne odeur d'un chacun, tous les gens de qualité vous estant venus dire adieu, et protester de leur bienvueillance, et repristes le chemin par lequel vous estiez venu ; les sieurs milords Sidnay et le vice-admiral ayans eu charge de vous accompagner du long des chemins jusques à la mer, et vous faire assister abondamment de chevaux, charrois, logis, vivres, batteaux et navires. Estant arrivé à Douvres, vous receustes une lettre du Roy, et une autre de M. de Ville-roy, desquelles la teneur ensuit :

Lettre du Roy à M. de Rosny, contre-signée.

Mon cousin, je vous attends en ce lieu, tres-desireux de vous recevoir, et tres-content de tout ce que vous avez dit et negocié de ma part en vostre voyage, duquel, si vous me rapportez quelque resolution conforme à mon desir et digne du sujet que vous avez traitté, je l'attribueray à vostre industrie et à vostre bonne conduitte ; qui sera tout ce que je vous escriray par ce porteur, que j'ay commandé vous estre renvoyé pour vous advertir que vous me trouverez en ce lieu ; que le plutost que vous pourrez vous y rendre sans incommoder vostre santé, me sera le plus agreable, et que vous serez le tres-bien venu. Je prie Dieu, mon cousin, qu'il vous ait en sa saincte garde.

Escrit à Villiers-Coterests, le 10 juillet 1603.
HENRY.
Et plus bas, DE NEUF-VILLE.

Lettre de M. de Ville-roy à M. de Rosny.

Monsieur, vous estes desiré et attendu avec impatience, et trouverez le Roy tres-satisfait et bien édifié de toute vostre conduite et procedure. Nous vous renvoyons ce porteur, afin qu'il advertisse les postes de vostre venuë, pour vous preparer des chevaux, si vostre santé vous le permet d'en user. Le Roy arriva en ce lieu hier au soir, et y demeurera jusques à lundy ou mardy, car la Reine veut faire un voyage à Liesse, où elle s'acheminera vendredy, pour en revenir lundy ou mardy. Et parce que j'espere avoir ce bien de vous voir bien tost, je ne vous entretiendray davantage, vous baisant les mains, et priant Dieu, monsieur, qu'il vous conserve en bonne santé.

De Villiers-Coterests, le 10 juillet 1603.
Vostre humble serviteur,
DE NEUF-VILLE.

La nuict mesme que vous arrivastes à Douvres, le temps devint fort mauvais, et se trouva la mer tant esmeuë que le vice-admiral fit ce qu'il put pour vous empescher de partir ; mais la plus part de tous ces seigneurs, et bien davantage tous vos marjolets de ville que vous aviez menez, vous firent de telles instances de repasser en France, qu'icelles joinctes à la bonne envie que vous en aviez, voyant les asseurances qui vous estoient données, par lettres, d'estre fort desiré et le bien venu, vous ne laissastes pas de vous embarquer ; dequoy plusieurs se repentirent à bon escient, ayans demeuré tout le jour à passer ce destroit avec une telle tempeste, que tous coururent fortune de se perdre, et beaucoup furent tellement malades, qu'ils ne se pouvoient quasi remuer ; et quoy que vous eussiez plus de trois cens hommes de main, si est-ce que si vingt hommes bien sains et bien armez vous eussent attaquez, vous n'y eussiez peu resister tant vous estiez tous debiles.

A Boulongne, vous eustes encore une lettre de la main du Roy, dont la teneur ensuit :

« Mon amy, j'ay sceu vostre embarquement, « et par ainsi croyant que cette lettre vous trouvera deçà la mer, je vous faits ces trois lignes, « par lesquelles je vous dis derechef venez, venez, venez, et le plutost que faire se pourra me « sera le plus agreable ; car je vous attends avec « impatience pour estre esclaircy de tout ce que « vous m'escrivez par vos deux dernieres lettres.»

Cette-cy vous fit rompre vos tables, remercier avec toutes sortes de courtoisies ceux qui vous avoient accompagné, et prendre la poste à Abbeville sur les trois heures du soir, et arrivastes à Villiers-Coterests sur les huit heures du matin. Auquel lieu vous trouvastes le Roy dans l'allée du parc qui aboutit à la forest, en laquelle il faisoit estat de s'aller promener, ayant fait venir des chevaux pour cet effet ; mais si tost qu'il vous vid de loing, il dit à messieurs de Bellievre, de Ville-roy, de Maisses et de Sillery, avec lesquels il se promenoit, ainsi que vous le conta depuis M. de Maisses : « Voicy nostre homme tant « desiré qui est en fin venu ; il faut faire appel-« ler mon cousin le comte de Soissons, qui se « promene en cette allée, sur la main droite, « avec Roquelaure et Frontenac, car je veux « qu'il soit present à la relation qu'il fera en gros « de ce qu'il a veu, oüy, dit et fait dont il ne m'a « rien escrit, et que l'on renvoye mes chevaux, « car je n'iray point en la forest. »

Toutes lesquelles choses ayans esté executées, et vous estant mis quasi à genoux en l'approchant, il vous releva, vous embrassa par deux fois et vous dit : « Vous, soyez le tres-bien venu, « car il faut confesser, quoy que vous m'appor-« tiez pour conclusion de toutes les affaires que « vous avez maniées et traittées en Angleterre, « que vous m'y avez tres-bien et dignement servy, « et n'avez deu craindre que vos dépesches « m'ayent ennuyé ny pour leur longueur ny « pour leur frequence, car je n'en ay jamais re-« ceu où j'aye pris tant de plaisir. Mais contez « nous maintenant tout ce que vous avez obmis « en icelles, sans nous parler de ce qu'elles con-« tiennent, car de tout cela nous en discourrons « à loisir ; tout mon desplaisir ayant esté de ce « que vostre seconde dépesche a esté ainsi mal-« heureusement perduë sans que nous ayons peu « descouvrir d'où en est venuë la faute, ny ce « qu'elle est devenuë.

« Sire, luy respondites vous, je ne sçay rien de « cela plus que vous en sçavez vous mesmes ; « mais quant à ce que j'ay à vous conter qui ne « soit point dedans mes lettres, je ne le sçaurois « faire tout d'une suitte ny en une seule fois, « mais bien à mesure et selon que la memoire « me le pourra fournir, et commenceray par vous « dire que j'ay veu un prince à l'entretenement « duquel il y a grand plaisir et ne s'y sçauroit « on jamais ennuyer ; car, premierement, il sçait « beaucoup en toutes sortes de sciences, parle « fort bien, prend plaisir que l'on discoure lar-« gement avec luy, ne laisse rien qu'il n'examine, « ny surquoy il ne vueille estre esclaircy en le « fasse des questions ; croyant que où il sçait le « moins, c'est à la guerre et aux affaires qui en « dépendent, et crains qu'il ait plus de meditation

« que d'action. Sur tout je prenois un singulier
« plaisir aux loüanges qu'il vous donnoit en l'un
« et en l'autre, disant que vous estiez le plus
« grand militaire de tous nos siecles, et qu'il ne
« penseroit point user d'adulation, quand il vous
« diroit estre aussi bon capitaine que furent ja-
« mais Alexandre, Pyrrhus, Hannibal, Scipion
« ny Cesar ; et au contentement qu'il tesmoignoit
« lors que l'on l'accomparoit en quelque chose à
« vostre Majesté, laquelle il m'a protesté d'ay-
« mer et d'honorer plus que prince du monde, et
« de vouloir avoir avec elle une alliance et con-
« federation inviolable par preference à toutes
« autres. Que s'il faut adjouster foy aux sermens
« qu'il m'en fit, ausquels il n'oublia rien, vostre
« Majesté n'a aucune chose à craindre des advis
« qu'elle m'escrivit luy avoir esté donnez, soit
« pour se restraindre avec les Espagnols pour
« vous assaillir avec armes communes sous cét
« impertinent et neantmoins specieux pretexte
« en la teste des écervelez, de recouvrer conjoinc-
« tement à la vive force les provinces de vostre
« royaume, où ils peuvent avoir l'un et l'autre
« quelque couleur de pretentions ; car il m'a dit
« plusieurs fois, lors que nous entrions sur sem-
« blables propos, que toutes ces pensées ne luy
« estoient jamais entrées en l'esprit, les estimant
« pures chymeres, desquelles la prescription es-
« toit plus que centenaire ; ny qu'il entende à se
« rendre jamais ny chef ny protecteur des hu-
« guenots, ny d'aucune menée ou faction en
« France, tant il abhorre tout sujet qui desseigne
« ou leve les armes contre son legitime prince,
« ou prend intelligence en l'estranger ; en
« quoy je ne le trouve pas trop mal fondé, son
« royaume abondant tellement en esprits inquiets
« et factieux, que si j'eusse voulu prester l'oreille
« à tous ceux qui m'ont fait sonder sur ce sujet,
« je ne fusse point revenu sans luy bien tailler de
« la besongne ; et sur tout y en a-il quatre ou cinq
« bien qualifiez, que je nommeray une autre fois
« à vostre Majesté, lesquels me tromperont bien,
« si quelque jour ils ne courent fortune à cette
« occasion ; car ils sont trop inconsiderez à par-
« ler de telles matieres tant chatoüilleuses, les
« propositions desquels j'ay aussi rejettées sui-
« vant ce que je sçavois estre de vos intentions
« et de vostre generosité, laquelle n'ayme point
« les ruses ny les cautelles.

« Mais afin, Sire, que vostre singuliere pru-
« dence puisse faire un plus solide jugement tou-
« chant l'humeur de ce prince, et de ce qu'elle
« en doit esperer ou craindre, je vous veux main-
« tenant rapporter les mesmes propos, mot pour
« mot, que nous eusmes ensemble à mon parte-
« ment. L'ayant donc fait supplier de me donner

« heure pour prendre le dernier congé de Sa Ma-
« jesté, il me manda, par le sieur Oleradoux,
« que pour m'exempter de la peine d'aller à Gren-
« vich, il s'en viendroit coucher à Ovestmester
« (qui est comme son palais dans la ville de Lon-
« dres, en l'eglise duquel y a des sepultures tres-
« magnifiques), et que je ne sçaurois y venir si
« matin, que je ne le trouvasse prest à me don-
« ner audiance, dautant qu'il faisoit estat d'aller
« aussi-tost à la chasse pour se divertir et passer
« sa melancolie, à cause du desplaisir qu'il avoit
« de mon partement.

« Je ne manquay pas, suivant ce message, de
« me trouver si matin au palais, que j'eus encore
« pres d'une heure à visiter les choses rares du
« temple d'iceluy, attendant que ce prince fut
« habillé ; lequel m'ayant fait appeler et fait for-
« ces carresses, je luy dis, apres les complimens
« ordinaires, en ces propres termes : Sire, comme
« ce m'est aujourd'huy un tres-grand honneur
« d'estre admis en la presence de vostre Majesté,
« avec la faveur et familiarité qu'elle me demons-
« tre, en voulant que je sois seul tesmoing d'une
« tant celebre action que celle-cy, en laquelle je
« dois remporter la certitude et confirmation de
« toutes les promesses qu'il luy a pleu de me
« faire et de bouche et par escrit, pour l'esta-
« blissement et continuation perpetuelle d'une
« solide et loyale amitié, union et alliance entre
« deux tant excellens monarques, et reçois de
« joye et contentement de voir que Dieu me fait
« estre l'instrument de si heureuses correspon-
« dances, par le moyen desquelles vos royales
« personnes seront pleines de magnificences et
« de gloire, vos regnes d'heur et de prosperité
« entiere, et vos peuples, de paix et d'abondance :
« ainsi ressentez-je un grand ennuy et desplaisir
« d'estre reduit à m'esloigner de vostre Majesté,
« laquelle pour ses vertus et faits heroïques, et
« les graces et faveurs signalées que j'en ay re-
« ceuës, me donnent des desirs vehemens de sa
« continuelle presence. »

« A quoy il me respondit en ces mesmes mots :
« Monsieur l'ambassadeur, je vous remercie,
« comme je dois, des loüanges que vous me don-
« nez, et semblablement des tesmoignages de
« sincere affection que vous me rendez, et vous
« puis jurer que j'ay le mesme regret de vostre
« partement, comme je le vous manday hier par
« le sieur Oleradoux, jugeant bien que le grand
« et continuel employ que vous avez en France,
« ne vous permettra pas de repasser de long-temps
« la mer ; mais je me console d'ailleurs pour le
« bon office que vous allez rendre au Roy, mon
« bon frere, et à moy, en nous conjoignant en-
« semble d'un lien indissoluble. Car afin que la

« memoire vous demeure plus fraische de mes
« bonnes et tres-sinceres intentions, à la loyale
« observance de toutes les choses dont je vous
« ay donné la foy et la dextre, je vous jure en-
« core derechef, sur l'ineffable Trinité, sur le
« vray sacrement par lequel j'ay esté lavé de mes
« offenses et sur mon salut, que vous ne m'aurez
« point plustost envoyé le projet du traicté que
« nous avons fait ensemble, mis en forme au-
« thentique et signé du Roy, mon frere, que je
« ne le signe en mesme temps qu'il me sera pre-
« senté sans y adjouster un alpha ny en oster un
« omega, et n'en jure solemnellement l'observa-
« tion en presence de celuy qui sera nommé pour
« cet effet. Et pour le surplus, ma resolution es-
« tant d'avoir la vie, les vertus, les desseins et
« les actions d'un tant heroïque prince que le
« Roy, mon frere, pour modele et prototype (car
« il usa de ce mot) tant de moy que de toutes
« mes œuvres, vous luy pouvez donner foy, de
« ma part, que je suivray en tout et par tout son
« exemple, soit en la grandeur et forme de l'as-
« sistance, dont auront besoin ceux que nous
« avons nommés pour nos communs alliez, et
« desquels le traitté nous entreprenons la de-
« fense, soit en la maniere de proceder contre
« ceux qui les voudront molester, ou inquieter
« l'un de nous deux; que je ne feray jamais d'al-
« liance d'amitié ny de confederation qui puisse
« infirmer ce que j'ay traité avec vous, ny tour-
« ner au dommage des peuples et du royaume
« du Roy, mon frere, ny en desplaisir à sa per-
« sonne royale; que je n'auray jamais nulle in-
« telligence avec nuls de ses subjects et servi-
« teurs, soit d'une ny d'autre religion pour faire
« menées à luy desagreables, et que je ne l'im-
« portuneray jamais d'aucunes prieres en faveur
« d'aucun des siens, sans avoir auparavant son
« intention. M'asseurant aussi, comme je vous
« prie de m'en donner maintenant foy et parole
« de sa part, qu'il observera la mesme circons-
« pection, sinceriteé et loyauté envers moy et les
« miens, et sur tout qu'il ne me requerra point
« d'user d'indulgence envers aucun Jesuiste qui
« sera trouvé travesty en mon royaume, ou sur
« des vaisseaux anglois, ou qui enfraindra les
« loix de mes pays, dautant que je les repute
« tous, attendu leurs vœux et maximes genera-
« les, non seulement pour ennemis de ma per-
« sonne particuliere, de ma religion et mes
« Estats, mais aussi de toutes autres personnes et
« dominations qui ne veulent entierement dépen-
« dre de Rome et d'Espagne. Jugeant, à cette
« occasion, que le Roy, mon frere, a tres-pru-
« demment fait, que de les avoir expulsez et fait
« bannir de tous ses dominions, ausquels il ne
« les sçauroit restablir sans le peril de sa per-
« sonne, et l'alteration de la bienvueillance de
« ses peuples; cette obeyssance aveugle qu'ils
« professent de rendre à un homme mortel estant
« tres irreligieuse et pernicieuse. Sur toutes les-
« quelles choses je m'estends expres et vous prie
« de les luy dire de ma part, dautant que j'ay eu
« advis de France qu'il est et sera encore plus à
« l'advenir sollicité et importuné par aucuns des
« siens qui ont credit et faveur pres de luy, de
« les restablir, voire mesmes approcher de sa
« personne, sans se soucier que deviennent les
« affaires publiques, moyennant que les leurs
« particulieres en tirent advantage. Vous priant
« encore une fois, monsieur l'ambassadeur, de
« me renvoyer au plutost pareilles asseurances. »

« Dequoy, Sire, il me sembla ne pouvoir refu-
« ser de luy donner foy et parole au nom de vos-
« tre Majesté, au moins pour les choses qui le
« concernoient. Et en cette sorte, apres quelques
« autres complimens, pris-je congé de luy. Tel-
« lement que m'acquittant de ce à quoy je suis
« obligé, vostre Majesté, selon mon advis, verra
« (tant par les lettres du roy d'Angleterre et
« celles de M. de Beaumont, que par le traitté
« que j'ay fait en forme de simple projet, neant-
« moins, pour les raisons que je vous ay mandées,
« signé de la main du roy d'Angleterre et de la
« mienne, comme vostre ambassadeur) la con-
« firmation de la pluspart des choses que je viens
« de deduire ou que je vous ay mandées cy-de-
« vant; m'ayant esté impossible de faire mieux,
« dautant que n'ayant point emporté de pouvoir
« authentique (ce que, pour ne diminuer l'opi-
« nion qu'ils avoient conceuë de vostre confiance
« en ma personne et loyauté, je ne leur voulus
« jamais descouvrir), il me fallut contenter de
« cela. Enquoy, à mon advis, il n'y aura neant-
« moins rien de gasté; ce prince m'ayant fait de
« trop grands sermens pour manquer à signer ce
« que l'on luy envoyera en forme authentique
« conformément à ce que j'ay apporté, ny à ob-
« server les autres promesses entre nous faites. »
Et lors vous mistes entre les mains du Roy, tant
les deux lettres du roy d'Angleterre et M. de
Beaumont, que l'original du traitté que Sa Majesté fit lire tout haut par M. de Ville-roy, devant ceux que j'ay nommez, desquels le contenu
estoit tel que s'ensuit :

Lettre du roy d'Angleterre.

Tres-haut, tres-excellent et tres-puissant prince,
nostre tres-cher et tres-amé bon frere, cousin et
ancien allié; nous avons à vous remercier tres-
affectueusement des tesmoignages signalez que
nous avez voulu rendre de vostre bonne affec-

tion en nostre endroit, tant en participant et vous conjouyssant si publiquement avec nous de nostre bien et prosperité, comme en nous presentant les offres et assurances de vostre bonne et parfaite amitié, et en voulant estreindre le lien au bien commun de nos royaumes, par l'obligation des traittez d'alliance cy-devant faits entre couronnes. A quoy, pour nostre part, nous avons de tout temps esté enclins, et serons tousjours disposez de correspondre, par tous offices et tesmoignages reciproques, de concurrence et amitié tres-estroite. Nous recognoissons aussi, et tenons à tesmoignage particulier de vostre intime bien-veillance en nostre endroit, le choix qu'il vous a pleu faire de ce seigneur, nostre cousin le marquis de Rosny, en cette legation, lequel vous estant si utile et necessaire par-delà, vous avez neantmoins voulu estre l'instrument de cette bonne conjonction. Nous avons receu beaucoup de contentement de traitter avec luy, et avons bien recognu ses merites tres-dignes de la reputation qu'il s'est acquise au maniment des grandes affaires, et que c'est à bon droit que vous l'avez voulu honorer d'un caractere si expres de vostre faveur particuliere. Sa suffisance nous dispensera de faire autre recit de ce qu'il a traitté avec nous, nous remettans à ce qu'il vous en r'apportera, et vous prions nous excuser si l'avons retenu icy plus long-temps que peut-estre ne permettoit la commodité de vos affaires, en rejettant la faute sur la grande foule des affaires que nous avons maintenant sur les bras; mais nous esperons que son retardement se trouverra recompensé par les bons effets de ce qu'avons traitté ensemble. Et ainsi, nous recommandans tres-affectueusement à vos bonnes graces, nous prierons Dieu, tres-haut, etc., qu'il vous ait à tousjours sous sa saincte et digne garde.

A nostre palais de Windesor, ce 26 juin 1603.

Lettre du roy d'Angleterre à la reine de France.

Tres-haute, tres-excellente et tres-puissante princesse, nostre tres-chere et tres-amée bonne sœur, cousine et ancienne alliée; le contentement que ressentons de la grace de Dieu sur nous, nous est redoublé voyans nos bons amis et alliez participer aussi à cette joye. Mais entre tous ceux qui nous ont obligez de ce tesmoignage de leurs bonnes volontez, nous avons receu à singulier plaisir qu'il vous ayt pleu joindre en cét endroit vos congratulations et conjouyssances avec celles du Roy, nostre bon frere, selon que vos lettres et les rapports particuliers de nostre cousin, le marquis de Rosny, le nous ont tesmoigné; et n'avons pas receu moins de contentement de voir que vous vous rendiez si affectionnée au bien et à l'augmentation de nostre commune amitié, à laquelle nous apporterons, de nostre costé, tout ce qui dépendra de nous. Et comme nous sçavons que cette bonne affection, de vostre part, peut beaucoup ayder à l'estreindre aussi, nous nous en promettrons, s'il vous plaist, de la continuer un tant plus grand affermissement à nostredite amitié; ce qui nous donnera dautant plus d'occasion d'honorer vos vertus et merites, et de recognoistre par tous offices et courtoisies les tesmoignages que vous nous rendez de vostre bonne affection en nostre endroit. Et sur ce, nous recommandans tres-affectueusement à vos bonnes graces, nous prierons Dieu, tres-haute, etc., qu'il vous ait en sa saincte et digne garde.

A nostre palais de Windesor, ce 26 juin 1603.

Lettre de M. de Beaumont au Roy.

SIRE,

Depuis le partement de M. de Rosny je n'ay rien entendu qui merite d'estre escrit à vostre Majesté. Le Roy doit arriver ce jourd'huy à Windesor avec la Reine et ses enfans. Desja le comte d'Aramberguc s'y est acheminé en attendant l'ambassadeur d'Espagne, que l'on dit estre à Gravelines, dés le huictiesme de ce mois, prest à s'embarquer, avec la conduite des vaisseaux que ce prince luy a envoyez pour asseurer son passage contre ceux de messieurs des Estats. Les plus sages et prevoyans craignent un grand changement en cette Cour à l'arrivée de la Reine, et semble que les mal contens, dont le nombre s'augmente de jour à autre, l'esperent et le tiennent comme certain. Toutesfois, veu le peu de gens de courage et de dessein qu'il y a aujourd'huy en Angleterre, je n'y voy pas beaucoup d'apparence; mais bien plutost je craindrois, selon la commune oppinion de plusieurs, que ce prince ayant le naturel du tout enclin à la paix, et l'ame remplie de superstition en la cause de messieurs des Estats, dont il croit, selon sa conscience, ne pouvoir justement embrasser la deffence, il se laissast emporter aux offres specieuses et advantageuses, lesquelles desja l'on publie que l'ambassadeur d'Espagne luy doit faire de la part du Roy son maistre, et que, par semblables artifices, estant assisté de peu de personnes d'experience et de conseil, son esprit doux, peu fin et remply de beaucoup de sinceritè en fust surpris et abusé.

C'est pourquoy, afin d'essayer à l'en garantir et pouvoir donner advis à vostre Majesté à toute heure de ce qui succedera ou se traittera de jour à autre en sa Cour, je me suis resolu de me rendre pres de luy à Ouindsore pour estre plus prompt, selon les occasions qui naistront, d'entendre ses intentions et les r'apporter à vostre Majesté, et le faire souvenir aussi, selon les occurences, de ce qu'il a arresté avec M. le marquis de Rosny touchant les affaires communes de vos Majestéz, et la confirmation de leur amitié, de laquelle ledit sieur emporte à vostre Majesté des tesmoignages si grands et des gages si particuliers, que j'estime qu'elle aura maintenant sujet de s'en tenir entierement asseurée, et d'en esperer doresnavant toutes sortes de bons offices pour le repos et la seureté de son royaume. Enquoy, certes, je suis obligé de luy representer que le choix, digne en toutes façons du jugement de vostre Majesté, qu'elle a fait de la personne dudit sieur marquis en la conduitte d'un œuvre si important et si utile à ses affaires, a tellement servy à sa perfection (s'estant ce seigneur rencontré si propre à l'entreprendre et manier) que je puis, sans crainte de reproche d'adulation, veritablement affermer à vostre Majesté (veu ce qui s'est passé en l'advenement de ce prince à cet Estat, et l'humeur de ceux de son conseil non moins irresoluë et insolente que negligente et imprudente) que tout autre que ledit sieur marquis n'eust peu ny sceu mesnager ledit prince avec plus de dexterité et de liberté, ny porter les siens à tant de raison, comme il a fait par sa prudence et bonne fortune. Car la reputation de son integrité au maniment des charges qu'il a en main, et de sa fidelité et creance envers vostre Majesté, et la bonne opinion que d'entrée il luy a sceu donner de sa franchise et de son affection particuliere au bien de ses affaires, et avec cela un bon-heur qu'il a eu, par la force de son jugement, de sçavoir, dés le premier jour qu'il a traitté avec ce prince, rencontrer et toucher son humeur, luy ont donné un tel advantage en toute sa negociation, que bien souvent, presuadé par la force de ses raisons, il a pris, en sa presence, son party contre ses ministres à leur honte et tres-grand déplaisir. Et d'autre costé la vraye intelligence que ledit sieur a des affaires du monde, fortifiée d'une fermeté de jugement qui ne se peut assez admirer ny estimer, luy a si bien aydé à se garder de leurs subtilitez et surprises ordinaires, que non seulement, lors qu'il estoit assemblé avec eux, il relevoit incontinent les erreurs de leurs ignorances, et descouvroit aussi-tost l'intention de leur mauvaise volonté ou défiance, mais quasi contre leur dessein et resolution, il a tousjours eu le pouvoir, en leur faisant cognoistre la verité et utilité de leurs interests, de les persuader à une partie de ce qui se pouvoit presentement souhaitter et attendre d'eux. En sorte que je puis asseurer vostre Majesté que ce prince a eu un contentement extréme de sa procedure, ayant declaré tout haut, et par plusieurs fois, qu'il n'avoit jamais traitté avec un personnage dont la communication luy fust plus agreable, et qui discourust des affaires avec tant de fondement et de suffisance, et qu'il ne pouvoit assez estimer l'eslection et le bon-heur de vostre Majesté en la rencontre d'un si digne ministre et si utile à la restauration de son Estat. Comme aussi je puis tesmoigner pareillement à vostre Majesté que tous ceux de son conseil, selon l'espreuve qu'ils en ont faite, ont confessé publiquement qu'ils n'avoient jamais conferé avec un tel ambassadeur dont le jugement fut plus solide, moins facile à surprendre et qui traitast des affaires avec plus de raison, de moderation, de sinceritié et de patience; m'ayant tousjours advoüé, le sieur Cecile en particulier, qu'il le tenoit pour le plus grand conseiller d'Estat et politique qui fust aujourd'huy en la chrestienté.

Ausquelles paroles j'oserois adjouster dautant plus de foy, que je sçay qu'il est contraint de faire ce jugement, autant pour la verité que pour l'experience qu'il en a faite à son dommage. Car il est tout certain qu'en toutes les conferences où il s'est trouvé avec ledit sieur marquis, quelque effort qu'aye fait son esprit subtil et remply de sophisteries, et qui se propose de surprendre et d'embroüiller tous ceux avec lesquels il se mesle, il n'a jamais pû rien gagner sur le sien. Ains descouvrant quasi plutost ses ruses en traittant qu'il ne les avoit desployées, et avec une vivacité d'entendement en ses responces que je prise beaucoup, comme l'une des plus utiles parties que puisse avoir un grand negociateur, il destruisoit si promptement les maximes apparentes et cauteleuses dont il se vouloit fortifier par des arguments certains et pleins de demonstration, au lieu que les siens estoient foibles et artificieux; que tout ainsi que ceux qui sont attachez à une dispute publique, voyans que la raison leur manque et que la force de leurs adversaires est trop grande, recourent aux artifices et aux inventions pour reprendre advantage, aussi ledit sieur Cecile, se jugeant quelquefois deffait et abbatu par M. le marquis de Rosny, essayoit, en luy proposant des choses du tout inciviles et hors de temps et de raison, de le mettre en cholere et luy troubler le jugement; et d'autre part, donnant au Roy une intelligence toute contraire de ce qu'il avoit traitté avec luy, le divertir de la creance qu'il en avoit prise, et le faire changer de volonté aux choses dont il estoit convenu avec ledit sieur. Mais, Dieu mercy, ses armes, aussi honteuses que mal-heureuses, ne luy ont pû reüssir contre la moderation et la dexterité d'un si ferme et sage ministre. Et tant s'en faut qu'il se soit esmeu en aucune façon de tout ce qu'il mettoit en avant, bien qu'entierement absurde et desraisonnable, ainsi peut-estre que ledit sieur Cecile eust bien desiré, qu'au contraire il s'en est tousjours mocqué galamment, et si bien sceu representer, à sa confusion, au roy la verité de ce qui se passoit, que, nonobstant tous ses artifices, il ne s'est voulu arrester qu'à ce qu'il avoit traitté de bouche avec ledit sieur marquis, reprochant audit sieur Cecile, en sa presence, qu'il avoit oublié ou mal rapporté son intention en plusieurs choses qu'il luy avoit communiquées avec une si ouverte demonstration de sincerité et d'affection, que je ne doute point, si vostre Majesté luy eust donné absolu pouvoir de conclurre un traitté avec ledit Roy, ainsi que j'eusse estimé estre fort à propos, qu'il n'eust eu moyen d'arrester presentement, avec beaucoup de facilité, ce que je crains en une autre saison, et qu'un autre que ledit seigneur marquis ne pourra si seurement ny dextrement obtenir de luy.

Mais je me promets que, comme il seroit tres-dangereux de laisser changer par le temps ou la diversité des affaires qui peuvent intervenir, la bonne volonté de ce prince, qu'aussi, suivant le rapport que ledit sieur luy en fera, vostre Majesté ne retardera pas longuement de l'inviter à renouveller leur alliance, et confirmer, par escrit authentique, ce qui a seulement esté traitté par simple signature du Roy et dudit marquis, et que selon l'information qu'il rendra aussi à vostre Majesté de la disposition de ceux qui le possedent aujourd'huy, elle se resoudra au plutost de les gagner à son service, ainsi que ledit seigneur marquis les y a convenablement obligez, ayant prevenu de bonne heure les offres du roy d'Espagne, par le moyen desquelles il estoit à craindre qu'ils pussent estre divertis et practiquez au prejudice de la bonne intelligence que vostre Majesté doit desirer de se conserver en ce royaume. Cependant vostre Majesté verra, par un memoire que je luy envoye, ce qui se projette en Allemangne, pour l'accord de messieurs des Estats, ensemble ce qui en fut proposé par les gens du duc de Brunsvic, il y a quelques mois. A quoy toutesfois je ne puis croire qu'ils consentent en aucune façon, tant par ce que deslors qu'ils cesseront de faire la guerre, leur puissance viendra à estre ruynée, et leur grand profit à diminuer; comme aussi, qu'ils sçavent tres-bien que si la France et l'Angleterre n'interviennent en leur accord avec le roy d'Espagne, qu'ils n'y peuvent fonder aucune seureté, quelque protection qu'ils ayent de l'Empire, foible aujourd'huy, et en partie, manié ou gaigné par ledit roy d'Espagne ou la maison d'Austriche. Leurs députez font estat de s'en retourner dans deux jours. Ils ont accepté pour colonnel des Escossois, qu'ils deliberent de lever, le milord Bucloud, que le Roy leur a nommé. L'ambassadeur du duc de Brunsvic arriva hier à Gravesines, qui est tout ce que je puis mander à vostre Majesté de particulier, laquelle je prie Dieu, Sire, etc.

CHAPITRE CXXI.

Traité conclu avec Jacques I. Opinion du comte de Soissons sur ce traité. Divers présens faits au roi, à la reine d'Angleterre, et à plusieurs seigneurs de la Cour.

« Le roy d'Angleterre a receu un singulier plaisir et contentement de la loüable souvenance que le roy de France, son bon frere, ancien et perpetuel allié, a monstré avoir eu en tout temps de luy, et du tesmoignage qu'il luy en rend maintenant par une si honorable ambassade que celle de M. le marquis de Rosny, de laquelle il fait une grande estime, tant pour les offres tres-signalées et importantes qui luy sont faites, que pour les qualitez recommandables de celuy qui luy est envoyé, lequel il prise et affectionne bien fort. Et pour preuve certaine du desir que Sa Majesté d'Angleterre a de conserver, avec tout honneur et dignité, l'amitié et alliance d'un si grand prince, son bon frere, elle trouve à propos, et mesme promet, comme aussi fait ledit sieur marquis au nom du Roy, son maistre, de renouveller non seulement les anciennes et non jamais interrompuës alliances de France et d'Escosse, et celles qui avoient esté contractées entre le susdit roy de France et la serenissime Elizabeth, cy-devant reine d'Angleterre, mais aussi de les fortifier et restreindre par toutes autres sortes de conventions utiles et honorables; mesme par une ligue, qui sera particulierement concluë entre leurs Majestez, pour la defense commune de leurs personnes, royaumes et sujets, dans laquelle ligue defensive seront compris tous les alliez de part et d'autre, qui seront nommez par leurs Majestez, communement ou separement, entre lesquels les provinces unies des Pays-Bas estant des principaux et plus considerables, leursdites Majestez procureront mutuellement envers le roy d'Espagne et les archiducs, qu'ils les vueillent laisser en repos et delivrer de toute invasion et hostilité, ou à tout le moins, les recognoistre pour leurs sujets ou de l'Empire, avec telles et si raisonnables conditions, qu'ils n'en puissent apprehender une domination trop entiere et absoluë, et les deux Roys prendre une juste jalousie, qui ne leur peut manquer toutes les fois que lesdites provinces deviendront absolument sujettes d'Espagne.

« Et pour ce que cependant la negociation de telles choses, que l'on voudroit peut-estre artificieusement tirer en longueur, les Espagnols se voudroient servir du temps et faire un puissant effort contre lesdites provinces, et les reduire par la violence et rigueur des armes, leurs Majestez desirant conserver la dignité et grandeur que leurs majeurs leur ont laissées, et la reputation qu'ils se sont acquise par leurs propres vertus (laquelle seroit infiniment endommagée s'ils laissoient ainsi perir, sous ombre de leurs assistances, ceux dont ils monstrent de desirer la conservation et la procurer en toutes manieres), conviendront ensemble de les assister et secourir presentement, d'une bonne somme d'argent et d'un suffisant nombre de gens de guerre qui seront tous levez dans les pays, terres et seigneuries du roy d'Angleterre, et les frais de ladite levée, solde et entretenement, fournis des deniers du roy de France, qui mettra à cét effet és mains des sieurs Estats desdits Pays-Bas, les sommes pour ce necessaires, dont la moitié sera purement et simplement fournie par Sa Majesté de France, et l'autre moitié semblablement par elle, mais en deduction et payement de ce qu'elle peut devoir au roy d'Angleterre. Lesquelles choses se feront le plus secrettement et couvertement que faire se pourra, afin de ne prejudicier ny contrevenir directement et ouvertement à la paix de France et à celle où l'Angleterre, à l'imitation de la France, se desire porter avec l'Espagne. Mais pource que telles assistances peuvent offenser les Espagnols, et les induire tost ou tard à ouvrir la guerre contre la France et l'Angleterre, leurs deux Majestez, en ce cas, ont accordé les choses qui ensuivent, à sçavoir :

« Que si le roy d'Angleterre est ouvertement attaqué, tout seul, par celuy d'Espagne, en aucun lieu de ses royaumes ou Estats, il sera secouru et assisté par le roy de France, son bon frere, d'une gaillarde et forte armée, souldoyée pour tel temps que la necessité le requerra, laquelle ne pourra estre moins que de six mille hommes de guerre, et luy fera payement en quatre ans par egales portions, de tout ce qu'il luy pourra lors devoir de reste.

« Que si pareillement le roy de France est attaqué ouvertement, seul, en aucun lieu de son royaume, par l'Espagne ou leurs adherans, Sa Majesté d'Angleterre sera tenuë de l'assister d'une forte armée de terre ou de mer au choix et option du roy de France, laquelle ne pourra estre moindre que de six mille hommes levez et souldoyez pour tel temps que besoin sera, sans que ledit roy d'Angleterre puisse pendant ce temps demander à Sa Majesté de France payement d'aucune part et portion de ses debtes.

« Davantage, a esté accordé que si les deux Roys estoient ensemblément attaquez par l'Espagne, ou qu'ils fussent contraints par raisons d'Estat et pour la seureté, repos et utilité de leurs personnes, royaumes et sujets, ou celles de leurs alliez, d'ouvrir communément la guerre contre Espagne, qu'un chacun d'eux la fera de son costé non point à demy, mais selon qu'il convient à la dignité, grandeur et Majesté de deux si puissans Roys, et avec moyens suffisans pour en faire esperer l'entiere delivrance des dix-sept provinces des Pays-Bas ; à sçavoir, de la part du roy de France, avec une armée de vingt mille hommes qu'il jettera vers lesdits pays, et tiendra les provinces de Guyenne, Languedoc, Provence, Dauphiné, Bresse et Bourgongne munies d'un suffisant nombre de gens armez, ensemble d'une suffisante quantité de galeres et équipage de guerre dans la mer de Levant, afin de tenir non seulement ces costes en seureté, mais de donner juste jalousie au roy d'Espagne, et par consequent occuper et divertir partie de ses forces.

« Et de la part du roy d'Angleterre, la guerre se fera avec deux grandes flottes dignes de faire de bons exploits vers les Indes et costes d'Espagne, et une armée de terre, laquelle ne pourra estre moindre que de six mille hommes, le tout levé et souldoyé à ses frais et despens, et sans que durant tout ce temps de guerre commune il puisse presser le roy de France d'aucun payement de ce qu'il luy pourra lors debvoir de reste, ny qu'aucun des deux Roys puisse faire paix, amoindrir les forces cy-dessus, ne se départir des actes d'hostilité que par le consentement mutuel l'un de l'autre, dont il sera passé instrument public et authentique, lors du renouvellement de l'alliance pour ce qui touche la ligue défensive, et pour l'offensive des promesses secrettes et reciproques.

« Fait, conclu et arresté entre le serenissime roy d'Angleterre et M. le marquis de Rosny, ambassadeur du serenissime roy de France, comme ayant charge et se faisant fort de son maistre.

JACQUES ET MAXIMILIAN DE BETHUNE.
Ce vingt-cinquiesme juin 1603.

Le roy, ainsi qu'il a esté dit, ayant ouy la lec-

ture des lettres d'Angleterre et de vostre traitté, se tourna vers M. le comte de Soissons, et luy dit : « Et bien, mon cousin ! que vous en sem-
« ble de tout cela ? dites m'en librement vostre
« advis.—Puis qu'il vous plaist ainsi, Sire, dit
« monsieur le comte, je vous diray qu'il me sem-
« ble que M. le marquis de Rosny a fort grand
« credit aupres du roy d'Angleterre et est en
« merveilleusement bonne intelligence avec les
« Anglois, au moins si sa relation et ce qu'on
« vous en mande est veritable. Et partant qu'il
« vous devoit rapporter des conditions bien plus
« advantageuses et un traitté en meilleure forme
« que celuy qu'il vous a presenté, qui n'est en
« effet qu'un simple projet d'esperances et de
« belles paroles, sans aucunes asseurances que
« l'execution s'en ensuive.

« Toutes vos allegations sont belles et bonnes,
« mon cousin, respondit le Roy, et n'y a rien si
« aisé à faire qu'à trouver à redire aux actions
« d'autruy. Que s'il eut eu charge expresse de
« conclurre un traitté absolu et emporté un pou-
« voir authentique, pour cet effet, vos raisons
« auroient quelque apparence ; mais sçachant
« comme les choses ont passé, vous confesseriez
« avec moy, je n'en doute point, que ce qu'il a
« fait et traitté eust esté impossible à tout autre
« qu'à luy, auquel on n'a pas seulement demandé
« son pouvoir, combien que ce soit un prealable
« en toutes negociations ; aussi puis que j'en suis
« content ne dois-je point regretter les peines qu'il
« a prises pour surmonter tant de difficultez qui
« luy estoient preparées devant qu'il partist, de
« la pluspart desquelles je l'avois bien adverty,
« n'ayant autre regret maintenant que de m'estre
« laissé emporter aux instances de certaines per-
« sonnes, qui me disoient n'y avoir nulle appa-
« rence de bailler un pouvoir absolu et sans limi-
« tation à un huguenot, envoyé tout seul, et de
« telle faveur et qualité pour traitter avec des
« huguenots, et qu'il suffisoit de luy donner
« charge de faire des condoleances de la mort
« de la reine Elizabeth, des conjoüyssances de
« l'heureux advenement de son successeur, et
« d'essayer de descouvrir ses inclinations et in-
« tentions sur l'estat des affaires, afin de traitter
« par apres, selon qu'il seroit jugé à propos.
« Desquelles retenuës je me repens bien mainte-
« nant ; car s'il eust eu un pouvoir absolu et au-
« thentique, nous ne serions pas à present és
« peines ny és doutes et deffiances portées par la
« lettre de Beaumont ; mais en tout cas, si sa
« presence devient encore necessaire par delà,
« je suis asseuré qu'il sera tousjours prest d'y re-
« tourner et de me servir avec la mesme dexte-
« rité qu'il a fait. Cognoissant bien maintenant

« par cét exemple la certitude et verité d'un pro-
« verbe que j'ay ouy dire mille fois, mais je ne
« sais si j'en prononceray bien les mots latins :
« *Mitte sapientem et nihil dicas*, et pouvant
« dire avec verité que je l'ay tousjours trouvé
« égal et également affectionné pour mon service
« envers catholiques et huguenots, ce que je ne
« crains point de dire devant luy pour ce qu'à un
« bon cœur, tel que j'ay tousjours recogneu le sien,
« ces loüanges l'encourageront plutost à mieux
« faire qu'elles ne l'enorgueilliront et rendront
« nonchalant. »

Il se passa plusieurs autres semblables dis-cours, qui seroient trop longs à reciter, en suitte desquels le Roy vous fist infinies questions cu-rieuses sur la consistance, force et puissance de ces trois royaumes, et l'humeur du Roy et de ses peuples, sur toutes lesquelles vous respon-distes en sorte qu'il tesmoigna d'en estre de-meuré content, et terminastes vos propos de cette matinée par le recit de ce qui s'estoit passé tou-chant cét Anglois, que le fils du sieur de Com-bault avoit tué, comme il a esté dit cy-devant, et ne le repeteray point icy. Surquoy le Roy vous dit, que vostre conduitte en ce fait là avoit esté accompagnée d'une grande dexterité, dau-tant que si vous l'eussiez laissé évader, ou tes-moigné de le vouloir excuser et sauver, il y a beaucoup d'apparence, veu la grande esmotion où vous aviez sceu que s'estoit mis ce peuple, que plusieurs des vostres eussent couru fortune, et peut-estre son service receu du prejudice.

A quoy vous adjoutastes, apres l'avoir remer-cié de l'honneur qu'il vous faisoit de prendre en si bonne part toutes vos peines et travaux, que si vous ne craigniez de l'ennuyer, vous luy conteriez un prodige de ce siecle en vivacité d'esprit, facile comprehension, admirable me-moire, agilité de corps, souplesse de membres, et aptitude à toutes sortes de sciences, exercices, arts, mestiers et fonctions, et neantmoins inu-tile à toutes choses bonnes et honnestes, ce qu'à vostre advis, son pauvre pere (qui est M. Servin) cognoissoit fort bien, dautant qu'en vous le pre-sentant pour vous accompagner, il vous avoit dit qu'il vous bailloit son fils, et vous supplioit d'es-sayer à en faire un homme de bien, dequoy il doutoit fort, non pour impertinence qui fust en luy (car il n'en sçavoit que trop), mais à cause de son inclination naturelle qui ne se plaisoit qu'au mal, comme en tout vostre voyage vous l'aviez esprouvé tel. « Mais encor, ce vous dit
« le Roy, que sçavoit-il de bien et que faisoit-il
« de mal ? »

« Je vous asseure, dites vous, Sire, que c'es-
« toit une chose esmerveillable que de ce jeune

« homme ; car, en premier lieu, il avoit toutes
« langues à commandement comme sa naturelle,
« jusques au grec et à l'hebreu, contrefaisant
« tous les divers accens, mines et actions des
« peuples, des provinces diverses de France,
« comme s'il eust esté d'une chacune d'icelles,
« sçavoit beaucoup en la théologie, philosophie,
« physique, logique et mathematique, preschoit
« des mieux, tantost comme les catholiques
« et tantost comme les huguenots, disoit fort
« bien la messe, prenoit des plans de villes et
« fortifications qu'il entendoit assez bien, es-
« toit fort et dispost à lutter, sauter et danser,
« jouoit quasi de toutes sortes d'instrumens, en-
« tendoit bien la musique, avoit la voix fort
« agreable, composoit fort bien en vers, jouoit
« tres-bien tous les personnages d'une comedie
« et farce, sçavoit toutes sortes de jeux, faisoit
« tres-bien à toutes sortes d'armes, estoit assez
« bon homme de cheval, et n'y avoit quasi mes-
« tier mecanique dont il ne s'aidast fort bien.
« Mais toutes ces bonnes parties estoient accom-
« pagnées de tant de vices et vilenies, que le
« mal surmontoit le bien; car, premierement,
« il n'avoit nulle religion, estoit desloyal, cau-
« teleux, menteur, sanguinaire, lasche, poltron,
« pipeur, yvrongne, gourmand, friand, berlan-
« dier, putassier, ruffien; bref, s'il sçavoit quel-
« que chose de bon, tout son soin et solicitude
« estoit de l'employer à mai et en meschancetez
« noires; et aussi de telle vie s'est il ensuivy une
« semblable fin, estant mort de peste dans une
« taverne en plein bordeau estant demy yvre,
« ayant la verolle, jurant et blasphemant le sainct
« nom de Dieu; bref, comme j'ay dit au com-
« mencement, c'estoit un prodige, voire chose
« monstrueuse que la nature se fust pleuë à met-
« tre tant de contraires en perfection en un mesme
« sujet. » Sur lequel, comme chacun en disoit sa
ratelée, s'esmerveillant que tant de perfections
et d'imperfections pussent compatir ensemble,
l'on vint dire au Roy que sa viande qu'il avoit
desja demandé par deux, estoit portée, ce qui
fut cause d'interrompre vos discours, et s'en allant disner, il dit à M. de Ville-roy qu'il vous en
donnast, et puis que vous vous en allassiez reposer en vostre logis jusques au lendemain matin qu'il vous entretiendroit encore, ne doutant
point que vous ne fussiez bien las d'estre venu
en poste et de vous estre tant promené; et qu'il
donneroit charge à Frontenac et à Parfaict, vos
bons amis, de vous faire servir de sa cuisine jusques à ce que vostre train fust venu.

L'apresdinée, le Roy s'alla promener à cheval dans la forest. A souper, il vous envoya deux
bons melons et quatre perdreaux, et vous manda
que vous le vinssiez trouver le lendemain fort
matin, afin qu'il vous pust entretenir seul avant
que les autres de son conseil fussent venus,
comme vous fistes; et neantmoins vous trouvastes qu'il estoit desja tout habillé, avoit pris son
bouillon, et regardoit jouer une partie à la paulme
dans la petite cour du chasteau qui sert de tripot.
Lequel ne vous eust pas plutost apperceu, qu'il
vous appela et vous dit : « Allons nous prome-
« ner pendant qu'il fait encor frais, car j'ay des
« questions à vous faire et des particularitez à
« vous demander, sur lesquelles je n'ay fait que
« ravasser toute cette nuict, m'estant levé de-
« vant quatre heures, pource que toutes les fan-
« taisies qui me sont venuës en l'esprit là dessus
« m'empeschoient de dormir. » Et vous ayant
pris par la main, il s'en alla dans le parc, où il
demeura seul à se promener avec vous pres de
deux heures; puis messieurs de Bellievre, de
Ville-roy et de Sillery estans arrivez, il se promena encore environ une heure avec vous quatre, et continua cette forme trois jours durant.
N'ayant pû sçavoir tous les discours que vous
eustes pendant ce temps là, pour ce que vous
en ayant demandé quelque chose, afin de l'inserer aux recueils que nous vous dismes avoir faits
de tout ce qui s'estoit passé pendant vostre ambassade, vous nous dites qu'il n'estoit point necessaire d'y mettre tous les discours que vous
aviez eus avec le Roy, dautant que ce n'estoit
que des relations un peu plus estenduës des
mesmes choses dont vous nous aviez informez,
reservé que vous luy aviez fait voir le roole des
principaux seigneurs et ministres des affaires
d'Estat du Roy d'Angleterre, qui avoient convenu avec vous, au sceu de leur maistre, de
prendre presens et pensions de Sa Majesté, duquel la teneur ensuit :

« Premierement, au roy d'Angleterre, six
tres-beaux chevaux des mieux dressez, fort richement enharnachez, et le sieur de Sainct-An-
thoine pour escuyer.

« Plus, à la Reine, un miroir de crystal de
Venise, dans une boëte d'or enrichie de diamans.

« Plus, à M. le prince de Galles, une lance et
un heaume d'or, enrichie de diamans, un escri-
meur et un baladin.

« Plus, à la comtesse de Beth-fort, une monstre d'horloge d'or enrichie de diamans.

« Plus, à madame Riche, une boëte d'or enrichie de diamans, dans laquelle y avoit le portraict du Roy.

« Plus, à Madame de Rosmont, un collier de
perles de diamans à mettre au col.

« Plus, à Marguerite Aisan, fille de chambre

et favorite de la Reine, un diamant à mettre au doigt.

« Plus, au duc de Lenos, un cordon de chapeau enrichy de chattons de diamans.

« Plus, au comte de Northumbelland, une enseigne de diamans.

« Plus, au comte de Sutenton, un pennache de heron noir, avec une enseigne de diamans en forme de plumes.

« Plus, au comte d'Evencher, une enseigne de diamans.

« Plus, au comte de Rosbroug, une enseigne, en forme de nœud, tenu par deux Amours, le tout enrichy de diamans.

« Plus, au grand admiral Haouard, trois douzaines de boutons d'or enrichis de diamans.

« Plus, au comte de Mare, une enseigne, en forme de bouquet de fleurs, enrichie de diamans, rubis et autres pierres riches.

« Plus, au grand chambelland, une enseigne d'or, en forme d'aigrette, enrichie de diamans, où il y a un fort beau rubis au milieu.

« Plus, au grand escuyer Husmes, une enseigne, en forme de croix, enrichie de diamans.

« Plus, au grand thresorier d'Escosse, un pennache d'or, en forme d'aigrette, enrichie de diamans.

« Plus, au sieur secretaire milord Cecile, trois douzaines de boutons d'or enrichis de diamans.

« Plus, au sieur de Kainlos, un diamant en bague.

« Plus, au milord Sidnay, une chaisne de gros grains d'or remplis de parfum, enrichis de diamans, avec le portraict du Roy attaché à icelle.

« Plus, au chevalier Asquins, capitaine des gardes, une enseigne d'or, en forme de cœur, enrichie de diamans.

« Plus, au sieur Oleradoux, une enseigne d'or, en forme de lacs d'amour, enrichie de diamans.

« Plus, au sieur Haston, une boëte d'or enrichie de diamans, pour mettre un portraict.

« Plus, au sieur Levimus, commis du sieur Cecile, une couppe d'or.

« Plus, à M. de Beaumont, pour distribuer à ceux qu'il jugera à propos, douze cens escus.

Tous ces presens, revenans à soixante mil escus : et aviez si dextrement procédé pour faire bien recevoir ces presens, et les exempter de tout soupçon ou reproche, par la grande franchise que vous aviez tesmoignée envers ce prince, en luy demandant librement s'il auroit agreable, que vous usassiez de quelques gratifications au nom du Roy vostre maistre à l'endroit d'aucuns de ses serviteurs plus affidez, dautant qu'en cela ny en aucune autre chose, vous ne vouliez rien faire que de son sceu et consentement, qu'ils avoient tous receu commandement d'accepter ce que vous leur offririez.

CHAPITRE CXXII.

Lettres diverses relatives aux négociations avec l'Angleterre.

Encor qu'il se soit passé plusieurs autres affaires pendant vostre voyage d'Angleterre, du recit desquelles nous pourrions amplifier, voire enrichir ces Memoires, neantmoins, afin d'abreger, de crainte de vous ennuyer ou les autres qui les liront, nous nous contenterons d'adjouster icy, tout d'une suitte, diverses lettres à vous addressées ou par vous escrittes, encor qu'elles soient de diverses dattes, afin de finir par icelles tout ce qui concerne vostre voyage et negociation en Angleterre, craignant mesme, comme nous l'avons desja dit, d'avoir esté trop longs aux narrations d'iceux ; mais l'importance de la matiere nous a semblé devoir excuser cette prolixité.

Lettre de M. de Beaumont à M. de Rosny.

Monsieur, soudain que j'eus receu vostre lettre du 7, escrite de Douvres le 9 du present, je despeschay aussi-tost à la Cour vers le sieur Cecile ; lequel, apres avoir attendu de me faire responce jusques à ce jourd'huy, que j'ay expressément différé de partir pour m'en aller à Oinsore, enfin me l'a envoyée en la façon que vous verrez par sa lettre, et je m'asseure que vous jugerez aussi mal à propos, comme l'expedient qu'il a trouvé pour reparer un erreur dont il sçait en son ame ne pouvoir estre excusable ; mais ce sont de ses tours ordinaires, où je ne suis que trop accoustumé, et dont je ne doute point qu'en fin il ne se fasse descouvrir pour tel que l'on l'a creu il y a long-temps. J'ay trouvé cette ville, à mon retour de Rochestre, pleine de discours autant en vostre faveur qu'à sa honte, sur ce qui s'est passé en vostre negociation, où je vous puis asseurer, avec la pure verité, que vous avez acquis tant de reputation en ce royaume, que ne s'y pouvant rien adjouster, vous avez tres-grand sujet d'en estre content et d'en loüer Dieu. J'espere que quand vous aurez fait vostre rapport aussi à Sa Majesté, et que chacun considerera combien vostre prudence et dexterité a servy pour persuader ce prince et les siens au party le plus agreable et utile à la France, que vous ne recevrez pas moins d'honneur et de grace d'elle, comme vous avez maintenant de gloire et de loüanges en Angleterre.

Vous verrez, par la coppie cy enclose, ce que j'ay estimé selon ma conscience en devoir escrire à Sa Majesté, que je recognois bien que veritablement elle n'approche en rien du style ny des termes qui seroient convenables pour representer vostre merite. Vous sçaurez aussi, par une autre que j'ay recouverte, ce que desja l'on projette en Allemagne pour l'accord de messieurs des Estats, les deputez desquels partent d'icy bien resolus de se defendre courageusement cette année, moyennant l'assistance que vous leur avez promise, et de n'entendre à aucun traitté que la France et l'Angleterre n'en soient garends. C'est ce que le sieur de Bernaveld m'a asseuré en particulier, lequel vous prie de vous ressouvenir de quelques poudres dont il vous parla, afin qu'il aye sujet de couvrir ce que vous sçavez qui fut arresté en secret, et que difficilement, si ce n'est avec ce moyen, l'on pourra desguiser au sieur Oinoust, lequel, estant en Hollande, sçaura et entendra toutes ces choses. Celuy qui avoit esté accusé de vouloir entreprendre contre ce prince n'est pas Jesuiste, mais bien prestre du seminaire, et le doit-on en peu de jours amener à la Cour, où l'on bruict aussi de quelque conspiration secrette des catholiques; mais veu leur foiblesse et le peu de gens de courage qu'il y a parmy eux, j'estime que l'on les accuse plutost par calomnie que par verité. J'ay esté adverty de bon lieu que l'on traitte fort et ferme de la part d'Espagne avec les Escossois, dont vous avez icy le memoire. Au nom de Dieu, monsieur, faites envers Sa Majesté qu'elle les retienne, et les divertisse d'aller de ce costé là, autrement ses affaires seront en danger en ce royaume. Je n'oublieray rien cependant en mon sejour d'Oinsore pour les gagner de plus en plus, et de tout ce que j'y apprendray, je ne manqueray point doresnavant de vous en donner advis; car il faut que je vous confesse que vostre vertu et vos merites, avec la faveur qu'il vous a pleu me faire en vostre voyage, m'ont tellement lié à vostre service, que la plus forte ambition que j'aye aujourd'huy, c'est de m'en rendre digne, et que me retenant en vostre protection, vous me croyez et m'advouyez, etc.

Lettre de M. de Beaumont à M. de Rosny.

Monsieur, l'asseurance que j'ay que la lettre que j'escris à Sa Majesté, qui vous touche en beaucoup d'endroits, vous sera communiquée, m'empeschera de vous faire plus long discours par celle-cy que pour vous confirmer que vous avez laissé en l'ame de ce prince une si bonne impression des affaires et une telle opinion de vostre particulier, que luy ny sa Cour ne se peuvent lasser de vous loüer à toute heure; en sorte que j'espere qu'il sera mal-aisé à l'ambassadeur d'Espagne, ny d'oster le lustre de vostre voyage, ny de traverser vostre negociation, et moins encore de destruire, quelque artifice qu'il y apporte, les bons fondemens de l'amitié que vous avez jettez en ce royaume. J'ay veu la Reine et luy ay fait vos excuses, qu'elle a bien receuës; les mal-contens ne la trouvent pas selon leur humeur, et de verité, pour plusieurs raisons, j'estime que l'aise, les plaisirs, les douceurs et les delices d'Angleterre la porteront plutost à affectionner le repos de son mary, que non pas à le troubler par son intemperée ambition, ainsi qu'elle a monstré de faire en Escosse.

Les dames de qui aujourd'huy elle se fie le plus, et dont je vous ay envoyé le nom, m'ont asseuré qu'elle n'estoit point si Espagnole, comme on la publioit. Si bien qu'en les obligeant, ainsi que je vous supplie persuader à Sa Majesté de faire, je me promets, avec l'artifice que j'y apporteray, qu'elle prendra plus de creance et de seureté en son amitié qu'en celle du roy d'Espagne. J'ay sceu du Sourdaut que le sieur Cecile estoit un peu scandalisé et piqué de quelques bruits que l'on a fait courre à son desadvantage, touchant ce qui se passa entre vous et luy; et davantage, je recognois tous les jours, de plus en plus, que luy et les Escossois que vous sçavez, possedent entierement ce prince, et que comme le plus fin et et experimenté il tourne les affaires comme il veut. J'ay pensé, afin d'adoucir son petit courage et le flater aucunement, qu'il seroit tres à propos que Sa Majesté luy escrivist de sa main, tesmoignant d'estre fort contente du rapport que vous luy avez fait de la bonne intelligence qu'il a prise avec vous, et des asseurances qu'il vous donna, en partant, de favoriser ses affaires en ce royaume. A quoy, s'il vous plaist, vous adviserez avec M. de Ville-roy, auquel j'en escris comme de chose qu'il doit sçavoir, et que je ne doute point qu'il n'approuve, aussi bien que les autres lettres de courtoisie que je luy demande pour le comte de Mare, le comte de Northumbelland, le grand thresorier d'Escosse et autres; lesquels j'espere que Sa Majesté se resoudra d'obliger, et dont attendant toute certitude par vous, apres vous avoir bien humblement baisé les mains, je prieray Dieu, etc.

Lettre de M. de Beaumont à M. de Rosny.

Monsieur, j'oubliois à vous dire que l'on n'est pas en Angleterre si religieux d'accorder les querelles qu'en France, et que le comte de Sutenton et le milord Gré, s'estans donnez des desmentis en nombre devant la Reine, et dit plusieurs paroles injurieuses, n'ont pas laissé le lendemain, sans autre satisfaction que de gré à gré, de s'accorder, moyennant le pardon du Roy et son authorité, capable de sauver l'honneur à qui n'a pas le courage de le maintenir et le garder de luy mesme. Je doute que le comte de Northumbelland et le colonel Vere ne soient pas si aisez maintenant à s'accommoder.

Lettre du Roy à M. de Rosny.

Mon cousin, le sieur de Sillery vous fera voir la dépesche que j'ay commandée pour Angleterre, sur celle que vous en avez apportée, et vous dira mon intention sur icelle, et vous sçaurez, par la presente, que j'ay veu la lettre que vous avez faite pour le roy d'Angleterre, laquelle je trouve bon que vous luy envoyez en cette forme; car vous sçavez mieux que personne comme il veut et doit estre traitté, et me semble que le plutost que nous pourrons l'obliger, par escrit, d'executer et accomplir ce que vous avez accordé avec luy, sera le meilleur et le plus seur pour toutes considerations. C'est pourquoy j'ay voulu que le jeune Guersan, fils du maistre de la poste de Calais, fust porteur du paquet du sieur de Beaumont, et desire que vous le fassiez partir promptement. Nous n'avons pû avoir autres nouvelles de la perquisition de vostre pacquet perdu, sinon que la faute procede du maistre de la poste d'Escoüan, duquel, à cette cause, j'ay commandé au grand prevost faire la punition qu'il convient. Au reste, je vous envoye, avec la presente, l'original de vostredite lettre pour ledit roy d'Angleterre, et remets les autres choses audit sieur de Sillery. Priant Dieu, mon cousin, qu'il vous ait en sa saincte et digne garde.

Escrit à Villiers-Coterests, le 19 juillet 1603.

Lettre de M. de Rosny au roy d'Angleterre.

Sire,

Encore que je sois maintenant esloigné de vostre Majesté par un si long espace de terres et de mers, si m'estime-je tousjours en vostre royale presence, mon esprit et ma pensée estant incessamment environnez des rayons et brillans esclairs du soleil de vos vertus et perfections, et des courtoisies, honneurs et faveurs infinies que j'ay receuës de vostre grace et bonté singuliere, laquelle me sera en memoire eternelle pour publier vos loüanges à jamais, et attendre avec impatience les occasions de pouvoir tesmoigner à tout le monde le ressentiment que j'ay en mon ame de telles obligations et beneficences : suppliant vostre Majesté de croire que mon cœur est dedié, et mes volontez entierement soumises à l'observation de vos commandemens, lesquels j'executeray toute ma vie avec telle affection et fidelité, que si j'estois né vostre sujet ou vostre creature particuliere, laquelle qualité me sera tousjours autant honorable qu'agreable, puis qu'elle se peut facilement conjoindre avec l'utilité de ma patrie et le particulier commandement du Roy mon maistre. Lequel ayant appris, par mon retour, l'heureux succez des affaires, la franchise et la sincerité avec lesquelles elles ont été traittées, et la droiture et integrité que vostre Majesté observe en toutes ses actions et formes de proceder, il en a receu un merveilleux contentement, qu'il a tesmoigné en public et en particulier par toutes sortes de resjouyssances dignes d'un tel et si loüable evenement, que j'estime devoir estre le comble du bon-heur de vos deux Majestez, qui avez mutuellement rencontré en vos personnes chacun un prince selon son cœur, et dont la conformité des mœurs, les merites infinies et tant de qualitez vrayement royales apportent desja, de toutes parts, à leurs peuples une asseurance certaine de perpetuelles felicitez, ausquelles Dieu me fait la grace de participer doublement, comme ayant l'honneur d'estre choisi pour ministre d'une alliance et confederation si grande et si utile à toute la chrestienté, et si bien gravée dans les cœurs de vos Majestez, qu'il ne reste plus maintenant qu'à la rendre notoire à tous les gens de bien qui souspirent et aspirent incessamment apres une telle faveur du ciel, qui, comme j'espere, exaucera bien-tost leurs vœux et leurs prieres, puis que si franchement et si promptement le Roy mon maistre a ratifié et approuvé la proposition et les articles que je luy ay presentez de vostre part, et qu'il envoye, pour cet effet, au sieur de Beaumont, son ambassadeur, un pouvoir suffisant pour les reduire en la forme plus utile et asseurée qu'il sera advisé par vostre Majesté, laquelle je supplie m'honorer de ses commandemens et faire estat asseuré de ma trés-humble servitude, dont toutes mes actions vous rendront cy-apres une preuve tres-certaine. Ce qu'attendant je prieray le Createur, Sire, qu'il augmente vostre Majesté en toute royale grandeur, felicité et santé.

De Paris, ce 20 juillet 1603.

Lettre de M. de Rosny à M. de Beaumont.

Monsieur, s'il vous souvient de la derniere dépesche que je vous monstray à Londres, dont neantmoins vous n'eustes pas coppie comme des precedentes, je laissois le Roy entre la crainte et l'esperance, tant pour avoir quelque chose de nouveau à luy dire, qui donnast sujet de me caresser en arrivant, que pour empescher que, par la surprise de mes lettres, l'on vint à descouvrir chose si importante, au seul secret de laquelle consistoit toute sa vertu substantielle, jusques à la confirmation des deux costez par acte publique et authentique. Cette incertitude, contenuë en ma lettre, mit Sa Majesté en telle inquietude et impatience, qu'aussi-tost elle me pria et conjura de l'aller trouver en poste, ce que je fis, d'Abbe-ville à Villiers-Coterests, où Sa Majesté me receut avec toutes sortes de resjouyssances et de carresses, principalement lors que je luy eus representé l'estat des affaires, ce qui s'estoit passé depuis ma derniere lettre, et la conclusion prise entre nous, suivant le memoire escrit de ma main, veu, examiné et approuvé par le roy d'Angleterre et son conseil, comme vous sçavez. Lors ce fut à regretter d'avoir esté un peu trop retenu à m'authoriser des formes visibles, et à recognoistre que les conseils les plus subtils et deliez ne sont pas tousjours les plus utiles et asseurez, dautant que si l'on m'eust baillé un pouvoir ample et suffisant pour toutes fins et occurrences, l'on ne seroit pas maintenant en doute de la ratification, et en peine de faire signer ce que le Roy et un chacun trouve plus advantageux qu'ils ne l'eussent osé esperer.

Neantmoins je croy qu'il n'y aura rien de gasté, et que les humeurs et dispositions seront encore telles que je les ay laissées, dont je prie Dieu de tout mon cœur, afin que vous et moy ayons l'honneur d'avoir fait un si grand et recommandable service à nostre prince et à nostre patrie, où j'ay fait de tels discours et recits des choses passées en mon voyage, que les loüanges du roy d'Angleterre sont maintenant publiques en la bouche du Roy et de ses subjets, comme vous serez informé par autres voyes que la mienne. Vous cognoîtrez aussi, par les lettres du Roy et par les pouvoirs qu'il vous envoye, de quelle sorte ma negociation a esté agreable à Sa Majesté, et qu'elle n'a rien voulu changer aux articles et memoires que j'ay apportez, escrits de ma main, et qui fust, comme vous sçavez et l'ay desja dit cy-devant, leu et releu plusieurs fois, puis corrigé et approuvé, tant par le roy d'Angleterre que par ses ministres, comme le recognoissant estre la substance de leurs propositions et le seul fonds de leurs volontez, dont je sçay bien que vous avez retenu coppie. Mais, de peur qu'en icelles vous n'ayez adjousté les corrections que le susdit Roy et son conseil y ont mis de la propre main du Roy par apostils, je vous en envoye encor un autre, du tout conforme à ce qu'ils me tesmoignerent lors estre de leur intention, comme vous le jugerez facilement, par la conference que vous en ferez avec la coppie que vous en avez desja et avec vostre propre souvenance, de laquelle je m'asseure que vous n'aurez pas laissé eschapper chose de tel prix et valeur, et qui, à mon advis, a esté vostre principale meditation depuis mon congé pris du roy d'Angleterre, auquel escrivant une lettre de courtoisie, pour m'entretenir tousjours en ses bonnes graces, j'ay estimé à propos de vous en envoyer une coppie, afin d'apprendre apres vostre opinion et le jugement du Roy et de son conseil sur icelle.

Quant à la confirmation de l'alliance et autres actions et formalitez requises, je croy que vous aurez tout sujet d'estre content, et que nul ne vous desrobera l'honneur et la gloire que vostre qualité, fidelité et capacité, meritent et vous acquierent dignement; au moins en ay-je parlé de telle façon au Roy, que ses actions tant celebres vous seront entierement commises, s'il ne survient quelque mutation importante qui donnast sujet au Roy de me renvoyer par delà, comme j'y voy Sa Majesté assez encline, si les choses retomboient en incertitude, et és premieres difficultez que j'ay heureusement surmontées avec vostre ayde et bon conseil. J'ay veu, peu apres mon arrivée en cette ville, l'ambassadeur d'Angleterre avec lequel j'ay raccommodé la lettre de la main; car je m'estois bien gardé de la bailler avec une telle suscription qui eust pû alterer les esprits et faire publier aux malicieux et desireux de nouveautez, qu'un tel erreur eust esté plutost fait par mespris et de propos deliberé que par mesgarde et sans y penser. Je jettay toute la faute sur moy, et voulus porter la penitence d'un peché que je n'avois pas commis, advoüant que j'avois perdu la lettre par les chemins, mais que j'en aurois bien-tost une autre, dautant que j'avois escrit de la mer à cette fin. Quoy que ce soit, la lettre est maintenant baillée et bien receuë, ma faute oubliée, chacun fort content et plein d'esperance que l'amitié de ces deux grands Roys sera ferme et stable à jamais, ainsi que j'en prie Dieu de tout mon cœur, et qu'il me fasse la grace de vous rendre des preuves de mon service, dignes du ressentiment que j'ay de vos faveurs et courtoisies, et qu'il vous maintienne en sa saincte garde, vous baisant bien humblement les mains.

De Paris, le 20 juillet 1603.

Lettre de M. de Beaumont à M. de Rosny.

Monsieur, suivant la promesse que je vous ay faite de vous escrire à toutes occasions, je vous diray, en peu de paroles, que ce prince (1) est en la mesme humeur que vous l'avez recognu et laissé, tellement qu'il faut craindre et esperer de luy, en la façon que vous jugeastes à vostre retour, puis que l'arrivée de la Reine n'a non plus changé son esprit que sa Cour, et que luy et son conseil monstrent estre plus irresolus que jamais. L'ambassadeur d'Espagne ne comparoist point encore, dont je sçay qu'ils sont en peine. Le comte d'Arambergue eut audiance dimanche dernier, et depuis, en ayant demandé une particuliere, elle luy a esté remise jusques à dimanche prochain 27; estant ce prince si fort attaché à la chasse qu'il n'en veut estre diverty pour quelque occasion que ce soit, dont ceux que vous cognoissez ne sont pas marris, car ils profitent de cette passion, et cependant s'establissent au gouvernement des affaires, et leur font prendre tel cours qu'ils veulent. Celuy que vous vistes en partant a dit, depuis peu de jours, à un ministre nommé Galoc, qu'il s'estonnoit de la fierté et insolence des Escossois, et qu'il avoit peine de retenir les Anglois qu'ils ne leur couppassent la gorge : ce qui leur ayant esté rapporté les a mis en cervelle, et fait resoudre la pluspart à se retirer. L'on tient qu'il a tenu ce langage à dessein, tant pour adoucir la plainte envers des Anglois luy, et l'extréme envie de toute la Cour, que pour laisser la place plus libre aux particuliers Escossois avec lesquels il s'est lié, et les delivrer des reproches que les autres leur font, et le Roy, du mescontentement qu'ils en prennent. Hier le le comte de Northumbelland ayant rencontré le colonnel Vere, dans la chambre de presence, luy cracha au visage, dont toute cette Cour est en rumeur et le Roy infiniment offensé, qui me fait craindre, pour beaucoup de raisons, que ce seigneur soit mis en peine, m'ayant desja esté dit qu'il luy avoit esté ordonné de demeurer arresté à Lambec; qui est tout ce que je vous puis mander de deçà, me remettant à la depesche du Roy, laquelle je desire que vous preniez la peine de voir, pour beaucoup de particularitez qui sont de consequence, et qu'il vous plaise, selon vostre promesse, me tenir, etc.

De Dormois, pres d'Oinsois, ce 24 juillet 1603.

Lettre de M. de Beaumont à M. de Rosny.

Monsieur, vos deux lettres du 20 et 22 m'ont esté renduës seulement aujourd'huy avec celles de Sa Majesté. Je n'ay jamais douté que, quand l'on considereroit en France ce qu'en vostre legation vous avez avec vostre prudence et dexterité remporté de ce royaume (qui est plus que jamais ambassadeur, en si peu de temps et en

(1) Jacques I.

une telle rencontre de diversité d'affaires, n'a obtenu des Anglois), chacun ne vous en donnast de la gloire et des loüanges, et que joignant, à vostre retour pres de Sa Majesté, la faveur avec le merite, elle ne se transportast d'aise et de courage à vous cherir, tant pour la seureté qu'elle recognoist que vous avez acquise en ses affaires et le produit plus grand, que veu l'estat de celles de ce royaume, l'on en pouvoit raisonnablement souhaitter, comme encore pour le contentement qu'elle a en particulier dans son ame, de faire voir à toute la France, que Dieu benit l'œuvre qu'elle a pris plaisir de former en vous, et que l'instrument que par son election elle a choisi plus propre et plus digne de se servir, rencontre si heureusement partout où elle l'employe. Or, Dieu soit loüé que tous deux soyez contens, et que vostre voyage vous soit heureux en toutes façons; car, estimant d'avoir plus contribué par mes vœux à cette felicité que nul autre, je croy aussi d'avoir plus juste part au contentement que tous vos serviteurs en reçoivent. Et puis qu'il reste encor pour la rendre accomplie, que ce prince accorde ce qu'il a arresté si solemnellement et sincerement avec vous en ma presence, et qu'il plaist à Sa Majesté de me donner la charge de l'en requerir, ne doutez point que pour son service et pour vostre honneur, je n'y apporte toute la dexterité qu'il me sera possible, afin de l'y faire consentir en la façon que vous desirerez et que je trouve la plus seure et plus à propos. Mais, en verité, j'eusse bien souhaitté que tout eust passé par une mesme main; car, encor que je ne recognoisse nul changement en ce prince, ny aux affaires ny aux siens, qui me fasse craindre qu'il se dedise de ce qu'il vous a promis, s'y apprehende-je l'humeur d'Angleterre et la longueur ordinaire et les subtilitez du petit sophiste.

Toutesfois j'espere avec vostre bon demon (lequel j'invoqueray pour la perfection de l'œuvre que vous avez si heureusement entrepris), que je surmonteray ma propre apprehension et toutes les difficultez. Demain j'espere voir le Roy et luy donner vostre lettre, digne certes de vostre stile, que je tiens inimitable, et de vostre condition qui n'est égale à aucun des autres ministres de prince, ny en merite, ny en suffisance; et sur ce qu'il m'en dira, je ne faudray de vous en advertir fidellement, remettant avec vostre permission, pour plus de seureté et moins d'importunité, à la depesche que je fais à Sa Majesté ce qui se passe au fait de la conspiration nouvellement descouverte, laquelle je suis certain que vous ne trouverrez pas moins estrange que mal conduitte et mal entreprise. Mais c'est un tres-mauvais augure, et qui monstre que bien souvent la longue paix aux royaumes y engendre, par l'oysiveté et les delices de l'abondance, de bien mauvaises humeurs et plus dangereuses que la guerre; tout y est encore fort embarrassé, et n'en peut-on bien discourir de l'origine ny du fondement. Quant à moy, j'ay ferme opinion que l'archiduc ou le roy d'Espagne y auront trempé; ce que je mettray peine de descouvrir en peu de jours, et je me promets que s'il en est quelque chose, que nos affaires ne s'en porteront que mieux, et que ce prince se sentira tant plus interessé de se lier avec nous. Vous remerciant, monsieur, de l'honneur qu'il vous a pleu de me procurer envers Sa Majesté, pour les traittez et renouvellemens des alliances de ce royaume, et des asseurances particulieres qu'il vous plaist de me donner de vostre bonne volonté en mon endroit, que je tiens fort chere, et qui m'obligeront à estre tousjours de plus en plus, etc.

De Reinster ce 30 juillet 1603.

Lettre de M. de Beaumont à M. de Rosny.

Monsieur, si tous les ambassadeurs des princes s'aqueroient autant de creance et de reputation envers ceux ausquels ils sont envoyez, comme vous en avez gagné avec le roy d'Angleterre, j'estimerois que leurs affaires deussent prosperer eternellement; car je vous proteste qu'il n'a moins bonne opinion de vostre affection envers luy, que du plus confident de son conseil, et defere tant à vostre jugement et conscience, qu'aussi-tost qu'il eut leu vostre lettre, apres avoir loüé et admiré les termes de ce stile, il me dit qu'il ne vouloit pas vous garder moins de respect que Sa Majesté mesme, et que tout ainsi qu'elle avoit approuvé tout ce qui avoit esté traitté entre vous et luy, aussi vouloit-il advoüer ce que vous luy aviez rapporté de sa part. Tellement que je ne fais nul doute, veu ce qu'il m'a declaré, qu'il ne signe les articles en la façon que Sa Majesté et vous le desirez; car outre cela le sieur Cecile, avec lequel il me pria de les conferer, comme celuy entre les mains de qui il les vouloit confier, n'en fait nulle difficulté et n'y trouve rien à changer; m'ayant prié, de la part du Roy, de m'assembler un de ces jours avec ceux qui traitterent avec nous, afin de les mieux considerer et arrester en leur presence. Ce que je n'ay pû refuser et dont je n'espere que tout contentement; car, comme vous sçavez que les afflictions quelquefois nous rendent plus traittables et nous font mieux cognoistre la necessité de nos amis, aussi m'appercois-je bien que cette conspiration derniere, en laquelle sans doute l'archiduc est meslé bien avant, leur avoit augmenté le desir de se joindre plus estroittement avec nous, et refroidy celuy qu'ils tesmoignoient de la paix. En quoy, certes, il semble que Dieu, par sa providence, leur vueille ouvrir les yeux afin de les retenir de se perdre, et d'attirer sur eux la haine de toute la chrestienté, laquelle ils advanceroient, establissans la puissance d'Espagne. Mais je laisse au sieur d'Oval à vous en conter les particularitez et les discours qui se font en cette Cour sur ce qui se passe en l'accusation des prisonniers de la Tour, ayant estimé le devoir despescher à Sa Majesté pour luy en rendre compte, et vous dire aussi de bouche ce que j'ay traitté avec ceux dont je vous ay envoyé le memoire, et le moyen que je trouve le plus à propos et necessaire pour les engager. Vous suppliant, monsieur, en cela, et ce que particulierement il vous declarera qui me touche, de luy vouloir adjouster creance et le voir d'un bon œil, ainsi qu'il vous a pleu de me promettre, et de croire que, voüant toute l'esperance de ma fortune à vostre amitié et à la bonne opinion que vous avez daigné prendre de moy, je ne veux doresnavant dependre, apres Sa Majesté, que de vous et de vos commandemens, en qualité de, etc.

De Londres, ce 5 aoust 1603.

Lettre de M. de Beaumont à M. de Rosny.

Monsieur, j'envoye à Sa Majesté, par ce gentilhomme expres, les articles signez de la main du roy d'Angleterre, en la mesme forme que ceux qu'elle m'a envoyez et que vous avez traittez, me tenant tres-heureux d'avoir pû rendre ce service à Sa Majesté si à propos, et à vous le contentement, lequel je m'asseure que vous en recevrez, voyant vostre œuvre si bien achevée avec tant de profit et de seureté pour la France, et de gloire pour vostre reputation particuliere. En verité, si ma dexterité a servy de quelque chose pour en advancer la perfection, ça esté par la faveur de vostre nom, qui a tel credit envers ce prince et les siens, qu'ils vous tiennent pour un oracle de prudence, et vous reverent si fort avec cette opinion, qu'ils estimeroient de faillir s'ils vous contredisoient en aucune maniere. Or, je loüe Dieu qu'en cette derniere occasion ils se soyent montrez si religieux, et que le tout se soit terminé en sorte qu'il n'aye point esté besoin de recourir promptement à vostre presence, et le prie que, dans peu de mois, vous la puissiez rapporter en ce royaume pour y jurer l'alliance; afin que la gloire vous en soit toute entiere aussi bien que le merite. J'ay reçeu un roole de Sa Majesté de ceux qu'elle desire d'obliger à elle; mais dautant que le sieur de Staffort n'y est pas compris, auquel, selon ce que vous me mandastes par vostre lettre du 22 du passé, je me suis engagé de parole, je vous supplie vous vouloir souvenir de luy, car ce me seroit beaucoup de honte de luy manquer, et je vous jure que j'ay eu peine à le persuader, et que je le recognois si franc et si soigneux de m'advertir maintenant de tout ce qui se passe, que j'aurois grand regret de le perdre, ne pouvant recevoir d'un seul de cette Cour des offices si à propos que de luy, à cause de la familiarité qu'il a de longue main avec moy, dont l'on ne prend point de soupçon, et les grandes cognoissances et alliances qu'il a dans ce conseil, par le moyen desquelles il sçait la pluspart de ce qui s'y fait. Il vous plaira donc de ne le point oublier. Quant aux autres, le Sourdaut s'est r'advisé, et selon que j'estime, pour la crainte qu'il a de ses ennemis, il ne veut point s'engager à une pension, mais il m'asseure d'estre tousjours serviteur de Sa Majesté, et croy qu'il ne refusera pas quelques pierreries de deux mille escus. Pour le sieur Haston, j'espere qu'il s'y resoudra, et Oleradoux aussi; mais estant du conseil, et l'un de ceux qui ont le plus de part aux affaires, il est raisonnable de luy donner deux mille escus comme aux autres, joint que je les luy ay offerts, espérant que je ne serois point desadvoüé. Pour M. le comte d'Evencher, le grand thresorier et le chevalier Asquins, je suis aussi certain qu'ils prendront une gratification de Sa Majesté, car ils en desirent l'appuy et la faveur en ce royaume où ils sont plus enviez que jamais. Toutesfois n'ayant pû encores bien sçavoir s'ils la voudront recevoir en argent ou en pierreries, je me suis advisé, suivant ce que j'ay donné charge de bouche au sieur d'Oval, de vous representer que, pour plus de seureté, il seroit bien à propos qu'il vous pleust luy donner, à son retour, une lettre d'eschange de douze cens escus, et une autre addressante à...... par laquelle vous luy ordonniez de me fournir des pierreries jusques à pareille somme, afin que j'aye promptement dequoy les engager tous, selon ce à quoy je verray qu'ils se resoudront; vous asseurant que j'y apporteray, de ma part, tout le soin et la fidelité qui se doit desirer d'un homme de bien, et qui est plus vostre serviteur que de tous les hommes du monde. Je remets à la depesche du Roy ce qui se passe icy, et vous diray seulement que l'on y est bien embarrassé, et que j'y prevoy de jour en jour beaucoup de broüilleries et de malheur, auquel, si nos interests ne nous y faisoient particier, j'y trouverois moins de dommage; mais je crains que la simplicité de ce prince et l'imprudence de son conseil augmentans la force de nos ennemis, ne nous troublent grandement. Dieu le vueille bien assister! Il auroit besoin de vous tous les mois, que je prie de tout mon cœur, etc.

Ce 12 aoust 1603.

Lettre de M. de Rosny au roy d'Angleterre.

Sire,

Comme ce grand Dieu éternel, à qui rien ne defaut, et à la perfection et beatitude duquel les œuvres et actions de tous les hommes du monde ne sçauroient adjouster ny diminuer aucune chose, reçoit non seulement les vœux et les loüanges de ses creatures, quelques infirmes qu'elles soient, mais les desire, s'y delecte, et fait demonstration d'y establir en partie son honneur et sa gloire; aussi ay-je tousjours estimé que vostre Majesté, estant son image vive, et representant, en ses royaumes, la puissance et vertu souveraine de sa divinité, auroit les mesmes esgards et considerations en mon endroit, recevant le fruit de mes levres et les vœux de mon cœur pour dignes recognoissances de vos vertus admirables, et des graces et faveurs infinies que je reçois incessamment de vostre bonté, dont les plus remarquables et sensibles effets consistent au particulier tesmoignage que vostre Majesté a fait d'approuver tout ce que j'ay rapporté et fait entendre de sa part au Roy mon maistre, m'estimant infiniment heureux d'avoir rencontré à negocier entre deux si grands et tant excellens princes, dont la justice, l'équité et la prud'hommie sont les seuls pivots sur lesquels roulent et subsistent toutes leurs deliberations et volontez absoluës, et entre lesquels chacun recognoist une telle conformité de mœurs, de fortunes et d'interests communs, que l'on y peut bastir une solide esperance de voir leurs amitiez et confederations perpetuelles. A quoi je contribueray tousjours mon sang, ma vie et tout ce que Dieu m'a eslargy de ses graces, lequel je supplie, etc.

De Paris, ce 10 aoust 1603.

CHAPITRE CXXIII.

Nouvel impôt sollicité par le comte de Soissons. Opposition de Rosny. Colère du comte et de madame de Verneuil, intéressée dans ces sortes de taxes. Le Roi veille à la sûreté de Rosny.

Nous pourrions amplifier ces Memoires de plusieurs autres lettres et choses qui se passerent en vostre voyage d'Angleterre; mais ayant desja, ce nous semble, comme nous l'avons desja dit, esté trop longs, nous n'en parlerons plus, et vous ramentevrons comme peu apres vostre retour, le Roy estant lors à Fontaine-bleau et vous à Paris, M. le comte de Soissons voyant qu'à cause de vostre bon ordre et mesnage des grands deniers que vous envoyez hors du royaume, tant pour maintenir les alliez de la couronne de France, que pour en acquerir de nouveaux, payer les debtes que le Roy avoit faites durant la ligue, assister ses alliez contre l'Espagne et amasser de l'argent dans ses coffres, il estoit fort difficile d'avoir de grandes liberalitez, ny que bien petite somme sur les deniers ordinaires, il supplia le Roy de luy accorder, à son profit, une certaine imposition de quinze sols pour ballot de toille entrant ou sortant du royaume, dont l'on luy avoit donné advis, et qui pouvoit valloir quelque huict ou dix mille escus par an. Lequel luy respondit qu'il luy donnoit de tres-bon cœur, moyennant qu'elle n'excedât point cinquante mille livres par an, que cela n'apportast point trop grande vexation au peuple, et n'alterast point le trafic et commerce, qu'il vouloit favoriser de tout son pouvoir, ensemble toutes sortes d'arts, mestiers et manufactures.

Et dés le soir vous escrivit comme quelqu'un, sans le nommer, luy avoit donné advis de mettre un impost de quinze sols pour ballot de toille entrant et sortant du royaume, et qu'il en tireroit bien quarante ou cinquante mille livres; et partant, vous prioit de luy mander ce que cela pourroit valoir, et quel prejudice une telle imposition pourroit apporter au peuple et au trafic. Ce qu'ayant calculé sur les traictes foraines et domenialles, et entrées de grosses denrées, vous l'allastes trouver aussi-tost, et luy dites que cette imposition bien establie par tout le royaume, vaudroit pres de trois cens mille escus tous les ans; mais qu'aussi altereroit-elle grandement le commerce, et causeroit en fin la ruyne des provinces de Bretagne, Normandie et partie de la Picardie, où croissoient ces excellents lins et chanvres. Surquoy Sa Majesté, toute estonnée vous dit : « Je voy bien maintenant que « j'aurois fait une grande faute d'accorder ainsi « legerement une telle demande sans m'estre « consulté avec vous sur la valeur et consequence « d'icelle, qu'il faut neantmoins que vous m'ay-« diez à reparer bien secrettement, de peur que « cela ne vous devienne l'occasion d'une forte « broüillerie avec mon cousin le comte de Sois-« sons, auquel j'ay accordé cét advis, m'en ayant « tellement pressé, qu'il en a eu l'edict signé et « scellé, dont il faudra empescher la verifica-« tion aux cours souveraines, ausquelles, comme « vous sçavez, j'ay deffendu d'entrer en l'enre-« gistrement d'aucuns edicts s'ils n'avoyent des « lettres de ma propre main ou de la vostre, « quelques jussions qu'elles receussent, ou lettres « de cachet qui leur fussent addressées. » A quoy vous luy respondistes qu'à la verité il s'estoit un peu bien hasté, mais qu'il falloit remedier à cette faute par la voye qu'il avoit ouverte luy-mesme, et partant qu'il ne se laissast pas aller aux sollicitations qui luy seroient faites par des personnes qu'il aymoit (et que vous sçaviez bien avoir un quint en l'affaire), à escrire des lettres contraires aux resolutions qu'il venoit de prendre, et que pour vostre regard, vous sçauriez bien tenir ferme contre tout ce qui porteroit prejudice à sa personne, dommage à son Estat, et detriment à ses peuples; mais qu'il cognoissoit l'humeur de ce prince (lequel n'estant pas trois mois sans broüillerie avec luy, le contre coup en retomboit tousjours sur vous), et partant ne doutiez point que cette affaire n'excitast sa haine contre vous, nonobstant laquelle vous ne laisseriez de faire vostre devoir à son service, sans rien apprehender, vous asseurant aussi qu'il vous assisteroit comme un bon maistre est obligé de faire un bon serviteur. « Ho ! ne vous mettez « point en peine de cela, dit le Roy, car je vous « maintiendray contre tout le monde, en me « bien servant comme vous avez tousjours fait, « et confesse que j'ay occasion de m'en loüer. »

Quelques jours apres que le Roy vous eust tenu ces discours, M. le comte de Soissons vous vint voir à l'Arsenac; et apres quelques complimens de part et d'autre, en vous embrassant, il vous dit : « C'est à cette fois, monsieur, que « vous me pouvez rendre un excellent office de « vray amy, et m'obliger d'estre à perpetuité le « vostre, tout ainsi que si vous estiez mon pro-« pre frere, en facilitant, sans bruict ny esclat, « comme je sçay que vous le pouvez, une gra-« tification qu'il a pleu au Roy de me faire fort « franchement; mais il faut que vous me pro-« mettiez de me bailler des lettres de vostre pro-« pre main, où il y ait un Maximilian de Bethune « tout du long. — Monsieur, luy respondistes « vous, je ne sais pas encor de quelle affaire il « est question, ny à qui vous desirez que j'es-« crive, et partant ne vous puis-je pas donner « absolument ma parole, estant si religieux ob-« servateur d'icelle, qu'à quelque prix que ce « fust, je la voudrois tenir. — C'est pourquoy « aussi, vous respondit-il, je la vous ay deman-« dée, je desire l'avoir, et vous prie ne me la re-« fuser point, ou autrement j'auray sujet de « rompre la paille pour tousjours entre vous et « moy. » Et là dessus il vous conta toute son affaire, et vous dit qu'il sçavoit bien le mot du guet qu'il y avoit de la part du Roy et de vous avec les cours souveraines, et partant, vous prioit-il derechef de luy bailler une lettre telle qu'il vous avoit dit, addressante au parlement de Rennes, et une autre semblable à la cour des aydes de Roüen, pour les prier de verifier cét edict purement et simplement, d'autant que c'estoit la volonté du Roy et les advis de son conseil, à la pluspart desquels il en avoit desja parlé.

A quoy vous luy respondistes que le Roy ne vous avoit rien commandé de tel, qu'il n'en avoit esté fait aucune mention és conseils où vous vous estiez trouvé, et n'en aviez jamais veu ny signé d'arrest; que l'affaire estoit de grande importance pour le peuple, et partant meritoit bien d'estre meurement deliberée; que le Roy en entendit la consequence, et vous donnast ses commandemens là dessus par escrit, pour vous servir de garand contre les reproches qui vous en pourroient estre faits. Sur quoy il vous dit : « Hé bien, monsieur, c'est assez; car il est aysé « de juger à quoy tendent tant d'excuses, de « circonspections et de formalitez; c'est, en un « mot, que vous voulez ruyner mon affaire, et que « la paille soit rompuë; et par là puis-je facile- « ment recognoistre quel amy vous m'avez tous- « jours esté cy-devant, et ce que je dois esperer « de vous pour l'advenir. » Et en mesme temps il vous quitta en gromellant entre ses dents des paroles interrompuës, tesmoignant un grand mal-contentement.

Quelques jours apres, madame de Verneüil vous vint voir pour ses affaires (n'estant pas neantmoins trop contente de vous); elle vous trouva comme vous sortiez de vostre cabinet pour aller au Louvre, ayant un petit agenda roulé autour du doigt, qu'elle vous demanda que c'estoit. A quoy vous luy respondistes comme en colere : « Ce sont de belles affaires, madame, « esquelles vous n'estes pas des dernieres. » Et en le desployant, vous luy leustes une liste de vingt ou vingt-cinq edits que l'on poursuivoit à la foule et oppression du peuple, avec les noms de ceux qui estoient interessez en iceux, dont elle estoit la sixiesme en ordre. « Et bien, dit- « elle, que pensez vous faire de tout cela? — Je « pense, luy distes vous, à faire des remonstran- « ces au Roy en faveur du pauvre peuple, qui « s'en va ruyné, si telles vexations sont approu- « vées, et peut bien le Roy dire adieu à ses tail- « les, car il n'en recevra plus. — Vrayement, « ce dit-elle, il seroit bien de loisir de vous « croire, et de malcontenter tant de gens de « qualité pour satisfaire à vos fantaisies; et pour « qui voudriez-vous donc que le Roy fist, si ce « n'estoit pour ceux qui sont dans ce billet, les- « quels sont tous ses cousins et parents ou ses « maistresses? »

« Tout ce que vous dites seroit bon, madame, « luy repartistes vous, si Sa Majesté prenoit l'ar- « gent en sa bourse; mais de lever cela de nou- « veau sur les marchands, artisans, laboureurs « et pasteurs, il n'y a nulle apparence, estant « ceux qui nourrissent le Roy et nous tous, et « se contentent bien d'un seul maistre, sans avoir « tant de cousins, de parens et de maistresses à « entretenir. » Et voyant par tous vos discours que vous ne manqueriez pas à essayer de faire trouver mauvaises au Roy telles vexations, elle se retira toute mutinée, et s'en alla de ce pas chez M. le comte de Soissons, auquel, comme vous l'avez sçeu depuis, elle fist plusieurs rapports de vous contre luy; entre autres que vous aviez dit que le Roy n'avoit que trop de parents, et que luy et ses peuples seroient bien-heureux s'ils en estoient défaits. A quoy son esprit desja ulceré, à cause de son edict des toilles, adjousta tout ce que la passion luy pouvoit suggerer, et firent un complot de vous dresser une querelle là dessus; comme de fait, dés le lendemain matin, M. le comte de Soissons alla trouver le Roy, et apres quelque preambule sur ses qualitez et grands services rendus à luy et à l'Estat, le supplia de luy faire justice de vous, qui l'aviez cruellement offensé en l'honneur, voire de telle sorte, qu'il falloit qu'il eust vostre vie.

Le Roy luy demanda que c'est que vous aviez fait ou dit, et si c'estoit parlant à sa propre personne ou bien à quelque autre. Surquoy il luy respondit, que si c'eust esté en sa presence, quelque grandeur de respect qu'il portast à ce qu'il aymoit, si ne se fust-il peu empescher d'en faire faire la reparation sur le champ; mais qu'il supplioit Sa Majesté de croire à ses paroles, esquelles il ne se trouva jamais de mensonge. « Si « cela estoit vray, mon cousin, repliqua le Roy, « vous ne tiendriez pas de ceux de nostre mai- « son; car nous en donnons tous des plus belles, « et sur tous vostre frere aisné estoit-il excellent « en cela. Mais puis que c'est un autre qui vous « l'a rapporté, dites moy qui il est et ce qu'il « vous a dit, et puis j'adviseray ce que j'en de- « vray faire, car je vous contenteray si la raison « le peut faire. — J'ay fait serment, Sire, dit « monsieur le comte, de ne nommer jamais ce- « luy de qui je les tiens; mais je croy en luy « comme en moy-mesme, ny de ne prononcer « jamais les paroles dont il a usé parlant de « moy : car elles sont trop indignes. — Quoy « donc, dit le Roy, mon cousin, vous ne me « voulez pas dire ce que je vous demande sous

« ombre de vostre serment, et moy je faits aussi « serment de ne rien croire de tout ce dont vous « vous plaignez que ce que M. de Rosny m'en « dira luy-mesme; car je le tiens pour aussi « veritable que vous sçauriez faire celuy qui « vous a fait ces beaux contes. » Ils eurent sur ce sujet plusieurs autres contestations et finalement se separerent mutinez l'un contre l'autre.

Le Roy vous envoya le sieur Zamet et La Varenne, pour vous advertir de cette escapade du comte de Soissons, et sçavoir si vous aviez tenu quelque langage de luy, sur lequel il eust peu prendre quelque occasion d'offence. A quoy vous leur respondistes que vous n'estimiez point avoir parlé de luy à personne ny en bien ny en mal, il y avoit plus de quinze jours, ny à sa personne depuis qu'il vous vint demander des lettres de vostre main pour faire verifier son edict des toilles. Que madame de Verneüil vous estoit bien venuë voir et aviez parlé en general de ceux qui poursuivoient des edicts à la foulle et oppression du peuple; que ce n'estoit pas bien fait et que vous l'empescheriez tant que vous pourriez, dequoy elle s'estoit mutinée contre vous; mais que M. le comte de Soissons n'avoit esté nommé en particulier ny par elle ny par vous. Lequel propos ayant esté rapporté au Roy, il dit aussi-tost : « Ho! il ne se faut plus enque- « rir d'où vient la broüillerie puis que madame « de Verneüil est alleguée, car c'est un si bon « bec, et si plein de malice et d'invention, que « sur le moindre mot que Rosny luy aura dit, « elle y en aura adjousté cent, voire mille; mais, « pour tout cela, ne faut-il pas negliger cette « affaire; et partant, vous, La Varenne, retour- « nez le trouver, et luy dittes qu'il pense à s'as- « seurer, et qu'il s'accompagne si bien que l'on « ne puisse pas facilement entreprendre sur sa « personne, et que j'ayme bien mieux qu'il m'en « coute quelque chose; car si je le perdois, je « perdrois bien avec luy davantage, que tout « ce qu'il sçauroit despendre à se bien garder. » Et depuis il vous manda encore par le sieur de Beringuen que, pour tesmoigner qu'il vous aymoit autant que jamais, il vouloit, en faisant son voyage de Normandie, aller coucher à Rosny, où il vouloit que vous le traictassiez, ensemble tous les princes et princesses, et monsieur le connestable, lesquels il y convieroit. Comme de fait, ils s'y rendirent tous quatre jours apres, où vous les traitastes assez bien; mais l'eussiez fait plus magnifiquement sans le ravage des eaux de plusieurs nuées qui creverent tout à coup, lesquelles entrerent dans les offices bas, et gasterent les plus beaux fruits et autres preparatifs pour un festin qu'il estoit possible de voir, et mesme donna quelque allarme à plusieurs; de laquelle le recit seroit assez recreatif, mais nous l'obmettons pour briefveté, à cause que toutes ces apprehensions se tournerent en risée, si tost que l'on eust osté des terres d'un lieu par lequel avoient accoustumé de s'escouler les eaux, que l'on y avoit mises pour asseurer le passage des charrois du Roy, dautant qu'une voûte que l'on y faisoit n'estoit pas achevée. Ces ravages d'eaux firent, dix lieuës à la ronde, de grandissimes ruines, desquelles vous fûtes quitte pour deux ou trois cens escus en vostre particulier.

CHAPITRE CXXIV.

Conversation de Henri IV et de Rosny sur les manufactures de soie et sur le luxe. Détails curieux sur les mœurs anciennes.

Le Roy continua son voyage de Normandie, duquel il a esté parlé au precedent chapitre, jusques à Caen seulement, duquel lieu il osta M. de Creve-cœur Mont-morency sur les advis bien justifiez qu'il avoit receus, qu'il avoit des intelligences avec M. le comte d'Auvergne et messieurs de Boüillon et de la Trimoüille desquels il estoit parent, et mist en sa place le sieur de Belle-font.

Au retour le Roy passa par Roüen où il mit ordre à toutes les affaires de la province. Auquel lieu vous ayant autrefois esté parlé du mariage de vostre fille aisnée avec M. de Rohan, Madame, sœur du Roy, embrassant cette alliance vous offres de luy donner de son bien, l'on renouvella encor lors cette proposition. M. de Fervaques et sa femme vous firent aussi parler de M. de Laval; mais toutes ces ouvertures venuës à la notice du Roy, il vous defendit d'entendre à M. de Rohan, et qu'il approuvoit le mariage de M. de Laval.

Il se passa en cette année 1603 plusieurs autres choses en France, qui ne devroient pas estre obmises en une histoire generale. Mais par ces Memoires nous nous contenterons de vous ramentevoir comme le Roy voulant establir en son royaume le plant des meuriers, l'art de la soye et toutes sortes de manufactures estrangeres qui ne se fabriquoient point en iceluy, à cette fin faire venir à grands frais des ouvriers de tous ces mestiers, et construire de grands bastimens pour les loger, vous fistes ce qu'il vous fut possible pour empescher tout cela; mais luy s'y passionnant bien fort, il s'en vint un jour à l'Arsenac, et vous dit : « Je ne sçay pas « quelle fantaisie vous a pris de vouloir, comme « l'on me l'a dit, vous opposer à ce que je veux

« establir pour mon contentement particulier, « l'embellissement et enrichissement de mon « royaume, et pour oster l'oysiveté de parmy « mes peuples.

« Sire, luy respondistes-vous, quant à ce qui « regarde vostre contentement, je serois tres-« marry de m'y opposer formellement, quelques « frais qu'il y falut faire; car, ayant passé par « tant de travaux, traverses, fatigues et de perils « depuis vostre naissance jusques à present, il « est raisonnable maintenant que vostre Estat « est en repos et qu'il se va bonifiant de toutes « parts, que vous ayez aussi quelque plaisir et « recreation dont, si la despence estoit excessive, « je vous remonstrerois seulement que cela ne « conviendroit pas trop bien avec le dessein que « vous m'avez fait proposer, comme de moy-« mesme, au roy d'Angleterre, et puis je vous « obeyrois absolument; mais de dire qu'en cecy « à vostre plaisir soit joint la commodité, « l'embellissement et enrichissement de vostre « royaume et de vos peuples, c'est ce que je ne « puis comprendre. Que s'il plaisoit à vostre Ma-« jesté d'escouter en patience mes raisons, je « m'asseure, cognoissant comme je faits la viva-« cité de vostre esprit et la solidité de vostre ju-« gement, qu'elle seroit de mon opinion.

« Ouy dea, je le veux bien, dit le Roy, je suis « content d'ouyr vos raisons; mais aussi veux-je « que vous entendiez apres les miennes, car je « m'asseure qu'elles vaudront mieux que les vos-« tres.

« Si j'eusse estimé, Sire, que vous eussiez tant « deferé aux opinions des Bourgs et des Cumans, « dites-vous, je me fusse bien empesché de vous « parler des miennes qui n'auront jamais autre « fondement que vos volontez; mais pour mes « raisons, puis qu'il plaist à vostre Majesté pren-« dre la patience de les entendre, je les entre-« mesleray de propos que si vous les mesprisez à « present, peut-estre à l'advenir aurez-vous re-« gret de n'y avoir eu plus d'esgard. Car, en « premier lieu, Sire, vostre Majesté doit mettre « en consideration qu'autant qu'il y a de divers « climats, regions et contrées, autant semble-il « que Dieu les aye voulu diversement faire abon-« der en certaines proprietez, commoditez, den-« rées, matieres, arts et mestiers speciaux et « particuliers, qui ne sont point communes, ou « pour le moins de telle bonté aux autres lieux, « afin que par le traffic et commerce de ces cho-« ses (dont les uns ont abondance et les autres « disette), la frequentation, conversation et so-« ciété humaine, soit entretenuë entre les na-« tions, tant esloignées peussent elles estre les unes « des autres, comme ces grands voyages aux In-« des orientales et occidentales en servent de « preuves. En second lieu faut il bien examiner « si ce royaume n'a point un climat, une situa-« tion, une eslevation de soleil, une temperature « d'air, une qualité de terroir, et une naturelle « inclination de peuples qui soient contraires aux « desseins de vostre Majesté. En troisiesme lieu, « si la saison du printemps n'y est point trop « froide, humide et tardive, tant pour faire es-« clorre et vivre les vers à soye que pour y avoir « des feuilles aux meuriers pour les nourrir, « dont l'on ne scauroit avoir quantité suffisante « de quatre ou cinq ans, quelque diligence que « l'on fasse d'en semer et planter. Et en qua-« triesme lieu, si l'employ de vos sujets en cette « sorte de vie qui semble estre plutost medita-« tive, oysive et sedentaire, que non pas active, « ne les desacoustumera point de celle opera-« tive, penible et laborieuse, en laquelle ils ont « besoin d'estre exercez, pour former de bons « soldats, comme je l'ay ouy dire plusieurs fois « à vostre Majesté; que c'est d'entre telles gens « de fatigue et travail que l'on tire les meilleurs « hommes de guerre; que, pour mettre en va-« leur tant de bons territoires, dont la France « est generalement pourveuë plus que royaume « du monde, excepté celuy d'Egypte, le grand « rapport desquels consistant en grains, legu-« mes, vins, pastels, huilles, cidres, sels, lins, « chanvres, laines, toilles, draps, moutons, « pourceaux et mulets, est cause de tout l'or et « l'argent qui entre en France, et que par conse-« quent ces occupations vallent mieux que toutes « les soyes et manufactures d'icelles, qui viennent « en Sicile, Espagne, ny Italie; et tant s'en faut « aussi que l'establissement de ces rares et riches « estoffes et denrées accommodent vos peuples « et enrichissent vostre Estat; mais qu'elles les « jetteroient dans le luxe, la volupté, la fenean-« tise et l'excessive despence qui ont tousjours « esté les principales causes de la ruyne des « royaumes et republiques, les destituants de « loyaux, vaillans et laborieux soldats desquels « vostre Majesté a plus de besoin, que de tous « ces petits marjolets de Cour et de villes reves-« tus d'or et de pourpre. Car quant aux trans-« ports d'or et d'argent hors de vostre royaume, « des-ja tant de fois alleguez par ceux qui propo-« sent l'establissement de ces estoffes estrange-« res, riches et cheres, il n'y a rien si facile que « de les éviter sans aucun destriment pour qui « que ce puisse estre, deffendant toutes somp-« tuositez et superfluitez, et reduisant toutes « personnes de toutes qualitez, tant hommes que « femmes et enfans, pour ce qui regarde les ves-« temens de leurs personnes, leurs ameublemens,

« bastimens, logements, plants, jardinage, pier-
« reries, vaisselles d'argent, chevaux, carrosses,
« esquipages, trains, dorures, paintures, lam-
« bris, mariages d'enfans, achapts d'offices, fes-
« tins, banquets, parfums et autres bombances,
« à ce qui se pratiquoit du temps des roys
« Louys XI, Charles VIII et Louys XII, sur
« tout pour ce qui regarde les gens de justice,
« police, finance, escritoire et bourgeoisie, qui
« sont ceux qui se jettent aujourd'huy le plus sur
« le luxe, durant lesquels regnes il s'est veu que
« des chanceliers, premiers presidens, secretaires
« d'affaires et plus relevez financiers, n'avoient
« que de fort mediocres logis sans ardoises, bri-
« ques, lambris, dorures ny paintures, ne por-
« toient point de plus riches estoffes de soye que
« du taffetas, et à quelques uns d'iceux leurs
« femmes que le chaperon de drap; n'avoient ny
« tapisseries de pris, ny lits de soye, ny vais-
« selle d'argent de cuisine, ny mesmes d'assiet-
« tes; ne donnoient que fort petit mariage à leurs
« enfans, et ne traittoient leurs parents et amis
« que chacun d'iceux n'apportast sa piece sur ta-
« ble; par l'excez desquelles choses il se con-
« süme maintenant dix fois plus d'or et d'argent
« que tout ce que l'on fait tant esclatter du
« transport d'iceux pour les manufactures d'es-
« tranges pays.

« Sont-ce là, vous dit lors le Roy, les bonnes
« raisons et beaux expedients que vous me deviez
« alleguer? Ho! que les miennes sont bien meil-
« leures, qui sont en effet que je veux faire les
« experiences des propositions que l'on m'a fai-
« tes, et que j'aimerois mieux combattre le roy
« d'Espagne en trois batailles rangées, que tous
« ces gens de justice, de finance, d'escritoire et
« de villes, et sur tout leurs femmes et filles que
« vous me jetteriez sur les bras par tant de bi-
« zarres reiglements, que je suis d'advis de re-
« mettre en une autre saison. — Puis que telle
« est vostre volonté absoluë, Sire, dites-vous, je
« n'en parle plus, et le temps et la pratique vous
« apprendront que la France n'est nullement
« propre à telles babioles. Mais pour le bastiment
« que vous voulez faire faire aux Tournelles (1)
« pour vos ouvriers, je voudrois que vous eussiez
« choisi un autre lieu, d'autant que j'ay dessein
« d'y faire faire une construction qui sera une
« des plus magnifiques de Paris, voire peut-estre
« de l'Europe, sans qu'elle vous couste rien ; et
« m'asseure que quand vous en verrez les trois
« costez achevez, que pour laisser parachever le

(1) On vouloit faire une place de soixante-douze toises carrées, qui aurait porté le nom de *Place de France*. Huit rues, appelees du nom d'une de nos provinces, auraient abouti à cette place. La construction de la Place Royale a été la réalisation d'une partie de ce projet.

« quatriesme, vous ferez vous-mesmes desmolir
« ce que l'on y aura basty pour les ouvriers. —
« Or bien, dit le Roy, alors comme alors. » Et
sur cela, le sieur Zamet estant entré qui luy dit
que le disner l'attendoit chez luy, il s'y en alla.

CHAPITRE CXXV.

Colonie dans le Canada. Synode de Gap. Lettres de Ville-roy relatives à ce synode et à d'autres objets.

Ayans trouvé parmy vos papiers plusieurs lettres qui vous avoient esté escrites des pays estranges, nous en avons tiré des extraits et les avons icy inserez pour vous les ramentevoir; et joindrons à iceux quelques autres choses du dehors le royaume, comme : la navigation du sieur de Monts pour aller faire des peuplades en Canada, du tout contre vostre advis, d'autant, disiez-vous, que l'on ne tire jamais de grandes richesses des lieux situez au dessous de quarante degrez.

Le passage du connestable de Castille par la France, où il fit mille fanfaronnades pour aller donner perfection à la paix d'Angleterre, de laquelle Taxis avoit jetté les premiers fondemens.

Le synode general tenu à Gap par ceux de la religion, où quelques esprits fantasques et desireux de choses nouvelles, esmeurent forces questions hors de saison, se voulant rendre comme entremetteurs des differends entre quelques princes estrangers, et declarer, par confession publique, le Pape lors seant à Rome estre l'Antechrist : lesquels deux poincts le Roy trouva fort mauvais, et fallut qu'ils y reformassent quelque chose.

La continuation du siege d'Ostande, durant lequel, à compter depuis le premier jour d'iceluy jusques au dernier fevrier 1603, l'on disoit que l'archiduc avoit fait tirer plus de deux cens cinquante mille coups de canon, et les Estats cent mille, et que les Espagnols y avoient perdu dix-huit mil hommes, et les Hollandois sept mille. Environ le mois d'avril ces premiers ayans voulu faire un effort en forme d'assaut general, jugerent, par la ferme resolution et brave resistance de ceux de dedans, qu'ils n'emporteroient point cette place que par la longueur du temps, les maladies, la famine ou le defaut d'hommes ou de toutes sortes de munitions.

Le siege que le prince Maurice mit devant Bosleduc, par lequel, pour n'avoir pas mesuré sa puissance et les moyens de son attaquement avec la grandeur de la ville, sa force, les assistances qu'elle pouvoit recevoir et la defence que par ce moyen elle seroit pour faire, il pensa perdre ses affaires et alterer sa reputation.

L'entreprise des Espagnols sur Wactendonc, lesquels, encore qu'ils se fussent rendus maistres du chasteau, neantmoins, quelques trouppes des Estats allans à la guerre, passant prés de là, par hazard estants adverties de cét accident, y accoururent aussi-tost, et s'estant jointes avec la garnison de la ville qui, pour s'estimer trop foible pour forcer le chasteau, minutoit desja sa retraitte, firent si bon devoir tous ensemble, qu'ils contraignirent les Espagnols de quitter ce chasteau.

Le grand et furieux combat de Frideric Spinola avec douze galleres bien équipées, y ayant pres de trois mille hommes de guerre dessus, contre quatre vaisseaux des Estats, par lesquels elles furent bien battuës, mises en fuite et Spinola tué.

La conjuration des milords Coban, Rallech, Gray et Smarcan, Anglois, pour tuer leur Roy, quoy qu'ils eussent esté des plus confidens serviteurs de la reine Elizabeth, et des premiers à le recognoistre pour leur souverain, dont le discours seroit trop long, auquel sur tout est à remarquer la forme de l'accusation, conviction, punition et indulgence.

Le dessein d'une armée navalle d'Espagne pour attaquer Alger, sous esperance du secours à eux promis par le roy de Cusco, lequel les trahit, et prit l'argent et les hommes qui luy furent envoyez.

Le voyage des trois fils du duc de Savoye en Espagne, qu'il y envoyoit à dessein d'y resider, y estre nourris, entretenus et advancez aux plus grandes grades, honneurs et dignitez, desirant sur tout celuy de gouverneur de Milan et de vice-roy de Naples et Sicile, croyant, par ce moyen, de s'en pouvoir approprier quelque piece.

Le traitté d'alliance d'entre les Venitiens et les Grisons, lequel, non seulement, se proposa par le sceu et consentement du Roy, mais aussi se conclud par sa persuasion et intervention, afin de fortifier dautant plus la faction contraire à la maison d'Austriche, de laquelle, comme sont obligez d'estre tous les roys de France, il estoit le chef.

L'émotion tumultueuse des jannissaires contre leur Grand Seigneur, dautant que se laissant par trop mener par le nez, à sa mere, toutes les affaires alloient en ruyne, sans qu'elles vinssent à sa notice; et passerent les choses si advant, qu'ils le contraignirent de faire trencher la teste, en leur presence, à deux capi-aga, lesquels administroient les affaires à leur mode et servoient de conseil à sa mere, ayans empieté son esprit ; laquelle il luy fallut aussi esloigner de sa porte et luy oster toute authorité.

La mort de ce Grand Seigneur, nommé Mahommet troisiesme, estant frappé de peste ; ayant, durant son regne, fait estrangler vingt de ses freres, sa femme et un sien fils.

Le combat de quatorze galleres portugaises de Goa, contre quelques vaisseaux hollandois qui alloient au traffic des espiceries, lesquels prindrent cinq galleres, mirent les autres en fuitte et rapporterent de grandes richesses.

Lettre de M. de Ville-roy à M. de Rosny.

Monsieur, le Roy m'a commandé vous escrire que l'on luy a escrit du Dauphiné, qu'il a esté resolu, en l'assemblée de Gap, qu'en la confession de foy des eglises pretenduës reformées, l'on y doit adjouster que le Pape est l'Antechrist, et que cela doit estre imprimé et envoyé en toutes les universitez de l'Europe ; ledit advis est semblable à celuy que je vous dits dernierement m'avoir esté donné par un bon serviteur du Roy, duquel je n'avois rien dit à Sa Majesté, me contentant de le vous avoir fait entendre. J'ay representé à Sa Majesté combien vous aviez blasmé cette nouveauté, de laquelle vous recognoissiez la consequence comme Sa Majesté mesme, et que vous m'aviez dit que vous en parleriez aux sieurs de Sainct Germain et des Bordes, afin qu'ils en empeschassent l'effet. Mais par ce que je n'ay sceu devant vostre partement si vous leur en aviez parlé et leur responce, Sa Majesté m'a ordonné vous r'amentevoir de faire ledit office, comme vous sçavez qu'il doit estre fait, pour obvier aux inconveniens qui arriveront d'une telle resolution et publication, si elle a lieu, et nous faire sçavoir, s'il vous plaist, l'ordre que vous y donnerez. Le chiaoux a esté ouy aujourd'huy ; il yra demain à Paris, conduit par le controlleur Sancerre, qui vous ira trouver pour recevoir vos commandemens sur la nourriture et expedition dudit chiaoux, qu'il sera bon de renvoyer au plutost suivant vostre bon advis. Je prie Dieu, etc.

De Fontaine-bleau, le 19 novembre 1603.

DE NEUF-VILLE.

Lettre de M. de Ville-roy à M. de Rosny.

Monsieur, le Roy vous escrit sa volonté sur vostre lettre, et a fait cotter sur memoire, qui l'accompagnoit, le surplus ; sur tout Sa Majesté desire que Sainct Antoine soit bien tost dépesché, et qu'il parte avec contentement, car il va en un lieu où il ne sera inutile à son service. Vous ne sçauriez croire combien Sa Majesté a en affection le fait du Pape, considerant ce qui en arrivera. Elle dit que cette partie a esté dressée plus par faction que par religion ; elle en apprehende grandement la suitte, et luy ferez grand plaisir d'y remedier tant qu'il vous sera possible. Messieurs de Sainct Germain et des Bordes ne sont icy ; nous croyons qu'ils sont retournez à Paris, où vous les aurez veus et dit l'intention du Roy, devant que vous receviez la presente ; car s'estans presentez à vous, je m'asseure que vous n'aurez attendu le commandement de Sa Majesté pour le faire, ainsi que je luy ay dit ; toutesfois elle a voulu qu'il vous fust envoyé par ce courrier. L'on luy a dit que M. de Boüillon est fort visité du costé de Champagne, et se resouvient sur cela, de la faute que l'on a faite d'avoir laissé trainer cette poursuitte. Sa Majesté parle d'envoyer audit pays M. de Nevers, pour destromper ses serviteurs de l'opinion qu'ils prennent, sur la froideur de cette procedure, de l'innocence dudit sieur de Boüillon. Nous ne parlons encores de partir d'icy, et attendray vos commandemens pour y obeyr. Priant Dieu, etc.

De Fontaine-bleau, le 23 novembre 1603.

DE NEUF-VILLE.

J'oubliois à vous escrire, monsieur, que le Roy vous prie de faire prendre garde à la salle des antiques du Louvre, qu'il a oüy dire qu'elle a pris coup ; vous luy ferez plaisir aussi de luy escrire des nouvelles de ses bastimens, quand vous en aurez le loisir. Et, pour mon regard, je vous conseille de luy escrire tousjours amplement de toutes choses, m'ayant dit deux ou trois fois qu'en cela luy faites vous plaisir, et que quelques longues que fussent vos dépesches d'Angleterre, elles ne l'ont jamais ennuyé.

Lettre de M. de Ville-roy à M. de Rosny.

Monsieur, deux heures apres avoir fait partir le courrier que nous vous avons dépesché, j'ay receu vostre lettre escrite hier, par laquelle vous nous avez mandé l'office que vous avez fait envers M. de Sainct Germain, suivant la volonté du Roy, touchant le fait du Pape ; dequoy j'ay à l'instant adverty Sa Majesté, laquelle a elle mesme leu vostredite lettre, dont elle est demeurée contente, comme la responce que ledit de Sainct Germain (cedant à vos raisons) vous a faite. Mais Sa Majesté desire que vous teniez la main que l'effet s'en ensuive, afin d'eviter le mal qu'ont pretendu faire les autheurs de cette proposition, lesquels il seroit meilleur de tirer de peine par quelque voye douce, que d'y envelopper le general et troubler le public. Sa Majesté a opinion que le ministre Ferrier a esmeu ce fait, n'estant encores dehors l'adjournement personnel qui luy fut donné à Castres, jaçolt qu'il y ayt comparu, car le jugement n'a esté donné. A quoy l'on peut donner ordre, de façon qu'il demeurera delivré de ce pensement, sans qu'il en soit plus parlé ny fait chose qui offence le Pape ; s'il vous plaist en conferer avec ledit sieur de Sainct Germain, et nous escrire ce qu'aurez advisé, je le representeray à Sa Majesté, à ce qu'il soit suivy et effectué. Je vous prie aussi de voir la lettre que M. le cardinal d'Ossat a escrite au Roy, par le dernier ordinaire, touchant cette coadjutorerie de l'evesché de Bayeux ; il a cela si à cœur que j'ay opinion, s'il en est esconduit, qu'il en mourra de desplaisir. Ceux de Maintenon n'en parlent point, et pense qu'ils ne seront marris que le Roy refuse cette grace audit cardinal, pour n'estre le contract qu'ils ont fait avec luy, trop advantageux pour eux. Quand il plaira à Sa Majesté d'accorder l'effet d'iceluy, elle ne laissera de disposer de l'abbaye de Coulon en vostre faveur, ainsi qu'elle veut faire ; car je prevoy que pour en esconduire ledit cardinal, lesdits sieurs ne consentiront pas plutost que ladite abbaye vous soit donnée. Sa Majesté ne delaissera aussi à leur donner la recompense qu'elle tirera de l'evesché d'Evreux, ou une bonne pension sur icelle, qui equipolera à peu pres la valeur de ladite abbaye. Tellement qu'il ne leur demeurera aucune occasion de se plaindre, et nous donnerons la vie audit cardinal d'Ossat, qui est si utile au service du Roy, et a tant merité au public et du particulier. Je n'ay encores presenté ny leu au Roy sadite lettre, ayant desiré avoir, devant, vostre bon advis sur icelle, pour le respect que je vous porte et le service que je vous ay voüé ; partant je vous prie de le m'escrire aussi franchement que de bon cœur j'affectionne vostre contentement. Saluant vos bonnes graces, etc.

De Fontaine-bleau, le 24 novembre 1603.

DE NEUF-VILLE.

Lettre de M. de Ville-roy à M. de Rosny.

Monsieur, j'ay leu au Roy, ce matin, vostre lettre du 24, que je receus hier au soir ; la Reine a esté presente, car ils estoient encores au lit. Leurs Majestez trouvent bon que vous fassiez faire un miroir pour mettre la peinture que la Reine veut envoyer à celle d'Angleterre, plutost qu'une boitte commune, pour les raisons que vous representez par vostredite lettre. Le Roy desire que M. de Termes fasse diligence de trouver les chevaux qu'il faut envoyer au roy d'Angleterre, et sçavoir où il y a des bidets qui manient, afin de les prendre et acheter, qui ne pourra les avoir qu'en payant ; donques il vous plaira dire audit sieur de Termes qu'il fasse cette diligence. Sa Majesté trouve bon que vous fassiez faire les harnois qu'il faut pour tous les chevaux qui n'en ont point, et que vous commandiez qu'ils soient faits tels qu'ils doivent estre, pour estre presentez au nom de Sa Majesté; elle est contente aussi que vous traittiez favorablement le sieur de Sainct Antoine, pour les frais de son voyage pour les raisons portées par vostredite lettre; elle est bien d'advis pareillement que vous n'espargniez quatre ou cinq mille escus pour avoir des pierreries dignes d'estre presentées de sa part, et dautant plus, que l'on luy a mandé que l'ambassadeur d'Espagne fait de grandes liberalitez et riches presens, à ceux qui en veulent prendre. Nous avons oublié au memoire que nous avons dressé de ceux ausquels il faut faire des presens ou donner pensions, le sieur de Kainlos, lequel M. de Beaumont nous a escrit, par sa derniere, estre revenu d'Escosse, et avoir, avec la volonté, le moyen de servir. Monsieur, le Roy dit qu'il partira d'icy samedy, qu'il yra ce jour-là coucher à Melun, pour descendre par eau, le lendemain, à Paris. Tellement que nous vous verrons à temps pour resoudre avec vous ce que l'on fera pour ledit Kainlos, devant que Sainct Anthoine parte; joint que M. de Beaumont nous escrit par sa derniere, qui est du 10 de ce mois, qu'il feroit partir cinq jours apres le sieur d'Oval, avec un ample memoire de son advis, sur lesdits presens et pensions; lequel nous estimons estre bon de voir devant que d'en ordonner, combien que ledit sieur de Beaumont presse fort l'envoy desdits presens, craignant que ledit ambassadeur d'Espagne le gagne de la main. Mais quand ils seroient prests, ledit Sainct Anthoine ne l'est pas de partir; de sorte que nous ne perdons point de temps d'attendre ledit d'Oval. Vous resoudrez lors aussi si vous chargerez ledit Sainct Anthoine, ou non, desdits presens. Ledit roy d'Angleterre persiste constamment en sa bonne volonté envers le Roy, ayant de nouveau promis de ne traitter avec le roy d'Espagne sans son advis; il est empesché du sejour en son royaume, de l'ambassadeur d'Espagne, lequel aussi ne perd pas le temps. L'on dit que ledit Roy a escrit au nonce qui est à Paris, une honneste lettre pour responce à celle dudit nonce, et semble qu'il desire s'asseurer des catholiques de son royaume par le moyen du Pape et de ses ministres, et non par l'entremise des autres princes.

La conference que l'on avoit proposé faire entre les protestans et puritains en Angleterre, a plutost aigry que reconcilié les esprits, dont ledit Roy et ses conseillers n'estoient demeurez contents. Je vous raconteray le reste quand je vous verray. Je vous prie de m'envoyer un double des lettres escrites par l'electeur Palatin et M. de Boüillon à l'assemblée de Gap, et de la responce qui y a esté faite; car j'en ay besoin pour mes dépesches, afin d'en mieux et plus seurement informer ceux ausquels il convient en donner advis. Sa Majesté a esté tres-aise de l'asseurance que vous nous avez donnée par vostredite lettre qu'il sera pourveu à la suppression de la resolution prise en ladite assemblée contre le Pape, de façon qu'elle en demeurera contente et trouve bon que l'on tire de peine le ministre Ferrier, suivant vostre bon advis. J'ay veu ce que vous m'avez escrit sur l'affaire de M. le cardinal d'Ossat; je n'en attendois pas moins que cela de vostre prudence, équanimité et sincere affection au service du Roy et au bien de ses affaires: j'en ay fait la lecture à Sa Majesté, comme du demeurant, qui y a pris plaisir, a declaré vouloir que vous ayez l'abbaye de Coulon quand elle vaquera, et qu'elle contentera M. de Maintenon sur l'évesché d'Evreux par une pension ou par un eschange; de sorte qu'elle ne laissera de contenter ledit cardinal, auquel j'escriray le tesmoignage que vous avez rendu en cette occasion de vostre bonne volonté et du jugement que vous avez fait de son merite. Mais, monsieur, vous avez oublié à nous faire sçavoir l'estat de la salle des antiques du Louvre, que Sa Majesté, ainsi que je vous ay escrit, desiroit que vous visitassiez pour recognoistre si elle a pris coup comme l'on luy a fait entendre; elle a creu que j'avois oublié à vous l'escrire, voyant que vostre responce n'en faisoit mention; donnez luy ce contentement, et à moy celuy de vos commandemens pour y obeyr, comme je feray toûjours de tres-bon cœur, etc.

De Fontaine-bleau, le 26 novembre apresmidy 1603.   DE NEUF-VILLE.

CHAPITRE CXXVI.

Récapitulation des services de Rosny.

Or, combien que ces presentes narrations de l'année 1603, pour y avoir voulu employer tout ce que nous avions curieusement recueilly de vostre voyage et negociation en Angleterre, suittes et dependances d'icelles, nous semblent desja grandement longues, et que, suivant nostre premier dessein d'escrire simplement quelque chose de vos services, nous les puissions finir presentement pour ce qui vous regarde specialement, par le traitté que, suivant la volonté du Roy, vous fistes avec messieurs de Malicorne et de Laverdin, pour le gouvernement de Poictou et l'employ de vos provisions, neantmoins diverses practiques et menées descouvertes en cette année, et les subsequentes, nous ont fait prendre la licence d'une petite digression qui nous ramene au fil de nostre propos, par laquelle nous pretendons faire voir, par les diverses espreuves que le Roy, comme le maistre, et vous, comme le serviteur, en avez faites, qu'il se trouve rarement de prudence humaine tant excellente, de fortune si prospere, ny de vertus tant abondantes, qu'elles ayent la puissance de destourner les malignes constellations des astres, d'ameliorer les naturels despravez, de reformer les inclinations perverses, ny de repurger entierement les cœurs habituez au mal, de ce pestiferé venin des trois testes de Cerberes, ambition, avarice et envie, depuis qu'elles y ont une fois pris racines profondes, la suitte des temps et des ans les accroissans tousjours, au lieu qu'ils diminuent ordinairement la pluspart des autres vices.

Car, encore que Sa Majesté ne fist gueres de choses d'importance qu'avec une grande sagesse et judicieuse prevoyance, et sans mesme en avoir communiqué peu ou prou avec les plus grands et qualifiez qui fussent pres de luy; qu'il n'eslevast que fort peu aux grands honneurs, charges et dignitez, sinon des personnes illustres en extraction ou en capacité, ou qui eussent d'autres conditions propres pour advantager son service ou conserver ses peuples; qu'il deust estre craint et redouté pour ses victoires, son courage et sa puissance; honoré et reveré pour ses rares vertus et Majesté royale, et aymé, estimé et chery pour sa foy inviolable, ses carresses ordinaires, sa clemence admirable; sa facilité d'accez, sa douce conversation et son familier entretien avec tous; que pour vostre regard il n'eust, en aucune façon, precipité vostre fortune; qu'il ne vous eut honoré d'aucune charge ny employ sans une prealable cognoissance de vostre loyauté, diligence et assiduité au travail du corps et de l'esprit, et qu'il n'eust auparavant tiré des espreuves de vostre suffisance et capacité en l'exercice des charges qu'il vous départoit, comme avoit fait voir vostre industrieuse conduite, lors qu'il vous députa vers le roy Henry III, et les ambassadeurs des cantons protestans de Suisse en 1586 ; la reconciliation de ces deux roys, que vous traittastes à Blois en 1589 par l'entremise de M. de Ramboüillet ; l'industrieux secours que vous donnastes en 1590 aux assiegez dans Meulan ; l'heureuse descouverte que vous fistes en 1592 des menées de plusieurs qui estoient pres du Roy pour former un tiers party, par le moyen de certaines lettres que vous pristes pres de Mantes sur le chemin de Paris ; la dexterité dont vous usastes apres pour separer M. le cardinal de Bourbon de ce tiers party et le reconcilier absolument avec le Roy; vostre valeur tesmoignée en plusieurs combats et batailles ; vos sages et heureuses procedures aux traittez que vous fistes avec messieurs de Medavit, de Villars et de Guyse pour les reduire en l'obeyssance royale; la belle police que de tout temps vous aviez establie dans les places et parmy les gens de guerre sur lesquels vous aviez eu pouvoir; l'excellent ordre et merveilleux mesnage qui apparut aux finances tout aussitost que vous y fustes employé; le grand soin et diligence que vous apportastes aux provisions d'argent, vivres, artilleries, munitions, drogues, outils et ustencils necessaires pour ce grand et important siege d'Amiens, auquel toutes ces choses furent fournies abondamment et à propos ; vostre intelligence et grande œconomie aux ouvrages publics, tant pour les voyes et chemins, que bastimens et fortifications, lors qu'en diverses années vous fustes pourveu des charges d'iceux; vostre grande suffisance en l'artillerie, acquise par plusieurs employs precedens en icelle, qui fut cause que Sa Majesté vous pourveut de l'office de grand maistre, voulant attaquer la Bresse et la Savoye qui furent conquises, où vous fistes des merveilles ; le grand soin et loyauté que vous apportastes en la garde et conservation de la Bastille, et des prisonniers d'Estat grandement qualifiez qui furent mis en icelle ; la fermeté de vostre courage et solidité de vostre jugement, au démeslement de plusieurs monopoles qui se continuerent contre le Roy, l'Estat et vous aussi ; vostre modestie et conduitte en l'élévation de vostre éminente fortune et visible possession speciale de la bien-veillance et faveur du Roy, ne vous estant jamais arrogé ny rang ny titre, outre celuy de gentil-homme, quoy que vous en vissiez plusieurs, lesquels n'estant point de plus ny peut-estre de tant illustre et ancienne extraction que vous, qui vivoient et usoient de termes comme s'ils fussent descendus de lignée royale ou de grands princes souverains ; que l'on ne vous ayt jamais veu asseoir au conseil au dessus de ceux qui avoient seance en iceluy avant vous, de quelque mecanique naissance qu'ils pussent estre, jusques à ce que vous fussiez officier de la couronne et depuis duc et pair de France; que vous fissiez observer un tel ordre aux conseils privé d'Estat et de finance, que tous les princes, ducs, pairs, officiers de la couronne, gouverneurs et lieutenans de Roy aux provinces et autres seigneurs de qualité qui avoient brevets du conseil, entroient en tous les trois, en tous temps et en tout lieu, et y avoient seance et voix deliberative, vous asseant tousjours au dessous de ceux qui vous precedoient en rang ou dignité, quoy qu'il arrivast aucune fois qu'à cause de vostre intelligence aux affaires et cognoissance particuliere des intentions du Roy, vous recueillissiez les voix comme president, et signassiez les arrests; que vous gardassiez inviolablement vostre foy et vostre parole à tous ceux ausquels vous la donniez, tant en matiere d'argent qu'en toutes autres affaires; que vous eussiez vos audiances si methodiquement reglées, que nul, jusques aux moindres, n'y trouvoient point de difficulté, n'avoient aucune peine à vous parler de leurs affaires, ny à en tirer une resolution certaine suivie de promptes expeditions, et que nul n'estoit jamais assigné ou employé sur vos estats des finances qui ne fust entierement payé, sans vous soliciter, bonneter les financiers, ny gresser les mains de leurs clercs et commis. Et neantmoins nonobstant tant d'admirables procedures de ce grand Roy et vostre prudente administration, si ne luy fut-il pas possible, non plus qu'à vous, de se garantir des langues medisantes de ces ambitieux, avaricieux et envieux esprits dont nous avons parlé, éviter leurs plaintes et mal contentemens, ny empescher leurs monopoles et mauvaises pratiques pour troubler la tranquillité de l'esprit du Roy, de son Estat et de ses peuples, et alterer l'ordre que vous observiez en la conduite des affaires, deux sortes de personnes principalement et de bien differentes humeurs et conditions paroissans sur tous autres estre obstinez à ce dessein; à sçavoir, les bigots catholiques fomentez des Jesuistes, et les hipocrites huguenots excitez par quelques ministres factieux et messieurs de Boüillon, de la Trimoüille, Desdiguieres, du Plessis et leurs faciendaires, lesquels, sourdement contre le Roy et plus ouvertement contre vous, faisoient retentir leurs plaintes, et sembloient ceux mesmes de la religion estre plus animez contre vous que les autres, disans, en leur patois, que vous ne faisiez rien pour la gloire de Dieu ny l'advancement des eglises, quelque mine que vous fissiez d'estre affectionné à la religion qu'ils professoient, et que vous possediez les honneurs, les faveurs, les charges et les dignitez qu'ils avoient meritez par leurs capacitez et services, comme il se presenta une occasion sur la fin de cette année, qui justifia une partie des choses dont le Roy ne se faisoit que douter, lesquelles, au lieu de vous nuire, augmenterent vostre credit.

CHAPITRE CXXVII.

Rosny obtient le gouvernement de Poitou. Raison de Henri IV pour le lui donner.

Pour témoigner quelque chose de ce qui a esté dit au precedent chapitre, nous vous ramentevrons, comme vous en allant un jour au Louvre, pour faire voir au Roy les advis que l'on vous avoit donnez, des mauvaises volontez de ces gens là, dont il a esté parlé, eux concluant que vous leur nuisiez plus que les plus animez catholiques, vous trouvastes Sa Majesté dans la premiere gallerie proche de sa chambre, se promenant pres le balcon d'icelle avec messieurs de Mont-pensier, cardinal de Joyeuse et duc d'Espernon; de laquelle, au signe qui vous en fut fait, vous estant approché, elle vous dit : « Or devinez sur quoy nous en estions, ces trois « hommes icy et moy, lors que vous estes entré. « —Sire, dites vous, les discours et les concep- « tions de trois si grands personnages, represen- « tez à vostre Majesté, pourroient estre tant re- « levez, qu'ils surpasseroient ma capacité et mon « imagination; et partant me seroit-il impossible « de les deviner.

« Or bien, dit le Roy, laissant les cajolleries « à part, je vous diray que nous parlions de « vous, et que sur l'advis qui me venoit d'estre « donné, des pratiques et menées de messieurs « de la Trimoüille et du Plessis, en Anjou, Poic- « tou et Xaintonge, et ce que me disoit M. de « Mont-pensier, des mauvais propos qu'il avoit « oüy tenir au premier, en presence de M. Le « Grand et du comte du Lude (qui, à la verité, « faisoient les mal-contents, et ne m'espargnoient « pas non plus, ny vous aussi, afin de le faire « parler), ils me conseilloient de vous donner le « gouvernement de Poictou, Chastelleraudois et « Loudunois. L'eussiez vous bien creu, eux es- « tans si bons catholiques, et vous si opiniastre « huguenot?

« Je croiray tousjours bien, Sire, dites vous, « que ces messieurs qui vous ayment grandement « n'auront pas manqué de vous donner ce con- « seil, s'ils ont estimé qu'il vous fust agreable et « utile à vostre service. — Or, dit le Roy, devi- « nez encor surquoy nous fondions cette resolu- « tion ainsi prise. — Je croy, Sire, dites vous, « que le principal sujet d'icelle a esté vostre bien- « veillance envers moy, ma loyauté au service de « vostre Majesté et de son Estat; car d'autres « merites en moy, il y en a bien peu. — Oüy « dea, ce dit le Roy, tout ce que vous dites là en « peut bien avoir esté en partie cause; mais la « principale est que vous estes huguenot, et que « vous, gouvernant en ces provinces, et sur tout

« avec les huguenots, avec prudence et suivant
« les instructions que je vous donneray, et fai-
« sant passer par vostre entremise toutes les gra-
« tifications qu'ils tireront de moy, vous prendrez
« toute la creance et la ferez perdre à tous les
« Boüillons et broüillons, sur tout leur faisant
« bien comprendre que mes intentions sont tres-
« bonnes en leur endroit, voire de tout ce qu'ils
« appellent leurs Eglises, et des particuliers aussi,
« tant qu'ils auront la prudence et la modestie
« requise pour se conduire et comporter, ainsi
« que de bons sujets et loyaux serviteurs doivent
« faire envers un sage Roy et un bon maistre,
« tel que je leur ay tousjours esté par effet, et
« veux aussi leur demeurer à l'advenir, si par im-
« prudence et mauvaises procedures, il ne con-
« traignoient mon naturel d'en user autrement;
« et partant qu'ils ne sçauroient faire une meil-
« leure union qu'avec moy, choisir une plus as-
« seurée protection que la mienne, ny avoir de
« plus deffensables places de seureté, voire y fust
« la Rochelle, que mes bonnes graces, ma bien-
« veillance, ma foy et ma parole ausquelles je
« ne manqueray jamais, voulant incessamment
« demeurer en égalité d'affections, de faveurs
« et de bien-faits ; gardant tousjours neantmoins
« les proportions deuës aux qualitez, capacitez
« et services d'un chacun, seul Roy, et seul pro-
« tecteur des catholiques et des huguenots. Car,
« quand bien je n'aimerois pas la religion des
« derniers, comme à la verité je ne l'approuve
« plus et desirerois qu'ils fussent tous de la
« mienne (ce qu'il disoit, comme je vous l'ay
« tousjours veu estimer ainsi, à cause de ceux qui
« estoient presens ; car, outre les premiers, estoient
« là encor survenus pendant tous ces discours,
« messieurs de Brissac, d'Ornano et de Roque-
« laure), je ne laisse pas d'aimer leurs personnes,
« comme les services que j'en ay receus m'y obli-
« gent, ayans tant de fois hazardé leurs vies
« pour la deffence de la mienne ; voire encore
« que la Rochelle, Bergerac et Montauban, me
« fassent par fois des escapades qui me desplai-
« sent, neantmoins je ne me sçaurois empescher
« d'aimer en particulier ces trois villes là, et
« mesmes de leur donner tous les ans quelque
« peu de chose pour leurs fortifications et leurs
« colleges, tant pour ce que je sçay qu'en effet
« ils ayment ma personne et qu'ils ne se jetteront
« jamais aux extremitez contre moy, que pource
« qu'apparemment Dieu s'est servy d'icelles pour
« me sauver la vie et garentir d'oppression, lors-
« que le feu Roy, le roy d'Espagne, le Pape et
« toute la ligue ont essayé de me destruire,
« m'ayant envoyé tant de grandes armées sur
« les bras, contre l'effort desquelles j'ay tousjours

« trouvé l'affection et loyauté de ces peuples,
« tres-entieres en mon endroit, et en leurs mu-
« railles une si asseurée retraitte à ma vie et à
« ma personne, que l'on ne m'y a jamais osé at-
« taquer. Mais quand tout cela ne seroit point,
« je dis que la prudence acquise par une si lon-
« gue experience, que les cheveux me sont blan-
« chis en icelle, me conseille de les bien traitter,
« et de n'entreprendre jamais de les vouloir ruy-
« ner, pour ce que je n'y sçaurois parvenir, sans
« rejetter mon royaume et mes peuples, que
« j'ayme comme mes enfans, dans les desordres,
« confusions, et desolations par lesquelles j'ay
« passé, les en ayant retirez avec beaucoup de
« perils, de pertes, de peines et de despences, et
« de joindre à la destruction de ces opiniastres
« celle de mon Estat, ou pour le moins le voir
« affoiblir de telle sorte que luy et moy devien-
« drions la proye de nos anciens et irreconci-
« liables ennemis : ce propos me faisant souve-
« nir des belles preuves d'amitié que Taxis et
« Stuniga me vouloient rendre au nom de leur
« maistre (lors qu'ils insistoient à me faire aban-
« donner ses sujets heretiques et rebelles des
« Pays-Bas), qui estoient de m'offrir toutes ses
« forces et ses moyens pour m'ayder auparavant
« (afin que je cogneusse qu'il y procedoit since-
« rement) à destruire entierement tous mes sujets
« heretiques, entre lesquels ils sçavoient bien, di-
« soyent-ils, y en avoir plusieurs et des plus qua-
« lifiez, lesquels ne m'aymoient gueres et en-
« vioient mes prosperitez, voire ne desiroient
« rien plus que de pouvoir troubler mon Estat;
« en quoy leur maistre ne les avoit jamais voulu
« assister, quelque instance qui luy en eust esté
« faite de leur part, tant il estimoit dangereux pour
« tous les Roys et potentats catholiques, l'ac-
« croissement de cette secte, laquelle n'affectoit
« rien tant que l'estat populaire et la republique ;
« desquelles offres et discours, quoy que gran-
« dement specieuses et pleins d'artifices, la cap-
« tion et la malice ne me furent pas fort diffici-
« les à descouvrir, se conformans, comme il me
« sembla aussi-tost, à ce que j'avois oüy dire
« que l'empereur Charles V respondit à la Roche
« du Mayne, lors son prisonnier de guerre, se
« plaignant du mal-heur des Estats et sujets de
« luy et du Roy, son maistre, lequel il n'estimoit
« proceder que du peu d'amitié qu'il y avoit
« tousjours eu entre les personnes de leurs Ma-
« jestez, luy disant, que pour son regard il s'a-
« busoit bien fort, pource que tant s'en falloit
« qu'il hayst le roy de France, qu'il souhaitteroit
« qu'au lieu d'un seul il y en eut une vingtaine.
« Et partant par toutes ces raisons d'Estat et de
« prudence, dit le Roy, suis-je resolu de mainte-

« nir le dedans de mon royaume en repos et
« tranquilité, bien asseuré que par ce moyen,
« par ma vigilance, la bien-veillance des gens
« de bien, qui excedent en nombre infini les au-
« tres, mes armes et mon argent, j'empescheray
« que toutes ces nuées de broüilleries n'esclatent,
« à quoy la resolution que j'ay prise, par l'advis
« de ces messieurs icy, de vous bailler le gouver-
« nement de Poictou, me servira grandement;
« et partant faites parler à messieurs de Mali-
« corne et de Laverdin, qui en sont pourveus
« à survivance l'un de l'autre, car tous deux
« m'en ont fait parler pour s'en demettre en fa-
« veur de l'un de mes enfans naturels, moyen-
« nant quelque mediocre recompense, d'autant
« que Laverdin a mis son affection à celuy du
« Mayne et du Perche, et dit ne les vouloir pas
« quitter (à cause que ses biens y sont situez et
« assis et qu'ils ne luy travaillent gueres l'esprit)
« pour la plus grande province de France; mais
« je juge plus à propos, pour le bien de mes af-
« faires, de vous bailler le Poictou, qu'à mes en-
« fans ny à aucun autre. » Et apres que chacun
de ceux qui estoient presens eut dit son mot, en
loüange et approbation des discours et resolutions du Roy, il s'en alla aux Tuilleries et vous
à l'Arsenac, d'où, sans perdre temps, vous fistes
partir le sieur de Mont-martin, pour proposer à
messieurs de Malicorne et de Laverdin ce qui
avoit esté resolu : en quoy il se comporta si
dextrement, se servant des raisons cy-dessus
envers M. de Laverdin, et de l'extreme vieillesse
et indisposition continuelle de M. de Malicorne,
qu'en peu de temps vous en fustes d'accord à la
somme de vingt mil escus pour eux, et deux ou
trois mil escus pour ceux qui les gouvernoient;
tellement que, sur leur demission, monsieur de
Fresne vous envoya les provisions de ce gouvernement, en datte du 16 decembre, lesquelles
nous ne transcrirons point icy, pour estre trop
longues et qu'elles sont enregistrées en plusieurs
lieux.

CHAPITRE CXXVIII.

Devise des jetons distribués au commencement de l'année 1604.

[1604] C'est chose tres-veritable, monseigneur,
ainsi que nous estimons l'avoir desja dit plusieurs
fois, que vos autres serviteurs, non plus que
nous qui avons travaillé les derniers à ces recueils de ce que vous avez veu, sceu et cogneu
des faits et gestes de nostre grand Roy, ne pensions à rien moins au commencement, qu'à nous
jetter dans de si amples discours, mais seulement à faire quelques remarques de vos principales actions, dits et fortunes, afin de les laisser
à vos successeurs pour leur servir de modelle à
former leurs vies, et d'enseignemens pour les
guider et conduire parmy les espineuses affaires
de ce monde inconstant et variable, de la poin-
ture desquelles vous n'avez esté non plus exempt
que la pluspart des autres grands hommes, eslevez aux honneurs et dignitez par la seule vertu
sans s'en vouloir détraquer. Mais à mesure
qu'eux et nous sommes entrez en matiere, nous
avons trouvé vos dits, vos faits et vos fortunes
tellement entremeslées parmy une grande partie des actions plus celebres de nostre grand
Roy, et les importantes affaires de Sa Majesté
et de son Estat, qu'il nous a esté du tout impossible de les demesler ny separer; ce qui a esté
cause, ainsi que nous l'avons desja dit, et l'ap-
percevons mieux maintenant par les longues
suittes de nos narrations de l'année 1603, d'enfler de telles sortes ces Memoires que nous crai-
gnons d'estre accusez d'avoir voulu contre-faire
les historiens, n'en ayant jamais eu l'intention
non plus que la capacité. Si bien que, pour éviter ce blasme, nous nous estudierons cy-apres à
une plus grande briefveté, passant sous silence,
ou traittant fort legerement, toutes les choses
esquelles vous n'aurez eu nulle part ou qui ne
seront point de trop grande consequence ny du
tout necessaires pour l'esclaircissement des matieres dont nous parlerons.

Commençant cette année, 1604, par le premier jour du mois de janvier, que vous vous en
allastes, dés le matin, donner le bon jour et le
bon an, au Roy et à la Reine, lesquels vous
trouvastes encor tous deux au lict, et comme
vous entriez dans la chambre (car à toute heure
que vous arriviez les portes vous estoient ouvertes), le Roy oyant faire des reverences, tira
le rideau, demanda qui c'estoit, et vous ayant
apperceu, dit à la Reine : « Ma mie, voicy Rosny,
« lequel, je m'asseure, nous vient apporter nos
« estreines. — Il est vray, Sire, dites vous; mais
« celles-cy sont un peu plus belles que les ordi-
« naires du passé, car, outre les bourses de jet-
« tons d'argent, je vous en apporte, à chacun,
« deux bourses d'or. — Ces jettons devroient estre
« beaux, monsieur, dit la Reine au Roy. — Je le
« croy, ma mie, dit-il; mais, Rosny, vous serez
« vous souvenu d'y approprier une devise sur le
« sujet que je vous dis en presence de M. de
« Mont-pensier et du cardinal de Joyeuse, lors
« qu'ils me parloient des broüilleries de messieurs
« de Boüillon, de la Trimoüille et de leur sequelle
« que nous cognoissons tous, dont l'on bruyoit
« lors et bruit-on encores à present, et que je leur

« respondis que mes sujets avoient grand tort de
« vouloir ainsi traverser mon regne d'inquietudes,
« veu que je n'avois nul plus grand desir que de
« leur faire du bien à tous et d'estre aussi aymé
« de tous, et vous ordonnay d'essayer à me faire
« une devise qui specifiast tout cela ? car il faut
« que je confesse que nuls de tous ceux qui se
« meslent d'en faire ne rencontrent point si heu-
« reusement et selon mon gré comme vous faites.
 « Ouy, Sire, respondistes vous, je m'en suis
« fort bien souvenu, encore que ce ne soit pas
« chose facile que de bien exprimer tant de con-
« ceptions, donner un corps agreable, qui en si-
« gnifie une partie, soit par sa figure, sa nature
« et ses proprietez, en reservant le surplus à de
« belles et briefves paroles qui ayent une bonne
« cadence, dequoy je m'estois acquitté le mieux
« qu'il m'avoit esté possible : mais les loüanges
« que vostre Majesté me vient de donner, me
« mettent en plus de peine et d'apprehension que
« je n'estois auparavant, tant j'ay de peur de luy
« faire perdre cette bonne opinion qu'elle a tes-
« moignée d'avoir conceuë de moy. — Or bien,
« bien, dit le Roy, cette discretion ne vous est
« que bienseante : mais voyons un peu ce qui en
« est, afin d'en dire nos advis. — La simple veuë
« ne vous en sçauroit assez instruire ny suffisam-
« ment satisfaire, Sire, luy dites vous, encor
« qu'à mon advis, le corps n'en soit pas trop
« laid ny les paroles mal agreables, y ayant une
« grenade ouverte qui monstre une grande quan-
« tité de ses grains de rubis, car je les ay fait bien
« esmailler, et ces mots à l'entour, *Tot vota meo-*
« *rum ;* mais j'estime que l'histoire vous en plaira
« encor davantage, et que vous la trouverez ren-
« contrer assez bien sur l'amour d'un Roy envers
« ses sujets et d'eux envers luy. » Et lors vous
racontastes l'histoire du monarque Darius et de
son loyal serviteur Zopirus, laquelle pour estre
trop longue et assez commune nous ne reciterons point icy ; mais dirons seulement que depuis cette prise de Babylone, comme quelques-
uns magnifiassent une si haute conqueste,
l'Empereur respondit : *J'aymerois mieux mon
Zopire sain et entier que la possession de vingt
Babylones.* « Et une autre fois ayant cueilly une
« grosse grenade, dans ces magnifiques jardins
« de Semiramis, laquelle comme celle de vostre
« devise, Sire, dites-vous au Roy, monstroit
« grande quantité de grains de rubis, et que ses
« familiers luy eussent demandé de quelles choses
« il desireroit avoir autant qu'il y avoit de grains
« en cette grenade, il respondit : *Autant de*
« *Zopires.* Mais au lieu de ce nom, j'ay mis
« *Vota meorum,* qui signifie d'amour et de vœux
« de vos sujets, ainsi que vostre Majesté m'avoit

« dit estre le plus grand de ses desirs. — Il est
« vray, dit le Roy, et je trouve cette devise dau-
« tant meilleure que l'histoire en exprime aussi
« le cas qu'un bon maistre doit faire d'un excel-
« lent serviteur qui s'expose à tous perils pour
« luy, ce que peut estre n'y avez vous pas mis
« sans penser à vous. » Il se passa en suitte plusieurs autres discours sur ce sujet entre le Roy,
la Reine, vous et messieurs de Roquelaure, Frontenac et La Varenne, qui entrerent en mesme
temps dans la chambre, lesquels seroient trop
longs à reciter.
 Le lendemain le Roy vous envoya pour vos
estreines une boëte de diamans, où estoit son
portraict, la Reine une chaîne de parfum, enrichie de diamants, et des bracelets fort riches à
madame vostre femme.

CHAPITRE CXXIX.

Mort de la duchesse de Bar, sœur du Roi. Disposition que fait le Roi des biens de cette princesse : une de ses maisons donnée à la Reine, l'autre à la marquise de Verneuil. Conseil tenu sur les Jésuites. Conversation de Henri IV et de Rosny. Rétablissement des Jésuites.

Au commencement de cette année mourut madame la duchesse de Bar, sœur unique du Roy, dequoy il receut un grand desplaisir ; au recit duquel nous ne nous amuserons point, non plus qu'à celuy de plusieurs autres affaires qui se presenterent lors, et nous contenterons d'inserer icy une lettre que le Roy vous en escrivoit de sa main, qui tesmoignera que vous estiez son mesnager à tout entreprendre et à tout faire, estant telle que s'ensuit.

Lettre de la main du roy à M. de Rosny.

Mon cousin, je vous prie d'achever l'affaire du sieur du Masses au plutost, car je desire qu'il s'en retourne en sa charge, où vous sçavez qu'il est necessaire pour mon service, c'est pourquoy je desire qu'il soit content, et de vous assembler ce jourd'huy en mon conseil, pour y traitter et resoudre, avec l'advis de messieurs le chancelier, de Ville-roy et Sillery, les affaires tant de M. de Boüillon que de la Trimoüille, quoy que je croye jusques à ce que vous ayez des nouvelles de Russy la Place et du Maurier, comme aussi de Parabelle et Constans, vous n'y puissiez prendre une bonne resolution. Traittez avec les ministres de l'electeur Palatin, de luy faire payer sur ses debtes le plus qu'il sera possible, à la charge de retirer son fils de Sedan. Traittez avec l'ambassadeur du duc de Virtemberg, et tesmoignez luy que je le desire gratifier en tout ce qui me sera possible, car je veux conserver ce grand nombre d'amis que je me suis acquis en Allemagne. Faites que Bongars soit depesché promptement, quoy qu'il faille, car son voyage importe, comme vous le sçavez. Enquerez vous où sont les bagues que feuë ma sœur la duchesse de Bar avoit envoyées engager en cette ville, pour payer ce qu'elle devoit de reste de sa maison, et qui les a, et pour combien elles sont engagées, car l'on m'a asseuré qu'elles ne le sont que pour vingt mille escus; faites faire un inventaire des meubles qu'elle a laissez en sa maison, comme aussi des tableaux qui y restent, tant en la gallerie, chambre que cabinets, et verifier, sur l'inventaire qu'en a le concierge, si l'on en a osté, et qui, car ils me pourront servir pour mes galleries. Je veux que la maison soit venduë et separée en trois, tant pour achever de payer ce qui en restoit deub que pour payer ses debtes, ayant appris aujourd'huy qu'elles ne sont si grandes que l'on m'avoit asseuré. De deux maisons que j'avois cy-devant données à feuë ma sœur, l'une estant à Fontaine-bleau et l'autre à Sainct Germain en Laye, j'ay donné à ma femme celle de Sainct Germain, et à madame de Vernueil celle de Fontaine-bleau. J'ay advisé depuis pour le dueil qu'il me faut porter, qu'il faut que le premier gentil-homme de ma chambre, maistre de ma garderobe, et ceux qui me servent ordinairement à la chambre et à la garderobe en soient vestus, comme aussi les pages de ma chambre et les lacquais estans en quartier; car il ne seroit honneste que moy vestu de dueil et mon cheval, ils courrussent devant moy vestus de livrée, et avec ma femme, ses dames d'honneur, d'atour, ses filles, femmes de chambre et lacquais estans en quartier. Je serois bien aise que dans trois jours vous me vinssiez trouver à Sainct Germain, où je m'en vais, et m'apportiez la resolution que vous aurez prise sur les affaires que je vous escry, et ce que vous y aurez fait aussi; que vous veniez voir mon fils que vous n'avez veu il y a long-temps, et que vous luy fassiez apporter sa chappelle. Adieu, mon amy.

HENRY.

Ce 18 fevrier 1604.

Pour plus facile intelligence de ce qui sera cy-apres dit, qui se passa sur les propositions du restablissement des Jesuistes (1), il se faut souvenir de ce que peu de gens ignorent, à sçavoir: que le Roy ayant par ses excellentes vertus, son industrie et sa catholicité, reduit tous ces debonnaires sujets catholiques à son obeyssance loyale, et aussi les plus zelez catholiques espagnolisez et ligueurs passionnez; mais pour la crainte de ses armes, l'apprehension de leur ruyne, et à grande graisse d'argent, ils firent tous tant égalle demonstration d'affectionner le Roy et le bien de la France, et rencontrerent l'inclination de ce genereux prince tellement portée à l'indulgence et à une vraye et sincere reconciliation avec tous, que tous aussi furent receus et regardez de luy comme s'ils eussent eu sa mesme franchise et bonté naturelle, voire quelques-uns admis dans l'administration de ses affaires importantes et particuliere confidence; entre lesquels les sieurs de Ville-roy et Jeannin furent des plus employez. Ausquels neantmoins restant encor quelque diminutif de semence espagnolique et ligueuse dans la fantaisie, ils ne se pouvoient empescher aux occasions, lors qu'ils le pouvoient faire, sans se trop descouvrir, de favoriser ceux qui avoient de mesmes sentimens, et qui, pour acquerir credit à Rome, se monstroient avoir adversion à ceux qu'ils nommoient heretiques; adjoignant à ce dessein tous les grandement zelez et scrupuleux catholiques ou qui vouloient faire croire qu'ils estoient tels, comme le plus facile moyen pour faire advancer eux et les leurs aux grandes charges politiques et prelatures ecclesiastiques. Tellement que toutes ces diverses sortes de gens, ainsi intentionnez, solicitoient continuellement le Roy pour le restablissement des Jesuistes, la publication du concile de Trente, la rejection de ceux qu'ils nommoient heretiques des grandes charges du Roy et du royaume, sur tout des gouvernemens des fortes places et des dispositions des benefices à des confidens eu leur faveur, à se départir des secours et assistances par luy données aux estrangers heretiques contre les catholiques, avec lesquels il estoit en paix; et d'autant qu'ils voyoient bien qu'envers un esprit tant genereux et judicieux que celuy du Roy, il falloit toucher cette corde bien doucement, de peur de luy donner quelque son qu'il pust trouver aigre, ils penserent qu'il la falloit faire manier par une main grandement harmonique. Tellement qu'ils reduisirent toutes leurs solicitations à celle de la reconciliation du Roy avec le Pape et le Sainct Siege, croyant que, par ce moyen, ils parviendroient plus facilement à ce qu'ils desireroient (comme il en arriva quelque chose), d'autant que y ayant un ecclesiastique à Rome, nommé Arnault d'Ossat, qui avoit servy aux ambassadeurs et protecteurs precedens, qui estoit creature du sieur de Ville-roy, et le faisant entremettre de cette reconciliation, il luy feroit bien

---

(1) Tout ce récit concernant les jésuites n'est pas très-exact.

faire en sorte que le Pape mettroit tout ce qu'ils voudroient dans les conditions de son absolution. Et afin de faciliter tant mieux ce dessein, ils firent choisir au Roy pour envoyer demander son absolution un grand docteur en theologie, nommé le sieur du Perron, qui estoit des moins desagreables à ceux de la religion qui avoient du credit aupres du Roy, jusques là que c'estoit vous qui luy aviez procuré la nomination à l'eveschè d'Evreux, et eux luy promirent que, prenant bonne intelligence avec ce M. d'Ossat, ils leur procureroient à chacun d'eux un chapeau de cardinal. Tellement que toutes les difficultez que fit le Pape de donner une absolution au Roy pure et simple, comme il n'y eut pas failly (tant les diminutions de son authorité en France, aussi bien aux choses spirituelles que temporelles, luy estoient insupportables, à cause de la grande perte de ses revenus), ne procederent que de la demonstration que firent ces deux negociateurs, de n'avoir point desagreable que le Pape apposast des conditions à icelle; entre lesquelles ils ne manquerent pas d'y faire mettre la publication du concile de Trente et le restablissement des Jesuistes. Enquoy se cognoist la malice des directeurs de ceux qui estoient employez en cette reconciliation; puis que, sur la premiere, la mesme proposition ayant esté faite à Paris au temps de l'assemblée des Estats de la ligue, où il y avoit un legat du Pape et toutes les catholicitez zelées, elle y fut rejettée comme prejudiciable au Roy et royaume en vingt cinq ou trente articles. Et quant aux Jesuistes, il est certain que si le Roy de sa propre authorité n'en eust entrepris le restablissement, que jamais ils ne l'eussent obtenu, tant le Parlement, la Sorbonne, l'Université, plusieurs evesques et villes de France y avoient une grande aversion.

Suivant ce que dessus, voulant faire le discours de ce qui se passa sur la proposition du restablissement des Jesuistes, nous dirons, comme environ ce temps, ils eurent si bien dressé leurs batteries pour estre restablis (par le moyen des poursuittes et solicitations de plusieurs confidens serviteurs du Roy, et notamment du sieur de La Varenne, qui esperoit, par ce moyen, d'avancer ses enfans aux plus hautes dignitez de l'Eglise, jusques à parvenir au cardinalat), qu'ils commencerent de se couler et glisser dans la Cour, voire de s'approcher familierement de la personne du Roy, dont les plus souples, complaisans et mieux s'accommodans aux esprits et affaires du temps present, estoient, ce nous semble, les peres Ignace, Majus, Cotton, Armand et Alexandre (car Gontery impetueux et bruyant comme un tonnerre ne parut pas si tost); tant qu'en fin Sa Majesté s'estant laissée gagner en quelque façon à plusieurs raisons dont on luy rebattoit journellement les oreilles avec de merveilleux artifices, il commanda un jour à monsieur le connestable d'assembler chez luy messieurs de Bellievre, chancelier, vous, Chasteau-neuf, de Pont-caré, de Ville-roy, de Messes, presidens de Thou, Calignon et Jeannin, de Sillery, de Vic et de Comartin, pour entendre par la bouche de La Varenne les requestes, offres et propositions qui luy avoient esté faites au nom de toute la societé des Jesuistes touchant leur restablissement en France, afin de les examiner, deliberer sur le tout, et luy r'apporter vos advis.)

Sur lesquelles ouvertures, quand il fut question d'opiner, messieurs de Bellievre, de Ville-roy et de Sillery jetterent les yeux sur vous, et le dernier prenant enfin la parole dit, en se tournant tout à fait vers vous : « Si M. le mar« quis de Rosny vouloit opiner le premier, il obli« geroit grandement la compagnie, car estant « des plus intelligens aux affaires politiques et « d'Estat, et des mieux informez des intentions « et volontez du Roy, son opinion donneroit de « fort utiles esclaircissemens aux autres. » Surquoy, vous desja demy en colere de ce que le Roy (comme vous en aviez esté adverty par l'Oseray, premier valet de chambre) ne vous ayant pas voulu nommer au commencement pour estre de ce conseil, croyant bien que vous seriez fort aise de vous en exempter, ce fin et cauteleux esprit avoit dit et representé tant de choses à Sa Majesté (y entremeslant de telle sorte vos loüanges, qu'il sembloit n'estre incité à cela que pour tant plus vous honorer) qu'enfin elle vous avoit nommé avec les autres, et cognoissant bien que ce qu'il disoit lors n'estoit que pour vous faire porter toute la haine ou toute l'envie de l'approbation ou refus qui se feroit en l'affaire qui se demenoit.

Ainsi donc, un peu esmeu de tels artifices de M. de Sillery, vous luy respondistes : « Monsieur, « je ne desire en aucune façon interrompre ny « changer l'ordre accoustumé du conseil; et par« tant suis-je d'advis que vous opiniez en vostre « rang et moy au mien; car aussi bien quand « j'aurois parlé le premier, si n'en auriez vous « pas tiré les advantages que vous vous estes « peut-estre imaginé, tant à cause des charitez « que je sçay bien que l'on m'a prestée sur ce « sujet, que de la religion que je professe, la« quelle feroit interpreter aux esprits malicieux « tout ce que j'en pourrois dire, ou à malveillance, « ou à cautelle et artifice, que je laisse pour ceux « qui s'y delectent, me gardant bien de rien de« terminer en mon opinion sans avoir aupara« vant consulté mon oracle. »

« A ce que je voy, monsieur, repliqua M. de « Sillery avec son ris jaune, il nous faudra donc « attendre à sçavoir vostre advis que vous ayez fait « un voyage sur les rivages de Seine à quatre lieuës « d'icy; » voulant designer Ablon (1), ce que vous cogneustes aussi-tost, car vous luy respondites : « Monsieur, vostre enigme est fort facile « à deviner, et, pour y satisfaire, je vous diray « qu'en matiere de religion nuls hommes ne sont « mes oracles, mais la seule parole de Dieu, non « plus qu'en affaires politiques et d'Estat je n'en « ay point d'autres que la voix et la volonté du « Roy; de laquelle je veux estre particulierement « informé avant que de rien conclurre sur une « affaire de telle importance et sujette à varieté « d'accidens, voire qui peut estre suivie de grands « inconveniens sans apparence de beaucoup d'ad-« vantages en la precipitation d'icelle. — J'es-« time, repartit soudain M. le connestable (le-« quel, depuis que vous eustes esté le moyenneur « de sa reconciliation avec le Roy, à cause qu'il « s'estoit embarrassé, par les oreilles, dans les « desseins de messieurs les comte d'Auvergne et « mareschaux de Biron et Boüillon, vous avoit « pris en merveilleuse affection), que l'advis de « M. de Rosny sera le plus seur de tous et que « nous ne sçaurions mieux faire que de sçavoir « precisement les intentions du Roy avant que « de rien conclurre, voire mesme que nous de-« vons prier Sa Majesté d'estre presente à nos « deliberations, quand ce ne seroit que pour mo-« derer la chaleur des contestations qui s'y pour-« roient rencontrer, comme nous en venons de « voir une espece d'eschantillon, et entendre « les raisons d'un chacun pour les poiser (2) avec « sa prudence, et en tirer telles conclusions qu'il « jugera les plus utiles pour le bien de son ser-« vice et de son Estat. »

« Monsieur, dit lors M. de Ville-roy à mon-« sieur le connestable, si nous suivons cét ad-« vis, je crains que nous ne rencontrions pas avec « celuy du Roy, lequel ayant (au moins si le res-« tablissement des Jesuistes se conclud, comme il « semble que les choses s'y disposent, veu l'in-« tervention du Pape, les sermens qu'ils font « d'estre bons François et de n'avoir jamais de « provincial qui ne soit de mesme nation) à faire « revoquer un arrest du parlement donné avec « tant d'esclat et de solemnité, seroit, à mon ad-« vis, bien aise que cela ne fust pas estimé pro-« venir de son seul mouvement sans precedente « maturité de conseil, et avoir pris l'advis des « plus sages. » Surquoy M. de Thou, en branlant la teste, repartit à M. de Ville-roy : « Monsieur,

(1) Lieu de réunion pour les protestants.
(2) Peser.

« si telle estoit la volonté du Roy et qu'il desirast « s'exempter de tout blasme en cette action, voire « de repentance, et peut-estre sa personne et son « Estat de dommage et de dangers, qu'il renvoye « toutes les requestes, offres et propositions de « cette societé au parlement et qu'il l'en laisse « faire. » Il se passa encore plusieurs autres discours là dessus, car chacun en voulut dire son mot, lesquels se terminerent en une resolution d'en parler au Roy, avant que d'opiner davantage; tellement que ne s'estant rien fait ce matin, vous allastes à l'Arsenac.

Le matin du lendemain que ce conseil, dont il a esté parlé, touchant le restablissement des Jesuistes, eut esté tenu, vous fustes trouver le Roy et luy racontastes tout ce qui s'estoit dit et fait là dessus, et le fistes ressouvenir de ce que le roy d'Angleterre luy avoit mandé par vous, comme prophetie dont vous voyez l'accomplissement prochain; le priastes de vous dispenser d'estre du nombre de ceux qui devroient former un advis absolu sur une affaire tant scabreuse, ou bien de vous commander ce que vous aviez à faire. Enquoy vous procederiez apres à la jesuistique par une obeyssance aveugle, ne voyant nulles raisons assez puissantes hors celle-là qui vous pussent faire conclurre à casser un arrest du parlement, tesmoignant l'amour de ses sujets envers luy, qui tournoit entierement à sa gloire, à la honte de ceux qui avoient attenté à sa vie, et donnoit une terreur de semblables desseins à tous autres, ny au restablissement de cette secte, auquel il y avoit beaucoup de maux et de dangers à craindre, et peu de biens ny d'utilitez à en esperer.

« O bien, ô bien! dit le Roy, puis que nous « avons le loisir d'en discourir et que vous estes « icy tout seul, dites moy librement tout ce que « vous en apprehendez, et puis je vous diray « aussi ce que j'en espere, afin de voir de quel « costé penchera la balance. — Sire, dites-vous, « si vous entreprenez la deffence de leur cause, « elle sera bien mauvaise si je ne la trouve bonne, « car aussi bien ayant desja conclud en vostre « esprit ce que vous desirez qui en soit fait, ce « seroit impertinence à moy de contester au con-« traire, ny d'alleguer des raisons qui ne sçau-« roient estre de mise, n'estant pas de vous ad-« mises. — Non, non, dit le Roy, je ne me « laisse jamais tant preoccuper de mauvaises fan-« taisies, ne remplir l'esprit d'opinions, que de « meilleures n'y trouvent place quand on me les « propose; partant ne laissez pas de dire tout ce « que vous pensez, car j'y auray tel esgard que « de raison.

« Sire, dites-vous, puis que vostre Majesté

« veut entreprendre de representer les biens et
« advantages que l'on peut esperer de cette so-
« cieté par son restablissement en France, je m'en
« dispenseray du tout ; car aussi bien faut-il que
« je confesse que je m'y trouverois fort empesché,
« et me contenteray de remarquer, entre plusieurs
« inconveniens, sept des principaux ; me semblant
« bien difficile, pour le premier, que des esprits
« accoustumez (par une si longue habitude qu'elle
« s'est changée en nature engendrée en eux par
« les cas de conscience et raisons de police et
« d'Estat tout ensemble) à desirer et procurer,
« en toutes manieres et par toutes voyes, la gran-
« deur et prosperité de la faction d'Espagne et
« maison d'Austriche, et de voir leur domination
« s'estendre sur tous les autres potentats de la
« chrestienté, se puissent départir bien tost ny
« entierement et absolument d'un dessein qui
« semble ne pouvoir subsister que par la perte de
« vostre personne et la destruction de la monar-
« chie françoise, comme estans les seuls puissans
« obstacles qu'il peut rencontrer. Pour la seconde
« de mes apprehensions, Sire, c'est que ces gens,
« lesquels j'advoüe estre non seulement habiles,
« mais pleins de ruses et merveilleux artifices,
« estant une fois remis en pleine liberté sans
« aucunes limites ny restriction, comme je voy
« beaucoup d'apparence qu'ils gagneront ce poinct
« là, n'excitent des aigreurs, haines et animosi-
« tez entre vos sujets et serviteurs de differente
« religion, par le moyen de leurs familieres con-
« versations, propos deceptifs, predications, con-
« fessions et penitences. Pour la troisiesme,
« qu'ils ne gagnent tellement enfin vostre oreille,
« voire peut-estre mesme vostre cœur, qu'ils
« n'empietent une puissance d'esloigner ou d'ap-
« procher de vostre personne et de l'administra-
« tion de vos affaires tous ceux que bon leur
« semblera ; auquel cas je me doute bien que je
« deviendray la butte de leurs plus grands ef-
« forts. La quatriesme, que cette obeyssance
« aveugle qu'ils ont voüé de rendre au Pape et
« à leur general, leur ostant la disposition d'eux
« mesmes et l'execution de leurs propres volon-
« tez, voire de leurs inclinations naturelles, l'on
« puisse pretendre, avec raison, aucune asseu-
« rance ny seureté en tous leurs sermens, pro-
« testations et promesses, puisqu'ils ont premie-
« rement juré de changer d'affection et de
« volonté au moindre mandat de leur general qui
« est ordinairement Espagnol, mais tousjours de
« faction espagnole ou bien du Pape, lequel n'o-
« seroit desplaire au roy d'Espagne tant qu'il
« aura les ceps aux pieds et les manottes aux
« mains, estant circuy et environné des entraves
« de Sicile, Naples, Milan, Florence (le duc de la-

« quelle tremble tousjours si tost qu'Espagne
« parle), de l'Estat de Gennes et des forteresses
« de Port-Hercule, Orbetello, Talamone, Piom-
« bino, Final et Monaco (comme vostre Majesté
« me commanda de representer tout cela au roy
« d'Angleterre), desquels liens le Pape, avec
« toute sa saincteté, ne se sçauroit depestrer,
« que vous ne fassiez esclater vostre voix, bruire
« vos armes et tonner vos canons dans Milan et
« dans Naples, ce que je tiens fort facile si vous
« faites ce que vous devez et pouvez suivant ma
« proposition faite au roy d'Angleterre par vostre
« commandement. Auquel dessein je n'estime
« pas que celuy des Jesuistes se puisse jamais
« conformer, puis que vous ne le sçauriez execu-
« ter qu'avec l'assistance de tous ceux des pro-
« fessions protestante et reformée. Ma cinquiesme
« apprehension est qu'ils ne vous jettent en fin
« dans une guerre civile en vostre royaume con-
« tre ceux de la religion, comme le plus excel-
« lent moyen, voire quasi l'unique et l'infaillible,
« pour affoiblir de sorte vous et vostre Estat, en
« vous dénuant des bons et valeureux capitaines
« et soldats d'iceux que vous avez formez et es-
« quels vous abondez, consumer vos armes et
« thresors, et mettre vostre peuple à destruction,
« que vous n'osiez ny puissiez jamais rien entre-
« prendre contre l'Espagne ny à recouvrer ce que
« les Espagnols vous usurpent. Et la sixiesme,
« comme la plus importante, qui me touche da-
« vantage le cœur et l'esprit, voire me le transit
« du tout, lors seulement que j'y pense, est qu'au
« moyen de cette grande familiarité, en laquelle,
« par leurs astuces et blandices, ils parviendront
« infailliblement pres de vostre personne et celle
« de vos principaux ministres, officiers et servi-
« teurs, la facilité ne leur soit donnée d'approcher
« de vostre Majesté des esprits disposez à donner
« un boucon ou quelque malheureux coup. Et la
« septiesme de certains memoires qui m'ont esté
« envoyez comme venant d'Italie, par lesquels
« on essaye de me persuader que je dois advertir
« vostre Majesté qu'il s'y est fait, de longue
« main, une practique et menée fomentée par de
« vos principaux serviteurs, lesquels ont autres-
« fois esté de la faction de la ligue espagnole en
« France, pour vous la faire embrasser et quitter
« l'association de vos anciens et bien asseurez
« alliez et confederez qui sont ennemis de la re-
« ligion catholique et du siege de Rome. Mais
« qu'eux ne vous l'osant proposer, ils ont fait dis-
« poser le Pape, par une personne qui est du tout
« leur creature, de vous en escrire ou faire escrire
« en son nom ; estant ces memoires si bien cir-
« constantiez que s'ils sont jamais representez à
« vostre Majesté, elle a trop de prudence et de

« jugement pour n'en croire pas quelque chose. « Mais le discours en estant trop long pour le « rendre bien intelligible de bouche, je la supplie « de trouver bon que je luy en baille un par es- « crit. «

A quoy elle respondit que pour le regard de ce discours par escrit, dont vous parliez, non seulement elle trouvoit bon que vous luy fissiez voir, mais encore vous l'ordonnoit ainsi. Mais que pour le regard des autres six poincts, il estoit facile à cognoistre que vous vous estiez un peu mieux preparé que luy sur cette matiere, dautant qu'apparamment vos raisons estoient sans replique; mais que sans tant de curieuses recherches que les vostres, il croyoit en avoir deux en l'esprit, lesquelles, à son advis, vous feroient à vous mesme changer d'opinion. La premiere, qu'ayant entretenu le Pere Majus, il luy avoit ingenuëment recognu que la pluspart de ceux de leur societé avoient voirement tousjours favorisé la grandeur des Estats et prosperité des affaires d'Espagne, au prejudice de tous autres potentats, quels qu'ils pussent estre, dautant que dans tous les Estats, royaumes, pays, terres et seigneuries de sa domination, ils estoient non seulement admis et bien receus, mais incessamment cheris, gratifiez et reverez, au lieu qu'ailleurs, comme en France, et sur tout depuis vingt ans, ils y avoient esté mal traittez, voire mis à opprobre; mais que s'il luy plaisoit par actions contraires de leur tesmoigner de l'affection et de la bien-veillance, qu'en peu d'années il auroit tellement acquis la pluspart de leur societé, qu'elle rendroit des preuves indubitables d'estre tous à luy et à la couronne de France; voire mesme au prejudice de celle d'Espagne, leur inclination y estant toute portée : dequoy, en bonne conscience, il luy pouvoit donner la foy et la parole de tous ceux avec lesquels il en avoit conferé, qui estoient en grand nombre, lesquels se submettroient que, au cas de manquement à leurs protestations, ils fussent ignominieusement chassez et privez de ses bonnes graces, voire punis comme criminels et scelerats : « Or, ne douté-je point, vous adjousta le Roy, « que vous ne puissiez faire diverses repliques à « cette premiere raison; mais je n'estime pas que « vous en voulussiez seulement chercher à cette « seconde, qui est que, par necessité, il me faut à « present faire de deux choses l'une : à sçavoir, « de les admettre purement et simplement, les « descharger des difames et opprobres desquels « ils ont esté flestris, et les mettre à l'espreuve de « leurs tant beaux sermens et promesses excel- « lentes, ou bien de les rejetter plus absolument « que jamais, et leur user de toutes les rigueurs « et duretez dont l'on se pourra adviser, afin « qu'ils n'approchent jamais ny de moy ny de « mes Estats; auquel cas il n'y a point de doute « que ce ne soit les jetter au dernier desespoir et « par iceluy dans des desseins d'attenter à ma « vie, ce qui me la rendroit si miserable et lan- « goureuse, demeurant tousjours ainsi dans les « defiances d'estre empoisonné ou bien assassiné « (car ces gens ont des intelligences et corres- « pondances par tout, et grande dexterité à « disposer les esprits selon qu'il leur plaist), « qu'il me vaudrait mieux estre desja mort, « estant en cela de l'opinion de Cesar, que la « plus douce est la moins preveuë et attenduë.

« Vous avez tres-bien conjecturé, Sire, dites- « vous, en croyant qu'à cette derniere raison ou « plutost inconvenient, je n'aurois rien à repli- « quer; car plutost que de vous laisser vivre dans « les tourmens de telles apprehensions et inquie- « tudes, je consentirois non seulement le resta- « blissement des Jesuistes, mais aussi celuy de « quelqu'autre secte que ce pust estre; parquoy « sans en discourir davantage, puis que je voy « de telles opinions rouler dans l'esprit de vostre « Majesté, je me resous de devenir mesme le so- « liciteur du restablissement des Jesuistes, autant « ou plus que le sçauroit estre La Varenne, comme « jespere que, dés le premier conseil qui se tien- « dra sur ce sujet, vostre Majesté en aura des « preuves. — Je ne vous nieray point, dit lors « le Roy, que ce ne me soit un plaisir fort singu- « lier de vous voir en cette disposition; et afin de « vous y confirmer et fortifier, je vous veux dés « maintenant asseurer contre deux de vos appre- « hensions où vous avez interest, en vous don- « nant ma foy et ma parole (lesquelles vous sça- « vez bien que j'aymerois mieux mourir que de « les violer, les estimant parties essentielles de « la royauté, et sans lesquelles, par consequent, « tout Roy est indigne d'estre roy) que jamais « Jesuiste ny autre, non pas mesme le Pape, « n'auront le pouvoir de me jetter à la guerre « contre ceux de la religion, si vous mesmes n'en « estiez le solliciteur, ny d'esloigner ou defavori- « ser aucuns de ceux de cette profession, à cause « d'icelle; desquels je me trouve utilement et loya- « lement servy, et sur tout de vous, de qui je di- « rois volontiers ce que vous me disiez l'autre « jour, que disoit Darius de son Zopire, et veux « mesmes obliger tous ceux de cette societé à « vous aymer et reverer, comme vous le cognois- « trez avant peu de jours. » Et sur cela, vous vous separastes.

Dés le lendemain matin, le sieur de La Varenne vous vint visiter et demander si vous auriez agreable qu'un bon père jesuiste, nommé Cotton, vous vint baiser les mains chez vous, estant françois de nom et d'affection. A quoy vous luy respondites que ceux qui estoient constituez és charges publiques, demeuroient obligez de se rendre de facile accez à l'endroit d'un chacun, sans acception ny distinction de personnes, ainsi qu'il sçavoit bien que vous aviez accoustumé d'en user, et sur tout envers les ecclesiastiques, à l'endroit desquels, à cause de vostre profession en la religion reformée, vous vous rendiez plus respectueux et circonspect, de crainte de la calomnie; et partant ne devoit-il douter que celuy qu'il vous avoit nommé ne vous fust agreable, sur tout vous l'ayant si bien qualifié, voire ne fust chery et favorisé en tout ce que le service du Roy et le bien de l'Estat le pourroient permettre. Dequoy il vous remercia, et dés le jour suivant, au sortir de vostre disner, qui estoit l'heure certaine tous les jours de vos audiances publiques, il vous presenta ledit jesuiste Cotton; lequel, apres plusieurs inclinations et humilitez surpassans toute mesure, vous dit qu'il vous estoit venu rendre les submissions et protestations des obeyssances desquelles tout bon François vous estoit redevable, en general, à cause de vos excellentes vertus et des utiles et signalez services que vous rendiez journellement au Roy, et à la France, et luy encore en particulier, pour les faveurs qu'il avoit sceu de bon lieu que vous estiez disposez de rendre à ceux de leur société, laquelle vous la rendroit à jamais tres-devotieuse: sur lesquelles paroles tant courtoises, vous usastes des complimens et civilitez convenables aux qualitez des personnes et du sujet dont il s'agissoit.

Et le lendemain le conseil s'estant assemblé sur iceluy, composé des personnes cy-devant nommées, vous fustes d'advis (sans user de grands discours ny alleguer autres raisons, sinon que les temps et la disposition presente des affaires et des esprits le requeroit ainsi) du restablissement des Jesuistes. Les particularitez duquel aussi bien que les formalitez qui s'étoient observées en la construction de la piramide, et celles qui s'observerent en la demolition d'icelle estant fort longues et ne vous en estant nullement meslé, nous les laisserons aux historiens.

CHAPITRE CXXX.

Voyage du Roi à Chantilly. Diatribe contre le cardinal d'Ossat. Grande conversation entre le Roi et Rosny sur les intrigues du comte d'Auvergne, de la marquise de Verneuil, et sur les affaires de l'Europe.

Nous commencerons ce chapitre par des paroles d'allegresse, en vous ramentevant comme le Roy reprenant de jour à autre une plus vigoureuse santé que jamais, il s'en alla prendre son plaisir de la chasse à Chantilly, sans rien obmettre neantmoins du soin requis en un sage prince, pour le bien de son Estat. Surquoy nous avons estimé à propos d'inserer icy une lettre qu'il vous escrivoit de sa main sur l'un et l'autre sujet, de laquelle la teneur ensuit.

Lettre du roi à M. de Rosny.

Mon cousin, mandez-moy en quel estat sont mes affaires et sur tout quel advancement vous donnez à ces trois dont nous parlasmes principalement dans la gallerie des armes, et si pour celles-là ou autres d'importance il est necessaire d'y faire intervenir mon authorité, ou si mesmes elles auroient besoin de ma presence; car, encores que je me donne du bon temps en ce lieu, que je ne trouvay jamais si beau, et que j'y prenne un grand plaisir à la chasse, et que mes medecins me conseillent, pour la confirmation de ma santé toute entiere, de demeurer encor quelques jours en ce bel et bon air et y continuer mes exercices avant les chaleurs, neantmoins, sçachant bien mettre difference, comme c'est chose que je dois, entre les choses qui regardent le bien de mes affaires, ma gloire, mon honheur et le soulagement de mes peuples, que vous sçavez que j'ayme comme mes chers enfans, et celles qui ne concernent que mes aises, plaisirs et passe-temps, et tousjours preferer les premieres aux autres, je ne manqueray de m'en retourner à Paris, si tost que vous jugerez à propos que je le dois faire pour un si bon sujet; mais aussi vous priez-je de ne me mander pas sans besoin et d'esbaucher si bien toutes choses, que je ne sois pas longuement retenu à Paris; car vous devez autant aymer ma santé que mes affaires, puis que vous dites si souvent que de ma vie dépend le salut de mon Estat. Adieu, mon cousin.

De Chantilly, ce 10 avril. HENRY.

Peu apres, le Roy estant revenu à Paris, suivant vostre responce à la susdite lettre, par laquelle vous luy mandiez qu'il estoit necessaire qu'il s'en revinst pour terminer et conclure une infinité d'affaires qui demeuroient indecises par son absence, et sur tout l'estat general de ses finances qu'il n'avoit veu qu'en projet, dés le soir de son arrivée, apres quelque propos sur les affaires plus communes, il vous demanda si vous vous estiez souvenu du discours que vous luy aviez promis de faire, touchant les solicitations dont l'on usoit en son endroit, pour le faire adjoindre à la faction espagnole, et, en ce faisant, luy faire abandonner ses bien asseurez amis, allez et confederez anciens. A quoy luy ayant dit que vous n'aviez eu garde de manquer à l'obeyssance de ses commandemens sur un sujet de telle nature, et lors ayant tiré un papier d'entre vostre pourpoint et vostre camisole, vous le luy baillastes, qu'il prist, vous disant quil le vouloit lire à loisir et considerer, le discours en estant tel que s'ensuit.

« SIRE,

« Desirant d'obeyr aux commandemens que « je receus de vostre Majesté, ces jours passez, « lors qu'une seule raison de vous prevalut plu- « sieurs des miennes, je voulus essayer de faire « un extraict abregé d'une lettre qui m'avoit esté « envoyée de Lyon, comme venant d'Italie, la- « quelle estoit sans autre signe que trois fermes- « ses, ny souscription ny sur l'enveloppe du pa- « quet. Mais apres l'avoir leuë trois fois, afin de « m'en mieux acquitter, je recogneus que ce « n'estoit qu'un tissu continuel de malices et « faussetez de certaines gens, lesquels, sous om- « bre de devotion, de zele à vostre service et de « bons conseils pour vostre gloire, soulager vos « peuples et bonifier vostre royaume, vous blas- « moient et diffamoient; tout cela suivy de preu- « ves de telles faussetez et défences contre telles « calomnies. Tellement que ne me semblant pas « à propos d'y rien retrancher ny adjouster du « mien, j'ay estimé ne pouvoir rien mieux faire « que de bien transcrire ladite lettre et vous l'a- « dresser, comme je fais presentement, estant « telle que s'ensuit. »

Copie d'une lettre anonyme adressée à M. de Rosny.

Monsieur, desirant de vous advertir de ce qui s'est passé et passe tous les jours, au prejudice du Roy en cette ville de Rome, afin de rendre les choses plus intelligibles, nous les reprendrons dés leur principe, et vous dirons comme il y a eu de long-temps en icelle un certain Arnault d'Ossat, lequel n'ayant point eu de plus relevée condition que de valet et de pedant, durant plus de la moitié du cours de sa vie, estoit enfin parvenu à estre prieur, abbé, evesque et finalement cardinal : la pluspart de ces advancemens provenus des submissions et servitudes par luy renduës à M. de Ville-roy, de ses grands tesmoignages de hayne contre les religions contraires à la catholique et affection à la faction d'Espagne; tellement que ceux qui avoient sentimens pareils, le jugeans instrument propre à procurer toutes ces choses et à suivre toutes leurs volontez particulieres, il n'a pas manqué de le faire aux occasions, comme cela se jugera par une merveilleuse quantité de lettres que ce prelat a escrites au Roy et à M. de Ville-roy, et entre les autres, par huict lettres escrites au Roy, des 19 fevrier, 25 avril, 22 may, 17 et 30 juin 1600, et 26 novembre et 22 decembre 1601 ; et par six lettres à M. de Ville-roy, du 23 juillet et 23 de septembre 1601, 16 et 30 decembre 1602, mais sur tout, du 7 janvier et 10 fevrier 1603, qui sont des plus noires en malices, toutes tesmoignant, par tout, à vouloir eslever la faction espagnole et destruire la françoise, en rendant le Roy de France valet de celuy d'Espagne, dont une des principales remarques parut lors qu'il fut question de reconcilier le Roy avec le Pape et le Sainct Siege, durant que cét entremetteur de telles faciendas, avant qu'il fust cardinal, supposa d'avoir rencontré de si grandes difficultez à obtenir son absolution, que pour les surmonter (quoy qu'en effet ce fust chose que le Pape et le Sainct Siege desirassent si ardemment que le moindre retardement à envoyer la demander les mettoit en de merveilleuses peines et allarmes, comme leurs lettres mesmes le disent) ils firent semblant d'avoir esté contraints d'accorder plusieurs choses agreables aux factionnaires d'Espagne, et prejudiciables au Roy, aux libertez de l'Eglise gallicane, et au repos de la France, comme, entre-autres, la publication du concile de Trente, le restablissement des Jesuistes et la rejection de ceux de la religion, des honneurs, charges, offices et dignitez du royaume ; et, continuans tels artifices, ils supposerent d'avoir aussi rencontré tant de difficultez à obtenir la dispence du mariage fait de Madame, sœur du Roy, et de M. de Bar, qu'eux mesmes avoient suscitées et sollicitées, conseillant au Pape de s'affermir sur icelle, dautant qu'il en adviendroit deux grands advantages à l'Eglise : l'une, que Madame quitteroit son heresie et se rendroit catholique, et l'autre, que le Roy l'ayant violentée en cela, il feroit croire à tous les huguenots qu'il leur deviendroit persecuteur, et qu'eux, cherchans des expediens et assistances pour s'en garentir, ils ne les sçauroient excogiter, tels qu'ils n'attirassent la hayne du Roy sur eux, qui les jetteroit finalement en une guerre civile qui ne seroit point qu'à l'advantage du Sainct Siege, des zelez catholiques et des factionnaires d'Espagne ; et pour monstrer que ce n'estoit qu'artifice que toutes ces difficultez sur telles dispences, un exemple de chose semblable qui survint au temps que ces memoires furent mis au net, le tesmoigne manifestement. Ils ont encor persuadé au Pape, ou pour le moins en font le semblant par leurs lettres, de faire de continuelles instances au Roy, de non seulement entretenir exactement la paix avec le roy d'Espagne, les archiducs et le duc de Savoye, mais aussi faire une association et confederation avec eux, telle qu'il abandonne tous ses anciens alliez et sur tout les Estats des Pays-Bas, qu'il ayde non seulement à les remettre en obeissance, mais que se joignans tous avec le Pape, ils entreprennent, avec puissance et armes communes, à changer la religion en Escosse et en Angleterre, et y establir des roys catholiques, agreables aux trois couronnes. Toutes lesquelles choses se justifient par les lettres cy-devant specifiées, et une infinité d'autres par lesquelles il se voit que ce pedant cardinalisé se veut mesler de faire l'excellent capitaine, et le grand homme d'Estat, donnant des conseils sur le desmeslement des guerres et sur les formes de bon gouvernement des Empires et royaumes; mais principalement se met-il à discourir de celles du royaume de France et de la personne du Roy, en particulier, usant de ces propres termes es susdites lettres mentionnées, à sçavoir :

Que quand Sa Saincteté entendoit que le Roy avoit fait ou vouloit faire quelque chose en faveur des huguenots, il ne pouvoit qu'il ne s'en esmeut grandement et ne donnast à soupçonner et occasion de parler sinistrement de luy, et me demanda s'il ne m'avoit point escrit de la publication du concile de Trente et du restablissement des Jesuistes, pour advancer le service de Dieu, l'edification de l'Eglise et le bien du Roy et de la France, non seulement au spirituel, mais aussi au temporel, et particulierement pour l'honneur du Roy, qui l'avoit ainsi promis et juré, et qu'en ne le faisant, il mettroit sur sa teste une couronne de plus grande gloire que n'estoient celles de ces deux royaumes, et que par ce moyen le Roy fermeroit la bouche, à jamais, à tous ceux qui voudroient détracter de luy. Et en deux autres lettres à M. de Villeroy, il y a aussi ces mots : « Vous priant de prendre en
« bonne part que j'employe en ma lettre ces mots
« dont je suis gros long-temps y a, et que je
« vous ay cy-devant aucunement signifiez, mais
« non appertement declarez, c'est que quelque
« legereté et inquietude naturelle que une grande
« partie des François aye, et quelque ambition
« et avarice qui regne aujourd'huy parmy eux,
« les conspirateurs n'eussent jamais eu l'audace
« de faire leurs conspirations, et mesmement
« sous le regne d'un si valeureux Roy, s'ils n'eus-
« sent veu la noblesse mal contente, l'Eglise mal
« menée et desconfortée, et le pauvre peuple et
« quasi tout le tiers Estat trop foulé. Et ne puis
« m'exempter de la crainte de semblables reci-
« dives, ny esperer un entier et asseuré repos,
« jusques à ce que le Roy aye reformé l'Estat;
« commençant par soy-mesme, et entre autres
« choses à moins prendre sur ses sujets, et con-
« tenter les meilleures parties de l'Estat qui pre-
« valent en nombre. Je sçay bien que ce propos
« est hardy et que peu l'oseroient tenir; mais je
« l'estime encor plus vray et necessaire, et si je
« pensois qu'il deust profiter, je le voudrois desja
« avoir escrit au Roy, au peril d'un million de
« vies, et si autre chose ne vous retient, je desire
« que vous lisiez cecy au Roy. » Et en l'autre aussi ces propres termes : « M. de Bethune m'a
« communiqué la coppie de la lettre que le Pape
« escrivit de sa main au Roy, le 2 decembre, par
« laquelle il dit que le Roy se plaint des Espa-
« gnols, et que les Espagnols et l'Archiduc se
« plaignent que luy a de continuelles intelligen-
« ces avec leurs rebelles des Pays-Bas, et que
« ce luy est une grande affliction de voir que les
« perfides ennemis de Dieu et si animez contre
« le Sainct Siege soient favorisez par luy, qu'il
« a receu tant amiablement et luy a procuré
« une paix generale dans son royaume; et que
« l'unique remede aux maux dont le Roy se
« plaint des Espagnols et les Espagnols de luy,
« est qu'il laisse de favoriser leurs rebelles des
« Pays-Bas. Surquoy il me semble que s'il ne
« tient qu'à cela que les Espagnols ne nous fas-
« sent point de mal, que nous estans en paix
« avec eux nous ne leur en devons point faire
« aussi, et que le Pape a grande raison de nous
« proposer ce remede. » Et plus bas, ledit sieur d'Ossat dit encore : « Je dis davantage, que,
« outre l'observation de la paix generale, il se
« devroit faire entr'eux une telle amitié, que
« qui toucheroit l'un touchast l'autre, afin de
« soulager leurs sujets qu'ils rongent jusques
« aux os. Je serois encore d'advis que l'on pas-
« sast contract du mariage de monsieur le Dau-
« phin avec l'infante d'Espagne, duquel M. de
« Bethune m'a parlé, afin de servir de pretexte
« pour retirer le Roy de l'alliance des Hollan-
« dois. » Et, apres plusieurs impertinens propos sur ce sujet, vers la fin de sa longue lettre il adjouste ceux-cy, à sçavoir : « Que le vray moyen
« de rendre le Roy l'arbitre de la chrestienté,
« c'est de garder la paix et ne faire tort à nul
« de ses voisins, reformer, amender et ameliorer
« son royaume, qui en a grand besoin, soula-
« geant et rendant meilleure et plus heureuse la
« condition de ses sujets, les remettant par ce
« moyen en l'ancienne obeyssance et bien-veil-
« lance. Les grands princes recherchent son
« amitié; hé! que seroit-ce si Sa Majesté avoit
« fait ce que j'ay dit? Et, à la verité, monsieur,

« c'est cette gloire de repurger et restaurer le
« royaume qui reste au Roy à acquerir; et au
« moyen de ladicte paix et bonne intelligence
« ou pourroit adviser et accorder d'un commun
« accord de mettre un roy catholique en Angle-
« terre qui ne fust suspect à l'une ny à l'autre
« couronne. »

Page 740, il dit : « Toutes lesdites considera-
« tions que le Pape fait representer au Roy sont
« bonnes et saintes, et, comme je croy, dictées
« à Sa Saincteté par le Sainct Esprit, et seroit à
« propos que Sa Majesté se les representast une
« fois chacun jour, non seulement pour garder
« et asseurer la paix avec le roy d'Espagne et
« les archiducs, mais aussi pour en mieux re-
« gner, et apporter à l'Estat l'amelioration et
« satisfaction que j'ay touché cy-dessus, ostant
« les abus et la corruption dont sont infectées
« toutes les parties du royaume, faisant reflorir
« la religion catholique et l'ordre ecclesiastique,
« la pieté et devotion, la justice, l'observation
« des loix et ordonnances, la concorde qui mette
« fin à toutes partialitez, la moderation des gou-
« verneurs, l'integrité et doctrine des magistrats
« et officiers, la bonne foy, preud'hommie et
« probité des particuliers, l'ordre, la police, la
« discipline militaire, les bonnes lettres et scien-
« ces, les academies pour l'addresse et exercice
« de jeunes gentils-hommes, le labeur et indus-
« trie des arts et mestiers, le trafic et commerce,
« le labourage des champs et l'abondance, et
« toutes telles autres choses bonnes et loüables
« et dignes de la pourvoyance et solicitude d'un
« grand Roy, et par ce moyen affermir de plus
« en plus les volontez des bons sujets, regaigner
« celles des mauvais, oster toute esperance aux
« mauvais voisins de les suborner, et asseurer
« encore mieux son authorité, sa succession, et
« la tranquilité, repos et bon heur de la France,
« ce que je redis si souvent, et peut-estre trop,
« pour ce qu'il me semble possible et cela si ne-
« cessaire qu'il ne pourroit jamais estre dit assez,
« et que tout ce que le Roy et son conseil pour-
« roient faire, dire et penser de bon et de solide
« et perdurable consiste en cela, et que tout le reste
« que vous faictes et ferez cy apres, ne sont et ne
« seront que de petits remedes de peu d'efficace et
« de peu de durée, comme aposèmes et gargarismes
« pour refrigerer et entretenir la France malade,
« mais non pour la guerir et moins pour l'asseu-
« rer longuement, le mal pressant et requerant
« des remedes prompts et presens; et destrom-
« pant Sa Saincteté de ce qu'il croit à tort de
« nous, de ce que nous ne voulons pas garder
« de nostre part sincerement la paix jurée avec
« le roy d'Espagne et les archiducs, comme ils

« s'offrent de le faire par la bouche et la main
« de Sa Saincteté, et estraindre encore cette paix
« par toutes sortes de liens honorables et profi-
« tables. » Nous ayant semblé que ce peu que
nous avons representé des impertinens langages
de ce venerable prelat en ses lettres, merite
bien de vous estre addressé et par vous monstré
au Roy, pour luy faire juger les malins artifices
de ces ingrats, ausquels il a fait tant de biens
et d'honneurs, lesquels sous ombre de devotion
et de zele envers le Roy et son Estat, parlent
de l'un et de l'autre avec plus de blasme et de
diffame que ne firent jamais leurs plus grands
ennemis.

Auquel discours, par nous trouvé entre vos
papiers et memoires, nous adjousterons du nostre,
que si M. d'Ossat, ses admirateurs ou ceux qu'il
admire, trouvent qu'il ait esté malfait de donner
à un cardinal le tiltre de valet et de pedant, nous
les prierons de considerer qu'il est aussi loisible
à qui que ce soit de luy ramentevoir les deux
plus honorables tiltres qu'il ait point eus durant
plus de la moitié de sa vie, qu'il luy a esté bien
seant de publier en Italie, sa tant longue grossesse et finalement son accouchement, sans avoir
produit pour enfant, que le plus horrible et de-
testable de tout les monstres, qui est l'ingratitude pleine d'impudence qu'il a tesmoignée envers son Roy, son maistre et son bien-faicteur;
lequel l'ayant tiré de la boüe et d'entre la valletaille et fait revestir de poupre et de fin lin, pour
recompense de tant d'honneurs et de biens faits il
essaye de le diffamer autant qu'il luy est possible, táchant par ses lettres trois cens vingt-cinq
et trois cens vingt-sept, escrites à son protecteur,
pleines de malicieuses, impertinentes et fausses
accusations, de le rendre execrable à la posterité,
publiant qu'il rongeoit son peuple jusqu'aux os,
qu'il mal-contentoit sa noblesse, mal-menoit et
desconfortoit l'Eglise, qu'il fouloit et oppressoit
le tiers Estat, qu'il devoit reformer, amander et
ameliorer son Estat qui en avoit tant de besoin,
en commençant par sa propre personne, et entre
autres choses en prenant moins sur ses sujets,
ostant les abus de la corruption dont estoient infectées toutes les parties de son Estat.

Et ne s'est pas contenté ce venerable prelat
d'en avoir escrit en ces propres termes, à un secretaire d'Estat, son confident, mais semble
qu'il ait eu dessein de flestrir la memoire du plus
sage, doux et amiable roy des François, en laissant à la posterité ses lettres imprimées, laquelle se persuadera que ce grand Roy devoit
avoir esté un execrable tiran, puis qu'un venerable cardinal du Sainct Siege, que ceux qui
l'ont obligé et qu'il a obligez publient pour un

des plus sçavans, grands et habiles hommes de nostre temps, luy en impute toutes les marques. Et nous semble encor que nul non plus ne nous peut justement blasmer, si, outre le tiltre de valet et de pedant nous y adjoustons encor celuy de médisant et d'imposteur, puisqu'il a bien eu la plume et la langue si malicieuse que, sans l'avoir offensé en rien, il a voulu diffamer, en general, tous ceux de nostre profession, les publiant, soit par malice ou par ignorance, pour impies, horribles, execrables et sacrileges, nous qui ne faisons jamais de prieres qui ne soient reglées sur l'oraison dominicale, ne croyons rien qui ne soit conforme au symbole des apostres, et tenons le decalogue de necessaire observation, comme estant la regle de toute justice; de sorte que ce prelat, par ces puantes calomnies contre l'exquise prudence, clemence et debonnaireté de nostre auguste monarque, par ses invectives contre nostre innocence, et par deux impudens, impertinens et ridicules conseils, desquels il tourmente le Roy, par toutes ses lettres à son confident, l'un de quitter tous ses bien certains et inalterables amis, aliez, confederez et serviteurs et de se joindre à ses anciens et inveterez ennemis, voire qui ne luy sçauroient jamais estre autre. Et le second, de se joindre à eux et au Pape pour entreprendre, à communes armes, à destruire la religion d'Escosse et d'Angleterre, et d'y mettre un roy catholique agreable aux deux couronnes: toutes lesquelles quatre remarques sont de telles inepties et de chimeres, que comme toutes scandaleuses, et sur tout celles qui sont contumelieuses contre nostre Roy, qu'elles devroient n'avoir jamais esté imprimées, à cause de leur consequence envers la posterité, que nous voulons essayer de destromper par ce discours.

Or, reprenans le discours ordinaire de nos recueils, que nous avions discontinué pour faire voir au Roy les lettres qui nous avoient esté escrites par des gens qui, ne se nommans point, disoient vous escrire de Rome, nous vous dirons que, dés le soir de l'arrivée du Roy à Paris, il vous envoya le jeune Lomenie, lequel vous dit de sa part que vous ne le vinssiez point voir au Louvre, à cause de plusieurs importuns qui ne faisoient que guetter l'occasion de vous pouvoir trouver ensemble, et que luy mesme vous viendroit voir à l'Arsenac, dés le fin matin, afin qu'il y eust peu de gens, pour discourir avec vous de plusieurs grandes affaires qui eussent esté trop longues par lettres, et aussi pour faire et arrester les estats de ses bastimens, de sa venerie, de ses menus plaisirs, des fortifications, de l'artillerie et de la grand voyerie; et partant que vous ne faillissiez pas d'advertir les gouverneurs et ingenieurs des places, les intendans et controlleurs des bastimens, et ceux des officiers de l'artillerie et des ponts et chaussées que vous adviseriez bon estre, de s'y trouver de bonne heure.

A quoy ayant esté par vous satisfait, et Sa Majesté estant neantmoins arrivée devant aucuns d'iceux, elle vous mena promener dans la grande galerie d'armes, où elle vous parla de l'imposition de trente pour cent mise par le roy d'Espagne sur les marchandises entrantes et sortantes d'Espagne pour France; des broüilleries excitées par le comte d'Auvergne, duc de la Trimoüille et mareschal de Boüillon, avec l'intelligence des sieurs Desdiguieres, du Plessis et autres, entre lesquels M. d'Antragues et madame de Verneuil mesme n'estoient, pas vous dit-il, des moins soupçonnez; de la surprise de plusieurs siens paquets, et les advis qui estoient donnez aux Espagnols et Flamants de ses plus secrettes resolutions és affaires qui le concernoient; tesmoignant que tout cela luy desplaisoit grandement, et qu'il eust bien desiré que vous luy eussiez ouvert quelques bons expedients pour descouvrir le fonds de ces menées et manigances, en chastier les uns et se venger des autres, qui par telles voyes contrevenoient directement à la paix qu'il avoit avec eux. Et, voyant que vous luy aviez demandé un jour de terme pour examiner des affaires de telle importance, afin de luy donner un advis plus solidement fondé, en vous l'accordant, se mist à vous parler de la chasse, du plaisir qu'il avoit eu à Chantilly, des pertes qu'il avoit faites au jeu, des belles manufactures qu'il establissoit, de ses maistresses et de ses bastimens, vous priant de vouloir augmenter sur l'estat des finances de cette presente année, le fond de toutes ces despences, entre lesquelles il vouloit que vous missiez six mil escus à part qu'il vous donnoit pour travailler à vos maisons.

Surquoy, voyant que vous haussiez les espaules et vous grattiez la teste, sans rien repliquer; il vous dit: « Je voy bien que vos fantaisies et « les miennes ne se rencontrent pas trop bien sur « cette augmentation de despence, enquoy vous « avez tort de ne vous accommoder pas volon- « tairement à ce que je desire; car quand vous « viendriez à considerer par quels perils et tra- « vaux de corps et d'esprit il m'a fallu passer « depuis mon enfance jusques à present, il me « semble que vous ne me devriez point plaindre « ce qui est de mes petits passe-temps.

« Sire, luy respondites vous, si vostre Majesté « n'a plus pour but que d'achever le cours de ses « ans doucement et en repos, laissant les inquie-

« tudes des genereux desseins et hautes entre-
« prises à ceux qui n'ont pas tant acquis de
« gloire et d'honneur par icelles, je confesse
« que j'ay eu tort, et qu'au lieu de contester
« sur ce qui est de la despence de vos plaisirs,
« je la dois faciliter de tout mon pouvoir, vos
« affaires estans, graces à Dieu et le bon ordre
« estably en icelles par vostre singuliere pru-
« dence, en estat d'y satisfaire; mais si vous de-
« sirez ameliorer ou chastier exemplairement le
« reste des meschans et pernicieux broüillons
« qui se descouvriront dans vostre royaume,
« vous ressentir, avec les effets dignes de vostre
« generosité, des malices noires que vous font
« journellement les Espagnols, et secourir puis-
« samment vos alliez dans une tant opportune
« conjoncture d'affaires de deux si grands et
« importans desseins, que ceux qui paroissent
« sur Ostande et l'Ecluse, et vous preparer,
« comme il appartient à l'illustre vertu et haute
« renommée d'un Roy tant exalté et magnifié
« parmy toutes nations, pour l'execution de ce
« que vous me commandastes de proposer au
« roy d'Angleterre comme de moy mesme, je
« vous diray franchement que ces deux fantai-
« sies, puis qu'il plaist à vostre Majesté de les
« nommer ainsi, se contrarient de telle sorte
« qu'ils ne peuvent compatir ensemble en éga-
« lité d'affections, et qu'il faut de necessité que
« l'un de ces deux projets cede absolument à
« l'autre : mais de decider lequel, je confesse
« que je n'en ay ny la hardiesse, ny la capacité,
« cela ne pouvant despendre que de vous seul,
« de la cognoissance que vous avez de vous
« mesmes et de vos propres inclinations presentes;
« n'y ayant point de doute que d'icelles ne des-
« pendent les choses qu'il nous faut courageuse-
« ment embrasser et soigneusement poursuivre,
« ou celles dont il nous faut despartir en nous
« jettant dans la negligence et nonchalance,
« comme desnuez de tout autre soin que de vi-
« vre dans la douceur des plaisirs, rousler et pous-
« ser le temps à l'espaule, dautant que, pour
« maxime infaillible, rien ne sçauroit bien reüs-
« sir de tout ce qui s'entreprendroit non seule-
« ment contre vostre gré, mais sans estre assisté
« de vostre affection, soin, vertu, vigueur, vail-
« lance et diligence accoustumée, voire si vous
« ne constituez vos principaux plaisirs en la
« poursuitte et obtention des choses magnifiques
« et glorieuses. »

Sur lesquels discours Sa Majesté vous regarda
« long-temps depuis que vous vous fustes teu,
sans repliquer aucune chose, diverses passions
faisans un conflict de juridiction dans son esprit, lequel aucunement moderé, il vous dit,
comme tout en colere : « C'est une chose es-
« trange que, dautant plus que je vous ayme
« et prends bonne opinion de vostre esprit et
« capacité, il semble que vous la preniez mau-
« maise de moy depuis quelque temps, comme
« si j'estois si peu judicieux que de vouloir pre-
« ferer mes passe-temps à ce qui est de ma gloire
« et de l'accroissement et prosperité de mon
« royaume, pour lesquels j'ay tant travaillé et
« hasardé tant de fois ma vie, chose qui ne m'en-
« tra jamais en l'esprit, comme je le vous feray
« bien paroistre, m'asseurant mesme que vous
« en pensez tout autrement, et n'avez dit tout
« cela que pour m'embarrasser et me faire tom-
« ber à vostre poinct; et neantmoins, afin que
« le tort ny les defauts ne me soient pas impu-
« tez, je vous remets en vostre disposition d'en
« user comme bon vous semblera sur toutes ces
« despences que je vous ay commandées, et je
« cognoistray par l'effet quel soin vous aurez
« apporté à ce qui est de mon contentement. »
A quoy vous luy respondistes : « Sire, ce m'est
« un mal-heur tres-grand, un desplaisir fort sen-
« sible, voire un ennuy extrême de vous avoir
« rencontré ce matin de si mauvaise humeur,
« que (ne vous souvenant plus de la resolution
« laquelle vous me dites avoir absolument prise,
« la derniere fois qu'il vous pleust me parler des
« mauvaises pratiques du roy d'Espagne, de
« vouloir d'oresnavant constituer vos princi-
« paux plaisirs et toutes vos delices en l'exalta-
« tion de vostre nom glorieux, et ravalement de
« la fierté des Espagnols) vous vous soyez mainte-
« nant mis en colere contre moy (car je vois
« bien à vostre visage que vous estes fasché)
« pour vous avoir dit la verité, donné des
« conseils utiles et honorables, et tesmoigné mon
« entiere loyauté à vostre service; et faut par
« necessité qu'il soit survenu quelque chose
« d'ailleurs qui vous ayt irrité, et traversé une
« tant genereuse resolution, laquelle estant chan-
« gée, il faut aussi changer de desseins et de
« procedures. Car n'ayant le cerveau creux ny
« vague, ny l'esprit remply de chimeres, de ca-
« prices, ny de vertigots, je me garderay fort
« bien de vous embarquer en une guerre ou-
« verte contre un si grand monarque et puis-
« sant potentat que le roy d'Espagne, lequel
« possede plus de regions et d'estenduë de pays
« que ne firent jamais les Romains, sans voir
« auparavant de mes yeux, et sçavoir de mon
« esprit toutes les dispositions de ceux de vos
« confederez, et tous les preparatifs en vous mes-
« mes qui sont absolument necessaires, pour
« non seulement vous garentir de tous mauvais
« evenemens, mais aussi vous en faire avoir du

« contentement parmy ces heureux succez, les-
« quels vray semblablement ne vous peuvent
« manquer si vous y voulez proceder, comme il
« appartient et selon vostre ancienne vertu :
« d'autant qu'en premier lieu le roy d'Angle-
« terre et les princes protestants d'Allemagne
« vous ont donné toutes les asseurances que
« vous sçauriez desirer de joindre leurs armes
« aux vostres, toutes les fois que vous voudrez
« entreprendre de restablir l'Empire en ses an-
« ciens droits de libre élection de l'Empereur,
« et qu'à cela seront concurrens en desseins tous
« les ecclesiastiques et villes imperiales des trois
« religions, voire encor eux tous à delivrer les
« dix-sept provinces des Pays-Bas de la subjec-
« tion d'Espagne, pour les mettre en liberté,
« pourveu que ce soit sans vous en appropier
« aucune partie. Je ne parle point des Hollan-
« dois, car ces peuples là sont tant ardens en ce
« dessein et sont tellement interessez au suc-
« cez d'iceluy, qu'ils ne manqueront jamais de
« fermeté ny à contribuer par dessus leurs pro-
« pres puissances, ne voulans pas neantmoins
« asseurer que le prince Maurice eust ce dessein
« bien fort agreable. Vous ne doutez non plus
« de ceux de Boheme et Hongrie et provinces
« en dependantes, et qu'ils ne secouënt le joug
« de servitude de la maison d'Austriche si tost
« qu'ils verront la moindre apparence de le pou-
« voir faire seurement, tant ils aspirent à une
« liberté pleniere d'election et de religion.

« Quant aux Suisses, c'est aussi sans doute que
« s'ils voyent la proposition que l'on leur fait,
« de vouloir agrandir leur Estat, estre de facile
« execution, qu'ils ne fassent, pour y parvenir,
« tout ce que vous desirez.

« Quant aux Venitiens, leurs interests à l'af-
« foiblissement de la faction espagnolle sont tels
« et si palpables, qu'ils ne vous abondonneront
« jamais en l'entreprise d'iceluy. Pour le duc de
« Savoye, vous le cognoissez ; il a tant d'ambi-
« tion et de vanité, qu'il ne sçauroit voir pre-
« parer une couronne royale à son cerveau in-
« quieté et volage, qu'il ne se jette à corps perdu
« dans tous les projets qui auront apparence de
« la luy pouvoir faire obtenir ; voire mesme ne
« desespere-je pas que le Pape ne s'en mesle s'il
« voit les affaires bien acheminées, et apperçoive
« seureté contre l'oppression, et toutes autres
« sortes de meuvais succez : et trouverez peut-
« estre, Sire, que je ne dis pas cecy à vostre
« Majesté sans quelque apparence de raison,
« pour ce qu'estant allé voir par vostre comman-
« dement, il y a environ trois sepmaines, M. le
« cardinal Buffalo, pour luy parler du placart
« des trente pour cent, luy faire sentir que cela

« nous jetteroit dans une interruption de com-
« merce avec Espagne, Flandres et Milan, et
« d'icelle dans une guerre certaine ; apres quel-
« ques discours que nous eumes là dessus, qui
« se terminerent par une resolution d'en adver-
« tir le Pape, afin qu'il y remediast par sa pru-
« dence et piété, il me vint à parler de cet ar-
« ticle du synode tenu à Gap, auquel ceux de
« ma profession ne s'estoient pas contentez de
« demeurer dans les theses generales, comme
« avoient fait les autres, mais avoient nommé
« la personne particuliere de Clement VIII ;
« enquoy ils avoient eu grand tort, tant pour sa
« propre bonté que pour avoir usé de telle pru-
« dence et circonspection, qu'il avoit tousjours
« desconseillé d'user des armes ny de persecu-
« tion pour les amener à la foy. Surquoy pre-
« nant cette occasion pour cognoistre ses sen-
« timens en choses plus grandes, je luy dis que
« vostre Majesté avoit pourveu, par mon en-
« tremise, de telle sorte à cette petite chaleur
« de foye de quelques bigots huguenots, comme
« il s'en trouvoit aussi de trop aspres parmy les
« catholiques, qu'il ne seroit jamais plus parlé
« en public de la personne particuliere du Pape
« qui siege à present, que le general prisoit et
« affectionnoit pour ses vertus et son doux na-
« turel, pour le pouvoir asseurer qu'estant, il
« n'y avoit pas dix jours, en grande compagnie
« des plus qualifiez et mieux sensez de cette
« profession, l'on avoit dit beaucoup de choses
« en sa loüange, et parlé de vouloir contribuer
« leurs armes et leurs moyens pour le rendre un
« des plus grands et puissants princes de la chres-
« tienté, en le delivrant des oppressions espa-
« gnoles, et adjoignant à ses Estats le Royaume
« de Naples et autres pieces de la domination
« d'Espagne qui luy seroient commodes, puis
« que desja la feodalité luy en estoit devoluë.
« Nos discours sur cela furent assez longs, les-
« quels j'abrege de crainte d'ennuyer vostre Ma-
« jesté ; mais la substance et conclusion fut que
« le morceau si bien preparé, que l'on ne peust
« douter de l'obtention et possession asseurée,
« vaudroit bien de la peine de rompre son jeusne
« et sa trop grande circonspection envers les
« Espagnols ; que si je disois cela en verité et
« non par forme de parler, et que je ne le trou-
« vasse point mauvais de faire sçavoir que je
« luy eusse tenu ce langage, il le feroit secrette-
« ment entendre à Sa Sainceteté par gens qui
« avoient ces mesmes desirs, et essayeroit de
« tirer les sentimens et d'eux et de luy sur telles
« propositions, si jamais elles se mettoient en
« avant par vostre Majesté, et ne manqueroit de
« me dire tout ce qu'il en auroit appris.

« Mais quand tous ces gens là, Sire, vous se-
« roient sincerement confederez et absolument
« resolus de se joindre à vostre Majesté par leurs
« armes en ce magnifique dessein, si ne l'esti-
« merois-je pas suffisamment precautionné ny
« entierement exempt de tous mauvais succez,
« si les preparatifs necessaires de vostre part,
« tant en vostre personne qu'en vos affaires, ne
« correspondoient à la magnitude d'iceluy pour
« lesquels il faut faire estat, premierement, de
« constituer tous vos delices et plaisirs en sa di-
« ligente execution, trouver encor vingt-millions
« de livres tout contant, outre les vingt-cinq que
« j'ay desja assemblez, et preparer des moyens
« infaillibles pour faire encor un fonds semblable
« pour les suittes des années ; ce dont je ne suis
« nullement en doute, si l'on me laisse mesnager
« ce que j'ay en l'esprit, afin de pouvoir entrete-
« nir trois ans durant (sans toucher à vos reve-
« nus ordinaires, ne surcharger vos peuples de la
« campagne ny les marchands, la protection des-
« quels j'ay sur tout en recommandation) cin-
« quante mille hommes de pied, desquels la des-
« pence reviendroit par mois à neuf cens mille
« livres ; six mille chevaux souldoyez, pour les-
« quels aussi il faudroit trois cens quarante mille
« livres ; pour quarante canons, cent cinquante
« mille livres ; pour le déchet des vivres, pour
« les ouvrages et parties inopinées, cent cin-
« quante mille livres ; tout cela revenant par
« mois à quatorze cens quarante mille livres, et
« pour dix mois, à quatorze millions quatre cens
« mille livres ; outre laquelle somme il faut en-
« core adjouster, pour la premiere année, quinze
« cens mille livres pour les frais des levées et
« achapts de ce qui pourroit manquer en vos
« provisions faites de longue main ; pour l'as-
« semblage de toutes lesquelles choses et le mes-
« nagement des personnes dont l'on auroit be-
« soin, il me faut encor un loisir de deux années,
« et un relasche de toutes despences non abso-
« lument necessaires. »

« Je me doutois tousjours bien, vous dit le
« Roy, que toutes ces grandes entreprises par
« vous imaginées seroient des ouvrages de lon-
« gues années, lesquelles pourront estre inter-
« rompuës durant le cours d'icelles par une mil-
« liasse d'accidens, comme desja moy-mesme
« recognois tant de difficultez en l'execution finale
« d'icelles, que j'apprehende bien que nous lais-
« sions les choses presentes et asseurées pour
« nous jetter à l'essor (comme fit l'autre jour un
« de mes oiseaux que je n'ay jamais pu recouvrer
« depuis) apres celles de l'advenir et bien fort
« incertaines ; et neantmoins je ne laisseray pas
« de les avoir tousjours en l'esprit, et de favoriser
« tous vos mesnages, practiques et faciendes que
« vous jugerez à propos pour les advancer ; et
« ne vous nieray point que je ne sois voirement
« (comme vous l'avez bien recogneu) en fort
« mauvaise humeur ce matin, à cause de divers
« advis à moy donnez que les broüilleries de tous
« ceux que nous avons tantost nommez se mul-
« tiplient jusques à essayer d'y attirer mon nep-
« veu le prince de Condé, et y faire prester les
« oreilles à madame de Verneuil et à sa sequelle,
« comme l'on s'est fait fort de le justifier par
« leurs propres lettres ou tesmoins irreprocha-
« bles, qui est ce qui m'embarrasse le plus l'es-
« prit, à cause de ma femme qui me picotte tous-
« jours sur ce sujet, et me presse de la mal traitter
« pour en retirer cette promesse dont vous dé-
« chirastes le premier original à Fontaine-bleau
« (vous en souvient-il bien ? et qu'à cette occa-
« sion je me mis tant en colere contre vous, en-
« cor que j'en refisse peu apres un autre que je
« luy portay, qui est celuy mesme que je la
« presse maintenant de me rendre, afin d'avoir
« repos avec ma femme, s'il y a moyen ; bien
« qu'en effet cette promesse ne soit qu'une niai-
« serie, estant conditionnée comme elle est,
« ainsi que m'ont assuré les ecclesiastiques
« ausquels j'en ay parlé, et qu'elle mesme, lors-
« qu'elle me la monstra, pour la signifier, me dit
« ne me pouvoir nuire ny prejudicier, ny elle
« s'en servir ny s'en prevaloir, comme il me sem-
« ble que je vous dis tout cela dans ma petite
« galerie proche de ma chambre. »

CHAPITRE CXXXI.

*Chagrins domestiques de Henri IV. Ses plain-
tes contre sa femme et sa maîtresse. Etablissement d'un seul receveur des rentes de la
ville de Paris. Diverses lettres de Henri IV.*

Nous avons separé les discours que le Roy
vous tint lors en deux chapitres, afin d'ennuyer
moins ceux qui liront ces Memoires ; et pour en
reprendre la suitte, vous vous souviendrez, aussi
bien que nous sçaurions faire, que le Roy, en
suitte d'iceux, vous tint un tel propos : « Mon
« amy, je vous confesseray qu'outre ce que je
« vous ay dit des causes de la mauvaise humeur
« où vous aviez jugé que j'estois, que je vis hier
« au soir madame de Verneuil, de laquelle je me
« separay fort mal et en grande colere, pour trois
« causes principalement : la premiere, pource
« qu'elle veut maintenant faire la fine, la rusée
« et la rencherie avec moy, comme si c'estoit par
« devotion et scrupule de conscience, ce que je
« croy proceder plutost de quelques nouvelles

« amourettes avec de certaines gens dont j'ay
« entendu parler, et dont la condition me des-
« plaist; la seconde, pour ce que luy ayant parlé
« des advis que j'ay eus de ses intelligences avec
« son frere et les autres faiseurs de menées con-
« tre ma personne et mon Estat, elle m'a respondu
« avec une fierté merveilleuse et mine desdai-
« gneuse, voire soustenu que tout cela estoit faux
« absolument; mais qu'à mesure que je vieillis-
« sois, je devenois si défiant et soupçonneux,
« qu'il n'y avoit plus moyen de vivre avec moy,
« et que le plus grand bien et faveur que je luy
« pourrois faire, seroit de ne la voir plus en par-
« ticulier, pour ce que de cela n'en tiroit-elle
« nul advantage, et ne laissoit pas de l'accabler
« de haines et d'envies, et sur tout de celles de
« ma femme, qu'elle m'a nommée d'un tel nom,
« que je me suis pensé eschapper à luy don-
« ner sur la joue; la troisiesme, touchant la
« priere que je luy ay faite de me rendre cette
« promesse de mariage, surquoy elle m'a inso-
« lamment respondu que je la pouvois bien cher-
« cher ailleurs, pour ce que d'elle ne l'aurois-je
« jamais; à cause duquel refus et de toutes ses
« autres procedures, nous avons eu plusieurs
« contestations pleines d'aigreur, et finalement
« me suis separé d'elle en jurant que je luy ferois
« bien trouver cette promesse. Et neantmoins il
« me fasche d'user de violence contre elle, pour
« ce qu'elle est d'agreable compagnie quand elle
« veut, a de plaisantes rencontres, et tousjours
« quelque bon mot pour me faire rire, ce que je
« ne trouve pas chez moy, ne recevant de ma
« femme ny compagnie, ny resjouyssance, ny
« consolation, ne pouvant ou ne voulant se ren-
« dre complaisante et de douce conversation, ny
« s'accomoder en aucune façon à mes humeurs
« et complexions, faisant une mine si froide et si
« dédaigneuse lors que, arrivant de dehors, je
« viens pour la baiser, carresser et rire avec elle,
« que je suis contraint de la quitter là de despit,
« et de m'en aller chercher quelque recreation
« ailleurs : ma pauvre cousine de Guyse estant
« tout mon refuge lors qu'elle est au Louvre,
« encore qu'elle me die bien quelques fois mes
« veritez, mais c'est de si bonne grace, que je
« ne m'en offence nullement, et ne laisse pas de
« rire avec elle; et partant desirerois-je bien lors
« que vous venez parler à ma femme d'autres
« affaires, que vous prissiez l'occasion à propos
« pour luy parler de tout cela, sans qu'elle cog-
« neust que ce fust tout expres ny que cela vint
« de moy, et luy remontrassiez le tort qu'elle a
« fait de vivre avec moy de la façon que je vous
« ay dit, en l'asseurant que si elle vouloit croire
« vostre conseil, qu'elle me divertiroit facilement

« de beaucoup de visites que vous sçaviez bien
« qui la faschoient. »

Comme Sa Majesté achevoit ce propos, et avant que vous eussiez eu loisir d'y faire aucune replique, messieurs de Vic, de Trigny et de Pilles Fortia entrerent dans la gallerie, luy dirent qu'il y avoit plus d'une heure que tous ceux qu'il avoit mandez pour ses fortifications, bastimens et autres affaires estoient arrivez, et s'en alloit si tard qu'il ne pourroit pas achever ce matin : tellement qu'il changea de discours, vous imposa silence sur ce qu'il vous avoit dit, jusques à ce qu'il vous en parlast derechef, et s'en alla trouver ceux qui l'attendoient en la salle, où une partie des Estats cy-devant dits, furent arrestez, et les deux jours suivans tout le reste.

Vous mesnageastes, en cette année 1604, grande quantité d'affaires, desquelles nous ferons mention selon leur ordre et les dattes d'icelles, et commencerons par l'establissement que vous fistes d'un seul receveur et payeur des rentes de la ville de Paris, en ostant les anciens qui estoient plusieurs, lesquels tous exerçoient ces charges avec grands abus et confusion, et cachoit tout ce que l'on y pouvoit descouvrir pour le soulagement des finances du Roy, qui montoit à grandes sommes. Enquoy le Roy, ayant esté auparavant informé de leurs malversations et du profit que vous y esperiez faire pour luy et pour les legitimes rentiers, vous assista de tout son pouvoir, comme plusieurs lettres qu'il vous escrivit sur ce sujet le purent verifier, desquelles, pour éviter la longueur, nous nous contenterons d'en inserer icy une seulement sur ce sujet, et plusieurs autres pour monstrer son stile et son affection à ses affaires, desquelles lettres la teneur ensuit.

Dix-sept lettres de la main du Roy à M. de Rosny.

Mon cousin, ayant cy-devant contracté avec Montauban des six offices de receveurs des rentes de ma ville de Paris, un nommé Droüart se seroit presenté qui auroit fait party des aydes dependans de ces charges, à condition de le rembourser et indamniser des deux offices desdites aydes, dont je l'ay pourvu. Depuis ledit Montauban en ayant esté adverty auroit jugé que cela luy estoit fort prejudiciable, en ce que la somme, à luy ordonnée pour son remboursement, n'estoit à beaucoup pres suffisante pour le desdommager, qui est cause qu'il me supplie d'avoir agreable de le faire jouyr de son contract et le mettre au lieu et place dudit Droüart, afin qu'il soit entierement jouyssant de ce que je luy ay accordé, se submettant aux mesmes clauses, charges et conditions portées par le contract dudit Droüart. C'est pourquoy voulant gratifier ledit Montauban qui est mon domestique plutost qu'un autre, en consideration de ses services et de ce qu'il m'a donné l'advis de la suppression desdits six offices de receveurs, chose tres-utile à mon peuple, et fait tous les frais pour parvenir au fait d'un si bon dessein, je vous ay bien voulu faire ce mot pour vous dire que je veux que vous rompiez le contract dudit Droüart, comme ayant esté fait depuis celuy de Montauban, si vous jugez qu'ainsi se doive faire pour le bien de mon service, lequel vous est assez recommandé; et à cette fin que vous le mettiez en son lieu et place. Mes sujets en seront, par ce moyen, beaucoup plus soulagez, n'ayant à faire, pour le payement de leurs rentes, qu'à une seule personne; aussi qu'il me semble bien raisonnable que puis que son contract est fait le premier qu'il y soit maintenu, mesmement s'il fait ma condition aussi advantageuse que ledit Droüart ou autre; ce que vous ferez entendre à ceux de mon conseil et que telle est ma volonté. Sur ce Dieu vous ayt, mon cousin, en sa saincte et digne garde.

Ce 15 avril à Fontaine-bleau.   HENRY.

Mon amy, en suitte de ce que je vous ordonnay ces jours passez, je vous prie de regarder les moyens qu'il y a d'acquitter ce qui est deu à mon cousin le duc de Nemours, car mon intention est qu'il soit payé; et pour cet effet, si vous jugez justes et raisonnables les advis qu'il a, par mon commandement, mis és mains du sieur president Jeannin pour les rapporter en mon conseil, tenez la main à les y faire resoudre dés demain, faisant entendre à ceux de mondit conseil que c'est ma volonté, à l'effet de laquelle je desire que vous apportiez tout ce que vous pourrez, et s'il est besoin leur communiquer cette-cy. Adieu, mon amy.

Ce 2 avril, à Fontaine-bleau.   HENRY.

Mon amy, je vous dépesche ce courrier expres pour vous dire que l'homme auquel Lomenie escrivit, par mon commandement, il y a quelques jours, et dont il vous bailla sa lettre pour luy faire tenir par celuy que vous envoyez à vostre sœur madame de Badefou, est arrivé d'hier au soir en ce lieu, qui nous a bien fait voir des menées des gens de consistoire. C'est pourquoy je vous prie de vous rendre icy lundy au soir et M. de Ville-roy, afin de prendre quelque resolution sur ce qu'il m'a rapporté, comme chose qui importe à mon service. Je ne vous retiendray icy qu'un jour ou deux, et ne lairrez pas de vous en retourner faire la feste à Rosny comme Lomenie m'a dit que vous aviez dessein. Adieu, mon amy.

Ce samedy 10 avril, à Fontaine-bleau.
HENRY.

Mon amy, la dame de Pangeas m'a asseuré qu'elle se rendroit à Paris le lendemain des fetes, sans faute, et apporteroit avec elle les inventaires qu'elle avoit des bagues et pierreries de feuë ma sœur la duchesse de Bar lors de son deceds, et ceux qui avoient esté faits depuis en Lorraine, ensemble ceux de ses meubles et autres choses qu'elle avoit en sa puissance alors: dequoy je vous ay bien voulu advertir par ce mot, et vous prier de prendre avec vous deux ou trois de mon conseil, tels que vous adviserez, pour verifier lesdits inventaires, et ce en la presence de ceux que mon frere le duc de Lorraine (qui est par delà) deputera, pour apres prendre ce qui m'appartient par la mort de madite sœur, et rendre à mondit frere ou aux siens ce qui est à luy. Et parce que vous sçavez en cela ce qui est de mon intention, je ne vous en diray davantage, pour prier Dieu vous avoir, mon amy, en sa saincte et digne garde.

Ce 17 avril, à Fontaine-bleau.   HENRY.

Mon amy, je vous fais ce mot par ce porteur, afin que vous luy fassiez bailler incontinent ce qu'il luy faut pour son voyage, et que personne n'en sçache rien; et, pour cet effet, qu'il n'aille point querir son argent à l'espargne et le luy faites bailler d'ailleurs. Aussi-tost qu'il sera de retour icy je fais estat de le redépescher devers ceux qui me l'ont envoyé, et n'attends que M. de Ville-roy qui doit estre icy demain au soir. Bon jour, mon amy.

Ce 19 avril, à Fontaine-bleau au matin.
HENRY.

Mon amy, mon nepveu le duc de Guyse m'ayant fait entendre que pour jouyr du don que je luy fis, lors qu'il alla la premiere fois en Provence par mon commandement, de la creuë de certains offices que je fis en ma cour des comptes dudit lieu, il luy est de besoin d'avoir encore une jussion, laquelle monsieur le chancelier fait difficulté de luy expedier. Je vous fais ce mot pour vous prier d'apporter tout ce qui sera de vous à ce que ledit sieur chancelier seelle ladite jussion, luy faisant entendre que c'est chose que je veux, et que mondit nepveu jouisse de la gratification que je luy ay faite de la finance qui proviendra desdits offices. Adieu, mon amy.

Ce 27 avril, à Fontaine-bleau.   HENRY.

Mon amy, vous apprendrez par cette-cy et par ce que La Varenne vous dira, le desir que j'ay de donner tout le contentement qu'il me sera possible à M. le duc de Wirtemberg, ainsi que je l'ay resolu avec le sieur de Sillery, et que je luy ay donné charge de le vous faire entendre; c'est pourquoy je vous prie d'y pourvoir, à ce que son ambassadeur, qui a pris congé de moy pour le retourner trouver, luy porte cette asseurance. Vous luy ferez aussi donner un present de ma part, dautant qu'il part sans plus retourner icy, et vous sçavez que ces choses là importent à mon service, comme vous le pouvez trop mieux juger. C'est pourquoy je ne vous en diray davantage, pour prier Dieu vous avoir, mon amy, en sa saincte et digne garde.

Ce 25 may, à Fontaine-bleau.   HENRY.

Mon amy, la suffisance du sieur du Massés, qui vous rendra cette-cy de ma part, fera qu'elle en sera plus courte. Je me contenteray, par icelle, de vous asseurer de la continuation de ma bonne volonté, de laquelle je vous tesmoigneray les effets aux occasions qui s'en offriront, et que je seray tres-aise d'entendre de vos nouvelles et ce que vous aurez appris en vostre voyage, important à mon service. Adieu, mon amy.

Ce 13 juin, à Sainct Germain en Laye.
HENRY.

Mon amy, le feu sieur de Chappes ayant esté contraint entrer en grandes advances pour me dignement servir en Auvergne, comme il a fait, on luy auroit, pour parties desdites advances, donné des assignations sur des receptes particulieres qu'il n'auroit pû recevoir, et pour le surplus, il fut remis à estre remboursé du fonds qui seroit destiné pour l'acquittement des debtes contractées pour mon service en mesmes années. Toutesfois, faute de poursuitte de la part de la fille dudit sieur de Chappes, à present femme du sieur du Chandieu, ladite partie n'a point esté employée, et sont, ledit de Chandieu et sa femme, travaillez en leurs biens, par les creanciers desquels cette somme là a esté empruntée; c'est pourquoy je vous fais ce mot pour vous prier de faire dresser ledit de Chandieu, pour le payement de ce qui estoit deu de reste à son beau pere, ou sur l'estat des debtes d'Auvergne, ou sur telle autre nature de deniers que vous verrez estre plus à propos: car les services que j'ay receus dudit feu sieur de Chappes, veulent que je vous prie, encor un coup, d'apporter tout ce que vous pourrez pour le contentement dudit sieur de Chandieu. Sur ce, je prie Dieu qu'il vous ayt, mon amy, en sa saincte et digne garde.

Ce 17 aoust, à Fontaine-bleau.   HENRY.

Mon amy, j'ay commandé à La Varenne de vous aller trouver pour les affaires de mon cousin le duc de Nemours, et de ne rien faire en cela que ce que vous luy ordonnerez. Adieu, mon amy.

Ce 23 aoust, à Fontaine-bleau.   HENRY.

Mon amy, sur ce que j'ay entendu que le prevost des marchands et eschevins de ma bonne ville de Paris, font quelque resistance à Lintlaer Flamant, de poser le moulin servant à son artifice, en la deuxiesme arche du Pont-Neuf du costé du Louvre, sur ce qu'ils pretendent que cela empescheroit la navigation, je vous prie les envoyer querir et leur parler de ma part, leur remonstrant en cela ce qui est de mes droicts; car, à ce que j'entends, ils les veulent usurper, attendu que ledit pont est fait de mes deniers et non des leurs. Vous ne m'avez pas mandé que ceux qui vouloient faire le party des rentes, se sont dédits, comme M. de Maisses m'a dit. Je ne vous fais point encore de responce à la lettre que m'a apportée Lomenie ny à ce qu'il m'a dit, seulement je vous diray que les raisons qui y sont contenües, ne me font nullement dédire ny changer mon intention. Adieu, mon amy.

Ce 23 aoust, à Fontaine-bleau.   HENRY.

Mandez moy des nouvelles de mes bastimens.

Mon amy, je vous fais ce mot en faveur de Baptiste Manchin, courrier, pour vous prier d'adviser à le faire contenter de neuf cens escus qui luy sont deubs, pour des voyages qu'il a cy-devant faits à Rome pendant ces troubles, entre lesquels est celuy de la nouvelle qu'il apporta de mon absolution; ce qui fait que je vous en prie de toute mon affection, est qu'il est pauvre et que sa debte est juste, raisonnable et privilegiée. Adieu, mon amy.

Ce 29 aoust, à Fontaine-bleau.   HENRY.

Mon amy, ce pauvre marchand de Gisors, qui vous rendra cette-cy, s'en va vous trouver pour le payement de deux cens cinquante et tant d'escus que je luy dois, pour du vin qu'il m'a fourny lors de mes plus grandes affaires, sa debte bien verifiée, avec beaucoup de frais et de patience. Je sçay bien que la consequence en est dangereuse, mais ma conscience d'ailleurs m'oblige d'avoir pitié de luy; c'est pourquoy je vous prie de luy donner tel contentement, qu'il n'ait plus d'occasion de se plaindre et retourner devers moy pour chose qui luy est justement deuë. Sur ce, Dieu vous ait, mon amy, en sa saincte et digne garde.

Ce 13 septembre, à Fontaine-bleau.   HENRY.

Mon amy, celuy qui vous rendra cette-cy de ma part, nommé Latsague, est de ma compagnie de chevaux legers, et des plus anciens d'icelle, et tel que si la charge de mareschal des logis venoit à vacquer, je la luy donnerois, estant des vieux soldats que feu Belsunce m'amena plus gentil-homme que riche; lequel ayant esté fort malade et despendu tout ce qu'il avoit pû espargner de ses monstres passées, je luy ay fait depescher une ordonnance de la somme de trois cens livres, laquelle il vous presentera, avec cette-cy, et que je vous prie commander qu'elle luy soit acquittée incontinent, veu mesmement que c'est le premier don que je luy ay fait, afin qu'il s'en retourne trouver la troupe où elle est. Adieu, mon amy.

Ce 12 septembre, à Fontaine-bleau, au soir.
HENRY.

Mon amy, vous apprendrez par de Murat, qui vous rendra cette-cy, l'occasion de son voyage vers vous, et comme dés hier au soir, aussi-tost que j'eus l'advis pour lequel il vous va trouver, j'ay pourveu à ce qu'il n'arrivast aucun inconvenient pour le bien de mon service : et remettant le surplus à la suffisance dudit de Murat, je ne vous en diray davantage, que pour vous prier de le croire. Adieu, mon amy.

Ce 6 octobre, à Fontaine-bleau. HENRY.

Mon amy, je vous envoye ce porteur expres, afin que vous entendiez par luy ce qu'il m'a rapporté du lieu d'où il vient, où il y a des particularitez qui sont bien considerables; c'est pourquoy je vous prie de l'entendre et me mander par luy quand vous serez icy pres de moy. Adieu, mon amy.

Ce samedy 16 octobre, à Fontaine-bleau.
HENRY.

Mon amy, je vous fais ce mot et vous despesche ce courrier, expres pour vous dire que le connestable de Castille arrive dimanche à Paris, où l'on croit qu'il sera pour faire la feste, pour incontinent se rendre icy, ce qui pourra estre mercredy ou jeudy au plus tard; c'est pourquoy je vous prie de remettre vostre visite du canal jusques à une autrefois, et vous rendre icy mardy de bonne heure. Adieu, mon amy.

Ce vendredy matin 29 octobre, à Fontaine-bleau. HENRY.

Mon amy, pour responce à celle que vous m'avez escrite sur ce que j'avois donné charge au sieur de Vic de vous faire entendre, de ma part, sur les défences du commerce d'Espagne, je vous diray que mon advis est, que vous assembliez messieurs le connestable, chancelier, le commander de Chates, ledit sieur de Vic et vous, et que là, ledit sieur de Vic propose ce qu'il a à dire: surquoy vous entendrez ses raisons et les peserez. Mais mon advis est que l'on ne doit lever lesdites défences, mais, par sous main, faire entendre aux gouverneurs qu'ils permettent aux navires d'y aller, dautant que de lever lesdites défences, les Espagnols ne m'ayans fait aucune raison, il sembleroit que je le fisse par crainte d'eux; ou quand on le souffrira aux marchands, par tolerance, nous serons tousjours sur nos pieds de faire republier lesdistes défences et les faire executer; et cela nous sera plus d'honneur qu'autrement, qui est ce enquoy nous devons autant adviser avec ces gens-là, et cela nous apportera plus de commodité que d'en user d'une autre façon. Sur ce, Dieu vous ait, mon amy, en sa saincte et digne garde.

Ce 14 novembre, à Sainct Germain en Laye, au soir. HENRY.

CHAPITRE CXXXII.

Affaire de L'Hoste, secrétaire de Villeroy. Diverses lettres relatives à cette affaire. Indulgence de Henri IV pour Villeroy. Digression sur la tolérance. Mémoire justificatif de Villeroy.

En ce mesme temps il se passa une affaire d'importance, laquelle fist au commencement quelque bruit, et donna sujet à plusieurs personnes de prendre de mauvaises impressions d'un des principaux ministres des affaires du Roy, et d'en tenir des langages fort à son desadvantage, laquelle, neantmoins, en peu de jours s'appaisa doucement, par la benignité et bon naturel de Sa Majesté, dont la cause, l'occasion et la suitte, fut telle que s'ensuit.

Le Roy, suivant sa coutume, voulant s'en aller faire ses devotions des festes de Pasques à Fontaine-bleau, avant que de partir, fit commandement à tous vous autres messieurs de son conseil d'Estat, de le venir trouver la semaine de Quasimodo. Mais dés le Vendredy Sainct vous receustes une lettre de sa main, dont la teneur s'ensuit.

Lettre du Roy à M. de Rosny.

Mon amy, j'ay desja de long-temps quelque chose en la fantaisie, qui m'a travaillé l'esprit depuis trois jours, plus qu'il n'avoit encores fait; c'est touchant une desloyauté qui se commet en mes principales affaires, à laquelle je voudrois bien essayer d'apporter quelque remede; mais ne le voulant entreprendre sans vous en avoir communiqué, pour ce que vous avez esté le premier qui en avez soupçonné quelque chose lors de vostre voyage en Angleterre, je vous prie ne manquer pas de me venir trouver dés le jour de Pasques, si tost que vous aurez fait la Cene à Ablon, où je donneray ordre qu'il se trouvera des chevaux de poste tout prets; car estant quasi tout seul en ce lieu, j'auray plus de moyen de discourir avec vous sans estre importuné de personne. Adieu, mon amy que j'ayme bien.

De Fontaine-bleau, ce jeudy absolu. HENRY.

Vous executastes punctuellement ce qui vous estoit enjoinct ; mais estant arrivé fort las et à nuict close, vous remistes au lendemain matin à voir le Roy ; lequel, si tost qu'il vous apperceut, estant desja tout habillé encor que le soleil ne vint que de se lever, il vous prit par la main et vous dit (car nous y estions presens nous ayans menés avec vous) : « Bonjour, mon amy, « vous soyez le bien venu ; allons nous promener « ensemble. » Et lors il vous mena, tout seul, dans la gallerie proche de sa chambre, où il vous parla ainsi, comme vous me l'avez conté. « Mon « amy, vous souvenez vous bien de la perte de « vostre seconde dépesche que vous m'escrivistes « d'Angleterre, et de ce que vous me mandastes « sur ce sujet, touchant M. de Ville-roy et les « siens? aquoy il faut que je vous confesse nette-« ment que je n'adjoustay pas lors beaucoup de « foy, estimant que ce fust quelque mauvais of-« fice que vous luy rendissiez, comme c'est chose « assez ordinaire entre les serviteurs d'un mesme « prince, qui ont du de la faveur et de l'employ en « mesmes affaires et ont des fantaisies et des des-« seins contraires, comme je recognois souvent « que vous avez. Mais depuis quelque temps il « m'est venu tant d'advis reiterez de la pluspart « de mes ambassadeurs, que les princes vers les-« quels ils sont envoyez, sçavent autant qu'eux « mesmes, voire bien souvent avant eux, tout ce « qu'il y a de plus secret et mieux chiffré, tant « dedans les dépesches qu'ils reçoivent de moy, « que dans celles qu'ils m'envoyent, et notam-« ment du sieur de Barault, encor depuis trois « jours qui m'en a escrit un mot de sa main, par « un homme qu'il a chargé de le mettre es mien-« nes propres, que je commence à croire que « vous avez eu raison ; et partant, je vous prie, « essayons vous et moy, avant que de faire en-« cor rien esclatter, à en descouvrir davantage ; « car je ne sçaurois plus souffrir une telle perfi-« die. » Mais tout vostre travail eust esté vain et inutile si vous n'eussiez esté mieux assistez du hazard et de la fortune, que de vos industries et recherches ; car, trois jours apres Pasques, une bonne partie de ce que vous desiriez sçavoir, fut descouvert sur les plus malheureux, et non (au moins comme le bruit en courut) sur tous les coupables, et ce par une telle occasion que nous reprendrons dés son commencement, pour plus grand esclaircissement.

Il y avoit donc, de long-temps, en Espagne un certain homme natif de Bourdeaux, nommé Jean de Leyre, dit Rafis, lequel, pour avoir esté des plus envenimez partisans de la Ligue, n'avoit peu obtenir permission de demeurer en France, et pour cette cause s'estoit retiré en ce pays là, servoit les Espagnols et toutes les menées qui se faisoient contre l'Estat, et avoit pour cét effet pension d'eux. Mais, ayant recogneu depuis quelques années, qu'à mesure que ses intelligences vieillissoient, son credit et ses services diminuoient et tout de mesme ses salaires, il prist resolution de retourner en sa patrie, par le moyen de quelque service recommandable ; et, pour cét effet, ayant sceu par l'accointance qu'il avoit avec un François, appellé Jean Blas, de long-temps domicilié en Espagne, qu'un nommé Nicolas L'Hoste (1), secretaire de M. de la Rochepot pendant son ambassade, avoit des intelligences avec les secretaires don Jean Idiaques Francheses et Prada, pour leur descouvrir tous les secrets des despesches de France, et qu'estant revenu en France, remis au service du sieur de Ville-roy, duquel il estoit filleuil, serviteur de pere en fils, et par luy commis aux deschiffrements de ses despesches, il continuoit encor les mesmes desloyautez, il trouva moyen de parler au sieur de Barault, lors ambassadeur, et luy dit que se repentant d'avoir esté mauvais François, il desiroit de rentrer és bonnes graces de son prince par un signalé service, en luy descouvrant une perfidie qui se commettoit au grand prejudice d'iceluy ; mais qu'il n'en diroit point les particularitez, qu'il ne luy eust fait avoir auparavant une abolition de tous ses crimes, et promesse de quelques moyens pour vivre, le suppliant neantmoins que, si pour obtenir cela, il luy estoit besoin de venter en quelque sorte ses offres, il se gardast bien de le faire par lettres, ny d'en faire parler à autre qu'au Roy : ce que le sieur de Barault luy promit, tant il avoit envie de pouvoir descouvrir ce secret. Mais ne se pouvant imaginer que M. de Ville-roy ny les siens pussent jamais estre enveloppez en telles desloyautez, il ne laissa pas de luy escrire pour avoir cette abolition, laquelle luy fut promptement envoyée, et baillée à Rafis.

Lequel ayant veu qu'elle avoit passé par les mains de M. de Ville-roy, et non celles du sieur de Lomenie, comme il luy avoit dit le desirer, il luy declara toute l'affaire et luy dit qu'il vouloit, en mesme temps, monter à cheval pour se retirer promptement en France, pour ce que s'il sejournoit seulement un jour, l'on ne manqueroit pas de se saisir de luy. Suivant quoy M. de Barault luy ayant baillé Descartes, son secretaire, pour l'accompagner, ils partirent si à propos,

---

(1) *Nicolas L'Hoste* : il ajoutait à son nom celui de Duportail.

que le lendemain matin l'on fut au logis de Rafis pour se saisir de sa personne, suivant l'advis que L'Hoste en avoit fait donner; et ne le trouvant point, l'on courust soudain apres sur le chemin de France. Mais Rafis et Descartes avoient fait si bonne diligence, qu'ils arriverent à Bayonne sans fortune; et continuant leur chemin, ils apprirent à Paris que le Roy estoit à Fontaine-bleau, où ils s'achemineront tout droit sans s'arrester; et ayant rencontré M. de Ville-roy qui s'en alloit passer à sa maison pour se rendre le lendemain au mesme lieu, ils luy conterent toute cette histoire. A quoy il respondit qu'il y falloit pourvoir selon que le requeroit le service du Roy, sans s'en esmouvoir davantage, et leur ayant dit que son commis estoit demeuré à Paris, avec dessein de le suivre le lendemain, et qu'estant arrivé, il donneroit ordre à tout ce qui seroit necessaire.

Descartes et Rafis ne demeurerent pas trop satisfaits de cette responce, et pour cette cause, comme gens qui avoient la teste chaude et vouloient faire valoir leur service, ils le prierent de leur bailler des lettres pour faire arrester ledit Hoste, et qu'eux mesmes retourneroient plutost à Paris pour cét effet, afin qu'il n'y eust nul manquement; mais ils n'en sceurent jamais tirer autre chose, sinon qu'il falloit user de secret et de silence, afin de ne rien faire esclatter qu'il n'eut parlé au Roy. Le lendemain, si tost que M. de Ville-roy fut arrivé à Fontaine-bleau, il s'en alla trouver Sa Majesté, avec les paquets qu'avoient apportez Descartes et Rafis, et luy en fit la lecture, que le Roy ne luy donna pas loisir d'achever tout du long; car si tost qu'il entendist le nom et la qualité de celuy qui trahissoit son service, il luy dist en ces mots : « Et où est-« il donc, cét Hoste, vostre commis, ne l'avez « vous pas fait prendre? — Je crois, Sire, dit « M. de Ville-roy, qu'il est à mon logis; mais non « pas encor pris. — Comment, dit le Roy, vous « croyez qu'il soit à vostre logis et ne l'avez pas « fait arrester? Pardieu, c'est trop de negligence; « hé à quoy vous estes vous amusé depuis que « vous sçavez sa trahison à laquelle il falloit « pourvoir à l'heure mesme ? et partant retour-« nez en diligence et vous en saisissez. » Et en cette façon partit M. de Ville-roy, le visage fort chagrin. Ce qu'il fist, ce qu'il dit et ce qu'il pensa, nous ne le sçavons pas, pource que vous ne l'avez pas sceu au vray. Nous ne dirons non plus tout ce qui se passa lors que L'Hoste fut arrivé; car les bruicts en ont esté grandement divers. Vous fustes present à toutes les lectures et discours cy-dessus en presence du Roy; car estant venu pour prendre congé de Sa Majesté,

afin de vous en retourner à Paris, vous vous promeniez, avec elle, dans la longue gallerie du jardin des Pins, lorsque M. de Ville-roy y arriva, duquel et de toutes ces lectures vous ne disiez pas ce que vous pensiez, de crainte que le Roy ne l'imputast à mauvais offices que vous luy voulussiez rendre, encor que pendant la lecture de ses depesches Sa Majesté se fust mise à vous regarder et serrer la main trois ou quatre fois. Quoy que ce soit, vous dites adieu au Roy, sans avoir usé de grands discours là dessus, attendant de voir ce qui en arriveroit, et vous en allastes à Paris, en poste, où dés le lendemain vous receustes une lettre du Roy, de laquelle la teneur ensuit.

Lettre du Roy à M. de Rosny, contre-signée.

Mon cousin, Descartes, secretaire du sieur de Barault, mon ambassadeur resident en Espagne, vous va trouver, par mon commandement, accompagné de Rafis, par le moyen duquel nous avons sceu l'intelligence que le jeune L'Hoste, clerc du sieur de Ville-roy, avoit avec les ministres du roy d'Espagne, pour vous en faire le discours entier, comme de plusieurs autres particularitez qu'ils m'ont fait entendre, lesquelles importent à mon service. Ledit Descartes vous dira aussi comme ce traistre nous est trop mal-heureusement eschappé des mains, et le desplaisir extrême que j'en ressens pour les esclaircissemens que nous eussions tirez de luy si nous eussions pû disposer de sa personne. Il vous dira aussi la diligence que nous avons faite, d'envoyer apres luy pour l'attraper, avec les advis que nous avons eus jusques à present, lesquels me donnent bien peu d'esperance que nous le recouvrirons, qui est un extrême mal-heur pour mes affaires. Neantmoins le service que je reçoy maintenant dudit Rafis, en me descouvrant cette desloyauté, est tres-signalé et merite une grande recognoissance; car, comme ce malheureux avoit cognoissance d'une bonne partie des depesches que ledit sieur de Ville-roy recevoit et envoyoit, et de tous les alphabets en chiffres dont nous nous servons, il faut croire qu'il en donnoit advis ausdits Espagnols à toutes occasions, jusques à leur avoir baillé des doubles desdits chiffres, avec quoy ils ont pû sçavoir autant de mes intentions et affaires quasi que nous mesmes; ce qui auroit duré si ledit Rafis, comme mon sujet, las de voir cette perfidie continuer si long-temps au prejudice de mon service, n'en eust adverty ledit sieur de Barault, ainsi qu'il vous dira, avec les preuves que nous en avons qui ne sont que trop confirmées par la fuitte de l'autheur d'icelle; et estimant ne pouvoir trop dignement recognoistre ce service, tant pour l'importance d'iceluy, que pour profiter de l'exemple d'une gratification si bien colloquée, j'ay fait don audit Rafis de la somme de trois mille livres, laquelle je vous prie luy faire payer en deniers contants, et outre cela faire rembourser ledit sieur de Barault, de quinze cens soixante livres qu'il a advancées, pour donner moyen audit Rafis de se desgager et sortir d'Espagne, et pour le conduire jusques en ce lieu. Il faut pareillement faire payer audit sieur de Barault le dernier quartier de son entretenement de l'année passée, dont sondit secretaire vous dira qu'il n'a peu tirer aucune chose, quelques lettres que vous ayez escrittes; car il luy est impossible de servir s'il n'est payé entierement de son estat, vivant aujourd'huy plus cherement en Espagne qu'ils ne souloient, ainsi que vous dira ledit Descartes.

Je vous prie donc d'y faire pourvoir, de façon que ledit Sieur de Barault ayt moyen de s'entretenir et continuer à me servir par delà, où il nous est tres-utile et necessaire. Et quand, en tout le temps de sa legation, il ne me feroit autre service que de m'avoir fait cognoistre ce traistre et sa malice, il auroit bien gagné ses despens et mieux encore. Davantage j'ay commandé vous estre envoyé un extraict des articles des dernieres depesches qu'il a faites, qui font mention de nostre ordonnance et de leur placart de trente pour cent, afin que vous sçachiez les termes ausquels ils en sont par delà, et le tort que font à ma reputation et à mon authorité ceux qui violent nos defences, et que vous advisiez avec ceux de mon conseil à y remedier. Surquoy je vous diray qu'il me semble estre necessaire de faire faire exacte perquisition et rigoureuse punition des autheurs desdites contraventions, la plus grande partie desquels il nous mande sortir d'Olone et des environs; et comme c'est de vostre gouvernement, il faut que vous embrassiez ce fait et envoyez sur les lieux un homme de bien avec une commission, pour faire ladite recherche et punition, le plus seurement que faire se pourra. Partant choisissez en un propre pour me faire ce service, qui n'est de petite consequence, car tant que cette porte de desobeyssance demeurera ouverte à ceux qui voudront en user, nostre interdiction du commerce ne fera que honte et dommage à nous mesmes.

Vous verrez encor par une lettre que le sieur Barault a escritte au sieur de Ville-roy, des propos qui se sont passez entre luy et Prada sur ce sujet. Mon cousin, je vous prie, reprimons cette licence, de façon que l'exemple qui s'en ensuivra serve de terreur aux autres qui voudroient imiter tel abus, et que je sçache ce que vous en ferez.

Au reste, mon cousin le comte de Sainct Paùl m'a remonstré estre contraint, pour appaiser la violence de ses creanciers, de vendre son comté de Sainct Paul, en gros ou en détail; sur cela, il m'a fait une ouverture avec laquelle il peut, ce dit-il, donner quelque contentement à sesdits creanciers, et par ce moyen avoir loisir de traiter avec moy de l'achapt ou eschange dudit comté, si je veux y entendre. Je luy ay fait escrire qu'il vous voye, et qu'il mene avec luy le sieur de Comartin, pour en conferer avec vous, dautant que je desire que vous m'en mandiez vostre advis devant que d'en resoudre; mais j'estime que je dois empescher, s'il est possible, que mondit cousin vende ledit comté aux estrangers, à cause des droits et pretentions de souveraineté que j'ay sur iceluy. Et s'il faut qu'il soit vendu, comme m'a declaré ledit comte, qui ne s'en peut defendre si je ne le secours, je dois plutost le recompenser et prendre que de permettre qu'il tombe en autre main. Par ce moyen, nous pourrons dés à present l'obliger de ne vendre sa terre à autre qu'à moy, en l'accommodant de l'advance qu'il demande, sur le prix duquel l'on conviendra avec luy, et l'assignant sur la levée qui luy a esté cy-devant affectée. Outre cela, nous le garentirons pour quelque temps de la ruyne de ses affaires qui le talonne de si pres qu'il luy sera difficile de l'éviter sans telle assistance. Toutesfois, je n'en ay donné ny donneray parole que vous ne m'en ayez escrit vostre advis. Mon cousin, j'escrits au sieur de Sillery qu'il vous aille trouver pour estre present au raport desdits Rafis et Descartes, dont vous ferez apres part à monsieur le chancelier, ainsi que vous ferez des autres particularitez contenuës en la presente. Priant Dieu, mon cousin, qu'il vous ait en sa saincte et digne garde.

Escrit à Fontaine-bleau, le 24 avril 1604.

HENRY.

Et contre-signée, DE NEUF-VILLE.

Et en mesme temps vous receustes une lettre de M. de Ville-roy, de laquelle aussi la teneur s'ensuit.

Lettre de M. de Ville-roy à M. de Rosny.

Monsieur, je n'ay rien à vous escrire sur ce que vous diront ces porteurs, sinon que je suis outré d'ennuy et de douleur du mal-heur advenu au service du Roy, tant par l'infidelité de ce miserable garçon que j'avois nourry dés le berceau, ayant fait son pere tel qu'il estoit, que par sa fuitte de laquelle je confesse que mon mal-heur est cause, ainsi que cesdits porteurs vous diront. J'y auray regret tant que je vivray, n'estimant pas pouvoir jamais faire service au Roy qui repare cette faute, ou pour mieux dire, disgrace, ny qui efface la tache et flaitrisseure que ma reputation et non ma conscience en recevra. Monsieur, je vous supplie, en cette occasion de grande affliction, de vouloir faire paroistre vostre generosité en m'assistant de vos bons offices, et de favoriser Rafis en la gratification que Sa Majesté luy a accordée pour recognoissance du service signalé qu'il luy a fait, et vous m'obligerez de plus en plus à vous servir. Je vous prie de faire faire aussi le payement de l'entretenement de M. de Barault, qui n'a encores esté dressé du dernier quartier de l'année passée, ainsi que vous dira son secretaire qu'il faut luy renvoyer diligemment, car il n'a personne aupres de luy pour asseuré en qui il se fie. Je ne feray plus longue lettre que pour vous presenter mon treshumble service et recommandations, et prier Dieu, monsieur, qu'il vous conserve en bonne santé.

De Fontaine-bleau, le 24 avril 1604.

DE NEUF-VLILE.

Le jour suivant vous receustes encor une lettre de M. de Ville-roy, de laquelle la teneur ensuit :

Lettre de M. de Ville-roy à M. de Rosny.

Monsieur, depuis vous avoir escrit mon autre lettre nous avons sceu que ce traistre s'est noyé en la riviere de Marne, aupres du bac à Fay, se voyant poursuivy du prevost des mareschaux. Il avoit avec luy un Espagnol qui a esté pris et amené à Paris avec le corps de l'autre, dont il est raisonnable de faire une exemple publique, estant bien marry qu'il n'a esté pris en vie : aussi bien estant descouvert il ne pouvoit plus faire de mal au Roy, et sa mort, ainsi advenuë, y apportera peu d'advantage et de consolation à ceux qui esperoient par sa prise faire voir clair en ses intelligences et l'innocence d'autruy. Le Roy m'a commandé aussi vous advertir que celuy qui est en Flandre pour le servir, nous a escrit que Saint Denis Mailloc a envoyé s'offrir aux archiducs par l'addresse de M. d'Aumalle, pour luy servir non seulement de sa personne, mais encores avec luy nombre de gentilshommes qu'il promet y mener, afin que vous y fassiez prendre garde et employer l'authorité et creance qu'il sçait que vous avez sur luy, pour rompre ce dessein.

De Fontaine-bleau, ce 24 avril, 1604.

DE NEUF-VILLE.

Toutes ces affaires touchant M. de Ville-roy vous my-partirent de sorte l'esprit, qu'encor que la prudence et modestie vous imposassent silence, si voyoit on bien à vostre visage que vous n'estiez pas satisfait de ce qui s'estoit passé et se passoit encor en cette affaire, surtout lors que vous eustes entendu de Descartes et de Rafis toutes ces autres circonstances et particularitez touchant la maniere dont L'Hoste s'estoit evadé, car tous deux vous en parloient fort mal, aussi bien que la pluspart de ceux qui estoient à vostre suitte, lesquels, lors qu'ils en voyoient quelques-uns excuser M. de Ville-roy et adoucir ses fautes, disoient : « C'est dommage que ceux de « monsieur le grand maistre ne sont accusez de « semblables trahisons ; car, nonobstant toutes « ses innocences pretenduës, il ne laisseroit pas « d'estre déchiré de toutes façons. »

Tout cecy rendu ainsi public, la pluspart des ambassadeurs, voire le nonce du Pape mesme, vous vindrent trouver et prier de parler au Roy, et de luy remonstrer que leurs maistres ny eux aussi n'oseroient plus escrire rien d'importance à Sa Majesté, tant que les depesches auroient à passer par les mains de gens si peu feables que s'estoient montrez les commis de M. de Ville-roy : ce que vous representastes au Roy, l'estant revenu trouver à Fontaine-bleau expres pour cét effet, mais avec des termes si doux qu'il y paroissoit plutost de la faveur que de l'animosité, sçachant assez combien l'esprit du Roy estoit ployable au pardon et facile à oublier les fautes de ceux qui les confessoient ingenuëment, en tesmoignoient de la repentance, exaltoient sa bonté, loüoient ses vertus et se submettoient à ses volontez. Comme de fait, sur ce que vous luy aviez remonstré, il vous dit : « Il est vray, « je le cognois bien, et aussi que tous ces gens ont « quelque apparence de raison, car il faut con- « fesser qu'il y a, en tout ce qui s'est fait, dit « et passé, grandement de la faute ou pour le « moins nonchalance de M. de Ville-roy. Et aussi « ay-je esté deux ou trois jours en doute sur la « façon dont je le devois traitter ; mais enfin il « m'a fait pitié, luy voyant les larmes aux yeux « et les genoux à terre pour me demander par- « don, lequel je ne luy ay pû desnier, m'ayant « aucunement fait paroistre qu'il y avoit en son « fait plus de mal-heur que de malice, de negli- « gence que de mauvais dessein, et par conse- « quent que nous le devons plutost consoler que « de l'affliger davantage, n'y ayant point de « doute que ce revers de fortune ne le rende « moins fier, et à l'advenir plus diligent et cir- « conspect au choix de ses commis, à veiller sur « leurs actions et ne leur confier pas toutes ses « depesches. »

Quoy que ce soit, il se passa plusieurs jours pendant lesquels il se tint divers discours sur cette affaire, chacun prenant la licence d'en dire sa ratelée à tort et à travers, en quoy, pour dire la verité, les huguenots de consistoire (se souvenant tousjours des belles conditions qu'il avoit presentées à Sa Majesté, sous lesquelles luy et ceux de la ligue offroient de le recognoistre pour leur Roy) ne s'espargnoient pas. Mais en fin ces plus grosses rumeurs s'adoucirent peu à peu, à cause de la debonnaire indulgence du Roy qui vint à la cognoissance d'un chacun; laquelle s'augmenta tellement que vous ayant encore envoyé querir le lendemain par Jaquinot vous dit : « Mon amy, vous sçavez comme j'ay tout par« donné à M. de Ville-roy; mais afin de remet« tre entierement son esprit des frayeurs qu'il « avoit, que vous prissiez cette occasion pour « luy rendre de mauvais offices en souvenance « de ceux qu'il avoit autresfois rendus à ceux de « vostre religion, je vous prie de luy escrire une « lettre de consolation et d'asseurance de vostre « amitié, comme je vous en escriray ce soir une « lettre pour cét effet, afin que, vous la mons« trant à ses amis, chacun admire dautant plus « ma clemence et bonté qui sont les fondemens « sur lesquels je veux essayer de pouvoir regner. » De laquelle lettre qui vous fut apportée le soir par Perroton la teneur ensuit :

Lettre du Roy à M. de Rosny.

Mon amy, vous sçavez (car je vous en ay desja dit quelque chose) comme, lors que je fus adverty que L'Hoste, commis du sieur de Villeroy, s'estoit sauvé et depuis avoit esté trouvé noyé, j'avois esté long-temps en doute de ce que je devois croire de cette affaire et faire de luy ; mais enfin il m'a fait pitié, luy voyant les larmes aux yeux, les souspirs en la bouche, les desplaisirs au cœur et les genoux en terre pour me demander pardon, lequel, à cette cause, je ne luy ay pu refuser; et mesme, afin qu'il soit du tout remis en courage pour mieux servir que jamais, je vous prie de luy escrire une lettre d'honnesteté en forme de consolation et d'asseurance de vostre amitié, car je sçay qu'il la recevra avec joye. Adieu mon amy.

De Fontaine-bleau, ce jeudy au soir.
HENRY.

Or, ayant receu cette lettre, vous vous resolustes bien d'en escrire une à M. de Ville-roy suivant icelle, mais de l'assaisonner de sorte qu'elle luy pust servir non seulement de consolation et d'asseurance de vostre amitié, mais aussi de quelque espece d'admonition pour luy faire diminuer cette grande adversion qu'en toute occasion il tesmoignoit d'avoir contre ceux de vostre religion ; la lettre que vous nous fistes lire avant que de la fermer et la luy porter, estant telle que s'ensuit:

Lettre de M. de Rosny à M. de Ville-roy.

Monsieur, pour commencement de ma lettre je vous diray que je desire qu'elle vous serve de consolation et d'admonition tout ensemble; et partant vous diray-je sur la premiere que vous avez grande occasion de la recevoir tres-douce et tres-efficacieuse pour deux raisons. La premiere, dautant que vous sçavez avoir affaire à contenter un prince qui a tant de vertus et, entre icelles, de si douces inclinations à l'indulgence, qu'il previent tousjours la demande d'icelle, estant le premier à excuser les fautes de ses serviteurs si elles sont venielles, ainsi que j'en ay fait moy-mesme plusieurs experiences, et peut-estre vous mesmes aussi ; et que si elles sont si grandes qu'elles ayent besoin de misericorde et de pardon, il a l'un et l'autre au cœur devant que celuy qui les demande les ayt en la bouche, et de cette façon ne les refuse-il jamais à personne, comme vous le sçavez par ce qui s'est passé touchant le mareschal de Biron, n'ayant jamais veu une plus forte passion en Sa Majesté que de rencontrer, en l'entiere confession de son malefice, une palliative occasion de luy pardonner sans consequence pernicieuse à sa vie, au repos de ses peuples et à la tranquilité de son regne. Et l'autre consolation, c'est celle qu'à mon advis vous pouvez prendre et tirer de vous seul, qui est l'innocence que vostre conscience vous fournit, et que vous ferez juger telle à tout le monde par vos actions et procedures subsequentes, lesquelles vous sçaurez mieux choisir et observer que je ne le vous puis enseigner. Et quant aux conseils, afin d'éviter non seulement les legitimes causes de plaintes, mais aussi les blasmes des langues médisantes, comme j'advouë et veux croire que vous avez sujet d'en craindre quelque chose par des langages d'aucuns de la religion, c'est de leur faire paroistre de n'avoir plus de haine ny d'aversion contre leurs vies ny leurs fortunes, comme les conditions que vous proposastes à Sa Majesté, si elle vouloit estre recognuë pour Roy par les bons catholiques, leur a donné sujet d'en croire quelque chose, et n'avez pas essayé depuis à leur en faire perdre l'opinion, laquelle demeurera tousjours en eux tant qu'ils ne se verront regardez, de vous autres zelez catholiques, que comme ennemis de Dieu, heretiques et indignes des biens, charges et honneurs du Roy et du royaume; et que vous aussi peut-estre l'aurez-vous telle d'eux, tant que les huguenots ne vous regarderont que comme idolatres, et par consequent impies. Pour lesquels deux inconveniens éviter, je ne vois que ce seul expedient que j'ay tant de fois proposé au Roy en vostre presence, et de celles de messieurs de Believre, de Sillery, du Perron et de Cotton, dont l'entier et bien clair discours estant trop long pour une lettre, je vous l'envoyeray à part pour le considerer, vous priant de l'approuver et d'apporter tout ce que vous pourrez pour le faire practiquer, dautant que, par ce moyen, vous ferez cesser toutes les aversions pour les diversitez des religions, qui sont là les meilleures consolations et conseils que je pouvois, ce me semble, donner à vos justes causes d'affliction, dautant plus grandes que les soupçons que les fautes d'autruy ont pû faire former contre vous, sont sans raison et contre toute verité. Et partant vous dis-je de bonne foy et en toute sincerité que je vous assisteray et serviray en l'occasion qui se presente comme si nous estions freres et nous estions tousjours aymez cordialement. A quoy adjousteray, afin de faire esvanouyr les fausses gloses et les mauvaises interpretations que les malins essayent de faire prendre aux procedures dont ils veulent faire croire que vous avez usé en tout ce qui s'est passé touchant vostre commis, que vous en fassiez vous mesmes ou fassiez faire un discours representant la sincerité de laquelle vous avez usé en ce mauvais rencontre. Surquoy je vous baiseray, en toute humilité, les mains, et demeureray

Vostre plus humble et obeyssant serviteur,
MAXIMILIAN DE BETHUNE.

Discours fait par M. de Rosny au Roy.

Sire, puis que j'ay à parler devant vostre Majesté qui est tres-chrestienne, tres-sage et tres-judicieuse, et en presence de personnes fort prudentes, fort religieuses et bien versées en la theologie, je commenceray mon discours par la representation d'une chose dont nous sommes tous d'accord, à sçavoir, qu'il y a trois principales vertus chrestiennes, qui sont la foy, l'esperance et la charité. Or, est-il maintenant question de decider par quelles voyes les plus legitimes elles peuvent estre solidement establies entre les hommes, estant facile à juger que les deux premieres, qui sont la foy et l'esperance, dependent de la seule grace de Dieu et persuasion du Saint Esprit, et par consequent, que le plus ou le moins de perfection en icelles ne peut estre cognuë que de Dieu seul, et n'apporte advantage ny desadvantage en la société humaine ny conversation civile, sinon autant qu'elles sont accompagnées d'un defaut ou abondance de charité. Lesquelles choses, ainsi presupposées, il semble que les hommes ne se doivent nullement interresser és choses qui ne dependent point des hommes, et ausquelles le plus ou moins de perfection en icelles ne leur peut apporter ny profit ny prejudice; et partant en doivent-ils laisser l'enseignement et la correction à Dieu seul, sans entreprendre de vouloir mulcter de peine ceux qui faillent pour n'avoir pas la puissance de ne point faillir, et dont la faute ne peut apporter dommage qu'à eux mesmes, et laquelle ne peut estre empeschée que par la misericordieuse assistance de Dieu. Par où il appert que les roys, les princes ny les magistrats ne sçauroient user d'une plus grande prudence que d'avoir compassion des devoyez, et de se reduire à ne prendre cognoissance que de la charité et ce qui en dépend, d'autant que du plus ou du moins de perfection en icelle dependent les plus grandes offenses contre Dieu, et conjointement les plus advantageuses ou pernicieuses à l'humanité et conversation civile, non encores du total d'icelle, mais de l'une de ses branches seulement, qui est celle qui consiste en actions et operations civiles, ausquelles le public ou les particuliers ont un manifeste, visible et sensible interest, soit en bien ou en mal. Car, quant à cette autre branche qui consiste en cette vraye amour cordiale et en cette dilection pure, sincere et interieure que les hommes ont en l'ame, tant envers Dieu que leurs prochains, elle ne procede, non plus que la foy et l'esperance, que de Dieu seul et des persuasions du Sainct Esprit. C'est aussi à ces seules divines essences qu'en appartient la cognoissance, comme seules ils les peuvent augmenter ou diminuer; et se doivent par consequent contenter les Roys, potentats et magistrats, de faire observer la charité actuelle et de punir les defauts qui sont visiblement contre cette charité, comme sont toutes les actions contraires aux loix, à la nature et à l'observation commune. Et addressant maintenant ma parole à ceux qui croyent estre assis en la chaire de verité, je leur veux confesser une verité, les priant aussi de m'en recognoistre une autre : la mienne est qu'ils croyent plusieurs choses que je ne croy nullement, et la leur est que nous ne croyons rien qu'ils ne croyent, ou pour le moins ne sçauroient ils monstrer le contraire, puisque nous recognoissons que si nous faisons des prieres qui ne soyent pas entierement conformes à l'Oraison dominicale en substance, nous sommes en erreur; si nous croyons quelque chose en substance qui ne soit entierement conforme au Symbole reputé des Apostres, nous sommes en erreur; et si nous croyons que le Decalogue ne soit pas de necessaire observation, nous sommes en erreur et nous soubmettons, en ces cas, d'en estre enseignez et corrigez par les docteurs; lesquels, s'ils ont de la charité, auront-ils plutost compassion de nous que de nous injurier ny supplicier pour ne prejudicier qu'à nous mesmes. Suppliant vostre Majesté, et tous ces messieurs, de vouloir excuser tous mes défauts, et de corriger ceux de ce discours.

Suivant laquelle lettre, et conformement à ce qu'il vous en escrivit par une des siennes, du 28 avril, parlant de quantité d'autres affaires, il fit quelques jours apres courir une espece de manifeste contenant les procedures dont il avoit usé pour faire prendre son commis, iceluy estant tel que s'ensuit :

Manifeste de M. de Ville-roy.

Le 22 d'avril 1604, Descartes estant en poste, rencontra le sieur de Ville-roy en carrosse, entre Juvisi et sa maison, et l'ayant salué, le pria de le suivre jusques là où il alloit coucher; où estans arrivez, Descartes luy fit voir tant de preuves de la trahison de L'Hoste, son commis, qu'il jugea l'advis estre veritable sans en douter. Le lendemain, 23 avril, le sieur de Ville-roy arriva à Fontaine-bleau, environ les dix heures du matin, et fit entendre au Roy la trahison de son commis; le suppliant de vouloir ouyr sur cela, dés le jour mesme, Rafis et Descartes qui l'accusoient, et que ce fut en lieu secret, afin que nul ne les vist. Ce qui fut fait, le sieur de Ville-roy estant demeuré aupres du Roy jusques à ce qu'il se mist à table, entre midy et une heure; puis luy sortant du chasteau pour aller en sa chambre, il vid arriver au bureau de la poste deux courriers vestus à l'espagnole, qu'il commanda à Montagne d'observer, et luy s'en alla disner. Le Roy l'envoya querir, luy estant encore à table, et trouva que le Roy avoit desja disné, et estoit dans la gallerie de la basse-court, ayant desja ouy Rafis, touchant la trahison de son commis, auquel Sa Majesté fit plusieurs autres questions, present ledit sieur de Ville-roy, et commanda ausdits Rafis et Descartes de s'en retourner et se garder d'estre recognus, puis sortit de la gallerie pour aller prendre la botte, et demeura ledit sieur de Ville-roy aupres de Sa Majesté jusques à ce qu'elle fust montée à cheval, et luy se retirant en sa chambre, il ne fut pas plutost en son cabinet, que l'evesque de Chartres, accompagné de plusieurs autres, y entra pour luy parler des ceremonies de l'ordre de la Jarretiere, et dura leur conference assez long-temps.

Si tost qu'il fut sorty, Descartes y entra qui dit au sieur de Ville-roy que L'Hoste, son commis, estoit arrivé de Paris, en poste, avec Desnots, qu'il l'avoit entretenu et trouvé tout estonné, luy ayant dit qu'il estoit arrivé deux courriers espagnols, et demandé s'il ne les avoit point veus, puis luy avoit dit que, ne voulant pas que M. de Ville-roy le vist les bottes aux jambes, il s'en alloit débotter, et que n'ayant mangé depuis estre party de Paris, il vouloit aller en un cabaret pour trouver à disner, où il s'estoit offert de l'accompagner ; mais qu'enfin, au lieu d'aller au cabaret, il estoit tourné tout court et entré en sa cuisine pour y demander à manger, et que ledit Descartes, le voyant là, estoit monté en sa chambre pour l'en advertir ; mais que l'evesque de Chartres estant avec luy, il n'y avoit pas osé entrer. Ledit sieur de Ville-roy, entendant ce que dessus, partit aussi-tost de son cabinet pour aller prendre L'Hoste, et s'en alla au logis du Roy prier le sieur de Lomenie de l'assister en ce qui se passeroit, envoyant chercher le lieutenant du grand prevost; et cependant commanda à son maistre d'hostel d'aller trouver ledit L'Hoste, de demeurer auprès de luy et de ne l'abandonner point qu'il ne l'eust envoyé querir, sans luy en dire la cause. Du Broc, l'un des lieutenans du grand prevost, estant arrivé en la gallerie qui est pres de la chambre du Roy, ledit sieur de Ville-roy present, ledit sieur de Lomenie luy dit, de la part du Roy, qu'il allast prendre ledit L'Hoste en son logis, et dautant qu'il luy fit responce qu'il ne le cognoissoit point, il luy dit qu'il s'allast promener par la basse court du chasteau, et qu'il arrestast celuy qui passeroit et seroit accompagné d'un de ses lacquais, par lequel il l'alloit envoyer querir, ainsi qu'il fit à l'heure mesme, luy disant qu'il trouveroit son maistre d'hostel avec luy. Et sur cela, lesdits sieurs de Ville-roy et de Lomenie s'en allerent en la grande gallerie pour voir faire cette capture des fenestres d'icelle; mais ledit sieur de Ville-roy voyant que ledit lacquais tardoit trop à venir et que son maistre d'hostel estoit passé seul par ladite basse-court, sans ledit L'Hoste, il soupçonna incontinent ce qui estoit advenu, à sçavoir, que ledit L'Hoste s'en estoit fuy d'éfroy, ce qui fut aussi-tost verifié. Et à l'instant il dépescha des courriers et lettres de toutes parts qui ne le trouverent pas, que noyé pres du Bac à Fay; qui est representer au vray ce qui s'est passé en l'évasion et fuite de L'Hoste, dont ledit sieur de Ville-roy ayt eu cognoissance.

Fait à Fontaine-bleau, le 3 de may 1604.

DE NEUF-VILLE.

CHAPITRE CXXXIII.

Lettre de Villeroy à Rosny sur la trahison de L'Hoste, et sur diverses affaires.

Quelques jours apres ces affaires de L'Hoste, ainsi passées comme il a esté dit, vous receustes une lettre de M. de Ville-roy, pour responce à celles que vous aviez escrites au Roy et à luy, de laquelle la teneur ensuit :

Lettre de M. de Ville-roy à M. de Rosny.

Monsieur, j'ay leu au Roy vostre lettre de lundy; il m'a commandé d'y responder pour luy, ainsi que vous entendrez par la presente; mais, devant que d'y entrer, il faut que je vous remercie de l'asseurance qu'il vous plaist me donner de la continuation de vos bons offices, et de l'excellent et tres-prudent conseil que vous m'avez donné par celle qu'il vous a pleu m'escrire, lequel je mettray peine de suivre, car je donneray ordre que mon desplaisir, fondé sur la desloyauté d'un autre, et mon malheur ne retardera le service du Roy en ce qui dépend de moy; vous demeurant obligé du tesmoignage d'amitié que vous m'avez départy en cette affliction et disgrace, ainsi que j'ay appris tant par vostre lettre que par ce que mes amis m'en ont mandé. J'ay dit au Roy ce que vous m'avez respondu touchant Sainct Denis Mailloc; Sa Majesté dit que s'il prenoit conseil d'aller servir ses amis et non les autres, que ce seroit le moyen d'exciter sa bonté et misericorde en son endroit, et de sortir, avec le temps et vostre recommandation, des peines ausquelles il se retrouve. Partant elle dit que vous pouvez luy donner ce conseil, et, s'il le suit, qu'il s'en trouvera bien. J'ay leu aussi à Sa Majesté les lettres du sieur Constant, que je vous renvoye; elle dit que c'est tousjours le stile de M. Constant, qui prend les impressions et les raisons du dernier qui parle à luy, escrivant mollement de toutes choses, et voulant donner en payement la monnoye et les paroles qu'il a receuës des autres. Sa Majesté desire que l'on verifie la perte de ce premier paquet qu'il vous escrit avoir confié et remis au maistre de la poste de Poictiers; car elle croit, s'il a esté desrobé, que M. de la Trimoüille l'aura fait faire, pour descouvrir ce que M. de Parabelle et luy escrivoient. Davantage Sa Majesté dit que vous devez vous souvenir de l'advis que du Maurier vous a donné du conseil pris par ledit sieur de la Trimoüille, de vous monstrer de l'amitié et confiance, afin de vous jetter en ombrage avec Sa Majesté, car elle a opinion qu'ils suivront entierement ce dessein; mais elle croit qu'il leur reüssira aussi mal tant en vostre endroit, qu'elle vous asseure qu'il fera au sien, par le bon ordre qu'elle et vous y donnerez.

Sa Majesté a consideré ce que vous luy avez escrit sur la trahison de L'Hoste. En verité, estant jeune comme il estoit, je ne devois pas le tenir pour prudent, aussi je ne l'employois comme tel, mais pour sa fidelité, me representant les obligations qu'il m'avoit. Je suis bien contrainct encores me commettre et fier en d'autres, pour les dépesches du Roy qu'il faut transcrire et faire chifrer et déchifrer, ausquels je n'ay tant d'occasion de me fier que j'en avois en cestuy-cy. Pour moy, je sçay peu de remedes pour me garantir d'une pareille desloyauté, quand ils seront si mal-heureux que de se resoudre de la commettre, qui sera doresnavant ma plus grande crainte et inquietude, tant qu'il plaira à Sa Majesté se servir de moy. J'ay desja changé une partie de mon chifre, et pourvoiray au reste à mesure que j'escriray à nos ambassadeurs. Le Roy a bien remarqué ce que vous avez entendu luy remonstrer par vos lettres, sur les inconveniens qui peuvent advenir à son service, de la cognoissance qu'a l'Espagnol de ses intentions en son endroit. Quand vous dites qu'il faut à la resolution de telles choses appeller au conseil, pour la premiere partie, la cognoissance de nous mesmes et de notre inclination particuliere, pour la raison que vous luy avez representée à la suitte de ce propos; sur cela, Sa Majesté m'a donné charge vous escrire qu'elle n'a oublié ce que vous luy en dittes au dernier voyage que vous avez fait icy, dont elle dit n'estre pas demeurée d'accord du tout avec vous ; mais elle veut que vous croyez qu'encor qu'elle prenne grand plaisir à la chasse et à ses bastimens, elle ne laisse de penser jour et nuict à ses affaires, et principalement à celles qu'elle prevoit devoir avoir à demesler avec ses voisins, et specialement avec l'Espagnol, duquel elle a esprouvé et cognoist la mauvaise volonté.

Je ne vous diray point les propos qui se sont passez sur cela entre Sa Majesté et moy, la Reine seule estant presente, car il y auroit trop à escrire ; mais Sa Majesté m'a commandé vous faire sçavoir qu'elle est resoluë de penser et pourvoir à ses affaires avec plus d'attention, soin et diligence que jamais, recognoissant ne pouvoir long-temps subsister avec ses voisins, aux termes ausquels elle se retrouve avec eux, et desire en deliberer et conferer avec vous et avec messieurs de son conseil, avec lesquels elle a accoustumé de traitter de telles affaires. C'est pourquoy elle seroit tres-ayse, si celles que vous avez par delà pour son service vous le peuvent permettre, que vous vinssiez tous icy lundy prochain (elle entend monsieur le chancelier avec messieurs du conseil ordinaire des finances), voulant aussi bien adviser avec eux et vous ce qu'il faut faire pour faciliter le voyage de Provence, auquel elle monstre plus d'inclination que jamais, et dit qu'il suffira que vous partiez pour aller en vostre gouvernement au mesme temps qu'elle partira pour faire les susdits voyages; car elle fait estat de s'arrester quelques jours à Pougues, pour donner ordre à sa santé et boire des eauës, ce qui vous donnera loisir de la venir joindre au rendez-vous qu'elle vous donnera devant que vous partiez.

Sa Majesté m'a commandé vous envoyer la lettre du sieur de Montalan, addressante à M. de Souvray, que vous trouverez avec la presente, par laquelle vous verrez que M. de la Trimoüille pense bien à autre chose qu'à la douleur de ses gouttes et à se justifier en son endroit. Sa Majesté m'a dit avoir parlé à Armaignac de cette pratique avec madame de Chavigny, dequoy il l'a recognu surpris et estonné, ce qui luy a fait croire qu'elle est veritable, et n'en est pas contente comme elle est de ce que vous avez fait payer à Rafis les trois mille livres qu'elle a donnez, et à Descartes les quinze cens soixante livres advancez par M. de Barault ; mais il est raisonnable encore de faire rembourser ledit Descartes des frais qu'il a faits pour amener icy ledit Rafis, et pour venir luy mesme trouver Sa Majesté, suivant les ordonnances qui luy ont esté baillées, car il ne doit porter lesdits frais. Sadite Majesté a esté bien aise aussi que vous avez pourveu au payement du dernier quartier de l'estat de M. de Barault, ainsi que vous luy avez escrit. Elle a fort consideré et loüé vostre advis sur le poinct du commerce d'Espagne et l'imposition de trente pour cent ; car elle dit qu'elle ne doit ceder à l'opiniastreté espagnole, et la rechercher la premiere de s'en départir ; et d'autant plus qu'elle estime qu'elle n'y gagneroit rien pour ce sujet non plus que pour sa reputation ; joint qu'elle les a fait rechercher huict mois devant de deschager ses sujets de ladite imposition, comme intolerable avec le trafic, devant que d'avoir fait ladite ordonnance, sans y avoir rien gagné, et n'avons jamais ouy parler de l'offre qu'ils disent avoir faite de consentir que les permissions se donnassent à Calais, comme le secretaire pourra dire à M. de Barault, lequel aussi l'eust sceu le premier, s'ils eussent fait telle ouverture.

Nous avons outre cela souvent prié le Pape de s'entremettre pour accommoder cette affaire ; il en a aussi esté parlé à son nonce residant en Espagne, mais en vain, pour le peu d'esgard que lesdits Espagnols y ont voulu avoir. Toutesfois s'ils offrent maintenant, comme nous avons fait, d'entrer en reglement pour ce regard, Sa Majesté ne refuseroit d'y entendre, ainsi qu'elle a tousjours declaré, et est mesme porté par son ordonnance. Cependant elle dit qu'il faut pourvoir seurement aux contraventions d'icelle, ainsi qu'elle vous a mandé et avez deliberé, approuvant grandement que vous y employez le sieur de La Fond, car elle est asseurée qu'il servira tres-bien.

Quant à la punition qu'il a convenu faire du corps de ce traistre et de ce qui en dépend, M. de Gesvre ayant representé à Sa Majesté les lettres de monsieur le chancelier, et des advis du conseil, elle a commandé la lettre à monsieur le chancelier, que je luy envoye par ce porteur ; et parce que vous la verrez, je ne vous en feray reditte pour vous recommander de sa part, derechef, l'eschange du comté de Sainct Paul qu'elle affectionne grandement pour les raisons qu'elle vous a escrites. Monsieur, le Roy ne m'a permis d'escrire à autre qu'à vous du desir qu'il a de faire venir icy messieurs du conseil, voulant avoir sur ce vostre advis devant que de s'en declarer à autre. Monsieur, le Roy m'a mandé, par M. de Lomenie, ainsi que j'escrivois la presente, d'envoyer un courrier à Poictiers, au maistre de la poste, pour sçavoir s'il a eu le paquet de M. de Parabelle et Constant, que l'on dit estre esgaré, et ce qu'il est devenu. Sa Majesté dit aussi qu'il faut qu'elle fasse icy une diette devant que d'en partir, pour asseurer sa santé, et que c'est pour cela qu'elle veut vous faire venir icy avec messieurs du conseil.

De Fontaine-bleau, ce 28 avril 1604.

DE NEUF-VILLE.

CHAPITRE CXXXIV.

Soupçons du Roi contre la marquise de Verneuil. Sa manière de vivre avec elle. Rosny se mêle malgré lui de cette intrigue.

En suitte des malcontentemens cy-devant recitez, que le Roy avoit eus de madame de Verneuil, pour luy avoir parlé arrogamment, et de la Reine, sa femme, en termes fort peu respectueux, il recevoit tous les jours nouveaux advis, fort bien circonstanciez, qu'elle prestoit non seulement les oreilles, mais aussi le cœur à la plus-part des trames et menées qui s'ourdissoient contre sa personne et son Estat, ausquels il adjoustoit dautant plus facilement foy, qu'elle témoignoit un plus grand refroidissement d'affection envers luy, sous des pretextes recherchez de devotion et scrupules de conscience qu'il disoit sçavoir bien qu'elle n'avoit nullement en l'ame ; mais qu'elle en usoit ainsi, soit à cause de quelques nouvelles amours qui la dominoient, soit qu'elle eust en l'esprit quelque fantastique dessein, à la persuasion d'autruy ou pour des haynes et despits secrets et cachez.

Quoy que ce soit, ces deux esprits qui ne pouvoient vivre l'un sans l'autre, ny compatir l'un avec l'autre, entrerent dés lors en de telles aigreurs, que nous doutons bien fort qu'elles n'ayent outrepassé, d'un costé, la prudence, et de l'autre, le devoir et la raison : de toutes lesquelles particularitez nous ne discourerions pas à tastons ny en enigme, comme nous sommes contraints de faire, si vous nous eussiez voulu ayder de tous les memoires et lettres, tant du Roy, d'elle, que de vous, lesquelles nous sçavons fort bien estre parmy vos papiers, ne s'estant quasi rien passé en tous ces intrigues d'amourettes, dont vous n'ayez eu entiere cognoissance. Mais vous avez gardé un tel silence és choses plus importantes, de crainte de desplaire ou de nuire au Roy, que nous n'en pouvions raconter que ce que nous vous en avons oüy dire en passant, comme à bastons rompus, ou appris d'autres par cy par là, ou que nous en avons veu et entendu lors que vous nous meniez avec vous pendant l'employ de ses affaires, ou par le contenu de quelques lettres du Roy et d'elle, dont nous trouvasmes moyen de retirer quelques coppies en travaillant aux inventaires de vos papiers, desquelles la premiere du Roy est telle :

Lettre de la main du Roy à M. de Rosny.

Mon amy, Sigognes vous dira mon intention pour ce que je desire que vous disiez à madame de Verneuil, outre ce que je vous dis dernierement estant en ce lieu, mieux que je ne la vous sçaurois escrire ; car le discours en seroit trop long : mais en un mot, *Aut Cæsar, aut nihil.* Je desirerois faire un voyage à Paris ; mais je voudrois que le fait des bagues de feuë ma sœur fust depesché devant. Adieu, mon amy que j'ayme bien ; je me porte bien.

De Fontaine-bleau, ce 14 d'avril 1604.
          HENRY.

Suivant cette lettre, vous allastes et vinstes plusieurs fois au logis de madame de Verneuil. Or, combien que dés le commencement vous eussiez fait tout ce qui vous avoit esté possible pour ne vous point entremettre de telles affaires, tant pource que le sujet ne vous agreoit pas trop, que pour les espines que vous craigniez de rencontrer au demeslement d'icelle, neantmoins le Roy vous en fit tant d'instance et avec de telles adjurations, que, ne vous en estant peu empescher sans l'irriter, vous vous resolustes de ne rien dire, escrire, ny faire en cette entremise, qu'avec grande circonspection et precautions contre tous accidens, dont bien vous servit ; et dirons de cecy ce que nous vous en avons ouy dire assez haut à madame de Verneuil mesme : car, comme le Roy vous eust donné charge, outre cette lettre cy-devant, de porter plusieurs paroles de bouche à ladite dame, en tirer de mesme responce et la luy escrire, vous eustes apprehension, voyant que les repliques estoient en tels termes, qu'apparemment elles pourroient engendrer des despits, des plaintes et des reproches d'un costé, de l'autre des regrets, des repentirs, et ensuitte d'iceux, des desadveux et denegations de les avoir tenus ; et pour precaution du dernier, si tost que vous eustes escrit vostre lettre au Roy, pour luy rendre compte de ce que vous aviez dit et que l'on vous avoit respondu, vous envoyastes l'un de nous vers madame de Verneuil, luy porter une lettre de vous, toute ouverte, où il y avoit ces mots :

Lettre de M. de Rosny à madame de Verneuil.

Madame, j'escris en substance au Roy tous les propos qui se sont tenus entre vous et moy, dont je vous envoye la lettre mesme (par cét honneste homme en qui je me fie) toute ouverte, mais recouverte d'une enveloppe bien cachetée, vous suppliant de la voir, de me mander si j'auray bien exprimé vos conceptions, tiré nettement le sens de vos paroles, si vous y trouvez à augmenter ou à diminuer, ou s'il y a quelques particularitez sur lesquelles vous ne vous soyez point absolument r'advisée, comme ce ne seroit pas peut estre le pis que vous pourriez faire, mon advis estant que vous y devez bien penser avant que je depesche mon courrier, ce que je feray si tost que j'auray receu vostre responce, desirant qu'elle soit si prudente que vous ayez retranché tout ce qui peut estre trouvé mauvais d'une part, et apporter du repentir de l'autre. Je vous baise les mains et suis vostre serviteur.

De l'Arsenac, ce mardy à midi.

Avec cette lettre, sans qu'elle fust cachetée, vous en baillastes à celùy que vous envoyez, une autre telle qu'il a esté dit par cette-cy, luy defendant expressément de se charger de vous rapporter aucune responce de bouche de sa part, mais faire en sorte que ce fust par escrit : en quoy il jugea bien apres, par le succez des choses, que vous n'estiez pas ignorant des humeurs de la dame ; car ayant leu vostre lettre si tost qu'il luy eut baillée, puis ouvert le papier cacheté, leu et releu par trois fois ce qui estoit escrit dedans, quoy qu'il contint une fueille de papier escrite de tous costez, elle luy dit : « Mon amy, « je vous prie de dire à M. de Rosny que j'ay

« leu et releu par trois fois la grande lettre qu'il
« m'a envoyée dans une envelope bien cachetée,
« laquelle je luy renvoye de mesme et le remer-
« cie. — Madame, luy dit il lors en l'interrom-
« pant, je vous supplie de ne me charger d'au-
« cune parole pour porter à mon maistre, dautant
« que j'ay la memoire si mauvaise, que j'oublie
« tousjours la moitié de ce que l'on me dit, ou
« luy donne tout un autre sens; dequoy il m'a
« tancé tant de fois que j'ay juré de ne me char-
« ger jamais de luy porter parole de consequence;
« et partant vous supplié-je de luy escrire tout
« ce qu'il vous plaira, et je luy porteray vostre
« responce fort fidelement. » Elle et luy con-
testerent long-temps là dessus; mais enfin il
obtient une lettre de sa main; car elle l'escrivit
devant luy telle que s'ensuit:

Lettre de madame de Verneuil à M. de Rosny.

Monsieur, j'ay veu la lettre qu'il vous a pleu
m'envoyer, laquelle je trouve telle que je l'eusse
sceu desirer, dont je me sens extrémement vostre
obligée, et vous supplie de croire que je seray
eternellement vostre servante. Il me semble qu'il
n'y a qu'une chose qu'il peut trouver rude, qui
est ce que vous luy dites, que je le supplie de
trouver bon de me voir quelques-fois, mais sans
aucune privauté ny familiarité particuliere. Je
vous conjure de mettre que je le supplie qu'il ne
m'en demande point qui me puisse nuire; cela
se peut raccommoder en effaçant un mot, ou
nommant celle que vous sçavez, comme vous
sçaurez bien faire s'il vous plaist; vous baisant
tres-humblement les mains, et vous supplie de
me pardonner si j'en use si librement; mais je
cognois son humeur telle, que ce seul mot le
feroit monter aux nuës; car tout ce qui se peut
de familiaritez, il les aura de moy, lors que je
seray hors de crainte d'offenser et d'estre offensée. Je ne vous puis dire autre chose, sinon que
je me sens si obligée en vostre bonté qu'il ne se
peut davantage, que vous jurer que je suis
vostre servante de cœur et d'affection, vous donnant le bon soir.

Ayant baillé cette lettre à celuy qu'aviez envoyé et à iceluy rendu le papier qu'il luy avoit
porté, aussi bien envelopé et cacheté qu'elle l'a-
voit receu de luy, il vous vint retrouver, mit le
tout en vos mains, et vous conta tout ce qui
s'estoit passé entre eux. Puis ayant leu sa lettre,
ouvert le papier cacheté et remis quelques mots
dans l'escriture, vous le refermastes, et le lendemain, dés la pointe du jour, vous le rebail-
lastes à celuy qui l'avoit apporté, disant : « Il y
« en pourroit bien avoir qui, pour vouloir trop
« mettre en prix le mestier, faire les rusées et
« les rencheries, et vouloir trop de conditions,
« se trouveront peut-estre dans les repentailles, »
et luy commandastes de le porter au Roy, en
diligence, comme il fit aussi-tost. Il n'a jamais
peu sçavoir ce que contenoit cette grande lettre;
mais l'ayant baillée à Sa Majesté, elle la leut
par deux fois tout au long, avec demonstration
de despit et de courroux; puis, apres avoir dit
ce peu de paroles comme entre ses dents, lesquelles il entendit bien neantmoins, « Hé bien!
« elle le veut et moy encore plus, à quoy je
« m'asseure qu'elle ne s'attend pas et se trouvera
« prise en ses propres finesses, » il demanda de
l'ancre et du papier, et vous escrivit une lettre
qu'il luy bailla, sans dire autre chose, sinon :
« Portez cette lettre à M. de Rosny, en diligence,
« et luy dites que je me recommande à luy. »
Or ayans trouvé moyen de recouvrer cette dépesche, nous la coppiasmes telle que s'ensuit:

Lettre de la main du Roy à M. de Rosny.

Mon amy, puisque madame de Verneuil est
resoluë à ce que vous me mandez, je le suis
aussi à ce que je vous ay dit. Lundy je luy manderay mon intention, et feray voir que j'ay plus
de puissance sur moy que l'on ne dit, et ne
pense pas que cette nouvelle ne trouble ses pensées, ce que je ne veux faire ces bons jours.
Adieu, je vous ayme bien et me porte bien,
Dieu mercy.

De Fontaine-bleau, ce 16 avril 1604.
                                        HENRY.

Je ne sçay pas ce qu'il y avoit dans vos lettres, car nous ne les avons jamais veuës que
par dessus, ny ce qui se passa entre madame de
Verneuil et le Roy lors qu'il vint à Paris, car ils
ne nous appellerent pas à leurs contestations,
mais bien sçavons nous qu'un matin Sa Majesté
vint à l'Arsenac, ayant le visage tout refrongné
et chagrin, et vous ayant trouvé dans la fon-
derie, qui ordonniez de ce qu'il falloit pour faire
un fourneau d'alléement de metaux, il vous prist
par la main et vous dit : « Allons nous prome-
« ner en vostre grande allée du balcon, car j'ay
« bien des choses à vous conter, et faut qu'il y
« ait bien de l'invention et du mensonge d'un
« costé ou d'autre. » Vous fustes plus d'une grande
demie heure ensemble en de grandes contestations, au moins comme nous le jugions tous par
vos gestes, car des paroles nous ne les pouvions
pas entendre, dautant que le Roy nous avoit fait
demeurer fort loing; lequel tout d'un coup vous
quittastes sur le balcon qui donne sur la riviere,
vous en allastes en vostre cabinet en diligence
et revinstes de mesme apportant un petit papier
en vostre main que vous baillastes au Roy, qui

le leut par deux fois, et puis vous en revinstes peu apres ensemble et le conduisistes jusques en son carrosse, sans que vous dissiez aucune chose ny l'un ny l'autre, reservé qu'en le montant en carrosse et levant la portiere, il vous dist : « Adieu, « mon amy, faites depescher vostre fourneau « d'alléements, aimez moy bien, car je vous « aime comme un tres-homme de bien, en la « bouche duquel je voy bien qu'il n'y a point de « fallace. Aussi quelque chose que je vous aye « dite en arrivant, si ne pouvois-je croire que « la malice vint de vostre costé, cognoissant la « franchise de vostre cœur et l'esprit extrava- « gant et broüillon à qui nous avions à faire tous « deux, et neantmoins vous avez esté bien advisé « de prendre une telle precaution que vous me « l'avez monstrée contre ses ruses. » Or, comme le Roy s'en fut allé, vous tirastes à part celuy de nous que vous aviez envoyé vers madame de Verneuil, et luy dites : « Croyez que j'ay plus « fait pour vous que vous ne pensiez lors que je « vous deffendis tant expressement de me ra- « porter aucune parole de la part de madame de « Verneuil ; car l'on n'eust pas adjousté foy à « vostre dire ny à tous vos sermens, comme l'on « a fait à sa lettre que vous me baillastes, par « laquelle j'ay suffisamment verifié au Roy que « je ne luy avois rien escrit d'elle qui ne fust « vray et qu'elle n'eust recogneu pour tel : car « sans cela cette maligne guespe nous eust tous « deux piquez de son aguillon, ayant quasi tout « desnié ce qu'elle m'avoit prié d'escrire comme « le fonds de son cœur, voyant que le Roy l'a- « voit pris tout d'un autre biais qu'elle ne s'es- « toit imaginé : aussi crois-je au moins, s'il fait « ce qu'il m'a dit, qu'il luy va bien laver la « teste. » Qui est tout ce que nous avons peu sçavoir de cette affaire et de ses suittes, jusques à ce que le Roy la fist arrester prisonniere pour raisons d'Estat, comme il en sera dit quelque chose cy-apres.

CHAPITRE CXXXV.

Recherche sur les rentes. Un des secrétaires de Rosny envoyé en Poitou pour empêcher le commerce avec l'Espagne.

Or, laissant jusques à une autrefois le discours des broüilleries de madame de Verneuil, nous vous ramentevrons comme, ayant durant les années passées grandement travaillé à la recherche des bonnes et mauvaises rentes, et fait voir au Roy par bons extraits, pieces et memoires authentiques tirez des chambres des comptes, cour des aydes et autres lieux, qu'il y avoit moyen, sans faire aucune injustice, de tirer de cette recherche un profit de six millions pour Sa Majesté, elle n'eust plus besoin d'estre solicitée pour y apporter son authorité ; car elle vous ramentevoit tousjours cette affaire par ses lettres, dont nous en insererons icy une seulement, de laquelle la teneur ensuit :

Lettre du Roy à M. de Rosny, contre-signée.

Mon cousin, je dois preferer la conservation de ma santé à toute autre consideration et affaire ; c'est pourquoy estant conseillé par mes medecins de commencer une diette mardy ou mercredy, je ne dois la retarder ; et quand je l'auray commencée, je ne pourray l'interrompre que je ne l'aye parachevée : autrement elle seroit inutile. Cela estant, je ne pourrois aller à Paris dans cinq ou six jours, comme vous m'avez escrit par vostre derniere lettre que vous estimez qu'il seroit à propos que je fisse pour favoriser et authoriser par ma presence le fait des rentes : mais estant la declaration pour les commissaires verifiée en la chambre des comptes et en la cour des aydes, comme elle a esté au parlement, nous ne laisserons pour cela de nommer les deputez des compagnies qu'il y faut employer, les faire soliciter qu'ils s'assemblent, et en un besoin les faire venir icy pour recevoir mon commandement, en attendant que je puisse moy-mesme aller là, comme je feray volontiers apres ladite diette pour y mettre la derniere main, car je ne plaindray point mes peines pour un si bon œuvre. Cependant, monsieur le chancelier, vous et ceux de mon conseil ordinaire des finances venans icy, je resoudray avec vous ce qu'il faut faire pour mon voyage de Provence (lequel je ne veux perdre l'occasion de faire cette année), où nous delibererons encore plus commodément et avec moins d'interruption et de divertissement qu'ailleurs de plusieurs autres affaires d'importance, qui ne se peuvent traitter et conclurre sans moy. Nous y parlerons aussi tant de vostre voyage de Poictou, pour lequel je vous donneray le temps que nous jugerons necessaire, afin de le rendre utile, que de l'advis que Montauban nous a donné ; des lettres de Constans et du sieur de Parabelle, de la proposition du comte de Saincte Paul et du fait qui concerne le sieur de Villars. Cependant vous m'avez fait plaisir de n'avoir permis que l'arrest qui a esté donné pour le taillon de Toulouze, estant contraire à l'accord que vous sçavez que j'ay fait avec ceux du pays de Languedoc, ayt esté delivré ; car je ne veux qu'il ayt lieu, dautant qu'il faudroit que je rendisse l'argent que j'en ay receu et ma femme aussi pour le bastiment de Monceaux, chose que je n'entends pas faire; et vous diray qu'il me semble que l'on ne devoit sans vous, resoudre ledit arrest en mon conseil, sçachant comme l'on sçayt, combien j'ay affectionné ledit accord. Quant au differend qui est entre Montauban et Droüart, tout bien considéré, je desire preferer le premier à l'autre, cestuy-cy estant poussé et assisté des anciens receveurs, lesquels nous ne devons laisser entrer en ce maniment pour les raisons qui nous ont meu de les en deposseder : il me semble aussi que c'est vostre advis. Partant vous pouvez conclure ces deux derniers affaires devant que de partir, et suffira que vous soyez icy mardy ou mercredy et ceux de mondit conseil des finances; mais aussi je vous prie vous y rendre tous en ce temps là, et quand vous y aurez demeuré sept ou huict jours, vous pourrez retourner à Paris, pour achever ce que vous y aurez laissé imparfait. Je vous promets que je vous y suivray si tost que j'auray fait ladite diette, laquelle, comme j'ay dit, je ne dois reculer, puis que mesdits medecins la jugent necessaire pour asseurer ma santé, qui est à present tres-bonne, graces à Dieu. Vous ferez donc entendre mon intention à mondit sieur le chancelier et aux autres de mondit conseil des finances qui y sont ordinaires; car je ne veux pas qu'il en vienne d'autres, afin que mondit sieur le chancelier y donne ordre. Je prie Dieu, mon cousin, qu'il vous ayt en sa saincte et digne garde.

Escrit à Fontaine-bleau, le 30 d'avril 1604.
HENRY.

Vous receustes aussi une autre lettre de M. de Villeroy, de sa propre main, parlant des mesmes choses, de laquelle la teneur ensuit :

Lettre de M. de Ville-roy à M. de Rosny.

Monsieur, le Roy fait responce à vostre lettre, et s'il n'eust esté obligé à cette diette il s'en fust allé à Paris pour les raisons que vous luy avez escrites; mais quand il vous aura tenu icy cinq ou six jours, il vous permettra de retourner par delà et s'y acheminera apres. Il dit plus haut que de coustume, qu'il ira cette année en Provence, mesmes il a voulu le faire dire aux ambassadeurs, afin qu'ils se preparent pour l'y accompagner : quand vous serez icy il s'en resoudra encores mieux.

Il est vray que la lettre du Roy portée par Descartes et les ordonnances qu'il vous a representées sont diverses, mais c'est ma faute; car le Roy a entendu que M. de Barault fust remboursé de quinze cens soixante livres advancez à Rafis, devant que de partir de Valadolit, et, outre cela, des frais de son voyage, ainsi qu'il est porté par l'ordonnance particuliere que je luy ay expediée avec l'acquit des quinze cens soixante livres, au moyen dequoy je vous supplie de l'en faire payer. Je vous renvoye la lettre de M. de Parabelle, et vous supplie de croire que vous ne pouvez obliger personne de vos bons offices en la defence de son innocence, qui le recognoisse plus sincerement et fidellement que je feray, en vous obeyssant et servant en toutes occasions. Je salue vos bonnes graces de mes humbles recommandations, et prie Dieu, monsieur, qu'il vous conserve en bonne santé.

De Fontaine-bleau, le dernier jour d'avril 1604.

DE NEUF-VILLE.

Le Roy, depuis la cognoissance qu'il avoit euë (par les diverses menées et practiques des Espagnols à l'endroit de plusieurs de ses sujets et sur des villes de son royaume, et sur tout qu'ils avoient cy-devant incité, sous promesses d'estre assistez de leurs armes et deniers, les ducs de Savoye et de Biron, comte d'Auvergne, mareschal de Boüillon et autres dont il a esté parlé cy-devant, à tout ce qu'ils avoient entrepris contre sa personne et son Estat) que le Roy d'Espagne n'observoit point sincerement la paix de Vervins ny la foy et la parole qu'il avoit donnée sur icelle; Sa Majesté, disons nous, fondée sur toutes ces raisons et causes tres-justes, ayant, par sa grande prevoyance et singuliere prudence, assisté tous les ans messieurs les Estats des provinces unies des Pays-Bas, de cinq ou six cens mille escus, d'hommes et munitions, et par ce secours fait consommer plusieurs dixaines de millions d'argent au roy d'Espagne, il estoit tombé en si grande indigence et necessité, que recherchant à cette occasion toutes sortes de moyens et d'expediens, tant injustes ou de difficile execution pussent-ils estre, pour recouvrer deniers, il avoit, dés l'année passée, estably en Espagne et és Pays-Bas une imposition de trente pour cent sur toutes les denrées et marchandises qui viendroient de France en ses pays, ou sortiroient d'iceux pour entrer en France, qui estoit une dace (1) tant excessive, qu'elle avoit ruyné tout le trafic, avec de grandes plaintes et incommoditez des sujets des deux royaumes; sur lesquelles le Roy, pour les accroistre à l'endroit de ceux qui estoient cause du mal, ayant defendu absolument tout trafic et commerce és pays du roy d'Espagne et des archiducs, et depuis appris que plusieurs villes et particuliers de son royaume, en mesprisans ces injonctions à cause du grand profit qu'ils en tiroient, ne laissoient pas d'y por-

(1) Impôt.

ter des grains, toilles et autres denrées, desquelles ils avoient le plus de disette, Sa Majesté vous escrivit, par deux fois, d'envoyer quelqu'un de la qualité, capacité et fidelité duquel estant bien asseuré vous luy respondissiez, pour cognoistre de telles contraventions, en informer, dresser ses procez verbaux, et vous les rapporter pour y estre pourveu selon qu'il le jugeroit à propos, et sur tout le long des costes maritimes, depuis l'emboucheure de Loire jusques en celle de Garonne, ces rivieres comprises, par lesquelles l'on disoit que se commettoient les plus grands abus : en laquelle commission vous employastes le sieur de la Fond, qui estoit à vous, lequel s'en acquitta tant dignement, que le Roy en receut tout contentement, et le trouva si capable, exact et diligent, qu'il vous le demanda pour s'en servir, comme tout cela se verra par des lettres qu'il vous en escrivit depuis; lesquelles nous insererons dans ces Memoires par l'ordre de leurs dattes : car cette affaire ne finit pas là, ains fit beaucoup de bruit, pensa estre cause de troubler toute la chrestienté, passa par les mains du Pape et du roy d'Angleterre, et neantmoins ne pût estre terminée sans vostre entremise, tant la fortune sembloit avoir entrepris de favoriser toutes les affaires où vous estiez employé, comme tout cela se verra cy-apres.

CHAPITRE CXXXVI.

Grands projets du Roy. Travail sur les rentes.

Recognoissans, par experience, que, quand bien nous ne ferions que continuer comme nous avons commencé, à inserer dans nos Memoires du reste de cette année 1604 et des suivantes, le seul et simple sommaire des actions du Roy et de vous, et les discours importans que vous eustes ensemble sur les occurrences de ces temps-là, que nous nous trouverions engagez dans de si longues narrations qu'elles pourroient devenir ennuyeuses à ceux qui les voudroient lire, voire mesmes les priver des fruits que l'on doit tirer d'une histoire, laquelle, à nostre opinion, ne sçauroit estre trop concise, moyennant qu'il n'y ayt point d'obscurité, qu'elle n'oublie point les desseins formels et les raisons et fondemens, ny les succez bons ou mauvais d'iceux, avec les causes, moyens et procedures qui les ont rendus tels, n'y ayant, selon nostre advis, rien plus impertinent ny qui merite tant d'estre blasmé en tout historien, que de faire de longues narrations, de discourir en philosophe sur toutes les vertus ou les vices qu'il remarque en ceux desquels il fait mention, en politique sur tous les conseils et resolutions d'Estat qu'il met en avant, et faire l'homme qui a bien feüilleté les livres, en rapportant divers exemples sur les actions des hommes et les accidens des choses dont il luy convient traitter, toutes ces tant diverses sortes de narrations faisant tellement perdre la memoire du fil de l'histoire, que l'on demeure presque entierement privé de la cognoissance d'icelle et des enseignemens qu'autrement il s'en pourroit tirer. Pour lesquelles raisons nous nous contenterons de vous ramentevoir seulement les principales affaires qui ont passé par vostre entremise, les desseins qui ont estez formez sur icelles, quelques choses de leurs fondemens, les succez bons ou mauvais qu'ils auront eus, et de quelles causes ils auront procedé; et d'inserer, selon les occasions, pour plus ample justification de ce qui en sera dit, des lettres du Roy, de M. de Villeroy et autres à vous addressantes (ayant autant de regret que c'est un grand dommage, tant pour messieurs vos enfans que pour le public, de ce que vous et nous n'avons esté plus curieux de garder coppies des vostres, car l'on y verroit de belles choses et un tout autre stile que celuy des autres), lors que vous estiez absent de Sa Majesté, laquelle ne perdant jamais le souvenir de ce magnifique dessein par vous proposé au roy d'Angleterre, ains essayant de disposer tousjours les choses qui seroient propres à en faciliter l'execution, il forma lors trois principaux desseins pour le dedans de son Estat, lesquels avoient chacun plusieurs despendances.

Le premier, d'user de tous les mesnages qui se pourroient pratiquer par voye de justice pour assembler thresors, armes, artilleries et munitions, et avoir moyen de secourir d'argent ses alliez inalienables qui estoient attaquez, dequoy il vous commist le principal soin.

Le second, pour essayer d'estouffer entierement, en germe et en naissance, le reste des mauvaises semences qu'avoient espanduës dans les cœurs le mareschal de Biron et ceux de son intelligence, et de celles qu'essayoient de semer de nouveau les zelez catholiques d'une part, et les bigots huguenots de l'autre, lesquels Sa Majesté disoit avoir esprouvez estre de telle nature les uns et les autres que, nonobstant toutes leurs devotes mines, grimaces et cimagrées, ils estoient tousjours plutost disposez à troubler et broüiller un Estat, qu'à esclaircir et nettoyer leurs consciences.

Et le troisiesme, de prendre une entiere et parfaite cognoissance de toutes les limites, costes et frontieres de son royaume, tant maritimes que terrestres, et sur tout de celles d'où, en l'execution de son grand dessein, il seroit obligé d'esloigner le plus sa personne et ses armées, afin de pourvoir de si bonne sorte à toutes les entrées, advenuës et faciles accez d'icelles, que par des diversions importantes il ne pût estre diverty de l'execution de ses hautes entreprises, et contraint de convertir son auxiliation d'amis en une défensive pour luy mesme. Pour l'acheminement du premier desquels trois principaux projets, Sa Majesté ayant, par plusieurs fois, conferé avec vous et veu divers memoires que vous aviez dressez pour establir de tels reglemens sur la forme de l'imposition, perception et distribution des deniers royaux, que par iceux tout moyen seroit osté à tous financiers de divertir aucuns deniers, ny faire en leurs charges nuls profits sans estre par vous descouverts, en assignant toutes les non-valeurs de l'année courante pour les gages des thresoriers de France de la subsequente (tous lesquels ordres Sa Majesté approuva grandement pour les amenagemens et recouvremens de deniers), vous luy fistes ouverture de neuf sortes d'expediens, afin de les pratiquer selon les temps et les occasions, se gardant tousjours bien de les entamer tous à la fois. Le premier desquels fut la continuation de la verification des bonnes et mauvaises rentes, dont il a desja esté parlé cy-devant, et aviez lors dressé des maximes sur lesquelles les commissaires qui seroient establis se devroient regler, que le Roy jugea tres-necessaires, estans telles que s'ensuit :

Vingt et une maximes ou reglemens proposez au Roy par M. de Rosny, pour estre observées en la verification des bonnes et mauvaises rentes.

Premierement, que toutes charges ordinaires, de quelques natures qu'elles puissent estre, créées sur les domaines, aydes, gabelles, equivallans, tailles, cinq grosses fermes, traittes foraines et domainiales, resve, hault passage, impots et billots, foüages, peages des rivieres et entrée des grosses denrées et marchandises, drogueries, espiceries, table de la mer et autres revenus de France, serónt payées sur les natures speciales de leur premier hypothecque, sans pouvoir estre rejettées des unes sur les autres, et ce par preference à tous nouveaux acquereurs, lesquels, en cas de prejudice par eux pretendu, se pourvoiront vers le Roy pour leur estre fait droict.

Plus, toutes rentes creées sur lesdits revenus au denier dix ou douze, en vertu des edicts verifiez avant l'an mil trois cens soixante quinze, sans fraude ny déguisement, mais par argent entierement et actuellement desboursé, seront payez des quatre quartiers au denier seize, sur les fonds de leur affectation.

Plus, toutes rentes constituées à un tiers debtes non acheptées d'autruy, lesdites debtes n'estant point plus vieilles que vingt ans auparavant, et dont les acquereurs ont fourny les deux autres tiers en argent contant, seront payées des quatre quartiers sur le fonds de leurs assignations, et ce à raison du denier dix-huit.

Plus, toutes rentes constituées à moitié debtes, en la maniere cy-dessus, seront payées des quatre quartiers sur le fond de leur affectation, et ce à raison du denier vingt.

Plus, toutes rentes constituées à tiers ou moitié debtes vieilles, acheptées ou ramassées d'autruy, seront payées des quatre quartiers sur les fonds de leur affectation, et ce à raison du denier vingt-cinq.

Plus, toutes rentes du grand party de Lyon, pour lesquelles avoit esté composé avec les interessez à cinq pour cent et rachapt de soixante pour cent, et ont esté depuis mises au denier dix ou douze, seront reduites au denier vingt-cinq, et les arrerages receus outre cette proportion, imputez sur le sort principal.

Plus, toutes rentes constituées, d'arrerages de rentes, interests, dons, pensions, gages, recompenses et autres semblables natures, demeureront esteintes, et s'en payera seulement le sort principal, deduit sur iceluy tous les arrerages qui en auront esté perceus.

Plus, toutes rentes creées pour remboursement d'offices de judicature ou autres, desquels lesdits officiers ont apres disposé à leur profit particulier, demeureront esteintes.

Plus, toutes rentes constituées esquelles, par les contracts, l'on aura outre-passé les termes et conditions des edits, seront reduites à iceux, et, pour le surplus, reglées par leurs natures selon les maximes de leurs semblables.

Plus, toutes rentes constituées depuis l'an mil trois cens soixante et quinze, seront reduites, depuis leur origine, à raison du denier dix-huit, sinon qu'il fut bien justifié qu'elles eussent esté creées pour tout argent actuellement desboursé.

Plus, toutes rentes constituées pour payement de gens de guerre estrangers à François, ou autres estant domestiquez ou pensionnaires du Roy, seront reduittes au denier vingt-cinq, et deduit sur le principal tout ce qui aura esté receu d'arrerage outre cette proportion.

Plus, toutes rentes constituées pour payement de gens de guerre françois, demeureront esteintes et payées seulement du principal, deduict sur iceluy les arrerages perceus.

Plus, toutes rentes constituées sans edits verifiez, mais seulement en vertu de brevets, lettres closes ou patentes, seront esteintes et payées du sort principal si les debtes sont jugées bonnes, deduit sur iceluy tous les arrerages perceus.

Plus, toutes rentes constituées en blanc, et dont les arrerages se sont payez et payent encor, en vertu de mandemens ou lettres particulieres, closes ou patentes, seront esteintes et payées seulement du sort principal, deduit sur iceluy les arrerages perceus.

Plus, toutes rentes constituées aux principaux des conseils des roys, qui ont formé ou poursuivy les edits, ou aux officiers des cours souveraines où ils ont esté verifiez, ou aux prevosts des marchands et eschevins des villes, ou aux commissaires establis pour faire les ventes et passer les contracts et verifier les debtes, ou à autres dont ils auront depuis retrocession ou percevront leurs arrerages sous noms supposez, ou sous celuy d'un tiers, seront reglées comme celles de l'article precedent.

Plus, toutes rentes constituées aux villes et communautez pour deniers baillez au Roy, pour emprunts, dons gratuits, immunitez ou privileges achetez, fortifications, octroys, graces, frais et despences d'entrées, festins, banquets, presens aux enfans de France, princes du sang, gouverneurs des provinces ou autres de semblable nature, seront esteintes, et les arrerages perceus sujets à restitution.

Plus, toutes rentes vendües par decret ou volontairement de particulier à particulier, se pourront amortir au profit du Roy, pour les sommes qu'elles auront esté acquises, dont entreront en payement les arrerages qu'ils auront perceus, outre la raison du denier douze.

Plus, toutes rentes qui auront esté confisquées demeureront esteintes du jour de la confisquation, et les arrerages perceus sujets à restitution, nonobstant tous dons et remises faites par les roys.

Plus, toutes rentes constituées à tiers ou moitié debtes, dont les debtes n'auront esté fournies ou bien seulement en dons, arrerages de pensions ou de rentes, seront esteintes pour les sommes fournies en papiers, et ce qu'ils auront receu d'arrerages desdits papiers, sujets à restitution ou à estre imputez sur le sort principal.

Plus, toutes rentes constituées au lieu de domaine engagé, dont l'acquisition auroit esté defectueuse, seront reduittes en cognoissance de cause, selon qu'il conviendra suivant les maximes cy-devant specifiées.

Plus, toutes rentes constituées par traittez de paix ou reductions de provinces, villes, communautez, ou particulier en l'obeyssance du Roy, seront esteintes, et les arrerages perceus imputez en payement sur la somme principale.

Estat des commissaires.

Premierement, M. de Rosny, lors qu'il aura loisir.

Plus, messieurs de Chasteau-neuf, Calignon et Jeannin.

Plus, messieurs les president de Thou, de Nicolay et Ambonneau, alternativement, et de Rebours.

Plus, M. Le Gras, thresorier, et Regnouart, greffier.

CHAPITRE CXXXVII.

Moyens d'augmenter les revenus du Roi. Objections de Henri IV. Réponses de Rosny. Le Roi projette d'aller en Provence tandis que Rosny se rendra en Poitou.

Conformément à ce qui a esté dit au precedent chapitre touchant les neuf sortes d'ouvertures par vous faites au Roy pour recouvrer de l'argent, nous viendrons au second expedient par vous proposé, qui fut la recherche de tous les divertissements faits dans les estats et comptes rendus par tous ceux lesquels ayans de longtemps pris et tousjours continué, mais sous divers noms, les plus grands revenus du royaume, à ferme clause, sous couleur d'un employ de deniers le plus specieux qu'il estoit possible, et puis les ayans fait passer par contens, avoient rendu, par ce moyen, la couronne redevable de plusieurs millions que l'on payoit tous les ans.

Le troisiesme fut la revision des comptes de Castille, qui avoit manié les deniers du clergé, sur lesquels il avoit commis plusieurs abus et malversations; dequoy il estoit defferé par quelques evesques, archevesques et cardinaux qui vous en avoient parlé, et depuis mis en main des articles et une requeste signée d'eux, de laquelle la teneur sera inserée en l'année que cette affaire fut poursuivie.

Le quatriesme expedient par vous proposé, fut une recherche generale contre tous financiers, les thresoriers de France y compris, qui sont les plus grands destructeurs des revenus du royaume, lesquels avoient malversé en leurs charges, asseurant Sa Majesté d'un grand denier s'il demeuroit ferme à les faire tous juger diffinitivement sans entrer en aucune composition, ny en exempter un seul par faveur ny importunité.

Le cinquiesme, fut une verification exacte

de toutes les alienations du domaine et autres revenus du royaume, desquels plusieurs particuliers jouyssent sans tiltre, et les autres à si vil prix, que les acquereurs avoient pû estre remboursez par la jouyssance annuelle d'iceluy, qui avoit excedé l'interest de son argent au denier seize ; surquoy vous montrastes au Roy de tres-excellentes maximes à observer pour en tirer un grand profit.

Le sixiesme, fut une verification exacte de la finance, originellement payée par tous les officiers de France, pour la composition de leurs offices venaux, et desquels les deniers estoient entrez aux coffres du Roy, avec resolution de les en rembourser ou faire suppleer la juste valeur.

Le septiesme, fut la continuation du grand mesnage par vous tant utilement commencé, pour l'acquittement des debtes de Suisse, lesquelles, quelques grands deniers que l'on eust employez au payement d'icelles, auparavant que vous fussiez aux affaires, estoient tousjours allées en augmentant au lieu de diminuer, aviez trouvé un expedient pour acquitter huict millions, moitié sur le principal et moitié sur les interests, pour un seul million, et ainsi de tout le surplus desdites debtes.

Le huictiesme fut l'alienation à forfait de tous les domaines et revenus du Roy, qui consistent en menuës parcelles et droicts casuels, et pour lesquels il faut user de recherches, perquisitions et mesnages, ou qui sont sujets à de grandes reparations et entretenemens, et dont il faut faire baulx à ferme sur les lieux, qui sont toutes choses en quoy les thresoriers de France commettent de grands abus et brigandages, ayant verifié, en faisant de dix années une commune, tant desdits revenus que des frais et despences faites pour les faire valoir, qu'il s'en faut plus d'un cinquiesme que le Roy en tire aucune chose, desquels neantmoins, en les vendant, l'on pourroit faire un fonds de plusieurs millions, pour racheter toutes les bonnes rentes constituées au denier dix, ce qui apporteroit une grande descharge aux finances du Roy.

Le neufiesme expedient, fut un party pour lequel vous aviez gens en main, qui offroient de rachepter, pour quarante millions d'or, de tels revenus royaux qu'ils voudroient choisir, moyennant la jouyssance d'iceux durant certaines années, à la fin desquelles ils les remettroient entre les mains du Roy, francs et quittes de toutes debtes.

Et le dixiesme, fut les conjonctions de la riviere de Seine avec Loyre, de Loyre avec Saone, et de Saone avec Meuze, par le moyen desquelles, en faisant perdre deux millions de revenus à l'Espagne et les faisant gagner à la France, l'on faisoit, par à travers d'icelles, la navigation des mers Oceane et Mediterranée, de l'une dans l'autre.

Toutes lesquelles propositions entenduës par le Roy, comme c'estoit un esprit merveilleusement vif et prompt, et qui en matiere de comprehensions faisoit de grandes diligences, il vous respondit aussi-tost que vous aviez mis en avant beaucoup de belles besongnes, dont il y en avoit quelques-unes qu'à la verité il n'entendoit pas suffisamment, d'autres dont les imaginations estoient, ce luy sembloit-il, bien vagues, et d'autres dont vous ne tireriez pas de long-temps beaucoup d'argent ; voire prevoyoit-il que, pendant une si grande longueur de temps qu'il y faudroit employer, il arriveroit plusieurs accidens qui en aneantiroient la meilleure partie.

A quoy vous repartistes que la pluspart de ce que Sa Majesté avoit dit, pourroit bien devenir veritable, et qu'aussi ne luy aviez vous pas fait telles ouvertures pour les estimer toutes infaillibles, ny propres pour en tirer de l'argent comptant, mais comme des mesnagemens à faire en plusieurs années, selon que le temps et l'estat des affaires en pourroient faciliter les moyens, travaillant aux uns plutost et aux autres plus tard, ausquels, pource que vous n'aviez pas le moyen de vaquer seul, dautant qu'il y falloit, en la pluspart d'iceux, employer des gens de robe longue, afin d'y observer les formes de justice, il n'y avoit point de danger de penser de bonne heure à preparer toutes choses, et à choisir des commissaires, afin de les instruire, osant bien respondre à Sa Majesté que si ces affaires estoient poursuivies comme elles meritoient, et non negligées par elle, ny abandonnées de son authorité, que, d'une façon ou d'autre, il s'en retireroit plus de deux cens millions à profit de mesnage ; que vous ne laissiez pas d'avoir plusieurs autres inventions en l'esprit qui se trouveroient, vous n'en doutiez nullement, beaucoup plus selon son humeur, dautant qu'ils seroient de plus prompte execution et presente utilité, que vous seul estiez capable de les faire mettre en valeur quand la necessité des affaires le requerroit, et dont vous sçaviez tres-bien qu'il ne se tireroit pas moins de quatre-vingt millions d'or comptant ; mais qu'il ne falloit jamais venir à ces moyens fort extraordinaires, comme creations d'offices, augmentations d'impositions, attributions, gages et droicts, et alienations de revenus, esquels consistoient tous ces moyens, que le royaume ne se vist en peril ou de grandes dépences à faire du tout necessaires, pource que lors chacun s'y accommoderoit volontairement; et que, pour luy monstrer un eschantillon des fruits qui se pourroient tirer de vos veilles et labeurs, vous luy feriez voir une augmentation de revenu annuel, sans rien imposer de nouveau sur son peuple, de plus de cinq millions, sur six sortes de ses revenus seulement, et ce dans deux ans; de la vente desquels, si l'on se vouloit apres servir, l'on en tireroit plus de soixante millions d'argent comptant; mais qu'il falloit reserver tout cela pour un grand besoin, et cependant que l'on estoit en repos et de loisir, travailler aux amesnagemens qui sont de longue haleine. Duquel discours (beaucoup plus amplifié à cause des repliques de Sa Majesté par vous retranchées pour briefveté) le Roy demeura fort content et satisfait, et vous dit, pour conclusion, qu'il falloit donc travailler à tout cela par années; dequoy il se reposoit sur vostre soin et integrité, et mesmes du choix des commissaires, desquels vous deviez neantmoins communiquer avec monsieur le chancelier, pour ceux qui seroient de justice, et qu'il vous assisteroit de sa personne et de son authorité, selon que vous jugeriez qu'il en seroit besoin.

Vous discourustes aussi les jours suivans, le Roy et vous, sur les deux derniers desseins, touchant les rumeurs, broüilleries et menées, dont l'on bruyoit en diverses provinces, et la recognoissance des costes et frontieres d'icelles, sur lesquels, apres diverses propositions et raisons mises en avant de part et d'autre (dont le recit ne seroit pas sans utilité, mais de trop longue deduction, car ces propos furent demenez par trois divers jours, n'y ayant quasi rien eu de considerable dans le royaume tant és affaires, qu'aux personnes et provinces dont vous ne parlassiez), finalement vous conclustes au voyage que Sa Majesté avoit plusieurs fois projetté de faire en Provence et Languedoc, passant par le Berry, Bourbonnois, Lyonnois et Dauphiné, et celuy que, sous couleur d'aller seulement prendre possession de vostre gouvernement de Poictou, il vouloit que vous fissiez par les provinces d'Orleans, Touraine, Anjou, Poictou, Xaintonge, Angoulmois et Guyenne, pour le venir rejoindre à Tolouze, estimant qu'ils pourroient remedier à tous ces ambaras, ou pour le moins en prendre des cognoissances si particulieres, que l'on ne seroit plus en doute des remedes qu'il y faudroit appliquer, luy disant ne vous pouvoir imaginer que les choses fussent si proches des extrêmes, que Sa Majesté tesmoignoit de les apprehender : ce qu'elle soustenoit au contraire, se fondant sur la malice des esprits que l'on faisoit instigateurs de toutes ces pratiques, leur audace naturelle et la haine qu'ils portoient à sa personne et encor plus à ses prosperitez, ce qui luy estoit confirmé par ceux qui luy donnoient ces advis, lesquels, de leur part, comme vous disiez le sçavoir bien, faisoient les choses beaucoup plus grandes qu'elles n'estoient, afin de faire aussi davantage valoir leur marchandise, et par ce moyen en tirer plus ample recompense. Tellement que sur telles conclusions, le Roy de sa part, et vous de la vostre, luy comme maistre, et vous comme serviteur, commençastes à parler tout haut de vos voyages (leur donnant des pretextes tous autres qu'ils n'estoient), à disposer les choses necessaires pour iceux, et pour essayer d'establir un tel ordre aux affaires des provinces de Bretagne, Normandie, Isle de France, Picardie, Champagne et Bourgongne, et à ce qui estoit du gros et general des affaires ordinaires de tout l'Estat, desquelles l'administration se fait quasi tousjours dans Paris, que tout cela pust souffrir vos absences par un si grand esloignement, sans apprehension d'aucun inconvenient.

Or, nous estant revenu en memoire plusieurs broüilleries et intrigues de Cour, de chambre et de cabinet, qui se passerent cette année, lesquelles apparemment sont d'importance, nous eussions bien desiré de les vous ramentevoir; mais deux choses nous en ont empesché; l'une, que nous n'en avons pas esté assez instruits pour en donner l'entiere intelligence, et l'autre, que nous n'avons pas eu assez de hardiesse pour parler librement de toutes les personnes interessées : et en attendant de vous de plus particulieres instructions et memoires, nous avons icy transcrit un recueil fait, à nostre advis, par les deux Arnaults, de quelques particularitez qu'ils avoient en divers temps apprises de vous, touchant le Roy, la Reine, madame de Verneuil, vous et quelques intrigues d'Estat et de Cour; dans lequel, encor qu'il y ait plusieurs choses obscures et d'autres où ils font paroistre qu'ils vouloient retenir à dire, nous avons estimé qu'il vous seroit facile de les esclaircir quand bon vous sembleroit : ce recueil estant tel que s'ensuit.

CHAPITRE CXXXVIII.

Henri IV entretient Rosny de ses chagrins domestiques. Conseils et démarches de ce ministre.

Or, combien que les ordres et prevoyances requises à tant de faciendes diverses et toutes importantes, telles qu'il a esté dit au chapitre precedent, fussent capables de tenir l'esprit du Roy et le vostre bien fort occupez, si n'en estoient-ils point tant inquietez et empeschez que des broüilleries domestiques esquelles le Roy et la Reine recidivoient ordinairement, dont il vous escrivoit et parloit plus souvent que vous n'eussiez desiré, tant vous apprehendiez de ne vous pouvoir mesler d'affaires ainsi espineuses, entre personnes si proches et de telle qualité, sans vous embarasser et attirer sur vous la hayne de l'un ou de l'autre, et peut-estre le malcontentement de tous les deux. Or voyant que par tous les discours qu'il vous en faisoit et lettres qu'il vous en escrivoit, il ne prenoit neantmoins nulle resolution assez ferme et arrestée pour en empescher la continuation tant pour ce qui regardoit ses desirs et sa particuliere conduite, où il ne nioit pas, lors que vous en parliez librement, qu'il n'y eust quelque chose à redire, que pour celuy de la Reine, de laquelle il vous faisoit plusieurs plaintes, afin de la ranger à toutes choses bonnes et raisonnables dont il pust tirer contentement et vivre en repos d'esprit.

Les choses estans donc en cét estat entr'eux, il arriva un jour, ainsi que vous estiez tous deux seuls, vous promenans sous les grandes halles de l'Arsenac qui sont proche de la Bastille, parlans ensemble de plusieurs grandes affaires tant du dedans que du dehors du royaume, que le voyant, ce vous sembloit-il, tout triste et melancholique, et vous en ayant dit quelque chose, en luy en demandant la cause, vous ne vous pustes empescher de luy dire qu'il avoit grand tort de se chagriner ainsi sans grande raison, sur tout s'il venoit à bien considerer le lieu où il estoit, se promenant lors entre des rengées de cent canons, ayant aux galleries de dessus et ailleurs desja dequoy armer quinze mille hommes de pied et trois mille chevaux, deux millions de livres de poudre dans le Temple, dans la Bastille cent mille boulets, et sept millions d'or comptant dans les coffres d'icelle, qui estoit à vostre advis dequoy se resjouyr, estans tous ingrediens et drogues propres pour medeciner toutes les plus fascheuses maladies d'Estat, pour donner terreur à autruy, asseurance et contentement à luy mesme, et pour renverser en peu de jours, lors que bon luy sembleroit, tous ces petits broüillons et leurs foibles et mal fondez desseins dont l'on parloit, et toutes ces vaines rumeurs dont il tesmoignoit plus d'apprehension qu'elles ne meritoient, et qu'il ne convenoit à la grandeur de son courage, à son ancienne vertu, qui ne vieilliroit jamais en luy, et à ses longues experiences; n'ayant, selon vostre opinion, rien à faire qu'à se resjouyr, afin de conserver sa santé, remedier à toutes choses, comme il en avoit le moyen, sans se soucier ny melancholier de rien, et non pas se fascher, chagriner et melancholier de tout, sans remedier à rien, comme il en prenoit le chemin par ses irresolutions et en des choses mesmes quasi de neant; le suppliant de vous excuser, voir vous pardonner la hardiesse que vous aviez prise de luy en parler si librement, d'autant que ses travaux de corps et d'esprit, où vous le voyez souvent retomber, ruynoient entierement sa santé.

Surquoy vous ayant respondu que ce n'estoient pas les intrigues et embarras des affaires publiques et d'Estat qui l'attristoient maintement, mais de petites broüilleries domestiques, dont il vous avoit escrit et parlé plusieurs fois, ausquelles il voyoit bien peu de remede : surquoy vous luy usastes d'une infinité de remonstrances, fortifiées de raisons et d'exemples, suivies d'une conclusion qu'il se devoit absolument desembarasser l'esprit de toutes ces intrigues et barboüilleries qu'il avoit avec la Reine sa femme, en prenant une bonne et ferme resolution sur la forme de vie et de conduitte, tant de luy que d'elle, et de tous ceux qui les approchoient le plus familierement et privément, et des propos qu'ils auroient à tenir, n'y ayant rien en tous vos employs de ses plus espineuses et difficiles affaires qui vous travaillast et affligeast tant le corps et l'esprit, que de voir ces ordinaires altercations entre leurs Majestez, lesquelles vous sembloient entierement disconvenables à leurs eminentes dignitez, mais sur tout à un grand Roy comme luy, duquel les faits heroïques l'avoient eslevé au sommet de la gloire et fait estre en admiration à tous peuples et nations; et partant le supplie-vous au nom de Dieu, les mains jointes et les larmes aux yeux, d'y donner un tel ordre, par le moyen de sa prudence inimitable et de cette admirable generosité qui luy avoit fait surmonter les plus grands perils et aspres difficultez, que telles tricoteries, voire fadezes (le suppliant de vous pardonner si vous ne leur aviez pû trouver un autre nom à l'improviste) n'arrivassent plus entr'eux, ou pour le moins ne sortissent jamais le seüil de l'huis de leur chambre, à cause que cela prejudicioit à cette grande reputation qu'il s'estoit acquise par ses armes et pour s'estre rendu invincible à toutes autres choses.

Surquoy, demy en colere et mesme en jurant, il vous respondit : que vous aviez tort de le blasmer d'un mal dont il n'estoit en aucune façon la cause, vous demandant que c'est que vous eussiez voulu qu'il eust fait à tout cela, cognoissant son humeur comme vous faisiez, laquelle ne se pouvoit porter aux extremitez ny aux remedes violents contre qui que ce fust, que par contrainte et à vive force, sur tout envers ceux qu'il avoit aymez et affectionnez et avec lesquels il avoit vescu en privauté et familiarité : qu'il vous devoit estre souvenu, avant que de l'accuser seul de tant de fautes, de la ferme resolution qu'il voulut prendre un jour à Blois, et dont il vous parla dans la gallerie haute des jardins, à laquelle vous vous estiez opposé formellement, et tant fait par vos instantes supplications, voire importunitez, jusques à vous estre mis trois fois à genoux devant luy, qu'il s'en estoit absolument départy; qu'il sçavoit bien que vous n'ignoriez nullement que le plus grand de ses desirs ne fust de pouvoir vivre en amitié cordiale, union, paix et concorde avec sa femme, et encore moins que les defauts qui empeschoient une si douce et loüable vie entr'eux, vinssent en aucune façon de luy, puis qu'il vous avoit dit tant de fois (et à M. de Sillery aussi, lequel, pour ce qu'il desguise un peu mieux ces choses que vous, les mene plus doucement) que si vous la pouviez faire departir de ses opiniastretez, la ranger dans la complaisance, et s'accommoder aucunement à ses humeurs, qu'il se retireroit entierement des choses qui luy aigrissoient le plus l'esprit, et vivroit avec elle de toute telle sorte que vous luy conseilleriez l'un et l'autre, mais qu'il y avoit tant de choses à reformer de la part d'elle, qu'il n'estoit pas que vous l'y puissiez jamais faire resoudre, ne vous niant point de sa part qu'il luy estoit impossible de supporter, sinon avec un extréme ennuy et chagrin, cette grande obstination et aversion d'esprit desquelles elle estoit tellement dominée, que jusques aux moindres et plus petites choses, depuis qu'elle prenoit une fois sa quinte, s'il luy vouloit d'un, elle vouloit d'autre, s'il estoit d'un advis, le sien estoit contraire; qu'il ne pouvoit non plus souffrir qu'elle luy grongnast et rechignast quasi tousjours, lors que, revenant de la ville, il la vouloit aller baiser, caresser, rire et s'esjouyr avec elle; les extrémes animositez qu'elle tesmoignoit contre ses enfans naturels, nez long-temps auparavant qu'il eust ouy parler d'elle; les trop grandes faveurs et familiaritez dont elle usoit envers la Leonor et son mary, ses grandes liberalitez en leur endroit, lesquelles consumoient toutes celles qu'il luy pouvoit faire, et la tenoient en de continuelles necessitez, quoy que vous aussi bien que luy n'ignorassiez pas qu'il usoit plus de dons et gratifications envers sa femme que jamais roy de France n'avoit fait envers la sienne, soit pour l'ordinaire de sa maison, soit pour les biens-faits extraordinaires, enquoy il sçavoit bien que vous la favorisiez et que vostre femme luy servoit de soliciteuse, ce qu'il ne vous disoit pas pour trouver mauvais ce que vous en faisiez, vous l'ayant plusieurs fois ainsi ordonné; les rapports ordinaires qu'elle enduroit que cét homme et cette femme luy fissent de luy, avec des paroles de blasme et de mespris, dequoy il avoit de bons et certains advis; les gens qu'ils tenoient ordinairement au guet comme espions à l'entour de luy, pour estre informez de toutes ses paroles et actions, ausquelles ils adjoustoient apres milla mensonges, et sur tout és choses qu'ils estimoient estre capables de l'aliener de son amitié, de l'irriter contre luy, et de luy rendre l'esprit tant plus obstiné contre ses volontez : qu'il ne pouvoit non plus voir que cét homme et cette femme la menassent à toutes leurs fantaisies, sans leur oser rien contester, et que luy ny tous les siens y eussent si peu de pouvoir; qu'eux fissent tant les rogues et les hautains et de si excessives dépenses, et qui pis estoit eussent des desseins, qu'il sçavoit de fort bonne part exceder infiniment leurs abjectes et viles extractions, et se meslassent de menées qui ne pouvoient du tout rien valoir, puis que c'estoit par des intelligences avec les Espagnols, se servant en cela des gens du duc de Florence pour manier les choses plus secrettement, lesquelles pourroient en fin devenir pernicieuses à l'Estat, et peut estre à sa propre personne, s'il n'y estoit remedié de bonne heure en renvoyant ces deux garnemens en leur pays, comme il devoit avoir fait dés leur arrivée en France, ainsi que plusieurs de ses serviteurs affidez aussi bien que vous le luy conseilloient dés lors.

De toutes lesquelles choses, apres plusieurs discours que vous eustes sur icelles, qui seroient trop longs à reciter, il vous commanda d'essayer à prendre le temps et l'occasion si à propos pour en parler à la Reine, qu'elle ne pust en aucune façon conjecturer que ce fut de son sceu ny que vous le fissiez de propos délibéré, et comme chose entre vous, luy ou autre, concertée, retenant mesme à dire ce que vous estimeriez (cognoissant son humeur comme vous faisiez) capable de la dépiter, se souvenant tousjours de la puissance que vous eustes une fois sur son esprit de luy faire escrire une lettre que vous aviez faite. Pour à quoy parvenir, vous en cherchant les opportunitez, il s'en presenta une des mieux ajustées à ce dessein que vous eussiez peu desirer, dautant que d'Argouges vous estant venu apporter un certain edict, touchant les officiers des gabelles de Languedoc, pour lequel faire passer on offroit à la Reine quatre vingt mille livres, et vous luy ayant respondu que l'edict n'estoit pas mauvais, mais que pour le faire passer et en obtenir les deniers pour elle, il estoit necessaire de differer quelques jours d'en parler au

Roy, à cause qu'il n'avoit pas maintenant l'esprit bien satisfait d'elle, et qu'elle pourroit le mesnager cependant, à quoy vous luy ayderiez en ce qu'il vous seroit possible, si la Reine y avoit agreable vostre entremise et de déferer un peu à vos conseils, comme elle avoit fait autrefois et s'en estoit bien trouvée.

Lesquels propos r'apportez à la Reine, elle vous envoya querir, deux jours apres, pour vous faire voir une lettre qu'elle avoit escrite au Roy, vous prier de luy en dire vostre advis, et mesme de la reformer en telles paroles que vous adviseriez bon estre, sans neantmoins changer beaucoup à la substance. Surquoy vous ayant dit quelque chose de leurs broüilleries, vous pristes sujet de luy dire quasi tout ce dont vous aviez eu charge ; mais avec telle sobrieté et circonspection, sans rien obmettre neantmoins des choses necessaires, qu'elle ne pust jamais descouvrir que vous disiez toutes ces choses par concert; tellement qu'apres luy avoir fait un autre projet de lettre, qu'elle trouva fort à son goust, elle vous remercia de l'un et de l'autre, comme de deux tres-bons offices. Et combien qu'en suitte de ces remerciemens, en se plaignant des choses qui se passoient, enquoy elle s'estimoit interessée, elle usast d'une grande retenuë en ses propos, si ne laissastes vous pas de recognoistre, mais plutost par ses demy silences mysterieux sur vos questions, et gestes affectez sur vos conseils et remonstrances, que non pas par ses paroles expresses, que ses plus grands dépits et courroux, lesquels estoient seules causes de tout ce qu'on blasmoit en elle, procedoient des amourettes du Roy; mais que surtout n'avoit elle point assez de puissance sur son courage et son esprit pour supporter que madame de Verneuil parlast d'elle irreveremment, ny que cette putane (car ainsi l'appelloit elle tousjours) parlast de ses enfans en telle façon que si elle les eust voulu mettre en comparaison des siens, ny que le Roy, ayant eu advis qu'elle faisoit des menées contre son service, ayant des intelligences pour cet effet, avec son pere et son frere, dans la France et hors icelle, n'en fît nulle punition.

Surquoy vous la consolastes le mieux qu'il vous fut possible, luy donnant toutes sortes de bons conseils accompagnez d'esperances d'heureux succez, si elle les vouloit suivre absoluttement; et pour fin, la confortastes à envoyer au Roy cette lettre que vous aviez si bien assaisonnée ; et en cette sorte vous separastes vous d'elle sans qu'apparemment elle eust recogneu, comme nous avons dit, que vos remonstrances fussent provenues d'aucun concert, ny premeditation avec le Roy ny autres. Or, Sa Majesté estant lors allé faire un voyage à Paris, la Reine luy envoya la susdite lettre de laquelle il demeura fort content, croyant que ce fussent desja des effets de la charge qu'il vous avoit donnée, et là dessus luy fît une responce fort amiable. Mais la Reine ayant esté enaigrie depuis par ses mouches de Cour tenuës en sentinelle, lesquelles luy mandoient que le Roy n'observoit rien de ce que vous luy aviez fait esperer, ne laissoit pas d'aller voir bien souvent madame de Verneuil, ny elle de continuer à tenir des propos d'elle, en sa presence, fort insolens et injurieux, elle ne respondit au Roy (qui s'attendoit de recevoir d'elle des remerciemens de ses amiables cajoleries) que par la bouche de celuy qui luy avoit apporté la lettre sans luy avoir voulu escrire : ce qui picqua bien fort le Roy, croyant qu'elle l'eust fait par mespris et desdain ; dequoy ayant fait de grandes plaintes à plusieurs, il vous en fît participant par une lettre particuliere qu'il vous escrivit, de laquelle la teneur ensuit :

Lettre du Roy à M. de Rosny.

Mon amy, j'escrivis hier à ma femme, mais de sa grace elle n'a daigné me faire responce, s'excusant sur ce que je luy avois mandé que je la verrois aujourd'huy de bonne heure, ce qu'elle ne devoit faire. Cela m'a fait resoudre de ne partir encore d'aujourd'huy d'icy, mais ce sera pour demain, et arriveray à Fontaine-bleau de bonne heure. Je receus hier matin une lettre d'elle que j'ay recognuë de vostre stile, non du sien ny de celuy de M. de Sillery ; elle est estrange, et si vous ne le luy remonstrez, elle le deviendra encore davantage ; car quand je me ressouviens des propos qu'elle me tint avant hier, cela ne peut qu'il ne me pese et me tienne au cœur et m'empeche de me bien porter de l'esprit, car du corps fort bien Dieu mercy. Au demeurant, j'ay trouvé icy forces broüilleries du comte d'Auvergne, et s'il eu a bien conté par delà, il n'en a pas moins fait par deça, où il a dit à tous ceux qui ont parlé à luy les plus estranges choses du monde, et je crains qu'il en naisse des querelles ; ce que j'empescheray si je puis. Hier je fus à Sainct-Germain voir mes enfans, où je trouvay mon fils se portant bien ; mais ma fille avoit esté tellement malade que c'est un miracle de ce qu'elle n'est morte : elle se porte maintenant mieux, mais non qu'elle puisse bouger encore de quinze jours de Sainct-Germain, ce qui m'a fait resoudre de ne les point faire venir à Fontaine-bleau. Hier ma cousine, la comtesse de Soissons, accoucha d'un fils qui a esté un grand contentement à son mary et à elle ; je le vy peu de temps apres faisant le stoïque, me disant que les prosperitez ne l'eslevoient point, comme aussi les adversitez ne l'abbaissoient nullement, et qu'il estoit tousjours luy mesme en l'une et l'autre fortune. Adieu, mon amy.

Ce mercredy à 9 heures du matin, 12 may, à Paris.   HENRY.

En suitte de tant de discours, lettres et procedures grandement diverses qui se passerent lors, vous fistes tant d'allées et venuës, usastes de tant de remonstrances, et alleguastes tant de raisons, qu'en fin l'un et l'autre se laisserent persuader, se resolvans tous deux (au moins le disoient-ils ainsi) à n'escouter plus nuls des rapports de ces mouches de Cour; tellement qu'ils demeurerent quinze jours ou trois sepmaines, tous deux en fort bonne humeur, et la Cour, à cette occasion, grandement gaye, plaisante et agreable.

Mais, madame de Verneuil, desirant de traverser, voire interrompre du tout telles bonnes intelligences, il n'y eut sorte d'artifices dont elle n'usât pour y parvenir, fit tant de promesses et forma tant de diverses sortes d'amours, les unes pour s'appuyer, les autres pour donner des jalousies, les autres pour susciter des querelles et des broüilleries, que, qui les sçauroit toutes et les voudroit publier avec intelligence, il y auroit dequoy faire un gros volume, et trouver le sujet d'une douzaine de comedies, et quelques unes d'icelles capables de degenerer en tragedies; tant elle et d'autres firent d'intrigues en leurs amours, jusques à supposer des mariages et en faire des bans, tout cela de trop longue deduction, à cause de divers artifices dont il fut usé de beaucoup de costez, et de lettres qui furent produites en intention de verifier multiplicité d'amourettes bigarrées, pour la recognoissance de l'escriture desquelles lettres vous et un autre de grande qualité fustes interposez des deux costez; et là dessus se passa diversité de discours, d'intrigues et d'embarras, la représentation desquels seroient desirez de beaucoup, mais de certains respects nous en retiennent; et vous ramentevrons comme ces rusées femelles continuerent leurs artifices tout le reste de leurs jours, dont l'une d'icelles, ensemble, son frere, son pere et sa mere, furent peu apres accusez de trahisons et de perfidies, et icelles averées, condamnez criminellement, mais quelques jours apres leurs peines commuées, et petit à petit tant extenuées, qu'en fin elle revint dans le monde conversable, et ne manqua pas de reprendre ses mesmes premieres ruses et intrigues d'amourettes qu'elle desguisoit et paroit du voile d'une grande devotion, accompagnée de mines, cimagrées et scrupules de conscience, dont elle faisoit mestier et marchandise, qui luy faisoient reprendre ses premieres audaces, desquelles ayant esté fait rapport à la Reine, voire peut-estre avec accroissement, elle reprit aussi ses premieres haines et animositez, suivies de solicitations vers le Roy de luy en faire raison, l'esprit doux et benin duquel, et qui par consequent avoit en aversion toutes voyes de fait, rigueur et violence, se trouvant travaillé, et desirant d'essayer d'alleger ses peines par voyes douces et amiables, pour des causes non du tout à mespriser, il vous envoya un jour querir par le sieur de la Varenne, et vous ayant trouvé dans l'orengerie des Tuilleries où il s'estoit retiré à cause de la survenuë d'une ondée de pluye, il vous prit par la main et vous dit:

« Mon amy, vous sçavez grande partie de ce
« qui s'est passé touchant ma femme et madame
« de Verneuil, comme j'ay tousjours fait tout ce
« qu'il m'a esté possible pour, d'une part, adou-
« cir et contenter l'esprit de l'une par toutes sor-
« tes de belles paroles, recherches et tesmoigna-
« ges de bien-veillance, dons et gratifications
« toutes venuës à vostre cognoissance, et d'autre
« part, comme pour ranger l'autre dans les res-
« pects et submissions qu'elle doit, j'ay usé de
« remonstrances, menaces et chastimens, les-
« quelles procedures m'avoient donné pour un
« temps quelque repos dans l'esprit; mais les
« voyant rentrer, l'une dans ses premieres ai-
« greurs et desirs de vengeance, et l'autre dans
« ses audaces et indiscretions, j'ay desiré de par-
« ler à vous; et partant puis que la pluye nous
« retient icy renfermez, sans que personne puisse
« entendre ce que nous dirons, je vous prie de
« me dire librement ce qu'il vous semble de tout
« cela, et que c'est que vous estimeriez que je
« devrois faire pour y remedier. »

Surquoy apres des commandemens expres de luy en parler en toute liberté, et iceux accompagnez de sermens de n'en trouver nulle mauvaise, vous luy dites que ses irresolutions aux applications des remedes absolument necessaires, estoient cause de tant de recidives de tous costez, pour lesquelles éviter il vous sembloit ne se pouvoir trouver meilleur expedient que de faire passer la mer sans retour ny reste de communication par deçà, à quatre ou cinq personnes, et à quatre ou cinq autres les montagnes, sans reste d'intelligence non plus du costé de deçà, que vous ne luy nommiez point à present, vous l'ayant fait cy-devant plusieurs fois sans utilité, dautant que ces huict ou dix personnes là, par leurs malicieuses suppositions et les interets qu'ils prenoient en toutes sortes d'affaires, estoient non seulement causes de plusieurs mauvaises paroles, procedures, menées et pratiques, et encore pires effets, mais aussi (par leurs rapports, la pluspart faux et controuvez) estoient causes de ces recidives de toutes parts.

« Or bien, dit le Roy, nous nous cognoissons « de si longue main, que je vous entends à demy « mot, et vous moy; et partant vous diray-je « que pour ceux du passage de la mer, je n'y vois « pas beaucoup de difficultez, ayant desja de « grands dégousts de la pluspart, voire quasi de « tous; mais que pour ceux de delà les monts, « la facilité ne s'y trouve pas semblable, à cause « que sans me reduire en une vie du tout triste « et langoureuse, il ne faut pas mesme qu'il pa- « roisse que je le desire, mais faut que cela pro- « cede du propre mouvement de celle que vous « sçavez (1) : à quoy je ne voy gueres de gens « desireux ny capables de s'employer et luy per- « suader, et ne cognois quasi que vous qui ayt la « loyauté avec l'industrie, pour l'entreprendre; « et encore faudroit-il que ce fut avec de telles « circonspections, qu'elle ne pût conjecturer que « ce fut par concert formé, et moins avec moy « qu'avec nul autre; car de me jetter sur les bras « cinq esprits italiens, d'ordinaire tous vindica- « tifs, ce seroit pour me tourmenter de soupçons « et de défiances de ma vie, pires que la mort « mesme, ausquelles je ne pourrois m'empescher « d'entrer toutes les fois que je la verrois faire la « triste et la melancolique ou la courroucée. Et « partant ne vous sçaurois-je plus dire autre chose « sur tout cela, sinon que je vous en laisse faire, « me confiant en vostre loyauté, industrie et bon- « heur à l'entremise des affaires espineuses, avec « promesse que je vous fais que si vous pouvez « parvenir à cecy, avec repos de mon esprit, que « je me desisteray de toutes passions amoureu- « ses, suivant le conseil que vous m'en donnerez, « et de cela vous en donnay-je parole; sur la- « quelle (voyant la pluye passée) je m'en iray « promener, et vous laisseray mediter à loisir, « pour employer vostre esprit, avec les esgards « et circonspections necessaires pour faire éviter « au mien toutes ces causes d'apparentes défian- « ces. »

CHAPITRE CXXXIX.

Lettres diverses. Deux sonnets envoyés par l'ambassadeur du Roy dans les Pays-Bas. Erreurs dans lesquelles sont tombés quelques historiens, sur la position du duc d'É-pernon. Lettres du duc de Bellegarde, par lesquelles les auteurs veulent prouver que Rosny étoit en bonne intelligence avec les grands du royaume. Le voyage du Roy en Provence ajourné. Pourquoi.

Lettre du Roy à M. de Rosny.

Mon cousin, les entrepreneurs des manufactures de ma bonne ville de Paris m'estant venus trouver en ce lieu, pour me faire entendre les offres qu'ils ont faites en mon conseil, pour estre receus à la ferme du sel, dite à la part du royaume, Bresse, Beuge, Veromey et bailliage de Gez, ainsi que la tient à present maistre Jean Houpil, pour huict années prochaines, en baillant bonnes et suffisantes cautions, qui sont aussi advantageuses pour le bien de mon service que celles qu'ont fait Paulet et Longuet, et preferez à iceux, et au cas qu'ils n'y fussent receus, que vous ordonnassiez que ceux ausquels elle demeureroit, seroient tenus de leur fournir dans ledit temps de huict ans, la somme de soixante mil escus que j'ay promise de leur fournir et bailler, je vous ay bien voulu faire ce mot par l'un d'eux, et vous dire que si vous trouvez que les offres desdits entrepreneurs soient aussi advantageuses pour le bien de mon service que celles desdits Paulet et Longuet, ou autres en ce cas, je veux et entends qu'ils y soient preferez; et où d'autres les feroient plus advantageuses, que vous ordonniez que ceux-là seront tenus de payer aux entrepreneurs desdites manufactures, dans lesdites huict années, ladite somme de soixante mil escus, laquelle je leur ay promise. Et pource que vous sçavez assez comme j'affectionne cela, je vous prie l'affectionner aussi et faire voir cette-cy à ceux de mon conseil, pour leur faire entendre que telle est ma volonté. Adieu, mon cousin.

Ce premier de may, à Fontaine-bleau.
HENRY.

Lettre de M. de Ville-roy à M. de Rosny.

Monsieur, j'ay leu au Roy vostre lettre du deuxiesme de ce mois; il ne m'a rien commandé sur icelle, faisant estat de vous voir jeudy, ainsi que vous luy avez escrit; il advisera lors avec vous ce que l'on fera de ce prisonnier de Poictiers, car il dit que cela n'a point de haste. Le courrier que j'avois envoyé à Poictiers par le commandement du Roy, pour sçavoir qu'est devenu le paquet que messieurs de Parabelle et Constant vous ont escrit avoir, dés le mois de mars, mis à la poste de ladite ville, pour estre porté à M. Arnault le jeune, est revenu ce soir avec la responce que vous aurez avec la presente, afin que vous fassiez verifier ce qu'il escrit; car Sa Majesté desire approfondir l'affaire. Je vous envoye deux lettres, l'une de M. de Vic,

---

(1) La reine.

et l'autre de M. de Buzenval, qui est la derniere que nous avons de luy, afin que vous sçachiez ce que nous sçavons icy de ce costé là, pour estre toutes ces affaires aussi importantes, qu'autres qui se soient offertes il y a long-temps.

De Fontaine-bleau, ce 2 may, au soir, 1604.

DE NEUF-VILLE.

Quant à la lettre de M. de Vic, ce n'estoit que pour vous donner advis comme il avoit executé precisément les intentions du Roy et les ordres que vous luy aviez prescrits, vous pouvant asseurer que tous les cantons estoient fort contens du Roy, et ne se pouvoient lasser de loüer vostre bon mesnage; la lettre de M. de Buzenval n'estant qu'une lettre de complimens et de loüanges, telle que s'ensuit :

Lettre de M. de Buzenval à M. de Rosny.

Monseigneur, je n'ay point estimé manquer à mon devoir si je manquois à vous escrire en particulier de toutes les nouvelles de ces provinces de deça, n'en ayant ainsi usé que de crainte de vous ennuyer en faisant chose à vous du tout inutile, dautant que je sçay bien que le Roy et M. de Ville-roy vous communiquent toutes celles que je leur escrits. Cette lettre cy donc n'est que pour vous supplier de me mander s'il vous plaist que j'en use autrement, car je m'en acquitteray selon vostre intention et mon devoir ; et en attendant l'esclaircissement de vos volontez, je continueray à vous remercier de la continuation de vos faveurs au facile et entier payement de mes apointemens, que j'espere tousjours pareils de vostre prudence et bonté, lesquelles toutes ces Provinces Unies celebrent hautement, pour tant de bons offices et assistances qu'ils reçoivent du Roy, ausquels vos bons conseils contribuent grandement; et mesme se vouloient disposer à vous en faire des recognoissances condignes, n'eust esté que je les ay asseurez que ce seroit plustost vous offenser que de vous gratifier, dautant que vous les refuseriez. Ce qui a esté cause qu'ils se sont contentez d'envoyer à M. Hersens quelques coquillages fort rares pour vous les presenter de leur part, et de fort belles jumens pour le carrosse de madame vostre femme, qu'il luy presentera aussi. Or, ay-je estimé, cognoissant vostre humeur, vostre vertu et vostre affection à nostre religion, que vous n'auriez point desagreable si j'accompagnois cette lettre de deux sonnets que j'ay recouverts depuis peu, qui furent faits en ces quartiers au commencement des grandes souslevations et tribulations de Flandre, et qui mesme ne convenoient pas trop mal alors à celles de nostre France; desquelles nous n'avons esté delivrez que par les faveurs de Dieu, prudence et vertus heroïques de nostre grand Roy, auquel soit gloire avec perpetuité de jours, de crainte que la France, s'il venoit à luy manquer, ne retombe en ses anciennes souffrances; vous suppliant me continuer vos bonnes graces, recevoir de bonne part ces deux sonnets (quoy que peut estre un peu grossiers à la flamande, et non selon la politesse et le stile de France, à cause de la traduction d'iceux, ayans esté premierement faits latins, mais n'ont encore esté retrouvez qu'en leur langue), et de croire, monseigneur, que je suis vostre treshumble et obligé serviteur,

BUZENVAL.

A la Haye, en Hollande, le 15 avril 1604.

Sonnets mentionnez en cette lettre.

Miserables Flamands qui, serfs à s'asservir,
Ennemis des tyrans, servent la tyrannie
Qui fait armer la Flandre à la Flandre ennemie,
Et sçait d'un faux devoir sa liberté ravir :
 La loy, le sens, nature, à l'homme font sentir
Qu'il naist, vit, croist et doit ses biens, ses jours, sa vie,
Aux amis, aux parens, à la chere patrie,
Et qu'il doit, pour ces trois, naistre, vivre et mourir.
 Or, d'un pareil devoir nous sommes tributaires
Aux Roys qui d'un pays sont les roys et les peres,
Mettre pour eux la vie et les biens et les ans :
 Mais aux Roys de ruyne et de sang et de cendre,
Cendre, sang et ruyne et autant leur faut rendre
Qu'aux Albes, Federics, Requescens et dom Joans.

Les Roys, il est certain, sont de Dieu les images;
Mais ils ne seront point ainsi bien renommez,
Ni pour tels des Flamans grandement estimez,
S'ils ne sont, l'imitant, pitoyables et sages;
 Et n'observent en tout droictures et mesnages.
Que s'ils sont de leurs chefs guerriers si fort charmez
Qu'ils veulent les laisser tousjours ainsi armez,
Et sans cesse exercer leurs vols et brigandages,
 Qu'ils pensent lors à eux, et qu'ils sçachent que Dieu
Est clemence, droicture et justice en tout lieu,
Et qu'il faut que les Roys soient à eux tous semblables :
 Et partant, fuyez Roy, fuyez l'extorsion,
Et prenans des Flamans juste compassion,
Delivrez les des ceps de gens impitoyables.

En suitte de cette lettre et des vers de M. de Buzenval, nous vous ramentevrons comme vous receustes, quelques jours apres, une lettre de la main du Roy, dont la teneur estoit telle que s'ensuit :

Lettre du Roy à M. de Rosny.

Mon cousin, je pris hier medecine et ay esté seigné ce matin d'un sang fort mauvais et chaud; et comme je voulois disner, mon bras s'est r'ouvert de fascherie et de colere pour des occasions que j'en ay, et que je vous diray lors que je vous verray : de façon que messieurs de la Riviere et du Laurens ont resolu que je ne feray point de diette pour ce coup, et se contenteront de me faire prendre des boüillons pour me rafraischir.

Ce porteur vous va trouver avec les lettres qu'il a de M. de La Force pour vous, sur lesquelles il vous entretiendra. Je vous prie donc de l'escouter et luy donner moyen qu'il puisse parler au sieur de Tajac; car, outre qu'il s'est cy-devant employé pour ses affaires, il luy porte des lettres de sa femme qui le conjure de ne luy rien taire de ce qu'il sçait importer à mon service; j'estime qu'aussi ne fera-il, et que ce voyage ne sera inutile. Adieu, mon amy.

Ce mercredy, à deux heures apres midy, à Fontaine-bleau. HENRY.

Lettre de M. d'Espernon à M. de Rosny.

Monsieur, le ressentiment que vous me tesmoignez avoir de l'accident qui m'est survenu, et la faveur que vous me faites de vous souvenir de moy, comme j'ay veu par la lettre qu'il vous a pleu m'escrire, dont je vous rends mille graces, m'obligent tellement à vostre service, que je ne cesseray de rechercher toutes occasions où je puisse vous faire paroistre, par quelques dignes effets de mon affection, voire mesmes par mon sang, combien je vous honore et estime, et avez de pouvoir sur moy, qui vous supplie bien-humblement de me conserver tousjours la faveur de vostre bien-veillance, et de croire que j'y correspondray avec autant de passion que je la cheris. Ce porteur vous dira l'estat enquoy il m'a laissé, qui est, Dieu mercy, assez bon selon le mal que j'ay. La rupture de ma cuisse, celle de mon poulce qui m'empesche de vous escrire de ma main, et les blessures que j'ay euës au coude et à l'espaule, ont esté, graces à Dieu, si bien pensées que je n'en puis esperer qu'une entiere guerison avec l'aide de Dieu. Il n'y a que le temps qu'il faut à la nature pour luy laisser refaire ce qui estoit défait, qui m'ennuye; car il me faut encor demeurer vingt-cinq jours couché sur le dos pour achever mon quarantiesme. Je prie Dieu d'en estre bien-tost relevé, pour avoir moyen de vous rendre quelque service comme je le desire, et demeurer pour jamais, etc.

A Bordeaux, ce 3 juin 1604.

A la suitte de cette lettre de M. d'Espernon à vous addressante, avec des tesmoignages d'une grande bien-veillance et familiarité, nous avons estimé à propos d'inserer icy la coppie d'une lettre (qui vous fut baillée par le sieur de Perronne qui s'entremettoit des affaires de M. d'Espernon) que le Roy avoit, quelque temps auparavant, escrite à M. d'Espernon, sur le succez de la dispute d'entre messieurs du Perron et du Plessis, dont la teneur s'ensuit :

Lettre du Roy à M. d'Espernon.

Mon amy, le diocese d'Evreux a gagné celuy de Saumur; et la douceur dont l'on a procedé a osté l'occasion à quelque huguenot que ce soit, de dire que rien y aye eu force que la verité. Ce porteur y estoit present, qui vous contera comme j'y ay fait merveilles. Certes, c'est un des grands coups pour l'église de Dieu qui se fit il y a long-temps. Suivant cette erre et cette forme nous ramenerons plus de separez de l'Eglise en un an, que par les voyes de la violence et de rigueur en cinquante ans. Il y a icy les divers discours d'un chacun qui seroient trop longs à mettre par escrit. Il vous dira la façon que je suis d'avis que mes serviteurs tiennent pour tirer fruict de ce sainct œuvre. Bon soir, mon amy. Sçachant le plaisir que vous recevrez de ce qui s'est passé, vous estes le seul à qui je l'ay mandé.

Ce 5 de may. HENRY.

Or, pour ce, comme il est dit en cette lettre, qu'il se tint plusieurs et divers discours sur ce qui s'estoit passé en cette action, il s'en tint bien autant sur les interpretations des intentions du Roy, M. d'Espernon ayant esté bien aise d'en faire courir des coppies : les uns disans que le Roy n'avoit eu autre dessein que de gratifier M. d'Espernon, afin de le retenir en son devoir, et l'empescher de prendre intelligence avec ceux qui faisoient des menées contre son service; les autres pour faire juger à M. d'Espernon que sa conversion estoit sans feintise, pour ce que l'on luy avoit voulu persuader qu'il estoit un de ceux qui croyoient le moins qu'elle fut bien veritable; les autres pour empescher les Jésuistes de l'escrire ainsi tant souvent à Rome, et que s'ils le faisoient plus, ils fussent convaincus de mensonge par cette lettre dont M. de Ville-roy avoit envoyé des coppies au sieur d'Ossat; les autres pour moderer la volonté de ceux qui l'importunoient de se joindre d'intelligence avec l'Espagne, pour entreprendre conjoinctement la ruyne des huguenots, par la force des armes, voyant qu'ainsi ouvertement il reprouvoit cette voye et proposoit de n'en tenir point d'autre pour leur conversion que celle de la douceur des admonitions et conferences; et les autres pour faire taire les malicieux huguenots, qui vouloient persuader aux autres qu'un jour il les violenteroit par armes; et partant, failloit-il chercher ailleurs qu'en sa bien-veillance, des moyens pour les en garantir.

Or cette lettre de M. d'Espernon cy-dessus transcripte, à vous addressée en datte du 3 de juin 1604, quoy qu'elle ne soit pas escrite de sa main, comme il avoit accoustumé, pour les causes dittes en icelle, tant pleine de remerciemens, civilitez, complimens et de tesmoignages de familieres bien-veillances, et la coppie de celle que le Roy luy escrivit touchant la dispute de messieurs d'Evreux et du Plessis, suivie d'un discours des diverses intentions que l'on estimoit que pouvoit avoir eu le Roy en l'escrivant, nous ayant remis en memoire plusieurs de nos meditations sur semblables sujets, et des bonnes ou mauvaises intelligences du Roy avec les grands de son royaume et d'eux avec luy, nous vous dirons, avant que de venir à la deduction d'icelles, que de plus en plus nous regrettons le trop peu de curiosité que vous avez euë de garder les minutes des lettres que vous escriviez de vostre main, tant au Roy qu'aux particuliers, sur les affaires d'importance, et la faute que nous autres vos secretaires avons commise de ne garder non plus les coppies des lettres de nostre main que vous nous faisiez escrire en vostre nom, dautant qu'elles serviroient à faire cognoistre plusieurs secrets et veritez du cours des affaires plus importantes du dedans et du dehors du royaume du temps d'alors, et feroient voir plusieurs beaux preceptes, enseignemens, conseils, ordres et reglemens bons pour leur temps, et peut-estre encor pour ceux qui les ont suivis et suivront à l'advenir; encor que nous sçachions bien qu'entre les lettres escrites de vostre main, il y en ait eu plusieurs, lesquelles n'estant qu'en responce sur celles que le Roy vous escrivoit et parloit librement des intrigues et broüilleries de Cour, des amourettes des dames et des menées, pratiques et deffections de plusieurs personnes fort qualifiées, il semble bien que ce n'eust pas esté prudence à vous de les garder, puisque le Roy vous ordonnoit de brusler ces lettres qu'il vous escrivoit là dessus, et que vous le suppliez de faire le semblable de vos responces.

Or, laissant ce discours pour reprendre celuy de nos meditations sur la lettre de M. d'Espernon à vous, et du Roy à luy, et de ce qui la suit, et de plusieurs autres semblables de luy et d'autres, qui se trouveront dans la continuation de ces OEconomies royales et Servitudes loyales d'un bon maistre et d'un bon serviteur, nous ferons voir combien le plus souvent sont fallacieuses les nouvelles des vaudevilles, et mensongers les bruits communs de la Cour et des villes, touchant les choses dites, faites, entreprises et desseignées, voire celles qui se publient sur ce sujet par ceux qui se veulent faire tenir pour bons historiens, sans avoir esté employez aux desmeslemens des grandes affaires publiques, ou tiré des memoires des gens non interessés ny passionnés qui en ont eu la conduitte et administration; dequoy, par une seule preuve, nous essayerons de tirer en consequence toutes les autres, y faisant de semblables observations, n'y ayant point de doute qu'il n'y ayt eu plusieurs personnes (les uns sur le rapport d'autruy, les autres par une grossiere ignorance, les autres par la simple et superficielle apparence des choses, les autres par malice et les autres par vanité) qui ayent essayé de persuader que le Roy avoit tousjours eu M. d'Espernon en quelque adversion, et que luy de son costé n'avoit jamais grandement desiré son contentement ny la prosperité de ses affaires et desseins; et en cela semblent-ils estre en aucune façon excusables, s'ils ont creu contre la verité, puis que les historiens qui semblent avoir escrit expres en sa faveur, ont publié qu'en de certaines occasions le Roy estoit demeuré si vivement piqué contre luy des offences qu'il en avoit receus, que Sa Majesté en avoit eu du ressentiment toute sa vie : toutes lesquelles choses paroistront manifestement fausses par la representation de la lettre cy-dessus que le Roy luy avoit escrite, la commençant par le tiltre de mon amy, qui est celuy dont il usoit envers ses plus speciaux, loyaux et confidens serviteurs, et de quelques-unes que nous representerons cy-apres, lesquelles M. d'Espernon vous a escrites, par lesquelles il tesmoigne d'aymer uniquement le Roy, et de ne desirer pas plus la conservation de sa vie qu'il fait la prosperité des affaires et desseins de Sa Majesté.

Ces mesmes diseurs de nouvelles et ces escrivains disent encor qu'il avoit declaré au Roy qu'il ne le recognoistroit jamais pour Roy, ny le serviroit jamais tant qu'il seroit huguenot; le contraire se verifiant par les effets, voire par leurs propres escrits et les dires de tous ces discoureurs à tors et à travers, puis qu'ils luy attribuent une grande quantité de signalez services pendant toutes les années qui ont precedé son changement de religion, specifiant, entre iceux, ceux de Limoge, Sainct Germain, Ville-bois, Chartres, où il secourut le Roy avec de grandes forces, Boulongne, Ville-mur, Mont-auron, Antibe et autres lieux. Et lors qu'ils se sont imaginez, et ont essayé de le persuader aux autres, que M. d'Espernon et vous, aviez eu des adversions l'un de l'autre, cela est provenu de ce que quelques escrivains vous avoient publié en general pour estre odieux aux grands du royaume, entre lesquels ils particularisoint messieurs d'Espernon, de Biron et de Boüillon, pource que ne satisfaisant pas tousjours à tous leurs desirs en matiere de finance, ils s'en pouvoient estre quelquesfois plaints. Mais n'estant question maintenant que du premier, il sera facile à faire voir, tant par la lettre du Roy à luy escrite, cy-dessus specifiée, que par trois d'entre plusieurs que Sa Majesté vous avoit escrites, touchant M. d'Espernon, qui seront inserées cy-apres, que les offenses que ces escrivains disent qu'il avoit faites au Roy, ne sont pas veritables, ou que, pour le moins, Sa Majesté n'en a pas eu du ressentiment toute sa vie; et par sept lettres qui seront aussi inserées cy-apres, d'entre plusieurs que M. d'Espernon vous a escrites, sera-il aussi fait voir que s'il y avoit eu de la froideur entre vous deux, qu'elle estoit changée en de mutuelles bien-veillances, ainsi que la suitte des recueils de ces Œconomies royales et Servitudes loyales fera voir que tous ces grands, ausquels on a dit que vous estiez odieux, ont tous esté enfin de vos intimes amis, et ont parlé tousjours de vous fort honorablement, voire se peut-il dire que jamais favory de son Roy, ayant eu la principale administration de ses affaires et sur tout de celle des finances, n'a fait moins d'ennemis, eu moins de reproches et receu plus de loüanges de sa bonne conduitte, ny de qui la discontinuation de l'employ ait esté suivy de plus de regrets et de miseres.

Trois lettres du Roy à M. de Rosny.

Mon amy, je vous envoye Hambrelin avec cette lettre, par laquelle vous sçaurez que M. d'Espernon est depuis peu revenu de Guyenne, qu'il m'a conté force nouvelles, tant d'une que d'autre religion, et donné toute occasion de croire qu'il a de bonnes intentions pour mon service. Il m'a aussi parlé de vous fort dignement et loüé le choix que j'avois fait de vostre personne. Je sçay qu'il se delibere de vous aller voir; c'est pourquoy je vous prie de le devancer en cela, afin que ceux que j'ayme le mieux paroissent tousjours les plus honnestes, et qu'il croye que les asseurances que je luy ay données sont certaines, puis qu'il est honoré par ceux que j'ayme. Adieu, mon amy.

De Fontaine-bleau, ce mercredy à midy.
HENRY.

Mon amy, j'ay veu M. d'Espernon, qui m'a confirmé l'asseurance de son tres-humble service, et n'avoir autre passion en l'ame que le desir de me le tesmoigner. Il m'a parlé fort librement de plusieurs choses et de vous entr'autres, loüant l'eslection que j'ay faite de vous et vostre façon de proceder pour mon service, m'ayant tesmoigné vous aymer. Il m'a fait cognoistre, par ses paroles, qu'il vous ira voir; c'est pourquoy je vous fais ce mot, afin que vous le preveniez et l'alliez voir le premier: plus il vous fera de submissions, je vous prie luy en rendre davantage, car il importe pour mon service. Bon soir, mon amy.

Ce 2 avril, à Fontaine-bleau, au soir.
HENRY.

Mon amy, Vion, maistre des comptes, est venu icy de retour de Guyenne d'une commission où il estoit allé pour mon service. Il m'a voulu bailler cinq mille livres, lesquelles je n'ay voulu prendre pour ce que j'ay appris qu'elles estoient affectées pour mes bastimens, luy ayant commandé de les porter au thresorier de mesdits bastimens; dequoy je vous ay bien voulu advertir, afin que vous envoyez querir Fourcy pour sçavoir de luy que c'est et me le mander, et prenez garde que l'on n'y fasse quelque passedroict. Au demeurant, j'oubliay, lors que vous partistes, de vous dire que M. d'Espernon estoit malade, et que vous l'allassiez voir, ce que je vous prie de faire et luy communiquer tout ce que vous avez fait en vostre voyage, excepté seulement le grand fait. Bon jour, mon amy.

Ce 17 juillet, à Villiers-Coterests. HENRY.

Sept lettres de M. d'Espernon à M. de Rosny.

Monsieur, je ne veux laisser passer ce porteur que j'envoye vers Sa Majesté, sans l'accompagner de ce mot, pour vous supplier, en me conservant la faveur de vostre bien-vueillance, faire asseuré estat de mon humble service, duquel je vous donneray la preuve aux occasions où j'auray moyen de vous en rendre: que si quelqu'un vous a voulu donner opinion contraire depuis mon partement de la Cour, vous m'obligerez infiniment de le dire à cedit porteur, afin qu'il vous justifie la verité de la chose, et que par là vous cognoissiez la franchise de mon ame aussi entiere que leur artifice est malicieux. Monsieur, vous m'avez promis vostre assistance et faveur en mes malheureuses affaires, mesme en l'assignation dont Vallier vous poursuit sur l'imposition des rivieres; je vous supplie de vous en souvenir, et de vous asseurer que vous ne sçauriez jamais acquerir obligation sur personne qui soit plus que moy, monsieur, vostre humble et affectionné serviteur.

Escrite à Bourdeaux, ce 5 mars 1604.
J. LOUYS DE LA VALLETTE.

Monsieur, la faveur que vous m'avez faite de m'asseurer de l'honneur de vostre amitié et de m'assister aux affaires que j'ay, dont mes gens ont charge de poursuivre les expeditions auprès du Roy, fait que je vous importune de cette supplication bien humble de vouloir favoriser mesdites affaires de vostre protection et assistance, mesme en l'assignation que vous m'avez accordée sur Bourdeaux, de trente mil escus, recevant, s'il vous plaist, les acquits qui vous ont esté presentez par Vallier, mon secretaire, lesquels me furent, par commandement de Sa Majesté, delivrez à mon retour de Provence pres d'elle. La chose est si juste, monsieur, que quand il vous plaira de la considerer, je m'asseure que vous n'y trouverrez pas de difficulté. J'en escris au Roy et le supplie tres-humblement de le vous commander, ce que je me promets de sa bonté, et l'effet de ce commandement des bons offices de vostre amitié, qui seront tousjours recognus par services bien humbles, lors que j'auray le moyen de vous en rendre. Si vous venez en Poictou, et que j'en sois adverty, je me rendray en Angoulmois ou en Xaintonge, si je suis adverty à temps de vostre arrivée, pour ne perdre l'occasion et le bien de vous voir et asseurer de vive voix, comme je fais par la fin de cette-cy, que je seray pour jamais, monsieur, etc.

A Bourdeaux, le 23 avril 1604.

Monsieur, la crainte que j'ay que les grandes affaires que vous avez tous les jours, ne vous fassent oublier le pouvoir que vous avez sur moy, fait que je vous importune si souvent de mes lettres, pour vous supplier de vous asseurer que vous n'aurez jamais rien de mieux ny plus fidelement acquis que mon amitié et mon service. Lors que vous me ferez la faveur de me donner vos commandemens, mes actions vous donneront preuve certaine de la verité de mes paroles; je vous supplie donc d'en faire estat et me donner la part en vos bonnes graces qu'il vous a pleu m'y promettre. Je donne un advis au Roy, que j'ay appris en ces montagnes où je suis depuis huict jours; et, bien que ce ne soit qu'un bruit qui court parmy nos voisins, il me semble ne le devoir taire, mesmes me ressouvenant des advis que le Roy a eus sur semblable sujet, croyant, sans mentir, monsieur, que le jeusne se pourroit rompre pour un si bon morceau. Ayez agreable que, pour la fin de ma lettre, je vous supplie trouver bon que Vallier vous fasse souvenir de mes miserables affaires, et de m'y départir l'ayde et la faveur que je me promets de vos bonnes volontez; demeurant pour jamais, monsieur, etc.

Ce 4 d'octobre.

Monsieur, je ne veux laisser retourner le sieur d'Escures, que le Roy m'a fait l'honneur de m'envoyer comme vous sçavez, sans le charger de ce mot, et vous remercier bien humblement de l'obligation que j'ay receuë de vous en cette occasion, ainsi qu'il m'a esté asseuré, avec asseurance que je vous fais de vous en rendre service en toutes les occasions où vous en voudrez tirer de moy. Vous sçaurez dudit sieur d'Escures toutes choses et la grace que je desire du Roy, qui est si juste que je ne puis croire que Sa Majesté me la dénie, ny vous la continuation de l'amitié qu'il vous a pleu me promettre, puis que je suis, monsieur, etc.

Le 18 may.

Monsieur, j'ay beaucoup de regret d'estre si infortuné en ma condition, de n'avoir autre moyen de me revencher du bon conseil qu'il vous plaist me donner, par vostre lettre, en l'affaire qui se presente, et des bons offices que vous m'y rendez, que de vous en faire un million de bien humbles remercimens, par ces foibles paroles, et de vous asseurer de mon fidele service, comme je fais, monsieur, de toutes les puissances de mon ame, avec supplication de ne vous lasser à defendre la justice de ma cause. Vous sçaurez, monsieur, de ce porteur la responce que je fais au Roy, et comme je le supplie tres-humblement de me donner un mois ou six sepmaines de temps pour me rendre pres Sa Majesté, ne pouvant y arriver au temps que le sieur d'Escures m'a marqué de sa part, qui est le dixiesme de juin, si ce retardement ne porte point de prejudice au bien de ses affaires; et, au cas que cela fust, je remets le tout à sa volonté, à laquelle je me conformeray tousjours, comme le devoir me le commande, ne laissant neantmoins, quoy que Sa Majesté fasse en cela, de diligenter le plus que je pourray mon voyage, pour continuer pres d'elle mon tres-humble service avec toute affection et fidelité, et vous tesmoigner en vostre particulier les ressentimens que j'ay des obligations dont vous me liez, resolu, en quelque lieu que je sois, de ne perdre occasion où je ne vous fasse voir par effet que je veux estre pour tousjours, monsieur, etc.

Ce 28 de may, 1605, à Cadillac.

Monsieur, la nouvelle que m'a mandé le sieur de Peronne, que le Roy estoit mal satisfait de quelqu'une de mes actions en ce lieu, m'est si sensible, que je n'auray repos en l'esprit que Sa Majesté ne soit satisfaite, aymant mieux la mort que de luy desplaire en chose quelconque. C'est ce qui me fait vous supplier, comme je fais bien-humblement, de me continuer les bons offices pres de Sa Majesté dont vous m'avez desja lié à vostre service, la suppliant de verifier ce qu'on luy peut avoir dit de moy; que s'il se trouve que j'aye esté guidé d'autre affection que de celle que je luy dois, je me soumets à telle punition qu'il luy plaira. Faites moy cét honneur, monsieur, je vous supplie, de croire que je ne feray jamais chose contraire à ce que j'ay tant de fois promis à Sa Majesté, et dont je vous ay supplié de l'asseurer, voulant suivre les bons conseils que vous m'avez fait la faveur de me donner, et desquels je me trouve si bien que je ne m'en veux jamais départir, ny de l'affection que je vous ay voüée, dont vous aurez preuve en toutes les occasions où vous me commanderez pour vostre service. Vous verrez, monsieur, la responce qu'a faite M. le cardinal de Givry au commandement que le Roy m'avoit fait, pour luy faire sçavoir son intention sur le sujet de la reünion de l'evesché au gouvernement du pays Messin, où il n'allegue aucune raison d'Estat; j'en addresse la depesche à M. de Gesvre, où vous entendrez toutes les particularitez qui seroient trop longues à vous escrire; et me contenteray, pour la fin de cette-cy, de vous asseurer que je suis pour tousjours, monsieur, etc.

A Mets, le 28 novembre.

Monsieur, avant que de recevoir la lettre que vous m'avez fait la faveur de m'escrire, le Roy m'avoit fait l'honneur de me mander l'accommodement de la broüillerie qu'on vous avoit faite avec M. le comte de Soissons et de qui elle venoit. Je me resjouys, autant que pas un de tous ceux qui vous honorent, de vous en voir hors, ayant tousjours creu que ce seroit un coup de la main du maistre, et qu'autre que luy ne le pouvoit faire. Vous avez trop de prudence, monsieur, pour ne juger mieux que moy que ce sont des espines que produit la fortune avec les faveurs qu'elle fait d'ailleurs; mais elles sont surmontées aussi par la vertu de ceux qu'elles picquent; vous en produisez les effets et en feriez leçon aux plus sages. Ce seroit presomption à moy de m'estendre là dessus; ce qui me fera changer de discours, et vous supplier bien humblement, monsieur, vous asseurer de mon fidelle service, me conserver vos bonnes graces, et d'assister de vostre faveur le sieur de Peronne, porteur de cette-cy, aux affaires qu'il a aupres du Roy, dont je me tiendray aussi obligé à vous que si j'en ressentois le fruict en mon propre. Pardonnez, je vous supplie, à la liberté que je prends, et la recevez comme venant, monsieur, de, etc.

A Cadillac, le 23 novembre.

Nous adjousterons encor à ces lettres de M. d'Espernon à vous, deux autres de M. le grand escuyer de Belle-garde, que nous avons trouvées par hasard parmy vos papiers, pour faire voir que vous n'estiez pas tant odieux aux grands du royaume, comme le disoit un escrivailleur de nostre temps, puis que deux de ceux avec lesquels vous aviez eu le plus souvent quelque maille à departir, rendoient des preuves contraires: les deux lettres de M. le grand escuyer estant telles que s'ensuit:

Lettre de M. de Belle-garde à M. de Rosny.

Monsieur, je mets vos bonnes graces au nombre des choses du monde que je tiens des plus cheres, et que je souhaitte autant conserver; voyla pourquoy je veux estre soigneux de vous en demander la continuation. La fortune ne me sçauroit mieux gratifier que de me donner le moyen de vous tesmoigner comme je les desire, ny vous, monsieur, m'obliger davantage que de m'offrir les occasions de les meriter. Nos nouvelles ne valent pas que vous preniez la peine de les entendre. La noblesse de cette province a esté sur le point de se broüiller sur la contention de l'esleu, à cause des brigues qui s'y estoient faites; tout s'est terminé comme il devoit. Si vous en desirez sçavoir les particularitez, le sieur de La Riviere vous les dira; pour moy je ne vous escris que pour vous supplier tres-humblement et de tout mon cœur que vous m'aymiez, pource que je suis et veux estre toute ma vie, monsieur, etc.

De Dijon, ce 20 de septembre.

ROGIER DE BELLE-GARDE.

Lettre de M. de Belle-garde à M. de Rosny.

Monsieur, il est impossible que je vous remercie, ny comme je dois ny comme je desire, de l'affection dont l'image est si claire et si visible en vostre lettre. Il me suffira de vous jurer, hors de toute dissimulation et avec une verité dont je veux que ma conscience me soit tesmoing, que de tous les contentements que je demande je n'en puis jamais recevoir un que je prefere à l'asseurance que vous me donnez de vostre amitié. Je serois mal advisé d'en imputer l'acquisition à aucun merite que j'aye, aussi n'en veux-je devoir la continuation qu'à la seule bonté de vostre naturel. Je vous supplie donc, monsieur, tres-humblement, de me la vouloir accorder; et je vous proteste, avec les plus religieux sermens qui puissent exprimer les intentions de l'ame, qu'il n'y a point de fidelité au monde s'il n'y en a au vœu que je vous ay fait, et que de nouveau je vous reïtere, de mon tres-humble service. Je ne puis sinon prodiguer ma vie à toutes les occasions que vous voudrez de le vous faire paroistre, je les attends avec impatience, et l'honneur de vous voir bien tost de retour. Cependant je vous baise tres-humblement les mains, et prie Dieu, monsieur, etc.

De Dijon, ce 25 octobre.

ROGIER DE BELLE-GARDE.

Or, comme les voyages du Roy en Provence et de vous en Poictou se fussent rendus tous communs, plusieurs se preparans pour iceux, il se rangea nombre de Poictevins aupres de vous, afin de vous y faire compagnie, et entre les autres les sieurs de Richelieu et du Pont de Courlay, avec ce dessein que, par le moyen d'une grande affection et servitude qu'ils feindroient vous avoir voüée, ils entreroient en telle familiarité pres de vostre personne et parmy vos domestiques, qu'ils descouvriroient facilement tout ce que vous diriez, feriez et desseigneriez, afin que s'il y avoit quelque chose d'importance dont l'on se pust prevaloir en faveur des catholiques et contre les huguenots, ils en peussent conferer avec quelques-uns de leur intelligence, pour tirer de là sujet de vous rendre de mauvais offices aupres du Roy, et par ce moyen diminuer vostre grande creance et faveur prés de Sa Majesté : à quoy ils ne manquerent pas de travailler puissamment, comme il se verra par la suitte de ces Memoires, et qu'il leur reüssit aussi mal qu'il y avoit d'utilité en vos services et de malice en leurs cœurs.

Chacun croyant donc ces voyages pour indubitables, les particuliers qui avoient des affaires aux conseils du Roy en pressoient l'expedition, afin de s'exempter d'une tant penible suitte, et tous vous autres messieurs desdits conseils, celles des affaires generales qui estoient entamées, afin de laisser moins de besongne à ceux du conseil que le Roy faisoit estat de laisser à Paris; lequel voulant, sur toutes les choses presentes et autres occurrences qui pourroient survenir, consulter derechef avec les princes et autres siens plus qualifiez et confidens serviteurs, il fit advertir tous ceux qui estoient à Paris, de ces conditions, de se trouver un certain jour à Fontaine-bleau, pour, avec leur advis, prendre une absolue resolution sur toutes ces affaires. Mais comme la foiblesse de l'esprit humain et l'impertinence du jugement des hommes ne se demonstre jamais davantage qu'aux choses où il porte le plus ses affections, dautant qu'en telles occasions la raison cede ordinairement à la passion qui fait que, par la vehemence d'icelle, les babiolles et nivelleries du monde y sont renduës plus considerables que les choses serieuses et substantielles ; tout de mesme qu'il advient aussi souventes-fois à la pluspart des hommes (lors qu'ils veulent reduire en acte des desseins de grande importance, de longue main projetez, et sur lesquels ils estimoient avoir meurement consulté les plus sages, examiné profondement toutes les raisons qui se pouvoient alleguer de part et d'autre, preveu suffisamment tous les accidens et preparé mesme, sur chacun d'iceux, des remedes convenables, ou qu'ils veulent donner commencement à l'execution des choses nouvelles, hautes et difficiles) qu'il leur survint, en ce temps-là, de nouvelles pensées et cogitations en l'esprit, et qu'il se presente en leurs entendemens, de nouveaux desirs, nouvelles imaginations et nouveaux inconveniens, lesquels, estans comparez et balancez avec les premieres raisons proposées, les affoiblissent de telle façon, et en diminuent de sorte et le poids et le prix, que non seulement elles les tiennent en suspens, mais aussi les arrestent tout court, voire font prendre des resolutions toutes contraires : dequoy ce conseil de tant de grands personnages que le Roy fist lors assembler pour conclurre sur toutes les affaires occurrentes, en sert maintenant de preuve; dautant qu'en iceluy tant de nouvelles questions et propositions furent agitées, tant de raisons alleguées, d'objections faites et d'inconveniens mis en avant, qu'ils furent trouvez suffisans, voire par le Roy mesme, sans instance ny persuasion d'autruy, pour differer à une autre fois son voyage de Provence, qu'il avoit publié si haut et tesmoigné de tant affectionner, et fut mesme arresté qu'en continuant le vostre de Poictou vous useriez du plus prompt retour que les affaires dont vous seriez chargé par le Roy vous le pourroient permettre, sans passer outre la province ny vous amuser à la visite et recognoissance des costes maritimes, ainsi qu'il avoit esté au commencement resolu.

Or, pour ce qu'il sembleroit y avoir eu une grandissime legereté ou extréme nonchalance en la tant soudaine mutation de ces premiers conseils et resolutions, si les causes en estoient entierement ignorées, en laissant à part les plus secrettes (quoy que ce peut estre les plus efficacieuses, pour ce que nous les jugeons mieux seantes au silence et à l'oubly qu'au recit ny à la ressouvenance), nous vous ramentevrons seulement celles que vous nous dites avoir esté alleguées tout haut en plein conseil.

Dont la premiere fut l'incertitude en laquelle l'on demeuroit des succez, bons ou mauvais, de ces deux grands sieges d'Ostande et de l'Ecluse, desquels les faveurs de la fortune tournans toutes d'un costé, donneroient un tel branle au cours des affaires generales que la proximité du Roy y seroit absolument requise.

La seconde, celle où l'on estoit semblablement de la conclusion ou rupture du traitté de paix qui se negocioit entre l'Espagne et l'Angleterre, lequel estoit pour lors demeuré accroché sur la proposition faite par les Espagnols d'une ligue offensive et deffensive avec les Anglois, moyennant laquelle toute sorte de trafic leur seroit libre aux deux Indes; comme eux aussi de leur part, en ce cas, ne donneroient plus aucune assistance ny faveur aux Estats des Provinces Unies, estant bien raisonnable que le Roy ne s'esloignast pas pendant l'indecision d'affaires tant importantes.

La troisiesme, les contentions plus fortes que jamais qui se continuoient entre le comte de Fuentes et les Grisons, lequel essayoit de se rendre maistre de la Valtoline par le moyen de son fort; le traitté d'alliance qui se minutoit entre les Venitiens et les Grisons, afin de conserver ce trajet de petit pays qui facilite la communication d'entre les François, Suisses et Grisons avec les Venitiens, dequoy rien ne se pouvoit conclurre sans l'intervention du Roy; les alterations que pourroient causer l'establissement du placart des trente pour cent, et l'interdiction absoluë de tout commerce entre France, Espagne et Flandres; le voyage que le comte d'Auvergne avoit fait en ce pays-là par escapade, duquel l'on avoit advis qu'il faisoit plusieurs mauvaises practiques, et tesmoignoit de ne vouloir pas revenir à la Cour; l'allarme que l'on disoit que prenoit M. Desdiguieres du passage du Roy par le Dauphiné, laquelle pourroit estre cause de faire esclater quelque chose mal à propos; le recouvrement que le Roy desiroit faire de la promesse de mariage par luy baillée à mademoiselle d'Antragues, duquel la Reyne le pressoit infiniment, et la vouloit contenter là dessus, ce qui ne se pouvoit esperer si le Roy s'esloignoit; l'instance dont on avoit averty le Roy que M. le comte de Soissons luy vouloit faire, estant en Dauphiné, de retirer les places baillées pour ville de garde à M. Desdiguieres, et le faire recognoistre en icelles comme gouverneur, en ostant les garnisons; les menées nouvellement descouvertes que faisoient le sieur d'Antragues et sa fille avec l'ambassadeur d'Espagne, et les aises, plaisirs et delices des dames, des marjolets, courtisans et d'aucuns mesmes des principaux seigneurs et ministres de l'Estat, qui estoient tres-aises de se pouvoir exempter d'un si long et penible voyage et tant plein de despence.

CHAPITRE CXL.

Voyage de Rosny en Poitou. Lettres de Henri IV et de Villeroy, qui instruisent Rosny de ce qui se passe à la Cour pendant son absence. Découverte de la conjuration du comte d'Auvergne. Digression sur la position des rois de France, d'Angleterre, d'Espagne et du Pape. Projets dangereux du duc de Bouillon et du duc de la Trémouille. Affaires étrangères.

Le voyage de Provence ayant donc esté rompu pour les causes dites au precedent chapitre, et le vostre de Poictou resolu, vous partistes quelques jours apres. Et pource que nous ne voulons, comme nous l'avons desja protesté plusieurs fois, rien employer en ces recueils de vostre vie, sinon les choses que nous aurons ouyes et veuës, ou que nous aurons entenduës de vous ou apprises par lettres et memoires trouvez parmy vos papiers, nous laisserons aux historiens tout ce qui se fit et dit en France et aupres du Roy, tant pour ce qui regarde les affaires generales de l'Estat, que les intrigues et broüilleries de Cour, pendant le cours entier de vostre susdit voyage de Poictou, et mesmes les particularitez des choses, quoy que plusieurs assez importantes, qui vous furent occurrentes en iceluy, de crainte que les unes attirant le recit des autres, ces discours n'en fussent par vous et par d'autres estimez trop longs et ennuyeux; et nous contenterons, afin de ne vous en laisser pas du tout sans quelque lumiere et ressouvenance et de donner aussi une espece de suitte aux affaires, d'inserer icy quelques lettres qui vous furent escrites sur ce qui se passoit en ce temps, par le Roy, messieurs de Ville-roy et de Fresne, et par vous à eux; dont la premiere que nous avons pû recouvrer estoit telle que s'ensuit:

Lettre du Roy à M. de Rosny.

Mon amy, je ne vous ay point escrit depuis vostre partement, tant pource qu'il ne s'est rien passé dont il me fust besoin de vous tenir adverty, que pour avoir commandé au sieur de Ville-roy de vous informer amplement des affaires generales et sur tout des estrangeres, et encor presentement ne vous escrivé-je rien de particulier, m'en remettant encor audit sieur de Ville-roy, et à ce que vous en dira Escures de ma part (n'ayant rien voulu fier au papier), que j'envoye expressement vers vous dans trois ou quatre jours, afin de vous donner cognoissance de plusieurs meschancetez qui se brassent, ausquelles je veux apporter remede, mais non sans avoir pris vos bons avis, desquels je me suis tousjours si bien trouvé, que je ne les veux pas negliger, et aurois encor plus grand besoin de vostre personne, d'autant qu'il fait bon avoir des hommes propres à executer ce qu'ils conseillent, comme je vous ay tousjours trouvé prest de faire. Adieu, mon amy.

De Sainct Germain, le 21 juin 1604. HENRY.

Lettre de la main du Roy à M. de Rosny.

Mon amy, je vous fais ce mot, en attendant que dans deux jours je vous dépesche Escures, par lequel vous apprendrez que nous avons descouvert forces trahisons, esquelles le comte d'Auvergne et M. d'Antragues sont meslez, et des choses si estranges, qu'à peine vous les croirez. Nous avons aussi appris par des lettres que M. de Boüillon escrit, que nous avons surprises, qu'il broüille tousjours et que M. de la Trimoüille est de la partie; d'Escures vous portera des nouvelles de tout. Je ne me portay jamais mieux que je fais à présent, Dieu mercy, comme font ma femme et mon fils, et ma fille, qui sont là les meilleures nouvelles que je vous sçaurois mander, et pour fin, que je vous ayme bien. Adieu, mon amy.

Ce 22 juin, à Sainct Germain en Laye.
HENRY.

Lettre de la main du Roy à M. de Rosny.

Mon amy, suivant ce que je vous ay escrit ce matin par la voye de la poste, j'ay pensé de vous envoyer Escures, present porteur, pour vous informer particulierement de ce qui est venu à ma cognoissance jusques à present, touchant les affaires dont je vous ay escrit, lesquels je vous prie de considerer selon qu'il importe à mon service, et m'en mander vostre advis sur le tout. Je vous envoye semblablement un memoire d'autres advertissemens qui m'ont esté donnez, dont les lettres m'ont esté mises en main, pour vous monstrer comme j'ay esté servy par aucuns de la religion, desquels j'ay grande occasion de me tenir offencé, ayans si mal recogneu la bonté dont j'avois usé, pour oublier ce qui avoit esté fait contre leur devoir et mon authorité en l'assemblée de Gap. Vous recognoistrez par là le peu de conte qu'ils ont fait de vostre conseil et de ce qu'ils vous avoient promis. Vous vous en servirez, comme vous adviserez, pour remedier à l'advenir que pareils desordres n'aviennent plus. Je seray bien ayse d'entendre, par le retour dudit d'Escures, ce qui s'est passé en vostre voyage, et comme vous esperez le bien employer. Je desire qu'il finisse bien-tost avec heureux succez, afin que tant plutost je vous revoye. Adieu, mon amy.

Ce 22 juin, à Sainct Germain en Laye, au soir.
HENRY.

Lettre de M. de Ville-roy à M. de Rosny.

Monsieur, M. d'Escures vous dira ce qui se passe et s'est descouvert icy depuis vostre partement. Je luy ay baillé aussi un petit memoire des advis que nous avons eus de l'Escluse, depuis ceux que je vous ay envoyez avec ma lettre du 10 de ce mois, qui a esté mise à la poste. L'on nous mande de Bruges que l'Archiduc doit mettre ensemble quinze ou seize mille hommes pour assieger et forcer Ardanbourg, afin de s'ouvrir le chemin pour secourir l'Escluse; mais l'on dit que les fortifications du camp du prince Maurice sont telles, qu'il ne pourra les forcer, pourveu qu'il y ait assez de gens pour les garder et deffendre. Quant à Ostande, chacun y travaille de son costé avec peu d'avantage; car ils poursuivent leurs mines de part et d'autre, qui ont jusques à present fait peu d'effet. Les Estats ont de nouveau jetté en la place mille ou douze cens hommes, pour rafraischir ceux qui y estoient, lesquels estoient las d'y servir. Jusques au 7 de ce mois, les députez qui traittent la paix en Angleterre, avoient peu advancé; ils estoient accrochez au point qui concerne les Estats des Provinces Unies, que les Espagnols demandent que les Anglois abandonnent, à quoy ceux-cy faisoient démonstration de ne se vouloir obliger; mais M. de Beaumont a tousjours opinion qu'enfin ils s'accommoderont, et que chacun biaisera et se relaschera de quelque chose. J'estime que vostre presence par delà sera utile au service de Sa Majesté; mais elle est icy tres-necessaire sur ces occasions qui se presentent, ainsi que vous recognoistrez par ce que vous representera ledit sieur d'Escures; sur lequel me remettant, je prie Dieu, monsieur, qu'il vous conserve en santé, saluänt vos bonnes graces de mes humbles recommandations.

De Sainct Germain en Laye, ce 22 juin 1604.
Vostre humble serviteur,
DE NEUF-VILLE.

Lettre de M. de Ville-roy à M. de Rosny.

Monsieur, je vous envoye, par commandement du Roy, un discours venu d'Angleterre, mais que Sa Majesté a jugé avoir esté forgé en France. Elle desire que vous le consideriez, et que vous observiez le langage que l'on vous tiendra par delà sur ce sujet, se persuadant que vous les trouverez conformes aux discours en la bouche de quelques-uns qu'elle soupçonne autheurs d'iceluy; peut estre aussi qu'elle se trompe, et me semble qu'il nous servira de peu d'en descouvrir la verité. Les bons remedes que nous devrions appliquer à telles inventions, consistent plus en nous mesmes qu'il ne faut les attendre d'ailleurs. Nous avons lettres d'Angleterre du 14 de ce mois, par lesquelles nous apprenons que les commissaires de la paix ont eu de grandes contestations et disputes sur les trois poincts desquels je vous ay donné advis ; mais ils s'estoient fort moderez, de façon que l'on avoit opinion qu'en fin ils s'accorderoient, toutesfois peu utilement et honorablement, tant pour les uns que pour les autres. Nous avons lettres de M. de Buzenval du 19 de ce mois, par lesquelles il nous mande qu'il fera ce que vous sçavez que Sa Majesté luy a commandé, nous asseurant avoir trouvé ceux ausquels il a eu charge de parler, tres-disposez à embrasser l'ouverture qu'il leur a faite ; mais je prevoy des difficultez tres-grandes en l'execution, et seroit besoing que vous fussiez aupres de Sa Majesté pour nous ayder à les surmonter, car j'ay peur que le temps nous gagne et que les occasions nous eschappent. Le Roy a eu advis nouveau qu'il est arrivé à Sainct Sebastien, huict ou neuf navires anglois, chargez de grains qu'ils avoient acheptez aux sables d'Olonne, d'où sortent une grande partie des contraventions qui se font à son ordonnance. Cela est cause que les Espagnols se roidissent en faveur de leur placart, lequel l'on nous escrit de divers endroits, que ils auroient revocqué il y a long-temps, si l'on eust gardé ladite ordonnance. Sa Majesté m'a commandé vous escrire ce que dessus, afin que vous en fassiez informer et que vous y pourvoyez. Au reste, nous sommes venus en cette ville sur le sujet pour lequel nous vous avons envoyé le sieur d'Escures, sur lequel il y auroit prou de choses à escrire s'il n'estoit meilleur de les vous dire de bouche. Partant je seray excusé si je m'en tais.

De Paris, ce 25 juin 1604.

Discours presupposé venu d'Angleterre.

De long-temps l'Europe n'a veu trois grands roys voisins si pacifiques, et neantmoins tous trois en ombrage l'un de l'autre, et tous trois ayans moyen et l'advantage de se nuire, et pretentions l'un sur l'autre : l'un, Roy d'une nation factieuse et entreprenante, le second, d'un peuple remuant et courageux, et le dernier, de deux peuples fiers et belliqueux ; tous trois, neantmoins, ennemis de la guerre et amis de la paix, faisans tout ce qu'ils peuvent pour garder leur aise et leur repos. Le premier et le dernier ne sçavent que c'est que de guerre, et le second en est si las qu'il n'en veut plus ; le premier et le second pour cherir les voluptez, et le dernier pour se recognoistre en un Estat nouveau. Le dernier toutesfois a l'advantage, en ce qu'il est recherché des autres, avec dons, instances et flatteries, pour luy lever l'opinion de la froideur precedente ; pour se venger accortement, se fait prier et resblandir, prend le present, amuse l'un et l'autre, et fait cependant ses affaires ; a neantmoins plus d'inclination à continuer amitié avec le second qu'à l'estreindre avec le premier, quoy qu'il ait et plus de pretentions et plus d'advantage, et tireroit plus de fruit d'attaquer le second que le premier. Le premier veut les Pays-Bas pour luy seul, comme son ancien patrimoine : chacun des deux autres seroit bien marry de l'en voir en possession paisible, et les aymeroit mieux chacun pour soy, comme fort en leur bien-seance, ores qu'ils ne l'osent dire ; et n'y pouvant parvenir, fomentent cependant cette distraction jusques à tant que les pays se forment en republique, guerre propre à les amuser tous trois, et les divertir de plus mauvais desseins l'un sur l'autre. Enfin, quoy que tous trois soient heureux, soient asseurez, soient accords, soient puissans en alliances et grands moyens, si semble le dernier plus heureux, asseuré, accord et mieux allié que les deux autres ; son heur s'est veu en son paisible et plausible establissement, sans despence d'un denier, sans effusion d'une goutte de sang ; sa seureté en l'assiette de ses isles, d'où il peut offencer autruy, et difficilement le peut estre par autruy ; et encores en nombre d'enfans, et d'âge de son aisné, a l'advantage qui manquoit des autres ; sa ruse à se faire prier de ce qu'il desire autant que les deux autres, et à secourir sous-main ceux lesquels en apparence il blasme ; et d'ailleurs, en flattant le Pape, ruyne la papauté tant qu'il peut en ses Estats. Son alliance n'est inferieure à celle des deux autres ; car tacitement il a tous les protestans pour luy, de quelque nation et climat qu'ils soient, et sans les rechercher en peut faire ce qu'il veut, son autorité et sa reputation luy ayant acquis ce credit, que pour estre le plus grand d'eux tous, il s'en peut dire le chef ; et à mesure que l'alliance et creance du second s'affoiblit parmy eux, celle du dernier s'en accroist à veuë d'œil. Les deux premiers n'ont appuy que le Pape, et le reste de l'Italie assez foiblement : par là jugez la verité de cette comparaison.

Lettre de M. de Rosny au Roy.

Sire,

Ayant entendu, par le sieur d'Escures, l'estat et la condition des personnes et des affaires dont vostre Majesté luy a donné charge de me parler, j'en ay discouru amplement avec luy, afin qu'il luy puisse representer quels sont mes sentimens sur telles occurrances, puis qu'il plaist à vostre Majesté de les sçavoir, outre lesquels et ce que je me reserve à vous dire de bouche sur plusieurs affaires importantes que j'ay apprises en mon voyage, lesquelles je ne puis confier aux personnes ny au papier, je me licencieray de luy dire, par cette lettre, que je recognois en ceux dont le sieur d'Escures m'a discouru, et toute leur sequelle, quantité de malices et de mauvais desseins, mais peu de jugement, pauvre conduitte et fort petits moyens pour en appréhender les effets; et tout au contraire, je voy en vostre Majesté nombre infiny de vertus, beaucoup de bonnes intentions, peu d'inclinations à la rigueur, et neantmoins toutes sortes de raisons et de facilitez pour faire des punitions exemplaires, comme ce seroit bien mon advis que vous fissiez de ces ames impies qui ne peuvent estre ramenez à raison ny retenus en devoir, ny par amour et consideration de vertu, ny par reception de bien-faits, ny par indulgence d'offence, ny par apprehension de supplices; suppliant vostre Majesté de m'excuser, si, conformément à ce que m'a dit le sieur d'Escures de sa part, je ne luy mande encore nulles particularitez des choses qui se sont passées en cette province, dautant que pour en escrire avec certitude, et poser là dessus quelque fondement, il m'a semblé necessaire de voir auparavant si les suittes et conclusions seront conformes aux commencemens : ce qu'attendant, je supplieray vostre Majesté de croire que je n'obmettray ny industrie, ny diligence pour la servir loyalement et à son gré. Sur cette verité, j'invoqueray le Createur à ce qu'il luy plaise, etc.

De Poictiers, ce 26 juin 1604.

Lettre de M. de Rosny à M. de Ville-roy.

Monsieur, j'ay escouté le sieur d'Escures fort attentivement, et meurement examiné quelles sont les qualitez des personnes et des affaires dont il m'a parlé, ensemble toutes les circonstances d'icelles qui m'ont semblé le meriter, sur toutes lesquelles j'ay tant amplement discouru avec ledit sieur d'Escures, qu'il luy sera facile de representer clairement au Roy et à vous, tout ce que je pense sur telles recidives de ces malins esprits, inutiles au bien et enclins à tout mal, que les seules esperances des par trop communes indulgences du Roy pour des sujets qui ne le valent pas, endurcissent aux delits et accoutument aux crimes; mais tout cela conduit avec tant d'impertinence, voire de manie, et enveloppé de tant de foiblesse, que la seule irresolution du Roy à leur faire cognoistre sa juste indignation, et ressentir ce qu'ils meritent, en empesche la destruction qu'ils ne sçauroient éviter, si Sa Majesté ne prend plaisir, luy qui est tres-bon, à se jetter dans les perils, les peines et les soucis, pour en garantir ceux lesquels sont tres-mauvais.

Quant aux affaires d'Angleterre et Hollande dont vous m'avez escrit, il m'est fort difficile d'en pouvoir faire de si loing un jugement bien certain; et neantmoins, selon ce que j'en puis conjecturer par ce que vos lettres m'en apprennent, j'estime que toutes les pertes ny aussi tous les advantages ne pencheront pas d'une seule part, et que chacun esprouvera que la fortune est muable; dequoy attendant que les succez nous rendent plus sçavans, je vous baiseray les mains, prieray Dieu qu'il vous conserve, et demeureray, etc.

De Poictiers, ce 26 juin 1604.

Lettre de la main du Roy à M. de Rosny.

Mon amy, j'ay receu la vostre par d'Escures, et ay esté bien aise d'entendre, par luy et par icelle, les conseils que vous me donnez sur le sujet de son voyage vers vous, desquels j'espere, Dieu aydant, faire si bien mon profit que vous en loüerez mes actions, lesquelles ne tendront qu'au bien de mes affaires et de mes sujets. Je trouve bon que vous alliez jusques en Broüage et à Sainct Jean d'Angely, quand ce ne seroit que pour faire cognoistre que les bruits que l'on a fait courre que je vous y vouloisz envoyer pour acheter les marais sallans et autres, sont faux, aussi que je croy que vostre presence y sera necessaire, tant pour adviser à l'estat desdites places et aux fortifications que vous y jugerez necessaires, que pour autres raisons qui se pourront presenter par delà, pour le bien de mon service. J'ay veu la lettre que vous a escrite M. de la Trimoüille, et suis de vostre advis. Pour le fait de Partenay, dont vous m'avez cy-devant escrit, je trouve bon que Serroüette l'ait, car je l'ay nourry petit garçon, et veux croire qu'en cette charge il me servira toujours bien et fidellement comme il a fait jusques icy. Je renvoyeray, dans un jour ou deux, Escures en Auvergne, et de ce qu'il me rapportera de ce costé là, et de ce que j'auray fait en cette affaire, je commanderay que vous en soyez adverty, comme aussi vous ferez de ce que vous apprendrez par delà m'importer. Asseuré que me servant bien comme vous faites, je vous ayme bien aussi, qui est tout ce que je vous puis mander pour cette heure; et pour témoignage que je me porte bien, que je m'en vais tout presentement courre un cerf à Livry. Bon jour, mon amy.

Ce 28 juin, à Paris.   HENRY.

Lettre de M. de Ville-roy à M. de Rosny.

Monsieur, vous avez raison de desirer et conseiller au Roy qu'il fasse justice de toutes ces trahisons et conspirations qui se brassent et qu'il descouvre journellement contre sa couronne, pour en arrester le cours qui est devenu trop commun et ordinaire, pour avoir trop souvent et indifferemment appliqué le remede de sa clemence aux occasions qui s'en sont offertes, estant certain que plusieurs ont creu que Sa Majesté en a ainsi usé, autant pour se descharger de peine et d'incommodité que pour exercer cette vertu, laquelle toutesfois nous cognoissons avoir pris telle racine en son ame qu'il est tres-difficile de luy donner des mouvemens contraires à icelles. Vostre prudence seroit icy tres necessaire pour cela, pour la creance que Sa Majesté a en vous plus grande qu'en tout autre, et pour le bon devoir que vous feriez de luy faire cognoistre et apprehender la consequence du fait qui se presente. Comme vous dites tres-bien, tous ces gens sont foibles en toutes choses, et ne doivent estre crains qu'en une, de laquelle tout autre ne peut sauver et garantir Sa Majesté qu'elle mesme. Ses fidelles serviteurs luy en ont dit ce qu'ils doivent à son service et à leur honneur, qui a esté pris en bonne part, comme a esté ce que vous en avez escrit et fait dire par le sieur d'Escures; et faut esperer que Sa Majesté inspirée de Dieu, aymant son Estat et ses enfans comme elle fait, prendra les conseils plus salutaires.

Monsieur d'Antragues a promis de representer la promesse qui a servy de pretexte et de leurre au conte que les Espagnols ont fait de luy, et croy que nous renvoyerons dés demain en Auvergne ledit sieur d'Escures, avec charge conforme à vostre advis; l'on doit aussi continuer à interroger aujourd'huy Le Morgan, seul courratier de ce trafic, afin de le presser de dire tout, comme celuy qui a tout manié, à quoy la rigueur de laquelle l'on a accoustumé d'user en justice, ne l'a espargné. Apres il faudra parler à Fortay, et vous asseure que, si j'en suis creu, l'on les fera servir d'exemple aux estrangers qui osent entreprendre de telles pratiques. Le Roy veut que vous passiez en Broüage pour les raisons qu'il vous escrit; j'estimois plus fortes et considerables celles qui nous devoient mouvoir de vous excuser de ce voyage, afin d'accelerer vostre retour: mais Sa Majesté a voulu desmentir les bruits qu'aucuns ont publiez de vostre dessein sur ladite place, par l'effet de vostre procedure; et toutesfois je ne doute point que les affaires qui se passent et traittent en Flandres et en Angleterre, ne vous donnent tout loisir de vous rendre auprès de Sa Majesté, à temps, pour l'assister de vostre conseil sur icelles. Les armées travaillent tousjours à leur tasche au pays de Flandre, avec esperance fort diverse et contraire l'une de l'autre; car les Espagnols se vantent qu'ils forceront Ostande dedans la fin du mois de juillet, et qu'ils contraindront le prince Maurice de quitter l'Ecluse, et ledit prince veut que nous croyons qu'il en arrivera tout au rebours. Nous aurons icy M. de Buzenval bien tost, qui nous y pourra faire voir plus clair, dont nous vous donnerons advis. Et quant à la negociation d'Angleterre, le 21 de ce mois il n'avoit encores esté resolu qu'un article, qui est celuy qui concerne le general de la paix, encore que les commissaires en eussent proposé et debattu plusieurs autres particuliers, lesquels jusques alors estoient demeurez indecis. Je me recommande humblement à vostre bonne grace.

De Paris, ce 28 juin 1604.

CHAPITRE CXLI.

Suite des lettres qui instruisent Rosny de ce qui se passe à la Cour. Le comte d'Entragues remet à Henri IV la promesse de mariage qu'il a faite à la marquise de Verneuil. Traité entre l'Espagne et l'Angleterre. Situation de la Hollande.

Pendant vostre voyage de Poictou, vous receustes plusieurs autres lettres que nous nous abstenons d'inserer en ces Memoires, de crainte d'estre trop longs, et nous contenterons de vous ramentevoir celles que nous avons creu ne pouvoir estre obmises sans prejudicier à l'intelligence du cours des affaires, desquelles la teneur ensuit:

Lettre de M. de Ville-roy à M. de Rosny.

Monsieur, le Roy m'a commandé vous escrire qu'un nommé Durand, né à Geneve, qui se dit sieur de Haute-fontaine, a esté envoyé en Angleterre il y a quelques mois par M. le duc de Rohan, pour y conduire et presenter au Roy dudit pays un cheval de la part dudit duc, lequel s'est embroüillé en des pratiques prejudiciables au service du Roy, et y a semé de tres-mauvaises graines, abusant du nom dudit duc, lequel Sa Majesté ne peut croire avoir donné charge audit Durand de faire telles pratiques, jusques à proposer de le marier en Angleterre et le faire passer audit pays pour cét effet, puisqu'il n'en a fait advertir Sa Majesté et ne luy en a demandé la permission; car, encores qu'il y ait envoyé ledit cheval sans congé, ce qu'il ne devoit faire, Sa Majesté n'estime pas qu'il ait entrepris de faire le reste sans savoir sa volonté. Neantmoins, Sa Majesté desire que vous mettiez peine d'en apprendre par delà la vérité, ayant opinion qu'il pourroit bien aussi s'estre laissé aller à faire cette faute, par le conseil de madame sa mère, de laquelle Sa Majesté dit que vous cognoissez la portée, comme elle fait. Sa Majesté pense aussi que ledit sieur duc vous verra devant que vous reveniez de Poictou, auquel cas vous pourriez, comme de vous-mesmes, et si vous aviez esté adverty par autre voye de l'arrivée en Angleterre dudit cheval et desdites menées, en sçavoir de luy la vérité, et sur ce luy remonstrer le tort qu'il se fait de se licentier d'envoyer en Angleterre, et de permettre que tels traittez s'y fassent pour luy, sans la permission et intention de Sa Majesté.

Sur tout il faut qu'il retire d'Angleterre cét homme en toute diligence; car c'est un tres-mauvais instrument, lequel il ne doit aussi retenir auprès de luy, ayant par ses actions despleu à sa Majesté; laquelle pareillement m'a donné charge de vous escrire avoir esté advertie de bonne part, telle qu'elle vous dira quand elle vous verra, que les factieux et brouillons qui sont par delà, n'ont pas deliberé, quelque honneur qu'ils vous fassent et confiance qu'ils vous monstrent, de vous descouvrir le secret de leurs deliberations, mais vous laisser faire vostre visite et vous promettre assez pour vous tenir peu, apres que vous en serez party; et dautant que l'on craint que M. de Parabelle, comme celuy qui a le cœur franc et qui vous affectionne, vous en die trop : Sa Majesté a sceu qu'il ne doit estre abandonné des sieurs d'Aubigny et Constant, pour le contenir jusques à ce qu'il vous ayt laissé.

Sa Majesté m'a commandé encores d'adjouster qu'il luy a esté rapporté que ceux de la religion pretendue reformée ont deliberé se bander et formaliser en corps pour M. de Boüillon envers Sa Majesté, afin d'obtenir qu'il puisse retourner en ce royaume et y demeurer en seureté : dequoy Sa Majesté vous prie de vous informer et mesme rompre, si vous pouvez, telles deliberations, lesquelles ne luy pourroient estre que desagreables, et mesmes prejudiciables à son service et affaires, estans en l'estat qu'elles sont.

Je vous diray aussi comme M. d'Antragues rendit hier au Roy cette pretenduë promesse, en la presence de messeigneurs le comte de Soissons et duc de Mont-pensier, monsieur le chancelier et les sieurs de Sillery, de la Guelle, Jeannin, de Gesvre et de moy, dont il a esté dressé un acte en telle forme que les serviteurs de Sa Majesté l'ont desiré, pour certifier et recognoistre que ledit écrit est le vray et seul écrit fait par Sa Majesté pour ce sujet, avec des declarations qui ont esté jugées propres, tant pour empescher que l'on n'en puisse avec raison douter à l'advenir, que pour verifier comme tout a passé; de sorte que nous en demeurons contens, comme j'estime que vous serez pour ce regard, en estant informé plus particulierement. L'on parle maintenant de renvoyer à messieurs du parlement l'affaire de Morgan, avec les depositions de M. le comte d'Auvergne et de M. d'Antragues, pour faire le procez au premier et le faire servir d'exemple, et pour faire plus estimer la grace que Sa Majesté a deliberé faire aux deux autres. Cependant Sa Majesté a renvoyé le sieur d'Escures vers ledit comte pour estre mieux informé du fonds de ces affaires, encore que nous n'y voyons que trop clair. Vous sçavez aussi que nous tenons pour arresté la paix entre Angleterre, Espagne et Flandre, les deux derniers s'estans accommodez à tout ce qu'a voulu l'autre, tant pour le regard des villes hostageres, le voyage des Indes, la communication et trafic avec les Estats, le delaissement auprès d'eux des Anglois qui les servent, le rafraischissement qu'ils en voudroient faire à l'advenir, que pour le commerce libre des pays, sans estre sujets de payer les trente pour cent et autres conditions. Le connestable de Castille doit passer au pays au premier jour pour mettre la derniere main à cét œuvre, duquel je seray trompé si les uns et les autres jouissent heureusement ny longuement. Nous n'avons aucune nouvelle de l'Ecluse, mais nous attendons M. de Buzenval. Quant à Ostande, l'on y a fait joüer trois mines cette sepmaine qui ont peu servy aux assiegeans, ainsi que nous a mandé M. de Vic par le sieur d'Auval, revenu d'Angleterre ce jour-d'huy. Le Roy doit partir demain ou lundy pour Monceaux, où il prendra des eauës de Pougues, comme il fist l'année passée.

De Paris, le 3 juillet 1604.

DE NEUF-VILLE.

Lettre du Roy à M. de Rosny.

Mon cousin, j'ai receu vostre lettre par le sieur de la Fond, lequel j'ay particulierement oüy sur ce qu'il a recognu estre du bien de mon service en l'execution de sa commission, dont il a rendu bonne raison. Je l'ay depuis fait aussi ouyr en mon conseil, lequel m'a fait dire qu'il y a desja quelque temps qu'il vous a esté envoyé une commission en blanc, pour la remplir de tel de mes officiers que vous verrez bon estre, afin de proceder au jugement des fautes et abus qui ont esté commis contre les défences du commerce, estimant que par là il auroit esté süffisamment pourveu à ce que vous pouviez pour ce regard desirer de deçà, parce que vous pourrez mieux que nul autre instruire le commissaire que vous choisirez, de tout ce qu'il aura à faire. Quant à la déclaration de ma volonté, elle n'est point changée depuis vostre partement, et est tousjours que lesdites fautes soient punies et chastiées selon les ordonnances. J'estime qu'il seroit bien à propos d'en excepter les habitans de la Rochelle; mais il faudroit les reduire au moins à tel point, qu'ils fussent necessitez de recourir à la grace, laquelle l'on leur fera valoir le mieux qu'il se pourra. Il sera bon aussi d'en excepter le sieur de Lussan, parce que l'ayant cy-devant fort blasmé de cette faute, par mes lettres, je luy en ay, par mesme moyen, fait la grace. Ma premiere opinion avoit esté de vous renvoyer ledit de la Fond; mais j'ay depuis esté adverty qu'il a remis entre les mains de mes officiers des lieux, toutes les procedures et verifications qu'il a faites : de sorte que sa presence n'y seroit doresnavant qu'inutile, n'ayant pû estre adjoint à la commission du commissaire, par ce qu'il n'est pas de la qualité de pouvoir juger. Vous serez informé de mes autres affaires par mes precedentes dépesches; et ne me reste rien à vous dire, sinon que je vous prie, quand le cours de vostre voyage sera achevé et que vous en serez sur vostre retour, de le faire icy le plus diligemment que vous pourrez. Je parts presentement pour aller coucher à Jully, et de là m'en iray à Monceaux, où je fais estat de prendre des eauës de Pougues, et pense que vous m'y trouverez encores à vostredit retour. Sur ce je prie Dieu, mon cousin, vous avoir en sa saincte garde.

Escrit à Paris, ce 8 juillet 1604. HENRY.

Lettre de M. de Ville-roy à M. de Rosny.

Monsieur, j'espere que ce sera icy le dernier courrier que nous vous depescherons devant que vous reveniez; car je m'attends que vous ne retarderez plus vostre retour, puisque vous avez achevé vostre visite, et que le Roy veut que vous le reveniez trouver au plustost, ainsi qu'il vous escrit. Le procez de Morgan a esté mis au parlement, où je veux croire que le Roy et le public seront servis fidelement. Le sieur d'Escures est nagueres revenu d'Auvergne, qui a rapporté confirmation, non de tout ce qu'il avoit esté chargé du comte d'Auvergne, en ce premier voyage, de dire à Sa Majesté, mais d'une grande partie et de quelque autre chose nouvelle. J'estime qu'il y sera encore renvoyé; par il semble que ledit comte ayt envie qu'il l'ameine et conduise vers le Roy, auquel il promet de dire luy-mesme tout ce qu'il sçait, et representer certaines lettres que madame sa sœur luy a escrites, qu'il dit estre d'importance. J'estime que vous arriverez encor à temps pour vous trouver aupres de Sa Majesté quand s'y presentera ledit comte, pour fortifier Sa Majesté de vostre bon, judicieux et genereux conseil; car, encor qu'elle l'ait bien compris par vos lettres, toutesfois il aura plus de force, vous present qu'absent. Mais il importe d'advancer la provision de poudre à canon que demande M. de Buzenval pour les Estats, comme vous cognoistrez par sa lettre, et c'est pour cela que ce courrier vous est envoyé, lequel je vous prie de nous redépescher au plutost avec la susdite provision. Un secours fait à propos et en nostre necessité, oblige doublement celuy qui le reçoit. Le capitaine Persi, le riche du regiment du sieur de Nerestan, est revenu n'agueres d'Ostande, où il a visité et recogneu toutes choses. Il croit que la place ne sera forcée encores de six sepmaines ou deux mois; mais l'on peut bien s'abuser en tels comptes. Vous apprendrez par celle du sieur de Buzenval que le siege de l'Escluse n'yra pas encores si viste que l'autre, si l'on n'y change de conseil et de procedure : c'est chose que le Roy ne croit pas que l'on fasse, dequoy le dit sieur de Buzenval nous fera sages à son arrivée.

Je vous envoye un double du memoire que l'ambassadeur d'Angleterre a baillé au Roy, de la part de son maistre, pour luy rendre conte de la negociation de la paix[1] et du terme où il se trouve. M. de Beaumont ne doute point de la conclusion d'icelle, dont il ne faudra plus douter quand l'on verra que le connestable de Castille s'embarquera pour passer en Angleterre, comme l'on tient qu'il fera bien tost. De toutes parts l'on nous menace de la guerre d'Espagne, ce qui n'esmeut pas beaucoup Sa Majesté, non plus que certains advis que Sa Majesté dit que M. de la Trimoüille continuë à donner à ses affidez, pour les tenir en haleine et esperance d'un prompt et grand remuement en ce royaume, et contre la personne mesme de Sa Majesté, faisant un pot pourry de toutes les nouvelles de la Cour et de celles qu'il recueille d'Allemagne et d'ailleurs, pour fonder et authoriser ses imaginations, et les faire cadrer à ce qu'il desire, dequoy Sa Majesté remet à vous raconter les particularitez à vostre retour; mais, pour moy, je fais peu de conte de tels advis, apres mesmement avoir veu ce que vous nous avez escrit des affaires de delà. Le Roy veut aussi que je vous escrive que vous preniez garde à vous et à la conservation de

(1) Ce traité fut signé au mois de juillet 1604.

vostre personne, où vous passerez; car il sçait que l'on voudroit s'estre deffait de vous, non pour haine que l'on vous porte, mais pour priver Sa Majesté du service que vous luy faites. J'ay charge particuliere de vous escrire que Caravelle luy a fait sçavoir que l'on veut se servir de luy, contre Sa Majesté et la France, à quoy il a refusé jusques à present de s'engager, desirant au contraire se rendre digne de la clemence et misericorde de Sa Majesté, en luy faisant quelque signalé service, dequoy il se promet de rencontrer le moyen au contentement de Sa Majesté, laquelle a esté d'advis de ne mespriser son offre, parce qu'il ne demande argent ny parchemin, qu'apres l'avoir merité. Nous vous dirons le reste quand nous vous verrons, et serez cependant asseuré de la bonne santé de leurs Majestez et de la resolution qu'elles ont prise de prendre icy les eauës de Pougues et de Spa, et de n'en partir de ce mois. Nous avons receu vos lettres du trentiesme jour de juin par la poste, et celle du deuxiesme du present, par le courrier Picaud. Il vous plaira me renvoyer par le mesme courrier la lettre de M. de Buzenval, laquelle merite d'estre tenuë secrette, comme vous jugerez trop mieux.

De Monceaux, le douziesme jour de juillet 1604.   DE NEUF-VILLE.

Lettre du Roy à M. de Rosny, contre-signée.

Mon cousin, je vous envoye un paquet que vous addresse le sieur de Buzenval, et aussi une lettre que j'en receus hier au soir, afin que vous sçachiez les causes de son retardement, et combien il importe que nous assistions les Estats des provinces unies des Pays-Bas, aux necessitez ausquelles ils se retrouvent, mesmement à present que le roy d'Angleterre est comme d'accord avec le roy d'Espagne et les archiducs, des conditions de la paix, ainsi qu'il a declaré luy mesme à mon ambassadeur, et m'a fait dire icy par le sien, s'offrant de moyenner un accord entre moy et le roy d'Espagne sur le fait du commerce : dequoy j'ay estimé ne le devoir esconduire, tant par ce que c'est chose que je dois desirer et qui seroit utile à mes sujets, que pour ne luy donner sujet de croire que je n'aye agreable son entremise, non par forme d'arbitrage, mais seulement de mediation; vous serez adverty de ce qui en reüssira. Cependant comme lesdits Espagnols ont de nouveau mis par tout l'exaction des trente pour cent, ainsi que m'a escrit le sieur de Barrault, il faut aussi que nous fassions mieux observer que jamais nostre ordonnance sur l'interdiction dudit commerce; car à la longue ils en recevront plus grande incommodité que nous. Et quant à ce que je n'ay pas voulu traitter plus rigoureusement le sieur de Lussan, transgressant du commencement nostredite ordonnance, je l'ay fait pour bonne consideration, estimant qu'il sera meilleur que nous commencions d'en chastier quelqu'un de moindre étoffe, jaçoit que je n'ignore de quel efficace seroit l'exemple d'un de qualité; mais ce sont remedes qu'il faut mesurer et pratiquer selon les temps et le cours des affaires qui regnent en la saison en laquelle l'on se retrouve, ainsi que je vous diray quand je vous reverray. Or, le principal maintenant est de maintenir et ne laisser deschoir lesdits Estats sur cette conjoncture de ladite paix d'Angleterre, au moyen dequoy secourons les promptement des poudres à canon qu'ils demandent, et leur en envoyons presentement cent milliers; car comme les sieges d'Ostande et de l'Escluse durent plus qu'on n'estimoit, ils en consomment aussi une extréme quantité, et crains qu'ils n'y puissent fournir. Envoyez nous donc par ce porteur l'ordre necessaire pour faire fournir lesdites poudres. Au reste, puisque vous estes sur vostre retour, advancez le, et revenez le plutost que vous pourrez; car vostre presence m'est icy si necessaire, que je ne m'en puis passer longuement, estant fort content du bon accueil qui vous a esté fait à la Rochelle, comme aux villes de vostre gouvernement, et de l'asseurance que les habitans d'icelles vous ont donnée de leur fidelité et de la volonté qu'ils ont de vivre en paix, jouyssans du benefice de mes edits, sans s'arrester aux mescontentemens et desseins de certains particuliers qui s'efforcent de les entretenir en deffiance de mes intentions, et de les engager en leurs interests privez, aussi malicieusement que grossierement, ainsi que j'ay de nouveau appris par les advis que le sieur de la Trimoüille continuë à donner par tout où il pense avoir creance; ce que je reserve aussi à vous dire quand je vous verray. Vous sçaurez cependant que je fais bien peu de conte de telles inventions, asseuré que le tout resultera à la fin à sa confusion. Je fais estat de prendre en ce lieu des eauës de Pougues, comme fera la Reine ma femme, en mesme temps de celles de Spa, et partant y passer le reste de ce mois, si autre chose ne survient. Je prie Dieu, mon cousin, qu'il vous ayt en sa saincte et digne garde.

Escrit à Monceaux, le douziesme jour de juillet 1604.   HENRY.
Et plus bas, DE NEUF-VILLE.

Coppie de la lettre de M. de Buzenval à M. de Rosny.

Monsieur, le vingt-cinquiesme du present, j'ay receu vostre derniere du quinziesme, comme je croy que vous aurez fait les miennes du dix-huict et dix-neuf du mesme. Les Estats m'ont retenu en ce lieu pour y attendre avec eux quelque esclaircissement plus grand que celuy que nous avons eu jusques icy au traitté d'Angleterre, duquel ils n'attendent que beaucoup de disgrace en leurs affaires, quelque égard que le Roy d'Angleterre promette d'avoir sur icelles; car desja les Anglois commencent à gourmander et outrager ceux de ce pays qui se trouvent en leurs havres, à cause, disent-ils, qu'ils leur empeschent le commerce de la coste de Flandres qui leur est permis par leur Roy; ce qui navre extrémement le cœur de ces provinces, et jusques là que si l'on ne tenoit la bride aux matelots de Flesseingues, ils se mettroient bien-tost en devoir d'en chasser la garnison angloise; et encores que l'on ne doute point qu'ils n'en vinssent facilement à bout, si est-ce que la consequence en estant plus perilleuse que la patience n'en est fascheuse, on la prend jusques à ce qu'elle se rende insupportable. Le sieur Caron escrit du vingtiesme de ce mois et advertit ses maistres de la communication qu'il a euë avec les commissaires de la part dudit Roy à ce traitté. Or comme il advouë que l'on a procedé jusques alors assez circonspectement pour ce qui est du fait de ces Provinces Unies, aussi dit-il qu'il voit bien qu'en fin ce marché se conclurra, encores qu'il y deust demeurer du poil desdites provinces. Quand on a touché cette grosse corde de la reddition des villes hostageres, les Anglois s'y sont monstrez fort contraires; et sur l'instance que les Espagnols ont faite qu'ils eussent plutost à les remettre és mains de ceux qui les leur ont delivrées, que non de les retenir, afin de ne laisser aucune semence de different et division entr'eux par ce gage, ils ont respondu qu'aussi-tost que le traitté seroit conclu, qu'ils traitteroient sur ce sujet avec les députez des Estats qu'on manderoit pour cét effet, et qu'ils leur offriroient leursdites villes à condition du remboursement des deniers pour lesquels elles tiennent, et ce à certains termes, au bout desquels, s'ils ne satisfaisoient à ce qui en auroit esté accordé, ils les rendroient aux archiducs, moyennant le payement desdites sommes pour lesquelles elles sont obligées. On remarque que les Espagnols ont voulu sonder l'intention et but des Anglois pour le regard desdites villes. Ce qui est du trafic empesche fort les uns et les autres, car les Anglois tiennent encor ferme pour n'y rien changer, et en ce qui est de celuy des Provinces Unies; et les Espagnols insistent à ce qu'ils ouvrent non seulement celuy des villes de la coste de Flandres, mais aussi celuy d'Anvers, sur la riviere de l'Escaut, que les Estats tiennent bridée par plusieurs forts et notamment par celuy de l'Islo. Le sieur Winoud doit demain representer en l'assemblée des Estats tout ce qui a esté fait jusques à cette heure en ces trois premieres sceances, et les confirmer en la bonne intention de son maistre pour ce qui les regarde. Je ne me puis persuader qu'ils abandonnent les Estats à la mercy des Espagnols, sciemment, mais je crains leurs imprudences; les jalousies qu'ils ont de nous, leur serviront de mords pour ne les estranger par trop; mais M. de Beaumont vous peut plus particulierement rendre compte de ce qui se passe entr'eux que moy. L'issuë de l'Escluse apportera à mon advis un grand mouvement à tout cét affaire; ce siege va en longueur, mais on y joint la seureté de telle façon, que si l'on ne peut venir à bout de cette place par la violence et vive force, on la gagnera par la famine. C'est pourquoy on renforce les retranchemens et les conduit-on jusques à Ardembourg, pour oster tous les moyens à l'Archiduc de la secourir et se loger audit Ardembourg, et en mesme temps on pourvoit Ostande des unze compagnies qui y sont entrées, et d'un gouverneur, qui est le colonel Marquette, gentil-homme du pays, et de nouvelles munitions et d'argent pour travailler à un troisiesme retranchement, qui servira comme d'une citadelle et d'un dernier refuge pour une capitulation, s'il en faut venir là. Je vous assure que les Estats font d'estranges devoirs, et qu'il ne se passe jour qu'il ne leur couste vingt mil florins pour les extraordinaires de la guerre; ils me promettent de tirer jusques à la derniere piece pour asseurer les affaires de Flandres, et donner moyen à Sa Majesté de les amener jusques à la frontiere de Calais, et croy qu'ils le pourront faire s'ils ont une fois conquis l'Escluse: mais il nous prient de considerer le faix qu'ils soustiennent, afin que, par faute de deux cens milliers de poudre, Ostande ne leur eschappe. Envoyez donc s'il vous plaist au plutost ce dont ils ont tant de besoin pour ladite ville, et n'attendez point ma venue, sinon pour lascher la parole au surcroist qu'ils demandent des cent mil escus, car il sera assez temps apres que vous m'aurez oüy pour vous resoudre là dessus; ils me promettent tout contentement sur ce que Sa Majesté desire d'eux. Je partiray d'icy dans deux ou trois jours au plus tard, pour sonder entierement le fait de l'Escluse et prendre parole aussi de M. le prince Maurice pour les places que vous avez designées; et si tost que je verray asseurance en la prise de cette place, je partiray pour vous aller trouver et mettre sur le tapis tout ce que je sçauray et auray negocié; et ne doutez pas que, soit que je prolonge, soit que j'advance mon voyage, que je ne fasse le tout pour bonnes considerations, et pour le seul respect du service de Sa Majesté, qui m'est plus cher que tout le reste de ce monde. Celuy qui est venu de Sedan est le capitaine Sarroques, duquel je vous ay desja escrit, qui n'a rapporté ausdits Estats qu'un regret, de quatre ou cinq mil florins qu'ils ont despencez en une entreprise qu'il disoit vouloir et pouvoir executer sur leurs ennemis, mais tout cela en vain. Il a rapporté une lettre à madame la princesse d'Orange de M. de Boüillon ; je l'ay veuë : ce ne sont que complimens et excuses de ce qu'elle avoit creu de luy. Voila à mon advis toute la finesse de ce voyage ; je verray si j'en descouvriray davantage, estant pres de mondit sieur le prince Maurice. Et sur ce, vous baisant bien humblement les mains, et prie Dieu, etc.

A la Haye, ce 28 juin 1604.

CHAPITRE CXLII.

Compte rendu par Rosny de son voyage en Poitou. Ses efforts pour réduire les impôts.

Ayant mis fin à vostre voyage de Poictou et aux affaires qui en avoient esté cause, le jour de devant vostre partement vous jugeastes à propos d'informer le Roy, avant vostre arrivée pres de Sa Majesté, des plus importantes particularitez qui s'estoient passées pendant iceluy, comme vous fistes par une lettre dont la teneur ensuit :

Lettre de M. de Rosny au Roy.

Sire,

Quelque commandement expres que je puisse avoir receu de vostre Majesté, en prenant congé d'elle, de n'obmettre, en luy escrivant, aucunes des particularitez qui se seroient passées durant mon voyage de Poictou, lesquelles je jugerois estre de quelque consideration, suivant en cela le stile de mes dépesches d'Angleterre, qu'elle m'asseura luy avoir esté bien fort agreables, si n'aurois-je jamais esté si hardy ny mal advisé que de faire mention en mes lettres, des magnifiques receptions qui m'ont esté faites, des honneurs qui m'ont esté rendus, et de la bien-veillance qui m'a esté tesmoignée, tant par les peuples et la noblesse, que mesmes par tous les ecclesiastiques, si je m'estois imaginé qu'en telles faveurs tant excessives, l'on n'eust eu esgard qu'à ma personne particuliere, à la dignité de ma charge, et mes seuls interests ; mais sçachant de science, par la cognoissance que j'ay de moy mesme et de mes foibles merites, par elle des intentions d'autruy, qui ne m'ont point mesmes esté cachées, par celle de vos faveurs en mon endroit, excedantes l'utilité de mes services, et par vos vertus heroïques, la merveille des siecles, qu'ils ne m'ont consideré en toutes ces gratifications que comme un tres-loyal serviteur de vostre Majesté, qui porte le caractere de vostre nom glorieux sur le front, et une creature faite, formée et façonnée de pure grace, par vostre beneficence ; tellement qu'en m'exaltant par dessus ce qui m'appartenoit, ils ont estimé de rendre, en quelque sorte, la reverence, le respect et les submissions deuës à vostre Royale Hautesse, laquelle ne pouvant, comme infinie, jamais trouver dans les louanges, recognoissances et defferences des creatures finies, ses deuës proportions, les doit attendre de cette immense divinité, laquelle l'ayant desja comblée de tant de graces et benedictions temporelles, qu'elles sont en admiration à tous hommes, luy prepare et reserve, en toute plenitude, les abondantes richesses de ses faveurs spirituelles et celestes és siecles d'éternité.

Mais, laissant ces discours trop relevez pour ma capacité, je diray à vostre Majesté que, nonobstant la grande affluence de personnes de toutes qualitez et de toutes religions qui sont venuës au devant de moy à mon arrivée en cette province, qui se sont trouvées en mes entrées dans les villes, et m'ont accompagné par les chemins, j'ay esté si heureux par les douces influences de vous, Sire, qui estes l'astre benin, et favorable ascendant à la naissance et accroissement de ma fortune, qu'il ne s'y est veu une seule querelle ny dispute, ny entendu un seul propos ny question touchant la religion, s'estant tousjours remarqué en leur conversation une telle amitié, union et concorde, quelques divers qu'ils pussent estre en affections, conditions et religions, qu'il est facile à juger que les benins et sages princes sont capables de donner de doux et discrets mouvemens et comportemens à leurs peuples, et que les loüables exemples des superieurs peuvent addresser les esprits des inferieurs au chemin de la vertu. Je n'ay semblablement trouvé en ceux de Poictiers, que l'on a de tout temps estimé des plus revesches et fascheux, que toute courtoisie, douceur et benevolence, ne s'estant recogneu de disputes, ny de contentions entre les habitans de cette grande ville, sinon à qui donneroit le plus de loüanges et de gloire à vostre Majesté, à qui tesmoigneroit le plus de submissions à ses commandemens, de defference à ses volontez, de respect et d'amitié en mon endroit, et d'approbation du choix que vostre singuliere prudence avoit fait de ma personne pour la servir en cette province, et à qui monstreroit plus de docilité, courtoisie et civilité à recevoir ceux que l'on logeoit en leurs maisons.

Ceux de la Rochelle aussi, quoy qu'ils ne soient dans l'estenduë du gouvernement, et que mesmes ils pretendent ne devoir avoir d'autre gouverneur que le Roy, et le maire que Sa Majesté ou son seneschal choisit d'entre trois qu'ils luy presentent, suivant les privileges qu'ils disent avoir obtenus des precedens Roys, pour marque et recompense des grands et recommandables services qu'ils leur avoient rendus, et à toute la France, qui sont les mesmes termes que m'a tenus un nommé Laleu, que vostre Majesté cognoist fort bien; et quoy encores qu'ils soient reputez rogues et hautains, et d'avoir des esprits merveilleusement défians, si n'ont-ils pas laissé d'en user tout ainsi que s'ils m'eussent recognu pour leur gouverneur, et de proceder en mon endroit comme toutes les autres villes, ayant laissé entrer dans la leur tous ceux qui m'accompagnoient, sans distinction de religion ny esgard de nombre (car je n'avois pas moins de douze cens chevaux), et les ont voulu loger pour la pluspart és maisons bourgeoises, où ils ont esté receus tres-favorablement, voire ont dit tout haut, qu'ils faisoient tel estat de ma pieté et loyauté, que quand j'aurois eu trois fois autant de monde, la resolution avoit esté prise, en conseil de ville, de les laisser entrer, voire protesté tout haut en plein festin, beuvant à la santé de vostre Majesté, de se confier tellement en sa bonté, prudence, foy et parole, que sur icelle ils ouvriroient leurs portes à vostre Majesté, quand bien elle seroit accompagnée de trente mille hommes, et que si elles ne se trouvoient assez grandes, ils abattroient trois cens toises de muraille. Et si l'ancien proverbe est veritable, lequel dit qu'*au vin il y a vérité*, il faut croire qu'ils ont dit cecy naïvement sans aucun artifice; car, par boutade et ayant bien chinqué, plusieurs jetterent ces voix en forme d'acclamation et d'esjoüyssance d'avoir un si bon Roy.

En ce festin public qui me fut fait, il y avoit dix-sept tables, dont la moindre avoit seize serviettes. Le lendemain ils nous firent une tres-belle collation de confitures, et le jour suivant, entre Coreilles et Chef-de-bois, un combat naval de vingt vaisseaux, aux habits, armes, panonceaux et livrées de France, et vingt autres, aux habits, armes, panonceaux et livrées d'Espagne; auquel rien ne fut oublié de tout ce qui se pratique en une vraye guerre, laquelle se termina par la victoire des François sur les Espagnols, qui furent tous amenez prisonniers, et liez aux pieds d'un tableau de vostre Majesté, puis à moy presentez comme ayant l'honneur d'estre son lieutenant general, au nom de laquelle je les remis tous en liberté, avec plusieurs paroles à sa loüange.

De la Rochelle, suivant ce qu'il luy pleut me commander par ses lettres du 28 juin, je m'en allay à Sainct Jean et à Broüage, où je fus receu par messieurs de Rohan et de Saint Luc et tous les habitans, tres-courtoisement, et avec plus d'honneurs et de submissions que je ne desirois et que je n'en merite, et cognus bien que le dire du quadran au soleil operoit lors en moy, qui, estant regardé favorablement par vous, devenois en grande consideration aux autres. Je ne manquay pas, comme de moy mesme, de parler au premier nommé, de tout ce que vostre Majesté m'avoit fait sçavoir (par une lettre que M. de Ville-roy m'avoit escritte en datte du 3 juillet) estre de son intention, luy remonstrant la faute qu'il avoit commise, et qu'à mon advis il devoit reparer devant qu'elle vint à vostre cognoissance; sur lequel discours il fit paroistre d'estre estonné, et encore plus en peine de pouvoir descouvrir qui m'avoit pû faire ce rapport, duquel il y avoit, ce me dit-il, quelque chose de veritable, mais tout le surplus entierement faux et supposé, et qu'il falloit que ce fut quelque sien ennemy qui m'eut dit tout cela, lequel desirant luy nuire en pourroit dire autant à vostre Majesté; me priant, s'il venoit à ma cognoissance que cela eust esté fait ou se fist cy-apres, de vouloir prendre la protection de son innocence, me pouvant jurer de n'avoir jamais donné charge audit sieur Durant des choses que je luy avois dites, et que s'il les avoit advancées, il l'en desadvoüoit absolument; que, quant au cheval, il recognoissoit la chose estre tres-vraye; mais qu'aussi esperoit-il bien de s'en justifier, si jamais vostre Majesté luy en parloit, dautant qu'il la feroit fort bien souvenir qu'il ne l'avoit point entrepris sans luy en avoir demandé permission auparavant.

De Sainct Jean, j'ay pris le chemin de mon retour par Thoüars, afin de visiter M. de la Trimoüille avant que sortir de la province, remettant à une autrefois la visite du plus haut et plus bas Poictou. En passant, les sieurs de Parabelle, Sainct Germain, de Clan, Besses, la Valliere, Constant, Aubigny et autres, me vindrent rencontrer et accompagner, à mon advis, expres pour voir ce qui se passeroit entre M. de la Trimoüille et moy, et luy ayder de leurs conseils, les uns d'une façon les autres d'une autre, s'il en avoit besoin. Quoy que ce soit, je fus tres-bien receu de luy, et me confirma ce qu'il m'avoit escrit par la lettre que j'envoyay à vostre

Majesté, encore que j'eusse appris de bon lieu, et pour luy avoir ouy dire, n'y avoir rien qui luy fust plus insupportable, que de me voir posseder, avec tant d'acclamations d'un chacun, cette charge du Poictou qu'il avoit tousjours le plus ardemment desirée et qu'il croyoit meriter avant tout autre. Nous eusmes, luy et moy, plusieurs discours seul à seul et puis en compagnie des cy-devant nommez, où se trouverent encore les sieurs de Preaux, de la Ferriere et de la Sausaye, lesquels se terminerent en asseurances et protestations de sinceres et loyales servitudes d'eux tous à l'endroit de vostre Majesté, et de tesmoignages tres-speciaux de vouloir lier une estroite amitié avec moy; en quoy ils ont usé de telles defferences, submissions, protestations et sermens, qu'il m'a semblé y avoir trop d'affectation, et partant qu'il pourroit bien estre quelque chose du dessein que M. de Ville-roy m'escrivit par commandement de vostre Majesté; et mesme, ayant consideré certains termes dont ceux que je luy diray estant prés d'elle, ont usé en discourant avec moy des affaires generales de France, d'Espagne et d'Angleterre, et de l'humeur et condition des roys qui y dominent à present, il se pourroit conjecturer qu'ils eussent veu autant du memoire que l'on disoit estre venu d'Angleterre, dont il me fut envoyé coppie par M. de Ville-roy. Et pour fin de la presente, je puis asseurer vostre Majesté que les pratiques et menées des broüillons sont grandement affoiblies; que plusieurs qui n'estoient point marris d'entendre leurs propositions, fuyent à present, comme la peste, ceux qui les veulent entamer, et que, quant à leur dessein de former des deffiances de vostre Majesté en mon esprit, que cela est hors de leur puissance, cognoissant trop bien la grande prudence, sagesse et bon naturel de vostre Majesté; laquelle je supplieray aussi tres-humblement de tenir la promesse qu'elle m'en a fait donner de sa part, dans la lettre que M. de Ville-roy m'en a escriste par son commandement, suivant lequel je n'ay voulu faillir de luy rendre compte de ce qui s'est passé durant mon voyage, que j'acheve dans le Poictou par l'adieu que je viens de faire à M. de la Trimoüille, lequel j'ay trouvé si empiré depuis deux jours, et en si miserable indisposition, que je n'estime pas qu'il vive encor trois mois. Sur ce je prieray le Createur, Sire, etc.

De Thoüars, ce 16 juillet 1604.

Lettre du Roy à M. de Rosny.

Mon cousin, j'ay commandé vous estre envoyé un extrait des articles des dernieres despeches que le sieur de Barrault, mon ambassadeur resident en Espagne, a faites, faisant mention de nostre ordonnance et de leur placart de trente pour cent, afin que vous sçachiez les termes ausquels ils en sont par delà, et le tort que font à ma reputation et à mon authorité ceux qui violent nos deffences, et que vous advisiez avec ceux de mon conseil à y remedier: surquoy je vous diray qu'il me semble estre necessaire de faire faire exacte perquisition et rigoureuse punition des autheurs desdites contraventions, la plus grande partie desquels il nous mande sortir d'Olone et des environs; et comme c'est de vostre gouvernement, il faut que vous embrassiez ce fait, et envoyez sur les lieux un homme de bien, avec une commission, pour faire ladite recherche et punition le plus diligemment et severement que faire se pourra. Partant choisissez en un propre pour me faire ce service qui n'est de petite consequence; car, tant que cette porte de desobeyssance demeurera ouverte et libre à ceux qui voudront en user, nostre interdiction du commerce ne fera que honte et dommage à nous mesmes. Vous verrez encore, par une lettre que ledit sieur de Barrault a escrite au sieur de Villeroy, les propos qui se sont passez entre luy et le secretaire Prada sur ce sujet. Mon cousin, je vous prie, reprimons cette licence, de façon que l'exemple qui s'en suivra serve de terreur aux autres qui voudroient imiter tels abus, et que je sçache ce que vous en ferez. Adieu.

Vous receustes encore plusieurs autres lettres durant vostre voyage de Poictou, que j'obmets pour briefveté, craignant mesmes d'avoir esté trop long et ennuyeux en la transcription de celles qui precedent, pour vous ramentevoir comme, le jour mesme que vous partistes de Thoüars, vous envoyastes au Roy cette derniere lettre, suivant le commandement que Sa Majesté vous avoit fait, en partant d'auprés d'elle, de faillir pas, si tost que vous seriez sur vostre retour, de luy escrire, selon vostre stile accoustumé où il se plaisoit, le sommaire des affaires que vous auriez maniées à l'advantage de son service, afin de le resjouyr en attendant vostre venuë. Vous escrivistes aussi, par le mesme courrier, un mot de lettre à M. de Ville-roy; mais dautant que ce n'estoient que complimens, et que pour les affaires vous l'en remettiez à celle du Roy, nous n'avons pas jugé necessaire de la transcrire: tellement qu'en laissant la suitte des lettres et reprenant celle des discours, nous vous dirons comme vous arrivastes à Paris le 22 de juillet, où ayant trouvé une petite lettre du Roy du 18 juin, par laquelle il vous mandoit que puis que ses affaires ne vous avoient peu permettre de faire vous mesme la visite des costes, que vous regardassiez à y envoyer quelques-uns de ses ingenieurs, comme vous en destinastes sur l'heure mesme deux, pour recognoistre celles de Normandie, Bretagne et du bas Poictou jusques à l'emboucheure de Charante, comme celles que vous estimiez les plus promptement necessaires, luy en escrivistes un mot, et luy envoyastes les commissions pour cét effet toutes dressées, sur lesquelles vous receustes une lettre de luy le jour mesme que vous partiez de Paris pour aller en Cour, laquelle nous ne nous dispenserons de transcrire encor icy, pour monstrer le soin particulier qu'il y avoit que rien ne manquast aux choses que l'on entreprenoit, en vous advertissant de ce que vous aviez à faire, et que peut-estre vous eussiez oublié s'il ne vous l'eust mandé.

Lettre du Roy à M. de Rosny.

Mon amy, pour responce à la vostre du vingt-deuxiesme que j'ay receuë ce matin, je vous diray que je trouve bon la commission que vous avez envoyée à Lomenie, pour Nicolay et Bois, pour aller visiter les costes de mes provinces de Normandie, Bretagne et Poictou; luy ay commandé de l'expedier et la vous renvoyer, suivant laquelle et la vostre il sera fort à propos que vous leur bailliez une ample instruction de ce qu'ils auront à faire pour mon service, et que vous les fassiez partir au plutost. Adieu, mon amy.

Ce 24 juillet, à Monceaux. . Henry.

Lettre de M. de Ville-roy à M. de Rosny.

Monsieur, je vous envoye, par le commandement du Roy, la lettre de M. de Beaumont que vous trouverez avec la presente, laquelle nous a esté apportée par le courrier. Vous verrez ce que les conseillers du roy d'Angleterre, employez à traitter la paix avec les commissaires de celuy d'Espagne et des archiducs, luy ont fait entendre de la resolution de ladite paix, et de la deliberation et volonté de leur maistre sur icelle et sur la conservation de messieurs les Estats, pour laquelle il veut demeurer joint et uny avec Sa Majesté, suivant ce qui a esté convenu entre leurs Majestez. Vous verrez aussi ce qu'ils luy ont dit touchant le commerce, et les offres qu'ils ont faites sur ce, envers lesdits commissaires d'Espagne et de Flandres. Mais vous notterez qu'ils n'ont laissé de conclurre leur traitté et le signer, encore que nostre accord et reglement avec les Espagnols, pour le regard du trafic, ne soit fait, jaçoit que ledit roy d'Angleterre eut donné esperance audit sieur de Beaumont d'en surseoir la resolution, pour luy donner loisir de faire la sienne avec lesdits commissaires d'Espagne et de Flandres, lesquels l'ont maintenant remis à la venuë du connestable de Castille, ayant demandé que l'on pourvoye à la moderation ou descharge des daces qui se levent à Calais, dont ledit sieur de Beaumont s'est tres-bien deffendu, et semble qu'il espere leur faire passer carriere pour la revocation de ladite imposition de trente pour cent, sans toucher ausdites daces de Calais; et c'est l'intention du Roy qui persiste en ce propos, tant pour la bien-seance que pour la raison. Toutesfois Sa Majesté a voulu avoir vostre advis sur ce poinct, devant que d'en faire un commandement absolu audit sieur de Beaumont, dequoy elle m'a donné charge de vous advertir, en vous priant nous mander au plutost ce qu'il vous en semble, afin que nous puissions faire sçavoir audit sieur de Beaumont la volonté de Sa Majesté, pour quand ledit connestable arrivera par delà. J'ay desja envoyé audit sieur de Beaumont le double du tarif desdites daces de Calais que M. de Vic m'avoit envoyé, afin qu'il sçache qu'elles ne sont si excessives que l'on donne à entendre à Richardot; ledit sieur de Vic l'aura aussi instruict de la moderation avec laquelle elles ont esté levées jusques à present, l'en ayant adverty: mais advisez si nous devons luy mander autre chose, et s'il doit differer ledit accord si les autres s'opiniastrent en leur demande pour la moderation desdites daces, et cependant commandez que le voyage de ce courrier soit payé suivant son ordonnance, afin qu'il soit renvoyé audit sieur de Beaumont incontinent apres que nous aurons receu vostre responce. Et dautant que M. de la Varenne doit vous aller trouver demain, avec l'intention de Sa Majesté, sur vostre venuë par deça, lequel vous rendra bon compte de toutes choses, je ne feray la presente plus longue que pour saluër vos bonnes graces de mes humbles recommandations; et prie Dieu, monsieur, qu'il vous conserve en bonne santé.

De Fontaine-bleau, ce troisiesme jour d'aoust 1604.

Vostre humble serviteur, De Neuf-ville.

Lettre du Roy, contre-signée, à messieurs de son conseil.

Messieurs, mon cousin le marquis de Rosny, m'estant venu trouver à Fontaine-bleau pour m'informer de l'estat de mes finances, m'a representé que mon peuple se trouve fort chargé de tailles, et que, de toutes parts, les thresoriers de France et autres officiers ont remonstré que s'il ne me plaist descharger mondit peuple, il est impossible qu'il paye les sommes qui ont esté imposées sur luy en l'année presente; qu'en icelle et en la derniere il a esté levé sur les contribuables ausdites tailles, quatre cens mil livres tournois, pour le remplacement d'une partie du sol pour livre, et qu'il seroit à propos à tout le moins de descharger mondit peuple de cette somme ; et que pour autre partie du remplacement dudit sol pour livre, il avoit esté aussi imposé, par forme de subvention ou d'imposition sur les marchandises, autres quatre cens mil livres tournois, et que ces deux levées devoient finir en cette année, dautant qu'elles ne sont verifiées que pour deux ans ; que la ferme des rivieres de Bourdeaux finit en cette année ; et que ce seroit un grand bien pour mondit peuple si je le voulois descharger de cette imposition. D'avantage il m'a fait entendre qu'il y a plusieurs autres fermes qui sont prestes à finir, et d'autres qui sont du tout inutiles à cause de l'interdiction du commerce d'Espagne, joinct que mondit peuple est travaillé d'une infinité de divers edits qui luy portent plus de dommage que la taille : concluant à ce qu'il me pleust, en remettant lesdites levées, vouloir diminuer mes despences, afin de les proportionner avec la recepte. Surquoy me trouvant beaucoup de charges sur les bras, lesquelles je ne puis retrancher, et voyant mes voisins armez de tous costez, j'ay advisé que pour les remplacemens du sol pour livre, tant par forme de taille, subvention, qu'imposition, la levée en sera continuée, comme sera aussi celle des deniers de mes tailles, et des impositions dont mes fermes qui vont finir sont composées, et ce à la mesme raison qu'ils ont esté levez en la presente année. Et pour le regard desdits edits, j'ay beaucoup de regret de ne les pouvoir revoquer, dautant qu'ils sont tous affectez à des despences si privilegiées ou à des personnes si recommandables, que je n'y puis toucher en la presente année sans prejudicier au bien de mes affaires : dequoy je vous ay bien voulu advertir par cette lettre, outre ce que vous en apprendrez de mondit cousin le marquis de Rosny ; sur lequel me remettant, je prie Dieu qu'il vous ayt, messieurs, en sa saincte garde.

A Fontaine-bleau, le unziesme jour d'aoust 1604.   HENRY.

Et plus bas, DE NEUF-VILLE.

CHAPITRE CXLIII.

Arrivée de Rosny à la Cour. Suite du compte qu'il rend de son voyage. Mémoire de ce ministre sur les abus qui tendent à l'affoiblissement du royaume. Jugement que porte Henri IV de ce mémoire. Rectification du contrat par lequel le Roi avoit acquis le comté de Saint-Paul. Entretien de Henri IV et de Rosny sur la conjuration du comte d'Auvergne. Ordre donné à d'Escures et à Murat de l'arrêter. Diverses lettres dont la plupart ont rapport à cette affaire. Situation pénible du comte d'Auvergne.

Ayant pris vostre chemin à Monceaux, suivant le commandement du Roy, vous receustes à la disnée à Claye, cette lettre du 24 juillet dont est fait mention au chapitre precedent, et arrivastes le soir à Monceaux, où le Roy achevoit de prendre ses eaües, lequel vous fist tres-bonne chere à vostre arrivée, et fust trois jours durant sans cesser de vous promener tous les matins, pendant qu'il beuvoit, où vous luy rendistes compte de toutes les particularitez qui s'estoient passées en vostre voyage ; lesquelles, quoy que nous ne les ayons pas toutes sceuës, seroient de trop longue deduction, et suffira d'en sçavoir le sommaire, qui se reduisit aux asseurances données par vous au Roy que, quand aux catholiques, tous ces bruits que l'on avoit fait courre de l'achapt des marrais salans, de l'establissement de la gabelle aux provinces de francsalé, des nouvelles daces sur les denrées vendues en detail, et d'une creation d'officiers en toutes sortes de jurisdictions, estoient entierement esteints, leur ayant fait cognoistre de quelle boutique ils procedoient, et donné vostre foi et vostre parole que tant s'en falloit que le Roy ny vous eussiez aucun dessein à telles surcharges et vexations, que l'un et l'autre (sçachant tres-bien que les nouvelles impositions outre qu'elles diminuent quasi autant les anciennes que l'on en reçoit de leur establissement, elles excitent des plaintes, allienent les volontez, destruisent les biens, perdent les cœurs, affligent les corps et engendrent des tumultes) ne desiriez rien tant que de les pouvoir soulager de celles mesmes qui estoient anciennes : à quoy ils avoient adjousté entiere creance et confiance par toutes les villes. Et quant à ceux de la religion, outre les interests communs qu'ils avoient avec les catholiques, desquels avec eux aussi ils demeuroient contens, vous leur aviez fait voir si clair dans les desseins formels que Sa Majesté avoit de tenir le dedans de son Estat en paix et repos parmy tous ses sujets, de garder une égalité avec ses justes proportions en la distribution de sa bien-veillance, faveurs, honneurs, charges, dignitez et gratifications, sans aucune distinction de religion ; et que toutes les opinions au contraire que l'on avoit essayé de leur former en l'esprit, n'estoient procedées que de ceux, lesquels se sentans proche d'une perdition inévitable, bien meritée par leurs énormes ingratitudes, trahisons et crimes atroces, ne se fussent pas souciez, pour la retarder ou diminuer en quelque sorte, d'y envelopper les innocens et les gens de bien, d'honneur et de vertu, qui se doivent tousjours tenir bien asseurez de la bonne volonté du Roy que vous aviez charge de leur tesmoigner par gratifications proportionnées à leurs services et loyautez; laquelle creance et les effets que quelques-uns en ressentirent deslors, avoient tellement deffilé la patenostre, que vous n'estimiez pas en estre demeuré six qui n'eussent rompu avec M. de la Trimoüille, lesquels encores l'estimoient estre aux abbois de la mort, laquelle advenant vous sçaviez de certain estre si sensible à M. de Boüillon, pour ne trouver plus personne assez despit et desesperé pour embrasser toutes ses chimeres et caprices, qu'il avoit pris resolution de n'esperer plus rien en toutes ces pratiques, et se contenter en l'appuy du comte Palatin. Ce que vous aviez descouvert par une lettre interceptée que Sainct Germain escrivoit à un nommé la Sausaye, qui estoit pres de M. de la Trimoüille, que vous fistes voir au Roy; lequel ayant bien recogneu l'escriture, cela fust cause qu'il adjousta foy à tout le surplus de vos discours, ausquels vous adjoutâtes, que pour leur faire croire tout ce que vous leur aviez dit des bonnes intentions du Roy et des vostres à suivre tous ses commandemens, que tant s'en falloit qu'il eust envie d'affoiblir son Estat, affoiblissant ses peuples par de telles surcharges, qu'il vous avoit ordonné de luy faire un memoire de toutes les choses qui pouvoient apporter affoiblissement à son Estat, afin qu'il s'empeschast de plus les entreprendre, mais de les éviter : duquel vous ayant demandé s'il y auroit moyen d'avoir coppie de ce memoire, vous leur en fistes voir une, mais ne leur laissastes pas, estant telle que vous luy baillastes lors, et telle que s'ensuit :

Estat et memoire dressé par commandement du Roy, et à luy baillé à vostre retour du voyage de Poictou, en l'année 1604, des choses lesquelles peuvent provenir de grands desordres et abus, et par consequent aussi apporter diverses sortes d'affoiblissemens aux Royaumes, Estats et Principautés souveraines.

Augmentations de tailles, tributs et daces. *Affoiblissement d'Estat.*
Toutes impositions personnelles avec surcharge. *Affoiblissement d'Estat.*
Diminutions de trafic, commerce et marchandise. *Affoiblissement d'Estat.*
Diminutions d'ouvrages, et manufactures et labourages. *Affoiblissement d'Estat.*
Encherissement de vivres et tous mauvais mesnages. *Affoiblissement d'Estat.*
Augmentations de chicaneries et de formalitez de la justice. *Affoiblissement d'Estat.*
Excessives usurpations d'authorité aux officiers. *Affoiblissement d'Estat.*
Refus d'audiances aux complaignans et à tous opprimez qui demandent justice. *Affoiblissement d'Estat.*
Festins, banquets, mommeries, jeux et berlans. *Affoiblissement d'Estat.*
Indifferences entre les personnes de diverses qualitez et de conditions morguées et cimagrées. *Affoiblissement d'Estat.*
Usurpations de qualitez, tiltres et noblesses. *Affoiblissement d'Estat.*
Encherissemens de denrées et marchandises. *Affoiblissement d'Estat.*
Surhaussement et disproportions des monnoyes. *Affoiblissement d'Estat.*
Vanitez, curiositez, luxes, desbauches et delices. *Affoiblissement d'Estat.*
Indifferences en habits, ameublemens et trains. *Affoiblissement d'Estat.*
Excez en magnificences de bastimens, dorures, et diaprures d'iceux. *Affoiblissement d'Estat.*
Fastes, ostentations, vanitez, mines et cimagrées devotieuses. *Affoiblissement d'Estat.*
Indifferences aux ceremonies et honneurs rendus à cause des parentages et visites. *Affoiblissement d'Estat.*
Delices, jeux, berlans, affiquets, cabinets et desbauches de femmes, filles et garçons. *Affoiblissement d'Estat.*
Tolerences de vices, luxes, pompes et bombances. *Affoiblissement d'Estat.*
Tolerences aux grands officiers de faire en leurs charges tout ce que bon leur semble. *Affoiblissement d'Estat.*
Excez de salaires aux ministres de justice, finance, police, advocats et procureurs. *Affoiblissement d'Estat.*
Grandes guerres sans besoin ny necessité. *Affoiblissement d'Estat.*
Absoluë disposition des Souverains par un particulier ou plusieurs. *Affoiblissement d'Estat.*
Mespris des gens de qualité, capacité, merite et service. *Affoiblissement d'Estat.*
Les excessives affections des Rois et princes en de certaines sortes d'exercices, plaisirs et passetemps et quelques particuliers. *Affoiblissement d'Estat.*
Les vicieuses inclinations des ministres d'Estat, mignons et favoris des Souverains. *Affoiblissement d'Estat.*
Toutes tolerences d'obmissions et mespris des bonnes loix, coustumes et usages utiles. *Affoiblissement d'Estat.*
Toutes trop exactes recherches de vieilles erreurs, fautes et mauvais usages qui ne se voyent plus avec prejudice. *Affoiblissement d'Estat.*
Toutes augmentations de loix, edits, et ordonnances non absolument necessaires. *Affoiblissement d'Estat.*
Tous accroissemens de droicts, gages, attributions, augmentations et privileges. *Affoiblissement d'Estat.*
Toutes sortes d'augmentations d'officiers en toutes sortes de charges et fonctions. *Affoiblissement d'Estat*

Toutes nouvelles creations de cours souveraines.	*Affoiblissement d'Estat.*
Tous excessifs enrichissemens de ministres manians les affaires publiques.	*Affoiblissement d'Estat.*
Toutes vies oysives, faineantes et voluptueuses.	*Affoiblissement d'Estat.*
Tous mespris de loix, constitutions, ordonnances et bonnes pratiques.	*Affoiblissement d'Estat.*

Lequel estat ayant leu, il vous dit qu'il en discoureroit avec vous, pour s'esclaircir de plusieurs choses qu'il n'avoit pas bien comprises par une simple et premiere lecture, et puis vous ayant rendu ce memoire, et commandé que personne ne le vist, de crainte de donner des apprehensions à beaucoup de sortes de gens qu'il n'estoit pas à propos de fascher, il vous embrassa par trois fois, et dit que ce n'estoit pas la dixiesme fois que, par vos utiles services, vous luy aviez tiré l'esprit de beaucoup d'inquietude et mis le cœur en repos.

Or vostre retour ayant redonné aux affaires leur cours ordinaire, plusieurs d'icelles, que vostre absence avoit reduittes en indecision, furent soudain terminées, et n'en trouvastes qu'une de consequence qui vous fascheast, laquelle l'on avoit achevée sans attendre vostre retour, qui estoit l'acquisition du comté de Sainct Paul, dont, à la verité, il avoit esté parlé avant vostre partement, et aviez tesmoigné de l'approuver ; mais la forme n'estoit pas telle que vous desiriez. Sur laquelle ayant fait vos remonstrances au Roy, il vous respondit ne pouvoir comprendre la raison pourquoy vous desaprouviez maintenant l'acquisition de cette belle terre, qui estoit venuë de ses predecesseurs descendus des vostres, que vous aviez vous mesmes sollicitée avant vostre partement. Surquoy vous luy repliquastes (car nous y estions presens dans vostre cabinet, coppiant un estat que Sa Majesté vous avoit demandé, de tout ce qu'il avoit d'argent comptant, et qu'il pourroit certainement assembler dans les années 1605 et 1606, artilleries, armes et munitions) que la chose en soi ne vous desagreoit pas, mais seulement la maniere que l'on avoit tenuë de faire cette acquisition par un contract public, lequel portoit necessairement Sa Majesté, ou dans la honte, ou dans la guerre : que pour le premier, vous sçaviez bien que son grand courage et sa valeur tant esprouvée, ne luy en permettroient encor moins la souffrance qu'à vous ; que pour l'autre, vous n'y contrediriez nullement, moyennant qu'elle ne fust pas prematurément entreprise, et que tous ses alliez ne correspondissent à ce dessein en mesme temps, et que l'assemblage de tout ce qui estoit necessaire pour son particulier, n'eust esté fait auparavant. Dequoy vous ayant demandé les raisons, vous luy representastes que la tenuë feodalle et justiciere de ce comté de Sainct Paul avoit de long-temps esté pretenduë esgallement par les comtes de Boulogne et d'Artois ; et par les derniers traittez faits avec Espagne par les roys François premier et Henry second (à cause que ces diversitez de pretentions ne se pouvoient pas bien liquider), a esté accordé qu'il demeureroit, jusques à tant qu'autrement en eust esté advisé, en la liberté du proprietaire d'iceluy comté, de le reprendre de tel des deux comtes que bon luy sembleroit, sans que l'autre s'en pust formaliser ny deffendre ses pretentions par les armes ; que jusques à present le choix que les comtes de Sainct Paul avoient fait, de reprendre plutost d'Artois que de Boulogne, couvroit aucunement le deshonneur de la France, ce qui ne se pourroit plus faire, la proprieté en appartenant au Roy de France, qui ne sçauroit sans honte la recognoistre tenir plutost d'un autre que de luy mesme, puis que l'option luy en estoit laissée toute libre ; ce qui n'arriveroit point que les armes n'en parlassent ; et par consequent sans declaration de guerre, à laquelle vous ne voyez pas que son esprit fust encor porté, ny les affaires tant de luy que de ses alliez bien preparées. Il se passa plusieurs autres fort longs discours là dessus, lesquels se terminerent de sorte que le premier contract fut rompu, et un autre passé sous le nom d'un tiers, avec resolution de le declarer, lors que Sa Majesté verroit les choses en estat de s'en pouvoir mettre en reelle possession.

Le lendemain et les jours suivans, le Roy vous entretinst des menées et intelligences du comte d'Auvergne, vous fist voir toutes les preuves qu'il avoit contre luy et ceux qui s'en mesloient ; et afin de ne parler plus de cette mauvaise affaire, encor que les progrez s'en soient passez en divers temps, nous les desduirons tout d'une suitte, et vous ramentevrons que Sa Majesté, vous recognoissant grandement animé contre telles perfidies, vous dit qu'il estoit bien resolu de n'user plus de pardon, mais d'en faire un si rigoureux chastiment, qu'il pust servir d'exemple aux autres ; mais qu'il n'y avoit rien voulu entreprendre sans vostre advis et conseil, et que fussiez de retour aupres de luy.

Et lors vous dist que messieurs de Boüillon, de la Trimoüille, d'Entragues et mesme madame de Verneuil (par despit de ce qu'il luy avoit fait rendre cette promesse et autres choses qui s'estoient passées, que vous sçaviez mieux que nul autre) et plusieurs autres en estoient, entre lesquels, pour ceux dont il avoit des preuves qui ne se pouvaient contredire, il vous nomma force gens, mais tous foibles ou de peu de consideration, comme la Chapelle, Biron, Moraise, Calveirac, Giversac, Bremariques, Briganty, Foussat, Loubaignac, Gripel, Sainct Vrese, Tajac, Lias, Reignac, Bassignac, Rodelles, Blanchart, Bethut et autres, dont la pluspart estoient à M. de Boüillon, domestiques, ou tiroient entretenement de luy ; adjousta qu'il avoit essayé de disposer le comte d'Auvergne à le venir trouver ; mais que nonobstant ses lettres et les deux voyages d'Escures vers luy, il avoit tousjours usé de remises et d'excuses frivoles, qui luy faisoient juger, contre les advis qui luy en estoient donnez par ses serviteurs en Auvergne, qu'il n'avoit nulle envie de s'approcher ; et partant estoit resolu à essayer de le faire attraper par finesse, et si elle ne reüssissoit, y employer la vive force, dequoy il vous donneroit la charge ; que cependant vous advisassiez, de vostre costé, à essayer de le faire prendre.

A quoy ne luy ayant respondu autre chose, sinon que vous n'obmettriez rien de ce qui despendroit de vous pour le servir loyalement et à son gré en cette occasion, comme vous estimiez l'avoir fait en plusieurs autres, il se mist à vous regarder assez long-temps sans parler ; et finalement vous dit qu'il s'estoit estonné plusieurs fois, comme il faisoit bien encores, lors que vous ayant souvent escrit et parlé des perverses inclinations et mauvais desseins du comte d'Auvergne, vous ne l'aviez neantmoins jamais enquis (comme il luy sembloit y avoir apparence de le faire) des raisons qui l'avoient pû induire non seulement à ne le chastier pas comme le mareschal de Biron, puis qu'ils estoient complices des mesmes crimes, mais l'avoir, outre la grace de la vie, mis en pleine liberté, et traicté depuis autant favorablement que jamais, et à se monstrer maintenant si animé contre luy et si desireux de se saisir de sa personne, comme il vous le tesmoignoit par ces paroles.

A quoy vous luy respondistes que vous estant tousjours imaginé deux causes principalles de telles indulgences (si mal colloquées) sur lesquelles, selon vostre advis, Sa Majesté n'eust pas pris plaisir de s'expliquer, vous ne les luy aviez pas aussi voulu demander, de crainte qu'il ne vous en sceust mauvais gré. Surquoy, comme Sa Majesté estoit d'un esprit merveilleusement vif et prompt, et qui faisoit coustume, voire gloire (et y rencontroit souvent assez bien) de penetrer soudain dans les intentions des personnes, par la cognoissance qu'il prenoit de leurs humeurs, interests et desseins, il vous repliqua aussi-tost que pour l'une des causes dont vous aviez parlé et sur lesquelles vous aviez fondé vos opinions, il pensoit ne s'abuser pas de croire que vous l'estimiez avoir une si forte passion pour madame de Verneuil, qu'il n'avoit pû rien refuser à ses supplications et solicitations, sur tout en choses qui luy devoient estre si cheres que la vie et la liberté de ce sien frere, ce qu'il ne vouloit pas nier absolument ; mais ne vous celer pas aussi que toutes les importunitez de cette dame n'avoient jamais eu le pouvoir de luy faire conceder la liberté avec la vie. Et quant à la seconde cause que vous vous estiez pû imaginer luy avoir donné sujet d'user de si grandes graces, qu'il confessoit franchement de ne la pouvoir pas deviner, et partant desiroit-il que vous la luy disiez franchement sans apprehender qu'elle luy pust desplaire : ce que vous fistes, apres neantmoins qu'il vous en eust encor pressé jusques à la troisiesme fois, luy disant que l'extréme amitié par luy tesmoignée envers ses bastards, vous avoit mis en fantaisie qu'il eust estimé leur faire un grand prejudice, s'il eust traitté comme le commun cettuy-cy qui estait de leur condition, de crainte qu'un tel exemple ne fust un jour tiré en consequence contr'eux, comme les fortunes des plus grands sont sujettes à varieté d'accidens. Ce que le Roy vous asseura de ne luy estre jamais venu en l'esprit, quoy qu'en effet cette consideration, s'il s'en fust souvenu, ne luy eust pas moins touché les affections que les prieres de madame de Verneuil, ausquelles s'estant jointes celles de monsieur le connestable, de ses trois filles, et de M. de Ventadour, qui s'estoient tous ensemble venus jetter à genoux devant luy pour la vie de ce pauvre miserable (monsieur le connestable ayant usé de ces termes), sans parler de la liberté qu'il dit remettre à sa prudence et discretion, il confessoit d'avoir volontiers concedé ce qu'ils demandoient pour sa vie ; mais que quant à la liberté, il luy avoit donnée pour d'autres raisons, qui ne regardoient ny ses enfans naturels, comme vous aviez pensé, ny madame de Verneuil, que les malices de son esprit avoient renduës aussi mal fondées que cette delivrance luy seroit à la fin inutile, voire peut-estre dommageable. Et là dessus, vous ayant parlé de luy comme d'une ame qu'il estimoit des plus perfides (et d'autant plus dangereuse, que plus il avoit de capacité, d'intelligence et de bonnes parties pour bien servir, s'il se fust voulu sincerement employer), il vous conta comme se voyant asseuré de la vie par la parole royale qu'en avoient receuë monsieur le connestable et les autres cy-dessus nommez, il n'avait rien estimé cette grace si elle n'estait suivie de celle de la liberté entiere, pour à laquelle parvenir il l'avoit fait supplier de trouver bon qu'il eust l'honneur de pouvoir parler à luy, dautant qu'il avait des choses à luy dire et proposer, desquelles il s'asseuroit qu'il recevroit contentement, et son royaume de tres-grands advantages. Ce que luy ayant accordé, il avoit commencé son propos par une apparence de generale confession et repentance entiere de toutes ses fautes passées, entre lesquelles il avoit magnifié, au lieu de les blasmer, ses intelligences et confidences avec les Espagnols, qu'il avoit peut-estre plus vantées qu'elles n'estoient grandes en effect, croyant par ce moyen faire davantage estimer sa marchandise, pensant peut-estre avoir l'esprit si subtil que de la pouvoir debiter des deux costez et en tirer des recompences de mesmes; et en suitte luy avoit fait mille sermens de fidelité, et autant de protestations de le servir d'oresnavant tres-loyalement, et sur tout en l'ocasion dont il vouloit faire ouverture à Sa Majesté, qui estoit de telle importance que s'il plaisoit à sa clemence et bonté de luy remettre entierement toutes ses crimes, aussi bien pour la liberté qu'il avoit desja fait pour la vie, en attribuant cette augmentation de grace et beneficence aux continuelles solicitations et importunitez de madame de Verneuil, afin de pouvoir inventer delà des excuses pour empescher que les ministres du roy d'Espagne ne prissent ombrage de luy à cause de telles faveurs, il renoueroit en bref avec eux ses intelligences et correspondances anciennes, avec apparence de plus grande confidence et fermeté de sa part que jamais, et par ce moyen tireroit d'eux de grandes commoditez et bien-faits, lesquels luy ayderoient à se tenir plus sujet pres de sa personne, et y despendre sans l'importuner, et en faisant semblant de les vouloir servir, il descouvriroit tous leurs secrets plus importans et les luy reveleroit aussi-tost, pourveu que Sa Majesté gardast le silence requis, et n'en parlast à aucun de ses ministres, de crainte que les uns n'en advisassent les Espagnols, et les autres ne luy fissent rejetter telles pratiques et faciendes qu'il sçavoit estre contraires à leurs humeurs et procedures, et qu'il n'entrast en aucune deffiance de sa sincerité, à cause des voyages qu'il feroit faire en Espagne, et des pacquets qu'il en recevroit, si aucuns d'iceux venoient à luy estre descouverts.

Duquel langage le Roy, en continuant son propos, vous dist estre demeuré grandement estonné, voire avoir escouté avec horreur, des propositions par lesquelles un homme de cette qualité s'offroit de luy mesme à user de telles fraudes et deceptions, et en un mot pour ne dire pis, à vouloir faire le mestier d'espion, luy estant du tout impossible en telles procedures de s'exempter de perfidie, voire trahison ou d'un costé ou d'autre; et neantmoins qu'à l'exemple de ce Roy qui aymoit les trahisons et haïssoit les traistres, il n'avoit laissé, sous ces conditions, de luy accorder sa liberté entiere, et promis tout le surplus de ce qu'il luy avoit demandé, afin d'esprouver en sa personne s'il y auroit moyen de tirer quelque advantageux service ou autre utilité d'un homme débauché, d'une inclination perverse, et d'un esprit plein de toutes sortes d'inventions, comme estoit le sien, donnant tant de specieux pretextes à ses persuasions qu'il n'estoit quasi pas possible de ne s'y laisser emporter, et trouver bonnes ses ouvertures, lesquelles (au lieu d'avoir esgard à tant de sermens par luy prestez et à sa foy et parole donnée) il avoit converties en de plus infames et sales pratiques que jamais, non en apparence seulement, comme il l'avoit dit, mais veritablement et en effet, s'estant restraint, attaché et engagé à bon escient de servir les Espagnols contre sa personne et son Estat, et pris des correspondances dans le royaume et hors iceluy avec l'homme que vous sçaviez, et tous autres qu'il avoit peu recognoistre mal intentionnez contre la France, estant tousjours demeuré à la Cour et le plus proche de luy qu'il avoit peu, afin d'avoir tant plus facilement dequoy escrire, mander, advertir et entretenir ses manigances, jusques à l'advis qu'il receut de l'interception de certaines lettres que luy et d'autres s'entr'escrivoient (lesquelles Lomenie luy avoit fait voir), par lesquelles l'on pouvoit prendre quelque lumiere de ses ruses et malices, et entre autres choses, qu'il ne contoit à Sa Majesté, touchant les affaires d'Espagne, que des niaiseries et balivernes, afin de le beffler et l'amuser, pendant qu'il donnoit aux Espagnols des advertissemens certains et des conseils pernicieux à l'estat de France.

Lequel advis de ses lettres ainsi surprises, et qu'il ne doutoit point qu'estant venuës à la cognoissance de Lomenie tout son fait ne fust en partie descouvert, le fist aussi-tost resoudre à se retirer promptement de la Cour, et prendre la route d'Auvergne, avec dessein, comme on luy avoit mandé de cette province, de ne r'approcher plus de sa personne, voire de s'en aller hors le royaume, si tost qu'il se verroit trop pressé de venir à la Cour, auquel estat estoient encore toutes ses affaires lors qu'il avoit envoyé d'Escures vers luy pour essayer de le persuader doucement, afin de descouvrir plus certainement, par ses responces et refus absolus, la verité de ce qu'on luy avoit mandé d'Auvergne, bien resolu neantmoins de le faire arrester prisonnier à la premiere commodité qui s'en presenteroit, à quoy il avoit desja donné quelque ordre, et vous prioit derechef d'y travailler aussi de vostre part, ce que vous luy promistes plus expressément qu'auparavant, avec tesmoignage de grande indignation contre telles ingratitudes et crimes énormes, disant avoir desja, selon vostre advis, un homme en main, que vous luy nommeriez lors que vous auriez encore parlé à luy, lequel bruslant de desir d'estre employé aux affaires d'Estat, n'aimant nullement ce comte, ayant des parens, des amis et des intelligences en la province, et des pretextes specieux pour luy faire aller et sejourner quelque temps, sans donner aucun soupçon, ne seroit pas marry d'avoir cette charge, pourveu qu'il fust authorisé d'une commission du grand sceau (qui estoit le langage qu'il vous avoit tenu sur autres quasi semblables affaires), et que le tout se pust expedier et tenir secret : laquelle ouverture le Roy trouva bonne, et vous commanda de sonder donc ce personnage, mais avec telle discretion que s'il ne se vouloit pas employer en cette affaire, il n'en eût pas aussi assez de lumiere pour la pouvoir descouvrir ; comme vous fistes, et tant heureusement que les choses reüssirent enfin tout ainsi que le Roy et vous l'eussiez pû desirer.

Le Roy ayant agreé celuy que vous luy aviez nommé pour aller en Auvergne, afin de faciliter la prise de M. le comte d'Auvergne, qui estoit le tresorier de Murat, nous ne nous arresterons point au recit des propos que vous luy tinstes pour luy representer son devoir et le disposer à s'en acquitter loyalement, ny aussi à plusieurs particularitez qui se passerent tant à la Cour qu'en Auvergne et ailleurs, pour l'execution d'iceluy, mais nous contenterons, pour donner quelque espece de cognoissance d'icelles, d'inserer icy quelques lettres du Roy, de M. de Ville-roy et du sieur tresorier de Murat, desquelles la teneur ensuit :

Lettre de la main du Roy à M. de Rosny.

Mon cousin, ayant entendu qu'il y a eu beaucoup de non-valeurs en l'an 1602, sur les assignations des Suisses, et que l'on a fait quelques frais extraordinaires pour les Grisons des deniers de ladite assignation, que d'avantage on a pris quarante mil escus, et faut encore prendre soixante dans ce mois d'aoust, pour continuer le mesnage qui s'est fait sur les debtes desdits Suisses, je vous prie de faire remplacer lesdites non-valeurs, comme vous avez fait cy-devant, veu mesmes que les ambassadeurs qui ont esté par deça, se sont plaints du surhaussement des monnoyes fait depuis le renouvellement d'alliance ; et vous me ferez en cela service tres-agreable, ainsi que j'ay commandé au sieur de Caumartin qui vous rendra cette-cy de ma part, de vous representer et vous faire entendre plus particulierement : sur la suffisance duquel me remettant, je ne vous en diray d'avantage, pour prier Dieu vous avoir, mon cousin, en sa saincte et digne garde.

Ce 13 aoust, à Fontaine-bleau.

HENRY.

Lettre du Roy à M. de Rosny, contre-signée.

Mon cousin, je vous envoye la commission et les lettres de cachet en blanc, que le tresorier de Murat vous a demandées pour me faire le service que vous luy avez proposé par mon commandement. Je ne doute point de sa fidelité ny de son affection ; je me promets aussi que le tout sera tenu secret, comme je recognois avec luy qu'il est necessaire ; mais j'ay crainte que luy et les siens ne soient forts et déterminez assez pour executer ma volonté. Je fais conte de communiquer le tout à Escures, qui pourra partir d'icy lundy ou mardy, afin qu'il ait bonne intelligence avec ledit de Murat ; que l'un n'entreprenne ny tante rien sans l'autre, car s'ils faisoient autrement ils gasteroient tout. Mon intention est que ledit d'Escures essaye de faire venir par deça le personnage, sur le sujet que nous avons advisé, devant que d'entendre à faire autre chose : dequoy vous advertirez ledit de Murat ; car s'il veut venir, ce chemin sera plus court et seur que l'autre, pour parvenir à nostre but. Pour cette cause, il suffira que ledit de Murat arrive au pays trois ou quatre jours apres ledit d'Escures, et faut luy deffendre expressément de descouvrir sa commission à qui que ce soit, que ledit d'Escures ne soit d'accord avec luy de le faire, dautant que, s'il peut le disposer à venir, il ne faut pas que l'on sçache que j'aye donné audit de Murat ladite commission, laquelle je desire que vous portiez vous mesme à monsieur le chancelier, et que le sceau y soit mis en vostre presence, afin que nul autre en ait cognoissance que mondit sieur le chancelier. Dequoy je me repose sur vostre soin ordinaire aux choses qui importent à mon service, comme celle-cy ; priant Dieu, mon cousin, qu'il vous ait en sa garde.

De Fontaine-bleau, le 14 aoust 1604.

HENRY.

Et contre-signé, DE NEUF-VILLE.

Lettre de la main du Roy à M de Rosny.

Mon cousin, j'ay receu quelque advertissement pour raison duquel je veux que la conclusion de l'accord avec les financiers soit differé pour quatre ou cinq jours, pendant lesquels vous pourrez neantmoins traitter des conditions, pour les rendre les plus advantageuses que faire se pourra, et dans ledit terme de cinq ou six jours vous aurez de mes nouvelles pour achever ledit accord, et de ce que je dois esperer de l'advertissement qui m'a esté donné. Adieu, mon cousin.

Ce 15 aoust, à Fontaine-bleau.

HENRY.

Lettre du Roy à M. de Rosny, contre-signée.

Mon cousin, ayant receu cette lettre du sieur president du Vair, et la trouvant avec plus d'effroy et d'apprehension que n'est son stile ordinaire, j'ay estimé qu'il en doit avoir recogneu quelque cause nouvelle; et parce qu'il semble qu'il refere le principal sujet de cette rumeur à un arrest de mon conseil, donné contre ceux de Marseille, j'ay advisé, avant que d'y faire responce, de vous faire voir ladite lettre, afin que vous la consideriez, et vous faire representer ledit arrest pour voir s'il y auroit lieu de le temperer en quelque chose, me donnant advis dequoy il est question; car s'il n'importoit que de peu, il vaudroit mieux éviter l'occasion de les faire precipiter à quelque faute que de se mettre en peine de les en chastier, comme par la raison et la dignité il faudroit faire. J'attendray donc sur ce vostre responce avant que de faire la mienne. Et sur ce, je prie Dieu, mon cousin, vous avoir en sa saincte garde.

Escrit à Fontaine-bleau, ce 17 aoust 1604.

HENRY.

Et plus bas, DE NEUF-VILLE.

Lettre du Roy à M. de Rosny, contre-signée.

Mon cousin, je vous renvoye le sieur de la Vallée avec les depesches qu'il m'a apportées sur ce qui s'est passé à Craon; vous les verrez et donnerez ordre à y envoyer l'un des vostres pour la démolition, afin que la continuation de la garnison y establie ne me puisse apporter davantage de despence. Et remettant du tout cette affaire à vostre prudence et bonne conduitte, je prie Dieu, etc.

Escrit à Fontaine-bleau, le 18 aoust 1604.

HENRY.

Et contre-signé, RUSE.

Lettre de M. de Villeroy à M. de Rosny.

Monsieur, le sieur d'Escures partit hier pour aller en Auvergne, avec charge de suivre et executer ce qui fut resolu icy quand vous y estiez; partant vous pourrez faire partir le sieur de Murat quand il sera prest. Il ne faut pas qu'il remplisse la commission que je vous ay envoyée en blanc, qu'il ne soit arrivé sur les lieux, et n'en ait conferé avec ledit d'Escures, pour ad- viser et resoudre ensemble au nom de qui ils la mettront; car ledit d'Escures m'en avoit demandé une pour luy, et celle-cy pourra suffire pour tous. Ledit de Murat ne doit aussi descouvrir à personne sa commission et charge, qu'il n'ait veu ledit d'Escures et conferé avec luy, dont Sa Majesté desire que vous l'advertissiez, l'instruisant si bien de tout ce qu'il fera devant qu'il parte, que Sa Majesté en reçoive le service qu'il se promet. Je vous envoye des lettres du Roy en blanc, pour des villes et des officiers des sieges presidiaux, qui seront remplies sur les lieux; ledit d'Escures a porté celle du sieur d'Eure, lieutenant de la compagnie de M. de Vendosme, qui est à Ganat, tellement que je ne vous en envoye point d'autres. M. du Vair m'a escrit une lettre à part de ce qui se passe à Marseille, laquelle ne nous presage et promet rien de bon pour le service du Roy de ce costé-là. Il adjouste, ce qu'il a representé à Sa Majesté par la lettre qui vous a esté envoyée, que l'on a tenu grande rigueur aux Marseillois sur le fait du trafic d'Espagne, et neantmoins avoit esté permis à quelques marchands italiens d'envoyer en Espagne un navire chargé de marchandises, qui emporte tout le gain que pouvoient faire les habitans, qui en sont au desespoir, dequoy Sa Majesté m'a commandé vous advertir; mais vous ne direz point, s'il vous plaist, que ledit advis m'ait esté donné par M. du Vair, parce que cela pourroit nuire au service du Roy. Nous n'avons rien de l'Escluse ny d'Ostande qui soit digne de vous estre escrit, sinon que l'armée archiducale devoit tenter un autre effort pour secourir l'Escluse, dés le unze ou douziesme de ce mois, et sommes attendans ce qui en sera succedé; dequoy nous vous ferons part. Je vous prie aussi de m'envoyer vostre advis sur l'edit de la reduction des payeurs de la gendarmerie que mon commis vous porta estant icy, et me continuer vos bonnes graces que je saluë de mes humbles recommandations; priant Dieu, monsieur, qu'il vous conserve en bonne santé.

De Fontaine-bleau, le 18 aoust 1604.

DE NEUF-VILLE

Lettre de M. de Ville-roy à M. de Rosny.

Monsieur, je vous escrivis hier le partement d'icy du sieur d'Escures, et ce qu'il nous sembloit que devoit faire le sieur de Murat, vous envoyant les lettres de cachet que cettui-cy vous avoit demandées; et vous prie m'advertir de la reception d'icelles, le pacquet ayant esté mis à la poste. Je vous escrits celle-cy par le commandement du Roy, pour vous advertir que M. de Nemours estant arrivé aujourd'huy icy, a aussi-tost parlé à M. de la Varenne de la pension que vous sçavez, de laquelle il luy a dit estre recherché de traitter avec vous, monstrant n'en avoir la volonté, parce qu'il dit que sa conscience l'oblige d'en convenir avec personne qui veuille employer ladite pension à œuvres pies, ainsi qu'entend faire ledit sieur de la Varenne, parce qu'il pretend l'affecter aux jesuistes. Il luy a dit aussi qu'il est fort pressé de l'archevesque d'Auhx d'en accorder avec luy, et qu'il luy offre quarante mil escus, en comptant deux années de ladite pension qui montent à seize mil escus, de façon que la recompense ne seroit que de vingt-quatre mil escus, et ledit sieur de la Varenne luy en a cy-devant offert (ainsi qu'il nous a dit) vingt-cinq mil. Sur cela, Sa Majesté desire sçavoir en quels termes vous estes de l'affaire avec ledit duc, ce que vous estes d'advis que nous y avancions icy, et si nous ferons traitter par ledit sieur de la Varenne, Sa Majesté ne desirant que cette pension luy eschappe pour l'employer à ce que vous sçavez, et voudroit que l'on pust recouvrer encore le benefice entier : nous vous prions doncques nous en mander vostre advis. J'ay charge encores de vous escrire que celuy qui a donné advis à Sa Majesté, sur lequel il vous a escrit ces jours passez, de surçoir la conclusion de la composition des financiers, est arrivé icy aujourd'huy, et le vous renvoyera demain, apres qu'elle l'aura ouy; quoy attendant, elle vous prie ne vous engager à faire ladite composition. Nous n'avons aucunes lettres de Flandres depuis le 11 de ce mois. Je prie Dieu, monsieur, qu'il vous conserve en bonne santé, et me recommande humblement à vostre bonne grace.

De Fontaine-bleau, le 19 d'aoust, au soir, 1604. Vostre humble serviteur,
      DE NEUF-VILLE.

Autre lettre de M. de Ville-roy à M. de Rosny.

Monsieur, vous ayant quelquefois ouy dire que vous ne revisitiez jamais vos vieux papiers que vous n'y en trouvassiez quelqu'un duquel il ne vous souvenoit plus, j'ay fait maintenant une semblable experience, dautant qu'en recherchant parmy les liasses des lettres que j'avois receuës de Rome, j'ay trouvé une lettre de M. le cardinal d'Ossat (lors qu'il ne l'estoit pas encores), par laquelle, à la fin d'icelle, il me faisoit mention d'une personne avec laquelle vous et moy avons eu autrefois maille à départir (ne laissant pas d'estre à present de nos amis, au moins ce dit-il), par un extraict de laquelle vous verrez qu'il s'est meslé de beaucoup de sortes d'affaires en son temps, aussi bien que d'autres, et en quelle opinion il estoit dans l'esprit des bons serviteurs que le Roy avoit en Italie, encore que, dans l'extrait que je vous envoye, j'en aye fait suprimer le nom, dautant qu'à mon advis vous ne laisserez pas de le recognoistre, par les circonstances et d'autres noms dudit extraict. Vous baisant bien humblement les mains.

De Fontaine-bleau, ce 24 d'aoust 1604.
 C'est, etc.   DE NEUF-VILLE.

Coppie de la lettre de M. d'Ossat à M. de Ville-roy.

Monseigneur, cette affaire de 36 Marseilles me fait souvenir du personnage que vous sçavez, duquel ceux de Lyon escrivent qu'apres la prise de 64 Sisteron il avoit envoyé au Roy, pour se sousmettre à son devoir; mais ils ne sçavent pas qu'en mesme temps il envoya à Thurin à M. de Savoye, et à Milan au connestable de Castille, duquel il a obtenu soixante mil escus, à sçavoir, cinq mille comptant, dont on luy a acheté à Milan des armes et chevaux, et cinquante cinq mille en une lettre de change pour les prendre à Gennes, et, dit-on, que c'est pour advance de deux mois d'une pension de trente mil escus par mois que l'on luy donne pour estre bon François, comme il escrit par deça qu'il sera toute sa vie, et fait dire que l'argent qu'il prend à Milan, c'est argent qu'il y avoit en banque, comme si cela mesme d'avoir son argent à banque en une ville du roy d'Espagne (quand ainsi seroit), et l'y tenir bien asseuré, n'estoit pas en ce temps un signe de n'estre gueres bon François. Ceux qu'il a envoyez à Thurin et à Milan s'appellent l'un Desmonts et l'autre Caumeny. Il y a plusieurs jours qu'il court icy un bruit qu'il a promis 55 Boulongne aux Espagnols, ce que je conjoints avec la nouvelle que nous avons par deça long-temps y a, que le roy d'Espagne fait une armée en Portugal et en Biscaye : il est homme pour, sur cette occasion, faire luy mesme courir ce bruit, pour estorquer du Roy ce qu'il veut. Mais comme ces troubles ont en grande partie commencé par luy, et à cause de luy, aussi peut-il estre que Dieu les veut finir en luy et avec luy, et par ce moyen donner aux gens de bien deux grandes joyes ensemble. Cependant vous avez à vous garder non seulement de luy, mais aussi de celuy qu'il a mis à Boulongne 55, qui pourroit, sans luy, faire avec les Espagnols ce qu'on avoit commencé à faire à Han. Je ne sçay pourquoy desormais ses suppots voudroient plutost servir luy que le Roy, Sa Majesté s'y aydant, attendu que la justice et l'honneur y est, et qu'elle peut estre recueillie plus grande du Roy que de luy. A tant, monseigneur, etc.

De Rome, ce 17 janvier 1596.   D'OSSAT.

Lettre du Roy à M. de Rosny.

Mon cousin, ayant appris par les lettres de Bicose, que vous cognoissez et qui est à moy de long-temps, que ma declaration vous donnant pouvoir de commettre des lieutenans sous vous en la charge de grand voyer de France, par toutes les provinces de mon royaume, avoit esté verifiée en ma cour de parlement à Bourdeaux, je vous fais ce mot pour vous prier de luy vouloir, pour l'amour de moy, accorder vostre lieutenance en Guyenne, sur l'asseurance que je vous donne qu'il m'y servira bien et à vostre contentement. Sur ce Dieu vous ait, mon cousin, en sa saincte et digne garde.

Ce 19 aoust, à Fontaine-bleau.   HENRY.

Le Roy ayant eu advis que le pape Clement VIII estoit tellement indisposé que l'on n'y esperoit pas longue vie, ordonna aux cardinaux de Joyeuse et de Sourdis de s'en aller promptement à Rome, afin de se trouver sur les lieux au temps d'un changement, s'il arrivoit; surquoy il vous escrivit une lettre telle que s'ensuit :

Lettre du Roy à M. de Rosny, contre-signée.

Mon cousin, ce a esté l'advis du cardinal de Joyeuse, avant que de partir d'icy, que je devois donner encores trois mil livres au cardinal de Sourdis, pour son emmeublement et les frais de son voyage à Rome, outre les six mil que je luy avois accordez, afin de luy parfaire jusques à trois mil escus; pour cét effet ledit cardinal de Joyeuse a aussi esté d'advis que je luy donnasse jusques à deux mil quatre cens escus de pension par chacun an, tant que ledit cardinal de Sourdis demeurera à Rome. J'ay fait expedier un brevet de cettuy-cy et une ordonnance de l'autre qui vous seront presentez avec cette lettre; partant donnez ordre que lesdits trois mil escus d'emmeublement de voyage luy soyent payez, afin qu'il soit prest à partir et puisse arriver à Rome au temps que nous avons resolu, et comme vous sçavez qu'il importe à mon service. Je prie Dieu, mon cousin, qu'il vous ayt en sa saincte et digne garde.

Escrit à Fontaine-bleau, le vingt-uniesme jour d'aoust 1604.   HENRY.
Et plus bas,   DE NEUF-VILLE.

Lettre de M. de Ville-roy à M. de Rosny.

Monsieur, ce porteur vient d'Auvergne, et, par ce que j'ay recogneu que son frere ne luy a descouvert la charge plus secrette qui luy a esté donnée, vous ne luy en direz rien, s'il vous plaist, et escouterez sa creance, apres avoir veu les lettres que je vous envoye, par lesquelles vous cognoistrez que M. le comte d'Auvergne n'a moins de crainte que de honte de se representer au Roy. Tellement qu'il ne faut pas faire estat qu'il vienne, dequoy Sa Majesté n'est pas contente : vray est qu'elle dit ne s'y estre attenduë ; neantmoins, son advis est de ne le presser maintenant davantage, pour ne l'éfaroucher plus qu'il est, mais faire sçavoir audit d'Escures qu'il mette peine de faire ce que Sa Majesté luy a commandé. Cependant l'on peut faire sçavoir audit comte qu'il commence à tanter les moyens qu'il dit avoir de descouvrir les traittez des Espagnols contre le Roy, afin de luy faire ce service durant son absence, puis qu'il juge qu'elle y est necessaire, et aussi qu'il ne desire pas se presenter qu'il n'ait fait ledit service. Nous verrons ce que produira cette responce : pour moy je ne m'attends pas qu'elle fructifie; mais aussi ne peut-elle nuire, puis qu'elle ne nous lie d'aucune obligation et promesse nouvelle, et que cela donnera plus de loisir et peut-estre de moyen audit d'Escures d'effectuer le commandement de Sa Majesté, sur lequel il faut faire plus de fondement que sur le reste : toutesfois Sa Majesté vous prie de luy faire sçavoir ce qui vous en semble. Nous n'avons rien d'ailleurs qui merite vous estre escrit. Je vous supplie donques, pour finir la presente, de la faire brusler apres que vous l'aurez leuë, comme vous jugerez qu'il est necessaire pour le service du Roy, et aussi que personne ne voye les lettres particulieres dudit sieur d'Escures, ny sondit frere mesme; au moyen dequoy il vous plaira me les renvoyer dedans un paquet bien cacheté, comme sera la presente. Je me recommande humblement à vostre bonne grace, priant Dieu, monsieur, qu'il vous conserve en parfaite santé.

De Fontaine-bleau, le 24 aoust 1604.

Vostre humble serviteur,

DE NEUF-VILLE.

Lettre de la main du Roy à M. de Rosny.

Mon cousin, vous recevrez cette-cy par d'Aubigny, auquel j'ay fait expedier mes lettres de commission avec le sieur de la Grange Courtin, pour informer des malversations commises au fait de mes finances en Normandie; et par ce que je desire que ladite commission ayt lieu, j'ay commandé ausdits sieurs de la Grange et d'Aubigny de s'y acheminer en diligence, afin qu'à cette fois je sois esclaircy d'une infinité de plaintes et de memoires qui m'ont esté donnez touchant lesdites malversations. C'est pourquoy je vous prie de tenir la main à ce qu'il ne leur soit donné aucun empeschement, et que les gens de mes comptes de Roüen leur communiquent les comptes et papiers dont ils auront besoin, ausquels je desire aussi que leur en escriviez, vous priant d'aporter tout le soin et la diligence qui se pourra, pour l'esclaircissement de cét affaire de l'extraordinaire des guerres, dont je vous escrivis dernierement par ledit d'Aubigny. Adieu, mon cousin.

Ce 27 aoust, à Fontaine-bleau. HENRY.

En ce mesme temps le Roy vous ordonna de faire venir monseigneur le Dauphin et autres siens enfans, de Sainct Germain à Fontaine-bleau, passant l'eau à Sainct Cloud ; mais sur ce que vous luy escrivistes estre plus à propos, pour le contentement du peuple de Paris, de le faire passer par dedans la ville, il vous fit une lettre telle que s'ensuit :

Lettre de la main du Roy à M. de Rosny.

Mon amy, je vous dépesche ce courrier expres pour vous dire que je trouve bon l'advis que vous m'avez donné par la Varenne de faire passer mon fils par Paris, et de là je luy ay commandé de passer jusques à madame de Monglat, pour l'en advertir, et luy escris le chemin qu'elle aura à tenir, qui est de venir coucher demain à Sainct Cloud, chez Gondy ; dimanche passer au travers de ma ville de Paris, et venir disner à Ville-Juifve et coucher à Savigny. Je m'asseure que si cette nouvelle se sçait à Paris, qu'il y aura bien du monde par les ruës pour le voir passer. Adieu, mon amy.

Ce vendredy, 27 aoust, à six heures du soir, à Fontaine-bleau. HENRY.

Lettre de M. de Ville-roy à M. de Rosny.

Monsieur, ayant leu au Roy la lettre de M. de Chamvallon que je vous envoye, Sa Majesté m'a commandé vous la faire tenir, afin que vous consideriez l'offre qu'il fait de la part de M. de Lorraine, et le bien qui nous en peut arriver, pour luy en mander vostre advis, estimant que c'est l'advantage de son service d'acquerir le prieuré qui est de la maison de Bavieres, et empescher qu'il prenne party avec l'Espagnol, et dautant plus qu'il doit succeder à l'electorat apres son oncle. Vous prendrez doncques la peine de peser cette ouverture et d'en mander vostre advis à Sa Majesté, laquelle dit que vous envoyez querir M. de Chamvallon pour en conferer avec luy ; peut-estre pourra-on en avoir meilleur marché. Je me recommande humblement à vostre bonne grace, et prie Dieu, monsieur, etc.

De Fontaine-bleau, le 19 aoust 1604.
DE NEUF-VILLE.

Lettre du Roy à M. de Rosny, contre-signée.

Mon cousin, la Reine ma femme m'a fait demander en don quelques deniers que l'on luy a donné advis avoir esté levez en Quercy et Roüergue sans mes commissions, et pour estre employez contre mon intention : dequoy, avant que de luy en faire faire aucune expedition, j'ay voulu avoir vostre advis, vous envoyant à cét effet les provisions que l'on luy en fait demander, lesquelles je vous prie de voir et considerer si c'est chose dont elle puisse tirer quelque fruit et sans faire tort à mes finances ordinaires, reservant d'en rien ordonner que je n'aye sur ce vostre responce ; et n'estant la presente à autre fin, je prie Dieu, mon cousin, vous avoir en sa sainte garde.

Escrit à Fontaine-bleau, ce 29 aoust 1604.
HENRY.
Et plus bas, FORGET.

Lettre de M. de Murat à M. de Rosny.

Monseigneur, le desir de voir mon frere m'a fait quitter le grand chemin de Dauphiné et passer en ce pays, où j'ay trouvé M. d'Escures fort en peine de ce qu'il ne peut persuader à monseigneur le comte d'Auvergne d'aller trouver le Roy ; et parce que ledit sieur comte luy avoit fait entendre qu'il faisoit estime de mon affection à son service, il desira que, luy allant faire la reverence et luy parlant de la broüillerie qu'a eu mon frere avec luy, je me jettasse sur les discours des affaires dudit sieur comte, et apportasse ce que je pourrois à le persuader d'obeïr à Sa Majesté en ce point de l'aller trouver. Je fus donc à Vic, l'une de ses maisons, et dés son abord, apres peu de propos de l'affaire de mon frere, de luy mesme il se mit sur le discours des siennes avec le Roy, sans m'en rien celer que ce qu'il taist à d'Escures, se plaignant que Sa Majesté le veut voir à present sans besoin, et qu'aux trois premiers voyages de d'Escures, il ne luy avoit point fait entendre que le Roy eust cette volonté ; que ce changement et cette grande persuasion que l'on apportoit à le faire partir, le faisoit reculer, et craindre tout ce qui se peut imaginer de mauvais traittement ; qu'il choisira plutost d'abandonner le royaume et tout autre party que celuy là d'aller à la Cour ; qu'il avoit trop de honte de ses actions passées ; qu'il ne vouloit et n'osoit comparoir devant Sa Majesté que ses services n'eussent precedé sa presence ;

que sa déflance est augmentée et sa creance confirmée; qu'il n'y a point d'asseurance à la Cour pour luy, par l'advertissement que luy en a donné un personnage de telle qualité, que ses advis ne peuvent estre revoquez en doute; qu'il seroit bien sot s'il n'estoit devenu advisé par le dommage de M. de Biron, mort pour avoir mesprisé les advis que l'on luy donnoit de ne bouger de Bourgongne; que pour toutes ces considerations il n'y vouloit point aller, ou qu'il n'eust servy le Roy par le moyen du brevet qui luy a esté rendu, ou si le Roy ne veut point de ce service, que son abolition ne soit verifiée.

Sur tous ces poincts, monseigneur, je m'efforçay, dés ma premiere veuë où j'estois seul, et hier encores avec M. d'Escures, de luy faire recognoistre la malice de ces donneurs d'advis, si aucuns y en avoit, ce que je ne croyois point, du moins de la qualité qu'il les dépeignoit; qu'il n'avoit rien à craindre, puisque, sur la confession de ses fautes, Sa Majesté luy avoit donné abolition; qu'en cela il differoit avec M. de Biron, qui n'avoit pas voulu recognoistre sa faute, lors qu'il en estoit temps, ny en estre pardonné; que les exemples de la bonté et clemence du Roy luy donnoient non seulement esperance, mais entiere asseurance de n'estre jamais recherché du passé; qu'il seroit le premier envers qui Sa Majesté auroit manqué de parole; qu'il me pardonnast si je luy disois que puis qu'il estimoit son abolition et le brevet insuffisans à le sauver, qu'il falloit qu'il n'eust pas tout dit ou qu'il eust commencé nouvelle pratique. Il nie l'un et l'autre, mais dit qu'il est relaps en cette matiere; qu'il y a loy qui permet de rompre la foy à ceux qui n'en ont point; et, quoy que je die, qu'il se resoudra à souffrir toute extremité de misere, plutost que de se voir en danger d'estre mis sur un eschaffaut, où il se porteroit s'il alloit à la Cour; car il y est mal avec le Roy, la Reine, tous messieurs les princes du sang, madame la marquise sa sœur, M. le grand escuyer, bref avec tous ceux qui ont l'honneur des bonnes graces du Roy; que nul de ses amis ne parle pour luy, ne luy escrit, non pas mesme monseigneur le connestable. Et ce qui luy fait adjouster foy à ces advis, est que vous, monseigneur, ny messieurs de Ville-roy et de Sillery, ne luy escrivez rien pour l'asseurer, parce, dit-il, que vous cognoissez la volonté de Sa Majesté mal disposée en son endroit, et que vous, ny lesdits sieurs de Ville-roy et de Sillery, ne voulez estre estimez instrumens de sa perte, luy escrivant chose contraire à ce que vous voyez.

Nous luy avons combattu toutes ces raisons, et l'avons reduit à n'en pouvoir dire une bonne.

Lors il revient à sa conclusion, qui est de n'aller point que son abolition ne soit verifiée. Plus pressé, dit que son apprehension est que sa sœur luy veut mal de mort, et que sans doute elle et M. d'Antragues inventeront quelque fait que le Roy croira. A cela nous luy disons qu'il ne doit rien craindre; qu'à la verité il a raison, si elle sçait quelque chose plus meschante que ce qu'il a advoüé au Roy; et passay jusques là de luy dire que si elle luy pouvoit reprocher qu'il eust promis d'attenter sur la personne de Sa Majesté ou de monseigneur le Dauphin, qu'à la verité cela pourroit rendre son abolition inutile, aussi bien apres que devant la verification; de sorte qu'inutilement il demandoit cette verification. Il se jetta fort loin de cela, et fit de grands sermens qu'il n'eut jamais l'ame si meschante; mais que sa sœur estant fine, elle pourroit supposer quelque chose vray semblable pour le perdre et faire sa paix à ses despens.

Enfin, monseigneur, nulle raison ne le peut remettre à la raison, ny nulle ouverture d'asseurance asseurer sa déflance. Croyez que toutes vos armes ne sçauroient armer ou, pour mieux dire, asseurer la peur qui le possede, et toutes persuasions sont trop foibles pour bannir les apprehensions que luy represente sa conscience. Ses actions le témoignent; car dés qu'il a eu declaré au sieur d'Escures qu'il ne vouloit aller à la Cour, il a abandonné les villes et les maisons des gentilshommes, s'est retiré à Vic, mauvaise bicoque, est tout le jour dans les bois, sous pretexte de chasser, et ne va plus en la maison de madame de Chasteau-guay; mais, pour se voir, se donnent des assignations à la campagne, et de nuit dans les villages, jamais deux fois en un mesme, pose des valets, des chiens ou des laquais en sentinelle sur les advenuës et en lieux hauts, pour estre adverty par le son de son cor de chasse qu'il leur fait porter; et luy porte, despeinte en son visage, la frayeur et la tristesse, n'a pas un sol pour vivre; bref il est environné des maux et des afflictions que souffrent les enfans maudits et bannis par leurs peres. Il nous dit hier qu'il avoit songé que dans trois jours M. de Vitry seroit icy, pour le persuader d'aller à la Cour, à quoy il n'advanceroit rien.

Voilà les termes ausquels nous le laissasmes hier, et où il demeurera jusques au retour de Fougeu, frere de d'Escures, que nous irons le voir pour prendre nouvelle resolution; et, bien que je voulusse continuer mon voyage de Dauphiné, il m'a commandé d'attendre ce retour. Je luy ay promis; mais je crains, monseigneur, que le Roy ou vous trouviez mauvaise mon entremise en cette action, qui n'est point de ma profession

38.

et qui surpasse ma capacité. Ledit sieur d'Escures l'a voulu, et je vous supplie tres-humblement de faire en sorte que Sa Majesté ne l'aye desagreable, puis que je n'y suis poussé que d'une fidelle affection à son service, et que je rechercheray tousjours l'occasion de luy tesmoigner mon obeyssance à ses commandemens, si j'en recevois.

Vous supprimerez, monseigneur, ou communiquerez cette lettre, selon que vostre prudence le jugera à propos, ne me restant à vous dire, sinon que ledit sieur comte, se plaignant d'estre abandonné de ses amis, dit qu'il n'a aucune responce de quatre lettres qu'il vous a escrites, et qu'il porteroit toute creance à ce qui viendroit de vostre part. Je finis par deux prieres, l'une à vous, de m'honorer tousjours, me tenant au nombre de vos tres-humbles serviteurs, et l'autre à Dieu, de vous donner, monseigneur, toute la grandeur, prosperité et felicité que vos merites vous promettent et que vous souhaite de toute son affection, monseigneur,

Vostre tres-humble, tres-obeyssant et tres-obligé serviteur,   DE MURAT.

Depuis cette lettre escrite, monsieur le comte nous a envoyé querir pour l'aller trouver à trois lieuës d'icy, et mande qu'il avoit changé d'avis et s'estoit resolu d'aller trouver le Roy. Je crains quelque artifice, me semblant qu'il n'est pas possible de changer si soudain d'une resolution qui paroissoit si ferme et si constante : d'Escures n'en escrit rien à M. de Ville-roy par la lettre que ce porteur luy delivrera, dautant que le messager est venu apres sa lettre close.

De Clermont, ce 29 aoust 1604.

Lettre de M. de Rosny à M. de Murat.

Monsieur, j'ay receu de vous, ce 6 de septembre, une fort longue lettre, contenant plusieurs poincts sur lesquels il me faut parler au Roy avant que de vous y faire responce, reservé sur celuy qui parle des quatre lettres que M. le comte d'Auvergne dit m'avoir envoyées sans en avoir pû tirer responce ; ce qui n'a pas esté ma faute, mais de celuy qui ne me les a renduës que depuis peu de jours, et toutes quatre ensemble, encor qu'elles soient de fort differentes dattes ; sur lesquelles siennes quatre lettres je ne luy fais qu'une responce, laquelle, pour bien rendre intelligible, je luy envoye la coppie d'une responce que je fis à M. de Biron sur pareilles lettres qu'aux siennes ; vous addressant le tout à cachet volant, afin que vous le voyez et le distribuez selon que vous le jugerez expedient pour le service du Roy, me recommandant à vos bonnes graces.

De Paris, ce 9 de septembre.

C'est vostre plus affectionné à vous faire service,   ROSNY.

Lettre de M. de Rosny à M. le comte d'Auvergne.

Monsieur, j'ay receu quatre lettres de vous en un mesme jour, quoy qu'elles soyent de differentes dattes, par lesquelles je recognois que vous avez l'esprit en peine, et que vous penseriez de l'en pouvoir tirer par mon moyen ; surquoy j'aurois beaucoup de choses à vous dire que le papier ne me permet pas ; et partant me contenteray-je, pour le present, de vous envoyer la coppie d'une responce que je fis à feu M. de Biron sur une lettre quasi semblable aux vostres, ne vous pouvant donner une meilleure assistance que de vous donner les mesmes conseils, lesquels s'il eut voulu suivre il eut évité ses desastres, comme vous ferez ceux que vous craignez si vous les voulez mettre en pratique. Surquoy attendant vostre responce, je vous bayseray tres-humblement les mains.

De Paris, ce 9 septembre 1604.

C'est vostre plus humble serviteur,   ROSNY.

Coppie de la lettre de M. de Rosny à M. de Biron.

Monsieur, je ne me puis imaginer d'où vous viennent ces advis, que le Roy tient des propos de vous qui ne sont à vostre advantage ; car ils ne peuvent estre veritables, puis que moy mesme qui suis tousjours aupres de Sa Majesté, et avec lequel, comme vous sçavez, il discourt assez librement de toutes choses, ne luy en ay jamais ouy dire une seule parole de cette qualité ; et donneriez sujet, si le bruict en venoit de vostre part ou des vostres, de soupçonner que vous chercheriez à tesmoigner du mescontentement, ou que vos propres pensées vous feroient prendre, de gayeté de cœur, telles apprehensions, desquelles il vous sera facile de delivrer vostre esprit, si vous voulez mettre en pratique les conseils que je vous ay souvent donnez, la continuation desquels nous mettant en bonne intelligence vous et moy, et cherchans tous deux conjoinctement les moyens de plaire au Roy et le servir loyaument pour eslever sa grandeur au sommet du merite de ses vertus, cette procedure nous rendra tous trois contens et asseurez, luy de l'utilité de nos services, et nous de sa bienveillance, beneficence et confiance en nos loyautez ; à toutes lesquelles choses, si vous contribuez tout ce que vous devez et pouvez, je ne doute nullement que le succez n'en soit bien-heureux,

Surquoy, attendant vostre responce, je prieray Dieu, etc.

CHAPITRE CXLIV.

Arrestation du comte d'Auvergne. Il est mis à la Bastille sous la garde de Rosny. Affaires de finances. Deux lettres de Henry IV sur la marquise de Verneuil. Rosny chargé de négocier avec cette dame. Détails de cette négociation. Lettre relative au commerce extérieur. Traité de commerce avec l'Espagne. Propositions faites au Roi par le connétable de Castille. Observations de Rosny sur ces propositions. Établissement des jésuites à la Flèche. Deux lettres du Roi sur les intrigues des protestans.

En suitte et consequences des lettres et discours mentionnez au precedent chapitre, les sieurs tresorier de Murat et d'Escures prindrent de si bonnes intelligences ensemble et avec leurs amis, conduirent si dextrement leurs pratiques, sceurent si bien cajoler le comte d'Auvergne, et luy dresser tant d'embusches, que nonobstant ses agitations d'esprit, desquelles sa propre conscience le travailloit incessamment, les soupçons et défiances où il entroit de plus en plus, et qu'il fit profession d'estre le fin des fins et le maistre des ruses, et de pouvoir circonvenir un chacun par la subtilité de son esprit, si ne laissa-il pas de se trouver enveloppé dans le plus grossier en apparence de tous les pieges qui luy étoient preparez, qui fut celuy de la monstre de la compagnie de chevaux legers de M. de Vandosme où commandoit le sieur d'Eure, par lequel il fut persuadé d'y estre present comme colonel de la cavalerie legere de France, estimant estre impossible qu'il y pust courir aucune fortune, dautant qu'il s'estoit monté sur un cheval qu'il disoit surpasser le vent en vitesse, et pouvoir courir dix lieuës d'une haleine, et resolu de ne mettre nullement pied à terre, ny d'entrer en lieu estroit ny fermé. Mais il ne se prist pas garde ny ne pût éviter que le sieur de Nerestan, survenant comme à l'improviste tout seul à cheval sur une petite haquenée, ne s'advançast pour le saluer, ny que de quatre soldats fort determinez qu'il avoit fait habiller tout exprez en lacquais, deux d'iceux ne luy saisissent les rennes de sa bride, les deux autres ne le prissent par une jambe et ne le jettassent de l'autre costé du cheval hors de la selle, tant impetueusement qu'il se trouva par terre tout de son long, et aussi-tost saisi de toutes parts, avant qu'il eust eu loisir de penser à mettre la main à l'espée ny au pistolet, ny à prendre la fuitte, qui seront les seules particularitez que nous dirons icy touchant cette prise, que les historiens content assez au long.

Il fut conduit à Paris et mis dans la Bastille en vostre garde, où, reservé la seureté d'icelle en quoy vous estiez fort exact, pour ce qu'il estoit destiné à y demeurer longues années, il recevoit toutes les courtoisies et gratifications qu'il estoit possible de souhaitter, comme il s'en est toujours loüé depuis. Au bout de quelques jours il fit declarer au Roy toutes les menées du dedans et du dehors de son royaume, et luy mit entre les mains la promesse d'association faite par M. de Boüillon à luy et à M. de Biron, de laquelle ayant veu la coppie que le Roy vous en envoya, nous l'avons icy inserée, estant telle que s'ensuit :

« Nous Henry de la Tour, promettons et ju-
« rons en foy et parole de gentil-homme et
« d'homme de bien, que nous ne nous sepa-
« rons jamais de l'amitié que nous voulons porter
« au sieur comte d'Auvergne et duc de Biron,
« demeurans tousjours unis en ce qui sera de
« nostre conservation ; promettans en outre de
« ne dire jamais ce qui nous aura esté declaré par
« eux, comme aussi de brusler ladite promesse,
« au cas qu'il arrive quelque nouveauté qui em-
« pesche ce que dessus. En foy de quoy avons es-
« crit et signé la presente de nostre main. Fait à
« Paris, l'an 1602. »

Cette prise divulguée, M. de Boüillon retiré fuitif hors du royaume, et la mort de M. de la Trimouille arrivée quasi en ce mesme temps, toutes les menées que ces gens estimoient avoir bien solidement fondées, se dissiperent aussitost, dont quelques-uns des particuliers furent pris, les autres se vindrent deceler et demander pardon, et les autres s'enfuirent, mais en fort petit nombre, hors du royaume. Nous avons cy-devant fait mention du placart des trente pour cent mis sur les denrées et marchandises, tant en Espagne qu'en Flandre, des alterations qu'il excitoit dans l'esprit des roys, et comme le nostre n'avoit pû trouver, selon l'advis de son conseil où il avoit appellé tous les plus grands du royaume, un expedient plus honorable et selon la dignité de la France, que d'interdire toute sorte de commerce avec les estrangers ; tous lesquels crians que c'estoit contrevenir aux traittez de paix, le Roy ne répondoit autre chose sinon que le deffaut ne venoit pas de son costé, mais de celuy qui avoit estably un impost si excessif, qui seroit honteux à luy et dommageable à ses peuples s'il les y laissoit sousmettre. Les François mesmes se plaignoient de ces deffences, et plusieurs gouverneurs de villes et provinces, nonobstant icelles, ne laissoient d'envoyer des vaisseaux aux pays estrangers, à cause du grand profit qu'ils y faisoient, la rareté des marchandises les leur faisant vendre ce qu'ils vouloient.

Lettre du Roy à M. de Rosny.

Mon cousin, Beaufort m'a fait entendre que quelques-uns, pour l'empescher de me continuer le service qu'il me veut faire pour m'aider à découvrir les larcins faits par quelques-uns de mes comptables de l'extraordinaire des guerres, et autres, cherchent de le mettre en peine, pour ce qu'il a retiré de ma chambre des comptes, deux quittances pour verifier la fausseté d'icelles, lesquelles et quelques memoires concernant mon service, luy ont esté pris par un sien domestique nommé Safart, qui se seroit retiré de son service. C'est pourquoy je vous fais ce mot, pour vous prier, incontinent que vous l'aurez receu, de parler à M. le president Nicolay, de ma part, luy faisant entendre que je ne veux pas que ledit Beaufort soit en peine, pour avoir retiré de madite chambre lesdites quittances ; et si vous avez cognoissance que ledit Safart les luy ait prises, ensemble cesdits memoires, vous le ferez mettre prisonnier pour les luy faire rendre, dautant que cela importe au bien de mon service, et que c'est chose que j'ay à cœur et que j'affectionne, comme aussi que ledit Beaufort continuë, sans aucun empeschement, la verification des faux acquits employez és comptes de l'extraordinaire des guerres et artilleries. Sur ce, Dieu vous ait, mon cousin, en sa sainte et digne garde.

Ce 10 septembre, à Fontaine-bleau.
HENRY.

Lettre de M. de Rosny au Roy.

SIRE,

J'ay receu des lettres des tresoriers de France en Languedoc, par lesquelles ils me mandent que le parlement de Toulouze, de son authorité absoluë et directement contre celle de vostre Majesté, a défendu la sortie des bleds hors la province, et que, pour cette occasion, les fermiers des traittes foraines, domeniales et patentes, disent ne vouloir plus payer le prix de leurs fermes ; de sorte que je prevoy que vos fortifications et vos galleres demeureront sans payement ; car je n'ay moyen de remedier à cette entreprise de la cour de parlement, cela residant en vostre seule personne. J'ay d'ailleurs tant de remplacemens à faire, tant pour les fermes qui ont manqué à cause de l'interdiction du commerce d'Espagne et és terres des archiducs de Flandres, que pour les non valleurs que je voy preparées sur les tailles de cette année, à cause de la pauvreté du peuple qui va augmentant d'année en année, et de la contagion qui afflige plusieurs provinces, que, pour y satisfaire, il me faudra consommer une bonne partie du petit mesnage que j'avois fait les années passées. D'ailleurs je me voy chargé de tant de sortes de despences extraordinaires et nouvelles, et neantmoins la pluspart necessaires, et voy si peu d'ordre pour diminuer les despences non necessaires, que je ne sçay plus comment pourvoir à tant de choses moy seul ; car chacun s'en excuse tant qu'il peut, et je n'ay pas tous les jours vostre authorité en main pour faire executer ce qui est resolu en vostre conseil, par vos cours souveraines, corps de villes et communautez : tellement qu'il me sembleroit plus à propos d'appeller vostre conseil aupres de vous, afin que, vous estant representé en iceluy toutes ces difficultez et autres qui se presentent journellement, il se pust donner une forme aux affaires, telle que le requiert le bien de vostre service. Je supplie vostre Majesté m'excuser si je luy escris si amplement des choses qui luy pourront estre desagreables, mais j'y suis contraint et obligé par les devoirs des charges et estats dont il a pleu à vostre Majesté m'honorer, et par la fidelité et affection que je porte au bien de vostre service, auquel je ne manqueray jamais, et pour me descharger de blasme et de coulpe, si je ne representois toutes ces choses et ne faisois instance qu'il y fust remedié. Attendant sur ce l'honneur de vos commandemens, je prieray le Createur, Sire, qu'il augmente vostre Majesté en toute royale grandeur, felicité et santé.

De Paris, ce 13 septembre 1604.

Vostre tres-humble, tres-obeyssant et tres-fidelle sujet et serviteur, etc.

Monseigneur, ayant trouvé parmy les papiers de vostre petit cabinet verd de derriere, un recueil tout escrit de vostre main, r'attaché d'une espingle, contenant plusieurs minutes de lettres du Roy à vous et de vous à luy, apparamment de grande importance, et concernans tous M. le comte d'Auvergne, madame de Verneuil, M. et madame d'Antragues, nous les avons estimez meriter bien de n'estre pas oubliez ; mais nous trouvons en peine de le disposer en sorte qu'il pust avoir ses precedances et subsequences convenables, à cause que toutes ces lettres dans leurs minutes n'avoient point d'autres dattes que celles des jours, reservé l'extrait d'une lettre de M. de Ville-roy qui estoit dans une des vostres, en datte du 3 juillet 1604, qui nous a fait resoudre de l'inserer à la fin du recit d'un fort long discours que le Roy vous tint à vostre retour de la prise de possession de vostre gouvernement de Poictou : ledit recueil estant ramassé de divers temps et tel que s'ensuit, commençant par une lettre de la main du Roy à vous.

Lettre de la main du Roy à M. de Rosny.

Mon amy, je vous escris cette lettre par laquelle je vous prie, voire ordonne, de prendre le temps et l'occasion si à propos pour voir madame de Verneuil de ma part, que vous luy puissiez tout au long faire entendre mes intentions et resolutions absoluës sur les choses qui se sont passées entre nous depuis sept ou huict mois en çà ; et dautant que le discours et les causes et raisons d'iceluy seroient trop longs pour une lettre de ma main, et pour quelque autre sujet que je vous diray à nostre premiere veuë, j'ay rendu la Varenne porteur de cette lettre, avec lequel j'ay discouru de toutes les choses desquelles je veux que vous parliez avec madame de Verneuil, vous priant de le croire comme moy-mesme, et en parlant à elle avec les dexteritez et belles paroles desquelles vous vous servez lors que vous me donnez des conseils que vous estimez ne m'estre pas trop agreables : et sur ce, je prieray Dieu, mon amy, qu'il vous conserve.

De Fontaine-bleau, ce mardy à six heures du matin. HENRY.

Lettre du Roy à M. de Rosny.

Mon amy, je vous ay escrit ce matin une lettre par la Varenne, afin que vous vissiez madame de Verneuil de ma part, pour luy dire mes intentions, dautant que quand je le fais moy-mesme, nous ne faisons que nous picoter sans rien conclurre. Mais Sigongnes venant tout maintenant d'arriver de sa part vers moy, je le renvoye vers vous et vers elle pour vous dire les mesmes choses dont j'avois chargé la Varenne, dautant que se confiant du tout en luy, elle croye que vous n'advancez rien du vostre, comme elle me l'a quelquesfois voulu persuader. Vous les escouterez donc tous deux, et prendrez le temps à propos pour me rendre les services que vous avez tesmoigné de tant desirer, qui est de terminer les continuelles broüilleries que j'ay à cause d'elle et de ses irresolutions, vous sçavez bien avec qui, car je vous y ay souvent employé. J'affectionne cette affaire et vous prie d'y mettre une fin. Adieu, mon amy.

De Fontaine-bleau, ce mardy à six heures du soir. HENRY.

Lettre de M. de Rosny au Roy.

SIRE,

J'ay receu deux lettres de vostre Majesté, l'une par le sieur de la Varenne le mardy à deux heures apres midy, et l'autre par le sieur de Sigongnes le mercredy suivant à dix heures du matin ; toutes deux d'un mesme stile et pour un mesme sujet, qui est touchant madame de Verneuil, laquelle j'ay aussi-tost essayé d'aller voir pour m'acquitter de ce qui m'est commandé par ces deux lettres : mais il m'a esté respondu, à la porte de son logis, qu'il estoit impossible de la pouvoir encor voir, dautant que luy estant tombé une défluxion sur les dents, ses grandes douleurs luy estoient bien passées, mais que la joüe luy estoit demeurée si enflée qu'elle ne vouloit pas se monstrer en cét estat ; que dans deux ou trois jours elle esperoit estre guarie, et qu'elle ne manqueroit pas de m'en advertir, comme je ne feray pas aussi de chercher la commodité, afin de pouvoir executer les commandemens de vostre Majesté à son contentement. Ce qu'attendant, je prieray Dieu, Sire, etc.

Lettre de M. de Rosny au Roy.

SIRE,

J'escrivis avant hier à vostre Majesté comme je n'avois encore pû voir madame de Verneuil, à cause d'une défluxion qui luy estoit tombée sur les dents et luy avoit enflé le visage, mais que j'esperois rendre ce devoir à vos commandemens dans deux jours, qui est celuy de ce jourd'huy. Pour à quoy satisfaire dés ce matin, j'ay envoyé un gentil-homme vers elle, afin d'apprendre l'heure de sa commodité pour l'aller voir ; mais avant son retour, un des siens m'est venu trouver de sa part pour la mesme chose, tellement que, suivant ce qu'il m'en a dit, je me suis rendu à son logis sur les deux heures apres midy, où nous avons eu plusieurs et bien longs discours.

Mais avant que d'entrer en la deduction de si grand nombre de particularitez toutes importantes, je la supliray d'avoir agreable que je la fasse ressouvenir de huict autres, lesquelles, à mon advis, fortifieront grandement vostre Majesté en la resolution (digne de vostre vertu et de vostre courage) que messieurs de la Varenne et de Sigongnes m'ont asseuré qu'elle avoit prise. La premiere, de vous souvenir comme un jour, à son retour d'une visite que vostre Majesté estoit allée faire à Coussi, pendant le siege de Laon, elle m'envoya, pour plusieurs affaires d'importance, à Paris, et, entre les autres, pour faire desloger de Paris messieurs le comte d'Auvergne, d'Antragues, sa femme et ses filles, me nommant tout cela d'un nom plein de diffame. La seconde, de ce que je vous dis, lors que vous m'ordonnastes de preparer tant de carolus pour le payement d'une pie, qu'à mon advis vous ne trouveriez pas au nid. La troisiesme, des paroles que vous me tinstes, et de mes reponces, lors que vous me montrastes une certaine promesse qui a bien fait du bruit depuis. La quatriesme, de ce que vostre Majesté me dit et que je luy respondis, lors qu'un enfant fut mis au monde à coups de tonnerre. La cinquiesme, de la genereuse resolution que vous pristes pour empescher que madame de Verneuil ne vous suivist au voyage de Savoye, lors que, pour vous en faire venir l'envie, des gens d'un certain mestier vous firent voir une chanson qui commençoit, *Cruelle départie, mal-heureux jour*. La sixiesme, de ce qu'il pleust à vostre Majesté me commander de luy aller dire, trois jours devant l'arrivée de vos deux Majestez à Paris. La septiesme, de tant de plaintes que vous me fistes un jour à l'Arsenac, contre cette femme, des broüilleries où elle enveloppoit vos plus utiles serviteurs, où je n'estois pas oublié. Et la huictiesme, de ce que vous sçavez que ses plus grandes intelligences estoient avec des gens qu'elle sçavoit bien qui ne vous aymoient point, et que vous n'aymiez gueres aussi. Mais sur tout supplié-je vostre Majesté de se souvenir comme dans le jardin de la conciergerie, à Fontaine-bleau, je vous protestay, en presence de Bastien et de Bonneüil, que je m'entremettois de telles affaires plutost par une obeyssance aveugle que par une disposition volontaire, non pour manquer d'affection à vous rendre service en toutes sortes d'affaires et d'occasions, mais pour penser bien recognoistre celles-cy estre de telle nature, qu'il me seroit bien difficile de vous y donner entier contentement, et, à mon advis, services bien utiles conjointement; et que s'il en reüssissoit quelque chose de bien assaisonnée à l'opinion de tous, il se devra plutost imputer au hazard et à la fortune que non pas à aucune mienne habilité, industrie ou dexterité.

Or, afin de faire mieux juger à vostre Majesté les raisons de mes peines, je luy diray que l'une des plus fortes (au moins ce me semble-il), c'est que quand vostre Majesté m'en parle ou qu'elle m'en escrit, les choses m'y semblent aucunement differentes, et ne me trouve pas moins telles, quand madame de Verneuil m'en parle, m'en escrit, ou m'en fait parler, me semblant que vous aussi bien qu'elle ne me dites pas tout, mais que vous retenez tousjours quelque chose à dire et à expliquer; ce qui me fait estimer que si j'estois bien esclaircy et informé au vray de vos intentions de toutes parts, je trouverrois peut-estre moyen de concilier tant de contrarietez, ou quelque bon conseil à donner pour les terminer. Et partant, afin d'estre mieux informé de toutes ces choses, et sçavoir de vostre Majesté si j'ay eu assez d'esprit pour penetrer dans le fonds de vos intentions, je vous representeray tout ce que j'ay pû comprendre, depuis huict ou dix mois, de vos plaintes contre madame de Verneuil, et de ce que vous desirez qu'elle fasse; et puis je feray le semblable pour ce qui la regarde, afin que l'un et l'autre jugiez si j'auray bien compris vos conceptions.

Premierement donc, Sire, ce que j'ay pû comprendre de vos plaintes contre elle, sont : qu'elle parle quelquefois irreveremment de la Reine; qu'elle ne recherche pas assez les moyens de ne luy estre point desagreable; que, quand elle parle de vos enfans legitimes et des siens, il semble qu'elle les vueille faire tenir pour esgaux; qu'elle a des intelligences en Espagne, par le moyen de son frere et de son pere, que vous sçavez bien y en avoir tousjours eu; que l'on vous a fait voir la coppie d'une lettre, par elle escrite à son frere, où elle parle de sa mere, qui donne occasion de soupçonner qu'elle a de mauvais desseins hors de France, et qu'elle desire d'en sortir; que l'on vous a aussi donné advis certain qu'elle a quantité d'amourettes, et offert de le verifier par lettres escrites de sa main, dont la froideur et la suffisance avec lesquelles elle vit avec vous et avec lesquelles elle vous reçoit depuis quelque temps, vous donnent sujet d'en croire quelque chose; et que toutes ces mines, grimaces, simagrées et fastueux langages dont elle usoit pour faire la repentie, la scrupuleuse et la devote, mais devant vous seulement et nullement devant d'autres que vous sçaviez bien, estoit ce qui vous offensoit le plus, ayant souvent esprouvé qu'en des esprits faits comme le sien, ces subits et prompts changemens de débauches en bigotteries, ne sont que pures hypocrisies, afin de mieux cacher leurs vices, malices et meschans desseins, comme ce furent tels artifices du mareschal de Biron qui vous mirent en plus grande deffiance de luy : qui est tout ce dont il me peut souvenir de vos plaintes contre madame de Verneuil. Et quant aux desirs de vostre Majesté pour sa forme de vivre, je ne m'en souviens point d'autres, sinon que ce que je luy en ay dit par forme de conseil, à sçavoir : qu'elle se devoit resoudre de n'avoir plus nulles intelligences aux pays estrangers, mais sur tout en Espagne; qu'elle ne se laissast plus frequenter à de malicieux esprits qui ne vous aymoient point, médisoient perpetuellement de vous, et en tenoient ensemble des paroles de gausserie; que si tant estoit qu'elle fust veritablement repentante, zelée et devotieuse, que vous ne la vouliez nullement destourner d'un si loüable dessein, pourveu que ce ne fust point par feintise, afin de vous mieux piper, et d'en aymer et cherir d'autres plus que vous, ce que vous ne disiez nullement par jalousie comme elle le publioit, et me l'avoit mesme dit, mais pour ce que c'estoit chose honteuse de voir qu'une femme que vous aviez aimée, de laquelle vous aviez des enfans que vous affectionniez, fist la rencherie et la rusée avec vous, et se prostituast à d'autres, vous le sçachant bien : et partant s'il estoit vray qu'elle eust une vraye devotion et repentance, devoit elle commencer à la tesmoigner, premierement par une vraye humilité envers vous et la Reine, et une requisition de pardon de toutes ses erreurs envers elle, et protestation de luy rendre tout respect et obeyssance, de ne tenir plus à l'advenir ces langages de vanité touchant ses enfans, et de ne se laisser plus frequenter en cachettes, plutost la nuict que le jour, par des gens qu'elle sçavoit bien qui ne vous aymoient pas et que vous n'aymiez gueres aussi, moyennant toutes lesquelles observations, je me faisois bien fort d'obtenir de vostre Majesté une permission pour se retirer hors de France, pourveu que ce ne fust point en Espagne.

Sur tous lesquels grands discours, lors que je les luy ay tenus, je n'en pûs tirer autre responce, sinon qu'elle me remercioit de mes bons conseils, et qu'il y falloit bien penser avant que de les suivre absolument; tellement que, revenant à vous parler de ce qu'elle m'a dit aussi sur ses plaintes et ses desirs, je diray à vostre Majesté que je n'en ay, non plus que sur mes conseils, pû apprendre autre chose, sinon que vous les sçaviez aussi bien qu'elle mesme, et partant les devois-je apprendre de vous, si je les voulois sçavoir, puis qu'aussi bien sçavoit elle de science, que je n'avois le pouvoir ny mesme la volonté d'y pourvoir à son contentement; et que quant à ses desirs, elle n'en avoit plus nuls autres, quelque creance que vostre Majesté pust avoir au contraire, que d'asseurer la vie, la fortune d'elle, de ses enfans, et de son pere et sa mere, et vous feroit volontiers mesme priere pour son frere, qui ne souffre que pour l'avoir aymée, qu'elle sçavoit bien que la Reine destruiroit, si elle venoit à en avoir le pouvoir, tellement qu'ils ne pouvoient estre delivrez de cette crainte, que par leur retraite hors de la France; mais que neantmoins n'en vouloit-elle pas sortir pour aller mourir de faim ailleurs, et que, pour éviter toute necessité, ne luy pouviez vous moins donner que cent mille livres de rente, en fonds de terre bien asseurez, qui n'estoit pas trop, veu les belles esperances que malgré elle vous luy aviez autresfois fait prendre sur vos paroles : qui est tout ce que j'ay pû tirer d'elle, en plus de six fois que je l'ay mise sur ces discours, par vostre commandement, depuis quatre ou cinq mois.

A quoy j'adjousteray et diray de plus à vostre Majesté que la mine qu'a faite madame de Verneuil, en me faisant toutes ces plaintes, et qu'elle m'a dit que vous sçaviez bien sans me les dire, et qui, à mon advis, luy tient le plus au cœur, est la reddition de cette belle promesse que je déchiray, et pour laquelle action vous me dites que j'estois un beste, et sur tout la formalité qui a esté tenuë en icelle, dont je ne sçay rien par moy-mesme, dautant que je n'estois pas lors prés de vostre Majesté, mais par une lettre que M. de Ville-roy m'en escrivist de sa propre main, en datte du 3 juillet 1604, en ces propres termes : « Je vous diray aussi comme M. d'Antra-
« gues rendit hier au Roy cette pretenduë pro-
« messe (que vous aviez tant contestée) en la
« presence de messeigneurs le comte de Soissons
« et duc de Mont-pensier, M. le chancelier, et
« les sieurs de Sillery, de la Guelle, de Jeannin,
« de Gesvres et de moy, dont a esté dressé un
« acte en telle forme que les serviteurs de Sa
« Majesté l'ont desiré, pour certifier et recognois-
« tre que ledit écrit est le vray et seul escrit fait
« par Sa Majesté, pour ce sujet, avec des decla-
« rations qui ont esté jugées propres, tant pour
« empescher que l'on n'en puisse avec raison
« douter, que pour verifier comme le tout a
« passé ; de sorte que nous en demeurerons con-
« tens, comme j'estime que vous serez pour ce
« regard, en estant informé plus particuliere-
« ment. L'on parle maintenant de renvoyer à
« messieurs du parlement l'affaire de Morgan,
« avec les depositions de M. le comte d'Auvergne
« et de M. d'Antragues, pour faire le procez au
« premier et le faire servir d'exemple, et pour
« faire plus estimer la grace que Sa Majesté a
« deliberé faire aux deux autres. »

Or ne pouvant rien imaginer de bon en ce qui se passe en tout cecy, ayant affaire à des esprits des plus malicieux, broüillons, inventifs et artificieux, lesquels, à mon advis, doivent tous avoir le poignard dans le sein et un desir ardent de se vanger, et par consequent vous, occasion de vous en tousjours deffier : et partant c'est donc maintenant, ce me semble-il, à vostre Majesté à me dire si j'ay oublié quelque chose de ses plaintes ou de ses desirs, et quelle est sa resolution sur tant de diversitez d'embarras, desquels vous ne sortirez jamais que par une seule voye que je reserve à vous dire de bouche, une lettre ne m'y semblant pas propre. Surquoy, attendant l'honneur des commandemens de vostre Majesté, je prieray le Createur, etc.

Lettre du Roy à M. de Rosny.

Mon amy, encor que vostre lettre soit bien longue, si n'ay-je pas laissé de la lire par trois fois, lesquelles m'ont fait cognoistre que vous n'avez rien oublié des choses qui peuvent estre venuës à vostre cognoissance ; mais je vous en diray, lors que je vous verray, quelques-unes dont je voy bien que Sigongnes ne vous a pas voulu parler, de crainte de fascher madame de Verneuil ; lequel neantmoins je ne laisseray pas de renvoyer dans deux jours vers elle et vers vous, afin de prendre une finale resolution sur tout cela. Adieu, mon amy.

Ce mardy au soir, à Fontaine-bleau.

Lettre de M. de Ville-roy à M. de Rosny.

Monsieur, nous nous trouvons bien empeschez à ce fait du commerce, car nous avons toute occasion de croire que les Espagnols, qui sçavent l'incommodité que nous en recevons, en desirent profiter, se confians en nostre impatience naturelle, et en la desobeyssance que l'on rend aux commandemens du Roy. D'ailleurs les Anglois ne sont marris de ce mauvais mesnage ; et pour moy j'estime que sous main ils le nourriront plutost qu'ils ne nous ayderont à le composer, et qu'ils esperent s'en prevaloir ; et de fait l'on nous mande de toutes parts qu'ils enlevent nos toilles et nos bleds à furie, pour transporter en Espagne, et que cela ruynera toute la navigation françoise. J'advertiray M. de Beaumont de ce que vous m'avez escrit par vostre lettre ; mais quand je considere qu'il n'a pû disposer les ambassadeurs d'Espagne et de Flandres à se contenter de la promesse qu'il leur avoit faite de faire lever et descharger les nouvelles daces qui se levent à Calais sur les marchandises qui viennent d'Espagne, je n'ay pas opinion, quand bien les choses ne seroient accrochées qu'à cette difficulté, ce que je ne croy pas, qu'il les contente, y accordant la descharge des trois escus que l'on prend sur le vin d'Espagne qui passe en Flandres ; mais j'ay opinion que les Espagnols et les Anglois nous entretiendront d'esperances et de belles paroles sans conclusion, en tirant les choses à la longue pour s'en advantager. Je l'ay représenté au Roy, qui desire que vous preniez occasion de voir M. le cardinal Bufalo, pour luy faire entendre que cecy nous jettera par force à la guerre, si bien-tost l'on n'y remedie, afin qu'il l'escrive au Pape et qu'il le die à l'ambassadeur d'Espagne, Sa Majesté estimant que cette crainte aydera à faciliter et advancer cette resolution. Mais je ne suis de l'advis de Sa Majesté ; j'estime au contraire qu'ils se hasteront moins d'y pourvoir, et qu'ils feront tout autre jugement de ce discours : le principal seroit de donner ordre que le Roy fust mieux obey qu'il n'est, et d'empescher les Anglois d'enlever nos grains et faire le trafic d'Espagne à nos despens. J'ay cy-devant escrit plusieurs fois à M. de Beaumont de predire et declarer au Roy d'Angleterre et à ceux de son conseil, que s'il faisoit la paix avec Espagne et Flandres sans nous mettre d'accord avec eux pour le commerce, que nous serions contrains de faire des reglemens pour empescher que les Anglois, ses sujets, fissent leur profit, à nostre dommage, de ce mauvais mesnage ; et me semble que c'est aujourd'huy le poinct auquel il faut pourvoir, afin de ne nous attendre du tout, comme nous faisons, à l'entremise du Pape et du Roy d'Angleterre, ny aux demonstrations que font les Espagnols de vouloir se reconcilier et accommoder avec nous : car c'est s'abuser à bon compte, ne voulant pas nous départir de l'amitié et assistance hollandoise, comme nous ne voulons ny ne devons faire, ny aussi nous resoudre à nous ressentir plus avant des offences que nous recevons desdits Espagnols et de la haine qu'ils nous portent. Toutesfois je ne laisseray de faire les depesches necessaires en Angleterre, Espagne et Rome, pour poursuivre le susdit accord autant qu'il sera possible de ce faire en conservant la dignité de Sa Majesté. Cependant je dis qu'il seroit necessaire d'ouyr quelques marchands et officiers de Normandie, Bretagne et Poictou, et mesmes de Bourdeaux et Bayonne, pour adviser à mieux faire obeyr le Roy, et empescher que les Anglois ne fassent le trafic à nostre prejudice, en attendant que nous prenions de plus fortes et courageuses resolutions : il vous plaira doncques y adviser et faire pourvoir comme vous jugerez estre pour le mieux. J'ay dit au Roy l'advis que vous m'avez donné de l'adjudication des fermes du sel des gabelles de France, à la somme de quatre millions six cens vingt un mil livres, dont il a esté tres-aise, comme je serai tousjours de vous servir.

De Fontaine-bleau, ce 22 septembre 1604.

DE NEUF-VILLE.

Responce de M. de Rosny à la lettre cy-dessus.

Monsieur, il n'y a point de doute que cette

affaire du commerce ne se trouve remplie de difficultez; mais tout ce que j'en prevoy, est qu'elles iront tousjours en augmentant; et en arrivera de mesmes en toutes nos grandes affaires, tant que nous les manierons, traitterons et resoudrons negligemment et par maniere d'acquit, comme nous faisons; et encore le pis est qu'ayant deliberé quelque chose de bon, l'execution en est tellement traversée par les particuliers, et si peu appuyée et poursuivie par ceux qui ont l'authorité, qu'il n'en peut arriver aucun fruict digne de l'esperance que l'on en avoit conçeuë. En ces choses tant importantes, il faut prendre des resolutions bien considerées et fermement poursuivies, autrement je n'en prevoy rien de bon. Ce n'est pas seulement aux affaires de dehors où il faut mettre la main, mais à celles de dedans le royaume, où tout le monde crie et personne n'escoute. Je viens encore de recevoir des lettres des tresoriers de toutes les generalitez, et vous en envoye une pour eschantillon, afin que vous jugiez du reste. Je ne doute nullement que les Espagnols et les Anglois ne soyent bien-aises de nous traverser, afin de tenir les choses comme en égalité de balance entre ces trois grands princes; car si l'un d'eux, comme il a tousjours esté estimé, avoit toutes choses à souhait, il feroit bien du mal aux autres. Chacun nous redoute maintenant, et cherchera de traverser nostre prosperité; mais si nous voulions bien user de la fortune et des occasions que Dieu nous envoye et ne rien faire à demy, tous leurs essais seroient vains, et nostre vertu, nostre courage et nostre experience estant employez comme il faut, nous surmonterions facilement toutes difficultez. Je verray le nonce, et ne recognoistra nullement que ce soit à dessein, et feray en sorte qu'il ne se pourra prevaloir de ce que je luy diray, ny juger par là que nous ayons desir ny besoin d'avoir nouveau reglement sur cette affaire; ains, au contraire, qu'il nous est fort supportable si les choses continuent. Il nous faudra garder mesme severité aux Anglois qu'aux Espagnols, ou autrement ils profiteront entierement de nostre dommage; et me semble qu'il seroit à propos que nostre ambassadeur en die un mot au Roy d'Angleterre, et le fist parler clair et declarer son intention sur l'execution des articles promis tant à la France qu'à l'Espagne, où il se rencontre non seulement de la diversité, mais aussi de la contrarieté, et l'un desquels ne se peut observer sans contrevenir à l'autre : je n'ay besoin de les specifier, dautant que les ayant tous deux, vous le pourrez facilement juger vous mesme. Il ne me semble point necessaire de parler à marchands ny officiers pour sçavoir quel ordre nous y devons mettre, car la chose n'est pas fort difficile, moyennant qu'elle soit executée severement sans exception de personne; et ne se doit user de plus grande indulgence du costé de Lyon que des autres lieux, car depuis qu'un a passé par dessus les loix, de degré en degré, chacun presume avoir mesme faveur et mesmes privileges : nous sommes au pays des consequences. Quant à moy je n'y sçaurois pourvoir seul, et icy chacun est tout desgouté d'en dire son advis, à cause de la façon dont l'on y procede; aussi cette affaire ne peut estre concluë que par le Roy seul, et apres avoir bien consideré et balancé toutes les commoditez et incommoditez de part et d'autre, afin de ne nous en departir apres legerement pour la moindre difficulté et interest particulier. Voila ce que je puis respondre à vostre lettre plaine de plaintes et de craintes avec raison. Sur ce, je vous baise les mains, etc.

Lettre de la main du Roy à M. de Rosny.

Mon amy, pour responce à celle que vous m'avez escrite sur ce que j'avois donné charge au sieur de Vic de vous faire entendre de ma part sur les deffences du commerce d'Espagne, je vous diray que mon advis est que vous assembliez messieurs le connestable, chancelier, le commandeur de Chates, ledit sieur de Vic et vous; et que là ledit sieur de Vic propose ce qu'il a à dire : surquoy vous entendrez ses raisons et les peserez. Mais mon advis est que l'on ne doit lever lesdites deffences, mais par sousmain faire entendre aux gouverneurs qu'ils permettent aux navires d'y aller; dautant que de lever lesdites deffences, les Espagnols ne m'ayans fait aucune raison, il sembleroit que je le fisse par crainte d'eux, ou quand on le souffrira aux marchands par tollerance, nous serons tousjours sur nos pieds de faire republier lesdites deffences et les faire executer, et cela nous fera plus d'honneur qu'autrement, qui est ce à quoy nous devons autant adviser avec ces gens-là, et cela nous apportera plus de commodité que d'en user d'une autre façon. Sur ce, Dieu vous ait en sa sainte et digne garde. HENRY.

Durant tous ces embarrassemens pour le commerce, le connestable de Castille passant par la Cour, s'en allant en Flandre et en Angleterre, il en fut parlé avec luy, et contesta tant de choses que rien ne fut lors conclu. Le roy d'Angleterre se voulut rendre arbitre de ce differend et caution des promesses qui interviendroient sur iceluy entre les roys de France et d'Espagne; mais le Roy l'en remercia, ne voulant pas qu'il s'en meslast en cette qualité, mais seulement comme de luy mesme et faisant office d'amy commun. Le Pape s'en mesla aussi avec beaucoup d'affection, et manda au cardinal Bufalo son nonce d'y apporter tout ce qu'il pourroit, craignant que ce differend n'engendrast la guerre entre les deux roys, laquelle par vos paroles vous tesmoigniez de desirer. Quelque temps apres, le connestable de Castille repassant encor à la Cour pour s'en retourner en Espagne, par son advis et à la solicitation du cardinal Bufalo, il fut nommé des deputez de part et d'autre pour en traiter; mais tout cela traisnant encor en extréme longueur, enfin, à l'instance et priere du cardinal Bufalo, le Roy vous donna charge d'en traiter seul avec luy et ceux qu'il jugeroit à propos : à quoy il fist condescendre dom Baltazard de Stuniga, ambassadeur d'Espagne, et Alexandre Rovidius, senateur de Milan, lesquels s'estans trouvez à son logis par deux fois, à la troisiesme que vous y vinstes, vous maniastes tout cela si dextrement, trouvastes les esprits et les matieres si bien disposées, et leur donnastes de telles apprehensions de guerre, à cause des grandes demonstrations que vous faisiez de la desirer (leur demandant à tous propos à quoy ils estimeroient donc que vous puissiez conseiller le Roy d'employer trente millions qu'il avoit contant, si grand nombre d'experimentez capitaines et vaillans soldats dont son royaume abondoit, et tant d'armes, artilleries et munitions qu'il avoit assemblées, si ce n'estoit à faire la guerre à ceux qui luy en donneroient sujet), que peu de jours apres vous concluites de signer certains articles projettez en Angleterre pour cette liberté de commerce. Dequoy ayant aussitost donné advis au Roy, il fit responce à vostre lettre en datte du 26 septembre, estant telle que s'ensuit :

Lettre de la main du Roy à M. de Rosny.

Mon cousin, ce soir tout tard j'ay receu vostre lettre, laquelle ayant leuë et consideré les raisons contenuës en icelle, je trouve fort bon ce que vous avez traitté avec M. le cardinal de Bufalo, et seray tres-aise qu'à mon arrivée à Paris, qui sera mardy au soir, Dieu aydant, je trouve cette affaire concluë. Quant au present, je m'en remets à ce que vous adviserez pour le mieux pour mon service. Bon soir, mon amy.

Ce dimanche 26 septembre, à Fontaine-bleau, à 9 heures du soir. HENRY.

La signature de ces articles ainsi resoluë, vous fustes adverty que messieurs de Ville-roy et de Sillery vous portoient une grande envie, de ce qu'en si peu de temps vous aviez terminé une affaire où ils avoient esté employez si long-temps sans y rien advancer, et par consequent qu'ils seroient gens, comme c'estoit bien leur bonne coustume, pour y trouver quelque chose à blasmer; tellement que, pour éviter ce mauvais office, vous envoyastes l'aisné Arnault pour luy porter lesdits articles, et le prier de vous en mander son advis : à quoy, sans les vouloir lire, il vous manda que l'affaire estoit en trop bonne main pour y avoir rien à redire; et partant luy sembloit-il que vous l'ayant entreprise seul, qu'il estoit raisonnable que vous aussi en eussiez seul ou l'honneur ou la correction à y apporter. De laquelle responce, vous n'estant pas content, vous luy renvoyastes ledit Arnault le prier de venir signer lesdits articles avec vous, et qu'à son refus vous luy aviez donné charge de s'en aller trouver le Roy, les luy porter, et luy dire que les difficultez qu'il faisoit vous avoient donné sujet de remettre le cardinal Bufalo, l'ambassadeur Stuniga et le senateur Rovidius à signer les articles dans deux jours : ce que luy considerant, et que s'il arrivoit cependant quelque nouvelle accroche et difficulté, elle luy seroit imputée par le Roy, il se resolut de venir aussitost au logis du cardinal Bufalo, où le tout fut signé de vous cinq ; et aussi-tost vous en envoyastes la copie au Roy, avec la lettre que vous luy escriviez de ce qui s'estoit passé; surquoy il vous escrivit la lettre qui s'ensuit :

Lettre du Roy à M. de Rosny.

Mon cousin, depuis mon autre lettre escrite, j'ai receu la vostre par Arnault, avec le translat des articles pour le commerce que vous avez arrestez et signez avec le cardinal, l'ambassadeur d'Espagne et le senateur de Milan, dont j'ay esté tres aise et content pour l'incertitude en laquelle nous estions de ce fait. Je tesmoigneray au cardinal de Bufalo le gré que je luy sçay de la peine qu'il a prise, et de l'affection avec laquelle il a embrassé et favorisé ce qu'il a estimé appartenir à ma dignité et au bien de mes affaires. Je n'oublieray pareillement de m'en loüer par lettre à Sa Saincteté, en la remerciant du bon devoir qu'y a fait ledit cardinal, suivant vostre bon advis : cependant vous m'avez fait plaisir de m'avoir envoyé la croix de diamans que ledit Arnault m'a presentée, afin de la donner de ma main audit cardinal. J'ay deliberé aussi de le faire disner demain avec moy, si un fascheux mal de dents qui me tourmente me le permet. Au reste, le capitaine Commin est arrivé ce soir en ce lieu, qui m'a confirmé par son rapport ce que je vous escrits par mon autre lettre de la disposition qu'a le sieur de la Trimoüille de venir par deça, ainsi qu'il vous dira plus particulierement dedans deux jours que je le vous envoyeray apres l'avoir ouy tout au long. Je prie Dieu, mon cousin, qu'il vous ait en sa sainte et digne garde.

Escrit à Fontaine-bleau, le 13 octobre 1604.
HENRY.
Et plus bas, DE NEUF-VILLE.

Lettre du Roy à M. de Rosny.

Mon cousin, vous sçavez combien il importe à mon service de pourvoir l'advocat Boucault de quelque office au pays de Languedoc, qui luy donne authorité et moyen de continuer à m'y faire le service qu'il a acheminé et commencé assez heureusement. C'est pourquoy ayant entendu que celuy de president en la cour des aydes de Montpellier est vacquant, je desire qu'il tombe en ses mains, et que vous l'en fassiez pourvoir par preference à tous autres. Ses services passez et l'esperance que j'ay de ceux qu'il me fera à l'advenir, meritent qu'il soit gratifié dudit office sans payer finance : de sorte que j'auray agreable qu'il reçoive de moy ce bien-fait, si c'est chose qui se puisse faire sans consequence prejudiciable à mes affaires; sinon, faites que ledit office luy soit delivré en payant finance moderée, et je feray dépescher apres un brevet de ladite moderation sur l'advis que vous m'en donnerez. Nous devons veiller autant et plus diligemment que jamais sur les actions des factieux de la religion pretenduë reformée, afin de renverser leurs artifices avec lesquels ils s'efforcent d'esmouvoir et troubler mes bons et fideles sujets de ladite religion pour s'en prevaloir en leurs desseins. J'entends que le sieur de la Trimoüille ne parle plus de me venir trouver, comme il vous avoit promis. Nous voyons aussi que le duc de Boüillon s'estudie plus par sa conduitte à justifier ses actions qu'à rechercher et meriter ma bonne grace, et n'avons aucunes nouvelles de celuy que nous sçavons estre passé par Auvergne pour l'aller trouver : d'ailleurs nous avons advis qu'il se fait des menées et pratiques dans aucunes provinces en faveur dudit duc; et encores que je n'adjouste foy entierement aux advis qui m'en sont donnez, neantmoins j'estime que nous ferons tres-bien d'establir et authoriser des hommes aux provinces plus esloignées, qui soient capables et propres pour s'opposer ausdites menées, en esclaircissant et informant mesdits sujets de la sincerité de mes intentions à leur repos et conservation, comme peut faire audit pays de Languedoc ledit Boucault; au moyen dequoy je vous prie l'assister en cette occasion, et me donner advis de ce que vous en aurez fait. Priant Dieu, mon cousin, qu'il vous ait en sa sainte et digne garde.

Escrit à Fontaine-bleau, le treiziesme jour d'octobre 1604.
HENRY.
Et plus bas, DE NEUF-VILLE.

Vous receustes encor deux lettres du Roy, touchant ce restablissement du commerce, l'une contresignée de Neuf-ville, et l'autre Forget, lesquelles nous avons encor icy inserées pour faire voir le soin que Sa Majesté avoit de son peuple, desquelles deux lettres la teneur estant telle que s'ensuit:

Lettre du Roy à M. de Rosny.

Mon cousin, je suis bien aise que vous ayez conclud et arresté avec le cardinal Bufalo, l'ambassadeur d'Espagne et le senateur de Milan, le traitté dont je vous avois donné charge pour le restablissement du commerce. Je suis bien de vostre advis qu'il est necessaire d'avoir la ratification d'Espagne avant que faire la publication; mais cependant, parce que je sçay que c'est chose qui est fort desirée de mes sujets, vous leur ferez entendre, aux lieux que vous jugerez le plus necessaire, que, dés à present, je leur accorde la permission de faire transporter des bleds, sans les assujettir à prendre aucuns passe-ports ny autre seureté que les advis que vous leur donnerez de ma volonté, reservant à leur donner la liberté entiere des autres marchandises, lors que, la ratification estant venuë d'Espagne, je vous ordonneray de faire faire la publication generale dudit traité. Et n'estant la presente à autre fin, je prie Dieu, mon cousin, vous avoir en sa saincte garde.

Escrit à Fontaine-bleau, le 17 octobre 1604.
HENRY.
Et plus bas, DE NEUF-VILLE.

Lettre du Roy à M. de Rosny.

Mon cousin, vous savez mieux que nul autre, puis que c'est vous qui l'avez fait, comme le traitté pour la liberté du commerce ayant esté conclu et resolu, la publication n'en a esté differée que pour attendre la ratification qui en doit venir d'Espagne. Mais cependant, parce que je sçay que c'est chose qui est fort desirée de mes sujets et qui leur est importante et commode, j'ay estimé que le retardement de la publication ne devoit point retarder de leur donner cette consolation, de leur faire savoir ce qui s'en est passé, et encores de leur permettre, dés maintenant, de le pouvoir executer, pourveu que ce soit pour les bleds seulement. Pour cette occasion vous leur ferez sçavoir ce que dessus, et comme, de cette heure, la permission leur est par moy accordée pour le transport desdits bleds, sans les abstraindre à prendre aucuns passe-ports ny autre seureté que cette declaration que vous leur ferez de ma volonté, leur ordonnant neantmoins de differer le transport des autres denrées jusques apres que ladite publication aura esté faite. Et n'estant la presente à autre fin, je prie Dieu, mon cousin, vous avoir en sa saincte garde.

Escrit à Fontaine-bleau, ce 17 d'octobre 1604.

HENRY.

Et plus bas, FORGET.

A la suite desquelles lettres nous avons estimé à propos d'inserer les articles du traitté que vous fistes touchant le restablissement du commerce. Nous avions une fois eu fantaisie de ne transcrire point tout au long ces articles, dautant qu'ils ont esté autresfois imprimez par tout : c'est pourquoy nous avions pris dessein de n'en faire qu'un abregé, comme de simples remarques, car nous abregeons, comme vous le cognoistrez, le plus que nous pouvons, tous nos discours : mais ayans depuis recogneu que c'estoit un original, et iceluy signé d'un secretaire d'Estat de France, nous avons donc jugé, monseigneur, qu'il seroit plus à propos d'inserer tous les articles entiers, plutost que d'estre abregez ; le tout en la maniere que s'ensuit :

Comme par la persuasion et admonition du Roy d'Angleterre, le sieur Christophle de Harlay, comte de Beaumont, ambassadeur du Roy tres-chrestien en Angleterre, et le sieur Jean de Taxis, comte de Ville-mediave, ambassadeur du Roy catholique au pays d'Angleterre ; les sieurs comte d'Aremberg, president Richardot et Louys Vroreylzen, ambassadeurs des archiducs d'Austriche et Bourgongne ; et ayant souvent traitté et conferé des moyens de faire cesser les differends survenus, à cause de la publication des placards, ils ayent aussi recogneu et trouvé bon que cét affaire se pouvoit composer selon les articles cy-apres inserez : tellement qu'en ayant lesdits ambassadeurs dudit Roy catholique et des archiducs, communiqué au connestable de Castille, il auroit esté de mesme advis, remettant neantmoins le tout au bon plaisir et volonté desdits roys et princes : mais dautant qu'à cause du partement d'Angleterre dudit connestable, et pour aucuns empeschemens, lesdits articles n'ont pû estre signez par lesdits ambassadeurs, le cardinal de Bufalo qui, au nom de nostre tres-sainct pere le pape Clement VIII, a embrassé et procuré, avec beaucoup d'affection, la paix entre lesdits princes et le restablissement du commerce, y ayant apporté tout ce qui dependoit de luy, a insisté, afin d'éviter ausdits perils et dommages que ce retardement pouvoit produire, que les sieurs marquis de Rosny et de Sillery, de la part dudit Roy tres-chrestien, l'ambassadeur dudit Roy catholique, resident à Paris, et le senateur Alexandre Rovidius, qui a esté present audit traitté en Angleterre, au lieu desdits ambassadeurs, voulussent signer lesdits articles ; et dautant qu'il est à propos qu'il apparoisse de ce qui a esté fait en Angleterre, à la persuasion dudit sieur Roy, sous le bon plaisir toutesfois et consentement desdits Roys et princes, lesdits sieurs marquis de Rosny, grand maistre et capitaine general de l'artillerie de France, et de Sillery, conseiller au conseil d'Estat dudit sieur Roy très-chrestien, ont signé lesdits articles conclus et arrestez par lesdits sieurs ambassadeurs, en foi et tesmoignage dudit traitté : remettant, neantmoins, le tout au bon plaisir et volonté desdits Roys et princes.

Ensuit le traitté fait en Angleterre sur la restauration du commerce.

Il a esté arresté que, de part et d'autre, et en mesme jour, seront ostez et levez par lesdits Roys et archiducs, les placards publiez pour l'imposition des trente pour cent et interdiction du commerce.

Item, a esté convenu que le dit sieur Roy treschrestien deffendra par edit public, incontinent apres la publication des presents articles, que aucuns de ses sujets, vassaux ou regnicolles, n'enlevent ou transportent directement ou indirectement, en quelque sorte et maniere que ce soit, en son nom ou celuy d'autruy, et ne preste son nom, ny aucun vaisseau, navire ou chariot, pour porter ou conduire navires, marchandises, manufactures ou autres choses, des provinces de Hollande et Zelande, en Espagne ou autres royaumes et seigneuries desdits roy d'Espagne et archiducs, et ne charge en ses vaisseaux, pour transporter audit pays, aucun marchand hollandois et zelandois, sous l'indignation de Sa Majesté et autres peines portées par ses ordonnances contre les infracteurs d'icelles.

Et afin d'empescher les fraudes qui se pourroient ensuivre, à cause de la ressemblance des marchandises, il a esté arresté, par le present article, que les marchandises de France qui se transporteront ou conduiront aux royaumes et pays desdits Roy catholique et archiducs, seront enregistrées et seellées du sceau de la ville d'où elles seront enlevées, et ainsi enregistrées et marquées, seront tenuës et reputées pour marchandises françoises, et comme telles approuvées et admises, sauf à prouver la fraude, sans retarder ny empescher toutesfois le cours des marchandises et vaisseaux; et quant ausdites marchandises qui ne seront registrées et marquées, elles seront confisquées et declarées de bonne prise : semblablement aussi tous Hollandois et Zelandois qui seront trouvez dans lesdits navires, pourront estre pris et arrestez.

Item, a esté accordé que pour le regard des marchandises que les marchands françois acheteront en Espagne et autres pays dudit Roy catholique, et qu'ils transporteront dans leurs propres navires ou autres loüez et empruntez pour leur usage, exceptez toutesfois les navires hollandois et zelandois (comme il est dit cy-dessus), ne payeront pour ladite imposition de trente pour cent, pourvcu qu'ils les conduisent audit pays dudit Roy tres-chrestien, ou ausdits ports de l'obeïssance desdits archiducs ou autres lieux et endroits non deffendus par le placard sur ce fait. Et afin d'eviter à toutes fraudes et que lesdites marchandises ne soient transportées ailleurs, et specialement en Hollande et Zelande, a esté resolu que lesdits marchands, au mesme temps qu'ils envoyeront leurs navires en Espagne ou autres royaumes et seigneuries de l'obeïssance desdits Roy catholique et archiducs, s'obligeront, par devant le magistrat du lieu d'où lesdites marchandises seront enlevées, de payer ladite imposition de trente pour cent, en cas qu'ils les transportent en autres lieux, et de rapporter, dans un an, certificat du juge des lieux où lesdites marchandises auront esté deschargées, soit au royaume de France ou aux ports et havres desdits archiducs, ou autres non deffendus par ledit placard, lequel certificat estant rapporté, lesdites obligations sur ce faites seront renduës et demeureront nulles.

Il est aussi accordé que le Roy tres-chrestien, incontinent apres la publication du present accord, deffendra qu'aucun ne transporte des marchandises d'Espagne ou d'autres pays dudit Roy catholique, ailleurs qu'en sesdits Royaumes et esdits ports et havres de Flandre, et lieux ci-dessus specifiez, ou autres non deffendus par ledit placard, à peine de confiscation desdites marchandises au profit dudit Roy tres-chrestien, dont la moitié ou la valleur appartiendra au denonciateur, déduction préalablement faite dudit droict de trente pour cent, lequel sera payé aux commissaires à ce deputez par ledit Roy catholique, foy estant adjoustée aux preuves legitimement receuës en Espagne et envoyées en France en forme authentique, sauf les exceptions et deffences contre lesdites provinces.

De mesme a esté accordé qu'aucun magistrat desdits lieux és villes desdits royaumes qui baillera certificat de la descharge desdits navires ou de l'enregistrement des marchandises, n'y commettra aucune fraude, à peine d'encourir l'indignation de Sa Majesté, d'estre privé de son office, et d'autre plus griefve punition si elle yeschet.

Et parce que l'intention desdits princes est de procurer que le commerce d'entre leurs sujets leur apporte plus de commodité et utilité, ils donneront ordre, autant qu'en eux sera, que les chemins soient ouverts à l'entrée et sortie de leurs ports, royaumes et seigneuries, afin que leursdits sujets puissent plus librement aller et venir avec leurs marchandises.

Et pour le regard de la revocation des daces imposées à Calais, depuis le traitté de Vervins, sur les marchandises qui sont transportée d'Espagne en Flandres, et de Flandres en Espagne, cét article ayant desja esté arresté à l'instance dudit cardinal, au nom de sadite Saincteté, il sera executé selon sa forme et teneur.

Tous les articles cy-dessus specifiez seront reciproquement publiez avec ce qui y est contenu, et en sera la ratification desdits princes sollicitée, afin que la publication s'en fasse en mesme jour de part et d'autre, quarante jours apres la date des presentes.

Fait le douziéme jour d'octobre 1604.

MAXIMILIAN DE BETHUNE, N. BRUSLARD, DE SILLERY, DOM BALTAZAR DE CUNIGA, ALEXANDRE ROVIDIUS.

Et plus bas est escrit,

Veu les articles cy-dessus, son excellence est de mesme advis sous l'approbation cy-dessus. Le mesme an, et le 16 du mesme mois, à Arras, signé dudit connestable, avec un paragraphe.

Collation a esté faite à l'original desdits articles. FORGET.

Quelques jours apres, toutes ces affaires du commerce accommodées comme il a esté dit au precedent chapitre, le Roy s'en estant retourné de Fontaine-bleau à Paris, il fut selon sa coustume visiter l'Arsenac et la Bastille, où, se promenant dans les galleries d'armes et rangées de canons, il vous dit que dés le lendemain que vous fustes tombé d'accord avec le cardinal Bufalo et l'ambassadeur d'Espagne, touchant le restablissement de la liberté du commerce, le connestable de Castille l'estoit venu trouver, avec des tesmoignages d'extréme réjouyssance, prenant cette occasion pour luy faire de grands discours, qu'à son advis il avoit de longue main premeditez, desquels le Roy vous entretint plus d'une grande heure. Mais dautant que vous ne nous les avez pas tous dits (et qu'encor y a-il en ce que nous en avons apris de vous plusieurs prolixitez ennuyeuses, remplies d'arrogances et vaines jactances espagnolles), et afin d'abreger ces memoires le plus qu'il nous sera possible, nous nous contenterons de vous en ramentevoir le sommaire et la substance, qui furent tels :

Que les Roys tres-chrestien et tres-catholique estans les deux plus puissans Roys de la Chrestienté, et qui dominoient les plus belliqueuses nations, le discours de la raison et l'experience des choses avoient apris que ce seroit tousjours non seulement vainement, mais aussi avec dommage, qu'ils entreprendroient de s'avantager sur la gloire et les Estats l'un de l'autre; et partant estoient-ils obligez, selon la prudence requise en deux si grands monarques, de penser non plus à se ruiner, destruire ou prejudicier à la grandeur l'un de l'autre, comme ils avoient fait par le passé, mais à s'unir d'amitié, comme l'avoient esté autresfois les royaumes de France et de Castille, que les histoires remarquoient avoir esté tels qu'il y avoit alliance entr'eux, de Roy à Roy, de peuple à peuple, et royaume à royaume; et de poser de tels fondemens d'une bonne et ferme paix entr'eux, qu'elle devint perpetuelle et inviolable; se resoudre d'avoir communs amis et ennemis; de s'entre-secourir l'un l'autre contre tous agresseurs ou injustes detenteurs, toutes rebellions, mouvemens et souslevations de leurs peuples et sujets feudataires et serviteurs; de ne pretendre jamais aucun droict sur les Estats qui se trouveroient lors par un chacun d'eux absolument possedez; se departir de toutes jalousies des éminences, authoritez, gloire, reputation, puissance et domination l'un de l'autre; et tout au contraire, en s'accordant des pretentions qu'un chacun d'eux devroit avoir dans l'Europe, tourner leurs communes armes contre tous ceux qui dans tels departemens ne voudroient recognoistre l'un des deux pour superieur, n'y ayant point de doute que ces solides fondemens, ainsi posez (et apuyez et fortifiez par la foy et parole qu'ils s'entredonneroient l'un à l'autre, y ayant trop de prudence en leurs intelligences, et de generorité en leurs cœurs, pour estre autres que loyales, sacrées et inviolables, et par un double mariage de leurs communs enfans, qu'il sembloit que Dieu eust rendus d'un âge sortable pour l'establissement d'un si grand bien), ils ne fussent en pouvoir de se faire tellement craindre et redouter par tous les autres roys et potentats chrestiens, qu'ils recevroient d'eux telles loix qu'ils leur voudroient imposer, et deviendroient non seulement un ferme rampart et boulevard contre tous les desseins, attentats et entreprises des mescroyans, heretiques et infidelles, mais aussi capables de faire de grands progrez sur eux tous : desquelles propositions (icelles luy estant venuës en l'esprit, sur les diversitez des choses qu'il avoit veuës et aprises en son voyage, et autres considerations faites de longue-main) il avoit esté bien aise de faire quelques ouvertures, comme de luy mesme, à Sa Majesté tres-chrestienne, afin que si elles estoient par elle goustées, comme sa prudence estoit des plus excellentes pour les mieux examiner que nul autre, il en parlast avec la mesme franchise à son Roy, et taschast de le faire entrer de bonne foy dans de si hauts et magnifiques desseins, vrayement dignes des Majestez tres-chrestienne et tres-catholique. A la fin desquels propos le Roy vous dist avoir esté bien aise de vous entretenir là dessus, et mesme s'estoit resolu de vous demander vostre advis, avant que de vous dire quelle avoit esté sa responce, pour voir si vos sentimens, comme cela estoit souvent arrivé, se trouveroient conformes l'un à l'autre; surquoy vous luy dites qu'encor que vous ne jugeassiez pas estre fort difficile de prendre et donner un bon conseil sur des langages où l'artifice paroissoit aussi malicieux que grossier, que neantmoins vous le suppliez (pource qu'aussi bien estoit-il plus que temps d'aller disner) de vous donner tout ce jour pour mieux y penser, afin que si d'adventure vous disiez quelque chose contre son goust, il ne vous accusast plus de trop grande promptitude, comme il avoit accoustumé de faire lors que vous faisiez sur le champ des repliques qui ne luy plaisoient pas : de laquelle responce et demande il se mist à sousrire et vous l'accorda, en vous donnant un petit soufflet en se joüant, comme c'estoit sa coustume lors que vous le preniez en bonne humeur, et luy disiez de ses veritez qui ne luy desagreoient pas.

Et l'estant allé trouver le lendemain aux Tuilleries, en vous promenant avec luy sur la terrasse pour aller aux Capucins, vous luy distes qu'apres avoir bien examiné tous les discours du connestable de Castille, vous jugiez qu'il y auroit dequoy faire quelque chose de bon, si tous les Espagnols estoient devenus blancs en loyauté comme des anges, et non pas demeurez basanez en perfidie comme des diables, et s'ils n'estimoient beaucoup plus les œuvres que la foy ; mais qu'estans aussi tels que cela, il n'estoit pas fort difficile à comprendre qu'il n'avoit eü autre dessein que de luy faire abandonner les provinces unies des Pays-Bas, destruire ses plus certains et confidens alliez, qui estoient quasi tous protestans, et de susciter des guerres civiles dans son royaume, qui le reduisissent à telle pauvreté, misere et destruction, que la conqueste luy en fust renduë plus facile que son pere ne l'avoit trouvée, à cause de la seule vertu de Sa Majesté, de la fermeté que les pauvres huguenots avoient monstrée à leur religion et à son service, et des bonnes assistances que les Anglois et les Hollandois luy avoient données. « Et n'estime pas, « Sire (distes vous finalement au Roy), de quel- « que prudence, modestie et civilité dont la res- « ponce de vostre Majesté ait peu avoir esté as- « saisonnée, que vous ayez jamais eu autre « creance ny pensée en l'esprit, sinon qu'il est et « sera tousjours absolument impossible, attendu « les ambitieux et orgueilleux desseins qu'ont « tousjours tesmoignez les Espagnols (commen- « cez par Charles V, et continuez en ses succes- « seurs, qui ont tousjours eu mesmes conseils et « mesmes procedures, quelques divers qu'ils ayent « esté en humeurs et capacitez, de parvenir à la « monarchie chrestienne, et de déprimer, voire « opprimer tous autres potentats, peuples et na- « tions, pour advancer l'effet de leurs desirs), de « pouvoir jamais former une amitié, société, al- « liance et confederation de bonne foy, sincere et « loyale, entre eux et le plus auguste, magna- « nime et genereux Roy de nostre siecle, avec « lequel leur orgueil ne sçauroit permettre de « garder en aucune façon les deuës proportions, « ny luy permettre de vivre dans la gloire que « ses vertus meritent, n'y ayant, au moins se- « lon mon opinion, mariages, quelques redou- « blez ou bien assortis qu'ils puissent estre pro- « posez, dont l'on doive esperer des fruits et des « advantages si doux et desirables que ce con- « nestable se les est imaginez, ou pour le moins « tasché de les faire imaginer aux autres, sur « tout ayant affaire à une nation si pleine d'ar- « rogance, de ruse et de cautelle. Aussi que, « pour en parler librement à vostre Majesté, « puis qu'elle me l'a ainsi commandé, et luy dire « mes sentimens sur tels parentages, j'estimerois « plus advantageux pour vostre personne royale, « vostre couronne et vos peuples, voire pour le « contentement et vie heureuse des enfans de « vostre Majesté, de les allier en des maisons « de princes mediocres, sur tout en celles dont « les Estats peuvent estre joints à celuy de France, « qui est la voye que les Espagnols ont tenuë « pour l'accroissement du leur, qu'à celles des « grands roys, qui croyent vous esgaller en puis- « sance et dignité : dautant que les premiers « s'estimeront honorez de tels mariages, et bien- « heureux de servir à vostre grandeur et à vos- « tre gloire; au lieu que les autres penseront en « avoir autant fait pour vous que vous pour eux, « et ne laisseront de preferer les interests d'Es- « tat à toute alliance, et d'envier et prejudicier à « vos prosperitez et grandeurs, nonobstant icelle.

Surquoy le Roy vous dit que comme vous aviez discouru de plusieurs choses qui luy estoient venuës en la fantaisie lors des propositions du connestable, aussi avoit-il eu esgard, en luy usant de belles paroles, à ne s'engager en chose qui luy pust porter prejudice, ny mettre empeschement aux advantages qu'il pourroit tirer des desseins dont vous aviez souvent parlé, lors que le temps, les occasions et l'estat des affaires luy donneroient moyen de les mettre à effet.

Outre les choses cy-devant recitées, et quelques remarques faites du doux naturel, familiere conversation et sage conduitte de nostre grand Roy, qui tesmoignent que plus les dominations terriennes des roys et des princes sont amples, abondantes et populeuses, plus se trouvent-elles ordinairement sujettes à de grands desastres, accidens et varietez, s'ils ne sont preveus et prévenus par l'intelligence, prudence et diligence des souverains, par une vraye amour qu'ils portent à leurs peuples, laquelle refleschit apres vers eux; par le soin qu'ils tesmoignent avoir du repos, protection et soulagement de tout; par la recherche qu'ils font de tous bons conseils et sages conseillers; par l'estime des hommes de vertu et de qualité, et le digne employ de ceux qui ont de l'experience et de la capacité, chacun selon sa vacation : comme, par opposition, il se peut semblablement conclurre que les regnes, royaumes et personnes des roys et potentats, lesquels manquent de toutes ces bonnes parties, sont d'humeur colere, depite et accariastre, ont les cœurs remplis de haine et de vengeance, et méprisent les personnes sages et de qualité, seront quasi tousjours turbulens, tumultueux, inquietes, miserables et calamiteux.

Outre donc, comme j'ay dit, les affaires cy-devant déduites, il s'en passa plusieurs autres, et beaucoup d'autres discours entre le Roy et vous, sur la resolution et progrez desquelles escrivistes grande quantité de lettres, selon les occasions, tant à Sa Majesté, M. de Ville-roy, les autres secretaires d'Estat, les officiers de milice, finance, justice et police, dans les provinces de France, qu'aux princes, agens et ambassadeurs estrangers, et en receustes semblablement d'eux tous en grand nombre, mais principalement de la main du Roy, lesquelles pourroient confirmer ce que je viens de dire, et donner plusieurs esclaircissemens non à mespriser sur la conduite et les succez des affaires de ce temps, voire mesmes des enseignemens utiles pour ceux de l'advenir. Mais dautant que par telles et si amples narrations, au lieu de simples Memoires que nous avons eu dessein de tracer, nous cognoissons bien que nous nous trouverions engagés en de grands volumes, nous nous dispenserons des particularitez de toutes telles choses, et nous en deschargerons sur les bons historiens, nous contentans de les vous representer en substance et sommaire seulement, et d'inserer encor quelques lettres du Roy sur aucuns articles, pour plus grande lumiere en iceux; et suivant l'ordre que nous avons accoustumé de tenir en ces Memoires, nous vous ramentevrons: comme, à la solicitation du sieur de la Varenne, le Roy fit don de son chasteau de la Flesche aux Jesuistes, lesquels s'y establirent et commencerent d'y fonder un magnifique college de leur société; comme Sa Majesté, durant tout le cours de cette année, receut des advis plusieurs fois reïterez, et quelques-uns d'iceux si bien circonstanciez, qu'ils avoient beaucoup de vray semblance, que messieurs de Boüillon, de la Trimoüille, Desdiguieres, du Plessis et autres inquiets esprits de ceux de la religion, avoient fait ensemble de grandes unions, ausquelles ils essayoient de joindre tous le corps de leurs eglises, afin de les disposer à vouloir prendre les armes lors qu'ils leur manderoient qu'il en seroit besoin, sans en vouloir approfondir les raisons; mais ils n'y peurent jamais parvenir: surquoy vous eustes plusieurs discours avec le Roy, et en receustes quantité de lettres, dont j'en insereray icy quelques-unes, ainsi qu'il ensuit.

Lettre de la main du Roy à M. de Rosny.

Mon amy, j'ay receu vostre lettre par le capitaine Commin; je suis bien de vostre advis touchant cela; et ce qui m'y confirme davantage, est que nous avons bien appris de ces affaires-là par ceux qui sont venus de Dauphiné; dequoy je vous parleray lors que je vous verray, et prendray avec vous resolution sur le tout. J'avois commandé à M. de Ville-roy, lors que j'avois si mal aux dents, de vous escrire par Arnault de plusieurs choses qui importoient à mon service, à quoy vous ne m'avez fait aucune responce: dequoy je m'estonne. Bon jour, mon amy.

Ce 19 octobre, à Fontaine-bleau. HENRY.

Lettre de la main du Roy à M. de Rosny.

Mon cousin, j'ay receu vostre lettre et veu celle que, par mon commandement, vous escrivez à Aubigny, laquelle je vous renvoye: surquoy je vous diray que je la trouve fort bien, et qu'en cela vous avez suivy mon intention; mais je ne suis pas d'advis que vous l'envoyez encores, d'autant que j'apris hier, par un homme qui vient de Toüars, que M. de la Trimoüille est recheu et en danger; que Parabelle, Constant, Aubygny et forces autres y estoient retournez, si qu'il nous faudra voir que deviendra cela. Aussi madame la princesse envoya hier à son fils une lettre pour me faire voir que M. du Plessis luy escrivoit au nom de madame de la Trimoüille, où il desadvoüoit celuy qui luy avoit dit qu'elle ne la pouvoit voir. Et sur cela, je vous diray que je suis de vostre advis, qu'ils font la pluspart du temps des choses sans y bien songer, dont ils se repentent aussi-tost. Mais de cela nous discourerons plus amplement, et prendray resolution avec vous aussi tost que je seray arrivé à Paris, qui sera bien tost, Dieu aidant; lequel je prie vous avoir, mon cousin, en sa sainte et digne garde.

Ce 18 novembre, à Fontaine-bleau. HENRY.

CHAPITRE CXLV.

Lettres diverses de Henri IV. Correspondance de Rosny avec les reines Marie de Médicis et Marguerite de Valois. Fin des recherches contre les financiers. Etablissement de divers ordres religieux. Les fermiers généraux déclarent qu'ils n'ont parmi eux aucun étranger. Réception d'un des fils naturels du Roi dans l'ordre de Malte. Différends avec le Pape sur le pont d'Avignon.

Le Roy ayant souvent eu des advis qu'il y avoit tousjours des intelligences entre messieurs de Boüillon et Desdiguieres, en receut encor lors quelques-uns qui luy firent prendre entiere croyance; surquoy il vous escrivit trois lettres, desquelles la teneur ensuit :

Lettre de la main du Roy à M. de Rosny.

Mon amy, je vous fais ce mot pour vous dire que d'Escures vient d'arriver, qui a laissé le comte d'Auvergne à Moret, et qui sera ce soir à Melun, et demain de bonne heure à Paris; aussi que j'ay apris des nouvelles de M. de Lesdiguieres, que vous trouverrez bien estranges : demain vous les apprendrez par celuy qui me les a apportées (qui est de la part de Morges), et à quoy il faut bien pourvoir. L'on m'escrit d'Italie que l'on y voit une estoille en forme de comete, de laquelle chacun se mesle de discourir icy : elle se voit vers le levant; voyez si vous la verrez. Bon jour, mon amy.

Ce vendredy, 19 novembre, à Fontaine-bleau.
HENRY.

Depuis cette lettre escrite j'ay receu une lettre de M. de Vantadour, par laquelle il me mande comme M. de Montpellier le vient d'advertir qu'un homme du comte d'Auvergne est passé pour aller en Espagne. Je juge que c'est Yverné.

Ayant trouvé, en revisitant vos liasses de papiers, une grande quantité de lettres qui vous avoient esté escrites par la Reine et la reine Marguerite, nous en avons choisi quelques-unes d'entre celles qui estoient datées de cette année 1604, lesquelles nous avons icy inserées tout d'une suite, seulement pour faire voir le stile dont elles vous escrivoient; n'ayant pû trouver de vos responces que deux broüillars de lettres, que vous escriviez à la Reine, lesquelles, nous semblant meriter d'estre sceuës, nous avons essayé de mettre au net, le mieux que nous avons pû, aussi bien que celles de la reine Marguerite, lesquelles estans toutes de sa main, il en faut deviner la moitié, estans telles que s'ensuit; et les avons mises en suite de ces deux lettres du Roy à vous, touchant M. Desdiguieres.

Lettre du Roy à M. de Rosny.

Mon amy, je vous envoye le sieur de Bourg avec un de ses capitaines qui vous rendra cettecy, qui est homme de bien, et pour tel reconnu par ceux qui le connoissent, mesmes par ledit du Bourg. Il vous dira ce qu'il a apris à Grenoble, et les propos que luy a tenus M. de Lesdiguieres. Escoutez-le, et qu'il n'y ait que vous et M. de Sillery; mesmes prenez garde que personne ne le voye parler à vous qui soit de Dauphiné. Faites luy payer son voyage, encor qu'il ne le demande; mais vous jugerez qu'il le merite. L'ayant oüy, renvoyez le moy promptement, et l'instruisez bien, car je le veux renvoyer promptement, et faire que personne ne le voye icy, moins parler à moy. Bon soir, mon amy.

Ce vendredy à onze heures du soir, 19 novembre, à Fontaine-bleau. HENRY.

Lettre du Roy à M. de Rosny.

Mon amy, je vous envoye Morges avec une lettre et des papiers qu'il a receus de Dauphiné, encor plus amples que ceux qu'avoit apportez le Bourg, lesquels estans trop longs à lire, je vous les renvoye pour les considerer. Quant à ce qui touche l'oppression du peuple, je sçay bien que c'est un homme qu'en matiere d'argent l'on ne sçauroit jamais contenter; mais je ne doute point aussi que vous ne teniez la main au soulagement de mes peuples, autant qu'il vous sera possible, puis que vous sçavez que je les aime comme s'ils estoient mes enfans. Quoy que ce soit, vous verrez que c'est la suitte de ce que je vous ay mandé par le Bourg, et comme les affaires s'eschauffent en ce pays-là, où il faut pourvoir promptement, dequoy nous parlerons vous estant icy. Bon soir, mon amy que j'aime bien.

Ce samedy 20 novembre, à Fontaine-bleau. HENRY.

Lettre de M. de Rosny à la Reine.

MADAME,

J'ay esté adverty par madame Conchine (que j'ay toujours trouvée la mieux intentionnée et la plus raisonnable de tous ceux qui vous approchent) que l'on essaye de vous persuader que je ne rends pas à vos lettres toute la deference que je devrois; ce qui pourroit estre vray, selon l'opinion des particuliers interessez, procedant à l'endroit de vostre Majesté comme je fais envers le Roy; tellement que quand il vous plaist m'honorer de lettres de vostre main propre, j'y satisfaits aussi-tost, si je n'y reconnois un trop grand prejudice au service du Roy, ou oppression au peuple. Si je reçois des lettres de vostre main, je sçay bien discerner ce qu'il y a de meslé de l'interest des particuliers. Que si ce sont lettres de secretaires (lesquelles la pluspart du temps sont escrites de la main des solliciteurs et partisans), à la verité, je les renvoye au conseil, afin que le refus n'en soit pas imputé à moy seul; ce que je m'asseure que vostre prudence aura bien agreable, comme elle doit avoir les conseils que je luy donne sur les autres choses qu'elle sçait bien, et qui luy delivreront l'esprit de beaucoup de mauvaises rencontres, puis qu'en effet je suis, madame, vostre tres-humble, tres-obeyssant et fidele sujet et serviteur.

MAXIMILIAN DE BETHUNE.

Lettre de la Reine à M. de Rosny.

Mon cousin, j'avois tousjours esperé que vos promesses seroient en fin executées, touchant ce que vous sçavez qui me tient le plus au cœur. Il me semble que j'ay fait tout ce que vous m'aviez dit qui estoit necessaire pour y parvenir, ce qui ne m'ayant pas beaucoup profité, je dois croire que vous n'y avez pas vous mesme fait tout ce que vous m'aviez asseuré, ou que les causes de mes plaintes ne cesseront jamais, et partant que ce n'est que s'abuser de l'esperer. Je ne laisseray pas neantmoins de faire mon devoir, comme j'y suis obligée, et, sans vous vouloir mal de tout ce qui se passe, je vous demeureray telle que j'ay tousjours esté. Priant Dieu, mon cousin, qu'il vous ait en sa garde.

Escrit à Fontaine-bleau, ce 20 d'avril 1604. MARIE.

Lettre de M. de Rosny à la Reine.

MADAME,

Je vous supplie croire que j'ay fait et feray

tousjours tout ce qui me sera possible pour le contentement du Roy et le vostre, n'en ayant point de plus grand que quand je vous voy en bonne humeur l'un envers l'autre : pour à quoy parvenir, il sembleroit necessaire que le plus foible et le plus obligé ne forgeast pas des offences de gayeté de cœur, et desquelles il n'y a gueres d'hommes qui se soient pû entierement exempter, puis que le Roy, qui a esté nommé le plus sage des hommes, a esté le plus sujet à de semblables infirmitez. Et neantmoins, je ne desespere pas que vous ne receussiez quelque assaisonnement à vos déplaisirs, si vous sçaviez bien considerer quelle est l'humeur du Roy, et ce qu'il est besoin que vous fassiez pour vous y accommoder; car vous n'ignorez pas qu'il ne soit libre et gay, qu'il n'aime à rire, que l'on soit gay et libre avec luy, que l'on le louë, flatte et carresse, et sur tout que l'on l'entretienne avec apparence de contentement; et essaye-t-on de luy complaire, et faire quelque conte pour rire, ainsi que vous voyez que fait madame de Guise, et qui est cause que souvent il vous quitte pour aller causer avec elle, disant qu'au lieu de venir au devant de luy le baiser, l'embrasser, le louër et l'entretenir gayement, vous le recevez avec une mine froide, comme si c'estoit un ambassadeur; et là dessus vos esprits s'en aigrissent, se dépitent, et chacun fait au pis. Sur toutes lesquelles choses je supplie vostre Majesté de vouloir bien mediter, et les mettre en usage; car lors oserois-je respondre que le Roy se laissera conseiller aux choses convenables, finissant ma lettre par mes accoustumées protestations d'estre à jamais, madame, vostre tres-humble et tres-obeyssant et tres-fidele sujet et serviteur,

MAXIMILIAN DE BETHUNE.

De Paris, ce 28 avril.

Lettre de la Reine à M. de Rosny.

Mon cousin, apres que nostre edit des exemptions a esté verifié eu toutes les cours souveraines de Paris, j'ay commandé à ceux qui avoient charge d'en faire la sollicitation, de poursuivre les lettres et expeditions necessaires pour l'execution d'iceluy; entre lesquelles ayant esté conseillée, pour accelerer la poursuite et levée des deniers qui proviendront d'iceluy, de faire commettre le sieur president de Blanc-mesnil, mon chancelier, et Deslandes, conseiller en la cour de parlement, pour faire les taxes de la finance qui devra estre payée par ceux qui voudront jouïr desdites exemptions, comme estans personnages remplis d'integrité et qui s'en acquiteront fidelement; ayant aussi accordé la recepte desdits deniers à maistre Jacques le Secq, par les quittances duquel je desire qu'ils soient levez, et le controolle d'iceux à maistre Henry du Bois, sieur de Haute-combe, afin d'éviter les longueurs et retardemens que l'on pourroit recevoir, s'il falloit en cela passer par les mains des tresoriers des parties casuelles et controolleurs generaux des finances; estant aussi bien advertie que l'on a souvent usé de cette forme en semblable cas, j'ay fait sur ce dresser les commissions necessaires : et parce qu'il est à propos qu'elles soient veuës au conseil du Roy, mon seigneur, je vous escris celle-cy pour vous prier de les faire resoudre audit conseil, au premier jour, et donner ordre qu'elles soient paraphées ou signées en queuë par l'un des conseillers d'iceluy, ou intendans des finances, afin qu'apres cela elles soient au plutost expediées. Tenez y donc la main, je vous prie, et trouvez bon que ce porteur vous en sollicite, et vous voye sur ce sujet de ma part, afin que je puisse faire plustost obtenir une bonne issué de cette affaire, qui traine depuis si long temps en ça, et que je sçay ne se pouvoir terminer que par vostre bonne assistance; laquelle me voulant promettre, je ne vous feray plus longue lettre que pour prier Dieu, mon cousin, qu'il vous ait en sa sainte et digne garde.

Escrit à Fontaine-bleau, le vingt-sixiesme jour d'avril 1604. MARIE.

Et plus bas, PHELIPEAUX.

Lettre de la Reine à M. de Rosny.

Mon cousin, j'ay veu par vostre lettre la proposition que vous me faites touchant l'expedition de mon edit. Je recognois que vous l'avez retardée pour l'affection que vous portez à mon service, et pour la creance que le changement que vous estes contraint de prendre aux edits du Roy et des Suisses me pourra apporter plus d'utilité que le chemin que je prends. Neantmoins, puis qu'il a pleu au Roy de me faire ce don, à la charge de racheter ses bagues, desirant de commencer à faire cognoistre à Sa Majesté que je suis bonne mesnagere, j'ay bien considéré que je ne pourrois accomplir l'intention que j'en ay par autre moyen que celuy que j'ay proposé et demandé, veu la fidelité de ceux qui poursuivent cette affaire, lesquels je suis asseurée qu'ils ne me deroberont, et me serviront plus pour gagner mes bonnes graces que pour leur profit particulier. Les frais ne seront pas si grands que l'on pourroit penser; l'execution en sera plus prompte; et ne peut y avoir aucune oppression du peuple, puis que le privilege est volontaire, et que qui le voudra obtenir sera soudain dépesché, sans autre despence que de la taxe. Partant je vous prie me tesmoigner encor en cecy ce que je desire de vostre bonne volonté, me faisant dépescher promptement les commissions en la forme que je l'ay demandée, ne jugeant la devoir changer. Et sur ce, mon cousin, je prie Dieu vous tenir en sa garde.

De Fontaine-bleau, ce 4 may 1604.
MARIE.

Lettre de la Reine à M. de Rosny.

Mon cousin, les sieurs de Brancalcon et du Bois, ou l'un deux, vous yront trouver de ma part, pour vous parler de quelques declarations ou arrests qui sont necessaires d'obtenir au conseil du Roy, mon seigneur, tant en interpretation de nostre edict des exempts faits en chacune paroisse, que pour la facilité de l'execution d'iceluy : surquoy je vous prie de les escouter et voir les memoires qu'ils vous presenteront sur ce sujet, et vous y rendre tellement facile et disposé, y apportant ce qui est de vostre authorité, que lesdites declarations ou arrests soient au plutost expediez. Je fais tant d'estat de vostre amitié et de l'affection que vous apportez à ce qui me touche, que je me promets toute faveur et assistance de vous en cette affaire. C'est pourquoy je ne feray celle-cy plus longue que pour prier Dieu, mon cousin, qu'il vous ait en sa sainte et digne garde.

De Fontaine-bleau, ce dix huitiesme jour d'aoust 1604.
MARIE.
Et plus bas, PHELIPEAUX.

Lettre de la Reine à M. de Rosny.

Mon cousin, j'ay demandé en don au Roy, mon seigneur, quelques deniers qui se trouvent entre les mains de certains receveurs de Roüergue et Quercy, qui ont esté levez sans commission ny pouvoir de Sa Majesté, lesquels il m'a bien volontiers accordés; et neantmoins, auparavant que l'on en delivrast aucune expedition, il a desiré avoir sur ce vostre advis, et vous en escrit presentement; et parce que je recognois qu'il veut que je vous aye une bonne partie de l'obligation de cette gratification, je vous ay bien voulu aussi escrire celle-cy par ce porteur, que je vous envoye exprez, avec les memoires de cette affaire, et les expeditions que l'on desire sur icelles, pour vous prier, comme je fais bien affectueusement, de voir lesdits memoires, et donner sur ce vostre advis au Roy, mondit seigneur, qui soit tel que, par vostre moyen, je puisse jouir et me prevaloir de cette grace. J'espere cela de l'affection que vous me faites paroistre et des bons offices que vous me rendez continuellement en toutes les occasions qui s'en presentent. Et attendant sur ce de vos nouvelles, je prie Dieu, mon cousin, qu'il vous tienne en sa sainte et digne garde.

Escrit à Fontaine-bleau, le dernier jour d'aoust 1604.
MARIE.
Et plus bas, PHELIPEAUX.

Lettre de la Reine à M. de Rosny.

Mon cousin, le Roy, mon seigneur, a fait don à ce porteur, nommé Santi, jardinier de Monceaux, de la somme de six cens livres, pour luy aider à se marier, et pour employer à la construction d'un moulin qu'il fait faire sous les jardins dudit lieu. C'est un homme que j'amenay avec moy lors que je vins en ce royaume, qui travaille fort bien aux jardinages, et qui y sert de telle sorte que le Roy, mondit seigneur, en a beaucoup de contentement. C'est pourquoy je vous prie de vouloir commander et tenir la main que ladite somme luy soit payée promptement, suivant l'ordonnance qui luy en a esté expediée, et laquelle il vous porte pour cét effet; et vous me ferez en cela un singulier plaisir. Priant Dieu, mon cousin, qu'il vous ait en sa sainte et digne garde.

Escrit à Fontaine-bleau, le trentiesme jour d'aoust 1604.
MARIE.
Et plus bas, PHELIPEAUX.

Lettre de la Reine à M. de Rosny.

Mon cousin, depuis vostre partement de ce lieu, j'ay eu des nouvelles de celuy qui m'avoit donné l'advis dont je vous avois cy-devant escrit, lequel me mande que les deniers dont est question ne sont point compris en la composition que vous et ceux du conseil du Roy, mon seigneur, avez faite avec ceux du pays de Roüergue et de Quercy, estant mesme encore entre les mains des receveurs, qui en voudroient estre honorablement dechargez, comme ayans esté levez sous un faux pretexte, et dont possible ils craignent d'estre plus particulierement recherchez. Or, mon cousin, mon intention n'est point de prejudicier ny alterer en sorte quelconque ce qui est du service ny des affaires du Roy mondit seigneur, ny l'ordre que vous pouvez avoir mis pour l'establissement d'iceux, ny moins demander en cela chose qui apporte charge ou oppression à son peuple; mais aussi, si vous recognoissez que ce que l'on me fait entendre en cela soit vray, et que ces receveurs qui sont personnes particulieres, soient encore chargez de ces deniers, je vous prie de n'y faire aucune difficulté, ains y apporter ce qui y sera requis, et de vostre authorité, afin que je jouysse du fruict que je me suis promis de cette gratification, par telles voyes et expeditions que vous jugerez y estre plus convenables, et mesmes sans y employer sergens ny commissaires, ny y faire aucuns frais, comme vous me le mandiez; me remettant de cela, comme de tout cét affaire, à ce que vous adviserez estre à propos. Et toutesfois je vous diray que je ne suis conseillée de prendre la voye que vous me proposez, de faire rembourser ces receveurs de Quercy de la finance qu'ils peuvent pretendre d'avoir payée, mais plutost, puis qu'ils sont pourveus et receus, de leur faire payer nouvelle finance pour la composition de leurs offices, puis qu'en effet ils n'ont rien financé, et outre cela leur faire rendre ce qu'ils ont indument pris sous couleur d'arrérages des gages et des interests qui ne leur estoient nullement deubs. Vous me rendez en toutes occasions tant de bons offices, et me faites si souvent ressentir les effets de vostre affection et amitié, que je sçay qu'en cette occasion vous me les continuërez encores, comme je vous en prie, et de me mander par ce porteur que derechef je vous envoye expres, ce que j'en dois esperer. Priant Dieu, mon cousin, qu'il vous ait en sa sainte et digne garde.

Escrit à Fontaine-bleau, le treiziesme jour de septembre 1604.   MARIE.

Et plus bas, PHELIPEAUX.

Lettre de la Reine à M. de Rosny.

Mon cousin, vous avez tousjours promis de faire donner le fonds pour la despence de ma maison, jusques à la somme de cent quinze mil escus; et parce que jusques à present d'Argouges, mon tresorier, n'a touché qu'à la raison de cent huict mil, et que nous voicy tantost à la fin de l'année, je vous prie de luy faire ordonner le payement des sept mil escus restans, afin qu'il ait moyen de satisfaire aux depenses ordinaires de madite maison. Et sur ce je prie Dieu, mon cousin, qu'il vous ait en sa sainte et digne garde.

Escrit à Fontaine-bleau, le treiziesme jour de septembre 1604.   MARIE.

Et plus bas, PHELIPEAUX.

Lettre de la reine Marguerite à M. de Rosny.

Mon cousin, vous estes tousjours mon recours, et, apres Dieu, l'appuy de qui je fais tousjours le plus d'estat : ne vous sentez donc, je vous supplie, importuné si en choses petites, aussi bien qu'aux grandes, j'y requiers l'ayde de vostre authorité, et si, comme Dieu, qui ne se contente de créer les choses, mais a un perpetuel soin de les conserver, je vous supplie vouloir tenir la main à ce que je sente l'effet des biens-faits du Roy, comme je sçay que c'est l'intention de Sa Majesté et la vostre, commandant à M. le Févre, receveur de Bordeaux, de payer promptement le troisiesme quartier de l'assignation des vingt-cinq mille escus de mes creanciers, qu'il leur doit depuis l'autre année, et avoit promis de le payer il y a un mois, disant l'avoir tout prest; mais, depuis, certains broüillons qui ne tendent qu'à retarder le payement de mes debtes, pour pescher en eau trouble, et mieux faire leur main, luy ont fait changer de langage, s'excusant qu'il a payé d'autres parties qui estoient apres la mienne, et voulant bailler de mauvaises rescriptions sur des receveurs particuliers, dequoy l'on ne seroit jamais payé. Je vous supplie m'obliger tant, s'il est à Paris comme l'on dit qu'il y est cy-devant allé, de luy faire cognoistre que c'est l'intention du Roy et la vostre que je sois mieux traittée, et s'il n'y est, je vous supplie m'obliger tant que de luy escrire de bonne ancre, et luy ordonner d'acquitter promptement le susdit troisiesme quartier. J'ay aussi à vous requerir pour l'exemption d'Usson, où je ne vous demande rien que de justice; car ce bourg n'est pas de la qualité des villes cottizées qui ont foire et marché. Il vous a esté tesmoigné, par les enquestes des lieux circonvoisins et bureau des tresoriers, que le bourg d'Usson n'eust jamais ny foire ny marché; et outre, c'est prevenir, au prejudice de ma qualité, qu'il a pleu au Roy, par la déclaration de sadite Majesté, accorder au lieu de ma demeure, soit Usson ou Villers-Coterest, d'estre exempt pendant mon sejour; l'on leur en a desja accordé la moitié, le reste est si peu de chose qu'il ne se monte cent cinquante escus. Je vous supplie m'accorder cette juste demande, et me conserver le bien de vostre amitié, comme à celle qui honore d'avantage vostre merite, et qui rechercha avec plus d'affection une digne occasion pour se tesmoigner, mon cousin, etc.

D'Usson, ce 19 juillet 1604.   MARGUERITE.

Lettre de la reine Marguerite à M. de Rosny.

Mon cousin, vous ne me pouvez d'avantage obliger que de me tesmoigner avoir asseurance de la puissance que vous aurez tousjours sur tout ce qui dependra de moy; je tiens beaucoup de felicité quand le ciel m'offre le moyen de vous en pouvoir rendre preuve, et principalement en cette occasion, où j'estime faire en M. Debor, pour personne que vous affectionnez et qui vous est necessaire; il n'y avoit point une plus preignante recommandation pour moy : aussi luy ay-je soudain fait expedier les provisions de l'abbaye de Sainct Maurin, que me demandez pour luy, que je luy envoye. J'ay de long-temps ouy parler de sa suffisance en la charge qu'il a sous vous; il est, certes, personne de merite, mais le plus grand qu'il puisse avoir en mon endroit est de le cognoistre aymé de vous. Je vous pensois de retour à la Cour : je sçay que vostre prudence n'a besoin de conseil; mais excusez-moy si l'affection que j'ay à vostre bien me contraint de vous dire que les absences les plus courtes, à ceux qui ont les fortunes que vous avez, sont les meilleures : la vertu et la fidelité à son maistre n'est jamais sans envie, et faut croire que les esprits prodigieux de ce temps, qui ne desirent que le mal du Roi et de cét Estat, cognoissent bien qu'ils n'y pourroient apporter un plus grand prejudice que de priver Sa Majesté d'un tel serviteur que vous. Pensez-y donc, non tant pour vostre particulier que pour le bien du Roy et de cét Estat, auquel en ce mal-heureux siecle rien n'est si necessaire pour le bien de l'un et de l'autre qu'une fidelité telle que la vostre. Ayant, comme vous, attaché ma fortune à celle du Roy, je ne puis que je n'apprehende avec passion tout ce qui luy pourroit estre prejudiciable : je prie donc Dieu qu'il vous ramene promptement aupres de Sa Majesté, et avec tout l'heur et felicité que vous pouvez souhaiter, et que le bien de vostre amitié me soit tousjours conservé, comme à celle qui, avec plus d'affection, se tesmoignera tousjours, etc.

D'Usson, ce 26 juillet 1604. MARGUERITE.

Lettre de la reine Marguerite à M. de Rosny.

Mon cousin, le Roy m'ayant tousjours fait cét honneur de me promettre l'appuy de sa faveur, lors que je voudrois poursuivre la succession de la Reine, ma mere, dequoy ce détestable Charles, Monsieur, que je ne nomme plus nepveu, puis qu'il est ennemy du Roy, m'en usurpoit une partie du bien, je n'ay toutesfois osé, pour la crainte que j'avois de sa malice et du pouvoir qu'il avoit en ce pays, commencer cette juste poursuite jusques à cette heure, que je voy le temps propre pour avoir un arrest, accompagné d'un commandement du Roy, pour faire aisément sortir des places les brigandeaux qu'il y tenoit, lesquelles importent pour le service du Roy d'estre razées; et Sa Majesté doit desirer que ce perfide et ses enfans (qui peut-estre seront un jour tels que luy) ne puissent jamais avoir l'authorité qu'il avoit en ce pays, afin qu'on ne fortifiast leurs desseins pernicieux. Ce que je requiers à Sa Majesté et à vous en cecy, est seulement de favoriser mon bon droict, en me faisant faire prompte et bonne justice, laquelle ne me peut estre desniée, la substitution du contract de mariage de la Reine, ma mere (lequel j'ay recouvert par le moyen de Sa Majesté, à qui, apres Dieu, j'en ay l'obligation), estant si claire, donnant son bien à ses enfans, de fils en fils, tant qu'il y auroit, selon l'ordre de l'âge, et les fils venans à faillir sans enfans, le donnoit aux filles, qu'il ne faudroit que des yeux pour cognoistre que la Reine, ma mere, ne pouvoit disposer de son bien, ny aussi peu le feu Roy, mon frere, dernier mort, pour ce que (comme j'ay dit) la substitution ne finissoit pas à luy, mais venoit des fils aux filles, desquelles il a pleu à Dieu que je sois restée seule. Je vous en ay fait ce discours, pour ce que je sçay qu'autrefois ce malicieux, qui sçavoit tres bien pallier une fausseté à son profit, vous en a parlé; mais s'il vous plaist cognoistre la verité de cecy, il ne faut que prendre la peine de voir ledit contract de mariage de la Reine, ma mere, où en deux clauses cette substitution est tres-clairement en cét ordre de fils aux filles reïterée. Et de dire (qui est le dernier refuge dequoy il se sert) qu'au moins le feu Roy pouvoit disposer de sa legitime, l'on luy respond que les consentemens que ledit feu Roy a donnez pour sa part aux ventes et dons que la Reine, ma mere, a faits sur son bien, emportoient trop plus que la valeur de sa legitime, laquelle ne me pouvoit prejudicier, car je n'ay point consenty. Pour ce que je ne veux requerir mes amis que de choses justes, j'ay voulu vous faire cognoistre mon droit, auquel je vous supplie m'assister, pour en avoir prompte et bonne justice : ce me sera donner de tant plus le moyen de tesmoigner la volonté que j'ay de m'acquerir dignement la qualité de, etc.

A Luçon, ce 20 novembre 1604. MARGUERITE.

Il seroit à desirer d'avoir aussi bien vos lettres au Roy, et celles qu'il vous faisoit communiquer, comme il est dit és siennes, car elles éclairciroient tout ce qui n'est pas specifié; mais nous autres vos secretaires, ny vous, n'en ayant pas gardé coppie, il se faut contenter de ce que nous pouvons, et passer outre, pour vous ramentevoir comme, par commandement du Roy, en qualité de grand maistre de l'artillerie, vous expediastes une commission au sieur de la Valée Piquemouche, pour aller démolir le fort chasteau de Craon.

La recherche des financiers fut continuée toute cette année, et en fin, contre vostre advis, terminée en une composition à l'accoustumée, par le moyen de laquelle les gros larrons, en graissant les mains aux dames et courtisans de faveur, s'exempterent de chastiment, et firent tomber tout le faix des restitutions sur les pauvres grimelins de larronneaux. Nous laisserons tous les ordres tenus sur cette affaire aux historiens.

Cette année fut poursuivie l'entreprise, par vous de long-temps projettée, pour pratiquer un canal (1) qui joignist les navigations de Seine et Loire, et vous transportastes plusieurs fois sur les lieux, pour en recognoistre les commoditez, et prendre les hauteurs et desclins des montagnes; enquoy vous estiez souvent interrompu par l'importance des autres affaires, desquelles bien peu se resolvoient sans vous; pour preuve dequoy, nous transcrirons icy seulement une lettre entre plusieurs autres que le Roy vous escrivit sur ce sujet, de laquelle la teneur ensuit :

Lettre de la main du Roi à M. de Rosny.

Mon amy, je vous fais ce mot, et vous despeche ce courrier expres, pour vous dire que le connestable de Castille arrive dimanche à Paris, où l'on croit qu'il sera pour faire la feste, pour incontinent apres se rendre icy, ce qui pourra estre mercredy ou jeudy au plus tard. C'est pourquoy je vous prie de remettre vostre visite du canal jusques à une autre fois, et vous rendre icy mardy de bonne heure. Adieu, mon amy.

Ce vendredy matin, 23 novembre, à Fontaine-bleau. HENRY.

En cette année s'introduisirent divers ordres de religieux et de religieuses, et aussi plusieurs sortes d'ouvrages et manufactures rares et precieuses : surquoy vous representates au Roy ce que Charlemagne avoit ordonné pour le premier, et les Romains pour le second.

Les bagues de madame la duchesse de Bar, sœur du Roy, furent, du consentement des creanciers qui les avoient saisies, mises en depost entre vos mains, sans autre seureté que de vostre foy et parole; desquelles vous fustes depuis deschargé, par acte du 28 juin 1605, signé DES MARQUETS et BON-TEMPS, par lequel il appert que la Reine les receut.

Declaration des fermiers françois.

Le deuxiesme jour de novembre 1604, à la requeste de maistre Charles du Han, fermier general des cinq grosses fermes de France, j'ay, premier huissier ordinaire du Roy en ses conseils d'Estat et privé, soubsigné, monstré, signifié, et fait suffisamment à sçavoir l'arrest donné au conseil de Sa Majesté, à Fontaine-bleau, le vingt-sixiesme jour d'octobre dernier, signé Meliand, cy attaché (à l'encontre d'un nommé le Roy), au sieur Jacques Favier, commissaire ordinaire

(1) Le beau canal de Briare, achevé sous Louis XIV.

des guerres; maistre Pierre Heroüard, secretaire de la chambre du Roy; Claude Thiret, receveur general des traittes foraines en Champagne; Jean le Pilleur, controolleur des susdits droits en ladite province; François Jean, aussi receveur general des traittes en Normandie; Nicolas Chantemerle, receveur desdits droits à Roüen; Pierre Pomey, et Jacques Joly, bourgeois de Paris; tous associez avec ledit sieur du Han esdites fermes, en parlant à leurs personnes, trouvées en la maison dudit maistre Pierre Pomey, l'un desdits associez, size en cettedite ville de Paris, ruë Quinquempoix, à ce qu'ils n'en pretendent cause d'ignorance. Lesquels susnommez associez et chacun d'eux, à la requeste que dessus, j'ay sommez et interpellez de presentement declarer si aux participes en leur part de ladite association esdites fermes, il y a aucuns estrangers compris, protestant par ledit du Han, s'il s'en trouve par le moyen d'aucun d'eux, que, conformément à la volonté de Sa Majesté, portée par ledit arrest, ils seront tenus de repondre, et payer en leur propre et privé nom les cent mil livres mentionnez en iceluy, et autres peines au cas appartenantes, sans qu'iceluy du Han en puisse encourir aucune perte; à quoy toutesfois il se soubmet, au cas que de sa part il soit contrevenu audit arrest. Lesquels sus-nommez ont fait responce, sçavoir : ledit sieur Favier, qu'il obeyra à l'arrest de messieurs du conseil, et qu'il n'a et n'aura aucuns estrangers associez avec luy, en sa part desdites fermes, sur les peines dudit arrest; ledit sieur Heroüard, qu'il n'a et n'aura aucuns estrangers en sadite part, se soubmettant à la rigueur de l'arrest, au cas qu'il se trouve le contraire; ledit sieur Thiret, qu'il n'a aucun associé avec luy, et qu'il obeyra à la volonté de Sa Majesté, portée par ledit arrest; ledit sieur Jean, qu'il n'a aucun estranger en sa part de ladite association, s'obligeant aux peines portées par ledit arrest, au cas qu'il y contrevienne; ledit sieur le Pilleur, que pour l'interest qu'il a en ladite association, il n'a aucuns estrangers qui participent avec luy, et entend obeyr aux peines dudit arrest; ledit sieur de Pomey, qu'il n'y a aucun estranger associé pour son regard, en ce qui est desdites fermes, et que s'il se trouve le contraire, il se soubmet aux peines de l'arrest, au cas qu'il y soit par luy contrevenu; et ledit sieur Chantemerle, qu'il n'a et n'entend avoir aucun estranger associé pour sa part desdites fermes, aux peines portées par ledit arrest. A tous lesquels sus-nommez associez et à chacun d'eux a esté baillé et laissé coppie, tant dudit arrest du conseil, que presente sommation, interpellation et exploit, qu'ils ont signé en mon original avec ledit sieur du Han, auquel a esté baillé et laissé ces presentes pour luy servir et valoir ce que de raison. PARDOU.

Sur la fin de cette année, M. d'Antragues fut, ainsi qu'il a esté dit cy-devant, mis prisonnier; madame de Verneuil, sa fille, arrestée en son logis, gardée par le chevalier du Guet, leur procez fait et parfait, mais leurs peines commuées.

Alexandre, fils bastard du Roy, fut en la mesme année receu en l'ordre des chevaliers de Malte; dequoy nous laisserons les ceremonies aux historiens, aussi bien que les reparations qui furent commencées au pont d'Avignon, qui s'en alloit en ruyne; mais bien vous ramentevrons que, nonobstant les pretentions du Pape, le Roy se maintint, par le soin que vous en eustes et l'ordre que vous y donnastes, en l'entiere proprieté dudit pont, et ne nous dispenserons, quoy que cela soit un peu long, d'inserer un discours qui vous fut envoyé pour justifier les justes pretentions du Roy, la teneur duquel discours est telle que s'ensuit :

Lettre des tresoriers de Tholouse à M. de Rosny.

Pour respondre à la lettre qu'il a pleu à M. le marquis de Rosny d'escrire à nous officiers du Roy, tant pour la justice que pour les finances, sur le sujet du different qui est entre les officiers de Sa Majesté et de nostre Sainct Pere, pour raison du pont d'Avignon, port et passage de la riviere du Rosne, entre Avignon et VilleNeufve, droicts et levées d'iceux pour ledit passage, et pour raison de l'ordre et forme en la reparation dudit pont ;

Après qu'en suivant ladite lettre, lesdits sieurs ont fait faire recherche des actes et tittres servans à ladite cause, dans les archifs du domaine du Roy de la senechaussée de Nismes, et communiqué le tout avec les principaux officiers du Roy de la province ;

Résulte que, bien que, de droit commun, les rivieres faisant séparation des provinces de divers princes, soient censées être des dépendances desdites provinces, et par conséquent chacun avoir son terroir et estenduë jusques à moitié de la riviere, toutesfois le contraire est de la riviere du Rosne, lequel est du Roy seul, et en tout, et de la jurisdiction royale de bord en bord, tant en son ancien que nouveau canal, privativement à tous autres princes aboutissans ladite riviere, comme au duc de Savoye, au Dauphin, au Pape, comte de Provence, et prince d'Orange. L'authorité des docteurs anciens, tant François qu'Italiens, et les prejugez par les arrests du conseil privé, du grand conseil, de la cour du parlement de Paris et Tholouse ; les sentences du seneschal de Beaucaire et Nismes, et du maistre des eauës et forests de Languedoc ; les commissions dressées par lettres patentes du Roy à ses officiers de Languedoc, continuellement depuis trois cens ans en ça ; les baux et inféodations des isles, et accroissemens dans la riviere du Rosne d'un bout à l'autre, faits par lesdits officiers ; les droits d'iceux, et des ports et peages qui sont sur ladite riviere, payez aux tresoriers du domaine de ladite senechaussée, ont estably cette maxime fondamentale au domaine du Roy ; mesmes que lesdits arrests et sentences ont esté donnez en jugement contradictoire, sur les deffences ou consentement des parties adverses, et par exprés, le 7 septembre 1491, où lesdits officiers de notre Sainct Père, et les consuls d'Avignon, sur l'appel par eux relevé du maistre des eauës et forests, en la cour de parlement de Tholouse, gagnerent leur cause sur des lettres patentes par eux obtenuës du Roy, par lesquelles ils se chargerent de ne bastir n'y reedifier aucunes pallieres du costé d'Avignon, sur le bord du Rosne, sans la volonté, congé, et licence du Roy ; et par autre arrest du mesme jour, ils sont condamnez à rebastir à leurs despens les degrez de pierre qu'ils avoient ruinez et démolis de leur authorité ; et, pour la folle entreprise, à quatre cens livres d'amende envers le Roy, deux cens livres applicables à la reparation du palais de Thoulouse ; et que le moulin qui estoit joignant Avignon serait ruiné, suivant l'ordonnance dudit seneschal.

Doit venir en consideration que, ausdites causes, le gouverneur et vice-légat d'Avignon, et le corps de la ville assemblez en general, ont remis leurs procurations pour déduire leurs moyens d'intérest, en la cour de parlement de Tholouse, et, devant les commissaires par elle députez, ont relevé appel, et recouru en ladite cour de parlement, et, par ce moyen, recogneu et approuvé la jurisdiction du Roy, non par actes forcez ou contraints, mais de volonté, et en forme authentique, et avec connoissance de cause.

Que s'il est opposé que, par les produits faits de la part de nostre sainct Pere, sur semblable different, il appert que, conjoinctement par les officiers de Sa Majesté et de Sa Saincteté, il y a esté pourveu, la responce y est facile : premierement que lesdits reglemens sont provisionnels, sans prejudice du droit des parties au principal, et ce, pour faire cesser les excez, meurtres et voyes de fait commises d'une part et d'autre ; pour un second, c'estoit un commissaire de la cour de parlement de Paris, qui procedoit sans cognoissance de cause, et sans aucune recherche des droicts du Roy; pour un troisiesme, les officiers du Roy et son procureur en ladite senechaussée s'y opposent, et remonstrent que lesdits reglemens, bien que provisionnels, sont de l'année 1340, et lesdits arrests qui sont definitifs, de trente et quarante ans apres.

Ne sont aussi considerables les contracts de ventes des portions du droict de port et passage, remis par les officiers de nostre sainct Pere; car ce sont actes faits entre des particuliers, lesquels vendent à l'œuvre du pont, mesme à Jean Benoist, procureur de ladite œuvre, lesdites portions, et n'est pas vray-semblable que tels droits appartiennent à des particuliers, parce que ce sont droits publics, et le plus souvent des dépendances de la jurisdiction. D'ailleurs il y a eu erreur manifeste en la date, ou supposition, ou tromperie; car les mesmes contracts de l'an 1185, 1187, 1190, 1201, 1216, 1387 sont faits entre mesmes personnes, et receus par Estienne, notaire; toutes lesdites ventes sont faites au profit de l'œuvre du pont, et des freres et procureurs dudit pont, et non des officiers d'Avignon; et d'avantage, Allassis et Bertrand de la Garde, qui sont les deux premiers vendeurs en l'an 1187, chacun de la moitié dudit pont, vendent pour le prix de sept cens cinquante sols melgoires; et en l'an 1190, Giraldus Amicy vend une autre pour le prix de vingt-quatre mil sols melgoires: cette diversité de prix ne peut donner vertu ausdits contracts; d'ailleurs le prix est en monnoye de France.

Quant aux lettres patentes du roy Philippe ou d'autres roys, elles sont toutes obtenuës par les recteurs de l'hospital Sainct Benoist ou freres du pont, et addressées au senechal de Beaucaire et Nismes, en cognoissance de cause, afin que, suivant ce qui luy apparoistroit, il fist jouyr lesdits recteurs du revenu du pont, suivant ce qu'ils avoient auparavant bien et deuëment jouy.

Est fort considerable que l'enqueste faite par le maistre des eauës et forests, et tous les autres actes et tiltres, sont tous au nom de l'œuvre et profit du pont, des freres et recteurs dudit pont, sans qu'il y soit fait mention des seigneurs d'Avignon ny du Pape, depuis son acquisition, ny de leurs officiers; comme aussi par lesdits tesmoins appert que, lors que ledit port estoit mal servy, ou qu'il y avoit surexation, les officiers du Roy procedoient par saisie.

Mais, pour mettre fin à tous doutes, est remarquable que, bien que lesdits recteurs, depuis tro*** *** us, ayent souvent recouru au Roy et obtenu plusieurs lettres patentes sur leurs plaintes, fait enqueste et beaucoup de procedures sur ce mesme sujet, toutesfois ceux d'Avignon ne rapportent aucunes sentences portant verification et entherinement desdites lettres, ny autres au profit desdits recteurs, et moins encores au profit desdits officiers de nostre sainct Pere, ou des consuls d'Avignon, non plus que des actes d'exercice de justice et de jurisdiction, ny aucunes procedures, ny sentences par lesdits officiers de nostre sainct Pere, donnez sur le sujet du pont, port, ou passage de la riviere.

Ladite riviere du Rosne, les isles et pont d'Avignon, et despendances, appartiennent au Roy, comme Roy, et par droict domanial et de regale, estant de Languedoc, et ses dépendances, de l'ancien domaine et patrimoine de sa couronne; car, bien que les comtes de Tholouse ayent esté seigneurs de la pluspart du Languedoc jusques en l'an 1350, la superiorité et souveraineté estoit de la couronne, de laquelle lesdits comtes de Tholouse, de Languedoc, tenoient en plain droit de la couronne, comme est à present, et de tout temps le costé de Languedoc a esté appellé le royaume, et de l'autre auroit esté appellé l'empire.

En suite de cette maxime du droict que le Roy a sur le Rosne, au dernier traitté fait avec le sieur duc de Savoye, sur le transport du pays de Bresse, en eschange du marquisat de Saluces, ledit duc remet et cede au Roy toute la Bresse, jusques à la riviere du Rosne, et icelle comprise, de sorte que toute ladite riviere est du royaume de France, sans que ledit sieur duc puisse mettre ny lever aucunes impositions, ny aucuns peages sur ladite riviere, ny bastir aucun fort; et bien que ce droict soit par convention et reservation expresse, si-est-ce qu'il y a grande apparence que les sieurs commissaires, deputez par Sa Majesté, ont voulu en cette nouvelle acquisition specifier ce que dessus, pour continuer les droits de regale que Sa Majesté a sur le Rosne, privativement aux autres princes qui tiennent le pays de l'autre rivage du Rosne.

Cette cause tire à grande consequence; car du costé de Provence et du costé de Dauphiné, les officiers desdits pays ont eu mesme pretention; de laquelle toutesfois ils ont esté deschus par tous les jugemens et arrets du conseil et des cours de parlement, qui sont remarquez par M. Bohery en son conseil pour les droits du Rosne, qui merite d'estre veu pour la decision de cette question; car, bien que le Dauphiné et Provence soient aujourd'huy du Roy, c'est par acquisition; et ne sont de l'ancien domaine de la couronne, comme est le Languedoc, qui y est uny et incorporé inseparablement, et non le Dauphiné et la Provence, qui en pourroient estre distraits par appanage ou mariage.

C'est pourquoy en executant vos commandemens, nous vous donnons pour advis que Sa Majesté se doit affermir à la conservation de ce droict, comme tres-important, et qu'en suite de tant d'arrests, qui en ont esté donnez en causes particulieres par ses juges ausquels parties adverses ont recouru et approuvé leur jurisdiction, elle doit mettre fin à ce differend, par un arrest solennel et general, et declarer que le Rosne, isles, port, peages et le pont et dependances, luy appartiennent de plain droict, tant en regale qu'en domaine et patrimoine de la couronne, privativement à nostre sainct Pere, au prince Dauphin, comte de Provence, et au prince d'Orange.

Et dautant que lors que le pont fut parachevé, il fut fort prudemment remarqué qu'un si grand édifice ne pourroit longuement subsister, si on ne pourvoyoit aux moyens necessaires, l'on fit un fonds qui ne revenoit pas à gueres moins de trois ou quatre mil livres de rente annuelle, pour subvenir à l'entretenement d'iceluy, et furent creés des recteurs dudit pont, pour avoir la charge et administration desdits deniers, lesquels ont esté divertis et si mal mesnagez, que ledit revenu ne sçauroit maintenant valoir mil livres : cela estant advenu par la malice d'aucuns de ceux qui ont eu la garde des tiltres et papiers, lesquels ont arraché et soustrait ceux qui faisoient pour eux, pour s'affranchir des cens et droicts que leur bien y faisoit; et semble estre raisonnable que Sa Majesté doit faire rendre compte à quoy ont esté employez tous ces deniers, qui doivent revenir à une grosse somme, depuis si long-temps qu'on les a levez et perceus, laquelle religieusement conservée estoit bastante, non seulement pour entretenir ledit fonds, mais encore pour refaire ce qui en est tombé.

Fait à Ville-neuve lez Avignon, ce 13 octobre 1604.

Le Roy continuant ses prudences et prevoyances accoustumées pour s'acquerir des amis et des bienveillances, aussi bien hors du royaume, parmy les princes ecclesiastiques, comme parmy les protestans, à la pluspart desquels il donnoit entretenement, voyant dans vostre cabinet l'estat d'iceux, il vous ordonna d'y adjouster le coadjuteur de Cologne pour vingt mil livres, dequoy M. de Ville-roy vous avoit escrit auparavant une lettre inserée cy-devant.

CHAPITRE CXLVI.

Grand conseil tenu à Paris. Discours du Roi. Retraite préparée aux militaires vieux ou estropiés. Le trésor royal déposé à la Bastille. Affaires étrangères. Du Perron cardinal. Origine du Molinisme. Affaire de la Valteline et des Grisons.

Pour mettre fin aux memoires de cette année 1604, nous employerons icy quelques expeditions obmises és années precedentes, quelques-unes de celles de la presente, et ce dont il nous est souvenu touchant les affaires estrangeres ; et commencerons par une lettre que le Roy vous escrivit, dont la teneur estoit telle :

Lettre de la main du Roy à M. de Rosny.

Mon amy, je vous fais ce mot, et vous dépesche ce courrier exprez, pour vous dire que vous ne veniez point icy, pour ce que j'espere estre demain au soir, Dieu aydant, à Paris, ou jeudy matin au plus tard, resolu d'aller aussi tost à l'Arsenac pour y faire mes affaires, où je les feray mieux qu'en ce lieu cy. Bon soir, mon amy.

Ce mardy au soir, 7 decembre, à Sainct Germain en Laye. HENRY.

En suitte de ce qui est dit en cette lettre, le Roy desirant de faire travailler aux amenagemens de son royaume, apres avoir resolu les especes d'expediens par lesquels il vouloit commencer, il voulut en faire luy mesme la proposition en une grande assemblée de quelques officiers de chacune de ses cours souveraines de Paris, et des principaux de son conseil d'Estat, justice, finances et police. Apres en avoir baillé la liste à monsieur le chancelier, et nommé un jour certain pour leur faire entendre ses intentions, lors qu'il sçeut qu'ils estoient tous assemblez dans le grand cabinet du bout de la grande salle des gardes, qui est joignant celuy de sa chambre, il ne manqua pas de s'y trouver aussi tost, et lors les ayant tous fait asseoir, il leur parla ainsi :

Harangue du Roy aux deputez.

Messieurs, j'estime que chacun de vous se souvient encore de l'estat miserable où estoient reduites les affaires de France lors qu'il pleust à Dieu m'appeller à cette couronne, et que, le comparant à la condition presente, il loüe et remercie en son cœur la bonté divine d'un si heureux changement, pour la perfection duquel vous sçavez combien librement j'ay exposé ma vie aux perils, et supporté toutes sortes de travaux, lesquels je tiens bien et dignement employez, pourveu seulement que la memoire vous en demeure. Mais mon affection paternelle envers mes sujets ne me permet point de m'arrester en si beau chemin, ains me convie à employer derechef ma personne et chercher tous moyens pour rendre telles felicités plus durables, et faire en sorte que, malgré tous accidens, chacun puisse jouyr à l'advenir, comme il fait à present, des commoditez publiques et privées, choses que je tiens tres-difficiles, s'il n'y est remedié par un bon ordre, et tres-grande prévoyance, à cause de l'extrême pauvreté que je recognois au peuple de la campagne, lequel est celuy qui nous fait tous vivre: car arrivant un changement de regne, ou quelque mouvement de guerre en ce royaume, comment estimez vous qu'il soit possible de subvenir à telles despences extraordinaires, puis que tout le revenu d'iceluy, quelques excessives qu'en soient les impositions, peut à grande peine porter les charges et despences du courant?

Lors que les roys mes predecesseurs sont tombez en pareilles adversitez, ils ont eu recours aux alienations de leurs domaines, constitutions de rentes, creations d'offices, augmentations de tailles, gabelles et impositions; mais maintenant toutes ces choses sont parvenuës à tel excez, qu'il ne s'en peut tirer ny esperer aucune assistance. Quoy donc, faudra-il laisser dissiper l'Estat, ou l'assujettir aux estrangers? Je m'asseure que nul de vous n'a le cœur si lasche que de l'endurer. Pour mon regard, je souffrirois plutost mille morts, et espere vous laisser des enfans pour roys, qui n'auront pas moins de courage. Parquoy, ne sçachant où prendre des moyens, tenez pour certain que l'on s'adressera au fonds des rentes, comme le plus facile, et crains qu'en fin, telles affaires continuans ou tirans à la longue, eux ou moy soyons contraints par la necessité, qui est la loy de toutes les loix, de faire banqueroute non seulement à cette nature de debte, mais à tous creanciers de l'Estat, chose que je veux eviter de toute ma puissance, et l'éviteray infailliblement si vous y contribuez, ce que l'ancienne fidelité des François me fait esperer de vous.

C'est pourquoy, voyant que la paix et le repos universel que mes labeurs ont acquis à la France, nous promet, ou plûtost nous appelle à des consultations et occupations si loüables et si justes, je me suis resolu, pour prevenir tels inconveniens, d'entrer au rachapt et admortissement des rentes, engagement de domaines, suppression d'offices et diminution d'impositions, en remboursant du sort principal les proprietaires qui les ont acquises loyallement et de bonne foi. Mais, avant que d'ouvrir aucun expedient, je desire prendre vostre conseil et recevoir vos advis communs; et pour vous donner moyen de les mieux former, je veux que sans vacquer à aucune autre affaire, soit publique ou privée, vous vous assembliez deux fois le jour, afin de trouver les expediens plus propres et advantageux pour faciliter cette mienne intention, lesquels j'escouteray volontiers, et les approuveray si l'execution peut suivre la proposition; sinon j'espere moy-mesme vous faire des ouvertures qui ne seront à rejetter, ne desirant establir autre justice en cette affaire que celle qui de droict se peut pratiquer entre deux particuliers. Mais, quoy qu'il y ait, tenez pour arresté en vos esprits que je ne me departiray jamais d'une telle resolution, quelques difficultez et empeschemens que vous y puissiez apporter, dautant que je le tiens non seulement juste et utile, mais tellement necessaire que la conservation de cét Estat y est conjointe et attachée. Travaillez donc de cœur et de courage à un si bon affaire, qui est pour vous mesmes, et pour le bien de tous en general; et chacun en particulier me fasse cognoistre combien il m'ayme, et desire faire service agreable, vous souvenant que je n'oublieray jamais ceux qui auront bien ou mal procedé en cette occasion, mais le recognoistray chacun selon son merite, et que je veux estre esclaircy de vos deliberations dans huict jours.

Le Roy n'estimant pas que des capitaines mal payez, des soldats negligez, levez à coups de baston, et retenus au camp et en devoir par la crainte des prevosts, des prisons et des potences, portassent jamais grande amitié à ceux qui les employeroient, ny combatissent de cœur et de courage, comme il appartient, et supportassent gayement les peines, perils et fatigues de la guerre, se resolut de preparer des moyens pour les souldoyer suffisamment, et leur subvenir en leurs necessitez, playes, et maladies; et, pour y parvenir, de mesnager tellement ses revenus, et regler de sorte ses despences non absolument necessaires, qu'il pût faire tous les ans quelque reserve de deniers : ce que vous ayant fait pratiquer és années 1603 et 1604, il fit expedier une ordonnance pour la conversation d'iceux deniers, icelle estant telle que s'ensuit :

Déclaration du Roy pour mettre de l'argent à la Bastille.

Le Roy ayant resolu de faire un fonds de deniers, pour s'en servir et ayder aux occasions qui peuvent arriver, et par ce moyen pourvoir à la seureté, manutention et conservation de son Estat et couronne, contre les mauvais et pernicieux desseins de ses ennemis, veut et ordonne que d'oresnavant tous les deniers revenans bons en son espargne, enfin de chacun quartier, apres les despences ordinaires et necessaires acquittées, estre par les tresoriers de sondit espargne, chacun en l'année de leur exercice, mis en son chasteau de la Bastille, és coffres que sadite Majesté y a fait mettre à cét effet, et ce en la presence du sieur marquis de Rosny, conseiller de sadite Majesté en ses conseils d'Estat et privé, grand maistre de l'artillerie de France, et superintendant des finances, et de maistre Jean de Vienne, conseiller audit conseil d'Estat, et controlleur general desdites finances; lesquels auront chacun une clef desdits coffres, et bailleront audit tresorier de l'espargne estant en exercice, qui aussi aura une clef, certifications signées de leurs mains, des sommes de deniers qui auront esté par luy mises esdits coffres, lesquelles certifications sadite Majesté veut et entend servir de descharge valable audit tresorier de l'espargne, jusques en fin de son exercice; apres lequel expiré, et avant la verification de son Estat, son compagnon d'office, qui luy succedera audit exercice, sera tenu, et luy ordonne sadite Majesté, de prendre lesdites certifications, et au lieu d'icelles expedier sa quittance, à l'acquit de son compagnon d'office, pour la somme à quoy monteront lesdites certifications, et qui sera esdits coffres, dont il pourra faire verification, si bon luy semble, laquelle somme sadite Majesté veut estre passée et alloüée és comptes dudit tresorier de son espargne, sortant d'exercice, en vertu de ladite quittance, par les gens de ses comptes, ausquels elle mande et ordonne ainsi le faire, sans aucune difficulté. Et pour plus ample approbation du contenu cy-dessus, sadite Majesté a voulu signer la presente ordonnance de sa propre main, et fait contre-signer par moy, son conseiller d'Estat, et secretaire de ses commandemens et finances.

A Paris, le vingtiesme jour de juillet 1602.
HENRY.
Et plus bas, DE NEUF-VILLE.

Nous finirons les Memoires de cette année 1604, par les choses qui se passerent au dehors du Royaume, lesquelles vous furent escrites par messieurs les ambassadeurs du Roy, à sçavoir : monsieur vostre frere à Rome, M. de Salignac en Turquie, M. de Barrault en Espagne, M. de Beaumont en Angleterre, M. de Busenval és Provinces Unies, messieurs de Vic et de Pascal és Suisses, et autres, sans neantmoins inserer leurs lettres, afin d'abreger, nous contentans de vous ramentevoir en sommaire et substance les choses principales d'icelles. Et commençant par Rome, nous dirons comme le Pape, se voyant vieil et maladif, et desirant, avant que mourir, de fortifier son nepveu le cardinal Aldobrandin, de nombre de creatures dans le conclave, afin qu'il peut faire apres un Pape à sa devotion, fit une promotion de dix-huict cardinaux, du nombre desquels il en accorda deux à la devotion de France; surquoy il y eut force brigues prés du Roy, dautant que messieurs de Ville-roy, de Bellievre, de Sillery, et leurs amis, firent de merveilleuses instances à ce qu'il pleust à Sa Majesté nommer les sieurs de Villars, archevesque de Vienne, et de Marquemont : mais ils trouverent pour opposans, premierement le propre mouvement du Roy, qui voulut favoriser la pieté de Seraphin Olivary, et les merites et grand sçavoir de M. du Perron, evesque d'Evreux, appuyez de vos sollicitations qui prévalurent à tout ce qu'ils peurent faire et dire. Et quoy que M. du Perron sceut bien que M. de Ville-roy s'estoit opiniastrement bandé contre luy, neantmoins, faisant par vostre conseil plutost le courtisan que le theologien, il luy en escrivit aussi bien qu'à vous des lettres de remerciemens, que je suis marry de n'avoir pû recouvrer, afin de les inserer icy.

Il vous fut encor donné advis de Rome de deux broüilleries qui y estoient arrivées : l'une, pour la franchise de la maison du cardinal Farnese, que l'ambassadeur d'Espagne soustint contre le Pape; et l'autre, sur trois propositions de trois Jesuistes, pour et contre lesquelles il fut bien discouru et bien escrit; la premiere, qu'il n'estoit point de l'essence de la foy de croire que le Pape fût successeur de Sainct Pierre; la seconde, que la confession se pouvoit faire par missives; et la troisiesme, par Molina, soustenant qu'en l'acquisition du salut, le franc arbitre concurroit avec la grace. De Constantinople vous fut escrit comme Mahomet estant mort de peste, et son fils Achmet luy ayant succedé à l'âge de quatorze ans, l'une des premieres choses qu'il fit fut de releguer sa grand mere, qui avoit tout gouverné et gasté les affaires avec Sinan Bassa, lequel ayant esté mandé, s'enfuit. Le Perse luy fit la guerre, et prist sur luy quelques villes. D'Angleterre vous fut donné advis comme le roy d'Angleterre avoit fait son entrée à Londres, changé le nom dudit pays et d'Escosse en celuy de la Grande-Bretagne, fait tenir une conference entre les Puritains et Anglicans, et conclud la paix avec Espagne. M. de Busenval vous escrivit infinies particularitez du prompt siege et prise de l'Ecluse, et du long siege et capitulation d'Ostande; comme aussi messieurs de Vic et de Pascal, des grandes menées et pratiques dont usoit le comte de Fuentes envers les Grisons, pour leur faire rompre les alliances qu'ils avoient avec France et Venise, et pour se saisir de la Valtoline, sur l'importance de laquelle, et les moyens de conserver l'un et l'autre à la dévotion de France, vous furent envoyez deux amples Memoires, sur lesquels vous fistes de grandes remonstrances au Roy, que pour leur importance nous nous sommes licentiez de faire icy inserer.

Deux advis envoyez par le sieur de B. à monseigneur L. M. D. R., apres avoir communiqué sa lettre et ses Memoires à plusieurs bons serviteurs du Roy et de la couronne de France, residens és pays de Suisse, Grisons, Valtoline, Bressan et Bergamas; que suivant l'intention dudit seigneur :

Premierement est à noter que tous les plus gens de bien, et qui se sont tousjours monstrez affectionnez à la couronne de France, quoy qu'entre iceux il y en ait plusieurs faisant profession de la religion catholique, apostolique et romaine, recognoissent et confessent tous unanimement que ce qui retient et oblige le plus aujourd'huy les cantons des Suisses, les trois ligues Grises et la Valtoline, à se maintenir en l'alliance de France, est la seule religion protestante, de laquelle le plus grand nombre, les plus puissans cantons et ligues Grises, et sur tout les plus apparens et qualifiez personnages, font ouverte profession, lesquels par consequent ne veulent, ne doivent, ny mesme ne peuvent, sinon en toute extremité et lors qu'ils se verront entierement dénuez des secours et assistances françoises, s'allier ny confederer avec le Pape, ny le roy d'Espagne, lesquels ils estiment leur devoir estre à tousjours ennemis capitaux.

Plus, pour les raisons susdites et autres que la prudence et la loyauté du seigneur auquel ces Memoires s'adressent y peut adjouster, ils le supplieroient volontiers de vouloir estre leur intercesseur envers le Roy tres-chrestien son maistre, afin qu'il pleust à Sa Majesté de leur donner un ambassadeur de leur profession, ou pour le moins un de telle probité et inclination que M. Pascal, qui s'est tousjours monstré bon François, ennemy d'Espagne, et non contraire aux protestans, afin qu'avec plus de liberté, confiance et assurance, ils luy puissent, en tout temps et en toute occasion, communiquer tous leurs secrets et importantes affaires; et seroit à desirer qu'il fust homme de guerre et bon capitaine, car, par ce moyen, Sa Majesté de France seroit mieux servie, et beaucoup plus fidellement advertie de tout ce qui se passera, et mesmes pourroit arriver à tel temps et telles affaires, que celuy qui auroit cette charge, ayant ces qualitez, en remporteroit gloire et utilité.

Plus, est à remarquer par ceux qui trouveroient quelque chose à redire en ces advis, que le principal fondement d'iceux est pour s'opposer aux desseins de l'Espagnol, contrequarrer ses pratiques, et user de ces mesmes artifices par lesquels il va minant et sappant, non seulement le credit et l'authorité que la France a tousjours essayé de se conserver parmy les cantons et ligues Grises, mais aussi tout leur estat democratique, tant par la corruption d'aucuns de leurs propres ministres, voire mesme de leurs docteurs ou pasteurs, qu'il gagne tantost par argent, tantost par promesses, tantost par menaces et authorité, lesquels luy aident en ses desseins envers les protestans, que par les persuasions des Jesuistes et Capucins, et persuasions qu'ils impriment és cœurs des catholiques, apostoliques et romains : si bien qu'encor qu'ils soient en plus petit nombre, si est-ce qu'appuyez qu'ils se sentent des menées et larges promesses et remunerations d'Espagne, ils osent non seulement contrequarrer les protestans, mais entreprennent souvent de leur donner la loy, comme cela ne s'est que trop verifié en la ville de Bade, en la personne d'un libraire, lequel, portant parmy ses livres la delivrance de Geneve (lors qu'elle fut surprise par le duc de Savoye), fut condamné au foüet, le livre bruslé entre ses mains, et banny de leurs terres, quoy que ladite ville de Bade appartienne en general aussi bien aux cantons protestans qu'aux catholiques.

Plus, sera consideré que depuis peu l'on a construict dans la ville de Rapschveil, sur le lac de Zurich, un couvent de Capucins, quoy qu'il y ait desja grande quantité d'autres eglises, estant aisé à voir que cela ne se fait à autre dessein que pour favoriser ceux d'Espagne, attendu l'importance du passage, tant dudit Rapschveil, que de Laqua, villes fort bigottes, et de grande importance pour estre situées sur le lac, entre les terres de Zurich et le pays des Grisons, par où il faut necessairement passer pour se secourir les unes les autres; mesmes que lesdites deux villes sont voisines des cinq petits cantons, et que l'une d'icelles, à sçavoir Laqua, leur appartient, et se peuvent toutes deux rendre tres-fortes, à cause de leur belle assiette; et y a toutes sortes d'apparences que l'Espagnol s'en saisira, en cas que les Suisses ou Grisons entrent en guerre offensive ou deffensive contre luy, ou pour le moins taschera de jetter la division parmy les cantons des Suisses; et pour y parvenir assistera les cinq petits, qui sont tous à sa devotion, d'hommes et d'argent, pour leur donner courage de se saisir desdites deux villes et de les fortifier, afin d'empescher, comme il a esté dit, le passage des vivres, que les Grisons ne peuvent avoir d'ailleurs que de Zurich par le lac.

Plus, est à noter qu'à la sollicitation des factionnaires d'Espagne, les cinq petits cantons, pour tesmoigner leur zele envers ce Roy, ont chassé de leurs terres tous les protestans, leur imputans d'estre de la faction françoise.

Plus, est à noter que c'est une opinion commune entre les plus qualifiez et mieux censez des Grisons, qui sont de faction françoise, qu'une partie des pensions que le Roy tres-chrestien donne en leur pays, seroit mieux employée, si elles estoient departies secrettement aux ministres, qu'elles ne sont pas, estans distribuées à plusieurs autres qui n'ont ny grand merite ny grande creance parmy le peuple, lequel l'a quasi toute en ceux qui par leurs exhortations ordinaires le peuvent esmouvoir ou retenir en devoir envers le Roy tres-chrestien : à quoy deux mil escus pourroient satisfaire, dautant qu'il ne faut departir qu'environ vingt ou trente escus à chacun de ces ministres.

Plus, il se faut bien imprimer en l'esprit, comme chose tres-certaine, que l'Espagnol, quelque artifice dont il se serve pour le faire croire, n'accordera jamais aux Grisons ce qu'ils demandent; à sçavoir que la capitulation qu'ils feront avec luy soit entenduë, sans prejudice des articles de l'alliance qu'ils ont avec les roys de France, pour le passage des forces qu'ils voudroient envoyer en Italie, par leurs terres, veu que cette clause est le principal but et visée de cette capitulation : tellement que les Grisons seront en fin contraints de pourvoir à leur seureté, par des forteresses qu'ils doivent opposer à celles que le comte de Fuentes a fait faire sur leur frontiere; à quoy il sera bien difficile qu'ils puissent satisfaire, voire du tout impossible, à cause de leur extréme pauvreté, et auroient besoin d'estre assistez de grands et immenses tresors de Sa Majesté tres-chrestienne.

Plus, sera notté que les Grisons sont aujourd'huy divisez entr'eux à cause de la reformation que l'on a faite au maniement de leurs affaires et revenus, laquelle porte coup contre l'honneur et le bien de ceux qui par cy-devant ont exercé les charges publiques et eu l'administration des deniers de leur republique, qui est cause de les avoir rendus partisans d'Espagne, afin de se garantir, par l'authorité du Roy de ce pays-là, de l'oppression où leurs poursuivans les veulent envelopper en ruine manifeste; et sont à present en tel desespoir, qu'ils luy descouvriront toutes les affaires et secrets du pays, pour se maintenir en sa bienveillance et y trouver protection en cas de necessité.

Plus, est à remarquer qu'il n'y a eu quasi sorte d'artifice dont les partisans espagnols n'ayent usé pour persuader aux cantons et aux ligues Grises, voire mesme aux Venitiens, que Sa Majesté tres-chrestienne ne les veut faire entrer en ce dessein (qui les porte à une guerre infaillible) que pour donner des affaires au roy d'Espagne, à l'utilité et commodité des siennes, et nullement de celles de ses alliez; ce qui a esté cause de la resolution dernierement prise à Bade, contre les promesses que les cantons protestans avoient faites un peu auparavant en l'assemblée tenuë en la ville d'Aro : tellement que, pour le present, les Suisses semblent plûtost disposez à demeurer en paix qu'à se jetter en guerre, voire est à craindre que, s'accoustumant à ce relaschement de courage, ils aiment mieux voir un jour perdre les Grisons devant leurs yeux que de troubler leur repos pour les assister; tout cela procedant des ruses et artifices de l'ambassadeur d'Espagne, les persuasions duquel ont eu plus de pouvoir envers les catholiques (dautant qu'estant de leur religion, il leur parle avec plus de franchise, comme ayant mesmes interests de religion) que non celles de l'ambassadeur de France qui est catholique, ayant à traitter avec gens de contraire religion à la sienne, et partant ne sont esgalement portez avec mesme zele et mesmes interests de religion.

Plus, sera considéré, comme chose des plus importantes en cas de guerre, que les peuples des Grisons sont aujourd'huy inexperts aux armes, tellement qu'il n'y a pas beaucoup d'asseurance en leurs forces, s'ils ne sont assistez de bons capitaines, voire de soldats policez et aguerris pour se discipliner avec eux; et seroit à desirer, en cas de guerre, que l'ambassadeur de France fût de profession militaire, et non contraire à la religion de ceux qui sont par leurs propres interests (qui est le plus solide bien de toutes confederations) partisans des roys et de la couronne de France; car de commencer la guerre avec gens nouveaux, il n'y a apparence quelconque, considéré mesmement que la pluspart des hommes de la Valtoline (qui est le lieu par lequel apparemment la guerre viendra à se commencer) estant catholiques comme ils sont, inclineront et favoriseront plutost ceux de Milan que les Grisons, tant à cause de la religion que pour les particulieres commoditez du trafic qu'ils ont avec les peuples de ce duché, sans la communication desquels ils ne sçauroient faire aucun commerce, non pas mesmes vivre commodément.

Plus, doit estre considéré que le pays de la Valtoline est entierement destitué d'artillerie, et qu'il est impossible d'y en faire passer du costé des Grisons, et que les fruicts, grains et autres vivres qui se recueillent en icelle, quelque fertile et abondante qu'elle puisse estre, ny les bestiaux qui s'y peuvent nourrir, ne sont pas capables de substanter ny vestir les habitans d'icelle, huict mois de l'année, à plus forte raison des troupes estrangeres, s'il y en falloit entretenir pour la conserver et garentir, ou reconquerir si les Espagnols s'en estoient saisis, comme ils n'y manqueront pas l'occasion s'en offrant; mais seroit-on contraint d'y apporter des vivres, sur le dos des hommes et des mulets, tant de Zurich et autres villes de Suisse, que de Bresse, Bergame et autres villes de l'Estat venitien, si ce n'estoit que les Suisses et Grisons ensemble en entreprissent la conqueste, si elle avoit esté prise, et que les Espagnols, contre leur coustume, qui est de ne jamais quitter ce qu'ils tiennent, negligeassent la deffense d'une piece si facile à garder, et qui leur est de si grande importance.

Plus, faut tenir pour asseuré que les Grisons ne commenceront point plutost le travail des fortifications qui leur sont necessaires contre le fort du comte de Fuentes et pour la seureté des passages, que l'Espagnol ne s'efforce de l'empescher par toutes sortes de voyes; et de cela n'en doutent-ils en aucune façon: tellement que tous les serviteurs et partisans que Sa Majesté tres-chrestienne peut avoir en Suisse et pays des Grisons, tiennent qu'il sera impossible de les disposer à une telle entreprise, dont la despence qu'il leur faudra faire pour la mettre en sa perfection ne sçauroit estre moindre de cent cinquante mil ducats, si Sa Majesté tres-chrestienne n'est resoluë d'y contribuer au moins les deux parts, et si ils ne sont asseurez que monseigneur le marquis de Rosny, outre la bonne volonté qu'il tesmoigne par ses lettres en ce dessein, ne leur donne parole qu'il ne sera point abandonné, et qu'il se rendra le solliciteur d'iceluy, et l'intercesseur envers Sa Majesté, pour obtenir les choses necessaires.

Plus, est à noter (et à craindre que la verification ne s'en fasse que trop tost pour tous les partisans de la couronne françoise) qu'encor que l'Espagnol file maintenant assez doux, et tesmoigne de ne vouloir rien empieter sur le territoire des Grisons, et ait mesme fait retirer quelques tranchées qu'il y avoit advancées, à cause de la crainte qu'il a du courage, de la puissance et de l'opulence du Roy tres-chrestien, si ne faut-il nullement douter qu'il n'abandonnera jamais le dessein que toutes sortes de raisons et d'utilitez pour la grandeur et seureté de ses Estats luy ont fait former, voire quand il n'y auroit que ces deux seules causes, à sçavoir, pour joindre tous ses Estats d'Italie avec ceux d'Allemagne, et empescher le passage de tous gens de guerre ultramontains en Italie, et toute communication du Roy de France, des Suisses et des Grisons avec les Venitiens et leurs Estats, lesquels, par interests communs, qui est le plus ferme bien de toutes associations, sont confederez ensemble, et n'arrivera jamais affoiblissement de reputation ou de puissance en la monarchie tres-chrestienne que l'Espagnol ne tesmoigne qu'il ne se depart point du dessein cy dessus dit.

CHAPITRE CXLVII.

Continuation de l'affaire de la Valteline. Mission de Mont-martin en Suisse, et dans le pays des Grisons.

La Valteline est une terre située au pied des plus hautes montagnes du pays des Grisons, au delà des Alpes, tres-fertile, tant en bleds, vins, pasturages, qu'en arbres fruictiers et chastaigniers, habitée de plus de cent mille creatures humaines, dont la plus grande partie font profession de la religion catholique romaine.

Sa longueur contient vingt-deux heures de chemin à cheval, mais sa largeur n'est que d'une petite lieuë françoise, au milieu de laquelle passe la riviere Ada, qui prend son origine au plus haut de ladite vallée, vers Bormes, par où on descend au comté de Tirol, laquelle riviere va de plus en plus grossissant, tout le long de ladite vallée, par les ruisseaux qui découlent des torrens de part et d'autre, en telle sorte que venant à se rendre et vuider dans le lac de Come, pres du fort de Fuentes, elle n'est gueres moindre que la riviere de Marne en France.

Elle confronte, du costé d'orient, avec le comté du Tirol; toutesfois la vallée se resserre tellement que les entrées et yssuës y sont fort estroites et les passages tres-difficiles.

Du coté de midy, elle a ses confins sur le haut des montagnes de Bresse et Bergame, pays Venitien, dont la croupe inaccessible sert de rempart durant toute la longueur de ladite vallée: neantmoins de ce costé il y a deux passages frequens, l'un prés de Tiran, pour aller en Bresse, l'autre prés de Morben, pour aller en Bergame.

Du costé d'occident, elle est bornée des terres du duc de Milan, aboutissante au lac de Come, où il y a nouveau fort a esté construict, et par mesme moyen y sont faites les tranchées; en sorte que, depuis la montagne jusques au lac, on ne pourra entrer ny sortir de la Valteline dans le Milanois que par la porte de la tour faite sur le passage de la frontiere.

Du costé de septentrion, elle confronte les Alpes habitées par les Grisons, de maniere que toutes les vallées et passages desdites Alpes pour descendre en Italie, se viennent rendre dans ladite Valtoline; ce qu'il faut exactement remarquer, dautant que la disposition de son estenduë d'orient en occident sert d'un grand et large fossé pour separer les Alpes qui appartiennent aux Grisons, d'avec les montagnes qui restent du costé de l'Italie, depuis le comté de Tirol jusques au lac de Come; et pourtant il est aisé à juger que cette consideration tant importante a esté le principal motif de la construction du fort que le comte de Fuentes a fait faire au bout de ladite vallée, sur un grand rocher eslevé au milieu de la plaine, esperant, par ce moyen, obtenir de deux choses l'une, ou de contraindre les Grisons à capituler avec luy, au prejudice des alliances qu'ils ont cy-devant faites avec les roys de France, ou, en cas de refus, se saisir de la vallée, lors que le temps et l'occasion s'en presentera, pour joindre les terres d'Austriche avec celles de Milan, par cette tant importante conqueste.

Et que tel ne soit le dessein de l'Espagnol, il en apert assez, tant par les articles qu'il s'est fait n'agueres accorder à Milan par les deputez des Grisons, que par les tranchées et fortifications qu'il fait continuer depuis le fort jusques à la montagne opposite, pour brider les habitans de la Valtoline, et ne leur permettre d'oresnavant le passage que par les portes qu'il fait faire sur les limites de sa terre.

Que si les Grisons n'avoient affaire qu'à un duc de Milan, comme par le passé, il y auroit de l'apparence qu'ils pourroient opposer leurs forces aux siennes, pour guarentir et conserver ce qui leur appartient; mais ayant à present à démesler leurs affaires avec un roy d'Espagne, beaucoup plus puissant qu'eux, il faut croire qu'il se prévaudra de leurs foiblesses en temps et lieu, et fera naistre des occasions de jour en jour, pour venir à bout de ses desseins, soit en jettant la pomme de discorde, comme il a desja fait, parmy ceux qui ont quelque credit et authorité en leur gouvernement democratique, soit en troublant et inquietant les habitans de la Valtoline, par artifices dont il s'aydera, à cause de la diversité des religions, afin qu'en quelque façon il les retire volontairement de l'obeissance qu'ils doivent à leurs superieurs, par promesses emmiellées d'une plus grande franchise sous sa domination.

Mais comme la maladie est plus facile à guerir lors qu'elle est bien cogneuë, aussi n'y a-il point de prise plus seure sur nos ennemis que de sçavoir leurs desseins. Puis donc qu'il est notoire que les Espagnols ne visent à autre but que de se rendre maistres de la Valtoline, pour les causes cy-dessus desduites, il est aisé à messieurs les Grisons de rompre leur dessein par trois remedes.

Le premier est de maintenir entr'eux la paix, la concorde et l'union qui doit estre entre les peuples qui se veulent conserver en liberté par Estat democratique, sans permettre que la diversité des religions y puisse rien alterer. Pour ce faire, il est requis d'assoupir tous differends qui peuvent estre entr'eux, en moderant les arrests donnez contre ceux qui ont cy-devant manié les affaires de leur republique; en telle sorte que la reformation qu'on fera ne porte aucun prejudice à leur honneur, mais qu'elle puisse aussi desormais regler les devoirs de ceux qu'on eslira, pour oster la cause des divisions et partialitez, afin que les resolutions qu'on fera pour l'advenir soient fermes et stables, dautant qu'il n'y a rien plus dangereux en un Estat que l'irresolution lors qu'il faut executer les deliberations d'un conseil. Voila pourquoy les charges importantes de leur republique ne doivent estre commises à gens ignorans ny presomptueux, mais à personnages d'experience, bien cogneus et qualifiez, et qui n'ayent seulement le sçavoir, mais aussi le pouvoir et le vouloir de bien faire.

Le second est de se maintenir en l'alliance du roy de France, afin que les Grisons puissent tousjours estre secourus d'un grand Roy qui ne leur soit point suspect, en cas que pour leur conservation il leur faille avoir recours aux armes; car en ce faisant, ils n'innovent rien; au contraire, ils demeurent fermes dans les alliances de leurs predecesseurs.

Le troisiesme regarde les moyens qu'il faut tenir pour conserver la Valtoline soubs leur obeyssance par les forteresses qu'il y faut faire; l'une sur l'emboucheure de la vallée de Postchiane, afin que les Grisons ayent en tout temps ce passage libre pour entrer et secourir la Valtoline avec tel nombre de forces qui sera necessaire; l'autre forteresse doit estre une tranchée qu'il faut faire en tenaille, depuis la montagne du costé de midy, au lieu nommé le Tarteau, jusques contre le rocher qui se rencontre vis à vis, au pied duquel passe la riviere Ada; laquelle trenchée il faudra bastir de la pierre qui se trouve sur le lieu en grande quantité, et donner à la muraille qu'on y fera de pierre seche, trois toises de hauteur, sur deux toises d'espesseur au fondement, avec le tallu necessaire; faut aussi faire en chacun costé, sur le haut des rochers, une tour ronde pour asseurer le haut, et une porte avec son pont-levis, au milieu de la trenchée, et pareillement les corps de garde requis pour la garde ordinaire.

Par ce moyen, messieurs les Grisons rompront le dessein de leurs ennemis, conserveront leurs anciennes alliances, pour se maintenir en force, et garentiront leurs sujets de la Valtoline des courses et invasions que l'Espagnol pourroit faire, tant de nuict que de jour, en cas de guerre; car de penser que l'Espagnol démolisse cy-apres le fort qu'il a fait faire sur eux, en consideration des capitulations qu'ils pourront faire avec luy, c'est se tromper; dautant que, selon toute vraye maxime de guerre et d'Estat, la nature du lieu où le fort a esté construit, requiert necessairement qu'il y soit conservé, quand bien il seroit paisible possesseur de la Valtoline. Voila pourquoy il n'a point manqué de prendre son temps à la premiere occasion qui s'est présentée, et avec mesme ruse ne manque point encor d'entretenir les Grisons de vaines esperances, jusques à ce qu'il se puisse mocquer de leur credulité, pour leur faire recevoir les capitulations qu'il leur presentera, au prejudice de leurs anciennes alliances, et par consequent au détriment de leur honneur et liberté.

Lettre de M. de Mont-martin à M. de Rosny.

Monseigneur, puis qu'il vous a pleu me faire honorer du voyage vers les Suisses et Grisons, je manquerois à mon devoir et au tres-humble et tres-fidele service que je vous dois, si je ne vous representois ce qui s'y est passé.

Monseigneur, suivant mon instruction, qui portoit en ses termes de me conduire entierement par les advis et conseils de M. de Vic, j'allay droit à Solleure le trouver, et dés le lendemain nous acheminasmes à Coire, où estoit assignée la diette des Grisons, qui commença le douziesme de juin. Mais ledit sieur de Vic ayant receu lettres de M. Canaye, ambassadeur pour le Roy à Venise, par lesquelles il mandoit le grand refroidissement des Venitiens pour l'assistance des Grisons, leurs confederez, ne fut d'advis que je presentasse les lettres du Roy, ny que je leur fisse entendre ma legation; et le voyant si ferme et arresté en son opinion, quelque instance que je luy en peusse faire, je me resolus de promptement executer ce qui restoit de mon instruction.

Monseigneur, nous avons recognu le mieux qu'il nous a esté possible les chemins de Via, Mala, Splougue, Cordenel, le fort de Fuentes, toute la Valtoline, les passages pour entrer au Berguamasque et Bressan; et retournant par la vallée de Posquiaux, qui me semble le plus aisé et facile chemin, j'ay veu soigneusement les passages de la montagne de Bernine, les valées des Egnedines et la montagne de Burgun.

Monseigneur, nous avons tiré le plan dudit fort de Fuentes, à veuë de quatre à cinq cens pas, consideré de la montagne et de la plaine, par mesme fait une carte de toute la Valtoline, avec la remarque des passages, tant à venir d'Italie que de l'entrée des Grisons, joint une petite carte des Suisses, ce que j'espere, monseigneur, que nous vous ferons voir à vostre desiré retour. Ledit fort de Fuentes est construit sur une montagne escarpée d'un roc, de hauteur de plus de deux cens pieds, et n'y a rien d'élevé aux environs à portée de canon pour placer une batterie; les fortifications sont formées sur la situation de la montagne, en petites pointes et angles; de la nature du lieu, la place est spacieuse, et se juge de trois journaux de terre; l'entrée est du costé du lac de Cosme, bien que ledit fort en soit esloigné de plus de six cens pas, et ce qui est entre-deux sont prairies et marais. Sur le bord dudit lac est placé, en veuë dudit fort de Fuentes, un autre petit fort pour empescher le passage; car, en cet endroit, le lac n'est large que de deux à trois cens pas.

Monseigneur, le jugement des plus advisez d'Italie, des Grisons et Suisses, et mesmes du sieur de Vic, et du sieur Patavino, ambassadeur des Venitiens aux Grisons, sont conformes que ledit fort de Fuentes a son vray sujet pour posseder la Valtoline, se saisir des passages de l'entrée des Grisons et d'Italie, chose facile, faire une barre entre l'Italie et les Grisons, se joindre à l'Allemagne par le comté de Tirol, qui est attaché au bout de la Valtoline, et à considerer que dudit fort, en vingt heures de chemin facile et aisé, l'on peut entrer dans ledit comté de Tirol, qui est à l'Empereur.

Monseigneur, nous fismes si bonne diligence que nous arrivasmes à Coire plus de six jours devant que l'assemblée des Grisons se deust finir, en esperance que ledit sieur de Vic auroit changé d'advis, estimant qu'il estoit à propos, pour encourager et fortifier les Suisses et Grisons, de leur representer en termes generaux, sans specifier, la bonne affection du Roy à la conservation de leurs souveraineté et libertez; mais ledit sieur de Vic opiniastra que ce seroit faire bresche et prejudice au service du Roy, alleguant ledit refroidissement des Venitiens pour ces raisons, et que ce seroit porter Sa Majesté à la guerre, mesmes n'eust agreable que j'en communiquasse avec l'ambassadeur de Venise. Et me voulant tenir dans les limites de mon instruction, et voyant qu'il estoit d'advis de mon retour, avec regret je suis venu sans voir la fin de la diette, mesmement que Alfonse Cazal venoit à ladite assemblée de la part du comte de Fuentes, pour traitter avec les Suisses et Grisons; et croy qu'il s'est plus acheminé pour faire des pratiques parmi eux, au prejudice de l'alliance de France, que pour leur donner aucun contentement; d'ailleurs que lesdites ligues Grises, par l'advis des Suisses, excepté des cinq petits cantons, ont resolu de n'entendre à aucun traité que ces quatre poincts ne demeurent fermes et stables :

Le premier, que l'alliance de France et de Venise demeurera en son entier;

Que le fort de Fuentes sera desmoly, le commerce et le passage qui est deffendu, libre. Mais ledit comte de Fuentes tirera ce traité en longueur, et cependant fera achever de revestir ledit fort, auquel l'on m'a dit que cent hommes travaillent continuellement.

Alfonse Cazal est secondé en ses pratiques d'un Julio de La Torre, qui est pres du legat du Pape à Lucerne, publiant que le Roy ne peut vivre; que la France tombera bientost en guerres civiles; mettant tousjours sur l'eschaffaut la grandeur d'Espagne; portant leurs quadruples, qui ont du pouvoir en cedit pays, non aux cantons protestans, mesmes que Glaris (dont les deux tiers sont de la religion) qui avoit escouté, est revenu au bon chemin.

Les ambassadeurs des Suisses arriverent à Milan le jour de la Trinité, furent receus avec grand apparat; ils y estoient encor lorsque nous partismes de Coire. J'estime que les cinq cantons, Lucerne, Shvits, Sug, Uri, Undervald, jureront et renouvelleront l'alliance et deffence de l'estat de Milan.

Je sçay de bonne part et d'un de la caze Martinengue, et d'autres de celle de Palavisins, qui ont nombre de parens dans l'estat de Milan, que le comte de Fuentes y est fort haï, que la noblesse, villes et peuples s'en plaignent, lesquels il traitte tres-mal.

Monseigneur, ce que M. de Vic n'a esté d'advis que je fisse en public, je l'ay fait en particulier ; car je les ay eschauffez et encouragez, tant aux Suisses qu'aux principaux des Grisons, et aux communes par où nous avons passé, à se maintenir vertueusement en l'alliance de France, et asseurez de la bonne affection du Roy en la conservation de leurs authoritez et libertez; ce que messieurs de Ville-roy et de Sillery ont trouvé à propos, et regrettent que je ne l'ay fait en public, suivant la charge que j'en avois.

Monseigneur, le Roy m'a permis faire un voyage à ma maison jusques à vostre retour, auquel temps je ne faudray de vous venir trouver.

Sa Majesté partist hier pour aller à Monceaux, pour boire des eauës.

Esperant avoir l'honneur de recevoir bien-tost vos commandemens, je demeureray toute ma vie vostre tres-humble, tres-obeyssant, tres-obligé et fidelle serviteur.

A Paris, ce vendredy 10 de septembre 1604.
MONT-MARTIN.

En suitte de cette longue lettre de M. de Montmartin à vous adressée, nous y en adjousterons une autre fort petite de luy mesme, que nous avons trouvée parmy vos papiers, qui vous avoit esté escrite quelque temps auparavant, laquelle estoit telle que s'ensuit :

Lettre de M. de Mont-martin à M. de Rosny.

Monseigneur, suivant ce que vous aviez dit quelquesfois, lors que par vostre entremise le Roy m'envoya en Suisse et aux Grisons, que Sa Majesté vous avoit un jour commandé de luy faire faire un memoire assez clair, mais neantmoins tellement abregé qu'il se pust donner la peine de le lire, touchant la republique des Suisses et de tous les alliez d'icelle, afin de faire cognoistre à ceux qui luy en parlent souvent, qu'il n'en est pas du tout ignorant; dequoy m'estant souvenu, estant en ce pays, j'en ay dressé un, pour me servir à moy-mesme, que j'ay tiré en partie d'un nommé Simler, et sur iceluy fait encor un abregé que je vous envoye, afin que vous le puissiez presenter au Roy, s'il vous en parle encor ; que si vous le trouvez trop succinct, et Sa Majesté aussi, je l'amplifieray tant qu'il vous plaira : surquoy attendant l'honneur de vos commandemens, je prieray Dieu, etc.

De Soleure, ce 16 juin 1604.

Coppie du discours fort abregé, dont est fait mention à la susdite lettre, et par vous monstré au Roy, apres que vous luy eustes rendu compte de ce que le sieur de Montmartin vous avoit escrit par sa grande lettre cy-dessus.

Monseigneur, desirant de satisfaire le mieux qu'il me sera possible à deux choses que vous m'avez ordonnées, qui semblent avoir quelque contrarieté, qui sont de faire un discours fort abregé, et neantmoins bien expliqué, touchant le pays de Suisse, je vous diray en peu de paroles ce que peu de gens ignorent, et m'estendray un peu d'avantage sur ce qui n'est pas sceu de tant de gens, à sçavoir :

Que ce que l'on appelle proprement le pays de Suisse est compris sous le nom de treize cantons, dont les uns ont une grande estenduë de pays, et les autres fort petite, et neantmoins les plus petits sont les plus mutins et les plus hardis, que je nommeray par l'ordre de leurs presseances, à sçavoir :

Zurich, Berne, Lucerne, Uri, Svits, Underval, Zoug, Glaris, Basle, Fribourg, Soleure, Schafouze et Appenzel, nommez entr'eux *Eydgnossen*, c'est-à-dire confederez, à quoy je n'adjousteray rien d'avantage pour le present.

Lesquels ont pour alliez Sainct-gal; les trois Ligues, dites Grisons des droietures et de la Cadée; les Valesiens, distinguez en treize communautez, separées par le haut et bas Valais, qui consistent en cinquante-quatre paroisses, dont l'evesque par eux nommé, est seigneur ; Rotville, où il y a chambre imperiale; Mulhouse, ville imperiale en la comté de Ferretre; Bienne, qui est sous la domination de l'evesque de Basle, et n'est alliée que du seul canton de Berne; Genéve, qui n'est aussi alliée que de ce seul canton ; Neuf-chastel, qui a quelque alliance à aucuns cantons, mais sur tout à celuy de Berne, Bade, Bremgarten, Frawendel, Mellingen, Rapes, Chunil, villes qui se sont données aux Suisses, à condition de leur garder leurs privileges. Il y a encor neuf bailliages, appellez communs, gouvernez par sept des cantons, sçavoir, les comtez de Bade et de Rore, de Sargans et de Rhintal; et les cinq bailliages de de-là les monts, à sçavoir, Lugano, Locarno, Mendrise, Valmadie et Bellizone.

Que si le Roy ou vous en desirez un plus ample memoire, je l'ay desja tout preparé pour vous l'envoyer; mais celuy-cy m'a semblé suffisant pour le lire au Roy, nous ayant estimé à propos de faire finir nos recueils de l'année 1604 par une piece ainsi generale, en suitte de nos discours touchant les affaires estrangeres, et sur tout la Valtoline.

CHAPITRE CXLVIII.

Digression sur Henri IV et sur Rosny. Henri IV dans son intérieur. Scène familière. Compte sommaire rendu par Rosny des parties de l'administration dont il est chargé. Récapitulation de tous les chagrins éprouvés par Henri IV depuis son enfance. Genre de vie adopté par Rosny.

Monseigneur, ayant achevé de representer succinctement, et le plus en abregé que la necessaire intelligence du discours nous l'a pû permettre, tout ce que nous avions apris pour l'année 1604, des Œconomies royales d'Estat, domestiques, politiques et pacifiques de nostre grand Roy, et de vos servitudes loyales, obeïssances convenables, et administrations utiles et amiables, avant que d'entrer au recit de celles de l'année 1605, nous avons estimé à propos de leur donner entrée par un discours de choses meslées et de diverse nature d'affaires, que nous avons trouvé entre plusieurs de vos manuscrits, qui servira d'une espece de preface, en forme de digression, laquelle nous commencerons par vous ramentevoir et l'apprendre à ceux qui le voudront sçavoir en bonne intention, que, nonobstant l'illustre extraction et haute noblesse de vostre maison, desquelles plusieurs historiens antiques et modernes font honorable mention, et des faits heroïques de vos devanciers, mais sur tout des hautes alliances qu'ils ont prises, et encore plus de celles où sont entrées les filles de leur maison, nous estant facile de verifier que, par diverses branches d'icelle, toutes les plus royales, splendides et magnifiques maisons de la chrestienté en sont descenduës; si ne vous avons nous toutesfois jamais veu estre desireux de vous prevaloir de tous ces advantages du sang et de la nature, ny des belles actions de vos predecesseurs, mais avoir tousjours eu plus d'inclination à meriter quelque chose par vous mesme, à aimer, cherir et suivre la vertu, à vous faire estimer homme d'honneur, de foy et de parole ; à vous rendre agreable à vostre Roy et maistre, en le servant utilement et loyaument en choses honorables ; à vous rendre bon serviteur de vostre patrie, et acquerir l'amitié des peuples d'icelle, en le servant et soulageant de tout vostre pouvoir, que d'acumuler biens sur biens, richesses sur richesses, ny vous plaire aux magnificences, grandes despenses, plaisirs, passetemps, et autres vaines apparences; mais avez tousjours essayé de tirer vos plus exquises glorifications de ce que nostre genereux et debonnaire prince, par un excez de bien-veillance, croyoit de vous toutes ces choses-là, et vous en estimoit digne : ce qui estoit cause aussi de cette grande confidence qu'il vous tesmoignoit, et que, vous employant plus universellement que nuls autres aux desmeslemens des plus importantes et speciales affaires d'Estat, domestiques, de finance, politiques, de Cour et de cabinet, il prenoit bien la peine de vous bailler luy mesme des maximes à observer, et des preceptes et enseignemens à suivre, pour rendre de facile execution tous les traittez, negociations, et autres faciendes secrettes qu'il vous confioit. Et partant ne craindrons nous point de dire (voire mesme sans entrer en apprehension que vous le peussiez trouver mauvais, comme si ce fut une verité qui diminuast en quelque sorte le prix et la valeur de vos vertus et services) que jamais dans les démeslemens d'un si grand nombre d'affaires tant épineuses, intriguées et entortillées, vous n'eussiez si facilement devidé tous ces escheveaux si broüillez et doublement noüez, si vous n'eussiez esté assisté d'ailleurs que de vos seules dexteritez, industries, esprit et jugement, et ne fussent accouruës au secours de vos foibles espaules, les admirables vertus et enseignemens de vostre bon Roy et maistre, sa bonne fortune et sa royale authorité; voire si Dieu mesme ne luy eût suggeré toutes ses hautes conceptions et loüables resolutions, et ne les eust soustenuës, maintenuës et tousjours regies et conduites par sa bonté divine et main toute puissante; à laquelle, par consequent, sont deuës toutes les merveilles exploictées par ce grand Roy, durant l'espace de quarante ans qu'il a esté reduit, comme un athlette de la vertu, à deffendre sa conscience, sa vie, son honneur et sa dignité royale, contre de furieux et envenimez ennemis, vingt fois plus puissans que luy, lesquels l'assailloient de tous costez, non seulement par armes apertes et descouvertes, mais aussi par ruses, cautelles, blandices, perfidies, trahisons, proditions et assassinats.

A toutes lesquelles angoisses, fatigues, anxietez et tribulations, quoy qu'il eust semblé que Dieu eust voulu mettre une fin, et le delivrer de tant de soucis, peines et difficultez, par le moyen de l'absoluë conclusion d'une paix generale, publiée au commencement de l'année 1601; si est-ce neantmoins que la suite des temps, les succez des choses et des affaires, les desirs et les trempes des esprits plus authorisez, qui ont paru sur le theatre des affaires, ont fait cognoistre que nostre grand monarque avoit encore besoin de continuer à estre le Roy bien-aimé de Dieu, de luy choisi pour un instrument d'eslite, comme seul capable de restablir la France, l'ameliorer, bonifier et mettre en sa plus grande splendeur, et d'avoir sa continuelle assistance et protection, ainsi qu'il avoit eu durant tous les temps de ses plus grandes, furieuses et sanglantes guerres, puis que tous les démeslemens de ses desirs, desseins, faciendes, traitez et negociations, quelques pacifiques et à bonne intention qu'ils fussent en apparence, avoient neantmoins à estre enveloppez et environnez de non moindres perils, traverses, difficultez, angoisses, ennuys, fascheries et desplaisirs, que l'avoient esté toutes ses expeditions et factions martiales; dequoy il a desja esté dit quelque chose dés le commencement de nos discours, de nos premiers ans pacifiques, et se continuera par la suite de ces recueils et memoires de cette année, 1605, et celles d'apres. Tellement que par iceux, se pourra-il absolument conclurre qu'il est du tout necessaire que celuy qui fait les merveilles des establissemens, creations et conformations, appuye fortement, et entreprenne le soin, la conduite et la solicitude continuelle des manutentions, assistances et conservations.

Attendant que les succez, evenemens et suites des affaires, et sur tout de celles des rois, potentats, royaumes et dominations, fassent preuves de la certitude ou incertitude de ces propositions, nous adjousterons à ce discours, d'autant que nous le trouvons un peu trop serieux et relevé pour nos capacitez et nostre foible intelligence, une petite histoire meslangée de divers discours et affaires, en maniere d'un festin éclatant de maintes belles fleurs, pour orner un frontispice, ou à l'imitation des festins et banquets des sages anciens de la grande Ionie, lesquels les assaisonnoient non seulement de viandes exquises et delicates, et de propos agreables, doux et recreatifs, mais aussi de civiles conversations, discours honnestes, sentences graves, enseignemens utiles et affaires serieuses; laquelle est apres suivie d'un recit qui nous fera reprendre le fil des Memoires de ces OEconomies royales et de vos servitudes loyales, lesquelles par leurs conclusions feront bien juger et encor mieux recognoistre que nostre grand Roy n'estoit nullement de ceux que le Dieu tout-puissant avoit faits et formez, et puis les avoit laissez-là, mais qu'il avoit favorisé cettuy-cy, en toute plenitude et abondance, de dons d'esprit et du corps, et vouloit assister et accompagner de ses plus speciales benedictions, sa personne royale, son regne, son royaume, ses peuples et serviteurs, jusques à ce qu'il le retirast au ciel, pour le faire regner avec les bien-heureux, afin que durant tout le temps de son sejour temporel, il ne produisit aucune action qui ne fust digne de loüange et profitable au public, aussi bien en ce qui regarderoit la conversation civile, sa vie domestique et familiere, que les grandes affaires d'Estat, justice, milice, finance et police : voire se recognoissoit-il souvent qu'en des choses, lesquelles apparemment estoient toutes recreatives, joyeuses et facetieuses, il ne laissoit pas d'en tirer, donner et faire recevoir de bons exemples et utiles enseignemens, comme il se jugera facilement par ce qui s'ensuit.

A sçavoir qu'un jour Sa Majesté estant saine, gaillarde, disposte et en bonne humeur, à cause de divers bons succez en ses affaires domestiques, et des agreables nouvelles qu'elle avoit receuës des pays estranges et provinces de son royaume, et voyant que le temps estoit beau, et qu'il y avoit apparence que le jour seroit serain, elle se leva de grand matin pour aller voler des perdreaux, avec dessein de revenir d'assez bonne heure pour les venir manger à son disner, disant de ne les trouver jamais si bons ny si tendres que quand ils estoient pris à l'oyseau, et sur tout lors que luy mesme les leur pouvoit arracher de sa main. Enquoy toutes choses luy ayant succedé à souhait, il revint lors qu'il vit que le chaud commençoit à picquer : tellement qu'estant arrivé au Louvre, ayant en sa main les perdreaux, et monté en sa grande salle, il apperceut au bout d'enhaut d'icelle La Varenne et Coquet, qui s'estoient arrestez à causer ensemble, attendant son retour, auquel il cria tout haut : « Coquet, Coquet, vous ne vous devez pas « plaindre nostre disner, à Roquelaure, Termes, « Frontenac, Harambure, ny à moy, car nous « apportons dequoy nous traiter ; mais allez vis- « tement faire coucher à la broche, et, leur re- « servant leur part, faites qu'il y en ait huict « pour ma femme et pour moy, à laquelle Bon- « neüil que voila portera les siens de ma part, et « luy dira que je m'en vais boire à elle. Mais je « veux que l'on reserve pour moy de ceux qui « ont esté un peu pincez de l'oyseau ; car il y en « a trois bien gros que je leur ay ostez, et aus- « quels ils n'avoient encore gueres touché. » Et comme le Roy estoit sur ce discours, en faisant les partages, il vid venir La Clielle, avec son gros baston, et auprés de luy Parfait, qui portoit un fort grand bassin doré, couvert d'une belle serviette, lequel de loing commença de crier fort haut : Sire, *embrassez moy la cuisse; Sire, embrassez moy la cuisse, car j'en ai quantité, et de fort bons.* Ce qu'entendant le Roy, il dit à ceux qui estoient auprés de luy : « Voila Parfait « bien resjouy, cela luy fera faire un doigt de « lard sur les costes ; et voy bien qu'il m'apporte « de bons melons, dont je suis bien aise, car j'en « veux manger aujourd'huy tout mon saoul, d'au- « tant qu'ils ne me font jamais mal quand ils « sont fort bons, que je les mange quand j'ay « bien faim, et avant la viande, comme l'ordon- « nent mes medecins. Mais je veux que vous « quatre y ayez aussi part : c'est pourquoy n'al- « lez pas aprés les perdreaux, que vous n'ayez « vos melons, que je vous donneray aprés que « j'auray retenu la part de ma femme et la « mienne, et dequoy en donner deux à qui j'en « ay promis. »

Et comme le Roy eût fait tous ces partages de perdreaux et de melons, il s'en alla en sa chambre, où ; en entrant, il bailla deux melons à deux des garçons qui estoient à la porte, et leur dit quelque chose à l'oreille ; puis, passant outre, comme il fut dans le milieu de sa grande chambre, il advisa sortir de son long cabinet aux oyseaux, Fourcy, Beringuen et La Fonts, le dernier portant un grand pacquet enveloppé, auquel il cria : « La Fonts, m'apportez-vous encore quel- « que ragoust pour mon disner ? — Ouy, Sire, « respondit aussi-tost Beringuen, mais ce sont « viandes creuses, et qui ne sont bonnes qu'à re- « paistre la veuë. — O ce n'est pas ce qui me faut, « dit le Roy, car je meurs de faim, et veux disner « avant toutes choses ; et, en attendant mieux, je « m'en vais me mettre à table pour commencer à « manger mes melons et boire un traict de mus- « cat. Mais encore, La Fonts, qu'est-ce que cela « que vous portez ainsi bien enveloppé ? — Sire, « dit Fourcy, ce sont des projets de patrons de « diverses sortes d'estoffes, tapis et tapisseries « que veulent entreprendre de faire, par excel- « lence, vos meilleurs manufacturiers.

« Or bien, dit le Roy, cela sera bon pour aprés « disner, afin de le monstrer à ma femme ; et « puis aussi bien me vient-il de souvenir d'un « homme avec lequel je ne suis pas tousjours d'ac- « cord en tout, principalement lors qu'il est ques- « tion de ce que vous sçavez qu'il appelle des « babiolles et bagatelles. Je croy, Fourcy, dit le « Roy, que vous n'ignorez pas qui est celuy que « je veux dire, car je seray bien aise qu'il soit « present avec ma femme, lors que vous nous « monstrerez toutes ces estoffes, lesquelles me fe- « ront souvenir de quelque chose que je leur veux « dire estans ensemble, pour entendre leur opi- « nion sur icelle ; d'autant qu'il me dit souvent « qu'il ne trouve jamais rien de beau ny de bien « fait quand il couste le double de sa vraye va- « leur, et que je devrois en faire autant de toute « marchandise excessivement chere ; et n'ignore « pas surquoy ny pourquoy il dit cela, mais je « ne luy en fais pas semblant. Et ne faut pas lais- « ser de l'oüir parler, car il n'est pas homme à « un mot : et partant, Fourcy, envoyez-le querir « en diligence, et que l'on luy mene plutost un « de mes carrosses qui est en la cour, ou bien le « vostre. »

Ce qui ayant esté fait, le carrossier rencontrant un de vos laquais que vous envoyiez au Louvre pour voir ce que faisoit le Roy, il apprit de luy que vous estiez à disner chez madame de Guyse, et y estant arrivé, trouva que vous aviez desja achevé. Suivant quoy vous montastes soudain au carrosse, et arrivastes si tost, que le Roy, vous entendant entrer dans sa chambre, en fut tout estonné et vous dit : « Vous estes bien « diligent ; mais il n'est pas possible que vous « veniez de l'Arsenac ? — Non, Sire, luy res- « pondistes vous ; je disnois chez madame de « Guyse et ses enfans, où ils m'avoient souvent « convié ; mais vos affaires ne m'en avoient pas « encore donné le loisir jusques à ce jourd'huy, « qu'estant venu ce matin au Louvre pour vous

« y parler de trois affaires et trois estats, des-
« quels vous m'escrivistes avant-hier, et ayant
« appris que vous estiez allé à la chasse et revien-
« driez disner icy, je me resolus de m'en aller
« disner chez madame de Guyse, et d'attendre
« là des nouvelles de vostre retour, ayant ren-
« voyé à l'Arsenac les grands et amples estats
« que j'avois dressez sur ces trois affaires, et re-
« tenu seulement un memoire fort sommaire d'i-
« ceux, pour vous le faire voir, et mesme le bail-
« ler si vous le desirez.

« O! dit le Roy, je sçay bien que toute cette
« maison là vous apparente et vous ayme fort,
« et qu'aussi vous l'affectionnez, dont je suis tres-
« aise ; car je croy que tant qu'ils vous croiront,
« comme ils m'ont fait dire qu'ils estoient bien
« resolus de faire, ils ne feront jamais rien qui
« nuise ny à ma personne ny à mon Estat.—Sire,
« repartistes-vous, vostre Majesté m'a dit tout cela
« de si bonne façon, que je voy bien qu'elle est
« en bonne humeur, et plus contente de moy
« qu'elle n'estoit il y a quinze jours. — Quoy, dit
« le Roy, vous souvient-il encore de cela ? O que
« non fait pas à moy. Ne sçavez-vous pas bien
« que nos petits depits ne doivent jamais passer
« les vingt-quatre heures, comme je sçay que
« cela ne vous a pas empesché, dés le lendemain
« de ma colere, d'entreprendre une bonne affaire
« pour mes finances ? Tellement que ces conside-
« rations, et plusieurs autres choses grandes et
« petites, que je vous diray, m'ont mis en la
« joyeuse humeur que vous m'avez rencontré,
« dont la principale est qu'il y a plus de trois mois
« que je ne m'estois trouvé si leger ny dispost que
« ce jourd'huy, estant monté à cheval sans ayde
« et sans montoir. J'ay eu un fort beau jour de
« chasse ; mes oyseaux ont si bien volé, et mes
« lévriers si bien couru, que ceux-là ont pris
« force perdreaux, et ceux-cy trois grands lé-
« vraux ; l'on m'a rapporté le meilleur de mes
« autours, que je pensois avoir perdu. J'ay fort
« bon appetit, j'ay mangé d'excellens melons,
« et m'a-t-on servy demie douzaine de cailles des
« plus grasses et des plus tendres que j'eusse ja-
« mais mangées.

« L'on me mande de Provence que les brouil-
« leries de Marseille sont entierement appaisées ;
« et de plusieurs autres provinces, que jamais
« année ne fut si fertile, et que mon peuple sera
« grandement riche, si je veux ouvrir les traittes.
« Sainct Anthoine me mande que le prince de
« Galles luy parle incessamment de moy et de ce
« qu'il vous a promis de son affection en mon
« endroit. J'ay receu advis d'Italie que les choses
« y disposent en sorte que je remporteray le
« ré, l'honneur et la gloire d'avoir reconcilié les
« Venitiens avec le Pape. Bongars me mande
« d'Allemagne que le nouveau roy de Suede est
« tousjours de mieux en mieux avec ses nouveaux
« sujets, et que le landgrave de Hessen m'ac-
« quiert tous les jours de nouveaux amis, alliez
« et serviteurs bien asseurez. Buzenval a escrit à
« Ville-roy que les succez des sieges d'Ostende
« et de l'Ecluse ayans partagé le bien et le mal
« entre les parties, les excessives despences d'ar-
« gent, la grande perte d'hommes et la furieuse
« consommation de munitions des deux costez,
« les a réduits dans les foiblesses et disettes tant
« esgales, qu'ils seront aussi bien tost esgalement
« contraints d'entendre à une paix ou à une
« tréve, dont il faudra de necessité que je de-
« vienne le moyenneur et le protecteur, qui sera
« pour commencer à me rendre l'amiable com-
« positeur de tous les differends d'entre les prin-
« ces chrestiens. Et puis, pour surcroist de tant
« de contentemens receus pour de si bonnes nou-
« velles, estant à table environné de ces gens
« sages que vous voyez (qui estoient, comme
« nous l'avons sceu depuis, messieurs du Lau-
« rens, du Perron le jeune, de Gurron, des
« Yvetos, Chaumont, Cotton et Gontery), de
« l'affection desquels je suis tres-asseuré, et que
« vous jugez capables, je le sçay bien, de m'en-
« tretenir de discours utiles et agreables, qui
« empescheront que l'on ne me parlera point d'af-
« faires en mangeant, jusques à ce que j'aye
« achevé de disner ; car lors escouteray-je tout le
« monde, et les contenteray, si raison et justice
« le peut faire.

« J'estime, Sire, dites-vous, que de si grands
« personnages, judicieux et sages, et qui vous
« ayment vrayement, n'auront pas manqué de
« vous entretenir de discours utiles et agreables
« tout ensemble, et par iceux donner un tant
« plus doux assaisonnement aux viandes de vostre
« repas et à vos contentemens.—Ce que vous
« dites est vray, repartit le Roy, mais si ne lais-
« seray-je pas passer tout cela sans y contredire
« quelque chose ; car quant aux excessives loüan-
« ges qu'ils m'ont données, je ne me cognois pas
« si peu moy-mesme que je ne sçache bien que
« j'ay mes défauts et manquemens comme les
« autres roys, et qu'il ne s'en est trouvé ny trou-
« vera jamais de tous parfaits. Et quant à mes
« heurs, felicitez et prosperitez qu'ils ont tant
« exaltées et magnifiées, s'ils avoient tousjours
« esté auprés de moy, et couru toutes mes for-
« tunes, depuis la mort du Roy mon pere jusques
« à l'année où nous sommes, ils changeroient
« bien de langage ; car ils auroient recogneu que
« les mauvaises auroient esté plus frequentes mil
« fois que les bonnes, et que les angoisses, ennuys

« et anxietez auroient infiniment surpassé les
« plaisirs, joyes et contentemens; voire, qui est
« chose estrange à croire, est-il arrivé que mes
« plus grands et envenimez ennemis, par toutes
« leurs animositez, persecutions et violences, ne
« m'ont point fait recevoir tant d'ennuys et des-
« plaisirs, ny causé tant de perplexitez, despits,
« chagrins et angoisses, que m'en ont fait es-
« prouver aucuns de mes parens, amis, alliez,
« partisans, soldats, serviteurs et sujets, par
« leurs defections, ingratitudes, laschetez et des-
« loyautez.

« Sire, repartit aussi-tost M. du Perron, ce que
« vostre Majesté trouve si estrange de tant de
« sortes de contredisans et de contrarietez à ses
« justes et raisonnables desseins et entreprises,
« est non seulement fort croyable, mais aussi
« rendu certain par les ordinaires experiences ; à
« sçavoir, que quand Dieu veut exploicter ses
« merveilles par les secondes causes, il fait eslec-
« tion de sujets à plaisir, et puis les enrichit de
« mil et mil graces : mais afin qu'il se voye que
« les miracles sont procedans de luy, il leur fait
« rencontrer tant d'obstacles, et de difficultez en
« l'execution, que chacun est contraint apres de
« confesser que les hommes n'ont point surmonté
« tant d'obstacles et empeschemens par un pou-
« voir humain; mais qu'il faut necessairement que
« les vertus humaines par lesquelles ont esté ex-
« ploictées ces merveilles, soient toutes esmanées
« des divines vertus, et que ces grands exploits
« sont non exploits humains, mais ouvrages de
« Dieu, comme ce sont les qualitez qu'on donne
« maintenant à vos rares vertus et à tous vos mi-
« racles, voyant que tout le monde vous ayant
« esté contraire humainement, vous nous avez
« tous sauvez divinement. Et pour dire en un mot,
« Sire, il est vray que Dieu a mis les thresors de
« ses graces et beneficences en des vaisseaux
« d'argile, afin que la gloire en estant toute
« renduë à sa divine bonté, il rendist aussi glo-
« rieux à perpetuité celuy dont il s'estoit servy,
« comme de cause seconde, pour faire ces mi-
« racles.

« Monsieur, repliquastes vous à M. du Perron,
« vous avez là parlé d'un si haut stile, qu'il seroit
« difficile d'y rien adjouster ; et neantmoins si ne
« laisseray-je pas de dire que si le peu d'assistance
« humaine que le Roy a receuë de ceux qui, se-
« lon l'humanité et la raison, luy en devoient le
« plus donner, estoit bien cogneu, ce que vous
« avez dit se verifieroit encor mieux ; car lors il
« se recognoistroit estre vray ce que Sa Majesté
« a dit, que son esprit a plus esté travaillé par
« les siens propres et plus familiers, que par ses
« ennemis declarez, et que les temps pacifiques

« luy ont donné plus d'anxietez, de peines et
« soucis, que tous les plus turbulens et les plus
« militaires, comme il seroit facile de le faire
« comprendre à ceux ausquels auroit esté bien
« representé tout ce que j'en ay veu. — Rosny,
« dit lors le Roy, si vous en vouliez mettre deux
« mots par escrit, et me les bailler, je les ferois
« voir à ceux qui en font les incredules.

« Sire, dites-vous, tant de diverses sortes d'in-
« trigues dans vos démeslemens militaires seroient
« de trop long discours, et mesme estimé-je qu'il
« me seroit impossible de m'en bien acquitter, et
« verray si dans les embarras de vos faciendes
« pacifiques, que vous avez eu à conduire parmy
« les vostres mesmes, et voyes pacifiques, il m'en
« pourra ressouvenir d'assez de remarquables et
« bien circonstanciez, pour vous estre representez,
« et par iceux donner aux autres les intelligences
« que je voy bien que vostre Majesté desire : sur-
« quoy je luy demande du temps ; car pour ne
« faire que discourir, beaucoup de choses peuvent
« passer, qui ne seroient pas bien receuës de tous,
« estant escrites ; et en attendant, Sire, mon opi-
« nion là dessus, je diray à vostre Majesté ce que
« les choses passées me font juger des presentes,
« et conjecturer de celles de l'advenir : c'est que
« Dieu, en vous choisissant pour son Roy bien-
« aymé, et pour operer par vous ses œuvres mer-
« veilleuses, il vous a fait, façonné et formé selon
« son bon plaisir, enseigné de telle sorte, et mis
« en vostre personne tant de bonnes parties et de
« vertus exquises, et en vostre esprit tant de
« loüables desirs, de genereux desseins, de hautes
« conceptions et de magnifiques entreprises, mais
« en a environné l'execution de tant de hayes, de
« ronces et d'espines, de difficultez, contradic-
« tions et oppositions, qu'il sembloit que jamai
« vous ne parviendriez à les executer : tout cela
« n'estant que pour faire admirer, et d'autan
« plus priser cette bonté divine, et les rares vertu
« qu'il eslargit à ceux qu'il veut faire operer
« comme causes secondes, en ce qu'il determine
« afin qu'en leur accomplissement tousjours
« apparoisse que deux choses concourrent, le
« unes comme principes, qui sont les special
« graces, faveurs et assistances de Dieu, et l
« autres comme instrumens par luy choisis,
« sont les excellens effects et operations admir
« bles de vos exquises vertus, afin d'admonest
« les nations d'Europe, et sur tout les Franço
« de vous mieux recognoistre et tenir pour le R
« de leurs felicitez, et d'exercer mieux entr'eu
« pour les religions, la charité de Dieu, com
« le seul deffaut qui le fera lasser de despl
« sur eux ses benedictions, soit retirant à luy
« Roy bien-aymé, soit le destituant de ses ra

« vertus de prudence, clemence, justice et vail-
« lance, ou leur donnant un Roy qui ne les aura
« pas ; car lors devrout-ils tous tenir pour infailli-
« bles toutes calamitez et desolations. »

Lequel discours vous finistes là; d'autant que le Roy s'estant levé de table, s'en alla au devant de la Reine qui sortoit de sa chambre pour entrer en son cabinet, à laquelle d'aussi loin qu'il la vid, il luy cria : « Hé bien ! m'amie, vous ay-
« je pas envoyé de bons melons, de bons per-
« dreaux et de bonnes cailles ? Si vous aviez
« aussi bon appetit que moy, vous leur auriez
« fait bonne chere ; car je ne mangeay jamais
« tant, ny ne fus il y a long-temps en si bonne
« humeur que je suis. Demandez-le à Rosny ; il
« vous en dira les causes, vous contera toutes les
« nouvelles que j'ay receuës, et les discours que
« nous avons eus ensemble luy et quatre autres
« et moy. — Or, Monsieur, dit la Reine, nous
« nous sommes donc bien rencontrez ce jour-
« d'huy, car je ne fus jamais plus gaye, ne
« portay jamais mieux, ny ne disnay jamais de
« meilleur appetit ; et pour vous continuer en
« vos joyes et allegresses et moy aussi, je vous
« ay fait preparer un ballet et une comedie de
« mon invention, où je ne nieray pas que je n'aye
« eu un peu d'aide, car Duret et La Clavelle n'ont
« bougé tout ce matin d'avec moy, pendant que
« vous avez esté à la chasse. Le ballet represen-
« tera, comme ils m'ont dit, les felicitez de l'aage
« doré, et la comedie, les passe-temps plus re-
« creatifs des quatre saisons de l'année.

« O m'amie, repartit le Roy, que je suis aise
« de vous voir ainsi en bonne humeur ! Et par-
« tant, je vous prie, vivons tousjours de mesme ;
« mais pour faire danser et voir bien à l'aise vostre
« ballet et comedie, il faudra que ce soit chez
« Rosny, en cette grande salle que je luy ay fait
« faire exprez pour cela, et qu'il ait le soin d'y
« faire entrer le monde par ordre. Or vous veux-
« je monstrer maintenant les patrons de tapisserie
« que Fourcy m'a fait apporter, afin que vous
« m'en disiez vostre advis ; car quant à celuy de
« Rosny, je ne m'en enqueste pas, je le sçay des-
« ja bien ; mais je seray tres-aise qu'il nous fasse
« voir à tous deux ensemble un certain estat som-
« maire qu'il dit m'avoir apporté, auquel je croy
« que nous prendrons autant de plaisir qu'à tout
« ce que nous avons dit et veu. » Lequel estat, apres que le Roy vous eut retiré vers les fenestres et la Reine aussi, vous leur monstrastes à tous deux, estant tel que s'ensuit :

Memoires des sommaires des trois estats generaux qui ont esté cy-devant specifiez.

Premier sommaire subdivisé en trois chefs.

La premiere subdivision consistant à representer au Roy un estat abregé de toutes les fortifications de ses places de frontiere, depuis que j'en ay eu la charge.

La seconde subdivision consiste à representer au Roy tous ses bastimens et reparations nouvelles en ses maisons royales, depuis que j'en ay la charge.

La troisiesme subdivision consiste à representer au Roy un estat de tous ses riches meubles, tapisseries, vaisselles d'or et d'argent, et de pierreries, que je luy ay rassemblées depuis que j'en ay la charge.

Second sommaire subdivisé en trois chefs.

La premiere subdivision consiste à representer au Roy un estat de toutes les ameliorations et bonifications que j'ay faites en toutes ses sortes de revenus, depuis que j'en ay la charge.

La seconde subdivision consiste à representer au Roy un estat de toutes les especes d'or et d'argent comptant que j'ay assemblées, depuis que j'ay eu la charge de ses finances.

Et la troisiesme subdivision consiste à representer au Roy un estat des mesnagemens que je veux commencer de faire, et des thresors que j'espere amasser à l'advenir.

Troisiesme sommaire subdivisé en cinq chefs.

La premiere subdivision consiste à faire voir au Roy un estat de la quantité d'artillerie des six calibres qu'il peut avoir.

La seconde subdivision consiste à faire voir au Roy la quantité de boulets d'artillerie qu'il a, et le moyen de faire tout marcher ses équipages en bon ordre.

La troisiesme, un estat pour representer au Roy la quantité des poudres qu'il peut avoir des trois sortes.

La quatriesme, un estat de la quantité d'armes, outils, instrumens et équipages que le Roy peut avoir.

Et la cinquiesme subdivision, un estat, par generalitez, de la quantité de noblesse, et de soldats propres à porter volontairement les armes, qui se pourront assembler.

Or, voulant essayer de donner une plus claire intelligence de ce qui a esté dit cy-devant et sera cy-apres, touchant les tribulations par lesquelles a passé nostre grand et vertueux Roy, voire mesme durant ses plus grandes prosperitez et les années les plus pacifiques de sa vie ; en reprenant les affaires dés le temps du Roy son pere, nous dirons en peu de paroles que la rupture de la trefve d'entre Henry II de France et Philippes II d'Espagne, r'alluma les guerres entre ces deux royaumes, et suivant cét erreur (de quelque costé qu'il fust provenu) la France en patist le plus, d'autant que M. de Guyse d'une part, et monsieur le connestable de l'autre, ayans empieté la faveur d'un Roy d'esprit facile à manier, ils joüerent à qui se debutteroit l'un l'autre. M. de Guyse, à cause de cette rupture de trefve, passa en Italie avec grande armée, où il ne fit rien qui merite le parler. Le connestable voulut démesler les guerres en France, où il fit encore pis, car il perdit une bataille, fut prisonnier, et Sainct Quentin perdu. Thermes perdit la bataille de Gravelines. M. de Guyse et se troupes furent contraintes de revenir d'Italie pour secourir la France. A son retour, il demeura seul puissant, favori et souverain chef des armes, avec lesquelles il prit Calais; et le connestable pour sortir de prison, traitta une paix desadvantageuse, maria la fille de son maistre au roy d'Espagne : son maistre fut tué aux magnificences des nopces. François II luy succeda, lequel ayant espousé la niepce de M. de Guyse, il luy commit l'absolüe conduite de sa personne et de son royaume, où il joüa d'estranges jeux, et se preparoit à de grands tintamarres tragiques, lors que François mourut d'un tintoüin d'oreille. Charles IX luy succeda, lequel, encore enfant, laissa en apparence partager la faveur, l'authorité de la Cour, et la regime de l'Estat entre la Reine mere, les princes du sang, ceux de Lorraine et le connestable; mais la Reine mere fit bien tost pancher la balance vers la Lorraine, ayant pris en telle haine ceux de Bourbon, sous l'opinion qu'un pronostiqueur luy avoit fait prendre que ses enfans n'en auroient point, et que la couronne escherroit à ceux du roy de Navarre, qu'à cette occasion elle projetta deslors de le destruire, et par ce moyen de mettre cette couronne sur la teste de ceux de Lorraine, dont sa fille avoit des enfans.

Et sur ce dessein se forma deux partis d'Estat et deux de religion, qui firent naistre entr'eux de telles haines et animositez, que ce ne furent que violences, confusions, persecutions, feux, flammes, tueries et massacres. Et arriva que le roy de Navarre ayant esté tué au siege de Roüen, tout le faix et l'accablement des envies, haines et animositez de la toute puissante authorité des regisseurs de France, du general des catholiques d'icelle, assistée du Pape, de l'Empereur, du roy d'Espagne, et de tous ceux de cette profession et de ses puissantes factions, tomberent sur les foibles espaules de nostre jeune Mars françois, que luy, dés l'âge de sept ans, et les siens, supporterent comme ils peurent, et comme chacun sçait, en ayant dit une partie en nos premiers Memoires, à commencer dés l'année 1560, que le Roy son pere fut tué, jusques en l'an 1593, que Dieu se servant du courage, de l'esprit et du jugement qu'il avoit mis pour cét effet en son Roy bien-aimé, luy se servit de la division que l'ambition avoit allumée entre ses puissans ennemis, de la lassitude, des travaux de ses peuples, et de la sagesse et docilité de luy, et d'une bonne partie d'eux, pour s'accommoder aux desirs et besoins de l'un et de l'autre. En sorte que peu à peu, voire mesme les plus animez estrangers et François, de tant de démeslemens d'affaires turbulentes et militaires, se jetterent tous dans ceux qui paroissoient doux et pacifiques, lesquels toutesfois n'exempterent pas pourtant nostre grand Roy des peines, soucis, travaux et fatigues accoustumées, et qu'il n'eust incessamment besoin de l'assistance de Dieu, et d'employer tousjours ses exquises vertus aux affaires de paix, ainsi qu'il avoit fait en celles de guerre, comme cela se verra par une lettre que vous luy en escrivistes suivant son commandement, par laquelle vous luy ramenteviez une partie de ce que vous aviez sceu de ses tribulations passées, la lettre estant telle que s'ensuit :

Lettre de M. de Rosny au Roy.

SIRE,

Tous vos commandemens et contentemens m'estans incessamment tres-chers et precieux, j'auray tousjours plus de soin de leur accomplissement que de la conservation de ma vie; et quoy que je me recognoisse incapable de bien suivre vos intentions, si ay-je mieux aimé estre accusé d'insuffisance que manquer d'obeyssance envers qui je la dois toute entiere. Suivant cette disposition, je voulus essayer de faire des remarques des plus grandes traverses et difficultez que vous eussiez point rencontrées en tout le cours de vostre vie ; mais celles qui estoient provenuës par les armes et par la puissance de tant d'ennemis declarez, me semblant exceder ma portée, et que je serois reputé la truye qui voudroit enseigner Minerve, si j'entreprenois de les vous apprendre, je me suis reduit dans celles des démeslemens d'affaires pacifiques que vous avez euës avec vos parens, vos amis, alliez, partisants, soldats, serviteurs et domestiques.

Et commenceray, Sire, les ressouvenances de vos douloureux démeslemens d'affaires pacifiques, par la disposition la plus apparemment pacifique qui se pouvoit imaginer; mais laquelle en un moment fut changée en la plus horrible, sanguinaire, déplorable et calamiteuse que vous ayez jamais esprouvée; laquelle fut-le jour de la sainct Barthelemy, qui est assez dit pour moy, dautant que je n'estois lors qu'un enfant de douze ans, près de vostre Majesté, et que quand j'y repense, je fremis tout d'horreur et frissonne d'effroy, comme je croy que vous fistes bien lors, quelque cœur genereux et courage intrepide que vous puissiez avoir, veu les choses horribles qui se passerent devant vos yeux, lequel premier accez eut des suittes estranges, vous estant retenu en prison, tantost plus et tantost moins serrée, durant près de quatre ans.

Plus, vous vous souviendrez comme durant les temps des plus esclatans et bruyans ressentimens des langues medisantes de la religion, ce fut cette partie qu'ils trouverent seule à blasmer en vous; et encore pour faire paroistre vostre exquis jugement, vous distes à tous ceux qui, comme vous amis, tesmoignoient de desirer en vous du changement, que vous seriez tousjours prest à bien escouter et suivre la raison qui vous seroit montrée par voye legitime, honorable et honneste; et que cependant, afin de ne pouvoir estre accusé d'aucune erreur, vous estiez resolu de croire, faire et vivre selon tous les preceptes et enseignemens du Decalogue, du Symbole des Apostres, de l'Oraison Dominicale et dépendances d'iceux, ne croyant pas qu'il se pust former aucune mauvaise creance de ce qui en seroit veritablement tiré.

Plus, vous vous souviendrez des temps (d'assez longue durée) pendant lesquels vous fûtes frauduleusement affligé, poursuivi et inquieté par des voyes de milices non militaires, et de pacification non pacifiques, et qui pouvoient degenerer de l'une en l'autre, puisque tels ennemis se disoient amiables, et leurs armes n'estoient que celles dont l'on use alors qu'on est sans guerre, ou qu'on n'y veut point entrer, mais qui n'eussent pas laissé de vous estre des plus importunes, cuisantes, et angoisseuses, si le Dieu tout-puissant ne vous eust assisté favorablement, et que, par vostre generosité naturelle, vous n'eussiez mesprisé, renversé et aneanti tous les efforts de ces serpens volans, viperes venimeuses, langues d'aspics, libelles médisans, et menasses impudentes, lesquelles ne laisserent pas neantmoins de vomir contre vous mil injures et detractions, dont le recit estant trop long, je me contenteray, pour monstrer un eschantillon de ces ridicules libelles diffamatoires, de vous ramentevoir quelques-uns de ceux de l'un de vos plus arrogans calomniateurs, qui eut bien l'effronterie (quoy qu'il fut de naissance, d'âge et d'éminence, ausquels la modestie eust esté bien sceante) d'user en vostre endroit, des termes d'impie, scelerat, endurci, mutin, seditieux, criminel, race bastarde, et plusieurs autres outrages, lesquels ne pouvant assez condamner, je renvoyeray ceux qui voudront sçavoir un diminutif de mon opinion sur une telle arrogance, à ce qu'en vostre nom il en fut affigé à sa barbe.

Vous vous souviendrez du temps que vous teniez vostre Cour de Navarre à Nerac, Agen et aux environs, laquelle estant lors composée de gens de qualité, tant de catholiques que de huguenots, et de Gascons que de Francimens, ces divers noms y faisoient naistre tant de partialitez, de haines, d'envies et de riottes, qu'elles vous donnoient plus de peine à concilier et à vous en bien et utilement servir, que vous n'en trouviez à resister à tous vos ennemis.

Plus, vous vous souviendrez comme au temps que la Ligue commença ses assemblées, sous pretexte de la destruction des huguenots, vous en fistes faire une à Sainct Paul de la Miatte, pour adviser aux moyens de vostre deffense et de la leur, en laquelle tous les plus grands des interessez s'estans trouvez, et aussi un deputé du comte Palatin, toutes ces sortes de gens tesmoignerent de penser plus à leurs profits et interests particuliers qu'à ceux du public, et à leurs ambition, aviditez et fantaisies, qu'ils vous donnerent plus de peine à regler (dautant que chacun d'eux vouloit faire une royauté à part, pour mieux piller) que vous n'en trouvastes à vous deffendre de vos ennemis tous declarez.

Plus, vous vous souviendrez comme toutes les fois que vous assembliez les grands de vostre party, pour faire quelque puissante resistance, vous les trouviez tellement differents en desirs, desseins, interests et en affections à l'endroit du party et de vous mesmes, qu'il vous falloit-là donner des batailles pacifiques, au lieu d'en aller donner de militaires contre vos ennemis declarez. Je ne vous en dis point les noms, car vous les sçavez mieux que moy.

Plus, vous vous souviendrez comme Dieu vous ayant favorisé du gain de la bataille de Coutras, vous vouluste, suivant le droict de la guerre, marcher en diligence, en corps d'armée victorieuse, pour aller trouver vostre armée estrangere, et offrir un si grand et redoutable corps au Roy, pour joindre à celuy qui estoit tout à luy, afin de destruire entierement les ennemis de la France, comme cela infailliblement fut arrivé; mais messieurs le prince de Condé, comte de Soissons, de Turenne, de La Trimoüille, Mongommery, La Roche-foucault et autres que vostre Majesté sçait, traverserent tellement ce genereux dessein, que de la rupturé d'iceluy proceda la ruyne de vostre armée estrangere, et que vous ne tirastes nul advantage du gain de la bataille.

Plus, vous vous souviendrez comme voulant unir vostre maison le plus qu'il vous seroit possible, par le moyen du mariage de madame vostre sœur avec M. le comte de Soissons, combien ce loüable dessein vous apporta, par longues années, de peines, d'ennuis, de chagrins et de déplaisirs.

Plus, vous vous souviendrez comme lors que le Roy fit une assemblée à Blois (qui se termina par la mort de M. de Guyse) pour destruire, ce disoit-on, ceux de la religion, vous en fistes une autre à la Rochelle, pour proposer les moyens de leur conservation, en laquelle messieurs de Turenne, de la Trimoüille et autres de leur sequelle faisoient les mesmes menées et pratiques contre vostre authorité, avec les deputez qu'ils y avoient envoyez, que messieurs de Guyse faisoient contre le Roy avec ceux de Blois.

Plus, vous vous souviendrez comme sollicitant tousjours vostre reconciliation avec le Roy, afin de pouvoir, conjointement avec luy, essayer de donner un repos à la France, vous et luy estiez tellement traversez en ce dessein, luy par messieurs le comte de Soissons, duc de Nevers, cardinal Morosin, d'Espernon et toute la mignonnerie de la cour, et vous par les plus authorisez prés de vous, voire par plusieurs eglises et ministres de la religion, qu'il vous falloit traiter tout cela secrettement et par un seul de vos serviteurs de chaque costé, que vostre Majesté cognoist assez sans que je les nomme.

Plus, vous vous souviendrez comme vous ne fustes pas moins traversés tous deux par les mesmes personnes et autres encore que vous cognoissez, lors que vous voulustes joindre vos forces en un seul corps d'armée, et convenir de conditions pour faire en sorte que vous recognoissiez le Roy pour vostre roy, vostre maistre et vostre pere, et luy, vous pour son loyal et fidele sujet, serviteur et heritier, et trouver ensemble des expediens pour tranquilliser à jamais les deux religions en France.

Plus, vous vous souviendrez comme le Roy, par vostre conseil, ayant commencé d'assieger Paris par le siege de Pontoise, les bigots catholiques, les espagnolisez, les mignons et accreditez aupres de luy, essayerent de blasmer ce conseil, de le mettre en deffiance de vous, et de diminuër vostre grande reputation aux armes; quelques-uns, mais sur tout ceux de la mignonnerie, estans si impudens que de contester toutes vos propositions, vous contrecarrer et parler comme du pair.

Plus, vous vous souviendrez que le Roy ayant esté tué, la couronne à vous devoluë, et tous ceux de l'armée obligez, selon Dieu et l'honneur, de vanger la mort de leur maistre cruellement assassiné, neantmoins plusieurs furent si meschans et si lasches que de traverser vostre legitime qualité, et de desnier leur assistance pour vanger la mort de leur Roy, leur maistre et leur bien-faicteur, voire mesmes ceux desquels les rapacitez et les turpitudes avoient servi de pretexte aux revoltes des peuples.

Plus, vous vous souviendrez comme, apres cette effroyable mort, vous fustes abandonné de la plus-part de vos sujets, voire par quantité de ceux de la religion, pour la deffence desquels vous aviez tant de fois hazardé vostre vie: tellement que vous fustes contraint à combattre une armée tres-grande avec une poignée de gens, et que lors que vous eustes besoin d'estre renforcé, les jalousies, envies et riottes d'entre messieurs de Soissons, de Nevers, de Longue-ville, d'Aumont et de Biron, et leur peu d'affection, ou autres causes cachées, les firent entrer en de telles disputes et contestations, que leurs longueurs à s'acquitter de leur devoir vous donnerent le loisir d'appeller des Anglois et des Escossois à vostre secours, lesquels y furent encore plutost qu'eux.

Plus, vous vous souviendrez que voulant tirer vostre raison des algarades de vos ennemis, et vous voyant une si belle armée, et en apparence si forte et si bien intentionnée, vous creustes de pouvoir faire un grand coup d'Estat en vous saisissant de Paris; mais ce dessein fut traversé par ceux qui ne vouloient point de Roy de la religion, tellement que M. de Montpensier et beaucoup d'autres troupes vous quitterent en chemin; et quand vous eustes pris les fauxbourgs de Paris, les autres empescherent que vous ne vous saisissiez de la ville.

Plus, vous vous souviendrez qu'ayant gagné la bataille d'Ivry, plusieurs de ceux qui avoient hazardé leurs vies pour cét effet dans l'ardeur des combats, firent apres tout ce qu'ils purent pour empescher que cette victoire n'eust ses suites, lesquelles apparemment estoient la prise de Paris, où vous voulant acheminer, ceux de vostre conseil et leur sequelle rendirent vostre armée immobile, la faisant manquer de toutes choses.

Plus, vous vous souviendrez comme, quelque temps apres, vous voulustes essayer d'affamer Paris; mais vous fustes si mal servi par tous ceux qui ne vouloient point de Roy huguenot dans

Paris, que tous les gouverneurs des places voisines laissant passer les vivres à puissance, et les chefs des troupes assiegeantes les laissans entrer librement dans Paris, pour de l'argent et des babioles, ils leur donnerent moyen et loisir d'attendre un secours pour estre fournis de vivres.

Plus, vous vous souviendrez comme sur les discours qui se tenoient que les catholiques ne vous devoient point recognoistre pour Roy absolu si vous n'estiez de leur religion, et que les huguenots recognoissoient que ce n'estoit point à eux de prescrire de religion à leur Roy legitime, il y en eut quelques-uns de vos serviteurs plus moderez, tant huguenots que catholiques, lesquels vous ayans osé conseiller là dessus de prendre conseil en vous mesmes, pour trouver sur telles difficultez un expedient propre à tranquilliser vostre royaume, vous les creustes; mais, de quelque costé que vous prissiez advis, vous resolustes de vous accommoder aux choses possibles à l'humaine pensée, laissant à Dieu à operer les impossibles. Et neantmoins est-il certain que quand une grande partie de ceux qui avoient le plus monstré de desirer vostre changement de religion, entre lesquels je comprens mesme ceux de la ligue, virent que c'estoit à bon escient, ils firent tout ce qu'ils peurent pour en empescher l'effet.

Plus, vous vous souviendrez comme plusieurs des grands de vostre royaume qui vouloient vous reduire en cette necessité d'avoir tousjours affaire d'eux, projetterent de former un parti sous ombre de desirer vostre conversion, et fut nommée cette association *le tiers party*, la pluspart en dessein de se joindre à celuy d'Espagne et de la ligue. Mais ce dessein vague ayant eu de vagues suites, les peuples, qui n'entendent point de raillerie en matiere d'aise et de repos, mais ont tousjours en haine tous ceux qui les en privent, et aiment tous ceux qui leur procurent, ne laisserent pas, nonobstant les sermens prestez à Paris entre les mains du legat du Pape de ne vous recognoistre jamais pour Roy quelque catholique que vous peussiez devenir, que les Papes vous eussent privé de la couronne et declaré incapable d'icelle, voire excommunié tous les prelats qui vous recevroient à vous faire catholique; tous les peuples, dis-je, si tost qu'ils entendirent vostre changement de religion, n'attendirent pas à vous recognoistre pour Roy qu'il vous fut venu du Pape l'entiere absolution : et par là semble-il ne se pouvoir assez blasmer la faute de ceux (soit qu'elle vint du Pape ou du conclave, ou des brigues d'Espagne, ou des ligueurs françois, ou des mauvais solliciteurs d'icelles) qui firent tant de difficultez à vous accorder vostre juste demande, vous userent de tant de duretez et de tant de mépris envers les grands personnages par vous envoyez pour protester de vostre devotion, et vous imposerent tant de honteuses conditions pour l'obtenir, qu'il sembloit qu'ils eussent envie de chercher noise, et dequoy rejetter vostre douce domination et la France en guerres continuelles. Et ce qui est encore plus considerable, est qu'ils croyoient que toutes les conspirations qui se faisoient contre vostre vie n'avoient pour pretexte que le deffaut de vostre absolution, et que les conspirateurs pensoient en cela servir le Sainct Siege et meriter paradis, n'y ayant nulle apparence qu'il vint d'un Pape qui estoit si clement, et lieutenant d'un capitaine qui luy avoit apris à pardonner gayement, sans user de reabilitations terriennes, de tant de ceremonies, n'y vouloir mesler les affaires de la terre avec celles du ciel.

Plus, vous vous souviendrez comme de vos serviteurs secrets à Paris vous ayans fait sçavoir que de jour en jour le peuple se disposoit à se mettre en vostre obéissance, et que mesme Brissac (auquel depuis peu M. du Maine en avoit baillé le gouvernement, l'ayant osté à Belin) eust esté bien aise de traicter avec vous, pourveu que cela se pust conduire sans que nul des anciens serviteurs du feu Roy en sceut rien, d'autant qu'il y en avoit qui ne desiroient nullement que vous vous rendissiez maistre de Paris, dont un des principaux estoit M. d'O, quoy qu'il en fust gouverneur; tellement que vous fustes contraint de faire manier ce traité par M. de Sainct Luc fort secrettement.

Plus, vous vous souviendrez (afin que vous n'ayez eu nul bien sans peine, et par consequent sans exercer vostre vertu, et que la speciale assistance de Dieu n'apparust en toutes vos œuvres) que les heureux succez de vostre sacre, des reductions de Paris, Roüen et autres grandes villes, furent meslangez de fascheuses espines et ronces qui vous picquoient fort sensiblement et agitoient l'esprit avec beaucoup d'angoisse, à cause que l'on essaya de persuader à vos sujets de la religion que vous les vouliez destruire, et qu'ils firent quelques actions, comme s'ils eussent voulu s'en garentir par autre voye que celle de vostre prudence et de vos bonnes graces; et vous vis prendre cette opinion sur ce qu'on vous representa un nouveau reglement par eux fait à Sainte Foy, où ils parloient de prendre d'autres mediateurs envers vous que leurs loyautez, affections et services.

Plus, vous vous souviendrez que les heureux succez d'Amiens, de la reduction de la Bretagne, et de la paix de Vervins, furent encor suivis de témoignages que vous n'auriez jamais de bien sans peine, d'autant que les traicteurs de paix de Vervins vous y laisserent une espine au pied, pour donner de l'exercice à vostre vertu, et que vos sujets vous ayans fait des instances pressées de leur vouloir laisser des roys d'une si bonne tige que la vostre, la resolution que vous pristes de vous démarier et puis remarier, vous environna de mil soucis, peines, angoisses et perplexitez, à cause des grandes difficultez qui se rencontroient à faire quadrer toutes les operations d'un tel projet à tout ce que pouvoit requerir vostre devoir, vostre honneur, vostre conscience, la raison et vostre desir conjoinctement.

Plus, vous vous souviendrez des grandes diversitez d'avis de vos principaux serviteurs, pour vuider les differends que vous aviez avec M. de Savoye, et comme la pluspart d'iceux, et par leurs conseils, et par leurs menées sous main, traversans vos desirs et vos resolutions, il fallut en fin, apres mil peines, disputes et contentions, que vostre vertu seule remportast la gloire d'avoir tout surmonté, et monstrast qu'elle seule sçavoit faire la paix et la guerre.

Plus, vous vous souviendrez des plus sensibles déplaisirs, ennuis et soucis que vous ayez point éus, ayant découvert que des plus grands et des plus qualifiez de vostre royaume, que vous aviez le plus honorablement employez, et en effet aviez les plus obligez, avoient esté si malheureux, detestables et enragez, que d'avoir par de sordides ingratitudes, usé de complots, machinations et conspirations contre vostre vie et vostre Estat, dont je ne dis rien d'avantage, car tout le monde le sçait, et ont encore leurs suites, et ne sont entretenuës que par vos trop grandes indulgences.

Plus, vous vous souviendrez de tant de soucis, ennuis, soupçons et deffiances, où ont jetté vostre esprit et le doivent tousjours tenir pour s'en garantir, tant de machinations et conspirations contre vostre vie et vostre Estat, de divers meurtriers, assassins et empoisonneurs particuliers, tels que des Nicole, Mignon, Barriere, Guignars, Chastel, Meragues, Luquisse et autres; et n'en manquera jamais, tant qu'il y aura des obeyssances aveugles, des docteurs qui enseigneront, et des foux melancoliques, zelez catholiques, qui croiront que la pieté, la religion, le merite, la devotion, le meurtre, l'assassinat et l'empoisonnement sont de mesme nature.

Plus, vous vous souviendrez, comme de choses que je crains qui ne soient pas encore passées, de tant d'ennuis, fascheries, soucis, despits et chagrins où vous ont jetté les riotes domestiques, afin que cela vous serve d'enseignement pour les éviter : surquoy je ne m'expliqueray pas davantage, car vous m'entendez assez, et n'ignorez pas ce qu'il faut faire pour les terminer.

Plus, vous vous souviendrez des peines et anxietez où vous ont jetté les ruses, artifices, malices et cautelles de la Verneuil, ses semblables, et leurs sequelles et proxenetes, afin que cela vous serve d'enseignement pour vous en depestrer tout à fait et pour tousjours.

Plus, si je voulois continuer à vous ramentevoir toutes les autres, touchant les demeslemens pacifiques dont il me revient à toute heure des ressouvenances, et desquelles (selon ce qu'il a pleu à vostre Majesté de m'en dire autresfois quelques-unes) il n'y en a point eu qui en quelque sorte ne vous ait fasché, mis en peine et soucié, je craindrois de vous ennuyer si je voulois entreprendre de les representer au long et par le menu. Et partant me contenteray-je de vous en faire souvenir de quelques-unes par leur simple dénomination, telles qu'ont esté: l'affront receu par M. de la Roche-pot en Espagne, les incertitudes des négociations de paix d'entre Espagne et Angleterre, les divers accidens des guerres d'entre les archiducs et les Hollandois et sur tout les sieges d'Ostande et de l'Ecluse, les diverses assemblées du clergé et des huguenots et leurs demandes contraires, les rumeurs du sol pour livre, l'interdiction du commerce, les differends de M. d'Espernon, des Soboles et habitans de Mets, les trahisons de L'Hoste de Ville-roy, les differends roulans d'entre les Papes et les Venitiens, les doutes des recherches du duc de Savoye, et autres que je laisse, y en ayant assez pour verifier ma proposition, que c'est la speciale grace et faveur de Dieu et vos heroïques vertus, qui vous ont fait surmonter tant de difficultez et resister à tant d'ennuis, d'angoisses, de peines et de traverses.

Et pour fin de mes ressouvenances que je crains bien avoir esté trop longues et à vous ennuyeuses, vous vous souviendrez tousjours, Sire, que des speciales assistances de Dieu toutes notoires, des insignes et admirables vertus toutes manifestes, et des prosperitez et felicitez tant esclatantes, ne seront jamais sans envieux, haineux et ennemis, tant qu'il y aura des cœurs lasches, malins et pervers au monde : enquoy les puissans et tous declarez ne vous sont point à craindre; car vostre generosité admirable, vostre courage invincible et vos autres vertus, vos tresors, vos armes et vostre belliqueuse nation sont des remedes efficacieux contre les accidens qu'ils peuvent produire; et n'avez seulement à prevoir et prevenir que les embusches, machinations et attentats secrets et particuliers.

Ayant leu avec admiration des vertus et compassion des souffrances de nostre grand Roy, les vingt-huict articles faisant mention des soucis, ennuis, anxietez, inquietudes, angoisses et tribulations desquelles son esprit a esté agité, voire mesmes pendant les plus tranquilles et pacifiques années de sa vie, nous avons mis nostre principale attention sur le dix-neufiesme d'iceux articles, comme celuy qui nous a semblé le plus digne de consideration, à cause qu'estant là parlé des conspirations et attentats sur sa vie, il est aussi dit qu'ils ne procedoient point d'ailleurs (ce que le Pape, les cardinaux et le conclave tenoient pour veritable) que du retardement de son changement de religion, et iceluy estant fait, que du manquement de son absolution pontificale. Surquoy il nous a semblé estre une chose des plus estranges, que tant et de si grands personnages, si religieux, pieux, saints et sages, ayent par si long-temps différé à vouloir excogiter et apporter les remedes convenables pour empescher les enormes malefices de tant d'embusches, conspirations, attentats, empoisonnemens, meurtres et assassinats, qu'ils voyoient estre déployez contre l'oingt du Seigneur, qui se peut reputer pour crime commis contre lui mesme, puisqu'il est son image ; et d'autant qu'il apparoist clairement que tels meschans garnemens ne sont enhardis à prodiguer leurs vies que par les folles fantaisies qu'ils sont mises en l'esprit, ou les persuasions que l'on leur a données que telles enormitez execrables, meschancetez et attentats horribles sont actions devotieuses et œuvres meritoires, capables de les exempter des peines de l'enfer et les faire jouyr des joyes de paradis. Et partant, semble-il que tant de sages et saincts personnages, directeurs des consciences de tous les chrestiens, devroient, pensant aux leurs, excogiter des remedes capables, tant pour desabuser ces miserables enragez et les retirer de perdition, que pour garantir tous roys, princes et potentats, des attentats horribles, en declarant par des bulles expresses, qu'il n'y a point de crimes plus horribles que de penser seulement à vouloir nuire aux roys, lesquels sont establis par le vouloir de Dieu, quelques vicieux et meschans qu'ils puissent estre.

A tous lesquels discours tirez de vos memoires, nous nous licentierons d'y adjouster des nostres, ce qu'apparemment il est du tout necessaire de croire, à sçavoir, qu'un si bon et sage Pape que celuy qui est Clement de nom et d'effet, et qui est lieutenant de ce grand Capitaine de misericorde et de la remission des pechez, ne manquera jamais de suivre pour enseignemens les benignes inscriptions de son general et misericordieux estendart de la croix, qui annonce, haut et clair, le salut au monde en ces magnifiques et mysterieuses paroles :

« Je ne suis point venu au monde pour condamner le monde, mais pour sauver le monde.

« Je ne suis point venu pour appeler les justes, mais les pecheurs à repentance.

« Je ne suis envoyé sinon aux brebis de la maison d'Israël qui sont peries.

« Apprenez que je suis debonnaire et humble de cœur, et vous trouverez repos en vos ames.

« Je ne suis point venu pour estre servi, mais pour servir et donner ma vie en rançon.

« Venez à moy, vous tous qui estes chargez, et je vous soulageray.

« Je veux misericorde et non point sacrifice.

« J'ay pris vos langueurs, et j'ay chargé vos maladies.

« Je ne jette point hors celuy qui vient à moy.

« Mon regne n'est point de ce monde, et ne reabilite point les chevances mondaines. »

Sur lesquels tant doux, benins et salutaires preceptes et enseignemens de la vraye charité du fils de Dieu (qui s'est donné à imiter à tous hommes, mais sur tout aux gens d'eglise, et ne sera jamais ensuivi par aucun) nous admonestons tous roys, princes et potentats de se bien souvenir que l'homme sans souci de conserver sa vie, tient celle de l'autruy tousjours en sa puissance, et n'oublient non plus que tels seront aussi toutes obeyssances qui sont vrayement aveugles, les superstitieux, les fous, melancoliques, les esprits effrayez, les ames esgarées, les consciences bourrellées, les cœurs espouvantez de leurs crimes énormes, et l'apprehension des peines des damnez : tellement que toutes ces sortes de gens hayssant ainsi leurs vies, ne les abhorrent pas moins, et par là sont rendus capables d'entreprendre tous sanglans malefices, meurtres, assassinats, turpitudes, felonnies et empoisonnemens, soit par fol desespoir de descendre aux enfers, ou par vaine esperance de monter dans les cieux. Tous lesquels inconveniens trop de fois arrivez, estans bien considerez par nostre sainct pere le Pape, le sacré college des cardinaux, et tout ce qui compose le Sainct Siege de Rome, ils devroient essayer de trouver les moyens, soit par decrets et voyes canoniques, ou par enseignemens, ou par confession, ou autres expeditions qu'ils jugeront les plus convenables pour faire bien comprendre à ces desesperez que tous les attentats sur la vie d'autruy, sous ombre de bien faire, sont des cas plus enormes et dignes des enfers, mais principalement lorsqu'il est question des empereurs et roys, des princes souverains, voire des magistrats, et que par consequent tant s'en faut que, par quelque specieuse cause, puissante raison, ou absolu commandement de superieur que ce puisse estre, on soit bien fondé à perpetrer des meurtres et des assassinats, ou empoisonnemens, ny que telles actions puissent jamais prendre le tiltre de saintes, pieuses, religieuses, ou meritoires, ny estre estimées dignes de loüanges, ny de remunerations et recompenses devant aucuns hommes, ny mesme le tribunal de Dieu, celuylà de l'Eglise du Pape, ou du conclave; que les seules pensées, imaginations et cogitations en telles entreprises, desirs et desseins, sont maudits, execrables, detestables, et dignes des enfers.

Or, reprenant le fil de nos discours, et usant de nostre stile accoustumé, nous commencerons cette année 1605 par le recit de vos procedures accoustumées pour le general, vostre maniere ordinaire et journaliere de vie, et par les ordres que vous teniez en la partition, distribution et conduite, tant des affaires generales de l'Estat, que de celles qui dependoient particulierement des charges dont le Roy vous avoit honoré; la principale desquelles estoit celle d'avoir esté choisi pour son particulier confident, dautant qu'elle vous rendoit participant de tous ses secrets, et plus interieures pensées et desseins, jusques à vous descouvrir ses maladies cachées, ses plaisirs et desplaisirs domestiques, ses esperances, ses craintes, ses amours, ses amitiez et ses inimitiez plus couvertes; y ayant eu peu de personnes en France, ny dehors, desquelles soit en s'en loüant, ou en s'en plaignant, en les estimant, ou mesestimant, desquelles il ne vous ait escrit ou parlé en toute confidence et liberté, ce qui seroit facile à justifier, si vous en vouliez communiquer les lettres: estant à noter sur vostre forme de conduite, que pour ce qui regardoit les commandemens que vous receviez du Roy, pour l'aller trouver, ou pour luy parler des affaires pressées, qui le requeroient ainsi, ou recevoir des lettres de sa main, et y rendre responce de la vostre, ces operations n'avoient ny mois, ny sepmaines, ny jours, ny heures reglées ny certaines, mais estoient promptement executées aussi bien la nuict que le jour, et remettiez pour icelles toutes autres affaires ordinaires à une autre fois, pour le desmeslement et administration desquelles voicy comme vous en usiez.

Premierement, ainsi que vous le sçavez mieux que nous, il se tenoit le mardy, le jeudy et le samedy, deux fois le jour, conseil d'Estat et des finances, ausquels vous ne manquiez jamais de vous trouver, et porter toutes les lettres et dépesches qui meritoient d'estre consultées, et d'y prendre prompte resolution; voire le plus souvent vous joigniez à icelles les arrests tout dressez, et les responces que vous y faisiez, ausquelles peu souvent estoit-il changé quelque chose: aussi estiez-vous tousjours dés les quatre heures du matin, soit esté, soit hyver, dans vostre cabinet à y travailler, afin de nettoyer tous les jours le tapis, vous ayant oüy souvent dire que qui en use autrement laissera beaucoup d'affaires indecises, sera cause de grandes crieries et confusions, et par consequent se rendra incapable de bien exercer tant de charges que vous en aviez. A six heures et demie vous estiez tout habillé; à sept, vous vous en alliez au conseil, auquel, selon la quantité ou importance des affaires, vous demeuriez jusques à dix, et quelquesfois unze heures. Le Roy vous envoyoit quelquesfois querir dés les neuf à dix heures, lequel se promenant avec vous, tantost seul, tantost conjoinctement avec messieurs de Ville-roy et de Sillery, et discourant de ses affaires principales, vous faisoit entendre ses resolutions, et donnoit à chacun, selon vos professions et vos charges, ses commandemens pour ce que vous aviez à executer en icelles. Au partir de là, vous alliez disner, vostre table estant de dix serviettes seulement, où estoient tousjours vostre femme, enfans et suitte, fort frugalement servie; aussi n'y conviez vous gueres de gens de grande qualité, mais sur tout de ces friands et beuveurs d'autant, pour lesquels vous n'augmentiez jamais rien aux services d'icelle, disant ces paroles d'un ancien (lors que l'on vous sollicitoit d'y adjouster quelque chose): *S'ils sont sages, il y en a suffisamment pour eux; s'ils sont fous, je les traite ainsi afin qu'ils n'y viennent pas deux fois.* Apres disner vous entriez en vostre grande salle, que vous trouviez toute plaine de monde, afin de donner audiance à chacun, et tousjours commenciez par les ecclesiastiques, tant d'une que d'autre religion, et en suite par les gens de village et autres simples personnes qui apprehendoient de vous approcher; et ne partiez jamais de-là que vous n'eussiez fait responces à tous: lesquelles estoient fort succintes, dautant qu'à ceux qui demandoient choses justes, raisonnables et faciles, vous leur disiez promptement: « Monsieur, c'est as-« sez, j'entends bien vostre affaire; elle est bonne, « et vous en promets l'execution. » Et aussi-tost en appelliez un autre, auquel si son affaire estoit difficile et de long examen et discution, vous la luy disiez estre telle, et que pour vous la faire bien comprendre, il baillast tous ses papiers à un des intendans ou de vos secretaires que vous luy nommiez, afin d'examiner ses demandes, ses raisons et ses papiers, pour vous en esclaircir, l'asseurant que son affaire seroit responduë dans la sepmaine, et bien difficile si vous n'essayez à luy donner quelque contentement. Que si l'on vous parloit d'affaires manifestement injustes ou impossibles, sans porter grand prejudice à celles du Roy ou du public, ou faire tort aux particuliers, vous luy teniez ce langage : « Mon-« sieur, je suis bien marry que vostre affaire « n'est meilleure et plus facile ; car vous estes « personne de merite et service : et partant ne « vous amusez plus à la poursuite de choses in-« justes et impossibles ; mais demandez quelque « autre chose, et je vous promets mon aide et « mon assistance. »

Quant aux jours du lundy, mercredy et vendredy, vous en affectiez les matinées pour travailler aux affaires qui dépendoient de vos charges de grand maistre de l'artillerie, gouverneur de Poictou, la Bastille, Mante et Jargeau, grand-voyer de France et super-intendant des fortifications et bastimens ; aux resolutions d'Estats desquelles deux dernieres charges le Roy ne manquoit pas de se trouver, et d'y appeller les gouverneurs des places et les officiers ordinaires, en la presence desquels ayant tout arresté, il vous disoit tousjours : « Or bien, voilà mes for-« tifications et bastimens resolus ; et vous, que « faites vous en vos maisons ? » A quoy luy respondant que vous n'y faisiez rien, faute d'argent, il repartoit, disant : « Or sus, voyons vos plans, « et ce que vous y voudriez faire, si vous aviez « de l'argent. » Lesquels ayans consideré, il vous donnoit ordinairement vingt mil livres, à la charge de les employer où il avoit advisé.

Les apres-dinées de ces trois jours là, vous les employez, si le Roy ne vous envoyoit point querir, ou ne vous commandoit rien d'extraordinaire, à donner des audiances, ou à vos affaires particulieres qui ne se pouvoient faire sans vostre intervention (car pour les autres vous en remettiez le soin et la conduite à madame vostre femme ou à vos gens), ou à passer vostre temps à voir faire les exercices à messieurs vos enfans, gendre, parens et amis particuliers, afin de vous delasser l'esprit ; car l'Arsenac n'estoit jamais sans fanfares, réjouyssances, bonnes compagnies, et vertueux passe-temps. Le soir, dés l'heure que vous aviez souppé, vous commandiez de fermer les portes, et deffendiez de ne laisser plus entrer personne pour affaires, s'ils ne venoient expressément de la part du Roy ; mais de recevoir seulement ceux qui ne vouloient parler que de rire, joüer, se resjouyr, et vous faire passer le temps jusques sur les dix heures du soir, qui estoit celle où vous vous couchiez tousjours.

Or, desirant de fois à autre de faire voir en quelque sorte combien les prudences, prévoyances et bons mesnages du Roy, que nous avons tant exalté cy-devant, estoient encor plus excellens que nous ne les avons representez, et que leurs operations ne s'estendoient pas seulement en l'administration et conduite des grandes, importantes et serieuses affaires d'Estat, mais aussi jusqu'aux moindres et plus petites, dont entre une infinité d'exemples que nous pourrions mettre en avant, si nous ne craignions point d'amplifier par trop ces Memoires, nous vous en ramentevrions plusieurs ; mais nous nous contenterons d'une seule, dautant que vostre particulier y estoit meslé, qui fut que mademoiselle du Marais, fille de madame vostre femme, estant nourrie chez la Reine, et se presentant occasion de la marier au fils de feu M. de La Boullaye, que le Roy avoit tousjours fort aimé, et luy voulant à cette occasion et aussi pour vous gratifier, augmenter jusques à cinq mil escus le present de robbe de nopces qu'il avoit accoustumé de donner aux filles de la Reine lors qu'elles se marioient, qui avoit esté reglé à deux mil escus, et empescher que cela ne peust estre tiré en consequence pour les autres à l'advenir, il desira que cette somme passast par un comptant : surquoy il vous escrivit de sa main une lettre telle que s'ensuit :

Lettre du Roy à M. de Rosny.

Mon cousin, je vous fais ce mot pour vous dire que pour les cinq mil escus que j'ay accordez en faveur de mariage à la damoiselle des Marais, vostre belle-fille, je veux que les fassiez mettre en un comptant, tant pour éviter à la consequence, que pour d'autres raisons que je vous diray lors que je vous verray. C'est pourquoy je vous prie de le faire ainsi, comme chose que je desire. Adieu, mon cousin.

Ce 8 janvier, à Sainct Germain en Laye.

HENRY.

TABLE.

	Pages.
Notice.	iij
Avis des premiers imprimeurs.	1
Épitre au duc de Sully.	5
MÉMOIRES des sages et royales œconomies d'estat de Henry le Grand.	7
CHAPITRE PREMIER. Situation de la France à la paix de 1570.	ib.
CHAPITRE II. Réunion des chefs protestans à la cour de Charles IX. Pressentimens du père de Rosny.	8
CHAPITRE III. Motifs de confiance des Protestans.	10
CHAPITRE IV. Motifs de défiance des Protestans.	12
CHAPITRE V. Massacre de la Saint-Barthélemy.	14
CHAPITRE VI. Remords de Charles IX. Conduite qu'il tient. Nouveau soulèvement des Protestans. Mort de Charles IX. Conduite de Henri III.	16
CHAPITRE VII. Le roi de Navarre à l'armée des Protestans. Paix de Monsieur.	20
CHAPITRE VIII. Reprise d'armes. Siége de quelques villes. Trève.	21
CHAPITRE IX. Diverses expéditions du roi de Navarre.	23
CHAPITRE X. Députation des premiers états de Blois vers le roi de Navarre. Paix de 1577. Négociations entre le roi de Navarre et Catherine de Médicis. Rupture de la paix.	26
CHAPITRE XI. Prise de Cahors.	29
CHAPITRE XII. Escarmouche près de Marmande.	30
CHAPITRE XIII. Formation d'un nouveau parti pour le prince de Condé. Siége de Nerac. Prise de Montségur. Faute commise par Rosny.	32
CHAPITRE XIV. Les Pays-Bas offrent la couronne ducale au duc d'Anjou, frère de Henri III. Propositions que ce prince fait à Rosny. Surprise de Saint-Milion.	34
CHAPITRE XV. Conversation entre le roi de Navarre et Rosny. Départ de ce dernier pour les Pays-Bas.	35
CHAPITRE XVI. Entrée du duc d'Anjou dans Cambray. Prise de Cateau-Cambresis. Trahison dont le gouverneur de Cambray est victime.	37
CHAPITRE XVII. Conduite perfide du duc d'Anjou dans les Pays-Bas. Il est abandonné de presque tous ses partisans.	40
CHAPITRE XVIII. Rosny quitte le service du duc d'Anjou. Ses différentes courses en revenant des Pays-Bas. Négociations dont il est chargé par le roi de Navarre. Son mariage avec Anne de Courtenay.	42
CHAPITRE XIX. Traité de Henri III avec la Ligue. Assemblée des Protestans à Montauban. Ambassade envoyée au roi de Navarre. Tentative sur Angers. Périlleux voyage de Rosny pour aller joindre le roi de Navarre à Bergerac.	45
CHAPITRE XX. Conseil tenu par les Protestans. Avis courageux de Rosny. Voyage périlleux du roi de Navarre. Perte de St-Bazile. Départ du roi de Navarre pour la Rochelle.	49
CHAPITRE XXI. Rosny chargé d'une négociation près de Henri III. Prise de quelques places par le roi de Navarre. Siége et prise de Fontenay.	52
CHAPITRE XXII. Séjour de Rosny dans sa famille qu'il préserve de la peste. Négociation de Catherine de Médicis avec le roi de Navarre. Le duc de Joyeuse chargé du commandement de l'armée de Henri III.	57
CHAPITRE XXIII. Dangers que court Rosny dans un voyage qu'il fait à Paris. Bataille de Coutras.	60
CHAPITRE XXIV. Suite de la bataille de Coutras. Défaite de l'armée allemande qui venoit secourir le roi de Navarre. Voyage de Rosny.	63
CHAPITRE XXV. Mort du prince de Condé. Journée des barricades. Négociation avec Henri III. Brouillerie du roi de Navarre et du comte de Soissons. Catherine de Médicis fait la paix avec la Ligue.	65
CHAPITRE XXVI. Assemblée des Protestans à la Rochelle. Seconds états de Blois. Rosny chargé d'une négociation importante auprès de Henri III.	66
CHAPITRE XXVII. Entrevue des rois de France et de Navarre au Plessis-lez-Tours. Tentative sur Chartres. Combat près de Châteaudun. Mort de la première femme de Rosny.	68
CHAPITRE XXVIII. Siége de Paris. Mort de Henri III. Avénement de Henri IV. Journée d'Arques.	70
CHAPITRE XXIX. Tentative de Henri IV sur Paris. Défense de Passy par Rosny. Lettres du Roy.	73
CHAPITRE XXX. Bataille d'Ivry. Conversation entre Henri IV et Rosny.	75
CHAPITRE XXXI. Prise des faubourgs de Paris. Blocus de cette ville. Le prince de Parme fait lever le siége. Retraite du prince de Parme. Tentative de Rosny sur Joigny.	80
CHAPITRE XXXII. Siége de Chartres. Danger que court Sully en s'y rendant. Prise de Noyon. Embuscade dressée à Mantes. Surprise de Louviers.	83
CHAPITRE XXXIII. Capture précieuse faite par Rosny. Siége de Rouen. Conversation entre Henri IV et Rosny.	87
CHAPITRE XXXIV. Tentative du prince de Parme pour faire lever le siége de Rouen. Le roi marche contre lui avec sa cavalerie. Imprévoyance du duc de Nevers. Rencontre d'Aumale.	92
CHAPITRE XXXV. Prise de Neuchâtel par le prince de Parme. Levée du siége de Rouen. Situation critique du prince de Parme. Sa retraite. Second mariage de Rosny. Projets du Roi. Négociations avec l'Espagne et les ligueurs.	96
CHAPITRE XXXVI. Prise d'Épernay par les troupes royales. Mort du maréchal de Biron. Ce qui s'est passé dans les provinces à l'époque du siége de Rouen. Amours de madame Catherine et du comte de Soissons. Séjour de Rosny dans ses terres. Il se procure le traité de la Ligue avec le roi d'Espagne. Son retour auprès du Roi.	100
CHAPITRE XXXVII. Conférence importante entre Henri IV et Rosny. Celui-ci conseille au Roi de se faire catholique.	104

CHAPITRE XXXVIII. Mort du prince de Parme. Suite de la conférence. 108
CHAPITRE XXXIX. Conférence de Henri IV avec les seigneurs protestans. Discours de ce prince. Négociations. 110
CHAPITRE XL. Propositions faites par la Ligue à Henri IV. Négociations. Prise de Dreux par le Roi. 113
CHAPITRE XLI. Démarches pour la conversion du Roi. Conseil tenu sur une demande des grandes villes de France. Discours de Rosny. Conversion du Roi. 116
CHAPITRE XLII. Négociation inutile avec l'Espagne. Trêve générale. Les Parisiens vont voir Henri IV à Saint-Denis. Attentat de Barrière. Lettre du Roi à Rosny. 120
CHAPITRE XLIII. Détails sur les états de la Ligue, et sur les négociations entamées par divers partis. Digression sur la conduite de Villeroy. 123
CHAPITRE XLIV. Surprise de Fécamp par Bois-rozé. Négociations de Rosny avec Villars, gouverneur de Rouen. Henri IV est sacré à Chartres. 125
CHAPITRE XLV. Réconciliation du comte de Soissons et du duc de Montpensier. Négociation relative aux amours de Madame, sœur du Roi, et du comte de Soissons. Pouvoirs donnés à Rosny pour traiter avec Villars. 127
CHAPITRE XLVI. Rosny part pour Rouen. Il s'arrête au château d'Anet, chez la duchesse d'Aumale. Réception qu'on lui fait à Rouen. Négociations avec Villars. Lettres de Henri IV. 131
CHAPITRE XLVII. Continuation des négociations. Lettre remarquable de Henri IV. Affaire de Dupré. Conclusion du traité avec Villars. Lettre de Rosny au Roi. Réponse du Roi. 135
CHAPITRE XLVIII. Entrée de Henri IV à Paris. Sa bonté et sa clémence. 139
CHAPITRE XLIX. Départ de Rosny pour Rouen. Cette ville se déclare pour le Roi. 141
CHAPITRE L. Rencontre singulière de Rosny et de Bois-rozé dans une hôtellerie de Louviers. Soumission de Lyon. Évasion du duc de Nemours. 145
CHAPITRE LI. Conduite de Rosny relativement à un présent que lui avoit fait la ville de Rouen. Ses principes en administration. Villars vient présenter ses hommages au Roi. Siége de Laon. Rosny obligé de quitter ce siége pour aller conférer avec le cardinal de Bourbon. 147
CHAPITRE LII. Conférence de Rosny avec le cardinal de Bourbon. 150
CHAPITRE LIII. Compte rendu par Rosny de sa conférence avec le cardinal de Bourbon. Déterminations du Roi. Divers événemens du siége de Laon. 153
CHAPITRE LIV. Capitulation de Laon. Opinion du Roi sur Biron et sur Bouillon. Rosny chargé d'une mission vers ce dernier. 160
CHAPITRE LV. Lettre de Rosny au cardinal de Bourbon. Voyage de Rosny à Sedan. Conférences avec le duc de Bouillon. 163
CHAPITRE LVI. Détails sur la réduction de Laon. Soumission de Poitiers. Mission confiée à Rosny. Mort du cardinal de Bourbon. Lettre de Henri IV sur cette mort. 170
CHAPITRE LVII. Conduite de d'O, surintendant des finances. Mort de ce ministre. Lettre de Rosny au Roi, sur les moyens de rétablir la paix, et de faire fleurir le royaume. Suite de la négociation avec le duc de Guise. Accommodement. 172
CHAPITRE LVIII. Affaires de Languedoc. Détails sur l'accommodement du duc de Guise. 180

CHAPITRE LIX. Crédit de Sancy. Gabrielle empêche qu'il ne soit nommé surintendant. Établissement d'un conseil de finances. Déclaration de guerre à l'Espagne. Attentat de Jean Châtel. Les Jésuites chassés du royaume. 189
CHAPITRE LX. Motifs qui décident le Roi à porter la guerre en Franche-Comté. Conseil des finances. Rosny se retire à Moret. Lettre du Roi sur la retraite du comte de Soissons. Rosny réprime l'insolence d'un capitaine attaché à ce prince. Actions militaires en Picardie. Combat de Fontaine-Françoise. 191
CHAPITRE LXI. Le Roi, au retour de Bourgogne, s'arrête à Moret. Entretien avec Rosny. Offre des Parisiens. Départ du Roi pour Calais. Perte de cette ville. Leçon donnée par le Roi au duc de Montpensier. 199
CHAPITRE LXII. Projet du Roi d'envoyer Rosny en Angleterre avec le duc de Bouillon. Refus de Rosny. 202
CHAPITRE LXIII. Le Roi propose à Rosny d'aller seul en Angleterre. Nouveau refus. Siége et prise de la Fère. Entreprise sur Arras. Mort des ducs de Nevers et de Nemours. Accommodement du duc de Mayenne. 204
CHAPITRE LXIV. Rosny, se trouvant à Moret, est chargé de conduire madame de Liancourt près du Roi. Lettre remarquable de ce prince sur l'état de ses finances et sur le dénûment où il se trouve. Singulière prédiction d'un astrologue. Danger que court madame de Liancourt dans ce voyage. 205
CHAPITRE LXV. Mission de Rosny près du duc de Montpensier, pour sonder ses sentimens et lui proposer le mariage de Madame, sœur du Roi. Rosny chargé de faire consentir Madame à ce mariage. Conférence avec cette princesse qui aimoit le comte de Soissons. 210
CHAPITRE LXVI. Suite de la conférence avec Madame. Refroidissement momentané de Henri IV pour Rosny. 219
CHAPITRE LXVII. Résolution de faire entrer Rosny dans le conseil des finances. Intrigues pour en empêcher l'exécution. Entrevue du Roi et du duc de Mayenne. Installation de Rosny au conseil des finances. 224
CHAPITRE LXVIII. Voyage de Rosny dans les provinces. Examen des comptes des trésoriers et receveurs généraux. Il vient trouver le Roi à Rouen. Nouvelles intrigues contre lui. Sancy succombe dans une dispute qu'ils ont ensemble devant le Roi. 228
CHAPITRE LXIX. Ouverture de l'assemblée des notables dans la ville de Rouen. Discours du Roi. Nouvelle intrigue contre Rosny. 232
CHAPITRE LXX. Réflexions sur les états généraux. Opérations des notables. Conseil de Raison. Système suivi par le Roi, d'après les avis secrets de Rosny. 236
CHAPITRE LXXI. Réconciliation de Rosny avec Madame, sœur du Roi. 240
CHAPITRE LXXII. Divers événemens arrivés dans les provinces en 1595 et 1596. Principaux souhaits de Henri IV. 242
CHAPITRE LXXIII. Préparatifs pour le siége d'Arras. Travaux de Rosny pour acquérir la science des finances. Fin du Conseil de Raison. 243
CHAPITRE LXXIV. Mademoiselle de Rosny demandée pour M. de Laval. Fêtes à la Cour. Prise d'Amiens par les Espagnols. Rosny chargé par le Roi de trouver des ressources pour recouvrer cette place. Son plan. 245

CHAPITRE LXXV. Rosny choisi pour diriger seul les finances. Présent offert à madame de Rosny. Divers voyages de Rosny au siége d'Amiens. Il est chargé par le Roi d'écrire aux chefs protestans qui veulent remuer. Lettre très-remarquable adressée à la Trémouille. Mort de Saint-Luc, grand maître de l'artillerie. Pourquoi le Roi ne donne pas sur-le-champ cette place à Rosny. Lettres de Henri IV et de Rosny. Reprise d'Amiens. 249
CHAPITRE LXXVI. Lettres de Henri IV et de Rosny, pendant le siége d'Amiens. 256
CHAPITRE LXXVII. Suite des lettres. 260
CHAPITRE LXXVIII. Suite de lettres. 264
CHAPITRE LXXIX. Conseil tenu après la prise d'Amiens. Tentative sur Dourlans. Retour du Roi à Paris. Le pape Clément VIII se porte pour médiateur entre la France et l'Espagne. Voyage en Bretagne. Rosny tient à Rennes les états de cette province. Traité avec le duc de Mercœur. Édit de Nantes. 267
CHAPITRE LXXX. Séjour du Roi à Rennes. Conférence de Henri IV avec Rosny sur les manœuvres des Protestans, sur la dissolution de son mariage avec Marguerite de Valois, et sur le choix d'une nouvelle épouse. Lettre de Rosny à la reine Marguerite. Réponse de cette Reine. 271
CHAPITRE LXXXI. Lettres diverses sur la politique, la guerre, les finances et les affaires de Bretagne. 280
CHAPITRE LXXXII. Traité de Vervins. Biron envoyé à Bruxelles. Commencement de ses mauvais desseins. Récapitulation des principaux événemens de 1598. Rosny est plus en crédit que jamais. 283
CHAPITRE LXXXIII. Diverses lettres relatives aux finances. 286
CHAPITRE LXXXIV. Évaluation des impôts levés sur les peuples. 290
CHAPITRE LXXXV. Remise des arrérages dus par les peuples. Réformes dans les finances. Réclamations de plusieurs personnes puissantes. Explication donnée au Roi par Rosny. 293
CHAPITRE LXXXVI. Baptême du fils de la duchesse de Beaufort. Cette dame aspire à devenir reine. Opposition de Rosny. Conduite de Henri IV avec son ministre et sa maîtresse. Dispute de Rosny et du duc d'Épernon. Maladie du Roi. Arrivée d'Alexandre de Médicis, légat du Pape. 295
CHAPITRE LXXXVII. Mort et testament de Philippe II. 299
CHAPITRE LXXXVIII. Continuation des réformes dans les finances. 303
CHAPITRE LXXXIX. Suite du même sujet. Marguerite d'Autriche passe en Provence pour aller épouser Philippe III. Mariage de Madame avec le duc de Bar. Lettres de Henri IV. 305
CHAPITRE XC. Oppositions du clergé et des parlemens à la publication de l'édit de Nantes. Rosny obtient que les Protestans consentent à des modifications. 308
CHAPITRE XCI. Conférence sur la religion tenue en présence de Madame, sœur du Roi. Mort de plusieurs personnes de distinction, entre autres, de la connétable de Montmorency, et de la duchesse de Beaufort. Rosny console Henri IV. 310
CHAPITRE XCII. Conversions éclatantes. Marthe Brossier. Affaires du marquisat de Saluces. Ambassadeurs du duc de Savoie. Prohibition des marchandises étrangères. Négociations avec Marguerite de Valois. Le Pape déclare nul le mariage de Henri IV et de cette princesse. 315

CHAPITRE XCIII. Passion du Roi pour mademoiselle d'Entragues. Il lui fait une promesse de mariage. Rosny déchire cet écrit. Suite de l'affaire du marquisat de Saluces. Rosny devient grand maître de l'artillerie. 319
CHAPITRE XCIV. Rosny s'établit à l'Arsenal. Voyage du duc de Savoie à Paris. Ses intrigues. Le Roi consent à épouser Marie de Médicis. 322
CHAPITRE XCV. Lettres diverses. 326
CHAPITRE XCVI. Conférence sur la religion entre du Perron, évêque d'Évreux, et du Plessis Mornay. Tentative pour empoisonner le Roi. Retour du duc de Savoie dans ses États. Conversation du chancelier de Bellièvre et de Rosny sur la guerre. Préparatifs contre la Savoie. Entrée des troupes françoises dans la Bresse et dans la Savoie. Conduite équivoque de Biron. Siége et prise de Charbonnières. 329
CHAPITRE XCVII. Siége et prise de Montmélian. Lettres du maréchal de Biron. 339
CHAPITRE XCVIII. Députation de la ville de Genève au Roi. Discours de Théodore de Bèze. Arrivée de Marie de Médicis. Prise et démolition du fort de Sainte-Catherine. Traité de paix avec le duc de Savoie. 344
CHAPITRE XCIX. Lettres du Roi, et autres. Conclusion des quatre-vingt dix-neuvièmes premiers chapitres. Deux souhaits de Henri IV. 349
CHAPITRE C. Avant-propos. Projets de Rosny. Éloge de ce prince. Travaux de Rosny. Devises des jetons distribuées à la fin de 1600. 354
CHAPITRE CI. Devises des jetons distribués au commencement de chaque année, depuis 1589 jusqu'en 1601. 359
CHAPITRE CII. Premières inquiétudes du maréchal de Biron. Conférence avec le Roi sur les affaires des Pays-Bas. Acquisition de la terre de Sully. Réformes dans l'administration. 360
CHAPITRE CIII. Outrage fait à la Rochepot, ambassadeur du Roi à Madrid. Ambassade des Vénitiens et du Grand-Seigneur. Voyage du Roi à Calais. Voyage d'Élisabeth, reine d'Angleterre, à Douvres. Lettre d'Élisabeth à Henri IV. Mission de Rosny en Angleterre. Ses conférences avec la Reine. Secrètes menées du maréchal de Biron. Entretien de Rosny avec ce seigneur. Mission de Biron à Londres. Conseils que lui donne la Reine. Le comte de Béthune, frère de Rosny, ambassadeur à Rome. Dispute entre les ministres à l'occasion de cette nomination. Sagesse et modération de Henri IV. 362
CHAPITRE CIV. Digression sur les affaires des Pays-Bas. Défense de transporter de l'argent hors du royaume. Riche capture faite près de la frontière. Chambre de justice contre les financiers. Crédit de Conchini et de Léonor Galigaï. Digression sur la manière dont ces Mémoires ont été composés. Naissance du Dauphin. Henri IV fait tirer son horoscope. 370
CHAPITRE CV. Lettres diverses sur les événemens de 1601. 375
CHAPITRE CVI. Prétentions du comte de Soissons. Affaires étrangères. Découverte de la conjuration du maréchal de Biron. 380
CHAPITRE CVII. Lettres diverses de l'année 1601. Restitution faite par le grand-duc de Florence du château d'If et de l'île de Pomègue. 383
CHAPITRE CVIII. Devise des jetons distribués au commencement de 1602. Le Roi donne à Rosny le commandement de la Bastille. Lettres diverses. 389
CHAPITRE CIX. Voyage à Blois. Premiers nuages

qui s'élèvent entre le Roi et la Reine. Fermentation dans le royaume. Le Roi sonde le duc d'Épernon et le duc de Bouillon. Conseil secret tenu par le Roi sur les mesures à prendre contre les conjurés. Voyage en Poitou. Biron attiré à Fontainebleau. Son obstination. Il est arrêté, ainsi que le comte d'Auvergne. Son jugement et son exécution. Le comte d'Auvergne est mis en liberté. 392

CHAPITRE CX. Indulgence du Roi envers les complices de Biron. Conversation dans laquelle il développe ses projets. Il pardonne au baron de Lux. Affaire des avocats au parlement de Paris. Dissensions en Dauphiné. Ordonnances sur les monnoies. Mines d'or et d'argent. Édit sur les duels. Divers événemens. Pardon accordé au Prince de Joinville. Affaires étrangères. 400

CHAPITRE CXI. Lettres diverses sur les événemens de l'année 1602. 405

CHAPITRE CXII. Devise des jetons distribués au commencement de l'année 1603. Lettres diverses sur quelques événemens de cette année. 410

CHAPITRE CXIII. Voyage à Metz. L'électeur Palatin s'intéresse au duc de Bouillon. Lettres de ce prince, qui jettent beaucoup de lumière sur ses projets. Lettres de Henri IV. 419

CHAPITRE CXIV. Récapitulation des événemens de 1602. Indication des principaux événemens de cette année. Conversation de Henri IV et de Sully. Détails sur le voyage de Metz. Mort d'Élisabeth, reine d'Angleterre. Rosny envoyé près de son successeur Jacques Ier. Jésuites de Verdun. Instruction donnée par Henri IV à Rosny sur son voyage en Angleterre. Maladie du Roi. Sa guérison. Préparatifs du voyage de Rosny. Le comte de Soissons se réconcilie avec lui. 423

CHAPITRE CXV. Instructions officielles données à Rosny pour son ambassade en Angleterre. Instructions secrètes. Lettres du roi et de la reine de France au roi et à la reine d'Angleterre. 432

CHAPITRE CXVI. Rosny s'embarque pour l'Angleterre. Différend entre la marine françoise et la marine angloise. Détails sur le voyage de Rosny. Soulèvement du peuple de Londres contre l'ambassade françoise. Commencement de la négociation. 443

CHAPITRE CXVII. Lettres de Henri IV et de Villeroy sur la mission confiée à Rosny. Présentation de Rosny au roi d'Angleterre. Lettres de ce ministre à Henri IV, dans lesquelles il lui rend compte des négociations dont il est chargé. 449

CHAPITRE CXVIII. Suite des négociations de Rosny. Lettres de Henri IV et de Villeroy sur les intrigues qui se tramoient en Espagne et en Angleterre. 469

CHAPITRE CXIX. Suite des négociations de Rosny. Développement de son système politique. Tableau de la Cour de Jacques Ier. Position des principaux États de l'Europe. Lettres de Henri IV et de Villeroy. Soustraction d'une dépêche. 475

CHAPITRE CXX. Retour de Rosny en France. Compte que Rosny rend au Roi de sa mission. Lettres du roi et de la reine d'Angleterre. Lettres de Beaumont, resté à Londres comme ambassadeur ordinaire. 495

CHAPITRE CXXI. Traité conclu avec Jacques Ier. Opinion du comte de Soissons sur ce traité. Divers présens faits au roi, à la reine d'Angleterre, et à plusieurs seigneurs de la Cour. 501

CHAPITRE CXXII. Lettres diverses relatives aux négociations avec l'Angleterre. 505

CHAPITRE CXXIII. Nouvel impôt sollicité par le comte de Soissons. Opposition de Rosny. Colère du comte et de madame de Verneuil, intéressée dans ces sortes de taxes. Le Roi veille à la sûreté de Rosny. 511

CHAPITRE CXXIV. Conversation de Henri IV et de Rosny sur les manufactures de soie et sur le luxe. Détails curieux sur les mœurs anciennes. 514

CHAPITRE CXXV. Colonie dans le Canada. Synode de Gap. Lettres de Villeroy relatives à ce Synode et à d'autres objets. 516

CHAPITRE CXXVI. Récapitulation des services de Rosny. 519

CHAPITRE CXXVII. Rosny obtient le gouvernement de Poitou. Raison de Henri IV pour le lui donner. 521

CHAPITRE CXXVIII. Devise des jetons distribués au commencement de l'année 1604. 523

CHAPITRE CXXIX. Mort de la duchesse de Bar, sœur du Roi. Disposition que fait le Roi des biens de cette princesse : une de ses maisons donnée à la Reine, l'autre à la marquise de Verneuil. Conseil tenu sur les Jésuites. Conversation de Henri IV et de Rosny. Rétablissement des Jésuites. 524

CHAPITRE CXXX. Voyage du Roi à Chantilly. Diatribe contre le cardinal d'Ossat. Grande conversation entre le Roi et Rosny sur les intrigues du comte d'Auvergne, la marquise de Verneuil, et sur les affaires de l'Europe. 530

CHAPITRE CXXXI. Chagrins domestiques de Henri IV. Ses plaintes contre sa femme et sa maîtresse. Établissement d'un seul receveur des rentes de la ville de Paris. Diverses lettres de Henri IV. 537

CHAPITRE CXXXII. Affaire de L'Hoste, secrétaire de Villeroy. Diverses lettres relatives à cette affaire. Indulgence de Henri IV pour Villeroy. Digression sur la tolérance. Mémoire justificatif de Villeroy. 541

CHAPITRE CXXXIII. Lettre de Villeroy à Rosny sur la trahison de L'Hoste, et sur diverses affaires. 549

CHAPITRE CXXXIV. Soupçons du Roi contre la marquise de Verneuil. Sa manière de vivre avec elle. Rosny se mêle malgré lui de cette intrigue. 550

CHAPITRE CXXXV. Recherche des rentes. Un des secrétaires de Rosny envoyé en Poitou pour empêcher le commerce avec l'Espagne 553

CHAPITRE CXXXVI. Grands projets du Roi. Travail sur les rentes. 555

CHAPITRE CXXXVII. Moyens d'augmenter les revenus du Roi. Objections de Henri IV. Réponses de Rosny. Le Roi projette d'aller en Provence tandis que Rosny se rendra en Poitou. 557

CHAPITRE CXXXVIII. Henri IV entretient Rosny de ses chagrins domestiques. Conseils et démarches de ce ministre. 559

CHAPITRE CXXXIX. Lettres diverses. Deux sonnets envoyés par l'ambassadeur du Roi dans les Pays-Bas. Erreurs dans lesquelles sont tombées quelques historiens, sur la position du duc d'Épernon. Lettres du duc de Bellegarde, par lesquelles les auteurs veulent prouver que Rosny étoit en bonne intelligence avec les grands du royaume. Le voyage du Roi en Provence ajourné. Pourquoi. 564

CHAPITRE CXL. Voyage de Rosny en Poitou. Lettres de Henri IV et de Villeroy, qui instruisent Rosny de ce qui se passe à la Cour pendant son absence. Découverte de la conjuration du comte d'Auvergne. Digression sur la position des rois de France, d'Angleterre, d'Espagne et du Pape. Projets dangereux du duc de Bouillon et du duc de la Trémouille. Affaires étrangères. 572

CHAPITRE CXLI. Suite des lettres qui instruisent Rosny de ce qui se passe à la Cour. Le comte d'Entragues remet à Henri IV la promesse de mariage qu'il a faite à la marquise de Verneuil. Traité entre l'Espagne et l'Angleterre. Situation de la Hollande. 576

CHAPITRE CXLII. Compte rendu par Rosny de son voyage en Poitou. Ses efforts pour réduire les impôts. 581

CHAPITRE CXLIII. Arrivée de Rosny à la Cour. Suite du compte qu'il rend de son voyage. Mémoire de ce ministre sur les abus qui tendent à l'affoiblissement du royaume. Jugement que porte Henri IV de ce mémoire. Rectification du contrat par lequel le Roi avoit acquis le comté de Saint-Paul. Entretien de Henri IV et de Rosny sur la conjuration du comte d'Auvergne. Ordre donné à d'Escures et à Murat de l'arrêter. Diverses lettres dont la plupart ont rapport à cette affaire. Situation pénible du comte d'Auvergne. 585

CHAPITRE CXLIV. Arrestation du comte d'Auvergne. Il est mis à la Bastille sous la garde de Rosny. Affaires des finances. Deux lettres de Henri IV sur la marquise de Verneuil. Rosny chargé de négocier avec cette dame. Détails de cette négociation. Lettre relative au commerce extérieur. Traité de commerce avec l'Espagne. Propositions faites au roi par le connétable de Castille. Observations de Rosny sur ces propositions. Établissement des Jésuites à la Flèche. Deux lettres du Roi sur les intrigues des Protestans. 597

CHAPITRE CXLV. Lettres diverses de Henri IV. Correspondance de Rosny avec les reines Marie de Médicis et Marguerite de Valois. Fin des recherches contre les financiers. Établissement de divers ordres religieux. Les fermiers généraux déclarent qu'ils n'ont parmi eux aucun étranger. Réception d'un des fils naturels du Roi dans l'ordre de Malte. Différends avec le Pape sur le pont d'Avignon. 610

CHAPITRE CXLVI. Grand conseil tenu à Paris. Discours du Roi. Retraite préparée aux militaires vieux ou estropiés. Le trésor déposé à la Bastille. Affaires étrangères. Du Perron cardinal. Origine du Molinisme. Affaire de la Valteline et des Grisons. 619

CHAPITRE CXLVII. Continuation de l'affaire de la Valteline. Mission de Mont-Martin en Suisse, et dans le pays des Grisons. 624

CHAPITRE CXLVIII. Digression sur Henri IV et sur Rosny. Henri IV dans son intérieur. Scène familière. Compte sommaire rendu par Rosny des parties de l'administration dont il est chargé. Récapitulation de tous les chagrins éprouvés par Henri IV depuis son enfance. Genre de vie adopté par Rosny. 628

FIN.